1. Acesse o *site*: <http://www.grupogen.com.br/>.

2. Se você já tem cadastro, entre com seu *login* e senha. Caso não tenha, deverá fazê-lo neste momento.

3. Após realizar seu *login*, clique em "GEN-io", disponível no canto superior direito. Você será direcionado para a plataforma *GEN-io | Informação On-line*.

4. Pronto! Seu material estará disponível para acesso na área "Meus Conteúdos".

Em caso de dúvidas, envie *e-mail* para gendigital@grupogen.com.br.

CÓDIGO
BRASILEIRO DE
DEFESA DO
CONSUMIDOR

*Comentado pelos autores do Anteprojeto do
CDC e da Lei do Superendividamento*

O GEN | Grupo Editorial Nacional – maior plataforma editorial brasileira no segmento científico, técnico e profissional – publica conteúdos nas áreas de concursos, ciências jurídicas, humanas, exatas, da saúde e sociais aplicadas, além de prover serviços direcionados à educação continuada.

As editoras que integram o GEN, das mais respeitadas no mercado editorial, construíram catálogos inigualáveis, com obras decisivas para a formação acadêmica e o aperfeiçoamento de várias gerações de profissionais e estudantes, tendo se tornado sinônimo de qualidade e seriedade.

A missão do GEN e dos núcleos de conteúdo que o compõem é prover a melhor informação científica e distribuí-la de maneira flexível e conveniente, a preços justos, gerando benefícios e servindo a autores, docentes, livreiros, funcionários, colaboradores e acionistas.

Nosso comportamento ético incondicional e nossa responsabilidade social e ambiental são reforçados pela natureza educacional de nossa atividade e dão sustentabilidade ao crescimento contínuo e à rentabilidade do grupo.

CÓDIGO BRASILEIRO DE DEFESA DO CONSUMIDOR

Comentado pelos autores do Anteprojeto do CDC e da Lei do Superendividamento

DIREITO MATERIAL E PROCESSO COLETIVO
—— VOLUME ÚNICO ——

13ª edição — revista, atualizada e ampliada

- O autor deste livro e a editora empenharam seus melhores esforços para assegurar que as informações e os procedimentos apresentados no texto estejam em acordo com os padrões aceitos à época da publicação, e todos os dados foram atualizados pelo autor até a data de fechamento do livro. Entretanto, tendo em conta a evolução das ciências, as atualizações legislativas, as mudanças regulamentares governamentais e o constante fluxo de novas informações sobre os temas que constam do livro, recomendamos enfaticamente que os leitores consultem sempre outras fontes fidedignas, de modo a se certificarem de que as informações contidas no texto estão corretas e de que não houve alterações nas recomendações ou na legislação regulamentadora.

- Fechamento desta edição: *15.06.2022*

- O Autor e a editora se empenharam para citar adequadamente e dar o devido crédito a todos os detentores de direitos autorais de qualquer material utilizado neste livro, dispondo-se a possíveis acertos posteriores caso, inadvertida e involuntariamente, a identificação de algum deles tenha sido omitida.

- **Atendimento ao cliente: (11) 5080-0751 | faleconosco@grupogen.com.br**

- Direitos exclusivos para a língua portuguesa
  Copyright © 2022 by
  Editora Forense Ltda.
  Uma editora integrante do GEN | Grupo Editorial Nacional
  Travessa do Ouvidor, 11 – Térreo e 6º andar
  Rio de Janeiro – RJ – 20040-040
  www.grupogen.com.br

- Reservados todos os direitos. É proibida a duplicação ou reprodução deste volume, no todo ou em parte, em quaisquer formas ou por quaisquer meios (eletrônico, mecânico, gravação, fotocópia, distribuição pela Internet ou outros), sem permissão, por escrito, da Editora Forense Ltda.

- Capa: Danilo Oliveira

- **CIP – BRASIL. CATALOGAÇÃO NA FONTE.**
  SINDICATO NACIONAL DOS EDITORES DE LIVROS, RJ.

Código brasileiro de defesa do consumidor / Ada Pellegrini Grinover ... [et al.]; colaboração Vicente Gomes de Oliveira Filho, João Ferreira Braga. – 13. ed. – Rio de Janeiro: Forense, 2022.

Inclui bibliografia e índice
ISBN 978-65-5964-544-2

1. Brasil. [Código de defesa do consumidor (1990)]. 2. Defesa do consumidor - Legislação - Brasil. I. Grinover, Ada Pellegrini. II. Oliveira Filho, Vicente Gomes de. II. Braga, João Ferreira.

22-77539 CDU: 34:366(81)(094.4)

Meri Gleice Rodrigues de Souza – Bibliotecária – CRB-7/6439

ÍNDICE GERAL

Apresentação à 13ª edição VII

Apresentação e estrutura da obra... IX

Ada Pellegrini Grinover: *Dux femina facit!*............................... XI

Prefácio à 1ª edição XIII

Índice sistemático do Código de Defesa do Consumidor XV

Introdução 1
(Ada Pellegrini Grinover e Antônio Herman de Vasconcellos e Benjamin)
I – Trabalhos de Elaboração – Anteprojeto de Código de Defesa do Consumidor
II – Visão geral do Código

Lei nº 8.078, de 11 de setembro de 1990 – Código de Defesa do Consumidor – Comentada pelos Autores do Anteprojeto 9

Bibliografia... 983

Anexo – Jurisprudência do Superior Tribunal de Justiça sobre Processos Coletivos.. 1001
Os institutos fundamentais do processo coletivo na Jurisprudência do Superior Tribunal de Justiça (*Ada Pellegrini Grinover e João Ferreira Braga*)

APRESENTAÇÃO À 13ª EDIÇÃO

Ao lançar esta 13ª edição da já tradicional obra *Código Brasileiro de Defesa do Consumidor Comentado pelos Autores do Anteprojeto*, da Editora Forense, esta Coordenação passou a contar com as valiosas participações, na qualidade de coautores, dos Professores Doutores Cláudia Lima Marques e Roberto Castellanos Pfeiffer, além da continuidade da preciosa colaboração dos Doutores Vicente Gomes de Oliveira Filho e João Ferreira Braga.

Com efeito, além da saudosa Professora Ada Pellegrini Grinover, os novos coautores, em conjunto com os já aqui presentes desde a primeira edição, Professores Doutores Antônio Herman de Vasconcellos e Benjamin e Kazuo Watanabe e outros especialistas em Direito Consumerista, integraram comissão incumbida da elaboração de anteprojetos de lei visando à atualização do Código de Defesa do Consumidor.

Dentre eles se destaca o relativo à agora vigente "Lei do Superendividamento" (Lei Federal nº 14.181, de 1º-7-2021), que passou a integrar o conjunto de normas do Código do Consumidor.

Nada mais natural, por conseguinte, que os referidos novos coautores viessem a participar da atualização desta obra coletiva, incluindo os novos preceitos da Lei nº 14.181/2021.

Desta forma, e mais uma vez, esta Coordenação agradece sua preciosa participação, e espera que nossa obra continue a gozar do prestígio que angariou, desde sua primeira edição, de 1991.

São Paulo, maio de 2022.

A COORDENAÇÃO
José Geraldo Brito Filomeno
Kazuo Watanabe

APRESENTAÇÃO
E ESTRUTURA DA OBRA

1. OS AUTORES DOS COMENTÁRIOS

Os autores dos comentários ora apresentados ao leitor foram os membros da comissão do Conselho Nacional de Defesa do Consumidor, nomeados por seu então presidente, Dr. Flávio Flores da Cunha Bierrenbach. Aos cinco membros – Ada Pellegrini Grinover, Daniel Roberto Fink, José Geraldo Brito Filomeno, Kazuo Watanabe e Zelmo Denari – uniram-se, neste trabalho, os dois assessores que mais colaboraram para a elaboração do anteprojeto e que acompanharam sua evolução até a promulgação da lei: Antônio Herman de Vasconcellos e Benjamin e Nelson Nery Junior. Daí a afirmação de que esses comentários são escritos e apresentados pelos autores do Anteprojeto do Código de Defesa do Consumidor, compreendendo-se na expressão toda a sua evolução.

2. A REPARTIÇÃO DOS COMENTÁRIOS ENTRE SEUS AUTORES

A matéria foi repartida de acordo com a participação de cada um na redação do Código. Embora o resultado final seja o produto de um trabalho conjunto, que contou com a colaboração de todos, foi possível destacar as partes em que foi maior o envolvimento de um ou outro.

Assim sendo, a parte introdutória desta obra foi redigida por Ada Pellegrini Grinover e Antônio Herman de Vasconcellos e Benjamin; do Título I ("Dos Direitos do Consumidor"), couberam a José Geraldo Brito Filomeno as notas introdutórias e os três primeiros capítulos ("Disposições Gerais", "Da Política Nacional das Relações de Consumo" e "Dos Direitos Básicos do Consumidor"). Desse mesmo título, os comentários dos capítulos quarto e sétimo ("Da Qualidade de Produtos e Serviços, da Prevenção e da Reparação dos Danos" e "Das Sanções Administrativas") foram atribuídos a Zelmo Denari; a Antônio Herman de Vasconcellos e Benjamin o do capítulo quinto ("Das Práticas Comerciais"), e a Nelson Nery Junior, o do sexto ("Da Proteção Contratual"). O Título II ("Das Infrações Penais") coube por inteiro a José Geraldo Brito Filomeno. Os Títulos IV e V ("Do Sistema Nacional de Defesa do Consumidor" e "Da Convenção Coletiva de Consumo") foram atribuídos a Daniel Roberto Fink.

O Título III ("Da Defesa do Consumidor em Juízo") foi dividido entre Kazuo Watanabe e Ada Pellegrini Grinover, ficando com aquele os capítulos primeiro e terceiro ("Disposições Gerais" e "Das Ações de Responsabilidade do Fornecedor de Produtos e Serviços"), e com esta os capítulos segundo e quarto ("Das Ações Coletivas para a Defesa de Interesses Individuais Homogêneos" e "Da Coisa Julgada"); e, finalmente, o Título VI ("Disposições Finais") foi atribuído a Nelson Nery Junior.

O leitor encontrará no início de cada título e capítulo o nome dos atualizadores, quando houver, e dos autores dos comentários.

3. TÉCNICA E OBJETIVOS DOS COMENTÁRIOS

Antes dos comentários aos artigos do Código, o leitor encontrará observações introdutórias a cada título e capítulo. A numeração dos comentários é feita de acordo com a chamada existente em cada artigo, para possibilitar o imediato relacionamento do conteúdo do artigo com seu respectivo comentário. Entendeu-se oportuno comentar também os artigos vetados, para evidenciar o real alcance do veto, frequentemente superado pela interpretação sistemática do Código ou pela existência de outros dispositivos que cuidam da mesma matéria e que permaneceram intactos.

Sem fugir ao rigor científico da ciência jurídica conceitual, os autores dos comentários pretenderam escrever obra que também preenchesse as suas finalidades práticas. Esperam, ainda, ter conseguido imprimir aos comentários uma visão unívoca e uma certa uniformidade, buscadas pela revisão conjunta do texto.

ADA PELLEGRINI GRINOVER
Dux femina facit!
(O Chefe da façanha é uma mulher!)
in Virgílio, Eneida I

Acreditamos que nenhum melhor dístico poderia definir melhor o espírito inovador e visionário da nossa saudosa amiga, colega e mestra máxima desta obra.

Com efeito, a saudosíssima Profª. Ada Pellegrini Grinover, que lamentavelmente nos deixou em 2017, não poderia ter-se omitido de participar em destaque em mais essa cruzada pelo Direito Brasileiro.

Ou seja, tendo participado de pioneiras iniciativas como nos anteprojetos da vigente "Lei da Ação Cvil Pública" (Lei nº 7.347/1985), de "crimes de publicidade enganosa", apresentado em reunião do Conselho Nacional de Defesa do Consumidor (i.e., com vistas ao acréscimo de um inciso e parágrafo ao art. 178 do então vigente Código da Propriedade Industrial, o Decreto-lei nº 7.903/1945), do Código Modelo de Processos Coletivos para Ibero-América, das novas configurações das ações civis públicas e tantos outros, foi uma destacada "guerreira cruzada" na elaboração do anteprojeto do Código Brasileiro do Consumidor (Lei nº 8.078/1990), na qualidade de presidente de nossa comissão encarregada dessa meritória missão.

Desta forma, não poderíamos deixar de registrar indelevelmente esta homenagem à nossa mentora, esperando que certamente onde esteja seu dinâmico espírito, possa nos inspirar sempre.

São Paulo, maio de 2022.

JOSÉ GERALDO BRITO FILOMENO
KAZUO WATANABE
(Coordenadores)

PREFÁCIO À 1ª EDIÇÃO

Minha presença no pórtico deste livro tem uma explicação. É que a sua gênese se prende à iniciativa do Conselho de Defesa do Consumidor, do Ministério da Justiça, no sentido de ser elaborado projeto de lei que dispusesse sobre a defesa do consumidor. Os autores do livro são também do projeto de lei que veio a ser elaborado submetido ao Congresso Nacional e convertido em lei. Seus nomes me foram sugeridos pelo presidente do Conselho, Flávio Flores da Cunha Bierrenbach, antigo representante de São Paulo na Câmara dos Deputados. Os juristas convidados prontamente anuíram em prestar esse serviço ao País e o fizeram de maneira exemplar. O *Diário Oficial* de 4 de janeiro de 1989 estampava o anteprojeto já enriquecido pela crítica dos componentes em sucessivas ocasiões.

Pouco depois, eu deixava o Ministério da Justiça, mas os trabalhos da comissão presidida pela professora Ada Pellegrini Grinover não se interromperam, antes prosseguiram com igual intensidade e se prolongaram durante a tramitação parlamentar.

Pode-se dizer, sem favor, que desde a primeira formulação, ainda no Ministério da Justiça, até a promulgação da Lei nº 8.078, em 11 de setembro de 1990, a comissão, designada em 1988, não cessou de funcionar e, com desvelo, cuidou de fazer com que seu trabalho fosse o menos imperfeito e mais útil à sociedade brasileira.

Depreendendo-se de seus autores com a promulgação da lei, nem por isso se deram eles por desobrigados. Entenderam que lhes cabia ainda expô-la em todos os seus aspectos, desde a inspiração que modelou o sistema adotado, até as suas disposições mais miúdas, em uma palavra, fazer-lhe a exegese completa e exaustiva, de maneira a facilitar sua aplicação em todos os termos e propósitos, com a pretensão de garantir a prevalência do seu pensamento original.

Por isto, esta obra não é apenas um livro de ciência. Também é de amor. O amor, mais do que a ciência, assegura a fidelidade aos princípios norteadores da lei, intensamente vividos por seus autores – do livro e da lei. Essa relação doutrinária e afetiva assegura a esta obra uma situação singular em relação a quantas forem escritas a respeito da importante inovação legislativa, que, após a Resolução nº 39/248, de 9 de abril de 1985, da Assembleia Geral da ONU e depois das leis editadas na Espanha, em Portugal, no México, no Quebec, na Alemanha e nos Estados Unidos, se tornara evidente que entre nós não poderia tardar.

A própria Constituição dela fez menção, inserindo entre os direitos individuais esta norma: "O Estado promoverá, na forma da lei, a defesa do consumidor", art. 5º, XXXII. E não ficou nisso. Determinou noutro passo que "o Congresso Nacional, dentro de cento e vinte dias da promulgação da Constituição, elaborará Código de Defesa do Consumidor", art. 48, do ADCT.

Agora começa a verdadeira vida da lei. Ela se encarregará de mostrar os seus acertos e, quiçá, suas imperfeições. A jurisprudência exercerá o papel de acrisolar os textos, em confronto com a realidade social. A doutrina cumprirá o ofício de esclarecer e apurar conceitos e preceitos.

A mim compete agradecer duas vezes aos autores deste livro, que há de marcar época no tratamento do tema relevante: a impagável colaboração que me deram quando Ministro da Justiça, bem como a honra de escrever esta página inaugural.

Brasília, junho de 1991.

Paulo Brossard

ÍNDICE SISTEMÁTICO DO CÓDIGO DE DEFESA DO CONSUMIDOR

INTRODUÇÃO

Ada Pellegrini Grinover e Antônio Herman de Vasconcellos e Benjamin 1

I – TRABALHOS DE ELABORAÇÃO – ANTEPROJETO DE CÓDIGO DE DEFESA DO CONSUMIDOR 1

1. Escorço histórico 1
2. Os vetos presidenciais 2

II – VISÃO GERAL DO CÓDIGO 3

1. A necessidade de tutela legal do consumidor 3
2. O modelo intervencionista estatal 4
3. A base constitucional do Código 4
4. Código ou lei? 5
5. A importância da codificação 5
6. As fontes de inspiração 5
7. Estrutura básica do Código 6
8. Projetos de atualização 6

LEI Nº 8.078, DE 11 DE SETEMBRO DE 1990

Título I
DOS DIREITOS DO CONSUMIDOR

José Geraldo Brito Filomeno 9

1. Código do Consumidor: antes de tudo, uma filosofia de ação 9
2. Desfazimento de mitos e direitos básicos 10
3. Microssistema jurídico de caráter inter e multidisciplinar 11
4. Consumo sustentável 11

5. O *Superendividamento*: Lei Federal nº 14.181, de 1º-7-2021 11

    5.1 Conceitos e tipos de *superendividamento* 12

    5.2 Inspiração legislativa 14

    5.3 Fim da insolvência civil omitida 15

Capítulo I
Disposições Gerais

José Geraldo Brito Filomeno 17

Art. 1º 17

[1] Fundamento constitucional 17

Art. 2º 25

[1] Conceito de consumidor 25

[2] A coletividade de consumidores 40

Art. 3º 43

[1] Conceito de fornecedor 44

[2] Produto como objeto das relações de consumo 46

[3] Serviços como objeto das relações de consumo 47

[4] Relações locatícias 56

[5] Relações trabalhistas 57

Capítulo II
Da Política Nacional de Relações de Consumo

José Geraldo Brito Filomeno 61

Art. 4º 61

[1] Política Nacional de Relações de Consumo 62

[2] Vulnerabilidade do consumidor 63

[3] Ação governamental 64

[4] Harmonização dos interesses dos consumidores e fornecedores ... 67

[5] Educação e informação 72

[6] Controle de qualidade e mecanismos de atendimento pelas próprias empresas ... 74

[7] Conflitos de consumo e juízo arbitral 76

[8] Coibição e repressão de abusos no mercado 83

[9] Racionalização e melhoria dos serviços públicos 86

[10] Estudo das modificações do mercado 91

[11] Educação financeira e ambiental 92

[12] Prevenção e tratamento do *superendividamento* 92

Art. 5º 93

[1] Instrumentos para execução da Política Nacional das Relações de Consumo: a assistência jurídica integral 93

[2] Promotorias de justiça de defesa do consumidor 96

[3] Delegacias especializadas 103

[4] Juizados Especiais de Pequenas Causas e Varas Especializadas 104

[5] Associações de consumidores 107

[6] Mecanismos judicial e extrajudicial de prevenção e tratamento do *superendividamento* 109

[7] Instituição de núcleos de conciliação e mediação de conflitos oriundos de *superendividamento* 111

[8] Órgãos de atendimento da União, Estados, Distrito Federal e Municípios – *Vetado* ... 111

[9] Fiscalização de preços pela União, Estados, Distrito Federal e Municípios – *Vetado* ... 111

Capítulo III
Dos Direitos Básicos do Consumidor

José Geraldo Brito Filomeno 113

Art. 6º 113

[1] Direitos do consumidor 114

[2] Proteção da vida, saúde e segurança 119

[3] Educação do consumidor 119

[4] Informação sobre produtos e serviços 120

[5] Publicidade enganosa e abusiva, práticas comerciais condenáveis 120

[6] Cláusulas contratuais abusivas 121

[7 e 8] Prevenção e reparação de danos individuais e coletivos e acesso à justiça 122

[9] A inversão do ônus da prova 123

[9a] Verossimilhança 128

[9b] Hipossuficiência 129

[10] Participação dos consumidores na formulação de políticas que os afetem 131

[11] Prestação de serviços públicos 133

[11a] Serviços públicos *uti universi* 137

[12] Garantias de práticas de crédito responsável, educação financeira, prevenção e tratamento de situações de superendividamento preservando-se o *mínimo existencial* 141

XVII

[13] Preservação do *mínimo existencial* na repactuação de dívidas e concessão de crédito	142
[14] Informações de preços por unidades de medida, volume, peso	142
[15] No evento intitulado "Ministério Público e a Comunidade – Encontro dos Promotores de Justiça das Pessoas Portadoras de Deficiência e as Organizações de Atendimento"	142
Art. 7º	143
[1] Fontes dos direitos do consumidor	143
[2] Regulamentação do Código do Consumidor	145
[3] Solidariedade em face dos danos infligidos	146

Capítulo IV
Da Qualidade de Produtos e Serviços,
da Prevenção e da Reparação dos Danos

Zelmo Denari (Segmento atualizado por José Geraldo Brito Filomeno)	147
Seção I – Da proteção à saúde e segurança	147
1. A saúde e a segurança dos consumidores	147
Art. 8º	149
[1] Riscos à saúde e segurança	150
[2] Deveres do fabricante	150
Art. 9º	151
[1] Nocividade e periculosidade	151
[2] Natureza da informação	152
Art. 10	152
[1] Alto grau de nocividade ou periculosidade	153
[2] Nocividade futura	153
[3] Divulgação	154
Art. 11	154
Seção II – Da responsabilidade pelo fato do produto e do serviço	155
1. Relação de consumo e de responsabilidade	155
2. Modelos de responsabilidade	156
3. Responsabilidade por danos	157
4. Responsabilidade objetiva	158
Art. 12	160
[1] Responsáveis	160

ÍNDICE SISTEMÁTICO DO CÓDIGO DE DEFESA DO CONSUMIDOR

[2] Responsabilidade e seus elementos 162

[3] Tipologia dos defeitos 162

[4] Produtos defeituosos 163

[5] Riscos de desenvolvimento 164

[6] Inovações tecnológicas 165

[7] Causas excludentes 165

[8] Caso fortuito e força maior 167

Art. 13 168

[1] Responsabilidade do comerciante 168

[2] Direito de regresso 169

Art. 14 169

[1] Danos no fornecimento de serviços 170

[2] Serviço defeituoso 171

[3] Responsabilidade objetiva e causas excludentes 171

[4] Serviços públicos 172

[5] Profissionais liberais 172

Art. 15 174

Art. 16 174

Art. 17 175

[1] Propagação do dano 175

Seção III – Da responsabilidade por vício do produto e do serviço 176

    1. Responsabilidade por vício 176

Art. 18 179

[1] Sujeição passiva 180

[2] Vício de qualidade 180

[3] A disciplina das sanções 181

[4] Redução ou ampliação do prazo de saneamento 182

[5] Imediatização das reparações 183

[6] Produtos *in natura* 183

Art. 19 184

[1] Vícios de quantidade 184

[2] Sanções alternativas 185

XIX

CÓDIGO BRASILEIRO DE DEFESA DO CONSUMIDOR

Art. 20.. 185

[1] Vícios do serviço 185

[2] Serviços e danos morais 186

[3] Reexecução por terceiros 187

Art. 21.. 187

[1] Consertos e reparações.. 187

Art. 22.. 187

[1] Responsabilidade do Poder Público 187

[2] Continuidade dos serviços 188

[3] Falta do serviço público 189

[4] Teoria do risco... 190

[5] Causas excludentes 191

Art. 23.. 191

[1] Ignorância dos vícios... 191

Art. 24.. 191

[1] Garantia de boa qualidade 191

Art. 25.. 192

[1] Cláusulas de exoneração 192

[2] Responsáveis solidários... 192

Seção IV – Da decadência e da prescrição 193

    1. Direitos subjetivos: noção.. 193

    2. A decadência e a prescrição... 193

    3. Decadência na construção civil 194

Art. 26.. 196

[1] Alcance terminológico 196

[2] Prazos decadenciais 196

[3] Termo inicial de decadência.. 199

[4] Vícios ocultos e decadência 199

[5] Causas obstativas... 201

[6] Inteligência do veto... 201

ÍNDICE SISTEMÁTICO DO CÓDIGO DE DEFESA DO CONSUMIDOR

Art. 27 201

[1] Responsabilidade por danos e prescrição 202

[2] Suspensão da prescrição 203

Seção V – Da desconsideração da personalidade jurídica 203

    1. Antecedentes doutrinários 203

    2. Antecedentes legislativos 204

    3. Considerações finais 205

Art. 28 206

[1] Hipóteses materiais de incidência 206

[2] Pressupostos inéditos 207

[3] Faculdade do juiz 207

[4] Legitimidade passiva 207

[5] Agrupamentos societários 208

[6] Sociedades consorciadas 208

[7] Sociedades coligadas 208

[8] Reexame do § 5º 208

Capítulo V
Das Práticas Comerciais

Antônio Herman de Vasconcellos e Benjamin (Segmento atualizado também por Claudia Lima Marques e José Geraldo Brito Filomeno) 211

    1. As fontes deste capítulo 211

    2. O conceito de práticas comerciais 211

    3. A importância das práticas comerciais na sociedade de consumo 213

    4. Práticas comerciais e *marketing* 214

    5. O conceito de *marketing* 215

    6. As diversas manifestações do *marketing* 216

    7. As duas faces principais do *marketing*: a publicidade e as promoções de vendas 216

    8. O *marketing* no Código de Defesa do Consumidor 217

    9. *Marketing* digital 218

    10. Três momentos obrigacionais do *marketing* no CDC 220

    11. O desafio: compatibilizar *marketing* e defesa do consumidor 220

    12. As práticas comerciais, o *marketing* e a publicidade 222

    13. As práticas comerciais na atualização do CDC 222

XXI

CÓDIGO BRASILEIRO DE DEFESA DO CONSUMIDOR

Seção I – Das disposições gerais.. 223

Art. 29.. 223

[1] O Código e seus múltiplos conceitos de consumidor.. 223

[2] Um conceito exclusivo de consumidor para as práticas comerciais....................... 224

[3] A suficiência da exposição... 224

Seção II – Da oferta 224

    1.   Oferta e *marketing* 224

Art. 30.. 226

[1] A origem do dispositivo... 226

[2] O princípio da vinculação.. 226

[3] O pressuposto da veiculação 227

[4] O pressuposto da precisão da informação... 228

[5] A responsabilidade do fornecedor.. 228

[6] Fundamentos econômicos e jurídicos da responsabilidade civil em matéria publicitária.. 229

[7] Da oferta clássica à oferta publicitária 231

[8] O formalismo da oferta no direito tradicional.. 232

[9] A força obrigatória da oferta no direito tradicional... 232

[10] Bases do novo paradigma da oferta publicitária... 234

[11] Inaplicabilidade do art. 429 do Código Civil às relações de consumo 236

Art. 31.. 236

[1] Dois tipos básicos de informação 237

[2] O dever de informar 237

[3] O caráter enumerativo do dispositivo.. 239

[4] A informação em português... 239

[5] Os dados integrantes do dever de informar 240

[6] As embalagens e rotulagem 241

[7] O destinatário da norma.. 241

[8] Preço e código de barras 242

[9] Informações nos produtos refrigerados... 242

Art. 32.. 243

[1] O dever de fornecimento de peças de reposição enquanto durar a fabricação do produto.. 243

ÍNDICE SISTEMÁTICO DO CÓDIGO DE DEFESA DO CONSUMIDOR

[2] O dever de fornecimento de peças de reposição após o encerramento da fabricação do produto 243

Art. 33 243

[1] O fornecimento por telefone ou reembolso postal 244

[2] A vulnerabilidade especial do consumidor na oferta telefônica ou por reembolso 244

[3] Fornecimento pela internet 244

[4] Chamada onerosa ao consumidor 244

Art. 34 245

[1] A responsabilidade solidária do fornecedor pelos atos dos prepostos e intermediários 245

[2] A isenção contratual 245

[3] A valorização dos intermediários na atualização do CDC 245

Art. 35 245

[1] Recusa de cumprimento da oferta 246

[2] Os sujeitos responsáveis 247

[3] A enganosidade 248

[4] Recusa de cumprimento sob o argumento de equívoco no anúncio 249

[4.1] A fonte da vinculação contratual é a declaração publicitária, e não a vontade publicitária 250

[4.2] A publicidade é negócio jurídico unidirecional, destituído de qualquer negociação e sob controle exclusivo do anunciante 251

[4.3] Se os benefícios econômicos principais da publicidade são do anunciante, a assunção de seus riscos também com ele deve ficar 251

[4.4] A teoria do erro tem aplicação reduzida no direito do consumidor 253

[4.5] No regime geral do direito do consumidor, o equívoco inocente não exime a responsabilidade civil do fornecedor 253

[4.6] Só o anunciante tem os meios contratuais para acionar a agência e o veículo 254

[4.7] Liberalidades em matéria de preço, principalmente em economias inflacionárias, são comuns no mercado 255

[5] Irretratabilidade da oferta publicitária 255

Seção III – Da publicidade 258

    1. A importância da publicidade 258

    2. Dever de informar e publicidade 259

    3. Publicidade e controle 259

3.1 O sistema exclusivamente estatal	259
3.2 O sistema exclusivamente privado	260
3.3 O sistema misto	261
4. Publicidade, controle legal e garantias constitucionais	261
5. O conceito de publicidade	262
6. Publicidade x propaganda	263
7. Os diversos tipos de publicidade: institucional e promocional	264
8. Patrocínio	265
9. Os dois grandes momentos de uma campanha publicitária	265
10. Entendendo a gênese de uma criação publicitária	265
10.1 A criação publicitária	265
10.2 Análise da criação publicitária	266
10.2.1 O *briefing*	266
10.2.2 A reflexão estratégica	266
10.2.3 A criação propriamente dita	267
11. Da criação à produção	267
12. A necessidade de um novo tratamento jurídico para a publicidade brasileira	267
13. A situação anterior ao Código de Defesa do Consumidor	268
14. O controle da publicidade no Código de Defesa do Consumidor	269
15. Influência estrangeira no Código	269
16. A regulamentação legal da publicidade no Código: civil, administrativa e penal	269
17. Os princípios gerais adotados pelo Código	270
17.1 O princípio da identificação da publicidade	270
17.2 O princípio da vinculação contratual da publicidade	270
17.3 O princípio da veracidade da publicidade	270
17.4 O princípio da não abusividade da publicidade	270
17.5 O princípio da inversão do ônus da prova	271
17.6 O princípio da transparência da fundamentação da publicidade	271
17.7 O princípio da correção do desvio publicitário	271
17.8 O princípio da lealdade publicitária	271
18. A regulamentação penal da publicidade	272
Art. 36	272
[1] A origem do dispositivo	272
[2] O princípio da identificação da publicidade	273
[2.1] O *merchandising*	273

[2.2] O *teaser*.. 274

[3]　O princípio da transparência da fundamentação....................................... 274

Art. 37.. 276

[1]　A origem do dispositivo... 276

[2]　A proibição da publicidade enganosa e abusiva 277

[3]　A publicidade enganosa 277

[3.1] Os diversos tipos de publicidade enganosa 279

[3.2] O elemento subjetivo.. 279

[3.3] Capacidade de enganar e erro real... 280

[3.4] O consumidor desinformado e ignorante é protegido........................... 281

[3.5] Os consumidores mais frágeis são especialmente tutelados 281

[3.6] A impressão total 282

[3.7] A publicidade enganosa comissiva 282

[3.7.1] O exagero publicitário 282

[3.7.2] O anúncio ambíguo... 283

[3.7.3] Alegações expressas e alegações implícitas 284

[3.8] A publicidade enganosa por omissão... 284

[3.8.1] O conceito de dado essencial 284

[3.8.2] Alguns exemplos concretos... 285

[3.8.3] As demonstrações simuladas... 285

[3.8.4] A língua portuguesa 286

[4]　A publicidade abusiva 286

[4.1] O conceito de publicidade abusiva 287

[4.2] Alguns exemplos de publicidade abusiva 287

[4.2.1] A publicidade discriminatória... 288

[4.2.2] A publicidade exploradora do medo ou superstição........................... 288

[4.2.3] A publicidade incitadora de violência 288

[4.2.4] A publicidade antiambiental... 288

[4.2.5] A publicidade indutora de insegurança... 289

[4.2.6] A publicidade dirigida aos hipossuficientes: a noção de hipervulnerabilidade.. 289

[4.2.7] Publicidade abusiva por correio eletrônico 291

[5]　A questão da publicidade comparativa 292

[6]　Controle da publicidade de tabaco, bebidas alcoólicas, agrotóxicos, medicamentos e terapias 293

[6.1] Fundamentos constitucionais do controle	293
[6.2] Liberdade e abuso na publicidade de tabaco	294
[6.3] A Lei Murad	295
[6.4] A Lei Serra	296
[6.5] Controle tríplice da adequação legal da publicidade de tabaco, bebidas alcoólicas, agrotóxicos e medicamentos	296
[6.6] Regra geral de restrição da forma de comunicação na publicidade de tabaco	296
[6.7] Limites de conteúdo na publicidade de tabaco	297
[6.8] A publicidade de estilo de vida	297
[6.9] Outras proibições	297
[6.10] Patrocínio de atividade cultural ou esportiva	298
[6.11] Sanções administrativas	298
[7] A responsabilidade civil da agência, do veículo e da celebridade	299
[8] A contrapropaganda	300

Art. 38 300

[1] A inversão do ônus da prova na publicidade	301
[2] A fonte do dispositivo	301
[3] A extensão da inversão	301
[4] Outras hipóteses de inversão do ônus da prova em matéria publicitária	301
[5] Desnecessidade de declaração judicial da inversão	302
[6] O decreto regulamentador	302
[7] Conteúdo da inversão	302

Seção IV – Das práticas abusivas 303

1. As práticas abusivas no Código	303
2. O conceito de prática abusiva	303
3. Classificação	304
4. A impossibilidade de exaustão legislativa	305
5. As sanções	305

Art. 39 305

[1] O elenco exemplificativo das práticas abusivas	307
[1.1] Corte de energia e água	307
[1.2] Circulação e uso não autorizados de informações prestadas por consumidores	308
[2] Condicionamento do fornecimento de produto ou serviço	309
[3] Recusa de atendimento à demanda do consumidor	310

ÍNDICE SISTEMÁTICO DO CÓDIGO DE DEFESA DO CONSUMIDOR

[4]   Fornecimento não solicitado 310

[5]   O aproveitamento da hipossuficiência do consumidor 310

[6]   A exigência de vantagem excessiva 310

[7]   Serviços sem orçamento e autorização do consumidor 311

[8]   Divulgação de informações negativas sobre o consumidor 311

[9]   Produtos ou serviços em desacordo com as normas técnicas 311

[9.1] A normalização 312

[9.2] Normalização e regulamentação 313

[9.3] A norma 314

[9.4] A obrigatoriedade da norma 315

[9.5] A atividade de controle 315

[9.6] O sistema brasileiro de normalização 315

[9.7] A Associação Brasileira de Normas Técnicas 315

[9.8] O SINMETRO, o CONMETRO e o INMETRO 316

[9.9] Os diversos tipos de normas brasileiras 316

[10] Recusa de venda direta 317

[11] Elevação de preço sem justa causa 317

[12] Reajuste diverso do previsto em lei ou no contrato 317

[13] A inexistência ou deficiência de prazo para cumprimento da obrigação 317

[14] Superlotação em estabelecimentos comerciais ou de serviços 318

[15] Bagagem reincluída 318

Art. 40 318

[1]   A falta de orçamento como prática abusiva 318

[2]   A exigência de orçamento prévio 319

[3]   A validade da proposta de preço 319

[4]   O orçamento como verdadeiro contrato 319

[5]   Os serviços de terceiro 319

Art. 41 319

[1]   O tabelamento de preços 319

[2]   As opções do consumidor 320

Seção V – Da cobrança de dívidas 320

Art. 42 320

Art. 42-A 320

[1]   A fonte de inspiração da seção 320

[2] A cobrança de dívidas de consumo	321
[3] O objeto do dispositivo	322
[4] Os contatos do credor com terceiros	322
[5] As práticas proibidas	322
[5.1] As proibições absolutas	323
[5.1.1] A ameaça	323
[5.1.2] A coação e o constrangimento físico ou moral	323
[5.1.3] O emprego de afirmações falsas, incorretas ou enganosas	324
[5.2] As proibições relativas	324
[5.2.1] A exposição do consumidor a ridículo	324
[5.2.2] A interferência no trabalho, descanso ou lazer	325
[6] As perdas e danos	326
[7] As sanções administrativas	326
[8] As sanções penais	326
[9] A repetição do indébito	326
[9.1] O regime do Código Civil	327
[9.2] Pressupostos da sanção no regime do CDC	327
[9.2.1] O pressuposto da cobrança de dívida	328
[9.2.2] O pressuposto da extrajudicialidade da cobrança	328
[9.2.3] O pressuposto da qualidade de consumo da dívida cobrada	329
[9.3] A violação objetiva da boa-fé e a desnecessidade de culpa para a aplicação da sanção	330
[9.4] Cobrança indevida por uso de cláusulas ou critérios abusivos	332
[9.5] Os juros e a correção monetária	332
[9.6] O valor da sanção	333
[10] Identificação do fornecedor	333
Seção VI – Dos bancos de dados e cadastros de consumidores	334
Art. 43	334
[1] Fontes de inspiração desta seção	335
[2] Evolução histórica e organização dos bancos de dados brasileiros	336
[3] Duas questões teóricas prévias	337
[4] Direitos constitucionais do cidadão e o caráter invasivo dos arquivos de consumo	339
[5] Arquivos sobre consumidores e sociedade de consumo	340

ÍNDICE SISTEMÁTICO DO CÓDIGO DE DEFESA DO CONSUMIDOR

[6] Necessidade de controle dos arquivos de consumo 344

[7] Natureza jurídica dos arquivos de consumo 345

[8] Venda de cadastros de consumidores e práticas abusivas 347

[9] Antinomia entre regulação privada e estatal dos bancos de dados. Prevalência das normas constitucionais e legais em detrimento dos estatutos de caráter autorregulamentar e contratual... 347

[10] Irrelevância, para fins de controle, da origem oficial das informações coletadas .. 347

[10.1] Limitações legais à coleta de dados – "cartórios de protestos paralelos"?........... 349

[10.2] Medidas judiciais e administrativas adotadas 351

[11] Modalidades de arquivos de consumo disciplinadas pelo CDC 353

[12] Pressupostos de legitimidade dos arquivos de consumo............................ 357

[12.1] O pressuposto teleológico 357

[12.2] Pressupostos substantivos 359

[12.2.1] Inquestionamento do débito e registro 360

[12.2.2] O tipo de informação arquivada 363

[12.3] Pressupostos procedimentais... 364

[12.3.1] Acessibilidade limitada 365

[12.3.2] Linguagem dos arquivos de consumo... 365

[12.3.2.1] Direito à informação veraz 366

[12.3.2.2] Direito à informação objetiva.. 366

[12.3.2.3] Direito à informação clara 366

[12.3.2.4] Direito à informação de fácil compreensão...................................... 366

[12.4] Pressupostos temporais 366

[12.4.1] Fundamentos para a tutela temporal do devedor................................ 367

[12.4.2] A vida útil da informação 368

[12.4.3] Prazo genérico de cinco anos.. 368

[12.4.4] O prazo específico da ação de cobrança 369

[12.4.4.1] Prescrição da ação de cobrança.. 369

[12.4.4.2] Prescrição da ação cambiária.. 370

[12.4.4.3] Prescrição vintenária: uma questão superada 371

[12.4.5] Destinatário da norma do art. 43, § 5º.. 372

[12.4.6] Expurgo de dados inviabilizadores do crédito. Conceito de informação negativa explícita e implícita.. 372

[12.4.7] Termo inicial do prazo 373

[12.4.8] Efeitos jurídicos do decurso do prazo... 374

XXIX

CÓDIGO BRASILEIRO DE DEFESA DO CONSUMIDOR

[13] Direitos básicos do consumidor objeto de arquivo 375

[13.1] Direito de comunicação do assento 376

[13.1.1] Caracterização do direito.. 376

[13.1.2] O sentido do vocábulo "abertura"... 377

[13.1.3] Dever que não abriga exceções 378

[13.1.4] Momento da comunicação 379

[13.1.5] Forma de comunicação ao consumidor... 380

[13.1.6] Conteúdo da comunicação... 380

[13.1.7] Responsáveis pela comunicação 381

[13.1.8] Consequências cíveis, administrativas e penais para o descumprimento do dever de comunicar 381

[13.2] Direito de acesso.. 382

[13.2.1] Caracterização do direito.. 382

[13.2.2] Campo de aplicação do direito de acesso 383

[13.2.3] Rapidez e gratuidade do acesso.. 384

[13.3] Direito à correção 384

[13.3.1] Caracterização do direito.. 384

[13.3.2] Prazo para a correção 384

[13.3.3] Sentido do vocábulo correção 385

[13.3.4] Ônus probatório.. 385

[13.4] Despesas no exercício dos direitos de acesso e de retificação 386

[14] Responsabilidade civil dos arquivos de consumo... 386

[14.1] Sujeitos responsáveis... 388

[14.2] Comportamentos infrativos... 391

[14.3] Danos indenizáveis.. 391

[14.3.1] Danos patrimoniais 392

[14.3.2] Danos morais... 392

[14.4] Regime jurídico da responsabilidade civil pela inscrição, manutenção e comunicação indevidas do registro.. 393

[14.5] Ônus da prova e inversão 394

[15] Sanções administrativas 395

[16] Sanções penais.. 396

[17] Instrumentos processuais 397

[17.1] *Habeas data* 397

[17.2] Tutela de urgência 399

Art. 44	399

Art. 45	399
[1] Os arquivos de consumo estatais	399
[2] A atualização dos arquivos estatais	400
[3] Sentido da expressão "reclamações"	400
[4] Conteúdo dos arquivos estatais	400
[5] O dever de divulgação das informações	401
[6] Os requisitos da divulgação	401
[7] O direito de acesso às informações	402
[8] A aplicação subsidiária das regras dos arquivos de consumo privados	402
[9] Prazo máximo	402
[10] O cumprimento forçado das obrigações de arquivar e divulgar	402
[11] Uso em publicidade comparativa	403

Capítulo VI
Da Proteção Contratual

Nelson Nery Junior (Segmento atualizado por José Geraldo Brito Filomeno e Ada Pellegrini Grinover)	405
Introdução	405
1. Ideologia e filosofia do Código de Defesa do Consumidor	405
1.1 Relações de consumo	405
2. Dirigismo contratual e decadência do voluntarismo: morte do contrato?	410
3. A boa-fé como princípio basilar das relações jurídicas de consumo	413
4. A oferta como elemento vinculante do dever de prestar: execução específica da obrigação de contratar	413
5. Formas de contratação	416
6. Comportamentos socialmente típicos	416
7. Contratos de adesão	418
8. Cláusulas gerais dos contratos	419
9. Proteção contra cláusulas abusivas	422
10. Controle das cláusulas gerais dos contratos	425
11. Contratos bancários	427
12. Modificação das cláusulas contratuais por excessiva onerosidade	434
13. Interpretação dos contratos de consumo	435
14. Responsabilidade derivada dos contratos de consumo	436

CÓDIGO BRASILEIRO DE DEFESA DO CONSUMIDOR

15. Aplicação da disciplina contratual do Código de Defesa do Consumidor a outras relações jurídicas 437

Seção I – Disposições Gerais 438

Art. 46 438

[1] Relações de consumo 438

[2] Conhecimento prévio do consumidor sobre o conteúdo do contrato 439

[3] Redação clara e compreensível 440

Art. 47 441

[1] Cláusulas contratuais 441

[2] Interpretação mais favorável ao consumidor 441

Art. 48 442

[1] Escritos, pré-contratos e contrato preliminar 442

[2] Imposição ao fornecedor do dever de prestar 443

[3] Execução forçada da obrigação de fazer 443

[4] Procedimento da execução específica 443

Art. 49 444

[1] Direito de arrependimento 444

[2] Prazo de reflexão 444

[3] Contagem do prazo de reflexão 444

[4] Relação de consumo fora do estabelecimento comercial 445

[5] Elenco exemplificativo 446

[6] Devolução das quantias pagas 446

[7] Despesas de envio, frete e outros encargos 446

Art. 50 446

[1] Carater complementar da garantia contratual 447

[1.1] Breve histórico 447

[1.2] Características 449

[2] Padronização do termo de garantia 449

[3] Conteúdo e forma do termo de garantia 450

[4] Preenchimento e entrega do termo de garantia 450

[5] Manual de instrução 450

Seção II – Das cláusulas abusivas 451

Art. 51 451

[1]   Cláusulas abusivas 452

[2]   Nulidade das cláusulas abusivas 453

[3]   Elenco exemplificativo das cláusulas abusivas 455

[4]   Proteção do consumidor nos contratos de consumo 457

[5]   Cláusula de não indenizar nos contratos de consumo 457

[6]   Cláusula de renúncia ou disposição de direitos 458

[7]   Cláusula de limitação da indenização e o consumidor-pessoa jurídica 459

[8]   Reembolso da quantia paga pelo consumidor 460

[9]   Transferência de responsabilidades a terceiros 460

[10] Obrigações iníquas e vantagem exagerada 460

[11] Cláusula incompatível com a boa-fé e a equidade 461

[12] Cláusula-surpresa 463

[13] Inversão prejudicial do ônus da prova 465

[14] Arbitragem compulsória 466

[15] Representante imposto 470

[16] Outro negócio jurídico pelo consumidor 472

[17] Opção exclusiva do fornecedor 473

[18] Alteração unilateral do preço 473

[19] Cancelamento unilateral do contrato 473

[20] Ressarcimento unilateral dos custos de cobrança 474

[21] Modificação unilateral do contrato 474

[22] Violação de normas ambientais 474

[23] Desacordo com o sistema de proteção ao consumidor 475

[24] Renúncia à indenização por benfeitorias necessárias 475

[25] Limitações de acesso ao Poder Judiciário 475

[26] Cláusula impeditiva de novos créditos após purgação de mora ou acordo com credores 478

[27] Presunção relativa da vantagem exagerada 478

[28] Ofensa aos princípios fundamentais do sistema 478

[29] Ameaça do objeto ou do equilíbrio do contrato 478

[30] Onerosidade excessiva para o consumidor 479

[31] Conservação do contrato 480

[32] Resolução por ônus excessivo a uma das partes 480

[33] Controle administrativo das cláusulas contratuais gerais pelo Ministério Público ... 480

CÓDIGO BRASILEIRO DE DEFESA DO CONSUMIDOR

[34] Representação ao Ministério Público para o ajuizamento de ação visando ao controle judicial das cláusulas contratuais gerais 481

[35] Diretiva nº 93/13, de 5.4.93, do Conselho da Europa (Comunidade Econômica Europeia – União Europeia), sobre cláusulas contratuais abusivas........................ 481

[36] Cláusulas abusivas. Rol estabelecido pela Portaria nº 4, de 13.3.98, da SDE-MJ ... 488

[37] Cláusulas abusivas estipuladas na Portaria nº 3/99, da Secretaria de Direito Econômico do Ministério da Justiça........................ 490

[38] Cláusulas abusivas estipuladas na Portaria nº 3/01, da Secretaria de Direito Econômico do Ministério da Justiça........................ 491

Art. 52 493

[1] Crédito ao consumidor 493

[2] Informação prévia e adequada 493

[3] Preço em moeda corrente nacional 494

[4] Montante e taxa efetiva de juros 494

[5] Acréscimos legais 494

[6] Número e periodicidade das prestações 495

[7] Total a pagar, com e sem financiamento 495

[8] Multa moratória 495

[9] Liquidação antecipada do débito financiado 496

[10] Multa civil 496

Art. 53 496

[1] Compra e venda a prestação 497

[2] Alienação fiduciária em garantia 497

[3] Nulidade de pleno direito 497

[4] Perda total das prestações pagas 498

[5] Restituição das parcelas quitadas 498

[6] Desconto da vantagem econômica auferida com a fruição 498

[7] Consórcio de produtos duráveis 498

[8] Desconto da vantagem auferida e dos prejuízos causados ao grupo 499

[9] Contratos de consumo expressos em moeda corrente nacional 499

[10] Natureza jurídica e conceito de cláusula penal 499

[10.1] Conceito (Códigos Civis brasileiros não a conceituaram) – Legislação comparada e doutrina 500

[10.2] Cláusula penal como pré-estimativa alternativa de perdas e danos 501

[10.3] Dificuldades de pré-estimativa de perdas e danos e critérios utilizados (questão da justa indenização).. 501

[10.4] Fórmulas de estimativa de perdas e danos (partes, meios judiciais ou determinação legal)... 502

[10.5] Vantagens da pré-estimativa 503

[10.6] Cláusula penal moratória e compensatória 504

[10.7] Cláusula penal compensatória: limites 505

[10.8] Cláusula penal moratória 505

[10.9] Insuficiência da cláusula penal (danos a demonstrar em ação autônoma) 507

[10.10] Alcance do art. 53 do Código do Consumidor 508

[10.11] Entendimento jurisprudencial 510

[10.12] Mudanças de critérios para a resolução contratual – Lei nº 13.786, de 27-12-2018 518

Seção III – Dos contratos de adesão 521

Art. 54... 521

[1] Definição de contrato de adesão 521

[2] Inserção de cláusula no formulário 522

[3] Cláusula resolutória alternativa 522

[4] Escolha é direito do consumidor 522

[5] Contrato de adesão escrito e verbal 523

[6] Redação clara em caracteres ostensivos e legíveis 523

[7] Destaque para as cláusulas limitativas de direito do consumidor 524

[8] Controle administrativo das cláusulas gerais dos contratos de adesão pelo Ministério Público 524

Capítulo VI-A
Da Prevenção e do Tratamento do Superendividamento

Roberto Pfeiffer e Claudia Lima Marques 527

[1] As fontes do capítulo e sua evolução parlamentar... 527

[2] Reforço da dimensão constitucional, ético-inclusiva e de efetividade do CDC através do Capítulo VI-A 531

Art. 54-A 535

[1] Consumidor pessoa natural... 535

[2] A noção de crédito responsável... 536

[3] Educação financeira.. 537

[4]   Conceito de superendividamento 538

[5]   Requisito da boa-fé 542

[6]   Mínimo existencial 544

[7]   Dívidas englobadas 548

[8]   Exclusão de dívidas contraídas com o propósito de não realizar o pagamento e
       para aquisição de produtos e serviços de luxo de alto valor 548

Art. 54-B 550

[1]   Informações obrigatórias no crédito e venda a prazo 550

[2]   Oferta com informação qualificada 552

[3]   Custo efetivo total 553

[4]   Informação sobre encargos da mora 554

[5]   Prazo de validade mínimo da oferta (oferta prévia) 554

[6]   Liquidação antecipada da dívida 555

[7]   Resumo das principais informações 555

[8]   Novo regime da publicidade de crédito e de venda a prazo 555

Art. 54-C 557

[1]   Veto à publicidade de "taxa zero" 557

[2]   Avaliação da situação financeira do consumidor 558

[3]   Compreensão dos ônus e riscos da contratação: a superação da figura do consu-
       midor médio 559

[4]   Assédio ao consumo 562

Art. 54-D 565

[1]   Informação qualificada sobre a CET e as consequências do inadimplemento 565

[2]   Avaliação da situação financeira do consumidor: as condições de crédito do
       consumidor 567

[3]   Informação da identidade do agente financiador 571

[4]   Consequências para o descumprimento dos deveres de informação e aconselha-
       mento 572

Art. 54-E 575

[1]   Dispositivo vetado 575

[2]   Razões de veto 576

[3]   Margem máxima para crédito consignado 577

[4]   Prazo de reflexão para o exercício do direito de arrependimento da contratação
       do crédito 579

Art. 54-F 580

[1] Contratos conexos, coligados ou interdependentes 581

[2] Extensão do direito de arrependimento 582

[3] Extensão da rescisão por inexecução de obrigações do fornecedor 583

[4] Extensão da invalidade ou ineficácia do contrato principal 583

Art. 54-G 584

[1] Novas hipóteses de práticas abusivas 584

[2] Cobrança de quantia contestada 585

[3] Não entrega de cópia de contrato 586

[4] Extensão da entrega de cópia ao garante e coobrigado 587

[5] Impedir ou dificultar bloqueio de pagamento e restituição de valores indevidos: novo direito de *chargeback* 587

Capítulo VII
Das Sanções Administrativas

Zelmo Denari (Segmento atualizado por José Geraldo Brito Filomeno) 589

    1. Normas gerais de consumo 589

    2. Decreto nº 2.181, de 1997 590

Art. 55 595

[1] Normas gerais de consumo 595

[2] Normas de consumo 595

[3] Comissões permanentes 596

[4] Notificação dos fornecedores 596

[5] Revisão periódica das normas de consumo 596

Art. 56 597

[1] Modalidades de sanções administrativas 597

Art. 57 598

[1] Graduação da multa 598

[2] Fundos especiais 598

[3] Aplicação da multa 599

Art. 58 599

[1] Sanções por vício 599

CÓDIGO BRASILEIRO DE DEFESA DO CONSUMIDOR

Art. 59... 599

[1] Sanções subjetivas... 600

[2] Intervenção administrativa... 600

[3] Reincidência 600

Art. 60... 600

[1] Imposição de contrapropaganda... 601

[2] Execução da medida.. 601

Título II
DAS INFRAÇÕES PENAIS

José Geraldo Brito Filomeno... 603

    1. Da defesa do consumidor no âmbito penal...................................... 603

    2. Desinformação e desinteresse individual 603

    3. Parâmetros para a defesa do consumidor no âmbito penal 604

    4. Dilema inicial da comissão elaboradora do anteprojeto 605

    5. Da legislação comparada 608

        5.1 A lei mexicana e infrações contra o consumidor 609

        5.2 A lei venezuelana de proteção ao consumidor e infrações 610

        5.3 Infrações e sanções na lei espanhola de proteção ao consumidor........ 611

        5.4 O novo Código Penal espanhol 612

    6. Conclusões... 615

    7. Críticas à concepção penal do Código.. 615

Art. 61... 617

[1] A advertência do art. 61 617

Art. 62... 622

Art. 63... 622

Art. 64... 622

Art. 65... 622

[1] Colocação no mercado de produtos ou serviços impróprios 622

[2] Omissão de dizeres ou sinais ostensivos... 635

[3] Culpa.. 636

[4] Omissão na comunicação às autoridades competentes..................... 636

[5] Execução de serviços perigosos 640

ÍNDICE SISTEMÁTICO DO CÓDIGO DE DEFESA DO CONSUMIDOR

[6] O concurso material do § 1º do art. 65 e novo tipo do § 2º 641

Da publicidade enganosa e seus efeitos (introdução aos comentários aos arts. 66 a 69) 643

1. Dos abusos na publicidade 643

2. Tentativa de criminalização da publicidade/oferta enganosa ou abusiva 644

3. Anteprojeto do Código Penal (Portaria nº 790, de 27.10.87)......................... 644

4. Inserção de tipo específico na Lei nº 1.521/51 645

5. Publicidade enganosa como "concorrência desleal" 645

6. Críticas ao sistema de publicidade enganosa como concorrência desleal....... 646

7. Tipo criado pela Lei nº 8.137/90... 649

8. Criminalização da publicidade enganosa.. 650

Art. 66... 651

[1] Falsidade, engano e omissão em informações sobre produtos e serviços 651

[2] Patrocínio.. 662

[3] Culpa... 662

Art. 67... 663

[1] Elaboração ou promoção de publicidade sabidamente enganosa ou abusiva 663

[2] O veto ao parágrafo único 665

Art. 68... 665

[1] Elaboração ou promoção de publicidade tendenciosa.. 665

[2] Veto ao parágrafo único 666

Art. 69... 667

[1] Omissão na organização de dados que dão base à publicidade............................ 667

[2] Conclusões quanto aos abusos na publicidade 668

Art. 70... 669

[1] Emprego de peças e componentes de reposição usados...................................... 669

Art. 71... 671

[1] Meios vexatórios na cobrança de dívidas do consumidor................................... 671

Art. 72... 678

[1] Impedimento de acesso a banco de dados.. 678

Art. 73... 680

[1] Omissão na correção de dados incorretos.. 680

XXXIX

CÓDIGO BRASILEIRO DE DEFESA DO CONSUMIDOR

Art. 74.. 683

[1]   Omissão na entrega de termos de garantia.. 683

Art. 75.. 684

[1]   Da responsabilidade e concurso de pessoas.. 684

Art. 76.. 686

[1]   Circunstâncias agravantes... 687

Art. 77.. 688

[1]   Penas de multa.. 688

Art. 78.. 689

[1]   Outras penas.. 689

[2]   Da responsabilidade penal da pessoa jurídica 692

Art. 79.. 697

[1]   Da fiança 698

Art. 80.. 699

[1]   Intervenção de assistentes de acusação e ação penal subsidiária 699

Título III
DA DEFESA DO CONSUMIDOR EM JUÍZO

PROCESSO COLETIVO E PROCESSO INDIVIDUAL

Ada Pellegrini Grinover e Kazuo Watanabe.. 703

I – DA DEFESA DO CONSUMIDOR EM JUÍZO

Ada Pellegrini Grinover... 703

    1.   Da tutela jurisdicional dos direitos e interesses do consumidor 703

    2.   Conteúdo do Título III... 705

II – DAS DEMANDAS INDIVIDUAIS E DEMANDAS COLETIVAS DE DEFESA DO CONSUMIDOR – Considerações gerais, peculiaridades, relação entre elas, carga dinâmica da prova e inversão do ônus da prova; despesas com provas; conversão da ação individual em ação coletiva

Kazuo Watanabe... 706

    1.   Relevância das demandas coletivas e das individuais................................. 706

    2.   Aplicação do CPC nos processos individuais do consumidor, com algumas especificidades.. 707

    3.   Inadmissibilidade da denunciação da lide nos processos individuais do consumidor 707

XL

4.	Teoria da carga dinâmica da prova e inversão do ônus da prova	708
5.	Ônus da prova e sua inversão no Código de Defesa do Consumidor (arts. 6º, VIII, e 38, CDC)	709
6.	Inversão do ônus da prova e inversão da responsabilidade pelo adiantamento de despesas processuais	713
7.	Relação entre demanda coletiva e demandas individuais	716
8.	Conversão da ação individual em ação coletiva	722

III – DIREITO PROCESSUAL COLETIVO

Ada Pellegrini Grinover (atualizado por João Ferreira Braga e Kazuo Watanabe) 727

1.	Introdução	727
	1.1 O "estado da arte"	727
	1.2 Princípios do direito processual coletivo	728
	1.2.1 Princípio do acesso à justiça	728
	1.2.2 Princípio da universalidade da jurisdição	728
	1.2.3 Princípio de participação	729
	1.2.4 Princípio da ação	729
	1.2.5 Princípio do impulso oficial	729
	1.2.6 Princípio da economia	730
	1.2.7 Princípio da instrumentalidade das formas	730
	1.3 Conclusão quanto aos princípios	731
	1.4 Institutos fundamentais do processo coletivo	731
	1.4.1 Legitimação	731
	1.4.2 Representatividade adequada	731
	1.4.3 Coisa julgada	731
	1.4.4 Pedido e causa de pedir	731
	1.4.5 Conexão, continência e litispendência	732
	1.4.6 Preclusões	732
	1.4.7 Competência	732
	1.4.8 Ônus da prova	732
	1.4.9 Liquidação da sentença	732
	1.4.10 Indenização pelos danos provocados	732
	1.4.11 Outros institutos	733
	1.5 Conclusão quanto aos institutos	733
	1.6 Direito processual coletivo	733
2.	Da necessidade de um novo sistema de processos coletivos	733
	2.1 O minissistema brasileiro de processos coletivos	733
	2.2 Código Modelo de Processos Coletivos para Ibero-América	734

CÓDIGO BRASILEIRO DE DEFESA DO CONSUMIDOR

2.3	O surgimento do Anteprojeto de Código Brasileiro de Processos Coletivos	735
2.4	Inovações do Anteprojeto	735
2.5	O Projeto de Lei sobre ações coletivas	736
	2.5.1 Vantagens gerais	736
	2.5.2 Pontos específicos	736
	2.5.3 Retrocessos em relação ao Anteprojeto de Código Brasileiro de Processos Coletivos	737
2.6	O triste fim do projeto de lei	737
3.	Significado social, político e jurídico da tutela jurisdicional coletiva	738
3.1	O surgimento dos interesses difusos	738
3.2	Dimensão social	738
3.3	Configuração política	739
3.4	A transformação do direito processual	739
3.5	Evolução da tutela jurisdicional no Brasil	739
3.6	Influência do minissistema brasileiro em outros países	740
3.7	Transformação do direito processual brasileiro	741
4.	Os processos coletivos nos países de *civil law*	741
4.1	O relatório geral para o XIII Congresso Mundial	741
4.2	As novas tendências	742
	4.2.1 Direitos tutelados	743
	4.2.2 As ações cabíveis	743
	4.2.3 Os esquemas do processo civil individual utilizados para a tutela coletiva	744
	4.2.4 Legitimação ativa	745
	4.2.5 A "representatividade adequada"	745
	4.2.6 Ação coletiva passiva	746
	4.2.7 Coisa julgada: direitos difusos e coletivos	747
	4.2.8 Coisa julgada: direitos individuais homogêneos	747
	4.2.8.1 O critério do *opt out*	748
	4.2.8.2 O critério do *opt in*	748
	4.2.8.3 Combinação do *opt in* com o *opt out*	749
	4.2.8.4 A coisa julgada *secundum eventum litis*	749
	4.2.9 Coisa julgada *secundum probationem*	750
	4.2.10 O aproveitamento da coisa julgada coletiva para beneficiar as pretensões individuais	750
5.	Correspondência da tutela coletiva nos países de *civil law* com as categorias das *class actions* norte-americanas	751

Capítulo I
Disposições Gerais

IV – COMENTÁRIOS SOBRE A DEFESA DO CONSUMIDOR EM JUÍZO

Kazuo Watanabe... 755

    1.   Formação de nova mentalidade.. 755

    2.   Sociedade civil mais bem organizada e participativa................... 756

    3.   Ampliação da legitimação para agir.. 756

        3a.   Da representatividade adequada e da legitimação passiva do grupo ... 758

    4.   Ampliação dos poderes do magistrado.. 758

    5.   Conceituação dos interesses ou direitos difusos e coletivos 760

    6.   Interação entre o Código e a Lei de Ação Civil Pública 760

Art. 81... 760

[1]   Tutela dos interesses e direitos dos consumidores e das vítimas de danos 760

[1a] Danos morais coletivos 761

[2]   Tutela individual dos consumidores.. 761

[3]   Tutela coletiva dos consumidores 762

[4]   Interesses ou direitos "difusos" 763

[5]   Interesses ou direitos "coletivos" 764

[6]   Interesses ou direitos "individuais homogêneos" 766

[7]   Interesses "difusos" e "coletivos" – da correta distinção entre eles depende a correta fixação do objeto litigioso do processo (pedido e causa de pedir) 767

[8]   Conceito sociológico e conceito jurídico de interesses ou direitos "difusos", "coletivos" e "individuais homogêneos" 770

[9]   As distinções conceituais acima expostas não foram observadas na prática com a precisão desejável.. 770

Art. 82... 772

[1]   Correção do erro de remissão 772

[2]   Ampliação da legitimação para agir 773

[3]   Legitimação do Ministério Público 774

[3a] Legitimação da Defensoria Pública 777

[4]   Legitimação da União, Estados, Distrito Federal e Municípios............ 780

[5]   Legitimação de entes públicos sem personalidade jurídica 781

[6]   Legitimação das associações.. 781

[6a] A Medida Provisória nº 2.180-35, de 24 de agosto de 2001 (anteriormente Medida Provisória nº 1.984-18, de 1º de junho de 2000) 782

CÓDIGO BRASILEIRO DE DEFESA DO CONSUMIDOR

[6b] A falta de legitimação da pessoa física 783

[7] Dispensa pelo juiz do requisito da pré-constituição 783

[7a] A representatividade adequada no ordenamento brasileiro 783

[7b] A legitimação passiva do grupo 786

[7c] A legitimação passiva do grupo no sistema brasileiro 786

[8] § 2º vetado: litisconsórcio entre os órgãos do Ministério Público............ 790

[9] § 3º vetado: novo título executivo extrajudicial 791

Art. 83.. 791

[1] Efetividade da tutela jurídica processual 791

[1a] Proibição de cautelares satisfativas e de execução provisória contra a Fazenda
Pública... 795

[2] Parágrafo único: vetado.. 795

Art. 84.. 796

[1] Fonte inspiradora... 796

[2] Interação entre os arts. 83 e 84 797

[3] Conversão da obrigação em perdas e danos... 797

[4] Multa e perdas e danos.. 797

[5] Medida liminar... 797

[6] Multa e poder ampliado do juiz.. 797

[7] Poderes do juiz e novos tipos de provimentos jurisdicionais 798

Art. 85.. 801

Art. 86.. 801

[1] Necessidade de ação mandamental de provimento eficaz e procedimento célere
para a tutela de direitos entre particulares... 801

[2] Admissibilidade do *habeas data* apesar do veto 802

Art. 87.. 802

[1] Ações coletivas e facilitação do acesso à justiça... 803

[2] Ações coletivas e sucumbência 803

[3] Litigância de má-fé e associação civil.. 803

[4] Litigância de má-fé e demais legitimados para as ações coletivas............ 803

Art. 88.. 803

[1] Ação autônoma de regresso nos mesmos autos da ação de indenização 804

[2] Vedação de denunciação da lide na ação de indenização pelo fato do produto ou
do serviço... 804

INDICE SISTEMÁTICO DO CÓDIGO DE DEFESA DO CONSUMIDOR

Art. 89.. 804

[1] Extensão da disciplina processual do Código a outros direitos ou interesses difusos, coletivos e individuais homogêneos apesar do veto.. 805

Art. 90.. 805

[1] Interação entre o Código e a Lei nº 7.347/85 805

Capítulo II
Das Ações Coletivas para a Defesa de Interesses Individuais Homogêneos
(Comentários aos arts. 91 a 100)

Ada Pellegrini Grinover (atualizado por João Ferreira Braga e Kazuo Watanabe)....... 807

1. As *class actions* do sistema norte-americano 807

2. As *class actions for damages* em outros países de *common law*........................ 812

3. As *class actions* no sistema brasileiro 812

    3a. A prevalência e a superioridade das *class actions for damages* reconduzidas ao sistema brasileiro.. 813

    3b. As ações coletivas para a defesa de interesses individuais homogêneos 816

Art. 91.. 816

[1] A ação civil coletiva de responsabilidade pelos danos individualmente sofridos.. 817

[2] A legitimação para a ação 817

Art. 92.. 818

[1] O Ministério Público como autor.. 818

[2] Atuação obrigatória do Ministério Público 820

[3] O veto e a aplicação das normas da Lei nº 7.347/85.. 820

Art. 93.. 821

[1] Âmbito de aplicação do art. 93.. 821

[2] Competência objetiva em razão da matéria 821

[3] O local do dano como critério para a fixação da competência territorial.............. 823

[4] A determinação do foro competente: dano de âmbito local 824

[5] A determinação do foro competente: dano de âmbito regional ou nacional......... 824

[6] Competência territorial absoluta 825

[7] A competência perante a Medida Provisória nº 1.570, de 26 de março de 1997.... 825

Art. 94.. 826

[1] Divulgação da propositura da ação para conhecimento dos interessados............. 826

[2] Intervenção dos interessados como litisconsortes... 827

XLV

CÓDIGO BRASILEIRO DE DEFESA DO CONSUMIDOR

Art. 95.. 827

[1]   O conteúdo da sentença favorável 828

Art. 96.. 828

[1]   Divulgação da sentença condenatória... 828

Art. 97.. 829

[1]   Liquidação e execução da sentença 829

[2]   Prazo para a liquidação 830

[3]   Legitimação e representação para a liquidação e execução............................. 832

[4]   Modalidade e objeto da liquidação.. 833

[5]   Foro competente para a liquidação: o dispositivo vetado 833

Art. 98.. 834

[1]   Execução individual e coletiva 834

[2]   Execução coletiva definitiva e provisória... 835

[3]   Competência de juízo para execução 835

Art. 99.. 835

[1]   Concurso de créditos... 835

[2]   Garantia da preferência... 836

Art. 100 836

[1]   A *fluid recovery* do direito brasileiro 836

[2]   A legitimação para a liquidação e execução.. 837

[3]   Modalidade e objeto da liquidação.. 837

[4]   Destinação da *fluid recovery*... 838

Capítulo III
Das Ações de Responsabilidade do Fornecedor de Produtos e Serviços
(Comentários aos arts. 101 e 102)

Kazuo Watanabe.. 839

    1.   Rápidas considerações sobre o Capítulo III 839

Art. 101 839

[1]   Ação de responsabilidade civil 840

[2]   Competência territorial.. 841

[3]   Chamamento ao processo em vez de denunciação da lide 841

[4]   Acionabilidade direta do segurador pelos consumidores e pelas vítimas de danos.. 841

XLVI

ÍNDICE SISTEMÁTICO DO CÓDIGO DE DEFESA DO CONSUMIDOR

[5] Vedação de denunciação da lide ao instituto de resseguros do Brasil 841

Art. 102 842

[1] Ação preventiva de natureza mandamental 842

[2] § 1º Vetado 843

[3] § 2º Vetado 843

Capítulo IV
Da Coisa Julgada

Ada Pellegrini Grinover (atualizado por João Ferreira Braga e Kazuo Watanabe)....... 845

1. A coisa julgada nas ações coletivas.. 845

2. A extensão subjetiva da coisa julgada e a fórmula da *representatividade adequada* 846

3. A *representatividade adequada* no sistema brasileiro................................ 847

4. A opção do Código... 848

5. A coisa julgada *secundum eventum litis* 848

5.1. Efeitos da sentença coletiva nos juízos individuais: a ampliação do objeto do processo 850

5.2. Litispendência, continência e coisa julgada................................... 851

5.3. Novas questões sobre a coisa julgada 852

Art. 103 852

[1] A coisa julgada nas ações coletivas. Abrangência da disciplina............................ 852

[2] O alcance da coisa julgada *erga omnes e ultra partes* 854

[2a] A coisa julgada e a Lei nº 9.494, de 10 de setembro de 1997 856

[2b] Novo ataque à coisa julgada *erga omnes* ou *ultra partes*: a Medida Provisória 2.180-35, de 2001 860

[2c] O controle difuso da constitucionalidade e a coisa julgada *erga omnes* 861

[3] A disciplina da coisa julgada nas ações em defesa de interesses difusos................. 862

[3a] A coisa julgada *secundum eventum probationis* 863

[4] A coisa julgada negativa nas ações em defesa de interesses difusos e a possibilidade de ações individuais 866

[5] A disciplina da coisa julgada nas ações em defesa de interesses difusos: os casos possíveis... 866

[6] A disciplina da coisa julgada nas ações em defesa de interesses coletivos 866

[7] A disciplina da coisa julgada nas ações coletivas em defesa de interesses ou direitos individuais homogêneos 867

[8] A coisa julgada da Lei nº 7.347/85 transportada, *in utilibus*, às ações de indenização por danos pessoalmente sofridos... 868

XLVII

CÓDIGO BRASILEIRO DE DEFESA DO CONSUMIDOR

[9] A coisa julgada penal transportada, *in utilibus*, às ações de indenização por danos pessoalmente sofridos 870

[10a] A coisa julgada na ação coletiva passiva 870

[10b] Coisa julgada, questões prejudiciais e processos coletivos 872

Art. 104 872

[1] Identidade total ou parcial de demandas 872

[2] Identidade total ou parcial entre demandas coletivas 873

[3] Identidade parcial entre a demanda coletiva e as individuais 874

[4] O erro de remissão do art. 104 874

[5] Exclusão da litispendência 874

[6] Ações coletivas de responsabilidade civil e ações reparatórias individuais: continência e coisa julgada 875

Capítulo V
Da Conciliação no Superendividamento

Roberto Pfeiffer 881

Art. 104-A 881

[1] Tratamento do superendividamento 882

[2] Audiência de conciliação no processo de superendividamento para repactuação de dívidas 887

[3] Plano de pagamento 889

[4] Dívidas excluídas do plano de pagamento 890

[5] Sanções pelo não comparecimento injustificado 891

[6] Título executivo judicial 892

[7] Insolvência civil 892

Art. 104-B 893

[1] Processo por superendividamento para revisão e integração dos contratos e repactuação das dívidas 893

[2] Plano de pagamento judicial compulsório 897

[3] Nomeação de administrador 899

Art. 104-C 900

[1] Conciliação administrativa extrajudicial 900

[2] Reclamações individuais e audiência global de conciliação 901

[3] Conteúdo do plano de pagamento 903

Título IV
DO SISTEMA NACIONAL DE DEFESA DO CONSUMIDOR

Daniel Roberto Fink (Atualizado por José Geraldo Brito Filomeno) 905

Art. 105 906

[1]   Instrumentos do sistema 906

Art. 106 907

[1]   Os órgãos de defesa do consumidor e a efetiva realização da Política Nacional de Relações de Consumo 908

[2]   Departamento de Proteção e Defesa do Consumidor – DPDC 910

[3]   Atribuições 911

[3.1] Planejamento, elaboração, proposta, coordenação e execução da Política Nacional de Proteção ao Consumidor... 911

Globalização e neoliberalismo 912

Integração dos órgãos 914

[3.2] Recebimento, análise, avaliação e encaminhamento de consultas, denúncias ou sugestões apresentadas por entidades representativas ou pessoas jurídicas de direito público ou privado 915

[3.3] Prestação aos consumidores de orientação permanente sobre seus direitos e garantias 915

[3.4] Informação, conscientização e motivação do consumidor através dos diferentes meios de comunicação 915

[3.5] Solicitação à polícia judiciária de instauração de inquérito policial para a apreciação de delitos contra os consumidores, nos termos da legislação vigente 915

[3.6] Representação ao Ministério Público competente para fins de adoção de medidas processuais no âmbito de suas atribuições 916

[3.7] Levar ao conhecimento dos órgãos competentes as infrações de ordem administrativa que violarem os interesses difusos, coletivos ou individuais dos consumidores.. 916

[3.8] Solicitação do concurso de órgãos e entidades da União, Estados, Distrito Federal e dos Municípios, bem como auxílio na fiscalização de preços, abastecimento, quantidade e segurança de bens e serviços 916

[3.9] Incentivo, inclusive com recursos financeiros e outros programas especiais, à formação de entidades de defesa do consumidor pela população e pelos órgãos públicos estaduais e municipais 917

[3.10] Desenvolvimento de outras atividades compatíveis com suas finalidades.......... 917

[4]   Os vetos 917

[5]   Apoio técnico-científico... 917

XLIX

A organização do Sistema Nacional de Defesa do Consumidor 918

O Decreto nº 2.181, de 20 de março de 1997 919

Conflito de atribuições 921

Avocação de processos administrativos 921

Compromisso de ajustamento de conduta 923

Fundo de Reparação dos Interesses Lesados dos Consumidores 934

Título V
DA CONVENÇÃO COLETIVA DE CONSUMO

Daniel Roberto Fink (Atualizado por José Geraldo Brito Filomeno) 937

Art. 107 939

[1]   Conceito, objeto e natureza jurídica 939

[2]   Condições e requisitos 940

[3]   Desligamento do fornecedor 940

Art. 108 940

[1]   Sanções convencionais 940

Título VI
DISPOSIÇÕES FINAIS

Nelson Nery Junior (Segmento atualizado por Ada Pellegrini Grinover, João Ferreira
Braga e Kazuo Watanabe) 943

1.   Disposições processuais do Código de Defesa do Consumidor e outras normas sobre a tutela processual dos interesses difusos e coletivos 943

2.   O Código de Defesa do Consumidor e o Código de Processo Civil 943

3.   Integração dos sistemas do CDC e da LACP 944

4.   Código de Defesa do Consumidor, Lei da Ação Civil Pública e mandado de segurança coletivo 946

5.   Principais modificações introduzidas pelo CDC na LACP 946

Art. 109 947

[1]   Veto do preâmbulo da lei 947

Art. 110 947

[1]   Caracterização do direito como difuso, coletivo ou individual homogêneo 948

[2]   Tutela dos interesses difusos 948

[3]   Direitos difusos e coletivos 948

[4]   Legitimidade do Ministério Público do Trabalho 951

ÍNDICE SISTEMÁTICO DO CÓDIGO DE DEFESA DO CONSUMIDOR

[5] Legitimidade dos sindicatos 951

[6] Legitimidade da Defensoria Pública 952

[7] Tutela dos interesses coletivos 953

Art. 111 953

[1] Defesa de outros interesses difusos e coletivos como finalidade da associação e dos sindicatos 953

Art. 112 955

[1] Desistência infundada da ação 955

[2] Abandono da ação 956

[3] Desistência por associação ou sindicato 957

[4] Desistência da ação pelo Ministério Público.. 957

[5] Assunção da ação por outro legitimado que não o Ministério Público.................. 959

Art. 113 959

[1] Pré-constituição dispensada pelo juiz.. 959

[2] Manifesto interesse social 960

[3] Litisconsórcio facultativo 961

[4] Representação do Ministério Público 961

[4a] Compromisso tomado pelos órgãos legitimados... 963

Natureza.. 964

Sujeitos e objeto 964

Cumprimento das obrigações e consequências... 965

[5] Compromisso como título executivo extrajudicial 967

[6] Eficácia executiva do compromisso de ajustamento de conduta.............. 967

Art. 114 968

[1] Sentença condenatória 968

[2] Inércia da associação ou sindicato autor... 968

[3] Dever de o Ministério Público promover a execução 969

[4] Faculdade da execução pelos demais legitimados....................................... 970

Art. 115 970

[1] Redação do dispositivo... 970

[2] Litigância de má-fé 971

[3] Solidariedade entre a associação e seus diretores....................................... 972

[4] Honorários de advogado e décuplo das custas.. 973

LI

CÓDIGO BRASILEIRO DE DEFESA DO CONSUMIDOR

[5] Indenização por perdas e danos	973
Art. 116	974
[1] Adiantamento de custas e despesas processuais	974
[2] Condenação nas verbas de sucumbência	974
Art. 117	975
[1] Aplicabilidade do Título III do Código de Defesa do Consumidor às ações propostas com base na Lei da Ação Civil Pública	975
[2] Mandado de segurança coletivo	976
[3] Aplicação das normas processuais às ações em curso	977
Art. 118	978
[1] Data da entrada em vigor da lei	978
[2] Normas que dependem de regulamento	978
[3] Leis editadas no período da *vacatio legis*	979
[4] Contratos celebrados antes da entrada em vigor da lei	980
Art. 119	981
[1] Sobrevivência do Código Civil, Código Comercial e Leis extravagantes	981
BIBLIOGRAFIA	983

ANEXO
JURISPRUDÊNCIA DO SUPERIOR TRIBUNAL DE JUSTIÇA SOBRE PROCESSOS COLETIVOS

OS INSTITUTOS FUNDAMENTAIS DO PROCESSO COLETIVO NA JURISPRUDÊNCIA DO SUPERIOR TRIBUNAL DE JUSTIÇA: UM PATRIMÔNIO HERMENÊUTICO EM FORMAÇÃO	1003
Ada Pellegrini Grinover e João Ferreira Braga	1003
Introdução	1003
1. Legitimidade *ad causam*	1005
1.1 Legitimidade *ad causam* ativa	1005
1.1.1 Legitimidade *ad causam* do Ministério Público	1005
1.1.2 Legitimidade concorrente e autônoma entre Ministério Público Federal e Estadual	1009
1.1.3 Legitimidade *ad causam* das associações: representação ou substituição processual	1010
1.1.4 Legitimidade *ad causam* das associações e a pertinência temática. Representatividade adequada	1023
1.1.5 Legitimação da Defensoria Pública	1025

ÍNDICE SISTEMÁTICO DO CÓDIGO DE DEFESA DO CONSUMIDOR

1.2 Ação coletiva passiva 1027

1.3 Comentários dos autores – Legitimidade *ad causam* 1029

2. Limites territoriais da coisa julgada 1046

2.1 Coisa julgada *erga omnes* restrita aos limites da competência do órgão prolator da decisão 1048

2.2 Abrangência nacional da coisa julgada 1050

2.3 Comentários dos autores 1056

3. Competência 1069

3.1 Competência do juízo para os atos de execução do julgado coletivo .. 1069

3.2 Comentários dos autores 1070

4. Prescrição 1076

4.1 Aplicação analógica do art. 21 da Lei nº 4.717/65 (Lei da Ação Popular) 1076

4.2 Imprescritibilidade, em se tratando de ACP que vise ao ressarcimento do erário 1078

4.3 Imprescritibilidade da pretensão, nos casos de nulidade do ato administrativo, por falta de licitação, e de danos ao meio ambiente 1079

4.4 Prazo prescricional para o ajuizamento da execução 1081

4.5 Aplicação da Súmula 150 do STF 1082

4.6 Comentários dos autores 1083

5. Concomitância de ações individuais e ações coletivas 1097

5.1 Suspensão do curso dos processos individuais determinada de ofício 1097

5.2 Pela simultaneidade do processamento de ações individuais e coletivas 1100

5.3 Comentários dos autores 1103

6. Liquidação e execução da sentença 1112

6.1 Comentários dos autores 1114

7. Conclusões 1119

ÍNDICE ALFABÉTICO-REMISSIVO DO CÓDIGO DE DEFESA DO CONSUMIDOR E MICROSSISTEMA DOS PROCESSOS COLETIVOS 1125

INTRODUÇÃO

Ada Pellegrini Grinover
Antônio Herman de Vasconcellos e Benjamin

I – TRABALHOS DE ELABORAÇÃO – ANTEPROJETO DE CÓDIGO DE DEFESA DO CONSUMIDOR

1. ESCORÇO HISTÓRICO

Antes mesmo da promulgação da Constituição de 1988, o então presidente do Conselho Nacional de Defesa do Consumidor, Dr. Flávio Flores da Cunha Bierrenbach, constituiu comissão, no âmbito do referido Conselho, com o objetivo de apresentar Anteprojeto de Código de Defesa do Consumidor, previsto, com essa denominação, pelos trabalhos da Assembleia Nacional Constituinte. A comissão foi composta pelos seguintes juristas: Ada Pellegrini Grinover (coordenadora), Daniel Roberto Fink, José Geraldo Brito Filomeno, Kazuo Watanabe e Zelmo Denari. Durante os trabalhos de elaboração do anteprojeto, a coordenação foi dividida com José Geraldo Brito Filomeno, e a comissão contou com a assessoria de Antônio Herman de Vasconcellos e Benjamin, Eliana Cáceres, Marcelo Gomes Sodré, Mariângela Sarrubo, Nelson Nery Junior e Régis Rodrigues Bonvicino. Também contribuíram com valiosos subsídios diversos promotores de Justiça de São Paulo. A comissão ainda levou em consideração trabalhos anteriores do CNDC, que havia contado com a colaboração de Fábio Konder Comparato, Waldemar Mariz de Oliveira Júnior e Cândido Dinamarco.

Finalmente, a comissão apresentou ao ministro Paulo Brossard o primeiro anteprojeto, que foi amplamente divulgado e debatido em diversas capitais, recebendo, assim, críticas e sugestões. Desse trabalho conjunto, longo e ponderado resultou a reformulação do anteprojeto, que veio a ser publicado no *DO* de 4 de janeiro de 1989, acompanhado do parecer da comissão, justificando o acolhimento ou a rejeição das propostas recebidas.

Diversos projetos haviam sido apresentados, quando o Congresso Nacional constituiu Comissão Mista destinada a elaborar Projeto do Código do Consumidor. Presidiu a Comissão Mista o sen. José Agripino Maia, sendo seu vice-presidente o sen. Carlos Patrocínio e relator o dep. Joaci Goes.

Distinguindo com sua confiança os membros da comissão do CNDC, por intermédio de Ada Pellegrini Grinover, Antônio Herman de Vasconcellos e Benjamin e Nelson Nery Junior, o relator da comissão incumbiu-os de preparar uma consolidação dos trabalhos legislativos existentes, a partir do quadro comparativo organizado pela PRODASEN. Verificados, assim, os pontos de convergência e divergência, pudemos preparar um novo texto consolidado, que tomou essencialmente por base o Projeto Michel Temer – que espelhava a fase mais adiantada dos trabalhos da comissão – e o Substitutivo Alckmin, que oferecia algumas novidades interessantes.

Para debate dos pontos polêmicos do Código e apresentação de sugestões, a Comissão Mista realizou ampla audiência pública, colhendo o depoimento e as sugestões de representantes dos mais variados segmentos da sociedade: indústria, comércio, serviços, governo, consumidores, cidadãos. A absoluta transparência e a isenção do relator da Comissão Mista criaram um clima de conciliação, em que se pôde chegar ao consenso, adotando-se posições intermediárias, que atendiam a todos os interessados. É mister salientar, nesta fase, a importante obra de mediação e colaboração do Dr. Bruno Onurb.

E, finalmente, o Código de Defesa do Consumidor (Lei nº 8.078/90) veio coroar o trabalho legislativo, ampliando o âmbito de incidência da Lei da Ação Civil Pública, ao determinar sua aplicação a todos os interesses difusos e coletivos, e criando uma nova categoria de direitos ou interesses, individuais por natureza e tradicionalmente tratados apenas a título pessoal, mas conduzíveis coletivamente perante a justiça civil, em função da origem comum, que denominou direitos individuais homogêneos.

2. OS VETOS PRESIDENCIAIS

O Projeto do Congresso Nacional sofreu nada menos que 42 vetos. Alguns foram o resultado de *lobbies* que não haviam conseguido sensibilizar a Comissão Mista e que, vencidos nas audiências públicas, voltaram à carga na instância governamental. Outros parecem trair a pouca familiaridade dos assessores com as técnicas de proteção ao consumidor. Outros, ainda, recaíram em pontos verdadeiramente polêmicos, sendo até certo ponto justificáveis.

Mas o que vale salientar é que o balanço geral dos vetos aponta a existência de alguns verdadeiramente lamentáveis: por exemplo, aqueles que suprimiram todas as multas civis, criadas para compensar a suavidade das sanções penais e universalmente reconhecidas como instrumento idôneo de punição no campo das relações de consumo (arts. 16, 45 e 52, § 3º); ou aquele que se insurgiu contra a participação dos consumidores e dos órgãos instituídos para a sua defesa na formulação das políticas de consumo, tão consentânea com os princípios da democracia participativa traçados pela Constituição (art. 6º, inc. IV; art. 106, incs. X e XI); ou ainda o que impediu a instituição de um novo tipo de mandado de segurança contra atos de particulares, preconizado em nível de Constituição e relegado para criação em lei ordinária, sede apropriada à matéria (art. 85).

Outros são compreensíveis, por recaírem em assuntos polêmicos e não totalmente pacificados, como, por exemplo, a retirada do mercado de produtos nocivos, mesmo quando adequadamente utilizados (art. 11); ou a atribuição do controle administrativo abstrato e preventivo das cláusulas gerais de todos os contratos de adesão ao Ministério Público (art. 54, § 5º).

Outros vetos são irrelevantes, por incidirem sobre dispositivos didáticos, cuja ausência não acarreta qualquer consequência maior: é o caso dos parágrafos do art. 5º; do § 1º do art. 28; do § 2º do art. 55; do § 2º do art. 82; do § 1º do art. 102; do inc. XII do art. 106.

E, finalmente, a grande maioria é totalmente ineficaz, por ter ficado o assunto regulado em outros dispositivos não vetados; assim ocorre, por exemplo, com as sanções para a publicidade enganosa, objeto de veto no § 4º do art. 37 e nos parágrafos do art. 60, mas decorrentes do *caput* do art. 37 e da previsão do inc. XII do art. 56; com o direito à compensação ou à restituição em favor do devedor inadimplente nos contratos de compra e venda mediante pagamento em prestações, vetado no § 1º do art. 53, mas extraído do preceito sobre a nulidade de cláusulas que estabeleçam a perda total (*caput* do dispositivo); a cominação de sanções penais para certas modalidades de publicidade enganosa (parágrafos únicos dos arts. 67 e 68), que decorrem do conceito do *caput* do art. 67; a previsão de processo visando ao controle abstrato e preventivo das cláusulas contratuais gerais (art. 83, parágrafo único), absorvida pela ampla dicção do *caput*; a aplicabilidade do *habeas data* à tutela dos direitos e interesses dos consumidores (art. 86), que continua mantida pelo § 4º do art. 43; a aplicabilidade da matéria processual à defesa de outros interesses difusos, coletivos e individuais homogêneos, vetada no art. 89, mas permanecendo íntegra no art. 90 c/c art. 110, IV.

À doutrina e à jurisprudência caberá o trabalho de construção em torno do verdadeiro alcance dos vetos. Mas, seja como for, o Código de Defesa do Consumidor está aí, a significar um indiscutível avanço, graças ao qual o Brasil passa a ocupar um lugar de destaque entre os países que legislaram ou estão legislando sobre a matéria.

II – VISÃO GERAL DO CÓDIGO

1. A NECESSIDADE DE TUTELA LEGAL DO CONSUMIDOR

A proteção do consumidor é um desafio da nossa era e representa, em todo o mundo, um dos temas mais atuais do Direito.

Não é difícil explicar tão grande dimensão para um fenômeno jurídico totalmente desconhecido no século passado e em boa parte deste. O homem do século XX vive em função de um modelo novo de associativismo: a sociedade de consumo (*mass consumption society* ou *Konsumgesellschaft*), caracterizada por um número crescente de produtos e serviços, pelo domínio do crédito e do *marketing*, assim como pelas dificuldades de acesso à justiça. São esses aspectos que marcaram o nascimento e desenvolvimento do Direito do Consumidor como disciplina jurídica autônoma.

A sociedade de consumo, ao contrário do que se imagina, não trouxe apenas benefícios para os seus atores. Muito ao revés, em certos casos, a posição do consumidor, dentro desse modelo, piorou em vez de melhorar. Se antes fornecedor e consumidor encontravam-se em uma situação de relativo equilíbrio de poder de barganha (até porque se conheciam), agora é o fornecedor (fabricante, produtor, construtor, importador ou comerciante) que, inegavelmente, assume a posição de força na relação de consumo e que, por isso mesmo, "dita as regras". E o Direito não pode ficar alheio a tal fenômeno.

O mercado, por sua vez, não apresenta, em si mesmo, mecanismos eficientes para superar tal vulnerabilidade do consumidor. Nem mesmo para mitigá-la. Logo, imprescindível a intervenção do Estado nas suas três esferas: o Legislativo, formulando as normas jurídicas de consumo; o Executivo, implementando-as; e o Judiciário, dirimindo os conflitos decorrentes dos esforços de formulação e de implementação.

Por ter a vulnerabilidade do consumidor diversas causas, não pode o Direito proteger a parte mais fraca da relação de consumo somente em relação a alguma ou mesmo a algumas das facetas do mercado. Não se busca uma tutela manca do consumidor. Almeja-se uma proteção integral, sistemática e dinâmica. E tal requer o regramento de *todos* os aspectos da relação de consumo, sejam aqueles pertinentes aos próprios produtos e serviços, sejam outros que se manifestam como verdadeiros *instrumentos fundamentais* para a produção e circulação destes mesmos bens: o crédito e o *marketing*.

É com os olhos postos nessa vulnerabilidade do consumidor que se funda a nova disciplina jurídica. Que enorme tarefa, quando se sabe que essa fragilidade é multifária, decorrendo ora da atuação dos monopólios e oligopólios, ora da carência de informação sobre qualidade, preço, crédito e outras características dos produtos e serviços. Não bastasse tal, o consumidor ainda é cercado por uma publicidade crescente, não estando, ademais, tão organizado quanto os fornecedores.[1]

Toda e qualquer legislação de proteção ao consumidor tem, portanto, a mesma *ratio*, vale dizer, reequilibrar a relação de consumo, seja reforçando, quando possível, a posição do consumidor, seja proibindo ou limitando certas práticas de mercado.

2. O MODELO INTERVENCIONISTA ESTATAL

A "purificação" do mercado pode ser feita por dois modos básicos.

O primeiro é meramente "privado", com os próprios consumidores e fornecedores autocompondo-se e encarregando-se de extirpar as práticas perniciosas. Seria o modelo da autorregulamentação, das convenções coletivas de consumo e do boicote. Como já alertamos, tal regime não se tem mostrado capaz de suprir a vulnerabilidade do consumidor.

O segundo modo é aquele que, não descartando o primeiro, funda-se em normas (aí se incluindo, no sistema da *common law*, as decisões dos tribunais) imperativas de controle do relacionamento consumidor-fornecedor. É o modelo do intervencionismo estatal, que se manifesta particularmente em sociedades de capitalismo avançado, como os Estados Unidos e países europeus.

Nenhum país do mundo protege seus consumidores apenas com o modelo privado. Todos, de uma forma ou de outra, possuem leis que, em menor ou maior grau, traduzem-se em um regramento pelo Estado daquilo que, conforme preconizado pelos economistas liberais, deveria permanecer na esfera exclusiva de decisão dos sujeitos envolvidos.

O modelo do intervencionismo estatal pode se manifestar de duas formas principais. De um lado, há o exemplo, ainda majoritário, daqueles países que regram o mercado de consumo mediante leis esparsas, específicas para cada uma das atividades econômicas diretamente relacionadas com o consumidor (publicidade, crédito, responsabilidade civil pelos acidentes de consumo, garantias etc.). De outra parte, existem aqueles ordenamentos que preferem tutelar o consumidor de modo sistemático, optando por um "código", como conjunto de normas gerais, em detrimento de leis esparsas. Este modelo, pregado pelos maiores juristas da matéria e em vias de se tornar realidade na França, Bélgica e Holanda, foi o adotado no Brasil, que surge como o pioneiro da codificação do Direito do Consumidor em todo o mundo.

3. A BASE CONSTITUCIONAL DO CÓDIGO

A opção por uma "codificação" das normas de consumo, no caso brasileiro, foi feita pela Assembleia Nacional Constituinte. A elaboração do Código, portanto, ao contrário da experiência francesa, decorrente de uma simples decisão ministerial, encontra sua fonte inspiradora diretamente no corpo da Constituição Federal.

De fato, a Constituição, ao cuidar dos Direitos e Garantias Fundamentais, estabelece, no inc. XXXII do art. 5º, que "o Estado promoverá, na forma da lei, a defesa do consumidor". O legislador maior, entretanto, entendeu que tal não bastava. Assim, mais adiante, no art. 48

---

[1] Eike von Hippel, Verbraucherschutz. Tubingen, J.C.B. Mohr, 1986, p. 3.

do Ato das Disposições Constitucionais Transitórias, determina que o "Congresso Nacional, dentro de cento e vinte dias da promulgação da Constituição, elaborará Código de Defesa do Consumidor".

4. CÓDIGO OU LEI?

O Brasil tem hoje um Código de Defesa do Consumidor ou uma mera lei geral? A indagação merece ao menos uma rápida abordagem.

Não resta a menor dúvida de que o texto constitucional, expressamente, reconheceu que o consumidor não pode ser protegido – pelo menos adequadamente – com base apenas em um modelo privado ou em leis esparsas, muitas vezes contraditórias ou lacunosas. O constituinte, claramente, adotou a concepção da codificação, nos passos da melhor doutrina estrangeira, admitindo a necessidade da promulgação de um arcabouço geral para o regramento do mercado de consumo.

Ora, se a Constituição optou por um Código, é exatamente o que temos hoje. A dissimulação daquilo que era Código em lei foi meramente cosmética e circunstancial. É que, na tramitação do Código, o *lobby* dos empresários, notadamente o da construção civil, dos consórcios e dos supermercados, prevendo sua derrota nos plenários das duas Casas, buscou, por meio de uma manobra procedimental, impedir a votação do texto ainda naquela legislatura, sob o argumento de que, por se tratar de Código, necessário era respeitar um *iter* legislativo extremamente formal, o que, naquele caso, não tinha sido observado. A artimanha foi superada rapidamente com o contra-argumento de que aquilo que a Constituição chamava de Código assim não o era.

E, dessa forma, o Código foi votado com outra qualidade, transformando-se na Lei nº 8.078, de 11 de setembro de 1990. Mas, repita-se, não obstante a nova denominação, estamos, verdadeiramente, diante de um Código, seja pelo mandamento constitucional, seja pelo seu caráter sistemático. Tanto isso é certo que o Congresso Nacional sequer se deu ao trabalho de extirpar do corpo legal as menções ao vocábulo Código (arts. 1º, 7º, 28, 37, 44, 51 etc.).

5. A IMPORTÂNCIA DA CODIFICAÇÃO

Muitos são os benefícios da codificação, e não é nosso intuito analisá-los detalhadamente aqui. De qualquer modo, é importante ressaltar que o trabalho de codificação, realmente, além de permitir a reforma do Direito vigente, apresenta, ainda, outras vantagens.

Primeiramente, dá coerência e homogeneidade a um determinado ramo do Direito, possibilitando sua autonomia. De outro, simplifica e clarifica o regramento legal da matéria, favorecendo, de uma maneira geral, os destinatários e os aplicadores da norma.[2]

6. AS FONTES DE INSPIRAÇÃO

O Código, como não poderia deixar de ser, foi buscar sua inspiração em modelos legislativos estrangeiros já vigentes. Os seus redatores, contudo, tomaram a precaução de evitar, a todo custo, a transcrição pura e simples de textos alienígenas.

---

[2] No mesmo sentido, Françoise Maniet, "La Codification du Droit de la Consommation, um Mythe ou une Nécessité?". Conferência proferida no I Congresso Internacional de Direito do Consumidor, São Paulo, 29 de maio – 2 de junho de 1989.

A ideia de que o Brasil – e o seu mercado de consumo – tem peculiaridades e problemas próprios acompanhou todo o trabalho de elaboração. Como resultado dessa preocupação, inúmeros são os dispositivos do Código que, de tão adaptados à nossa realidade, mostram-se arredios a qualquer tentativa de comparação com esta ou aquela lei estrangeira. Mas aqui e ali é possível identificar-se a influência de outros ordenamentos.

Na origem dos direitos básicos do consumidor está a *Resolução nº 39/248*, de 9 de abril de 1985, da Assembleia-Geral da Organização das Nações Unidas.

A maior influência sofrida pelo Código veio, sem dúvida, do *Projet de Code de la Consommation*, redigido sob a presidência do professor Jean Calais-Auloy. Também importantes no processo de elaboração foram as leis gerais da Espanha (*Ley General para la Defensa de los Consumidores y Usuarios*, Lei nº 26/1984), de Portugal (*Lei nº 29/81*, de 22 de agosto), do México (*Lei Federal de Protección al Consumidor*, de 5 de fevereiro de 1976) e de Quebec (*Loi sur la Protection du Consommateur*, promulgada em 1979).

Visto agora pelo prisma mais específico de algumas de suas matérias, o Código buscou inspiração, fundamentalmente, no Direito comunitário europeu: as Diretivas nºs 84/450 (publicidade) e 85/374 (responsabilidade civil pelos acidentes de consumo). Foram utilizadas, igualmente, na formulação do traçado legal para o controle das cláusulas gerais de contratação, as legislações de Portugal (Decreto-Lei nº 446, de 25 de outubro de 1985) e Alemanha (Gesetz zur Regelung des Rechts der Allgemeinen Geschaftsbedingungen – AGB Gesetz, de 9 de dezembro de 1976).

Uma palavra à parte merece a influição do Direito norte-americano. Foi ela dupla. Indiretamente, ao se usarem as regras europeias mais modernas de tutela do consumidor, todas inspiradas nos *cases* e *statutes* americanos. Diretamente, mediante análise atenta do sistema legal de proteção ao consumidor nos Estados Unidos. Aqui foram úteis, em particular, o *Federal Trade Commission Act*, o *Consumer Product Safety Act*, o *Truth in Lending Act*, o *Fair Credit Reporting Act* e o *Fair Debt Collection Practices Act*.

7. ESTRUTURA BÁSICA DO CÓDIGO

O Código apresenta estrutura e conteúdo modernos, em sintonia com a realidade brasileira.

Entre suas principais inovações cabe ressaltar as seguintes: formulação de um conceito amplo de fornecedor, incluindo, a um só tempo, todos os agentes econômicos que atuam, direta ou indiretamente, no mercado de consumo, abrangendo inclusive as operações de crédito e securitárias; um elenco de direitos básicos dos consumidores e instrumentos de implementação; proteção contra todos os desvios de quantidade e qualidade (vícios de qualidade por insegurança e vícios de qualidade por inadequação); melhoria do regime jurídico dos prazos prescricionais e decadenciais; ampliação das hipóteses de desconsideração da personalidade jurídica das sociedades; regramento do marketing (oferta e publicidade); controle das práticas e cláusulas abusivas, bancos de dados e cobrança de dívidas de consumo; introdução de um sistema sancionatório administrativo e penal; facilitação do acesso à justiça para o consumidor; incentivo à composição privada entre consumidores e fornecedores, notadamente com a previsão de convenções coletivas de consumo.

8. PROJETOS DE ATUALIZAÇÃO

Após mais de vinte anos de vigência, sentiu-se a necessidade de atualização do Código. Na parte de direito material, fazia-se necessário inserir novos temas, que não existiam nas relações de consumo de 1990. O comércio eletrônico e o superindividamento do consumidor, o primeiro absolutamente desconhecido à época e o segundo que se tornara problema de magna importância em função da abertura e facilitação do crédito.

Na parte das ações coletivas, era preciso adequar a legislação à solução de questões que haviam surgido durante sua aplicação, assegurando-lhes agilidade e efetividade, para garantia da fruição dos direitos materiais, incluindo os novos.

Em dezembro de 2010, o Presidente do Senado, José Sarney, constituiu comissão de juristas para propor anteprojetos de lei que assegurassem a atualização do Código, tendo sido vetada pelo Próprio Sarney qualquer possibilidade de retrocessos. A Comissão atuou sob a presidência do Ministro do Superior Tribunal de Justiça, Herman Benjamin, sendo relatora geral a Professora Claudia Lima Marques. Dela, participando especialistas nos temas de direito material e Ada Pellegrini Grinover e Kazuo Watanabe, em relação ao direito processual. Foram três anteprojetos, convertidos em projetos. submetidos a 37 audiências públicas com senadores, procuradores da República, organismos de defesa do consumidor e outros especialistas. Finalmente os projetos foram aprovados pelo Senado. O PLS 281/2012 cria nova seção no Código do Consumidor para tratar de comércio eletrônico. Suas regras cuidam da divulgação dos dados do fornecedor, da proibição de *spam*, do direito de arrependimento da compra e das penas para práticas abusivas contra o consumidor. O PLS 282/2012 disciplina as ações coletivas, assegurando agilidade em seu andamento na Justiça e prioridade para julgamento, além de garantir eficácia nacional para a decisão dos casos, quando tiver alcance em todo o território brasileiro. Já o PLS 283/2012 regulamenta o crédito ao consumidor e previne o superendividamento, regulamentando o crédito ao consumidor e prevendo a renegociação das dívidas. Entre as medidas propostas no texto, estão a proibição de promover publicidade de crédito com referência a "crédito gratuito", "sem juros", "sem acréscimo" e expressões semelhantes; a exigência de informações claras e completas sobre o serviço ou produto oferecido; a criação da figura do "assédio de consumo", quando há pressão para que o consumidor contrate o crédito e a adoção da conciliação para estimular a renegociação das dívidas dos consumidores.

Os projetos de lei sobre comércio eletrônico e superendividamento encontram-se atualmente em tramitação na Câmara dos Deputados. Mas o projeto sobre ações coletivas foi arquivado no final da legislatura passada e está parado. Retornaremos ao assunto quando analisarmos o processo coletivo do consumidor (Título III).

LEI Nº 8.078,
DE 11 DE SETEMBRO DE 1990

Dispõe sobre a proteção do consumidor e dá outras providências

Título I
DOS DIREITOS DO CONSUMIDOR

José Geraldo Brito Filomeno

1. CÓDIGO DO CONSUMIDOR: ANTES DE TUDO, UMA FILOSOFIA DE AÇÃO

Embora se saiba ser em princípio desaconselhável constarem *definições* em uma lei ("*omnia definitio periculosa est*"), são elas essenciais no Código Brasileiro do Consumidor (Lei nº 8.078, de 11 de setembro de 1990). E isso até por *razões didáticas*, preferindo-se então definir "*consumidor*", mas do *ponto de vista* exclusivamente econômico, dando-se ainda máxima amplitude à outra parte do que se convencionou denominar *relações de consumo*, ou seja, o *fornecedor de produtos e serviços*, como se verá oportunamente.

Trata ainda o Código de uma "*política nacional de relações de consumo*", justificando nossa assertiva já feita no pórtico do presente tópico no sentido de que se trata, em última análise, de uma "*filosofia de ação*", exatamente porque não se trata tão somente do consumidor, senão da almejada *harmonia* das sobreditas "*relações de consumo*".

Assim, embora se fale das necessidades dos consumidores e do respeito à sua dignidade, saúde e segurança, proteção de seus interesses econômicos, melhoria da sua qualidade de vida, já que sem dúvida são eles a *parte vulnerável* no mercado de consumo, justificando-se dessarte um *tratamento desigual para partes manifestamente desiguais*, por outro lado se cuida de compatibilizar a mencionada tutela com a necessidade de *desenvolvimento econômico e tecnológico*, viabilizando-se os *princípios da ordem econômica* de que trata o art. 170 da Constituição Federal, e *educação – informação de fornecedores e consumidores* quanto aos seus *direitos e obrigações*.

Nesse sentido é que tem fundamental importância, como será também tratado noutro passo destes comentários, o *incentivo à criação pelos fornecedores de meios eficientes do controle de qualidade e segurança de produtos e serviços*, assim como de *mecanismos alternativos de solução de conflitos*; e aqui estão inseridos, porque de relevância manifesta, os chamados "*departamentos ou serviços de atendimento aos consumidores como uma via de duas mãos*".

Ou mais precisamente: no atendimento de *reclamações*, mas também no recebimento de, sem dúvida, valiosas *sugestões* dos próprios consumidores, beneficiando-se com isso ambas as partes das relações de consumo.

Mas não é só. Mencionada *harmonia* que se visa a alcançar mediante a implementação e efetiva execução do Código de Defesa do Consumidor também é buscada, ainda sob a inspiração do art. 170 da Constituição da República, pela *coibição de abusos* como a *concorrência desleal* nas práticas comerciais, pela *racionalização* dos serviços públicos e pelo *estudo constante* das modificações do mercado de consumo.

2. DESFAZIMENTO DE MITOS E DIREITOS BÁSICOS

É mister que se diga, entretanto, que o Código Brasileiro de Defesa do Consumidor *não é uma panaceia* para todos os males que o afligem, e não é por ele ter sido criado que deixaram de existir outras normas relativas às relações de consumo, e existentes nos Códigos Civil, Comercial, Penal etc., bem como na legislação esparsa, a menos que com ele sejam incompatíveis, dentro do princípio geral da revogação de uma lei antiga por outra nova, como é o caso, por exemplo, dos "*vícios redibitórios*", que receberam disciplina totalmente nova, a começar pela dicotomia operada entre aqueles propriamente ditos (rebatizados de "*vícios do produto e do serviço*"), e os chamados "*defeitos do produto e do serviço*", estes decorrentes do simples fato de sua colocação no mercado de consumo, e cada qual com tratamento diferenciado.

A matéria "*proteção e defesa do consumidor*" é, por si só, vasta e complexa, donde ser na prática impossível a previsão de tudo que diga respeito aos direitos e deveres dos consumidores e fornecedores.

Por isso mesmo é que o novo Código *vale muito mais pela perspectiva e diretrizes* que fixa para a efetiva defesa ou proteção do consumidor, bem como pelo devido equacionamento da harmonia buscada, do que pela exaustão das normas que tendem a esses objetivos, como já visto, apontando ainda para a *utilização de certos instrumentos*.

E por *instrumentos de defesa* há que se entender não apenas os *institucionais*, como, por exemplo, a *assistência jurídica* integral e gratuita para o consumidor carente, a criação de *promotorias de justiça* de proteção ao consumidor, de *delegacias especializadas,* mormente na investigação de crimes contra as relações de consumo, de *juizados especiais de pequenas causas,* bem como para o julgamento de demandas onde também são sobreditas relações discutidas, *concessão de estímulos à criação de associações de consumidores* etc., como também *normas e leis* das mais variadas fontes e tipos, e não apenas as do Código, ganhando aquelas, porém, ainda que de forma esquemática, uma *sistematização* em face da mesma *diretriz* imposta.

Outro *mito* que precisa ser desfeito desde logo é o de que os *direitos básicos do consumidor* previstos no art. 6º do novo *Código são a grande novidade. Em verdade, constam já de resolução da ONU, de 1985, que fala em direito de proteção à vida, saúde e segurança contra riscos provocados por práticas no fornecimento de produtos e serviços, educação e divulgação sobre o consumo adequado dos produtos e serviços, informação clara e adequada sobre os mesmos, proteção contra a publicidade enganosa e abusiva, meios coercitivos ou desleais, cláusulas abusivas em contratos, principalmente de adesão, modificação de suas cláusulas, prevenção e reparação de danos, acesso aos órgãos judiciários e administrativos com vistas à reparação dos danos patrimoniais e morais, individuais, coletivos e difusos.*

Talvez a grande *novidade*, isso sim, seja o direito previsto no inc. VIII do mencionado art. 6º do *Código de Defesa do Consumidor*, quando fala da inversão do ônus da prova, a seu favor, mas *apenas no processo civil* quando, a critério do juiz, for verossímil a alegação do consumidor, ou quando for ele hipossuficiente, segundo as regras ordinárias de experiência.

Digno de nota, igualmente, é o disposto no art. 7º do mencionado Código, ora comentado, que trata das *fontes dos direitos do consumidor*, igualmente da maneira mais ampla possível.

3. MICROSSISTEMA JURÍDICO DE CARÁTER INTER E MULTIDISCIPLINAR

Pelo que se pode observar, por conseguinte, trata-se de uma lei de cunho *inter e multidisciplinar*, além de ter o caráter de um verdadeiro *microssistema jurídico*.

Ou seja: ao lado de princípios que lhe são próprios, no âmbito da chamada *ciência consumerista*, o Código Brasileiro do Consumidor relaciona-se com outros ramos do Direito, ao mesmo tempo em que atualiza e dá nova roupagem a antigos institutos jurídicos.

Por outro lado, reveste-se de caráter multidisciplinar, eis que cuida de questões que se acham inseridas nos Direitos Constitucional, Civil, Penal, Processuais Civil e Penal, Administrativo, mas sempre tendo por pedra de toque *a vulnerabilidade do consumidor* ante o fornecedor, e sua condição de *destinatário final de produtos e serviços,* ou *desde que não visem a uso profissional.*

Sem essa conotação, aliás, não haveria necessidade desse microssistema jurídico, já que os Códigos Civil e Penal, por exemplo, já disciplinam as relações jurídicas fundamentais entre as pessoas físicas e jurídicas.

Só que pessoas tais são encaradas *como iguais,* ao contrário do Código do Consumidor, *que dispensa tratamento desigual aos desiguais.*

4. CONSUMO SUSTENTÁVEL

Declarado pela Resolução ONU nº 153/1995, o chamado *consumo sustentável* exsurge como nova preocupação da ciência consumerista.

Com efeito, o próprio consumo de produtos e serviços, em grande parte, pode e deve ser considerado como *atividade predatória dos recursos naturais.*

E, como se sabe, enquanto as *necessidades* do ser humano, sobretudo quando alimentado pelos meios de comunicação em massa e pelos processos de *marketing,* são *infinitas,* os recursos naturais *são finitos,* sobretudo quando não renováveis.

A nova vertente, pois, do consumerismo visa exatamente a buscar o necessário equilíbrio entre essas duas realidades, a fim de que a natureza não se veja privada de seus recursos, o que, em consequência, estará a ameaçar a própria sobrevivência do ser humano neste planeta. É o que se verá em passo oportuno destes comentários.

5. O *SUPERENDIVIDAMENTO*: LEI FEDERAL Nº 14.181, DE 1º-7-2021

Sempre que consultado nos manifestamos contra a qualquer modificação a ser inserida no Código de Defesa do Consumidor.[1]

E isto, em síntese, por quatro razões: (i) embora elaborado há mais de 30 anos, ele ainda pode ser considerado a lei consumerista mais moderna e completa do mundo; (ii) além disso, é uma lei manifestamente principiológica,[2] antes de ser um conjunto de prescrições normativas, além de se cuidar de um microssistema inter e multidisciplinar;[3] (iii) trata-se

---

[1] Cfr. nosso artigo "Alterações do Código de Defesa do Consumidor: crítica às propostas da Comissão Especial do Senado Federal". *Revista Luso-Brasileira de Direito do Consumo*, nº 8, v. II, nº 4, dez. 2012, p. 85-128.

[2] Destacando-se os princípios da *boa-fé, transparência, vulnerabilidade, hipossuficiência para efeitos de inversão do ônus da prova, destinação final de produtos e serviços.*

[3] *Multidisciplinar,* na medida em que contém dispositivos de outros diplomas legais como, por exemplo, a responsabilidade civil objetiva, interpretação mais favorável dos contratos à parte mais fraca, inversão do

de uma *lei que pegou,* ao contrário de muitas outras que não tiveram a mesma sorte; por isso mesmo eventuais aperfeiçoamentos ou regulamentações podem perfeitamente ser feitas mediante normas de cunho administrativo por meio de decretos ou instruções normativas, como de resto se tem observado;[4] (iv) o grande risco que se corre é o de se lhe introduzirem modificações indesejáveis, sem embargo das boas intenções e sob o pretexto de torná-la mais atualizada, por exemplo.

Nesse sentido elaboramos alguns ensaios e artigos, dentre os quais destacamos *Atualidades do Direito do Consumidor no Brasil: 20 anos do Código de Defesa do Consumidor, conquistas e novos desafios*[5] e *Alterações do Código de Defesa do Consumidor. Comissão Especial do Senado Federal,* aos quais remetemos o paciente leitor.[6]

Referidos trabalhos tiveram por base a análise crítica dos três projetos de lei do Senado Federal (nº 281, 282 e 283/2011), elaborados a partir do trabalho desempenhado por comissão especial de juristas então designados.[7] Diziam eles, projetos, respeito, em suma, à disciplina, no bojo do Código de Defesa do Consumidor, do chamado *superendividamento,* do *comércio eletrônico* e das *ações coletivas consumeristas.*

5.1   Conceitos e tipos de *superendividamento*

O chamado *superendividamento* caracteriza-se pela impossibilidade manifestada pelo devedor de boa-fé de fazer frente ao conjunto de suas dívidas não profissionais, exigíveis e não pagas. Ou seja, dívidas contraídas no afã de adquirir produtos ou contratar serviços como destinatário final pelo consumidor, levando-o a uma *insolvência civil.*

Há, em regra, dois tipos de devedor *superendividado:* a) ativo – quando ele próprio contribui decisivamente para se colocar nessa situação de consumista, muitas das vezes até compulsivamente (consome mais do que pode e efetivamente necessita); b) passivo – quando ao invés disso, vê-se na situação de insolvência por fato superveniente aos contratos de consumo por ele firmados (desemprego, doença ou morte em família, por exemplo).

Podemos apontar como *causas externas* do consumismo, de maneira bastante sintética, *a oferta ou publicidade massiva e abusiva* e a criação de *necessidades artificiais.*

ônus da prova, delitos específicos contra as relações de consumo, prescrições de caráter administrativo etc. *Interdisciplinar,* porquanto mantém relacionamento com praticamente todos os ramos do Direito, a começar pela Constituição Federal que é sua gênese, Códigos Civil, Comercial, de Processos Civil e Penal, normas de caráter administrativo etc.

4   Por exemplo: a) regulamentação do CDC para definição de infrações administrativas, procedimento para a imposição de sanções (Decreto Federal nº 2.181/1997; Lei Estadual (SP) nº 10.177/1999 e Portaria PRO-CON nº 57/2019); b) precificação de produtos (Lei Federal nº 10.962/2004); c) termos de quitação anual relativo a pagamentos por serviços contínuos (Lei Federal nº 12.007/2009); d) informes de tributos que incidem sobre produtos e serviços (Lei Federal nº 12.741/2012); e) agendamento de entrega de produtos e execução de serviços (Lei Estadual (SP) nº 13.747/2009); f) prática do *recall* (Portaria MJ nº 618/2019; g) funcionamento dos SACs (Decreto Federal nº 6.523/2008 e Portaria nº 2.014/2008); h) *ranking* das 10 maiores empresas reclamadas junto aos PROCONs (Lei Estadual (SP) nº 15.248/2013); i) comércio por meio eletrônico (Decreto Federal nº 7.962/2013) e outros.

5   *In Revista Jurídica Cognitio Juris,* ano I, nº 1, abr. 2011, e *Revista Eletrônica de Atualidades Jurídicas,* nº 13, do Conselho Federal da Ordem dos Advogados do Brasil – CFOAB.

6   *In Revista da Academia Paulista de Direito,* coordenação de Rogério Donnini e Celso Antonio Pacheco Fiorillo, Editora Fiuza, SP, ano 1, nº 2, jul./dez. 2011, p. 117-152. Também publicado pela *Revista Eletrônica Cognitio Juris* e pela *Revista Luso-Brasileira de Direito do Consumo,* Editora Bonijuris, J.M. Editora, Curitiba, PR, v. II, nº 04, dez. 2012, p. 85-128.

7   Ministro Antônio Herman de Vasconcellos e Benjamin, Professores Ada Pellegrini Grinover, Cláudia Lima Marques, Leonardo Bessa, Kazuo Watanabe e Roberto Castellanos Pfeiffer.

Título I • DOS DIREITOS DO CONSUMIDOR

É bastante elucidativa nesse particular uma oferta publicitária veiculada pela TV e pela *internet* e de responsabilidade de uma instituição de crédito, onde se apregoa, pura e simplesmente, que o empréstimo de qualquer quantia para qualquer mutuário está disponível, mesmo que ele tenha problemas com bancos de dados negativos: *"Agilidade e segurança na liberação do crédito. Sem consulta aos órgãos de proteção ao crédito."*[8]

E, embora haja normas e recomendações, sobretudo, para o chamado *crédito consignado*, as maiores vítimas do *superendividamento*, notadamente pessoas aposentadas e idosos, ou seja, no sentido de não comprometerem mais de 30% do que percebem na obtenção de crédito, não é isso que tem acontecido.

Em matéria do abuso em ofertas e publicidades abusivas, trazemos à colação as ponderações de Martin Lindstrom, em sua impressionante obra crítica sobre as várias técnicas de *marketing*, o que surpreende, até porque se cuida de um dos maiores especialistas e consultores nessa matéria no mundo,[9] tendo como clientes as maiores corporações industriais e comerciais.

Com efeito:

"Consumismo gera Protestos – *Na Inglaterra, existe um movimento anticonsumo chamado Enough ("Basta"). Seus simpatizantes acreditam que consumimos demais e que essa cultura exagerada tem grande parcela de responsabilidade por vários males que afligem o planeta – da miséria à destruição do meio ambiente e à alienação social. A corrente estimula as pessoas a se perguntarem: Preciso mesmo disso?; Como viver com mais simplicidade e menos consumo?; e Como me livrar da necessidade de comprar coisas para me sentir bem? Concordo plenamente com essa iniciativa. Posso ser um profissional de marketing, mas também sou consumidor".*

E mais adiante:

"Abstinência de Consumo e Identidade como Consumidor – *No ano passado, resolvi passar por uma desintoxicação de marcas, uma espécie de abstinência de consumo. Decidi não comprar nenhuma marca durante um ano. A proposta era usar o que eu já tivesse – roupas, telefone celular e outros itens –, mas sem adquirir nenhuma outra marca. O que eu chamo de 'marca'? Minha profissão me equipou com uma lente especial, que vê quase tudo existente na Terra como marca – de celulares a computadores, de relógios a roupas, de filmes a livros, de comida a celebridades, e até mesmo meu time favorito. Trata-se de um tipo de identidade, de uma declaração sobre quem somos ou gostaríamos de ser. Em resumo, no atual mundo dominado pelo marketing e pela publicidade, é impossível escapar delas".*[10]

Calcula-se que hoje, em nosso país, haja mais de 60 milhões de *superendividados* dentre a população economicamente ativa, embora inexistente uma pesquisa segura a esse respeito, fenômeno esse constatado entre nós num curto período, quando multidões de consumidores se viram, repentinamente, aquinhoados com um ganho maior e uma pseudossegurança para consumir além do razoável e até necessário.

Resta evidenciado, com efeito, que nos difíceis dias que passam, as famílias, em decorrência da evidente crise que assola nosso País, em que grassa o desemprego, a inflação, a redução

---

[8] Disponível em: www.crefisa.com.br/produtos/credito-pessoal.

[9] *Brandwashed: o lado oculto do marketing – controlamos o que compramos ou são as empresas que escolhem por nós?* São Paulo: HSM, 2012, p. 17.

[10] Ob. cit., p. 18.

do poder aquisitivo e os péssimos índices de qualidade de vida, têm comprometido mais penosamente seus ganhos corroídos e mais difíceis de manter.[11]

Em decorrência desses fatores, portanto, agora sim, é mister que se estabeleçam instrumentos menos burocráticos e ágeis no sentido de se tratar o *superendividamento*. Até porque, como se verá nos passos seguintes, toda a parte do Código de Processo Civil de 1973 que cuidava da insolvência civil continua em vigência, *até que lei especial cuide desse sem dúvida angustiante tema*. Não foi, contudo, o que ocorreu, ao menos nessa parte com a edição da Lei Federal nº 14.181, de 1º-7-2021.

5.2   Inspiração legislativa

Na França há lei específica sobre o assunto (1989), mediante a qual se preveem os remédios para o *superendividamento*. Lei essa que inspirou claramente os autores do anteprojeto a respeito dessa matéria.

Ou seja, no tocante à sua *prevenção*, em síntese, a lei francesa refere-se a: a) *imposição de obrigação de informação especial* sobre as consequências dos contratos que envolvam crédito (art. L.111-1 do *Code de la consommation)*; b) *proposta ou oferta realizada pelo fornecedor com prazo de validade de 15 dias*, a contar de sua emissão; c) *prazo especial de reflexão* (7 dias para financiamento de bens móveis, e 10 para imóveis); d) *conexão entre o contrato de consumo e o acessório de crédito; e) regime especial de garantias*; e g) *regime especial de tratamento; ou seja, a renegociação das dívidas acumuladas e em princípio insolváveis*.

---

[11]   "O brasileiro está superendividado? A pergunta se tornou assunto na mídia econômica do mundo. A opinião mais 'pop' e frequente diz que sim. Os mais alarmistas, em geral mais ignorantes do Brasil, acreditam que a parte da renda dedicada ao pagamento dos empréstimos teria chegado a um nível semelhante ao de países que viveram estouro de bolhas de crédito. Antes de mais nada, note-se que os dados disponíveis para comparações internacionais sobre o peso da dívida na renda das famílias são precários. Mesmo que as metodologias sejam ajustadas, ainda assim é preciso comparar contextos (evolução de renda, prazos e juros das dívidas, se as taxas de juros são flutuantes ou fixas etc.). Em seguida, observem-se dados menos incertos. O total da dívida em relação ao PIB é de 54% no Brasil. No vizinho Chile, 98%; na China, 112%; nos EUA, 203%; no Reino Unido, 214% (inclui dinheiro captado no mercado de capitais doméstico, dados do Banco Mundial, tirados de estudo do banco HSBC). O endividamento das famílias ('pessoa física') é de 42% da renda líquida no Brasil, segundo dados da OCDE, apresentados ontem no Congresso pelo presidente do Banco Central, Alexandre Trombini. Nos EUA, é de 104%; no Japão, 126%; no Reino Unido, 171%. A medida mais precisa para avaliar o endividamento das famílias, seria o peso da dívida: a parcela da renda mensal dedicada ao pagamento de juros e principal. A depender do método, a média brasileira estaria entre 20% e 30%. Fora dos bancos, inexiste informação sobre a distribuição da dívida: quanta gente está mais endividada do que a média. Um estudo do HSBC, junho passado, resume assim a situação: 1) O Brasil vive um boom, não uma bolha de crédito – o total do crédito em relação ao tamanho da economia (estoque de crédito-PIB) cresceu rápido, mas era e ainda é baixa; 2) O perfil da dívida das famílias tem melhorado desde 2004. As taxas de juros são cadentes, o crédito migra para modalidade mais seguras e baratas (imóveis, consignado, veículos, em vez de cartão de crédito e cheque especial); 3) Medidas macroprudenciais limitaram a aceleração do endividamento (mais exigências de capital bancário, limitações de prazos, mais exigência de pagamento da dívida do cartão etc.); 4) A renda das famílias está crescendo; 5) A dívida está mais pesada para as famílias, 'mas longe de ser uma situação alarmante nos níveis atuais'. 'Desde que os salários cresçam no ritmo da inflação, não se espera nenhuma deterioração além do movimento cíclico' (decorrente de altas e baixas de juros, em suma do crescimento do PIB). Note-se, de resto, que para o bem ou para o mal faltam ou são raros no Brasil os instrumentos financeiros que permitem alavancagem excessiva de dívida; inexistem securitizações malucas e em massa de dívida bancária. A regulação bancária do país é forte (a capitalização dos bancos está acima da média global). Enfim, há muita provisão nos bancos para créditos duvidosos – a banca é conservadora no crédito ao consumidor (ou parece ser, segundo os dados disponíveis no Banco Central)" (FREIRE, Vinicius Torres. Superendividamento e o PIB. *Folha de S. Paulo*, edição de 6-7-2011, p. B-4).

E, no que tange a infringências às exigências *retro* sumariadas pelos fornecedores, a lei em questão prevê o seguinte, principalmente nas hipóteses de *práticas abusivas, oferta e publicidade enganosas*: a) *sanções de natureza civil,* consistente no fato de o tomador do empréstimo ficar obrigado ao pagamento das prestações, obviamente, mas com isenção dos juros; b) *restituição* quanto aos valores pagos em razão de exigências abusivas.

As referidas sanções podem ser determinadas, inclusive, *pelo juízo criminal*, como penalidade acessória, além do juízo cível, se inexistir má-fé ou crime de usura real ou contratual. Destaca-se na lei francesa, outrossim, os chamados *prazos de graça* ou *moratórios*, durante o qual os pagamentos parcelados e renegociados não sofrem a incidência de juros.

5.3 Fim da insolvência civil omitida

Sem embargo de nossa oposição a qualquer modificação a ser inserida no texto original da Lei Federal nº 8.078, de 11-9-1990, conforme já salientado, entendemos que seria mesmo a hora de se fazer algo de concreto para combater esse fenômeno tão prejudicial aos consumidores.

Com efeito, logo após a edição do novo Código de Processo Civil de 2015, e considerando-se que o projeto original do *superendividamento* tramitava desde 2011 no Congresso Nacional, era chegada a hora e a vez da sua aprovação.

Isto porque, consoante dispõe o art. 1.052 do atual Código de Processo Civil:[12]

> "*Até a edição de **lei específica, as execuções contra devedor insolvente**, em curso ou que venham a ser propostas, permanecem reguladas pelo Livro II, Título IV, da Lei nº 5.869, de 11 de janeiro de 1973*".

Impende salientar, ainda nesse aspecto, todavia, que nem o PLS nº 283/2011 nem o que tramitou na Câmara dos Deputados (PLC nº 3.515/2015), retornando, posteriormente ao Senado, preocuparam-se com esse detalhe. Ou seja, com a *revogação dos dispositivos que tratam exatamente da insolvência civil no antigo Código de Processo Civil*, conforme aguarda o dispositivo *retro* colacionado do estatuto processual civil ora em vigor.

Ora, basta consultar-se os dispositivos vigentes, ainda, no Código de Processo Civil de 1973, no tocante à *insolvência civil*, para concluir-se que houve manifesta omissão e perda de grande oportunidade para se dar cobro ao disposto, expressamente, pelo art. 1.052 do Código de Processo Civil de 2015.

Desta forma, os novos dispositivos acoplados ao Código de Defesa do Consumidor terão de conviver com os do diploma processual antigo, tratando, em tese, do mesmo problema, guardadas as devidas diferenças em razão do universo de *superendividados*.[13]

Feitas essas considerações iniciais a respeito do novo instituto inserido no texto do Código de Defesa do Consumidor, cada coautor passará a comentar os dispositivos que lhes digam respeito, já que o mesmo perpassa diversos títulos e capítulos, a começar pelos arts. 4º a 6º, que nos caberá a seguir.

---

[12] Lei Federal nº 13.105, de 16-3-2015.
[13] Cf. a respeito os arts. 748 a 786 do CPC de 1973.

Capítulo I
DISPOSIÇÕES GERAIS

José Geraldo Brito Filomeno

Art. 1º O presente código estabelece normas de proteção e defesa do consumidor, de ordem pública e interesse social, nos termos dos arts. 5º, inciso XXXII, 170, inciso V, da Constituição Federal e art. 48 de suas Disposições Transitórias. [1]

COMENTÁRIOS

[1] FUNDAMENTO CONSTITUCIONAL – Como se observa do próprio enunciado do art. 1º do Código Brasileiro de Defesa do Consumidor, sua promulgação se deve a mandamento constitucional expresso. Assim, a começar pelo inc. XXXII do art. 5º da mesma Constituição, *impõe-se ao Estado promover, na forma de lei, a defesa do consumidor.*

Referida preocupação, como já mencionado em passo anterior, é também encontrada no texto do art. 170 que cuida da "ordem econômica, fundada na valorização do trabalho humano e na livre iniciativa", tendo por fim "assegurar a todos existência digna, conforme os ditames da justiça social", e desde que observados determinados princípios fundamentais, encontrando-se dentre eles exatamente a *defesa do consumidor* (cf. inc. V do mencionado art. 170 da Constituição Federal).

O art. 150, que trata das limitações do poder de tributar por parte do Poder Público e no âmbito da União, Estados, Distrito Federal e Municípios, estabelece em seu § 5º que a "lei determinará medidas para que os consumidores sejam esclarecidos acerca dos impostos que incidam sobre mercadorias e serviços".

Ainda em nível constitucional, a preocupação com a preservação dos interesses e direitos do consumidor aparece no inc. II do art. 175 da Carta federal, quando alude a *"usuários"* de serviços públicos[14] por intermédio de concessão ou permissão do Poder Público, dizendo que "incumbe ao Poder Público, na forma da lei, diretamente ou sob regime de concessão ou per-

---

[14] Vale ressaltar a Lei nº 13.460/2017, que dispõe sobre participação, proteção e defesa dos direitos do usuário dos serviços públicos da administração pública.

Art. 1º | CÓDIGO BRASILEIRO DE DEFESA DO CONSUMIDOR

missão, sempre através de licitação, a prestação de serviços públicos". E seu parágrafo único diz que a lei disporá sobre "*os direitos dos usuários*", no caso, e à evidência, "*usuários-consumidores*" dos mencionados serviços públicos concedidos ou permitidos.[15]

Por fim, o art. 48 do Ato das Disposições Constitucionais Transitórias dispunha – já que dispositivo de eficácia já exaurida –, de forma categórica, que: "O Congresso Nacional, dentro de 120 dias da promulgação da Constituição, elaborará Código de Defesa do Consumidor", prazo esse já de há muito ultrapassado quando foi finalmente promulgado o texto da Lei nº 8.078, de 11 setembro de 1990, sabendo-se que a Constituição o fora em 5 de outubro de 1988.

Referida conquista, é mister salientar-se, deveu-se ao "movimento consumerista brasileiro", apesar de sua inicial fragilidade, e sempre em franca ascensão, sobretudo após a vigência do Código de Defesa do Consumidor, e da implementação do chamado Sistema Nacional de Defesa do Consumidor, além do fortalecimento e criação de novas entidades públicas não governamentais de relevo nessa área. Com efeito, esse movimento, desde a década de 1980, mediante a realização de encontros nacionais de entidades de defesa e proteção do consumidor, tem contribuído decisivamente para a implementação das diretrizes dessa defesa e proteção, no plano constitucional, inclusive.

Assim é que, em 1985, no Rio de Janeiro, ao ensejo da realização do sexto encontro das referidas entidades, foram aprovadas moções concretas no sentido de que se incluíssem, no texto constitucional então em vigor (Emenda Constitucional nº 1, de 1969), dispositivos que contemplassem a preocupação estatal com a defesa e proteção do consumidor, e mediante emendas constitucionais.

Em 1987, quando os constituintes estavam no início das discussões sobre tal assunto, novas propostas foram extraídas de outro encontro nacional daquelas entidades de defesa do consumidor, desta feita o de nº 7, realizado estrategicamente em Brasília, em abril do referido ano. As mencionadas propostas foram consubstanciadas em anteprojeto formalmente protocolado junto àquela Assembleia Nacional Constituinte, recebendo o nº 2.875, em 8.5.87. No caso, foram feitas sugestões de modificações da redação dos então arts. 36 e 74 do anteprojeto elaborado pela chamada Comissão Afonso Arino, merecendo destaque a menção expressa já aos direitos fundamentais ou básicos dos consumidores, como o relativo ao consumo de produtos e serviços, à segurança, à escolha, à informação, de ser ouvido, à indenização, à educação para o consumo e a um meio ambiente sadio.

---

[15] Lei Federal nº 8.987, de 13.02.1995, dispôs sobre o regime de concessão e permissão da prestação de serviços públicos previstos no referido art. 175 da Constituição Federal. A Lei nº 9.472, de 16.07.1997, dispõe sobre a organização dos serviços de telecomunicações, a criação e o funcionamento do órgão regulador – ANATEL – Agência Nacional de Telecomunicações –, e outros aspectos institucionais, nos termos da Emenda Constitucional nº 8, de 1995. A Lei nº 9.691, de 22.07.1998, altera a Tabela de Valores de Fiscalização por Estação, objeto da Lei nº 9.472/1997. E o Decreto nº 2.338, de 07.10.1997, aprova o regulamento da ANATEL. Em matéria de gás e petróleo, a Lei nº 9.478, de 06.08.1997, dispõe sobre a política energética nacional, as atividades relativas ao monopólio do petróleo, e institui o Conselho Nacional de Política Energética. E, conforme redação dada ao seu art. 7º pela Lei nº 11.097/2005, a ANP passa a ser sigla de "Agência Nacional do Petróleo, Gás Natural e Biocombustíveis", que é uma autarquia sob regime especial, com sua estrutura regimental e o quadro demonstrativo dos cargos em comissão, além de funções de confiança. No que toca à energia elétrica, a Lei nº 9.427, de 26.12.1996, instituiu a Agência Nacional de Energia Elétrica – ANEEL –, autarquia sob regime especial, aprova sua estrutura regimental, e o quadro demonstrativo dos cargos em comissão e funções de confiança. Consultem-se, ainda, a Lei nº 9.074, de 07.07.1995, que estabelece normas para outorga e prorrogação das concessões e permissões de serviços públicos, e o Decreto nº 1.717, de 24.11.1995, que estabelece procedimentos para prorrogação de concessões dos serviços públicos de energia elétrica.

Destaque-se, igualmente, o trabalho desenvolvido pelo Ministério Público brasileiro, reunido em dois simpósios nacionais, ou seja, o VI Congresso Nacional de São Paulo, em junho de 1985, e o VII, em Belo Horizonte, em março de 1987, oportunidades em que foram oferecidas teses – aprovadas por unanimidade – que também propugnavam não apenas pela instituição de Promotorias de Justiça especializadas na proteção e defesa do consumidor, como também pela consagração daquelas preocupações no texto constitucional.[16-17]

Por fim, ainda neste tópico, destaque-se que as normas ora instituídas são de *ordem pública* e *interesse social*, o que equivale a dizer que são *inderrogáveis* por vontade dos interessados em determinada relação de consumo, embora se admita a livre disposição de alguns interesses de caráter patrimonial, como, por exemplo, ao tratar o Código da convenção coletiva de consumo em seu art. 107, dispondo que "as entidades civis de consumidores e as associações de fornecedores ou sindicatos de categoria econômica podem regular, por convenção escrita, relações de consumo que tenham por objeto estabelecer condições relativas ao preço, à qualidade, à quantidade, à garantia e características de produtos e serviços, bem como à reclamação e composição do conflito de consumo".[18]

---

[16] VI Congresso do Ministério Público. José Geraldo Brito Filomeno e Antônio Herman de Vasconcellos e Benjamin, "A proteção ao consumidor e o Ministério Público", in *Justitia*, nº 131-A, 1985.

[17] VII Congresso do Ministério Público. José Geraldo Brito Filomeno, Edson José Rafael e Cláudio Eugênio dos Reis Bressane, "Consumidor, Ministério Público e a Constituição", in *Anais do VII Congresso do MP*, Belo Horizonte, 1987.

[18] Conforme decidido pela 3ª Câmara do Tribunal de Justiça do Distrito Federal, na Apelação Cível nº 31.902/94-DF, julgamento de 16.05.1994, tendo por relatora a então desembargadora Nancy Andrighi, por maioria de votos, in *RDC* 10/260-262: *"Direito das Obrigações. Contrato celebrado antes da vigência do CDC. Suas normas. Aplicação. Apelação desprovida. Aplicam-se as normas do Código de Defesa do Consumidor aos contratos de execução diferida, não obstante ter sido pactuado antes da vigência deste diploma legal – Art. 1º Improcede o pedido de perda das parcelas pagas, porque nula é a cláusula contratual que a estabelece, em face da sua manifesta abusividade."* Tratava-se, em síntese, de questão que envolvia o compromisso de compra e venda de imóvel a prestações, buscando o compromitente vendedor sua rescisão em face do inadimplemento dos compradores. No mérito, a decisão, embora julgando procedente o pedido rescisório, não admitiu a perda total das prestações pagas, conforme pactuado em cláusula contratual considerada "leonina" e, portanto, nula de pleno direito, bem como perdas e danos, por constituírem estas ônus decorrentes da incorporação. Voto da relatora: *"Muito embora o contrato existente entre as partes tenha sido pactuado antes da vigência do Código de Defesa do Consumidor, de acordo com seu art. 1º, contém norma de ordem pública e esta é de aplicação imediata; duas, porque, embora o contrato tenha sido pactuado antes da vigência do supracitado Código, a situação jurídica posta foi atingida porque ainda não integralmente consolidada no tempo, bem como os efeitos da relação ainda estão em execução. Por isso, com fulcro no art. 51, inc. II, do CDC, declaro a nulidade da cláusula 3.5, em face da sua manifesta abusividade, procedendo de ofício com respaldo em lei de ordem pública e porque o vício autoriza a sua declaração de invalidade de ofício, ratificando o decidido na sentença."* Veja-se também julgado do Tribunal de Justiça do Distrito Federal e Territórios (Ap. Cível nº 344.282, relator: Des. Sérgio Bittencourt, 4ª Câmara Cível, julgado em 04.02.2009, *DJ* 16.03.2009: *"Civil e processual civil. Ação de revisão de cláusulas contratuais. Ausência do nome das partes no relatório da sentença. Não demonstração de prejuízo. Aplicação imediata do Código de Defesa do Consumidor. Contratos de execução continuada. Tabela Price. Ilegalidade. Substituição pelo Sistema de Amortização Constante (SAC). Execução extrajudicial. Suspensão da medida. Seguro. PES/CP. Limitação de juros e ausência de interesse recursal [...] A aplicação imediata da lei atinge não só os fatos não definitivamente constituídos, mas também os efeitos presentes e futuros dos fatos consumados. Dessa maneira, incide as normas do Código de Defesa do Consumidor aos contratos de execução continuada ou diferida, ainda que firmados antes de sua vigência, atingindo os efeitos futuros da avença."* Parte do Voto da Relatora: "[...] Insurge-se o Réu/Apelante quanto à aplicação do CDC à relação jurídica havida entre as partes, ao argumento de que, à época em que firmado o acordo, a saber, 10.10.1990, ainda não estava em vigência tal diploma legal, o que somente ocorreu em março de 1991. Nesse ponto, convém anotar que após a assinatura do contrato sobreveio alteração legislativa que estabeleceu novo ordenamento para as relações de consumo – Lei nº 8.078/1990. Em se tratando de contrato com parcelas de tratos sucessivos, não há que se falar em ofensa a

Art. 1º | CÓDIGO BRASILEIRO DE DEFESA DO CONSUMIDOR

O caráter cogente, todavia, fica bem marcado, sobretudo na Seção II do Capítulo VI ainda do Título I, quando se trata das chamadas "cláusulas abusivas", fulminadas de nulidade (cf. art. 51 do Código), ou então já antes, nos arts. 39 a 41, que versam sobre as "práticas abusivas".

E, com efeito, consoante bem anotado por Nilton da Silva Combre[19] ao comentar o dirigismo contratual, "ocorre (...) que certas relações jurídicas sofrem, cada vez mais, a intervenção do Estado na sua regulamentação; é o fenômeno que se denomina dirigismo contratual".

> "Como observa José Lopes de Oliveira (*Contratos, cit.,* p. 9)", argumenta, "é frequentemente sob o império da necessidade que o indivíduo contrata; daí ceder facilmente ante a pressão das circunstâncias; premido pelas dificuldades do momento, o economicamente mais fraco cede sempre às exigências do economicamente mais forte; e transforma em tirania a liberdade, que será de um só dos contratantes; tanto se abusou dessa liberdade durante o liberalismo econômico, que não tardou a reação, criando-se normas tendentes a limitá-las; e, assim, surgiu um sistema de leis e garantias, visando a impedir a exploração do mais fraco".

Ao dizer que esse dirigismo tem-se verificado tradicionalmente em matéria locatícia, o citado autor enfatiza que, "visando a impedir a exploração do mais fraco pelo mais forte, e os abusos decorrentes do acentuado desequilíbrio econômico entre as partes, o Estado procura regular, *através de disposições legais cogentes*, o conteúdo de certos contratos, de modo que as partes fiquem obrigadas a aceitar o que está previsto na lei, não podendo, naquelas matérias, regular diferentemente seus interesses".

A grande questão que se colocou, tão logo entrou em vigor o Código do Consumidor, foi a de saber-se se a nova sistemática das chamadas "cláusulas abusivas" atingiria ou não os atos jurídicos praticados anteriormente.

E a orientação do Superior Tribunal de Justiça é no sentido de que, em se tratando de normas de Direito Econômico, sua incidência é imediata, alcançando, sim, os contratos em curso, notadamente os chamados "de trato sucessivo" ou de "execução continuada"[20], em decorrência

---

ato jurídico perfeito, porquanto é perfeitamente possível aplicar a mudança havida, mormente porque as normas consumeristas são de ordem pública e devem ser amplamente utilizadas". Cf., também, no que diz respeito à resolução contratual e art. 53 do CDC, a Súmula de Estudos CENACON nº 16, *in* Promotorias de Justiça do Consumidor: atuação prática. Imprensa Oficial do Estado de São Paulo, 1997, p. 103-111.

[19] *Teoria e prática da locação de imóveis*, Saraiva, 1985, p. 89.

[20] Cf. Ementa nº 01 – AgRg no REsp nº 804.842/SC, rel. Min. Fernando Gonçalves, 4ª Turma do STJ, j. de 09.06.2009, *in DJe* de 22.06.2009: "AgRg no REsp 804.842/SC: Habitacional. Código de Defesa do Consumidor. Aplicação. Possibilidade. Tabela Price. Capitalização. Súmulas 5 e 7/STJ. Execução extrajudicial. Intimação pessoal. Decisão agravada mantida por seus próprios fundamentos. *1 – Com relação à aplicação do CDC* in casu, *sendo o contrato de mútuo habitacional uma relação continuada, isto é, de trato sucessivo, a lei nova deve ser aplicada aos fatos ocorridos durante sua vigência. 2 –* Afastar o entendimento do Tribunal de origem no sentido de que o uso da Tabela Price acarreta, no caso, capitalização dos juros ou anatocismo importa em análise de cláusula contratual e em investigação probatória, atraindo os óbices das Súmulas 5 e 7 do Superior Tribunal de Justiça. Precedentes. 3 – O Superior Tribunal de Justiça pacificou, nos termos dos precedentes jurisprudenciais a seguir transcritos, o entendimento no sentido de que sejam exauridas, em sede de *execução* extrajudicial, todas as possibilidades para que se proceda à intimação pessoal do devedor. 4. Agravo regimental desprovido". Em sentido oposto, todavia, confiram-se: Ementa nº 02 – STJ, AgRg no REsp nº 930.979 – DF, rel. Min. Luís Felipe Salomão, 4ª Turma, j. de 16.12.2008: "Direito civil e processual civil. Agravo regimental. Sistema financeiro de habitação. Não incidência do Código de Defesa do Consumidor aos contratos regidos pelo SFH firmados antes de sua vigência. Reajuste do saldo devedor. Março de 1990. Tabela Price e capitalização de juros. Questão fático-probatória que enseja incidência do Enunciado 7 do STJ. Agravo regimental improvido"; Ementa nº 03 – REsp nº 248.155/SP, rel. Min. Sálvio de Figueiredo Teixeira, 4ª Turma, j. de 23.05.2000, *in DJ* de 07.08.2000, p. 114: "Processual civil. Apelação. Princípio devolutivo. Inocorrência de impugnação. Multa. Redução a 2%. Contrato anterior à vigência da

Capítulo I · DISPOSIÇÕES GERAIS | **Art. 1º**

exatamente do caráter de normas de ordem pública. Como foi o caso, por exemplo, das Leis nᵒˢ 8.170/1991 (revogada pela Lei nº 9.870/1999) e 8.178/1991, versando a primeira sobre reajustes de mensalidades escolares, e a segunda sobre o plano econômico intentado pelo governo Collor, notadamente no que diz respeito à criação da TR (taxa referencial de juros).

É o que se extrai de voto proferido no Recurso Especial nº 2.595/SP pelo ministro Sálvio de Figueiredo Teixeira, a saber:

"Orlando Gomes, em obra dedicada ao Direito Econômico, analisando os aspectos jurídicos do dirigismo econômico nos dias atuais, após assinalar que a sanção pela transgressão de norma de ordem pública é a nulidade, afirma: 'Outro princípio que sofre alteração frente à ordem pública dirigista é o da intangibilidade dos contratos. Sempre que uma nova lei é editada nesse domínio, o conteúdo dos contratos que atinge tem de se adaptar às suas inovações. Semelhante adaptação verifica-se por força de aplicação imediata das leis desse teor, sustentada com prática necessária à funcionalidade da legislação econômica dirigista. Derroga-se com o princípio da aplicação imediata a regra clássica do Direito Intertemporal que resguarda os contratos de qualquer intervenção legislativa decorrente de lei posterior à sua conclusão' (*Direito Econômico*, Saraiva, 1977, p. 59). Atento a essa qualidade das normas de Direito Econômico que se revestem do atributo de ordem pública, esta Corte vem prestigiando a aplicação imediata de tais normas, atingindo contratos em curso. Confiram-se, dentre outros, os Recursos Especiais nᵒˢ 3, 29, 557, 602, 667, 692, 701, 815 e 819, nos quais a tese jurídica central é a da aplicação imediata de normas de Direito Econômico cujo caráter de ordem pública afasta a alegação de direito adquirido."

Da mesma forma decidiu o STJ no REsp nº 735.168/RJ (rel. Min. Nancy Andrighi, 3ª Turma, j. de 11.03.2008, *DJ* de 23.3.2008:

"Direito Civil e Consumidor. Seguro saúde. Contratação anterior à vigência do CDC e à Lei nº 9.656/1998. Existência de trato sucessivo. Incidência do CDC, mas não da Lei nº 9.656/1998. Boa-fé objetiva. Prótese necessária à cirurgia de angioplastia. Ilegalidade da exclusão de 'stents' da cobertura securitária. Dano moral configurado. Dever de reparar os danos materiais.

– As disposições da Lei nº 9.656/1998 só se aplicam aos contratos celebrados a partir de sua vigência, bem como para os contratos que, celebrados anteriormente, foram adaptados para seu regime. A Lei nº 9.656/1998 não retroage, entretanto, para atingir o contrato celebrado por segurados que, no exercício de sua liberdade de escolha, mantiveram seus planos antigos sem qualquer adaptação.

– *Embora o CDC não retroaja para alcançar efeitos presentes e futuros de contratos celebrados anteriormente a sua vigência, a legislação consumerista regula os efeitos presentes de contratos de trato sucessivo e que, por isso, foram renovados já no período de sua vigência.*

– Dada a natureza de trato sucessivo do contrato de seguro saúde, o CDC rege as renovações que se deram sob sua vigência, não havendo que se falar aí em retroação da lei nova.

---

nova redação do art. 51 do Código de Defesa do Consumidor. Impossibilidade de o Tribunal decidir de ofício. Brocardo *tantum devolutum quantum appellatum*. Arts. 128, 460 e 515, CPC. Recurso provido. – A extensão do pedido devolutivo se mede através da impugnação feita pela parte nas razões do recurso, consoante enuncia o brocardo latino *tantum devolutum quantum appellatum*. I – A apelação transfere ao conhecimento do tribunal a matéria impugnada, nos limites dessa impugnação, salvo matérias examináveis de ofício pelo juiz. II – Questão não refutada no recurso, que, pela natureza patrimonial do direito, não pode ser decidida de ofício pelo tribunal. III – Conquanto o CDC seja norma de ordem pública, não pode retroagir para alcançar o contrato que foi celebrado e produziu seus efeitos na vigência da lei anterior, sob pena de afronta ao ato jurídico perfeito".

Art. 1º | CÓDIGO BRASILEIRO DE DEFESA DO CONSUMIDOR

– A cláusula geral de boa-fé objetiva, implícita em nosso ordenamento antes da vigência do CDC e do CC/2002, mas explicitada a partir desses marcos legislativos, impõe deveres de conduta leal aos contratantes e funciona como um limite ao exercício abusivo de direitos. [...]".

Eis, por conseguinte, a extensão relevante da enunciação do art. 1º do Código do Consumidor ao cunhar as locuções "ordem pública" e "interesse social".[21]

---

[21] Entendimento diverso, entretanto, foi manifestado pelo Supremo Tribunal Federal, a saber: a) no Recurso Extraordinário nº 205.999/SP, tendo por relator o ministro Moreira Alves, em julgamento de 16.11.1999, 1ª Turma, votação unânime (*DJ* de 3.3.2000) e tendo como partes Fenan Engenharia S/A (recorrente) e Roberto Barbosa Sansoni (recorrido), a saber: "Compromisso de compra e venda. Rescisão. Alegação de ofensa ao art. 5º, XXXVI, da Constituição. Sendo constitucional o princípio de que a lei não pode prejudicar o ato jurídico perfeito, ele se aplica também às leis de ordem pública. De outra parte, se a cláusula relativa à rescisão com a perda de todas as quantias já pagas constava do contrato celebrado anteriormente ao Código de Defesa do Consumidor, ainda quando a rescisão tenha ocorrido após a entrada em vigor deste, a aplicação dele para se declarar nula a rescisão feita de acordo com aquela cláusula fere, sem dúvida alguma, o ato jurídico perfeito, porquanto a modificação dos efeitos futuros de ato jurídico perfeito caracteriza a hipótese de retroatividade mínima que também à alcançada pelo disposto no art. 5º, XXXVI, da Carta Magna. Recurso extraordinário conhecido e provido"; b) Recurso Extraordinário nº 240.216/BA, tendo por relatora a ministra Ellen Gracie, em julgamento de 14.5.2002, 1ª Turma, votação unânime (*DJ* de 14.6.2002), tendo como partes Andrade Mendonça Construtora Ltda. (recorrente) e Lícia Damasceno do Nascimento (recorrida): "Constitui ofensa ao art. 5º, XXXVI, da Constituição Federal a aplicação do Código de Defesa do Consumidor em contrato celebrado anteriormente à sua edição. Precedente da Turma. Recurso extraordinário conhecido e provido". Também nesse sentido o Recurso Especial nº 391.156/SP (relator o min. Aldir Passarinho Jr., j. de 5.4.2005, in *DJU* de 9.5.2005, p. 407, 4ª Turma do STJ): "Civil e processual. Ação consignatória e reconvenção de rescisão de contrato de promessa de compra e venda de imóvel em construção. Inadimplência. Obrigacional dos adquirentes. Perda das prestações pagas previstas em cláusula penal. Complementação de prestações. Matéria de fato. Súmula nº 7/STJ. Pacto celebrado anteriormente à vigência do Código de Defesa do Consumidor. Inaplicabilidade da Lei nº 8.078/1990. Recurso especial. Prequestionamento insuficiente. Súmula nº 211/STJ. Divergência jurisprudencial não configurada. I. Não se aplica o Código de Defesa do Consumidor a contrato celebrado antes da sua vigência, pelo que a cláusula penal que prevê a perda da totalidade das parcelas pagas, contratada antes da entrada em vigor da Lei nº 8.078/1990, não pode ser afastada com base em tal diploma. Precedentes do STJ. II. Questões pertinentes ao Código Civil anterior não prequestionadas, atraindo a incidência da Súmula nº 211 do STJ. III. 'A pretensão de simples reexame de prova não enseja recurso especial' – Súmula nº 7/STJ. IV. Dissídio jurisprudencial não configurado. V. Recurso especial não conhecido".
Idem, STJ no REsp nº 435.608/PR, rel. Min. Aldir Passarinho Jr., 4ª Turma, j. de 27.03.2007 *in DJ* de 14.05.2007: "Civil e processual. Ação de rescisão de contrato de compra e venda. Inadimplência do devedor. Contrato anterior ao CDC. Inaplicabilidade. Perda das prestações pagas prevista em cláusula penal. I. Não se aplica o Código de Defesa do Consumidor a contrato celebrado antes da sua vigência, pelo que a cláusula penal que prevê a perda da totalidade das parcelas pagas, contratada antes da entrada em vigor da Lei nº 8.078/1980, não pode ser afastada com base em tal diploma. Precedentes do STJ. II. Recurso especial conhecido e provido"; STF, no RE nº 555.906/SP, rel. Min. Cezar Peluso, j. de 02.10.2009: (Decisão recente ainda sem ementa) – STF: Trata-se de recurso extraordinário contra acórdão do Tribunal de Justiça de São Paulo e assim ementado: "Embargos infringentes. Ação de consignação em pagamento. Contrato de seguro-saúde. Exclusão de dependente por cancelamento do contrato pela segurada principal. Inadmissibilidade. Aplicabilidade do Código de Defesa do Consumidor. Inexistência de obrigação acessória e de estipulação em favor de terceiro. Hipótese de obrigação principal que vincula o dependente à empresa prestadora de serviços mediante o pagamento de contraprestação. Rejeição dos embargos (fl. 301). Opostos embargos de declaração, foram rejeitados (fl. 278). A recorrente alega, com fundamento no art. 102, III, a, violação ao art. 5º, XXXVI, da Constituição Federal. Aduz, ainda, que, no caso em comento, não seriam aplicáveis as regras e princípios norteadores do Código de Defesa do Consumidor, já que o contrato foi firmado em 14.9.87, ou seja, anteriormente à promulgação da Lei nº 8.078/90. 2. Consistente o recurso. É que, em caso semelhante, esta Corte já assentou entendimento acerca da impossibilidade de aplicação retroativa do Código de Defesa do Consumidor, como se pode ver à seguinte ementa: 'Compromisso de compra e venda. Rescisão. Alegação de ofensa ao artigo 5º, XXXVI, da Constituição. – Sendo constitucional

Capítulo I · DISPOSIÇÕES GERAIS | **Art. 1º**

No que tange, agora especificamente, ao "interesse social", tenha-se em conta que o Código ora comentado visa a resgatar a imensa coletividade de consumidores da marginalização não apenas em face do poder econômico, como também dotá-la de instrumentos adequados para o acesso à justiça do ponto de vista individual e, sobretudo, coletivo.

Assim, embora destinatária final de tudo que é produzido em termos de bens e serviços, a comunidade de consumidores é sabidamente frágil em face da outra personagem das relações de consumo, donde pretender o Código do Consumidor estabelecer o necessário equilíbrio de forças.

E, para tanto, como se verá noutros passos desta obra, haverá muitas vezes que tratar desigualmente as duas personagens das sobreditas relações de consumo – fornecedores e consumidores –, porque claramente desiguais.

Veja-se, como exemplo, o entendimento manifestado no acórdão proferido em sede do Recurso Especial nº 658.748/RJ (rel. min. Nancy Andrighi, 3ª Turma do STJ, j. de 4.8.2005, *in DJU* de 22.8.2005, p. 268), no qual se optou claramente pela prevalência dos critérios do Código de Defesa do Consumidor sobre os do chamado "Código Brasileiro de Aeronáutica", consubstanciado na Lei nº 7.565/86 e regulamentado pelos Decretos nºˢ 20.704/31 e 56.463/65, os quais, por sua vez, se reportam à "Convenção de Varsóvia":

"Consumidor. Recurso especial. Embargos de declaração. Omissão. Prequestionamemento. Extravio de mercadoria em transporte aéreo internacional. Limitação do ressarcimento pela Convenção de Varsóvia. CDC. Aplicabilidade. – Não incorre em omissão o acórdão que analisa a questão sob enfoque legal diverso do consignado pela parte. – Inviável o recurso especial quando ausente o prequestionamento dos dispositivos legais tidos por violados. – Não prevalece a limitação da indenização preconizada pela Convenção de Varsóvia na vigência do CDC. Recurso provido."

Ainda nesse sentido, outro acórdão do STJ, em sede de Recurso Especial nº 151.401/SP (rel. min. Humberto Gomes de Barros, j. de 17.6.2004, *in DJU* de 1.7.2004, p. 188):

---

o princípio de que a lei não pode prejudicar o ato jurídico perfeito, ele se aplica também às leis de ordem pública. De outra parte, se a cláusula relativa a rescisão com a perda de todas as quantias já pagas constava do contrato celebrado anteriormente ao Código de Defesa do Consumidor, ainda quando a rescisão tenha ocorrido após a entrada em vigor deste, a aplicação dele para se declarar nula a rescisão feita de acordo com aquela cláusula fere, sem dúvida alguma, o ato jurídico perfeito, porquanto a modificação dos efeitos futuros de ato jurídico perfeito caracteriza a hipótese de retroatividade mínima que também é alcançada pelo disposto no artigo 5º, XXXVI, da Carta Magna. Recurso extraordinário conhecido e provido (RE nº 205.999, Rel. Min. Moreira Alves, Primeira Turma, *DJ* de 03.03.2000. Nesse sentido: AI nº 318.778, Rel. Min. Sepúlveda Pertence, *DJ* de 16.3.2004) [...]"; ou, ainda, o RE nº 425.758 em AgR/SP, rel. Min. Ricardo Lewandowski, j. de 05.02.2009: "Trata-se de agravo regimental interposto pelo Banco Bradesco S/A (fls. 751-758) contra decisão que negou seguimento ao seu recurso extraordinário (fls. 746-748). O agravante sustenta, em suma, que a questão referente à aplicabilidade retroativa do Código de Defesa do Consumidor (que entrou em vigor em 11.03.1991) aos contratos iniciados ou renovados na vigência do Plano Collor (que entrou em vigor em 15.03.1990) foi devidamente apreciada no acórdão proferido pelo Superior Tribunal de Justiça, não havendo falar, portanto, em ausência de prequestionamento. Argumenta, ainda, que a aplicabilidade retroativa do CDC ofende o disposto no art. 5º, XXXVI, da Constituição. Seguindo essa orientação, destaco, ainda, os seguintes precedentes: RE 240.216/BA e RE 386.485/RS, ambos de relatoria da Min. Ellen Gracie; RE 423.838-AgR/SP, Rel. Min. Eros Grau e AI 353.109/DF, Rel. Min. Sepúlveda Pertence. Quanto aos demais fundamentos da decisão agravada, verifica-se que devem ser mantidos, visto que o recorrente não aduziu argumentos capazes de afastá-los. Isso posto, reconsidero a decisão de fls. 746-748 e dou parcial provimento ao RE, apenas para afastar a aplicação retroativa do CDC a contratos celebrados em período anterior à sua vigência. Publique-se. Brasília, 5 de fevereiro de 2009".

Art. 1º | CÓDIGO BRASILEIRO DE DEFESA DO CONSUMIDOR

"Responsabilidade civil objetiva. Voo internacional. Atraso. Aplicação do CDC. – Se o fato ocorreu na vigência do CDC, a responsabilidade por atraso em voo internacional afasta a limitação tarifada da Convenção de Varsóvia (CDC: arts. 6º, VI, e 14). – O contrato de transporte constitui obrigação de resultado. Não basta que o transportador leve o transportado ao destino contratado. É necessário que o faça nos termos avençados (dia, horário, local de embarque e desembarque, acomodações, aeronave etc.). – O Protocolo Adicional nº 3, sem vigência no direito internacional, não se aplica no direito interno. A indenização deve ser fixada em moeda nacional Decreto nº 97.505/89)."[22]

É forçoso reconhecer, por conseguinte, que, diante do exposto linhas atrás (*i.e.*, o princípio da vulnerabilidade do consumidor, o caráter de lei de ordem pública e interesse social de

---

[22] STF – Extravio de Mercadoria/Bagagem – AI nº 762.184 RG/RJ, rel. Min. Cezar Peluso, j. de 22.10.2009, Inf. nº 572/2010: "Extravio de Mercadoria/Bagagem: Recurso. Extraordinário. Extravio de bagagem. Limitação de danos materiais e morais. Convenção de Varsóvia. Código de Defesa do Consumidor. Princípio constitucional da indenizabilidade irrestrita. Norma prevalecente. Relevância da questão. Repercussão geral reconhecida. Apresenta repercussão geral o recurso extraordinário que verse sobre a possibilidade de limitação, com fundamento na Convenção de Varsóvia, das indenizações de danos morais e materiais, decorrentes de extravio de bagagem". Atraso em voo – REn. 351.750/RJ, rel. Min. Marco Aurélio, tendo por relator designado o ministro Carlos Britto, j. de 17.03.2009, 1ª Turma. Inf. 539, 2009: "Recurso Extraordinário. Danos morais decorrentes de atraso ocorrido em voo internacional. Aplicação do Código de Defesa do Consumidor. Matéria infraconstitucional. Não conhecimento. 1. O princípio da defesa do consumidor se aplica a todo o capítulo constitucional da atividade econômica. 2. Afastam-se as normas especiais do Código Brasileiro da Aeronáutica e da Convenção de Varsóvia quando implicarem retrocesso social ou vilipêndio aos direitos assegurados pelo Código de Defesa do Consumidor. 3. Não cabe discutir, na instância extraordinária, sobre a correta aplicação do Código de Defesa do Consumidor ou sobre a incidência, no caso concreto, de específicas normas de consumo veiculadas em legislação especial sobre o transporte aéreo internacional. Ofensa indireta à Constituição de República. 4. Recurso não conhecido". STJ – Extravio de mercadoria/bagagem – AgRg. no Ag. nº 827.374/MG, tendo como relator o ministro Sidnei Beneti, 3ª Turma, j. de 04.09.2008, *DJe* de 23.09.2008: "Agravo regimental. Transporte aéreo de mercadorias. Extravio ou perda. Ação de indenização. Convenção de Varsóvia. Código de Defesa do Consumidor. É firme a jurisprudência desta Corte no sentido de que a responsabilidade civil do transportador aéreo pelo extravio de bagagem ou de carga rege-se pelo Código de Defesa do Consumidor, se o evento se deu em sua vigência, afastando-se a indenização tarifada prevista na Convenção de Varsóvia. Agravo improvido". Atraso em voo – REsp nº 299.532/SP, tendo como relator o ministro Horildo Amaral de Mello Castro (Desembargador convocado do TJ/AP), 4ª Turma, j. de 27.10.2009, *DJe* 23.11.2009: "Civil e processual civil. Responsabilidade civil. Atraso de voo internacional. Aplicação do Código de Defesa do Consumidor em detrimento das regras da Convenção de Varsóvia. Desnecessidade de comprovação do dano. Condenação em franco poincaré. Conversão para DES. Possibilidade. Recurso provido em parte. 1 – A responsabilidade civil por atraso de voo internacional deve ser apurada à luz do Código de Defesa do Consumidor, não se restringindo as situações descritas na Convenção de Varsóvia, eis que aquele traz em seu bojo a orientação constitucional de que o dano moral é amplamente indenizável. 2. O dano moral decorrente de atraso de voo prescinde de prova, sendo que a responsabilidade de seu causador opera-se, *in re ipsa*, por força do simples fato da sua violação em virtude do desconforto, da aflição e dos transtornos suportados pelo passageiro. 3 – Não obstante o texto Constitucional assegurar indenização por dano moral sem restrições quantitativas, e do Código de Defesa do Consumidor garantir a indenização plena dos danos causados pelo mau funcionamento dos serviços em relação ao consumo, o pedido da parte autora limita a indenização ao equivalente a 5.000 francos poincaré, cujos precedentes desta Egrégia Corte determinam a sua conversão para 332 DES (Direito Especial de Saque). 4 – Recurso Especial conhecido e parcialmente provido". Prazo prescricional: RE nº 297.901/RN, rel. Min. Ellen Gracie, j. de 07.03.2006, 2ª Turma, *DJ* de 31.03.2006, p. 38: "Prazo prescricional. Convenção de Varsóvia e Código de Defesa do Consumidor. 1. O art. 5º, § 2º, da Constituição Federal se refere a tratados internacionais relativos a direitos e garantias fundamentais, matéria não objeto da Convenção de Varsóvia, que trata da limitação da responsabilidade civil do transportador aéreo internacional (RE 214.349, rel. Min. Moreira Alves, DJ 11.6.99). 2. Embora válida a norma do Código de Defesa do Consumidor quanto aos consumidores em geral, no caso específico de contrato de transporte internacional aéreo, com base no art. 178 da Constituição Federal de 1988, prevalece a Convenção de Varsóvia, que determina prazo prescricional de dois anos. 3. Recurso provido".

Capítulo I · DISPOSIÇÕES GERAIS | **Art. 2º**

seu Código), prevalece o espectro mais abrangente do Código do Consumidor, para o qual não há limite "tarifado" para as indenizações decorrentes de acidentes aéreos ou extravio de mercadorias e bagagens.

> **Art. 2º** Consumidor é toda pessoa física ou jurídica que adquire ou utiliza produto ou serviço como destinatário final. [1]
>
> Parágrafo único. Equipara-se a consumidor a coletividade de pessoas, ainda que indetermináveis, que haja intervindo nas relações de consumo. [2]

[1] CONCEITO DE CONSUMIDOR – Consoante já salientado, o conceito de consumidor adotado pelo Código foi exclusivamente de caráter *econômico*, ou seja, levando-se em consideração tão somente o personagem que no mercado de consumo adquire bens ou então contrata a prestação de serviços, como destinatário final, pressupondo-se que assim age com vistas ao atendimento de uma necessidade própria e não para o desenvolvimento de uma outra atividade negocial.

Assim, procurou-se abstrair de tal conceituação componentes de natureza *sociológica* – "consumidor" é qualquer indivíduo que frui ou se utiliza de bens e serviços e pertence a uma determinada categoria ou classe social – ou então *psicológica* – aqui se encarando o "consumidor" como o indivíduo sobre o qual se estudam as reações a fim de se individualizarem os critérios para a produção e as motivações internas que o levam ao consumo.[23]

Igualmente, procurou-se abstrair *considerações de ordem literária e até filosófica*, embora relevantes para efeitos da análise da publicidade, consoante o magistério de Guido Alpa.[24]

Para Othon Sidou,[25] "definem os léxicos como *consumidor* quem compra para gastar em uso próprio" e, "respeitada a concisão vocabular, o Direito exige explicação mais precisa", concluindo então que "consumidor é qualquer pessoa, natural ou jurídica, que contrata, para utilização, a aquisição de mercadoria ou a prestação de serviço, independentemente do modo de manifestação da vontade, isto é, sem forma especial, salvo quando a lei expressamente a exigir".

Vê-se que tal conceituação é a que se aproxima mais de perto da adotada pelo Código, eis que acentua tão somente o aspecto econômico-jurídico do termo.

A lei sueca de proteção ao consumidor, de 1973, conceitua "consumidor" como "a pessoa privada que compra de um comerciante uma mercadoria, principalmente destinada ao seu uso privado e que é vendida no âmbito da atividade profissional do comerciante" (art. 1º).

Já a do México, de 1976, traz no art. 3º a definição segundo a qual "consumidor é quem contrata, para sua utilização, a aquisição, uso ou desfrute, de bens ou a prestação de um serviço".

Ainda no que tange ao Direito Comparado, em estudo elaborado por Plínio Lacerda Martins,[26] destacamos o seguinte:

"Verificamos que na legislação hispânica o conceito de consumidor previsto na '*Ley Defensa de Consumidores y Usuarios*' (Lei espanhola nº 26/84) é aferido por exclusão, ou seja, é consi-

---

[23] Guido Alpa, Tutela del consumatore e controlli sull'impresa, Bologna, Società Editrice Il Mulino, 1977.

[24] Idem. "Consumir" nesse aspecto ("homem consumidor") significa ceder sempre às sugestões veiculadas pela publicidade; significa – em última análise – estar sempre de acordo, a fim de que não se rompa o próprio consenso imposto, bem como alienar-se ante a apologia da sociedade de consumo.

[25] Proteção ao consumidor, Rio de Janeiro, Forense, 1977, p. 2.

[26] Publicado na Revista da APMP-SP, dez.-jan.-fev./2001, ps. 62-66.

derado consumidor quando há oferta de produto ou serviço a um não profissional (conceito de consumidor definido nos arts. 2º e 3º). Analogicamente, a Lei nº 24/96, que introduziu a legislação de defesa do consumidor em Portugal, estabelece no art. 2º, item nº 1, que se considera consumidor qualquer pessoa que adquirir bens ou serviços prestados como destinatário final, ou seja, na relação produção/consumo este sendo o último desta cadeia, passa a adquirir direitos e proteção de consumidor previsto no referido Código. De igual forma prescreve a lei portuguesa que consumidor é também todo aquele a quem são transmitidos quaisquer direitos, destinados ao uso não profissional, ou seja, uso pessoal ou próprio. Na França, o *Code de la Consommation* regula as relações de consumo, estabelecendo normas para o equilíbrio entre um profissional e um não profissional (...). Na Itália, o ordenamento jurídico que cuida da relação de consumo é previsto na *Lege 281*, de 30 Iuglio 1998, que disciplina '*Dei Diritti dei Consumatori e Degli Utenti*', estabelecendo o art. 2º que são consumidores e usuários as pessoas físicas que adquirem ou utilizam bens ou serviços não referindo a atividade empresarial ou mesmo do profissional eventual. Fato relevante destacado pela pesquisa é que o Código de Defesa do Consumidor brasileiro considera toda pessoa física ou jurídica. Já a legislação consumerista italiana faz referência somente a consumidores às pessoas físicas. Na Suíça não há um Código próprio, sendo regulado pela Lei Federal complementar de Código Civil suíço, que não possui um conceito específico deixando explícito os direitos das obrigações, ou seja, consumidor (comprador) e fornecedor são obrigados a cumprir simultaneamente suas obrigações. Na Argentina a '*Ley de Defensa del Consumidor*' (Lei nº 24.240, de 22 de setembro de 1993), estabelece que consumidor ou usuário são as pessoas físicas ou jurídicas que '*contratan a título oneroso para su consumo final o benefício próprio o de su grupo familiar o social*' a aquisição ou locação de coisas móveis, a prestação de serviços e a aquisição de imóveis novos destinados à moradia, inclusos os lotes de terreno adquiridos com o mesmo fim, quando a oferta seja pública e dirigida a pessoas indeterminadas (art. 1º). O mesmo dispositivo legal estabelece que não terão o caráter de consumidores ou usuários aqueles que adquirirem, armazenarem, utilizarem ou consumirem bens ou serviços para integrá-los em processos de produção, transformação, comercialização ou empréstimo a terceiros. A pesquisa destacou também que não estão compreendidos na lei do consumidor da Argentina os serviços de profissionais liberais que requeiram para seu exercício título universitário e matrícula outorgada por colégios profissionais reconhecidos oficialmente, fato este contemplado no nosso Código do Consumidor, estabelecendo a responsabilidade dos profissionais liberais no art. 14, § 4º, da Lei nº 8.078/90. Outro aspecto interessante destacado pela pesquisa na lei do consumidor da Argentina é que '*Se excluyen del ámbito de esta ley los contratos realizados entre consumidores cuyo objeto sean cosas usadas*', não podendo o consumidor utilizar o CDC argentino no caso de bens adquiridos que não sejam novos, diversamente do consignado pela nossa legislação do consumidor.[27] No Uruguai, a *Ley nº* 17.250, de '*Defensa del Consumidor*', estabelece no art. 1º

---

[27] Por força de legislação posterior, Lei 26.361, de 07.04.2008, os arts. 1º e 2º da Lei da Argentina passaram a ter a seguinte redação: "*Artículo 1º – Objeto. Consumidor. Equiparación. La presente ley tiene por objeto la defensa del consumidor o usuario, entendiéndose por tal a toda persona física o jurídica que adquiere o utiliza bienes o servicios en forma gratuita u onerosa como destinatario final, en beneficio propio o de su grupo familiar o social. Queda comprendida la adquisición de derechos en tiempos compartidos, clubes de campo, cementerios privados y figuras afines. Se considera asimismo consumidor el usuario a quien, sin ser parte de una relación de consumo, como consecuencia o en ocasión de ella adquiere o utiliza bienes o servicios como destinatario final, en beneficio propio o de su grupo familiar o social, y a quien de cualquier manera está expuesto a una relación de consumo. (Artículo sustituído por art. 1º de la B.O. 7/4/2008). Artículo 2º – Proveedor. Es la persona física o jurídica de naturaleza pública o privada, que desarrolla de manera profesional, aun ocasionalmente, actividades de producción, montaje, creación, construcción, transformación, importación, concesión de marca, distribución y comercialización de bienes y servicios, destinados a consumidores o*

que a relação de consumo é regulada por este ordenamento jurídico, sendo que '*La presente ley es de orden público*' (idem dispositivo no art. 1º do CDC brasileiro). O art. 2º define o conceito de consumidor como sendo toda pessoa física ou jurídica que adquire ou utiliza produtos ou serviços como destinatário final. Não é considerado consumidor ou usuário aquele que utiliza ou consome produtos ou serviços com fim de integrar em processos de produção, transformação ou comercialização. Verifica-se que o conceito é muito semelhante ao conceito brasileiro no art. 2º do CDC. Em relação ao produto/serviço adquirido/utilizado pelo fornecedor como destinatário final, mas com intuito profissional (incorporação e empresa), o conceito de consumidor no Uruguai parece apresentar-se mais avançado que o brasileiro, pois o legislador uruguaio não deixou margem para nenhuma interpretação errônea do que seja consumidor, através de uma norma legal expressa e precisa. A legislação uruguaia estabelece ainda que o fornecimento de produtos e a prestação de serviços efetuados gratuitamente, quando se realizam em função de uma eventual relação de consumo, se equiparam às relações de consumo. Isto é, uma empresa, por exemplo, poderá ser responsabilizada e considerada fornecedora, se configurada a relação de consumo, mesmo que o serviço tenha sido feito de maneira gratuita. (...) No Paraguai, a *Ley nº 1.334/98*, '*De Defensa del Consumidor y del Usuario*', regula a proteção e defesa dos consumidores e usuários, estabelecendo o art. 4º do CDC do Paraguai o conceito de consumidor como sendo '*toda persona física o jurídica, nacional o extranjera que adquiera, utilice o disfrute como destinatário final de biens o servicios de cualquier natureza*'. No Peru o decreto legislativo de 7.11.91, modificado por Decreto-Lei nº 25.868, defende os direitos do consumidor peruano. Estabelece o art. 3º do CDC peruano que '*se entiende por: Consumidores o usuários, las personas naturales o jurídicas que adquierem, utilizan o disfrutan como destinatários finales productos o servicios*'. Na Venezuela a '*Ley de Protección al Consumidor y al Usuario*' (Lei nº 4.898/95) regula as relações de consumo. Estabelece o art. 2º da lei consumerista da Venezuela que '*se consideran consumidores y usuarios a las personas naturales o jurídicas que, como destinatários finales, adquieran, usen o disfruten, a título oneroso, bienes o servicios cualquiera sea la naturaleza pública o privada, individual o colectiva, de quienes los produzcan, expidan, faciliten, suministren, presten u ordenen*', não contemplando como consumidor as pessoas que adquirem bens e serviços com o fim de integrá-los em processo de produção, transformação e comercialização."

Abstraídas todas as conotações de ordem filosófica, psicológica e outras, entendemos por "*consumidor*" qualquer pessoa física ou jurídica que, isolada ou coletivamente, contrate para consumo final, em benefício próprio ou de outrem, a aquisição ou a locação de bens, bem como a prestação de um serviço.

No passo seguinte, iremos analisar o "consumidor", não encarado do ponto de vista isolado, mas sim *coletivamente*, sobretudo quando se tem em vista sua sujeição a campanhas publicitárias enganosas e abusivas, ou então ao consumo de produtos e serviços perigosos ou nocivos à saúde e segurança.

Desde logo, todavia, não há como escapar da conceituação de consumidor como um dos partícipes das "relações de consumo", ou seja, "relações jurídicas por excelência", embora, e

---

usuarios. Todo proveedor está obligado al cumplimiento de la presente ley. No están comprendidos en esta ley los servicios de profesionales liberales que requieran para su ejercicio título universitario y matrícula otorgada por colegios profesionales reconocidos oficialmente o autoridad facultada para ello, pero sí la publicidad que se haga de su ofrecimiento. Ante la presentación de denuncias, que no se vinculan con la publicidad de los servicios, presentadas por los usuarios y consumidores, la autoridad de aplicación de esta ley informará al denunciante sobre el ente que controle la respectiva matrícula a los efectos de su tramitación. (Artículo sustituído por art. 2º de la Ley nº 26.361, B.O. 7/4/2008)".

Art. 2º | CÓDIGO BRASILEIRO DE DEFESA DO CONSUMIDOR

como também já enfatizado, procurando tratar desigualmente pessoas desiguais, levando-se em conta que o consumidor está em situação de manifesta inferioridade ante o fornecedor de bens e serviços.

Pode-se dessarte inferir que toda relação de consumo: a) envolve basicamente duas partes bem definidas: de um lado, o adquirente de um produto ou serviço (*"consumidor"*), e, de outro, o fornecedor ou vendedor de um produto ou serviço (*"produtor/fornecedor"*); b) tal relação destina-se à satisfação de uma necessidade privada do consumidor; c) o consumidor, não dispondo, por si só, de controle sobre a produção de bens de consumo ou prestação de serviços que lhe são destinados, arrisca-se a submeter-se ao poder e condições dos produtores daqueles mesmos bens e serviços.

O traço marcante da conceituação de "consumidor", no nosso entender, está na *perspectiva* que se deve adotar, ou seja, no sentido de se o considerar como *vulnerável*, não sendo, aliás, por acaso, que o mencionado "movimento consumerista" apareceu ao mesmo tempo em que o sindicalista, principalmente a partir da segunda metade do século XIX, em que se reivindicaram melhores condições de trabalho e melhoria da qualidade de vida, e, pois, em plena sintonia com o binômio "poder aquisitivo/aquisição de mais e melhores bens e serviços".

Em razão de tais considerações é que discordamos da definição de "consumidor" concebida por Othon Sidou, quando também considera as *pessoas jurídicas* como tal para fins de proteção efetiva nos moldes atrás preconizados, ao menos no que tange à sua literal "proteção" ou "defesa" jurídica.

E isto pela simples constatação de que dispõem as pessoas jurídicas de força suficiente para sua defesa, enquanto o consumidor, ou, ainda, a coletividade de consumidores ficam inteiramente desprotegidos e imobilizados pelos altos custos e morosidade crônica da justiça comum.

Prevaleceu, entretanto, como de resto em algumas legislações alienígenas inspiradas na nossa, a inclusão das pessoas jurídicas igualmente como "consumidores" de produtos e serviços, embora com a ressalva de que assim são entendidas aquelas como destinatárias finais dos produtos e serviços que adquirem, e não como insumos necessários ao desempenho de sua atividade lucrativa.

Entendemos, contudo, mais racional que sejam consideradas aqui as pessoas jurídicas *equiparadas aos consumidores vulneráveis,* ou seja, as que não tenham fins lucrativos, mesmo porque, insista-se, a conceituação é indissociável do aspecto da mencionada fragilidade. E, por outro lado, complementando essa pedra de toque do "consumerismo", diríamos que a "destinação final" de produtos e serviços, ou seja, sem fim negocial, ou "uso não profissional", encerra esse conceito fundamental.

Assim, como bem ponderado pelo prof. Fábio Konder Comparato,[28] os *consumidores* são aqueles "que não dispõem de controle sobre bens de produção e, por conseguinte, devem se submeter ao poder dos titulares destes", enfatizando ainda que "o consumidor é, pois, de modo geral, aquele que se submete ao poder de controle dos titulares de bens de produção, isto é, os empresários".

Insistimos, ainda neste tópico, na exclusão relativa do próprio fornecedor – considerado seu conceito amplo dado pelo art. 3º do Código em comento, como se verá no passo seguinte – como consumidor.

Ao cuidar da questão, José Reinaldo de Lima Lopes[29] pondera que, tendo o art. 2º do Código definido como consumidor toda pessoa física ou jurídica que adquire ou utiliza produto

---

[28] "A proteção ao consumidor: importante capítulo do Direito Econômico", in Revista de Direito Mercantil, nos 15/16, ano XIII, 1974.

[29] Responsabilidade civil do fabricante e a defesa do consumidor, Revista dos Tribunais, 1992, ps. 78-79.

ou serviço como destinatário final, tal enfoque pode perder, a seu ver, "um elemento essencial, que no fundo é o que justifica a existência da própria disciplina da relação de consumo: a subordinação econômica do consumidor".

"É certo", continua, "que uma pessoa jurídica pode ser consumidora em relação a outra; mas tal condição depende de dois elementos que não foram adequadamente explicitados neste particular artigo do Código".

E sua ponderação merece destaque, porque revela precisamente o ponto fulcral de toda a discussão, como de resto já se assinalou linhas atrás:

"Em primeiro lugar, o fato de que *os bens adquiridos devem ser bens de consumo e não bens de capital*. Em segundo lugar, *que haja entre fornecedor e consumidor um desequilíbrio que favoreça o primeiro*. Em outras palavras, o Código de Defesa do Consumidor não veio para revogar o Código Comercial ou o Código Civil no que diz respeito a relações jurídicas entre partes iguais, do ponto de vista econômico. Uma grande empresa oligopolista não pode valer-se do Código de Defesa do Consumidor da mesma forma que um microempresário. Este critério, cuja explicitação na lei é insuficiente, é, no entanto, o único que dá sentido a todo o texto. Sem ele, teríamos um sem sentido jurídico."

Cita ainda interessante entendimento jurisprudencial norte-americano, demonstrando a tendência de se levar em conta a posição econômica do consumidor, como sugerido em suas ponderações, a saber:[30]

"Alguns tribunais têm feito distinção entre perdas econômicas experimentadas pelo consumidor comum e perdas sofridas em transações econômicas primárias (...). Para o juiz Peters (no caso Seely), o homem que dispõe de um caminhão apenas para conduzir seu negócio é um consumidor com relação ao grande fabricante do caminhão com relação ao qual dificilmente se poderia dizer que tivesse igual poder de barganha (...). Cada vez com maior intensidade a ênfase nos casos de perda econômica parece desviar-se do critério da natureza dos danos para o da consideração da relação entre as partes" (Noel & Phillips, *Products liability,* cit., p. 326).

Não menos perspicaz é a observação de Claudia Lima Marques[31] ao sintetizar as duas grandes tendências do consumerismo ao interpretarem o art. 2º do Código Brasileiro do Consumidor: a dos *finalistas* e a dos *maximalistas*.

"Para os finalistas, pioneiros do consumerismo", assinala, "a definição de consumidor é o pilar que sustenta a tutela especial, agora concedida aos consumidores. Esta tutela só existe porque o consumidor *é a parte vulnerável* nas relações contratuais no mercado, como afirma o próprio CDC no art. 4º, inc. I. Logo, convém delimitar claramente quem merece esta tutela e quem não a necessita, quem é o consumidor e quem não é. Propõem, então, que se interprete a expressão 'destinatário final' do art. 2º de maneira restrita, como requerem os princípios básicos do CDC, expostos nos arts. 4º e 6º".

E, nessa hipótese, não bastaria a interpretação meramente teleológica ou que se prenda à destinação final do serviço ou do produto. Consumidor seria apenas aquele que adquire o

---

[30]   Op. cit., com tradução livre deste autor – citação do original em inglês.

[31]   Contratos no Código de Defesa do Consumidor – o novo regime das relações contratuais, São Paulo, Revista dos Tribunais, 1992, ps. 67-69.

Art. 2º | CÓDIGO BRASILEIRO DE DEFESA DO CONSUMIDOR

bem para utilizá-lo em proveito próprio, satisfazendo uma necessidade pessoal e não para revenda ou então para acrescentá-lo à cadeia produtiva.

"Esta interpretação", conclui, "restringe a figura do consumidor àquele que adquire (utiliza) um produto para uso próprio e de sua família; consumidor seria o não profissional, pois o fim do CDC é tutelar de maneira especial um grupo da sociedade que é mais vulnerável".[32]

Quanto aos *maximalistas*, pondera a autora citada, "veem nas normas do CDC o novo regulamento do mercado de consumo brasileiro, e não normas orientadas para proteger somente o consumidor não profissional".

E merece destaque o ponto a seguir tratado:

"O CDC seria um Código geral sobre o consumo, um Código para a sociedade de consumo, o qual institui normas e princípios para todos os agentes do mercado, os quais podem assumir os papéis ora de fornecedores, ora de consumidores. A definição do art. 2º deve ser interpretada o mais extensivamente possível, segundo esta corrente, para que as normas do CDC possam ser aplicadas a um número cada vez maior de relações de mercado. Consideram que a definição do art. 2º é puramente objetiva, não importando se a pessoa física ou jurídica tem ou não fim de lucro quando adquire um produto ou utiliza um serviço. Destinatário final seria o *destinatário fático* do produto, aquele que o retira do mercado e o utiliza, o consome; por exemplo, a fábrica de celulose que compra carros para o transporte dos visitantes, o advogado que compra uma máquina de escrever para o seu escritório, ou mesmo o Estado quando adquire canetas para uso nas repartições e, é claro, dona de casa que adquire produtos alimentícios para a família."[33]

Consoante já tivemos a oportunidade de salientar linhas atrás, na verdade, o critério conceitual do Código brasileiro discrepa da própria filosofia consumerista ao colocar a pessoa jurídica como também consumidora de produtos e serviços. E isto exatamente pela simples

---

[32] Cf. o CC nº 92.519/SP – CONFLITO DE COMPETÊNCIA 2007/0290797-4, tendo como relator o Ministro Fernando Gonçalves, da 2ª Seção do STJ, j. de 16.02.2009, *DJe* de 04.03.2009: "Conflito de competência. Sociedade empresária. Consumidor. Destinatário final econômico. Não ocorrência. Foro de eleição. Validade. Relação de consumo e hipossuficiência. Não caracterização. 1 – A jurisprudência desta Corte sedimenta-se no sentido da adoção da teoria finalista ou subjetiva para fins de caracterização da pessoa jurídica como consumidora em eventual relação de consumo, devendo, portanto, ser destinatária final econômica do bem ou serviço adquirido (REsp nº 541.867/BA). 2 – Para que o consumidor seja considerado destinatário econômico final, o produto ou serviço adquirido ou utilizado não pode guardar qualquer conexão, direta ou indireta, com a atividade econômica por ele desenvolvida; o produto ou serviço deve ser utilizado para o atendimento de uma necessidade própria, pessoal do consumidor. 3 – No caso em tela, não se verifica tal circunstância, porquanto o serviço de crédito tomado pela pessoa jurídica junto à instituição financeira decerto foi utilizado para o fomento da atividade empresarial, no desenvolvimento da atividade lucrativa, de forma que a sua circulação econômica não se encerra nas mãos da pessoa jurídica, sociedade empresária, motivo pelo qual não resta caracterizada, *in casu*, relação de consumo entre as partes. 4 – Cláusula de eleição de foro legal e válida, devendo, portanto, ser respeitada, pois não há qualquer circunstância que evidencie situação de hipossuficiência da autora da demanda que possa dificultar a propositura da ação no foro eleito. 5 – Conflito de competência conhecido para declarar competente o Juízo Federal da 12ª Vara da Seção Judiciária do Estado de São Paulo".

[33] Cf. aresto do STF, no REsp nº 488.274/MG, tendo como relatora a ministra Nancy Andrighi, 3ª Turma, j. de 22.05.2003: "Recurso Especial. Código de Defesa do Consumidor. Prestação de serviços. Destinatário final. Juízo competente. Foro de eleição. Domicílio do autor. – Insere-se no conceito de 'destinatário final' a empresa que se utiliza dos serviços prestados por outra, na hipótese em que se utilizou de tais serviços em benefício próprio, não os transformando para prosseguir na sua cadeia produtiva. – Estando a relação jurídica sujeita ao CDC, deve ser afastada a cláusula que prevê o foro de eleição diverso do domicílio do consumidor. – Recurso especial conhecido e provido".

Capítulo I · DISPOSIÇÕES GERAIS | Art. 2º

razão de que o consumidor, geralmente vulnerável como pessoa física, defronta-se com o poder econômico dos fornecedores em geral, o que não ocorre com estes que, bem ou mal, grandes ou pequenos, detêm maior informação e meios de defenderem-se uns dos outros quando houver impasses e conflitos de interesses.

Aliás, é basicamente, hoje, o Código Civil, consubstanciado na Lei nº 10.406, de 10.1.2002, o repositório desses interesses e direitos, e não propriamente o Código de Defesa do Consumidor. Com efeito, consagra o novo estatuto civil material um livro inteiro ao "Direito de Empresa", desde a caracterização de empresário e sua inscrição como tal, passando depois pela sua capacidade, sociedades empresariais etc.

Todavia, como o mesmo Código do Consumidor contempla a pessoa jurídica como consumidora, a interpretação deve ser objetiva e caso a caso.

Dizer-se, como querem os assim denominados pela autora retrocitada "maximalistas", que se aplica o Código, sem qualquer distinção, às pessoas jurídicas, ainda que fornecedoras de bens e serviços, seria negar-se a própria epistemologia do microssistema jurídico de que se reveste.

E nesse sentido parece-nos essencial verificar-se o seguinte:

a) se o "consumidor-fornecedor" na hipótese concreta adquiriu bem de capital ou não;
b) se contratou serviço para satisfazer uma necessidade ou que lhe é imposta por lei ou natureza de seu negócio, principalmente por órgãos públicos.

No primeiro caso, trazemos como exemplo a aquisição de alimentos, preparados ou não, para fornecimento aos operários de uma fábrica ou então a compra de máscaras protetoras contra poeiras tóxicas. No segundo, a contratação de serviços de dedetização de um galpão industrial ou serviços de educação para a creche construída para os filhos dos operários.

Resta evidente, por conseguinte, que eventuais deteriorações ou contaminações dos referidos alimentos em prejuízo da empresa adquirente a transforma em manifesta consumidora, assim como na hipótese de descumprimento das normas atinentes à fabricação das mencionadas máscaras contra poeiras tóxicas.

Ou ainda, e por fim, no caso de prestação de serviços de educação de forma insuficiente ou em desacordo com o que ficara estipulado.

Diferentemente, não pode ser considerada consumidora a empresa que adquire máquinas para a fabricação de seus produtos ou mesmo uma copiadora para seu escritório e que venha a apresentar algum vício. Isto porque referidos bens certamente *entram na cadeia produtiva e nada têm a* ver com o conceito de destinação final.

A *vulnerabilidade econômica* também deve ser levada em conta para a distinção.[34]

---

[34] Conforme a precisa lição de Antônio Carlos Morato, *Pessoa Jurídica Consumidora*. São Paulo: Revista dos Tribunais, 2008, p. 31: "*Ora, o que a lei busca é compensar a vulnerabilidade do consumidor, não podemos afirmar que há uma 'hipossuficiência natural', inerente ao consumidor, visto que há consumidores em todas as camadas do tecido social. Podemos, isto sim, afirmar que existe uma* vulnerabilidade natural *do consumidor que engloba a hipossuficiência, que é espécie do gênero vulnerabilidade. O elemento nuclear para o conceito de consumidor é que este seja o* destinatário final *de um produto ou de um serviço, sendo o próprio elo final na cadeia de consumo, ou ainda, em termos mais didáticos, alguém é considerado consumidor porque esgota, porque faz uso, porque consome aquele produto ou serviço que lhe é fornecido. Ao lado desse elemento, ocorrendo a destinação final, a pessoa jurídica deverá estar em uma situação de vulnerabilidade, que não se confunde com privação de recursos financeiros. Na verdade, já afirmamos aqui, a chamada hipossuficiência (vulnerabilidade econômica) é uma* das espécies do gênero vulnerabilidade. A hipossuficiência, insistimos, é espécie de vulnerabilidade, sendo esta sim absolutamente natural nas relações de consumo, porque se*

Art. 2º | CÓDIGO BRASILEIRO DE DEFESA DO CONSUMIDOR

Suponha-se, ainda no campo dos exemplos, uma fundação ou associação sem fins lucrativos e beneficentes.

Ninguém por certo negará sua condição de consumidoras ao adquirirem produtos defeituosos ou contratarem serviços deficientes.

Embora, em princípio, repita-se, não se conceba a pessoa jurídica como consumidora, a realidade é que o próprio texto legal sob análise assim dispõe. Fá-lo, todavia, de maneira limitada, não apenas em decorrência do princípio da vulnerabilidade da pessoa jurídica-consumidora, tal como a pessoa física, como também pela *utilização não profissional dos produtos e serviços*.

Dissemos de forma limitada, já que o art. 51 do Código do Consumidor, que cuida das chamadas *cláusulas abusivas,* tidas como nulas de pleno direito, em seu inc. I, ao estabelecer serem assim consideradas aquelas que impossibilitem, exonerem ou atenuem a responsabilidade do fornecedor por vícios de qualquer natureza dos produtos e serviços ou impliquem renúncia ou disposição de direitos, ressalva que, "nas relações de consumo entre o fornecedor e o consumidor-pessoa jurídica, a indenização poderá ser limitada, em situações justificáveis".

Cada caso, portanto, deverá ser analisado em separado, até porque o Código é, em princípio, destinado às pessoas mais fragilizadas no mercado de consumo, sendo a pessoa jurídica considerada como tal se equiparável à pessoa física.

Interessante, por fim, salientar, neste passo, que algumas decisões judiciais, embora concernentes a conflitos entre *não consumidores*, mas comerciantes, têm aplicado para sua dirimição preceitos do Código de Defesa do Consumidor. Se por um lado isso é salutar, já que o Código do Consumidor, além de enunciar princípios que lhe são próprios, apenas relembra princípios tão antigos quanto a própria consciência do Direito pelos povos mais antigos (equilíbrio, boa-fé, harmonia etc.), e que devem permear todas as relações humanas, por outro lado estende demasiadamente seu raio de ação.

Algumas decisões, por exemplo, apegam-se às condições gerais dos contratos estabelecidas pelo Código de Defesa do Consumidor, já a partir do seu art. 30, e mais marcadamente no que tange às práticas e cláusulas contratuais abusivas, ainda que as partes não sejam, a rigor, *consumidoras,* esquecendo-se de princípios semelhantes já existentes no Código Civil de 1916, por exemplo, e revigorados no ora vigente.

Desta forma, bem andou o legislador ao traçar, no Código Civil de 2002, uma disciplina semelhante à do Código do Consumidor, no que tange às condições gerais dos contratos (Título V), dispondo, por exemplo, em seu art. 421, que "a liberdade contratual será exercida nos limites da função social do contrato". Ou ainda, em seu art. 422, que "os contratantes são obrigados a guardar, assim na conclusão do contrato como em sua execução, os princípios de probidade e boa-fé". E em arremate a essa ordem de ideias, veja-se o que dispõe o art. 423, ainda do ora vigente Código Civil: "Quando houver no contrato de adesão cláusulas ambíguas ou contraditórias, dever-se-á adotar a interpretação mais favorável ao aderente." Ora, isto quer dizer que, embora os princípios ora enunciados de maneira explícita estivessem já difusos no ordenamento jurídico nacional, num primeiro momento os julgadores preferiram aplicar aqueles já previstos no Código do Consumidor, como no caso da boa-fé, equilíbrio, vulnerabilidade, em face da parte mais forte contratante, embora em muitos casos não se cuidassem de relações propriamente de consumo, a teor do já explicitado; e, num segundo momento, o próprio legislador achou por bem estender esses princípios a relações que não de consumo, mas de cunho nitidamente civil e comercial. Talvez doravante não haja mais a necessidade de

---

fundamenta na impossibilidade de que alguém detenha conhecimentos suficientemente amplos em todos os setores produtivos, a ponto de privá-la por completo de uma decisão livre no ato de consumo".

aplicação do Código do Consumidor, de forma analógica, àquelas relações não de consumo, portanto.

Ou seja, partes em pé de igualdade, presuntivamente, merecerão, a partir dos enunciados do Código Civil, praticamente o mesmo tratamento outrora dispensado pelos princípios inovadores do Código do Consumidor. Sempre se deverá ter em vista, entretanto, que tais relações se dão no campo do Direito Privado, de cunho civil e comercial.[35] Apesar disso, vejamos o teor de acórdão proferido pelo STJ, pela sua 3ª Turma, tendo como relatora a min. Nancy Andrighi (Recurso Especial nº 476.428/SC, j. de 19.4.2005, *in DJU* de 9.5.2005, p. 390):

"Direito do consumidor. Recurso especial. Conceito de consumidor. Critério subjetivo ou finalista. Mitigação. Pessoa jurídica. Excepcionalidade. Vulnerabilidade. Constatação na hipótese dos autos. Prática abusiva. Oferta inadequada. Característica, quantidade e composição do produto. Equiparação (art. 29). Decadência. Inexistência. Relação jurídica sob a premissa de tratos sucessivos. Renovação do compromisso. Vício oculto. – A relação jurídica qualificada por ser 'de consumo' não se caracteriza pela presença de pessoa física ou jurídica em seus polos, mas pela presença de uma parte vulnerável de um lado (consumidor), e de um fornecedor, de outro. – Mesmo nas relações entre pessoas jurídicas, se da análise da hipótese concreta decorrer inegável vulnerabilidade entre a pessoa jurídica consumidora e a fornecedora, deve-se aplicar o CDC na busca do equilíbrio entre as partes. Ao consagrar o critério finalista para interpretação do conceito de consumidor, a jurisprudência deste STJ também reconhece a necessidade de, em situações específicas, abrandar o rigor do critério subjetivo do conceito de consumidor, para admitir a aplicabilidade do CDC nas relações entre fornecedores e consumidores-empresários em que fique evidenciada a relação de consumo. – São equiparáveis a consumidor todas as pessoas, determináveis ou não, expostas às práticas comerciais abusivas. – Não se conhece de matéria levantada em sede de embargos de declaração, fora dos limites da lide (inovação recursal). Recurso especial não conhecido."

Ainda nesse aspecto, o aresto proferido no RMS nº 27.512/BA, tendo como relatora a ministra Nancy Andrighi, 3ª Turma do STJ, em julgamento de 20.8.2009, *DJe* de 23.9.2009:

---

[35] Cf., por exemplo, a Apelação Cível nº 195.114.319, apelante Finasa Leasing Arrendamento Mercantil S/A e apelada Som Center Comércio de Aparelhos de Som e Elétricos, decisão unânime, j. de 27.2.96, rel. juiz Jorge Luís Dall'Agnol: "1. Arrendamento mercantil. Ação ordinária de acertamento de relações mercantis. Cumulada com fixação de contraprestação mensal e ressarcimento de quantias cobradas a maior. Precedida de cautelar inominada. Aplicação de índice não estabelecido contratualmente. Código de Defesa do Consumidor. Princípio da autonomia da vontade. Redução do seu alcance. Controle do conteúdo dos contratos de consumo pelo Poder Judiciário. Cláusulas abusivas. Vantagem excessiva de uma das partes. Não cabimento. 2. Correção monetária. Imperiosidade, sob pena de enriquecimento sem causa. Juros. Sucumbência. Honorários advocatícios." Igualmente em ação declaratória de nulidade de contrato de promessa de compra e venda mercantil e comodato de posto de gasolina, o Juízo de Direito da 2ª Vara Cível da Comarca de Curitiba, Autos nº 633/94, entre as partes Posto de Gasolina Tan Tan Ltda. versus Esso Brasileira de Petróleo Ltda., o juiz João Domingos Küster Puppi, por sentença registrada em 26.3.96, decidiu pela inexistência de vínculo obrigacional entre as partes, reconhecendo que o contrato se extinguiu com o escoamento do prazo previsto, declarando ainda nula a cláusula de renovação automática condicionada à revenda de quantidade mínima de produtos, condenando a ré, além do mais, no pagamento das custas e despesas do processo, bem como nos honorários advocatícios do patrono do autor. E, da mesma forma, o 2º Tribunal de Alçada Civil do Estado de São Paulo, na Apelação Cível nº 446.977-00/7, pela sua 12ª Câmara, em julgamento de 29.2.96, tendo como relator o juiz Luís de Carvalho, assim se manifestou em questão relativa a locação de imóvel: "Ação ordinária de despejo. Contrato de locação em vigor. Existência de acordo para desocupação antes do término do contrato. Caracterização de fraude. Distrato assinado concomitantemente com o contrato de locação. Conduta reveladora de violação aos dispositivos do Código de Defesa do Consumidor e aos princípios éticos do Direito. Ação improcedente. Recurso improvido."

Art. 2º | CÓDIGO BRASILEIRO DE DEFESA DO CONSUMIDOR

"Processo civil e consumidor. Agravo de instrumento. Concessão de efeito suspensivo. Mandado de segurança. Cabimento. Agravo. Deficiente formação do instrumento. Ausência de peça essencial. Não conhecimento. Relação de consumo. Caracterização. Destinação final fática e econômica do produto ou serviço. Atividade empresarial. Mitigação da regra. Vulnerabilidade da pessoa jurídica. Presunção relativa. [...] – A jurisprudência consolidada pela 2ª Seção deste STJ entende que, a rigor, a efetiva incidência do CDC a uma relação de consumo está pautada na existência de destinação final fática e econômica do produto ou serviço, isto é, exige-se total desvinculação entre o destino do produto ou serviço consumido e qualquer atividade produtiva desempenhada pelo *utente* ou adquirente. Entretanto, o próprio STJ tem admitido o temperamento desta regra, com fulcro no art. 4º, I, do CDC, fazendo a lei consumerista incidir sobre situações em que, apesar de o produto ou serviço ser adquirido no curso do desenvolvimento de uma atividade empresarial, haja vulnerabilidade de uma parte frente à outra. – Uma interpretação sistemática e teleológica do CDC aponta para a existência de uma vulnerabilidade presumida do consumidor, inclusive pessoas jurídicas, visto que a imposição de limites à presunção de vulnerabilidade implicaria restrição excessiva, incompatível com o próprio espírito de facilitação da defesa do consumidor e do reconhecimento de sua hipossuficiência, circunstância que não se coaduna com o princípio constitucional de defesa do consumidor, previsto nos arts. 5º, XXXII, e 170, V, da CF. Em suma, prevalece a regra geral de que a caracterização da condição de consumidor exige destinação final fática e econômica do bem ou serviço, mas a presunção de vulnerabilidade do consumidor dá margem à incidência excepcional do CDC às atividades empresariais, que só serão privadas da proteção da lei consumerista quando comprovada, pelo fornecedor, a não vulnerabilidade do consumidor pessoa jurídica. – Ao encampar a pessoa jurídica no conceito de consumidor, a intenção do legislador foi conferir proteção à empresa nas hipóteses em que, participando de uma relação jurídica na qualidade de consumidora, sua condição ordinária de fornecedora não lhe proporcione uma posição de igualdade frente à parte contrária. Em outras palavras, a pessoa jurídica deve contar com o mesmo grau de vulnerabilidade que qualquer pessoa comum se encontraria ao celebrar aquele negócio, de sorte a manter o desequilíbrio da relação de consumo. A 'paridade de armas' entre a empresa-fornecedora e a empresa-consumidora afasta a presunção de fragilidade desta. Tal consideração se mostra de extrema relevância, pois uma mesma pessoa jurídica, enquanto consumidora, pode se mostrar vulnerável em determinadas relações de consumo e em outras não. Recurso provido".

E, no mesmo sentido, o Recurso Especial nº 684.613/SP (rel. min. Nancy Andrighi, j. de 21.6.2005, 3ª Turma do STJ, *in DJU* de 1.7.2005, p. 530).

Mais recentemente, todavia, o STJ, no Conflito de Competência nº 2004/0147617-1, por sua 2ª Seção, sendo relator o min. Jorge Scartezzini, em j. de 8.3.2006, entendeu que a compra por hospital de equipamentos médicos *não pode ser considerada relação de consumo*. Com efeito:

"1. A 2ª Seção deste Colegiado pacificou entendimento acerca da não abusividade de cláusula de eleição de foro constante de contrato referente à aquisição de equipamentos médicos de vultoso valor. Concluiu-se que, mesmo em se cogitando de configuração de relação de consumo, não se haveria de falar na hipossuficiência da adquirente de tais equipamentos, presumindo-se, ao revés, a ausência de dificuldades ao respectivo acesso à justiça e ao exercício do direito de defesa perante o foro livremente eleito. Precedentes. 2. Na assentada do dia 10.11.2004, porém, ao julgar o REsp. nº 541.867/BA, a 2ª Seção, quanto à conceituação de consumidor e, pois, à caracterização de relação de consumo, adotou a interpretação finalista, consoante a qual se reputa imprescindível que a destinação final a ser dada a um produto/serviço seja entendida como econômica, é dizer, que a aquisição de um bem ou a utilização de um serviço satisfaça uma necessidade pessoal do adquirente ou utente, pessoa física ou jurídica, e não objetive a incrementação de atividade profissional lucrativa. 3. *In casu, o hospital adquirente do equipamento médico não se utiliza do mesmo como destinatário final, mas para desenvolvimento de sua própria atividade negocial; não se caracteriza, tampouco, como hipossuficiente na relação contratual travada, pelo que, ausente a presença do consumidor, não se há de falar em relação merecedora de tutela legal especial. Em outros termos, ausente a relação de consumo, afasta-se a incidência do CDC, não se havendo falar em abusividade de cláusula de eleição de foro livremente pactuada pelas partes, em atenção ao princípio da autonomia volitiva dos contratantes*" (*in DJU* de 20.3.2006, p. 189).

Mesmo após a entrada em vigor, em 2003, do Código Civil de 2002, que resgatou diversos valores já encontradiços no Código de Defesa do Consumidor, conforme assinalado passos atrás, essa matéria não parecia pacificada. Com efeito, no Agravo Regimental nº 656.816/MG, tendo por relator o min. Aldir Passarinho Jr., em julgamento da 4ª Turma do STJ, no dia 28.6.2005, decidiu da seguinte maneira feito relativo à execução de *cédula rural*, o que nos parece totalmente infundado, a saber:

"Civil. Contrato bancário. Execução. Cédula de crédito rural. Código de Defesa do Consumidor. Incidência. Precedentes. I. Nos termos da Súmula nº 297/STJ, aplica-se o Código de Defesa do Consumidor às instituições financeiras. II. Jurisprudência desta Corte tem admitido a incidência da Lei nº 8.078/90 também nos contratos de cédula de crédito rural. Precedentes: AgR-Resp. nº 292.571/MG, rel. min. Castro Filho, DJ 6.6.2002, p. 286; REsp. nº 337.957/RS, de minha relatoria, *DJ* 10.2.2003, p. 214; REsp. nº 586.634/MT, rel. min. Carlos Alberto Menezes Direito, *DJ* 17.12.2004, p. 531; AgRg no REsp. nº 671.866/SP, rel. min. Carlos Alberto Menezes Direito, *DJ* 9.5.2005, p. 402; AgRg no Ag. nº 431.239/GO, rel. min. Antônio de Pádua Ribeiro, *DJ* 1.2.2005, p. 538. III. Agravo regimental não provido" (*in DJU* de 5.9.2005, p. 422).

O mesmo entendimento pode ser encontrado no acórdão proferido em sede de Recurso Especial nº 660.026/RJ (rel. min. Jorge Scartezzini, 4ª Turma do STJ, j. de 3.5.2005, *in DJU* de 27.6.2005, p. 409). Cf., ainda, o Recurso Especial nº 661.137/SP, da 4ª Turma do STJ, tendo como relator o min. Fernando Gonçalves, em j. de 26.4.2005, *in DJU* de 23.5.2005, p. 299):

"Processo civil. Contrato. Arrendamento mercantil. Aparelhos eletrônicos. Diagnóstico médico. Foro de eleição. Validade. CDC. Hipossuficiência. Afastamento. 1. Em contrato de arrendamento mercantil de sofisticados aparelhos de diagnóstico médico é válido o foro de eleição, porque não se aplica o CDC e, por isso mesmo, fica afastada a alegação da hipossuficiência do arrendante. Precedentes da 2ª Seção. 2. Recurso especial não conhecido."

Ou, ainda, no Recurso Especial nº 541.867/BA (relator o min. Antônio de Pádua Ribeiro, 2ª Seção do STJ, j. de 10.11.2004, *in DJU* de 16.5.2005, p. 227):

"Competência. Relação de consumo. Utilização de equipamento e de serviços de crédito prestado por empresa administradora de cartão de crédito. Destinação final. Inexistente. – A aquisição de bens ou a utilização de serviços, por pessoa natural ou jurídica, com o escopo de implementar ou incrementar a sua atividade negocial, não se reputa como relação de consumo e, sim, como uma atividade de consumo intermediária. Recurso especial conhecido e provido para reconhecer a incompetência absoluta da Vara Especializada de Defesa do Consumidor,

Art. 2º | CÓDIGO BRASILEIRO DE DEFESA DO CONSUMIDOR

para decretar a nulidade dos atos praticados e, por conseguinte, para determinar a remessa do feito a uma das Varas Cíveis da Comarca."

Também nesse sentido o acórdão do STJ em sede de REsp nº 1084291/RS, rel. Min. Massami Uyeda, 3ª Turma, j. de 5.5.2009, *DJe* de 4.8.2009:

"Recurso especial. Exceção de incompetência. Pessoa jurídica. Código de Defesa do Consumidor. Aplicação. Impossibilidade, na espécie. Vulnerabilidade. Não caracterização. Entendimento obtido da análise do conjunto fático probatório. Impossibilidade de reexame nesta instância especial. Inteligência da Súmula nº 7/STJ. Cláusula de eleição do foro. Contrato de adesão. Licitude, em princípio. Previsão contratual que não impede o regular exercício do direito de defesa do aderente. Abusividade descaracterizada. Alegação de dissídio jurisprudencial. Ausência de similitude fática. Precedentes. Recurso especial a que nega provimento. 1. São aplicáveis as disposições do Código de Defesa do Consumidor às pessoas jurídicas, desde que sejam destinatárias finais de produtos ou serviços e, ainda, vulneráveis. Afastada na origem a vulnerabilidade da sociedade empresária recorrente, inviável é a aplicação, *in casu*, da lei consumerista. 2. A cláusula de eleição de foro inserta em contrato de adesão não é, por si, nula de pleno direito. Contudo, em hipóteses em que da sua obrigatoriedade resultar prejuízo à defesa dos interesses do aderente, o que não ocorre na espécie, é de rigor do reconhecimento de sua nulidade. 3. A admissibilidade do apelo nobre pela alínea 'c' do permissivo constitucional, exige, para que haja a correta demonstração da alegada divergência pretoriana, o cotejo analítico, expondo-se as circunstâncias que identifiquem ou assemelhem os casos confrontados, a fim de demonstrar a perfeita similitude fática entre o acórdão impugnado e os paradigmas colacionados. 4. Recurso especial a que se nega provimento."

É mister acrescentar, ainda nesse passo, que a pedra de toque para que se considere que uma dada relação jurídica é ou não de consumo *é a destinação final* (de caráter prevalecente) *e a vulnerabilidade* (de caráter secundário). Sim, pois se não fosse isso, sobretudo diante da vigência do citado Código Civil de 2002, *não haveria necessidade de um Código de Defesa do Consumidor,* já que a maioria dos princípios por ele elencados pioneiramente em 1990 ali foram oportunamente embutidos.

E, com efeito, o Superior Tribunal de Justiça *pacificou esta questão* no sentido de que a compra e venda de insumos agrícolas, por exemplo, não é relação de consumo:

"Conflito positivo de competência. Medida cautelar de arresto de grãos de soja proposta no foro de eleição contratual. Expedição de carta precatória. Conflito suscitado pelo juízo deprecado, ao entendimento de que tal cláusula seria nula, porquanto existente relação de consumo. Contrato firmado entre empresa de insumos e grande produtor rural. Ausência de prejuízos à defesa pela manutenção do foro de eleição. Não configuração de relação de consumo. – A jurisprudência atual do STJ reconhece a existência da relação de consumo apenas quando ocorre destinação final do produto ou serviço, e não na hipótese em que estes são alocados na prática de outra atividade produtiva. – A jurisprudência do STJ entende ainda que deva prevalecer o foro de eleição quando verificado o expressivo (porte financeiro ou econômico da pessoa tida por consumidora do contrato celebrado entre as partes). Conflito de competência conhecido para declarar competente o Juízo de Direito da 33ª Vara Cível do Foro Central de São Paulo – SP, suscitado, devendo o juízo suscitante cumprir a carta precatória por aquele expedida" (CC 64.524 – MT (2006/0123705-0), Rel. Min. Nancy Andrighi, *DJ* de 9.10.2006, grifos nossos).

Conforme assinalado no texto do v. acórdão ora colacionado, exatamente dando conta da existência anterior de alguns outros arestos que profligavam a posição *maximalista*, ou seja,

Capítulo I · DISPOSIÇÕES GERAIS | **Art. 2º**

com vistas a se estender ao máximo o conceito de consumidor – *mas totalmente superados –*, assim se manifesta a douta relatora do acórdão acima referido, e uma das autoridades nessa matéria, a saber:

"(...) II – b) Da existência de relação de consumo entre produtor rural e empresa fabricante de insumos agrícolas. *É sabido que há duas teorias a respeito da configuração da definição de consumidor:* a subjetiva ou finalista, *e a* subjetiva *ou* maximalista. *Esta exige, apenas, a existência de destinação final fática do produto ou serviço, enquanto aquela, mais restritiva, exige a presença de destinatário final fática e econômica. Com isso, quer-se dizer que, para o conceito subjetivo ou finalista, exige-se total desvinculação entre o destino do produto ou serviço consumido e qualquer atividade produtiva desempenhada pelo utente ou adquirente; portanto, a empresa que adquire um caminhão para transportar as mercadorias que produz não deve ser considerada consumidor em relação à montadora, na medida em que tal veículo, de alguma forma, integra sua cadeia produtiva. Já para o conceito objetivo ou maximalista, basta o ato de consumo, com a destinação final fática do produto ou serviço para alguém, que será considerado consumidor destes, pouco importando se a necessidade a ser suprida é de natureza pessoal ou profissional. Sob tal perspectiva, o caminhão comprado com o intuito de auxiliar no transporte de mercadorias de uma empresa atinge, nessa atividade, sua destinação final, uma vez que não será objeto de transformação ou beneficiamento*" (grifos nossos).

E prossegue a douta relatora, inclusive, comentando os arestos exatamente colacionados pelos autores-apelados, já superados, a saber:

"O levantamento histórico da jurisprudência do STJ demonstra que, até meados de 2004, a 3ª Turma tendia a adotar a posição maximalista, enquanto a 4ª Turma tendia a seguir a corrente finalista, conforme levantamento transcrito no voto-vista que proferi no CC nº 41.056/SP, julgado pela 2ª Seção em 23.06.2004. Entre os acórdãos da 3ª Turma ali citados, há dois que apresentam relevo para a presente hipótese. O primeiro deles, o REsp. nº 208.793/MT, Rel. Min. Menezes Direito, DJ de 01.08.2000, com base na teoria maximalista, entendeu existir relação de consumo entre produtor rural e empresa fornecedora de adubo, pois a utilização deste pelo agricultor representaria o fim da cadeia produtiva relativa ao fertilizante, nos termos da seguinte ementa:

'Código de Defesa do Consumidor. Destinatário final: conceito. Compra de adubo. Prescrição. Lucros cessantes. 1. A expressão *destinatário final*, constante da parte final do art. 2º do Código de Defesa do Consumidor, alcança o produtor agrícola que compra adubo para o preparo do plantio, à medida que o bem adquirido foi utilizado pelo profissional, encerrando-se a cadeia produtiva respectiva, não sendo objeto de transformação ou beneficiamento. 2. Estando o contrato submetido ao Código de Defesa do Consumidor a prescrição é de cinco anos. 3. Deixando o Acórdão recorrido para a liquidação por artigos a condenação por lucros cessantes, não há prequestionamento dos artigos 284 e 462 do Código de Processo Civil, e 1.059 e 1.060 do Código Civil, que não podem ser superiores ao valor indicado na inicial. 4. Recurso especial não conhecido' (REsp nº 208.793/MT; 3ª Turma, Rel. Min. Menezes Direito, *DJ* de 1.8.2000).

"Em contexto semelhante, no REsp nº 445.854/MS, Rel. Min. Castro Filho, *DJ* de 19.12.2003, a 3ª Turma entendeu que havia relação de consumo entre agricultor e financeira, quando aquele compra colheitadeira de algodão para incrementar sua produção (...) Tais acórdãos são, claramente, fundados na teoria objetiva ou maximalista, pois levam em conta, apenas, a destinação final fática do produto ou serviço, e não sua destinação fática econômica, que, tanto na hipótese da compra do adubo, quanto na hipótese da compra de colheitadeira, é a de incrementar a atividade produtiva do agricultor. *Contudo, em 10.11.2004, a 2ª Seção, no julgamento do Resp*

37

nº 541.867/BA, Rel. p/ Acórdão o Min. Barros Monteiro (DJ de 16.05.2005), acabou por firmar entendimento centrado na teoria subjetiva ou finalista, em situação fática na qual se analisava a prestação de serviços de empresa administradora de cartão de crédito a estabelecimento comercial. Naquela oportunidade, ficou estabelecido que a facilidade relativa à oferta de meios de crédito eletrônico como forma de pagamento devia ser considerada um incremento da atividade empresarial, afastando, assim, a existência de destinação final do serviço.

"O acórdão está assim ementado: *'Competência. Relação de consumo. Utilização de equipamento e de serviços de crédito prestado por empresa administradora de cartão de crédito. Destinação final inexistente. – A aquisição de bens ou a utilização de serviços, por pessoa natural ou jurídica, com o escopo de implementar ou incrementar a sua atividade negocial, não se reputa como relação de consumo e, sim, como uma atividade de consumo intermediária. – Recurso especial conhecido e provido para reconhecer a incompetência absoluta da Vara Especializada de Defesa do Consumidor, para decretar a nulidade dos atos praticados e, por conseguinte, para determinar a remessa do feito a uma das Varas Cíveis da Comarca'.*

"*Na presente hipótese, verifica-se que a empresa forneceu ao produtor rural 'diversos produtos', nos termos da petição de arresto a fls. 16/24, sendo que sua área de atuação é, especificamente, a de defensivos agrícolas (fls. 17). Nesses termos, e adotando-se o entendimento atual da 2ª Seção que provocou a superação daqueles precedentes da 3ª Turma suprarreferidos, não há como se ter por configurada uma relação de consumo. Defensivos agrícolas guardam nítida relação de pertinência com a atividade agrícola direcionada ao plantio de soja, pois entram na cadeia de produção desta e contribuem diretamente para o sucesso ou insucesso da colheita como verdadeiros insumos.* Afinal, nos termos do voto-vista que proferi no CC nº 41.056/SP, ao tratar da teoria subjetiva, esclareci que, de acordo com tal entendimento: 'Como o bem ou serviço serão empregados no desenvolvimento da atividade lucrativa, a circulação econômica não se encerra nas mãos da pessoa natural (profissional ou empresário) ou jurídica (sociedade simples ou empresário) que os utilize. É de se notar, que para os defensores desta corrente, pouco importa se o bem ou serviço adquirido será revendido ao consumidor (diretamente ou por transformação, montagem ou beneficiamento) ou simplesmente agregado ao estabelecimento empresarial (por exemplo: maquinário adquirido para a fabricação de produtos, veículo utilizado na entrega de mercadorias, móveis e utensílios que irão compor [*rectius*, compor] o estabelecimento, programas de computador e máquinas utilizadas para controle de estoque ou gerenciamento): a sua utilização direta ou indireta, na atividade econômica exercida, descaracteriza a destinação ou fruição final do bem, transformando-o em instrumento do ciclo produtivo de outros bens ou serviços'. *Levando-se em conta que a função precípua do STJ é pacificar o entendimento a respeito da interpretação da Lei Federal, e em que pese minha ressalva pessoal, é de se ter por superados os precedentes da 3ª Turma que aplicavam, em relações jurídicas semelhantes à presente, a disciplina protetiva do CDC, em face do atual entendimento restritivo que vigora quanto à necessidade de destinação final fática e econômica do produto ou serviço.*"[36]

Desta forma, tem-se claríssimo que o entendimento atual da 2ª Seção do Superior Tribunal de Justiça superou o anterior da sua 3ª Turma, segundo a qual *insumos agrícolas (e.g.,* fertilizantes, defensivos agrícolas, rações animais, máquinas e equipamentos) *não se constituem em objetos de consumo, ou seja, na nomenclatura do Código do Consumidor (art. 3º, §§ 1º e 2º) produtos/serviços. E isto pela simples razão de que entram na cadeia produtiva agrícola (i.e.,*

---

[36] STJ, CC nº 64.524 – MT (2006/0123705-0), Rel. Min. Nancy Andrighi, *DJ* de 9.10.2006, destaques nossos em negrito.

em, culturas de algodão, soja, milho, e outros produtos, além de animais) *que se constituem na própria finalidade dos negócios de todo empreendedor rural.*

Observe-se, com efeito, que os arestos tão primorosamente coligidos pelos doutos patronos dos ora apelados *são todos anteriores a esse entendimento pacificador.* Entretanto, não é só. Veja-se, ainda, o aresto abaixo colacionado, *proferido em 29 de setembro de 2008, e publicado no dia 29 de setembro último (2008), tendo por relator o ministro Aldir Passarinho Jr.:*

> "Civil. Ação declaratória. Contrato de permuta. Sacas de arroz por insumo agrícola (adubo). Aplicação do Código de Defesa do Consumidor. Destinação final inexistente. I – A segunda Seção disciplinou *que 'a aquisição de bens ou a utilização de serviços, por pessoa natural ou jurídica, com o escopo de implementar ou incrementar a sua atividade negocial, não se reputa como relação de consumo e, sim, como uma atividade de consumo intermediária* (Resp. nº 541.867-BA. Rel. Min. Barros Monteiro, DJU de 16/05/2005). II – Recurso especial não conhecido".

E no corpo do aresto destacamos as seguintes ponderações:

> "(...) *No tocante à tese defendida pela recorrente pela aplicação dos dispositivos da Lei nº 8.078/1990 à avença,* tenho que o recurso não merece prosperar. *Embora faça ressalva sobre incidência da corrente finalista ou subjetiva para definir-se a figura do consumidor, esta Corte firmou entendimento pela sua adoção, como denota da ementa do julgado que dirimiu a controvérsia na colenda Segunda Seção:* 'Competência. Relação de consumo. Utilização de equipamento e de serviços de crédito prestado por empresa administradora de cartão de crédito. Destinação final inexistente. – *A aquisição de bens ou a utilização de serviços, por pessoa natural ou jurídica, com o escopo de implementar ou incrementar a sua atividade negocial, não se reputa como relação de consumo e, sim, como uma atividade de consumo intermediária.* Recurso especial conhecido e provido para reconhecer a incompetência absoluta da Vara Especializada de Defesa do Consumidor, para decretar a nulidade dos atos praticados e, por conseguinte, para determinar a remessa do feito a uma das Varas Cíveis da Comarca' (Resp. nº 541.867/BA, Rel. p/ acórdão Min. Barros Monteiro, por maioria, *DJU* de 16.05.2005)" (grifos nossos).

E o v. acórdão ora citado arremata, de modo insofismável:

> "Na hipótese em comento, a recorrente contratou a permuta de 532 sacos de arroz de sua produção agrícola com 15 toneladas de adubo químico NPK 94-12-08 produzidos pela recorrida. Vê-se que a autora/recorrente buscou junto à ré a obtenção de insumos para investir em sua atividade comercial, não como destinatária final, de acordo com o entendimento sufragado no precedente supracitado" (cf. REsp nº 1.014.960/RS, rel. Min. Aldir Passarinho Jr., 4ª Turma do STJ, j. de 2.9.2008, *DJU* de 29.9.2008).

Igualmente a 21ª Câmara de Direito Privado do Tribunal de Justiça do Estado de São Paulo, em aresto (Agravo de Instrumento nº 7.237.116-1, da Comarca de José Bonifácio), datado de 28 de maio de 2008, tendo por relator o desembargador Ademir Benedito, em concisa, mas contundente decisão, decidiu que:

> "Recurso. Agravo de instrumento. Ação de indenização proposta por produtor agrícola contra vendedora e produtora de insumos adquiridos. Ação proposta no foro de domicílio do autor. Exceção de incompetência rejeitada. Relação de consumo não configurada: Agricultor que não é destinatário final do produto adquirido (CDC 2º). Hipótese regida pelo CPC 100, IV, 'a'. Competência do foro da sede da ré, pessoa jurídica. Exceção acolhida. Recurso provido". E no corpo do v. aresto colacionado destacamos as seguintes ponderações: "Agravo de instrumento

tirado contra decisão que rejeitou exceção de incompetência, oferecida em ação de indenização, ao fundamento de que a relação de direito material é de consumo, prevalecendo o foro do domicílio do consumidor. A agravante sustenta que assim não é, pois o adquirente dos produtos dos quais reclama é produtor agrícola, utilizando-os na cadeia produtiva de grãos destinados ao comércio. Não é, portanto, destinatário final do produto. Invoca precedentes jurisprudenciais, e pede o deslocamento do processo para o foro da comarca da Capital do Estado, onde localizada sua sede, por força do art. 100, inciso IV, alínea 'a', do Código de Processo Civil. (...) Tem razão a agravante. O autor da ação não é o destinatário final do produto, insumos agrícolas para sua lavoura, conforme ele próprio informa na petição inicial da ação indenizatória que propôs contra a vendedora e a produtora dos mesmos (veja-se fls. 17). Não se aplica à hipótese, então, o Código de Defesa do Consumidor, por força do seu próprio art. 2º, mas sim o Código de Processo Civil, o qual, no seu art. 100, inc. IV, letra 'a', indica o local da sede da pessoa jurídica como foro competente para ações movidas contra ela. Pelo exposto, dá-se provimento do recurso para acolher a exceção de incompetência apresentada pela agravante Monsanto do Brasil Ltda., determinando-se o deslocamento da ação para o foro da comarca da Capital do Estado, e distribuição entre suas Varas Cíveis".

[2] A COLETIVIDADE DE CONSUMIDORES – O que normalmente se observa no mercado de consumo é *um consumidor* às voltas com a aquisição de um produto defeituoso, por exemplo, ou então com a prestação de um serviço malfeito, abrindo-se-lhe um verdadeiro leque de opções para solucionar o impasse: contato direto com o fornecedor que tenha um canal aberto para tanto (*i.e.*, por exemplo, um departamento de atendimento ao consumidor, linha direta etc.), possibilidade de queixa junto aos chamados PROCONs, ou então junto a Promotorias de Justiça em localidades onde aqueles não existam, ou ainda comparecimento aos Juizados Especiais de Conciliação ou de Pequenas Causas, Defensorias Públicas etc.

O parágrafo único do comentado art. 2º, porém, trata não mais daquele determinado e individualmente considerado consumidor, mas sim de uma *coletividade de consumidores*, sobretudo quando *indeterminados* e que tenham intervindo em dada relação de consumo.

Assim, segundo o prof. Waldírio Bulgarelli,[37] o consumidor aqui pode ser considerado como "aquele que se encontra numa situação de usar ou consumir, estabelecendo-se, por isso, uma relação atual ou potencial, fática sem dúvida, porém a que se deve dar uma valoração jurídica, a fim de protegê-lo, quer evitando, quer reparando os danos sofridos", conceituação tal que, como se observa, não se ocupa apenas da aquisição efetiva de produtos e serviços, mas também com a potencial aquisição dos mesmos.

Desta forma, além dos aspectos já tratados em passos anteriores, o que se tem em mira no parágrafo único do art. 2º do Código do Consumidor é a *universalidade, conjunto* de consumidores de produtos e serviços, ou mesmo *grupo, classe* ou *categoria* deles, e desde que relacionados a um determinado produto ou serviço, perspectiva essa extremamente relevante e realista, porquanto é natural que se *previna*, por exemplo, o consumo de produtos ou serviços perigosos ou então nocivos, beneficiando-se, assim, abstratamente as referidas universalidades e categorias de *potenciais* consumidores. Ou, então, se já provocado o dano efetivo pelo consumo de tais produtos ou serviços, o que se pretende é conferir à universalidade ou grupo de consumidores os devidos instrumentos jurídico-processuais para que possam obter a justa e mais completa possível reparação dos responsáveis, circunstâncias tais que serão pormeno-

---

[37] "Tutela do consumidor na jurisprudência e *de lege ferenda*", Revista de Direito Mercantil, Nova Série, ano XVII, nº 49, 1984.

Capítulo I · DISPOSIÇÕES GERAIS | **Art. 2º**

rizadamente analisadas a partir do comentário aos arts. 8º e segs. do Código, e sobretudo aos arts. 81 e segs. ("Da Defesa do Consumidor em Juízo").

Acrescente-se aos aspectos gerais e introdutórios ora apreciados, contudo, que as referidas circunstâncias de tutela coletiva do consumidor ficam ainda mais evidentes quando se levam em consideração, por exemplo, os danos causados por um produto alimentício ou medicinal nocivo à saúde, ou então por um automóvel com graves defeitos de fabricação no sistema de freios, ficando as vítimas em situação de total impotência e desamparo, não somente em face de sua condição de inferioridade ante o fornecedor, como igualmente pelos frágeis instrumentos de defesa de que dispõem, fragilidade essa demonstrada pela exigência até hoje de demonstração do dano sofrido, e do nexo causal entre o dano e o produto ou serviço e, o que é ainda mais angustiante, a culpa residente em negligência, imprudência ou imperícia do mesmo fornecedor.

Essa ideia fica ainda mais clara se se tiver em conta a classe dos chamados *interesses difusos*, expressamente tratados no inc. I do parágrafo único do art. 81 do Código do Consumidor, e "assim entendidos, para efeitos deste Código, os transindividuais, de natureza indivisível, de que sejam titulares pessoas indeterminadas e ligadas por circunstâncias de fato".

Para o prof. José Carlos Barbosa Moreira,[38] tais interesses caracterizam-se, em primeiro lugar, por uma pluralidade de titulares, em número indeterminado e, ao menos para fins práticos, indeterminável; em segundo lugar, pela indivisibilidade do objeto do interesse, cuja satisfação necessariamente aproveita em conjunto, e cuja postergação todos em conjunto prejudica.

E, especificamente na área de defesa ou proteção do consumidor, como já assinalado, afirma que tais interesses são detectados "na honestidade da propaganda comercial, na proscrição de alimentos e medicamentos nocivos à saúde, na adoção de medidas de segurança para os produtos perigosos, na regularidade da prestação de serviços ao público".

Também na mesma direção aponta o desembargador Waldemar Mariz de Oliveira,[39] ao dizer que "a apresentação, no mercado, de um produto alimentar deteriorado pode configurar grave risco para um sem-número de indivíduos; a propaganda sem controle, transmitindo falsas e enganosas informações, a respeito de certa sociedade ou de determinado empreendimento imobiliário, pode causar prejuízo a milhares de adquirentes de ações ou de imóveis; a concorrência desleal, ou o monopólio no comércio ou na indústria, são maneiras também de lesar um bom número de concorrentes;[40] a proibição de uma pessoa de hospedar-se em um hotel, por força da cor de sua pele, representa, por parte da direção do estabelecimento, uma discriminação de natureza racial, que afronta os direitos constitucionais dos cidadãos".

Guido Alpa,[41] por sua vez, refere-se aos mencionados interesses difusos como aqueles "que todos os aderentes têm de obter a declaração de nulidade de uma cláusula contida em um contrato *standard* lesiva aos interesses econômicos dos consumidores que adquirem e usam um produto danoso, fabricado em série, e destinado, ainda que a ser potencialmente lesivo, à saúde de todos os usuários. São interesses difusos os interesses dos destinatários de men-

---

[38] A proteção jurisdicional dos interesses coletivos e difusos, na obra coletiva "Tutela dos interesses difusos", São Paulo, Max Limonad, 1984, p. 99.

[39] Op. cit. na nota anterior, p. 10.

[40] Vide nosso artigo "Abuso do poder econômico e defesa do consumidor", Revista de Direito – FMU, São Paulo, ano 6, nº 6, ps. 31-54, no qual enfocamos exatamente os abusos do poder econômico como prática abusiva, conforme nomenclatura do art. 39 do Código do Consumidor, porque reflete negativamente nos preços dos bens e serviços e condições de sua comercialização, em prejuízo à massa dos consumidores, ainda que potencialmente considerados.

[41] Tutela del consumatore e controlli sull'impresa, Bologna, Società Editrice Il Mulino, 1977.

Art. 2º | CÓDIGO BRASILEIRO DE DEFESA DO CONSUMIDOR

sagens publicitárias enganosas ou tendentes a ver inibida a atividade publicitária ou a serem ressarcidos em face do dano econômico imediato pela aquisição de produtos com qualidade inferior àquela prometida, e assim por diante".[42]

Não se deve olvidar, porém, de que a acepção *coletiva* dos interesses ou direitos do consumidor comporta duas categorias, quais sejam, a dos chamados *"interesses ou direitos coletivos propriamente ditos"* e *"interesses individuais homogêneos de origem comum"*.

Definidos também pelo mencionado art. 81, parágrafo único, incs. II e III do Código em comento, e tratados no passo oportuno desta obra, entendemos de bom alvitre e desde logo alertar o leitor para as distinções entre eles.

E, com efeito, poder-se-ia assinalar neste passo que, enquanto os sobreditos "interesses ou direitos difusos" são aqueles que pertencem a um número indeterminado de titulares, sendo ainda indivisíveis, na medida em que, se algo for feito para protegê-los, todos aqueles titulares se aproveitarão, mas sairão prejudicados em caso contrário, os *"interesses coletivos"* são, é certo, *indivisíveis* assim como os primeiros, mas pertencem desta feita a um *número determinado de titulares* (grupo, categoria ou classe de pessoas ligadas entre si ou à parte contrária por uma relação jurídica base).

Exemplo: se se tiverem em conta as lições retrocolacionadas, e especificamente a questão das cláusulas abusivas em dado contrato de adesão, teremos então a declaração de nulidade delas *de forma abstrata*, ou seja, *sem se levarem em consideração casos específicos de prejuízos aos contratantes-consumidores*, ou o simples formulário do contrato-padrão engendrado pelo fornecedor de produtos ou serviços, e estaríamos diante de interesses difusos daqueles mesmos consumidores difusamente considerados, eis que potenciais contratantes prejudicados.

Caso contrário, isto é, na hipótese de um determinado contrato firmado entre a mencionada empresa fornecedora de produtos ou serviços e um grupo de consumidores-contratantes, e contendo cláusulas abusivas, a declaração de sua nulidade aproveitaria certamente àquele grupo ou classe determinada de contratantes.

Referimo-nos especificamente, aliás, às hipóteses de contratos envolvendo os chamados "planos de saúde" e milhões de contratantes ou potenciais contratantes, sobretudo atraídos pela poderosa mídia televisiva.

A Promotoria de Justiça do Consumidor de São Paulo, nos anos de 1992 e 1993, com efeito, passou a analisar, *abstratamente, todos* os contratos oferecidos por cerca de 90 planos de saúde, tendo então conseguido o compromisso formal de seus responsáveis no sentido de modificarem determinadas cláusulas consideradas abusivas. Tendo havido ainda a recalcitrância de alguns, foi necessário propor-se não mais que uma dezena de ações com vistas ao mesmo desiderato, ou seja, a mencionada modificação. Na hipótese, duas cláusulas mereceram reforma: a que determinava o aumento das prestações de forma unilateral desde que "os custos médico-hospitalares" fossem maiores do que os reajustes normais tendo por base um índice econômico convencionado, e o pulo muitas vezes ao triplo ou quíntuplo do que vinha sendo pago pelo consumidor-usuário, simplesmente porque mudou de faixa etária.

Caso houvesse cláusulas abusivas especificamente em planos de saúde particularizados, e referentes a contratos já firmados, tratar-se-ia do chamado *interesse coletivo*, e não difuso, porque envolvendo pessoas bem determinadas e em face da empresa contratante.

No que diz respeito aos *"interesses individuais homogêneos de origem comum"*, (art. 81, parágrafo único, III, do Código do Consumidor) melhor tratados no v. 2 desta obra, limitar-nos-emos a dizer que não passam, na verdade, de *interesses ou direitos individuais, mas tratados de forma coletiva*.

---

[42] Vide outras considerações a respeito, em nosso "Manual de direitos do consumidor", São Paulo, Atlas S.A., 1999, Capítulo 7.

Ou melhor explicitando: tomando-se como exemplo danos causados pela colocação no mercado de um veículo com grave defeito no sistema de freios, com extensão daqueles mesmos danos variável para cada interessado, defeito tal ocasionado por falha do projeto de certa peça, tem-se como certo que cada um poderia, individualmente, ingressar em juízo com a ação reparatória competente.

O que o Código analisado permite é que, ao invés da pulverização de demandas individuais, *seja ajuizada uma única ação,* passando-se depois da condenação obtida à liquidação conforme a extensão de cada dano individualizado.[43]

Além disso, dispõe o art. 17 do Código do Consumidor que, para os efeitos da seção que cuida dos interesses individuais homogêneos de origem comum, "equiparam-se aos consumidores todas as vítimas do evento".

Foi caso, por exemplo, das vítimas do triste acidente ocorrido em 1996 no "Plaza Shopping de Osasco": a sentença genericamente condenatória entendeu cabíveis indenizações por danos materiais e morais não apenas às pessoas que estavam diretamente ligadas às suas atividades (*i.e.,* consumidores-compradores e usuários da praça de alimentação, estacionamentos e outros serviços disponíveis), como também às famílias de jovens colegiais que simplesmente atravessavam suas instalações para cortarem caminho para a escola, e outros circunstantes, os assim denominados pela doutrina e jurisprudência norte-americanas *bystanders.*[44]

Também no que tange às chamadas *Práticas Comerciais,* disciplinadas no Capítulo V do Código sob comento, seu art. 29 dispõe que, "para os fins deste Capítulo e do seguinte, equiparam-se consumidores todas as pessoas determináveis ou não, expostas às práticas nele previstas".

Ou seja, nos casos retroapontados como exemplos, são *consumidoras* as pessoas expostas a informações ou publicidade enganosas, sujeitas a cláusulas em formulários-padrão de contratos de adesão, bem como as que já os firmaram.

Art. 3º Fornecedor é toda pessoa física ou jurídica, pública ou privada, nacional ou estrangeira, bem como os entes despersonalizados, que desenvolvem atividade de produção, montagem, criação, construção, transformação, importação, exportação, distribuição ou comercialização de produtos ou prestação de serviços. [1]

§ 1º Produto é qualquer bem, móvel ou imóvel, material ou imaterial. [2]

§ 2º Serviço é qualquer atividade fornecida no mercado de consumo, mediante remuneração, inclusive as de natureza bancária, financeira, de crédito e securitária, salvo as decorrentes das relações de caráter trabalhista. [3][4][5]

---

[43] Vide comentários ao art. 81 e segs., sobretudo quanto à legitimidade para a propositura de referidas ações.

[44] Proc. nº 1.959/96, 5ª Vara Cível da Comarca de Osasco, Estado de São Paulo. Cf., nesse sentido, o aresto proferido no REsp nº 540.235/TO, tendo por relator o Ministro Castro Filho, 3ª Turma do STF, j. de 7.2.2006, *DJ* de 6.3.2006, p. 372: "Código de Defesa do Consumidor. Acidente aéreo. Transporte de malotes. Relação de consumo. Caracterização. Responsabilidade pelo fato do serviço. Vítima do evento. Equiparação a consumidor. Artigo 17 do CDC. I – Resta caracterizada relação de consumo se a aeronave que caiu sobre a casa das vítimas realizava serviço de transporte de malotes para um destinatário final, ainda que pessoa jurídica, uma vez que o artigo 2º do Código de Defesa do Consumidor não faz tal distinção, definindo como consumidor, para os fins protetivos da lei, '... toda pessoa física ou jurídica que adquire ou utiliza produto ou serviço como destinatário final'. Abrandamento do rigor técnico do critério finalista. II – Em decorrência, pela aplicação conjugada com o artigo 17 do mesmo diploma legal, cabível, por equiparação, o enquadramento do autor, atingido em terra, no conceito de consumidor. Logo, em tese, admissível a inversão do ônus da prova em seu favor. Recurso especial provido".

Art. 3º | CÓDIGO BRASILEIRO DE DEFESA DO CONSUMIDOR

[1] CONCEITO DE FORNECEDOR – Cuidemos doravante do outro *protagonista* das "relações de consumo": o *fornecedor de produtos e serviços.*

Ao invés de utilizar-se de termos como "industrial", "comerciante", "banqueiro", "segurador", "importador", ou então genericamente "empresário", preferiu o legislador o termo "fornecedor" para tal desiderato.

Ou seja, e em suma, o protagonista das sobreditas "relações de consumo" responsável pela colocação de produtos e serviços à disposição do consumidor.

Assim, para Plácido e Silva,[45] "fornecedor", derivado do francês *fournir, fornisseur,* é todo comerciante ou estabelecimento que abastece, ou fornece, habitualmente uma casa ou um outro estabelecimento dos gêneros e mercadorias necessários a seu consumo.

Nesse sentido, por conseguinte, é que são considerados todos quantos propiciem a oferta de produtos e serviços no mercado de consumo, de maneira a atender às necessidades dos consumidores, sendo despiciendo indagar-se a que título, sendo relevante, isto sim, a distinção que se deve fazer entre as várias espécies de fornecedor nos casos de responsabilização por danos causados aos consumidores, ou então para que os próprios fornecedores atuem na via regressiva e em cadeia da mesma responsabilização, visto que vital a solidariedade para a obtenção efetiva de proteção que se visa a oferecer aos mesmos consumidores.

Tem-se, por conseguinte, que fornecedor é qualquer *pessoa física,* ou seja, qualquer um que, a título singular, mediante desempenho de atividade mercantil ou civil e de forma habitual, ofereça no mercado produtos ou serviços, e a *jurídica,* da mesma forma, mas em associação mercantil ou civil e de forma habitual.

Fala ainda o art. 3º do Código de Proteção ao Consumidor que o fornecedor pode ser público ou privado, entendendo-se no primeiro caso o próprio Poder Público, por si ou então por suas empresas públicas que desenvolvam atividade de produção, ou ainda as concessionárias de serviços públicos, sobrelevando-se salientar nesse aspecto que um dos direitos dos consumidores expressamente consagrados pelo art. 6º, mais precisamente em seu inc. X, é a adequada e eficaz prestação dos serviços públicos em geral.

O mesmo dispositivo ainda abrange tanto os *fornecedores nacionais* como os *estrangeiros* que exportem produtos ou serviços para o País, arcando com a responsabilidade por eventuais danos ou reparos o importador que posteriormente poderá regredir contra os fornecedores exportadores (*vide,* por exemplo, o disposto pelo art. 12).

Fornecedores são ainda os denominados *"entes despersonalizados",* assim entendidos os que, embora não dotados de personalidade jurídica, quer no âmbito mercantil, quer no civil, exercem atividades produtivas de bens e serviços, como, por exemplo, a gigantesca Itaipu Binacional, em verdade um consórcio entre os governos brasileiro e paraguaio para a produção de energia hidrelétrica, e que tem regime jurídico *sui generis.*

Outro exemplo significativo de *ente despersonalizado* é o de uma massa falida que é autorizada a continuar as atividades comerciais da empresa sob regime de quebra, para que se realizem ativos mais celeremente, fazendo frente ao concurso de credores. Ou, ainda, o espólio de um comerciante, em nome individual, cuja sucessão é representada pelo inventariante.

Quanto às *atividades* desempenhadas pelos fornecedores, são utilizados os termos "*produção, montagem, criação, construção, transformação, importação, exportação, distribuição* ou *comercialização* de produtos ou prestação de serviços", ou, em síntese, a condição de fornecedor está intimamente ligada à atividade de cada um e desde que coloquem aqueles produtos

---

[45] Vocabulário jurídico, Rio de Janeiro, Forense, 1986, vol. I, p. 138.

e serviços efetivamente no mercado, nascendo daí, *ipso facto*, eventual responsabilidade por danos causados aos destinatários, ou seja, pelo *fato do produto*.

E, com efeito, o prof. Luiz Gastão Paes de Barros Leães,[46] por exemplo, ao referir-se à jurisprudência norte-americana acerca da responsabilidade pelo fato do produto (*fact liability*), assevera que "um produto é considerado defeituoso se for perigoso além do limite em que seria percebido pelo adquirente normal e de acordo com o conhecimento da comunidade dele destinatária no que diz respeito às suas características".

Ou, ainda, com maior propriedade, atingindo as principais fases de produção, concepção e informação acerca de produtos, acrescenta que os defeitos constatados podem ser da seguinte ordem: "a) vícios ocorridos na fase de fabricação afetando exemplares numa série de *produtos* (*miscarriage in the manufacturing process; Fabrikationsfehler*); b) vícios ocorridos na concepção técnica do produto, afetando toda uma série de produção (*improperly designed product; Konstruktionsfehler*); c) vícios nas informações e instruções que acompanham o produto (*breach of duty of warn; Instruktionsfehler*)".

Finalmente, um outro aspecto que deve ser levado em consideração diz respeito a certas universalidades de direito ou mesmo de fato, como, por exemplo, associações desportivas ou condomínios. Ou seja, indaga-se se eles poderiam ou não ser considerados como *fornecedores de serviços*, como os relativos aos associados ou então aos condôminos (*i.e.*, propiciamento de lazer, esportes, bailes, ou então serviços em geral de manutenção das áreas comuns).

A questão é relevante, tendo-se em vista o disposto no § 1º do art. 52 do Código de Defesa do Consumidor, segundo o qual as multas de mora passam a ser da ordem de 2%.

Resta evidente que aqueles entes, despersonalizados ou não, não podem ser considerados como *fornecedores*.

E isto porque, quer no que diz respeito às entidades associativas, quer no que concerne aos condomínios em edificações, *seu fim ou objetivo social é deliberado pelos próprios interessados, em última análise, sejam representados ou não por intermédio de conselhos deliberativos, ou então* mediante participação direta em assembleias-gerais que, como se sabe, são os órgãos deliberativos soberanos nas chamadas "sociedades contingentes".[47]

Decorre daí, por conseguinte, que quem delibera sobre seus destinos são os próprios interessados, não se podendo dizer que eventuais *serviços prestados pelos seus empregados, funcionários ou diretores, síndico e demais dirigentes comunitários, sejam enquadráveis no rótulo "fornecedores", conforme a nomenclatura do Código de Defesa do Consumidor.*

Desta forma, se as despesas sociais, consequentes contribuições sociais, e multa por inadimplemento das mesmas obrigações sociais são estabelecidas pelos órgãos deliberativos das sociedades em geral, ou então pelos condomínios, não há que se falar em serviços prestados por terceiros, senão pela própria entidade, sendo, aliás, o seu *objetivo social*.

É oportuno salientar, neste passo, que o vigente Código Civil, em seu art. 1.336, § 1º, veio a estabelecer que "o condômino que não pagar a sua contribuição ficará sujeito aos juros moratórios convencionados ou, não sendo previstos, os de 1% ao mês e multa de até 2% sobre o débito", em consonância com o dispositivo de que ora cuidamos. A polêmica surgida reside exatamente em se saber se prevalece a livre deliberação do condomínio, ou o novo dispositivo constante do Código Civil. Comissão constituída no âmbito do Centro de Estudos Jurídicos do Conselho da Justiça Federal, realizado entre 11 e 15.9.2002, propôs, *de lege ferenda*, nova

---

[46] A responsabilidade do fabricante pelo fato do produto, São Paulo, Resenha Tributária, 1984, p. 221.

[47] Consoante o magistério de Giorgio Del Vecchio, in nosso "Manual de teoria geral do Estado e ciência política", Forense Universitária, 1997, p. 24, sociedade vem a ser "um complexo de relações pelo qual vários indivíduos vivem e operam conjuntamente, de modo a formarem uma nova e superior unidade".

Art. 3º | CÓDIGO BRASILEIRO DE DEFESA DO CONSUMIDOR

redação àquele dispositivo, de seguinte teor: "o condômino que não pagar sua contribuição ficará sujeito aos juros moratórios convencionados ou, não sendo previstos, de 1% ao mês, e multa de até 10% sobre o débito".[48]

Saliente-se, de qualquer forma, que a referida multa moratória de 2% visou à aplicação restrita aos contratos que envolvem outorga de crédito, e não a qualquer obrigação assumida pelo consumidor, que poderá ter regime próprio.

Tanto assim que o dispositivo modificado pela Lei nº 9.298, de 1º de agosto de 1996, está inserido em artigo (*i.e.*, art. 52 do CDC) que cuida especificamente de *"fornecimento de produtos ou serviços que envolva outorga de crédito ou concessão de financiamento ao consumidor"*.

Entretanto, conforme já tivemos ocasião de salientar em nosso artigo "Resolução contratual e o artigo 53 do Código de Defesa do Consumidor",[49] toda e qualquer multa moratória não pode ser superior a 10% sobre o valor da obrigação em atraso, a teor do Decreto nº 22.626/33.

Por outro lado, porém, tomando-se como exemplo uma entidade associativa cujo fim precípuo é a *prestação de serviços de assistência médica, cobrando para tanto mensalidades ou outro tipo de contribuição,* não resta dúvida de que será considerada *fornecedora desses mesmos serviços.*

E isto pela simples razão de que, destinando-se, especificamente, à prestação daqueles serviços, e não à *gestão da coisa comum,* suas atividades revestem-se da mesma natureza que caracterizam as *relações de consumo.* E, em consequência, pressupõem um *fornecedor,* de um lado, *e uma universalidade de consumidores, de outro,* tendo por *objeto* a prestação de serviços bem determinados, quer por si, ou mediante o concurso de terceiros.

[2] PRODUTO COMO OBJETO DAS RELAÇÕES DE CONSUMO – *As relações de consumo,* como já acentuado passos atrás, nada mais são do que *"relações jurídicas"* por excelência, pressupondo, por conseguinte, *dois polos de interesse: o consumidor-fornecedor* e a coisa, objeto desses interesses. No caso, mais precisamente, e consoante ditado pelo Código de Defesa do Consumidor, tal objeto consiste em *"produtos"* e serviços.

O § 1º do art. 3º do mencionado Código fala em *"produto",* definindo-o como qualquer bem, móvel ou imóvel, material ou imaterial.

Melhor, entretanto, no nosso entendimento, seria falar-se em *"bens"* e não *"produtos",* mesmos porque, como notório, o primeiro termo é bem *mais abrangente* do que o segundo, aconselhando tal nomenclatura, aliás, a boa técnica jurídica, bem como a economia política.

Tal aspecto fica ainda mais evidenciado quando se tem em conta que no caso se haverá que cuidar de *bens* como efetivos objetos das relações de consumo, isto é, como *o que está entre* (do latim *inter* + *essere*) os dois sujeitos da "relação de consumo".

E, realmente, como acentuado pelo prof. Sílvio Rodrigues,[50] ao tratar dos *bens* como objeto de interesse, estes, para a economia política, "são coisas que, sendo úteis aos homens, provocam a sua cupidez e, por conseguinte, são objeto de apropriação privada".

"Desse modo", continua, "poder-se-ia definir *bem econômico* como aquela coisa que, sendo útil ao homem, existe em quantidade limitada no universo", "ou seja, são bens econômicos as coisas úteis e raras", "porque só elas são suscetíveis de apropriação".

---

[48] "O novo Código Civil anotado", in Revista Jurídica, Porto Alegre, Notadez, jan. 2003.

[49] Publicado na Revista da Faculdade de Direito das FMU, São Paulo, nº 8, ps. 109-154, na revista Justitia, órgão do Ministério Público do Estado de São Paulo, vol. 165, ps. 155-180, e em edição especial da Revista dos Tribunais ("Homenagem a Carlos Henrique de Carvalho"), São Paulo, 1986.

[50] Direito Civil (parte geral), São Paulo, Max Limonad, 1964, vol. 1, p. 119.

Também o economista Jorge Torres de Mello Rollemberg[51] procura demonstrar que, embora se tenha mudado a acepção do termo *"bem"* sobretudo para efeitos de *marketing*, prevalece ainda na atualidade a conceituação tradicional atrás aduzida, ou seja, no sentido de demonstrar-se ser *"bem"* muito mais abrangente e genérico do que *"produto"*.

E, fundamentando-se nas lições de Philip Kloter,[52] assevera o autor retrocitado que "a primeira classificação bens duráveis, bens não duráveis e serviços, que se aplica igualmente tanto a bens de consumo, como a bens industriais, distingue três categorias de bens, com base na taxa de consumo e na tangibilidade deles: bens duráveis – bens tangíveis que normalmente sobrevivem a muitos usos (exemplos: refrigeradores, roupas); bens não duráveis – bens tangíveis que normalmente são consumidos em um ou em alguns poucos usos (exemplos: carne, sabonete); serviços – atividade, benefícios ou satisfações que são oferecidas à venda (exemplos: corte de cabelo, consertos)".

O referido autor cita ainda uma segunda classificação de bens que leva em consideração não as suas características, mas sim os hábitos de compra do consumidor como, por exemplo, *"bens de conveniência"*, *"bens comparáveis"*, *"bens de uso especial"*.

Classificação ainda mais antiga de *"bem"* faz clara distinção entre *"bem"* e *"produto"*, ou seja: 1. *produtos agrícolas* – a) matéria-prima e b) bens de consumo; 2. *pescado e produtos do mar*; 3. *produtos florestais*; 4. *produtos minerais*; 5. *bens industriais* – a) produtos primários, b) materiais e componentes fabris, c) materiais de processamento, d) materiais de embalagem, e) equipamentos periféricos, f) equipamentos básicos e instalações, g) suprimentos periféricos e h) suprimentos operacionais; 6. *bens de consumo* – a) bens de conveniência, b) bens de compra comparada e c) bens de especialidade.

Na versão original da Comissão Especial do Conselho Nacional de Defesa do Consumidor do Ministério da Justiça, bem como no texto final aprovado pelo plenário do referido órgão extinto pelo atual governo federal, em todos os momentos se fala em *"bens"* – termo tal que de resto é inequívoco e genérico, exatamente no sentido de apontar para o aplicador do Código de Defesa do Consumidor os reais objetos de interesses nas relações de consumo.

Desta forma, e até para efeitos práticos, dir-se-ia que, para fins do Código de Defesa do Consumidor, *produto* (entenda-se *"bens"*) *é qualquer objeto de interesse em dada relação de consumo, e destinado a satisfazer uma necessidade do adquirente, como destinatário final.*

E, com efeito, o Código Civil que entrou em vigor em janeiro de 2003 manteve a tradicional nomenclatura, prevendo os *bens* em seu Livro II, arts. 79 a 103.

[3] SERVIÇOS COMO OBJETO DAS RELAÇÕES DE CONSUMO – Consoante verificado no item anterior, e no magistério de Philip Kotler, os *serviços* podem ser considerados como *"atividades, benefícios* ou *satisfações"* que são oferecidos à venda (exemplos: corte de cabelo, consertos)" (*vide* nota nº 27).

E, efetivamente, fala o § 2º do art. 3º do Código Brasileiro de Defesa do Consumidor em *"serviço"* como sendo *"qualquer atividade fornecida no mercado de consumo, mediante remuneração, inclusive as de natureza bancária, financeira, de crédito e securitária, salvo as decorrentes das relações de caráter trabalhista".*

Importante salientar-se, desde logo, que aí não se inserem os *"tributos"*, em geral, ou *"taxas"* e *"contribuições de melhoria"*, especialmente, que se inserem no âmbito das relações de natureza tributária.

---

[51] "Proteção ao consumidor: seus problemas e dificuldades, iniciativas na área privada oficializada do movimento pelo governo", Escola Superior de Guerra, Trabalho Especial-TE 87/1987, Tema 21.

[52] Administração e marketing: análise, planejamento e controle, São Paulo, Atlas, 1985.

Art. 3º | CÓDIGO BRASILEIRO DE DEFESA DO CONSUMIDOR

Não se há de confundir, por outro lado, referidos tributos com as "*tarifas*", estas, sim, inseridas no contexto dos "*serviços*" ou, mais particularmente, "*preço público*", pelos "*serviços*" prestados diretamente pelo Poder Público, ou então mediante sua concessão ou permissão pela iniciativa privada.

O que se pretende dizer é que o "*contribuinte*" não se confunde com "*consumidor*", já que no primeiro caso o que subsiste é uma relação de Direito Tributário, inserida a prestação de serviços públicos, genérica e universalmente considerada, na atividade precípua do Estado, ou seja, a persecução do bem comum.[53]

---

[53] Nesse sentido, cf. acórdão proferido pela 1ª Turma do STJ, em 15.12.2005, no Recurso Especial nº 493.181/SP, tendo por relatora a min. Denise Arruda: "Processual civil. Recurso especial. Exceção de competência. Ação indenizatória. Prestação de serviço público. Ausência de remuneração. Relação de consumo não configurada. Desprovimento do recurso especial. 1. Hipótese de discussão de foro competente para processar e julgar ação indenizatória proposta contra o Estado, em face de morte causada por prestação de serviços médicos em hospital público, sob a alegação de existência de relação de consumo. 2. O conceito de 'serviço' previsto na legislação consumerista exige para a sua configuração, necessariamente, que a atividade seja prestada mediante remuneração (art. 3º, § 2º, do CDC). 3. Portanto, no caso dos autos, não se pode falar em prestação de serviço subordinado às regras previstas no Código de Defesa do Consumidor, pois inexistente qualquer forma de remuneração direta referente ao serviço de saúde prestado pelo hospital público, o qual pode ser classificado como uma atividade geral exercida pelo Estado à coletividade em cumprimento de garantia fundamental (art. 196 da CF). 4. Referido serviço, em face das próprias características, normalmente é prestado pelo Estado de maneira universal, o que impede a sua individualização, bem como a mensuração de remuneração específica, afastando a possibilidade da incidência das regras de competência contidas na legislação específica. 5. Recurso especial desprovido" (*DJU* de 1.2.2006, p. 431). No mesmo sentido decidiu-se no Recurso Especial nº 754.784/PR, por sua 2ª Turma, j. de 13.9.2005, tendo como relatora a min. Eliana Calmon: "Administrativo. Embargos de declaração. Fins de prequestionamento. Intuito protelatório desconfigurado. Não aplicação. Serviço concedido. Energia elétrica. Inadimplência. 1. A multa imposta ao recorrente deve ser afastada, uma vez que os embargos declaratórios foram opostos com o nítido propósito de prequestionamento, não sendo, portanto, protelatórios. Súmula nº 98/STJ. 2. Os serviços públicos podem ser próprios e gerais, sem possibilidade de identificação dos destinatários. São financiados pelos tributos e prestados pelo próprio Estado, tais como segurança pública, saúde, educação etc. Podem ser também impróprios e individuais, com destinatários determinados ou determináveis. Neste caso, têm uso específico e mensurável, tais como os serviços de telefone, água e energia elétrica. 3. Os serviços públicos impróprios podem ser prestados pelos órgãos da Administração Pública indireta ou, modernamente, por delegação, como previsto na CF (art. 175). São regulados pela Lei nº 8.987/95, que dispõe sobre a concessão e permissão dos serviços públicos. 4. Os serviços prestados por concessionários são remunerados por tarifa, sendo facultativa a sua utilização, que é regida pelo CDC, o que a diferencia da taxa, esta, remuneração do serviço público próprio. 5. Os serviços públicos essenciais, remunerados por tarifa, porque prestados por concessionárias do serviço, podem sofrer interrupção quando há inadimplência, como previsto no art. 6º, § 3º, II, da Lei nº 8.987/95. Exige-se, entretanto, que a interrupção seja antecedida por aviso, existindo na Lei nº 9.427/96, que criou a ANEEL, idêntica previsão. 6. A continuidade do serviço, sem o efetivo enriquecimento sem causa, repudiado pelo Direito (arts. 42 e 71 do CDC, em interpretação conjunta). 7. Recurso especial conhecido em parte e, nessa parte, provido" (*DJU* de 3.10.2005, p. 226). Em idêntico sentido o Recurso Especial nº 709.360/RS (rel. min. Eliana Calmon, 2ª Turma do STJ, j. de 18.8.2005, *DJU* de 26.9.2005, p. 335). Nesse mesmo sentido o Recurso Especial nº 63.843/MG, tendo por relatora a min. Eliana Calmon, 2ª Turma do STJ, j. de 28.6.2005 (*DJU* de 15.8.2005): "Administrativo. Mandado de segurança. Fornecimento de energia elétrica. Corte. Falta de pagamento. Fraude. Alteração no medidor. Arts. 22 e 42 do CDC. Interpretação. 1. O não pagamento das contas de consumo de energia elétrica pode levar ao corte no fornecimento, desde que haja inadimplência por parte do consumidor, tendo sido o mesmo avisado de que seria interrompido o fornecimento. Hipótese em que constatada, ainda, a fraude praticada pelo consumidor para alterar o medidor de energia. 2. Recurso especial improvido."
No mesmo sentido, cf. acórdão no REsp nº 1.076.485/MG, rel. Min. Eliana Calmon, 2ª Turma do STJ, j. de 19.2.2009, *DJe* de 27.3.2009: "Processual civil e administrativo. CPC, art. 535. Violação não caracterizada. Suspensão do fornecimento de energia elétrica. Diferença de consumo apurada em razão de fraude no medidor. Impossibilidade. 1. Não ocorre negativa ou deficiência na prestação jurisdicional se o Tribunal de origem decide, fundamentadamente, as questões essenciais ao julgamento da lide. 2. A Primeira Seção

Resta evidenciado, por outro lado, que as *atividades* desempenhadas pelas instituições financeiras, quer na prestação de serviços aos seus clientes (por exemplo, cobrança de contas de luz, água e outros serviços, ou então expedição de extratos etc.), quer na concessão de mútuos ou financiamentos para a aquisição de bens, inserem-se igualmente no conceito amplo de *serviços*.

Aliás, o Código fala expressamente em *atividade* de natureza *bancária, financeira*, de *crédito* e *securitária*, aqui se incluindo igualmente os planos de previdência privada em geral, além dos seguros propriamente ditos, de saúde etc.

Para Fábio Ulhôa Coelho:[54]

"Considera-se bancário o contrato cuja função econômica se relaciona com o conceito jurídico de atividade bancária, preceituado no art. 17 da Lei nº 4.595/64. Por atividade bancária, entende-se a coleta, intermediação em moeda nacional ou estrangeira. Esse conceito abarca uma gama considerável de operações econômicas, ligadas direta ou indiretamente à concessão, circulação ou administração do crédito. Estabelecendo-se paralelo entre a atividade bancária e a industrial, pode-se afirmar que a *matéria-prima do banco* e o *produto* que ele oferece ao mercado é o *crédito*, ou seja, a instituição financeira dedica-se a *captar recursos junto a clientes* (operações passivas) *para emprestá-los a outros clientes* (operações ativas)."

E, mais adiante, esclarece que:

"O contrato bancário pode ou não se sujeitar ao Código de Defesa do Consumidor, *dependendo da natureza do vínculo obrigacional subjacente.* O mútuo, por exemplo, será mercantil se o mutuário for exercente de atividade econômica, e os recursos obtidos a partir dele forem empregados na empresa. *E será mútuo ao consumidor se o mutuário utilizar-se dos recursos emprestados para finalidades particulares, como destinatário final.* No desenvolvimento das *operações atípicas*, isto é, não relacionadas especificamente com o conceito de atividade bancária, como *cobrança de títulos e recebimentos de tarifas e impostos*, o banco age como *prestador de serviços não somente para o cliente credor, mas direcionado a todos que procuram a agência* simplesmente para realizar o pagamento. Em relação às *operações típicas*, como a aceitação de dinheiro em depósito, concessão de empréstimo bancário, aplicação financeira e outras, o banco presta serviço a clientes seus, podendo classificá-los (de acordo com conceitos próprios da atividade bancária, como o da reciprocidade) *para fins de liberar tratamento preferencial ou atendimento especial a certas categorias de consumidores*."

Também José Reinaldo de Lima Lopes[55] acentua que: "É fora de dúvida que os serviços financeiros, bancários e securitários encontram-se sob as regras do Código de Defesa do Consumidor. Não só existe disposição expressa na Lei nº 8.078/90 sobre o assunto (art. 3º, § 2º), como a história da defesa do consumidor o confirma, quando verificamos que a proteção aos tomadores de crédito ao consumo foi das primeiras a ser criada. De outro lado, nas relações das instituições financeiras com seus 'clientes' podem-se ver duas categorias de agentes: os

---

e a Corte Especial do STJ entendem legal a suspensão do serviço de fornecimento de energia elétrica pelo inadimplemento do consumidor, após aviso prévio, exceto quanto aos débitos antigos, passíveis de cobrança pelas vias ordinárias de cobrança. 3. Entendimento que se aplica no caso de diferença de consumo apurada em decorrência de fraude no medidor, consoante têm decidido reiteradamente ambas as Turmas que compõem a Primeira Seção desta Corte. Precedentes. 4. Reformulação do entendimento da relatora, em homenagem à função constitucional uniformizadora atribuída ao STJ. 5. Recurso especial não provido."

54 O empresário e os direitos do consumidor, São Paulo, Saraiva, 1994, p. 174.

55 "Consumidor e sistema financeiro", artigo para a revista Direito do Consumidor, nº 19.

tomadores de empréstimos (*mutuários*) e os investidores (*depositantes*)." E, profligando esse entendimento, lamentavelmente, em detrimento dos consumidores, em matéria de contratos bancários, sobreveio a Súmula nº 381 do STJ, que assim dispôs: "*Nos contratos bancários, é vedado ao julgador conhecer, de ofício, da abusividade das cláusulas*" (*DJe* de 5.5.2009, RSTJ vol. 214, p. 537).

Diante dessas ponderações, por conseguinte, e conforme a síntese elaborada por Nélson Nery Jr.,[56] caracterizam-se os serviços bancários como *relações de consumo* em decorrência de quatro circunstâncias, a saber: *a) por serem remunerados; b) por serem oferecidos de modo amplo e geral, des*personalizado;[57] c) por serem vulneráveis os tomadores de tais serviços, na nomenclatura própria do CDC; d) pela habitualidade e profissionalismo na sua prestação.

Fazendo tábula rasa dos mencionados preceitos retroelencados, e sobretudo da epistemologia do Código de Defesa do Consumidor, sintetizados no seu art. 4º, notadamente o que reconhece expressamente a *vulnerabilidade* dos consumidores em face dos fornecedores – mas que também fala em *harmonização entre os interesses de um e outro, sua educação recíproca e a ordem econômica como objetivo constitucional*, além da *coibição de abusos, inclusive entre concorrentes* –, Geraldo de Camargo Vidigal[58] assevera que: "Os direitos do consumidor estão afirmados e reservados, no art. 170 da CF – mas ao lado dos princípios da livre iniciativa, dos valores sociais do trabalho, do princípio da liberdade de concorrência. Mas não se elencaram direitos do consumidor entre os fundamentos da República e do Estado Democrático de Direito, entre os objetivos fundamentais da República, consagrados nos arts. 1º e 3º da CF."

E, mais adiante, referindo-se aos contratos bancários, escreveu ainda que: "Quem quer que celebre qualquer desses contratos não é consumidor de coisa alguma, nem os contratos importam em consumo de bens ou na fruição de serviços relativos a necessidades humanas. E por maior que seja a extensão que se possa dar aos vocábulos *consumo* e *consumidor* a eles não se podem assimilar os contratos bancários. Aplicar a lei de defesa do consumidor a quem celebra contratos bancários soaria tão estranho como a aplicação do Código Penal a crianças. O Código Penal é inaplicável à criança porque os menores impúberes não podem infringir suas normas. O Código de Defesa do Consumidor não tem aplicação aos agentes de operações bancárias porque estas não cuidam do consumo e não envolvem consumidores."

Consoante se verifica, referidas ponderações não resistem à simples constatação de que, afora serem as atividades bancárias previstas, expressamente, pelo Código do Consumidor como atividades econômicas e de relações de consumo, constituem-se em basicamente duas operações principais: *concessão de crédito, cujo produto é o "dinheiro", e assim é tratado além de apregoado pelos responsáveis pela instituições financeiras; e prestação de serviços aos consumidores, quer no recolhimento de tributos ou outros pagamentos a crédito de terceiros, quer no próprio exercício de sua atividade precípua.*

Conforme a lapidar ponderação do prof. Miguel Reale,[59] já citada em passo anterior, mas que merece ser aqui repetida por força de argumentação, "o Estado deve sempre ter em vista o interesse geral dos súditos, deve ser sempre uma síntese dos interesses tanto dos indivíduos como dos grupos particulares". Acrescenta ainda que, "se considerarmos, por exemplo, os vários grupos organizados para a produção e circulação das riquezas, necessário é reconhecer que o Estado não se confunde, nem pode se confundir, com nenhum deles, em particular, porquanto cabe ao governo decidir segundo o *bem comum*, o qual, nessa hipótese, se identifica

---

[56] "Código Brasileiro de Defesa do Consumidor", ps. 524-525.

[57] E, acrescentaríamos, ainda que a clientes, de forma própria ou direta em razão de contrato específico.

[58] "Tarifas bancárias", Cadernos de Direito Tributário e finanças públicas, nº 17, ps. 127-143.

[59] Teoria do Direito e do Estado, São Paulo, Saraiva, 1984, ps. 320-321.

Capítulo I · DISPOSIÇÕES GERAIS | **Art. 3º**

como o interesse geral dos consumidores".[60] E conclui o referido pensamento, enfatizando que "a autoridade do Estado deve manifestar-se no sentido da generalidade daqueles interesses, representando a totalidade do povo".

E, hermeneuticamente, diz-nos Carlos Maximiliano[61] que: "O Direito suscita de modo indireto e diretamente ampara a atividade produtiva, tutela a vida, facilita e assegura o progresso. Não embaraça o esforço honesto, o labor benéfico, a evolução geral. Nasce na sociedade e para a sociedade. Não pode deixar de ser um fator de desenvolvimento da mesma. Para ele não é indiferente a ruína ou a prosperidade, a saúde ou a moléstia, o bem-estar ou a desgraça. Para isso, até mesmo no campo do Direito Privado, encontra hoje difícil acolhida, tolerada apenas em sentido restrito, nos casos excepcionais de disposições, claríssimas, a antiga parêmia, varrida há muito do Direito Público e filha primogênita da exegese tradicional, rígida, geométrica, silogística – *'fiat justitia, pereat mundos'* – faça-se justiça, ainda que o mundo pereça."

Daí por que se constata, de imediato, o quão complexa é a matéria que se nos apresenta, já que envolve, em última análise, a própria política de produção – distribuição – circulação – consumo, síntese, aliás, constante do Título VII da Constituição da República, que versa sobre a *ordem econômica e financeira*. E ainda mais particularmente no Capítulo I, que trata dos princípios gerais da atividade econômica, com especial destaque para o art. 170, que, ao enunciar ser "a ordem econômica, fundada na valorização do trabalho humano e na livre iniciativa", e ter por fim "assegurar a todos existência digna, conforme os ditames da justiça social", expressamente elenca, dentre os princípios a serem observados para a consecução dos fins ali expressos, *a defesa do consumidor*.

Desta forma, o ranço ainda presente no ultrapassado ultraliberalismo é que faz com que alguns ainda resistam aos novos preceitos constitucionais. Preceitos tais que, indubitavelmente, não apenas fazem da *defesa do consumidor um direito individual e social, porquanto elencado dentre os preceitos do art. 5º da Constituição da República, e, por conseguinte, oponível ao próprio Estado, da mesma forma que os tradicionais direitos individuais, como também do consumidor, o destinatário final de tudo quanto é produzido.*

Aliás, ao cuidarmos da defesa da concorrência em dois artigos,[62] procuramos enfatizar essa realidade, de que não há por que se falar em atividade econômica, concorrência e toda a parafernália de salvaguardas da ordem econômica, sem que tudo tenha por alvo e destinatário final o consumidor.

Por outro lado, complementando essa ordem de ideias, e a própria *manutenção da tão propalada ordem econômica*, o art. 173 da Carta de 1988, em seus §§ 4º e 5º, expressamente assevera que "a lei reprimirá o abuso do poder econômico que vise *à dominação dos mercados, eliminação da concorrência, e ao aumento arbitrário dos lucros*" (§ 4º); e "a lei, sem prejuízo da responsabilidade individual dos dirigentes da pessoa jurídica, estabelecerá a responsabilidade desta, sujeitando-a às punições compatíveis com sua natureza, nos atos praticados contra a ordem econômica e financeira e contra a economia popular" (§ 5º).

Vê-se, por conseguinte, que os próprios dispositivos constitucionais citados definem o que vem a ser *"abuso do poder econômico"*, ou seja, como *qualquer forma de manobra, ação,*

---

[60]   Nosso destaque.

[61]   Hermenêutica e aplicação do Direito, 1933, p. 168.

[62]   "Abuso do poder econômico e defesa do consumidor", in Revista da Faculdade de Direito das FMU, nº 6, ps. 31 a 54, e "Lucros abusivos: conceito e identificação", in Revista da Faculdade de Direito das FMU, nº 12, novembro de 1995, ps. 231 a 244, Revista de Direito Econômico do CADE, nova fase, nº 21, out./dez. 1995, ps. 51 a 64, e Revista do Ministério Público de Goiás, ano I, nº 1, dez. 1996, ps. 6 a 12.

Art. 3º | CÓDIGO BRASILEIRO DE DEFESA DO CONSUMIDOR

acerto de vontades, que vise à eliminação da concorrência, à dominação de mercados e ao aumento arbitrário de lucros.

E a jurisprudência nacional, por diversos tribunais estaduais, já se tem manifestado nesse sentido, ou seja, de que as atividades bancárias são, sem sombra de dúvidas, relações de consumo e abrangidas pelo Código de Defesa do Consumidor.

Com efeito:

a) na *Apelação Cível nº 737.410-7*, o extinto 1º Tribunal de Alçada Civil de São Paulo, tendo como relator o juiz Maia da Cunha, em julgamento de 8.6.98, assim se manifestou, à unanimidade: "A atividade bancária está sujeita à disciplina que rege as relações de consumo";

b) na *Apelação Cível nº 196.218.911*, o Tribunal de Alçada do Rio Grande do Sul, sendo relator o juiz Silvestre Jasson Ayres Torres, em julgamento de 12.12.96, em votação unânime, também decidiu que: "As instituições financeiras estão submetidas à disciplina do CDC quando o financiamento for realizado com pessoa física"; são também, no mesmo sentido, as decisões do tribunal gaúcho nas Apelações Cíveis nos 197.144.595, 196.049.514, 196.094.403, 196.162.853, 196.197.115, 196.067.151, 193.051.216, 196.022.282, 196.117.337, 196.128.821, 196.268.718 e 196.122.621;

c) na *Apelação Cível nº 177/94*, o Tribunal de Justiça da Bahia, tendo como relator o desembargador Luís Pedreira Fernandes, em julgamento de 14.4.97, por votação unânime, assim se manifestou: "Os Bancos, como prestadores de serviços, estão submetidos às disposições do Código de Defesa do Consumidor."

Igualmente, o Superior Tribunal de Justiça já teve a oportunidade de manifestar-se em algumas ocasiões, naquele mesmo sentido, a saber:

a) no *Recurso Especial nº 57.974-0*, tendo como relator o ministro Ruy Rosado de Aguiar, em julgamento de 25.4.95, à unanimidade decidiu que: "Os bancos, como prestadores de serviços especialmente contemplados no art. 3º, § 2º, estão submetidos às disposições do Código de Defesa do Consumidor";

b) no *Recurso Especial nº 163.616-RS*, tendo como relator também o ministro Ruy Rosado de Aguiar, em julgamento de 21.5.98, por unanimidade, o STJ assim decidiu: "As instituições financeiras estão sujeitas à disciplina do CDC";

Esse entendimento, aliás, foi cristalizado na Súmula nº 297, do STJ, segundo a qual: "O Código de Defesa do Consumidor é aplicável às instituições financeiras" (*DJ* de 9.9.2004, p. 149, RSTJ vol. 185, p. 666).

c) e no *Agravo Regimental interposto contra o Agravo nº 49.124-2-RS*, sendo relator ainda o ministro Ruy Rosado de Aguiar, em julgamento de 4.10.94: "Código de Defesa do Consumidor. Atividade bancária. Sujeição aos seus preceitos";

d) no *Recurso Especial nº 292.636/RJ* tendo como relator o ministro Barros Monteiro, em julgamento de 11.6.2002, a 4ª Turma do Superior Tribunal de Justiça (*DJ* de 16.9.2002) fez questão de enfatizar que: "O contrato bancário de abertura de crédito (cheque especial) submete-se à disciplina do *Código de Defesa do Consumidor.*" Além disso, também se discutia a legitimidade ou não do Ministério Público: "Tratando-se de ação que visa à proteção de interesses coletivos e apenas de modo secundário e consequência à defesa de interesses individuais homogêneos, ressai

Capítulo I · DISPOSIÇÕES GERAIS | **Art. 3º**

clara a legitimação do Ministério Público para intentar a ação civil pública. Precedência do STJ";

No mesmo entendimento, veja-se decisão proferida no REsp nº 537.652/RJ, tendo como relator o ministro João Otávio de Noronha, 4ª Turma do STJ, j. de 8.9.2009, *DJe* de 21.9.2009:

"Ação civil pública. Contrato de abertura de crédito. Violação do artigo 535 do CPC. Não ocorrência. Contrariedade ao artigo 460 do CPC. Embargos declaratórios. Inovação recursal. Vedação. Cláusulas abusivas. Análise. Legitimidade do Ministério Público. CDC. Aplicabilidade às instituições financeiras. Súmula nº 297 do STJ. Divergência jurisprudencial. [...] 5. Na hipótese de figurar num dos polos da relação jurídica pessoa hipossuficiente deve prevalecer a regra mais benigna a este, devendo, portanto, ser aplicado o disposto no artigo 94 do CPC. 6. O Ministério Público tem legitimidade para propor ação civil pública tutelando direitos coletivos de correntistas, que na qualidade de consumidores, firmam contrato de abertura de crédito com instituições financeiras e são submetidos a cláusulas abusivas. 7. A jurisprudência desta Corte consolidou seu entendimento no sentido de que são aplicáveis as normas dispostas no Código de Defesa do Consumidor às instituições financeiras. Súmula nº 297 do STJ. [...] 9. Recurso especial não conhecido. Precedentes: Precedentes citados: AgRg no REsp nº 677.851-PR, *DJe* 11.5.2009; AgRg no REsp nº 808.603-RS, *DJ* 29.5.2006; REsp nº 292.636-RJ, *DJ* 16.9.2002; CC nº 32.868-SC, *DJ* 11.3.2002; AgRg no Ag nº 296.516-SP, *DJ* 5.2.2001, e REsp nº 190.860-MG, *DJ* 18.12.2000".

e)   e na mesma esteira, ou seja, quanto à aplicação do Código de Defesa do Consumidor às relações de crédito protagonizadas pelos bancos, vejam-se outros acórdãos do mencionado Superior Tribunal de Justiça proferidos em sede de: *Recurso Especial nº 387.805/RS* (relatora ministra Nancy Andrighi, julgamento de 27.6.2002, 3ª Turma, *DJ* de 9.9.2002), asseverando que "os bancos ou instituições financeiras, como prestadores de serviços especialmente contemplados no art. 3º, § 2º, estão submetidos às disposições do CDC"; *Agravo Regimental de Recurso Especial nº 390.318/RS* (relatora também a ministra Nancy Andrighi, em julgamento de 19.3.2002, *DJ* de 15.4.2002); *Agravo Regimental em Agravo de Instrumento nº 425.554/RS* (relator ministro Carlos Alberto Menezes Direito, julgamento de 8.4.2002, 3ª Turma, *DJ* de 27.5.2002); *Agravo Regimental em Agravo de Instrumento nº 427.512/RS* (relator ministro Carlos Alberto Menezes Direito, julgamento de 30.4.2002, 3ª Turma, *DJ* de 17.6.2002), e muitos outros.

Quanto a *erros cometidos pelas instituições financeiras em prejuízo dos correntistas-consumidores*, a Súmula nº 322 do STJ assim prescreveu: "Súmula nº 322 – Para a devolução de indébito, nos contratos de abertura de crédito em conta-corrente, não se exige a prova do erro." Também digna de nota é a Súmula nº 388 do STJ, segundo a qual: "A simples devolução indevida de cheque caracteriza dano moral" (*DJe* de 1.9.2009).

A jurisprudência da 2ª Seção já está consolidada, e prevê que não é necessária a prova do erro quando do recebimento de valores pagos indevidamente nos contratos de abertura de crédito em conta-corrente, já que os lançamentos são feitos pela própria instituição financeira credora.

O princípio informador dessa súmula reside no repúdio ao enriquecimento ilícito pela ordem jurídica. No caso, o beneficiário seria o credor, ou seja, da própria instituição financeira que recebeu indevidamente os valores.

E sobre a inclusão do devedor em cadastros de inadimplentes: "Súmula nº 323 – A inscrição de inadimplente pode ser mantida nos serviços de proteção ao crédito por, no máximo,

Art. 3º | CÓDIGO BRASILEIRO DE DEFESA DO CONSUMIDOR

cinco anos." Sobre esse particular, vejam-se as súmulas editadas pelo Superior Tribunal de Justiça: "Súmula nº 385 – Da anotação irregular em cadastro de proteção ao crédito, não cabe indenização por dano moral, quando preexistente legítima inscrição, ressalvado o direito ao cancelamento" (*DJe* de 8.6.2009, RSTJ vol. 214, p. 541); "Súmula nº 404 – É dispensável o aviso de recebimento (AR) na carta de comunicação ao consumidor sobre a negativação de seu nome em bancos de dado se cadastros" (*DJe* de 24.11.2009).

A questão foi pacificada nas turmas da 2ª Seção quando do julgamento do Recurso Especial nº 472.203/RS. Até esse julgamento, havia divergência de interpretação entre a 3ª e a 4ª Turmas, quanto ao prazo prescricional previsto no art. 43, § 5º, do CDC. Pairavam dúvidas se o prazo se referia à ação de cobrança ou à ação de execução.

Através desse julgamento, bem como do de seus precedentes, sedimentou-se o entendimento de que as informações de restrição ao crédito nos arquivos dos cadastros de inadimplentes devem perdurar por, no máximo, cinco anos.

Também no que diz respeito à atividade *securitária,* no caso e mais especificamente da chamada previdência privada, a Súmula nº 321 do STJ (hoje cancelada), cujo seguinte teor: "Súmula nº 321 – O Código de Defesa do Consumidor é aplicável à relação jurídica entre a entidade privada e seus participantes."

A respeito da aplicação do CDC, a Súmula 563 do STJ dispõe: "O Código de Defesa do Consumidor é aplicável às entidades abertas de previdência complementar, não incidindo nos contratos previdenciários celebrados com entidades fechadas". (2ª Seção, julgado em 24.02.2016, *DJe* 29.02.2016).

No que concerne aos depositantes em cadernetas de poupança, afora os serviços decorrentes de sua manutenção, em que existe, sem dúvida, relação de consumo, consistente na sua prestação efetiva mediante remuneração por meio de tarifas específicas, não podemos dizer possam ser considerados consumidores só por aquela circunstância.

Com efeito, como adverte Arnold Wald,[63] "partindo das distinções clássicas em economia entre consumo e poupança e investimento, e entre produção e consumo, a lei de defesa do consumidor não se aplica nem à poupança, nem às operações que constituem o ciclo de produção; tanto assim que o produtor é considerado fornecedor (art. 3º, *caput*)".

Não foi esse, contudo, o entendimento do Superior Tribunal de Justiça. Com efeito, no *Recurso Especial nº 160.949/SP* (relator o ministro Paulo Costa Leite, julgamento de 19.3.2002, 3ª Turma, *DJ* de 22.4.2002), decidiu-se que o IDEC – Instituto Brasileiro de Defesa do Consumidor era parte legítima para litigar em benefício de poupadores que não haviam tido computados acréscimos de correção monetária ao rendimento de cadernetas de poupança, "por tratar-se de relação jurídica submetida à disciplina do Código de Defesa do Consumidor".

Também a 2ª Seção do mencionado Superior Tribunal de Justiça, no *Recurso Especial nº 106.888/PR* (relator ministro César Asfor Rocha), em julgamento de 28.3.2001, publicado no *DJ* de 5.8.2002, assim decidiu a matéria: "O Código de Defesa do Consumidor (Lei nº 8.078/90) é aplicável aos contratos firmados entre as instituições financeiras e seus clientes referentes à caderneta de poupança. – Presente o interesse social pela dimensão do dano e sendo relevante o bem jurídico a ser protegido, como na hipótese, pode o juiz dispensar o requisito da pré-constituição superior a um ano, da associação autora da ação, de que trata o inc. III do parágrafo único do art. 81 do Código de Defesa do Consumidor, que cuida da defesa coletiva dos interesses ou direitos individuais homogêneos."

Sem embargo das judiciosas decisões, entendemos que o *capital* empregado a título de investimento, ainda que seja à guisa de *poupança popular,* não pode ser considerado como

---

[63] Vide Revista dos Tribunais, vol. 666, p. 12 e segs.

objeto de consumo, já que se destina a colher frutos (isto é, juros), além de acréscimos pela desvalorização da moeda (ou seja, correção monetária) e, como tal, *tem natureza de qualquer investimento ainda que de maior vulto e complexidade.*

Ora, por que não, então, considerar também o crédito educativo como relação de consumo, mesmo porque se cuida de consumidor vulnerável, já que necessita desse crédito para a continuidade de seus estudos?

Não foi esse, contudo, o entendimento manifestado no Recurso Especial nº 625.904/RS, figurando como relatora a min. Eliana Calmon (2ª Turma do STJ, j. de 27.4.2004, *in DJU* de 28.6.2004, p. 296), a saber:

> "Administrativo. Crédito educativo. Natureza jurídica. Código de Defesa do Consumidor. 1. Na relação travada com o estudante que adere ao programa do crédito educativo, não se identifica relação de consumo, porque o objeto do contrato é um programa de governo, em benefício do estudante, sem conotação de serviço bancário, nos termos do art. 3º, § 2º, do CDC. 2. Contrato disciplinado na Lei nº 8.436/92, em que figura a CEF como executora de um programa do Ministério da Educação, o qual estabelece as normas gerais de regência e os recursos de sustentação do programa. 3. Recurso especial desprovido."

Ora, mas qual é a diferença entre um crédito concedido *ao destinatário final para compra de um bem de consumo durável e outro para que outro destinatário final possa concluir seus estudos*?

Insistimos, porque necessário, e em face de tantos equívocos que ainda são cometidos nessa matéria, que uma dada relação jurídica (gênero) somente pode ser considerada como relação de consumo (espécie) *se se tratar, efetivamente, de destinatário final de bens ou de serviços – pessoa jurídica ou física, dependendo de cada caso concreto, como já assinalamos. A vulnerabilidade é ínsita ao próprio conceito de consumidor, ou seja, a fragilidade em que todo consumidor, efetivo, bem se entenda, se encontre diante de um determinado fornecedor, seja de cunho técnico, de acesso a meios de solução de conflitos, de natureza econômica, pessoal etc.*

E os *investidores* no mercado de valores mobiliários, serão eles considerados também *consumidores* com relação às instituições ou empresas que propiciam tal tipo de investimento?

A resposta é certamente negativa.

Tanto isso é verdade que a Lei nº 7.913, de 7 de dezembro de 1989, previu ações específicas de ressarcimento a investidores, prevendo ainda a Lei nº 6.024, de 13 de março de 1974, medidas acautelatórias quando se tratar de liquidação extrajudicial de instituições de crédito.

Não poderão ser igualmente objeto das chamadas "relações de consumo" os interesses de caráter trabalhista, exceção feita às empreitadas de mão de obra ou empreitadas mistas (mão de obra mais materiais), exceção tal presente nos diplomas legais de todos os países que dispõem de leis ou Códigos de Defesa do Consumidor, como, por exemplo, Portugal, Espanha, México, Venezuela e outros.

E a respeito acentua Manuel Alonso Olea[64] que "há o trabalho subordinado típico, que é o do empregado, e o atípico, que é o do trabalhador eventual, do trabalhador avulso e do trabalhador temporário", anotando ainda que se deve dividir o "trabalho autônomo", que é "aquele no qual o trabalhador mantém o poder de direção sobre a própria atividade, em trabalho autônomo propriamente dito e empreitada, esta uma modalidade daquele", e, insistimos, este,

---

[64] Apud Amauri Mascaro Nascimento, "Direito do Trabalho na Constituição de 1988", São Paulo, Saraiva, p. 34.

Art. 3º | CÓDIGO BRASILEIRO DE DEFESA DO CONSUMIDOR

sim, objeto das relações de consumo, sobretudo na classe de "serviços", como deixa claríssimo o texto legal, sem necessidade de maiores indagações.

Já no que concerne a *créditos de financiamento de imóvel pelo "Sistema Financeiro da Habitação"*, não podemos deixar de concordar com o teor do acórdão proferido pela 2ª Turma do STJ, no Recurso Especial nº 612.243/RS (rel. min. Francisco Peçanha Martins, j. de 19.5.2005, *in DJU* de 27.6.2005, p. 324), a saber:

"Recurso especial. Sistema Financeiro da Habitação. Contrato de mútuo. CDC. Aplicabilidade. Precedentes. Violação a dispositivos da lei federal. Inocorrência. 1. Consoante entendimento atual e predominante nesta Corte, 'há relação de consumo entre o agente financeiro do SFH, que concede o empréstimo para aquisição de cada própria, e o mutuário, razão pela qual se aplica o Código de Defesa do Consumidor'. 2. Violação a dispositivo da lei federal não comprovada. 3. Recurso especial conhecido pelo fundamento da letra *c* ao qual se nega provimento."[65]

[4] RELAÇÕES LOCATÍCIAS – Sem embargo de algumas decisões judiciais, entendendo que o Código de Defesa do Consumidor também se aplica às relações locatícias,[66] ainda que entre pessoas jurídicas, entendendo-se que: "Caracteriza-se como fraude a existência de acordo para desocupação do imóvel antes do término do contrato de locação, assinado concomitantemente com este último. Tal conduta viola disposições do Código de Defesa do Consumidor e os princípios éticos que regem o Direito, devendo ser coibida pelo Judiciário", entendemos inaplicável a essas hipóteses.

E isto por duas razões, se se invocar o caso ora enfocado, à guisa de exemplificação: a) a uma, por *haver legislação própria a respeito*, e que tem a mesma natureza que o Código de Defesa do Consumidor, no que concerne a preceitos de ordem pública e interesse social (tanto assim que, a teor do disposto pelo art. 45 da Lei nº 8.245, de 18.10.91, fulminam-se de nulidade "as cláusulas do contrato de locação que visem a elidir os objetivos da presente Lei, notadamente as que proíbam a prorrogação prevista no art. 47, ou que afastem o direito à renovação, na hipótese do art. 51, ou que imponham obrigações pecuniárias para tanto"); b) a duas, porque há dispositivo expresso contra a prática abusiva denunciada no caso concreto, especificamente no art. 4º da mencionada "lei de locações": "durante o prazo estipulado para a duração do contrato,

---

[65] Nesse sentido, confiram os seguintes arestos: a) REsp nº 688.397/PR, rel. Min. Castro Meira, 2ª Turma do STJ, j. de 5.4.2005, *DJ* de 23.5.2005, p. 235, REVJMG, vol. 172, p. 398: "Administrativo. SFH. Contrato de mútuo. Reajuste de prestações. Aplicabilidade do Código de Defesa do Consumidor. Ônus sucumbenciais. 1. Aplica-se o Código de Defesa do Consumidor ao contrato de mútuo do Sistema Financeiro Habitacional para aquisição de imóvel, eis que retrata uma relação de consumo existente entre os mutuários e o agente financeiro do SFH. Precedentes. 2. Para verificar se os autores decaíram de parte mínima ou se houve sucumbência recíproca seria necessário o reexame de matéria fática. Incidência da Súmula 07/STJ. 3. Recurso especial improvido"; b) REsp nº 489.701/SP, rel. Min. Eliana Calmon, 1ª Seção, j. de 28.2.2007, *DJ* de 16.4.2007, p. 158, REVJMG vol. 180, p. 483, RT vol. 863, p. 177: "Processo civil. Sistema Financeiro da Habitação. Contrato com cobertura do FCVS. Inaplicabilidade do Código de Defesa do Consumidor se colidentes com as regras da legislação própria. 1. O CDC é aplicável aos contratos do Sistema Financeiro da Habitação, incidindo sobre contratos de mútuo. 2. Entretanto, nos contratos de financiamento do SFH vinculados ao Fundo de Compensação de Variação Salarial – FCVS, pela presença da garantia do Governo em relação ao saldo devedor, aplica-se a legislação própria e protetiva do mutuário hipossuficiente e do próprio Sistema, afastando-se o CDC, se colidentes as regras jurídicas. 3. Os litígios oriundos do SFH mostram-se tão desiguais que as Turmas que compõem a Seção de Direito Privado examinam as ações sobre os contratos sem a cláusula do FCVS, enquanto as demandas oriundas de contratos com a cláusula do FCVS são processadas e julgadas pelas Turmas de Direito Público. 4. Recurso especial improvido".

[66] Cf. Apelação Cível nº 446.977-00/7, da 12ª Câmara do 2º Tribunal de Alçada do Estado de São Paulo, j. de 29.2.96, rel. juiz Luís de Carvalho.

Capítulo I · DISPOSIÇÕES GERAIS | Art. 3º

não poderá o locador reaver o imóvel alugado. Com exceção ao que estipula o § 2º do art. 54-A, o locatário, todavia, poderá devolvê-lo, pagando a multa pactuada, proporcional ao período de cumprimento do contrato, ou, na sua falta, a que for judicialmente estipulada".

Vejam-se, a respeito, as manifestações do Superior Tribunal de Justiça:

a) "LOCAÇÃO. MULTA MORATÓRIA. REDUÇÃO. CÓDIGO DE DEFESA DO CONSUMIDOR. INAPLICABILIDADE. Consoante iterativos julgados desse Tribunal, as disposições contidas no Código de Defesa do Consumidor não são aplicáveis ao contrato de locação predial urbana, que se regula por legislação própria – Lei nº 8.245/91. Recurso especial conhecido e provido" (REsp nº 399.938/MS, rel. min. Vicente Leal, 6ª Turma, j. 18.4.2002, *DJ* de 13.5.2002;

b) "AGRAVO REGIMENTAL EM AGRAVO DE INSTRUMENTO. O Código de Defesa do Consumidor, no que se refere à multa pelo atraso no pagamento do aluguel, não é aplicável às locações urbanas (REsp nº 192.311/MG, rel. min. Félix Fischer). Outros precedentes. Recurso denegado" (AGA nº 395.326/MG, rel. min. Fontes de Alencar, 5ª Turma, j. 16.5.2002, *DJ* de 16.9.2002);

c) "CIVIL. LOCAÇÃO. MULTA. CÓDIGO DE DEFESA DO CONSUMIDOR. INAPLICABILIDADE. AGRAVO REGIMENTAL. São inaplicáveis às relações locatícias as normas sobre multa do Código de Defesa do Consumidor. Agravo desprovido" (AGA nº 402.029/MG, rel. min. Gilson Dipp, 5ª Turma, j. 13.11.2001, *DJ* de 4.2.2002);

d) "PROCESSUAL CIVIL. VIOLAÇÃO AOS ARTS. 12, V, 458, II e 535, II DO CPC. INOCORRÊNCIA. O juiz, ao subsumir a regra legal ao caso concreto, encerra a jurisdição, não estando obrigado a emitir sucessivos pronunciamentos sobre as teses jurídicas agitadas pelas partes, quando já tenha encontrado fundamentos suficientes para embasar a decisão. Não tendo o réu comprovado a incapacidade de representação do locador, não há que se falar em extinção do processo sem julgamento do mérito, de vez que incumbe ao réu o ônus de provar a existência de fato impeditivo do direito do autor. CIVIL. LOCAÇÃO. FIANÇA. INTERPRETAÇÃO RESTRITIVA. PRORROGAÇÃO DO CONTRATO. EXONERAÇÃO. RENÚNCIA EXPRESSA. POSSIBILIDADE. ART. 1.500 DO CÓDIGO CIVIL. NOVAÇÃO CONTRATUAL. SÚMULA Nº 7/STJ. CÓDIGO DE DEFESA DO CONSUMIDOR. INAPLICABILIDADE. A jurisprudência assentada nesta Corte construiu o pensamento de que é válida a renúncia expressa ao direito de exoneração da fiança, mesmo que o contrato de locação tenha sido prorrogado por tempo indeterminado, vez que a faculdade prevista no art. 1.500 do Código Civil trata-se de direito puramente privado. Para saber se ocorreu ou não novação contratual torna-se imprescindível a reapreciação do quadro fático-probatório delineado nos autos, providência essa que não encontra espaço na via do instrumento processual do recurso especial diante do óbice contido na Súmula nº 7/STJ. Consoante iterativos julgados desse Tribunal, as disposições contidas no Código de Defesa do Consumidor não são aplicáveis ao contrato de locação predial urbana, que se regula por legislação própria – Lei nº 8.245/91. Recurso especial não conhecido" (REsp nº 302.209/MG, rel. min. Vicente Leal, j. 7.2.2002, *DJ* de 4.3.2002).

[5] RELAÇÕES TRABALHISTAS – Em face da Emenda Constitucional nº 45, de 30.12.2004 (*i.e.*, "Reforma do Judiciário"), exsurge nova discussão acerca da competência ampliada da Justiça do Trabalho, não apenas no que tange às ações acidentárias, aí incluídas as relativas ao ambiente laboral, como também no que toca às relações de trabalho propriamente ditas.

Ou seja, a questão que se coloca, agora, mais particularmente, em face do Código de Defesa do Consumidor (Lei nº 8.078/1990), é se as "relações de trabalho", presentes no § 2º de seu art. 3º[67], *abrangem também as atividades exercidas por advogados.*

---

[67] "Art. 3º Fornecedor é toda pessoa física ou jurídica, pública ou privada, nacional ou estrangeira, bem como os entes despersonalizados, que desenvolvem atividade de produção, montagem, criação, construção,

Art. 3º | CÓDIGO BRASILEIRO DE DEFESA DO CONSUMIDOR

Para bem focalizarmos a questão suscitada, é mister, primeiramente, que se busque na Constituição Federal de 1988 *a natureza jurídica da prestação de serviços dos advogados, à qual estará jungida, indelevelmente, sua própria inserção na legislação infraconstitucional.*

Com efeito, dispõe seu art. 133 que *"o advogado é indispensável à administração da justiça, sendo inviolável por seus atos e manifestações da profissão, nos limites da lei".*

Extraia-se desse dispositivo, por conseguinte, que o exercício da advocacia é um mister *profissional especial, até porque essencial à administração da justiça.*

Em nível infraconstitucional, já que o mencionado art. 133 da CF fala em *limites da lei,* é mister invocarmos o "Estatuto da Ordem dos Advogados do Brasil", consubstanciado na Lei nº 8.906, de 4.6.1994, notadamente seus arts. 2º e 3º, a saber:

"Art. 2º O advogado é indispensável à administração da justiça.

§ 1º *No seu ministério privado*[68], o advogado presta serviço público e exerce função social.

§ 2º No processo judicial, o advogado contribui na postulação de decisão favorável ao seu constituinte, ao convencimento do julgador, e seus atos constituem múnus público.

§ 3º No exercício da profissão, o advogado é inviolável por seus atos e manifestações, nos limites desta Lei.

Art. 3º O exercício da atividade de advocacia no território brasileiro e a denominação de advogado são privativos dos inscritos na Ordem dos Advogados do Brasil-OAB.

§ 1º Exercem atividade de advocacia, sujeitando-se ao regime desta Lei, além do regime próprio a que se subordinem, os integrantes da Advocacia-Geral da União, da Procuradoria da Fazenda Nacional, da Defensoria Pública e das Procuradorias e Consultorias Jurídicas dos Estados, do Distrito Federal, dos Municípios e das respectivas entidades de administração indireta e fundacional (...)".

Fica claro, desde logo, por conseguinte, que o exercício da advocacia *é de cunho eminentemente privado, e, portanto, exercício de profissional liberal, em princípio, à exceção dos exercentes de advocacia pública, sob regime estatutário próprio em cada unidade da federação, conforme se depura do § 1º do art. 3º do "Estatuto da OAB".*

Já o *Capítulo V* do mesmo "Estatuto" fala, *expressamente, da condição do Advogado Empregado.*

Assim:

"Art. 18. *A relação de emprego, na qualidade de advogado, não retira a isenção técnica nem reduz a independência profissional inerente à advocacia.*

Parágrafo único. O advogado empregado não está obrigado à prestação de serviços profissionais de interesse pessoal dos empregadores, fora da relação de emprego".

Os dispositivos seguintes, em síntese, cuidam das condições salariais (art. 19), da jornada de trabalho do advogado empregado (art. 20) e dos honorários, nas hipóteses de sucumbência (art. 21).

---

transformação, importação, exportação, distribuição ou comercialização de produtos ou prestação de serviços (...) § 2º Serviço é *qualquer atividade fornecida no mercado de consumo, mediante remuneração, inclusive as de natureza bancária, financeira, de crédito e securitária, salvo as decorrentes das relações de caráter trabalhista".*

[68] Destaques nossos.

Capítulo I · DISPOSIÇÕES GERAIS | Art. 3º

A segunda conclusão inferida, portanto, é no sentido de que *há previsão expressa, no próprio estatuto dos advogados, da condição destes como empregados. Ou seja, vinculados por contrato de trabalho efetivo a um empregador, ao qual se subordina, e mediante o pagamento de um salário, isto sem prejuízo de suas convicções pessoais e da verba honorária devida pela sucumbência.*

Ora, o já citado § 2º, parte final, do art. 3º do Código de Defesa do Consumidor não apenas está em perfeita harmonia com os citados dispositivos constitucionais e infraconstitucionais, *como também com o disposto no § 4º de seu art. 14*, segundo o qual: "*a responsabilidade pessoal dos profissionais liberais será apurada mediante a verificação de culpa*".

Por isso mesmo é que, em nosso *Manual de Direitos do Consumidor*,[69] acentuamos que não poderão ser objeto das disposições do Código de Defesa do Consumidor *as relações de caráter trabalhista*, exceto no que diz respeito à chamada *locação de serviços*, ou, então, as *empreitadas de mão de obra* ou de *empreitada mista* (*i.e.*, mão de obra e materiais), exclusão essa presente nos diplomas legais de todos os países que dispõem de leis ou códigos de defesa do consumidor, como, por exemplo, de Portugal, Espanha, México, Venezuela e outros. É que, como acentua Manuel Alonso Olea, *apud* Amauri Mascaro Nascimento[70], "*o Direito do Trabalho, como disciplina autônoma, surgiu e se fundamenta sobre a existência, como realidade social, generalizada e básica para a vida em sociedade, do trabalho produtivo, livre e por conta alheia*".

E prossegue em sua preleção, afirmando que "*essa realidade social, ao configurar-se juridicamente, determinou o aparecimento, no ordenamento jurídico, de um tipo especial e singularíssimo de relação jurídica, de caráter contratual, a que se denominou contrato de trabalho*".

E, para deixar bem clara a diferença manifesta entre o chamado "contrato de trabalho típico" e os contratos de empreitada ou locação de serviços autônomos, acentua: "*a singularidade do contrato de trabalho reside, por sua vez, na natureza muito especial do objeto das obrigações recíprocas* que por força do contrato de trabalho assumem as partes e, sobretudo, pela obrigação assumida pelo trabalhador, que compromete na execução do contrato seu próprio trabalho e, por ser este uma atividade estritamente pessoal, compromete de certa maneira sua própria pessoa". E, por fim, merece destaque a conclusão de tal ordem de ideias, a saber: "os sujeitos da relação jurídica – empresário e trabalhador – são tipificação fundamental com respeito ao trabalhador, eis que o trabalho é uma expressão de sua personalidade e objeto de sua obrigação".

"Em conclusão", acentua o ilustre autor, "há o trabalho subordinado típico, que é o do empregado, e o atípico, que é o do trabalhador eventual, do trabalhador avulso e do trabalhador temporário", anotando ainda que se deve dividir o "trabalho autônomo", que é "aquele no qual o trabalhador mantém o poder de direção sobre a própria atividade, em *trabalho autônomo propriamente dito e empreitada*, esta uma modalidade daquele".

E aqui insistimos: esses últimos, estes sim, são objeto das relações de consumo, notadamente na classe "serviços" ou "atividades em geral", assim conceituados pelo Código de Defesa do Consumidor.

Ora, o advogado autônomo, liberal, sem vínculo empregatício, obviamente exerce atividade ou serviços especialíssimos, em prol de seu cliente e, por conseguinte, está inserido na categoria "fornecedor de serviços", com a ressalva de que, em termos de responsabilização por eventuais danos causados aos clientes – consumidores, sem dúvida, de seus serviços –, somente responderá por culpa demonstrada, e não objetivamente, como outros fornecedores, já que exercem "atividade de risco".

---

[69] São Paulo, Ed. Atlas, 9ª edição, p. 55.

[70] Cf. *Direito do Trabalho na Constituição de 1988*, São Paulo, Saraiva, 1989, p. 34.

Art. 3º | CÓDIGO BRASILEIRO DE DEFESA DO CONSUMIDOR

Ficou bem claro, por outro lado, que, *quando a lei quis* (Estatuto da OAB), ela *excepcionou no que tange aos advogados empregados, com todas as consequências daí decorrentes.*

E, por fim, *não há qualquer dispositivo na Emenda Constitucional nº 45/2004,* notadamente no que diz respeito ao art. 114 da Constituição Federal que diga que a Justiça do Trabalho é a competente para julgar relações de trabalho/consumo decorrentes dos serviços de advocacia. A hipótese de que isso ocorra, como visto, é entre o advogado/empregado e seu empregador/cliente, e para a dirimição de conflitos específicos gerados por essa mesma relação jurídica – aí, sim –, de caráter eminentemente trabalhista.

Entre o *consumidor*, de um lado, e seu *advogado*, de outro, há, sem dúvida, relação de consumo, e a justiça competente para julgar eventuais danos causados ao primeiro, é a Justiça Ordinária, como em qualquer outro tipo de contrato, nesse caso, o de prestação de serviços.

No que tange ao médico, por exemplo, vale a mesma conclusão. Ou seja, o médico profissional liberal que trata de um cliente/consumidor, é fornecedor de serviços e, em consequência, eventuais danos a este último causados devem ser cobertos, desde que se prove o elemento subjetivo consistente em dolo ou culpa. E isto porque o médico, no caso, exerce atividade de meio e não de resultado, com exceção da cirurgia plástica, embora seja um tema polêmico.

Assim, por exemplo, caso haja imprudência, negligência ou imperícia do advogado, e, sobretudo dolo, de modo a causar prejuízos ao seu cliente/consumidor, cuida-se, sem dúvida alguma, de relações de consumo, e não de trabalho.

No que tange ao médico, por exemplo, vale a mesma conclusão. Ou seja, o médico profissional liberal que trata de um cliente/consumidor, é fornecedor de serviços e, em consequência, eventuais danos a este último causados devem ser cobertos, desde que se prove o elemento subjetivo consistente em dolo ou culpa. E isto porque o médico, no caso, exerce atividade de meio e não de resultado, com exceção da cirurgia plástica, embora seja um tema polêmico.

Aliás, na qualidade de Procurador de Justiça-Coordenador das Promotorias de Justiça do Consumidor do Estado de São Paulo (de 1983 a 1997), tivemos a oportunidade de instaurar inquérito civil e delegar sua condução a um Promotor de Justiça do Consumidor de uma Comarca do interior, exatamente por *fazer inserir em contratos de honorários advocatícios trabalhistas de seus clientes cláusula manifestamente abusiva,* de cerca de 60% do valor da indenização fixada pelo juiz. No caso, houve ação civil pública, e o advogado foi condenado a: *a) abster-se de voltar a inserir tal cláusula* em seus contratos de honorários, sob pena de pagamento de multa equivalente ao que excedesse o máximo de 20%; *b) a repetição do indébito,* ou seja, a devolver aos clientes/consumidores o excesso de 30% ou mais das quantias recebidas à guisa de indenização trabalhista. Esta ação foi movida pela Promotoria de Justiça de Mirassol, Estado de São Paulo, em 1992, e sua inicial está transcrita no *site* <www.mp.sp.gov.br/cenacon>.

Veja-se, por outro lado, acórdão do Superior Tribunal de Justiça, proferido no Recurso Especial nº 364.168-SE, Rel. Min. Antônio de Pádua Ribeiro, j. 20.04.2004, votação por maioria:

"Prestação de serviços advocatícios. Código de Defesa do Consumidor. Aplicabilidade.
I – Aplica-se o Código de Defesa do Consumidor aos serviços prestados por profissionais liberais, com as ressalvas nele contidas. II – Caracterizada a sucumbência recíproca devem ser os ônus distribuídos conforme determina o art. 21 do CPC. III – Recursos especiais não conhecidos".

Capítulo II
DA POLÍTICA NACIONAL DE RELAÇÕES DE CONSUMO

José Geraldo Brito Filomeno

Art. 4º A Política Nacional das Relações de Consumo tem por objetivo o atendimento das necessidades dos consumidores, o respeito à sua dignidade, saúde e segurança, a proteção de seus interesses econômicos, a melhoria da sua qualidade de vida, bem como a transparência[1] e harmonia das relações de consumo, atendidos pelos seguintes princípios: [1]

I – reconhecimento da vulnerabilidade do consumidor no mercado de consumo; [2]

II – ação governamental no sentido de proteger efetivamente o consumidor: [3]

a) por iniciativa direta;

b) por incentivos à criação e desenvolvimento de associações representativas;

c) pela presença do Estado no mercado de consumo;

d) pela garantia dos produtos e serviços com padrões adequados de qualidade, segurança, durabilidade e desempenho;

III – harmonização dos interesses dos participantes das relações de consumo e compatibilização da proteção do consumidor com a necessidade de desenvolvimento econômico e tecnológico, de modo a viabilizar os princípios nos quais se funda a ordem econômica (art. 170, da Constituição Federal), sempre com base na boa-fé e equilíbrio nas relações entre consumidores e fornecedores; [4]

IV – educação e informação de fornecedores e consumidores, quanto aos seus direitos e deveres, com vistas à melhoria do mercado de consumo; [5]

V – incentivo à criação pelos fornecedores de meios eficientes de controle de qualidade e segurança de produtos e serviços, assim como de mecanismos alternativos de solução de conflitos de consumo; [6][7]

---

1   O termo "transferência" foi corrigido pelo correto "transparência" pelo art. 7º da Lei nº 9.008, de 21.3.95.

Art. 4º | CÓDIGO BRASILEIRO DE DEFESA DO CONSUMIDOR

VI – coibição e repressão eficientes de todos os abusos praticados no mercado de consumo, inclusive a concorrência desleal e utilização indevida de inventos e criações industriais das marcas e nomes comerciais e signos distintivos, que possam causar prejuízos aos consumidores; [8]

VII – racionalização e melhoria dos serviços públicos; [9]

VIII – estudo constante das modificações do mercado de consumo; [10]

IX – fomento de ações direcionadas à educação financeira e ambiental dos consumidores; [11] (dispositivo acrescentado pela Lei 14.181, de 1º-7-2021)

X – prevenção e tratamento do superendividamento como forma de evitar a exclusão social do consumidor. [12] (dispositivo acrescentado pela Lei 14.181, de 1º-7-2021)

COMENTÁRIOS

[1] POLÍTICA NACIONAL DE RELAÇÕES DE CONSUMO – Ao contrário do que se tem ouvido de alguns, o Código ora instituído entre nós não é instrumento de "terrorismo" ou então de fomento da discórdia entre os protagonistas das relações de consumo ou, mais grave ainda, como pretendem ver alguns leitores mais afoitos e apressados do texto sob análise, elemento desestabilizador do mercado, eis que encara o fornecedor como o vilão da história, atribuindo-se-lhe todas as mazelas e distorções verificadas no mercado de consumo.

Muito pelo contrário, e como já salientado linhas atrás, visa exatamente à *harmonia das sobreditas "relações de consumo"*, porquanto, *se por um lado* efetivamente se preocupa com o atendimento das necessidades básicas dos consumidores (isto é, respeito à sua dignidade, saúde, segurança e aos seus interesses econômicos, almejando-se a melhoria de sua qualidade de vida), *por outro* visa igualmente à paz daquelas, para tanto atendidos certos requisitos, como serão analisados a seguir, dentre os quais se destacam as boas relações comerciais, a proteção da livre concorrência, do livre mercado, da tutela das marcas e patentes, inventos e processos industriais, programas de qualidade e produtividade, enfim, uma política que diz respeito ao mais perfeito possível relacionamento entre consumidores – todos nós em última análise, em menor ou maior grau – e fornecedores.

E até por uma questão de lógica irrefutável: são aqueles que propiciam o lucro e subsidiam os investimentos dos segundos, os quais, por seu turno, não podem prescindir dos bens da vida – ainda pelos segundos propiciados. São verdades evidentes por si próprias e que não demandam demonstração, pela sua obviedade.

Quando se fala em *"política nacional de relações de consumo"*, por conseguinte, o que se busca é a propalada "harmonia" que deve regê-las a todo o momento, falando o Código examinado ainda em "Sistema Nacional de Defesa do Consumidor" (arts. 105 e 106), que será tratado noutro passo e pela ordem numérica dos artigos que o compõem.

Além dos "princípios" que devem reger referida política, terão relevância fundamental os "instrumentos" para sua execução, e não apenas os institucionalizados, como os previstos pelo art. 5º do Código e pelos mencionados arts. 105 e 106, como também os privados, consistentes na atividade das próprias empresas produtoras de bens e serviços, como será analisado após os 12 itens subsequentes de análise do art. 4º.

Capítulo II · DA POLÍTICA NACIONAL DE RELAÇÕES DE CONSUMO | Art. 4º

[2] VULNERABILIDADE DO CONSUMIDOR – Desde Adam Smith,[2] em seu tratado que estabeleceu os princípios da economia de mercado competitivo: *"O consumo é o único fim e propósito de toda a produção; e o interesse do produtor deve ser atendido até o ponto, apenas, em que seja necessário para promover o do consumidor. A máxima é tão perfeitamente evidente por si mesma, que seria absurdo tentar prová-la (...) No sistema mercantilista, o interesse do consumidor é quase que constantemente sacrificado pelo do produtor; e ele parece considerar a produção, e não o consumo, como o fim último e objeto de toda a indústria e comércio."* Por outro lado: *"O consumidor é o elo mais fraco da economia; e nenhuma corrente pode ser mais forte do que seu elo mais fraco."* O autor dessa frase, ao contrário do que possa parecer, não é qualquer consumerista exacerbado. Ao contrário, é o "pai da produção em série", ninguém menos que o célebre magnata da indústria automobilística Henry Ford, conforme nos dá conta Paulo Rónai.[3] Como já acentuado noutro passo, socorrendo-nos das ponderações do prof. Fábio Konder Comparato, o consumidor certamente é aquele que não dispõe de controle sobre os bens de produção e, por conseguinte, deve se submeter ao poder dos titulares destes, concluindo que, por conseguinte, consumidor é, de modo geral, aquele que se submete ao poder de controle dos titulares de bens de produção, isto é, os empresários.

Como já afirmava o célebre Rui Barbosa, a democracia não é exatamente o regime político que se caracteriza pela plena igualdade de todos perante a lei, mas sim pelo tratamento desigual dos desiguais.

No âmbito da tutela especial do consumidor, efetivamente, é ele sem dúvida a parte mais fraca, vulnerável, se se tiver em conta que os detentores dos meios de produção é que detêm todo o controle do mercado, ou seja, sobre o que produzir, como produzir e para quem produzir, sem falar-se na fixação de suas margens de lucro.

Embora se tenha em vista o livre mercado, a livre concorrência, é o próprio art. 170 da Constituição Federal que estabelece os parâmetros da ordem econômica visada pelo Estado brasileiro, colocando a defesa do consumidor como um de seus pilares imprescindíveis.

Como também já visto passos atrás, tal preocupação visa a estabelecer o equilíbrio necessário a qualquer harmonia econômica no relacionamento *"consumidor-fornecedor"*.

E exatamente por isso é que, dentre os direitos básicos do consumidor, está a facilitação de seu acesso aos instrumentos de defesa, notadamente no âmbito coletivo, com o estabelecimento da responsabilidade objetiva, aliada à inversão do ônus da prova.

Resta mais do que evidente que o consumidor, sobretudo quando se dispõe não exatamente a defender um interesse ou direito seu (por exemplo, um grave defeito de fabricação de um produto, ou então um medicamento com fator de risco maior do que o seu fator benefício), procura resolver a pendência pelos meios menos custosos e, por que não dizer, menos traumáticos, mas, quando frustrados, muitas vezes se queda inerte, não apenas pelos custos da justiça comum, e sua notória e irritante morosidade, como também em face do que irá enfrentar, ou seja, o poder econômico, incontestavelmente mais bem aparelhado e treinado para referidas questões.

Daí por que se parte do princípio da fraqueza manifesta do consumidor no mercado para conferir-lhe certos instrumentos para melhor defender-se.

Não é por acaso, aliás, que o chamado "movimento consumerista", tal qual nós o conhecemos hoje, nasceu e se desenvolveu a partir da segunda metade do século XIX, nos Estados

---

[2] *Apud* Edward J. Metzen. Consumerism in the evolving future. *The future of consumerism*. Coordenada por Paul N. Bloom e Ruty Belk Smith, Lexington Books, Estados Unidos da América, 1986, com tradução livre do autor.

[3] Dicionário universal Nova Fronteira de citações.

Unidos, ao mesmo tempo em que os movimentos sindicalistas lutavam por melhores condições de trabalho e do poder aquisitivo dos chamados "frigoríficos de Chicago".

Ou seja: o sucesso da luta por melhores salários e condições de trabalho certamente propiciaria, como de resto propiciou, melhores condições de vida.

Somente em 1891, com a criação da *Consumers' League* em Nova Iorque, é que se cindiu o movimento trabalhista-consumerista, cada qual enveredando pelo seu próprio caminho, mas com propostas bastante semelhantes, sobretudo quanto aos instrumentos de tutela de seus interesses.

[3] AÇÃO GOVERNAMENTAL – Dentro ainda da perspectiva da política nacional de relações de consumo, cabe ao Estado não apenas desenvolver atividades nesse sentido, mediante a instituição de órgãos públicos de defesa do consumidor, como também incentivando a criação de associações civis que tenham por objeto referida defesa.

No campo da ação efetiva no mercado, cabe ainda ao Estado regulá-lo, quer mediante a assunção de faixas de produção não atingidas pela iniciativa privada, quer intervindo quando haja distorções, sem falar-se no zelo pela qualidade, segurança, durabilidade e desempenho dos produtos e serviços oferecidos ao público consumidor.

No primeiro caso, ou seja, mediante a instituição de órgãos públicos de proteção ou defesa do consumidor, é digna de nota a instituição do PROCON/SP, mediante o Decreto Estadual nº 7.890, de 6.5.76, que criou o Sistema Estadual de Proteção ao Consumidor, em São Paulo, depois consubstanciado na Lei Estadual nº 1.903/78. Referido órgão, de natureza executiva (sua denominação original era "Grupo Executivo de Proteção ao Consumidor"), passou então a atender a reclamações dos consumidores e a orientá-los, ao lado do Conselho Estadual de Proteção ao Consumidor.

Conforme dados recolhidos da publicação comemorativa "PROCON – 25 anos", de 2001, da Secretaria de Justiça e de Defesa da Cidadania do Estado de São Paulo, ps. 14-15:

"A ideologia é uma marca registrada incorporada no pensar e no agir dos que iniciaram e contribuíram para a construção da defesa do consumidor e, consequentemente, passou a nortear a visão, e, por que não dizer, a missão, que se revelou na própria trajetória do PROCON. Pérsio de Carvalho Junqueira, imbuído de ideais arrojados e após levantamentos preliminares, apresentou em 1975, para Roberto de Cerqueira César, secretário dos Negócios Metropolitanos, proposta de criação de um grupo de trabalho para estudar questões relacionadas a consumo. Obtido o apoio, foi viabilizada a criação de um grupo de trabalho conjunto com a Secretaria de Economia e Planejamento, chamado de Grupo de Defesa, que tinha por objetivo apresentar subsídios para a criação de um órgão de proteção ao consumidor. O grupo de trabalho iniciou suas atividades em imóvel localizado na Rua dos Ingleses, no Bairro da Bela Vista, da capital paulista. Era composto por Ana Amélia da Silva, Gilda Gouvêa Perosa, Maria Antonieta B. Dente, Maria Flora G. Ottake, Maria Lúcia Junqueira Vietri, Marilena Igreja Lazzarini, Rubens Murillo Marques, Sandra M. Barjas, Stella Maris Bilemjian, Virgínia M. Mommensohn, funcionários das Secretarias de Negócios Metropolitanos e da Economia e Planejamento e coordenados por Pérsio de Carvalho Junqueira. Em seguida passaram a compor a equipe os técnicos Amadeu Virolli, Maria das Graças Cavalcante, Maria Lúcia Zulzke e Olívia Franco. O trabalho desenvolvido foi apresentado sob a forma de relatório e continha as propostas do grupo de trabalho que, posteriormente, resultou na criação do Sistema Estadual de Proteção ao Consumidor, apresentado ao Governo do Estado de São Paulo."

Com a criação da Secretaria Estadual de Defesa do Consumidor, em março de 1987, o referido órgão transformou-se em Departamento de Proteção ao Consumidor, e passou a contar

Capítulo II · DA POLÍTICA NACIONAL DE RELAÇÕES DE CONSUMO | **Art. 4º**

com estrutura ainda maior, sobretudo com a instituição de setores de pesquisa e documentação, passando ainda a analisar comparativamente produtos e divulgando os resultados para orientação dos consumidores, o mesmo também se fazendo com relação à pesquisa de preços de produtos que compõem a "cesta básica" e outros programas de interesse do consumidor.

A mencionada Secretaria de Defesa do Consumidor, porém, foi extinta pelo governo Luiz Antonio Fleury Filho, tão logo tomou posse no dia 15 de março de 1991, por coincidência Dia Internacional do Direito do Consumidor, instituído pela ONU, passando a integrar sua antiga estrutura a chamada Coordenadoria Estadual de Proteção ao Consumidor, ligada à Secretaria de Justiça e da Cidadania, mantendo, porém, a tradicional sigla PROCON.

Por força da Lei Estadual de São Paulo nº 9.192, de 23.11.95, o PROCON passou a ser uma fundação de Direito Público, o que certamente lhe conferiu maior autonomia para o desempenho de suas funções, ganhando, inclusive, personalidade jurídica, qualificativo de que, até então, não dispunha.

Desde 1985, por outro lado, o PROCON tem desenvolvido programa de descentralização dos serviços públicos de proteção ao consumidor, mediante o incentivo, junto às prefeituras municipais, de sistemas municipais de proteção ao consumidor (conselho e órgão executivo = PROCON municipal), tudo por meio de leis municipais que também autorizam o estabelecimento de convênios com a mencionada Secretaria, que então treina os funcionários locais para o atendimento ao público e encaminhamento das questões que lhe serão levadas pelos consumidores.

Hoje praticamente todos os Estados da Federação contam com PROCONs estaduais, sendo certo que, no Estado de São Paulo, graças ao programa de interiorização dos PROCONs, mais de 200 municípios já contam com tal serviço.

Cabe também ao Estado, consoante a nova legislação ora analisada, incentivar a criação de entidades civis, como associações de proteção ou defesa do consumidor.

A pioneira delas, de que se tem notícia, foi a ADECON (Associação de Defesa do Consumidor), do Rio Grande do Sul, merecendo ainda destaque, em São Paulo, o IDEC (Instituto Brasileiro de Defesa do Consumidor), criado em 1987, e que já tem desenvolvido não apenas atividades educativo-informativas ao consumidor, como também proposto ações coletivas de proteção aos consumidores filiados (por exemplo, com vistas à restituição de empréstimos compulsórios, contra a TELESP, visando à instalação de telefones pelo "plano de expansão" etc.).

Nossa cultura, é certo, não tem tradição associativa.

Todavia, referida atitude é a mais correta em matéria de defesa coletiva, não se devendo sempre ficar à espera do "Estado-pai-provedor", cabendo-lhe desenvolver uma política no sentido de incentivar os consumidores a cada vez mais procurar equacionar seus problemas no mercado em conjunto.

E, com efeito, duas surpreendentes entidades surgiram com vistas à defesa de questões bem particularizadas de grupos específicos de consumidores, a saber, a AVITIPO (Associação das Vítimas do Tipo e outros veículos defeituosos ou com vícios de qualidade) e a Associação das Vítimas por Atrasos de Voos, demonstrando a mudança dessa mentalidade. São dignas de nota, por outro lado, associações visando à defesa dos interesses dos consorciados na compra de bens de consumo duráveis, de mutuários do sistema financeiro da habitação, dos usuários de computadores e acessórios, de pais e alunos de escolas particulares etc. Embora lutem com dificuldades no desempenho de suas funções, tendo, igualmente, legitimidade para a defesa de interesses coletivos, são o prenúncio de que algo está sendo feito no sentido de que todos, indistintamente, participem, de alguma forma, da implementação do Código do Consumidor. Trata-se, em última análise, do exercício da própria cidadania.

Art. 4º | CÓDIGO BRASILEIRO DE DEFESA DO CONSUMIDOR

Em junho de 2000 foi constituído o Instituto Brasileiro de Defesa do Consumidor de Internet, propondo-se estudos que visem à proteção dessa classe específica de usuários do sistema em questão, notadamente no que concerne ao chamado "comércio eletrônico".

Neste aspecto, merece ainda menção a existência da IOCU (*International Organization of Consumers' Unions*), sob a sigla atual CI (*Consumers' International*), que é uma entidade de âmbito internacional, consultiva da própria ONU, com sede em Haia, congregando as associações civis de proteção e defesa do consumidor. Sua sede para a América Latina e Caribe situa-se no Chile, tendo realizado, de 19 a 23 de novembro de 1990, sua segunda conferência para a região, em que foram debatidos temas de suma importância, tais como o comportamento das empresas transnacionais nos países do Terceiro Mundo, a proteção jurídica dos consumidores e sua educação dos pontos de vista formal e informal.

No que tange à alínea *c* do inc. II do art. 4º do Código do Consumidor ora analisado, certamente não demanda maiores explicações, sobretudo no âmbito desta obra, de cunho jurídico, pertencendo à linha econômica traçada pelo Estado.

De qualquer modo, trata-se de síntese do que dispõe o próprio art. 170 da Constituição da República, ou seja, no sentido de que cabe ao Estado, que se define como liberal, propiciar o livre mercado e a livre concorrência, para tanto intervindo nele apenas em casos de abuso do poder econômico, ou então para suprir lacunas da própria iniciativa privada.

Em início de 1990, o Governo Federal criou a chamada Secretaria de Direito Econômico (SDE), órgão do Ministério da Justiça, merecendo destaque os seus Departamentos de Proteção e Defesa do Consumidor (DPDC), e de Defesa da Ordem Econômica (DDOE); o primeiro, como "órgão-cabeça" do Sistema Nacional de Defesa do Consumidor (SNDC), que será tratado nos comentários aos arts. 105 e 106 do Código de Defesa do Consumidor.

Quanto à mencionada SDE, cabe-lhe a execução não apenas da política de proteção e defesa do consumidor, como também o combate aos abusos do poder econômico. Essa segunda atividade é regida pela Lei nº 12.529/2011, e legislação complementar, destacando-se, sobretudo, a atividade do CADE – Conselho Administrativo de Defesa Econômica, na qualidade de autarquia. Cabe-lhe, em síntese, e por exemplo, analisar prévia e preventivamente atos que impliquem concentração econômica, e, repressivamente, aqueles que caracterizem abusos do poder econômico.

Ainda neste tópico, a alínea *d* do inc. II do art. 4º do Código Brasileiro de Defesa do Consumidor trata da responsabilidade do Estado na garantia dos produtos e serviços com padrões adequados de qualidade, segurança, durabilidade e desempenho.

Aqui está mais um exemplo de que, embora o Código de Defesa do Consumidor se destine especificamente a ele, em face de sua vulnerabilidade, preocupa-se igualmente com a questão vital da qualidade-produtividade-competitividade.

Isto é tarefa do chamado SINMETRO – Sistema Nacional de Metrologia, Normalização e Qualidade Industrial, e constituído por dois órgãos: o CONMETRO – Conselho Nacional de Metrologia, Normalização e Qualidade Industrial, cuja tarefa é homologar as normas de segurança e qualidade, hoje a cargo, em sua grande maioria, da ABNT – Associação Brasileira de Normas Técnicas; e o INMETRO – Instituto Nacional de Metrologia, Normalização e Qualidade Industrial, com funções executivas, ou seja, a *implementação, efetivação e fiscalização* no tocante às referidas normas de segurança e qualidade. A missão desse sistema é de fundamental importância, não apenas no que diz respeito à segurança e atendimento das necessidades e expectativas dos consumidores, como também no que tange à *competitividade* de nossos produtos no mercado externo. Nunca, como agora, tinha-se ouvido dizer que determinado produto *atende às normas ISO – International for Standardisation Organization –*, traduzidas e adaptadas entre nós mediante as *NBRs*, ou seja, as normas técnicas brasileiras. Ora, isto quer

Capítulo II · DA POLÍTICA NACIONAL DE RELAÇÕES DE CONSUMO | **Art. 4º**

dizer que referidos produtos *atendem aos requisitos* exigidos quanto à sua qualidade e segurança. A *garantia* de que fala o mesmo dispositivo ora analisado refere-se à *certificação de conformidade* de um produto ou serviço à norma respectiva que rege sua fabricação ou execução.

É ainda mister salientar, neste passo, que por *qualidade* há de se entender não apenas *que determinado produto* ou *serviço* foi certificado, isto é, *está de acordo com a respectiva norma técnica*, como também que *atende às expectativas do consumidor*.

Na verdade, o requisito técnico *é o mínimo* que o fornecedor/produtor deve atender, com vistas a assegurar a devida proteção e exigências de seu consumidor; já o que *suplanta esse mínimo* revela a intenção ou capacidade do fornecedor/produtor de buscar cada vez mais qualidade, e, em decorrência disso, angariar maior número de consumidores satisfeitos. É a isto que se chama *competitividade*.[4]

[4] HARMONIZAÇÃO DOS INTERESSES DOS CONSUMIDORES E FORNECEDORES – A filosofia imprimida ao Código do Consumidor, como já asseverado, aponta no sentido de uma busca da *harmonia das relações de consumo*, harmonia essa não apenas fundada no *tratamento* das partes envolvidas, como também na adoção de *parâmetros* até de ordem prática.

Assim é que, se é certo que o consumidor é a parte vulnerável nas sobreditas relações de consumo, não se compreendem exageros nessa perspectiva, a ponto de, por exemplo, obstar-se o progresso tecnológico e econômico.

O chamado *"interesse difuso"* é por si só e intrinsecamente conflituoso, devendo-se sempre buscar o equilíbrio, baseado na natureza das coisas e no bom senso.

Assim, por exemplo, se é certo que se devem preservar as florestas, não menos certo é que se deverão abrir novos campos de cultura agrícola, cabendo às partes interessadas bem equacionar o chamado "impacto ambiental", para que, sem prejuízo ao interesse da preservação do *habitat*, ou com o mínimo de prejuízo possível, também se atenda à necessidade de produção de alimentos.

Mutatis mutandis, e transportando-se a questão para o campo das "relações de consumo", tem-se, por exemplo, que todo medicamento lançado no mercado tem o binômio "risco/benefício", cabendo, então, também, às partes integrantes ou envolvidas na sobredita relação de consumo (isto é, autoridades sanitárias, órgãos de defesa ou proteção ao consumidor e empre-

---

[4] Em 1985, por força do Decreto Federal nº 91.469, de 24.7.1985, foi criado o *Conselho Nacional de Defesa do Consumidor,* posteriormente alterado pelos Decretos Federais nºs 92.396, de 12.2.1986. e 94.508, de 23.6.1987, com sede em Brasília, inexplicavelmente extinto em 1990, por ato do então Presidente da República, Fernando Collor de Mello. Quanto à SUNAB – Superintendência Nacional do Abastecimento, foi extinta por força da Medida Provisória nº 1.631-1, de 1998, convertida na Lei Federal nº 9.618, de 02.04.1998. Embora a lei tenha previsto que o pessoal da referida autarquia seria colocado à disposição dos órgãos do Sistema Nacional de Defesa do Consumidor, a verdade é que se perdeu notável banco de dados constituído por dezenas de anos a serviço dos consumidores. Além do mais, e o que é mais lamentável, seus agentes eram treinados havia anos na prática de coibição de abusos do poder econômico, sobretudo no que concerne a preços e condições de venda de produtos, e se constituíam, em última análise, nos verdadeiros *exercentes da polícia administrativa das relações de consumo.* Como se verá em outro passo adiante (Capítulo 5), as antigas tarefas outrora de responsabilidade da Sunab, passaram a ser dos órgãos oficiais de defesa do Consumidor (PROCONs), que, no nosso entender, não têm tais missão e vocação. Apenas para se ter uma ideia da dimensão dessa problemática, e por exemplo, a Lei nº 8.979, de 13.1.1995 determina, em seu art. 1º, que *"nas vendas a prestação de artigos de qualquer natureza e na respectiva publicidade escrita e falada será obrigatória a declaração do preço de venda à vista da mercadoria, o número e o valor das prestações, a taxa de juros mensal e demais encargos financeiros a serem pagos pelo comprador, incidente sobre as vendas a prestação".* Ora, embora essa tarefa tenha passado aos PROCONs, quer-nos parecer que diante de tantas outras tarefas fica sobremaneira difícil esses órgãos se desincumbirem dessa fiscalização.

Art. 4º | CÓDIGO BRASILEIRO DE DEFESA DO CONSUMIDOR

sas) bem equacionar tal questão, ou seja, se é preferível lançar certo medicamento com fator de risco acentuado sob pena da propagação de certa doença, ou não.

Dois outros exemplos bastante significativos nesse sentido, ou seja, no sentido da compatibilização da defesa do consumidor com o progresso tecnológico e o desenvolvimento econômico, são o chamado *código de barras*, empregados em supermercados, e o comércio eletrônico, via Internet.[5]

Com efeito, se, por um lado, o *código de barras* facilitou em muito a vida do consumidor e o giro dos negócios dos supermercados, reduzindo sensivelmente o tempo por aquele consumidor na passagem pelos caixas desses estabelecimentos, por outro lado, há enorme recalcitrância em se colocar, ao lado do mesmo código, somente legível aos *olhos eletrônicos* dos mesmos caixas, também os preços dos produtos. O que se observa é que isso ocorre apenas junto às prateleiras ou *gôndolas*, podendo induzir em erro o consumidor.

Quanto à Internet,[6] está aberto um vasto recurso à disposição do consumidor mas que igualmente lhe poderá acarretar dissabores e prejuízos, já que muitas vezes o fornecedor tem seu estabelecimento ou sede em outro país. Impende, nesse aspecto, a criação de instrumental adequado para fazer frente a esse novo desafio. A propósito, em 28.6.2001,[7] foi editada a Medida Provisória nº 2.200 (reeditada pela MP 2.220-1 e esta, por sua vez, foi reeditada pela MP 2.200-2, de 24/08/2001), que institui a chamada "Infraestrutura de Chaves Públicas Brasileira – ICP-Brasil", disciplinando a questão da preservação de integridade, autenticidade e validade dos documentos eletrônicos.[8] Dentre as principais disposições destaca-se a figura da "Autoridade Certificadora Raiz" (AC Raiz), representada pelo Instituto Nacional de Tecnologia da Informação, o qual, de acordo com o Decreto nº 4.036, de 28.11.2001 (posteriormente revogado pelo Decreto 4.566/2003), passou a ser órgão vinculado diretamente à Presidência da República. O gerenciamento do sistema foi conferido ao Comitê Gestor que deve, entre outras atribuições: a) estabelecer medidas de implantação e funcionamento; b) estabelecer critérios e normas para licenciamento de ACs, ARs e outros; c) implantar práticas de certificação e regras de AC Raiz; d) homologar, auditar e fiscalizar a AC Raiz; e) implantar diretrizes e normas para certificados; f) estabelecer regras operacionais para ACs e ARs; g) definir níveis de certificação; h) autorizar AC Raiz a emitir certificados; i) conferir a ICPs externas o direito/dever de negociar e aprovar acordos de certificação bilateral, cruzada e regras de cooperação internacional. Em suma, o que se pretende, ainda sem caráter obrigatório, é que os documentos produzidos "virtualmente" tenham a mesma validade e autenticidade dos documentos escritos,[9] desde que a "assinatura" digital, em linguagem criptografada, seja de conhecimento apenas do "certificador" e do "autor" da mesma assinatura, e isto seja atestado sem sombra de

---

5   O Decreto 7.962/2013 regulamenta o CDC no tocante à contratação no comércio eletrônico.

6   A esse respeito, verificar Lei nº 12.965/2014 (Marco Civil da Internet) e Lei 13.709/2018 (Lei Geral de Proteção de Dados Pessoais).

7   Segundo M. S. Opice Blum, em artigo intitulado "A certificação digital e o Direito", Tribunal do Direito, São Paulo, maio de 2002, p. 21. Consulte-se também o Decreto 6.605/2008, que dispôs sobre o Comitê Gestor da Infraestrutura de Chaves Públicas Brasileira – CG ICP-Brasil, suas Secretaria-Executiva e Comissão Técnica Executiva – COTEC.

8   Lei nº 12.682/2012 (dispõe sobre a elaboração e o arquivamento de documentos em meios eletromagnéticos).

9   Sobre digitalização de documentos, verificar o Dec. 10.278/2020, que regulamenta o disposto no inciso X do *caput* do art. 3º da Lei nº 13.874, de 20 de setembro de 2019, e no art. 2º-A da Lei nº 12.682, de 9 de julho de 2012, para estabelecer a técnica e os requisitos para a digitalização de documentos públicos ou privados, a fim de que os documentos digitalizados produzam os mesmos efeitos legais dos documentos originais.

dúvidas. Parece-nos o caminho correto a percorrer, até porque o Direito, como se sabe, deve acompanhar a evolução dos fatos sociais, econômicos, políticos etc.

E os parâmetros para se equacionar tais aspectos são dados de forma genérica pelo dispositivo ora analisado, que a seu turno remete o intérprete ao art. 170 da Constituição Federal, sendo ainda certo que a partir do art. 8º o Código do Consumidor já principia a análise do chamado "fato do produto e do serviço", sinalizando já para a necessidade de informação aos consumidores a respeito dos riscos representados por aqueles, seu controle e meios de defesa ou então de reparação por prejuízos experimentados pelos consumidores.

Ávidos por dar demonstração de estarem a fazer alguma coisa de útil, senão por mera vaidade, os parlamentares, conforme já dito em passo anterior, acabaram por introduzir um novo parágrafo, o 2º, ao referido art. 8º do Código de Defesa do Consumidor, ficando o então parágrafo único como 1º.

Com efeito, dispõe o mencionado novo dispositivo, ali incrustado por força da Lei Federal nº 13.486, de 3.10.2017, que "o fornecedor deverá higienizar os equipamentos e utensílios utilizados no fornecimento de produtos ou serviços, ou colocados à disposição do consumidor, e informar, de maneira ostensiva e adequada, quando for o caso, sobre o risco de contaminação".

Ora, referido dispositivo caberia, como certamente está inserido, em normas específicas de vigilância sanitária, não sendo aqui o caso de especificar de maneira tão detalhada uma matéria que, embora interessando à tutela do consumidor, contraria as características da lei consumerista. Ou seja: um *microssistema jurídico* – nunca é demais salientar –, *multi* e *interdisciplinar,* inclusive com o Direito Sanitário.

Em suma, mais um preciosismo da nossa atividade legislativa, que certamente teria maiores e mais graves questões a cuidar.

De qualquer forma, a referida harmonização de que ora tratamos tem como caminhos três grandes instrumentos:

a) ao lado de outras técnicas de *marketing*, os chamados SACs – Serviços de Atendimento ao Consumidor – se revestem de vital importância para a boa imagem das empresas, além da fidelização de seus consumidores. Como se sabe, a relação consumidor-fornecedor não termina com a entrega do produto comprado ou execução do serviço contratado. Esse relacionamento continua na fase pós-venda ou pós-contratação, sobretudo quando se trata de vícios ou defeitos presentes nos produtos e serviços.

Desta forma, é mais do que conveniente e desejável que cada fornecedor tenha esse serviço, que, aliás, não serve apenas para reclamações, mas também para que ele, consumidor, dê sugestões ao próprio fornecedor sobre a melhoria e qualidade de seus produtos ou serviços.

Assim como o *recall*, essas verdadeiras *ouvidorias privadas* passaram a ser ativadas pelos fornecedores, de modo geral, de forma empírica, a princípio, e, com o desenvolvimento da informática, de forma mais sofisticada e, principalmente, impessoal: quer por intermédio de seus próprios meios, quer por via de empresas terceirizadas de *call centers, telemarketing* etc.

As reclamações têm sido de tal ordem, entretanto, que as próprias empresas envolvidas nessas atividades, mediante sua associação, a ABRAREC – Associação Brasileira das Relações Empresa-Cliente, instituiu, *sponte propria*, sua própria ouvidoria, chamada de *probare* (www. probare.org), cuja principal missão é constatar falhas do sistema e encaminhar soluções para coibir e evitar o mau atendimento aos consumidores, numa verdadeira ação de autorregulamentação dessa atividade.

Em março de 2008, o DPDC – Departamento de Proteção e Defesa do Consumidor, órgão do Ministério da Justiça, disponibilizou para discussão projeto de regulamentação dessa

Art. 4º | CÓDIGO BRASILEIRO DE DEFESA DO CONSUMIDOR

atividade e, especificamente, para as áreas das telefonias fixa e móvel, *internet*, TV a cabo, bancos comerciais, cartões de crédito e aviação civil. Referido projeto, sob a rubrica de *Propostas do Sistema Nacional de Defesa do Consumidor para Melhoria da Qualidade dos Serviços de Atendimento ao Consumidor (SAC)*, tratava da: a) definição de atividades a elas sujeitas: informação, reclamação, cancelamento de contratos e solicitação da suspensão ou cancelamento de serviços; b) acessibilidade e gratuidade – o SAC deve garantir o contato direto com o atendente como primeira opção do *menu* eletrônico, e não o último; c) qualidade no atendimento – o SAC deve obedecer aos princípios da transparência, eficiência, eficácia, celeridade e cordialidade; d) acompanhamento das demandas ou solicitações – o fornecedor deverá viabilizar o acompanhamento de todas as demandas por meio de um registro numérico, a ser informado ao consumidor no início do contato telefônico, independentemente de saber o que o consumidor irá solicitar, seja pedido de informação, reclamação, rescisão de contrato ou qualquer outra manifestação; e) resolução de demandas – as demandas pós-consumo, incluindo informações e reclamações, devem ser resolvidas pelo fornecedor imediatamente; f) cancelamento – o SAC deve receber e processar imediatamente o pedido de cancelamento do consumidor. Desta forma, era de se esperar que, sem prejuízo do bom trabalho que já tem sido desempenhado pelo *Probare*, o Poder Público adotasse medidas com vistas a propiciar ao consumidor um atendimento de seus reclamos mais célere e eficaz, não apenas no seu interesse, como também no dos próprios fornecedores, que podem ter sua imagem comprometida pelas delongas das chamadas de *call centers* e consequente perda de confiança e, inevitavelmente, de lucros! Por isso é que iniciativas como essas devem merecer o apoio de todos, sem distinção. Finalmente, em 31 de julho de 2008, o governo federal, à guisa de "regulamentar" o Código de Defesa do Consumidor, editou o Decreto nº 6.523/2008 a respeito dessa questão, seguida da Portaria nº 2.014, de 13 de outubro de 2008, que estabelece o tempo máximo para o contato direto com o atendente e o horário de funcionamento no Serviço de Atendimento ao Consumidor – SAC.

b) a "*convenção coletiva de consumo*", assim definidos os pactos estabelecidos entre as "entidades civis de consumidores" e as "associações de fornecedores ou sindicatos de categoria econômica" de molde a regularem relações de consumo que tenham por objeto estabelecer condições relativas ao preço, à qualidade, à quantidade, à garantia e características de produtos e serviços, bem como à reclamação e composição de conflito de consumo (art. 107 do Código do Consumidor).

No que diz respeito ao primeiro instrumento mencionado, ou seja, os vários canais abertos para a comunicação desejável entre consumidores e fornecedores, veja-se o comentário ao inc. V do art. 4º ora comentado.

No que tange ao segundo instrumento, embora tratado em passo oportuno destes comentários,[10] podemos desde logo adiantar que sua maior virtude é *prevenir* conflitos em benefício tanto dos consumidores como dos fornecedores.

Logo que o Código foi editado, os jornais noticiaram que a SUCESU, que congrega os usuários de equipamentos de informática, de um lado, e a ABICOMP, associação dos fabricantes de tais aparelhos, firmaram interessante convenção no sentido de estipularem o suprimento de componentes para computadores e outros aparelhos de informática, sobretudo quanto à sua disponibilidade, garantia e durabilidade, o que bem demonstra como pode ser útil referido mecanismo para a harmonização das relações de consumo.

---

[10] Vide comentários aos arts. 107 e 108 do Código do Consumidor para maiores detalhes.

Capítulo II · DA POLÍTICA NACIONAL DE RELAÇÕES DE CONSUMO | Art. 4º

c) práticas efetivas de *recall*, ou seja, a convocação dos consumidores, geralmente de máquinas e veículos, para o reparo de algum vício ou defeito. Impende salientar, nesse aspecto, que referida prática, antes do advento do Código de Defesa do Consumidor, uma mera praxe ou liberalidade do fabricante, é expressamente prevista pelo art. 10 e parágrafos da Lei nº 8.078/90. Além do mais, prevê seu art. 64 como crime contra as relações de consumo o fato de omitir-se o fornecedor quanto à obrigação não apenas de comunicar o defeito às autoridades competentes, bem como aos consumidores.[11]

Exemplo disto verificou-se no caso de laboratório farmacêutico que, após testar uma nova máquina de embalar seus produtos, principalmente um anticoncepcional, mediante a utilização de placebo ("pílulas de farinha"), negligenciou quanto ao seu descarte, o que propiciou sua entrada no mercado. O maior erro de seus responsáveis, todavia, foi esconder tal fato, por cerca de três meses, o que causou a gravidez indesejável ou não recomendável, em face de alto risco, de diversas mulheres. Acolhendo denúncia criminal da Promotoria de Justiça Criminal de São Paulo, dirigentes dessa empresa – seu diretor-presidente, o farmacêutico responsável e o diretor-industrial – foram condenados pelo Juízo de Direito da 2ª Vara Criminal Central de São Paulo (Processo nº 487/98) à prestação de serviços à comunidade ou entidades públicas, na forma a ser estabelecida pelo Juízo das Execuções Criminais, pelo período de dois anos e quatro meses, bem como ao pagamento de 840 dias-multa, fixado cada um deles em três salários mínimos, vigentes à data do fato, por terem omitido dizeres ou sinais ostensivos sobre a periculosidade do referido produto nas embalagens e invólucros, e por não terem efetuado anúncios publicitários a respeito.

E no âmbito civil, assim se manifestou em última instância o Superior Tribunal de Justiça acerca da rumorosa questão, no REsp 1.096.325-SP (rel. Min. Nancy Andrighi, 3ª Turma, j. de 9.12.2008, *DJe* de 3.2.2009):

> "Civil e processo civil. Recurso especial. Ação de indenização por danos materiais e compensação por danos morais. Anticoncepcional Microvlar. Acontecimentos que se notabilizaram como o 'caso das pílulas de farinha'. Cartelas de comprimidos sem princípio ativo, utilizadas para teste de maquinário, que acabaram atingindo consumidoras e não impediram a gravidez indesejada. Análise do material probatório que aponta para a responsabilidade civil do fabricante. Danos morais. Ocorrência. Valor que não pode ser considerado excessivo. – Quanto às circunstâncias que envolvem a hipótese, o TJ/SP entendeu que não houve descarte eficaz do produto-teste, de forma que a empresa permitiu, de algum modo, que tais pílulas atingissem as consumidoras. Quanto a esse 'modo', verificou-se que a empresa não mantinha o mínimo controle sobre pelo menos quatro aspectos essenciais de sua atividade produtiva, quais sejam: a) sobre os funcionários, pois a estes era permitido entrar e sair da fábrica com o que bem entendessem; b) sobre o setor de descarga de produtos usados e/ou inservíveis, pois há depoimentos no sentido de que era possível encontrar medicamentos no 'lixão' da empresa; c) sobre o transporte dos resíduos; e d) sobre a incineração dos resíduos. E isso acontecia no mesmo instante em que a empresa se dedicava a manufaturar produto com potencialidade extremamente lesiva aos consumidores. – Em nada socorre a empresa, assim, a alegação de que, até hoje, não foi possível verificar exatamente de que forma as pílulas-teste chegaram às

---

[11] A Portaria nº 789, de 24.8.2001, do Ministério da Justiça, regulou, no âmbito das atribuições do DPDC – Departamento de Proteção e Defesa do Consumidor, a comunicação relativa à periculosidade de produtos e serviços já introduzidos no mercado de consumo, prevista no art. 10, § 1º, do Código de Defesa do Consumidor, atualmente a Portaria MJ 618/2019 disciplina o *recall*.

Art. 4º | CÓDIGO BRASILEIRO DE DEFESA DO CONSUMIDOR

mãos das consumidoras. O panorama fático adotado pelo acórdão recorrido mostra que tal demonstração talvez seja mesmo impossível, porque eram tantos e tão graves os erros e descuidos na linha de produção e descarte de medicamentos, que não seria hipótese infundada afirmar-se que os placebos atingiram as consumidoras de diversas formas ao mesmo tempo. – Por sua vez, além de outros elementos importantes de convicção, dos autos consta prova de que a consumidora fazia uso regular do anticoncepcional, muito embora não se tenha juntado uma das cartelas de produto defeituoso. Defende-se a recorrente alegando que, nessa hipótese, ao julgar procedente o pedido indenizatório, o Tribunal responsabilizou o produtor como se este só pudesse afastar sua responsabilidade provando, inclusive, que a consumidora não fez uso do produto defeituoso, o que é impossível. – Contudo, está presente uma dupla impossibilidade probatória: à autora também era impossível demonstrar que comprara especificamente uma cartela defeituosa, e não por negligência como alega a recorrente, mas apenas por ser dela inexigível outra conduta dentro dos padrões médios de cultura do país. – Assim colocada a questão, não se trata de atribuir equivocadamente o ônus da prova a uma das partes, mas sim de interpretar as normas processuais em consonância com os princípios de direito material aplicáveis à espécie. O acórdão partiu das provas existentes para concluir em um certo sentido, privilegiando, com isso, o princípio da proteção ao consumidor. – O dever de compensar danos morais, na hipótese, não fica afastado com a alegação de que a gravidez resultante da ineficácia do anticoncepcional trouxe, necessariamente, sentimentos positivos pelo surgimento de uma nova vida, porque o objeto dos autos não é discutir o dom da maternidade. Ao contrário, o produto em questão é um anticoncepcional, cuja única utilidade é a de evitar uma gravidez. A mulher que toma tal medicamento tem a intenção de utilizá-lo como meio a possibilitar sua escolha quanto ao momento de ter filhos, e a falha do remédio, ao frustrar a opção da mulher, dá ensejo à obrigação de compensação pelos danos morais. – A alteração do valor fixado a título de compensação pelos danos morais só deve ser revista em hipótese que indique insuportável absurdo, o que não ocorre na presente hipótese. Precedentes. Recurso especial não conhecido" – Precedentes: REsp nº 866.636-SP (*DJ* de 6.12.2007) e REsp nº 918.257-SP (*DJ* de 23.11.2007).

A prática do *recall*, por conseguinte, além de ser obrigação legal imposta ao fornecedor de produtos perigosos ou nocivos aos consumidores, acaba também por revestir-se de um verdadeiro *marketing* da empresa respectiva. Ou seja, aos olhos de seus consumidores, passará sempre a imagem de quem se importa com os mesmos, procurando sempre melhorar seus produtos e serviços.

[5] EDUCAÇÃO E INFORMAÇÃO – Referida tarefa, em verdade, é de todos: Estado, empresas, órgãos públicos e entidades privadas de defesa ou proteção do consumidor.

Embora haja vários instrumentos colocados à disposição do consumidor (art. 5º do Código), há que se bem informá-lo até para que a eles tenha o devido acesso.[12]

Experiências pioneiras, do ponto de vista formal, têm sido constatadas sobretudo nos Estados do Rio Grande do Sul e Goiás, onde as respectivas Secretarias de Educação já têm programas próprios de educação de alunos dos 1º e 2º graus, inseridos nas disciplinas afins, como, por exemplo, nas ciências, educação moral e cívica, matemática etc., como também se tem feito na educação relativa ao meio ambiente e sua preservação.

---

[12] Uma iniciativa voltada à informação do consumidor está estampada na Lei 12.291/2010, que tornou obrigatória a manutenção de um exemplar do Código de Defesa do Consumidor nos estabelecimentos comerciais e de prestação de serviços, em local visível e de fácil acesso ao público, sob pena de multa, em caso de descumprimento da norma.

Capítulo II · DA POLÍTICA NACIONAL DE RELAÇÕES DE CONSUMO | **Art. 4º**

Assim, as crianças já começam a ser instruídas, por exemplo, com relação à qualidade dos alimentos que consomem, sua condição de exposição à venda, componentes artificiais etc., bem como quanto a preços das mercadorias e outros aspectos de cunho econômico.

Também as entidades públicas e privadas de proteção e defesa do consumidor têm feito programas pelos meios que dispõem (cartilhas, panfletos, matérias para a imprensa etc.) no sentido de bem informar os consumidores de uma maneira geral, merecendo destaque, como já mencionado, a pesquisa dos preços da "cesta básica" de alimentos, indicando sua variação nos vários estabelecimentos para bem orientar as compras dos consumidores, e assim por diante.

O que se tem discutido no âmbito acadêmico das entidades de ensino superior é se o chamado "Direito do Consumidor" – preferimos "Direitos do Consumidor",[13] no plural, porque congregam uma gama variada e complexa de institutos jurídicos e conceitos que pertencem a outros ramos da ciência jurídica, constituindo o Código brasileiro a respeito um verdadeiro "microssistema" de direitos do consumidor – deve ser ministrado nos cursos de bacharelado de Direito, ou em nível de pós-graduação. E, se afirmativa a primeira parte da indagação, se como disciplina própria e autônoma, ou então *introjetada* nas disciplinas afins.

Ou melhor, explicitando: seria o caso de, ao invés de uma matéria, "Direito do Consumidor", introduzir-se conceitos de responsabilidade civil, contratos, vícios redibitórios e outros aspectos do Direito Material no curso de Direito Civil e Comercial, as questões relativas às sanções administrativas no Direito Administrativo, as processuais nos cursos de Direito Processual Civil, as sanções penais no currículo de Direito Penal, e assim por diante?

Faculdades como as de Direito da PUC-SP e USP, por exemplo, têm ministrado o Direito do Consumidor como curso de pós-graduação ou então como matéria opcional.

Outras, porém, colocaram-no como disciplina autônoma, como foi o caso da Faculdade de Direito das Faculdades Metropolitanas Unidas de São Paulo, na qual foi instituída uma cadeira de "Direito Ambiental e do Consumidor", a ser ministrada no 5º ano, quando se pressupõe estará o aluno preparado para absorver, e até do ponto de vista crítico, os novos conhecimentos, sobretudo se comparados com as clássicas noções das demais disciplinas mencionadas e todas com influência na sistemática do Código do Consumidor.

Em Teoria Geral do Estado, disciplina ministrada no 1º ano da mesma Faculdade de Direito das FMU/SP, por outro lado, já há dois pontos significativos no programa ao tratar-se da limitação da soberania do Estado, quais sejam, os relativos à política ambiental e à defesa do consumidor, preparando-se desde logo os alunos para a discussão de temas tão relevantes.

Também no plano municipal, a prefeitura de São José dos Campos, por exemplo, instituiu *educação específica aos consumidores mirins*, de molde a conscientizar o jovem da importância de ser um cidadão crítico e criterioso na hora de comprar ou contratar algum serviço, como faz a revista *De Volta para o Futuro* (publicação oficial e institucional da prefeitura de São José dos Campos, SP), à guisa de prestação de contas da administração da referida comuna. "Esse é um dos principais objetivos da disciplina Educação do Consumidor", conforme ali consignado, "implantada pela Secretaria Municipal de Educação". Informa-se, ainda, que "o curso começou com cerca de 200 alunos da 6ª série de uma escola; hoje tem uma abrangência 15 vezes maior; em 1995, o projeto atendeu a 10 escolas e 3.100 alunos. Além disso, a disciplina foi incorporada ao currículo escolar das 5ª, 6ª e 7ª séries do 1º grau; e para 1996, o curso foi estendido aos alunos de suplência II (supletivo da 5ª à 8ª série)". Quanto ao conteúdo programático desse curso, informa-se, por fim, que "durante as aulas, que acontecem semanalmente,

---

[13] Vide a respeito comentários ao art. 6º, item 1.

os alunos aprendem desde analisar rótulos de alimentos até os segredos da alimentação alternativa, além de fazer visitas a supermercados, padarias, açougues, quitandas e feiras livres".

Ao lado, porém, da *educação formal*, a ser ministrada desde o 1º grau do ensino nacional, como já asseverado passos atrás, merece consideração significativa o trabalho desempenhado pelos órgãos de defesa do consumidor, entidades não governamentais, imprensa e informação a respeito de medidas concretas empreendidas pelos órgãos legitimados no tocante à aplicação efetiva das normas de proteção ou defesa do consumidor.

Com efeito, as *cartilhas*, material informativo, e outros instrumentos fornecidos pelos PROCONs constituem-se em utilíssimo instrumental para os consumidores inteirarem-se de seus direitos e prerrogativas. Algumas prefeituras dotadas de órgãos municipais de defesa do consumidor, como a de São José dos Campos, referida anteriormente, mantêm jornal semanal de informação ao consumidor, denominado *Jornal do Consumidor*, composto de material educativo, na sua essência, além de informações sobre preços em supermercados e outros pontos de vendas, análises de produtos etc.

O mesmo se diga com relação à revista *Consumidor S.A.*, editada pelo IDEC de São Paulo, que, à semelhança do *Consumer's Report*, publicado pela *Consumer's Union* dos EUA, não apenas traz informações preciosas com vistas àquele desiderato, como também os resultados de exames comparativos de produtos e serviços, mostrando as vantagens e desvantagens quanto à sua aquisição ou contratação pelos consumidores em geral.

A imprensa escrita, radiofônica, televisiva etc. certamente é outro poderoso instrumento educativo-informativo, destacando-se alguns jornais, como a *Folha de São Paulo*, de São Paulo, e *O Globo*, do Rio de Janeiro, por exemplo, que destinam seções ou cadernos específicos à defesa do consumidor.

Assim como ocorre no Direito Penal em que, como se sabe, pune-se alguém não apenas pelo delito cometido, mas também e muito mais pelo efeito pedagógico que a divulgação da punição possa representar como impacto educativo no seio social ("*education through law enforcement*"), a divulgação da propositura de ações individuais e, principalmente, coletivas para propugnar-se por determinado interesse ou direito dos consumidores, e seu resultado, constitui-se igualmente em importante instrumento educativo.

Aliás, no 16º Encontro Nacional das Entidades de Defesa do Consumidor, realizado em setembro de 1996, em Natal, Rio Grande do Norte, um dos pontos da denominada "Carta de Natal" enfatiza precisamente todos os tipos de educação e informação disponíveis para o melhor conhecimento dos preceitos do Código do Consumidor.

Atento a essa preocupação, o Centro Operacional das Promotorias de Justiça do Consumidor do Estado de São Paulo propôs, como uma das metas prioritárias para o ano de 1997 e seguintes, a preocupação com a educação dos consumidores, sob a ótica por último referida.

Ou seja, recomendou-se aos promotores de justiça da área especializada a divulgação de seus trabalhos (inquéritos civis, ações civis públicas, contatos com outros órgãos afins e atingimento de termos de compromisso de ajustamento de conduta com fornecedores em geral), bem como a proferição de palestras, conferências, elaboração de teses e outros tipos de abordagem educativa nas respectivas comarcas e comunidades.

[6] CONTROLE DE QUALIDADE E MECANISMOS DE ATENDIMENTO PELAS PRÓPRIAS EMPRESAS – Sabendo-se que hodiernamente o conceito de "*qualidade*" *não é mais a adequação às normas* que regem a fabricação de determinado produto ou a prestação de um determinado serviço, tão somente, mas principalmente a *satisfação de seus consumidores*, tem-se que cabe às próprias empresas o zelo por esse tipo de qualidade, até para o seu próprio crescimento.

Capítulo II · DA POLÍTICA NACIONAL DE RELAÇÕES DE CONSUMO | **Art. 4º**

Assim, ao tratar de tal questão no jornal *O Estado de S. Paulo*,[14] Marcos Cobra chama a atenção para o que denomina sugestivamente *"antimarketing"*, bem como para os chamados *"serviços ou sistemas de atendimento ao consumidor"*, das empresas.

No primeiro caso, visando a manter a boa imagem da empresa, esta acaba por estimular a denúncia contra comerciantes que, por exemplo, desligam seus aparelhos de refrigeração no período noturno em que conservam alimentos perecíveis, ao mesmo tempo em que desaconselha os consumidores a comprarem tais produtos caso se constate aquela irregularidade que certamente indica a deterioração dos referidos produtos perecíveis (carnes, laticínios etc.).

No segundo caso, e ainda no intuito de zelar pelo bom nome comercial da empresa, estimula-se o consumidor a queixar-se aos departamentos de relações públicas especializados na área.

E o ilustre articulista já citado parece sintetizar toda essa temática ao arrematar a oportuna matéria acrescentando que "aí está um novo caminho para o *marketing*: a defesa do consumidor".

Adverte ainda no sentido de que, "para isso, não basta apenas investir em publicidade, é preciso orientar internamente as pessoas de uma empresa para aprenderem a respeitar e tratar bem quem lhes paga o salário: o consumidor".

Ou então, e fazendo coro com o citado consultor de empresas John Richard Hicks,[15] detentor do Prêmio Nobel de Economia de 1972, assevera claramente que "quem garante todos os empregos não são os empresários, os sindicalistas ou os governantes, são os consumidores".

Várias empresas, preocupadas exatamente com tais aspectos, têm instituído os chamados "departamentos de atendimento ao consumidor" ou então "sistemas de atendimento aos consumidores", departamentos que, em verdade, demonstram ter duas mãos: ao mesmo tempo em que recolhem reclamações/queixas contra determinados produtos ou serviços, igualmente captam valiosas sugestões dos consumidores para que as empresas possam ainda melhor servir-lhes, certamente maneira inteligente para o desenvolvimento e progresso das próprias atividades empresariais.

Aliás, tal é o nível de preocupação, sobretudo no sentido até de se sistematizarem tais serviços, formar-se pessoal adequado para tanto e, principalmente, desenvolver procedimentos próprios, que foi instituída a chamada SECANP, ou seja, a Associação Nacional de Profissionais de Serviços a Consumidores em Empresas, presidida primeiro pela Dra. Maria Lúcia Zulke, que exerceu a chefia do Departamento de Valorização do Consumidor da Rhodia.

Fala-se já, no âmbito da Federação do Comércio de São Paulo, e salutarmente, das chamadas Câmaras de Conciliação, ou seja, juntas certamente formadas por representantes do comércio e/ou indústria e consumidores, da resolução conciliatória de conflitos individuais nascidos de dadas relações de consumo.

No âmbito coletivo, merecerá por certo análise noutro passo o art. 107 do Código do Consumidor, que fala das "convenções coletivas de consumo", igualmente instrumento dos mais sensatos para a fixação de condições em dadas relações de consumo.

Fala-se hoje ainda da chamada "qualidade total", assinalando o Código que as empresas deverão ser incentivadas no sentido da criação de mecanismos eficazes de controle de qualidade de produtos e serviços, até porque o mesmo Código, tendo adotado o princípio da "responsabilidade objetiva" aliada à inversão do ônus da prova, indica que a *prevenção* de danos é a política que deve ser prioritariamente buscada pelas empresas.

---

[14] "Caderno de empresas", edição de 5.10.85, p. 3.

[15] Folha de S. Paulo, coluna assinada pelo jornalista Joelmir Betting, caderno "Economia".

Art. 4º | CÓDIGO BRASILEIRO DE DEFESA DO CONSUMIDOR

Nesse sentido, os arts. 8º e 10 determinam que não sejam colocados no mercado produtos e serviços que venham a apresentar riscos à saúde e à segurança dos consumidores e de terceiros, exceção feita, certamente, aos considerados normais e dentro das expectativas da comunidade de acordo com sua natureza e fruição.

Embora tenha sido vetado o art. 11 do Código do Consumidor,[16] resta evidenciado que se exige não apenas a informação sobre os eventuais riscos normalmente representados pela colocação de produtos e serviços no mercado, como também a sua retirada dele quando venham a mostrar riscos além dos que normalmente se esperava (*beyond expectation risks*, como fala a jurisprudência e doutrina anglo-norte-americanas).

Em síntese, pois, grande é a responsabilidade dos produtores ou fornecedores no sentido de:

a) *bem informar* os seus consumidores sobre os riscos que apresentem seus produtos ou serviços, além, certamente, de suas características;

b) *retirar do mercado* os produtos que apresentem riscos constatados após seu lançamento, assim como *comunicar* às autoridades competentes tais circunstâncias;

c) *preventivamente*, ainda, estabelecer canais de comunicação com o público consumidor, quer para informações, quer para ouvir sugestões, quer para reparar danos já causados, e para que outros não ocorram, mediante mecanismos de solução conciliatória.

[7] CONFLITOS DE CONSUMO E JUÍZO ARBITRAL – A Lei Federal nº 9.307, de 23.9.96, dispõe que é lícito às partes de um determinado litígio submeterem-no a uma arbitragem privada, em lugar do órgão jurisdicional competente.

A *mens legis*, com efeito, revela a preocupação teleológica de desafogar-se a justiça oficial, até porque a globalização da economia, de que decorre uma velocidade cada vez maior e diversificada de relações negociais e conflitos daí decorrentes, demandará soluções mais rápidas e tomadas da maneira o mais informal possível.

Seu art. 1º estabelece que "*as pessoas capazes de contratar poderão valer-se da arbitragem para dirimir litígios relativos a direitos patrimo*niais disponíveis".

Insta perquirir-se desde logo, entretanto, se referido diploma legal seria ou não aplicável às relações de consumo que, à primeira vista, se enquadrariam nos negócios patrimoniais disponíveis.

A questão surge, com efeito, em face do que dispõe o inc. VII do art. 51 do Código de Defesa do Consumidor, segundo o qual é nula de pleno direito a cláusula contratual que *determine a utilização compulsória de arbitragem*.

Resta claro, desde logo, que o escopo desse dispositivo é dar cobro à pedra de toque da filosofia consumerista, segundo a qual se considera o consumidor não apenas a *parte vulnerável* nas relações de consumo, como também *destinatário final de tudo quanto é colocado à sua disposição no mercado de consumo*.

Daí por que, dentre os vários mecanismos tendentes ao reequilíbrio de forças no binômio *consumidor/fornecedor*, imporem-se, em termos contratuais, determinadas salvaguardas para que não seja o primeiro submetido a exigências abusivas, ficando ainda mais exposto ao poder econômico exercido pelo segundo.

---

[16] Art. 11. O produto ou serviço que, mesmo adequadamente utilizado ou fruído, apresenta alto grau de nocividade ou periculosidade será retirado imediatamente do mercado pelo fornecedor, sempre às suas expensas, sem prejuízo da responsabilidade pela reparação de eventuais danos.

Ao cuidar da temática mesmo antes da vigência do diploma legal de que ora se cuida, e mais particularmente tecendo comentários sobre o projeto de lei que lhe deu vida, a Profª Claudia Lima Marques[17] chamava a atenção para a polêmica ferida nos nossos tribunais, acerca da interpretação de cláusulas contratuais que influenciam o acesso à justiça.

No caso, consoante revela a autora citada, mediante paciente pesquisa em meio aos diversos acórdãos acerca do foro de eleição geralmente imposto aos consumidores em contratos de adesão, a tendência é no sentido de reputar inválidas cláusulas que naquele sentido disponham, exatamente em decorrência da sua vulnerabilidade. E, além do mais, entende-se que prevalece o foro do seu domicílio.

E pondera, por outro lado, que "*a mesma linha de argumentação pode ser utilizada quando se trata das famosas cláusulas compromissórias, referentes à arbitragem*".

Acentua ainda que a regra de vedação do inc. VII do art. 51 do Código de Defesa do Consumidor, ao par de se revelar de maneira clara, tem sido respeitada na prática negocial, "*não necessitando a jurisprudência dar* maior resposta ao problema, até mesmo pelo sucesso dos Juizados Especiais e de Pequenas Causas, que também objetivam a conciliação e usam método semelhante ao da arbitragem, só que de caráter público e obrigatório; tal cláusula, porém, merece nossa atenção, não só pelo seu potencial de abusividade e os prejuízos que pode causar aos consumidores, mas porque reiteradamente projetos legislativos tentam revigorar-lhe a validade".

Noticia ainda a especialista em relações contratuais que a Diretiva da Comunidade Europeia sobre cláusulas abusivas identificou como abusivas ambas as espécies de cláusulas que influenciem ou dificultem o acesso à justiça pública, afirmando, em seu Anexo 1, letra *q*, ser abusiva a que objetive ou tenha por efeito "*suprimir ou obstaculizar o exercício de ações judici*ais ou de recursos por parte do consumidor, em particular obrigando-o a dirigir-se exclusivamente a uma jurisdição de arbitragem não coberta pelas disposições jurídicas, limitando-lhe indevidamente os meios de prova à sua disposição, ou impondo-lhe um ônus da prova que, conforme a legislação aplicável, deveria corresponder à outra parte contratante".

E, quanto ao então *Projeto de Lei nº* 78/92 do Senado, que recebeu o nº 4.018/93 na Câmara dos Deputados, além de protestar contra sua intenção, então manifesta, de derrogar o inc. VII do art. 51 do Código de Defesa do Consumidor, nele já antevia três inconvenientes e riscos para o consumidor, a saber:

a) permite expressamente que se inclua cláusula compromissória nos contratos de adesão, quando se sabe que eles assim são considerados exatamente porque o fornecedor pré--redige e impõe seus exatos termos;

b) a ficção daí decorrente é que o consumidor concordaria expressamente com a cláusula compromissória, instituindo-a até por declaração de vontade, quando na verdade se sabe que, dessa forma, criar-se-ia uma "*falsa bilateralidade*" e um "*falso equilíbrio*" no contrato principal, porquanto, na prática, jamais ocorreriam;

c) a única vantagem seria do fornecedor, e é manifestamente exagerada, porque teria assegurado o privilégio de retirar a demanda das mãos do Judiciário e, em especial, do Juizado Especial de Pequenas Causas, substituídos por árbitros pagos pelos próprios fornecedores, em ambiente por eles mesmos determinado, sendo quase remota a possibilidade de que um consumidor, descontente com a decisão arbitral, ainda possua o equilíbrio psicológico e econômico, para procurar o Judiciário;

---

[17] *Contratos no Código de Defesa do Consumidor*, 2. ed., São Paulo, Revista dos Tribunais, p. 351 e segs.

Art. 4º | CÓDIGO BRASILEIRO DE DEFESA DO CONSUMIDOR

d) a compulsoriedade da arbitragem, após a aceitação pelas partes quanto ao seu estabe-lecimento, certamente acarreta riscos de prejuízos irreparáveis aos consumidores, por não poderem socorrer-se mais do Judiciário;

e) mesmo porque o então § 7º do art. 7º , do então projeto, previa que, caso uma das partes se recusasse a firmar o compromisso arbitral, ou então a comparecer perante o árbitro escolhido, poderia ser compelida a fazê-lo mediante medida ajuizada pela outra, no caso o fornecedor de produtos ou serviços;

f) além disso, permitir-se-ia ao árbitro refugir ao ordenamento jurídico em vigor, decidin-do por equidade, a critério do estabelecido no contrato, aí incluídos os usos e costumes comerciais, certamente bastante diferentes nas várias regiões do País, em detrimento, uma vez mais, do consumidor.

Conclui a eminente contratualista, por conseguinte, que a derrogação do inc. VII do art. 51 do Código de Defesa do Consumidor, pela "lei do juízo arbitral", seria desastrosa para os consumidores em geral.

Alberto Amaral Jr.[18] também alerta para a circunstância de que, no seu entender, o men-cionado dispositivo do Código do Consumidor expressamente veda a utilização da arbitra-gem, *"pois a sua estipulação pode ser extremamente lesiva aos interesses dos consumidores; na França, a jurisprudência tem considerado inválida a cláusula compromissória nos contratos que envolvem as relações de consumo, somente admitindo a sua existência nos contratos entre pro-fissionais"*.

Ao comentar igualmente referido dispositivo, o ilustre processualista Dr. Nelson Nery Jr.[19] pondera que a *"escolha pelas partes de um árbitro para solucionar as lides existentes entre elas não significa renúncia ao direito de ação nem ofende o princípio constitucional do juiz natural; com a celebração do compromisso arbitral, as partes apenas estão transferindo, deslocando a jurisdição"*.

"Já a cláusula compromissória (pactum de compromittendo)", obtempera, *"cria apenas obrigação de fazer, caracterizando-se como pacto preliminar cujo objeto é a realização do com-promisso arbitral futuro"*.

Além disso, prossegue em sua argumentação, *"como o objetivo do compromisso arbitral é excluir da cognição judicial a lide entre as partes, ou, por outras palavras, fechar as portas à ju-risdição estatal, tendo relevância publicística negativa, tem prevalecido na doutrina seu caráter de negócio jurídico processual"*.

Nery Jr. conclui seu pensamento a respeito, ponderando que *"o juízo* arbitral é importan-te fator de composição de litígios de consumo, razão *por que* o Código não quis proibir sua constituição pelas partes do contrato de consumo; a interpretação *a contrario sensu da norma sob comentário indica* que, não sendo determinada compulsoriamente, é possível instituir-se a arbitragem; existem vários dispositivos no Código dos quais exsurge clara a regra sistêmi-ca de que as deliberações referentes à relação jurídica de consumo não podem ser tomadas unilateralmente por qualquer das partes; portanto, no sistema do Código, configura-se como abusiva, por também ofender o escopo deste inc. VII, a cláusula que deixar a critério exclusivo *e unilateral do fornecedor não somente a escolha entre jurisdição estatal* e jurisdição arbitral, como também a escolha do árbitro; a opção pela solução é questão que deve ser deliberada equitativa e equilibradamente pelas partes, sem que haja preeminência de uma sobre a outra"*.

---

[18] *Comentários ao Código de Proteção do Consumidor*, São Paulo, Saraiva, 1991, p. 197.

[19] *Código Brasileiro de Defesa do Consumidor* – interpretado pelos autores do anteprojeto, 4. ed., Rio de Janeiro, Forense Universitária, p. 354 e segs.

Não discrepam de tal entendimento Arruda Alvim e outros,[20] asseverando que, na verdade, não obstante a rígida redação do inc. VII do art. 51 do Código de Defesa do Consumidor, ele não veda a utilização de compromisso arbitral, *"que, ademais, se tem revelado como eficiente meio de solução dos litígios de consumo nos países desenvolvidos; por isso, podem as partes louvar-se de árbitros para resolver sua pendência, firmando, para tanto, compromisso arbitral"*.

Assinala, contudo, que, *"diferentemente, não tem eficácia, em nosso Direito Positivo,* a cláusula compromissória, criada antes *da instituição da lide"*.

E explica: *"A cláusula compromissória (genérica) destina-se a estabelecer entre os contratantes que possíveis ou eventuais (evento futuro) controvérsias seriam submetidas ao juízo arbitral; enquanto o compromisso, propriamente dito, é o contrato a estabelecer concretamente o juízo arbitral para solucionar controvérsia atual e determinada."*

Arnold Wald relata ainda, *encampando esta distinção básica,* que "devemos distinguir o compromisso pelo qual as partes submetem o litígio a árbitros da cláusula compromissória pela qual elas se obrigam a submeter-se à decisão de um juízo arbitral no tocante a todas as divergências que entre elas possam surgir em relação a determinado negócio; a cláusula compromissória é promessa de sujeição ao juízo arbitral, devendo posteriormente ser realizado o compromisso no momento em que surgir o litígio". "Aliás", conclui, *"a distinção entre cláusula compromissória e compromisso não ensejaria maior grau de interesse não fossem os efeitos práticos que a esta dicotomia se têm atribuído, como acima visto"*.

Tecidas as considerações que nos pareciam relevantes no instante em que se discute sobre a *possibilidade de adoção ou não do juízo arbitral como* um dos "mecanismos alternativos de solução de conflitos de consumo",[21] a teor do que dispõe o inc. V do art. 4º do Código de Defesa do Consumidor, *parece-nos incompatível, em princípio, o novo juízo arbitral, com os marcos angulares da filosofia consumerista, notadamente aqueles consubstanciados* pelo inc. I do art. 4º retromencionado, e incs. IV e VII de seu art. 51.

E isto sem falar-se da questão da inconstitucionalidade da própria lei de juízo arbitral, porque a Lei nº 9.307/96 resvalaria no disposto pelo inc. XXXV, do art. 5º da Constituição Federal.[22] A menos que, como se procurará demonstrar, seja a instituição do juízo arbitral cercada de tantas salvaguardas e cautelas, o que o tornaria inviável na prática.

Daí por que ele nos parece impraticável, sendo preferível sacrificar mais esse desaguadouro de conflitos surgidos de relações de consumo, em prol do princípio epistemológico da filosofia consumerista, qual seja, a vulnerabilidade manifesta dos consumidores em geral. Senão, vejamos.

Com efeito, e reportando-nos à preocupação de Claudia Lima Marques, quanto à eventual derrogação do inc. VII do art. 51 do Código de Defesa do Consumidor, entendemo-la inocorrente em face do advento da Lei nº 9.307/96, pelas seguintes razões:

---

[20] *Código do Consumidor comentado*, 2. ed., Revista dos Tribunais, p. 253-254.

[21] Cumpre salientar, todavia que em decorrência da impressionante judicialização dos conflitos oriundos das relações de consumo – fala-se da existência constante de 100 milhões de feitos em andamento –, a legislação brasileira institui alguns mecanismos para o cumprimento desse mister. Ou seja, no sentido de prover o cidadão e os fornecedores de meios alternativos para a solução desses conflitos. Destacam-se entre eles o Decreto nº 8.573/2015 (que dispõe sobre a disponibilização do *site* www.consumidor.gov.br, sistema alternativo de solução de conflitos de consumo) e as Leis nº 13.140/2015 (Lei da Mediação), 9.307/1996 (Lei da Arbitragem), além do CPC/2015 (arts. 3º e 165), dando forte ênfase a esses instrumentos alternativos. Atualmente, o Decreto nº 10.197, de 2.1.2020, que alterou o Decreto nº 8.573/2015, estabelece o Consumidor.gov.br como plataforma oficial da administração pública federal direta, autárquica e fundacional para a autocomposição nas controvérsias em relações de consumo.

[22] "A lei não excluirá da apreciação do Poder Judiciário lesão ou ameaça a direito".

Art. 4º | CÓDIGO BRASILEIRO DE DEFESA DO CONSUMIDOR

a) *de forma explícita*, já que seu artigo final a ele não se refere expressamente, mas sim aos dispositivos do Código Civil e de Processo Civil que dispunham sobre o assunto; aliás, essa derrogação constava do projeto de lei original, mas foi suprimida;

b) *de forma implícita ou tacitamente*, uma vez que, cuidando-se de lei *especial*, de *ordem pública* e *interesse social* (*i.e.*, a Lei nº 8.078/90, que consubstancia o Código Brasileiro de Defesa do Consumidor), não poderia ser derrogada em qualquer um de seus aspectos, por uma *lei de caráter dispositivo* e *genérico*.

A questão consiste, desta forma, em saber – se vencida a matéria constitucional, e não apenas em face do consumidor, especificamente, mas com relação a qualquer parte interessada – *como conciliar o disposto pelo inc. VII do citado art. 51 do Código de Defesa do Consumidor com a "lei do juízo arbitral"*.

E, com efeito, embora não seja propriamente uma novidade, porquanto a possibilidade de juízo arbitral já era prevista desde a edição do Código Civil Brasileiro, de 1916, e pelo Código de Processo Civil, de 1973, a grande mudança refere-se à desnecessidade de intervenção do Judiciário no sentido de homologar o "laudo arbitral", *a não ser para compelir-se uma das partes a submeter-se a ele quando recalcitrante, ou então para a anulação do julgado privado em decorrência de alguma irregularidade formal*,[23] *e não quanto ao* mérito.

O art. 4º da lei sob comento, por outro lado, estabelece que a chamada *"cláusula compromissória"* é a convenção por meio da qual as partes em um contrato comprometem-se a submeter à arbitragem os litígios que possam surgir de um determinado contrato.

E, quanto à *forma de previsão*, dispõe seu § 1º que tal cláusula deve ser estipulada por escrito, podendo estar *inserta no próprio contrato ou em documento que a ele se refira*.

É de especial interesse, outrossim, o § 2º do mesmo dispositivo em questão, que estabelece que, *"nos contratos de adesão, a cláusula compromissória só terá eficácia se o aderente tomar a iniciativa de instituir a arbitragem ou concordar, expressamente, com a sua instituição, desde que por escrito em documento anexo ou em negrito, com a assinatura ou visto especialmente para essa cláusula"*.

Aqui nos parece desde logo limitado, e com razão, o emprego da cláusula compromissória aos consumidores de um modo geral, já que, frequentemente, para não dizer *sempre*, são obrigados a contratos de adesão, tal como definidos pelo art. 54 do Código de Defesa do Consumidor.

Também o art. 5º da "Lei de Arbitragem" traz importante dispositivo, na medida em que estabelece que:

> *"reportando-se as partes, na cláusula compromissória, às regras de algum órgão arbitral institucional ou entidade especializada, a arbitragem será instituída e processada de acordo com tais regras, podendo, igualmente, as partes estabelecer na própria cláusula, ou em outro documento, a forma convencionada para a instituição da arbitragem"*.

Dentre os chamados "instrumentos alternativos para a solução de conflitos das relações de consumo", como já visto, a teor do que dispõe o inc. V do art. 4º do Código de Defesa do

---

[23] Art. 32. É nula a sentença arbitral se: I – for nula a convenção de arbitragem; II – emanou de quem não podia ser árbitro; III – não contiver os requisitos do art. 26 desta lei; IV – for proferida fora dos limites da convenção de arbitragem; V – (Revogado pela Lei nº 13.129, de 2015); VI – comprovado que foi proferida por prevaricação, concussão ou corrupção passiva; VII – proferida fora do prazo, respeitado o disposto no art. 12, inciso III, desta lei; e VIII – forem desrespeitados os princípios de que trata o art. 21, § 2º, desta lei.

Capítulo II · DA POLÍTICA NACIONAL DE RELAÇÕES DE CONSUMO | Art. 4º

Consumidor, parece-nos que as chamadas "Câmaras de Conciliação", incentivadas pelas entidades representativas da indústria e do comércio, poderiam desde logo desempenhar o papel de juízos arbitrais, ou até de "tribunais de arbitragem", terminologia, aliás, utilizada pela nova lei em questão.

Mas, acrescentaríamos, desde que tais instrumentos alternativos para a solução de conflitos de relações de consumo contassem com *representantes ou árbitros de confiança dos consumidores, de preferência dos PROCONs, SEDECONs ou CEDECONs, ou ainda de entidades não governamentais de consumidores.*

O art. 7º, porém, dispõe incisivamente que, *"existindo cláusula compromissória e havendo resistência quanto à instituição da arbitragem, poderá a parte interessada requerer a citação da outra parte para comparecer em juízo, a fim de lavrar-se o compromisso, designando o juiz audiência especial para tal fim".*

E o resultado desse *procedimento judicial* será a *instituição forçada do juízo arbitral.*

Ora, não fosse já pelo óbice constitucional, e princípio basilar da vulnerabilidade do consumidor, temos a exemplificação clara de que *na hipótese se cuida, especificamente, de cláusula que, em última análise, acaba por impor a utilização compulsória de arbitragem, em absoluto rompimento do já frágil equilíbrio buscado pelo Código do Consumidor.*

Uma outra intervenção possível do órgão jurisdicional é prevista pelo art. 22-A, *caput*, da "lei de arbitragem". Ou seja: *"Antes de instituída a arbitragem, as partes poderão recorrer ao Poder Judiciário para a concessão de medida cautelar ou de urgência".*

A pergunta sobre a constitucionalidade ou não da cláusula compromissória compulsoriamente estabelecida pelas partes, porém, ainda fica no ar.

E, embora não seja o escopo imediato deste trabalho demonstrar a constitucionalidade ou não do novo mecanismo de soluções de conflitos de interesses, mas tão somente discutir sua aplicabilidade aos conflitos nascidos especificamente das relações de consumo, fica desde logo arguida aquela, sem dúvida, relevante questão.

Em prol da constitucionalidade, trazemos à colação as ponderações da ilustre advogada Mariza A. Marques de Sousa,[24] para quem *"o Judiciário não ficou alijado; ao contrário, sua presença se faz marcante, conforme se verifica nas hipóteses contidas no art. 22, §§ 2º e 4º da Lei nº 9.307/96, dando condições ao justo deslinde da causa".*

E acrescenta: *"De resto, é bom lembrar que no sistema anterior, do CPC, a homologação do laudo somente deixaria de ser efetuada pelo Judiciário, em casos de sua nulidade, relacionando o art. 1.100 do CPC, hoje revogado, os referidos casos, que nada mais são do que aqueles hoje elencados no art. 32 da nova lei. Concluímos, daí, que a homologação anteriormente exigida era apenas formalidade, hoje legalmente dispensada sem que, com isso, se configure qualquer inconstitucionalidade. Na esteira da globalização, nada mais oportuno que a edição desta lei, pois tem o inegável mérito de colocar o País em posição mais favorável ao pleno desenvolvimento de suas relações de comércio, nacional e internacional, pela modernidade de seus institutos legais."*

O art. 8º, ainda da referida Lei nº 9.307/96, acerca da mencionada "cláusula compromissória", estabelece que ela é *"autônoma em relação ao contrato em que estiver inserta, de tal sorte que a nulidade deste não implica, necessariamente, a nulidade da cláusula compromissória",* esclarecendo ainda que *"caberá ao árbitro decidir de ofício, ou por provocação das partes, as questões acerca da existência, validade e eficácia da convenção de arbitragem e do contrato que contenha a cláusula compromissória".*

---

[24] *A nova lei de arbitragem*, Tribuna do Direito, dezembro de 1996, p. 12.

Art. 4º | CÓDIGO BRASILEIRO DE DEFESA DO CONSUMIDOR

De interesse, outrossim, o seguinte art. 9º, que dispõe que "*o compromisso arbitral é a convenção através da qual as partes submetem um litígio à arbitragem de uma ou mais pessoas, podendo ser judicial ou extrajudicial*". E seus §§ 1º e 2º, respectivamente, rezam que "*o compromisso arbitral judicial celebrar-se-á por termo nos autos, perante o juízo ou tribunal, onde tem curso a demanda*", e "*o compromisso arbitral extrajudicial será celebrado por escrito particular, assinado por duas testemunhas, ou por instrumento público*".

Com referência a *quem pode exercer a função de árbitro*, dispõe o art. 13 que essa incumbência poderá recair em "*qualquer pessoa capaz e que tenha a confiança das partes*".

E no caso de ser viável a instituição do novo instrumento para resolução de litígios advindos de relações de consumo, os árbitros a serem indicados pelos consumidores *certamente serão os técnicos do PROCON ou do IDEC, ou ainda de outros organismos especializados, até para se procurar manter o equilíbrio a duras penas buscado pelo Código de Defesa do Consumidor.*

Mediante o Projeto de Lei do Senado nº 406/2013 (que recebeu o nº 7.108/2014 na Câmara dos Deputados), se havia proposto a inclusão de um parágrafo 3º ao art. 4º da *Lei de Arbitragem*, com o seguinte teor: "*Na relação de consumo estabelecida por meio de contrato de adesão, a cláusula compromissória só terá eficácia se o aderente tomar a iniciativa de instituir a arbitragem ou concordar expressamente com a sua instituição*".

Sobreveio veto a tal dispositivo (Veto Presidencial nº 13/2015), contudo, pelas seguintes razões: "*Da forma prevista, os dispositivos alterariam as regras para arbitragem em contrato de adesão. Com isso, autorizariam, de forma ampla, a arbitragem nas relações de consumo, sem deixar claro que a manifestação de vontade do consumidor deva se dar também no momento posterior ao surgimento de eventual controvérsia, e não apenas no momento inicial da assinatura do contrato. Em decorrência das garantias próprias do direito do consumidor, tal ampliação do espaço da arbitragem, sem os devidos recortes, poderia significar o retrocesso e ofensa ao princípio norteador de proteção do consumidor*".

Em conclusão, portanto:

- a "lei do juízo arbitral", ao par de não ter revogado o inc. VII do art. 51 do Código de Defesa do Consumidor, é com ele em princípio incompatível, porquanto induz à aceitação de sua instituição em contratos de adesão, infringindo os princípios da vulnerabilidade, boa-fé e equidade que devem presidir as relações de consumo, já que compulsória essa instituição, se pactuada em cláusula compromissória, sendo exigível, inclusive, judicialmente;

- ainda que superado esse óbice epistemológico-jurídico, somente quando o consumidor *concordar expressamente, e desde que previamente cientificado, quanto à inserção daquela cláusula, seria ela válida, até para os efeitos dos próprios dispositivos da lei específica a respeito, consoante, aliás, expressa disposição do art. 4º, § 2º, da Lei nº 9.307/96;*

- e, além disso, dever-se-ia facultar ao consumidor a indicação *do seu próprio árbitro, além do contratualmente previsto,* indicação tal que poderia recair na pessoa de algum técnico em defesa do consumidor, na de advogado especializado, ou noutra pessoa qualquer, *desde que goze de sua plena confiança;*

- nada impediria, outrossim, que o técnico em defesa do consumidor fosse do PROCON ou SEDECON, por exemplo, já que a indicação *não é de pessoa jurídica, mas sim de pessoa física,* que poderá ser pinçada de uma relação fornecida por aqueles órgãos precípuos de defesa do consumidor, e devidamente divulgada;

- o mesmo se diga com relação a uma entidade não governamental de defesa do consumidor, como o IDEC, por exemplo;

Capítulo II · DA POLÍTICA NACIONAL DE RELAÇÕES DE CONSUMO | **Art. 4º**

- ou, então, como já alvitramos atrás, que se recorra aos tribunais de arbitragem ou Câmaras de Conciliação, *desde que compostas, necessariamente, por pessoal especializado na matéria, e representativo dos consumidores*;
- não nos parece cabível a indicação de um membro do Ministério Público para tanto, porém, já que, afora a circunstância de não figurar essa atribuição dentre as que lhe são conferidas pela Constituição Federal de 1988 (arts. 128 e 129) e pelas respectivas leis orgânicas federal e estaduais, incumbe-lhe, isto sim, a instauração de inquéritos civis preparatórios de ações civis públicas ou coletivas, além do *referendo* sobre acordos ou compromissos assumidos entre fornecedores e consumidores, quer em nível individual ou coletivo, a teor do que determinam, por exemplo, o parágrafo único do art. 57 da Lei nº 9.099/95 e art. 5º da Lei nº 7.347/85;
- as normas para o funcionamento das Câmaras de Conciliação ou de outros instrumentos que aplicarão o juízo arbitral deveriam ser fixadas de forma clara, e com a participação dos órgãos governamentais e não governamentais de proteção e defesa do consumidor;
- por fim, e desde que aceita a cláusula compromissória e subsequente instauração do juízo arbitral, em termos de direito consumerista, sua validade ficará sujeita à revisão dos órgãos judiciários, já que *não deixam de ser pactos adjetos de outros contratos, sofrendo, dessarte, as mesmas injunções e limitações das condições gerais dos contratos, instituídas pelo art. 30 e segs.* do Código de Defesa do Consumidor.
- uma tentativa de ampliar as possibilidades de resolução e conflitos extrajudicialmente por arbitragem (Projeto de Lei do Senado nº 406/2013), foi vetada pela Presidência da República, exatamente por se ter em vista a vulnerabilidade do consumidor em face da outra parte em conflito.

[8] COIBIÇÃO E REPRESSÃO DE ABUSOS NO MERCADO – Como já salientado e reiterado, o Código de Defesa do Consumidor não cuida apenas deste, mas também do outro protagonista das "relações de consumo".

E, ao dizer o inc. VI do art. 4º que a política nacional das sobreditas relações se funda na coibição e repressão eficientes de todos os abusos praticados no mercado de consumo, inclusive a concorrência desleal e utilização indevida de inventos e criações industriais, das marcas e nomes comerciais e signos distintivos que possam causar prejuízos aos consumidores, o que, em última análise, se busca é a almejada *ordem econômica*, prevista pelo art. 170 da Constituição Federal.[25]

Dessa forma, o Código de Defesa do Consumidor alia-se às normas estabelecidas pelo Código da Propriedade Industrial, bem como às Leis de Defesa Econômica (CADE), que pretendem conferir maior agilidade ao combate aos trustes e cartéis, esforço esse que visa ao livre mercado e à livre concorrência, com o que somente têm a lucrar consumidores e fornecedores de bens e serviços.[26]

---

[25] Art. 170. A ordem econômica, fundada na valorização do trabalho e na livre iniciativa, tem por fim assegurar a todos existência digna, conforme os ditames da justiça social, observados os seguintes princípios: I – soberania nacional; II – propriedade privada; III – função social da propriedade; IV – livre concorrência; V – defesa do consumidor; VI – defesa do meio ambiente, inclusive mediante tratamento diferenciado conforme o impacto ambiental dos produtos e serviços e de seus processos de elaboração e prestação; VII – redução das desigualdades regionais e sociais; VIII – busca do pleno emprego; IX – tratamento favorecido para as empresas de pequeno porte constituídas sob as leis brasileiras e que tenham sua sede e administração no País.

[26] No artigo mencionado, vide p. 48, nota 36 ("Abuso do poder econômico e defesa do consumidor"), concluímos o seguinte: 5.1. a defesa da ordem econômica tem como razão final a proteção dos interesses e direitos

Com efeito, no que diz respeito ao *abuso do poder econômico*, o art. 173 da Carta de 1988, em seus §§ 4º e 5º, expressamente assevera que "a lei reprimirá o abuso do poder econômico que vise *à dominação dos mercados, à eliminação da concorrência e ao aumento arbitrário dos lucros*" (§ 4º); e que "a lei, sem prejuízo da responsabilidade individual dos dirigentes da pessoa jurídica, estabelecerá a responsabilidade desta, sujeitando-a às punições compatíveis com sua natureza, nos atos praticados contra a ordem econômica e financeira e contra a economia popular" (§ 5º).

Vê-se, por conseguinte, que os próprios dispositivos constitucionais citados definem o que vem a ser *"abuso do poder econômico"*, ou seja, *como qualquer forma de manobra, ação, acerto de vontades, que vise à eliminação da concorrência, à dominação de mercados e ao aumento arbitrário de lucros.*

Num primeiro momento, portanto, fica claro que a proteção e incentivo às práticas leais de mercado interessam aos próprios fornecedores, tal como são definidos pelo art. 3º do Código do Consumidor. Em última análise, porém, resta evidente que tal proteção e incentivo interessam ao consumidor, também como definido pelo Código, em seu art. 2º.

Assim, em uma economia de mercado – como ainda pretende ser a nossa, porquanto ainda não o é –, é fundamental que exista a livre concorrência entre empresas, já que é por seu intermédio que se obtém a *melhoria da qualidade de produtos e serviços, o desenvolvimento tecnológico na fabricação e melhores opções ao consumidor ou usuário final.*

De concluir-se facilmente, por conseguinte, que se a livre concorrência não é garantida e o mercado passa a ser dominado por poucos, sem que haja fiscalização governamental, a *tendência é o aumento de preços dos produtos* e *serviços, a queda da sua qualidade, a redução de alternativas de compras e a estagnação tecnológica.*

E tudo isso porque, como curial, inexiste a competitividade que obriga ao aperfeiçoamento dos processos de fabricação, mediante pesquisas e adoção de métodos produtivos e administrativos mais eficientes.

Em termos de uma economia tão castigada como a nossa, o vilão número um do consumidor certamente ainda é a inflação, apesar das medidas adotadas pelo governo, sobretudo pelo enigmático "Plano Real".

Todavia, falando o dispositivo constitucional anteriormente mencionado em *"aumento arbitrário de lucros"*, resta evidente que o *termômetro* de tal abuso é o aumento inusitado dos preços, aliado à dominação do mercado.

---

do consumidor, eis que destinatário de produtos e serviços; 5.2. além de sanções de ordem administrativa e penal, o abuso do poder econômico enseja indenização cabal dos prejuízos causados aos consumidores, mediante ações individuais ou então coletivas; 5.3. os abusos do poder econômico são práticas manifestamente abusivas, consoante previsão no "Código de Defesa do Consumidor", e como corolário lógico das normas que visam a reprimi-lo; 5.4. dentre as práticas abusivas suscetíveis de indenização aos consumidores lesados, e consistentes em abuso do poder econômico, figura a imposição artificial e unilateral de preços de produtos e serviços e a desobediência a controles de preços; 5.5. a indenização consiste na devolução, a cada consumidor lesado, da diferença entre o preço razoável ou justo do produto ou serviço, caso fossem respeitadas as leis de livre mercado ou controle oficial de preços, quando existente, e o preço abusivamente cobrado; 5.6. são legitimados à propositura da ação competente cada um dos consumidores isoladamente considerados, ou então, coletivamente, os órgãos e entidades previstos pelo art. 82 do Código do Consumidor, no último caso por força do disposto no inc. III do parágrafo único do art. 81 do mesmo Código; 5.7. se impossível a identificação dos titulares dos interesses lesados pela prática de abuso do poder econômico, a indenização global, liquidada por artigos ou arbitramento, reverterá em favor do fundo de que cuida o art. 13 da Lei nº 7.347/85 e, no âmbito do Estado de São Paulo, disciplinado pela Lei Estadual nº 6.536, de 13 de novembro de 1989, modificada pela Lei Estadual nº 13.555, de 9.6.2009. Cf. ainda a Lei nº 8.884/94 ("Lei Antitruste").

Por isso mesmo é que o parágrafo único do art. 21 da Lei nº 8.884/1994 esclarecia que "*na caracterização da imposição de preços excessivos ou do aumento injustificado de preços, além de outras circunstâncias econômicas e mercadológicas relevantes, considerar-se-á: I – o preço do produto ou serviço, ou sua elevação, não justificados pelo comportamento do custo dos respectivos insumos, ou pela introdução de melhorias de qualidade; II – o preço do produto anteriormente produzido, quando se tratar de sucedâneo resultante de alterações não substanciais; III – o preço de produtos e serviços similares, ou sua evolução, em mercados competitivos comparáveis; IV – a existência de ajuste ou acordo, sob qualquer forma, que resulte em majoração de bem ou serviço ou dos respectivos custos*".

Além disso, referida lei trazia alguns critérios para que se considerasse abusivo determinados níveis de lucros, o que o Código do Consumidor denomina *prática abusiva*, dentro da enumeração exemplificativa do seu art. 39.

De qualquer forma, a Lei nº 8.884/1994 foi em grande parte revogada pela Lei nº 12.529, de 30.11.2011, subsistindo apenas os seus artigos 86 e 87 e aboliu referido sistema de apuração de lucros abusivos.[27]

Hoje, como visto, e pelos parâmetros traçados pela nova "lei antitruste", há os termômetros representados pelos seus arts. 20 e 21, não se devendo descartar – mas, ao contrário, levar também como balizamento – as diretrizes do art. 4º da Lei de Crimes contra a Economia Popular, sobretudo se se tiver em conta que, diante dos princípios elencados pelo Código do Consumidor, a *inexperiência* ali tratada encontra eco na *vulnerabilidade do consumidor* (art. 4º, I, do citado CDC), *e como evidente destinatário final de tudo o que é produzido no mercado*.

No que diz respeito à *propriedade industrial*, por força da Lei nº 9.279, de 14.5.96, sobreveio um *novo Código*, cujo art. 2º dispõe que "*a proteção dos direitos relativos à propriedade industrial, considerado o seu interesse social e o desenvolvimento tecnológico e econômico do País, efetua-se mediante (I) concessão de patentes de invenção e de modelo de utilidade; (II) concessão de registro de desenho industrial; (III) concessão de registro de marca; (IV) repressão às falsas indicações geográficas; e (V) repressão à concorrência desleal*".

Seu Título V trata dos "*Crimes contra a Propriedade Industrial*", subdividido em capítulos que cuidam dos *Crimes contra as Patentes, Crimes contra os Desenhos Industriais, Crimes contra as Marcas, Crimes Cometidos por Meio de Marca, Título de Estabelecimento e Sinal de Propaganda, Crimes contra Indicações Geográficas e Demais Indicações* e *Crimes de Concorrência Desleal*.

Vê-se, por conseguinte, quão ampla é a gama de preceitos legais que visam ao desiderato fixado pelo inc. VI do art. 4º do Código do Consumidor.

Frise-se, uma vez mais, contudo, que se é necessário o verdadeiro arsenal legislativo, derivado da própria Constituição Federal, quando cuida do estabelecimento da ordem econômica, no sentido de se coibirem os abusos do poder econômico, a concorrência desleal, e a contrafação de marcas, sinais distintivos e outros aspectos que protegem a propriedade industrial, o *fim mediato de tudo isso é, certamente, a defesa e proteção do consumidor, uma vez que este é destinatário final de tudo quanto é colocado no mercado de consumo*.

E, com efeito, quando se fala em globalização da economia, e a invasão do mercado interno por produtos de todas as procedências e origens, arrisca-se não apenas à aquisição de produtos de qualidade duvidosa, como também e, principalmente, *contrafeitos* ou *falsificados*.

---

[27] Vide a esse respeito nosso artigo "Abuso do poder econômico e a defesa do consumidor", publicado na *Revista de Direito da FMU*, São Paulo, vol. 06, ps. 31-54 e na *Revista de Direito Econômico do CADE*, Nova Fase, nº 21, out./dez. 1995, ps. 51-64. Cf. também nosso *Manual de Direitos do Consumidor*. 13. ed. São Paulo: Atlas, 2015, ps. 76-91.

Art. 4º | CÓDIGO BRASILEIRO DE DEFESA DO CONSUMIDOR

E a gravidade dessa situação pode refletir-se na *segurança e saúde do consumidor*, por exemplo, quando se tratar de produtos relacionados àqueles valores, donde a necessidade de vigilância constante a respeito desses novos mercados.

E aqui, sem dúvida, deve haver imbricação e harmonização necessárias entre os instrumentos de proteção ou defesa do consumidor propriamente ditos, com os de coibição da concorrência desleal.

[9] RACIONALIZAÇÃO E MELHORIA DOS SERVIÇOS PÚBLICOS – Já que em muitos setores produtivos torna-se imprescindível a participação do Poder Público, sobretudo na prestação de serviços, tais como de transportes coletivos, produção de energia elétrica, telefonia, correios etc., há que se exigir dele a mesma garantia de qualidade, segurança, desempenho, que se exige da iniciativa privada.

Tanto assim que, consoante expressamente disposto no art. 22 do Código de Defesa do Consumidor, "os órgãos públicos, por si ou suas empresas, concessionárias, permissionárias ou sob qualquer outra forma de empreendimento, são obrigados a fornecer serviços adequados, eficientes, seguros e, quanto aos essenciais, contínuos".

E o artigo em questão, em seu parágrafo único, é ainda mais incisivo, quando reza que, "nos casos de descumprimento, total ou parcial, das obrigações referidas neste artigo, serão as pessoas jurídicas compelidas a cumpri-las e a reparar os danos causados, na forma prevista neste Código".

Referido dispositivo, aliás, é um desdobramento de outro de natureza constitucional, mais particularmente o art. 175. Ao dizer que cabe ao Poder Público, na forma da lei, diretamente ou sob regime de concessão ou permissão, sempre por meio de licitação, a prestação de serviços públicos, já estabelece as linhas mestras de tal prestação de serviços públicos, dentre as quais se encontra precisamente a defesa do consumidor. Ou então quando em seu inc. II fala que a lei disporá sobre "os direitos dos usuários", e, além disso, sobre a "política tarifária" (inc. III) e na "obrigação de manter serviço adequado" (inc. IV).[28]

E aqui também vale, assim como para a iniciativa privada, e aliás com muito mais razão porque se trata de serviço público, a assertiva de que qualidade não é apenas a adequação do produto ou serviço às normas que regem sua fabricação ou prestação, mas também e principalmente a satisfação de seus destinatários, que têm sem sombra de dúvida o *direito subjetivo público* de exigir o seu efetivo cumprimento com qualidade, presteza, segurança, adequação, pontualidade etc.

Embora aqui se cuide do Poder Público como fornecedor de produtos e serviços, é mister lembrar-se de que, dependendo muitas vezes a iniciativa privada de sua autorização para o desempenho da produção de bens ou prestação de serviços, cabe-lhe grande parcela de responsabilidade ao assegurar que aqueles não venham a causar danos à saúde, segurança e outros interesses dos consumidores.

Tanto assim que o art. 102 do Código, ao cuidar no Capítulo III do Título III (Das Ações de Responsabilidade do Fornecedor de Produtos e Serviços), diz que "os legitimados a agir na forma deste Código poderão propor ação visando compelir o Poder Público competente a proibir, em todo o território nacional, a produção, divulgação, distribuição ou venda, ou a determinar alteração na composição, estrutura, fórmula ou acondicionamento de produto, cujo uso ou consumo regular se revele nocivo ou perigoso à saúde pública e à incolumidade pessoal".

Assim, embora se tenha que fazer uma distinção a mais clara possível entre "serviço público derivado da atividade precípua do Estado, visando ao bem comum" – educação, saúde, saneamento básico, construção de estradas – e "serviço público ou de produção de bens com

---

[28] Cf. a legislação regulamentária no comentário ao art. 1º.

Capítulo II · DA POLÍTICA NACIONAL DE RELAÇÕES DE CONSUMO | Art. 4º

vistas ao atendimento de necessidades específicas e não cobertas pela iniciativa privada" – transporte coletivo de passageiros das cidades, serviços e fornecimento de eletricidade, telefonia, água etc. –, os primeiros como resultado dos tributos em geral da população, e os segundos de tarifas ou "preços públicos", a verdade é que incumbe ao Poder Público idêntica responsabilidade no bom equacionamento das "relações de consumo".

A Promotoria de Justiça do Consumidor de Bragança Paulista, por exemplo, ajuizou interessante ação civil pública em face da antiga TELESP em virtude dos péssimos serviços prestados aos seus usuários (isto é, ligações que não se completam, caem, ruídos, manutenção demorada das linhas e aparelhos etc.), de molde a compeli-la, sob pena do pagamento de multa diária, a prestá-los de forma adequada e conveniente. Ao que se saiba, não houve ainda decisão definitiva da demanda, tendo o Juízo de Direito local declinado de sua competência para a Justiça Federal (Vara de Campinas), com o que não concordou, donde a instauração do competente conflito de competência.

A Promotoria de Justiça de Defesa da Cidadania de São Paulo, por outro lado, em 1996, ajuizou ação civil pública em face da CPTM – Companhia Paulista de Trens Metropolitanos devido aos péssimos e perigosos serviços prestados por suas composições. Assim, em decorrência de atrasos crônicos de trens, sua superlotação provocando o fenômeno dos pingentes e "surfistas" sobre seus tetos e, consequentemente, vários acidentes fatais, propôs-se demanda visando-se à melhoria daqueles serviços. Além disso, e como a liminar pedida não foi concedida pelo juízo competente, no sentido de impor-se multa diária ao poder concedente, as irregularidades continuaram, levando os usuários-consumidores, revoltados, a incendiarem diversas composições. Como resultado disso, foi interrompido o tráfego para várias regiões da Grande São Paulo, propiciando, desta feita, à Promotoria de Justiça do Consumidor da Capital o ajuizamento de outra ação coletiva, agora visando à exigência de subsídios da parte do Poder Público com relação ao que a população vem gastando com lotações e outras formas alternativas pelas quais deve deslocar-se de suas moradias para os locais de trabalho.

Outra questão que nos parece relevante dentro do tema ora versado prende-se ao corte de fornecimento de água, energia elétrica e outros serviços de utilidade pública, em casos de inadimplência do consumidor, em face do disposto no já mencionado art. 22 do Código do Consumidor.

E desde logo entendemos que é possível o aludido corte, mas ressalvados alguns pontos, a seguir tratados.

E, com efeito, dispõe o referido dispositivo legal que os órgãos públicos, por si ou suas empresas, concessionárias, permissionárias ou sob qualquer outra forma de empreendimento, são obrigados a fornecer serviços adequados, eficientes, seguros e, *"quanto aos essenciais, contínuos"*.

Seu parágrafo único ainda dispõe que, "nos casos de descumprimento, total ou parcial, das obrigações referidas neste artigo, serão as pessoas jurídicas compelidas a cumpri-las e a reparar os danos causados, na forma prevista neste Código".

Resta evidenciado pelo próprio enunciado que, ao contrário de privilegiar o consumidor inadimplente ou relapso, o dispositivo enfocado pretende *assegurar a oferta constante e de boa qualidade dos serviços públicos* prestados aos consumidores *uti singuli*, não se confundindo com os serviços públicos *uti universi* decorrentes da atividade precípua do Poder Público (educação pública, saúde, saneamento básico, segurança etc., por exemplo).

O corte do fornecimento de energia elétrica, de serviços de telefonia, de fornecimento de gás, por exemplo, é plausível, e admitido, atualmente, pela legislação já referida em passo anterior, que disciplinou os chamados "serviços públicos essenciais concedidos ou permitidos", mediante normas específicas da ANEEL – Agência Nacional de Empresas de Energia

Art. 4º | CÓDIGO BRASILEIRO DE DEFESA DO CONSUMIDOR

Elétrica, a ANATEL – Agência Nacional de Telecomunicações e a ANP – Agência Nacional do Petróleo.

Eventuais insurgimentos contra tais cortes, por curial, são legítimos, desde que, por exemplo, seja o consumidor compelido a pagar contas exorbitantes e sem causa, inclusão de taxas ou outros acréscimos indevidos, fornecimento inadequado, circunstâncias, aliás, acolhidas pelo art. 22 do Código do Consumidor.

Parece-nos, portanto, abusivo, o corte pura e simplesmente do fornecimento de tais serviços e produtos essenciais, por inadimplência do consumidor, sem maiores cautelas. É nesse sentido, aliás, *a Súmula de Estudos do CENACON – Centro de Apoio Operacional das Promotorias de Justiça do Consumidor do Estado de São Paulo, de nº 1*, do seguinte teor, embora a matéria seja polêmica, com entendimentos jurisprudenciais ainda não pacíficos a respeito:

"SERVIÇO PÚBLICO TARIFADO. INTERRUPÇÃO. FALTA DE PAGAMENTO. A *Lei nº 8.987, de 13 de fevereiro de 1995*, que dispõe sobre o regime de concessão e permissão da prestação de serviços públicos em geral, em seu art. 6º, § 3º, inc. II, permite o corte do fornecimento do serviço, por falta de pagamento, mediante aviso prévio. A *Lei nº 9.427, de 26 de dezembro de 1996*, veio a reiterar a possibilidade deste corte quanto ao fornecimento de energia elétrica, inclusive permitindo tal corte dos prestadores de serviço público, fixando o prazo para efetivação do aviso prévio (art. 17). Conforme se pode verificar abaixo, existem também Atos Administrativos Normativos baixados pelo DNAEE e pela ANATEL, permitindo e regulando, por sua vez, a possibilidade de corte no fornecimento dos serviços de água, energia elétrica e telefonia, por falta de pagamento, o que foi reiterado também pelo item 2, da Portaria nº 4, de 13.3.98, baixada pela Secretaria de Direito Econômico do Ministério da Justiça."

A Jurisprudência do STF, do STJ e dos tribunais estaduais vinha reiteradamente entendendo pela possibilidade do corte do serviço por falta de pagamento. Os quatro únicos acórdãos por nós encontrados contrários a esta tese não permitiram o corte do fornecimento do serviço porque tal suspensão havia na época se baseado em decreto municipal, e não em lei (STF – RE nº 94.320, de 8.9.81 – *RDA* 148/82), ou porque o sistema de cobrança era ilegal, já que se estava cobrando de forma global de todo o condomínio (Tribunal de Alçada Civil de São Paulo – 19.7.72 – Agravo de Instrumento nº 177.430 – *RT* 444/197), ou ainda porque o valor do débito estava sendo discutido em ação de consignação (Ap. nº 266.734, 19.3.80, *RT* 541/140), e, finalmente, por se tratar de serviço indispensável à coletividade, acórdão este que foi objeto de ação rescisória não conhecida pelo STF (RE nº 96.055-4, STF, *RT* 588/258).

Mais recentemente, no entanto, o STJ entendeu que o serviço de energia elétrica, por ser essencial à população, subordina-se ao princípio da continuidade do serviço público, não podendo ser objeto de interrupção por falta de pagamento, em face do art. 22 do CDC. Entendeu, ainda, que a interrupção é indevida por se constituir em um constrangimento ilegal de cobrança, afrontando o art. 42 do CDC. Tal acórdão não analisou, no entanto, o contido nas Leis nos 8.987/95 e 9.427/96 (1ª Turma do STJ, votação unânime, 12.5.98, rel. min. José Delgado).

Em uma segunda decisão noticiada via Internet em 27.4.98, o STJ entendeu que o corte do fornecimento de água de um pescador que havia tido seu barraco incendiado e que por isso não tinha como pagar a conta de água seria indevido por afrontar o princípio da continuidade do serviço público, por se consubstanciar em prática de justiça privada, e por ser a água um bem indispensável e essencial à saúde e higiene da população. Ao que consta da notícia por nós encontrada, também não teria este julgado analisado o contido nas Leis nos 8.987/95 e 9.427/96.

Veja-se, com efeito, decisão do STJ que obtempera as situações fáticas, como a aqui mencionada, no REsp nº 853.392/RS, tendo como relator o ministro Castro Meira, 2ª Turma, j. de 21.9.2006, *DJ* de 5.9.2007, p. 237:

Capítulo II · DA POLÍTICA NACIONAL DE RELAÇÕES DE CONSUMO | Art. 4º

"Processual civil e administrativo. Energia elétrica. Corte. Inadimplência. Aviso prévio. Possibilidade. 1. O princípio da continuidade do serviço público assegurado pelo art. 22 do Código de Defesa do Consumidor deve ser obtemperado, ante a exegese do art. 6º, § 3º, II, da Lei nº 8.987/95, que prevê a possibilidade de interrupção do fornecimento de energia elétrica quando, após aviso, permanecer inadimplente o usuário, considerado o interesse da coletividade. Precedentes de ambas as Turmas de Direito Público. 2. Ressalvam-se apenas situações em que o corte de energia elétrica possa acarretar lesão irreversível à integridade física do usuário, consoante observado no voto vogal, o que não é o caso dos autos. 3. Recurso especial improvido". Precedentes citados: REsp nº 460.271-SP, *DJ* de 21.2.2005; REsp nº 591.692-RJ, *DJ* de 14.3.2005; REsp nº 615.705-PR, *DJ* de 13.12.2004, e AgRg na SLS nº 216-RN, *DJ* de 10.4.2006.

Temos, assim, hoje, dois posicionamentos jurídicos sobre a matéria. O primeiro, no sentido de que o corte é possível, embasado nas leis e atos administrativos normativos inicialmente citados, e na jurisprudência que até então se vinha formando, inclusive do STF que, aliás, segundo pesquisa por nós realizada, ainda não se modificou. Este entendimento se baseia ainda no fato de que a se impossibilitar o corte por falta de pagamento, poder-se-á aumentar o número de não pagadores, lembrando-se ainda que existem aqueles que não terão condições de pagar nem mediante ação judicial de cobrança, por falta de meios materiais, e que, não obstante a falta de pagamento, poderão continuar a receber o serviço, por impossibilidade do corte. Os serviços, no entanto, só podem ser prestados por concessionárias de serviços públicos, que se mantêm a benefício da coletividade, por meio do pagamento das tarifas.

O outro entendimento é aquele esposado pelo STJ, nos dois julgados referidos, e que tem apoio nos arts. 22 e 42 do CDC, que consubstancia as normas gerais aplicáveis a todas as relações de consumo. Ademais disto, tem-se que se trata de serviços essenciais, sem os quais haveria risco à saúde pública e individual.

Nesta Súmula de Estudos estamos tratando também, afinal, da questão do corte de energia elétrica de outras unidades pertencentes ao mesmo titular (junho/92 – atualizada em maio de 1999 – *site do CENACON-MPSP*)."

É importante salientar-se nesse aspecto que tais serviços *uti singuli*, tanto que devidamente mensurados, são remunerados mediante *tarifas* que são *preços públicos* e não *"taxas"*, estas de caráter tributário (*vide* Súmula nº 545 do STF).

Decisões do STF e do Tribunal de Justiça do Estado de São Paulo confirmam tais circunstâncias e a legitimidade de interrupção do fornecimento[29] em caso de inadimplemento das obrigações pelos consumidores, a saber:

– "Serviço de água. É legítima a suspensão do fornecimento por falta de pagamento da conta apresentada pela companhia de saneamento, de acordo com a lei que a criou" (*RTJ* 81/930);

– "Desde o RE 54.491-PE, de que foi relator o eminente ministro Pedro Chaves, esta Corte tem admitido que a remuneração de serviços prestados por departamentos, companhias ou empresas de saneamento constitui preço público" (*RTJ* 33/147 e 81/931);

– "Recentemente o Tribunal Pleno, 24.9.75, RE 81.163-SP, sendo relator o eminente ministro Thompson Flores, também consagrou a legitimidade da suspensão do fornecimento de água por falta de pagamento de tarifa" (*RTJ* 81/931);

– "A falta de pagamento da taxa correspondente autoriza a suspensão do fornecimento de água. A proibição de meios coativos somente diz respeito à cobrança de tributos" (*RT* 436/168).

---

[29] Consultar a Lei nº 14.015, de 15.6.2020, que altera as Leis nº 13.460/2017 e nº 8.987/1995, para dispor sobre a interrupção e a religação ou o restabelecimento de serviços públicos.

Art. 4º | CÓDIGO BRASILEIRO DE DEFESA DO CONSUMIDOR

E no corpo do mencionado acórdão acima, lê-se o seguinte:

"É preço de serviço, que só aparece com a sua utilização, com tipificação diferente da taxa (*RTJ* 33/149). Nessa conformidade, não é ilegal a suspensão de seu fornecimento com aviso prévio, pela falta de pagamento, porque, também, nesse caso, as empresas privadas que executassem serviços públicos não poderiam privar do serviço os usuários em mora (rev. citada nº 40/311). No mesmo sentido decidiu o Tribunal de Justiça (*RT* 425/100). Lembre-se que a Light e a Telefônica usam esse processo habitualmente, sem nenhuma censura do Judiciário, que não apenas visa a cobrar-se as contas atrasadas como também deixar de prestar serviços futuros sem a devida contraprestação do usuário."

No mesmo sentido decidiram os acórdãos encontrados na *Revista Trimestral de Jurisprudência* nº 40/311-312; *Revista dos Tribunais* nᵒˢ 561/111, 570/83 e 615/108; *LEX – Revista de Jurisprudência do Tribunal de Justiça do Estado de São Paulo* nᵒˢ 124/100, 126/39 e 138/40; *LEX – Julgados do 1º Tribunal de Alçada Civil de São Paulo* nº 62/19; Tribunal de Justiça do Rio de Janeiro (na *RT* 679/158-1610, e acórdão proferido no Recurso Especial nº 41.557.8-SP).

Em sentido contrário, porém, argumentou-se na ação civil pública proposta pela Promotoria de Justiça do Consumidor de Junqueirópolis (Ref. CENACON – Ficha R – nº 218/95 – Proc. nº 84/95) em face da Prefeitura Municipal local, visando à coibição do corte do fornecimento de água pelo não pagamento de contas. Com efeito, aí se decidiu o seguinte: "Ante o exposto, julgo procedente o pedido, e o faço com fundamento no art. 269, I, do Código de Processo Civil, combinado com o art. 21 da Lei nº 7.347/85 c/c o art. 83 da Lei nº 8.078/90 para constituir em desfavor da requerida a obrigação de se abster de interromper o fornecimento de água por simples falta de pagamento, culminando multa diária de R$ 500,00 para a hipótese de descumprimento" (decisão de 18.5.96, pendente recurso de apelação). E, no mesmo sentido, decidiram os acórdãos contra a tese, encontrados na Revista de Direito Administrativo nº 148, ps. 171-174, e na Revista dos Tribunais nᵒˢ 444/197, 541/140 e 588/258. E, posteriormente, assim decidiu o STJ em acórdão de 12.5.98, no Mandado de Segurança nº 8.915-MA. Também nesse sentido contrário, o REsp nº 793.422/RS, rel. Min. Eliana Calmon, 2ª Turma do STJ, j. de 3.8.2006, *DJ* de 17.8.2006, p. 345:

"Administrativo. Serviço público concedido. Energia elétrica. Inadimplência. 1. Os serviços públicos podem ser próprios e gerais, sem possibilidade de identificação dos destinatários. São financiados pelos tributos e prestados pelo próprio Estado, tais como segurança pública, saúde, educação etc. Podem ser também impróprios e individuais, com destinatários determinados ou determináveis. Neste caso, têm uso específico e mensurável, tais como os serviços de telefone, água e energia elétrica. 2. Os serviços públicos impróprios podem ser prestados por órgãos da administração pública indireta ou, modernamente, por delegação, como previsto na CF (art. 175). São regulados pela Lei nº 8.987/95, que dispõe sobre a concessão e permissão dos serviços públicos. 3. Os serviços prestados por concessionárias são remunerados por tarifa, sendo facultativa a sua utilização, que é regida pelo CDC, o que a diferencia da taxa, esta, remuneração do serviço público próprio. 4. Os serviços públicos essenciais, remunerados por tarifa, porque prestados por concessionárias do serviço, podem sofrer interrupção quando há inadimplência, como previsto no art. 6º, § 3º, II, da Lei nº 8.987/95. Exige-se, entretanto, que a interrupção seja antecedida por aviso, existindo na Lei nº 9.427/97, que criou a ANEEL, idêntica previsão. 5. A continuidade do serviço, sem o efetivo pagamento, quebra o princípio da igualdade das partes e ocasiona o enriquecimento sem causa, repudiado pelo Direito (arts. 42 e 71 do CDC, em interpretação conjunta). 6. Hipótese em que não há respaldo legal para a suspensão do serviço, pois tem por objetivo compelir o usuário a pagar multa por suposta

Capítulo II · DA POLÍTICA NACIONAL DE RELAÇÕES DE CONSUMO | Art. 4º

fraude no medidor e diferença de consumo apurada unilateralmente pela Cia de Energia. 7. Recurso especial improvido".

Tudo fica condicionado, portanto, a que não se cuide de cobrança abusiva ou exorbitante, e que o consumidor seja previamente avisado da iminência do corte, até para que possa programar-se e saldar o débito em atraso.

Parece-nos, por outro lado, manifesta e francamente abusiva a prática, muito comum, de encaminhar-se o nome do devedor do pagamento de contas dos mencionados serviços públicos essenciais a bancos de cadastros de devedores, tais quais os mantidos pelo SERASA e pelas associações comerciais. Nesse sentido, o art. 1º, I, da *Portaria nº 5*, de 27.08.92, da SDE, reputa como cláusula abusiva aquela que: "autorize o envio do nome do consumidor e/ou seus garantes a cadastros de consumidores (SPC, SERASA etc.), enquanto houver discussão em juízo relativa à relação de consumo".[30]

[10] ESTUDO DAS MODIFICAÇÕES DO MERCADO – Não apenas devem as empresas e o Poder Público bem se aplicarem na ciência do *marketing*, na procura do que e como atingir o público consumidor, como já visto, tendo-se até mesmo concebido, em boa hora, uma espécie de *marketing* intitulado precisamente "defesa do consumidor", como também na busca de modificações do mercado. Assim, consoante asseverado pela profª Maria Cecília Coutinho de Arruda,[31] em seu interessante trabalho intitulado "Ética: uma preocupação emergente no campo do *marketing* social", no qual faz considerações de grande acuidade e procedência.

E, com efeito, no seu entendimento a vontade deve encaminhar-se para o bem do homem, assim como sua personalidade completa deve chegar à objetividade dos valores, sem sucumbir a qualquer forma de subjetivismo.

E no que concerne à própria evolução do conceito de *marketing*, e considerando tal ordem de ideias, tudo estará sempre a exigir não apenas a profunda e cuidadosa análise do homem, destinatário final de todos os bens da vida, como também à sua mais perfeita possível satisfação e tudo presidido por uma ética bastante apurada.

---

[30] Cf., nesse sentido, o acórdão proferido no Ag nº 1.021.289, rel. Min. José Delgado, j. de 26.5.2008: "Administrativo e processual civil. Agravo de instrumento. Negativa de prestação jurisdicional. Não caracterizada. Corte no fornecimento de energia elétrica. Art. 6º, § 3º, II, da Lei nº 8.987/95. Impossibilidade de suspensão do abastecimento na hipótese de exigência de débito pretérito. Caracterização de constrangimento e ameaça ao consumidor. Art. 42 do CDC. Precedentes. Inscrição em órgãos de proteção ao crédito. Impossibilidade. Precedentes. Dissídio jurisprudencial. 1. Com relação ao fornecimento de energia elétrica, o art. 6º, § 3º, II, da Lei nº 8.987/95 dispõe que 'não se caracteriza como descontinuidade do serviço a sua interrupção em situação de emergência ou após prévio aviso, quando for por inadimplemento do usuário, considerado o interesse da coletividade'. Portanto, se há o fornecimento de energia elétrica pela concessionária, a obrigação do consumidor será a de realizar o pagamento, sendo que, o não cumprimento dessa contraprestação poderá ensejar, verificando-se caso a caso, a suspensão do serviço. 2. Hipótese dos autos que se caracteriza pela exigência de débito pretérito, não devendo, com isso, ser suspenso o fornecimento, visto que o corte de energia elétrica pressupõe o inadimplemento de conta regular, relativa ao mês do consumo, sendo inviável, pois, a suspensão do abastecimento em razão de débitos antigos, devendo a companhia utilizar-se dos meios ordinários de cobrança, não se admitindo nenhuma espécie de constrangimento ou ameaça ao consumidor, nos termos do art. 42 do CDC. 3. Precedentes: REsp nº 875.993/RS, Rel. Min. Teori Albino Zavascki, Primeira Turma, DJ 01.03.2007; REsp nº 845.695/RS, Rel. Min. Humberto Martins, Segunda Turma, DJ 11.12.2006; AgRg no REsp nº 820.665/RS, de minha relatoria, Primeira Turma, DJ 08.06.2006. 4. *Quanto ao art. 43, § 4º, do CDC, o acórdão recorrido está em consonância com o entendimento desta Corte, no sentido de que, enquanto do aguardo do julgamento de ação judicial, é descabida a inscrição em cadastro de inadimplentes, uma vez que tal consubstanciaria a imputação de uma pena acessória, sem que se houvesse decidido a consignação em curso. Precedentes"*.

[31] *Revista Marketing*, São Paulo, nº 151, p. 29 a 37.

E acentua a autora citada tais aspectos, dizendo que "a opinião pública a respeito do *marketing* tradicional é de que ele se utiliza de manipulação, persuadindo ou sugerindo às pessoas a compra de mais bens e serviços, convencendo-se de que uma determinada marca pode atender às suas necessidades de modo melhor do que uma outra etc.".

[11] EDUCAÇÃO FINANCEIRA E AMBIENTAL – Uma das grandes preocupações hodiernas com a proteção dos consumidores diz respeito à sua educação não apenas para o consumo em si, ou seja, no que tange à qualidade e segurança de produtos e serviços disponíveis no mercado, como também aos aspectos de otimização de sua economia privada.

Ou seja, esse dispositivo introduzido pela Lei nº 14.181/2021 enfatiza a necessidade de os consumidores terem conhecimento dos mecanismos dos mercados econômico e financeiro, no sentido de entendê-los e melhor alocar os recursos privadamente disponíveis. Até para que venham a aquilatar se determinada compra ou contratação vale mesmo ou não a pena. E, sobretudo, se irá acarretar-lhes um eventual *superendividamento*, do qual dificilmente se livrarão sem algum prejuízo. Esse é o núcleo da preocupação estampada no dispositivo ora sob comento.

Essa educação, segundo nos parece, deve ser propiciada pelas escolas públicas e privadas, desde o ensino fundamental, bem como pelos órgãos e entidades de defesa e proteção ao consumidor, mediante seus programas de orientação e informação.

Esse dispositivo fala, ainda, de uma *educação ambiental*. Sabendo-se, com efeito, que o consumo envolve, na maior parte das vezes, a utilização de recursos naturais, sabidamente escassos e finitos, quando não renováveis, trata-se de uma preocupação cada vez mais presente com a equação consumo/moderação/preservação/renovação/reciclagem/reuso, além da recusa por produtos e serviços *ambientalmente incorretos* ou *nocivos*.

Isto é: propugna-se por uma educação dos consumidores com vistas a um *consumo sustentável*, que nada mais é do que a outra face *do desenvolvimento ou produção sustentável*.

E aqui também, da mesma forma que se propõe uma política de educação financeira, propugna-se por uma linha de educação com vistas à *educação para um consumo sustentável*, mediante adequação dos conteúdos curriculares das escolas, de modo geral, e participação dos órgãos de entidades de proteção e defesa ao consumidor e ambiental.

[12] PREVENÇÃO E TRATAMENTO DO *SUPERENDIVIDAMENTO* – Tratando-se de um incentivo à concepção mas, sobretudo, da *implementação* de uma política, essa preocupação do referido dispositivo irá depender, em grande parte, dos mecanismos a serem oferecidos pelos órgãos do Poder Executivo no âmbito da proteção e defesa do consumidor. Ou seja, a partir do CNDC – Conselho Nacional de Defesa do Consumidor e da SENACON – Secretaria Nacional de Defesa do Consumidor, como órgãos de cúpula da Política Nacional de Relações de Consumo. Isto é, cumprirá ao primeiro traçar essa política, na qualidade de órgão deliberativo e consultivo, e à segunda, sua implementação. E, claro, contando com a colaboração dos demais órgãos públicos afins – PROCONs ou CEDECONs espalhados pelos diversos Estados, Distrito Federal e Municípios –, além das entidades não governamentais com a mesma missão institucional de defesa e proteção do consumidor.

Para além dessa contribuição fundamental, é também mister que os órgãos do Poder Judiciário, Ministério Público, Defensorias Públicas, Polícias Civis e Militares e demais órgãos que tenham alguma preocupação com a defesa e proteção do consumidor, adotem as medidas cabíveis nos respectivos âmbitos de atuação, visando à almejada prevenção e tratamento do *superendividamento*, consoante, aliás, outros dispositivos da lei em questão.

Art. 5º Para a execução da Política Nacional das Relações de Consumo, contará o Poder Público com os seguintes instrumentos, entre outros:

I – manutenção de assistência jurídica, integral e gratuita para o consumidor carente; [1]

II – instituição de Promotorias de Justiça de Defesa do Consumidor, no âmbito do Ministério Público; [2]

III – criação de delegacias de polícia especializadas no atendimento de consumidores vítimas de infrações penais de consumo; [3]

IV – criação de Juizados Especiais de Pequenas Causas e Varas Especializadas para a solução de litígios de consumo; [4]

V – concessão de estímulos à criação e desenvolvimento das Associações de Defesa do Consumidor; [5]

VI – instituição de mecanismos de prevenção e tratamento extrajudicial e judicial do superendividamento e de proteção do consumidor pessoa natural; [6] (dispositivo introduzido pela Lei nº 14.181, de 1º-7-2021)

VII – instituição de núcleos de conciliação e mediação de conflitos oriundos de superendividamento. [7] (dispositivo introduzido pela Lei nº 14.181, de 1º-7-2021)

§ 1º Vetado – Os Estados, Distrito Federal e Municípios manterão órgãos de atendimento gratuito para orientação dos consumidores. [8]

§ 2º Vetado – A União, os Estados, o Distrito Federal e os Municípios poderão fiscalizar preços e autuar os infratores, observado seu prévio tabelamento pela autoridade competente. [9]

COMENTÁRIOS

[1] INSTRUMENTOS PARA EXECUÇÃO DA POLÍTICA NACIONAL DAS RELAÇÕES DE CONSUMO: A ASSISTÊNCIA JURÍDICA INTEGRAL – Pelo que já ficou assentado, a chamada "filosofia de defesa do consumidor" funda-se basicamente em uma diretriz que tem como alvo as "boas relações de consumo", objetivo esse que é atingido mediante a utilização de certos *instrumentos* colocados à disposição do consumidor.

Tais instrumentos, não exclusivos uns com relação aos demais, mas alternativos, muitas vezes, devem ser encarados como um verdadeiro *leque de opções* que o consumidor deve ter sempre à sua mão, e, à sua conveniência e oportunidade, escolher o que esteja mais de acordo com a sua necessidade e em decorrência de um impasse verificado em dada relação de consumo.

No caso da "assistência jurídica, integral e gratuita para o consumidor carente", funda-se no mandamento constitucional previsto no inc. LXXIV do art. 5º da Constituição da República, segundo o qual "o Estado prestará assistência jurídica integral e gratuita aos que comprovarem insuficiência de recurso".

E, com efeito, visou o legislador pátrio não apenas a dar cobro àquele mandamento constitucional, como também a prestar *ao consumidor, de modo geral, uma assistência não apenas judiciária, defendendo-o no seio de uma demanda judicial, como também o orientando a respeito de seus interesses e direitos.*

Com efeito, o consumidor, já em decorrência de sua vulnerabilidade manifesta, vê-se na maioria das vezes em situação de desamparo e desorientação, cabendo às defensorias públicas, dessarte, relevante papel de orientação integral, além, certamente, de representá-lo em juízo, sempre que necessário.

Quando iniciamos nossas atribuições de promotor de justiça do Consumidor dentro do PROCON-SP, em 1983, desde logo sentimos a necessidade de um "advogado efetivo do consumidor". Isto porque, muito embora naquela época a defesa do consumidor fosse algo bastante incipiente, à falta de mecanismos mais concretos e eficazes, não podíamos ir além da tentativa de conciliação dos interesses dos fornecedores/consumidores, e assim mesmo já partindo de reclamações não solucionadas pelos setores competentes do próprio PROCON.

Quando a tentativa de conciliação esbarrava na recalcitrância de uma das partes, não nos restava alternativa senão dizer ao consumidor, carente ou não, que procurasse um advogado e ajuizasse a ação competente, o que nos causava sensação de frustração e impotência. Sentia-se desde logo, portanto, a necessidade de um "advogado do consumidor", e não apenas de um "conciliador".

Na grande maioria dos Estados da Federação, como se sabe, referido mister vem sendo desempenhado muito antes da edição do Código de Defesa do Consumidor pelas "defensorias públicas".

Com o advento da Lei Complementar Federal nº 80, de 12.1.94, estabeleceram-se normas de organização das defensorias públicas da União, do Distrito Federal e dos Territórios, ao mesmo tempo em que se prescreveram normas gerais para sua organização nos Estados.

No Estado de São Paulo, finalmente sobreveio a Lei Complementar nº 988, de 9.1.2006, que *organiza a Defensoria Pública do Estado e institui o regime jurídico de defensor público do Estado.*

O certo é que as "defensorias públicas" efetivas, criadas pela Constituição Federal e disciplinadas pela Lei Complementar nº 80/94, constituem-se em importantes instituições para o bom equacionamento das "relações de consumo", mas de caráter individual, e principalmente na tutela dos interesses dos consumidores carentes, já que, consoante expressamente delineado pelo art. 134 da Constituição da República, "a Defensoria Pública é instituição essencial à função jurisdicional do Estado, incumbindo-lhe a orientação jurídica e a defesa, em todos os graus, dos necessitados, na forma do art. 5º, LXXIV".

E a mencionada Lei Complementar nº 80/94, modificada pela Lei Complementar nº 132/2009, veio a disciplinar sua atividade, prescrevendo em seu art. 4º que são funções da Defensoria Pública, dentre outras atribuições:

"I – prestar orientação jurídica e exercer a defesa dos necessitados, em todos os graus; II – promover, prioritariamente, a solução extrajudicial dos litígios, visando à composição entre as pessoas em conflito de interesses, por meio de mediação, conciliação, arbitragem e demais técnicas de composição e administração de conflitos; III – promover a difusão e a conscientização dos direitos humanos, da cidadania e do ordenamento jurídico; IV – prestar atendimento interdisciplinar, por meio de órgãos ou de servidores de suas Carreiras de apoio para o exercício de suas atribuições; V – exercer, mediante o recebimento dos autos com vista, a ampla defesa e o contraditório em favor de pessoas naturais e jurídicas, em processos administrativos e judiciais, perante todos os órgãos e em todas as instâncias, ordinárias ou extraordinárias, utilizando todas as medidas capazes de propiciar a adequada e efetiva defesa de seus interesses; VI – representar aos sistemas internacionais de proteção dos direitos humanos, postulando perante seus órgãos; VII – promover ação civil pública e todas as espécies de ações capazes de propiciar a adequada tutela dos direitos difusos, coletivos ou individuais homogêneos quando o resul-

Capítulo II · DA POLÍTICA NACIONAL DE RELAÇÕES DE CONSUMO | **Art. 5º**

tado da demanda puder beneficiar grupo de pessoas hipossuficientes; VIII – exercer a defesa dos direitos e interesses individuais, difusos, coletivos e individuais homogêneos e dos direitos do consumidor, na forma do inciso LXXIV do art. 5º da Constituição Federal; IX – impetrar *habeas corpus*, mandado de injunção, *habeas data* e mandado de segurança ou qualquer outra ação em defesa das funções institucionais e prerrogativas de seus órgãos de execução; X – promover a mais ampla defesa dos direitos fundamentais dos necessitados, abrangendo seus direitos individuais, coletivos, sociais, econômicos, culturais e ambientais, sendo admissíveis todas as espécies de ações capazes de propiciar sua adequada e efetiva tutela; XI – exercer a defesa dos interesses individuais e coletivos da criança e do adolescente, do idoso, da pessoa portadora de necessidades especiais, da mulher vítima de violência doméstica e familiar e de outros grupos sociais vulneráveis que mereçam proteção especial do Estado; (incisos XII e XIII – vetados) XIV – acompanhar inquérito policial, inclusive com a comunicação imediata da prisão em flagrante pela autoridade policial, quando o preso não constituir advogado; XV – patrocinar ação penal privada e a subsidiária da pública; XVI – exercer a curadoria especial nos casos previstos em lei; XVII – atuar nos estabelecimentos policiais, penitenciários e de internação de adolescentes, visando a assegurar às pessoas, sob quaisquer circunstâncias, o exercício pleno de seus direitos e garantias fundamentais; XVIII – atuar na preservação e reparação dos direitos de pessoas vítimas de tortura, abusos sexuais, discriminação ou qualquer outra forma de opressão ou violência, propiciando o acompanhamento e o atendimento interdisciplinar das vítimas; XIX – atuar nos Juizados Especiais; XX – participar, quando tiver assento, dos conselhos federais, estaduais e municipais afetos às funções institucionais da Defensoria Pública, respeitadas as atribuições de seus ramos; XXI – executar e receber as verbas sucumbenciais decorrentes de sua atuação, inclusive quando devidas por quaisquer entes públicos, destinando-as a fundos geridos pela Defensoria Pública e destinados, exclusivamente, ao aparelhamento da Defensoria Pública e à capacitação profissional de seus membros e servidores; XXII – convocar audiências públicas para discutir matérias relacionadas às suas funções institucionais".

E, ainda no que tange à defesa do consumidor, nos termos preconizados pelo inc. I do art. 5º do Código de Defesa do Consumidor, compete à Defensoria Pública, nos termos dos dispositivos a seguir, ainda do art. 4º da Lei Complementar nº 80/94, com a redação da Lei Complementar nº 132/2009:

"§ 4º. O instrumento de transação, mediação ou conciliação referendado pelo Defensor Público valerá como título executivo extrajudicial, inclusive quando celebrado com a pessoa jurídica de direito público. § 5º A assistência jurídica integral e gratuita custeada ou fornecida pelo Estado será exercida pela Defensoria Pública. § 6º A capacidade postulatória do Defensor Público decorre exclusivamente de sua nomeação e posse no cargo público. § 7º Aos membros da Defensoria Pública é garantido sentar-se no mesmo plano do Ministério Público. § 8º Se o Defensor Público entender inexistir hipótese de atuação institucional, dará imediata ciência ao Defensor Público-Geral, que decidirá a controvérsia, indicando, se for o caso, outro Defensor Público para atuar. § 9º O exercício do cargo de Defensor Público é comprovado mediante apresentação de carteira funcional expedida pela respectiva Defensoria Pública, conforme modelo previsto nesta Lei Complementar, a qual valerá como documento de identidade e terá fé pública em todo o território nacional. § 10. O exercício do cargo de Defensor Público é indelegável e privativo de membro da Carreira. § 11. Os estabelecimentos a que se refere o inciso XVII do *caput* reservarão instalações adequadas ao atendimento jurídico dos presos e internos por parte dos Defensores Públicos, bem como a esses fornecerão apoio administrativo, prestarão as informações solicitadas e assegurarão acesso à documentação dos presos e internos, aos quais é assegurado o direito de entrevista com os Defensores Públicos".

Art. 5º | CÓDIGO BRASILEIRO DE DEFESA DO CONSUMIDOR

A partir do art. 97, até o art. 135, o mencionado diploma legal estabelece normas para a organização das defensorias públicas dos Estados, prevendo-se, inclusive, as figuras do Defensor Público Geral e do Subdefensor Público Geral do Estado, Núcleos de Defensoria Pública, concurso de ingresso, carreira, garantias etc.

Mencionada instituição, a nosso ver, deve concentrar suas atividades no que tange, especificamente, à defesa do consumidor, no ajuizamento de ações individuais para a defesa dos interesses dos consumidores considerados carentes, ou, antes mesmo até, na sua orientação jurídica e tentativa de conciliação entre os seus interesses em confronto com os dos fornecedores em geral.

A referida lei complementar paulista de janeiro de 2006, ao definir as atribuições institucionais da Defensoria Pública do Estado (art. 5º), coloca em seu inc. VI, alíneas *d* e *g*, respectivamente, "a tutela individual e coletiva dos interesses e direitos do consumidor necessitado", e "ação civil pública para tutela de interesse difuso, coletivo ou individual homogêneo". E, em seu art. 52, ao tratar dos chamados *Núcleos Especializados*, reza que:

> "A Defensoria Pública do Estado contará com Núcleos Especializados, de natureza permanente, que atuarão prestando suporte e auxílio no desempenho da atividade funcional dos membros da instituição. Parágrafo único. Os Núcleos Especializados serão organizados de acordo com os seguintes temas, ou natureza da atuação, dentre outros: 1. interesses difusos e coletivos (...) 4. consumidor e meio ambiente."

[2] PROMOTORIAS DE JUSTIÇA DE DEFESA DO CONSUMIDOR – Diversos Estados da Federação contam já com promotores de justiça que se dedicam à defesa do consumidor, quer no plano individual, tentando conciliar interesses, quer sobretudo no coletivo, mediante a instauração de utilíssimo instrumento criado pela Lei nº 7.347/85 – o inquérito civil – e a propositura de ações civis públicas com base no mesmo diploma legal ora citado.

No Estado de São Paulo este autor, em 1983, fora designado pela Procuradoria-Geral de Justiça para assistir a uma reunião do Conselho Estadual de Defesa do Consumidor, e propor a maneira pela qual os promotores de justiça poderiam atuar nessa área de defesa ou proteção ao consumidor, já que, consoante dispositivo expresso na lei orgânica estadual (Lei Complementar nº 304, de 28.12.82, atualmente revogada pela LC nº 734/93), dever-se-ia designar nas comarcas com mais de um promotor de justiça um que ficaria incumbido da defesa do consumidor.

Foi então que se iniciou o trabalho do Ministério Público nesse novo campo de atuação.

Como já salientado no início deste tópico, referida atuação é feita no plano *individual*, nos locais onde não haja PROCONs ou outros órgãos oficiais de proteção ou defesa do consumidor, ou então Juizados Especiais de Conciliação ou de Pequenas Causas, ou ainda quando haja promotores de justiça designados para o atendimento do público.

Nesse caso tal atendimento obviamente não se cinge a casos de conflitos de relações de consumo, mas de tudo quanto diga respeito ao mister de recepção de queixas ou pedido de orientação do povo em geral (áreas de família, menores, acidentes do trabalho, relações do trabalho propriamente ditas etc.).

Antes mesmo da entrada em vigor da Lei nº 7.244/84 que, como sabido, criou os Juizados Informais de Conciliação e os Juizados de Pequenas Causas, os promotores de justiça, como tradicionalmente sempre fizeram, tentavam a conciliação dos interessados, no caso fornecedores/comerciantes/prestadores de serviços e os consumidores, convocados especialmente para tanto, mediante notificação e convite.

Explicados os pontos controvertidos do conflito, o promotor de justiça propunha um acordo que, se aceito pelas partes interessadas, era reduzido a termo, e firmado por aquelas partes e pelo promotor-conciliador, bem como por duas testemunhas, para conferir-lhe o caráter de título executivo extrajudicial.

Esse procedimento foi posteriormente adotado pelo PROCON de São Paulo e pelos demais espalhados pelo interior, em convênio com o primeiro.

Com o advento da referida lei dos "juizados de pequenas causas", o termo de acordo, previsto expressamente, no caso do Ministério Público, pelo parágrafo único do art. 55 da Lei nº 7.244/84,[32] passou a ser referendado apenas pelo promotor de justiça, para igualmente se transformar em título executivo extrajudicial, a que igualmente se confere a possibilidade de protesto cambial para fins de decretação de falência.[33]

No plano *coletivo*, inúmeros inquéritos civis têm sido instaurados com vistas à apuração de denúncias que possam exigir a propositura de ações civis públicas pelo Ministério Público, preocupando-se os promotores de justiça com os seguintes temas: *saúde do consumidor* em face de produtos e serviços nocivos ou perigosos, *segurança* igualmente contra riscos que possam oferecer bens de consumo duráveis à incolumidade física do consumidor ou de terceiros (um automóvel com graves defeitos no sistema de freios, por exemplo), *qualidade* de produtos e serviços, no caso relativamente aos chamados "vícios redibitórios", que tornam a coisa ou serviço impróprios aos fins a que se destinam, *publicidade* enganosa ou abusiva, *quantidade* apregoada de produtos, por exemplo, mas não cumprida pelo fornecedor, e *cláusulas abusivas* em contratos, sobretudo os de adesão, já se tendo proposto diversas ações a respeito.[34]

No Estado de São Paulo, havendo mais de 300 comarcas e varas distritais, um dos promotores de justiça, nas que tiverem mais de um, obviamente, é designado para tal mister, antevendo-se o aumento significativo de sua tarefa com a entrada em vigor do novo Código de Defesa do Consumidor.

Na capital do Estado de São Paulo, foram criados três cargos específicos de promotor de justiça do consumidor, sendo ainda certo que, quando não atuarem como autores das ações coletivas na defesa ou proteção ao consumidor, os promotores de justiça sempre atuarão nos feitos intentados pelos demais legitimados de que trata o art. 82 do mesmo Código (*vide* art. 92).

A Lei Complementar Estadual nº 667, de 26.11.91, além de criar dois dos mencionados três cargos específicos de promotor do consumidor, diz competir aos seus titulares "zelar pela defesa judicial e extrajudicial dos interesses difusos e coletivos relacionados com o consumidor".[35] Revogada pela Lei Complementar nº 734/93 (cf. seu art. 315), esta manteve a preocupação com as Promotorias de Justiça especializadas, dispondo, em seu art. 295, inc. VII, que compete ao "promotor de justiça do consumidor a defesa dos interesses difusos ou coletivos relacionados com o consumidor".

---

[32] Art. 55. A Lei nº 9.099/95 revogou a referida Lei nº 7.244/84, mas em seu art. 57, parágrafo único, manteve aquele dispositivo, que reza o seguinte: "O acordo extrajudicial, de qualquer natureza, poderá ser homologado, no Juízo competente, independentemente de termo, valendo a sentença como título executivo judicial. Parágrafo único. Valerá como título extrajudicial o acordo celebrado pelas partes, por instrumento escrito, referendado pelo órgão competente do Ministério Público".

[33] Auto nº 117/1985, 1ª Vara dos Registros Públicos, Comarca da Capital de São Paulo.

[34] Cf. nosso Manual de Direitos do Consumidor, São Paulo, Atlas, 2003, Capítulo 4: "O Ministério Público na defesa do consumidor", e Capítulo 7: "As ações coletivas na defesa e proteção do consumidor".

[35] Vide nosso "Promotorias do consumidor: evolução, metas e prioridades", in Justitia (órgão do Ministério Público do Estado de São Paulo), nº 160, p. 204-235.

Art. 5º | CÓDIGO BRASILEIRO DE DEFESA DO CONSUMIDOR

As atribuições das Promotorias de Justiça do Consumidor do Estado de São Paulo foram reafirmadas e estabelecidas de forma mais completa, pelo Ato PGJ-CGMP nº 168, de 21 de dezembro de 1998 ("Manual de Atuação Funcional dos Promotores de Justiça do Estado de São Paulo"), o qual substituiu o Ato PGJ nº 60/91, da seguinte forma:

"Título V – Da Promotoria de Justiça do Consumidor:

Art. 422. Ao assumir o cargo, comunicar o fato por meio de ofício aos órgãos de proteção ao consumidor da Comarca (PROCON, CEDECON etc.).

Art. 423. Certificar-se da existência de órgãos públicos e privados na Comarca, que possam auxiliar no exercício dos misteres inerentes à Promotoria de Justiça do Consumidor, como escritório regional da Secretaria Estadual da Saúde, Casa da Agricultura e institutos de pesquisa, comunicando-os, por ofício, da assunção do cargo.

Art. 424. Lembrar que incumbe ao Ministério Público a defesa dos interesses difusos, coletivos e individuais homogêneos afetos às relações de consumo. Parágrafo único. Considerar como temas coletivos a serem tutelados pela Promotoria de Justiça do Consumidor, dentre outros, aqueles relacionados à saúde, à segurança, à qualidade, à quantidade, aos contratos, à publicidade dos produtos ou serviços, assim como as práticas comerciais abusivas.

Art. 425. Sugerir à Procuradoria-Geral de Justiça, por intermédio do Centro de Apoio Operacional respectivo, a realização de convênios visando obter apoio técnico aos órgãos de execução.

Art. 426. Lembrar que, tratando-se de dano a interesses individuais homogêneos com dimensão regional ou nacional, as atribuições para sua apuração e eventual ajuizamento de medidas judiciais são da Promotoria de Justiça do Consumidor da Capital.

Art. 427. Na hipótese de lesão individual, encaminhar o consumidor para atendimento pelo Procon ou Cedecon da Comarca.

Art. 428. Intervir nas ações individuais que discutam relação de consumo somente quando presente alguma das hipóteses legais.

Art. 429. Zelar pelo respeito aos direitos assegurados aos consumidores pela Lei Federal nº 8.078/90, lembrando que seus dispositivos são de ordem pública, não podendo ser revogados pela vontade dos contratantes.

Art. 430. Observar que as regras contratuais do Código de Defesa do Consumidor afastam a incidência, nas relações jurídicas por elas previstas, dos dispositivos pertinentes dos Códigos Civil e Comercial.

Art. 431. Lembrar que as cláusulas contratuais desproporcionais podem ser objeto de revisão, quer nos contratos de adesão, quer nos demais, ainda que não esteja demonstrado nenhum vício do ato jurídico.

Art. 432. Observar que a Lei Federal nº 8.078/90 expressamente reconheceu o consumidor como a parte vulnerável da relação jurídica, resolvendo-se as divergências de interpretação contratual em seu favor.

Art. 433. Lembrar que as relações de consumo abarcam móveis e imóveis, materiais e imateriais, assim como qualquer atividade fornecida no mercado mediante remuneração, inclusive as de natureza bancária, financeira, de crédito e securitária.

Art. 434. Observar que as vítimas do acidente de consumo são equiparadas ao consumidor, para o fim de aplicação dos princípios protetivos do Código de Defesa do Consumidor.

Art. 435. Lembrar que é objetiva a responsabilidade civil do fornecedor por fato ou vício do produto ou do serviço.

Art. 436. Observar que a instauração de inquérito civil suspende o prazo decadencial na hipótese de vício do produto ou do serviço.

Capítulo II · DA POLÍTICA NACIONAL DE RELAÇÕES DE CONSUMO | Art. 5º

Art. 437. Atentar para o princípio da solidariedade vigente em sede de responsabilidade civil no Código de Defesa do Consumidor.

Art. 438. Observar que os princípios do Código de Defesa do Consumidor estendem-se também aos serviços públicos, ainda que prestados por empresas concessionárias ou permissionárias."[36]

Essa, pois, agora institucional e formalmente, é a primeira constatação do *posicionamento* do Ministério Público no que concerne à sua caracterização como órgão de proteção ao consumidor, ou seja, *como um dos instrumentos* da política das relações de consumo.

Já por força do art. 51, § 4º, do CDC ("é facultado a qualquer consumidor ou entidade que o represente requerer ao Ministério Público que ajuíze a competente ação para ser declarada a nulidade de cláusula contratual que contrarie o disposto neste Código ou de qualquer forma não assegure o justo equilíbrio entre direitos e obrigações das partes"), a Promotoria do Consumidor é fiscal da lisura das condições gerais de contratos.[37]

E, nesse aspecto, as Promotorias do Consumidor em São Paulo têm ajuizado ações civis públicas com vistas à proscrição das chamadas "cláusulas-mandato" em contratos de financiamento, cartões de crédito etc., outras de aquisição de lotes de terrenos que estabelecem perda das quantias pagas no caso de desistência do compromissário-comprador, outras ainda em "cursos de computação" que exigem prestações abusivas, o mesmo ocorrendo com contratos relativos a "planos de saúde" etc.

De salientar-se ainda nesse aspecto que, muitas vezes, como nos casos dos "planos de saúde" e "cartões de crédito", bastaram algumas ações ajuizadas para que outras entidades procurassem as Promotorias para a adequação das novas exigências legais.

Consoante o disposto pelos arts. 60 a 80 do Código sob comento, e que serão por nós analisados na fase oportuna deste trabalho, definem-se aí tipos penais e sanções respectivas. Destaca-se o Ministério Público como *dominus litis* absoluto na persecução desses delitos contra as relações de consumo, abrindo-se, porém, a possibilidade de uma "ação penal subsidiária coletiva" em caso de sua inércia, conforme disposto no art. 80.

Como já ficara assentado pela Lei nº 7.347, de 24.7.85, e ora reiterado pelo art. 81 do Código do Consumidor, o Ministério Público, embora concorrente e disjuntivamente com relação a outras entidades ali enumeradas, é colocado como "promotor de ação civil pública", que preferimos chamar simplesmente de "ação coletiva".

Por força do art. 113 do Código do Consumidor ainda, criou-se a possibilidade de um litisconsórcio facultativo entre o Ministério Público Federal e outros Ministérios Públicos dos Estados e Distrito Federal e Territórios, circunstância tal já vivenciada por nós na prática em ação civil pública movida em face da antiga COBAL, INTERBRÁS e a própria União Federal, com o fito de evitar-se a distribuição de partidas de leite importado da Europa após o acidente nuclear de Chernobyl, e que inspirou o referido dispositivo.[38]

Finalmente, nos termos do disposto no art. 92 do Código do Consumidor, o Ministério Público é *custos legis* nas ações coletivas propostas pelos demais legitimados a tanto.

---

[36] O Ato Conjunto PGJ-CGMP nº 168, de 21.12.1998, de que fomos coautores, foi substituído pelo Ato Conjunto Normativo PGJ-CGMP nº 675, de 28.12.2010 (*Manual de Atuação Funcional dos Promotores de Justiça do Estado de São Paulo*). As funções dos Promotores de Justiça do Estado de São Paulo, todavia, foram integralmente mantidas, apenas com mudança de seus números, a saber: atualmente, arts. 419 a 435. Fonte: *Manual de Atuação Funcional dos Promotores de Justiça do Estado de São Paulo*. São Paulo: Edições APMP, 2011.

[37] Vide, adiante, comentários ao art. 51 do CDC e ações coletivas.

[38] Nosso *Manual de direitos do consumidor*, 6. ed., Atlas, p. 420-438.

Como sempre fizemos questão de enfatizar nos 13 anos em que estivemos à frente do Centro de Apoio Operacional das Promotorias de Justiça do Consumidor do Estado de São Paulo, o Ministério Público deve ser encarado apenas como *um dos instrumentos de defesa do consumidor,* ao lado dos demais previstos pelo art. 5º que ora se analisa.

Dessarte, e realisticamente, já que os recursos materiais humanos são limitados, sem falar--se no amplíssimo leque de atribuições confiadas à instituição pela Constituição de 1988, há que se concentrar esforços em *temas* considerados *relevantes dentro da defesa do consumidor como um todo,* e que nós já nos permitimos elencar passos atrás, ainda neste tópico, e chamamos de "*macrotemas*" de defesa do consumidor: saúde, segurança, qualidade de produtos e serviços, quantidade prometida, práticas comerciais abusivas, aqui incluídas as "cláusulas abusivas nos contratos, notadamente nos de adesão", e publicidade abusiva ou enganosa.

E, assim mesmo, dentre eles há que se eleger *prioridades,* sem o que se tornará impraticável e ineficaz a atuação das Promotorias de Justiça do Consumidor.

Desde logo, portanto, há que se bem avaliar se as mesmas Promotorias devem ou não cuidar de questões individuais, e de questões coletivas, ou apenas dessas.

De nossa parte, e informado pela experiência prática de 20 anos de Promotoria do Consumidor em São Paulo, entendemos que a atuação desta no *âmbito dos interesses individuais do consumidor é supletiva,* ou seja, quando efetivamente inexistirem na localidade de sua atuação outros órgãos ou instrumentos alternativos, exatamente pelas razões já invocadas em passos anteriores destes comentários.

Estabelecido, portanto, e *a priori,* que a atividade das Promotorias do Consumidor deve concentrar-se nas questões que dizem respeito aos *consumidores coletivamente considerados,* e ter por base os seis "macrotemas" atrás invocados, é mister, também, que sejam eleitas prioridades, mesmo porque, consoante advertido por Descartes, "eleger prioridades diversas é a melhor maneira de aviltar todas".

E isto se faz mediante a troca de informações entre as Promotorias de Justiça do Consumidor e entidades oficiais ou civis que cuidam de interesses afins (por exemplo, os órgãos de vigilância sanitária, Instituto de Pesos e Medidas, Instituto Adolfo Lutz etc.), mediante a qual são detectados os grandes problemas que preocupam os consumidores e aquelas próprias entidades.

Assim, e ainda, por exemplo, em 1993 foram pinçados três macrotemas para que as Promotorias do Consumidor de São Paulo pudessem canalizar seus recursos materiais e humanos para seu bom equacionamento: *saúde* da população no que diz respeito à qualidade da água a ela servida e medicamentos, *qualidade/segurança* dos adquirentes de casas populares em conjuntos habitacionais em face de defeitos de construção e *cláusulas contra*tuais abusivas em contratos imobiliários e planos de saúde.

O que se quer frisar é que, quando são eleitos os assuntos prioritários, resta evidente que os demais não são esquecidos, mas que são canalizados os recursos humanos e materiais para seu bom equacionamento.

Assim, no que concerne ao primeiro assunto – qualidade da água servida à população –, inicialmente se pediu o comissionamento de engenheiro sanitário exatamente com especialização nesse mister, a quem coube a orientação até mesmo de como se aferiria se os 653 Municípios do Estado (metade integrante do sistema SABESP e a outra aos serviços autônomos de águas e esgotos locais) estavam ou não obedecendo às normas sanitárias a respeito.

Depois, definiu-se como seriam tabulados os dados recebidos, com vistas à montagem da estratégia das eventuais ações civis públicas ou termos de ajustamento.

Quanto à qualidade da construção civil, o Ministério Público, pelo seu Centro de Apoio Operacional das Promotorias do Consumidor, participa de fórum permanente de discussões

Capítulo II · DA POLÍTICA NACIONAL DE RELAÇÕES DE CONSUMO | Art. 5º

nessa área, coordenado pelo IPT – Instituto de Pesquisas Tecnológicas, e mediante o qual lhe são fornecidos todos os esclarecimentos técnicos para viabilizarem-se as investigações.

Há ainda um suporte técnico que consiste na rede de instituições de engenharia, além do próprio IPT, que pode fornecer subsídios técnicos aos promotores de justiça, como as Faculdades de Engenharia de São Carlos, Lins, Universidade Estadual de Campinas e outras.

E a primeira e a terceira já prestaram concretamente tais assistências, as quais possibilitaram o ajuizamento de duas ações civis públicas em Sertãozinho, com pleno sucesso, que consistiu na reforma de dezenas de moradias populares em benefício de seus modestos adquirentes, e a reforma de outras dezenas em sede de inquérito civil, sem necessidade sequer do ajuizamento das mencionadas ações.

Quanto à questão das cláusulas contratuais, já assinalamos neste tópico alguns de seus resultados práticos.

O Centro de Apoio Operacional, outrossim, funciona como *órgão-meio*, ou seja, no que diz respeito ao fornecimento de subsídios e manutenção de contatos às Promotorias do Consumidor, que agem como "*órgãos de execução*".

Em face da aplicação dos dispositivos enfocados, sobretudo os que emprestam legitimidade extraordinária aos diversos órgãos dos Ministérios Públicos dos Estados, Distrito Federal e da União, tem *havido conflitos entre eles, por terem considerado de sua atribuição a instauração de inquérito civil acerca de determinado fato atentatório aos interesses ou direitos dos consumidores em geral. Ou, por outro lado, semelhantemente aos conflitos de competência jurisdicional, por terem entendido que outro era o Ministério Público com atribuições para tanto.*

A questão tem surgido à vista da interpretação do disposto pelo *art. 93 e seus incs. I e II, do Código do Consumidor*, segundo os quais, respectivamente, determina-se ser competente para julgar a ação civil pública que cuida dos chamados "interesses individuais homogêneos de origem comum", ressalvada a competência da Justiça Federal, o juízo do *lugar da verificação do dano ao consumidor, ou então onde possa ocorrer; ou então, se for* regional dentro da mesma unidade da Federação, o da capital do Estado respectivo ou Distrito Federal; se nacional, em qualquer uma das capitais estaduais ou nacional.

E na qualidade de coordenador das Promotorias do Consumidor do Estado de São Paulo, já nos defrontamos com duas questões a respeito:

a) 1993 – tendo o CADE julgado questões atinentes à sonegação de medicamentos de uso contínuo como abuso do poder econômico e alvitrando providências de cunho civil e penal pelo Ministério Público, entendeu por bem encaminhar ao do Estado de São Paulo, e ao do Distrito Federal, cópias de seus julgados no âmbito administrativo; como consequência, ambos instauraram procedimentos investigatórios, *mesmo porque com atribuição idêntica e concorrente*, concluindo-se, porém, que seria mais viável a propositura da medida judicial cabível – o que acabou sendo feito pela Promotoria de Justiça do Consumidor da Capital, e com sucesso, num dos casos, permanecendo outros quatro ainda em fase de instrução.

b) 1996 – a Promotoria de Justiça do Consumidor da Capital de São Paulo entendeu por bem devolver à congênere de Curitiba, Paraná, procedimento que apurava a questão de publicidade enganosa praticada por emissoras de televisão retransmissoras de outras sediadas na primeira cidade; isto por se entender que o Ministério Público do Paraná havia em primeiro lugar tomado conhecimento da mesma questão; o critério definidor para tanto foi, por conseguinte, o da *prevenção* na adoção de medidas investigatórias, à semelhança do que ocorre no processo penal.

Art. 5º | CÓDIGO BRASILEIRO DE DEFESA DO CONSUMIDOR

Em 1993, quando ainda em gestação tanto a atual Lei Orgânica Federal do Ministério Público dos Estados e Distrito Federal, como a Lei Orgânica Paulista do Ministério Público, sugerimos aos coordenadores de seu acompanhamento que *isso ficasse definido já no bojo da primeira, instituindo-se mecanismo para a dirimição de tais conflitos de atribuições, à luz da experiência então anteriormente já vivida.*

O *ideal*, porém, seria que *se elaborassem anteprojetos de lei no âmbito federal e estadual para que se solucionasse de vez tal pendência.*

Finalmente, nos termos do disposto no art. 92 do Código do Consumidor, o Ministério Público é *custos legis* nas ações coletivas propostas pelos outros legitimados a tanto.

Foi nesse sentido, aliás, nossa tese apresentada ao ensejo da realização do *11º Congresso Nacional do Ministério Público*, realizado entre 23 e 27 de setembro de 1997, chegando então às seguintes conclusões a respeito:

1ª) *Enquanto não se introduzirem modificações na Lei Nacional dos Ministérios Públicos dos Estados (Lei nº 8.625, de 12.2.93) e do Ministério Público da União (Lei Complementar Federal nº 75/93), no sentido da criação de instrumento para dirimição de conflitos de atribuições entre os diversos Ministérios Públicos dos Estados e da União,* ao Conselho Nacional de Procuradores-Gerais de Justiça dos Estados, que contará também com a participação do Procurador-Geral da República, caberá desempenhar essa missão.

E para tanto se impõe sua institucionalização formal, com essa previsão expressa em seus estatutos.

Ou, então, desde logo, mediante convênio interinstitucional.

2ª) *Sugere-se a previsão formal do referido mecanismo, mediante a introdução de um § 2º* no art. 25 da Lei nº 8.625/93, passando o parágrafo único ali previsto a figurar como § 1º, *a saber:*

§ *2º* É facultado aos procuradores-gerais de justiça dos Estados a criação de um Conselho Nacional de Ministérios Públicos com a atribuição para deliberar, dentre outros assuntos de interesse comum, sobre a dirimição dos conflitos de atribuições surgidos da aplicação das alíneas *a* e *b* do inc. IV deste dispositivo legal.

3ª) *Dentre os critérios para tais deliberações, sugere-se que:*

– *quando se cuidar de interesses difusos propriamente ditos, tal como definidos pelo inc. I do parágrafo único do já citado art. 81 do CDC, a dirimição de eventuais conflitos de atribuições deverá tomar por base o critério da prevenção;*

– *assim, por exemplo, no caso de uma publicidade enganosa, gerada por uma emissora de televisão de um determinado Estado da Federação ou Distrito Federal, mas que afete mais de uma unidade da Federação ou Distrito Federal, o órgão ministerial para a instauração do inquérito civil ou procedimento investigatório será o que primeiramente praticar qualquer ato naquele sentido;*

– *ou, então, se poderia pender pela solução que se adotou na segunda hipótese elencada no item II desta tese, ou seja: o melhor órgão de execução, ainda no caso da publicidade enganosa, por exemplo, seria o do local onde foram geradas as imagens, e/ou onde foram sediadas as empresas produtoras, por analogia com a Lei de Imprensa;*

– *o critério seria o mesmo, ainda no âmbito dos interesses difusos, nos casos de produtos pré-embalados que contenham menor massa ou quantidade do que a apregoada nas* _respectivas embalagens, cláusulas abusivas em contratos de adesão ainda enquanto for-mulários de contrato-padrão e utilizáveis em diversas partes do País, questões atinentes à qualidade prometida ou esperada pelo consumidor, ou ainda exigida por determinado órgão de normalização ou qualidade industrial (rotulagem, alertas etc.);_

– _cuidando-se, por outro lado, de um_ interesse coletivo, _assim definido pelo inc. II do pa-rágrafo único do mencionado art. 81 do CDC, a dirimição de eventual conflito positivo ou negativo de atribuições deverá levar em conta o_ local efetivo _onde o grupo ou classe de interessados tem sua maior parcela de componentes;_

– _assim, por exemplo, cuidando-se de uma cláusula abusiva de um contrato-padrão, as ações devem cingir-se aos consumidores de uma_ determinada região do respectivo Estado da Federação ou Distrito Federal;

– _no que tange aos_ interesses individuais homogêneos de origem comum, _é a própria lei, como já visto, que enuncia o caminho a seguir; ou seja, como nada ficou definido a respeito, entendemos que,_ de lege ferenda, _se deveria_ criar, no âmbito do Conselho Nacional de Procuradores-Gerais de Justiça, um mecanismo consensual, que poderia ser, por exemplo, uma Câmara de Assuntos Institucionais _com poderes bastantes na-quele sentido, e aceito por todos os Ministérios Públicos dos Estados, Distrito Federal e da União;_

– _e, antes mesmo disso, caberá aos diversos Ministérios Públicos_ atuar com bom senso e optar pela solução que melhor atenda aos interesses dos consumidores a serem bene-ficiados mais eficazmente pela instauração das peças informativas e ações judiciais nelas fundadas.

4ª) _A atribuição do Ministério Público Federal para o ajuizamento de ações coletivas em prol de consumidores coletivamente considerados somente é cabível, sem prejuízo de litisconsórcio facultativo com órgão do Ministério Público dos Estados ou do Distrito Federal (art. 113 do CDC), quando os interesses ou direitos daqueles forem ameaçados ou prejudicados por órgãos, entidades autárquicas ou empresas públicas federais, nos termos preconizados pelo art. 109 da Constituição da República, e arts. 93, 101 e 102 do CDC._

5ª) _Quanto às demais áreas (i.e., meio ambiente, patrimônio público, defesa de pessoas portadoras de deficiência etc.), cada hipótese concreta ditará a melhor solução, sempre se tendo em conta, porém, o_ local onde ocorreu ou possa ocorrer dano aos interesses tutelados.

A Procuradoria-Geral de Justiça do Estado de São Paulo, em 2008, apesar e após desfor-ço considerável de todos quantos passaram pelo setor, criando-se relevante banco de dados doutrinários, jurisprudenciais e, sobretudo, de casos concretos, resolveu por bem extinguir o referido CENACON – Centro de Apoio Operacional das Promotorias de Justiça do Consumi-dor, colocando suas funções como afeitas ao Centro de Apoio Operacional das Promotorias de Justiça Cíveis, como uma espécie de subcoordenação, a cargo de um membro do Ministério Público de primeira instância.

[3] DELEGACIAS ESPECIALIZADAS – Outro instrumento certamente imprescindível na defesa ou proteção do consumidor é a polícia especializada, sobretudo na apuração de delitos contra as "relações de consumo".

Vários Estados contam com Delegacias de Ordem Econômica, mais voltadas certamente para a apuração de crimes contra a economia popular e outros delitos que dizem respeito a tal valor.

Art. 5º | CÓDIGO BRASILEIRO DE DEFESA DO CONSUMIDOR

Em São Paulo, em março de 1983, foi criado o DECON (Departamento Estadual de Polícia do Consumidor), cuja missão precípua é a investigação de delitos contra a saúde pública e o meio ambiente (Divisão de Investigações de Infrações contra a Saúde Pública e Meio Ambiente, com suas respectivas delegacias) e a economia popular (Divisão de Investigações de Infrações contra a Economia Popular, igualmente com suas respectivas delegacias).

Assim como no Ministério Público, o que se deve buscar sempre é a *especialização*, o que certamente levará a uma maior eficiência na investigação dos crimes que digam respeito às relações de consumo, notadamente quando se trata de apurar tecnicamente determinada fraude ou defeito de um determinado produto.

Nas pequenas comunidades, onde sequer existe o PROCON, ou então desprovidas de juizados, pertencentes a uma sede longínqua de comarca, certamente caberá papel de relevo aos delegados de polícia na orientação dos consumidores, bem como na tentativa de solução conciliatória das queixas nascidas de conflitos de consumo.

Em 1999, porém, deu-se a extinção do mencionado DECON – Departamento Estadual de Polícia do Consumidor, comprometendo-se as autoridades competentes, por outro lado, a instituírem núcleos ou delegacias especializadas. De nossa parte, entendemos a atitude como retrocesso institucional, já que o mencionado órgão policial já contava com larga experiência de 16 anos.

Em 16 de maio de 2005, foram-nos solicitadas sugestões objetivas com relação a esse tema, ocasião em que lhe remetemos um breve estudo sobre o extinto DECON, suas experiências em matéria de Direito do Consumidor e sugerindo sua recriação. E no dia 20 de junho do mesmo ano, em palestra que proferimos na Academia de Polícia Civil de São Paulo, em seminário sobre "consumo sustentável", aproveitamos para reiterar nossos pontos de vista, tendo, na oportunidade, sido aprovada moção de apoio à proposta, o que parece ter gerado frutos. Com efeito, por força do Decreto Estadual nº 54.359, de 20 de maio de 2009, o governo estadual *criou e organizou, na Polícia Civil do Estado de São Paulo, da Secretaria da Segurança Pública, o Departamento de Polícia de Proteção à Cidadania – DPPC*, cujas atribuições são bastante semelhantes às do antigo DECON.

[4] JUIZADOS ESPECIAIS DE PEQUENAS CAUSAS E VARAS ESPECIALIZADAS – *Embora a Lei nº 7.244/84 tenha vigorado por cerca de 11 anos, substituída que foi pela Lei nº 9.099/95, que também instituiu, além dos Juizados Cíveis de Pequenas Causas, os de natureza criminal para os chamados "delitos de menor potencial ofensivo", não nos parece que eles estejam difundidos satisfatoriamente.*

Apenas para se ter uma ideia, no Estado de São Paulo, com 653 Municípios e mais de 300 Comarcas e Varas Distritais, há em funcionamento pouco mais de 300 desses juizados, incluída a capital, sendo certo que o Poder Judiciário tem feito convênios com faculdades de Direito, no sentido de dotá-las de Juizados Cíveis de Pequenas Causas. No que concerne aos Juizados Criminais Especiais, apenas a capital do Estado mantém um propriamente dito, no foro regional do bairro de Itaquera. Os postulados da Lei nº 9.099/95, entretanto, têm sido observados pelos juízos ordinários criminais, notadamente dos foros regionais, e do foro criminal central da capital, além dos diversos juízos espalhados pelo interior do Estado, ou seja, na aplicação, sobretudo, da suspensão condicional do processo, e estabelecimento de penas alternativas, com destaque, pela moderna tecnologia, do Foro Regional do Bairro de Santana, considerado como modelo.

Referidos juizados, em verdade, se bem estruturados, em sistema de rodízio entre os juízes de Direito da Comarca, certamente serão o grande *desaguadouro das questões individuais que afligem os consumidores*, ao lado dos PROCONs e Promotorias de Justiça de Proteção ao Consumidor.

Capítulo II · DA POLÍTICA NACIONAL DE RELAÇÕES DE CONSUMO | Art. 5º

No que tange às "Varas Especializadas", foram criadas por lei de organização judiciária, em 1994, mas jamais instaladas, e, em 2000, por outra norma daquela natureza, transformadas em juízos ordinários cíveis. A louvável iniciativa deveu-se ao resultado dos esforços de douta comissão formada pelos desembargadores Waldemar Mariz de Oliveira Jr., Cândido Rangel Dinamarco, Kazuo Watanabe e Caetano Lagrasta Neto, além da profª Ada Pellegrini Grinover.

Com efeito, por força do art. 32, I, da Lei Estadual nº 762, de 30.9.94 (cf. *Justitia nº* 168, ps. 209-216), haviam sido criadas cinco Varas de Relações de Consumo e Demandas Coletivas, com competência para as ações disciplinadas pelas Leis nºˢ 7.347/85, 7.853/89, 8.078/90 e assemelhadas, assim distribuídas: a) uma no Foro Central; b) uma no Foro Regional I – Santana; c) uma no Foro Regional II – Santo Amaro; d) uma no Foro Regional IV – Lapa; e e) uma no Foro Regional VI – Penha de França.

Resta evidente que esses almejados juízos especializados, criados em cumprimento ao disposto pelo inc. IV do art. 5º do Código de Defesa do Consumidor, não se confundem com aqueles outros de pequenas causas, já que lhes incumbirá o julgamento de demandas marcadamente coletivas, nada impedindo, no nosso entender, que também venham a julgar feitos individuais relativos às relações de consumo e outros atinentes a questões previstas nos diplomas legais mencionados no próprio corpo do artigo da lei estadual. Oxalá haja uma nova preocupação a respeito ao ensejo de uma nova revisão da "lei de organização judiciária", já que a especialização é fundamental para o devido equacionamento de tão relevantes questões dos pontos de vista social e político.

Capitais como Salvador, Vitória, Aracaju e Maceió já contam com Varas Especializadas de Interesses Difusos e Coletivos, com grande destaque à defesa do consumidor.

Ou seja, além dos pleitos individuais, a serem resolvidos pelos Juizados Informais de Conciliação ou Juizados Especiais de Pequenas Causas, propõe-se a criação de "varas cíveis especializadas em demandas individuais de consumo", já que muitas questões refogem à competência dos primeiros, sobretudo em decorrência do valor de sua alçada, tudo em prol de uma especialização cada vez maior.

Quanto às *demandas coletivas*, enfatiza a proposta que a vara especializada idealizada não serviria "somente para atender aos conflitos de consumo, como também aos relativos ao meio ambiente, valor artístico, estético, histórico, turístico, paisagístico, e todos os outros interesses difusos e coletivos, na forma da Lei nº 7.347/85".

"Essas demandas", ponderava ainda o documento inspirador da criação das varas especializadas, a final transformadas em juízos comuns, "reclamam a mesma *nova mentalidade* a que fizemos menção nas considerações acima; igualmente em termos de preparação, que atingirá não somente Direito do Consumidor como também Direito do Meio Ambiente e outras áreas mais, e não somente Direito Material como também o Processual, os profissionais do Direito, dentre eles juízes de Direito, terão de se aprimorar decisivamente; também nessa preparação, a *Escola Paulista da Magistratura* poderá desempenhar papel de particular importância".

Revelava ainda a proposta a intenção de se criar de início apenas uma vara experimental, na capital do Estado, mesmo porque as futuras varas para o julgamento de questões coletivas "exigirão, além de um juiz extremamente equilibrado e muito bem preparado, um entrosamento perfeito com o Ministério Público e com a Procuradoria-Geral do Estado; é que para elas serão canalizadas *demandas de elevado conteúdo político e social* (*v.g.*, ações relativas às mensalidades escolares, à medicina de grupo, demandas envolvendo planos de expansão de telefones, demandas contra os poluidores para reparação do meio ambiente etc.); nessas demandas haverá, não raro, a necessidade de realização de perícias bastante especializadas, o que reclamará permanente realização de trabalhos técnicos necessários para a correta instrução da causa".

105

O documento apresentado pela mencionada comissão, outrossim, salienta "um *ponto de fundamental importância* para essa vara especializada: deve o juiz ser autorizado (o que o atual Código de Processo Civil já permite; ao menos não proíbe) a instituir, segundo a necessidade do caso concreto, a *negociação* para a solução do conflito de interesses, nomeando, para isso, além dos representantes das partes, as pessoas adequadas para o mister, convocando por vezes até representantes do Executivo e do Legislativo, se semelhante solução se mostrar adequada".

"A negociação", prossegue a proposta ora citada, "é a forma mais adequada de *solução alternativa* de *litígios* aplicável a esse tipo de demanda, onde mais do que problema jurídico temos, na verdade, problema de natureza social e política; a solução adjudicada do conflito, vale dizer, o critério do 'certo ou errado', do 'preto ou branco', é o que menos se adéqua à solução dessa espécie de lide; por não existir hoje essa saída para o juiz, que se vê forçado a conceder ou denegar pedido de liminar ou a sentenciar, a final, dando razão a esta ou àquela parte, o Judiciário se vê colocado no banco dos réus perante o público em geral, sendo não raro visto como o 'carrasco' dos desafortunados da sorte, quando não como o próprio 'culpado' pela situação e não raro como órgão absolutamente *impotente* para solucionar de forma adequada esses litígios".

E vale a pena citar a conclusão a que chegam os eminentes membros da comissão, que exprime exatamente o espírito do dispositivo legal ora em comento:

> "É chegada a hora de se pensar em alternativas que, a um tempo, possibilitem uma solução mais adequada dessas demandas coletivas e evitem que o Judiciário seja injustamente visto como 'carrasco' ou como órgão absolutamente 'impotente' ou ainda como protetor dos poderosos.
>
> A tarefa do Poder Judiciário, hoje, não é apenas de solucionar tecnicamente os conflitos de interesses. Ganha importância cada vez maior o *seu papel político*, qual seja, o de aliviar as *tensões sociais* e de estabelecer adequado *controle de poderes*, no plano político, social e econômico.
>
> A vara especializada em demandas coletivas em geral teria toda essa importância político--social.
>
> Seria uma vara nova a ser criada em caráter experimental. No interior, nas comarcas com mais de uma vara, seria interessante que as demandas coletivas fossem atribuídas a apenas uma delas. São Paulo, 18 de fevereiro de 1992."[39]

E, realmente, a proposta toca no ponto nevrálgico da questão: a grande maioria dos magistrados ainda não está familiarizada com a nova temática, sobretudo da tratativa coletiva de conflitos de interesses, não raro apegando-se ao texto frio do art. 6º do Código de Processo Civil que, como ressabido, está obsoleto diante dessa mesma tratativa, ou pelo menos por ela excepcionado, além da chamada legitimidade extraordinária.

E isto não se dá apenas na primeira instância, mas também na segunda.

No primeiro caso, como de resto bem apontado na mesma proposta aqui colacionada, não se conferem liminares muitas vezes vitais para a preservação dos interesses coletivos reclamados, os quais acabam por perecer ou então ao menos por ser seriamente prejudicados.

O Juízo da 12ª Vara da Fazenda Pública da Capital de São Paulo, por exemplo, não concedeu medida liminar pedida pela Promotoria de Justiça do Consumidor consistente na suspensão imediata de exigência feita pela municipalidade local, pela Companhia Municipal de

---

[39] Documento, por cópia, gentilmente cedido a este autor pelo ilustre desembargador Kazuo Watanabe, membro da referida comissão e também autor desta obra.

Transportes Coletivos (CMTC) e pelas entidades estudantis (Uniões Estadual, Municipal e Nacional dos Estudantes) no sentido de somente se conceder passe escolar com redução da tarifa de metrô, ônibus e outros meios de transporte às pessoas ligadas àquelas entidades estudantis.

Ora, diante de tal circunstância, milhares de estudantes certamente serão prejudicados, já que, em face daquela exigência manifestamente ilegal e inconstitucional à vista do disposto no inc. XX do art. 5º da Constituição Federal de 1988, e inc. VII de seu art. 208,[40] apenas terão acesso aos passes se forçadamente pagarem as taxas exigidas pelos réus na ação civil pública movida pelo órgão do Ministério Público especializado, até que seja julgada. Alguns alunos, surpreendidos pela nova sistemática, já que até dezembro de 1993 bastava o encaminhamento dos documentos de identidade diretamente à CMTC por intermédio das escolas, já haviam pagado a taxa então devida, tendo agora que suportar mais um ônus.

Em outras hipóteses, como em ações civis públicas movidas pelo Ministério Público e entidades de pais e alunos de escolas particulares em decorrência dos abusos na cobrança de encargos educacionais, liminares foram concedidas visando à sua coibição imediata, mas logo foram suspensas pelo Tribunal de Justiça do Estado, o que contribuiu para que a questão, sem dúvida tormentosa e relevante, não chegasse a um desiderato satisfatório *pro societate* até o momento.[41]

Consoante atesta o documento já mencionado passos atrás relativamente à criação de varas especializadas, "os Juizados Especiais de Pequenas Causas, o Poder Judiciário do Estado de São Paulo já os têm em pleno e excelente funcionamento, assim na capital como nas comarcas de maior movimento no interior; o rápido levantamento feito pela Comissão elaborada da presente sugestão, com a colaboração dos Juizados Especiais de Pequenas Causas da Capital, evidenciou que entre 20% e 25% do movimento dos JEPCs dizem respeito às relações de consumo; tem-se, assim, que o Estado de São Paulo até se antecipou ao Código de Defesa do Consumidor para organizar um serviço de atendimento aos consumidores, que vem funcionando de modo plenamente satisfatório".[42]

[5] ASSOCIAÇÕES DE CONSUMIDORES – Às entidades de proteção ao consumidor, como já salientado linhas atrás, cabe relevante função, mormente no ajuizamento de pleitos para beneficiar seus associados, ou então feitos coletivos propriamente ditos, na sistemática estabelecida pelo art. 81 do Código ora sob análise.

São também fóruns de debate dos mais importantes e proveitosos, eis que sensíveis porque próximos da população, servindo, destarte, como verdadeiras caixas de ressonância que podem desencadear não apenas o encaminhamento de seus reclamos aos órgãos públicos competentes, como também movimentos populares de reivindicação.

Dentre as associações criadas mesmo antes do Código de Defesa do Consumidor, merece destaque o IDEC de São Paulo, ou seja, Instituto Brasileiro de Defesa do Consumidor, que não apenas realiza pesquisas sobre produtos e serviços como também presta assistência jurídica

---

[40] "Ninguém poderá ser compelido a associar-se ou a permanecer associado"; "o dever do Estado com a educação será efetivado mediante a garantia de: atendimento ao educando, em todas as etapas da educação básica, por meio de programas suplementares de material didático escolar, transporte, alimentação e assistência à saúde".

[41] In nosso "A questão das mensalidades escolares", Justitia, nº 154, p. 49-59, e Justitia, nº 160, p. 269-304 (ação civil pública a respeito do assunto, inclusive com jurisprudência e doutrina, petição inicial, réplica, memorial em 2ª instância etc.).

[42] Sobre o funcionamento e fluxograma dos Juizados de Pequenas Causas, vide nosso "Manual de direitos do consumidor", 6. ed., São Paulo, Atlas, p. 374-377.

Art. 5º | CÓDIGO BRASILEIRO DE DEFESA DO CONSUMIDOR

aos seus associados e ajuíza ações civis públicas e coletivas em benefício dos consumidores em geral.[43]

Destacamos ainda o BRASILCON (Instituto Brasileiro de Política e Direito do Consumidor), cujo objetivo maior consiste em estudos jurídicos sobre o consumidor, promovendo congressos e debates públicos, além de publicar obras de especialistas sobre o assunto, boletim de atividades e notícias, patrocinando ainda a edição da *Revista de Direito do Consumidor*, pela Editora Revista dos Tribunais.

O IBRAC (Instituto Brasileiro de Estudos sobre Direitos do Consumidor e Direitos da Concorrência) também é entidade voltada ao estudo das matérias que envolvem o consumidor de modo geral, e congrega especialistas tanto nesse mister como em concorrência, de cuja regularidade e seriedade também se beneficia aquele.

Na verdade, contam-se nos dedos os institutos e associações de consumidores, o que talvez seja decorrência da pouca organização social entre nós.

Enquanto nos EUA, por exemplo, existem milhares de entidades associativas para a defesa de interesses tão bizarros como o "sabor tradicional da Coca-Cola", por exemplo, como outros tão relevantes como a vida de animais em extinção, em nosso País ainda prevalece o paternalismo estatal, por via do qual se espera tudo do Estado e suas ramificações.

Mais recentemente, porém, têm aparecido algumas associações de consumidores, voltadas para interesses bastante particularizados, como, por exemplo, a Associação de Consorciados de São Paulo, de Mutuários do Sistema Financeiro da Habitação, e até mesmo algumas bastante curiosas, como a AVITIPO, do Rio de Janeiro, ou seja, a Associação das Vítimas do Tipo e de empresas comercializadoras de veículos, a Associação das Vítimas de Atrasos Aéreos etc.

E, como visto em passo anterior, foi constituído o Instituto Brasileiro de Defesa do Consumidor de Internet, propondo-se estudos que visem à proteção dessa classe específica de usuários do sistema em questão, notadamente no que concerne ao chamado "comércio eletrônico".

O consumidor, já o dissemos em diversas oportunidades, e o fazemos novamente, é comparável ao elefante, poderoso e grande, mas sem consciência de seu poder.

Assim, por exemplo, o *boicote*, instrumento dos mais eficazes nos EUA e países da Europa Ocidental, a produtos e serviços que apresentem má qualidade e, principalmente, preços absurdos ou fora do contexto socioeconômico de dada comunidade, rarissimamente é utilizado entre nós.

O PROCON de São Paulo, por exemplo, ainda mediante convênio com o DIEESE, divulga todos os dias o resultado de levantamento de preços de produtos da cesta básica, não raro revelando verdadeiros abusos e disparates entre eles, o que em países com grupos mais organizados seria motivo para imediata ação, conclamando-se os consumidores a não adquirirem pura e simplesmente tais produtos ou então a não contratarem serviços com preços escorchantes.

Temos para nós, por outro lado, e nos valendo dos ensinamentos de Marcello Caetano,[44] que "seria a comunidade produto espontâneo da vida social, que se estrutura naturalmente, enquanto associação, ao contrário, nasceria da vontade dos indivíduos manifestada em obediência a um certo propósito que os leva a juntar-se e a colaborar entre si". Ou então, referindo-se a Max Weber, "a comunidade resultaria do sentimento subjetivo (de origem emotiva, afetiva ou tradicional) que os indivíduos têm ao constituir um todo, enquanto a associação se-

---

[43] Sobre seus estatutos, vide também nosso Manual, supra, p. 384-388.

[44] Manual de ciência política e Direito Constitucional, p. 2, apud José Salvetti Netto, *Curso de teoria geral do Estado*, São Paulo, Saraiva, 1984.

Capítulo II · DA POLÍTICA NACIONAL DE RELAÇÕES DE CONSUMO | **Art. 5º**

ria resultante da vontade orientada por motivos racionais que leva os indivíduos a unirem-se para comporem os seus interesses ou os porem em comum no intuito de alcançar certo fim".

Ora, isto quer dizer que as ações dos consumidores em geral não necessitam de organização formal ou da constituição efetiva de associações e outros organismos voltados para sua proteção.

A "comunidade" de consumidores pode perfeitamente, e desde que corretamente dirigida, orientada e educada, assumir posicionamento de defesa e proteção permanente, promovendo ações nesse sentido.[45]

Na época da implementação do chamado Plano Real, o que se observou foi a recusa da parte do consumidor de submeter-se aos preços por ele reputados demasiadamente altos, forçando sua queda.

Mas essa vigilância, como já foi observado anteriormente, deve ser permanente e atenta, visto que sempre haverá fornecedores ávidos de lucros fáceis ou então prontos a impor aos consumidores produtos de qualidade duvidosa.

[6] MECANISMOS JUDICIAL E EXTRAJUDICIAL DE PREVENÇÃO E TRATAMENTO DO *SUPERENDIVIDAMENTO* – Primeiramente observe-se que esse novo dispositivo inserido no art. 5º do Código de Defesa do Consumidor, que fala em *mecanismos judiciais e extrajudiciais,* passa a figurar, conforme já assinalamos linhas atrás, ao lado e em complementação aos chamados *instrumentos de implementação da política nacional de relações de consumo.* Ou seja, para atuarem além e em adição às Defensorias Públicas do Consumidor, Promotorias de Justiça Especializadas em Defesa e Proteção dos Consumidores no âmbito dos Ministérios Públicos, órgãos do Poder Judiciário também especializados, se possível (*i.e.,* Juizados Especiais Cíveis e Juízos Ordinários, além dos Tribunais Superiores), Delegacias de Polícia igualmente especializadas nesses misteres e Associações de Defesa do Consumidor.

Antes mesmo dessa determinação, contudo, insta salientar que no âmbito de alguns órgãos do Poder Judiciário já haviam sido instituídos mecanismos dessa natureza.

Com efeito, no artigo intitulado *O Superendividamento: proposta para o seu tratamento,* Neide Ayoub, após discutir com bastante acuidade e à luz de sua farta experiência na qualidade de então Coordenadora do Núcleo de *Superendividamento* no PROCON de São Paulo,[46] pondera que:

> *Os órgãos de defesa do consumidor têm perfil propício para desempenhar o papel de orientador de contingente populacional de consumidores bancários dado o alto poder de interlocução, além do caráter neutro e isento de interesses comerciais, bem como o seu corpo técnico experiente nas demandas de crédito e ainda com as informações de que dispõe sobre as práticas dos fornecedores e nível de dificuldade dos consumidores a partir de reclamações fundamentadas, bem como da experiência de renegociações de dívidas, além de seu poder fiscalizatório. Outro fator nesse sentido é a proximidade com o consumidor simples considerando que as pessoas se distanciam dos agentes que tratam de investimentos, letras do tesouro e demais produtos destinados ao investidor, o que faz do PROCON o órgão ideal para disseminar informações em uma linguagem decodificada ao público leigo.[47]*

---

[45] A respeito da constituição de entidades formalmente, vide ainda nosso "Manual de direitos do consumidor", p. 379-383.

[46] Artigo publicado na obra coletiva por nós coordenada e intitulada *Tutela Administrativa do Consumidor: Atuação dos PROCONs, legislação, doutrina e jurisprudência,* São Paulo, Atlas, 2014, p. 343-366.

[47] Cf. obra citada, p. 365.

Art. 5º | CÓDIGO BRASILEIRO DE DEFESA DO CONSUMIDOR

Além dos PROCONs,[48] órgãos precípuos de proteção e defesa do consumidor, portanto, além dos Juizados Especiais já referidos, figuram como instrumentos importantes para a solução do estado de *superendividamento* já instalado, os próprios organismos privados e até mantenedores de bancos de dados de devedores, tais como a SERASA EXPERIAN, os Clubes de Dirigentes Lojistas e os Serviços de Proteção ao Crédito das Associações Comerciais, designadamente a de São Paulo, a FEBRABAN – Federação Brasileira dos Bancos e outros, como instâncias informais. Nelas, pelo que se tem observado, são promovidos verdadeiros *mutirões* com vistas à busca de soluções conciliatórias entre fornecedores, de um lado, e *superendividados*, de outro, de tempos em tempos.[49]

Também no âmbito de alguns órgãos do Poder Judiciário, já se havia instituído tais *mecanismos*. Ou seja, cria-se um procedimento próprio para tratar esse fenômeno de maneira mais singela, é certo, do que a *insolvência civil*, do art. 748 e seguintes do CPC/73. Todavia, pareceu-nos que o caminho mais apropriado, guardadas as peculiaridades de cada unidade da federação brasileira, que cada uma adotasse, mediante provimentos dos respectivos Conselhos Superiores da Magistratura ou órgão equivalente, a adaptação da Lei nº 9.099/1995 (Juizados Especiais). É o que fizeram, por exemplo, os Tribunais de Justiça dos Estados do Paraná[50] e do Rio Grande do Sul. Com efeito, no artigo intitulado *Mercosul e o Desafio do Superendividamento,* a douta magistrada Clarissa Costa de Lima[51] cita o provimento gaúcho a respeito:

> O art. 1.040-A da Consolidação Normativa Judicial do Estado do Rio Grande do Sul, de 2006, dispõe que: Nas hipóteses de *superendividamento*, resta possibilitada a promoção da fase de conciliação prévia ao processo judicial, instaurando-se situação de concurso de credores, mediante remessa de carta-convite aos credores declarados, por interesse da parte devedora, para a composição das dívidas civis. § 1º A decisão judicial de homologação da conciliação obtida em audiência designada para esta finalidade terá força de título judicial executivo independentemente da representação das partes por advogados. § 2º A ausência de conciliação no feito não importará em reconhecimento judicial de uma declaração de insolvência por parte do devedor (art. 753, II, do CPC), havendo arquivamento do expediente por simples ausência de acordo entre os interessados e registro de informações com mero caráter estatístico. § 3º O controle estatístico dos expedientes será efetuado por sistema informatizado, cabendo ao Poder Judiciário a gestão de tal banco de dados.

---

[48] A Fundação PROCON-SP promove cursos gratuitamente sobre Educação Financeira, com enfoque especial na prevenção e no *tratamento* do superendividamento. Cf. www.procon.sp.gov.br. Também o recentemente instalado PROCON Metropolitano de São Paulo, Capital, organizou um curso especial sobre essa matéria, nos dias 8 a 11 de novembro de 2016, e igualmente se reveste de mais uma alternativa para iniciativas no que tange ao tratamento e assessoramento aos *superendividados*.

[49] Cf. https://economia.uol.com.br (acesso em 17-9-2016): "NOME SUJO? Evento em SP ensina como negociar dívidas e limpar seu nome. *Voluntários da Serasa Experian fazem um plantão de atendimento neste sábado (17) para ajudar os consumidores a saber se estão com o nome sujo e orientá-los a renegociar dívidas e limpar o nome. Também haverá palestras sobre o que fazer em caso de desemprego. As atividades fazem parte da 3ª Semana do Voluntariado da Serasa Experian e acontecem na cidade de São Paulo (capital) e em São Carlos (SP). Em São Paulo, além da Serasa, estarão presentes o CIEE (Centro de Integração Empresa-Escola) e o CAT (Centro de Atendimento ao Trabalhador). Os consumidores poderão consultar vagas de estágio e de empregos e tirar carteira de trabalho. Todas as atividades são gratuitas e abertas ao público. O atendimento será por ordem de chegada e serão distribuídas senhas no local. Não é preciso chegar com antecedência, segundo a Serasa".*

[50] Cfr. no *site* www.tjpr.jus.br/superendividamento exposição com gráficos e figuras sobre o procedimento instituído pela Resolução TJPR nº 01/2011, reproduzida no quadro comparativo a seguir. Acesso em: 16-11-2016.

[51] *Revista Direito do Consumidor,* nº 73, jan./mar. 2010, p. 11-50.

Desta forma, o que se alvitra é que mais instrumentos como esse sejam afinal implementados de molde a servirem como outros alternativos para a prevenção e tratamento desse sem dúvida preocupante fenômeno do *superendividamento*.

[7] INSTITUIÇÃO DE NÚCLEOS DE CONCILIAÇÃO E MEDIAÇÃO DE CONFLITOS ORIUNDOS DE *SUPERENDIVIDAMENTO* – Aqui parece ter havido uma repetição, ainda que não literal do dispositivo anteriormente colacionado e comentado.[52]

É que, ao se falar de *instituição de núcleos de conciliação e mediação de conflitos oriundos de superendividamento*, subentendem-se, por certo, antes da apreciação propriamente judicial mediante os procedimentos instituídos pela Lei nº 14.181/2021, de tentativas de conciliação e ajustamento de condutas visando à resolução dos conflitos amigavelmente, sem a necessidade de sua efetiva judicialização. Os Tribunais de Justiça mencionados no item anterior efetivamente propiciam esse procedimento preliminar de tentativas de conciliação.

[8] ÓRGÃOS DE ATENDIMENTO DA UNIÃO, ESTADOS, DISTRITO FEDERAL E MUNICÍPIOS – *Vetado* – Totalmente improcedente e até incompreensível o veto oposto ao que seria o § 1º do art. 5º do Código de Defesa do Consumidor ora comentado.

Vejam-se as razões do mencionado veto: "Esta disposição contraria o princípio federativo, uma vez que impõe aos Estados, ao Distrito Federal e aos Municípios a obrigação de manter determinados serviços gratuitos."

Ora, em verdade, o dispositivo não impõe coisa alguma. Como já ficou assentado ao longo dos comentários dos artigos iniciais do Código do Consumidor, referidas regras são muito mais de *cunho programático*, ao mesmo tempo em que fixam uma *diretriz*. Tanto assim que o título fala em "*política nacional de relações de consumo*", política essa que obviamente tem que ter *princípios básicos* e também os *meios ou instrumentos* para sua consecução.

Assim, quando o § 1º do art. 5º, que trata especificamente dos *meios* ou *instrumentos* para a execução da referida política nacional das relações de consumo, diz que a União, Estados, Distrito Federal e Municípios "manterão" órgãos de atendimentos para os consumidores, o que se pretendeu fazer foi *orientar* a política das referidas pessoas jurídicas de Direito Público no sentido de, no âmbito de suas atuações, somar esforços naquele sentido, mesmo porque são legitimados também ao ajuizamento de ações coletivas (art. 82 do Código). Lamentável, pois, o veto, cujos autores não atentaram para a diretriz geral do Código, e sequer se deram ao trabalho de lê-lo por inteiro, perdendo a trilha, por conseguinte, de sua sistemática, já que a simples leitura de um dispositivo isoladamente não é boa técnica de interpretação legislativa e, muito menos, técnica de elaboração de normas.

[9] FISCALIZAÇÃO DE PREÇOS PELA UNIÃO, ESTADOS, DISTRITO FEDERAL E MUNICÍPIOS – *Vetado* – Aqui uma vez mais lamentável a falta de visão e sobretudo ignorância dos autores do veto quanto ao próprio texto da legislação em vigor em matéria de regulamentação de preços, e, especificamente, a Lei Delegada nº 4, de 1962 (atualmente revogada pela Lei nº 13.874/2019), e sua regulamentação.

Diz o veto: "Cabe à lei que estabelecer o tabelamento, à vista de excepcional interesse público, indicar a autoridade competente para fiscalizá-lo. A cláusula prevista pelo § 2º outorga

---

[52] Conferir a Recomendação nº 125, de 24/12/2021, do CNJ, que dispõe sobre os mecanismos de prevenção e tratamento do superendividamento e a instituição de Núcleos de Conciliação e Mediação de conflitos oriundos de superendividamento, previstos na Lei nº 14.181/2021.

Art. 5º | CÓDIGO BRASILEIRO DE DEFESA DO CONSUMIDOR

atribuição genérica, incompatível com a segurança jurídica dos administrados, pois enseja a possibilidade de ser o mesmo fato objeto de fiscalizações simultâneas pelos diferentes órgãos."

Nada mais esdrúxulo e inexato. Senão, vejamos.

O próprio art. 10 da Lei Delegada nº 4, de 26.9.62 (atualmente revogada pela Lei nº 13.874/2019), dizia, textualmente, o seguinte:

"*Art. 10.* Compete à União dispor, normativamente, sobre as condições e oportunidades de uso dos poderes conferidos nesta lei, *cabendo aos Estados a execução das normas baixadas e a fiscalização do seu cumprimento, sem prejuízo de idênticas atribuições fiscalizadoras reconhecidas à União.*

§ 1º A União exercerá suas atribuições através de ato do Poder Executivo ou por intermédio dos órgãos federais a que atribuir tais poderes.

§ 2º Na falta de instrumentos administrativos adequados, por parte dos Estados, a União encarregar-se-á dessa execução e fiscalização.

§ 3º No Distrito Federal e nos Territórios, a União exercerá todas as atribuições para a aplicação desta lei."

Onde, pois, a irregularidade apontada?

Diga-se ainda neste aspecto que, durante o chamado Plano Bresser, pela sistemática do Decreto-Lei nº 2.335/87 e outros que o foram modificando, até o de nº 2.339, atribuiu-se quase toda a responsabilidade de fiscalização aos Estados e Municípios mediante convênios, vindo recentemente o Ministério da Economia a expedir portarias reafirmando a possibilidade de convênios entre a SUNAB e Estados ou Municípios para exatamente procederem à fiscalização, eis que notória a deficiência da referida SUNAB – sobretudo pela falta de pessoal e equipamentos necessários ao cumprimento da fiscalização de tudo que diga respeito ao abastecimento e preços.[53]

Com a extinção da SUNAB, por força da Medida Provisória nº 1.576-1, de 3.7.97, sobrevindo sua liquidação pelo Decreto Federal nº 2.280, de 24.7.97, os PROCONs e CEDECONs, consoante o Decreto Federal nº 2.181/97, que regulamentou o Código de Defesa do Consumidor, passaram a integrar o Sistema Nacional de Defesa do Consumidor, e deverão assumir a responsabilidade de fiscalização das relações de consumo no âmbito administrativo. Cabe-lhes, em última análise, a autuação dos infratores que venham a desrespeitar os limites estabelecidos pelo citado decreto, como também se verá em tópico específico destes comentários.

---

[53] Cf. a Portaria Super-SUNAB nº 53, de 10 de dezembro de 1990, que consolidou todas as normas de controle e preços e abastecimento existentes desde a Lei Delegada nº 5, de 26.9.62 (revogada pela Lei nº 9.618/1998). Referida Portaria foi sucessivamente alterada por outras, culminando com a Portaria Super-SUNAB nº 2/96 (atualmente revogada, diante da extinção dessa superintendência), que trazia normas específicas de comercialização e prestação de serviços.

Capítulo III
DOS DIREITOS BÁSICOS DO CONSUMIDOR

José Geraldo Brito Filomeno

Art. 6º São direitos básicos do consumidor: [1]

I – a proteção da vida, saúde e segurança contra os riscos provocados por práticas no fornecimento de produtos e serviços considerados perigosos ou nocivos; [2]

II – a educação e divulgação sobre o consumo adequado dos produtos e serviços, asseguradas a liberdade de escolha e a igualdade nas contratações; [3]

III – a informação adequada e clara sobre os diferentes produtos e serviços, com especificação correta de quantidade, características, composição, qualidade, tributos incidentes e preço, bem como sobre os riscos que apresentem; [4]

IV – a proteção contra a publicidade enganosa e abusiva, métodos comerciais coercitivos ou desleais, bem como contra práticas e cláusulas abusivas ou impostas no fornecimento de produtos e serviços; [5]

V – a modificação das cláusulas contratuais que estabeleçam prestações desproporcionais ou sua revisão em razão de fatos supervenientes que as tornem excessivamente onerosas; [6]

VI – a efetiva prevenção e reparação de danos patrimoniais e morais, individuais, coletivos e difusos; [7]

VII – o acesso aos órgãos judiciários e administrativos, com vistas à prevenção ou reparação de danos patrimoniais e morais, individuais, coletivos ou difusos, assegurada a proteção jurídica, administrativa e técnica aos necessitados; [8]

VIII – a facilitação da defesa de seus direitos, inclusive com a inversão do ônus da prova, a seu favor, no processo civil, quando, a critério do juiz, for verossímil a alegação ou quando for ele hipossuficiente, segundo as regras ordinárias de experiências; [9][9a][9b]

IX – Vetado – a participação e consulta na formulação das políticas que os afetem diretamente, e a representação de seus interesses por intermédio das entidades públicas ou privadas de defesa do consumidor; [10]

Art. 6º | CÓDIGO BRASILEIRO DE DEFESA DO CONSUMIDOR

X – a adequada e eficaz prestação dos serviços públicos em geral; [11] [11a]

XI – a garantia de práticas de crédito responsável, de educação financeira e de prevenção e tratamento de situações de superendividamento, preservando o mínimo existencial, nos termos da regulamentação, por meio da revisão e da repactuação da dívida, entre outras medidas; [12] (dispositivo introduzido pela Lei nº 14.181, de 1º-7-2021)

XII – a preservação do mínimo existencial, nos termos da regulamentação, na repactuação de dívidas e na concessão de crédito; [13] (dispositivo introduzido pela Lei nº 14.181, de 1º-7-2021)

XIII – a informação acerca dos preços dos produtos por unidade de medida, tal como por quilo, por litro, por metro ou por outra unidade, conforme o caso. [14] (dispositivo introduzido pela Lei nº 14.181, de 1º-7-2021)

Parágrafo único. A informação de que trata o inciso III do *caput* deste artigo deve ser acessível à pessoa com deficiência, observado o disposto em regulamento. [15]

COMENTÁRIOS

[1] DIREITOS DO CONSUMIDOR – Conforme pondera Gérard Cas,[1] "a sociedade industrial engendrou uma nova concepção de relações contratuais que têm em conta a desigualdade de fato entre os contratantes".

E conclui que, dessa forma, "o legislador procura proteger os mais fracos contra os mais poderosos, o leigo contra o melhor informado; os contratantes devem sempre curvar-se diante do que os juristas modernos chamam de 'ordem pública econômica'". Assim, continua, "depois de ter se manifestado com grande nitidez nas relações entre empregadores e assalariados, a diminuição da liberdade contratual concentra-se hoje nas relações de consumo que se estabelecem entre profissionais fornecedores ou distribuidores de produtos e serviços, e os usuários particulares".

Prossegue ainda o citado autor dizendo que, nos países que permaneceram fiéis a uma economia fundada na livre iniciativa, a organização das relações econômicas estabelecidas pelo Estado responde às necessidades de uma sociedade que não aboliu as regras jurídicas tradicionais.

Assim, na França, por exemplo, os textos de inspiração dirigente da economia do Estado, regendo o consumo, coexistem com o Código Civil, nascido da filosofia ultraliberal do século XVIII, onde figura ainda em lugar destacado o princípio da liberdade contratual plena e absoluta, tendo como parâmetro a plena autonomia da vontade individual (*"laissez-faire, laissez-passer"*).

Subsiste, por conseguinte, o princípio da plena liberdade contratual, sobrevindo, porém, diversos outros instrumentos reguladores visando exatamente a impedir as chamadas "cláusulas abusivas" ou "potestativas", como se verá em passo oportuno destes comentários.

No que diz respeito à tutela coletiva dos consumidores, por exemplo, a chamada *action d'intérêt publique* é ajuizada em sua maior parcela por associações de consumidores, mediante prévia autorização do Ministério Público, que fixava até mesmo os limites e alcance

---

[1] La défense du consommateur, Paris, Presses Universitaires de France, 1980, p. 9.

Capítulo III · DOS DIREITOS BÁSICOS DO CONSUMIDOR | Art. 6º

do pedido, e tinha por objeto quase que exclusivamente a imposição de fazer ou não fazer alguma coisa.

Só excepcionalmente tinha preceito condenatório, e assim mesmo para impor-se ao fornecedor condenado uma indenização simbólica (*un franc*), ou então, ao que fez propaganda enganosa ou abusiva, uma indenização suficiente para fazer-se a "contrapropaganda", nos termos da célebre "Lei Royer", de 1973.

Anotam Jean Calais-Auloy e Frank Steinmetz, entretanto,[2] referindo-se às ações coletivas exercidas pelas mencionadas associações, que:

"O art. 46 da Lei Royer marcou, sem qualquer dúvida, um avanço importante do direito do consumidor. Entre um consumidor quase impotente e um Ministério Público frequentemente indiferente, a associação era o órgão mais apto a fazer respeitar os direitos dos consumidores. De fato, as associações instituídas, tanto locais como regionais, propuseram numerosas ações depois que seu direito foi melhor reconhecido. Entretanto, uma espécie de frenagem foi imposta em 1985 ao desenvolvimento da ação das associações: a Corte de Cassação entendeu que a expressão 'ação civil' não poderia designar senão a ação de reparação de um dano causado por uma infração penal. Este julgado, fundado sobre um argumento de texto discutível, abria uma brecha na defesa dos consumidores: a parte não repressiva do direito do consumidor escapava da ação das associações. Parte que não é nada desprezível: pois aí se encontram notadamente os dispositivos que cuidam das cláusulas abusivas. Para encobrir a brecha aberta em 1985 pela Corte de Cassação, o art. 46 da lei de 27 de dezembro de 1973 foi derrogado e substituído pela lei de 5 de janeiro de 1988, relativa às ações judiciais das associações de consumidores. O sistema foi complementado pela lei de 18 de janeiro de 1992, que instituiu a ação de representação conjunta. O conjunto das disposições em questão foi transferido em 1993 para o Código de Consumo (art. L. 411-1 a L. 422-3)."

E, após outras ponderações a respeito da *modernização das ações propostas coletivamente* por associações de consumidores, ponderam:

"Existem duas categorias de ações que podem ser propostas pelas associações de consumidores. Aquelas, cuja origem remonta a 1973, são exercidas no interesse coletivo dos consumidores, assim entendido como um interesse que se sobrepõe aos interesses individuais, e que não se confunde com eles. Outras ações, instituídas em 1992, consistem em as associações representarem os interesses individuais agrupados de diversos consumidores."

Pelos exemplos ofertados pelos renomados autores, a grande novidade que se operou em França, a partir de 1988, com a modificação da "Lei Royer", de 1973, e principalmente em 1992, com o assim chamado Código de Consumo ("*Code de la Consommation*"), foi o reconhecimento não apenas da tutela dos interesses difusos, como também dos coletivos e individuais homogêneos, nesse aspecto bastante semelhante às *class actions* do Direito norte-americano. Vê-se que a questão, além de ampla, revela-se sempre em ebulição, e sempre em busca de uma harmonização de normas preexistentes às de caráter consumerista.

Ao tratar da proteção jurídica do consumidor, Eduardo Polo[3] também aponta para o caráter interdisciplinar do chamado "Direito dos Consumidores" e, por conseguinte, de difícil sistematização, ou então seria impossível apagar-se todos os demais direitos ou in-

---

[2]   Droit de la consommation, 4. ed., Paris, Dalloz, 1996, p. 471 e segs.
[3]   La proteción del consumidor en el Derecho Privado, Madrid, Editoral Civitas S.A., 1980, p. 22.

Art. 6º | CÓDIGO BRASILEIRO DE DEFESA DO CONSUMIDOR

teresses espalhados por inúmeros diplomas legais, substituindo-os por um Código único e completo.

E, com efeito, conforme acentuado pelo mencionado autor, "a defesa e proteção do consumidor constitui-se hoje em dia num dos temas mais extraordinariamente amplos e que afeta e se refere a casos de todos os setores do ordenamento jurídico".

"A variedade das normas que tutelam – ou deveriam tutelar", prossegue, "– o consumidor, pertencem não somente ao Direito Civil e Comercial, como também ao Direito Penal e ao Processual, ao Direito Administrativo e inclusive ao Direito Constitucional, determinou que os limites desse setor de interesses sejam pouco precisos, e por que não se dizer vagos e difusos".

E, em face de tal amplitude de interesses com que se deparam todos quantos se dediquem ao estudo do que preferimos chamar "direitos e interesses do consumidor", e não *direito do consumidor*, o autor em pauta acaba por apontar para a dificuldade de delimitar-se o campo de atuação dos referidos direitos, a saber: "Situados nessa perspectiva, tudo hoje em dia é direito do consumidor: o direito à saúde e à segurança; o direito de defender-se contra a publicidade enganosa e mentirosa; o direito de exigir as quantidades e qualidades prometidas e pactuadas; o direito de informação sobre os produtos, os serviços e suas características, sobre o conteúdo dos contratos e a respeito dos meios de proteção e defesa; o direito à liberdade de escolha e à igualdade na contratação; o direito de intervir na fixação do conteúdo do contrato, o direito de não se submeter às cláusulas abusivas; o direito de reclamar judicialmente pelo descumprimento ou cumprimento parcial ou defeituoso dos contratos; o direito à indenização pelos danos e prejuízos sofridos; o direito de associar-se para a proteção de seus interesses; o direito de voz e representação em todos os organismos cujas decisões afetem diretamente seus interesses; o direito, enfim, como usuários, a uma eficaz prestação dos serviços públicos e até mesmo à proteção do meio ambiente."

E, como bem salientado também por Othon Sidou,[4] diante de tão complexa matéria, "quem se aventurasse, nesta ordem lógica de raciocínio, a fazer uma lei completa na espécie, correria parelhas com os alquimistas do passado, na busca da pedra filosofal, ou com os físicos ainda hóspedes dos manicômios na cata do moto contínuo".

Com toda razão também Denise Baumann[5] observa que o chamado "Direito do Consumidor", na verdade, não é um sistema coerente de normas, concebido com o propósito de regulamentar as relações entre produtores e distribuidores, de um lado, e o consumidor de outro.

É, isto sim, pondera, "um conjunto de normas difusas, de origem um tanto diversificada, de textos especiais recentes ou de textos antigos, forçados e esdrúxulos, de construções jurisprudenciais e de análises doutrinárias, e que se referem, de quando em quando, ao Direito Civil, ao Direito Comercial e ao Direito Penal".

Conforme sintetizado por Thierry Bourgoignie,[6] "ele (o Direito do Consumidor) vale pelo reconhecimento de um sem-número de direitos ao consumidor e pela elaboração de um conjunto normativo específico, para a realização dos objetivos do movimento que visa a assegurar a promoção dos interesses do consumidor".

Eis, pois, toda a síntese da filosofia que animou os membros da comissão especial do extinto Conselho Nacional de Defesa do Consumidor ao elaborarem o anteprojeto do Código ora sob análise.

---

[4] Proteção ao consumidor, Rio de Janeiro, Forense, 1977, p. 3.
[5] Droit de la consommation, Paris, Librairies Techniques, 1975.
[6] Revue Internacionale de Droit Comparé, nº 3, 1982.

Capítulo III · DOS DIREITOS BÁSICOS DO CONSUMIDOR | **Art. 6º**

O art. 6º do mesmo Código, portanto, é uma *síntese* do que o intérprete irá encontrar nos dispositivos de Direito Material e Processual, já a partir do art. 8º, sem falar-se no art. 7º, de que também se cuidará neste passo, e que norteia igualmente o aplicador das normas de proteção ou defesa do consumidor, ao tratar das *fontes dos direitos do consumidor*, fontes tais que igualmente refletem o seu caráter amplo, interdisciplinar e complexo.

A Organização das Nações Unidas, a seu turno, promulgou a Resolução nº 39/248, isto em 10.4.85, resolução essa que também se refere àqueles direitos fundamentais dos consumidores, direitos esses universais e indisponíveis, fazendo eco, aliás, com a própria doutrina dos direitos humanos.

Como princípios gerais, diz o item 2 da referida Resolução ONU nº 39/248 que "os governos devem desenvolver, reforçar ou manter uma política firme de proteção ao consumidor, considerando as normas abaixo discriminadas", acrescentando ainda que, ao fazê-lo, "cada governo deve determinar suas próprias prioridades para a proteção dos consumidores, de acordo com as circunstâncias econômicas e sociais do país e as necessidades de sua população, verificando os custos e benefícios das medidas propostas".

É no item 3 que se encontra a síntese das *normas de proteção* a que alude o de nº 2, a saber:

"3. As normas servirão para atingir as seguintes necessidades:

a) proteger o consumidor quanto a prejuízos à saúde e segurança;

b) fomentar e proteger os interesses econômicos dos consumidores;

c) fornecer aos consumidores informações adequadas para capacitá-los a fazer escolhas acertadas de acordo com as necessidades e desejos individuais;

d) educar o consumidor;

e) criar possibilidade de real ressarcimento ao consumidor;

f) garantir a liberdade para formar grupos de consumidores e outros grupos ou organizações de relevância e oportunidades para que estas organizações possam apresentar seus enfoques nos processos decisórios a ela referentes."[7]

Referidos direitos fundamentais ou básicos, aliás, já haviam sido propostos pelo presidente John Kennedy, em célebre declaração feita em 15 de março de 1962, sendo nesta data, por sinal, que se comemora o Dia Internacional do Consumidor.

Um dos temas mais atuais diz respeito ao chamado *"consumo sustentável"*,[8] eleito pela ONU, mediante a Resolução nº 1.995-53, de julho de 1995, como um dos direitos-deveres dos consumidores, o que consubstanciaria o sexto direito do consumidor, universalmente considerado. Com efeito, a constatação evidente que se faz é que, enquanto as necessidades do homem são em princípio ilimitadas, sobretudo se se tiver em conta a ciência de *marketing* e a publicidade, além do processo tecnológico, *são limitados os recursos naturais disponíveis*.

Daí a necessidade de se incutir no homem, desde jovem, a preocupação em proceder ao consumo responsável e, sobretudo, sustentável de produtos e serviços.

Nesse sentido, elaboramos cartilha em linguagem bastante simples na educação de jovens, em projeto pioneiro coordenado pelo PROCON-SP.

Nela enfocamos, basicamente, a questão dos cuidados que todos devem ter na utilização de produtos, por exemplo, cujas embalagens não sejam recicláveis ou biodegradáveis.

---

[7]   Vide íntegra da Resolução ONU nº 39/248, in nosso "Manual de direitos do consumidor", 6. ed., Atlas, p. 526-531.

[8]   A esse respeito, verificar Lei nº 13.186/2015, que institui a Política de Educação para o Consumo Sustentável.

Art. 6º | CÓDIGO BRASILEIRO DE DEFESA DO CONSUMIDOR

Outra preocupação prende-se igualmente a produtos considerados altamente prejudiciais ao meio ambiente, e por isso mesmo evitados, tais como o gás conhecido pela sigla CFC, ou seja, o cloro-flúor-carbono, utilizado na indústria de refrigeração e ar condicionado, agrotóxicos na agricultura, detergentes e sabões não biodegradáveis etc.

A reutilização e reciclagem de papéis, ainda à guisa de exemplificação, mereceu atenção especial, já que a produção de celulose compromete milhões de árvores, que certamente devem ser substituídas por outras.

Outra questão relevante diz respeito aos detritos sólidos, que são o maior problema hoje enfrentado no mundo, e que demanda, além de outras providências sérias, a reciclagem de papéis, embalagens metálicas, de plástico e material orgânico.

Enfim, procurou-se instrumentalizar o PROCON com noções bastante realistas a respeito do que já se convencionou chamar de "*política dos três erres*" (*i.e.*, RRR), a saber: a *redução* do consumo, pura e simplesmente, a *reutilização* de produtos, evitando-se o desperdício de recursos naturais, sua renovação, e a *reciclagem*, ou seja, o reaproveitamento dos próprios materiais visando-se ao consumo sustentável.

Nesse sentido, talvez a *água* seja um exemplo muito claro dessa absoluta e impostergável necessidade de proteção aos recursos naturais ainda disponíveis. E o livro escrito por Inácio de Loyola Brandão, intitulado *Não verás país nenhum*, por exemplo, embora seja uma obra de ficção, é impressionante ao falar sobre o verdadeiro crime que se pratica contra os recursos hídricos. Ele alerta, com efeito, que, por volta do primeiro quarto do século XXI, a água será tão rara, especialmente em São Paulo, em decorrência da poluição desenfreada, que as pessoas somente poderão ver o que sobrou dela no "*museu das águas*". Ou seja, grandes vidros com o resto das águas dos nossos principais rios e lagos, e um copo de água pura para beber custará uma verdadeira fortuna. O resto será "água reciclada de urina e esgoto em geral"!

Realmente, é chegada a hora de não só ecologistas, mas consumidores, os grandes responsáveis por esse estado de coisas, preocuparem-se com tudo isso e refletirem de que maneira ainda se poderá evitar essa catástrofe. Aliás, em São Paulo, os rios Tietê e Pinheiros, que cruzam a cidade, e outros do interior, mais parecem esgotos a céu aberto do que rios. Não é impossível, porém, revertermos essa situação. O rio Tâmisa, que cruza Londres, na Inglaterra, foi recuperado em cerca de 15 anos, e hoje já apresenta vida aquática.

A IOCU (*International Organization of Consumer's Unions*), hoje CI (*Consumer's International*), em conclave realizado em Montevidéu, em março de 1987, elaborou suas "recomendações e conclusões do seminário regional latino-americano e do Caribe sobre proteção do consumidor", repetindo as linhas traçadas pela ONU, e ao mesmo tempo exortando os países filiados a adotarem em sua legislação interna normas específicas de defesa ou proteção do consumidor, chegando mesmo a elaborar *anteprojeto de lei-tipo*, que serviu de base norteadora à mencionada comissão elaboradora do anteprojeto da lei brasileira que, já realidade, tem sido analisada por outros países que igualmente deverão atender às referidas recomendações, isto sobretudo na II Conferência da IOCU para a América Latina e Caribe, realizada em Santiago do Chile, de 19 a 24 de novembro de 1990. Na Conferência Regional da *Consumer's International*, em São Paulo, em setembro de 1995, apontaram-se os chamados "quatro pilares" atuais da defesa do consumidor, assim resumidos:

a) o aperfeiçoamento dos mecanismos jurídicos de proteção ao consumidor *e sua colocação à disposição da população consumidora mediante instrumentos adequados de acesso à justiça;*

b) a massificação da educação do consumidor, *ou seja, a divulgação dos avanços já alcançados nessa matéria por intermédio de novos espaços no sistema educacional formal e*

Capítulo III · DOS DIREITOS BÁSICOS DO CONSUMIDOR | Art. 6º

multiplicação das experiências educativas e capacitação ligadas às organizações sociais e populares;

c) esforços visando à melhoria da qualidade de produtos de alimentação e nutrição, *sobretudo com preocupação voltada à saúde e segurança dos consumidores; essa perspectiva deverá intensificar-se pelo funcionamento dos comitês do "Codex Alimentarius", Código internacional que regulamenta a qualidade e inocuidade dos alimentos, e sua implementação pela legislação dos países, que também devem ser dotados de instrumentos eficazes de fiscalização;*

d) o consumo sustentável e o desenvolvimento sustentado; *o desenvolvimento de um país, com efeito, não pode ser analisado à margem do conceito de consumo sustentável, por tratar-se de um fator que marca limites e possibilidades de desenvolvimento, porquanto os hábitos de consumo da população mundial são determinantes na hora de se avaliarem os níveis de sustentação ambiental; uma sociedade com hábitos de consumo racionais e sustentáveis estará mais bem preparada para definir estratégias de desenvolvimento com os princípios ambientais.*[9]

E, com efeito, conforme estudo divulgado pela WWF (Fundo Mundial para a Natureza) e reproduzido pelo jornalista Cláudio Ângelo ("Folha Ciência", de 21.10.2000, p. A-18): *"a humanidade está fazendo um saque a descoberto sobre os recursos naturais da Terra"*. Com efeito, o uso de recursos pelo homem já excedeu em 42,5% a capacidade de renovação da biosfera. *"Chamado 'Relatório Planeta Vivo 2000'",* revela a reportagem, *"o estudo se baseou no índice de pressão ecológica que cada habitante exerce sobre o planeta. A conclusão é que, para manter os padrões de consumo atuais de uma população de 6 bilhões de pessoas, seria necessária quase meia Terra a mais".*

Trata-se, por conseguinte, de um grave e urgente alerta no sentido de bem se equacionar o chamado "desenvolvimento e consumo sustentáveis"; o grande desafio da humanidade no que concerne à sua própria sobrevivência sobre o planeta, no próximo milênio.

[2] PROTEÇÃO DA VIDA, SAÚDE E SEGURANÇA – Têm os consumidores e terceiros não envolvidos em dada relação de consumo incontestável direito de não serem expostos a perigos que atinjam sua incolumidade física, perigos tais representados por práticas condenáveis no fornecimento de produtos e serviços.

E, em decorrência de tal direito, o Código elenca normas que exigem, por exemplo, a devida *informação* sobre os riscos que produtos e serviços possam apresentar, de maneira clara e evidente, ou simplesmente não colocá-los no mercado, se tais riscos forem além do que normalmente se espera deles (arts. 8º a 10 do Código).

Decorre ainda de tal direito o dever de os fornecedores *retirarem* do mercado produtos e serviços que venham a apresentar riscos à incolumidade dos consumidores ou terceiros, alheios à relação de consumo, e *comunicar* às autoridades competentes a respeito desses riscos, sem falar-se, evidentemente, do direito a uma *indenização cabal* por prejuízos decorrentes de tal *fato* do próprio produto, ou seja, responsabilidade advinda da simples colocação no mercado de produto ou prestação de serviços perigosos (cf., por exemplo, o § 3º do art. 10 e arts. 12 a 14, e os crimes contra as relações de consumo – arts. 61 e segs.).

[3] EDUCAÇÃO DO CONSUMIDOR – A educação de que cuida o inc. II do art. 6º do Código de Defesa do Consumidor deve ser aqui encarada sob dois aspectos: a) a *educação*

---

[9] *Revista Consumidores y Desarrollo*, Consumer's International (IC), Santiago, Chile, jan./fev. 1996, p. 4.

Art. 6º | CÓDIGO BRASILEIRO DE DEFESA DO CONSUMIDOR

formal, a ser dada nos diversos cursos desde o primeiro grau de escolas públicas ou privadas, aproveitando-se as disciplinas afins (por exemplo, educação moral e cívica, onde se tratará dos aspectos legais e institucionais; ciências, onde se cuidará da qualidade dos alimentos, da água e outros produtos essenciais, e assim por diante); b) *educação informal,* de responsabilidade desde logo dos próprios fornecedores quando, já mediante a ciência do *marketing,* como já acentuado noutro passo, e tendo-se em conta seus aspectos éticos, procurando bem *informar* o consumidor sobre as características dos produtos e serviços já colocados no mercado, ou ainda os que serão aí colocados à disposição do público consumidor. É indispensável, por conseguinte, que haja uma *ligação permanente,* ou um elo de comunicação constante entre fornecedores/consumidores para que esses últimos possam efetivamente ter acesso às informações sobre os produtos e serviços. Cabe igual responsabilidade aos *órgãos públicos* de proteção e defesa dos consumidores, bem como às *entidades privadas,* no sentido de promoverem debates, simpósios sobre os direitos dos consumidores, pesquisas de mercado, edição de livretos e cartilhas, enfim, tudo que esteja à sua disposição para bem informar o público consumidor.

Referido trabalho educativo não tem apenas a finalidade de alertar os consumidores com relação a eventuais perigos representados à sua saúde, por exemplo, na aquisição de alimentos com certas características que podem indicar sua deterioração, mas também para que se garanta ao consumidor *liberdade de escolha* e a almejada *igualdade de contratação,* informando-o previamente das condições contratuais, e para que ele não seja surpreendido posteriormente com alguma cláusula potestativa ou abusiva.

Apenas para exemplificar, tem sido de grande interesse para o público consumidor as pesquisas realizadas pela Secretaria de Defesa do Consumidor de São Paulo a respeito dos produtos da chamada "cesta básica", com divulgação diária, e comparando-se os preços dos aludidos produtos nos diversos supermercados da Grande São Paulo.

Pesquisa semelhante é feita pelo PROCON de Santa Catarina, em convênio com o órgão oficial de processamento de dados, tendo até uma grande rede de supermercados colaborado mediante a instalação em suas lojas de terminais de computadores que, acionados pelo próprio consumidor, permitem-no saber, instantaneamente, quais os produtos que ali mesmo estão mais baratos do que em outros locais ou não, podendo, destarte, fazer sua livre escolha.

[4] INFORMAÇÃO SOBRE PRODUTOS E SERVIÇOS – Em verdade, aqui se trata de um detalhamento do inc. II do art. 6º ora comentado, pois que se fala expressamente sobre especificações corretas de quantidade, características, composição, qualidade e preço, bem como sobre os riscos que apresentem, obrigação específica dos fornecedores de produtos e serviços.

Trata-se, repita-se, do dever de *informar* bem o público consumidor sobre todas as características importantes de produtos e serviços, para que aquele possa adquirir produtos, ou contratar serviços, sabendo exatamente o que poderá esperar deles.[10]

[5] PUBLICIDADE ENGANOSA E ABUSIVA, PRÁTICAS COMERCIAIS CONDENÁVEIS – Tal proteção é conferida ao consumidor a partir do art. 30 do Código, quando trata a oferta como um dos aspectos mais relevantes do mercado de consumo, atribuindo-lhe o caráter *vinculativo,* ou seja, tudo que se diga a respeito de um determinado produto ou serviço deverá corresponder exatamente à expectativa despertada no público consumidor, com as consequências elencadas na Seção II do Capítulo V (Das Práticas Comerciais).

---

[10] O Decreto nº 8.264/2014 dispõe sobre as medidas de esclarecimento ao consumidor quanto à carga tributária incidente sobre mercadorias e serviços.

A publicidade, tratada especificamente como espécie de oferta, é tratada em seção autônoma, dada sua evidente importância no mercado consumidor, definindo-se a modalidade enganosa e a abusiva, igualmente suscetíveis de consequências bastante severas, quer no âmbito civil, quer no administrativo ("contrapropaganda" – art. 56, inc. XII).

As Seções IV, V e VI do mesmo Capítulo V do Código do Consumidor cuidam da proteção elencada no inc. IV do art. 6º, descrevendo condutas condenáveis sobretudo ao ensejo da contratação, na cobrança de dívidas contraídas pelo consumidor e no registro de dados desabonadores sobre si.

[6] CLÁUSULAS CONTRATUAIS ABUSIVAS – Aqui se cuida, em Capítulo especial, de nº VI (Da Proteção Contratual), e expressamente, de amparar o consumidor ante os contratos, e ainda mais particularmente aos chamados "contratos de adesão", reproduzidos aos milhões, como no caso das obrigações bancárias, por exemplo, e que podem surpreender aquele com cláusulas iníquas e abusivas, dando-se então preponderância à questão de informação prévia sobre o conteúdo de tais cláusulas, fulminando-se, outrossim, de nulidade, as cláusulas abusivas, elencando o art. 51, dentre outras que possam ocorrer, as mais comuns no mercado de consumo.

Além da informação que o contratante-fornecedor deve prestar ao consumidor-contratante potencial (art. 46), prevê-se claramente a interpretação mais favorável ao consumidor, na hipótese de cláusula obscura ou com vários sentidos (art. 47).

Trata ainda o Código dos pré-contratos, que passam a vincular as vontades (art. 48), afastando-se de vez a tormentosa questão suscitada nos tribunais, por exemplo, no caso dos compromissos de compra e venda de imóveis inscritos ou não inscritos, para fins de outorga compulsória da escritura definitiva.

Outra questão bem suscitada no art. 49[11] diz respeito à possibilidade de desistência de certa compra feita em locais que não os de vendas ou prestação de serviços, mas no domicílio

---

[11] Conforme disposto no art. 8º da Lei Federal nº 14.010, do dia 10 de junho de 2020, em decorrência da pandemia do Coronavírus, esse dispositivo passou a ter a seguinte redação, embora com vigência limitada: *"Até o dia 30 de outubro de 2020, fica suspensa a aplicação do art. 49 do Código de Defesa do Consumidor na hipótese de entrega domiciliar* (delivery) *de produtos perecíveis ou de consumo imediato e de medicamentos"*. Ora, o Código de Defesa do Consumidor – Lei Federal nº 8.078, de 11 de setembro de 1990, é decorrente de cláusula pétrea da Constituição Federal de 1988, ou seja: *"Art. 5º (...) XXXII – o Estado promoverá, na forma da lei, a defesa do consumidor"*. Tenha-se em conta, exatamente por isso mesmo, que o Código de Defesa do Consumidor é lei de ordem pública e interesse social, não sendo admitida qualquer investida e contrariedade aos seus preceitos, nem acordo entre partes interessadas contrárias aos seus dispositivos. Impende ainda salientar que o mencionado dispositivo do seu art. 49, ao prescrever que *"o consumidor pode desistir do contrato, no prazo de 7 dias a contar de sua assinatura ou do ato de recebimento do produto ou serviço sempre que a contratação de fornecimento de produtos e serviços ocorre fora do estabelecimento comercial, especial por telefone ou a domicílio"*, está a garantir a observância de dois princípios fundamentais da tutela consumerista, ou seja: a vulnerabilidade do consumidor (art. 4º, inc. I) diante dos seus fornecedores, e a *boa-fé*, que deve presidir toda e qualquer relação jurídica, notadamente a formulada entre personagens tão díspares em poder econômico (cf. art. 4º, inc. III). A razão principal e pragmática do referido dispositivo é, em última análise, garantir ao consumidor que, tendo adquirido produtos ou contratado serviços fora do estabelecimento comercial – hoje, em razão da pandemia do Covid-19 uma realidade evidente, quando as compras *on-line* cresceram exponencialmente –, possa trocá-los ou então rescindir o contrato de compra e venda subjacente, já que não teve oportunidade de tocar, experimentar ou examinar o produto que adquiriu antes da tradição. No caso da desastrosa lei ora sob comento, certamente elaborada por alguém sem o mínimo conhecimento de direito consumerista e constitucional, além da questão de ordem pública e interesse social, está se falando de bens essenciais e que dizem respeito à saúde dos consumidores, produtos perecíveis (*i.e.*, alimentos, certamente) e medicamentos. Ora, pela antiga, porém plenamente vigente, Lei de Crimes contra a Economia Popular (Lei Federal nº 1.521, de 1951),

Art. 6º | CÓDIGO BRASILEIRO DE DEFESA DO CONSUMIDOR

do consumidor, ou em seu local de trabalho. Neste caso, o consumidor poderá desistir do negócio no prazo de sete dias. Deve ficar, todavia, bem claro que nesse caso se visa a obstar as chamadas "vendas sob pressão", em que sobretudo a dona de casa, atarefada em seus afazeres domésticos, é bombardeada com propostas de vendedores de porta a porta, ou então por telefone, tendo nenhum tempo disponível para discutir até a necessidade da aquisição de determinados produtos ou a contratação de certos serviços, valendo-se exatamente de tais apuros os espertos vendedores para empurrar aos consumidores desavisados toda a espécie de produtos e serviços, muitos deles de qualidade duvidosa.

A garantia (art. 50) outorgada por fabricantes finalmente foi disciplinada e erigida à categoria de cláusula contratual e complementar à legal, e somente conferida mediante termo escrito, e que conterá os requisitos elencados no parágrafo único do art. 50.

Fica ainda definitivamente consagrada entre nós a cláusula *rebus sic stantibus*, implícita em qualquer contrato, sobretudo nos que impuserem ao consumidor obrigações iníquas ou excessivamente onerosas.

[7 e 8] PREVENÇÃO E REPARAÇÃO DE DANOS INDIVIDUAIS E COLETIVOS E ACESSO À JUSTIÇA – O Título III do Código cuida da Defesa do Consumidor em Juízo, abrindo-lhe a oportunidade de fazer valer seus interesses, sobretudo de natureza coletiva, e mediante a ação de órgãos e entidades com legitimidade processual para tanto, sem prejuízo dos pleitos de cunho nitidamente individuais.

Quando se fala em *prevenção* de danos, fala-se certamente, em primeiro lugar, nas atitudes que as próprias empresas fornecedoras de produtos e serviços devem ter para que não venham a ocorrer danos ao consumidor ou a terceiros, como já ficou claro em passos anteriores.

Nesse ponto, merece especial destaque o procedimento conhecido por *recall*, que vem a ser aquele pelo qual o próprio fabricante de produtos de consumo duráveis conclama seus consumidores a comparecerem geralmente às agências concessionárias, de molde a trocarem

---

art. 2º, parágrafo único: *"Parágrafo único – Na configuração dos crimes previstos nesta lei, bem como na de qualquer outro de defesa da economia popular, sua guarda e seu emprego considerar-se-ão como de primeira necessidade ao consumo do povo, os gêneros, artigos, mercadorias e qualquer outra espécie de coisas ou bens indispensáveis à subsistência do indivíduo em condições higiênicas e ao exercício normal de suas atividades. Estão compreendidos nesta definição os artigos destinados à alimentação, ao vestuário, e à iluminação, os terapêuticos ou sanitários, o combustível, a habitação e os materiais de construção"*. Ora, para o redator do desastrado artigo da péssima lei em questão, irônica ou ignorantemente, os materiais de construção e o vestuário são mais importantes (em tese), à vista do elenco de produtos essenciais acima mencionados, do que os alimentos e medicamentos! Pode-se trocar um par de calças ou um azulejo quebrado, mas alimentos e medicamentos não! Ou seja, além de chocar-se com o dispositivo da Constituição Federal que trata dos direitos do consumidor – cláusula pétrea, repita-se –, choca-se com o art. 196 da mesma Carta Constitucional, que diz ser a saúde um direito de todos e dever do estado. Imagine-se, por exemplo – não raro de acontecer, aliás –, que uma pessoa encomende à farmácia um determinado medicamento de uso contínuo para diabetes, mas receba um outro completamente diverso. O que fazer? Pelo famigerado novo artigo 49 do Código do Consumidor NADA. Ou seja: terá de ficar com o remédio inútil para a respectiva etiologia, sofrendo prejuízo econômico e, o que é pior, à sua saúde. Da mesma forma se diga com relação a alimentos perecíveis (que pelo Código do Consumidor podem ser trocados em até 30 dias em caso de impropriedade, por exemplo), encomendados *on-line,* mas que não correspondem àqueles pretendidos. Por exemplo: arroz, feijão em quantidades ou qualidades diversas da pretendidas pelo consumidor, tipos de carnes, legumes, verduras, frutas, leite etc. Nada poderá fazer o consumidor. Terá, literalmente, de *engolir* os produtos indesejados e ainda amargar eventuais prejuízos econômicos. Destarte, trata-se de rematado absurdo e que estaria a merecer a competente ação de declaração de manifesta inconstitucionalidade. E, nesse sentido, fizemos representação direta à Procuradoria-Geral da República, no sentido de que se propuesse a competente ação. Nossa representação, contudo, foi arquivada, sob o argumento de que não seria a via apropriada. De qualquer forma, teve duração curta.

peças defeituosas. E o que se tem observado é que tem sido cada vez maior sua prática entre os fornecedores desses bens, notadamente de veículos, mas também de aparelhos eletrodomésticos.

Ao Poder Público, entretanto, cabe enorme responsabilidade, ainda no aspecto da prevenção, tratando o Código do Consumidor, a partir do art. 55, de aspectos administrativos da defesa do consumidor.

É certo que referidos dispositivos tratam de infrações de caráter administrativo.

Todavia, à medida que as autoridades incumbidas da fiscalização de certo setor produtivo (vigilância sanitária, por exemplo) não autorizam desde logo a fabricação de um medicamento cujo fator risco suplanta o fator benefício, então aí se terá obtido o efeito preventivo de proteção à saúde do público consumidor em geral.

E, da mesma maneira, tal se verifica quando o fornecedor, ao tomar conhecimento de tal risco, comunica-se imediatamente com a autoridade competente que, por seu turno, toma as providências cabíveis.

Se falham tais mecanismos, todavia, há ainda o instrumento processual, sobretudo no âmbito das medidas cautelares, para que ainda aí, preventivamente, se evite o *eventus damni*.

Repressivamente, no entanto, estão as sanções administrativas, bem como as infrações penais, cuidadas cada qual em passos específicos destes comentários ao Código Brasileiro de Defesa do Consumidor, a indicar que os fornecedores devem envidar esforços no sentido de que isso não seja necessário.

No âmbito da *reparação*, o que o Código se prontifica a fazer é dotar o consumidor, sobretudo organizado, de instrumentos processuais dos mais modernos e eficazes, para que se dê a prevenção de danos, como já atrás assinalado, bem como sua reparação.[12]

E, nesse sentido, além de pleitos individuais, merecem destaque as ações coletivas, de modo geral, que visam à tutela dos chamados "interesses difusos" dos consumidores, "interesses coletivos" propriamente ditos e "individuais homogêneos de origem comum" (*vide* art. 81).

A assistência aos necessitados, como já acentuado, será tarefa das mais importantes a ser desempenhada pelas "defensorias públicas".

[9] A INVERSÃO DO ÔNUS DA PROVA – Preferimos recorrer a exemplos práticos para explicar de forma sucinta, porquanto o comentário desse aspecto, ora apenas enunciado, esta-

---

[12] Nesse caso de reparação, pode haver, além dos danos *materiais*, danos de ordem *moral*, como decidido no REsp nº 324.629/MG, tendo como relatora a ministra Nancy Andrighi, 3ª Turma do STJ, j. de 10.12.2002 (*DJ* de 28.4.2003, p. 198, RSTJ vol. 186, p. 313 e RT vol. 818, p. 168): "Direito do Consumidor. Recurso Especial. Ação de conhecimento sob o rito ordinário. Aquisição de automóvel zero-quilômetro. Vícios do produto solucionados pelo fabricante no prazo legal. Danos morais. Configuração. *Quantum* fixado. Redução. Honorários advocatícios. Sucumbência recíproca. – O vício do produto ou serviço, ainda que solucionado pelo fornecedor no prazo legal, poderá ensejar a reparação por danos morais, desde que presentes os elementos caracterizadores do constrangimento à esfera moral do consumidor. – Se o veículo zero-quilômetro apresenta, em seus primeiros meses de uso, defeitos em quantidade excessiva e capazes de reduzir substancialmente a utilidade e a segurança do bem, terá o consumidor direito à reparação por danos morais, ainda que o fornecedor tenha solucionado os vícios do produto no prazo legal. – Na linha de precedentes deste Tribunal, os danos morais, nessa hipótese, deverão ser fixados em quantia moderada (salvo se as circunstâncias fáticas apontarem em sentido diverso), assim entendida aquela que não ultrapasse a metade do valor do veículo novo, sob pena de enriquecimento sem causa por parte do consumidor. – Se o autor deduziu três pedidos e apenas um foi acolhido, os ônus da sucumbência deverão ser suportados reciprocamente, na proporção de 2/3 (dois terços) para o autor e de 1/3 (um terço) para o réu. – Recurso especial a que se dá parcial provimento".

Art. 6º | CÓDIGO BRASILEIRO DE DEFESA DO CONSUMIDOR

rá a cargo de outros ilustres comentaristas, a questão da inversão do ônus da prova menciona-da no inc. VIII do art. 6º que ora se comenta.[13]

Suponha-se que um automóvel, com grave defeito de fabricação das rodas de liga leve, cuja fabricação tem que obedecer a rígidos requisitos ditados pelo CONTRAN (Resolução nº 545/78), venha a capotar e causar sérios danos pessoais ao usuário, além de outros, materiais, exatamente em decorrência da fratura de uma delas.

O primeiro aspecto a analisar é a questão individual daquele adquirente/consumidor/usuário do veículo e, no caso, ainda vige em sua plenitude, até passar a vigorar o Código sob exame, o teor do art. 159 do Código Civil, segundo o qual a responsabilidade decorre do fato, aliado ao elemento subjetivo consistente em dolo em determinada ação ou omissão, ou então culpa (negligência, imprudência ou imperícia).[14]

Dessa forma, a vítima tem que provar, além do dano, do nexo causal entre este e a atitude do fabricante/montador do carro, sua culpa, no caso, por presunção de não ter tido o cuidado suficiente de escolher (*in eligendo*) adequadamente a roda que ia colocar no veículo, ou então por não tê-la submetido a rigoroso controle de qualidade, já que se trata de item de segurança, tudo para eventualmente fazer jus o consumidor a uma indenização.

Já com a inversão do ônus da prova, aliada à chamada "culpa objetiva", não há necessidade de provar-se dolo ou culpa, valendo dizer que o simples fato de se colocar no mercado um veículo naquelas condições que acarrete, ou possa acarretar danos, já enseja uma indenização, ou procedimento cautelar para evitar os referidos danos, tudo independentemente de se indagar de quem foi a negligência ou imperícia, por exemplo.

É evidente, entretanto, que não será em qualquer caso que tal se dará, advertindo o mencionado dispositivo, como se verifica de seu teor, que isso dependerá, a critério do juiz, da verossimilhança da alegação da vítima e segundo as regras ordinárias de experiência.

Ou, melhor explicando e socorrendo-nos mais uma vez de exemplos: se o acidente se verificou não por imprudência do motorista ou por um buraco na pista, fatores tais que eventualmente também poderiam ter causado a quebra da roda, é evidente que se pressupõe desde logo que aquilo se deu pela má qualidade de sua fundição, cabendo ao fabricante da própria roda, ou então ao montador do veículo, aí sim, provar que não colocou o veículo no mercado, ou então que a culpa foi de terceiro, e assim por diante.

O que normalmente, ainda na conclusão do exemplo dado, se espera é que o veículo, em condições normais, não apresente tal anomalia. Todavia, se as condições de trânsito são normais, se o motorista não agiu com uma das formas de culpa já elencadas etc., a quebra da roda somente poderia ser em decorrência de péssima forma de fundição, donde a responsabilidade do fabricante/montador.

E, com efeito, consoante os ensinamentos da ilustre mestranda e promotora de justiça Cecília Matos, em sua dissertação de mestrado apresentada à Faculdade de Direito da Universidade de São Paulo, sob o título "O ônus da prova no Código de Defesa do Consumidor" (*in Revista Direito do Consumidor*, RT, vol. 11, jul./set. 1994):

---

[13] Outra visão da inversão do ônus da prova, complementada pelo princípio da distribuição dinâmica do ônus da prova (introduzido pelo CPC/2015), é encontrada nos Comentários do Título III, notas nº 4, 5 e 6.

[14] O Código Civil ora em vigor, Lei nº 10.406, de 10.1.2002, em seu art. 186, semelhantemente ao mencionado no art. 159 do Código Civil de 1916, estabelece que: "Aquele que, por ação ou omissão voluntária, negligência ou imprudência, violar direito e causar dano a outrem, ainda que exclusivamente moral, comete ato ilícito."

Capítulo III · DOS DIREITOS BÁSICOS DO CONSUMIDOR | Art. 6º

"A prova destina-se a formar a convicção do julgador, que pode estabelecer com o objeto do conhecimento uma relação de certeza ou de dúvida. Diante das dificuldades próprias da reconstrução histórica, contenta-se o magistrado em alcançar não a verdade absoluta, mas a probabilidade máxima; a dúvida conduziria o julgador ao estado de non liquet, *caso não fosse elaborada uma teoria de distribuição do ônus da prova. Conceituado como risco que recai sobre a parte por não apresentar a prova que lhe favorece, as normas de distribuição do ônus da prova são regras de julgamento utilizadas para afastar a dúvida. Neste enfoque, a Lei nº 8.078/90 prevê a facilitação da defesa do consumidor através da inversão do ônus da prova, adequando-se o processo à universalidade da jurisdição, na medida em que o modelo tradicional mostrou-se inadequado às sociedades de massa, obstando o acesso à ordem jurídica efetiva e justa. Fortaleceu sua posição através da associação de grupos, possibilitando a defesa coletiva de seus interesses, além de sistematizar a responsabilidade objetiva e reformular os conceitos de legitimação para agir e conferir efeitos à coisa julgada* secundum eventum litis. *A inversão do ônus da prova é direito de facilitação da defesa e não pode ser determinada senão após o oferecimento e valoração da prova, se e quando o julgador estiver em dúvida. É dispensável caso forme sua convicção, nada impedindo que o juiz alerte, na decisão saneadora que, uma vez em dúvida, se utilizará das regras de experiência a favor do consumidor. Cada parte deverá nortear sua atividade probatória de acordo com o interesse em oferecer as provas que embasam seu direito. Se não agir assim, assumirá o risco de sofrer a desvantagem de sua própria inércia, com a incidência das regras de experiência a favor do consumidor"* (ps. 236 e 237 da referida dissertação, gentilmente cedida a este autor).[15]

---

[15] Vide algumas manifestações jurisprudenciais a respeito: Prova. Ônus. Inversão. Art. 6º, inc. VIII, do Código de Defesa do Consumidor. Declaração judicial antes do início da instrução. Inexigibilidade (*JTJ* 169/138). Prova. Publicidade enganosa. Inversão do ônus. Obrigatoriedade. Interpretação do art. 38 do Código de Defesa do Consumidor. Desnecessidade da prévia declaração judicial. Nulidade inexistente. Preliminar rejeitada (*JTJ* 169/138). Prova. Inversão de ônus. Admissibilidade. Hipótese de propaganda enganosa. Inteligência do art. 38 do Código de Defesa do Consumidor. Inversão que não depende da discricionariedade do juiz. Preliminar rejeitada. Recurso parcialmente provido. O ônus da prova da veracidade e correção da informação publicitária cabe a quem a patrocina, sendo independente sua atribuição da discricionariedade do juiz (TJSP, 9ª Câmara Civil; Ap. Cível nº 255.461.2-6, São Paulo; rel. des. Aldo Magalhães, j. de 6.4.95, v.u.) – BAASP 1911/222, de 9.8.95. No corpo do Acórdão: "O Código de Defesa do Consumidor, entre os direitos deste, inclui o da 'facilitação da defesa', que abrange 'a inversão do ônus da prova, a seu favor, no processo civil, quando, a critério do juiz, for verossímil a alegação ou for ela hipossuficiente' (art. 6º, VIII). A par desse direito de inversão do ônus da prova dependente da discricionariedade do juiz, o Código estabelece em seu art. 38, de forma peremptória e taxativa, que 'o ônus da prova da veracidade e correção da informação ou comunicação publicitária cabe a quem as patrocina'. Dessarte, ainda que hipoteticamente se admita que a inversão do ônus da prova nos termos do art. 6º, VIII, do Código de Defesa do Consumidor depende de prévia declaração judicial de quem assim se verá, não há como igualmente entender no tocante ao ônus probatório em matéria publicitária que o art. 38 incisivamente faz recair sobre quem a patrocina, sem condicioná-lo ao critério do juiz. Entender que o juiz, no caso do art. 38, deve decidir previamente que o patrocinador da publicidade tem o ônus de provar a veracidade e correção do que nela se contém equivale a entender que também deve previamente decidir que ao autor cabe o ônus da prova do fato constitutivo de seu direito e ao réu do fato impeditivo, modificativo do direito do autor, impondo num e noutro caso o insustentável entendimento de que o juiz deve previamente proclamar que dará exato cumprimento ao que dispõem o art. 38 do Código de Defesa do Consumidor e o art. 333 do Código de Processo Civil. (...) Embora desnecessariamente, não custa acrescentar que a arguição de nulidade não seria procedente, ainda que o ônus da prova tivesse sido invertido com base no art. 6º, VIII, do Código de Processo Civil. Primeiro, porque preceito legal algum determina que o citado art. 6º, VIII, só pode ser aplicado quando o juiz, antes do início da instrução probatória, tenha decidido ser o caso do art. 6º, VIII, depende da verossimilhança da alegação do consumidor ou de sua hipossuficiência. Força é entender que o juiz não pode decidir antecipadamente a respeito, posto que as citadas circunstâncias fáticas, ao menos na maioria dos casos, dependem de elucidação probatória, não comportando, portanto, decisão antecipada." Ação civil pública – Consumidor. Interesses ou direitos difusos. Ação civil para declaração de responsabilidade de produtoras de cigarros. Danos para a existência e a própria vida. Exigência

125

Art. 6º | CÓDIGO BRASILEIRO DE DEFESA DO CONSUMIDOR

de advertência sobre relação entre nicotina e dependência. Concessão pelo juiz de inversão do ônus da prova. Possibilidade, no caso. CDC, art. 6º, no VIII. Dispensa de pré-constituição da autora para a causa. Atendimento dos requisitos, conforme CDC, art. 82, § 1º. Legitimidade ativa da autora reconhecida. Recurso não provido (TJSP, 4ª Câmara de Direito Público; Agravo de Instrumento nº 14.305-5/8, São Paulo; rel. des. José Geraldo de Jacobina Rabello; j. 5.9.96, BAASP 1979/377, j. de 27.11.96. Ação de ressarcimento de danos – Erro médico – Inversão do ônus da prova – Saneador que afasta preliminar de ilegitimidade passiva e que, ao inverter o ônus da prova em ação de ressarcimento de danos por erro médico, não só valoriza a função do Judiciário no quesito "perseguição da vontade real", como faz absoluto o princípio da igualdade substancial das partes, suprindo a inferioridade da parte hipossuficiente (art. 125, I do Código de Processo Civil e 5º, LV da Constituição da República) – Improvimento do agravo (TJSP, 3ª Câmara de Direito Privado; Agravo de Instrumento nº 99.305-4/6, São Paulo, rel. juiz Ênio Santarelli Zuliani, j. de 2.3.99, v.u. BAASP 2106/980-j, de 10.5.99). No corpo do Acórdão: "A autora da ação não necessita provar por que ficou paraplégica ao procurar remédio para uma dor que parecia típica de torcicolo. Os profissionais (pessoas físicas e jurídicas) que assumiram a obrigação de conferir um tratamento justo à paciente é que necessitam provar que não erraram e que a paraplegia era inevitável. A eles incumbe a explicação da consequência. A autora apresenta apenas sua condição física atual como requisito probatório. Será lícito ou humano exigir-lhe algo mais? E ainda: seria correto obrigá-la, agora mais deserdada de fortuna material, a pagar médicos para provar que está em cadeira de rodas por erro médico? O processo, em sendo conduzido no sistema tradicional, passa a ser autoritário, porque reduz as chances da vítima em obter uma cognição adequada. A pessoa debilitada física e financeiramente perde o equilíbrio das armas do processo justo e isso é lamentável. Interliga-se um princípio ideológico ('perseguir a verdade real') como da igualdade substancial. Para acabar com desigualdades ou suprir inferioridade o juiz conta com um 'valioso instrumento corretivo' e que consiste 'na possibilidade de adotar *ex officio* iniciativas relacionadas com a instrução do feito' (Barbosa Moreira, A função social do processo civil moderno e o papel do juiz e das partes na direção e instrução do processo, Ed. RT, nº 37, p. 146). A hipossuficiência de uma das partes não é um *handicap* porque o 'processo não é um jogo em que o mais capaz sai vencedor, mas instrumento de justiça com o qual se pretende encontrar o verdadeiro titular de um direito' (José Roberto dos Santos Bedaque, 'Garantia da amplitude de produção probatória', in Garantias constitucionais do processo civil, obra coletiva, Ed. RT, 1999, p. 175). A decisão combatida rompe barreiras e desmistifica a posição de neutralidade do juiz, sabidamente decadente. Existe máfia branca, sim, conforme denuncia Gérson Luiz Carlos Branco ('Aspectos da responsabilidade civil e do dano médico', RT 733/63). Não interessa manter a tradição que não mais satisfaz e que aumenta o ceticismo popular contra lei; importa reverter o quadro da inaptidão judiciária, sem abuso. Para que isso ocorra, somente com uma perícia qualitativa e que cumpra os objetivos do processo e que, segundo Dinamarco, consiste em 'algo capaz de alterar o mundo, ou seja, de conduzir as pessoas à ordem jurídica justa' (A instrumentalidade do processo, Ed. RT, 1987, p. 426). Isso era possível (espera-se) com a nomeação de médicos não só competentes como corajosos e que, obviamente, merecem recompensa salarial compatível com a missão assumida. É um trabalho que depende de retribuição condigna para o seu resultado. Gratuidade, aqui, encaminha o processo para um roteiro de comédia, surgindo como mais uma cena estruturada para o deboche final; brinca-se de fazer perícia para o juiz brincar de fazer justiça. Excluir o IMESC da perícia que a agravante pretende seja gratuita foi mais um bom ingrediente que fez do saneador uma decisão elogiável. Esse assunto não tem a ver com o elevado conceito de honestidade obtido pelo Instituto e sim com o aspecto da confiança do magistrado encarregado de julgar a lide e, nesse ponto, trata-se de uma atividade (art. 131 do Código de Processo Civil). Se o juiz não nomeou os médicos do IMESC, nada impede que a agravante o faça, escolhendo-os como assistentes. Argumentou-se com a ilegalidade da providência (art. 5º, II, da Constituição da República), o que absolutamente é inaceitável. Existem normas e estudos abalizando a inversão do ônus da prova em favor dos hipossuficientes. A sujeição da agravante ao despacho que impugna decorre de um novo sistema ou de uma nova tendência jurisprudencial que valoriza a dignidade da pessoa humana e não a neutralidade ou passividade do juiz (art. 125, I, do Código de Processo Civil). A imparcialidade não deve ser avaliada e endeusada de acordo com padrões ultrapassados de conduta judiciária. Não se admite magistrado sossegado diante da previsível nocividade de uma perícia conduzida por médicos desmotivados por falta de honorários, sem dúvida um risco ao próprio direito que se debate." Profissionais liberais – De acordo com o exposto por Nelson Nery Jr. e Rosa Maria Andrade Nery (in Código de Processo civil comentado e legislação processual extravagante, 3ª ed., Ed. RT, p. 1.359): "O ônus da prova da regularidade e correção na prestação do serviço deve ser, de ordinário, carreado ao profissional liberal. A ele compete provar que agiu corretamente, dentro da técnica de sua profissão, e que não causou dano ao consumidor. Incide, na

Capítulo III · DOS DIREITOS BÁSICOS DO CONSUMIDOR | Art. 6º

hipótese, o CDC, art. 6º, VIII." Momento da decretação. Para Carlos Roberto Barbosa Moreira (in "Notas sobre a inversão do ônus da prova em benefício do consumidor", RDR 5/82), "a inversão, se ordenada na sentença, representará, quanto ao fornecedor, não só a mudança da regra até ali vigente, naquele processo, como também algo que comprometerá sua defesa, porquanto, se lhe foi transferido um ônus – que, para ele, não existia antes da adoção da medida –, obviamente, deve o órgão jurisdicional assegurar-lhe a efetiva oportunidade de ele se desincumbir. A aplicação do dispositivo em exame, se observada a orientação doutrinária aqui combatida, redundaria em manifesta ofensa aos princípios do contraditório e da ampla defesa (CF, art. 5º, nº LV). Ao mesmo tempo em que estivesse invertendo o ônus da prova, o juiz já estaria julgando, sem dar ao fornecedor a chance de apresentar novos elementos de convicção, com os quais pudesse cumprir aquele encargo". Ainda com relação à inversão do ônus da prova, confiram-se os seguintes arestos do STJ – Superior Tribunal de Justiça: "Civil e processual. Cobrança de ligações para 'telessexo'. Oferecimento de serviço ou produto estranho ao contrato de telefonia atribuível à empresa concessionária. Inscrição da titular da linha telefônica do CADIN. Danos morais. Código de Defesa do Consumidor. Arts. 6º, VIII e 31, III. I. O 'produto' ou 'serviço' não inerente ao contrato de prestação de telefonia ou que não seja de utilidade pública, quando posto à disposição do usuário pela concessionária – caso do 'telessexo' –, carece de prévia autorização, inscrição ou credenciamento do titular da linha, em respeito à restrição prevista no art. 31, III, do CDC. II. Sustentado pela autora não ter dado a aludida anuência, cabe à companhia telefônica o ônus de provar o fato positivo em contrário, nos termos do art. 6º, VIII, da mesma Lei nº 8.078/90, o que inocorreu. III. Destarte, se afigura indevida a cobrança de ligações nacionais ou internacionais a tal título, e, de igual modo, ilícita a inscrição da titular da linha como devedora em cadastro negativo de danos morais causados, que hão de ser fixados com moderação, sob pena de causar enriquecimento sem causa. IV. Recurso especial conhecido e provido em parte" (REsp nº 265.121/RJ, rel. min. Aldir Passarinho, 4ª Turma, j. 4.4.2002, *DJ* de 17.6.2002). "Código de Defesa do Consumidor. *Leasing*. Inversão do ônus da prova. Perícia. Antecipação de despesas. Aplica-se o CDC às operações de *leasing*. – A inversão do ônus da prova significa também transferir ao réu o ônus de antecipar as despesas de perícia tida por imprescindível ao julgamento da causa. Recurso não conhecido" (REsp nº 383.276/RJ, 4ª Turma, rel. min. Ruy Rosado de Aguiar, j. 18.6.2002, *DJ* de 12.8.2002). "Processual civil. Recurso especial. Retenção. Decisão interlocutória. Inversão do ônus da prova. Honorários do perito. Adiantamento. CPC, art. 542, § 3º. CDC, art. 6º, VIII. Inicial. Indeferimento. I. Não viola o art. 542, § 3º, do CPC, a retenção do recurso especial interposto contra acórdão que decidiu agravo de instrumento contra decisão que determinou o adiantamento dos honorários periciais, pela inversão do ônus da prova, porque ressarcível na hipótese de improcedência da ação principal. II. Prejuízo para as partes e para a tramitação da ação principal não configurado. III. Agravo improvido, Inicial indeferida" (AGP nº 1.736/SP, Agravo Regimental na Petição, 4ª Turma, rel. min. Aldir Passarinho Jr., j. 11.6.2002, *DJ* de 19.8.2002). "Contrato de confissão de dívida. Inversão do ônus da prova. Multa. Código de Defesa do Consumidor. 1. Não repercute no julgado a alegação de cerceamento de defesa por ausência da inversão do ônus da prova, quando, claramente, está indicado que a questão é de direito. 2. Impõe-se a redução da multa para 2%, como previsto no art. 52, § 1º, do Código de Defesa do Consumidor, seja porque o crédito bancário é um serviço ao alcance do art. 3º, § 2º, do mesmo Código, seja porque a Lei nº 9.298/96 é anterior ao contrato assinado, seja, finalmente, porque, expressamente, o contrato referiu-se ao Código de Defesa do Consumidor. 3. Recurso especial conhecido e provido, em parte" (REsp nº 241.941/PR, 3ª Turma, rel. min. Carlos Alberto Menezes Direito, j. 28.5.2002, *DJ* de 5.8.2002). "Serviços de mecânica. Código de Defesa do Consumidor. Arts. 6º, VI e 39, VI. Precedentes. 1. A inversão do ônus da prova, como já decidiu a 3ª Turma, está no contexto da facilitação da defesa dos direitos do consumidor, ficando subordinada ao 'critério do juiz, quando for verossímil a alegação ou quando for ele hipossuficiente, segundo as regras ordinárias de experiência' (art. 6º, VIII). Isso quer dizer que não é automática a inversão do ônus da prova. Ela depende de circunstâncias concretas que serão apuradas pelo juiz no contexto da 'facilitação da defesa' dos direitos do consumidor (REsp nº 122.505/SP, da minha relatoria, *DJ* de 24.8.98). 2. O art. 39, VI, do Código de Defesa do Consumidor determina que o serviço somente pode ser realizado com a expressa autorização do consumidor. Em consequência, não demonstrada a existência de tal autorização, é imprestável a cobrança, devido, apenas, o valor autorizado expressamente pelo consumidor. 3. Recurso especial conhecido e provido, em parte" (REsp nº 332.869/RJ, 3ª Turma, rel. min. Carlos Alberto Menezes Direito, j. 24.6.2002, *DJ* de 2.9.2002).

"Ação civil pública. Consumidor. Interesses ou direitos difusos. Ação civil para declaração de responsabilidade de produtoras de cigarros. Danos para a existência e a própria vida. Exigência de advertência sobre relação entre nicotina e dependência. Concessão pelo juiz de inversão do ônus da prova. Possibilidade, no caso. CDC, art. 6º, no VIII. Dispensa de pré-constituição da autora para a causa. Atendimento dos requisitos,

Art. 6º | CÓDIGO BRASILEIRO DE DEFESA DO CONSUMIDOR

[9a] VEROSSIMILHANÇA – Retomemos o exemplo do veículo que padece de grave defeito de fabricação consistente na fundição das rodas de liga leve.

Como a prova em questão é de difícil produção – exame metalográfico –, a alegação do consumidor no sentido de que o acidente que sofrera resultara exatamente daquele defeito, baseado em laudo de constatação, por exemplo, produzido pela polícia técnica, pode parecer ao magistrado que analisa a ação reparatória *verossímil*, ou seja, aparentando ser a expressão da verdade real, donde disso resultar a decretação da inversão do ônus probatório.

Tenha-se em conta que a verossimilhança *é uma das condições* para que o juiz inverta o mencionado ônus, com vistas à facilitação da defesa dos direitos do consumidor, segundo, outrossim, as regras ordinárias de experiências.

Referido dispositivo, longe de ser uma grande novidade, estava intimamente ligado ao disposto pelo art. 335 do Código de Processo Civil de 1973, que assim dispunha: "Em falta de normas jurídicas particulares, o juiz aplicará as regras de experiência comum subministradas pela observação do que ordinariamente acontece *e ainda as regras de experiência técnica*, ressalvado, quanto a esta, o exame pericial." E, conforme o art. 375 da vigente lei processual civil de 2015, *"o juiz aplicará as regras de experiência comum subministradas pela observação do que ordinariamente acontece e, ainda, as regras de experiência técnica, ressalvado, quanto a estas, o exame pericial".*

E a razão pela qual assim se dispõe no Código de Defesa do Consumidor consiste na circunstância da *vulnerabilidade do consumidor*, que, como visto em passo anterior destes comentários, não detém o mesmo grau de informação, inclusive técnica, e outros dados a respeito dos produtos e serviços com que se defronta no mercado, que o respectivo fornecedor detém, por certo.

Daí por que não se pode confundir *vulnerabilidade*, no sentido que lhe empresta o inc. I do art. 4º do Código sob comento, com *hipossuficiência*.[16]

---

conforme CDC, art. 82, § 1º. Legitimidade ativa da autora reconhecida. Recurso não provido" (TJSP, 4ª Câmara de Direito Público; Agravo de Instrumento nº 14.305-5/8, São Paulo; rel. des. José Geraldo de Jacobina Rabello; j. 5.9.96, BAASP 1979/377; j. de 27.11.96. Profissionais liberais. De acordo com o exposto por Nelson Nery Jr. e Rosa Maria Andrade Nery (in Código de Processo Civil comentado e legislação processual extravagante, 3ª ed., RT, p. 1.359): "o ônus da prova da regularidade e correção na prestação do serviço deve ser, de ordinário, carreado ao profissional liberal. A ele compete provar que agiu corretamente, dentro da técnica de sua profissão, e que não causou dano ao consumidor. Incide, na hipótese, o CDC, art. 6º, VIII". MOMENTO DA DECRETAÇÃO. Para Carlos Roberto Barbosa Moreira (in "Notas sobre a inversão do ônus da prova em benefício do consumidor", RDR 5/82): "a inversão, se ordenada na sentença, representará, quanto ao fornecedor, não só a mudança da regra até ali vigente, naquele processo, como também algo que comprometerá sua defesa, porquanto, se lhe foi transferido um ônus – que, para ele, não existia antes da adoção da medida –, obviamente, deve o órgão jurisdicional assegurar-lhe a efetiva oportunidade de ele se desincumbir. A aplicação do dispositivo em exame, se observada a orientação doutrinária aqui combatida, redundaria em manifesta ofensa aos princípios do contraditório e da ampla defesa (CF, art. 5º, no LV). Ao mesmo tempo em que estivesse invertendo o ônus da prova, o juiz já estaria julgando, sem dar ao fornecedor a chance de apresentar novos elementos de convicção, com os quais pudesse cumprir aquele encargo".

16 Veja-se a ementa de acórdão do Superior Tribunal de Justiça, em sede de agravo regimental (nº 196.922/MG, 3ª Turma, rel. min. Ari Pargendler, j. 20.8.2001, por votação unânime, *DJU* de 1.10.2001, p. 205): "Processo civil. Causa de pedir. Sentença. A sentença que condena o vendedor a devolver o preço do automóvel, cujos defeitos foi incapaz de consertar em prazo hábil, não ofende o art. 460 do Código de Processo Civil, ainda que a respectiva fundamentação aluda a enguiços não descritos na petição inicial; a causa de pedir foi genérica, o mau funcionamento do veículo, cuja origem o consumidor não está obrigado a identificar, porque essa obrigação é do vendedor. Agravo regimental não provido." Também o mesmo Superior Tribunal de Justiça, pela sua 3ª Turma, tendo por relator o min. Waldemar Zveiter, no Recurso Especial nº 171.988/RS, j. 24.5.99, em votação unânime, decidiu que: "Responsabilidade civil. Médico e hospital. Inversão do ônus da prova. Responsabilidade dos profissionais liberais. Matéria de

Capítulo III · DOS DIREITOS BÁSICOS DO CONSUMIDOR | Art. 6º

[9b] HIPOSSUFICIÊNCIA – Esse termo *não foi originariamente utilizado pelos autores do anteprojeto em sua versão original entregue ao Ministério da Justiça e feito publicar no* Diário Oficial da União *(Ministério da Justiça), do dia 4.1.89, ps. 241-256*. Assim, o texto original (fonte citada, p. 242) dizia que, entre os direitos básicos dos consumidores (art. 6º), está a *"facilitação da defesa de seus direitos, inclusive com a inversão do ônus da prova, quando verossímil a alegação do consumidor, segundo as regras ordinárias de experiência"*. Observe-se que o termo *hipossuficiência* não figurou na versão original da comissão, tendo aparecido depois, quando da tramitação do projeto no Congresso Nacional.

Hipossuficiência, como se sabe, é terminologia do chamado Direito Social, ou Direito do Trabalho, e que deve ter, aqui, a conotação de pobreza econômica. É mister que não se confunda *hipossuficiência "stricto sensu"*, de cunho eminentemente econômico, com *vulnerabilidade*, que, como já visto, é o apanágio de todo e qualquer consumidor, em decorrência de sua desinformação técnica, fática ou dificuldades de acesso aos meios de resolução dos conflitos de consumo (vide, nesse sentido, comentários ao art. 2º). Da mesma forma não se pode olvidar que para que alguém seja considerado consumidor é mister, além da vulnerabilidade, que se demonstre ser ele o *destinatário final* dos produtos que adquire ou dos serviços que contrata (vejam-se os exemplos por nós colacionados também ao ensejo dos comentários ao art. 2º).[17]

---

fato e jurisprudência do STJ (REsp nº 122.505/SP). 1. No sistema do Código de Defesa do Consumidor a 'responsabilidade pessoal dos profissionais liberais será apurada mediante a verificação de culpa' (art. 14, § 4º). 2. A chamada inversão do ônus da prova, no Código de Defesa do Consumidor, está no contexto da facilitação da defesa dos direitos do consumidor, ficando subordinada ao 'critério do juiz, quando for verossímil a alegação ou quando for ele hipossuficiente, segundo as regras ordinárias de experiências' (art. 6º, VIII). Isto quer dizer que não é automática a inversão do ônus da prova. Ela depende de circunstâncias concretas que serão apuradas pelo juiz no contexto da facilitação da defesa dos direitos do consumidor; e essas circunstâncias concretas, nesse caso, não foram consideradas presentes pelas instâncias ordinárias. 3. Recurso não conhecido." Também nesse sentido, o acórdão proferido em sede de AgRg nos EDcl no Ag nº 854.005/MT, rel. min. Sidnei Beneti, 3ª Turma do STJ, j. de 26.8.2008, *DJe* de 11.9.2008: "Responsabilidade civil. Contrato de prestação de serviço. Erro médico. Prescrição irregular de medicação. Parto prematuro. Perda do filho. Extração do útero. Culpa configurada. Nulidade. Não ocorrência. Súmula 7/STJ. Inversão do ônus da prova. Possibilidade. Circunstâncias do caso concreto. Dissídio não demonstrado. I – Verificado pelo Tribunal de origem, baseado nos autos, que ambos os agravantes constituíram o mesmo patrono para defesa e por ele se fizeram representar, havendo publicações e intimações regulares dos atos processuais, não há que se falar em nulidade, por óbice da Súmula 7/STJ. II – Como destacado, a inversão do ônus da prova não é automática, tornando-se, entretanto, possível num contexto da facilitação da defesa dos direitos do consumidor, ficando subordinada ao critério do juiz, quando for verossímil a alegação ou quando for ele hipossuficiente, segundo as regras ordinárias de experiências. III – A divergência jurisprudencial deve ser demonstrada com base em três exigências legais: cotejo analítico adequado, similitude fática e jurídica dos julgados colacionados e citação de repositório oficial ou por outro meio idôneo especificado no RISTJ. Ausente quaisquer desses requisitos, como no caso concreto, não se verifica o dissídio. Agravo regimental improvido."

[17] Por isso mesmo é que não podemos concordar com a tese esposada pelo aresto a seguir colacionado sobre *vulnerabilidade* (REsp nº 716.877/SP, rel. min. Ari Pargendler, 3ª Turma do STJ, j. de 22.3.2007, *DJ* de 23.4.2007, p. 257), exatamente porquanto não se há falar em inversão do ônus da prova, por não se cuidar, a rigor, de consumidor, já que o interessado utilizava o veículo para sua atividade profissional, e não como usuário privado, na acepção do Código de Defesa do Consumidor: "Civil. Relação de consumo. Destinatário final. A expressão destinatário final, de que trata o art. 2º, *caput*, do Código de Defesa do Consumidor abrange quem adquire mercadorias para fins não econômicos, e também aqueles que, destinando-os a fins econômicos, enfrentam o mercado de consumo em condições de vulnerabilidade; espécie em que caminhoneiro reclama a proteção do Código de Defesa do Consumidor porque o veículo adquirido, utilizado para prestar serviços que lhe possibilitariam sua mantença e a da família, apresentou defeitos de fabricação. Recurso especial não conhecido." Tampouco nos parece acertado, à luz do espírito da lei, a tese defendida em outro aresto, desta feita no REsp nº 1.080.719/MG, rel. min. Nancy Andrighi, 3ª Turma do STJ, j. de 10.2.2009, *DJe* de 17.8.2009: "Processo civil e Consumidor. Rescisão contratual

Art. 6º | CÓDIGO BRASILEIRO DE DEFESA DO CONSUMIDOR

A lei, como sabido, não contém palavras inúteis. E o legislador quis, certamente, não apenas deixar claro que a inversão do ônus da prova é faculdade do juiz – salvo quando se cuidar de publicidade enganosa ou abusiva (cf. art. 38 do Código de Defesa do Consumidor), quando é obrigatória –, balizada, por um lado, *pela verossimilhança da alegação do autor, porque é vulnerável, ou, então, alternativamente, porque é hipossuficiente, não podendo arcar com as custas do processo e, sobretudo, com o pagamento de honorários de um perito, como já assinalado.*

A noção de hipossuficiência, por outro lado, era dada pelo parágrafo único do art. 2º da Lei nº 1.060, de 5.2.1960.[18] Todavia, diante da revogação expressa desse dispositivo pelo Código de Processo Civil de 2015, optou-se pelo o enunciado do seu art. 98, de teor genérico, a saber: "A pessoa natural ou jurídica, brasileira ou estrangeira, com insuficiência de recursos para pagar as custas, as despesas processuais e os honorários advocatícios, têm direito à gratuidade da justiça, na forma da lei".

Assim, valendo-nos, ainda, do exemplo trazido à colação desde o início deste comentário, a vítima do acidente em decorrência da roda com grave defeito, decorrente do processo inadequado de fundição, tanto poderá ser o rico proprietário de um veículo importado de primeira linha quanto o de um modesto veículo "popular".

Aqui o que vale para a facilitação da defesa, tanto de um como do outro, é a *vulnerabilidade de ambos,* com o alcance já enfocado *supra* e também quando se comentou o art. 4º, inc. I. Ou seja: *do ponto de vista técnico, de desconhecimento da questão em si, ou dificuldade de obtenção de dados periciais* além, certamente, da *verossimilhança* da alegação de ambos, no sentido de que o acidente decorreu do referido defeito, consoante levantamento perfunctório da polícia técnica, por exemplo, circunstância essa que somente poderá ser desfeita, caso o indigitado responsável demonstre, cabalmente, que o defeito inexistiu.

Isso nos impele a inferir, pela lógica de interpretação, que se o rico proprietário do automóvel de luxo tiver condições econômicas de arcar com os exames periciais, até porque possíveis de serem produzidos, faltar-lhe-á *não o requisito de vulnerabilidade técnica/verossimilhança,* mas sim o da *hipossuficiência econômica.*

Já com relação ao modesto proprietário de um veículo popular, conforme sua situação, e ainda que possível a produção de prova técnica, poderá ser beneficiário da justiça gratuita e, consequentemente, da *inversão do ônus da prova, porque hipossuficiente, nos termos do parágrafo único do art. 2º da Lei nº 1.060/50,* atualmente revogado pelo novo CPC.

A lei, como ressabido, não contém palavras inúteis. E o legislador quis, certamente, não apenas deixar claro que a inversão do ônus da prova é faculdade do juiz, balizada, por um lado, pela verossimilhança da alegação do autor, *porque é vulnerável,* ou, então, alternativamente, *porque é hipossuficiente, não podendo arcar com as custas do processo e, sobretudo, com o pagamento de honorários de um perito.*

---

cumulada com indenização. Fabricante. Adquirente. Freteiro. Hipossuficiência. Relação de consumo. Vulnerabilidade. Inversão do ônus probatório. – Consumidor é a pessoa física ou jurídica que adquire produto como destinatário final econômico, usufruindo do produto ou do serviço em benefício próprio. – Excepcionalmente, o profissional freteiro, adquirente de caminhão zero quilômetro, que assevera conter defeito, também poderá ser considerado consumidor, quando a vulnerabilidade estiver caracterizada por alguma hipossuficiência quer fática, técnica ou econômica. – Nesta hipótese está justificada a aplicação das regras de proteção ao consumidor, notadamente a concessão do benefício processual da inversão do ônus da prova. Recurso especial provido".

[18] "Art. 2º. Gozarão dos benefícios desta Lei os nacionais ou estrangeiros residentes no país, que necessitarem recorrer à Justiça penal, civil, militar ou do trabalho. Parágrafo único. Considera-se necessitado, para os fins legais, todo aquele cuja situação econômica não lhe permita pagar as custas do processo e os honorários de advogado, sem prejuízo do sustento próprio ou da família." (Revogado pela Lei n º 13.105, de 2015).

Capítulo III · DOS DIREITOS BÁSICOS DO CONSUMIDOR | **Art. 6º**

Referida noção, aliás, decorre de mandamento constitucional expresso, previsto pelo inc. LXXIV do art. 5º da Carta de 1988, segundo o qual: "O Estado prestará assistência jurídica integral e gratuita aos que comprovarem insuficiência de recursos."

Ora, o próprio Código de Defesa do Consumidor, igualmente como já visto quando se comentou o inc. I de seu art. 5º, que dispõe sobre os *instrumentos de implementação da Política Nacional das Relações de Consumo,* praticamente repete aquela previsão constitucional, quando estabelece que o Poder Público contará para sua execução, dentre outros, com a: "manutenção de assistência jurídica, integral e gratuita para o consumidor carente".[19]

Assinale-se, por fim, ainda nesse aspecto, que se a inversão do ônus da prova prevista pelo dispositivo sob comento, como já visto na nota de rodapé nº 11, anteriormente, é uma *mera faculdade do juiz da causa, cuida-se* de *um direito da parte lesada quando se cuidar de publicidade enganosa ou abusiva.*

Com efeito, consoante disposto pelo art. 38 do Código de Defesa do Consumidor, e que merecerá mais abrangente comentário em passo posterior: "O ônus da prova da veracidade e correção da informação ou comunicação publicitária cabe a quem as patrocina."[20]

[10] PARTICIPAÇÃO DOS CONSUMIDORES NA FORMULAÇÃO DE POLÍTICAS QUE OS AFETEM – Vejam-se as razões do veto oposto a tal dispositivo (inc. IX do art. 6º): "O dispositivo contraria o princípio da democracia representativa ao assegurar, de forma ampla, o direito de participação na formulação das políticas que afetam diretamente o consumidor; o exercício do poder pelo povo faz-se por intermédio de representantes legitimamente eleitos, excetuadas as situações previstas expressamente na Constituição (CF, art. 14, I); acentue-se que o próprio exercício da iniciativa popular no processo legislativo está submetido a condições estritas (CF, art. 61, § 2º)."

Uma vez mais se verifica que o autor do mencionado veto sequer se deu ao trabalho de analisar o todo, e, o que é pior, a resolução da ONU de onde referido direito foi tirado quase que literalmente, como já enunciado.

Em absoluto, ao contrário do que apregoa o veto, se pretendeu conferir a organizações de consumidores a prerrogativa legiferante, ou de simples iniciativa do processo legislativo.

---

[19] Cf., ainda, decisão proferida em sede de Recurso Especial (nº 390.276/PR, 3ª Turma, rel. min. Carlos Alberto Menezes Direito, j. 3.9.2002, votação unânime, *DJU* de 28.10.2002, p. 310): "Sistema Financeiro de Habitação. Reajuste das prestações e do saldo devedor. Prequestionamento. Dissídio. 1. Não prequestionados os arts. 330 e 331 do Código de Processo Civil, ficam prejudicadas as questões relativas ao saneamento do processo e à produção de provas, sendo certo que os próprios autores pediram o julgamento antecipado da lide. 2. O Código de Defesa do Consumidor se aplica aos contratos de financiamento, conforme já assentou a Corte, mas, no caso, a afirmação de que não são os autores hipossuficientes, de resto, não enfrentada, tira a substância da impugnação sobre a inversão do ônus da prova. 3. No que concerne à aplicação do Plano de Equivalência Salarial – PES, a afirmação do acórdão recorrido sobre a ausência de prova de cobrança ilegal ou contrária ao contrato, coberta pela Súmula nº 07 da Corte, impede a passagem do especial. 4. As questões da aplicação da TR e do índice de março de 1990, 84,32%, chegam sem o apoio de dispositivo de lei federal e com paradigmas sem confrontação analítica e sem indicação de repositório autorizado. 5. Recurso especial não conhecido."

[20] Interessante, ainda, com relação à inversão do ônus da prova, sobretudo no que tange aos encargos pelas provas periciais, o teor do acórdão do STJ, por sua 4ª Turma, tendo como relator o min. Barros Monteiro (j. de 7.6.2005, in DJU de 29.8.2005, p. 348): "Arrendamento mercantil. Ação revisional. Salários periciais. Pretensão de atribuir-se o ônus de pagamento ao réu. Descabimento. – Conquanto se apliquem aos contratos de *leasing* as disposições do Código de Defesa do Consumidor, a inversão do ônus da prova não é de ser determinada de modo automático, sem atender às exigências insertas no art. 6º, VIII, da Lei nº 8.078/90. – Ainda que admitida a inversão do ônus probatório, o réu não está obrigado a arcar com os salários do perito, podendo apenas sofrer as consequências da não produção da prova. – Recurso especial não conhecido."

Art. 6º | CÓDIGO BRASILEIRO DE DEFESA DO CONSUMIDOR

O que se pretendeu, isto sim, foi dar oportunidade àquelas organizações de serem ouvidas, sempre que estiverem em discussão projetos de lei que digam respeito aos direitos dos consumidores.

O próprio Código do Consumidor foi elaborado por comissão designada no seio do extinto Conselho Nacional de Defesa do Consumidor, que congregava considerável parcela da opinião pública e de setores diretamente envolvidos com a temática da defesa ou proteção do consumidor (Confederações do Comércio, Indústria, Agricultura, Ministério Público, OAB, Ministérios da Fazenda, Indústria e Comércio, da Saúde, PROCONs etc.), setores tais que não se fecharam nos gabinetes apenas para tal elaboração, mas que também promoveram audiências públicas, consultas, simpósios etc., os quais muito enriqueceram o anteprojeto original[21].

Vê-se, pois, que o obtuso veto pura e simplesmente ignorou a realidade de tais fatos, veto esse, entretanto, totalmente inócuo, porquanto no lugar do extinto Conselho Nacional de Defesa do Consumidor foi criado o Departamento Nacional de Defesa do Consumidor da Secretaria Nacional de Direito Econômico do Ministério da Justiça, o qual certamente fará as indagações que entender convenientes sempre que houver projetos de interesse dos consumidores.

O Centro de Apoio Operacional das Promotorias de Justiça do Consumidor do Estado de São Paulo (CENACON) também tem se preocupado com os projetos de lei em matéria de defesa e proteção ao consumidor.

Assim, havendo projetos em tramitação no Congresso Nacional ou Assembleia Legislativa do Estado, abre-se uma pasta especial de estudos, ao cabo dos quais são encaminhadas aos respectivos relatores sugestões em face dos assuntos em pauta.

---

[21] Sua extinção, em 1990, foi, lamentavelmente, um retrocesso, sendo substituído por um Comitê de Defesa do Consumidor, sem qualquer relevância para a discussão dos graves temas que cercam a defesa e a proteção dos consumidores. O ressurgimento do novo CNDC, mediante o Decreto Federal nº 10.417, de 7-7-2020, em princípio foi um alento. Logo desfeito, entretanto, pela sua composição, sobretudo. São suas finalidades: A) a1.assessoramento, desta feita, ao Ministério da Justiça e Segurança Pública, na formulação da política nacional de defesa do consumidor; a2. formular e propor recomendações aos órgãos do sistema. Até esse ponto, nada a objetar. Porém, quando se atém à sua composição, depara-se com uma autêntica composição Chapa Branca, e muito mais preocupada com as diretrizes econômicas do Estado, a saber: 4 representantes do governo federal (Ministérios da Justiça, pela Secretaria Nacional de Defesa do Consumidor, como sua presidência); até aí, nada que opor; da Economia, do CADE, do Banco Central do Brasil; 4 representantes das agências reguladoras (ANAC, ANATEL, ANEEL e ANS); 3 representantes das entidades públicas estaduais ou do DF, 1 das entidades públicas municipais, 1 de associações não governamentais, 1 representante dos fornecedores, que seja da área, e 1 jurista de notório saber na área. Ora, a olhos vistos há uma sub-representação flagrante da Sociedade Civil, da Ordem dos Advogados do Brasil, e dos Ministérios Públicos e Defensorias Públicas cujos integrantes somente terão direito a participar das reuniões, mas sem direito a voto. Ora, o Sistema Nacional de Defesa do Consumidor não é constituído apenas pelos órgãos específicos desse mister. Conforme já assinalado passos atrás, o art. 5º do CDC aponta para as Defensorias Públicas, Ministérios Públicos, Juizados Especiais e Varas Especializadas e Polícia Especializada também como instrumentos para a implementação da Política Nacional de Defesa do Consumidor. Não obstante hoje haja representações aglutinadas, aptas a essa representação, além das entidades nacionais empresariais, não se pode olvidar da importância vital da Ordem dos Advogados do Brasil. Até porque conta, em nível federal, estadual e nas subseções que estão presentes em todo o nosso imenso país, com suas atuantes Comissões Permanentes de Defesa do Consumidor. E não poderíamos deixar de terminar estas críticas sem a merecida homenagem aos integrantes do antigo CNDC, classe de advogados: a saudosa Profa. Dra. Ada Pellegrini Grinover, como sua consultora e presidente da comissão que elaborou o anteprojeto do vigente Código de Defesa do Consumidor, e os Drs. Zulaiê Cobra Ribeiro e Sérgio Alberto Frazão do Couto, representantes da OAB de São Paulo e do Pará, respectivamente (1985-1990). Destarte, entendemos que o Governo Federal deveria rever essa composição tão arraigadamente oficial, para uma nova, como expressão, aliás, dos princípios estatuídos no próprio Código de Defesa do Consumidor, destacando-se o equilíbrio e a harmonização dos interesses de consumidores e fornecedores e participação da sociedade civil.

Foi assim com relação aos projetos de lei, por exemplo, que visam à disciplina dos chamados "planos de saúde", e 35 outros projetos que de uma forma ou de outra tentam modificar partes do Código do Consumidor.

Geralmente, o CENACON reúne-se com outras entidades governamentais e não governamentais na troca de informações, não raro apresentando propostas semelhantes em prol da comunidade de consumidores.

Mediante reestruturação imprimida na Procuradoria-Geral de Justiça no quadriênio 2008-2012, o CENACON, que instituímos em 1985, (ainda sob a denominação de Coordenação das Promotorias de Justiça do Consumidor) foi extinto e incorporado ao Centro de Apoio Operacional das Promotorias de Justiça Cíveis. E, ao que parece, acabou perdendo o seu protagonismo institucional e político.

Ademais, muito embora, já em 2014, se tenha recriado, mas com uma estrutura bastante incipiente, o Centro de Apoio Operacional das Promotorias do Consumidor não tem tido aquele desejável protagonismo.

[11] PRESTAÇÃO DE SERVIÇOS PÚBLICOS – Quando aqui se tratou do conceito de fornecedor, ficou consignado que também o Poder Público, como produtor de bens ou prestador de serviços, remunerados não mediante a atividade tributária em geral (impostos, taxas e contribuições de melhoria), mas por tarifas ou "preço público", se sujeitará às normas ora estatuídas, em todos os sentidos e aspectos versados pelos dispositivos do novo Código do Consumidor, sendo, aliás, categórico o seu art. 22.

Demandas ajuizadas tanto pelas Promotorias de Justiça do Consumidor como da Defesa da Cidadania, por exemplo, têm ajuizado questões relativas ao sistema de transportes coletivos.

Foi o caso das Promotorias de Justiça de Bragança Paulista e Aparecida, que moveram ações visando à melhoria da prestação de serviços de ônibus coletivos, que andavam de má qualidade, não apenas em face do atraso de horários de trânsito, como também pela condição precária dos ônibus.

Grande tem sido, outrossim, a preocupação da Promotoria de Justiça da Cidadania de São Paulo com o deficitário sistema de transporte coletivo por trens urbanos, tendo acionado a CPTM (Cia. Paulista de Trens Metropolitanos), em face das precaríssimas condições de segurança.

No caso, trens superlotados, em constantes atrasos, têm propiciado acidentes fatais consistentes na queda de pingentes e "surfistas", como já assinalado.

Conforme já enunciado noutro passo destes comentários, a Lei Federal nº 8.987, de 13.2.95, dispôs sobre o regime de concessão e permissão da prestação de serviços públicos previstos no referido art. 175 da Constituição Federal.

E, no seu Capítulo II, trata exatamente do *Serviço Adequado*, a saber:

"*Art. 6º* Toda concessão ou permissão pressupõe a prestação de serviço adequado ao pleno atendimento dos usuários, conforme estabelecido nesta Lei, nas normas pertinentes e no respectivo contrato. § 1º Serviço adequado é o que satisfaz as condições de regularidade, continuidade, eficiência, segurança, atualidade, generalidade, cortesia na sua prestação e modicidade das tarifas. § 2º A atualidade compreende a modernidade das técnicas, do equipamento e das instalações e a sua conservação, bem como a melhoria e expansão do serviço. § 3º Não se caracteriza como descontinuidade do serviço e sua interrupção em situação de emergência ou após prévio aviso, quando: I – motivada por razões de ordem técnica ou de segurança das instalações; e II – por inadimplemento do usuário, considerado o interesse da coletividade. § 4º A interrupção do serviço na hipótese prevista no inciso II do § 3º deste artigo não poderá

Art. 6º | CÓDIGO BRASILEIRO DE DEFESA DO CONSUMIDOR

iniciar-se na sexta-feira, no sábado ou no domingo, nem em feriado ou no dia anterior a feriado. (Incluído pela Lei nº 14.015, de 2020)."[22]

Já o Capítulo III cuida Dos Direitos e Obrigações dos Usuários:

"Art. 7º Sem prejuízo do disposto na Lei nº 8.078, de 11 de setembro de 1990, são direitos e obrigações dos usuários: I – receber serviço adequado; II – receber do poder concedente e da

---

[22] A jurisprudência do STF, do STJ e dos tribunais estaduais vinha reiteradamente entendendo pela possibilidade do corte do serviço por falta de pagamento. Os quatro únicos acórdãos por nós encontrados contrários a essa tese não permitiram o corte do fornecimento do serviço porque tal suspensão havia na época se baseado em decreto municipal, e não em lei (STF – RE nº 94.320, de 8.9.81 – RDA 148/82), ou porque o sistema de cobrança era ilegal, já que se estava cobrando de forma global de todo o condomínio (Tribunal de Alçada Civil de São Paulo, 19.7.72, Agravo de Instrumento nº 177.430 – RT 444/197), ou ainda porque o valor do débito estava sendo discutido em ação de consignação (Ap. nº 266.734, 19.3.80, RT 541/140), e, finalmente, por se tratar de serviço indispensável à coletividade, acórdão esse que foi objeto de ação rescisória não conhecida pelo STF (RE nº 96.055-4, STF, RT 588/258). Posteriormente, no entanto, o STJ entendeu que o serviço de energia elétrica, por ser essencial à população, subordina-se ao princípio da continuidade do serviço público, não podendo ser objeto de interrupção por falta de pagamento, em face do art. 22 do CDC. Entendeu, ainda, que a interrupção é indevida, por se constituir em um constrangimento ilegal de cobrança, afrontando o art. 42 do CDC. Tal acórdão não analisou, no entanto, o contido nas Leis nº 8.987/95 e nº 9.427/96 (MS nº 8.915/MA, 1ª Turma do STJ, votação unânime, 12.5.98, rel. min. José Delgado). Em uma segunda decisão, o STJ entendeu que o corte do fornecimento de água de um pescador que havia tido seu barraco incendiado e que por isso não tinha como pagar a conta de água seria indevido, por afrontar o princípio da continuidade do serviço público, por se consubstanciar em prática de justiça privada, e por ser a água um bem indispensável e essencial à saúde e higiene da população. O referido acórdão também não analisou o contido nas Leis nº 8.987/95 e nº 9.427/96 (Recurso Especial nº 201.112/SC, 1ª Turma, votação unânime, 20.4.99, rel. min. Garcia Vieira).

Além dos dois julgados acima referidos, o STJ vem reconhecendo ao consumidor inadimplente o direito à utilização dos serviços públicos essenciais, conforme ementários a seguir relacionados.

Tínhamos, assim, dois posicionamentos jurídicos sobre a matéria. O primeiro, no sentido de que o corte é possível, embasado nas leis e atos administrativos normativos inicialmente citados, e na jurisprudência, que até então se vinha formando, inclusive do STF, que, aliás, segundo pesquisa por nós realizada, ainda não se modificou. Esse entendimento se baseia ainda no fato de que a se impossibilitar o corte por falta de pagamento, poder-se-á aumentar o número de não pagadores, lembrando-se ainda que existem aqueles que não terão condições de pagar nem mediante ação judicial de cobrança, por falta de meios materiais, e que, não obstante a falta de pagamento, poderão continuar a receber o serviço, por impossibilidade do corte. Os serviços, no entanto, só podem ser prestados por concessionárias de serviços públicos, que se mantêm a benefício da coletividade, mediante o pagamento das tarifas.

O outro entendimento é aquele esposado pelo STJ, nos dois julgados referidos, e que tem apoio nos arts. 22 e 42 do CDC, que consubstancia as normas gerais aplicáveis a todas as relações de consumo. Ademais, tem-se que se trata de serviços essenciais, sem os quais haveria risco à saúde pública e individual.

Nesta súmula de estudos, atualizada até 2002, estamos tratando também, afinal, da questão do corte de energia elétrica de outras unidades pertencentes ao mesmo titular.

Mediante decisão proferida no Recurso Especial nº 363.943/MG, todavia, o Superior Tribunal de Justiça, relativamente à possibilidade de corte de energia elétrica do consumidor inadimplente, após aviso prévio, uniformizou a jurisprudência daquela Corte, a ser seguida pelas duas turmas que a integram, e apreciam as questões relativas a Direito Público, a saber: "Administrativo. Energia elétrica. Corte. Falta de pagamento. É lícito à concessionária interromper o fornecimento de energia elétrica, se, após aviso prévio, o consumidor de energia elétrica permanecer inadimplente no pagamento da respectiva conta (Lei nº 8.987/95, art. 6º, § 3º, II)" (Superior Tribunal de Justiça, 1ª Seção, rel. min. Humberto Gomes de Barros, j. de 10.12.2003, maioria de votos). A Secretaria de Direito Econômico, ao editar a Portaria nº 4, de 13.3.98 (Cf. nosso Manual de direitos do consumidor, 6ª ed., São Paulo, Atlas, p. 577.), em atendimento ao art. 56 do Decreto nº 2.181/97, que possibilita a complementação, ano a ano, do rol exemplificativo das cláusulas abusivas, previstas pelo art. 51 do Código de Defesa do Consumidor, reputou como tais as que: "2. imponham, em caso de impontualidade, interrupção de serviço essencial, sem aviso prévio".

Capítulo III · DOS DIREITOS BÁSICOS DO CONSUMIDOR | Art. 6º

concessionária informações para a defesa de interesses individuais ou coletivos; III – obter e utilizar o serviço, com liberdade de escolha entre vários prestadores de serviços, quando for o caso, observadas as normas do poder concedente; IV – levar ao conhecimento do Poder Público e da concessionária as irregularidades de que tenham conhecimento, referentes ao serviço prestado; V – comunicar às autoridades competentes os atos ilícitos praticados pela concessionária na prestação do serviço; VI – contribuir para a permanência das boas condições dos bens públicos através dos quais lhes são prestados os serviços."

Também é de grande interesse para a questão da defesa e proteção do consumidor o Capítulo IV, que trata Da Política Tarifária:

"Art. 9º A tarifa do serviço público concedido será fixada pelo preço da proposta vencedora da licitação e preservada pelas regras de revisão previstas nesta Lei, no edital e no contrato. § 1º A tarifa não será subordinada à legislação específica anterior e somente nos casos expressamente previstos em lei, sua cobrança poderá ser condicionada à existência de serviço público alternativo e gratuito para o usuário. § 2º Os contratos poderão prever mecanismos de revisão das tarifas, a fim de manter-se o equilíbrio econômico-financeiro. § 3º Ressalvados os impostos sobre a renda, a criação, alteração ou extinção de quaisquer tributos ou encargos legais, após a apresentação da proposta, quando comprovado seu impacto, implicará a revisão da tarifa, para mais ou para menos, conforme o caso. § 4º Em havendo alteração unilateral do contrato que afete o seu inicial equilíbrio econômico-financeiro, o poder concedente deverá restabelecê-lo, concomitantemente à alteração. § 5º A concessionária deverá divulgar em seu sítio eletrônico, de forma clara e de fácil compreensão pelos usuários, tabela com o valor das tarifas praticadas e a evolução das revisões ou reajustes realizados nos últimos cinco anos. Art. 10. Sempre que forem atendidas as condições do contrato, considera-se mantido seu equilíbrio econômico-financeiro. Art. 11. No atendimento às peculiaridades de cada serviço público, poderá o poder concedente prever, em favor da concessionária, no edital de licitação, a possibilidade de outras fontes provenientes de receitas alternativas, complementares, acessórias ou de projetos associados, com ou sem exclusividade, com vistas a favorecer a modicidade das tarifas, observado o disposto no art. 17 desta Lei. Parágrafo único. As fontes de receita previstas neste artigo serão obrigatoriamente consideradas para a aferição do inicial equilíbrio econômico-financeiro do contrato. Art. 13. As tarifas poderão ser diferenciadas em função das características técnicas e dos custos específicos provenientes do atendimento aos distintos segmentos de usuários."

O Capítulo IX da lei ora colacionada cuida da Intervenção do poder concedente:

"Art. 32. O poder concedente poderá intervir na concessão, com o fim de assegurar a adequação na prestação do serviço, bem como o fiel cumprimento das normas contratuais, regulamentares e legais pertinentes. Parágrafo único. A intervenção far-se-á por decreto do poder concedente, que conterá a designação do interventor, o prazo da intervenção e os objetivos e limites da medida. Art. 33. Declarada a intervenção, o poder concedente deverá, no prazo de 30 (trinta) dias, instaurar procedimento administrativo para comprovar as causas determinantes da medida e apurar responsabilidades, assegurado o direito de ampla defesa. § 1º Se ficar comprovado que a intervenção não observou os pressupostos legais e regulamentares será declarada sua nulidade, devendo o serviço ser imediatamente devolvido à concessionária, sem prejuízo de seu direito à indenização. § 2º O procedimento administrativo a que se refere o *caput* deste artigo deverá ser concluído no prazo de até 180 (cento e oitenta) dias. Art. 34. Cessada a intervenção, se não for extinta a concessão, a administração do serviço será devolvida à

Art. 6º | CÓDIGO BRASILEIRO DE DEFESA DO CONSUMIDOR

concessionária, precedida de prestação de contas pelo interventor, que responderá pelos atos praticados durante a sua gestão."

Do Capítulo XI, que trata das Disposições Finais e Transitórias, destaca-se o dispositivo segundo o qual a referida lei não se aplica à concessão, permissão e autorização para o serviço de radiodifusão sonora e de sons e imagens (art. 41).[23]

---

[23] Cf., também: Lei Federal nº 9.074, de 7.7.95, que estabelece normas para outorga e prorrogações das concessões e permissões de serviços públicos, o Decreto Federal nº 1.717, de 24.11.95, que estabelece procedimentos para prorrogação das concessões dos serviços públicos de energia elétrica de que trata a Lei nº 9.074, de 7.7.95, e a Lei Federal nº 9.427, de 26.12.96, que institui a Agência Nacional de Energia Elétrica – ANEEL, disciplina o regime das concessões de serviços públicos de energia elétrica e dá outras providências. Em face das privatizações das empresas públicas de fornecimento de energia elétrica, a ANEEL foi criada exatamente para a fiscalização das atividades dos novos concessionários que adquirirem seu controle acionário. Dispositivos de interesse: Art. 2º A Agência Nacional de Energia Elétrica – ANEEL tem por finalidade regular e fiscalizar a produção, transmissão, distribuição de energia elétrica, em conformidade com as políticas e diretrizes do governo federal. E seu art. 3º faz expressa referência à Lei nº 8.987, de 13.2.95, sendo certo que a nova agência regulamentária também tem, dentre outras atribuições, o recebimento dos reclamos dos consumidores em matéria de falhas ou defeitos na prestação dos serviços de fornecimento de energia elétrica. E, com efeito, incumbe-lhe, nos termos dos incisos IV e V do referido art. 3º: "IV – gerir os contratos de concessão ou de permissão de serviços públicos de energia elétrica, de concessão de uso de bem público, bem como fiscalizar, diretamente ou mediante convênios com órgãos estaduais, as concessões, as permissões e a prestação dos serviços de energia elétrica; V – dirimir, no âmbito administrativo, as divergências entre concessionárias, permissionárias, autorizadas, produtores independentes e autoprodutores, bem como entre esses agentes e seus consumidores."
Referida lei foi regulamentada pelo Decreto Federal nº 2.335, de 6.10.97. Destaca-se, dentre outros dispositivos desse mesmo decreto, o art. 3º de seu Anexo I, que traça: Art. 3º A ANEEL orientará a execução de suas atividades finalísticas de forma a proporcionar condições favoráveis para que o desenvolvimento do mercado de energia elétrica ocorra com equilíbrio entre os agentes e em benefício da sociedade, observando as seguintes diretrizes: I – prevenção de potenciais conflitos, por meio de ações e canais que estabeleçam adequado relacionamento entre agentes do setor de energia elétrica e demais agentes da sociedade; II – regulação e fiscalização realizadas com o caráter de simplicidade e pautadas na livre concorrência entre os agentes, no atendimento às necessidades dos consumidores e no pleno acesso aos serviços de energia elétrica; III – adoção de critérios que evitem práticas anticompetitivas e de impedimento ao livre acesso aos sistemas elétricos; IV – criação de condições para a modicidade das tarifas, sem prejuízo da oferta e com ênfase na qualidade dos serviços de energia elétrica; V – criação de ambiente para o setor de energia elétrica que incentive o investimento, de forma que os concessionários, permissionários e autorizados tenham assegurada a viabilidade econômica e financeira, nos termos do respectivo contrato; VI – adoção de medidas efetivas que assegurem a oferta de energia elétrica a áreas de renda e densidade de carga baixas, urbanas e rurais, de forma a promover o desenvolvimento econômico e social e a redução das desigualdades regionais; VII – educação e informação dos agentes e demais envolvidos sobre as políticas, diretrizes e regulamentos do setor de energia elétrica; VIII – promoção de execução indireta, mediante convênio, de atividades para as quais os setores públicos estaduais estejam devidamente capacitados; IX – transparência e efetividade nas relações com a sociedade. Em seguida, as mencionadas diretrizes são desdobradas (art. 4º) em 43 atribuições confiadas à ANEEL. E, dentre elas, destacam-se as seguintes atribuições: fiscalizar a prestação dos serviços e instalações de energia elétrica e aplicar as penalidades regulamentares e contratuais (inc. XIV); cumprir e fazer cumprir as disposições regulamentares do serviço e as cláusulas dos contratos de concessão ou de permissão e do ato da autorização (inc. XV); estimular a melhoria do serviço prestado e zelar, direta e indiretamente, pela sua boa qualidade, observado, no que couber, o disposto na legislação vigente de proteção e defesa do consumidor (inc. XVI); estimular a organização e operacionalização dos conselhos de consumidores e comissões de fiscalização periódica compostas de representantes da ANEEL, do concessionário e dos usuários, criados pelas Leis nºs 8.631, de 4 de março de 1993, e 8.987, de 13 de fevereiro de 1995 (inc. XVIII); dirimir, no âmbito administrativo, as divergências entre concessionários, permissionários, autorizados, produtores independentes e autoprodutores, entre esses agentes e seus consumidores, bem como entre os usuários dos reservatórios de usinas hidrelétricas (inc. XIX). Cf., ainda, o Decreto Estadual (São Paulo) nº 43.036, de 14.4.98, que aprova o Regulamento da Comissão de Serviços

Capítulo III · DOS DIREITOS BÁSICOS DO CONSUMIDOR | Art. 6º

[11a] SERVIÇOS PÚBLICOS *UTI UNIVERSI* – Até aqui nos preocupamos com os chamados *serviços públicos concedidos ou permitidos,* cuja prestação, em última análise, caberia ao Poder Público diretamente. Serviços, contudo, que, devido à priorização de outras políticas públicas, são delegadas, concedidas ou permitidas a empresas, mediante processo licitatório.

Todavia, há outros serviços derivados da própria atividade governamental que são oferecidos pelos diversos órgãos públicos.

Ou mais, apropriadamente, no magistério do Prof. Hely Lopes Meirelles, tratar-se, no primeiro caso, dos chamados serviços públicos *uti singuli,* enquanto no segundo teríamos os serviços públicos *uti uiversi.* Ou seja: "serviços próprios do Estado: são aqueles que se relacionam intimamente com as atribuições do Poder Público (segurança, polícia, higiene, saúde pública etc.) e para a execução dos quais a Administração usa da sua supremacia sobre os administrados. Por esta razão, só devem ser prestados por órgãos ou entidades públicas, sem delegação a particulares. Tais serviços, por sua essencialidade, geralmente são gratuitos ou de baixa remuneração para que fiquem ao alcance de todos os membros da coletividade". Por outro lado, entretanto: "serviços impróprios do Estado: são os que não afetam substancialmente as necessidades da comunidade, mas satisfazem interesses comuns de seus membros, e, por isso a Administração os presta remuneradamente, por seus órgãos ou entidades descentralizadas (autarquias, empresas públicas sociedades de economia mista, fundações governamentais), ou delega sua prestação a concessionários, permissionários ou autorizatários. Esses serviços, normalmente, são rentáveis e podem ser realizados com ou sem privilégio (não confundir com monopólio), mas sempre sob regulamentação e controle do Poder Público competente"[24].

Com efeito, são objeto de tutela pelo Código do Consumidor os serviços públicos prestados *uti singuli* e mediante retribuição por *tarifa ou preço público,* quer pelo Poder Público diretamente, quer por empresas concessionárias ou permissionárias, sobretudo, para os efeitos do seu art. 22.

Não o são, porém, os serviços públicos prestados *uti universi,* como decorrência da atividade precípua do Poder Público e retribuído por taxa ou pela contribuição a título de tributos em geral.

Essa distinção nos parece relevante, não apenas no âmbito dos Ministério Públicos – que lidam com as temáticas *tutela do consumidor,* de um lado, e *tutela da cidadania,* por outro –, como também das chamadas *ouvidorias* e comissões de ética pública.

Tanto assim que no âmbito do Estado de São Paulo, a Lei nº 10.294, de 20 de abril de 1999 – mais conhecida como *lei de qualidade do serviço público estadual* –, dispõe sobre proteção e defesa do usuário do serviço público do Estado de São Paulo[25].

Públicos de Energia – CSPE, criada pela Lei Complementar nº 833, de 17.10.97. Cf., finalmente, ainda nesse aspecto, a Súmula de Estudos-CENACON-MPSP nº 1, in Promotorias de Justiça do Consumidor: atuação prática, Imprensa Oficial do Estado de São Paulo, 1997, ps. 46-48, a respeito da interrupção de fornecimento de serviço público em face da inadimplência do consumidor.

[24] *Direito Administrativo Brasileiro.* São Paulo: Revista dos Tribunais, 1987, p. 334-335.

[25] Principais aspectos – "CAPÍTULO I – Das Disposições Gerais – Artigo 1º – Esta lei estabelece normas básicas de proteção e defesa do usuário dos serviços públicos prestados pelo Estado de São Paulo. § 1º – *As normas desta lei visam à tutela dos direitos do usuário* e aplicam – se aos serviços públicos prestados: a) pela Administração Pública direta, indireta e fundacional; b) pelos órgãos do Ministério Público, quando no desempenho de função administrativa; c) por particular, mediante concessão, permissão, autorização ou qualquer outra forma de delegação por ato administrativo, contrato ou convênio. § 2º – Esta lei se aplica aos particulares somente no que concerne ao serviço público delegado. Artigo 2º – Periodicamente o Poder Executivo publicará e divulgará quadro geral dos serviços públicos prestados pelo Estado de São Paulo, especificando os órgãos ou entidades responsáveis por sua realização. Parágrafo único – A periodicidade será, no mínimo, anual. Seção I – Dos Direitos Básicos – Artigo 3º – São direitos básicos do usuário: I – a

Art. 6º | CÓDIGO BRASILEIRO DE DEFESA DO CONSUMIDOR

Já no *âmbito federal*, mais recentemente sobreveio a Lei nº 13.460, de 26.6.2017, que, da mesma forma que a estadual paulista, dispõe sobre *a participação, proteção e defesa dos direitos do usuário dos serviços públicos da administração pública*[26].

---

informação; II – a qualidade na prestação do serviço; III – o controle adequado do serviço público. Parágrafo único – (Vetado). Seção IV – Do Direito ao Controle Adequado do Serviço – Artigo 8º – O usuário tem direito ao controle adequado do serviço. § 1º – Para assegurar o direito a que se refere este artigo, serão instituídas em todos os órgãos e entidades prestadores de serviços públicos no Estado de São Paulo: a) Ouvidorias; b) Comissões de Ética. § 2º – Serão incluídas nos contratos ou atos, que tenham por objeto a delegação, a qualquer título, dos serviços públicos a que se refere esta lei, cláusulas ou condições específicas que assegurem a aplicação do disposto no § 1º deste artigo. § 3º – Os prestadores dos serviços públicos a que se referem os §§ 1º, 2º e 3º do artigo 1º desta lei, afixarão em local de ampla visualização, em todas as instalações e estabelecimentos de acesso permitido aos usuários, comunicação visual adequada com a utilização de placas facilmente legíveis sobre números de telefones, outras vias eletrônicas e endereços das respectivas ouvidorias. Artigo 9º – Compete à Ouvidoria avaliar a procedência de sugestões, reclamações e denúncias e encaminhá-las às autoridades competentes, inclusive à Comissão de Ética, visando à: I – melhoria dos serviços públicos; II – correção de erros, omissões, desvios ou abusos na prestação dos serviços públicos; III – apuração de atos de improbidade e de ilícitos administrativos; IV – prevenção e correção de atos e procedimentos incompatíveis com os princípios estabelecidos nesta lei; V – proteção dos direitos dos usuários; VI – garantia da qualidade dos serviços prestados. Parágrafo único – As Ouvidorias apresentarão à autoridade superior, que encaminhará ao Governador, relatório semestral de suas atividades, acompanhado de sugestões para o aprimoramento do serviço público. Art. 10 – Cabe às Comissões de Ética conhecer das consultas, denúncias e representações formuladas contra o servidor público, por infringência a princípio ou norma ético – profissional, adotando as providências cabíveis". A *Comissão Geral de* Ética foi instituída pelo Decreto Estadual nº 57.500, de 8.11.2011 e regulamentada pelo Decreto Estadual nº 60.428, de 8.5.2014, inclusive, com o Código de Ética.

[26] CAPÍTULO I – DISPOSIÇÕES PRELIMINARES – Art. 1º Esta Lei estabelece normas básicas para participação, proteção e defesa dos direitos do usuário dos serviços públicos prestados direta ou indiretamente pela administração pública. § 1º O disposto nesta Lei aplica-se à administração pública direta e indireta da União, dos Estados, do Distrito Federal e dos Municípios, nos termos do inciso I do § 3º do art. 37 da Constituição Federal. § 2º A aplicação desta Lei não afasta a necessidade de cumprimento do disposto: I – em normas regulamentadoras específicas, quando se tratar de serviço ou atividade sujeitos a regulação ou supervisão; e II – na Lei nº 8.078, de 11 de setembro de 1990, quando caracterizada relação de consumo. § 3º Aplica-se subsidiariamente o disposto nesta Lei aos serviços públicos prestados por particular. Art. 2º Para os fins desta Lei, consideram-se: I – usuário – pessoa física ou jurídica que se beneficia ou utiliza, efetiva ou potencialmente, de serviço público; II – serviço público – atividade administrativa ou de prestação direta ou indireta de bens ou serviços à população, exercida por órgão ou entidade da administração pública; III – administração pública – órgão ou entidade integrante da administração pública de qualquer dos Poderes da União, dos Estados, do Distrito Federal e dos Municípios, a Advocacia Pública e a Defensoria Pública; IV – agente público – quem exerce cargo, emprego ou função pública, de natureza civil ou militar, ainda que transitoriamente ou sem remuneração; e V – manifestações – reclamações, denúncias, sugestões, elogios e demais pronunciamentos de usuários que tenham como objeto a prestação de serviços públicos e a conduta de agentes públicos na prestação e fiscalização de tais serviços. Parágrafo único. O acesso do usuário a informações será regido pelos termos da Lei nº 12.527, de 18 de novembro de 2011. Art. 3º Com periodicidade mínima anual, cada Poder e esfera de Governo publicará quadro geral dos serviços públicos prestados, que especificará os órgãos ou entidades responsáveis por sua realização e a autoridade administrativa a quem estão subordinados ou vinculados. Art. 4º Os serviços públicos e o atendimento do usuário serão realizados de forma adequada, observados os princípios da regularidade, continuidade, efetividade, segurança, atualidade, generalidade, transparência e cortesia. CAPÍTULO II – DOS DIREITOS BÁSICOS E DEVERES DOS USUÁRIOS – Art. 5º O usuário de serviço público tem direito à adequada prestação dos serviços, devendo os agentes públicos e prestadores de serviços públicos observar as seguintes diretrizes: I – urbanidade, respeito, acessibilidade e cortesia no atendimento aos usuários; II – presunção de boa-fé do usuário; III – atendimento por ordem de chegada, ressalvados casos de urgência e aqueles em que houver possibilidade de agendamento, asseguradas as prioridades legais às pessoas com deficiência, aos idosos, às gestantes, às lactantes e às pessoas acompanhadas por crianças de colo; IV – adequação entre meios e fins, vedada a imposição de exigências, obrigações, restrições e sanções não previstas na legislação; V – igualdade no tratamento aos usuários, vedado qualquer tipo de

Capítulo III · DOS DIREITOS BÁSICOS DO CONSUMIDOR | Art. 6º

discriminação; VI – cumprimento de prazos e normas procedimentais; VII – definição, publicidade e observância de horários e normas compatíveis com o bom atendimento ao usuário; VIII – adoção de medidas visando à proteção à saúde e à segurança dos usuários; IX – autenticação de documentos pelo próprio agente público, à vista dos originais apresentados pelo usuário, vedada a exigência de reconhecimento de firma, salvo em caso de dúvida de autenticidade; X – manutenção de instalações salubres, seguras, sinalizadas, acessíveis e adequadas ao serviço e ao atendimento; XI – eliminação de formalidades e de exigências cujo custo econômico ou social seja superior ao risco envolvido; XII – observância dos códigos de ética ou de conduta aplicáveis às várias categorias de agentes públicos; XIII – aplicação de soluções tecnológicas que visem a simplificar processos e procedimentos de atendimento ao usuário e a propiciar melhores condições para o compartilhamento das informações; XIV – utilização de linguagem simples e compreensível, evitando o uso de siglas, jargões e estrangeirismos; XV – vedação da exigência de nova prova sobre fato já comprovado em documentação válida apresentada; e XVI – comunicação prévia ao consumidor de que o serviço será desligado em virtude de inadimplemento, bem como do dia a partir do qual será realizado o desligamento, necessariamente durante horário comercial. Parágrafo único. A taxa de religação de serviços não será devida se houver descumprimento da exigência de notificação prévia ao consumidor prevista no inciso XVI do *caput* deste artigo, o que ensejará a aplicação de multa à concessionária, conforme regulamentação. Art. 6º São direitos básicos do usuário: I – participação no acompanhamento da prestação e na avaliação dos serviços; II – obtenção e utilização dos serviços com liberdade de escolha entre os meios oferecidos e sem discriminação; III – acesso e obtenção de informações relativas à sua pessoa constantes de registros ou bancos de dados, observado o disposto no inciso X do *caput* do art. 5º da Constituição Federal e na Lei nº 12.527, de 18 de novembro de 2011; IV – proteção de suas informações pessoais, nos termos da Lei nº 12.527, de 18 de novembro de 2011; V – atuação integrada e sistêmica na expedição de atestados, certidões e documentos comprobatórios de regularidade; e VI – obtenção de informações precisas e de fácil acesso nos locais de prestação do serviço, assim como sua disponibilização na internet, especialmente sobre: a) horário de funcionamento das unidades administrativas; b) serviços prestados pelo órgão ou entidade, sua localização exata e a indicação do setor responsável pelo atendimento ao público; c) acesso ao agente público ou ao órgão encarregado de receber manifestações; d) situação da tramitação dos processos administrativos em que figure como interessado; e e) valor das taxas e tarifas cobradas pela prestação dos serviços, contendo informações para a compreensão exata da extensão do serviço prestado; VII – comunicação prévia da suspensão da prestação de serviço. Parágrafo único. É vedada a suspensão da prestação de serviço em virtude de inadimplemento por parte do usuário que se inicie na sexta-feira, no sábado ou no domingo, bem como em feriado ou no dia anterior a feriado. Art. 7º Os órgãos e entidades abrangidos por esta Lei divulgarão Carta de Serviços ao Usuário. § 1º A Carta de Serviços ao Usuário tem por objetivo informar o usuário sobre os serviços prestados pelo órgão ou entidade, as formas de acesso a esses serviços e seus compromissos e padrões de qualidade de atendimento ao público. § 2º A Carta de Serviços ao Usuário deverá trazer informações claras e precisas em relação a cada um dos serviços prestados, apresentando, no mínimo, informações relacionadas a: I – serviços oferecidos; II – requisitos, documentos, formas e informações necessárias para acessar o serviço; III – principais etapas para processamento do serviço; IV – previsão do prazo máximo para a prestação do serviço; V – forma de prestação do serviço; e VI – locais e formas para o usuário apresentar eventual manifestação sobre a prestação do serviço. § 3º Além das informações descritas no § 2º, a Carta de Serviços ao Usuário deverá detalhar os compromissos e padrões de qualidade do atendimento relativos, no mínimo, aos seguintes aspectos: I – prioridades de atendimento; II – previsão de tempo de espera para atendimento; III – mecanismos de comunicação com os usuários; IV – procedimentos para receber e responder as manifestações dos usuários; e V – mecanismos de consulta, por parte dos usuários, acerca do andamento do serviço solicitado e de eventual manifestação. § 4º A Carta de Serviços ao Usuário será objeto de atualização periódica e de permanente divulgação mediante publicação em sítio eletrônico do órgão ou entidade na internet. § 5º Regulamento específico de cada Poder e esfera de Governo disporá sobre a operacionalização da Carta de Serviços ao Usuário. § 6º Compete a cada ente federado disponibilizar as informações dos serviços prestados, conforme disposto nas suas Cartas de Serviços ao Usuário, na Base Nacional de Serviços Públicos, mantida pelo Poder Executivo federal, em formato aberto e interoperável, nos termos do regulamento do Poder Executivo federal. Art. 8º São deveres do usuário: I – utilizar adequadamente os serviços, procedendo com urbanidade e boa-fé; II – prestar as informações pertinentes ao serviço prestado quando solicitadas; III – colaborar para a adequada prestação do serviço; e IV – preservar as condições dos bens públicos por meio dos quais lhe são prestados os serviços de que trata esta Lei. CAPÍTULO III – DAS MANIFESTAÇÕES DOS USUÁRIOS DE SERVIÇOS PÚBLICOS – Art. 9º Para garantir seus direitos, o usuário poderá apresentar manifestações perante a administração pública acerca da prestação de serviços públicos. Art. 10. A manifestação será dirigida à ouvidoria do órgão ou entidade responsável e conterá a identificação do requerente. § 1º A identificação do requerente não conterá exigências que inviabilizem sua manifestação. § 2º São vedadas quaisquer exigências relativas aos motivos determinantes da apresentação de manifestações perante a ouvidoria. § 3º Caso não haja ouvidoria, o usuário poderá apresentar manifestações diretamente ao órgão ou entidade responsável pela execução do serviço e ao órgão ou entidade a que se subordinem ou se vinculem. § 4º A manifestação poderá ser feita por meio eletrônico, ou correspondência convencional, ou verbalmente, hipótese em que deverá ser reduzida a termo. § 5º No caso de manifestação por meio eletrônico, prevista no § 4º, respeitada a legislação específica de sigilo e proteção de dados, poderá a administração pública ou sua ouvidoria requerer meio de certificação da identidade do usuário. § 6º Os órgãos e entidades públicos abrangidos por esta Lei deverão colocar à disposição do usuário formulários simplificados e de fácil compreensão para a apresentação do requerimento previsto no *caput*, facultada ao usuário sua utilização. § 7º A identificação do requerente é informação pessoal protegida com restrição de acesso nos termos da Lei nº 12.527, de 18 de novembro de 2011. Art. 10-A. Para fins de acesso a informações e serviços, de exercício de direitos e obrigações ou de obtenção de benefícios perante os órgãos e as entidades federais, estaduais, distritais e municipais ou os serviços públicos delegados, a apresentação de documento de identificação com fé pública em que conste o número de inscrição no Cadastro de Pessoas Físicas (CPF) será suficiente para identificação do cidadão, dispensada a apresentação de qualquer outro documento. § 1º Os cadastros, os formulários, os sistemas e outros instrumentos exigidos dos usuários para a prestação de serviço público deverão disponibilizar campo para registro do número de inscrição no CPF, de preenchimento obrigatório para cidadãos brasileiros e estrangeiros residentes no Brasil, que será suficiente para sua identificação, vedada a exigência de apresentação de qualquer outro número para esse fim. § 2º O número de inscrição no CPF poderá ser declarado pelo usuário do serviço público, desde que acompanhado de documento de identificação com fé pública, nos termos da lei. § 3º Ato de cada ente federativo ou Poder poderá dispor sobre casos excepcionais ao previsto no *caput* deste artigo. Art. 11. Em nenhuma hipótese, será recusado o recebimento de manifestações formuladas nos termos desta Lei, sob pena de responsabilidade do agente público. Art. 12. Os procedimentos administrativos relativos à análise das manifestações observarão os princípios da eficiência e da celeridade, visando a sua efetiva resolução. Parágrafo único. A efetiva resolução das manifestações dos usuários compreende: I – recepção da manifestação no canal de atendimento adequado; II – emissão de comprovante de recebimento da manifestação; III – análise e obtenção de informações, quando necessário; IV – decisão administrativa final; e V – ciência ao usuário. CAPÍTULO IV – DAS OUVIDORIAS – Art. 13. As ouvidorias terão como atribuições precípuas, sem prejuízo de outras estabelecidas em regulamento específico: I – promover a participação do usuário na administração pública, em cooperação com outras entidades de defesa do usuário; II – acompanhar a prestação dos serviços, visando a garantir a sua efetividade; III – propor aperfeiçoamentos na prestação dos serviços; IV – auxiliar na prevenção e correção dos atos e procedimentos incompatíveis com os princípios estabelecidos nesta Lei; V – propor a adoção de medidas para a defesa dos direitos do usuário, em observância às determinações desta Lei; VI – receber, analisar e encaminhar às autoridades competentes as manifestações, acompanhando o tratamento e a efetiva conclusão das manifestações de usuário perante órgão ou entidade a que se vincula; e VII – promover a adoção de mediação e conciliação entre o usuário e o órgão ou a entidade pública, sem prejuízo de outros órgãos competentes. Art. 14. Com vistas à realização de seus objetivos, as ouvidorias deverão: I – receber, analisar e responder, por meio de mecanismos proativos e reativos, as manifestações encaminhadas por usuários de serviços públicos; e II – elaborar, anualmente, relatório de gestão, que deverá consolidar as informações mencionadas no inciso I, e, com base nelas, apontar falhas e sugerir melhorias na prestação de serviços públicos. Art. 15. O relatório de gestão de que trata o inciso II do *caput* do art. 14 deverá indicar, ao menos: I – o número de manifestações recebidas no ano anterior; II – os motivos das manifestações; III – a análise dos pontos recorrentes; e IV – as providências adotadas pela administração pública nas soluções apresentadas. Parágrafo único. O relatório de gestão será: I – encaminhado à autoridade máxima do órgão a que pertence a unidade de ouvidoria; e II – disponibilizado integralmente na internet. Art. 16. A ouvidoria encaminhará a decisão administrativa final ao usuário, observado o prazo de trinta dias, prorrogável de forma justificada uma única vez, por igual período. Parágrafo único. Observado o prazo previsto no *caput*, a ouvidoria poderá solicitar informações e esclarecimentos diretamente a agentes públicos do órgão ou entidade a que se vincula, e as solicitações devem ser respondidas no prazo de vinte dias, prorrogável de forma justificada uma única vez, por igual período. Art. 17. Atos normativos específicos de cada Poder e esfera de Governo disporão sobre a organização e o funcionamento de suas ouvidorias.

Capítulo III · DOS DIREITOS BÁSICOS DO CONSUMIDOR | Art. 6º

[12] GARANTIAS DE PRÁTICAS DE CRÉDITO RESPONSÁVEL, EDUCAÇÃO FINANCEIRA, PREVENÇÃO E TRATAMENTO DE SITUAÇÕES DE SUPERENDIVIDAMENTO PRESERVANDO-SE O *MÍNIMO EXISTENCIAL* – A questão ora suscitada pela Lei nº 14.181/2021 passou a inserir-se como um dos *direitos básicos do consumidor*. E são evidenciados pelo seu próprio enunciado.

Em última análise, com efeito, cuidou o legislador de enfatizar que, além dos demais direitos básicos e fundamentais elencados no art. 6º do Código de Defesa do Consumidor, figuram garantias: a) de práticas de crédito responsável, cuja responsabilidade pelo cumprimento deve caber, primeiramente, aos fornecedores desse crédito, no que concerne a comportamentos éticos, tanto nas ofertas e publicidades sobre esse ativo, como na abordagem dos potenciais tomadores de empréstimos ou outras formas de facilidades creditícias; b) em segundo lugar, porém, também se atribui certa responsabilidade ao próprio consumidor, que deve educar-se do ponto de vista financeiro desde que, obviamente, essa educação lhe seja proporcionada, com vistas a analisar as nuanças da atividade creditícia e, sobretudo, possibilitando-lhe rejeitar ou não aderir àquela que possa lhe trazer dissabores e, principalmente, um *superendividamento*; c) igualmente a prevenção e o tratamento desse fenômeno devem ser proporcionados tanto pelos fornecedores de crédito como pelos novéis *instrumentos da política nacional das relações de consumo,* inseridos no art. 4º do estatuto consumerista, conforme acentuamos naqueles tópicos específicos.

CAPÍTULO V – DOS CONSELHOS DE USUÁRIOS – Art. 18. Sem prejuízo de outras formas previstas na legislação, a participação dos usuários no acompanhamento da prestação e na avaliação dos serviços públicos será feita por meio de conselhos de usuários. Parágrafo único. Os conselhos de usuários são órgãos consultivos dotados das seguintes atribuições: I – acompanhar a prestação dos serviços; II – participar na avaliação dos serviços; III – propor melhorias na prestação dos serviços; IV – contribuir na definição de diretrizes para o adequado atendimento ao usuário; e V – acompanhar e avaliar a atuação do ouvidor. Art. 19. A composição dos conselhos deve observar os critérios de representatividade e pluralidade das partes interessadas, com vistas ao equilíbrio em sua representação. Parágrafo único. A escolha dos representantes será feita em processo aberto ao público e diferenciado por tipo de usuário a ser representado. Art. 20. O conselho de usuários poderá ser consultado quanto à indicação do ouvidor. Art. 21. A participação do usuário no conselho será considerada serviço relevante e sem remuneração. Art. 22. Regulamento específico de cada Poder e esfera de Governo disporá sobre a organização e funcionamento dos conselhos de usuários. CAPÍTULO VI – DA AVALIAÇÃO CONTINUADA DOS SERVIÇOS PÚBLICOS – Art. 23. Os órgãos e entidades públicos abrangidos por esta Lei deverão avaliar os serviços prestados, nos seguintes aspectos: I – satisfação do usuário com o serviço prestado; II – qualidade do atendimento prestado ao usuário; III – cumprimento dos compromissos e prazos definidos para a prestação dos serviços; IV – quantidade de manifestações de usuários; e V – medidas adotadas pela administração pública para melhoria e aperfeiçoamento da prestação do serviço. § 1º A avaliação será realizada por pesquisa de satisfação feita, no mínimo, a cada um ano, ou por qualquer outro meio que garanta significância estatística aos resultados. § 2º O resultado da avaliação deverá ser integralmente publicado no sítio do órgão ou entidade, incluindo o ranking das entidades com maior incidência de reclamação dos usuários na periodicidade a que se refere o § 1º, e servirá de subsídio para reorientar e ajustar os serviços prestados, em especial quanto ao cumprimento dos compromissos e dos padrões de qualidade de atendimento divulgados na Carta de Serviços ao Usuário. Art. 24. Regulamento específico de cada Poder e esfera de Governo disporá sobre a avaliação da efetividade e dos níveis de satisfação dos usuários. CAPÍTULO VII – DISPOSIÇÕES FINAIS E TRANSITÓRIAS – Art. 25. Esta Lei entra em vigor, a contar da sua publicação, em: I – trezentos e sessenta dias para a União, os Estados, o Distrito Federal e os Municípios com mais de quinhentos mil habitantes; II – quinhentos e quarenta dias para os Municípios entre cem mil e quinhentos mil habitantes; e III – setecentos e vinte dias para os Municípios com menos de cem mil habitantes".

Cf. também a respeito dessa matéria o Decreto 9.492/2018, que regulamenta a Lei 13.460/2017, e o Decreto 10.228, de 5.2.2020, que altera o Decreto 9.492/2018 (também alterado pelo Decreto 10.890/2021), que a seu turno regulamenta a Lei 13.460/2017, para dispor sobre o Sistema de Ouvidoria do Poder Executivo federal e instituir os conselhos de usuários dos serviços públicos no âmbito da administração pública direta, indireta, autárquica e fundacional do Poder Executivo federal.

Um desses novos *direitos básicos* ou *fundamentais*, entretanto, está a merecer especial destaque: o *mínimo existencial*.

Por *mínimo existencial* deve-se entender os recursos econômico-financeiros básicos e imprescindíveis que devem ser preservados em mãos e no poder do consumidor, ainda que considerado *superendividado,* mormente após os devidos acertos e repactuação de suas dívidas.

Essa parte do dispositivo sob análise, entretanto, conforme por ele estabelecido, deverá ficar na dependência de *regulamentação futura*.

Destarte, impende aguardar-se de que maneira isso será estabelecido. Até porque por ora, e à guisa de exemplificação, o que se tem é um percentual máximo que deve comprometer a renda de aposentadoria e pensões, o qual não poderá ultrapassar os 30% ou 33% de seus beneficiários na contratação de empréstimos pecuniários ou outras formas de benefícios creditícios.

[13] PRESERVAÇÃO DO *MÍNIMO EXISTENCIAL* NA REPACTUAÇÃO DE DÍVIDAS E CONCESSÃO DE CRÉDITO – Esse outro direito básico do consumidor, acrescentado pela Lei nº 14.181/2021, na verdade é uma complementação do anterior.

Trata-se, com efeito, de se proporcionar aos consumidores em relação a créditos e outros benefícios financeiros um comprometimento máximo a não ser violado, que lhes permita conservar o já referido *mínimo existencial.*

E nesse tópico, como no anterior, fala o legislador da necessidade de uma *regulamentação específica.*

E como lá, aqui também se pode imaginar algo em face dos percentuais máximos que podem comprometer a renda de consumidores aderentes a contratos atinentes a créditos, de modo geral.

[14] INFORMAÇÕES DE PREÇOS POR UNIDADES DE MEDIDA, VOLUME, PESO – Cuida-se, nesse tópico do art. 6º, de declarar-se o direito que o consumidor tem de ser informado, de forma clara e precisa, dos preços pelos quais são oferecidos os diversos produtos nos variados mercados, por unidades *cheias* de medidas, volumes e pesos.

Ora, quer-nos parecer que essa exigência já existe em matéria, por exemplo, da venda de frios, pães *franceses* e outros produtos preferidos e solicitados pelo consumidor por *gramas.*

E verifica-se em caracteres luminosos nas balanças eletrônicas que pesam sobreditos produtos o preço por quilograma cheio, com determinado preço, assinalando esses instrumentos igualmente o peso parcial adquirido, e seu preço proporcional ao peso *cheio.*

Além desses casos já existentes e exigidos, pode-se alvitrar, ainda à guisa de exemplificação, a inserção em rótulos de bebidas que não sejam de um litro, desde que vendidas por partidas ou porções parciais, o seu preço integral, para que o consumidor possa saber se o que está adquirindo, em termos proporcionais, efetivamente corresponde ao justo esperado.

[15] NO EVENTO INTITULADO "MINISTÉRIO PÚBLICO E A COMUNIDADE – ENCONTRO DOS PROMOTORES DE JUSTIÇA DAS PESSOAS PORTADORAS DE DEFICIÊNCIA E AS ORGANIZAÇÕES DE ATENDIMENTO", em São Paulo, 29.10.1999, muito antes, portanto, dessa preocupação, proferimos palestra sobre o tema *Relação de Consumo e Deficiência.* E, ao ensejo, chegamos às seguintes conclusões:

1. Quanto à defesa e proteção do consumidor, não há falar em pessoas portadoras de deficiência ou não portadoras de deficiência, já que todas elas são consideradas vulneráveis em face dos fornecedores.

Capítulo III · DOS DIREITOS BÁSICOS DO CONSUMIDOR | Art. 7º

2. Apenas quando houver especialização de produtos e serviços destinados a pessoas portadoras de certos tipos de deficiência física ou mental, exigir-se-ão graus de tutelas mais apurados.

3. A tutela dos consumidores se faz nos âmbitos administrativo, civil e penal, no sentido de se prevenirem danos ou prejuízos aos consumidores, ou então garantir-lhes o pleno ressarcimento.

4. As chamadas normas de qualidade e segurança devem ser sempre buscadas pelos fornecedores, até para sua própria garantia, se chamados a prestar esclarecimentos ou em juízo, consistindo em prática abusiva a simples colocação de produtos e serviços que as desatendam.

> **Art. 7º** Os direitos previstos neste Código não excluem outros decorrentes de tratados ou convenções internacionais de que o Brasil seja signatário, da legislação interna ordinária, de regulamentos expedidos pelas autoridades administrativas competentes, bem como dos que derivem dos princípios gerais do direito, analogia, costumes e equidade. [1][2]
>
> Parágrafo único. Tendo mais de um autor a ofensa, todos responderão solidariamente pela reparação dos danos previstos nas normas de consumo. [3]

COMENTÁRIOS

[1] FONTES DOS DIREITOS DO CONSUMIDOR – Como já visto, em verdade, não se pode dizer que haja um "Direito do Consumidor", assim como existe um "Direito Penal", "Direito Civil", "Direito Comercial" etc. Cuida-se, em última análise, de um *microssistema jurídico*, na medida em que não apenas convive com outros institutos já preexistentes e encerrados nos corpos de normas mencionados, como também cria enfoque próprio (cf. art. 4º) e aperfeiçoa outros institutos jurídicos, como no caso dos vícios redibitórios, responsabilidade civil, teoria geral dos contratos e tutela coletiva dos consumidores.

O que se procurou fazer, até pela amplitude do tema, foi a sistematização dos direitos dos consumidores, com a conservação dos institutos do Direito Civil, Comercial e Penal, além de normas do Direito Administrativo espalhadas por inúmeros diplomas legais, e, ao mesmo tempo, com a modificação de outros que no entender da comissão elaboradora do anteprojeto e dada a larga experiência prática de seus membros já não mais atendiam às exigências dos consumidores.

Realistas, pois, procuraram referidos membros dotar o País de um instrumento legal moderno e sobretudo ágil no que tange aos instrumentos colocados à disposição dos consumidores e seus órgãos representativos, para fazer valer seus direitos e interesses.

Todavia, a marcha da tecnologia e, sobretudo, a diminuição das fronteiras internacionais, principalmente no âmbito das relações econômicas – a reunificação das Alemanhas há pouco tempo parecia algo inimaginável, ou então o próprio Mercado Comum Europeu, com as suas normas bastante rígidas em matéria de qualidade e produtividade –, exigem que tais regras ora sistematizadas não sejam inflexíveis ou herméticas.

A grande questão, com efeito, prende-se ao chamado "Direito comunitário", consubstanciado nos tratados que criam os chamados "mercados globais", como a mencionada Comu-

Art. 7º | CÓDIGO BRASILEIRO DE DEFESA DO CONSUMIDOR

nidade Econômica Europeia, o NAFTA, congregando México, Estados Unidos e Canadá, e a APEC, conglobando os países da costa do Pacífico.

E a pergunta que sempre preocupa é no sentido de se saber até que ponto, por exemplo, uma norma do "Direito comunitário" dos países envolvidos no "mercado globalizado" suplanta a de um deles, no âmbito interno, e compromete sua soberania.

A questão foi suscitada, por exemplo, no episódio da importação de batatas da Argentina, aspergidas por um agrotóxico antibrotante, e expressamente proibido pela legislação fitossanitária do Brasil.

Em princípio, interpretando-se a norma comunitária de livre comércio ou derrubada de barreiras alfandegárias quanto àquele produto agrícola, as autoridades do Ministério da Agricultura permitiram essa importação, tendo sido obrigadas a recuar, todavia, em face de nossa representação ao Ministério Público Federal, que adotou as medidas cautelares necessárias, com base no que dispõe o art. 102 do Código sob comento.

Dessa forma, impende urgentemente a homogeneização das normas dos países-membros do Mercosul, que já conta com a adesão, além de Brasil, Argentina, Uruguai e Paraguai, do Chile, e, proximamente, da Bolívia e outros países vizinhos.

O que acontece é que, embora em tese prevaleça o Direito comunitário, sobretudo a teor do próprio art. 7º do Código do Consumidor, que tem nos tratados internacionais importante fonte de suas normas, a diretriz que se impõe, primeiramente, é com relação à saúde e à segurança dos consumidores.

Ou seja, os direitos básicos dos consumidores, com especial e evidente destaque para os anteriormente citados, deverão servir como diretiva inquestionável do Direito comunitário, particularmente no que tange ao denominado Subcomitê Mercosul nº 7, que cuida precisamente das normas de proteção ao consumidor.

E, sempre que houver choque entre uma norma comunitária e uma norma do Direito Interno de cada país-membro, deve-se optar pela norma mais restritiva, se a questão envolve aqueles valores sintetizados nos direitos básicos dos consumidores.

Aliás, conforme a Resolução GMC nº 126/94, chamada de *regra de destino*, valerão as normas internas de cada país-membro do Mercosul no que tange aos produtos importados entre si, até que sobrevenha a homogeneização das normas de proteção e defesa do consumidor.

Como membro da comissão consultiva do mencionado Subcomitê Mercosul nº 7, devemos salientar que as dificuldades maiores se referem à relutância, principalmente da Argentina, em aceitar os princípios gerais de defesa do consumidor, aliás baseados na já mencionada Resolução nº 39/294 da ONU, e alguns conceitos como *coletividade de consumidores*, sobretudo quando estendida aos chamados *acidentes de consumo* e outros aspectos já consagrados na legislação brasileira. Até o momento em que se escreveram os presentes comentários, a única resolução aprovada diz respeito às *garantias contratuais,* bastante semelhante aos moldes estatuídos pelo Código Brasileiro de Defesa do Consumidor.

Por outro lado, é de absoluta necessidade a instituição de uma corte de justiça comunitária, não apenas para a dirimição dos conflitos puramente comerciais entre os países do Mercosul, como também para uma *seção de dirimição dos conflitos de consumo.*

Haverá, por certo, conflitos advindos da importação de produtos e prestação de serviços e, embora fale o Código do Consumidor na responsabilidade do importador por defeitos (art. 12) e solidária dos comerciantes (arts. 13, 18, 19, 20 e 21), haverá questões de importação direta pelos próprios consumidores, donde a necessidade de mecanismos ágeis e idôneos para sua solução.

Walter Ceneviva,[27] relatando as conclusões de dois simpósios realizados em Ouro Preto e Guarujá sobre essa matéria, levanta a questão sobre a necessidade até de se emendar a Constituição Federal para que se admita a adesão do País a esse projetado tribunal comunitário, já que isso implicará, de certa forma, o comprometimento de sua soberania.

Com efeito, aduz que, *"para viabilizar a aceitação de decisões judiciais comunitárias, será necessário rever a Constituição do Brasil; o exercício jurisdicional, que é o poder de julgar atribuído ao Judiciário brasileiro, deriva da própria soberania; somente através da alteração constitucional se admitirá a outorga de uma parte de tal soberania ao corpo de julgadores comunitários, que, embora estrangeiros em maioria, terão direito de determinar regras impositivas no território do Brasil e no dos outros países vinculados às mesmas regras; a solução supranacional, defendida no Guarujá e em Ouro Preto, onde falaram conceituados estudiosos do Velho Mundo, é muito utilizada na Comunidade Europeia; Portugal teve de se adaptar a ela, mudando sua Constituição, antes de ser recebido no Mercado Comum Europeu"*.

Ao contrário, por *fontes dos direitos do consumidor* se haverá de entender não somente as já preexistentes ao Código, que é uma realidade, bem como as normas por ele elencadas. Daí seu caráter interdisciplinar.

Por fontes se haverá de entender também os tratados e normas internacionais de que o Brasil seja signatário, como a norma ISO 9000 – já entre nós adotada com a nomenclatura NBR 19000.

Igualmente, são elencadas como fontes dos direitos dos consumidores, até por uma questão de bom senso, e à luz da própria Lei de Introdução às Normas do Direito Brasileiro, as que derivem dos princípios gerais do Direito, analogia, costumes e equidade.

[2] REGULAMENTAÇÃO DO CÓDIGO DO CONSUMIDOR – O Decreto nº 861, de 9 de julho de 1993, conhecido por "regulamento do Código do Consumidor", e seu sucessor, o Decreto nº 2.181, de 20 de março de 1997, optaram claramente pela transformação dos órgãos de proteção ao consumidor (*i.e.*, PROCONs, PRODECONs, CEDECONs etc.) em "polícia administrativa das relações de consumo".

Sempre que consultado, fizemos questão de alertá-los para os riscos de mais esse ônus, já que sua missão precípua é de orientar, educar, encaminhar denúncias e, mais recentemente, até ajuizar ações coletivas protetivas do consumidor.

A chamada "polícia administrativa", como se sabe, é bem definida pelo art. 78 do Código Tributário Nacional, e já é exercida pelos órgãos competentes, tais como os de vigilância sanitária sobre alimentos, medicamentos, produtos domissanitários, cosméticos. Outros órgãos ainda fiscalizam a comercialização de produtos e prestação de serviços e seguros ou artigos financeiros, como, por exemplo, a SUSEP e o Banco Central.

Desta forma, o que o art. 55 do Código do Consumidor dispôs, na verdade, foi apenas sobre uma espécie de alerta ou sinalização àqueles mesmos órgãos de polícia administrativa propriamente dita.

Como Coordenador Adjunto da Comissão que elaborou o anteprojeto do CDC, podemos assegurar que essa foi efetivamente a intenção de seus membros, e não transformar os PROCONs em órgãos de fiscalização.

A necessidade da conjuntura socioeconômica, no entanto, fez com que se regulamentassem os dispositivos mais relevantes do Código do Consumidor, atribuindo-se a fiscalização das infrações aos órgãos de proteção ao consumidor. Fiscalização essa que se torna relevante no sistema econômico, sobretudo quando se propõe uma nova ordem econômica.

---

[27] "Justiça supranacional no Mercosul", jornal Folha de S. Paulo, de 28.8.2006.

Art. 7º | CÓDIGO BRASILEIRO DE DEFESA DO CONSUMIDOR

Com a extinção da SUNAB, as atribuições de fiscalização sobre comercialização e preços passaram a ser de responsabilidade dos PROCONs ou SEDECONs, como já salientado atrás.[28]

[3] SOLIDARIEDADE EM FACE DOS DANOS INFLIGIDOS – Trata-se de um aspecto dos mais relevantes em termos de responsabilidade civil dos que causarem danos a consumidores ou terceiros não envolvidos em dada relação de consumo.

Como a responsabilidade é objetiva, decorrente da simples colocação no mercado de determinado produto ou prestação de dado serviço, ao consumidor é conferido o direito de intentar as medidas contra todos os que estiverem na cadeia de responsabilidade que propiciou a colocação do mesmo produto no mercado, ou então a prestação do serviço.

Assim, por exemplo, no caso do automóvel com grave defeito de fabricação em um item de segurança, embora o acidente possa ser causado por uma peça fornecida ao montador daquele por um outro fabricante, pode o consumidor preferir intentar a ação competente contra o aludido montador, ou contra o fabricante da peça defeituosa, ou contra ambos ao mesmo tempo, porquanto ambos concorreram para que o efeito lesivo se verificasse.

E é nesse exato sentido que decidiu o acórdão em sede de REsp nº 402.356/MA, tendo como relator o ministro Sálvio de Figueiredo Teixeira, 4ª Câmara do STJ, j. de 25.3.2003, *DJ* de 23.6.2003, p. 375, RNDJ, vol. 45, p. 136, RSTJ, vol. 172, p. 439:

"Direito civil e processual civil. Código de Defesa do Consumidor. Ação de indenização. Compra de automóvel novo. Defeito de fábrica. Responsabilidade solidária do fabricante e da concessionária. Art. 18 da Lei nº 8.078/90. Caso concreto. Responsabilidade da concessionária afastada. Decisão anterior irrecorrida. Preclusão. Julgamento *extra petita*. Ausência de prequestionamento. Danos morais. Liquidação por arbitramento. Desnecessidade. Fixação desde logo. *Quantum*. Meros dissabores e aborrecimentos. Redução da indenização. Recurso parcialmente provido. I – Em princípio, considerando o sistema de comercialização de automóvel, através de concessionárias autorizadas, são solidariamente responsáveis o fabricante e o comerciante que aliena o veículo. II – Tratando-se de responsabilidade solidária, a demanda pode ser direcionada contra qualquer dos coobrigados. A existência de solidariedade, no entanto, não impede que seja apurado, no caso concreto, o nexo de causalidade entre as condutas dos supostos responsáveis para concluir-se pela responsabilidade de apenas um deles. III – A fixação do dano moral não exige liquidação por arbitramento. Recomenda-se, na verdade, que o valor seja fixado desde logo, buscando dar solução definitiva ao caso e evitando inconvenientes e retardamento na solução jurisdicional. IV – Na espécie, o valor do dano moral merece redução, por não ter o autor sofrido abalo à honra e nem sequer passado por situação de dor, sofrimento ou humilhação. Na verdade, os fatos ocorridos estão incluídos nos percalços da vida, tratando-se de meros dissabores e aborrecimentos. V – Para fins de prequestionamento, é indispensável que a matéria seja debatida e efetivamente decidida pelo acórdão impugnado, não bastando a suscitação do tema pela parte interessada".

---

[28] Vide comentário aos arts. 55 e segs., e sobre o Sistema Nacional de Defesa do Consumidor.

Capítulo IV

DA QUALIDADE DE PRODUTOS E SERVIÇOS, DA PREVENÇÃO E DA REPARAÇÃO DOS DANOS

Zelmo Denari

(Segmento atualizado por José Geraldo Brito Filomeno[1])

Seção I
Da proteção à saúde e segurança

1. A SAÚDE E A SEGURANÇA DOS CONSUMIDORES

O Código de Defesa do Consumidor é constituído por uma parte *introdutória*, que dispõe, amplamente, sobre os direitos do consumidor (cf. art. 1º *usque* 7º), e pela parte *dispositiva* propriamente dita, que disciplina os aspectos civis, administrativos, penais e processuais das relações de consumo.

O art. 8º inaugura a parte dispositiva do Código, ocupando-se – juntamente com os arts. 9º, 10 e 11 – da proteção à saúde e segurança dos consumidores.

Explica-se a temática inaugural como decorrência da preocupação do legislador em estabelecer critérios para tutela do bem mais valioso a ser preservado nas relações de consumo: a vida do consumidor.

O fornecimento de produtos ou serviços nocivos à saúde ou comprometedores da segurança do consumidor é responsável pela maior parte dos designados *acidentes de consumo*[2], a saber:

a) *civil*, envolvendo a responsabilidade dos fornecedores perante os consumidores por danos decorrentes da nocividade ou periculosidade dos produtos ou serviços;

---

[1] Doravante identificado com a abreviatura JGBF quando houver intervenção de atualização.

[2] Cf. Decreto Federal nº 9.960, de 8.8.2019, que instituiu a *Comissão de Estudos Permanentes de Acidentes de Consumo,* com vistas à análise desses, sobretudo, se reiterados, visando à adoção de medidas objetivando a sua prevenção.

b) *administrativa*, envolvendo a sua responsabilidade perante a administração federal, estadual ou municipal, pelo descumprimento de deveres previstos em normas legais ou regulamentares; e

c) *penal*, envolvendo a responsabilidade dos fornecedores perante a justiça pública, pela prática de ilícitos penais.

O Código não trata, nesta seção, do disciplinamento dessas sanções, pormenorizadas ao longo das demais seções e capítulos, cuidando de estabelecer critérios indiciários da nocividade ou periculosidade dos produtos ou serviços colocados no mercado de consumo, e de enunciar deveres de informações a cargo dos fornecedores, nos casos concretos.

De todo modo, no que tange à tutela da saúde, os casos mais frequentes de fornecimentos capazes de afetá-la se localizam na área dos alimentos e, principalmente, dos medicamentos, envolvendo os seus fabricantes, vale dizer, as indústrias e laboratórios, bem como os seus fornecedores imediatos, a saber, as farmácias, drogarias e hospitais.

Tratando-se de produto intrinsecamente defeituoso em sua formulação, a responsabilidade civil por danos é exclusiva do fabricante. Mas a nocividade pode ser resultante da *má utilização* do produto, por falta, insuficiência ou inadequação de informação, e, neste caso, persiste a responsabilidade do fabricante por eventuais danos, nos termos do art. 12, *in fine*.

Os fabricantes de silicone dos Estados Unidos, que abastecem quase todo o mercado mundial de implantes – entre eles a Dow Corning, Myers-Squibb, 3M e Union Carbide –, publicaram, nos principais jornais americanos, edital comunicando a decisão de indenizar todas as vítimas que se inscreveram na respectiva *class action*. Inúmeras mulheres, inclusive seus filhos e familiares, que tiveram problemas de saúde com o implante de silicone, participaram da maior indenização jamais paga, em todo o mundo, para danos causados por um produto, envolvendo a quantia de US$ 4,2 bilhões (cf. *Folha de S. Paulo*, Terceiro Caderno, 26.4.94). Trata-se de um exemplo bastante sugestivo de responsabilidade por fornecimento de produto intrinsecamente defeituoso.

Mas a responsabilidade por vícios de informação pode ser atribuída, excepcionalmente, aos demais partícipes do processo distributivo dos medicamentos em geral (tais como farmácias, drogarias, hospitais e médicos) quando tenham induzido em erro o consumidor, desvirtuando as informações sobre sua utilização e riscos prestadas pelos respectivos fabricantes. A hipótese é de exclusão de responsabilidade do fabricante, por culpa exclusiva de terceiros, nos termos do art. 12, § 3º, inc. III, do CDC.

Por último, se a nocividade derivar da *má conservação* do produto e inexistir vício de informação, o fornecedor imediato (farmácia, drogaria ou hospital) pode ser responsabilizado se não tiver tomado os devidos cuidados, nos termos do art. 13, inc. III do CDC.

Como é intuitivo, além dos medicamentos utilizados pelo homem, os fornecimentos de produtos veterinários podem acarretar responsabilidade por danos à saúde dos animais, aplicando-se à espécie as considerações feitas nos parágrafos anteriores. Nem se deve deslembrar que foi justamente nesta sede que surgiram os primeiros debates acerca da inversão do ônus da prova nas relações de consumo. Na Alemanha, na década de 1960, após a aplicação de uma vacina contra peste avícola, orientada por um veterinário, morreram 4.000 aves. Como era impossível à proprietária prejudicada demonstrar que a vacina estava contaminada, o tribunal estabeleceu a inversão do ônus da prova, acedendo a uma presunção *juris tantum* da culpa *in vigilando* do fabricante.[3]

---

[3]   *Apud* L. G. Paes de Barros Leães, *A responsabilidade do fabricante pelo fato do produto*, São Paulo, Saraiva, 1987, p. 78 e segs.

Capítulo IV · DA QUALIDADE DE PRODUTOS E SERVIÇOS | **Art. 8º**

No que tange à segurança dos consumidores, os casos mais sugestivos de fornecimentos capazes de adicionar riscos são aqueles relacionados com as construções e edificações em geral.

Neste ponto, cumpre salientar que nossos tribunais ainda não se advertiram das mudanças legislativas introduzidas com o advento do Código de Defesa do Consumidor. Assim, são frequentes as decisões limitativas da responsabilidade do construtor, com apoio em disposições civilísticas que vão desde os contratos de empreitada (art. 618 do CC) até os vícios redibitórios (art. 441 do CC).

De fato, nos termos do art. 618 do Código Civil, a responsabilidade do construtor é limitada às empreiteiras de materiais e serviços, e somente alcança os defeitos que comprometam a solidez e segurança da obra pelo prazo de 5 (cinco) anos, logo designado "quinquênio de garantia". Como veremos *infra*, o Código de Defesa do Consumidor ampliou os limites dessa responsabilidade. Há, portanto, todo um processo de elaboração jurisprudencial a ser cumprido em matéria de responsabilidade dos construtores civis, de molde a conciliar dispositivos civilísticos com aqueles previstos no Código de Defesa do Consumidor, que alterou substancialmente o tema.

Dando fecho a estes comentários, é preciso ter presente que, quando o legislador, preocupado com a saúde e a segurança dos consumidores, alude a *defeitos do produto*, rectius *vícios do produto*, é preciso distinguir os *defeitos intrínsecos* dos *extrínsecos*. Defeitos ou vícios intrínsecos são aquelas imperfeições que afetam em sua essência ou composição os produtos colocados no mercado de consumo. Defeitos ou vícios extrínsecos são aqueles que afetam a apresentação do produto, derivados da falta ou da insuficiência de informações relativas à utilização, conservação e vida útil (prazo de validade) do produto.

Não foi por outra razão que a Comunidade Europeia, a partir de 1985, através de uma diretiva, concitou seus membros a harmonizarem suas normas a respeito da responsabilidade dos fabricantes pelos produtos defeituosos. E não foi por outra razão que ao definir "produto defeituoso" o art. 6º da Diretiva nº 374, de 27 de julho de 1985, faz referência aos precitados vícios intrínsecos e extrínsecos, nos seguintes termos:

"Art. 6º Um produto é defeituoso quando não provê a segurança a qual a pessoa espera obter, levando em consideração todas as circunstâncias, inclusive:

a) a apresentação do produto;

b) o uso para o qual razoavelmente se espera seja o produto utilizado;

c) a época em que o produto foi posto em circulação."

Referida normativa encontra-se reproduzida, quase que *ipsis litteris*, no art. 12, § 1º, do Código de Defesa do Consumidor. A partir de então – como observou com acuidade Vera Maria Jacob de Fradera, em estudo precursor do Código de Defesa do Consumidor – , "produto defeituoso não é, portanto, apenas o que apresenta falhas na sua elaboração, mas também aquele em que faltam instruções sobre o seu uso correto ou informações, advertências sobre o produto em si mesmo".[4]

> **Art. 8º** Os produtos e serviços colocados no mercado de consumo não acarretarão riscos [1] à saúde ou segurança dos consumidores, exceto os considerados normais e previsíveis em decorrência de sua natureza e fruição, obrigando-se os fornecedores, em qualquer hipótese, a dar as informações necessárias e adequadas a seu respeito.

---

4   Cf. Vera Maria Jacob de Fradera, "O dever de informar do fabricante", *in RT*, vol. 656, p. 60.

Art. 8º | CÓDIGO BRASILEIRO DE DEFESA DO CONSUMIDOR

> § 1º Em se tratando de produto industrial, ao fabricante cabe prestar as informações a que se refere este artigo, através de impressos apropriados que devam acompanhar o produto. (Redação dada pela Lei nº 13.486, de 2017)
>
> § 2º O fornecedor deverá higienizar os equipamentos e utensílios utilizados no fornecimento de produtos ou serviços, ou colocados à disposição do consumidor, e informar, de maneira ostensiva e adequada, quando for o caso, sobre o risco de contaminação. (Incluído pela Lei nº 13.486, de 2017)

COMENTÁRIOS

[1] RISCOS À SAÚDE E SEGURANÇA – A saúde e a segurança dos consumidores se encontram sob a tutela das disposições normativas constantes do art. 8º ao 25 do Código de Defesa do Consumidor.

O art. 8º dispõe que os produtos e serviços, em princípio, não poderão acarretar riscos à saúde ou segurança dos consumidores. Sem embargo, tratando-se de riscos qualificados como "normais e previsíveis", serão tolerados pelos consumidores, desde que acompanhados de informações claras e precisas a seu respeito.

O dispositivo em questão – como bem assinala o atento estudioso Antônio Herman de Vasconcellos e Benjamin – disciplina a *periculosidade inerente*, vale dizer, aquela que é indissociável do produto ou serviço (*v.g.*, fornecimento de fogos de artifício ou serviços de dedetização), sem similaridade alguma com a *periculosidade adquirida* ao longo do processo de consumo.[5]

Na verdade, a periculosidade inerente não induz defeito (*rectius* vício de qualidade), por isso não há uma qualificação de desvalor do produto ou serviço. Antes, a virtude do produto ou serviço decorre, justamente, de sua inafastável periculosidade.

A quase totalidade dos medicamentos, em razão de sua natureza, ostenta índice normal de nocividade que, com vistas à responsabilidade do fornecedor, será tolerado quando vier acompanhado de bulas explicativas.

Da mesma sorte, os fósforos ditos de segurança ostentam grau normal de periculosidade, também tolerável se os fornecedores prestarem informações adequadas a seu respeito.

Dentre os serviços que poderão acarretar riscos normais e previsíveis à saúde, podemos lembrar os serviços de sauna e massagem, e, com relação à segurança, os serviços de recauchutagem de pneus. Numa e noutra hipótese, a nocividade ou a periculosidade poderão se configurar na exata medida da falta de informações a respeito da respectiva fruição.

[2] DEVERES DO FABRICANTE – O § 1º desse dispositivo atribui ao fornecedor-fabricante o encargo de prestar informações por meio da linguagem escrita, mais precisamente, por "impressos apropriados que devam acompanhar o produto".

A contrario sensu, nas hipóteses de recondicionamento de produtos ou fornecimento de serviços, o encargo pertence, respectivamente, aos comerciantes e aos prestadores de serviços, que poderão utilizar quaisquer meios informativos para prestar esclarecimentos aos consumidores.

---

[5] Cf. Antônio Herman de Vasconcellos e Benjamin *et al.*, *Comentários ao Código de Proteção do Consumidor*, São Paulo, Saraiva, p. 47.

Capítulo IV · DA QUALIDADE DE PRODUTOS E SERVIÇOS | **Art. 9º**

Como se observa, a situação jurídica subjetiva passiva do consumidor corresponde a uma expectativa de boa qualidade das informações, vale dizer, de informações claras e precisas a respeito do bem ou serviço fornecido.

Já o § 2º, introduzido pela Lei nº 13.486, de 13.10.2017, traz uma preocupação com as condições de higiene dos produtos colocados à disposição do consumidor e, sobretudo, com os instrumentos utilizados para a sua manipulação, alertando sempre o consumidor contra eventuais riscos de contaminação. Cremos que, por sua clareza e objetividade, não demanda maiores comentários (JGBF).

Art. 9º O fornecedor de produtos e serviços potencialmente nocivos ou perigosos [1] à saúde ou segurança deverá informar, de maneira ostensiva e adequada, [2] a respeito da sua nocividade ou periculosidade, sem prejuízo da adoção de outras medidas cabíveis em cada caso concreto.

COMENTÁRIOS

[1] NOCIVIDADE E PERICULOSIDADE – Se o art. 8º regula os fornecimentos que acarretam riscos normais e previsíveis aos consumidores, o art. 9º supõe a exacerbação desses riscos.

O dispositivo faz alusão aos produtos e serviços que podem ser colocados no mercado de consumo, apesar de *potencialmente* nocivos ou perigosos, como sugerem os seguintes exemplos:

– fornecimento de bebidas alcoólicas, fumo e agrotóxicos (produtos nocivos à saúde);[6]
– fornecimento de fogos de artifício (produto perigoso);
– fornecimento de material radioativo (produto nocivo à saúde e perigoso, a um só tempo);
– dedetização de prédios (serviço nocivo à saúde);
– demolição de prédios (serviço perigoso).

---

6   Neste caso, sugestivo exemplo de competência dos Juizados Especiais se colhe do RE nº 437.427/SP, relatado pelo Min. Marco Aurélio: "A Turma, acolhendo proposta suscitada pelo Min. Menezes Direito, decidiu afetar ao Plenário julgamento de recurso extraordinário em que empresa produtora de cigarros sustenta a incompetência absoluta dos Juizados Especiais para julgar ação, promovida por tabagista, destinada a obter indenização para tratamento de dependência causada pelo cigarro. No caso, Turma Recursal dos Juizados Especiais Cíveis, assentando sua competência para julgar o feito, negara acolhida ao pleito formulado pela empresa, ao fundamento de que a causa não guardaria grau elevado de complexidade, sendo que a eventual necessidade de perícia não excluiria a competência do sistema. A recorrente aponta ofensa aos artigos 5º, LIV e LV; 37, § 6º e 98, I, todos da CF. Aduz que a causa em exame não seria de menor complexidade, apesar do baixo valor atribuído pela parte, a exigir a produção de prova pericial quanto à efetiva dependência da nicotina; que fora privada das oportunidades de provar suas alegações; que houvera inversão do ônus da prova e inadequada aplicação da regra constitucional da responsabilidade civil objetiva do Estado em relação de consumo. Menciona, no ponto, a ausência de propaganda enganosa, mesmo por omissão, uma vez que os riscos associados ao cigarro têm sido largamente divulgados, não estando preenchidos os requisitos dos artigos 12, II e § 1º; 37 e 38, todos do CDC, o que afastaria a responsabilidade civil da empresa, diante da inexistência de nexo causal."

Art. 10 | CÓDIGO BRASILEIRO DE DEFESA DO CONSUMIDOR

De todos, os que mais preocupam são os fornecimentos de bebidas alcoólicas e de fumo, cujos níveis de consumo são mais altos. Os fabricantes de cigarros vêm cumprindo, de forma satisfatória, a exigência legal de informar a respeito da nocividade do produto e dos riscos inerentes ao respectivo consumo. No entanto, os fabricantes de bebidas alcoólicas ainda não se conscientizaram do dever de prestar informações adequadas a respeito dos riscos inerentes à ingestão imoderada de álcool, principalmente durante o período de gestação.

[2] NATUREZA DA INFORMAÇÃO – Nas hipóteses elencadas, o fornecedor deverá informar de maneira ostensiva e adequada a respeito da respectiva nocividade ou periculosidade.

Uma informação é *ostensiva* quando se exterioriza de forma tão manifesta e translúcida que uma pessoa, de mediana inteligência, não tem como alegar ignorância ou desinformação. É *adequada* quando, de uma forma apropriada e completa, presta todos os esclarecimentos necessários ao uso ou consumo de produto ou serviço.

A ostensividade e adequação da informação, previstas neste dispositivo, remontam, historicamente, à decisão da Corte de Cassação francesa prolatada em 11 de outubro de 1983 (*Bulletin Civil*, nº 228, 1983, I, 204). Uma cola empregada para fixar azulejos, ao ser utilizada nas proximidades de um fogão aceso, provocou explosão, seguida de incêndio, morte e ferimentos na família da pessoa que a adquiriu. Sem embargo da advertência "altamente inflamável" constante do rótulo de apresentação do produto, a Corte entendeu que a advertência deveria ser "muito mais explícita", dada a extrema periculosidade do produto.

A ONU – Organização das Nações Unidas tem recomendado a utilização dos *símbolos* para veicular as informações ao consumidor. Diversamente do que ocorre com os *signos* (sons linguísticos ou não, sinais gráficos, gestual), a representação retratada nos símbolos não é arbitrária, pois substitui, num determinado contexto, realidades complexas. O desenho da caveira utilizado nos frascos de medicamentos ou para impedir o acesso a sítios perigosos ilustra o espírito dessa recomendação.

De todo modo, a utilização dos sinais tem se revelado de extrema importância como elemento de orientação dos motoristas para evitar acidentes de trânsito. Se ficar demonstrado que o acidente foi provocado por omissão, insuficiência ou inadequação desses signos, o Poder Público – federal, estadual ou municipal, conforme o caso – poderá ser responsabilizado por eventuais danos decorrentes dos citados vícios de informação, nos estritos termos do art. 22 e parágrafo único do CDC.

Art. 10. O fornecedor não poderá colocar no mercado de consumo produto ou serviço que sabe ou deveria saber apresentar alto grau de nocividade ou periculosidade [1] à saúde ou segurança.

§ 1º O fornecedor de produtos e serviços que, posteriormente [2] à sua introdução no mercado de consumo, tiver conhecimento da periculosidade que apresentem, deverá comunicar o fato imediatamente às autoridades competentes e aos consumidores, mediante anúncios publicitários.

§ 2º Os anúncios publicitários a que se refere o parágrafo anterior serão veiculados na imprensa, rádio e televisão, às expensas do fornecedor do produto ou serviço. [3]

§ 3º Sempre que tiverem conhecimento de periculosidade de produtos ou serviços à saúde ou segurança dos consumidores, a União, os Estados, o Distrito Federal e os Municípios deverão informá-los a respeito.

Capítulo IV · DA QUALIDADE DE PRODUTOS E SERVIÇOS | **Art. 10**

COMENTÁRIOS

[1] ALTO GRAU DE NOCIVIDADE OU PERICULOSIDADE – O dispositivo proíbe a colocação, no mercado de consumo, de produto ou serviço que apresente alto grau de nocividade ou periculosidade.

Resta saber quando é que o produto ou serviço apresenta alto grau de nocividade ou periculosidade.

A palavra *alto* é vaga, mais precisamente, possui um significado vago, situando-se, em termos de linguagem, na *zona de penumbra* das referências semânticas, sede dos signos imprecisos.[7]

Sempre que o aplicador da norma se defronta com signos dessa natureza, coloca-se diante de um dilema perante o qual – como observa com acuidade Bertrand Russel – é inaplicável o princípio do terceiro excluído.

O conhecimento científico opera com signos precisos, e diante de um dilema entre duas situações – *sim ou não* – pode escolher qualquer delas, pois *tertius non datur*. O conhecimento jurídico, no entanto, não acolhe o mesmo postulado, pois costuma trabalhar com signos imprecisos, sem limites definidos de aplicabilidade.[8]

Pois bem, a palavra alto – da locução alto grau de nocividade ou periculosidade – também descreve qualidades sensíveis, e por isso está afetada da imprecisão que contagia todo o comando normativo. *Quid juris?*

Segundo Genaro Carriò, sempre que isso ocorrer, ou seja, sempre que nos defrontarmos com normas jurídicas que não determinam toda a conduta, pois ostentam uma textura aberta e trabalham com símbolos próprios da *zona de penumbra*, não será possível remediar o indeterminismo, e o intérprete deverá decidir sob sua responsabilidade.[9]

Portanto, o aplicador da norma é que deverá aferir, em cada caso concreto, o grau de nocividade ou de periculosidade do bem ou serviço colocado no mercado de consumo.

Inobservado o preceito, qual a sanção?

Nos termos do § 1º do art. 55, a União, os Estados e os Municípios, nas respectivas áreas de atuação territorial, deverão exercer a fiscalização e controle dos produtos e serviços colocados no mercado de consumo, baixando as normas que se fizerem necessárias.

As normas a que se refere o dispositivo, como veremos *infra*, são as *normas ordinárias*, editadas por leis ordinárias, pois a competência para a edição de *normas gerais* sobre relações de consumo foi atribuída concorrentemente à União e Estados, nos termos dos §§ 1º e 2º do art. 24 da Constituição Federal.

Assim sendo, em matéria de fiscalização e controle dos fornecedores, o § 1º do art. 55 do CDC permitiu a atuação conjunta dos três entes políticos, que poderão, *in casu*, proceder à apreensão do produto, ou, ainda, à cassação do alvará de licença e à interdição ou suspensão temporária da atividade do fornecedor, sempre que o produto ou serviço ostentar alto grau de nocividade ou periculosidade. Como é intuitivo, sem prejuízo da responsabilidade penal e, no plano civilístico, das reparações civis.

[2] NOCIVIDADE FUTURA – O § 1º do art. 10 regula a seguinte hipótese: após a colocação do produto ou serviço no mercado de consumo, o fornecedor toma conhecimento do

---

[7]   Cf. Genaro R. Carriò, *Notas sobre Derecho y lenguaje*, 2ª ed., Buenos Aires, ps. 66-69.

[8]   Cf. Vaguedad, *Antologia semântica*, Buenos Aires, 1960, ps. 14-24, *apud* Genaro Carriò, *Notas sobre Derecho*, cit., p. 68.

[9]   *Op. et loc. cits.*, p. 72.

real nível de nocividade ou periculosidade, em decorrência de fato desconhecido à época do fornecimento.

O dispositivo determina que o fornecedor, além de alertar os consumidores, através de anúncios publicitários, comunique o fato, imediatamente, às autoridades competentes.

Essa última prescrição normativa é de extrema utilidade. Tratando-se de produtos defeituosos sujeitos à vigilância sanitária ou qualquer forma de controle e fiscalização governamental, cumpre à autoridade administrativa aplicar as sanções administrativas previstas no Código de Defesa do Consumidor, podendo consistir na apreensão ou inutilização do produto, na cassação do registro, na proibição de fabricação, suspensão do fornecimento etc.

Nos casos de produtos farmacêuticos ou alimentares, a vigilância sanitária procede ao recolhimento do produto, quando é informada a respeito de sua nocividade, ainda que posteriormente à concessão da licença (cf. art. 7º da Lei nº 6.360, de 23 de setembro de 1976). O art. 27 da Lei nº 6.437/77 disciplina os cuidados que a fiscalização deve tomar quando lavra o termo de apreensão de produto alimentar ou farmacêutico e disciplina a colheita da respectiva prova.

No entanto, quando o produto, por sua natureza e características, não se sujeita à fiscalização governamental, não há possibilidade de reparação preventiva, a não ser por iniciativa da própria empresa, através do recolhimento dos produtos defeituosos (*recall*). Em nosso País, o caso mais sugestivo ocorreu em 1983, quando a General Motors do Brasil constatou defeito no sistema de freios dos carros Chevette fabricados entre 1º e 12 de março de 1982, promovendo a reparação do dano emergente através da chamada (*recall*) dos consumidores para substituição gratuita do produto (cf. reportagem de *Quatro Rodas*, ano XXIII, nº 275).

Desde então, os casos de *recall*[10] se tornaram rotineiros e, mercê do advento do Código de Defesa dos Consumidores, os consumidores já se habituaram às chamadas cada vez mais frequentes das montadoras para corrigir vícios de qualidade dos veículos. O "caso Fox" retrata o problema dos consumidores que tiveram seus dedos mutilados por uma argola usada no rebatimento do banco traseiro. A Volkswagen do Brasil, após os acidentes, anunciou e promoveu a instalação gratuita de uma peça adicional que evita eventuais erros na operação de rebatimento do banco traseiro do automóvel. O Ministério da Justiça e o Departamento de Defesa do Consumidor instauraram processo administrativo contra a fabricante, para constatar se houve negligência desta em não promover o recall ao tomar ciência dos fatos[11].

[3] DIVULGAÇÃO – O § 2º, por sua vez, adita que esses anúncios publicitários serão veiculados a expensas do fornecedor, e, por último, o § 3º estende aos entes políticos centralizados o dever jurídico-administrativo de informar os consumidores sobre os riscos relativos ao alto grau de nocividade ou periculosidade dos bens ou serviços colocados no mercado de consumo.

> **Art. 11.** Vetado – O produto ou serviço que, mesmo adequadamente utilizado ou fruído, apresenta alto grau de nocividade ou periculosidade será retirado imediatamente do mercado pelo fornecedor, sempre às suas expensas, sem prejuízo da responsabilidade pela reparação de eventuais danos.

---

[10] Consultar a Portaria conjunta 3, de 1º de julho de 2019, do Ministério da Infraestrutura e do Ministério da Justiça e Segurança Pública, que disciplina o procedimento de chamamento dos consumidores – *recall*, para substituição ou reparo de veículos que forem considerados nocivos ou perigosos após a sua introdução no mercado de consumo.

[11] O procedimento do *recall* é disciplinado pela Portaria nº 618, de 1º.7.2019, do Ministério da Justiça e Segurança Pública.

COMENTÁRIO

O veto presidencial está vazado nos seguintes termos: "O dispositivo é contrário ao interesse público, pois, ao determinar a retirada do mercado de produtos e serviços que apresentem *alto grau de nocividade e periculosidade*, mesmo quando *adequadamente utilizados*, impossibilita a produção e o comércio de bens indispensáveis à vida moderna (*e.g.*, materiais radioativos, produtos químicos e outros). Cabe, quanto a tais produtos e serviços, a adoção de cuidados especiais, a serem disciplinados em legislação específica."

Parecem procedentes as razões do veto. O art. 10 disciplina exaustivamente a matéria ao proibir que se coloquem no mercado de consumo bens ou serviços que apresentem alto grau de nocividade ou periculosidade.

A retirada do produto do mercado, portanto, está implícita como sanção, confiada ao prudente arbítrio da autoridade administrativa ou do juiz, cabendo a ambos, quando necessário, explicitar o *modus operandi*.

Seção II
Da responsabilidade pelo fato
do produto e do serviço

1. RELAÇÃO DE CONSUMO E DE RESPONSABILIDADE

De repente, neste início de século e de milênio, o homem se dá conta de que vive numa sociedade de consumo.

A característica mais marcante dessa sociedade é a produção em massa, fruto da revolução industrial e, mais proximamente, da revolução tecnológica.

A produção em massa engendrou a distribuição em massa, por meio da instalação de uma formidável rede de super e hipermercados em todo o território nacional, e esta última, por sua vez, engendrou o consumo em massa, apanágio da sociedade de consumo em que todos nós estamos envolvidos.

De fato, no estágio atual de nossa experiência em economia de mercado, somos todos – pessoas físicas ou jurídicas – fornecedores ou consumidores, vale dizer, agentes ou destinatários finais de bens ou serviços colocados no mercado de consumo.

No polo ativo da relação jurídica de consumo figura o *fornecedor*, assim entendido o operador econômico, pessoa física ou jurídica, que participa do ciclo produtivo-distributivo, desenvolvendo atividade de produção, montagem, criação, construção, transformação, importação, exportação, distribuição ou comercialização de produtos ou prestação de serviços (cf. art. 3º). No polo passivo da mesma relação se encontra o *consumidor*, pessoa física ou jurídica que adquire ou utiliza produto ou serviço como destinatário (cf. art. 2º).

A colocação de bens ou serviços no mercado de consumo a cargo dos fornecedores *in genere* suscita, em contrapartida, a relação de responsabilidade, decorrente do inadimplemento de obrigação contratual (responsabilidade contratual) ou da violação de direitos tutelados pela ordem jurídica de consumo (responsabilidade extracontratual).

Nesta hipótese, invertem-se os papéis dos respectivos partícipes, pois os consumidores é que figuram no polo ativo da relação de responsabilidade, com vistas à reparação dos vícios de qualidade ou de quantidade dos produtos ou serviços, bem como dos danos decorrentes dos acidentes de consumo.

CÓDIGO BRASILEIRO DE DEFESA DO CONSUMIDOR

E é justamente essa inversão de papéis, signo indelével da relação jurídica de consumo, que permite aludir à superação da velha dicotomia das responsabilidades contratual e extra-contratual. Segundo a doutrina corrente, o tratamento dado à matéria pelo Código de Defesa do Consumidor afasta a bipartição derivada do contrato ou do fato ilícito, rendendo ensejo à unificação da *summa divisio*.

Discorrendo sobre o tema com a habitual proficiência, João Calvão da Silva considera que "essa unidade de fundamento da responsabilidade do produtor impõe-se, pois o fenômeno real dos danos dos produtos conexos ao desenvolvimento industrial é sempre o mesmo, o que torna injustificada a diferenciação ou discriminação normativa do lesado, credor contratual ou terceiro. Trata-se, portanto, da unificação das responsabilidades contratual ou extracontratual – devendo falar-se de responsabilidades do produtor *tout court* – ou pelo menos da unificação do regime das duas, em ordem a proteger igualmente as vítimas, expostas aos mesmos riscos".[12]

2. MODELOS DE RESPONSABILIDADE

A responsabilidade pelo fato do produto ou do serviço decorre da exteriorização de um *vício de qualidade*, vale dizer, de um *defeito* capaz de frustrar a legítima expectativa do consumidor quanto à sua utilização ou fruição.

Existe uma tendência doutrinária que se preocupa em estabelecer uma dicotomia entre vício de qualidade e defeito. A nosso aviso, a dicotomia não existe, pois essas expressões se implicam, reciprocamente. Tanto posso aludir ao vício de qualidade como um defeito de um produto, como ao defeito como um vício de qualidade do mesmo produto.

Entende-se por defeito ou vício de qualidade a qualificação de desvalor atribuída a um produto ou serviço por não corresponder à legítima expectativa do consumidor, quanto à sua utilização ou fruição (falta de adequação), bem como por adicionar riscos à integridade física (periculosidade) ou patrimonial (insegurança) do consumidor ou de terceiros.

Partindo desse conceito, um produto ou serviço é defeituoso quando não corresponde à legítima expectativa do consumidor a respeito de sua utilização ou fruição, vale dizer, quando a desconformidade do produto ou serviço compromete a sua prestabilidade ou servibilidade. Nesta hipótese, podemos aludir a um *vício ou defeito de adequação* do produto ou serviço.[13]

Por outro lado, um produto ou serviço é defeituoso, da mesma sorte, quando sua utilização ou fruição é capaz de adicionar riscos à segurança do consumidor ou de terceiros. Nesta hipótese, podemos aludir a um *vício ou defeito de seguran*ça do produto ou serviço.

Por essas razões, considero artificiosa a construção doutrinária que, no plano terminológico, pretende conectar o dano a um *defeito*, inadmitindo a referência a um *vício do produto ou serviço*. Ontologicamente, não há diferença entre os conceitos de defeito e vício de qualidade, pois ambos significam a qualificação de desvalor atribuída a um bem ou serviço. De resto, a julgar por diversos julgados do STJ, o pretendido discrime não tem sido acolhido em nossos tribunais.

O Código de Defesa do Consumidor se ocupa dos vícios de adequação em sua Seção III, disciplinando nos arts. 18 a 25 a *responsabilidade por vícios*, e dos vícios de segurança em sua Seção II, arts. 12 a 17, sob a rubrica "Da Responsabilidade pelo Fato do Produto e do Serviço".

---

[12] Cf. João Calvão da Silva, *Responsabilidade civil do produtor*, Coimbra, 1990, p. 478. No mesmo sentido, Waldírio Bulgarelli, "A tutela do consumidor", *in Revista de Direito Mercantil, Industrial, Econômico e Financeiro*, 1983, vol. 22, p. 43. Vasconcellos e Benjamin, após afirmar que o texto legal simplesmente não as teve em mente, considera que o objetivo último foi o de sepultar a *summa divisio* clássica.

[13] Antônio Herman Benjamin alude, nesta hipótese, a vício de qualidade por inadequação (cf. *op. cit.*, p. 50).

Capítulo IV · DA QUALIDADE DE PRODUTOS E SERVIÇOS

Para bem explicitar a distinção entre os dois modelos de defeito e responsabilidade, podemos considerar as seguintes situações jurídicas:

a) um produto ou serviço pode ser defeituoso sem ser inseguro;

b) um produto ou serviço pode ser defeituoso e, ao mesmo tempo, inseguro.

Se entro numa loja e compro um par de sapatos ou uma camisa com defeito de numeração, o vício em causa não afeta minha segurança e só pode causar o desconforto decorrente da inadequação do produto. Da mesma sorte, se os serviços de datilografia que contratei se ressentem de vício de qualidade, a minha segurança não está comprometida. Nesta detida hipótese (a *supra*), o defeito costuma se manifestar na fase inaugural de consumo, isto é, antes da sua utilização ou fruição, e o Código de Defesa do Consumidor dele se ocupa ao disciplinar a responsabilidade por vícios (arts. 18 a 25).

Por outro lado, se compro uma partida de vacina para imunização de bovinos e sua aplicação provoca a morte de todo o meu rebanho, ou se contrato a edificação de um prédio que desaba na primeira chuva, o produto e o serviço em causa, além de defeituosos, são manifestamente inseguros.[14]

A insegurança é um vício de qualidade que se agrega ao produto ou serviço como um novo elemento de desvalia. De resto, em ambas as hipóteses, sua utilização ou fruição suscita um evento danoso (*eventus damni*) que se convencionou designar como "acidente de consumo".

Nesta hipótese (b *supra*), o defeito costuma ser oculto, pois o evento danoso somente se manifesta na fase intermédia e mais avançada de consumo, vale dizer, durante sua utilização ou fruição, e o Código de Defesa do Consumidor dele se ocupa ao disciplinar a responsabilidade pelo fato do produto ou serviço (cf. arts. 12 a 17).

Todas essas considerações nos permitem concluir que todo produto ou serviço perigoso é defeituoso, mas a recíproca não é verdadeira.

Por último, não se pode deixar de considerar que os vícios de adequação, previstos nos arts. 18 e segs. do Código de Defesa do Consumidor, suscitam uma desvantagem econômica para o consumidor, mas a perda patrimonial não ultrapassa os limites valorativos do produto ou serviço defeituoso, na exata medida da sua inservibilidade ou imprestabilidade. Costuma-se dizer que, nesta hipótese, a responsabilidade está *in re ipsa*.

De outra parte, os defeitos de insegurança, previstos nos arts. 12 e segs. do Código de Defesa do Consumidor, suscitam responsabilidade de muito maior vulto, pois nos acidentes de consumo os danos materiais ultrapassam, em muito, os limites valorativos do produto ou serviço.

3. RESPONSABILIDADE POR DANOS

O Código distingue dois modelos de responsabilidade: por *vícios* de qualidade ou quantidade dos produtos ou serviços e por *danos* causados aos consumidores, ditos *acidentes de consumo*.

---

[14] Discorrendo sobre o tema no recente julgamento do REsp nº 967.623/RS, STJ, a Min. Nancy Andrighi esclarece, com proficiência, esta distinção: "No sistema do CDC, a responsabilidade pela qualidade biparte-se na exigência de adequação e segurança, segundo o que razoavelmente se pode esperar dos produtos e serviços. Nesse contexto, fixa, de um lado, a responsabilidade pelo fato do produto ou do serviço, que compreende os defeitos de segurança; e de outro, a responsabilidade por vício do produto ou do serviço, que abrange os vícios por inadequação. Observada a classificação utilizada pelo CDC, um produto ou serviço apresentará vício de adequação sempre que não corresponder à legítima expectativa do consumidor quanto à sua utilização ou fruição, ou seja, quando a desconformidade do produto ou do serviço comprometer a sua prestabilidade. Outrossim, um produto ou serviço apresentará defeito de segurança quando, além de não corresponder à expectativa do consumidor, sua utilização ou fruição for capaz de adicionar riscos à sua incolumidade ou de terceiros."

Esse modelo de responsabilidade decorre de um dano sofrido pelo consumidor. Entende--se por dano uma perda, de conteúdo econômico (prejuízo) ou moral, sofrida pelo consumidor em decorrência de um vício do produto ou serviço.

Na ordem natural das coisas, o dano não é um evento necessitado, mas contingente. Se um consumidor adquire um veículo que apresenta um defeito no sistema de freios, a revendedora do veículo, na qualidade de fornecedora imediata, é responsável pela reparação do vício, sujeitando-se, se não o fizer, às sanções previstas no § 1º do art. 18 do CDC (substituição do produto, restituição da quantia paga ou abatimento do preço). Nesse caso, o Código faz alusão à responsabilidade por vícios do produto.

No entanto, se em razão do aludido vício o consumidor atropela uma pessoa, provoca uma colisão ou danifica um imóvel, diríamos que o vício suscitou um dano, isto é, prejudicou terceiros, e, assim sendo, o fabricante do veículo, não mais o comerciante, nos termos do art. 12 do CDC, é que deverá reparar os danos materiais e morais sofridos pelo consumidor.

O Código alude, neste último caso, à responsabilidade pelo fato do produto ou do serviço, e o art. 12 disciplina este último modelo, ocupando-se da responsabilidade do fornecedor por danos decorrentes dos vícios de qualidade dos bens, *rectius*, de defeitos decorrentes de projeto, fabricação, construção, montagem, fórmulas, manipulação, apresentação ou acondicionamento dos produtos.

A responsabilidade por danos decorre da propagação do vício de qualidade, alcançando o consumidor e inclusive terceiros, vítimas do evento (cf. art. 17), e supõe a ocorrência de três pressupostos:

a)   defeito do produto;
b)   *eventus damni*; e
c)   relação de causalidade entre o defeito e o evento danoso.

Figurativamente, podem ser lembrados os seguintes acidentes de consumo que suscitam responsabilidade por danos:

–   defeito no sistema de freio do veículo que causa danos materiais ou pessoais;
–   defeito na fabricação ou montagem de eletrodoméstico que provoca incêndio;
–   defeito na formulação de medicamento que causa danos à saúde do consumidor;
–   defeito na formulação ou acondicionamento de vacinas ou agrotóxicos que afeta o rebanho ou prejudica a plantação.

Atente-se, contudo, que o produto, às vezes, não ostenta vício de qualidade, mas é fornecido com informações "insuficientes ou inadequadas sobre sua utilização e riscos" – como dispõe *in fine* o art. 12 – ocasionando danos ao consumidor ou terceiros e que, da mesma sorte, implicam a obrigação de indenizar.

Portanto, além dos vícios de qualidade, os *vícios de informação* podem ocasionar acidentes de consumo, passíveis de indenização se as instruções relativas à utilização do produto ou à fruição do serviço não o acompanharem ou pecarem pela falta de clareza e precisão.

4.   RESPONSABILIDADE OBJETIVA

Uma das considerações mais importantes, nesta sede, diz respeito ao caráter objetivo da responsabilidade do fornecedor.

Capítulo IV · DA QUALIDADE DE PRODUTOS E SERVIÇOS

O esquema clássico da responsabilidade civil por danos está sujeito ao temperamento do art. 186 do Código Civil, fundado na configuração da culpa em sentido subjetivo. O dano causado só é indenizável quando o agente age com negligência ou imprudência.

A moral convencional quer salvaguardar a liberdade de agir dos homens e só responsabilizá-los quando se configurar uma conduta culpável.

No entanto, uma sociedade civil cada vez mais reivindicante reclamava mecanismos normativos capazes de assegurar o ressarcimento dos danos, se necessário fosse, mediante sacrifício do pressuposto da culpa. A obrigação de indenizar sem culpa surgiu no bojo dessas ideias renovadoras por duas razões:

a) a consideração de que certas atividades do homem criam um risco especial para outros homens, e que

b) o exercício de determinados direitos deve implicar ressarcimento dos danos causados.

Estavam lançadas as sementes da teoria do risco que, partindo do suposto *cuius commoda eius incommoda*, abria o caminho para a desconsideração da culpa na reparação de determinados danos, dentre estes os decorrentes:

– da ruína de prédios por falta de reparos (art. 1.528 do Código Civil de 1916 e art. 937 do de 2002);

– da queda ou do lançamento de coisas dos prédios urbanos (art. 1.529 do Código Civil de 1916 e art. 938 do de 2002);

– de erros ou enganos praticados por prepostos do farmacêutico (art. 1.546 do Código Civil de 1916);

– de acidentes do trabalho, de estradas de ferro e de aeronaves (cf. legislação esparsa).

No plano doutrinário, alinham-se entre os precursores do abandono do pressuposto da culpa os trabalhos desenvolvidos por Saleilles e Josserand, na França, no final do século passado, quando os juristas se deram conta de que o Código de Napoleão era insuficiente para responder aos reclamos da sociedade de consumo emergente.

Interpretando o art. 1.382 do Código Civil francês, Saleilles considera que a *faute* não pode engendrar riscos, mas o *fait* é que deve ser erigido como fundamento suficiente para a reparação dos danos na ordem civil. Em 1897, com o recrudescimento dos riscos e dos danos, consequência da revolução industrial, e com o fortalecimento das teses socialistas do direito, Saleilles publica o seu memorável *Les accidents de travail et la responsabilité civile*, acolhendo, em sua plenitude, a tese da responsabilidade objetiva nos acidentes do trabalho.

No mesmo ano, Josserand investigava a responsabilidade civil por fato da coisa, chegando à mesma conclusão de Saleilles quanto à adoção da responsabilidade sem culpa.

A teoria da culpa sofria o impacto da primeira derrota, e a obrigação de indenizar hauria novos fundamentos, logo surpreendidos nos quadrantes da responsabilidade objetiva.

No âmbito das relações de consumo, os lineamentos da responsabilidade objetiva foram logo acolhidos e denominados "responsabilidade pelo fato do produto": não interessava investigar a conduta do fornecedor de bens ou serviços, mas somente se deu causa (*responsabilidade causal*) ao produto ou serviço, sendo responsável pela sua colocação no mercado de consumo.

No campo doutrinário pátrio, coube a Luiz Gastão Paes de Barros Leães a primazia de ter perlustrado o tema, discorrendo sobre a responsabilidade do fabricante pelo fato do produto.[15]

---

[15] Cf. L. G. Paes de Barros Leães, *A responsabilidade do fabricante pelo fato do produto*, São Paulo, Saraiva, 1987.

159

Art. 12 | CÓDIGO BRASILEIRO DE DEFESA DO CONSUMIDOR

Art. 12. O fabricante, o produtor, o construtor, nacional ou estrangeiro, e o importador [1] respondem, independentemente da existência de culpa, [2] pela reparação dos danos causados aos consumidores por defeitos decorrentes de projeto, fabricação, construção, montagem, fórmulas, manipulação, apresentação ou acondicionamento de seus produtos, bem como por informações insuficientes ou inadequadas sobre sua utilização e riscos. [3]

§ 1º O produto é defeituoso [4] quando não oferece a segurança que dele legitimamente se espera, levando-se em consideração as circunstâncias relevantes, entre as quais:

I – sua apresentação;

II – o uso e os riscos que razoavelmente dele se esperam;

III – a época em que foi colocado em circulação. [5]

§ 2º O produto não é considerado defeituoso pelo fato de outro de melhor qualidade ter sido colocado no mercado. [6]

§ 3º O fabricante, o construtor, o produtor ou importador só não será responsabilizado quando provar: [7][8]

I – que não colocou o produto no mercado;

II – que, embora haja colocado o produto no mercado, o defeito inexiste;

III – a culpa exclusiva do consumidor ou de terceiro.

COMENTÁRIOS

[1] RESPONSÁVEIS – Quando alude ao *fornecedor*, o Código pretende alcançar todos os partícipes do ciclo produtivo-distributivo, vale dizer, todos aqueles que desenvolvem as atividades descritas no art. 3º do CDC.

Em matéria de responsabilidade por danos, no entanto, o art. 12 discrimina alguns fornecedores, responsabilizando somente o fabricante, o produtor, o construtor, bem como o importador, excluindo, portanto, em primeira intenção, a figura do comerciante.[16]

O dispositivo – segundo a doutrina corrente e na esteira das normas previstas na Diretiva nº 374/85 – contempla as três categorias clássicas de fornecedores:

a) o *fornecedor real*, compreendendo o fabricante, o produtor e o construtor;

b) o *fornecedor presumido*, assim entendido o importador de produto industrializado ou *in natura*;

c) o *fornecedor aparente*, ou seja, aquele que apõe seu nome ou marca no produto final.[17]

---

[16] O comerciante, como veremos *infra*, somente será responsabilizado em via secundária, isto é, se o fabricante, produtor, construtor ou importador não puderem ser identificados (cf. art. 13), hipótese rara mas não cerebrina, pois, com frequência, os acidentes de consumo são causados por alimentos e medicamentos cujos fabricantes não são identificados.

[17] Cf. amplamente Guillermo Alcover Garau, *La responsabilidad civil del fabricante*, Civitas, 1990, ps. 101 e segs.; Yvan Markovits, La Directive CEE du 25 juillet 1985, ps. 144 e segs.; James Marins, *Responsabilidade*

Capítulo IV · DA QUALIDADE DE PRODUTOS E SERVIÇOS | Art. 12

Por fabricante entende-se não só aquele que fabrica e coloca no mercado de consumo produtos industrializados, como também o mero montador, vale dizer, o fabricante de peças e componentes que serão incorporados ao produto final, como elemento integrativo.

Nos termos do § 2º do art. 25, o fabricante da peça ou do componente é solidariamente responsável, juntamente com o fabricante, construtor ou importador, segundo sua participação no evento danoso.

Produtor foi a designação dada pelo Código àquele que coloca no mercado de consumo produtos não industrializados, abrangendo, com maior frequência, os produtos de origem vegetal ou animal. Se o produto sofrer processo de acondicionamento em nosso País, amplia-se o círculo da responsabilidade por danos para alcançar, também, o acondicionador do produto, nos exatos termos do § 1º do art. 25 do CDC.

O construtor é aquele que introduz produtos imobiliários no mercado de consumo, através do fornecimento de bens ou serviços. Sua responsabilidade por danos causados ao consumidor pode decorrer dos serviços técnicos de construção, bem como dos defeitos relativos ao material empregado na obra. Nesta última hipótese, responde solidariamente com o fabricante do produto defeituoso, nos termos do § 1º do art. 25 do CDC.

O importador de produtos industrializados ou *in natura* responde, também, por danos causados aos consumidores por eventuais defeitos de fabricação ou produção dos artigos importados. Trata-se, segundo a doutrina, de *fornecedor presumido*; pois os verdadeiros fabricantes ou produtores não podem, em razão da distância e sem pesados sacrifícios, ser alcançados pelos consumidores.

A hipótese, com rigor terminológico, não é de presunção, mas de ficção legal, pois o legislador toma como ponto de partida uma situação sabidamente falsa (*v.g.*, a condição de fabricante do importador), supondo-a verdadeira somente para atraí-la e sujeitá-la ao império da norma.[18]

Por último, o *fornecedor aparente* surge, em nossos tempos, como fruto da modernidade das relações jurídicas, e encontra no instituto das franquias comerciais (*franchising*) seu campo de atuação.

Em sucinta noção, a franquia comercial[19] é um contrato pelo qual o titular de uma marca de indústria, comércio ou serviço (franqueador) concede seu uso a outro empresário (franqueado), recebendo em troca determinada remuneração. Recebidas com entusiasmo na Europa e nos Estados Unidos, as franquias se consolidam no Brasil, e já podem ser observados exemplos de sucesso empresarial nesta sede, abrangendo todos os setores de atividade.

O franqueador, titular da marca e encarregado da supervisão e assistência técnica dos respectivos produtos e serviços, é o *fornecedor aparente*, responsável pelos seus defeitos intrínsecos e extrínsecos, circunstância esta que não afasta a responsabilidade conjunta e solidária do concessionário franqueado, nos termos do precitado art. 25, § 1º, do Código de Defesa do Consumidor.

---

da empresa pelo fato do produto, São Paulo, Revista dos Tribunais, ps. 99 e segs.; Antônio Herman Benjamin, *op. cit.*, ps. 56 e segs.

[18] Cf. *Enciclopédia Saraiva de Direito*, verbete "Ficção Legal II", Zelmo Denari.

[19] Inspirada na jurisprudência dominante do STJ (cfr. REsp 687.322, 1.193.293 e 1.602.076), sobreveio a Lei Federal nº 13.966, de 2019, estabelecendo a não caracterização do contrato de franquia como de relação de consumo, e sim um contrato comercial *sui generis*. Resta evidenciado, porém, que entre o *franqueado* e o consumidor final, há indubitavelmente essa relação de consumo. E, além disso, em razão do estatuído pelo parágrafo único do art. 7º, 19, *caput*, e § 1º do art. 25 do CDC, há evidente solidariedade entre franqueado e franqueador, por danos ou prejuízos causados ao consumidor.

Art. 12 | CÓDIGO BRASILEIRO DE DEFESA DO CONSUMIDOR

[2] RESPONSABILIDADE E SEUS ELEMENTOS – Ao dispor, no art. 12, que o fabricante, produtor, construtor e o importador respondem pela reparação dos danos causados aos consumidores, *independentemente da existência de culpa*, o Código acolheu, desenganadamente, os postulados da responsabilidade objetiva, pois desconsidera, no plano probatório, quaisquer investigações relacionadas com a conduta do fornecedor.

A abolição do elemento subjetivo da culpa na aferição da responsabilidade não significa exclusão dos demais pressupostos já comentados, a saber: *eventus damni*, defeito do produto, bem como relação de causalidade entre ambos. É por essa razão que o dispositivo enfocado, em seguida ao afastamento da culpa, alude aos "*danos* causados aos consumidores, por *defeitos* decorrentes de projeto, fabricação etc.".[20]

Assim sendo, um *acidente de trânsito* que, na ordem civil, é apurado mediante constatação dos danos (avarias sofridas pelo veículo) e da conduta culposa do motorista também pode ser apurado como *acidente de consumo,* se ficar demonstrado que os danos decorrem de um defeito no sistema de freios do veículo (*defeito intrínseco*, previsto no art. 12) ou da deficiência de sinalização do trânsito (*defeito extrínseco*, previsto também no art. 12, *in fine*). Nesta última hipótese, não se cogita da investigação da culpa, pois a responsabilidade deriva do fato do produto.

[3] TIPOLOGIA DOS DEFEITOS – O dispositivo alude a "defeitos decorrentes de projeto, fabricação, construção, montagem, fórmulas, manipulação, apresentação ou acondicionamento de seus produtos, bem como por informações insuficientes ou inadequadas sobre sua utilização e riscos".

A preocupação do legislador – como se constata – foi a de atrair para o campo incidental da norma todas as técnicas de elaboração dos produtos, bem como toda a gama de procedimentos utilizados com vistas àquele objetivo.

A doutrina corrente costuma surpreender três modalidades de defeitos dos produtos:

a) *defeito de concepção*, também designado de *criação*, envolvendo os vícios de projeto, formulação, inclusive *design* dos produtos;[21]

b) *defeito de produção*, também denominado *fabricação*, envolvendo os vícios de fabricação, construção, montagem, manipulação e acondicionamento dos produtos;[22]

c) *defeito de informação* ou de *comercialização*, que envolve a apresentação, informação insuficiente ou inadequada, inclusive a publicidade, elemento faltante no elenco do art. 12.[23]

---

[20] Cf. José Reinaldo de Lima Lopes, *Responsabilidade civil do fabricante e a defesa do consumidor*, São Paulo, Revista dos Tribunais, 1992, p. 33.

[21] Na legislação e doutrina alienígena, os italianos, alemães e franceses fazem referência, respectivamente, a *difetti de progettazione, Konstruktionsfehler e défauts de conception*. No mesmo sentido, a nomenclatura adotada por Vasconcellos e Benjamin, op. cit., p. 63.

[22] Quanto aos defeitos de produção, os italianos, alemães e franceses referem-se, respectivamente, a *difetti di fabbricazione, Fabrikationsfehler e défauts de fabrication*. James Marins, op. cit., p. 113, também adota a nomenclatura "defeito de produção".

[23] Para os italianos, alemães e franceses, *diffeto di informazione, Instruktionsfehler e défauts d'instruction*. Entre nós, Vasconcellos e Benjamin é o único que faz referências a "defeitos de comercialização". O Supremo Tribunal Federal desacolheu ADIn proposta pela Confederação Nacional do Comércio contra o governador do Estado do Paraná e contra a Assembleia Legislativa para declarar a inconstitucionalidade da Lei Estadual nº 12.420/99, que assegura ao consumidor o direito de obter informações sobre a natureza, procedência e qualidade dos produtos combustíveis, comercializados nos postos revendedores. Mais uma vez, como

Capítulo IV · DA QUALIDADE DE PRODUTOS E SERVIÇOS | **Art. 12**

Os defeitos de concepção tanto podem resultar de erro no projeto tecnológico do produto quanto da escolha de material inadequado ou de componente orgânico ou inorgânico nocivo à saúde. Evidenciado, o defeito provoca uma reação em cadeia, alcançando todos os produtos da mesma série. Mesmo as mais modernas técnicas de controle da qualidade dos produtos não conseguem evitar sua ocorrência. Por essa razão, esta modalidade de defeito costuma ser a mais temida pelos fabricantes que, de certo modo, aceitam o risco criado.

Na prática, os defeitos de concepção costumam, de forma mais frequente, determinar o recolhimento preventivo do produto (*recall*), expediente muito utilizado na moderna sociedade de consumo pela indústria automobilística e farmacêutica, para substituição dos produtos defeituosos.

Os defeitos de produção, por sua vez, são aqueles que se manifestam em alguns exemplares do produto, como decorrência de falha instalada no processo produtivo, mecânico ou manual, e cuja incidência, portanto, encontra-se numa relação imediata com o controle de qualidade desenvolvido pela empresa.

Entre as características mais marcantes desta modalidade de defeito, podemos assinalar *a sua inevitabilidade*. Os defeitos de produção escapam a qualquer controle e surgem, por obra do acaso, como parte integrante do risco do negócio. Como é evidente, o avanço tecnológico e a modernização das empresas têm contribuído, positivamente, para a redução do nível de incidência de defeitos. Não menos certo, contudo, que a produção em série atua como agente multiplicador do risco, e foram estas circunstâncias que deflagraram o advento da teoria da responsabilidade objetiva dos fabricantes, acompanhada da inversão do ônus da prova, seu inafastável corolário.

Por último, os defeitos de informação são aqueles que decorrem de sua apresentação ao consumidor, vale dizer, de informações insuficientes ou inadequadas sobre sua utilização, veiculadas no próprio produto, em sua embalagem ou acondicionamento, bem como através dos meios de comunicação.

Enquanto as categorias anteriormente referidas (defeitos de concepção e de produção) configuram *defeitos intrínsecos* aos respectivos produtos, os defeitos de informação são *extrínsecos*, pois dizem respeito às instruções que devem acompanhar, externamente, qualquer produto idôneo no mercado de consumo.

Tendo em vista o elevado índice de analfabetismo e o baixo nível de instrução da sociedade brasileira, as informações ao consumidor devem ser veiculadas de forma clara e precisa, numa linguagem de fácil compreensão.

Na atual conjuntura econômica, tendo em vista a liberação das importações e a abertura do livre comércio, por meio do Mercosul, os importadores deverão traduzir para o vernáculo as informações e instruções constantes dos produtos importados – pelo menos aquelas relativas à sua utilização e respectivos cuidados – sob pena de serem responsabilizados por eventuais danos, nos termos do dispositivo comentado.

[4] PRODUTOS DEFEITUOSOS – No introito do presente capítulo, já vimos que o § 1º do art. 12 reproduz, literalmente, o art. 6º da Diretiva nº 374/85 da CEE.

O defeito que suscita o dano não é o defeito estético, mas o defeito substancial relacionado com a segurança que dele legitimamente se espera, levando-se em consideração aspectos extrínsecos, como a apresentação do produto, e intrínsecos, relacionados com a sua utilização e a época em que foi colocado em circulação.

---

se constata, aquela unidade da Federação se coloca na vanguarda do processo legislativo, em defesa dos direitos e garantias assegurados pelo texto constitucional.

Art. 12 | CÓDIGO BRASILEIRO DE DEFESA DO CONSUMIDOR

A apresentação do produto, como visto, inclui todo o processo informativo que o cerca com vistas à sua comercialização, incluindo instruções constantes dos rótulos, bulas, embalagens, publicidade etc.

Quanto à utilização, se o consumidor tem uma expectativa de segurança do produto colocado no mercado de consumo, os fornecedores contam, da mesma sorte, com a adoção de medidas de cautela por parte dos consumidores para sua adequada e correta utilização. As circunstâncias de fato, em cada caso concreto, é que irão ditar as regras para aferição dos defeitos apresentados.

Neste particular, para determinação do uso e riscos razoavelmente admissíveis, devemos contar com os critérios de experiência ditados pelo aplicador da norma, pois, como já observou, com acuidade, Calvão da Silva, "deve o juiz, na determinação do caráter defeituoso, ser intérprete do sentimento geral de legítima segurança esperada do produto, atendendo não só ao uso ou consumo pretendido, mas à utilização que dele razoavelmente possa ser feita, à luz do conhecimento ordinário ou da opinião comum do grande público a que o mesmo se destina".[24]

[5] RISCOS DE DESENVOLVIMENTO – Nos termos do inc. III, para se saber se um produto é ou não defeituoso, há que se levar em consideração "a época em que foi colocado em circulação", e, dependendo da prefixação dessa data, o fornecedor poderá ou não se eximir de responsabilidade.

Forte setor doutrinário considera que o Código, nesta passagem – acolhendo sugestão da Comunidade Econômica Europeia[25] –, adotou a teoria dos *riscos de desenvolvimento*, vale dizer, daqueles riscos que correm os fornecedores por defeitos que somente se tornam conhecidos em decorrência dos avanços científicos posteriores à colocação do produto ou serviço no mercado de consumo.

Segundo Alcover Garau, "*los riesgos de desarrolo (development risks) son aquellos defectos de los productos que son conocidos como consecuencia de los avances científicos y técnicos posteriores a su puesta en circulación, por lo que en el momento de ésta el fabricante no podia de ninguna forma detectarlos*".[26]

Entre nós, James Marins considera que os riscos de desenvolvimento são eximentes de responsabilidade, qualificando-os entre os defeitos juridicamente irrelevantes, o que significa "insusceptível de levar à responsabilização do fornecedor pelo fato do produto".[27] Para Antônio Herman Benjamin não basta ao fornecedor provar que, com base no conhecimento científico da época, desconhecia os riscos a eles inerentes, pois a análise do grau de conhecimento

---

[24] Cf. Calvão da Silva, *op. cit.*, p. 641.

[25] Na verdade, o tema da adoção dos riscos de desenvolvimento, como eximente de responsabilidade do fornecedor, foi extremamente debatido junto ao Conselho da Comunidade Econômica Europeia que, diante das incertezas geradas pelo *lobby* dos empresários e dos consumidores, tornou facultativa a recepção do instituto em nível legislativo. Sem embargo, a Diretiva CEE nº 374/85 acabou por acolher o instituto nos seguintes termos: "*Whereas, for similar reasons, the possibility offered to a producer to free himself from liability if he proves that the state of scientific and technical knowledge at the time when he put the product into circulation was not such as to enable the existence of a defect to be discovered may be feint in certain Member States to restrict unduly the protection of the consumer; whereas it should therefore be possible for a Member State to maintain in its legislation or to provide by new legislation that this exonerating circumstance is not admitted; whereas, in the case of new legislation, making use of this derogation should, however, be subject to a Community stand-still procedure, in order to raise, if possible of the protection in a uniform manner throughout the Community.*"

[26] Cf. Guillermo Alcover Garau, *La responsabilidad civil del fabricante*, Madri, Editorial Civitas, 1990, p. 51.

[27] Cf. James Marins, *Responsabilidade da empresa*, cit., p. 137.

Capítulo IV · DA QUALIDADE DE PRODUTOS E SERVIÇOS | Art. 12

científico não é feita tomando por base um fornecedor em particular, mas sim o que sabe a comunidade científica, em determinado momento histórico.[28]

A nosso aviso, a dicção normativa do inc. III do art. 12, § 1º, do Código de Defesa do Consumidor, está muito distante de significar adoção da *teoria dos riscos de desenvolvimento*, em nível legislativo, como propôs a Comunidade Econômica Europeia. De resto, o exemplo da nocividade de certas drogas, como a talidomida, e da comoção social causada em todo o mundo em decorrência do seu poder de mutilação do gênero humano, nos dá a exata medida da inconsistência dos postulados dessa teoria para aferição da responsabilidade dos fabricantes. Quando estão em causa vidas humanas, as eximentes de responsabilidade devem ser recebidas pelo aplicador da norma com muita reserva e parcimônia.

[6] INOVAÇÕES TECNOLÓGICAS – O § 2º dispõe que "o produto não é considerado defeituoso pelo fato de outro de melhor qualidade ter sido colocado no mercado".

Se o Código de Defesa do Consumidor acolhesse presunção desse jaez – ainda que relativa – seria responsabilizado por condenar ao obsoletismo nosso parque industrial, pois estaria tolhendo todos os avanços tecnológicos próprios de uma saudável economia de mercado.

O dispositivo comentado também tem origem na Diretiva nº 374/85 da CEE, que somente faz menção do caráter sequencial da introdução do novo produto no mercado.[29]

Entre as inovações que causaram maior impacto, podemos lembrar os equipamentos de segurança de última geração acoplados aos novos veículos, tais como o sistema de freios ABS, que impede o travamento das rodas em freadas bruscas; o sistema *air bag*, que amortece choques em caso de colisão; bem como o avanço tecnológico decorrente da adoção do sistema de *injeção direta*, em substituição ao velho carburador.

[7] CAUSAS EXCLUDENTES – Muito embora tenha acolhido os postulados da responsabilidade objetiva, que desconsideram os aspectos subjetivos da conduta do fornecedor, o Código não deixou de estabelecer um elenco de hipóteses que mitigam aquela responsabilidade, denominadas "causas excludentes".

Nos termos do § 3º, o fabricante, produtor, construtor ou importador eximir-se-á de responsabilidade quando provar:

"I – que não colocou o produto no mercado;
II – que, embora haja colocado o produto no mercado, o defeito inexiste;
III – a culpa exclusiva do consumidor ou de terceiro."

Colocar o produto no mercado de consumo significa introduzi-lo no ciclo produtivo-distributivo, de uma forma voluntária e consciente. Uma diretiva italiana alude à introdução do produto no mercado, configurando a "*messa in circolazione*" ainda que tenha sido confiado ao consumidor para testes ou como simples mostruário (cf. art. 7º, § 1º), bem como no momento em que o fornecedor entrega o produto ao transportador ou despachante para remessa ao consumidor (cf. art. 7º, § 2º).[30]

Os exemplos mais nítidos da causa excludente prevista no inc. I seriam aqueles relacionados com o furto ou roubo de produto defeituoso estocado no estabelecimento, ou com a

---

[28] *Op. et loc. cits.*, p. 69.
[29] "*Article 6 – A product shall not be considered defective for the sole reason that a better product is subsequently put into circulation.*"
[30] Cf. art. 7º da DPR nº 238/88.

165

usurpação do nome, marca ou signo distintivo, cuidando-se, nesta última hipótese, da falsificação do produto. Da mesma sorte, pode ocorrer que, em função do vício de qualidade, o produto defeituoso tenha sido apreendido pela administração e, posteriormente, à revelia do fornecedor, tenha sido introduzido no mercado de consumo, circunstância esta eximente da sua responsabilidade.

A circunstância de o produto ter sido introduzido no mercado de consumo gratuitamente, a título de donativo para instituições filantrópicas ou com objetivos publicitários, não elide a responsabilidade do fornecedor.

Outra eximente que pode ser invocada pelos fornecedores é a da inexistência do defeito (inc. II).

Os acidentes de consumo supõem, como um *prius*, a manifestação de um defeito do produto ou serviço, e como um *posterius,* um evento danoso. O defeito do produto ou serviço é um dos pressupostos da responsabilidade por danos nas relações de consumo. Se o produto não ostentar vício de qualidade, ocorrerá ruptura da relação causal que determina o dano, ficando afastada a responsabilidade do fornecedor. Assim, figurativamente, um acidente de trânsito somente se qualificará como acidente de consumo se os danos dele decorrentes puderem ser atribuídos, por uma relação de causalidade, à prefiguração de um defeito intrínseco (*v.g.*, defeito de montagem) ou extrínseco (*v.g.*, vício de informação).

Em regra, quem deveria produzir tal prova seria o consumidor, mas um dos princípios basilares do Código é justamente o da "inversão do ônus da prova", previsto no inc. VIII do art. 6º, aplicável quando o juiz considera verossímeis as alegações do consumidor, segundo as regras de experiência.

Fica, portanto, a advertência de que a inversão do ônus da prova não é postulado aplicável a todas as situações jurídicas derivadas do consumo de bens ou serviços, pois supõe o juízo de verossimilhança das alegações do consumidor. Em recentes decisões, nossos tribunais, louvando-se nas regras ordinárias de experiência, não acolheram a inversão do ônus da prova, pois consideraram inverossímil a versão dos consumidores, em caso de defeito de aparelho doméstico (cf. verbete nº 16.376, *in Repertório de Jurisprudência da IOB*, ano 2000) e de danos causados a veículo automotor, por engano de abastecimento de combustível (cf. verbete nº 14.920, *in Repertório de Jurisprudência da IOB*, ano 1998).

Por último, o inc. III inclui entre as causas excludentes da responsabilidade do fornecedor "a culpa exclusiva da vítima ou de terceiro".

A investigação da conduta culposa do consumidor ou de terceiro somente é admissível para demonstrar a exclusividade da culpa. Em decorrência do princípio da inversão do ônus da prova, cabe ao fornecedor demonstrar a *culpa exclusiva* do consumidor ou terceiro.

A *culpa exclusiva* é inconfundível com a *culpa concorrente*: no primeiro caso, desaparece a relação de causalidade entre o defeito do produto e o evento danoso, dissolvendo-se a própria relação de responsabilidade; no segundo, a responsabilidade se atenua em razão da concorrência de culpa, e os aplicadores da norma costumam condenar o agente causador do dano a reparar pela metade o prejuízo, cabendo à vítima arcar com a outra metade.

A doutrina, contudo, sem vozes discordantes, tem sustentado o entendimento de que a lei pode eleger a *culpa exclusiva* como única excludente de responsabilidade, como fez o Código de Defesa do Consumidor nesta passagem. Caracterizada, portanto, a concorrência de culpa, subsiste a responsabilidade integral do fabricante e demais fornecedores arrolados no *caput*, pela reparação dos danos.

O inciso em questão faz referência à *culpa exclusiva de terceiro*. Terceiro, *in casu*, é qualquer pessoa que não se identifique com os partícipes da relação de consumo descrita no art. 12 e que envolve, de um lado, o fabricante, produtor, construtor ou importador e, de outro, o consumidor.

A excludente de responsabilidade prevista neste inciso e, por extensão, no art. 14, § 3º, II, do CDC, é tão significativa que a jurisprudência do Superior Tribunal de Justiça vem orientando-se no sentido de afastar, neste caso, a responsabilidade objetiva do fornecedor de produtos ou serviços.[31]

Para Herman de Vasconcellos e Benjamin, a excludente do inc. III não se aplica ao comerciante (atacadista ou varejista), pois, apesar da responsabilidade subsidiária descrita no art. 13, imediatamente subsequente, o comerciante figura como "parte fundamental" nas relações de consumo, e se é parte não pode ser considerado como terceiro.

Por essa razão, conclui o festejado comentarista:

"Em consequência, o réu (fabricante, produtor, construtor ou importador), em ação indenizatória por acidente de consumo, não pode furtar-se ao dever de indenizar, com fulcro no art. 12, § 3º, III, sob o argumento de que o dano foi causado por culpa exclusiva do comerciante, entendendo este como terceiro. O juiz, muito ao contrário, deve condená-lo a ressarcir o prejuízo, cabendo-lhe, posteriormente, se for o caso, propor ação de regresso contra o outro agente da relação de consumo, isto é, o comerciante."[32]

Não concordamos com esse entendimento, pois o dispositivo não distingue, não cabendo ao intérprete fazê-lo. Além do que, a responsabilidade subsidiária do comerciante prevista no art. 13 é nitidamente distinta da responsabilidade principal normatizadas no art. 12.

A nosso aviso, portanto, em se tratando de acidentes de consumo, o comerciante pode ser responsabilizado de duas maneiras:

a) Como terceiro, nos termos do inc. III, quando ficar demonstrada a *exclusividade de sua culpa* no evento danoso.

Para ilustrar esta hipótese, podemos recorrer aos seguintes exemplos: a concessionária que, indevidamente, substitui peça ou componente de veículo novo, sem consulta à montadora; a farmácia, drogaria ou hospital que substitui os medicamentos prescritos no receituário médico ou altera os componentes químicos da formulação; o comerciante que adultera a composição dos produtos utilizados por agricultores ou pecuaristas.

b) Como parte, responsável em via subsidiária, quando, nos termos do art. 13, o fornecedor ou o produto não puderem ser identificados (incs. I e II), ou os produtos perecíveis não forem conservados adequadamente (inc. III).

Nesta hipótese, o exemplo mais sugestivo e frequente é o dos supermercados, cujos cuidados com os produtos alimentares perecíveis sempre deixam a desejar.

[8] CASO FORTUITO E FORÇA MAIOR – As hipóteses de caso fortuito e força maior, descritas no art. 393 do Código Civil como eximentes da responsabilidade na ordem civil, não estão elencadas entre as causas excludentes da responsabilidade pelo fato do produto.

Mas a doutrina mais atualizada já advertiu que esses acontecimentos – ditados por forças físicas da natureza ou que, de qualquer forma, escapam ao controle do homem – tanto podem ocorrer antes como depois da introdução do produto no mercado de consumo.

---

[31] Cf. Ac. da 4ª Turma do STJ no Recurso Especial nº 365.008/MG; Recurso Especial nº 2001/0117494-7, rel. min. Cesar Asfor Rocha.

[32] Cf. *Comentários ao Código de Proteção do Consumidor*, cit., p. 66.

Art. 13 | CÓDIGO BRASILEIRO DE DEFESA DO CONSUMIDOR

Na primeira hipótese, instalando-se na fase de concepção ou durante o processo produtivo, o fornecedor não pode invocá-la para se subtrair à responsabilidade por danos. Como observa com acuidade James Marins:

"Isto porque até o momento em que o produto ingressa formalmente no mercado de consumo tem o fornecedor o dever de garantir que não sofre qualquer tipo de alteração que possa torná-lo defeituoso, oferecendo riscos à saúde e segurança do consumidor, mesmo que o fato causador do defeito seja a força maior."[33]

Por outro lado, quando o caso fortuito ou força maior se manifesta após a introdução do produto no mercado de consumo, ocorre uma ruptura do nexo de causalidade que liga o defeito ao evento danoso. Nem tem cabimento qualquer alusão ao defeito do produto, uma vez que aqueles acontecimentos, na maior parte das vezes imprevisíveis, criam obstáculos de tal monta que a boa vontade do fornecedor não pode suprir. Na verdade, diante do impacto do acontecimento, a vítima sequer pode alegar que o produto se ressentia de defeito, vale dizer, fica afastada a responsabilidade do fornecedor pela inocorrência dos respectivos pressupostos.

> **Art. 13.** O comerciante [1] é igualmente responsável, nos termos do artigo anterior, quando:
>
> I – o fabricante, o construtor, o produtor ou o importador não puderem ser identificados;
>
> II – o produto for fornecido sem identificação clara do seu fabricante, produtor, construtor ou importador;
>
> III – não conservar adequadamente os produtos perecíveis.
>
> Parágrafo único. Aquele que efetivar o pagamento ao prejudicado poderá exercer o direito de regresso [2] contra os demais responsáveis, segundo sua participação na causação do evento danoso.

COMENTÁRIOS

[1] RESPONSABILIDADE DO COMERCIANTE – A responsabilidade do comerciante, nos acidentes de consumo, é meramente subsidiária, pois os obrigados principais são aqueles elencados no art. 12.[34]

---

[33] Cf. *Responsabilidade da empresa*, cit., p. 153. A nosso aviso, sem razão José Reinaldo de Lima Lopes quando sustenta que o Código de Defesa do Consumidor não admite a exceção de caso de fortuito ou força maior, conservando apenas a exceção de culpa exclusiva do consumidor ou de terceiro prevista no art. 12, § 3º, III, e no art. 14, § 3º, II. A eximente do caso fortuito ou força maior coloca-se no mundo fenomênico e não será nenhuma disposição normativa que irá suprimi-la do universo jurídico. De resto, a excludente da culpa exclusiva supõe o ingresso do produto ou serviço no mercado de consumo (cf. *Responsabilidade civil do fabricante*, cit., p. 119).

[34] Sem embargo da clareza da dicção normativa, a 4ª Turma do STJ acolheu ação indenizatória por danos materiais e morais proposta contra a concessionária e não contra a montadora, em razões de defeitos apresentados pelo veículo. O julgado sustenta a legitimidade passiva da concessionária, pela peculiaridade da comercialização que pratica e porque a ação foi intentada também com base no art. 18 do CDC. Sustentou, ainda, que, "não requerida a denunciação da lide pela ré, no momento próprio, não cabe anular o processo

Os incs. I e II disciplinam hipóteses correlatas, mas distintas. Nos termos do inc. I, o comerciante será responsabilizado se o fabricante, construtor, produtor ou importador não puderem ser identificados, como se dá na compra de cereais de diversos produtores e na subsequente embalagem e revenda do produto. O inc. II responsabiliza, da mesma sorte, o comerciante, se o produto final, embalado ou reacondicionado, não permitir clara identificação dos respectivos fabricantes.

Mas a hipótese de coobrigação, que, na prática, irá ocorrer com mais frequência, é aquela prevista no inc. III, ou seja, quando o comerciante não conservar adequadamente os produtos perecíveis.

Em nossos comentários ao art. 12 (v. *retro* Causas Excludentes), vimos que, além da responsabilidade subsidiária regulada pelo presente artigo, o comerciante pode ser responsabilizado como "terceiro" quando ficar demonstrada a exclusividade da sua culpa no evento danoso, nos termos do inc. III. Como é intuitivo, o ônus da prova de culpa exclusiva do comerciante é dos fornecedores elencados naquele dispositivo.

Recentemente, no julgamento do REsp nº 980.860, a Ministra Nancy Andrighi, com a habitual proficiência, relatou interessante voto onde dilarga os limites deste comando normativo, ampliando seu âmbito de aplicabilidade. Após ter ingerido produto alimentício com prazo de validade vencido, adquirido em gôndola de supermercado, um bebê, de apenas três meses de vida, foi acometido de gastroenterite aguda. A ação de indenização por danos morais e materiais foi proposta somente contra o fabricante do produto. No entanto, a ação foi acolhida pela Terceira Turma do STJ sob o fundamento de que "a eventual configuração da culpa do comerciante que coloca à venda produto com prazo de validade vencido não tem o condão de afastar o direito de o consumidor propor ação de reparação pelos danos resultantes da ingestão da mercadoria estragada em face do fabricante". Fundamento último da decisão pro-hipossuficiente o de que a responsabilidade do comerciante é meramente subsidiária, pois ao disciplinar a responsabilidade pelo fato do produto, o art. 12 do CDC alude à responsabilidade primária do fabricante pela "apresentação ou acondicionamento de seus produtos".[35]

[2] DIREITO DE REGRESSO – O parágrafo único do art. 13 ressente-se de *vício de localização*, pois parece disciplinar, exclusivamente, o exercício do direito de regresso do comerciante que efetivou o pagamento contra os demais partícipes na causação do evento danoso.

Sem embargo, a interpretação sistemática do Código nos induz a estender sua aplicação a todos os coobrigados do art. 12, *caput*, ou seja, disciplina o direito de regresso daquele que pagou a indenização contra os demais corresponsáveis na causação do evento danoso.

Muito importa ter presente que, nos termos do art. 88 do CDC, o direito de regresso assegurado neste parágrafo poderá ser exercido nos mesmos autos da ação de responsabilidade ou em processo autônomo, ficando vedada a denunciação da lide, expediente processual que introduz complicadores no polo passivo da relação de responsabilidade, em detrimento dos consumidores.

Art. 14. O fornecedor de serviços [1] responde, independentemente da existência de culpa, [3] pela reparação dos danos causados aos consumidores por defeitos relativos

---

depois de julgado pelas instâncias ordinárias para permitir a intervenção do fabricante do automóvel" (Recurso Especial nº 286.202/RJ; Recurso Especial nº 2000/0114868-0, rel. min. Ruy Rosado de Aguiar).

[35] Cf. REsp nº 980.860, j. de 23.4.2009, *in* RSTJ, vol. 215, p. 454.

Art. 14 | CÓDIGO BRASILEIRO DE DEFESA DO CONSUMIDOR

à prestação dos serviços, bem como por informações insuficientes ou inadequadas sobre sua fruição e riscos.

§ 1º O serviço [4] é defeituoso [2] quando não fornece a segurança que o consumidor dele pode esperar, levando-se em consideração as circunstâncias relevantes, entre as quais:

I – o modo de seu fornecimento;

II – o resultado e os riscos que razoavelmente dele se esperam;

III – a época em que foi fornecido.

§ 2º O serviço não é considerado defeituoso pela adoção de novas técnicas.

§ 3º O fornecedor de serviços só não será responsabilizado quando provar:

I – que, tendo prestado o serviço, o defeito inexiste;

II – a culpa exclusiva do consumidor ou de terceiro.

§ 4º A responsabilidade pessoal dos profissionais liberais [5] será apurada mediante a verificação de culpa.

COMENTÁRIOS

[1] DANOS NO FORNECIMENTO DE SERVIÇOS – O art. 14 disciplina a responsabilidade por danos causados aos consumidores em razão da prestação de serviços defeituosos, em exata correspondência com o disposto no art. 12.

Mutatis mutandis, valem as considerações já feitas no sentido de que a responsabilidade se aperfeiçoa mediante o concurso de três pressupostos:

a) defeito do serviço;
b) evento danoso; e
c) relação de causalidade entre o defeito do serviço e o dano.

Dentre os acidentes de consumo mais frequentes nesta sede, podemos arrolar:

– defeito nos serviços relativos a veículos automotores;
– defeito nos serviços de guarda e estacionamento de veículos;
– defeito nos serviços de hotelaria;
– defeito nos serviços de comunicação e transmissão de energia elétrica.

Da mesma sorte, além dos *defeitos intrínsecos*, o dispositivo responsabiliza os prestadores de serviços pelos *defeitos extrínsecos* quando os respectivos contratos de prestação de serviços ou os meios publicitários não prestam informações claras e precisas a respeito da fruição.

Os acidentes de consumo relacionados com a falta de informações relativas aos serviços de transporte e de distribuição de energia elétrica são frequentes no noticiário da imprensa escrita, falada e televisiva. De resto, ninguém ignora a potencialidade lesiva dos danos causados por vícios de informação na área dos serviços públicos, prestados pela administração direta ou indireta, por meio das concessionárias de serviços públicos.[36]

---

[36] O Código alude a defeitos na prestação de serviços decorrentes da inadequação de informações sobre sua fruição e riscos. Acórdão da 4ª Turma do Superior Tribunal de Justiça relata interessante caso de laboratório

Capítulo IV · DA QUALIDADE DE PRODUTOS E SERVIÇOS | Art. 14

[2] SERVIÇO DEFEITUOSO – O § 1º do art. 14 oferece critérios para aferição do vício de qualidade do serviço prestado, e o item mais importante, neste particular, é a segurança do usuário, que deve levar em conta:

– o modo do fornecimento do serviço;
– os riscos da fruição; e
– a época em que foi prestado o serviço.

O dispositivo enfocado é mera adaptação da norma que conceitua o "produto defeituoso", prevista no art. 6º da Diretiva nº 374/85 da CEE e no § 1º do art. 12 do nosso Código de Defesa do Consumidor.

O serviço presume-se defeituoso quando é mal apresentado ao público consumidor (inc. I), quando sua fruição é capaz de suscitar riscos acima do nível de razoável expectativa (inc. II), bem como quando, em razão do decurso do tempo, desde a sua prestação, é de se supor que não ostente sinais de envelhecimento (inc. III).

[3] RESPONSABILIDADE OBJETIVA E CAUSAS EXCLUDENTES – A exemplo do que foi estabelecido no artigo anterior, o *caput* do dispositivo dispõe que a responsabilidade do fornecedor de serviços independe da extensão da culpa, acolhendo, também nesta sede, os postulados da responsabilidade objetiva.

As causas excludentes de responsabilidade do prestador de serviços são as mesmas previstas na hipótese do fornecimento de bens, a saber: que tendo prestado o serviço, o defeito inexiste, ou que a culpa é exclusiva do usuário ou de terceiro.

Nossos Tribunais têm se revelado bastante rigorosos na aferição da excludente de responsabilidade do fornecedor de serviços derivada da "culpa exclusiva do consumidor". Em julgado da Quarta Turma do STJ no REsp nº 2006/0005933-2, foi considerada danosa a conduta de instituição financeira que determinou a inscrição negativa do nome da autora por um débito inexistente, afastando a excludente de responsabilidade. Noutro, da Terceira Turma, onde se discutiu o caso de falecimento de menor em bloco participante de micareta, ficou assentado: "Nos termos do art. 14, § 1º, CDC, considera-se defeituoso o serviço que não fornece a segurança que o consumidor dele pode esperar. Nas micaretas, o principal serviço que faz o associado optar pelo bloco é o de segurança, que, uma vez não oferecido da maneira esperada, como ocorreu na hipótese dos autos, em que não foi impedido o ingresso de pessoa portando arma de fogo no interior do bloco, apresenta-se inequivocamente defeituoso".[37]

No mais, reportamo-nos aos comentários feitos ao art. 12, lembrando que, também nesta sede, as eximentes do caso fortuito e da força maior atuam como excludentes de responsabilidade do prestador de serviços. E de uma forma muito mais intensa, por isso que podem

---

de análises clínicas que forneceu laudo positivo de HIV, mas que continha erro constatado, posteriormente, através de exames realizados em outros laboratórios. Acolheu aquela Corte a ação indenizatória proposta contra o laboratório, sem embargo da ressalva de que poderia ser necessário exame complementar: "Essa informação é importante e reduz a responsabilidade do laboratório, mas não a exclui totalmente, visto que houve defeito no fornecimento do serviço, com exame repetido e confirmado, causa de sofrimento a que a paciente não estava obrigada" (Recurso Especial nº 401.592/DF; Recurso Especial nº 2001/0193919-1, rel. min. Ruy Rosado de Aguiar).

No Recurso Especial nº 2003/0171996/3, da 3ª Turma, em que foi relator o min. Antonio Pádua Ribeiro, ficou assentado que "o diagnóstico inexato fornecido por laboratório radiológico, levando a paciente a sofrimento que poderia ter sido evitado, dá direito à indenização. A obrigação da ré é de resultado, de natureza objetiva".

[37] Cf. REsp nº 878.265/PB, em que foi relatora a Min. Nancy Andrighi, *DJe* de 10.12.2008.

Art. 14 | CÓDIGO BRASILEIRO DE DEFESA DO CONSUMIDOR

se manifestar *durante ou após* a prestação de utilidade ou comodidade ao consumidor (*v.g.*, um hospital pode se eximir de responsabilidade pelo fato do serviço, alegando corte no fornecimento de energia elétrica ocorrido durante ou após o ato operatório). Jamais, contudo, quando forem anteriores à prestação dos serviços.[38]

[4] SERVIÇOS PÚBLICOS – A responsabilidade por danos do prestador de serviços não envolve somente as empresas ligadas à iniciativa privada. O art. 22 do CDC estende essa responsabilidade aos órgãos públicos, vale dizer, aos entes administrativos centralizados ou descentralizados. Além da União, Estados, Municípios e Distrito Federal, estão envolvidas as respectivas autarquias, fundações, sociedades de economia mista, empresas públicas, inclusive as concessionárias ou permissionárias de serviços públicos.[39]

Todas essas entidades são obrigadas a fornecer serviços adequados, eficientes, seguros e, quanto aos essenciais, contínuos.

Por todo o exposto, o ente público não se furtará a reparar os danos causados aos administrados quando incorrer nas práticas, tão frequentes, como as que decorrerem da:

– paralisação dos serviços de transporte coletivo;
– suspensão dos serviços de comunicação;
– interrupção do fornecimento de energia elétrica; ou
– corte no fornecimento de água à população.

Um dos casos jurisprudenciais mais expressivos de extensão da responsabilidade por danos à concessionária de serviços públicos retrata hipótese de acidente rodoviário causado pela presença de animais soltos na pista. Como se sabe, tratando-se de rodovias não subsumidas ao regime de concessão, a responsabilidade por danos causados aos veículos ou motoristas é atribuída ao proprietário dos animais. Nas rodovias sob regime de concessão, a responsabilidade é exclusiva da concessionária, a julgar pelo inteiro teor do acórdão prolatado pela Terceira Turma do STJ.[40]

[5] PROFISSIONAIS LIBERAIS – O § 4º abre uma exceção ao princípio da objetivação da responsabilidade civil por danos.

Trata-se do fornecimento de serviços por profissionais liberais cuja responsabilidade será apurada mediante verificação de culpa.

Explica-se a diversidade de tratamento em razão da natureza *intuitu personae* dos serviços prestados por profissionais liberais. De fato, os médicos e advogados – para citarmos alguns

---

[38] Neste sentido, julgado da 3ª Turma do STJ, de cuja ementa se colhe: "Como assentado em precedente da Corte, o fato de o art. 14, § 3º do Código de Defesa do Consumidor não se referir ao caso fortuito e à força maior, ao arrolar as causas de isenção de responsabilidade do fornecedor de serviços, não significa que, no sistema por ele instituído, não possam ser invocados" (cf. REsp nº 330.523; Recurso Especial nº 2001/0090552-2).

[39] O Estado de São Paulo editou a Lei nº 10.294, de 20 de abril de 1999, que dispõe sobre a proteção e defesa dos direitos do usuário de serviços públicos. Trata-se de um avanço, pois o texto legislativo disciplina até o processo administrativo de apuração da responsabilidade por danos causados aos usuários.

[40] Cf. REsp nº 647.710/RJ, rel. Min. Castro Filho, *RT,* vol. 853, 185, *in verbis:* "conforme jurisprudência desta Terceira Turma, as concessionárias de serviços rodoviários, nas suas relações com os usuários, estão subordinadas à legislação consumerista. Portanto, respondem, objetivamente, por qualquer defeito na prestação do serviço, pela manutenção da rodovia em todos os aspectos, respondendo, inclusive, pelos acidentes provocados pela presença de animais na pista".

dos mais conhecidos profissionais – são contratados ou constituídos com base na confiança que inspiram aos respectivos clientes.

Assim sendo, somente serão responsabilizados por danos quando ficar demonstrada a ocorrência de culpa subjetiva, em quaisquer de suas modalidades: negligência, imprudência ou imperícia.[41]

Se o dispositivo comentado afastou, na espécie sujeita, a responsabilidade objetiva, não chegou a abolir a aplicação do princípio da inversão do ônus da prova. Incumbe ao profissional provar, em juízo, que não laborou em equívoco, nem agiu com imprudência ou negligência no desempenho de sua atividade.[42]

Nem se deve deslembrar que o dispositivo excepcional supõe a contratação de um profissional liberal que, autonomamente, desempenha seu ofício no mercado de trabalho. Trata-se, portanto, de disciplina dos *contratos negociados*, e não dos *contratos de adesão a condições gerais*.

Essa afirmação comporta algumas considerações relacionadas com a teoria geral das relações de consumo.

No que tange aos contratos de prestação de serviços firmados com os profissionais liberais, muito importa distinguir os *contratos negociados*, previstos neste parágrafo, dos *contratos de adesão,* que costumam ser firmados com sociedades civis ou associações profissionais.

Esses últimos – derivados da especial relação que se estabelece entre o *fornecedor* de bens ou serviços ofertados ao público e seus eventuais adquirentes ou utentes, designados *consumidores* – retratam, com tipicidade, as verdadeiras *relações de consumo*. A relação derivada dos contratos de adesão e condições gerais se caracteriza pela ostensiva tutela jurídica de uma das partes, o *consumidor*, que o Código de Defesa do Consumidor presume necessária, diante de sua manifesta fragilidade no embate com o poder contratual dos fornecedores.

Por sua vez, os contratos ditos negociados, nas relações consumeristas, estão muito próximos dos contratos estritamente privados, nos quais prevalece a regra do *pacta sunt servanda*, que supõe a igualdade dos poderes contratuais das partes, em obséquio ao pensamento liberal, que sempre repudiou a tutela legal dos hipossuficientes.

A redação do parágrafo revela, claramente, que tanto os contratos de adesão e condições gerais quanto os contratos negociados sujeitam-se à disciplina normativa prevista no Estatuto do Consumidor.

Projetando essas considerações aos contratos de honorários firmados com um profissional liberal, um cliente pode firmar com seu advogado duas modalidades de contrato:

a) um contrato relativo a uma lide coletiva, de caráter plurissubjetivo, e, nesta hipótese, o mesmo se qualifica como um *contrato de adesão a condições gerais*, tipificando uma relação de consumo sujeita, irrestritamente, às disposições do Código de Defesa do Consumidor; ou

---

[41] Quanto à responsabilidade dos profissionais liberais, o REsp nº 1.104.665/RS da Terceira Turma do STF deliberou que "A relação entre médico e paciente é contratual e encerra, de modo geral (salvo cirurgias plásticas embelezadoras), obrigação de meio, sendo imprescindível para a responsabilização do referido profissional a demonstração de culpa e de nexo de causalidade entre a sua conduta e o dano causado, tratando-se de responsabilidade subjetiva".

[42] A 3ª Turma do STJ entendeu que "o fato de se exigir comprovação da culpa para poder responsabilizar o profissional liberal pelos serviços prestados de forma inadequada não é motivo suficiente para afastar a regra de prescrição estabelecida no art. 27 da legislação consumerista, que é especial em relação às demais normas contidas no Código Civil" (Recurso Especial nº 2005/0036043-2, rel. min. Castro Filho, *DJ* de 13.2.2006, p. 799).

Art. 16 | CÓDIGO BRASILEIRO DE DEFESA DO CONSUMIDOR

b) um contrato oriundo de particular negociação entre as partes, como costumam ser os modelos clássicos de pactuação de honorários, dito *contrato negociado*, ao qual, em obséquio ao disposto no § 4º do art. 14, não se aplica a regra da responsabilidade objetiva, embora subsumido às demais normas de defesa do consumidor.[43]

Certo setor doutrinário acena para uma particularidade muito sutil, sustentando que nos *contratos de resultado* – em que a remuneração do profissional fica condicionada a determinado resultado favorável ao cliente, em contraposição aos *contratos de meio* – deve ser aplicada, excepcionalmente, a regra da responsabilidade objetiva, e não subjetiva. Não se pode compartir esse ponto de vista, pois a natureza do contrato (de resultado ou de meio) não tem nada a ver com a natureza *intuitu personae* da responsabilidade do profissional liberal.

> **Art. 15**. Vetado – Quando a utilização do produto ou a prestação do serviço causar dano irreparável ao consumidor, a indenização corresponderá ao valor integral dos bens danificados.

COMENTÁRIO

O veto presidencial considera que "a redação equivocada do dispositivo redunda em reduzir a amplitude da eventual indenização devida ao consumidor, uma vez que a restringe ao valor dos bens danificados, desconsiderados os danos pessoais".

As razões de veto não colhem. O propósito do legislador não foi o de *restringir a indenização* ao valor dos bens danificados, mas ampliá-la para ressarcir o valor integral do bem danificado quando houver comprometimento da maior parte dos respectivos componentes.

O propósito, portanto, foi o de coibir a substituição, pura e simples, das peças avariadas, sem atentar para a depreciação dela decorrente.

> **Art. 16**. Vetado – Se comprovada a alta periculosidade do produto ou serviço que provocou o dano, ou grave imprudência, negligência ou imperícia do fornecedor, será devida multa civil de até um milhão de vezes o Bônus do Tesouro Nacional – BTN, ou índice equivalente que venha substituí-lo, na ação proposta por qualquer dos legitimados à defesa do consumidor em juízo, a critério do juiz, de acordo com a gravidade e proporção do dano, bem como a situação econômica do responsável.

COMENTÁRIO

O veto presidencial considera: "O art. 12 e outras normas já dispõem de modo cabal sobre a reparação do dano sofrido pelo consumidor. Os dispositivos ora vetados criam a

---

[43] Não se pode receber sem *granum salis* a decisão da 4ª Turma do STJ, que estendeu a prerrogativa da responsabilidade subjetiva, dependente de comprovação da culpa, própria dos médicos e demais profissionais liberais, ao respectivo hospital. A nosso aviso, a responsabilidade dos hospitais, mesmo no que tange à atuação técnico-profissional dos médicos que neles atuam ou estejam ligados por convênio, é objetiva, e não subjetiva (cf. Recurso Especial nº 2000/0044523-1, rel. min. Fernando Gonçalves, *DJ* de 22.8.2005, p. 275, com votos divergentes dos mins. Jorge Scartezzini e Barros Monteiro).

Capítulo IV · DA QUALIDADE DE PRODUTOS E SERVIÇOS | **Art. 17**

figura da 'multa civil', sempre de valor expressivo, sem que sejam definidas a sua destinação e finalidade."

Novamente, não procedem as razões do veto. O propósito do legislador foi o de criar a figura da *multa civil*, verdadeira *sanção judicial*, cuja aplicação foi confiada ao prudente arbítrio do juiz, único responsável pela sua cominação nos estritos casos submetidos à apreciação do Poder Judiciário, "de acordo com a gravidade e proporção do dano, bem como a situação econômica do responsável".

> **Art. 17**. Para os efeitos desta Seção, equiparam-se aos consumidores todas as vítimas do evento. [1]

COMENTÁRIO

[1] PROPAGAÇÃO DO DANO – Com bastante frequência, os danos causados por vícios de qualidade dos bens ou dos serviços não afetam somente o consumidor, mas terceiros, estranhos à relação jurídica de consumo.

Entre os exemplos mais sugestivos de propagação dos danos materiais ou pessoais, lembramos as hipóteses de acidentes de trânsito, do uso de agrotóxicos ou fertilizantes, com a consequente contaminação dos rios, ou da construção civil, quando há comprometimento dos prédios vizinhos. Em todos esses casos, o Código assegura o ressarcimento dos danos causados a *terceiros* que, para todos os efeitos legais, se equiparam aos consumidores.

Como se decalca, em duas oportunidades distintas o Código se preocupa com "terceiros", nas relações de consumo: no inc. III, § 3º, do art. 12, quando alude à *culpa de terceiros*, como causa excludente da responsabilidade do fornecedor, e nesta passagem, para disciplinamento da responsabilidade *perante terceiros*, protegendo os denominados *bystanders*, vale dizer, aquelas pessoas estranhas à relação de consumo, mas que sofreram prejuízo em razão dos defeitos intrínsecos ou extrínsecos do produto ou serviço.

Discorrendo sobre a figura do *bystander* e sua proteção, a jurista espanhola Parra Lucan faz as seguintes considerações:

"Trata-se de impor, de alguma forma, ao fornecedor a obrigação de fabricar produtos seguros, que satisfaçam os requisitos de segurança a que tem direito o grande público. Toda a regulamentação da responsabilidade pelo fato do produto, no âmbito da CEE, passa pelo conceito de segurança, a que todos têm direito. Neste sentido, desenvolveu-se a jurisprudência norte- -americana em relação ao *bystander*. Tradicionalmente, diante das regras da *negligence theory*, o *bystander* (por exemplo, o pedestre atropelado pelo automóvel) podia obter uma indenização do fabricante, distribuidor ou vendedor pelos danos atribuídos à sua negligência, sempre que a vítima puder ser incluída no grupo de pessoas susceptíveis de danos."[44]

---

[44] Cf. M. A. Parra Lucan, *Daños por produtos y proteción del consumidor*, Barcelona, Bosch Editor, 1990, p. 568. Lima Lopes assinala que a proteção do terceiro foi progressivamente acolhida a partir da decisão do juiz Benjamin Cardozo em MacPherson vs. Buick Co., em que se dispensava o consumidor da exigência de relação contratual direta (*privity of contract*) com o fabricante. Mas a jurisprudência norte-americana vacilava, ainda, a respeito da natureza contratual ou extracontratual dessa responsabilidade. O abandono decidido de qualquer tom contratualista deu-se no caso Hennigsen vs. Bloomfield, em que se reconheceu

Art. 17 | CÓDIGO BRASILEIRO DE DEFESA DO CONSUMIDOR

O Superior Tribunal de Justiça, por sua Terceira Turma, ocupou-se de pleito indenizatório decorrente de explosão de comércio de fogos de artifício que afetou terceiros estranhos à relação de consumo, com a seguinte ementa: "Em consonância com o artigo 17 do Código de Defesa do Consumidor, equiparam-se aos consumidores todas as pessoas que, embora não tendo participado diretamente da relação de consumo, vem a sofrer as consequências do evento danoso, dada a potencial gravidade que pode atingir o fato do produto ou do serviço, na modalidade vício de qualidade por insegurança".[45]

Seção III
Da responsabilidade por vício
do produto e do serviço

1. RESPONSABILIDADE POR VÍCIO

O Código, nesta Seção III, disciplina a responsabilidade por vícios de qualidade ou quantidade dos produtos ou serviços.

A relação de responsabilidade, nesta hipótese, não tem similaridade com a anteriormente versada, por isso que se ocupa somente dos vícios inerentes aos produtos ou serviços. Neste caso, portanto, a responsabilidade está *in re ipsa*, e seu fundamento é diverso daquele que enucleia a responsabilidade por danos.

Bem observado, trata-se de um princípio de garantia que guarda similaridade, mas é inconfundível com os vícios redibitórios, da teoria civilística. A primeira distinção a ser feita é que os vícios redibitórios são defeitos ocultos da coisa que dão causa, quando descobertos, à resilição contratual, com a consequente restituição da coisa defeituosa, ou ao abatimento do preço.

Os vícios de qualidade ou quantidade dos produtos ou serviços, ao revés, podem ser ocultos ou aparentes – não importa – e contam com mecanismos reparatórios muito mais amplos, abrangentes e satisfatórios do que aqueles previstos no instituto civilístico, como será versado a seguir.

Além disso, a doutrina civilística costuma acenar com outros elementos caracterizadores dos vícios redibitórios. Os civilistas argumentam que para configuração do vício redibitório é necessário:

a) que a coisa seja recebida em virtude de uma relação contratual (*v.g.*, contrato comutativo ou doação com encargo);

b) que os defeitos ocultos sejam graves, por isso que os defeitos de somenos importância não afetam o princípio de garantia, além do que "*de minimis non curat praetor*";

c) ou ainda, que os defeitos sejam contemporâneos à celebração do contrato, pois, se forem supervenientes, não tem cabimento a invocação da garantia.

---

na garantia do fornecedor uma sequela até o usuário final, nos termos de uma decisão da Suprema Corte de New Jersey. (*Op. et loc. cits.*, ps. 81, 84, 85.)

O STJ considerou caracterizada relação de consumo se a aeronave que caiu sobre a casa das vítimas realizava serviço de transporte de malotes para destinatário final, ainda que pessoa jurídica. O autor vitimado, atingido em terra, foi equiparado, para todos os efeitos, ao consumidor, admitindo, em seu favor, a inversão do ônus da prova (Recurso Especial nº 2003/0059595-9, rel. min. Castro Filho, *DJ* de 6.3.2006, p. 372).

[45] Cf. REsp nº 181.580/SP, em que foi relator o Min. Castro Filho, *in* RSTJ, vol. 180, p. 341.

Como se decalca, nenhum desses requisitos é aplicável às relações de consumo, pois estas, além de desconsiderarem o princípio *"pacta sunt servanda"*, não fazem qualquer distinção quanto ao valor dos produtos e nem levam em consideração o fato de o defeito ser anterior ou posterior à sua introdução no mercado de consumo.

De resto, a responsabilidade por vícios de qualidade ou quantidade não se identifica, ontologicamente, com a responsabilidade por danos, nem recorre a fatores extrínsecos, envolvendo a apuração da culpa do fornecedor. Este modelo de responsabilidade, a nosso aviso, é consectário do inadimplemento contratual: o fornecedor tem a obrigação de assegurar a boa execução do contrato, colocando o produto ou serviço no mercado de consumo em perfeitas condições de uso ou fruição.

Questão de fundo e uma das maiores preocupações que se colocam nesta sede diz respeito à extensão da responsabilidade por vícios às pessoas jurídicas.[46]

Tendo o Código definido o consumidor como "toda pessoa física ou jurídica que adquire ou utiliza produto ou serviço como destinatária final" (cf. art. 2º), certa corrente doutrinária – constituída, em sua maioria, por comercialistas – sustenta que a pessoa jurídica jamais se equipara ao consumidor quando atua empresarialmente, vale dizer, quando adquire produtos ou serviços com natureza de insumos.[47]

Para bem explicitar essa ideia, o léxico nos ensina que insumo – do inglês *input* – significa a combinação dos fatores de produção (matérias-primas, horas trabalhadas, energia consumida, taxa de amortização etc.) que entram na produção de determinada quantidade de bens ou serviços (cf. Aurélio, *Novo dicionário da língua portuguesa*, verbete "insumo").

Por sua vez, a empresa é aquela espécie de organização que reúne e organiza aqueles fatores produtivos (insumos) sob a liderança de um empresário, com vistas à sua colocação no mercado de consumo.[48]

Ora, não é preciso ser economista para intuir que uma empresa pode adquirir insumos que são consumidos ou utilizados no próprio processo produtivo – contabilmente designados "ativo circulante" –, como é o caso da matéria-prima, energia elétrica, força do trabalho etc. Nesse caso, a empresa nunca é consumidora, pois, por índole, somente se utiliza dos recursos produtivos como mero instrumento para a produção de outros bens ou serviços.

Por outro lado, a empresa pode adquirir insumos que não são utilizados nem consumidos diretamente no processo produtivo – contabilmente designados "ativo imobilizado" –, como é o caso das máquinas, equipamentos, móveis e utensílios, a respeito dos quais figura como destinatária final, servindo-se dos mesmos em proveito próprio.

Nessa última hipótese, não há nenhuma razão plausível capaz de nos persuadir de que a empresa não possa se utilizar dos mecanismos de defesa previstos no Código. De fato, seria irrazoável sustentar que o automóvel ou caminhão adquiridos pela empresa, para uso da diretoria ou da seção de transporte, não goze da tutela prevista no Código de Defesa do Consu-

---

[46] Referimo-nos à responsabilidade por vícios em que se situam os casos mais frequentes, mas a questão pode ser tratada, também, do ponto de vista da responsabilidade por danos.

[47] Nesse sentido, Geraldo Vidigal, em parecer sob o título "A lei de defesa do consumidor – sua abrangência"; Manoel Gonçalves Ferreira Filho, em parecer sob o título "O Direito do Consumidor na Constituição"; e Arnoldo Wald, em parecer sob o título "O Direito do Consumidor e suas repercussões em relação às instituições financeiras", todos datados de 11 de dezembro de 1990. A qualidade de consumidor – segundo Thierry Bourgoignie – deve poder ser atribuída não somente a pessoas físicas, mas ainda a pessoas morais (escolas, associações sem fins lucrativos, sociedades, agrupamentos). Cf. "O conceito jurídico de consumidor", *in Direito do Consumidor*, vol. 2, p. 32.

[48] Cf., amplamente, José Pinto Antunes, *A produção sob o regime de empresa*.

midor, quer se trate da responsabilidade por vícios de qualidade ou por danos (acidentes de consumo).

Em prol da acepção restritiva do conceito de consumidor, certo setor doutrinário argumenta ainda que, para conceder os fatores previstos neste Código, muito importa investigar a natureza jurídica da pessoa jurídica envolvida na relação de consumo, pois consumidores seriam aqueles "que não dispõem de controle sobre bens de produção e, por conseguinte, devem se submeter ao poder dos titulares destes".[49]

Como se decalca, os fatores dessa corrente consideram o *princípio da vulnerabilidade* indissociável da noção de consumidor, porque, segundo alegam, não se pode perder de vista o elemento da subordinação econômica ao fornecedor.

A nosso aviso, a vulnerabilidade ou a hipossuficiência não estão em causa quando se trata de saber quem pode ocupar o polo da relação de consumo e invocar a proteção das normas previstas no Código de Defesa do Consumidor. Da hipossuficiência do consumidor cogita o inc. VII do art. 6º do CDC, como requisito para facilitação da defesa dos seus direitos, inclusive inversão do ônus da prova, ao lado da verossimilhança da alegação. Como é intuitivo, o consumidor abastado não cessa de ser consumidor, para o efeito de gozar das prerrogativas e direitos ali assegurados.

Da mesma sorte, sem embargo de se tratar de um dos mais caros postulados do movimento consumerista, previsto no inc. I do art. 4º, a vulnerabilidade não configura elemento essencial da noção de consumidor, pois existem consumidores mais ou menos vulneráveis segundo as respectivas capacidades aquisitivas de bens de consumo. As pessoas jurídicas não cessam de ser consumidoras, muito embora ostentem menor índice de vulnerabilidade no confronto com as pessoas físicas. Nem seria justo, em obséquio ao indigitado princípio, discriminar as pessoas jurídicas, recusando-lhes a proteção das normas codificadas.

De resto, não se mede a *vulnerabilidade* pelo vínculo da subordinação econômica. O consumidor não é vulnerável porque se encontra numa situação de subordinação econômica ao fornecedor, mas porque, *sic et simpliciter*, figura no polo passivo da relação de consumo, como adquirente do bem ou usuário do serviço, em contrato do tipo *do ut des* ou *facio ut des*.

De uma vez por todas, portanto, o critério distintivo utilizado pelo Código para identificar o consumidor numa relação de consumo é, nos exatos termos do art. 2º, a *aquisição do bem* ou a *utilização do serviço como destinatário final*. Assim sendo, quer se trate de pessoa física ou jurídica, o único dado capaz de identificar o consumidor é a sua condição de destinatário final do bem ou do serviço fornecido.

James Marins enriquece o tema, trazendo a cotejo o conceito de consumidor na legislação alienígena[50] e, após considerar que o enunciado constante do art. 2º do CDC prima pelo ineditismo, tratando-se, portanto, de "conceito insusceptível de sofrer exegese baseada na doutrina estrangeira", conclui:

> "Parece-nos induvidoso, portanto, que contempla o Código de Proteção e Defesa do Consumidor, também, a pessoa jurídica, na qualidade de adquirente ou destinatária final de produtos

---

[49] Neste sentido, Fábio Konder Comparato, "A proteção ao consumidor: importante capítulo do Direito Econômico", *in Revista de Direito Mercantil*, nos 15-16, 1974, e José Geraldo Brito Filomeno, em seus comentários nesta obra, ps. 26-33.

[50] O autor reporta-se a conceitos hauridos da Convenção de Bruxelas, de 27.9.68; da Carta de Proteção ao Consumidor, da Assembleia Consultiva do Conselho da Europa, de 17.5.73; da Resolução do Conselho de Ministros da CEE, de 14.4.75; do Projeto de Convenção aprovado na XIV Conferência de Haia, bem como a leis suecas e mexicanas (Cf. *Responsabilidade da empresa*, cit., p. 73).

Capítulo IV · DA QUALIDADE DE PRODUTOS E SERVIÇOS | **Art. 18**

ou serviços, sem qualquer espécie de restrição, diversamente do que ocorre com a generalidade dos textos europeus."[51]

Art. 18. Os fornecedores [1] de produtos de consumo duráveis ou não duráveis respondem solidariamente pelos vícios de qualidade ou quantidade que os tornem impróprios ou inadequados ao consumo a que se destinam ou lhes diminuam o valor, assim como por aqueles decorrentes da disparidade, com as indicações constantes do recipiente, da embalagem, rotulagem ou mensagem publicitária, respeitadas as variações decorrentes de sua natureza, podendo o consumidor exigir a substituição das partes viciadas.

§ 1º Não sendo o vício sanado no prazo máximo de trinta dias, pode o consumidor exigir, alternativamente e à sua escolha: [3]

I – a substituição do produto por outro da mesma espécie, em perfeitas condições de uso;

II – a restituição imediata da quantia paga, monetariamente atualizada, sem prejuízo de eventuais perdas e danos;

III – o abatimento proporcional do preço.

§ 2º Poderão as partes convencionar a redução ou ampliação do prazo previsto no parágrafo anterior, não podendo ser inferior a sete nem superior a cento e oitenta dias. Nos contratos de adesão, a cláusula de prazo deverá ser convencionada em separado, por meio de manifestação expressa do consumidor. [4]

§ 3º O consumidor poderá fazer uso imediato das alternativas do § 1º deste artigo sempre que, em razão da extensão do vício, a substituição das partes viciadas puder comprometer a qualidade ou características do produto, diminuir-lhe o valor ou se tratar de produto essencial. [5]

§ 4º Tendo o consumidor optado pela alternativa do inciso I do § 1º deste artigo, e não sendo possível a substituição do bem, poderá haver substituição por outro de espécie, marca ou modelo diversos, mediante complementação ou restituição de eventual diferença de preço, sem prejuízo do disposto nos incisos II e III do § 1º deste artigo.

§ 5º No caso de fornecimento de produtos in natura, [6] será responsável perante o consumidor o fornecedor imediato, exceto quando identificado claramente seu produtor.

§ 6º São impróprios ao uso e consumo: [2]

I – os produtos cujos prazos de validade estejam vencidos;

II – os produtos deteriorados, alterados, adulterados, avariados, falsificados, corrompidos, fraudados, nocivos à vida ou à saúde, perigosos ou, ainda, aqueles em desacordo com as normas regulamentares de fabricação, distribuição ou apresentação;

III – os produtos que, por qualquer motivo, se revelem inadequados ao fim a que se destinam.

---

[51] *Op. et loc. cits.*, p. 74.

Art. 18 | CÓDIGO BRASILEIRO DE DEFESA DO CONSUMIDOR

COMENTÁRIOS

[1] SUJEIÇÃO PASSIVA – Preambularmente, importa esclarecer que no polo passivo dessa relação de responsabilidade se encontram todas as espécies de fornecedores, coobrigados e solidariamente responsáveis pelo ressarcimento dos vícios de qualidade ou quantidade eventualmente apurados no fornecimento de produtos ou serviços.[52]

Assim, o consumidor poderá, à sua escolha, exercitar sua pretensão contra todos os fornecedores ou contra alguns, se não quiser dirigi-la apenas contra um.

Prevalecem, *in casu*, as regras da solidariedade passiva, e, por isso, a escolha não induz concentração do débito: se o escolhido não ressarcir integralmente os danos, o consumidor poderá voltar-se contra os demais, conjunta ou isoladamente. Por um critério de comodidade e conveniência o consumidor, certamente, dirigirá sua pretensão contra o fornecedor imediato, quer se trate de industrial, produtor, comerciante ou simples prestador de serviços.

Se ao comerciante, em primeira intenção, couber a reparação dos vícios de qualidade ou quantidade – nos termos previstos no § 1º do art. 18 –, poderá exercitar ação regressiva contra o fabricante, produtor ou importador, no âmbito da relação interna que se instaura após o pagamento, com vistas à recomposição do *status quo ante*.

[2] VÍCIO DE QUALIDADE – Embora o art. 18 faça referência introdutória às duas espécies de vícios (de qualidade e quantidade), seus parágrafos e incisos disciplinam, exclusivamente, a responsabilidade do fornecedor pelos vícios de qualidade dos produtos, ou seja, por aqueles vícios capazes de torná-los impróprios, inadequados ao consumo ou lhes diminuir o valor.

Dentre os vícios de qualidade que tornam o produto impróprio ou inadequado ao consumo podemos destacar alguns vícios ocultos, como, por exemplo:

– defeito no sistema de freio do veículo;
– defeito no sistema de refrigeração, som ou imagem em aparelhos eletrodomésticos.

A estes podem ser acrescentados os vícios aparentes, como os que decorrem do vencimento do prazo de validade, da deterioração, alteração, adulteração, avariação, falsificação, corrupção, fraude, ou, mesmo, da desobediência de normas regulamentares de fabricação, distribuição ou apresentação, nos termos do § 6º do art. 18 do Código.

Tenha-se presente, contudo, que os fornecedores não estão proibidos de ofertar e colocar no mercado de consumo – com abatimento do preço, naturalmente – produtos levemente

---

[52] "1. A Constituição Federal/1988 elegeu a defesa do consumidor como fundamento da ordem econômica pátria, inciso V do art. 170, possibilitando, assim, a criação de autarquias regulatórias como o INMETRO, com competência fiscalizatória das relações de consumo sob aspectos de conformidade e metrologia.

2. As violações a deveres de informação e de transparência quantitativa representam também ilícitos administrativos de consumo que podem ser sancionados pela autarquia em tela.

3. A responsabilidade civil nos ilícitos administrativos de consumo tem a mesma natureza ontológica da responsabilidade civil na relação jurídica base de consumo. Logo, é, por disposição legal, solidária.

4. O argumento do comerciante de que não fabricou o produto e de que o fabricante foi identificado não afasta a sua responsabilidade administrativa, pois não incide, *in casu*, o § 5º do art. 18 do CDC. Recurso especial provido" (Cf. REsp nº 1.118.302/SC, rel. Min. Humberto Martins, 2ª Turma do STJ, *DJe* de 14.10.2009).

Capítulo IV · DA QUALIDADE DE PRODUTOS E SERVIÇOS | Art. 18

viciados, desde que forneçam informações corretas, claras e precisas sobre os aludidos vícios. Trata-se, aliás, de velha usança, principalmente no comércio de eletrodomésticos.

Por medida de cautela, a nota fiscal de venda deverá consignar as razões determinantes do abatimento do preço, pois, do contrário, presumir-se-á a indefectibilidade do produto ofertado e o fornecedor responderá pelas sanções previstas no § 1º do art. 18.

Da leitura do § 6º do art. 18 se depreende que, dentre os produtos impróprios ao uso e consumo, estão elencados todos aqueles deteriorados, adulterados, falsificados, corrompidos ou fraudados, compreendendo, portanto, diversas condutas delitivas, que revelam um inevitável ponto de encontro com os dispositivos previstos na legislação dos crimes contra as relações de consumo.[53]

[3] A DISCIPLINA DAS SANÇÕES – A propósito, vejamos quais são as sanções previstas no § 1º do aludido dispositivo, para reparação dos vícios de qualidade dos produtos.

Em primeira intenção, o dispositivo concede ao fornecedor a oportunidade de acionar o sistema de garantia do produto e reparar o defeito no prazo máximo de 30 dias.

É bom frisar, neste tópico, que o Código concedeu ao fornecedor de bens o direito de proceder ao saneamento dos vícios capazes de afetar a qualidade do produto, no prazo de 30 dias[54], contados da sua aquisição. Esse prazo legal de saneamento dos vícios, no entanto, somente deve ser observado em se tratando de *produtos industrializados dissociáveis*, é dizer, que permitam a dissociação de seus componentes, como é o caso dos eletrodomésticos, veículos de transporte, computadores, armários de cozinha, copa ou dormitório. Se os vícios afetarem *produtos industrializados ou naturais essenciais*, que não permitem dissociação de seus elementos – *v.g.*, vestimentas, calçados, utensílios domésticos, medicamentos, bebidas de todo gênero, produtos *in natura* –, não se oferece a oportunidade de saneamento, e o consumidor pode exigir que sejam imediatizadas as reparações previstas alternativamente no § 1º do art. 18, como prevê expressamente o § 3º, *in fine*.

De fato, em se tratando de *produtos dissociáveis*, não sendo sanado o vício no prazo legal de 30 dias, o consumidor poderá exigir, à sua escolha, três alternativas (§ 1º do art. 18):

"I – a substituição do produto por outro da mesma espécie em perfeitas condições de uso;

II – a restituição imediata da quantia paga, monetariamente atualizada, sem prejuízo de eventuais perdas e danos;

III – o abatimento proporcional do preço."

A substituição do produto é a sanção civil mais conveniente e satisfatória para o consumidor quando se trata de fornecimento de eletrodomésticos.

---

[53] No julgamento do HC nº 90.779/PR, rel. Min. Carlos Brito, 1ª Turma do STJ, ficou assentado: "1. Agentes que fabricam e mantém em depósito, para venda, produtos em desconformidade com as normas regulamentares de fabricação e distribuição. Imputação do crime do inciso IX do art. 7º da Lei nº 8.137/90. *Norma penal em branco, a ter seu conteúdo preenchido pela norma do inciso II do § 6º do art. 18 da Lei nº 8.078/90. 2. São impróprios para consumo os produtos fabricados em desacordo com as normas regulamentares de fabricação, distribuição ou apresentação.* A criminalização da conduta, todavia, está a exigir do titular da ação penal a comprovação da impropriedade do produto para uso. Pelo que imprescindível, no caso, a realização de exame pericial para aferir a nocividade dos produtos apreendidos. 3. Ordem concedida".

[54] Por interessante decisão exarada pelo STJ no REsp nº 1.684.132, decidiu-se pela devolução da totalidade da quantia paga pelo consumidor/adquirente de um veículo, quando ultrapassados os 30 dias corridos de que fala o referido dispositivo, e o vício apontado teve sucessivas manifestações.

A despeito de o inciso se referir à substituição do produto por outro da mesma espécie, deve ser interpretado no sentido de permitir a substituição por outro da mesma espécie, marca e modelo.

De fato, não seria razoável exigir do fornecedor, inalteradas as condições de preço, a substituição de veículo (espécie) de uma marca por outra de maior renome. Esta é a interpretação que infunde operatividade ao preceito e que se harmoniza com a disposição contida no § 4º, de cuja dicção se dessume que o consumidor poderá substituir o produto por outro de espécie, marca ou modelo diversos, mediante complementação ou restituição de eventual diferença de preço.

Quanto à segunda alternativa do consumidor, que determina "a restituição imediata da quantia paga", tenha presente que o conceito de imediatismo é relativo e, sendo certo que numa conjuntura inflacionária, essa restituição deve ser corrigida monetariamente, prevalecendo a data-base do efetivo pagamento do produto.

Como é intuitivo, a restituição da quantia paga supõe a contrapartida da restituição do produto defeituoso, decorrência da resolução contratual.[55]

O dispositivo faz alusão *in fine* ao ressarcimento de eventuais perdas e danos. Esse ressarcimento é inconfundível, ontologicamente, com aqueloutro previsto no art. 12. O dever de indenizar perdas e danos aqui previsto deriva direta e indiretamente da inexecução contratual. O fornecedor deve devolver a quantia paga, monetariamente atualizada e acrescida, por exemplo, das despesas incorridas a título de transporte ou guarda da mercadoria.

Finalmente, o consumidor poderá pleitear o abatimento proporcional do preço.

Essa é a alternativa mais atrativa para o consumidor em se tratando de produtos caracterizados pela escassez de ofertas.

Como, em termos reparatórios, *electa una via non datur regressus ad alteram*, o fornecedor deve se precaver e lavrar, de comum acordo com o consumidor, um termo de abatimento proporcional do preço avençado, evitando, assim, a reiteração da postulação indenizatória.

[4] REDUÇÃO OU AMPLIAÇÃO DO PRAZO DE SANEAMENTO – O § 2º disciplina a redução ou ampliação contratual do prazo legal de saneamento dos vícios. Em termos contratuais, a redução ou ampliação não pode ser inferior a sete nem superior a 180 dias, como ficar convencionado entre os partícipes da relação de consumo.

Nos termos do art. 50 e parágrafo único, a garantia contratual é complementar à legal e será conferida mediante termo escrito, preenchido pelo fornecedor e entregue ao consumidor no ato de fornecimento. O termo de garantia deve ser padronizado, esclarecendo, de maneira adequada, seu objeto, bem como a forma, o prazo e o lugar em que deverá ser exercitada.

A previsão de garantia contratual, nos moldes comentados, não impede que o consumidor, ao cabo de 30 dias legalmente previstos para reparação do vício, acione as alternativas previstas no § 1º do art. 18, pleiteando a substituição do produto, a restituição da quantia paga ou o abatimento do preço.

No entanto, deverá tomar o cuidado de não deixar que se escoem os prazos decadenciais previstos no art. 26, a saber:

- 30 dias, tratando-se do fornecimento de produtos não duráveis;
- 90 dias, tratando-se do fornecimento de produtos duráveis.

---

[55] No Recurso Especial nº 2003/0101941-5, rel. min. Carlos Alberto Menezes Direito, acórdão da 3ª Turma do STJ, decidiu-se, com inegável acerto, que, na compra de veículo novo com defeito, aplica-se o art. 18 do CDC, e não os arts. 12 e 13 do mesmo diploma legal. Tratando-se de vício, a responsabilidade é solidária do fornecedor e do fabricante. Por sua vez, a indenização por danos materiais esgota-se nas modalidades previstas no § 1º do art. 18 (substituição do produto, restituição e abatimento do preço).

Capítulo IV · DA QUALIDADE DE PRODUTOS E SERVIÇOS | **Art. 18**

[5] IMEDIATIZAÇÃO DAS REPARAÇÕES – A previsão de prazo legal de saneamento dos vícios não inibe que, por iniciativa do consumidor, sejam imediatizados os mecanismos alternativos de reparação previstos no § 1º do art. 18, por escolha do consumidor.

Isso ocorrerá, nos termos do § 3º, sempre que, em razão da extensão do vício, a substituição das partes viciadas puder comprometer as qualidades essenciais do produto, bem como diminuir-lhe o valor. A título de ilustração, a substituição do motor de um veículo novo, no prazo de garantia, por vício de qualidade, não será tolerada pelo consumidor, que poderá declinar da garantia e exigir, à sua escolha, a substituição integral do produto, a restituição da quantia paga ou o abatimento do preço.

Por óbvio, a substituição das partes viciadas – a que alude o *caput* do dispositivo – supõe o consumo de produtos compósitos, formados pela justaposição dos respectivos componentes, como se dá com os eletrodomésticos em geral.

Tratando-se de *produtos essenciais*, assim entendidos os produtos industrializados insusceptíveis de dissociação, formados pela mistura ou reunião dos respectivos componentes – *v.g.*, produtos alimentares, medicamentos, peças de vestuário ou de toucador –, bem como os produtos *in natura* – *v.g.*, os comercializados no estado de natureza, como os animais e vegetais –, o consumidor poderá exigir que sejam imediatizados os mecanismos de reparação previstos no § 1º do art. 18, tendo em vista a impossibilidade de substituição dos respectivos componentes (*ad impossibilia nemo tenetur*).

Por último, *the last but not the least*, não há confundir produtos essenciais com serviços essenciais. Na acepção do legislador da Lei de Greve,[56] o serviço público é essencial quando "indispensável ao atendimento das necessidades inadiáveis da comunidade".

Existem serviços essenciais que se utilizam de produtos também essenciais, vale dizer, indissociáveis, como é o caso dos serviços públicos de iluminação e, de outro lado, das lâmpadas elétricas. Na superveniência de vícios de qualidade, as lâmpadas devem ser imediatamente substituídas por outras, pois não comportam saneamento.

Por outro lado, existem serviços essenciais que se utilizam de produtos dissociáveis, é dizer, não essenciais, como é o caso dos serviços de telecomunicação e dos respectivos aparelhos celulares. Neste caso, na superveniência de vícios de qualidade do produto, não há negar ao fornecedor o direito de saneamento do vício do produto, no prazo legal de 30 dias, nos termos do § 3º do art. 18 do CDC.

[6] PRODUTOS *IN NATURA* – As relações de consumo podem envolver, basicamente, dois tipos de produtos: industrializados ou *in natura*. Desses últimos se ocupa o § 5º do art. 18, dispensando-lhes tratamento excepcional, pois indica como sujeito passivo da relação de responsabilidade o fornecedor imediato, na maior parte das vezes o comerciante (pequeno, super ou hipermercado), e, não raro, o produtor rural.

Entende-se por produto *in natura* o produto agrícola ou pastoril, colocado no mercado de consumo sem sofrer qualquer processo de industrialização, muito embora possa ter sua apresentação alterada em função de embalagem ou acondicionamento.

Nessa hipótese, além de ser difícil ou impossível a identificação do produtor, corre o risco de se deteriorar nas prateleiras do comerciante. Por essa razão é que a responsabilidade por eventuais vícios de qualidade foi atribuída exclusivamente ao fornecedor imediato.

O dispositivo ressalva, *in fine*, a responsabilidade do produtor, *rectius* produtor rural, quando ele puder ser identificado, mas essa ressalva só prevalece quando o fornecedor imediato demonstrar que o produtor é que deu causa ao perecimento do produto.

---

[56] Cf. art. 11 da Lei nº 7.783/89.

Art. 19 | CÓDIGO BRASILEIRO DE DEFESA DO CONSUMIDOR

Na verdade, o dispositivo consagra uma presunção de culpa do fornecedor imediato, mas relativa, pois admite a prova liberatória da culpa exclusiva do produtor.

> **Art. 19**. Os fornecedores respondem solidariamente pelos vícios de quantidade do produto [1] sempre que, respeitadas as variações decorrentes de sua natureza, seu conteúdo líquido for inferior às indicações constantes do recipiente, da embalagem, rotulagem ou de mensagem publicitária, podendo o consumidor exigir, alternativamente e à sua escolha: [2]
>
> I – o abatimento proporcional do preço;
>
> II – complementação do peso ou medida;
>
> III – a substituição do produto por outro da mesma espécie, marca ou modelo, sem os aludidos vícios;
>
> IV – a restituição imediata da quantia paga, monetariamente atualizada, sem prejuízo de eventuais perdas e danos;
>
> § 1º Aplica-se a este artigo o disposto no § 4º do artigo anterior.
>
> § 2º O fornecedor imediato será responsável quando fizer a pesagem ou a medição e o instrumento utilizado não estiver aferido segundo os padrões oficiais.

COMENTÁRIOS

[1] VÍCIOS DE QUANTIDADE – Além de responder pelos vícios de qualidade, os fornecedores respondem, solidariamente, pelos vícios de quantidade do produto, assim entendido, nos termos do art. 18, aqueles decorrentes da disparidade com as indicações constantes do recipiente, embalagem, rotulagem ou mensagem publicitária.

O art. 19 restringe, inaceitavelmente, o conceito de vício de quantidade ao referi-lo somente às disparidades do conteúdo líquido dos produtos colocados no mercado de consumo. Se o consumidor adquire 1.000 unidades e recebe somente 800, a relação de consumo estará afetada, da mesma sorte, por vício de quantidade, sem qualquer disparidade de "conteúdo líquido".

Tanto o art. 18 quanto o art. 19 fazem importante ressalva que diz respeito "a variações decorrentes de sua natureza". Sabidamente, alguns produtos – como, *v.g.*, o gás liquefeito de petróleo engarrafado – podem experimentar, durante o processo distributivo, sensível perda de conteúdo líquido, segundo índices fixados pelas entidades governamentais encarregadas do controle do peso ou medida (Instituto de Pesos e Medidas).

Neste caso, o vício de quantidade do produto somente se configurará se forem apuradas variações quantitativas superiores aos índices-padrão normativamente fixados.[57]

---

[57] O STJ julgou procedente a ADI proposta contra a Lei nº 10.248/93 do Estado do Paraná, que obrigava os vendedores de gás liquefeito de petróleo a pesarem, à vista do consumidor, os botijões ou cilindros de gás, para apuração de eventual diferença a menor entre o conteúdo e a quantidade líquida especificada no recipiente. Com fundamento nos arts. 22, IV, e 238 da CF, a lei estadual foi declarada formalmente inconstitucional por ofensa à competência privativa da União, assim como aos princípios da

Capítulo IV · DA QUALIDADE DE PRODUTOS E SERVIÇOS | **Art. 20**

[2] SANÇÕES ALTERNATIVAS – As sanções previstas para os vícios de qualidade descritos no art. 19 são as seguintes:

- – abatimento proporcional do preço;
- – complementação do peso ou medida;
- – substituição do produto por outro da mesma espécie, marca ou modelo;
- – restituição imediata da quantia paga, monetariamente atualizada, sem prejuízo de eventuais perdas e danos.

A escolha é do consumidor que, livremente, fará opção pela sanção mais adequada à reparação do vício de quantidade.

Confrontadas com as alternativas previstas no artigo anterior, houve acréscimo da "complementação do peso ou medida", que, naturalmente, será a preferida pelos consumidores nas aquisições de produtos *in natura* feitas em mercados e feiras livres.

O § 1º adverte, ainda, para a aplicação do disposto no artigo anterior, que permite ao consumidor, diante do vício de quantidade, substituir o produto viciado por outro de espécie, marca ou modelo diversos, mediante complementação ou restituição de eventual diferença de preço.

Por último, o § 2º prevê a responsabilidade exclusiva do fornecedor imediato quando o instrumento de medição utilizado não estiver aferido segundo os padrões oficiais. Se quem deu causa ao vício de quantidade foi o fornecedor imediato – como costuma acontecer nos mercados e feiras livres, nas vendas de cereais, legumes, frutas e hortaliças –, o produtor rural não poderá ser responsabilizado.

> **Art. 20**. O fornecedor de serviços responde pelos vícios [1] de qualidade que os tornem impróprios ao consumo ou lhes diminuam o valor, assim como por aqueles decorrentes da disparidade com as indicações constantes da oferta ou mensagem publicitária, [2] podendo o consumidor exigir, alternativamente e à sua escolha:
>
> I – a reexecução dos serviços, sem custo adicional e quando cabível;
>
> II – a restituição imediata da quantia paga, monetariamente atualizada, sem prejuízo de eventuais perdas e danos;
>
> III – o abatimento proporcional do preço.
>
> § 1º A reexecução [3] dos serviços poderá ser confiada a terceiros devidamente capacitados, por conta e risco do fornecedor.
>
> § 2º São impróprios os serviços que se mostrem inadequados para os fins que razoavelmente deles se esperam, bem como aqueles que não atendam as normas regulamentares de prestabilidade.

COMENTÁRIOS

[1] VÍCIOS DO SERVIÇO – O art. 20 do Código disciplina a responsabilidade do fornecedor, por vícios de qualidade e de quantidade dos serviços.

---

proporcionalidade e razoabilidade das leis restritivas de direito (Cf. ADI nº 855/PR, rel. Min. Octávio Gallotti, Tribunal Pleno, *DJe* 059).

Art. 20 | CÓDIGO BRASILEIRO DE DEFESA DO CONSUMIDOR

Os serviços padecem de vício de qualidade quando são impróprios ao consumo, ou seja, quando se mostram inadequados para os fins que deles se esperam ou não atendam às normas regulamentares de prestabilidade (cf. § 2º).

Seguramente, o índice de defectibilidade dos serviços prestados na sociedade de consumo é muito mais elevado que o dos produtos fornecidos. Somente para destacar os aspectos multifários da prestação de serviços em economia de mercado, podemos lembrar, dentre outros: os serviços profissionais, de todo gênero; os serviços de construção civil; agenciamento; transporte, armazenamento e guarda de bens e mercadorias; estacionamento de veículos; conserto e restauração de quaisquer bens móveis; decoração de ambientes; diversões públicas; serviços de seguros; bancários, de crédito etc.

Pois bem, em quaisquer dessas situações é possível surpreender a impropriedade prestacional, comprometendo a harmonia e o equilíbrio das relações de consumo, máxime nas hipóteses de inobservância das normas regulamentares de prestabilidade.

Nos termos do art. 20, o serviço prestado também é defeituoso quando houver disparidade com as indicações constantes da oferta ou mensagem publicitária. Ainda que sem denominá-los, o dispositivo alude aos vícios de quantidade dos serviços prestados. Assim, se uma escola oferece um curso com determinado conteúdo programático, o descumprimento do programa autoriza o aluno a pleitear a completitude da matéria, o que significa a reexecução dos serviços educativos prestados (inc. I), sem prejuízo das sanções previstas nos incs. II e III do dispositivo comentado.

Os serviços prestados por um pedreiro ou encanador podem ser reexecutados, mas isto nem sempre consulta aos interesses ou conveniência dos usuários. Esta particularidade explica a ressalva "quando cabível", expressa no inc. I, *in fine*.

[2] SERVIÇOS E DANOS MORAIS – Em sede de prestação de serviços é que, com mais frequência, se localizam os danos que afetam a esfera moral dos consumidores. O Código não faz expressa referência à sanção relativa aos danos morais partindo do suposto que pertence à Teoria Geral do Direito. De todo modo, da leitura dos julgados prolatados em ações indenizatórias propostas por consumidores e, principalmente, usuários de serviços prestados por empresas privadas e públicas, nota-se que os danos morais constituem, por vezes, a reparação mais acalentada por todos aqueles que se sentem ofendidos ou destratados nas relações de consumo pactuadas com os respectivos fornecedores. Mais importa ao consumidor alcançar, em sua plenitude, o ressarcimento da ordem moral do que a reparação dos danos materiais inculcados ao fornecedor relapso.[58]

Os aplicadores da norma jurídica devem se conscientizar dessa legítima expectativa dos consumidores, não se furtando a aprofundar o estudo de cada caso, para aferir com justeza e correção a medida do ressarcimento moral, tarefa árdua, carente de parâmetros normativos, talvez por isso, mais envolvente e sedutora.[59]

---

[58] A propósito, bastante sugestivas as Súmulas nᵒˢ 387 e 402 do STJ com os seguintes enunciados: "é lícita a cumulação das indenizações de dano estético e dano moral" (387) e "o contrato de seguro por danos pessoais compreende os danos morais, salvo cláusula expressa de exclusão" (402).

[59] Julgado da 4ª Turma do STJ assentou o seguinte: "Na prestação de serviços de viagem turística, o desconforto, o abalo, o aborrecimento e a desproporção entre o lazer esperado e o obtido não se incluem entre os danos materiais, mas pertencem à esfera moral de cada um dos viajantes, devendo a esse título ser ressarcidos" (Recurso Especial nº 328.182/RS; Recurso Especial nº 2001/0070102-2, rel. min. Sálvio de Figueiredo Teixeira). A mesma Turma do STJ acolheu pedido de indenização por dano moral contra prestadora de serviço de telefonia que promoveu a inclusão do assinante nos cadastros de inadimplentes, tendo negligenciado no endereçamento correto da fatura ao consumidor, hipótese esta que bem demonstra

Capítulo IV · DA QUALIDADE DE PRODUTOS E SERVIÇOS | **Art. 22**

[3] REEXECUÇÃO POR TERCEIROS – O § 1º, por sua vez, dispõe que a reexecução dos serviços poderá ser confiada a terceiros, por conta e risco do fornecedor.

Trata-se de hipótese normativa que, na prática, dificilmente terá curso, pois introduz o complicador de uma relação dependente, atrelada à relação de consumo.

> **Art. 21**. No fornecimento de serviços que tenham por objetivo a reparação [1] de qualquer produto considerar-se-á implícita a obrigação do fornecedor de empregar componentes de reposição originais adequados e novos, ou que mantenham as especificações técnicas do fabricante, salvo, quanto a estes últimos, autorização em contrário do consumidor.

COMENTÁRIO

[1] CONSERTOS E REPARAÇÕES – O art. 21 cria para o prestador de serviços o dever jurídico de empregar nos consertos e reparações de qualquer natureza, principalmente dos produtos compósitos (susceptíveis de dissociação), componentes de reposição originais, adequados, novos, de acordo com as especificações técnicas do fabricante.

Se não o fizer, ficará caracterizada não só a impropriedade do serviço prestado, como também a inadequação da peça utilizada como componente do produto final, rendendo ensejo à aplicação das sanções previstas nos arts. 18 ou 20, com vistas à reposição da peça ou reexecução do serviço prestado.

Mas o consumidor, por medida de economia, poderá autorizar, expressamente, a reutilização de componentes, afastando a incidência desta norma.

> **Art. 22**. Os órgãos públicos, [1] por si ou suas empresas, concessionárias, permissionárias ou sob qualquer outra forma de empreendimento, são obrigados a fornecer serviços [3] adequados, eficientes, seguros e, quanto aos essenciais, contínuos. [2]
>
> Parágrafo único. Nos casos de descumprimento, total ou parcial, das obrigações referidas neste artigo, serão as pessoas jurídicas compelidas a cumpri-las [4] e a reparar os danos causados, na forma prevista neste Código. [5]

COMENTÁRIOS

[1] RESPONSABILIDADE DO PODER PÚBLICO – Nos termos do art. 3º do CDC, as pessoas jurídicas de Direito Público – centralizadas ou descentralizadas – podem figurar no polo ativo da relação de consumo, como fornecedoras de serviços. Por via de consequência, não se furtarão a ocupar o polo passivo da correspondente relação de responsabilidade.

O art. 22 faz remissão às empresas – *rectius* empresas públicas – concessionárias de serviços públicos, entes administrativos com personalidade de Direito Privado, mas por extensão é

---

a relevância da satisfação dos danos morais (RESP nº 32.720/DF; Recurso Especial nº 2001/0065017-4, rel. min. Sálvio de Figueiredo Teixeira).

187

aplicável às sociedades de economia mista, fundações e autarquias, posto que omitidas, sempre que prestarem serviços públicos.

[2] CONTINUIDADE DOS SERVIÇOS – Um dos temas mais requintados nesta sede versa sobre a continuidade dos serviços públicos ditos essenciais, e a primeira dúvida a ser desfeita diz respeito ao conceito de essencialidade.

Enveredamo-nos, novamente, pelos terrenos da linguística, no campo dos *signos imprecisos* a que já nos referimos em nossos comentários ao art. 10.

Segundo Genaro Carriò, sempre que o aplicador da norma se defrontar com signos dessa natureza – o que ocorre com relativa frequência na área do conhecimento jurídico, pois o Direito costuma operar com significantes de textura aberta – não é possível remediar o indeterminismo no plano conceitual, e o intérprete deve decidir sob sua responsabilidade.[60]

É sempre muito complicado investigar a natureza do serviço público, para tentar surpreender, neste ou naquele, o traço da sua essencialidade. Com efeito, cotejados, em seus aspectos multifários, os serviços de comunicação telefônica, de fornecimento de energia elétrica, água, coleta de esgoto ou de lixo domiciliar, todos passam por uma *gradação de essencialidade*, que se exacerba justamente quando estão em causa os serviços públicos difusos (*ut universi*) relativos à segurança, saúde e educação.

Parece-nos, portanto, mais razoável sustentar a imanência desse requisito em todos os serviços prestados pelo Poder Público.

Assim, partindo do suposto de que todos os serviços públicos são essenciais, resta discorrer sobre a exigência legal da sua continuidade. A nosso aviso, essa exigência do art. 22 não pode ser subentendida: "os serviços essenciais devem ser contínuos" no sentido de que não podem deixar de ser ofertados a todos os usuários, vale dizer, prestados no interesse coletivo. Ao revés, quando estiverem em causa interesses individuais, de determinado usuário, a oferta de serviço pode sofrer solução de continuidade, se não forem observadas as normas administrativas que regem a espécie.

Um dos temas mais polêmicos, nesta sede, indaga se as concessionárias de serviços públicos podem cortar o fornecimento de luz, água ou telefone, na hipótese de inadimplemento dos respectivos usuários.

A obrigação de pagar as contas de luz, água ou telefone não é tributária, pois trata-se de serviços prestados sob o regime de Direito Privado, remunerados por meio dos preços públicos, ou seja, por meio das tarifas. Os financistas costumam surpreender, nessas hipóteses, verdadeiros *contratos de Direito Público*, pois o pagamento do preço é efetivado por unidades de serviços prestados, ou seja, quilowatts de energia, metros cúbicos de água ou impulsos telefônicos.

Pacifica-se, na doutrina, o entendimento de que a gratuidade não se presume e que as concessionárias de serviço público não podem ser compelidas a prestar serviços ininterruptos se o usuário deixa de satisfazer suas obrigações relativas ao pagamento.[61] Assim como o particular, no contrato *facio ut des*, pode recusar cumprimento da obrigação de fazer, na ausência do correspectivo, assim também não há negar às concessionárias a mesma faculdade, nos contratos de Direito Público. Do contrário, seria admitir, de um lado, o enriquecimento sem causa do usuário e, de outro, o desvio de recursos públicos por mera inatividade da concessio-

---

[60] Cf. Genaro R. Carriò, *Notas sobre Derecho y lenguage*, 2ª ed., Buenos Aires, p. 72.

[61] Cf., no mesmo sentido, parecer de Eduardo Lima de Matos, *in Direito do Consumidor*, vol. 5, ps. 202-205, além de Diógenes Gasparini, *in Direito Administrativo*, p. 149 (*op. et loc. cits.*).

Capítulo IV · DA QUALIDADE DE PRODUTOS E SERVIÇOS | **Art. 22**

nária, sem prejuízo da ofensa ao princípio da igualdade de tratamento entre os destinatários do serviço público.

De todo modo, a interrupção no fornecimento do serviço público não pode ser efetivada *ex abrupto*, como instrumento de pressão contra o consumidor, para forçá-lo ao pagamento da conta em atraso.

Em obséquio aos princípios básicos que regem as políticas de consumo, o corte deverá ser precedido de notificação prévia ao usuário. Neste sentido, o item 2 da Portaria nº 4/98 da Secretaria de Direito Econômico, que estabelece o rol exemplificativo de cláusulas abusivas, ao condicionar ao aviso prévio a interrupção de serviço essencial, em caso de impontualidade.[62]

Por outro lado, se o usuário do serviço for pessoa jurídica de Direito Público, a interrupção do fornecimento é inadmissível, porque, além de estar em causa o interesse público – cuja supremacia é indiscutível em termos principiológicos –, o ente público pode invocar, em sentido diametralmente oposto, o postulado da continuidade dos serviços que presta à população em geral.[63]

[3] FALTA DO SERVIÇO PÚBLICO – Como assinala com acuidade Aguiar Dias, a responsabilidade do Estado pelo mau funcionamento do serviço público tem sido confundida, no Brasil, com a falta de determinado funcionário, e "a aplicação de tal doutrina resulta na negação de responsabilidade, sempre que não seja possível estabelecer a culpa do funcionário, muito embora se defronte caso autêntico de defeito do serviço".[64]

---

[62] No mesmo sentido, recente decisão da 4ª Turma do STJ confirma: "Pode a empresa concessionária suspender o fornecimento de energia elétrica em face de atraso no pagamento de conta pelo usuário, porém deve fazê-lo mediante prévia comunicação do corte, nos termos do art. 6º, § 3º, da Lei nº 8.987/93, sujeitando-se, outrossim, pela irregular descontinuidade de serviço público essencial, a ressarcir o prejudicado pelos danos materiais e morais daí advindos" (REsp nº 285.262/MG; Recurso Especial nº 2000/0111511-1, rel. min. Aldir Passarinho Júnior).

Em sentido contrário, a 1ª Turma do mesmo Tribunal nega tal possibilidade, sob o fundamento de que "o corte de energia, como forma de compelir o usuário ao pagamento de tarifa ou multa, extrapola os limites da legalidade". A ementa do v. acórdão considera, ainda, que "a energia é, na atualidade, um bem essencial à população, constituindo-se serviço público indispensável, subordinado ao princípio da continuidade de sua prestação, pelo que se torna impossível a sua interrupção" (cf. Recurso Especial nº 430.812/MG, no Recurso Especial nº 2002/0045011-4, rel. min. José Delgado).

[63] Em lapidar acórdão, a 1ª Turma do STJ deixou assentado o seguinte: "O corte de energia autorizado pelo CDC e legislação pertinente é previsto *uti singuli*, vale dizer: da concessionária *versus* o consumidor isolado e inadimplente; previsão inextensível à Administração Pública por força do princípio da continuidade, derivado do cânone maior da supremacia do interesse público" (cf. AGRMC nº 3.982; Agravo Regimental na Medida Cautelar nº 2001/00921137-1, rel. min. Luiz Fux).

O Tribunal Pleno da Suprema Corte julgou procedente ação declaratória de constitucionalidade da sobretarifa imposta, pós-apagão, ao consumo de energia elétrica. Nesse julgado, considerou que a suspensão do fornecimento de energia elétrica aos consumidores atende ao "exercício da solidariedade social mínima" (ADC nº 9/DF, rels. min. Néri da Silveira e Ellen Gracie, *DJ* de 23.4.2004).

Inúmeros julgados do STJ acolhem, atualmente, a tese de que a interrupção do fornecimento de energia elétrica ao consumidor inadimplente não configura descontinuidade na prestação do serviço, para fins de aplicação dos arts. 22 e 42 do CDC. Nesse sentido, da 1ª Turma, os julgados: Recurso Especial nº 2005/0177879-0, *DJ* de 19.12.2005; Recurso Especial nº 2004/0155175-4, *DJ* de 15.2.2005; Recurso Especial nº 2005/0097869-6, *DJ* de 10.10.2005.

Da 2ª Turma, os julgados: Recurso Especial nº 1997/0017875-7, *DJ* de 14.2.2005; Recurso Especial nº 2005/00999969-9, *DJ* de 3.10.2005; Recurso Especial nº 2005/0182802-0, *DJ* de 6.2.2006; Recurso Especial nº 2005/0178233-3, *DJ* de 1.2.2006; Recurso Especial nº 2005/0132273-8, *DJ* de 10.10.2005. Da 3ª Turma, os julgados: Recurso Especial nº 2004/0122983-6, *DJ* de 5.12.2005; Recurso Especial nº 2003/0129252-1, *DJ* de 1.1.2005; Recurso Especial nº 2001/00788898-7, *DJ* de 10.2.2004.

[64] Cf. José de Aguiar Dias, *Da responsabilidade civil*, II, 4ª ed., Rio de Janeiro, p. 608.

Art. 22 | CÓDIGO BRASILEIRO DE DEFESA DO CONSUMIDOR

No entanto, as ideias civilistas – ainda prevalentes em nossa legislação – não impediram o desenvolvimento de uma teoria da falta do serviço público, caracterizada, segundo Paul Dues, em sua clássica *La responsabilité de la puissance publique*, pelos seguintes pontos essenciais:

1º. a responsabilidade do serviço público é uma responsabilidade primária, vale dizer: a administração pública age por intermédio de seus agentes e com eles se confunde em termos de representatividade;

2º. a falta do serviço público não depende de falta do agente. A responsabilidade do Estado é decorrência imediata do funcionamento defeituoso do serviço que presta aos administrados;

3º. o que dá lugar à responsabilidade do Estado é a falta e não o fato do serviço, pois não tem acolhida, nesta sede, a teoria do risco;

4º. por via de consequência, só o serviço defeituoso acarreta responsabilidade do Estado. A defectibilidade é variável segundo a natureza do serviço, tempo e lugar da respectiva prestação.[65]

[4] TEORIA DO RISCO – Nos termos do art. 22 e seu parágrafo único, quando os órgãos públicos se descuram da obrigação de prestar serviços adequados, eficientes, seguros e contínuos, são compelidos a cumpri-los e reparar os danos causados, na forma prevista no Código.

Em primeira aproximação, vale observar que os órgãos públicos recebem tratamento privilegiado, pois não se sujeitam às mesmas sanções previstas no art. 20 para os fornecedores de serviços. De fato, o parágrafo único somente faz referência ao cumprimento do dever de prestar serviços de boa qualidade, o que afasta as alternativas da restituição da quantia paga e do abatimento do preço, envolvendo somente a reexecução dos serviços públicos defeituosos.

Por outro lado, tratando-se de reparação dos danos, vale dizer, da restauração do estado anterior à lesão, responsabiliza as entidades públicas "na forma prevista neste Código", o que significa, independentemente da existência de culpa, conforme estatui expressamente o art. 14 do CDC.

Por todo o exposto, parece razoável concluir que, a partir do advento do Código de Defesa do Consumidor, a responsabilidade do Estado pelo funcionamento dos serviços públicos não decorre da falta, mas do fato do serviço público, ficando evidente que o legislador pátrio acolheu, inelidivelmente, a teoria do risco administrativo, defendida com denodo por Orozimbo Nonato, Filadelfo Azevedo, Pedro Lessa e, mais recentemente, pelo festejado Aguiar Dias, que, em sua clássica *Da responsabilidade civil*, reportando-se a Amaro Cavalcanti, assim preleciona:

> "Somos, assim, pela aplicação, entre nós, da doutrina do risco administrativo, como a defendia já o insigne Amaro Cavalcanti, escrevendo que 'assim como a igualdade dos direitos, assim também a igualdade dos encargos é hoje fundamental no Direito Constitucional dos povos civilizados'. Portanto, dado que um indivíduo seja lesado nos seus direitos, como condição ou necessidade do bem comum, segue-se que os efeitos da lesão, ou os encargos de sua reparação, devem ser igualmente repartidos por toda a coletividade, isto é, satisfeitos pelo Estado a fim de que, por este modo, se restabeleça o equilíbrio da justiça cumulativa: *Quod omnes tangit ab omnibus debet supportari.*"[66]

---

[65] Cf. Paul Duez, *La responsabilité de la puissance publique*, Paris, 1937, p. 11.

[66] *Op. et loc. cits.*, p. 678. Em trabalho apresentado em agosto de 1998 no XII Congresso Brasileiro de Direito Administrativo, na cidade de Foz do Iguaçu, laureado com o prêmio Prof. Caio Tácito, Georghio A. Tomelin

Capítulo IV · DA QUALIDADE DE PRODUTOS E SERVIÇOS | **Art. 24**

[5] CAUSAS EXCLUDENTES – Tenha-se presente, por último, por força da remissão do parágrafo único *in fine*, que se aplicam aos fornecimentos de serviços públicos as causas excludentes de responsabilidade ali previstas e já comentadas, a saber:

a) que tendo prestado o serviço, o defeito inexiste;
b) a culpa exclusiva do consumidor ou de terceiro.

> **Art. 23**. A ignorância [1] do fornecedor sobre os vícios de qualidade por inadequação dos produtos e serviços não o exime de responsabilidade.

COMENTÁRIO

[1] IGNORÂNCIA DOS VÍCIOS – Na ordem civil, o alienante está de boa-fé quando ignora o vício ou o defeito que afeta a coisa alienada. Caracteriza-se a má-fé quando tem conhecimento do defeito oculto.

Numa e noutra hipótese, a sanção é diversa, pois, se está de boa-fé, restituirá somente o valor recebido, mais as despesas contratuais. Do contrário, deverá restituir o valor recebido, com perdas e danos (cf. art. 443 do Código Civil).

Para evitar que, nas relações de consumo, constatados vícios de qualidade no fornecimento de produtos e serviços, as partes recorram analogicamente às fontes civilísticas, o art. 23 estabelece que a ignorância sobre os vícios de qualidade não escusa o fornecedor, nem o exime de responsabilidade.

O dispositivo é consectário lógico do acolhimento da teoria do risco, que desconsidera os aspectos subjetivos da conduta do fornecedor.

> **Art. 24**. A garantia [1] legal de adequação do produto ou serviço independe de termo expresso, vedada a exoneração contratual do fornecedor.

COMENTÁRIO

[1] GARANTIA DE BOA QUALIDADE – O fornecedor deve colocar no mercado de consumo produtos ou serviços de boa qualidade, vale dizer, sem vícios ou defeitos que os tornem impróprios ao uso e consumo ou lhes diminuam o valor.

---

distingue serviços prestados pelo ente público centralizado e descentralizado, caso das concessionárias de serviços públicos. Sustenta que somente nesta última hipótese poderia ser invocada a teoria do risco administrativo, e, por via de consequência, a responsabilidade objetiva. Tratando-se de serviços essencialmente públicos, prestados pelos entes centralizados, não seria aplicável a mesma teoria, à guisa de correspectivo. Assim sendo, o Estado somente seria responsabilizado por atos omissivos ou comissivos mediante prova da culpa, ou seja, mediante responsabilidade subjetiva.

Em abono dessa tese alega que a própria relação de hipossuficiência, e, por consequência, de vulnerabilidade, deriva da economia de mercado, não sendo aplicável às relações diretas entre o administrado e o Estado. O argumento, a nosso aviso, não colhe. Entre o administrado e o Estado não há relação de hipossuficiência, mas há um *status subjectionis* com as mesmas implicações no plano da vulnerabilidade do administrado. Nada justifica, portanto, o *discrimen* proposto na referida tese.

Art. 25 | CÓDIGO BRASILEIRO DE DEFESA DO CONSUMIDOR

Esse dever jurídico implica – do ponto de vista do consumidor – a garantia de adequação do produto ou serviço que, nos termos do art. 24, independe de termo expresso, pois decorre do magistério da lei.

Tratando-se de disposição de ordem pública, é vedada a exoneração contratual do fornecedor, sob pena de nulidade das cláusulas eventualmente pactuadas.

Art. 25. É vedada a estipulação contratual de cláusula que impossibilite, exonere ou atenue a obrigação de indenizar prevista nesta e nas Seções anteriores. [1]

§ 1º Havendo mais de um responsável pela causação do dano, todos responderão solidariamente [2] pela reparação prevista nesta e nas Seções anteriores.

§ 2º Sendo o dano causado por componente ou peça incorporada ao produto ou serviço, são responsáveis solidários seu fabricante, construtor ou importador e o que realizou a incorporação. [2]

COMENTÁRIOS

[1] CLÁUSULAS DE EXONERAÇÃO – Nos termos do art. 25 não serão permitidas cláusulas que impossibilitem, exonerem ou atenuem a obrigação de indenizar prevista no Código.

As estipulações exonerativas são mais frequentes nas hipóteses de fornecimento de serviços. As empresas de guarda e estacionamento de veículos costumam advertir seus usuários de que não se responsabilizam pelos valores ou objetos pessoais deixados no interior dos respectivos veículos.

À semelhança, os hotéis também costumam advertir seus hóspedes de que não se responsabilizam por furtos de bens ou valores não confiados à direção do hotel, para fins de depósito.

Todas essas cláusulas exonerativas consideram-se não escritas e devem ser desconsideradas pelos respectivos usuários da prestação de serviços.

[2] RESPONSÁVEIS SOLIDÁRIOS – O § 1º reafirma a solidariedade passiva de todos aqueles que, de qualquer modo, concorreram para a causação do dano, ao mesmo tempo em que o § 2º acrescenta ao rol dos coobrigados solidários o fornecedor das peças ou dos componentes defeituosos que foram incorporados aos produtos ou serviços e que deram causa ao *eventus damni*.

Trata-se, no entanto, de solidariedade pura e simples, que não comporta benefício de ordem, o que significa: o consumidor poderá fazer valer seus direitos contra qualquer dos fornecedores do produto ou serviço, inclusive contra o incorporador da peça ou componente defeituoso.[67]

---

[67] Em ação indenizatória por erro médico, ementa da 4ª Turma do STJ, no seguinte sentido: "A Cooperativa que mantém plano de assistência à saúde é parte legitimada passivamente para ação indenizatória movida por associada em face de erro médico originário de tratamento pós-cirúrgico realizado pelo médico cooperativado" (Recurso Especial nº 309.760/RJ; Recurso Especial nº 2001/0029368-9, rel. Aldir Passarinho). Por outro lado, em ação de responsabilidade pela venda de produto com prazo de validade vencido e, ainda, com elemento estranho ao seu conteúdo, a 3ª Turma do STJ afastou a arguição de ilegitimidade passiva da empresa vendedora, sob o fundamento de que o art. 25, § 1º, estabelece a responsabilidade solidária de todos aqueles que, de qualquer modo, concorreram para a causação do dano (Recurso Especial nº 414.986/SC;

Capítulo IV · DA QUALIDADE DE PRODUTOS E SERVIÇOS

Seção IV
Da decadência e da prescrição

1. DIREITOS SUBJETIVOS: NOÇÃO

O art. 26 disciplina a decadência, enquanto o art. 27 se ocupa da prescrição nas relações de consumo.

O Código, nessa passagem, ressente-se de atecnia legislativa, pois – a exemplo do que faz o Código Civil e outras codificações posteriores – deveria ter se utilizado, indistintamente, do vocábulo prescrição, relegando à doutrina e jurisprudência estabelecer critérios distintivos entre a prescrição e a decadência, até porque se trata de tema eriçado de dificuldades, além do que um dos mais controvertidos e polêmicos da teoria geral do Direito.[68]

Resta saber se as hipóteses normatizadas correspondem, efetivamente, à decadência e à prescrição dos direitos reparatórios previstos no Código de Defesa do Consumidor.

O tempo exerce uma eficácia extintiva sobre os direitos. Não sobre o Direito Positivo, ou seja, sobre o Direito objetivamente considerado, pois este, por seu caráter imanente, somente se extingue com o advento de normas de superposição (revogatórias das anteriores ou incompatíveis com as respectivas provisões), mas sobre o direito subjetivo, enquanto poder de realizar o interesse juridicamente protegido.

O direito se subjetiva quando um acontecimento qualquer – designado hipótese material de incidência – deflagra uma situação de poder que permite ao seu titular realizar a tutela prevista no ordenamento jurídico. Por outra, o direito se subjetiva quando seu titular pode imediatizar a proteção dos interesses lesados pela violação da norma.

2. A DECADÊNCIA E A PRESCRIÇÃO

Na ordem natural é costume dizer que *natura non facit saltum*. Da mesma sorte, na ordem jurídica, não se conquista um direito por simples passe de mágica, sem que se cumpram determinados requisitos, ou sem que sejam seguidos todos os passos do devido procedimento constitutivo. Esta particular circunstância nos permite aludir a direitos subjetivos inconstituídos ou constituídos.

De fato, direitos existem, no ordenamento jurídico, cuja constituição decorre da prática de atos bilaterais, como a compra e venda de imóvel, envolvendo ambas as partes da relação jurídica (*v.g.*, vendedor e comprador). O direito de propriedade exsurge, por exemplo, como um direito constituído pelos respectivos contraentes, vale dizer, resultante de um ato negocial celebrado com observância de determinados requisitos legais.

Não raro, constatada uma pretensão reparatória (*v.g.*, danos decorrentes de acidente de consumo, colisão de veículo), sobrevém reconhecimento do *debitum* pelo sujeito passivo, circunstância esta que, por ausência de controvérsia, induz constituição do direito subjetivo de crédito do sujeito ativo da relação de consumo ou civil.

Recurso Especial nº 2002/0016545-3, rel. min. Carlos Alberto Menezes Direito). Da mesma sorte, o STJ, em caso de roubo de talonário durante transporte efetivado por empresa terceirizada, admitiu a responsabilidade do banco, que deve assumir todos os riscos de tal atividade (Recurso Especial nº 2004/0122983-6, rel. min. Nancy Aldrighi, *DJ* de 5.12.2005, p. 323).

[68] Em sua versão original, o projeto do Código só fazia alusão à prescrição, nos arts. 26 e 27.

Pois bem, em ambos os casos, não interessa ao Direito que se eternize a faculdade de o credor exercitar o seu direito, cabendo-lhe exigir o cumprimento da prestação positiva ou negativa. Se não o fizer, no tempo legalmente previsto, consumar-se-á a *prescrição*, assim entendida, portanto, a extinção de um direito definitivamente constituído, por inatividade do respectivo titular.

Outros direitos, no entanto, dependem da iniciativa daquele que ocupa o polo ativo da relação jurídica. Na hipótese da inércia desse partícipe, ocorre o perecimento do referido direito, e isto significa que seu postulante decaiu do direito de constituí-lo, validamente. Alude-se, na hipótese, à *decadência*, porque, em razão da inatividade, o respectivo titular deixou de constituir o respectivo direito. É o que sucede, na ordem tributária, quando a Fazenda Pública deixa escoar *in albis* o prazo legalmente previsto para apurar créditos tributários, por meio da lavratura do competente auto de infração contra o contribuinte faltoso. Da mesma sorte é o que ocorre quando o consumidor deixa de apresentar reclamação contra vício de qualidade no fornecimento de produto ou de serviço, decaindo, portanto, do direito de postular a substituição do produto, restituição imediata da quantia paga ou abatimento do preço (cf. art. 18 c/c art. 26 do CDC). Ou quando, constatado o vício e subsequente evento danoso, o consumidor deixa de ingressar com ação indenizatória contra o fornecedor do produto ou serviço, para reparação do dano (cf. art. 12 c/c o art. 27 do CDC).

A *decadência*, portanto, deve ser entendida como a extinção de direitos subjetivos que deixaram de ser constituídos pela inércia dos respectivos titulares, em determinado período de tempo.

Feitas essas observações propedêuticas, é fácil concluir que todas as hipóteses normadas pelo art. 26 do CDC – que estabelecem prazo para o consumidor apresentar reclamações por vícios aparentes ou ocultos de produtos ou serviços –, bem como pelo art. 27 – que estabelece prazo para o consumidor exigir o ressarcimento dos danos decorrentes de acidentes de consumo – são, desenganadamente, hipóteses de decadência, muito embora o Código faça referência a uma e outra.

De todo modo, a distinção, menos de essência do que de grau, se angustia no terreno terminológico, pois, em última análise, os dois institutos traduzem o mesmo fenômeno jurídico: a perda do direito pelo decurso de tempo. Ontologicamente, não há diferença entre a decadência e a prescrição, circunstância esta que nos convence de que o Código deveria se referir à *prescrição* em ambos os casos, seguindo na esteira de ensinamento da legislação civil e deixando à doutrina a árdua tarefa de estabelecer o *discrimen*.

3. DECADÊNCIA NA CONSTRUÇÃO CIVIL

Ninguém ignora que há abusos monstruosos no mercado da construção civil, causados por construtores que não cumprem o trabalho de manutenção e garantia do imóvel. Muito importa, portanto, nesta sede, fazer algumas considerações sobre o prazo decadencial para reparação dos vícios ou dos danos decorrentes da construção civil, até porque, em nosso ordenamento jurídico, a matéria pode-se oferecer sob a égide exclusiva do Código Civil (*v.g.*, nas aquisições de imóveis celebradas entre particulares), bem como sob a tutela das normas do Código de Defesa do Consumidor, complementadas pelas disposições civilísticas – como veremos *infra* –, o que se dá quando o particular adquire um imóvel construído diretamente da construtora ou incorporadora do imóvel.

Nos termos do art. 618 do novo Código Civil, a construtora (empreiteira de material e execução) responde pela solidez e segurança da obra, assim em razão dos materiais como do solo, durante o prazo de cinco anos. Por sua vez, o seu parágrafo único introduz importante

Capítulo IV · DA QUALIDADE DE PRODUTOS E SERVIÇOS

inovação ao fixar o prazo de 180 dias, contados do aparecimento de *defeito estrutural*, para o dono da obra invocar direitos reparatórios contra a construtora, sob pena de decadência.

Nos melhores do Direito, o prazo de cinco anos previsto no art. 618 do Código Civil é *cláusula de garantia*, vale dizer, de adequação do produto, com vista à solidez e segurança, e isto significa que, escoado o referido prazo – contado da concessão do "habite-se" –, a construtora não mais responde pela solidez e segurança da obra. Implica dizer que, surgindo defeito estrutural *na constância da cláusula de garantia*, o dono da obra dispõe do prazo de 180 dias para propor ação indenizatória, sob pena de decadência.

Além dos defeitos estruturais, derivados dos insumos, ou seja, dos materiais empregados, que afetam a solidez e a segurança da obra, um prédio agrega e incorpora diversos itens e componentes. Antes ou após sua ocupação, um prédio pode ostentar *vícios de qualidade aparentes* ou *ocultos* relacionados com as peças hidráulicas e sanitárias, instalações elétricas, pisos, azulejos, revestimento interno e externo, vidros, esquadrias, forros de gesso, telhados etc. Nesses casos, o prazo decadencial, previsto no art. 445 do atual Código Civil, é de um ano, contado da entrega efetiva do produto (*caput*) ou do momento em que o adquirente tiver conhecimento do vício, se somente puder ser conhecido mais tarde (§ 1º).

Feitas essas considerações, vejamos como podem ser aplicados e conjugados, em perfeita harmonia, os dispositivos do Código de Defesa do Consumidor e do Código Civil.

Em primeira aproximação, muito importa investigar se aproveita ao consumidor a cláusula de garantia de cinco anos, prevista no art. 618 do CC, para os defeitos estruturais da obra, relacionados com sua solidez e segurança. Estamos convencidos de que a referida cláusula é sistêmica, isto é, acompanha a obra desde o "habite-se" até o escoamento do respectivo prazo, quaisquer que sejam as situações jurídicas subsequentes. O consumidor, portanto, não se furtará de invocá-la e aplicá-la, para rescindir o contrato, com devolução das quantias pagas, acrescidas de perdas e danos.

A recepção desse dispositivo, haurido do Código Civil, a nosso aviso, não afasta a aplicação do disposto no art. 27 do CDC, que estabelece o prazo prescricional de cinco anos, contados do conhecimento do dano, para propor ação indenizatória por danos causados por fato do produto ou do serviço. Entenda-se, portanto, que, no curso do *prazo de garantia* de cinco anos, previsto no art. 618 do Código Civil, devem ser sanados e reparados os defeitos estruturais provocados pelos materiais ou serviços prestados na obra. Se, até o limite do referido termo de garantia, os aludidos vícios estruturais suscitarem danos, o consumidor poderá, ainda, invocar a tutela prevista no art. 27 do Código de Defesa do Consumidor. Assim sendo, somados os dois prazos – previstos no Código Civil (art. 618) e no Código de Defesa do Consumidor (art. 27) –, a responsabilidade por vícios estruturais e defeitos danosos das construções civis estende-se pelo prazo máximo de 10 anos.

Por outro lado, com relação aos *vícios não estruturais*, sem referibilidade com a solidez da obra, devem ser aplicados os dispositivos de *responsabilidade por vícios* previstos no art. 18 e segs. do Código de Defesa do Consumidor. Tratando-se de vícios ocultos – teoricamente os mais prováveis, pois a hipótese é sempre de aquisição de imóvel construído, ou seja, produto acabado – o consumidor poderá valer-se das sanções reparatórias ali previstas (substituição do produto, restituição da quantia paga ou abatimento do preço) no prazo de 90 dias contados da constatação do vício.

Em princípio, o consumidor somente pode acionar os dispositivos relativos à responsabilidade por vícios ocultos até a data-limite da garantia. Escoado o prazo de garantia de cinco anos, o construtor pode furtar-se à responsabilidade por vícios dos itens e componentes incorporados à obra, demonstrando ter-se expirado o prazo de vida útil do produto, pela ação do tempo. É intuitivo que os produtos agregados, que podem ser dissociados ou destacados

195

Art. 26 | CÓDIGO BRASILEIRO DE DEFESA DO CONSUMIDOR

sem comprometer a obra (*v.g.*, chuveiro elétrico), reclamam tratamento diverso, prevalecendo para cada item o prazo de garantia fixado pelo respectivo fornecedor.

Art. 26. O direito [1] de reclamar pelos vícios aparentes ou de fácil constatação caduca em: [2] [2-A][69]

I – trinta dias, tratando-se de fornecimento de serviço e de produtos não duráveis;

II – noventa dias, tratando-se de fornecimento de serviço e de produtos duráveis.

§ 1º Inicia-se a contagem [3] do prazo decadencial a partir da entrega efetiva do produto ou do término da execução dos serviços.

§ 2º Obstam [5] a decadência:

I – a reclamação comprovadamente formulada pelo consumidor perante o fornecedor de produtos e serviços até a resposta negativa correspondente, que deve ser transmitida de forma inequívoca;

II – Vetado – a reclamação formalizada perante os órgãos ou entidades com atribuições de defesa do consumidor, pelo prazo de noventa dias; [6]

III – a instauração de inquérito civil, até seu encerramento.

§ 3º Tratando-se de vício oculto, [4] o prazo decadencial inicia-se no momento em que ficar evidenciado o defeito.

COMENTÁRIOS

[1] ALCANCE TERMINOLÓGICO – O art. 26 disciplina a extinção do direito de reclamar por vícios aparentes ou ocultos que tornam os bens ou serviços impróprios ou inadequados ao consumo (responsabilidade por vício). Não se aplica, no entanto, aos casos indicados na Súmula 477 do STJ, que dispõe: "A decadência do art. 26 do CDC não é aplicável à prestação de contas para obter esclarecimentos sobre cobrança de taxas, tarifas e encargos bancários".

Por todo o exposto nos parágrafos anteriores, os prazos ali previstos são decadenciais, pois está em causa a extinção de direitos subjetivos em via de constituição.

Por sua vez, o art. 27 disciplina a extinção do direito de exigir a reparação pelos danos causados por fato do produto ou do serviço (responsabilidade por danos). Trata-se, mais uma vez, de prazo decadencial, visto que continua em causa a extinção de direitos subjetivos em via de constituição.

Pelas razões aduzidas, não importa que o art. 27 faça expressa menção da prescrição, pois *nomina non mutant substantiam rei*.

[2] PRAZOS DECADENCIAIS – Nos termos do art. 26, o direito de reclamar por vícios aparentes ou ocultos dos produtos ou serviços se extingue:

a) em 30 dias, tratando-se de fornecimento de serviços ou produtos não duráveis;

b) em 90 dias, tratando-se de fornecimento de serviços ou produtos duráveis.

---

[69] Item introduzido pelo revisor e coautor José Geraldo Brito Filomeno.

Capítulo IV · DA QUALIDADE DE PRODUTOS E SERVIÇOS | Art. 26

A qualificação dos produtos ou serviços como de consumo duráveis ou não duráveis envolve a sua maior ou menor durabilidade, mensurada em termos de tempo de consumo. Assim, os produtos alimentares, de vestuário e os serviços de dedetização, por exemplo, não são duráveis, ao passo que os eletrodomésticos, veículos automotores e os serviços de construção civil são duráveis.

[2-A] Insta ponderar-se nesse aspecto, outrossim, que o Código Civil Brasileiro, tanto o de 1916, como o de 2002, trata dessa matéria, ou seja, da chamada *garantia legal,* como *prescrição.*

E não se pode falar dessa chamada *garantia legal – rectius*: prescrição –, sem tecermos algumas considerações sobre a razão histórica dessa particularidade presente no Código de Defesa do Consumidor sob comento. Senão, vejamos.

Conforme dispõe o artigo 50 do Código do Consumidor, a ser comentado mais à frente: *"A garantia contratual é complementar à legal e será conferida mediante termo escrito. Parágrafo único – O termo de garantia ou equivalente deve ser padronizado e esclarecer de maneira adequada, em que consiste a mesma garantia, bem como a forma, o prazo e o lugar em que pode ser exercitada e os ônus a cargo do consumidor, devendo ser-lhe entregue, devidamente preenchido pelo fornecedor, no ato do fornecimento, acompanhado de manual de instrução, de instalação e uso de produtos em linguagem didática, com ilustrações".*

A razão para o enunciado de tais dispositivos deveu-se à existência, à luz do então vigente Código Civil de 1916, de prazo prescricional extremamente curto, ou seja, de apenas 15 dias para a discussão dos vícios redibitórios e ajuizamento da competente ação redibitória ou da *quanti minoris.*

Esses dispositivos, na verdade, deveram-se a uma conquista jurisprudencial incorporada ao estatuto consumerista.

Com efeito, lembramo-nos de quando ainda no curso de Direito da Faculdade de Direito da Universidade de São Paulo, nosso pai, advogado, ingressou em juízo em prol de um médico de nossa cidade no interior deste estado que se havia acidentado com o veículo novo, *dentro do prazo de garantia* oferecido pelo fabricante, mas quando os 15 dias já se haviam escoado.

Apurou-se que o acidente – de que resultaram a perda total do veículo, além de sérios ferimentos no condutor –, conforme perícia levada a cabo pelo prestigiado IPT – Instituto de Pesquisas Tecnológicas de São Paulo –, fora causado pelo *travamento* do eixo traseiro do carro, em decorrência de fadiga do material e sua *soldadura à roda,* fazendo com que ele girasse sobre esse eixo por duas vezes, capotasse e se imobilizasse numa ribanceira que abrigava ao fundo a linha ferroviária.

Atendendo a uma preliminar levantada pela empresa fabricante do veículo e pela concessionária-vendedora, em litisconsórcio passivo de que a ação redibitória estava prescrita pelo transcurso dos 15 dias, o juízo de primeiro grau julgou a vítima carecedora da ação.

Acabou ela vencendo a demanda no final, todavia, eis que o Tribunal de Justiça do Estado, em sede de apelação – já que, como se sabe, questão de prescrição é de mérito –, entendendo-se que, como o prazo é bastante curto, e os defeitos ou vícios costumam aparecer dentro de um prazo razoável dentro das expectativas de durabilidade dos produtos, *para efeitos, inclusive prescricionais, somam-se o prazo de 15 dias (legal) ao prazo dado como garantia (1 ano, nesse caso).*

Tanto o Juízo de primeiro grau como o Tribunal de Justiça do Estado de São Paulo, entretanto, acabaram por rejeitar a referida preliminar e ao final a ação foi julgada procedente, fixando-se a indenização por danos emergentes e lucros cessantes. A única divergência havida entre as decisões de primeira e segunda instâncias foi o provimento parcial do recurso interposto pela concessionária de veículos, excluindo-a da demanda, entendendo-se que a responsabilidade era exclusiva do fabricante.

Com efeito, entendeu-se em última análise exatamente no caso concreto relatado que:

"Se a coisa foi vendida com garantia, o prazo prescricional da ação começa a correr, não do dia da entrega, mas sim após o transcurso da garantia dada pelo vendedor da proposta de venda" (Revista dos Tribunais vol. nº 344, pág. 200, referente à Ap. Cível nº 111.729, oriunda da Comarca de Mogi Mirim, S.P., julgamento de 12-4-1962, por votação unânime, relator o desembargador Francisco Negrisollo).

No mesmo sentido:

"O prazo a que alude o § 2º do art. 178 do Código Civil, nas vendas a contento com prazo de garantia dada pelo vendedor não começa a partir da tradição e sim depois das experiências e depois de verificado o termo de garantia" (Revista dos Tribunais, vol. nº 158, pág. 324);

"O prazo prescricional para a recusa ou abatimento do preço de coisa móvel recebida com vício ou defeito oculto, começa a correr não do dia da entrega e sim após o transcurso do período de garantia dada pelo vendedor na proposta de venda. Este pode renunciar ao prazo da prescrição legal, dilatando-o, segundo assinalam os doutrinadores" (Revista dos Tribunais, vol. nº 186, pág. 100)[70].

Também a doutrina já se havia manifestado a respeito dessa particularidade em que nossa comissão elaboradora do anteprojeto do vigente Código do Consumidor se inspirou com vistas ao enunciado do mencionado art. 50.

Assim, por exemplo:

"A rescisão da venda de maquinismo dependente de experiência ou sob garantia, não está sujeita aos curtos prazos de prescrição ou decadência estabelecidos pelo Código Civil para casos de vício redibitório" (M. Filadelfo de Azevedo, Revista Forense, vol. nº 101, pág. 301).

Ou ainda:

"Quando se trata de máquinas ou aparelhos cujo estado de perfeição só pode ser aferido com o decurso de maior tempo, o prazo prescricional não pode ser levado a rigor" (Carvalho de Mendonça, *in Tratado de Direito Comercial*, vol. VI, 2ª parte, págs. 98 e 102 e Revista dos Tribunais vol. 132, pág. 572).

Não se confunda essa questão, todavia, com a chamada *garantia estendida*, artifício criado pelos vendedores de produtos de consumo duráveis que nada mais é do que um *seguro*. E quão insistentes são os solertes atendentes no sentido de impingi-lo aos consumidores.

Relevantes medidas saneadoras com vistas a apurar e coibir os abusos daí decorrentes foram adotadas pelo operoso Promotor de Justiça do Consumidor do Ministério Público do Estado de Minas Gerais, Amauri Ártimos da Matta[71].

---

[70] Cf., no mesmo sentido, R.T. 195/09 e 448/91.

[71] Cf. artigo *PROCON Vinculado ao Ministério Público: estrutura e atuação prática, in Tutela Administrativa do Consumidor*: atuação dos PROCONs, legislação, doutrina jurisprudência, obra coletiva por nós organizada, São Paulo, Atlas, 2014, págs. 171 a 230.

Capítulo IV · DA QUALIDADE DE PRODUTOS E SERVIÇOS | **Art. 26**

Ou seja, além da garantia oferecida pelo próprio fabricante, bem como da chamada *garantia legal* que será analisada no subitem seguinte, os varejistas ainda querem vender um *seguro garantia*. Em princípio, e em última análise, nada contra. Entretanto, os consumidores têm de ser devidamente informados a respeito, como é curial, e não podem ser pressionados a aceitá-la, o que constitui manifesta prática abusiva.

Ainda no que concerne ao chamado *prazo de garantia legal,* durante as discussões na comissão elaboradora do Código, foram trazidos os exemplos da União Europeia, da Grã-Bretanha e dos Estados Unidos.

Na União Europeia, por exemplo, o prazo de *garantia legal* de produtos é de 2 anos, enquanto na Grã-Bretanha é de 6 anos.

No Brasil, todavia, é de apenas 3 meses (*ex vi* do disposto no art. 26, II, do Código de Defesa do Consumidor).

Optou-se por esse prazo, em razão do forte *lobby* dos fabricantes de produtos de consumo duráveis, sob a argumentação – duvidosa – de que a indústria nacional ainda não estaria preparada para uma extensão maior desse prazo de garantia, à época ainda sob a denominação de *prazo prescricional,* com vistas a ajuizamentos de ações redibitórias ou *quanti minoris.*

Rendemo-nos àquela argumentação, todavia, sob pena de podermos perder algumas outras conquistas, sobretudo, e o que era mais importante, a chamada *responsabilidade objetiva pelo fato do produto e do serviço.*

Entretanto, restou-nos, naquele particular, a somatória da *garantia legal* e da *garantia contratual* (*i.e.,* 90 dias + prazos de garantia concedidos unilateralmente pelos fabricantes), conforme historiado no item anterior.

[3] TERMO INICIAL DE DECADÊNCIA – Diante da constatação de vícios aparentes, o prazo decadencial, referido no item anterior, inicia sua contagem a partir da entrega efetiva do produto ou do término da execução dos serviços (cf. § 1º).

Tratando-se de vícios ocultos, no entanto, conta-se o *dies a quo* a partir do momento em que ficar evidenciado o defeito (cf. § 3º).

Vício aparente, na dicção legal, é o vício de fácil constatação (*v.g.,* o produto farmacêutico ou alimentar visivelmente deteriorado, alterado, adulterado ou com prazo de validade vencido, bem como o eletrodoméstico que é entregue ao consumidor com avarias e defeitos visíveis). Vício oculto, *a contrario sensu,* é aquele que não se visualiza de pronto e, portanto, de difícil constatação (*v.g.,* o defeito no sistema elétrico de qualquer aparelho ou máquina industrial).

[4] VÍCIOS OCULTOS E DECADÊNCIA – Tratando-se de vício oculto, o prazo decadencial inicia sua contagem a partir do momento em que ficar evidenciado o defeito.

Quid juris se o vício somente se exteriorizar na fase mais avançada do consumo, após o término do prazo de garantia contratual?

Para responder a essa indagação, é preciso ter presente que o consumo de produto ou serviço passa por uma *fase de preservação,* em que se busca manter sua indenidade, ou seja, a incolumidade do bem ou do serviço colocado no mercado de consumo. Esse período de tempo costuma ser mensurado pelo prazo contratual de garantia. Portanto, é o próprio fornecedor quem determina o tempo de duração do termo de garantia, variável segundo a natureza do bem ou serviço.

199

Art. 26 | CÓDIGO BRASILEIRO DE DEFESA DO CONSUMIDOR

A fase subsequente é de conservação do produto ou serviço, pois, em função de sua degradação, passa a ser consumido sem garantia contratual do respectivo fornecedor, cumprindo ao consumidor arcar com os respectivos custos.

Feitas essas considerações, já podemos responder à indagação *supra*. Se o vício se manifestar no curso do prazo de garantia, durante a fase de preservação, subsequente à aquisição, o consumidor poderá fazer uso das alternativas previstas nos incs. I, II e III do art. 18, com observância dos prazos de caducidade de 30 ou 90 dias.

No entanto, se o vício oculto se manifestar após o término do prazo de garantia contratual, na fase de conservação do produto ou serviço, que corresponde à degradação do consumo, o fornecedor não poderá ser compelido a substituir o produto defeituoso, restituir a quantia paga ou reduzir proporcionalmente o preço, por se tratar de matéria preclusa.

Significa dizer que a data-limite para efeito de exoneração da responsabilidade do fornecedor coincide com a data-limite da garantia legal ou contratual, e isso tem uma explicação muito simples: não se pode eternizar a responsabilidade do fornecedor por vícios ocultos dos produtos ou serviços.

Por último, muito importa considerar que os vícios ocultos são próprios dos *produtos agregados*, assim entendidos aqueles resultantes de processos de industrialização, *rectius* montagem, mas passíveis de dissociação dos respectivos componentes (*v.g.*, veículos, produtos eletrodomésticos etc.).

Tendo presente que os produtos agregados são fornecidos ao consumidor com *garantia legal de adequação,* dispondo o fornecedor do prazo de 30 dias (art. 18 do CDC) para saneamento das partes viciadas, resta saber como compatibilizar essa garantia com o acesso do consumidor à reparação dos vícios prevista no § 1º do referido artigo, sem perder de vista que tais produtos costumam ser fornecidos com cláusula de *garantia contratual* de saneamento dos vícios, nos exatos termos do art. 50 do CDC.

Nesta hipótese, o consumidor terá, sucessivamente, duas alternativas:

- em primeira intenção, exigir do fornecedor o cumprimento da adequação do produto (substituição das peças avariadas) até a data-limite da garantia legal (30 dias) ou, se for o caso, daquela contratualmente pactuada;
- em segunda intenção, em razão da extensão do vício, exercitar os direitos alternativos previstos no art. 18, § 1º (substituição do produto, restituição da quantia paga ou abatimento do preço), no prazo de 90 dias, contados da constatação do vício oculto até a data-limite da garantia legal ou contratual, sob pena de decadência.

A Diretiva nº 374/85 da Comunidade Econômica Europeia propõe que seja estabelecido um *dies a quo*, a partir da introdução do produto ou serviço no mercado de consumo, para efeitos de liberação da responsabilidade dos fornecedores.

Diante da diversidade da impossibilidade de criar critérios uniformes de validade, o CDC preferiu deixar esta matéria a cargo de normativa abrangente dos diversos itens, uma verdadeira *tipologia das imperfeições*. Enquanto essa normativa não vem, muito importa levar em conta os *prazos de garantia contratual* fixados pelos fornecedores do produto ou serviço. Vencido o referido prazo, há uma presunção, *juris tantum*, de que o produto encontra-se em fase de degradação, pois já se escoou sua vida útil. Entendo que essa presunção é *juris tantum* porque não se pode excluir da apreciação do Poder Judiciário nenhuma lesão de direito individual, cumprindo-lhe aferir a valia e a extensão do termo de garantia previsto no art. 50

do CDC, tendo em vista o binômio desgaste/ação do tempo relativo ao produto lançado no mercado de consumo.

[5] CAUSAS OBSTATIVAS – Nos termos do § 2º do art. 26 obstam a decadência, a reclamação formulada pelo consumidor até a resposta negativa do fornecedor, bem como a instauração de inquérito civil a cargo do Ministério Público, até seu encerramento.

Resta saber se esses dois eventos, que o Código qualifica como obstativos da decadência, têm efeitos suspensivos ou interruptivos do seu curso.

Causas suspensivas são aquelas que sobrevêm e paralisam o tempo decorrido *si et in quantum*, isto é, enquanto perduram os seus efeitos. Terminada a suspensão, o prazo retoma o seu curso, com aproveitamento do tempo anteriormente decorrido.

Pelo contrário, as causas interruptivas, quando se instalam, inutilizam todo o tempo anteriormente decorrido, de tal sorte que, verificado o evento interruptivo, a decadência recomeça a fluir, a partir dessa data (cf. art. 202, parágrafo único, do Código Civil).

Ora, se a reclamação ou o inquérito civil paralisam o curso decadencial durante um lapso de tempo (até a resposta negativa ou o encerramento do inquérito), parece intuitivo que o propósito do legislador não foi interromper, mas suspender o curso decadencial. Do contrário, não teria estabelecido um hiato, com previsão de um termo final (*dies a quo*), mas, simplesmente, um ato interruptivo.

Assim sendo, exaurido o intervalo obstativo, vale dizer, suspensivo, a decadência retoma o seu curso até completar o prazo de 30 ou 90 dias, legalmente previsto.

[6] INTELIGÊNCIA DO VETO – Nos termos do veto presidencial, "o dispositivo ameaça a estabilidade das relações jurídicas, pois atribui a entidade privada função reservada, por sua própria natureza, aos agentes públicos (*e.g.*, Código Civil, art. 202 e Código de Processo Civil, art. 219, § 1º)".

Mais uma vez, assiste razão ao presidente da República no que tange às reclamações formalizadas perante as entidades privadas. Sem embargo, inatingida pelo veto presidencial remanesce a causa obstativa da reclamação formalizada perante os órgãos públicos de defesa do consumidor, que, naturalmente, será levada em consideração pelos aplicadores da norma, principalmente por aqueles que, ao literalismo jurídico, dão preferência à pesquisa da *mens legis*.[72]

> **Art. 27**. Prescreve em cinco anos a pretensão à reparação pelos danos [1] causados por fato do produto ou do serviço prevista na Seção II deste Capítulo, iniciando-se a contagem do prazo a partir do conhecimento do dano e de sua autoria.
>
> Parágrafo único. Vetado – Interrompe-se o prazo de prescrição [2] do direito de indenização pelo fato do produto ou serviço nas hipóteses previstas no § 1º do artigo anterior, sem prejuízo de outras disposições legais.

---

[72] Recente decisão da 3ª Turma do STJ considera que eventual denúncia ofertada pelo consumidor junto ao PROCON não tem o condão de obstar o curso da decadência (cf. verbete nº 12.858, ano 1997, *in Repertório de Jurisprudência da IOB*).

Art. 27 | CÓDIGO BRASILEIRO DE DEFESA DO CONSUMIDOR

COMENTÁRIOS

[1] RESPONSABILIDADE POR DANOS E PRESCRIÇÃO – Nessa passagem, o Código disciplina a prescrição nos casos de responsabilidade por danos, vale dizer, nos acidentes causados por defeitos dos produtos ou serviços.[73]

A hipótese, da mesma sorte, é de decadência, pois trata do perecimento de direitos subjetivos em via de constituição. De todo modo, o dispositivo não merece, sob este aspecto, nenhuma censura. O vocábulo prescrição, segundo a tradição do nosso Direito, deve ser utilizado sempre que se fizer referência à extinção de direitos subjetivos, de qualquer natureza (cf. comentários ao artigo anterior).

O prazo extintivo é de cinco anos, contados da data do conhecimento do dano e de sua autoria.[74]

Explica-se a inclusão do requisito da autoria além do conhecimento do dano: pode ocorrer que o consumidor – ou qualquer vítima do evento – tenha perfeito conhecimento do dano, mas ignore a quem deva atribuir a respectiva autoria, ou seja, a responsabilidade pelo evento.

---

[73] Não raro, a tipificação do lapso decadencial ou prescricional não é tão simples quanto possa parecer. Recentemente, o STJ, pela sua 3ª Turma, decidiu que "a ação de indenização pela falta de entrega dos ingressos para o final da Copa do Mundo, incluídos no pacote turístico comprado pelos autores, está subordinada ao prazo de cinco anos previsto no art. 27 do CDC, e não ao do art. 26 do mesmo Código". A Colenda Corte decidiu com inegável acerto, pois o que está em causa é o prejuízo suscitado pela falta de entrega dos ingressos, e não o vício na prestação do serviço (Recurso Especial nº 435.830/RJ; Recurso Especial nº 2002/0060018-3, rel. min. Carlos Alberto Menezes Direito). Em outro julgado em que se discutia a inexecução dos serviços prometidos em "pacote turístico", a mesma Corte afastou o prazo decadencial de 30 dias previsto no art. 26, I, acolhendo o prazo prescricional de cinco anos, porque "a pretensão indenizatória não está fundada na responsabilidade por vícios de qualidade do serviço prestado, mas na responsabilidade contratual decorrente do inadimplemento absoluto, evidenciado pela não prestação do serviço que fora avençado no pacote turístico" (Recurso Especial nº 278.893/DF; Recurso Especial nº 2000/0096440-9, rel. min. Nancy Andrighi). O STJ, no Recurso Especial nº 2003/0153761-7, no julgado em que foi relator o min. Jorge Scartezzini, decidiu que "o defeito relativo à falha na segurança, de caso em que o produto traz um vício intrínseco que potencializa um acidente de consumo, sujeitando o consumidor a um perigo iminente (defeito na mangueira de alimentação de combustível do veículo, propiciando vazamento causador do incêndio)", enseja a aplicação da regra do art. 27, máxime tendo presente o antecedente do recall feito pelo fornecedor para substituição da mangueira. Caso interessante é relatado no Recurso Especial nº 2003/0020946-4, rel. min. Aldir Passarinho: as listas telefônicas foram acionadas por terem publicado erroneamente o número da pizzaria anunciante, causando-lhe desgaste de imagem, pois seus clientes foram destratados pelo assinante: a 4ª Turma entendeu que se aplica à espécie o prazo prescricional de cinco anos. Por último, a mesma Turma considerou inaplicável o prazo quinquenal em caso de recusa da empresa seguradora ao pagamento da indenização contratada, aplicando à espécie o prazo de um ano previsto no art. 202, § 1º, II do atual Código Civil, por não se enquadrar a espécie no conceito de "dano causado por fato do produto ou do serviço", segundo exegese uniformizadora do STJ.

[74] O intérprete precisa ficar atento para a ocorrência de relação de consumo e subsequente dano. O STJ decidiu com acerto que, "em caso de recusa da empresa seguradora ao pagamento da indenização contratada, o prazo prescricional da ação que a reclama é o de um ano, nos termos do art. 206, § 1º, II, do Código Civil", recusando aplicação da prescrição quinquenal prevista no dispositivo (Recurso Especial nº 146.186/RJ; Recurso Especial nº 1997/0060670-8, rel. min. Ari Pargendler). No mesmo sentido, Recurso Especial nº 132.357; Recurso Especial nº 1997/0034453-3, rel. min. Barros Monteiro. Por sua vez, o mesmo Tribunal reconheceu a prevalência da relação de consumo e a aplicação do dispositivo em caso de ação de indenização decorrente de dano causado em mercadoria durante o transporte marítimo (Recurso Especial nº 286.441/RS; Recurso Especial nº 2000/0115400-1, rel. min. Carlos Alberto Menezes Direito). Da mesma sorte, a 3ª Turma do STJ entendeu que a ação de reparação por danos devidos do tabagismo prescreve em cinco anos contados do conhecimento do dano e da autoria, nada importando a continuidade da lesão (Recurso Especial nº 2001/0020513-5, rel. min. Humberto Gomes de Barros, *DJ* de 22.8.2005, p. 259).

Suponhamos, por exemplo, que um medicamento ainda indeterminado tenha dado causa a acidente de consumo. O prazo prescricional somente inicia sua contagem após o conhecimento da autoria do dano, ou seja, após a identificação do laboratório responsável pela fabricação do medicamento nocivo à saúde.

Não se pode receber, sem *granum salis*, o preceito normativo contido no art. 27 do CDC. A jurisprudência de nossos tribunais tem dado curso a entendimento que só merece aplausos, pelo seu alcance e significado social. O min. Aldir Passarinho foi relator de acórdão do Superior Tribunal de Justiça que muito honra a magistratura, pois muda o eixo das discussões e amplia o prazo prescricional nos casos de responsabilidade por danos físicos, com morte de passageiros, aplicando à espécie o prazo vintenário previsto no Código Civil (decenário, após o advento da nova codificação).[75]

[2] SUSPENSÃO DA PRESCRIÇÃO – Ao expor as razões do veto, o presidente da República entendeu que "essa disposição padece de grave defeito de formulação, que impossibilita o seu entendimento, uma vez que o § 1º do art. 26 refere-se ao termo inicial dos prazos de decadência, nada dispondo sobre interrupção da prescrição".

A nosso aviso, as razões de veto devem ser desconsideradas, pois houve, mais uma vez, um equívoco remissivo no parágrafo único, que se remete às hipóteses previstas no § 1º quando pretendia se referir às hipóteses previstas no § 2º do mesmo artigo, e, então, não padeceria no indigitado vício de formulação.

Entenda-se, portanto, que a reclamação formulada perante o fornecedor, bem como a instauração de inquérito civil (previstas no § 2º do art. 26), alinham-se entre as causas suspensivas da prescrição nas ações que envolvem a responsabilidade civil por danos causados aos consumidores.

Seção V
Da desconsideração da personalidade jurídica

1. ANTECEDENTES DOUTRINÁRIOS

De elaboração recente, a desconsideração da personalidade jurídica é uma das mais expressivas tendências experimentadas pelo Direito.

A sistematização do tema deve-se aos estudos desenvolvidos por Rolf Serick, em monografia com a qual concorreu pela docência da Universidade de Tübingen, na década de 1950, divulgada no Brasil pelo prof. Rubens Requião no trabalho "Disregard doctrine", publicado

---

[75] Da ementa colhe-se que: "por defeito de serviço, na previsão do art. 14, § 1º, incs. I a III, do CDC, há que se entender, no caso de transporte de passageiros, aquele inerente ao curso comum da atividade comercial, em tal situação não se compreendendo acidente que vitima fatalmente passageiros de coletivo, uma vez que constitui circunstância extraordinária, alheia à expectativa dos contratantes, inserindo-se no campo da responsabilidade civil..." (cf. Recurso Especial nº 330.288/SP; Recurso Especial nº 2001/0082051-8). No mesmo sentido, Recurso Especial nº 280.473/RJ; Recurso Especial nº 2000/0099787-0. Mais explícito ainda, outro acórdão da mesma Turma do STJ sustenta que "o prazo prescricional é o vintenário contemplado no Código Civil, eis que não foi o exercício da atividade da transportadora que determinou o dano, mas o *ato culposo de seu preposto*" (grifo nosso; in Recurso Especial nº 327.718/RJ; Recurso Especial nº 2001/00570038-6). Como quem quer as vantagens deve suportar os ônus, ao deslocar o eixo da incidência normativa para o campo civilístico, a responsabilidade do prestador de serviços deixa de ser objetiva, dependendo da apuração do elemento culpa do preposto.

pela *Revista dos Tribunais* no ano de 1969.[76] O prof. Serick considera que "a jurisprudência há de enfrentar-se continuamente com os casos extremos em que resulta necessário averiguar quando pode prescindir-se da estrutura formal da pessoa jurídica para que a decisão penetre até o seu próprio substrato e afete especialmente a seus membros".[77] O trabalho de Serick, por sua vez, tomou como ponto de partida a doutrina desenvolvida a partir dos julgados dos tribunais norte-americanos, conhecida pela designação *disregard of legal entity*, com exata correspondência à doutrina da penetração, de inspiração jurisprudencial germânica.

Como bem observa Rubens Requião, sempre que a personalidade jurídica for utilizada como anteparo da fraude e do abuso de direito, é justo indagar se os juízes devem fechar os olhos diante dessa circunstância:

> "Ora, diante do abuso de direito e da fraude no uso da personalidade jurídica, o juiz brasileiro tem o direito de indagar, em seu livre convencimento, se há de consagrar a fraude ou o abuso de direito, ou se deva desprezar a personalidade jurídica, para, penetrando em seu âmago, alcançar as pessoas e bens que dentro dela se escondem para fins ilícitos ou abusivos."[78]

No campo doutrinário ainda, não se pode perder de vista a notável contribuição de Piero Verrucoli, da Universidade de Pisa, para quem a personalização jurídica configura um privilégio para os seus integrantes (sócios), devendo se sujeitar aos mecanismos de controle colocados à disposição do Direito para reagir contra as situações abusivas, via desconsideração da personalidade jurídica.[79]

No Brasil, os trabalhos publicados por Lamartine Corrêa[80] e Fábio Ulhoa Coelho, em bem elaborada monografia,[81] são de consulta obrigatória.

2. ANTECEDENTES LEGISLATIVOS

As propostas de introdução da teoria da desconsideração na legislação nacional têm enfrentado muitas resistências.

A Comissão Revisora do Código Civil, presidida por Miguel Reale, cedendo às instâncias de Rubens Requião, chegou a acolher o instituto, posto que totalmente desfigurado.[82]

O art. 48 do Anteprojeto mereceu severas críticas de Rubens Requião, que chegou a oferecer uma proposta de redação.

A proposta, no entanto, mereceu também a pecha de insatisfatória, pois – como observou argutamente Lamartine Corrêa – fazia menção à desconsideração da personalidade jurídica, como mecanismo de tutela por débito particular do sócio que transfere seus bens à sociedade,

---

[76] Cf. *RT*, vol. 410, ps. 12-24.

[77] Cf. *RT*, cit., p. 14.

[78] *Op. et loc. cits.*

[79] Cf. *Il superamento della personalità giuridica delle società di capitali nella common law e nella civil law*, Milão, Giuffrè, 1964.

[80] Cf. Lamartine Corrêa de Oliveira, *A dupla crise da pessoa jurídica*, São Paulo, Saraiva, 1979.

[81] Cf. Fábio Ulhoa Coelho, *Desconsideração da personalidade jurídica*, São Paulo, RT, 1989.

[82] O art. 48 do Anteprojeto do CC tinha a seguinte redação: "A pessoa jurídica não pode ser desviada dos fins estabelecidos no ato constitutivo, para servir de instrumento ou cobertura à prática de atos ilícitos, ou abusivos, caso em que poderá o juiz, a requerimento de qualquer dos sócios ou do Ministério Público, decretar a exclusão do sócio responsável, ou, tais sejam as circunstâncias, a dissolução da sociedade". Como se decalca, o dispositivo é inócuo, pois não prevê a sanção típica da desconsideração da personalidade jurídica.

e não em sua usual modalidade, que prevê um débito da sociedade e a aplicação da *disregard doctrine* para alcançar os bens pessoais do sócio.

O instituto acabou por ser acolhido pelo art. 50 do Código Civil de 2002, nos seguintes termos:

"Art. 50. Em caso de abuso da personalidade jurídica, caracterizado pelo desvio de finalidade ou pela confusão patrimonial, pode o juiz, a requerimento da parte, ou do Ministério Público quando lhe couber intervir no processo, desconsiderá-la para que os efeitos de certas e determinadas relações de obrigações sejam estendidos aos bens particulares de administradores ou de sócios da pessoa jurídica beneficiados direta ou indiretamente pelo abuso.

§ 1º Para os fins do disposto neste artigo, desvio de finalidade é a utilização da pessoa jurídica com o propósito de lesar credores e para a prática de atos ilícitos de qualquer natureza.

§ 2º Entende-se por confusão patrimonial a ausência de separação de fato entre os patrimônios, caracterizada por:

I – cumprimento repetitivo pela sociedade de obrigações do sócio ou do administrador ou vice-versa;

II – transferência de ativos ou de passivos sem efetivas contraprestações, exceto os de valor proporcionalmente insignificante; e

III – outros atos de descumprimento da autonomia patrimonial.

§ 3º O disposto no *caput* e nos §§ 1º e 2º deste artigo também se aplica à extensão das obrigações de sócios ou de administradores à pessoa jurídica.

§ 4º A mera existência de grupo econômico sem a presença dos requisitos de que trata o *caput* deste artigo não autoriza a desconsideração da personalidade da pessoa jurídica.

§ 5º Não constitui desvio de finalidade a mera expansão ou a alteração da finalidade original da atividade econômica específica da pessoa jurídica."

A antiga Lei das Sociedades Anônimas (Decreto-lei nº 2.627, de 1940) individualiza a responsabilidade dos seus administradores quando agem com dolo, culpa ou com violação da lei ou dos estatutos (cf. art. 121). Por sua vez, o art. 158 do atual diploma das sociedades anônimas (Lei nº 6.404, de 15.12.76) dispõe, da mesma sorte, que o administrador responde civilmente pelos prejuízos que causar na gestão da empresa, quando proceder com culpa ou dolo, ou com violação da lei ou do estatuto.

Ainda que timidamente, portanto, a doutrina da desconsideração da personalidade jurídica conquistava sua base legislativa.

Logo após, foi a vez de o Direito Tributário reclamar maior rigor do legislador no combate às manobras fraudulentas perpetradas pelos administradores na condução das empresas.

O art. 135 do Código Tributário Nacional buscou equacionar o tema, pessoalizando a responsabilidade dos administradores – quer se trate de diretores de sociedade anônima, sócios-gerentes de limitadas ou gerentes de sociedades de pessoas jurídicas de Direito Privado (inc. III) – "nas obrigações tributárias resultantes de atos praticados com excesso de poderes ou infração de lei, contrato social ou estatutos".

3. CONSIDERAÇÕES FINAIS

De todo o exposto, o que se verifica é a tendência cada vez mais frequente, em nosso Direito, de desfazer o mito da intangibilidade dessa ficção conhecida como pessoa jurídica – exacerbada, ultimamente, pela personificação das sociedades unipessoais – sempre que for usada para acobertar a fraude à lei ou o abuso das formas jurídicas.

Art. 28 | CÓDIGO BRASILEIRO DE DEFESA DO CONSUMIDOR

Ao acolher em suas disposições os postulados da *disregard doctrine*, o Código de Defesa do Consumidor outra coisa não fez senão seguir os passos dessa tendência, rompendo com o esquema rígido da autonomia patrimonial das sociedades personalizadas.[83]

No plano filosófico, filia-se às vertentes substancialistas da Escola do Direito Livre, filha dileta de Herman Kantorowics, bem como aos métodos interpretativos da Jurisprudência de Interesses (*Interessenjurisprudenz*) propostos por Philip Heck. Aquela, conclamando o aplicador da norma a se libertar do jugo das amarras legislativas, decidindo em conformidade com os reclamos sociais; esta, respeitando o Direito legislado, mas, de todo modo, concitando os julgadores a não assumir uma postura meramente cognoscitiva da normatividade posta – como sugere a Dogmática Jurídica e seu último rebento, a Jurisprudência de Conceitos (*Begriffsjurisprudenz*) –, mas, a um só tempo, crítica e sobretudo criativa, diante da concretude dos interesses opostos.

Art. 28. O juiz poderá [3] desconsiderar [1] a personalidade jurídica da sociedade quando, em detrimento do consumidor, houver abuso de direito, excesso de poder, infração da lei, fato ou ato ilícito ou violação dos estatutos ou contrato social. A desconsideração também será efetivada quando houver falência [2], estado de insolvência, encerramento ou inatividade da pessoa jurídica provocados por má administração.

§ 1º Vetado – A pedido da parte interessada, o juiz determinará que a efetivação da responsabilidade da pessoa jurídica recaia sobre o acionista controlador, o sócio majoritário, os sócios-gerentes, os administradores societários e, no caso de grupo societário, as sociedades que o integram. [4]

§ 2º As sociedades integrantes [5] dos grupos societários e as sociedades controladas são subsidiariamente responsáveis pelas obrigações decorrentes deste Código.

§ 3º As sociedades consorciadas [6] são solidariamente responsáveis pelas obrigações decorrentes deste Código.

§ 4º As sociedades coligadas [7] só responderão por culpa.

§ 5º Também poderá ser desconsiderada [8] a pessoa jurídica sempre que sua personalidade for, de alguma forma, obstáculo ao ressarcimento de prejuízos causados aos consumidores.

COMENTÁRIOS

[1] HIPÓTESES MATERIAIS DE INCIDÊNCIA – O art. 28 reproduz todas as hipóteses materiais de incidência que fundamentam a aplicação da *disregard doctrine* às pessoas jurídicas, a saber: abuso de direito, excesso de poder, infração da lei, fato ou ato ilícito e violação dos estatutos ou contrato social.

---

[83] Nessa passagem, a Comissão Redatora cedeu aos argumentos expendidos por Paulo Salvador Frontini, autor de bem elaborado trabalho em que analisa o tema (cf. "Sociedade comercial ou civil entre cônjuges: inexistência, validade, nulidade, anulabilidade ou desconsideração desse negócio jurídico", *in RDM* 43/57 ou *Justitia* 118/211).

O dispositivo protege amplamente o consumidor, assegurando-lhe livre acesso aos bens patrimoniais dos administradores sempre que o direito subjetivo de crédito resultar de quaisquer das práticas abusivas elencadas no dispositivo.

[2] PRESSUPOSTOS INÉDITOS – Sem embargo, adiciona outros pressupostos que primam pelo ineditismo, tais como a falência, insolvência ou encerramento das atividades das pessoas jurídicas, "provocados por má administração".

O texto introduz uma novidade, pois é a primeira vez que o Direito legislado acolhe a teoria da desconsideração sem levar em conta a configuração da fraude ou do abuso de direito. De fato, o dispositivo pode ser aplicado pelo juiz se o fornecedor (em razão da má administração, pura e simplesmente) encerrar suas atividades como pessoa jurídica.

Muito oportunos e pertinentes, neste particular, os comentários de Fábio Ulhoa Coelho:

"Finalmente, não se deve esquecer das hipóteses em que a desconsideração da autonomia da pessoa jurídica prescinde da ocorrência da fraude ou de abuso de direito. Somente diante do texto expresso da lei poderá o juiz ignorar a autonomia da pessoa jurídica, sem indagar da sua utilização com fraude ou abuso de direito."[84]

[3] FACULDADE DO JUIZ – Em linha de coerência com os postulados da Escola de Direito Livre e da Jurisprudência de Interesses (*Interessenjurisprudenz*) – ao proclamar que a tarefa do juiz não é puramente cognoscitiva, muito menos mecânica, mas valorativa dos interesses em conflito, além de criativa de novas normas –, o dispositivo teve o cuidado de autorizar a aplicação da desconsideração como faculdade do juiz, a cujo prudente arbítrio confiou o exame preliminar e a aferição dos pressupostos, para concessão da medida extrema.

[4] LEGITIMIDADE PASSIVA – Desconsiderada a pessoa jurídica do fornecedor, quem deverá ser responsabilizado pela reparação dos vícios ou pelo ressarcimento dos prejuízos causados ao consumidor?

O § 1º do art. 28 – vetado pelo presidente da República – dispõe que "a pedido da parte interessada o juiz determinará que a efetivação da responsabilidade da pessoa jurídica recaia sobre o acionista controlador, o sócio majoritário, os sócios-gerentes, os administradores societários e, no caso de grupo societário, as sociedades que o integram".

Nas razões de veto encaminhadas ao presidente do Senado Federal, o presidente da República considera que "o *caput* do art. 28 já contém todos os elementos necessários à aplicação da desconsideração da personalidade jurídica, que constitui, conforme doutrina amplamente dominante no Direito pátrio e alienígena, técnica excepcional de repressão a práticas abusivas".

De sua leitura se infere que, por um equívoco remissivo, o veto recaiu sobre o § 1º quando, de modo coerente, deveria versar seu § 5º, que – desprezando os pressupostos da fraude e do abuso de direito previstos no *caput* do art. 28 – desconsidera a pessoa jurídica *sempre que sua personalidade for, de alguma forma, obstáculo ao ressarcimento de prejuízos causados aos consumidores*.

De fato, não há referibilidade alguma entre as razões de veto e a disposição contida no parágrafo vetado, que se limita a indicar quais administradores deverão ser pessoalmente responsabilizados na hipótese de acolhimento da *desconsideração*.

De todo modo, até por razões didáticas e metodológicas, o dispositivo vetado deve ser invocado pelas partes interessadas e utilizado pelo aplicador da norma, para deslinde das questões de legitimidade passiva.

---

[84] Cf. *Desconsideração da personalidade jurídica*, cit., p. 63.

Art. 28 | CÓDIGO BRASILEIRO DE DEFESA DO CONSUMIDOR

[5] AGRUPAMENTOS SOCIETÁRIOS – Por sua vez, os §§ 2º, 3º e 4º do art. 28 disciplinam a responsabilidade solidária – em via principal ou subsidiária – das sociedades componentes dos grupos societários, bem como das sociedades consorciadas e coligadas.

No plano sistemático, todos eles padecem do vício de pertinência, pois estão sediados nos limites incidentais da Seção V, relativa à desconsideração da personalidade jurídica, quando, em verdade, estariam mais bem situados na Seção III, relativa à responsabilidade por vício do produto ou serviço.

De todo modo, devemos considerar que o grupo de sociedades é constituído pela sociedade controladora e suas controladas, ou seja, por sociedades que detêm o controle acionário, ditas sociedades de comando, e por suas filiadas, sendo certo que, nos termos do art. 243, § 1º, da Lei nº 6.404/76, com a nova redação dada pela Lei nº 11.941/2009: "São coligadas as sociedades nas quais a investidora tenha influência significativa".

Pois bem, nos termos do § 2º, diante da manifesta insuficiência dos bens que compõem o patrimônio de quaisquer das sociedades componentes – quer se trate de sociedade de comando ou filiadas –, o consumidor lesado poderá prosseguir na cobrança contra as demais integrantes, em via subsidiária.[85]

[6] SOCIEDADES CONSORCIADAS – O § 3º, por sua vez, disciplina a responsabilidade das sociedades consorciadas.

O consórcio, nos termos do art. 278 e segs. da Lei das Sociedades Anônimas, é mera reunião de sociedades que se agrupam para executar um determinado empreendimento. O consórcio não tem personalidade jurídica e, em princípio, as consorciadas somente se obrigam em nome próprio, sem previsão de solidariedade (cf. § 1º do referido diploma).

O § 3º do art. 28 derrogou expressamente essa disposição da lei comercial, criando, nas relações de consumo, um vínculo de solidariedade entre as empresas consorciadas, em benefício do consumidor.

[7] SOCIEDADES COLIGADAS – Por último, o § 4º regula a responsabilidade das sociedades coligadas.

Estas, nos exatos termos do § 1º do art. 243 da Lei das Sociedades Anônimas, se associam a outras, nas quais a investidora tenha influência significativa, mas não chegam a exercer o respectivo controle acionário.

Tratando-se de sociedades que se associam a outras, mas que conservam a respectiva autonomia patrimonial e administrativa, o Código somente admite sua responsabilidade na ocorrência de culpa, vale dizer, em caráter excepcional, quando ficar demonstrado que participaram do evento danoso ou incorreram em vício de qualidade ou quantidade por negligência ou imprudência.

[8] REEXAME DO § 5º – Dando fecho aos comentários desta seção, resta reexaminar o disposto no § 5º do art. 28, tendo em vista as razões de veto opostas pelo presidente da República ao seu § 1º. Remetendo-nos aos argumentos de fundo aduzidos no subtítulo "Legitimidade Passiva" (cf. item 4 *retro*), e considerando que houve um "equívoco remissivo de redação", pois as razões de veto foram direcionadas ao § 5º do art. 28, cumpre-nos reexaminá-lo

---

[85] Cf. REsp nº 1.021.987, 4ª Turma do STJ, rel. Min. Fernando Gonçalves, *DJe* de 9.2.2009, com a seguinte ementa: "Recurso especial. Responsabilidade civil. Antecipação de tutela. Retirada de página da rede mundial de computadores. Conteúdo ofensivo à honra e à imagem. Alegada responsabilidade da sociedade controladora, de origem estrangeira. Possibilidade da ordem ser cumprida pela empresa nacional".

à luz de recente decisão do STJ, prolatada no REsp nº 279.273-SP, em que o citado parágrafo foi amplamente debatido.

Em Ação Civil Pública proposta pelo Ministério Público paulista para reparar os danos materiais e morais causados aos frequentadores de *shopping* da cidade de Osasco, cujo teto, em razão do vazamento de gás, veio abaixo vitimando cerca de 300 frequentadores, discutia-se se a ação poderia ser proposta contra a pessoa jurídica do estabelecimento, em litisconsórcio passivo com as pessoas físicas dos respectivos sócios.

Os Ministros Ari Pargendler e Menezes Direito votaram pela exclusão dos sócios do polo passivo. O primeiro sustentou que a desconsideração da personalidade jurídica só cabe quando houver abuso de direito, excesso de poder, ato ilícito, havendo necessidade de dilação probatória. Quanto à disposição do § 5º, sustentou que *"não há incidência do § 5º do art. 28, caput, porque na técnica de interpretação, o parágrafo não tem autonomia, subordinando-se aos limites do caput"*.

Por sua vez, o Min. Carlos Alberto Menezes Direito, na mesma linha de raciocínio, negou autonomia ao parágrafo e conheceu do recurso especial para afastar a aplicação do instituto da desconsideração às pessoas dos sócios. Aduziu ainda que a expressão *"de alguma forma", constante do § 5º, na linha mestra da doutrina, deve ser interpretada para evitar que o devedor, por manobra ilícita, escape da obrigação de pagar o que é devido"*.

Em sentido diametralmente oposto, os ministros Nancy Andrighi e Antonio de Pádua Ribeiro declararam votos divergentes, concluindo pela autonomia do § 5º e, por via de consequência, pela inclusão dos sócios no polo passivo da ação. Para a Min. Nancy Andrighi, a melhor interpretação é aquela que dissocia o requisito da má administração dos sócios administradores, *"isso porque, no parágrafo 5º, expressamente, o legislador estendeu a possibilidade de desconsideração da personalidade jurídica por outras razões, sem enumerá-las, taxativamente, sendo o suficiente que causem obstáculo ao ressarcimento de prejuízos causados aos consumidores."*

De sua parte, o Min. Pádua Ribeiro, na esteira do pensamento da Min. Nancy Andrighi, fortaleceu a divergência ao considerar que o § 5º do art. 28 é independente do *caput*, concluindo que *"pode o julgador desconsiderar a pessoa jurídica quando sua personalidade constituir obstáculo ao ressarcimento dos consumidores lesados"*.

Por último, o Min. Castro Filho desempatou a divergência emprestando sua adesão aos votos de Nancy Andrighi e Pádua Ribeiro, sob diversos argumentos. Fazendo alusão ao "equívoco remissivo" que fez recair o veto sobre o § 1º quando deveria ter recaído sobre o § 5º, aduziu que o argumento não se compadece com nosso direito positivado "no qual a lei vale por aquilo que está escrito". Reportou-se, no mais, às primeiras edições dos presentes Comentários quando sustentamos que, a prevalecer a plena vigência do § 5º, *"é a primeira vez que o Direito legislado acolhe a teoria da desconsideração sem levar em conta a configuração da fraude ou do abuso de direito"*.[86]

Aduziu, ainda, que sob o aspecto subjetivo da culpa, os sócios foram negligentes, "pois deixaram de promover medidas suficientes e necessárias para detectar o vazamento do gás, antes que adviesse a tragédia", resultando dessa conduta ilícita a responsabilidade a que aludem o art. 186 do novo CC que sucedeu, com maior amplitude, o art. 159 do antigo CC.[87]

---

[86] Cf. Zelmo Denari et alii, *Código de Defesa do Consumidor*, Rio de Janeiro, 7ª ed., Forense Universitária, 2001, p. 212.

[87] A doutrina escancara essa divergência interpretativa. Para Fábio Ulhoa Canto, o § 5º não pode ser interpretado com amplitude tal que torne letra morta o *caput*, pois estariam feridos os pressupostos teóricos da desconsideração e, para Luciano Amaro, "no embate entre o parágrafo e o *caput* se um tiver que ceder será o parágrafo e não o *caput*", in *Direito do Consumidor*, vol. 5, p. 179.

Art. 28 | CÓDIGO BRASILEIRO DE DEFESA DO CONSUMIDOR

Como visto, estamos diante de duas interpretações divergentes que versam sobre o mesmo texto legal. *Quid juris?* Em sua obra clássica, *Consideraciones sobre Dogmática Jurídica*, o festejado filósofo argentino, Carlos Santiago Nino, parte do suposto de que o legislador é racional – por isso, *teoria do legislador racional* –, elaborando diversas regras interpretativas que nos permitem solucionar as dúvidas interpretativas de um texto, no plano estritamente normativo.

Dessas regras, uma das mais eloquentes proclama que o ordenamento jurídico é operativo e, assim sendo, "*entre dos interpretaciones del mismo complejo de preceptos, es mejor la que da contenido dispositivo a las palabras de la ley que la que se ve forzada a negárselo*".[88]

À luz desse ensinamento, tendo presente que não se deve jamais concluir que uma norma não deva ser aplicada a nenhum caso ou, pior ainda, que carece de significado, podemos concluir que, no caso enfocado, a melhor interpretação é aquela que dá conteúdo dispositivo ao § 5º do art. 28.

Assim sendo, uma releitura abrangente do texto em causa nos permite considerar que o juiz pode desconsiderar a personalidade jurídica da sociedade diante das seguintes proposições alternativas:

a) quando houver abuso de direito, excesso de poder, infração da lei, fato ou ato ilícito, violação dos estatutos ou contrato social;

b) quando houver falência, estado de insolvência, encerramento ou inatividade da pessoa jurídica;

c) quando, de alguma forma, sua personalidade servir de obstáculo ao ressarcimento de prejuízos causados aos consumidores.

Por todo o exposto, a partir do julgamento deste *leading case*, filiamo-nos à corrente que prega a aplicabilidade do § 5º do art. 28 do CDC, por entender que nosso legislador acolheu, sem reservas, a tese do amplo espectro da desconsideração da personalidade jurídica, para aplicá-la sempre que a personalidade jurídica – de alguma forma, *rectius*, de qualquer modo – for obstáculo ao ressarcimento dos prejuízos causados aos consumidores.

De resto, entendemos que o instituto da desconsideração não deve ser aplicado *à la diable*. A pessoalização da responsabilidade deve recair sobre as pessoas incumbidas da gestão da empresa, como os sócios-gerentes das limitadas ou os administradores de sociedades por ações, bem como sobre o acionista controlador ou sócio majoritário, nos exatos termos do § 1º do art. 28, o qual, em que pese ter sido vetado, deve iluminar, como lanterna de proa, o campo visual do aplicador da norma.

Por último, não se deve perder de vista que a responsabilidade pessoal dos gestores da empresa é sempre em via subsidiária, pois supõe frustradas, em via principal, todas as tentativas de responsabilização da pessoa jurídica.

---

[88] Cf. *Consideraciones sobre la dogmática jurídica, Instituto de Investigaciones Jurídicas*, México, 1974, p. 93.

Capítulo V
DAS PRÁTICAS COMERCIAIS[1]

Antônio Herman de Vasconcellos e Benjamin
(Segmento atualizado também por Claudia Lima Marques[2]
e José Geraldo Brito Filomeno[3])

1. AS FONTES DESTE CAPÍTULO

Boa parte das normas deste capítulo, em especial no tocante à oferta e à publicidade, foi diretamente influenciada pelo *Projet de Code de la Consommation*, redigido sob a direção do prof. Jean Calais-Auloy.

O projeto francês, de fato, tem capítulo semelhante ao que agora comentamos. Trata-se do "*chapitre deux*", que regra os "*méthodes commerciales*", fenômenos estes que o legislador brasileiro preferiu denominar "práticas comerciais". Como se verá, não há perfeita simetria entre os dois sistemas, de vez que o nosso ampliou o conceito do *Projet*, incluindo matérias não tratadas na concepção original.

Adotando o Código uma noção mais ampla que a francesa de "*méthodes commerciales*", outras fontes inspiraram igualmente o seu Capítulo V: o *Fair Debt Collection Practices Act* e o *Fair Credit Reporting Act*.

2. O CONCEITO DE PRÁTICAS COMERCIAIS

A sociedade de consumo é uma realidade inegável. Mas, muito mais que uma realidade puramente acadêmica ou abstrata, é um fenômeno que afeta a vida de todos os cidadãos. E, como tal, merece a atenção do Direito, não com o intuito de reprimi-la, mas apenas para colocá-la a serviço do interesse público. Sendo ela, a um só tempo, fruto de um processo de produção e de um processo de comercialização, impõe-se ao Direito a tarefa de cuidar de

---

[1] O autor gostaria de deixar seu sincero agradecimento ao saudoso Caio A. Domingues, mestre de todos os publicitários brasileiros, pela leitura atenta do texto da 1ª edição e pelos seus comentários valiosos.

[2] Doravante identificada com a abreviatura CLM quando houver intervenção de atualização. A atualização foi mínima, apenas em relação aos novos textos legais e jurisprudência, preservado em sua integridade o texto do autor.

[3] Doravante identificado com a abreviatura JGBF quando houver intervenção de atualização.

ambos. Se assim é, já podemos afirmar, *ab initio*, que no Código de Defesa do Consumidor encontraremos regras traçadas para as *práticas produtivas* e outras elaboradas para as *práticas comerciais*. É destas últimas que trataremos a seguir.

As práticas comerciais estão no próprio âmago do Direito do Consumidor. Sua visibilidade, complexidade e mutabilidade – informadoras da sociedade de consumo – representam um desafio extraordinário para o legislador. Segundo J. M. Othon Sidou, o jurista pioneiro em defesa do consumidor no Brasil,

> "o que deu dimensão enormíssima ao imperativo cogente de proteção ao consumidor, ao ponto de impor-se como tema de segurança do Estado no mundo moderno, em razão dos atritos sociais que o problema pode gerar e ao Estado incumbe delir, foi o extraordinário desenvolvimento do comércio e a consequente ampliação da publicidade, do que igualmente resultou, isto sim, o fenômeno desconhecido dos economistas do passado – a sociedade de consumo, ou o desfrute pelo simples desfrute, ampliação da riqueza por mera sugestão consciente ou inconsciente".[4]

Não se conceituam facilmente práticas comerciais. Em face da mutabilidade do mercado, em particular na era da sociedade de consumo, aquilo que hoje se manifesta como prática comercial, amanhã, no bojo da transformação das necessidades mercadológicas, pode simplesmente desaparecer ou perder a atualidade. É mais simples, pois, dizer o que elas não são, por um critério de exclusão.

Por esse prisma negativo, as práticas comerciais opõem-se às práticas de produção. De modo simplificado, ainda nessa linha, prática comercial é o resíduo da produção, ou seja, é a face pós-produção da sociedade de consumo. Os bens de consumo têm, realmente, duas fases bem distintas em sua vida: a produção e a comercialização. As práticas comerciais dizem respeito a esta última.

Os procedimentos comerciais apresentam-se, portanto, como um momento pós-produção. Isso porque existem em nossa economia dois processos básicos. Um é a produção – com a criação de produtos e serviços. Outro é a comercialização – o conjunto de atividades através das quais os produtos e serviços fluem do produtor para o consumidor final.[5]

O critério negativo, porém, diz o que as práticas comerciais não são. Mas, por bem ou por mal, temos de descobrir o que elas são. De maneira positiva, poderíamos, então, afirmar que práticas comerciais são todos os mecanismos, técnicas e métodos que servem, direta ou indiretamente, ao escoamento da produção. Trata-se, não há dúvida, de um conceito extremamente largo, que inclui, a um só tempo, o *marketing*, as garantias, os serviços pós-venda, os arquivos de consumo e as cobranças de dívidas.

Alguns desses componentes do conceito atuam diretamente no fomento do consumo. É o caso do *marketing*. Outros, ao revés, só indiretamente auxiliam no escoamento da produção. Citem-se, como exemplos, os arquivos de consumo e a cobrança de dívidas dos consumidores.

Observe-se que a matéria dos arquivos de consumo e da cobrança de dívidas, embora não se referindo imediatamente ao fenômeno comercial – como um elemento de *pré-venda* –, termina por ser considerada como prática comercial. É que, como já abordamos, o legislador pátrio adotou para as práticas comerciais um conceito mais amplo que o do projeto francês, envolvendo não apenas aqueles procedimentos dirigidos a cumprir a circulação dos bens até seu destinatário final (o consumidor), como, ainda, tudo o que, mesmo como momento *pós--venda*, tenha a ver com tal movimentação.

---

[4]   J. M. Othon Sidou, *Proteção ao consumidor*, Rio de Janeiro, Forense, 1977, p. 5.

[5]   Eugênio Malanga, *Publicidade*. Uma introdução, São Paulo, Edima, 1987, p. 13.

Outros temas poderiam ter sido incluídos neste capítulo e não o foram, valendo citar, a título de exemplo, as garantias, em especial a contratual (art. 50), e os serviços pós-venda (art. 21). Razões puramente pragmáticas determinaram a dispersão desses dispositivos. Afinal, um mesmo instituto nem sempre se filia a um único assunto. É o caso da garantia contratual: tanto tem conexão com as práticas comerciais (é uma técnica de incentivo à aquisição do bem de consumo), como também com a proteção contratual (é fruto do gerenciamento bilateral do negócio de consumo).

Em resumo, agora com os olhos postos no Direito do Consumidor e na busca da construção de uma teoria jurídica das práticas comerciais, poderíamos dizer que são estas *os procedimentos, mecanismos, métodos e técnicas utilizados pelos fornecedores para, mesmo indiretamente, fomentar, manter, desenvolver e garantir a circulação de seus produtos e serviços até o destinatário final.*

Conforme já aludimos, sob a égide de tal conceito inclui-se um sem-número de técnicas, todas dirigidas ao fomento do consumo de produtos e serviços colocados no mercado. Também se abarcam, sob a mesma denominação, certas práticas que, embora não dizendo diretamente com a circulação de produtos ou serviços, influem decisivamente na velocidade e eficiência do processo de comercialização, facilitando sobremaneira o crédito, verdadeiro pilar da sociedade de consumo: são, entre outras, os arquivos de consumo e os mecanismos de cobrança de dívidas contraídas pelo consumidor.

3. A IMPORTÂNCIA DAS PRÁTICAS COMERCIAIS NA SOCIEDADE DE CONSUMO

A sociedade de consumo é, antes de tudo, uma realidade coletiva, em que os indivíduos (fornecedores e consumidores) e os bens (produtos e serviços) são engolidos pela massificação das relações econômicas: produção em massa, comercialização em massa, crédito em massa, comunicação em massa e consumo em massa. Inseridas nesse novo modelo econômico e social, as práticas comerciais – igualmente como fenômeno de massa – ganham enorme relevo. Afinal, sem *marketing*, um dos diversos componentes das práticas comerciais, não haveria, certamente, sociedade de consumo.

Em tal contexto difuso ou coletivo, desaparece, ou perde importância, a sociedade pessoal, aquela em que o consumidor e o fornecedor são velhos conhecidos.

De fato, na sociedade pessoal, pré-industrial, todos se conheciam. Não é o que se dá no esquema da sociedade de consumo.

"Na sociedade de massas isto é tecnicamente impossível, pelo menos em escala de grande consumo. É provável que o proprietário do bar da esquina conheça algumas pessoas. É possível que um gerente de banco num subúrbio conheça seus clientes mais importantes – e geralmente ambos trabalharão para isso. Há mesmo um esforço nesse sentido, um esforço para reviver o relacionamento geográfico. Mas, apesar de toda a boa vontade, os resultados são precários. O relacionamento já não é mais geográfico, é social. As relações se fazem em função não do local onde se vive, mas de interesses comuns, e não de proximidades geográficas. A produção em grande escala pressupõe o consumo em escala idêntica, e isso transforma o consumidor num ser anônimo, inidentificado. Curiosamente, ele continua a ser uma unidade. É ele quem vai ler, ouvir, ver, sentir, assimilar, decodificar a mensagem. Mas o transmissor dessa mensagem não o conhece. Não sabe se ele está triste ou alegre; se está amando ou odiando; satisfeito ou insatisfeito."[6]

É o traço do "anonimato".

---

[6] Plínio Cabral, *Propaganda, técnica da comunicação industrial e comercial*, São Paulo, Atlas, 1986, p. 19.

CÓDIGO BRASILEIRO DE DEFESA DO CONSUMIDOR

Temos, pois, que as práticas comerciais servem (também se servem) e alimentam (também se alimentam) a (da) sociedade de consumo, aproximando os consumidores dos bens maciçamente colocados à sua disposição. Esse é seu grande papel. E exatamente aí, paradoxalmente, reside o seu grande perigo para os consumidores em geral. Vale dizer: o caráter patológico das práticas comerciais manifesta-se como um vício na forma como se processa essa "aproximação" entre os diversos sujeitos do mercado e os bens de consumo. A quebra do "anonimato" traz riscos para o consumidor.

4. PRÁTICAS COMERCIAIS E *MARKETING*[6]

Para os limites estreitos deste trabalho, a expressão "práticas comerciais" é o gênero do qual *marketing* é a espécie.[7]

---

[7] Na crescente bibliografia nacional sobre o controle jurídico do *marketing*, cf., entre outros: Adalberto Pasqualotto, *Os efeitos obrigacionais da publicidade no Código de Defesa do Consumidor*, São Paulo, Revista dos Tribunais, 1997; Alberto do Amaral Júnior, *Proteção do consumidor no contrato de compra e venda*, São Paulo, Instituto Brasileiro de Política e Direito do Consumidor/Revista dos Tribunais, 1993, ps. 232-245 – "O princípio da vinculação da mensagem", *in Revista de Direito do Consumidor, Instituto Brasileiro de Política e Direito do Consumidor/Revista dos Tribunais*, 1995, vol. 14, ps. 41-51; Alcides Tomasetti Jr., "O objetivo de transparência e o regime jurídico dos deveres e riscos de informação nas declarações negociais para consumo", *in Revista de Direito do Consumidor, Instituto Brasileiro de Política e Direito do Consumidor/Revista dos Tribunais*, 1992, vol. 4, ps. 52-90 – "Oferta contratual em mensagem publicitária – regime do Direito Comum e do Código de Proteção do Consumidor", *in Revista de Direito do Consumidor, Instituto Brasileiro de Política e Direito do Consumidor/Revista dos Tribunais*, 1992, vol. 4, ps. 241-253; Antônio Herman de V. e Benjamin, "A repressão penal aos desvios do marketing", *in Revista de Direito do Consumidor, Instituto Brasileiro de Política e Direito do Consumidor/Revista dos Tribunais*, 1992, vol. 4, ps. 91-125 – "O controle jurídico da publicidade", *in Revista de Direito do Consumidor, Instituto Brasileiro de Política e Direito do Consumidor/Revista dos Tribunais*, 1994, vol. 9, ps. 25-57; Antônio Junqueira de Azevedo, "Responsabilidade pré-contratual no Código de Defesa do Consumidor: estudo comparativo com a responsabilidade pré-contratual no Direito Comum", *in Revista de Direito do Consumidor, Instituto Brasileiro de Política e Direito do Consumidor/Revista dos Tribunais*, 1996, vol. 18, ps. 23-31; Caio A. Domingues, "Publicidade enganosa e abusiva", *in Revista de Direito do Consumidor, Instituto Brasileiro de Política e Direito do Consumidor/Revista dos Tribunais*, 1992, vol. 4, ps. 192-199; Carlos Alberto Bittar, "O controle da publicidade: sancionamentos a mensagens enganosas e abusivas", *in Revista de Direito do Consumidor, Instituto Brasileiro de Política e Direito do Consumidor/Revista dos Tribunais*, 1992, vol. 4, ps. 126-131 – *Direito de Autor na obra publicitária*, São Paulo, Revista dos Tribunais, 1981; Cláudia Lima Marques, "Vinculação própria através da publicidade? A nova visão do Código de Defesa do Consumidor", *in Revista de Direito do Consumidor, Revista dos Tribunais*, 1994, vol. 10, ps. 7-20; Edney G. Narchi, "Da publicidade e sua disciplina no CDC", *in Justitia*, 1992, vol. 160, ps. 73-83; Eduardo Gabriel Saad, *Comentários ao Código de Defesa do Consumidor*, São Paulo, LTr, 1991, ps. 209-236; Evelena Boening, "Porque o CONAR", *in Revista de Direito do Consumidor, Instituto Brasileiro de Política e Direito do Consumidor/Revista dos Tribunais*, 1992, vol. 4, ps. 200-234; Fábio Ulhoa Coelho, *Os empresários e os direitos do consumidor*, São Paulo, Saraiva, 1994, ps. 231-293 – *Comentários ao Código de Proteção do Consumidor*, coord. de Juarez de Oliveira, São Paulo, Saraiva, 1991, ps. 149-165; Fernando Gherardini Santos, *Direito do marketing*, São Paulo, Revista dos Tribunais, 2000, p. 138; João Batista de Almeida, *A proteção jurídica do consumidor*, São Paulo, Saraiva, 1993, ps. 80-92; José Alexandre Tavares Guerreiro et al., *Comentários ao Código do Consumidor*, coord. de José Cretella Júnior e René Ariel Dotti, Rio de Janeiro, Forense, 1992, ps. 111-132; José Geraldo Brito Filomeno, *Manual de direitos do consumidor*, São Paulo, Atlas, 1991, ps. 127-156 e 306-311; Judith Martins-Costa, "A incidência do princípio da boa-fé no período pré-negocial: reflexões em torno de uma notícia jornalística", *in Revista de Direito do Consumidor*, 1992, vol. 4, ps. 140-172; Marco Antonio Marcondes Pereira, *Concorrência desleal por meio da publicidade*, São Paulo, Juarez de Oliveira, 2001; Maria Elizabete Vilaça Lopes, "O consumidor e a publicidade", *in Revista de Direito do Consumidor, Instituto Brasileiro de Política e Direito do Consumidor/Revista dos Tribunais*, vol. 1, ps. 150-183; Maria Luiza Andrade Figueira de Sabóia Campos, "O direito estatutário do CONAR", *in Revista de Direito Civil*, vol. 38, ps. 103-157; Mara Suely Oliveira e Silva Maran, *Publicidade & proteção do consumidor no âmbito do Mercosul*, Curitiba, Juruá,

Capítulo V · DAS PRÁTICAS COMERCIAIS

Não devemos, pois, confundir *marketing* com práticas comerciais. Estas não se esgotam naquele. Com certeza, o *marketing* é, indubitavelmente, o aspecto mais relevante das práticas comerciais. E, ademais, o mais visível. Mas, já vimos, não é ele o único incentivador da circulação de bens no mercado.

Como decorrência de seu prestígio entre as diversas práticas comerciais, o Código deu grande atenção ao *marketing*. E é pela mesma razão que a maior parte destes comentários será desenvolvida em torno do conceito, função, elementos, riscos e regramento jurídico do *marketing*.

5. O CONCEITO DE *MARKETING*

Já dissemos que o *marketing* é uma das modalidades das práticas comerciais. Não é nosso intuito aqui conceituá-lo com precisão. Até porque, mesmo entre os profissionais dessa disciplina, tal tarefa tem se mostrado difícil, tantas são as acepções que o termo permite.

Com base na própria ciência do *marketing*, sem qualquer sofisticação ou distinção entre *micro* e *macromarketing*,[8] podemos defini-lo, de maneira bem ampla, como "a interface entre a oferta e a demanda",[9] ou como "o processo administrativo pelo qual os produtos são lançados adequadamente no mercado e através do qual são efetuadas transferências de propriedade".[10] *Marketing* seria, ainda de acordo com sua própria disciplina, o processo intermediário por

---

2003. Martha Rodrigues de Castro, "A oferta no Código Brasileiro de Defesa do Consumidor", *in Revista de Direito do Consumidor, Instituto Brasileiro de Política e Direito do Consumidor/Revista dos Tribunais*, 1994, vol. 11, ps. 57-66; Melina Penteado Trentin, "A publicidade abusiva e o racismo", *in Revista de Direito do Consumidor, Instituto Brasileiro de Política e Direito do Consumidor/Revista dos Tribunais*, 1994, vol. 11, ps. 84-100; Nelson Nery Junior, "Os princípios gerais do Código Brasileiro de Defesa do Consumidor", *in Revista de Direito do Consumidor, Instituto Brasileiro de Política e Direito do Consumidor/Revista dos Tribunais*, vol. 3, set.-dez. de 1992, ps. 66-70 – O regime da publicidade enganosa no Código Brasileiro de Defesa do Consumidor, *in Uma vida dedicada ao Direito: homenagem a Carlos Henrique de Carvalho*, São Paulo, Revista dos Tribunais, 1995, ps. 396-402; Parisina Lopes Zeigler e Marco Antônio Zanellato, "O Ministério Público e a exegese da expressão 'deveria saber' do art. 67 do CDC", *in Revista de Direito do Consumidor, Instituto Brasileiro de Política e Direito do Consumidor/Revista dos Tribunais*, 1995, vol. 14, ps. 67-71; Paulo Jorge Scartezzini Guimarães, *A publicidade ilícita e a responsabilidade civil das celebridades que dela participam*, São Paulo, Revista dos Tribunais, 2003; Rosana Grinberg, "O sentido do artigo 31 do Código de Defesa do Consumidor", *in Revista de Direito do Consumidor, Instituto Brasileiro de Política e Direito do Consumidor/Revista dos Tribunais*, 1992, vol. 4, ps. 200-234; Sílvio Luis Ferreira da Rocha, "Erro na oferta no Código de Defesa do Consumidor", *in Revista de Direito do Consumidor, Instituto Brasileiro de Política e Direito do Consumidor/Revista dos Tribunais*, 1994, vol. 9, ps. 58-62; Thereza Alvim et al., *Código do Consumidor comentado*, 2ª ed., São Paulo, Revista dos Tribunais, 1995, ps. 89-210; Tupinambá Miguel Castro do Nascimento, *Comentários ao Código do Consumidor*, Porto Alegre, Aide, 1991, ps. 35-40; Vera M. Jacob de Fradera, "A interpretação da proibição de publicidade enganosa ou abusiva à luz do princípio da boa-fé: o dever de informar no Código de Defesa do Consumidor", *in Revista de Direito do Consumidor, Instituto Brasileiro de Política e Direito do Consumidor/Revista dos Tribunais*, 1992, vol. 4, ps. 173-191; Vidal Serrano Nunes Júnior, *Publicidade comercial: proteção e limites na Constituição de 1988*, São Paulo, Juarez de Oliveira, 2001, ps. 161 e 205; Zelmo Denari, "A comunicação social perante o Código de Defesa do Consumidor", *in Revista de Direito do Consumidor, Instituto Brasileiro de Política e Direito do Consumidor/Revista dos Tribunais*, número especial – 1992, vol. 4, O controle da publicidade, ps. 132-139; Walter Ceneviva, *Publicidade e Direito do Consumidor*, São Paulo, Revista dos Tribunais, 1991.

[8] Ver E. Jerome McCarthy, *Essentials of marketing*, Homewood, Richard D. Irwin, Inc., 1982, p. 7.

[9] Walter B. Wentz & Gerald I. Eyrich, *Marketing: theory and application*, New York, Harcourt, Brace and World, Inc., 1970, p. 2.

[10] Edward W. Cundiff, Richard R. Still & Norman A. P. Govoni, *Marketing básico: fundamentos, tradução de Márcio Cotrim*, São Paulo, Atlas, s.d., p. 19.

meio do qual ocorrem as trocas entre pessoas e grupos sociais; ou, de outra maneira, a atividade humana que busca satisfazer as necessidades e desejos mediante processos de troca.[11]

O Direito, muito modernamente, tem buscado entender o fenômeno mercadológico. Na lição de Ulf Bernitz, o maior comercialista sueco, "entende-se por *marketing* todas as medidas que se destinam a promover a comercialização de produtos, serviços e outras coisas de valor".[12]

Nessa imensa noção de *marketing*, tem grande proeminência a publicidade, embora outros esquemas promocionais – selos, ofertas combinadas, descontos, concursos, vendas por correspondência, vendas a prestação e o envio de produtos não solicitados – também sejam considerados parte de seu domínio.[13]

6. AS DIVERSAS MANIFESTAÇÕES DO *MARKETING*

O leigo, de uma maneira geral, tende a crer que o *marketing* esgota-se na publicidade. Ou seja, na cabeça do cidadão comum, *marketing* e publicidade são a mesma coisa. Nada mais equivocado.

O *marketing*, como visto, além da publicidade, compreende uma grande quantidade de mecanismos de incentivo às vendas, valendo citar, em lista assistemática, as loterias, as ofertas combinadas (e o seu desvio, a venda casada), os cupons, os selos, as vendas por correspondência e em domicílio, osf prêmios, as liquidações e promoções, o envio de mercadorias não solicitadas, os produtos ou serviços "grátis", os descontos, os concursos, as marcas, as embalagens, a facilidade e preço do crédito.

7. AS DUAS FACES PRINCIPAIS DO *MARKETING*: A PUBLICIDADE E AS PROMOÇÕES DE VENDAS

O *marketing*, temos repetido, utiliza outros recursos além dos publicitários. Entre suas diversas faces, duas são principais para o Direito do Consumidor: a publicidade e as promoções de vendas. O tema da publicidade será mais bem desenvolvido em seguida. Cabe-nos, aqui, dar uma ideia, por rápida que seja, do que se possa entender por promoção de vendas.

Promoção de vendas, em uma fórmula residual, abrange todas as atividades de *marketing* que não sejam a venda pessoal e a publicidade, e que façam uso de técnicas tais como selos de troca, cupons de desconto, calendários, exposições e amostras, entre outras.[14] Ou, de outra maneira, "são as atividades de venda que suplementam a venda pessoal e a publicidade, coordenando-as e ajudando-as a se tornarem mais eficientes. Entre essas atividades incluem-se exposições, demonstrações e outros esforços de vendas não periódicos, fora da rotina comum".[15]

No Código, ao lado de um regramento próprio para a publicidade, vamos encontrar, também, aqui e ali, normas que se dirigem às promoções de venda, nas suas diversas modalidades. São, fundamentalmente, os dispositivos que cuidam da oferta e das práticas abusivas.

Não devemos subestimar o papel da promoção de vendas no mercado de consumo, já que seu impacto é substancial, notadamente quando vista pelo prisma dos investimentos que

---

[11] Ben Enis, *Princípios de marketing*, tradução de Auriphebo Berrance Simões, São Paulo, Atlas, 1983, p. 31.

[12] Ulf Bernitz & John Draper, *Consumer protection in Sweden: legislation, institutions and practice*, Stockholm, The Institute for Intellectual Property and Market Law at the Stockholm University, p. 123.

[13] Ulf Bernitz & John Draper, op. cit., p. 124.

[14] J. B. Pinho, *Comunicação em marketing*, Campinas, Papirus, 1988, p. 20.

[15] Eugênio Malanga, op. cit., p. 13.

Capítulo V · DAS PRÁTICAS COMERCIAIS

utiliza. Nos Estados Unidos, por exemplo, os gastos com promoção de vendas, não faz muito tempo, eram da ordem de 76 bilhões de dólares, enquanto os com a publicidade representavam "somente" 44 bilhões de dólares.[16]

8. O *MARKETING* NO CÓDIGO DE DEFESA DO CONSUMIDOR

De todas essas técnicas de *marketing*, o Código cuidou, à abundância, só da publicidade. Mas, ao dar a esta uma acepção extremamente ampla, acabou por permitir que seu tratamento ultrapassasse fronteiras, atingindo os outros tipos de manifestações mercadológicas, como as promoções de vendas. Uma tal generalidade deve-se, certamente, ao fato de que as práticas comerciais são tão complexas e mutáveis que se torna "difícil estabelecer regras jurídicas detalhadas"[17] para elas; qualquer tentativa legislativa de controlá-las por inteiro caracterizar-se-ia como tarefa impossível. O Direito vale-se, então, de princípios gerais, deixando aos tribunais sua aplicação (e adaptação) à realidade multiforme do mercado.

De qualquer modo, podemos afirmar, sem medo de errar, que o Código de Defesa do Consumidor traçou um conjunto de regras mínimas que, se bem utilizado pelos implementadores, basta para proteger adequadamente o consumidor contra os desvios das práticas comerciais.

Em nenhum momento põe-se a discussão da necessidade de regramento legal para o *marketing*. Mesmo profissionais da área, sem qualquer influência jurídica, já afirmavam que "nem todas as organizações praticam a filosofia do conceito de *marketing* – a menos que a insatisfação do consumidor seja usada como um índice de sua adoção. Em altas vozes os consumidores queixam-se de produtos inseguros, malfeitos, que não atendem o que foi anunciado – e os consumidores sentem-se impotentes para que essas falhas sejam corrigidas. Isso se tornou um problema de tão grandes proporções que o conhecido especialista em administração, Peter Drucker, classificou-o como 'a vergonha do *marketing*'".[18]

Não há, pois, qualquer dúvida: o *marketing*, em especial, e as práticas comerciais, em geral, exigem uma regulamentação legal. Tudo como reconhecimento de que o grande fenômeno comercial está sujeito às limitações econômicas, éticas e também jurídicas. São estas últimas que nos interessam de perto.

As limitações legais impostas ao *marketing*, embora passíveis de uma análise quanto à sua eficiência econômica, nem sempre se prestam a tal enfoque, uma vez que o Direito, ao lado da preocupação com a eficiência, tem outras apreensões, como, por exemplo, com a mitigação das desigualdades e o reequilíbrio do poder de barganha no mercado.

Entretanto, pelo menos como princípio norteador, o Direito, ao moldar a defesa do consumidor na área de *marketing*, tem buscado inspiração na lição de que "nenhum esforço de *marketing* jamais foi bem-sucedido a longo prazo baseando-se apenas na filosofia de que *o que é bom para a empresa é bom para o consumidor*".[19]

O Código de Defesa do Consumidor não é, evidentemente, uma lei voltada, com exclusividade, para o regramento do *marketing* em favor do consumidor. É inegável, entretanto, que, ao longo de seu texto, inúmeros dispositivos legais afetam, direta ou indiretamente, o funcionamento do *marketing*, especialmente como prática comercial. Mas o Código não regra ape-

---

[16] Walter Longo, "A propaganda já não mora sozinha...", *in Tudo que você queria saber sobre propaganda e ninguém teve paciência para explicar*, São Paulo, Atlas, 1986, p. 353.

[17] Ludwig Kramer, EEC Consumer law, Bruxelles, E. Story-Scientia, 1986, p. 148.

[18] Ben Enis, op. cit., p. 50.

[19] Aubrey Wilson, *The art and practice of marketing*, London, Hutchinson of London, 1971, p. 9.

CÓDIGO BRASILEIRO DE DEFESA DO CONSUMIDOR

nas a *comercialização em massa*. Preocupa-se igualmente com a *produção em massa*, quando, por exemplo, traça normas para a responsabilidade civil objetiva nos acidentes de consumo causados pelos diversos tipos de defeitos que apresentam os produtos e serviços (sejam defeitos de fabricação, de *design* ou de comercialização).

Um tal tipo de intervenção do Direito no mercado, imbuído do desejo de melhor tutelar o consumidor, como facilmente se percebe, não é mais novidade. Aliás, é consequência do próprio texto constitucional (art. 170, V). O que há de novo no Código é a pretensão de, pela via da defesa do consumidor, favorecer o desenvolvimento do mercado e, em consequência, da livre iniciativa. Esse objetivo ambicioso (proteger o *marketing* ao tutelar o consumidor) também não é revolucionário. Os Estados Unidos, pátria do *marketing*, há décadas assim procede. Igual assertiva vale para os países da Europa, e, agora, mais recentemente, para a própria Comunidade Econômica Europeia, com as suas inúmeras Diretivas relacionadas com a defesa do consumidor.

9. *MARKETING* DIGITAL

Mencione-se que na atualização do CDC, em especial no PL 3.514/2015, está prevista regulamentação especial do marketing no mundo digital. Neste projeto são enfrentadas várias características do chamado marketing digital (especialmente o *spam*) e marketing de afiliados, do telemarketing, mais tradicional no país. É, porém, necessário, analisar a publicidade *sur mesure* ou dirigida e as novas técnicas mais invasivas e interativas de marketing, como o forte uso de redes sociais (Instagram, Facebook, WhatsApp, TikTok, Telegram, YouTube etc.), com os denominados influenciadores, verdadeiros "representantes" ocultos dos fornecedores, que ganham ao privilegiar marcas, produtos e serviços, que lhe remuneram para o fazer.[20] (CLM)

O mundo digital é "des-humanizado", "desmaterializado" e "deslocalizado",[21] o que tende a desconstruir os instrumentos clássicos da boa-fé (informação, cuidado, cooperação) e do direito do consumidor (qualidade-adequação, qualidade-segurança, conserto/troca), a exigir um renascimento do princípio da confiança (valorizar as expectativas legítimas, o visual, a aparência, o costumeiro das garantias, em uma visão de conjunto do negócio de consumo).[22] Como ensina Ricardo Lorenzetti, o surgimento da chamada "era digital" cria a necessidade de repensar importantes aspectos da organização social, dentre eles o consumo de hoje, sem ingenuidade ou menosprezo da sua complexidade.[23] Assim, mister frisar que as informações dos influenciadores são na verdade peças deste novo *webmarketing*.[24] (CLM)

Outro fenômeno importante é o marketing dirigido interativo, que mais do que publicidade é ao mesmo tempo oferta em tempo real. Um estudo[25] sobre a *addressable TV*[26] demons-

---

[20] Veja RIEFA, Christine; CLAUSEN, Laura. Towards Fairness in Digital Influencer' Marketing Practices, in EuCML – *Journal of European Consumer and Market Law*, 2/2019, p. 64 e seg.

[21] MARQUES, Claudia Lima. *Confiança no comércio eletrônico e a proteção do consumidor – Um estudo dos negócios jurídicos de consumo no comércio eletrônico*. São Paulo: Ed. RT, 2004, p. 46 e seg.

[22] Veja detalhes no meu livro de pós-doutorado, MARQUES, Claudia Lima. *Confiança no comércio eletrônico e a proteção do consumidor*. São Paulo: Ed. RT, 2004, p. 46-47. Veja, na Alemanha, a obra de FUHRMANN, Heiner. *Vertrauen im Electronic Commerce*. Baden-Baden: Nomos, 2001.

[23] LORENZETTI, Ricardo L. *Comercio electrónico*. Buenos Aires: Abeledo-Perrot, 2001, p. 9.

[24] Veja nosso livro, MARQUES, Claudia Lima; LORENZETTI, Ricardo Luis; CARVALHO, Diógenes Faria de; MIRAGEM, Bruno. *Contratos de serviços em tempos digitais*. São Paulo: Ed. RT, 2021, p. 12 e seg.

[25] BERBER, Leyla Keser; ATABEY, Ayça. Addressable TV and Consent Sequencing, in *Global Privacy Law Review*, vol. I, Issue I, 2020 (Kluwer), p. 14 a 38.

[26] A definição de *addressable TV* é a seguinte: "Addressable TV is a *method of delivering highly targeted advertising* to individual households in both live and playback modes. Ads are delivered through cable, satellite

tra que agora há um *omnichannel marketing*, que usa todas as telas e meios de comunicação (*cross-device media*), no chamado *cross-screen approach,* pois é possível enviar publicidades "direcionadas" tanto nas telas móveis (celulares, *tablets*) e computadores em geral (*desktop*) conectados à Internet, às redes de TV a cabo e aos *streamings*, quanto nas TVs, as *smart TVs* (OTT) e as *on-line TVs* (OTV, TVs conectadas à Internet, CTV), que permitem que cada "casa/TV/tela" receba uma outra publicidade,[27] conforme os dados coletados pela própria TV e os outros produtos inteligentes e IPs daquela família, agora identificáveis geograficamente e pelo perfil (*profiling*) para o marketing direcionado, tudo com um só "consentimento sequencial".[28] Destaque-se que os primeiros casos deste marketing digital estão chegando aos Tribunais. Assim, decidiu o Tribunal de Justiça de São Paulo que era publicidade mascarada e indireta a realizada por *influencers-mirins* do YouTube (CLM). A ementa afirma:

> "APELAÇÃO. Ação civil pública. Pedido de condenação da empresa requerida na obrigação de não fazer consistente na abstenção de realizar publicidade indireta destinada ao público infantojuvenil através de ação de *youtubers-mirins* cumulada com pedido de indenização por dano moral coletivo. Sentença que julgou procedente a ação. Manutenção. ... Publicidade indireta assim considerada a publicidade mascarada, clandestina, simulada ou dissimulada devidamente comprovada. Apelante que assume ter contratado a *youtuber-mirim* apontada na inicial para realizar campanha de produtos de sua marca, bem assim que enviou gratuitamente brinquedos a *youtubers* famosos. Vídeos publicados pela *youtuber* contratada que não trazia advertência ostensiva de que se tratava de conteúdo publicitário, em flagrante ofensa ao disposto no art. 36 do CDC. Infantes que, atraídos pelos conteúdos de entretenimento produzidos e disponibilizados pela famosa *youtuber-mirim*, acabavam assistindo à campanha publicitária realizada de forma mascarada pela empresa apelante. Infantes que, devido a tenra idade, não possuíam capacidade de discernimento e experiência para compreenderem a finalidade publicitária do conteúdo dos vídeos. Publicidade que se aproveitou da deficiência de julgamento e experiência da criança, em flagrante ofensa ao disposto no artigo 37, § 2º, do CDC. Rol previsto no § 2º do artigo 37 do CDC, outrossim, que não é taxativo. Emprego de celebridade-mirim para prática de publicidade indireta destinada ao público infantil que também é vedada pelo Código Brasileiro de Autorregulação Publicitária e pela Resolução nº 163/2014 do CONANDA" (TJSP, Apelação Cível nº 1054077-72.2019.8.26.0002, Rel. Des. Renato Genzani Filho, j. 14.12.2020). (CLM)

Segundo o STJ, toda atividade de marketing no mundo digital, mesmo na chamada mídia e plataformas sociais, é consumo e pode fazer parte de ofertas de consumo: *"a exploração comercial da Internet sujeita as relações de consumo daí advindas à Lei nº 8.078/90"* e que *"o fato de o serviço prestado pelo provedor de serviço de Internet ser gratuito não desvirtua a re-*

---

and Internet Protocol TV (IPTV) delivery systems and set-top boxes." (Disponível em: www.eyeviewdigital.com/blog/addressable-tv-watching-future-television/. Acesso em: 02.03.2020).

[27] Veja a informação da Google: "Addressable TV advertising is the ability to show different ads to different households while they are watching the same program. With the help of addressable advertising, advertisers can move beyond large-scale traditional TV ad buys, to focus on relevance and impact." (Disponível em: https://www.thinkwithgoogle.com/marketing-resources/addressable-tv-advertising-personal-video-experience/. Acesso em: 02.03.2020).

[28] O estudo realizado na Turquia conclui pela necessidade de adaptar o consentimento a este "ecossistema" de dados e também na TV *addressable* se incluir formas de "trocar" o perfil para "família" (SwitchInFamily) ou crianças (SwitchInChild), pois são telas "familiares" e não individuais: BERBER, Leyla Keser; ATABEY, Ayça. Addressable TV and Consent Sequencing, in *Global Privacy Law Review*, vol. I, Issue I, 2020 (Kluwer), p. 38.

lação de consumo, pois o termo 'mediante remuneração', contido no art. 3º, § 2º, do CDC, deve ser interpretado de forma ampla, de modo a incluir o ganho indireto do fornecedor" (STJ, REsp 1.316.921/RJ, Rel. Min. Nancy Andrighi, 3ª Turma, j. 26/06/2012, DJe 29/06/2012).

Assim, relembre-se que no marketing para o mundo físico o STJ já assentou a impossibilidade de flexibilização do princípio da vinculação pela publicidade (como oferta dos artigos 30 e 35 do CDC) e mesmo fotos e elementos visuais: "Em anúncios comerciais, fotos, croquis, desenhos e gráficos vinculam o anunciante tanto quanto texto falado ou escrito. Assim, violam frontalmente a letra e o espírito do Código de Defesa do Consumidor frases do tipo: 'As fotos dos modelos mostrados acima são ilustrativas, não correspondendo aos exemplos de preços das ofertas.' Ilustrativas, sim, mas, à luz do CDC, em sentido oposto ao pretendido pelo fornecedor-infrator, pois, com base no princípio da vinculação da mensagem publicitária (art. 30), aderem, como parte integrante e inseparável, ao anúncio, de modo que o comportamento esperto caracteriza enganosidade (art. 37) e, simultaneamente, dispara remédios civis previstos (art. 35)" (REsp 1.666.342/SP, Rel. Min. Herman Benjamin, Segunda Turma, julgado em 03/08/2017, DJe 31/08/2020).

Também o STJ já chamou a atenção para o fato de que uma subdivisão de informações, entre canais e entre "representantes", não desnatura a natureza do marketing: "Viola os princípios da vulnerabilidade, da boa-fé objetiva, da transparência e da confiança prestar informação por etapas e, assim, compelir o consumidor à tarefa impossível de juntar pedaços informativos esparramados em mídias, documentos e momentos diferentes. Em rigor, cada ato de informação é analisado e julgado em relação a si mesmo, pois absurdo esperar que, para cada produto ou serviço oferecido, o consumidor se comporte como Sherlock Holmes improvisado e despreparado à busca daquilo que, por dever *ope legis* inafastável, incumbe somente ao fornecedor. Seria transformar o destinatário-protegido, à sua revelia, em protagonista do discurso mercadológico do fornecedor, atribuindo e transferindo ao consumidor missão inexequível de vasculhar o universo inescrutável dos meios de comunicação, invertendo tanto o ônus do dever legal como a *ratio* e o âmago do próprio microssistema consumerista" (REsp 1.802.787/SP, Rel. Min. Herman Benjamin, Segunda Turma, julgado em 08/10/2019, DJe 11/09/2020).

10. TRÊS MOMENTOS OBRIGACIONAIS DO *MARKETING* NO CDC

O CDC enxerga o *marketing* sob três ângulos.[29]

Primeiramente, sob o aspecto pré-contratual, ao *marketing*, preenchidos certos requisitos, é conferido efeito vinculante.

Além disso, o *marketing* projeta-se na própria estrutura interior do contrato, sobrepondo-se a cláusulas que se proponham a negar, direta ou indiretamente, sua força vinculante.

Finalmente, o *marketing*, em momento pós-contratual ou metacontratual, acarreta o direito de indenizar, na hipótese de dano ao consumidor.

11. O DESAFIO: COMPATIBILIZAR *MARKETING* E DEFESA DO CONSUMIDOR

Marketing e defesa do consumidor não são valores incompatíveis. Ambos visam ao consumidor, ou melhor, à *satisfação* do consumidor. Ambos são reflexos e dependem do com-

---

[29] Ou, nas palavras de Fernando Gherardini Santos, o marketing teria "natureza tríplice" (Fernando Gherardini Santos, *Direito do marketing*, São Paulo, Revista dos Tribunais, 2000, p. 138).

Capítulo V · DAS PRÁTICAS COMERCIAIS

portamento do consumidor. Não obstante tantas semelhanças, nem sempre tem sido fácil o relacionamento entre o Direito e o *marketing*, principalmente quando este se desvia substancialmente do *marketing concept*.[30]

O Direito pode servir, *diretamente*, ao *marketing*, como acontece com as normas que garantem as patentes, as marcas, os direitos autorais, que impedem a concorrência desleal e a concentração exagerada de poder no mercado. São leis que asseguram a honestidade e a transparência das relações entre os próprios profissionais de *marketing*. Operam, pois, na *linha horizontal* e de tutela *imediata* do fenômeno mercadológico.

Além disso, o Direito ainda pode servir ao *marketing* por uma *via indireta*: a tutela do consumidor. Trata-se, evidentemente, de auxílio *mediato* e *vertical*, de vez que não operado no nível horizontal dos agentes da produção e distribuição de produtos e serviços. Ao revés, ocupa-se de esforço vertical, de cima para baixo, dirigido ao ator vulnerável da relação de consumo (o consumidor), mas que, afinal, ao restaurar a sanidade do mercado, fortalece o papel do *marketing* na sociedade de consumo. Aqui, o *marketing* é protegido à medida que o Direito assegura a perfeição da relação de consumo, purificando, dessa forma, o mercado e, pela via transversa, também a atividade de *marketing*.

Tudo isso porque os objetivos finais do *marketing* e da defesa do consumidor são idênticos: garantir, ao máximo, a *satisfação* e a *informação* do consumidor, tomando por base os princípios da boa-fé objetiva, da transparência e da confiança.

O grande desafio, por certo, não é encontrar pontos em comum entre o Direito e o *marketing*. Difícil será fazer com que o Direito – de evolução lenta – adapte-se e acompanhe o *marketing* – fenômeno dinâmico por excelência. Quanto mais rígidas forem as leis de controle do *marketing*, maior será o risco de sua fossilização e, portanto, de ineficácia. Eis a principal razão para a generalidade das normas que, no Código, cuidam da matéria. Eis também a gênese, *ratio* e legitimidade da intervenção criativa da jurisprudência, a quem incumbe, nas manifestações imprevisíveis e camaleônicas do *marketing*, aplicar normas, princípios, vedações e obrigações de caráter geral e abstrato.

A função do Direito ao controlar o *marketing* é, portanto, a de estabelecer parâmetros mínimos de conduta, respeitando sempre – como o quer a Constituição Federal – a livre iniciativa. É por esse prisma que se deve buscar a compatibilização entre a "defesa do consumidor" e a "liberdade de *marketing*". Seria tal objetivo um simples ideal? Acreditamos que não.

Marketing e defesa do consumidor funcionam no mercado e são, portanto, dele dependentes. Sem mercado e concorrência não há como se falar em *marketing* e proteção do consumidor. Logo, ao se proteger o mercado, ao se assegurar o seu funcionamento adequado, especialmente pelas normas de defesa do consumidor, em verdade, se está garantindo a própria sobrevivência do *marketing*.

Incompatibilidade há, sim, entre o Direito e a visão equivocada e superficial de *marketing* como um *jogo de espertos* (os anunciantes e publicitários) em prejuízo de incautos (os consumidores). E a esperteza, mesmo no comércio primitivo, em época em que sequer se falava em *marketing*, já era reprimida sob o título de fraude. A visão que o Direito tem do *marketing* é a

---

[30] O *marketing concept*, noção fundamental para a teoria moderna do *marketing*, especialmente a partir dos anos de 1950, é mais uma filosofia do que propriamente uma receita científica para o sucesso no mercado. Os autores, de uma maneira geral, têm identificado dois elementos principais em tal doutrina: uma orientação pró-consumidor e uma estruturação organizacional que permita a integração de todas as atividades relacionadas com *marketing*, bem como lhes dando coordenação e identificação com o objetivo comum. Nesse sentido, ver Robert F. Hartley, *Marketing: management and social change*, Scranton, Intext Educational Publishers, 1972, p. 32.

de um exercício profissional essencial à própria existência da sociedade de consumo. E mesmo no *marketing* – como o é na medicina, nas atividades farmacêuticas, jurídicas e tantas outras – a fraude, a exploração, os abusos e assemelhados mais sofisticados têm de ser expurgados.

O grande valor do profissional de *marketing* não se mede pela sua capacidade de vender o ruim pelo bom, mas sim na sua habilidade de vender o bom, mesmo que mais caro, eliminando, ao mesmo tempo, o ruim, mesmo que mais barato. Em outras palavras: vender e, ao mesmo tempo, purificar o mercado, eis sua vocação.

O Direito do Consumidor aproveita, então, essa visão purificadora e informativa do *marketing*, incentiva-a e, em certos casos, a torna obrigatória (art. 31, por exemplo). E, quando o *marketing* assim atua, cumpre, a um só tempo, os parâmetros legais do Direito do Consumidor e atinge seus objetivos maiores, econômicos e sociais.

12. AS PRÁTICAS COMERCIAIS, O *MARKETING* E A PUBLICIDADE

Já vimos que as práticas comerciais são o gênero ao qual pertence o *marketing*, sendo a publicidade uma das atividades deste. Com tal sentido, diz-se que a "publicidade, tal como qualquer técnica de comunicação, está englobada num contexto mais vasto, o do *marketing*, de que é um dos elementos mais importantes. Não é exagerada a conhecida citação de que 'a publicidade é para o *marketing* o que a máquina é para o fabrico'".[31]

Por ser a publicidade o mais importante componente da atividade de *marketing*, é plenamente compreensível que tenha ela merecido maior atenção do Código.

13. AS PRÁTICAS COMERCIAIS NA ATUALIZAÇÃO DO CDC

Como escrevi,[32] o Código de Defesa do Consumidor (CDC) colocou o Brasil na vanguarda dos países que trataram da matéria, permanecendo como marco normativo revolucionário, uma das maiores conquistas legislativas do povo brasileiro na segunda metade do século XX. Depois de mais de 30 anos de vigência, o CDC não deixa, como qualquer lei, de ser prisioneiro de seu tempo, sequer mencionando o fenômeno importante do superendividamento do consumidor pessoa natural.

Apesar de normas visionárias, não havia como imaginar em 1990 o crescimento exponencial e a democratização do crédito, fenômeno que amplia as facilidades de acesso a produtos e serviços, superando esquemas elitistas e popularizando sofisticados contratos financeiros e de crédito. Esta nova realidade brasileira coloca a necessidade de aperfeiçoar os mecanismos existentes de apoio aos consumidores, especialmente os preventivos, com o intuito de reduzir conflitos, sobretudo no terreno do superendividamento, que merece tratamento legislativo.

Com este objetivo, o Senado Federal nomeou uma Comissão de Juristas para atualizar o CDC nestes dois temas materiais relevantíssimos e desafiadores, o comércio eletrônico e o superendividamento dos consumidores, bem como no acesso à Justiça. O objeto foi evoluir (nunca retroceder) a defesa do consumidor e, respeitando a sua estrutura principiológica, tratar estes novos e essenciais temas no corpo do Código, a evitar guetos normativos dissociados do espírito protetivo do CDC (veja PLS 283/2012, depois PL 3.515/2015 na Câmara de Depu-

---

[31] J. Martins Lampreia, *A publicidade moderna*, Lisboa, Editorial Presença, 1983, p. 67.

[32] O texto a seguir é retirado e adaptado da apresentação à obra em homenagem à saudosa e querida mestre e amiga, Profa. Dra. Ada Pellegrini Grinover, BENJAMIN, Antonio H.; MARQUES, Claudia Lima; LIMA, Clarissa Costa de; VIAL, Sophia Martini. *Comentários à Lei 14.181/2021: A atualização do CDC em matéria de superendividamento*, São Paulo: Ed. RT, 2021, p. 7-12.

Capítulo V · DAS PRÁTICAS COMERCIAIS | **Art. 29**

tados, PL 1.805 na volta ao Senado, agora a Lei 14.181/2021). Com estes dois capítulos novos incluídos no CDC, o Brasil prepara-se para novos e melhores tempos a regular a prevenção e o tratamento do superendividamento do consumidor pessoa natural e ao revalorizar o microssistema do Código de Defesa do Consumidor. Especialmente no capítulo de prevenção e tratamento do superendividamento (Capítulo VI-A) foram incluídas uma série de práticas consideradas abusivas em matéria de concessão de crédito e venda a prazo, segundo o paradigma do crédito responsável, como, por exemplo, a falta de avaliação da situação financeira do consumidor (art. 54-C, II), o ocultar dos riscos e ônus da contratação de crédito (art. 54-C, III), o assédio de consumo (art. 54-C, IV), a imposição de renúncia de ações (art. 54-C,V), a cobrança de quantia contestada (art. 54-G, I), a recusa da entrega da cópia do contrato (art. 54-G, II), o impedir a identificação da fraude e o bloqueio (art. 54-G, III), a não consulta da margem consignável (art. 54-G, § 1º).

O art. 39 estava especialmente mencionado no PLS 283/2012, no atual art. 54-G da Lei 14.181/2021, esclarecendo o Anteprojeto da Comissão de Juristas do Senado Federal para a Atualização do Código de Defesa do Consumidor, que tive a honra de presidir, que as regras sobre prevenção do superendividamento completavam a lista de práticas abusivas. A menção ao art. 39 do CDC foi retirada na Câmara de Deputados e não mais consta expressamente na Lei 14.181/2021, o que não impede que este seja o espírito. Das práticas abusivas ali previstas pela Comissão de Juristas quase todas foram mantidas e hoje constam dos novos artigos do CDC (art. 54-A e seguintes), a exceção dos juros embutidos, presente no inciso I do art. 54-C, e as regras referentes ao crédito consignado (art. 54-E integralmente vetado).

Quanto à proibição de publicidade de juros "0" e outras formas de juros embutidos e enganosos, o STJ já decidiu: "No mercado de consumo, juros embutidos ou disfarçados configuram uma das mais comuns, graves e nocivas modalidades de oferta enganosa. Tipificam publicidade enganosa nas esferas administrativa, civil e penal expressões do tipo 'sem juros' ou falta de indicação clara e precisa dos juros, taxas e encargos cobrados. Conforme o art. 52, *caput*, do Código de Defesa do Consumidor, a informação prévia e adequada – sobre, entre outros, preço, número e periodicidade das prestações, montante dos juros e da taxa efetiva anual e valor total a pagar, com e sem financiamento – precisa constar obrigatoriamente da oferta, publicitária ou não, que envolva parcelamento ou financiamento de produtos e serviços de consumo. Não preenche o requisito da adequação estampar a informação em pé de página, com letras diminutas, na lateral, ou por ressalvas em multiplicidade de asteriscos, ou, ainda, em mensagem oral relâmpago ininteligível" (STJ, REsp 1.828.620-RO, 2ª Turma, Relator Min. Herman Benjamin, julgado em 03/12/2019).

Seção I
Das disposições gerais

Art. 29. Para os fins deste Capítulo e do seguinte, [2] equiparam-se aos consumidores [1] todas as pessoas determináveis ou não, expostas [3] às práticas nele previstas.

COMENTÁRIOS

[1] O CÓDIGO E SEUS MÚLTIPLOS CONCEITOS DE CONSUMIDOR – Em face da complexidade das matérias de que cuida, o Código não se contentou com um único conceito

de consumidor. Há um geral (art. 2º, *caput*) e três outros por equiparação (arts. 2º, parágrafo único, 17 e 29).[33]

Tal se dá porque alguns dos fenômenos de mercado regrados pelo Código poderiam, se tal fosse a opção do legislador, ser objeto de leis específicas, aliás, como é normal na Europa e Estados Unidos. Teríamos, então, uma lei de controle da publicidade, outra para a regulação das cláusulas contratuais abusivas, outra para a responsabilidade civil pelos acidentes de consumo, uma outra para os crimes de consumo, e assim sucessivamente.

[2] UM CONCEITO EXCLUSIVO DE CONSUMIDOR PARA AS PRÁTICAS COMERCIAIS – O conceito do art. 29 integrava, a princípio, o corpo do art. 2º. Como consequência do *lobby* empresarial que queria eliminá-lo por completo, foi transportado, por sugestão minha, para o Capítulo V.

Não houve qualquer prejuízo. Mantém-se, não obstante a fragmentação do conceito, a abrangência da redação primitiva. O consumidor é, então, não apenas aquele que "adquire ou utiliza produto ou serviço" (art. 2º), mas igualmente as pessoas "expostas às práticas" previstas no Código (art. 29). Vale dizer: pode ser visto *concretamente* (art. 2º), ou *abstratamente* (art. 29). No primeiro caso, impõe-se que haja ou que esteja por haver aquisição ou utilização. Diversamente, no segundo, o que se exige é a *simples exposição* à prática, mesmo que não se consiga apontar, concretamente, um consumidor que esteja em vias de adquirir ou utilizar o produto ou serviço.[34]

Como no art. 2º, as pessoas aqui referidas podem ser determináveis ou não. É indiferente estejam essas pessoas identificadas individualmente ou, ao revés, façam parte de uma coletividade indeterminada composta só de pessoas físicas ou só de pessoas jurídicas, ou, até, de pessoas jurídicas e de pessoas físicas. O único requisito é que estejam expostas às práticas comerciais e contratuais abrangidas pelo Código. A redação atual ("expostas às práticas") facilita enormemente o ataque preventivo a tais comportamentos. Uma vez que se prove que, mais cedo ou mais tarde, os consumidores sofreriam a exposição, aí está materializada a necessidade da cautela.

[3] A SUFICIÊNCIA DA EXPOSIÇÃO – Como já referido, no conceito do art. 29, basta a mera *exposição* da pessoa às práticas comerciais ou contratuais para que se esteja diante de um consumidor a merecer a cobertura do Código.

Tal conceito é importante, notadamente para fins de controle preventivo e abstrato dessas práticas. O implementador – aí se incluindo o juiz e o Ministério Público – não deve esperar o exaurimento da relação de consumo para, só então, atuar. Exatamente porque estamos diante de atividades que trazem um enorme potencial danoso, de caráter coletivo ou difuso, é mais econômico e justo evitar que o gravame venha a se materializar.

Seção II
Da oferta

1. OFERTA E *MARKETING*

A oferta, na sua significação tradicional, é "uma manifestação de vontade unilateral através da qual uma pessoa faz conhecer sua intenção de contratar e as condições essenciais do

---

[33] Sobre o conceito jurídico de consumidor, cf. Antônio Herman de V. e Benjamin, "O conceito jurídico de consumidor", *RT* 628:69; Maria Antonieta Zanardo Donato, *Proteção ao consumidor: conceito e extensão*, São Paulo, Revista dos Tribunais, 1994.

[34] STF, 3ª Turma, REsp nº 476.428/SC, rel. Min. Nancy Andrighi, j. de 19.4.2005.

Capítulo V • DAS PRÁTICAS COMERCIAIS

contrato".[35] É o oferecimento "dos termos de um negócio, convidando a outra parte a com eles concordar".[36] Corresponde à proposta, e "quem a emite é denominado *proponente* ou *policitante*. A declaração que lhe segue, indo ao seu encontro, chama-se *aceitação*, designando-se *aceitante* ou *oblato* o declarante".[37]

Como melhor veremos adiante, a oferta clássica – imaginada para uma sociedade pré--industrial e pessoal – exige, para sua validade, uma série de requisitos. Em primeiro lugar, deve ela precisar a coisa vendida e o seu preço. Ademais, deve ser dirigida ao seu destinatário. Finalmente, há de ser firme. Ausentes esses requisitos, verdadeira oferta inexiste, caracterizando-se mero *convite a fazer oferta*.

Todavia, mesmo no Direito Civil tradicional, não se exigia que a oferta se apresentasse sob a forma de um projeto completo de contrato. Bastava que fixasse os elementos essenciais do negócio proposto, vale dizer, a coisa e o preço.[38]

No regime do Código Civil de 1916, a oferta vinculava o policitante, nos seguintes termos: "A proposta de contrato obriga o proponente, se o contrário não resultar dos termos dela, da natureza do negócio, ou das circunstâncias do caso" (art. 1.080). A regra foi preservada, sem alterações, no art. 427 ("Da Formação dos Contratos"), do Código Civil de 2002.

A formulação clássica da oferta, refém do pensamento jurídico oitocentista – e, não obstante tal, mantida, no essencial, pelo novo Código Civil –, não se adaptava à realidade da sociedade de consumo, alicerçada que está no *anonimato* dos sujeitos e, a partir daí, na utilização maciça do *marketing* como técnica de mitigação de seus efeitos. Note-se que, mesmo em período em que a sociedade de consumo já se encontrava consolidada, a jurisprudência recusava-se, de forma geral, a integrar a publicidade, como manifestação de *marketing*, no contrato, assimilando-a, em visível negação dos fatos do mercado e da vida, a simples exageros, toleráveis sob a denominação *dolus bonus*.[39]

Hoje, diversamente, a melhor doutrina e jurisprudência reconhecem ser "normal" que se dê à publicidade um "valor contratual", mesmo que "o documento publicitário precise que nada mais tem que um valor indicativo e que não se constitui em um documento contratual".[40] Tal reconhecimento equivale a um pleito de reforma do sistema clássico, estruturando-se um novo conceito de oferta, em melhor sintonia com o mercado de massa, com o Direito do Consumidor e com os princípios da boa-fé objetiva, da transparência e da confiança.

Não se deve interpretar o vocábulo *oferta* utilizado pelo Código de Defesa do Consumidor em seu sentido clássico. O fenômeno é visto pelo prisma da realidade massificada da sociedade de consumo, em que as ofertas deixam de ser individualizadas e cristalinas, mas nem por isso perdem sua eficácia e poder para influenciar o comportamento e a decisão final do consumidor.

Oferta, em tal acepção, é sinônimo de *marketing*, significando todos os métodos, técnicas e instrumentos que aproximam o consumidor dos produtos e serviços colocados à sua disposição no mercado pelos fornecedores. Qualquer uma dessas técnicas, desde que "suficientemente precisa", pode transformar-se em veículo eficiente de oferta vinculante. Aí reside uma

---

[35] Jacques Guestin & Bernard Desché, *Traité des contrats: la vente*, Paris, Librairie Générale de Droit et de Jurisprudence, 1990, p. 110.

[36] Sílvio Rodrigues, *Direito Civil: dos contratos e das declarações unilaterais da vontade*, São Paulo, Saraiva, 1985, p. 67.

[37] Orlando Gomes, *Contratos*, Rio de Janeiro, Forense, 1984, p. 59, grifo no original.

[38] Jacques Guestin & Bernard Desché, op. cit., p. 110.

[39] Jacques Guestin & Bernard Desché, op. cit., p. 283.

[40] Idem, ibidem, ps. 283 e 284.

225

Art. 30 | CÓDIGO BRASILEIRO DE DEFESA DO CONSUMIDOR

das maiores contribuições do Direito do Consumidor à reforma da teoria clássica da formação dos contratos.

Vê-se, então, que a oferta, nesse sentido moderno, abrange não apenas as técnicas de indução pessoal, como ainda outras mais coletivas e difusas, entre as quais estão as promoções de vendas e a própria publicidade. Claro que em relação a esta o Código traça normas específicas; por razões de mera técnica legislativa assim ocorre, já que, em essência, todos esses fenômenos nada mais são que expressão comum de um único tronco: o *marketing*. Mas não é o tratamento particular que lhe dá o Código que tem o condão de retirar da mensagem publicitária sua natureza jurídica de modalidade de oferta. Tanto isso é verdade que o Código traz dispositivos de regramento da oferta em que a publicidade, não obstante seu regime específico, está incluída (art. 30, por exemplo).

> **Art. 30.** Toda informação ou publicidade, suficientemente precisa, [4] veiculada [3] por qualquer forma ou meio de comunicação com relação a produtos e serviços oferecidos [7][8][9] ou apresentados, obriga [2][6][10] o fornecedor que a fizer veicular ou dela se utilizar e integra [5] o contrato que vier a ser celebrado. [1][11]

COMENTÁRIOS

[1] A ORIGEM DO DISPOSITIVO – O art. 30 inspirou-se no *Projet* francês. Segundo este, *"toute information ou publicité suffisamment précise engage le professionnel qui la fournit ou qui l'utilise"* (art. 95).

[2] O PRINCÍPIO DA VINCULAÇÃO – Os abusos do *marketing* ensejam uma série de providências penais (sanções penais) e administrativas (sanções administrativas). Mas o fenômeno há de ser tratado também no âmbito do Direito Privado, ou seja, na esfera contratual. "O contrato constitui, tradicionalmente, o setor do Direito onde é natural buscar-se os meios de contenção de tais abusos."[41]

Era inevitável, então, a reforma da noção e importância que a teoria dos contratos tinha e dava ao *marketing*. Nas palavras impecáveis de Fábio Konder Comparato, em artigo já clássico,

> "a preocupação de defesa do consumidor conduziu, igualmente, a um alargamento da noção de compra e venda privada, no quadro mais realista de uma economia de empresa. Passou-se, assim, a entender que os processos de publicidade comercial, pela sua importância decisiva no escoamento da produção por um consumo em massa, integram o próprio mecanismo do contrato e devem, por conseguinte, merecer uma disciplina de ordem pública análoga às das estipulações contratuais".[42]

Como melhor veremos ao estudar o regramento que o Código deu à publicidade, a vinculação é um dos princípios informadores do *marketing*, em qualquer de suas modalidades. É a

---

[41] M. J. Trebilcock et al., "Mesures préconisées pour la révision du règlement relatif aux pratiques commerciales malhonnêtes au Canada", *in Études des pratiques commerciales trompeuses et déloyales en matière de concurrence*, Ottawa, Ministère de la Consommation et des Corporations, 1976, vol. I, p. 247.

[42] Fábio Konder Comparato, "A proteção do consumidor: importante capítulo do Direito Econômico", *in Revista de Direito Mercantil, Industrial, Econômico e Financeiro*, Nova Série, 1974, vol. 15/16, p. 97.

resposta que o Direito dá ao relevantíssimo papel que este fenômeno assume na sociedade de consumo. O princípio encontra sua justificativa, pois, no potencial persuasivo das técnicas de *marketing*, não sendo raro, contudo, o resgate, em amparo da tese da sua força obrigatória, de noções antigas, como o adágio *protestatio contra factum non valet*.[43]

Esse princípio, estampado no art. 30, apesar de inserido na seção da oferta, aplica-se igualmente à publicidade. Ou melhor, abrange todas as formas de manifestação do *marketing*.

O art. 30 dá caráter vinculante à *informação* e à *publicidade*; andou bem o legislador ao separar as duas modalidades de manifestação do fornecedor, considerando que aquela é mais ampla do que esta. Com razão está Rizzatto Nunes, ao indicar que "toda publicidade veicula alguma (algum tipo de) informação, mas nem toda informação é publicidade".[44]

Por *informação*, quis o CDC, no art. 30, incluir todo tipo de manifestação do fornecedor que não seja considerado anúncio, mas que, mesmo assim, sirva para induzir o consentimento (= decisão) do consumidor. Aí estão incluídas as informações prestadas por representantes do fornecedor[45] ou por ele próprio, bem como as que constam em bulas ou em alguns rótulos (não em todos, pois certos rótulos ou partes deles apresentam caráter publicitário).

A vinculação atua de duas maneiras. Primeiro, obrigando o fornecedor, mesmo que se negue a contratar. Segundo, introduzindo-se (e prevalecendo) em contrato eventualmente celebrado, inclusive quando seu texto o diga de modo diverso, pretendendo afastar o caráter vinculante. Nesse último aspecto, é impecável a lição de Thereza Alvim: se a proposta publicitária "obriga o proponente, o contrato que dela se originar deverá ser lavrado, seguindo *estritamente* os seus termos".[46]

Daí que não impede a vinculação eventual informação do fornecedor, sempre *a latere* do anúncio, de que as alegações têm mero valor indicativo. Ainda assim, opera, integralmente, a força vinculante do alegado.[47]

Dois pressupostos básicos devem estar presentes para que o princípio da vinculação atue: *veiculação* e *precisão da informação*[48].

[3] O PRESSUPOSTO DA VEICULAÇÃO – Em primeiro lugar, não operará a força obrigatória se não houver *veiculação da informação*. Uma proposta que, embora colocada no papel, deixe de chegar ao conhecimento do consumidor não vincula o fornecedor.

---

[43] Mario Bessone, *Nuovi saggi di Diritto Civile*, Milano, Dott. A. Giuffrè, 1980, p. 239; Jacques Ghestin, *Traité de Droit Civil*. Les obligations. Le contrat, Paris, L. G. D. J., 1980, p. 234.

[44] Luiz Antonio Rizzatto Nunes, *Comentários ao Código de Defesa do Consumidor*, São Paulo, Saraiva, 2000, p. 551.

[45] Nos termos do CDC, informações prestadas por terceiros também vinculam o fornecedor, por força da solidariedade entre ele e seus prepostos ou representantes autônomos (art. 34).

[46] Thereza Alvim et al. *Código do Consumidor comentado*, 2ª ed., São Paulo, Revista dos Tribunais, 1995, p. 190 (grifo nosso).

[47] Jacques Ghestin, op. cit., p. 234.

[48] É nesse sentido o aresto proferido no REsp nº 341.405/DF, tendo como relatora a ministra Nancy Andrighi, 3ª Turma do STJ, j. de 3.9.2002, *DJU* de 28.4.2003, p. 198 da RSTJ, vol. 172 e p. 330 da RT vol. 818, p. 173: "*Consumidor. Recurso Especial. Publicidade. Oferta. Princípio da vinculação. Obrigação do fornecedor. – O CDC dispõe que toda informação ou publicidade, veiculada por qualquer forma ou meio de comunicação com relação a produtos e serviços oferecidos ou apresentados, desde que suficientemente precisa e efetivamente conhecida pelos consumidores a que é destinada, obriga o fornecedor que a fizer veicular ou dela se utilizar, bem como integra o contrato que vier a ser celebrado. – Se o fornecedor, através de publicidade amplamente divulgada, garantiu que os imóveis comercializados seriam financiados pela Caixa Econômica Federal, submete-se a assinatura do contrato de compra e venda nos exatos termos da oferta apresentada*" (JGBF).

É a veiculação que enseja a "exposição" do consumidor, nos termos do art. 29 do CDC, abrindo a malha protetória da lei especial.

[4] O PRESSUPOSTO DA PRECISÃO DA INFORMAÇÃO – Em segundo lugar, a oferta (informação ou publicidade) deve ser suficientemente precisa, isto é, o simples exagero (*puffing*) não obriga o fornecedor. É o caso de expressões exageradas, que não permitem verificação objetiva, como "o melhor sabor", "o mais bonito", "o maravilhoso". Contudo, até essas expressões, em alguns contextos, podem ganhar precisão, vinculando, então, o anunciante. Por exemplo, quando o fornecedor afirma ter "o melhor preço da capital" ou "a garantia mais completa do mercado". A utilização do *puffing* em relação a preço impõe, em regra, a vinculação.

Assim, não é qualquer informação veiculada que vincula o fornecedor. Tem ela de conter uma qualidade essencial: a precisão. Só que não se trata de precisão absoluta, aquela que não deixa dúvidas. O Código contenta-se com uma *precisão suficiente*, vale dizer, com um *mínimo* de concisão.

É exatamente por lhe faltar essa precisão mínima que o exagero (puffing), geralmente, não tem força vinculante. Claro que a precisão mínima é sempre analisada em relação ao destinatário da oferta. Havendo potencial persuasivo, já não mais estamos diante de simples exagero.

O Direito evolui no sentido de eliminar, por inteiro, os exageros – sem fundamentação material ou científica – da comunicação mercadológica. São eles, inegavelmente, elementos perturbadores das relações de consumo e aumentam, sem qualquer benefício em contrapartida, os riscos e a insegurança do consumidor como destinatário do *marketing*.

A esse tema voltaremos, ao abordamos o art. 37 do CDC.

[5] A RESPONSABILIDADE DO FORNECEDOR – A regra do Código é "prometeu, cumpriu". Mas e se o fornecedor recusar o cumprimento da sua oferta ou publicidade? Ou se, ainda com o mesmo resultado, não tiver condições de cumprir o que prometeu?[49]

A resposta parcial está no art. 35: o consumidor pode escolher entre o cumprimento forçado da obrigação e a aceitação de outro bem de consumo. Caso o contrato já tenha sido firmado, se contemplar integralmente o conteúdo da oferta ou publicidade, é lícito ao consumidor, ademais, exigir a sua rescisão, com restituição do já pago, mais perdas e danos.

Claro que as perdas e danos são devidas sempre e não somente no caso da rescisão contratual. Decorrem elas do sistema geral do art. 6°, VII.

Neste sentido já decidiu o STJ: "Informação é um dos direitos básicos do consumidor, talvez o mais elementar de todos na classe dos instrumentais (em contraste com direitos substantivos, como proteção da saúde e segurança), daí a sua expressa prescrição pelo art. 5°, XIV, da Constituição de 1988: 'é assegurado a todos o acesso à informação e resguardado o sigilo da fonte, quando necessário ao exercício profissional'. Consoante o CDC, é direito básico do consumidor 'a informação adequada e clara sobre os diferentes produtos e serviços, com especificação correta de quantidade, características, composição, qualidade e preço' (art. 6°, III, do CDC). Nesse direito instrumental se encontra, sem exagero, um dos baluartes do microssistema e da própria sociedade pós-moderna, ambiente no qual também se insere a proteção contra a publicidade enganosa e abusiva (CDC, arts. 6°, IV, e 37). 3. A falta ou a deficiência material ou formal de informação não só afrontam o texto inequívoco e o espírito do CDC,

---

[49] STJ, REsp n° 327.257/SP, 3ª Turma, rel. Min. Nancy Andrighi, j. 22.6.2004.

como também agridem o próprio senso comum, sem falar que convertem o dever de informar em dever de informar-se, ressuscitando, ilegitimamente e *contra legem*, a arcaica e renegada máxima *caveat emptor* (= o consumidor que se cuide). 4. Por expressa disposição legal, só respeitam o princípio da transparência e da boa-fé objetiva, em sua plenitude, as informações que sejam 'corretas, claras, precisas, ostensivas' e que indiquem, nessas mesmas condições, as 'características, qualidades, quantidade, composição, preço, garantia, prazos de validade e origem, entre outros dados' do produto ou serviço, objeto da relação jurídica de consumo (art. 31 do CDC, grifo acrescentado). Logo, em tese, o tipo de fonte e localização de restrições, condicionantes, advertências e exceções devem ter destaque, sob pena de violação do dever de ostensividade." (REsp 1.447.301/CE, Segunda Turma, Rel. Min. Herman Benjamin, julgado em 08/11/2016, *DJe* 26/08/2020).

[6] FUNDAMENTOS ECONÔMICOS E JURÍDICOS DA RESPONSABILIDADE CIVIL EM MATÉRIA PUBLICITÁRIA – O controle da publicidade pelo Direito não é gratuito ou acadêmico, mas tem fundamentos econômicos, jurídicos e éticos.[50] Num plano mais elevado, já explicamos anteriormente, a publicidade é parte de um amplo universo de fenômenos de mercado que são regrados porque afetam sujeitos vulneráveis e, por sua própria natureza, apresentam-se como manifestações que tendem à insubordinação contra os parâmetros da confiança, da transparência e da boa-fé objetiva, exigências da vida civilizada.

Mais especificamente, na raiz da força obrigatória da mensagem publicitária está o reconhecimento pelo Direito do poder de influência desse instrumento promocional nas decisões dos consumidores: a publicidade cria expectativas – legítimas – que precisam ser protegidas.[51] Negar essas expectativas é fazer do princípio da confiança letra morta e, a partir daí, desacreditar o próprio mercado.

O princípio da vinculação publicitária, portanto, é uma reação direta ao potencial persuasivo das técnicas de *marketing*, que transformam e ampliam, profundamente, a feição da oferta e do consentimento clássicos. Nada mais normal, então, que se lhe reconheça valor contratual.

A responsabilidade civil, ao interessar-se pela publicidade, segue uma tendência natural do Direito que, sensível às necessidades sociais e econômicas, vai continuamente reconhecendo a ressarcibilidade de novos danos, isto é, atribui qualidade de dano jurídico a fatos que o enfoque tradicional recusava-se a aceitar ou prestava pouca ou nenhuma atenção.[52]

Para bem compreender-se a dimensão das alterações propostas e implementadas nesse campo, é sempre bom repetir que, na doutrina tradicional, os anúncios eram considerados aspectos alheios ao negócio[53] e, por isso mesmo, não vinculantes. Na nova concepção, a publicidade deixa a periferia do fenômeno jurídico e passa a integrar o privilegiado grupo de

---

[50] No tema do princípio da vinculação contratual da publicidade, cf. o excelente trabalho de Adalberto Pasqualotto, Os efeitos obrigacionais..., cit.

[51] Como muito bem alerta Atílio Aníbal Alterini: "En el mercado clásico la oferta respondía a necesidades expresadas por la demanda. En el mercado moderno es posible crear una necesidad mediante la publicidad, y así provocar la demanda. La publicidad también modifica gustos o crea modas, y genera los que antes eran denominados deseos psicológicos o, dicho con más pudor, bienes de obsolescencia acelerada" (Atílio Aníbal Alterini, "Control de la publicidad y comercialización", *in Revista de Direito do Consumidor*, vol. 12, out./dez. 1994, p. 16).

[52] Roberto M. López Cabana, Nuevos daños jurídicos, in Atílio Aníbal Alterini e Roberto Lopez Cabana, *Temas de responsabilidad civil*, Buenos Aires, Ediciones Ciudad Argentina, 1995, p. 122.

[53] Jorge Mosset Iturraspe e Ricardo L. Lorenzetti, *Defensa del consumidor*. Ley 24.240, Santa Fe, Rubinzal-Culzoni, 1994, p. 95.

Art. 30 | CÓDIGO BRASILEIRO DE DEFESA DO CONSUMIDOR

institutos capazes de pôr em marcha a roda da responsabilidade, não só civil, mas também penal e administrativa.

Centrada na equiparação da publicidade à oferta, essa transformação substancial do modelo jurídico clássico era tida como herética até poucos anos atrás.[54] Na sua origem, como em todo o Direito do Consumidor, está a necessidade de, pela lei, reequilibrarem-se as relações no mercado, profunda e universalmente desestabilizadas no terreno publicitário (a vulnerabilidade do consumidor no seu máximo grau), conferindo sentido concreto aos princípios da boa-fé e da transparência.

O consumidor é sempre e inexoravelmente um mero espectador passivo do anúncio. Não tem qualquer poder sobre ele; sua interferência no fenômeno publicitário é nula, a não ser como destinatário da mensagem, perante a qual é sujeito impotente. A publicidade é algo que o consumidor vê, ouve, sente; nada mais! Em verdade, tudo se passa, fundamentalmente, entre o anunciante – o maior beneficiário do anúncio e seu causador inicial –, a agência e o veículo. Às vezes, outros participantes periféricos do processo publicitário são acrescentados, como no caso dos anúncios testemunhais.

Ora, diante de tal situação, que em última análise caracteriza e reflete uma equação de poder (e de riscos), é mais que compreensível – é mesmo exigência de justiça social – que o anunciante (pelo menos ele)[55] seja responsabilizado por aquilo que diz ou deixa de dizer. A publicidade é "necessária na economia de mercado", mas ninguém nega que, infelizmente, "aparece muitas vezes como nociva ao público".[56]

Ademais, na medida em que a publicidade influencia – quando não determina[57] – o comportamento contratual do consumidor, nada mais razoável que passe o Direito a lhe dar consequências proporcionais à sua importância fática (econômica e cultural, mais que tudo). Ao certo, "a publicidade é o principal meio de informação pré-contratual, não tanto pelo ponto de vista da qualidade da informação, mas pelo número de pessoas a quem chega".[58] Trazendo os anúncios, comumente, elementos de informação sobre qualidade, quantidade, preço e características do produto ou serviço (ou da empresa), claro está um certo e lógico conteúdo de "garantia" na atividade publicitária.[59]

Esses os fundamentos econômico-jurídicos em função dos quais, no plano civil, a publicidade, lícita ou ilícita,[60] sempre traz (ou deve trazer) consequências. Se conforme com a lei,

---

[54] Jorge Mosset Iturraspe e Ricardo L. Lorenzetti, op. cit., p. 95.

[55] Cuidamos aqui apenas do princípio da vinculação da mensagem publicitária. Em sede de outros princípios, a agência – e até o veículo – também é responsável.

[56] Gabriel A. Stiglitz, *Protección jurídica del consumidor*, Buenos Aires, Depalma, 1990, p. 15.

[57] Dito de outra forma, "las declaraciones informativas y publicitarias del empresario, se adueñan de una fuerte incidencia sobre la voluntad del consumidor" (Ruben S. Stiglitz e Gabriel A. Stiglitz, *Responsabilidad precontractual*, Buenos Aires, Abeledo-Perrot, 1992, p. 138).

[58] Aída Kemelmajer de Carlucci, "Publicidad y consumidores", *in Revista de Derecho Privado y Comunitario*, Santa Fe, Rubinzal-Culzoni, vol. 5, 1994, p. 137.

[59] Vincenzo Franceschelli, "Pubblicità ingannevole e culpa in contrahendo (in margine a un recente libro)", *in Rivista di Diritto Civile*, anno XXIX, 1983, parte seconda, p. 270. Garantia esta que não pode, nos regimes modernos de proteção do consumidor, como o CDC brasileiro, ser derrogada pela vontade das partes, já que de ordem pública.

[60] Noutro momento, dissemos que se pode "classificar a publicidade em duas grandes categorias: a lícita e a ilícita. Esta, por sua vez, pela ótica do Direito do Consumidor, pode ser enganosa ou abusiva. A enganosa ora é comissiva, ora é omissiva. Há outra modalidade de publicidade ilícita que não interessa, diretamente, ao Direito do Consumidor: a publicidade desleal (Antônio Herman de V. e Benjamin, A repressão penal..., cit., p. 101). Ilícita é a publicidade que viola quaisquer dos princípios que a informam e regram num dado ordenamento (cf. Aída Kemelmajer de Carlucci, "La publicidad y los consumidores en el fin del siglo", in

Capítulo V · DAS PRÁTICAS COMERCIAIS | Art. 30

o anúncio cria direitos e obrigações orientados ao seu cumprimento (princípio da vinculação contratual da mensagem publicitária). De outra parte, quando operando à margem do ordenamento, a publicidade obedece a vínculos não apenas dedicados a fazê-la cumprir, mas também direcionados a prevenir, reparar e reprimir as consequências nefastas do fenômeno, que, como alertamos, desorganizam profundamente o mercado.[61]

Ao decidir o conflito potencial entre os que, de maneira massificada, oferecem (= os fornecedores) produtos e serviços e os seus simples destinatários (= os consumidores), o Direito moderno subverte o sistema tradicional, apegado à irrealista e injustificável visão da publicidade como *invitatio ad offerendum*. Agora o ordenamento, embora preservando as facilidades e benefícios econômico-operacionais que a publicidade traz para os empresários, impõe-lhes o dever de cumprir o prometido, além de reparar eventuais danos causados pelas suas atividades incitativas.

[7] DA OFERTA CLÁSSICA À OFERTA PUBLICITÁRIA – Como instituto jurídico, a oferta não tem vida própria. É o que o Direito quer que seja e determina que é. Seus contornos, requisitos, conteúdo e efeitos são fixados pelo ordenamento. Na abalizada lição de Pontes de Miranda, "se a promessa é vinculativa por si só, ou se é vinculativa e geradora de pretensões e ações, responde o sistema jurídico".[62]

Nessa linha, não tem sentido a conjectura de uma certa incompatibilidade essencial e intransponível entre oferta e publicidade. A rigor, o que há é uma falta de sintonia entre um ultrapassado modelo legal (infelizmente mantido, com ajustes mínimos, no novo Código Civil), jurisprudencial e doutrinário de oferta e a tipologia real da policitação massificada, em particular na forma de anúncios. No decorrer dos anos, especialmente na primeira metade do século XX, a doutrina clássica – seguida rapidamente pela jurisprudência, ansiosa por modelos de fácil e automática aplicação – construiu uma camisa de força para a oferta, procurando conferir um sentido lógico à sua noção. "Lógica, contudo, não é justiça."[63]

A publicidade sempre foi vítima de duplo extremismo, característico da oferta clássica. De um lado, um profundo *rigor formal quanto aos requisitos* de uma proposta válida: ou estavam todos presentes, ou não havia oferta. De outro, uma certa flexibilidade – maior ou menor, dependendo do ordenamento jurídico – em relação à *força obrigatória* da oferta, notadamente a pública.

Duas ordens de questões interdependentes estão então postas. Primeiro, importa saber se a publicidade é considerada oferta capaz de vincular o anunciante. Segundo, interessa resolver o grau de vinculação do ofertante à sua oferta – vale dizer, obriga-se unilateralmente ou conserva sua liberdade de alterá-la ou retirá-la até o instante em que é aceita, formando o contrato?

No tratamento moderno do tema, o que vamos observar é exatamente uma reviravolta na polarização desses extremos: visando a acomodar as prementes e irresistíveis necessidades sociais criadas pela publicidade, os requisitos essenciais da policitação tornam-se menos exigentes, enquanto o caráter vinculante da promessa fica mais rígido.

Congreso Internacional La persona y el Derecho en el fin de siglo, Libro de Ponencias, Santa Fe, Facultad de Ciencias Jurídicas y Sociales, Secretaria Academica y Centro de Estudiantes de Derecho, Universidad Nacional del Litoral, 1996, p. 477).

[61] Assim se dá, por exemplo, com a aplicação dos princípios da veracidade e da não abusividade, bem como com o princípio da correção do desvio publicitário (mediante o uso de contrapropaganda, isto é, de anúncios retificativos).

[62] Pontes de Miranda, *Tratado de Direito Privado*. Parte especial, Rio de Janeiro, Borsói, 1971, tomo XXXI, p. 71.

[63] John D. Calamari e Joseph M. Perillo, *Contracts*, 2ª ed., St. Paul, West Publishing Co., 1977, p. 82.

Art. 30 | CÓDIGO BRASILEIRO DE DEFESA DO CONSUMIDOR

[8] O FORMALISMO DA OFERTA NO DIREITO TRADICIONAL – Na sua configuração original, com variações mínimas de sistema a sistema, exige-se que a oferta seja *precisa* (= autossuficiente, vale dizer, completa e inequívoca, sem vagueza ou incongruências, trazendo as cláusulas essenciais do contrato, pelo menos as relativas ao preço e à coisa), *dirigida a seu destinatário* (= declarada e, em alguns sistemas, como o argentino, com destinatário certo ou determinado) e *firme* (= séria, mesmo que com reservas, mas carreando, de qualquer maneira, a intenção inequívoca de obrigar-se). Tais requisitos são exigíveis[64] tanto da oferta à pessoa determinada, como da pública.[65]

Ao anúncio, por nem sempre trazer todos esses requisitos (em particular, por não ser, ordinariamente, nem completo, nem inequívoco e, muito menos, dirigido a destinatários identificados), negava-se o caráter de oferta e, a partir daí, a possibilidade de vinculação contratual, sendo sempre apontado como pura (e contratualmente inofensiva) "*invitatio ad offerendum*", "*invitation aux pourparlers*", "*invito ad offrire*",[66] "*invitation to treat*"[67] ou "convite a contratar", com seus exageros equiparados a *dolus bonus*. A perspectiva da publicidade como simples convite à apresentação de ofertas era – e ainda é – largamente aceita no contexto do Direito Contratual tradicional, apesar da evolução doutrinária já referida.

[9] A FORÇA OBRIGATÓRIA DA OFERTA NO DIREITO TRADICIONAL – Nem só o rigor formal dos requisitos da oferta inviabilizava ou de todo impedia a responsabilização plena e adequada do anunciante. Uma certa indefinição dos vários ordenamentos jurídicos sobre o efeito vinculante da própria oferta – não mais só a publicitária, mas qualquer tipo de policitação – dificultava eventuais tentativas de obrigar o fornecedor a cumprir aquilo que, via anúncio, havia prometido. Realmente, num sistema em que a oferta, em geral, não é vinculante, qual o sentido da flexibilização dos seus requisitos formais para acomodar o perfil especial da publicidade?

A questão é saber se a policitação cria para quem a emite o dever de mantê-la durante um certo tempo, a partir de sua veiculação, ou se, ao contrário, pode ser livremente retratada ou revogada a qualquer momento, antes de sua aceitação.[68]

Na ortodoxia contratual, principalmente francesa, a regra era que a policitação "não produz qualquer obrigação propriamente dita; e aquele que fez tal promessa pode retratar-se, desde que o prometido não tenha sido *aceito* por aquele a quem é dirigido".[69] Vale dizer, em tais termos, a vinculação só é disparada pela aceitação, o que significa, em outras palavras, que, em si considerada, a oferta pura e simples não traz consigo qualquer força obrigatória.

O poder de revogação conferido ao proponente representa um sério inconveniente para o oblato, o qual fica na incerteza sobre a conclusão do contrato, nas condições estabelecidas na

---

[64] O Código Civil brasileiro não traz os requisitos da proposta. No Direito argentino, a oferta, segundo a melhor doutrina, requer os seguintes requisitos: a) completividade ou autossuficiência; b) destinatário determinado; c) seriedade, isto é, "efectuada con intención de obligarse", excluída a brincadeira (*animus jocandi*) (Atílio Aníbal Alterini et al., *Derecho de obligaciones*, Buenos Aires, Abeledo-Perrot, 1993, p. 661). Nos termos do Código Civil argentino (art. 1.148), a oferta deve vir "con todos los antecedentes constitutivos de los contratos" (Jorge Mosset Iturraspe, *Contratos*, Santa Fe, Rubinzal-Culzoni, 1995, p. 115).

[65] Cf., também, Jacques Ghestin, *Traité de Droit Civil*. La formation du contrat, 3ª ed., Paris, L. G. D. J., 1993, ps. 261-266.

[66] "Uma proposta incompleta pode assumir o valor de um convite à oferta", indicando somente o início de uma negociação (C. Massimo Bianca, *Diritto Civile: il contrato*, Milano, Dott. A. Giuffrè Editore, 1987, vol. III, p. 219).

[67] É o caso do Direito inglês e, em certa medida, do Direito norte-americano. Sobre aquele, cf. P. D. V. Marsh, *Comparative contract law*. England, France, Germany, Aldershot, Gower, 1994, p. 42.

[68] Jorge Mosset Iturraspe, op. cit., ps. 117-118.

[69] Robert-Joseph Pothier, Traité des obligations, in Bugnet, Oeuvres de Pothier annotées et mises en corrélation avec le Code Civil et la législation actuelle, Paris, Cosse et N. Delamotte, 1848, vol. II, p. 5.

Capítulo V · DAS PRÁTICAS COMERCIAIS | **Art. 30**

oferta. Tal situação ganha contornos dramáticos na oferta ao público. Imagine-se a insegurança daqueles que, diante de um catálogo ou lista de preço, precisam, a cada momento, verificar se a proposta originária continua válida.[70]

A recusa em garantir à oferta caráter irrevogável encontra, na sua origem, a noção arraigada em alguns sistemas jurídicos de que, em sede contratual, uma declaração unilateral não pode criar uma obrigação a cargo do promitente e em benefício de terceiros. Permitir que assim fosse seria perigoso, pois a vinculação dar-se-ia sem o valorizado contraditório, que assegura a firmeza do consentimento. Daí que, em consequência, aquele que dessa maneira atua pode retratar-se a qualquer momento.[71] De outra parte, admitindo-se a possibilidade e conveniência de vinculação unilateral, dever-se-ia, simetricamente, ser permitida a desvinculação unilateral – a mesma vontade que cria há de ser capaz de destruir,[72] exatamente o que a doutrina e a regulamentação legal atuais procuram evitar que ocorra em sede publicitária.

A situação evoluiu, em certos sistemas[73] (alemão,[74] belga, dinamarquês, português[75] e brasileiro,[76] por exemplo), no sentido de conferir-se força obrigatória à oferta. Outros países – Estados Unidos,[77] Inglaterra,[78] Itália[79] e França,[80] por exemplo – adotam, em graus diversos, o princípio da livre revogação da oferta.

---

[70] C. Massimo Bianca, op. cit., p. 238.

[71] Boris Starck, Henri Roland e Laurent Boyer, *Obligations*. 2. Contrat, 4ª ed., Paris, Litec, 1993, p. 19.

[72] Boris Starck, Henri Roland e Laurent Boyer, op. cit., p. 20.

[73] Cf. P. D. V. Marsh, op. cit.

[74] Arts.145 a 148 do BGB.

[75] Código Civil português, arts. 228 e 230.

[76] No Brasil, assinala Antônio Junqueira de Azevedo, com a propriedade que lhe é peculiar: "Entre nós, desde o advento do Código Civil, e ao contrário do que ocorre em inúmeros países da família romano-germânica, nunca houve dificuldade à aceitação de que os atos unilaterais criam obrigações (v. Título VI, Das Obrigações por Declaração Unilateral de Vontade, do livro Do Direito das Obrigações). Em matéria de oferta, a disposição do art. 1.080 também nunca deixou margem a dúvida sobre seu caráter vinculante: 'A proposta de contrato obriga o proponente, se o contrário não resultar dos termos dela, da natureza do negócio, ou das circunstâncias do caso.' Portanto, no Direito brasileiro, ainda que a oferta esteja na fase pré-contratual, as questões que dela surgem são, inegavelmente, de responsabilidade contratual (por motivos óbvios, seria melhor dizer, de responsabilidade negocial)" (Antônio Junqueira de Azevedo, "Responsabilidade pré-contratual no Código de Defesa do Consumidor: estudo comparativo com a responsabilidade pré-contratual no Direito Comum", *in Revista de Direito do Consumidor, Instituto Brasileiro de Política e Direito do Consumidor/Revista dos Tribunais*, vol. 18, 1996, p. 29). O mencionado art. 1.080 do Código Civil de 1916 corresponde ao art. 427 do Código Civil de 2002, a saber: "Art. 427. A proposta de contrato obriga o proponente, se o contrário não resultar dos termos dela, da natureza do negócio, ou das circunstâncias do caso" (JGBF).

[77] Nos EUA, a oferta não fornecida, "consideration", é totalmente revogável (Samuel Willston, *The law of contracts*, New York, Baker, Voorhis & CO., 1931, p. 30), "mesmo quando afirma ser irrevogável" (John D. Calamari e Joseph M. Perillo, op. cit., p. 89).

[78] P. D. V. Marsh, op. cit., p. 58.

[79] Cf. o art. 1.328, do Código Civil italiano.

[80] Na França, a jurisprudência entende que, em princípio, o policitante não está vinculado à sua oferta e pode retratar-se até que venha uma aceitação válida. Essa regra, entretanto, vem sendo, gradativamente, corroída em várias hipóteses. Primeiro, quando o policitante fixa um período de validade para a oferta (prazo de aceitação), comprometendo-se a não retirá-la antes de uma certa data. Segundo, quando abusa (carência de motivo legítimo) do direito de revogação, exercendo-o prematuramente, antes da expiração de um prazo razoável implícito. Nesse último caso, sob a base de que a oferta, para corresponder à sua finalidade social, necessita que seu destinatário tenha tempo suficiente para examiná-la e respondê-la, é conferido ao oblato um prazo razoável, geralmente muito breve (Jacques Ghestin, Traité de Droit Civil. La formation..., cit., ps. 270-279).Não obstante tais temperamentos, a doutrina clássica continua a sustentar

Art. 30 | CÓDIGO BRASILEIRO DE DEFESA DO CONSUMIDOR

A solução legislativa (maior vinculação e menor poder de liberação) vem, de modo geral, aplaudida,[81] já que, oportunamente, por intervenção direta, clara, irrestrita e cogente do legislador, liberta a força vinculante da publicidade do sabor e das incertezas das infindáveis discussões doutrinárias e jurisprudenciais.

[10] BASES DO NOVO PARADIGMA DA OFERTA PUBLICITÁRIA – No Brasil, como de resto em outras partes do mundo, antes das grandes transformações sedimentadas pelo Direito do Consumidor, só muito raramente a publicidade era considerada "proposta", no sentido contratual tradicional, vindo o fenômeno publicitário inserido na fase pré-contratual, "não se lhe atribuindo qualquer relevo no processo formativo do consenso negocial".[82] Era vista, já dissemos, como pura *invitatio ad offerendum* e, por isso mesmo, não vinculante.

Vários caminhos foram aventados pela doutrina com o intuito de conferir efeito vinculante aos conteúdos publicitários.[83] Comum a todos está uma certa operatividade restrita, sempre condicionada a um enorme e inseguro influxo doutrinário.

Primeiro, buscou-se, pura e simplesmente, ver na publicidade uma espécie de oferta pública ou *ad incertam personam*. Além disso, tentou-se localizar nela uma relação pré-contratual de confiança entre fornecedores e consumidores que, uma vez violada pela recusa de cumprir o prometido ou, ainda, pela enganosidade, daria ensejo à responsabilização do anunciante. Terceiro, a responsabilidade extracontratual, os vícios de consentimento, a interpretação contratual e a boa-fé foram igualmente chamados em auxílio dos consumidores lesados pelo fenômeno publicitário. Finalmente, procedeu-se ao resgate em amparo da tese da força obrigatória até de noções antigas, como o adágio *protestatio contra factum non valet*.[84]

A resolução definitiva do problema exigiu intervenção legislativa. Curioso (para não dizer trágico) que isso tenha sido necessário inclusive em países, como o Brasil, onde a oferta, normalmente, já é obrigatória, inexistindo, ademais, regramento legal dos seus requisitos. Aqui, patente a força (perniciosa) da doutrina brasileira que, desatenta e insensível às grandes transformações dos últimos anos, continuava a repetir – automaticamente e sem suporte sequer na letra estrita do Código Civil de 1916 – teorias e princípios próprios de sistemas jurídicos estrangeiros muito mais rigorosos que o nosso em relação ao tratamento a ser dado à policitação.

Os contornos da oferta publicitária, na forma traduzida pelos estatutos e doutrinas recentes de proteção do consumidor, divergem profundamente daqueles da policitação clássica (divergência que é mantida no modelo geral do novo Código Civil, como veremos adiante). Primeiro, seu grau mínimo de *precisão* ou *completude* é reduzido. Já não se exige que traga todos os termos essenciais do contrato, particularmente referências à coisa e ao preço. O detalhamento deixa de ser o portão de entrada da força obrigatória.

Segundo, o anúncio não precisa ser *inequívoco*; o caráter equívoco funciona contra o policitante publicitário e não em seu favor. No Direito clássico, já mencionamos, a oferta equívoca era considerada ineficaz, beneficiando o ofertante relapso ou de má-fé. A proteção do consumidor propiciou verdadeira inversão desse paradigma. Vale dizer, o legislador, na tutela desse sujeito, rechaça a exigência de que a oferta, para vincular, seja "plena, completa, íntegra".[85]

---

que, na ausência de prazo, expresso ou implícito, o policitante pode revogar sua oferta sem incorrer em responsabilidade civil (Henri & Léon Mazeaud et alii, op. cit., p. 121).

[81] Miguel Pasquau Liaño, *Comentarios a la Ley General para la Defensa de los Consumidores y Usuarios*, coordenação de Rodrigo Bercovitz e Javier Salas, Madrid, Civitas, 1992, p. 164.

[82] Vincenzo Franceschelli, art. cit., p. 270.

[83] Miguel Pasquau Liaño, op. cit., ps. 155 e segs.

[84] Mario Bessone, *Nuovi saggi di Diritto Civile*, Milano, Dott. A. Giuffrè, 1980, p. 239.

[85] Jorge Mosset Iturraspe e Ricardo L. Lorenzetti, op. cit., p. 93.

Por derradeiro, no saber contratual convencional, o policitante "é o mestre da oferta".[86] Não mais! A oferta publicitária, na construção do Direito do Consumidor, vem dotada de rigorosa *irretratabilidade,* em todo ultrapassado o "caráter singularmente frágil"[87] da oferta clássica, fruto de sua acentuada revogabilidade.

A oferta, no mundo da proteção do consumidor, é fenômeno altamente regrado, até constitucionalmente.[88] Além de estabelecer, como princípio, a força obrigatória da policitação, daí advindo a sua irrevogabilidade durante o prazo fixado pelo anunciante ou outro razoável, a lei ainda impõe um dever genérico de informação, acompanhado de outros mais específicos.

Nesse sentido, o CDC estabelece, em um dos seus relevantes artigos sobre o tema,[89] que "a oferta e apresentação de produtos ou serviços devem assegurar informações corretas, claras, precisas, ostensivas e em língua portuguesa sobre suas características, qualidades, quantidade, composição, preço, garantia, prazos de validade e origem, entre outros dados, bem como sobre os riscos que apresentam à saúde e segurança dos consumidores".[90]

Já vimos que, em termos de princípio da vinculação contratual da mensagem publicitária, o CDC não deixa qualquer dúvida, ao regrar a matéria em dois dispositivos principais, os arts. 30 e 35.[91] Concluindo, não chega a ser exagero dizer-se que dispositivos como os arts. 30 e 35 apresentam solução "revolucionária"[92] no tratamento da publicidade. Já era tempo! Isso porque, na lição abalizada de Antônio Junqueira de Azevedo, tais disposições legais, como consequência jurídica, significam "que, dada a informação, ou feita a publicidade, desde que 'suficientemente precisa', ou apresentada a oferta, o fornecedor cria um *direito potestativo para o consumidor*; este pode aceitar, ou não, o negócio que se propõe; o fornecedor está em pura situação de sujeição. Se houver aceitação pelo oblato, o contrato está concluído".[93]

Em sede publicitária, parece que o legislador brasileiro prestou bastante atenção à advertência da doutrina de que a proteção do consumidor "deve ser cuidadosamente reproposta, sem vínculos a moldes rígidos nem a preconceitos".[94]

Que esses tardios avanços encontrem, na doutrina e nos tribunais, respaldo à altura da manifestação do legislador e da expectativa da sociedade.

---

[86] John D. Calamari e Joseph M. Perillo, op. cit., p. 86.

[87] Louis Josserand, *Cours de Droit Civil Positif français*, 2ª ed., Paris, Librairie du Recueil Sirey, 1933, p. 27.

[88] A Constituição argentina, por exemplo, dispõe, após a reforma de 1994, que: "Los consumidores y usuarios de bienes y servicios tienen derecho, en la relación de consumo, a la protección de su salud, seguridad e intereses económicos; a una información adecuada y veraz; a la libertad de elección y a condiciones de trato equitativo y digno" (art. 42, grifo nosso).

[89] Há outros dispositivos igualmente relevantes, todos direcionados no sentido da transparência, equilíbrio e boa-fé da oferta. Cf., p. ex., os arts. 33 e 52.

[90] CDC, art. 31. Nos mesmos passos, o estatuto argentino de proteção do consumidor (Ley 24.240) determina que: "Quienes produzcan, importen, distribuyan o comercialicen cosas o presten servicios, deben suministrar a los consumidores o usuarios, en forma cierta y objetiva, información veraz, detallada, eficaz y suficiente sobre las características esenciales de los mismos" (art. 4º). Cf., ainda, o art. 19: "Quienes presten servicios de cualquier naturaleza están obligados a respetar los términos, plazos, condiciones, modalidades, reservas y demás circunstancias conforme a las cuales hayan sido ofrecidos, publicitados o convenidos".

[91] Na mesma direção, na Argentina, a Ley 24.240 põe de cabeça para baixo o sistema do art. 1.150, do Código Civil: "La oferta dirigida a consumidores potenciales indeterminados, obliga a quien la emite durante el tiempo en que se realice, debiendo contener la fecha precisa de comienzo y de finalización, así como también sus modalidades, condiciones o limitaciones" (art. 7º).

[92] Jorge Mosset Iturraspe e Ricardo L. Lorenzetti, op. cit., p. 96.

[93] Antônio Junqueira de Azevedo, Responsabilidade pré-contratual..., cit., p. 30.

[94] Ramón Daniel Pizarro e Carlos Gustavo Vallespinos, Publicidad inductiva y engañosa, in *Derecho del Consumidor*, Rosario, Editorial Juris, 1991, vol. 1, p. 45.

Art. 31 | CÓDIGO BRASILEIRO DE DEFESA DO CONSUMIDOR

[11] INAPLICABILIDADE DO ART. 429 DO CÓDIGO CIVIL ÀS RELAÇÕES DE CONSUMO – No que se refere à oferta, o novo Código Civil, tentando ajustar-se à evolução do mercado e da sociedade de comunicação de massa, deu um passo à frente e, simultaneamente, outro atrás.

Dispõe seu art. 429, *caput*, que: "A oferta ao público equivale a proposta quando encerra os requisitos essenciais ao contrato, salvo se o contrário resultar das circunstâncias ou dos usos." Está aqui, pela primeira vez, na nossa legislação civil, o reconhecimento da "oferta ao público".

Avançou o Código ao estabelecer a "equivalência" entre *oferta ao público* e *proposta*. Por amor à técnica, é bom notar, *ab initio*, que não estamos *diante*, verdadeiramente, ao contrário do que deseja indicar o CC, de "proposta por equivalência", mas de genuína proposta. Por aqui já se começa a perceber que o reconhecimento tardio do caráter vinculante da oferta publicitária não ocorreu facilmente, pois é inegável, até no discurso legal adotado, a resistência do legislador em romper com o paradigma ultrapassado e injusto do Código Civil de 1916 (= *rectius*, da doutrina civilista inspirada no CC).

De toda sorte, o avanço foi apenas aparente, pois o tipo de oferta ao público que o legislador equiparou à proposta inexiste, em regra, na prática do mercado. E se existisse, não seria anúncio (= oferta ao público), mas algo assemelhado a uma bula de remédio. Querer que a oferta ao público (= publicidade), para ter efeito vinculante, encerre "os requisitos essenciais ao contrato" é impor condição juridicamente possível, mas concretamente implausível. Quem já viu um anúncio que traga todos "os requisitos essenciais ao contrato"? Se é que tal modalidade publicitária ocorre, certamente não é comum, menos ainda nos meios maciços de comunicação, como o rádio e a televisão.

A solução para o aparente paradoxo hermenêutico do dispositivo ("dar com uma mão, retirar com a outra") está nele próprio, pela via da expressão "salvo se o contrário resultar das circunstâncias ou dos usos" (art. 429, *caput, in fine*). No mundo do *marketing*, a exceção prevista pelo legislador comporta-se, na verdade, como regra geral, vale dizer, é próprio "das circunstâncias ou dos usos" publicitários e do mercado de consumo que o anúncio, embora sem a presença da totalidade dos "requisitos essenciais ao contrato", seja visto como genuína proposta. Nem poderia ser diferente, pois, se o contrário fosse, a publicidade não teria a força que tem para mover milhões de consumidores. Eis, aqui, na sua plenitude, manifestado o princípio da confiança.

De qualquer maneira, com ou sem defeitos de redação, o art. 429, *caput*, do Código Civil *não* tem nenhuma repercussão concreta nas relações de consumo, conquanto regidas, nesse ponto, inteiramente por norma especial. O regime da oferta – publicitária ou não – nos negócios de consumo é particular, interessando o estudo do sistema do Código Civil simplesmente para realçar, uma vez mais e pela técnica do cotejo, a visão social e moderna do legislador do CDC.

Como veremos adiante, na análise do art. 35, tampouco incide sobre as relações de consumo o parágrafo único do art. 429 do CC, que cuida da revogação da oferta ao público.

Art. 31. A oferta e apresentação [6] de produtos ou serviços devem [2][7] assegurar informações [1] corretas, claras, precisas, ostensivas e em língua portuguesa [4] sobre suas características, qualidades, quantidade, composição, preço [8], garantia, prazos de validade e origem, [5] entre outros dados [3], bem como sobre os riscos que apresentam à saúde e segurança dos consumidores.

Parágrafo único. As informações de que trata este artigo, nos produtos refrigerados oferecidos ao consumidor, serão gravadas de forma indelével [9] (parágrafo acrescentado pela Lei Federal nº 11.989/2009).

COMENTÁRIOS

[1] DOIS TIPOS BÁSICOS DE INFORMAÇÃO – A informação, no mercado de consumo, é oferecida em dois momentos principais. Há, em primeiro lugar, uma informação que precede (publicidade, por exemplo) ou acompanha (embalagem, por exemplo) o bem de consumo. Em segundo lugar, existe a informação passada no momento da formalização do ato de consumo, isto é, no instante da contratação.

Lá, temos a informação *pré-contratual*. Aqui, nos deparamos com a informação *contratual*. São dois estágios distintos do *iter* da comunicação com o consumidor. Ambos têm o mesmo objetivo, ou seja, preparar o consumidor para um ato de consumo verdadeiramente consentido, livre, porque fundamentado em informações adequadas.

Só que um (o pré-contratual) tem muito mais a ver com informações sobre o próprio produto ou serviço, embora não se limite a tal. O outro, diversamente, trata precipuamente das condições formais em que a manifestação da vontade tem lugar. É como se aquele momento inicial fosse, de fato, preparatório para o segundo. Isso porque, sem a informação adequada através da oferta, "a informação contratual corre o risco de chegar tarde demais".[95] E é na fase pré-contratual que a decisão do consumidor é efetivamente tomada. Daí a importância de sua informação suficiente ainda nesse estágio.

Esta Seção II cuida, basicamente, da informação pré-contratual, vindo a informação contratual regida pelo Capítulo VI, notadamente pelos arts. 46 e 54, §§ 3º e 4º, do Código.

Em todo o Código transparece a preocupação do legislador com a questão da informação. Afinal, bem que justificada, já que, nas palavras sábias de Mário Frota, o jurista português, presidente da Associação Internacional de Direito do Consumo, "a informação aos consumidores é *conditio sine qua non* da realização do mercado".[96]

[2] O DEVER DE INFORMAR – Para a proteção efetiva do consumidor não é suficiente o mero controle da enganosidade e abusividade da informação. Faz-se necessário que o fornecedor cumpra seu dever de informação positiva.[97] Toda a reforma do sistema jurídico nessa matéria, em especial no que se refere à publicidade, relaciona-se com o reconhecimento de que o consumidor tem direito a uma informação completa e exata sobre os produtos e serviços que deseja adquirir.[98]

O dispositivo tem, na sua origem, o princípio da transparência, previsto expressamente pelo CDC (art. 4º, *caput*). Por outro lado, é decorrência também do princípio da boa-fé objetiva, que perece em ambiente onde falte a informação plena do consumidor.

Com efeito, "na sociedade de consumo o consumidor é geralmente mal informado. Ele não está habilitado a conhecer a qualidade do bem ofertado no mercado, nem a obter, por seus próprios meios, as informações exatas e essenciais. Sem uma informação útil e completa, o consumidor não pode fazer uma escolha livre. A obrigação que o Direito Civil impõe ao comprador de informar-se antes de contratar é, na sociedade de consumo, irreal".[99]

---

[95] Nicole L'Heureux, *Droit de la consommation*, Montreal, Wilson & Lafleur Itée, 1986, p. 155.

[96] Mário Frota, Palestra na Federação do Comércio de São Paulo, em 17.9.90, in Direito do Consumidor, encarte especial da revista Problemas brasileiros, nº 282, nov./dez. 1990, p. 26.

[97] Anne Meunier-Bihl, *Guide juridique des consommateurs*, Paris, Éditions de Vecchi, 1987, p. 46.

[98] Ver nota nº 26.

[99] Nicole L'Heureux, op. cit., p. 16.

Art. 31 | CÓDIGO BRASILEIRO DE DEFESA DO CONSUMIDOR

Como consequência, o Estado intervém para assegurar, em face da falha de funcionamento do mercado, que os consumidores recebam informações adequadas que os habilitem a exercer, de maneira consciente e livre, suas opções de consumo. Cite-se o exemplo dos Estados Unidos, onde se fez necessária a intervenção governamental para garantir aos consumidores informações-chave[100] sobre a durabilidade das lâmpadas,[101] a octanagem da gasolina,[102] o conteúdo de tártaro e nicotina nos cigarros e a quilometragem por litro de combustível nos automóveis.[103]

O art. 31 aplica-se, precipuamente, à oferta não publicitária. Cuida do dever de informar a cargo do fornecedor. O Código, como se sabe, dá grande ênfase ao aspecto preventivo da proteção do consumidor. E um dos mecanismos mais eficientes de prevenção é exatamente a informação preambular, a comunicação pré-contratual.

Não é qualquer modalidade informativa que se presta para atender aos ditames do Código. A informação deve ser correta (verdadeira), clara (de fácil entendimento), precisa (sem prolixidade), ostensiva (de fácil percepção) e em língua portuguesa.

Neste sentido, já decidiu o STJ: "O direito à informação, abrigado expressamente pelo art. 5º, XIV, da Constituição Federal, é uma das formas de expressão concreta do Princípio da Transparência, sendo também corolário do Princípio da Boa-fé Objetiva e do Princípio da Confiança, todos abraçados pelo CDC... A informação deve ser correta (= verdadeira), clara (= de fácil entendimento), precisa (= não prolixa ou escassa), ostensiva (= de fácil constatação ou percepção) e, por óbvio, em língua portuguesa... A obrigação de informação é desdobrada pelo art. 31 do CDC, em quatro categorias principais, imbricadas entre si: a) informação-conteúdo (= características intrínsecas do produto e serviço), b) informação-utilização (= como se usa o produto ou serviço), c) informação-preço (= custo, formas e condições de pagamento), e d) informação-advertência (= riscos do produto ou serviço)... A obrigação de informação exige comportamento positivo, pois o CDC rejeita tanto a regra do *caveat emptor* como a subinformação, o que transmuda o silêncio total ou parcial do fornecedor em patologia repreensível, relevante apenas em desfavor do profissional, inclusive como oferta e publicidade enganosa por omissão." (STJ, REsp 586.316/MG, Segunda Turma, Rel. Min. Herman Benjamin, julgado em 17/04/2007, *DJe* 19/03/2009).[104] O consumidor bem informado é um

---

[100] Robert Pitofsky, Beyond Nader, "Consumer protection and the regulation of advertising", in Harvard law review, vol. 90, nº 4, 1977, p. 664.

[101] 16 C. F. R. § 409.I (1976).

[102] 16 C. F. R. § 422.I (1976).

[103] 16 C. F. R. § 259.I e 259.2 (1976).

[104] Neste sentido, é dever positivo: "Direito do consumidor. Administrativo. Normas de proteção e defesa do consumidor. Ordem pública e interesse social. Princípio da vulnerabilidade do consumidor. Princípio da transparência. Princípio da boa-fé objetiva. Princípio da confiança. Obrigação de segurança. Direito à informação. Dever positivo do fornecedor de informar, adequada e claramente, sobre riscos de produtos e serviços. Distinção entre informação-conteúdo e informação-advertência. Rotulagem. Proteção de consumidores hipervulneráveis. Campo de aplicação da Lei do Glúten (Lei nº 8.543/92 ab-rogada pela Lei nº 10.674/2003) e eventual antinomia com o art. 31 do Código de Defesa do Consumidor. Mandado de segurança preventivo. Justo receio da impetrante de ofensa à sua livre iniciativa e à comercialização de seus produtos. Sanções administrativas por deixar de advertir sobre os riscos do glúten aos doentes celíacos. Inexistência de direito líquido e certo. Denegação da segurança. 4. O ponto de partida do CDC é a afirmação do Princípio da Vulnerabilidade do Consumidor, mecanismo que visa a garantir igualdade formal-material aos sujeitos da relação jurídica de consumo, o que não quer dizer compactuar com exageros que, sem utilidade real, obstem o progresso tecnológico, a circulação dos bens de consumo e a própria lucratividade dos negócios. [...] 9. Nas práticas comerciais, instrumento que por excelência viabiliza a circulação de bens de consumo, 'a oferta e apresentação de produtos ou serviços devem assegurar informações corretas, claras, precisas, ostensivas e em língua portuguesa sobre suas

Capítulo V · DAS PRÁTICAS COMERCIAIS | **Art. 31**

ser apto a ocupar seu espaço na sociedade de consumo. Só que essas informações muitas vezes não estão à sua disposição. Por outro lado, por melhor que seja a sua escolaridade, não tem ele condições, por si mesmo, de apreender toda a complexidade do mercado. É que, como muito bem alerta Marilena Lazzarini, a líder do consumerismo brasileiro, "por mais informado que o cidadão esteja, existem inúmeras questões invisíveis para as pessoas. Sozinhas elas não têm condições de avaliar se uma verdura possui agrotóxicos acima do permitido".[105]

[3] O CARÁTER ENUMERATIVO DO DISPOSITIVO – O art. 31 impõe o dever de informar sobre certos dados do produto ou serviço. Lista-os, "entre outros". Por conseguinte, o rol apresentado é meramente enumerativo. Caberá ao fornecedor, conhecedor de seu produto ou serviço, informar sobre "outros" dados que, no caso concreto, repute importantes. Se não o fizer voluntariamente, assim o determinará o juiz ou a autoridade administrativa, independentemente da reparação e da repressão (administrativa e penal).

Todo e qualquer produto ou serviço tem de respeitar o dever de informar do art. 31. Não se trata de listagem facultativa. É completamente obrigatória. Impossível, por outro lado, qualquer limitação administrativa a esse dever do fornecedor, imposto que é por lei.

[4] A INFORMAÇÃO EM PORTUGUÊS – As informações prestadas devem ser apresentadas em língua portuguesa. Em alguns casos, quando absolutamente inexistente similar na nossa língua, o fornecedor pode utilizar a palavra estrangeira, explicando-a, contudo, sempre que necessário.

---

características, qualidades, quantidade, composição, preço, garantia, prazos de validade e origem, entre outros dados, bem como sobre os riscos que apresentam à saúde e segurança dos consumidores' (art. 31 do CDC). [...] 13. Inexistência de antinomia entre a Lei nº 10.674/2003, que surgiu para proteger a saúde (imediatamente) e a vida (mediatamente) dos portadores da doença celíaca, e o art. 31 do CDC, que prevê sejam os consumidores informados sobre o 'conteúdo' e alertados sobre os 'riscos' dos produtos ou serviços à saúde e à segurança. 14. Complementaridade entre os dois textos legais. Distinção, na análise das duas leis, que se deve fazer entre obrigação geral de informação e obrigação especial de informação, bem como entre informação-conteúdo e informação-advertência. 15. O CDC estatui uma obrigação geral de informação (= comum, ordinária ou primária), enquanto outras leis, específicas para certos setores (como a Lei nº 10.674/03), dispõem sobre obrigação especial de informação (= secundária, derivada ou tópica). Esta, por ter um caráter mínimo, não isenta os profissionais de cumprirem aquela. 16. Embora toda advertência seja informação, nem toda informação é advertência. Quem informa nem sempre adverte. 17. No campo da saúde e da segurança do consumidor (e com maior razão quanto a alimentos e medicamentos), em que as normas de proteção devem ser interpretadas com maior rigor, por conta dos bens jurídicos em questão, seria um despropósito falar em dever de informar baseado no *homo medius* ou na generalidade dos consumidores, o que levaria a informação a não atingir quem mais dela precisa, pois os que padecem de enfermidades ou de necessidades especiais são frequentemente a minoria no amplo universo dos consumidores. 18. Ao Estado Social importam não apenas os vulneráveis, mas sobretudo os hipervulneráveis, pois são esses que, exatamente por serem minoritários e amiúde discriminados ou ignorados, mais sofrem com a massificação do consumo e a 'pasteurização' das diferenças que caracterizam e enriquecem a sociedade moderna. 19. Ser diferente ou minoria, por doença ou qualquer outra razão, não é ser menos consumidor, nem menos cidadão, tampouco merecer direitos de segunda classe ou proteção apenas retórica do legislador. 20. O fornecedor tem o dever de informar que o produto ou serviço pode causar malefícios a um grupo de pessoas, embora não seja prejudicial à generalidade da população, pois o que o ordenamento pretende resguardar não é somente a vida de muitos, mas também a vida de poucos. 21. Existência de lacuna na Lei nº 10.674/2003, que tratou apenas da informação-conteúdo, o que leva à aplicação do art. 31 do CDC, em processo de integração jurídica, de forma a obrigar o fornecedor a estabelecer e divulgar, clara e inequivocamente, a conexão entre a presença de glúten e os doentes celíacos. [...]" (JGBF).

[105] Marilena Lazzarini. Entrevista, *in Revista Cláudia*, out. 1990, p. 228.

Acrescente-se que informações em outras línguas não estão proibidas. Desde que conjugadas, com igual ou maior destaque, a outras em português. Com isso atende-se às preocupações daqueles fornecedores que, além de servirem o mercado interno, ainda exportam seus bens. Poupa-se o esforço de elaboração de dois rótulos ou manuais distintos: um para o comércio local e outro para o externo.

Os produtos e serviços que apresentam informações em língua estrangeira, segundo os próprios profissionais da área, assim o fazem por duas razões básicas: busca-se passar para o consumidor a impressão enganosa de aquisição de um bem importado ou, ao menos, de algo com "qualidade exportação". Facilmente se percebe que a utilização de outros idiomas é fruto de uma prática de *marketing* (condenável) e não de uma necessidade do mercado. Cabe ressaltar que os fornecedores brasileiros, ao exportar, são extremamente ágeis na colocação das informações exigíveis na língua do país a que se destina o produto. Basta que lembremos as inúmeras vezes em que nos deparamos, nos supermercados brasileiros, com frango congelado totalmente rotulado em árabe (fruto de sobra de exportação).

A regra aplica-se também aos bens importados. Afinal, não faria sentido criar mais uma hipótese de concorrência desleal entre os fornecedores nacionais e os estrangeiros. O Código, realmente, não faz qualquer distinção entre bens brasileiros e bens importados. As normas, em particular as de informação e segurança, têm por referencial o consumidor, sendo irrelevante a origem do bem.

Não se trata, contudo, de obrigação cega. Tem ela uma *ratio* e, uma vez que esta esteja ausente, desnecessária a aplicação da norma. O que se busca é dar ao consumidor informação plena e adequada. Quer-nos parecer que, por tal linha de raciocínio, estão isentos os estabelecimentos que só vendem produtos importados, exatamente porque o seu consumidor tem clara percepção do caráter especial daquele fornecimento. Igual solução merecem as seções de importados dos grandes supermercados e magazines, desde que total e suficientemente separadas das restantes. Tal exceção, contudo, não se aplica às advertências contra riscos e instruções de manuseio. A saúde do consumidor vem sempre em primeiro lugar.

Tampouco é exigível o dever de expressão em idioma português para os nomes comerciais ou marcas registradas.

Os serviços, não esqueçamos, devem respeitar os requisitos do dispositivo. Nesse particular, cabe mencionar o transporte aéreo internacional. Na França, por exemplo, a empresa aérea *British Airways* foi condenada por haver emitido naquele país bilhetes redigidos exclusivamente em inglês.

[5] OS DADOS INTEGRANTES DO DEVER DE INFORMAR – Os dados objeto do dever de informar são os mais variados, dependendo sempre do produto ou serviço oferecido. De qualquer modo, o Código fixa, de plano, algumas informações que, necessariamente, devem constar de produtos ou serviços: características (produtos e serviços), qualidades (produtos e serviços), quantidade (de regra, só produto), composição (mais para produtos do que para serviços), preço (produtos e serviços), garantia (produtos e serviços), prazos de validade (produtos e serviços), origem (mais para produtos) e riscos (produtos e serviços).

E, recorde-se, qualquer referência ao produto ou serviço deve estar coberta pela correção, clareza, precisão e ostensividade.

Normas especiais podem ampliar tal listagem, mas nunca restringi-la. É o caso da regulamentação específica de alimentos e de medicamentos. E, como se sabe, sempre que a legislação especial anterior contrariar o Código, este tem precedência, afastando aquela.

Capítulo V · DAS PRÁTICAS COMERCIAIS | Art. 31

[6] AS EMBALAGENS E ROTULAGEM – Não é só a publicidade que pode ser enganosa (art. 37, § 1º). Na medida em que a embalagem geralmente é veículo de *marketing*, também ela se presta à enganosidade. "Na sociedade de consumo, o rótulo, fixado sobre um produto ou embalagem, constitui um meio ideal de comunicação entre o fabricante, o distribuidor ou o vendedor e o consumidor."[106] E, por ser meio de comunicação, é passível de transmissão de informações enganosas ou abusivas.

Devemos, entretanto, distinguir dois aspectos da embalagem: seu *design* (tamanho e forma) e sua decoração (as palavras e imagens impressas). Esta última, de certa maneira, confunde-se com o próprio conceito de rótulo. Em ambos é possível a manifestação da enganosidade.[107]

Assim, por exemplo, é enganoso sugerir, mediante forma especial (*design*), que o recipiente contém mais produto do que realmente tem. Do mesmo modo, há enganosidade na rotulagem que induz o consumidor a crer que se trata de produto natural, quando, na verdade, é artificial.

[7] O DESTINATÁRIO DA NORMA – O Código altera o sistema tradicional de fluxo informativo no mercado. "O Direito do Consumidor, levando em conta as novas condições do mercado, faz com que a parte melhor informada suporte a obrigação de informar a parte mal informada."[108] Mas quem seria, para fins de aplicação do ordenamento especial, a parte mais bem informada?

Não há uma resposta única. Depende. Como regra geral, é parte mais bem informada o fornecedor, qualquer que seja ele. Mas o princípio comporta exceções, sempre determinadas pela própria lei ou pela realidade do mercado. Assim, quanto ao preço, mais ainda em períodos de alta inflação, compete apenas ao fornecedor final afixá-lo.

Com efeito, já de início podemos dizer que o texto legal não limita ao fabricante o dever de informar. Logo, como política geral, entende-se que todos os agentes que ofereçam ou apresentem produtos e serviços no mercado têm uma obrigação legal, intransferível, de bem informar o consumidor.

É certo que, quanto aos produtos industriais, "ao fabricante cabe prestar as informações" necessárias (art. 8º, § 1º)[109], não apenas quanto aos riscos, mas ainda quanto a outras características relevantes. Trata-se, evidentemente, de uma exceção à regra geral do art. 31. Na ausência de fabricante nacional, sendo o produto importado, é responsável o importador. Já a obrigação de informar *a posteriori* sobre riscos tardiamente conhecidos é partilhada por todos os agentes econômicos (art. 10, § 1º), estendendo-se, inclusive, aos órgãos públicos (art. 10, § 3º).

Veja-se que o dever imposto ao fabricante de produtos industriais (leia-se pré-embalados) abarca o comerciante quando ele rompe a embalagem e passa a vender o produto a granel (salsichas, por exemplo). Nesse caso, desaparece a justificativa do dispositivo, que é a de não impor ao distribuidor responsabilidade de informar sobre algo que ele, em face do obstáculo representado pela embalagem, não tem condições de conhecer.

Na responsabilização daquele que deixou de informar adequadamente, é irrelevante qualquer discussão de sua boa-fé, em especial quando estamos diante de carência informativa sobre riscos (art. 12, *caput, in fine*, e art. 14, *caput, in fine*). A apreciação de culpa só vai ser

---

[106] Nicole L'Heureux, op. cit., p. 157.

[107] Ulf Bernitz & John Draper, op. cit., p. 141.

[108] Nicole L'Heureux, op. cit., p. 16.

[109] Por força da Lei nº 13.486, de 2017, foi acrescentado um § 2º ao dispositivo sob comento, cuja apreciação foi objeto de considerações pelo Prof. Zelmo Denari (*vide* comentários ao art. 8º) (JGBF).

241

Art. 31 | CÓDIGO BRASILEIRO DE DEFESA DO CONSUMIDOR

importante para responsabilizar, subsidiariamente, um outro sujeito partícipe do processo de distribuição, naquelas hipóteses em que o fabricante é responsável principal (art. 8º, § 1º). Assim, se o comerciante, diante de um produto industrializado com deficiência de informação patente (ou, mesmo que não seja evidente, depois de reiteradas reclamações dos consumidores), insiste em comercializá-lo, é ele solidariamente responsável – só que por responsabilidade subjetiva – por tal desvio.

[8] PREÇO E CÓDIGO DE BARRAS – Tornou-se corriqueiro no Brasil a substituição da etiqueta de preço no produto por código de barras. A prática é ilegal, por violação frontal ao CDC. Os tribunais vêm se posicionando nesse sentido.[110]

A adoção do código de barras só se justifica como técnica para agilizar a passagem do produto no caixa do estabelecimento, nunca para reduzir ou dificultar o grau de informação do consumidor, no momento de sua escolha. Consequentemente, para cumprir tal objetivo legítimo, não há a necessidade, exceto pelo fundamento egoístico da economia de custos pelo fornecedor, de fazer o código de barras substituir a etiqueta de preço, única maneira de, adequadamente, informar o consumidor.

Como muito bem assinala Alexandre David Malfatti, "no momento da aquisição, o preço é um dos principais elementos – talvez o principal na maior parte das vezes – para a formação da vontade do consumidor no processo de escolha de um produto ou serviço. Não se pode ignorar que a maior parcela da população brasileira procura produtos e serviços que tenham preços atrativos – mais baixos – e que, por conta disso, não pode ser iludida sobre os valores a serem desembolsados na aquisição dos mesmos. A informação do preço do produto ou serviço deve ser ostensiva e legível, não causando dúvida de qualquer espécie ao consumidor (...). O Brasil, é necessário sempre insistir, é composto por uma grande maioria de pessoas que não têm acesso aos ensinos médio e superior, com enormes dificuldades para os meios mais modernos – de informática, por exemplo – de transmissão das informações. Dizer ao consumidor, por exemplo, que o preço do produto é identificado por um código de barras a ser lido numa máquina poderá significar uma ausência ou insuficiência de informações".[111]

Em resumo, nada impede que o fornecedor utilize o código de barras nos seus produtos, desde que mantenha, como de hábito, a etiqueta de preço. A esse respeito, o art. 31 não deixa qualquer dúvida, o que, de plano, macula de inconstitucionalidade norma estadual ou municipal que o diga de modo diverso.

[9] INFORMAÇÕES NOS PRODUTOS REFRIGERADOS – O novo dispositivo em questão retrata a ânsia de alguns parlamentares de mostrar algo que tenham feito em prol do consumidor, no caso, mas, na prática revela-se sem qualquer motivação ou utilidade. Trata-se de um preciosismo inócuo. Se não, vejamos. Conforme se verificou pela detida análise do *caput* do art. 31, seu enunciado, este sim, é de evidente utilidade, na medida em que se buscou exigir dos fornecedores, de modo geral, a preocupação em estampar em todas as formas de comunicação com o consumidor (*i.e.*, oferta, publicidade, apresentação etc.) dados essenciais sobre produtos e serviços colocados no mercado. Ou seja: as informações devem ser corretas, claras, precisas, ostensivas, em língua portuguesa, conter as características do produto, qualidade, quantidade, composição, preço, garantia, prazos de validade e origem, entre outros dados, bem como sobre os riscos que apresentem à saúde e à segurança dos consumidores.

---

[110] STJ, REsp nº 688.151/MG, 3ª Turma, rel. Min. Nancy Andrighi, j. de 7.4.2005.

[111] Alexandre David Malfatti, *O direito de informação no Código de Defesa do Consumidor*, São Paulo, Alfabeto Jurídico, 2003, ps. 283-284.

Capítulo V · DAS PRÁTICAS COMERCIAIS | **Art. 33**

Ora, falando o novel dispositivo em produtos *refrigerados*, reitera o que já diz o *caput*, apenas dizendo que, nessa hipótese, e apenas nela (?), os informes essenciais devam ser escritos *de forma indelével*. Ora, tomando-se, por exemplo, embalagens de peixes, frangos e carnes, resta evidente que os fornecedores já agiam desta forma, até porque, com o derretimento de parcela de água congelada, se os dizeres informativos fossem feitos com tinta removível, jamais resistiriam a esse contato, o que nos parece de solar evidência. Veja-se, por exemplo, e tomado ao acaso, o enunciado de um produto dessa natureza: "*Filé de Peixe Congelado (Receita no verso) – LINGUADO – Produto Santa Luzia – PESO LÍQUIDO 500 G. Data de Fabricação/ Lote: 26/03/10 – 03/26) – DATA DE VALIDADE – 26/03/11 – ICAP – (carimbo do SIF Brasil – Inspecionado, 1275) – ICAP – Ind. e com. Catarinense de Pescado Ltda. Entreposto de Pescado – Rua João Regis Neto, 140 – Porto Belo – SC – CNPJ.M.F. 83.715.433/0001-50 – Foe/Fax (48) 3263.0225 – CEP 88210-000 – E-mail: icap.santaluzia@uol.com.br – INDÚSTRIA BRASILEIRA – ATENÇÃO – MANTENHA CONGELADO ATÉ 18° UMA VEZ DESCONGELADO, NÃO CONGELE NOVAMENTE – Registro no Ministério da Agricultura/SIF/DIPOA SOB N° 0004/1275 (mais código de barras)*", e com destaques nas cores vermelha, azul, verde e negra. Pergunta-se: o que mais se pode exigir do fornecedor no caso, além do que já estava consubstanciado no *caput* do art. 31. Por isso é que, repetimos, não passou de mero preciosismo o dispositivo inócuo e inútil (JGBF).

> **Art. 32**. Os fabricantes e importadores deverão assegurar a oferta de componentes e peças de reposição enquanto não cessar a fabricação ou importação do produto. [1]
> Parágrafo único. Cessadas a produção ou importação, a oferta deverá ser mantida por período razoável de tempo, na forma da lei. [2]

COMENTÁRIOS

[1] O DEVER DE FORNECIMENTO DE PEÇAS DE REPOSIÇÃO ENQUANTO DURAR A FABRICAÇÃO DO PRODUTO – O dever de assistência com peças e componentes obriga apenas o fabricante e o importador, não se aplicando ao mero distribuidor.

Já o dever de assistência técnica, como mera prestação de serviços, é devido não apenas pelo fabricante e importador, mas também pelo próprio distribuidor, uma vez que inerente à sua atividade no mercado.

[2] O DEVER DE FORNECIMENTO DE PEÇAS DE REPOSIÇÃO APÓS O ENCERRAMENTO DA FABRICAÇÃO DO PRODUTO – Mesmo após cessar a produção ou importação do produto, o fabricante, naquele caso, e o importador, neste outro, ainda devem cumprir o dever de assistência com peças e componentes. Só que tal obrigação não é *ad eternum*. De duas, uma: a lei ou regulamento fixa um prazo máximo, ou o juiz, na sua carência, estabelece o período razoável de exigibilidade do dever. Em todo caso, deve-se sempre levar em conta a *vida útil* do produto.

> **Art. 33**. Em caso de oferta ou venda por telefone ou reembolso postal, [1] deve constar o nome do fabricante e endereço na embalagem, publicidade e em todos os impressos utilizados na transação comercial. [2][3]

243

Art. 33 | CÓDIGO BRASILEIRO DE DEFESA DO CONSUMIDOR

> Parágrafo único. É proibida a publicidade de bens e serviços por telefone, quando a chamada for onerosa ao consumidor que a origina (incluído pela Lei nº 11.800, de 2008) [4].

COMENTÁRIOS

[1] O FORNECIMENTO POR TELEFONE OU REEMBOLSO POSTAL – Aqui está um dos poucos dispositivos em que o Código regrou, especificamente, modalidades de promoção de vendas. Conforme já dissemos, estas são tratadas, conjunta e indistintamente, no gênero práticas comerciais.

[2] A VULNERABILIDADE ESPECIAL DO CONSUMIDOR NA OFERTA TELEFÔNI-CA OU POR REEMBOLSO – O consumidor que adquire bens de consumo por telefone ou reembolso postal muitas vezes fica sem saber quem é o fabricante do produto. Com isso, sua proteção é deveras limitada, já que, para certos incidentes no mercado, a responsabilidade maior é do fabricante (acidentes de consumo). Ademais, em outros casos, o consumidor pode estar necessitando de um mero contato com o fabricante para colher maiores informações sobre aquilo que adquiriu. A ausência de endereço impede que ele assim proceda.

O dever de informação, também aplicável quanto à identificação dos importadores, naquelas hipóteses de produtos importados, não é cumprido com a simples afixação do CGC destes ou do fabricante.

[3] FORNECIMENTO PELA INTERNET – As transações pela Internet não foram trata-das especificamente pelo CDC. No entanto, em especial naquelas cuja conexão com o terminal do consumidor se dê pela rede telefônica, é aplicável o disposto no art. 33.

[4] CHAMADA ONEROSA AO CONSUMIDOR – Aqui, conforme se assinalou no item 3 do Título I desta obra (*Dos Direitos do Consumidor*), constata-se a incontida vontade de parlamentares de se mostrarem úteis ou preocupados com o consumidor, apresentando propostas de alteração do Código de Defesa do Consumidor na maior parte das vezes totalmente desarrazoadas, inócuas ou inúteis. Se bem que o novo dispositivo aqui colocado não é de todo inútil ou inócuo. A primeira ressalva que se faz a ele, todavia, é que estaria melhor colocado no rol do art. 39, que, como se poderá ver em seus comentários, refere-se a um rol não taxativo, mas meramente exemplificativo, de práticas verificadas no mercado que representam um ônus injusto ou prejuízo ao consumidor. Por outro lado, a sua redação destoa da terminologia utilizada ao longo de todo o estatuto consumerista, ao referir-se a coisas como *produtos* e não *bens*, embora reconheçamos ser esta a mais correta designação de um dos objetos de consumo, já que *produtos* correspondem a uma categoria de *bens*.[112] E, com efeito, ao dizer o mesmo dispositivo que é vedada publicidade de bens e serviços por telefone (e certamente pela *internet*), *quando a chamada for onerosa ao consumidor que a origina*. Geralmente as empresas colocam à disposição dos consumidores a linha 0800 para contatos junto aos SACs – Serviços de Atendimento ao Consumidor, linha essa gratuita e, não raro, utilizada para mensagens de cunho publicitário. Muitas outras empresas, todavia, sobretudo as de telefonia, fixa ou móvel, e empresas aéreas

---

[112] Cf. José Geraldo Brito Filomeno, *Manual de Direitos do Consumidor*, 10. ed., São Paulo, Atlas, 2010, p. 46 e ss.

têm-se utilizado das linhas 0300 ou 4002/4003, todas elas implicando em *custos normais* como chamadas telefônicas tarifadas. Embora haja essa advertência gravada (*o custo dessa ligação será de "x" etc.*), o que o dispositivo visa a vedar é exatamente a circunstância – certamente mais do que abusiva –, de prender-se o consumidor a uma ligação para resolver uma pendência ou até cancelar algum serviço ou compra de um produto, para que também ouça informes de natureza publicitária, estendendo-se além do tempo necessário à finalidade do contato. Desta forma, embora reconheçamos a utilidade desse dispositivo, ele deveria ter sido colocado com uma das circunstâncias abusivas do art. 39 (*práticas abusivas*) (JGBF).

> **Art. 34**. O fornecedor do produto ou serviço é solidariamente responsável pelos atos de seus prepostos ou representantes autônomos. [1][2]

COMENTÁRIOS

[1] A RESPONSABILIDADE SOLIDÁRIA DO FORNECEDOR PELOS ATOS DOS PREPOSTOS E INTERMEDIÁRIOS – Este dispositivo legal é da mais alta relevância. Não são poucos os casos em que o consumidor lesado fica totalmente impossibilitado de acionar o fornecedor – beneficiário de um comportamento inadequado de um de seus vendedores – sob o argumento de que estes não estavam sob sua autoridade, tratando-se de meros representantes autônomos.

Agora, a voz do representante, mesmo o autônomo, é a voz do fornecedor e, por isso mesmo, o obriga. Quantas e quantas vezes o antigo "Baú da Felicidade", de Sílvio Santos, fez uso de tal artifício! O preceito põe abaixo o argumento legal que a empresa utilizava como pretexto para fraudar milhares de consumidores.

[2] A ISENÇÃO CONTRATUAL – Nessas hipóteses, portanto, não terá qualquer valor jurídico documento assinado pelo representante "autônomo" e o fornecedor, isentando este de responsabilidade civil por eventuais prejuízos causados aos consumidores.

[3] A VALORIZAÇÃO DOS INTERMEDIÁRIOS NA ATUALIZAÇÃO DO CDC – Destaque-se que o art. 34 foi reforçado pelas regras específicas da atualização do CDC pela Lei 14.181/2021. No art. 54-B, referente às informações obrigatórias e complementando o art. 52 do CDC, já se menciona que a informação, prévia e adequada, é de dever não só do fornecedor e do intermediário. Com a democratização das relações bancárias e a multiplicação dos agentes bancários, os famosos "pastinhas" e suas práticas chamaram a atenção do legislador, que expressamente imputou a estes intermediários o dever de informar do art. 54-B. Também o art. 54-D reforça que na oferta de crédito os deveres de informação e esclarecimento, de avaliar de forma responsável e de entrega de cópia dos contratos, são impostos de forma igualitária ao fornecedor e aos intermediários.

> **Art. 35**. Se o fornecedor [2] de produtos ou serviços recusar cumprimento [4] à oferta, apresentação ou publicidade, o consumidor poderá, alternativamente e à sua livre escolha: [1][3][5]
>
> I – exigir o cumprimento forçado da obrigação, nos termos da oferta, apresentação ou publicidade;
>
> II – aceitar outro produto ou prestação de serviço equivalente;
>
> III – rescindir o contrato, com direito à restituição da quantia eventualmente antecipada, monetariamente atualizada, e a perdas e danos. [2]

COMENTÁRIOS

[1] RECUSA DE CUMPRIMENTO DA OFERTA – Já dissemos que a regra do Código, em termos simplistas, poderia ser resumida da seguinte forma: "ofereceu, cumpriu".[113] É essa a *ratio* e o espírito do princípio da vinculação da oferta.

A parceria entre o Direito e a comunicação mercadológica com o consumidor evoluiu de uma proteção extracontratual (frágil) para uma tutela (efetiva) na fase da formação do contrato e, a partir desta, para um regime especial de execução do documento contratual. É nessa última concepção que as mensagens mercadológicas, em particular a publicidade, ganham *força obrigatória*, transformando-se a comunicação publicitária em autêntico serviço informativo em benefício dos consumidores.[114]

Na preciosa lição de Alberto do Amaral Júnior, o princípio da vinculação publicitária "realiza-se de dois modos diversos. Se o fornecedor deixar de cumprir a oferta ou publicidade, ou, ainda, se não tiver condições de cumprir o que prometeu, o consumidor poderá escolher entre o cumprimento forçado da obrigação e a aceitação de outro bem de consumo. Se o contrato já tiver sido concluído, deixando contudo de mencionar algum elemento previsto na

---

[113] Ainda no sistema anterior ao Código, um exemplo concreto (dos raros existentes) merece ser mencionado. A Fotóptica, uma cadeia de lojas de equipamentos de áudio e vídeo, fez publicar nos jornais de São Paulo, no dia 1º de abril de 1987, anúncio oferecendo o conjunto de som Esotech, fabricado pela Gradiente, por preços inferiores aos realmente praticados pela rede (Cz$ 39.620,00 à vista ou em cinco prestações de Cz$ 10.887,00, totalizando Cz$ 54.435,00). O consumidor, induzido pela publicidade, dirigiu-se ao estabelecimento disposto a efetuar o negócio. Lá chegando, para sua surpresa, foi informado de que o preço mencionado no anúncio se referia a apenas três peças do aparelho e não ao conjunto todo. Revoltado, propôs ação judicial que tramitou na 3ª Vara Cível da Capital. O ilustre magistrado, Luiz Eurico Costa Ferrari, decidiu em favor do consumidor. Na sua sentença alega que, "sendo impossível converter a proposta em contrato, por razões de ordem prática, a inexecução implica obrigação reparatória, por suporte semelhante ao da rescisão, caso o contrato tivesse sido concluído. Se a proposta é obrigatória, seu malogro, por fato atribuível ao policitante, acarreta o mesmo efeito da inadimplência em obrigações constituídas". E conclui: "Se a ré não pretendia vender o conjunto de som, em sua configuração completa, por que fez fotografá-lo, desse modo, relegando a restrição para nota abreviada completamente secundária em relação ao destaque principal do anúncio? Por que não deu o mesmo destaque à restrição, ou, quando menos, suficiente esclarecimento de seu conteúdo? O conteúdo do anúncio induz em erro, principalmente, a maior parte de seus destinatários, evidentemente leiga em assuntos de eletrônica. Como a publicação foi feita em veículo não especializado, conclui-se que era destinada ao público consumidor e não a uma reduzida camada de técnicos capaz de distinguir 'PII, HAII e III' do que se vê na fotografia... Não há dúvida de que a propaganda foi enganosa. Por corolário, é de se considerar válida a proposta, sem restrições. Aceitando-a o autor, deve a policitante efetivar a venda, ou pagar perdas e danos. Julgo, pois, procedente a ação para condenar a ré nos termos do pedido, arcando com indenização a ser apurada, por meio de artigos, caso não possa concretizar a venda, nos termos da aceitação. Neste caso, corrigir-se-á o preço desde abril de 1987." (...) Mais recentemente, em sede da Apelação de nº 2009.001.29219 do Tribunal de Justiça do Estado do Rio de Janeiro, tendo como relator o desembargador Carlos José Martins Gomes, em julgamento de 8.9.2009, assim decidiu a 16ª Câmara Cível a respeito do assunto aqui tratado: "Apelação Cível. Ação de obrigação de fazer c/c indenização por danos morais. Não cumprimento de oferta de restabelecimento de serviço de telefonia fixa, uma vez que foi cobrado preço diverso daquele prometido ao consumidor em proposta escrita formulada pela concessionária de serviço público. Responsabilidade civil objetiva, fulcrada na teoria do risco do empreendimento. Oferta veiculada que obriga o fornecedor do serviço ao seu cumprimento, sob pena do consumidor poder optar, alternativamente e a sua livre escolha, pelo cumprimento forçado da obrigação, aceitar outro produto, ou rescindir o contrato, com direito à restituição de quantia eventualmente antecipada, monetariamente atualizada, e a perdas e danos, nos termos do artigo 35 do CDC. Dano moral configurado. *Quantum* arbitrado em consonância com o princípio da lógica do razoável. Recurso a que se nega seguimento" (JGBF).

[114] Mario Bessone, op. cit., p. 237.

Capítulo V · DAS PRÁTICAS COMERCIAIS | **Art. 35**

oferta ou publicidade, é lícito ao consumidor exigir a sua rescisão, com restituição da quantia paga, mais perdas e danos".[115]

Em síntese, além de uma série de outras providências, entre as quais a via persecutória penal e a das sanções administrativas, o consumidor, em caso de oferta desconforme com aquilo que o fornecedor efetivamente se propõe a entregar, tem à sua escolha três opções:

a) exigir o cumprimento forçado da obrigação;
b) aceitar um outro bem de consumo equivalente;
c) rescindir o contrato já firmado, cabendo-lhe, ainda, a restituição do que já pagou, monetariamente atualizado, e perdas e danos (inclusive danos morais).[116]

O consumidor, como observa Thereza Alvim, pode formular pedidos sucessivos.[117] Vê-se, então, que, aqui se afastando do CC – que concede, como remédio, no caso de inadimplemento da policitação, a resolução em perdas e danos[118] –, o CDC orienta-se pela regra da execução específica, "pela qual o que se busca é o efetivo cumprimento dos termos da oferta".[119]

Também nas duas primeiras hipóteses (tutela específica e aceitação de bem equivalente), como já mencionado, cabem, por força do art. 6º, inc. VI, perdas e danos, patrimoniais e morais.

Em relação ao cumprimento forçado da obrigação, já decidiu o STJ, pelas mãos seguras da min. Nancy Andrighi, que, "se o fornecedor, através de publicidade amplamente divulgada, garantiu que os imóveis comercializados seriam financiados pela Caixa Econômica Federal, submete-se a assinatura do contrato de compra e venda nos exatos termos da oferta apresentada".[120]

[2] OS SUJEITOS RESPONSÁVEIS – Estatui o art. 35 que, se o *fornecedor* do produto ou serviço recusar cumprimento à oferta, apresentação ou publicidade" (grifo nosso), o consumidor poderá fazer uso dos remédios previstos nos incs. I a III.

Quem seria o "fornecedor" mencionado no *caput* do art. 35? Primeiramente, fornecedor, aqui, é o anunciante *direto*, aquele que paga e dirige a preparação e veiculação do anúncio.

Mas não só ele, pois o anunciante *indireto*, aquele que se aproveita do anúncio de terceiro (o comerciante, por exemplo, em relação ao anúncio do fabricante), também pode ser responsabilizado, em especial quando representante do anunciante direto ou na hipótese de utilizar, no seu estabelecimento, o anúncio em questão.

Nesse tema, cabe lembrar duas normas importantes do CDC. De um lado, o art. 7º, parágrafo único, segundo o qual: "Tendo mais de um autor a ofensa, todos responderão solidariamente pela reparação dos danos previstos nas normas de consumo." De outro, o art. 34, que

---

[115] Alberto do Amaral Júnior, Proteção do consumidor..., cit., ps. 239-240.

[116] No art. 35, do CDC, cuida-se de rescisão e não de resilição ou resolução do contrato, significando que a fulminação contratual opera *ex tunc*, "desaparecendo tudo que foi executado anteriormente como se o contrato jamais tivesse sido concluído" (Alberto do Amaral Júnior, Proteção do consumidor..., cit., p. 241).

[117] Thereza Alvim, op. cit., p. 199.

[118] Dispõe o novo Código Civil que: "Não cumprida a obrigação, responde o devedor por perdas e danos, mais juros e atualização monetária, segundo os índices oficiais regularmente estabelecidos, e honorários de advogado" (art. 389).

[119] Fernando Gherardini Santos, *Direito do marketing*, São Paulo, Revista dos Tribunais, 2000, p. 158.

[120] STJ, REsp nº 341.405/DF, 3ª Turma, rel. Min. Nancy Andrighi, j. de 3.9.2002; cf., ainda, TJRS, Ap. Cível nº 596.088.997, 5ª Câm. Cível, rel. Des. Araken de Assis, j. de 29.8.96. Neste acórdão, o jurista-relator determinou a entrega de bem (automóvel Twingo) que a consumidora ganhara em bingo promovido pelo Esporte Clube Guarani.

Art. 35 | CÓDIGO BRASILEIRO DE DEFESA DO CONSUMIDOR

dispõe que: "O fornecedor do produto ou serviço é solidariamente responsável pelos atos de seus prepostos ou representantes autônomos." Portanto, nas palavras de Paulo Scartezzini, podem o consumidor ou as pessoas enumeradas no art. 82 do CDC, "à sua escolha, propor a ação contra todos, alguns ou contra apenas um dos causadores do dano. O autor verificará em cada caso o que lhe é mais favorável".[121]

E o veículo? Como regra, não é ele "fornecedor", para fins desse artigo. No entanto, nomeadamente em situações de patente publicidade enganosa ou quando está a par da incapacidade do anunciante de cumprir o prometido, impossível deixar de reconhecer a responsabilidade civil do veículo, já não mais em bases contratuais, mas por violação ao dever de vigilância sobre os anúncios que veicula.

Outra hipótese, cada vez mais comum, é aquela em que o veículo é diretamente interessado no anúncio, seja porque o serviço ou produto anunciado é por ele controlado, seja porque recebe comissão proporcional à adesão dos consumidores, seja ainda por se tratar de anúncio de empresa que integra seu grupo empresarial. Em todos esses casos, o veículo já não é responsabilizado como simples transmissor da informação de outrem, mas como genuíno anunciante, que de fato passou a ser. Ao analisar litígio envolvendo concurso televisivo ("Show do Milhão"), que trazia promessa de recompensa com critérios que poderiam prejudicar os participantes, o STJ posicionou-se expressamente nesse sentido: "A emissora de televisão presta um serviço e como tal se subordina às regras do Código de Defesa do Consumidor."[122]

Importa ainda destacar que, no terreno do *marketing*, as relações entre fornecedores operam, comumente, em sistema de "rede" (*network*), em que o impulso ou energia de um acaba por beneficiar o outro, e vice-versa. Assim, por exemplo, entre fabricantes de marca e seus distribuidores, mesmo que não autorizados. Mais patente ainda é o feixe de relações existentes entre o titular da marca e suas cadeias de varejistas contratualmente estruturadas. Aqui, não há qualquer dúvida no que se refere à responsabilidade do fabricante pelos atos praticados por seus concessionários (e vice-versa), quando estes agem sob bases publicitárias oriundas daquele. Esta é a orientação do STJ:

> "Constado pelo Eg. Tribunal *a quo* que o fornecedor, através de publicidade amplamente divulgada, garantiu a entrega de veículo objeto do contrato de compra e venda firmado entre o consumidor e uma de suas concessionárias, submete-se ao cumprimento da obrigação nos exatos termos da oferta apresentada. Diante da declaração de falência da concessionária, a responsabilidade pela informação ou publicidade divulgada recai integralmente sobre a empresa fornecedora."[123]

Finalmente, como fica a posição de celebridade que "endossa" produtos e serviços?[124] Cabe sua responsabilização, evidentemente, com maior razão ainda quando recebe porcentagem das vendas realizadas.

[3] A ENGANOSIDADE – Se houver enganosidade, aplica-se, ainda, independentemente da repressão administrativa, as sanções penais dos arts. 66 e 67 do Código, assim como as do art. 7º, VII, da Lei nº 8.137, de 27 de dezembro de 1990.

---

[121] Paulo Jorge Scartezzini Guimarães, op. cit., p. 161.

[122] STJ, REsp nº 436.135/SP, 4ª Turma, rel. Min. Ruy Rosado de Aguiar, j. de 17.6.2003, v.u.

[123] STJ, REsp nº 363.939/MG, 3ª Turma, rel. Min. Nancy Andrighi, j. de 4.6.2002, v.u.

[124] No tema da publicidade por celebridades, cf. o magnífico e exaustivo estudo de Paulo Jorge Scartezzini Guimarães, *A publicidade ilícita e a responsabilidade civil das celebridades que dela participam*, São Paulo, Revista dos Tribunais, 2003.

Como já alertamos, é bom ressaltar que o princípio da vinculação não é afastado ou mitigado por informações contraditórias[125] ou divulgadas *a latere* do anúncio, ou, ainda, "colocadas à disposição dos consumidores" pelo fornecedor em documento complementar ao anúncio, como anexos, contratos por adesão ou regulamentos. Se a informação refere-se a "dado essencial" (art. 37, § 3º), capaz de onerar o consumidor ou limitar seus direitos, deve acompanhar o próprio anúncio, nele integrada de forma clara, precisa e ostensiva (art. 31). Do contrário, caracterizada está a publicidade enganosa por omissão, sem prejuízo da aplicação das modalidades de cumprimento forçado referidas no art. 35.

O Tribunal de Justiça do Rio Grande do Sul, em acórdão exemplar do des. Araken de Assis, já teve oportunidade de examinar a matéria, obrigando a entrega de bem (automóvel Twingo) que a consumidora ganhara em bingo promovido pelo Esporte Clube Guarani. O anunciante alegava que, segundo o regulamento do sorteio, havendo mais de um ganhador, deveria ser realizada "rodada especial" entre eles, hipótese negada pelo relator, notável jurista gaúcho, sob o argumento de que: "A publicidade do sorteio, que atraiu uma multidão, nenhuma ressalva faz à possibilidade de vários ganhadores. E isto é o que importa, a denotar que o réu se obrigou nos termos da publicidade." E continua o acórdão: "à publicidade caberia assinalar que haveria contemplação do veículo para um ou mais cartões. Sem tal ressalva, o anúncio obrigou a promotora do sorteio perante todos os contemplados, a teor do art. 35, I, da Lei nº 8.078/90".[126]

[4] RECUSA DE CUMPRIMENTO SOB O ARGUMENTO DE EQUÍVOCO NO ANÚNCIO – No contexto moderno do princípio da vinculação publicitária, cabe a pergunta: pode-se falar em "erro" em anúncio veiculado em desconformidade com o querer do anunciante, seja por falha imputada a terceiros (o veículo ou a agência, por exemplo) ou a ele próprio?

Numa análise que prime pelo rigor científico, a resposta é negativa, pois não é de "erro" – no sentido técnico que lhe empresta o Direito – que se cuida aqui; no máximo, admite-se que a expressão seja utilizada em seu sentido vulgar, sem a repercussão jurídica normal que desencadeia em várias disciplinas jurídicas, como, por exemplo, no Direito Civil e Comercial. Estamos diante, em verdade, de hipótese de "equívoco", conceito que não se confunde com o de erro, não se prestando, por isso mesmo, para exonerar o anunciante.

No caso do anúncio em desarmonia com o querer do anunciante, não se trata de equívoco sobre o bem, mas de equívoco em anúncio sobre o bem. A fratura, pois, não está no bem em si considerado ou na percepção que o anunciante dele tem, mas na maneira e no momento em que ele expõe sua percepção pela via publicitária. Não há equívoco quanto à essência do bem, mas quanto à comunicação que sobre ele é feita, a custo e risco do anunciante. *E isso, decididamente, não é erro, já que este deve estar diretamente relacionado com o bem e suas características e não com o discurso sobre seus atributos.* Inexistindo, pois, fragmentação material, mas simplesmente formal, incabível a invocação de erro.

Coube a Adalberto Pasqualotto, com sua habitual precisão dogmática e forte apoio na moderna Teoria Geral do Direito Privado, socialmente orientada, traçar, de modo inovador, as linhas fundamentais que, nesse ponto, regem a oferta ao público: "a publicidade é *contato social de consumo*, fonte de obrigações autônomas, da mesma categoria dos atos existenciais ou das condutas sociais típicas, produzindo, contudo, os mesmos efeitos dos atos negociais. Em decorrência, não se aplica à publicidade a disciplina própria dos atos

---

[125] Nesse caso, adota-se a informação mais favorável ao consumidor.
[126] TJRS, Ap. Cível nº 596.088.997, 5ª Câm. Cível, rel. Des. Araken de Assis, j. de 29.8.96.

jurídicos, inclusive o erro. Se o fato publicitário não depende da vontade para produzir efeitos, são irrelevantes os vícios que possam afetar a vontade de sua produção"[127] (grifado no original).

Fortes argumentos há, por conseguinte, para negar ao equívoco – do anunciante, da agência ou do veículo – o poder de eximir a responsabilidade do fornecedor,[128] afastando a aplicação do princípio da vinculação da mensagem publicitária. Aliás, essa solução não discrepa do saber contratual tradicional, principalmente em se tratando de proposta telegraficamente transmitida. Os fundamentos para tal são que o primeiro a utilizar o telégrafo deve arcar com os riscos a ele inerentes, que o telégrafo é representante do policitante ou que essa regra melhor atende aos interesses do mercado. Em outras palavras, o normal é que a oferta é válida como transmitida, exceto quando seu destinatário sabe ou razoavelmente deveria saber que se tratava de equívoco.[129]

[4.1] A FONTE DA VINCULAÇÃO CONTRATUAL É A DECLARAÇÃO PUBLICITÁRIA, E NÃO A VONTADE PUBLICITÁRIA – Na publicidade, pelo menos no sistema brasileiro, não é a vontade real do anunciante a fonte da obrigação contratual, mas o anúncio em si, ou seja, a declaração, tal qual explicitada.

Tanto assim que se o fornecedor anunciar o produto ou serviço sem qualquer vontade de vendê-lo (*bait and switch*), interessado somente em atrair o consumidor ao seu estabelecimento e fazê-lo adquirir outro bem diverso daquele anunciado, caracterizada está a obrigação de cumprir aquilo que foi objeto do anúncio. Este – e não a vontade íntima – está na base da responsabilização do anunciante. Importa, pois, o que o anúncio de fato diz e não o que o anunciante de fato quis com ele dizer.

Bem se vê, por conseguinte, que, uma vez veiculado o anúncio, incabível é a discussão sobre eventual consentimento do anunciante. O consentimento deste manifesta-se e passa a operar no instante em que decide usar a via publicitária: "desejou o fornecedor, realmente, anunciar, incorrendo em seus riscos?", eis a questão a ser posta.

Como muito bem já se disse, no CDC houve "uma redução do papel e da importância do elemento voluntarista na formação dos contratos, concentrando-se a proteção jurídica nos efeitos do contrato na sociedade. Esta mudança de enfoque acarretou consequências no tratamento dado ao erro. Assim, para resolver o problema da divergência entre vontade e declaração, na oferta e nos contratos de consumo, a teoria que melhor se coaduna com o movimento de objetivação dos contratos é a teoria da confiança".[130]

É no momento da decisão de anunciar – aí, sim, passível de análise de adequação do consentimento – que, implicitamente, aceita o anunciante realizar tal atividade, assumindo seus benefícios (maior volume de vendas) e ônus (vinculação imediata). Ora, sem consentimento a perquirir – pois ele opera em momento anterior à veiculação – inútil é qualquer debate sobre eventual "erro", já após a emissão da declaração. Isso em decorrência de o erro, comumente, incidir na fase da formação do consentimento, não no momento de sua declaração.

Assim é porque "a teoria da confiança confere supremacia à declaração sob o fundamento de que o direito deve visar antes à certeza do que à verdade",[131] mais ainda quando uma das partes – aquela que confiou – é particularmente vulnerável, como o consumidor.

---

[127] Adalberto Pasqualotto, op. cit., p. 113.

[128] Aqui levamos em conta, preponderantemente, o sistema do CDC brasileiro, embora tendência semelhante seja observável e defendida no Direito Comparado.

[129] John D. Calamari e Joseph M. Perillo, *Contracts*, 2ª ed., St. Paul, West Publishing Co., 1977, p. 87.

[130] Silvio Luis Ferreira da Rocha, "Erro na oferta no Código de Defesa do Consumidor", *in Revista de Direito do Consumidor*, vol. 9, jan./mar. 1994, p. 61.

[131] Silvio Luis Ferreira da Rocha, Erro..., cit., p. 61.

O *marketing* é mesmo o território próprio de aplicação da teoria da confiança, pela qual, segundo a melhor doutrina, "se pretende tutelar o comportamento correto, a confiança depositada pelas partes na seriedade do negócio proposto sob a tutela da boa-fé, vale dizer, o respeito pela palavra dada".[132]

[4.2] A PUBLICIDADE É NEGÓCIO JURÍDICO UNIDIRECIONAL, DESTITUÍDO DE QUALQUER NEGOCIAÇÃO E SOB CONTROLE EXCLUSIVO DO ANUNCIANTE – Na mensagem publicitária não há qualquer fase de negociação; o anúncio é uma peça absolutamente unilateral (*one-sided message*). Ora, inexistindo negociação, fica o consumidor completamente à mercê do anunciante, que lhe propõe, mediante anúncio, o que quer, quando quer, da forma que quer e com a duração que quer.

Sendo a publicidade *unidirecional*, inexiste qualquer "troca" (= sinalagma) entre o consumidor e o anunciante. Nesse sentido, é ela mais "discurso" do que propriamente "comunicação", que pressupõe reciprocidade de papéis. Trata-se de uma estipulação unilateral, com poderosíssimo potencial de influência do consumidor.

Por isso mesmo, o anunciante (e só ele!) tem, em suas mãos, todos os mecanismos de controle do anúncio. Aliás, para tal tarefa, contrata e utiliza profissionais (publicitários, por exemplo) e empresas (os veículos, por exemplo) especializados. Em compensação, o consumidor se depara com o "fato publicitário consumado".

Apenas o anunciante tem os meios (materiais, técnicos e econômicos) para evitar que eventual equívoco no anúncio possa atingir terceiros,[133] vindo a causar danos. Pode o próprio anunciante, em querendo, por exemplo, antes de qualquer veiculação de anúncio por ele encomendado, fazer, pessoalmente, uma última conferência, já após a produção do texto (imprensa), filme (televisão) ou gravação (rádio), verificando sua adequação.

[4.3] SE OS BENEFÍCIOS ECONÔMICOS PRINCIPAIS DA PUBLICIDADE SÃO DO ANUNCIANTE, A ASSUNÇÃO DE SEUS RISCOS TAMBÉM COM ELE DEVE FICAR – O proveito econômico *direto* do anúncio é, fundamentalmente, do anunciante. Não se pode, pois, passar ao consumidor-vítima, que não lucra economicamente com a atividade, os riscos a ela inerentes. Seria mais um caso de apropriação unilateral de vantagens e socialização de custos.

Sendo pública a oferta publicitária (opera no plano da comunicação de massa), maiores são seus benefícios para o anunciante, e, paralelamente, maiores também são seus riscos.[134] O anunciante, ao optar por ela, explícita ou implicitamente, assume – ou deve assumir – os encargos que acompanham as facilidades. O argumento para tal entendimento, já enunciado pela teoria contratual tradicional, é de que quando um contratante, que bem poderia comunicar-se diretamente com a outra parte, "faz uso de um intermediário que pratica um erro na transmissão dos termos, estes, apesar disso, são vinculantes para aquele que empregou a intermediação", sendo o policitante tratado como tendo feito

---

[132] Judith Martins-Costa, "A incidência do princípio da boa-fé no período pré-negocial: reflexões em torno de uma notícia jornalística", *in Revista de Direito do Consumidor*, 1992, vol. 4, p. 155.

[133] Em verdade, o anunciante, como vendedor que é, "tem ao seu comando – cabendo-lhe a escolha – todo um leque de caminhos e combinações de caminhos possíveis para atingir os compradores que ele ou ela está tentando persuadir" (Edward C. Bursk e William Morton, "What is marketing", in The dartnell marketing manager's handbook, edited by Steuart Henderson Britt and Norman F. Guess, Chicago, Dartnell, 1986, p. 35).

[134] O "risco é parte integral do marketing" (Edward C. Bursk e William Morton, art. cit., p. 38).

Art. 35 | CÓDIGO BRASILEIRO DE DEFESA DO CONSUMIDOR

a oferta na forma em que foi recebida pelo destinatário".[135] É, sem tirar nem pôr, o que sucede com a publicidade.

A publicidade tem uma "álea" (exatamente a possibilidade de alguma desconformidade entre aquilo que o anunciante quis dizer e o que, efetivamente, afirma o anúncio), por ela respondendo aquele que economicamente com a atividade mais se beneficia. Cabe, pois, ao anunciante, e não ao consumidor, fazer seguro para cobrir tal álea, se for o caso.[136] Esta, a propósito, é a solução explicitada pelo regulamento do CDC, adotando proposta minha.[137]

Corretíssimo, nesse aspecto, Michael R. Will: "O vendedor serve-se dos sistemas modernos de distribuição e de comunicação, obtendo o seu lucro a partir deles. Por que razão não haveria de suportar as consequências, aceitando que o vínculo jurídico se forma no momento em que o essencial foi dito?"[138]

Aqui e de resto, na legislação de vários países destinada a proteger o consumidor, como é o caso do CDC brasileiro, o legislador alterou radicalmente o regime de distribuição dos riscos nos negócios de consumo.[139]

A publicidade tem um custo direto e claro, repassado ao consumidor do produto ou serviço, computado que é no preço final que vem a pagar. É importante, ademais, que seus custos indiretos – verdadeiros custos sociais não agregados, decorrentes dos "equívocos" e má qualidade dos anúncios do fornecedor – sejam *internalizados* (= refletidos) também no preço dos bens objeto de publicidade. Assim, os produtos e serviços do mau ou descuidado anunciante necessariamente terminarão por custar mais caro do que os do seu concorrente que utilize formas publicitárias menos arriscadas ou agressivas e procedimentos mais cuidadosos.

É o mesmo argumento aplicável, como justificativa econômica, à democratização dos custos sociais dos produtos e serviços perigosos: por meio dos preços, os custos sociais negativos são pulverizados entre todos os consumidores. Uns poucos consumidores pessoalmente lesados não podem arcar, solitariamente, com custos que, em verdade, são de toda a sociedade e só através da previsão de responsabilidade integral do anunciante – com o consequente repasse ao sistema de preços – podem ser socializados em sua globalidade.

Daí a afirmação de que uma resposta racional a algo difuso como a publicidade exige garantias jurídicas que precisam ir além dos modelos estreitos do Direito Privado clássico.[140] A

---

[135] Samuel Willston, *The law of contracts*, New York, Baker, Voorhis & CO., 1931, ps. 176-177.

[136] Tal modalidade de seguro é comum nos países mais avançados. O casamento entre os dois instrumentos era mesmo inevitável. "Tanto a publicidade como o seguro são elementos comuns da vida moderna. Empresas de todo porte e tipo precisam anunciar seus produtos e serviços para competir no mercado. Na medida em que, nessa fúria da atividade publicitária, litígios certamente aparecerão, as empresas procuram proteger-se de eventual responsabilização contratando seguro" (Terri D. Keville, "Advertising injury coverage: an overview", in Southern California law review, 1992, vol. 65, p. 919).

[137] É considerada prática infrativa "deixar de cumprir a oferta, publicitária ou não, suficientemente precisa, ressalvada a incorreção retificada em tempo hábil ou exclusivamente atribuível ao veículo de comunicação, sem prejuízo, inclusive nessas duas hipóteses, do cumprimento forçado do anunciado ou do ressarcimento de perdas e danos sofridos pelo consumidor, assegurado o direito de regresso do anunciante contra seu segurador ou responsável direto" (Decreto nº 2.181, de 20.3.97, art. 13, inc. VI, grifo nosso).

[138] Michael R. Will, A mensagem publicitária na formação do contrato, in António J. M. Pinto Monteiro (coord.), *Comunicação e defesa do consumidor*, Coimbra, Instituto Jurídico da Comunicação, 1996, p. 270.

[139] Alcides Tomasetti Jr., "O objetivo de transparência e o regime jurídico dos deveres e riscos de informação nas declarações negociais para consumo", *in Revista de Direito do Consumidor, Instituto Brasileiro de Política e Direito do Consumidor/Revista dos Tribunais*, vol. 4, número especial – 1992, O controle da publicidade, p. 61.

[140] Guido Alpa, Mario Bessone e Enzo Roppo, "Una politica del diritto per la pubblicità commerciale", *in Rivista del Diritto Commerciale e del Diritto Generale delle Obbligazioni*, anno LXXII (1974), parte prima, p. 304.

Capítulo V · DAS PRÁTICAS COMERCIAIS | **Art. 35**

vinculação publicitária é "um novo risco profissional", vale dizer, "atuação a qual a lei impõe deveres especiais (através de norma de ordem pública) não transferíveis aos consumidores, nem mesmo através de previsão contratual".[141]

[4.4] A TEORIA DO ERRO TEM APLICAÇÃO REDUZIDA NO DIREITO DO CONSUMIDOR – Nos negócios jurídicos de consumo, a teoria do erro tem aplicação maior (ou exclusiva) no polo do sujeito-comprador (o consumidor, que é a parte vulnerável): é ele quem desconhece o bem, é ele quem o recebe em confiança, é ele o profano na relação jurídica.

Diferentemente, o anunciante assume a posição do vendedor: conhece o bem, suas características (inclusive preço), os veículos e agências com quem contrata, as regras do mercado e o Direito aplicável à espécie; é o profissional na relação.

Para que possa anunciar (oferta pública, com riscos maiores, já vimos), o mínimo que do fornecedor se exige é que tenha ampla familiaridade, intimidade mesmo, com seu produto ou serviço, assim como com o modo de operação e viabilização da publicidade, inclusive as suas possíveis falhas normais.

Mas mesmo que, em tese, o Direito do Consumidor admitisse a bipolaridade da teoria do erro, no caso da publicidade o erro não seria escusável, pois significa um rompimento de um dever profissional (risco profissional), isto é, de uma obrigação de especialista a cargo do anunciante.

[4.5] NO REGIME GERAL DO DIREITO DO CONSUMIDOR, O EQUÍVOCO INOCENTE NÃO EXIME A RESPONSABILIDADE CIVIL DO FORNECEDOR – Normalmente, confrontado com um anúncio que diz mais ou menos do que aquilo que pretendia, a primeira reação do anunciante é dizer: "Não foi culpa minha." Essa também é a ação, quase instintiva, do fabricante quando se depara com um consumidor vitimado por defeito no produto que adquiriu: "Não tive qualquer culpa." Ora, é sabido que uma das mais importantes modificações trazidas pelo Direito do Consumidor foi exatamente o afastamento da responsabilidade civil subjetiva. Assim em matéria de acidentes de consumo; assim também em tema de publicidade. O sistema, guardadas as devidas proporções, é o mesmo do gol-contra em partida de futebol. Descabe perguntar se o jogador quis ou não lançar a bola contra seu goleiro. Inocente ou não, ponto para o adversário.

Afirma-se, com propriedade, que, em matérias como a proteção do consumidor e do ambiente, os elementos subjetivos "tendem a desaparecer, do ponto de vista da relevância jurídica conferida neste tipo especial de relação, acentuando-se, em contrapartida, a objetividade da conduta, isto é, o concreto conjunto de circunstâncias em que a oferta foi procedida e também a concreta expectativa que gerou, aos destinatários, acerca de seu fiel cumprimento".[142]

Sem dúvida alguma, a responsabilidade dos arts. 30 e 35 é objetiva, pois seu texto em nada alude à culpa do anunciante, razão pela qual não pode o intérprete agregá-la, muito menos num contexto em que, seja pela vulnerabilidade da parte protegida (o consumidor), seja pelas características do fenômeno regrado (a publicidade), o Direito, antes mesmo da interferência do legislador, já se encaminhava na direção da objetivação da responsabilidade civil.[143] Em

---

[141] Cláudia Lima Marques, *Contratos no Código de Defesa do Consumidor*. O novo regime das relações contratuais, 2ª ed., São Paulo, Revista dos Tribunais, 1995, ps. 226 e 228.

[142] Judith Martins-Costa, A incidência..., cit., p. 162.

[143] Miguel Pasquau Liaño, *Comentarios a la Ley General para la Defensa de los Consumidores y Usuarios*, coordenação de Rodrigo Bercovitz e Javier Salas, Madrid, Civitas, 1992, p. 166.

253

Art. 35 | CÓDIGO BRASILEIRO DE DEFESA DO CONSUMIDOR

outras palavras, "a publicidade será exigível ainda que sua inexatidão não se deva à culpa ou dolo do anunciante".[144]

Visível, então, que nos regimes jurídicos modernos de proteção do consumidor, como o CDC brasileiro, o equívoco inocente (= não culposo) não exclui a responsabilidade civil do fornecedor. Assim, por exemplo, se o fabricante se equivoca com uma fórmula ou *design* e lança seu produto no mercado com uma desconformidade (de todo indesejada por ele), ainda assim é responsabilizado,[145] havendo dano.

Ora, não seria apenas no plano da publicidade desses mesmos produtos (e serviços) que eventual equívoco inocente o livraria da responsabilidade decorrente do princípio da vinculação. A desconformidade da publicidade é em tudo igual àquela pertinente à qualidade ou quantidade dos bens de consumo. Naquela, há uma falha, totalmente imputável ao anunciante e a seus agentes (agência e veículo), por inteiro equiparável a um defeito no processo de fabricação do produto ou prestação do serviço, só que concretizado em outro nível, o da comercialização. Aliás, na sociedade de consumo, o anúncio, porque integra a corrente de produção e comercialização de bens, há de se ajustar ao mesmo regime (entenda-se, *responsabilidade civil objetiva*) que norteia estes dois momentos do mercado de massa.

Realmente, trazendo a publicidade riscos dessa magnitude, a tendência, como já cristalizada na área dos acidentes de consumo, é impor à parte forte – no caso o anunciante – a responsabilidade por eventuais falhas no sistema que tão bem serve seus objetivos de ampliação de clientela. O fornecedor, aqui, como sucede com os produtos e serviços com vício de qualidade por insegurança, é quem está na melhor posição de detectar, corrigir e prevenir as tais desconformidades. Em adição, sua eventual responsabilização pelo equívoco publicitário inocente cria um incentivo no sentido de melhorar suas rotinas administrativas e operacionais, eliminando os riscos envolvidos, mediante um sistema adequado de controle de qualidade. Finalmente, já observamos, é mesmo o anunciante quem tem condições de espalhar (= democratizar) os custos dos danos sofridos, seja contratando seguro, seja sendo obrigado a reajustar o preço dos bens publicitados.[146]

Finalmente, não custa recordar, a tendência no Direito do Consumidor é pela adoção do *princípio da reparação integral*.[147] Não seria a publicidade – exceto se o legislador assim o dissesse expressamente – uma exceção à regra geral. A norma, pois, em matéria publicitária, é a mesma aplicável ao sistema geral protetório do consumidor: causado gravame, cabe o dever de reparar *in totum*, inclusive pelos danos morais sofridos.[148]

[4.6] SÓ O ANUNCIANTE TEM OS MEIOS CONTRATUAIS PARA ACIONAR A AGÊNCIA E O VEÍCULO – Vimos que, como regra, a responsabilidade civil decorrente da aplicação do princípio da vinculação publicitária fica a cargo do anunciante. É o que se extrai dos arts. 30 e 35, do CDC.

Ora, tal limitação da legitimação passiva do princípio traz, como consequência, a impossibilidade de o consumidor acionar, exceto em circunstâncias especiais,[149] a agência

---

[144] Miguel Pasquau Liaño, Comentarios..., cit., p. 169.

[145] Cf., *v.g.*, os arts. 12, 14, 18 e 23, do CDC.

[146] Wayne K. Lewis, "Toward a theory of strict 'claim' liability: warranty relief for advertising representations", in Ohio State Law Journal, 1986, vol. 47, p. 694.

[147] Cf., por exemplo, o art. 6º, incs. VI e VII, do CDC.

[148] CDC, art. 6º, VII.

[149] O art. 30 do CDC exclui a responsabilidade civil da agência e do veículo, porque se cuida de hipótese objetiva de responsabilização. Contudo, este e aquela, se agirem com culpa, estarão igualmente obrigados a indenizar o consumidor lesado, em pé de igualdade com o anunciante.

e o veículo. Vale dizer, caso ao fornecedor fosse dado o direito de exirmir sua responsabilidade a pretexto de que o equívoco no anúncio foi causado pela agência ou pelo veículo, o consumidor, não podendo acionar nenhum dos sujeitos envolvidos com o fenômeno publicitário, ficaria sem recurso jurídico disponível, ou seja, haveria de arcar sozinho com o seu prejuízo.

Se a desconformidade no anúncio decorrer de falha da agência ou do veículo, só o anunciante, e não o consumidor, dispõe dos recursos – inclusive contratuais – para evitá-los, controlá-los e cobrá-los. A escolha e contratação da agência e do veículo é efetuada pelo próprio anunciante e só por ele. É ele quem os paga, os repreende e, eventualmente, por rompimento contratual, os aciona.

O consumidor, em todo o processo publicitário, é a parte vulnerável e contratualmente alheia ao anúncio. Mesmo que o anunciante, como determina o CDC, seja obrigado a reparar danos causados aos consumidores por atividades de seus contratados, tem ele, e só ele, aberta a porta do direito de regresso. Esta é, inclusive, a regra expressa do Decreto nº 2.181, de 20.3.97, que regulamentou o CDC.[150]

[4.7] LIBERALIDADES EM MATÉRIA DE PREÇO, PRINCIPALMENTE EM ECONOMIAS INFLACIONÁRIAS, SÃO COMUNS NO MERCADO – Tratando-se de preço, os equívocos para menos dos anúncios são, normalmente, entendidos pelos consumidores como meras liberalidades dos anunciantes, que, embora perdendo neste ou naquele produto ou serviço, ganham com o aumento da visitação de seu estabelecimento ou a associação de sua imagem com preços baixos, promoções e liquidações.

Todos nós sabemos (somos também consumidores) que, no dia a dia do mercado, o consumidor, nesta matéria, não tem uma irresistível vocação para atuar de má-fé: por isso mesmo cabe ao fornecedor dela fazer prova cabal. Quando, por força de um anúncio equivocado que o atingiu, procura (quase sempre em grande número) o estabelecimento do anunciante, o consumidor assim o faz porque, de fato, acreditou no conteúdo da veiculação.

Tal tendência é exacerbada em períodos de inflação alta, em que o consumidor perde (mas não o fornecedor), por inteiro, noção do valor da moeda e da razoabilidade das políticas de descontos e promoções. O surto inflacionário desorienta muito mais o consumidor do que o fornecedor, em particular quando se trata de produto ou serviço de aquisição esporádica. A tática das "promoções-relâmpago", até mais comuns em períodos de inflação descontrolada, "conduz a uma espécie de 'atordoamento' do consumidor, que já não sabe mais qual é o valor 'real' dos produtos, e, por consequência, já não consegue avaliar o que é 'caro' e o que é 'barato.'"[151]

[5] IRRETRATABILIDADE DA OFERTA PUBLICITÁRIA – Já vimos que o anunciante não pode recusar cumprimento à oferta publicitária, mesmo que, posteriormente à sua divulgação, observe "erro", atribuível a si próprio ou a terceiro que atue em seu nome.

Nesse sentido, já decidiu o STJ, em acórdão, verdadeiro *leading case*, da lavra do min. Ruy Rosado de Aguiar, que:

"A fornecedora de refrigerante que lança no mercado *campanha publicitária* sob forma de concurso com tampinhas premiadas não se libera de sua obrigação ao fundamento de que a numeração é ilegível. O sistema do CDC, que incide nessa relação de consumo, não permite à

---

[150] Art. 13, inc. VI.
[151] Judith Martins-Costa, A incidência... cit., ps. 159-160.

Art. 35 | CÓDIGO BRASILEIRO DE DEFESA DO CONSUMIDOR

fornecedora – que se beneficia com a publicidade – exonerar-se do cumprimento da sua promessa apenas porque a numeração que ela mesma imprimiu é defeituosa."[152]

Se lhe é ilícito recusar o cumprimento da oferta publicitária, poderia, então, o anunciante revogá-la?

Segundo Adalberto Pasqualotto, já vimos, a oferta publicitária é "contato social de consumo", que não aceita a disciplina própria dos atos jurídicos. Independendo o fato publicitário "da vontade para produzir efeitos",[153] é juridicamente irrelevante qualquer atuação *posterior* do policitante publicitário no sentido de limitar, reorganizar ou extinguir os resultados vinculantes do seu discurso, eficazes a partir do momento em que se deu a exteriorização (*rectius*, "exposição", consoante o art. 29 do CDC). Numa palavra, a oferta publicitária é "irretratável", o que determina a "inviabilidade de arrependimento".[154]

Irretratável, uma vez feita, mas não ilimitável, pois o anunciante tem todo o poder (e direito) para limitar a eficácia temporal, quantitativa e geográfica do anúncio, desde que o faça *antes* da sua veiculação. Pretender fazê-lo *após* a exposição do consumidor é expulsar, pela porta dos fundos, o princípio da vinculação da oferta, pedra angular do sistema do CDC.

O CDC não trouxe regra expressa sobre a revogação da oferta publicitária; tampouco existia, no Código Civil de 1916, tratamento para o tema, já que ausente qualquer referência à oferta ao público.

Inovando nesse ponto, o novo Código Civil dispõe que: "Pode revogar-se a oferta pela mesma via de sua divulgação, desde que ressalvada esta faculdade na oferta realizada" (art. 429, parágrafo único).

Já ressaltamos, por ocasião dos comentários ao art. 30, que o Código Civil, no que concerne à oferta publicitária (= oferta ao público), não incide sobre as relações de consumo. Rizzatto Nunes lembra, de modo feliz, que "a mais relevante observação que se deve aqui fazer é a chamada de atenção para que não se confunda o instituto jurídico da oferta do direito privado com esse de oferta", instituído pelos arts. 30 e 35 do CDC.[155]

Anteriormente também alertamos que o poder de revogação amplia, de modo inaceitável numa sociedade de consumo que se queira justa, a já gritante vulnerabilidade do consumidor no ambiente da publicidade. A admiti-la, ficará o oblato (= consumidor) na permanente incerteza sobre a manutenção do anúncio que, como desejava o anunciante, certamente despertou sua atenção e determinou sua decisão de compra. Viola o bom senso admitir que o consumidor fique, de forma inexorável, numa situação de insegurança, sempre que for exposto a um anúncio, pois terá de verificar, a cada momento, se a proposta originária está mantida ou não pelo anunciante.

Especificamente no que tange à revogação da oferta ao público, quatro ordens de ideias impedem a aplicação do parágrafo único do art. 429, do CC, às relações de consumo.

A um, conquanto, ontologicamente, os regimes de oferta no CC e no CDC divergem de modo radical. Aquele, de inspiração subjetivista, estrutura-se em torno da teoria da vontade. Não é à toa que seu art. 112 dispõe que: "Nas declarações de vontade se atenderá mais à intenção nelas consubstanciada do que ao sentido literal da linguagem." Em sentido contrário, o CDC privilegia, conjuntamente, as teorias da declaração (= veiculação, art. 30) e da confiança (= expectativa legítima dos consumidores).

---

[152] STJ, REsp nº 396.943/RJ, 4ª Turma, rel. Min. Ruy Rosado de Aguiar, j. de 2.5.2002, v.u. (grifo nosso).

[153] Adalberto Pasqualotto, op. cit., p. 113.

[154] Thereza Alvim, op. cit., ps. 190 e 200.

[155] Luiz Antonio Rizzatto Nunes, *Comentários ao Código de Defesa do Consumidor*, São Paulo, Saraiva, 2000, p. 365.

Capítulo V · DAS PRÁTICAS COMERCIAIS | Art. 35

A dois, na medida em que diverge a divisão de riscos no CC e no CDC, aceitando aquele a responsabilidade civil objetiva somente em linha de exceção (arts. 186 e 927), enquanto este, ao revés, abriga a responsabilidade subjetiva só de forma extraordinária (por exemplo, o art. 14, § 4º, no campo dos serviços prestados por profissionais liberais). Rizzatto Nunes resume, com rigor, a matéria: "se o fornecedor quiser voltar atrás na oferta não poderá fazê-lo, até porque, como de resto decorre da estrutura do CDC, a oferta tem caráter objetivo".[156]

A três, como decorrência inevitável do paradigma ético-social que orienta as duas legislações; numa (o CC), o paradigma é, por princípio, o da relação entre iguais; na outra (o CDC), o paradigma é o da vulnerabilidade do consumidor, como presunção absoluta (art. 4º, I).

A quatro, já que não pode o legislador – sob pena de violação da regra constitucional de tutela especial do sujeito vulnerável, o consumidor – *presumir* que os milhares ou milhões de destinatários de um determinado anúncio sejam, todos eles, atingidos pelo anúncio-revogação. As presunções contra o consumidor são inconstitucionais, pois violam o próprio sentido e fundamento do sistema protetório particular.

Em outras palavras, não foi por descuido ou esquecimento que o legislador do CDC deixou de prever a revogação da oferta publicitária. Assim agiu simplesmente por considerá-la incompatível com os fundamentos, princípios e estrutura filosófica do sistema especial.

Para proteção de seus interesses legítimos, na forma de limitação da eficácia do anúncio, normalmente o anunciante tem à sua disposição pelo menos duas técnicas, ambas inofensivas aos consumidores. De um lado, pode ele reduzir, temporalmente, a validade do anúncio ("oferta válida até..."). Muitos anunciantes deixam de fazê-lo, exatamente para confundir os consumidores, que, levados ao estabelecimento comercial por força de anúncio que viram ou ouviram, são informados, à queima-roupa, que tal oferta já não é mais válida. Por outro lado, o fornecedor ainda pode limitar, quantitativamente, a extensão material do anúncio, atando-o a um número determinado de peças. No entanto, aqui, é prudente observar, são ineficazes afirmações do tipo "enquanto durarem os estoques", já que informação objetiva nenhuma conferem aos consumidores. Ninguém melhor que o próprio fornecedor para conhecer a exata dimensão quantitativa do seu estoque. Tal técnica irregular, em princípio, caracteriza prática abusiva (art. 39) e publicidade enganosa por omissão de "dado essencial" (art. 37, § 3º).

De toda sorte, nas relações que *não* sejam de consumo (por exemplo, anúncio posto em um jornal por um consumidor-proprietário, interessado na venda de seu automóvel de uso pessoal), o ordenamento jurídico brasileiro agora admite a revogação da oferta ao público. Mas, mesmo nesse campo restrito, alguns requisitos devem estar presentes, nos termos do art. 429, parágrafo único.

De um lado, a revogação (e também a retificação e a modificação) só é válida se fizer uso da "mesma via de divulgação" empregada para o anúncio revogado. O sentido da expressão inclui não apenas o mesmo meio de comunicação, mas também igual horário, página, formato ou destaque. Violaria o princípio geral da boa-fé e a própria função social do contrato (CC, arts. 421 e 422), alicerces do novo paradigma civilístico-contratual, aceitar-se que um anúncio veiculado no horário nobre da televisão ou na primeira página de jornal fosse revogado por uma notinha em programa da madrugada ou em espaço de página interna.

Por outra parte, a faculdade de revogação – e, novamente, da alteração ou retificação – precisa ser ressalvada na própria oferta que se pretende revogar, alterar ou retificar. Sobre esse requisito, cabe salientar, inicialmente, que a menção deve ser clara, precisa e ostensiva, pois, do contrário, desrespeitados estariam os princípios da probidade e boa-fé (CC, art. 422). Demais disso, a revogação, alteração ou retificação é sempre faculdade excepcional. Ou seja, o anunciante que traz, de forma rotineira, em todos os seus anúncios, a menção de que o anún-

---

[156] Luiz Antonio Rizzatto Nunes, op. cit., p. 367.

cio pode ser revogado, alterado ou retificado, indica, desde logo, comportamento suspeito, posto que realizado sob bases outras que não a da probidade e boa-fé objetiva, o que pode, ainda, caracterizar indício de publicidade enganosa, por uso de "*bait and switch*" ("anuncio e altero").

É mister ainda sublinhar que a revogação tem eficácia apenas *ex nunc*, ou seja, ficam inteiramente resguardados os destinatários que, antes da veiculação e conhecimento do anúncio retificativo, aceitaram a oferta ao público, seja por meio de documento (*e-mail*, por exemplo), seja comparecendo pessoalmente ao local indicado no anúncio.

Por derradeiro, ao anunciante cabe, por razões óbvias, o ônus da prova de que o destinatário da mensagem foi, realmente, alertado pelo anúncio retificativo.

Seção III
Da Publicidade

1. A IMPORTÂNCIA DA PUBLICIDADE

Não há sociedade de consumo sem publicidade.[157] Como muito acertadamente acentua Guido Alpa, "a publicidade pode, de fato, ser considerada o símbolo próprio e verdadeiro da sociedade moderna".[158] Há como que uma indissolubilidade do binômio "sociedade de consumo-publicidade".

Como decorrência de sua importância no mercado, surge a necessidade de que o fenômeno publicitário seja regrado pelo Direito, notadamente pela perspectiva da proteção do consumidor, o ente vulnerável da relação jurídica de consumo.

O controle legal manifesta-se nos planos internacional (por exemplo, o regramento da publicidade de tabaco, sob o guarda-chuva inspirador da OMS), regional (por exemplo, no âmbito da União Europeia e do Mercosul[159]) e nacional (por exemplo, o CDC).

Embora Estados e Municípios, nos termos do art. 22, inc. XXIX, não tenham competência para legislar sobre publicidade *per se* (= sobre seu conteúdo), podem regular os *meios*, particularmente os físicos, e a *forma* de veiculação dos anúncios. Assim, por exemplo, é lícito ao Município impor restrições à localização de *outdoors* ou painéis eletrônicos, bem como regrar a afixação de cartazes na cidade.

Tal competência legislativa do Estado ou Município é maior ainda em estabelecimentos públicos, erguidos em áreas públicas ou operados sob o regime de concessão (estádios, bancas de revista ou veículos de transporte coletivo, por exemplo), ou sujeitos à fiscalização municipal sanitária, ambiental, de segurança ou de proteção às crianças e aos adolescentes. Além disso, nada impede que o Estado e o Município, agora no terreno de seu poder de polícia, imponham, motivadamente, nas licenças que emitem, restrições aos tipos de anúncios admitidos.[160]

---

[157] No tema da publicidade de crédito, cf. o excelente trabalho de Márcio Mello Casado, *Proteção do consumidor de crédito bancário e financeiro*, São Paulo, Revista dos Tribunais, 2000.

[158] Guido Alpa, *Diritto Privato dei consumi*, Bologna, Il Mulino, 1986, p. 123.

[159] Especificamente quanto ao Mercosul, cf. Mara Suely Oliveira e Silva Maran, *Publicidade & proteção do consumidor no âmbito do Mercosul*, Curitiba, Juruá, 2003.

[160] É nesse sentido, portanto, que deve ser interpretada e aplicada a Lei municipal da Capital de São Paulo de nº 14.223/2006, conhecida como "Lei dos Outdoors", como decorrência do plano "Cidade Limpa", que veio a regular sobre paisagem urbana e estabeleceu diretrizes consideradas rígidas acerca do anúncio publicitário ao ar livre (JGBF).

Capítulo V · DAS PRÁTICAS COMERCIAIS

2. DEVER DE INFORMAR E PUBLICIDADE

Não há um dever legal, imposto ao fornecedor, de anunciar seus produtos e serviços. O que existe, isto sim, é uma obrigação de informar positivamente o consumidor, nos termos do art. 31. Só que esta incumbência não precisa ser cumprida mediante mensagens publicitárias (*stricto sensu*).

O Código, portanto, não obriga o fornecedor a anunciar. A publicidade, então, por esse prisma, em não sendo dever, é direito, só que direito exercitável à conta e risco do anunciante. Por conseguinte, o legislador, em tal matéria, não sanciona a carência de publicidade, mas somente a existência de publicidade que traduza uma má ou insuficiente informação. Não há no Código, de fato, nenhuma regra que imponha um dever de anunciar, *a priori*, dirigido ao fornecedor. As duas únicas exceções são sempre *a posteriori*: quando o fornecedor toma conhecimento tardio dos riscos do produto ou serviço (art. 10, §§ 1º e 2º) e na hipótese de contrapropaganda (arts. 56, XII, e 60).

Logo, aquele que resolve fazer uso de publicidade traz para si, de imediato, a obrigação de fazê-lo respeitando a principiologia do Código. E se há comunicação – já que ninguém nega seja a publicidade modalidade desta[161] – a lei estabelece requisitos negativos (publicidade enganosa comissiva) e positivos (publicidade enganosa omissiva) a serem cumpridos.

3. PUBLICIDADE E CONTROLE

Nenhuma atividade humana está isenta de controle. A publicidade não é exceção à regra. De três formas o fenômeno publicitário pode ser controlado: por um sistema exclusivamente estatal, por um sistema exclusivamente privado e, finalmente, por um sistema misto.

A grande discussão em torno da matéria nada tem a ver com a ideia de controle em si da publicidade. Ninguém põe em dúvida a necessidade de sua disciplina. A contenda resume-se na escolha do sujeito a quem caberá exercer a tarefa disciplinar.

O controle é mais da publicidade do que propriamente do anúncio. O objetivo maior é o regramento da atividade e não do ato. Este só é atingido à medida que integra aquela. E, acrescente-se, o controle não é exercido de maneira isolada sobre a atividade publicitária. Insere-se em um contexto mais amplo de disciplina da atividade produtiva e comercial.[162]

3.1 O sistema exclusivamente estatal

Uma primeira modalidade de regramento da publicidade é através da intervenção estatal exclusiva. Em outras palavras, só o Estado, e apenas ele, pode ditar normas de controle da publicidade e implementá-las. Nenhuma participação têm, no plano da autodisciplina, os diversos atores publicitários.

---

[161] O caráter de comunicação social da publicidade foi bem analisado por Carlos Alberto Bittar. Segundo o autor, "a publicidade responde, em seu íntimo, a uma necessidade do homem: a de comunicar-se, tornando-se, de outro lado, centro transmissor de ideias. Com efeito, a mensagem através da qual o bem é apresentado ao público vaza-se, não raro, em termos didáticos, acompanhada, pois, de ensinamentos a respeito da matéria" (Carlos Alberto Bittar, *Direito de Autor na obra publicitária*, São Paulo, Revista dos Tribunais, 1981, p. 78).

[162] Marco Cassottana, "Nuovi sistemi di controllo della pubblicità commerciale", *in Rivista del Diritto Commerciale e del Diritto Generale delle Obbligazioni*, anno LXXVI (1978), Parte Prima, p. 410.

259

CÓDIGO BRASILEIRO DE DEFESA DO CONSUMIDOR

3.2   O sistema exclusivamente privado

Em oposição ao modelo exclusivamente estatal, há o exclusivamente privado. Passa-se de um sistema em que apenas o Estado intervém para um outro em que somente os partícipes privados do fenômeno têm voz.[163]

Vez ou outra surge e ressurge o argumento de que o Estado não tem nenhum papel legítimo a cumprir no regramento da publicidade. Alega-se, em suporte da tese, que o próprio mercado tem incentivos de sobra para a correção dos desvios acaso surgidos, seja para fazer com que os anunciantes forneçam informações precisas sobre seus produtos e serviços, seja para contestar, pelos seus próprios canais de comunicação publicitária, os anúncios enganosos veiculados pelos seus concorrentes.

E, naqueles raros casos em que tais incentivos mercadológicos venham a se mostrar ineficientes, o próprio consumidor lesado, sem qualquer intervenção do Estado em seu favor, pode fazer uso dos tribunais. Por derradeiro, ainda dentro dessa perspectiva de exclusão do Estado, a autorregulamentação apresenta-se como uma solução adequada para correção das falhas dos incentivos do mercado no saneamento dos desvios publicitários.[164]

Na prática, concepções exclusivistas dessa natureza não têm sido confirmadas. Há sempre um momento em que nem os incentivos do mercado, nem os seus substitutivos privados funcionam, configurando-se, então, a necessidade de intervenção estatal.

Embora se reconhecendo a grande importância da autorregulamentação publicitária, no plano teórico algumas objeções podem ser ajuntadas contra um método de disciplina inteiramente privado.

Em primeiro lugar, a regra de autodisciplina não vincula todos os operadores, limitando-se àqueles que aderem, voluntariamente, a tal modalidade de controle.

Ademais, as regras de autorregulamentação não são normas jurídicas, faltando-lhes, por isso mesmo, a qualidade de generalidade, obrigando somente os aderentes, isto é, opera tão só no plano normativo interno. Nenhuma relevância externa é conferida às regras de um tal ordenamento.[165]

Em terceiro lugar, um tal sistema – em oposição ao estatal, fundado na autoridade – apresenta-se como mera derivação contratual. Sua força vinculante é, portanto, inferior à do modelo público.

Além disso, o controle não se faz pelo ângulo do consumidor, mas agregando-se a preocupações dessa natureza outras que pouco têm a ver com ele, na sua posição de parte vulnerável no mercado, como aquelas relativas à concorrência leal e à moralidade.[166]

---

[163] Para uma análise abrangente do sistema autorregulamentar brasileiro, consulte-se Maria Luiza Andrade Figueira de Sabóia Campos, "O Direito estatutário do CONAR", *in Revista de Direito Civil*, vol. 38, ps. 103-157.

[164] Robert Pitofsky, op. cit., p. 663.

[165] É certo que alguns autores têm se posicionado em favor da utilização "jurídica" das normas de autodisciplina publicitária: em face de necessidades sociais amplas "constituem-se novas regras, de natureza puramente consuetudinária e que, com o passar dos anos, adquirem maior força, tornando-se exigíveis na esfera jurídica" (Maria Luiza Andrade Figueira de Sabóia Campos, "O Direito estatutário do CONAR", *in Revista de Direito Civil*, vol. 38, p. 121).

[166] Para uma análise crítica semelhante, veja-se Marco Cassottana, "Nuovi sistemi di controllo della pubblicità commerciale", *in Rivista del Diritto Commerciale e del Diritto Generale delle Obbligazioni*, anno LXXVI (1978), Parte Prima, p. 411.

Capítulo V · DAS PRÁTICAS COMERCIAIS

3.3 O sistema misto

Da composição entre os dois sistemas solitários, surge um terceiro, misto, que faz da convivência e da competição normativa e implementadora sua principal característica. Despiciendo dizer que esse é o modelo ideal.

Trata-se de modalidade que aceita e incentiva ambas as formas de controle, aquele executado pelo Estado e o outro a cargo dos partícipes publicitários. Abre-se, a um só tempo, espaço para os organismos autorregulamentares (como o CONAR e o Código Brasileiro de Autorregulamentação Publicitária), no Brasil e para o Estado (seja a administração pública, seja o Judiciário).

Foi essa a opção do Código de Defesa do Consumidor.

4. PUBLICIDADE, CONTROLE LEGAL E GARANTIAS CONSTITUCIONAIS

Antes já salientamos que a publicidade, assim como todo fenômeno humano, em particular as manifestações empresariais, deve ser submetida a controle legal. Não é a proteção do consumidor, todavia, o único ângulo da publicidade que interessa ao Direito. Nas palavras de Carlos Alberto Bittar, pioneiro da matéria no Brasil, "o fenômeno publicidade interessa ao Direito sob múltiplos aspectos, em função do extraordinário alcance de sua ação e da gama de valores com que interfere e por que se espraia".[167]

Como magistralmente assinala Waldírio Bulgarelli, "fenômeno de certa forma ainda recente, haveria de entrar forçosamente nas cogitações dos juristas, na medida em que se tornando o elemento catalisador das técnicas promocionais, ensejou abusos como instrumento de concorrência desleal (atos desabonadores contra os concorrentes) e como forma enganosa em relação ao consumidor".[168]

Não se diga, em tal caso, que qualquer regramento da publicidade afronta o direito de livre manifestação e criação. Não é o direito em si que é regrado, é o seu excesso que se torna objeto da regulamentação. Ademais, a mensagem publicitária, *per se*, não pode ser considerada manifestação de uma opinião ou pensamento. Mostra-se, ao revés, como um momento da atividade econômica produtiva da empresa,[169] e como tal é, expressamente, disciplinada pela Constituição Federal, pelo prisma da proteção ao consumidor (art. 170, V).

É, pois, apropriada a observação de Vidal Serrano Nunes Júnior de que, integrando a publicidade o leque das atividades próprias da ordem econômica – atividades essas regidas pelo art. 170 da Constituição Federal, como vimos –, "excluem-se de seu lastro legitimador os direitos fundamentais"; consequentemente, "o eventual caráter artístico não desnatura a *essência econômica* da publicidade comercial, que, enquanto função de venda, tem no mercado de consumo o destinatário de sua atenção. Arredada de sua finalidade econômica, a publicidade comercial sequer chegaria a existir. Assim, eventual criação artística que nela se encontre nada mais é do que mero instrumento da ação publicitária, que objetiva fazer atuar referida finalidade econômica"[170] (grifo nosso).

---

[167] Carlos Alberto Bittar, op. cit., p. 88.

[168] Waldírio Bulgarelli, "Publicidade enganosa – aspectos da regulamentação legal", *in Revista de Direito Mercantil, Industrial, Econômico e Financeiro*, vol. 24 (58), abr./jun. 1985, p. 89.

[169] Guido Alpa, op. cit., p. 135.

[170] Vidal Serrano Nunes Júnior, *Publicidade comercial: proteção e limites na Constituição de 1988*, São Paulo, Juarez de Oliveira, 2001, ps. 161 e 205.

CÓDIGO BRASILEIRO DE DEFESA DO CONSUMIDOR

Todos os países democráticos do mundo controlam, de uma forma ou de outra, a publicidade. Na Suécia, por exemplo, ainda na lição exemplar de Ulf Bernitz, "mensagens cujos propósitos sejam puramente comerciais, isto é, aquelas que se destinam somente à promoção da comercialização de produtos, serviços ou qualquer outra coisa de valor, colocam-se fora da Constituição e submetem-se ao *Marketing Practices Act*".[171]

O controle justifica-se, ademais, pelo reconhecimento de que a informação que é dada pelo anunciante é um mero veículo – parcial – por ele utilizado para incentivar os consumidores a adquirirem seus produtos e serviços. Não se deve, pois, esperar dele mais informação que aquela que seja suficiente para alcançar tal objetivo. Ademais, de maneira geral, tampouco se aguarde informação outra que não seja a incompleta, *partisan*, de natureza seletiva.[172]

De uma preocupação eminentemente individualista com a publicidade, priorizando mais o ato que a atividade, o legislador, modernamente, vem passando a exercer um controle social difuso do fenômeno.[173] Ou seja, a publicidade, embora ainda enxergada como mercadologicamente importante, passa a ser igualmente vista como manifestação social difusa, daí concluindo-se que os malefícios que ocasionalmente provoca no mercado são, pela mesma razão, difusos. É em razão dessa nova perspectiva que se torna admissível a postulação – e deferimento – de pleitos indenizatórios difusos para o atuar publicitário patológico (em particular a publicidade enganosa e abusiva), mesmo quando inexiste qualquer dano individual concretizado e identificado.

5. O CONCEITO DE PUBLICIDADE

Publicidade, segundo um grande jurista português, é "toda a informação dirigida ao público com o objectivo de promover, directa ou indirectamente, uma actividade económica".[174]

Assim como sucede com o *marketing*, não é fácil definir publicidade, especialmente em decorrência do "caráter complexo de suas múltiplas funções e das relações mútuas entre elas".[175] O Comitê de Definições da *American Association of Advertising Agencies (AAAA)* oferece a seguinte noção: "publicidade é qualquer forma paga de apresentação impessoal e promoção tanto de ideias, como de bens ou serviços, por um patrocinador identificado".

Em tal sentido, a publicidade não é uma técnica pessoal, cara a cara, entre o consumidor e o fornecedor. Não se utiliza de comunicação individual. Um conceito mais amplo é possível: "publicidade é uma atividade comercial controlada, que utiliza técnicas criativas para desenhar comunicações identificáveis e persuasivas nos meios de comunicação de massa, a fim de desenvolver a demanda de um produto e criar uma imagem da empresa em harmonia com a realização de seus objetivos, a satisfação dos gostos do consumidor e o desenvolvimento do bem-estar social e econômico".[176]

---

[171] Ulf Bernitz & John Draper, op. cit., p. 126.

[172] Michael Blakeney & Shenagh Barnes, "Advertising regulation in Australia. An evaluation", in Adelaide Law Review, vol. 8, n° 1, 1982.

[173] Marco Cassottana, "Nuovi sistemi di controllo della pubblicità commerciale", *in Rivista del Diritto Commerciale e del Diritto Generale delle Obbligazioni*, anno LXXVI (1978), Parte Prima, p. 413.

[174] Carlos Ferreira Almeida, "Conceito de publicidade", *in Boletim do Ministério da Justiça*, n° 349, out. 1985, p. 133. Ainda pelo prisma jurídico, consulte-se Gérard Cas, "Définition juridique de la publicité", in L'avenir de la publicité et le Droit. Travaux de la Faculté de Droit et des Sciences Economiques de Montpellier, 1977, ps. 27-32.

[175] Dorothy Cohen, *Publicidad comercial*, México, Editorial Diana, 1986, p. 49.

[176] Idem, ibidem, p. 50.

De maneira mais concreta e menos utópica, a publicidade foi definida como "o conjunto de comunicações controladas, identificáveis e persuasivas, transmitidas através dos meios de difusão, com o objetivo de criar demanda de um produto ou produtos e contribuir para a boa imagem da empresa".[177]

De outra forma, define-se publicidade *"comme l'ensemble des procédés techniques destinés à attirer l'attention du public, en l'informant sur un produit, un service ou une action, pour le convaincre de l'acheter, de l'utiliser ou d'y participer".*[178]

Dois elementos são essenciais em qualquer publicidade: difusão e informação.[179] Um é o elemento material da publicidade, seu meio de expressão. O outro é o seu elemento finalístico,[180] no sentido que é informando que o anunciante atinge o consumidor, mesmo quando se está diante de técnicas como o *nonsense*. Sem difusão não há que se falar em publicidade, de vez que o conhecimento de terceiros é inerente ao fenômeno. Um anúncio que permanece fechado a sete chaves na gaveta do fornecedor não merece a atenção do Direito do Consumidor. Aquilo que se conserva secreto não é publicidade. Do mesmo modo, sem que traga um conteúdo mínimo de informação, não se deve falar em publicidade.

Não há dúvida de que a publicidade é uma forma de comunicação social. Mas nem tudo que é comunicação integra o conceito de publicidade. "Fora do campo publicitário, fica então toda a informação científica, política, didática, lúdica ou humanitária, porque alheia à atividade econômica, mesmo quando seja produzida com a intenção de gerar certa convicção nos seus destinatários; simetricamente se excluirá a simples informação descritiva ou estatística relativa à atividade econômica que não surja com uma intenção de promoção em favor de determinados agentes econômicos. Não será portanto publicidade (*hoc sensu*) a propaganda (de ideias), porque não se refere à atividade econômica, nem a publicidade registral, porque lhe falta o propósito retórico."[181]

6. PUBLICIDADE *x* PROPAGANDA

Os termos publicidade e propaganda são utilizados indistintamente no Brasil.[182] Não foi esse, contudo, o caminho adotado pelo Código de Defesa do Consumidor.

Não se confundem publicidade e propaganda, embora, no dia a dia do mercado, os dois termos sejam utilizados um pelo outro. A publicidade tem um objetivo comercial (*"la finalité d'un rendement économique par le recrutement d'un public de consommateurs"*), enquanto a propaganda visa a um fim ideológico, religioso, filosófico, político, econômico ou social.[183]

---

[177] Idem, ibidem, p. 110.

[178] Jean-Marie Auby & Robert Ader-Ducos, *Droit de l'information*, Paris, Dalloz, 1982, p. 616.

[179] Francisco Rico-Perez, "Rapport espagnol", in: La publicité-propagande (journées portugaises de Lisbonne). Travaux de l'Association Henri Capitant des Amis de la Culture Juridique Française, tome XXXII, Paris, Economica, 1983, p. 92.

[180] Gérard Cas. "Définition juridique de la publicité", in L'avenir de la publicité et le Droit. Travaux de la Faculté de Droit et des Sciences Economiques de Montpellier, 1977, p. 28.

[181] Carlos Ferreira Almeida, Conceito..., cit., p. 120, grifos no original.

[182] José Roberto Whitaker Penteado Filho, um renomado publicitário brasileiro, mostrou, em artigo, seu inconformismo com a confusão entre os dois vocábulos. Diz ele que "das dez maiores agências brasileiras, quatro têm 'propaganda' na razão social, cinco utilizam a palavra 'publicidade' e uma resolveu usar 'comunicações'. A associação de classe é a Associação Brasileira de 'Propaganda'. Mas os profissionais do ramo preferem ser chamados de 'publicitários' e não de propagandistas...". *In Marketing*, nº 179, set. 1988, p. 58.

[183] Jean-Marie Auby & Robert Ader-Ducos, op. cit., p. 617.

CÓDIGO BRASILEIRO DE DEFESA DO CONSUMIDOR

Fora isso, a publicidade, além de paga, identifica seu patrocinador, o que nem sempre ocorre com a propaganda.

Já disse Mário A. L. Guerreiro, em prefácio de livro, que "a propaganda é uma atividade voltada para a difusão de uma ideia (a propaganda política é o mais conhecido exemplo), ao passo que a publicidade é uma atividade voltada para a difusão de uma mercadoria específica (publicidade desta marca de cigarro ou daquela marca de sabão em pó)".[184]

A distinção, aparentemente simples, pode oferecer, após uma análise acurada, aspectos mais complexos.

"A *publicidade* de uma mercadoria é sempre a *propaganda* de toda a sua classe, afirmando, ideologicamente, os valores da cultura de massa."[185] Mas o objetivo de lucro, de vantagem econômica, parece estar na origem da distinção. "A diferença essencial entre a publicidade e a propaganda baseia-se no fato de que a primeira faz-se com a intenção de alcançar um lucro, enquanto a segunda exclui quase sempre a ideia de benefício econômico."[186]

Publicidade seria o "conjunto de técnicas de ação coletiva utilizadas no sentido de promover o lucro de uma atividade comercial, conquistando, aumentando ou mantendo cliente".[187] Já a propaganda é definida como o "conjunto de técnicas de ação individual utilizadas no sentido de promover a adesão a um dado sistema ideológico (político, social ou econômico)".[188]

O Código de Defesa do Consumidor não cuida de propaganda. Seu objeto é só, e tão só, a publicidade.

7. OS DIVERSOS TIPOS DE PUBLICIDADE: INSTITUCIONAL E PROMOCIONAL

Conforme o seu *objetivo*, a publicidade pode ser institucional ou promocional.

Na publicidade institucional (ou corporativa) o que se anuncia é a própria empresa e não um produto seu. Seus objetivos são alcançados a mais longo prazo, beneficiando muitas vezes produtos ou serviços que sequer já são produzidos pela empresa. Em certas ocasiões, especialmente quando a empresa enfrenta problemas de imagem, uma campanha de publicidade institucional pode ser a solução para alterar a forma como o público a enxerga.

"Institucional, a rigor, é aquela campanha que se destina a institucionalizar a marca. Aqui não existe a preocupação com a venda do produto em si, não há preocupação de levar o mercado a comprar tantas unidades do produto. A preocupação é com a marca e não com o modelo."[189]

De modo diverso, a publicidade promocional (do produto ou serviço) tem um objetivo imediato; seus resultados são esperados a curto prazo. Divide-se em *publicidade para a demanda primária* e *publicidade para a demanda seletiva*. "A primeira anuncia um grupo de produtos e a segun-

---

[184] Mário A. L. Guerreiro, apud Jorge Maranhão, *A arte da publicidade: estética, crítica e kitsch*, Campinas, Papirus, 1988, p. 12.

[185] Jorge Maranhão, op. cit., p. 55.

[186] Francisco Rico-Perez, "Rapport...", cit., p. 92.

[187] Eugênio Malanga, op. cit., p. 11.

[188] Idem, ibidem, p. 11.

[189] Plínio Cabral, op. cit., p. 89.

da, uma marca específica do produtor."[190] A publicidade para a demanda primária – ou pioneira[191] – mostra-se particularmente útil quando da introdução de um novo produto no mercado. Assim aconteceu nos primórdios da televisão em que os anunciantes, antes de divulgarem sua própria marca, precisavam firmar aquele tipo de produto no mercado. São exemplos campanhas do tipo "Beba mais leite" ou "Coma chocolate – chocolate é alimento". De maneira oposta, na publicidade para a demanda seletiva, também conhecida por publicidade competitiva, anuncia-se "o leite Leco, os chocolates Lacta, em detrimento das outras marcas existentes no mercado".[192]

8. PATROCÍNIO

Uma das marcas da publicidade é que, normalmente, não se manifesta como comunicação espontânea, desvinculada de uma *ratio* comercial.

Vinculada, direta ou indiretamente, a um produto ou serviço (ou, de modo genérico, a uma linha de produtos e serviços, no caso da publicidade institucional), a mensagem publicitária é patrocinada.

Contudo, como adverte Adalberto Pasqualotto, não se deve confundir "patrocínio com pagamento. Este normalmente está presente, mas nem sempre, e mesmo assim haverá publicidade".[193]

A matéria interessa, de perto, no tratamento da responsabilidade civil, penal e administrativa do anunciante e de seus parceiros no *marketing*.

9. OS DOIS GRANDES MOMENTOS DE UMA CAMPANHA PUBLICITÁRIA

A publicidade passa por dois grandes momentos bem distintos. No primeiro deles, é ela gerada. É a sua *criação*. No segundo, é ela materializada. É a sua *produção*. Só após a *geração* e a *produção* a mensagem publicitária é executada.

10. ENTENDENDO A GÊNESE DE UMA CRIAÇÃO PUBLICITÁRIA

A criação publicitária tem repercussão jurídica, na medida em que vai interessar para o Direito saber por quem e como foi elaborada a mensagem (enganosa ou abusiva, por exemplo). Essa visão jurídica do fenômeno publicitário, de certa maneira, só pode ser bem assimilada quando o intérprete está familiarizado com alguns conceitos elementares e procedimentos da técnica de criação do anúncio.

A publicidade é um fenômeno complexo, que não se esgota em um único momento. Não seria este o local adequado para sua discussão em profundidade. De qualquer modo, alguma notícia sobre tal problemática é de mister.

10.1 A criação publicitária

A publicidade, como sucede em outras áreas, pode ser criada artesanal ou profissionalmente. Não é daquela que cuidaremos. Falta-lhe a característica do trabalho verdadeiramente coletivo e de colaboração entre o fornecedor e a agência. Sua expressão resume-se a um homem e uns poucos recursos, geralmente o próprio anunciante preparando o seu material

---

[190] Dorothy Cohen, op. cit., p. 50.

[191] J. B. Pinho, *Comunicação em marketing*, Campinas, Papirus, 1988, p. 31.

[192] Idem, ibidem, p. 31.

[193] Adalberto Pasqualotto, op. cit., p. 20.

publicitário. Mesmo no mercado brasileiro, nos passos do que sucede em países de economia mais avançada,[194] tal tipo de prática publicitária é hoje bastante marginal.

10.2 Análise da criação publicitária

A criação publicitária não é instantânea. Processa-se em etapas que vão do *briefing*, passando por uma reflexão estratégica, chegando, finalmente, à criação propriamente dita.[195]

10.2.1 O briefing

Através do *briefing*, o anunciante dá à agência os elementos informativos mínimos sobre o produto ou serviço e sobre suas expectativas. Essa massa de informações pode ser dividida em duas grandes categorias: a) elementos descritivos e explicativos, tanto sobre o produto ou serviço como também sobre seu mercado; b) elementos descritivos do modo de atuação da empresa, dos seus objetivos e estratégias.

O *briefing*, então, serve para permitir que a agência compreenda perfeitamente seu futuro cliente, perceba a integralidade de sua problemática, exprimida claramente ou não, de maneira a lhe dar condições para atender às suas necessidades de modo adequado.[196]

Nessa fase preliminar, por conseguinte, o fornecedor é o principal ator, já que a ele compete desenvolver e conhecer seus produtos e serviços, estar familiarizado com seu mercado e indicar seus grandes objetivos de comunicação.[197] "O cliente deve, em primeiro lugar, dizer o que deseja – e dizê-lo com toda a clareza. Isso chama-se *briefing*, ou seja, um resumo, com indicações precisas do que pretende. O cliente pode passar o *briefing* a um grupo na agência ou, então, ao 'contato', ao elemento que atende sua conta. É a hora da verdade. Nada pode ser omitido. Se houve pesquisa sobre o produto, ela deve ser apresentada à agência, por mais reservada que seja. É nesta fase que o produto é dissecado completamente."[198]

Ao término da fase do *briefing*, os holofotes voltam-se para a agência, tendo início o segundo momento da criação publicitária, que poderíamos denominar *reflexão estratégica*.

10.2.2 A reflexão estratégica

A fase da reflexão estratégica processa-se no interior da agência, de maneira coletiva, com a participação de uma equipe *ad hoc*, composta de profissionais com funções diversas.

Nesse trabalho grupal surge uma multiplicidade de ideias que são, posteriormente, estruturadas e desenvolvidas. Após, em um labor crítico, algumas concepções são eliminadas, permanecendo umas poucas que serão objeto de uma recomendação ao cliente. "A escolha feita pelo anunciante fixa a direção em que se efetuará a criação propriamente dita."[199]

Concluída a reflexão estratégica, abre-se espaço para a atuação de toda a imaginação do publicitário. É ainda nas vizinhanças dessa fase que se elabora o plano de mídia, que considera o universo de consumidores a ser atingido e o próprio orçamento disponível.

---

[194] Véronique de Chantérac & Régis Fabre, *Droit de la publicité et de la promotion des ventes*, Paris, Dalloz, 1986, p. 6.

[195] Idem, ibidem, p. 6.

[196] Idem, ibidem, p. 7.

[197] Idem, ibidem, p. 7.

[198] Plínio Cabral, op. cit., p. 39.

[199] Véronique de Chantérac & Régis Fabre, op. cit., p. 8.

Capítulo V · DAS PRÁTICAS COMERCIAIS

10.2.3 A criação propriamente dita

O momento da criação é o que dá os contornos finais à publicidade. Aqui se exerce, em todo o seu potencial, a criatividade publicitária.

Não se imagine que a criação publicitária é um exercício absolutamente livre: depende ela sempre do que se busca com o anúncio. Logo, há um tanto de exagero na exaltação da expressão mágica *liberdade de criação*. Aliás, já se perguntou se, em tal matéria, é possível, realmente, falar-se em *criação*, uma vez que o exercício é todo guiado pelas instruções do anunciante e da agência, limitando-se o profissional a um papel de execução.[200]

11. DA CRIAÇÃO À PRODUÇÃO

Terminada a fase da criação, tem início a da produção.

A produção da criação publicitária depende do tipo de comunicação a ser utilizado, ora um filme, ora uma publicação em uma revista ou jornal. "Produção do anúncio é a fase que se inicia com seu desenho e termina no clichê, fotolito ou rotofilme."[201]

Após a produção, o anúncio já se apresenta como corpo e espírito. A partir daí tem início, uma vez dado o sinal verde do anunciante, a execução da campanha.

12. A NECESSIDADE DE UM NOVO TRATAMENTO JURÍDICO PARA A PUBLICIDADE BRASILEIRA

Não é necessário grande esforço para que se chegue à conclusão de que o controle da publicidade no Brasil – antes do Código de Defesa do Consumidor – era insatisfatório. Não se pense, porém, que o controle legal visa a eliminar a publicidade[202] – como verdadeiro estímulo às necessidades e promoção da demanda – mas, tão somente, a conter seus abusos. E a sua regulamentação faz-se no âmbito do contexto mais amplo do controle da empresa, notadamente com base no art. 170, V, da Constituição Federal.

A precisão e o caráter técnico do Código Brasileiro de Autorregulamentação Publicitária, assim como a boa vontade e esforço dos seus implementadores, não foram (como não são) suficientes para impedir, isoladamente, toda sorte de abusos praticados contra os interesses dos consumidores. Daí ter o Código de Defesa do Consumidor buscado um sistema misto de controle, conjugando autorregulamentação e participação da administração e do Poder Judiciário. A Constituição Federal estabelece que "a lei não excluirá da apreciação do Poder Judiciário lesão ou ameaça a direito" (art. 5º, inc. XXXV). Logo, nenhum ato ou atividade que provoque ou seja capaz de provocar danos a alguém – nem mesmo a publicidade – pode ser excluído de apreciação judicial.

Especialmente na sua fase madura, em que deixa de ser instrumento de mera informação para se transformar em instrumento de persuasão – como verdadeiro estímulo às necessidades e promoção da demanda[203] –, a publicidade tem que ser controlada pelo Direito.

---

[200] Idem, ibidem, p. 11. Vale citar as discordâncias do festejado Caio A. Domingues: "Acho que se pode falar em criação, sim senhor, pois há anos-luz de distância entre o *briefing* e a campanha desenvolvida."

[201] Eugênio Malanga, op. cit., p. 54.

[202] Guido Alpa, op. cit., p. 126.

[203] Idem, ibidem, p. 124.

13. A SITUAÇÃO ANTERIOR AO CÓDIGO DE DEFESA DO CONSUMIDOR

O ordenamento jurídico brasileiro, ao contrário do que se poderia imaginar, tem, aqui e ali, regrado a publicidade.[204] Faltava-lhe, contudo, uma proibição, expressa e geral, da comunicação publicitária enganosa e abusiva. É verdade que o Código Brasileiro de Autorregulamentação Publicitária cuida de ambas, além de outras condutas que reputa inadequadas. Mas não basta. Esse é, então, o grande avanço do Código de Defesa do Consumidor nessa matéria: apresentar um regramento jurídico claro da publicidade enganosa e abusiva, dando-lhe, ademais, capacidade de vinculação contratual.

Diversos aspectos da publicidade têm merecido a atenção do Direito brasileiro. Tal regulamentação, contudo, faz-se de maneira fragmentária, ora se atentando para os aspectos de tutela da obra publicitária, ora com os olhos voltados para o resguardo da imagem da pessoa, ora se buscando garantir a concorrência leal entre os sujeitos ativos do mercado, ora se almejando proteger o consumidor. Em resumo, "inexiste uma sistematização: somente certos aspectos têm recebido regulamentação legal e sob premissas diversas".[205]

Essa era, pois, a situação do regramento da publicidade antes do Código de Defesa do Consumidor. O ordenamento anterior não carecia, pois, por inteiro, de normas de controle do discurso publicitário. Faltava-lhe, todavia, uma estrutura sistemática.

A própria Constituição já diz que "compete à lei federal", entre outras matérias, "estabelecer os meios legais que garantam à pessoa e à família a possibilidade de se defenderem (...) da propaganda de produtos, práticas e serviços que possam ser nocivos à saúde e ao meio ambiente" (art. 220, § 3º, II). Acrescenta que "a propaganda comercial de tabaco, bebidas alcoólicas, agrotóxicos, medicamentos e terapias estará sujeita a restrições legais, nos termos do inc. II do parágrafo anterior, e conterá, sempre que necessário, advertência sobre os malefícios decorrentes de seu uso" (art. 220, § 4º). Por sua vez, o art. 22 dispõe que "compete privativamente à União legislar sobre: XXIX – propaganda comercial". Estabelece, entretanto, que "lei complementar poderá autorizar os Estados a legislar sobre questões específicas das matérias relacionadas neste artigo" (art. 22, parágrafo único).

Mesmo antes do Código, inúmeros diplomas já dispunham, com maior ou menor abrangência, sobre a publicidade, bastando citar a Lei nº 6.001/73 (Estatuto do Índio), a Lei nº 4.680/65, o Decreto nº 57.690/66 e, já no âmbito da autorregulamentação, o Código Brasileiro de Autorregulamentação Publicitária, de 1978. No que tange especificamente à proteção do consumidor, vale mencionar a Lei nº 4.728/65, a Lei nº 5.768/71 e a Lei nº 6.463/77 (que traça normas para a divulgação de preços dos bens e serviços). Na área penal, há o próprio Código Penal, com as figuras do charlatanismo (art. 283), a Lei das Contravenções Penais, com a perturbação do sossego alheio (art. 42) e com o anúncio de meio abortivo (art. 20), e a Lei de Economia Popular, com o crime de veiculação de informação falsa no mercado financeiro (art. 3º, VII).

A Lei nº 7.802/89, que traça normas para a produção e comercialização dos agrotóxicos, estabeleceu: "A propaganda comercial de agrotóxicos, componentes e afins, em qualquer meio de comunicação, conterá, obrigatoriamente, clara advertência sobre os riscos do produto à saúde dos homens, animais e ao meio ambiente, e observará o seguinte: I – estimulará os compradores e usuários a ler atentamente o rótulo e, se for o caso, o folheto, ou a pedir que alguém os leia para eles, se não souberem ler; II – não conterá nenhuma representação visual de práticas potencialmente perigosas, tais como a manipulação ou aplicação sem equipamento

---

[204] Para uma exaustiva análise da situação anterior ao CDC, cf. Adalberto Pasqualotto, op. cit., ps. 73-76.
[205] Carlos Alberto Bittar, op. cit., p. 90.

protetor, o uso em proximidade de alimentos ou em presença de crianças; III – obedecerá ao disposto no inc. II do § 2º do art. 7º desta Lei" (art. 8º).

Note-se que o novo regramento do CDC não exclui o preexistente, sempre que haja compatibilidade com os princípios gerais que orientam o Sistema Nacional de Defesa do Consumidor.

O vigente Código Civil, já vimos, cuidou, de forma imperfeita, da oferta publicitária – que denominou "oferta ao público" – no art. 429.

14. O CONTROLE DA PUBLICIDADE NO CÓDIGO DE DEFESA DO CONSUMIDOR

O Código não se limitou ao regramento das relações *contratuais* de consumo. A proteção do consumidor tem início em momento anterior ao da realização do contrato de consumo. O legislador reconheceu, então, que a relação de consumo não é apenas a contratual. Ela surge, igualmente, por meio das técnicas de estimulação do consumo, quando, de fato, ainda sequer se pode falar em verdadeiro consumo, e sim em *expectativa de consumo*. A publicidade, portanto, como a mais importante dessas técnicas, recebeu especial atenção no Código.

Não podia o legislador, evidentemente, olvidar-se de fenômeno que tamanho impacto tem na vida do consumidor. Deixando de lado totalmente seu poder de persuasão, é bom lembrar que a indústria da publicidade no Brasil movimenta recursos da ordem de 3 bilhões de dólares.[206]

Quando se fala em controle da publicidade temos em conta o controle da mensagem publicitária. E nesta "estamos a referir-nos ao conteúdo da comunicação, isto é, ao anúncio em si mesmo, independentemente dos meios utilizados para a veicular".[207] Lembrando, sempre, que o objetivo maior não é a disciplina de anúncios isolados, mas da atividade como um todo.

15. INFLUÊNCIA ESTRANGEIRA NO CÓDIGO

Não havendo no Brasil qualquer precedente sistemático de controle da publicidade, o legislador do Código foi buscar inspiração no Direito Comparado. A publicidade, pelo menos no que tange às suas características principais, não difere muito de país para país. Logo, a experiência estrangeira pôde, com facilidade, ser aproveitada na formulação das normas codificadas.

Os diversos projetos que deram origem à Lei nº 8.078/90 sofreram grande influência dos Direitos francês e norte-americano. Daquele, por meio do *Projet de Code de la Consommation*. Deste, pela utilização do art. 5º, do *Federal Trade Commission Act* e, fundamentalmente, da regulamentação e decisões administrativas da própria *Federal Trade Commission*, bem como da jurisprudência mais recente dos tribunais. De grande importância foi, igualmente, a Diretiva nº 84/450, da Comunidade Econômica Europeia, de 10 de setembro de 1984.

16. A REGULAMENTAÇÃO LEGAL DA PUBLICIDADE NO CÓDIGO: CIVIL, ADMINISTRATIVA E PENAL

A publicidade vem regulada em capítulo próprio ("Das Práticas Comerciais"). Sua localização topográfica não merece qualquer reparo. Como momento pré-contratual que é, antecede a tutela contratual do consumidor, que é tratada no capítulo seguinte ("Da Proteção Contratual").

---

[206] Conforme dados do jornal especializado Meio & Mensagem, em sua edição de 4.2.91, nos primeiros 11 meses de 1990, o volume de negócios na publicidade brasileira superou a casa dos US$ 3 bilhões.

[207] J. Martins Lampreia, op. cit., p. 73.

CÓDIGO BRASILEIRO DE DEFESA DO CONSUMIDOR

A lei, já no capítulo "Dos Direitos Básicos do Consumidor", estatui que entre estes se inclui "a proteção contra a publicidade enganosa e abusiva" (art. 6º, IV).

Nessa parte especial civil, o texto cuida, em mais detalhe, da manifestação publicitária, para, mais adiante, no Título II ("Das Infrações Penais"), criar crimes publicitários. Finalmente, entre as sanções administrativas, inclui-se a contrapropaganda como pena específica para as infrações publicitárias (art. 56, XII).

17. OS PRINCÍPIOS GERAIS ADOTADOS PELO CÓDIGO

Alguns princípios podem ser apontados como norteadores da elaboração do Código que, como se sabe, tem por finalidade dorsal proteger o consumidor, não obstante incorpore valores próprios de outros microssistemas, como o ambiental e o concorrencial.

Nesse ponto, impõe-se a cautela de não confundir princípios gerais da publicidade[208] com princípios da proteção publicitária do consumidor. Estes pertencem, fundamentalmente, ao CDC; aqueles, diversamente, encontram amparo no feixe de normas, de Direito Público e Privado, que rege o fenômeno publicitário nas suas diversas facetas.

Diga-se, ainda, que o Código, afastando-se um pouco da tradição brasileira, optou por definir publicidade enganosa e publicidade abusiva, embora se abstraindo de dar qualquer conceito genérico de publicidade. Preocupou-se, portanto, com a definição do desvio, mas não com a do padrão.

17.1 O princípio da identificação da publicidade

A publicidade há de ser identificada pelo consumidor. O legislador brasileiro não aceitou nem a publicidade clandestina, nem a subliminar. Quanto a esta, cabe citar a lição de Caio A. Domingues: "uma refinada tolice, sem nenhum fundamento técnico ou científico".

Daí que a atividade publicitária rege-se, em primeiro lugar, pelo *princípio da identificação da publicidade*. O Código o acolheu expressamente (art. 36, *caput*).

17.2 O princípio da vinculação contratual da publicidade

Já no plano contratual, o Código referenda o *princípio da vinculação da publicidade*. De acordo com seu texto, o consumidor pode exigir do fornecedor o cumprimento do conteúdo da comunicação publicitária (arts. 30 e 35).

17.3 O princípio da veracidade da publicidade

O Código consagrou o *princípio da veracidade da publicidade* ao proibir e definir a publicidade enganosa (art. 37, § 1º). É um dos mais importantes princípios da publicidade "e também aquele que tem uma expressão legal mais antiga, mesmo quando o tratamento jurídico da publicidade não ultrapassava os limites da defesa da concorrência leal".[209]

17.4 O princípio da não abusividade da publicidade

O princípio da veracidade tem um meio-irmão que, embora não busque reprimir a enganosidade da mensagem publicitária, tem por objetivo reprimir desvios que prejudicam igualmente os consumidores: o princípio da não abusividade do anúncio (art. 37, § 2º).

---

[208] Para uma abordagem ampla, de caráter constitucional, da publicidade, cf. Vidal Serrano Nunes Júnior, op. cit.

[209] Carlos Ferreira de Almeida, *Os direitos dos consumidores*, Coimbra, Livraria Almedina, 1982, p. 81.

270

Nos moldes do que acontece no Direito Comparado e no próprio Código Brasileiro de Autorregulamentação Publicitária, a lei distingue publicidade enganosa de publicidade abusiva. Ambas são definidas.

Na maior parte das vezes, ao revés do que se dá com a publicidade enganosa, a abusiva não afeta diretamente o bolso do consumidor, limitando-se a agredir outros valores tidos como importantes pela sociedade de consumo.

17.5 O princípio da inversão do ônus da prova

O *princípio da inversão do ônus da prova*, decorrente, de certa maneira, dos princípios da veracidade e da não abusividade da publicidade, assim como do reconhecimento da vulnerabilidade do consumidor, é adotado pelo Código (art. 38).

17.6 O princípio da transparência da fundamentação da publicidade

Em conexão com o princípio da inversão do ônus da prova, reconhece-se o *princípio da transparência da fundamentação da publicidade*, expresso no art. 36, parágrafo único. É um aperfeiçoamento da teoria do *ad substantiation* dos norte-americanos. O "princípio da transparência (art. 6º, III, do CDC) somente será efetivamente cumprido pelo fornecedor quando a informação publicitária for prestada ao consumidor de forma adequada, clara e especificada, a fim de garantir-lhe o exercício do consentimento informado ou vontade qualificada".[210]

17.7 O princípio da correção do desvio publicitário

Uma vez que o desvio publicitário ocorra, ao lado de sua reparação civil e repressão administrativa e penal, impõe-se, igualmente, que os seus malefícios sejam corrigidos, ou seja, que o seu impacto sobre os consumidores seja aniquilado.

Tal tem lugar através da contrapropaganda (*corrective advertising*), também acolhida pelo Código (art. 56, XII).

17.8 O princípio da lealdade publicitária

Na *editio princeps* e seguintes deste livro, afastando-me do pensamento de certos autores estrangeiros que trataram do assunto, adotei a posição de que o CDC não incluía, entre seus objetivos primários, o fortalecimento da concorrência no mercado. Consequentemente, excluí, do rol dos princípios da publicidade, a lealdade concorrencial.

Creio que a razão está com Márcio Mello Casado[211] e Fernando Gherardini Santos,[212] quando não conseguem deixar de ver, no sistema do CDC, o princípio da lealdade publicitária.[213]

Realmente, o CDC comanda, expressamente, em dispositivo de minha autoria, que um dos seus princípios é exatamente a "coibição e repressão eficientes de todos os abusos prati-

---

[210] Voto no REsp 1.794.971/SP, Segunda Turma, Rel. Min. Herman Benjamin, julgado em 10/03/2020, *DJe* 24/06/2020.

[211] Márcio Mello Casado, op. cit., p. 113.

[212] Fernando Gherardini Santos, *Direito do marketing*, São Paulo, Revista dos Tribunais, 2000, p. 203.

[213] Especificamente sobre concorrência desleal publicitária, cf. o aprofundado estudo de Marco Antonio Marcondes Pereira, *Concorrência desleal por meio da publicidade*, São Paulo, Juarez de Oliveira, 2001.

Art. 36 | CÓDIGO BRASILEIRO DE DEFESA DO CONSUMIDOR

cados no mercado de consumo, inclusive a concorrência desleal e utilização indevida de inventos e criações industriais das marcas e nomes comerciais e signos distintivos, que possam causar prejuízos aos consumidores".[214]

Ora, tal princípio geral do microssistema do CDC espraia-se por todas as suas províncias, não excluindo, por certo, o terreno fértil para tais práticas atentatórias à concorrência, o *marketing*.

O tema que mais interessa ao princípio da lealdade publicitária é o da publicidade comparativa, que será melhor analisado por ocasião dos comentários ao art. 37.

18. A REGULAMENTAÇÃO PENAL DA PUBLICIDADE

O Código não desprezou, a exemplo do que ocorre no Direito Comparado, a tutela penal da publicidade. Reconhece-se, contudo, que a sanção penal, em matéria de ilícitos publicitários, nem sempre surte o efeito desejado,[215] especialmente porque não tem o condão, por si só, de retornar o mercado ao seu *status quo ante*.

Não há nenhuma novidade na repressão penal da publicidade. Na França, a lei Royer, por exemplo, impõe pena de três meses a dois anos de prisão para a publicidade enganosa. A lei de 1º de agosto de 1905, que cuida da repressão à fraude na venda de mercadorias, por outro lado, em seu art. 1º, também reprime os anúncios enganosos. Finalmente, o próprio art. 405 do Código Penal (*délit d'escroquerie*) tem dado ensejo à punição da publicidade enganosa.

Há no texto brasileiro ilícitos eminentemente publicitários. Basta que se citem os crimes de publicidade enganosa ou abusiva (art. 67), de publicidade capaz de induzir o consumidor a se comportar perigosamente (art. 68), de omissão no arquivo dos dados fáticos, técnicos e científicos que dão base ao anúncio (art. 69). Acrescente-se, por derradeiro, que a Lei nº 8.137/90, em seu art. 7º, VII, criou mais um crime publicitário: "induzir o consumidor ou usuário a erro, por via de indicação ou afirmação falsa ou enganosa sobre a natureza, qualidade de bem ou serviço, utilizando-se de qualquer meio, inclusive a veiculação ou divulgação publicitária". Trata-se, como se percebe facilmente, de delito material, enquanto os do Código de Defesa do Consumidor são meramente formais.

> **Art. 36**. A publicidade deve ser veiculada de tal forma que o consumidor, fácil e imediatamente, a identifique como tal. [1][2]
>
> Parágrafo único. O fornecedor, na publicidade de seus produtos ou serviços, manterá, em seu poder, para informação dos legítimos interessados, os dados fáticos, técnicos e científicos que dão sustentação à mensagem. [3]

COMENTÁRIOS

[1] A ORIGEM DO DISPOSITIVO – Novamente no *Projet* francês foi buscar inspiração o legislador brasileiro. Segundo seu art. 46, "*la publicité doit pouvoir être nettement et instantanément distinguée comme* telle".

---

[214] CDC, art. 4º, inc. VI.
[215] Guido Alpa, op. cit., p. 137.

Capítulo V · DAS PRÁTICAS COMERCIAIS | **Art. 36**

O Código Brasileiro de Autorregulamentação Publicitária tem prescrições semelhantes. Conforme seu texto: "Art. 9º A atividade publicitária de que trata este Código será sempre ostensiva. § 1º A alusão à marca de produto ou serviço, razão social do anunciante ou emprego de elementos reconhecidamente a ele associados atende ao princípio da ostensividade. § 2º O *teaser*, assim entendida a mensagem que visa a criar expectativa ou curiosidade no público, poderá prescindir da identificação do anunciante, do produto ou do serviço" (JGBF). Mais adiante, fica estabelecido que "o anúncio deve ser claramente distinguido como tal, seja qual for a sua forma ou seu meio de veiculação" (art. 28).[216]

[2] O PRINCÍPIO DA IDENTIFICAÇÃO DA PUBLICIDADE – Este dispositivo acolhe o *princípio da identificação* da mensagem publicitária. A publicidade só é lícita quando o consumidor puder identificá-la. Mas tal não basta: a identificação há que ser imediata (no momento da exposição) e fácil (sem esforço ou capacitação técnica).

Publicidade que não quer assumir a sua qualidade é atividade que, de uma forma ou de outra, tenta enganar o consumidor. E o engano, mesmo o inocente, é repudiado pelo Código de Defesa do Consumidor. "A mensagem publicitária deve surgir aos olhos do público identificada como tal, colocando assim os seus destinatários de sobreaviso acerca das intenções comerciais dos textos ou imagens."[217]

O dispositivo visa a impedir que a publicidade, embora atingindo o consumidor, não seja por ele percebida como tal. Basta que se mencionem as reportagens, os relatos "científicos", os informes "econômicos", verdadeiras comunicações publicitárias transvestidas de informação editorial, objetiva e desinteressada.[218] Veda-se, portanto, a chamada *publicidade clandestina*, especialmente em sua forma redacional,[219] bem como a *subliminar*.[220]

Problemas de difícil solução surgirão. Um deles é o *merchandising*, isto é, a divulgação de produtos ou serviços inserida, por exemplo, em filmes e novelas, e o outro é o *teaser*, ou seja, o anúncio do anúncio.

[2.1] O *MERCHANDISING* – O que hoje no Brasil é chamado de *merchandising* nada mais é que uma corruptela da mesma expressão que, em teoria de *marketing*, tem sentido bem diverso. Denomina-se *merchandising* em técnica publicitária (no *marketing* tem significado bem diferente) "a aparição dos produtos no vídeo, no áudio ou nos artigos impressos, em sua situação normal de consumo, sem declaração ostensiva da marca. Portanto, a comunicação é subliminar. Como exemplo podemos citar o consumo de cigarros, somente

---

[216] Para maiores informações, confira-se, a respeito: <http://www.conar.org.br/html/codigos/codigos%20e%20 anexos_introducao_secao2.htm> (JGBF).

[217] Carlos Ferreira de Almeida, Os direitos..., cit., p. 81.

[218] Francisco Pereira Coelho, "Rapport général", in La publicité-propagande (journées portugaises de Lisbonne), Paris, Economica, 1983, tome XXXII, p. 25.

[219] Sobre o conceito de publicidade redacional, veja-se Gérard Cas & Didier Ferrier, *Traité de Droit de la Consommation*, Paris, Presses Universitaires de France, 1986, p. 273.

[220] A respeito de publicidade subliminar, veja-se David Gurnick, "Subliminal advertising: threat to consumer autonomy?", in Beverly Hills Bar Association Journal, vol. 21, nº 1, 1986-87, ps. 56-72. A eficácia da publicidade subliminar foi testada, experimentalmente, em 1957. Em um cinema dos Estados Unidos, a audiência foi bombardeada com as seguintes frases, na velocidade de 1/3000 de segundo: "Drink Coca-Cola" e "Hungry? Eat Popcorn". O consumo de tais produtos, durante a apresentação, aumentou bastante. Não há, contudo, casos registrados de utilização comercial de publicidade subliminar. Por via das dúvidas, como mera cautela preventiva, a Federal Trade Commission, em 1974, emitiu uma *public notice*, alertando contra a abusividade da publicidade subliminar.

Art. 36 | CÓDIGO BRASILEIRO DE DEFESA DO CONSUMIDOR

de determinada marca no filme, ou o uso exclusivo de carros da marca Ford numa determinada novela".[221]

Dito de outra maneira, seria, ainda nesta acepção bem brasileira, "a inserção camuflada de mensagens comerciais em programas de televisão, principalmente novelas".[222] Ou, com outras palavras, "a inclusão de menções ou aparições de produto, serviço ou marca, de forma aparentemente casual, em programas de televisão ou de rádio, filme cinematográfico, espetáculo teatral etc.", passando a ser popularmente conhecida por *merchandising*.[223]

O Código não traz uma proibição expressa do *merchandising*. O fenômeno, não bastasse sua nocividade para o consumidor, ainda representa uma forma de burla ao limite de 15 minutos de publicidade por hora de programação. Não resta a menor dúvida de que, de uma forma ou de outra, o *merchandising* terá de se adaptar ao princípio da identificação da mensagem publicitária. Não será fácil a sua compatibilização com o espírito do Código. De qualquer modo, algumas soluções podem ser imaginadas (se vão ser aceitas pelos tribunais, isto é um outro assunto!).

A melhor delas, sem dúvida, é a utilização de "créditos", ou seja, a veiculação antecipada de uma informação comunicando que, naquele programa, peça ou filme, ocorrerá *merchandising* de tais e tais produtos ou serviços. Não vejo aí violação do requisito da imediatidade. Esta tem por *ratio* evitar a identificação *a posteriori*. Ora, o crédito simplesmente fornece os elementos necessários para que o consumidor, no momento da veiculação do *merchandising*, possa identificá-lo, de imediato, como publicidade. Por cautela, o crédito, nos programas que são fragmentados, deve ser reapresentado tantas vezes quantos sejam os fragmentos. E para proteger os consumidores que não tenham oportunidade de assistir ao início do programa (ligaram a televisão após a abertura da novela, por exemplo), também se deve exigir que os créditos sejam repetidos ao final de cada fragmento.

[2.2] O *TEASER* – O *teaser* "é uma curiosa peça publicitária", pois tem por função preparar o mercado para a verdadeira campanha publicitária. "É um anúncio do anúncio. Mas produzido de forma a provocar um certo suspense, a criar uma atmosfera de interrogação." Busca-se, dessa forma, "dar maior impacto ao anúncio, ou seja: assegurar um elevado índice de audiência para a campanha de propaganda".[224]

Segundo o Código Brasileiro de Autorregulamentação Publicitária, *teasers* são "mensagens que visam criar expectativa ou curiosidade, sobretudo em torno de produtos a serem lançados" (art. 9º, parágrafo único).

Os problemas do *teaser* são semelhantes aos do *merchandising*: não permitem uma identificação pronta de seu caráter publicitário. Mas, como já dito, o *teaser* nada mais é que uma parte da mensagem publicitária. E o que o Código exige é que esta e não o seu fragmento seja identificável facilmente. Logo, o princípio da identificação vale também para o *teaser*, só que sua aplicação faz-se apenas após a apresentação de seu fragmento final.

Uma tal solução não quer dizer que os fragmentos do *teaser* estão absolutamente sem controle. Permanecem eles sujeitos à prática – ainda como partes de um todo – de publicidade enganosa e abusiva.

[3] O PRINCÍPIO DA TRANSPARÊNCIA DA FUNDAMENTAÇÃO – O parágrafo único do art. 36 traz o princípio da transparência da fundamentação da mensagem publicitária.

---

[221] Mizuho Tahara, *Contato imediato com mídia*, São Paulo, Global Editora, 1987, p. 43.
[222] J. B. Pinho, op. cit., p. 47.
[223] Idem, ibidem, p. 49.
[224] Plínio Cabral, op. cit., p. 110.

O fornecedor tem ampla liberdade para anunciar seus produtos ou serviços. Deve, contudo, fazê-lo sempre com base em elementos fáticos e científicos: é sua fundamentação. De pouco adiantaria exigir a fundamentação da mensagem publicitária (cuja carência está incluída no conceito de publicidade enganosa) sem que se desse acesso aos consumidores. É esse dever que vem expresso no texto legal.[225]

O dever de fundamentação é de origem recentíssima. Sua formulação, ainda sem a sofisticação atual e aplicando-se apenas às alegações referentes à saúde e segurança, pode ser identificada em uma decisão pioneira, de 1963, da *Federal Trade Commission* que, ao se deparar com uma publicidade de um dispositivo de flutuação aquática, manifestou-se no sentido de que "um anunciante tem um dever de produzir – *antes* de fazer qualquer alegação que, se falsa, possa causar danos à saúde ou segurança do consumidor do produto anunciado – uma análise razoável da veracidade ou falsidade do que alega. Deve ele ter em seu poder dados que, a um comerciante razoável e prudente, atuando de boa-fé, bastariam para concluir sobre a veracidade de tal alegação".[226] Mas só em 1972, no caso *Pfizer*,[227] é que o princípio foi estendido a outros tipos de alegações.

Na justificação do dever de fundamentação do anúncio está a constatação da impraticabilidade (e injustiça) em se esperar que o consumidor efetue milhares de testes com produtos ou serviços como forma de verificação da veracidade da informação publicitária a ele dirigida. Não deixa, pois, de ser muito mais eficiente exigir-se que o próprio anunciante execute os testes em relação a cada um de seus produtos e serviços anunciados.[228]

Sempre que o anunciante faz uma afirmação, o consumidor, automaticamente, imagina que ele tem uma base material para assim proceder. E a lei não pode permitir a ninguém anunciar um produto ou serviço sem antes ter recolhido dados objetivos que deem sustentação ao que alega. No Brasil, a situação é exatamente oposta. Poucos são os fornecedores que tomam tal cautela. E, na maior parte das vezes, assim se comportam porque sabem que seu produto ou serviço está muito aquém daquilo que sobre ele a publicidade diz. O panorama muda inteiramente com o Código.

Como bem notou a *Federal Trade Commission*, "em face do desequilíbrio de conhecimento e recursos entre a empresa e cada um de seus consumidores, economicamente é mais racional, com menos custos para a sociedade, requerer que o fornecedor confirme sua afirmação sobre o bem em vez de impor tal ônus sobre cada um dos consumidores individuais de testar, investigar ou experimentar, por eles mesmos... Razões de justiça econômica exigem que tal obrigação seja imposta sobre os vendedores".[229]

Daí que, por exemplo, cada vez que uma escola anunciar, como uma das qualidades de seus cursos, a colocação de seus alunos no mercado de trabalho, só pode fazê-lo quando dispuser de dados que mostrem, claramente, o nível de emprego de seus diplomados.

Observe-se que o dever de dar acesso é do anunciante (fornecedor) e não da agência. Esta, porém, como cautela, deve manter cópia da fundamentação do fornecedor, até para demonstrar sua não responsabilidade em caso de alegação de publicidade enganosa.

É evidente que os segredos industriais estão protegidos dessa divulgação ampla.

---

[225] Sobre *ad substantiation*, confira-se Robert Pitofsky, op. cit., p. 681.

[226] In re Heinz W. Kirchner, 63 F.T.C. 1282, 1294 (1963), aff'd, 337 F.2d 751 (9th Cir. 1964).

[227] In re Pfizer, Inc., 81 F.T.C. 23 (1972).

[228] Robert Pitofsky, op. cit., p. 682.

[229] In re Pfizer, 81 F.T.C. 23 (1972).

Art. 37 | CÓDIGO BRASILEIRO DE DEFESA DO CONSUMIDOR

Cabe ainda mencionar que o descumprimento do princípio da transparência da fundamentação da mensagem publicitária, além da repercussão cível e administrativa, também tipifica ilícito penal: "*Art. 69*. Deixar de organizar dados fáticos, técnicos e científicos que dão base à publicidade: *Pena* – Detenção de um a seis meses ou multa." Claro que aí estamos diante de ilícito doloso, em que a intenção é relevante. Não é assim na apreciação civil que se faz do mesmo fato. O aplicador, no reconhecimento do dever de indenizar por danos causados, não indaga sobre a boa ou a má-fé do anunciante.[230]

Art. 37. É proibida toda publicidade enganosa ou abusiva. [1][2][5][6][7][8]

§ 1º É enganosa qualquer modalidade de informação ou comunicação de caráter publicitário, inteira ou parcialmente falsa, ou, por qualquer outro modo, mesmo por omissão, capaz de induzir em erro o consumidor a respeito da natureza, características, qualidade, quantidade, propriedades, origem, preço e quaisquer outros dados sobre produtos e serviços. [3]

§ 2º É abusiva, dentre outras, a publicidade discriminatória de qualquer natureza, a que incite à violência, explore o medo ou a superstição, se aproveite da deficiência de julgamento e experiência da criança, desrespeita valores ambientais, ou que seja capaz de induzir o consumidor a se comportar de forma prejudicial ou perigosa à sua saúde ou segurança. [4]

§ 3º Para os efeitos deste Código, a publicidade é enganosa por omissão quando deixar de informar sobre dado essencial do produto ou serviço. [3]

§ 4º Vetado – Quando o fornecedor de produtos ou serviços se utilizar de publicidade enganosa ou abusiva, o consumidor poderá pleitear indenização por danos sofridos, bem como a abstenção da prática do ato, sob pena de execução específica, para o caso de inadimplemento, sem prejuízo da sanção pecuniária cabível e de contrapropaganda, que pode ser imposta administrativa ou judicialmente.

COMENTÁRIOS

[1] A ORIGEM DO DISPOSITIVO – O *Projet*, quanto à publicidade enganosa, traz regramento assemelhado:

"*Il est interdite toute publicité comportant, sous quelque forme que ce soit, des allégations, indications ou présentations fausses ou de nature à induire en erreur, lorsque celles-ci portent sur un ou plusieurs des éléments ci-après: existence, nature, composition, qualités substantielles, teneur en principes utiles, espèce, origine, quantité, mode et date de fabrication, propriétés, prix et conditions de vente de biens ou services qui font l'objet de la publicité, conditions de leur utilisation,*

---

[230] Cf. o REsp nº 302.174-RJ, tendo como relator o ministro Antônio de Pádua Ribeiro, 3ª Turma do STJ, j. de 20.9.2001, *DJ* de 15.10.2001, p. 262: "Civil. Premiação. Dúvida. Tampa de vasilhame. Ônus da prova. Aplicação do CDC. I – O CDC abrange a publicidade empregada com a finalidade de aumento de vendas por meio de sorteio de prêmios. II – A resolução da dúvida acerca da inscrição em tampinhas é ônus do responsável pela promoção publicitária. Incidência do art. 36, parágrafo único, do CDC. III – Recurso especial não conhecido" (JGBF).

résultats qui peuvent être attendus de leur utilisation, motifs ou procédés de la vente ou de la prestation de services, portée des engagements pris par l'annonceur, identité, qualités ou aptitudes du fabricant, des revendeurs, des promoteurs ou des prestataires" (art. 48).

O Código Brasileiro de Autorregulamentação Publicitária também reprime a publicidade enganosa (art. 27).

Não há no *Projet* artigo parecido ao da publicidade abusiva. Encontra-se, isso sim, um dispositivo que serviu de modelo para a parte final do § 2º e para o art. 68:

"Il est interdite toute publicité comportant, sous quelque forme que ce soit, des allégations, indications ou présentations susceptibles d'entraîner des comportements dangereux pour la santé ou la sécurité des personnes" (art. 47).

Regulamentação longa e minuciosa da publicidade abusiva pode ser encontrada no Código Brasileiro de Autorregulamentação Publicitária (arts. 20, 23, 24, 25 e 26, entre outros).

[2] A PROIBIÇÃO DA PUBLICIDADE ENGANOSA E ABUSIVA – A proibição da publicidade enganosa ou abusiva é ampla e flexível. Nos parágrafos do art. 37, o legislador buscou orientar o intérprete sobre o conteúdo destes dois conceitos praticamente desconhecidos do Direito brasileiro.

O dispositivo não proíbe a publicidade. Posiciona-se somente contra dois tipos de publicidade perniciosa ao consumidor.

Não se imagine que, em *marketing*, só a publicidade pode ser contaminada por enganosidade ou abusividade. Todas as técnicas mercadológicas dão azo a tais desvios. Por conseguinte, as promoções de venda também podem ser enganosas ou abusivas.

[3] A PUBLICIDADE ENGANOSA – O legislador demonstrou colossal antipatia pela publicidade enganosa. Compreende-se que assim seja. Esse traço patológico afeta não apenas os consumidores, mas também a sanidade do próprio mercado. Provoca, está provado, uma distorção no processo decisório do consumidor, levando-o a adquirir produtos e serviços que, estivesse melhor informado, possivelmente não o faria.[231]

---

[231] Cf. o REsp nº 447.303-RS, rel. Min. Luiz Fux, 1ª Turma do STJ, j. de 2.10.2003, *DJ* de 28.10.2003, p. 194, RJADCOAS vol. 52, p. 44: "Administrativo. Código de Águas. Normas básicas de alimentos. *Slogan* publicitário aposto em rótulo de água mineral. Expressão 'diet por natureza'. Indução do consumidor a erro. 1. A definição sobre ser o *slogan* 'diet por natureza' aposto em rótulo de Água Mineral inerente à própria água mineral ou à sua fonte, demanda o reexame de matéria fático-probatória inindicável por esta Corte Superior em sede de recurso especial, ante a incidência do verbete sumular nº 07/STJ. 2. É assente que 'não poderão constar da rotulagem denominações, designações, nomes geográficos, símbolos, figuras, desenhos ou indicações que possibilitem interpretação falsa, erro ou confusão quanto à origem, procedência, natureza, composição ou qualidade do alimento, ou que lhe atribuam qualidades ou características nutritivas superiores àquelas que realmente possuem.' (art. 21 do Decreto-lei nº 986/69) 3. Na redação do art. 2º, inciso V, do Decreto-lei nº 986/69, considera-se dietético 'todo alimento elaborado para regimes alimentares especiais destinado a ser ingerido por pessoas sãs;' 4. Somente os produtos modificado em relação ao produto natural podem receber a qualificação de *diet* o que não significa, apenas, produto destinado à dieta para emagrecimento, mas, também a dietas determinadas por prescrição médica, motivo pelo qual a água mineral, que é comercializada naturalmente, sem alterações em sua substância, não pode ser assim qualificada porquanto não podem ser retirados os elementos que a compõem. 5. *In casu*, o aumento das vendas do produto noticiado pelo recorrido caracteriza a possibilidade de o *slogan* publicitário encerrar publicidade enganosa capaz de induzir o consumidor a erro. 6. Legalidade da autuação imputada à empresa recorrida. 7. Recurso especial parcialmente conhecido e, nesta parte, provido" (JGBF).

O legislador, reconhecendo a complexidade e dinamismo da matéria, preferiu conceituar de maneira larga o que seja publicidade enganosa. Fica, de qualquer modo, como fundamento de sua proibição, o reconhecimento de que o consumidor tem direito – de ordem pública – a não ser enganado, direito este agora adotado pelo Direito brasileiro.

Em linhas gerais, o novo sistema pode assim ser resumido: não se exige prova de enganosidade real, bastando a mera enganosidade potencial ("capacidade de indução ao erro"); é irrelevante a boa-fé do anunciante, não tendo importância o seu estado mental, uma vez que a enganosidade, para fins preventivos e reparatórios, é apreciada objetivamente; alegações ambíguas, parcialmente verdadeiras ou até literalmente verdadeiras podem ser enganosas; o silêncio – como ausência de informação positiva – pode ser enganoso; uma prática pode ser considerada normal e corriqueira para um determinado grupo de fornecedores e, nem por isso, deixar de ser enganosa; o *standard* de enganosidade não é fixo, variando de categoria a categoria de consumidores (por exemplo, crianças, idosos, doentes, rurícolas e indígenas são particularmente protegidos).

O Direito tradicional não dava resposta adequada, seja civil, seja penal, à publicidade enganosa. O erro (CC de 1916, arts. 86 a 91) e o dolo (CC de 1916, arts. 92 a 97), assim como o princípio da boa-fé, tanto no Brasil como alhures,[232] não se prestavam para a proteção do consumidor em tal área. Urgente era, pois, a reforma da disciplina jurídica desse importante capítulo das práticas comerciais. Reforma essa que se processou, em rápida evolução, tanto em doutrina, como no plano legislativo.[233]

Não se confunda publicidade falsa com publicidade enganosa. Aquela não passa de um tipo desta. De fato, "uma publicidade pode, por exemplo, ser completamente correta e ainda assim ser enganosa, seja porque informação importante foi deixada de fora, seja porque o seu esquema é tal que vem a fazer com que o consumidor entenda mal aquilo que se está, realmente, dizendo. É, em síntese, o conceito de enganosidade, e não de falsidade, que é essencial aqui".[234]

---

[232] Guido Alpa, op. cit., p. 134.

[233] Para que se tenha uma ideia aproximada da velocidade com que a reforma conceitual e legislativa transcorreu, pelo menos nos países do *civil law*, mencione-se dois estágios (e visões) distintos desse processo. Pelo primeiro, a publicidade enganosa ainda é vista como sinônimo de anúncio falso, requerendo um exaurimento final por meio do ato de consumo (aquisição do produto ou serviço). É o anteprojeto do professor Othon Sidou, que assim cuidava do tema: "Art. 7º Caracterização – É vedado o emprego de qualquer meio de comunicação social com fins econômicos que leve o consumidor a adquirir bens ou ajustar serviços, induzido por erro ou similação quanto à natureza, origem, componentes, propriedades, características, uso, quantidade, preço e condição de venda dos bens ou serviços. Parágrafo único. Entende-se por comunicação a publicidade, escrita ou falada, seja qual for o meio utilizado, inclusive jornal, rádio, televisão, cinema, alto-falante, cartaz outdoor, estampa, prospecto, indicação em invólucros, rótulos ou bulas, e em que se façam afirmativas sobre a mercadoria ou o serviço, bem assim quanto às aptidões do fabricante, vendedor, prestador de serviço ou locador de móveis. Art. 8º Responsabilidade – É responsável pela publicidade enganosa, com as características do artigo anterior, tanto o fabricante do produto anunciado que a encomendou, veiculou ou autorizou, como o vendedor, o prestador ou o locador que se utilizarem de publicidade análoga, uma vez conhecendo a burla que a mesma encerra. Parágrafo único. Entende-se por conhecimento da burla a persistência na utilização da publicidade enganosa, já assim publicamente declarada" (J. M. Othon Sidou, *Proteção ao consumidor*, Rio de Janeiro, Forense, 1977, p. 111). Um segundo momento dessa evolução, mais recente e abrangente, é representado pela Diretiva nº 84/450, da CEE, que assim define publicidade enganosa: "misleading advertising means any advertising which in any way, including its presentation, deceives or is likely to deceive the persons to whom it is adressed or whom it reaches and which, by reason of its deceptive nature, is likely to affect their economic behaviour or which, for those reasons, injures or is likely to injure a competitor" (art. 2º).

[234] Ulf Bernitz & John Draper, op. cit., p. 134.

O grande labirinto dessa matéria decorre exatamente do fato de que a publicidade enganosa nem sempre é evidentemente falsa. "O problema da *veracidade* da publicidade deve pôr-se da seguinte maneira: se os publicitários *mentissem* verdadeiramente, seria fácil desmascará-los – só que não o fazem – e se não o fazem, não é por serem demasiado inteligentes, mas sobretudo porque a arte publicitária consiste principalmente na invenção de enunciados persuasivos, que não sejam nem verdadeiros nem falsos."[235]

[3.1] OS DIVERSOS TIPOS DE PUBLICIDADE ENGANOSA – Em primeiro lugar, podemos identificar dois tipos básicos de publicidade enganosa: a por *comissão* e a por *omissão*. Na publicidade enganosa por comissão, o fornecedor afirma algo capaz de induzir o consumidor em erro, ou seja, diz algo que não é. Já na publicidade enganosa por omissão, o anunciante deixa de afirmar algo relevante e que, por isso mesmo, induz o consumidor em erro, isto é, deixa de dizer algo que é.

Ademais, a publicidade enganosa pode, quanto à extensão da enganosidade, ser total ou parcialmente falsa. Naquele caso, as informações, em seu conjunto, são realmente falsas. Neste, ao revés, convivem, a um só tempo, informações falsas e outras verdadeiras. A existência de informações parcialmente corretas não faz com que a publicidade deixe de ser enganosa.

[3.2] O ELEMENTO SUBJETIVO – Na caracterização da publicidade enganosa não se exige a intenção de enganar por parte do anunciante. É irrelevante, pois, sua boa ou má-fé. A intenção (dolo) e a prudência (culpa) só ganham destaque no tratamento penal do fenômeno. Logo, sempre que o anúncio for capaz de induzir o consumidor em erro – mesmo que tal não tenha sido querido pelo anunciante –, caracterizada está a publicidade enganosa.

Assim ocorre porque o que se busca é a proteção do consumidor e não a repressão do comportamento enganoso do fornecedor.[236] E, para fins daquela, o que importa é uma análise do anúncio em si mesmo, objetivamente considerado. Já para esta, diversamente, a intenção ou culpa do agente é sopesada.

Tudo o que se exige é prova de que o anúncio possui a tendência ou capacidade para enganar, mesmo que seja uma minoria significativa de consumidores. A essência do desvio (a enganosidade) não é a má-fé, a negligência, ou mesmo o descumprimento de um dever contratual ou paracontratual. Em suma: uma prática é enganosa mesmo quando inexiste qualquer intenção de enganar.[237] Pelo mesmo raciocínio, não elide a enganosidade os esforços efetuados pelo anunciante no sentido de preveni-la.[238] Finalmente, o fato de ser uma determinada prática enganosa corrente no mercado, não dá salvo-conduto aos seus adeptos para utilizá-la em detrimento dos consumidores.[239]

---

[235] Jean Baudrillard, *A sociedade de consumo*, tradução de Artur Morão, Lisboa, Edições 70, 1981, p. 155.

[236] No mesmo sentido, veja-se Lefkowitz v. Colorado State Christian College of the Church of the Inner Power, 76 Misc. 2d 50, 346 N.Y.S.2d 482, 489 (Sup. Ct., N.Y. Co. 1973).

[237] FTC v. Algoma Lumber Co., 291 U.S. 67 (1934); Chrysler Corp. v. FTC, 561 F.2d 357 (D.C. Cir. 1977); Beneficial Corp. v. FTC, 542 F.2d 611 (3rd Cir. 1976); Doherty, Clifford, Steers and Shenfield, Inc. v. FTC, 392 F.2d 921 (6th Cir. 1968); Montgomery Ward v. FTC, 379 F.2d 666 (7th Cir. 1967); Regina Corp. v. FTC, 322 F.2d 765 (3rd Cir. 1963); Feil v. FTC, 285 F.2d 879 (9th Cir. 1960); Gimbel Bros., Inc. v. FTC, 116 F.2d 578 (2nd Cir. 1941).

[238] Chrysler Corp. v. FTC, 561 F.2d 357 (D.C. Cir. 1977); Doherty, Clifford, Steers and Shenfield, Inc. v. FTC, 392 F.2d 921 (6th Cir. 1968); Montgomery Ward v. FTC, 379 F.2d 666 (7th Cir. 1967).

[239] Moog Industries, Inc. v. FTC, 355 U.S. 411 (1958); United Biscuit Co. v. FTC, 350 F.2d 615 (7th Cir. 1965), cert. denied, 383 U.S. 926 (1966); Peacock Buick, Inc., 86 FTC 1532 (1976).

Art. 37 | CÓDIGO BRASILEIRO DE DEFESA DO CONSUMIDOR

A solução, no *Marketing Practices Act* sueco, é a mesma, de vez que "nem dolo ou culpa do anunciante são exigíveis".[240]

[3.3] CAPACIDADE DE ENGANAR E ERRO REAL – A proteção do consumidor contra a publicidade enganosa leva em conta somente sua capacidade de indução em erro. Inexigível, por conseguinte, que o consumidor tenha, de fato e concretamente, sido enganado.[241] A enganosidade é aferida, pois, em abstrato. O que se busca é sua "capacidade de induzir em erro o consumidor", não sendo, por conseguinte, exigível qualquer prejuízo individual. O difuso – pela simples utilização da publicidade enganosa –, presumido *jure et de jure*, já é suficiente.

Trata-se, como se percebe, de juízo *in abstracto* e não *in concreto*. Na caracterização de uma publicidade enganosa o dano do consumidor é um mero *plus* (com implicações próprias, notadamente na área penal). "Capacidade de indução em erro" quer dizer "tendência a induzir em erro". Por isso mesmo, não é imprescindível o depoimento de consumidores no sentido de que foram, efetivamente, enganados.

O erro potencial – consequência da enganosidade – pode estar relacionado com qualquer dado dos produtos ou serviços: sua natureza, características, qualidade, quantidade, propriedades, origem ou preço. Mesmo um dado acessório pode, via publicidade, ser ressaltado, ganhando, então, capacidade para induzir o consumidor em erro.

Em suma: o legislador brasileiro, na avaliação do que seja publicidade enganosa (e no seu regramento civil), enxerga mais o anúncio do que propriamente a mente da pessoa que o produziu ou dele se aproveitou. O erro real, consumado, é um mero exaurimento, que para fins da caracterização da enganosidade é irrelevante.

A indução efetiva do consumidor em erro tem importância na tipificação do crime do art. 7º, VII, da Lei nº 8.137/90 (Lei dos Crimes contra a Ordem Tributária, Econômica e contra as Relações de Consumo). O exaurimento da mensagem publicitária enganosa – ou seja, o dano publicitário individual – traz uma sanção mais dura, com base no citado dispositivo da Lei nº 8.137/90: é crime contra as relações de consumo "*induzir* o consumidor ou usuário a erro, por via de indicação ou afirmação falsa ou enganosa sobre a natureza, qualidade de bem ou serviço, utilizando-se de qualquer meio, inclusive a *veiculação ou divulgação publicitária*" (grifos nossos).

Do mesmo modo, a indução concreta em erro importa para a verificação do dever de indenizar o dano *individual*, não o dano *difuso*, de vez que, havendo enganosidade, o prejuízo supraindividual é presumido *jure et jure*. O Código, portanto, deixando de buscar apenas o *engano real e efetivo*, leva sua apreciação a momento anterior, priorizando a mera *capacidade de enganar*.[242]

Não custa, então, para concluir, repetir que, na caracterização da enganosidade, não tem qualquer importância a consumação do dano material. O consumidor não precisa chegar às últimas consequências e adquirir, de fato, o produto ou serviço com base no anúncio. Basta

---

[240] Ulf Bernitz & John Draper, op. cit., p. 134.

[241] FTC v. Colgate-Palmolive Co., 380 U.S. 374 (1965); FTC v. Raladam Co., 316 U.S. 149 (1942); FTC v. Algoma Lumber Co., 291 U.S. 67 (1934); FTC v. Royal Milling Co., 288 U.S. 212 (1933); Trans World Accounts, Inc. v. FTC, 594 F.2d 212 (9th Cir. 1979); Beneficial Corp. v. FTC, 542 F.2d 611 (3rd Cir. 1976); Resort Car Rental Systems, Inc. v. FTC, 518 F2d 962 (9th Cir.), cert. denied sub. nom. Mackenzie v. United States, 423 U.S. 827 (1975); Montgomery Ward and Co. v. FTC, 379 F.2d 666 (7th Cir. 1967); Benrus Watch Co. v. FTC, 352 F.2d 313 (8th Cir. 1965); FTC v. Sterling Drug, 317 F.2d 669 (2nd Cir. 1963); U.S. Retail Credit Ass'n, Inc. v. FTC, 300 F.2d 212 (4th Cir. 1962); Goodman v. FTC, 244 F.2d 584 (9th Cir. 1957); Charles of the Ritz Distributors Corp. v. FTC, 143 F.2d 676 (2nd Cir. 1944).

[242] Robert Pitofsky, op. cit., p. 677.

que este tenha a mera capacidade de induzi-lo em erro para evidenciar-se a publicidade enganosa. O que importa não são os *efeitos reais* da publicidade, mas, ao contrário, sua *capacidade de afetar* decisões de compra.[243]

Solução distinta era aquela do anteprojeto do professor Othon Sidou, no seu art. 7º, *caput*, ainda na década de 1970. Segundo o grande mestre, ao justificar sua proposta, cabe verificar "se a publicidade enganosa – vale repetir, a que *induza* o consumidor ao erro – está inserida neste princípio de responsabilidade, noutras palavras, se por si produz dano. Cremos que sim. E o argumento mais incisivo para tal entender, temo-lo na própria publicidade, como instrumento por meio do qual o responsável exercita uma atividade que lhe é inerente e que pode exercitar, empregando medidas capazes de impedir o dano".[244]

Também no Direito sueco "não é necessário que alguém tenha sido, de fato, enganado pelo método comercial. O *ombudsman* do consumidor não tem que se empenhar em estudos empíricos para demonstrar que uma certa campanha está afetando adversamente os consumidores. Ao revés, o que se espera do tribunal do mercado é uma decisão hipotética".[245]

[3.4] O CONSUMIDOR DESINFORMADO E IGNORANTE É PROTEGIDO – Nesta avaliação do potencial de induzimento em erro do anúncio, considera-se não apenas o consumidor bem informado e atento, mas também aquele outro que seja ignorante, desinformado ou crédulo.[246] Afinal, "aquilo que for enganoso para um consumidor pode não sê-lo, em alguns casos, para outros".[247]

Conforme já decidido nos tribunais americanos, a norma jurídica de repúdio à publicidade enganosa não foi

"moldada apenas para a proteção dos especialistas, mas para o público – a vasta multidão que inclui o ignorante, o desatento e o crédulo", e "o fato de uma alegação falsa ser obviamente mentirosa para aqueles que são treinados e experientes não muda o seu caráter nem retira seu poder para enganar outros menos experientes".[248]

[3.5] OS CONSUMIDORES MAIS FRÁGEIS SÃO ESPECIALMENTE TUTELADOS – A publicidade é enganosa mesmo que sua capacidade de induzir em erro manifeste-se apenas em relação a consumidores particularmente vulneráveis (os doentes, as crianças, os idosos, os crédulos, os ignorantes, os de pouca instrução). Assim, por exemplo, os consumidores de uma região recém-afetada por incêndio são mais vulneráveis a exageros publicitários de produtos contra tal fenômeno. Em outras palavras, não se exige que a "maioria" dos consumidores seja atingida pela capacidade de induzir em erro.[249]

---

[243] Idem, ibidem, p. 677.

[244] J. M. Othon Sidou, op. cit., p. 115.

[245] Ulf Bernitz & John Draper, op. cit., p. 135.

[246] Confira-se Guggenheimer v. Ginzburg, 43 N.Y.2d 268, 372 N.E.2d 17, 401 N.Y.S.2d 182, 184 (1977).

[247] Ulf Bernitz & John Draper, op cit., p. 135.

[248] Charles of the Ritz Distributors Corp. v. Federal Trade Commission (United States Court of Appeals, Second Circuit, 1944, 143 F.2d 676).

[249] FTC v. Standard Education Society, 302 U.S. 112 (1937); Standard Oil Co. of California v. FTC, 577 F.2d 653 (9th Cir. 1978); Staufer Laboratories, Inc. v. FTC, 343 F.2d 75 (9th Cir. 1965); FTC v. Sterling Drug, Inc., 317 F.2d 669 (2nd Cir. 1963); Exposition Press, Inc. v. FTC, 295 F.2d 869 (2nd Cir. 1961), cert. denied, 370 U.S. 917 (1962); Royal Oil Co. v. FTC, 262 F.2d 741 (4th Cir. 1959); Charles of the Ritz Distributing Co. v. FTC, 143 F.2d 676 (2nd Cir. 1944); Aronberg v. FTC, 132 F.2d 165 (7th Cir. 1942); General Motors Corp. v. FTC, 114 F.2d 33 (2nd Cir. 1940).

Art. 37 | CÓDIGO BRASILEIRO DE DEFESA DO CONSUMIDOR

A regra é, pois, que na caracterização da publicidade enganosa analise-se a natureza da mensagem publicitária e a vulnerabilidade do consumidor. Usa-se, portanto, um duplo critério de avaliação. O primeiro, *objetivo*, tem a ver com o conteúdo do próprio anúncio. O segundo, *subjetivo*, relaciona-se com o tipo de consumidor atingido ou atingível. Por conseguinte, uma mensagem não enganosa em relação a um determinado alvo pode vir a sê-lo em função de outro público.

[3.6] A IMPRESSÃO TOTAL – O julgamento de um anúncio não é feito levando-se em consideração somente sua *literalidade*. Toma-se a sua impressão total. É por essa razão que uma publicidade, embora literalmente verdadeira ou não abusiva, pode vir a ser enxergada, após verificação contextual, como enganosa ou abusiva.

A pura verdade literal não é, pois, defesa para o anunciante,[250] se do contexto geral sobressair sentido diverso.

[3.7] A PUBLICIDADE ENGANOSA COMISSIVA – Já indicamos que de duas maneiras manifesta-se a enganosidade publicitária: ativa ou passivamente. Esta é denominada publicidade enganosa por omissão, e aquela, publicidade enganosa por comissão. Uma (a comissiva) envolve um critério de *dever negativo de conteúdo*, enquanto a outra (a omissiva) refere-se a um *dever positivo de conteúdo*.[251]

A publicidade enganosa comissiva decorre de um informar positivo que não corresponde à realidade do produto ou serviço. Afirma-se aquilo que não é.

[3.7.1] O EXAGERO PUBLICITÁRIO – O Código, já vimos quando tratamos do art. 30 (pressuposto da precisão da informação), não dá um salvo-conduto para o exagero (*puffing*). Uma vez que a afirmação do anunciante, por mais exagerada que seja, preste-se para induzir o consumidor em erro, configura-se a publicidade enganosa. Só a vagueza absoluta e inofensiva do anúncio permite a isenção de responsabilidade do fornecedor.

O exagero não é empregado "gratuitamente". O certo é que sempre há um fundamento mercadológico para as técnicas publicitárias. O anunciante só usa o exagero porque o vê como benéfico aos seus negócios, e tal só pode ser pela sua convicção de que alguns consumidores acreditarão na mensagem exagerada.

Não se pode ofertar a tal modalidade de anúncio um tratamento distinto do aplicável às outras formas publicitárias. Essa é a regra geral, aliás, com precedente estrangeiro. "Afirmações exageradas não mais são permitidas. Alegações gerais como 'o melhor do mundo' têm que respeitar o mesmo parâmetro de fundamentação exigível de outras, sendo que a inversão do ônus da prova determina que o anunciante demonstre serem elas literalmente verdadeiras."[252]

O Código de Defesa do Consumidor só libera o exagero dos efeitos do princípio da vinculação (art. 30) quando lhe faltar a "precisão suficiente". Exceção como essa não se encontra em referência aos princípios da veracidade e da não abusividade (art. 37). Conclui-se, então, que o exagero, mostrando-se capaz de induzir o consumidor em erro ou abusando dos valores sociais, presta-se à caracterização da publicidade enganosa e abusiva, mesmo quando não tiver "precisão suficiente".

---

[250] Robert Pitofsky, op. cit., p. 676.

[251] Francisco Pereira Coelho, "Rapport...", cit., p. 25.

[252] Ulf Bernitz & John Draper, op. cit., p. 136. "Exagero", em linguagem jurídica norte-americana, denomina-se *puffing*. Mas, como acertadamente assinala Caio A. Domingues, tal palavra "é desconhecida dos publicitários brasileiros". Prefere ele a expressão "exaggerated graphics".

Capítulo V · DAS PRÁTICAS COMERCIAIS | **Art. 37**

Acrescente-se ainda que, quanto ao exagero superlativo, o tratamento há de ser mais rígido ainda. Assim, no Direito alemão, conforme nota Waldírio Bulgarelli, "o anúncio superlativo é encarado (...) mais severamente, não sendo, na maior parte dos casos, visto como um exagero inofensivo, mas, pelo contrário, como uma alegação publicitária que deve ser levada a sério".[253]

Ao Direito – pelo menos como o entendemos – causa repulsa qualquer forma de falsidade ou induzimento em erro, mesmo aquela praticada "inocentemente", já que é difícil imaginar tanta inocência quando é com base nela que o consumidor é incentivado a adquirir o produto ou serviço. O problema, no caso do exagero, é sempre o de traçar o limite entre o lícito e o ilícito, ou seja, "em decidir quais alegações são mero exagero e quais outras constituem engano real do público".[254]

Anúncios exagerados que não sejam capazes de medição objetiva ("um produto maravilhoso") ou que não possam ser levados a sério ("Esso põe um tigre no seu carro") não são considerados enganosos, "desde que os seus produtos não sejam de tão má qualidade ou sem valor ao ponto de cobrir de inexatidão os termos".[255] Na lição sempre preciosa de Waldírio Bulgarelli, "a regra geral que se colhe na maior parte dos países industrializados é a de que as expressões exageradas de caráter inofensivo, em que os clientes não acreditam, estão excluídas do campo dos enganos prejudiciais dentro de limites variáveis".[256]

O anteprojeto do professor Othon Sidou proibia, expressamente, o *puffing*, em especial o superlativo, sempre que não fundamentado: "*Art. 11*. Superlativação – Quer no rótulo ou na embalagem da mercadoria, quer para efeito de comunicação direta ou de massa, as menções 'produto garantido', 'genuíno', 'qualidade superior', ou semelhantes, só são admitidas quando contiverem, inequivocamente, as informações precisas sobre o que consiste essa forma diferencial sobre produtos similares que disputam o mercado."

[3.7.2] O ANÚNCIO AMBÍGUO – Se um anúncio tem mais de um sentido, basta que um deles seja enganoso (mesmo que os outros não o sejam) para que a mensagem, como um todo, passe a ser considerada enganosa.

Uma única frase pode, realmente, passar, ao mesmo tempo, uma (ou diversas) informação verdadeira e outra (ou diversas) informação enganosa. São as mensagens com sentidos múltiplos.[257] Se um anúncio permite mais de uma interpretação e uma destas é falsa ou capaz de induzir em erro uma porção apreciável da audiência, estamos, então, diante de uma publicidade enganosa.[258]

Ou seja, se a mensagem é ambígua, há enganosidade se um dos seus sentidos é falso e o outro absolutamente verdadeiro.[259]

---

[253] Waldírio Bulgarelli, "Publicidade enganosa – aspectos da regulamentação legal", *in Revista de Direito Mercantil, Industrial, Econômico e Financeiro*, vol. 24 (58), abr./jun. 1985, p. 91.

[254] S. Chesterfield Oppenheim, Glen E. Westo, Peter B. Maggs & Roger E. Schechter, *Unfair trade practices and consumer protection: cases and comments*, St. Paul, West Publishing Co., 1983, p. 561.

[255] S. Chesterfield Oppenheim, Glen E. Weston, Peter B. Maggs & Roger E. Schechter, op. cit., p. 561.

[256] Waldírio Bulgarelli, op. cit., p. 90.

[257] Richard Craswell, "Interpreting deceptive advertising", in Boston University Law Review, vol. 65, nº 4, 1985, p. 672.

[258] Em tal sentido confira-se Giant Food, Inc. v. FTC, 322 F.2d 977, 981 (D.C. Cir. 1964) cert. dismissed, 376 U.S. 967 (1964), assim como Robert Pitofsky, op. cit., p. 676.

[259] Chrysler Corp. v. FTC, 561 F.2d 357 (D.C. Cir. 1977); Magnaflo Co. v. FTC, 343 F.2d 318 (D.C. Cir. 1965); Giant Food, Inc. v. FTC, 322 F.2d 977 (D.C. Cir. 1963); Murray Space Shoe Corp. v. FTC, 304 F.2d 270 (2nd Cir. 1962); Rhodes Pharmacal Co. v. FTC, 208 F.2d 382 (7th Cir. 1953), modified by reinstating Commission's

Art. 37 | CÓDIGO BRASILEIRO DE DEFESA DO CONSUMIDOR

Neste sentido, já decidiu o STJ: "um dos direitos básicos do consumidor, talvez o mais elementar de todos, e daí a sua expressa previsão no art. 5º, XIV, da Constituição de 1988, é 'a informação adequada e clara sobre os diferentes produtos e serviços, com especificação correta de quantidade, características, composição, qualidade e preço' (art. 6º, III, do CDC). Nele se encontra, sem exagero, um dos baluartes do microssistema e da própria sociedade pós-moderna, ambiente no qual também se insere a proteção contra a publicidade enganosa e abusiva (CDC, arts. 6º, IV, e 37)" (AgRg no AgRg no REsp 1.261.824-SP, 2ª Turma, Rel. Min. Herman Benjamim, julgado em 14/02/2012).

[3.7.3] ALEGAÇÕES EXPRESSAS E ALEGAÇÕES IMPLÍCITAS – Uma mensagem publicitária pode ser enganosa não apenas quando diz expressamente algo capaz de induzir em erro, mas também quando, mesmo não o dizendo claramente, a informação realmente passada difere do significado real da mensagem.

Se meu anúncio afirma "Sinta o contato de um verdadeiro *mink*. Compre um casaco Von Pelt hoje", em nenhum momento está afirmado que o casaco é de *mink*. O anúncio simplesmente pede ao consumidor para fazer duas coisas: sentir o contato de um verdadeiro *mink* e comprar um casaco Von Pelt. Nada mais. Não se faz nenhuma conexão *expressa* entre as duas atividades. No entanto, em face do que fica implícito na mensagem, a compreensão final a que chega o consumidor é de que a peça é genuinamente de *mink*.[260]

[3.8] A PUBLICIDADE ENGANOSA POR OMISSÃO – A publicidade pode ser enganosa tanto pelo que diz como pelo que *não* diz. Enquanto na publicidade enganosa comissiva qualquer dado do produto ou serviço presta-se para induzir o consumidor em erro, na publicidade enganosa por omissão só a ausência de *dados essenciais* é reprimida. De fato, não seria admissível que, em 15 segundos de um anúncio televisivo, o fornecedor fosse obrigado a informar o consumidor sobre todas as características e riscos de seus produtos ou serviços. Assim, nos termos da lei e nos passos do Direito Comparado, só aquelas informações essenciais são obrigatórias. Por essenciais entendam-se as informações que têm o condão de levar o consumidor a adquirir o produto ou serviço.

O Código nutre pela publicidade enganosa por omissão a mesma antipatia que manifesta pela publicidade enganosa comissiva. A enganosidade por omissão consiste na preterição de qualificações necessárias a uma afirmação, na preterição de fatos materiais ou na informação inadequada.

A enganosidade por omissão varia conforme o caso, já que não se exige, conforme mencionado anteriormente, que o anúncio informe o consumidor sobre todas as qualidades e características do produto ou serviço. O fundamental aqui é que a parcela omitida tenha o condão de influenciar a decisão do consumidor.

[3.8.1] O CONCEITO DE DADO ESSENCIAL – É considerado essencial aquele dado que tem o poder de fazer com que o consumidor não materialize o negócio de consumo, caso o conheça.

Três famílias principais de dados, sem exclusão de outras, estão normalmente associadas com a publicidade enganosa por omissão: adequação (inexistência de vício de qualidade por inadequação), preço e segurança.

---

order, 348 U.S. 940 (1953); Carter Products, Inc. v. FTC, 186 F.2d 821 (7th Cir. 1950); National Commission on Egg Nutrition, 88 FTC, 89 (1976); Merck and Co., 69 FTC, 525, aff'd sub nom. Doherty, Clifford, Steers and Shenfield, Inc. v. FTC, 392 F.2d 921 (6th Cir. 1968).

[260] Richard Craswell, "Interpreting deceptive advertising", in Boston University Law Review, vol. 65, nº 4, 1985, p. 669.

A análise, contudo, é sempre casuística, dependendo do produto e do serviço. Vale citar alguns desses dados que podem adquirir relevância na decisão do consumidor: os riscos, os defeitos, a dificuldade de serviço pós-venda para o produto, o custo elevado de peças de reposição, o fato de o automóvel ter sido utilizado em competições, a não restituição de eventuais depósitos etc.

[3.8.2] ALGUNS EXEMPLOS CONCRETOS – O bom exemplo, tirado do mercado brasileiro, é o anúncio, feito pela Phillips, de um televisor *stereo*, o primeiro a ser comercializado no País. Só que o anunciante deixou de informar ao consumidor que tal qualidade especial – que o distinguia dos seus similares – só era alcançável com a aquisição, à parte, de uma peça específica. Ora, o dado relevante para aquela aquisição – e por isso essencial – era exatamente a sua qualidade de sonoridade *stereo*.

Em um outro caso, agora nos Estados Unidos, um fabricante de gasolina anuncia seu produto que tem um aditivo especial destinado a reduzir a poluição. Fixa no escapamento de um automóvel uma bola transparente inflável. Naquele que não faz uso do aditivo, a bola ganha uma coloração escura. No outro, já utilizando a gasolina especial, a bola permanece completamente transparente. O que o anunciante não informa é que o aditivo tem eficiência apenas contra os poluentes visíveis, sendo praticamente inócuo contra emissões incolores (e nestas estão quase todos os poluentes perigosos emitidos pelos automóveis).[261]

Em outro exemplo, só que de publicidade comparativa, o anunciante assevera: "Você pode comprar um Chevrolet NOVA ou você pode comprar um carro pequeno que o vence em economia de combustível." Os dados demonstram, de fato, que o automóvel em questão, de seis cilindros, faz mais quilômetros com um litro de combustível que o NOVA, também de seis cilindros. Só que o anunciante "esqueceu" de informar ao consumidor que, no caso dos veículos de oito cilindros, o NOVA superava aquele anunciado.[262] E, como consequência da omissão, o consumidor era induzido a acreditar que *todos* os carros anunciados eram mais econômicos que aqueles da linha NOVA.

Outro exemplo é a enganosidade por discrepância entre título, conteúdo e ressalva de mensagem. Neste sentido, já decidiu o STJ: " Título, chamada, conteúdo principal e eventuais notas explicativas de oferta, publicitária ou não, devem guardar perfeita harmonia entre si. Impróprio ao acessório no anúncio contradizer, esvaziar ou negar o principal. Assim, ressalva ou reserva – caso se pretenda frustrar ou substancialmente condicionar a mensagem de maior destaque ou impacto – deveriam elas próprias assumir a função de título e de corpo, e não o inverso. Daí absolutamente ilícito, de maneira aberta ou dissimulada, desdizer, contrariar, exonerar ou limitar, em ressalva no pé ou lateral de página, ou por qualquer outro meio, o que, com realce, se afirmou ou se insinuou na oferta ou anúncio. Precedente do STJ." (STJ, REsp 1.794.971/SP, Segunda Turma, Rel. Min. Herman Benjamin, julgado em 10/03/2020, *DJe* 24/06/2020).

[3.8.3] AS DEMONSTRAÇÕES SIMULADAS – Também peca por omissão o anúncio que deixa de informar ao consumidor que o que ele está vendo é uma simples *imitação* ou *demonstração simulada* (*mock-up*) de teste efetivamente efetuado pelo anunciante.

Tal ocorre principalmente em publicidade por televisão, em que o consumidor, diante de uma mera imitação, é induzido, de modo enganoso, a crer que o que vê é, de fato, o teste ou experimento efetuado pelo fornecedor.

---

[261] Veja-se Standard Oil Co. v. FTC, 577 F.2d 653 (9th Cir. 1978).
[262] Consulte-se Chrysler Corp. v. FTC, 561 F.2d 357 (D.C. Cir. 1977).

Como bem decidiu o Supremo Tribunal Federal americano, ao contrariar a argumentação de um anunciante de que seria impraticável informar ao consumidor sobre o fato de que não estaria vendo um verdadeiro teste, "conforme nosso pensamento, é inconcebível que o criativo mundo publicitário seja incapaz, se assim o desejar, de adequar-se à insistência... de que o público não seja mal informado. Se, entretanto, tornar-se impossível ou impraticável apresentar demonstrações televisivas simuladas de forma veraz, tal indica que a televisão não é um veículo que se presta a tal tipo de anúncio, e não que a publicidade deva sobreviver a qualquer custo".[263]

[3.8.4] A LÍNGUA PORTUGUESA – Embora, como se disse anteriormente, ao comentarmos o art. 31, a língua portuguesa seja uma exigência para o cumprimento do dever de informar na *oferta*, o requisito aplica-se do mesmo modo – só que com outra fundamentação – à publicidade. Sua *ratio* aqui não é propriamente assegurar a informação do consumidor. Aliás, o Código não exige que a publicidade seja totalmente informativa. A língua portuguesa nos anúncios é requerida com base no princípio da veracidade, uma vez que a utilização de outro idioma pode induzir o consumidor em erro.

A obrigatoriedade da utilização do idioma nacional não é nenhuma novidade, especialmente quando tomamos em conta o Direito Comparado. Na França, uma lei de 31 de dezembro de 1975 obriga o emprego do francês na publicidade.[264]

[4] A PUBLICIDADE ABUSIVA – A publicidade abusiva, da forma como regrada pelo Código brasileiro, é uma grande novidade, mesmo quando se analisam as leis de proteção ao consumidor em países mais desenvolvidos. O conceito carreia a ideia de exploração ou opressão do consumidor. Mas não se limita a tal. Novos horizontes se lhe abrem, como, por exemplo, a tutela de valores outros que sejam caros à sociedade de consumo, como o meio ambiente.

O Direito, não há dúvida, tem muito mais agilidade e facilidade ao lidar com a publicidade enganosa do que com a abusiva. É possível, pelo menos no plano teórico, traçar limites mais ou menos objetivos e precisos para aquela. Com esta, pelo menos até o presente momento, tal tarefa tem sido inglória. É por isso que se questiona, conforme nota David Harland, um dos maiores juristas da Austrália, "se o Direito deve ir além e proibir conduta que, embora não necessariamente enganosa, é, de qualquer modo, vista com objeção por ser abusiva contra os consumidores, ao tirar vantagem de sua falta de conhecimento ou poder de barganha, ao inibir, por outras vias, sua capacidade de escolha livre, ao ser, por outra forma, contrária aos valores comunitários".[265]

O art. 37, § 2º, elenca, em lista exemplificativa, algumas modalidades de publicidade abusiva. Em todas elas observa-se ofensa a valores da sociedade: o respeito à criança, ao meio ambiente, aos deficientes de informação (conceito que não se confunde com deficiência mental), à segurança e à sensibilidade do consumidor. Veja-se que as diversas modalidades de publici-

---

[263] Federal Trade Commission v. Colgate-Palmolive Co. (Supreme Court of the United States, 1965. 380 U.S. 374, 85 S.Ct. 1035, 13 L.Ed.2d 904).

[264] Segundo seu art. 1º, "dans la désignation, l'offre, la présentation, la publicité écrite ou parlée, le mode d'emploi ou d'utilisation, l'étendue des conditions de garanties d'un bien ou d'un service ainsi que dans les factures et licences, l'emploi de la langue française est obligatoire". O Código Brasileiro de Autorregulamentação Publicitária também exige o vernáculo.

[265] David Harland, "The legal concept of unfairness and the economic and social environment: fair trade, market law and the consumer interest", in Eric Balate, org. Unfair advertising and comparative advertising, Bruxelles, E. Story-Scientia, s.d. p. 22.

dade abusiva, ao contrário da publicidade enganosa, não atacam o bolso do consumidor, isto é, não têm, necessariamente, o condão de causar-lhe prejuízo econômico.

[4.1] O CONCEITO DE PUBLICIDADE ABUSIVA – O conceito de publicidade abusiva, mais recente que o de publicidade enganosa, deixa, gradativamente, o terreno da concorrência desleal para inserir-se na área do Direito do Consumidor. Como bem demonstra Thierry Bourgoignie, hoje o mais completo e importante doutrinador do Direito do Consumidor em todo o mundo, a abusividade já não se mantém exclusivamente na órbita de interesses dos concorrentes, e, com o desenvolvimento do mercado e de novos valores, passa a ganhar importância para o consumidor.[266]

O Direito, como já observado, ainda não descobriu um critério infalível para a identificação da abusividade. Trata-se de uma noção plástica, em formação. Por um critério residual, em matéria publicitária patológica, pode-se afirmar que abusivo é tudo aquilo que, contrariando o sistema valorativo da Constituição e das leis, não seja enganoso. O Supremo Tribunal Federal americano tentou – sem muito sucesso – fixar alguns parâmetros esclarecedores. Abusivo seria aquilo que ofende a ordem pública (*public policy*), o que não é ético ou o que é opressivo ou inescrupuloso, bem como o que causa dano substancial aos consumidores.[267]

São esses novos valores que dão um contorno próprio à publicidade abusiva, distinto do traço de *enganosidade* da publicidade enganosa.

Quem pode negar que uma mensagem publicitária ofensiva ao meio ambiente carreia um potencial de dano para o consumidor? Quem pode contestar que um anúncio – mesmo que não enganoso – mas que abuse da deficiência de experiência de uma criança ou de um idoso também constitui um desvio das regras básicas do mercado de consumo?

A liberdade da atividade publicitária não pode, de fato, colidir "com certos imperativos de ordem superior que se sobrepõem às intenções promocionais das empresas".[268] O Direito, então, cria, com o intuito de proteger o consumidor na sua dupla face existencial (como partícipe do mercado e como cidadão titular de direitos e garantias constitucionais), mecanismos de controle para tais desvios publicitários.

Em conclusão, podemos dizer que, em publicidade, abusividade é noção distinta de enganosidade.[269] Aquela pode manifestar-se na ausência desta, e, nem por isso, deixa de ser prejudicial ao consumidor e ao mercado como um todo. Uma consequência que se extrai daí é que uma publicidade, mesmo que absolutamente veraz, pode vir, ainda assim, a ser proibida.

[4.2] ALGUNS EXEMPLOS DE PUBLICIDADE ABUSIVA – Conforme já salientado, o art. 37, § 2º, traz uma mera indicação enumerativa de casos de publicidade abusiva. Cabe aos aplicadores da lei – administradores e juízes – adaptarem o texto legal às práticas multifárias do mercado.

No CDC, ressaltamos antes, a abusividade foi tratada pelo legislador como "conceito jurídico indeterminado, que deve ser preenchido na construção do caso concreto".[270] Leva em conta, nomeadamente, os valores constitucionais básicos da vida republicana.[271] Entre eles,

---

[266] Thierry Bourgoignie, "La publicité déloyale et la publicité comparative: jalons d'une réflexion", in Unfair advertising and comparative advertising, Bruxelles, E. Story-Scientia, 1988, p. 279.

[267] FTC v. Sperry and Hutchinson Co., 405 U.S. 233 (1972).

[268] Carlos Ferreira de Almeida, Os direitos..., cit., p. 82.

[269] No mesmo sentido, cf. Fernando Gherardini Santos, op. cit., p. 227.

[270] Adalberto Pasqualotto, op. cit., p. 139.

[271] Cf. Vidal Serrano Nunes Júnior, op. cit., p. 207.

Art. 37 | CÓDIGO BRASILEIRO DE DEFESA DO CONSUMIDOR

estão os valores da dignidade da pessoa humana,[272] do trabalho,[273] do pluralismo político,[274] da solidariedade,[275] do repúdio à violência[276] e a qualquer comportamento discriminatório de origem, raça, sexo, cor, idade,[277] da intimidade, privacidade, honra e imagem das pessoas,[278] da valorização da família,[279] da proteção ampla à criança, ao adolescente[280] e ao idoso,[281] da tutela enérgica da saúde,[282] do meio ambiente,[283] do patrimônio histórico e cultural.[284]

[4.2.1] A PUBLICIDADE DISCRIMINATÓRIA – É abusiva a publicidade que discrimina o ser humano, sob qualquer ângulo ou pretexto. A discriminação pode ter a ver com a raça, com o sexo, com a preferência sexual, com a condição social, com a nacionalidade, com a profissão e com as convicções religiosas e políticas.

[4.2.2] A PUBLICIDADE EXPLORADORA DO MEDO OU SUPERSTIÇÃO – A publicidade que se utiliza do medo ou superstição para persuadir o consumidor a adquirir o produto ou serviço é abusiva. Para receber tal qualificação não se exige que a mensagem aterrorize, realmente, os consumidores. Basta que o anúncio faça uso desses recursos para que seja considerado ilegal.

[4.2.3] A PUBLICIDADE INCITADORA DE VIOLÊNCIA – Também não se admite a publicidade que incita à violência, seja do homem contra o homem, seja do homem contra os animais (e até contra bens, como os públicos, por exemplo).

Violência, aqui, é sinônimo de agressividade, de utilização de força bruta. Muitas vezes aparece como mensagens relacionadas com agressões, com lutas físicas, com a morte e com a guerra. É sempre abusiva e, por isso mesmo, proibida.

[4.2.4] A PUBLICIDADE ANTIAMBIENTAL – O meio ambiente, modernamente, passou a integrar a esfera de preocupação dos consumidores. Já há toda uma linha de produtos "amigos do meio ambiente". Dá-se destaque aos produtos biodegradáveis.

Nada mais compreensível, portanto, que incorporar tal visão ambiental no seio do Código. Foi essa a proposta que fiz à Comissão de Juristas e que hoje está no art. 37, § 2º.

É abusivo, por exemplo, o anúncio de uma motosserra em que o anunciante a testa em uma área protegida ou contra uma árvore centenária. Isso mesmo que nenhum conteúdo enganoso tenha a publicidade. Outro exemplo é o uso de animais ameaçados de extinção.[285]

---

[272] Constituição Federal, art. 1º, inc. III.

[273] Constituição Federal, art. 1º, inc. IV.

[274] Constituição Federal, art. 1º, inc. V.

[275] Constituição Federal, art. 3º, inc. I.

[276] Constituição Federal, arts. 4º, inc. VI, e 227, *caput*.

[277] Constituição Federal, art. 3º, inc. IV.

[278] Constituição Federal, art. 5º, inc. X.

[279] Constituição Federal, art. 226.

[280] Constituição Federal, art. 227.

[281] Constituição Federal, art. 230.

[282] Constituição Federal, art. 196.

[283] Constituição Federal, art. 225.

[284] Constituição Federal, art. 216.

[285] Neste sentido, caso de publicidade utilizando chimpanzés: "Na Lei de Proteção à Fauna (Lei 5.197/1967), a expressão animais 'que vivem naturalmente fora do cativeiro' (art. 1º, *caput*) inclui tanto os que se acham em liberdade, como aqueles que, devendo permanecer livres, estão ilegalmente aprisionados fora de seu

Capítulo V · DAS PRÁTICAS COMERCIAIS | **Art. 37**

[4.2.5] A PUBLICIDADE INDUTORA DE INSEGURANÇA – Um dos subprincípios que integram o princípio da não abusividade é o *princípio da inofensividade da publicidade*. Impede ele qualquer publicidade "capaz de induzir o consumidor a se comportar de forma prejudicial ou perigosa a sua saúde ou segurança" (art. 37, § 2º, *in fine*). O Código de Autorregulamentação Publicitária traz disposição semelhante (art. 33). O legislador brasileiro buscou inspiração no *Projet* francês (art. 47).

Em particular, ganha destaque a publicidade indutora de insegurança quando o seu destinatário é a criança.[286]

[4.2.6] A PUBLICIDADE DIRIGIDA AOS HIPOSSUFICIENTES: A NOÇÃO DE HIPERVULNERABILIDADE – Não custa relembrar que são distintos os conceitos de vulnerabilidade e de hipossuficiência. Vulnerável é todo consumidor, *ope legis*. Como sempre afirmei, hipossuficientes são certos consumidores ou certas categorias de consumidores, como os idosos, as crianças, os índios, os doentes, os rurícolas, os moradores da periferia. Percebe-se, por conseguinte, que a hipossuficiência é um *plus* em relação à vulnerabilidade. Esta é aferida objetivamente. Aquela, mediante um critério subjetivo, consumidor a consumidor, ou grupo de consumidores a grupo de consumidores.

A hipossuficiência pode ser físico-psíquica, econômica ou meramente circunstancial. O Código, no seu esforço enumerativo, mencionou expressamente a proteção especial que merece a criança contra os abusos publicitários.

A noção de que o consumidor é soberano no mercado e que a publicidade nada mais representa que um auxílio no seu processo decisório racional simplesmente não se aplica às crianças, jovens demais para compreenderem o caráter necessariamente parcial da mensagem publicitária. Em consequência, qualquer publicidade dirigida à criança abaixo de uma certa idade não deixa de ter um enorme potencial abusivo.

A utilização de crianças em publicidade é uma realidade no nosso País. Segundo estudo elaborado pelo conceituado jornal *O Estado de S. Paulo*, as crianças "somam mais de 14 milhões de consumidores ativos no Brasil. São a faixa de público mais exposta à publicidade na televisão".[287]

---

habitat. Ademais, cumpre lembrar que, consoante o art. 35, § 2º, do mesmo estatuto, os meios de comunicação, tanto mais os que operam sob regime de concessão, têm o dever de informar e educar sua audiência, particularmente crianças e adolescentes, sobre a importância da proteção da fauna, exatamente o oposto de anúncios comerciais que, mesmo sem envolverem maus-tratos, desinformam e deseducam ao humanizar animais silvestres e banalizar sua guarda e exploração, uso impróprio que incita desejos de posse e, assim, pode estimular o tráfico nacional e internacional. Realce-se que a prova de procedência lícita incumbe a quem detém a guarda do animal, constatação cabal sempre de rigor até porque 'os exemplares vivos pertencentes à fauna silvestre exótica, que tenham ingressado no País ou que tenha sido tentado seu ingresso sem Licença ou Certificado CITES, deverão ser devolvidos ao país exportador' (art. 20, *caput*, da Convenção sobre Comércio Internacional das Espécies da Flora e Fauna Selvagens em Perigo de Extinção – CITES, da qual o Brasil é signatário). 2. Nos termos do art. 37, § 2º, do Código de Defesa do Consumidor, em tese caracteriza publicidade abusiva – que 'desrespeita valores ambientais' – o uso em anúncio comercial de animal ameaçado de extinção, integrante do Anexo I da CITES, indiferente que seja da fauna brasileira ou exótica, ou criado em cativeiro" (REsp 1.549.459/SP, Segunda Turma, Rel. Min. Herman Benjamin, julgado em 09/05/2017, *DJe* 01/09/2020).

[286] Vejam-se alguns julgados da Federal Trade Commission: In re AMF Inc., 95 FTC, 310 (1980) (crianças mostradas conduzindo suas bicicletas de modo inseguro); In re Mego Int'l, Inc., 92 FTC, 186 (1978) (criança mostrada operando aparelho elétrico perto da água); In re Uncle Ben's, Inc., 89 FTC, 131 (1977) (criança mostrada brincando perto de forno sem supervisão de adulto); In re Hudson Pharmaceutical Corp., 89 FTC, 82 (1977) (anúncio de vitaminas para crianças).

[287] O Estado de S. Paulo, Caderno Economia & Negócios, 6.4.90, p. 12.

Art. 37 | CÓDIGO BRASILEIRO DE DEFESA DO CONSUMIDOR

Ainda segundo o mesmo jornal, "para falar com esse público, ninguém melhor do que outra criança, que possua os mesmos referenciais, a mesma espontaneidade, que esteja na mesma faixa de sintonia. Somando-se essa necessidade aos comerciais nos quais o público-alvo é a mãe, uma consumidora facilmente atingível por uma criança que bem poderia ser a sua, temos no mercado brasileiro cerca de 50% da publicidade veiculada anualmente contando com a participação de atores e modelos mirins".[288]

O Código menciona, expressamente, a questão da publicidade que envolva a criança como uma daquelas a merecer atenção especial. É em função do reconhecimento dessa vulnerabilidade exacerbada (hipossuficiência, então) que alguns parâmetros especiais devem ser traçados.[289]

Assim, tal modalidade publicitária não pode exortar diretamente a criança a comprar um produto ou serviço; não deve encorajar a criança a persuadir seus pais ou qualquer outro adulto a adquirir produtos ou serviços; não pode explorar a confiança especial que a criança tem em seus pais, professores etc.; as crianças que aparecem em anúncios não podem se comportar de modo inconsistente com o comportamento natural de outras da mesma idade.[290] Prevaleceu no Superior Tribunal de Justiça expressão que cunhei de hipervulnerabilidade, que inclui o que antes denominei de hipossuficiência: "Ao Estado Social importam não apenas os vulneráveis, mas sobretudo os hipervulneráveis, pois são esses que, exatamente por serem minoritários e amiúde discriminados ou ignorados, mais sofrem com a massificação do consumo e a 'pasteurização' das diferenças que caracterizam e enriquecem a sociedade moderna. ... Ser diferente ou minoria, por doença ou qualquer outra razão, não é ser menos consumidor, nem menos cidadão, tampouco merecer direitos de segunda classe ou proteção apenas retórica do legislador. ... O fornecedor tem o dever de informar que o produto ou serviço pode causar malefícios a um grupo de pessoas, embora não seja prejudicial à generalidade da população, pois o que o ordenamento pretende resguardar não é somente a vida de muitos, mas também a vida de poucos" (STJ, REsp 586.316/MG, Segunda Turma, Rel. Min. Herman Benjamin, julgado em 17/04/2007, *DJe* 19/03/2009). Também no Mercosul a terminologia de hipervulnerabilidade prevaleceu, sendo definida na Resolução CMC 11/2021.

Neste sentido, o STJ já decidiu sobre o tema da publicidade infantil: "O Superior Tribunal de Justiça possui jurisprudência reconhecendo a abusividade de publicidade de alimentos direcionada, de forma explícita ou implícita, a crianças. Isso porque a decisão de comprar gêneros alimentícios cabe aos pais, especialmente em época de altos e preocupantes índices de obesidade infantil, um grave problema nacional de saúde pública. Diante disso, consoante o art. 37, § 2º, do Código de Defesa do Consumidor, estão vedadas campanhas publicitárias que utilizem ou manipulem o universo lúdico infantil. Na ótica do Direito do Consumidor, publicidade é oferta e, como tal, ato precursor da celebração de contrato de consumo, negócio jurídico cuja validade depende da existência de sujeito capaz (art. 104, I, do Código Civil). Em outras palavras, se criança, no mercado de consumo, não exerce atos jurídicos em seu nome e por vontade própria, por lhe faltar poder de consentimento, tampouco deve ser destinatária de publicidade que, fazendo tábula rasa da realidade notória, a incita a agir como se plenamente capaz fosse. Precedente do STJ" (REsp 1.613.561/SP, Segunda Turma, Rel. Min. Herman Benjamin, julgado em 25/04/2017, *DJe* 01/09/2020).

---

[288] O Estado de S. Paulo, Caderno Economia & Negócios, 6.4.90, p. 12.

[289] Veja-se o *leading case*, REsp 1.558.086/SP, Segunda Turma, Rel. Min. Humberto Martins, julgado em 10/03/2016, *DJe* 15/04/2016.

[290] Estas, entre outras, são algumas das conclusões de um *green paper* que circulou no âmbito da CEE. Veja-se Ludwig Kramer, *EEC consumer law*, Bruxelles, E. Story-Scientia, 1986, p. 166.

Capítulo V · DAS PRÁTICAS COMERCIAIS | **Art. 37**

A Câmara Internacional de Comércio, uma organização privada, com aberta simpatia pela indústria de publicidade, promulgou, em 1982, normas de orientação ao comportamento publicitário endereçado a crianças: a publicidade dirigida a crianças deve ser veraz e claramente identificável como tal; não deve aprovar a violência ou aceitar comportamentos que contrariem as regras gerais de comportamento social; não se pode criar situações que passem a impressão de que alguém pode ganhar prestígio com a posse de bens de consumo, que enfraqueçam a autoridade dos pais, contribuam para situações perigosas para a criança, ou que incentivem as crianças a pressionarem outras pessoas a adquirirem bens.

Conforme depõe uma das mais conhecidas publicitárias do País, "as maiores vítimas da propaganda antiética são as crianças, porque elas ainda acreditam no que se fala em propaganda".[291]

[4.2.7] PUBLICIDADE ABUSIVA POR CORREIO ELETRÔNICO – Não foi à toa que o legislador, no art. 37, § 2º, que caracteriza o que se deve entender por publicidade abusiva, utilizou a expressão "dentre outras", com isso deixando aberto o rol de hipóteses publicitárias inaceitáveis, por violarem direitos e valores fundamentais do ser humano, consumidor ou não.

O mercado de consumo é extremamente veloz nas suas transformações. Assim, como já vimos, desenhar, em *numerus clausus*, uma lista de abusividade publicitária seria o mesmo que condenar a norma a, rapidamente, controlar o nada, deixando sem amparo o consumidor, afogado em universo de práticas em permanente mutação.

Spam é o nome vulgar, de origem anglo-saxônica, para "mensagem eletrônica comercial não solicitada",[292] ou seja, o envio, reiterado e de forma maciça, de mensagens indesejáveis, normalmente na forma de oferecimento de serviços ou produtos.[293]

Numa sociedade de consumo, em que a Internet está cada vez mais presente e ocupa lugar de destaque na vida dos consumidores, é compreensível o crescimento exponencial do *spam*, notadamente a partir de meados dos anos de 1990.[294]

A explosão de *spam* explica-se por seu baixíssimo custo para o anunciante, bem como pelas novas tecnologias que facilitam a apropriação de endereços eletrônicos de indefesos consumidores.

Por que seria o *spam* publicidade abusiva?

Inicialmente, a prática envolve uma violação frontal da garantia constitucional da intimidade e da privacidade. A ninguém é dado o direito de interferir na vida privada do consumidor, exceto quando autorizado por lei (por exemplo, os bancos de dados de consumo) ou fundado em consentimento ativo (não vale o silêncio) do sujeito tutelado. Quanto mais

---

[291] Magy Imoberdorf, "A criação", in Tudo que você queria saber sobre propaganda e ninguém teve paciência para explicar, São Paulo, Atlas, 1986, p. 166.

[292] Ou, em inglês, "unsolicited commercial e-mail" (UCE).

[293] Michael Froomkin, "Habermas@discourse.net: toward a critical theory of cyberspace", in Harvard Law Review, 2003, vol. 116, p. 825.

[294] No Direito Comparado é crescente a literatura jurídica sobre o spam; cf. Ian Ayres & Matthew Funk, "Marketing privacy", in Yale Journal on Regulation, 2003, vol. 20, ps. 77 e segs.; John Magee, "The law regulating usolicited commercial e-mail: an international perspective", in Santa Clara Computer and High Technology Law Journal, 2003, vol. 19, ps. 333 e segs.; Dannielle Cisneros, "Do not advertise: the current fight against unsolicited advertisements", in Duke Law and Technology Review, 2003, april 29, ps. 10 e segs.; Dianne Plunkett Latham, "Spam remedies", in William Mitchell Law Review, 2001, vol. 27, ps. 1.649 e segs.; Sabra-Anne Kelin, "State regulation of unsolicited commercial e-mail", in Berkeley Technology Law Journal, 2001, vol. 16, ps. 435 e segs.

Art. 37 | CÓDIGO BRASILEIRO DE DEFESA DO CONSUMIDOR

público e massificado se faça o mercado de consumo, mais caro será ao consumidor – como cidadão que é – o seu espaço privado.

Demais disso, o *spam* faz letra morta da "liberdade de escolha", que é direito básico do consumidor,[295] liberdade de escolha esta que, entre outros aspectos, inclui a opção por não ser incomodado ou por ver preservados seus meios de comunicação pessoal contra mensagens indesejáveis.

Finalmente, o *spam* causa danos – diretos e indiretos, patrimoniais e morais – aos consumidores, que são obrigados a gastar tempo e dinheiro em atividades (por exemplo, apagar as mensagens indesejáveis) e técnicas (por exemplo, aquisição e instalação de programas *antispam*) de controle da prática abusiva.

Mas há outros prejuízos, de caráter indireto, que acabam por afetar os consumidores. Na medida em que o *spam* impõe aos provedores custos financeiros elevados (por exemplo, com a aquisição de *hardware* mais potente e a contratação de novos funcionários, para cuidar do tráfego mais intenso e do número crescente de reclamações dos usuários), tais percalços financeiros são, não há dúvida, repassados aos consumidores, que pagam dobrado, financeiramente e em incômodo, por uma prática que só interessa ao anunciante-intruso. Tudo sem falar que, em situações excepcionais, todo o sistema pode falhar, por sobrecarga das redes.

Assim visto, não há como negar ser o *spam* publicidade abusiva; sua massiva utilização não lhe nega tal qualidade; muito ao contrário, só demonstra como os implementadores são lentos na aplicação da lei a fenômenos de consumo novos.

É por essas e outras razões que quase 30 Estados norte-americanos já proibiram, com maior ou menor rigor, o *spam*. No Congresso dos Estados Unidos, vários projetos de lei, no mesmo sentido, estão em tramitação.

No Brasil, o Código de Defesa do Consumidor dá resposta satisfatória, não só enxergando a prática como publicidade abusiva, como ainda, naqueles casos em que o *spam* não se mostre propriamente como um anúncio de produto ou serviço de consumo, caracterizando-o como prática abusiva, nos termos do art. 39, *caput* ("dentre outras práticas abusivas").

Também não se deve esquecer que, comumente, o *spam* vem contaminado com algum tipo de enganosidade,[296] o que permitiria, nesse caso, a dupla imputação (civil, administrativa e penal) de publicidade abusiva e enganosa.

[5] A QUESTÃO DA PUBLICIDADE COMPARATIVA – A publicidade comparativa não é um fenômeno generalizado no Brasil. Já nos Estados Unidos, ela representa algo em torno de 20% de todos os anúncios.[297]

O Código não vedou a publicidade comparativa. Ao contrário, todo o seu sistema como que a legitima. Requer-se para ela, como para todas as outras modalidades de publicidade, que respeite os princípios publicitários fundamentais, em especial o da veracidade e o da não abusividade. Afinal, nenhuma modalidade de publicidade, e em especial a comparativa, pode repousar sobre alegações abusivas ou contrárias à verdade. Tampouco admite-se que, sob o nome de publicidade comparativa, o anunciante faça ataques pessoais ao seu concorrente, in-

---

[295] CDC, art. 6º, inc. II.

[296] Um estudo da FTC – Federal Trade Commission (agência de proteção do consumidor dos Estados Unidos), conduzido por sua Divisão de Práticas de Marketing, comprovou algum tipo de enganosidade em pelo menos 66% de 1.000 spams examinados por amostragem: falsos remetente, assunto ou mesmo texto-conteúdo (cf. Computer and Internet Lawyer, 2003, julho, p. 34).

[297] Mistrale Goudreau, "La publicité comparative au Québec: est-ce une faute de comparer?", in Revue Générale de Droit, vol. 17, nº 3, 1986, p. 470.

Capítulo V · DAS PRÁTICAS COMERCIAIS | **Art. 37**

capazes de serem comprovados com precisão. Assim quando o anúncio diz que o concorrente "não tem escrúpulos" ou é "especulador".[298]

Neste sentido, já decidiu o STJ: "Publicidade comparativa, em si, não contradiz o espírito e a letra do CDC. Muito ao contrário, serve para ampliar o grau e a qualidade da informação existente no mercado, estimulando a concorrência e fortalecendo a liberdade de escolha do consumidor. Contudo, o legal vira ilícito, e o legítimo vira abusivo quando a publicidade comparativa manipula ou suprime dados, ou os utiliza infringindo condição de divulgação fixada pela fonte de origem. Em tais circunstâncias, a publicidade comparativa se converte em prática abusiva, podendo, em acréscimo e simultaneamente, tipificar oferta (publicitária ou não) enganosa ou abusiva" (STJ, REsp 1.794.971/SP, Segunda Turma, Rel. Min. Herman Benjamin, julgado em 10/03/2020, *DJe* 24/06/2020).

De qualquer maneira, a publicidade comparativa, além dos princípios gerais que informam toda atividade publicitária, tem algumas exigências particulares. Em primeiro lugar, o seu conteúdo deve ser objetivo, não se admitindo a comparação que seja excessivamente geral. A comparação deve ser feita entre elementos essenciais e verificáveis. Em segundo lugar, a comparação deve ser exata (aplicação específica do princípio da veracidade).

No Reino Unido e na Irlanda, nos passos do que sucede nos Estados Unidos e ao contrário do que ocorre em outros países europeus, a publicidade comparativa é lícita, sendo largamente praticada.

Em síntese: a tendência atual é no sentido de permitir a publicidade comparativa desde que ela seja objetiva,[299] isto é, que se mostre sem enganosidade ou abusividade, confrontando dados e características que não sejam de apreciação exclusivamente subjetiva.

Os dados constantes dos cadastros públicos de reclamações contra fornecedores (por exemplo, o número ou tipo de reclamações contra um concorrente) podem ser utilizados em publicidade comparativa.[300] Aqui, inexiste qualquer risco para o anunciante, seja porque as informações são coletadas pelo próprio Estado, nos termos do dever imposto pelo art. 44, do CDC, seja porque, por isso mesmo, gozam de presunção de veracidade.

[6] CONTROLE DA PUBLICIDADE DE TABACO, BEBIDAS ALCOÓLICAS, AGROTÓXICOS, MEDICAMENTOS E TERAPIAS – Das várias modalidades publicitárias, *cinco* carreiam riscos extremados para a saúde das pessoas, o bem-estar da família e o meio ambiente: a publicidade de tabaco, bebidas alcoólicas, agrotóxicos, medicamentos e terapias.

[6.1] FUNDAMENTOS CONSTITUCIONAIS DO CONTROLE – Por isso mesmo, o legislador constitucional, com inovação sem precedente em Constituições estrangeiras (ou mesmo nas nossas, anteriores a 1988), determinou que a lei estabeleça "os meios legais que garantam à pessoa e à família a possibilidade de se defenderem... da propaganda de produtos, práticas e serviços que possam ser nocivos à saúde e ao meio ambiente" (art. 220, § 3º, inc. II), acrescentando que esses tipos de anúncios deverão sujeitar-se "a restrições legais", sem prejuízo, "sempre que necessário", de "advertência sobre os malefícios decorrentes de seu uso" (art. 220, § 4º).

A imposição constitucional, então, é clara e inafastável. O legislador ordinário, para bem cumprir o art. 220, §§ 3º e 4º, e regrar tais hipóteses publicitárias específicas, deve instituir controle legal *complementar* (= mais rigoroso) ao previsto no CDC, que, como é óbvio, regula

---

[298] Antoine Pirovano, "Publicité comparative et protection des consommateurs", in Recueil Dalloz Sirey, Chronique XLIX, 1974, p. 280.

[299] Francisco Pereira Coelho, "Rapport...", cit., p. 23.

[300] Decreto Federal nº 2.181, de 20 de março de 1997, art. 60, *in fine*.

Art. 37 | CÓDIGO BRASILEIRO DE DEFESA DO CONSUMIDOR

a generalidade da matéria. Em outras palavras, há de ser regime jurídico mais assegurador do que o aplicável à publicidade comum, na sua acepção como relação de consumo. Nessa linha de raciocínio, o sistema do CDC caracteriza-se por ser um verdadeiro *piso mínimo* de tutela do consumidor.

Por conseguinte, as "restrições legais", referidas no art. 220, § 4º, agregam natureza, objetivos e alcance diversos das normas requisitadas pelo constituinte para a proteção, em outros campos do mercado, do consumidor, neste último caso pela letra expressa do art. 5º, inc. XXXII, e do art. 48, do Ato das Disposições Constitucionais Transitórias.[301] Em síntese, o CDC salvaguarda a universalidade dos destinatários da publicidade dos produtos e serviços em geral, elencando princípios, padrões e reprimendas, entre os quais a condenação da oferta enganosa ou abusiva.

Finalmente, é sempre oportuno lembrar que o juiz, ao vislumbrar tratamento administrativo insatisfatório do tema, deve, nos termos do art. 102, *caput*, do CDC, determinar ao Poder Público que atue com maior rigor na sua disciplina.

[6.2] LIBERDADE E ABUSO NA PUBLICIDADE DE TABACO – Estão mais do que comprovados – e hoje até são reconhecidos pela indústria – os graves riscos do tabaco para a saúde, bem como seus efeitos devastadores nas contas do Poder Público, resultado de despesas com tratamentos médicos prolongados e sacrifício de mão de obra.[302] Não obstante tudo isso, na nossa sociedade, fumar é visto como um ato de escolha pessoal – escolha esta que, por acarretar danos pessoais e sociais, não pode ser estimulada, muito menos por práticas agressivas de *marketing*, que atingem, simultaneamente, fumantes e, mais do que tudo, não fumantes; pior, entre estes, crianças e jovens, o "mercado do futuro".

Sabe-se que a liberdade precisa de regras, de um mínimo de organização. Infelizmente, por vezes confunde-se liberdade com ausência absoluta de controle, embora este seja necessário para garantir a existência daquela.

No âmbito da relação jurídica de consumo, foi esse o espírito do legislador constitucional de 1988, ao estabelecer, entre os direitos e garantias fundamentais, a proteção do consumidor (art. 5º, inc. XXXII), além de condicionar a legitimidade da ordem econômica (= atividade econômica) à observância estrita de certos princípios, entre os quais a defesa do consumidor (art. 170, inc. V). Mais amplamente, a Constituição assegura "a inviolabilidade do direito à vida" (art. 5º, *caput*), e é exatamente disso que cuidamos no tema da publicidade de tabaco, bebidas alcoólicas, agrotóxicos e medicamentos.

Daí a tendência, em todo o mundo, primeiro nas grandes democracias da Europa e América do Norte, no sentido de restringir, formal e substantivamente, a publicidade de tabaco. Aliás, diversos países vedam, por inteiro, qualquer publicidade de tabaco. Não foi esse o caminho escolhido pelas Leis nºˢ 9.294/96 (Lei Murad) e 10.167/2000 (Lei Serra), que preferiram refrear com vigor tal forma publicitária, sem, entretanto, proibi-la em toda e qualquer hipótese.

---

[301] "Art. 48. O Congresso Nacional, dentro de cento e vinte dias da promulgação da Constituição, elaborará Código de Defesa do Consumidor."

[302] Não convence o argumento dos fabricantes de que o Estado é o maior beneficiário da produção e comercialização de tabaco, principalmente por meio do recolhimento de tributos. Ora, aqui, como em outras situações assemelhadas (de produtos e serviços perigosos), os impostos não são pagos em compensação por danos futuros causados aos cofres públicos. Se assim fosse, teríamos uma clara hipótese de falsa tributação do setor, já que o que se pagaria como imposto na verdade seria um adiantamento de gastos estatais com a perda de mão de obra dos seus cidadãos e com hospitalizações e serviços médicos em geral. O imposto seria, então, um não imposto, isto é, uma indenização.

Capítulo V · DAS PRÁTICAS COMERCIAIS | Art. 37

Por isso mesmo, alguns especialistas em saúde pública criticaram a Lei Serra, entendendo que, por se tratar de produto comprovadamente nocivo, não poderia ser objeto de nenhum tipo de publicidade, técnica comprovadamente empregada para aumentar o número de fumantes e o consumo entre eles. A crítica é improcedente. A Lei Serra reconheceu o óbvio, ao admitir a publicidade de tabaco na parte interna dos locais de venda: nesses ambientes fechados tem o Poder Público um mínimo de segurança de que o público atingido será composto de fumantes (presunção relativa, cuja exatidão só estudos empíricos futuros demonstrarão). Ora, o objetivo principal da legislação foi exatamente evitar a exposição, descabida e desnecessária, de não fumantes (em especial jovens) a anúncios que, segundo a própria indústria, seriam dirigidos apenas aos já fumantes, para fins de, no contexto concorrencial, familiarizá-los com novas marcas. E tal desiderato comercial é alcançado pelos mecanismos adotados no texto legal.

[6.3] A LEI MURAD – Com o espírito de cumprir a determinação constitucional, o Congresso Nacional, em 1996, após tumultuada e difícil tramitação, aprovou a Lei nº 9.294, de 15.7.96 (Lei Murad), disciplinadora do art. 220, § 4º, da Constituição Federal.

A lei, apesar de suas boas intenções, foi vítima do irresistível *lobby* da indústria de tabaco (grande anunciante), agências de publicidade, veículos de comunicação e promotores de atividades culturais. Em vez de, conforme obriga a Constituição, realmente controlar os anúncios fumígenos, com a imposição de restrições efetivas, a Lei Murad acabou por "legalizar" a publicidade de tabaco e seus abusos. Cabe citar, mesmo que brevemente, algumas de suas impropriedades, quase todas agora corrigidas pela Lei Serra (exceção feita à publicidade de estilo de vida, como veremos adiante).

Sua primeira falha residia na ausência absoluta de controle das modalidades de mídia utilizadas pelos anunciantes[303]. Na lei – tirante uma tímida restrição de horário de veiculação[303] – a publicidade na televisão e rádio ficava completamente liberada, desde que respeitados mínimos requisitos de conteúdo, aplicáveis a outras modalidades de veículos também (advertência de riscos, por exemplo). Ora, não é necessário ser especialista para concluir que o impacto da televisão e do rádio sobre crianças e jovens é gigantesco e incontrolável.

Além disso, a lei não disciplinou os *anúncios de estilo de vida*, os mais elaborados e inteligentes, pois passam sua mensagem de forma eficazmente insinuante e disfarçada. São os anúncios que vinculam comportamentos (p. ex., o ar despojado e de irresponsabilidade juvenil do *Free*) e *status* (p. ex., a sofisticação do *Carlton*) ao ato de fumar.

Mais especificamente, no que tange ao apelo direto às crianças e jovens em geral, o texto legal deixou incólume o uso de quadrinhos (o camelo de *Camel*), linguagem e visual normalmente associados a publicações infantis.

Finalmente, a lei tolerou, por um artifício de redação (a referência a "esportes olímpicos"), anúncios vinculados à prática de esportes *radicais*, de inegável apelo entre crianças e adolescentes. Essa brecha foi utilizada, de forma agressiva, por marcas como *Hollywood* e *Marlboro*.

Por tudo isso, o ministro da Saúde, José Serra, preocupado com o crescimento do número de fumantes entre crianças e adolescentes, trouxe a si a tarefa de consertar as imperfeições da

---

[303] O art. 3º, *caput*, agora modificado pela Lei Serra, previa que: "A propaganda comercial dos produtos referidos no artigo anterior somente será permitida nas emissoras de rádio e televisão no horário compreendido entre as vinte e uma e as seis horas". Tão inócua e generosa era a restrição que os anunciantes, voluntariamente, resolveram ampliá-la em 30 minutos, pois coincidia com o período da novela das oito, da TV Globo, com grande número de expectadores menores de 18 anos. Na edição anterior destes Comentários eu perguntava: "Qual o menor que hoje, mesmo no Brasil rural, vai dormir às 21 horas?"

Art. 37 | CÓDIGO BRASILEIRO DE DEFESA DO CONSUMIDOR

Lei Murad, ajustando-a ao regime exigido pela Constituição Federal. Esta a origem da Lei nº 10.167, de 27 de dezembro de 2000, que, nos termos de sua ementa, "altera dispositivos da Lei nº 9.294, de 15 de julho de 1996".

[6.4] A LEI SERRA – Enfrentando extraordinárias resistências de toda ordem, o ministro José Serra logrou aprovar, no Congresso Nacional, a Lei nº 10.167, de 27 de dezembro de 2000.

Ao contrário da Lei Murad, de conteúdo mais amplo, a Lei Serra cuida apenas da publicidade de tabaco, limitando-se a alterar os arts. 2º, 3º e 9º daquela, acrescentando, ademais, um novo art. 3º-B. São, contudo, modificações profundas.

[6.5] CONTROLE TRÍPLICE DA ADEQUAÇÃO LEGAL DA PUBLICIDADE DE TABACO, BEBIDAS ALCOÓLICAS, AGROTÓXICOS E MEDICAMENTOS – Segundo a nova redação do art. 9º, *caput*, da Lei Murad, o anunciante sujeita-se a *triplo* regime jurídico de proteção do interesse público. São três óticas diferenciadas, mas relacionadas, que levam em conta a existência de bens jurídicos distintos:

* como consumidor, real ou potencial, do produto (CDC);
* como usuário do espaço público (legislação de telecomunicações);
* como pessoa humana e família (Lei nº 9.294/96).

Ou seja, um anúncio, ainda que em conformidade com os parâmetros da Lei nº 9.294/96, pode vir a ser considerado enganoso ou abusivo, por desrespeito ao CDC e ao espírito da norma constitucional. De outra parte, o dispositivo legal quer dizer que uma conduta ilícita pode dar ensejo a mais de uma atuação do poder de polícia, tantas quanto forem as esferas de valores jurídicos legalmente tutelados. Por um mesmo ato, o infrator pode ser punido por violação dos deveres do CDC, da legislação de telecomunicações e da Lei Murad, nem que se caracterize *bis in idem*.

[6.6] REGRA GERAL DE RESTRIÇÃO DA FORMA DE COMUNICAÇÃO NA PUBLICIDADE DE TABACO – A norma geral da lei é que a publicidade de tabaco só será admitida "através de pôsteres, painéis e cartazes, na parte interna dos locais de venda".[304] *A contrario sensu*, pois, está vedada a publicidade em qualquer outro meio, incluindo televisão, rádio, jornais, revistas, *outdoors* e Internet.

Demais disso, os pôsteres, painéis e cartazes devem estar afixados "na parte interna dos locais de venda". Mas o que se entende por "locais de venda" para fins legais? Um supermercado, um parque infantil, uma barraca na festa da padroeira, um balcão do clube de campo, um carrinho de sanduíche e de refrigerantes, uma sorveteria, um fliperama?

É evidente que "locais de venda", na acepção da lei, são estabelecimentos fixos, permanentes e exclusivamente destinados à comercialização de produtos fumígenos: são as tabacarias e locais assemelhados. A se entender de modo diverso, perder-se-ia o objetivo da lei, que foi o de impedir a exposição de não fumantes (em particular crianças e adolescentes) aos anúncios em questão. Ora, em um supermercado transitam centenas, quando não milhares de pessoas não fumantes por dia; em estabelecimentos dessa natureza, os anúncios só podem ser afixados quando os produtos referidos pela Lei Serra estejam isolados, inclusive visualmente, do resto das mercadorias oferecidas; e só na parte interna da área isolada é que os anúncios podem ser expostos.

---

[304] Novo art. 3º, *caput*, da Lei Murad, conforme redação dada pela Lei Serra.

Capítulo V · DAS PRÁTICAS COMERCIAIS | **Art. 37**

[6.7] LIMITES DE CONTEÚDO NA PUBLICIDADE DE TABACO – Além de impor limites na forma e meios de divulgação dos anúncios de tabaco, a Lei Serra modificou os requisitos de conteúdo, antes estabelecidos pela Lei Murad.

Estão proibidos os anúncios que:

a) sugiram o consumo exagerado ou irresponsável;[305]

b) induzam ao bem-estar ou saúde;[306]

c) façam associação a celebrações cívicas ou religiosas;[307]

d) atribuam propriedades calmantes ou estimulantes, ou que reduzam a fadiga ou a tensão, ou qualquer efeito similar;[308]

e) associem imagens de maior êxito sexual, em especial através de insinuações do aumento de virilidade ou feminilidade;[309]

f) vinculem o produto a esportes – olímpicos ou não;[310]

g) sugiram ou induzam o consumo em locais ou situações perigosas, abusivas ou ilegais;[311]

h) empreguem imperativos que induzam diretamente ao consumo;[312]

i) incluam a participação de crianças ou adolescentes.[313]

[6.8] A PUBLICIDADE DE ESTILO DE VIDA – Infelizmente, a Lei Serra não proibiu os anúncios de tabaco que vinculam o produto a certos estilos de vida, como a sofisticação, a beleza física, atitudes e comportamentos sociais.

Apesar dessa liberação implícita, tais anúncios ainda podem ser controlados pelo CDC, seja pelo critério da enganosidade, seja pelo prisma da abusividade.

[6.9] OUTRAS PROIBIÇÕES – Além da publicidade *stricto sensu*, a Lei Serra restringiu também as chamadas *promoções de venda*, poderoso instrumento de *marketing*.

---

[305] Lei Murad, art. 3º, § 1º, inc. I.

[306] Lei Murad, art. 3º, § 1º, inc. I.

[307] Lei Murad, art. 3º, § 1º, inc. I.

[308] Lei Murad, art. 3º, § 1º, inc. II.

[309] Lei Murad, art. 3º, § 1º, inc. III.

[310] Lei Murad, art. 3º, § 1º, inc. IV, com a nova redação dada pela Lei Serra. Aqui, como visto, estava uma das grandes falhas da Lei Murad, agressivamente utilizada em seu favor pela indústria. Na medida em que a lei falava em "esportes olímpicos", entendia-se que os chamados esportes "radicais" (*rectius*, não olímpicos) podiam ser associados ao ato de fumar. Hollywood e Marlboro foram as duas marcas que mais fizeram uso dessa interpretação, com anúncios de ralis, aventuras, asa-delta e esportes náuticos não olímpicos. O texto original do Projeto Serra não retificava a omissão. Emenda por mim redigida, em nome do Ministério Público de São Paulo, foi apresentada, em plenário, pelo deputado José Antonio Almeida, do PSB do Maranhão. Esta a origem do atual inc. IV.

[311] Lei Murad, art. 3º, § 1º, inc. IV; a expressão "abusivas" também foi acrescentada pela nossa emenda; pela sua abrangência, terá, com certeza, larga aplicação no controle dos anúncios de tabaco.

[312] Lei Murad, art. 3º, § 1º, inc. V.

[313] Lei Murad, art. 3º, § 1º, inc. VI, com a nova redação dada pela Lei Serra; o texto original da Lei Murad trazia outra grave imprecisão, pois limitava-se a proibir a utilização de crianças ou adolescentes nos anúncios com "radiodifusão de sons ou de sons e imagens"; nas mesmas hipóteses vedava que os anúncios fossem a eles dirigidos. Vale dizer, ficava a indústria liberada para usar crianças e menores em qualquer modalidade de publicidade, exceto naquela veiculada pelo rádio e tv. Diante de tamanho absurdo, até a indústria preferiu ignorar o benefício conferido pelo legislador.

Art. 37 | CÓDIGO BRASILEIRO DE DEFESA DO CONSUMIDOR

Estão proibidos, de forma genérica, os brindes e amostras.[314] As visitas promocionais são permitidas, exceto em estabelecimento de ensino ou local público.[315] Ou seja, tais visitas estão vedadas em aeroportos, rodoviárias, parques públicos; nessa linha, as visitas domiciliares não sofreram impedimento, desde que direcionadas aos fumantes.

Relevante dispositivo é o que proíbe o uso de *merchandising* na publicidade de tabaco.[316] Trata-se de uma das formas mais perniciosas de publicidade, pois ofende o princípio da identificação do anúncio, previsto no art. 36, *caput*, do CDC. Para saber se o uso do produto em uma novela ou filme foi espontâneo ou é *merchandising*, basta perguntar: houve remuneração, direta ou indireta, por parte do anunciante ou da agência de publicidade?

[6.10] PATROCÍNIO DE ATIVIDADE CULTURAL OU ESPORTIVA – A Lei Serra vedou o patrocínio de atividade cultural ou desportiva pela indústria de tabaco.[317] Mas, sensível ao *lobby* de pilotos de Fórmula 1 e Indy, assim como de atores e cantores, a lei abriu uma exceção: a proibição só entraria em vigor em 1º de janeiro de 2003, desde que se tratasse de evento desportivo "internacional" ou cultural (neste caso, poderia ser nacional) e que se utilizasse somente a marca do produto ou fabricante.[318]

O argumento utilizado pelos defensores da exceção era que muitos contratos de patrocínio haviam sido firmados e estavam sendo firmados naquele exato momento. Uma proibição, sem norma de transição, ofenderia o ato jurídico perfeito.

[6.11] SANÇÕES ADMINISTRATIVAS – A Lei Murad, no art. 9º, trata das sanções administrativas cabíveis na hipótese de infração aos requisitos impostos à publicidade de tabaco, bebidas alcoólicas, agrotóxicos e medicamentos.

Como já aludido, as punições administrativas serão aplicadas em concurso material com outras previstas no CDC e na legislação de telecomunicações.[319]

É ampla a definição de "infrator" na Lei Serra, que, nesse ponto, alterou a Lei Murad:[320] "Considera-se infrator, para os efeitos desta Lei, *toda e qualquer pessoa natural ou jurídica* que, de forma *direta ou indireta*, seja responsável pela divulgação da peça publicitária ou pelo respectivo veículo de comunicação".[321] Inclui, portanto, além do próprio anunciante, sua agência e veículo de comunicação; o funcionário público que autoriza ou licencia a atividade irregular; o explorador do ponto ou local de venda; a gráfica e o distribuidor de revistas e publicações; artistas, desportistas e seus empresários envolvidos, dentre outros.

As sanções da lei podem ser aplicadas pelas autoridades sanitárias municipais e por várias outras de caráter federal. Esqueceu-se o legislador dos órgãos sanitários estaduais. Como é curial, nos termos da Constituição Federal, é competência comum da União, dos Estados, do

---

[314] Lei Murad, art. 3º-A, inc. II (com a nova redação da Lei Serra).

[315] Lei Murad, art. 3º-A, inc. IV (com a nova redação da Lei Serra).

[316] Lei Murad, art. 3º-A, inc. VII (com a nova redação da Lei Serra).

[317] Lei Murad, art. 3º-A, inc. V (com a nova redação da Lei Serra).

[318] Lei Murad, art. 3º-A, § 1º (com a nova redação da Lei Serra).

[319] Diz a Lei Murad, agora com a redação da Lei Serra, que as suas sanções serão aplicadas "sem prejuízo de outras penalidades previstas na legislação em vigor, especialmente no Código de Defesa do Consumidor e na Legislação de Telecomunicações" (art. 9º, *caput*).

[320] A Lei Murad, de forma minimalista, definia infrator como "os responsáveis pelo produto, pela peça publicitária e pelo veículo de comunicação utilizado" (art. 9º, § 3º). Em tal formulação restritiva, só três seriam os sujeitos ativos da infração: o fabricante, a agência e o veículo.

[321] Lei Murad, art. 9º, § 3º (com a nova redação da Lei Serra), grifo nosso.

Distrito Federal e dos Municípios "cuidar da saúde e assistência pública".[322] No mesmo sentido, afirma a Constituição que incumbe ao Sistema Único de Saúde (integrado pela União, Estados e Municípios) "executar as ações de vigilância sanitária"[323] e "participar do controle e fiscalização da produção, transporte, guarda e utilização de substâncias e produtos psicoativos, *tóxicos e radioativos*".[324] Assim, não obstante o silêncio da Lei Serra, é de se entender que os órgãos sanitários estaduais podem implementar o diploma em análise.

Por outro lado, não custa lembrar que se a opção for pela utilização das sanções do CDC, estão legitimados a aplicá-las todos os três níveis federais. Neste sentido, já decidiu o STJ: "Poder de Polícia de Consumo. 10. O controle administrativo (e judicial) das desconformidades de consumo precisa ser, antes de tudo, preventivo e *in abstracto*, com foco no risco de dano, e não do dano em si. A autoridade administrativa não só pode como deve atuar de ofício. Logo, inócuo, por conseguinte, perquirir a presença de reclamação de consumidor ou de alegação de prejuízo concreto como pressuposto indispensável para o desempenho do poder de polícia de consumo. 11. Um dos critérios, de têmpera objetiva e isonômica, para evitar caráter irrisório ou confiscatório da multa administrativa sobrevém com a dosagem do seu valor conforme o porte econômico do contraventor ('condição econômica do fornecedor'). Para esse fim, o órgão de defesa do consumidor lançará mão de informações públicas disponíveis ou, na carência destas, usará arbitramento razoável, facultado ao infrator – a qualquer momento, desde que até a prolação da decisão administrativa – comprovar documentalmente o real faturamento e condição econômica. Trata-se, por óbvio, de ônus processual, de defesa de interesse próprio disponível, portanto sujeito à preclusão, caso dele não se desincumba a tempo" (STJ, REsp 1.794.971/SP, Segunda Turma, Rel. Min. Herman Benjamin, julgado em 10/03/2020, *DJe* 24/06/2020).

[7] A RESPONSABILIDADE CIVIL DA AGÊNCIA, DO VEÍCULO E DA CELEBRIDADE – Quem responde pelos desvios da publicidade? Como regra, o anunciante, ou a quem o anúncio aproveita, e tal se dá em bases de responsabilidade objetiva.

Não se exclui, porém, considerando-se a regra geral da solidariedade adotada pelo CDC, a responsabilidade da agência e do próprio veículo. Para esses agentes do fenômeno publicitário, adotamos, como veremos em seguida, a tese da *responsabilidade solidária limitada*.

O anunciante, como já dito, é responsabilizado, no plano cível, objetivamente[325] pela publicidade enganosa e abusiva, assim como pelo cumprimento do princípio da vinculação da mensagem publicitária.

Já a agência e o veículo só são corresponsáveis quando agirem dolosa ou culposamente, mesmo em sede civil. É importante, contudo, ressaltar que, no Direito brasileiro, há forte e abalizada corrente – liderada por Nelson Nery Junior, Jorge Paulo Scartezzini Guimarães, José Antonio de Almeida e Rizzatto Nunes – que prega a responsabilidade civil objetiva também para a agência, o veículo e a celebridade, sob o tentador argumento de que a responsabilização de tais sujeitos deve ser realizada "com base nas normas de defesa do consumidor e assim, se existir responsabilidade, esta é objetiva, ou seja, '*qui casse les verres les paye*'".[326] É compreensível que se dê à agência tratamento diverso do anunciante.

---

[322] Constituição Federal, art. 23, inc. II.

[323] Constituição Federal, art. 200, inc. II.

[324] Constituição Federal, art. 200, inc. VII, grifo nosso.

[325] Diz Rizzatto Nunes: "A responsabilidade do anunciante, de sua agência e do veículo é objetiva" (op. cit., p. 454).

[326] Cf. Paulo Jorge Scartezzini Guimarães, op. cit., ps. 194-195.

Neste sentido, relembre-se que "a configuração do ilícito civil de oferta publicitária ou não enganosa ou abusiva, bem como de prática abusiva, insere-se no domínio da responsabilidade civil objetiva, donde incabível a discussão sobre dolo ou culpa".[327]

[8] A CONTRAPROPAGANDA – A contrapropaganda (*pubblicità correttiva, contre-publicité* ou *annonces rectificatives* e *corrective advertising,* dos italianos, franceses e americanos, respectivamente) é o terror de qualquer anunciante.

Sempre a expensas do infrator, efetua-se como divulgação no mesmo veículo de comunicação utilizado e com as mesmas características empregadas, no que se refere à duração, espaço, local e horário. Vem expressamente prevista no Código. Seu objetivo é fulminar a força persuasiva da publicidade enganosa ou abusiva, mesmo após a cessação de sua veiculação.

A expressão é, sem dúvida, inadequada. Dever-se-ia falar em contrapublicidade e não em contrapropaganda. O uso, contudo, impôs em detrimento da técnica. A contrapropaganda nada mais é que uma publicidade obrigatória e adequada que se segue a uma publicidade voluntária, enganosa ou abusiva. Seu objetivo é "lavar" a informação inadequada da percepção do consumidor, restaurando, dessa forma, a realidade dos fatos.

Não basta que o legislador limite-se a proibir a publicidade enganosa e a abusiva. Para que uma mensagem seja considerada ilícita, seja pelo juiz, seja pelo administrador, exige-se que tenha sido veiculada pelo menos uma vez. Afinal, o Poder Público ainda não tem o dom de adivinhar qual o conteúdo da mensagem que o anunciante pretende fazer chegar aos consumidores. Daí que, por mais ágeis que sejam as providências legais, a mensagem, enganosa ou não, já terá alcançado parcela do público. Sua retirada, nessas condições, serviria para evitar enganos ou abusos futuros, mas não para apagar a captação pretérita já consumada. Só um instrumento se presta a tal: a contrapropaganda.

Como preciosamente ensina Gabriel A. Stiglitz, o jurista do consumerismo argentino, ainda firmando-se no Direito tradicional da Argentina, ou seja, no art. 1.083, do Código Civil, "sem prejuízo do ressarcimento pecuniário dos danos e prejuízos correspondentes... a reposição das coisas ao estado anterior poderá ser ordenada na condenação judicial mediante o emprego de técnicas de *contrapublicidad*, impondo-se a divulgação, às custas do responsável, de *anúncios retificativos* da falsidade dos primitivos".[328]

A melhor justificativa para a providência foi dada pela *Federal Trade Commission*, na decisão Warner-Lambert:

"Se uma publicidade enganosa desempenhou um papel substancial na criação ou reforço, na mente do público, de uma imagem falsa e material, capaz de sobreviver após a cessação do anúncio, há um dano claro e contínuo contra a concorrência e a massa consumidora, na medida em que os consumidores persistam em efetuar suas decisões com base na falsa imagem. Uma vez que o prejuízo não possa ser evitado com a simples exigência de que o anunciante cesse a veiculação da mensagem, podemos, apropriadamente, ordenar uma ação positiva de sua parte no sentido de pôr fim aos efeitos do anúncio, que, de outra forma, perdurariam."

> **Art. 38**. O ônus da prova [4] da veracidade e correção [3][6][7] da informação ou comunicação publicitária cabe [5] a quem as patrocina. [1][2]

---

[327] Voto no REsp 1.794.971/SP, Segunda Turma, Rel. Min. Herman Benjamin, julgado em 10/03/2020, *DJe* 24/06/2020.

[328] Gabriel A. Stiglitz, *Protección jurídica del consumidor*, Buenos Aires, Depalma, 1990, p. 81.

COMENTÁRIOS

[1] A INVERSÃO DO ÔNUS DA PROVA NA PUBLICIDADE – O dispositivo refere-se ao *princípio da inversão do ônus da prova* que informa a matéria publicitária.

A inversão aqui prevista, ao contrário daquela fixada no art. 6º, VIII, não está na esfera de discricionariedade do juiz. É obrigatória. Refere-se a dois aspectos da publicidade: a veracidade e a correção.

A veracidade tem a ver com a prova de adequação ao princípio da veracidade. A correção, diversamente, abrange, a um só tempo, os princípios da não abusividade, da identificação da mensagem publicitária e da transparência da fundamentação publicitária.

A *ratio* do dispositivo é fácil de compreender. Na precisa lição de Thereza Alvim, se pretendesse o legislador deixar a cargo do consumidor a prova da enganosidade e abusividade do anúncio, "já teria criado um obstáculo, quase intransponível, para que pudesse ele ir a juízo".[329] A inversão, aqui, "está em harmonia com a obrigação de o fornecedor manter em seu poder e informar aos legítimos interessados os dados técnicos, científicos e fáticos ligados à mensagem publicitária",[330] nos termos do art. 36, parágrafo único, do CDC.

[2] A FONTE DO DISPOSITIVO – O dispositivo tem suas raízes no texto original que resultou na Diretiva nº 84/450, da CEE. Lá estava dito que, "sempre que o anunciante fizer uma afirmação factual, o ônus da prova de que sua informação é correta fica a seu encargo" (art. 6º).

No Direito Comparado há precedentes. Na Suécia, por exemplo, "o ônus da prova é invertido: cabe ao fornecedor demonstrar que suas afirmações são verdadeiras, tendo ele as mesmas responsabilidades quanto a testemunhos e endossos de outrem por ele utilizado em seu *marketing*. Tal regra é o resultado de considerações de ordem tanto prática como política. O anunciante, mais que outros, quase sempre terá melhor acesso à documentação referente à sua afirmação, por razões óbvias. O efeito do preceito, naquelas situações em que o anunciante não tem, naturalmente, acesso à documentação, é forçá-lo a obtê-lo antes de iniciar sua campanha publicitária. Ademais, a regra tem como resultado a eliminação de um ônus desnecessário dos implementadores, evitando-se, assim, demoras procedimentais inúteis que, do contrário, acompanhariam a tarefa de se conseguir acesso à documentação. Remove-se, dessa forma, completamente, a necessidade de prova de que as afirmações *não são* verazes".[331]

[3] A EXTENSÃO DA INVERSÃO – Ao fornecedor é lícito fazer prova exoneratória quanto ao caráter enganoso ou abusivo de sua comunicação publicitária. Mas, como já demonstramos, uma vez que a publicidade seja considerada desconforme, não pode ele se exonerar provando que agiu de boa-fé. Esta, mostramos, é irrelevante na sua responsabilização civil.

[4] OUTRAS HIPÓTESES DE INVERSÃO DO ÔNUS DA PROVA EM MATÉRIA PUBLICITÁRIA – Se é certo que a inversão da carga probatória, na forma do art. 38, é obrigatória para o juiz, tal não quer dizer que não lhe caiba, uma vez preenchidos os requisitos legais exigidos, inverter o ônus da prova com base no art. 6º, inc. VIII, em relação a outros fatos que devam ser provados em eventual ação cível do consumidor.

---

[329] Thereza Alvim et al., op. cit., p. 210.
[330] Alexandre David Malfatti, op. cit., p. 300.
[331] Ulf Bernitz & John Draper, op. cit., p. 133, grifo no original.

Assim, o juiz pode (melhor, deve), nos casos em que a alegação do consumidor for ve-rossímil ou for ele hipossuficiente (art. 6º, VIII), inverter o ônus da prova em seu favor, por exemplo, quanto ao nexo causal ou ao dano em si mesmo considerado,[332] tão difícil de provar em sede publicitária, diante da difusidade dos interesses e bens protegidos.

[5] DESNECESSIDADE DE DECLARAÇÃO JUDICIAL DA INVERSÃO – A inversão da prova, no art. 38, vimos, é *ope legis*, independendo de qualquer ato do juiz. Logo, não lhe cabe sobre ela se manifestar, seja no saneador ou momento posterior.

Nesse sentido, o Tribunal de Justiça de São Paulo, em voto pioneiro do desembargador Aldo Magalhães, assim decidiu:

"Ainda que hipoteticamente se admita que a inversão do ônus da prova nos termos do art. 6º, VIII, do Código de Defesa do Consumidor depende de prévia declaração judicial de que assim se fará, não há como igualmente entender no tocante ao ônus probatório em matéria publicitária que o art. 38 incisivamente faz recair sobre quem a patrocina, sem condicioná-lo ao critério do juiz. Entender que o juiz, no caso do art. 38, deve decidir previamente que o pa-trocinador da publicidade tem o ônus de provar a veracidade e correção do que nela se contém equivale a entender que também deve previamente decidir que ao autor cabe o ônus da prova do fato constitutivo de seu direito e ao réu do fato impeditivo, modificativo do direito do autor, impondo num e noutro caso o insustentável entendimento de que o juiz deve previamente proclamar que dará exato cumprimento ao que dispõem o art. 38 do Código de Defesa do Consumidor e o art. 333 do Código de Processo Civil."[333]

[6] O DECRETO REGULAMENTADOR – Já vimos que o CDC inverteu o ônus da prova em sede de publicidade enganosa (violação do princípio da veracidade), abusiva (desrespeito ao princípio da não abusividade) e de outros princípios regentes da matéria (como os da iden-tificação e da transparência da fundamentação publicitária).

Nessa linha, o Decreto nº 2.181, de 20.3.97, que regulamenta o CDC, não deixa dúvidas, ao estampar dispositivo por mim proposto: "O ônus da prova da veracidade (não enganosida-de) e da correção (não abusividade) da informação ou comunicação publicitária cabe a quem as patrocina."[334]

[7] CONTEÚDO DA INVERSÃO – O art. 38 cuida da inversão do ônus da prova somen-te da veracidade e não enganosidade.

O dispositivo não se aplica a eventual dolo ou culpa no comportamento do anunciante, pois, como já vimos ao tratarmos do art. 37, a hipótese é de responsabilidade civil objetiva; assim sendo, não há o que o consumidor provar ou o fornecedor se exonerar em tal campo. O legislador, de modo inafastável, já dispensou qualquer prova, num ou noutro polo da relação jurídica processual, acerca da culpabilidade do fornecedor.

Outros componentes ou circunstâncias da relação obrigacional (por exemplo, o dano) também podem ter o ônus da prova invertido, só que por decisão judicial, nos termos do art. 6º, inc. VIII, do CDC.

---

[332] Cf., no mesmo sentido, Fábio Ulhoa Coelho, *Comentários ao Código de Proteção do Consumidor*, coorde-nação de Juarez de Oliveira, São Paulo, Saraiva, 1991, p. 165.

[333] TJSP, 150 9ª Câm. Civil, Ap. Cível nº 255.461-2-6-São Paulo, rel. Des. Aldo Magalhães, j. de 6.4.95, v.u., AASP nº 1911, 9 a 15.8.95, p. 222-j.

[334] Art. 14, § 3º.

Capítulo V • DAS PRÁTICAS COMERCIAIS

Seção IV
Das práticas abusivas

1. AS PRÁTICAS ABUSIVAS NO CÓDIGO

Na Exposição de Motivos do segundo substitutivo do deputado Geraldo Alckmin Filho, assim escrevi: "O Código prevê uma série de comportamentos, contratuais ou não, que abusam da boa-fé do consumidor, assim como de sua situação de inferioridade econômica ou técnica. É compreensível, portanto, que tais práticas sejam consideradas ilícitas *per se*, independentemente da ocorrência de dano para o consumidor. Para elas vige presunção absoluta de ilicitude. São práticas que aparecem tanto no âmbito da contratação como também alheias a esta, seja através do armazenamento de informações sobre o consumidor, seja mediante a utilização de procedimentos vexatórios de cobrança de suas dívidas."

2. O CONCEITO DE PRÁTICA ABUSIVA

São práticas as mais variadas e que, no Direito norte-americano, vêm reputadas como *unfair*. Como *práticas* (= atividade) comportam-se como gênero do qual as cláusulas e a publicidade abusivas são espécie. Um conceito fluido e flexível. Por isso mesmo, o legislador e os próprios juízes têm tido mais facilidade em lidar com o conceito de enganosidade do que com o de abusividade.

Prática abusiva (*lato sensu*) é a desconformidade com os padrões mercadológicos de boa conduta em relação ao consumidor. São – no dizer irretocável de Gabriel A. Stiglitz – "condições irregulares de negociação nas relações de consumo",[335] condições estas que ferem os alicerces da ordem jurídica, seja pelo prisma da boa-fé, seja pela ótica da ordem pública e dos bons costumes.

Não se confunde com as práticas de concorrência desleal, apesar de que estas, embora funcionando no plano horizontal do mercado (de fornecedor a fornecedor), não deixam de ter um reflexo indireto na proteção do consumidor. Mas prática abusiva no Código é apenas aquela que, de modo direto e no sentido vertical da relação de consumo (do fornecedor ao consumidor), afeta o bem-estar do consumidor.

As práticas abusivas nem sempre se mostram como atividades enganosas. Muitas vezes, apesar de não ferirem o requisito da veracidade, carreiam alta dose de imoralidade econômica e de opressão. Em outros casos, simplesmente dão causa a danos substanciais contra o consumidor. Manifestam-se através de uma série de atividades, pré e pós-contratuais, assim como propriamente contratuais, contra as quais o consumidor não tem defesas, ou, se as tem, não se sente habilitado ou incentivado a exercê-las.

Como se vê, as práticas abusivas não estão regradas apenas pelo art. 39. Diversamente, espalham-se por todo o Código. Desse modo, são práticas abusivas a colocação no mercado de produto ou serviço com alto grau de nocividade ou periculosidade (art. 10), a comercialização de produtos e serviços impróprios (arts. 18, § 6º, e 20, § 2º), o não emprego de peças de reposição adequadas (art. 21), a falta de componentes e peças de reposição (art. 32), a ausência de informação, na venda a distância, sobre o nome e endereço do fabricante (art. 33), a veiculação de publicidade clandestina (art. 36) e abusiva (art. 37, § 2º), a cobrança irregular de dívidas de consumo (art. 42), o arquivo de dados sobre o consumidor em desrespeito aos seus direitos de conhecimento, de acesso e de retificação (art. 43), a utilização de cláusula contratual abusiva

---

[335] Gabriel A. Stiglitz, op. cit., p. 81.

(art. 51), a falta de avaliação da situação financeira do consumidor (art. 54-C, II), o ocultar dos riscos e ônus da contratação de crédito (art. 54-C, III), o assédio de consumo (art. 54-C, IV), a imposição de renúncia de ações (art. 54-C, V), a cobrança de quantia contestada (art. 54-G, I), a recusa da entrega da cópia do contrato(art. 54-G, II), o impedir a identificação da fraude e o bloqueio (art. 54-G, III), a não consulta da margem consignável (art. 54-G, § 1º).

Tampouco limitam-se ao Código de Defesa do Consumidor. Como decorrência da norma do art. 7º, *caput*, são também práticas abusivas outros comportamentos empresariais que afetem o consumidor diretamente, mesmo que previstos em legislação diversa do Código. Por conseguinte, entre outras, são práticas abusivas as atividades regradas nos arts. 5º (incs. II e III), 6º (incs. I, II e III) e 7º (incs. I, II, III, IV, V, VII e IX), da Lei nº 8.137/90 (Lei dos Crimes contra a Ordem Tributária, Econômica e contra as Relações de Consumo).

Neste sentido, uma prática abusiva basta, como já decidiu o STJ: "O art. 39, *caput*, do Código de Defesa do Consumidor veda e pune, genericamente, práticas comerciais abusivas de natureza pré-contratual, contratual e pós-contratual. Vários incisos exemplificativos (*numerus apertus*) desse dispositivo listam, especificamente, tipologia mínima de abusividade ('dentre outras'). Tudo sem prejuízo, primeiro, de modalidades complementares previstas em diversos preceitos normativos no próprio microssistema do CDC e em diplomas correlatos, inclusive penais, de cunho sanitário, de economia popular, de concorrência etc. (= diálogo das fontes); e, segundo, de abundante e fluida casuística reconhecida como tal pelo juiz, com arrimo em litígios aflorados no mundo comercial. Juridicamente falando, deve-se entender prática como sinônimo de comportamento e de conduta, em que abusiva vem a ser a ação ou a omissão *per se*, não a sua reiteração ou habitualidade. Incompatível com a hermenêutica do CDC cogitar de equiparar prática abusiva com atividade abusiva, o que levaria ao absurdo de – pouco importando a gravidade, a lesividade ou o número de vítimas do ato imputado – franquear ao fornecedor infringir a lei livremente, desde que o faça uma vez apenas. Numa palavra: garantia de gratuidade e de impunidade da primeira prática abusiva!" (STJ, REsp 1.794.971/SP, Segunda Turma, Rel. Min. Herman Benjamin, julgado em 10/03/2020, *DJe* 24/06/2020).

3. CLASSIFICAÇÃO

As práticas abusivas podem ser classificadas com base em diversos critérios.

Pelo prisma do momento em que se manifestam no processo econômico, são *produtivas* ou *comerciais*. Assim, por exemplo, é prática produtiva abusiva a do art. 39, VIII (produção de produtos ou serviços em desrespeito às normas técnicas), sendo comerciais aquelas previstas nos outros incisos do mesmo dispositivo.

Tomando como referencial o aspecto jurídico-contratual, não mais o econômico, as práticas abusivas podem ser *contratuais* (aparecem no interior do próprio contrato), *pré-contratuais* (atuam na fase do ajustamento contratual) e *pós-contratuais* (manifestam-se sempre após a contratação). São práticas abusivas pré-contratuais aquelas estampadas nos incs. I, II e III do art. 39, assim como a do art. 40. De outra forma, é pós-contratual a prática abusiva do art. 39, VII (repasse de informação depreciativa sobre o consumidor), e também todas aquelas relativas à falta de peças de reposição (art. 32) e à cobrança de dívidas de consumo (art. 42). Finalmente, é prática abusiva contratual a do art. 39, IX (não fixação do prazo para cumprimento da obrigação) e todas as outras previstas no art. 51 (cláusulas contratuais abusivas).

Em adição à lista exemplificativa do art. 39, em particular ao seu inc. III (entrega de produto ou serviço não solicitado), também são reputados abusivos todos os métodos comerciais coercitivos (art. 6º, IV), assim como todas as tentativas de acionar o consumidor em jurisdições longínquas.

Capítulo V · DAS PRÁTICAS COMERCIAIS | **Art. 39**

As vendas fora do estabelecimento comercial são normalmente utilizadas como forma de comercialização coercitiva – abusiva, portanto – de produtos e serviços. Daí a importância do prazo de arrependimento (*cooling-off period*) fixado no art. 49.

4. A IMPOSSIBILIDADE DE EXAUSTÃO LEGISLATIVA

Não poderia o legislador, de fato, listar, à exaustão, as práticas abusivas. O mercado de consumo é de extremada velocidade e as mutações ocorrem da noite para o dia. Por isso mesmo é que buscamos, no seio da comissão, deixar bem claro que a lista do art. 39 é meramente exemplificativa, uma simples orientação ao intérprete.

A dificuldade, como parece evidente, não é somente do legislador brasileiro. Já em 1914, a Câmara dos Deputados dos Estados Unidos, em relatório sobre o *Federal Trade Commission Act*, assim se manifestou: "É impossível a composição de definições que incluam todas as práticas abusivas. Não há limite para a criatividade humana nesse campo. Mesmo que todas as práticas abusivas conhecidas fossem especificamente definidas e proibidas, seria imediatamente necessário recomeçar tudo novamente. Se o Congresso tivesse que adotar a técnica da definição, estaria trazendo a si uma tarefa interminável."[336]

Três janelas – uma implícita e duas explícitas – foram, então, introduzidas para dar flexibilidade ao preceito. Três, sim, porque, já àquela época, pressentíamos a possibilidade de que uma das janelas expressas, a mais evidente, exatamente a do art. 39, X, fosse barrada ainda no Congresso Nacional ou mesmo através de veto presidencial. A primeira indicação de que *toda e qualquer* prática abusiva deve ser coibida vem no art. 6º, IV. A segunda, também indicativa do caráter enumerativo do art. 39, estava prevista no seu inc. X, vetado. A terceira, implícita, mostrando igualmente que o dispositivo é flexível, está no próprio corpo do preceito, e decorre da utilização de conceitos extremamente fluidos como os estampados nos incs. IV e V.

5. AS SANÇÕES

A violação dos preceitos referentes às práticas abusivas não mais se sujeita à sanção civil prevista no art. 45, que foi vetado.

Além de sanções administrativas (*v.g.*, cassação de licença, interdição e suspensão de atividade, intervenção administrativa) e penais, as práticas abusivas detonam o dever de reparar. Sempre cabe indenização pelos danos causados, inclusive os morais, tudo na forma do art. 6º, VII.

O juiz pode, também, com fulcro no art. 84, determinar a abstenção ou prática de conduta, sob a força de preceito cominatório.

Finalmente, as práticas abusivas, quando reiteradas, impõem a desconsideração da personalidade jurídica da empresa (art. 28). A utilização de prática abusiva caracteriza ora abuso de direito,[337] ora excesso de poder, ora mera infração da lei. Em todos esses casos, o mercado precisa ser saneado, em favor do consumidor, bem como em benefício da concorrência.

> **Art. 39**. É vedado ao fornecedor de produtos ou serviços, dentre outras [1] práticas abusivas (redação dada pelo art. 87 da Lei nº 8.884/94):

---

[336] H. R. Rep. nº 1.142, 63d Cong., 2d Scss. 19(1919).

[337] Sobre abuso de direito, cf. o excelente trabalho de Heloísa Carpena, *Abuso do Direito nos contratos de consumo*, Rio de Janeiro, Renovar, 2001.

I – condicionar o fornecimento de produto ou de serviço ao fornecimento de outro produto ou serviço, bem como, sem justa causa, a limites quantitativos; [2]

II – recusar atendimento às demandas dos consumidores, na exata medida de suas disponibilidades de estoque, e, ainda, de conformidade com os usos e costumes; [3]

III – enviar ou entregar ao consumidor, sem solicitação prévia, qualquer produto, ou fornecer qualquer serviço; [4]

IV – prevalecer-se da fraqueza ou ignorância do consumidor, tendo em vista sua idade, saúde, conhecimento ou condição social, para impingir-lhe seus produtos ou serviços; [5]

V – exigir do consumidor vantagem manifestamente excessiva; [6]

VI – executar serviços sem a prévia elaboração de orçamento e autorização expressa do consumidor, ressalvadas as decorrentes de práticas anteriores entre as partes; [7]

VII – repassar informação depreciativa, referente a ato praticado pelo consumidor no exercício de seus direitos; [8]

VIII – colocar, no mercado de consumo, qualquer produto ou serviço em desacordo com as normas expedidas pelos órgãos oficiais competentes ou, se normas específicas não existirem, pela Associação Brasileira de Normas Técnicas ou outra entidade credenciada pelo Conselho Nacional de Metrologia, Normalização e Qualidade Industrial – CONMETRO; [9]

IX – recusar a venda de bens ou a prestação de serviços, diretamente a quem se disponha a adquiri-los mediante pronto pagamento, ressalvados os casos de intermediação regulados em leis especiais;[338] [10]

X – elevar sem justa causa o preço de produtos ou serviços;[339] [11]

XI – Dispositivo incluído pela MPV nº 1.890-67, de 22.10.1999, transformado em inciso XIII, quando da conversão na Lei nº 9.870, de 23.11.1999;[340] [12]

XII – deixar de estipular prazo para o cumprimento de sua obrigação ou deixar a fixação de seu termo inicial a seu exclusivo critério.[341] [13]

XIII – aplicar fórmula ou índice de reajuste diverso do legal ou contratualmente estabelecido. [12]

XIV – permitir o ingresso em estabelecimentos comerciais ou de serviços de um número maior de consumidores que o fixado pela autoridade administrativa como máximo. [14]

XV – Vetado – cobrar qualquer tipo de taxa por até 1 (um) volume de bagagem com peso não superior a 23 kg (vinte e três quilogramas) em voos nacionais e com peso não superior a 30 kg (trinta quilogramas) em voos internacionais. [15]

Parágrafo único. Os serviços prestados e os produtos remetidos ou entregues ao consumidor, na hipótese prevista no inciso III, equiparam-se às amostras grátis, inexistindo obrigação de pagamento.

---

[338] Com a redação dada pelo art. 87, da Lei nº 8.884, de 11.6.94, que cuida do abuso de poder econômico (Diário Oficial da União, de 13.6.94).

[339] Com a redação dada pelo art. 87, da Lei nº 8.884, de 11.6.94, que cuida do abuso de poder econômico (Diário Oficial da União, de 13.6.94).

[340] Dispositivo alterado pela Lei nº 9.870, de 23.11.99, que acrescentou o inc. XIII, mantendo a mesma redação.

[341] No texto original do CDC constava como inc. IX. Nova numeração dada pelo art. 7º, da Lei nº 9.008, de 21.3.95, que cuida do Fundo de Defesa de Direitos Difusos (Diário Oficial da União, de 22.3.95).

COMENTÁRIOS

[1] O ELENCO EXEMPLIFICATIVO DAS PRÁTICAS ABUSIVAS – O presidente da República, cedendo nesse ponto ao poderoso *lobby* empresarial contrário ao CDC, vetou o então inc. X do texto legal, que dispunha: "praticar outras condutas abusivas".

Como vimos, em tese o prejuízo seria nenhum, diante de duas *janelas ampliativas* (= cláusulas gerais), que permaneceram no Código (arts. 6º, inc. IV, e 39, incs. IV e V), garantindo, assim, que o rol de práticas abusivas estivesse legalmente posto de maneira exemplificativa. Entretanto, segmento da doutrina passou a defender que o veto conferia ao art. 39 um caráter de *numerus clausus*, argumento este que, visivelmente, ao excluir um vastíssimo campo de práticas maléficas ao mercado de consumo, favorecia os fornecedores despreocupados com a proteção do consumidor.

Por isso mesmo, por ocasião da revisão que fiz, a pedido do então secretário nacional de Direito Econômico, Rodrigo Janot Monteiro de Barros, do texto primitivo da Medida Provisória que deu origem à Lei nº 8.884, de 11.6.94 – Lei Antitruste –, acrescentei, entre outros dispositivos, o atual art. 87, que dispõe:

"O art. 39 da Lei nº 8.078, de 11 de setembro de 1990, passa a vigorar com a seguinte redação, acrescentando-se-lhe os seguintes incisos: '*Art. 39.* É vedado ao fornecedor de produtos ou serviços, *dentre outras* práticas abusivas: *IX* – recusar a venda de bens ou a prestação de serviços, diretamente a quem se disponha a adquiri-los mediante pronto pagamento, ressalvados os casos de intermediação regulados em leis especiais; *X* – elevar sem justa causa o preço de produtos ou serviços'" (grifo nosso).

Se dúvida existia sobre a qualidade enunciativa do art. 39, com o ajuste legislativo aqui efetuado termina, de vez, a querela.

O administrador e o juiz têm, aqui, necessária e generosa ferramenta para combater práticas abusivas não expressamente listadas no art. 39, mas que, não obstante tal, violem os padrões ético-constitucionais de convivência no mercado de consumo, ou, ainda, contrariem o próprio sistema difuso de normas, legais e regulamentares, de proteção do consumidor.

Tomando por guia os valores resguardados pela Constituição Federal – mas é bom também não esquecer as Constituições estaduais – são abusivas as práticas que atentem, já aludimos, contra a dignidade da pessoa humana (art. 1º, inc. III), a igualdade de origem, raça, sexo, cor e idade (art. 3º, inc. IV), os direitos humanos (art. 4º, inc. II), a intimidade, a vida privada, a honra e a imagem das pessoas (art. 5º, inc. X).

Dois exemplos concretos, entre tantos outros, podem aqui ser referidos.

[1.1] CORTE DE ENERGIA E ÁGUA – Energia e água são consideradas, hoje, direito humano inalienável. Como já se posicionou a jurisprudência constitucional de outros países democráticos (por exemplo, África do Sul), todo ser humano faz jus a uma quantidade mínima de água e energia, como serviços essenciais que são.

Assim, o corte de água e energia, em especial para a população carente, pode, se não resguardado esse percentual básico, necessário à sobrevivência com um mínimo de dignidade, infringir um direito fundamental.

O STJ, em decisão magistral do min. Luiz Fux, já teve oportunidade de visitar o tema:

"Consoante jurisprudência iterativa do E. STJ, a energia é um bem essencial à população, constituindo-se em serviço público indispensável, subordinado ao princípio da continuidade de sua prestação, pelo que se torna impossível a sua interrupção. O corte de energia, como forma de compelir o usuário ao pagamento de tarifa ou multa, extrapola os limites da legalidade, uma vez que o direito de o cidadão se utilizar dos serviços públicos essenciais para a sua vida em sociedade deve ser interpretado com vistas a beneficiar a quem deles se utiliza."[342]

[1.2] CIRCULAÇÃO E USO NÃO AUTORIZADOS DE INFORMAÇÕES PRESTADAS POR CONSUMIDORES – É comum que consumidores, após preencherem aquilo que se apresenta como um inocente formulário de sorteio ou promoção, sejam surpreendidos com uma enxurrada de correspondências as mais diversas, sem falar de faxes, mensagens eletrônicas e telefonemas, estes por vezes sequer respeitando horários de descanso e fim de semana.

A feitura de cadastros é ato corriqueiro na vida do consumidor. Na esfera de sua *expectativa legítima*, resguardada pelo sistema do CDC, tais assentamentos destinam-se a um único fim: apoiar a realização de um ato de consumo específico, seja ele a abertura de uma conta bancária, seja a aquisição a prazo de um produto ou serviço. O uso consentido individualmente e referendado legalmente desses registros é, pois, tão só aquele que esteja em direta conformidade e harmonia com as circunstâncias e limites estritos do negócio jurídico de origem. Fora daí, ultrapassam-se as fronteiras da legalidade e ingressa-se no terreno pantanoso da abusividade e da ofensa à boa-fé objetiva do consumidor.

Fica, pois, bem caracterizada prática abusiva, nos termos do art. 39, do CDC, que é norma aberta, do tipo cláusula geral, não custa repetir; sem falar na violação da garantia constitucional da privacidade. Nesse caso, a abusividade é praticada de forma solidária, tendo, de um lado, o banco de dados que coleta as informações cadastrais e, do outro, a empresa que adquire uma "mala direta" em particular. Como alerta Rizzatto Nunes, o sistema constitucional garante a "inviolabilidade da intimidade, vida privada, honra e imagem no que respeita ao consumidor pessoa física (CF, art. 5º, X) e inviolabilidade de imagem do consumidor pessoa jurídica. Pois bem. A norma constitucional não permite que, sem autorização expressa, alguém repasse a outrem informação de terceira pessoa, do que decorre que, sem autorização, o fornecedor não pode passar a ninguém *nenhuma* informação a respeito do consumidor. Nenhuma: nem informação positiva e muito menos depreciativa".[343]

A regra – e só assim tais práticas passam no teste da constitucionalidade e do rigor da autonomia da vontade – é que cadastros de consumidores não podem ser comercializados sem sua *expressa e prévia autorização*. Faltando esta, em nenhuma hipótese "poderá o fornecedor usar os dados pessoais do consumidor para cessão a terceiros, sob pena de violação da privacidade",[344] direito assegurado pela Constituição, como vimos.

Além disso, todas as comunicações estabelecidas com base em mala direta adquirida de terceiro devem propiciar ao recipiente os elementos necessários à identificação da fonte cadastral, isto é, o local onde as anotações estão arquivadas e à disposição de quem quiser pagar para tê-las ou usá-las. Isso para que o consumidor possa exercer o direito – que a Constituição e o CDC lhe garantem – de exigir a exclusão definitiva de seu nome, além de, eventualmente, responsabilizar civil, criminal e administrativamente os autores da invasão não autorizada de sua privacidade.

Nesse sentido foi publicada a Lei 13.709/2018 (Lei Geral de Proteção de Dados Pessoais) que regula a coleta, o armazenamento e a transferência de dados pessoais no Brasil. Com o objetivo de proteger os direitos fundamentais de liberdade e de privacidade, a nova legislação estabelece os requisitos para o tratamento de dados pessoais. Importante marco na defesa dos direitos à privacidade e intimidade. Em fevereiro de 2022 foi promulgada a

---

[342] STJ, AGRMC nº 3.982/AC, 1ª Turma, rel. Min. Luiz Fux, j. de 11.12.2001, v.u.

[343] Luiz Antonio Rizzatto Nunes, op. cit., p. 489.

[344] Alexandre David Malfatti, op. cit., p. 308.

EC 115, que incluiu a proteção de dados pessoais entre os direitos e garantias fundamentais e fixou a competência privativa da União para legislar sobre proteção e tratamento de dados pessoais.

[2] CONDICIONAMENTO DO FORNECIMENTO DE PRODUTO OU SERVIÇO – O Código proíbe, expressamente, duas espécies de condicionamento do fornecimento de produtos e serviços.

Na primeira delas, o fornecedor nega-se a fornecer o produto ou serviço, a não ser que o consumidor concorde em adquirir também um outro produto ou serviço. É a chamada *venda casada*. Só que, agora, a figura não está limitada apenas à compra e venda, valendo também para outros tipos de negócios jurídicos, de vez que o texto fala em "fornecimento", expressão muito mais ampla.

Na segunda hipótese, a condição é quantitativa, dizendo respeito ao mesmo produto ou serviço objeto do fornecimento. Para tal caso, contudo, o Código não estabelece uma proibição absoluta. O limite quantitativo é admissível desde que haja "justa causa" para a sua imposição. Por exemplo, quando o estoque do fornecedor for limitado. A prova da excludente, evidentemente, compete ao fornecedor.[345]

A justa causa, porém, só tem aplicação aos limites quantitativos que sejam inferiores à quantidade desejada pelo consumidor. Ou seja, o fornecedor não pode obrigar o consumidor a adquirir quantidade maior que as suas necessidades. Assim, se o consumidor quer adquirir uma lata de óleo, não é lícito ao fornecedor condicionar a venda à aquisição de duas outras unidades. A solução também é aplicável aos brindes, promoções e bens com desconto. O consumidor sempre tem o direito de, em desejando, recusar a aquisição *quantitativamente casada*, desde que pague o preço normal do produto ou serviço, isto é, sem o desconto.

---

[345] Cf., a esse respeito, o REsp nº 804.202-MG, tendo como relatora a ministra Nancy Andrighi, 3ª Turma do STJ, j. de 19.8.2008, *DJe* de 3.9.2008: "SFH. Seguro habitacional. Contratação frente ao próprio mutuante ou seguradora por ele indicada. Desnecessidade. Inexistência de previsão legal. Venda casada. – *Discute-se neste processo se, na celebração de contrato de mútuo para aquisição de moradia, o mutuário está obrigado a contratar o seguro habitacional diretamente com o agente financeiro ou com seguradora por este indicada, ou se lhe é facultado buscar no mercado a cobertura que melhor lhe aprouver. – O seguro habitacional foi um dos meios encontrados pelo legislador para garantir as operações originárias do SFH, visando a atender a política habitacional e a incentivar a aquisição da casa própria. A apólice colabora para com a viabilização dos empréstimos, reduzindo os riscos inerentes ao repasse de recursos aos mutuários. – Diante dessa exigência da lei, tornou-se habitual que, na celebração do contrato de financiamento habitacional, as instituições financeiras imponham ao mutuário um seguro administrado por elas próprias ou por empresa pertencente ao seu grupo econômico. – A despeito da aquisição do seguro ser fator determinante para o financiamento habitacional, a lei não determina que a apólice deva ser necessariamente contratada frente ao próprio mutuante ou seguradora por ele indicada. – Ademais, tal procedimento caracteriza a denominada –venda casada', expressamente vedada pelo art. 39, I, do CDC, que condena qualquer tentativa do fornecedor de se beneficiar de sua superioridade econômica ou técnica para estipular condições negociais desfavoráveis ao consumidor, cerceando-lhe a liberdade de escolha.* Recurso especial não conhecido" (JGBF). Cf., também, o REsp nº 969.129-MG, relator o ministro Lu, Seção do STJ, j. de 9.12.2009, *DJe* de 15.12.2009: "Recurso especial repetitivo. Sistema Financeiro da Habitação. Taxa Referencial (TR). Legalidade. Seguro habitacional. Contratação obrigatória com o agente financeiro ou por seguradora por ele indicada. Venda casada configurada. 1. Para os efeitos do art. 543-C do CPC: 1.1. No âmbito do Sistema Financeiro da Habitação, a partir da Lei nº 8.177/91, é permitida a utilização da Taxa Referencial (TR) como índice de correção monetária do saldo devedor. Ainda que o contrato tenha sido firmado antes da Lei nº 8.177/91, também é cabível a aplicação da TR, desde que haja previsão contratual de correção monetária pela taxa básica de remuneração dos depósitos em poupança, sem nenhum outro índice específico. 1.2. É necessária a contratação do seguro habitacional, no âmbito do SFH. Contudo, não há obrigatoriedade de que o mutuário contrate o referido seguro diretamente com o agente financeiro, ou por seguradora indicada por este, exigência esta que configura 'venda casada', vedada pelo art. 39, inciso I, do CDC. 2. Recurso especial parcialmente conhecido e, na extensão, provido" (JGBF).

Art. 39 | CÓDIGO BRASILEIRO DE DEFESA DO CONSUMIDOR

[3] RECUSA DE ATENDIMENTO À DEMANDA DO CONSUMIDOR – O fornecedor não pode recusar-se a atender à demanda do consumidor. Desde que tenha, de fato, em estoque os produtos ou esteja habilitado a prestar o serviço. É irrelevante a razão alegada pelo fornecedor. Veja-se o caso do consumidor que, a pretexto de ter passado cheque sem fundos em compra anterior, tem a sua demanda, com pagamento à vista, recusada. Ou, ainda, o motorista de táxi que, ao saber da pequena distância da corrida do consumidor, lhe nega o serviço.

[4] FORNECIMENTO NÃO SOLICITADO – A regra do Código, nos termos do seu art. 39, III, é de que o produto ou serviço só pode ser fornecido desde que haja solicitação prévia. O fornecimento não solicitado é uma prática corriqueira – e abusiva – do mercado. Uma vez que, não obstante a proibição, o produto ou serviço seja fornecido, aplica-se o disposto no parágrafo único do dispositivo: o consumidor recebe o fornecimento como mera amostra grátis, não cabendo qualquer pagamento ou ressarcimento ao fornecedor, nem mesmo os decorrentes de transporte. É ato cujo risco corre inteiramente por conta do fornecedor.[346]

Outro não é o entendimento do STJ:

"O 'produto' ou 'serviço' não inerente ao contrato de prestação de telefonia ou que não seja de utilidade pública, quando posto à disposição do usuário pela concessionária – caso do 'telessexo' –, carece de prévia autorização, inscrição ou credenciamento do titular da linha (...). Sustentado pela autora não ter dado a aludida anuência, cabe à companhia telefônica o ônus de provar o fato positivo em contrário, nos termos do art. 6º, VIII, da mesma Lei nº 8.078/90, o que inocorreu. Destarte, se afigura indevida a cobrança de ligações nacionais ou internacionais a tal título, e, de igual modo, ilícita a inscrição da titular da linha como devedora em cadastro negativo de crédito, gerando, em contrapartida, o dever de indenizá-la pelos danos morais causados."[347]

No que se refere especificamente aos serviços, o art. 39, inc. III, é complementado pelo inc. VI, do mesmo dispositivo, e pelo art. 40.

[5] O APROVEITAMENTO DA HIPOSSUFICIÊNCIA DO CONSUMIDOR – O consumidor é, reconhecidamente, um ser vulnerável no mercado de consumo (art. 4º, I). Só que, entre todos os que são vulneráveis, há outros cuja vulnerabilidade é superior à média. São os consumidores ignorantes e de pouco conhecimento, de idade pequena ou avançada, de saúde frágil, bem como aqueles cuja posição social não lhes permite avaliar com adequação o produto ou serviço que estão adquirindo. Em resumo: são os consumidores hipossuficientes. Protege-se, com este dispositivo, por meio de tratamento mais rígido que o padrão, o consentimento pleno e adequado do consumidor hipossuficiente.

A vulnerabilidade é um traço universal de todos os consumidores, ricos ou pobres, educados ou ignorantes, crédulos ou espertos. Já a hipossuficiência é marca pessoal, limitada a alguns – até mesmo a uma coletividade – mas nunca a todos os consumidores.

A utilização, pelo fornecedor, de técnicas mercadológicas que se aproveitem da hipossuficiência do consumidor caracteriza a abusividade da prática.

A vulnerabilidade do consumidor justifica a existência do Código. A hipossuficiência, por seu turno, legitima alguns tratamentos diferenciados no interior do próprio Código, como, por exemplo, a previsão de inversão do ônus da prova (art. 6º, VIII).

[6] A EXIGÊNCIA DE VANTAGEM EXCESSIVA – Note-se que, nesse ponto, o Código mostra a sua aversão não apenas à vantagem excessiva concretizada, mas também em relação

---

[346] STJ, REsp nº 318.372/SP, 3ª Turma, rel. Min. Humberto Gomes de Barros, j. de 27.4.2004.
[347] STJ, REsp nº 265.121/RJ, 4ª Turma, rel. Min. Aldir Passarinho Junior, j. de 4.4.2002, v.u.

à mera *exigência*. Ou seja, basta que o fornecedor, nos atos preparatórios ao contrato, solicite vantagem dessa natureza para que o dispositivo legal tenha aplicação integral. Aqui, vale mencionar a Lei 13.455, de 26.6.2017, fruto da conversão da MP 764, autorizando a cobrança de preços diferenciados, a depender da forma de pagamento (dinheiro, cheque ou cartão).

Mas o que vem a ser a vantagem excessiva? O critério para o seu julgamento é o mesmo da vantagem exagerada (art. 51, § 1º). Aliás, os dois termos não são apenas próximos. São sinônimos.

[7] SERVIÇOS SEM ORÇAMENTO E AUTORIZAÇÃO DO CONSUMIDOR – A prestação de serviço depende de prévio orçamento (art. 40). Só que a simples apresentação do orçamento não implica autorização do consumidor. Para que o fornecedor possa dar início ao serviço, mister é que tenha a autorização expressa do consumidor. A esta equivale a aprovação que o consumidor dê ao orçamento (art. 40, § 2º), desde que expressa.

Se o serviço, não obstante a ausência de aprovação expressa do consumidor, for realizado, aplica-se, por analogia, o disposto no parágrafo único do art. 39, ou seja, o serviço, por não ter sido solicitado, é considerado amostra grátis, uma liberalidade do fornecedor, sem qualquer contraprestação exigida do consumidor.

Se a autorização for parcial – por exemplo, envolvendo só alguns itens do orçamento prévio –, o pagamento do consumidor fica restrito às partes, efetiva e comprovadamente, aprovadas. A posição do STJ é exatamente nessa linha:

"O art. 39, VI, do Código de Defesa do Consumidor determina que o serviço somente pode ser realizado com a expressa autorização do consumidor. Em consequência, não demonstrada a existência de tal autorização, é imprestável a cobrança, devido, apenas, o valor autorizado expressamente pelo consumidor."[348]

Em existindo práticas anteriores entre o consumidor e o fornecedor, aquelas, desde que provadas por este, regram o relacionamento entre as partes.

[8] DIVULGAÇÃO DE INFORMAÇÕES NEGATIVAS SOBRE O CONSUMIDOR – Nenhum fornecedor pode divulgar informação depreciativa sobre o consumidor quando tal se referir ao exercício de direito seu. Por exemplo, não é lícito ao fornecedor informar seus companheiros de categoria que o consumidor sustou o protesto de um título, que o consumidor gosta de reclamar da qualidade de produtos e serviços, que o consumidor é membro de uma associação de consumidores ou que já representou ao Ministério Público ou propôs ação.

O texto do art. 39, VII, difere substancialmente daquele do art. 43. Aqui se trata de arquivo de consumo. Lá, ao revés, se cuida de mero repasse de informação, sem qualquer arquivamento. Seria, em linguagem vulgar, a "fofoca de consumo".

Não está proibido, contudo, o repasse de informação, mesmo depreciativa, quando o consumidor pratica ato que exorbita o exercício de seus direitos. Assim se a associação de consumidores vem a ser condenada por litigância de má-fé.

[9] PRODUTOS OU SERVIÇOS EM DESACORDO COM AS NORMAS TÉCNICAS – Existindo norma técnica expedida por qualquer órgão público ou entidade privada credenciada pelo CONMETRO, cabe ao fornecedor respeitá-la.

O Código não altera a sistemática da normalização. Limita-se a reconhecê-la como útil à proteção do consumidor.[349] Ao caracterizar como prática abusiva a colocação no mercado de

---

[348] STJ, REsp nº 332.869/RJ, 3ª Turma, rel. Min. Carlos Alberto Menezes Direito, j. de 24.6.2002, v.u.

[349] STJ, REsp nº 416.211/PR, 1ª Turma, rel. Min. Denise Arruda, j. de 4.5.2004.

consumo de "qualquer produto ou serviço em desacordo com as normas expedidas pelos órgãos oficiais competentes ou, se normas específicas não existirem, pela Associação Brasileira de Normas Técnicas ou outra entidade credenciada pelo Conselho Nacional de Metrologia, Normalização e Qualidade Industrial – CONMETRO", quis legitimar o esforço metrológico e normalizador.

O dispositivo aplica-se apenas às normas obrigatórias, isto é, às normas NBR 1 e NBR 2, conforme melhor desenvolveremos em seguida. Não dá caráter vinculado às normas registradas e às probatórias.

É bom lembrar que mesmo as normas não obrigatórias têm relevância jurídica e técnica, pois servem de guia ao juiz e ao administrador, no momento que precisam avaliar a conformidade do comportamento do fornecedor com padrões considerados ideais.

De toda sorte, não fica o juiz adstrito aos critérios fixados pelos organismos de normalização e metrologia. Estes estabelecem padrões mínimos, verdadeiros pisos, e não tetos. Às vezes, os padrões promulgados não refletem as expectativas legítimas dos consumidores, nem o estado da arte, ciência ou técnica, mas, sim, os objetivos econômicos de um determinado setor produtivo, não coincidentes, necessariamente, com o interesse público.

[9.1] A NORMALIZAÇÃO – Em uma sociedade de produção em massa é mister, para o próprio sucesso do mercado, uma certa uniformidade entre produtos ou serviços. Esse é o papel da normalização, ou seja, estabelecer normas para o regramento da produção e, em certos casos, também da comercialização. E, muitas vezes, tal significa melhorar a qualidade dos bens de consumo.

É por isso que o processo de normalização interessa aos consumidores, de vez que "um dos mais importantes problemas da tutela do consumidor é a qualidade dos produtos e serviços",[350] seja pelo ângulo da segurança,[351] seja pelo seu aspecto da adequação.

A qualidade é, sem dúvida, o objetivo maior da normalização. No mercado pós-industrial é impossível alcançar-se a qualidade – como padrão universal – sem um esforço de normalização. Não é por outra razão que se diz que "a qualidade tem ligações tão estreitas com a normalização que podem ser consideradas como indispensáveis: a espiral da normalização acompanha sempre a da qualidade".[352]

Tudo leva a crer que, quanto maior o número de normas técnicas, maior é o grau de desenvolvimento do País.

"Reconhece-se hoje haver uma relação direta entre o número de normas técnicas produzidas e em vigor em um país e o seu nível de desenvolvimento global: social e material. São exemplos inequívocos os fatos de existirem nos Estados Unidos da América do Norte e no Japão cerca de 45.000 normas em vigor; na União Soviética, 40.000; na França, 25.000, e no Brasil, 6.000."[353]

---

[350] Ross Cranston, *Consumers and the law*, London, Weidenfeld and Nicolson, 1984, p. 103.

[351] Sobre segurança do consumidor e normalização, consulte-se Jean-Claude Fourgoux e Jeanne Mihailov, "La normalisation en tant qu'instrument de la sécurité des consommateurs", in Jacques Guestin (directeur). Sécurité des consommateurs et responsabilité du fait des produits défectueux, Paris, Librairie Générale de Droit et de Jurisprudence, 1987, ps. 27-45.

[352] L. A. Palhano Pedroso, "A normalização brasileira e a ABNT", *in Anais do Congresso Internacional de Normalização e Qualidade*, Rio de Janeiro, Associação Brasileira de Normas Técnicas, 1990, p. 141.

[353] Thomaz Marcello D'Avila, "A normalização técnica e o Direito", *in Anais do Congresso Internacional de Normalização e Qualidade*, Rio de Janeiro, Associação Brasileira de Normas Técnicas, 1990, p. 371.

Mas a normalização desempenha também um papel na orientação do consumidor. Não deixa ela de ser "um meio de informar o consumidor sobre as qualidades que ele pode esperar de um produto",[354] assim atuando como genuíno serviço prestado no mercado. Realmente, as normas existem não apenas para conhecimento dos profissionais, mas igualmente para consciência dos consumidores.

O esforço normalizador tem por *ratio* assegurar a "repetibilidade, a simplificação, a otimização, a intercambialidade, o entendimento comum, a proteção ao consumidor e ao meio ambiente e o interesse coletivo",[355] fazendo uso de dois dos ramos do conhecimento: a metrologia e a terminologia.[356]

A normalização surgiu, a partir da Primeira Guerra Mundial, como um esforço, entre os próprios profissionais, para assegurar a *compatibilização* de produtos, necessidade esta que emergia como consequência da complexidade crescente do mercado pós-industrial. Hoje, entretanto, os objetivos e o modo de atuação da normalização são muito mais vastos.

Em primeiro lugar, a normalização ampliou suas fronteiras para além da simples compatibilização de bens. Passa, então, a ter outras preocupações: a busca de produtos ou serviços de acordo com as expectativas de seus destinatários, em particular quanto à sua segurança, à economia de energia e à proteção do meio ambiente.[357]

Em segundo lugar, a normalização deixa de ser um fenômeno entre profissionais e ganha um caráter mais democrático, mais heterogêneo, dando voz também a outros sujeitos não profissionais, como os consumidores.[358]

As normas são hoje imprescindíveis para o bom funcionamento do mercado. Interessam notadamente à saúde, à segurança, à economia de energia, à proteção do consumidor, ao transporte,[359] à compatibilização de produtos e serviços. Constituem-se, junto com a regulamentação leal, em um dos sustentáculos da política de qualidade.

Em suma, podemos definir normalização como "a atividade que visa a elaboração de padrões, através de consenso entre produtores, consumidores e entidades governamentais".[360]

[9.2] NORMALIZAÇÃO E REGULAMENTAÇÃO

[9.2] NORMALIZAÇÃO E REGULAMENTAÇÃO – O mercado, pelo prisma da qualidade, é controlado por duas técnicas principais: a regulamentação e a normalização. Se os objetivos dos dois fenômenos são idênticos,[361] não implica dizer que também são idênticos os seus conceitos, modos de operação e fundamentos.

De fato, estamos diante de noções distintas, apesar de ambas terem a mesma *ratio*. A regulamentação é produzida diretamente pelo Estado, provém de um "ato de autoridade",[362] enquanto a normalização advém de um trabalho misto, cooperado, entre o Estado e entidades privadas.

Além disso, ao contrário do que sucede com a normalização, a regulamentação se impõe de pleno direito, com um caráter de obrigatoriedade absoluta, a todos os agentes econômicos.

---

[354] Denise Baumann, *Droit de la Consommation*, Paris, Librairies Techniques, p. 130.

[355] Thomaz Marcello D'Avila, "A normalização técnica e o direito", *in Anais do Congresso Internacional de Normalização e Qualidade*, Rio de Janeiro, Associação Brasileira de Normas Técnicas, 1990, p. 361.

[356] Gérard Cas & Didier Ferrier, *Traité de Droit de la Consommation*, Paris, Presses Universitaires de France, 1986, p. 196.

[357] Jean Calais-Auloy, *Droit de la Consommation*, Paris, Dalloz, 1986, p. 195.

[358] Note-se que, na França, desde 1984, com o Decreto de 26 de janeiro, as associações de consumidores foram oficialmente admitidas no processo de formulação de normas.

[359] Gérard Cas & Didier Ferrier, op. cit., p. 200.

[360] Definição essa dada por texto elaborado pela ABNT. Vejam-se os *Anais do Congresso Internacional de Normalização e Qualidade*, Rio de Janeiro, Associação Brasileira de Normas Técnicas, 1990, p. 500.

[361] Jean Calais-Auloy, op. cit., p. 195.

[362] Idem, ibidem, p. 195.

Art. 39 | CÓDIGO BRASILEIRO DE DEFESA DO CONSUMIDOR

Diversamente, muitas das normas permitem uma adesão voluntária, em particular quando emanadas de organismos totalmente privados.

E, finalmente, agora em relação à regulamentação específica de consumo, fica claro que a normalização não tem por objetivo apenas proteger o consumidor. Seus domínios são mais amplos.[363] Algumas normas aplicam-se a produtos e serviços profissionais. Outras, diversamente, são traçadas diretamente para produtos e serviços destinados aos consumidores.[364]

Na proteção do consumidor, a normalização nem sempre é suficiente para alcançar os objetivos de política pública requeridos pela sociedade. "No final das contas, a regulamentação pública é necessária para melhorar a qualidade dos bens, em adição aos esforços voluntários."[365] É aí que entra em cena a produção de regras legais, agora como atos de autoridade – regulamentação –, como forma de aperfeiçoamento da qualidade de produtos e serviços.

O Código de Defesa do Consumidor faz uso de uma série de *técnicas de controle da qualidade* de produtos e serviços. Em primeiro lugar, há os controles autorregulamentares, como aqueles exercidos através da Associação Brasileira de Normas Técnicas (ABNT); em seguida, cabe citar a regulamentação obrigatória, como aquela que cria uma "garantia legal de adequação do produto ou serviço" (arts. 23 e 24); em terceiro lugar, permite-se ao Judiciário compelir o Poder Público "a proibir, em todo o território nacional, a produção, divulgação, distribuição ou venda, ou a determinar alteração na composição, estrutura, fórmula ou acondicionamento de produto, cujo uso ou consumo regular se revele nocivo ou perigoso à saúde pública e à incolumidade pessoal" (art. 102). Finalmente, permite-se ao próprio Poder Público apreender e inutilizar produtos, cassar seu registro, suspender seu fornecimento (também de serviços), entre outras sanções administrativas (art. 56).

[9.3] A NORMA – A normalização, como a própria denominação o diz, funciona através da elaboração e promulgação de normas. São estas que "normalizam" o mercado. "Uma norma representa um equilíbrio entre as possibilidades técnicas de uns, as exigências de outros, as limitações econômicas próprias a cada um dos parceiros."[366]

As normas técnicas têm, realmente, uma função orientadora e purificadora no mercado. Sua utilização traz inúmeros benefícios: "elimina a variedade desnecessária, reduz os custos operacionais, favorece a segurança, protege a saúde e o meio ambiente, permite a intercambialidade e incrementa a produtividade, mantendo adequada a qualidade".[367]

A norma técnica poderia ser conceituada como "o registro de um concentrado de conhecimentos, colocado à disposição da sociedade e sem o qual não se pode controlar a qualidade nem certificar o produto ou serviço".[368]

Originam-se as normas técnicas da "necessidade de o homem registrar seu aprendizado, de modo a poder repetir e reproduzir suas ações, conseguindo os mesmos resultados, assim como também da natural 'lei do menor esforço', que nos leva a otimizar nossas forças físicas e mentais".[369]

---

[363] Gérard Cas & Didier Ferrier, op. cit., p. 196.

[364] Jean Calais-Auloy, op. cit., p. 195.

[365] Ross Cranston, *Consumers and the law*, London, Weidenfeld and Nicolson, 1984, p. 107.

[366] Gérard Cas & Didier Ferrier, op. cit., p. 198.

[367] L. A. Palhano Pedroso, "A normalização brasileira e a ABNT", *in Anais do Congresso Internacional de Normalização e Qualidade*, Rio de Janeiro, Associação Brasileira de Normas Técnicas, 1990, p. 140.

[368] Idem, ibidem, p. 141.

[369] Thomaz Marcello d'Avila, "A normalização técnica e o Direito", *in Anais do Congresso Internacional de Normalização e Qualidade*, Rio de Janeiro, Associação Brasileira de Normas Técnicas, 1990, p. 360.

Capítulo V · DAS PRÁTICAS COMERCIAIS | Art. 39

[9.4] A OBRIGATORIEDADE DA NORMA – Nem todas as normas técnicas são obrigatórias. Algumas são meramente facultativas. De qualquer modo, em havendo a obrigatoriedade, nenhum produto ou serviço que a contrarie, nacional ou estrangeiro, pode ser produzido ou comercializado.

A bem da verdade, não existe, em termos jurídicos, norma inteiramente facultativa, pois mesmo aquelas assim denominadas podem ser utilizadas pelo administrador e pelo magistrado no julgamento da adequação técnica do comportamento do fornecedor. Se é certo que a norma dita facultativa indica uma meta a ser alcançada, nem por isso deixa de afirmar um patamar de qualidade que, no estado da arte do momento, é considerado alcançável e adequado. Negar-se o fornecedor a acompanhar e acolher aquilo que é tecnicamente viável ou até praticado, de forma cotidiana, em outros países constitui forte indício de abusividade de sua conduta.

[9.5] A ATIVIDADE DE CONTROLE – As normas, particularmente aquelas que têm a ver com a proteção do consumidor, apresentam-se sempre como um parâmetro mínimo. Vale dizer, tanto a administração pública como o juiz podem impor *standard* mais elevado, uma vez que considerem o fixado insuficiente.

Em outras palavras: a normalização não impede ou mesmo limita o trabalho de controle da administração e do Judiciário. Mostra-se apenas como um critério de conformidade mínima, critério esse que, não raras vezes, leva mais em conta os interesses dos fornecedores (aí incluindo-se o Estado) do que propriamente dos consumidores. É por isso mesmo que "uma norma, embora obrigatória, pode, de outra forma, ser considerada insuficientemente protetória".[370]

[9.6] O SISTEMA BRASILEIRO DE NORMALIZAÇÃO – O Brasil adota um sistema misto de normalização: participação do Estado e de entidades privadas (em particular, a Associação Brasileira de Normas Técnicas) em um esforço comum. Todos os organismos de normalização, privados ou públicos, integram o Sistema Nacional de Metrologia, Normalização e Qualidade Industrial (SINMETRO).

O Estado, de qualquer modo, mantém um controle final do processo de normalização. Assim, por exemplo, uma norma elaborada pela ABNT só se torna "norma brasileira" uma vez registrada no Instituto Nacional de Metrologia, Normalização e Qualidade Industrial (INMETRO).

[9.7] A ASSOCIAÇÃO BRASILEIRA DE NORMAS TÉCNICAS – Fundada em 28 de setembro de 1940, a Associação Brasileira de Normas Técnicas (ABNT) é uma sociedade civil, sem fins lucrativos, com sede no Rio de Janeiro. Tem utilidade pública, nos termos da Lei nº 4.150/62, sendo considerada o Fórum Nacional de Normalização (Resolução nº 14/83, do CONMETRO).

Segundo um especialista, "a ABNT se propõe a elaborar normas técnicas e a fomentar o seu uso nos campos científico, técnico, industrial, comercial e agrícola, promovendo a participação das comunidades técnicas no desenvolvimento da normalização no País; a representar o Brasil junto às entidades internacionais de normalização e organizações similares estrangeiras; a conceder Marcas de Conformidade e outros certificados referentes à aplicação de normas e a colaborar com o Estado no estudo e solução de problemas relacionados com a normalização técnica em geral".[371]

---

[370] Gérard Cas & Didier Ferrier, op. cit., p. 201.

[371] L. A. Palhano Pedroso, "A normalização brasileira e a ABNT", *in Anais do Congresso Internacional de Normalização e Qualidade*, Rio de Janeiro, Associação Brasileira de Normas Técnicas, 1990, p. 143.

Art. 39 | CÓDIGO BRASILEIRO DE DEFESA DO CONSUMIDOR

[9.8] O SINMETRO, O CONMETRO E O INMETRO – O Sistema Nacional de Metrologia, Normalização e Qualidade Industrial (SINMETRO) tem por finalidade "formular e executar a política nacional de metrologia, normalização e certificação de qualidade de produtos industriais".[372] É ele integrado por "entidades públicas ou privadas que exerçam atividades relacionadas com metrologia, normalização industrial e certificação da qualidade de produtos industriais".[373]

O Conselho Nacional de Metrologia, Normalização e Qualidade Industrial (CONMETRO), por sua vez, é o "órgão normativo do Sistema Nacional de Metrologia, Normalização e Qualidade Industrial".[374]

Já o Instituto Nacional de Metrologia, Normalização e Qualidade Industrial (INMETRO), uma autarquia federal, é "o órgão executivo central" do SINMETRO, cabendo-lhe, "mediante autorização do CONMETRO, credenciar entidades públicas ou privadas para a execução de atividades de sua competência, exceto as de metrologia legal".[375]

O STJ vem prestigiando a atuação dos órgãos de normalização:

"O CONMETRO, usando de sua competência normativa e atribuições legais, em consonância com o disposto nas alíneas *a* e *c* dos itens 4.1 e 4.2 do Regulamento, concedeu ao INMETRO atribuição de expedir atos normativos metrológicos, necessários à implementação de suas atividades, com amparo na Resolução nº 11/88 e do art. 39, VIII, do Código de Defesa do Consumidor. É legítima a edição pelo INMETRO da Portaria nº 74/95, que dispõe sobre exames quantitativos de mercadorias e critérios para verificação do conteúdo líquido e do conteúdo nominal dos produtos comercializados nas grandezas de massa e volume, porquanto este órgão não extrapolou os limites de sua competência."[376]

[9.9] OS DIVERSOS TIPOS DE NORMAS BRASILEIRAS – No Brasil, há basicamente quatro tipos de normas técnicas: NBR 1 (normas compulsórias, aprovadas pelo CONMETRO, com uso obrigatório em todo o território nacional); NBR 2 (normas referenciais, também aprovadas pelo CONMETRO, sendo de uso obrigatório para o Poder Público); NBR 3 (normas registradas, de caráter voluntário, com registro efetuado no INMETRO, de conformidade

---

[372] Cf. o art. 1º, parágrafo único, da Lei nº 5.966, de 11.12.73 (JGBF).

[373] Cf. o art. 2º, *caput*, da Lei nº 5.966, de 11.12.73 (JGBF).

[374] Lei nº 5.966, de 11.12.73, art. 5.º. Sua composição foi estabelecida pelo Decreto nº 1.422, de 20.3.1995 e posteriormente alterada pelo Decreto 9.043/2017.

[375] Lei nº 5.966/73, art. 5º. Sua estrutura foi fixada pelo Decreto nº 10, de 16 de janeiro de 1991. Conforme este diploma, são suas finalidades: "I – executar as políticas nacionais de metrologia, de normalização técnica, de qualidade de materiais e de bens, bem como as de fomento à produtividade; II – verificar a observância das normas técnicas e legais, no que se refere às unidades de medida, métodos de medição, medidas materializadas, instrumentos de medir e mercadorias pré-medidas; III – manter e conservar os padrões das unidades de medida, bem assim implantar e manter a cadeia de rastreabilidade dos padrões das unidades de medida no País, de forma a torná-las harmônicas internamente e compatíveis no plano internacional, visando, em nível primário, a sua aceitação universal, e, em nível secundário, a sua utilização como suporte ao setor produtivo, com vistas à qualidade de bens e serviços; IV – fortalecer a participação do País nas atividades internacionais relacionadas com metrologia, normalização técnica e qualidade de materiais, de bens e de fomento à produtividade, além de promover o intercâmbio com entidades e organismos estrangeiros e internacionais; V – formular, promover, implementar, coordenar e supervisionar o Programa Brasileiro da Qualidade e Produtividade, em conjunto com outros órgãos da Administração Pública Federal direta e indireta; VI – prestar suporte técnico e administrativo ao Conselho Nacional de Metrologia, Normalização e Qualidade Industrial – CONMETRO, atuando como sua Secretaria Executiva" (art. 2º).

[376] STJ, REsp nº 423.274/PR, 1ª Turma, rel. Min. Garcia Vieira, j. de 25.6.2002, v.u.

Capítulo V · DAS PRÁTICAS COMERCIAIS | Art. 39

com as diretrizes e critérios fixados pelo CONMETRO); NBR 4 (normas probatórias, registradas no INMETRO, ainda em fase experimental, possuindo vigência limitada).

[10] RECUSA DE VENDA DIRETA – Como fruto do casamento entre a proteção do consumidor e a salvaguarda da concorrência, surge este dispositivo, trazido pela Lei nº 8.884/94.

A presente prática abusiva distingue-se daquela prevista no inc. II. Neste, a recusa é em *atender às demandas dos consumidores*, ao passo que, aqui, cuida-se de imposição de intermediários àquele que se dispõe a adquirir, *diretamente*, produtos e serviços mediante pronto pagamento.

O texto legal excepciona "casos de intermediação regulados em leis especiais". Veja-se, contudo, que, nas palavras do legislador, a ressalva só vale para as hipóteses previstas em lei, nunca em regulamentos ou atos administrativos inferiores.

Por se tratar de norma de ordem pública e interesse social, eventual aceitação contratual pela vítima da intermediação é nula de pleno direito, caracterizando-se como cláusula abusiva nos termos do art. 51, do CDC.

[11] ELEVAÇÃO DE PREÇO SEM JUSTA CAUSA – Esse inciso, também sugerido por mim, visa a assegurar que, mesmo num regime de liberdade de preços, o Poder Público e o Judiciário tenham mecanismos de controle do chamado *preço abusivo*.

Aqui não se cuida de tabelamento ou controle prévio de preço (art. 41), mas de análise casuística que o juiz e autoridade administrativa fazem, diante de fato concreto.

A regra, então, é que os aumentos de preço devem sempre estar alicerçados em *justa causa*, vale dizer, não podem ser arbitrários, leoninos ou abusivos. Em princípio, numa economia estabilizada, elevação superior aos índices de inflação cria uma presunção – relativa, é verdade – de carência de justa causa.

Nesta matéria, tanto o consumidor como o Poder Público podem fazer uso da inversão do ônus da prova, prevista no art. 6º, inc. VIII, do CDC.

[12] REAJUSTE DIVERSO DO PREVISTO EM LEI OU NO CONTRATO – Novamente por sugestão minha, o CDC foi alterado pelo art. 8º, da Medida Provisória nº 1.477-42, de 6.11.97 (mensalidades escolares), acrescentando-se mais um inciso (posteriormente, foi alterado pela Lei 9.870/99 e transformado no inciso XIII do art. 39 do CDC).

É comum no mercado a modificação unilateral dos índices ou fórmulas de reajuste nos negócios entre consumidores e fornecedores (contratos imobiliários, de educação e planos de saúde, por exemplo). O dispositivo veda tal comportamento, criando um *ilícito de consumo*, que pode ser atacado civil ou administrativamente.

É claro que tal prática condenável já estava proibida, como cláusula abusiva, pelos incs. IV (obrigações iníquas, abusivas, incompatíveis com a boa-fé ou a equidade, exageradamente desvantajosas para o consumidor), X (variação unilateral do preço) e XIII (modificação unilateral do conteúdo do contrato), do art. 51, do CDC.

Entretanto, com o intuito de evitar-se discussão sobre a natureza do reajuste – ser ou não ser variação de preço –, entendi importante fazer o acréscimo ao texto original do CDC.

Ao referir-se a "fórmula" ou "índice" no singular, o texto legal, adotando tendência crescente da doutrina e da jurisprudência, proíbe a utilização de vários índices alternativos no mesmo contrato, posto que prática claramente abusiva.

[13] A INEXISTÊNCIA OU DEFICIÊNCIA DE PRAZO PARA CUMPRIMENTO DA OBRIGAÇÃO – Não é raro encontrar-se no mercado contratos em que o consumidor tem prazo certo para cumprir a sua prestação (o pagamento do preço, normalmente), enquanto o fornecedor possui ampla margem de manobra em relação à sua contraprestação.

Art. 40 | CÓDIGO BRASILEIRO DE DEFESA DO CONSUMIDOR

Basta que se lembrem os casos dos contratos imobiliários em que se fixa um prazo certo para a conclusão das obras a partir do início ou término das fundações. Só que para estes não há qualquer prazo.

O dispositivo é claro: todo contrato de consumo deve trazer, necessária e claramente, o prazo de cumprimento das obrigações do fornecedor.

[14] SUPERLOTAÇÃO EM ESTABELECIMENTOS COMERCIAIS OU DE SERVIÇOS – A Lei 13.425/17 incluiu um novo inciso, que estabelece como prática abusiva "permitir o ingresso em estabelecimentos comerciais ou de serviços de um número maior de consumidores que o fixado pela autoridade administrativa como máximo". Essa conduta também se caracteriza como crime contra as relações de consumo apenado com detenção de seis meses a dois anos e multa, nos termos do novo § 2º do art. 65 do CDC, trazido pela mesma norma.

[15] BAGAGEM REINCLUÍDA – O novo inciso XV do art. 39 reincluiria a gratuidade das bagagens em voos nacionais e internacionais saindo do território brasileiro. Oriundo da Medida Provisória nº 1.089/2021, denominada de "MP do Voo Simples", para ajudar na retomada do turismo e dos voos nacionais, pretendia reincluir no preço da passagem uma franquia no despacho de bagagens e proibiria assim, como prática abusiva a atual cobrança separada da bagagem que acompanha o passageiro. Na tradição do direito brasileiro, a bagagem que o passageiro leva consigo ou no bagageiro sempre foi considerada acessório da passagem adquirida ou do contrato de transporte de passageiro. O art. 13 da Resolução nº 400/2016 da Agência Nacional da Aviação Civil (ANAC) autorizou a cobrança pelo despacho de bagagens, sendo liberada apenas uma bagagem pequena, levada consigo. A alegação seria a de redução dos preços das bagagens, o que não se concretizou sendo elas hoje, no pós-pandemia, até 40% mais caro.[377] A cobrança separada deste serviço "de despacho" de bagagens indicaria ser este um contrato separado e independente do contrato de transporte de passageiros, quebrando com a anterior tradição, presente inclusive no art. 8º da LINDB desde 1942. A Res. 400 da ANAC foi muito controversa, com muitas Ações Civis Públicas pretendendo "afastar a supressão da franquia mínima de bagagem, a ser despachada pelas companhias aéreas, implementada com a entrada em vigor da Resolução 400, de 13/12/2016, da Anac" (veja-se, por todas, STJ, Rcl 34691/CE), como pretendia fazer o inciso XV do art. 39 do CDC. O tema realmente deveria ser tratado por lei e não por regulação de uma agência. Infelizmente, o a nova regra, que considerava abusiva a cobrança de uma peça de bagagem em voo nacional até 23 quilos e em voo internacional em até 30 quilos, franquias existentes antes da Res. 400 da ANAC, foi vetada pelo Presidente da República. (CLM)

> **Art. 40.** O fornecedor de serviço será obrigado [1] a entregar ao consumidor orçamento prévio discriminando o valor da mão de obra, dos materiais e equipamentos a serem empregados, as condições de pagamento, bem como as datas de início e término dos serviços. [2]
>
> § 1º Salvo estipulação em contrário, o valor orçado terá validade pelo prazo de dez dias, contado de seu recebimento pelo consumidor. [3]
>
> § 2º Uma vez aprovado pelo consumidor, o orçamento obriga os contraentes e somente pode ser alterado mediante livre negociação das partes. [4]
>
> § 3º O consumidor não responde por quaisquer ônus ou acréscimos decorrentes da contratação de serviços de terceiros, não previstos no orçamento prévio. [5]

---

[377] TARGA, M. L, SQUEFF, T. C. in CONJUR, Ponderações sobre a franquia de bagagens no transporte aéreo, ConJur – Ponderações sobre a franquia de bagagens no transporte aéreo. (14.06.2022).

COMENTÁRIOS

[1] A FALTA DE ORÇAMENTO COMO PRÁTICA ABUSIVA – Nos termos do art. 39, inc. VI, é prática abusiva "executar serviços sem a prévia elaboração de orçamento e autorização expressa do consumidor, ressalvadas as decorrentes de práticas anteriores entre as partes".

O dispositivo – que contém erro de redação, pois o correto seria falar em "ressalvados os decorrentes" (no masculino plural, já que se refere a serviços) –, como já vimos nos comentários ao art. 39, impõe, na prestação de serviços, dois requisitos: a) orçamento; e b) autorização expressa. Aquele, a cargo do fornecedor; esta, pelo consumidor. São "obrigações" próprias e inafastáveis do fornecedor, de cuja existência depende a consumação do negócio jurídico de consumo. Sem sua presença, eventuais serviços fornecidos serão tidos como liberalidade do prestador.

O art. 40, agora sob análise, complementa o art. 39, inc. VI, detalhando o regime jurídico do orçamento, estabelecendo seu conteúdo, prazo de validade e eficácia.

[2] A EXIGÊNCIA DE ORÇAMENTO PRÉVIO – Nenhum serviço pode ser fornecido sem um orçamento prévio; tal já havia sido previsto no art. 39, VI. E não cabe o mero "acerto" verbal, de vez que o dispositivo fala em "entrega" do orçamento ao consumidor.

O orçamento deve conter, necessariamente, informações sobre:

a) o preço da mão de obra, dos materiais e equipamentos;
b) as condições de pagamento;
c) a data de início e término do serviço.

[3] A VALIDADE DA PROPOSTA DE PREÇO – Como princípio, o preço orçado – da mão de obra, dos materiais e dos equipamentos – tem validade de 10 dias, prazo este que é contado do seu recebimento pelo consumidor. Ressalte-se, recebimento, e não conhecimento. Essa regra, contudo, pode ser afastada pela vontade das partes.

[4] O ORÇAMENTO COMO VERDADEIRO CONTRATO – Uma vez que o orçamento tenha sido aprovado, equivale ele a um contrato firmado pelas partes. Por isso mesmo, só a livre negociação pode alterar o seu conteúdo.

[5] OS SERVIÇOS DE TERCEIRO – O consumidor contrata com aquele que lhe oferta o orçamento. Havendo necessidade de serviço de terceiro, duas possibilidades se abrem.

Se o auxílio externo está previsto no orçamento (com todas as especificações exigidas pelo *caput*), o consumidor é responsável pelo valor do serviço que venha a ser prestado. Se, ao contrário, o orçamento é omisso a tal respeito, o consumidor, por isso mesmo, não assume qualquer ônus extra, cabendo ao fornecedor principal arcar com os encargos acrescidos.

> **Art. 41**. No caso de fornecimento de produtos ou de serviços sujeitos ao regime de controle ou de tabelamento de preços, os fornecedores deverão respeitar os limites oficiais sob pena de, não o fazendo, responderem pela restituição da quantia recebida em excesso, monetariamente atualizada, podendo o consumidor exigir, à sua escolha, o desfazimento do negócio, sem prejuízo de outras sanções cabíveis. [1][2]

COMENTÁRIOS

[1] O TABELAMENTO DE PREÇOS – Até pouco tempo, o tabelamento de preços era visto precipuamente pelo prisma administrativo e penal (Lei de Economia Popular). O Códi-

Art. 42-A | CÓDIGO BRASILEIRO DE DEFESA DO CONSUMIDOR

go altera o tratamento da matéria, introduzindo um outro mecanismo de implementação: a reparação civil.

[2] AS OPÇÕES DO CONSUMIDOR – Duas são as opções do consumidor:

a) a restituição da quantia paga em excesso;

b) o desfazimento do negócio.

Caso o consumidor opte pelo desfazimento do contrato, cabe, evidentemente, restituição da quantia paga, monetariamente atualizada.

Tudo isso sem prejuízo de sanções de outra natureza, sejam administrativas, sejam criminais, aí incluindo-se a multa.

Seção V [1]
Da cobrança de dívidas [2][3]

Art. 42. Na cobrança de débitos, o consumidor inadimplente não será exposto a ridículo, [4][5] nem será submetido a qualquer tipo de constrangimento [5] ou ameaça. [5][6][7][8]

Parágrafo único. O consumidor cobrado em quantia indevida tem direito à repetição do indébito, por valor igual ao dobro do que pagou em excesso, acrescido de correção monetária e juros legais, salvo hipótese de engano justificável. [9]

Art. 42-A. Em todos os documentos de cobrança de débitos apresentados ao consumidor, deverão constar o nome, o endereço e o número de inscrição no Cadastro de Pessoas Físicas – CPF ou no Cadastro Nacional de Pessoa Jurídica – CNPJ do fornecedor do produto ou serviço correspondente (Incluído pela Lei nº 12.039, de 1º.10.2009) [10].

COMENTÁRIOS

[1] A FONTE DE INSPIRAÇÃO DA SEÇÃO – Esta Seção V sofreu grande influência do projeto do *National Consumer Act*, na versão do seu *First Final Draft*, preparado pelo *National Consumer Law Center*, e da lei norte-americana conhecida por *Fair Debt Collection Practices Act*, promulgada em 1977.[378]

---

[378] Os pontos principais do *National Consumer Act* que influenciaram o texto brasileiro são os seguintes: "Section 7.202 (Threats or Coercion) No debt collector shall collect or attempt to collect any money alleged to be due and owing by means of any threat, coercion or attempt to coerce. Section 7.203 (Harassment; Abuse) No debt collector shall unreasonably oppress, harass, or abuse any person in connection with the collection of or attempt to collect any claim alleged to be due and owing by that person or another. Section 7.204 (Unreasonable Publication) No debt collector shall unreasonably publicize information relating to any alleged indebtedness or debtor. Section 7.205 (Fraudulent, Deceptive or Misleading Representations) No debt collector shall use any fraudulent, deceptive or misleading representation or means to collect or attempt to collect claims or to obtain information concerning consumers. Section 7.206 (Unfair or

Capítulo V · DAS PRÁTICAS COMERCIAIS | **Art. 42-A**

O preceito não constava do texto original da Comissão de Juristas. Foi novidade trazida pelo *Substitutivo Ministério Público-Secretaria de Defesa do Consumidor*. Na defesa de sua adoção, assim escrevi na justificativa juntada ao Substitutivo:

> "A tutela do consumidor ocorre *antes*, *durante* e *após* a formação da relação de consumo. São do conhecimento de todos os abusos que são praticados na cobrança de dívidas de consumo. Os artifícios são os mais distintos e elaborados, não sendo raros, contudo, os casos de ameaças, telefonemas anônimos, cartas *fantasiosas* e até a utilização de nomes de outras pessoas. No Brasil, infelizmente, não há qualquer proteção contra tais condutas. O consumidor – especialmente o de baixa renda – é exposto ao ridículo, principalmente em seu ambiente de trabalho, tendo, ainda, seu descanso no lar perturbado por telefonemas, muitos deles em cadeia e até em altas horas da madrugada."

[2] A COBRANÇA DE DÍVIDAS DE CONSUMO – Cobrar uma dívida é atividade corriqueira e legítima. O Código não se opõe a tal. Sua objeção resume-se aos excessos cometidos no afã do recebimento daquilo de que se é credor. E abusos há.

O próprio Congresso dos Estados Unidos, na Exposição de Motivos do *Fair Debt Collection Practices Act*, reconheceu que "há prova abundante do uso, por parte de cobradores de débitos, de práticas abusivas, enganosas e injustas em tal atividade. Práticas abusivas de cobrança de dívidas contribuem para o número de insolvências civis, para a instabilidade matrimonial, para a perda de emprego e para a invasão da privacidade individual".

Como se vê, o problema não é apenas brasileiro. É inerente mesmo à sociedade de consumo, já que o crédito transformou-se em sua mola mestra. E, evidentemente, todo credor – mesmo o usurário – quer receber de volta o que emprestou, somado à sua remuneração. Para tanto vai, muitas vezes, às últimas consequências: a cobrança judicial. Só que esta, em face dos obstáculos inerentes ao processo, não é nunca a opção primeira do credor. "Em decorrência da demora e custo envolvidos em um processo judicial, o credor, provavelmente, fará uso, a princípio, de táticas extrajudiciais de cobrança."[379]

Os abusos surgem exatamente nessa fase extrajudicial. O consumidor é abordado, das mais variadas formas possíveis, em seu trabalho, residência e lazer. Utiliza-se toda uma série de procedimentos vexatórios, enganosos e molestadores. Seus vizinhos, amigos e colegas de trabalho são incomodados. Não raras vezes vem ele a perder o emprego em face dos transtornos diretos causados aos seus chefes. As humilhações, por sua vez, não têm limites.

Um caso, entre tantos outros, levado ao PROCON de São Paulo, é ilustrativo. O consumidor inadimplente trabalhava em um escritório nas vizinhanças da Praça da Sé, no centro de São Paulo, uma das regiões mais movimentadas da cidade. A empresa de cobrança, não satisfeita com os telefonemas diários que fazia ao chefe do devedor, resolveu colocar na porta de seu serviço uma "banda de música", acompanhando palhaços, com cartazes, e que gritavam o nome do consumidor e o cobriam de adjetivos os mais variados.[380] Um exagero a que o nosso Direito não dava tratamento eficaz.[364]

Unconscionable Means) No debt collector shall use unfair or unconscionable means to collect or attempt to collect any claim".

[379] David G. Epstein & Steve H. Nickles, *Consumer law in a Nutshell*, St. Paul, West Publishing Co., 1981, p. 372.

[380] Não imagine que em países desenvolvidos a situação seja diversa. Tanto assim que, nos Estados Unidos, foi necessária a promulgação, em 1977, de uma lei especial, o *Fair Debt Collection Practices Act*, dirigida exatamente a tal matéria. Um bom exemplo do requinte a que chegaram as empresas de cobrança americanas vem relatado na decisão judicial Duty v. General Finance Co., 273 S.W.2d 64 (Tex. 1954). Segundo

Art. 42-A | CÓDIGO BRASILEIRO DE DEFESA DO CONSUMIDOR

[3] O OBJETO DO DISPOSITIVO[381]– Essa parte do Código não se preocupa com a formação do contrato de consumo. Limita-se a regrar alguns aspectos de sua *implementação* (execução) pelo fornecedor.

Diga-se, inicialmente, que o dispositivo não se consagra à cobrança judicial, isto é, àquela exercida em função de processo judicial, através de funcionários públicos. Destina-se, portanto, a controlar as cobranças extrajudiciais, em especial aquelas efetuadas por "empresas de cobrança".

Ao contrário do *Fair Debt Collection Practices Act*, o dispositivo do Código brasileiro regra *qualquer tipo* de cobrança extrajudicial, mesmo que exercida diretamente pelo próprio credor, sem a intermediação de empresa especializada na prestação desse tipo de serviço. O nosso texto, então, acompanha o modelo mais avançado de algumas leis estaduais dos Estados Unidos.[382]

De modo resumido, protegem-se a privacidade e a imagem pública do cidadão, na sua qualidade de consumidor. Por esse prisma, tudo é novidade. Proíbe-se, fundamentalmente, a sua exposição a ridículo, a interferência na sua privacidade e a utilização de inverdades.

[4] OS CONTATOS DO CREDOR COM TERCEIROS – O débito de consumo decorre de uma relação limitada às pessoas do fornecedor e do consumidor. Como consequência, qualquer esforço de cobrança há de ser dirigido contra a pessoa deste. Não pode envolver terceiros (a não ser aqueles que garantem o débito), nem mesmo os familiares do consumidor. Só excepcionalmente tal é possível, e tão só para aquisição de informação sobre o paradeiro do devedor.

Daí que são inadmissíveis as práticas de cobrança que, direta ou indiretamente, afetem pessoas outras que não o próprio consumidor. É um seriíssimo indício do intuito do credor de envergonhar ou vexar o inadimplente. Significa, em outras palavras, violação do art. 42, *caput*.

[5] AS PRÁTICAS PROIBIDAS – O art. 42 tem que ser lido em conjunto com o art. 71, sua face penal. Diz este:

"Utilizar, na cobrança de dívidas, de ameaça, coação, constrangimento físico ou moral, afirmações falsas, incorretas ou enganosas ou de qualquer outro procedimento que exponha o

---

o tribunal, os molestamentos praticados pela empresa poderiam ser resumidos da seguinte forma: "longos telefonemas diários para o Sr. e Sra. Duty; ameaças de colocá-los na lista negra do Serviço de Proteção ao Crédito; acusações de serem malandros; utilização de tom de voz alto, insinuante e rude; afirmações a seus vizinhos e empregadores de que eram malandros; indagação à Sra. Duty sobre o que estava fazendo com seu dinheiro, sendo esta acusada de gastá-lo de outras maneiras que não com o pagamento do empréstimo; ameaças de provocarem a perda dos seus empregos, a não ser que a dívida fosse saldada; telefonemas aos devedores, diversas vezes ao dia, nos seus ambientes de trabalho; ameaça de penhora dos seus salários; ataques à reputação dos autores junto a seus colegas de trabalho; solicitação aos seus patrões para que fizessem com que a dívida fosse liquidada; telefonemas para seus trabalhos; inundação de sua casa e locais de trabalho com uma imensidão de cartas de cobrança, cartões pardos, cartas com entrega especial e telegramas; envio de cartões com a seguinte abertura: 'Caro Cliente: Nós lhe fizemos um empréstimo porque imaginamos que você fosse honesto'; remessa, por volta da meia-noite, de telegramas e cartas com entrega especial, interrompendo seu sono; telefonema a um vizinho dizendo-se ser um irmão doente de um dos autores e, em outra ocasião, um enteado; telefonema interurbano, a cobrar, para o trabalho da mãe da Sra. Duty, em Wichita Falls; colocação de cartões vermelhos na porta de sua residência, com notas de insulto no seu verso e ameaças veladas; telefonema interurbano, a cobrar, para a casa do irmão do Sr. Duty, em Albuquerque, no Novo México, com custo de 11 dólares, incomodando-o com discurso sobre o alegado débito dos autores".

[381] As condutas mais graves encontravam resposta legal, só que ineficiente. Uma delas é a contravenção penal de perturbação do trabalho ou do sossego alheios (art. 42 da Lei das Contravenções Penais).

[382] É o caso do Estado de Wisconsin, cuja lei tem aplicação contra qualquer pessoa que cobre débitos, não se limitando às empresas especializadas em tal negócio.

Capítulo V · DAS PRÁTICAS COMERCIAIS | Art. 42-A

consumidor, injustificadamente, a ridículo, ou interfira com seu trabalho, descanso ou lazer. Pena – Detenção de três meses a um ano e multa."

São violações *per se* dos dois dispositivos:

a) a utilização de ameaça, coação, constrangimento físico ou moral;
b) o emprego de afirmações falsas, incorretas ou enganosas.

Esses dois grupos de afronta legal são proibidos de maneira absoluta. Em outras palavras: jamais é justificável, em cobrança extrajudicial, o uso de ameaça, coação, constrangimento físico ou moral, assim como de afirmações desconformes com a realidade.

Mas há outras formas de cobrança que não são vedadas pelo Código de modo absoluto. Admite-se, por exceção, sua utilização. São elas:

a) a exposição do consumidor a ridículo;
b) a interferência no trabalho, descanso ou lazer do consumidor.

[5.1] AS PROIBIÇÕES ABSOLUTAS – Existem certas práticas que não podem, em nenhuma hipótese, ser utilizadas por aquele que cobra dívida de consumo. Paira sobre elas proibição absoluta, havendo presunção *jure et de jure* de prejuízo para o consumidor. É o que analisaremos a seguir.

[5.1.1] A AMEAÇA – Nenhum credor ou preposto seu pode ameaçar o consumidor na cobrança de um débito. O conceito de ameaça aqui não é idêntico àquele do Código Penal (art. 147). É muito mais amplo.

Não se exige, em primeiro lugar, a gravidade do mal. Portanto, se o cobrador "ameaça" o consumidor de espalhar a notícia do débito entre todos os seus amigos ou colegas de trabalho, configurado está o ataque ao art. 42, bem como ao art. 71.

Em segundo lugar, não é necessário que a ameaça tenha o condão de assustar o consumidor. Tampouco requer-se diga ela respeito a mal físico. A simples ameaça patrimonial ou moral, quando desprovida de fundamento, já se encaixa no dispositivo. É o caso do proprietário de escola que, ao cobrar débito atrasado, ameaça impedir o aluno de fazer seus exames.

Tudo isso não quer dizer que qualquer palavra ou gesto do cobrador configure ameaça e baste para a aplicação dos dispositivos mencionados. De seu conceito exclui-se, a toda evidência, o exercício de direitos assegurados pelo ordenamento jurídico. Assim, se o credor avisa o consumidor que em sete dias estará propondo ação de cobrança, aí não há qualquer ameaça, mas, sim, a comunicação de um procedimento acobertado pelo Direito. Claro que, mesmo nesse caso, se houver puro "blefe", caracterizada está a infringência ao preceito, mas sob outro fundamento ("emprego de afirmações falsas, incorretas ou enganosas").

[5.1.2] A COAÇÃO E O CONSTRANGIMENTO FÍSICO OU MORAL – O Código, nesse ponto, utilizou sinônimos para proibir o mesmo fenômeno: o emprego de *vis absoluta* (violência absoluta) e de *vis relativa* (violência relativa) na cobrança de dívidas de consumo.

O consumidor, ao ser cobrado extrajudicialmente por um débito oriundo de uma relação de consumo, está protegido contra qualquer constrangimento físico ou moral. Naquela hipótese, tem ele sua vontade absolutamente anulada. Nesta, diversamente, em face de uma grave ameaça, sua vontade é manifestada de modo viciado (o cobrador que, armado com um revólver, diz: "o pagamento ou sua vida").

323

[5.1.3] O EMPREGO DE AFIRMAÇÕES FALSAS, INCORRETAS OU ENGANOSAS – No Direito tradicional, a verdade, como valor jurídico, só tinha importância na fase pré-negocial. Uma vez que faltasse, o negócio poderia estar irremediavelmente viciado. Consumado o contrato, muito pouco estava a impedir o credor de utilizar-se de artifícios, incluindo-se a mentira, para ver adimplida a obrigação.

Com o Código de Defesa do Consumidor, a correção das informações utilizadas pelo cobrador é fundamental. Inadmissível a cobrança de dívida de consumo alavancada por informações que não estejam totalmente em sintonia com a realidade dos fatos.

Afirmação falsa é aquela que não tem sustentação em dados reais. É a mentira pura e simples. Exemplos: o cobrador que se diz advogado sem o ser; a cobrança que afirma ter o consumidor cometido um crime, sem que tal esteja caracterizado; a afirmação de que a cobrança já está no departamento jurídico, sem que assim o seja, bem como a de que a cobrança daquele débito será feita judicialmente, quando o cobrador não tem a menor intenção ou condição material (o débito não compensa) de fazê-lo.

Já na informação incorreta, a desconformidade é parcial. Há um casamento de verdade e inverdade.

Finalmente, informação enganosa é aquela capaz de induzir o consumidor em erro, mesmo que literalmente verdadeira. Tal se dá especialmente porque é ambígua, ou dado necessário à sua boa compreensão é omitido. Tomada isoladamente, não é falsa nem incorreta. Mas, quando vista de maneira contextual, tem o condão de levar o consumidor a se comportar erradamente, acreditando em algo que não é. Isso no caso da omissão. Mas fica também caracterizada no uso de palavras, expressões e frases de sentido dúbio ou múltiplo.

É informação enganosa aquela cujo suporte material (impresso, por exemplo) traz timbres ou expressões que implicam qualidade ou poder que o cobrador não tem. Assim quando o impresso utiliza brasões do Município, do Estado ou da União, ou qualquer outro símbolo que leve o consumidor a imaginar que se trata de correspondência oficial. O mesmo raciocínio vale para correspondências redigidas de modo a simular a forma ou aparência de procedimento judicial. Também quando a pessoa que assina a correspondência se dá título que induz o consumidor a imaginar-se cobrado por funcionário do Estado ("agente de cobrança" ou "oficial de cobrança" etc.).

[5.2] AS PROIBIÇÕES RELATIVAS – Ao lado dessas práticas de cobrança que são terminantemente vedadas, há outras que recebem uma proibição relativa. Como regra, são interditadas. Excepcionalmente, porém, o ordenamento admite-as, desde que preenchidos certos requisitos. E a prova da presença destes compete ao cobrador. Vejamos.

[5.2.1] A EXPOSIÇÃO DO CONSUMIDOR A RIDÍCULO – O Código proíbe a exposição do consumidor a ridículo. É certo que uma cobrança de dívida sempre traz um potencial, por mínimo que seja, de exposição a ridículo. Afinal, ninguém gosta de ser cobrado. Por isso que o legislador exige, para a configuração da infração, que a exposição seja injustificável. Esta tem lugar quando o ato de cobrança pode ser efetuado sem tal exposição. E assim o é na grande maioria das vezes.

O que o Código quer aqui é evitar que o vexame seja utilizado como ferramenta de cobrança da dívida.

Expor a ridículo quer dizer envergonhar, colocar o consumidor perante terceiros em situação de humilhação. Pressupõe, então, que o fato seja presenciado ou chegue ao conhecimento de terceiros. Em certas circunstâncias, basta a possibilidade ou perigo de que tal ocorra.

Capítulo V · DAS PRÁTICAS COMERCIAIS | **Art. 42-A**

Qualquer ato ou coisa associada à cobrança pode servir para violar o comando do Código. Mesmo o simples *design* do envelope utilizado pelo cobrador é capaz de se transformar em uma forma indireta de vexar o consumidor. Tanto assim que o *Fair Debt Collection Practices Act* (FDCPA) proíbe, "quando a comunicação for feita por correio ou por telegrama, o uso, em qualquer envelope, de toda linguagem ou símbolo, que não o endereço do cobrador, exceção feita à utilização do nome comercial, se tal denominação não indicar que se trata de negócio de cobrança".[383]

A exposição a ridículo também se dá quando o credor divulga lista dos devedores. É prática comum em condomínios e escolas.

Igual resultado vexatório consegue-se com o emprego de "cartões de cobrança", sem qualquer invólucro, permitindo assim a leitura de seu conteúdo por terceiros (são os chamados, nos Estados Unidos, *shame cards* – cartões da vergonha).

[5.2.2] A INTERFERÊNCIA NO TRABALHO, DESCANSO OU LAZER – Na tramitação do Código no Congresso Nacional, os empresários, no intuito de derrubar o art. 42, afirmaram que, com a aprovação do texto, nenhum consumidor poderia ser cobrado em seu trabalho, residência ou mesmo na rua (lazer). Ou seja, não poderia ser cobrado nunca.

Não é assim. O legislador não proibiu a cobrança do débito nesses locais. Limitou-se a fixar limites. Permitida é a cobrança, desde que não *interfira* no trabalho, descanso ou lazer do consumidor.

Os vocábulos trabalho e descanso referem-se, respectiva e fundamentalmente, aos locais onde o consumidor exerce sua profissão e tem sua residência. Por lazer entenda-se os momentos de folga do consumidor: fim de semana, férias, compromissos sociais (festas de aniversário, casamento).

Por conseguinte, continua lícito enviar cartas e telegramas de cobrança ao consumidor no seu endereço comercial ou residencial. Ainda é permitido telefonar para ele nesses dois locais. O que se proíbe é que, a pretexto de efetuar cobrança, se interfira no exercício de suas atividades profissionais, de descanso e de lazer. O grau de interferência será avaliado caso a caso. Alguns parâmetros, podem, contudo, ser fixados *a priori*.

Uma vez que o cobrador saiba ou seja informado pelo consumidor de que seu empregador proíbe contatos telefônicos seus, qualquer tentativa de cobrança por essa via em seu ambiente de trabalho passa a ser ilícita.[384]

É ilícito, pelas mesmas razões, telefonar ao chefe, colegas, vizinhos ou familiares do devedor. Também não se admitem telefonemas em seu horário de descanso noturno. Vedados estão, igualmente, telefonemas ou visitas sucessivos. Tampouco podem os contatos com o consumidor ter lugar em horários inconvenientes.[385] Finalmente, sempre que o consumidor, de maneira clara, afirme sua impossibilidade de pagar o débito ou indique o nome de seu advogado, tais comunicações e contatos devem terminar.[386]

A utilização de linguagem rude ou obscena é tida como importunadora. É o que sucede também com os telefonemas não identificados, as ligações anônimas e os "trotes".

---

[383] Fair Debt Collection Practices Act, art. 808(8).

[384] É idêntica a solução do Direito norte-americano: o cobrador não pode comunicar-se com o consumidor "no seu lugar de trabalho se o cobrador da dívida sabe ou tem razão para saber que o empregador do consumidor proíbe-o de receber tal comunicação", art. 805(a)(3).

[385] Para a legislação norte-americana, a não ser quando tenha conhecimento de circunstância em contrário, é lícito ao cobrador comunicar-se com o consumidor no período das 8 às 21 horas. É a regra do *Fair Debt Collection Practices Act*, art. 805(a)(1).

[386] Ibidem, art. 805(c).

Art. 42-A | CÓDIGO BRASILEIRO DE DEFESA DO CONSUMIDOR

[6] AS PERDAS E DANOS – Uma vez que o procedimento do cobrador (o próprio fornecedor ou empresa de cobrança) cause danos ao consumidor, moral ou patrimonial, tem este direito à indenização. É a regra do art. 6º, VII.

Se o consumidor perdeu o emprego, ganhou a antipatia de seus vizinhos, foi envergonhado publicamente, teve sua reputação ferida, viu seu casamento afetado, em todos estes e em outros casos de prejuízos, faz jus à reparação. Aliás, igual é o tratamento do Direito norte-americano.[387]

[7] AS SANÇÕES ADMINISTRATIVAS – O Poder Público não deve assistir impassível aos abusos praticados na cobrança de dívidas de consumo. Afora a propositura de ações civis, nos termos da legitimidade que lhe dá o art. 82, tem ele, como verdadeiro dever-poder, que aplicar, nos casos de infringência ao art. 42, as sanções administrativas previstas no Código.

Em especial, são pertinentes as penas de multa, de suspensão do fornecimento do serviço (a cobrança de dívidas), de suspensão temporária de atividade e cassação de licença do estabelecimento ou da atividade.

[8] AS SANÇÕES PENAIS – Já mencionamos que o regramento das cobranças de dívidas de consumo, mais que qualquer outra parte do Código, vem casado com dispositivo da parte penal.

A capitulação penal está no art. 71: "Utilizar, na cobrança de dívidas, de ameaça, coação, constrangimento físico ou moral, afirmações falsas, incorretas ou enganosas ou de qualquer outro procedimento que exponha o consumidor, injustificadamente, a ridículo ou interfira com seu trabalho, descanso ou lazer. Pena – Detenção de três meses a um ano e multa."

Quando a cobrança for efetuada pelo próprio credor, pode, em certos casos, ocorrer um conflito aparente de normas entre o preceito do art. 71 e o do art. 345 do Código Penal (exercício arbitrário das próprias razões). Tratando-se de dívida de consumo, aplica-se o tipo especial. Ressalte-se que este, ao contrário daquele do art. 345, é de ação penal pública incondicionada.

Por derradeiro, havendo lesões corporais ou morte, dá-se concurso material entre o crime especial e os dos arts. 121 e 129 do Código Penal.

Na hipótese de constrangimento, a violência é punida separadamente com base no Código Penal. Tudo isso em face da determinação do art. 61 de que os crimes tipificados no Código de Defesa do Consumidor assim o são "sem prejuízo do disposto no Código Penal e leis especiais".

[9] A REPETIÇÃO DO INDÉBITO – O parágrafo único do art. 42 traz sanção civil para aquele que cobrar dívida em valor maior que o real. Regra parecida – com traços distintos, como veremos – encontra-se no art. 940 do Código Civil (art. 1.531 do Código Civil de 1916[388]).

---

[387] Ibidem, art. 813. Não foi exatamente a questão decidida no acórdão do Superior Tribunal de Justiça que assumiu contornos diversos do ponto de vista de perda e danos, sobretudo morais: "Civil e processual. Ação de indenização. Dano moral. Pedido exordial. Referência a montante meramente estimativa. Sucumbência recíproca. Não configurada. Arts. 1.531 do CC e 42 do CDC. Inaplicabilidade à espécie. Natureza diversa da lide em julgamento. I. Dada a multiplicidade de hipóteses em que cabíveis a indenização por dano moral, aliada à dificuldade na mensuração do valor do ressarcimento, tem-se que a postulação contida na exordial se faz em caráter meramente estimativa, não podendo ser tomada como pedido certo para efeito de fixação de sucumbência recíproca, na hipótese de a ação vir a ser julgada procedente em montante inferior ao assinalado na peça inicial. II. Proporcionalidade na condenação já fixada, porquanto a par de estabelecida em percentual razoável, se faz sobre o real montante da indenização a ser paga. III. Inaplicabilidade, à espécie, dos arts. 1.531 do Código Civil e 42 do CDC, uma vez que não se cuida da cobrança de dívida já paga, mas de indenização por prejuízos morais ocasionados pelo lançamento indevido do nome do autor no SPC. IV. Recurso especial não conhecido" (Recurso Especial nº 222.228-SC – 1999/0059835-0, rel. Min. Aldir Passarinho Jr., j. de 28.8.2001, votação unânime, seguindo voto do relator) (JGBF).

[388] O Supremo Tribunal Federal, ainda na vigência do CC de 1916, editou a Súmula nº 159: "Cobrança excessiva, mas de boa-fé, não dá lugar às sanções do art. 1.531, do Código Civil." Cf., também, nesse sentido,

Capítulo V · DAS PRÁTICAS COMERCIAIS | **Art. 42-A**

[9.1] O REGIME DO CÓDIGO CIVIL – Nos termos do art. 940 do Código Civil de 2002:

"Aquele que demandar por dívida já paga, no todo ou em parte, sem ressalvar as quantias recebidas, ou pedir mais do que for devido, ficará obrigado a pagar ao devedor, no primeiro caso, o dobro do que houver cobrado e, no segundo, o equivalente do que dele exigir, salvo se houver prescrição."

O art. 941, por sua vez, estabelece que:

"As penas previstas nos arts. 939 e 940 não se aplicarão quando o autor desistir da ação antes de contestada a lide, salvo ao réu o direito de haver indenização por algum prejuízo que prove ter sofrido."

Cuida-se, no art. 940, de excesso de pedido *re plus petitur*. O dispositivo, hoje – como à época da elaboração do Código Civil –, é oportuno. Na lição preciosa de Washington de Barros Monteiro, "comprovada a má-fé do autor, ao reclamar dívida já paga no todo ou em parte, sem ressalva das quantias anteriormente recebidas, deve arcar com a pena cominada ao seu procedimento doloso e extorsivo".[389]

[9.2] PRESSUPOSTOS DA SANÇÃO NO REGIME DO CDC – A pena do art. 42, parágrafo único, rege-se por três pressupostos objetivos e um subjetivo (= "engano justificável").

No plano objetivo, a multa civil só é possível nos casos de cobrança *de dívida*; além disso, a cobrança deve ser *extrajudicial*; finalmente, deve ela ter por origem uma dívida *de consumo*.

Sem que estejam preenchidos esses três pressupostos, aplica-se, no que couber, o sistema geral do Código Civil.[390]

---

[389] acórdão do Superior Tribunal de Justiça, com o seguinte teor: "Comercial. Contrato de cartão de crédito. Revisão contratual. Repetição do indébito. Cabimento. I. Admite-se a repetição do indébito de valores pagos em virtude de cláusulas ilegais, em razão do princípio que veda o enriquecimento injustificado do credor. II. Recurso especial conhecido e provido" (Recurso Especial nº 453.782-RS – 2002/0099085-9, rel. Min. Aldir Passarinho Jr., j. de 15.10.2002, 4ª turma, v.u., acompanhando o voto do relator). Do voto do relator, todavia, se extrai a seguinte ponderação ao assim decidir: "Relativamente à repetição do indébito, o entendimento desta Corte firmou-se que ela é possível, de forma simples, não em dobro, se verificada a cobrança de encargos ilegais, tendo em vista o princípio que veda o enriquecimento sem causa do credor, independente da comprovação do erro no pagamento, pela complexidade do contrato em discussão, no qual são debitados valores sem que haja propriamente má-fé em tanto". Em outro caso, desta feita na cobrança indevida de conta pelo fornecimento de água, o mesmo Superior Tribunal de Justiça assim decidiu: "Administrativo. Empresa concessionária de fornecimento de água. Relação de consumo. Aplicação dos arts. 2º e 42, parágrafo único, do Código de Defesa do Consumidor. 1. Há relação de consumo no fornecimento de água por entidade concessionária desse serviço público a empresa que comercializa com pescados. 2. A empresa utiliza o produto como consumidora final. 3. Conceituação de relação de consumo assentada pelo art. 2º, do Código de Defesa do Consumidor. 4. Tarifas cobradas a mais. Devolução em dobro. Aplicação do art. 42, parágrafo único, do Código de Defesa do Consumidor"(Recurso Especial nº 263.229-SP – 2000/0058972-1, rel. Min. José Delgado, j. de 14.11.2000, 1ª Turma, votação unânime, acompanhando o voto do relator) (JGBF).

[389] Washington de Barros Monteiro, *Curso de Direito Civil*, São Paulo, Saraiva, 1977, vol. 5, p. 404.

[390] Cf. acórdão proferido no REsp nº 1084815-SP, tendo como relatora a ministra Denise Arruda, 1ª Turma do STJ, j. de 23.6.2009, *DJe* de 5.8.2009: "Recurso especial. Processual civil. Administrativo. Tarifa de água e esgoto. Enquadramento no regime de economias. Culpa da concessionária. Restituição em dobro. 1. O art. 42, parágrafo único, do CDC estabelece que 'o consumidor cobrado em quantia indevida tem direito à repetição do indébito, por valor igual ao dobro do que pagou em excesso, acrescido de correção monetária e juros legais, salvo hipótese de engano justificável'. 2. Interpretando o referido dispositivo legal, as Turmas que compõem a Primeira Seção desta Corte de Justiça firmaram orientação no sentido de que 'o

Art. 42-A | CÓDIGO BRASILEIRO DE DEFESA DO CONSUMIDOR

[9.2.1] O PRESSUPOSTO DA COBRANÇA DE DÍVIDA – O dispositivo não deixa dúvida sobre seu campo de aplicação primário: "o consumidor cobrado em quantia indevida". Logo, só a cobrança de dívida justifica a aplicação da multa civil em dobro. Por conseguinte, "Não se tratando de cobrança de dívida, mas sim de transferência de numerário de uma conta corrente para outra, injustificável é a condenação em dobro do prejuízo efetivamente suportado pela vítima."[391-375]

[9.2.2] O PRESSUPOSTO DA EXTRAJUDICIALIDADE DA COBRANÇA[392] – Já fizemos referência ao fato de que toda esta Seção V destina-se somente às cobranças extrajudiciais.

---

engano, na cobrança indevida, só é justificável quando não decorrer de dolo (má-fé) ou culpa na conduta do fornecedor do serviço' (REsp nº 1.079.064/SP, 2ª Turma, Rel. Min. Herman Benjamin, *DJe* de 20.4.2009). Ademais, 'basta a culpa para a incidência de referido dispositivo, que só é afastado mediante a ocorrência de engano justificável por parte do fornecedor' (REsp 1.085.947/SP, 1ª Turma, Rel. Min. Francisco Falcão, *DJe* de 12.11.2008). Destarte, o engano somente é considerado justificável quando não decorrer de dolo ou culpa. 3. Na hipótese dos autos, conforme premissas fáticas formadas nas instâncias ordinárias, não é razoável falar em engano justificável. A cobrança indevida de tarifa de água e esgoto deu-se em virtude de culpa da concessionária, a qual incorreu em erro no cadastramento das unidades submetidas ao regime de economias. Assim, caracterizada a cobrança abusiva, é devida a repetição de indébito em dobro ao consumidor, nos termos do parágrafo único do art. 42 do CDC. 4. Recurso especial provido". Sobre a matéria cumpre também mencionar as Súmulas nos 322 e 416 do STJ, editadas nos seguintes termos: Súmula nº 322: "Para a repetição de indébito, nos contratos de abertura de crédito em conta-corrente, não se exige a prova do erro". Súmula nº 416: "A ação de repetição de indébito de tarifas de água e esgoto sujeita-se ao prazo prescricional estabelecido no Código Civil" (*DJe* de 16.12.2009) (JGBF).

[391] STJ, REsp nº 257.075/PE, 4ª Turma, rel. Min. Barros Monteiro, j. de 20.11.2001, v.u. Do voto vencedor extraem-se, outrossim, as seguintes ponderações: "Tanto o art. 1.531 do Código Civil como o art. 42, parágrafo único, do CDC, não justificam a reparação dobrada a que foi condenado o Banco. Quanto àquele preceito legal mencionado, claro está que o estabelecimento bancário não ingressou em juízo para cobrar do correntista uma dívida já paga. Apenas promoveu débitos em conta-corrente, o que é sabidamente diverso do ajuizamento de uma demanda. Depois e substancialmente, para que se imponha a pena instituída pelo referido art. 1.531 do CCB é de inteiro rigor, conforme jurisprudência assente, que o credor proceda de maneira maliciosa, de ostensiva má-fé, circunstância que também não se acha presente no caso em tela. De outra banda, o art. 42, parágrafo único, do Código de Defesa do Consumidor, não encontra pertinência na espécie em apreciação, bastando que se atente para a sua induvidosa dicção: 'O consumidor cobrado em quantia indevida tem direito à repetição do indébito, por valor igual ao dobro do que pagou em excesso, acrescido de correção monetária e juros legais, salvo hipótese de engano justificável'. Aqui, consoante salientado, não há cobrança, simplesmente, mas transferência de importâncias de uma para outra conta-corrente, sem autorização". Neste caso, conforme se verifica, ficou também patenteada a discussão em torno do dano moral, que nada tem a ver diretamente com a matéria que ora se cuida, sobretudo quando se cuida da pré-estimativa das perdas e danos. Com efeito, ainda do voto acima colacionado, depuramos o seguinte: "Olvidou-se a eg. Câmara da advertência que ela própria houvera erigido ao evocar o magistério do Professor Caio Mário da Silva Pereira: 'a soma não deve ser tão grande que se converta em fonte de enriquecimento, nem tão pequena que se torne inexpressiva' (fls. 387). Demais disso, a quantificação do dano moral não deve referir-se ao prejuízo de cunho patrimonial sofrido pela vítima. Deve, antes, ater-se ao tratamento do agente. Certo é que cabe ponderar-se sobre a situação social e cultural do ofendido e, bem assim, a capacidade financeira do ofensor. Segundo orientação imprimida por esta Corte, os parâmetros definidos pela chamada Lei de Imprensa podem ser adotados em determinados casos, mas não de maneira compulsória..." (JGBF).

[392] Na hipótese objeto do Recurso Especial nº 200.827-SP – 1999/0002970-4, rel. Min. Carlos Alberto Menezes Direito, j. de 15.10.2002, 4ª Turma do STJ, por votação unânime, nos termos do voto do relator, decidiu-se pela repetição em dobro de quantias cobradas ilegalmente de candidatos a inquilinos, em sede de ação civil pública promovida pelo PROCON de São Paulo, em face de uma administradora de bens imóveis, mas em razão da cobrança ser manifestamente ilegal, ou seja, contrariando preceitos tanto da antiga como da atual "lei de locações". Isto é, no sentido de que quaisquer encargos relativos a contratos de locação de imóveis (despesas com cadastro dos candidatos a inquilinos, de elaboração de contratos, sua renovação etc.) são

Não interfere, em momento algum, com a atuação judicial de cobrança. Eventual excesso ou desvio nesta será sancionado nos termos do art. 940 do Código Civil.

A sanção do art. 42, parágrafo único, dirige-se tão somente àquelas cobranças que não têm o *munus* do juiz a presidi-las. Daí que, em sendo proposta ação visando à cobrança do devido, mesmo que se trate de dívida de consumo, não mais é aplicável o citado dispositivo, mas, sim, não custa repetir, o Código Civil.

No sistema do Código Civil, a sanção só tem lugar quando a cobrança é judicial, ou seja, pune-se aquele que movimenta a máquina do Judiciário injustificadamente.

Não é esse o caso do Código de Defesa do Consumidor. Usa-se aqui o verbo *cobrar*, enquanto o Código Civil refere-se a *demandar*. Por conseguinte, a sanção, no caso da lei especial, aplica-se sempre que o fornecedor (direta ou indiretamente) cobrar e receber, extrajudicialmente, quantia indevida.

O Código de Defesa do Consumidor, preventivo por excelência, enxerga o problema em estágio anterior ao tratado pelo Código Civil. E não poderia ser de modo diverso, pois se o parágrafo único do art. 42 do CDC tivesse aplicação restrita às mesmas hipóteses fáticas do art. 940 do CC, faltar-lhe-ia utilidade prática, no sentido de aperfeiçoar a proteção do consumidor contra cobranças irregulares, a própria *ratio* que levou, em última instância, à intervenção do legislador.

Além disso, o parágrafo único sob análise é norma complementar ao *caput* do art. 42 – e ninguém diz ou defende que o *caput* rege apenas a cobrança judicial de débitos de consumo!

Exatamente por regrar, no *iter* da cobrança, estágio diverso e anterior (mas nem por isso menos gravoso ao consumidor) àquele tratado pelo CC é que o CDC impõe requisito inexistente na norma comum. Note-se que, ao revés do que sucede com o regime civil, há necessidade de que o consumidor tenha, de fato, *pago* indevidamente. Não basta a simples cobrança. No art. 940, é suficiente a simples *demanda*.

Por tudo o que se disse, cabe a aplicação do art. 42, parágrafo único, a toda e qualquer cobrança extrajudicial de dívida de consumo. Consequentemente, a negativação do nome do consumidor em SPC, SERASA ou outro serviço de proteção ao crédito enseja ao devedor cobrado ilegalmente pleitear a multa civil no dobro do valor indevido, sem prejuízo de perdas e danos de cunho moral, decorrentes da sua inclusão, sem justa causa, no rol dos devedores, prática que, sem dúvida, ofende sua honra pessoal e reputação de consumo.

A incerteza que reina na jurisprudência, nesse ponto, decorre da confusão entre *fato ilícito de cobrança* e *fato ilícito de negativação*. Embora as duas situações costumeiramente apareçam como irmãs siamesas, nem sempre é assim.

[9.2.3] O PRESSUPOSTO DA QUALIDADE DE CONSUMO DA DÍVIDA COBRADA – Sabemos, o Código de Defesa do Consumidor só regra relações jurídicas de consumo. Aí está o seu objeto: os chamados atos mistos, que apresentam, de um lado, um fornecedor e,

---

de responsabilidade do dono do imóvel (por força do que determina o inciso VI do art. 22 da Lei nº 8.245, de 18.10.1991), caracterizando a sua cobrança indevida até mesmo contravenção penal (inciso I do art. 43 da referida lei). Ou, mais precisamente, conforme constante da ementa do aresto trazido à baila: "(...) 4. A repetição do indébito pelo valor em dobro não se impõe quando presente engano justificável, o que não é o caso quando o Acórdão recorrido identifica a existência de fraude à lei". Veja-se, ainda no âmbito do Superior Tribunal de Justiça, como foi tratada hipótese flagrante de cobrança indevida: "Demanda. Dívida já paga. Restituição. Dobro. Verificado que a demanda versa sobre dívida já paga, o juiz pode aplicar de ofício ao litigante malicioso a sanção de pagar em dobro o que indevidamente exigia (art. 1.531 do CC/1916). Note-se tratar de pedido de falência, mas, mesmo assim, não há falar em reconvenção ou nova ação, visto que o pedido contém a possibilidade de elisão, de se transformar em cobrança" (REsp nº 229.259-SP, rel. Min. Ruy Rosado, j. de 27.5.2003) (JGBF).

Art. 42-A | CÓDIGO BRASILEIRO DE DEFESA DO CONSUMIDOR

do outro, um consumidor. São excluídos do regramento da lei especial os atos estritamente comerciais e os civis.

Daí que a sanção do art. 42, parágrafo único, só se aplica às dívidas de consumo, isto é, àquelas oriundas de uma relação de consumo, de regra um contrato. E este pode ser de compra e venda, de locação, de *leasing* etc.

Fundando-se a cobrança extrajudicial em débito de consumo, o Código Civil, com seu art. 940, é afastado pelo regime especial, mantendo-se, contudo, aplicável a dívidas decorrentes de outros fatos ou atos que não os de consumo.

[9.3] A VIOLAÇÃO OBJETIVA DA BOA-FÉ E A DESNECESSIDADE DE CULPA PARA A APLICAÇÃO DA SANÇÃO – Se o engano é justificável, não cabe a repetição.

Em edições anteriores mencionei: "No Código Civil, só a má-fé permite a aplicação da sanção. Na legislação especial, tanto a má-fé como a culpa (imprudência, negligência e imperícia) dão ensejo à punição. O engano é justificável exatamente quando não decorre de dolo ou de culpa. É aquele que, não obstante todas as cautelas razoáveis exercidas pelo fornecedor-credor, manifesta-se."

Porém, decisão do STJ, de minha relatoria, consolidou, em Embargos de divergência entre a primeira seção (direito público) e a segunda seção (direito privado) do Superior Tribunal de Justiça, o entendimento de que a repetição em dobro no CDC é cabível "quando a cobrança indevida consubstanciar conduta contrária à boa-fé objetiva, ou seja, deve ocorrer independentemente da natureza do elemento volitivo", afirmando a ementa: "A presente divergência deve ser solucionada à luz do princípio da vulnerabilidade e do princípio da boa-fé objetiva, inarredável diretriz dual de hermenêutica e implementação de todo o CDC e de qualquer norma de proteção do consumidor. O art. 42, parágrafo único, do CDC faz menção a engano e nega a devolução em dobro somente se for ele justificável. Ou seja, a conduta-base ou ponto de partida para a repetição dobrada de indébito é o engano do fornecedor. Como argumento de defesa, a justificabilidade (= legitimidade) do engano, para afastar a devolução em dobro, insere-se no domínio da causalidade, e não no domínio da culpabilidade, pois esta se resolve, sem apelo ao elemento volitivo, pelo prisma da boa-fé objetiva. 11. Na hipótese dos autos, necessário, para fins de parcial modulação temporal de efeitos, fazer distinção entre contratos de serviços públicos e contratos estritamente privados, sem intervenção do Estado ou de concessionárias. REPOSICIONAMENTO PESSOAL DO RELATOR PARA O ACÓRDÃO SOBRE A MATÉRIA. 12. Ao apresentar a tese a seguir exposta, esclarece-se que o Relator para o acórdão reposiciona-se a respeito dos critérios do parágrafo único do art. 42 do CDC, de modo a reconhecer que a repetição de indébito deve ser dobrada quando ausente a boa-fé objetiva do fornecedor na cobrança realizada. É adotada, pois, a posição que se formou na Corte Especial, lastreada no princípio da boa-fé objetiva e consequente descasamento de elemento volitivo, consoante Voto-Vista do Ministro Luis Felipe Salomão e manifestações apresentadas pelos eminentes Pares, na esteira de intensos e ricos debates nas várias sessões em que o tema foi analisado. Realça-se, quanto a esses últimos, trecho do Voto do Ministro Og Fernandes: 'A restituição em dobro de indébito (parágrafo único do art. 42 do CDC) independe da natureza do elemento volitivo do agente que cobrou o valor indevido, revelando-se cabível quando a cobrança indevida consubstanciar conduta contrária à boa-fé objetiva'. CONTRATOS QUE ENVOLVAM O ESTADO OU SUAS CONCESSIONÁRIAS DE SERVIÇOS PÚBLICOS. 13. Na interpretação do parágrafo único do art. 42 do CDC, deve prevalecer o princípio da boa-fé objetiva, métrica hermenêutica que dispensa a qualificação jurídica do elemento volitivo da conduta do fornecedor. 14. A esse respeito, o entendimento prevalente nas Turmas da Primeira Seção do STJ é o de dispensar a exigência de dolo, posição sem dúvida inspirada na preeminência e inafastabilidade do princípio da vulnerabilidade do consumidor e do princípio da boa-fé objetiva. [...] 18. Ora, se a regra da responsabilidade civil objetiva impera, universalmente, em prestações de serviço público, como admitir que, nas relações de consumo – na presença de sujeito (consumidor) caracterizado *ope legis* como vulnerável (CDC, art. 4º, I) –, o paradigma jurídico seja o da responsabilidade subjetiva (com dolo ou culpa)? Seria contrassenso atribuir tal privilégio ao fornecedor, mormente por ser fato notório que dezenas de milhões dos destinatários finais dos serviços públicos, afligidos por cobranças indevidas, personificam não só sujeitos vulneráveis, como também sujeitos indefesos e hipossuficientes econômica e juridicamente, ou seja, carentes em sentido lato, destituídos de meios financeiros, de informação e de acesso à justiça. 19. Compreensão distinta, centrada na necessidade de prova de elemento volitivo, na realidade inviabiliza a devolução em dobro, p. ex., de pacotes de serviços telefônicos jamais solicitados pelo consumidor, bastando ao fornecedor invocar uma justificativa qualquer para seu engano. Nas condições do mercado de consumo massificado, impor ao consumidor prova de dolo ou culpa corresponde a castigá-lo com ônus incompatível com os princípios da vulnerabilidade e da boa-fé objetiva, legitimando, ao contrário dos cânones do microssistema, verdadeira prova diabólica, o que contraria frontalmente a filosofia e *ratio* ético-social do CDC. Assim, a expressão 'salvo hipótese de engano justificável' do art. 42, parágrafo único, do CDC deve ser apreendida como elemento de causalidade, e não como elemento de culpabilidade. [...] fica assim definida a resolução da controvérsia: a repetição em dobro, prevista no parágrafo único do art. 42 do CDC, é cabível quando a cobrança indevida consubstanciar conduta contrária à boa-fé objetiva, ou seja, deve ocorrer independentemente da natureza do elemento volitivo. PARCIAL MODULAÇÃO TEMPORAL DOS EFEITOS DA PRESENTE DECISÃO. 25. O art. 927, § 3º, do CPC/2015 prevê a possibilidade de modulação de efeitos não somente quando alterada a orientação firmada em julgamento de recursos repetitivos, mas também quando modificada jurisprudência dominante no STF e nos tribunais superiores. 26. Na hipótese aqui tratada, a jurisprudência da Segunda Seção, relativa a contratos estritamente privados, seguiu compreensão (critério volitivo doloso da cobrança indevida) que, com o presente julgamento, passa a ser completamente superada, o que faz sobressair a necessidade de privilegiar os princípios da segurança jurídica e da proteção da confiança dos jurisdicionados. 27. Parece prudente e justo, portanto, que se deva modular os efeitos da presente decisão, de maneira que o entendimento aqui fixado seja aplicado aos indébitos de natureza contratual não pública cobrados após a data da publicação deste acórdão. TESE FINAL. 28. Com essas considerações, conhece-se dos Embargos de Divergência para, no mérito, fixar-se a seguinte tese: A repetição em dobro, prevista no parágrafo único do art. 42 do CDC, é cabível quando a cobrança indevida consubstanciar conduta contrária à boa-fé objetiva, ou seja, deve ocorrer independentemente da natureza do elemento volitivo (EAREsp 600.663/RS, Corte Especial, Rel. Min. Maria Thereza de Assis Moura, Rel. p/ Acórdão Min. Herman Benjamin, julgado em 21/10/2020, *DJe* 30/03/2021). MODULAÇÃO DOS EFEITOS. 29. Impõe-se MODULAR OS EFEITOS da presente decisão para que o entendimento aqui fixado – quanto a indébitos não decorrentes de prestação de serviço público – se aplique somente a cobranças realizadas após a data da publicação do presente acórdão. RESOLUÇÃO DO CASO CONCRETO. 30. Na hipótese dos autos, o acórdão recorrido fixou como requisito a má-fé, para fins do parágrafo único do art. 42 do CDC, em indébito decorrente de contrato de prestação de serviço público de telefonia, o que está dissonante da compreensão aqui fixada. Impõe-se a devolução em dobro do indébito. CONCLUSÃO. 31. Embargos de Divergência providos (EAREsp 600.663/RS, Corte Especial, Rel. Min. Maria Thereza de Assis Moura, Rel. p/ Acórdão Min. Herman Benjamin, julgado em 21/10/2020, *DJe* 30/03/2021).

A prova da *justificabilidade* do engano, na medida em que é matéria de defesa, compete ao fornecedor. O consumidor, ao reclamar o que pagou a mais e o valor da sanção, prova apenas que o seu pagamento foi indevido e teve por base uma cobrança desacertada do credor.

Art. 42-A | CÓDIGO BRASILEIRO DE DEFESA DO CONSUMIDOR

Exemplo típico de não justificabilidade do engano é o que ocorre com as cobranças por computador. A automação das cobranças não pode levar o consumidor a sofrer prejuízos. Mais ainda quando se sabe que, na sociedade de consumo, o consumidor, em decorrência da facilidade de crédito, não tem um único débito a pagar e a controlar. E isso dificulta sua verificação rígida. Assim, os erros atribuídos ao *manuseio pessoal* do computador são imputáveis ao fornecedor. Consideram-se injustificáveis, pois lhe cabe o dever de conferir todas as suas cobranças, em especial aquelas computadorizadas.

De outro modo, é justificável o engano quando decorrente de "vírus" no programa do computador, de mau funcionamento da máquina, de demora do correio na entrega de retificação da cobrança original.

Não é engano justificável o erro de cálculo elaborado por empregado do fornecedor. É hipótese bastante comum nos contratos imobiliários, particularmente nas aquisições da casa própria, onde as variáveis são múltiplas e as bases de cálculo têm enorme complexidade. Como a maioria dos consumidores, de regra, em tais casos, não descobre o "equívoco", há sempre um enriquecimento imerecido por parte do fornecedor.

É despiciendo dizer que, em todos esses casos de cobrança indevida, é admissível a *class action* (ação coletiva para a defesa de interesses individuais homogêneos) dos arts. 91 a 100.

[9.4] COBRANÇA INDEVIDA POR USO DE CLÁUSULAS OU CRITÉRIOS ABUSIVOS – Muitas vezes, a cobrança indevida não decorre de erro de cálculo *stricto sensu*, mas da adoção, pelo credor, de *critérios* de cálculo e *cláusulas contratuais* financeiras não conformes com o sistema legal de proteção do consumidor.

Tal se dá, por exemplo, quando o fornecedor utiliza cláusula contratual abusiva, assim considerada pela lei ou por decisão judicial. Nesse sentido já se manifestou o STJ, pela voz do min. Aldir Passarinho Junior:

> "Admite-se a repetição do indébito de valores pagos em virtude de cláusulas ilegais, em razão do princípio que veda o enriquecimento injustificado do credor."[393]

Igual é a situação nos contratos de locação residencial, que, embora administrados por lei própria, são, inegavelmente, contratos de consumo (art. 7º, *caput*). Em tais contratações, as imobiliárias, muitas vezes à revelia do próprio locador, cobram uma série de despesas indevidas. E uma vez que o fornecedor (locador) cobre do consumidor (locatário), por exemplo, a *quantia ou valor além* do aluguel e *encargos permitidos*,[394] aplica-se integralmente o art. 42, parágrafo único, do CDC. Isso além das contravenções penais previstas no art. 43 da Lei nº 8.245/91.[395]

[9.5] OS JUROS E A CORREÇÃO MONETÁRIA – Ao contrário do Código Civil, o art. 42, parágrafo único, prevê, expressamente, a atualização monetária do valor pago indevidamente (e da própria sanção); também determina-se o pagamento de juros legais.

Claro está que, além da sanção propriamente dita, da restituição do que pagou indevidamente e dos juros legais, o consumidor – embora não dito expressamente no dispositivo – faz jus a perdas e danos, desde que comprovados. É, novamente, a regra geral do art. 6º, VII.

---

[393] STJ, REsp nº 453.782/RS, 4ª Turma, rel. Min. Aldir Passarinho Junior, j. de 15.10.2002, v.u. No mesmo sentido: "Deve ser restituída em dobro a quantia cobrada a mais em razão de cláusulas contratuais nulas, constantes de contrato de financiamento para aquisição de veículo com garantia de alienação fiduciária" (STJ, REsp nº 328.338/MG, 4ª Turma, rel. Min. Ruy Rosado de Aguiar, j. de 15.4.2003, v.u.).

[394] Cf. Lei nº 8.245/91, art. 43, inc. I.

[395] Lembrança feita ao Autor pelo atento advogado de Belo Horizonte Luiz Fernando Augusto.

Capítulo V · DAS PRÁTICAS COMERCIAIS | Art. 42-A

[9.6] O VALOR DA SANÇÃO – A sanção nem sempre tomará por parâmetro o valor daquilo que foi pago. A não ser que este, por inteiro, seja indevido.

O mais comum, em tais casos, é o consumidor pagar, a um só tempo, algo que é devido acoplado a algo que não o é. Só sobre este último é calculado, então, o *quantum* da sanção (o seu dobro), bem como os juros legais e correção monetária.

[10] IDENTIFICAÇÃO DO FORNECEDOR[396] – O novel dispositivo acrescentado pela Lei nº 12.039/2009, como se verifica, exige que o fornecedor de produtos e serviços se faça identificar de maneira cabal. Ou seja, "em todos os documentos de cobrança de débitos apresentados ao consumidor deverão constar o nome, o endereço e o número de inscrição no Cadastro de Pessoas Físicas – CPF ou no Cadastro Nacional de Pessoa Jurídica – CNPJ do fornecedor do produto ou serviço correspondente".

Embora sejamos inteiramente contrários a modificações no texto do Código de Defesa do Consumidor, conforme deixamos claro no item 3 do Título I desta obra (Dos Direitos do Consumidor) até porque se cuida, conforme já se verificou alhures, de uma lei de cunho muito mais principiológico do que dispositivo, embora também o seja, não podemos descartar a utilidade do ora comentado dispositivo.

Com efeito, nossa experiência prática como operador do Direito tem demonstrado que, sobretudo com a difusão cada vez maior da internet, não apenas no que tange à publicidade de produtos e serviços, atividades essas pré-contratuais, como também nas propriamente contratuais (i.e., na formação dos contratos) e nas pós-contratuais (i.e., no que diz respeito a reparos de produtos e reexecução de serviços, mediante o acionamento de SACs – Serviços de Atendimento ao Consumidor), o consumidor muitas vezes corre o risco de estar falando e transmitindo sem repercussão junto ao fornecedor, em prejuízo de suas legítimas reivindicações.

Tome-se, por exemplo, a disponibilização de serviços pela internet, como no caso de postagem de anúncios para venda de objetos por consumidores ou até por não consumidores, ou a compra de produtos por *sites* diversos.

O que geralmente se disponibiliza ao consumidor é apenas um *e-mail*, com perguntas padrões previamente engendradas no próprio *site*, e até se pedindo para que não se responda a eventual mensagem. Caso a falta de contato persista, até porque uma simples dúvida de como operar o objeto adquirido, ou sobre o pagamento efetuado mediante transferência de valores ao fornecedor eletronicamente, pode fugir à padronização das mensagens reputadas mais corriqueiras pelo fornecedor, o consumidor não terá como reclamar, evitar contratempos, ou mesmo informar-se sobre como operar um produto.

Se isso ocorre, digamos, com simples informações, imagine-se no que toca à cobrança de dívidas.

E eis um exemplo prático: um consumidor anunciou à venda, como vendedor particular, não habitual, em *site* especializado, e, por conseguinte, como consumidor desse serviço, um veículo de sua propriedade, inclusive com fotos. O anúncio se repetiu por mais duas vezes, em intervalos de 30 dias cada um, sendo certo que os dois primeiros pagamentos foram efetuados mediante boleto bancário. Ocorre que, para pagar o terceiro anúncio, o consumidor efetuou transferência bancária via internet. O fornecedor do serviço, contudo, não acusou em sua contabilidade o pagamento, e passou a cobrar o consumidor de forma insistente, mas sem fornecer-lhe um meio de comunicação. Ou seja, tirando as chamadas *perguntas mais frequentes*, o consumidor não tinha como contatar o fornecedor, pois sequer um número telefônico havia

---

[396] Item acrescentado pelo atualizador e coautor da obra, José Geraldo Brito Filomeno.

Art. 43 | CÓDIGO BRASILEIRO DE DEFESA DO CONSUMIDOR

no *site*, e muito menos um endereço para encaminhamento de correspondência. E o que é pior: as cobranças foram sendo feitas de forma insistente, sempre pelo *e-mail* do consumidor, chegando a ameaçá-lo de negativação mediante inscrição de seu nome no SERASA e SPC.

O único caminho do consumidor foi, então, por diligência própria, e com muito custo, descobrir o endereço físico do fornecedor, ingressando com ação de rescisão contratual (da publicidade virtual) cumulada com perdas e danos, com fundamento no inc. VII do art. 6º e parágrafo único do art. 42 do Código de Defesa do Consumidor.[397] Nessa ação o consumidor chamou a atenção ao julgador exatamente para a falta de identificação completa do fornecedor que, em audiência, aliás, fez acordo confessando, inclusive o pedido, e lamentando que por falha interna não teria acusado o pagamento já efetuado.

Desta forma, o novo dispositivo parece atender a esses reclamos. Todavia, entendemos que foi mal colocado no texto legal. Tratando-se de manifesta prática abusiva, melhor teria sido sua inserção como um dos incisos do art. 39 da lei consumerista que, como se sabe, elenca um rol não taxativo, mas meramente exemplificativo, de práticas consideradas abusivas (JGBF).

Seção VI
[1][3][4][5][6][7][8][9][10] [10.1] [10.2] [14][15][16]
Dos bancos de dados [2] e cadastros
de consumidores [11][12]

Art. 43. O consumidor, sem prejuízo do disposto no art. 86, terá acesso [13.2] às informações existentes em cadastros, fichas, registros e dados pessoais e de consumo [12.2.2] arquivados sobre ele, bem como sobre as suas respectivas fontes [14][15][16].

§ 1º Os cadastros e dados de consumidores devem ser objetivos, claros, verdadeiros e em linguagem de fácil compreensão, [12.3.2] não podendo conter informações negativas referentes a período superior a cinco anos. [12.4] [14][15][16]

§ 2º A abertura de cadastro, ficha, registro e dados pessoais e de consumo deverá ser comunicada por escrito ao consumidor, quando não solicitada por ele. [13.1] [14] [15] [16]

§ 3º O consumidor, sempre que encontrar inexatidão nos seus dados e cadastros, poderá exigir sua imediata correção, devendo o arquivista, no prazo de cinco dias úteis, comunicar a alteração aos eventuais destinatários das informações incorretas. [13.3] [14][15][16]

§ 4º Os bancos de dados e cadastros relativos a consumidores, os serviços de proteção ao crédito e congêneres são considerados entidades de caráter público. [17]

§ 5º Consumada a prescrição relativa à cobrança de débitos do consumidor, não serão fornecidas, pelos respectivos Sistemas de Proteção ao Crédito, quaisquer informações que possam impedir ou dificultar novo acesso ao crédito junto aos fornecedores. [12.4][14][15][16]

---

[397] Juizado Especial Cível Central da Capital, São Paulo, Anexo Universidade Presbiteriana Mackenzie, Proc. nº 07.762346.

> § 6º Todas as informações de que trata o *caput* deste artigo devem ser disponibilizadas em formatos acessíveis, inclusive para a pessoa com deficiência, mediante solicitação do consumidor. (Incluído pela Lei nº 13.146, de 2015)

COMENTÁRIOS

[1] FONTES DE INSPIRAÇÃO DESTA SEÇÃO – Até a promulgação do CDC, o Brasil, por inacreditável que seja, não contava com qualquer disciplina legal para os arquivos de consumo.

Eram notórios os abusos imputáveis a essa modalidade recente de coleta, organização e prestação de informações sobre a idoneidade pessoal e financeira das pessoas. Informações levadas ao conhecimento público, divulgadas pelos mais diversos meios de comunicação, em procedimentos banalizados, ensejando, como seria de se esperar, insatisfação generalizada, decorrência natural da gravidade e frequência de suas incursões indevidas.

Foram esses fatos que me levaram a redigir a presente Seção e apresentá-la, primeiro à comissão conjunta do Ministério Público de São Paulo e Secretaria de Defesa do Consumidor, e, depois, à própria Comissão de Juristas do CNDC (Conselho Nacional de Defesa do Consumidor). O texto por mim redigido não sofreu alteração significativa, seja nas comissões do Anteprojeto, seja na tramitação legislativa.

Como sucedera com a proposta para o regramento da cobrança de dívidas de consumo (art. 42), aqui – mais no art. 43 do que no art. 44 – fui buscar inspiração no Direito dos Estados Unidos, tanto na legislação à época em vigor, quanto em propostas legislativas elaboradas por instituições especializadas, como o *National Consumer Law Center*.

Primeiro, foi útil a estrutura do *National Consumer Act*, na sua primeira versão final (*First Final Draft*), um anteprojeto de lei-modelo preparado pelo *National Consumer Law Center*. Segundo, levei em conta o *Fair Credit Reporting Act* (*FCRA*), aprovado pelo Congresso americano em 1970 e ainda em vigor, incorporado ao *Consumer Credit Protection Act*, como seu Título VI.

Tal fonte de inspiração não poderia ser mais apropriada. Nação com mercado de consumo maduro já no final dos anos de 1960, quando surgiram as primeiras manifestações organizadas de defesa do consumidor, os Estados Unidos estão há muito familiarizados com os problemas associados aos arquivos de consumo. Lá, não obstante as variações de denominação de lugar para lugar, podemos identificar três centrais principais de bancos de dados de consumo – entidades denominadas *credit reporting agencies* ou *credit bureaus*: *TRW Information Services, Equifax Credit Information Services* e *Trans-Union Credit Information Company*.

Nessa parte do CDC, a influência europeia, em especial a comunitária, foi mínima, conquanto só em 1995 deu-se a promulgação da Diretiva europeia sobre o tema (Diretiva nº 95/46).

O CDC, quando comparado com os modelos de controle de bancos de dados de outros países, continua a ser um dos mais avançados sistemas do mundo, assegurando efetiva proteção aos consumidores, sem inviabilizar a atuação dos arquivos de consumo. A jurisprudência, tanto a dos Estados como, principalmente, a do STJ, vem dando uma contribuição essencial à aplicação efetiva do CDC.[398]

---

[398] No tema dos bancos de dados de consumo, não só a jurisprudência vem se encarregando de esclarecer e ampliar o campo de aplicação dos dispositivos pertinentes do CDC, como se observa uma notável produção

Art. 43 | CÓDIGO BRASILEIRO DE DEFESA DO CONSUMIDOR

A Lei 13.709/2018 (Lei Geral de Proteção de Dados Pessoais – LGPD) é mais um passo na evolução da regulação dos arquivos de consumo e faz expressa menção da proteção do consumidor (arts. 2º, 8º, 45 e 64), assegurando um diálogo entre estas fontes.[399] O art. 64 da LGPD tem clara inspiração no art. 7º do CDC, mas vai mais adiante e inclui os princípios como fontes de inspiração. Neste sentido, destaque-se a atualização em abril de 2021 dos Princípios da OEA sobre proteção de dados.[400] A Lei nº 13.853, de 8.7.2019, criou a Autoridade Nacional de Proteção de Dados, que tem o dever de articulação e trabalho conjunto com o SNDC (art. 18 da LGPD). Aqui também se destaquem as mudanças ocorridas na Lei do Cadastro Positivo (Lei 12.414/2011), que agora generalizou-se e traz importantes definições que podem ser usadas nos casos concretos. Esta aplicação simultânea e coordenada para a defesa dos direitos dos consumidores-titulares de dados ampliará a proteção garantida pelo CDC.

[2] EVOLUÇÃO HISTÓRICA E ORGANIZAÇÃO DOS BANCOS DE DADOS BRASILEIROS – No Brasil, os arquivos de consumo, embora fenômeno recente, evoluíram e cresceram rapidamente.

Não faz muito tempo que o País entrou, de modo massificado (o que não inclui a anotação na velha "caderneta"), na fase das vendas a prazo. Nos primórdios da popularização dos negócios de consumo a crédito – década de 1950 e primeira metade da de 1960 – não era nada simples, para o fornecedor e para o consumidor, o generalizado parcelamento do preço de produtos e serviços de consumo. Ao contrário, o procedimento mostrava-se demorado, oneroso e de difícil manuseio, como narra Bertram Antônio Stürmer, em detalhado estudo sobre o tema e as experiências pioneiras de crediário na cidade de Porto Alegre, nomeadamente da Casa Masson e das Lojas Renner.[401]

A embrionária técnica mercadológica do pagamento parcelado exigia de cada empresa a organização e manutenção de toda uma estrutura própria destinada a viabilizar o financiamento em condições mínimas de segurança para o credor. O candidato ao crédito precisava preencher minucioso cadastro, não só com seus dados pessoais, mas indicando ainda os locais onde habitualmente adquiria produtos e serviços, como o armazém, a alfaiataria e, em especial, outros estabelecimentos onde já comprara a prazo. Crucial nesse modelo primitivo de concessão massificada de crédito era a contratação pelas empresas de funcionários especializados, chamados *informantes*, com a exclusiva função de verificar, diária e pessoalmente, as referências que o candidato ao crédito apresenta. Consequência da atuação individual e fragmentada dos vários fornecedores a crédito, cada empresa era obrigada a coletar informações e organizar detalhado cadastro dos seus clientes, acessado por consulta manual. Dispondo de vastos arquivos, os maiores magazines viraram, então, fonte de pesquisa obrigatória

---

acadêmica, liderada, dentre outros, por dois jovens e brilhantes juristas brasileiros, respectivamente de Curitiba e Brasília: Antônio Carlos Efing, *Bancos de dados e cadastros de consumidores*, São Paulo, Revista dos Tribunais, 2002; e Leonardo Roscoe Bessa, *O consumidor e os limites dos bancos de dados de proteção ao crédito*, São Paulo, Revista dos Tribunais, 2003.

[399] No tema, veja BENJAMIN, Antonio Herman; MARQUES, Claudia Lima. A teoria do diálogo das fontes e seu impacto no direito do consumidor no Brasil, *in* MARQUES, Claudia Lima *et al.* (Coord.), *Direito Privado e Desenvolvimento Econômico: Estudos da DLJV e da Rede Alemanha-Brasil de Pesquisas em Direito do Consumidor*. São Paulo: Ed. RT, 2019, p. 171-186.

[400] Veja: Preliminary Principles and Recommendations on Data Protection (The Protection of Personal Data), OEA/Ser.G CP/CAJP-2921/10 rev. 1 corr. 1, 17 October 2011. Disponível em: http://www.oas.org/dil/CP-CAJP-2921-10_rev1_corr1_eng.pdf. Acesso em: 06.07.2020.

[401] Bertram Antônio Stürmer, "Banco de dados e 'habeas data' no Código do Consumidor", in Lex, ano 5, nº 49, set. 1993, ps. 10-11.

Capítulo V · DAS PRÁTICAS COMERCIAIS | **Art. 43**

para os *informantes*, que, no início da manhã e em grande número, a eles acudiam à procura de referências de consumidores eventualmente lá cadastrados.[402]

Ainda segundo Stürmer, foi em Porto Alegre que surgiu o primeiro SPC do Brasil, desdobramento natural da larga aceitação popular do emergente crediário, assim como das dificuldades de operação e insegurança das informações arquivadas, de forma isolada, por cada empresa que operasse com crediário. Assim, nos anos de 1950, 27 empresários da cidade, em reunião realizada na Associação Comercial, fundaram, como associação civil sem fins lucrativos, o Serviço de Proteção ao Crédito – SPC, com ata de criação lavrada no dia 22 de julho de 1955. Logo em seguida, São Paulo criava o segundo SPC do País e já em 1962 era realizado em Belo Horizonte o 1º Seminário Nacional de SPCs.[403]

Hoje, no Brasil, vamos encontrar várias organizações operando como bancos de dados de consumo, tanto de caráter nacional como regional. Uma malha gigantesca de coleta, gerenciamento e fornecimento de dados sobre dezenas de milhões de pessoas, físicas e jurídicas. Decorrência inevitável da dimensão do aparato tecnológico e humano dessas organizações é o fato de exercerem poder e influência igualmente impressionantes (para não dizer assustadores), mais ainda quando, sabe-se, operam elas em parceria, permutando informações entre si, mediante convênios que firmam.

O SPC – Serviço de Proteção ao Crédito, ligado à Confederação Nacional dos Dirigentes Lojistas (CNDL), é o mais amplo de todos esses serviços nacionais, detendo em torno de 70% do mercado brasileiro de informações de crédito ao consumidor. Em torno dele, gravitam cerca de 850 Câmaras de Dirigentes Lojistas no Brasil inteiro. Só nas cidades de São Paulo e Curitiba é que o SPC da CNDL perde a liderança para as Associações Comerciais locais, que operam serviços próprios.[404]

Outro grande banco de dados é a SERASA – Centralização de Serviços dos Bancos S.A. Criada em 1968, a empresa, uma sociedade anônima, emprega hoje cerca de 1.500 funcionários, distribuídos por cerca de 130 agências ou postos avançados pelo Brasil afora. Em 1998, prestando serviços aos seus associados – um leque variado de instituições financeiras (mas não só) – a SERASA teve um faturamento de R$ 280 milhões aproximadamente. Sua carteira inclui quase 300 mil clientes diretos e indiretos, atendendo a mais de um milhão de consultas ao dia.[405]

[3] DUAS QUESTÕES TEÓRICAS PRÉVIAS – No regramento legal dos arquivos de consumo, dois questionamentos teóricos, genéricos e prévios, devem ser mencionados. Primeiro, cabe destacar o crédito como objeto de relação jurídica de consumo; segundo, é oportuno discutir a extracontratualidade das relações jurídicas entre "negativados" e os bancos de dados.

Infelizmente, embora isoladas, não calaram por completo as vozes dos saudosistas do *ancien régime* de desproteção, defensores da tese de que, como os bancos de dados de consumo são atributo e decorrência necessários do crédito, o CDC deveria passar ao largo de tais organismos, conquanto inaplicável o regime especial às relações creditícias.

Sem discussões mais aprofundadas, impróprias para os fins que aqui nos orientam, de um lado é bom que se diga que, em todo o mundo, o crédito é incluído entre as manifestações da

---

[402] Bertram Antônio Stürmer, art. cit., ps. 10-11.

[403] Bertram Antônio Stürmer, art. cit., p. 11.

[404] Denise Carvalho, "A expansão do mercado de informações econômicas", *in Revista Mercado*, publicação da ADVB, dez. 1998, p. 28.

[405] Elcio Anibal de Lucca (presidente da SERASA), entrevista à Revista Mercado, publicação da ADVB, dez. 1998, p. 23.

vida econômica que integram o corpo básico das relações jurídicas de consumo. Não bastasse isso, bem se sabe que os bancos de dados, malgrado imprescindíveis ao comércio creditício, têm vida jurídica própria, manifestando-se sobre e sob todo o sistema financeiro do País.

No meio jurídico-acadêmico, à exceção dos pareceristas contratados pela FEBRABAN – Federação Brasileira de Bancos, está pacificada a questão da submissão das instituições bancárias e financeiras ao regime do CDC. Sergio Cavalieri Filho, em admirável obra que conjuga sua experiência de magistrado e jurista, preleciona que "o CDC, justamente para afastar esse tipo de discussão, expressamente incluiu as atividades bancárias e securitárias no conceito legal de serviços, não havendo como afastar a sua incidência desses segmentos do mercado de consumo, a menos que se negue vigência à lei. Não há dúvida de que bancos e seguradoras têm as suas legislações próprias disciplinando o seu funcionamento; mas, no que for pertinente às relações de consumo, ficam também sujeitos à disciplina do CDC".[406]

Igual orientação segue a melhor e majoritária jurisprudência brasileira, como se percebe nessa manifestação irretocável do ministro Barros Monteiro, ao analisar litígio envolvendo o sistema de proteção ao crédito: "Nenhuma razão assiste ao banco recorrido ao afirmar que as operações bancárias realizadas com o público em geral não se subordinam às normas do Código de Defesa do Consumidor. Segundo a jurisprudência, trata-se de atividade que se insere dentre as inúmeras relações de consumo reguladas pelo referido diploma legal."[407]

Em outro plano, também não procede o intuito de desqualificar o regramento jurídico dos bancos de dados de consumo sob o argumento contratualístico, isto é, de que inexiste relação jurídica contratual entre eles e o consumidor-vítima. É verdade, mas exatamente por isso mais se justifica a intervenção legislativa, pois, sem o manto protetório do contrato, o consumidor vê sua idoneidade financeira ser objeto de cadastro e qualificação, ausente qualquer manifestação sua de consentimento, comumente à sua revelia e até contrariando sua vontade íntima.

A tutela jurídica do consumidor, sabe-se, não é exclusiva ou sequer fundamentalmente contratual. Ao revés, trata-se de sistema protetório que atua antes, durante e depois da contratação. É equivocado, portanto, querer fazer coincidir os campos de atuação da *relação jurídica de consumo* e da *relação contratual de consumo*. Aquela é gênero, da qual esta é espécie. Uma é o todo; a outra, a parte.

Isso quer dizer que, no que se refere aos bancos de dados, o consumidor é sempre tutelado, ainda que se trate de situação posterior à formação do contrato ou até quando nem mesmo contratação de consumo original existiu (por exemplo, quando o consumidor é "negativado" por equívoco ou como avalista).

O Direito clássico tomava como certo que eventual tutela dada ao contratante haveria que se referir, prioritariamente, ao momento da manifestação do consentimento. Pouca atenção era dada à fase de execução do pactuado e, menos ainda, aos momentos posteriores ao exaurimento da relação contratual ou, num plano mais afastado ainda, à concessão por terceiros, alheios ao negócio, de consequências jurídicas a este exteriores e ulteriores. Logo, como regra seriam juridicamente irrelevantes alterações posteriores à fixação do programa contratual (tanto mais entre sujeitos que sequer eram contratantes) que, por hipótese, impossibilitassem ou onerassem excessivamente o consumidor no exercício do seu direito constitucional de contratar.

Não é assim no modelo legal do Estado Social, em que essas relações extracontratuais (ou pós-contratuais) de caráter coletivo ganham merecida proeminência. Manifestações dessa

---

[406] Sergio Cavalieri Filho, *Programa de responsabilidade civil*, 2ª ed., São Paulo, Malheiros Editores, 1998, p. 371.

[407] STJ, REsp nº 549.665/RS, 3ª Turma, rel. Min. Carlos Alberto Menezes Direito, j. de 5.10.2004.

ordem vamos localizar, por exemplo, no dever de reparar os danos causados a terceiros por produtos ou serviços de consumo defeituosos, na proibição de cobranças abusivas de dívidas e no regramento dos arquivos de consumo. Nesse último caso, a proteção que o legislador oferta ao consumidor se dá em momento muito diverso daquele da formação ou mesmo da execução do contrato original. Mas não só. É amparo aplicável a sujeitos e contra sujeitos que não são necessariamente contratantes entre si.

[4] DIREITOS CONSTITUCIONAIS DO CIDADÃO E O CARÁTER INVASIVO DOS ARQUIVOS DE CONSUMO – Na era da sociedade da informação (desdobramento sofisticado da sociedade de consumo), os bancos de dados adquiriram, perante a comunidade empresarial, uma estatura semidivina, tamanha a confiança que neles depositam os agentes econômicos e, por via de consequência, os próprios cidadãos, vistos coletivamente.

Estrutura social caracterizada pelo anonimato de seus sujeitos, na sociedade de consumo a forma de o fornecedor "conhecer aquele a quem vai dar crédito é a consulta ao banco de dados, no caso, o SPC".[408] Não espanta, pois, que deles se espere onisciência, para saber tudo, não deixando pedra sobre pedra no edifício da individualidade e da privacidade; onipotência, ao determinar o destino dos negócios, com incontestável poder de vida ou morte sobre o *homo economicus*; onipresença, ao invadir todos os espaços da vida comunitária, muitas vezes confundindo o modesto, precioso e frágil território da privacidade de cada indivíduo com o mercado, onde tudo está à venda.

Não se trata de força que advém tão só da estrutura sofisticada dos bancos de dados, mas que fundamentalmente surge no âmbito mais amplo do seu objeto de atuação, o produto que gerencia e a todos oferece – *informação*. No mundo em que vivemos, é possível identificar quatro tipos básicos de poder: o econômico, o militar, o tecnológico e o da informação. Dos quatro, os arquivos de consumo ostentam três, ou seja, poder econômico, tecnológico e de informação. Sem freios, transmudam-se em ameaça, não aos "negativados", mas a toda a sociedade, pondo em risco garantias constitucionais inalienáveis, base da nossa civilização.

Realmente, o que está em jogo aqui não são os interesses isolados e fragmentados de alguns, ou mesmo de milhares de indivíduos desabonados, maus pagadores, inadimplentes ou párias do crédito. Não é isso que impressiona e põe a força do Direito em movimento. O que marca e preocupa – por isso a natureza social amplíssima dos interesses protegidos – é a defesa da coletividade dos bons devedores, que igualmente está à mercê dos abusos praticados pelos bancos de dados. É danosidade difusa e não individual que, em última análise, estimula o legislador. A operação dos bancos de dados, se não exercida dentro de certos limites, se transforma "em dano social".[409]

Como se sabe, nas democracias modernas o cidadão é titular de um largo rol de direitos assegurados constitucionalmente. A existência e operação dos bancos de dados, se entregues à sua própria sorte, põem em risco vários desses direitos, ditos fundamentais. Na feliz expressão de Tavares Guerreiro, no mundo todo "vem se firmando um direito individual, que se pode afirmar típico da época contemporânea, outorgado e garantido a cada um, de conhecer as informações que lhe dizem respeito, armazenadas em repositórios, de caráter público ou privado".[410]

---

[408] Bertram Antônio Stürmer, art. cit., p. 26.

[409] STJ, REsp nº 223.378/RS, 4ª Turma, rel. Min. Ruy Rosado de Aguiar, j. de 13.2.95, v.u., *DJU* de 20.3.95 (JGBF).

[410] José Alexandre Tavares Guerreiro et al., *Comentários ao Código do Consumidor*, coordenação de José Cretella Júnior e René Ariel Dotti, Rio de Janeiro, Forense, 1992, p. 142.

Art. 43 | CÓDIGO BRASILEIRO DE DEFESA DO CONSUMIDOR

Tanto que o art. 5º, inc. X, da Constituição Federal, prevê que "são invioláveis a intimidade, a vida privada, a honra e a imagem das pessoas, assegurado o direito de indenização pelo dano material ou moral decorrente de sua violação".

De modo direto, o mau funcionamento dos arquivos de consumo ameaça, primeiramente, o direito à privacidade, por que cada indivíduo pode clamar, na esteira da elaboração mais ampla dos direitos da personalidade.[411] Tanto mais quanto às instituições financeiras, em que avulta a questão do sigilo bancário, ainda não enfrentada adequadamente em relação a esses arquivos. Tais serviços funcionam pelo fornecimento de dados de consumidores a terceiros, participantes ou não da operação creditícia, toda ela normalmente coberta pelo sigilo constitucional.

Além disso, frontalmente ameaçado é o direito à imagem, tão caro nos modelos jurídicos da atualidade. A idoneidade financeira sempre foi – e cada vez mais é – um componente essencial da honorabilidade do ser humano. Representa o próprio ar que respira o *homo economicus*, que dele destituído perece por asfixia, levando consigo parte substancial da cidadania de cada indivíduo e inviabilizando o usufruto de outro interesse primordial reservado pela Constituição: a qualidade de vida.

Indiretamente, sofre o direito (= liberdade) de que todos são titulares de livremente contratar no mercado. Ora, uma vez "negativado", com seu crédito aniquilado, são remotas, para não dizer inexistentes, as possibilidades de o consumidor exercer tal prerrogativa constitucional, pois vivemos num modelo de sociedade – a de consumo – impregnado pela regra de que os bancos de dados têm sempre a última palavra no momento da contratação.

Se é certo que os arquivos de consumo retiram sua legitimidade genérica da própria garantia da ordem econômica privada, esculpida no art. 170 da Constituição Federal, é esse mesmo dispositivo que lhes impõe uma série de amarras, na forma de princípios, aí se incluindo a defesa do consumidor.[412] No plano antecedente a este, têm prevalência os direitos da pessoa humana, até porque insculpidos no portal de entrada da Constituição.[413]

Por essas e outras razões, vem o legislador e estabelece limites formais e materiais para a coleta, manutenção e divulgação de dados sobre o consumidor. Assinale-se, finalmente, que o registro irregular não viola somente dispositivos do CDC, mas amiúde ofende direitos de índole constitucional.

[5] ARQUIVOS SOBRE CONSUMIDORES E SOCIEDADE DE CONSUMO – Os arquivos de consumo – e entre eles, notadamente, os bancos de dados – representam uma das manifestações da sociedade de consumo, isto é, da velocidade que esta imprime nas relações contratuais e econômicas em geral. Melhor dizendo, trata-se, a um só tempo, de manifestação e condicionante da sociedade de consumo, pois é provável que sem tais organismos não teríamos o crédito facilitado e massificado, um dos pilares dessa forma de organização do mercado.

Inclusive no Brasil, já adiantamos, tais repositórios aparecem, de maneira organizada, após a Segunda Guerra Mundial, ampliando sua presença com os desenvolvimentos tecnológicos que propiciam a acumulação rápida e fácil de dados e informações sobre as pessoas. Foi em reação a essa realidade, na qual se apresentam inegáveis atributos e preocupações de ordem pública, que, segundo a correta lição de Tavares Guerreiro, o Direito "logo se armou, no concernente à disponibilidade e utilização das informações assim colecionadas e organizadas, para disciplinar o poder (e seu correspectivo abuso) de que passa a ser titular todo aquele a que se faculta o conhecimento, a manipulação e o uso dos amplos materiais coletados. Pode-se

---

[411] José Alexandre Tavares Guerreiro et al., op. cit., p. 143.
[412] Constituição Federal, art. 170, inc. V.
[413] Constituição Federal, art. 5º.

Capítulo V · DAS PRÁTICAS COMERCIAIS | Art. 43

afirmar, hoje, que a mera disponibilidade de informações sobre terceiros configura modalidade de poder, capaz de ameaçar a liberdade das pessoas".[414]

Todos concordam que o aparecimento dos arquivos de consumo trouxe benefícios à sociedade de consumo, não sendo difícil apontar sua utilidade, na ampliação da circulação de produtos e serviços, na diminuição dos riscos do crédito, agilizando sua concessão, e na mecanização das informações financeiras. Mas são facilidades que não vêm sem custos sociais, alguns elevados demais para serem suportados pela ordem constitucional, como vimos.

Se, por um lado, é difícil não reconhecer traços de legitimidade na existência desses organismos no mercado, por outro, há de se identificar e disciplinar os riscos deletérios que conduzem, que se materializam tanto no mau uso do sistema, como nas desconformidades de sua estruturação básica e funcionamento. A benção de legitimidade que o ordenamento está pronto a outorgar não inibe, até estimula, a previsão de limites, pois "tais mecanismos albergam graves distorções, seja por falta de atualização dos dados ou de precisão na forma como a informação está registrada ou é transmitida, causando problemas e danos de diversa ordem aos consumidores, especialmente na sensível área de crédito, quer se trate de pessoas físicas ou mesmo de empresas cuja sobrevivência resta, no mais das vezes, amarrada à obtenção de crédito, para capital de giro ou novos investimentos".[415]

Antes do CDC – e, infelizmente, ainda na sua vigência[416] – eram comuns os abusos dessas instituições, vitimando consumidores individual e coletivamente, práticas que, mesmo após as primeiras manifestações de desaprovação por parte dos tribunais nacionais, continuaram, com espírito desafiador do bom senso e do espírito de justiça que devem nortear as relações jurídicas entre os povos civilizados.

Logo, o CDC "tinha que enfrentar este problema e o enfrentou",[417] procurando regular a coleta, arquivamento e fornecimento de informações sobre o consumidor, impondo a tais organismos responsabilidades proporcionais aos valores constitucionais com os quais têm interface. Nesse ponto, relembra João Batista de Almeida, com a autoridade de sua larga experiência na matéria, o legislador do CDC "partiu da realidade fática e da vivência prática para estabelecer normas de proteção ao consumidor. Atento à verdadeira avalanche de abusos cometidos nessa área – que iam da utilização irregular de informações para forçar o pagamento de débito até a inabilitação creditícia do interessado na via extraoficial –, procurou inibir tais condutas abusivas".[418]

---

[414] José Alexandre Tavares Guerreiro et al., op. cit., p. 142.

[415] James Marins, "Habeas data, antecipação de tutela e cadastros financeiros à luz do Código de Defesa do Consumidor", in Revista de Direito do Consumidor, vol. 26, abr./jun. 1998, p. 106.

[416] Veja-se, por exemplo, o seguinte julgado, em que a instituição bancária infringe duas vezes o CDC; primeiro, ao enviar cartão de crédito ao consumidor, sem prévia solicitação sua; segundo, ao inscrever o nome do "inadimplente" em banco de dados de consumo: "Remessa de cartão de crédito a consumidor, sem solicitação prévia, constitui ilícito, conduta defesa pelo Código de Defesa do Consumidor. Se o banco, sem assinatura no pacto creditício, leva à cobrança, e anota perante a SERASA o nome do pseudocliente, pelo não pagamento das parcelas relativas à anuidade, e desse fato advêm danos de ordem moral ao cliente não aderente, cabe ao banco o ressarcimento" (2º TRec., JECivRS, Ap. nº 01597542776, rel. juiz Paulo Antônio Kretzmann, j. de 11.11.97). Veja, ainda sobre o tema, a Súmula 532 do STJ: "Constitui prática comercial abusiva o envio de cartão de crédito sem prévia e expressa solicitação do consumidor, configurando-se ato ilícito indenizável e sujeito à aplicação de multa administrativa".

[417] Tupinambá Miguel Castro do Nascimento, Comentários ao Código do Consumidor, Rio de Janeiro, Aide, 1991, p. 52.

[418] João Batista de Almeida, A proteção jurídica do consumidor, São Paulo, Saraiva, 1993, p. 96.

Art. 43 | CÓDIGO BRASILEIRO DE DEFESA DO CONSUMIDOR

A sociedade de consumo tem quatro características básicas: a) o anonimato de seus atores; b) a complexidade e variabilidade de seus bens; c) o papel essencial do *marketing* e do crédito; e, d) a velocidade de suas transações.

Foi-se o tempo em que fornecedor e consumidor se conheciam e estavam unidos por uma relação de confiança mútua. Por outro lado, o consumidor comum não mais tem condições de analisar, com facilidade, o produto ou serviço que adquire. Ademais, a relação de consumo, que antes se resumia àquelas duas partes, agora tem terceiros a influenciar fortemente a decisão de compra e de venda, isto é, os fornecedores de crédito ao consumo e os profissionais de publicidade. Finalmente, as relações de consumo não mais se processam esporádica e lentamente (em dias certos de feiras públicas), assumindo, ao contrário, um caráter de continuidade, de imprevisibilidade e de velocidade: o consumidor, em um único dia, adquire produtos e serviços os mais diversos, dos mais diferentes fornecedores, e com muitos destes jamais teve, com certeza, qualquer contato ou nunca mais voltará a tê-lo.

Três desses traços da sociedade de consumo estão diretamente ligados aos arquivos de consumo. Tais entidades, a um só tempo, superam o anonimato do consumidor (o fornecedor não o conhece, mas alguém está a par de sua vida e história), auxiliam na concessão do crédito (por receber informações confiáveis de terceiros, o fornecedor, mesmo sem conhecer o consumidor, oferece-lhe o crédito), e, por derradeiro, permitem que os negócios de consumo sejam feitos sem delongas (se o crédito é rápido, o consumidor pode aproveitar essa economia de tempo para adquirir outros produtos ou serviços de fornecedores diversos).

Tudo isso para salientar que os arquivos de consumo desempenham, atrás notamos, uma função positiva na sociedade de consumo.[419] Mas, como toda atividade humana, estão sujeitos a abusos e, por isso, devem ser controlados. Não é à toa que a Exposição de Motivos do *Fair Credit Reporting Act*,[420] de 1970, e conhecido como *FCRA* (Título VI do *Consumer Credit Protection Act*), alerta que "os serviços de proteção ao crédito vêm assumindo um papel vital ao reunir e avaliar o crédito de consumidores e outras informações sobre estes". E conclui: "Há uma necessidade de assegurar que estes serviços de proteção ao crédito exercitem suas graves responsabilidades com equidade, imparcialidade e respeito pelo direito à privacidade do consumidor." É uma tarefa para o Direito, com a regulação legal aqui adotando, como melhor veremos adiante, uma quádrupla função de: a) garantia da privacidade do consumidor; b) indução à transparência na coleta, armazenamento e gerenciamento de informações; c) imposição de padrões temporais e de veracidade; e, d) instituição do dever de reparar eventuais danos causados.

Beneficiando-se da situação de desconhecimento mútuo entre consumidor e fornecedor, bem como da necessidade deste de avaliar os riscos de um eventual negócio com aquele, os bancos de dados significam, nesse sentido, uma ponte entre esses dois sujeitos da relação jurídica de consumo. Um que quer o produto ou serviço a crédito, o outro que teme ingressar numa contratação sem conhecer adequadamente seu parceiro. Vitimado pelo anonimato recíproco e pela desconfiança que dele advém, a primeira providência do fornecedor, com o intuito de acautelar-se, é buscar informações, exigindo que o consumidor preencha um formulário. Sabendo que seu cliente potencial apresentará "quadro o mais favorável possível, é provável que o fornecedor faça investigações complementares. Tal pode se resumir a uma simples verificação da exatidão dos dados através de contato com o empregador e outras pessoas que o consumidor liste como seus credores. Ou pode consistir em contato com um banco de dados ou serviço de proteção ao crédito para obter não apenas a comprovação das informações prestadas pelo consumidor, mas ainda outras tantas adicionais que este pode não ter relatado ou

---

[419] Michael Greenfield, *Consumer transactions*, Mineola, The Foundation Press, Inc., 1983, p. 167.
[420] 15 U.S.C par. 1681-1681t.

desejado relatar. Antes, a concessão de crédito era fundamentalmente realizada com base na avaliação face a face que o credor fazia do consumidor. Hoje, é comum chegar-se à decisão apoiando-se em dados frios obtidos pelo fornecedor do crédito, com pouco ou nenhum contato pessoal com o consumidor. Por isso mesmo, os bancos de dados desempenham um papel crítico na concessão de crédito ao consumidor".[421]

Numa palavra, como apropriadamente salienta Antônio Carlos Efing, "os arquivos de consumo têm exercido papel importante na sociedade de consumo e ao longo do tempo transformaram-se em verdadeiros certificados de inidoneidade financeira e comercial de todos aqueles que desenvolvem alguma atividade na sociedade, bem como de todos os cidadãos que de alguma forma necessitam de crédito, razão pela qual o estudo dessa matéria é tão relevante".[422]

Sobre o tema, *vide* a Súmula 550 do STJ: "A utilização de escore de crédito, método estatístico de avaliação de risco que não constitui banco de dados, dispensa o consentimento do consumidor, que terá o direito de solicitar esclarecimentos sobre as informações pessoais valoradas e as fontes dos dados considerados no respectivo cálculo".

Cadastro positivo de consumidores

Após acalorados debates no Congresso Nacional e oposição dos órgãos e entidades de defesa e proteção do consumidor, o que levou a Presidência da República a vetar projeto de lei no mesmo sentido, foi instituído o chamado *cadastro positivo* pela Lei nº 12.414/2011.

Embora, à primeira vista, possa representar mais uma prática abusiva em detrimento do consumidor, no que tange à proteção de sua intimidade, quer-nos parecer que, em princípio, o mencionado *cadastro positivo* visa facilitar a vida do consumidor ao constatar que ele é bom pagador e por certo honrará outros compromissos que pretenda assumir no futuro. O lado negativo, segundo alguns, é que se trataria de mais um instrumento dos fornecedores no sentido de obterem dados não apenas para aquilatarem a situação econômico-financeira do consumidor, como também invadir a sua privacidade e propiciar que cada vez mais sejam alvos de publicidade e ofertas indesejáveis, mormente com a expansão da *internet*.

De qualquer modo, devem-se destacar alguns pontos que nos parecem meritórios, quais sejam: a) em virtude da Lei Complementar 166/2019, que alterou o inciso III do art. 2º, não há mais necessidade de autorização prévia do consumidor (pessoa física ou jurídica – chamados *cadastrados* quanto a terem seus dados inseridos no banco de dados do *cadastro positivo*; b) menção expressa ao Código de Defesa do Consumidor como legislação fundamental, inclusive para a eventual aplicação de sanções em decorrência de abusos (cf. art. 17 da mesma Lei nº 12.414/2011); c) o elenco de uma série de direitos dos *cadastrados*, à semelhança do que consta no art. 43 do Código de Defesa do Consumidor; d) nomenclatura clara a respeito dos responsáveis pelos bancos de dados positivos, cadastrados e procedimentos (cf. arts. 2.º e 3.º); e) vedação expressa a registros exagerados ou desproporcionais, bem como de informações sensíveis, devidamente discriminadas (cf. art. 3.º, § 3.º) [JGBF].

Confira-se o texto da Lei nº 12.414/2011,[423] regulamentada pelo Decreto 9.936, de 24.7.2019, que em seu art. 1º dispõe:

---

[421] Michael Greenfield, op. cit., p. 163.

[422] Antônio Carlos Efing, op. cit., p. 251.

[423] Veja a regulamentação através do Decreto nº 9.936, de 24.7.2019, e a obra de BESSA, Leonardo Roscoe. *Cadastro Positivo*: Comentários à Lei 12.414, de 09 de junho de 2011. São Paulo: Revista dos Tribunais, 2014.

"Esta Lei disciplina a formação e consulta a bancos de dados com informações de adimplemento, de pessoas naturais ou de pessoas jurídicas, para formação de histórico de crédito, sem prejuízo do disposto na Lei nº 8.078, de 11 de setembro de 1990 – Código de Proteção e Defesa do Consumidor."

Fica assim assegurado o diálogo entre esta lei, a LGPD (art. 64) e o CDC (art. 7º). (CLM)

[6] NECESSIDADE DE CONTROLE DOS ARQUIVOS DE CONSUMO – Há pouco dissemos que, por preencherem uma necessidade do mercado, beneficiando o próprio consumidor, não quer dizer que tudo sejam flores no reino dos arquivos de consumo. Muito ao contrário. Ninguém melhor que Tavares Guerreiro resumiu o desafio que se põe para o legislador e para o Judiciário: "A extraordinária rapidez com que os bancos de dados podem elaborar perfis de informação do indivíduo (no assim dito 'tempo zero'), a possibilidade de desvio de finalidades na utilização dos próprios dados informativos e a falibilidade dos processos informáticos constituem potencial ameaça aos direitos da personalidade, na medida em que produzem (ou podem produzir) situações constrangedoras, das quais a pessoa só se pode liberar mediante meios modernos de tutela (entre os quais os agora previstos), dado que as soluções tradicionais se mostram ineficazes para garantir a sua segurança e tutelar adequadamente seus interesses."[424]

Exatamente porque o uso dessas entidades é disseminado e cresce ininterruptamente, têm elas o condão de diariamente afetar, noutro ponto sublinhamos, a vida de milhares de consumidores, não só daqueles que efetivamente são inadimplentes, mas de todos nós cidadãos, devedores ou não, contratantes ou não. Oportuno dizer que os cadastros de inadimplentes assumem uma "assustadora" importância no mercado creditício, cabendo-lhes, numa palavra, determinar, indiretamente, a própria concessão ou não de crédito de consumo.[425] Ou seja, têm eles a própria chave, por assim dizer, da sociedade de consumo, como atrás salientamos.

E assim é em todo o mundo. Na sociedade de consumo como a conhecemos, o consumidor não existe sem crédito; dele destituído, é um nada. Um bom histórico creditício é um patrimônio tão valioso quanto um currículo exemplar, no momento em que se procura emprego. Irrecusável que a influência dessas informações cadastrais nos destinos da vida do consumidor é poderosíssima, não tendo ele praticamente nenhum controle pessoal sobre onde e como seus antecedentes são fixados por terceiros, que desconhece.

Os organismos, privados ou públicos, que armazenam informações sobre os consumidores clamam, pois, por controle rígido, seja administrativo, seja judicial, este ora penal, ora civil. A acumulação de dados sobre o consumidor, por mais singela e útil que seja, não deixa de ser uma invasão de sua privacidade, como já fizemos referência. O perigo aumenta quando se sabe que, com frequência, o anotado não é acurado, não está atualizado ou é, pura e simplesmente, falso. Isso sob o pano de fundo de que o intuito de sua guarda é tudo adiante repassar às mãos de terceiros, milhões de vezes, mediante remuneração ou não.

Não se veja nesse louvável esforço do legislador nenhuma vocação para premiar o mau pagador. Realmente, as leis de defesa do consumidor "não são editadas para a proteção de inidoneidade financeira".[426] O que visa o CDC é simplesmente a assegurar o direito inalienável, próprio de todos os cidadãos – os devedores, inclusive –, ao *due process*, à privacidade e à honra, garantias constitucionais estampadas no preâmbulo das pautas políticas dos Estados democráticos.

---

[424] José Alexandre Tavares Guerreiro et al., op. cit., p. 143.

[425] Márcio Mello Casado, op. cit., ps. 179-180.

[426] Juiz Fernando Sebastião Gomes, sentença no Proc. nº 2.472/96, 2ª Vara Cível Central, São Paulo-SP, j. de 3.3.97, *in Revista de Direito do Consumidor*, vol. 22, abr./jun. 1997, p. 276.

Os riscos para o consumidor – conjugados aos benefícios já comentados – são, sem dúvida, de vulto. Estamos diante de entidades que, contrariando a vontade dos investigados, coletam e disseminam informações financeiras negativas, que necessariamente lhes fecharão as portas do crédito, essencial na sociedade de consumo. Isso, rotineiramente, sem que o consumidor sequer tenha conhecimento de sua "negativação",[427] pintado como mau pagador ou inadimplente, desconhecendo, ademais, o conteúdo daquilo que contra si foi arquivado, ignorância essa que exacerba sua vulnerabilidade e os riscos de inexatidão. Quando desabonado indevidamente, o consumidor pode se ver na situação juridicamente inaceitável de ser barrado na porta do crediário, quando, na verdade, seria merecedor de seus favores. Se inexistentes mecanismos legais para sua proteção, o consumidor, até por desconhecer as razões que levaram à vedação do seu crédito, fica à mercê da boa vontade das instituições de registro e dos próprios fornecedores-usuários desses serviços. Negado por um, o crédito, por certo, será rejeitado por todos, enquanto não corrigidos ou apagados os assentos detratores.

No Brasil, só para dar um pálido exemplo com um banco de dados que sequer é dos maiores, a SERASA recebe mais de um milhão de consultas ao dia. Segundo seu presidente, Elcio Anibal de Lucca: "Temos dados de *todas* as empresas legalmente constituídas no País e sobre *todas* as pessoas com alguma atividade econômica, disponíveis 24 horas todos os dias da semana."[428] Em um de seus arquivos especializados, o "Concentre" (antes denominado "Central de Restrição"), a SERASA dispõe de 130 milhões de informações de pessoas físicas e jurídicas, "com exclusiva cobertura nacional, abrangendo cheques sem fundos, roubados ou extraviados, protestos, concordatas, falências, ações executivas de busca e apreensão, até participações em insucessos empresariais".[429]

[7] NATUREZA JURÍDICA DOS ARQUIVOS DE CONSUMO – O legislador do CDC, preocupado em assegurar a mais ampla proteção ao consumidor cadastrado em arquivo de consumo, em especial quanto à possibilidade de utilização de *habeas data*, estabeleceu que os "bancos de dados e cadastros relativos a consumidores, os serviços de proteção ao crédito e congêneres são considerados entidades de caráter público".[430]

É bom ressaltar que, nos termos do art. 43, § 4º, têm *caráter público* não apenas os bancos de dados (como os SPCs e a SERASA), que prestam serviços a terceiros, associados ou não, como também os próprios *cadastros internos* das empresas, mesmo que só passíveis de uso pelo seu próprio detentor.

O presidente da República vetou o art. 86, do CDC, que dispunha: "Aplica-se o *habeas data* à tutela dos direitos e interesses dos consumidores." Como bem salienta Kazuo Watanabe, com sua costumeira precisão, o veto foi inoperante, de vez que o "*habeas data* é uma ação constitucional com os requisitos indicados no próprio texto constitucional e por isso é irrecusável sua utilização toda vez que esses requisitos estiverem presentes".[431]

---

[427] O termo é de uso corrente no mercado; contudo, Antonio Carlos Efing afirma preferir "a expressão positivado para designar tal situação, levando em conta o conceito popular e a praxe da expedição de certidão positiva em caso de lançamento ou ocorrência em cadastros e bancos de dados de consumidores" (op. cit., p. 60). A questão nomenclatural é puramente de enfoque, não de essência.

[428] Entrevista..., cit., p. 23, grifo nosso.

[429] Entrevista..., cit., p. 23.

[430] CDC, art. 43, § 4º.

[431] Kazuo Watanabe et al., *Código Brasileiro de Defesa do Consumidor comentado pelos autores do anteprojeto*, 5ª ed., Rio de Janeiro, Forense Universitária, 1998, p. 661.

Art. 43 | CÓDIGO BRASILEIRO DE DEFESA DO CONSUMIDOR

Assim, o CDC, ao legalmente enxergar *caráter público* nos arquivos de consumo, quis simplesmente abrir as portas da ação constitucional, mostrando ser ela instrumento adequado para seu controle, nos exatos termos do art. 5º, LXXII, da Constituição Federal. Isso porque os arquivos de consumo, como regra, têm natureza jurídica privada, a não ser quando instituídos por entidades oficiais, como os PROCONs e o próprio Banco Central.

Em síntese, estatais ou privados, os arquivos de consumo são tidos pelo ordenamento, a partir do CDC, como de "caráter público" (o que é bem diferente de vislumbrá-los como sendo intrinsecamente de Direito Público). Com isso se quer significar que seu funcionamento e administração – corretos e justos, nos termos da Constituição – apresentam particular interesse para a sociedade como um todo (= interesse público), conferindo-se a esta certos direitos especiais (como, por exemplo, direito de acesso aos arquivos da empresa), não necessariamente exercitáveis contra outras modalidades de atividade empresarial.

A qualificação de caráter público, portanto, longe de criar benefícios ou privilégios para tais organismos, estabelece, em verdade, claros ônus complementares, em acréscimo àqueles já instituídos para o regular funcionamento da atividade empresarial comum. Antes, pois, de adicionar novos atributos e prerrogativas a esses agentes econômicos, o CDC teve em mente instituir um amplo, rigoroso e público controle de suas operações, no interesse da comunidade.

Ser de "caráter público" significa, então, que aos arquivos de consumo, afastando-se do regime jurídico válido para a maioria das empresas, são impostas obrigações e limitações adicionais, desenhado que foi um aparato legislativo próprio para sua disciplina. Tanto assim que o legislador resolveu confiná-los à geografia das liberdades públicas, válidas normalmente contra o Estado e seus apêndices, com isso assegurando-se de que, em termos de transparência, *due process*, rigor formal e conteúdo, os arquivos de consumo recebam similar tratamento.

A finalidade do dispositivo do CDC, por conseguinte, não foi, em absoluto, legitimar e festejar os arquivos de consumo, mas, equiparando-os ao Estado, em termos da desconfiança que geram, estabelecer mecanismos asseguradores de que não se desviarão dos padrões rígidos que lhes conferem legitimidade na ordem constitucional *welfarista*.

Já se disse, com muita propriedade, que nunca "é demais lembrar que os bancos de dados, ainda que controlados por empresas privadas, ostentam caráter público, como prevê o Código de Defesa do Consumidor, e nessa condição devem garantir administrativamente direito de defesa porque este, por sua vez, é instituído na vigente Constituição Federal como uma das garantias individuais do cidadão".[432]

São considerados de "caráter público" para permitir a utilização de certos instrumentos processuais que só têm cabimento contra tais tipos de entidades (mandado de segurança e *habeas data*, por exemplo), espantando, de vez, dúvida que porventura viesse a permanecer. A inclusão dos arquivos de consumo no universo restrito das instituições de caráter público não tem por *ratio* lhes conferir o poder de cadastrar pessoas, manipulando a seu bem querer o nome e reputação dos cidadãos. É exatamente o oposto: por estarem *publicizados*, cada indivíduo, solitária ou coletivamente, ganha o direito de questioná-los da maneira mais ampla possível, tanto nos procedimentos que utilizam, como no conteúdo do que mantêm.

Como afirmado exemplarmente pela desembargadora Elaine Harzheim Macedo, "a regra do art. 43, § 4º, do CDC, ao dispor sobre o caráter público dos bancos de dados e cadastros relativos a consumidores, foi erigida também sob o princípio que inspira aquele estatuto e que vem insculpido no art. 1º, ou seja, em defesa do consumidor. Vale dizer, quando o legislador

---

[432] Juiz Fernando Sebastião Gomes, sentença..., cit., p. 279.

menciona o caráter público dos registros, significa que os mesmos não podem ser negados, quer quanto ao acesso, quer quanto às retificações, ao consumidor".[433]

Em síntese, o CDC, ao cuidar dos arquivos de consumo, não pretendeu, nem mesmo remota ou indiretamente, legitimar sua atuação e presença no mercado. Deles não tratou para lhes conferir extensão maior ou intocabilidade; ao revés, foi intuito seu confinar, sob o manto de uma rígida disciplina, a discricionariedade e irresponsabilidade legal que os caracterizava, impondo-lhes regras claras, sempre com os olhos postos na proteção dos consumidores e, através deles, na preservação de direitos fundamentais inalienáveis, que a todos aproveita. Só e nada mais.

[8] VENDA DE CADASTROS DE CONSUMIDORES E PRÁTICAS ABUSIVAS – Um tema que não havia sido ainda tratado no Brasil é o da comercialização de cadastros de consumidores, com ou sem sua permissão. A Lei 13.709/2018 dá um passo nesta direção. Infelizmente aqui, diante das restrições que uma obra jurídica como essa impõe, só podemos tocar a superfície dessa complexa matéria, que carrega consigo repercussões multifacetárias, algumas de cunho constitucional, outras com raízes assentadas no Direito Civil (responsabilização por uso indevido, por exemplo) e Direito Penal.

A matéria foi abordada por nós nos comentários ao art. 39. De toda sorte, cabe aqui ressaltar que esse é um campo recheado de abusividade.

[9] ANTINOMIA ENTRE REGULAÇÃO PRIVADA E ESTATAL DOS BANCOS DE DADOS. PREVALÊNCIA DAS NORMAS CONSTITUCIONAIS E LEGAIS EM DETRIMENTO DOS ESTATUTOS DE CARÁTER AUTORREGULAMENTAR E CONTRATUAL – Os arquivos de consumo organizam-se ora com personalidade jurídica própria (SERASA), ora sob o manto de uma entidade maior, na qual se inserem como um departamento ou serviço (Clube de Diretores Lojistas ou Associações Comerciais). Em ambos os casos, contam com uma malha autorregulamentar própria, vale dizer, com estatutos, regulamentos e convênios, aprovados e firmados coletiva ou individualmente.

Evidentemente, à moda do que sucede com a autorregulamentação publicitária, os comandos de caráter constitucional e legal têm prevalência em relação a esses dispositivos de natureza privada. A normatização estatal dos arquivos de consumo é de ordem pública, consoante o art. 1º, do CDC; trata-se de direitos indisponíveis, de interesse social e repercussão difusa, e que, por isso mesmo, podem ser agregados *ex officio* ao processo pelo juiz.

Ao cotejarmos o texto constitucional e o CDC com as normas contratuais ou éticas que regem os bancos de dados, logo identificamos, aqui e ali, incompatibilidades e antinomias. Retraem-se, por suposto, estas, diante da força incontestável e irresistível do balizamento da Constituição e das leis.

Como veremos adiante, não são poucas as hipóteses em que as normas autorregulamentares do setor contrariam, direta ou indiretamente, os dispositivos legais, sendo por isso mesmo fulminadas de invalidade e destituídas de qualquer impacto no âmbito da regulação traçada pelo legislador de maneira imperativa.

[10] IRRELEVÂNCIA, PARA FINS DE CONTROLE, DA ORIGEM OFICIAL DAS INFORMAÇÕES COLETADAS – Os arquivos de consumo são controlados independentemente da gênese das informações que registram. A incursão que faz o legislador no setor não é es-

---

[433] TJRS, 17ª Câm. Cível, AI nº 198.061046, rel. Desª Elaine Harzheim Macedo, j. de 30.6.98, v.u.

timulada ou orientada pela fonte onde os dados foram coletados, mas pela forma de coleta, a praxe do armazenamento e as técnicas de disseminação.

O fundamento para a intervenção reguladora do Direito tem a ver principalmente com a força multiplicadora (e, por vezes, arrasadora) desses organismos, já que dados incorporados a suas centrais não só são informatizados e organizados, como ainda circulam em grande velocidade e volume, ensejando, a partir deles, a constituição de "perfis" para cada cidadão economicamente ativo.

Uma vez confrontados com esse cenário de poderosa centralização da comunicação de massa, manipuladora de referências pessoais que remontam ao universo mais seleto da vida privada de cada indivíduo, é fácil compreender a preocupação e o rigor do legislador e do aplicador com a propensão a erros, omissões, abusividade e caráter invasivo desses organismos. Ao toque de uma tecla de computador, em tese, todo o País está habilitado a receber informações variadas sobre a vida privada – ou o que restar dela – de um cidadão qualquer, bastando que tenha este conta bancária ou participe minimamente do cotidiano da sociedade de consumo, importa dizer, *todos nós.*

Nessa matéria, consequentemente, os direitos assegurados aos consumidores não levam em conta o ponto ou modalidade de coleta da informação que venha eventualmente a ser incorporada pela entidade aos seus arquivos. Pode ela ter sido produzida diretamente pelo fornecedor (um crediário não pago, por exemplo), adquirida, mediante remuneração ou não, de terceiros (por exemplo, contratos de permuta de registros que os bancos de dados firmam entre si), ou ser produto de função estatal, jurisdicional ou administrativa (cartórios e distribuidores, naquele caso, e o Banco Central, por exemplo, nesta última hipótese). Em quaisquer dessas situações, permanecem válidos todos os deveres e pressupostos estabelecidos pelo CDC, tanto quanto a legitimidade da intervenção administrativa e judicial de controle.

É lícito a qualquer pessoa consultar os bancos de dados públicos, nomeadamente os distribuidores. A *ratio* dos vários dispositivos do CDC, nessa matéria, é evitar que organismos, que fazem disso seu negócio, disseminem tais informações de maneira universal e descontrolada, transformando dados ainda cobertos pela aura da provisoriedade em verdades peremptórias e irrefutáveis. Ou, ainda, massificando registros falsos, enganosos ou simplesmente ilegítimos, posto que desconectados com a finalidade de apoio ao crédito que deveria orientar sua coleta e gerenciamento. São essas características perversas e desviantes – nomeadamente a força da massificação desses organismos, que advém da informatização e mecanização generalizada, a ausência de controle por parte do Estado e o intuito lucrativo – que, de um lado, distinguem os bancos de dados de suas fontes estatais e, por outro, justificam o tratamento especial a eles conferido pelo ordenamento.

O princípio da publicidade dos atos cartorários não traz consigo esse potencial exagerado de risco, próprio dos sistemas massificados de proteção ao crédito. Os atos cartorários, de outra parte, são norteados por normas próprias e rígidas, inclusive garantia de *due process*, além de submeterem-se a regular fiscalização estatal, exatamente o que falta aos bancos de dados de uma maneira geral.

Tão sensível e complexa é essa área da atividade humana que, não obstante todas as cautelas oficiais, ainda assim situações de abusividade ocorrem no âmbito dos repositórios estatais, contaminando informações por acaso lá coletadas. Sem falar dos cheques furtados, roubados ou extraviados, sabe-se que nesses registros mantidos pela máquina do Estado são anotados, diariamente, incontáveis casos de protestos indevidos, bastando recordar, por exemplo, "as inúmeras ocorrências de duplicatas emitidas sem causa, por empresas que buscam apenas descontá-las em estabelecimentos bancários ou empresas de *factoring*, ocorrendo os protestos sem que os devedores apontados pudessem impedir a lavratura do ato cartorário, seja por falta de oportunidade, seja por sua não localização".[434]

Outra característica que distingue as instituições cartorárias dos bancos de dados privados protetores do crédito é que aquelas estão organizadas de maneira fragmentária, o que diminui o impacto e danosidade de possíveis incorreição ou imprecisão daquilo que foi arquivado e comunicado.

É consenso que esses bancos de dados trazem consigo uma irresistível e imensa respeitabilidade entre os seus associados e pares, o que acaba por mitigar ou mesmo anular eventual qualificação *a latere*, destacando a provisoriedade dos registros, conquanto carentes de manifestação judicial definitiva. O *index*, nessa ótica, mesmo que temperado com observações dessa natureza, continua impiedoso com aqueles que passam a integrá-lo.

Nessa linha, a melhor jurisprudência: "Pouco importa se as informações restritivas ao crédito sejam resultantes de dados públicos, pois, ainda que isso fosse absolutamente verdadeiro, tem-se que considerar o efeito genérico e de temerário largo espectro à restrição ao crédito que os dados coletados pelas entidades de verificação do crédito possuem, não se podendo afiançar, com a necessária ausência de dúvida, serem eles, entretanto, corretos e capazes de demonstrar a real situação financeira e econômica daqueles que foram incluídos nos respectivos cadastros, como inadimplentes, pela simples impontualidade, com ou sem cobrança judicial."[435]

A origem da informação só adquire relevância em uma única hipótese: quando sua fonte é destituída de legitimidade, seja porque os meios utilizados são ilícitos (escuta telefônica ou correspondência particular), seja porque a coleta deu-se de forma fraudulenta (por exemplo, induzindo o consumidor em erro, fazendo-o crer que preenchia apenas uma ficha de inscrição em sorteio). O sistema constitucional – e até a norma penal – protege o consumidor (e o cidadão em geral) contra essas condutas invasivas da privacidade e descaracterizadoras da legitimidade do instituto.

Por último, cabe ressaltar que o consumidor, ao fazer um cadastro qualquer, tem a expectativa legítima de que as informações que presta só serão usadas para os fins limitados do objeto do negócio jurídico em questão. Qualquer outro destino que o coletor ou arquivista dê a esses dados configura prática abusiva, nos termos do art. 39, *caput* ("dentre outras práticas abusivas"), do CDC.

[10.1][436] LIMITAÇÕES LEGAIS À COLETA DE DADOS – "CARTÓRIOS DE PROTESTOS PARALELOS"? – Conforme já enunciado nos itens anteriores, a grande questão que surge no que concerne ao *recebimento-notificação* dos bancos de dados com relação a inadimplentes pelos próprios fornecedores de produtos e serviços, bem como sua *gestão,* acabam acarretando seriíssimos gravames aos consumidores, atingindo não apenas seus interesses econômicos, mas sua própria honra.

Se analisados os diversos casos de abusos verificados nesses misteres, é forçoso reconhecer que os bancos de dados de consumidores acabam se travestindo de verdadeiros *cartórios de protestos paralelos.*

Pelo que se tem verificado na prática, poucos operadores do Direito se dão conta da existência de uma lei específica que *disciplina os aspectos administrativos e éticos* dos cartórios

---

[434] Juiz Fernando Sebastião Gomes, Sentença..., cit., p. 279.

[435] TAC-SP, 5ª Câm., Ap. Cív. nº 750.151-1, rel. Juiz Cunha Garcia, j. de 21.10.98, v.u.

[436] Itens 10.1 e 10.2 introduzidos pelo atualizador deste segmento e coautor da obra, José Geraldo Brito Filomeno.

Art. 43 | CÓDIGO BRASILEIRO DE DEFESA DO CONSUMIDOR

de protestos de títulos, lei essa que, se bem analisada, leva à inevitável conclusão de que: os bancos de dados se têm travestido de verdadeiros cartórios de protestos; e com um gravame a mais, porquanto um simples atraso numa prestação na compra de um produto ou contratação de um serviço, bem como o questionamento ou discussão administrativa ou judicial podem acarretar a negativação do nome do devedor. Senão, vejamos.

Com efeito, o art. 1º da Lei nº 9.492, de 10 de setembro de 1997, que define competência, regulamenta os serviços concernentes ao protesto de títulos e outros documentos de dívida e dá outras providências:[437] *"Protesto é o ato formal e solene pelo qual se prova a inadimplência e o descumprimento de obrigação originada em títulos e outros documentos de dívida".*

E seu art. 3º assevera que: *"Compete privativamente ao Tabelião de Protesto de Títulos, na tutela dos interesses públicos e privados, a protocolização, a intimação, o acolhimento da devolução ou do aceite, o recebimento do pagamento, do título e de outros documentos de dívida, bem como lavrar e registrar o protesto ou acatar a desistência do credor em relação ao mesmo, proceder às averbações, prestar informações e fornecer certidões relativas a todos os atos praticados na forma desta lei."*

Ora, no que concerne ao fornecimento de informações às referidas entidades privadas, e delas para terceiros interessados, destacamos o art. 29 e parágrafos da referida Lei nº 9.492, de 10 de setembro de 1997, que, como se pode verificar, contém determinações bastante rígidas quanto ao fornecimento das mesmas informações, o que reforça a temeridade quanto à sua divulgação de maneira corriqueira, informal e, portanto, temerária. Com efeito:

"Art. 29. Os cartórios fornecerão às entidades representativas da indústria e do comércio ou àquelas vinculadas à proteção do crédito, quando solicitada, certidão diária, em forma de relação, dos protestos tirados e dos cancelamentos efetuados, com a nota de se cuidar de informação reservada, da qual não se poderá dar publicidade pela imprensa, nem mesmo parcialmente.

§ 1º O fornecimento da certidão será suspenso caso se desatenda ao disposto no *caput* ou se forneçam informações de protestos cancelados".

De singular relevo, outrossim, a seguinte determinação:

"§ 2º Dos cadastros ou bancos de dados das entidades referidas no *caput* somente serão prestadas informações restritivas de crédito oriundas de títulos ou documentos de dívidas regularmente protestados cujos registros não foram cancelados".

Ora, isto quer dizer, em suma e em última análise, que, embora seja lícita aos bancos de dados ou de cadastros privados a manutenção de informações que lhes interessem, e sobremodo aos seus filiados, quer obtidas de fontes próprias, quer de Cartórios de Protestos, *fica evidente que dos cadastros somente poderão sair informações negativas contra consumidores, de modo geral, principalmente quando tais informações forem restritivas de crédito, quando houver efetivo protesto de títulos ou documentos, ou quando houver razões concretas de inadimplemento, e não simples discussões a respeito da própria constituição de dívida.* Ou seja: se os bancos de dados se têm apresentado como verdadeiros cartórios de protesto, é lícito que deles se exijam iguais rigores na coleta, armazenamento e fornecimento de dados.

---

[437] O Provimento nº 10, de 19 de dezembro de 1997, da Corregedoria-Geral de Justiça do Tribunal de Justiça do Estado de São Paulo, regulamentou o serviço dos Tabelionatos de Protestos.

Capítulo V · DAS PRÁTICAS COMERCIAIS | Art. 43

Conforme, aliás, a Portaria nº 3, de 15 de março de 2001, da Secretaria de Direito Econômico, é considerada cláusula abusiva e, portanto, nula de pleno direito, em complementação ao rol enumerativo do art. 51 do Código de Defesa do Consumidor, aquela que: *"7. autorize o envio do nome do consumidor e/ou seus garantes a cadastros de consumidores (SPC, SERASA etc.), enquanto houver discussão em juízo relativa à relação de consumo."*

Ora, se é *conditio sine qua non* para que os bancos de dados forneçam informações negativas restritivas de crédito, o protesto formal de título ou documento, consoante a lei em pauta, aliás, raramente colacionada para a apreciação de hipóteses como a presente, como se pode admitir que o façam, ainda que permaneçam dúvidas até com relação ao débito denunciado, ainda que haja a comunicação prévia de que estão propensos a fazê-lo?

[10.2] MEDIDAS JUDICIAIS E ADMINISTRATIVAS ADOTADAS – Desta forma, embora medidas levadas a efeito tanto pelo Ministério Público Federal como pelo Ministério Público do Estado de São Paulo atenham-se ao que determina o § 1º do art. 43 do Código do Consumidor, é mister reconhecer-se que a cautela de comunicação de que algo consta contra o consumidor nos bancos de dados privados é muito pouco, ou insuficiente para que se evitem abusos contra ele, já que a lei, que é bem posterior ao Código de Defesa do Consumidor, e trata, especificamente do protesto de títulos e documentos, exige, expressamente, que *dos cadastros ou bancos de dados das entidades referidas no* caput *do seu art. 29, somente serão prestadas informações restritivas de crédito oriundas de títulos ou documentos de dívidas regularmente protestados cujos registros não foram cancelados.*

Com efeito, veja-se o desfecho de Ação Civil Pública movida em 2001 pelo Ministério Público Federal, em face do SERASA (Processo nº 2001.61.00.032263-0, 20ª Vara Cível Federal de São Paulo), no caso em sede de embargos à execução:

"AÇÃO CIVIL PÚBLICA (...) Isto posto, altero o dispositivo da sentença para que passe a vigorar nos seguintes termos: Isto posto, e considerando tudo o mais que dos autos consta, JULGO PARCIALMENTE PROCEDENTE a pretensão, confirmando a tutela antecipada, para determinar que: a) a Ré SERASA seja obrigada a exigir dos seus clientes, antes de qualquer ação, documento formal que ateste a existência aparente da dívida ou informação positiva a ser divulgada através do CREDIT BUREAU SERASA, ou banco cadastral de mesma natureza, ainda que com outro nome; b) os consumidores passem a ser informados pela SERASA, através de carta registrada de mão própria com aviso de recebimento, aguardando-se o prazo mínimo de 15 (quinze) dias, após a notificação, para que o eventual lançamento naquele cadastro seja realizado; c) seja inserida, no conteúdo da carta registrada, esclarecimento sobre a possibilidade de o consumidor entrar em contato diretamente com a SERASA de modo a comprovar a existência de erro ou inexatidão na informação; d) a Ré SERASA seja compelida a remeter carta registrada de mão própria com aviso de recebimento a todos os consumidores cujos nomes encontram-se de modo ilegal no banco de dados CREDIT BUREAU SERASA e CREDIT BUREAU SCORING, ou outro banco de dados da mesma natureza, dando ciência sobre a forma e o conteúdo das anotações ali existentes, bem como quanto à possibilidade de suspensão do lançamento mediante comunicação, à SERASA, da existência de erro ou inexatidão na informação; e) em havendo comprovação do consumidor, diretamente à SERASA, da existência de erro ou inexatidão sobre o fato informado, seja a Ré obrigada a retirar, independentemente de manifestação dos credores ou informantes, os dados cadastrais indevidos; f) seja fixada a multa de R$ 5.000,00 (cinco mil reais), para cada lançamento cadastral no banco de dados CREDIT BUREAU SERASA, ou equivalente, a cujo respeito o consumidor não tenha sido

Art. 43 | CÓDIGO BRASILEIRO DE DEFESA DO CONSUMIDOR

previamente informado, revertendo-se os valores arrecadados a tal título para o Fundo Federal de Direitos Difusos (artigo 13 da Lei nº 7.347/85); g) seja fixada a indenização de R$ 20.000,00 (vinte mil reais) para cada lançamento cadastral no banco de dados CREDIT BUREAU SERASAS, ou equivalente, que, comprovadamente, se fundamenta em informação inverídica ou incorreta, revertendo-se tais valores para o fundo mencionado na alínea anterior; e h) seja o Banco Central do Brasil condenado a proceder à fiscalização e ao monitoramento das atividades da SERASA, bem como à eventual imposição de penas administrativas, previstas na legislação, para coibir práticas abusivas. A decisão proferida é válida em todo o território nacional. Deixo de condenar os Réus nos ônus da sucumbência, face ao disposto no artigo 18 da Lei nº 7.347/85 (Lei nº 8.078/90), a eles aplicável em respeito ao princípio da isonomia. Decisão sujeita ao reexame necessário; decorrido o prazo para eventuais recursos voluntários, subam os autos ao Egrégio Tribunal Regional Federal da 3ª Região. Publique-se. Registre-se. Intime-se. São Paulo, 16 de junho de 2003. GISELLE DE AMARO E FRANÇA Juíza Federal Substituta. Publique-se. Registre--se. Intime-se".[438]

Também o Ministério Público Estadual de Paulo, no Processo nº 2.472/96 (2ª Vara Cível do Foro Central da Comarca da Capital), teve o seguinte desfecho:

"Em harmonia com o exposto, e considerando o mais que dos autos consta, JULGO PROCEDENTE EM PARTE a ação, para condenar a ré ao cumprimento de obrigação de fazer consistente em comunicar, por escrito, aos consumidores a abertura de cadastros, fichas, registros e dados pessoais e de consumo em nome deles, inclusive aos que já constam de seus bancos de dados, como exige o artigo 43, § 2º, da Lei nº 8.078/90, bem ainda que se abstenha de divulgar a quaisquer interessados os registros desses consumidores até a concretização da precitada comunicação, por carta, fax telegrama, ou edital, ou pessoalmente, sob pena do pagamento de multa de R$ 5.000,00, para cada comunicação escrita que não for realizada ou para cada divulgação efetuada sem comunicação escrita ao consumidor, sendo ainda cumulativamente condenada ao cumprimento de obrigação de fazer consistente em excluir dos seus bancos de dados ou cadastros de quaisquer espécies os nomes de consumidores cujos endereços sejam desconhecidos, e a obrigação de não fazer consistente em se abster de inserir desses mesmos cadastros e registros os nomes de consumidores cujos endereços ela não retém, também sob pena de pagamento de multa de R$ 5.000,00, para cada nome que deixar de ser excluído ou for incluído nos arquivos de consumo da ré em descumprimento às obrigações a que se refere o presente pedido, tudo no prazo de 30 dias, que reputo adequado para a implementação de técnicas administrativas que possibilitem o cumprimento desse comando. As eventuais multas a serem arrecadadas em caso de descumprimento dessa ordem reverterão para fundo de reparação de interesses difusos lesados, abrindo-se conta bancária para tanto, oportunamente. A ré arcará ainda com as custas e despesas pelo processo. O cumprimento desta decisão será fiscalizada por Oficiais de Justiça e auxiliares técnicos a serem indicados e nomeados por este Juízo, na fase de execução de sentença. P.R.I., São Paulo, 3 de março de 1997 – Ass. FERNANDO SEBASTIÃO GOMES – Juiz de Direito".

E, finalmente, a Promotoria de Justiça do Consumidor firmou termo de ajustamento de conduta com o SPC – Serviço de Proteção ao Crédito da Associação Comercial de São Paulo, de teor seguinte:

---

[438] Disponível em: <www.trf3.jus.gov.br>.

"Procedimento nº (...) – PJC da Capital

TERMO DE COMPROMISSO DE AJUSTAMENTO Nº 009/97

Aos 10 de abril de 1997, às 15:00 horas, na sede da Promotoria de Justiça do Consumidor, onde se achava a representante do Ministério Público Drª. (...), compareceu (...), sociedade civil com sede nesta Capital, na Rua (...), inscrita no CGC/MF sob o nº (...), ora representada por Dr. (...), qualificado no instrumento de procuração de fls. 48 dos autos do Procedimento nº (...), assistido pelo advogado Dr. (...), conforme instrumento de mandato de fls. 11, tendo em vista os fatos tratados nos autos antes referidos, nos termos do art. 5º, § 6º, da Lei Federal 7.347, de 24 de julho de 1985, assumindo, mediante compromisso de ajustamento à lei, as seguintes obrigações:

1. obriga-se a comunicar ao consumidor, previamente, por via postal, a partir do dia 05 de agosto de 1997, a inclusão de seu nome no Banco de Dados do Serviço Central de Proteção ao Crédito – SCPC, consoante previsto no art. 43, parágrafo 2º, da Lei nº 8.078/90;

2. no período compreendido entre o dia 05 de maio de 1997 e a data estipulada no item "1" supra, obriga-se a exigir de suas associadas declaração no sentido de que as mesmas realizaram a comunicação prévia prevista no dispositivo legal supramencionado e no art. 11, parágrafo 2º, do Regulamento Nacional dos Serviços de Proteção ao Crédito, sob pena de não ser atendido o pedido de inscrição, no SCPC, do nome do responsável por débitos em atraso;

3. obriga-se, ainda, a suspender o registro do débito sempre que houver dúvida ou reclamação do consumidor, até que seja realizada a verificação das informações constantes do banco de Dados do Serviço Central de proteção ao Crédito – SCPC;

4. a partir de 05 de agosto de 1997, obriga-se a não divulgar, a qualquer interessado, o nome do consumidor registrado no banco de Dados do SCPC, enquanto não for feita a comunicação objeto do item "1" supra;

5. a compromissária incidirá no pagamento de multa no valor de R$ 3.000,00 (três mil reais) para cada infração às obrigações assumidas nos itens "1", "2", "3" e "4" supra;

6. a multa referida no item "5" supra será monetariamente corrigida até a data de seu efetivo recolhimento, de acordo com o índice utilizado pelo Tribunal de Justiça de São Paulo para correção dos débitos judiciais;

7. a multa fixada no item "5" supra reverterá ao Fundo de Despesa e Reparação dos Interesses Difusos Lesados, previsto no art. 13 da Lei Federal 7.347/85;

8. o presente acordo produzirá efeitos legais depois de homologação pelo E. Conselho Superior do Ministério Público, nos termos do art. 112, parágrafo único, da Lei Complementar 734, de 26 de novembro de 1993.

Em seguida, pela Drª. (...), foi determinado que, devidamente consertados, tornassem os autos conclusos para ulteriores deliberações. NADA MAIS. Lido e achado conforme, vai o presente termo de compromisso assinado pela Drª. Promotora de Justiça, pelo representante da compromissária, pelas testemunhas [...].

[11] MODALIDADES DE ARQUIVOS DE CONSUMO DISCIPLINADAS PELO CDC – Em estrito rigor terminológico, a expressão *arquivo de consumo* é gênero do qual fazem parte duas grandes famílias de registros: os *bancos de dados* e os *cadastros de consumidores*, denominação dobrada utilizada pela Seção VI, do Capítulo V ("Das Práticas Comerciais"), do CDC, que alguns preferem chamar, simplesmente, de "cadastros de inadimplentes".[439]

---

[439] Cf. Márcio Mello Casado, op. cit., p. 179. Devemos ter um certo cuidado com tal denominação, pois, embora atraente, pode levar ao entendimento equivocado de que é só de devedores inadimplentes que cuida a lei.

Art. 43 | CÓDIGO BRASILEIRO DE DEFESA DO CONSUMIDOR

Conforme já referiu o min. Dias Trindade, o art. 43 protege o consumidor em relação a "informações que existam sobre ele em 'cadastros, fichas, registros e dados pessoais e de consumo arquivados', *o que encerra uma abrangência da maior amplitude, sendo de dizer que tais informações poderão encontrar-se registradas de outras quaisquer maneiras, além das indicadas, que não constitui enumeração fechada, como é óbvio*".[440]

No mesmo sentido, confirma Fábio Ulhoa Coelho que a disciplina do CDC "se aplica a qualquer armazenamento de informações, informatizado ou não, precário ou altamente organizado. O pequeno fornecedor que mantém uma agenda com dados de sua clientela deve, tanto quanto o grande empresário, observar o conjunto de regras definidas em defesa do consumidor".[441]

A *ratio* do codificador, por conseguinte, foi abarcar com as duas denominações *todas* as modalidades de armazenamento de informações sobre consumidores, sejam elas privadas ou públicas, de uso pessoal do fornecedor ou abertas a terceiros, informatizadas ou manuais, setoriais ou abrangentes. É nessa perspectiva que bem se pode falar que o CDC *publicizou* os arquivos de consumo, não no tocante à sua dominialidade ou gerenciamento dos registros, mas no que tange à acessibilidade ampliada e democratizada das informações que mantêm.

Diferentes na sua organização, funcionamento e modalidades de usuários, os *bancos de dados* e *cadastros de consumidores* trazem em comum a qualidade de armazenarem informações sobre terceiros, para uso em operações de consumo (mesmo que de forma indireta, como é o caso de seu emprego no "*targeting*" publicitário), nomeadamente aquelas executadas mediante crédito. Tratemos, pois, de diferenciar as duas noções.

Dotados de perfil próprio e distinto de seus congêneres, aos *bancos de dados*, tal qual regulados pelo CDC, ajuntam-se pelo menos *quatro* características primordiais: a) *aleatoriedade* da coleta, fenômeno motivado pelo interesse indiscriminado ou indefinido que os orienta, posto que quanto maior a base de dados, mais confiável e respeitado é o organismo; b) *organização permanente* das informações, que ali ficam, de modo latente, à espera de utilização futura, independentemente do número de operações que o consumidor realize no mercado; c) *transmissibilidade extrínseca* ou *externa*, isto é, direcionada a terceiros, outros que não o próprio arquivista, não mantendo este relação de consumo contratual com o consumidor; e d) *inexistência de autorização ou conhecimento do consumidor* quanto ao registro, que dificilmente é produto de solicitação sua, mas providência acolhida à sua revelia.

Os bancos de dados podem apresentar-se de inúmeras formas, todas igualmente abrangidas pelo CDC. Como já observamos, no Brasil, seus principais representantes são os Serviços de Proteção ao Crédito (SPCs) e a SERASA.

Partilhando afinidades com os bancos de dados, os *cadastros de consumidores* deles se apartam em pelo menos três pontos. Primeiro, a *permanência* das informações é acessória, já que o registro não é um fim em si mesmo, estando a manutenção dos dados vinculada ao interesse comercial atual ou futuro, mas sempre direto e particularizado, do arquivista em

---

Ora, o sistema do CDC – que vai além do art. 43 – não tem aplicação restrita aos cadastros daqueles que, por uma razão ou outra, deixaram de pagar aquilo que demanda o credor. Também disciplina os bancos de dados de consumidores adimplentes (= cadastros positivos, de bons devedores, na ótica do mercado), na medida em que possam ser utilizados, pela via transversal, como negativação indireta ou implícita dos outros devedores que deles não constem.

[440] STJ, REsp nº 30.666-1/RS, 3ª Turma, rel. Min. Dias Trindade, j. de 8.2.93, v.u., *DJU* de 22.3.93, grifo nosso; cf., também, *RT* 696/349.

[441] Fábio Ulhoa Coelho et al., *Comentários ao Código de Proteção do Consumidor*, coordenação de Juarez de Oliveira, São Paulo, Saraiva, 1991, p. 175.

Capítulo V · DAS PRÁTICAS COMERCIAIS | **Art. 43**

relação ao cliente cadastrado. Segundo, tampouco funcionam os cadastros pigmentados pela *aleatoriedade* na coleta de informações. Exatamente porque o universo subjetivo que move o arquivista coincide com aquele da sua própria atuação empresarial (arquivista e fornecedor não são agentes econômicos diversos, confundindo-se na mesma pessoa), os "cadastráveis" tendem a ser bem delimitados, isto é, normalmente associados a um grupo pequeno de consumidores, efetivos ou potenciais. Em oposição à prática dos bancos de dados, é comum, uma vez que o consumidor deixe de transacionar com a empresa por longo período, a exclusão de seu nome do cadastro mantido. Por derradeiro, os cadastros orientam-se pela *transmissibilidade intrínseca* ou *interna*, circulando e beneficiando somente ou preponderantemente o arquivista, que, como há pouco notamos, não é um terceiro, mas o fornecedor mesmo, atual ou eventual sujeito direto de relação jurídica de consumo.

Por via de regra, o consumidor cadastra-se *sponte propria* junto ao fornecedor, no momento em que decide adquirir um determinado produto ou serviço. Mas nada impede que a empresa acrescente àquilo entregue pelo cadastrado informações outras, de caráter complementar, resultado tanto de pesquisa que possa conduzir ou mesmo experiência de mercado, como de aquisição pura e simples em arquivo de consumo, gerido por terceiro. Daí a sua equiparação aos bancos de dados, conquanto nesse processo de aprimoramento dos registros as anotações podem se tornar inexatas.

Tanto os bancos de dados como os cadastros são compostos de informações, que podem ser pessoais (por exemplo, data de nascimento, estado civil, residência e profissão) ou de consumo (= histórico financeiro do indivíduo).

O CDC ora usa o vocábulo "bancos de dados" (§ 4º), ora, rendendo-se à força da denominação popular, utiliza expressões do tipo "serviços de proteção ao crédito e congêneres" (§ 4º) ou "Sistemas de Proteção ao Crédito" (§ 5º). Há, aqui – como autor do dispositivo reconheço – um desvio, intencional, de técnica legislativa, no afã de ser o mais explícito e categórico possível, mesmo com prejuízo da perfeição redacional, ao incluir, lado a lado, num mesmo dispositivo, o gênero e a espécie.[442] Daí que quando o Código, no § 1º, singularizou os SPCs, o fez com o intuito de enfaticamente incluí-los e não de eximi-los da aplicabilidade geral do pressuposto temporal representado pelo quinquênio.

Anteriormente mencionamos que, tecnicamente falando, e isso fica claro no batismo dado à Seção VI do CDC ("Dos Bancos de Dados e Cadastros de Consumidores"), os arquivos de consumo subdividem-se em duas grandes famílias: bancos de dados e cadastros de consumidores, que são, por sua vez, gênero em relação a um variado universo de tipos e modalidades menores.

Assim, uma leitura menos atenta do dispositivo poderia levar à equivocada conclusão de que estamos tratando de entidades apartadas e sem relação entre si (bancos de dados e SPCs), quando, de fato, na estrutura do CDC só temos, repita-se, essas duas grandes categorias: os bancos de dados e cadastros de consumidores.

Logo, ao referir-se a bancos de dados (§ 4º), estritamente falando o Código não necessitava mencionar "serviços de proteção ao crédito e congêneres", pois estes nada mais são do que

---

[442] Nunca é demasiada, principalmente no Brasil, a preocupação do legislador com a minúcia e o detalhe, abusando de repetições aparentemente inúteis, até quando isso possa prejudicar a fluência do estilo. Nesse ponto, cabe lembrar que, mesmo nesses casos de manifestação legal cristalina, ainda assim os pareceristas de plantão sequer ruborizam ao negarem aquilo que vem estatuído de forma expressa na norma. Confira-se, como instrutivo exemplo e alerta a não ser olvidado, o esforço (e insucesso) da FEBRABAN em contestar a aplicabilidade do CDC às operações bancárias, apesar de o Código definir serviços como "qualquer atividade fornecida no mercado de consumo, mediante remuneração, inclusive as de natureza bancária, financeira, de crédito e securitária" (art. 3º, § 2º, grifo nosso).

Art. 43 | CÓDIGO BRASILEIRO DE DEFESA DO CONSUMIDOR

fragmentos de um todo maior, aqueles. Quem diz "bancos de dados" diz "serviços ou sistemas de proteção ao crédito", embora o reverso não seja verdadeiro, pois existem bancos de dados que não se destinam, direta e imediatamente, à proteção do crédito como tal (os bancos de dados dos órgãos de segurança, por exemplo).

Consequentemente, desarrazoado pretender que onde legível "bancos de dados", não se visse "SPCs" – onde se encontrasse o todo, não se identificasse a parte. Realmente, um entendimento que, na mesma proporção da sua "inocente" simplicidade, semeia a negação absoluta da própria *ratio* protetória do consumidor que orientou o dispositivo.

O exercício reducionista aqui só tem um objetivo, sequer remotamente técnico: evitar a aplicação do § 1º, *in fine* (limite temporal dos cinco anos), aos Serviços de Proteção ao Crédito. O STJ, rápida e incisivamente, repudiou essa exegese não albergada pela lógica e sistema do CDC, ao decidir que "a especificidade das anotações dos Sistemas de Proteção ao Crédito não as exclui do conceito genérico das existentes em 'bancos de dados'".[443]

E isso sem que, entre os vitoriosos argumentos utilizados para afastar o entendimento favorecedor dos SPCs, sequer fosse utilizado o mais forte de todos, qual seja, a impossibilidade de afastar-se a aplicabilidade da parte final do § 1º (o prazo de cinco anos), dele retirando os registros de débitos do consumidor (*rectius*, os SPCs) sem, simultaneamente, impedir a incidência da sua primeira metade (os requisitos de veracidade e correção das informações arquivadas).

Se, como advogam os defensores dos SPCs, a norma do § 1º (determinadora do limite de cinco anos para as "informações negativas", mas também dos requisitos de forma e de veracidade) destina-se "a todos os bancos de dados e cadastros, de forma genérica, *com exclusão dos Serviços de Proteção ao Crédito*",[444] teríamos, então, que essa importante garantia do Código, direcionada a pôr limites de conteúdo e vida útil aos bancos de dados, seria aplicável a tudo, menos aos SPCs, exatamente as modalidades de arquivo de consumo que mais inspiraram o legislador, no momento de decidir-se pela redação e inclusão de toda a Seção VI, no corpo do CDC, como reação, até tardia, contra os abusos que praticavam (e praticam) tais organismos no processo de armazenamento e gerenciamento dos registros relativos à confiabilidade creditícia dos consumidores.

Nessa linha de raciocínio, de exegese reducionista e *contra legem*, o resultado – tanto inevitável quanto absurdo (sim, porque localizadas, no mesmo dispositivo, ambas exigências) – seria que, não só o quinquênio, mas também os pressupostos substantivos (= registros verazes e inquestionamento do débito) e formais (= registros objetivos, claros e em linguagem de fácil compreensão) não valeriam para os arquivos de consumo relativos a "débitos do consumidor", ou seja, SPCs, que seriam duplamente beneficiados. Primeiro, estariam livres para sancionar perpetuamente os consumidores, indo além dos cinco anos determinados pelo Código. Segundo, agora por via de consequência, determinada pela sua exclusão do campo de aplicabilidade do dispositivo em questão, teriam aberta (melhor dizer, mantida) a porta da impunidade, quando suas anotações fossem falsas ou enganosas, ou mesmo quando apresentassem caráter subjetivo, obscuro, ou utilizassem de linguagem de difícil compreensão. Em uma palavra, o CDC viria para nada mudar.

Realmente, em técnica exegética minimamente rigorosa, é impossível retirar esse ou aquele sujeito do campo de aplicação de certos deveres estatuídos num determinado dispositivo legal, e, ao mesmo tempo, em contradição, todos incluir no rol dos destinatários de outros

---

[443] STJ, REsp nº 30.666-1/RS, 3ª Turma, rel. Min. Dias Trindade, j. de 8.2.93, v.u., *DJU* de 22.3.93, grifo nosso; cf., também, *RT* 696/349.

[444] Bertram Antônio Stürmer, art. cit., p. 23, grifo nosso.

deveres previstos em passagem diversa, mas do mesmo dispositivo. Na expressão "cadastros e dados de consumidores", utilizada pelo § 1º, ou se enxerga os SPCs, para fins tanto do quinquênio, como dos pressupostos materiais e formais, ou não se os vê para nada, retirando-os, por completo, do campo de incidência de quaisquer dessas categorias de exigências. Interpretação medonha, por assim dizer, que levaria, numa palavra, a derrotar o próprio sistema do CDC.

[12] PRESSUPOSTOS DE LEGITIMIDADE DOS ARQUIVOS DE CONSUMO – Os arquivos de consumo só se legitimam quando preenchem certos pressupostos, que, por serem de inspiração constitucional e determinação legal, são inafastáveis, requisitando obediência *cumulativa*. Ofensa a qualquer dessas exigências desqualifica, imediatamente, o registro, sem prejuízo de disparar a aplicação dos instrumentos de implementação do ordenamento, vale dizer, a responsabilidade administrativa, civil e penal. Agrupam-se tais pressupostos em *quatro* categorias principais:

a) *teleológicos* (= de finalidade);
b) *substantivos* (= de conteúdo ou de fundo);
c) *procedimentais* (= de forma); e,
d) *temporais* (= de vida útil ou termo inicial e final).

Os pressupostos teleológicos dizem respeito aos objetivos visados (e autorizados) pela coleta, armazenamento e circulação dos dados manipulados. Diferentemente, os pressupostos substantivos referem-se à natureza e ao tipo de informação arquivada. À sua vez, os pressupostos procedimentais têm a ver com certas formalidades essenciais impostas aos arquivadores de consumo. Por último, os pressupostos temporais comandam, no tempo, a validade das anotações.

Só quando preenchidas integralmente essas quatro categorias de pressupostos é que os arquivos de consumo expõem-se como exercício regular de um direito, nos termos do art. 188, I, do Código Civil de 2002, dispositivo legal esse que, como é próprio de qualquer prerrogativa infraconstitucional, sofre balizamento orientado por padrões estatuídos na Constituição e na legislação especial protetora dos sujeitos vulneráveis, alicerce da nossa civilização *welfarista*.

Todos esses pressupostos trazem consigo deveres (para o credor e para o banco de dados) e direitos (para o consumidor) a eles associados, como melhor veremos adiante.

[12.1] O PRESSUPOSTO TELEOLÓGICO – O fim único dos arquivos de consumo é necessariamente *prospectivo*: um olhar para frente, dedicado a alertar credores potenciais sobre os riscos envolvidos ao negociarem com esse ou aquele consumidor.

Vistos por esse enfoque, os arquivos de consumo transitam em trilha constitucional e legalmente demarcada, e que aponta para a *prevenção*, como seu exclusivo objetivo; jamais se prestam a garantir o débito em questão, a punir o devedor faltoso ou coagir ao pagamento. Colimada, direta ou indiretamente, intenção diversa, insurge-se o ordenamento, agitado pela repulsa que sente contra a utilização desses organismos como arma complementar às garantias contratuais permitidas, inegável providência de caráter coativo que, por funcionar de modo retrospectivo, é vedada. A regra recepcionada pelo CDC, que remonta ao sistema da Constituição Federal de 1988, é simples e direta: *nenhum arquivo de consumo pode se transformar em curador de dívidas não pagas; não é coletor de débitos*.

Os arquivos de consumo, em todo o mundo, são vistos com desconfiança. Esse receio não é destituído de fundamento, remontando a quatro traços básicos inerentes a esses organismos e que se chocam com máximas da vida democrática contemporânea, do *Welfare State*: a uni-

Art. 43 | CÓDIGO BRASILEIRO DE DEFESA DO CONSUMIDOR

lateralidade (só arquivam dados de um dos sujeitos da relação obrigacional), a invasividade (disseminam informações que, normalmente, integram o repositório da vida privada do cidadão), a parcialidade (enfatizam os aspectos negativos da vida financeira do consumidor) e o descaso pelo *due process* (negam ao "negativado" direitos fundamentais garantidos pela ordem constitucional). Por isso mesmo, submetem-se eles a rígido controle legal.

O ato de "negativar" um consumidor é realizado, portanto, sobre uma tênue linha, que separa, na perspectiva dos fins visados, o permitido e o vedado. Claro, nem sempre é fácil distinguir a *ratio* que levou o credor a arquivar ele próprio a informação ou a solicitar seu registro em banco de dados. Mas, em várias situações, fica patente que o fornecedor buscou agregar finalidades outras além daquela única permitida, isto é, a proteção coletiva do crédito e não a adimplência específica da obrigação que originou o registro.

Assim, *v.g.*, quando a inscrição vem precedida de ameaças dirigidas ao consumidor inadimplente ("caso você não me pague imediatamente, vou mandar seu nome para o SPC, o que fechará as portas do crédito para você")[445] ou, ainda, quando é subsequente à ação judicial movida pelo devedor, impugnando a integralidade da dívida ou a abusividade de cláusulas do contrato firmado. Situação assemelhada é aquela em que, como melhor analisaremos, o credor, prematuramente, por não ser a dívida incontestável, inscreve o nome do consumidor no arquivo de consumo, tentando resguardar seu crédito específico e particular.

Em todos esses casos, dois objetivos, ambos ilícitos, movem o fornecedor. De um lado, pretende-se desestimular o direito legítimo do devedor de buscar, nos termos da Constituição Federal, pronunciamento judicial capaz de dirimir recorrentes conflitos creditícios. Quanto mais tempo demorar a solução judicial do litígio, maior será o período (e prejuízo) em que o consumidor deparar-se-á com portas entreabertas ou simplesmente fechadas para si em matéria de crédito. Como precisamente alerta o ministro Ruy Rosado de Aguiar, são por demais "conhecidos os efeitos negativos do registro em bancos de dados de devedores; daí porque inadequada a utilização desse expediente enquanto pende ação consignatória, declaratória ou revisional, uma vez que, inobstante a incerteza sobre a obrigação, já estariam sendo obtidos efeitos decorrentes da mora. Isso caracteriza um meio de desencorajar a parte a discutir em juízo eventual abuso contratual".[446]

Mas não é só. De outra parte, como já indicamos, deseja-se, pela estigmatização creditícia e social, transformar a "negativação" em instrumento de cobrança do crédito e não mais em mecanismo legítimo de proteção da universalidade do crédito e, a partir dela, de todo o mercado. Essa qualidade expiatória, de cunho privado, que se pretende conferir aos bancos de dados, viola os princípios básicos da ordem constitucional.

---

[445] Não é propriamente raro que tal ocorra, mesmo quando o consumidor, de forma veemente, protesta contra a ilegalidade e falta de causa para a cobrança, seja porque inexistiu contratação, seja porque se trata de dívida paga. Pior, com violadores que estão entre as maiores empresas do mercado e já após vários anos de vigência do CDC. É ilustrativa, nesse ponto, a seguinte notícia de um diário paulista: "A professora Ana Maria Sais Miqueletti, 53, diz que a empresa Credicard está cobrando, pela quarta vez, uma conta já paga. Segundo a professora, no dia 9 de julho de 1996, ela pagou suas compras em 11 prestações de R$ 440,00, que já foram quitadas. Desde então, ela recebe cartas da Credicard cobrando R$ 3.000,00. Ana Maria diz ter todos os recibos dos depósitos, mas a Credicard insiste em efetuar a cobrança. 'Eles já ameaçaram colocar meu nome no SPC (Serviço de Proteção ao Crédito)', afirmou. A empresa Credicard diz que já tomou providências para a regularização da conta da professora Ana Maria, já que foi comprovada a quitação do débito e que o processo de cobrança junto à empresa foi cancelado. A Credicard informa ainda que está implementando medidas para que problemas dessa natureza não mais ocorram" ("Credicard cobra conta já liquidada", *in Folha de S. Paulo*, Caderno São Paulo, Seção "A Cidade é Sua", 16.6.98, p. 2).

[446] STJ, RE nº 172.854-SC, 4ª Turma, rel. Min. Ruy Rosado de Aguiar, j. de 4.8.98, v.u., *DJU* de 8.9.98.

Capítulo V · DAS PRÁTICAS COMERCIAIS | **Art. 43**

O certo é que, com o passar dos anos, os bancos de dados, sem que isso aparentemente estivesse no projeto original de seus formuladores, transmudaram-se, fruto dos abusos praticados pelos seus usuários, de instrumentos legítimos de proteção ao crédito em mecanismos condenáveis de cobrança de dívidas. A tarefa do ordenamento, portanto, ao erigir esse pressuposto teleológico, é assegurar que a tênue fronteira finalística dos arquivos de consumo não seja violada, sob pena de, em última análise, estarmos profanando cânones estruturais da nossa ordem constitucional, nomeadamente o direito ao crédito, a garantia do acesso à justiça, a proteção do consumidor e a proibição das penas infamantes.

Que o caráter repetitivo ou costumeiro do fato não prejudique nossa apreciação do próprio fato. Na inscrição prematura do nome do devedor nos bancos de dados não reside o intuito, compreensível na sociedade de consumo, de proteger o crédito massificado, beneficiando a globalidade difusa dos credores e, a partir destes, todos os consumidores, favorecidos por juros mais baixos.

Nesse ponto, o magistrado precisa estar atento para evitar que o credor – pela via fácil, rápida e barata do registro – venha, de fato, a embaraçar, dificultar, quando não, pura e simplesmente, impedir a intervenção dos órgãos judiciais, destinada a fiscalizar a legalidade e legitimidade das cláusulas contratuais. A garantia do acesso à justiça é uma das mais relevantes conquistas do Estado contemporâneo; por isso mesmo, está insculpida na Constituição Federal. Quando o constituinte determinou que "a lei não excluirá da apreciação do Poder Judiciário lesão ou ameaça a direito",[447] fez na verdade referência que se projeta em duas direções. Por um ângulo, quis reprimir o impulso do legislador ordinário ou regulamentar de, diretamente, erigir barreiras à análise judicial de lesões ou ameaças a direitos. Noutra perspectiva, menos evidente, indicou sua insatisfação também com formas indiretas em que o mesmo resultado aparece, como, por exemplo, quando o Estado – em quaisquer de suas três funções – omite providências destinadas a salvaguardar o acesso à justiça, ameaçado por desmandos privados.

Em tais situações desviantes, de descaracterização teleológica do instrumento, o *animus* que movimenta o fornecedor beneficiário do registro não é tanto o de impedir o acesso à justiça *per se*, mas o de dificultá-lo tanto quanto possível, pois só assim poderá conservar a integralidade da estrutura contratual, ou seja, imunizando do escrutínio judicial a globalidade das cláusulas incorporadas – as legitimadas pelo ordenamento e também aquelas contaminadas por abusividade e caráter leonino.

A todo custo, então, é tarefa dos implementadores expurgar tal uso torto dos arquivos de consumo, vale dizer, sua utilização como veículo de bênção indireta a comportamentos mercadológicos inaceitáveis. Inaceitáveis porque sepultam, na névoa e na esteira da pressão psicológica e financeira de uma negativação, o inconformismo do devedor com a inclusão no seu débito de quantias não contratadas ou oriundas de cláusulas contratuais abusivas, insatisfação essa que, no terreno infraconstitucional, é de ordem pública e interesse social, nos termos dos arts. 1º e 51, do CDC.

À luz do art. 51, do CDC, certas condições contratuais são reputadas nulas de pleno direito, reação do legislador à equação leonina de sua formulação. Nada mais natural, então, que se restrinja qualquer impulso do credor, frequentemente irresistível, objetivando afastar, por via transversa mas nem por isso menos condenável, a aplicação dos comandos legais de ordem pública, que a todos (= a coletividade) tutelam, interessam e salvaguardam.

[12.2] PRESSUPOSTOS SUBSTANTIVOS – Cumprido o pressuposto teleológico (= legitimidade da finalidade do registro), o próximo passo, na escala de exigências impostas aos arqui-

---

447 Constituição Federal, art. 5º, inc. XXXV.

Art. 43 | CÓDIGO BRASILEIRO DE DEFESA DO CONSUMIDOR

vos de consumo, é o preenchimento de certos pressupostos substantivos: a) inquestionamento do débito e exatidão da informação apreendida e b) tipo (= conteúdo) de informação arquivada.

A discussão aqui já não é mais sobre a ontologia do registro, mas sobre ser ou não ser o dado substancialmente registrável.

Há dados que, mesmo dentro dos prazos permitidos, não são passíveis de registro, conquanto duvidosos. De outro lado, certas informações, mesmo que cristalinas e temporalmente legítimas, também rejeitam o assentamento, já que, no seu âmago, incompatíveis com a natureza de consumo dessas modalidades de arquivos.

[12.2.1] INQUESTIONAMENTO DO DÉBITO E REGISTRO – O caráter induvidoso do dado é da essência dos arquivos de consumo. Esse traço é visto em dupla perspectiva: a) certeza sobre o débito e b) convicção sobre a informação em si mesma considerada.

A inscrição do nome do devedor em arquivo de consumo só pode ser postulada pelo credor quando a obrigação restar incontestada, tanto por conformismo do devedor, como por pronunciamento judicial. Não é exercício regular de direito prática que contrarie tais exigências. Do contrário, a hipótese será exatamente a oposta: abuso de direito,[448] projetado pela banalização da atividade e a conspurcação desse sistema moderno de informações financeiras.

Sem garantias mínimas de segurança e validade do débito, todo o sistema resvala para a constituição de *tribunais privados de exceção*, pois o credor, por desvio de função do instrumento, afasta o que sobra de constitucionalidade a tal prática, baseada na presunção de que o que se protege é o crédito, visto genericamente. Não sendo assim, terminamos com um mecanismo ilícito de cobrança, embasado no uso de coação social, constrangimento público, estigmatização e execração do *homo economicus*.

Essa é a regra básica, então: só os débitos induvidosos podem ser objeto de registro financeiro, mais ainda quando contratualmente garantido o débito por outros meios, "sob pena de abusividade"[449] do procedimento. Havendo dúvida, judicial e razoavelmente materializada, sobre o seu valor ou sobre a própria existência da obrigação, descabida a manutenção do arquivo, a qualquer título, mesmo que como anotação.

Outra não é a posição do Superior Tribunal de Justiça. Na voz respeitável do ministro Ruy Rosado de Aguiar, um dos maiores civilistas nacionais, "inegável a consequência danosa para aqueles cujos nomes são lançados em bancos de dados instituídos para o fim de proteção do crédito comercial ou bancário. Daí porque, existindo ação que ataque a validade do título, onde se impugna o valor do débito cobrado pelo banco com fundamentos razoáveis, parece adequado que a utilização daqueles serviços, que servem para estigmatizar o devedor, aguarde o desfecho da ação".[450]

Como é curial, enquanto perdura o litígio judicial, inexistem segurança e certeza aptas a legitimar o julgamento público e massificado que os arquivos de consumo propiciam. A abertura dos portões da prestação jurisdicional interrompe – temporariamente, é certo – o

---

[448] Sobre abuso de direito, cf. Heloísa Carpena, op. cit.

[449] 1º TAC-SP, 6ª Câm., AgIn nº 736.243-2, rel. juiz Castilho Barbosa, j. de 27.5.97, *RT* 746/260.

[450] Essa é a ementa do acórdão: "Banco de dados. SERASA. SPC. SDC. Inscrição de devedor. Ação de nulidade. Tramitando ação onde os devedores pleiteiam o reconhecimento da invalidade do título que teria sido preenchido com valores excessivos, mediante argumentação verossímil, pode o juiz deferir antecipação parcial de tutela para cancelar o registro do nome dos devedores nos bancos de dados de proteção ao crédito. Arts. 273 do CPC e 42 do CDC. Recurso conhecido e provido" (STJ, 4ª Turma, RE nº 168.934-MG, rel. Min. Ruy Rosado de Aguiar, j. de 24.6.98, v.u., *DJU* de 31.8.98).

Capítulo V · DAS PRÁTICAS COMERCIAIS | **Art. 43**

fluxo de informações sobre o potencial devedor. E enquanto perdurar o confronto judicial, independentemente de depósito, permanece obstado, de maneira intransponível, o registro.

Como afirmamos, não fosse assim estaríamos, na contramão da história, transformando os arquivos de consumo em verdadeiros tribunais privados de exceção, conquanto determinados, sob o manto da arrogância de um grupo restrito de agentes econômicos, a lavrar ato com graves consequências, sem esperar a manifestação final das instituições incumbidas pela Constituição Federal de dirimir os conflitos intersubjetivos, o Judiciário.

Claro que não é qualquer impugnação judicial que leva a tal resultado. A regra de ouro do ordenamento é sempre a razoabilidade. Ao juiz incumbe, num juízo preliminar e temporário, examinar, de um lado, a fundamentação da insatisfação do consumidor, assim como seu histórico de inadimplência. De outro, cabe perquirir o comportamento do banco de dados e do próprio fornecedor original, nomeadamente precedentes similares e reclamações levantadas por outros consumidores.

Uma das marcas da nossa sociedade, anteriormente referida, é exatamente o desaparecimento do crédito isolado e circunstancial, organizando-se um modelo creditício instantâneo e mecanizado, *i.e.*, despersonalizado e dependente de informações arquivadas em bancos de dados. Ora, num tal cenário, fecharem-se ao indivíduo os portões das instituições financeiras é condenar o *homo economicus*, que todos somos, a perecer.

A presença de "dúvida", e tão só disso, desde que *prima facie* legítima, desmonta a postulação de pertinência do registro, não aproveitando, em nenhuma hipótese, ao fornecedor (para abençoar o assentamento), mas ao consumidor (para livrá-lo da execração pública). Do devedor não se requer apresente, para impedir a manutenção do registro, prova peremptória e irrefutável do caráter ilícito ou exagerado do débito; é suficiente agregue ele argumentos razoáveis, que fragilizem a cristalinidade da dívida.

A certeza do débito, para fins de registro no SPC/SERASA, também não se confunde com a liquidez, certeza e exigibilidade imediata do título. Uma vez contestado o débito em juízo, rui para o credor a possibilidade de registrá-lo nos arquivos de consumo.

Além do art. 43, do CDC, o consumidor tem ao seu lado o art. 39, *caput*, segundo o qual é, genericamente, prática abusiva a inscrição do nome do devedor no cadastro de inadimplente, enquanto perdurar discussão judicial acerca da legitimidade do débito. Ainda no mesmo art. 39, o legislador vedou o repasse de "informação depreciativa referente a ato praticado pelo consumidor no exercício de seus direitos" (inc. VII). Ora, procurar amparo judicial para dirimir suas insatisfações de consumo é direito constitucionalmente assegurado a todos os consumidores, já vimos.

Não se desconhece que, em termos estritamente civilísticos, a mora caracteriza o inadimplemento contratual, mas não se confunde com o simples retardamento do pactuado. A inscrição em arquivo de consumo clama por mais do que simples retardamento no cumprimento da obrigação, já que só passível de ser levada a cabo diante de inequívoca mora, seja porque não impugnada pelo devedor, seja porque fruto de manifestação judicial transitada em julgado.

A questão já foi levada, por várias vezes, aos tribunais nacionais.[451] Em voto irretocável, que reflete a melhor orientação jurisprudencial vigente, o juiz Nivaldo Balzano assim se posicionou: "Esse registro é antijurídico na medida em que não distingue a mora do inadimple-

---

[451] "SERASA. Averbação de mutuário em contrato de mútuo bancário no seu quadro de inadimplentes, com negativação de crédito. Inadmissibilidade. Inclusão do devedor que somente é possível desde que configurada a inequívoca inadimplência ou por decisão judicial transitada em julgado e não mera impontualidade. Indenização, por dano moral decorrente de antijurídica restrição ao crédito bancário, devida. Recurso provido" (1º TAC-SP, 5ª Câm., Ap. Cív. nº 750.151-1, rel. Juiz Cunha Garcia, j. de 21.10.98, v.u.).

361

Art. 43 | CÓDIGO BRASILEIRO DE DEFESA DO CONSUMIDOR

mento, nem do retardamento. O inadimplemento é a não satisfação da obrigação no prazo. A mora decorre do inadimplemento comprovado, sem causa ou injusto. Mas nem toda retardação caracteriza mora do devedor, podendo ocorrer de fato inimputável ao obrigado, mas sim de causa própria da conduta do pretenso credor, como exemplo, exigência de encargos excessivos pelas instituições financeiras, aplicação de índices de reajustamentos indevidos, capitalização de juros vedada, falta de demonstração inequívoca do débito, enfim, tantas outras práticas do dia a dia que não encontram amparo no direito. O singelo decurso do prazo de uma obrigação, sem perquirição de outros fatores, por si só, não gera o direito de enviar os dados do retardante a um cadastro de restrições amplas ao crédito, comprometendo todas as atividades negociais."[452]

Cumpre ainda fazer menção do fato de que se a dívida é renegociada, em uma ou várias parcelas, não pode o nome do consumidor constar de bancos de dados, enquanto não caracterizada a mora dos novos valores pactuados. Débito continua a existir, mas não débito em atraso. Os bancos de dados não são simples registros de devedores, mas de devedores comprovada e reconhecidamente inadimplentes. Não mais havendo a mora, sem sustento o registro negativo com base na dívida original. Só um novo atraso justificará a reintrodução do registro, repetindo-se o procedimento inicial (dever de comunicação etc.).

Já mencionamos que, para alcançar o sustamento do registro, excetuando-se hipóteses de impugnação absurda, basta a contestação judicial do débito, que opera *tout court*, mesmo que em sede de embargos do devedor à execução. Nessa linha, *v.g.*, assegura o Regulamento Nacional dos Serviços de Proteção ao Crédito, publicado pela CACB – Confederação das Associações Comerciais do Brasil, que "será suspensa a informação de registro, desde que comprovada a existência de litígio judicial".[453]

Ademais, não determina o CDC, nem seria o caso de fazê-lo, pois isso tem a ver com assegurar o crédito e não o registro, que depósito seja efetuado. Sua exigibilidade, como mecanismo ensejador da suspensão do assentamento, configura uma fórmula engenhosa de pressão complementar sobre o devedor, particularmente daquele – e quem não se encontra nessa posição hodiernamente? – que amiúde depende de crédito.

Tecnicamente falando, eventual depósito judicial não guarda qualquer relação com o ato do registro, em si considerado. Em absoluto não se quer, aqui, dificultar a cobrança do débito pelo credor, direito legítimo seu, resguardado com providências várias pelo ordenamento. Mas a finalidade pública – e única – dos arquivos de consumo, não custa repetir, é garantir o mercado e não o credor original, que de resto, melhor que ninguém, conquanto manteve relação contratual direta com o consumidor, bem sabe que precisa tomar cautelas em relação àquele devedor particular, que entende relapso e não confiável.

Por conseguinte, persistir na exigência do depósito revela a agenda oculta do credor original – forçar o adimplemento da obrigação. O serviço, como sua denominação usual o diz, é de "proteção ao crédito", não é, pela "negativação" do consumidor, de "cobrança do débito". É atividade destinada ao mercado futuro, não cumprindo missões retrospectivas, como atrás indicamos.

É por isso mesmo que a jurisprudência vem entendendo não haver risco para o credor original, quando se nega a possibilidade de inscrição nos bancos de dados de consumo do nome do devedor, na hipótese de a obrigação ser objeto de discussão judicial. A bem da verdade, em tais casos a proibição de negativação junto ao sistema SPC/SERASA nenhum prejuízo traz

---

[452] 1º TAC-SP, 5ª Câm. Extraordinária, Ap. Cív. nº 722.299-5, rel. Juiz Nivaldo Balzano.

[453] Art. 18, no texto atualizado até 6.12.96. Na mesma linha, o Regimento Interno do SCPC – Serviço Central de Proteção ao Crédito, da Associação Comercial de São Paulo, dispõe que "será suspensa a informação do registro, desde que comprovada a existência de litígio judicial sobre o débito registrado" (art. 21).

Capítulo V · DAS PRÁTICAS COMERCIAIS | **Art. 43**

para o credor, pois, diante da dilaceração da relação contratual anterior pelo litígio judicial, dificilmente voltará a negociar com o mesmo consumidor.

Nunca é demais chamar a atenção para o fato de que a inclusão do nome do devedor no rol negro dos bancos de dados, visando a atender ao objetivo único que os orienta (= alertar os credores potenciais sobre os riscos de contratar com este ou aquele indivíduo), em nada beneficia o credor original, pois, melhor que ninguém, conhece ele a inadimplência do consumidor, tanto que o quer "negativar". Descabe, por consequência, querer o fornecedor sustentar a existência de risco de dano irreparável ou de difícil reparação. Risco de danosidade, se existente, localiza-se na esfera do devedor, que pode ter sua viabilidade econômica e reputação no mercado arruinadas com um assentamento dessa natureza. A revolta do credor contra a recusa de registro surge porque o objetivo real visado não é, com frequência, alertar e proteger o mercado, mas atuar de forma expiatória sobre o devedor, obrigando-o a adimplir a obrigação, quaisquer que sejam os seus termos.

A posição do Superior Tribunal de Justiça caminha nessa direção: "Não se vislumbra risco de dano irreparável ou de difícil reparação, em virtude de se haver determinado à credora que se abstivesse de diligenciar a inscrição do devedor nos cadastros de proteção ao crédito, condicionada a medida ao depósito judicial da importância reclamada."[454]

Noutro caso, o ministro Waldemar Zveiter decidiu que, "não demonstrado o perigo de dano para o credor, não há como deferir seja determinada a inscrição do nome do devedor no SPC ou SERASA, mormente quando este discute em ações aparelhadas os valores *sub judice*, com eventual depósito ou caução do *quantum*".[455]

Em conclusão, mais uma vez cabe repetir as palavras do ministro Ruy Rosado de Aguiar, quando assevera que não está, aqui, "em causa a existência ou a legalidade dos serviços de proteção ao crédito, nem se duvida da utilidade que prestam ao comércio e aos próprios consumidores na medida em que agilizam e facilitam a satisfação dos seus interesses. Mas não se pode deixar de reconhecer que o registro de inadimplência em bancos privados, ato não exigido pela lei nem pressuposto legal para qualquer negócio, somente pode ser admitido quando não esteja *sub judice* a própria questão da inadimplência".[456]

[12.2.2] O TIPO DE INFORMAÇÃO ARQUIVADA – No campo dos pressupostos substantivos, o CDC não se contenta apenas com a verificação de que o débito é inquestionável e de que o assentamento foi lavrado com exatidão, refletindo os fatos tais como existem. Em adição, o sistema legal estabelece que certas informações simplesmente não são registráveis em bancos de dados de consumo.

Nos sistemas jurídicos sem regulação especial, qualquer tipo de informação pode, em tese, ser inserida em arquivo de consumo. No caso brasileiro, como já ressaltamos, assim não ocorre, uma vez que só dados não resguardados pela garantia constitucional da privacidade e que estejam diretamente conectados ao funcionamento da sociedade de consumo recebem o aval do Direito para serem manuseados de forma massificada por tais organismos, independentemente da vontade do sujeito a quem se referem.

---

[454] RMS nº 7.903/RS, rel. Min. Eduardo Ribeiro, *DJU* de 24.11.97.

[455] Essa é a íntegra da ementa: "Processual civil. Cautelar. Suspensão de medida determinativa de inscrição do nome do devedor no SPC ou SERASA. I – Não demonstrado o perigo de dano para o credor, não há como deferir seja determinada a inscrição do nome do devedor no SPC ou SERASA, mormente quando este discute em ações aparelhadas os valores *sub judice*, com eventual depósito ou caução do *quantum*. Precedentes do STJ. II – Recurso conhecido e provido" (STJ, RE nº 161.151/SC, rel. Min. Waldemar Zveiter, j. de 26.5.98, v.u., *DJU* de 29.6.98).

[456] STJ, 4ª Turma, RE nº 172.854-SC, rel. Min. Ruy Rosado de Aguiar, j. de 4.8.98, v.u., *DJU* de 8.9.98.

São excluídas, portanto, informações de cunho personalíssimo (a não ser quando indicadas pelo próprio consumidor e circuladas com sua autorização expressa). Arquivo, sim, mas de consumo e não de disse me disse ou mexerico, absolutamente irrelevantes à concretização de sua finalidade mercadológica.

O Código de Defesa do Consumidor, pela via transversa, posicionou-se no sentido de só admitir o armazenamento de informações conectadas ao mercado de consumo. Outras que sejam referentes a dados pessoais do consumidor, sobre seu caráter, família, reputação geral, características individuais ou modo de vida, não são aceitas, a não ser que fortemente vinculadas ao mercado. Tanto que o art. 43, § 1º, exige que as informações sejam "objetivas", ou seja, não se apresentem como avaliações passionais, de traços afeitos à intimidade do consumidor, desconectadas da realidade e necessidades do mercado de consumo. O consumidor que acusar violação de sua intimidade ou privacidade faz jus ao expurgo de tais dados espúrios de seu arquivo, além, evidentemente, de poder cobrar indenização por eventuais danos patrimoniais e morais sofridos. Entre as informações que estão absolutamente proibidas de constar de arquivos de consumo está a história médica do consumidor ou sua orientação sexual. Aqui, o interesse público na preservação da intimidade e do sigilo ofusca qualquer outro benefício, de cunho privatístico.

Trata-se de problema que aflige os consumidores e preocupa o Poder Público em países de economia avançada. Nos Estados Unidos, por exemplo, os bancos de dados demonstram uma irrefreável disposição para coletar, armazenar e disseminar informações minimamente relacionadas com a posição de "consumidor" no mercado. Hoje, tais entidades arquivam dados os mais díspares, incluindo aqueles referentes às características pessoais, à moral e à reputação do consumidor.[457] No Brasil, tal não é possível, pois, felizmente, temos norma expressa, que traz vedação absoluta.

Quem melhor captou, nesse campo, a dinâmica do CDC foi Tupinambá Miguel Castro do Nascimento: "Nem toda circunstância a respeito do consumidor ou do fornecedor pode ser anotada. Os serviços de registros têm um objetivo certo. Anotar as irregularidades quanto às relações de consumo e que interessam ao mundo comercial. Se a pessoa é de bons costumes, se respondeu a algum processo por delito contra a honra ou se paga em dia as prestações alimentícias que deve à esposa, são anotações que não interessam a tais cadastros e que, por isso, não podem ser cadastradas. Os bancos de dados e cadastros não têm abrangência de um sistema completo de informações. As informações registráveis são as que, substancialmente, se referem à atitude do consumidor ou fornecedor diante das relações de consumo em que tomaram parte. O ser bom ou mau empregado, o ter ou não o fornecedor pago os impostos, são dados que não interessam aos registros e cadastros de que se trata."[458]

[12.3] PRESSUPOSTOS PROCEDIMENTAIS – Já vimos que o campo de operação dos arquivos de consumo está delimitado por pressupostos teleológicos e substantivos, que são complementados, agora na perspectiva formal, pelos pressupostos procedimentais, uns, quanto ao acesso, outros, quanto à linguagem.

Como se dá com outras exigências atadas à coleta, armazenamento, gerenciamento e fornecimento de informações sobre o consumidor, aqui também faltando quaisquer dos pressupostos procedimentais, os arquivos de consumo deixam de ser atividade lícita – exercício legítimo de direito – e ganham as cores de práticas abusivas, vedadas e reprimidas pelo CDC e outros textos legais. Vejamos, separadamente, cada uma dessas exigências formais.

---

[457] Michael Greenfield, op. cit., p. 167.
[458] Tupinambá Miguel Castro do Nascimento, op. cit., p. 51, grifo no original.

Capítulo V · DAS PRÁTICAS COMERCIAIS | **Art. 43**

[12.3.1] ACESSIBILIDADE LIMITADA – Os arquivos de consumo destinam-se a auxiliar o funcionamento do mercado de consumo, facilitando as operações contratuais entre consumidores e fornecedores. Consequentemente, não é qualquer pessoa que pode ter acesso às informações neles arquivadas.

A acessibilidade depende, pois, do preenchimento de duas condições cumulativas: a) solicitação individual decorrente de b) uma necessidade de consumo. Fora disso, qualquer utilização implicará mau uso, sujeitando os infratores (o que dá e o que recebe) às sanções penais, civis e administrativas aplicáveis às hipóteses de invasão da privacidade.

Em primeiro lugar, os dados devem ser solicitados por um fornecedor. Não é só. A solicitação há de ser individualizada. Com isso, visa-se a assegurar que as informações serão fornecidas caso a caso e não em bloco, em "listas negras". É prática abusiva, por exemplo, a manutenção de um sistema de mala direta em que o banco de dados mantém os fornecedores regularmente informados sobre a situação creditícia de todos ou de categorias de consumidores que constam de seus cadastros. "Informação sobre um consumidor particular só pode ser fornecida a terceiro quando solicitada em conexão com uma *transação específica* entre este e aquele consumidor particular."[459]

Corroborando essa posição, o Regulamento Nacional dos Serviços de Proteção ao Crédito dispõe que "o fornecimento de tais informações só poderá ser feito mediante consulta, sendo vedado divulgá-las através de relações, listagens, boletins ou quaisquer outros meios de publicidade".[460]

Em acréscimo, a solicitação individualizada precisa estar conectada a uma *negociação de consumo*. Esse requisito busca proteger o consumidor contra a utilização das informações sobre ele arquivadas para outros fins que não aqueles inerentes ao regular e normal funcionamento do mercado de consumo, a única justificativa para a existência de tais entidades. Evidentemente, esse requisito não se aplica às solicitações oficiais.[461]

Aos arquivistas, portanto, cabe resguardar esse direito do consumidor, tomando as necessárias cautelas no sentido de garantir a função econômica dos arquivos, vale dizer, protegendo o negativado contra mau uso dos usuários, quando se beneficiam do serviço fora das hipóteses claramente caracterizadas como de relação de consumo. Desobedecidas essas formalidades de acesso, tais organismos transmudam-se em instrumento organizado, tecnologicamente avançado e massificado de bisbilhotice da vida alheia (inclusive para fins políticos), perdendo sua razão de ser e resvalando para o terreno da inconstitucionalidade e ilegalidade.

[12.3.2] LINGUAGEM DOS ARQUIVOS DE CONSUMO – Exatamente para facilitar seu entendimento pelo consumidor e evitar danos à sua posição no mercado, os arquivos de consumo devem estar redigidos em linguagem transparente e que reflita a realidade exatamente como é, nem mais, nem menos.

---

[459] Greenway v. Information Dynamics, Ltd., United States District Court, District of Arizona, 1974. 399 F.Supp. 1092, affirmed 524 F.2d 1145 (9th Cir. 1975) (grifo nosso).

[460] Regulamento Nacional dos Serviços de Proteção ao Crédito, publicado pela CACB – Confederação das Associações Comerciais do Brasil (atualizado até 6.12.96), art. 22, § 1º.

[461] No mesmo sentido, diz Eduardo Arruda Alvim: "Os arquivos que contenham dados sobre consumidores só devem ser utilizados diante de situações que, concretamente, o exijam, pelo fornecedor que o solicitar, e não por qualquer pessoa. Fora daí, há mau uso desses arquivos, o que se constitui, inegavelmente, em prática abusiva, incompatível com o sistema de proteção do consumidor implantado por este Código" (Eduardo Arruda Alvim et alii, *Código do Consumidor comentado*, 2ª ed., São Paulo, Revista dos Tribunais, 1995, p. 230).

Art. 43 | CÓDIGO BRASILEIRO DE DEFESA DO CONSUMIDOR

Complementando o rol dos direitos básicos do consumidor no tema dos arquivos de consumo (direito de comunicação, direito de acesso e direito de retificação, analisados mais adiante), podemos aqui identificar *direitos complementares*, todos relacionados à adequada caracterização do assentamento, prescrevendo seja a informação arquivada a) veraz, b) objetiva, c) clara, e d) de fácil compreensão.

[12.3.2.1] DIREITO À INFORMAÇÃO VERAZ – Antes de mais nada, os dados arquivados, é até despiciendo mencionar, precisam ser verazes, ou seja, dizem tudo (nada truncam ou omitem) e tudo o que dizem representa os fatos tal como são.

É com base neste direito que se fixa o dever para o arquivista de anotar, junto com a informação que recebe, a sua fonte. Isso porque o dado de consumo, assim como a publicidade, pode, por omissão, deixar de ser veraz, sempre que traduza apenas parte da realidade.

Como muito bem anota Leonardo Roscoe Bessa, "o não atendimento ao atributo da veracidade é, provavelmente, o que mais tem provocado o Poder Judiciário a se manifestar sobre os limites de atuação dos bancos de dados de proteção ao crédito".[462]

[12.3.2.2] DIREITO À INFORMAÇÃO OBJETIVA – Se algo está ou vai ser arquivado sobre sua pessoa, o consumidor faz jus à informação objetiva, isto é, aquela que não contém apreciações subjetivas ou dados não essenciais ao mercado de consumo.[463]

Por dados objetivos entende-se aqueles que "não comportam, evidentemente, juízos ou opiniões, devendo abranger exclusivamente informações de fato".[464]

[12.3.2.3] DIREITO À INFORMAÇÃO CLARA – Além de objetivo, qualquer dado arquivado sobre o consumidor há de ser claro, isto é, não prolixo, contraditório ou dúbio.

[12.3.2.4] DIREITO À INFORMAÇÃO DE FÁCIL COMPREENSÃO – Finalmente, não só verazes, objetivos e claros, os dados arquivados devem ser de fácil entendimento. Vedada, portanto, a utilização de símbolos, códigos[465] ou idioma estrangeiro.

[12.4] PRESSUPOSTOS TEMPORAIS – Como se observa em outros campos da atividade humana, inclusive no que tange à própria memória histórica da nação, o Direito é informado pela predisposição para esquecer. Claro, há comportamentos de alta agressividade social – *v.g.*, a tortura e o genocídio –, onde a regra é lembrar sempre, para nunca mais repetir. Não é esse, contudo, o caso da inadimplência.

Muito ao contrário, o devedor – também cidadão, é útil lembrar, e, por isso mesmo, em posição de igualdade com aqueles que nada devem – vem, ao longo dos séculos, sendo gradativamente agraciado pelo ordenamento com rigor minguante. Primeiro, foram abolidas as formas cruéis e físicas de cobrança. Em seguida, o Direito instituiu mecanismos de facilitação do pagamento do débito (concordata, por exemplo) e vedou a prisão por dívidas. Agora, mitiga-se, no plano temporal, o impacto estigmatizador e socialmente desconcertante da posição de inadimplência.

---

[462] Leonardo Roscoe Bessa, op. cit., p. 188.

[463] Por dados objetivos, bem escreve Eduardo Arruda Alvim: "devem-se entender aqueles despidos de 'opiniões', pois estas envolvem subjetivismo" (Eduardo Arruda Alvim et al., op. cit., p. 228).

[464] José Alexandre Tavares Guerreiro, op. cit., p. 144.

[465] João Batista de Almeida, op. cit., p. 96; os códigos internos podem ser utilizados, desde que sejam fornecidos elementos que permitam a "decodificação por qualquer um que domine a língua pátria" (Fábio Ulhoa Coelho et al., op. cit., p. 175).

Capítulo V · DAS PRÁTICAS COMERCIAIS | **Art. 43**

[12.4.1] FUNDAMENTOS PARA A TUTELA TEMPORAL DO DEVEDOR – O que está por trás dessa crescente e irresistível tendência, no sentido de garantir ao devedor certos direitos básicos, entre os quais o *direito ao esquecimento*? Várias são as justificativas.

Parece-me que aquela que mais impressiona é o reconhecimento, hoje incontestável, de que, na sociedade do crédito fácil, da volatilidade do emprego e da constância das crises econômicas, o devedor, frequentemente, não é um contumaz e irresponsável contratante; é vítima, tanto quanto o credor, que também sofre com o inadimplemento. Se deixa de pagar não é por desejo seu, mas porque suas condições presentes não o habilitam, consequência da permanente variabilidade das circunstâncias do mundo real que o cerca.

Faz sentido um tal raciocínio, onde o débito é visto no seu contexto socioeconômico mais amplo. É difícil crer que alguém, tirante aqueles que representam a anormalidade no mercado, optará por uma vida sem crédito, quando esse é literalmente imprescindível à prática de atos básicos no cotidiano de todos os indivíduos!

A inadimplência, portanto, diversamente do que poderia suceder antes do surgimento da sociedade de consumo, não é, de ordinário, uma opção pessoal, mas decorrência inafastável de situações que, não raro, estão fora do controle do consumidor e são, de sua parte, imprevisíveis. Negar essa constatação é condenar o Direito à prisão do formalismo, levando-o a trabalhar com ficções e presunções, que são diariamente contestadas pelos economistas e estudiosos do funcionamento do mercado.

Em complementação a esse argumento econômico-estatístico, pode-se encontrar um outro, de cunho ético, contrário a assentamentos e juízos de valor de caráter perpétuo. A semieternidade dos sistemas de proteção ao crédito – são conhecidos os exemplos de mortos que integravam os bancos de dados de consumo – não instiga o bom funcionamento do mercado. Em vez de acelerar as transações comerciais, a temporalidade aberta de registros privados (ou mesmo públicos) amarra a estrutura mercadológica, conquanto cristaliza *ad eternum* situações excepcionais que podem não mais representar a realidade do comportamento normal do indivíduo. Um caso isolado não pode ser usado para macular uma vida inteira, passada e futura, de correção como contratante e consumidor.

Finalmente, consequência da publicidade dominante e agressiva, centrada no "crédito fácil", os consumidores acabam onerados por obrigações contratuais que vão além de suas condições de pagamento.[466] Não é sem razão que alguns autores do Direito do Consumidor – entre os quais Jean Calais-Auloy – defendem a proibição da publicidade sobre crédito, em resposta aos malefícios daí decorrentes.

Já se comentou, com toda a propriedade, que "o instituto da prescrição, bem antes de legal, é eminentemente social porque estabiliza as relações humanas. Sábia, sem dúvida, a peroração de Teixeira de Freitas quando dizia que a 'prescrição é patrona do gênero humano, amiga do tempo e da paz'. Não está ela a serviço da inadimplência, mas sim da estabilidade social, da paz social, e seus prazos devem ser interpretados segundo o sistema".[467]

O controle temporal imposto aos arquivos de consumo, defende corretamente João Batista de Almeida, "ao contrário de incentivar o calote, impede a aplicação de pena de caráter perpétuo, vedada pela Constituição da República (art. 5º, XLVII, *b*) e uniformiza o tratamento da matéria ao impedir efeitos extrajudiciais da dívida prescrita e não permitir que esta perturbe eternamente a vida do consumidor, cassando-lhe o crédito e a possibilidade de reabilitação.

---

[466] No tema da publicidade de crédito, cf. Márcio Mello Casado, op. cit., ps. 92-144.

[467] TJRS, 6ª Câm. Civ., Ap. Cív. nº 596.082.172, rel. Des. Décio Antônio Erpen, j. de 11.6.96, v.u.; cf. *Revista de Direito do Consumidor*, vol. 22, abr./jun. 1997, ps. 205-206.

Se prescreve o direito de punir do Estado, não haveria razão para não se considerar prescrita a veiculação de mera informação cadastral".[468]

Nessa mesma orientação, feliz o ministro Eduardo Ribeiro ao afirmar que se vislumbra razão ao CDC, quando fixa limite temporal aos arquivos de consumo, com o evidente objetivo de "evitar se perpetuem dados desabonadores. Colima-se impedir seja o consumidor prejudicado, em virtude de algo que haja sucedido décadas atrás".[469]

Essa preocupação com a perpetuidade dos arquivos de consumo não surgiu apenas com o CDC. Antes dele, o Tribunal de Justiça do Rio Grande do Sul, pioneiramente pela Súmula nº 11, já enfrentara, de forma limitada, é verdade, a questão: "A inscrição do nome do devedor no Serviço de Proteção ao Crédito – SPC pode ser cancelada após o decurso do prazo de três anos."

[12.4.2] A VIDA ÚTIL DA INFORMAÇÃO – No sistema regrado pelo CDC, atrás mostramos, há informações que, mesmo sem enfrentarem adversidade temporal, não podem ser registradas, pois infringem parâmetros estatuídos para sua legitimidade (pressupostos teleológicos, substantivos e procedimentais). Existem outras, contudo, que, mesmo ultrapassado o questionamento preambular da finalidade, do mérito e da forma, ainda assim rejeitam o assentamento por esgotamento de lapso temporal fixado pelo CDC. "Há alguns dados negativos ao consumidor – afirma Fábio Ulhoa Coelho – que, mesmo sendo verdadeiros, não podem constar do cadastro."[470]

O legislador do CDC fixou *dois prazos*, um genérico, outro específico, para a vida útil dos dados arquivados sobre o consumidor:

a) lapso de cinco anos (genérico);
b) lapso de prescrição da ação de cobrança (específico).

Violado qualquer um deles, a informação arquivada é contaminada por *inexatidão temporal*,[471] ensejando, como analisaremos, responsabilidades.

Ao contrário do que pretenderam ver alguns (e foi essa a tese levada até o STJ pelas instituições financeiras e bancos de dados), inexiste qualquer antinomia entre os dois prazos, isto é, entre o regramento dos §§ 1º e 5º, do art. 43. Não se opõem ou divergem, complementam-se.

[12.4.3] PRAZO GENÉRICO DE CINCO ANOS – Primeiro, nos termos do § 1º, do art. 43, os arquivos de consumo não podem "conter informações negativas referentes a período superior a cinco anos".

Consequentemente, nenhum dado cadastral depreciativo pode superar o quinquênio. Essa é a vida útil máxima e genérica de qualquer informação incluída em banco de dados. É o lapso que o Código considera razoável para que uma conduta irregular do consumidor seja esquecida pelo mercado. Se até os crimes mais graves prescrevem, não há razão para que o consumidor fique com sua "folha de antecedentes de consumo" maculada *ad eternum*.[472]

---

[468] João Batista de Almeida, op. cit., p. 97; também trazendo o argumento constitucional contrário à perpetuidade do registro, cf. Tupinambá Miguel Castro do Nascimento, op. cit., ps. 51-52.

[469] STJ, 3ª Turma, REsp nº 14.624-0-RS, rel. Min. Eduardo Ribeiro, j. de 22.9.92, v.u.; cf. *Revista de Direito do Consumidor*, vol. 22, abr./jun. 1997, p. 179.

[470] Fábio Ulhoa Coelho et al., op. cit., p. 176.

[471] A expressão é de Tupinambá Miguel Castro do Nascimento, op. cit., p. 54.

[472] O art. 43, § 1º, na parte da obsolescência das informações, também tem sua origem no *National Consumer Act* e no *Fair Credit Reporting Act* (FCRA). Este fixa diversos prazos, conforme a natureza da informação, sendo

Capítulo V · DAS PRÁTICAS COMERCIAIS | **Art. 43**

O quinquênio é o teto temporal de permanência de informação negativa em arquivo de consumo. Referindo-se a ele, o ministro Eduardo Ribeiro teve oportunidade de afirmar que "nenhum dado negativo persistirá por prazo superior a cinco anos. Não importa se referente a não pagamento de débito ou tenha qualquer outro conteúdo".[473]

Se é teto, não é, contudo, piso temporal,[474] conquanto afastável, em seguida veremos, se o prazo prescricional da ação de cobrança do débito for a ele inferior. Não sendo o prazo prescricional, como é curial, uniforme para todas as obrigações civis e comerciais, podendo ser menor que cinco anos,[475] isso significa dizer que se o quinquênio não pode ser ampliado (é teto), pode perfeitamente ser rebaixado (não é piso).

Questão que analisaremos mais tarde é do termo inicial do quinquênio.

[12.4.4] O PRAZO ESPECÍFICO DA AÇÃO DE COBRANÇA – Como vimos anteriormente, nenhum dado negativo sobre o consumidor pode ser mantido em arquivo de consumo por prazo superior a cinco anos.

Complementando tal lapso genérico – o quinquênio –, dispõe o art. 43, § 5º, que, "consumada a prescrição relativa à cobrança de débitos do consumidor, não serão fornecidas, pelos respectivos Sistemas de Proteção ao Crédito, quaisquer informações que possam impedir ou dificultar novo acesso ao crédito junto aos fornecedores".

[12.4.4.1] PRESCRIÇÃO DA AÇÃO DE COBRANÇA – Assim, mesmo que originada há menos de cinco anos, qualquer informação capaz de "impedir ou dificultar novo acesso ao crédito" deve ser descadastrada automaticamente, em momento coincidente com a prescrição da ação de cobrança. Aqui, a vida útil do assento fica na dependência da duração do instrumento processual posto nas mãos do credor para reaver seu crédito.

Quis o legislador – e isso deflui claramente da estrutura dos dois parágrafos em questão – que o prazo prescricional, referido no § 5º do art. 43, se menor que o quinquênio, sobre ele prevaleça. É a regra do especial afastando o geral, básica na hermenêutica jurídica.

Esse é, então, numa palavra, o regime do art. 43, do CDC: nenhum dado negativo será mantido em arquivos de consumo por prazo superior a cinco anos (art. 43, § 1º); adicionalmente, veda-se aos arquivos de consumo a conservação do assento, se, em prazo inferior ao quinquênio, verificar-se a prescrição da ação de cobrança do débito inadimplido (art. 43, § 5º). O CDC abraçou, por conseguinte, um *modelo de temporalidade dual*, equilibrado sobre dois prazos complementares, sistema esse que desde promulgação da lei defendemos, a princípio solitariamente entre os comentadores do CDC, mas que, afinal, veio a ser referendado pelo Superior Tribunal de Justiça.

---

a vida útil média de sete anos (art. 605). Já os prazos daquele são, normalmente, de três anos, podendo, em alguns casos, como falência, chegar a sete. Cf., pois, a Section 8.206 (Discarding Obsolete Information), que prescreve, como regra, o seguinte: "(1) A reporting agency shall maintain procedures designed to discard information in its files after it has become obsolete or after the expiration of a reasonable period of time."

[473] STJ, 3ª Turma, REsp nº 14.624-0, RS, rel. Min. Eduardo Ribeiro, j. de 22.9.92, v.u., *DJU* de 19.10.92.

[474] Corretamente, assinala o desembargador Décio Antônio Erpen que, "ao estatuir o prazo de cinco anos, fixou um teto, nunca um piso, nem tempo padronizado para todas as relações comerciais" (TJRS, 6ª Câm. Civ., Ap. Cív. nº 596.082.172, rel. Des. Décio Antônio Erpen, j. de 11.6.96, v.u.; cf. *Revista de Direito do Consumidor*, vol. 22, abr./jun. 1997, ps. 205-206).

[475] Assim, "se a lei prevê prazo de prescrição de três anos para cobrança fundada no título, é esse o prazo que deve vingar para estabelecimento de permanência de dado negativo" (TJRS, 6ª Câm. Civ., Ap. Cív. nº 596.082.172, rel. Des. Décio Antônio Erpen, j. de 11.6.96, v.u.; cf. *Revista de Direito do Consumidor*, vol. 22, abr./jun. 1997, ps. 205-206).

Art. 43 | CÓDIGO BRASILEIRO DE DEFESA DO CONSUMIDOR

Percebe-se, então, que o critério especial do hiato prescricional só é utilizado quando for para puxar o lapso do registro para baixo, aquém do quinquênio, que é prazo máximo genérico de manutenção do registro.

Daí que, enquanto não prescrita a ação de cobrança, o débito pode ser inscrito em banco de dados. Mas no seu quinto aniversário, prescrito ou não prescrito o instrumento processual, a informação desabonadora é, de ofício, expurgada necessariamente do arquivo de consumo. Ou, como sinteticamente prefere dizer Tavares Guerreiro: "Vale o que ocorre primeiro: o prazo de cinco anos, a que reporta o § 1º do art. 43, ou lapso prescricional da ação de cobrança do débito do consumidor."[476]

Coube ao Tribunal de Justiça do Rio Grande do Sul, mais uma vez, esculpir a melhor e mais precisa caracterização das regras dos §§ 1º e 5º do art. 43 do CDC, através de sua Súmula nº 13, que modificou a anterior de nº 11, que também cuidava, como observamos, da matéria: "A inscrição do nome do devedor no Serviço de Proteção ao Crédito – SPC deve ser cancelada após o decurso do prazo de cinco anos, se, antes disso, não ocorreu a prescrição da ação de cobrança (art. 43, §§ 1º e 5º, da Lei nº 8.078/90)."

Na mesma linha, hoje a posição do STJ: "Não podem constar, em sistema de proteção ao crédito, anotações relativas a consumidor, referentes a período superior a cinco anos ou quando prescrita a correspondente ação de cobrança."[477]

Novamente, o dizer impecável do ministro Eduardo Ribeiro: "Tenho como certo que a lei visou a estabelecer dois momentos para que não pudessem mais ser fornecidas informações, pouco relevando a distinção entre consigná-las e não as poder fornecer, e não as poder consignar. Nenhum dado negativo persistirá por prazo superior a cinco anos. Não importa se referente a não pagamento de débito ou tenha qualquer outro conteúdo. Tratando-se, entretanto, de dívida não saldada, ocorrendo prescrição antes do quinquênio, cessará a possibilidade de, a seu respeito, transmitir-se informação capaz de acarretar as consequências de que se cuida no § 5º."[478]

O Superior Tribunal de Justiça assim se manifestou sobre a questão, por meio de sua Súmula nº 323:

> "A inscrição do nome do devedor pode ser mantida nos serviços de proteção ao crédito até o prazo máximo de cinco anos, independentemente da prescrição da execução" (DJ de 5.12.2005, p. 410, REPDJe 16.12.2009, RDDP vol. 35, p. 220, RSTJ vol. 198, p. 632) (JGBF).

[12.4.4.2] PRESCRIÇÃO DA AÇÃO CAMBIÁRIA – Mas a que prescrição alude o CDC, na hipótese do devedor cambiário?

Nesse ponto, é precisa a análise de Antonio Janyr Dall'Agnol Junior, brilhante desembargador e jurista gaúcho:

> "Pretendendo o cancelamento de sua inscrição, alcançá-lo-á o devedor cambiário, em três anos; o comum, em cinco anos. Esse último é o prazo máximo de armazenamento."[479] E mais, "se o débito estiver representado por cheque, o prazo será ainda menor, em face da prescrição brevíssima (seis meses) estabelecida pelo art. 59 da Lei nº 7.357, de 2.9.85".[480]

---

[476] José Alexandre Tavares Guerreiro, op. cit., p. 145.

[477] STJ, 3ª Turma, REsp nº 30.666-1, RS, rel. Min. Dias Trindade, j. de 8.2.93, v.u., *DJU* de 22.3.93; cf. *RT* 696/349.

[478] STJ, 3ª Turma, REsp nº 14.624-0-RS, rel. Min. Eduardo Ribeiro, j. de 22.9.92, v.u.; cf. *Revista de Direito do Consumidor*, vol. 22, abr./jun. 1997, p. 179.

[479] Antonio Janyr Dall'Agnol Junior, "Cadastro de consumidores", *in Revista Ajuris*, vol. 51, 1991, ps. 196-200.

[480] Antonio Janyr Dall'Agnol Junior, art. cit., ps. 196-200.

Quais seriam os fundamentos para tal posição, que, efetivamente, limita os poderes, tidos por "naturais" do credor?

A um, não se pode punir o consumidor pela omissão, descaso ou inércia do credor na arrecadação de seu débito.

A dois, é descabido, como já vimos, transformar os bancos de dados em instrumento de cobrança de dívidas não pagas, mais ainda quando o fornecedor, à sua conveniência e assumindo o ônus natural inerente à negligência, abre mão de uma cobrança executiva, que providencia a ele (e à coletividade) maior segurança e rapidez, na prestabilidade do crédito, em favor de uma cobrança ordinária, mais onerosa para toda a sociedade, que acaba por arcar com os custos do funcionamento da máquina judicial.

A três, o crédito é hoje tão fundamental no cotidiano das pessoas que ao credor, se planeja divulgar a todos a qualidade de mau pagador de quem lhe deve, não é facultado, a seu querer, protelar no tempo a faculdade que lhe dá o ordenamento de cobrar dívidas inadimplidas, ou, mesmo, passar, para fins de negativação do consumidor em bancos de dados, de uma fórmula executiva a outra, de cunho ordinário. Cobrar, sim; negativar, não.

Finalmente, em razão de ser típica do ordenamento jurídico do Estado Social a exigência de que se assegure a todos os sujeitos da relação obrigacional um mínimo de isonomia. Ora, se o legislador conferiu ao credor, no terreno cambiário, inegáveis prerrogativas, que lhe são amplamente favoráveis, não seria justo acrescentar, no topo desses benefícios, um outro, de cunho indireto, qual seja, a possibilidade de inviabilizar o crédito do devedor por período superior ao que dispõe para exercer sua posição de superioridade executiva.

Consequentemente, as dívidas representadas por títulos cambiários, parece evidente, não precisarão esperar o decurso do quinquênio, posto que a prescrição da ação dá-se em período inferior.

[12.4.4.3] PRESCRIÇÃO VINTENÁRIA: UMA QUESTÃO SUPERADA – Em detalhado estudo sobre a matéria, ainda sob o regime do Código Civil de 1916, indagava Bertram Antônio Stürmer, consciente que estava da formidável inovação do CDC, mas irresignado com os limites temporais forçados pelo legislador: "Se o crédito ainda é possível de ser cobrado, mesmo que prescrito em ação executiva, por que não poderia constar de registro de SPC? E se não representado por título cambiário, com *prescrição vintenária*, com mais razão ainda."[481] Questão bem posta, mas que pode ser facilmente respondida.

Primeiramente, assente-se que é verdade que o ordenamento optou por estabelecer prazo menor para a conservação das informações nos arquivos de consumo do que aquele vigente para o credor cobrar ordinariamente, nos termos do velho CC, aquilo que lhe deviam.

Restrição inegável ao *laissez-faire* creditício então imperante, a inovação da temporalidade dual (representada pelos dois prazos previstos no art. 43, §§ 1º e 5º), acolhida pelo legislador, levou em consideração vários aspectos.

Inicialmente, pesou o caráter invasivo desses organismos.

Além disso, esteve presente a lição bem aprendida de que o molde vintenário do Código Civil de 1916 (cinco anos, na fórmula do art. 206, § 5º, inc. I, do Código Civil de 2002, para dívidas líquidas constantes de instrumento público ou particular), se justificável no ambiente de morosidade das relações jurídicas imperantes no final do século XVIII e princípios do século XIX – sim, porque a codificação de Clóvis sequer representa as ideias e necessidades da sociedade agropecuária da transição entre os séculos XIX e XX –, não fora, em absoluto,

---

481 Bertram Antônio Stürmer, art. cit., p. 24.

delineado para a civilização das grandes corporações (nacionalmente organizadas e com exércitos permanentes de advogados-coletores), da informática e das relações instantâneas, que hoje vivemos.

Nessa mesma linha, cabe referir que, dogmaticamente, nada obrigava, no regime do velho Código Civil, que coincidissem o prazo vintenário de cobrança da dívida e o lapso de manutenção das informações creditícias. De outra parte, eticamente, tudo recomendava que este fosse inferior àquele, já que os arquivos de consumo conferem aos fornecedores prerrogativa jurídica exercitável somente por um dos sujeitos da relação jurídica de consumo. Unilateralidade essa que deriva do próprio funcionamento do mercado, onde os consumidores, entre si, não têm, realisticamente falando, meios humanos e materiais para estruturar, em nível nacional, organismos assemelhados, onde a impontualidade dos fornecedores e a má qualidade dos produtos e serviços oferecidos sejam arquivadas, excetuando-se, claro, os órgãos públicos, como os PROCONs.

A temporalidade dual ainda encontra fundamento no fato, hoje aceito por todos e anteriormente referido, de que os bancos de dados não devem transformar-se em instrumento de cobrança, indo além de garantia coletiva do crédito. Daí não ser desarrazoado prever que o prazo admissível para aquela seja superior à vida útil dos assentamentos de consumo.

Mesmo se a lei facultar a cobrança em período superior a cinco anos, não é decididamente do interesse público (aí se incluindo os agentes econômicos) a execração social e automática exclusão do mercado daquele consumidor que, não fosse a negligência do credor agravado, poderia ter sido levado às barras dos tribunais de forma mais rápida, o que asseguraria ao devedor e aos outros fornecedores, após dirimido judicialmente o litígio, o pronto retorno ao mercado de consumo.

De toda sorte, a questão da prescrição vintenária está completamente superada, já que o novo Código Civil a aboliu, prevendo, inclusive, já citamos, prazo próprio (cinco anos) para a cobrança de dívidas líquidas constantes de instrumento público ou particular (art. 206, § 5º, inc. I).

[12.4.5] DESTINATÁRIO DA NORMA DO ART. 43, § 5º – Quem seria o destinatário da norma proibitiva do fornecimento de informações desabonadoras, prescrita que esteja a dívida?

O CDC faz referência a "Sistemas de Proteção ao Crédito", não desejando com isso, é evidente, dirigir-se somente a entidades que recebam a denominação SPC – Serviço de Proteção ao Crédito (mantidas, vimos, pelas Associações Comerciais ou Clubes de Diretores Lojistas).

Uma coisa são os "serviços" que protegem o crédito; outra, bem distinta, são os "sistemas" desenhados para a tutela desse mesmo crédito. Aqueles, de maneira individualizada, vêm mencionados expressamente no § 4º do art. 43. Já os sistemas (no plural mesmo) são integrados pelos serviços (SPCs) e outras tantas organizações que apareçam no mercado, com o mesmo propósito.

Assim, "Sistemas de Proteção ao Crédito", no sentido empregado aqui pelo Código, é expressão de caráter genérico, que engloba todas as entidades ou organismos, com personalidade jurídica própria ou não, que prestem serviços de informação sobre a história financeira de indivíduos, em particular sobre dívidas não pagas.

[12.4.6] EXPURGO DE DADOS INVIABILIZADORES DO CRÉDITO. CONCEITO DE INFORMAÇÃO NEGATIVA EXPLÍCITA E IMPLÍCITA – A proibição de manutenção de "informações negativas referentes a período superior a cinco anos" (art. 43, § 1º) e a garantia de que "não serão fornecidas, pelos respectivos Sistemas de Proteção ao Crédito, quaisquer informações que possam impedir ou dificultar novo acesso ao crédito junto aos fornecedores" (art. 43, § 5º), quando conjugadas, levam à conclusão de que, exaurido o quinquênio ou o prazo prescricional da ação de cobrança, devem ser excluídas as informações depreciativas, mas não todas aquelas constantes do arquivo de consumo, especialmente as que tenham fisionomia positiva, exceto se esta fisionomia aparentemente positiva carrear um juízo negativo implícito.

Informação negativa é "aquela que, de qualquer modo, influi ou pode influir depreciativamente na formação da imagem do consumidor perante o fornecedor",[482] ou seja, "as que desabonam o interessado, ainda que verdadeiras. Correspondem, em essência, a obstáculos a novas relações de consumo ou a circunstâncias que acarretam dificuldades de crédito".[483] Verdadeiras ou não, simplesmente "não recomendam o consumidor conquanto bom cumpridor de contratos".[484] Aqui, cuidamos de informação direta ou explicitamente negativa.

Como o conceito de negativo e positivo pode dar ensejo a dúvidas (e litígios), é recomendável o expurgo de qualquer informação com mais de cinco anos. Claro, há dados que não se prestam a tal suma divisão: o nome, o endereço, a data de nascimento, a filiação, o número de filhos, o estado civil, a profissão. Não são eles, como regra, atingidos pelo decurso do prazo, pois não trazem qualquer prejuízo ao consumidor, o que não quer dizer que não devam ser, permanentemente, atualizados.

Importa recordar que há hipóteses em que o caráter depreciativo independe da natureza da informação arquivada, mas é decorrência natural ou lógica da só existência do registro. Assim, se o fornecedor é cientificado de que o consumidor consta de banco de dados de inadimplentes, como o SPC ou a SERASA, mesmo que essas instituições transmitam somente seus assentos pessoais, já há nisso um juízo de valor implícito.

Na prática, ser arrolado por um desses organismos, mesmo que isento de "negativação", simbolicamente denota que, em algum momento do passado, o consumidor foi devedor; ou, pior, ainda é devedor, só que ao arquivista, por razões várias (o transcurso do quinquênio, por exemplo) está vedado transmitir tal notícia. Trata-se de informação indireta ou implicitamente negativa.

Procedendo dessa maneira, o banco de dados divulga, por via sutil e indireta, informação capaz de "impedir ou dificultar novo acesso ao crédito junto aos fornecedores" (art. 43, § 5º). Há aí, na feliz expressão de Tupinambá Miguel Castro do Nascimento, uma "maneira sofisticada de informar que o registro que havia foi cancelado. Esta conduta alcança os mesmos prejuízos, que a lei quer evitar, e é tentativa de driblar o mandamento legal. A consequência de tal conduta pode gerar o direito à indenização do consumidor prejudicado, seja a título de dano material, seja a título de dano moral".[485]

Consequentemente, nesses organismos que cadastram devedores (SPCs, SERASA e congêneres), onde qualquer registro, mesmo os mais inofensivos, transmuda-se de imediato em informação capaz de "impedir ou dificultar novo acesso ao crédito junto aos fornecedores", a regra é a da *destruição total do assento*, uma vez pago o débito ou verificado um dos impedimentos temporais.

[12.4.7] TERMO INICIAL DO PRAZO – Conforme já notamos, o CDC estabelece dois prazos para o controle da permanência em arquivos de consumo das informações negativas

---

[482] Fábio Ulhoa Coelho et al., op. cit., p. 176.

[483] José Alexandre Tavares Guerreiro, op. cit., p. 144.

[484] Eduardo Arruda Alvim et al., op. cit., p. 228.

[485] Tupinambá Miguel Castro do Nascimento, op. cit., p. 55, grifo no original.

Art. 43 | CÓDIGO BRASILEIRO DE DEFESA DO CONSUMIDOR

sobre o consumidor. O prazo genérico é de cinco anos; o específico, aquele da prescrição da ação de cobrança.

Como sucede com todo prazo, importa inquirir o momento a partir do qual é ele contado. No que se refere ao quinquênio, sua computação toma por base a data da ocorrência que deu origem ao dado depreciador (= fato gerador), não tendo qualquer relevância o momento em que a informação é arquivada;[486] ou, dito de outra forma, o lapso "começa a fluir após o vencimento da obrigação, sendo indiferente o prazo de comunicação do SPC ou registro nele lançado".[487]

Em síntese, o prazo genérico de cinco anos (art. 43, § 1º) começa a correr da data de vencimento, sem pagamento, da dívida; para outros fatos negativos (a violação dos termos de uma apólice de seguro, por exemplo), leva-se em conta o momento de sua ocorrência. Findo o quinquênio, as informações devem ser canceladas de ofício.

Analisando o prazo quinquenal do CDC, Bertram Antônio Stürmer assinala, com poderosa argumentação, que "o termo inicial de contagem do prazo deve ser o da data do ato ou fato que está em registro e não a data do registro, eis que se assim fosse, aí sim, a lei estaria autorizando que as anotações fossem perpétuas. Bastaria que elas passassem de um banco de dados para outro ou para um banco de dados novo".[488]

Nenhuma dificuldade oferece o prazo da prescrição da ação de cobrança do débito, pois, tal qual sucede em outros campos, começa ela a correr do vencimento da obrigação.

Contrária ao CDC ou, no mínimo, dúbia, portanto, norma autorregulamentar no sentido de que "os registros de débitos não poderão permanecer nos arquivos por período superior a 5 (cinco) anos, contados a partir da data do atraso".[489] Permanecerão por cinco anos, sim, caso antes disso não opere a prescrição da ação de cobrança do débito em atraso.

Na mesma linha, ainda dúbio, embora mais próximo da semântica mandamental do CDC, comando autorregulamentar da SERASA, quando dispõe que "os registros permanecerão na Base de Dados de Pendências Bancárias pelo prazo de cinco anos, quando então serão excluídos automaticamente, salvo se não houver qualquer comando de exclusão antes desse período".[490] Melhor seria, em vez de utilizar linguagem sinuosa ("salvo se não houver qualquer comando de exclusão antes desse período"), fazer referência expressa à prescrição da ação de cobrança, como impõe o Código.

[12.4.8] EFEITOS JURÍDICOS DO DECURSO DO PRAZO – A primeira e direta consequência do esvaziamento do quinquênio ou do lapso prescricional da ação de cobrança é a necessidade de expurgo das informações depreciativas que constem sobre o consumidor.

---

[486] Em edições anteriores defendi posição diversa, que, pensando melhor, resolvi modificar. Ao vedar a inclusão de "informações negativas referentes a período superior a cinco anos", o CDC, que deve ser sempre interpretado de forma mais favorável ao consumidor, já que lei de ordem pública (art. 1º), deixou de indicar o termo inicial do período de cinco anos. Duas possibilidades são abertas: a) o termo *a quo* é aquele do momento em que a informação é incorporada ao banco de dados; b) o termo *a quo* é o do fato gerador que deu origem à informação, afinal arquivada. Ora, a interpretação sistemática do CDC nos leva à conclusão de que o legislador quis, em verdade, fixar um teto – máximo e genérico – para a vida útil da informação arquivada ou arquivável em bancos de dados de consumo. Se assim é, só pode ser ele contado a partir do fato gerador material da informação (= a obrigação) e não do fato gerador formal da informação (= o registro).

[487] TJRS, 6ª Câm. Civ., Ap. Cív. nº 596.082.172, rel. Des. Décio Antônio Erpen, j. de 11.6.96, v.u.; cf. *Revista de Direito do Consumidor*, vol. 22, abr./jun. 1997, ps. 205-206.

[488] Bertram Antônio Stürmer, art. cit., p. 25.

[489] Art. 16 do Regulamento Nacional dos Serviços de Proteção ao Crédito, publicado pela CACB – Confederação das Associações Comerciais do Brasil e atualizado até 6.12.96.

[490] Art. 3.5, SERASA, Manual CONVEM – REFIN.

Capítulo V · DAS PRÁTICAS COMERCIAIS | **Art. 43**

O segundo e indireto efeito é a responsabilização – administrativa, penal (arts. 71 e 73) e civil – do arquivista que não providenciar o expurgo, bem como de fornecedores que, eventualmente, contribuam, de alguma maneira, para a violação do comando legal (enviando ao banco de dados, por exemplo, informações inexatas, por decurso de um dos dois prazos).

O expurgo, uma vez feito, é final. Assento igual ou assemelhado não mais pode constar de arquivo de consumo, qualquer que ele seja. Vedado, por exemplo, acordarem o SPC e SERASA que um sucederá o outro no arquivo de informação de comunicação travada por decurso do prazo. Isso violaria de frente a *ratio* da lei; daí que "o cancelamento das informações com mais de cinco anos é definitivo. Impensável uma interpretação que importasse no cancelamento e, em data posterior, voltasse a mesma informação aos registros", pois aquilo "que for cancelado pelo tempo não tem qualquer efeito repristinatório e o registrar novamente é fazer constar no cadastro informação qualificada, para fins de anotação, como inexata".[491]

[13] DIREITOS BÁSICOS DO CONSUMIDOR OBJETO DE ARQUIVO – Qualquer dado arquivado sobre o consumidor, mesmo os que não digam respeito ao seu comportamento no mercado, abre para ele quatro direitos básicos, que operam em ordem lógica:

a) comunicação do armazenamento;
b) acesso;
c) retificação; e
d) notificação de terceiros.

Cumpre lembrar que até informações adquiridas de fontes públicas (jornais, revistas, arquivos oficiais) têm que respeitar essas garantias mínimas do Código, uma vez que podem ser transcritas de maneira incorreta, estarem viciadas pelo decurso de um dos prazos previstos no CDC, ou, o que é pior, serem insustentáveis em arquivos de consumo, conquanto privilegiadas (informações médicas, por exemplo).

As quatro categorias de pressupostos, antes listadas (teleológicos, substantivos, procedimentais e temporais), trazem consigo direitos correlatos, que denominamos *direitos-espelho*: respeito à finalidade noticioso-prospectiva dos arquivos de consumo, qualificação adequada da informação arquivada, linguagem apropriada e vida útil. Todos, de uma forma ou de outra, desembocam no direito à correção. Quanto a tais direitos conectados aos pressupostos, remetemos o leitor à parte do texto onde deles tratamos.

Recusado qualquer desses direitos, com a insistência do arquivo de consumo em coletar, armazenar e divulgar as informações infamantes, cai por terra a pretensão de exercício regular do direito (Código Civil, art. 188, inc. I), invadindo-se o terreno do abuso de direito[492] – ilícito penal, civil e administrativo, pura e simplesmente.

Coberto então de ilicitude, o registro dá ensejo ao dever de reparar danos causados, tanto patrimoniais como morais, conforme analisaremos adiante. Mais uma vez, vale citar a palavra oportuna de João Batista de Almeida: a inobservância das regras do art. 43, "mormente impedir o acesso às informações e deixar de corrigir informações inexatas – constitui infração administrativa, da mesma forma que pode gerar responsabilização penal (arts. 72 e 73) e abrir ensejo à incidência da tutela civil, para possibilitar o acesso às informações, sua correção e o pleito indenizatório por danos materiais e morais".[493]

---

[491] Tupinambá Miguel Castro do Nascimento, op. cit., p. 54.

[492] TJRS, 5ª Câm. Civ., Ap. Cív. nº 597.118.926-Lajeado-RS, rel. Des. Araken de Assis, j. de 7.8.97, v.u., BAASP 2044/481.

[493] João Batista de Almeida, op. cit., p. 97.

Art. 43 | CÓDIGO BRASILEIRO DE DEFESA DO CONSUMIDOR

Enquanto os direitos de comunicação e de acesso abstraem por completo a propriedade ou impropriedade do assento – atuam *ipso facto* –, assim não se dá com o direito de correção. Uma vez que, após reinvestigação, a informação seja confirmada, deixam de existir, a um só tempo, a obrigação de retificação e o dever de notificação a terceiros, eventuais destinatários do registro contestado.

[13.1] DIREITO DE COMUNICAÇÃO DO ASSENTO – O primeiro direito do consumidor, em sede de arquivos de consumo, é tomar conhecimento de que alguém começou a estocar informações a seu respeito, independentemente de provocação ou aprovação sua. Esse dever de comunicação é corolário do direito básico e genérico estatuído no art. 6º, inc. III, e, mais especificamente, no art. 43, § 2º, abrindo para o consumidor a possibilidade de retificar ou ratificar o registro feito.[494]

[13.1.1] CARACTERIZAÇÃO DO DIREITO – Consoante o § 2º, do art. 43, "a abertura de cadastro, ficha, registro e dados pessoais e de consumo deverá ser comunicada por escrito ao consumidor, quando não solicitada por ele".

Afirma, em feliz síntese, Araken de Assis que "não basta que a anotação seja verdadeira. É preciso comunicá-la ao consumidor, para que ele, ciente da mesma, não passe pela situação vexatória de tomar conhecimento através de terceiro, recusando conceder-lhe, em razão dela, o pretendido crédito".[495]

Em decorrência disso, o consumidor, sempre que não incitar ele próprio a abertura do arquivo, tem direito a ser devidamente informado sobre a inclusão de seu nome em cadastros e bancos de dados.

A determinação legal visa a assegurar o exercício de dois outros direitos básicos assegurados pelo CDC e que serão melhor analisados adiante: o direito de acesso aos dados recolhidos e o direito à retificação das informações incorretas. Não é necessário grande esforço para sensibilizarmo-nos com alguém (e não são se trata de casos esporádicos) que passa pelo infortúnio de ser surpreendido, no momento de uma contratação qualquer, com a notícia de que está impedido de contratar a crédito. O dispositivo em questão colima, em síntese, atribuir ao consumidor a possibilidade de evitar "transtornos e danos patrimoniais e morais que lhes possam advir dessas informações incorretas".[496] Tem inequívoco espírito preventivo.

Os arquivos de consumo podem ser abertos de três formas principais: a) por solicitação do próprio consumidor, b) por determinação da empresa interessada na realização do negócio de consumo e c) por decisão espontânea de um banco de dados.

Na primeira hipótese, é o próprio consumidor, desejoso de realizar um negócio de consumo específico ou mesmo um número indeterminado de transações, que requer a lavratura do assento. Assim, nos planos de saúde, nos bancos, no crediário, nos cartões de crédito, nas agências de viagens, nos seguros, nas escolas. Tratando-se de ato espontâneo do consumidor, inexiste razão para se exigir que o arquivista lhe dê notícia da abertura de arquivo, por ele mesmo solicitada e com dados que ele mesmo forneceu. Isso não implica dizer, contudo, que se tais informações cadastrais forem repassadas ou vendidas a terceiros para composição de banco de dados esteja o novo arquivista liberado do dever de comunicação. Necessário que

---

[494] CDC, art. 43, § 3º.

[495] TJRS, 5ª Câm. Cív., Ap. Cív. nº 597.118.926-Lajeado-RS, rel. Des. Araken de Assis, j. de 7.8.97, v.u., BAASP 2044/481.

[496] Marco Antonio Zanelatto e Edgard Moreira da Silva, "Ação civil pública", *in Revista de Direito do Consumidor*, vol. 22, abr./jun. 1997, p. 326.

assim seja para preservar a confidencialidade de certas informações prestadas pelo consumidor somente para aquela operação específica (a contratação de seguro de vida, por exemplo).

No segundo caso, o fornecedor (na acepção do art. 3º) abre, por iniciativa sua, um arquivo sobre o consumidor, ou, de outra maneira, adiciona aos dados fornecidos pelo consumidor outros que são produto de suas próprias investigações. Aqui já se manifesta um interesse do consumidor em conhecer o conteúdo e fontes dessas outras informações sobre ele coletadas. Justificam-se, quanto a elas, plenamente os direitos de acesso e de retificação. Por isso mesmo, exigível dê-se a ele conhecimento de que o arquivo existe (quando não tiver pedido sua abertura) ou de que novas informações coletadas à sua revelia foram acrescentadas.

Finalmente, o terceiro tipo de arquivo não se forma no interior do estabelecimento do fornecedor. Não é utilizado por ele com exclusividade. Ao contrário, está à disposição de todos os fornecedores ou de certos fornecedores de um mesmo ramo. O titular do arquivo não mantém relações diretas com o consumidor. Simplesmente coleta, armazena, atualiza e gerencia informações sobre este, passando-as a terceiros que, agora sim, fundam-se nelas para contratar ou não contratar com o consumidor. Para esse caso – com até mais razão que para os outros – aplica-se o dever de levar ao consumidor a notícia sobre a abertura do arquivo.

Poucos, como o juiz paulista Fernando Sebastião Gomes, conseguiram, com tanta precisão, caracterizar o sentido e conteúdo do direito à comunicação, de traços nitidamente *welfaristas*: "Todo e qualquer cidadão, inidôneo, ou não, tem direito de saber se entidades reputadas públicas estão a 'negativar' sua empresa ou sua pessoa física, até para que possa defender-se, e evitar consequências para si desastrosas, nos planos moral, econômico e social. A lei é editada para todos, honestos ou desonestos, idôneos ou inidôneos. Uma característica dos regimes democráticos consiste exatamente nessa garantia, relativa à aplicação da lei para todos, sejam quais forem os adjetivos que possam vir a carregar. As expressões 'negativar' e 'negativação' correspondem às velhas marcas de iniquidade que existem desde o início dos tempos. Em certas sociedades os iníquos eram punidos com a perda do nariz, como acontecia entre os assírios. Na França do Rei Luís XIII, as prostitutas eram marcadas com uma flor-de-lis, com ferro na brasa. Na sociedade de hoje, os devedores são marcados com ferretes ainda mais eficientes, dada a qualidade e modernidade dos meios de comunicação. Esse ato de negativar, esse juízo inflexível sobre a natureza humana, deve comportar algum tipo de temperamento, alguma forma de limitação, em uma sociedade democrática. Foi certamente esse espírito que conduziu o legislador a essa garantia aos devedores, frente a órgãos que a si irrogam e atribuem o direito de dizer quem é honesto, quem é desonesto, quem pode comerciar e quem não pode, quem terá acesso ao mercado de crédito e quem será dele excluído. Tal juízo poderá ser realizado, até porque o direito de expressão é também garantido pela Constituição. Mas essa expressão não se pode fazer livre e desenfreada, de molde a impedir ou dificultar o exercício de outro direito também garantido pela lei maior, qual seja, o direito elementar de se defender."[497]

[13.1.2] O SENTIDO DO VOCÁBULO "ABERTURA" – Estabelece o § 2º do art. 43 que a "abertura" de qualquer arquivo de consumo deverá ser comunicada ao consumidor, caso tal procedimento não seja produto de sua manifestação de vontade.

Por abertura quis o legislador significar não somente a lavratura inicial – a primeira – do arquivo, mas qualquer movimentação posterior do registro, que com informação nova venha a reabri-lo, no sentido de alterá-lo substancialmente. Abertura, pois, inicial ou posterior, valendo para qualquer anotação negativa. Nos termos da lição de Tupinambá Miguel Castro do

---

[497] Juiz Fernando Sebastião Gomes, Sentença..., cit., p. 280.

Nascimento, fazendo-se "qualquer registro a respeito do consumidor, seja em cadastro ou ficha, anotando dados pessoais ou de consumo, o consumidor deve ser devidamente notificado".[498]

Daí que, cada vez que o arquivo de consumo recebe dado que significa inovação, se se quer incorporá-lo precisa informar o consumidor. Vale dizer, o direito à comunicação não se exaure num momento específico e inicial da vida do arquivo de consumo, mas se protrai no tempo, enquanto este permanecer.

[13.1.3] DEVER QUE NÃO ABRIGA EXCEÇÕES – Nenhum arquivo de consumo pode alegar desnecessidade ou dificuldade em cumprir o dever de comunicação, pois ele é pré-requisito inafastável para o funcionamento desses organismos.

Arquivo de consumo que não esteja em condições de bem desempenhar esse ônus (alegando, por exemplo, precariedade dos recursos materiais disponíveis), ou incorpore informação destituída dos elementos mínimos propiciadores do desencargo da obrigação, não recebe a benção do ordenamento, devendo, naquele caso, ter o seu funcionamento estancado, e, neste, a exclusão pura e simples do dado.

Não faltarão aqueles prontos a alegar o mais variado círculo de dificuldades para ajustarem-se às determinações legais. O comando do legislador é, no entanto, claro e reflete os termos exatos de um compromisso entre o público consumidor e os agentes econômicos: aceitação dos arquivos de consumo, mas com limites (teleológicos, substantivos, procedimentais e temporais) a serem rigorosamente seguidos.

Como suficientemente demonstra a realidade do mercado, empresas variadas – das administradoras de cartões de crédito às instituições de previdência privada – "não encontram dificuldade de comunicação com milhões de pessoas, em face do elevado grau de eficiência de seu pessoal e de seus meios de computação eletrônica".[499] Aliás, recorda o presidente do Sindicato dos Lojistas de São Paulo, Murad Salomão Saad, que "os lojistas têm interesse em receber do inadimplente e procuram avisá-lo de todas as formas quando o cheque é devolvido e há atraso de pagamento",[500] demonstrando, assim, que a prescrição do CDC pouco inova em relação àquilo que o próprio mercado, sem as formalidades legais, faz corriqueiramente.

Como já referimos noutro item, tenha ou não o arquivo de consumo usado fontes cartorárias, utilizando-se do princípio da publicidade dos atos cartorários, a comunicação é devida. Aduz, com descortínio, o magistrado Fernando Sebastião Gomes que não basta presuma o banco de dados privado estar o consumidor inadimplente ciente do ato cartorário, pois, "para que esse ato cartorário seja anotado em seus registros, e tido como informação negativa, deve o objeto e conteúdo do registro ser comunicado ao devedor. Assim, se este foi notificado pessoalmente pelo cartório, deve sê-lo também pessoalmente" pelo sistema de proteção ao crédito; de outra parte, sendo a notificação por edital, "também, minimamente, dever ocorrer por edital", sob pena de não poder o banco de dados incluí-lo em suas listagens massificadas. E conclui: "É evidente que ninguém é obrigado ao impossível. Deve sê-lo, todavia, com relação ao minimamente possível, ao mínimo ético e jurídico que a sociedade quer e a Constituição Federal exige."[501]

Aqui, o CDC, como de resto em outras matérias, não vislumbrou qualquer privilégio, sendo irrelevante, para esses fins, a fonte da informação candidata a arquivo. É o caso das

---

[498] Tupinambá Miguel Castro do Nascimento, op. cit., p. 50.
[499] Juiz Fernando Sebastião Gomes, Sentença..., cit., p. 280.
[500] Jornal da Tarde, 14.10.96, p. 9A.
[501] Juiz Fernando Sebastião Gomes, Sentença..., cit., p. 279.

certidões plurinominais dos cartórios de protestos que, pela forma de sua organização, não possibilitam, de imediato, a regular cientificação dos consumidores. Ora, sem a observância estrita a esse requisito prévio de informações negativas, nenhum registro pode ser efetivado. É a regra do CDC. Cabe, então, ao arquivo de consumo "munir-se de outro tipo de aparato, para que os endereços, facilmente encontrados nos títulos, sejam acessados",[502] com a prévia comunicação ao devedor.

[13.1.4] MOMENTO DA COMUNICAÇÃO – A comunicação deve ser feita antes da colocação da informação no domínio público. É preliminar a tal.[503]

Logo, lembra Roscoe Bessa, "antes da comunicação ao titular dos dados, é ilícita qualquer transferência das informações a terceiros". E complementa: "não basta expedir a comunicação. O correto é, além da certeza quanto à efetiva comunicação do registro, conceder prazo razoável, pelo menos cinco dias, para eventual exercício do direito à retificação".[504]

Visando prevenir futuros danos ao consumidor, é de todo recomendável "que a comunicação seja realizada antes mesmo da inscrição do consumidor no cadastro de inadimplentes, a fim de evitar possíveis erros... Agindo assim, estará a empresa tomando as precauções para escapar de futura responsabilidade".[505]

Lembram Marco Antonio Zanellato e Edgard Moreira da Silva que não é incomum encontrarem-se "consumidores que tiveram créditos negados em decorrência de informações inexatas que constam em bancos de dados ou cadastros abertos em seu nome. Via de regra, somente depois de haverem sofrido danos – principalmente moral, pois a negativa de crédito, quando da realização de negócios jurídicos, normalmente os expõe a situações vexatórias, ofensivas à sua honra – é que a inexatidão dos dados negativos registrados a seu respeito é detectada e corrigida", muitas vezes com recurso ao Poder Judiciário, providência custosa e demorada, como é do conhecimento de todos.[506]

Estabelece a norma autorregulamentar que "o registro de débito em atraso deverá ser precedido de comunicação escrita ao cliente devedor, inclusive fiadores e/ou avalistas. A falta de comunicação implicará o cancelamento do registro".[507] Aqui, é bom relembrar, pois do contrário a norma ética seria incompatível com o CDC, à informação objeto de "registro" não se pode dar acesso público antes da integralização da comunicação.

E se o banco de dados recebe a informação, mas resolve ignorá-la, não a registrando? Perde, é claro, qualquer sentido o dever de comunicação.

Quanto a essa questão, o Superior Tribunal de Justiça emitiu a Súmula nº 359, de teor seguinte:

"Cabe ao órgão mantenedor do Cadastro de Proteção ao Crédito a notificação do devedor antes de proceder à inscrição" (DJe de 8.9.2008, RSTJ vol. 211, p. 548) (JGBF).[508]

---

[502] Juiz Fernando Sebastião Gomes, Sentença..., cit., p. 281.

[503] No mesmo sentido, cf. Antônio Carlos Efing, op. cit., p. 147; Leonardo Roscoe Bessa, op. cit., p. 197; Luiz Antônio Rizzatto Nunes, *Comentários ao Código de Defesa do Consumidor*, São Paulo, Saraiva, 2000, p. 524.

[504] Leonardo Roscoe Bessa, op. cit., p. 197.

[505] STJ, RE nº 165.727(98/0014451-0-DF), rel. Min. Sálvio de Figueiredo Teixeira, j. de 16.6.98, v.u.

[506] Marco Antonio Zanelatto e Edgard Moreira da Silva, "Ação civil pública...", cit., p. 326.

[507] Art. 14, § 3º, Regimento Interno do SCPC – Serviço Central de Proteção ao Crédito, da Associação Comercial de São Paulo.

[508] Cf., a respeito, o REsp nº 64.910-RJ, tendo como relator o ministro João Otávio de Noronha, 4ª Turma do STJ, j. de 13.10.2009, *DJe* de 26.10.2009: "Recurso especial. Direito Civil. Ação de indenização. Dano

Art. 43 | CÓDIGO BRASILEIRO DE DEFESA DO CONSUMIDOR

[13.1.5] FORMA DE COMUNICAÇÃO AO CONSUMIDOR – Impõe o CDC que a comunicação ao consumidor seja "por escrito". Ou seja, não observa o ditame da lei um telefonema ou um recado oral. Escrita, sim, mas sem maiores formalidades. Não se trata de "intimação". É uma simples carta, telex, telegrama ou mesmo fax. Sempre com demonstrativo de recebimento, como cautela para o arquivista.

Recomenda a boa prática que a comunicação, se por correio, seja com aviso de recebimento. A cientificação escrita será única (um só endereço) ou múltipla (vários endereços). Conhecidos outros endereços, mesmo que não constantes da ficha cadastral ou documento inicial do consumidor, demanda-se que para eles também seja expedida a comunicação. Não tem o arquivista a faculdade de escolher um entre vários endereços que dispõe. É bom lembrar que aqui toda a cautela é pouca por parte das empresas envolvidas, já que a prova de que o procedimento de comunicação foi cumprido adequadamente a elas incumbe, com eventual desvio, como demonstraremos mais tarde, ensejando o dever de reparar eventuais danos patrimoniais e morais causados.

Além da regra específica do art. 43, o direito à informação adequada e clara (art. 6º, inc. III) e o respeito à dignidade do consumidor (art. 4º, *caput*) conduzem a um duplo dever de comunicação. Primeiro, do arquivista em relação aos registros efetuados em nome do consumidor; segundo, como corolário natural, do fornecedor associado a sistema de proteção ao crédito, na hipótese de recusar a contratação sob o argumento de estar o pretendente "negativado". Nesse último caso, o consumidor, visando a acautelar futura reclamação administrativa ou judicial, faz jus a receber, em forma escrita, os elementos identificadores da origem da referência desabonadora.

Portanto, sem validade, conquanto violadora desse dever genérico de informação estatuído no CDC, norma autorregulamentar dispondo que "a associada, ao não conceder crédito, informará *verbalmente*, ao cliente, no ato, a existência de ocorrências, registradas por outras associadas, declinando-lhe seus nomes".[509]

Ora, aqui mais do que nunca, justifica-se que a comunicação, se for esta a opção do consumidor, seja por escrito, pois aí está exatamente a melhor (quando não a única) prova que disporá para demonstrar o impedimento à contratação e eventuais danos sofridos. Para facilitar o exercício desse direito é recomendável que os bancos de dados forneçam aos seus associados formulário apropriado, que agilize tal providência, ou, então, que se utilize equipamento capacitado a imprimir a mensagem recebida pelo fornecedor.

Conforme a Súmula nº 404 do Superior Tribunal de Justiça:

"É dispensável o aviso de recebimento (AR) na carta de comunicação ao consumidor sobre a negativação de seu nome em bancos de dados e cadastros" (DJe de 24.11.2009) (JGBF).

[13.1.6] CONTEÚDO DA COMUNICAÇÃO – No plano substantivo, o direito à comunicação traz consigo triplo dever de noticiar:

a) o cadastramento;

---

extrapatrimonial. Inscrição indevida em cadastro de inadimplentes. Ausência de notificação prévia. Culpa *in re ipsa*. 1. O órgão de proteção ao crédito é responsável pela conferência da exatidão entre o nome e o CPF do consumidor, bem como pela comunicação prévia da pessoa cujo CPF se pretende negativar. 2. Nos casos de inscrição indevida em cadastro de restrição ao crédito, o dano extrapatrimonial é considerado *in re ipsa*. 3. Recurso especial provido" (JGBF).

[509] Art. 10 do Regulamento Nacional dos Serviços de Proteção ao Crédito, publicado pela CACB – Confederação das Associações Comerciais do Brasil e atualizado até 6.12.96, grifo nosso.

Capítulo V · DAS PRÁTICAS COMERCIAIS | **Art. 43**

b) a fonte dos dados; e

c) o conteúdo das informações a serem arquivadas.

Primeiramente, exige-se do arquivo de consumo notícia sobre a inclusão do nome do consumidor em ficha, cadastro ou banco de dados. Consequência desse dever é a necessidade de informar o consumidor sobre modificações, para pior, das anotações originalmente incorporadas.

De outra parte, não basta simplesmente cientificar o devedor da "negativação". Imprescindível a indicação da fonte ou fontes onde as informações foram colhidas. Essa obrigação, como de resto todas fixadas pelo CDC, é de ordem pública, sendo nula qualquer estipulação contratual em contrário, tanto com o próprio consumidor ou com o terceiro usuário do arquivo de consumo; é vedado ao contrato de cessão de banco de dados "trazer cláusula que impeça o cessionário de cumprir com este dever".[510]

Finalmente, cabe ao arquivo de consumo apresentar os dados anotados com suficiente caracterização, permitindo, dessa maneira, ao consumidor apreendê-los adequadamente.

Na forma do art. 72 do CDC, a comunicação deve, ademais, já trazer os elementos que propiciem um adequado e fácil exercício pelo consumidor de seu direito de acesso e correção das informações arquivadas (formulário anexo para ser preenchido, número de telefone "*toll free*" para esclarecimentos etc.).

[13.1.7] RESPONSÁVEIS PELA COMUNICAÇÃO – Os arquivos de consumo cristalizam a conjugação de esforços de vários sujeitos, dois deles principais: o fornecedor da obrigação original e o administrador do banco de dados.

Nos termos do art. 7º, parágrafo único, do CDC: "Tendo mais de um autor a ofensa, todos responderão solidariamente pela reparação dos danos previstos nas normas de consumo." Isso quer dizer que fornecedor e administrador, como agentes diretamente envolvidos no *iter* da inscrição, são corresponsáveis pelos danos eventualmente causados ao consumidor, por defeito de comunicação.

O CDC, ao contrário do que fez em outro passo (§ 3º, do art. 43, que estipula dever específico do "arquivista"), não pinçou um desses sujeitos, contra ele fazendo cair todo o encargo da comunicação. A hipótese, evidentemente, é de responsabilidade solidária, cabendo, por isso mesmo, ação de regresso de um corresponsável na direção do outro. Compete ao consumidor, no momento da propositura de eventual ação indenizatória, escolher um, alguns ou todos os agentes.

No que tange ao banco de dados, não lhe é lícito, pela via contratual, delegar (*rectius*, fragmentar) aos seus associados tal obrigação de comunicação, pretendendo, assim, eximir-se de futura responsabilidade. A norma do CDC é de ordem pública, não aceitando, por conseguinte, afastamento de natureza convencional ou autorregulamentar.

O comparecimento ou manifestação do consumidor sana eventual comunicação insuficiente ou imprópria (à casa de um parente, por exemplo, ou ao fiador), embora, em certos casos, não ilida o dever de reparar danos causados.

[13.1.8] CONSEQUÊNCIAS CÍVEIS, ADMINISTRATIVAS E PENAIS PARA O DESCUMPRIMENTO DO DEVER DE COMUNICAR – O Código, na esteira das legislações modernas, não se contentou em estabelecer direitos e obrigações. Encarregou-se ele próprio de fixar, de pronto, um sistema reparatório e sancionatório, capaz de propiciar uma implementação adequada de seus comandos.

---

[510] Fábio Ulhoa Coelho et alii, op. cit., p. 177.

Art. 43 | CÓDIGO BRASILEIRO DE DEFESA DO CONSUMIDOR

No caso específico do dever de comunicação, aparecem, por um lado, sanções administrativas e penais, e, por outro, a obrigação de reparar eventuais danos causados, de natureza patrimonial ou moral.

O simples fato de deixar de comunicar a inscrição no cadastro dos devedores é grave ato ilícito, que gera, por si só, o dever de indenizar, além do sancionamento administrativo e penal (art. 72, pois quem não comunica está a "impedir ou dificultar o acesso do consumidor às informações que sobre ele constem em cadastro, banco de dados, fichas e registros").

Poucos negarão que ser surpreendido com a informação de que seu nome está incluído entre os maus devedores configura, para a grande maioria dos consumidores, situação vexatória. A não ser naqueles casos da minoria dos consumidores useiros e vezeiros em frequentar tais listas negras (os párias do mercado), esse fato, mesmo que sem desdobramentos patrimoniais diretos, gera vergonha, angústia e apreensão, ofendendo a dignidade, a honra e a privacidade do cidadão. Há ataque a direitos consignados na Constituição e no CDC: esse é o fundamento do dano moral, na hipótese.

O min. Sálvio de Figueiredo Teixeira, lapidarmente, assim resumiu a questão: "Nos termos da lei, efetivamente necessária a comunicação ao consumidor de sua inscrição no cadastro de proteção ao crédito, tendo-se, na ausência dessa comunicação, por reparável o dano moral oriundo da indevida inclusão."[511]

[13.2] DIREITO DE ACESSO – Dispõe o CDC, em seu art. 43, *caput*, que ao consumidor é garantido o "acesso às informações existentes em cadastros, fichas, registros e dados pessoais e de consumo arquivados sobre ele, bem como sobre as suas respectivas fontes".

O acesso que tem o consumidor aos assentos lavrados em seu nome é o segundo direito básico estatuído pelo CDC no campo dos arquivos de consumo. Numa sequência lógica, é *posterius* em relação ao direito de comunicação, que é o *prius*.

[13.2.1] CARACTERIZAÇÃO DO DIREITO – O direito de acesso é consequência da garantia de informação e transparência na relação de consumo, prevista na Constituição Federal e no próprio CDC.[512]

Esse dispositivo, anota Eduardo Arruda Alvim, funda-se, "em *ultima ratio*, no direito à informação assegurado em sede constitucional (CF/88, art. 5º, XIV) e no próprio direito de certidão (CF/88, art. 5º, XXXIV)".[513]

Na esteira da obrigação do arquivista de comunicar a existência do assento e preambular a outro direito – o de retificação –, ao consumidor é assegurado acesso às informações arquivadas, quaisquer que sejam elas ("dados pessoais e de consumo") e qualquer que seja o local onde se encontrem armazenadas ("cadastros, fichas, registros e dados"). É indiferente sejam os dados arquivados pelo próprio fornecedor (nos termos do conceito do art. 3º) ou, ao revés, por entidade prestadora de serviço a terceiros, como Serviços de Proteção ao Crédito – SPCs, SERASA e congêneres.

Em outras palavras, a *raison d'être* da lei brasileira é, pois, conferir ao consumidor acesso amplo e irrestrito às informações a seu respeito, colhidas de outra fonte que não ele próprio, estejam elas onde estiverem: em organismos privados ou públicos, em cadastros internos das

---

[511] STJ, RE nº 165.727-DF, rel. Min. Sálvio de Figueiredo Teixeira, j. de 16.6.98, v.u.

[512] CDC, arts. 4º, *caput*, e 6º, inc. III.

[513] Eduardo Arruda Alvim et al., op. cit., p. 226.

empresas ou em banco de dados prestador de serviços a terceiros. Não pode o arquivista, sob pena de sancionamento administrativo, civil e penal, alegar sigilo, qualquer que seja a natureza do assento. Se disponível em arquivo, mesmo que de acesso vedado a terceiros, o primeiro garantido no sentido de conhecer as fontes e conteúdo do registrado é o próprio consumidor, objeto da anotação.

Ressalte-se que o *caput* do art. 43 não limita o direito de acesso aos SPCs. Ao revés, é até prolixo ao mencionar "cadastros", "fichas", "registros", "dados pessoais" e "dados de consumo".

[13.2.2] CAMPO DE APLICAÇÃO DO DIREITO DE ACESSO – O direito de acesso, genericamente considerado, fragmenta-se em três outros direitos específicos. Tem, portanto, composição tríplice:

a) direito de acesso às informações arquivadas;
b) direito de acesso às fontes do registro;
c) direito de acesso à identificação dos destinatários, isto é, as pessoas, físicas ou jurídicas, comunicadas do conteúdo do assentamento.

Nessa tríade, os direitos, não obstante partilharem a mesma gênese, carregam finalidades diferenciadas. Fragmentando o direito de acesso em três categorias, o CDC, por essa via, criou o dever para o arquivo de consumo de sempre anotar a origem e eventuais destinatários da informação incorporada.

Primordial, entre os três, o direito de acesso ao assento, em si considerado, objetiva viabilizar a retificação do mesmo, na hipótese da existência de imprecisões ou falsidades.

No caso das fontes, interessa ao consumidor conhecer a origem, o ponto de geração, dos dados que entende abusivos. Só assim terá condições de viabilizar uma eficiente e definitiva retificação, não daquele que repete registros de terceiros, mas de quem, por primeiro, os gera. Os fins visados pela obrigação em questão, por conseguinte, bifurcam-se. Primeiro, o dever opera em defesa do próprio obrigado, precaução mínima que deve tomar visando a acautelar-se contra futura contestação do registro, pois o apontamento facilita uma nova investigação que, por acaso, deseje empreender na própria fonte, ou, de outra parte, indica sua boa-fé na inclusão do dado questionado. Segundo, como forma de permitir ao consumidor postular perdas e danos (ou facilitar ação de regresso, pelo próprio banco de dados) contra quem, em última análise, originou a informação desconforme.[514]

Finalmente, a ciência da identidade daqueles aos quais por ventura tenham sido despachadas notícias sobre o assento dá ao consumidor e ao próprio arquivista a salutar oportunidade de sanar, a tempo, o equívoco cometido, evitando ou mitigando danos patrimoniais e morais que daí possam decorrer. Além disso, essa é a única maneira de possibilitar ao arquivista o cumprimento da exigência legal de noticiar a retificação a todos aqueles antes contactados, no prazo máximo de cinco dias.[515]

---

[514] O Direito norte-americano cuida da matéria, atentando muito mais para o problema dos SPCs do que propriamente para o armazenamento de informações sobre o consumidor em outros estabelecimentos. Assim, regra similar ao art. 43, *caput* – mas muito menos ambiciosa – está no *National Consumer Act*, na versão do seu *First Final Draft*, preparado pelo *National Consumer Law Center*, e no *Fair Credit Reporting Act* (FCRA). Estabelece esse último: "Todo serviço de proteção ao crédito deve, mediante solicitação e identificação adequada do consumidor, revelar-lhe, clara e acuradamente: (1) A natureza e substância de todas as informações (exceto informaçõcs médicas) que sobre ele constem de seus arquivos ao tempo da solicitação. (2) As fontes das informações... (3) Os destinatários de qualquer relatório de consumo..." (art. 609).

[515] CDC, art. 43, § 3º.

Art. 43 | CÓDIGO BRASILEIRO DE DEFESA DO CONSUMIDOR

[13.2.3] RAPIDEZ E GRATUIDADE DO ACESSO – O acesso tem de ser oferecido imediatamente quando solicitado pelo consumidor, em tempo não superior àquele que o arquivo de consumo levaria para atender à perquirição de associado seu. Fazê-lo esperar é descumprir a regra do CDC, provocando, nesse caso, a força sancionatória da lei.

Além disso, acesso amplo e irrestrito é necessariamente gratuito. Há norma autorregulamentar a respeito: "Fica assegurado a qualquer pessoa, devidamente identificada, obter junto ao serviço de proteção ao crédito informações sobre os registros em seu nome, que serão prestadas gratuitamente."[516]

[13.3] DIREITO À CORREÇÃO – Determina o CDC que na hipótese de o consumidor "encontrar inexatidão nos seus dados e cadastros, poderá exigir sua imediata correção, devendo o arquivista, no prazo de cinco dias úteis, comunicar a alteração aos eventuais destinatários das informações incorretas".[517]

[13.3.1] CARACTERIZAÇÃO DO DIREITO – Derivação e complementação dos direitos de comunicação e de acesso, e preambular ao direito à notificação de terceiros, o Código assegura ao consumidor também o direito de correção (= retificação) da informação incorreta, como analisaremos a seguir.[518]

Diante da intransigência dos bancos de dados na preservação de seus assentos, antes da explicitação, pelo CDC, do dever legal de correção, aquele que desejasse "limpar" seu nome só dispunha, na prática, de duas opções, ambas amargas: pagar a dívida, mesmo discordando da sua existência ou valor, mas com isso afastando a mácula da "negativação" ou, então, recorrer às vias judiciais, saída impraticável nos casos mais comuns de débito de consumo, normalmente de pequeno valor.[519]

[13.3.2] PRAZO PARA A CORREÇÃO – A retificação, mais ainda quando o consumidor faz suficiente prova (uma certidão negativa, por exemplo), deve ser imediata.

Como dissemos, caso o assento depreciativo tenha sido fornecido a terceiros, estes têm de receber notícia da retificação, no prazo máximo de cinco dias úteis. Seria insuficiente garantir a retificação, sem assegurar, ao mesmo tempo, o direito à notificação de terceiros, exatamente àqueles que porventura tenham recebido a informação incorreta.

---

[516] Art. 35 do Regulamento Nacional dos Serviços de Proteção ao Crédito, publicado pela CACB – Confederação das Associações Comerciais do Brasil e atualizado até 6.12.96.

[517] CDC, art. 43, § 3º.

[518] Tanto o *National Consumer Act*, como o *Fair Credit Reporting Act* (FCRA) possuem dispositivo assemelhado. Diz esse último: "Se o consumidor contesta a perfeição ou exatidão de qualquer dado contido no arquivo a ele referente, sendo tal insatisfação diretamente encaminhada por ele ao serviço de proteção ao crédito, deve este, em período razoável de tempo, reinvestigar e inserir o *status* atual daquela informação... Se o dado, após reinvestigação, é tido como inexato ou não mais pode ser verificado, o serviço de proteção ao crédito deve prontamente apagá-lo" (art. 611, a). O texto do *National Consumer Act* segue a mesma linha: "Section 8.203 (Correction of Inaccurate Information) (1) A reporting agency shall afford consumers a reasonable opportunity to correct any inaccurate or misleading information in the file. Whenever a consumer disputes the accuracy of any item of information in his file, the reporting agency shall promptly investigate the matter and if it finds that the item is in error or if it is unable to verify the item's validity, the reporting agency shall, without charge to the consumer: (a) Promptly expunge such item from the file; (b) Refrain from reporting such item on future reports; and (c) Promptly notify all prior recipients that the item had been reported in error and was being expunged from the consumer's record."

[519] Cf., no mesmo sentido, Marco Antonio Zanelatto e Edgard Moreira da Silva, Ação civil pública..., cit., p. 325.

Empresas com organização moderna e estrutura tecnologicamente avançada, os arquivos de consumo não enfrentam dificuldades materiais ou temporais para cumprir a determinação do CDC, mormente quando se leva em conta que, "hodiernamente, a grande massa de dados é arquivada em meio magnético, o que torna o processo de correção dos arquivos algo bastante célere".[520]

Cabe ressaltar que o prazo de cinco dias não se aplica à retificação, que é "imediata", mas sim ao dever de informar terceiros da incorreção de dados fornecidos pelo arquivista. Ao dever de correção não se concede qualquer lapso: tem ele que ser cumprido de forma instantânea, sem delongas.

O vocábulo imediatamente quer dizer o seguinte: a emenda é feita pelo arquivista logo após ter os elementos caracterizadores da incorreção ou, de outra maneira, lhe faltarem subsídios para a sua manutenção. De qualquer modo, embora a mera contestação do consumidor não crie o dever de corrigir, tal basta para suspender, enquanto dure o procedimento de confirmação, a veiculação do dado controvertido, até como forma de prevenir ou mitigar dano moral ou patrimonial, na hipótese de comprovação da erronia.

[13.3.3] SENTIDO DO VOCÁBULO CORREÇÃO – Corrigir é retificar, expurgar desacertos e impropriedades. A correção pode ser parcial ou total; ainda, modificativa, aditiva ou supressiva. No seu universo semântico, corrigir pode, *in extremis*, denotar o puro e simples cancelamento do registro.

Corrigir não se confunde com anotar, providência abrigada na Lei do *Habeas Data* e que tem o sentido mais restrito de esclarecer ou explicar "dado verdadeiro mas justificável".[521] Não é disso que se cuida aqui, quando a dívida é contestada, seja quanto à sua existência, seja no que tange ao seu valor.

A anotação só é cabível quando o consumidor faz uso da ação e procedimento previstos na Lei nº 9.507/97. O sistema brasileiro confere-lhe, contudo, a prerrogativa de optar entre usar o CDC ou o arcabouço processual mais célere e mandamental do *habeas data*.

[13.3.4] ÔNUS PROBATÓRIO – Tirante elementos mínimos ou *prima facie*, não está a cargo do consumidor a tarefa final de provar a propriedade ou impropriedade do registro. Muito ao contrário, incumbe ao arquivo de consumo demonstrar que procedem a invasão de privacidade que praticou e a disseminação ampla dos dados coligidos.

Descabido, portanto, querer-se faça o consumidor prova negativa, de que é correto, na sua posição de sujeito no mercado de consumo. Já que se trata de material recolhido à sua revelia, não lhe trazendo nenhum proveito individual imediato, toca ao arquivista, a quem os dados beneficiam diretamente, aduzir prova positiva da veracidade e atualidade dos assentos que administra e explora.

Pensar diferentemente é inverter a ordem dos valores constitucionais, levando à derrocada das próprias garantias fundamentais: ao cidadão impenderia, a cada momento, sair bradando (e provando) que é honesto. O que se prova não é a honestidade, mas o desvio, a desonestidade. Quem dissemina e propaga, e com isso lucra, prova. Se não consegue provar, ou se não conta com prova suficiente, ou se paira dúvida, expurga.

Desnecessário dizer que se os arquivos de consumo devem ser verdadeiros, conforme determinado pelo CDC, "a decorrência lógica é que o registrante tenha prova do fato registrado ou a registrar",[522] ou seja capaz de produzi-la.

---

[520] Eduardo Arruda Alvim et al., op. cit., p. 230.
[521] Lei nº 9.507/97, art. 7º, inc. III.
[522] Bertram Antônio Stürmer, art. cit., p. 19.

Art. 43 | CÓDIGO BRASILEIRO DE DEFESA DO CONSUMIDOR

[13.4] DESPESAS NO EXERCÍCIO DOS DIREITOS DE ACESSO E DE RETIFICAÇÃO – Se o consumidor é obrigado a despender recursos próprios no afã de "limpar" seu nome, maculado por um registro irregular, faz ele jus, independentemente da possibilidade de reclamar outros danos morais e patrimoniais, ao reembolso das despesas que incidir (certidões negativas, horas de trabalho, transporte ou mesmo contratação de serviço especializado).

É mesmo uma solução de justiça. Não são modestos os sacrifícios que oneram o consumidor no processo de reivindicar sua idoneidade financeira perante o público e o mercado. Infelizmente, o procedimento para "limpeza" de um nome é bem mais do que uma formalidade ordinária ou providência simplificada. Não são poucos os consumidores que, em desespero, contratam empresas que se especializam exatamente em fazer aquilo que deveria ser alcançado com um simples telefonema.

A impressão que fica é que o sistema de proteção ao crédito utiliza tais dificuldades para amplificar a *via crucis* do consumidor, devedor ou não, colimando coagi-lo ao pagamento do débito assentado, concorde ou não com sua existência ou valor. Fácil ser "negativado", difícil é o *iter* do resgate da dignidade de consumidor adimplente, valor que todos prezam e carecem, pois simboliza o alvará de trânsito na sociedade de consumo.

Não é de mister grande sensibilidade para simpatizar-se com a aventura do consumidor que é obrigado a pulular de um local a outro, enfrentando filas e má vontade generalizada, além de perder horas preciosas de trabalho ou lazer, tudo para retificar informação incorreta que, com frequência, não deu origem. Há, aí, com certeza, mais do que um risível sentimento de desconforto; existe, sem dúvida, também a sensação de impotência, própria das situações em que direitos corriqueiros, mas básicos, reconhecidos no mundo civilizado, são vilipendiados e ao cidadão cabe tão só o conformismo e a sublimação da ofensa. São poucos os valores em nossa sociedade que alcançam o patamar de um bom nome, pois dele depende não apenas seu titular, mas a sorte e fortuna de sua família.[523]

Consequentemente, devem ser ressarcidas todas as despesas, inclusive aquelas com a contratação de empresa especializada (despachante, por exemplo), em última análise nada mais do que danos de caráter patrimonial (tema que abordaremos, a seguir, em maior extensão). Indenização essa arcada, solidariamente, por aqueles que estão na origem do prejuízo: o fornecedor do débito original e o arquivista.

[14] RESPONSABILIDADE CIVIL DOS ARQUIVOS DE CONSUMO – Os bancos de dados e os seus usuários respondem pelas irregularidades que sucedem na sua operação. Trata-se de responsabilização civil, mas também administrativa[524] e penal.[525]

---

[523] Para se ter uma pálida ideia do que, em termos de esforço pessoal, significa "limpar" o nome junto ao sistema de proteção ao crédito, veja-se a seguinte notícia de jornal, em que Francisco Filomeno, diretor-jurídico do Instituto de Estudos de Protestos de Títulos do Estado de São Paulo, dá conta de que a Lei nº 9.492 "facilitou e barateou" a regularização da situação de inadimplência nos cartórios, despesas de protesto essas que não são baixas, variando de acordo com o valor do título. "Num título de R$ 1 mil, por exemplo, é cobrada pelo cartório uma taxa de R$ 56,44. Depois de quitada a dívida, o consumidor deve dirigir-se ao cartório onde o título foi protestado, o qual expedirá uma certidão de cancelamento do protesto, que fica pronta em dois dias e custará R$ 2,65. Se não souber em qual cartório seu título foi protestado, o consumidor deve procurar o Serviço de Distribuição de Títulos da sua cidade (na capital, o endereço é Rua XV de Novembro, 175). Nessa central, ele terá de solicitar certidões negativas de todos os cartórios da cidade, que na capital custa R$ 0,88 cada uma" ("Ficou mais fácil limpar o nome no cartório", *in O Estado de S. Paulo*, 27.4.98, S3).

[524] Decreto nº 2.181/97, art. 13, incs. X a XV.

[525] CDC, arts. 71, 72 e 73.

Capítulo V · DAS PRÁTICAS COMERCIAIS | Art. 43

Segundo o desembargador Araken de Assis, um dos mais lúcidos juristas do Brasil, são deveras "bem conhecidos os reflexos terríveis que a inscrição no Serviço de Proteção ao Crédito e em outros bancos de dados causam às pessoas, ao lhes restringir ou vetar acesso ao crédito. E, pior, em face do frequente descumprimento do art. 43, § 2º, da Lei nº 8.078/90, que exige comunicação ao consumidor para abrir o cadastro, a pessoa só descobre a anotação infamante em situações vexatórias, quando procura realizar negócios".[526] Esses "reflexos terríveis" são tratados pelo ordenamento jurídico como perdas e danos, terreno próprio da responsabilidade civil.

Marco Antonio Zanelatto e Edgard Moreira da Silva narram com realismo os percalços e prejuízos sofridos pelo consumidor indevidamente "negativado". Primeiro, é afetado seu crédito, "impedindo a realização de negócios e denegrindo a sua imagem, pois ele passa a ser visto, no meio social, como um mau pagador, como uma pessoa que não honra seus compromissos e, por isso, não é merecedora de crédito. Sofre, assim, vexames e constrangimentos perante os empregados da loja onde seu crédito foi recusado, os seus amigos, familiares etc. Não bastasse isso, para voltar a ter crédito na praça, encontra inúmeras dificuldades, pois, normalmente, só consegue eliminar os dados negativos existentes a seu respeito, nos bancos de dados, mediante ação judicial, cuja tramitação, como se sabe, em decorrência de vários fatores, é lenta e o resultado, incerto. Assim, a 'negativação' de seu nome nesses arquivos acaba protraindo-se no tempo, com sérios transtornos a sua pessoa, quer na esfera patrimonial, quer na moral".[527]

Ninguém, em sã consciência, contesta que a inscrição indevida ou incorreta abala o crédito de qualquer um e que com o assento desmerecido advêm, normalmente, prejuízos patrimoniais e morais ao consumidor,[528] conclusão essa que já encontraria suficiente fundamento no Código Civil de 1916, mas que é, de maneira explícita, exigida "pela definição legislada do direito básico do consumidor previsto no art. 6º, VI, do Código: efetiva reparação de danos patrimoniais e morais (individuais, coletivos e difusos)".[529] Eventual indenização, é oportuno recordar já nesse ponto, é aferida de acordo com o regime especial de responsabilidade civil estatuído no CDC.

Ao consumidor que deixa de realizar negócio por conta de descabida notícia denegridora que o banco de dados repassa ao potencial parceiro contratual, bem instrui Eduardo Gabriel Saad, assiste "o direito de postular em juízo uma compensação financeira pelos danos consequentes".[530]

A coleta, armazenamento e circulação, pois, de informações sobre o consumidor contaminadas por falsidade, enganosidade, inexatidão, insuficiência ou desconformidade com os pressupostos que orientam os arquivos de consumo trazem, consigo, no plano cível, o dever de reparar eventuais danos causados. O caráter desabonador, isto é, danoso, é intrínseco e *ipso facto* à manutenção ou prestação de informação nessas condições.

O tema, desde a promulgação do CDC, vem frequentando, amiúde, os tribunais brasileiros que, atentos aos parâmetros constitucionais e legais, assim como aos reclamos sociais, vêm tutelando o consumidor contra várias modalidades de abusos praticados pelos arquivos de consumo. Com a percuciência própria dos notáveis civilistas, nota Cláudia Lima Marques, em excelente e pioneira obra, que, "nestes primeiros anos de vigência do CDC, a jurisprudência brasileira tem-se mostrado especialmente sensível ao problema do ressarcimento do

---

[526] TJRS, 5ª T., Ap. Cív. nº 597.118.926-Lajeado-RS, rel. Des. Araken de Assis, j. de 7.8.97, v.u., BAASP 2044/481.

[527] Marco Antonio Zanelatto e Edgard Moreira da Silva, Ação civil pública... cit., p. 328.

[528] CDC, art. 6º, inc. VII; cf., no mesmo sentido, Marco Antonio Zanelatto e Edgard Moreira da Silva, Ação civil pública..., cit., p. 328.

[529] José Alexandre Tavares Guerreiro, op. cit., p. 145.

[530] Eduardo Gabriel Saad, *Comentários ao Código de Defesa do Consumidor*, São Paulo, LTr, 1991, p. 251.

Art. 43 | CÓDIGO BRASILEIRO DE DEFESA DO CONSUMIDOR

dano moral sofrido pelo consumidor em suas relações de consumo com fornecedores e seus auxiliares profissionais (SPC, cartórios de protesto de títulos, jornais etc.). Esta massiva resposta jurisprudencial, de uma unanimidade poucas vezes observada em matéria de defesa do consumidor, pode ter sua origem na hierarquia constitucional da proteção da personalidade e da dignidade humana, mas demonstrou de forma clara a importância da atuação do Judiciário na criação de uma sociedade mais ética".[531]

[14.1] SUJEITOS RESPONSÁVEIS – Como já tivemos oportunidade de referir, a regra do CDC é a da solidariedade entre fornecedor originário e banco de dados. Está correto Roscoe Bessa ao afirmar que "cabe a todos que administram e utilizam os sistemas de proteção ao crédito – fornecedores e bancos de dados – cuidar para que as exigências do CDC sejam rigorosamente observadas".[532]

No cotidiano dos tribunais, é frequente ver um tentando passar a responsabilidade pelo cumprimento dos deveres do art. 43 para o outro: fornecedor apontando o dedo na direção do arquivista como parte legítima[533] e este informando ser aquele o responsável.

De um lado, é responsabilizado o fornecedor originário, quando as informações encaminhadas ao arquivo de consumo são falsas, inexatas, enganosas, imprecisas ou incompletas. Da mesma forma, quando deixa de cumprir os pressupostos de legitimidade, que também o obriga: o teleológico (finalidade), os substantivos (levando a arquivo dados irregistráveis, como na hipótese de débito judicialmente questionado) e o temporal (por exemplo, noticiando ao banco de dados informação com vida útil expirada). Normalmente, os pressupostos procedimentais não são aplicáveis ao fornecedor direto, exceto quando ele próprio é o arquivista (no caso de cadastros *in home*) ou intervém, diretamente, no sistema de arquivamento.

Por outra parte, o arquivista responde pela violação de quaisquer dos pressupostos de legitimidade (teleológico, substantivos, procedimentais e temporais), bem como por descumprimento de obrigações associadas aos direitos básicos do consumidor nessa matéria (direito de comunicação, direito de acesso e direito de retificação).

Em todas essas modalidades de responsabilização, o regime adotado é o da solidariedade, cabendo ao arquivo de consumo, em certas circunstâncias, ação de regresso contra o associado. Essa é a regra do art. 7º, parágrafo único, do CDC: "Tendo mais de um autor a ofensa, todos responderão solidariamente pela reparação dos danos previstos nas normas de consumo."

Razões várias justificam a corresponsabilidade aqui. Arquivos de consumo e usuários formam um todo inseparável. Pouco importa não tenha o consumidor relação contratual com aquele, pois o CDC não abriga somente hipóteses de responsabilidade civil contratual (veja--se, por exemplo, a responsabilização do fabricante por produto defeituoso, onde a compra e venda une somente o consumidor e o varejista[534]).

Coletivamente falando, a posição do arquivo de consumo destaca-se, quando cotejada com a do simples fornecedor. É ele quem coleta, administra e distribui, comumente em nível nacional, as informações, cobrando, direta ou indiretamente, por seus serviços.[535] É ele quem

---

[531] Cláudia Lima Marques, *Contratos no Código de Defesa do Consumidor*, 3ª ed., São Paulo, Revista dos Tribunais, 1998, p. 633.

[532] Leonardo Roscoe Bessa, op. cit., p. 199.

[533] *RT* 746/260.

[534] CDC, art. 12.

[535] Segundo o Regulamento Nacional dos Serviços de Proteção ao Crédito, "pelo registro do débito de que trata este artigo, deverá o serviço de proteção ao crédito cobrar taxas a serem fixadas no seu Regimento Interno" (art. 17, § 2º, atualizado até 6.12.96).

tem o poder (mais que isso, o dever) de controle e administração[536] global do sistema, já que proprietário das informações assentadas,[537] cabendo-lhe, *ope legis*, vários tipos de obrigações, todas inderrogáveis e indisponíveis, valendo mencionar: a) o dever de verificação da veracidade do dado; b) o dever de comunicação; c) o dever de fiscalização dos assentos; d) o dever de atualização das anotações; e) o dever de cancelamento ou retificação dos lançamentos; e f) o dever de sigilo (criando, inclusive, mecanismos que evitem o acesso a quem não é associado ou autorizado).

Em síntese, quem tem a última palavra – e é esta que importa – sobre o que entra e o que sai é o arquivista. O fato de ele, contratualmente ou de fato, abrir mão da totalidade ou de parte desse poder verifica-se à sua conta e risco e em nada altera sua posição perante o CDC.

Tampouco tem validade jurídica, para afastar a corresponsabilidade do arquivo de consumo, aceitação de "inteira" responsabilidade, formalizada pelo usuário (= fornecedor original) em ficha de solicitação de registro. Nos termos do CDC, são nulas de pleno direito cláusulas contratuais que "impossibilitem, exonerem ou atenuem a responsabilidade do fornecedor por vícios de qualquer natureza dos produtos ou serviços ou impliquem renúncia ou disposição de direitos".[538]

Ademais, tais declarações têm caráter bilateral, direcionadas a regrar o relacionamento entre fornecedores, não sendo o consumidor parte do negócio jurídico em questão. O contrato, habitualmente, vincula apenas seus sujeitos (*res inter alios acta*). Quando lavradas entre fornecedores, tais manifestações de vontade não podem prejudicar o consumidor que, aqui, é terceiro, estando, por isso mesmo, protegido contra efeitos jurídicos que não desejou ou que não consentiu.

Também disposições em sentido contrário, constantes de normas autorregulamentares do setor, não têm o condão de afastar a solidariedade de todos os agentes da cadeia, que, como dissemos, é legal. O prestador do serviço é o banco de dados, mesmo que conte com a colaboração de terceiros na montagem e funcionamento de sua base de informações.

Na mesma linha, conforme alertamos atrás, não têm, por conseguinte, qualquer efeito jurídico, porque violadoras do CDC (art. 7º), normas autorregulamentares que isentem o banco de dados, ou sua mantenedora, de responsabilidade civil, penal e administrativa. Tais cláusulas convencionais servem, tão só, para orientar eventual ação de regresso. Daí que sem valor legal dispositivos do tipo: "A exatidão dos dados é de inteira responsabilidade da instituição financeira remetente, cabendo-lhe também a iniciativa de comandar as exclusões dos registros das operações quitadas ou que, por qualquer motivo, seus titulares não devam figurar na Base de Dados de Pendências Bancárias."[539] No mesmo sentido, a Associação Comercial de São Paulo dispõe que "a empresa usuária assume, perante o SCPC e terceiros, a responsabilidade total pelos registros de débitos em atraso, demais ocorrências e seus imediatos cancelamentos".[540]

Em síntese, a responsabilidade civil por desvio nos arquivos de consumo é solidária, liberado o consumidor para escolher entre propor a ação somente contra o arquivista ou o forne-

---

[536] Nos termos das normas autorregulamentares, cabe, por exemplo, ao SERASA "o gerenciamento e administração" do arquivo (art. 6.2, Manual CONVEM – REFIN).

[537] Aliás, as normas do SERASA são expressas no sentido de que "a instituição financeira usuária tem direito ao uso da informação e não da posse do arquivo" (art. 5.3, Manual CONVEM – REFIN, grifo nosso), querendo por "posse" significar "domínio".

[538] CDC, art. 51, inc. I.

[539] Art. 6.4, Manual CONVEM – REFIN.

[540] Art. 10 do Regimento Interno do SCPC – Serviço Central de Proteção ao Crédito.

Art. 43 | CÓDIGO BRASILEIRO DE DEFESA DO CONSUMIDOR

cedor original, ou, ainda, contra os dois conjuntamente, na forma do art. 7º, parágrafo único, do CDC. Claro, os corresponsáveis, "num segundo momento, poderão, em ação regressiva, discutir entre si sobre quem deverá, ao final, arcar com o valor pago a título de indenização",[541] nos exatos termos do art. 283 do Código Civil de 2002.

Assim, certo é que jamais a responsabilidade civil por impropriedades do registro pode ser única e exclusivamente do associado ou cliente do arquivo de consumo. A solidariedade, aqui é legal e de ordem pública, pintando de indelegabilidade, na ótica do consumidor, as obrigações estatuídas pelo CDC.

Logo, os arquivos de consumo são sempre parte passiva legítima em ação proposta pelo consumidor, não podendo ser alegada a ilegitimidade *ad causam*, na forma do art. 485, IV e VI, do CPC/2015, pouco importando, na apuração da sua responsabilidade perante o consumidor, tenha o registro indevido sido feito ou as informações incorretas ou omissivas sido apresentadas ou assentadas pelo próprio cliente ou associado do banco de dados. A legitimidade passiva do arquivista não decorre de atos físicos de registro das informações por ele praticados, mas da sua operação e fornecimento a quem as solicita.

Discutível, inclusive, a legalidade da opção técnica que alguns bancos de dados concedem a seus associados de livremente incluírem nomes de consumidores nos seus arquivos que, em seguida, são distribuídos por milhares de vezes, em todo o País.

Não é segredo que, recentemente, visando a cortar despesas, alguns bancos de dados (SPCs, por exemplo) vêm permitindo aos seus usuários amplo poder de interferência no próprio armazenamento das informações arquivadas. Hoje, com o simples acionar de uma tecla, um associado do SPC pode "negativar" qualquer consumidor. As consequências que desse comportamento de alto risco advêm, com o qual os consumidores não contribuem, nem dele tiram qualquer benefício, devem ser arcadas, integral e solidariamente, pelos próprios arquivos de consumo e seus clientes, beneficiários diretos do sistema.

Até com maior razão, nessas hipóteses de acesso facilitado, posto que visível a inadequação do procedimento, não é permitido ao arquivo de consumo fugir à solidariedade. Ora, é ele que adquire, monta e administra seus sistemas de computação, monopolizando o controle, permitindo ou negando o acesso. Estamos aí diante de liberalidades que não só não favorecem o consumidor (ao contrário, fragilizam ainda mais suas garantias constitucionais), como são carreadas por motivos estritamente operacionais e financeiros, não interferindo com o sistema de solidariedade do CDC. Mesmo que fosse um simples intermediário semipassivo (e, por vezes, o é), ainda assim o arquivo de consumo é responsabilizado, pois foi exatamente nessa sua condição de depositário de gigantesca quantidade de informações que o legislador identificou riscos e a necessidade de controle.

A relação entre banco de dados e consumidor não é de cunho contratual, mas legal. Não nasce de contrato (até porque inexiste), mas de imposição do legislador. Os deveres que circundam e governam essa atividade têm todos essa origem. Aliás, exatamente por serem de ordem pública,[542] abominam derrogação ou mitigação contratual, nem mesmo por cláusula expressa entre o consumidor e o SPC, ou entre este e o seu associado ou cliente.

Não se deve confundir a relação de consumo-base (entre o consumidor e seu fornecedor imediato), esta sim frequentemente de natureza contratual, e aquela outra que é conectada

---

[541] Leonardo Roscoe Bessa, op. cit., p. 200.

[542] Dispõe o CDC que suas normas são "de ordem pública e interesse social" (art. 1º).

Capítulo V · DAS PRÁTICAS COMERCIAIS | **Art. 43**

aos assentos que apoiam o crédito. O regramento do art. 43 não trata daquela – cuidada, por exemplo, nos arts. 12, 14, 18 e 51 –, mas dessa última.

Os bancos de dados, assim o quer a lei, são os responsáveis últimos pelas informações que abrigam e mantêm, tanto quando se encarregam de coletá-las, como quando as recebem de terceiros, seus associados (fornecedores) ou não (Banco Central, por exemplo).

Há precedentes judiciais reconhecendo a solidariedade entre arquivo de consumo e fornecedor original: "Nesse rumo, verifica-se que o banco-réu e o corréu SERASA, o primeiro por motivar a indevida restrição ao nome de cada um dos apelantes e o segundo ao consignar essa informação restritiva deles em seu cadastro, cancelando-a posteriormente ao ingresso desta lide, somente em função de determinação judicial oriunda de outro processo, devem, por isso, suportar solidariamente a indenização que ora é estabelecida."[543]

Acrescente-se que responde também o terceiro – outrem que não o fornecedor original – quando encaminha informação depreciativa, julgada imperfeita ou espúria, ao arquivo de consumo.

Cabe alertar que a ação não pode ser proposta diretamente contra o arquivo de consumo, quando este não tem personalidade jurídica própria, sendo apenas um serviço prestado por outro organismo, este, sim, pessoa jurídica. É o que ocorre, normalmente, com os SPCs. Nessa linha, o Regulamento Nacional dos Serviços de Proteção ao Crédito estabelece que "os serviços de proteção ao crédito *não terão personalidade jurídica própria*, devendo ser departamentos vinculados às *Associações Comerciais* mantenedoras, filiadas às suas respectivas Federações Estaduais".[544]

[14.2] COMPORTAMENTOS INFRATIVOS – Que tipos de comportamentos infrativos determinam o dever de reparar?

Inicialmente, os comportamentos *ativos*, como o próprio ato de negativar o consumidor, quando não deveria. Mas também os comportamentos passivos, caracterizados por omissão em dar cumprimento a um dever de agir. Assim, dentre outros, a omissão de informar o consumidor, no prazo legal, sobre a abertura do registro ou dar baixa neste, vencido o prazo prescricional; também a omissão de retificar os dados constantes sobre o consumidor; de dar acesso ao consumidor, quando por ele solicitado.

Nota-se, portanto, que não é só o descumprimento dos deveres substantivos – a veracidade da informação, por exemplo – que enseja a obrigação de indenizar. A lesão do consumidor, em muitos casos, independe da inveracidade dos registros.[545] Em outras palavras, o registro pode corresponder, letra por letra, aos fatos e à realidade, e, ainda assim, abrir-se ao consumidor negativado a possibilidade de ser indenizado.

[14.3] DANOS INDENIZÁVEIS – Como sucede em outras áreas da atividade humana, os danos sofridos pelo consumidor por conta da operação dos arquivos de consumo são de dois tipos: patrimoniais e morais. Como regra, mas nem sempre, o ato que dispara a responsabilidade civil é a inscrição ou sua manutenção indevida, qualquer que seja o fundamento ou justificativa adotados.

Já notamos que a balda de devedor inconfiável corresponde à pena de morte do consumidor no mundo do crédito, o que quer dizer, no mercado de consumo, pois este está

---

[543] 1º TAC-SP, 5ª Câm., Ação Cível nº 750.151-1, rel. Juiz Cunha Garcia, j. de 21.10.98, v.u.

[544] Regulamento Nacional dos Serviços de Proteção ao Crédito, art. 3º, promulgado pela CACB – Confederação das Associações Comerciais do Brasil e atualizado até 6.12.96.

[545] Antônio Carlos Efing, op. cit., p. 169.

Art. 43 | CÓDIGO BRASILEIRO DE DEFESA DO CONSUMIDOR

estruturado na massificação da produção e do comércio, viabilizada pelo *marketing* e pelo crédito.

[14.3.1] DANOS PATRIMONIAIS – Caracterizam os danos patrimoniais pelo fato de a vítima ver diminuído seu patrimônio, inclusive pela perda de uma vantagem que o crédito lhe propiciaria (um negócio de momento; a aquisição de um produto ou serviço em liquidação, ou, ainda, de um imóvel em condições privilegiadas, por exemplo), negócio que acaba por ser frustrado pela informação incorreta ou desatualizada do arquivo de consumo. Normalmente, o valor do dano é aquele da vantagem perdida ou inviabilizada.

O dano patrimonial, no caso de negativação irregular, inclui não só as perdas e danos diretamente relacionados com o abalo de crédito, mas também as despesas feitas pelo consumidor, no afã de limpar seu nome, como atrás referido.

[14.3.2] DANOS MORAIS – A indenizibilidade do dano moral vem prevista expressamente no CDC, que assegura ao consumidor, como direito básico, "o acesso aos órgãos judiciários e administrativos, com vistas à prevenção ou reparação de danos patrimoniais e morais, individuais, coletivos ou difusos".[546] No caso dos arquivos de consumo, sua gênese encontra-se nos dissabores sofridos pelo negativado.

Como bem leciona o min. Ruy Rosado de Aguiar, ao decidir caso concreto, "o indevido protesto, a inscrição irregular em banco de dados sobre devedores relapsos, a ilegítima divulgação de fatos desabonatórios etc. são situações que ofendem o sentimento das pessoas e, por isso, são consideradas causas eficientes de danos não patrimoniais".[547]

Há uma *presunção relativa de* que a negativação indevida implica dano moral para o consumidor ofendido. Mais ainda quando fatos concretos de constrangimento têm lugar, como a denegação de crédito no instante da compra e venda. Desnecessário seja a recusa presenciada por múltiplas pessoas, bastando a simples rejeição, que normalmente é constatada por pelo menos um empregado do fornecedor e pelos registros do sistema.

A imagem do cidadão, mais ainda numa Constituição que tanto a valoriza, é até mais central à sua existência do que a de uma empresa. Lembra Araken de Assis, com sua habitual propriedade, que "não parece haver a menor dúvida de que, comparativamente aos interesses patrimoniais, os direitos inerentes à personalidade se ostentam axiologicamente mais relevantes. Merecem proteção mais acurada. É mais importante indenizar a lesão à honra, à fama, à imagem, à privacidade do que uma bicicleta e um automóvel".[548]

Como é próprio do dano moral, o valor da indenização há de ser substancial, pois do contrário não cumpre seu papel preventivo de dissuadir o infrator a praticar condutas futuras similares. A exemplaridade norteia o regramento do dano moral, com mais razão em situações onde o violador é poderoso e a vítima é considerada parte vulnerável,[549] bem como quando as condutas infrativas são reiteradas, afetando a um só tempo milhares de consumidores, com somente uma centelha desses buscando remédio judicial. Recomenda-se que a indenização, respeitado o princípio da razoabilidade, não seja calculada em valor inferior ao total do débito, indevida ou inadequadamente noticiado.

---

[546] CDC, art. 6º, inc. VII, grifo nosso.

[547] STJ, RE nº 51.158-5-ES, 4ª Turma, rel. Min. Ruy Rosado de Aguiar, j. de 27.3.95, v.u.

[548] TJRS, Ap. Cív. nº 597.118.926-Lajeado-RS, 5ª Turma, rel. Des. Araken de Assis, j. de 7.8.97, v.u., BAASP 2044/481.

[549] É princípio da Política Nacional de Relações de Consumo o "reconhecimento da vulnerabilidade do consumidor no mercado de consumo" (art. 4º, inc. I).

Os danos morais levam em conta o caráter repetitivo da prática, bem como a persistência em recusar atendimento aos reclamos legítimos do consumidor, conotação essa que, de novo lembramos, é própria ao seu caráter punitivo, já que sua finalidade não é exclusivamente ressarcitória. O magistrado, "em nenhuma hipótese, deverá se mostrar complacente com o ofensor contumaz, que amiúde reitera ilícitos análogos. E a severidade despontará na necessidade de desestimular a reiteração do ilícito".[550]

Conforme a Súmula do STJ nº 385, entretanto, haveria limitações para os danos morais, se *reincidente* o devedor, como se a honra e dignidade do outrora devedor relapso não possam ser reabilitadas e serem afetadas, quando até aos criminosos é reconhecido o direito à reabilitação: *"Da anotação irregular em cadastro de proteção ao crédito, não cabe indenização por dano moral, quando preexistente legítima inscrição, ressalvado o direito ao cancelamento"* (*DJe* de 8.6.2009, RSTJ vol. 214, p. 541) (JGBF).[551]

[14.4] REGIME JURÍDICO DA RESPONSABILIDADE CIVIL PELA INSCRIÇÃO, MANUTENÇÃO E COMUNICAÇÃO INDEVIDAS DO REGISTRO – A não ser quando excluído expressamente,[552] o regime de responsabilização civil do violador das normas de proteção do consumidor independe da prova de culpa. Enfatize-se: não se trata de inversão do ônus da prova do elemento subjetivo, mas de total e irrestrito afastamento da discussão, a qualquer título, do *animus* do agente.

Sergio Cavalieri Filho, resumindo o pensamento da moderna doutrina nacional, assevera que "a responsabilidade estabelecida no CDC é objetiva, fundada no risco do empreendimento, razão pela qual não seria também demasiado afirmar que, a partir dele, a responsabilidade objetiva, que era exceção em nosso Direito, passou a ter um campo de incidência mais vasto do que a própria responsabilidade subjetiva".[553]

Não havendo, nesse domínio, ressalva do legislador, os arquivos de consumo respondem, por conseguinte, de maneira solidária (com o fornecedor original) e *objetiva* pelos danos causados ao consumidor, sejam patrimoniais ou extrapatrimoniais. Descabida, assim, qualquer altercação sobre a natureza do elemento subjetivo, pois o dever de reparar dele independe. O *animus* do agente – e assim mesmo em conjunção com outros indicadores, como sua situação econômica – é relevante, quiçá, na quantificação do dano moral, cuja razoabilidade, para mais ou para menos, pode depender desse fator. Como bem indica An-

---

[550] TJRS, Ap. Cív. nº 597.118.926-Lajeado-RS, 5ª Turma, rel. Des. Araken de Assis, j. de 7.8.97, v.u., BAASP 2044/481.

[551] Cf., entretanto, o REsp nº 994.253-RS, tendo como relatora a ministra Nancy Andrighi, 3ª Turma do STJ, em j. de 15.5.2008, DJe de 24.11.2008: "Consumidor. Recurso especial. Ação de compensação por danos morais. Inscrição indevida em cadastro de inadimplentes. Dano moral reconhecido. Permanência da inscrição indevida por curto período. Circunstância que deve ser levada em consideração na fixação do valor da compensação, mas que não possui o condão de afastá-la. – A jurisprudência do STJ é uníssona no sentido de que a inscrição indevida em cadastro restritivo gera dano moral *in re ipsa*, sendo despicienda, pois, a prova de sua ocorrência. Dessa forma, ainda que a ilegalidade tenha permanecido por um prazo exíguo, por menor que seja tal lapso temporal esta circunstância não será capaz de afastar o direito do consumidor a uma justa compensação pelos danos morais sofridos. – O curto lapso de permanência da inscrição indevida em cadastro restritivo, apesar de não afastar o reconhecimento dos danos morais suportados, deve ser levado em consideração na fixação do valor da reparação. Recurso especial provido para julgar procedente o pedido de compensação por danos morais formulado pela recorrente".

[552] "A responsabilidade pessoal dos profissionais liberais será apurada mediante verificação de culpa" (art. 14, § 4º, grifo nosso), dispositivo aplicável aos acidentes de consumo, isto é, aos riscos que afetam a saúde e a segurança dos consumidores.

[553] Sergio Cavalieri Filho, op. cit., p. 28.

Art. 43 | CÓDIGO BRASILEIRO DE DEFESA DO CONSUMIDOR

tonio Carlos Efing, o sistema da responsabilidade civil objetiva rege a indenização de eventuais danos sofridos pelo consumidor negativado. Comprovados o dano e o liame causal, "está o arquivista (bem como o alimentador!) obrigado à reparação independentemente da existência de culpa de sua parte".[554]

Em síntese, ter o infrator agido de boa ou má-fé, com dolo ou culpa, em nada afeta a equação de sua responsabilidade civil (fórmula diversa, no terreno da tipicidade penal).

[14.5] ÔNUS DA PROVA E INVERSÃO – No terreno dos arquivos de consumo, as regras de ônus da prova interessam, em especial, a três questões: a) prova do débito original; b) prova do dano; c) prova do nexo causal.

Com a atenção voltada para a Constituição, é de rigor ressaltar que, no sistema jurídico brasileiro, vigora a *presunção de honestidade,*[555] extensão privatística da presunção de inocência, cujo domínio central pertence ao Direito Público.

Antes de tudo, cabe ao banco de dados (e ao alimentador) provar o débito original que deu origem ao registro. Aqui, não se trata propriamente de inversão do ônus de prova, mas de, na fonte, imputá-la a quem pertence, consoante as normas processuais e os padrões de justiça social.

A LGPD imputou aos controladores e aos agentes de tratamento muitos deveres de segurança. Segundo a LGPD, as atividades de tratamento de dados pessoais deverão observar a boa-fé e os princípios da finalidade, adequação, necessidade, livre acesso dos titulares, qualidade, transparência, segurança, prevenção de danos, não discriminação e responsabilização e prestação de contas, a exigir a "demonstração, pelo agente, da adoção de medidas eficazes e capazes de comprovar a observância e o cumprimento das normas de proteção de dados pessoais e, inclusive, da eficácia dessas medidas" (art. 6º). Os artigos posteriores da LGPD regulam as justificativas para este tratamento, mesmo assim temos testemunhado muitos vazamentos de dados.[556] (CLM)

Em relação às perdas e danos, configurado o dano moral puro, como é curial nos arquivos de consumo, despicienda sua prova.[557] Já o dano patrimonial requer prova da vítima. Entretanto, pode o juiz, com fulcro no art. 6º, inc. VIII, do CDC,[558] inverter o ônus da prova, tanto do nexo causal, quanto do próprio dano, porquanto, diante da força organizada dos arquivos de consumo, "o consumidor apresenta-se particularmente vulnerável".[559]

Uma vez tenha o consumidor comprovado a inscrição do seu nome e a irregularidade desse ato, constituído está, *in re ipsa,* o dano moral. Nada mais há que acrescentar: "Provado o fato da indevida inscrição, resulta daí, inevitavelmente, o dano moral."[560]

---

[554] Antônio Carlos Efing, op. cit., p. 209.

[555] Reconhecendo, de modo expresso, a presunção de honestidade, no âmbito dos arquivos de consumo, cf. Antônio Carlos Efing, op. cit., p. 257.

[556] Veja-se: https://tecnoblog.net/421653/novo-vazamento-de-223-milhoes-de-cpfs-traz-celulares-e-mails-e-mais-dados/ e https://gizmodo.uol.com.br/policia-federal-stf-investigacao-vazamento-dados/.

[557] TJRS, Ap. Cív. nº 597.118.926-Lajeado-RS, 5ª Turma, rel. Des. Araken de Assis, j. de 7.8.97, v.u., BAASP 2044/481.

[558] Preceitua o CDC que é direito básico do consumidor "a facilitação da defesa de seus direitos, inclusive com a inversão do ônus da prova, a seu favor, no processo civil, quando, a critério do juiz, for verossímil a alegação ou quando for ele hipossuficiente, segundo as regras ordinárias de experiência" (art. 6º, inc. VIII).

[559] James Marins, art. cit., p. 107.

[560] No sentido de que o "o dano decorre *in re ipsa*", cf. STJ, RE nº 51.158-5-ES, 4ª Turma, rel. Min. Ruy Rosado de Aguiar, j. de 27.3.95, v.u.

Diversamente sucede com o dano patrimonial, pois esse, por não ser consequência automática da inscrição indevida e agregar-se de forma reflexa ou episódica ao dano moral, carece de prova pelo consumidor. Segundo a melhor jurisprudência, "decorrente do abalo do crédito, a existência do dano material deve ser certa (por exemplo, perda de oportunidade para realizar algum negócio, negativa de financiamento etc.)".[561] Contudo, com o intuito de facilitar a defesa dos interesses deste sujeito vulnerável (um dos seus direitos básicos), o juiz pode – e, muitos dirão, deve – inverter o ônus da prova do dano patrimonial, quando verificadas quaisquer das duas hipóteses do art. 6º, inc. VIII (verossimilhança da alegação ou hipossuficiência).

Principalmente no que tange ao nexo de causalidade, sendo complexa, tanto mais para um consumidor leigo, a operação dos arquivos de consumo, em particular dos bancos de dados, a inversão do ônus da prova comumente é a única solução capaz de reequilibrar a relação de poder e tecnologia que separa o pretenso devedor e o arquivista. Com muito maior justificativa quanto a detalhes e aspectos operativos a que só os bancos de dados têm acesso ou conhecimento. A regra do art. 6º, inc. VIII, por conseguinte, deve ser usada com generosidade pelo magistrado, pois é exatamente para situações como essas que foi moldada: de um lado, um fornecedor habitual, bem organizado, com excepcional suporte técnico-humano e responsabilidades rígidas; de outro, um profano, sem conhecimento especializado, verdadeiro *hipossuficiente técnico*[562] (quando não social, também) e que, amiúde, só em último caso, busca a tutela jurisdicional.

No caso de perda de negócio, compete ao banco de dados provar sua inocorrência, pois dispõe (ou deveria dispor) dos registros das operações feitas (ou negadas). Frequentemente, o consumidor, no instante da denegação, nada recebe que possa usar para, de forma documental, comprovar sua alegação. Exigir que o consumidor apresentasse documentos que só o réu, por força de sua organização e modo de funcionamento, está habilitado a fornecer é impor àquela prova diabólica.

Essa é a diretriz do Superior Tribunal de Justiça: "O banco que promove a indevida inscrição de devedor no SPC e em outros bancos de dados responde pela reparação do dano moral que decorre dessa inscrição. A exigência de prova de dano moral (extrapatrimonial) se desfaz com a demonstração da existência da inscrição irregular.[563] Já a indenização pelo dano material depende de prova de sua existência, a ser produzida ainda no processo de conhecimento. Recurso conhecido e provido em parte."[564]

[15] SANÇÕES ADMINISTRATIVAS – A administração pública pode – e deve – punir as práticas abusivas. Consequentemente, qualquer violação dos direitos estampados no art. 43 sujeita seus infratores às sanções administrativas previstas no art. 56.

São particularmente úteis no controle dos arquivos de consumo a multa, a suspensão do fornecimento do serviço (prestação de informações), a suspensão temporária de atividade e a cassação de licença do estabelecimento ou da atividade.

O Decreto nº 2.181/97 traz tipos administrativos que cuidam especificamente dos arquivos de consumo. Embora a revisão final do decreto tenha ficado a meu encargo, por solicitação do então ministro da Justiça, Nelson de Azevedo Jobim, esta parte do texto foi mantida como originalmente proposta pela assessoria técnica do DPDC e da SDE.

---

[561] STJ, RE nº 51.158-5-ES, 4ª Turma, rel. Min. Ruy Rosado de Aguiar, j. de 27.3.95, v.u.
[562] Antônio Carlos Efing, op. cit., p. 233.
[563] STJ, REsp nº 773.871/RS, 4ª Turma, rel. Min. Cesar Asfor Rocha, j. de 17.11.2005.
[564] STJ, RE nº 51.158-5-ES, 4ª Turma, rel. Min. Ruy Rosado de Aguiar, j. de 27.3.95, v.u.

Art. 43 | CÓDIGO BRASILEIRO DE DEFESA DO CONSUMIDOR

São consideradas práticas infrativas, punidas com multa ou, dependendo de sua gravidade, com quaisquer das outras sanções previstas no art. 18 do decreto:[565]

a) "impedir ou dificultar o acesso gratuito do consumidor às informações existentes em cadastros, fichas, registros de dados pessoais e de consumo, arquivados sobre ele, bem como sobre as respectivas fontes";[566]

b) "elaborar cadastros de consumo com dados irreais ou imprecisos";[567]

c) "manter cadastros e dados de consumidores com informações negativas, divergentes da proteção legal";[568]

d) "deixar de comunicar, por escrito, ao consumidor a abertura de cadastro, ficha, registro de dados pessoais e de consumo, quando não solicitada por ele";[569]

e) "deixar de corrigir, imediata e gratuitamente, a inexatidão de dados e cadastros, quando solicitado pelo consumidor";[570]

f) "deixar de comunicar ao consumidor, no prazo de cinco dias úteis, as correções cadastrais por ele solicitadas".[571]

[16] SANÇÕES PENAIS – O descumprimento dos deveres inerentes à operação dos arquivos de consumo, além de implicações de natureza civil e administrativa, também abre a possibilidade de repressão penal. Com isso, fica clara a importância que o legislador conferiu à matéria.

Dois dos direitos básicos do consumidor nessa área receberam proteção penal: o direito de acesso e o direito de retificação imediata.

Quanto àquele, estabelece o art. 72: "Impedir ou dificultar o acesso do consumidor às informações que sobre ele constem em cadastro, banco de dados, fichas ou registros: Pena – Detenção de seis meses a um ano ou multa." Atenção para a linguagem do dispositivo. Pune-se não só o impedimento do acesso como também o mero embaraço. É o caso do arquivista que desrespeita os direitos do consumidor quanto à linguagem do arquivo (especialmente os direitos à informação objetiva, clara e de fácil compreensão).

A retificação imediata, se não cumprida, também configura crime: "*Art. 73.* Deixar de corrigir imediatamente informação sobre consumidor constante de cadastro, banco de dados, fichas ou registros que sabe ou deveria saber ser inexata: Pena – Detenção de um a seis meses ou multa."

Cabe ainda lembrar o tipo do art. 71 que, embora tratando especificamente das cobranças de dívidas, inclui no seu campo de aplicação irregularidades praticadas no exercício da atividade de bancos de dados, nomeadamente quando são usados como forma repudiada de arrecadação contra o inadimplente, como tribunal de exceção.

Assim já decidiu, no plano cível, o STJ: "Constitui constrangimento e ameaça vedados pela Lei nº 8.078, de 11.9.90, o registro do nome do consumidor em cadastros de proteção ao crédito, quando o montante da dívida é ainda objeto de discussão em juízo."[572]

---

[565] Art. 22, parágrafo único.

[566] Art. 13, inc. X.

[567] Art. 13, inc. XI.

[568] Art. 13, inc. XII.

[569] Art. 13, inc. XIII.

[570] Art. 13, inc. XIV.

[571] Art. 13, inc. XV.

[572] STJ, RE nº 170281, SC, rel. Min. Barros Monteiro, j. de 24.6.98, v.u., *DJU* de 21.9.98.

Capítulo V · DAS PRÁTICAS COMERCIAIS | **Art. 43**

[17] INSTRUMENTOS PROCESSUAIS – O consumidor negativado tem a seu dispor um leque de opções processuais de defesa, de caráter constitucional e ordinário.

[17.1] *HABEAS DATA* – Antes de ser consumidor, o indivíduo é, no oceano do ordenamento, um cidadão. As garantias da cidadania são genéricas, ou seja, valem para todos, enquanto os direitos do consumidor são específicos, isto é, só se manifestam quando há relação jurídica de consumo, configurando-se em simetria com esta.

O consumidor, para lograr os objetivos fixados pelo legislador do CDC, pode fazer uso do *habeas data*. Mas assim procederá se quiser, pois essa ação constitucional, apesar de integrar a esfera de suas opções processuais, não é a única, nem, conforme a situação fática, a melhor.

Nesse sentido, a aprovação, com vetos de fundo, da Lei nº 9.507/97, que regula "o direito de acesso a informações e disciplina o rito processual do *habeas data*", vem acrescentar uma nova vertente à proteção do consumidor, não como membro do mercado de consumo, mas no contexto de seu universo de cidadania.

Teleologicamente, a Lei nº 9.507/97 destina-se à tutela do cidadão contra os abusos de bancos de dados, particularmente aqueles de caráter estatal. A linguagem que utiliza dá o tom de sua destinação, apontando na direção de que seu objetivo preponderante não é o regramento dos bancos de dados privados, menos ainda os de consumo.

É certo que, nos termos da lei, os cadastros de consumo são equiparados aos estatais, vindo legalmente caracterizados como de "caráter público" (art. 1º, parágrafo único). Mas trata-se de equiparação, o que, sozinha, já demonstra que o regime da Lei nº 9.507/97 foi originariamente pensado para os arquivos em poder dos órgãos públicos, apesar de o instrumento, nos termos da Constituição, não se defrontar, em absoluto, com essa aplicabilidade limitada.

Claramente denotando a destinação primordial do remédio judicial, a lei fala em "órgão" (arts. 2º, *caput*, 4º, § 1º) e "coator" (arts. 9º, 11 e 14, *caput*), expressões essas em nenhum momento usadas pelo art. 43, do CDC.

Na Lei nº 9.507/97, o *habeas data* vem regrado com os olhos postos nos cadastros de segurança pública, nos arquivos de entidades educacionais e de saúde, nas listas negras de devedores do Poder Público, dentre outros.

Assim sendo, pode-se afirmar que a Lei nº 9.507/97 é geral em relação ao tratamento conferido pelo CDC aos arquivos de consumo, o qual, por cuidar de um fragmento apenas do largo campo da cidadania, lhe é especial. Os dois regimes jurídicos, portanto, convivem, cabendo ao consumidor optar ora pelo guarda-chuva da Lei nº 9.507/97, ora pelo abrigo do CDC, com esfera de aplicação mais restrita.

O consumidor (*rectius*, cidadão) seguirá o sistema e rito da Lei nº 9.507/97, quando resolver fazer uso do *habeas data* como instrumento processual de viabilização de seus direitos de:

a) conhecimento de informações a seu respeito;
b) retificação de dados; ou,
c) anotação nos seus assentamentos de contestação ou explicação sobre dado verdadeiro.

Assevera James Marins: no terreno dos arquivos de consumo, assiste ao consumidor o direito de "a) obter liminarmente, através de antecipação de tutela em *habeas data*, a imediata anotação contestativa ou explicativa (assentamento verdadeiro, porém justificável) com relação a dados constantes de cadastros de consumo (art. 43, § 3º do CDC, c/c arts. 7º, III,

397

da LHD, 84, § 3º, do CDC e 273, do CPC); b) obter liminarmente, através de antecipação de tutela no bojo de ação de revisão de contrato financeiro em que comprova a inexistência de débito (através de perícia técnica juntada aos autos), a baixa imediata de restrições cadastrais (art. 43, § 3º, do CDC, c/c arts. 7º, II, segunda parte da LHD, 84, § 3º, do CDC e 273 do CPC)".[573]

No que se refere às providências judiciais asseguradas, o consumidor que não fizer uso do *habeas data*, preferindo outro instrumento processual implementador das normas materiais do CDC, não terá à sua disposição a possibilidade de "anotação" nos seus assentamentos de "contestação ou explicação sobre dado verdadeiro mas justificável e que esteja sob pendência judicial ou amigável".[574] Isso porque tal remédio não é previsto no CDC. E não o é, notamos anteriormente, exatamente porque em relação aos bancos de dados de consumo seu efeito prático seria nenhum, conquanto o assentamento, mesmo que qualificado pela incerteza derivada de "contestação" ou "explicação", bastaria para "negativar" o consumidor, pondo em risco, como se a providência mitigadora inexistisse, a viabilidade de seu crédito.

Não queiramos, aqui, comparar os bancos de dados de consumo com os assentamentos criminais que são, normalmente, apreciados por técnicos especializados (Ministério Público e juiz), situação bem diversa de uma informação com intuito comercial, manipulada por pessoas (= empregados) sem maiores qualificações e com parcos conhecimentos de Direito. Para estas, pouca diferença faz seja o débito objeto de discussão judicial ou não, apresente-se "contestado" ou não, venha "explicado" ou não. A ouvidos despreparados, tal anotação tem um efeito inversamente perverso, configurando-se até mais prejudicial à imagem do consumidor, com o significado para o leigo que o credor foi obrigado a levar seu reclamo à última instância, isto é, a buscar a via judicial para cobrar o débito não pago. E não nos esqueçamos de que, no setor de crédito ao consumidor, todos fiam-se cega e solenemente nesses arquivos de consumo.[575] *Sua palavra é lei, mesmo que contra a lei.*

Consequentemente, havendo litígio judicial sobre o valor ou mesmo a existência do débito de consumo e não tendo o consumidor feito uso do *habeas data*, descabe ao juiz aplicar os remédios previstos na Lei nº 9.507/97 como, por exemplo, determinando a simples anotação do registro. As opções judiciais, nos termos do CDC, são somente duas: suspensão (total ou parcial, esta através de retificação) ou manutenção integral do registro. São esses os únicos provimentos possíveis previstos na legislação de fundo das relações de consumo.

Finalmente, é bom ressaltar que anotação não se confunde com retificação. Aquela é uma modesta ressalva, pressupondo a preservação integral do arquivo impugnado, apenas explicando-se *a latere* que há pendência judicial. Esta, diversamente, subtrai do arquivo a informação litigiosa, exatamente porque tem a característica de incerteza, o que viola o pressuposto substantivo de legitimidade do assento (inquestionamento do débito).

Situações várias apresentam-se "em que a mera anotação de tais explicações não é suficiente para prevenir danos ao consumidor, como nos casos em que o mesmo discute judicialmente (em ação de revisão contratual) débitos com instituições financeiras que considera indevidos, decorrentes, *v.g.*, de cláusulas financeiras nulas".[576]

A situação é assemelhada àquela que prevalecia nos SPCs, onde, por bom tempo, o consumidor "negativado" que adimplisse o débito tinha registrada a informação "reabilitado".[577]

---

[573] James Marins, art. cit., p. 105.
[574] Lei nº 9.507/97, art. 7º, inc. III.
[575] James Marins, art. cit., p. 106.
[576] James Marins, art. cit., p. 111.
[577] Bertram Antônio Stürmer, art. cit., p. 15.

Logo se verificou que, para o grosso dos fornecedores, "reabilitado" não significava "confiável", trazendo uma conotação negativa. Por isso mesmo, tais registros foram banidos.

[17.2] TUTELA DE URGÊNCIA – O consumidor, consoante a jurisprudência dominante, pode fazer uso da antecipação de tutela, em ação revisional, com fulcro no art. 300 do CPC/2015. Aqui, a antecipação pode ser apenas parcial, visando tão só a cancelar o registro do nome do devedor.

Em outra via, abre-se para o negativado a possibilidade do emprego de tutela cautelar requerida em caráter antecedente. Assim, por exemplo, ao apreciar tutela cautelar, já decidiu o STJ que: "Pendente ação consignatória, onde se discute a caracterização da inadimplência, não pode ser permitida a inscrição do nome da devedora e seus garantes nos serviços privados de proteção ao crédito."[578]

Art. 44. Os órgãos públicos de defesa do consumidor manterão [9] cadastros [1] atualizados [2] de reclamações [3] fundamentadas contra fornecedores de produtos e serviços, [4] devendo divulgá-lo pública e anualmente. [5] A divulgação indicará se a reclamação foi atendida ou não pelo fornecedor. [6]

§ 1º É facultado o acesso às informações lá constantes para orientação e consulta por qualquer interessado. [7]

§ 2º Aplicam-se a este artigo, no que couber, as mesmas regras enunciadas no artigo anterior [8][9] e as do parágrafo único do art. 22 deste Código. [10][11]

Art. 45. Vetado – As infrações ao disposto neste Capítulo, além de perdas e danos, indenização por danos morais, perda dos juros e outras sanções cabíveis, ficam sujeitas à multa de natureza civil, proporcional à gravidade da infração e à condição econômica do infrator, cominada pelo juiz na ação proposta por qualquer dos legitimados à defesa do consumidor em juízo.

COMENTÁRIOS

[1] OS ARQUIVOS DE CONSUMO ESTATAIS – Os arquivos de consumo são de dois tipos: estatais ou privados.

A grande diferença entre um tipo de arquivo e o outro é o caráter das informações que mantêm. Enquanto o arquivo de consumo privado junta informações sobre consumidores, os estatais preservam aquelas que têm a ver com o comportamento dos fornecedores no mercado. Suas fontes de dados são exatamente opostas: os estatais os recebem dos consumidores insatisfeitos, e os privados, dos fornecedores igualmente descontentes.

Os arquivos de consumo estatais estão sob controle de órgãos do aparelho do Estado. Pouco importa não se dedique o órgão, total e exclusivamente, à defesa do consumidor. Desde que exerça parcela deste múnus, tem de arquivar e divulgar as informações. Vale a pena citar alguns desses órgãos: o Departamento Nacional de Defesa do Consumidor, no Ministério da Justiça, o SIF, no Ministério da Agricultura, a Vigilância Sanitária, no Ministério da Saúde, a

---

[578] STJ, RE nº 172.854-SC, 4ª Turma, rel. Min. Ruy Rosado de Aguiar, j. de 4.8.98, v.u., *DJU* de 8.9.98.

Art. 45 | CÓDIGO BRASILEIRO DE DEFESA DO CONSUMIDOR

Receita Federal (particularmente em matéria de consórcios), o Banco Central (já que lhe cabe controlar as atividades bancárias), a SUSEP, os PROCONs (estaduais e municipais), os diversos Ministérios Públicos, as Delegacias de Polícia especializadas.

Os arquivos de consumo privados, ao revés, não se encontram instalados no "coração" do Estado. São encontráveis especialmente em empresas privadas, não se excluindo de seu conceito, porém, os arquivos de empresas públicas ou de economia mista, bem como das autarquias. É que aí o Estado age como verdadeiro empresário.

Tais cadastros públicos, lembra o sempre atento Eduardo Arruda Alvim, cumprem o relevante papel de "orientar o consumidor, dentro do mercado de consumo".[579] Por isso mesmo, estabelece o art. 57 do Decreto Federal nº 2.181, de 20 de março de 1997, que regulamentou o CDC: "Os cadastros de reclamações fundamentadas contra fornecedores constituem instrumento essencial de defesa e orientação dos consumidores, devendo os órgãos públicos competentes assegurar sua publicidade, confiabilidade e continuidade."

[2] A ATUALIZAÇÃO DOS ARQUIVOS ESTATAIS – Os arquivos estatais devem ser atualizados, ou seja, novzos dados que cheguem ao órgão têm de ser neles incluídos. Tais modalidades de arquivos não se mostram como algo que, uma vez estabelecido, esgotadas estão as responsabilidades do órgão. Aliás, a grande valia do arquivo – tanto para os consumidores como para os próprios fornecedores – é a sua atualidade.

Qual a constância da atualização? O Código não o diz expressamente. Mas, pela via transversa, chega-se à conclusão de que os arquivos devem ser atualizados pelo menos uma vez ao ano, já que este é o prazo legal para a sua divulgação.

[3] SENTIDO DA EXPRESSÃO "RECLAMAÇÕES" – Note-se que o CDC não se refere, no *caput* do art. 44, a reclamações *de consumidores*.

Assim é porque o cadastro é de reclamações de consumo, em sentido *lato*, processadas pelo órgão de defesa do consumidor, seja por provocação de terceiros – consumidores individuais, associações, Ministério Público, Judiciário, órgãos públicos, concorrentes –, seja por iniciativa própria, isto é, *ex officio*.

Realmente, seria um despropósito que o CDC, inspirado que é pelo espírito preventivo e coletivo, instituísse um cadastro apenas de reclamações individuais de consumidores, quando é curial que as mais gravosas práticas no mercado de consumo nem sempre são detectadas pelos sujeitos tutelados, mas pelos órgãos públicos e associações que, por força da especialização, adquirem conhecimento aprofundado do funcionamento do mercado e de suas anomalias, velhas e novas.

[4] CONTEÚDO DOS ARQUIVOS ESTATAIS – Os arquivos devem, em primeiro lugar, conter informações. É o óbvio. Mas informações qualificadas pelo caráter teleológico da lei. Trata-se, evidentemente, de informações "contra fornecedores de produtos e serviços". Não são dados "contra consumidores".

Além disso, não é qualquer informação "contra fornecedores de produtos e serviços". Exige-se a sua fundamentação, ou seja, algo que a suporte. Uma nota de compra, uma fotografia do produto, um recibo, uma declaração do fornecedor, um anúncio de jornal, tudo isso basta. O que não se admite é a inclusão nos arquivos de mera *fofoca de consumo*, do tipo "ouvi dizer", "falaram-me que".

---

[579] Eduardo Arruda Alvim et al., op. cit., p. 231.

Capítulo V · DAS PRÁTICAS COMERCIAIS | **Art. 45**

A reclamação fundamentada não é só aquela que tem um parecer final do órgão. "Fundamentada", aqui, qualifica a reclamação que traz *fumus boni iuris*. É a que não é claramente descabida.

Segundo o decreto do CDC, reclamação fundamentada é "a notícia de lesão ou ameaça a direito de consumidor analisada por órgão público de defesa do consumidor, a requerimento ou de ofício, considerada procedente, por decisão definitiva".[580]

A definitividade referida no decreto refere-se à própria decisão de procedência da reclamação, para fins do cadastro do art. 44 do CDC, e não à eventual imposição de sanção administrativa. É possível, assim, que uma sanção de multa, por exemplo, seja reformada em sede recursal, por vício formal, sem que com isso se impeça, necessariamente, a inclusão do nome do fornecedor no cadastro. Vale dizer: procedência da reclamação, sim, o que não quer dizer, sempre, do exercício do poder sancionatório do Estado.

Em conclusão, o cadastro é de *reclamações* fundamentadas, e não de fornecedores *punidos* pelos órgãos públicos.

Em um ponto o decreto foi infeliz, afastando-se da letra do CDC. Ao dizer que "reclamação fundamentada" é aquela "considerada *procedente*",[581] a regulamentação avançou o sinal vermelho da legalidade. Tal limitação não consta do corpo ou do espírito do CDC e, levada às últimas consequências, esvazia de sentido prático e utilidade os cadastros de reclamações.

[5] O DEVER DE DIVULGAÇÃO DAS INFORMAÇÕES – As informações são arquivadas para cumprimento de um fim muito específico: auxiliar as decisões dos consumidores, no mercado de consumo. Por isso mesmo, precisam ser divulgadas. O CDC, adverte Eduardo Arruda Alvim, exigiu uma "posição ativa" dos órgãos públicos, no tocante à divulgação dos dados constantes de seus registros de reclamações. Não basta apenas organizar os dados e colocá-los à disposição dos consumidores, mesmo porque a grande maioria deles "desconhecerá a existência de tais cadastros. Daí a exigência da lei de *divulgação* pública".[582]

A divulgação pode ser feita de diversas formas. A maneira mais comum é através de *press releases* e de coletivas na imprensa. Tem apelo jornalístico algo como a "lista das 10 mais" (às avessas, é claro!). Mas difusão não é a simples fixação da lista, na forma dos editais judiciais, em mural do órgão. Não se trata aqui de dar conhecimento ficto ao consumidor, como mera formalidade. Busca-se, muito ao contrário, fazer chegar até ele a informação que lhe vai ser útil no futuro. Daí que o mínimo que se exige do órgão é a divulgação da lista no órgão oficial, noticiando-se o fato na grande imprensa e em *site* do órgão.

[6] OS REQUISITOS DA DIVULGAÇÃO – A divulgação não é feita ao momento e ao modo desejados pelo administrador. A lei lhe impõe um traçado.

Primeiramente, tem ela uma certa periodicidade, de no mínimo um ano. Pode, conforme as condições do órgão, ser feita semestralmente ou até mensalmente. O que não se faculta é que venha a ser cumprida em períodos superiores a um ano.

Ademais, a divulgação é *pública*. Conforme já aventamos, não é suficiente deixar à disposição dos consumidores a lista, por mais completa que seja. Impõe-se a notícia pública, isto é, aquela que tem o condão de atingir os consumidores pulverizados no mercado de consumo.

---

[580] Decreto Federal nº 2.181, de 20 de março de 1997, art. 58, inc. II.

[581] Decreto Federal nº 2.181, de 20 de março de 1997, art. 58, inc. II.

[582] Eduardo Arruda Alvim et al., op. cit., p. 232 (grifo no original).

O conteúdo da divulgação também sofre regramento, sempre mínimo. Não é de mister re-flita ela o conteúdo integral do arquivo. Bastam-lhe os dados mais relevantes que permitam ao consumidor avaliar, adequadamente, o comportamento daquela empresa (e de seus produtos e serviços) no mercado. A difusão inclui, assim, os elementos mais importantes do arquivo: nome, endereço e ramo de atividade do fornecedor, número de reclamações, valor global das reclamações somadas (com base no preço do bem) etc.

Uma informação, necessariamente, deve constar da divulgação. É o desfecho final da re-clamação do consumidor, ou seja, se foi ela atendida ou não pelo fornecedor. Na medida em que o Código exige a presença de tal elemento (art. 44, *in fine*), nenhuma divulgação pública é possível – o arquivo sim – sem que o fornecedor tenha tido sua chance de se manifestar.

Outros dados que permitam melhor esclarecer o comportamento da empresa no merca-do – embora não exigidos pelo Código – podem constar da revelação pública. Isso desde que cumpridos dois requisitos: tenham objetividade e não paire sobre sua veracidade dúvida ou contestação.

[7] O DIREITO DE ACESSO ÀS INFORMAÇÕES – A divulgação, como já dito, limita-se a estampar alguns dados básicos sobre a conduta do fornecedor. Abre-se, então, a possibilida-de de consulta à totalidade das informações arquivadas.

O acesso, todavia, não é automático. O Código fala em "interessado". Todo consumidor é, em tese, interessado. Nem sempre é o caso do fornecedor. Deve ele demonstrar que tem interesse legítimo na consulta. Inadmissível, *v.g.*, o acesso que visa a colher informações para fins de concorrência desleal.

[8] A APLICAÇÃO SUBSIDIÁRIA DAS REGRAS DOS ARQUIVOS DE CONSUMO PRIVADOS – Aplicam-se aos arquivos de consumo estatais, subsidiariamente, as regras mais minuciosas referentes aos seus similares privados.

Assim, por exemplo, tem o fornecedor o direito à retificação de dado incorreto. No mes-mo sentido, entendemos que os cadastros não podem conter informações negativas referentes a período superior a cinco anos. Afinal, assim como o consumidor, a empresa pode alterar o seu comportamento e não é justo que sua imagem permaneça maculada para sempre. Por outro lado, em proveito do fornecedor, mas também do consumidor, os arquivos devem ser redigidos com linguagem objetiva, clara, verdadeira e de fácil compreensão. Finalmente, a inclusão do fornecedor no cadastro pressupõe que seja ele disto informado.

[9] PRAZO MÁXIMO – Dispõe o decreto federal, por analogia com o art. 43, § 1º, do CDC, que as informações do cadastro de fornecedores não poderão ser mantidas por "perío-do superior a cinco anos, contado da data da intimação da decisão definitiva".[583]

[10] O CUMPRIMENTO FORÇADO DAS OBRIGAÇÕES DE ARQUIVAR E DIVUL-GAR – Sempre que o órgão não arquivar as reclamações dos consumidores, não atualizar as informações constantes do arquivo, não fizer sua divulgação anual ou fizer de maneira inade-quada, pode o consumidor, judicialmente, obrigá-lo a tal.

Aplica-se, aqui, *in totum*, o art. 22, parágrafo único: "Nos casos de descumprimento, total ou parcial, das obrigações referidas neste artigo, serão as pessoas jurídicas compelidas a cum-pri-las e a reparar os danos causados, na forma prevista neste Código."

---

[583] Decreto Federal nº 2.181, de 20 de março de 1997, art. 59, § 3º.

Vislumbra-se, nesse ponto, que os danos sofridos pelo fornecedor em decorrência do arquivo e da divulgação de dados negativos sobre ele são reparáveis, desde que o órgão tenha descumprido seus deveres legais.

Todavia, cumpre salientar que sempre que o órgão se limitar a divulgar dados objetivos – já que o Código não lhe exige qualquer apreciação subjetiva aprofundada – não há a obrigação de reparar. Assim, quando a difusão apenas cita o número de reclamações e seu desfecho, nada há a indenizar. O órgão, em verdade, está simplesmente cumprindo um dever que lhe é imposto por força de lei.

[11] USO EM PUBLICIDADE COMPARATIVA – Os dados constantes dos cadastros públicos de fornecedores (por exemplo, o número de reclamações contra o concorrente) podem ser utilizados em publicidade comparativa.[584]

Realmente, sendo um dos objetivos da publicidade comparativa informar o consumidor, tanto melhor se ela puder utilizar dados públicos, coletados pelos órgãos de defesa do consumidor, que gozam de presunção de veracidade.

---

[584] Decreto Federal nº 2.181, de 20 de março de 1997, art. 60, *in fine*.

Capítulo VI
DA PROTEÇÃO CONTRATUAL[1]

Nelson Nery Junior
(Segmento atualizado por
José Geraldo Brito Filomeno e Ada Pellegrini Grinover[2])

INTRODUÇÃO

1. IDEOLOGIA E FILOSOFIA DO CÓDIGO DE DEFESA DO CONSUMIDOR

1.1 Relações de consumo

Objeto de regulamentação pelo Código de Defesa do Consumidor é a *relação de consumo*,[3] assim entendida a relação jurídica existente entre fornecedor e consumidor tendo como objeto a aquisição de produtos ou a utilização de serviços pelo consumidor. As relações jurídicas privadas em geral (civis e comerciais) continuam a ser regidas pelos Código Civil, Código Comercial e legislação extravagante.

O CDC tem quatro definições de consumidor: a) consumidor é a pessoa física ou jurídica que adquire ou utiliza produto ou serviço, como destinatário final (art. 2º, *caput*); b) consumidor é a coletividade de pessoas, ainda que indetermináveis, que haja intervindo nas relações de consumo (art. 2º, parágrafo único); c) consumidor é toda vítima do evento danoso, na responsabilidade por acidente de consumo (art. 17); d) consumidores são todas as pessoas,

---

[1] Sobre contratos de consumo: Alberto do Amaral Junior, *Proteção do consumidor no contrato de compra e venda*, São Paulo, Revista dos Tribunais, 1993; Claudia Lima Marques, *Contratos no Código de Defesa do Consumidor: o novo regime das relações contratuais*, 4ª ed., São Paulo, 2002; Luiz Antonio Rizzatto Nunes, *O Código de Defesa do Consumidor e sua interpretação jurisprudencial*, São Paulo, Saraiva, 1997; Renata Mandelbaum, *Contratos de adesão e contratos de consumo*, São Paulo, Revista dos Tribunais, 1996; Roberto Senise Lisboa, *Contratos difusos e coletivos*, São Paulo, Revista dos Tribunais, 1997; Ronaldo Porto Macedo Junior, *Contratos relacionais e defesa do consumidor*, Max Limonad, 1998; Waldírio Bulgarelli, *Questões contratuais no Código de Defesa do Consumidor*, São Paulo, Atlas, 1993.

[2] Doravante identificado com a abreviatura JGBF quando houver sua intervenção de atualização.

[3] Sobre a relação de consumo em geral, ver Newton De Lucca, *Direito do Consumidor: teoria geral da relação de consumo*, São Paulo, Quartier Latin, 2003, passim; Claudia Lima Marques, *Contratos*, cit., passim.

determináveis ou não, expostas às práticas previstas no Capítulo V, do Título I ("Das Práticas Comerciais") (art. 29).

A lei é clara ao classificar como consumidor a pessoa jurídica, desde que possa subsumir-se no enquadramento normativo dos conceitos de consumidor que o CDC estabelece. Há polêmica no Brasil acerca do tema, havendo quem queira distinguir onde a lei não o faz, considerando consumidora a pessoa jurídica apenas quando adquira produto ou se utilize de serviço que não seja considerado *insumo* para sua atividade empresarial. Para essa corrente restritiva, indústria de automóveis que adquire computadores para seu escritório não seria consumidora, pois os computadores melhoram sua produtividade e, nessa condição, são considerados insumos. Levada à sua última consequência, a tese restritiva nega vigência ao art. 2º, *caput*, do CDC, pois, para os que a defendem, praticamente *nunca* a pessoa jurídica seria consumidora.[4]

O CDC não fala de "contrato de consumo", "ato de consumo", "negócio jurídico de consumo", mas de *relação de consumo*, termo que tem sentido mais amplo do que aquelas expressões. São elementos da relação de consumo, segundo o CDC: a) como *sujeitos*, o fornecedor e o consumidor; b) como *objeto*, os produtos e serviços; c) como *finalidade*, caracterizando-se como elemento teleológico das relações de consumo serem elas celebradas para que o consumidor adquira produto ou se utilize de serviço "como destinatário final" (art. 2º, *caput*, última parte, CDC).[5]

As relações jurídicas que se encontram sob o regime do CDC são as denominadas *relações jurídicas de consumo*, vale dizer, aquelas que se formam entre fornecedor e consumidor, tendo como objeto a aquisição de produtos ou a utilização de serviços pelo consumidor. Os elementos da relação jurídica de consumo são três: a) os sujeitos; b) o objeto; c) o elemento teleológico. São *sujeitos* da relação de consumo o fornecedor e o consumidor; são *objeto* da relação de consumo os produtos e serviços. O elemento teleológico da relação de consumo é a finalidade com que o consumidor adquire os produtos ou se utiliza do serviço, isto é, como *destinatário final*. Se a aquisição for apenas meio para que o adquirente possa exercer outra atividade, não terá adquirido como destinatário final e, consequentemente, não terá havido relação de consumo.

A chave para a identificação de uma relação jurídica como de consumo é, portanto, o elemento teleológico: *destinação final*, ao consumidor, do produto ou serviço.

Quanto à técnica formal de contratação, os contratos abrangidos pela categoria negocial das relações de consumo são de variada ordem, como os "contratos de comum acordo" (*de gré à gré*),[6] ditos também contratos individuais, e os contratos de adesão. Relativamente ao objeto,

---

[4] O Superior Tribunal de Justiça do Brasil decidiu pela tese mais liberal, entendendo que a pessoa jurídica era consumidora: "Pessoa jurídica. Pastifício que contrata serviços de empresa de informática. Relação de consumo. Ao se utilizar dos serviços, a empresa produtora de alimentos o fez na qualidade de destinatário final, ou seja, para fiscalizar a atividade interna da referida empresa, não sendo tais serviços objetos de nenhuma transformação. Na verdade, a contratação pelo serviço foi de caracterização final, pois não se vê como possa existir necessidade em que se utilizem sistemas de informática para que se produzam alimentos. Devem-se, portanto, distinguir os produtos adquiridos pela empresa que são meros bens de utilização interna da empresa daqueles que são, de fato, repassados aos consumidores. Sendo considerada destinatária final dos serviços prestados, deve ser afastada a cláusula que prevê o foro de eleição diverso do domicílio do autor da demanda, ora recorrente. Forte em tais razões, conheço do recurso especial e dou-lhe provimento para declarar competente o Juízo do foro do domicílio da recorrente" (STJ, REsp nº 488.274/MG, 3ª Turma, rel. Min. Nancy Andrighi, j. de 22.5.2003, v.u.).

[5] Essa classificação foi elaborada pelo prof. Dr. Alcides Tomasetti Júnior, em conferência intitulada "Para uma dogmática da proteção contratual nas relações jurídicas de consumo", proferida na Universidade de São Paulo, em 27.9.90.

[6] À noção de contrat d'adhésion, a doutrina francesa contrapõe o conceito de contratação por acordo das partes (contrat de gré à gré), como se pode verificar em Alex Weil e François Terré, *Droit Civil (les obligations)*, 4ª ed., Paris, Dalloz, 1986, p. 47. No mesmo sentido, Nicole Chardin, *Le contrat de consommation*

Capítulo VI · DA PROTEÇÃO CONTRATUAL

desde que presentes os elementos da relação jurídica de consumo, referidos *supra*, qualquer contrato pode ser considerado relação de consumo, seja ele típico ou atípico, como, por exemplo, os contratos bancários,[7] de cartões de crédito,[8] de *leasing*,[9] de planos de saúde e assistência médica, de seguros, compra e venda de produtos etc., apenas para citar os que ocorrem mais amiúde.

Evidentemente, as leis civis e comerciais são aplicáveis às relações jurídicas de consumo, para integração de lacuna por situação não prevista pelo Código, naquilo que não contrariar o sistema de defesa do consumidor regulado pelo CDC.

O mundo tem discutido nos últimos tempos a questão da codificação do Direito,[10] havendo-se formado verdadeira polêmica acerca do tema, iniciada desde a discussão sobre a elaboração do BGB, com o embate jurídico travado entre Thibaut e Savigny.[11] Os Códigos de Direito Privado que existem no mundo ocidental a partir do *Code Napoléon*, de 1803, e do *Bürgerliches Gesetzbuch* (BGB) alemão, considerados respectivamente como o Código da Burguesia e o mais perfeito diploma civil já elaborado em todos os tempos, têm passado por sucessivas reformas e hoje estão sendo colocados à prova, a fim de que sejam revistos, reformados, ou, mais radicalmente, revogados para dar origem a um novo sistema de Direito Positivo, com a promulgação de novos Códigos Civis que os substituam.

Outra alternativa para essa tendência reformista é pregada pelos que se posicionam contra a codificação, dizendo-a estática e sem mobilidade para acompanhar os progressos por que passa o mundo moderno, que reclamam modificações, adaptações e criação de novos institutos jurídicos. Alvitram a regulamentação das relações jurídicas por intermédio de microssistemas, que seriam próprios para aquela situação jurídica, com visão de conjunto de todo o fenômeno e imunes à contaminação de regras de outros ramos do Direito, estranhas àquelas relações objeto de regramento pelo microssistema.

---

de crédit et l'autonomie de la volonté, Paris, Librairie Générale de Droit et de Jurisprudence, 1988, nº 42, p. 36.

[7] Mútuo, abertura de crédito rotativo em conta-corrente ("cheque especial"), aluguel de cofre para guarda de valores, financiamento hipotecário, financiamento com garantia de alienação fiduciária ou reserva de domínio etc.

[8] Nesse sentido, Jean Calais-Auloy & Frank Steinmetz, *Droit de la consommation*, 5ª ed., Paris, Dalloz, 2000, nº 337, p. 366; Guido Alpa, *Diritto privato dei consumi*, Bologna, Il Mulino, 1986, p. 155; Marcel Beaubrun, "La notion de consommateur de crédit", in Le droit du crédit au consommateur, Paris, Librairies Techniques, 1982, nº 18, ps. 19-20; Alain Seriaux, "La distribution du crédit mobilier", in Le droit du crédit au consommateur, Paris, Librairies Techniques, 1982, nº 33, p. 277.

[9] Gérard Cas & Didier Ferrier, *Traité de droit de la consommation*, Paris, Presses Universitaires de France, 1986, nº 565, ps. 489-490, que dão ao *leasing* o nome de *crédit-bail*.

[10] Prevaleceu, no século XIX, a ideia da codificação, com o aparecimento dos Códigos Civis francês, austríaco, alemão, suíço etc. Na Inglaterra a ideia não vingou, a despeito do excelente trabalho de Bentham, em 1802, apoiando a tese da codificação ("Vue générale d'un corps complet de législation", in Oeuvres de Jérémie Bentham, 3ª ed., Bruxelles, Société Belge de Librairie, 1840, vol. I, ps. 281-342).

[11] Ao projeto de A. F. J. Thibaut, de codificar todo o Direito Civil alemão, defendido por meio do trabalho intitulado Über die Notwendigkeit eines allgemeinen bürgerlichen Gesetzbuchs für Deutschland, de 1814, opôs-se Friedrich Carl von Savigny por meio do conhecido trabalho, de apenas 162 páginas, Vom Beruf unserer Zeit für Gesetzgebung und Rechtswissenschaft, Heidelberg, Mohr und Zimmer, 1814. Sobre a polêmica, Thibaut-Savigny ver Gerhard Wesenberg e Gunter Wesener, Neuere deutsche Privatrechtsgeschichte, 4ª ed., Wien-Köln-Graz, Böhlau, 1985, § 23, ps. 170 e segs.; H. Kiefner, "Thibaut und Savigny", in Festschrift für Gmür, Bielefeld, Gieseking, 1983, ps. 53 e segs.; Z. Krystufek, "La querelle entre Savigny et Thibaut et son influence sur la pensée juridique européenne", in Revue Historique de Droit Français et Étranger, vol. 44 (1966), Paris, ps. 59 e segs.; John Gilissen, Introduction historique au Droit, Bruxelles, Bruylant, 1979, p. 472; Franz Wieacker, *História do Direito Privado moderno*, Lisboa, Fundação Calouste Gulbenkian, 1980, ps. 392 e segs., e 444 e segs.

CÓDIGO BRASILEIRO DE DEFESA DO CONSUMIDOR

A opção do legislador brasileiro de 1990, com relação ao Direito do Consumidor, foi pelo segundo caminho. Criou-se, portanto, com o CDC, um microssistema[12] de *Direito das Relações de Consumo*, cuja tendência é ganhar autonomia dentro da ciência do Direito, superada a divisão clássica de todos já conhecida. Não se nos afigura correto falar-se em Direito do Consumidor como "capítulo do Direito Econômico",[13] ou ramo do Direito Civil ou Comercial. As relações de consumo são por demais complexas, exigindo interação interdisciplinar de normas de Direito Material (Constitucional, Civil, Comercial, Econômico, Administrativo e Penal) e de Direito Processual (Civil, Administrativo e Penal) para que seu ciclo de formação seja encerrado dentro do já referido microssistema jurídico ao qual pertence.[14]

O Código Civil brasileiro – Lei nº 10.406, de 11.1.2002, em vigor desde 12.1.2003,[15] não regula, de modo principal, as relações de consumo, mesmo sendo lei posterior, porque a lei especial e principiológica (CDC) prevalece sobre a lei geral (Código Civil). Assim, o microssistema do *Direito das Relações de Consumo* será sempre regido, de forma principal e geral, pela lei que o criou, vale dizer, pelo Código de Defesa do Consumidor. Em outras palavras, o Código de Defesa do Consumidor regula as *relações* ou *situações jurídicas de consumo*,[16] e o Código Civil regula as *relações jurídicas civis*.

O Código de Defesa do Consumidor, por outro lado, é *lei principiológica*. Não é analítica, mas sintética. Nem seria de boa técnica legislativa aprovar-se lei de relações de consumo que regulamentasse cada divisão do setor produtivo (automóveis, cosméticos, eletroeletrônicos, vestuário etc.). Optou-se por aprovar lei que contivesse preceitos gerais, que fixasse os princípios fundamentais das relações de consumo. É isso que significa ser uma lei principiológica. Todas as demais leis que se destinarem, de forma específica, a regular determinado setor das relações de consumo deverão submeter-se aos preceitos gerais da lei principiológica, que é o Código de Defesa do Consumidor.

Assim, sobrevindo lei que regule, *v.g.*, transportes aéreos, deve obedecer aos princípios gerais estabelecidos no CDC. Não pode, por exemplo, essa lei específica, setorizada, poste-

---

[12] Sobre o tema da descodificação do Direito, ver Natalino Irti, *L'età della decodificazione*, 4ª ed., Giuffrè, Milano, 1999, passim; "Teoria Generale del Diritto e problema del mercato", *in Rivista di Diritto Civile*, Padova, Cedam, 1999, ps. 1-29); Orlando Gomes, "A caminho dos microssistemas", *in Novos temas de Direito Civil*, Rio de Janeiro, Forense, 1983, ps. 40-50.

[13] Fábio Konder Comparato, A proteção do consumidor: importante capítulo do Direito Econômico, integrando o subtítulo "Direito Econômico", *in Ensaios e pareceres de Direito empresarial*, Rio de Janeiro, Forense, 1978, ps. 473-499.

[14] Thierry Bourgoignie, *Éléments pour une théorie du Droit de la Consommation*, Bruxelles, Story Scientia, 1988, nº 2, p. 5. Em conferência de abertura proferida no "1º Congresso Internacional de Direito do Consumidor", realizado em São Paulo, de 29 de maio a 2 de junho de 1989, o prof. Bourgoignie foi mais claro e enfático ao dizer que o Direito das Relações de Consumo não pertence a nenhum ramo específico da ciência do Direito, sendo formado por normas extraídas desses vários ramos, constituindo-se em disciplina autônoma. Assim também parece pensar Waldírio Bulgarelli, que dividiu a problemática do consumidor em três planos básicos: a) de intimidação e punição (plano do Direito Penal); b) de controle e fiscalização (plano do Direito Administrativo); c) de reparação dos danos (plano do Direito Civil), dizendo, ainda, que a matéria compreende enorme elenco, abrangendo desde o controle dos preços, juros e prazos, tipos de contrato, formas de aquisição, controle de qualidade dos produtos, normas sobre a difusão e sobre a identificação dos produtos, proteção ao meio ambiente, concorrência desleal etc. ("A tutela do consumidor na jurisprudência brasileira e *de lege ferenda*", *in Revista de Direito Mercantil*, vol. 49 (1983), São Paulo, ps. 41-42 e nota 7, na p. 55).

[15] Sobre a data da entrada em vigor do Código Civil brasileiro, v. Nelson Nery Junior & Rosa Maria Andrade Nery, *Código Civil anotado*, 2ª ed., São Paulo, Revista dos Tribunais, 2003, comentário nº 2 ao art. 2.044 do CC, p. 853.

[16] V. Paul Roubier, *Droits subjectifs et situations juridiques*, Paris, Dalloz, 1963, passim.

Capítulo VI · DA PROTEÇÃO CONTRATUAL

rior, estabelecer responsabilidade subjetiva para acidentes aéreos de consumo, contrariando o sistema principiológico do CDC. Como a regra da lei principiológica (CDC), no que toca à reparação dos danos, é a da responsabilidade objetiva pelo risco da atividade (art. 6º, nº VI, CDC), essa regra se impõe a todos os setores da economia nacional, quando se tratar de relação de consumo. Destarte, o princípio de que a lei especial derroga a geral não se aplica ao caso em análise, porquanto o CDC não é apenas lei geral das relações de consumo, mas, sim, lei principiológica das relações de consumo.

Pensar-se o contrário é desconhecer o que significa o microssistema do Código de Defesa do Consumidor, como lei especial sobre relações de consumo e lei geral, principiológica, à qual todas as demais leis especiais setorizadas das relações de consumo, presentes e futuras, estão subordinadas.

No que respeita aos aspectos contratuais da proteção do consumidor, o CDC rompe com a tradição do Direito Privado, cujas bases estão assentadas no liberalismo que reinava na época das grandes codificações europeias do século XIX, para: a) relativizar o *princípio da intangibilidade do conteúdo do contrato*, alterando sobremodo a regra milenar expressa pelo brocardo *pacta sunt servanda*, e enfatizar o *princípio da conservação do contrato* (art. 6º, nº V); b) instituir a boa-fé como princípio basilar informador das relações de consumo (art. 4º, *caput* e nº III; art. 51, nº IV); c) impor ao fornecedor o dever de prestar declaração de vontade (contrato), se tiver veiculado oferta, apresentação ou publicidade (art. 30); d) estabelecer a *execução específica* da oferta como *regra* (arts. 35, nº I, e 84, § 1º), deixando a resolução em perdas e danos da obrigação de fazer inadimplida como expediente subsidiário, a critério exclusivo do consumidor (arts. 35, nº III, e 84, § 1º), apenas para dar alguns dos mais significativos exemplos da inovação e modificação das regras privatísticas até então vigentes para as relações de consumo, normas essas revisitadas pelo sistema do CDC.

Isso porque as regras tradicionais do Direito Privado, fundadas na dogmática liberal do século XIX, não mais atendem às necessidades das relações jurídicas de hoje, notadamente em se tratando de negócios jurídicos de massa, realizados sob a forma de contratos padronizados e de adesão.

Em boa hora adveio o Código Civil de 2002, informado ideologicamente pelos princípios da *eticidade, socialidade* e *operacionalidade*, tornando o Direito Privado (Civil e Comercial) mais próximo do Direito das Relações de Consumo regulado pelo CDC. Podemos dizer sem chance de erro que hoje, no Brasil, o Direito Privado (Civil, Comercial e das Relações de Consumo) está regulado de forma harmônica e compatível no Direito Positivo, haja vista a técnica legislativa utilizada pelo Código Civil, de utilizar tanto o mérito casuístico, próprio de sistema fechado, como os conceitos indeterminados e as cláusulas gerais, que dão mobilidade ao sistema.[17]

O excesso de liberalismo, manifestado pela preeminência do dogma da vontade sobre tudo, cede às exigências da ordem pública, econômica e social,[18] que deve prevalecer sobre o individualismo, funcionando como fatores limitadores da autonomia privada individual, no interesse geral da coletividade.

Ao lado da ordem pública social e da ordem pública econômica, fala-se modernamente em *ordem pública de proteção dos consumidores*, com especial incidência nas relações de

---

[17] Sobre a estrutura do Código Civil, técnica legislativa, conceitos indeterminados e cláusulas gerais, v. Nelson Nery Junior e Rosa Maria Andrade Nery, Código Civil anotado, cit., comentários preliminares ao art. 1º do CC, ps. 139-144.

[18] Sobre ordem pública econômica e ordem pública social como limitadoras da autonomia privada no interesse geral, ver René Savatier, *La théorie des obligations en Droit Privé Économique*, 4ª ed., Paris, Dalloz, 1979, nos 116 e segs., ps. 161 e segs.

409

consumo por contrato de compra e venda. Com efeito, as regras ortodoxas do Direito Privado não mais atendem à ordem pública de proteção do consumidor, notadamente quanto aos vícios do consentimento, à noção de *causa* no contrato, ao regramento da cláusula penal, à teoria das nulidades e à proteção contra cláusulas abusivas.[19] Daí a necessidade de criar-se um microssistema informado por modernas técnicas de implementação de regras de ordem pública modificadoras da então ordem jurídica privada vigente no Brasil, em atendimento aos preceitos universais que reclamam seja feita defesa mais efetiva dos direitos dos consumidores.

2. DIRIGISMO CONTRATUAL E DECADÊNCIA DO VOLUNTARISMO: MORTE DO CONTRATO?

O liberalismo acentuado que informou toda a construção legislativa do início do século XIX ensejou a dogmatização da *teoria geral do contrato*, fundada na autonomia privada, fazendo do contrato o mais importante e relevante dos negócios jurídicos celebrados entre pessoas. O princípio *pacta sunt servanda* foi elevado às suas consequências máximas, nada obstante poder significar, em alguns casos, descompasso entre o conteúdo do contrato e a realidade fática e circunstancial que envolve a relação jurídica entre os contratantes.

Esse regime atendia às necessidades de uma sociedade estabilizada, tanto do ponto de vista político como do sociológico e do econômico, mesmo que nela houvesse disparidades sociais e econômicas. Daí a razão da afirmação de que o *Code Napoléon* era, antes de sua mais significativa reforma, o "Código da Burguesia".

Com o advento da Primeira Guerra Mundial, a situação sociopolítica das sociedades europeias até então estáveis se modificou, de sorte que a realidade impôs a adoção de regras que atendessem às necessidades oriundas da guerra, bem como conduzissem a sociedade do pós-guerra de volta às tão esperadas estabilidade e paz social.

E é nesses períodos de grande comoção econômica, aliada às vicissitudes políticas e sociais, que surge o fenômeno do *dirigismo contratual*, como uma espécie de elemento mitigador da autonomia privada, fazendo presente a influência do Direito Público no Direito Privado pela interferência estatal na liberdade de contratar.[20]

Não vamos chegar à pessimista perspectiva de Ripert e afirmar que tudo se tornará Direito Público,[21] como que prenunciando o fim do Direito Privado, nem dizer que está havendo uma generalização das normas de Direito Público, indicadora da *publicização* do Direito Privado. Mas com certeza podemos afirmar que há uma tendência de equilíbrio entre o Direito Público e o Direito Privado, que não mais se sustentaria se prevalecido o liberalismo exagerado do século XIX.

O Estado passou a interferir na liberdade de contratar, sem, contudo, extinguir o perfil civil da figura do contrato. Ocorreu, isto sim, fenômeno curioso, pois o conceito de contrato passou a ser rediscutido para que fosse projetado também para o Direito Público, onde se fala naturalmente em *contrato administrativo* para significar o negócio jurídico celebrado entre a administração e o particular, como decorrência da própria atividade negocial da adminis-

---

[19] Jacques Ghestin e Bernard Desché, *Traité des contrats (la vente)*, Paris, Librairie Générale de Droit et de Jurisprudence, 1990, nº 26, ps. 22-23.

[20] O dirigismo surgiu no final do século XIX, como reflexo da revolução industrial, mas se acentuou entre as duas guerras mundiais.

[21] Georges Ripert, *Le déclin du Droit (étude sur la législation contemporaine)*, Paris, Librairie Générale de Droit et de Jurisprudence, 1949, nºs 11 e segs., ps. 37-66.

Capítulo VI · DA PROTEÇÃO CONTRATUAL

tração pública,[22] ou para a consecução dos objetivos decorrentes do dever do Poder Público para com a comunidade, com especial relevo para as obras e serviços públicos.[23] Afirmou-se que os contratos administrativos, quando têm por objeto a realização de negócios jurídicos de Direito Privado que não se configurem como a atividade-fim do Estado, como, por exemplo, locação de prédio para a instalação de determinado órgão público, se sujeitam às regras privatísticas do Código Civil,[24] havendo, contudo, respeitáveis opiniões no sentido de que o contrato administrativo deva ser regido pelas regras próprias do Direito Administrativo, não se lhe aplicando os princípios do Direito Civil.[25]

O dirigismo contratual não se dá em qualquer situação, mas apenas nas relações jurídicas consideradas como merecedoras de controle estatal para que seja mantido o desejado equilíbrio entre as partes contratantes.

Acentuou-se, assim, a figura do impropriamente chamado *contrato forçado* (*diktierter Vertrag, contrat imposé*), que não é verdadeiro contrato[26] nem fenômeno exclusivo do dirigismo contratual,[27] como uma das formas mais vigorosas de vivificação desse mesmo dirigismo, pois aqui a lei diz o que vai ser objeto do contrato e determina a obrigação de celebrar-se o contrato, não podendo as partes recusar-se a fazê-lo.[28]

Mas essa intervenção estatal na liberdade de contratar pode dar-se de outros modos, como, por exemplo, o estabelecimento, pela lei, do conteúdo do contrato. Encontramos hi-

---

[22] Franco Carresi, Il Contratto, vol. XXI, tomo I, do Trattato di Diritto Civile e Commerciale, dirigido por Antonio Cicu, Francesco Messineo e Luigi Mengoni, Milano, Giuffrè, 1987, nº 2, p. 10.

[23] Sobre a aplicação dos conceitos de Direito Privado no Direito Administrativo e, especialmente, sobre os contratos administrativos, ver Salvatore e Angelo Buscema, I contratti della pubblica amministrazione, vol. VII do Trattato di Diritto Amministrativo, dirigido por Giuseppe Santaniello, Padova, Cedam, 1987, passim; Jean Lamarque, Recherches sur l'application du Droit Privé aux services publics administratifs, Paris, Librairie Générale de Droit et de Jurisprudence, 1960, passim.

[24] Franco Carresi, Il Contratto, vol. cit., nº 2, p. 10. Falando em "attività sottoposta al Diritto Privato", Alessi entende que os contratos administrativos são regidos pelas normas de Direito Privado quando a administração exerce atos negociais no seu interesse patrimonial pessoal (Renato Alessi, *Sistema istituzionale del Diritto Amministrativo italiano*, 3ª ed., Milano, Giuffrè, 1960, nº 144, p. 232). No mesmo sentido, Massimo Severo Giannini, *Diritto Amministrativo*, 2ª ed., Milano, Giuffrè, 1988, vol. II, nºs 242 e 246, ps. 777 e segs., e 790 e segs.

[25] Maria Sylvia Zanella Di Pietro, *Do Direito Privado na administração pública*, São Paulo, Atlas, 1989, ps. 85 e segs., notadamente p. 87. A objeção de Zanella Di Pietro é no sentido de que o contrato, assim como outros conceitos e institutos jurídicos, pertence à teoria geral do Direito e não a um ramo específico da ciência do Direito, dentro da classificação tradicional, e deve ser analisado e interpretado com essa visão mais ampla da teoria geral do Direito. Ver, sobre o ponto, José Cretella Júnior, "Reflexos do Direito Civil no Direito Administrativo", *in Revista de Direito Civil*, vol. 2 (1977), São Paulo, ps. 117-125, especialmente p. 123. Relativamente aos contratos administrativos para a execução de obras públicas, por exemplo, continuam válidos os preceitos próprios do Direito Administrativo, pois não caracterizam relação de consumo, tampouco relação jurídica de Direito Privado.

[26] Luis Díez-Picazo, *Fundamentos del Derecho Civil patrimonial*, 2ª ed., Madrid, Tecnos, 1983, vol. I, p. 103. É que no contrato forçado não existe acordo de vontades e se desconhece a vontade de uma ou de ambas as partes, apesar de nascer dele uma relação jurídica semelhante ou idêntica à que deriva do contrato. É, na verdade, constituição forçada de relações jurídicas privadas, chamada de relação paracontratual por René Savatier (*Les métamorphoses économiques et sociales du Droit Civil d'aujourd'hui*, 1ª série, 3ª ed., Paris, Dalloz, 1964, nº 85, p. 98). Ocorre o contrato forçado quando a lei impõe a alguém a efetivação de determinada relação jurídica, sem que haja manifestação de vontade.

[27] René Morel, "Le contrat imposé", in Le Droit Privé français au milieu du XXe siècle (études offertes à Georges Ripert), Paris, Librairie Générale de Droit et de Jurisprudence, 1950, vol. II, p. 116.

[28] Sobre o contrato obrigatório, Orlando Gomes, *Contratos*, 12ª ed., Rio de Janeiro, Forense, 1987, nº 46, ps. 71-72.

411

póteses mais comuns de dirigismo contratual, no Direito brasileiro, no contrato de trabalho e nos contratos de locação residencial, onde a lei estabelece como devem neles ser estipuladas determinadas cláusulas. Quando a lei diz que o bancário tem horário normal de trabalho de seis horas diárias (art. 224, *caput*, da Consolidação das Leis do Trabalho – CLT), isso quer significar limitação na autonomia privada das partes, que não podem contratar diferentemente do estabelecido pela lei. O mesmo ocorre quando se determina que não poderá haver mais de uma espécie de garantia no contrato de locação residencial (parágrafo único do art. 37 da Lei nº 8.245, de 18.10.91), vedando ao locador a imposição de, por exemplo, fiança e caução em dinheiro ao locatário como formas de garantia do contrato.

Com as transformações ocorridas na sociedade do século XX, acentuadamente nos períodos posteriores às guerras mundiais, tomou conta dos privatistas o ceticismo quanto à sobrevivência do contrato como negócio jurídico bilateral[29] consubstanciado pelo acordo *efetivo* de vontades[30] para a consecução de fim patrimonial determinado,[31] chegando a falar-se em "morte do contrato" para significar esse fenômeno de transformação.[32]

O contrato não morreu nem tende a desaparecer. A sociedade é que mudou, tanto do ponto de vista social como do econômico e, consequentemente, do jurídico. É preciso que o Direito não fique alheio a essa mudança, aguardando estático que a realidade social e econômica de hoje se adapte aos vetustos institutos com o perfil que herdamos dos romanos, atualizado na fase das codificações do século XIX. A propósito, o último grande movimento reformista do Direito Privado no mundo ocidental ocorreu com a *recepção do Direito Romano*, o que, convenhamos, não se coaduna com o dinamismo que a sociedade, em constante transformação, está a exigir da ciência do Direito.

Atento a essa nova realidade, o Código de Defesa do Consumidor tem o propósito de instituir uma mudança de mentalidade no que respeita às relações de consumo, que tem de ser implementada por todos aqueles que se encontram envolvidos nessas relações, notadamente o fornecedor e o consumidor. O novo regime contratual das relações de consumo tem visível compromisso com a modernidade, de modo a fazer com que as constatações e previsões pessimistas sobre a "morte do contrato" não se concretizem.[33]

---

[29] Hans Kelsen, *Teoria generale del Diritto e dello Stato*, Milano, Etas Libri, 1980, p. 143 (tradução de Sergio Cotta e Giuseppino Treves); Orlando Gomes, *Contratos*, cit., nº 1, p. 4.

[30] Costuma-se estabelecer diferença entre o contrato (Vertrag), que é a unificação de vontades por meio de declaração de concordância, do simples acordo (Vereinbarung), que é a unificação de vontades substancialmente convergentes para um mesmo fim determinado. No contrato há acordo de vontades, mas os interesses nem sempre são convergentes, como, por exemplo, o do comprador em pagar o menor preço possível e o do vendedor em livrar-se da coisa pelas condições de pagamento e entrega mais vantajosas. Ver, a respeito, Francesco Carnelutti, *Teoria generale del Diritto*, 3ª ed., Roma, Foro Italiano, 1951, nº 194, ps. 361-363; Alessandro Levi, *Teoria generale del Diritto*, 2ª ed., Padova, Cedam, 1967 (reimpressão), nº 64, ps. 117-119.

[31] A patrimonialidade como elemento integrante do conceito de contrato é consequência da elaboração legislativa italiana (art. 1.321, Código Civil italiano). A propósito, ver Franco Carresi, *Il contratto*, vol. I, cit., nº 1, ps. 2-3; C. Massimo Bianca, *Diritto Civile*, vol. III (Il contratto), Milano, Giuffrè, 1987 (reimpressão), nº 1, ps. 1-2. Mesmo nos denominados contratos reais, há neles ínsita a patrimonialidade como móvel do negócio jurídico. Essa patrimonialidade deve ser vista, hoje, em harmonia e em consonância com a cláusula geral da função social do contrato (art. 421 do CC).

[32] Grant Gilmore, *La morte del contratto*, Milano, Giuffrè, 1988, passim (tradução de Andrea Fusaro), com o ensaio introdutório "Il contratto tra passato e avvenire", de Guido Alpa (ps. IX a XXVII).

[33] Sobre a proposição de um novo conceito de autonomia da vontade, notadamente no que respeita às relações de consumo, Nicole Chardin, *Le contrat de consommation de crédit et l'autonomie de la volonté*, Paris, Librairie Générale de Droit et de Jurisprudence, 1988, nºs 260 e segs., ps. 202 e segs.

Capítulo VI · DA PROTEÇÃO CONTRATUAL

3. A BOA-FÉ COMO PRINCÍPIO BASILAR DAS RELAÇÕES JURÍDICAS DE CONSUMO

Nosso Código Civil tem, hoje, preceito expresso no sentido de que as relações jurídicas devam ser realizadas com base na boa-fé (art. 422 do CC), a exemplo do que ocorre no Direito alemão (§ 242 do BGB – *Leistung nach Treu und Glauben* – "Prestação segundo a boa-fé"). Essa boa-fé *objetiva* decorre também dos princípios gerais do Direito, e a exigência de as partes terem de comportar-se segundo a boa-fé tem sido assim proclamada, tanto pela doutrina quanto pela jurisprudência.

O comportamento das partes de acordo com a boa-fé tem como consequência a possibilidade de revisão do contrato celebrado entre elas, pela incidência da *clausula rebus sic stantibus*,[34] a possibilidade de arguir-se a *exceptio doli*,[35] a proteção contra as cláusulas abusivas enunciadas no art. 51 do CDC,[36] entre outras aplicações da cláusula geral.

No sistema brasileiro das relações de consumo, houve opção explícita do legislador pelo primado da boa-fé. Com a menção expressa do art. 4º, nº III, do CDC à "boa-fé e equilíbrio nas relações entre consumidores e fornecedores", como princípio básico das relações de consumo – além da proibição das cláusulas que sejam incompatíveis com a boa-fé ou a equidade (art. 51, nº IV) –, o microssistema do *Direito das Relações de Consumo* está informado pelo princípio geral da boa-fé, que deve reger toda e qualquer espécie de relação de consumo, seja pela forma de ato de consumo, de negócio jurídico de consumo, de contrato de consumo etc.

No que respeita ao aspecto contratual das relações de consumo, objeto de nossa análise nesta Introdução, verifica-se que a boa-fé na conclusão do contrato de consumo é requisito que se exige do fornecedor e do consumidor (art. 4º, nº III, CDC), de modo a fazer com que haja "transparência[37] e harmonia nas relações de consumo" (art. 4º, *caput*, CDC), mantido o equilíbrio entre os contratantes.

4. A OFERTA COMO ELEMENTO VINCULANTE DO DEVER DE PRESTAR: EXECUÇÃO ESPECÍFICA DA OBRIGAÇÃO DE CONTRATAR

O art. 30 do CDC diz que "toda informação ou publicidade, suficientemente precisa, veiculada por qualquer forma ou meio de comunicação com relação a produtos e serviços oferecidos ou apresentados, obriga o fornecedor que a fizer veicular ou dela se utilizar e integra o contrato que vier a ser celebrado". Adotou-se o *princípio do dever de prestar* em face da oferta dada a público pelo fornecedor.

É importante anotar que o regime da vinculação da oferta ao futuro contrato que vier a ser concluído faz com que todas as características do produto ou serviço constantes da oferta

---

[34] Helmut Heinrichs, Bürgerliches Gesetzbuch, fundado por Otto Palandt, 48ª ed., München, Beck, 1989, comentário nº 6 ao § 242, ps. 230 e segs.

[35] Helmut Heinrichs, Bürgerliches Gesetzbuch, cit., comentário nº 2 ao § 242, p. 220.

[36] Clóvis do Couto e Silva, "O princípio da boa-fé e as condições gerais dos negócios", in Condições gerais dos contratos bancários e a ordem pública econômica, vol. 1 dos Anais jurídicos, publicados pela Editora Juruá, Curitiba, 1988, p. 39.

[37] O Diário Oficial da União, de 12.9.90, por evidente erro de publicação, menciona a expressão "transferência" no *caput* do art. 4º do CDC. No Anteprojeto e em todos os Projetos de Código de Defesa do Consumidor que tramitaram no Congresso Nacional o termo estava grafado corretamente: transparência. Essa afirmação já fazíamos desde a 1ª edição destes comentários, de 1991. O erro foi corrigido e o *caput* do art. 4º do CDC foi alterado, substituindo-se a expressão "transferência" por "transparência", correção essa que se deu por força do art. 7º da Lei nº 9.008/95.

CÓDIGO BRASILEIRO DE DEFESA DO CONSUMIDOR

devam, necessariamente, fazer parte integrante do contrato. Ao fornecedor impõe-se o dever de prestar de conformidade com a oferta feita por ele.

Qualquer que seja a forma de veiculação dessa oferta, há o dever de prestar, vale dizer, de realizar o contrato de consumo nos termos e nas condições constantes da oferta. Assim, por exemplo, as informações ou publicidade sobre preços e condições de produtos colocados em vitrines, ofertas anunciadas em jornais, revistas, rádio, televisão, *outdoors*, cinema, por telex, fax, videotexto, mala direta; cardápios de restaurantes; catálogos, listas de preços, guias de compras, prospectos, panfletos, vitrines etc. A exposição do produto ou oferecimento do serviço em supermercados e por meio de máquinas automáticas (tipo *self-service*) também se consideram oferta para os fins do art. 30 do CDC.

Conforme a dicção da lei, somente se considera oferta vinculante a informação suficientemente precisa,[38] quer dizer, aquela que contenha elementos claros para que possam ser identificados os seus termos, tais como marca do produto, condições de pagamento etc.

A lealdade da informação e publicidade sobre produtos e serviços que serão objeto de futuro contrato de consumo tem no princípio da boa-fé seu fundamento maior. Tem-se, ainda, o sentido teleológico da norma, no que respeita às práticas comerciais, que é o da informação e publicidade com responsabilidade.

A oferta do CDC tem sentido e abrangência de muito maior amplitude do que a *proposta* do art. 427, do Código Civil. Não se consideram *proposta*, no sentido do Código Civil, por exemplo, os comportamentos denominados *invitatio ad offerendum*,[39] por dirigirem-se a uma gama indeterminada de pessoas (*ad incertam personam*) e por faltar-lhes a vontade de contratar.

Outra grande diferença entre a *proposta* do Código Civil e a *oferta* do CDC respeita aos efeitos.

A recusa indevida de dar cumprimento à oferta, no regime do Código Civil, resolve-se em perdas e danos,[40] como, aliás, ocorre com o descumprimento da obrigação de fazer.

No sistema do CDC, a regra não é a resolução em perdas e danos da obrigação de fazer inadimplida, mas a *execução específica*, *forçada*, da *obrigação de fazer*, se o fornecedor não der cumprimento à oferta. Com efeito, o art. 35 do CDC diz que "se o fornecedor de produtos ou serviços recusar cumprimento à oferta, apresentação ou publicidade, o consumidor poderá, alternativamente e à sua livre escolha: *I – exigir o cumprimento forçado da obrigação, nos termos da oferta, apresentação ou publicidade*; *II* – aceitar outro produto ou prestação de serviço equivalente; *III* – rescindir o contrato, com direito à restituição de quantia eventualmente antecipada, monetariamente atualizada, e perdas e danos" (grifos nossos). O art. 84, § 1º, do CDC reforça essa afirmação, quando diz que "a conversão da obrigação em perdas e danos *somente será admissível* se por elas optar o autor ou se impossível a tutela específica ou a ob-

---

[38] Nesse sentido, Helmut Henrichs, Bürgerliches Gesetzbuch, cit., comentário nº 1 ao § 145, p. 141.

[39] São um "convite à oferta", no sentido da proposta do art. 427 do Código Civil, os anúncios publicitários por meio de jornal, revista, catálogos, cardápios de restaurantes etc., isto é, tudo aquilo que o Código de Defesa do Consumidor considera como oferta, elemento que impõe ao fornecedor o dever de prestar. Ver, sobre o tema, Ernst Kramer, *Münchener Kommentar zum Bürgerlichen Gesetzbuch*, 2ª ed., München, Beck, 1984, vol. I, comentário nº 8 ao § 145, p. 1.117; Helmut Henrichs, *Bürgerliches Gesetzbuch*, cit., comentário nº 1 ao § 145, p. 141; Othmar Jauernig, *Bürgerliches Gesetzbuch*, 2ª ed., München, Beck, 1981, comentário nº 1 ao § 145, p. 95.

[40] Clóvis Bevilácqua, *Código Civil dos Estados Unidos do Brasil comentado*, 10ª ed. atualizada por Achilles Bevilácqua e Isaías Bevilácqua, Rio de Janeiro, Francisco Alves, 1955, vol. IV, observação nº 1 ao art. 1.080, p. 195. Ao art. 1.080 do revogado Código Civil de 1916 corresponde o art. 427 do Código Civil de 2002.

tenção do resultado prático correspondente" (grifos nossos). Vê-se, de forma indisputável, que a regra é a execução específica da obrigação de fazer e não sua resolução em perdas e danos.

A forma de implementar essa execução específica é a disciplinada no art. 84 e seus parágrafos do CDC (JGBF).[41]

A justificativa para essa opção do CDC, superando o sistema de solução do inadimplemento das obrigações de fazer do Direito Privado tradicional, encontra-se na experiência brasileira e estrangeira relativamente à oferta nas relações de consumo. É comum que grandes lojas de departamentos, por publicidade em jornais, por exemplo, ofereçam produtos em quantidade insuficiente para atender à demanda, fazendo anúncios desproporcionais em relação a seu estoque de 10 televisores de determinada marca – página dupla inteira de jornal de grande circulação, edição de domingo. Evidentemente, o objetivo dessa publicidade foi o de chamar a atenção do consumidor para a existência de ofertas excepcionais naquela loja, para que ele se convença de que é um bom negócio ir à loja para realizar a compra. Esta é a verdadeira finalidade do anúncio: *fazer com que o consumidor vá à loja.* Frise-se que o anúncio não fora feito em atendimento a seu objetivo último, que era o de realizar a venda dos televisores, mas serviu apenas de pretexto para o objetivo maior e sub-reptício do anunciante.

A experiência tem demonstrado, principalmente nos Estados Unidos, que essas lojas atingem seu objetivo com esse tipo de publicidade. As reclamações dos consumidores eram em número inexpressivo, de sorte que até compensava pagar indenização por perdas e danos resultante do descumprimento da oferta. A jurisprudência americana encaminhou-se noutro sentido, para fazer com que fosse o fornecedor compelido a realizar o contrato de consumo de acordo com o que constava da oferta publicitária. O resultado prático desse entendimento pretoriano tem sido fantástico, pois melhorou sensivelmente o comportamento do fornecedor americano, que não mais faz ofertas de modo irresponsável, pois sabe que terá de dar cumprimento forçado e específico àquela obrigação de fazer.

Temos observado que no Brasil, no entanto, algumas lojas de departamentos têm tomado a cautela de, no anúncio publicitário, mencionar a quantidade de peças de que dispõem para aquela promoção, ou medida equivalente, a fim de tornar límpida e clara sua prática comercial, atendendo aos princípios da lealdade e boa-fé que devem presidir as relações de consumo.

Vê-se, portanto, a superação do instituto da *proposta* do Código Civil – cujo perfil não mais atende à necessidade de tutela contratual mais efetiva do consumidor –, pela figura da *oferta* do CDC, com feição moderna e adequada à realidade atual das relações de consumo.

Tanto isso é verdade que o legislador da reforma do CPC, aproveitando a experiência do sistema do Código de Defesa do Consumidor, modificou o Direito Privado e o Processual tradicionais, igualando-os ao regime do CDC. Com efeito, o art. 497 do Código de Processo Civil tem conteúdo praticamente idêntico ao do art. 84 do CDC.[42]

Assim, inadimplida a oferta do Direito Privado tradicional, sua resolução não mais se dá em perdas e danos, mas de forma específica, como ocorre com o sistema do CDC.

---

[41] O art. 513, *caput* e parágrafos, do novo CPC segue a mesma sistemática do Código revogado, mas com uma grande diferença. Embora a Súmula 410 do STJ, que exigia a intimação pessoal do devedor para a cobrança da multa pelo descumprimento da obrigação de fazer e não fazer tenha caído em face da forma padrão de intimação, via advogado (art. 513), com as exceções dos §§ 2º e 3º, a súmula deverá ser modificada. Estas considerações aplicam-se, sem dúvida, ao sistema de cumprimento das obrigações de fazer ou não fazer previstas no CDC, que se complementam com a do CPC (APG).

[42] V. Nelson Nery Junior e Rosa Maria Andrade Nery, *Código de Processo Civil comentado e legislação extravagante*, 7ª ed., São Paulo, Revista dos Tribunais, 2003, comentários aos arts. 461 e 461-A do CPC.

Hoje, portanto, o regime do descumprimento da oferta (CDC) ou da proposta (CC) é o mesmo: ambos os descumprimentos ensejam execução específica, sendo as perdas e danos utilizados somente subsidiariamente, isto é, diante da preferência do credor ou na impossibilidade do cumprimento da obrigação na forma específica.

Essa inclusão, no CPC, de regra extraída do sistema do CDC bem demonstra a tendência legislativa do Direito brasileiro, que estendeu ao Direito Privado, como um todo, o sistema de execução específica da obrigação de fazer e não fazer inadimplida regulado pelo CDC, conforme exposto anteriormente.

5. FORMAS DE CONTRATAÇÃO

O Código admite todas as formas de contratação, de sorte que continuam válidos para as relações de consumo os aspectos da teoria geral dos contratos relativos aos contratos escritos, contratos verbais, contratos por correspondência, contratos de adesão etc. Os *comportamentos socialmente típicos* (Larenz) – chamados também de *relações contratuais fáticas (faktische Vertragsverhältnisse)* (Haupt), que não são propriamente contrato mas condutas com efeitos jurídicos semelhantes aos derivados do contrato – estão abrangidos pela disciplina do CDC. Destes últimos falamos, mais especificamente, a seguir.

Quanto aos contratos celebrados fora do estabelecimento comercial, como, por exemplo, por telefone, telex, fax, videotexto, reembolso postal, catálogo e Internet etc. (art. 49), o Código concede ao consumidor o direito de arrependimento, que pode ser exercido dentro do prazo de reflexão de sete dias.

6. COMPORTAMENTOS SOCIALMENTE TÍPICOS

Com escrito pioneiro de 1941, Haupt iniciou na Alemanha o estudo do que ele chamou de *relações contratuais de fato (faktische Vertragsverhältnisse)*,[43] para explicar a fenomenologia de alguns comportamentos sociais que, conquanto não fossem criados em estrita obediência aos requisitos dos negócios jurídicos bilaterais, tinham características próprias dos contratos. Estes comportamentos não se confundem com os *quase contratos* regulados pelos arts. 1.371 e segs., do Código Civil francês.[44]

Identificado o fenômeno, a doutrina de Haupt passou por severa crítica dos civilistas alemães. Nikisch dizia que a expressão *relações contratuais de fato* contém em si uma contradição, pois se são relações de fato não podem ser ao mesmo tempo contratuais.[45] Num primeiro momento, Larenz, aceitando a doutrina de Haupt e a crítica de Nikisch, qualificou o fenômeno como "obrigações derivadas de comportamentos sociais típicos".[46] Posteriormente, abandonou essa construção para equiparar esses comportamentos sociais aos fatos típicos de

---

[43] Günther Haupt, "Über faktische Vertragsverhältnisse", in Festschrift für Heinrich Siber, 1943, vol. II, ps. 5 e segs.

[44] O Código Civil francês classifica como "quase contratos" a gestão de negócios e a obrigação de restituição do indébito, que nada têm a ver com os comportamentos sociais típicos aqui tratados.

[45] Arthur Nikisch, Festschrift für Hans Dölle (Vom Deutschen zum Europäischen Recht), Tübingen, J. C. B. Mohr, 1963, vol. I, p. 83.

[46] Karl Larenz, *Lehrbuch des Schuldrechts*, 10ª ed., München, Beck, vol. I, § 4º, nº II, com o subtítulo "Obrigações derivadas de condutas sociais típicas (relações contratuais de fato)"; idem, *Derecho de obligaciones*, Madrid, Editorial Revista de Derecho Privado, 1958, vol. I, § 4º, nº II, ps. 58 e segs. (tradução de Jaime Santos Briz). Desde a 11ª ed. de seu *Direito das obrigações*, retirou do livro referido subtítulo.

Capítulo VI · DA PROTEÇÃO CONTRATUAL

declaração com efeitos normativos, citando como exemplo o silêncio sobre a carta de confirmação no tráfego mercantil.[47]

Para que exista juridicamente o contrato é necessário que seus elementos essenciais de constituição estejam presentes, dos quais ressalta o concurso das declarações de vontade dos contratantes. Sem o acordo bilateral das vontades não há falar-se em contrato. No entanto, existem situações semelhantes ao contrato que *não* se formaram com a declaração das vontades das partes envolvidas nessas relações jurídicas.

Esses comportamentos foram classificados por Haupt em três grupos. No primeiro estariam as situações geradas por um "contrato social", vale dizer, a simples relação de fato existente entre as pessoas a fim de se relacionarem, hipóteses que a doutrina costuma chamar de *culpa in contrahendo*.

Em segundo lugar estão aqueles casos que a doutrina alemã denomina "prestações do tráfego em massa", nos quais surgem determinadas obrigações (por exemplo, pagar um preço) que derivam de simples comportamento, sem que haja exteriorização alguma de vontade (estacionamento público, pago, em ruas, como a "Zona Azul" em São Paulo). A esses se assemelham, *e.g.*, os comportamentos para a utilização de transportes públicos (utilização de rodovias, balsas, serviços de energia elétrica etc.) e prestações oferecidas por máquinas automáticas.

O terceiro tipo de condutas sociais típicas na teoria de Haupt são as relações derivadas de contratos ineficazes, como, por exemplo, a sociedade de fato, o contrato de trabalho efetivamente executado, mas nulo *ex vi legis* etc.

Essa divisão carece de homogeneidade porque fundada em critérios arbitrários, conforme aguda observação de Díez-Picazo,[48] o que não desmerece a teoria de Haupt, que deve ser aceita com reservas. As situações da segunda categoria (prestações do tráfego em massa) se encaixam no conceito de *comportamentos sociais típicos*, porque destituídas de qualquer manifestação exteriorizada de vontade. As demais ou dizem respeito à formação do contrato (*culpa in contrahendo*) ou à ineficácia das relações contratuais (sociedade de fato e contrato de trabalho nulo *ex lege*).[49]

Por essa razão está correto o entendimento de Larenz no sentido de que não se pode equiparar essas condutas aos contratos, porque lhes falta a manifestação da vontade. São, isso sim, atos concludentes, atos de utilização, isto é, "atuação de vontade jurídico-negocial" (*rechtsgeschäftliche Willensbetätigung*).[50]

Delas decorreria uma relação obrigatória em virtude de confiança (*Vertrauenshäftung*), substituta da vontade no sentido do § 151 do Código Civil alemão (BGB), não sendo possível a alegação de erro porque se trata de atuação de vontade que se baseia na vontade de aceitação, atual ou latente. A consequência dessa circunstância seria a aceitação do contrato como comportamento social típico.[51]

---

[47] Karl Larenz, *Lehrbuch des Schuldrechts*, 14ª ed., München, Beck, 1987, vol. I (Allgemeiner Teil), § 24, II, p. 387; idem, *Allgemeiner Teil des deutschen Bürgerlichen Rechts*, 6ª ed., München, Beck, 1983, § 28, II, ps. 522 e segs.

[48] Luis Díez-Picazo, *Fundamentos del Derecho Civil patrimonial*, vol. I, cit., nº 16, p. 104.

[49] Ver a respeito Luis Díez-Picazo, *Fundamentos del Derecho Civil patrimonial*, vol. I, cit., nº 16, ps. 104-105; Franco Carresi, *Il contratto*, vol. I, cit., nº 7, ps. 25 e segs.

[50] Karl Larenz, *Allgemeiner Teil des deutschen Bürgerlichen Rechts*, cit., 28, II, p. 524.

[51] Karl Larenz, *Allgemeiner Teil des deutschen Bürgerlichen Rechts*, cit., § 28, II, ps. 523-525. Para uma crítica da opinião de Larenz, ver Werner Flume, *Allgemeiner Teil des Bürgerlichen Rechts*, 3ª ed., Berlin-Heidelberg-New York, Springer, 1979, vol. II (Das Rechtsgeschäft), § 8º, 2, ps. 97-101, admitindo somente a segunda categoria da classificação de Haupt como significando as "relações contratuais de fato". Sobre o tema ver, ainda, Dieter Medicus, *Allgemeiner Teil des BGB*, 2ª ed., Heidelberg, C. F. Müller, 1985, § 21, II,

A doutrina francesa faz referência ao problema e trata das "relações de fato contratuais" como aquelas que derivam não da vontade das partes, mas de preceito legal. O exemplo mais comum seria a prorrogação, pela lei, de um contrato em curso de execução.[52]

No que respeita à incidência das normas do CDC para regular as condutas sociais típicas, verificamos que essa aplicação terá lugar principalmente quanto às relações por tráfego de massa, como, por exemplo, a utilização dos serviços públicos de energia elétrica, gás, água, telefone e transportes.[53]

7. CONTRATOS DE ADESÃO

Com o crescimento da sociedade de consumo, que teve início marcante no começo do século XX, surgiu a necessidade de contratação em massa, por meio de formulários com cláusulas preestabelecidas, de sorte a agilizar o comércio jurídico. Neste contexto não há mais lugar para as tratativas contratuais, em que as partes discutiam tópico por tópico do contrato que viria a ser formado entre elas.

A denominação *contrato de adesão* foi dada a essa forma de contratação por Saleilles, em estudo sobre a parte geral do Código Civil alemão.[54] Ganhou imediata aceitação tanto no Brasil como no exterior, nada obstante existirem críticas a essa denominação, no sentido de que seria restrita às estipulações unilaterais pelo Poder Público, não abrangendo as estipulações pelos particulares (contratos *por adesão*) nem as cláusulas gerais dos contratos.[55]

A crítica da doutrina, especialmente de Orlando Gomes, funda-se na ideia de que a denominação *contrato de adesão* seria restrita àqueles casos de impossibilidade de rejeitarem-se as cláusulas uniformes preestabelecidas, o que se dá, normalmente, com as estipulações unilaterais do Poder Público. Propõe ele o nome de *contrato por adesão* para significar as demais estipulações unilaterais, cujas cláusulas não sejam irrecusáveis pelo futuro aderente.

Evidentemente, a definição desse tipo contratual é feita pela *forma de contratação* e não pelo objeto da relação negocial. A essa denominação de contrato de adesão opõe-se aque-

---

nos 245 e segs., ps. 95 e segs.; Heinz Hübner, *Allgemeiner Teil des Bürgerlichen Gesetzbuches*, Berlin-New York, Walter de Gruyter, 1985, § 32, III, 3, nº 396, p. 295 e § 40, B, III, 5, nº 545, ps. 408 e segs. Entre nós, Orlando Gomes, *Contrato de adesão*, São Paulo, RT, 1972, nos 47 a 57, ps. 79-89.

[52] René Savatier, *Les métamorphoses économiques et sociales du Droit Civil d'aujourd'hui*, 1ª série, cit., nº 84 e segs., ps. 97 e segs.

[53] A jurisprudência alemã vem aplicando a doutrina dos comportamentos sociais típicos, entendendo gerarem relações obrigatórias. Quem estaciona em "Zona Azul" deve pagar a tarifa estipulada (BGHZ, 21/319), assim como quem se utiliza de energia elétrica (BGHZ, 23/175). Essas duas sentenças do Superior Tribunal Federal alemão (Bundesgerichtshof – BGH) são citadas por Karl Larenz, Allgemeiner Teil des deutschen Bürgerlichen Rechts, cit., § 28, II, p. 526.

[54] Raymond Saleilles, *De la déclaration de volonté (contribution à l'étude de l'acte juridique dans le Code Civil allemand – art. 116 à 144)*, Paris, Librairie Générale de Droit et de Jurisprudence, nova tiragem, 1929 (a primeira edição é de 1901), nº 89, ps. 229-230.

[55] Ver, sobre o ponto, Orlando Gomes, *Contrato de adesão*, cit., nº 3, ps. 5-9; idem, *Contratos*, cit., nº 81, ps. 120-123. Embora dizendo ser "conveniente" a manutenção, entre nós, da denominação contrato de adesão, Orlando Gomes diz, na obra e lugar ulteriormente citados, que seriam de adesão os contratos cuja estipulação é feita pelo Poder Público, cujas cláusulas preestabelecidas não podem ser recusadas (contrato de fornecimento de energia elétrica, por exemplo), ao passo que se denominariam contratos por adesão os celebrados com base em cláusulas estabelecidas unilateralmente por particulares, sem a característica da irrecusabilidade.

loutra de "contrato de comum acordo", que indica ter havido discussão, pelas partes, sobre o conteúdo do futuro contrato.[56]

O Código fez uma opção nessa matéria e definiu como *contrato de adesão* "aquele cujas cláusulas tenham sido aprovadas pela autoridade competente ou estabelecidas unilateralmente pelo fornecedor de produtos ou serviços, sem que o consumidor possa discutir ou modificar substancialmente seu conteúdo" (art. 54, *caput*). Nessa definição estão abrangidas ambas as formas de contratação vislumbradas por Orlando Gomes como contrato de adesão e contrato por adesão, de modo que não foi olvidada nenhuma das facetas daquele fenômeno, não havendo, por conseguinte, prejuízo para a dogmática do Direito Contratual. A discussão da doutrina e a proposição do saudoso civilista baiano restaram superadas em face da superveniência do conceito legal de *contrato de adesão* pelo art. 54 do CDC.

Assim, tanto as estipulações unilaterais do Poder Público ("aprovadas pela autoridade competente", art. 54, *caput*, CDC) como as cláusulas redigidas prévia e unilateralmente por uma das partes estão incluídas no conceito legal de *contrato de adesão*.[57]

O CDC é a primeira lei brasileira que regula o *contrato de adesão*, definindo-o, fornecendo seu regime jurídico e o método para sua interpretação. O Código Civil trata timidamente do contrato de adesão, mencionando-o apenas em dois de seus dispositivos. O art. 423 diz que, "quando houver no contrato de adesão cláusulas ambíguas ou contraditórias, dever-se-á adotar a interpretação mais favorável ao aderente", acolhendo o alvitre do art. 1.370 do Código Civil italiano e da jurisprudência brasileira, que têm aplicado o preceito. O art. 424 reza que, "nos contratos de adesão, são nulas as cláusulas que estipulem renúncia antecipada do aderente a direito resultante da natureza do negócio".

O contrato de adesão não é categoria contratual autônoma nem tipo contratual, mas somente técnica de formação do contrato, que pode ser aplicada a qualquer categoria de contrato sempre que seja buscada a rapidez na conclusão do mesmo, exigência das economias de escala.

8. CLÁUSULAS GERAIS DOS CONTRATOS[58]

A implementação da contratação em massa, por intermédio do contrato de adesão, é levada a efeito por meio das *cláusulas gerais dos contratos*, reguladas pela primeira vez, de modo harmônico e sistemático, no Direito Positivo brasileiro pelo CDC, por intermédio da enumeração das cláusulas abusivas e da sistemática dos contratos de adesão. Estudadas de há muito no Direito alemão, onde se iniciou e se desenvolveu, doutrinária e legislativamente, a teoria das *condições gerais dos negócios* (*allgemeine Geschäftsbedingungen*),[59] que fez fortuna na Itália

---

[56] A doutrina francesa contrapõe à noção de *contrat d'adhésion* a contratação por acordo de vontades das partes, denominando-a *contrat de gré à gré* ("contrato de comum acordo"). Nesse sentido, Alex Weil e François Terré, *Droit Civil (les obligations)*, 4ª ed., Paris, Dalloz, 1986, nº 47, p. 47; Nicole Chardin, *Le contrat de consommation de crédit et l'autonomie de la volonté*, cit., nº 42, p. 36.

[57] Sobre o contrato de adesão no CDC ver, ainda, Paulo Salvador Frontini, "Contrato de adesão", *in Revista do Advogado*, nº 33 (dezembro/1990), da Associação dos Advogados de São Paulo, São Paulo, 1990, ps. 83-87.

[58] Sobre cláusulas gerais dos contratos, consultar: Paulo Luiz Neto Lôbo, *Condições gerais dos contratos e cláusulas abusivas*, São Paulo, Saraiva, 1991.

[59] Ludwig Raiser, *Das Recht der Allgemeinen Geschäftsbedingungen*, Bad Homburg, 1935, reimpresso em Tübingen, em 1961. Mesmo antes deste trabalho de Raiser, já havia tratativas doutrinárias denominando o instituto condições gerais dos negócios, como, *e.g.*, a obra de Ulrich Michel, *Die allgemeinen Geschäftsbedingungen als Vertragsbestandteil in der Rechtsprechung*, Tübingen, J. C. B. Mohr, 1932.

como *condizioni generale di contratto* (art. 1.341 do Código Civil de 1942) e na Espanha como *condiciones generales de los contratos*, somente agora ingressa no sistema legislativo brasileiro.

Indissociáveis do fenômeno da contratação em massa (contratos de adesão), essas *cláusulas gerais dos contratos* têm sido largamente utilizadas entre nós, em todos os setores da economia, como, *v.g.*, nos contratos bancários, de seguros, de planos de saúde, de consórcios etc., mas praticamente ignoradas pelos nossos doutrinadores do Direito Civil e Comercial.[60]

Essas cláusulas gerais têm os atributos do *preestabelecimento, unilateralidade da estipulação, uniformidade, rigidez e abstração*. São estipulações feitas por um dos futuros contratantes, denominado predisponente ou estipulante (*unilateralidade*), antes, portanto, do início das tratativas contratuais (*preestabelecimento*), que servirão para reger os negócios do estipulante relativos àquela área negocial (*uniformidade*), sendo o intento do predisponente no sentido de que o futuro aderente aceite os termos das cláusulas sem discutir seu conteúdo e alcance (*rigidez*), e, ainda, que essa forma de contratação possa atingir indistintamente o contratante que quiser aderir às cláusulas gerais (*abstração*), vale dizer, que possa haver circulação em massa desses formulários onde estão contidas as cláusulas gerais para que as contratações se deem em massa.

Delas se distinguem as *cláusulas gerais de contratação* e os *contratos de adesão*. Aquelas são o conjunto de regras ou normas (regulamento interno, estatutos, normas de serviço etc.) disciplinadas unilateralmente pelos fornecedores a fim de que, com base nelas, sejam realizados os contratos e operações comerciais, industriais ou de prestação de serviços desses fornecedores. Têm como destinatário principal o funcionário da empresa ou do órgão público, muito embora possam delas ter conhecimento aqueles que têm relações com o fornecedor estipulante, em virtude do maior ou menor grau de publicidade que se der a essas *condições gerais de contratação*.[61]

Os contratos de adesão são a *concretização* das cláusulas contratuais gerais, que enquanto não aceitas pelo aderente são *abstratas* e *estáticas*, e, portanto, não se configuram ainda como contrato.[62] As cláusulas gerais de contratação tornar-se-ão contrato de adesão, dinâmicas, portanto, se e quando forem aceitas pelo aderente.

---

[60] Os manuais e tratados brasileiros de Direito Civil e Comercial não fazem menção às cláusulas gerais dos contratos. O assunto tem sido pouco abordado entre nós, como, por exemplo: na monografia de Orlando Gomes, *Contrato de adesão (condições gerais dos contratos)*, cit., passim; no livro de Waldírio Bulgarelli, *Contratos mercantis*, São Paulo, Atlas, 1979, p. 90, que se utiliza da expressão condições gerais dos contratos. Mais recentemente, a propósito do Decreto-Lei português nº 446/85 e do Projeto de Código Brasileiro de Defesa do Consumidor, ver os artigos de Francisco dos Santos Amaral Neto, "As cláusulas contratuais gerais, a proteção ao consumidor e a lei portuguesa sobre a matéria", *in Revista de Informação Legislativa*, Brasília, 1988, vol. 98, ps. 235-256, e de Adalberto Pasqualotto, "Defesa do consumidor", *in RT 651*, São Paulo, 1990, ps. 52-72, especialmente no 2.2, ps. 55-58. Há, também, trabalho apresentado no "Simpósio sobre as Condições Gerais dos Contratos Bancários", promovido pelo Tribunal de Alçada do Paraná, de autoria do prof. Clóvis do Couto e Silva, intitulado "O princípio da boa-fé e as condições gerais dos negócios", in Condições gerais dos contratos bancários e a ordem pública econômica, vol. 1, dos Anais jurídicos, publicados pela Editora Juruá, Curitiba, 1988, ps. 29-41, já citado.

[61] Sobre as diferenças entre cláusulas gerais de contratação, cláusulas gerais dos contratos e contratos de adesão, ver Manuel Garcia-Amigo, *Condiciones generales de los contratos*, Madrid, Editorial Revista de Derecho Privado, 1969, p. 127; Luis Díez-Picazo, *Fundamentos del Derecho Civil patrimonial*, cit., vol. I, nº 21, ps. 248-249; Juan Carlos Rezzónico, *Contratos con cláusulas predispuestas (condiciones negociales generales)*, Buenos Aires, Astrea, 1987, § 154, p. 241.

[62] No mesmo sentido, Luis Díez-Picazo, *Fundamentos del Derecho Civil patrimonial*, cit., vol. I, nº 21, ps. 248-249. Por essa razão se nos afigura equivocada a equiparação entre contrato de adesão e cláusulas gerais dos contratos, institutos distintos, mas que foram reduzidos à mesma realidade e mesmo regime jurídico por Orlando Gomes (*Contrato de adesão*, cit., nº 3, ps. 5-9).

Capítulo VI · DA PROTEÇÃO CONTRATUAL

O texto do CDC aprovado pelo Congresso Nacional falava em *cláusulas contratuais gerais* (art. 51, § 3º) e em *cláusulas gerais dos contratos* (art. 54, § 5º), preferindo a denominação *cláusulas* à palavra *condições*. Entretanto, ambos os parágrafos que mencionavam esse importante instituto foram vetados pelo presidente da República. Essas cláusulas existem e continuarão existindo, a despeito do veto, de modo que continua válido o exame da doutrina que sobre elas existe, porque inevitável lhes seja dado tratamento jurídico compatível com o sistema instaurado pelo Código de Defesa do Consumidor. O veto apenas pretendeu que o controle administrativo dessas cláusulas feito pelo Ministério Público não tivesse "caráter geral", como constava do § 3º do art. 51 do CDC.

A denominação dada pela Lei Alemã para o Regulamento das Condições Gerais dos Negócios (*Gesetz zur Regelung der Allgemeinen Geschäftsbedingungen*, abreviadamente AGB-Gesetz), de 9 de dezembro de 1976,[63] encontra respaldo na tradição que teve origem no trabalho de Ludwig Raiser, já mencionado. A doutrina alemã toma o termo condição ("*Bedingung*") por cláusula,[64] seguindo-se a ela a literatura jurídica italiana,[65] a teor do art. 1.341 do Código Civil italiano, que acolheu a denominação "*condizioni generale di contratto*" para o instituto aqui analisado.

Nada obstante ser sustentável o uso da expressão *condições gerais dos contratos* para nomear essa figura jurídica, *condição*, no Direito Civil brasileiro, tem significado próprio e específico de elemento acidental do negócio jurídico, que subordina sua eficácia a acontecimento futuro e incerto (art. 121 do Código Civil). Por essa razão não nos parece rigorosamente técnico falar-se em *condição* para significar *cláusula*.

Condição, nos termos do Código Civil alemão (*Bedingung*, conforme o § 158, BGB),[66] tem o mesmo significado dado ao vocábulo pelo art. 121 do Código Civil brasileiro. Ainda assim, a AGB-Gesetz chama de *condições gerais dos negócios* essas cláusulas predispostas unilateralmente por uma das partes contratantes (§ 1º, AGB-Gesetz).[67] A doutrina tem interpretado o dispositivo acatando a terminologia da lei. Entre nós, embora anotasse que o termo *condição*

---

[63]   Nada obstante, já se afirmou que a expressão "cláusulas contratuais gerais é própria do Direito alemão" (Francisco dos Santos Amaral Neto, "As cláusulas contratuais gerais, a proteção ao consumidor e a lei portuguesa sobre a matéria", cit., p. 238) (grifos nossos).

[64]   Enneccerus-Nipperdey dizem que se chamam, com frequência, condições todas as estipulações acordadas pelas partes, e não apenas aquelas que sujeitam a eficácia do negócio jurídico a acontecimento incerto e futuro (Ludwig Enneccerus e Hans Carl Nipperdey, *Allgemeiner Teil des Bürgerlichen Rechts*, vol. I, tomo II, do Lehrbuch des Bürgerlichen Rechts, de Ludwig Enneccerus, Theodor Kipp e Martin Wolff, 15ª ed., Tübingen, J. C. B. Mohr, 1960, § 194, I, ps. 1.185-1.186).

[65]   Embora advertindo o leitor de que, do ponto de vista rigorosamente científico, condição é elemento acidental do negócio jurídico que subordina sua eficácia a acontecimento futuro e incerto, Giorgi diz que o termo também pode significar cláusula ou pacto, "quando uma parte estipula certas vantagens ou impõe alguns ônus à outra" (Giorgio Giorgi, *Teoria delle obbligazioni nel Diritto moderno italiano*, 7ª ed., Firenze, Fratelli Cammelli, 1908, vol. IV, nº 292, p. 357). Examinando o art. 1.341 do Código Civil italiano, Messineo entende que o termo *condizioni* ali empregado não o foi no sentido próprio dos arts. 1.353 e segs. daquele diploma legal, mas significando cláusula ou pacto (Francesco Messineo, Il contratto in genere, vol. XXI, tomo I, do Trattato di Diritto Civile e Commerciale, dirigido por ele e Antonio Cicu, Milano, Giuffrè, 1973 (reimpressão emendada), ps. 424-425).

[66]   Este é o texto do § 158 do BGB: "Aufschiebende und auflösende Bedingung. Wird ein Rechtsgeschäft unter einer aufschiebenden Bedingung vorgenommen, so tritt die von der Bedingung abhängig gemachte Wirkung mit dem Eintritte der Bedingung ein" (grifos nossos). No vernáculo: "Condição suspensiva e resolutiva. Se o negócio jurídico for realizado sob condição suspensiva, o efeito dependente da condição verificar-se-á com a ocorrência da condição."

[67]   O texto do § 1º da AGB-Gesetz é o seguinte: "Begriffsbestimmung. Allgemeine Geschäftsbedingungen sind alle für eine Vielzahl von Verträgen vorformulierten Vertragsbedingungen, die eine Vertragspartei (verwender) der anderen Vertragspartei bei Abschlub eines Vertrages stellt" (grifos nossos). Em português: "Definição. Condições gerais dos negócios são todas as condições contratuais predispostas para um número

CÓDIGO BRASILEIRO DE DEFESA DO CONSUMIDOR

não pode ser utilizado fora de seu sentido próprio, admite a continuidade do uso na doutrina da expressão *condições gerais dos contratos* em face de sua imediata aceitação na doutrina ocidental moderna, dando-a Orlando Gomes, inclusive, como subtítulo à sua monografia sobre o tema do contrato de adesão.[68]

Na comissão de que fizemos parte, formada no então Conselho Nacional de Defesa do Consumidor para a elaboração do Anteprojeto do Código de Defesa do Consumidor, resolvemos seguir a tradição tedesca e introduzimos o instituto com o nome de *condições gerais dos contratos*.[69] Depois de realizados vários debates sobre o Anteprojeto do CDC, principalmente no 1º Congresso Internacional do Direito do Consumidor, que teve lugar em São Paulo, de 29 de maio a 2 de junho de 1989, entendemos de melhor alvitre acolher as críticas do prof. Alcides Tomasetti Júnior, da Universidade de São Paulo, e abandonamos o termo *condições gerais dos contratos* para adotarmos a locução *cláusulas gerais dos contratos*,[70] de maior precisão científica, conforme já exposto.

9. PROTEÇÃO CONTRA CLÁUSULAS ABUSIVAS

Um dos direitos básicos do consumidor é o de proteção contra cláusulas abusivas ou impostas no fornecimento de produtos ou serviços (relações de consumo), conforme disposto no art. 6º, nº IV, do Código. O CDC enumerou uma série de cláusulas consideradas abusivas, dando-lhes o regime da nulidade de pleno direito (art. 51). Esse rol não é exaustivo, podendo o juiz, diante das circunstâncias do caso concreto, entender ser abusiva e, portanto, nula, determinada cláusula contratual. Está para tanto autorizado pelo *caput* do art. 51 do CDC, que diz serem nulas, "entre outras", as cláusulas que menciona. Ademais, o inc. XV do referido artigo contém norma de encerramento, que dá possibilidade ao juiz de considerar abusiva a cláusula que "esteja em desacordo com o sistema de proteção ao consumidor". Em resumo, os casos de cláusulas abusivas são enunciados pelo art. 51 do CDC em *numerus apertus* e não em *numerus clausus*.[71]

Não é demais lembrar que as relações de consumo são informadas pelo *princípio da boa-fé* (art. 4º, *caput* e inc. III, CDC), de sorte que toda cláusula que infringir esse princípio é considerada, *ex lege*, como abusiva. Dissemos *ex vi legis*, porque o art. 51, nº XV, do CDC diz serem

---

     indeterminado de contratos, que um dos contratantes (estipulante) sobrepõe ao outro no momento da conclusão de um contrato."

[68]   Orlando Gomes, *Contrato de adesão (condições gerais dos contratos)*, cit., nº 3, p. 7.

[69]   Arts. 36, parágrafo único, e 40, parágrafo único, do Anteprojeto do CDC elaborado pela Comissão de Juristas junto ao Conselho Nacional de Defesa do Consumidor, publicado no Diário Oficial da União, de 4.1.89, Anexo I.

[70]   Isso foi implementado no texto da Comissão Mista do Senado Federal e da Câmara dos Deputados (arts. 50, § 3º, e 53, § 4º), publicado no Diário Oficial da União, de 4.12.89.

[71]   Muito embora a jurisprudência e a doutrina italiana entendam que "o elenco legislativo (do art. 1.341 do Código Civil italiano) das cláusulas abusivas seja considerado como taxativo, admitindo aplicação extensiva mas não analógica" (cf. Francesco Galgano, Il negozio giuridico, vol. III, tomo I, do Trattato di Diritto Civile e Commerciale, dirigido por Antonio Cicu, Francesco Messineo e Luigi Mengoni, Milano, Giuffrè, 1988, nº 13, ps. 50-51), a enumeração das cláusulas abusivas em *numerus apertus* vem sendo alvitrada de há muito pela doutrina mais autorizada, de *lege ferenda*. Ver, nesse sentido, Anteo Genovese, "Osservazioni di iure condendo circa le condizioni generali di contratto", in Studi in memoria di Tullio Ascarelli, Milano, Giuffrè, 1969, vol. II, nº 3, ps. 872-876. O número de cláusulas que podem ser consideradas abusivas é praticamente ilimitado (cf. Juan Carlos Rezzónico, *Contratos con cláusulas predispuestas*, cit., § 315, p. 451), de sorte que toda a enumeração que delas se fizer será "nécessairement lacunaire", no dizer de Philippe Nordmann, *Le contrat d'adhésion: abus et remèdes*, Thonney-Lausanne, Dupraz, 1974, nº 25, p. 31.

Capítulo VI • DA PROTEÇÃO CONTRATUAL

abusivas as cláusulas que "estejam em desacordo com o sistema de proteção ao consumidor", sistema no qual se insere o princípio da boa-fé por expressa disposição do já mencionado art. 4º, *caput* e inc. III, do CDC.[72] Há no sistema contratual do CDC, por conseguinte, a obrigatoriedade da adoção pelas partes de uma *cláusula geral de boa-fé*, que se reputa existente em todo e qualquer contrato que verse sobre relação de consumo, mesmo que não inserida expressamente nos instrumentos contratuais respectivos.

A boa-fé objetiva no CDC é *cláusula geral* quando regulada no art. 4º, inc. III, mas *conceito legal indeterminado* (ou *determinado pela função*) quando causa de nulidade da cláusula contratual que a desatende (art. 51, inc. IV, do CDC).[73]

A proteção contra cláusulas abusivas é um dos mais importantes instrumentos de defesa do consumidor,[74] importância que se avulta em razão da multiplicação dos contratos de adesão, concluídos com base nas cláusulas contratuais gerais. Além dessa circunstância, a impossibilidade de o aderente discutir as bases do contrato faz com que, no que respeita às relações de consumo, deva haver a necessária proteção contra cláusulas abusivas, que se originam amiúde das *cláusulas gerais dos contratos*.[75]

O fato de as cláusulas abusivas serem mais frequentes nos contratos de adesão não significa que a proteção do consumidor deva dar-se somente nessa forma de conclusão de contrato. Havendo cláusula considerada abusiva pelo CDC, é irrelevante tratar-se de contrato de adesão

---

[72] Clóvis do Couto e Silva propõe a adoção de uma "cláusula geral de boa-fé" e a criação de um elenco de cláusulas consideradas abusivas, criação essa que deve ser feita por lei, para que se atinja o sistema ideal de proteção contratual dos aderentes nos contratos de adesão (O princípio da boa-fé e as condições gerais dos negócios, cit., p. 41). A cláusula geral de boa-fé, segundo ele, propicia maior flexibilidade no sistema, quando, por exemplo, não estiver enunciada no rol das cláusulas abusivas alguma estipulação que, pelo seu conteúdo e contexto, possa infringir a boa-fé e ser então considerada como abusiva. Seu reclamo foi totalmente atendido pelo CDC, que criou a "cláusula geral de boa-fé" no art. 4º, nº III, e enumerou as hipóteses de cláusulas abusivas no art. 51. O sistema do CDC é, aliás, mais efetivo do que o proposto pelo ilustre professor gaúcho, pois as hipóteses legais de cláusulas abusivas não são descritas de modo taxativo, mas em *numerus apertus*, como se pode observar do *caput* do art. 51, quando fala que se consideram abusivas, "entre outras", as cláusulas que menciona, além de haver a norma de encerramento do inc. XV do art. 51, que confere possibilidade ao magistrado para completar esse conceito jurídico indeterminado, consubstanciado nas cláusulas "que estejam em desacordo com o sistema de proteção ao consumidor". Sobre a cláusula geral de boa-fé objetiva, prevista tanto no art. 4º, inc. III, do CDC como no art. 422 do CC, v. Nelson Nery Junior & Rosa Maria Andrade Nery, *Código Civil anotado*, cit., comentários ao art. 422 do CC, ps. 338-342.

[73] Sobre a diferença entre princípios gerais de Direito, conceito legal indeterminado, conceito determinado pela função e cláusulas gerais, v. Nelson Nery Junior e Rosa Maria Andrade Nery, *Código Civil anotado*, cit., comentários 13 a 25, principalmente o nº 25, preliminares ao art. 1º do CC, ps. 141-144. A boa-fé pode ser princípio geral de Direito (quando não estiver regulada e descrita em norma legal – princípio não positivado), cláusula geral (quando a lei a estabelece como conceito abstrato, não mencionando a consequência para o seu cumprimento ou descumprimento – art. 422 do CC e art. 4º, inc. III, do CDC), ou, ainda, conceito legal indeterminado ou determinado pela função (quando a norma legal expressamente determina a consequência de seu cumprimento ou descumprimento – art. 51, inc. IV, do CDC [nulidade da cláusula contratual]).

[74] Ver, sobre o tema, Eike von Hippel, *Verbraucherschutz*, 3ª ed., Tübingen, J. C. B. Mohr, 1986, § 4º, ps. 118 e segs.; Horst Locher, *Das Recht der Allgemeinen Geschäftsbedingungen*, Beck, 1980, § 4º, p. 11; Hélène Bricks, *Les clauses abusives*, Paris, Librairie Générale de Droit et de Jurisprudence, 1981, passim; Ewoud Hondius, *Unfair terms in consumer contracts*, Utrecht, Molengraaff Instituut voor Privaatrecht, 1987, passim. Consultar a obra coletiva coordenada por Thierry Bourgoignie e Jean Gillardin, *Droit des consommateurs: clauses abusives, pratiques du commerce et réglementation des prix*, Bruxelles, Facultés Universitaires Saint-Louis, 1982, passim, notadamente ps. 1-167.

[75] Jacques Ghestin, *Traité de Droit Civil (les obligations – le contrat)*, Paris, Librairie Générale de Droit et de Jurisprudence, 1980, vol. II, nº 587, ps. 483 e segs.

ou "contrato de comum acordo" (*contrat de gré à gré*): é suficiente que seja *relação jurídica de consumo* para que o negócio jurídico receba proteção contra as cláusulas abusivas.[76]

O critério do CDC para a enumeração das cláusulas abusivas em seu art. 51 foi informado pela experiência recolhida tanto da jurisprudência brasileira dos últimos anos, especialmente quanto aos contratos de adesão, quanto dos casos mais frequentes que passaram pelos órgãos de proteção do consumidor, notadamente pelos PROCONs e pelo Ministério Público. O Direito estrangeiro teve influência ímpar na adoção dessas cláusulas, com particular relevo para o Direito alemão.[77]

A AGB-Gesetz dividiu as *cláusulas gerais dos contratos* em dois grupos: a) as absolutamente ineficazes e b) as relativamente ineficazes (§§ 10 e 11). Essas duas ordens de classificação são chamadas na doutrina de "lista negra" e "lista cinza", respectivamente, em virtude da gradação de sua ineficácia.[78]

O Decreto-lei português nº 220, de 1995, regulou as cláusulas abusivas, suscetíveis de ações de nulidade (art. 24), bem como previu as ações inibitórias (art. 25) e cautelares (art. 31), medidas essas outrora previstas pelo Decreto-lei nº 446, de 25 de outubro de 1985 (JGBF).[79]

O CDC adotou um sistema próprio de enumeração e de proteção contra as cláusulas abusivas. Conferiu-lhes o regime da "nulidade de pleno direito", não estabelecendo graus de invalidade entre elas, tampouco as tratando como causas de ineficácia da relação jurídica de consumo.

O sistema das nulidades não é único no Direito brasileiro, quer no âmbito civil, quer no comercial, processual civil e administrativo. Podemos dizer que, modernamente, as invalidades reclamam tratamento microssistêmico, a fim de serem atendidas as peculiaridades de cada um dos microssistemas jurídicos *per se*. Esse é precisamente o caso do Código de Defesa do Consumidor.

Afastou-se ele do sistema de invalidades do Código Civil, do Código de Processo Civil e do Direito Administrativo. Como consequência, restou superado o entendimento de que as nulidades de pleno direito independem de declaração judicial para se fazerem atuar no ato ou negócio jurídico, em contraposição às nulidades absolutas, que precisam de pronunciamento judicial para produzirem seus efeitos de invalidação do ato ou negócio jurídico. Do mesmo modo, não há lugar para falar-se, no sistema do CDC, em nulidade absoluta e nulidade relativa de cláusulas contratuais abusivas. No regime jurídico do CDC, as cláusulas abusivas são nulas de pleno direito porque contrariam a *ordem pública de proteção ao consumidor*.[80] Isso quer dizer que as nulidades podem ser reconhecidas a qualquer tempo e grau de jurisdição,

---

[76] Nesse sentido, Jacques Ghestin, *Traité de Droit Civil (les obligations – le contrat)*, cit., vol. II, nos 587 e 588, ps. 484 e 485; Alcides Tomasetti Júnior, Para uma dogmática da proteção contratual nas relações jurídicas de consumo, conferência cit.

[77] Por intermédio da AGB-Gesetz, de 9.12.76 (Gesetz zur Regelung der Allgemeinen Geschäftsbedingungen – Lei para o regulamento das condições gerais dos contratos).

[78] A sugestão da criação de uma "lista negra" (schwarze Liste) de cláusulas específicas consideradas abusivas, cujo regime seria o de uma evidente proibição legal, é de Ludwig Raiser, *Das Rechts der Allgemeinen Geschäftsbedingungen*, cit., § 8º, ps. 99 e segs., alvitre esse que foi acolhido pela AGB-Gesetz alemã. Fala também nas listas negras Ewoud Hondius, *Unfair terms in consumer contracts*, cit., nº 61, p. 230.

[79] A respeito da lei portuguesa sobre as cláusulas gerais dos contratos, ver Mário Júlio de Almeida Costa e António Menezes Cordeiro, *Cláusulas contratuais gerais*, Coimbra, Almedina, 1986, passim; Luzia Rosa Leite Converti, "Il Decreto-legge portoghese nº 446/85, sui contratti per adesione, nella prospettiva dell'esperienza occidentale nel settore della tutela del consumatore", *in Rivista di Diritto Civile*, Parte Prima, Padova, Cedam, 1988, vol. XXXIV, ps. 71-107.

[80] O art. 1º do CDC define suas regras como "normas de ordem pública e interesse social" (grifos nossos). Sobre a ordem pública de proteção ao consumidor, ver Jacques Ghestin e Bernard Desché, Traité des contrats (la vente), cit., nº 26, ps. 22-23, na linha de entendimento do nosso CDC.

Capítulo VI · DA PROTEÇÃO CONTRATUAL

devendo o juiz ou tribunal pronunciá-las *ex officio*, porque normas de ordem pública insuscetíveis de preclusão.

10. CONTROLE DAS CLÁUSULAS GERAIS DOS CONTRATOS

Uma das formas de tutela contratual do consumidor é a que se realiza mediante o controle das cláusulas gerais dos contratos. Esse controle pode ser efetivado administrativamente ou pela via judicial. Tanto num como noutro caso, o controle pode ser abstrato ou concreto.

O controle administrativo dá-se: a) pela instauração de inquérito civil (art. 8º, § 1º, da Lei nº 7.347/85, aplicável às ações fundadas no CDC por incidência do art. 90, CDC); b) pela adoção de providências no âmbito da administração pública, relativamente às atividades por ela fiscalizada ou controlada.

A instauração do inquérito civil (art. 8º, § 1º, LACP e art. 90, CDC) é atribuição institucional exclusiva do Ministério Público (art. 129, nº III, CF), que serve como preparação para eventual ajuizamento de ação civil pública.

No inquérito civil o Ministério Público pode arregimentar documentos, informações, ouvir os interessados, a fim de formar sua opinião sobre a existência ou não de cláusula abusiva em determinado contrato de consumo. É nessa oportunidade que os interessados podem chegar à composição extrajudicial, sempre no interesse social de preservar-se a ordem pública de proteção do consumidor.

A experiência paulista nessa área tem demonstrado, ao longo de alguns anos, o acerto da adoção do inquérito civil como elemento de pacificação social na tutela dos interesses e direitos difusos e coletivos. Apenas para referir um exemplo, o Ministério Público de São Paulo instaurou inquérito civil para a apuração da existência de cláusulas abusivas em formulários utilizados por algumas escolas de línguas da capital. No curso do inquérito a conclusão comum dos interessados foi no sentido de que determinadas cláusulas eram, efetivamente, abusivas. A fim de evitar a propositura de ação civil pública pelo Ministério Público, com o objetivo de defender os direitos difusos dos consumidores, as escolas resolveram alterar em seus formulários-padrão as cláusulas consideradas abusivas, chamando os alunos que já tinham subscrito o contrato de adesão para que fizessem o respectivo aditivo contratual. Formalizou-se um termo de acordo, celebrado entre o Ministério Público e as escolas, que foi homologado pelo Conselho Superior do Ministério Público.

Controle administrativo desse tipo já era feito, portanto, pelo Ministério Público, com fundamento na Lei de Ação Civil Pública – LACP (Lei nº 7.347/85). Os § 3º do art. 51 e § 5º do art. 54 do CDC, que previam o controle administrativo e abstrato, pelo Ministério Público, das cláusulas contratuais gerais nos contratos de consumo, foram vetados pelo presidente da República. O veto não tem nenhum efeito prático, pois continuam em vigor as disposições sobre o inquérito civil, poderoso instrumento de prevenção e de composição de conflitos de consumo, que continuará sendo utilizado pelo Ministério Público no desempenho de seus misteres institucionais.

Pode haver controle administrativo, por meio do inquérito civil, tanto do ponto de vista abstrato quanto do concreto. O controle abstrato faz-se sempre que chegar ao conhecimento do Ministério Público a existência de cláusula potencialmente abusiva em formulário-padrão da administração pública ou de qualquer fornecedor particular, irrelevante tenha havido ou não contrato de adesão com base no referido formulário. Há controle concreto quando algum interessado deduz reclamação em qualquer órgão de proteção ao consumidor, que pode provocar a atividade do Ministério Público na instauração do inquérito civil para apuração dos fatos. Não é ocioso lembrar que o Ministério Público tem legitimidade para defender os direitos e interesses difusos, coletivos e *individuais homogêneos*, a teor do art. 129, nos III e IX, da CF, combinados com os arts. 82, nº I, 90, 110 e 117, todos do CDC e, ainda, com os arts. 1º, nº IV, 5º, *caput* e 21 da LACP.

Quando as cláusulas contratuais gerais forem aprovadas pela autoridade competente, ou por lei, o controle administrativo também pode ser feito pelo inquérito civil a cargo do Ministério Público.[81]

A segunda forma de controle administrativo se dá pela possibilidade de a administração pública poder exercer seu poder de fiscalização e regulamentação, por meio de decretos, portarias e outros atos administrativos, dirigidos ao estabelecimento de padrões para que os administrados possam exercer a atividade controlada e fiscalizada pelo Poder Público. Isso ocorre, por exemplo, com o setor de seguros, que deve obedecer às normas traçadas pela SUSEP (Superintendência de Seguros Privados), e com o setor de consórcio de automóveis, que deve obedecer às normas fixadas pelo Ministério da Economia, nos termos da Lei nº 13.844, de 2019. Até então essas normas eram estabelecidas pelo Banco Central do Brasil.

Os órgãos fiscalizadores dessas atividades controladas pelo Poder Público poderão exercer o controle administrativo das cláusulas contratuais gerais sempre que isso for possível.[82] O modo mais usual para fazer-se o controle administrativo das cláusulas contratuais gerais ocorre com a ação do órgão público de sugerir modificação ou eliminação de cláusula considerada abusiva pelo CDC, ou que contrarie as normas baixadas pela autoridade competente. Sendo possível e dentro de sua competência, o órgão público pode alterar a norma administrativa (decreto, portaria, instrução normativa, resolução etc.), a fim de melhorar a harmonia que deve presidir as relações de consumo.

Relativamente às cláusulas aprovadas por lei, o controle administrativo pode e deve ser efetuado pelo órgão da administração pública, já que vigora no Direito Administrativo o princípio da legalidade, pelo qual a administração somente pode agir *secundum legem*, nunca *contra* ou *praeter legem*.[83] Mas esses órgãos da administração não poderão alterar os dispositivos da lei que editou as cláusulas. Podem, contudo, compor os conflitos de consumo resultantes de cláusulas abusivas. O controle pela via judicial é admissível, pela iniciativa do órgão legitimado pelo art. 82 do CDC.

Quando somente a alteração da lei autoriza a modificação ou eliminação de cláusula, é vedado à administração estipular qualquer alteração, a título de controle das cláusulas contratuais gerais, por meio de decreto ou outro ato normativo infralegal. Cabe, nessas hipóteses, o controle pela via judicial.

Diferentemente do controle administrativo das *cláusulas contratuais gerais*, que somente pode ser feito pelo Ministério Público (por meio do inquérito civil) ou pela administração pública, nos limites de seu poder de fiscalização e regulamentação, o controle judicial (abstrato

---

[81] Sobre o controle administrativo das cláusulas contratuais gerais aprovadas pela administração pública, ver C. Massimo Bianca, *Diritto Civile (il contratto)*, cit., vol. III, nº 167, ps. 361 e segs.; Enzo Roppo, Contratti standard (autonomia e controlli nella disciplina delle attività negoziali di impresa), Milano, Giuffrè, 1989 (reimpressão da edição de 1975), ps. 355 e segs.; Guido Alpa, Diritto Privato dei consumi, Bologna, Il Mulino, 1986, ps. 239 e segs.; Umberto Morello, "Condizioni generali di contratto", verbete in Digesto delle discipline privatistiche (sezione civile), 4ª ed., Torino, Utet, 1988, vol. III, nos 9 e segs., ps. 349 e segs.

[82] Sobre o controle administrativo das cláusulas contratuais gerais, pelos órgãos públicos fiscalizadores das atividades por eles controladas, ver Walter Löwe, "Instrumente der abstrakten Kontrolle", in Zehn Jahre AGB-Gesetz, organizado por Helmut Heinrichs, Walter Löwe e Peter Ulmer, Köln, Verlag Kommunikationsforum, 1987, ps. 99-120.

[83] Michel Stassinopoulos, *Traité des actes administratifs*, Paris, Librairie Générale de Droit et de Jurisprudence, 1973 (reimpressão da edição de Atenas, de 1954), ps. 18-19.

Capítulo VI · DA PROTEÇÃO CONTRATUAL

ou concreto) pode ser provocado por qualquer dos legitimados do art. 82 do CDC. A cláusula declarada judicialmente como abusiva não estará mais conforme o Direito. Essa decisão terá eficácia *erga omnes* ou *ultra partes*, no caso de haver sido pedido o controle judicial abstrato, cujo objetivo seja a proteção dos direitos difusos ou coletivos do consumidor (art. 103, CDC). Isso significa, em última análise, que a sentença que reconhece como abusiva determinada cláusula funciona na prática como *decisão normativa*, atingindo o estipulante em contratações futuras, proibindo-o de concluir contratos futuros com a cláusula declarada abusiva judicialmente.[84] Do contrário, não teria nenhum sentido a tutela contratual *coletiva* ou *difusa* do consumidor.

Quando há pedido individual de declaração de abusividade de cláusula em contrato de *gré à gré* ("contrato de comum acordo"), vale dizer, em contrato que não de adesão, a autoridade da coisa julgada fica circunscrita às partes entre as quais foi dada a sentença.

11. CONTRATOS BANCÁRIOS[85]

As operações bancárias estão abrangidas pelo regime jurídico do CDC, desde que constituam *relações jurídicas de consumo*. Diz o art. 3º que "fornecedor é toda pessoa física ou jurídica, pública ou privada, nacional ou estrangeira, bem como os entes despersonalizados, que desenvolvem atividades de produção, montagem, criação, construção, transformação, importação, exportação, distribuição ou comercialização de produtos ou prestação de serviços". Define o que seja produto em seu § 1º: "produto é qualquer bem, móvel ou imóvel, material ou imaterial". Os serviços estão considerados no § 2º do art. 3º do CDC: "serviço é qualquer atividade fornecida no mercado de consumo, mediante remuneração, *inclusive as de natureza bancária, financeira, de crédito e securitária*, salvo as decorrentes das relações de caráter trabalhista".

Não há dúvida sobre a natureza jurídica da atividade bancária, que se qualifica como empresarial. É antiga a lição de Vivante, dizendo que banco é a empresa comercial que recolhe os capitais para distribuí-los sistematicamente com operações de crédito.[86] O revogado art. 119 do Código Comercial brasileiro, de 1850, já definia a atividade dos banqueiros, denominando-a operação de bancos, que também o Regulamento nº 737, de 25 de novembro de 1850, considerava como mercancia.[87]

Os conceitos de comerciante e de ato de comércio sofreram sensível evolução para o que hoje se denomina empresa e atividade, respectivamente.[88] Com a conceituação da *atividade negocial* como a "prática reiterada, de modo organizado e unificado, por um mesmo sujeito,

---

[84] Dizendo que, uma vez declaradas abusivas, as cláusulas visadas não mais serão conforme a lei, Jacques Ghestin, *Traité de Droit Civil (les obligations – le contrat)*, cit., vol. II, nº 588, p. 485.

[85] V. Nelson Nery Junior, "Defesa do consumidor de crédito bancário em juízo", *in Revista de Direito Privado*, São Paulo, Revista dos Tribunais, 2001, vol. 5, ps. 192-222.

[86] "La banca è l'azienda commerciale che raccoglie i capitali per distribuirli sistematicamente con operazioni di credito" (Cesare Vivante, *Trattato di Diritto Commerciale*, 5ª ed., Milano, Ed. Francesco Vallardi, 1934, vol. I, nº 53, p. 92).

[87] Antigo Código Comercial: "Art. 19. Considera-se mercancia: (...) § 2º As operações de câmbio, banco e corretagem." Os atos enumerados pelos parágrafos do art. 19 do Regulamento nº 737, de 1850, "são reputados *commerciaes juris et de jure*, não sendo admissível prova em contrário" (Antonio Bento de Faria, *Processo commercial e civil*, 4ª ed., Rio de Janeiro, Jacintho Ribeiro dos Santos Editor, 1914, nota nº 18 ao art. 19, p. 15) (grifado no original).

[88] Sobre essa evolução, ver Luiz Gastão Paes de Barros Leães, *A responsabilidade do fabricante pelo fato do produto*, São Paulo, Saraiva, 1987, ps. 10 e segs., e a literatura ali indicada.

visando a uma finalidade econômica unitária e permanente",[89] pode-se concluir que dessa atividade negocial organizada surge a empresa, núcleo do moderno Direito Comercial. É nesse contexto que podemos encaixar a atividade bancária.

São considerados empresas os bancos comerciais, de emissão, de investimento, de crédito rural (bancos agrícolas), de crédito real (bancos hipotecários), assim como as casas bancárias, caixas econômicas e cooperativas de crédito. Modernamente, a atividade bancária vem se desenvolvendo cada vez mais para a formação dos bancos múltiplos, porquanto a concorrência existente no mercado praticamente impôs aos bancos a necessidade de atender bem o cliente, facilitando suas operações, bem como lhe propiciando melhor prestação de serviços. Estão desaparecendo, consequentemente, os bancos específicos, que só praticavam determinada e isolada atividade empresarial bancária como as mencionadas anteriormente (bancos hipotecários, rurais etc.).

Analisado o problema da classificação do banco como empresa e de sua atividade negocial, tem-se que é considerado pelo art. 3º, *caput*, do CDC, como fornecedor, vale dizer, um dos sujeitos da relação de consumo. O *produto* da atividade negocial do banco é o crédito;[90] agem os bancos, ainda, na qualidade de prestadores de serviço, quando recebem tributos mesmo de não clientes, fornecem extratos de contas bancárias por meio de computador etc. Podem os bancos, ainda, celebrar contrato de aluguel de cofre, para a guarda de valores, igualmente enquadrável no conceito de *relação de consumo*.[91] Suas atividades envolvem, pois, os dois objetos das relações de consumo: os produtos e os serviços.

O aspecto central da problemática da consideração das atividades bancárias como *relações jurídicas de consumo* reside na *finalidade* dos contratos realizados com os bancos. Havendo a outorga do dinheiro ou do crédito para que o devedor o utilize como destinatário final, há a relação de consumo que enseja a aplicação dos dispositivos do CDC. Caso o devedor tome dinheiro ou crédito emprestados do banco para repassá-lo, não será destinatário final e, portanto, não há que se falar em relação de consumo. Como as regras normais de experiência nos dão conta de que a pessoa física que empresta dinheiro ou toma crédito de banco o faz para sua utilização pessoal, como destinatário final, existe aqui presunção *hominis, juris tantum*, de que se trata de relação de consumo, quer dizer, de que o dinheiro será destinado ao consumo.[92] O ônus de provar o contrário, ou seja, que o dinheiro ou crédito tomados pela pessoa física não foi destinado ao uso final do devedor, é do banco, quer porque se trata de presunção a favor do mutuário ou creditado, quer porque poderá incidir o art. 6º, nº VIII, do CDC, com a inversão do ônus da prova a favor do consumidor.[93]

---

[89] Luiz Gastão Paes de Barros Leães, *A responsabilidade do fabricante pelo fato do produto*, cit., p. 14.

[90] Os bancos não comercializam apenas produtos *tout court*, pois também prestam serviços. Em sentido similar, criticando o entendimento empírico de considerar-se como produto a atividade bancária como um todo, Gérard Cas e Didier Ferrier, *Traité de Droit de la Consommation*, Paris, Presses Universitaires de France, 1986, nº 203, p. 183.

[91] Nesse sentido, Gérard Cas e Didier Ferrier, *Traité de Droit de la Consommation*, cit., nº 534, p. 469. Já se decidiu que o contrato bancário de aluguel de cofre constitui obrigação de resultado, porque o banco vende segurança, reputando-se não escrita a cláusula de exoneração da responsabilidade civil, mesmo antes da vigência do CDC, cujo preceito expresso do art. 51, nº I, considera abusiva essa cláusula: TJSP, 7ª Câmara Cível, Apelação nº 117.740-1, de Itapecerica da Serra, rel. Des. Sousa Lima, v.u., j. de 7.2.90, in *RJTJSP* 125/215.

[92] A presunção de que o crédito por mútuo em dinheiro para pessoa física, cuja atividade principal não tenha natureza comercial ou profissional, destina-se ao consumo foi preconizada por Carlos Ferreira de Almeida, *Os direitos dos consumidores*, Coimbra, Almedina, 1982, nº 38, p. 142, nota nº 179.

[93] Esse critério foi estabelecido, com acerto, por Antonio Herman de Vasconcellos e Benjamin.

Capítulo VI · DA PROTEÇÃO CONTRATUAL

Já para os devedores pessoas jurídicas, a presunção é de que emprestam ou tomam crédito do banco para ser utilizado em sua atividade de produção, isto é, para aplicar em sua linha de produção, montagem, transformação de matéria-prima, aumento de capital de giro, pagamento de fornecedores etc. O ônus da prova de demonstrar que emprestou como destinatário final é da pessoa jurídica que celebrou o contrato de mútuo ou crédito com o banco.

Os contratos bancários podem ter como objeto o *crédito*. Destes, os mais comuns são o contrato de mútuo, de desconto, de financiamento de aquisição de produtos ao consumidor, de abertura de crédito, de cartão de crédito etc. Se o devedor destinar o crédito para sua *utilidade pessoal*, como destinatário final, haverá relação jurídica de consumo, sujeita ao regime do CDC.

Tem sido conferida proteção especial ao crédito ao consumidor pelas legislações de outros países, como o demonstram a Lei francesa nº 78-22, de 10 de janeiro de 1978; o *Consumer Credit Protection Act* americano, de 1968; o Decreto alemão sobre o estabelecimento de preços (*Verordnung Über Preisangaben*), de 10 de maio de 1973; a Lei alemã sobre o regulamento dos preços (*Gesetz zur Regelung der Preisangaben*), de 3 de dezembro de 1984 etc.[94] No Direito da União Europeia, a necessidade de haver efetiva proteção do consumidor quanto ao aspecto do crédito é imposição da Diretiva nº 87/102, de 22 de dezembro de 1986.[95]

A preocupação das legislações estrangeiras e da doutrina alienígena de se incluir o crédito nas normas de proteção do consumidor não foi desprezada pelo CDC, que de fato o incluiu quando definiu consumidor, fornecedor, produto e serviço, fazendo expressa menção às atividades bancárias, de crédito, financeiras e securitárias (arts. 2º, 3º, e parágrafos, e 52).

Quanto aos contratos de financiamento de bens duráveis ao consumidor, não há dificuldade para considerá-los como contratos de consumo, já que seu objeto é emprestar dinheiro ao consumidor para que possa adquirir produto ou serviço no mercado de consumo, como destinatário final.

Relativamente ao contrato de cartão de crédito[96] ocorre o mesmo fenômeno: o banco ou a empresa administradora do cartão confere crédito ao consumidor, para que possa adquirir produtos ou se utilizar de serviços, pagando a respectiva fatura em dia determinado para o vencimento da prestação. A finalidade é de celebrar relação jurídica de consumo, portanto.

---

[94] Afirmando que o crédito é matéria sob o regime das normas de proteção do consumidor, a uniformidade da doutrina: Eike von Hippel, Verbraucherschutz, cit., § 9º, ps. 214 e segs.; Jean Calais-Auloy & Frank Steinmetz, *Droit de la Consommation*, cit., nos 327 e segs., ps. 359 e segs.; Ludwig Krämer, *EEC Consumer law*, Bruxelles, Story Scientia, 1986, nos 345 e segs., ps. 311 e segs.; Nicole Chardin, *Le contrat de consommation de crédit et l'autonomie de la volonté*, cit., passim; *Le droit du crédit au consommateur*, obra coletiva dirigida por Ibrahim Fadlallah, Paris, Librairies Techniques, 1982, passim, principalmente o artigo de Marcel Beaubrun, "La notion de consommateur de crédit", nº 18, ps. 19 e segs.; Thierry Bourgoignie, *Éléments pour une théorie du Droit de la Consommation*, cit., nº 23, p. 58, falando das operações bancárias e de seguros.

[95] Ver o texto integral da diretiva em José Angel Torres Lana e Santiago Cavanillas Múgica, *Código de Derecho del Consumo*, Madrid, Trivium, 1989, § 30, ps. 101 e segs. O art. 1º da diretiva define contrato de crédito como "aquele mediante o qual um prestamista concede ou promete conceder a um consumidor um crédito sob a forma de pagamento a termo, prestação ou qualquer outra facilidade de pagamento".

[96] Incluindo os cartões de crédito no conceito de serviços prestados ao consumidor, portanto, sujeito às normas de proteção das relações de consumo, Marcel Beaubrun, "La notion de consommateur de crédit", cit., nº 18, ps. 19-20; Alain Seriaux, "La distribution du crédit mobilier", in Le droit du crédit au consommateur, cit., nº 33, p. 277; Jean Calais-Auloy & Frank Steinmetz, *Droit de la Consommation*, cit., nº 337, p. 366; Guido Alpa, *Diritto Privato dei consumi*, Bologna, Il Mulino, 1986, ps. 155 e segs.

O problema maior parece ocorrer com os contratos de mútuo e de abertura de crédito rotativo em conta de depósitos (tipo "cheque especial"),[97] já que se poderia objetar sua caracterização como *relação de consumo*, porque o dinheiro vai ser gasto pelo devedor, que não seria, assim, consumidor no sentido do Código.

Esse entendimento não pode ser aceito por ferir princípio básico de hermenêutica: o de que nenhuma interpretação pode conduzir ao absurdo. Seria despropositado entender-se que o consumidor devesse ficar eternamente com o dinheiro emprestado do banco, colocando-o debaixo do colchão, para que pudesse ser considerado consumidor do crédito bancário.

O contrato de empréstimo bancário (mútuo) tem como objeto o crédito de dinheiro, que, na expressão de Sérgio Carlos Covello, *"naturalmente deve ser utilizado para o consumo"*.[98] Essa consideração está em perfeita consonância com o art. 1.892 do Código Civil francês, que nomeia o contrato como "empréstimo *para consumo* ou mútuo" (*prêt de consommation* ou *simple prêt*), distinguindo-o do contrato de "empréstimo a juros" (*prêt à intérêt*), do art. 1.905 (grifos nossos).

Sob a denominação genérica *crédito* englobam-se todos os concursos financeiros, isto é, todas as operações bancárias,[99] mais especificamente o crédito e a operação pela qual o banco coloca uma soma em dinheiro à disposição de outra, não importando se subordinada ou não à aquisição de bem de consumo determinado.[100] O crédito é sempre dado *intuitu personae*, com base na confiança do banco no cliente,[101] que pode ser materializado na forma de dinheiro, coisa ou serviço.[102]

O Código de Defesa do Consumidor evidentemente conferiu regime jurídico próprio aos produtos, que chamou de qualquer bem, móvel ou imóvel, material ou imaterial (art. 3º, § 1º), noção muito mais abrangente que a de "bem" e a de "coisa", do Código Civil. O crédito seria um bem imaterial dado ao consumidor em decorrência do conceito que goza na praça, da confiança que o banco nele deposita, em virtude, ainda, da suficiência de seu patrimônio para garantir eventual empréstimo etc.

O Código denomina serviço "qualquer atividade fornecida no mercado de consumo", incluindo as de natureza bancária, financeira, de crédito e securitárias (art. 3º, § 2º).

Com isso, o Código se constitui num diploma moderno, mostrando sua atualidade ao acompanhar a evolução dos novos comportamentos econômicos e sociais no que respeita aos seus reflexos no campo do Direito. As relações jurídicas de consumo e as novas figuras jurídicas definidas pelo CDC não são redutíveis aos vetustos institutos do Direito Privado ortodoxo.

No sistema do CDC, portanto, o banco se inclui *sempre* no conceito de fornecedor (art. 3º, *caput*, CDC, como *comerciante* e prestador de serviços), e as atividades por ele desenvolvidas

---

[97] Colocando os contratos de abertura de crédito ("cheque especial") como operação de crédito sujeita às normas de proteção do consumidor, Alain Seriaux, "La distribution du crédit mobilier", cit., nº 30, p. 275.

[98] Sérgio Carlos Covello, *Contratos bancários*, 2ª ed., São Paulo, Saraiva, 1991, p. 156. No mesmo sentido, Arnaldo Rizzardo, *Contratos de crédito bancário*, São Paulo, RT, 1990, p. 28.

[99] Marcel Beaubrun, "La notion de consommateur de crédit", cit., nº 18, ps. 19-20.

[100] Nicole Chardin, *Le contrat de consommation de crédit et l'autonomie de la volonté*, cit., nº 7, p. 14; Alberto Bercovitz Rodríguez-Cano, "La protección de los consumidores, la Constitución española y el Derecho Mercantil", in Estudios jurídicos sobre protección de los consumidores, Madrid, Tecnos, 1987, p. 40. Manifesta a opinião de que o mútuo, para ser considerado crédito e, consequentemente, relação de consumo, deve ser destinado, pelo particular, à aquisição de produtos ou serviços de consumo, Carlos Ferreira de Almeida, *Os direitos dos consumidores*, cit., nº 38, ps. 142-143.

[101] Alain Seriaux, "La distribution du crédit mobilier", cit., nº 35, p. 278.

[102] Jean Calais-Auloy & Frank Steinmetz, *Droit de la Consommation*, cit., nº 327, p. 359.

Capítulo VI · DA PROTEÇÃO CONTRATUAL

para com o público se subsumem aos conceitos de produto e de serviço, conforme o caso (art. 3º, §§ 1º e 2º, CDC).

Mas, abstraindo da modernidade do CDC ao abarcar em seu sistema a relação jurídica de consumo, o produto e o serviço, ainda que se queira emprestar o conceito de *bem consumível* do art. 86 do Código Civil, as atividades bancárias de crédito, das quais ressalta em importância o mútuo aqui examinado, bem como o *dinheiro* objeto desse mútuo, estão enquadradas nesse dispositivo legal, com a denominação dada pela doutrina de bem juridicamente consumível, para diferenciá-lo do bem materialmente consumível.[103]

Será *materialmente* consumível, no sentido do Código Civil, o bem que se destrói pela sua utilização (alimentos, por exemplo) (art. 86, primeira parte, Código Civil). Nesse sentido, não seriam considerados consumíveis os livros, as roupas, os sapatos, porque destinados ao uso; será *juridicamente* consumível o bem destinado à alienação (mercadorias e *dinheiro*, por exemplo).

O CDC não se guiou pelos critérios do Código Civil para conceituar produto ou serviço, como já se disse. Criou um sistema próprio para regular as *relações jurídicas de consumo*, que têm significação moderna e atual, de acordo com o que o CDC estabeleceu como conceito para elas, para o consumidor, para o fornecedor e para o produto e o serviço. Mas, ainda para argumentar, se tomarmos as definições de bem *materialmente* consumível e de bem *juridicamente* consumível, feitas pela doutrina sob a ótica do Código Civil, veremos que o Código de Defesa do Consumidor não quis excluir de seu regime os *bens juridicamente consumíveis*. O CDC não distinguiu entre bem *material* ou *juridicamente* consumível, de modo que não é lícito ao intérprete distinguir. Assim, tanto uma como outra categoria de bem consumível estão sob a regência do Código.

Do contrário, as mercadorias, vale dizer, roupas, sapatos, livros, colocadas à venda em estabelecimento comercial, que são classificadas pela doutrina, à luz do art. 86 do Código Civil, como bens *juridicamente* consumíveis, estariam fora do regime regulado pelo CDC, o que não nos parece atender ao sistema e ao espírito do Código, pois justamente esses *bens juridicamente consumíveis* é que são, na maior parte das vezes, objeto das relações jurídicas de consumo.

Como consequência dessa análise dos bens à luz do Código Civil, tanto os bens *materialmente consumíveis* (alimentos, vinho, azeite etc.) como os *juridicamente consumíveis* (mercadorias e *dinheiro*) podem ser objeto das relações de consumo sujeitas ao regime do Código de Defesa do Consumidor.

O art. 52 do CDC, por seu turno, confirma as disposições do art. 3º, § 2º, quando estipula regra sobre os créditos e financiamentos ao consumidor, não deixando dúvidas sobre a inclusão dessas atividades em sua sistemática.

---

[103] Considerando o dinheiro como bem consumível, manifesta-se torrencialmente a doutrina: Arnoldo Wald, *Curso de Direito Civil brasileiro (introdução e parte geral)*, 5ª ed., São Paulo, RT, 1987, vol. I, p. 146; Ludwig Enneccerus e Hans Carl Nipperdey, *Allgemeiner Teil des Bürgerlichen Rechts*, vol. I, tomo I, do Lehrbuch des Bürgerlichen Rechts, de Ludwig Enneccerus, Theodor Kipp e Martin Wolff, 15ª ed., Tübingen, J. C. B. Mohr, 1959, § 122, III, I, p. 774; Pontes de Miranda, *Tratado de Direito Privado*, 4ª ed., São Paulo, RT, 1983, tomo II, § 121, 2, p. 26; Helmut Heinrichs, *Bürgerliches Gesetzbuch*, cit., comentário nº 1 ao § 92, p. 58; Othmar Jauernig, *Bürgerliches Gesetzbuch*, cit., comentário nº 1 ao § 92, p. 32; Clóvis Bevilácqua, *Código dos Estados Unidos do Brasil comentado*, 11ª ed., Rio de Janeiro, Francisco Alves, 1956, vol. I, p. 226; Pierre Raynaud, Droit Civil (les biens), dirigido por Gabriel Marty e Pierre Raynaud, 2ª ed., Paris, Sirey, 1980, nº 3, p. 3; Marcel Planiol, Georges Ripert e Jean Boulanger, *Traité élémentaire de Droit Civil*, 5ª ed., Paris, Librairie Générale de Droit et de Jurisprudence, 1950, tomo I, nº 2.588, p. 874; Marcel Planiol, Georges Ripert e Maurice Picard, *Traité pratique de Droit Civil français*, 2ª ed., Paris, Librairie Générale de Droit et de Jurisprudence, 1952, tomo III, nº 56, p. 62; Manuel A. Domingues de Andrade, *Teoria geral da relação jurídica*, Coimbra, Almedina, 1974 (reimpressão), vol. I, nº 47, ps. 254-255.

CÓDIGO BRASILEIRO DE DEFESA DO CONSUMIDOR

O sentido teleológico dessas normas do CDC é, indisputavelmente, o de considerar como serviço, objeto da relação de consumo, as atividades bancárias, financeiras, de crédito e de seguros. Ainda que *ad argumentandum* se diga que as operações bancárias não seriam ontologicamente destinadas ao consumo, são elas consideradas *ex lege* como produtos e serviços para os efeitos de sua caracterização como relação de consumo e o banco, igualmente, é considerado *ex lege* (art. 3º, *caput*, CDC) como fornecedor, sendo sempre sujeito de relações jurídicas de consumo. No que toca ao objeto, haveria, por assim dizer, uma ficção jurídica conceituando as atividades bancárias como objeto das relações de consumo.

Por derradeiro, a atividade bancária *tout court* foi considerada como de comércio, por expressa disposição do revogado art. 119, do Código Comercial, e pelos vigentes arts. 2º, da Lei das S.A., e 2º, da Lei nº 4.595/64, de como que os bancos são considerados fornecedores porque exercem comércio, subsumindo-se na atividade designada no *caput* do art. 3º do Código de Defesa do Consumidor. Portanto, o banco é *sempre* fornecedor. A indagação que é pertinente, no caso, é sobre a relação jurídica que o sempre fornecedor banco celebrou com outrem. A pergunta é: a relação jurídica celebrada pelo banco é de consumo? Para responder a esta pergunta é preciso saber-se da contraparte, isto é, se é consumidor. Em o sendo, a relação jurídica que o banco celebrou é de consumo e está sujeita ao regime jurídico do CDC. Ao contrário, se não for, será relação civil ou comercial, sujeita ao Código Civil.

O produto com que o banco negocia é o *crédito*, isto é, bem imaterial, conforme designado pelo art. 3º, § 1º do Código de Defesa do Consumidor.

Assim, dos elementos da relação de consumo (sujeitos: fornecedor e consumidor; objeto: produto ou serviço), nos contratos celebrados pelo banco, estão sempre presentes os seguintes: a) fornecedor, pois o banco é sempre fornecedor por ser comerciante (antigo art. 119, do Código Comercial, cc. art. 3º, *caput*, do CDC); b) produto, pois o crédito – bem imaterial – é o objeto do negócio comercial do banco (art. 3º, § 1º, do CDC); c) serviço, quando o negócio que o banco celebra tem como objeto a prestação de serviços bancários (aluguel de cofre, emissão de extratos etc.) (art. 3º, § 2º, do CDC).

A dúvida que remanesce é tão somente sobre a presença do segundo elemento subjetivo da relação jurídica de consumo: o consumidor. Se aquele que contratou com o banco for consumidor (arts. 2º, *caput* e parágrafo único, 17, 29, do CDC), a relação jurídica será de consumo.

Para esse efeito, convém anotar que o art. 29 do CDC equipara a consumidor todo aquele que estiver exposto aos capítulos das práticas comerciais (práticas comerciais abusivas, publicidade) e da proteção contratual. Assim, ainda que a relação jurídica contratada com o banco não seja de consumo, para fins de proteção contra práticas comerciais abusivas, publicidade ilegal (enganosa ou abusiva), bem como proteção contratual (por exemplo, anulação de cláusulas abusivas: CDC, art. 51; modificação de cláusulas quando há excessiva onerosidade: CDC, art. 6º, nº V), o art. 29 equipara o contratante não consumidor a consumidor, de sorte que pode ele se valer do microssistema do CDC para deduzir sua pretensão em juízo. Em suma, todos os contratos celebrados com os bancos, para os fins dos capítulos anteriormente mencionados, são de consumo e estão sujeitos ao regime jurídico do CDC.

A preocupação atual dos países ocidentais é dotar as leis de melhor proteção contra as atividades bancárias e creditícias. Dizer que bancos estão fora do sistema de proteção do consumidor é remar contra a maré, é andar na contramão da história e da economia mundial. A este propósito, com o objetivo de fazer com que a submissão dos bancos ao CDC seja questão transitada em julgado, o prof. Dr. Newton de Lucca, no Congresso Internacional de Direito do Consumidor (Brasília-DF, abril de 1994), apresentou sugestão, que o plenário aprovou por

432

votação unânime, com a seguinte redação: "*Os bancos e as atividades bancárias se encontram sob o regime jurídico do Código de Defesa do Consumidor*".

A Confederação Nacional do Sistema Financeiro (CONSIF), entidade de caráter nacional, ajuizou ação direta de inconstitucionalidade objetivando a declaração, *in abstracto*, pelo Supremo Tribunal Federal, da inconstitucionalidade da expressão "inclusive as de natureza bancária, financeira, de crédito e securitária", constante do art. 3º, § 2º, do CDC, norma esta que define o *serviço*, um dos objetos da relação jurídica de consumo.[104] O julgamento se encontra suspenso desde abril de 2002,[105] depois do voto do relator interpretando a expressão conforme a Constituição para excluir da incidência a taxa dos juros reais nas operações bancárias, ou a sua fixação em 12% ao ano, e o do min. Néri da Silveira julgando totalmente improcedente o pedido, suspensão esta decorrente do pedido de "vista" dos autos feito pelo min. Nelson Jobim.

O único fundamento da autora da ADIn nº 2.591-1 é relativo à natureza jurídica de lei ordinária, de que se reveste o CDC, que seria incompatível com o comando do art. 192 da CF, que diz que leis complementares regularão o sistema financeiro nacional. Esse é, repetimos, o *único* fundamento da ação direta de inconstitucionalidade. O STF não pode ir além da *causa petendi* indicada pelo autor da ação, de sorte que terá de examinar pura e simplesmente a propalada inconstitucionalidade, apenas à luz da natureza jurídica da lei que instituiu o CDC e sua compatibilidade constitucional.

Com a devida vênia, esse fundamento não pode ser aceito, porque irrelevante. A discussão é estéril, porque não leva a lugar nenhum.

Sistema Financeiro Nacional é o conjunto de normas que regem o denominado *Direito bancário*, isto é, a relação jurídica que existe entre o Poder Público concedente e a instituição financeira concessionária da atividade bancária no País. O Direito bancário é espécie do gênero *Direito Público*. Cabe à lei complementar, portanto, regular as relações jurídicas entre o Poder Público e as instituições financeiras, como, por exemplo, disciplinar a exigência e o montante do depósito compulsório dos bancos junto ao Banco Central, o sigilo bancário, a forma da pessoa jurídica que vai exercer a atividade financeira (sociedade anônima), a responsabilidade dos administradores, o procedimento de fiscalização da atividade pelo Banco Central, a intervenção do Banco Central, o auxílio governamental a instituição financeira em dificuldade (PROER), a liquidação extrajudicial de instituição financeira etc. Essas atividades, situações e relações jurídicas de Direito bancário são integrantes do Sistema Financeiro Nacional, e devem ser reguladas por meio de leis complementares.

As atividades das instituições financeiras com o mercado são *privadas* e, como tais, reguladas pelo Direito Privado.

Os contratos que as instituições financeiras celebram com os clientes – pessoas físicas e jurídicas – são de natureza privada, nada tendo a ver com o Sistema Financeiro ou Direito bancário. Daí ser absolutamente impertinente falar-se em inconstitucionalidade do CDC, porque lei ordinária. O CDC regula relação de consumo, que é de natureza privada, e não de Direito bancário. A ADIn nº 2.591-1 é o Pilatos no Credo.

Percebe-se às escâncaras o absurdo jurídico que é a ADIn nº 2.591. O banco que quer alugar imóvel para exercer sua atividade em determinado local deve celebrar contrato de locação de conformidade com a Lei nº 8.245/91, que é ordinária; suas assembleias gerais devem pautar-se pelas regras da Lei das S.A., que é ordinária; o banco em dificuldade pode socorrer-se

---

[104] STF, Plenário, ADIn nº 2.591-1/DF, rel. Min. Carlos Velloso, julgamento iniciado e suspenso em 17.4.2002.

[105] Em 7.6.2006, o STF, Plenário, tendo o min. Eros Grau como relator para o acórdão, julgou improcedente a ADIn nº 2.591-1/DF.

com o auxílio do PROER, regulamentado em lei ordinária; há dezenas de dispositivos no Código Civil (Lei nº 10.406/2002), que é lei ordinária, relativos aos bancos. Seria absurdo dizer que a lei de locações é inconstitucional quanto aos bancos, que a ela não se subordinariam, por não ser lei complementar; seria inconcebível dizer que a Lei das S.A. é inconstitucional quanto aos bancos, que a ela não se subordinariam, porque não é lei complementar; seria despropositado dizer que os bancos não podem invocar o auxílio do PROER, porque prevista essa regulamentação em lei ordinária, e não em lei complementar; seria desarrazoado sustentar que todos os dispositivos do Código Civil que fazem menção aos bancos são inconstitucionais, porque o Código Civil não é lei complementar.

Por que, então, seria inconstitucional somente a expressão contida no § 2º do art. 3º do CDC? Por que as instituições financeiras não questionaram a constitucionalidade da lei que instituiu o PROER, a Lei das S.A., o Código Civil? Por que dois pesos e duas medidas?

O Supremo Tribunal Federal tem a grave e difícil tarefa de obstaculizar essa tentativa antijurídica das instituições financeiras e securitárias, de não quererem se submeter ao sistema legal *privado* brasileiro.

Ainda que haja sucesso das instituições financeiras em seu desiderato, em nada afeta o sistema do CDC, porquanto continuam a ser sociedades empresárias, sujeitas ao *caput* do art. 3º do CDC, irrelevante a não incidência do § 2º. A irrelevância se nos afigura ainda maior pelo advento do Código Civil de 2002, informado pelos dogmas da *socialidade* e da *eticidade*, bem como pelas cláusulas gerais da *função social do contrato e da empresa* (art. 421 do CC) e da *boa-fé objetiva* (art. 422 do CC) que, ao final de contas, identifica-se quase que totalmente com o microssistema do CDC! A lei terá de ser cumprida, e nenhuma sociedade empresária pode furtar-se ao comando da lei.

12. MODIFICAÇÃO DAS CLÁUSULAS CONTRATUAIS POR EXCESSIVA ONEROSIDADE

Constitui direito básico do consumidor a "modificação das cláusulas contratuais que estabeleçam prestações desproporcionais ou sua revisão em razão de fatos supervenientes que as tornem excessivamente onerosas" (art. 6º, nº V, CDC).[106] Esse princípio modifica inteiramente o sistema contratual do Direito Privado tradicional, mitigando o dogma da *intangibilidade do conteúdo do contrato*, consubstanciado no antigo brocardo *pacta sunt servanda*.

Por esse princípio, as partes são obrigadas a cumprir as estipulações constantes do pacto contratual, para que o objetivo do contrato seja atingido. Não podem negar-se ao cumprimento de prestação assumida no contrato.

No sistema do CDC, entretanto, as consequências do princípio *pacta sunt servanda* não atingem de modo integral nem o fornecedor nem o consumidor. Este pode pretender a modificação de cláusula ou revisão do contrato de acordo com o art. 6º, nº VI, do CDC; aquele pode pretender a resolução do contrato quando, da nulidade de uma cláusula, apesar dos esforços de integração do contrato, decorrer ônus excessivo a qualquer das partes (art. 51, § 2º, do CDC).

No regime do revogado Código Civil de 1916, havia alguns dispositivos que, de alguma forma, indicavam que o sistema do Direito Privado brasileiro não era infenso ao revisionismo contratual, como se pode notar dos antigos arts. 401, 928, 954, 1.190, 1.205 e 1.399 do CC de

---

[106] Sobre o tema, consultar as excelentes monografias, ambas dissertações de mestrado da UFRS e PUC-SP, respectivamente, a última tendo sido orientada por mim: Luís Renato Ferreira da Silva, "Revisão dos contratos: do Código Civil ao Código do Consumidor", Rio de Janeiro, Forense, 1998, passim; Rogério Ferraz Donnini, "A revisão dos contratos no Código Civil e no Código de Defesa do Consumidor", São Paulo, Saraiva. 1999, passim, notadamente ps. 168 e segs.

Capítulo VI · DA PROTEÇÃO CONTRATUAL

1916. Não obstante, existiam alguns dispositivos que pareciam repelir a revisão do contrato (arts. 1.246 e 1.453 do CC de 1916; art. 131, nº 5, do ex-Código Comercial).

No sistema do Direito Privado tradicional, o reconhecimento da imprevisão ou da onerosidade excessiva tem sido entendido pela doutrina e jurisprudência como ensejador da *resolução do contrato*. A esse propósito, inclusive, é a disposição do art. 478 do Código Civil.[107]

No Código Civil vigente, entretanto, as cláusulas gerais da *função social do contrato* (art. 421), bem como as da *boa-fé objetiva* (art. 422), das quais derivam a *teoria da confiança* e da *base do negócio jurídico*, adotam francamente a posição de admitir a revisão dos contratos quando houver excessiva onerosidade, circunstância avaliada de forma *objetiva*, com absoluta vantagem sobre a teoria da imprevisão e da cláusula *rebus sic stantibus*, calcadas em aspectos *subjetivos* para que possam ser aplicadas.[108]

O direito básico do consumidor, reconhecido no art. 6º, nº VI, do Código, não é o de desonerar-se da prestação por meio da resolução do contrato, mas o de modificar a cláusula que estabeleça prestação desproporcional, mantendo-se íntegro o contrato que se encontra em execução, ou de obter a revisão do contrato se sobrevierem fatos que tornem as prestações excessivamente onerosas para o consumidor.

O juiz, reconhecendo que houve cláusula estabelecendo prestação desproporcional ao consumidor, ou que houve fatos supervenientes que tornaram as prestações excessivamente onerosas para o consumidor, deverá solicitar das partes a composição no sentido de modificar a cláusula ou rever efetivamente o contrato. Caso não haja acordo, na sentença deverá o magistrado, atendendo aos princípios da boa-fé, da equidade e do equilíbrio que devem presidir as relações de consumo, estipular a nova cláusula ou as novas bases do contrato revisto judicialmente. Emitirá *sentença determinativa*, de conteúdo constitutivo-integrativo e mandamental, vale dizer, exercendo verdadeira atividade criadora, completando ou mudando alguns elementos da relação jurídica de consumo já constituída.[109]

13. INTERPRETAÇÃO DOS CONTRATOS DE CONSUMO

Os princípios gerais de interpretação dos contratos são aplicáveis aos contratos de consumo. Deverá atender-se mais à intenção das partes do que à literalidade da manifestação de vontade, de acordo com a norma do art. 112 do Código Civil; a cláusula geral de boa-fé deve reputar-se existente em toda relação jurídica de consumo, ainda que não conste do instrumento do contrato (arts. 4º, *caput* e nº III; 51, nº IV, do CDC); havendo cláusula negociada individualmente nos contratos de adesão, prevalecerá sobre as cláusulas estipuladas unilateralmente pelo fornecedor; no contrato de adesão, a interpretação de cláusulas ambíguas ou contraditórias se faz *contra stipulatorem*.

Mas o princípio maior da interpretação dos contratos de consumo está insculpido no art. 47 do CDC: "as cláusulas contratuais serão interpretadas de maneira mais favorável ao consumidor". Isso quer significar que não apenas as cláusulas ambíguas dos contratos de adesão se

---

[107] Esse artigo é praticamente cópia do art. 1.467 do Código Civil italiano, cuja regra é também a resolução do contrato, quando reconhecida a excessiva onerosidade da prestação.

[108] V., a propósito, Nelson Nery Junior & Rosa Maria Andrade Nery, *Código Civil anotado*, cit., comentários 13 a 19 ao art. 422 do CC, ps. 339-340.

[109] Sobre a sentença determinativa na execução do contrato preliminar e nas obrigações de fazer, ver Wilhelm Kisch, *Beiträge zur Urteilslehre*, Leipzig, 1903, § 5º, ps. 110 e segs.; Alessandro Raselli, "Le Sentenze Determinative e la Classificazione delle Sentenze", in Studi sul potere discrezionale del giudice civile, Milano, Giuffrè, 1975, ps. 324 e segs.; Alcides Tomasetti Junior, *Execução do contrato preliminar*, Tese, USP, São Paulo, 1982, ps. 269-275; Nelson Nery Junior & Rosa Maria Andrade Nery, *Código Civil anotado*, comentário nº 4 ao art. 6º do CDC.

CÓDIGO BRASILEIRO DE DEFESA DO CONSUMIDOR

interpretam em favor do aderente, contra o estipulador, mas o *contrato de consumo como um todo*, seja "contrato de comum acordo" (*contrat de gré à gré*), seja de adesão, será interpretado de modo mais favorável ao consumidor.

14. RESPONSABILIDADE DERIVADA DOS CONTRATOS DE CONSUMO

Os contratos de consumo podem dar ensejo a três tipos de responsabilidade se inadimplidos: a) responsabilidade pré-contratual;[110] b) responsabilidade contratual; c) responsabilidade pós-contratual.[111] O art. 6º, nº VI, do CDC confere ao consumidor, como direito básico, o de "prevenção e efetiva reparação dos danos" que sofrer, em virtude de relação ou situação de consumo. Assim, quer se trate de dano extracontratual, quer de dano contratual, há o direito à reparação, conforme prescrição legal.

O regime jurídico dessa reparação do dano sofrido pelo consumidor é o da *responsabilidade objetiva pelo risco da atividade*. Essa é a regra do CDC sobre responsabilidade civil. Qualquer que seja a natureza do dano, há o dever de indenizar pelo risco da atividade.

Nada obstante o CDC só haver regulado, de forma expressa, duas espécies de responsabilidade – pelo fato do produto ou serviço (arts. 12 e 14) e pelo vício do produto ou serviço (arts. 18 e 20) –, havendo dano ao consumidor, ele deve ser indenizado, por força do art. 6º, nº VI, do CDC, que diz ser direito básico do consumidor o de efetiva reparação dos danos que sofrer. Assim, danos oriundos do contrato, de publicidade ilegal (enganosa ou abusiva) etc. são indenizáveis e seguem o regime jurídico da responsabilidade objetiva, que é o sistema geral e básico da responsabilidade civil no CDC.

No regime da responsabilidade objetiva pelo risco da atividade, regulado pelo CDC, não há lugar para as causas ou cláusulas de exclusão dessa responsabilidade. O caso fortuito e a força maior não excluem o dever de indenizar porque são circunstâncias que quebram o nexo de causalidade na *conduta* do agente. Só são válidas para excluir a responsabilidade *subjetiva*, mas não a objetiva. Como o sistema do CDC é fundado na responsabilidade objetiva, não se aplicam, aqui, o caso fortuito e a força maior como excludentes do dever de indenizar. Caso fortuito e força maior excluem a culpa, elemento estranho e irrelevante para a fixação do dever de indenizar no regime do CDC.[112]

Como a regra geral do CDC é a da responsabilidade objetiva, quando a lei quis dispor diferentemente, teve de fazê-lo de forma expressa, como ocorre, por exemplo, com a responsabilidade do profissional liberal, que é investigada a título de culpa, subjetiva, portanto (art. 14, § 4º, do CDC).

---

[110] De acordo com a concepção da doutrina da culpa *in contrahendo*, de Ihering (Rudolf von Ihering, Culpa in contrahendo oder Schadenersatz bei nichtigen oder nicht zur Perfection gelangten Verträgen, Bad Homburg-Berlin-Zürich, Verlag Gehlen, 1969, reimpressão). Ver, a respeito, Caio Mário da Silva Pereira, *Responsabilidade civil*, 2ª ed., Rio de Janeiro, Forense, 1990, nº 62, ps. 81 e segs.

[111] A tese, denominada culpa *pos factum finitum*, é oriunda da doutrina alemã, que tem encontrado respaldo jurisprudencial. Na literatura jurídica de língua portuguesa, ver o substancioso trabalho de António Menezes Cordeiro, *Da pós-eficácia das obrigações*, Lisboa, 1984, passim, Separata dos Estudos em honra do professor Doutor Cavaleiro de Ferreira.

[112] Nesse sentido, Nelson Nery Junior e Rosa Maria Andrade Nery, *Código de Processo Civil comentado*, 4ª ed., São Paulo, Revista dos Tribunais, 1999, comentário nº 4 ao art. 14 do CDC, ps. 922-923. No mesmo sentido: TJSP, 2ª Câm. Civ., Apel. nº 28560-4/4-00, rel. Des. Vasconcellos Pereira, v.u., j. de 20.5.97; TJSP, 2ª Câm. Dir. Priv., Embargos Infringentes nº 29781-4/6-01, rel. designado Des. Vasconcellos Pereira, m. v., j. de 4.11.97, in BolAASP 2051/539; Carlos Roberto Gonçalves, *Responsabilidade civil*, 6ª ed., Saraiva, São Paulo, 1995, nº 46.2, ps. 224-228; Maria Antonieta Zanardo Donato, *Proteção ao consumidor: conceito e extensão*, São Paulo, Revista dos Tribunais, 1994, p. 224.

Capítulo VI · DA PROTEÇÃO CONTRATUAL

A dicção do art. 6º, nº VI, do CDC, tratando da indenizabilidade do dano moral *e* patrimonial, deixa clara a possibilidade de haver cumulação entre estes dois tipos de indenização. A conjunção aditiva *e*, ao invés da alternativa *ou*, não oferece dúvida séria sobre a possibilidade da cumulação, colocando termo à discussão que se formou a respeito, principalmente em virtude da posição negativa assumida pela jurisprudência do Supremo Tribunal Federal. Agora, a cumulação decorre de texto expresso de lei, sendo válida tanto para a responsabilidade contratual quanto para a aquiliana, derivada das relações de consumo.

Acrescente-se que há entendimento predominante no Superior Tribunal de Justiça, no sentido da cumulatividade do dano moral com o patrimonial, ainda que oriundos do mesmo fato. É o que dispõe a Súmula nº 37 do STJ: "São cumuláveis as indenizações por dano material e dano moral oriundos do mesmo fato." Portanto, mesmo que não se trate de relação jurídica de consumo, é possível haver cumulação do dano moral com o patrimonial.

O não cumprimento da oferta (art. 30, CDC), bem como a recusa do fornecedor em dar cumprimento ao contrato preliminar, pré-contrato, recibos ou escritos particulares relativos a relações de consumo (art. 48), podem ensejar, além da execução específica, forçada, da obrigação de fazer (arts. 35, nº I, e 84, § 1º, do CDC), indenização por perdas e danos, de natureza contratual ou pré-contratual, conforme o caso.

O dever de indenizar pode derivar, também, do contrato de consumo já concluído entre fornecedor e consumidor. Essa responsabilidade contratual tem fundamento no art. 6º, nº VI, do Código, que garante ao consumidor o direito à efetiva prevenção e reparação dos danos, morais e patrimoniais, individuais, coletivos ou difusos.

É princípio assentado na doutrina e nas legislações de alguns países que o cumprimento extingue a obrigação.[113] Entretanto, mesmo depois de executado o contrato, sobrevive o dever de o contratante indenizar (*culpa post factum finitum*), se subsistirem alguns deveres peculiares e específicos para as partes. Esse tipo de pós-eficácia da obrigação pode derivar dos contratos de consumo, ensejando o dever de indenizar.

15. APLICAÇÃO DA DISCIPLINA CONTRATUAL DO CÓDIGO DE DEFESA DO CONSUMIDOR A OUTRAS RELAÇÕES JURÍDICAS

Muitos dos preceitos agora positivados pelo Código de Defesa do Consumidor já se encontravam no ordenamento jurídico, sob a forma de *princípios gerais de direito*, como, por exemplo, a cláusula geral de boa-fé, o princípio da boa-fé, o princípio da interpretação mais favorável ao aderente (*interpretatio contra stipulatorem*) etc.

Na verdade, o CDC veio consolidar muitas das teses já sufragadas pela nossa doutrina e nossa jurisprudência. De outro lado, as regras gerais sobre contratos de consumo estatuídas no CDC são de sobredireito, aplicáveis, portanto, a todos os ramos do Direito Privado, ainda que não se trate de relação de consumo em sentido estrito.

Com a entrada em vigor, em 12 de janeiro de 2003, do novo Código Civil brasileiro (Lei nº 10.406, de 11 de janeiro de 2002), esse desiderato restou demonstrado, porquanto a nova lei foi concebida como sistema misto, adotado o método casuístico (sistema fechado) e o de cláusulas gerais e conceitos indeterminados.

Num contrato civil seria válida cláusula que deixasse apenas a um dos contratantes, unilateralmente, a fixação do preço ou do reajuste das prestações? A resposta é negativa.

---

[113]   O § 362 do BGB alemão adotou expressamente essa regra.

437

Art. 46 | CÓDIGO BRASILEIRO DE DEFESA DO CONSUMIDOR

Essa cláusula é inválida em qualquer contrato, independentemente de ser ou não relação de consumo.

Destarte, a teoria geral dos contratos criada pelo capítulo da proteção contratual do Código de Defesa do Consumidor, porque encerra regras de sobredireito, deve ser aplicada a toda e qualquer relação jurídica de Direito Privado, seja civil, comercial ou de consumo.

Aliás, a tendência mundial é toda nesse sentido, como se pode ver na lei alemã sobre as condições gerais dos contratos (AGB-Gesetz, de 9.12.76), que incide sobre todos os contratos celebrados naquele país e não apenas nas relações de consumo.

Seção I
Disposições Gerais

> **Art. 46.** Os contratos que regulam as relações de consumo [1] não obrigarão os consumidores, se não lhes for dada a oportunidade de tomar conhecimento prévio [2] de seu conteúdo, ou se os respectivos instrumentos forem redigidos de modo a dificultar a compreensão de seu sentido e alcance [3].

COMENTÁRIOS

[1] RELAÇÕES DE CONSUMO – As relações jurídicas que se encontram sob o regime do CDC são as denominadas *relações jurídicas de consumo*, vale dizer, aquelas que se formam entre fornecedor e consumidor, tendo como objeto a aquisição de produtos ou utilização de serviços pelo consumidor. Os elementos da relação jurídica de consumo são três: a) os sujeitos; b) o objeto; c) o elemento teleológico. São *sujeitos* da relação de consumo o fornecedor e o consumidor; são *objeto* da relação de consumo os produtos e serviços. O elemento teleológico da relação de consumo é a finalidade com que o consumidor adquire o produto ou se utiliza do serviço, isto é, como *destinatário final*.[114] Se a aquisição for apenas meio para que o adquirente possa exercer outra atividade, não terá adquirido como destinatário final e, consequentemente, não terá havido relação de consumo.

A chave para a identificação de uma relação jurídica como de consumo é, portanto, o elemento teleológico: *destinação final*, ao consumidor, do produto ou serviço.

Quanto à técnica formal de contratação, os contratos abrangidos pela categoria negocial das relações de consumo são de variada ordem, como os "contratos de comum acordo" (*de gré à gré*),[115] ditos também contratos individuais, bem como os contratos de adesão. Relativa-

---

[114] Ver a Introdução ao Capítulo VI, sobre a conceituação e caracterização da relação jurídica de consumo, supra.

[115] À noção de contrat d'adhésion, a doutrina francesa contrapõe o conceito de contratação por acordo das partes (contrat de gré à gré), como se pode verificar em Alex Weil e François Terré, *Droit Civil (les obligations)*, cit., nº 47, p. 47. No mesmo sentido, Nicole Chardin, *Le contrat de consommation de crédit et l'autonomie de la volonté*, cit., nº 42, p. 36. Ver, também, o tópico sobre contrato de adesão, na Introdução a este capítulo, supra.

mente ao objeto, desde que presentes os elementos da relação jurídica de consumo, anteriormente referidos, qualquer contrato pode ser considerado relação de consumo, seja ele típico ou atípico, como, por exemplo, os contratos bancários,[116] de cartões de crédito,[117] de *leasing*,[118] de planos de saúde e assistência médica, de seguros, compra e venda de produtos etc., apenas para referir os que ocorrem mais amiúde.

[2] CONHECIMENTO PRÉVIO DO CONSUMIDOR SOBRE O CONTEÚDO DO CONTRATO – Este dispositivo é a projeção, sob o ponto de vista prático, do direito básico do consumidor à informação adequada sobre os produtos e serviços, em toda a sua extensão (qualidade, quantidade, conteúdo, riscos que apresentam etc.).

O fornecedor deverá ter a cautela de oferecer oportunidade ao consumidor para que, antes de concluir o contrato de consumo, tome conhecimento do conteúdo do contrato, com todas as implicações consequenciais daquela contratação no que respeita aos deveres e direitos de ambos os contratantes, bem como das sanções por eventual inadimplemento de alguma prestação a ser assumida no contrato. Não sendo dada essa oportunidade ao consumidor, as prestações por ele assumidas no contrato, sejam prestações que envolvam obrigação de dar como de fazer ou não fazer, não o obrigarão.

Dar oportunidade de tomar conhecimento do conteúdo do contrato não significa dizer para o consumidor ler as cláusulas do contrato de comum acordo ou as cláusulas contratuais gerais do futuro contrato de adesão. Significa, isto sim, fazer com que tome conhecimento *efetivo* do conteúdo do contrato.[119] Não satisfaz a regra do artigo sob análise a mera cognoscibilidade das bases do contrato, pois o sentido teleológico e finalístico da norma indica dever o fornecedor dar *efetivo conhecimento* ao consumidor de todos os direitos e deveres que decorrerão do contrato, especialmente sobre as cláusulas restritivas de direitos do consumidor, que, aliás, deverão vir em destaque nos formulários de contrato de adesão (art. 54, § 4º, CDC).

Essa exigência fica ainda mais evidente quanto ao consumidor de nível social e intelectual não muito elevado, que, não raras vezes, não tem condição de apreender o alcance de cláusula contratual redigida com termos técnicos ou em linguagem castiça.

É do interesse do fornecedor, portanto, dar oportunidade ao consumidor para que tome conhecimento prévio e efetivo do conteúdo do contrato. Notadamente porque o consumidor tem, a seu favor, a possibilidade de haver inversão do ônus da prova (art. 6º, nº VIII, CDC), o que implica a transferência do ônus da prova ao fornecedor, que terá de demonstrar que foi dada oportunidade para que o consumidor tomasse conhecimento dos termos do contrato, se quiser ver a questão solucionada a seu favor. Essa prova é difícil de ser feita, o que torna a situação mais delicada para o fornecedor, fazendo com que deva tomar as

---

[116] Mútuo, abertura de crédito rotativo em conta-corrente ("cheque especial"), aluguel de cofre para guarda de valores, financiamento hipotecário, financiamento com garantia de alienação fiduciária ou reserva de domínio etc. Sobre os contratos bancários e sua sujeição ao regime jurídico do CDC, ver Introdução, *supra*.

[117] Nesse sentido, Jean Calais-Auloy, *Droit de la Consommation*, cit., nº 234, p. 325; Guido Alpa, *Diritto Privato dei consumi*, cit., p. 155; Marcel Beaubrun, *La notion de consommateur de crédit*, cit., nº 18, ps. 19-20; Alain Seriaux, *La distribution du crédit mobilier*, cit., nº 33, p. 277.

[118] Gérard Cas e Didier Ferrier, *Traité de Droit de la Consommation*, cit., nº 565, ps. 489-490, que dão ao *leasing* o nome de *crédit-bail*.

[119] TJRS, Apelação Cível nº 70010637650, 13ª Câm. Cível, rel. Des. Angela Terezinha de Oliveira Brito, j. de 6.10.2005.

Art. 46 | CÓDIGO BRASILEIRO DE DEFESA DO CONSUMIDOR

devidas cautelas para que o consumidor tome, *efetivamente*, conhecimento do conteúdo do contrato.

É muito comum o consumidor tomar conhecimento de uma cláusula contratual que atua em seu desfavor apenas quando ocorre o fato que enseja a aplicação daquela cláusula. Os contratos de seguro de *CD-player* de automóvel, por exemplo, contêm normalmente cláusula de que a cobertura do seguro somente ocorre uma vez. Isso em termos práticos significa: o prazo de vigência do contrato é de um ano *ou* quando ocorrer o sinistro e for efetivada a cobertura. Quando, pela segunda vez no período inferior a um ano, o consumidor se dirige à seguradora para pleitear a cobertura do furto do toca-fitas, recebe alegação sumária de que não tem direito àquela cobertura, porque o contrato já não está mais em vigor. Essas situações ocorrem menos por deslealdade das seguradoras ou incompetência de seus funcionários e corretores, mas por falta de informação adequada ao consumidor sobre o conteúdo do contrato. Tivesse sido dada oportunidade para que o consumidor tomasse conhecimento daquela cláusula restritiva, ou não teria contratado por ser-lhe desvantajosa a estipulação, ou contrataria sabendo, entretanto, daquela circunstância contratual restritiva de direitos.

Outros elementos de falta de conhecimento prévio podem ser trazidos à baila, como o das cláusulas gerais do contrato de hospedagem, cujo conteúdo somente chega plenamente ao conhecimento do hóspede do hotel depois de haver contratado, quando lê as cláusulas já dentro do apartamento alugado.[120]

A interpretação que a doutrina vem dando ao art. 1.341 do Código Civil italiano, sobre a eficácia das cláusulas contratuais gerais, se dirige no sentido de que, se não for dado conhecimento efetivo da cláusula ao consumidor, não produzirá os efeitos pretendidos pelo fornecedor. Não basta, portanto, que a cláusula exista e esteja inserida no instrumento do contrato.[121]

[3] REDAÇÃO CLARA E COMPREENSÍVEL – O Código exige que a redação das cláusulas contratuais seja feita de modo a facilitar sua compreensão pelo consumidor para que a obrigação por ele assumida para com o fornecedor possa ser exigível.

O cuidado que se deve ter na redação das cláusulas contratuais, especialmente das cláusulas contratuais gerais que precedem futuro contrato de adesão, compreende a necessidade de desenvolver-se a redação na *linguagem direta*, cuja lógica facilita sobremodo sua compreensão. De outra parte, deve-se evitar, tanto quanto possível, a utilização de termos linguísticos muito elevados, expressões técnicas não usuais e palavras em outros idiomas. Os termos técnicos de conhecimento do homem médio leigo, as palavras estrangeiras que já estejam no domínio popular do homem mediano podem, em tese, ser empregados na redação de um contrato de consumo, atendidas as peculiaridades do caso concreto, bem como do universo da massa a ser atingida como aderente no contrato de adesão. Se este tem como alvo pessoas de baixa renda e analfabetas em sua maioria, por exemplo, palavras difíceis, termos técnicos e palavras estrangeiras não deverão, por cautela, ser utilizadas no formulário.

Não basta o emprego de termos comuns, a não utilização de termos técnicos e palavras estrangeiras para que seja alcançado o objetivo da norma sob comentário. É preciso que também o sentido das cláusulas seja claro e de fácil compreensão. Do contrário, não haverá exigibilidade do comando emergente dessa cláusula, desonerando-se da obrigação o consumidor.

---

[120] Ver o minucioso exame dessas circunstâncias por Ana Prata, *Cláusulas de exclusão e limitação da responsabilidade contratual*, Coimbra, Almedina, 1985, ps. 329 e segs.

[121] Nesse sentido, Enzo Roppo, *Contratti standard*, cit., p. 183.

Capítulo VI · DA PROTEÇÃO CONTRATUAL | **Art. 47**

A avaliação da efetiva compreensão da cláusula pelo consumidor depende do caso concreto. Sendo o consumidor pessoa de nível universitário, normalmente terá maior facilidade de entendimento do conteúdo de determinada cláusula contratual do que o consumidor com instrução primária sem domínio razoável da língua portuguesa.

> **Art. 47**. As cláusulas contratuais [1] serão interpretadas de maneira mais favorável ao consumidor [2].

COMENTÁRIOS

[1] CLÁUSULAS CONTRATUAIS – O termo está tomado aqui como significando todo e qualquer pacto ou estipulação negocial entre fornecedor e consumidor, seja pela forma escrita ou verbal,[122] pela técnica de contrato de adesão ou de "contrato de comum acordo".

[2] INTERPRETAÇÃO MAIS FAVORÁVEL AO CONSUMIDOR – Como já dissemos na Introdução a este capítulo, o Código criou novas regras de interpretação dos contratos de consumo, determinando que se faça sempre de modo mais favorável ao consumidor.

O princípio da isonomia tem sido entendido, modernamente, como tendo implicação consequencial de *igualdade substancial real*, e não apenas formal. Isso se traduz, na prática, com a consideração de que isonomia quer significar tratar desigualmente os desiguais na exata medida de suas desigualdades.[123]

O art. 4º, nº I, do CDC traz como princípio o reconhecimento de que o consumidor é a parte mais fraca na relação jurídica de consumo. Não o fez de modo arbitrário, mas atendendo à recomendação da Resolução da Assembleia Geral da Organização das Nações Unidas, de 9 de abril de 1985,[124] e da doutrina.[125] Com isso vê-se que o Código, ao dar tratamento diferenciado aos sujeitos da relação de consumo, conferindo maiores prerrogativas ao consumidor, nada mais fez do que aplicar e obedecer ao princípio constitucional da isonomia, tratando desigualmente partes desiguais.

Com medida de notável avanço, a norma determina que a interpretação do contrato como um todo se faça de modo mais favorável ao consumidor. Não apenas das cláusulas obscuras ou ambíguas, como sugerido pelo art. 423 do Código Civil (Lei nº 10.406/2002), que, aliás, limita essa prerrogativa ao aderente, nos contratos de adesão.

Os princípios da teoria da interpretação contratual se aplicam aos contratos de consumo, com a ressalva do maior favor ao consumidor, por ser a parte débil da relação de consumo. Podemos extrair os seguintes princípios específicos da interpretação dos contratos de consumo:

---

[122] Aliter Luis Díez-Picazo, *Fundamentos del Derecho Civil patrimonial*, cit., vol. I, p. 243. Não vemos sentido prático na distinção feita por esse autor entre cláusulas, que seriam acordos escritos, e estipulações, que seriam acordos verbais, principalmente para efeitos de interpretação contratual. Tudo o que for pactuado pelas partes, verbalmente ou por escrito, é suscetível de interpretação.

[123] Ver, a propósito, Fritz Baur, *La socialización del proceso*, Salamanca, Universidad de Salamanca, 1980, p. 16, propondo como significação intrínseca ao princípio da isonomia assegurar-se às partes a igualdade de fato e não apenas a igualdade jurídica.

[124] O texto integral da resolução está em Eike von Hippel, *Verbraucherschutz*, cit., ps. 485 e segs.

[125] A doutrina é uniforme em considerar o consumidor a parte mais fraca nas relações de consumo. Ver, por todos, Eike von Hippel, *Der Schutz des Schwächeren*, Tübingen, J. C. B. Mohr, 1982, ps. 82 e segs.

441

Art. 48 | CÓDIGO BRASILEIRO DE DEFESA DO CONSUMIDOR

a) a interpretação é sempre mais favorável ao consumidor;

b) deve-se atender mais à intenção das partes do que à literalidade da manifestação de vontade (art. 112, Código Civil);

c) a *cláusula geral de boa-fé* reputa-se ínsita em toda relação jurídica de consumo, ainda que não conste expressamente do instrumento do contrato (arts. 4º, *caput* e nº III, e 51, nº IV, do CDC);

d) havendo cláusula negociada individualmente, prevalecerá sobre as cláusulas estipuladas unilateralmente pelo fornecedor;[126]

e) nos contratos de adesão as cláusulas ambíguas ou contraditórias se fazem *contra stipulatorem*, em favor do aderente (consumidor);[127-128]

f) sempre que possível interpreta-se o contrato de consumo de modo a fazer com que suas cláusulas tenham aplicação, extraindo-se delas um máximo de utilidade (*princípio da conservação*).[129]

Art. 48. As declarações de vontade constantes de escritos particulares, recibos e pré--contratos [1] relativos às relações de consumo vinculam o fornecedor, [2] ensejando inclusive execução específica, [3] nos termos do art. 84 e parágrafos [4].

COMENTÁRIOS

[1] ESCRITOS, PRÉ-CONTRATOS E CONTRATO PRELIMINAR – O dispositivo contém regra semelhante à do art. 30 do Código, quanto à vinculação do fornecedor à oferta. Esta

---

[126] Georges Berlioz, *Le contrat d'adhésion*, Paris, Librairie Générale de Droit et de Jurisprudence, 1973, nº 250, ps. 128-129. No sentido de que a cláusula manuscrita prevalece sobre a estipulação impressa nos formulários do contrato de adesão, Cesare Grassetti, *L'interpretazione del negozio giuridico (con particolare riguardo ai contratti)*, Padova, Cedam, 1983 (reimpressão da edição de 1938), p. 202.

[127] A regra é praticamente pacífica na literatura ocidental: Georges Berlioz, *Le contrat d'adhésion*, cit., nºs 236 e segs., ps. 122 e segs.; Hélène Bricks, *Les clauses abusives*, cit., ps. 20-21; Ana Prata, *Cláusulas de exclusão e limitação da responsabilidade contratual*, cit., ps. 354 e segs.; Héctor Lafaille, *Derecho Civil*, tomo VIII (contratos), Buenos Aires, Ediar, 1953, nº 288, p. 345; Manuel Garcia-Amigo, *Cláusulas limitativas de la responsabilidad contractual*, Madrid, Tecnos, 1965, ps. 251-253; René Demogue, *Traité des obligations en général*, Paris, Librairie Arthur Rousseau, 1925, vol. V, nº 1.202, ps. 476-477; René David e David Pugsley, *Les contrats en Droit anglais*, 2ª ed., Paris, Librairie Générale de Droit et de Jurisprudence, 1985, nº 371, p. 268; Cesare Grassetti, *L'interpretazione del negozio giuridico*, cit., p. 204 (sob o regime do Código Civil italiano de 1865). Na Itália, a regra *interpretatio* contra *stipulatorem* está prevista no art. 1.370 do Código Civil de 1942. Ver Alessandro Giordano, *I contratti per adesione*, Milano, Giuffrè, 1951, ps. 107 e segs.; Franco Carresi, *Il contratto*, cit., vol. II, nº 190, ps. 545 e segs. Nossa jurisprudência vem aplicando a mesma regra: *RT* 612/163, 573/253.

[128] Sobre a interpretação dos contratos de adesão em geral, ver Jacques Mahaux, Jean-François Leclerq e Anne Meinertzhagen-Limpens, *Quelques aspects des contrats standardisés*, Bruxelles, Université de Bruxelles, 1982, ps. 53 e segs.; Enzo Roppo, "L'interpretazione dell'art. 1.341 Cod. Civ.", in Tecnica e controllo dei contratti standard, dirigido por Guido Alpa e Mario Bessone, Maggioli, 1984, ps. 131 e segs.

[129] Sobre o princípio da conservação, consultar C. Massimo Bianca, *Diritto Civile (il contratto)*, cit., vol. III, nº 190, ps. 408-409; Cesare Grassetti, *L'interpretazione del negozio giuridico*, cit., ps. 161 e segs.; Giorgio Oppo, *Profili dell'interpretazione oggettiva del negozio giuridico*, Bologna, Zanichelli, 1943, nº 2, ps. 21 e segs.; Franco Carresi, *Il contratto*, cit., vol. II, nº 185, ps. 530 e segs.; Guido Alpa, *L'interpretazione del contratto*, Milano, Giuffrè, 1983, ps. 260 e segs.; Vito Rizzo, *Interpretazione dei contratti e relatività delle sua regole*, Napoli, Edizioni Scientifiche Italiane (Università di Camerino), 1985, nºs 17 e segs., ps. 328 e segs.

não tem conteúdo contratual por faltar-lhe a declaração de vontade negocial. Mas, mesmo assim, o art. 30 do Código sanciona com a possibilidade de execução forçada da obrigação assumida com a oferta.

No caso do contrato preliminar, recibo de sinal, escritos particulares e pré-contratos, há a manifestação da vontade negocial do fornecedor, de sorte que o sancionamento com a execução específica da obrigação de fazer justifica-se de modo mais acentuado do que a sanção para o não atendimento, pelo fornecedor, à oferta veiculada por ele.

A consequência para o inadimplemento da obrigação de fazer derivada dessas manifestações de vontade não é a resolução em perdas e danos, mas sim, como regra, o cumprimento *forçado* da obrigação, por meio de execução específica. Essa *regra geral* vem demonstrada pelos arts. 35, I, e 84, § 1º, do Código, além da norma ora sob análise, de modo a não deixar dúvida sobre a sistemática especial do CDC, diversa daquela do art. 501 do CPC (JGBF e APG).[130]

[2] IMPOSIÇÃO AO FORNECEDOR DO DEVER DE PRESTAR – A vinculação de que fala a lei é, na verdade, imposição legal do dever de prestar, imposição que se faz ao fornecedor que tiver manifestado sua vontade de contratar, por meio de recibos de sinal, pré-contratos, contratos preliminares ou outros escritos particulares diversos.

A jurisprudência tem reconhecido, em algumas situações especiais, o direito de pleitear-se usucapião ou adjudicação compulsória de imóvel, conferindo *status* de justo título a mero recibo de sinal. O Código reconhece o direito que deriva desses escritos, dando ao consumidor a oportunidade de pedir a execução forçada da obrigação de fazer, assumida neles pelo fornecedor.

[3] EXECUÇÃO FORÇADA DA OBRIGAÇÃO DE FAZER – O procedimento da execução específica da obrigação de fazer do CDC é, hoje, semelhante ao regime do CPC/2015, tendo em vista a redação do art. 497. Aplica-se aqui a regra universal segundo a qual a norma especial prevalece sobre a geral. Na execução das obrigações de fazer derivadas de relação jurídica de consumo, o sistema processual a ser implementado é o do art. 84 e parágrafos do CDC.

As regras do art. 84 (e seus parágrafos) do CDC propiciavam maior efetividade à tutela do consumidor em juízo, superando com grande vantagem o antigo sistema do CPC. Com o art. 497 do CPC/2015, a tutela do consumidor, em face do inadimplemento da obrigação de fazer e não fazer, foi alargada para abranger também o não consumidor, já que seu regime se aplica às relações jurídicas civis e comerciais *lato sensu*.

[4] PROCEDIMENTO DA EXECUÇÃO ESPECÍFICA – O CDC conferiu ao juiz amplos poderes para tornar efetiva a tutela do consumidor, por meio da execução específica da obrigação de fazer. O juiz poderá determinar qualquer providência que o caso mereça, a fim de que seja assegurado o resultado prático equivalente ao do adimplemento da obrigação de fazer. Não quer o Código a resolução em perdas e danos.

Essas providências judiciais podem ser de vária ordem, tais como busca e apreensão, desfazimento da obra, remoção de pessoas e coisas, impedimentos de atividade nociva, além de requisição de força policial. Evidentemente, as medidas enunciadas no § 5º do art. 84 não são exaustivas, mas simplesmente exemplificativas.[131]

---

[130] Ver Nelson Nery Junior e Rosa Maria Andrade Nery, *Código de Processo Civil comentado e legislação extravagante*, 7ª ed., São Paulo, Revista dos Tribunais, 2003, comentários ao art. 461 do CPC.

[131] Ver o comentário ao art. 84, infra.

Art. 49 | CÓDIGO BRASILEIRO DE DEFESA DO CONSUMIDOR

Havendo fundado receio de ineficácia do provimento final, o juiz poderá antecipar a tutela definitiva concedendo-a liminarmente, se for relevante o fundamento da demanda (art. 84, § 3º, CDC). É como se fora o julgamento prévio e inicial do mérito a favor do consumidor. Não se trata aqui de medida cautelar, mas de providência que se assemelha às liminares possessórias.

Art. 49. O consumidor pode desistir do contrato, [1] no prazo de 7 dias [2] a contar de sua assinatura ou do ato de recebimento do produto ou serviço, [3] sempre que a contratação de fornecimento de produtos e serviços ocorrer fora do estabelecimento comercial, [4] especialmente por telefone ou a domicílio. [5]

Parágrafo único. Se o consumidor exercitar o direito de arrependimento previsto neste artigo, os valores eventualmente pagos, a qualquer título, durante o prazo de reflexão, serão devolvidos, de imediato, monetariamente atualizados. [6][7]

COMENTÁRIOS

[1] DIREITO DE ARREPENDIMENTO – O Código consagra o direito de o consumidor arrepender-se e voltar atrás em declaração de vontade que haja manifestado celebrando relação jurídica de consumo. O direito de arrependimento existe *per se*, sem que seja necessária qualquer justificativa do porquê da atitude do consumidor. Basta que o contrato de consumo tenha sido concluído fora do estabelecimento comercial para que incida, plenamente, o direito de o consumidor arrepender-se.

[2] PRAZO DE REFLEXÃO – Deve fazê-lo, entretanto, dentro do prazo de reflexão, fixado pelo CDC em 7 (sete) dias. Em outros sistemas jurídicos esse prazo é mais dilatado. O legislador brasileiro optou por conceder o prazo de sete dias, de relativa exiguidade, de modo a evitar eventuais abusos que possam ser cometidos pelo consumidor.

[3] CONTAGEM DO PRAZO DE REFLEXÃO – Conta-se o prazo de reflexão a partir da conclusão do contrato de consumo ou do ato de recebimento do produto ou serviço. Aplica-se, na contagem do prazo, o art. 132 e parágrafos do Código Civil, excluindo-se o dia do início e incluindo-se o do final. Não se *inicia* nenhum prazo em feriado ou dia não útil e, se o dia do *vencimento* cair em dia não útil ou feriado, prorroga-se o prazo para o dia útil imediato (art. 132, § 1º, do Código Civil).

Se o produto ou serviço for entregue ou prestado no dia da assinatura do contrato, a partir daí é que se conta o prazo para o exercimento do direito de arrependimento. Caso o contrato seja assinado num dia e o produto ou serviço entregue ou prestado em época posterior, o prazo de reflexão tem início a partir da efetiva entrega do produto ou prestação do serviço. Isso porque, na maior parte das vezes, as compras por catálogo ou por telefone são realizadas sem que o consumidor esteja preparado para tanto, e, ainda, sem que tenha podido ter acesso físico ao produto. Quando recebe o produto encomendado, verifica que está aquém de suas expectativas, pois, se o tivesse visto e examinado, não o teria comprado.

Não teria sentido, portanto, contar-se o curto prazo de reflexão a partir da assinatura do contrato ou da postagem do pedido nos correios, ocorrendo a surpresa do consumidor somente quando efetivamente recebesse o produto em suas mãos. A proteção que a lei lhe confere restaria inócua.

Capítulo VI · DA PROTEÇÃO CONTRATUAL | Art. 49

[4] RELAÇÃO DE CONSUMO FORA DO ESTABELECIMENTO COMERCIAL[132] – Quando o consumidor pretende realizar compra e venda de consumo, normalmente faz cotação de preços, examina as especificações do produto pretendido, pesquisa as melhores bases para contratar, entre outros procedimentos acautelatórios. Feito isso, dirige-se a um estabelecimento comercial escolhido previamente, sabendo o que pode ser objeto do contrato de consumo que quer realizar.

Dentro do estabelecimento comercial pode efetivar a esperada compra e venda, de acordo com suas previsões. Entretanto, o fornecedor pode oferecer-lhe outras alternativas, de modo a ampliar o rol de possibilidade de fechamento do contrato de consumo.

De todo modo, o consumidor está sujeito às variações naturais decorrentes de sua vontade de contratar, não se podendo falar que terá sido surpreendido pelo oferecimento das alternativas pelo fornecedor.

Quando o espírito do consumidor não está preparado para uma abordagem mais agressiva, derivada de práticas e técnicas de vendas mais incisivas, não terá discernimento suficiente para contratar ou deixar de contratar, dependendo do poder de convencimento empregado nessas práticas mais agressivas. Para essa situação é que o Código prevê o direito de arrependimento.

Além da sujeição do consumidor a essas práticas comerciais agressivas, fica ele vulnerável também ao desconhecimento do produto ou serviço, quando a venda é feita por catálogo, por exemplo. Não tem oportunidade de examinar o produto ou serviço, verificando suas qualidades e defeitos etc.

Essas situações verificam-se, de ordinário, fora do estabelecimento comercial, como, por exemplo, com a venda porta a porta, por telefone, por reembolso postal, por fax, por videotexto, por prospectos etc. O Código protege o consumidor contra toda e qualquer contratação realizada fora do estabelecimento comercial, concedendo-lhe o prazo de sete dias para arrepender-se do negócio, sem nenhum ônus.

O caso concreto é que vai determinar o que seja venda fora do estabelecimento comercial sujeita ao direito de arrependimento ou não. Se for dos usos e costumes entre as partes a celebração de contratos por telefone, por exemplo, não incide o dispositivo e não há o direito de arrependimento. O consumidor pode ter relações comerciais com empresa que fornece suporte para informática e adquirir, mensalmente, formulários contínuos para computador, fazendo-o por telefone. Conhece a marca, as especificações, e o fornecedor já sabe qual a exigência e preferência do consumidor. Negociam assim há seis meses continuados, sem reclamação por parte do consumidor. Nesse caso, é evidente que se o contrato de consumo se der *nas mesmas bases que os anteriores*, não há o direito de arrependimento. Havendo mudança da marca do formulário, ou das especificações sempre exigidas pelo consumidor, tem ele o direito de arrepender-se dentro do prazo de reflexão.

O direito de arrependimento existe, independentemente de o produto haver sido encomendado por pedido expresso do consumidor. O Código lhe dá esse direito porque presume, *juris et de jure*, que possa não ter ficado satisfeito e ter sido apanhado de surpresa quanto à qualidade e outras peculiaridades do produto ou serviço.

De outra parte, se for da essência do negócio a realização fora do estabelecimento comercial, não incide a norma sob comentário. A compra e venda de imóvel é celebrada, de regra, no recinto do cartório de notas, na presença do oficial. Não se pode considerar essa venda como

---

[132] Sobre contratos de consumo realizados fora do estabelecimento comercial, ver Gemma Alejandra Botana García, *Los contratos realizados fuera de los establecimientos mercantiles y la protección de los consumidores*, Barcelona, J. M. Bosch., 1994.

Art. 50 | CÓDIGO BRASILEIRO DE DEFESA DO CONSUMIDOR

tendo sido efetivada fora do estabelecimento comercial. O que importa é que as tratativas preliminares (sinal, compromisso de compra e venda etc.) tenham sido concluídas no estabelecimento comercial (nos escritórios da construtora, da imobiliária etc.).

As vendas pelo sistema de *marketing* direto estão sujeitas ao regime do direito de arrependimento. Os contratos de seguro e de cartão de crédito, por exemplo, cujos formulários são enviados pelo fornecedor, por intermédio dos correios, perderão sua eficácia se o consumidor utilizar-se do direito de arrependimento, sendo irrelevante que o envio tenha partido da iniciativa do fornecedor ou por pedido do consumidor.

[5] ELENCO EXEMPLIFICATIVO – O direito de arrependimento existe quando a contratação se der fora do estabelecimento comercial. Isso pode ocorrer das mais variadas formas. O Código enumerou, de modo exemplificativo, algumas dessas maneiras de contratação: por telefone e em domicílio.

O caráter de *numerus apertus* desse elenco é dado pelo advérbio "especialmente", constante da norma. Essa expressão indica claramente o propósito da lei de enumerar exemplos e não hipóteses taxativas.

Toda relação de consumo que for celebrada fora do estabelecimento comercial está sujeita ao regime do direito de arrependimento. Assim as contratações por telefone, telex, fax, videotexto, mala direta, reembolso postal, catálogo, prospectos, lista de preços, em domicílio etc.

[6] DEVOLUÇÃO DAS QUANTIAS PAGAS – O consumidor tem direito à devolução imediata das quantias eventualmente pagas, monetariamente atualizadas pelos índices oficiais, caso exerça o direito de arrependimento dentro do prazo de reflexão. A cláusula contratual que lhe retire o direito ao reembolso das quantias pagas é abusiva e, portanto, nula, de acordo com a prescrição do art. 51, nº II, do Código.

[7] DESPESAS DE ENVIO, FRETE E OUTROS ENCARGOS – Havendo despesas com frete, postagem e outros encargos suportados pelo fornecedor para fazer chegar às mãos do consumidor o produto ou serviço contratado fora do estabelecimento comercial, seu ressarcimento fica por conta do *risco negocial* da empresa. O fornecedor que opta por práticas comerciais mais incisivas, como as vendas em domicílio ou por *marketing* direto, isto é, *fora do estabelecimento comercial*, corre o risco do negócio, de modo que não tem nem do que reclamar se a relação jurídica é desfeita em virtude do arrependimento do consumidor. Essa situação de arrependimento e resolução do contrato de consumo é ínsita aos negócios estabelecidos mediante essa prática comercial.

O Código garante o direito de arrependimento, de forma pura e simples, sem que do consumidor se exija a declinação dos motivos que o levaram a arrepender-se do negócio. A *denúncia vazia* do contrato de consumo é direito do consumidor, que não pode ser apenado com o pagamento das despesas oriundas daquele contrato resolvido, justamente porque sua atividade é lícita e jurídica.

Podem as partes, entretanto, estabelecer cláusula contratual no sentido de carrear as despesas de frete, postagem e demais encargos ao consumidor, no caso de agir este com *dolo* ou *culpa grave*. A cláusula que, *genericamente*, determinar o ressarcimento do fornecedor é contrária ao art. 49 do Código, porque praticamente inibe o exercício do direito de arrependimento, tornando-o inoperante.

Art. 50. A garantia contratual é complementar à legal e será conferida mediante termo escrito. [1]

> Parágrafo único. O termo de garantia ou equivalente deve ser padronizado [2] e esclarecer, de maneira adequada, em que consiste a mesma garantia, bem como a forma, o prazo e o lugar em que pode ser exercitada e os ônus a cargo do consumidor, [3] devendo ser-lhe entregue, devidamente preenchido pelo fornecedor, no ato do fornecimento, [4] acompanhado de manual de instrução, de instalação e uso do produto em linguagem didática, com ilustrações. [5]

COMENTÁRIOS

[1] CARÁTER COMPLEMENTAR DA GARANTIA CONTRATUAL: breve histórico[133] e características.

[1.1] BREVE HISTÓRICO – A razão para o enunciado de tais dispositivos deveu-se à existência, à luz do então vigente Código Civil de 1916, de prazo prescricional extremamente curto, ou seja, de apenas 15 dias para a discussão dos vícios redibitórios e ajuizamento da competente ação redibitória ou da *quanti minoris*.

Esses dispositivos, na verdade, deveram-se a uma conquista jurisprudencial incorporada ao estatuto consumerista.

Com efeito, lembramo-nos de quando ainda no curso de Direito da Faculdade de Direito da Universidade de São Paulo, nosso pai, advogado, ingressou em juízo em prol de um médico de nossa cidade no interior deste estado que se havia acidentado com o veículo novo, *dentro do prazo de garantia* oferecido pelo fabricante, mas quando os 15 dias já se haviam escoado.

Apurou-se que o acidente – de que resultaram a perda total do veículo, além de sérios ferimentos no condutor –, conforme perícia levada a cabo pelo prestigiado IPT – Instituto de Pesquisas Tecnológicas de São Paulo –, fora causado pelo *travamento* do eixo traseiro do carro, em decorrência de fadiga do material e sua *soldadura à roda,* fazendo com que ele girasse sobre esse eixo por duas vezes, capotasse e se imobilizasse numa ribanceira que abrigava ao fundo a linha ferroviária.

Atendendo a uma preliminar levantada pela empresa fabricante do veículo e pela concessionária-vendedora, em litisconsórcio passivo de que a ação redibitória estava prescrita pelo transcurso dos 15 dias, o juízo de primeiro grau julgou a vítima carecedora da ação.

Acabou ela vencendo a demanda no final, todavia, eis que o Tribunal de Justiça do Estado, em sede de apelação – já que, como se sabe, questão de prescrição é de mérito –, entendendo-se que, como o prazo é bastante curto, e os defeitos ou vícios costumam aparecer dentro de um prazo razoável dentro das expectativas de durabilidade dos produtos, *para efeitos, inclusive prescricionais, somam-se o prazo de 15 dias (legal) ao prazo dado como garantia (1 ano, nesse caso).*

Cumpre salientar, outrossim, que as *garantias* são outorgadas em razão de os próprios fornecedores, de modo geral, estatisticamente calcularem a probabilidade da ocorrência de vícios ou defeitos em determinados produtos de uma linha fabricados em série durante um determinado lapso temporal, procurando, por outro lado, zelar pelo seu nome comercial.

Tanto o Juízo de primeiro grau como o Tribunal de Justiça do Estado de São Paulo, entretanto, acabaram por rejeitar a referida preliminar e ao final a ação foi julgada procedente, fixando-se a indenização por danos emergentes e lucros cessantes. A única divergência havida

---

[133] Subitem inserido pelo atualizador deste segmento, José Geraldo Brito Filomeno.

Art. 50 | CÓDIGO BRASILEIRO DE DEFESA DO CONSUMIDOR

entre as decisões de primeira e segunda instâncias foi o provimento parcial do recurso interposto pela concessionária de veículos, excluindo-a da demanda, entendendo-se que a responsabilidade era exclusiva do fabricante.

Com efeito, entendeu-se em última análise exatamente no caso concreto relatado que:

"Se a coisa foi vendida com garantia, o prazo prescricional da ação começa a correr, não do dia da entrega, mas sim após o transcurso da garantia dada pelo vendedor da proposta de venda" (Revista dos Tribunais vol. 344, pág. 200, referente à Ap. Cível nº 111.729, oriunda da Comarca de Mogi Mirim, SP, julgamento de 12-4-1962, por votação unânime, relator o desembargador Francisco Negrisollo).

No mesmo sentido:

"O prazo a que alude o § 2º do art. 178 do Código Civil, nas vendas a contento com prazo de garantia dada pelo vendedor não começa a partir da tradição e sim depois das experiências e depois de verificado o termo de garantia" (Revista dos Tribunais, vol. 158, pág. 324);

"O prazo prescricional para a recusa ou abatimento do preço de coisa móvel recebida com vício ou defeito oculto, começa a correr não do dia da entrega e sim após o transcurso do período de garantia dada pelo vendedor na proposta de venda. Este pode renunciar ao prazo da prescrição legal, dilatando-o, segundo assinalam os doutrinadores" (Revista dos Tribunais, vol. 186, pág. 100).[134]

Também a doutrina já se havia manifestado a respeito dessa particularidade em que nossa comissão elaboradora do anteprojeto do vigente Código do Consumidor se inspirou com vistas ao enunciado do mencionado art. 50.

Assim, por exemplo:

"A rescisão da venda de maquinismo dependente de experiência ou sob garantia, não está sujeita aos curtos prazos de prescrição ou decadência estabelecidos pelo Código Civil para casos de vício redibitório" (M. Filadelfo de Azevedo, Revista Forense, vol. 101, pág. 301).

Ou ainda:

"Quando se trata de máquinas ou aparelhos cujo estado de perfeição só pode ser aferido com o decurso de maior tempo, o prazo prescricional não pode ser levado a rigor" (Carvalho de Mendonça, *in Tratado de Direito Comercial*, vol. VI, 2ª parte, págs. 98 e 102 e Revista dos Tribunais vol. 132, pág. 572).

Cumpre salientar, outrossim, que as *garantias* são outorgadas em razão de os próprios fornecedores, de modo geral, estatisticamente calcularem a probabilidade da ocorrência de vícios ou defeitos em determinados produtos de uma linha fabricados em série durante um determinado lapso temporal, procurando, por outro lado, zelar pelo seu nome comercial.

Não se confunda essa questão, todavia, com a chamada *garantia estendida,* artifício criado pelos vendedores de produtos de consumo duráveis que nada mais é do que um *seguro*. E quão insistentes são os solertes atendentes no sentido de impingi-lo aos consumidores.

Relevantes medidas saneadoras com vistas a apurar e coibir os abusos daí decorrentes foram adotadas pelo operoso Promotor de Justiça do Consumidor do Ministério Público do Estado de Minas Gerais, Amauri Ártimos da Matta.[135]

---

[134] Cf., no mesmo sentido, *RTs* 195/09 e 448/91.

[135] Cf. artigo *PROCON Vinculado ao Ministério Público: estrutura e atuação prática, in Tutela Administrativa do Consumidor*: atuação dos PROCONs, legislação, doutrina, jurisprudência, obra coletiva por nós organizada, São Paulo, Atlas, 2014, págs. 171 a 230.

Ou seja, além da garantia oferecida pelo próprio fabricante, bem como da chamada *garantia legal* que será analisada no subitem seguinte, os varejistas ainda querem vender um *seguro garantia*. Em princípio, e em última análise, nada contra. Entretanto, os consumidores têm de ser devidamente informados a respeito, como é curial, e não podem ser pressionados a aceitá-la, o que constitui manifesta prática abusiva.

Ainda no que concerne ao chamado *prazo de garantia legal,* durante as discussões na comissão elaboradora do código, foram trazidos os exemplos da União Europeia, da Grã-Bretanha e dos Estados Unidos.

Na União Europeia, por exemplo, o prazo de *garantia legal* de produtos é de 2 anos, enquanto na Grã-Bretanha é de 6 anos.

No Brasil, todavia, é de apenas 3 meses (*ex vi* do disposto no art. 26, II, do Código de Defesa do Consumidor).

Optou-se por esse prazo, em razão do forte *lobby* dos fabricantes de produtos de consumo duráveis, sob a argumentação – duvidosa – de que a indústria nacional ainda não estaria preparada para uma extensão maior desse prazo de garantia, à época ainda sob a denominação de *prazo prescricional*, com vistas a ajuizamentos de ações redibitórias ou *quanti minoris*.

Rendemo-nos àquela argumentação, todavia, sob pena de podermos perder algumas outras conquistas, sobretudo, e o que era mais importante, a chamada *responsabilidade objetiva pelo fato do produto e do serviço*.

Entretanto, restou-nos, naquele particular, a somatória da *garantia legal* e da *garantia contratual* (*i.e.,* 90 dias + prazos de garantia concedidos unilateralmente pelos fabricantes), conforme historiado no item anterior.

[1.2] CARACTERÍSTICAS – O Código deixa clara a impossibilidade de haver substituição da garantia legal pela contratual. Aquela é obrigatória e inderrogável; esta é complementar àquela, constituindo-se num *plus* em favor do consumidor.

O *princípio da garantia legal* deflui de todo o sistema do Código. Sempre que o CDC estabelecer obrigação para o fornecedor, está, *ipso facto*, conferindo garantia legal ao consumidor. Os arts. 4º, nº II, *d*, e 8º ao 25, do CDC, por exemplo, encerram a garantia legal de adequação, qualidade, durabilidade, desempenho e segurança dos produtos e serviços.

Essa garantia legal não pode ser excluída, em nenhuma hipótese, a pretexto de que o fornecedor estaria dando, contratualmente, outro tipo de garantia. Sempre que houver garantia convencional, entende-se que, ao lado dela, subsistirá a garantia legal. A garantia contratual seria um *plus* em favor do consumidor.

Ao contrário da garantia legal, que é sempre obrigatória, a garantia contratual é mera faculdade, que pode ser concedida por liberalidade do fornecedor. Portanto, os termos e o prazo dessa garantia contratual ficam ao alvedrio exclusivo do fornecedor, que os estipulará de acordo com sua conveniência, a fim de que seus produtos ou serviços possam ter competitividade no mercado, atendendo, portanto, ao princípio da livre iniciativa.

A garantia legal de adequação, qualidade e segurança dos produtos e serviços independe de termo expresso (art. 24, CDC), sendo proibida a cláusula que exonere o fornecedor de prestá-la (art. 24, CDC), vedada, ainda, a exoneração do dever de indenização pelo fato ou vício do produto ou serviço (arts. 25 e 51, nº I, CDC).

[2] PADRONIZAÇÃO DO TERMO DE GARANTIA – O Código não permite que a garantia contratual seja dada verbalmente. Exige termo escrito, a fim de que fique expresso o conteúdo dessa mesma garantia, para que se possa avaliar sua medida e extensão.

Art. 50 | CÓDIGO BRASILEIRO DE DEFESA DO CONSUMIDOR

Desde que estabelecida pelo fornecedor, a garantia por termo escrito deverá ser padronizada, de modo a atingir os consumidores daquele produto ou serviço de maneira uniforme. Isso facilita tanto a atividade do fornecedor como permite maior transparência nas relações dele com o consumidor (art. 4º, *caput*, CDC), sendo instrumento, inclusive, da concorrência leal e da livre iniciativa, caracterizando-se como prática comercial a todos os títulos elogiável.

[3] CONTEÚDO E FORMA DO TERMO DE GARANTIA – O Código não permite a garantia contratual dada verbalmente. O termo escrito é da substância do ato. Os *requisitos mínimos* de conteúdo da garantia contratual são indicados pelo Código: em que consiste a garantia; forma, prazo e lugar em que pode ser exercida; os ônus a cargo do consumidor. Nada impede que o fornecedor estabeleça outras bases para a garantia contratual, além das indicadas pelo CDC. O que não se admite é que não constem do termo de garantia os dados enumerados pelo dispositivo ora analisado.

O esclarecimento do consumidor sobre o conteúdo da garantia é tarefa de singular importância para que se mostre efetivo esse direito. O Código exige que venha expresso no termo o objeto da garantia. De acordo com o art. 46, como a garantia é parte integrante do contrato de consumo, ao fornecedor incumbe esclarecer adequadamente o consumidor sobre as bases da garantia contratual.

Não raras vezes, o conteúdo da garantia se projeta como fator decisivo para o consumidor optar pela aquisição do produto ou serviço. Há, inclusive, empresas que promovem anúncios publicitários – como o do televisor Mitsubishi –, centrando sua estratégia de *marketing* exatamente na garantia, muito melhor e mais abrangente do que a da concorrência, de sorte a sensibilizar o consumidor a dar preferência a seus produtos ou serviços.

[4] PREENCHIMENTO E ENTREGA DO TERMO DE GARANTIA – O termo escrito da garantia contratual, com todos os esclarecimentos que se fizerem necessários para a efetiva informação do consumidor sobre o produto ou serviço, deverá ser preenchido pelo fornecedor na ocasião da conclusão do contrato de consumo. Não se admite mais a entrega pura e simples do termo de garantia, sem que esteja devidamente preenchido.

Caso a obrigação que compete ao fornecedor, de entregar o termo de garantia adequadamente preenchido, reste descumprida, a conduta em tese configura o crime do art. 74 do Código, além de ensejar indenização por perdas e danos.

[5] MANUAL DE INSTRUÇÃO – Havendo necessidade, o fornecedor deve fazer o manual de instrução e de instalação acompanhar o produto ou serviço. Enquanto a garantia contratual é facultativa, o manual de instalação e instrução sobre a utilização adequada do produto ou serviço é de acompanhamento obrigatório, pois decorre do dever do fornecedor e do direito do consumidor à informação correta, precisa e adequada sobre os produtos e serviços.

Esse manual deve ser redigido em português, com linguagem didática, para que o consumidor possa instalar e operar o produto ou serviço.

Os produtos importados também deverão vir acompanhados de manual em língua portuguesa (art. 31, CDC), pois do contrário não haverá informação adequada ao consumidor, burlando-se o direito básico garantido pelo art. 6º, nº III, do Código. É comum, na exportação de produtos, o exportador incluir embalagem e manual de instrução na língua do país destinatário. Isso tornou-se, com o Código, obrigação carreada ao importador.

Capítulo VI · DA PROTEÇÃO CONTRATUAL | **Art. 51**

Seção II
Das cláusulas abusivas [1][136]

Art. 51. São nulas de pleno direito, [2] entre outras, [3] as cláusulas contratuais relativas ao fornecimento de produtos e serviços [4] que:

I – impossibilitem, exonerem ou atenuem a responsabilidade do fornecedor por vícios de qualquer natureza dos produtos e serviços [5] ou impliquem renúncia ou disposição de direitos. [6] Nas relações de consumo entre o fornecedor e o consumidor-pessoa jurídica, a indenização poderá ser limitada, em situações justificáveis; [7]

II – subtraiam ao consumidor a opção de reembolso da quantia já paga, nos casos previstos neste Código; [8]

III – transfiram responsabilidades a terceiros; [9]

IV – estabeleçam obrigações consideradas iníquas, abusivas, que coloquem o consumidor em desvantagem exagerada, [10] ou sejam incompatíveis com a boa-fé ou a equidade; [11]

V – Vetado – segundo as circunstâncias, e em particular, segundo a aparência global do contrato, venham, após sua conclusão, a surpreender o consumidor; [12]

VI – estabeleçam inversão do ônus da prova em prejuízo do consumidor; [13]

VII – determinem a utilização compulsória de arbitragem; [14]

VIII – imponham representante [15] para concluir ou realizar outro negócio jurídico [16] pelo consumidor;

IX – deixem ao fornecedor a opção de concluir ou não o contrato, embora obrigando o consumidor; [17]

X – permitam ao fornecedor, direta ou indiretamente, variação do preço de maneira unilateral; [18]

XI – autorizem o fornecedor a cancelar o contrato unilateralmente, sem que igual direito seja conferido ao consumidor; [19]

XII – obriguem o consumidor a ressarcir os custos de cobrança de sua obrigação, sem que igual direito lhe seja conferido contra o fornecedor; [20]

XIII – autorizem o fornecedor a modificar unilateralmente o conteúdo ou a qualidade do contrato, após sua celebração; [21]

XIV – infrinjam ou possibilitem a violação de normas ambientais; [22]

XV – estejam em desacordo com o sistema de proteção ao consumidor; [23]

XVI – possibilitem a renúncia do direito de indenização por benfeitorias necessárias; [24]

XVII – condicionem ou limitem de qualquer forma o acesso aos órgãos do Poder Judiciário; (redação dada pela Lei nº 14.181, de 1º-7-2021) [25]

---

[136] Sobre cláusulas abusivas: Carlos Alberto Bittar, Ary Barbosa Garcia Junior e Guilherme Fernandes Neto, *Os contratos de adesão e o controle de cláusulas abusivas*, São Paulo, Saraiva, 1991; Cláudia Lima Marques, *Contratos no Código de Defesa do Consumidor*, 4ª ed., São Paulo, Revista dos Tribunais, 2002; João Bosco Leopoldino da Fonseca, *Cláusulas abusivas nos contratos*, 2ª ed., Rio de Janeiro, Forense, 1995; Paulo Luiz Neto Lôbo, *Condições gerais dos contratos e cláusulas abusivas*, São Paulo, Saraiva, 1991.

Art. 51 | CÓDIGO BRASILEIRO DE DEFESA DO CONSUMIDOR

XVIII – estabeleçam prazos de carência em caso de impontualidade das prestações mensais ou impeçam o restabelecimento integral dos direitos do consumidor e de seus meios de pagamento a partir da purgação da mora ou de acordo com os credores. (redação dada pela Lei nº 14.181, de 1º-7-2021) [26]

XIX – Vetado – prevejam a aplicação de lei estrangeira que limite, total ou parcialmente, a proteção assegurada por este Código ao consumidor domiciliado no Brasil.

§ 1º Presume-se exagerada, entre outros casos, a vantagem que: [27]

I – ofende os princípios fundamentais do sistema jurídico a que pertence; [28]

II – restringe direitos ou obrigações fundamentais inerentes à natureza do contrato, de tal modo a ameaçar seu objeto ou o equilíbrio contratual; [29]

III – se mostra excessivamente onerosa para o consumidor, considerando-se a natureza e conteúdo do contrato, o interesse das partes e outras circunstâncias peculiares ao caso. [30]

§ 2º A nulidade de uma cláusula contratual abusiva não invalida o contrato, [29] exceto quando de sua ausência, apesar dos esforços de integração, decorrer ônus excessivo a qualquer das partes. [31]

§ 3º Vetado – O Ministério Público, mediante inquérito civil, pode efetuar o controle administrativo abstrato e preventivo das cláusulas contratuais gerais, cuja decisão terá caráter geral. [32]

§ 4º É facultado a qualquer consumidor ou entidade que o represente requerer ao Ministério Público que ajuíze a competente ação para ser declarada a nulidade de cláusula contratual que contrarie o disposto neste Código ou de qualquer forma não assegure o justo equilíbrio entre direitos e obrigações das partes. [33][34][35][36]

COMENTÁRIOS

[1] CLÁUSULAS ABUSIVAS – O instituto das cláusulas abusivas não se confunde com o do abuso de direito do art. 187 do Código Civil. Podemos tomar a expressão "cláusulas abusivas" como sinônima de cláusulas opressivas, cláusulas vexatórias, cláusulas onerosas ou, ainda, cláusulas excessivas.[137]

Nesse sentido, cláusula abusiva é aquela que é notoriamente desfavorável à parte mais fraca na relação contratual, que, no caso de nossa análise, é o consumidor, aliás, por expressa definição do art. 4º, nº I, do CDC. A existência de cláusula abusiva no contrato de consumo torna inválida a relação contratual pela quebra do equilíbrio entre as partes, pois normalmente se verifica nos contratos de adesão, nos quais o estipulante se outorga todas as vantagens em detrimento do aderente, de quem são retiradas as vantagens e a quem são carreados todos os ônus derivados do contrato.[138]

---

[137] Philippe Malinvaud, "Le condizioni generali di contratto", in Le condizioni generali di contratto, dirigido por C. Massimo Bianca, tomo II, Milano, Giuffrè, 1981, p. 437. Em sentido conforme, Juan Carlos Rezzónico, *Contratos con cláusulas predispuestas*, cit., § 27, p. 57.

[138] Vide, *e.g.*, Súmula 638 do STJ: "É abusiva a cláusula contratual que restringe a responsabilidade de instituição financeira pelos danos decorrentes de roubo, furto ou extravio de bem entregue em garantia no âmbito de

Capítulo VI · DA PROTEÇÃO CONTRATUAL | Art. 51

As cláusulas abusivas não se restringem aos contratos de adesão, mas cabem a todo e qualquer contrato de consumo,[139] escrito ou verbal, pois o desequilíbrio contratual, com a supremacia do fornecedor sobre o consumidor, pode ocorrer em qualquer contrato, concluído mediante qualquer técnica contratual. O CDC visa a proteger o consumidor contra as cláusulas abusivas tout court e não somente o aderente do contrato de adesão. Daí a razão de as cláusulas abusivas estarem tratadas pelo CDC em seção diversa do regulamento do contrato de adesão, significando terem abrangência para além dessa forma de contratação em massa.

O Conselho da União Europeia baixou, em 1993, diretiva regulamentando as cláusulas abusivas, cujo teor deve ser incorporado no Direito Interno de cada país-membro daquela comunidade. Muitas das cláusulas já eram consideradas abusivas pela AGB-Gesetz e pelo nosso CDC. Ver o texto completo da diretiva no item nº 33, adiante, relativo ao CDC, art. 51.

A Secretaria de Direito Econômico do Ministério da Justiça baixou, em 13.3.98, a Portaria nº 4, que contém rol exemplificativo de cláusulas contratuais que aquele órgão considera abusivas. Ver o texto completo da Portaria nº SDE-MJ 4/98, bem como as notas explicativas publicadas por despacho do secretário de Direito Econômico, no item nº 34, adiante, relativo ao art. 51 do CDC. No item nº 35, encontra-se transcrita na íntegra a Portaria no SDE-MJ 3/99, de 19.3.99, publicada no Diário Oficial da União, de 22.3.99, p. 1. Essa última portaria acrescentou mais 15 cláusulas abusivas aos elencos do art. 51 do CDC e da Portaria nº SDE-MJ 4/98.

A Medida Provisória nº 2.172-32, de 23.9.2001, proclama nula a cláusula contratual de estipulação usurária, assim consideradas as que estabeleçam taxas de juros acima dos legais, vantagem ou lucros excessivos. Nas ações para decretação da nulidade dessas cláusulas, o ônus da prova de sua regularidade cabe ao estipulante (art. 3º da MP nº 1.914/99).

A Secretaria de Direito Econômico do Ministério da Justiça baixou outra norma – Portaria nº 3, de 15.3.2001, publicada no *Diário Oficial da União*, de 17.3.2001, enumerando outras cláusulas contratuais que considera abusivas. A íntegra dessa Portaria encontra-se no item nº 36, adiante. Confira-se, ainda, a Portaria SDE nº 5, de 27 de agosto de 2002.

A Medida Provisória nº 2.089-25, de 22.2.2001 (*DOU* de 23.2.2001), reedição das Medidas Provisórias nos 1.820, 1.914 e 1.965, proclama de nula a cláusula contratual de estipulação usurária, assim consideradas as que estabeleçam taxas de juros acima dos legais, vantagem ou lucros excessivos. Nas ações para decretação da nulidade dessas cláusulas, o ônus da prova de sua regularidade cabe ao estipulante (art. 3º da Medida Provisória nº 2.089-25/01). Observe-se que a MP nº 2.089-25/2001 teve reedições, sendo a última a MP 2.172/32, de 23 de agosto de 2001.

[2] NULIDADE DAS CLÁUSULAS ABUSIVAS – As nulidades têm sistema próprio dentro do Código de Defesa do Consumidor. Não são inteiramente aplicáveis às relações de consumo as normas sobre nulidades inscritas no Código Civil, Código Comercial, Código de Processo Civil ou outras leis extravagantes. Mesmo porque os sistemas de nulidade não são uniformes, variando de acordo com a peculiaridade de cada ramo da ciência do Direito.

As invalidades, modernamente, reclamam tratamento microssistêmico, o que foi feito pelo CDC, a fim de poderem atender às peculiaridades existentes no microssistema. O CDC afastou-se do sistema de nulidades do Código Civil, restando, pois, superado o entendimento de que as nulidades pleno jure independem de declaração judicial para se fazerem atuar,[140] e

---

contrato de penhor civil."

[139] Em sentido semelhante à nota 2 *supra*, cf. Juan Carlos Rezzónico, *Contratos con cláusulas predispuestas*, cit., § 313, p. 447.

[140] Esse entendimento está assentado na doutrina dominante. Ver, por todos, Martinho Garcez, *Nullidades dos actos jurídicos*, 2ª ed., Rio de Janeiro, Jacintho Ribeiro dos Santos Editor, 1910, vol. I, nos 44 e segs., ps. 47 e segs.

Art. 51 | CÓDIGO BRASILEIRO DE DEFESA DO CONSUMIDOR

de que as nulidades absolutas precisam de sentença judicial para produzirem seus efeitos no ato ou negócio jurídico. Abandonou-se, no sistema do CDC, a dicotomia existente entre as nulidades do Direito Civil (nulidades absolutas e relativas),[141] pois o Código só reconhece as nulidades de pleno direito quando enumera as cláusulas abusivas,[142] porque ofendem a ordem pública de proteção ao consumidor,[143] base normativa de todo o Código, como se vê no art. 1º do CDC: "O presente Código estabelece normas de proteção e defesa do consumidor, de ordem pública e interesse social..."[144]

A nulidade da cláusula abusiva deve ser reconhecida judicialmente, por meio de ação direta (ou reconvenção), de exceção substancial alegada em defesa (contestação), ou, ainda, por ato *ex officio* do juiz. A sentença que reconhece a nulidade não é declaratória, mas constitutiva negativa.[145] Quanto à subsistência da relação jurídica de consumo contaminada por cláusula abusiva, o efeito da sentença judicial que reconhece a nulidade da cláusula abusiva é *ex tunc*, pois desde a conclusão do negócio jurídico de consumo já preexistia essa situação de invalidade, de sorte que o magistrado somente faz reconhecer essa circunstância fática anterior à propositura da ação.

Sendo matéria de ordem pública (art. 1º, CDC), a nulidade de pleno direito das cláusulas abusivas nos contratos de consumo não é atingida pela preclusão, de modo que pode ser alegada no processo a qualquer tempo e grau de jurisdição, impondo-se ao juiz o dever de

---

[141] Clóvis Bevilácqua identifica apenas duas ordens de invalidades no sistema do Código Civil: a) as nulidades de pleno direito (art. 145); b) as anulabilidades (art. 147) (Código Civil dos Estados Unidos do Brasil comentado, cit., vol. I, observação nº 1 ao art. 145, p. 331). Os referidos dispositivos têm como correspondentes os arts. 166 e 171 do vigente Código Civil de 2002 (JGBF).

[142] Nesse sentido é o texto expresso do art. 10, § 4º, da Ley General para la Defensa de los Consumidores, da Espanha (Ley 20/1984, de 19 de julho), que assim dispõe, depois de enumerar as cláusulas abusivas: "Serán nulas de pleno derecho y se tendrán por no puestas las cláusulas, condiciones o estipulaciones que incumplan los anteriores requisitos" (texto integral da lei in José Angel Torres Lana e Santiago Cavanillas Múgica, Código de Derecho del Consumo, cit., § 25, p. 50) (grifo nosso).

[143] Sobre a ordem pública de proteção ao consumidor, ver Jacques Ghestin e Bernard Desché, *Traité des contrats (la vente)*, cit., nº 26, ps. 22-23, na linha de entendimento do nosso CDC. Ver, ainda, o item sobre a "Proteção contra cláusulas abusivas", na Introdução a este capítulo, supra.

[144] Cf., todavia, a Súmula nº 381 do STJ que assim dispõe: "Nos contratos bancários, é vedado ao julgador conhecer, de ofício, da abusividade das cláusulas" (*DJe* de 5.5.2009, RSTJ vol. 214, p. 537). Cf., também o EREsp nº 707.394-RS, rel. Min. João Otávio de Noronha, 2ª Seção do STJ, j. de 9.12.2009, *DJe* de 16.12.2009: "Processual civil. Embargos de divergência. Contrato bancário. Disposições analisadas de ofício. Impossibilidade. Questão sedimentada nos termos do art. 543-C do CPC. Recurso repetitivo. 1. A Segunda Seção, no julgamento do REsp nº 1.061.530/RS, apreciado nos termos do art. 543-C (recurso repetitivo), sedimentou o entendimento de que é vedado aos juízes de primeiro e segundo grau de jurisdição julgar, com fundamento no art. 51 do CDC, sem pedido expresso, a abusividade de cláusulas nos contratos bancários. 2. Embargos de divergência providos" (JGBF).

[145] Nesse sentido, Pontes de Miranda, *Tratado de Direito Privado*, 4ª ed., São Paulo, RT, 1983, tomo IV, §§ 380 e 408, ps. 75-6 e 206. Na esteira da lição de Pontes de Miranda, o entendimento de Renata Helena Petri Gobbet, *Aspectos doutrinários da invalidade de negócio jurídico no Direito Privado*, Dissertação, São Paulo, USP, 1985, p. 50. A autora faz interessante abordagem da classificação das invalidades, sob os planos da existência, validade e eficácia do negócio jurídico, com considerações sobre o negócio inexistente. Diz ser desconstitutiva a sentença que pronuncia a nulidade, assim como a que decreta a anulação, pois "só se pode sustentar o contrário, quando não se admite a diferença entre inexistência jurídica e invalidade (aqui, um outro corolário da aceitação do plano da existência como distinto do plano da validade)" (grifado no original). Como diz Kazuo Watanabe, a sentença que decreta a nulidade declara essa situação preexistente e desconstitui a juridicidade do ato. Quer dizer que, quanto ao ato ou negócio nulo em si, a sentença tem conteúdo meramente declaratório; quanto à juridicidade do ato ou negócio, a sentença é desconstitutiva ("Breve reflexão sobre a natureza jurídica da sentença de nulidade de casamento", *in Revista dos Tribunais*, vol. 542 (1980), São Paulo, ps. 25-28).

Capítulo VI · DA PROTEÇÃO CONTRATUAL | **Art. 51**

pronunciá-la de ofício. Aplicam-se, por extensão, o § 3º do art. 485, o § 5º do art. 337 e o art. 342, todos do CPC/2015.

O Código não fixou nenhum prazo para o exercício do direito de pleitear em juízo a nulidade da cláusula abusiva. Consequentemente, na ausência de norma nesse sentido, a ação é perpétua (imprescritível).[146]

[3] ELENCO EXEMPLIFICATIVO DAS CLÁUSULAS ABUSIVAS – Atendendo aos reclamos da doutrina,[147] o CDC enunciou hipóteses de cláusulas abusivas em elenco exemplificativo. A expressão "entre outras" do caput do art. 51 evidencia o critério da lei de mencionar em *numerus apertus* os casos de cláusulas abusivas nos contratos de consumo.

Sempre que verificar a existência de desequilíbrio na posição das partes no contrato de consumo, o juiz poderá reconhecer e declarar abusiva determinada cláusula, atendidos os princípios da boa-fé e da compatibilidade com o sistema de proteção ao consumidor.

A cláusula de eleição de foro em cláusulas contratuais gerais ou em contrato de adesão é, *in abstracto*, abusiva porque se traduz em dificuldade de defesa para o consumidor.[148] Nada obstante seja lícita a eleição de foro, em se tratando de competência relativa, por autorização do Direito Processual, a questão deve ser analisada à luz do Direito Material porque objeto de estipulação negocial em contrato de consumo.[149]

Como a cláusula abusiva é nula de pleno direito (CDC, art. 51), deve ser reconhecida essa nulidade de ofício pelo juiz, independentemente de requerimento da parte ou interessado. O reconhecimento *ex officio* do vício acarreta a nulificação da cláusula.[150] Por ter sido declarada nula, a cláusula não pode ter eficácia. Assim procedendo, o juiz não estará declarando de ofício a incompetência relativa, motivo pelo qual não é aplicável à hipótese o verbete nº 33 da Súmula da jurisprudência predominante no STJ.[151]

O Superior Tribunal de Justiça, em acórdão relatado pelo ministro Sálvio de Figueiredo Teixeira, entendeu diferentemente, propugnando pela abusividade *in concreto* da cláusula de

---

[146] O CDC inspirou-se, confessadamente, no critério de Agnelo Amorim Filho para distinguir prescrição de decadência (arts. 26 e 27). Segundo ele, as ações condenatórias têm prazo de prescrição para seu exercício; as ações constitutivas com prazo na lei encerram hipótese de decadência; as ações meramente declaratórias e as ações constitutivas sem prazo previsto na lei para serem ajuizadas são imprescritíveis (Agnelo Amorim Filho, "Critério científico para distinguir a prescrição da decadência e para identificar as ações imprescritíveis", *in Revista de Direito Processual Civil*, vol. 3 (1962), São Paulo, Saraiva, ps. 95-132, passim; RT 300/7, republicado na RT 740/723). O direito de invalidar as cláusulas abusivas nos contratos de consumo não tem prazo fixado no CDC para seu exercício. Assim, quer seja considerada como meramente declaratória, quer como desconstitutiva, a ação não está sujeita à prescrição nem à decadência: é perpétua (imprescritível). O Código Civil vigente (Lei nº 10.406/2002) também adotou o alvitre do professor paraibano, quanto à distinção entre prescrição e decadência (arts. 189 e 207) e quanto à imprescritibilidade das ações de nulidade: "Art. 169. O negócio jurídico nulo não é suscetível de confirmação, nem convalesce pelo decurso do tempo" (grifo nosso).

[147] Anteo Genovese, *Osservazioni de iure condendo circa le condizioni generali di contratto*, cit., nº 3, ps. 872-876.

[148] Admitindo a consideração dessa cláusula como abusiva, Francisco de Paula Xavier Neto, "A possível desconsideração do foro de eleição nos contratos de adesão", *in Revista de Processo*, vol. 56 (1989), São Paulo, RT, ps. 200-202. No mesmo sentido, TJSP in RT 604/80.

[149] Nesse sentido, Araken de Assis, *Controle da eficácia do foro de eleição em contratos de adesão*, trabalho apresentado no Curso de Mestrado da PUC-RS, Porto Alegre, na cadeira de Direito Civil, a nosso cargo, no 2º semestre de 1989.

[150] STJ, AgRg no REsp nº 506.650/RS, 4ª Turma, rel. Min. Fernando Gonçalves, j. de 21.10.2003.

[151] Nesse sentido, Rosa Maria Andrade Nery, "Competência relativa de foro e a ordem pública: o art. 51 do CDC e o verbete nº 33 da súmula do STJ", *in RT* 693/112.

Art. 51 | CÓDIGO BRASILEIRO DE DEFESA DO CONSUMIDOR

eleição de foro. Assim, seria válida, em princípio, a cláusula de eleição de foro em contrato de adesão, salvo: a) se, no momento da celebração, a parte aderente não dispuser de intelecção suficiente para compreender o sentido e as consequências da estipulação contratual; b) se da prevalência de tal estipulação resultar inviabilidade ou especial dificuldade de acesso ao Judiciário; c) se se tratar de contrato de obrigatória adesão, assim entendido o que tenha por objeto produto ou serviço fornecido com exclusividade por determinada empresa.[152]

A eleição de foro diverso do do domicílio do consumidor, ainda que não inviabilize ou impossibilite, dificulta sua defesa, ofendendo o art. 6º, nº VIII, do CDC, que diz ser direito básico do consumidor a facilitação de sua defesa em juízo.[153] Logo, tal cláusula ofende o "sistema" de defesa do consumidor, sendo, portanto, nula (art. 51, nº XV, do CDC). É, de consequência, sempre nula, em abstrato, a cláusula de eleição de foro que não seja o do domicílio do consumidor, quando não haja manifestação expressa, bilateral mesmo, do consumidor.[154]

De outra parte, é possível ao juiz declarar de ofício a nulidade dessa cláusula de eleição de foro, porque se trata de ofensa a direito material do consumidor, regra de ordem pública (art. 1º, do CDC). Não se aplica, na hipótese, a restrição da Súmula nº 33 do STJ, que proíbe o juiz de declarar de ofício sua incompetência relativa, conforme tem decidido o Superior Tribunal de Justiça, *verbis*: "O juiz do foro escolhido em contrato de adesão pode declarar de ofício a nulidade da cláusula e declinar da sua competência para o juízo do foro do domicílio do réu. Prevalência da norma de ordem pública que define como hipossuficiente e garante sua defesa em juízo."[155] No mesmo sentido tem sido o entendimento da doutrina e jurisprudência prevalecentes.[156]

Já se decidiu que se considera ineficaz a cláusula de foro prorrogando, imposta em contrato de seguro feito por adesão a cláusulas contratuais gerais, concluído em Caxias do Sul pela filial da seguradora, porque o estipulante tem sede no local da celebração do contrato e que seria prejudicial ao segurado demandar no Rio de Janeiro.[157] A declaração de ineficácia da

---

[152] STJ, Conflito de Competência nº 15797-0-SC, 2ª Seção, rel. Min. Sálvio de Figueiredo, v.u., *DJU* de 12.8.96 e in Ementário do STJ, Brasília jurídica, vol. 16, nº 250, p. 128. No mesmo sentido: STJ, REsp nº 56711-4-SP, 4ª Turma, rel. Min. Sálvio de Figueiredo, j. de 7.2.95, *DJU* de 20.3.95, p. 6.128.

[153] TJPR, Agr. Instrumento nº 327721400, 16ª Câm. Cível, rel. Des. Helio Henrique Lopes Fernandes Lima, j. de 8.3.2006.

[154] Nesse sentido: Nelson Nery Junior & Rosa Maria Andrade Nery, *Código Civil anotado*, cit., título Consumidor na legislação extravagante, comentário nº 19 ao art. 51 do CDC (casuística), verbete "Eleição de foro. Regras de validade e eficácia".

[155] STJ, Conflito de Competência nº 19.301-MG, 2ª Seção, rel. Min. Ruy Rosado de Aguiar, j. de 11.11.98, v.u., *DJU* de 17.2.99, p. 108.

[156] Rosa Maria Andrade Nery, "Competência relativa de foro e a ordem pública: o art. 51 do CDC e o verbete nº 33 da súmula do STJ", in *RT* 693/112. No mesmo sentido: TJSP, Câm. Esp., CComp nº 44286-0/6-São Paulo, rel. Des. Álvaro Lazzarini, v.u., j. de 13.8.98, BolAASP 2085/812; TJSP-RT 732/226; TJSP, Câm. Esp., CComp 44286-0/6-São Paulo, rel. Des. Álvaro Lazzarini, v.u., j. de 13.8.98, BolAASP 2085/812; TJSP, Câm. Esp., CComp nº 40322-0/2, rel. Des. Álvaro Lazzarini, v.u., j. de 23.4.98; TJSP, Câm. Esp., CComp nº 30013-0/4, rel. Des. Dirceu de Mello, j. de 9.1.97, v.u.; TJSP, Câm. Esp., CComp nºs 22599-0/3 e 22409-0/8, rel. Des. Ney Almada, j. de 27.7.95, v.u.; TJSP, Câm. Esp., CComp nº 25237-0/4, rel. Des. Ney Almada, j. de 2.9.95, v.u.; "A eleição de foro em contrato de adesão acarreta desequilíbrio contratual, porque a distância coíbe a própria apresentação de defesa. Reconhecida sua abusividade, deve o juiz declarar de ofício sua incompetência, não incidindo o veto do STJ 33" (TJSP-RT 732/224). No mesmo sentido: item 8º da Portaria nº 4 da Secretaria de Direito Econômico do Ministério da Justiça (*DOU* de 16.3.98, p. 10); Antonio Carlos Marcato, "Da consignação em pagamento e o reconhecimento ex officio do caráter abusivo da cláusula de eleição de foro", in 2º TACivSP Jubileu, ps. 119-126.

[157] TJRS, 3ª Câmara Cível, Apelação Cível nº 585013600, de Caxias do Sul, rel. Des. Galeno Lacerda, j. de 30.5.85, v.u. No mesmo sentido decidiu a 2ª Câmara Cível do Tribunal de Alçada do Paraná, no Acórdão nº

Capítulo VI · DA PROTEÇÃO CONTRATUAL | **Art. 51**

cláusula não traria nenhum prejuízo para a seguradora, beneficiária da prorrogação do foro, sendo, portanto, de aplicar-se o verbete nº 363 da Súmula do STF. Ao contrário, seria desvantajosa para o aderente a manutenção da eficácia do dispositivo contratual, que teria de deslocar-se ao Rio de Janeiro para ajuizar ação derivada do contrato, sobre o qual, aliás, não teve o aderente possibilidade de discutir previamente o conteúdo das cláusulas.[158]-[159]-[160] Mas, desde que discutida livremente entre as partes, em igualdade de condições, a cláusula de eleição de foro é perfeitamente válida e eficaz.[161]

[4] PROTEÇÃO DO CONSUMIDOR NOS CONTRATOS DE CONSUMO – Como reconhece o art. 6º, nº IV, do CDC, o consumidor tem o direito básico de proteção contra cláusulas abusivas. Esse direito é dado com amplitude, pois a norma não restringe essa proteção apenas aos contratos de adesão. Assim, todos os contratos de consumo, escritos ou verbais, "de comum acordo" ou de adesão, estão inseridos dentro do sistema de proteção contra cláusulas abusivas.

[5] CLÁUSULA DE NÃO INDENIZAR NOS CONTRATOS DE CONSUMO – As cláusulas de exoneração da responsabilidade civil (Freizeichnungsklauseln) somente operam se objeto de estipulação contratual.[162] Não se pode estabelecer cláusula de não indenizar os danos derivados de responsabilidade extracontratual. As pretensões de terceiros também ficam imunes à eventual eficácia dessa cláusula.[163]

Mas, no regime do CDC, toda e qualquer cláusula que contenha óbice ao dever legal de o fornecedor indenizar é considerada abusiva e, portanto, nula de pleno direito, sendo ilegítima sua inclusão no contrato de consumo. A proibição atinge a cláusula que tenha por objetivo exonerar, impossibilitar ou atenuar a responsabilidade do fornecedor pela reparação dos danos por vícios de qualquer natureza dos produtos e serviços (arts. 18 e segs., CDC).

25.860, proferido no Agravo de Instrumento nº 350/86, de Pato Branco, j. de 24.2.87, m.v., rel. Xavier Neto. No sentido de que se deve imprimir eficácia à cláusula quando conveniente e vantajosa para o demandado, Luis Muñoz Sabaté, *Las cláusulas procesales en la contratación privada*, Barcelona, Bosch, 1988, p. 51.

[158] O TJRS, por sua 5ª Câmara Cível, decidiu pela ineficácia da cláusula de eleição de foro em contrato de consórcio, feito por adesão, no julgamento do Agravo de Instrumento nº 588069039, citado por Carlos Eduardo Manfredini Hapner, Direito do consumo (aspectos de Direito Privado), Dissertação, Curitiba, UFPR, 1989, nº 280, nota nº 234, p. 189.

[159] No sentido de que as cláusulas de eleição de foro podem ser consideradas abusivas, especialmente se inseridas em formulários de contrato de adesão, Juan Carlos Rezzónico, *Contratos con cláusulas predispuestas*, cit., §§ 398 e segs., ps. 563 e segs. A lei portuguesa diz serem relativamente proibidas as cláusulas que "estabeleçam um foro competente que envolva graves inconvenientes para uma das partes, sem que os interesses da outra o justifiquem" (art. 19, *g*, Decreto-Lei nº 446/85). A cláusula de eleição de foro estipulada em contrato de adesão é válida, desde que não dificulte o acesso do consumidor à justiça nem se constitua em injustificado privilégio do fornecedor (Mário Júlio de Almeida Costa e António Menezes Cordeiro, *Cláusulas contratuais gerais*, cit., p. 48).

[160] A cláusula de eleição de foro vem, normalmente, prevista nos contratos de adesão, consoante assinalou Francesco Carnelutti, *Sistema di Diritto Processuale Civile*, Padova, Cedam, 1936, vol. I, nº 250, ps. 621-622.

[161] TJSP, Câmara Especial, Agravo de Instrumento nº 3186-0, rel. Des. Pinheiro Franco, v.u., j. de 15.12.83, in Arruda Alvim e outros, *Competência*, São Paulo, RT, 1986, ps. 170-171. Na França, doutrina e jurisprudência se posicionam a favor da realização de controle sobre as cláusulas de eleição de foro nos contratos de adesão, reputando-as inválidas quando traduzem prejuízo ou inconveniente ao consumidor (Georges Berlioz, Le contrat d'adhésion, cit., nos 130 e segs., ps. 73 e segs.).

[162] Hermann-Josef Bunte e Helmut Heinrichs, *Aktuelle Rechtsfragen zur Freizeichnung nach dem AGB-Gesetz*, Köln, Verlag Kommunikationsforum, 1985, p. 11.

[163] Hermann-Josef Bunte e Helmut Heinrichs, *Aktuelle Rechtsfragen zur Freizeichnung nach dem AGB-Gesetz*, cit., ps. 11-12; Helmut Heinrichs, *Bürgerliches Gesetzbuch*, cit., comentário nº 3, e, ao § 328, p. 407.

Art. 51 | CÓDIGO BRASILEIRO DE DEFESA DO CONSUMIDOR

Os danos oriundos dos acidentes de consumo ou fato do produto (arts. 12 e segs., CDC) são sempre indenizáveis, proibida a estipulação contratual que impossibilite, exonere ou atenue a obrigação legal de o fornecedor indenizá-los, conforme expressa dicção do art. 25 do Código.

Quanto às demais obrigações de indenizar derivadas do contrato, também são alcançadas pela proibição em virtude de se constituírem como cláusulas que impliquem renúncia ou disposição de direitos. Estão vedadas, portanto, as cláusulas de exoneração da responsabilidade do fornecedor por danos derivados da mora ou cumprimento defeituoso da prestação, bem como as que o exonerem dessa responsabilidade por ato de seus representantes, auxiliares, funcionários ou prepostos.[164]

Não estão vedadas as cláusulas penais, mas devem ser estipuladas de modo a não implicarem exoneração ou limitação do dever de o fornecedor indenizar.[165]

[6] CLÁUSULA DE RENÚNCIA OU DISPOSIÇÃO DE DIREITOS – Como as normas do CDC são de ordem pública e interesse social, não se empresta validade à cláusula de renúncia ou disposição de direitos pelo consumidor, pois isso enseja quebra do equilíbrio contratual.

Deflui do sistema do CDC a regra da equivalência das prestações,[166] da qual deriva o postulado segundo o qual à prestação de um dos contratantes corresponde a contraprestação do outro. Vários dispositivos induzem o intérprete a essa conclusão, como, por exemplo, o que indica a necessidade de haver boa-fé e equilíbrio nas relações de consumo (art. 4º, nº III), a que assegura ao consumidor o direito de igualdade nas contratações (art. 6º, nº II), a que proíbe a cláusula incompatível com a boa-fé e a equidade (art. 51, nº IV) etc. Como consequência dessa regra geral, podemos afirmar que nenhuma das partes da relação de consumo, antes de cumprir sua obrigação, pode exigir o implemento da obrigação da outra, aplicando-se por extensão o art. 476 do Código Civil.

Conjugando-se o art. 476 do Código Civil com os princípios do Código de Defesa do Consumidor, a conclusão é de que a cláusula que estipular renúncia do consumidor ao exercício da *exceptio non adimpleti contractus* ou da *exceptio non rite adimpleti contractus* é abusiva de acordo com a norma ora comentada, sendo nula de pleno direito, não obrigando o consumidor. Considera-se abusiva porque restringe o direito, de defesa do consumidor. Em ação movida pelo fornecedor, pode o consumidor alegar, na contestação, tanto a exceção material de contrato não cumprido como a de contrato cumprido de modo deficiente, devendo o magistrado negar efeitos, por abusiva, à cláusula contratual que impedir o consumidor de deduzir essas exceções.

É nula também a cláusula que impedir o consumidor de ajuizar ação de resolução do contrato por inadimplemento.[167] Prevalece o direito, de qualquer das partes, de resolver o contrato por inadimplemento da contraparte.

---

[164] No mesmo sentido o art. 18, letras *a, b, e c*, do Decreto-lei português nº 446/85, com redação dada pelo Decreto-lei nº 220/95 que assim dispõe: "d) Excluam ou limitem, de modo directo ou indirecto, a responsabilidade por actos de representantes ou auxiliares, em caso de dolo ou de culpa grave" (JGBF).

[165] Mário Júlio de Almeida Costa e António Menezes Cordeiro, *Cláusulas contratuais gerais*, cit., p. 43.

[166] O princípio da equivalência das prestações, nos contratos bilaterais como são os de consumo, é preceito de ordem pública, presente tanto no Direito Privado tradicional (Civil, Comercial e do Trabalho) como no Direito das Relações de Consumo. No mesmo sentido, José Ignacio Cano Martínez de Velasco, *La renuncia a los derechos*, Barcelona, Bosch, 1986, p. 164.

[167] Para a diferença entre a resolução por incumprimento e a exceção de contrato não cumprido, José João Abrantes, *A excepção de não cumprimento do contrato no Direito Civil português (conceito e fundamento)*, Coimbra, Almedina, 1986, nº 17, ps. 171 e segs. A lei portuguesa também proíbe, de forma absoluta, a cláusula que veda o exercício da exceção de contrato não cumprido (art. 18, *f*, do Decreto-Lei nº 446/85).

As exceções de compensação e de retenção por benfeitorias não podem ser restringidas por cláusula no contrato de consumo, porque essa estipulação impõe ao consumidor disposição de direito.

Fica abrangida pela proibição da norma comentada a cláusula solve et repete, também denominada *exceptio solutionis*, segundo a qual o devedor tem de cumprir seu dever de prestar, para que não incida em *mora debitoris*, independentemente do cumprimento da prestação da contraparte.[168] Somente depois de cumprida a obrigação pelo devedor poderá ele ingressar com ação resolutória em juízo ou pleitear a repetição do indébito. Referida estipulação, que muito se avizinha da exceção de contrato não cumprido, caracteriza, sem dúvida, espécie de renúncia,[169] razão do porquê de sua vedação, por abusiva, nos termos do Código.

Essa cláusula solve et repete permite que fique o fornecedor em situação de privilégio contratual, resguardando-o do malogro de sua prestação, funcionando na prática como espécie de negação de acesso à justiça,[170] já que impede o consumidor de ajuizar demanda resolutória ou ressarcitória antes de cumprir sua parte na avença.

A renúncia ao benefício de ordem, derivado do contrato de fiança (art. 827, caput, do Código Civil), será nula se constar de cláusula de contrato de consumo, pois implica disposição daquele direito. Em se tratando de contrato de locação que se caracterize como relação jurídica de consumo, é írrita a cláusula de renúncia do fiador ao benefício de excussão porque ofende a norma ora analisada. A proibição dessa cláusula alcança todo contrato de consumo no qual exista garantia de fiança, seja de locação ou não.

[7] CLÁUSULA DE LIMITAÇÃO DA INDENIZAÇÃO E O CONSUMIDOR-PESSOA JURÍDICA – O Código atenua o rigor da proibição da cláusula de exoneração da responsabilidade quando o contrato de consumo se der entre o fornecedor e o consumidor-pessoa jurídica. A norma autoriza a estipulação contratual que limite a responsabilidade do fornecedor, não autorizando, contudo, a cláusula de exoneração, que mesmo para os contratos com consumidor-pessoa jurídica está proibida.

Mas não é sempre que a cláusula de limitação da responsabilidade civil nos contratos envolvendo consumidor-pessoa jurídica é lícita. É preciso que o elemento valorativo da norma esteja presente, pois somente em situações justificáveis é que se a admite. Fica ao juiz a tarefa de dizer quando é que a situação é justificável, para que se dê eficácia à cláusula limitadora. O caso concreto é que vai ensejar ao magistrado a integração desse conceito jurídico indeterminado. Quando, por exemplo, determinada indústria vende um computador de médio para grande porte a consumidor-pessoa jurídica, pode ser que seja razoável estabelecer-se limitação da responsabilidade civil do fornecedor, desde que seja observado o critério de proporcionalidade entre custo-benefício. Havendo desproporção entre as prestações a cargo do

---

[168] Tullio Ascarelli, "Sulla clausola 'solve et repete' nei contratti", in Studi in tema di contratti, Milano, Giuffrè, 1952, ps. 264 e segs.

[169] Miguel Maria de Serpa Lopes, *Exceções substanciais: exceção de contrato não cumprido*, Rio de Janeiro-São Paulo, Freitas Bastos, 1959, nº 80, p. 330; Tullio Ascarelli, "Sulla clausola 'solve et repete' nei contratti", cit., p. 268.

[170] Para um exame das implicações processuais da cláusula solve et repete, ver Enrico Tullio Liebman, "Contro il patto 'solve et repete' nei contratti", anotação à sentença de 28.7.30, da Corte de Cassação italiana, *in Rivista di Diritto Processuale Civile*, vol. VIII (1931), Parte II, Padova, Cedam, ps. 241 e segs., republicado nos Problemi del processo civile, Morano, Napoli, s/d mas 1962, ps. 88 e segs.; idem, "Variazioni intorno alla clausola 'solve et repete' nei contratti", anotações às sentenças de 26.4.32, da Corte D'Appello di Milano e de 30.7.32, da Corte D'Appello di Torino, *in Rivista di Diritto Processuale Civile*, vol. X (1933), Parte II, Padova, Cedam, ps. 209 e segs. Com críticas à posição de Liebman, Tullio Ascarelli, "Diritto sostanziale e Diritto Processuale nel patto contrattuale del 'solve et repete'", in Studi in tema di contratti, cit., ps. 273 e segs.

fornecedor e do consumidor-pessoa jurídica, não é de ter-se como válida a cláusula limitativa da responsabilidade civil.

[8] REEMBOLSO DA QUANTIA PAGA PELO CONSUMIDOR – Em vários dispositivos o Código confere ao consumidor o direito de ser reembolsado das quantias pagas,[171] total ou parcialmente, dependendo do caso. As cláusulas contratuais que subtraírem do consumidor esse direito são inválidas, conforme estabelece a norma ora comentada. Quando, exempli gratia, o consumidor exercitar o direito de arrependimento previsto no art. 49, parágrafo único, do CDC, tem o direito de ver-se reembolsado das quantias eventualmente pagas, imediata e monetariamente atualizadas, de acordo com os índices oficiais. A regra incide quando o direito de reembolso ou devolução das quantias pagas estiver assegurado pelo Código. Veda-se a cláusula, também, por importar disposição de direitos (art. 51, nº I, CDC).

[9] TRANSFERÊNCIA DE RESPONSABILIDADES A TERCEIROS – A relação jurídica de consumo se verifica entre o fornecedor e o consumidor, que dela são sujeitos. As partes devem, portanto, suportar os ônus e obrigações decorrentes do contrato de consumo, incluído entre elas o dever de indenizar. O consumidor não tem nenhuma relação jurídica com terceiro, eventualmente designado pela cláusula para responder pelos danos causados pelo fornecedor.

Pode ocorrer, isto sim, que o fornecedor faça contrato de seguro com terceiro para garantir-se de possível prejuízo causado relativamente àquele contrato de consumo. Para essa hipótese, o Código criou, em benefício do consumidor, um caso de solidariedade legal (art. 265 do Código Civil) entre fornecedor e seguradora, autorizando o fornecedor, quando demandado, a chamar a seguradora ao processo (art. 101, nº II, CDC) a fim de que possam, ambos os devedores solidários, ser condenados na sentença. Como a condenação será solidária (art. 80, CPC), o consumidor poderá executar a sentença contra fornecedor e/ou seguradora, indistintamente. O direito de indenização em regresso, que de ordinário se estabelece entre segurado e seguradora, ensejaria o ajuizamento de ação de denunciação da lide, no sistema do CPC. No regime do CDC, entretanto, a hipótese propicia chamamento ao processo por ficção legal.

[10] OBRIGAÇÕES INÍQUAS E VANTAGEM EXAGERADA – Aqui também os conceitos indeterminados de obrigações iníquas e vantagem exagerada deverão ser integrados pelo juiz, em razão das circunstâncias que envolvem o caso concreto. O Código estabelece, no § 1º deste art. 51, algumas hipóteses de presunção do exagero da vantagem. Essas

---

[171] "A Terceira Turma do Superior Tribunal de Justiça (STJ), em sede do REsp. nº 1.575.764, decidiu que os planos de saúde são obrigados a reembolsar, nos limites do contrato, as despesas realizadas pelo beneficiário em hospital não credenciado, nas hipóteses em que não for possível a utilização dos serviços próprios, contratados ou credenciados pelas operadoras. Ao manter acórdão do Tribunal de Justiça de São Paulo (TJSP), por maioria de votos, o colegiado adotou interpretação mais ampla do artigo 12 da Lei 9.656/1998, permitindo o resguardo dos interesses do beneficiário sem prejuízo ao equilíbrio atuarial das operadoras de planos de saúde, já que o eventual reembolso deve respeitar os limites da tabela prevista no contrato. No entendimento da turma, se a operadora é legalmente obrigada a ressarcir o Sistema Único de Saúde (SUS) no caso de tratamento em hospital público, não haveria razão para deixar de ser feito o reembolso ao beneficiário que busque a rede privada não credenciada. A ação contra o plano de saúde foi ajuizada por beneficiário que, a partir de um quadro de forte tosse e expectoração, procurou a assistência médica e foi equivocadamente diagnosticado e tratado como se tivesse tuberculose. Após seis meses de tratamento incorreto, ele se submeteu a novos exames em hospital não credenciado pelo plano e recebeu o diagnóstico de câncer de pulmão. O atendimento no novo hospital gerou um débito de cerca de R$ 49 mil. O beneficiário morreu no curso do processo" (disponível em: https://www.stj.jus.br/. Acesso em: 6-1-2022).

hipóteses são exemplificativas e outras poderão ser redutíveis aos conceitos de obrigação iníqua e vantagem exagerada.

[11] CLÁUSULA INCOMPATÍVEL COM A BOA-FÉ E A EQUIDADE – O Código adotou, implicitamente, a cláusula geral de boa-fé, que deve reputar-se inserida e existente em todas as relações jurídicas de consumo, ainda que não inscrita expressamente no instrumento contratual.[172] O princípio é praticamente universal e consta dos mais importantes sistemas legislativos ocidentais, em leis e normas de proteção do consumidor. É o caso, por exemplo, do § 9º da AGB-Gesetez alemã, já referida[173]; do art. 15 do Decreto-lei português nº 220/95; do art. 10, 1, c, da lei espanhola de proteção ao consumidor (Lei nº 20/1984, de 19 de julho).

Cumpre ao magistrado pesquisar se as partes agiram com boa-fé para conclusão do negócio jurídico de consumo, a fim de verificar se a cláusula sob exame é ou não válida à luz do preceito legal sob comentário.

A utilização da equidade, como técnica de julgamento no processo civil, é circunscrita aos casos autorizados por lei, segundo dispõe o art. 140, parágrafo único, do CPC/2015. A norma aqui analisada dá ao juiz a possibilidade de valoração da cláusula contratual, a fim de verificar se é ou não contrária à equidade e boa-fé. O juiz não julgará por equidade, mas dirá o que está de acordo com a equidade no contrato sob seu exame.[174]

É nula, por ofender a boa-fé, a cláusula, geralmente inserida nos contratos de planos de saúde, de não cobertura de algumas moléstias, como AIDS e câncer. Quem quer contratar plano de saúde quer cobertura total, como é óbvio. Ninguém paga plano de saúde para, na hora em que adoecer, não poder ser atendido.[175] De outro lado, se o fornecedor desse serviço

---

[172] A doutrina vem alvitrando a necessidade da adoção de uma cláusula geral de boa-fé, especialmente quanto às cláusulas contratuais gerais, que ensejarão futuro contrato de adesão (Clóvis do Couto e Silva, *O princípio da boa-fé e as condições gerais dos negócios*, cit., p. 41). O art. 422 do CC adotou, expressamente, a cláusula geral de boa-fé nas relações contratuais privadas. V. Nelson Nery Júnior & Rosa Maria Andrade Nery, Código Civil anotado, comentários preliminares ao art. 1º e comentários ao art. 422.

[173] Gesetz zur Regelung der Allgemeinen Geschäftsbedingungen, de 9.12.76 ("Lei para o Regulamento das Condições Gerais dos Negócios"). Faz parte dessa cláusula geral do § 9º da AGB-Gesetz, além do preceito da boa-fé, a proibição de estabelecer-se vantagem exagerada a uma das partes.

[174] STJ, AgRg no Ag nº 511.675/DF, 4ª Turma, rel. Min. Jorge Scartezzini, j. de 23.8.2005.

[175] "É abusiva a cláusula de plano de saúde que limite qualquer procedimento médico, fisioterápico ou hospitalar prescrito para doenças cobertas nos contratos de assistência à saúde, firmados antes ou depois da Lei 9.656/98. Os ministros da Quarta Turma reafirmaram jurisprudência do Superior Tribunal de Justiça (STJ) e entenderam que, embora a Lei dos Planos de Saúde não retroaja aos contratos celebrados antes de sua vigência, é possível aferir abuso com base nas disposições do Código de Defesa do Consumidor (CDC). O Ministério Público Federal (MPF) ajuizou ação civil pública contra empresas de plano de saúde visando declarar a nulidade das cláusulas restritivas, além de condená-las a não mais limitar procedimentos contratados. O MPF ainda pediu a divulgação do afastamento de tais restrições aos respectivos contratados e compensação por danos morais. O juízo federal julgou procedentes os pedidos, com exceção dos danos morais, e a sentença foi mantida pelo Tribunal Regional Federal da 2ª Região (TRF2). As empresas recorreram ao STJ, e o relator à época, desembargador convocado Lázaro Guimarães, rejeitou monocraticamente os pedidos, entendendo que, 'se a seguradora assumiu o risco de cobrir o tratamento da moléstia, não poderia, por meio de cláusula limitativa e abusiva, reduzir os efeitos jurídicos dessa cobertura, tornando, assim, inócua a obrigação contratada'. As empresas, em agravo interno, sustentaram a inaplicabilidade da Lei 9.656/98 aos contratos firmados antes de sua vigência e alegaram que a limitação de procedimentos fisioterápicos nas apólices não coloca o consumidor em desvantagem exagerada, inexistindo fundamento jurídico para justificar a declaração de abuso feita no acórdão recorrido. Defesa do consumidor – Para o relator do agravo, ministro Raul Araújo, o TRF2 não determinou a aplicação retroativa da Lei 9.656/98, mas examinou o abuso da cláusula que figurava nos contratos firmados antes da sua vigência a partir do sistema introduzido pelo CDC, especialmente com base no seu artigo 51, IV" (Cf. REsp nº 1.349.647. Disponível em: https://www.stj.jus.br/. Acesso em: 6-1-2022).

Art. 51 | CÓDIGO BRASILEIRO DE DEFESA DO CONSUMIDOR

exclui de antemão determinadas moléstias, cujo tratamento sabe dispendioso, estará agindo com má-fé, pois quer receber e não prestar o serviço pretendido pelo consumidor.[176]

Por essa razão agiu com inteiro acerto o TJSP, no julgamento do Agravo de Instrumento nº 279785-1/6, pela 1ª Câmara Cível, relator o des. Álvaro Lazzarini, v.u., j. 13.2.96, quando negou validade e eficácia à cláusula que excluía do atendimento do plano de saúde os portadores do vírus HIV.[177]

A esse respeito foi editada em São Paulo a Lei Estadual nº 9.495, de 4.3.97,[178] que obriga as empresas privadas que atuem sob a forma de prestação direta ou intermediação de serviços médico-hospitalares a garantirem atendimento a todas as enfermidades relacionadas no Código Internacional de Doenças (CID) da Organização Mundial de Saúde.

Este é o texto da lei estadual paulista:

"Art. 1º As empresas de seguro-saúde, empresas de Medicina de Grupo, cooperativas de trabalho médico, ou outras que atuem sob a forma de prestação direta ou intermediação dos serviços médico-hospitalares e operem no Estado de São Paulo, estão obrigadas a garantir o atendimento a todas as enfermidades relacionadas no Código Internacional de Doenças da Organização Mundial de Saúde, não podendo impor restrições quantitativas ou de qualquer natureza. Art. 2º O não cumprimento dos preceitos desta lei sujeitará as infratoras à multa de 17.000 Unidades Fiscais de Referência – Ufir para cada caso apurado, aplicando-se o dobro em caso de reincidência. Art. 3º O Poder Executivo regulamentará a presente lei no prazo de 30 dias a contar de sua publicação. Art. 4º Esta lei entrará em vigor na data de sua publicação."

Esta lei tem incidência no Estado de São Paulo, ainda que o contrato de consumo seja celebrado em outro Estado federado ou, ainda, que o fornecedor indique ter sede em outro Estado. Havendo potencialidade de produzir efeitos em São Paulo, incide a obrigação legal, reputando-se não escrita a cláusula contratual que excluir alguma enfermidade descrita no CID. Incide a cláusula, por exemplo, quando o consumidor reside no Rio de Janeiro e lá celebra o contrato de consumo. Se tiver de internar-se em São Paulo ou neste Estado estiver sendo consultado ou realizando exames, em suma, se tiver de fazer valer o contrato de consumo em São Paulo, a obrigação legal tem incidência.

O Estado federado pode legislar, concorrentemente com a União, sobre normas de consumo, de acordo com suas especificidades, conforme autoriza o art. 24, nº V, da Constituição Federal. Como não havia lei federal dispondo sobre normas gerais acerca de planos de saúde, o Estado tinha competência plena para legislar sobre o tema (CF, art. 24, § 3º). Portanto, a Lei Estadual paulista nº 9.495, de 4.3.97, estava em perfeita consonância com o texto constitucional, devendo servir de exemplo para a União, para a elaboração de normas gerais sobre planos de saúde e, também, para os demais Estados da federação brasileira.

O problema restou, em parte, superado, pela superveniência da Lei nº 9.656, de 3 de junho de 1998, que regulamentou as atividades dos planos de saúde no Direito brasileiro. O art. 11 da referida lei proíbe a exclusão de cobertura de doenças preexistentes, determinando seja feita a cobertura pela empresa de assistência médica ou de seguro-saúde. Concede, todavia, verdadeiro prazo de carência para essa regra, consubstanciado em 24 meses. Quer dizer, a doença preexistente pode não ter a cobertura do plano nos primeiros 24 meses de vigência, devendo ser coberta, obrigatoriamente, após esse prazo. Ainda assim, cabe à empresa o ônus

---

[176] STJ, Resp nº 244.847/SP, 3ª Turma, rel. Min. Antônio de Pádua Ribeiro, j. de 19.5.2005.

[177] *RT* 734/342.

[178] DOE-SP, Poder Executivo, Seção I, 5.3.97, p. 3.

Capítulo VI · DA PROTEÇÃO CONTRATUAL | **Art. 51**

de provar que o consumidor tinha conhecimento prévio dessa doença, pois, do contrário, não haverá a carência e a cobertura total é devida.[179]

[12] CLÁUSULA-SURPRESA – O inciso que previa a proibição das cláusulas-surpresa (Überraschende Klauseln), por deliberada inspiração no § 3º da AGB-Gesetz alemã, foi vetado pelo presidente da República, o que não significa que essas cláusulas estejam admitidas. Muito ao contrário, continuam proibidas, porque contrárias à boa-fé, ao dever de informação do fornecedor, ofendem o direito de informação adequada do consumidor e o sistema de proteção do consumidor como um todo (arts. 6º, nº III, 46 e 51, nos IV e XV, CDC).

O veto ao dispositivo foi realizado porque o inciso "reproduz, no essencial, o que já está explicitado no inc. IV. É, portanto, desnecessário".[180]

O inciso tem por objeto proteger o consumidor ingênuo e não informado,[181] proteção essa que se encontra inserida no art. 46 do CDC, que impõe ao fornecedor o ônus de informar o consumidor sobre o conteúdo efetivo do contrato, esclarecendo-o sobre eventuais dúvidas, sob pena de a estipulação contratual não obrigar o consumidor.

A surpresa do consumidor sobre determinada circunstância contratual pode decorrer não só da má-fé do fornecedor na conclusão do contrato e da falta de esclarecimento adequado sobre o conteúdo do contrato, mas também da redação obscura, dúbia ou contraditória de uma ou mais cláusulas. A redação clara e de fácil compreensão também é princípio que deve ser observado para que o contrato de consumo tenha eficácia relativamente ao consumidor (art. 46, *in fine*, CDC).

A proibição da cláusula-surpresa tem relação com a cláusula geral de boa-fé, estipulada no inc. IV do art. 51 do CDC. Ambas configuram uma técnica de interpretação da relação jurídica de consumo, e, também, verdadeiros e abrangentes pressupostos negativos da validade e eficácia do contrato de consumo,[182] quer dizer, as cláusulas contratuais devem obediência à boa-fé e equidade e não devem surpreender o consumidor após a conclusão do negócio, pois este contratou sob certas circunstâncias e devido à aparência global do contrato.

Para caracterizar-se como estipulação proibida, é necessário que estejam presentes dois requisitos: um de ordem objetiva e outro de natureza subjetiva. O pressuposto objetivo para a classificação de estipulação proibida pelo inciso comentado é de que a surpresa seja extraordinária, o que se certifica pela natureza do negócio jurídico que se está examinando, de acordo com as regras ordinárias e da lealdade que devem informar o comportamento dos contratantes. O requisito subjetivo é preenchido quando se constata a falta de informação adequada ao consumidor sobre o conteúdo global do contrato.[183]

---

[179] Nesse sentido, José Luiz Toro da Silva, *Comentários à lei dos planos de saúde*, Porto Alegre, Síntese, 1998, p. 71.

[180] É o texto da fundamentação do veto presidencial ao inciso que proíbe as cláusulas-surpresa (Diário Oficial da União, Suplemento ao nº 176, de 12.9.90, p. 10).

[181] Peter Ulmer, in Peter Ulmer, Hans Erich Brandner, Horst-Diether Hensen e Harry Schmidt, Kommentar zum Gesetz zur Regelung des Rechts der Allgemeinen Geschäftsbedingungen, 5ª ed., Köln, Verlag Dr. Otto Schmidt, 1987, comentário nº I, 2, p. 190.

[182] Peter Ulmer, Kommentar zum Gesetz zur Regelung des Rechts der Allgemeinen Geschäftsbedingungen, cit., comentário nº 4 ao § 3º, p. 191; Helmut Heinrichs, Bürgerliches Gesetzbuch, cit., comentário nº 1 ao § 3º da AGB-Gesetz, p. 2.393; Horst Locher, Das Recht der Allgemeinen Geschäftsbedingungen, München, Beck, 1980, § 7º, 1, p. 45; Hermann-Josef Bunte, Handbuch der Allgemeinen Geschäftsbedingungen, München, Beck, 1982, p. 13.

[183] Peter Ulmer, Kommentar zum Gesetz zur Regelung des Rechts der Allgemeinen Geschäftsbedingungen, cit., comentário nº 11 ao § 3º, p. 195.

Art. 51 | CÓDIGO BRASILEIRO DE DEFESA DO CONSUMIDOR

Para considerar-se a estipulação como cláusula-surpresa proibida pelo sistema, não basta que o contrato tenha conteúdo complicado ou complexo. É preciso que dele exsurja um efeito surpresa ou efeito de burla,[184] que ocorra, por exemplo, por falta de esclarecimento adequado do consumidor sobre o conteúdo e consequências do contrato, tarefa a cargo do fornecedor (art. 46, CDC). Importará aqui, sobremodo, a experiência negocial e o estágio de conhecimento do consumidor, bem como o contexto da economia e o tipo de contrato.[185]

Vários critérios podem ser utilizados na investigação da surpresa extraordinária trazida por uma cláusula do contrato de consumo.[186] Uma regra prática de grande utilidade parece ser aquela que coloca a questão da seguinte forma. É preciso que se investigue: a) o que o consumidor esperava do contrato (expectativa); b) qual o conteúdo das cláusulas contestadas ou duvidosas. Se a discrepância entre a expectativa do consumidor e o conteúdo das cláusulas for tão grande a ponto de justificar sua estupefação e desapontamento, a cláusula se caracteriza como surpresa.[187]

O momento da surpresa depende da avaliação do consumidor, isto é, quando ele verificar que houve discrepância entre o conteúdo do contrato e sua expectativa de conformidade com o que lhe foi esclarecido pelo fornecedor, por ocasião da conclusão do contrato de consumo. A caracterização temporal da surpresa fica na esfera subjetiva do consumidor.[188] É certo, contudo, que o juiz deve se cercar de todos os elementos probatórios possíveis, a fim de que possa determinar se houve, efetivamente, a surpresa extraordinária do consumidor e em que momento ela se deu.

Normalmente, o ônus de provar a ausência da surpresa é do fornecedor,[189] pois tem ele o dever de informação e esclarecimento sobre o conteúdo do contrato,[190] aliado ao fato de que o consumidor possui, a seu favor, a inversão do ônus da prova, nos termos do art. 6º, nº VIII, do CDC.[191]

Podemos mencionar como exemplo de cláusula-surpresa a afirmação do fornecedor de serviços, em contrato de consumo, de que é médico regularmente inscrito no Conselho Regional de Medicina. Isso dá tranquilidade ao consumidor, que pensa estar contratando com profissional habilitado a executar o contrato de prestação de serviços. Caso não seja, efetiva-

---

[184] Hermann-Josef Bunte, Handbuch der Allgemeinen Geschäftsbedingungen, cit., p. 14; Hein Kötz, Münchener Kommentar zum Bürgerlichen Gesetzbuch, 2ª ed., München, Beck, 1984, vol. I, comentário nº 8 ao § 3º da AGB-Gesetz, p. 1.652.

[185] Hermann-Josef Bunte, Handbuch der Allgemeinen Geschäftsbedingungen, cit., p. 14; Joachim Schmidt--Salzer, Allgemeine Geschäftsbedingungen, 2ª ed., München, Beck, 1977, nº F-22, p. 175.

[186] Há quem retire da experiência jurisprudencial quatro critérios práticos (dois deles de índole negativa) para o exame do elemento-surpresa na cláusula contestada (Joachim Schmidt-Salzer, Allgemeine Geschäftsbedingungen, cit., nºs F-22 e segs., ps. 175 e segs.).

[187] Hein Kötz, Münchener Kommentar zum Bürgerlichen Gesetzbuch, cit., vol. I, comentário nº 3 ao § 3º da AGB-Gesetz, p. 1.650.

[188] Peter Ulmer, Kommentar zum Gesetz zur Regelung des Rechts der Allgemeinen Geschäftsbedingungen, cit., comentário nº 22 ao § 3º, p. 201.

[189] Peter Ulmer, Kommentar zum Gesetz zur Regelung des Rechts der Allgemeinen Geschäftsbedingungen, cit., comentário nº 25, p. 203. Esse autor menciona várias decisões de tribunais alemães sobre o ônus da prova das cláusulas-surpresa, sendo uniforme o entendimento jurisprudencial de que é do fornecedor, mesmo na ausência, no sistema alemão, da regra da inversão do ônus da prova em favor do consumidor, como a do art. 6º, nº VIII, do nosso CDC. As decisões alemãs são do BGH (NJW 1982, 1.035; NJW 1979, 2.387; NJW 1978, 1.519) e do Tribunal de Apelação de Colônia (Oberlandesgericht Köln – OLG Köln).

[190] Em sentido mais ou menos conforme, Helmut Heinrichs, Bürgerliches Gesetzbuch, cit., comentário nº 2, d, ao § 3º da AGB-Gesetz, p. 2.394.

[191] Ver o comentário ao art. 46, supra.

mente, médico, essa declaração contratual do fornecedor pode configurar cláusula-surpresa, ensejando a resolução do contrato em favor do consumidor.[192]

Os contratos de consumo estão sujeitos ao controle, sob os planos da existência, validade e eficácia, do próprio Código de Defesa do Consumidor. Entretanto, podem ser invalidados, como os negócios jurídicos em geral, pelo sistema do Código Civil. Assim, podem ser nulificados ou anulados os contratos de consumo em que houve dolo, erro, coação, simulação, fraude contra credores, fraude à lei, estado de perigo ou lesão. Quando houver reserva mental (art. 110 do Código Civil), a declaração de vontade não chegou a ser formada, de sorte que inexiste; cabe ação declaratória negativa, de inexistência de relação jurídica, para declarar-se a inexistência de negócio jurídico celebrado com reserva mental.[193]

[13] INVERSÃO PREJUDICIAL DO ÔNUS DA PROVA – O art. 373, § 3º, do CPC/2015, interpretado a contrario sensu, permite a distribuição convencional do ônus da prova, de forma diversa da estipulada no diploma processual civil. Apenas diz ser nula essa convenção quando recair sobre direito indisponível da parte ou tornar excessivamente difícil a uma parte o exercício do direito.

O dispositivo do CDC ora analisado não proíbe a convenção sobre o ônus da prova, mas, sim, tacha de nula a convenção se trouxer prejuízo ao consumidor. Trata-se de norma salutar, adotada pelos mais modernos sistemas jurídicos que regulam as relações de consumo.[194]

Exemplo de cláusula proibida de inversão do ônus da prova em prejuízo do consumidor existe quando o Código estipula que a prova se fará por conta do fornecedor. Os arts. 12, § 3º, e 14, § 3º, do CDC determinam que, para haver exclusão da responsabilidade de o fornecedor indenizar o dano decorrente do fato do produto ou serviço (acidentes de consumo), é preciso que ele comprove a existência e verificação das causas excludentes adotadas pela lei. Da mesma forma, o art. 38 do Código diz competir o ônus da prova da veracidade da informação ou comunicação publicitária a quem as patrocina. Nesses casos, como o ônus da prova está atribuído ao fornecedor por normas de ordem pública (art. 1º, CDC), estas não podem ser derrogadas por convenção das partes.[195]

São igualmente proibidas as cláusulas de inversão do ônus da prova que projetem a certeza ou refutabilidade da existência ou inexistência de um fato, à custa de declaração do consumidor.[196] Manifestação dessa proibição se encontra na cláusula que transfira para o consumidor

---

[192]   Assim decidiu o Superior Tribunal Federal da Alemanha (Bundesgerichtshof – BGH), por sentença de 17.5.82, in Hermann-Josef Bunte, Entscheidungssammlung zum AGB-Gesetz, Neuwied-Frankfurt, Luchterhand, 1990, nº 8 ao § 3º, p. 3.

[193]   Sobre a natureza jurídica do negócio jurídico e da declaração de vontade emitida com reserva mental, v. Nelson Nery Júnior & Rosa Maria Andrade Nery, *Código Civil anotado*, cit., comentário nº 7 ao art. 110.

[194]   *Verbi gratia*, o § 11, nº 15, da ABG-Gesetz alemã; o art. 10, nº 8, da lei espanhola de proteção ao consumidor (Lei nº 20/1984, de 19 de julho); art. 4º, nº 7, da "Lei das Condições Gerais de Contrato", de Israel, de 1982 (tradução pessoal da profª Rachel Sztajn, da USP, gentilmente cedida pela tradutora). Enquanto as leis alemã, espanhola e brasileira somente reputam inválidas as cláusulas de inversão do ônus da prova quando prejudiciais ao consumidor, a lei portuguesa diz serem absolutamente proibidas as cláusulas que *"Modifiquem os critérios de repartição do ônus da prova ou restrinjam a utilização de meios probatórios legalmente admitidos"* (Decreto-Lei nº 220/95, art. 21, alínea "g").

[195]   O § 11, nº 15, *a*, da AGB-Gesetz alemã diz ser inválida a modificação convencional do ônus da prova quando o objeto da cláusula for impor ao consumidor o ônus de provar circunstâncias que estiverem no âmbito de responsabilidades atribuídas ao fornecedor.

[196]   Peter Ulmer, *Kommentar zum Gesetz zur Regelung des Rechts der Allgemeinen Geschäftsbedingungen*, cit., comentário nº 14, ao § 11, nº 15 da AGB-Gesetz, p. 600.

Art. 51 | CÓDIGO BRASILEIRO DE DEFESA DO CONSUMIDOR

o ônus de provar que não foi adequadamente esclarecido pelo fornecedor sobre o conteúdo e consequências do contrato (art. 46, CDC).

Outros exemplos podem ser referidos ainda: a declaração contida em contrato de adesão de que o consumidor recebeu o produto enviado, sem oferecer reclamações; declaração do consumidor que afirme estar correto o projeto e os valores da escala de "croquis", de móveis encomendados à fábrica; declaração do vendedor de imóveis ou construtor de que é conhecido nas relações negociais locais.[197] Nesses casos, não se pode carrear ao consumidor, por cláusula contratual, o ônus da prova de fatos que dizem respeito à própria atividade do fornecedor.

[14] ARBITRAGEM COMPULSÓRIA – A escolha pelas partes de um árbitro para solucionar as lides existentes entre elas não significa renúncia ao direito de ação[198] nem ofende o princípio constitucional do juiz natural.[199] Com a celebração do compromisso arbitral, as partes apenas estão transferindo, deslocando a jurisdição[200] que, de ordinário, é exercida por órgão estatal, para um destinatário privado. Como o compromisso só pode versar sobre matéria de direito disponível, é lícito às partes assim proceder.

O compromisso arbitral é o negócio jurídico por meio do qual as partes se obrigam a instituir o juízo arbitral fora da jurisdição estatal e a submeter-se à decisão do(s) árbitro(s) por elas nomeado(s), podendo ser judicial ou extrajudicial (art. 9º, caput, da LArb). Pelo compromisso não se criam, se modificam ou se conservam direitos, funcionando ele como causa extintiva da obrigação, tão logo seja prolatada a sentença arbitral.[201]

Aproxima-se da transação e, tanto quanto possível, deve seguir-lhe as regras, como já determinava o revogado art. 1.048 do Código Civil de 1916.[202]

Já a cláusula compromissória (pactum de compromittendo) cria apenas obrigação de fazer, caracterizando-se como pacto preliminar cujo objeto é a realização do compromisso arbitral futuro.[203] No Direito Positivo brasileiro essa cláusula não tem eficácia, porque somente

---

[197] São exemplos retirados da jurisprudência alemã, que reputa inválida a cláusula de inversão do ônus da prova em prejuízo do consumidor, citadas por Peter Ulmer, *Kommentar zum Gesetz zur Regelung des Rechts der Allgemeinen Geschäftsbedingungen*, cit., p. 600. Nessas decisões, reputaram-se inválidas cláusulas de inversão do ônus da prova de circunstâncias derivadas de declarações do consumidor em contratos de adesão, do seguinte teor: "eu mesmo li e entendi todas as cláusulas do contrato"; "fui pormenorizadamente aconselhado sobre o contrato".

[198] No sentido de que o juízo arbitral não constitui ofensa ao princípio do direito de ação, José Frederico Marques, *Instituições de Direito Processual Civil*, 3ª ed., Rio de Janeiro, Forense, 1971, vol. V, nº 1.330, p. 278; Pontes de Miranda, *Comentários ao Código de Processo Civil (de 1973)*, Rio de Janeiro, Forense, 1977, tomo XV, p. 224; Hamilton de Moraes e Barros, *Comentários ao Código de Processo Civil*, 2ª ed., Rio de Janeiro, Forense, 1980, vol. XI, nº 222, p. 464.

[199] Erwin Marx, Der gesetzliche Richter im Sinne von Art. 101 Abs. 1 Satz 2 Grundgeset, Berlin, Walter de Gruyter, 1969, ps. 5, 24 e 106. Assim já decidiu a Corte Constitucional italiana, pela Sentença nº 2, de 12.2.63, referida por Pietro Virga, Diritto Costituzionale, 9ª ed., Milano, Giuffrè, 1979, ps. 484-485, nota 30. Ver, sobre o tema, Roberto Romboli, *Il giudice naturale*, Milano, Giuffrè, 1981, p. 198. No mesmo sentido, Pontes de Miranda, *Comentários ao Código de Processo Civil (de 1973)*, cit., tomo XV, p. 224. José Frederico Marques critica o art. 1.041, CC, repetido pelo art. 1.078, CPC, que diz ser o árbitro juiz de fato e de direito. Em seu entender, isto é negação do princípio constitucional do juiz natural e não se harmoniza com o do direito de ação (*Instituições de Direito Processual Civil*, cit., vol. V, nº 1.330, nota 45, p. 279).

[200] J. Ramiro Podetti, *Tratado de la competencia*, 2ª ed., Buenos Aires, Ediar, 1973, nº 209, ps. 540-541.

[201] Clóvis Bevilácqua, *Código Civil dos Estados Unidos do Brasil comentado*, 10ª ed., Rio de Janeiro, Francisco Alves, 1955, vol. IV, p. 156.

[202] O art. 1.048, do Código Civil de 1916 foi expressamente revogado pelo art. 44 da Lei da Arbitragem (Lei nº 9.307, de 23.9.96).

[203] Clóvis Bevilácqua, *Código Civil dos Estados Unidos do Brasil comentado*, cit., vol. IV, p. 156.

Capítulo VI · DA PROTEÇÃO CONTRATUAL | **Art. 51**

se permite a instituição do compromisso arbitral depois de criada a lide (ex-art. 1.039, Código Civil de 1916, e ex-art. 1.074, nº III, CPC).[204]

Com a nova Lei da Arbitragem (LArb – Lei nº 9.307/96), havendo resistência de uma das partes à instituição do juízo arbitral, quer dizer, sendo inadimplida a cláusula compromissória, pode ser postulada, em juízo, a instituição do compromisso (art. 7º da LArb).

Regulado pela LArb,[205] o compromisso arbitral é negócio jurídico celebrado entre partes capazes, que se obrigam a aceitar a sentença do juiz não togado por elas escolhido, para dirimir o conflito de direito disponível que se formou entre elas.

Não se nega tenha ele eficácia de Direito Material,[206] já que equiparado à transação, não podendo versar sobre direitos indisponíveis como, v.g., questões de família, de falência, de incapazes e outras que exijam procedimento obrigatório com a participação do Ministério Público,[207] bem como não pode versar sobre questões que se submetam aos procedimentos de jurisdição voluntária,[208] dada a natureza de ordem pública que existe em todos esses procedimentos.[209]

Mas contratos e negócios jurídicos existem também no Direito Processual,[210] razão por que alguns entendem ter o compromisso arbitral natureza mista, de Direito Material e Processual.[211]

---

[204] Clóvis do Couto e Silva, *Comentários ao Código de Processo Civil*, São Paulo, RT, 1982, vol. XI, tomo II, nº 642, ps. 563-564.

[205] Anteriormente, o compromisso arbitral era regulado pelos arts. 1.037 a 1.048, do Código Civil de 1916, que foram revogados pelo art. 44 da LArb. De observar-se que referido dispositivo da Lei nº 9.307/96 também revogou os arts. 1.072 a 1.102 do CPC (JGBF).

[206] Dizem ser o compromisso arbitral contrato privado, com eficácia de Direito Material, Adolf Wach, Handbuch des Deutschen Zivilprozebrechts, Leipzig, Duncker & Humblot, 1885, vol. I, § 7º, III, p. 67; Josef Trutter, Über prozessualische Rechtsgeschäfte, Aalen, Scientia, 1972 (reimpressão da edição de München, 1890), ps. 187-188 e 402-403; Karl Blomeyer, "Betrachtungen über die Schiedsgerichtsbarkeit", in Beiträge zum Zivilprozebrecht (Festgabe für Leo Rosenberg), München-Berlin, Beck, 1949, p. 51. A despeito de reconhecer ser um contrato com características peculiares, há quem afirme devam-lhe ser aplicadas, *cum grano salis*, as regras gerais sobre contratos (Enrico Redenti, *Diritto Processuale Civile*, 2ª ed., Milano, Giuffrè, 1957, vol. III, nº 265, p. 454).

[207] Clóvis do Couto e Silva, "O juízo arbitral no Direito brasileiro", *in Revista dos Tribunais*, vol. 620 (1987), São Paulo, p. 17. Descabe, igualmente, o compromisso arbitral em matéria de família, menores, interdição, procedimento monitório e de injunção, entre outros, em virtude da inadmissibilidade de transação nestas hipóteses (Leo Rosenberg, Karl Heinz Schwab e Peter Gottwald, Zivilprozebrecht, 15ª ed., München, Beck, 1993, § 174, II, 8, p. 1.101).

[208] No mesmo sentido, Baumbach-Lauterbach-Albers, Zivilprozebordnung, 47ª ed., München, Beck, 1989, comentário nº 1 ao § 1.025, p. 2.122. Há certa tendência no Direito alemão de admitir-se o compromisso arbitral quanto às matérias privadas dos procedimentos de jurisdição voluntária, vedando-o, contudo, nos casos de procedimento protetivo ("Fürsorgeverfahren"), como, por exemplo, os de interdição, disposições de última vontade, registros públicos etc. (Stein-Jonas-Schlosser, Kommentar zur Zivilprozebordnung, 20ª ed., Tübingen, J. C. B. Mohr, comentário nº III, 2, 19, preliminar ao § 1.025, p. 77). Sobre o Fürsorgeverfahren, ver Nelson Nery Júnior, "Intervenção do Ministério Público nos procedimentos especiais de jurisdição voluntária", in Revista de Processo, vol. 46 (1987), São Paulo, RT, nº 5, p. 11.

[209] Mais amplamente, sobre o interesse público na jurisdição voluntária, Nelson Nery Júnior, *Intervenção do Ministério Público nos procedimentos especiais de jurisdição voluntária*, cit., ps. 7-28.

[210] Walter J. Habscheid, Schweizerisches Zivilprozeb-und Gerichtsorganisationsrecht, Basel-Frankfurt, Helbing & Lichtenhahn, 1986, nº 1.159, ps. 430-431.

[211] Ferdinando Mazzarella, *Arbitrato e processo*, Padova, Cedam, 1968, ps. 12-13. Ver a longa tratativa nesse sentido, mencionando ser dominante na doutrina francesa a característica mista do compromisso arbitral, dado que guardaria natureza contratual até que fosse proferido o laudo arbitral, e, depois, jurisdicional com a homologação do laudo pelo juiz estatal, Giovanni Marani, *Aspetti negoziali e aspetti processuali dell'arbitrato*, Torino, Utet, 1966, ps. 92-93.

Art. 51 | CÓDIGO BRASILEIRO DE DEFESA DO CONSUMIDOR

Como o objetivo do compromisso arbitral é excluir da cognição judicial a lide entre as partes,[212] ou, por outras palavras, excluir, fechar as portas à jurisdição estatal,[213] tendo relevância publicística negativa,[214] tem prevalecido na doutrina seu caráter de negócio jurídico processual (Prozebvertrag).[215]

Na jurisdição arbitral importa, primeiramente, a vontade bilateral[216] das partes de se submeterem à sentença do árbitro, de sorte que a exceção de compromisso se configura como prejudicial à litispendência. Daí a razão pela qual não pode o juiz estatal decretar *ex officio* a litispendência ocorrida no juízo arbitral, devendo aguardar a provocação do interessado por meio da exceção já mencionada.

A instituição do juízo arbitral é uma espécie de justiça privada.[217] Não se pode confundir a natureza privatística da justiça arbitral com a autotutela privada, o fazer justiça com as próprias mãos, prática vedada pelo ordenamento, que constitui, inclusive, crime de exercício arbitrário das próprias razões (art. 345, Código Penal). Aliás, é para obviar essa autotutela que a lei, entre outros motivos, faculta às partes a instituição da jurisdição privada por meio do compromisso arbitral.[218]

Não se pode tolerar, por flagrante inconstitucionalidade, a exclusão, pela lei, da apreciação de lesão a direito pelo Poder Judiciário, que não é o caso do juízo arbitral. O que se exclui pelo compromisso arbitral é o acesso à via judicial, mas não à jurisdição. Não se poderá ir à justiça

---

[212] Clóvis do Couto e Silva, *Comentários ao Código de Processo Civil*, cit., vol. XI, tomo II, nº 642, p. 564.

[213] Josef Trutter, *Über prozessualische Rechtsgeschäfte*, cit., ps. 188 e 403.

[214] Adolf Wach, *Handbuch des Deutschen Zivilprozebrechts*, cit., vol. I, § 7º, III, p. 67; Josef Trutter, *Über prozessualische Rechtsgeschäfte*, cit., ps. 188, 402-403. No mesmo sentido, falando que o compromisso tem relevância processual negativa, Giuseppe Chiovenda, *Istituzioni di Diritto Processuale Civile*, 2ª ed., Napoli, Jovene, 1935, vol. I, nº 26, p. 69. O aspecto positivo do compromisso arbitral também é ressaltado na doutrina (Gottfried Baumgärtel, Wesen und Begriff der Prozebhandlung einer Partei im Zivilprozeb, 2ª ed., Köln-Berlin-Bonn-München, Carl Heymanns Verlag, § 27, II, 3, p. 234; Virgilio Andrioli, "Sul preliminare di clausola compromissoria", *in Rivista di Diritto Processuale*, vol. I (1946), Parte II, Padova, Cedam, p. 89. Entre nós, há o magistério de quem entende possuir o compromisso arbitral eficácia negativa no plano pré-processual (exclusão dos juízes estatais) e eficácia positiva no Direito Processual (submissão das partes aos efeitos do laudo arbitral homologado) (Pontes de Miranda, *Comentários ao Código de Processo Civil (de 1973)*, Rio de Janeiro, Forense, 1977, tomo XV, p. 225).

[215] Rosenberg-Schwab-Gottwald, Zivilprozebrecht, cit., § 172, II, p. 1.075; Karl Heinz Schwab e Gerhard Walter, Schiedsgerichtsbarkeit, 5ª ed., München, Beck, 1995, p. 69; Gerhard Schiedermair, Vereinbarungen im Zivilprozeb, Bonn, Ludwig Röhrscheid Verlag, 1935, § 6º, p. 105; Gottfried Baumgärtel, Wesen und Begriff der Prozebhandlung einer Partei im Zivilprozeb, cit., § 27, II, p. 231; Arthur Nikisch, Zivilprozebrecht, 2ª ed., Tübingen, J. C. B. Mohr, 1952, § 143, III, p. 590; Wilhelm Sauer, Grundlagen des Prozebrechts, Aalen, Scientia, 1970 (reimpressão da 2ª ed., Stuttgart, 1929), § 9º, II, 5, p. 175; Hans-Jürgen Hellwig, Zur Systematik des Zivilprozebrechtlichen Vertrages, Bonn, Ludwig Röhrscheid Verlag, 1968, § 4º, II, 3, *c*, ps. 52-53; Friedrich Stein, Martin Jonas e Peter Schlosser, Kommentar zur Zivilprozebordnung, 20ª ed., Tübingen, J. C. B. Mohr, 1980, comentário nº I, 2, ao § 1.025, p. 94. Sobre o compromisso arbitral ver, ainda, Peter Schlosser, Einverständliches Parteihandeln im Zivilprozeb, Tübingen, J. C. B. Mohr, 1968, §§ 11 no II e 12 no III, ps. 87-90 e 91-92.

[216] Ver, mais amplamente, Ugo Bassano, "Arbitrato unilateralmente facoltativo", *in Rivista di Diritto Processuale Civile*, vol. XX, Parte II, (1943), Padova, Cedam, ps. 105-119, passim.

[217] Federico Carpi, "Le règlement des litiges en dehors des tribunaux en Droit italien", in Les conciliateurs – la conciliation (une étude comparative), organizado por Hein Kötz e Reynald Ottenhof, Paris, Ed. Economica, 1983, nº 2, p. 97; Charles Jarrosson, *La notion d'arbitrage*, Paris, Librairie Générale de Droit et de Jurisprudence, 1987, nº 8, ps. 5-6. Ainda se lhe dão o nome de jurisdição privada, exercida por juízes privados, configurando uma alternativa e moderna concepção de jurisdição (Piero Pajardi, *Procedura civile – istituzioni e lineamenti generali*, Milano, Giuffrè, 1989, nº 41, p. 351).

[218] Ugo Rocco, *Trattato di Diritto Processuale Civile*, 2ª ed., Torino, Utet, 1966, vol. I, p. 132.

Capítulo VI · DA PROTEÇÃO CONTRATUAL | Art. 51

estatal, mas a lide será resolvida pela justiça arbitral. Em ambas há, obviamente, a atividade jurisdicional.

É intuitivo que a convenção de arbitragem deva ser arguida por exceção processual (art. 485, VII e § 3º, do CPC/2015; correspondente ao art. 267, VII e § 3º, do CPC/1973), como preliminar de contestação (art. 337, X, do CPC/2015; correspondente ao art. 301, IX, do CPC/1973), não podendo o juiz dele conhecer *ex officio* (art. 337, § 5º, do CPC/2015; correspondente ao art. 301, § 4º, CPC/1973).[219] Deixando o réu de excepcionar na forma e prazo da lei, ocorre preclusão: o compromisso perde a eficácia e o juiz estatal se torna competente, podendo julgar a causa pelo mérito.[220]

O juízo arbitral é importante fator de composição dos litígios de consumo, razão por que o Código não quis proibir sua constituição pelas partes do contrato de consumo. A interpretação *a contrario sensu* da norma sob comentário indica que, não sendo determinada compulsoriamente, é possível instituir-se a arbitragem.[221]

Existem vários dispositivos no Código dos quais exsurge clara a regra sistêmica de que as deliberações referentes à relação jurídica de consumo não podem ser tomadas unilateralmente por qualquer das partes. Portanto, no sistema do Código, configura-se como abusiva, por também ofender o escopo deste inc. VII, a cláusula que deixar a critério exclusivo e unilateral do fornecedor não somente a escolha entre jurisdição estatal e jurisdição arbitral,[222] como também a escolha do árbitro.[223] A opção pela solução do litígio no juízo arbitral, bem como a escolha da pessoa do árbitro, é questão que deve ser deliberada equitativa e equilibradamente pelas partes, sem que haja preeminência de uma sobre a outra.

A LArb estipula regra específica quanto à cláusula compromissória nos contratos de adesão: "Art. 4º ... § 2º Nos contratos de adesão, a cláusula compromissória só terá eficácia se o aderente tomar a iniciativa de instituir a arbitragem ou concordar, expressamente, com a sua instituição, desde que por escrito em documento anexo ou em negrito, com a assinatura ou visto especialmente para essa cláusula."

Esse dispositivo da LArb não é incompatível com o CDC, art. 51, VII, razão pela qual ambos os dispositivos legais permanecem vigorando plenamente.[224] Com isso queremos dizer

---

[219] De forma semelhante, *RJTJSP* 89/225, 38/78; *RT* 488/125.

[220] Enrico Redenti, *Profili pratici del Diritto Processuale Civile*, 2ª ed., Milano, Giuffrè, 1939, § 22, p. 191.

[221] No mesmo sentido, reputando nula a cláusula que impõe a arbitragem, Georges Berlioz, *Contrat d'adhésion*, cit., nº 136, p. 76.

[222] Nesse sentido, Lodovico Mortara, *Commentario del Codice e delle leggi di procedura civile*, 4ª ed., Milano, Vallardi, 1923, vol. III, nº 88, p. 103. A opção, unilateral, a cargo de uma das partes é considerada pela doutrina como condição potestativa, e, portanto, inválida (Ugo Bassano, *Arbitrato unilateralmente facoltativo*, cit., p. 107).

[223] É considerada abusiva pela legislação de Israel a cláusula que "confere ao fornecedor poder de designar o árbitro (ou árbitros), assim como fixar o local de realização do arbitramento" (art. 4º, nº 9, da Lei das Condições Gerais de Contrato, de 1982 – tradução da profª Rachel Sztajn, da USP).

[224] Nesse sentido: Nelson Nery Júnior e Rosa Maria Andrade Nery, *Código Civil anotado*, cit., título "Consumidor na legislação extravagante", comentários nos 14 e 15 ao art. 51, inc. VII, do CDC. Em sentido contrário, entendendo que a LArb, art. 4º, § 2º, revogou o CDC, art. 51, VI (rectius: VII), Paulo Furtado e outros, *Lei da Arbitragem comentada*, São Paulo, Saraiva, 1997, ps. VIII e 50. Houve um equívoco de interpretação dos autores, pois dizem ter havido revogação sob o fundamento de que a comissão que elaborou o anteprojeto convertido em lei havia proposto a referida revogação. Com efeito, havia no projeto dispositivo expresso revogando o CDC, art. 51, VII. No entanto, durante o processo legislativo referido dispositivo foi retirado do texto, de sorte que não se aprovou a revogação do CDC, art. 51, VII, que, portanto, continua em vigor por não ser incompatível com a norma do CDC. Ainda que o fosse, por ser o CDC um microssistema principiológico de defesa do consumidor, as normas que se lhe seguirem têm de subordinar-se a ele, na fixação de preceitos para os vários setores das relações de consumo, como já exposto antes.

que é possível, nos contratos de consumo, a instituição de cláusula de arbitragem, desde que obedecida, efetivamente, a bilateralidade na contratação e a forma da manifestação da vontade, ou seja, de comum acordo (gré à gré).

[15] REPRESENTANTE IMPOSTO – A lei brasileira é clara ao proibir expressamente a imposição de representante para concluir ou realizar outro negócio jurídico pelo consumidor. Não há lugar para discussões sobre a possibilidade ou não, do ponto de vista econômico e jurídico, de emprestar-se validade a cláusula que imponha representante ao consumidor.

É muito comum, principalmente nos contratos bancários e de cartões de crédito, existir cláusula pela qual o devedor (consumidor) nomeia seu bastante procurador, em caráter irrevogável e irretratável, representante indicado de antemão pelo credor (fornecedor), que pode ou não pertencer ao mesmo grupo financeiro do credor, para que, em nome do devedor, emita nota promissória, letra de câmbio ou outra cambial, avalize a cambial, aceite a letra de câmbio, entre outras faculdades. Muito embora a lição da doutrina seja no sentido de considerar nulas e ineficazes essas cláusulas,[225] os tribunais têm proclamado sua validade. De ora em diante, no entanto, na clareza da lei proibindo a cláusula, não há mais lugar para a divergência entre doutrina e jurisprudência: a cláusula é, ex vi legis, nula de pleno direito.

Mesmo antes da norma legal sob análise, essa cláusula de mandato já era nula. Apenas a título de ilustração, passamos a analisar o porquê da nulidade dessas cláusulas, fazendo-o por meio do exame das peculiaridades da representação e do mandato.

A razão para a adoção, pela lei, dessa circunstância como motivo de nulidade da cláusula de mandato que impõe mandatário ao consumidor é fundada: a) na possibilidade de haver conflito de interesses entre mandante e mandatário; b) no desvirtuamento do contrato de mandato.

A representação é instituto que difere do mandato. Verifica-se a representação quando o representante – aquele a quem foi conferida a representação – pratica determinados atos ou negócios jurídicos em nome e no interesse do representado, que é quem concedeu os poderes ao representante.[226] Já o contrato de mandato é a relação jurídica de Direito Material firmada entre o representante e o representado, não se estendendo a nenhum terceiro estranho àquela relação. Por conseguinte, a representação é a própria consecução, o próprio objeto do contrato de mandato. Por isso é que existe um nexo de interdependência entre os dois institutos, que nos permite examiná-los como se fossem uma coisa só, notadamente em virtude dessas cláusulas constantes dos contratos bancários, em que os titulares do contrato de mandato e os titulares do negócio jurídico celebrado por representação são os mesmos, ou, se não forem, ensejam aplicação da teoria da desconsideração da personalidade jurídica, o que, na prática, resulta no mesmo.

Para que exista regularmente a representação é necessária a presença de dois elementos a ela essenciais: a) a procuração ou poder representativo; b) a contemplatio domini.

Quanto à procuração, não há dificuldades em verificar sua existência, já que normalmente se mostra por meio do respectivo instrumento. Já a contemplatio domini é elemento

---

[225] Nelson Altemani, "Nota promissória: emissão por mandatária pertencente ao mesmo grupo financeiro da credora", in JTACivSP (Lex) 72/1; Mauro Brandão Lopes, "Cláusula atípica do contrato bancário", in Condições gerais dos contratos bancários e a ordem pública econômica, anais jurídicos, Curitiba, Juruá, 1988, vol. 1, ps. 43-46; Nelson Nery Júnior, "Cambial ineficaz – interesse exclusivo do mandatário", in Revista de Processo, vol. 50 (1988), São Paulo, RT, ps. 152-163; Francesco Galgano, Il negozio giuridico, cit., nº 93, ps. 349 e segs.

[226] Anton Kradepohl, Stellvertretung und kanonisches Eherecht, Amsterdam, P. Schippers N. V. Verlag, 1964 (reimpressão da edição de Bonn de 1939), ps. 6-7.

Capítulo VI · DA PROTEÇÃO CONTRATUAL | **Art. 51**

constitutivo do conceito jurídico de representação: o representante age em nome alheio, como substituto do representado, afastando de si os efeitos jurídicos advindos da representação.[227] Contudo, não é só o agir em nome alheio que preenche o requisito da *contemplatio*, mas, sim, o agir no exclusivo interesse do representado.[228]

O conceito de interesse exclusivo do representado, conotação nuclear do instituto da representação, fez com que Neppi propusesse a substituição da expressão representado, que critica com veemência, por outra muito mais vantajosa e expressiva: interessado.[229] O mesmo autor vislumbra nos arts. 1.141 e 1.144 do Código Civil italiano de 1865 (revogado), que correspondem aos arts. 2.028, 2.030 e 2.031 do vigente (de 1942), que têm praticamente redação idêntica, as expressões "interessados" como significando verdadeiros casos de representação.[230]

Realmente, a característica essencial da representação é que os poderes conferidos ao representante o são no interesse exclusivo do mandante, conforme exposto na mais moderna doutrina.[231]

O dispositivo ora comentado não proíbe a emissão de nota promissória por mandatário com poderes especiais, permitida pelos arts. 8º e 77 da Lei Uniforme e art. 54, nº IV, do Decreto nº 2.044, de 31 de dezembro de 1908, e que continua, em tese, admitida pelo ordenamento. O que o art. 51, nº VIII, do Código do Consumidor veda é a imposição do procurador ao consumidor, possibilitando que o mandatário aja, a seu alvedrio, no interesse exclusivo do credor.

É tão evidente e da natureza do contrato de mandato a realização da representação no interesse exclusivo do mandante, que o Código Civil, no art. 667, e o revogado Código Comercial, em seu art. 142, determinam que o mandato seja cumprido segundo as ordens e instruções do comitente. Havendo conflito entre os interesses do representado e os atos praticados pelo representante, o art. 119 do Código Civil estipula a anulabilidade desse negócio jurídico.

Não há necessidade de que o conflito de interesses seja real. Basta a possibilidade de existir. Assim, havendo o perigo da existência do conflito, no momento da conclusão do negócio, portanto preexistente ao contrato, isso já seria suficiente para a caracterização do conflito, e, por consequência, a causa de invalidade do negócio jurídico celebrado sob essa representação.

É tão importante que a emissão da cambial se dê no exclusivo interesse do mandante que Tullio Ascarelli, por exemplo, entende que o representado pode opor até contra o terceiro de boa-fé a exceção do conflito de interesses entre ele e o representante.[232]

---

[227] Salvatore Pugliatti, "Il conflitto d'interessi fra principale e rappresentante", in Studi sulla rappresentanza, Milano, Giuffrè, 1965, ps. 57-58.

[228] Salvatore Pugliatti, "Il conflitto d'interessi fra principale e rappresentante", cit., p. 110, *verbis*: "Da ciò si deduce che la contemplatio domini comprende non solo l'agire a nome del rappresentante, ma anche nell'intento – reso noto al terzo – di conseguire uno scopo del rappresentato, vale a dire l'agire nel suo interesse (giuridico immediato) esclusivo" (grifado no original).

[229] Vittorio Neppi, *La rappresentanza nel Diritto Privato moderno*, Padova, Cedam, 1930, nº 34, ps. 201-202.

[230] Vittorio Neppi, *La rappresentanza nel Diritto Privato moderno*, cit., nº 34, ps. 201-202.

[231] "Bevollmächtigung erfolgt meistens im Zusammenhang mit einem Rechtsverhältnis, in welchem der Bevollmächtigte zu einer Tätigkeit im Interesse des Vertretenen verpflichtet ist" (A constituição de um representante se efetua, no mais das vezes, em conexão com uma relação jurídica, na qual o representante age obrigatoriamente em função do interesse do representado) (Andreas Von Tuhr e Hans Peter, Allgemeiner Teil des Schweizerischen Obligationenrechts, Parte Geral do Direito das Obrigações suíço, 3ª ed., Zürich, Schulthess Polygraphischer Verlag, 1979, vol. I, § 42, II, p. 359).

[232] Tullio Ascarelli, *Teoria geral dos títulos de crédito*, 2ª ed., São Paulo, Saraiva, 1969, p. 260 (tradução de Nicolau Nazo).

Art. 51 | CÓDIGO BRASILEIRO DE DEFESA DO CONSUMIDOR

O simples fato de a oportunidade da emissão ficar somente a cargo do mandatário é suficiente para caracterizar o conflito. Nem se argumente com a exigência da prova de que a nota promissória foi emitida com abuso do poder de representação, pois o vício aqui examinado é de outra ordem: existência de conflito de interesses por ter sido dada a oportunidade da emissão e o valor dela mesma, exclusivamente ao representante, ficando ao seu inteiro arbítrio. Isso fere frontal e inexoravelmente a essência, a razão de ser, o objeto do contrato de mandato.

O conflito existe porque o mandante sempre constitui mandatário para defender os seus interesses.[233] Havendo conflito, há quem sustente que o terceiro de boa-fé pode repelir as exceções que o representado teria contra o representante. Mas, no confronto entre representante e representado, se o terceiro possuidor da cártula souber da existência do conflito, aí sim a exceção poderá ser oposta e acolhida.[234]

Como normalmente a atribuição do poder representativo, por meio dessas cláusulas nulas de mandato, se dá de forma a permitir ao representante a emissão de cambial ou celebração de outro negócio jurídico conforme sua conveniência e oportunidade, ficando a seu critério exclusivo a fixação do valor da cambial a ser emitida, caracteriza-se como condição potestativa, vedada pelo art. 122 do Código Civil.[235]

À mesma conclusão chegaram os participantes do 1º Encontro dos Tribunais de Alçada do Brasil, realizado no Rio de Janeiro, de 23 a 26 de novembro de 1981, aprovando a proposta do ilustre magistrado paulista Nelson Altemani. A conclusão tem o seguinte teor: "Por incompatibilidade entre o interesse do mandatário e os deveres decorrentes do mandato, padece de vício, que a invalida, a procuração outorgada por mutuário, em favor de empresa pertencente ao grupo financeiro do mutuante, para assumir responsabilidade, de extensão não especificada, em títulos cambiais, figurando como favorecido o mutuante."[236]

Por derradeiro, é da essência do mandato a revogabilidade e retratabilidade dos poderes conferidos pelo mandante.[237] Essas cláusulas de mandato nos contratos bancários têm, normalmente, o caráter da irrevogabilidade e irretratabilidade como integrantes do conteúdo do poder de representação, o que desnatura por completo o contrato de mandato, invalidando-o.

Todas essas considerações da doutrina sobre a invalidade da cláusula de mandato se fizeram ouvir e o art. 51, nº VIII, do Código de Defesa do Consumidor, prescreveu como abusiva, e, portanto, nula de pleno direito, a cláusula contratual que imponha representante para concluir ou realizar, pelo consumidor, outro ato ou negócio jurídico. *Tollitur quaestio.*

[16] OUTRO NEGÓCIO JURÍDICO PELO CONSUMIDOR – A cláusula de mandato encontra-se inserida no contrato de consumo, de modo que tudo o que vier a ser feito em

---

[233] Mesmo no regime anterior ao do Código de Defesa do Consumidor, quando ainda não havia norma legal proibindo essa prática, já se ensinava que "não é eficaz a representação, quando há oposição de interesses entre representante e representado (*nemo potest esse actor in rem suam*)" (José Maria Whitaker, *Letra de câmbio*, 7ª ed., São Paulo, RT, 1963, nº 30, p. 79). No mesmo sentido, Emilio Betti, "Conflitto di interessi fra rappresentato e rappresentante e sua influenza sull'obbligazione cambiaria del rappresentato", *in Rivista di Diritto Commerciale*, Padova, Cedam, 1926, Parte II, p. 24.

[234] Francesco Messineo, *I titoli di credito*, 2ª ed., Padova, Cedam, 1934, vol. I, nº 111, p. 244.

[235] Nelson Nery Júnior, *Cambial ineficaz – interesse exclusivo do mandatário*, cit., p. 157. No mesmo sentido, *RT* 577/239, 572/117, 570/115, 569/125, 563/126, 560/130; JTACivSP 77/110, 62/99.

[236] As conclusões estão publicadas na revista Ajuris, vol. 24 (1982), Porto Alegre, ps. 10-11 e in JTA-CivSP 72/11.

[237] A irrevogabilidade da procuração em causa própria não é vedada em face de sua natureza híbrida, pois é misto de mandato com negócio jurídico de alienação, em que prevalece este último, não sendo, portanto, mandato puro. Sobre negócio consigo mesmo, v. art. 117 do Código Civil.

Capítulo VI · DA PROTEÇÃO CONTRATUAL | Art. 51

virtude dela será considerado outro negócio jurídico, como é curial. Não se trata do mesmo negócio jurídico de consumo, que já foi celebrado entre as partes; mas de cláusula prevendo a futura conclusão de outro negócio jurídico. Se se tratasse do mesmo negócio jurídico, a cláusula não operaria: restaria inócua.[238]

A emissão de cambial em virtude dessa cláusula de mandato insere-se no conceito de outro negócio jurídico, de que fala o dispositivo sob exame. Os títulos de crédito são negócio jurídico unilateral não receptício,[239] distintos do negócio jurídico subjacente. Na hipótese dos contratos bancários dos quais conste essa cláusula, temos: a) o negócio jurídico de mútuo, por exemplo, subjacente à emissão da cambial; b) o negócio jurídico unilateral de emissão da cambial.

[17] OPÇÃO EXCLUSIVA DO FORNECEDOR – Não se permite a cláusula que dê ao fornecedor a opção exclusiva para, a seu talante, concluir ou não o contrato e que, ao mesmo tempo, obrigue o consumidor a aceitar a opção do fornecedor. Nesse, e em outros dispositivos do Código, vê-se a preocupação da lei em dirigir o contrato de consumo para o ponto de equilíbrio ideal entre fornecedor e consumidor. A cláusula seria, ademais, potestativa, sendo proibida pelo art. 122 do Código Civil.

[18] ALTERAÇÃO UNILATERAL DO PREÇO – Pelas mesmas razões da proibição do inciso anterior, não pode o fornecedor ficar com o privilégio de alterar unilateralmente o preço no contrato de consumo, porque esse ato viria a desequilibrar a relação jurídica de consumo, ofendendo o art. 4º, nº III, do CDC. Qualquer alteração contratual superveniente à sua conclusão deverá ser discutida entre os participantes da relação jurídica de consumo, em igualdade de condições.

Inclui-se na proibição do dispositivo comentado a alteração unilateral das taxas de juros e outros encargos. Havendo modificação no modelo da economia nacional, as partes devem reavaliar as bases do contrato, com possibilidades de alteração no preço e taxas de juros e outros encargos, de modo bilateral, discutindo de igual para igual as novas situações, a fim de que seja preservado o equilíbrio que deve presidir as relações de consumo (art. 4º, nº III, CDC) e respeitado o direito básico do consumidor de ver assegurada igualdade nas contratações (art. 6º, nº II, CDC).

[19] CANCELAMENTO UNILATERAL DO CONTRATO – Também fica proibida a possibilidade de o fornecedor cancelar unilateralmente o contrato de consumo. *A contrario sensu*, o Código permite a inclusão de cláusula que permita o cancelamento do contrato por

---

[238] Cf. REsp nº 788.045-RS, tendo como relator o ministro Castro Filho, da 3ª Turma do STJ, em j. de 1º.2.2006, *DJ* de 10.4.2006, p. 191: "Contrato bancário. Julgamento *extra petita*. Não ocorrência. Taxa de juros. Limitação. Abusividade. Não ocorrência. Capitalização. Cabimento. Comissão de permanência. Cobrança. Admissibilidade. Compensação. Repetição do indébito. Prova de erro no pagamento. Desnecessidade. Depósito judicial de valores. Possibilidade. Cobrança de encargos excessivos. Mora. Descaracterização. Cadastro de inadimplentes. Inscrição. Possibilidade. Cláusula mandato. Súmula 60/STJ. I – Inexiste julgamento *extra petita* no reconhecimento de nulidade de cláusulas contratuais com base no Código de Defesa do Consumidor. [...] IX – É nula a cláusula contratual que prevê a outorga de mandato para criação de título cambial. Inteligência da Súmula 60/STJ. Recurso especial provido em parte" (JGBF).

[239] Não há dúvida de que a emissão de cambial é um negócio jurídico autônomo, em relação ao subjacente que lhe deu origem, divergindo a doutrina apenas na sua caracterização como negócio jurídico unilateral receptício (Luigi Cariota-Ferrara, *I negozi fiduciari*, Padova, Cedam, 1933, nº 94, ps. 183 e segs.) ou não receptício (Salvatore Pugliatti, "La simulazione dei negozi unilaterali", in Scritti giuridici in onore di Antonio Scialoja, Bologna, Zanichelli, 1953, vol. III, nº 114, ps. 247-248). Sobre o ponto, ver Nelson Nery Júnior, *Vícios do ato jurídico e reserva mental*, São Paulo, RT, 1983, ps. 24 e segs.

Art. 51 | CÓDIGO BRASILEIRO DE DEFESA DO CONSUMIDOR

qualquer das partes. Ainda uma vez, o dispositivo visa a colocar o fornecedor e o consumidor em posição contratual de igualdade e equilíbrio.[240]

[20] RESSARCIMENTO UNILATERAL DOS CUSTOS DE COBRANÇA – Sendo necessário o recurso à cobrança para que o fornecedor possa fazer valer os seus direitos derivados do contrato de consumo, o Código permite a estipulação contratual de que esses encargos sejam carreados ao consumidor, se igual direito for assegurado a este, se precisar cobrar o cumprimento da obrigação do fornecedor. Cláusula que confira somente ao fornecedor o direito de se ressarcir dos gastos com cobrança é considerada abusiva, e, portanto, nula de pleno direito.

[21] MODIFICAÇÃO UNILATERAL DO CONTRATO – Essa é norma de encerramento, que é consequência do princípio estatuído no art. 4º, nº III, do CDC: a igualdade e o equilíbrio contratual entre fornecedor e consumidor. Toda alteração contratual, superveniente à conclusão do contrato de consumo, deve ser discutida gré à gré entre fornecedor e consumidor. Não é lícita a cláusula que conceda ao fornecedor o direito de alterar unilateralmente o conteúdo ou a qualidade do contrato, mediante estipulações como modificação do preço, prazo de entrega do produto ou serviço, prazo ou bases da garantia contratual, taxas de juros e outros encargos financeiros, número de prestações etc.

A alteração das bases contratuais em virtude de fato superveniente, como, por exemplo, a mudança das regras do jogo relativamente à economia nacional, deve ser levada a cabo por tratativas bilaterais das partes da relação jurídica de consumo. A cláusula que permita ao fornecedor alterar unilateralmente as taxas de juros e outros encargos, ou aquela que lhe possibilite a modificação unilateral do fator de indexação dos reajustes das prestações financeiras contratuais, são consideradas abusivas pelo Código. Sendo nulas, não produzem efeito, e, por consequência, não obrigam o consumidor.

O Código quer que seja preservado o equilíbrio negocial entre fornecedor e consumidor (art. 4º, nº III) e assegurada a este igualdade nas contratações (art. 6º, nº II).

[22] VIOLAÇÃO DE NORMAS AMBIENTAIS – O direito ao meio ambiente é bem jurídico tutelado pelo art. 225 da Constituição Federal, sendo dever de toda a coletividade sua preservação. Em vista disso, toda cláusula que possibilitar, em tese, a prática de ato ou celebração de negócio jurídico que tenha potencialidade para ofender o meio ambiente é considerada abusiva pelo CDC. Não há necessidade da ofensa real ao meio ambiente, bastando para caracterizar a abusividade que a cláusula possibilite a ofensa ambiental.

A proibição alcança, também, as cláusulas que estejam em desacordo com as normas ambientais, legais ou administrativas. Os termos meio ambiente e normas ambientais estão tomados em sua acepção mais ampla, incluídos neles o meio ambiente natural (ar, água, florestas, fauna, flora etc.), meio ambiente urbanístico (zoneamento, poluição visual e sonora etc.), meio ambiente cultural (patrimônio e bens de valor histórico, estético, turístico, paisagístico, artístico e arquitetônico)[241] e meio ambiente do trabalho (salubridade e segurança no ambiente de trabalho etc.).

---

[240] TJRS, Apelação Cível nº 70008644031, 6ª Câm. Cível, rel. Des. Carlos Alberto Álvaro de Oliveira, j. de 20.10.2004.

[241] Sobre a inclusão, no conceito de meio ambiente, do meio ambiente urbano, rural e cultural, ver Michel Prieur, *Droit de l'environnement*, Paris, Dalloz, 1984, nºs 767 e segs., ps. 841 e segs.; Michel Despax, *Droit de l'environnement*, Paris, Librairies Techniques, 1980, nºs 370 e segs., ps. 487 e segs.; Franco Giampietro, *La responsabilità per danno all'ambiente*, Milano, Giuffrè, 1988, ps. 45 e segs.; Giuseppe Pericu, "Tutela

Capítulo VI · DA PROTEÇÃO CONTRATUAL | **Art. 51**

[23] DESACORDO COM O SISTEMA DE PROTEÇÃO AO CONSUMIDOR – Esta disposição configura norma de encerramento, que possibilita ao juiz ampla margem para integrar o conceito jurídico indeterminado e dizer o que significa "estar em desacordo com o sistema de proteção ao consumidor". Essa possibilidade e a dicção do caput do art. 51 – que, com a expressão "entre outras", permite a consideração de outras hipóteses de cláusulas proibidas além das enumeradas na lei – fazem com que o sistema de cláusulas abusivas do CDC seja insuscetível de lacuna.

O "sistema" de proteção ao consumidor encerra conceito mais amplo do que o de um "Código" de proteção do consumidor. Incluem-se no "sistema de proteção ao consumidor" as disposições legais de proteção do consumidor em sentido estrito, bem como as relativas à proteção indireta do consumidor, como as leis de combate à concorrência desleal e leis antitruste. Assim, fazem parte do "sistema de proteção ao consumidor" as disposições do CDC, da Lei de Economia Popular (Lei nº 1.521/51), da Lei nº 8.137/90 (Crimes contra a Ordem Econômica), da "Lei Antitruste" (Lei nº 12.529/2011), e outros diplomas legais que tutelem, direta ou indiretamente, os direitos e interesses do consumidor, bem como as normas administrativas que digam respeito à ordem econômica e aos direitos e interesses do consumidor.

Cláusulas que ofendam o "sistema de proteção do consumidor" são abusivas e, consequentemente, nulas de pleno direito (art. 51, nº XV, CDC). São, por exemplo, cláusulas de eleição de foro diferente do domicílio do consumidor (ver comentário nº 3, anteriormente), cláusulas-surpresa (ver comentário nº 12, anteriormente) etc.

[24] RENÚNCIA À INDENIZAÇÃO POR BENFEITORIAS NECESSÁRIAS – Na verdade, a proibição já está contida na norma geral do inc. I, que veda a cláusula que implique renúncia ou disposição de direitos. O Código, entretanto, não quis deixar margem a dúvidas e proibiu expressamente a cláusula que estipule renúncia à indenização por benfeitorias necessárias. A definição do que sejam benfeitorias necessárias se encontra no art. 96, § 3º, do Código Civil. Poderá ser acordada a não indenização das benfeitorias úteis e voluptuárias.

[25] LIMITAÇÕES DE ACESSO AO PODER JUDICIÁRIO – Nesse dispositivo introduzido pela *lei do superendividamento,* na verdade, foram acrescentadas mais duas novas hipóteses de eventuais *cláusulas abusivas* nos contratos de adesão. Isto sem embargo de o seu *caput* dizer que se trata de uma enumeração meramente *exemplificativa.*

No inciso XVII, com efeito, estabelece-se a vedação e, em consequência, a nulidade plena e absoluta de cláusula contratual que venha a opor obstáculo ao consumidor que pretenda levar ao órgão competente do Poder Judiciário pendência relativa a discussões sobre dívidas que lhe são cobradas de forma abusiva. Como, por exemplo, a imposição de juros extorsivos ou qualquer outra questão relativa à sobrecarga de débitos.

Ora, referida norma é reflexo direto da garantia fundamental, prevista pelo inc. XXXV do art. 5º da Constituição Federal, segundo o qual, *"a lei não excluirá da apreciação do Poder Judiciário lesão ou ameaça a direito".*

E, com efeito, discussões têm sido feitas no que concerne à chamada *pretensão resistida* quando se tratar de conflitos de qualquer natureza e, especificamente, aos referentes a relações de consumo.

E a esse respeito já tivemos a ocasião de nos manifestarmos em debates via *internet,* ponderando que o fato de se impor aos consumidores a submissão de meios alternativos outros

---

dell'ambiente nel Diritto Amministrativo", verbete in Digesto delle discipline pubblicistiche, 4ª ed., Torino, Utet, 1987, vol. I, ps. 189 e segs.

Art. 51 | CÓDIGO BRASILEIRO DE DEFESA DO CONSUMIDOR

que não os judiciários, sob pena de não reunir uma espécie de *condição da respectiva ação,* constitui clara violação do preceito constitucional em questão.[242] Senão, vejamos.

"A pretensão resistida é um artifício previsto pela lei brasileira que pode minimizar os problemas nas relações entre empresas e clientes. A judicialização das relações de consumo alcançou números absurdos [...]. Hoje, estima-se a existência de mais de 100 milhões de ações, sendo que 30% teriam alguma relação com problemas entre consumidores e fornecedores. Como resolver esse problema? Os acordos pré-processuais podem ajudar a impedir a entrada das ações na Justiça, mas juízes podem intervir para evitar a ação na Justiça. Uma das novidades cada vez mais comum nos tribunais do Rio Grande do Sul é a chamada pretensão resistida. Em suma, esse recurso jurisdicional condiciona a ação na Justiça com uma reunião de conciliação ou qualquer outra forma de negociação pré-processual. No Tribunal de Justiça do Rio Grande do Sul, a pretensão resistida foi incorporada a rotina e hoje ocorre não apenas no ambiente real, mas também no universo virtual. Mais: virou até nome de política pública no combate a judicialização chamada Projeto Solução Direta-Consumidor, um programa de conciliação fruto de uma parceria entre o Poder Judiciário Gaúcho e a Secretaria Nacional do Consumidor (Senacon), do Ministério da Justiça. O objetivo é a solução alternativa de conflitos de consumo, no intuito de, com isso, evitar o ajuizamento de um processo judicial. E adivinha qual é a plataforma usada para tentar o acordo? Sim, é o Consumidor.gov.br. A plataforma tecnológica permitirá ao consumidor fazer sua reclamação de forma direta e focada em uma solução rápida e sem qualquer custo. Em caso de insucesso na composição, o histórico da tentativa de solução poderá ser extremamente útil na hipótese do ajuizamento de uma demanda judicial, como indicativo de demonstrar a pretensão resistida por parte do fornecedor. É uma tentativa pioneira de resolver o problema em vez de judicializar um problema."[243]

Ao ensejo dos debates referidos na ocasião acima, permitimo-nos traçar um retrospecto histórico da questão, bem como nossa experiência pessoal como advogado e também como membro do Ministério Público Paulista.

Afinal, o que seria uma *pretensão resistida* e que somente com essa característica poderia dar ensejo ao exercício de uma ação judicial?

Saliente-se, de início, que não se cuida de qualquer novidade. Nas lições que aprendemos na disciplina de Processo Civil, nos anos 60 do século passado, e que se mantinha desde as décadas de 30 em diante, definia-se o *direito de ação* como a *faculdade conferida a alguém para pleitear junto ao órgão judicial competente a satisfação de um interesse ou o reconhecimento de um direito, contra uma "pretensão resistida".* Ou seja, diante de uma pretensão esposada por alguém (*e.g.,* a imposição de alguém a outrem para contribuir na construção de divisas entre propriedades rurais, resistida por esse).

Não obstante inexistir qualquer menção em lei (*i.e.,* referimo-nos aos Códigos de Processo Civil de 1939, 1973 e ao atual, de 2015), nosso pai, advogado experiente e ponderado, recomendava que primeiramente nós fizéssemos ao potencial réu uma notificação, de preferência judicial, com vistas a resolvermos a pendência de forma conciliatória.

E assim o fizemos no caso real citado linhas atrás, em que o proprietário rural, lindeiro de nosso cliente, dono da gleba em anexo, concordasse em repartir as despesas com a divisa física da propriedade, conforme, aliás, exigido pelo Código Civil de 1916.

---

[242] *Pretensão resistida*: exigência prévia obrigatória e *sine qua non* de tentativas de conciliação para solução de conflitos de relações de consumo para sua judicialização – exigência manifestamente inconstitucional (Simpósio sobre Pretensão Resistida, promovido pela OAB – Região Sudeste – 10/6/2021).

[243] Disponível em: www.oconsumerista.com.br. Acesso em: 20-5-2021.

Capítulo VI · DA PROTEÇÃO CONTRATUAL | Art. 51

Ora, trata-se de uma questão de senso comum e vontade manifesta de se conseguir um resultado satisfatório, sem a necessidade de demanda judicial, mas não exigência da lei.

Com efeito, quanto ao Código de Processo Civil de 1939, o indeferimento de um petitório inicial, consoante disposto em seus artigos 158 a 160, por exemplo, somente se daria por sua inépcia ou ilegitimidade de parte (art. 160) e absolvição de instância (arts. 201 a 205) somente quando a pretensão fosse imoral ou ilícita.

Tampouco o Código de Processo Civil de 1973 tratava da *pretensão resistida* como causa de indeferimento de uma ação *ab initio*. Assim, por exemplo, seu art. 3º dizia que isso se daria somente em casos de um interesse ilícito, ilegitimidade da parte e como forma de punição em razão de litigância de má-fé.

Quando membro do Ministério Público Paulista, no tradicional mister de atendimento ao público em geral no sentido de *mediação de conflitos* (*e.g.,* questões familiares, de alimentos para menores, problemas de vizinhança, acidentes de trabalho etc.), e até mesmo quando detínhamos legitimidade para a propositura de reclamação trabalhista, na ausência de justiça especial nas comarcas, sempre que atendíamos um trabalhador, notificávamos o patrão-reclamado visando, antes de mais nada, a uma conciliação.

Evidente que não haveria necessidade dessa cautela, mas sempre visando à resolução conciliatória, fazíamos dessa providência um hábito frequente.

E, conforme já acentuado nesses comentários, o dispositivo constitucional é claro a respeito da vedação de qualquer lei no sentido de subtrair à apreciação do Poder Judiciário qualquer lesão ou ameaça a direito. Tanto é que o vigente Código de Processo civil, a seu turno, reflete claramente essa questão ao estabelecer, logo em seu artigo 1º, que : "*Art. 1º O processo civil será ordenado, disciplinado e interpretado conforme os valores e as normas fundamentais estabelecidos na Constituição da República Federativa do Brasil, observando-se as disposições deste Código*".

E seu art. 3º repete, *ipsis litteris,* o mandamento constitucional, muito embora admita formas alternativas para a resolução de conflitos, que não a sua submissão a um órgão do Poder Judiciário.

Ou seja: "*Art. 3º Não se excluirá da apreciação jurisdicional ameaça ou lesão a direito. § 1º É permitida a arbitragem, na forma da lei. § 2º O Estado promoverá, sempre que possível, a solução consensual dos conflitos. § 3º A conciliação, a mediação e outros métodos de solução consensual de conflitos deverão ser estimulados por juízes, advogados, defensores públicos e membros do Ministério Público, inclusive no curso do processo judicial*".

Ressalve-se, por fim, que sobreditas formas sugeridas são meras alternativas oferecidas de maneira exemplificativa, mas que, de modo algum, são colocadas como *conditio sine qua non* para um eventual exercício do direito de ação judicial.

Resta evidenciado, por outro lado, que em sã consciência ninguém advoga o excesso de judicialização de conflitos, sobretudo, os resultantes das relações de consumo, que se contam aos milhões, por certo.

Todavia, ao tratar o Código de Defesa do Consumidor de forma explícita de *formas alternativas* para a solução desses mesmos conflitos (cfr. inc. V de seu art. 4º), impõe, primeiramente, aos próprios fornecedores que os utilizem, de forma transparente, pronta e, sobretudo, eficaz, mediante os Serviços de Atendimento ao Consumidor e Ouvidorias. Se funcionassem a contento, certamente os conflitos seriam bem menores do que os que hoje observamos.

Além disso, seriam muito desejáveis as chamadas *convenções coletivas de consumo* (art. 107 do Código de Defesa do Consumidor).

477

Art. 51 | CÓDIGO BRASILEIRO DE DEFESA DO CONSUMIDOR

Ressalte-se, por fim, que a única vantagem da pré-utilização de meios alternativos antes da judicialização de conflitos é a circunstância estatuída no art. 26, § 2º, do estatuto consumerista: "Art. 26. O direito de reclamar pelos vícios aparentes ou de fácil constatação caduca em: (...) § 2º Obstam a decadência: I – reclamação comprovadamente formulada pelo consumidor perante o fornecedor de produtos e serviços até a resposta negativa correspondente, que deve ser transmitida de forma inequívoca; III – a instauração de inquérito civil, até seu encerramento".

Oportuno salientar, por fim, que por força de decisão do CNJ – Conselho Nacional de Justiça –, no Procedimento de Controle Administrativo nº 0004447-26.2021.200.000, de agosto de 2021, foi determinado ao Tribunal de Justiça do Estado de Minas Gerais que anulasse a Orientação Normativa nº 01/2020, editada pelo denominado Núcleo Permanente de Métodos de Solução de Conflitos. Essa orientação, com efeito, estabelecia como condição inarredável para o ajuizamento de ações judiciais, sobretudo, para solução de conflitos surgidos de relações de consumo, tentativas prévias de conciliação.

[26] CLÁUSULA IMPEDITIVA DE NOVOS CRÉDITOS APÓS PURGAÇÃO DE MORA OU ACORDO COM CREDORES – O que essa medida prevê é a absoluta nulidade de cláusula que restrinja os direitos dos *superendividados,* mesmo após a liquidação de seus débitos, seja mediante purgação de mora ou acordo global com os credores.

Com efeito, costuma-se dizer que alguém que tenha tido seu nome *negativado* em determinado banco de dados é, por assim dizer, *redimido* no momento em que salda o débito reclamado, hipótese em que cessa esse dado negativo. O mesmo se diga com relação a títulos protestados em cartórios especializados. Isto porque, em última análise, tanto a *negativação* como o *protesto* nada mais são do que medidas constritivas com vistas a pressionar o devedor a saldar seus débitos. E, liquidados esses, não haverá mais razão para restrição a novos créditos ou negócios, sob pena de se estar diante de uma penalidade sem fim.

[27] PRESUNÇÃO RELATIVA DA VANTAGEM EXAGERADA – As hipóteses descritas no § 1º do art. 51 são exemplificativas, podendo ser consideradas exageradas outras vantagens previstas a favor do fornecedor, observadas as circunstâncias e peculiaridades que envolverem a relação jurídica de consumo em concreto.

A presunção de exagero aqui mencionada é relativa, admitindo prova em contrário a cargo do fornecedor.

[28] OFENSA AOS PRINCÍPIOS FUNDAMENTAIS DO SISTEMA – Quando o contrato de consumo dispuser sobre matéria de Direito Civil, enquadrar-se-á na presunção de exagero a cláusula que derrogar os princípios fundamentais desse ramo do Direito, o mesmo ocorrendo com a cláusula que estipular vantagem ao fornecedor, derrogando princípios do Direito Comercial e do Administrativo.

De qualquer modo, em toda estipulação que trouxer vantagem ao fornecedor, de cujo teor constar ofensa aos princípios estabelecidos no CDC, será presumivelmente exagerada essa vantagem, podendo, conforme o caso, ensejar a nulidade da cláusula, de acordo com o inc. XV.

[29] AMEAÇA DO OBJETO OU DO EQUILÍBRIO DO CONTRATO – Não é preciso que haja desequilíbrio contratual efetivo, pois a lei presume exagerada a vantagem, sempre que o objeto do contrato estiver ameaçado pelo conteúdo da cláusula.

Essa consideração vai depender do tipo e da natureza do contrato. Tratando-se de compra e venda de consumo, por exemplo, se a vantagem de preço for de tal ordem que

Capítulo VI · DA PROTEÇÃO CONTRATUAL | Art. 51

coloque em risco o equilíbrio contratual, incide a presunção de que trata o dispositivo ora comentado.[244]

[30] ONEROSIDADE EXCESSIVA PARA O CONSUMIDOR – A onerosidade excessiva pode ensejar: a) o direito do consumidor à modificação da cláusula contratual, a fim de que se preserve o equilíbrio do contrato (art. 6º, nº V, CDC); b) a revisão do contrato em virtude de fatos supervenientes não previstos pelas partes quando da conclusão do negócio (art. 6º, nº V, segunda parte, CDC); c) a nulidade da cláusula por trazer desvantagem exagerada ao consumidor (art. 51, nº IV, e § 1º, nº III, CDC).

A onerosidade excessiva pode propiciar o enriquecimento sem causa,[245] razão pela qual ofende o princípio da equivalência contratual, princípio esse instituído como base das relações jurídicas de consumo (art. 4º, nº III, e art. 6º, nº II, CDC). É aferível de acordo com circunstâncias concretas que não puderam ser previstas pelas partes quando da conclusão do contrato.

Somente as circunstâncias extraordinárias é que entram no conceito de onerosidade excessiva, dele não fazendo parte os acontecimentos decorrentes da álea normal do contrato. Por "álea normal" deve entender-se o risco previsto, que o contratante deve suportar, ou, se não previsto explicitamente no contrato, de ocorrência presumida em face da peculiaridade da prestação ou do contrato. O Código, a propósito, fornece alguns parâmetros na consideração da onerosidade da prestação: natureza e conteúdo do contrato, interesse das partes e outras circunstâncias peculiares ao caso (art. 51, § 1º, nº III, *in fine*).

A imprevisibilidade e a extraordinariedade dos fatos supervenientes, que ensejam a aplicação da cláusula *rebus sic stantibus*, e, portanto, a revisão do contrato (art. 6º, nº V, CDC), devem ser aferidas objetivamente, em relação ao homem médio, à natureza do negócio e às condições do mercado.[246] Esses acontecimentos podem ser tanto de ordem natural (tempestades, terremotos etc.) como decorrentes de situações absolutamente excepcionais do ponto de vista econômico. Nessa última consideração, podem ou não estar incluídas as variações da moeda em decorrência de inflação, dependendo de outros fatores dessumíveis da álea normal e das demais peculiaridades do contrato.

---

[244] Cf., por exemplo, o REsp nº 1.087.783-RJ, tendo como relatora a ministra Nancy Andrighi, 3ª Turma do STJ, em j. de 1º.9.2009, *DJ* de 10.12.2009: "Consumidor. Sentença *extra petita*. Decisão fundada em fatos ligados à causa de pedir. Inexistência. Conexão. Discricionariedade do juiz na sua determinação. Ação civil pública. Cumulação de pedidos. Possibilidade. Contrato de prestação de serviço de telefonia móvel pessoal com prazo mínimo de vigência. Perda do aparelho por caso fortuito ou força maior. Anatel. Legitimidade passiva. Inexistência. Revisão do contrato. Cabimento, para determinar a disponibilização de outro aparelho pela operadora ou, alternativamente, a resolução do contrato com redução, pela metade, da multa rescisória [...] – A perda de aparelho celular (vinculado a contrato de prestação de serviço de telefonia móvel pessoal com prazo mínimo de vigência), decorrente de caso fortuito ou força maior, ocasiona onerosidade excessiva para o consumidor, que, além de arcar com a perda do aparelho, pagará por um serviço que não poderá usufruir. Por outro lado, não há como negar que o prazo de carência fixado no contrato de prestação de serviços tem origem no fato de que a aquisição do aparelho é subsidiada pela operadora, de modo que a fidelização do cliente visa a garantir um mínimo de retorno do investimento feito. Tal circunstância exige a compatibilização dos direitos, obrigações e interesses das partes contratantes à nova realidade surgida após a ocorrência de evento inesperado e imprevisível, para o qual nenhuma delas contribuiu, dando ensejo à revisão do contrato, abrindo-se duas alternativas, a critério da operadora: (i) dar em comodato um aparelho ao cliente, durante o restante do período de carência, a fim de possibilitar a continuidade na prestação do serviço e, por conseguinte, a manutenção do contrato; ou (ii) aceitar a resolução do contrato, mediante redução, pela metade, do valor da multa devida, naquele momento, pela rescisão" (JGBF).

[245] Luis Ignacio Arechederra Aranzadi, *La equivalencia de las prestaciones en el Derecho contractual*, Madrid, Montecorvo, 1978, ps. 81 e segs.

[246] Alessio Zaccaria, comentário ao art. 1.467 do Código Civil italiano, in Giorgio Cian e Alberto Trabucchi, *Commentario breve al Codice Civile*, 6ª ed., Padova, Cedam, 2002, p. 1.422.

Art. 51 | CÓDIGO BRASILEIRO DE DEFESA DO CONSUMIDOR

[31] CONSERVAÇÃO DO CONTRATO – A nulidade de cláusula contratual não contamina todo o conteúdo do contrato, sendo isso possível, naturalmente.

Em atendimento ao princípio da conservação do contrato, a interpretação das estipulações negociais, o exame das cláusulas apontadas como abusivas e a análise da presunção de vantagem exagerada devem ser feitos de modo a imprimir utilidade e operatividade ao negócio jurídico de consumo, não devendo ser empregada solução que tenha por escopo negar efetividade à convenção negocial de consumo.[247]

[32] RESOLUÇÃO POR ÔNUS EXCESSIVO A UMA DAS PARTES – No entanto, quando a conservação do contrato configurar ônus excessivo a qualquer das partes, haverá desequilíbrio em desrespeito ao art. 4º, nº III, do Código, de sorte que o dispositivo sob comentário permite dar-se outra solução ao problema, qual seja, a de possibilitar a resolução do contrato.

Não teria sentido a manutenção do contrato em detrimento de uma das partes, quando essa desvantagem lhe trouxesse ônus excessivo no cumprimento das prestações contratuais.

[33] CONTROLE ADMINISTRATIVO DAS CLÁUSULAS CONTRATUAIS GERAIS PELO MINISTÉRIO PÚBLICO – Conforme afirmado na Introdução ao capítulo da proteção contratual do Código, a despeito do veto presidencial ao § 3º do art. 51, o controle administrativo das cláusulas contratuais gerais pelo Ministério Público não está inviabilizado. Pelo contrário, pode e deve ser feito por intermédio do inquérito civil, poderoso instrumento conferido ao Ministério Público como expediente preparatório da ação civil pública, ferramenta essa que se constitui em prerrogativa institucional do parquet, conforme expressamente determina o art. 129, nº III, da Constituição Federal. O procedimento do inquérito civil vem regulado pelo art. 8º, § 1º, da Lei da Ação Civil Pública (Lei nº 7.347/85 – LACP), e é aplicável ao sistema do CDC por menção expressa ao art. 90 do Código.

No inquérito civil o Ministério Público pode arregimentar documentos, informações, ouvir testemunhas e os interessados, realizar perícias e exames, tudo isso para formar sua opinião sobre a existência ou não de cláusula abusiva em determinado contrato de consumo ou nas cláusulas contratuais gerais. É nessa oportunidade que os interessados podem chegar à composição extrajudicial, sempre no interesse social de preservar-se a ordem pública de proteção do consumidor.

Chegando o inquérito civil a bom termo, com a composição dos interessados, o controle administrativo das cláusulas contratuais gerais chega ao fim, cumprindo ao Ministério Público a homologação do acordo, podendo, inclusive, estabelecer cominação para o caso de descumprimento, documento esse que valerá como título executivo extrajudicial (art. 5º, § 6º, da LACP, aplicável às relações jurídicas de consumo por força do art. 90 do CDC). Não havendo acordo, o controle administrativo não terá sido efetivado com sucesso, restando ao Ministério Público o ajuizamento de ação civil pública para pleitear o controle judicial das cláusulas abusivas.[248]

Esse controle pode ser abstrato ou concreto. Este se dá quando oriundo de caso específico de relação de consumo já concluída; aquele, relativamente às cláusulas contratuais gerais, antes, portanto, de receberem a adesão do consumidor.

O único ponto de veto presidencial que produziu algum efeito é o relativo ao caráter da decisão do Ministério Público, no inquérito civil, quanto às cláusulas gerais objeto de controle.

---

[247] STJ, AgRg no REsp nº 718.744/RS, 4ª Turma, rel. Min. Fernando Gonçalves, j. de 5.5.2005.

[248] Remetemos o leitor às anotações sobre o controle das cláusulas contratuais gerais, constantes da Introdução ao Capítulo VI do Título I do Código ("Da Proteção Contratual"), supra.

Capítulo VI · DA PROTEÇÃO CONTRATUAL | **Art. 51**

O dispositivo vetado previa que a decisão administrativa do Ministério Público sobre as cláusulas submetidas a exame tivesse caráter geral, atingindo o universo contratual do fornecedor em toda a sua extensão.

Dois foram os fundamentos do veto: a) somente poderiam ser atribuídas funções ao Ministério Público por lei orgânica federal (art. 128, § 5º, CF); b) o controle dos atos jurídicos somente poderia ser feito pelo Poder Judiciário (art. 5º, nº XXXV, CF).

As razões do veto são injurídicas duplamente. Primeiro, porque qualquer lei ordinária pode atribuir funções ao Ministério Público (art. 129, nº IX, CF), ficando à lei orgânica apenas os aspectos organizacionais administrativos da instituição. Do contrário, ter-se-ia de entender que os dispositivos legais do Código Penal, do Código de Processo Penal, do Código Civil, do Código de Processo Civil e de outras leis extravagantes, que conferem legitimidade processual e atribuições extrajudiciais ao Ministério Público, não teriam sido recepcionados pela nova ordem constitucional. Segundo, porque a decisão do Ministério Público seria administrativa, não ferindo os princípios constitucionais do direito de ação e da inderrogabilidade da jurisdição, pois o prejudicado poderia recorrer ao Judiciário para pleitear tutela sobre ameaça ou lesão de direito que afirma possuir. Além disso, o controle dos atos jurídicos pode ser feito administrativa ou judicialmente, podendo qualquer órgão exercê-lo, se assim dispuser a lei (art. 5º, nº II, CF).

[34] REPRESENTAÇÃO AO MINISTÉRIO PÚBLICO PARA O AJUIZAMENTO DE AÇÃO VISANDO AO CONTROLE JUDICIAL DAS CLÁUSULAS CONTRATUAIS GERAIS – Ao contrário do que poderia parecer à primeira vista, o dispositivo não encerra hipótese de legitimidade exclusiva para agir ao Ministério Público, porque qualquer legitimado pelo art. 82 do Código pode mover todo e qualquer tipo de ação judicial necessária para a efetiva tutela dos direitos protegidos pelo Código, conforme deflui do art. 83 do CDC.

O texto legal permite que o Ministério Público ajuíze ação judicial para o controle concreto de cláusula contratual, a pedido do consumidor ou de entidade que o represente. Defenderá o parquet direito que, em tese, se poderia classificar de individual, mas que, no sistema do Código, é considerado pela lei como de interesse social (art. 1º, CDC). A legitimidade do Ministério Público para a defesa, em juízo, desse direito do consumidor está assegurada pelo art. 129, nº IX, CF.

Em suma, o parquet pode propor ação visando ao controle concreto de cláusula contratual abusiva, mas não pode mover ação para obter indenização individual em favor de um determinado consumidor. Somente estará legitimado, para obter indenização, a mover a class action de que tratam os arts. 81, parágrafo único, nº III, e 91 do CDC, isto é, ação coletiva para a defesa de direitos e interesses individuais homogêneos. Os interesses e direitos individuais puros, não homogêneos, não podem ser defendidos judicialmente por ação direta do Ministério Público.[249]

A norma significa, ainda, orientação ao consumidor e às entidades que o representem, no sentido de que têm direito de representar ao Ministério Público para que seja feito o controle judicial concreto das cláusulas do contrato de consumo apontadas como abusivas.

[35] DIRETIVA Nº 93/13, DE 5.4.93, DO CONSELHO DA EUROPA (COMUNIDADE ECONÔMICA EUROPEIA – UNIÃO EUROPEIA), SOBRE CLÁUSULAS CONTRATUAIS ABUSIVAS – Por ser de muita importância ao entendimento do tema das cláusulas abusivas, cuja nulidade vem expressamente cominada no nosso CDC art. 51, transcrevemos adiante o

---

[249] Ver os comentários aos arts. 81, 82, 91, 110 e 113 do Código, infra.

481

Art. 51 | CÓDIGO BRASILEIRO DE DEFESA DO CONSUMIDOR

texto completo da Diretiva nº 93/13, do Conselho da Comunidade Econômica Europeia, a respeito da matéria. Como o elenco do CDC art. 51 é exemplificativo e, ainda, a abusividade da cláusula pode ser avaliada caso a caso, ainda que não mencionada previamente no CDC, as cláusulas abusivas identificadas na diretiva podem ser caracterizadas como abusivas também em nosso Direito. A propósito, convém lembrar que há nítida inspiração da diretiva europeia no Direito brasileiro, já que existem numerosas normas nela contidas que são praticamente cópias das disposições de nosso Código de Defesa do Consumidor. Daí a importância da transcrição integral da norma europeia sobre a matéria:[250]

"DIRETIVA Nº 93/13/CEE DO CONSELHO, DE 5 DE ABRIL DE 1993

Relativa às cláusulas abusivas nos contratos celebrados com os consumidores.

O CONSELHO DAS COMUNIDADES EUROPEIAS,

Tendo em conta o Tratado que institui a Comunidade Econômica Europeia e, nomeadamente, o seu art. 100-A,

Tendo em conta a proposta da Comissão,[251]

Em cooperação com o Parlamento Europeu,[252]

Tendo em conta o parecer do Comitê Econômico e Social,[253]

Considerando que é necessário adotar as medidas destinadas a estabelecer progressivamente o mercado interno durante um período que expira em 31 de dezembro de 1992; que o mercado interno compreende um espaço sem fronteiras internas, no qual a livre circulação das mercadorias, das pessoas, dos serviços e dos capitais é assegurada;

Considerando que as legislações dos Estados-membros respeitantes às cláusulas dos contratos celebrados entre, por um lado, o vendedor de bens ou o prestador de serviços e, por outro, o consumidor, revelam numerosas disparidades, daí resultando que os mercados nacionais de venda de bens e de oferta de serviços aos consumidores diferem de país para país e que se podem verificar distorções de concorrência entre vendedores de bens e prestadores de serviços nomeadamente quando da comercialização noutros Estados-membros;

Considerando, em especial, que as legislações dos Estados-membros respeitantes às cláusulas abusivas em contratos celebrados com os consumidores apresentam divergências marcantes;

Considerando que compete aos Estados-membros providenciar para que não sejam incluídas cláusulas abusivas nos contratos celebrados com os consumidores;

Considerando que, regra geral, os consumidores de um Estado-membro desconhecem as regras por que se regem, nos outros Estados-membros, os contratos relativos à venda de bens ou à oferta de serviços; que esse desconhecimento pode dissuadi-los de efetuarem transações diretas de compra de bens ou de fornecimento de serviços noutro Estado-membro;

Considerando que, para facilitar o estabelecimento do mercado interno e proteger os cidadãos que, na qualidade de consumidores, adquiram bens e serviços mediante contratos regidos pela legislação de outros Estados-membros, é essencial eliminar desses contratos as cláusulas abusivas;

Considerando que os vendedores de bens e os prestadores de serviços serão, assim, ajudados na sua atividade de venda de bens e de prestação de serviços, tanto no seu próprio país como

---

[250] Diretiva publicada no Jornal Oficial das Comunidades Europeias, de 21.4.93, no L 95/29-34.

[251] JO nº C 73, de 24.3.92, p. 7.

[252] JO nº C 326, de 16.12.91, p. 108 e JO nº C 21, de 25.1.93.

[253] JO nº C 159, de 17.6.91, p. 34.

Capítulo VI · DA PROTEÇÃO CONTRATUAL | **Art. 51**

no mercado externo; que a concorrência será assim estimulada, contribuindo para uma maior possibilidade de escolha dos cidadãos da Comunidade, enquanto consumidores;

Considerando que os dois programas comunitários no domínio da política de informação e defesa dos consumidores[254] sublinham a importância de os consumidores serem protegidos contra cláusulas contratuais abusivas; que esta proteção deve ser assegurada por disposições legislativas e regulamentares, quer harmonizadas a nível comunitário quer diretamente adotadas ao mesmo nível;

Considerando que, de acordo com o princípio estabelecido nesses dois programas sob o título "Proteção dos interesses económicos dos consumidores", os adquirentes de bens ou de serviços devem ser protegidos contra abusos de poder dos vendedores ou dos prestatários, nomeadamente contra os contratos de adesão e contra a exclusão abusiva de direitos essenciais nos contratos;

Considerando que se pode obter uma proteção mais eficaz dos consumidores através da adoção de regras uniformes em matéria de cláusulas abusivas; que essas regras devem ser aplicáveis a todos os contratos celebrados entre um profissional e um consumidor; que, por conseguinte, são nomeadamente excluídos da presente diretiva os contratos de trabalho, os contratos relativos aos direitos sucessórios, os contratos relativos ao estatuto familiar, bem como os contratos relativos à constituição e aos estatutos das sociedades;

Considerando que o consumidor deve beneficiar da mesma proteção, tanto para um contrato oral como para um contrato escrito e, neste último caso, independentemente do fato de os termos desse contrato se encontrarem registrados num único ou em vários documentos;

Considerando no entanto que, na atual situação das legislações nacionais, apenas se poderá prever uma harmonização parcial; que, nomeadamente, apenas as cláusulas contratuais que não tenham sido sujeitas a negociações individuais são visadas pela presente diretiva; que há que deixar aos Estados-membros a possibilidade de, no respeito pelo Tratado CEE, assegurarem um nível de proteção mais elevado do consumidor através de disposições nacionais mais rigorosas do que as da presente diretiva;

Considerando que se parte do princípio de que as disposições legislativas ou regulamentares dos Estados-membros que estabelecem, direta ou indiretamente, as cláusulas contratuais com os consumidores não contêm cláusulas abusivas; que, consequentemente, se revela desnecessário submeter ao disposto na presente diretiva as cláusulas que refletem as disposições legislativas ou regulamentares imperativas bem como os princípios ou as disposições de convenções internacionais de que são parte os Estados-membros da Comunidade; que, neste contexto, a expressão "disposições legislativas ou regulamentares imperativas" que consta do nº 2 do art. 1º abrange igualmente as normas aplicáveis por lei às partes contratantes quando não tiverem sido acordadas quaisquer outras disposições;

Considerando, contudo, que os Estados-membros devem providenciar para que tais cláusulas abusivas não figurem nos contratos, nomeadamente por a presente diretiva se aplicar igualmente às atividades profissionais de caráter público;

Considerando que é necessário estabelecer os critérios gerais de apreciação do caráter abusivo das cláusulas contratuais;

Considerando que a apreciação, segundo os critérios gerais estabelecidos, do caráter abusivo das cláusulas, nomeadamente nas atividades profissionais de caráter público que forneçam serviços coletivos que tenham em conta a solidariedade entre os utentes, necessita de ser completada por um instrumento de avaliação global dos diversos interesses implicados; que tal

---

[254] JO nº C 92, de 25.4.75, p. 1, e JO nº C 133, de 3.6.81, p. 1.

483

consiste na exigência de boa-fé; que, na apreciação da boa-fé, é necessário dar especial atenção à força das posições de negociação das partes, à questão de saber se o consumidor foi de alguma forma incentivado a manifestar o seu acordo com a cláusula e se os bens ou serviços foram vendidos ou fornecidos por especial encomenda do consumidor; que a exigência de boa-fé pode ser satisfeita pelo profissional, tratando de forma leal e equitativa com a outra parte, cujos legítimos interesses deve ter em conta;

Considerando que, para efeitos da presente diretiva, a lista das cláusulas constante do anexo terá um caráter meramente indicativo e que, devido a esse caráter mínimo, poderá ser alargada ou limitada, nomeadamente quanto ao alcance de tais cláusulas, pelos Estados-membros no âmbito das respectivas legislações;

Considerando que a natureza dos bens ou serviços deverá influir na apreciação do caráter abusivo das cláusulas contratuais;

Considerando que, para efeitos da presente diretiva, a apreciação do caráter abusivo de uma cláusula não deve incidir sobre cláusulas que descrevam o objeto principal do contrato ou a relação qualidade/preço do fornecimento ou de prestação; que o objeto principal do contrato e a relação qualidade/preço podem todavia ser considerados na apreciação do caráter abusivo de outras cláusulas; que desse fato decorre, inter alia, que, no caso de contratos de seguros, as cláusulas que definem ou delimitam claramente o risco segurado e o compromisso do segurador não são objeto de tal apreciação desde que essas limitações sejam tidas em conta no cálculo do prêmio a pagar pelo consumidor;

Considerando que os contratos devem ser redigidos em termos claros e compreensíveis, que o consumidor deve efetivamente ter a oportunidade de tomar conhecimento de todas as cláusulas e que, em caso de dúvida, deve prevalecer a interpretação mais favorável ao consumidor;

Considerando que os Estados-membros devem tomar as medidas necessárias para evitar a presença de cláusulas abusivas em contratos celebrados entre profissionais e consumidores; que, se apesar de tudo essas cláusulas constarem dos contratos, os consumidores não serão por elas vinculados, continuando o contrato a vincular as partes nos mesmos termos, desde que possa subsistir sem as cláusulas abusivas;

Considerando que em certos casos existe a possibilidade de privar o consumidor da proteção concedida pela presente diretiva designando o direito de um país terceiro como direito aplicável ao contrato; que, consequentemente, importa prever na presente diretiva disposições destinadas a evitar este risco;

Considerando que as pessoas ou organizações que, segundo a legislação de um Estado-membro, têm um interesse legítimo na defesa do consumidor, devem dispor da possibilidade de recorrer quer a uma autoridade judicial quer a um órgão administrativo competentes para decidir em matéria de queixas ou para intentar ações judiciais adequadas contra cláusulas contratuais, em particular cláusulas abusivas, redigidas com vista a uma utilização generalizada, em contratos celebrados pelos consumidores; que essa faculdade não implica, contudo, um controle prévio das condições gerais utilizadas nos diversos setores econômicos;

Considerando que as autoridades judiciárias e órgãos administrativos dos Estados-membros devem dispor de meios adequados e eficazes para pôr termo à aplicação das cláusulas abusivas nos contratos celebrados com os consumidores.

ADOTOU A PRESENTE DIRETIVA:

Art. 1º

1. A presente diretiva tem por objetivo a aproximação das disposições legislativas, regulamentares e administrativas dos Estados-membros relativas às cláusulas abusivas em contratos celebrados entre profissionais e consumidores.

Capítulo VI · DA PROTEÇÃO CONTRATUAL | **Art. 51**

2. As disposições da presente diretiva não se aplicam às cláusulas contratuais decorrentes de disposições legislativas ou regulamentares imperativas, bem como das disposições ou dos princípios previstos nas convenções internacionais de que os Estados-membros ou a Comunidade sejam parte, nomeadamente no domínio dos transportes.

Art. 2º

Para efeitos da presente diretiva, entende-se por:

a) "Cláusulas abusivas", as cláusulas de um contrato tal como são definidas no art. 3º;

b) "Consumidor", qualquer pessoa singular que, nos contratos abrangidos pela presente diretiva, não pertençam ao âmbito da sua atividade profissional;

c) "Profissional", qualquer pessoa singular ou coletiva que, nos contratos abrangidos pela presente diretiva, seja ativa no âmbito da sua atividade profissional, pública ou privada.

Art. 3º

1. Uma cláusula contratual que não tenha sido objeto de negociação individual é considerada abusiva quando, a despeito da exigência de boa-fé, der origem a um desequilíbrio significativo em detrimento do consumidor, entre os direitos e obrigações das partes decorrentes do contrato.

2. Considera-se que uma cláusula não foi objeto de negociação individual sempre que a mesma tenha sido redigida previamente e, consequentemente, o consumidor não tenha podido influir no seu conteúdo, em especial no âmbito de um contrato de adesão.

O fato de alguns elementos de uma cláusula ou uma cláusula isolada terem sido objeto de negociação individual não exclui a aplicação do presente artigo ao resto de um contrato se a apreciação global revelar que, apesar disso, se trata de um contrato de adesão.

Se o profissional sustar que uma cláusula normalizada foi objeto de negociação individual, caber-lhe-á o ônus da prova.

3. O anexo contém uma lista indicativa e não exaustiva de cláusulas que podem ser consideradas abusivas.

Art. 4º

1. Sem prejuízo do art. 7º, o caráter abusivo de uma cláusula poderá ser avaliado em função da natureza dos bens ou serviços que sejam objeto do contrato e mediante consideração de todas as circunstâncias que, no momento em que aquele foi celebrado, rodearam a sua celebração, bem como de todas as outras cláusulas do contrato, ou de outro contrato de que este dependa.

2. A avaliação do caráter abusivo das cláusulas não incide nem sobre a definição do objeto principal do contrato nem sobre a adequação entre o preço e a remuneração, por um lado, e os bens ou serviços a fornecer em contrapartida, por outro, desde que essas cláusulas se encontrem redigidas de maneira clara e compreensível.

Art. 5º

No caso dos contratos em que as cláusulas propostas ao consumidor estejam, na totalidade ou em parte, consignadas por escrito, essas cláusulas deverão ser sempre redigidas de forma clara e compreensível. Em caso de dúvida sobre o significado de uma cláusula, prevalecerá a interpretação mais favorável ao consumidor. Esta regra de interpretação não é aplicável no âmbito dos processos previstos no nº 2 do art. 7º.

Art. 6º

1. Os Estados-membros estipularão que, nas condições fixadas pelos respectivos direitos nacionais, as cláusulas abusivas constantes de um contrato celebrado com um consumidor por um profissional não vinculem o consumidor e que o contrato continue a vincular as partes nos mesmos termos, se puder subsistir sem as cláusulas abusivas.

485

2. Os Estados-membros tomarão as medidas necessárias para que o consumidor não seja privado da proteção concedida pela presente diretiva pelo fato de ter sido escolhido o direito de um país terceiro como direito aplicável ao contrato, desde que o contrato apresente uma relação estreita com o território dos Estados-membros.

Art. 7º

1. Os Estados-membros providenciarão para que, no interesse dos consumidores e dos profissionais concorrentes, existam meios adequados e eficazes para pôr termo à utilização das cláusulas abusivas nos contratos celebrados com os consumidores por um profissional.

2. Os meios a que se refere o nº 1 incluirão disposições que habilitem as pessoas ou organizações que, segundo a legislação nacional, têm um interesse legítimo na defesa do consumidor, a recorrer, segundo o direito nacional, aos tribunais ou aos órgãos administrativos competentes para decidir se determinadas cláusulas contratuais, redigidas com vista a uma utilização generalizada, têm ou não um caráter abusivo, e para aplicar os meios adequados e eficazes para pôr termo à utilização dessas cláusulas.

3. Respeitando a legislação nacional, os recursos previstos no nº 2 podem ser interpostos, individualmente ou em conjunto, contra vários profissionais do mesmo setor econômico ou respectivas associações que utilizem ou recomendem a utilização das mesmas cláusulas contratuais gerais ou de cláusulas semelhantes.

Art. 8º

Os Estados-membros podem adotar ou manter, no domínio regido pela presente diretiva, disposições mais rigorosas, compatíveis com o Tratado, para garantir um nível de proteção mais elevado para o consumidor.

Art. 9º

A Comissão apresentará ao Parlamento Europeu e ao Conselho o mais tardar, cinco anos após a data referida no nº 1 do art. 10, um relatório sobre a aplicação da presente diretiva.

Art. 10

1. Os Estados-membros adotarão as disposições legislativas, regulamentares e administrativas necessárias para dar cumprimento à presente diretiva, o mais tardar, em 31 de dezembro de 1994. Do fato informarão imediatamente a Comissão. As disposições adotadas serão aplicáveis a todos os contratos celebrados após 31 de dezembro de 1994.

2. Sempre que os Estados-membros adotarem tais disposições, estas deverão incluir uma referência à presente diretiva ou ser acompanhadas dessa referência quando da sua publicação oficial. As modalidades desta referência serão adotadas pelos Estados-membros.

3. Os Estados-membros comunicarão à Comissão o texto das disposições essenciais de direito interno que adotem no domínio abrangido pela presente diretiva.

Art. 11

Os Estados-membros são os destinatários da presente diretiva.

Feito em Luxemburgo, em 5 de abril de 1993.

Pelo Conselho – O Presidente N. Helveg Petersen

ANEXO

CLÁUSULAS PREVISTAS NO Nº 3 DO ART. 3º

1. Cláusulas que têm como objetivo ou como efeito:

a) Excluir ou limitar a responsabilidade legal do profissional em caso de morte de um consumidor ou danos corporais que tenha sofrido em resultado de um ato ou de uma omissão desse profissional;

Capítulo VI · DA PROTEÇÃO CONTRATUAL | **Art. 51**

b) Excluir ou limitar de forma inadequada os direitos legais do consumidor em relação ao profissional ou a uma outra parte em caso de não execução total ou parcial ou de execução defeituosa pelo profissional de qualquer das obrigações contratuais, incluindo a possibilidade de compensar uma dívida para com o profissional através de qualquer caução existente;

c) Prever um compromisso vinculativo por parte do consumidor, quando a execução das prestações do profissional está sujeita a uma condição cuja realização depende apenas de sua vontade;

d) Permitir ao profissional reter montantes pagos pelo consumidor se este renunciar à celebração ou à execução do contrato, sem prever o direito de o consumidor receber do profissional uma indenização de montante equivalente se for este a renunciar;

e) Impor ao consumidor que não cumpra as suas obrigações uma indenização de montante desproporcionalmente elevado;

f) Autorizar o profissional a rescindir o contrato de forma discricionária sem reconhecer essa faculdade ao consumidor, bem como permitir ao profissional reter os montantes pagos a título de prestações por ele ainda não realizadas quando é o próprio profissional que rescinde o contrato;

g) Autorizar o profissional a pôr termo a um contrato de duração indeterminada sem um pré--aviso razoável, exceto por motivo grave;

h) Renovar automaticamente um contrato de duração determinada na falta de comunicação em contrário por parte do consumidor, quando a data limite fixada para comunicar essa vontade de não renovação do contrato por parte do consumidor for excessivamente distante da data do termo do contrato;

i) Declarar verificada, de forma irrefragável, a adesão do consumidor a cláusulas que este não teve efetivamente oportunidade de conhecer antes da celebração do contrato;

j) Autorizar o profissional a alterar unilateralmente os termos do contrato sem razão válida e especificada no mesmo;

k) Autorizar o profissional a modificar unilateralmente sem razão válida algumas das características do produto a entregar ou do serviço a fornecer;

l) Prever que o preço dos bens seja determinado na data da entrega ou conferir ao vendedor de bens ou ao fornecedor de serviços o direito de aumentar os respectivos preços, sem que em ambos os casos o consumidor disponha, por seu lado, de um direito que lhe permita romper o contrato se o preço final for excessivamente elevado em relação ao preço previsto à data da celebração do contrato;

m) Facultar ao profissional o direito de decidir se a coisa entregue ou o serviço fornecido está em conformidade com as disposições do contrato ou conferir-lhe o direito exclusivo de interpretar qualquer cláusula do contrato;

n) Restringir a obrigação, que cabe ao profissional, de respeitar os compromissos ao cumprimento de uma formalidade específica;

o) Obrigar o consumidor a cumprir todas as suas obrigações, mesmo que o profissional não tenha cumprido as suas;

p) Prever a possibilidade de cessão da posição contratual por parte do profissional, se esse fato for suscetível de originar uma diminuição das garantias para o consumidor, sem que este tenha dado o seu acordo;

q) Suprimir ou entravar a possibilidade de intentar ações judiciais ou seguir outras vias de recurso, por parte do consumidor, nomeadamente, obrigando-o a submeter-se exclusivamente a uma jurisdição de arbitragem não abrangida por disposições legais, limitando indevidamente os meios de prova à sua disposição ou impondo-lhe um ônus de prova que, nos termos do direito aplicável, caberia normalmente a outra parte contratante.

Art. 51 | CÓDIGO BRASILEIRO DE DEFESA DO CONSUMIDOR

2. Alcance das alíneas g, j e l:

a) Na alínea g são prejudiciais as cláusulas pelas quais o fornecedor de serviços financeiros se reserva o direito de extinguir unilateralmente e sem pré-aviso, no caso de razão válida, um contrato de duração indeterminada, desde que fique a cargo do profissional a obrigação de informar imediatamente dessa decisão a ou as outras partes contratantes.

b) A alínea j não prejudica as cláusulas segundo as quais o fornecedor de serviços financeiros se reserva o direito de alterar a taxa de juro devida ao consumidor ou o montante de quaisquer outros encargos relativos a serviços financeiros sem qualquer pré-aviso em caso de razão válida, desde que seja atribuída ao profissional a obrigação de informar desse fato a ou as outras partes contratantes o mais rapidamente possível, e que estas sejam livres de rescindir imediatamente o contrato.

A alínea j também não prejudica as cláusulas segundo as quais o profissional se reserva o direito de alterar unilateralmente as condições de um contrato de duração indeterminada desde que seja atribuída ao profissional a obrigação de informar desse fato o consumidor com um pré-aviso razoável e que este tenha a liberdade de rescindir o contrato.

c) As alíneas g, j e l não se aplicam:

– às transações relativas a valores mobiliários e produtos ou serviços cujo preço dependa das flutuações de uma taxa de mercado financeiro que o profissional não controla;

– aos contratos de compra ou venda de divisas, de cheques de viagem ou de vales postais internacionais expressos em divisas.

d) A alínea l não prejudica as cláusulas de indexação de preços, desde que as mesmas sejam lícitas e o processo de variação do preço nelas esteja explicitamente descrito."

[36] CLÁUSULAS ABUSIVAS. ROL ESTABELECIDO PELA PORTARIA Nº 4, DE 13.3.98, DA SDE-MJ – A Secretaria de Direito Econômico do Ministério da Justiça, em atendimento ao comando dos arts. 22, nº IV, e 56, do Regulamento do Código de Defesa do Consumidor (Decreto nº 2.181, de 20.3.97), editou a Portaria nº 4, de 13.3.98,[255] que estabelece rol exemplificativo de cláusulas abusivas, tendo em vista experiência da casuística dos órgãos de proteção do consumidor e dos tribunais do País. Esse rol serve de parâmetro para orientação de todos aqueles que lidam com a matéria de cláusulas abusivas nas relações de consumo. Não é vinculante, mas apenas esclarecedor das hipóteses concretas de cláusulas abusivas. Pela Portaria nº 4, de 13.3.98, da SDE-MJ, são consideradas abusivas, dentre outras, as cláusulas que:

"1 – estabeleçam prazos de carência na prestação ou fornecimento de serviços, em caso de impontualidade das prestações ou mensalidades;

2 – imponham, em caso de impontualidade, interrupção de serviço essencial, sem aviso prévio;

3 – não restabeleçam integralmente os direitos do consumidor a partir da purgação da mora;

4 – impeçam o consumidor de se beneficiar do evento, constante de termo de garantia contratual, que lhe seja mais favorável;

5 – estabeleçam a perda total ou desproporcionada das prestações pagas pelo consumidor, em benefício do credor, que, em razão de desistência ou inadimplemento, pleitear a resilição ou resolução do contrato, ressalvada a cobrança judicial de perdas e danos comprovadamente sofridos;

6 – estabeleçam sanções em caso de atraso ou descumprimento da obrigação somente em desfavor do consumidor;

---

[255] Portaria nº 4, de 13.3.98, da SDE-MJ, publicada no *Diário Oficial da União*, de 16.3.98, p. 10.

488

Capítulo VI · DA PROTEÇÃO CONTRATUAL | **Art. 51**

7 – estabeleçam cumulativamente a cobrança de comissão de permanência e correção monetária;

8 – elejam foro para dirimir conflitos decorrentes de relações de consumo diverso daquele onde reside o consumidor;

9 – obriguem o consumidor ao pagamento de honorários advocatícios sem que haja ajuizamento de ação correspondente;

10 – impeçam, restrinjam ou afastem a aplicação das normas do Código de Defesa do Consumidor nos conflitos decorrentes de contratos de transporte aéreo;

11 – atribuam ao fornecedor o poder de escolha entre múltiplos índices de reajuste, entre os admitidos legalmente;

12 – permitam ao fornecedor emitir títulos de crédito em branco ou livremente circuláveis por meio de endosso na representação de toda e qualquer obrigação assumida pelo consumidor;

13 – estabeleçam a devolução de prestações pagas, sem que os valores sejam corrigidos monetariamente;

14 – imponham limite ao tempo de internação hospitalar, que não o prescrito pelo médico".[256]

Posteriormente, a mesma SDE-MJ emitiu nota esclarecedora de dúvidas a respeito do conteúdo e alcance da Portaria nº 4/98. Assim, pelo Despacho nº 132, de 12.5.98,[257] o secretário de Direito Econômico do Ministério da Justiça, ouvido o Departamento de Proteção e Defesa do Consumidor, em conformidade com a decisão unânime extraída da 19ª Reunião do Sistema Nacional de Defesa do Consumidor (Brasília, 11 a 13.5.98), apresentou nota explicativa a algumas das cláusulas enumeradas na Portaria nº 4, anteriormente relacionadas. São as seguintes as cláusulas e respectivas notas explicativas:

Cláusula nº 2: "imponham, em caso de impontualidade, interrupção de serviço essencial, sem aviso prévio". Nota explicativa: a interrupção de serviço essencial no caso de impontualidade requer aviso formal (escrito) para configurar inadimplência, possibilitando, pois, ao consumidor (usuário) cumprir sua obrigação em prazo razoável. Incluem-se os serviços de telefonia, abastecimento de água e esgoto, energia elétrica, dentre outros previstos em lei.

Cláusula nº 4: "impeçam o consumidor de se beneficiar do evento, constante de termo de garantia contratual, que lhe seja mais favorável". Nota explicativa: somente o consumidor, enquanto destinatário final, pode se beneficiar do evento constante do termo de garantia que lhe for mais favorável, não se aplicando o CDC ao adquirente do produto que se destine a negócio ou produção. Exemplo: veículos de uso comercial.

Cláusula nº 5: "estabeleçam a perda total ou desproporcionada das prestações pagas pelo consumidor, em benefício do credor, que, em razão de desistência ou inadimplemento, pleitear a resilição ou resolução do contrato, ressalvada a cobrança judicial de perdas e danos comprovadamente sofridos". Nota explicativa: tem assento nos princípios da boa-fé, do equilíbrio contratual e da vulnerabilidade do consumidor o rompimento unilateral do contrato; quando, o consumidor não honrar o pactuado, restringe-se aos casos previstos em lei. O alcance desse item se dá mais significativamente nos contratos de trato sucessivo e prestação continuada, com prazo determinado, de bens e serviços, afastando-se, pois, a possibilidade da perda total ou desproporcionada das prestações pagas a título de adiantamento, bem como a imposição de obrigação do pagamento da totalidade ou parcela desproporcionada das prestações vincendas a título compensatório.

---

[256] STJ, AgRg no REsp nº 609.372/RS, 3ª Turma, rel. Min. Nancy Andrighi, j. de 23.11.2005.

[257] Despacho nº 132, de 12.5.98, do secretário de Direito Econômico do Ministério da Justiça, ouvido o Departamento de Proteção e Defesa do Consumidor, publicado no *Diário Oficial da União*, de 18.5.98.

Art. 51 | CÓDIGO BRASILEIRO DE DEFESA DO CONSUMIDOR

Cláusula nº 9: "obriguem o consumidor ao pagamento de honorários advocatícios sem que haja ajuizamento de ação correspondente". Nota explicativa: o consumidor não está obrigado ao pagamento de honorários ao advogado do fornecedor. Os serviços jurídicos contratados diretamente entre o advogado e o consumidor não se enquadram nesse item.

[37] CLÁUSULAS ABUSIVAS ESTIPULADAS NA PORTARIA Nº 3/99, DA SECRETARIA DE DIREITO ECONÔMICO DO MINISTÉRIO DA JUSTIÇA – A Portaria nº 3, de 19.3.99, publicada no Diário Oficial da União, de 22.3.99, p. 1, considerou abusivas e nulas de pleno direito as cláusulas contratuais que enumera. Trata-se de ato administrativo, sem força vinculante de lei, mas, certamente, será norte seguro para futuras decisões do Poder Judiciário e servirá, também, como parâmetro para o Ministério Público, órgãos de defesa do consumidor e, por fim e principalmente, para os fornecedores de produtos e serviços, para que retirem de seus contratos referidas cláusulas abusivas e/ou não façam incluí-las em formulários e contratos futuros.

Como o rol do art. 51 do CDC é exemplificativo, e tendo em vista que os arts. 22, IV, e 56 do Decreto nº 2.181/97 (Regulamento do CDC) determinam à Secretaria de Direito Econômico do Ministério da Justiça editar anualmente rol de cláusulas abusivas extraídas da experiência cotidiana e da jurisprudência dos tribunais, passamos a transcrever referido rol:[258]

"Portaria nº 3, da SDE-MJ, de 22.3.99

O secretário de Direito Econômico do Ministério da Justiça, no uso de suas atribuições legais,

Considerando que o elenco de cláusulas abusivas relativas ao fornecimento de produtos e serviços, constantes do art. 51 da Lei nº 8.078, de 11 de setembro de 1990, é de tipo aberto, exemplificativo, permitindo desta forma a sua complementação;

Considerando o disposto no art. 56 do Decreto nº 2.181, de 20 de março de 1997, que regulamentou a Lei nº 8.078/90, e com o objetivo de orientar o Sistema Nacional de Defesa do Consumidor, notadamente para o fim de aplicação do disposto no inc. IV do art. 22, deste Decreto, bem assim promover a educação e a informação de fornecedores e consumidores, quanto aos seus direitos e deveres, com a melhoria, transparência, harmonia, equilíbrio e boa-fé nas relações de consumo, e

Considerando que decisões administrativas de diversos PROCONs, entendimentos dos Ministérios Públicos ou decisões judiciais pacificam como abusivas as cláusulas a seguir enumeradas, resolve:

Divulgar, em aditamento ao elenco do art. 51 da Lei nº 8.078/90, e do art. 22 do Decreto nº 2.181/97, as seguintes cláusulas que, dentre outras, são nulas de pleno direito:

1 – Determinem aumentos de prestações nos contratos de planos e seguros de saúde, firmados anteriormente à Lei nº 9.656/98, por mudanças de faixas etárias sem previsão expressa e definida;

2 – Imponham em contratos de planos de saúde, firmados anteriormente à Lei nº 9.656/98, limites ou restrições a procedimentos médicos (consultas, exames médicos, laboratoriais e internações hospitalares, UTI e similares) contrariando prescrição médica;

3 – Permitam ao fornecedor de serviço essencial (água, energia elétrica, telefonia) incluir na conta, sem autorização expressa do consumidor, a cobrança de outros serviços. Excetuam-se os casos em que a prestadora do serviço essencial informe e disponibilize gratuitamente

---

[258] Portaria nº 3, de 19.3.99, da SDE-MJ, publicada no *Diário Oficial da União*, de 22.3.99, p. 1.

Capítulo VI · DA PROTEÇÃO CONTRATUAL | **Art. 51**

ao consumidor a opção de bloqueio prévio da cobrança ou utilização dos serviços de valor adicionado;

4 – Estabeleçam prazos de carência para cancelamento do contrato de cartão de crédito;

5 – Imponham o pagamento antecipado referente a períodos superiores a 30 dias pela prestação de serviços educacionais ou similares;

6 – Estabeleçam, nos contratos de prestação de serviços educacionais, a vinculação à aquisição de outros produtos ou serviços;

7 – Estabeleçam que o consumidor reconheça que o contrato acompanhado do extrato demonstrativo da conta corrente bancária constituem título executivo extrajudicial, para os fins do art. 585, II, do Código de Processo Civil;

8 – Estipulem o reconhecimento, pelo consumidor, de que os valores, lançados no extrato da conta corrente ou na fatura do cartão de crédito, constituem dívida líquida, certa e exigível;

9 – Estabeleçam a cobrança de juros capitalizados mensalmente;

10 – Imponham, em contratos de consórcio, o pagamento de percentual a título de taxa de administração futura, pelos consorciados desistentes ou excluídos;

11 – Estabeleçam, nos contratos de prestação de serviços educacionais e similares, multa moratória superior a 2% (dois por cento);

12 – Exijam assinatura de duplicatas, letras de câmbio, notas promissórias ou quaisquer outros títulos de crédito em branco;

13 – Subtraiam ao consumidor, nos contratos de seguro, o recebimento de valor inferior ao contrato na apólice.

14 – Prevejam em contratos de arrendamento mercantil (leasing) a exigência, a título de indenização, do pagamento das parcelas vincendas, no caso de restituição do bem;

15 – Estabeleçam, em contrato de arrendamento mercantil (leasing), a exigência do pagamento antecipado do Valor Residual Garantido (VRG), sem previsão de devolução desse montante, corrigido monetariamente, se não exercida a opção de compra do bem.

Ruy Coutinho do Nascimento"

[38] CLÁUSULAS ABUSIVAS ESTIPULADAS NA PORTARIA Nº 3/01, DA SECRETARIA DE DIREITO ECONÔMICO DO MINISTÉRIO DA JUSTIÇA – A Portaria nº 3, de 15.3.2001, publicada no Diário Oficial da União, de 17.3.2001, considera abusivas e nulas de pleno direito as cláusulas contratuais que enumera. Ver, a respeito, os comentários constantes do item nº 35, anteriormente. Este é o texto integral da referida portaria:

"O secretário de Direito Econômico do Ministério da Justiça, no uso de suas atribuições legais, Considerando que o elenco de cláusulas abusivas relativas ao fornecimento de produtos e serviços, constantes do art. 51 da Lei nº 8.078, de 11 de setembro de 1990, é de tipo aberto, exemplificativo, permitindo, desta forma a sua complementação;

Considerando o disposto no art. 56 do Decreto nº 2.181, de 20 de março de 1997, que regulamentou a Lei nº 8.078/90, e com o objetivo de orientar o Sistema Nacional de Defesa do Consumidor, notadamente para o fim de aplicação do disposto no inc. IV do art. 22 desse Decreto, bem assim promover a educação e a informação de fornecedores e consumidores, quanto aos seus direitos e deveres, com a melhoria, transparência, harmonia, equilíbrio e boa-fé nas relações de consumo;

Considerando que decisões judiciais, decisões administrativas de diversos PROCONs, e entendimentos dos Ministérios Públicos pacificam como abusivas as cláusulas a seguir enumeradas, resolve:

Art. 51 | CÓDIGO BRASILEIRO DE DEFESA DO CONSUMIDOR

Divulgar o seguinte elenco de cláusulas, as quais, na forma do art. 51 da Lei nº 8.078, de 11 de setembro de 1990, e do art. 56 do Decreto nº 2.181, de 20 de março de 1997, com o objetivo de orientar o Sistema Nacional de Defesa do Consumidor, serão consideradas como abusivas, notadamente para fim de aplicação do disposto no inc. IV, do art. 22 do Decreto nº 2.181:

1 – Estipule presunção de conhecimento por parte do consumidor de fatos novos não previstos em contrato;

2 – Estabeleça restrições ao direito do consumidor de questionar nas esferas administrativa e judicial possíveis lesões decorrentes de contrato por ele assinado;

3 – Imponha a perda de parte significativa das prestações já quitadas em situações de venda a crédito, em caso de desistência por justa causa ou impossibilidade de cumprimento da obrigação pelo consumidor;

4 – Estabeleça cumulação de multa rescisória e perda do valor das arras;

5 – Estipule a utilização, expressa ou não, de juros capitalizados nos contratos civis;

6 – Autorize, em virtude de inadimplemento, o não fornecimento ao consumidor de informações de posse do fornecedor, tais como: histórico escolar, registros médicos, e demais do gênero;

7 – Autorize o envio do nome do consumidor e/ou seus garantes a cadastros de consumidores (SPC, SERASA etc.), enquanto houver discussão em juízo relativa à relação de consumo;

8 – Considere, nos contratos bancários, financeiros e de cartões de crédito, o silêncio do consumidor, pessoa física, como aceitação tácita dos valores cobrados, das informações prestadas nos extratos ou aceitação de modificações de índices ou de quaisquer alterações contratuais;

9 – Permita à instituição bancária retirar da conta corrente do consumidor ou cobrar restituição deste dos valores usados por terceiros, que de forma ilícita estejam de posse de seus cartões bancários ou cheques, após comunicação de roubo, furto ou desaparecimento suspeito ou requisição de bloqueio ou final de conta;

10 – Exclua, nos contratos de seguro de vida, a cobertura de evento decorrente de doença preexistente, salvo as hipóteses em que a seguradora comprove que o consumidor tinha conhecimento da referida doença à época da contratação;

11 – Limite temporalmente, nos contratos de seguro de responsabilidade civil, a cobertura apenas às reclamações realizadas durante a vigência do contrato, e não ao evento ou sinistro ocorrido durante a vigência;

12 – Preveja, nos contratos de seguro de automóvel, o ressarcimento pelo valor de mercado, se inferior ao previsto no contrato;

13 – Impeça o consumidor de acionar, em caso de erro médico, diretamente a operadora ou cooperativa que organiza ou administra o plano privado de assistência à saúde;

14 – Estabeleça, no contrato de venda e compra de imóvel, a incidência de juros antes da entrega das chaves;

15 – Preveja, no contrato de promessa de venda e compra de imóvel, que o adquirente autorize ao incorporador alienante constituir hipoteca do terreno e de suas acessões (unidades construídas) para garantir dívida da empresa incorporadora, realizada para financiamento de obras;

16 – Vede, nos serviços educacionais, em face de desistência pelo consumidor, a restituição de valor pago a título de pagamento antecipado de mensalidade;

Paulo de Tarso Ramos Ribeiro"

Capítulo VI · DA PROTEÇÃO CONTRATUAL | **Art. 52**

Art. 52. No fornecimento de produtos ou serviços que envolva outorga de crédito ou concessão de financiamento ao consumidor, [1] o fornecedor deverá, entre outros requisitos, informá-lo prévia e adequadamente sobre: [2]

I – preço do produto ou serviço em moeda corrente nacional; [3]

II – montante dos juros de mora e da taxa efetiva anual de juros; [4]

III – acréscimos legalmente previstos; [5]

IV – número e periodicidade das prestações; [6]

V – soma total a pagar, com e sem financiamento. [7]

§ 1º As multas de mora decorrentes do inadimplemento de obrigações no seu termo não poderão ser superiores a dois por cento do valor da prestação. [8]

(Redação dada pela Lei n 9.298/96. (DOU de 2.8.96, p. 14.457.)

§ 2º É assegurado ao consumidor a liquidação antecipada do débito, total ou parcialmente, mediante redução proporcional dos juros e demais acréscimos. [9]

§ 3º Vetado – O fornecedor ficará sujeito a multa civil e perda dos juros, além de outras sanções cabíveis, se descumprir o disposto neste artigo. [10]

COMENTÁRIOS

[1] CRÉDITO AO CONSUMIDOR – Nesse dispositivo a lei ratifica os termos do art. 3º, § 2º, que define o serviço como objeto da relação de consumo, incluindo nesse conceito os de natureza creditícia e financeira.[259]

São redutíveis ao regime deste artigo todos os contratos que envolverem crédito, como os de mútuo, de abertura de crédito rotativo ("cheque especial"), de cartão de crédito, de financiamento de aquisição de produto durável por alienação fiduciária ou reserva de domínio, de empréstimo para aquisição de imóvel etc., desde que, obviamente, configurem relação jurídica de consumo.[260] Assim, não só os contratos bancários, mas também os celebrados entre o consumidor e instituição financeira tout court submetem-se à norma comentada.

[2] INFORMAÇÃO PRÉVIA E ADEQUADA – Complementando o sentido do art. 46 do Código, o dispositivo disciplina o conteúdo da informação no caso de fornecimento de produtos ou serviços que envolva outorga de crédito ou concessão de financiamento ao consumidor. Trata-se de especificação daquela norma geral.

A informação deve ser dada ao consumidor previamente à celebração do contrato, na fase das tratativas preliminares. O objetivo é propiciar ao consumidor a opção firme quanto à contratação à vista ou por crédito ou financiamento. Tendo os parâmetros sobre as bases contratuais do negócio de crédito ou financiamento, o consumidor pode entender que lhe é mais vantajoso celebrar o contrato à vista.

---

[259] Ver as tratativas sobre os contratos de crédito e de financiamento, como sujeitos às normas do CDC, na Introdução ao capítulo da proteção contratual, especialmente as constantes do subtítulo contratos bancários, supra.

[260] Ver o que dissemos, na Introdução a este capítulo, sobre a conceituação e caracterização da relação jurídica de consumo, além dos comentários precedentes aos arts. 2º e 3º.

493

Art. 52 | CÓDIGO BRASILEIRO DE DEFESA DO CONSUMIDOR

A lei impõe que essas informações, além de serem fornecidas previamente ao consumidor, o sejam de forma adequada. A adequabilidade da informação depende do tipo de contrato de consumo, do nível econômico, social e intelectual do consumidor e demais fatores peculiares ao negócio, como as bases do mercado, os usos e costumes etc.

[3] PREÇO EM MOEDA CORRENTE NACIONAL – A informação sobre o preço é exigência da oferta e apresentação do produto ou serviço (art. 31, CDC). O dispositivo acrescenta que deve o consumidor ser esclarecido sobre o preço, em moeda corrente nacional, do produto ou serviço fornecido por meio de crédito ou financiamento. Por moeda corrente nacional entenda-se o real, vedada a contratação em moeda estrangeira ou com base em outro fator de indexação, ainda que previsto em índices oficiais.

[4] MONTANTE E TAXA EFETIVA DE JUROS – O valor total dos juros, que não poderá passar de 12% ao ano (arts. 406 e 591 do Código Civil),[261] deverá ser informado ao consumidor, inclusive com menção à taxa efetiva anual dos juros. Muitas vezes o consumidor não sabe quanto está pagando a título de juros, mas apenas que à vista o preço é x e que financiado é y. O Código quer que lhe seja fornecida a taxa efetiva dos juros, a fim de aumentar e melhorar a possibilidade de escolha do consumidor, porque se a taxa dos juros bancários for menor do que a da financeira da loja de departamentos, por exemplo, o consumidor pode entender mais aconselhável fazer empréstimo bancário e comprar o produto à vista, pois pagaria juro menor.[262]

Taxa efetiva de juros é conceito que se subsume à ideia de juros reais, isto é, aqueles que se constituem sobre toda desvalorização da moeda, revelando ganho efetivo, não se configurando como simples modo de corrigir desvalorização monetária.[263]

Quando o desconto dos juros se dá antecipadamente, como de ordinário ocorre nos contratos bancários de empréstimo pessoal, a taxa efetiva de juros não é a nominal, referida pelo gerente como a taxa normalmente cobrada pelo banco, mas é sim todo o ganho que a instituição financeira tem com a celebração do contrato. Se, por exemplo, o consumidor empresta R$ 100.000,00, para pagamento a termo com juros de 30% ao mês – ilegais, mas que as instituições financeiras têm praticado –, pagará, dentro de 30 dias, R$ 130.000,00. Os juros efetivos foram de 30%. Mas se, no mesmo empréstimo de R$ 100.000,00, o banco lhe entrega R$ 70.000,00, descontando os juros antecipadamente, a taxa efetiva não é de 30% ao mês, mas de 42,85%, pois estará pagando R$ 30.000,00 de juros sobre R$ 70.000,00 e não sobre R$ 100.000,00. Isso tem de ser esclarecido ao consumidor para que a prestação possa dele ser exigida (art. 46, CDC).

[5] ACRÉSCIMOS LEGAIS – Também o montante dos acréscimos legais, como os impostos a cargo do consumidor (IPI, ICMS etc.) e outros encargos estabelecidos por lei. Devem

---

[261] O texto originário do art. 192, § 3º, da Constituição Federal, revogado pela Emenda Constitucional nº 40, de 29.5.2003, previa limitação de juros reais à taxa de 12% ao ano. Hoje, a Constituição Federal não mais limita a taxa de juros. Isso não significa, entretanto, que ela se encontra totalmente liberada, pois há limitações na lei civil brasileira. Ver, sobre a limitação de juros regulada pelo Direito Privado, Nelson Nery Júnior & Rosa Maria Andrade Nery, Código Civil anotado, comentários aos arts. 406 e 591 do Código Civil. Todavia, consoante a Súmula Vinculante nº 07-STF (*DJe* nº 112, p. 01, em 20.6.2008, e *DOU* da mesma data, p. 01): "A norma do § 3º do artigo 192 da Constituição, revogada pela Emenda Constitucional 40/2003, que limitava a taxa de juros reais a 12% ao ano, tinha sua aplicação condicionada à edição de lei complementar" (JGBF).

[262] Cf. Todavia, o teor da Súmula nº 382 do STJ, de seguinte teor: *"A estipulação de juros remuneratórios superiores a 12% ao ano, por si só, não indica abusividade"* (JGBF).

[263] José Afonso da Silva, *Curso de Direito Constitucional Positivo*, cit., p. 695.

Capítulo VI · DA PROTEÇÃO CONTRATUAL | **Art. 52**

ser incluídas nessa informação outras despesas de expediente, tais como taxas de cadastro, comissão de permanência, taxas de expediente, montante de seguro e tudo o mais que significar acréscimo no custo do crédito ou financiamento ao consumidor.

[6] NÚMERO E PERIODICIDADE DAS PRESTAÇÕES – Não só o custo financeiro tem de ser comunicado prévia e adequadamente ao consumidor, mas também o número e a periodicidade das prestações. Se o financiamento tiver cláusula pela qual a obrigação não se extingue com a execução do contrato em seu termo, esse esclarecimento deve ser prestado ao consumidor. Isso ocorre no atual regime de financiamento de imóvel pelo sistema financeiro da habitação, pois o mutuário, depois de terminado o prazo pactuado, deve refinanciar o "resíduo" da dívida. Não sendo essa circunstância esclarecida adequadamente e comunicada ao consumidor, não se lhe poderá exigir o cumprimento da prestação (art. 46, CDC).

[7] TOTAL A PAGAR, COM E SEM FINANCIAMENTO – O esclarecimento sobre esse tópico é de suma importância para que o consumidor tenha visão completa acerca do negócio jurídico de consumo que está por celebrar. Dependendo dos valores e condições, poderá optar pela compra à vista no lugar de fazer o financiamento.

O procedimento salutar, adotado por algumas empresas, de dar ao consumidor informações completas sobre o financiamento, com o total à vista e a prazo, agora se tornou dever do fornecedor, sob pena de não obrigar o consumidor ao cumprimento da prestação (art. 46, CDC).

[8] MULTA MORATÓRIA – Ao primeiro exame pode parecer que o Código tenha admitido somente a cláusula penal moratória, para a ocorrência da mora nos contratos de crédito ou financiamento ao consumidor. Todavia, não existe proibição para que se estipule pena para o inadimplemento da obrigação (cláusula penal compensatória). Essa "multa" de que fala o dispositivo é, em verdade, pena convencional.[264]

A disposição legal ora comentada não impede a fixação de cláusula penal compensatória, nem limita o direito do fornecedor de haver perdas e danos do consumidor.

Além da multa moratória (cláusula penal moratória), podem ser cobrados, cumulativamente com ela, os juros de mora, porque legalmente devidos e exigíveis (art. 406, Código Civil), ainda que não pactuados expressamente.

A cláusula penal, quando estipulada para o inadimplemento da obrigação (cláusula penal compensatória), não enseja possibilidade de exigência cumulativa de perdas e danos,[265] porque considerada como substituta da indenização.[266] Quando fixada para o caso de mora no cumprimento da prestação (cláusula penal moratória),[267] poderá o fornecedor exigir o cumprimento da obrigação juntamente com a pena, como indenização pelos prejuízos resultantes da mesma mora (art. 411, Código Civil).

Resumindo, pode ser pactuada cláusula da qual conste pena moratória (cláusula penal moratória), que não excederá 2% do valor da prestação; exigível cumulativamente com os ju-

---

[264] Ver a crítica de Rubens Limongi França à denominação "multa moratória" para a cláusula penal aqui referida (*Teoria e prática da cláusula penal*, São Paulo, Saraiva, 1988, p. 203).

[265] Clóvis Bevilácqua, *Código dos Estados Unidos do Brasil comentado*, 10ª ed., Rio de Janeiro, Francisco Alves, 1955, vol. IV, p. 56.

[266] António Pinto Monteiro, *Cláusulas limitativas e de exclusão de responsabilidade civil*, Coimbra, Coimbra Editora, 1985, nº 31, ps. 136-137.

[267] É chamada de cláusula penal compensatória cumulativa por Rubens Limongi França, *Teoria e prática da cláusula penal*, cit., p. 203.

Art. 53 | CÓDIGO BRASILEIRO DE DEFESA DO CONSUMIDOR

ros da mora, que decorrem de lei (art. 406, do Código Civil); sem prejuízo de eventuais perdas e danos que serão suportados pelo consumidor em mora.[268]

O objetivo da norma foi limitar a cláusula penal moratória a 2% do valor da prestação, não sendo aplicável aos contratos de consumo o art. 412 do Código Civil, que estabelece o máximo da cláusula penal como o valor da prestação.

[9] LIQUIDAÇÃO ANTECIPADA DO DÉBITO FINANCIADO – Uma das mais importantes conquistas do consumidor com o Código foi o direito de liquidação antecipada do débito financiado, com a devolução ou redução proporcional dos juros e demais encargos.

Os bancos e instituições financeiras em geral, bem como fornecedores com financiamento próprio (lojas com departamento de crediário), terão de proporcionar ao consumidor a liquidação antecipada do financiamento, se ele assim pretender, fazendo a competente redução proporcional dos juros e outros acréscimos.

Cláusula contratual que preveja renúncia do consumidor à restituição ou diminuição proporcional dos juros e encargos previstos neste dispositivo é abusiva, sendo considerada nula, não obrigando o consumidor (art. 51, nos I, II, IV e XV, CDC).

Caso o fornecedor não assegure esse direito ao consumidor, além do direito previsto neste dispositivo, terá ele direito de haver perdas e danos, patrimoniais e morais, nos termos do art. 6º, nº VI, do CDC.

[10] MULTA CIVIL – O parágrafo que instituía a multa civil, por descumprimento das obrigações constantes do artigo, foi vetado pelo presidente da República, sob o argumento de que já existe a obrigação de indenizar prevista pelo Código, além de a multa ser sempre de valor expressivo, sem que sejam definidas a sua destinação e finalidade.

Perdeu-se a oportunidade de estabelecer-se verdadeira norma sancionatória, que atuaria como elemento moralizador das relações de consumo. Seria a multa civil destinada ao prejudicado, como um plus, ao lado do direito de indenização.

Art. 53. Nos contratos de compra e venda de móveis ou imóveis mediante pagamento em prestações, [1] bem como nas alienações fiduciárias em garantia, [2] consideram-se nulas de pleno direito [3] as cláusulas que estabeleçam a perda total das prestações pagas em benefício do credor que, em razão do inadimplemento, pleitear a resolução do contrato e a retomada do produto alienado. [4]

§ 1º Vetado – Na hipótese prevista neste artigo, o devedor inadimplente terá direito à compensação ou à restituição das parcelas quitadas à data da resolução contratual,

---

[268] STJ, REsp nº 476.649/SP, 3ª Turma, rel. Min. Nancy Andrighi, j. de 20.11.2003. Observe-se, ainda, o Enunciado nº 20 do CJF (Conselho da Justiça Federal): "*20 – Art. 406: a taxa de juros moratórios a que se refere o art. 406 é a do art. 161, § 1º, do Código Tributário Nacional, ou seja, 1% (um por cento) ao mês*". Consta ainda como explicação para o enunciado: "A utilização da taxa SELIC como índice de apuração dos juros legais não é juridicamente segura, porque impede o prévio conhecimento dos juros; não é operacional, porque seu uso será inviável sempre que se calcularem somente juros ou somente correção monetária; é incompatível com a regra do art. 591 do novo Código Civil, que permite apenas a capitalização anual dos juros, e pode ser incompatível com o art. 192, § 3º, da Constituição Federal [suprimido pela EC 40/2003], se resultarem juros reais superiores a 12% (doze por cento) ao ano." Já segundo o Enunciado nº 34: "*Art. 591: no novo Código Civil, quaisquer contratos de mútuo destinados a fins econômicos presumem-se onerosos (art. 591), ficando a taxa de juros compensatórios limitada ao disposto no art. 406, com capitalização anual*" (JGBF).

Capítulo VI · DA PROTEÇÃO CONTRATUAL | **Art. 53**

monetariamente atualizadas, descontada a vantagem econômica auferida com a fruição. [5][6]

§ 2º Nos contratos do sistema de consórcio de produtos duráveis, [7] a compensação ou a restituição das parcelas quitadas, na forma deste artigo, terá descontada, além da vantagem econômica auferida com a fruição, os prejuízos que o desistente ou inadimplente causar ao grupo. [8]

§ 3º Os contratos de que trata o caput deste artigo serão expressos em moeda corrente nacional. [9] [10] a [10.12]

COMENTÁRIOS

[1] COMPRA E VENDA A PRESTAÇÃO – Para as compras a prestação, sejam de móveis ou imóveis, com garantia hipotecária, com cláusula de propriedade resolúvel, de alienação fiduciária, reserva de domínio ou outro tipo de garantia, o Código não permite que se pactue a perda total das prestações pagas, no caso de retomada do bem ou resolução do contrato pelo credor, por inadimplemento do consumidor. A norma proíbe, ipso facto, o pacto comissório que faculte ao fornecedor ficar com o bem no caso de inadimplemento do consumidor.

Compra e venda a prestação é a que não foi celebrada com pagamento à vista, isto é, com dinheiro de contado, ao qual se equivalem o pagamento com cheque regular e aquele realizado com cartão de crédito.

Quanto a essa última modalidade de pagamento, há, em verdade, duas relações de consumo: a) uma, que se forma entre vendedor e comprador; b) outra, que existe entre a administradora do cartão de crédito e o consumidor que comprou mediante cartão. Muito embora o consumidor fique com saldo devedor junto à administradora do cartão de crédito, a relação jurídica entre ele e o fornecedor que lhe vendeu o bem se aperfeiçoou, porque o vendedor recebeu o dinheiro da empresa administradora do cartão de crédito. Não se pode considerar, na perspectiva do vendedor e do comprador consumidor, venda por meio de cartão de crédito como tendo sido feita a prazo, mesmo que o tenha sido em mais de uma prestação junto à administradora do cartão, pois continua válido o mesmo raciocínio expendido de que a relação jurídica entre comprador e vendedor se exauriu, havendo continuação de outra relação de consumo, formada entre o consumidor (financiado) e a administradora do cartão de crédito (fornecedora do crédito).

[2] ALIENAÇÃO FIDUCIÁRIA EM GARANTIA – As vendas feitas com garantia de alienação fiduciária, que torna resolúvel a propriedade do consumidor, também estão abrangidas pelo dispositivo ora analisado. Nos contratos celebrados com base no Decreto-lei nº 911/69, não se pode estipular nem o pacto comissório nem a perda total das prestações pagas pelo consumidor por ocasião do pedido de resolução do contrato ou da retomada do bem feito pelo fornecedor, credor fiduciário.

Do *caput* do artigo não decorre, porém, o direito à devolução das parcelas pagas. Apenas não se poderá pactuar a perda total das prestações pagas.

[3] NULIDADE DE PLENO DIREITO – Mais uma vez o Código confere o regime da nulidade de pleno direito às estipulações que considera abusivas e prejudiciais ao Direito do Consumidor. Além das cláusulas proibidas enumeradas nos incisos do art. 51, essa estipulação

Art. 53 | CÓDIGO BRASILEIRO DE DEFESA DO CONSUMIDOR

de perda total das prestações ou do bem financiado é considerada também cláusula abusiva sujeita a nulificação. O regime jurídico dessa estipulação contratual é o mesmo a ser observado para as cláusulas abusivas do art. 51: arguição por meio de ação ou exceção; decretação de ofício pelo juiz ou tribunal, a qualquer tempo e grau de jurisdição; não sujeição a prazos de prescrição ou decadência etc.

[4] PERDA TOTAL DAS PRESTAÇÕES PAGAS – O que está vedado pelo dispositivo é estabelecer-se contratualmente a perda total das prestações pagas, o que configuraria vantagem exagerada atribuída ao fornecedor, em detrimento do consumidor. É permitido, contudo, o estabelecimento de pena para o descumprimento da obrigação pelo consumidor.[269]

A cláusula que estipular pena para o inadimplemento da obrigação do consumidor deverá ser equitativa e estabelecer vantagem razoável para o fornecedor, proporcional à sua posição e participação no contrato, pois do contrário seria abusiva e ofenderia o postulado do equilíbrio contratual e a cláusula geral de boa-fé (arts. 4º, nº III, e 51, nº IV, CDC).

[5] RESTITUIÇÃO DAS PARCELAS QUITADAS – O texto do § 1º desse artigo sofreu veto presidencial com o seguinte fundamento: "Torna-se necessário dar disciplina mais adequada à resolução dos contratos de compra e venda, por inadimplência do comprador. A venda dos bens mediante pagamento em prestações acarreta diversos custos para o vendedor, que não foram contemplados na formulação do dispositivo. A restituição das prestações, monetariamente corrigidas, sem levar em conta esses aspectos, implica tratamento iníquo, de consequências imprevisíveis e danosas para os diversos setores da economia."

Para os contratos concluídos sob o regime do Decreto-lei nº 911/69, há previsão no art. 2º desse diploma, no sentido de permitir ao credor a venda do bem alienado fiduciariamente, a fim de que seja pago todo o débito do consumidor junto ao fornecedor, credor fiduciário, revertendo-se o saldo, se houver, para o patrimônio do consumidor.

Quanto aos demais contratos de consumo regulados pelo caput do art. 53 do Código, ficaram sem disciplina legal em virtude do veto. Todavia, o texto vetado servirá de parâmetro para o juiz na solução do litígio que versar sobre compra e venda de móveis ou imóveis a prestação. (Nesse sentido, vide Súmula 543 do STJ: "Na hipótese de resolução de contrato de promessa de compra e venda de imóvel submetido ao Código de Defesa do Consumidor, deve ocorrer a imediata restituição das parcelas pagas pelo promitente comprador – integralmente, em caso de culpa exclusiva do promitente vendedor/construtor, ou parcialmente, caso tenha sido o comprador quem deu causa ao desfazimento".)

[6] DESCONTO DA VANTAGEM ECONÔMICA AUFERIDA COM A FRUIÇÃO – Seria iníquo exigir-se do fornecedor a devolução integral, pura e simples, das parcelas pagas pelo consumidor, monetariamente atualizadas. No entanto, o parágrafo vetado determinava que se descontasse a vantagem econômica auferida pelo consumidor com a fruição do bem. Far-se-ia esse cálculo por arbitramento judicial, nomeando-se perito que avaliasse qual teria sido a vantagem auferida com a fruição. O vistor estabeleceria qual seria a devolução a que o consumidor teria direito, considerando o valor das prestações pagas e a vantagem econômica auferida por ele com a fruição do bem.

[7] CONSÓRCIO DE PRODUTOS DURÁVEIS – A regra da compensação ou restituição das parcelas quitadas, quanto ao consórcio de produtos duráveis, foi expressamente estabelecida pelo Código no § 2º do art. 53.

---

[269] STJ, REsp nº 633.793/SC, 3ª Turma, rel. Min. Nancy Andrighi, j. de 7.6.2005.

Entram no conceito de produtos duráveis os eletrodomésticos em geral (refrigerador, freezer, televisor, videocassete, aparelhos de som, CD, DVD, vídeo, máquina de lavar roupa, máquina de lavar pratos, secadora de roupas etc.), automóveis e utilitários (carros de passeio, motos, caminhões, camionetes etc.), computadores em geral (CPUs, impressoras, monitores de vídeo etc.), máquinas de escritório (de escrever, copiadoras, fax etc.), instrumentos musicais (pianos, órgãos eletrônicos, sintetizadores etc.), entre outros produtos semelhantes. Consideram-se produtos duráveis os imóveis, que podem ser objeto de consórcio, desde que haja permissão da autoridade competente para tanto.

[8] DESCONTO DA VANTAGEM AUFERIDA E DOS PREJUÍZOS CAUSADOS AO GRUPO – O consumidor consorciado terá direito à devolução das parcelas quitadas, monetariamente atualizadas.

Ser-lhe-ão descontadas, entretanto, as vantagens auferidas com a fruição do bem. Além desse desconto, o Código diz caber ao consumidor pagar os prejuízos que causar ao grupo, seja na condição de desistente, seja na de inadimplente. O grupo a que se refere a lei é o conjunto de consorciados do qual fazia parte o consumidor, indicados geralmente por número ou letra (Grupo "A", Grupo 32, e.g.), e não a empresa administradora do consórcio como um todo.[270]

[9] CONTRATOS DE CONSUMO EXPRESSOS EM MOEDA CORRENTE NACIONAL – O Código não admite que os contratos de consumo sejam expressos em moeda estrangeira ou outro fator de indexação, ainda que oficial. Exige que os contratos sejam celebrados tendo como padrão a moeda corrente nacional, que é o real. Acabou-se a possibilidade de haver dolarização, betenização e quejandos como parâmetros monetários dos contratos de consumo.

Configura burla à lei e, portanto, caracterizando a nulidade da estipulação, a pactuação monetária nos contratos de consumo que se consubstanciem em "referência" àqueles fatores indexadores vedados pela norma sob comentário. Cláusulas como as que prevejam, como valor das prestações, quantia em real "equivalente, nesta data, a US$ 1.000 (mil dólares americanos)" ou "cem mil reais, equivalentes nesta data a 500 BTNs fiscais", estão vedadas pelo Código de Defesa do Consumidor. O escopo da lei é tornar defesa a indexação econômica das relações jurídicas de consumo.

O fato de o Banco Central do Brasil haver autorizado, por meio de norma administrativa, a celebração de contrato de leasing dos bancos com o consumidor pessoa física não significa que este possa ser pactuado em dólar ou outra moeda estrangeira. O contrato de leasing com o consumidor deve ser feito em moeda corrente nacional. Se o bem objeto do contrato é importado e o proprietário teve de contratar com empresa estrangeira em moeda estrangeira é assunto que não se transfere ao consumidor pessoa física. A proibição existe por força de lei e não pode ser autorizada por portaria, ou norma infralegal equivalente, editada pelo Banco Central do Brasil.

[10] NATUREZA JURÍDICA E CONCEITO DE CLÁUSULA PENAL[271] – A questão suscitada pelo art. 53 do Código de Defesa do Consumidor nos leva, obrigatoriamente, às cláusulas penais impostas na esmagadora maioria dos contratos, notadamente nos de adesão, bem como à sua resolução.

---

[270] STJ, REsp nº 165.304/SP, 4ª Turma, rel. Min. Aldir Passarinho Junior, j. de 7.2.2006.
[271] Itens 10 a 10.11 acrescentados pelo coautor e atualizador deste segmento, José Geraldo Brito Filomeno.

Art. 53 | CÓDIGO BRASILEIRO DE DEFESA DO CONSUMIDOR

E, com efeito, M.I. Carvalho de Mendonça, apud Serpa Lopes,[272] esclarece desde logo que todos os códigos que admitem a cláusula penal encaram-na como uma obrigação acessória, adjeta a um contrato principal, e pela qual o devedor se obriga a uma prestação determinada, no caso de faltar ao contrato, ou a qualquer de suas cláusulas.

Ao cogitar da mesma cláusula penal, o Código Civil Brasileiro de 1916 classificou-a, no Capítulo VII, do Título I, do Livro III, como matéria pertinente às modalidades de obrigações.

Já o Código Civil vigente, consubstanciado na Lei nº 10.406, de 10.01.2002, em vigor desde o dia 11 de janeiro de 2003, prevê o referido instituto de cláusula penal no Capítulo V, do Título IV, do Livro I ("Direito das Obrigações"), como questão atinente ao inadimplemento das obrigações.

E, realmente, consoante crítica que se fazia ao antigo Código Civil, essa disciplina, que tende a prover sobre a inexecução das obrigações, melhor teria sido colocada, como o foi agora, no novo, em capítulo relativo ao inadimplemento das obrigações, especificamente,[273] visto cuidar-se, na espécie, de inexecução de uma obrigação, e não de uma de suas modalidades.

E fora exatamente por essa circunstância que Lacerda de Almeida, apud, ainda, Serpa Lopes,[274] ao estudar as particularidades da cláusula penal, fê-lo no capítulo que denominou de reforço da obrigação, em face das afinidades mantidas com a teoria das perdas e danos, já que se trata, em última análise, de "um dos meios de reforçar a obrigação, e consistente na estipulação de uma quantia em dinheiro que o devedor se obriga a pagar no caso de não cumprir a obrigação, dilatá-la ou cometer qualquer infração do ajustado".

[10.1] CONCEITO (CÓDIGOS CIVIS BRASILEIROS NÃO A CONCEITUARAM) – LEGISLAÇÃO COMPARADA E DOUTRINA – Apesar de tais circunstâncias, porém, o novel Código Civil, assim como o antigo, embora encarem a cláusula penal como um pacto acessório da obrigação principal e agora corretamente colocada no capítulo do inadimplemento das obrigações, não a definiram. Já o Código Civil da França, em seu art. 1.226, esclarece que "cláusula penal é aquela pela qual uma pessoa, para assegurar a execução de uma convenção, se compromete a dar alguma coisa, em caso de inexecução", conforme anotação do autor ora citado.

---

[272] *Curso de Direito Civil,* Rio de Janeiro, Livraria Freitas Bastos, 1957, 2º vol., p. 187 e ss.

[273] "Art. 408. Incorre de pleno direito o devedor na cláusula penal, desde que, culposamente, deixe de cumprir a obrigação ou se constitua em mora. Art. 409. A cláusula penal estipulada conjuntamente com a obrigação, ou em ato posterior, pode referir-se à inexecução completa da obrigação, à de alguma cláusula especial ou simplesmente à mora. Art. 410. Quando se estipular a cláusula penal para o caso de total inadimplemento da obrigação, esta converter-se-á em alternativa a benefício do credor. Art. 411. Quando se estipular a cláusula penal para o caso de mora, ou em segurança especial de outra cláusula determinada, terá o credor o arbítrio de exigir a satisfação da pena cominada, juntamente com o desempenho da obrigação principal. Art. 412. O valor da cominação imposta na cláusula penal não pode exceder o da obrigação principal. Art. 413. A penalidade deve ser reduzida equitativamente pelo juiz se a obrigação principal tiver sido cumprida em parte, ou se o montante da penalidade for manifestamente excessivo, tendo-se em vista a natureza e a finalidade do negócio. Art. 414. Sendo indivisível a obrigação, todos os devedores, caindo em falta um deles, incorrerão na pena; mas esta só se poderá demandar integralmente do culpados, respondendo cada um dos outros somente pela sua quota. Parágrafo único. Aos não culpados fica reservada a ação regressiva contra aquele que deu causa à aplicação da pena. Art. 415. Quando a obrigação for divisível, só incorre na pena o devedor ou o herdeiro do devedor que a infringir, e proporcionalmente à sua parte na obrigação. Art. 416. Para exigir a pena convencional, não é necessário que o credor alegue prejuízo. Parágrafo único. Ainda que o prejuízo exceda ao previsto na cláusula penal, não pode o credor exigir indenização suplementar se assim não foi convencionado. Se o tiver sido, a pena vale como mínimo da indenização, competindo ao credor provar o prejuízo excedente".

[274] *Idem, ibidem.*

Por meio dessa cláusula, portanto, o devedor vincula-se, subsidiariamente, a submeter-se a uma pena anteriormente estipulada, se der causa ao descumprimento.

Em suma, portanto, sua natureza jurídica é a de uma obrigação acessória de um contrato principal, com todas as circunstâncias daí decorrentes.

Outro característico da referida cláusula é o fato de revestir-se de meio de reforço da obrigação principal, esta considerada no seu todo ou em parte, embora sua regulamentação muito haja de incompatível com a natureza de uma sanção.

De qualquer maneira, porém, o devedor a ela sujeito não poderá se furtar aos seus efeitos sob a alegação de não ter havido prejuízo, pois nela se encontra um elemento coercitivo para levá-lo a adimplir a obrigação principal, antes de ser obrigado ao pagamento de uma soma líquida e certa que exime o credor do "onus probandi" quanto ao montante do prejuízo experimentado, como resultado do inadimplemento.

[10.2] CLÁUSULA PENAL COMO PRÉ-ESTIMATIVA ALTERNATIVA DE PERDAS E DANOS – Apesar dos contornos que lhe emprestam os dispositivos tanto do antigo quanto do novo Código Civil, a cláusula penal apresenta uma peculiaridade que reputamos de suma importância. Ou seja, a de representar uma pré-estimativa tarifada de perdas e danos decorrentes da inexecução de uma obrigação estabelecida. De forma alguma, portanto, sobreveio o Código de Defesa do Consumidor, na qualidade de iconoclasta, a destruir tal instituto, ou então afastá-lo pelo teor do seu art. 53.[275] Longe disso. Referido dispositivo, ao contrário, afina-se com o instituto da cláusula penal, e não descarta, em absoluto, os demais modos de compensação dos fornecedores de bens móveis e imóveis, não se admitindo, todavia, a perda total do já adiantado pelo consumidor, o que acarretaria para aqueles odioso e intolerável enriquecimento ilícito. Da mesma forma, *a contrario sensu*, evita ele que o consumidor se desvincule de uma relação obrigacional, de forma leviana e infundada, hipótese em que haveria, também, de sua parte, um locupletamento sem causa.

Assim e, por exemplo, verificada a inadimplência relativa a determinado contrato, resta ao credor da obrigação a seguinte alternativa: pode recorrer ao procedimento comum e pleitear perdas e danos, nos termos do ora disposto no art. 389 do Código Civil,[276] a serem calculados em juízo; ou então, resguardando-se do longo procedimento e percalços de uma demanda judicial, pleitear apenas a importância da multa compensatória, a qual corresponde, como já visto, às perdas e danos estipulados anteriormente pelas partes.

[10.3] DIFICULDADES DE PRÉ-ESTIMATIVA DE PERDAS E DANOS E CRITÉRIOS UTILIZADOS (QUESTÃO DA JUSTA INDENIZAÇÃO) – A maior dificuldade, por certo, e já que o art. 53 do Código de Defesa do Consumidor não estabelece critérios para, em havendo resolução contratual, fixarem-se as compensações devidas ao fornecedor, é o montante dessas compensações.

---

[275] Aqui novamente mencionado à guisa de comparação com o art. 389 do Código Civil de 2002. "Art. 53. Nos contratos de compra e venda de móveis ou imóveis mediante pagamento em prestações, bem como nas alienações fiduciárias em garantia, consideram-se nulas de pleno direito as cláusulas que estabeleçam a perda total das prestações pagas em benefício do credor que, em razão do inadimplemento, pleitear a resolução do contrato e a retomada do produto alienado. § 1º (vetado). § 2º Nos contratos do sistema de consórcio de produtos duráveis, a compensação ou a restituição das parcelas quitadas, na forma deste artigo, terá descontada, além da vantagem econômica auferida com a fruição, os prejuízos que o desistente ou inadimplente causar ao grupo. § 3º Os contratos de que trata o *caput* deste artigo serão expressos em moeda corrente nacional".

[276] "Art. 389. Não cumprida a obrigação, responde o devedor por perdas e danos, mais juros e atualização monetária segundo índices oficiais regularmente estabelecidos, e honorários de advogado".

Art. 53 | CÓDIGO BRASILEIRO DE DEFESA DO CONSUMIDOR

Assim, falando o mencionado artigo do Código de Defesa do Consumidor que é nula de pleno direito cláusula contratual que preveja a perda total de parcelas pagas pelo consumidor na aquisição de móveis ou imóveis, quando houver a mencionada resolução, é mister que se fixem critérios para que se dê essa mesma resolução, com a justa compensação da parte inocente, e restabelecimento do status quo ante no que concerne ao inadimplente, que certamente deve ser penalizado, mas não com a perda total das parcelas já pagas.

Aliás, o novo Código Civil deixa claro que o pedido de resolução pode ser feito pelo inadimplente,[277] e não apenas pelo credor, como já fazia entrever, aliás, a letra do mencionado art. 53 do Código do Consumidor, permitindo-lhe, alternativamente, a modificação das condições do contrato.[278]

De qualquer forma, entretanto, tratando-se aqui da cláusula penal compensatória, em decorrência do inadimplemento do devedor, o § 2º do art. 53, ainda do Código de Defesa do Consumidor, diz apenas que, no caso de consórcios de produtos duráveis, e compensação ou restituição das parcelas quitadas, terá descontados, além da vantagem econômica auferida com a fruição, os prejuízos que o desistente ou inadimplente no sistema de consórcios causar ao grupo. E, nesse sentido, e à guisa de exemplificação, circular do Banco Central define pelo menos um critério para tanto. Ou seja: a devolução ao inadimplente de percentuais do que pagou e de acordo com o percentual amortizado para aquisição do bem. Não nos parece o mais adequado, porém, no que concerne à alienação fiduciária e à negociação de bens imóveis. E, mesmo nos consórcios de bens, a jurisprudência, cristalizada na Súmula nº 35 do Superior Tribunal de Justiça, possibilita a restituição das importâncias pagas ao consorciado excluído do grupo por ser desistente ou inadimplente, devidamente corrigidas monetariamente,[279] já que a correção monetária nada mais significa que a não desvalorização da moeda, em face da inflação.

[10.4] FÓRMULAS DE ESTIMATIVA DE PERDAS E DANOS (PARTES, MEIOS JUDICIAIS OU DETERMINAÇÃO LEGAL) – Vejamos algumas das dificuldades nesse encaminhamento, já no que tange à cláusula penal em geral. O quantum das perdas e danos pode ser fixado, a rigor, por três maneiras,[280] a saber:

a) pelas próprias partes, antecipadamente, quando estipularem na convenção a cláusula;
b) por meios judiciais, quando o juiz é chamado a decidir, na falta de convenção, ou ausência de preceito legal fixando a importância a título de indenização;

---

[277] "Art. 478. Nos contratos de execução continuada ou diferida, se a prestação de uma das partes se tornar excessivamente onerosa, com extrema vantagem para a outra, em virtude de acontecimentos extraordinários e imprevisíveis, poderá o devedor pedir a resolução do contrato. Os efeitos da sentença que a decretar retroagem à data da citação. Art. 479. A resolução poderá ser evitada, oferecendo-se o réu a modificar equitativamente as condições do contrato. Art. 480. Se no contrato as obrigações couberem a apenas uma das partes, poderá ela pleitear que a sua prestação seja reduzida ou alterado o modo de executá-la, a fim de evitar a onerosidade excessiva".

[278] Aliás, a jurisprudência já se estava firmando nesse sentido, a saber: *"Se o legislador não tivesse concedido tal direito ao promitente comprador, teria criado um impasse intransponível no caso de contrato inadimplido pelo consumidor: o promitente vendedor não podendo resolver o contrato, sem restituir as quantias pagas, mantém-se inerte; o que acontece com o contrato? Fica num impasse eterno? Ora, tal exegese não é jurídica! Se o promitente vendedor não pode resolver o contrato sem restituir, o corolário lógico dessa premissa legal clara é que o promitente comprador tem o direito de resilir, pleiteando a restituição do que pagou, senão teremos de admitir que a lei criou uma situação de impasse absoluto, o que não é possível"* (JTJ, Lex 154/48).

[279] Súmula nº 35 do STJ – *"Incide correção monetária sobre as prestações pagas, quando de sua restituição, em virtude da retirada ou exclusão do participante de plano de consórcio".*

[280] J. M. Carvalho Santos, op. cit., vol. 14, p. 264 e 11.

Capítulo VI · DA PROTEÇÃO CONTRATUAL | **Art. 53**

c) por determinação legal, se a obrigação tem por objeto soma em dinheiro.

Deixando para tópico distinto o primeiro aspecto atrás focado, permitimo-nos aduzir, quanto ao segundo, que caberá ao juiz apreciar, de uma maneira geral: o fato que deu lugar à ação, a imputação do fato, as perdas e danos daí resultantes, e a avaliação e determinação dessas perdas e danos.

A sua missão é certamente das mais árduas, já que lhe caberá distinguir entre os diversos elementos de fato e os danos que deles advieram, os que devem ser imputados ao autor do mesmo fato etc.

No artigo de lei que cuida da questão, ou seja, o art. 402 do Código Civil de 2002 (correspondente ao art. 1.059 do CC de 1916), o princípio geral é de que a indenização deve abranger não somente o *damnus emergens*, como também o *lucrum cessans*, de forma a corresponder, tanto quanto possível, ao valor total dos prejuízos sofridos.

Isto não impede, todavia, que se proceda à fixação, mesmo porque ao juiz não é dado recusar a indenização ao credor sob esse pretexto, julgando improcedente a ação, pois isso seria faltar com a sua missão de fazer reintegrar o direito violado e deixar impune uma injustiça provada.

A indenização deverá, em tais casos, ser fixada segundo as regras da equidade, e o prudente arbítrio do julgador.

Manda o Código Civil que, em tais casos, com efeito, se proceda à liquidação, consoante o parágrafo único do seu art. 944, e, "se houver excessiva desproporção entre a gravidade da culpa e o dano, poderá o juiz reduzir, equitativamente, a indenização". Ora, isto quer dizer que, quando se atribui ao juiz a fixação do quantum da indenização em decorrência do inadimplemento de obrigação, é-lhe facultado o arbitramento desse mesmo valor.

Para liquidar a importância de uma prestação não cumprida que tenha valor oficial no lugar da execução, tomar-se-á o meio-termo do preço, ou da taxa, entre a data do vencimento e a do pagamento, adicionando-se, ainda, os juros de mora.

Mas as perdas e danos podem ser fixadas, ainda, pela lei, conforme atrás já consignado. Isso ocorre principalmente nas obrigações de pagamento em dinheiro, em que as perdas e danos consistem nos juros de mora, sem prejuízo da pena convencional, conforme estatuído pelo art. 404 do vigente Código Civil (correspondente ao art. 1.061 do Código Civil de 1916). Ou seja: "As perdas e danos, nas obrigações, de pagamento em dinheiro, serão pagas com atualização monetária segundo índices oficiais regularmente estabelecidos, abrangendo juros, custas e honorários de advogado, sem prejuízo da pena convencional". E seu parágrafo único complementa essa ordem de ideias, estabelecendo que, "provado que os juros da mora não cobrem o prejuízo, e não havendo pena convencional, pode o juiz conceder ao credor indenização suplementar".

Em outras hipóteses também a lei determina o critério para tal fixação de perdas e danos: nos acidentes de trabalho, por exemplo, as indenizações são determinadas com base no salário da vítima e não na gravidade do infortúnio. De qualquer maneira, porém, restam evidentes os percalços que o credor é obrigado a vencer, afora a hipótese em que vige o princípio do risco.

[10.5] VANTAGENS DA PRÉ-ESTIMATIVA – Parece-nos que o ideal é mesmo a fixação antecipada das perdas e danos, como de resto é revelado pela teleologia do art. 53 do Código de Defesa do Consumidor. Senão, vejamos.

Toda a reparação, em última análise, apresenta caráter de sucedâneo com relação ao efetivo dano experimentado por alguém, ou Ersatz, consoante a precisa terminologia jurídica germânica, segundo a qual: "o acontecimento danoso interrompe a sucessão normal dos fatos – o dever do indenizante, em tal emergência, é provocar um novo estado de coisas que se aproxime o mais que for possível da situação frustrada daquela situação, isto é, que segundo o cálculo da experiência humana e as leis da probabilidade, seria a existente (e que é, portanto, irreal) a não se ter interposto o dano", no dizer de Hans Albrecht Fisher.[281] E conclui essa ordem de ideias, asseverando que "no problema da reparação se considera adaptar a nova realidade àquela situação imaginária".

Assim, considerando-se a cláusula penal como instrumento pré-determinado pelas próprias partes contratantes como sucedâneo daquele retorno ao status quo ante, tanto quando possível, é de suma relevância sua fixação desde logo, sobretudo no que toca à ciência prévia pelas mesmas partes de todos os riscos calculadamente, e para a própria dinamização das relações contratuais.

Esse caráter, ao lado de se ver na cláusula penal uma simples punição ao contratante faltoso, ou seja, a circunstância de se encarar como prévia liquidação das perdas e danos, e tomando-se por base o que atrás foi dito quanto à natureza jurídica e no direito comparado, foi definido por Demolombe e Laurent.

Assim, o primeiro a definiu como o regulamento convencional, estabelecido antecipadamente como indenização entre as partes com relação às perdas e danos, e que serão devidos aos credores no caso de inexecução da obrigação. Laurent considera a palavra pena como um termo impróprio, pois se trata, afirma ele, da compensação por perdas e danos que o credor suporta pela inexecução da obrigação, e essas perdas e danos representam a reparação de um prejuízo.[282]

Em sua função, pois, de ressarcimento pelos prejuízos, ela libera o credor do ônus de provar o dano sofrido, com a demonstração aproximada do seu quantum, eximindo-o, assim, de qualquer prova quanto a ele, já que se configura em sua pré-estimativa.

Ainda que se ressalve, como Polacco,[283] a característica mista da cláusula penal, ou seja, não somente como sucedâneo de perdas e danos, mas também como meio coercitivo de levar o devedor a satisfazer a obrigação principal a que está sujeito, entendemos ser de muito maior relevância o primeiro aspecto.

[10.6] CLÁUSULA PENAL MORATÓRIA E COMPENSATÓRIA – Como se sabe, há duas espécies de cláusula penal: a compensatória e a moratória, referindo-se a primeira à hipótese de inexecução completa ou total da obrigação; já a segunda, liga-se ao descumprimento de alguma cláusula especial ou simplesmente de mora.

Enquanto a cláusula penal compensatória destina-se a assegurar o adimplemento integral da obrigação, a moratória dirige-se a uma proteção parcial quanto a uma cláusula especial da obrigação, como visto, ou à simples mora, ou seja, ao seu simples retardamento. Tanto assim que, nesse último caso, a realização da cláusula penal não exime o devedor do pagamento em forma específica.

Daí resulta o direito do credor, ou a seu arbítrio, na cláusula penal moratória, de exigir a satisfação da pena cominada, juntamente com o desempenho da obrigação principal, consoante estatuído pelo art. 411 do Código Civil vigente (correspondente ao art. 919 do CC de 1916), a saber: "Quando se estipular a cláusula penal para o caso de mora, ou em segurança especial de outra cláusula determinada, terá o credor o arbítrio de exigir a satisfação da pena cominada, juntamente com o desempenho da obrigação principal".

---

[281] *Repertório Enciclopédico do Direito Brasileiro,* Rio de Janeiro, Ed. Barsa, s.d., vol. 14, p. 244.
[282] *Apud* Serpa Lopes, op. cit., p. 194 e 195.
[283] *Idem,* acima, p. 195.

Desta forma, se o credor optou pela cláusula penal com vistas a obter o ressarcimento do prejuízo causado pelo inadimplemento da obrigação, não pode conjuntamente pedir a indenização por perdas e danos (*electa uma via non datur regressum ad alteram*), comportando tal princípio apenas uma exceção, a exemplo do que ocorre no direito francês. Ou seja: a de se apurar, no curso da lide, que a prestação se tornou impossível, hipótese em que poderá, então, valer-se o credor da cláusula penal, não sendo permitido que o prejuízo seja superior à pena fixada.

[10.7] CLÁUSULA PENAL COMPENSATÓRIA: LIMITES – O professor Sílvio Rodrigues,[284] entretanto, sustenta a tese de que, mesmo sendo a cláusula penal compensatória, pode o credor, em caso de inadimplemento, em vez de reclamá-la, exigir perdas e danos, "uma vez que se submeta ao encargo de prová-las", reconhecendo desde logo que tal posicionamento é contestado pela doutrina brasileira, citando, dentre outros, os ilustres opositores Washington de Barros Monteiro, Clóvis Bevilácqua e Serpa Lopes, bem como pela estrangeira, no sentido de que a pena convencional é o máximo de indenização que o credor pode pleitear.

Referido entendimento, minoritário entre nós, é inspirado nas posições alemã e suíça, cujos códigos permitem que, além da pena convencional, possa o credor reclamar o excesso do prejuízo, se prová-lo.

Cita o mesmo autor, ainda, a legislação italiana (Código Civil, art. 1.382), no sentido de que se permitem as perdas e danos desde que, se subsistente a cláusula penal, convencionou-se, expressamente, o socorro das partes interessadas àquele outro recurso.

Remata por dizer que se o art. 918 do Código Civil – no caso o de 1916[285] – determina que a cláusula compensatória constitui uma alternativa para o credor, em caso de inadimplemento absoluto, é evidente que lhe defere a prerrogativa de preferir a indenização do prejuízo quando do este, sendo maior do que a pena estipulada, for suscetível de prova. E conclui essa ordem de raciocínio: "pois, caso contrário, nenhuma alternativa ficaria aberta ao credor, quando a prestação se houvesse tornado impossível, por culpa do devedor".

[10.8] CLÁUSULA PENAL MORATÓRIA – Justificando, ainda, sua tese, nosso antigo mestre das Arcadas do Largo de São Francisco, afirma que:

"a interposição contrária à que alvitro decorre, a meu ver, e *data venia*, de uma confusão entre a natureza da cláusula penal e da multa poenitentialis; esta é que defere a qualquer das partes a deserção do contrato mediante o pagamento da multa, enquanto aquela constitui benefício exclusivo do credor; tal distinção entre a cláusula penal e a multa poenitentialis é tradicional e se encontra marcada no Código Civil Francês; enquanto este trata da cláusula penal sob rubrica desse nome, nos arts. 1.226 e seguintes cuida da multa penitencial no art. 1.152, acima transcrito, que se subordina à rubrica referente às perdas e danos resultantes da inexecução; enquanto a multa penitencial representa o máximo de indenização a que o faltoso pode ser condenado, pois lhe cabe o direito de pagá-la, para ilidir o cumprimento da obrigação, isto não ocorre, quando se trata de cláusula penal, esta constitui um benefício do credor, que a pode exigir, se quiser, ou pode preferir valer-se da regra geral do art. 1.056[286] do Código Civil, pleiteando a condenação do inadimplente em perdas e danos".

---

[284] *In Direito Civil – Das Obrigações,* Ed. Max Limonad, S.P., 1965, pp. 101 e 101

[285] Atual: "Art. 411. *Quando se estipular a cláusula penal para o caso de mora, ou em segurança especial de outra cláusula determinada, terá o credor o arbítrio de exigir a satisfação da pena cominada, juntamente com o desempenho da obrigação principal*".

[286] Pelo Código Civil de 2002: "Art. 389. *Não cumprida a obrigação, responde o devedor por perdas e danos, mais juros e atualização monetária segundo índices oficiais regularmente estabelecidos e honorário de advogado*".

Outros autores, como Demolombe e Demogue,[287] sustentam que pode haver exceção à regra do código francês, no caso de a cumulação resultar de um pacto, baseando-se no fato de que se trataria de regra não de ordem pública, mas privada.

Apressa-se Serpa Lopes em dizer, entretanto, que o nosso direito tem de ser resolvido, tendo-se em consideração o que a respeito dispõe o antigo Decreto nº 22.626, de 7.4.1933.

"Claramente", salienta, "trata-se de diploma legal revestido de caráter de ordem pública, pois que o seu objetivo, consoante a própria exposição de motivos, foi o de impor normas severas para regular, impedir e reprimir os excessos praticados pela usura, considerando, ainda, ser do interesse superior da economia do país não tenha o capital uma remuneração exagerada, de modo a impedir o desenvolvimento das classes produtoras".

Ora, e não é esse mesmo o espírito do Código de Defesa do Consumidor, inspirado nos preceitos do art. 170 e seguintes da Constituição Federal, relativos à ordem econômica, dizendo aquele, ainda, em seu art. 1º, tratar-se de lei de ordem pública e interesse social?

A Medida Provisória nº 2.172-32/2001, por seu turno, estabeleceu a nulidade das disposições contratuais que menciona, e inverteu, nas hipóteses que prevê, o ônus da prova nas ações intentadas para sua declaração. Dentre as salvaguardas estabelecidas pela mesma Medida Provisória, está a de se reputarem nulas de pleno direito estipulações usurárias, assim consideradas não apenas as que digam respeito a empréstimos em dinheiro, como também "nos negócios jurídicos não disciplinados pelas legislações comercial e de defesa do consumidor, lucros ou vantagens patrimoniais excessivos, estipulados em situação de vulnerabilidade da parte, caso em que deverá o juiz, se requerido, restabelecer o equilíbrio da relação contratual, ajustando-os ao valor corrente, ou, na hipótese de cumprimento da obrigação, ordenar a restituição, em dobro, da quantia recebida em excesso, com juros legais a contar da data do pagamento indevido" (art. 1º, II). E o parágrafo único do dispositivo ora citado esclarece que: "Para a configuração do lucro ou vantagem excessivos, considerar-se-ão a vontade das partes, as circunstâncias da celebração do contrato, o seu conteúdo e natureza, a origem das correspondentes obrigações, as práticas de mercado e as taxas de juros legalmente permitidas".

Com efeito, citado decreto, de 1933, no seu art. 9º, fulmina de nulidade absoluta a cláusula penal "superior à importância de 10% do valor da dívida".

Também o mencionado Código de Defesa do Consumidor, em seu art. 52, § 1º, reza que "as multas de mora decorrentes do inadimplemento de obrigações no seu termo não poderão ser superiores a dois por cento do valor da prestação".[288]

A Portaria nº 3, de 19.3.1999, da Secretaria de Direito Econômico,[289] por seu turno, dispõe que se reputam abusivas cláusulas contratuais que "11. estabeleçam nos contratos de prestação de serviços educacionais e similares, multa moratória superior a 2% (dois por cento)". Entende-se, ainda, que essa multa moratória também é de idêntico percentual máximo, no que concerne ao atraso no pagamento de contas relativas a serviços públicos essenciais (i.e., contas de fornecimento de água, energia elétrica, serviços de telefonia etc.). Tome-se como exemplo não apenas a questão dos serviços públicos, em que a multa tem sido, em sua grande maioria, da ordem de 2%, em face do próprio regime de concessão ou legislação de interesse do poder concedente e, mais recentemente, o disposto no § 1º do art. 1.336 do Código Civil de 2002, segundo o qual: "O condômino que não pagar a sua contribuição ficará sujeito aos juros moratórios convencionados ou, não sendo previstos, os de um por cento ao mês e multa de até dois por cento sobre o débito".

---

[287] *Apud* Serpa Lopes, op. cit., p. 203.

[288] Redação dada pela Lei nº 9.298, de 1.8.1996, já que o texto anterior falava em *"10% (dez por cento)"*.

[289] Cf. no nosso *Manual de Direitos do Consumidor*, 6ª ed., São Paulo, Editora Atlas, p. 578.

Ora, a antiga lei dos condomínios em edificações, a Lei nº 4.591/1964, como se sabe, mais precisamente em seu art. 12, § 3º, estabelecia que "o condômino que não pagar a sua contribuição no prazo fixado na Convenção fica sujeito ao juro moratório de 1% ao mês, e multa de até 20% sobre o débito, que será atualizado, se o estipular a Convenção, com a aplicação dos índices de correção monetária levantados pelo Conselho Nacional de Economia no caso de mora por período igual ou superior a seis meses".

Entende o autor citado linhas atrás, por conseguinte, que a pactuação de acúmulo da cláusula penal é de ser admitida, desde que se destine a completar o quantum dos danos, se tiver função ressarcitória, ou não excedente a 10% do valor da dívida, se atuar como função penal. Além disso, apesar de algumas decisões asseverando que tais restrições somente se referem aos contratos de mútuo, fizeram-no ao arrepio da lei, uma vez que essa expressamente dispõe, no seu art. 1º, que suas regras se referem a quaisquer contratos. Além disso, seu art. 8º menciona as multas ou cláusulas penais, quando convencionadas, num sentido geral, sem se dirigir a uma determinada espécie de contrato, como o de mútuo, a que se referiria com exclusividade, segundo o entendimento de alguns.

Por fim, o art. 11 do Decreto nº 22.626/1933 inquina de nulidade absoluta "o contrato celebrado com infração dessa lei", "ficando assegurada ao devedor a repetição do que houver pago a mais", consoante, aliás, o disposto pelo art. 42, parágrafo único, do Código de Defesa do Consumidor.

Pode-se concluir nesse aspecto, portanto, que, embora a cláusula penal, a rigor, refira-se a uma compensação que deve ser paga pelo devedor ao credor, por não haver cumprido uma obrigação, causando, portanto, sua inexecução e prejuízo ao referido credor, discutindo-se se as perdas e danos devam ser pré-estipuladas ou, se não, se caberia sua discussão judicial por meio da qual se pleitearia quantia ainda maior do que a estipulada, a verdade é que essa pré-fixação não pode ultrapassar 10%, conforme a regra do Decreto nº 22.626/1933.

Por outro lado, no que tange à chamada cláusula penal moratória, ou no dizer do professor Sílvio Rodrigues, multa poenitentialis, refere-se também a uma compensação, mas com relação ao atraso no adimplemento de uma prestação ou de parte da obrigação principal. Ou, mais do que isso, visa a não apenas impor uma sanção ao devedor, como também estimulá-lo a cumprir a obrigação. Neste caso, igualmente, o percentual não pode ser superior a 10%, na forma do decreto mencionado linhas atrás.

Parece-nos relevante salientar, em conclusão, que a chamada multa moratória, embora possa ser maior do que os 2% (dois por cento) estabelecidos pelo art. 52, § 1º, do Código de Defesa do Consumidor, referindo-se, neste caso, apenas às hipóteses de fornecimento de produtos ou serviços que envolva a outorga de crédito ou concessão de financiamento ao consumidor (cf. o caput do mesmo art. 52), não pode ser maior do que os referidos 10% do Decreto nº 22.626/1933.

[10.9] INSUFICIÊNCIA DA CLÁUSULA PENAL (DANOS A DEMONSTRAR EM AÇÃO AUTÔNOMA) – Traçadas essas diretrizes que nos parecem de extrema relevância, mormente à luz dos arts. 53 e 54 do Código de Defesa do Consumidor, quer-nos parecer que, em consonância com o pensamento do professor Sílvio Rodrigues, uma vez estipulada a cláusula penal propriamente dita, e não querendo o credor da obrigação principal vê-la aplicada, poderá socorrer-se do remédio genérico do art. 402 do vigente Código Civil,[290] desde que se

---

[290] Correspondente ao art. 1.059 do CC de 1916, ou seja, *"salvo as exceções expressamente previstas em lei, as perdas e danos devidas ao credor abrangem, além do que ele efetivamente perdeu, o que razoavelmente deixou de lucrar"*.

Art. 53 | CÓDIGO BRASILEIRO DE DEFESA DO CONSUMIDOR

submeta ao encargo de provar as perdas e danos decorrentes do inadimplemento, e desde que haja prévio acordo a respeito.

O que não pode ocorrer, entretanto, é a exigência, em se tratando de cláusula penal compensatória propriamente dita, de sua execução cumulada com perdas e danos.

É esse o entendimento de Pothier:[291]

"essa pena é estipulada com a intenção de indenizar o credor pela inexecução da obrigação principal – ela é em consequência compensatória dos danos e interesses que ele sofre pela inexecução da obrigação principal, segue-se daí, que ele deve nesse caso escolher entre a execução da obrigação principal, ou da pena, deve ele se contentar com uma ou outra, e não pode exigir as duas; todavia, como a obrigação penal não pode causar qualquer comprometimento ('atteinte'), se a pena que o credor tenha visado para inexecução da obrigação principal não o indenizar suficientemente, ele não deixa de, qualquer que seja o modo que esta pena tenha sido visada, poder exigir os danos de interesses resultantes da inexecução da obrigação principal, descontado e levando em consideração os sobreditos danos e interesses da pena que já tenha exigido".

A grande questão, como se observa, reside exatamente nos critérios para a fixação de tal compensação, já que o art. 53 do Código de Defesa do Consumidor deixa subsumido que não haverá nem enriquecimento ilícito por parte do fornecedor de produtos móveis ou imóveis no caso de inadimplemento do consumidor, nem auferição de vantagens deste em face do descumprimento de sua obrigação ou simples desistência do negócio.

E já que o dispositivo em pauta fala em bens móveis e imóveis, além de consórcios, observe-se que eles estão sujeitos àquelas limitações do Decreto-lei nº 911, de 1.10.1969, que estabelece normas do processo sobre alienação fiduciária, da Lei nº 4.691, de 16.12.1964, que dispõe sobre o condomínio em edificações imobiliárias, da Lei nº 6.766, de 1979, que cuida do parcelamento do solo urbano, além de toda a legislação sobre consórcios.

[10.10] ALCANCE DO ART. 53 DO CÓDIGO DO CONSUMIDOR – Na verdade, o art. 53 do Código de Defesa do Consumidor nada mais fez do que sintetizar, em matéria de resolução contratual por inadimplemento do consumidor na aquisição de bens imóveis e imóveis por alienação fiduciária, os princípios da ética, boa-fé, equidade e equilíbrio que presidem as relações obrigacionais, de molde a garantir-se a compensação ao fornecedor que àquela não deu causa, como também impedir seu enriquecimento ilícito, caso se permitisse a perda total das prestações pagas.

Referidos princípios, aliás, não são novidade, e já se encontravam presentes no direito romano, aperfeiçoados pelo direito canônico, mantidos pelos direitos germânico, francês e italiano, bem como acolhidos pelo direito nacional.

A já referida Lei nº 4.591/1964, que cuida das construções e incorporações de imóveis em condomínios, e o Decreto-lei nº 911/1969, que cuida das vendas de bens com alienação fiduciária, já previam fórmulas de resolução contratual em casos de inadimplência da parte do compromissário-comprador de unidade condominial e adquirente fiduciário, respectivamente, fórmulas essas mantidas pelo advento do Código do Consumidor, mas abrandadas pela jurisprudência e princípios de boa-fé e equidade.

Nos dois referidos casos, com efeito, admite-se a venda do bem em condomínio ou o bem móvel alienado fiduciariamente: a) no primeiro caso, o resultado do leilão serve para o

---

[291] *Apud* Sílvio Rodrigues, op. cit., p. 103.

Capítulo VI · DA PROTEÇÃO CONTRATUAL | Art. 53

pagamento do débito do inadimplente junto aos demais condôminos, e a quem se devolverá eventual saldo, com assunção do débito restante pelo arrematante, se houver; b) no segundo, porém, já que pode haver venda do bem alienado sem qualquer formalidade, inclusive por preço vil, eventual débito restante somente deverá ser pleiteado pelo credor fiduciário por ação de conhecimento.

Tratando-se, porém, de incorporação de imóveis por empresas que alienam a terceiros frações ideais de terreno e a unidade habitacional a ser construída, eventual previsão de antecipação de perdas e danos em contrato, à guisa de cláusula penal, não poderá exceder a 10% do total já pago pelo compromissário-comprador, com as devidas atualizações.

Por outro lado, consentâneo com a doutrina esposada e jurisprudência sobre o tema na interpretação dos mencionados dispositivos legais, eventuais perdas e danos que ultrapassarem a cláusula penal compensatória de 10% deverão ser pleiteados em feito próprio, de ampla discussão.

Caso contrário, e já que o consumidor é a parte vulnerável nas relações de consumo, haveria exigência unilateral de eventuais perdas e danos, sem qualquer possibilidade de seu questionamento.

Quanto aos loteamentos, e nos termos do art. 35 da Lei nº 6.766/1979, combinado com o art. 53 do Código de Defesa do Consumidor, a resolução contratual, na hipótese de pagamento de mais de um terço do preço avençado, acarretará a restituição integral, e será condição sine qua non para a liberação da venda a terceiro; caso contrário, ou seja, pagamento abaixo de um terço, é lícito convencionar-se cláusula penal de, no máximo, 10%, a ser descontado da restituição de quantia corrigida. Eventuais cobranças de débitos ainda pendentes e alegadas pelo empreendedor dependerão de medida judicial de amplo conhecimento.

Referidas conclusões, aliás, constam do enunciado da Súmula de Estudos CENACON nº 16, por nós elaborada em 1995, e que foi atualizada por nossos sucessores, pelo menos até 2002.[292]

Sua Ementa já era bastante elucidativa, a saber:

"Resolução contratual. Cláusula de decaimento. Art. 53 do Código de Defesa do Consumidor. Incorporações de imóveis, loteamentos e alienações fiduciárias. Ao dispor que, 'nos contratos de compra e venda de móveis ou imóveis mediante pagamento de prestações, bem como nas alienações fiduciárias em garantia, consideram-se nulas de pleno direito as cláusulas que estabeleçam a perda total das prestações pagas em benefício do credor que, em razão do inadimplemento, pleitear a resolução do contrato e a retomada do produto alienado', o art. 53 do CDC nada mais fez do que sintetizar, em matéria de resolução contratual por inadimplemento ou desistência do consumidor na aquisição de bens imóveis ou móveis por alienação fiduciária, os princípios da ética, boa-fé, equidade e equilíbrio que presidem as relações obrigacionais, de molde a garantir-se a compensação ao fornecedor que àquela não deu causa, como também impedir-se seu enriquecimento ilícito, caso se permitisse perda total das prestações pagas. Desta forma: a) no que tange à compra e venda de imóveis incorporados, ao par da possibilidade da venda em leilão dos haveres do inadimplente para pagamento dos débitos incorrido, com devolução de eventual saldo ou sub-rogação de dívida ainda persistente pelo arrematante, quando os prejudicados forem os próprios condôminos, eventual previsão de antecipação de perdas e danos em contrato firmado com empresa incorporadora, à guisa de cláusula penal,

---

[292] CENACON – Centro de Apoio Operacional das Promotorias de Justiça do Consumidor do Estado de São Paulo, extinto em 2008, passando a integrar o Centro de Apoio Operacional das Promotorias de Justiça Cíveis e de Interesses Coletivos.

Art. 53 | CÓDIGO BRASILEIRO DE DEFESA DO CONSUMIDOR

não poderá exceder a 10% do total já pago pelo compromissário-comprador, com as devidas atualizações, sendo que eventuais prejuízos, além da referida antecipação, dependerão da prova cabal e em feito próprio que propicie ampla defesa; b) quanto aos loteamentos, a resolução contratual, na hipótese de pagamento em mais de um terço do preço avençado acarretará a restituição integral, devidamente atualizada, e será 'conditio sine qua non' para a renegociação do lote com terceiro e, caso o pagamento efetuado pelo adquirente seja inferior ao terço mencionado, é lícito convencionar-se cláusula penal de no máximo 10%, a ser descontada da restituição de quantia corrigida, dependendo eventuais cobranças de débitos pendentes de medida judicial de amplo conhecimento; c) nos casos de vendas de bens móveis com alienação fiduciária, a venda do bem apreendido sem as devidas cautelas pelo credor alienante, sujeita-o a procedimento ordinário para haver eventuais débitos[293] ainda pendentes junto ao devedor fiduciário, não tendo valor executivo eventuais títulos dados em garantia do total da dívida assumida".

[10.11] ENTENDIMENTO JURISPRUDENCIAL – Vejam-se, em seguida, os entendimentos da jurisprudência a respeito da questão suscitada no Superior Tribunal de Justiça e em alguns de nossos tribunais estaduais, colhidas até então, e em atualização da referida Súmula de Estudos.

1. "Contrato de compra e venda. Devolução. Código de Defesa do Consumidor. Aplicação do art. 924 do Código Civil. Precedentes da Corte. Como já coberto por diversos e indiscrepantes precedentes da Corte, o Código de Defesa do Consumidor não se aplica aos contratos anteriores à sua vigência, sendo a cláusula de decaimento, cláusula penal, com o que pode o juiz fazer incidir a regra jurídica do art. 924 do Código Civil. Recurso especial conhecido pela divergência e provido, em parte" (STJ, REsp nº 153.688/AM, rel. Min. Carlos Alberto Menezes Direito, j. de 4.3.99);

2. "O Código de Defesa do Consumidor não autoriza a cláusula de decaimento estipulando a perda integral ou quase integral das prestações pagas. Mas, a nulidade de tal cláusula não impede o magistrado de aplicar a regra do art. 924 do Código Civil e autorizar, de acordo com as circunstâncias do caso, uma retenção que, no caso, deve ser de 10% (dez por cento)" (STJ, REsp nº 149.399/DF, rel. Min. Carlos Alberto Menezes Direito, DJ de 29.3.99, p. 164);

3. "Reconhecida a nulidade da cláusula que prevê a perda total ou quase total das prestações pagas, em favor da promitente vendedora, nem por isso está o juiz inibido de reduzir o montante a ser devolvido, a fim de assegurar a vendedora o ressarcimento das despesas que teve com o contrato. Recurso conhecido em parte e provido para, assegurado o direito de retenção, reduzir seu montante a 10% das prestações pagas" (STJ, REsp nº 134.629/RJ, rel. Min. Ruy Rosado de Aguiar, DJ de 16.03.98, p. 144);

4. "No compromisso de compra e venda, existindo cláusula que prevê não tenha direito o promitente comprador à devolução das importâncias pagas, tal cláusula deve ser considerada como de natureza penal compensatória, podendo ser reduzido o seu valor com base no art. 924 do Código Civil" (STJ, REsp nº 31.954-0-RS);

5. "A jurisprudência, acolhendo lição doutrinária, na exegese do art. 924 do Código Civil, delineia entendimento no sentido de que, cumprida em parte a obrigação, em caso de inexecução

---

[293] *Promotorias de Justiça do Consumidor – Atuação Prática,* obra de orientação aos Promotores de Justiça do Consumidor do Estado de São Paulo, coordenado por José Geraldo Brito Filomeno, Procurador de Justiça-Coordenador do CENACON – Centro de Apoio Operacional das Promotorias de Justiça do Consumidor do Estado de São Paulo, e com a colaboração dos Promotores de Justiça Dora Bussab Castelo e Ronaldo Porto Macedo Jr., Imprensa Oficial do Estado, 1997.

Capítulo VI · DA PROTEÇÃO CONTRATUAL | **Art. 53**

da restante, não pode receber a pena total, porque isso importaria em locupletar-se à custa alheia, recebendo ao mesmo tempo, parte da coisa e o total da indenização na qual está incluída justamente aquela já recebida, sendo certo que a cláusula penal corresponde aos prejuízos pelo inadimplemento integral da obrigação" (STJ, REsp nº 39.466-0-RJ);

6. "É lícita a cláusula penal que estipula a perda das prestações pagas na hipótese de rescisão do contrato por culpa do comprador. – É defeso ao juiz aplicar lei nova a negócio jurídico aperfeiçoado sob o império da Lei de Introdução ao Código Civil. – Não incidência, no caso, por lhe ser vedado efeito retro operante, art. 53 do Código do Consumidor (Lei nº 8.078, de 11.9.90). – Recurso conhecido e provido" (STJ, REsp nº 38.492-3-SP, rel. Min. Antônio Torreão Braz, j. de 11.4.94);

7. "É válida a pena convencional que estipula a perda das parcelas pagas na hipótese de resolução do contrato. Código Civil, arts. 916 e seguintes. – Dissídio de interpretação caracterizado. – Recurso conhecido e provido" (STJ, REsp nº 41.475-0-RS, rel. Min. Antônio Torreão Braz, j. de 11.4.94);

8. "I – Não incidem os dispositivos do Código de Defesa do Consumidor nos contratos celebrados antes de sua vigência. O só fato de se constituir os atos jurídicos formalizados sob a égide de norma anterior, eis que sem conteúdo de aplicação imediata e intervencionista, força da suspensividade nela mesma contida (art. 118, da Lei nº 8.078/90). II – Há de se respeitar a cláusula livremente pactuada, que prevê a perda das parcelas pagas, em caso de inadimplemento do contrato. Precedentes do STJ e STF. III – Recurso não conhecido" (STJ, REsp nº 40.228-9-SP, rel. Min. Waldemar Sveiter, j. de 10.5.94);

9. "Inaplicabilidade do art. 53 da Lei nº 8.078/90 aos contratos celebrados antes da vigência do mencionado diploma legal. Precedentes do STJ" (STJ, REsp nº 45.666-5-SP, rel. Min. Barros Monteiro, j. de 17.5.94);

10. "I – Estipulada, em compromisso de compra e venda de imóveis, pena convencional de perda de todas as prestações pagas pelos compromissários-compradores, o juiz, declarando resolvido o ajuste, pode, autorizado pelo disposto no art. 924, CC, reduzi-la a patamar que entenda justo. II – De tal redução, contudo, não pode resultar condenação dos promissários adquirentes a quantias insuficientes a fazer face, pelo menos, às efetivas perdas e danos experimentadas pela promitente vendedora, sob pena de placitar-se enriquecimento sem causa. III – Hipótese em que, determinada a devolução das prestações (exceto as arras) ao compromissários-compradores, a estes incumbe arcar com o pagamento dos aluguéis relativos ao período de ocupação, devidos desde a imissão na posse até a entrega do imóvel" (STJ, REsp nº 49.933-0-SP, rel. Min. Sálvio de Figueiredo, j. de 8.8.94);

11. "Não se aplicam as disposições do Código do Consumidor a contrato que lhe é anterior. A cláusula contratual que prevê, no caso de inadimplemento do promitente comprador, a perda das importâncias pagas tem caráter de cláusula penal compensatória, podendo o seu valor ser reduzido proporcionalmente, com base no art. 924 do Código Civil, não havendo lugar, pois, para devolução integral. Recurso conhecido e parcialmente provido" (STJ, REsp nº 50.871-1-RS, rel. Min. Costa Leite, j. de 16.8.94);

12. "I – Em se tratando de compromisso de compra e venda firmado em data anterior à vigência do Código de Defesa do Consumidor, é de ser havida como válida a previsão contratual de perda das quantias pagas pelo promissário adquirente, instituída, a título de cláusula penal compensatória, para o caso de resolução a que haja dado causa. II – Assim estipulada a pena convencional, pode o juiz, autorizado pelo disposto no art. 924, CC, reduzi-la a patamar justo, com fito de evitar enriquecimento à promitente vendedora" (STJ, REsp nº 45.409-3-SP, rel. Min. Sálvio de Figueiredo, j. de 31.8.94). E, nesse mesmo sentido, cf. no STJ, REsp nº 45.226-0-RS, rel. Min. Sálvio de Figueiredo;

Art. 53 | CÓDIGO BRASILEIRO DE DEFESA DO CONSUMIDOR

13. "A decisão que não admite a retroatividade do art. 53 do Código do Consumidor não lhe nega a vigência. – Recurso especial conhecido, mas não atendido. Unânime" (STJ, REsp nº 48.491-0-SP, rel. Min. Fontes de Alencar, j. de 28.6.94);

14. "É válida a estipulação de perda das prestações pagas ante a inadimplência do promitente comprador, tratando-se de contrato anterior ao Código de Defesa do Consumidor. – Recurso especial atendido. Unânime" (STJ, REsp nº 52.396-6-RS, rel. Min. Fontes de Alencar, j. de 20.9.94);

15. "Compra e venda de imóvel. Inadimplência. Devolução da quantia paga. Há que se devolver o valor pago pelo comprador inadimplente, descontando, a título de indenização por perdas e danos, o valor locatício no período de inadimplência em que o imóvel ficou desocupado" (TJSP, 12ª Câm. Cível, Ap. Cível nº 262.183-2/3, Bragança Paulista, rel. Des. Carlos Ortiz, j. de 8.8.1995, v.u.); Fonte: Boletim AASP nº 1941, 6 a 12.3.96, p. 74/77;

16. Cf., também, REsp nº 45.511-1-SP, rel. Min. Ruy Rosado de Aguiar, j. de 28.11.1994. Entendeu-se que a cláusula de decaimento é válida, mas há impossibilidade de utilização imediata do art. 53 do CDC, cabendo ao juiz, na forma do art. 924 do Código Civil, fazer a devida adequação à regra contratual de perda da totalidade das prestações já pagas, a fim de evitar o enriquecimento ilícito, fixando, na hipótese em julgamento, o percentual de 10% para a retenção do preço pago, com restituição do restante, devidamente atualizado. O mesmo Tribunal, no Recurso Especial nº 57.974-0-RS (j. de 25.4.1995), também relatado pelo Ministro Ruy Rosado de Aguiar, consignou que a limitação de cláusula penal em 10% já era do nosso sistema (Decreto nº 22.626/33), e tem sido usada pela jurisprudência quando da aplicação da regra do art. 924 do Código Civil, o que mostra o acerto da regra do art. 52, § 1º, do Código de Defesa do Consumidor, que se aplica aos casos de mora, nos contratos bancários;

17. "Tendo sido afirmado pelo acórdão tratar-se de imóvel em construção, fato não questionado em declaratórios, inviável averiguar-se a real situação, a demandar incursão no campo fático-probatório, defeso nos termos do Enunciado nº 7 da Súmula/STJ. II – Partindo da premissa de estar em obra o imóvel, possível é a pactuação de correção pelo índice setorial da construção civil. III – Acordado pelas partes a correção com base no índice do 'Sinduscon', descabe falar em cláusula potestativa, sendo válida tal estipulação. IV – Mesmo celebrado o contrato antes da vigência do Código de Defesa do Consumidor, o que impunha considerar eficaz, previsão contratual de perda das quantias pagas pelo promissário-adquirente, pode o juiz, autorizado pelo disposto no art. 924, CC, reduzi-la a patamar justo, com o fito de evitar enriquecimento sem causa que de sua imposição integral adviria à promitente vendedora. Circunstâncias específicas do caso impõem a perda de 10% (dez por cento) do que foi pago pelo comprador" (STJ, REsp nº 45.333-SP, rel. Min. Sálvio de Figueiredo Teixeira, j. de 24.10.95);

18. Agravo de Instrumento nº 97.896-MG: "Vistos etc. Em ação de rescisão contratual c/c a devolução das quantias pagas proposta por compromissárias compradoras, a sentença acolheu o pedido, rescindindo o contrato e condenando a compromitente vendedora a devolver todas as parcelas recebidas, acrescidas de correção monetária e juros moratórios, a partir de 25 de janeiro de 1994, data em que houve a acareação entre as partes junto ao PROCON/BH. As autoras apelaram e ao seu recurso aderiu a ré, tendo a eg. 7ª Câmara do Tribunal de Alçada do Estado de Minas Gerais, dado provimento ao recurso principal e provido parcialmente ao adesivo, em acórdão assim ementado: 'Compromisso de Compra e Venda – Frustração do contrato porque as promissárias não conseguiram financiamento bancário previsto ao contrato – Inocorrência de culpa – Impossibilidade de continuar os pagamentos – Restituição das parcelas pagas, com juros e correção monetária – Arts. 51 e 53 do Código de Defesa do Consumidor – Cláusulas abusivas – Nulidade absoluta. Se as promissárias compradoras não conseguiram financiamento bancário, previsto no compromisso de compra e venda, tornando-se impossível

Capítulo VI · DA PROTEÇÃO CONTRATUAL | **Art. 53**

o pagamento das parcelas restantes e não havendo culpa das devedoras, rescinde-se o contrato e retorna-se ao status quo ante, com a restituição das parcelas pagas, devidamente atualizadas a partir do dia em que se fez o pagamento de cada parcela. 'Nulidade da cláusula segundo a qual as compromissárias perdem, em favor da compromitente, parte das quantias pagas.'" (fl. 28). Rejeitados os embargos de declaração por protelatórios e aplicada a multa prevista no artigo 538, parágrafo único, do CPC, ingressou a ré com recurso especial por ambas as alíneas, alegando violação ao citado artigo, aos artigos 49, 51 e 53 do Código de Defesa do Consumidor e divergência jurisprudencial. Inadmitido o apelo, adveio o agravo de instrumento ora examinado, previsto no artigo 538, parágrafo único do CPC, o v. aresto bem andou ao aplicá-la, verbis: ...não havendo a omissão alegada, rejeitam-se os embargos, de cunho meramente protelatório, na medida em que visam retardar o ressarcimento às embargadas daquilo que lhes é devido (fl. 40). No tocante à devolução das importâncias pagas, acrescidas da correção monetária a partir do dia em que se fez o pagamento, o aresto recorrido está em harmonia com a jurisprudência deste eg. STF". 'Compra e venda. Não aperfeiçoamento do negócio contratado, sem culpa dos compradores, imperiosa se faz a restituição das importâncias pagas, com correção monetária que será devida desde o desembolso das quantias, a fim de evitar-se o enriquecimento sem causa, eis que a correção nada acresce ao montante a ser devolvido, apenas preserva seu valor real. Recurso não conhecido' (REsp nº 35.697/SP, 3ª Turma, rel. o em. Min. Cláudio Santos, DJU de 15.5.95).

"Processual Civil – Agravo Regimental – Promessa de Compra e Venda – Ação de restituição de prestações – Correção monetária – Dissídio Jurisprudencial – Não caracterização. I – A restituição das importâncias pagas desde o efetivo pagamento das prestações pagas pelos compromissários-compradores sofre correção monetária desde o efetivo pagamento das prestações precedentes. II – Ausência de caracterização da divergência. III – Regimental improvido" (AGA nº 68.254/MG, 3ª Turma, rel. o em. Min. Waldemar Zveiter, DJU 11.12.95).

19. "Imóvel. Promessa de Compra e Venda. Restituição das importâncias pagas. Cláusula de decaimento de 90%. Modificação Judicial. Na vigência do Código de Defesa do Consumidor, é abusiva cláusula de decaimento de 90% das importâncias pagas pela promissória compradora do imóvel. Cabe ao juiz alterar a disposição contratual, para adequá-la aos princípios do Direito da Obrigações e às circunstâncias do contrato. Ação proposta pela promissória compradora inadimplente. Art. 51 e 53 do CODECON. Art. 924 do Cível. Recurso conhecido e provido, para permitir a retenção pela promitente vendedora de 10% das prestações pagas" (STJ, 4ª Turma, REsp nº 94.640-DF, j. de 13.3.96, v.u., rel. Min. Ruy Rosado de Aguiar).

20. "Imóvel – Cláusula de Decaimento – Casa própria – Cláusula de comissão de venda e propaganda – Nulidade. '... nos contratos de compra e venda de imóveis poderá o consumidor inadimplente pleitear a resolução contratual e devolução das quantias pagas corrigidas monetariamente, nos termos do art. 53, do CDC. (...) Não é lícita a dedução de comissão de venda e propaganda, pois, à luz da legislação pertinente, os serviços prestados pelo corretor e editores de propaganda comercial são de inteira responsabilidade do apelante, uma vez que os apelados não participaram da transação, não podendo lhes ser transferidos tais encargos'" (TJBA – JDC, ACv. nº 25.405-1, Salvador, j. de 19.5.96);

21. "Consumidor. Compra e venda de direitos de uso de propriedade. Desistência do comprador. Pedido de devolução das parcelas pagas. Competência. Complexidade. Legitimidade. Cláusula penal. Competência – Nos contratos de adesão não é válida a cláusula de eleição do foro quando fixada em desfavor do consumidor – É competente o foro da realização do negócio ou de domicílio do consumidor. Complexidade – Não registra complexidade o pedido de devolução de parcelas pagas em contrato de uso de imóvel, até porque, de fato, com a desistência do comprador, o contrato já está rescindido. Legitimidade passiva – A empresa

Art. 53 | CÓDIGO BRASILEIRO DE DEFESA DO CONSUMIDOR

que dá nome e participa da venda dos imóveis, integrando o contrato e recebendo valores, é parte legítima para responder ação rescisória do contrato. Cláusula penal – É aceita a cláusula penal ao redutor válido para a retenção de parte dos valores recebidos em contratos de compra e venda de imóveis em prestações, desde que em percentual não superior a 10%, limite imposto pelo CDC. – Recurso improvido" (Juizado de Direito, 1ª Turma Recursal, RS, Processo nº 11968.7592.4, j. de 18.9.99);

22. "Civil. Promessa de compra e venda de imóvel em construção. Inadimplemento. Perda parcial das quantias pagas. Mesmo se o contrato de promessa de compra e venda de imóvel em construção estabelecer, para a hipótese de inadimplemento do promitente comprador, a perda total das quantias pagas, e ainda que tenha sido celebrado antes da vigência do Código de Defesa do Consumidor, pode o juiz, autorizado pelo disposto no art. 924, CC, reduzi-la a patamar justo, com o fito de evitar enriquecimento sem causa que de sua imposição integral adviria à promitente vendedora. Devolução que, pelas peculiaridades da espécie, fica estipulada em 90% (noventa por cento) do que foi pago pelo comprador. Recurso parcialmente conhecido e, nessa parte, provido" (STJ, 4ª Turma, REsp nº 114.071-DF, rel. Min. Cesar Asfor Rocha, j. de 11.5.99, v.u.);

23. V. também, em relação à matéria: Superior Tribunal de Justiça, REsp nº 88.788, Min. Nilson Naves, DJU de 1.3.99, p. 304; REsp nº 152.946, Min. Waldemar Zveiter, DJU de 9.11.1998, p. 89; REsp nº 148.229, Min. Carlos Alberto Menezes Direito, DJU de 13.10.98, p. 95; REsp nº 162.510, Min. Ruy Rosado de Aguiar, DJU de 29.6.98, p. 216; REsp nº 161.317, Min. Ruy Rosado de Aguiar, DJU de 29.6.98, p. 211; REsp nº 89.600, Min. Costa Leite, DJU de 30.3.98, p. 40.

24. "Civil. Promessa de compra e venda de imóvel. Inadimplemento. Perda parcial das quantias pagas. Mesmo se o contrato de promessa de compra e venda de imóvel em construção estabelecer, para a hipótese de inadimplemento do promitente-comprador, a perda total das quantias pagas, e ainda que tenha sido celebrado antes da vigência do Código de Defesa do Consumidor, pode o juiz, autorizado pelo disposto no art. 924, CC, reduzi-la a patamar justo, com o fito de evitar enriquecimento sem causa que de sua imposição integral adviria a promitente-vendedora. Devolução que, pelas peculiaridades da espécie, fica estipulada em 75% (setenta e cinco por cento) do que foi pago pelos compradores. Recurso dos réus conhecido e parcialmente provido. Recurso da autora não conhecido" (STJ, 4ª Turma, REsp nº 60.127-SP, rel. Min. Cesar Asfor Rocha, j. de 02.12.1997, v.u.);

25. "Compromisso de compra e venda de imóvel. Perda de parte das prestações pagas. Percentual que impõe ônus exagerado para o promitente comprador. Contrato firmado na vigência do Código de Defesa do Consumidor. Possibilidade de redução pelo juiz. Razoabilidade da retenção de 10% das parcelas pagas. Precedentes. Recurso parcialmente acolhido. I – Assentado na instância monocrática que a aplicação da cláusula penal, como pactuada no compromisso de compra e venda de imóvel, importaria em ônus excessivo para o comprador, impondo-lhe, na prática, a perda da quase totalidade das prestações pagas, e atendendo-se ao espírito do que dispõe o art. 53 do Código de Defesa do Consumidor, cumpre ao Juiz adequar o percentual de perda das parcelas pagas a um montante razoável. II – A jurisprudência da Quarta Turma tem considerado razoável, em princípio, a retenção pelo promitente vendedor de 10% do total das parcelas quitadas pelo comprador, levando-se em conta que o vendedor fica com a propriedade do imóvel, podendo renegociá-lo" (STJ, 4ª Turma, REsp nº 85.936-SP, j. de 18.6.1998, v.u., rel. Min. Sálvio de Figueiredo Teixeira).

26. "Compromisso de compra e venda de imóvel. Perda das prestações pagas. Contrato pactuado na vigência do Código de Defesa do Consumidor. Nulidade da cláusula. Retenção pela construtora. Recurso parcialmente acolhido. Nula é a cláusula que prevê a perda da metade das prestações pagas, de contrato de compromisso de compra e venda celebrado na vigência

Capítulo VI · DA PROTEÇÃO CONTRATUAL | **Art. 53**

do Código de Defesa do Consumidor, podendo a parte inadimplente requerer a restituição do quantum pago, com correção monetária desde cada desembolso, autorizada a retenção, na espécie, de dez por cento (10%) do valor pago, em razão do descumprimento do contrato" (STJ, 4ª Turma, REsp nº 184.148-SP, rel. Min. Sálvio de Figueiredo Teixeira, j. de 13.10.1998, v.u.);

27. "Direito Civil. Compromisso de compra e venda de imóvel. Cláusula penal que estabelece a perda da totalidade das parcelas pagas pelos promissários compradores. Contrato firmado na vigência do Código de Defesa do Consumidor. Nulidade da cláusula. Possibilidade de retenção pelo vendedor de parte das quantias. Recurso parcialmente provido. – Nula é a cláusula que prevê a perda das prestações pagas de um contrato de compromisso de compra e venda avençado na vigência da Lei nº 8.078/90, podendo a parte inadimplente requerer a restituição do 'quantum' pago, com correção monetária desde cada desembolso. Por outro lado, autoriza-se a retenção de parte dessas importâncias, atendendo às circunstâncias do caso concreto, em razão do descumprimento do contrato" (STJ, 4ª Turma, REsp nº 99.440-SP, j. de 15.10.1998, rel. Min. Sálvio de Figueiredo Teixeira, v.u.);

28. "Contrato de compra e venda. Rescisão. Perda da quantia. Inaplicabilidade da norma da 'Lei de Usura' a estabelecer que a multa não ultrapasse 10%" (STJ, 3ª Turma, REsp nº 85.356-SP, rel. Min. Eduardo Ribeiro, j. de 20.5.1999, v.u.);

29. "Compra e venda. Perda das prestações pagas. Contrato firmado antes do advento do Código do Consumidor. Resolução. Restituição. Retenção pela vendedora de parte das parcelas a título de indenização. Precedentes da Corte. I – Mesmo se o contrato de promessa de compra e venda de imóvel em construção estabelecer, para a hipótese de inadimplemento do promitente-comprador, a perda total das quantias pagas, e ainda que tenha sido celebrado antes da vigência do Código de Defesa do Consumidor, deve o Juiz, autorizado pelo disposto no art. 924 do Código Civil, reduzi-la a patamar justo, com a finalidade de evitar enriquecimento sem causa de qualquer das partes. II – No caso concreto, a retenção apenas do sinal, parcela insignificante em relação ao valor contratado e pago, não é suficiente para esse efeito, ficando estipulado que será de 10% dos valores adimplidos pelos recorridos, a título de indenização pelo descumprimento do contrato, a que deram causa. III – Recurso conhecido e provido em parte" (STJ, 3ª Turma, REsp nº 186.009-SP, rel. Min. Waldemar Zveiter, j. de 30.9.1999, v.u.);

30. "Civil. Promessa de compra e venda. Contrato firmado anteriormente à vigência do Código de Defesa do Consumidor. Devolução de parcelas pagas. Art. 924 do Código Civil. Precedentes da Corte. I. Celebrado o contrato antes da vigência do Código de Defesa do Consumidor, válida é a cláusula que prevê a perda das prestações pagas de um contrato de promessa de compra e venda. II. Todavia, tal direito não é absoluto, havendo que conformar-se às particularidades de cada caso concreto. Retenção corretamente fixada pela instância a quo em 10% das parcelas pagas e, portanto, mantida. III. Recurso especial conhecido, mas improvido" (STJ, 4ª Turma, REsp nº 89.598-RS, rel. Min. Aldir Passarinho Junior, j. de 29.2.2000, v.u.);

31. "Civil. Promessa de compra e venda. Contrato firmado anteriormente à vigência do Código de Defesa do Consumidor. Devolução de parcelas pagas. Art. 924 do Código Civil. Precedentes da Corte. I. Celebrado o contrato antes da vigência do Código de Defesa do Consumidor, válida é a cláusula que prevê a perda das prestações pagas de um contrato de promessa de compra e venda. II. Todavia, tal direito não é absoluto, havendo que conformar-se às particularidades de cada caso concreto. Retenção fixada em 10% das parcelas pagas. III. Recurso especial conhecido e parcialmente provido" (STJ, 4ª Turma, REsp nº 60.664-RS, rel. Min. Aldir Passarinho Junior, j. de 29.2.2000, v.u.);

32. "Promessa de compra e venda. Resolução. Restituição. Julgamento a ser proferido na ação. A promitente vendedora tem o direito de reter 10% do que recebeu, mas fica obrigada a restituir o excedente, matéria que deve ser desde logo decidida na ação de resolução. Recurso

515

Art. 53 | CÓDIGO BRASILEIRO DE DEFESA DO CONSUMIDOR

conhecido e provido em parte" (STJ, 4ª Turma, REsp nº 239.576-SP, rel. Min. Ruy Rosado Aguiar, j. de 29.2.2000, v.u.);

33. "COMPROMISSO DE VENDA E COMPRA DE IMÓVEL. CONTRATO DE ADESÃO. CLÁUSULA RESOLUTÓRIA DA QUAL NÃO CONSTA ALTERNATIVA EM BENEFÍCIO DO PROMITENTE COMPRADOR OU POSSIBILIDADE DE REEMBOLSO DAS IMPORTÂNCIAS JÁ PAGAS. NULIDADE DE PLENO DIREITO. APLICAÇÃO DOS ARTS. 51, II, E 54, PAR. 2º DO CÓDIGO DO CONSUMIDOR. Nos compromissos de venda e compra de imóveis, constantes de contratos de adesão e firmados na vigência do Código do Consumidor, é nula de pleno direito cláusula resolutória que não contemple alternativa em benefício do promitente comprador, a ele deixando a escolha, e bem assim, aquela que dele retire a possibilidade de reembolso das importâncias já pagas. COMPROMISSO DE VENDA E COMPRA DE IMÓVEL. ART. 49 DO CÓDIGO DO CONSUMIDOR. INAPLICABILIDADE. O art. 49 do Código do Consumidor é inaplicável às promessas de venda e compra de imóveis. No que tange a produtos, o texto deve ser entendido como se referindo a bens móveis, tal o seu conteúdo manifesto, ao fixar como dies a quo do prazo de arrependimento, em uma das hipóteses, 'o ato do recebimento do produto'. COMPROMISSO DE VENDA E COMPRA DE IMÓVEL. CLÁUSULA RESOLUTÓRIA AONDE PREVISTA A PERDA DE 90% DAS IMPORTÂNCIAS PAGAS PELO PROMITENTE COMPRADOR. DISPOSITIVO LEONINO. INVALIDADE. O individualismo e a interpretação que se atenha de maneira estrita ao teor de determinadas cláusulas contratuais, não se compadece com as modernas tendências do Direito, de procurar efetiva comutatividade e equilíbrio na interpretação e aplicação das normas convencionais. Não mais é passível, neste final de Século XX, argumentar de maneira singela com a só prevalência do ajuste de vontades, para impor a uma das partes, em profundo desequilíbrio no cumprimento de contrato, não só a perda do imóvel, como também, da quase integralidade das parcelas pagas. Se a lei reserva um espaço para a autonomia da vontade, para a autorregulamentação dos interesses privados, sua importância e força diminuíram, levando à relativização da força obrigatória e intangibilidade do contrato, permitindo aos Juízes um controle de seu conteúdo, em ordem a suprimir as cláusulas abusivas. COMPROMISSO DE VENDA E COMPRA DE IMÓVEL. RESCISÃO PELO NÃO PAGAMENTO DO PREÇO. DIREITO DA PROMITENTE VENDEDORA DE RETER O SINAL. INTELIGÊNCIA E APLICAÇÃO DOS ARTS. 53 DO CÓDIGO DO CONSUMIDOR E 1.097 DO CÓDIGO CIVIL. Harmonizam-se os arts. 53 do Código do Consumidor e 1.097 do Código Civil. Na rescisão de promessa de venda e compra por inadimplemento do promitente comprador é lícito à promitente compradora reter o sinal ou arras, na forma da Lei Civil. COMPROMISSO DE VENDA E COMPRA DE IMÓVEL. INTERPELAÇÃO PREVISTA NO DEC. LEI FED. 745/69. PEDIDO DOS PROMITENTES COMPRADORES DE CONDENAÇÃO DA VENDEDORA A PAGARLHES O DOBRO DA PARCELA OBJETO DA INTERPELAÇÃO MEDIANTE A APLICAÇÃO ANALÓGICA DO ART. 42 DO CÓDIGO DO CONSUMIDOR. INADMISSIBILIDADE. ÔNUS EM QUE SE ENCONTRA O PROMITENTE VENDEDOR. EXERCÍCIO REGULAR DE SEU DIREITO. CARÊNCIA DE AÇÃO. RECURSO PROVIDO. O art. 42 do Código do Consumidor contempla hipótese de repetição do indébito (isto é, cobrar de volta quantia indevida) e por manifesto, não há cobrança na interpelação prevista no Dec.-lei 745/69. Impago o preço, o vendedor está adstrito a promover a interpelação sob pena de não obter a rescisão da promessa de venda e compra, vale dizer, a um só tempo no ônus de assim proceder e no exercício regular de direito. Os dispositivos penais inadmitem interpretação analógica, extensiva de seu comando. Não tendo sido forçados a pagar quantia indevida, falta aos promitentes compradores a titularidade do direito que pretendem ver sancionado (legitimatio ad causam) por tal forma se caracterizando como carecedores de ação. PROMESSA DE VENDA E COMPRA DE IMÓVEL. INSCRIÇAO PELA PROMITENTE VENDEDORA DO NOME DO PRO-

Capítulo VI · DA PROTEÇÃO CONTRATUAL | Art. 53

MITENTE COMPRADOR NO SERVIÇO DE PROTEÇÃO AO CRÉDITO (SPC). PEDIDO DE COMINAÇAO DE ASTREINTES PARA FORÇAR A PROMITENTE VENDEDORA A COMUNICAR AQUELE SERVIÇO INDEVIDA TAL INSCRIÇÃO. CARÊNCIA DE AÇÃO. INTELIGÊNCIA DO ART. 287 DO CPC. Em se tratando de obrigação fungível, que pode ser satisfeita por terceiro, não tem cabimento o pedido de fixação de astreintes. O cancelamento da indevida inscrição do nome do promitente comprador no Serviço de Proteção ao Crédito (SPC) pode ser obtido por determinação judicial, mediante simples ofício, não tendo os autores, por isso, ação de preceito cominatório contra a ré. O art. 287 do CPC sequer em tese admite a ação de preceito cominatório quando o ato pode ser realizado por terceiros, entre eles o Estado/Juiz (TJSP, 13ª Câm. Civil, Apelação Cível nº 238.020-2/0, rel. Des. Marrey Neto, j. de 30.6.1994, v.u., JTJ Lex 166, p. 34 a 54);

34. "Contrato. Compromisso de compra e venda. Distrato. Cláusula. Perda das quantias pagas. Nulidade. Contrato celebrado antes do advento do Código de Defesa do Consumidor. Irrelevância. Cláusula incluída no contrato de rescisão firmado durante a sua vigência. Ofensa inequívoca ao artigo 53 da Lei Federal nº 8.078, de 1990. Recurso não provido. Se já antes da vigência do Código de Defesa do Consumidor qualquer cláusula contratual objetivando a perda pelo comprador das importâncias pagas ao vendedor, em caso de rescisão contratual, havia de ser vista com moderação, agora veio a questão posta não mais em termos de mero bom senso mais de efetiva e expressa previsão legal" (TJSP, 19ª Câmara Civil, Apelação Cível nº 246.098-2, rel. Christiano Kuntz, j. de 22.12.1994, v.u., Lex 168/JTJ 53/55;

35. "Promessa de compra e venda. Cláusula de decaimento. Código de Defesa do Consumidor. É nula a cláusula de decaimento inserta em contrato de adesão, celebrado na vigência do Código de Defesa do Consumidor. Procedência parcial da ação de restituição para condenar a empresa promitente vendedora a devolução de 80% das quantias recebidas" (STJ, 4ª Turma, REsp nº 60.065-0-SP, rel. Min. Ruy Rosado Aguiar, j. de 15.8.1995, v.u.);

36. "Compromisso de compra e venda. Rescisão. Redução do montante da cláusula penal pelo magistrado. Possibilidade. Código Civil, art. 924. Recursos não providos. 'Embora em nosso direito prevaleça o princípio da imutabilidade da cláusula penal por importar pré-avaliação das perdas e danos, esta poderá ser modificada pelo magistrado, ainda que não haja pedido a respeito, ou mesmo que os contratantes tenham estipulado seu pagamento por inteiro, pois a norma do Código Civil, art. 924. é de jus cogens, não podendo ser alterada pelas partes'. 'Nada impede, portanto, que, nesse caso o juiz, em atendimento a pedido do réu na contestação, já condene o autor a lhe pagar a valor dessas quantias, habilitando-o à execução dessa condenação no mesmo processo'" (TJSP, 9ª Câmara Civil, Apelação Cível nº 258.912-2/7, rel. Celso Bonilha, j. de 25.5.1995, v.u., Lex 173/JTJ 119/123;

37. "Civil e processual civil. Compromisso de compra e venda de imóvel. Devolução das prestações pagas. Art. 53, CDC. Inaplicabilidade. CC, art. 924. Orientação da Corte. Precedentes. Divergência. Caracterização. Pedido de homologação de acordo. Não formalização. Desacolhimento. Recurso parcialmente provido. I – Mesmo celebrado o contrato antes da vigência do Código de Defesa do Consumidor, o que impunha considerar eficaz previsão contratual de perda das quantias pagas pelo promissário adquirente, pode o juiz, autorizado pelo disposto no art. 924, CC, reduzi-la a patamar justo, com o objetivo de evitar enriquecimento sem causa que de sua imposição integral adviria à promitente-vendedora. II – Desacolhe-se o pedido de homologação judicial de acordo se a parte, reiteradamente intimada para a sua regularização, se mantém omissa" (STJ, REsp nº 142.942-SP, rel. Min. Sálvio de Figueiredo Teixeira, j. de 13.12.99);

38. "O art. 35 da Lei de Parcelamento do Solo Urbano (Lei 6.766/79) foi derrogado pelo CDC (Lei 8.078/90, art. 53). É nula a cláusula que estabelece a perda das prestações pagas pelo com-

517

Art. 53 | CÓDIGO BRASILEIRO DE DEFESA DO CONSUMIDOR

promissário comprador inadimplente, ainda que não atingido um terço do preço. Opostos Embargos de Declaração, foram recebidos apenas para suprir a omissão, sem modificação do resultado do julgamento. Recurso Especial – remessa ao STJ em 18.09.2001" (TJSP, 4ª Câmara de Direito Privado, Apelação Cível nº 111.319-4/5-00, rel. Narciso Orlandi, j. de 22.02.2001, v.u. aptes: Penido Stahlberg e Outros, apdo: Ladislau de Jesus Godoy).

39. Súmula 543 do STJ: "Na hipótese de resolução de contrato de promessa de compra e venda de imóvel submetido ao Código de Defesa do Consumidor, deve ocorrer a imediata restituição das parcelas pagas pelo promitente comprador – integralmente, em caso de culpa exclusiva do promitente vendedor/construtor, ou parcialmente, caso tenha sido o comprador quem deu causa ao desfazimento".

Conferir, também, alguns outros arestos a respeito do assunto, observando-se, no primeiro caso, a eventual possibilidade de cobrança de outras despesas, desde que comprovadas pelo promitente-vendedor:

"Promessa de compra e venda de imóvel. Perda do valor das prestações. Cláusula abusiva. Na exegese dos artigos 51 e 53 do Código do Consumidor são abusivas as cláusulas que, em contrato de natureza adesiva, estabeleçam, rescindido este, tenha o compromissário que perder as prestações pagas, sem que do negócio tenha auferido qualquer vantagem. Inviável na via do especial discutir dedução de quantias a título de despesas arcadas pelo promitente quando repelidas nas instâncias ordinárias por envolver reexame de provas (Súmula nº 07). Recurso conhecido e improvido" (STJ, 3ª Turma, REsp nº 63.028-2-DF, rel. Min. Waldemar Zveiter, j. de 12.2.1996, v.u., ementa). BAASP, 1984, de 1.1.1997, JSTJ/TRF, 66/142, outubro de 1996);

"Civil. Promessa de compra e venda de imóvel em construção. Inadimplemento. Código de Defesa do Consumidor. Restituição das quantias pagas. A cláusula contida em contrato de promessa de compra e venda de imóvel prevendo a perda total das prestações já pagas é nula nos termos do artigo 53 do Código de Defesa do Consumidor. Autoriza-se, todavia, a retenção pelo promitente-vendedor de um certo percentual que, pelas peculiaridades da espécie, fica estipulado no sinal que foi pago pelo promitente comprador" (STJ, 4ª Turma, REsp nº 139.999-SP, rel. Min. César Asfor Rocha, v.u., j. de 11.5.1999);

"Promessa de compra e venda. Cláusula de decaimento. Ajustamento pelo juiz. 1. Admitida pela jurisprudência da Turma a validade da cláusula de decaimento, pela impossibilidade de aplicação imediata da norma do artigo 53 do Código de Defesa do Consumidor, cabe ao juiz, na forma do artigo 924 do C. Civil, fazer a devida adequação a fim de evitar o enriquecimento ilícito. 2. Fixação do percentual de 10% para a retenção do preço pago, com restituição do restante, devidamente atualizado. Recurso conhecido e provido em parte" (STJ, 4ª Turma, REsp nº 45.511-1-SP, rel. Min. Ruy Rosado de Aguiar, j. de 28.11.1994).

[10.12] MUDANÇAS DE CRITÉRIOS PARA A RESOLUÇÃO CONTRATUAL – LEI Nº 13.786, DE 27-12-2018 – A jurisprudência, como visto, encaminhava-se para soluções justas e equilibradas, quando foi editada a lei em questão, estabelecendo novas diretrizes, no que concerne aos valores a serem devolvidos aos compromissários-compradores de imóveis construídos e lotes de terreno.

Venceu o *lobby* das incorporadoras de imóveis e de loteamentos, em última análise.

Ou seja, foram introduzidos novos dispositivos questionáveis a respeito da sem dúvida polêmica questão, conforme vimos até este ponto discutindo, ou seja, dos valores a serem devolvidos aos desistentes desses contratos, nos termos das Leis ns. 4.591/1964 e 6.766/1979. Tais dispositivos, aliás, encontram-se em acalorada discussão nos nossos tribunais superiores,

Capítulo VI · DA PROTEÇÃO CONTRATUAL | **Art. 53**

tendo prevalecido em grande parte das questões suscitadas a esse respeito, entretanto, as teses por nós linhas atrás colacionadas. Senão, vejamos.

Quanto à Lei nº 4.591/1964:

"Art. 67-A. Em caso de desfazimento do contrato celebrado exclusivamente com o incorporador, mediante distrato ou resolução por inadimplemento absoluto de obrigação do adquirente, este fará jus à restituição das quantias que houver pago diretamente ao incorporador, atualizadas com base no índice contratualmente estabelecido para a correção monetária das parcelas do preço do imóvel, delas deduzidas, cumulativamente:

I – a integralidade da comissão de corretagem;

II – a pena convencional, que não poderá exceder a 25% (vinte e cinco por cento) da quantia paga.

§ 1º Para exigir a pena convencional, não é necessário que o incorporador alegue prejuízo.

§ 2º Em função do período em que teve disponibilizada a unidade imobiliária, responde ainda o adquirente, em caso de resolução ou de distrato, sem prejuízo do disposto no *caput* e no § 1º deste artigo, pelos seguintes valores:

I – quantias correspondentes aos impostos reais incidentes sobre o imóvel;

II – cotas de condomínio e contribuições devidas a associações de moradores;

III – valor correspondente à fruição do imóvel, equivalente a 0,5% (cinco décimos por cento) sobre o valor atualizado do contrato, *pro rata die*;

IV – demais encargos incidentes sobre o imóvel e despesas previstas no contrato.

§ 3º Os débitos do adquirente correspondentes às deduções de que trata o § 2º deste artigo poderão ser pagos mediante compensação com a quantia a ser restituída.

§ 4º Os descontos e as retenções de que trata este artigo, após o desfazimento do contrato, estão limitados aos valores efetivamente pagos pelo adquirente, salvo em relação às quantias relativas à fruição do imóvel.

§ 5º Quando a incorporação estiver submetida ao regime do patrimônio de afetação, de que tratam os arts. 31-A a 31-F desta Lei, o incorporador restituirá os valores pagos pelo adquirente, deduzidos os valores descritos neste artigo e atualizados com base no índice contratualmente estabelecido para a correção monetária das parcelas do preço do imóvel, no prazo máximo de 30 (trinta) dias após o habite-se ou documento equivalente expedido pelo órgão público municipal competente, admitindo-se, nessa hipótese, que a pena referida no inciso II do *caput* deste artigo seja estabelecida até o limite de 50% (cinquenta por cento) da quantia paga.

§ 6º Caso a incorporação não esteja submetida ao regime do patrimônio de afetação de que trata a Lei nº 10.931, de 2 de agosto de 2004 e após as deduções a que se referem os parágrafos anteriores, se houver remanescente a ser ressarcido ao adquirente, o pagamento será realizado em parcela única, após o prazo de 180 (cento e oitenta) dias, contado da data do desfazimento do contrato.

§ 7º Caso ocorra a revenda da unidade antes de transcorrido o prazo a que se referem os §§ 5º ou 6º deste artigo, o valor remanescente devido ao adquirente será pago em até 30 (trinta) dias da revenda.

§ 8º O valor remanescente a ser pago ao adquirente nos termos do § 7º deste artigo deve ser atualizado com base no índice contratualmente estabelecido para a correção monetária das parcelas do preço do imóvel.

§ 9º Não incidirá a cláusula penal contratualmente prevista na hipótese de o adquirente que der causa ao desfazimento do contrato encontrar comprador substituto que o sub-rogue nos direitos e obrigações originalmente assumidos, desde que haja a devida anuência do incor-

519

porador e a aprovação dos cadastros e da capacidade financeira e econômica do comprador substituto.

§ 10. Os contratos firmados em estandes de vendas e fora da sede do incorporador permitem ao adquirente o exercício do direito de arrependimento, durante o prazo improrrogável de 7 (sete) dias, com a devolução de todos os valores eventualmente antecipados, inclusive a comissão de corretagem.

§ 11. Caberá ao adquirente demonstrar o exercício tempestivo do direito de arrependimento por meio de carta registrada, com aviso de recebimento, considerada a data da postagem como data inicial da contagem do prazo a que se refere o § 10 deste artigo.

§ 12. Transcorrido o prazo de 7 (sete) dias a que se refere o § 10 deste artigo sem que tenha sido exercido o direito de arrependimento, será observada a irretratabilidade do contrato de incorporação imobiliária, conforme disposto no § 2º do art. 32 da Lei nº 4.591, de 16 de dezembro de 1964.

§ 13. Poderão as partes, em comum acordo, por meio de instrumento específico de distrato, definir condições diferenciadas das previstas nesta Lei.

§ 14. Nas hipóteses de leilão de imóvel objeto de contrato de compra e venda com pagamento parcelado, com ou sem garantia real, de promessa de compra e venda ou de cessão e de compra e venda com pacto adjeto de alienação fiduciária em garantia, realizado o leilão no contexto de execução judicial ou de procedimento extrajudicial de execução ou de resolução, a restituição far-se-á de acordo com os critérios estabelecidos na respectiva lei especial ou com as normas aplicáveis à execução em geral."

Quanto à Lei nº 6.766/1979:

"Art. 32-A. Em caso de resolução contratual por fato imputado ao adquirente, respeitado o disposto no § 2º deste artigo, deverão ser restituídos os valores pagos por ele, atualizados com base no índice contratualmente estabelecido para a correção monetária das parcelas do preço do imóvel, podendo ser descontados dos valores pagos os seguintes itens:

I – os valores correspondentes à eventual fruição do imóvel, até o equivalente a 0,75% (setenta e cinco centésimos por cento) sobre o valor atualizado do contrato, cujo prazo será contado a partir da data da transmissão da posse do imóvel ao adquirente até sua restituição ao loteador;

II – o montante devido por cláusula penal e despesas administrativas, inclusive arras ou sinal, limitado a um desconto de 10% (dez por cento) do valor atualizado do contrato;

III – os encargos moratórios relativos às prestações pagas em atraso pelo adquirente;

IV – os débitos de impostos sobre a propriedade predial e territorial urbana, contribuições condominiais, associativas ou outras de igual natureza que sejam a estas equiparadas e tarifas vinculadas ao lote, bem como tributos, custas e emolumentos incidentes sobre a restituição e/ou rescisão;

V – a comissão de corretagem, desde que integrada ao preço do lote.

§ 1º O pagamento da restituição ocorrerá em até 12 (doze) parcelas mensais, com início após o seguinte prazo de carência:

I – em loteamentos com obras em andamento: no prazo máximo de 180 (cento e oitenta) dias após o prazo previsto em contrato para conclusão das obras;

II – em loteamentos com obras concluídas: no prazo máximo de 12 (doze) meses após a formalização da rescisão contratual.

§ 2º Somente será efetuado registro do contrato de nova venda se for comprovado o início da restituição do valor pago pelo vendedor ao titular do registro cancelado na forma e condições pactuadas no distrato, dispensada essa comprovação nos casos em que o adquirente não for localizado ou não tiver se manifestado, nos termos do art. 32 desta Lei.

Capítulo VI · DA PROTEÇÃO CONTRATUAL | Art. 54

§ 3º O procedimento previsto neste artigo não se aplica aos contratos e escrituras de compra e venda de lote sob a modalidade de alienação fiduciária nos termos da Lei nº 9.514, de 20 de novembro de 1997."

"Art. 34. (...)

§ 1º (...)

§ 2º No prazo de 60 (sessenta) dias, contado da constituição em mora, fica o loteador, na hipótese do *caput* deste artigo, obrigado a alienar o imóvel mediante leilão judicial ou extrajudicial, nos termos da Lei nº 9.514, de 20 de novembro de 1997."

Seção III
Dos contratos de adesão[294]

Art. 54. Contrato de adesão é aquele cujas cláusulas tenham sido aprovadas pela autoridade competente ou estabelecidas unilateralmente pelo fornecedor de produtos ou serviços, sem que o consumidor possa discutir ou modificar substancialmente seu conteúdo. [1]

§ 1º A inserção de cláusula no formulário não desfigura a natureza de adesão do contrato. [2]

§ 2º Nos contratos de adesão admite-se cláusula resolutória, desde que alternativa, [3] cabendo a escolha ao consumidor, ressalvando-se o disposto no § 2º do artigo anterior. [4]

§ 3º Os contratos de adesão escritos serão redigidos em termos claros e com caracteres ostensivos e legíveis, cujo tamanho da fonte não será inferior ao corpo doze, de modo a facilitar sua compreensão pelo consumidor (redação dada pela Lei nº 11.785/2008). [6]

§ 4º As cláusulas que implicarem limitação de direito do consumidor deverão ser redigidas com destaque, permitindo sua imediata e fácil compreensão. [7]

§ 5º Vetado – Cópia do formulário-padrão será remetida ao Ministério Público que, mediante inquérito civil, poderá efetuar o controle preventivo das cláusulas gerais dos contratos de adesão. [8]

COMENTÁRIOS

[1] DEFINIÇÃO DE CONTRATO DE ADESÃO – A denominação contrato de adesão foi dada a essa técnica de contratação por Saleilles, quando analisou a parte geral do BGB

---

[294] Sobre contrato de adesão: Carlos Alberto Bittar, Ary Barbosa Garcia Junior e Guilherme Fernandes Neto, *Os contratos de adesão e o controle de cláusulas abusivas*, São Paulo, Saraiva, 1991; Josimar Santos Rosa, *Contrato de adesão*, São Paulo, Atlas, 1994; Orlando Gomes, *Contrato de adesão (condições gerais dos contratos)*, São Paulo, Revista dos Tribunais, 1972; Renata Mandelbaum, *Contratos de adesão e contratos de consumo*, São Paulo, Revista dos Tribunais, 1996; Waldírio Bulgarelli, *Questões contratuais no Código de Defesa do Consumidor*, São Paulo, Atlas, 1993.

alemão.[295] Muito embora a nomenclatura dessa forma de contratar tenha sofrido críticas da doutrina,[296] ganhou aceitação tanto no Brasil como no exterior.

A doutrina faz distinção entre os contratos de adesão e os contratos por adesão. Aqueles seriam forma de contratar na qual o aderente não pode rejeitar as cláusulas uniformes estabelecidas de antemão, o que se dá, geralmente, com as estipulações unilaterais do Poder Público (v.g., cláusulas gerais para o fornecimento de energia elétrica). Seriam contratos por adesão aqueles fundados em cláusulas também estabelecidas unilateralmente pelo estipulante, mas que não seriam irrecusáveis pelo aderente: aceita-as, em bloco, ou não as aceita.

O Código de Defesa do Consumidor fundiu essas duas situações, estabelecendo um conceito único de contrato de adesão. Assim, tanto as estipulações unilaterais do Poder Público ("aprovadas pela autoridade competente", art. 54, caput, CDC) como as cláusulas redigidas prévia e unilateralmente por uma das partes estão incluídas no conceito legal de contrato de adesão.

Opõe-se ao contrato de adesão o "contrato de comum acordo" (contrat de gré à gré), ou seja, aquele concluído mediante negociação das partes, cláusula a cláusula.[297]

O contrato de adesão não encerra novo tipo contratual ou categoria autônoma de contrato, mas somente técnica de formação do contrato, que pode ser aplicada a qualquer categoria ou tipo contratual, sempre que seja buscada a rapidez na conclusão do negócio, exigência das economias de escala.

[2] INSERÇÃO DE CLÁUSULA NO FORMULÁRIO – A doutrina, de há muito, vem preconizando a ideia de que a mera inserção de cláusula no formulário nem por isso deixa de caracterizar o contrato como de adesão.[298] Sensível a essa colocação, o Código diz não descaracterizar o contrato a inserção de cláusula no formulário, pois continua a ser considerado como contrato de adesão.

O principal objetivo da norma é fazer com que não sejam desfigurados os contratos de adesão dos quais constem uma ou algumas cláusulas manuscritas ou datilografadas, acrescentadas ao formulário já impresso.

Qualquer que seja a cláusula acrescentada, dizendo respeito aos elementos essenciais ou acidentais do contrato, permanece íntegra a natureza de adesão do contrato, sujeito, portanto, às regras do Código sobre essa técnica de formação contratual.

[3] CLÁUSULA RESOLUTÓRIA ALTERNATIVA – O Código permite a cláusula resolutória nos contratos de adesão, mas restringe sua aplicação, pois só está permitida a cláusula resolutória alternativa. O estipulante poderá fazer inserir no formulário a cláusula resolutória, deixando a escolha entre a resolução ou manutenção do contrato ao consumidor, observado o disposto no § 2º do art. 53, isto é, a devolução das quantias pagas, monetariamente atualizadas, descontada a vantagem auferida pelo aderente.

[4] ESCOLHA É DIREITO DO CONSUMIDOR – A resolução do contrato de consumo, prevista por cláusula constante do formulário de adesão, não poderá ficar na esfera de decisão do fornecedor. O Código somente considera lícita a cláusula resolutória se a escolha entre a

---

[295] Raymond Saleilles, *De la déclaration de volonté*, cit., nº 89, ps. 229-230. Ver a abordagem sobre o contrato de adesão na Introdução a este capítulo, supra.

[296] Orlando Gomes, *Contrato de adesão*, cit., nº 3, ps. 5-9.

[297] Alex Weil e François Terré, *Droit Civil (les obligations)*, cit., nº 47, p. 47; Nicole Chardin, *Le contrat de consommation de crédit et l'autonomie de la volonté*, cit., nº 42, p. 36.

[298] Orlando Gomes, *Contrato de adesão*, cit., nº 110, p. 156.

Capítulo VI · DA PROTEÇÃO CONTRATUAL | **Art. 54**

resolução ou manutenção do contrato, ou, ainda, qualquer outra solução preconizada na estipulação, for assegurada ao consumidor aderente.

Na estipulação da possibilidade de resolução alternativa, deverão ser observados os princípios fundamentais do CDC, entre os quais ressaltam o da boa-fé (art. 4º, nº III; art. 51, nº IV), o do equilíbrio nas relações de consumo (art. 4º, nº III) e o da proporcionalidade, que indica proibição de o fornecedor auferir vantagem excessiva em detrimento do consumidor (art. 51, nº IV, e § 1º).

É abusiva a cláusula contratual que implique renúncia, direta ou indireta, do consumidor ao direito previsto neste dispositivo, por ferir o art. 51, nº I, do Código.

[5] CONTRATO DE ADESÃO ESCRITO E VERBAL – O Código não restringe o conceito de contrato de adesão às fórmulas escritas do estipulante. Considera de adesão o contrato celebrado mediante estipulação unilateral, preestabelecida pelo fornecedor. Tanto os contratos concluídos por escrito como também os celebrados verbalmente podem ser contratos de adesão se verificados os requisitos da lei.[299]

Também os comportamentos socialmente típicos – ou, impropriamente, "relações contratuais de fato" (faktische Vertragsverhältnisse) – têm efeitos que se equiparam aos derivados do contrato de adesão, razão pela qual toda a sistemática do CDC a respeito destes últimos (arts. 46 a 54) aplica-se a esses comportamentos.[300]

[6] REDAÇÃO CLARA EM CARACTERES OSTENSIVOS E LEGÍVEIS – Com a adoção desse expediente, o Código consagrou o princípio da legibilidade das cláusulas contratuais. O dispositivo visa a permitir que o consumidor possa tomar conhecimento do conteúdo do contrato pela simples leitura, sem prejuízo do dever de esclarecimento por parte do fornecedor (art. 46, CDC).

A redação em caracteres legíveis possibilita diminuir o âmbito do controle das cláusulas contratuais gerais, qualitativa e quantitativamente, além de consistir em instrumento de segurança das relações jurídicas e de liberdade contratual.[301]

A contratação em massa, exigência das economias de escala, deve ser exercida de forma compatível com os princípios fundamentais da ordem econômica, dentre os quais está a defesa do consumidor (art. 170, nº V, CF). A rapidez que deve informar esse tipo de contratação, que implica necessariamente a conclusão do negócio com base em cláusulas gerais preestabelecidas, não deve servir de pretexto para que se incluam, no bojo de um longo formulário de futuro contrato de adesão, cláusulas draconianas consideradas pelo CDC como abusivas. Além desse perigo, está a inevitável imposição, na prática, das cláusulas pelo estipulante, porque o consumidor aderente geralmente não lê os termos do formulário, quer seja por pressa, preguiça, indolência, ignorância ou resignação, em face da dificuldade trazida pelas "letras miúdas".

Um mínimo de formalismo deve ocorrer nas relações de consumo, devendo-se ter o cuidado de evitar o excesso para não prejudicar ou retardar a conclusão do negócio. Interessante observar que, quanto ao formalismo, o fornecedor nunca reclama da demora na conclusão de contrato de consumo, pela pesquisa de informações e cadastro do consumidor que pretende comprar a prazo. À perda de dois ou três dias para se colherem informações sobre o consumidor deve corresponder o tempo despendido pelo fornecedor para esclarecê-lo sobre o conteúdo do contrato e permitir-lhe a leitura do formulário, agora escrito em letras legíveis.

---

[299] Ver as considerações sobre o contrato de adesão na Introdução a este capítulo.

[300] Ver, com maior desenvolvimento, os comentários sobre o tema na Introdução a este capítulo.

[301] Georges Berlioz, *Contrat d'adhésion*, cit., nº 150, p. 83.

523

As "letras miúdas", quase sempre ilegíveis por pessoa com razoável nível de visão, não mais são admitidas pelo sistema do Código, pois os formulários deverão ser impressos com caracteres legíveis.

O Código não estabelece o padrão gráfico em que deveriam ser impressas as cláusulas contratuais gerais nos formulários, deixando a questão para ser resolvida em face do caso concreto. Como critério para estabelecer-se o que seriam "caracteres legíveis", poderá tomar-se em consideração o corpo gráfico adequado para leitura por pessoa que possua grau médio de visão.

O tipo da letra também não foi definido pelo Código. Sendo legível, o contrato poderá trazer qualquer tipo de caracteres gráficos.

Diante da nova regra, os fornecedores de produtos e serviços, inclusive o Poder Público, deverão promover completa revisão em seus formulários-padrão, a fim de adaptá-los às exigências do CDC. A questão, contudo, totalmente inócua e absurda, foi definir o corpo gráfico que deverão ter as letras dos contratos de adesão – fonte não inferior a doze –, por força da Lei nº 11.785, de 2008. Fica a dúvida: qual fonte, Arial, Times New Roman, Courrier? E por que não corpo gráfico 18, 20, em vez de 12?

Ora, o que realmente importa é que os caracteres gráficos dos contratos sejam ostensivos e legíveis, e não que tenham esta ou aquela fonte, e este ou aquele corpo gráfico. Conforme sempre fizemos questão de salientar, o Código de Defesa do Consumidor não está a ensejar qualquer tipo de modificação. Conforme já salientado no item 3 do Título I (Dos Direitos do Consumidor) desta obra, trata-se de uma lei basicamente principiológica, embora também dispositiva, de caráter interdisciplinar e multidisciplinar, e que não pode, ou melhor, não deve preocupar-se com detalhes ou minúcias como as que ora se analisam no tocante ao dispositivo em comento.[302]

[7] DESTAQUE PARA AS CLÁUSULAS LIMITATIVAS DE DIREITO DO CONSUMIDOR – A sugestão, feita por Berlioz,[303] de obrigar o destaque das cláusulas desvantajosas ao consumidor foi aceita pelo Código. Toda estipulação que implicar qualquer limitação de direito do consumidor, bem como a que indicar desvantagem ao aderente, deverá vir singularmente exposta, do ponto de vista físico, no contrato de adesão.

Sobre os destaques, ganha maior importância o dever de o fornecedor informar o consumidor sobre o conteúdo do contrato (art. 46, CDC). Deverá chamar a atenção do consumidor para as estipulações desvantajosas para ele, em nome da boa-fé que deve presidir as relações de consumo.

Estipulação como, por exemplo, "se deixar de pagar três parcelas consecutivas não poderá se utilizar dos serviços contratados", implica restrição de direito, de modo que incide sobre ela o dispositivo do Código.

O destaque pode ser dado de várias formas: a) em caracteres de cor diferente das demais cláusulas; b) com tarja preta em volta da cláusula; c) com redação em corpo gráfico maior do que o das demais estipulações; d) em tipo de letra diferente das outras cláusulas, como, por exemplo, em itálico, além de muitas outras fórmulas que possam ser utilizadas, ao sabor da criatividade do estipulante.

[8] CONTROLE ADMINISTRATIVO DAS CLÁUSULAS GERAIS DOS CONTRATOS DE ADESÃO PELO MINISTÉRIO PÚBLICO – O § 5º deste artigo foi vetado sob o mesmo argumento do veto ao § 3º do art. 51.

---

[302] Considerações feitas pelo coautor José Geraldo Brito Filomeno.

[303] Georges Berlioz, *Contrat d'adhésion*, cit., nº 151, p. 84.

Do ponto de vista da eficácia, o veto não influiu no sistema de controle dos contratos de adesão, que continua permitido. Apenas ficou sem efeito a obrigatoriedade de os fornecedores estipulantes remeterem ao Ministério Público cópia do formulário-padrão utilizado por eles para os contratos de adesão.

Nada obstante o veto, o controle efetivo dessas cláusulas, conforme já afirmado na Introdução deste capítulo e no comentário ao § 3º do art. 51, supra, pode ser realizado pelo Ministério Público, mediante a instauração do inquérito civil (art. 8º, § 1º, da LACP e art. 90 do CDC).

Cumpre observar, ainda, que o parquet tem atribuição funcional e legitimidade para agir, tanto para efetuar o controle administrativo das cláusulas contratuais gerais do contrato de adesão quanto para pleitear judicialmente a exclusão, modificação ou declaração de nulidade de cláusula que entenda ser abusiva.[304]

---

[304] Ver, a propósito, a análise do controle das cláusulas contratuais gerais, na Introdução a este capítulo, bem como o comentário precedente ao § 3º do art. 51.

Capítulo VI-A
DA PREVENÇÃO E DO TRATAMENTO DO SUPERENDIVIDAMENTO [1] [2]

Roberto Pfeiffer e Claudia Lima Marques

COMENTÁRIOS

[1] AS FONTES DO CAPÍTULO E SUA EVOLUÇÃO PARLAMENTAR – A Comissão de Juristas instituída pela Presidência do Senado Federal para oferecer subsídios para atualização do Código de Proteção e Defesa do Consumidor foi criada em 02 de dezembro de 2010 pelo Ato do Presidente Senador José Sarney nº 305, de 2010, e entregou três anteprojetos em 2012 (PLS 281, 282 e 283/2012), sendo este último versando sobre a prevenção e o tratamento do superendividamento transformado na Lei 14.181, de 1º de julho de 2021, que introduziu no CDC o presente Capítulo VI-A.[1] A atualização do CDC pela Lei 14.181/2021 foi fortemente influenciada pela vitória dos consumidores na ADIN 2.591, conhecida como ADIN dos bancos,[2] e pelas lições do direito comparado.[3]

A finalidade deste Capítulo VI-A é a prevenção e o tratamento do superendividamento do consumidor, em especial estimular o cumprimento, pelos fornecedores e intermediários, dos

---

[1] A Comissão de Juristas do Senado Federal para a Atualização do CDC foi presidida pelo e. Ministro do Superior Tribunal de Justiça, Dr. Antonio Herman Benjamin e tendo como membros os Professores: Claudia Lima Marques da UFRGS (Relatora-Geral), Ada Pellegrini Grinover da USP, Leonardo Roscoe Bessa do UNICEUB, Roberto Pfeiffer da USP e Kazuo Watanabe da USP, assessorada no plano técnico-jurídico por Wellerson Miranda Pereira, e conforme relatório oficial trabalhou por 2 anos realizando 37 reuniões, sendo 12 reuniões ordinárias, 8 audiências públicas e 17 reuniões técnicas. Veja SENADO FEDERAL. *Relatório Final*: Comissão de Juristas de Atualização do Código de Defesa do Consumidor. BRASIL. Antonio Herman Benjamin et al. Senado Federal, Brasília, 2012, p. 27.

[2] Veja sobre esta vitória a obra que coordenamos, MARQUES, Claudia Lima; ALMEIDA, João Batista de; PFEIFFER, Roberto (coord.). *Aplicação do Código de Defesa do Consumidor aos bancos – ADIn 2.591*. São Paulo: Ed. RT, 2006, p. 5 e seg.

[3] Veja relatório da Comissão de Juristas do Senado Federal de Atualização do CDC, in SENADO FEDERAL. *Relatório Final*: Comissão de Juristas de Atualização do Código de Defesa do Consumidor. BRASIL. Antonio Herman Benjamin et al. Senado Federal, Brasília, 2012, p. 77 e seg.

novos deveres de boa-fé de informação, esclarecimento, avaliação, cuidado e cooperação específicos na concessão e cobrança de créditos e na venda a prazo, que impõe observância aos *standards* de crédito responsável e boa-fé em relação aos consumidores.[4] Trata-se das melhores práticas mundiais na concessão de crédito, indicadas pelo Relatório do Banco Mundial de 2012[5] e pela OECD em seu relatório de 2019,[6] e que o Brasil se comprometeu com o G20 a cumprir.

As principais fontes, de direito comparado, das regras deste capítulo são o direito francês, argentino e sul-africano.[7] Conforme o relatório da Comissão de Juristas do Senado Federal para a atualização do CDC, presidida por Antonio Herman Benjamin e que elaborou o Anteprojeto que se transformou no PLS 283/2012 e Lei 14.181/2021, esta Comissão

> "reuniu-se em 12 reuniões ordinárias para examinar as propostas e o material de Direito Comparado (as modificações legislativas, em especial as ocorridas na Europa, com destaque para França e Itália, que codificaram a proteção do consumidor, nos Estados Unidos, Canadá, África do Sul, no Japão, na China, no México, na Colômbia e na Argentina nos últimos 10 anos e as leis modelos da ONU, *Consumers International* e os recentes Instrumentos do Mercosul, União Europeia e da OEA nos temas). Destaque-se que nas reuniões ordinárias, a Comissão recebeu a contribuição de convidados especiais, (...) assim como a visita de *experts* internacionais e nacionais no tema, em especial do Prof. Dr. Gilles Paisant, da Universidade de Savoie-Chambery, França, assim como recebeu textos legislativos de direito comparado e documentos internacionais, gentilmente enviados, a pedido do Presidente da Comissão, pelo Prof. Dr. James Nehf, da Universidade de Illinois (EUA), Profa. Dra. Mechele Dickerson, da Universidade do Texas, Austin (EUA), Prof. Dr. Iain Ramsay, da *International Association of Consumer Law* – IACL (Universidade de Kent, Inglaterra), Prof. Dr. Thierry Bourgoignie (UQAM, Canadá), Prof. Dr. Diego Fernandez Arroyo, do Comitê de Proteção Internacional dos Consumidores da *International Law Association* (Universidade de Paris-Sorbonne, França), do Prof. Dr. Gonzalo Sozzo (Universidad Nacional del Litoral, Santa Fé, Argentina), Prof. Dr. Gabriel Stiglitz (Universidad de La Plata, Argentina), Profa. Dra. Adriana Drezyin de Klor (Universidade de Córdoba) e do Prof. Dr. Ricardo Lorenzetti, Presidente da Comissão da Atualização do Código Civil Argentino (Universidade de Buenos Aires), assim como material de direito comparado e do Mercosul enviado pelo DPDC-MJ e pela *Consumers International*, Chile".[8]

Efetivamente, o superendividamento de consumidores é fenômeno percebido em numerosos países[9] e as medidas de prevenção e tratamento foram pioneiramente adotadas por paí-

---

[4]   Veja as obras coletivas com as pesquisas no Brasil e no mundo, MARQUES, Claudia Lima; CAVALLAZZI, Rosângela Lunardelli. *Direitos do Consumidor Endividado: Superendividamento e crédito*. São Paulo: RT, 2006; e MARQUES, Claudia Lima; CAVALLAZZI, Rosângela Lunardelli; LIMA, Clarissa Costa de (Org.). *Direitos do consumidor endividado II: vulnerabilidade e inclusão*. São Paulo: Revista dos Tribunais, 2016.

[5]   BANCO MUNDIAL (trad. Ardyllis Soares). Conclusões do Relatório do Banco Mundial sobre tratamento do superendividamento e insolvência da pessoa física – Resumo e conclusões finais, in *Revista de Direito do Consumidor*, v. 89, 2013, p. 435 e seg.

[6]   MARQUES, Claudia Lima. Recomendações da OECD em matéria de proteção do consumidor no campo de crédito ao consumidor, adotadas em 2 de julho de 2019, in *Revista de Direito do Consumidor*, vol. 128 (mar./abr. 2020), p. 469 e seg.

[7]   SENADO FEDERAL. *Relatório Final*: Comissão de Juristas de Atualização do Código de Defesa do Consumidor. BRASIL. Antonio Herman Benjamin et al. Senado Federal, Brasília, 2012, p. 141.

[8]   SENADO FEDERAL. *Relatório Final*: Comissão de Juristas de Atualização do Código de Defesa do Consumidor. BRASIL. Antonio Herman Benjamin et al. Senado Federal, Brasília, 2012, p. 73-74. E lista de fontes de direito comparado usadas nos três projetos preparados pela Comissão de Juristas, nas p. 90-93.

[9]   Veja os pioneiros trabalhos no Brasil, de LOPES, José Reinaldo de Lima, Crédito ao consumo e superendividamento – Uma problemática geral, in *Revista de Direito do Consumidor*, vol. 17 (1996), p. 62 e seg.

Capítulo VI-A • DA PREVENÇÃO E DO TRATAMENTO DO SUPERENDIVIDAMENTO

ses desenvolvidos, como forma de tornar seus mercados de consumo mais saudáveis e com maior inclusão social.[10]

Na França, a pioneira lei especial (*Loi Neiertz*) foi ali adotada em 1989 e levava o nome da Ministra do Consumo, Véronique Neiertz,[11] quando ainda não havia o Código do Consumo francês. Esta lei especial cria o sistema da "reeducação" financeira focando na repactuação e cooperação entre credores e consumidor[12] e trouxe a primeira definição legal de devedor superendividado, sendo, em 1993, incorporada ao *Code de la Consommation*.[13] Assim, *Code de la Consommation* da França foi fonte importante de inspiração da Lei 14.181/2021.[14]

O direito francês serviu também de inspiração para o tratamento do superendividamento, adaptado às condições e usos brasileiros pelas magistradas e então discentes do PPGD-U-FRGS, Clarissa Costa de Lima e Káren Bertoncello (Prêmio Innovare da Magistratura 2008).[15] O Código do Consumo da França, em matéria de prevenção do superendividamento, absorveu pela *Loi Lagarde*[16] as regras das Diretivas europeias sobre crédito ao consumidor (Diretiva 2008/48 de crédito ao consumidor), assim como as regras da Diretiva de cláusulas abusivas, que introduz a ideia de práticas comerciais "agressivas" e do assédio de consumo (*consumer harassment*), e da Diretiva sobre serviços financeiros à distância e crédito imobiliário, além da Diretiva quadro sobre os direitos dos consumidores, Diretiva 2011/83. Desta forma, a influência do direito francês e do seu modelo dito da "reeducação financeira" serviram de porta de entrada da influência do direito europeu na Lei 14.181/2021.[17]

    CASADO, Márcio Mello, Os Princípios Fundamentais como ponto de partida para uma primeira análise do sobre-endividamento no Brasil, in *Revista de Direito do Consumidor* (São Paulo), vol. 33, p. 131 e seg. COSTA, Geraldo de Faria Martins da, *Superendividamento. A Proteção do Consumidor de Crédito em Direito Comparado Brasileiro e Francês*. São Paulo: RT, 2002, p. 10 e seg.

[10] No Brasil, veja MARQUES, Claudia Lima; BENJAMIN, Antonio Herman. Consumer over-indebtedness in Brazil and the need of a new consumer bankruptcy legislation. In: NIEMI, Joana; RAMSAY, Iain; WHITFORD, William C. (ed.). *Consumer credit, debit and bankruptcy – Comparative and international perspective*. Oxford: Hart Publishing, 2009, p. 55 e seg.

[11] A luta da Ministra Veronique Neiertz por não introduzir na França uma falência do consumidor (*faillite civile*) e de procurar um modelo próprio em relação ao norte-americano é destacada por RAMSAY, Iain. *Personal insolvency in the 21st Century – A comparative analysis of the US and Europe*, Portland, Oregon: Hart Publishing, 2017, p. 108-111.

[12] Veja PAISANT, Gilles. El tratamiento del sobreendeudamiento de los consumidores en derecho francés. *Revista de Direito do Consumidor* vol. 42/2002, abr.-jun./2002, p. 9-26; e PAISANT, Gilles. A reforma do procedimento de tratamento do superendividamento pela lei de 29 de julho de 1998 relativa à luta contra as exclusões, in *Revista de Direito do Consumidor*, vol. 55/2005, Jul.-Set./2005, p. 239-258.

[13] Veja PAISANT, Gilles. A reforma do procedimento de tratamento do superendividamento pela lei de 1 de agosto de 2003 sobre a cidade e a renovação urbana, in *Revista de Direito do Consumidor*, vol. 56, Out./2005, p. 221; e NIEMI, Joana. Overindebted household and Law: Prevention and Rehabilitation in Europe, in NIEMI, Joana; RAMSAY, Iain; WHITFORD, William C. (ed.). *Consumer credit, debit and bankruptcy – Comparative and international perspective*. Oxford: Hart Publishing, 2009, p. 91 e seg.

[14] Veja detalhes in SENADO FEDERAL. *Relatório Final*: Comissão de Juristas de Atualização do Código de Defesa do Consumidor. BRASIL. Antonio Herman Benjamin et al. Senado Federal, Brasília, 2012, p. 130 e seg. Veja KHAYAT, Danielle. *Lei droit du surendettement des particuliers*. Paris: LGDJ, 1997; VIGNEAU, Vincent; BOURIN, Guillaume-Xavier; CARDINI, Cyril. *Droit du surendettement des particuliers*, 2. ed. Paris: LexisNexis, 2012; FERRIERE, Frederic; AVENA-ROBARDET, Valerie. *Surendettement des Particuliers*. Paris: Dalloz, 2012.

[15] Veja LIMA, Clarissa Costa de; BERTONCELLO, Karen. Conciliação aplicada ao superendividamento: estudo de casos. *Revista de Direito do Consumidor* 71, p. 106-141, 2009.

[16] Veja PAISANT, Gilles. Buena-fé, crédito y sobreendeudamiento: el caso francés, in *Revista de Direito do Consumidor*, vol. 100/2015, p. 195-204, Jul.-Ago./2015.

[17] Sobre o tema, veja detalhes in MARQUES, Claudia Lima; PFEIFFER, Roberto. Dissemination of Consumer Law and Policy in Brazil: The Impact of EU Law, in *Journal of Consumer Policy*, 2022 (no prelo).

Outra fonte importante foi o direito argentino,[18] seja a lei de defesa do consumidor que prevê a conexão de contratos e várias sanções para o descumprimento de deveres de boa-fé, a lei argentina sobre cartões de crédito e o novo Código Civil e Comercial da Nação Argentina, que possui além de regras especiais sobre transparência, oferta e publicidade nas relações de consumo, um capítulo específico sobre contratos bancários com consumidores.[19]

Por fim, destaque-se a influência da lei sul-africana de crédito (*National Credit Act 34 of 2005*), que permitiu a inclusão financeira de parte importante da população após o *apartheid*, em uma democratização do crédito[20] e bancarização da vida privada (expressão de Antonio Herman Benjamin) semelhante à ocorrida no Brasil, após a entrada em vigor do crédito consignado. A referida lei traz importantes normas sobre transparência, informação e esclarecimento do consumidor,[21] combatendo a discriminação e o crédito irresponsável (*reckless credit*).[22]

Nos textos internacionais, a Comissão de Juristas do Senado Federal para a Atualização do CDC destaca o relatório do Banco Mundial, que em 2011 estava sendo preparado pelo *World Bank Insolvency and Creditors Rights Working Group for the Treatment of the Insolvency of Natural Persons* e ficou pronto em 2012[23] e as recomendações do Comitê de Proteção Internacional dos Consumidores da *International Law Association.*[24] Oriundos da crise mundial há também os Princípios do G20 sobre proteção do consumidor financeiro (*G20 High-Level*

---

[18]   SENADO FEDERAL. *Relatório Final*: Comissão de Juristas de Atualização do Código de Defesa do Consumidor. BRASIL. Antonio Herman Benjamin et al. Senado Federal, Brasília, 2012, p. 141 e seg. Veja também ANCHAVÁL, Hugo. *Insolvencia del consumidor – Sobreendeudamiento de personas físicas*, Buenos Aires: Astrea, 2011, p. 216 e seg.

[19]   Veja o texto in: http://www.saij.gob.ar/docs-f/codigo/Codigo_Civil_y_Comercial_de_la_Nacion.pdf (acesso em: 28.11.2021).

[20]   Veja KELLY-LOUW, Michele. Prevention of Overindebtedness and Mechanisms for Resolving Overindebtness of South Africa, in NIEMI, Joana; RAMSAY, Iain; WHITFORD, William C. (ed.). *Consumer credit, debit and bankruptcy – Comparative and international perspective.* Oxford: Hart Publishing, 2009, p. 175 e seg.

[21]   SENADO FEDERAL. *Relatório Final*: Comissão de Juristas de Atualização do Código de Defesa do Consumidor. BRASIL. Antonio Herman Benjamin et al. Senado Federal, Brasília, 2012, p. 145 e seg.

[22]   Veja na lei sul-africana a definição: "Reckless credit – Section 80. (1) A credit agreement is reckless if, at the time that the agreement was made, or at the time when the amount approved in terms of the agreement is increased, other than an increase in terms of section … (4) – (a) the credit provider failed to conduct an assessment as required by section (2), irrespective of what the outcome of such an assessment might have concluded at the time; or (b) the credit provider, having conducted an assessment as required by section … (2), entered into the credit agreement with the consumer despite the fact that the preponderance of information available to the credit provider indicated that – (i) the consumer did not generally understand or appreciate the consumer's (ii) entering into that credit agreement would make the consumer over-indebted. (2) When a determination is to be made whether a credit agreement is reckless or not, the person making that determination must apply the criteria set out in subsection (1) as they existed at the time the agreement was made, and without regard for the ability of the consumer to risks, costs or obligations under the proposed credit agreement; or (a) meet the obligations under that credit agreement; or (b) understand or appreciate the risks, costs and obligations under the proposed credit agreement, at the time the determination is being made. (3) When making a determination in terms of this section, the value of – (a) any credit facility is the credit limit at that time under that credit facility; (b) any pre-existing credit guarantee is – (i) the settlement value of the credit agreement that it guarantees, if the (ii) the settlement value of the credit agreement that it guarantees, discounted by a prescribed factor; and (c) any new credit guarantee is the settlement value of the credit agreement that it guarantees, discounted by a prescribed factor."(Disponível em: https://www.gov.za/sites/default/files/gcis_document/201409/a34-050_0.pdf. Acesso em: 28.11.2021).

[23]   Veja MARQUES, Claudia Lima; LIMA, Clarissa Costa de. Notas sobre as Conclusões do Relatório do Banco Mundial sobre o tratamento do superendividamento e insolvência da pessoa física. *Revista de Direito do Consumidor*, v. 89, 2013, p. 453 e seg.

[24]   SENADO FEDERAL. *Relatório Final*: Comissão de Juristas de Atualização do Código de Defesa do Consumidor. BRASIL. Antonio Herman Benjamin et al. Senado Federal, Brasília, 2012, p. 139-140.

Principles on Financial Consumer Protection),[25] mais tarde, em 2019, as recomendações da OECD sobre crédito ao consumidor.[26]

No Anteprojeto da Comissão de Juristas e no consequente PLS 283, de 2012, apresentado pelo Senador José Sarney, o Capítulo VI-A era só uma secção no atual Capítulo VI – "Da proteção contratual" e visava somente à "prevenção do superendividamento", mas já continha os arts. 54-A a 54-G com os mesmos objetivos que os agora aprovados na Lei 14.181/2021.

Durante a tramitação parlamentar, o título passou a ser "prevenção e tratamento", muito embora a conciliação para a repactuação ficou em capítulo separado, como previa o Anteprojeto. Positivo é o fato de que o título consolida o caráter bilateral do CDC ao tratar do tema do superendividamento: foco na prevenção, com garantia de crédito responsável e de educação financeira, como uma "vacina" ao superendividamento,[27] mas realismo e remédio para tratamento dos "efeitos" do superendividamento, como se fosse uma "doença" da sociedade de consumo atual.

O texto do _caput_ na versão elaborada pela Comissão de Juristas era mais rico e principiológico, assim o PLS 283, de 2012, afirmava: "Art. 54-A. Esta seção tem a finalidade de prevenir o superendividamento da pessoa física, promover o acesso ao crédito responsável e à educação financeira do consumidor, de forma a evitar a sua exclusão social e o comprometimento de seu mínimo existencial, sempre com base nos princípios da boa-fé, da função social do crédito ao consumidor e do respeito à dignidade da pessoa humana." Toda a parte final foi retirada, mas colocada no art. 4, X, a exclusão social, no art. 6, XII, a preservação do mínimo existencial, e o princípio da boa-fé ficou subentendido na figura do crédito responsável, revisão e repactuação de boa-fé do art. 6, XI. Podemos afirmar assim que o Capítulo VI-A na sua gênese é um aprofundamento dos princípios da boa-fé e do respeito à dignidade da pessoa humana, assim como realiza ou concretiza as linhas de função social dos contratos de crédito ao consumidor, mesmo se algumas destas linhas ficaram implícitas.[28]

[2] REFORÇO DA DIMENSÃO CONSTITUCIONAL, ÉTICO-INCLUSIVA E DE EFETIVIDADE DO CDC ATRAVÉS DO CAPÍTULO VI-A – Destaque-se que, segundo a Comissão de Juristas,[29] o espírito do Capítulo VI-A, agora incluído pela Lei 14.181/2021, é de

---

[25] Veja, nos _G20 High-Level Principles on Financial Consumer Protection_, o princípio 6: "6. Responsible Business Conduct of Financial Services Providers and Authorised Agents – Financial services providers and authorised agents should have as an objective, to work in the best interest of their customers and be responsible for upholding financial consumer protection. Financial services providers should also be responsible and accountable for the actions of their authorised agents. Depending on the nature of the transaction and based on information primarily provided by customers financial services providers should assess the related financial capabilities, situation and needs of their customers before agreeing to provide them with a product, advice or service." (Disponível em: https://www.oecd.org/daf/fin/financial-markets/48892010.pdf. Acesso em: 20.11.2021).

[26] OECD, Recommendation of the Council on Consumer Protection in the field of Consumer Credit, OECD/LEGAL/0453. Disponível em: https://www.oecd.org/finance/financial-education/Recommendation-FCP--Consumer_Credit.pdf. Acesso em: 28.11.2021.

[27] Assim defendemos in MARQUES, Claudia Lima; PFEIFFER, Roberto Castellanos. Superendividamento dos Consumidores: Vacina é o PL 3.515 de 2015. Disponível em: https://www.conjur.com.br/2020-mai-14/garantias-consumo-superendividamento-consumidores-vacina-pl-3515-2015. Acesso em: 20.11.2021.

[28] MARQUES, Claudia Lima. Sugestões para uma lei sobre o tratamento do superendividamento de pessoas físicas em contratos de crédito ao consumo: proposições com base em pesquisa empírica de 100 casos no Rio Grande do Sul. In: MARQUES, Claudia Lima; CAVALLAZZI, Rosângela Lunardelli (coord.). _Direitos do consumidor endividado_: superendividamento e crédito. São Paulo: Ed. RT, 2006. p. 255.

[29] Expressões de Antonio Herman Benjamin presentes no relatório, SENADO FEDERAL. _Relatório Final_: Comissão de Juristas de Atualização do Código de Defesa do Consumidor. BRASIL. Antonio Herman Benjamin et al. Senado Federal, Brasília, 2012, p. 21 e seg.

reforço de três dimensões do CDC: a dimensão constitucional, a dimensão ético-inclusiva e a dimensão de confiança e efetividade.

Esta dimensão constitucional, oriunda das menções constitucionais na lista de direitos fundamentais do art. 5, XXXII, art. 170, V, e art. 48 do ADCT da Constituição Federal, foi consolidada na vitória na ADIn 2.591, a conhecida ADIN dos bancos, que reforçou a aplicação do CDC e a possibilidade de o CDC estabelecer regras de conduta leal[30] para guiar as relações "bancárias, de crédito e securitárias" (§ 2º do art. 3º do CDC, declarado plenamente constitucional).[31] A consequência é um reforço do art. 1º do CDC, que esclarece a natureza de ordem pública e interesse social de todas as regras do CDC, incluindo assim as novas regras incluídas pela Lei 14.181/2021. Especialmente as regras deste capítulo novo de prevenção do superendividamento e de garantia de práticas de crédito responsável e de preservação do mínimo existencial (art. 6, XI e XII) são indisponíveis.[32]

Assim chegamos à segunda dimensão, mais solidarista ou ético-inclusiva, pois a Lei 14.181/2021 visa especialmente combater a exclusão social (art. 4, X), preocupa-se com os mais vulneráveis ou hipervulneráveis dentre os consumidores de crédito (art. 54-C, IV), criando a figura do assédio de consumo, que vem somar-se ao art. 39, VI, do abuso de fraqueza, combate à discriminação do consumidor superendividado (art. 51, XVII[33] e XVIII) e prevê mecanismos de reforço do empoderamento dos consumidores (art. 4, IX, art. 5, VII, e na parte processual, arts. 104-A e 104-B).

Muitas consequências devem ser retiradas deste reforço da dimensão constitucional,[34] inclusive no que concerne à terceira dimensão de efetividade, pois a lei nova não pode ser um

---

[30] MARQUES, Claudia Lima. Parecer – Da possibilidade constitucional de estabelecer regras de condutas para os Bancos, in MARQUES, Claudia Lima; ALMEIDA, João Batista de; PFEIFFER, Roberto (coord.). *Aplicação do Código de Defesa do Consumidor aos bancos – ADin 2.591*. São Paulo: Ed. RT, 2006, p. 71-143.

[31] PFEIFFER, Roberto Castellanos. Constitucionalidade da submissão dos serviços de natureza bancária, financeira, de crédito e securitária ao Código de Defesa do Consumidor, in MARQUES, Claudia Lima; ALMEIDA, João Batista de; PFEIFFER, Roberto (coord.). *Aplicação do Código de Defesa do Consumidor aos bancos – ADin 2.591*. São Paulo: Ed. RT, 2006, p. 181 e seg.

[32] Neste sentido, veja a pesquisa de direito comparado que comprova a natureza indisponível do direito – especialmente do direito de informação e esclarecimento – do consumidor, in PFEIFFER, Thomas (Hrsg.), *Rechtsvergliechende Untersuchung des Verbraucherinformationsrechts*, Vol. 1, Baden-Baden: Nomos, 2013, p. 92 e seg.

[33] Sobre a discriminação no acesso ao Poder Judiciário, veja os enunciados da I Jornada CDEA sobre Superendividamento e Proteção do Consumidor UFRGS-UFRJ: "Enunciado 23. O art. 51, XVII do Código de Defesa do Consumidor, introduzido pela Lei nº 14.181/2021, densifica os direitos fundamentais ao acesso à justiça e à tutela do consumidor em juízo (art. 5º, XXXV e XXXII da Constituição Federal), de modo a impedir que o emprego de meios alternativos de solução de litígios, em âmbito judicial ou extrajudicial, sejam eles baseados em soluções analógicas ou digitais, possa servir como condição ou forma de limitação ao acesso do consumidor ao Poder Judiciário, sob pena de ofensa à proibição de retrocesso social. (Autores: Prof. Dr. Guilherme Magalhães Martins e Prof. Dr. Luis Alberto Reichelt). Enunciado 24. A nova redação dada ao art. 51 do CDC, com a inserção do inciso XVII, confirma o direito de acesso aos órgãos do Judiciário do art. 6º, VII e a proibição de cláusula de arbitragem nos contratos de consumo com pessoa natural (art. 5, VII do CDC). (Autor: Prof. Dr. André Perin Schmidt Neto)."

[34] Veja, retirando desta dimensão constitucional consequências processuais, os enunciados da I Jornada CDEA sobre Superendividamento e Proteção do Consumidor UFRGS-UFRJ: "Enunciado 21. O processo por superendividamento para revisão e integração dos contratos e repactuação das dívidas previsto no art. 104-A e 104-B do CDC, com a redação dada pela Lei 14.181/21, é procedimento especial e não se aplicam as disposições contidas nos §§ 2º e 3º do art. 330 do CPC/15, que imporiam ao consumidor superendividado o pagamento/depósito do valor incontroverso, barreira de acesso à justiça que prejudicaria a finalidade da lei de combater a exclusão social (art. 4, X do CDC). (Autor: Prof. Dr. André Perin Schmidt Neto). Enunciado 22. Art. 104-A. Em atendimento ao direito de amplo acesso à justiça, deve ser deferida a

leão sem dentes.[35] Para honrar ao novo princípio de combate à exclusão social (art. 4, X) como finalidade da aplicação e efetividade das normas de prevenção e tratamento do superendividamento, assim como o novo mandamento de instituir mecanismos de proteção especial do consumidor pessoa natural (art. 5, VI) é preciso que seja aplicável como norma de ordem pública de direção que é para uma concessão responsável de crédito ao consumidor no Brasil. Neste sentido, foi aprovado por unanimidade, na I Jornada CDEA sobre Superendividamento e Proteção do Consumidor UFRGS-UFRJ, o "Enunciado 2. A Lei 14.181/21 reforça a dimensão constitucional do dever de proteção do Estado ao consumidor (art. 5º, XXXII da CF/1988) e o princípio da prevenção e tratamento do superendividamento pressupõe a aplicação *ex officio* das regras do Código de Defesa do Consumidor em caso de superendividamento do consumidor pessoa natural (art. 4º, X e art. 5º, VI do CDC), superando a Súmula 381 do Superior Tribunal de Justiça. (Autora: Profa. Dra. Dr. h. c. Claudia Lima Marques)."

Realmente é necessário aprofundar a discussão sobre o "ofício do juiz" no crédito responsável e no combate ao superendividamento (prevenção e tratamento deste fenômeno). Aqui temos que aprender com a doutrina francesa e europeia sobre a ordem pública de direção, que divide em três[36] os "ofícios" do juiz no crédito ao consumidor: 1. **Identificar as prescrições de ofício**, para o fim de não receber a demanda ou não incluir a dívida no plano.[37] Esta utilização em matéria de prescrição e decadência é importante no Brasil, pois a definição de superendividamento do § 1º do art. 54-A é clara ao limitar a noção às dívidas "exigíveis", logo não prescritas. Se não há regra clara sobre o não "recebimento" é necessário que se retirem as dívidas prescritas do plano. 2. **Identificar de ofício o "fundo ou base do direito" na relação de crédito *in concreto*** (*office du juge et fond du droit*)[38] – pedindo as partes que juntem a cópia do contrato e outros meios de expressão da vontade do conteúdo do contrato, como publicidades, prospectos, recibos, pré-contratos, *e-mails*, SMS, e declarem como foi a contratação, se por telefone, de porta a porta, se houve a oferta prévia de dois dias etc. –, quais foram as cláusulas e as irregularidades ou abusividades na concessão e no texto contratual de adesão a ser interpretado pelo art. 47 do CDC. No Brasil, há um "bloco" contratual vinculativo por força do art. 30 do CDC, assim se o "objeto do litígio" é a prevenção do superendividamento do consumidor globalmente, cabe ao juiz revelar este "fundo do direito", respeitando este objeto global, identificando quais as cláusulas vinculam no contrato (arts. 46 e 54) e quais problemas ocorreram na concessão do crédito (art. 52 e art. 54-B), para retirar eficácia às que são abusivas, nulas de forma absoluta (art. 51) e às práticas vedadas

---

gratuidade de justiça ou o recolhimento de custas judiciais ao final nos processos de superendividamento do consumidor. (Autoras: Profa. Dra. Cíntia Muniz de Souza Konder e Profa. Dra. Andréia F. de Almeida Rangel)."

[35] Veja nesse sentido a lição do STJ: "diante de abusos cotidianos nas práticas comerciais, que não poupam nem pobres nem vulneráveis, nem analfabetos nem enfermos. 9. Enganar o consumidor ou dele abusar vai muito além de dissabor irrelevante ou aborrecimento desprezível, de natural conduta cotidiana, aceitável na vida em sociedade. Reagir judicialmente contra o engano e o abuso na relação de consumo não revela faniquito exaltado ou mimimi ético, mas sim corresponde a acreditar em direitos conferidos pelo legislador – por meio de norma cogente de ordem pública e interesse social – e a judicializá-los quando desrespeitados" (STJ, REsp 1.828.620/RO, Rel. Ministro Herman Benjamin, Segunda Turma, julgado em 03/12/2019, *DJe* 05/10/2020).

[36] FLORES, Philippe; BIARDEAUD, Gérard. *Crédit à la consommation – Protection du consommateur*, Paris: Delmas, 2012, p. 285 e seg.

[37] Veja, em português, FLORES, Philippe; BIARDEAUD, Gérard. O ofício do juiz e o crédito ao consumo. Traduzido e adaptado por Káren Rick Danilevicz Bertoncello, in *Revista de Direito do Consumidor*, vol. 87/2013, p. 31-47, Maio-Jun./2013, p. 31-32.

[38] FLORES, Philippe; BIARDEAUD, Gérard. *Crédit à la consommation – Protection du consommateur*, Paris: Delmas, 2012, p. 293 e seg.

(arts. 39, 54-C, 54-D, 54-G), pois não podem violar a boa-fé (art. 4, III) e a ordem pública de direção imposta pelo CDC (art. 1 e art. 54-A). Note-se que o processo judicial iniciado pelo consumidor, forte no art. 104-B, denomina-se por lei "processo por superendividamento para a revisão" e "integração" (das lacunas criadas por estas nulidades) "do contrato".[39] E somente após este ofício do juiz haverá a "repactuação das dívidas remanescentes", pois toda a ênfase do CDC é no dever de cooperar na fase conciliatória.[40] 3. **Identificar as cláusulas abusivas de acordo com o direito impositivo.**[41] Em 2009, a Corte de Justiça da União Europeia bem esclareceu este dever de ofício, sempre que há regra impositiva ou de ordem pública (Caso C-243/08), exigindo um papel ativo do juiz de primeiro grau para a proteção do consumidor contra cláusulas abusivas para assegurar a efetividade do direito europeu. Em 2020, no caso C-679/18, a Corte foi mais longe e exigiu a atuação de ofício em geral para identificar todas as práticas comerciais abusivas, como o fato de não ter consultado os bancos de dados e estabelecido a solvabilidade da pessoa. Nesta decisão, a consequência de não realizado o dever pré-contratual de exame da solvabilidade era a nulidade do contrato de crédito, segundo o art. 87 da lei tcheca de crédito ao consumidor,[42] o que teria de ser verificado *ex officio* pelo julgador de primeiro grau, porém, o próprio Código Civil Tcheco – a exemplo de nossa Súmula 381 do STJ – interditava que tal nulidade fosse aplicada *ex officio* pelo juiz. A corte europeia aplicou o espírito da diretiva europeia de crédito ao consumidor, que é proteger e realizar um mercado de crédito responsável, e relembrou a tendência de desjudicialização, que o consumidor nas conciliações, juizados especiais e meios alternativos está desacompanhado de advogados. Relembrou a necessidade de efetividade da norma de ordem pública, e impôs uma atuação proativa do julgador.[43]

Neste sentido, destaque-se que o novo capítulo, apesar de trazer normas de conduta de boa-fé e normas de ajuda (definição de superendividamento), por força do disposto no art. 3º da Lei 14.181/2021, encontra aplicação imediata aos contratos em curso. A regra, inspirada no Código Civil de 2002, dispõe:

---

[39] Assim menciona o enunciado da parte processual aprovado na I Jornada CDEA sobre Superendividamento e Proteção do Consumidor UFRGS-UFRJ: "Enunciado 19. No processo por superendividamento para a revisão e integração dos contratos, o juiz levará em consideração a conduta dos fornecedores de crédito no que se refere: a) ao cumprimento dos deveres de informação, esclarecimento e verificação das condições de crédito do consumidor, podendo aplicar *ex officio* as sanções previstas no parágrafo único do art. 54-D; b) à aceitação ou recusa em colaborar na renegociação ou no plano de pagamento amigável. (Autora: Profa. Dra. Clarissa Costa de Lima)"

[40] Neste sentido destaque-se os enunciados aprovados na I Jornada CDEA sobre Superendividamento e Proteção do Consumidor UFRGS-UFRJ sobre esta fase extrajudicial: "Enunciado 18. O não comparecimento injustificado de qualquer credor, ou de seu procurador com poderes especiais e plenos para transigir, à audiência de conciliação perante os órgãos do SNDC acarretará a suspensão da exigibilidade do débito e a interrupção dos encargos da mora. (Autores: Prof. Dr. Fernando Martins e Profa. Dra. Keila Pacheco Ferreira)". E "enunciado 20. As sanções previstas no artigo 54-D, § único se aplicam ao processo administrativo no âmbito do Sistema Nacional de Defesa do Consumidor. (Autora: Profa. Dra. Flávia do Canto)".

[41] FLORES, Philippe; BIARDEAUD, Gérard. *Crédit à la consommation – Protection du consommateur*, Paris: Delmas, 2012, p. 297 e seg.

[42] Em virtude da Diretiva 2008/48 de crédito ao consumidor, a regra tcheca era a seguinte: "L'article 87 de ladite loi, intitulé «Conséquences du non-respect de l'obligation d'évaluer la solvabilité du consommateur», prévoit, à son paragraphe 1: «Si le prêteur octroie au consommateur le crédit à la consommation en violation de l'article 86, paragraphe 1, deuxième phrase, le contrat est nul. Le consommateur peut faire valoir la nullité dans un délai de prescription de trois ans à dater de la conclusion du contrat. Le consommateur est tenu de restituer le principal du crédit à la consommation dans un délai proportionné à ses possibilités."

[43] Veja a sentença CJUE, 2e ch., 5 mars 2020, no C-679/18, ECLI:EU:C:2020:167, OPR-Finance s.r.o. c/ GK, M. Arabadjiev. Disponível em francês em: cjue_5_mars_2020_ndeg_c-67918.pdf (labase-lextenso.fr). Acesso em: 27.11.2021.

Capítulo VI-A • DA PREVENÇÃO E DO TRATAMENTO DO SUPERENDIVIDAMENTO | Art. 54-A

"Art. 3º A validade dos negócios e dos demais atos jurídicos de crédito em curso constituídos antes da entrada em vigor desta Lei obedece ao disposto em lei anterior, mas os efeitos produzidos após a entrada em vigor desta Lei subordinam-se aos seus preceitos."

Todo o CDC contém normas de ordem pública e, como a jurisprudência do STJ já determinava: "O Código de Defesa do Consumidor (e suas alterações) pode ser aplicado 'ao contrato que se renovou sob sua égide e que, por isso, não pode ser qualificado como ato jurídico perfeito' (REsp 735.168/RJ, Rel. Ministra Nancy Andrighi, Terceira Turma, DJe 26/3/2008)."

Destaque-se que o art. 5º da Lei 14.181/2021 afirma a aplicação imediata de suas normas, sem *vacatio legis*. A lei, porém, não regula retroativamente a validade dos atos constituídos antes de sua entrada em vigor. Assim, o art. 3º bem especifica que esta validade será regulada pela lei anterior, mas os efeitos atuais dos contratos em curso serão regulados pela lei nova e sua nova ordem pública em relação às exigências de concessão responsável e cobrança de crédito no mercado brasileiro.

> **Art. 54-A.** Este Capítulo dispõe sobre a prevenção do superendividamento da pessoa natural, [1] sobre o crédito responsável [2] e sobre a educação financeira do consumidor. [3]
>
> § 1º Entende-se por superendividamento [4] a impossibilidade manifesta de o consumidor pessoa natural, de boa-fé, [5] pagar a totalidade de suas dívidas de consumo, exigíveis e vincendas, sem comprometer seu mínimo existencial, nos termos da regulamentação. [6]
>
> § 2º As dívidas referidas no § 1º deste artigo englobam quaisquer compromissos financeiros assumidos decorrentes de relação de consumo, inclusive operações de crédito, compras a prazo e serviços de prestação continuada. [7]
>
> § 3º O disposto neste Capítulo não se aplica ao consumidor cujas dívidas tenham sido contraídas mediante fraude ou má-fé, sejam oriundas de contratos celebrados dolosamente com o propósito de não realizar o pagamento ou decorram da aquisição ou contratação de produtos e serviços de luxo de alto valor. [8]

COMENTÁRIOS

[1] CONSUMIDOR PESSOA NATURAL – Está expressamente excluída a possibilidade de pessoa jurídica pleitear o tratamento de superendividamento.

A menção a pessoa natural nos arts. 5º e 54-A e no art. 104-A do CDC reforça tal interpretação.

As pessoas jurídicas empresárias já dispõem dos institutos da falência e da recuperação judicial (art. 1º da Lei 11.101/2005).

A Lei 14.181/2021 assim destina-se exclusivamente à proteção do consumidor, reforçando a nova ordem pública econômica de proteção da pessoa natural. O sistema como um todo é de ordem pública (art. 1º do CDC) e de clara origem constitucional (art. 48 do ADCT agora com a interpretação obrigatória da ADI 2.591), assim as regras de prevenção se aplicam imediatamente e estabelecem uma nova ordem pública de proteção, e na parte da conciliação não menciona a participação de advogados e por óbvio os consumidores-leigos pessoas naturais não saberão identificar os problemas em seus contratos neste novo sistema que prevê que o juiz, a pedido do consumidor, realizará a "revisão e a integração dos contratos" (art. 104-B, *caput*), além da repactuação que é feita também pelos órgãos públicos do sistema e os CEJUSCs em conciliação (arts. 104-A e 104-C).

Entendemos superada a Súmula 381 do Superior Tribunal de Justiça para consumidores pessoas naturais. Trata-se de nova ordem pública de proteção do consumidor superendividado, que foi imposta pela Lei 14.181/2021 e reforça a ordem pública de proteção já presente no CDC, agora focada na proteção especial do consumidor pessoa natural.

Assim, ainda que a definição de consumidor efetivada pelo art. 2º da Lei 8.078/1990 admita a inclusão de pessoas jurídicas, não há extensão possível para o tratamento do superendividamento, que é exclusivo para o consumidor pessoa física.[44]

[2] A NOÇÃO DE CRÉDITO RESPONSÁVEL – A inclusão da menção ao crédito responsável e ao mínimo existencial foi efetivada pelo anteprojeto elaborado pela Comissão de Juristas e, consequentemente, constou do PLS 283/2012.

A Lei 14.181/2021 atualizou o CDC para estabelecer no Brasil um patamar de concessão responsável do crédito. Assim, o *caput* do art. 54-A, que abre o Capítulo VI-A, visa prevenir o superendividamento da pessoa natural, garantindo práticas de "crédito responsável" e de "educação financeira do consumidor" (art. 6, XI), como forma de evitar a sua exclusão social (art. 4, IX e X) e preservar o "mínimo existencial" do consumidor, em especial na concessão do crédito (art. 6, XII), "sempre com base nos princípios da boa-fé, da função social do crédito ao consumidor e do respeito à dignidade da pessoa humana", como afirmava a redação do PLS 283/2012. A concessão e a contração responsáveis de crédito são um dos objetivos da Lei 14.181/2021 e das novas regras por ela introduzidas no CDC.

Como ensina Clarissa Costa de Lima, o paradigma do crédito responsável é um grau alto de exigência, boa-fé e lealdade para com o consumidor pessoa natural, assim para uma concessão responsável do crédito não basta mais que haja só a informação, deve haver esclarecimento, advertência e aconselhamento do *expert* para o leigo, o consumidor.[45]

Assim, a Lei 14.181/2021 traz novas linhas no Capítulo VI-A do CDC, seja para a informação (art. 54-B complementando o art. 52), seja para a oferta e o combate ao assédio de consumo (art. 54-C), seja para a atuação do fornecedor e seu intermediário previamente à contratação (art. 54-D) e para a entrega do contrato (art. 54-G, §§ 1º e 2º). Para prevenir um fenômeno é necessário defini-lo e é o que fazem o art. 54-A e seus parágrafos, definindo superendividamento. O foco principal do Capítulo VI-A é a prevenção, mas suas linhas trazem regras também sobre educação financeira e sobre tratamento do superendividamento (parágrafo único do art. 54-D).

Em resumo, crédito responsável é o *standard* internacional presente nas recomendações da OECD e na Diretiva europeia. O Considerando 3 da Diretiva pondera que a "*crise financeira mostrou que o comportamento irresponsável de alguns participantes no mercado pode minar os alicerces do sistema financeiro, provocando desconfiança entre todas as partes, em especial nos consumidores, com consequências sociais e económicas potencialmente graves. Muitos consumi-*

---

[44] Esta tendência já existia na legislação brasileira de emergência, por exemplo na Lei 14.010/2020, que claramente distinguia contratos entre iguais e contratos entre consumidores e fornecedores sempre que o consumidor fosse pessoa física e não profissional.

[45] LIMA, Clarissa, Empréstimo responsável, in LIMA, Clarissa Costa de; BERTONCELLO, Karen Rick Danilevicz. *Superendividamento aplicado: aspectos doutrinários e experiência no Poder Judiciário*. Rio de Janeiro: GZ, 2010, p. 71.

Capítulo VI-A • DA PREVENÇÃO E DO TRATAMENTO DO SUPERENDIVIDAMENTO | **Art. 54-A**

dores perderam a confiança no setor financeiro e os mutuários têm cada vez mais dificuldade em reembolsar os seus empréstimos, daí resultando um aumento das situações de incumprimento e de venda coerciva do imóvel".

Ao impor deveres específicos concernentes à boa-fé, de informação, de esclarecimento sobre os riscos, de alerta sobre as consequências do inadimplemento, entrega da cópia do contrato, do resumo das principais obrigações, o CDC cria uma série de mecanismos de crédito responsável, reforçando a prevenção ao superendividamento.

[3] EDUCAÇÃO FINANCEIRA – A inclusão de dispositivos no art. 4º e no art. 54-A do CDC foi efetivada durante a tramitação do projeto, sendo incorporada na versão aprovada no Senado Federal, no relatório do Senador Ricardo Ferraço.

O ideal seria ter incorporado sugestões efetivadas em emendas parlamentares para dar maior concretude ao tema, como, por exemplo, a inserção no currículo escolar das disciplinas de educação financeira, que poderia, por exemplo, ser um tópico dentro do ensino regular de matemática.

Ao incorporar a educação financeira à política nacional, há o dever de a União, os Estados e Municípios desenvolverem iniciativas relacionadas com o tema, o que ampara e estimula a destinação orçamentária a iniciativas relacionadas à educação financeira, como, por exemplo, o desenvolvimento de guias e de cursos sobre o tema.

Uma excelente iniciativa seria o desenvolvimento conjunto pelos órgãos de defesa do consumidor de guias e vídeos de educação e boas práticas financeiras para exibição em seus sítios eletrônicos. Além de ser alcançada maior excelência na iniciativa conjunta, haveria barateamento e diluição dos custos, o que propiciaria um maior alcance na visualização dos guias e vídeos.

A educação financeira também deve ser incorporada no tratamento, para que haja na conciliação e na etapa judicial a reeducação financeira do consumidor superendividado.[46]

Neste ponto, o parlamento brasileiro foi tímido,[47] não desenvolvendo instrumentos e guias para esta educação financeira, que constavam na sugestão do Senado antes mencionada.

O sistema francês é denominado sistema da reeducação financeira, justamente porque o consumidor "reaprende" a pagar, controlar seu orçamento e se compromete a não comprometer o plano de pagamento. Assim se exige dos órgãos do SNDC um reforço na educação financeira dos consumidores de forma a evitar que caiam e recaiam nas dívidas e em superendividamento novamente.

As iniciativas de melhorar a educação financeira já presentes no Brasil ganham reforço na lei, mas é necessário destacar que só a educação financeira não é suficiente, é apenas paliativo, pois o fenômeno do superendividamento dos consumidores ocorre também em economias desenvolvidas e sociedades com maior nível de educação financeira do que a brasileira.[48]

---

[46] Veja MARQUES, Claudia Lima; LIMA, Clarissa Costa de. Extratos dos Substitutivos dos Projetos de Lei 281, 282 e 283 de 2012 de Autoria do Senador Ricardo Ferraço, in *Revista de Direito do Consumidor*, vol. 90/2013, p. 265-294, Nov.-Dez./2013 (DTR\2013\11632).

[47] Veja a nota da DSOP Educação Financeira: "Entenda o impacto da lei do superendividamento para a população – DSOP".

[48] Veja os limites da educação financeira, in LIMA, Clarissa Costa de; CAVALLAZZI, Rosângela Lunardelli. A força do microssistema do CDC: tempos no superendividamento e de compartilhar responsabilidades. *25 anos do Código de Defesa do Consumidor: trajetórias e perspectivas*. São Paulo: Revista dos Tribunais, 2016, p. 549-580, p. 562 e segs.

Do ponto de vista normativo, foi introduzida no âmbito federal a estratégia nacional de educação financeira pelo Decreto Federal 7.397/2010, que foi revogado pelo Decreto Federal 10.393, de 09 de junho de 2020.

Porém, não há a previsão de medidas concretas, que dependeriam, assim, da altivez e efetividade do Fórum Brasileiro de Educação Financeira, criado pelo decreto e composto por diversos órgãos do Poder Executivo Federal.[49]

Há apenas a previsão de divulgar as ações de educação financeira, securitária, previdenciária e fiscal propostas por seus membros, por outros órgãos e entidades públicas ou por instituições privadas, compartilhar as informações auferidas através de tais ações e promover a interlocução entre os órgãos ou as entidades públicas e as instituições privadas para a promoção de tais ações (art. 2º, incisos II, III e IV do Decreto 10.393/2020).

Destaque-se que há o PL 145/2019 de iniciativa da e. Deputada Renata Abreu para que seja dever dos fornecedores alertarem os casos mais comuns de fraude e cujo teor é o seguinte: "Art. 52-A. Os fornecedores de produtos e serviços de natureza bancária, creditícia, financeira, cambial e securitária devem alertar os consumidores sobre as fraudes mais frequentes, aplicadas por terceiros, relacionadas às suas operações. Parágrafo único. O alerta de que trata o *caput* deve conter informação sobre como o consumidor pode se prevenir e como deve proceder, caso constate a ocorrência de ilícitos dessa natureza relacionados a produtos ou serviços que tenha contratado." Como se observa o tema do consignado merece regulamentação e assegurar um direito de arrependimento seria muito bom, daí nossa esperança na reversão dos vetos ou precisaremos ter uma lei que regule o consignado.

[4] CONCEITO DE SUPERENDIVIDAMENTO – O PLS 283, de 2012, definia o superendividamento exclusivamente na parte processual, no § 1º do art. 104-A, com a seguinte redação: "Entende-se por superendividamento o comprometimento de mais de trinta por cento da renda líquida mensal do consumidor com o pagamento do conjunto de suas dívidas não profissionais, exigíveis e vincendas, excluído o financiamento para a aquisição de casa para a moradia, e desde que inexistentes bens livres e suficientes para liquidação do total do passivo."

O espírito desta primeira definição oriunda da Comissão de Juristas é bem diferente da atual, pois não mencionava o mínimo existencial, ao contrário, à semelhança de uma verdadeira falência indiciava que só estaria "superendividado" o consumidor que não tivesse "bens livres e suficientes para a liquidação total" de seu passivo. Também optava por igualar superendividamento à capacidade de reembolso, mencionando o comprometimento com 30% da "renda líquida mensal do consumidor". Desde esta primeira definição os gastos do financiamento imobiliário estavam excluídos destes 30% de comprometimento, que vão para o art. 54-E, o qual se refere somente ao crédito consignado e ao final é vetado. Note-se que a proposta da Comissão de Juristas e, portanto, o PLS 283/2012 não tinha parágrafos, todos incluídos no substitutivo do Senador Ferraço, oriundos da Comissão Temporária. Quanto ao § 3º, a menção a dívidas que "decorram da aquisição ou contratação de produtos e serviços de luxo de alto valor" foi incluída no relatório da Comissão Especial da Câmara dos Deputados pelo Relator Franco Cartafina.

---

[49] O Fórum é composto pelos seguintes órgãos: I – Banco Central do Brasil; II – Comissão de Valores Mobiliários; III – Superintendência de Seguros Privados; IV – Secretaria do Tesouro Nacional da Secretaria Especial de Fazenda do Ministério da Economia; V – Secretaria de Previdência da Secretaria Especial de Previdência e Trabalho do Ministério da Economia; VI – Superintendência Nacional de Previdência Complementar; VII – Secretaria Nacional do Consumidor do Ministério da Justiça e Segurança Pública; e VIII – Ministério da Educação.

Capítulo VI-A · DA PREVENÇÃO E DO TRATAMENTO DO SUPERENDIVIDAMENTO | Art. 54-A

Explicitada a transformação do conceito durante a tramitação do PLS 283, de 2012, cumpre observar que o art. 54-A do Código de Defesa do Consumidor define o superendividamento em seu § 1º como "a impossibilidade manifesta de o consumidor pessoa natural, de boa-fé, pagar a totalidade de suas dívidas de consumo, exigíveis e vincendas, sem comprometer seu mínimo existencial, nos termos da regulamentação".

O conceito é complementado pelo § 2º do art. 54-A, que esclarece que as dívidas "englobam quaisquer compromissos financeiros assumidos decorrentes de relação de consumo, inclusive operações de crédito, compras a prazo e serviços de prestação continuada".

Finalmente, o § 3º do art. 54-A exclui a aplicação da prevenção e tratamento do superendividamento "ao consumidor cujas dívidas tenham sido contraídas mediante fraude ou má-fé, sejam oriundas de contratos celebrados dolosamente com o propósito de não realizar o pagamento ou decorram da aquisição ou contratação de produtos e serviços de luxo de alto valor". O direito comparado tem definições com menos detalhamento quanto ao *moral hazard*.[50]

Maria Leitão Marques relembra que o superendividamento dos consumidores é um fenômeno global "*também designado por falência ou insolvência de consumidores, refere-se às situações em que o devedor se vê impossibilitado, de uma forma durável ou estrutural, de pagar o conjunto das suas dívidas, ou mesmo quando existe uma ameaça séria de que o não possa fazer no momento em que elas se tornem exigíveis*".[51] Consumo e crédito são duas faces de uma mesma moeda,[52] e a Lei 14.181/2021 introduz no CDC uma definição global de superendividamento.

Da definição legal constante nos §§ 1º e 2º do art. 54-A é possível extrair os elementos subjetivos atinentes ao consumidor e os elementos objetivos relacionados à dívida para a caracterização da situação de superendividamento e teleológicos.[53]

Como afirmamos,[54] estes elementos são:

"**Subjetivos** ou *ratione personae*: trata-se de noção que beneficia somente consumidores superendividados, pessoas naturais, sejam profissionais ou não, isto é, devem ser consumidores *stricto sensu* destinatários finais (art. 2º do CDC) ou equiparados (parágrafo único do art.

---

[50] O texto do Código do Consumo da França afirma: "Art. L 711-1. Le bénéfice des mesures de traitement des situations de surendettement est ouvert aux personnes physiques de bonne foi. La situation de surendettement est caractérisée par l'impossibilité manifeste de faire face à l'ensemble de ses dettes non professionnelles exigibles et à échoir. Le seul fait d'être propriétaire de sa résidence principale dont la valeur estimée à la date du dépôt du dossier de surendettement est égale ou supérieure au montant de l'ensemble des dettes non-professionnelles exigibles et à échoir ne fait pas obstacle à la caractérisation de la situation de surendettement. L'impossibilité de faire face à un engagement de cautionner ou d'acquitter solidairement la dette d'un entrepreneur individuel ou d'une société caractérise également une situation de surendettement." Veja o *site* oficial *Légifrance*, Livre VII: Traitement des Situations de Surendettement (Articles L711-1 à L771-12). Disponível em: legifrance.gouv.fr. Acesso em: 10.07.2021.

[51] LEITÃO MARQUES, Maria Manuel e alii, *O endividamento dos consumidores*, Lisboa, Almedina, 2000, p. 2.

[52] MARQUES, Claudia Lima. Sugestões para uma lei sobre o tratamento do superendividamento de pessoas físicas em contratos de crédito ao consumo: proposições com base em pesquisa empírica de 100 casos no Rio Grande do Sul, in *Revista de Direito do Consumidor*, vol. 55/2005, p. 11-52, Jul.-Set./2005 (DTR\2005\814).

[53] Bruno Miragem separa em elementos subjetivos, objetivos e teleológicos, MIRAGEM, Bruno. A lei do crédito responsável altera o Código de Defesa do Consumidor, de 07.07.2021. Disponível em: https://www.migalhas.com.br/coluna/migalhas-contratuais/348157/a-lei-do-credito-responsavel-altera-o-codigo-de--defesa-do-consumidor. Acesso em: 23.07.2021.

[54] Veja MARQUES, Claudia Lima. Breve introdução à Lei 14.181/2021 e a nova noção de superendividamento do consumidor, in BENJAMIN, Antonio H.; MARQUES, Claudia Lima; LIMA, Clarissa Costa de; VIAL, Sophia Martini. *Comentários à Lei 14.181/2021: A atualização do CDC em matéria de superendividamento*, São Paulo: Ed. RT, 2021, p. 33 e seg.

Art. 54-A | CÓDIGO BRASILEIRO DE DEFESA DO CONSUMIDOR

2, art. 17 e art. 29 do CDC). Vejamos. a) **Pessoa Natural**: Como requisito subjetivo temos a exigência de que a dívida tenha sido contratada por uma pessoa física ou natural, pois as pessoas jurídicas já se beneficiam do procedimento previsto na Lei de Recuperação Judicial (Lei 11.101/2005) para a superação da situação de crise econômico-financeira. Como vimos a definição que estava na parte da conciliação ou processual e foi trazida pelo Parlamento para a parte mais preventiva, sendo assim, agora a definição deve ser de uso mais amplo, pois não faz qualquer distinção quanto à profissão da pessoa natural, apenas que as dívidas devem ser 'de consumo', o que não impede que a jurisprudência decida se é possível a equiparação, em casos coletivos principalmente. Certo é que o parágrafo primeiro do art. 54-A menciona apenas o consumidor pessoa natural. O *Code de la Consommation* da França também define superendividamento de forma semelhante (Art. L 711-1), mas não menciona o mínimo existencial do consumidor e ainda inclui outros elementos de abertura do sistema, como a caução e garantias, mesmo que profissionais, a possibilidade de ter bens disponíveis, desde que para a moradia. Neste sentido, a definição de superendividamento do sistema francês se aproxima mais da do PLS 283/2012. b) **Boa-fé...** [Elementos *ratione materiae* do superendividamento]. c) **'Impossibilidade manifesta' de pagar a totalidade das dívidas**: Por impossibilidade 'manifesta' se entende a impossibilidade evidente de que o consumidor não dispõe de recurso suficiente para efetuar o pagamento de todas as dívidas de consumo no seu vencimento. Esta impossibilidade deve ser apreciada no caso concreto mediante comparação entre o ativo (recursos atuais e futuros) e o passivo (dívidas exigíveis ou a vencer), levando-se em consideração as despesas correntes com os gastos de subsistência (luz, água, alimentação, transporte, despesas escolares, entre outras). Em resumo, do balanço entre o ativo e o passivo do consumidor, deve resultar um saldo negativo. Como antes afirmamos, este elemento 'da impossibilidade manifesta' também existe na legislação francesa e revela a necessidade *ex officio* de o conciliador ou o juiz verificar, *in concreto*, a impossibilidade de o consumidor fazer frente ao conjunto de suas dívidas já vencidas ou exigíveis e as a vencer (passivo). Aqui o exame terá que levar em conta a remuneração mensal, a redução de renda, o desemprego, a doença e outras situações pessoais do consumidor, provisórias ou permanentes. d) **Dívidas 'exigíveis ou vincendas' 'de consumo'**: Serão consideradas as dívidas de consumo exigíveis e as vincendas. As dívidas exigíveis são aquelas cujo pagamento já pode ser reclamado pelo credor e que devem ser pagas imediatamente pelo devedor. Neste conceito estão englobadas as dívidas vencidas e que não estão sujeitas a nenhuma condição suspensiva ou resolutiva. As dívidas vincendas são aquelas que o devedor terá que pagar no futuro, isto é, serão exigíveis pelo credor quando vencerem. Dívidas de consumo não incluem as tributárias (fiscais e parafiscais), as de alimentos, nem dívidas profissionais (que integrarão a falência). São dívidas não profissionais relacionadas à aquisição de bens e serviços em benefício da família, operações de crédito, compras a prazo e serviços de prestação continuada, desde que não sejam de luxo de alto valor. *Ratione materiae* os novos capítulos somente se aplicam: às **dívidas de consumo, exigíveis ou vincendas**. Como a definição do parágrafo primeiro do art. 54-A do CDC esclarece, superendividamento refere-se a todas as *dívidas de consumo, exigíveis ou vincendas*, logo, estarão todas incluídas, as vincendas e a vencer, no capítulo da prevenção e no da conciliação e seu processo de repactuação de dívidas. Resumindo que já mencionamos, quanto às **dívidas de consumo** e incluídas nos dois capítulos, a expressão utilizada pela Lei nº 14.181/2021 é positiva, quando poderia ser negativa, referindo-se, como no direito francês, às 'dívidas não profissionais', opção do legislador que evita muito das discussões sobre o uso misto de bens de consumo (automóveis de empreendedores individuais e profissionais, por exemplo, em que o automóvel tanto para trabalhar, como para a família e lazer). e) **Mínimo Existencial [Elemento teleológico ou finalístico de proteção]**: O mínimo existencial decorre do princípio da dignidade da pessoa humana e apresenta-se vinculado aos direitos fundamentais sociais como uma garantia a recursos mate-

Capítulo VI-A · DA PREVENÇÃO E DO TRATAMENTO DO SUPERENDIVIDAMENTO | Art. 54-A

riais para uma existência digna. Em matéria de crédito e consumo, o mínimo existencial está associado à quantia capaz de assegurar a manutenção das despesas de sobrevivência, tais como água, luz, alimentação, saúde, higiene, educação, transporte, entre outras. A ideia é que as dívidas oriundas de empréstimos ao consumo não comprometam demasiadamente a renda do consumidor, colocando em risco a satisfação de suas necessidades fundamentais. O valor do mínimo existencial será objeto de regulamentação futura, mas não poderá servir de pretexto para reduzir o mínimo existencial a um mínimo meramente vital. [...] A presença desta noção constitucional na definição de superendividamento, assim como a exclusão de bens de luxo de alto valor no parágrafo terceiro dão bem o tom da essencialidade do consumo para as pessoas naturais (art. 5, VII, *in fine*) e do combate à exclusão social (art. 4, X), que são a tônica da Lei nº 14.181/2021 e desta atualização do CDC. Este elemento finalístico na definição de superendividamento é o objetivo de preservar *o mínimo existencial*, pois o CDC, diferentemente da definição francesa, exige uma visão global (e não só do negócio jurídico em exame e sim da pessoa) de proteção do patrimônio mínimo do consumidor pessoa natural, daí a exclusão de bens de luxo."[55]

Esta nova perspectiva, ao exemplo da perspectiva na recuperação judicial de empresas, não é mais o negócio jurídico isolado ou o contrato de crédito *in concreto* que será concedido, mas o seu impacto sistêmico no superendividamento do consumidor.

A definição do art. 54-A serve agora para ambos os capítulos ou todo o CDC.[56]

Já no capítulo da conciliação extrajudicial e processo judicial "de revisão e integração dos contratos e de repactuação de dívidas", existem vários limites materiais (créditos imobiliários, garantias reais, crédito rural), mas estes não se aplicam no capítulo da prevenção e do tratamento (art. 54-A e seguintes).[57]

É de se destacar também que no capítulo da prevenção englobam-se todas as dívidas de consumo (operações de crédito, compras a prazo, serviços de prestação continuada, crédito consignado),[58] fora as de contratações de produtos e serviços de luxo.[59] Efetivamente, no capítulo da prevenção não há quase limite material, e estão englobadas todas as dívidas de consumo *ex vi* art. 54-A e parágrafos, pois os dois limites do § 3º, um é subjetivo, da fraude e dolo material, e outro limitado às contratações de produtos e serviços de luxo. Assim o § 2º bem esclarece esta

---

[55] MARQUES, Claudia Lima; BENJAMIN, Antonio H.; LIMA, Clarissa Costa de; VIAL, Sophia Martini. *Comentários à Lei 14.181/2021: A atualização do CDC em matéria de superendividamento*, São Paulo: Ed. RT, 2021, 39-43.

[56] Veja GAGLIANO, Pablo Stolze; OLIVEIRA, Carlos Eduardo Elias de. Comentários à Lei do Superendividamento (Lei nº 14.181, de 1º de julho de 2021) e o princípio do crédito responsável. Uma primeira análise. *Revista Jus Navigandi*, Teresina, ano 26, n. 6575, 2 jul. 2021. Disponível em: https://jus.com.br/artigos/91675. Acesso em: 2 jul. 2021.

[57] Neste sentido o enunciado da I Jornada CDEA sobre Superendividamento e Proteção do Consumidor UFRGS-UFRJ: "Enunciado 1. Os dispostos nos Artigos 54-A *usque* 54-D da Lei 14.181/21 sobre a prevenção do superendividamento do consumidor se aplicam ao crédito imobiliário e dívidas com garantias reais. (Autores: Prof. Dr. Fernando Martins e Profa. Dra. Keila Pacheco Ferreira)".

[58] Neste sentido o enunciado da I Jornada CDEA sobre Superendividamento e Proteção do Consumidor UFRGS-UFRJ: "Enunciado 8. Aos créditos consignados, aqueles que envolvem autorização prévia do consumidor pessoa natural para consignação em folha de pagamento, se aplicam as disposições contidas no art. 54-A a 54-D, inclusive parágrafo único. (Autores: Prof. Dr. Fernando Martins e Profa. Dra. Keila Pacheco Ferreira)".

[59] Veja-se neste sentido o enunciado da I Jornada CDEA sobre Superendividamento e Proteção do Consumidor UFRGS-UFRJ: "Enunciado 16. Para a exclusão da prevenção e tratamento do superendividamento, segundo Art. 54-A, par. 3 *in fine* do CDC, como regra de exceção, deve-se interpretar restritivamente e atentar à combinação do alto valor e da superfluidade dos produtos e serviços, não bastando um ou outro, isoladamente; devendo ser determinado caso a caso. (Autora: Profa. Dra. Ana Carolina Zancher)".

Art. 54-A | CÓDIGO BRASILEIRO DE DEFESA DO CONSUMIDOR

finalidade geral de aplicação a todas e "quaisquer" "dívidas de consumo" ou compromissos financeiros assumidos pelo consumidor pessoa natural, inclusive os referentes a água, luz, internet e demais prestações continuadas, como esclarecia o texto, e sem dúvida os créditos consignados, cuja menção expressa no § 1º do art. 54-G bem esclarece os cuidados que devem ser tomados.[60]

Em suma, são duas as definições de superendividamento agora no CDC, uma geral no Capítulo VI-A,[61] e outra mais restrita no capítulo de tratamento do superendividamento (art. 104-A e seguintes), sendo que esta mais "processual" exclui somente a contratação por dolo sem a intenção de pagar (art. 104-A, § 1º). Esta segunda definição indica a possibilidade de uma maior inclusão de temas, uma vez que se trata de uma conciliação. É uma conciliação global e de comparecimento obrigatório, daí as sanções do art. 104-A, § 2º, como forma de estimular a conciliação entre todos os credores e o consumidor, como tratamento preferencial e extrajudicial (extrajudicial nos PROCONs e Defensorias, e pré-judicial nos CEJUSCs e nos "Núcleos de conciliação e mediação de conflitos oriundos de superendividamento"[62]), segundo os parâmetros do art. 5, VI e VII. Neste sentido, o art. 104-A, § 1º, também exclui da repactuação de dívidas as oriundas de contratos de crédito com garantia real, de financiamento imobiliário e de crédito rural. Porém, considerando os princípios gerais do direito processual, nada impede que tais credores sejam chamados a conciliar, sendo, em tal caso, excluídos apenas o caráter obrigatório do comparecimento e as sanções por não comparecimento do art. 104-A, § 2º. O espírito deste segundo capítulo é privilegiar as soluções ou tratamento (termo de origem francesa a indicar uma analogia ao tratamento de uma doença da sociedade de consumo)[63] extrajudicial do superendividamento do consumidor pessoa natural, cuja boa-fé se presume.

[5] REQUISITO DA BOA-FÉ – A boa-fé foi colocada como integrante do conceito de superendividamento, devendo assim ser observada tanto pelo consumidor quanto pelo fornecedor na relação contratual na qual é concedido o crédito.

O padrão de boa-fé observado é o objetivo,[64] derivado de uma regra ordinária de conduta, de um *standard* a ser observado, relacionado aos deveres recíprocos que devem ser observados no âmbito do crédito responsável.

---

[60] Neste sentido o enunciado da I Jornada CDEA sobre Superendividamento e Proteção do Consumidor UFRGS-UFRJ: "Enunciado 13. A repactuação de dívidas, tanto na fase conciliatória e preventiva, quanto na fase judicial, deve incluir os créditos consignados e verificar se os cuidados exigidos pelo art. 54-G, parágrafo primeiro foram cumpridos. (Autora: Profa. Dra. Ana Carolina Zancher)".

[61] Neste sentido repita-se o enunciado da I Jornada CDEA sobre Superendividamento e Proteção do Consumidor UFRGS-UFRJ: "Enunciado 1. Os dispostos nos artigos 54-A *usque* 54-D da Lei 14.181/21 sobre a prevenção do superendividamento do consumidor se aplicam ao crédito imobiliário e dívidas com garantias reais. (Autores: Prof. Dr. Fernando Martins e Profa. Dra. Keila Pacheco Ferreira)."

[62] Veja os enunciados da I Jornada CDEA sobre Superendividamento e Proteção do Consumidor UFRGS-UFRJ sobre o tema: "Enunciado 17. Com a entrada em vigor da Lei 14.181/21, recomenda-se aos tribunais brasileiros a implementação de Núcleos de Conciliação e Mediação de Conflitos para a conciliação pré-processual (art. 104-A do CDC) das dívidas de consumo, exigíveis e vincendas, que comprometam o mínimo existencial do consumidor pessoa natural e de boa-fé. (Autora: Profa. Dra. Clarissa Costa de Lima). Enunciado 18. O não comparecimento injustificado de qualquer credor, ou de seu procurador com poderes especiais e plenos para transigir, à audiência de conciliação perante os órgãos do SNDC acarretará a suspensão da exigibilidade do débito e a interrupção dos encargos da mora. (Autores: Prof. Dr. Fernando Martins e Profa. Dra. Keila Pacheco Ferreira). Enunciado 20. As sanções previstas no artigo 54-D, § único se aplicam ao processo administrativo no âmbito do Sistema Nacional de Defesa do Consumidor. (Autora: Profa. Dra. Flávia do Canto)."

[63] Veja sobre esta expressão "médica", KHAYAT, Danielle. *Le droit du surendettement des particuliers.* Paris: LGDJ, 1997, p. 18.

[64] Ver, a propósito: NUNES, Rizatto. O conceito de superendividamento introduzido no CDC. Disponível em: www. migalhas.com.br/coluna/abc-do-cdc/348930/o-conceito-de-superendividamento-introduzido-no-cdc. O

Capítulo VI-A · DA PREVENÇÃO E DO TRATAMENTO DO SUPERENDIVIDAMENTO | Art. 54-A

A boa-fé se presume[65] e o sistema todo da Lei 14.181/2021 é criado para reforçar no CDC a cultura do pagamento por parte dos consumidores e as práticas de crédito responsável, por parte dos fornecedores no mercado de consumo. Assim, o foco da Lei 14.181/2021 é compartilhar esta responsabilidade e impor uma boa-fé de conduta estrita (informar, esclarecer, avaliar, aconselhar, cooperar, cuidar do leigo, o consumidor pessoa natural a ser protegida de forma especial, art. 5, VI).

Tais premissas são fundamentais para esclarecer que apenas ao consumidor de má-fé (provada, pois esta não se presume!) será possível negar a condição de superendividado.

Neste contexto, a distinção que a doutrina europeia efetiva entre superendividado ativo e passivo[66] não possui o condão de afastar a aplicação das regras de prevenção e tratamento ao consumidor no Brasil.

O superendividamento ativo é definido como aquele em que o consumidor toma um volume de crédito superior à sua capacidade de pagamento, enquanto o superendividamento passivo é aquele no qual após contrair o crédito o consumidor sofre em razão de um "acidente da vida" uma redução abrupta de renda, como ocorreu na pandemia de covid-19, ou um aumento agudo de gastos, como em casos de doenças, morte na família, divórcio e necessidade de mudar-se de casa, que o impedem de pagar as suas dívidas de consumo. Os "acidentes da vida mais comuns" são o desemprego, redução de renda, doenças ou separação.

Assim, a distinção fundamental é que no superendividamento ativo a ausência de capacidade de pagamento é anterior à aquisição do crédito, enquanto no superendividamento passivo é posterior.

No sistema da lei brasileira, as disposições de prevenção e tratamento do superendividamento aplicam-se tanto à modalidade ativa quanto à passiva, ficando excluído do regime de proteção exclusivamente o consumidor superendividado ativo de má-fé.

No superendividamento passivo, o consumidor não contribuiu ativamente para o aparecimento da crise de solvência ou liquidez, mas sofreu um acidente da vida (desemprego, redução de salário, divórcio, doenças, acidentes, mortes, nascimento de filhos etc).

No superendividamento ativo há o consumo de crédito além das possibilidades do seu orçamento e patrimônio, ou seja, mesmo em condições normais, não teria como reembolsar as dívidas assumidas.

Porém, mesmo em tal modalidade, não há necessariamente má-fé no consumo do crédito, uma vez que eles podem ser "inconscientes", que abarcam os consumidores de boa-fé que não souberam avaliar sua capacidade de reeembolso (por exemplo, acharam que rapidamente recuperariam o emprego ou conseguiriam alternativas de renda informal até o recuperarem).

---

autor destaca: "Já a boa-fé objetiva, que é a que está presente no CDC, pode ser definida, *grosso modo*, como sendo uma regra de conduta, isto é, o dever das partes de agir conforme certos parâmetros de honestidade e lealdade, a fim de se estabelecer o equilíbrio nas relações de consumo. Não o equilíbrio econômico, como pretendem alguns, mas o equilíbrio das posições contratuais, uma vez que, dentro do complexo de direitos e deveres das partes, em matéria de consumo, como regra, há um desequilíbrio de forças. Daí que, para chegar a um equilíbrio real, o intérprete deve fazer uma análise global do contrato, de uma cláusula em relação às demais".

[65]   MIRAGEM, Bruno. A lei do crédito responsável altera o Código de Defesa do Consumidor, de 07.07.2021. Disponível em: https://www.migalhas.com.br/coluna/migalhas-contratuais/348157/a-lei-do-credito-responsavel-altera-o-codigo-de-defesa-do-consumidor. Acesso em: 23.07.2021.

[66]   Sobre a distinção entre superendividamento ativo e passivo ver: CONDINO, Olivia. Il sovraindebitamento del consumatore. *Il Diritto degli Affari*, E-Book n. 4, Milano, 2013, p. 21-22. Disponível em: http://www.ildirittodegliaffari.it/ebook/5. Acesso em: 27.05. 2019.

Art. 54-A | CÓDIGO BRASILEIRO DE DEFESA DO CONSUMIDOR

Ademais, a postura do fornecedor que não respeita os postulados do crédito responsável retira a possibilidade de imputar má-fé ao consumidor. Assim, nas situações de assédio, de intensa publicidade, de oferecimento de crédito sem análise das condições de pagamento do consumidor, é patente que o consumidor foi estimulado a contrair o crédito.

Em tais situações não há como dar guarida a interpretação que premiaria a conduta oportunista do fornecedor em disponibilizar o crédito sem averiguar a capacidade de adimplemento do consumidor e posteriormente alegar que se tratava de superendividamento ativo para esquivar-se das consequências do superendividamento.

Neste sentido, as normas de prevenção e tratamento do superendividamento não se aplicam apenas na hipótese do consumo excessivo de crédito consciente e de má-fé, ou seja, nos casos em que os consumidores endividaram-se com o propósito de não pagar as dívidas ou o fizereram para adquirir produtos ou serviços de luxo de alto valor.

Assim, somente foram excluídos do regime de prevenção e tratamento os superendividados ativos conscientes, pois não seria correto beneficiar aqueles que se endividaram com intenção deliberada de escapar das consequências do seu endividamento ou proteger a má-fé (§ 3º do art. 54-A).

Note-se que a má-fé deve ser provada por aquele que a alega e só assim poderá "excluir" o consumidor. Em resumo, com esta menção à boa-fé e a exclusão do § 3º do art. 54-A, os fornecedores-credores ficam protegidos do *moral hazard* (risco moral) relativo ao uso abusivo do crédito por aqueles consumidores que, eventualmente, queiram tirar proveito do sistema legal para não pagar suas dívidas.[67] A atualização do CDC como um todo visa o pagamento das dívidas e combater a exclusão social (art. 4, X) que o superendividamento representa. Como a histórica decisão da Corte constitucional alemã de 1993[68] frisou, a base de boa-fé é que cria a exceção da ruína e não pode estar de boa-fé aquele que concede um crédito de "escravidão" para seu consumidor. Aqui entra o crédito responsável, pois não devem mais ser concedidas dívidas "impagáveis" ou de "escravidão" aos consumidores brasileiros. Mais uma vez, a menção a boa-fé é instrumental na definição de superendividamento (é estrutural no CDC como um todo) e afasta a proteção especial que este capítulo traz ao consumidor pessoa natural, subjetivamente, caso se possa comprovar a fraude, má-fé subjetiva e dolo deste consumidor pessoa natural. Assim, trata-se de elemento geral, presumido e objetivo de boa-fé, que encontra limite na comprovação concreta de má-fé, fraude ou dolo, no caso concreto.

[6] MÍNIMO EXISTENCIAL – O direito à preservação do mínimo existencial tem dimensão constitucional, tendo as suas fontes mais imediatas no princípio da "dignidade da pessoa humana" (art. 1º, III, da CF/1988), no dever de proteção do consumidor (art. 5º, XXXII, da CF/1988) e concretiza o objetivo fundamental da República de "erradicar a pobreza e a marginalização e reduzir as desigualdades sociais e regionais" (art. 3º, III, da CF/1988), assim como realiza a finalidade da ordem constitucional econômica de "assegurar a todos existência digna" (art. 170 da CF/1988), tendo como um de seus princípios conformadores a "proteção do consumidor" (art. 170, V, da CF).

A menção a preservação do mínimo existencial foi proposta pelo anteprojeto da Comissão de Juristas e foi mantida durante a tramitação do PLS 283/2012 no Congresso Nacional, que, no entanto, incluiu a menção à regulamentação.

---

[67] Veja a obra de LIMA, Clarissa Costa de. *O Tratamento do Superendividamento e o Direito de Recomeçar dos Consumidores*. São Paulo: Ed. RT, 2014.

[68] REINICKE, Dietrich; TIEDTKE, Klaus. *Bürgschatsrecht*. Berlin: Luchterhand, 1995, p. 64 (BverfGE 89,214).

Capítulo VI-A · DA PREVENÇÃO E DO TRATAMENTO DO SUPERENDIVIDAMENTO | **Art. 54-A**

Houve por parte da Comissão Temporária de Modernização do Código de Defesa do Consumidor do Senado Federal (criada em 18 de outubro de 2013, pelo Requerimento 1.179, de 2013), a inclusão de uma definição exemplificativa de mínimo existencial "na repactuação de dívidas e na concessão de crédito, a preservação do mínimo existencial, entendido como a quantia mínima destinada à manutenção das despesas mensais razoáveis de sobrevivência, tais como água, luz, alimentação, saúde e moradia, entre outras despesas essenciais",[69] a qual não foi aceita no plenário e o substitutivo do Senador Ferraço final já não a mencionou.

Assim, a definição não constou da Lei 14.181/2021, que de forma *sui generis*[70] menciona o "comprometimento do mínimo existencial" como elemento da definição de superendividamento. Este elemento que estamos aqui denominando de finalístico é na verdade a "porta de entrada" do sistema de tratamento.[71] Neste sentido, a regulamentação deve ser sábia o suficiente para não deixar de fora "milhares" de superendividados ao prever que só será preservado um mínimo existencial muito baixo, semelhante a pobreza ou a miserabilidade, ou, ao contrário, muito alto, se sabemos que a maioria de superendividados ganha até cinco salários mínimos.

Se o Brasil é um país desigual, não há como considerar o mínimo existencial de maneira uniforme, devendo ser considerado de acordo com a faixa de renda e local de residência, dentre outras condições subjetivas. Como ensina Kazuo Watanabe, "o *mínimo existencial*, além de variável histórica e geograficamente, é um conceito dinâmico e evolutivo, presidido pelo princípio da proibição de retrocesso, ampliando-se a sua abrangência na medida em que melhorem as condições socioeconômicas do país".[72]

A fonte constitucional já permite que utilize o conceito mesmo antes de sua regulamentação e ao mesmo tempo limita os poderes do regulador, que fica proibido de retrocesso de direitos fundamentais ao regulamentar o conceito. Ingo Sarlet ensina que o mínimo existencial não pode ser confundido com o mínimo vital ou mínimo de sobrevivência, uma vez que "*este último diz com a garantia da vida humana, sem necessariamente abranger as condições para uma sobrevivência física em condições dignas, portanto, de uma vida com certa qualidade. Não deixar alguém sucumbir por falta de alimentação, abrigo ou prestações básicas de saúde certamente é o primeiro passo em termos de garantia de um mínimo existencial, mas não é – e muitas vezes não o é sequer de longe – o suficiente. Tal interpretação do conteúdo do mínimo existencial (conjunto de garantias materiais para uma vida condigna) é a que tem prevalecido não apenas na Alemanha, mas também na doutrina brasileira, assim como na jurisprudência constitucional comparada, notadamente no plano europeu, em caráter ilustrativo, a recente contribuição do Tribunal Constitucional de Portugal sobre a matéria, ao reconhecer tanto um direito negativo quanto um direito positivo a um mínimo de sobrevivência condigna, como algo que o Estado não apenas não pode subtrair do indivíduo, mas também como algo que o Estado deve positivamente assegurar, mediante prestações de natureza material*".[73]

---

[69] Veja Parecer de plenário, *Diário do Senado Federal*, set. 2015.

[70] Veja, por todos, BERTONCELLO, Karen. *Superendividamento do Consumidor – Mínimo Existencial – Casos Concretos*, São Paulo: RT, 2015, p. 83 e veja a análise de direito comparado, p. 47 e segs.

[71] MARQUES, Claudia Lima. Notas sobre a Lei 14.181/2021: a noção de mínimo existencial e sua aplicação imediata. *Revista de Direito do Consumidor*, v. 137/2021, p. 387-405, 2021.

[72] WATANABE, Kazuo. Controle jurisdicional das políticas públicas mínimo existencial e demais direitos fundamentais imediatamente judicializáveis, in *Revista de Processo*, vol. 193, Mar./2011, p. 13 e seg.

[73] SARLET, Ingo W. Mínimo existencial e relações privadas: algumas aproximações, in MARQUES, Claudia Lima; CAVALLAZZI, Rosângela Lunardelli; LIMA, Clarissa Costa de (Org.). *Direitos do consumidor endividado II: vulnerabilidade e inclusão*. São Paulo: Revista dos Tribunais, 2016, p. 118-119.

Na França, onde é conhecida como *reste à vivre* e calculada apenas na repactuação das dívidas, a noção seria a *"quantia capaz de assegurar a vida digna do indivíduo e seu núcleo familiar destinada à manutenção das despesas de sobrevivência, tais como água, luz, alimentação, saúde, educação, transporte, entre outras".*[74] Realmente, na organização do plano de repactuação, há de se preservar o mínimo existencial, ou o credor não consegue cumprir o plano e pagar suas dívidas. Esta função do mínimo existencial no tratamento do superendividamento poderíamos de denominar de mínimo de garantia de sustentabilidade e sucesso do plano de repactuação e deve ser calculado caso a caso.

No Brasil, o mínimo existencial é mencionado com três funções: na definição de superendividamento, na concessão do crédito e na parametrização do plano de pagamento, sendo mencionado em diversos artigos do CDC: 6º, XI e XII, 54-A, § 1º, 104-A, *caput*, e 104-C, § 1º.

A Lei 14.181/2021 possui, assim, três momentos de apreciação do mínimo existencial de consumo: um de "entrada" no sistema, na definição de superendividamento (art. 54-A, § 1º), o intermediário, a ser observado no momento da concessão do crédito, e o de "saída" ou o que será mantido na repactuação para os gastos de sobrevivência ou gastos essenciais para aquela pessoa em especial, no caso a caso. Neste ponto, importante incluir na regulamentação uma cláusula de escape, pois se for muito fixa e em parâmetro muito baixo tende a deixar de fora da nova proteção do CDC parcela significativa de superendividados, além de reduzir aqueles que conseguirem se habilitar à pobreza absoluta, o que pode desestimular que se utilize o sistema da Lei 14.181/2021.

Do direito público, chega ao direito privado solidário como um direito fundamental ao mínimo de existência digna, tanto na concessão do crédito, como na repactuação das dívidas. Realmente é esta a expressão "existência digna" do art. 170, *caput*, da CF/1988, direito fundamental social retirável do art. 6º da CF/1988, agora incorporado no CDC. Sua regulamentação é prevista na Lei 14.181/2021, mas deverá ter muito cuidado, evitando o retrocesso e a inconstitucionalidade, motivo por que a regra já é plenamente utilizável mesmo antes de sua regulamentação.

De início cabe especificar que a eventual ausência de regulamentação não esvaziará de sentido o dispositivo, uma vez que a sua dimensão constitucional impõe a sua imediata aplicabilidade.

Assim, enquanto não for regulamentado o conteúdo do mínimo existencial, caberão aos mediadores, conciliadores e juízes observarem em cada caso concreto de tratamento a eles submetidos a preservação do mínimo existencial, observadas as condições peculiares de cada consumidor e da região e cidade em que ele habita.

Destacamos o seguinte enunciado da I Jornada CDEA sobre Superendividamento e Proteção do Consumidor UFRGS-UFRJ: "Enunciado 7. A noção do mínimo existencial tem origem constitucional no princípio da dignidade da pessoa humana e é autoaplicável na concessão de crédito e na repactuação das dívidas, visando a prevenção e o tratamento do superendividamento do consumidor pessoa natural, por força da Lei 14.181/2021, cabendo a regulamentação prevista na Lei, sob o limite da proibição de retrocesso, esclarecer o mínimo existencial de consumo deve ter relação com 'o menor valor mensal não tributável a título de imposto de renda' ou ser feito por faixas de renda, como na França, com um valor fixo 'vital' de um salário mínimo ou de 2/3 do salário mínimo, em todos os casos. (Profa. Dra. Dr. h. c. Claudia Lima

---

[74] CARVALHO, Diógenes Faria de; SILVA, Frederico Oliveira. Superendividamento e mínimo existencial: teoria do *reste à vivre*. *Revista de Direito do Consumidor*, São Paulo, v. 118, p. 363-386, jul.-ago. 2018.

Capítulo VI-A · DA PREVENÇÃO E DO TRATAMENTO DO SUPERENDIVIDAMENTO | Art. 54-A

Marques, Prof. Dr. Fernando Rodrigues Martins, Profa. Dra. Sophia Martini Vial e Profa. Dra. Clarissa Costa de Lima)."[75]

A regulamentação do mínimo existencial deve ser feita com muita cautela, a fim de não colocar em risco a própria efetividade da Lei 14.181/2021 e a atualização que realizou no CDC. Aqui há de se frisar a proibição constitucional de retrocesso, e combater a proposta de um valor fixo, sem consideração das faixas de renda e das especificidades do caso concreto (o consumidor pode ter filhos e pagar alimentos, ser arrimo de família, ser idoso, ser portador de deficiência, ter doença crônica, pagar aluguel ou ter casa própria etc.). Os limites constitucionais do *Übermassverbot* (proibição de exagero) e *Untermassverbot* (proibição de retrocesso) devem ser considerados e uma cláusula escapatória deve ser deixada ao juiz no caso concreto.

Destacamos, ainda, os seguintes trechos de proposta de regulamentação do mínimo existencial proposta por Comissão constituída pelo Brasilcon, em razão de audiência pública promovida pela Secretaria Nacional do Consumidor para a edição de anteprojeto de decreto a respeito do mínimo existencial:

"Art. 1º Considera-se mínimo existencial, para efeito do disposto nos arts. 6º, XII, 54-A, 104-A e 104-C, § 1º da Lei 8.078, de 11 de setembro de 1990 (Código de Defesa do Consumidor), como legislação especial das relações de consumo, a parcela da remuneração periódica recebida a qualquer título pelo consumidor, necessária ao custeio das despesas que assegurem sua subsistência digna e acesso a bens essenciais, assim como das pessoas que dele dependam.

§ 1º Na definição do valor do mínimo existencial do superendividamento, serão consideradas, dentre outras, as despesas relativas à locação do imóvel em que resida o consumidor e aos serviços essenciais de água e energia elétrica, telefone ou Internet, alimentação própria, educação formal, medicamentos, saúde e higiene, assim como as decorrentes de obrigações de caráter alimentar de que seja devedor, e as de natureza tributária.

§ 2º Sem prejuízo do disposto no parágrafo anterior, serão considerados para cálculo do mínimo existencial do superendividamento:

I – as obrigações do consumidor relativas aos financiamentos imobiliários para aquisição do imóvel em que mantenha sua única residência familiar;

II – o número de pessoas que, comprovadamente, dependam da renda do consumidor para subsistência;

III – eventuais diagnoses existentes no núcleo familiar que dependam de tratamento contínuo e ininterrupto, inclusive com utilização de energia elétrica.

§ 3º De acordo com as circunstâncias do caso, e da situação concreta do consumidor, poderão ser considerados para o cálculo do mínimo existencial do superendividamento as obrigações relativas a contratos de crédito com garantia real, de financiamento imobiliário e de crédito

---

[75] Veja também da I Jornada CDEA sobre Superendividamento e Proteção do Consumidor UFRGS-UFRJ: "Enunciado 4. A menção ao mínimo existencial, constante da Lei 14.181/2021, deve abranger a teoria do patrimônio mínimo, com todas as suas aplicações doutrinárias e jurisprudenciais. (Autor: Prof. Dr. Flávio Tartuce). Enunciado 5. A falta de regulamentação do mínimo existencial, que tem origem constitucional, não impede o reconhecimento do superendividamento da pessoa natural e a sua determinação no caso concreto. (Autora: Profa. Dra. Ana Carolina Zancher)". Na I Jornada CDEA sobre Superendividamento e Proteção do Consumidor UFRGS-UFRJ, vários enunciados trataram do tema, destacando a necessidade de uma regulamentação aberta e listando os aspectos prestacionais da Constituição Federal que deveriam ser levados em conta para este mínimo existencial do superendividamento: "Enunciado 6. Considera-se mínimo existencial, aos efeitos do disposto da Lei 14.181/21, os rendimentos mínimos destinados aos gastos com a subsistência digna do superendividado e de sua família, que lhe permitam prover necessidades vitais e despesas cotidianas, em especial com alimentação, habitação, vestuário, saúde e higiene. (Autores: Profa. Dra. Ana Carolina Zancher e Prof. Dr. André Perin Schmidt)".

Art. 54-A | CÓDIGO BRASILEIRO DE DEFESA DO CONSUMIDOR

rural, ainda que excluídos do processo de repactuação, nos termos do art. 104-A, § 1º da Lei 8.078, de 11 de setembro de 1990.

§ 4º Na prevenção e no tratamento do superendividamento ao aplicar as diretrizes dos parágrafos anteriores serão levadas em consideração as condições específicas do consumidor e seu núcleo familiar dependente, em especial a idade, presença de pessoas com doenças crônicas ou portadores de deficiências ou incapacidades, casos em que o plano de saúde pode ser incluído no cálculo do mínimo existencial do consumidor.

§ 5º O mínimo existencial, para efeitos desse decreto, não é compreendido como direito prestacional nas relações de políticas públicas estatais, senão como direito-garantia nas relações entre particulares sob a proteção e vigilância do Estado."[76]

Como vimos, o mínimo existencial vem do direito público,[77] trata-se de um direito fundamental ao mínimo de existência digna (*Grundrecht auf ein menschenwürdiges Existenzminimum*),[78] mas recebe outros contornos (ou funções não prestacionais e sociais) quando é recebido no Direito do consumidor, sendo agora um direito-garantia.

[7] DÍVIDAS ENGLOBADAS – As dívidas que originam o superendividamento englobam quaisquer compromissos financeiros assumidos decorrentes de relação de consumo, inclusive operações de crédito, compras a prazo e serviços de prestação continuada nos termos do § 2º do art. 54-A.

Assim, qualquer dívida advinda de relação de consumo submete-se ao regime de prevenção ao superendividamento, o que abarca todas as espécies de crédito e todas as dívidas relacionadas a contratos de consumo inadimplidos, como, por exemplo, serviços de prestação continuada de fornecimento de água, energia elétrica, planos de saúde, telefonia e internet, dentre outros.

Para fins de repactuação de dívidas advindas de relações de consumo, além daquelas derivadas de contratação de má-fé efetivadas com o propósito de não realizar o pagamento, foram excluídas "as dívidas provenientes de contratos de crédito com garantia real, de financiamentos imobiliários e de crédito rural" (art. 104-A, § 1º).

A exclusão efetivada alcança exclusivamente o tratamento do superendividamento, não incidindo, assim, nos deveres dos fornecedores de crédito impostos nos arts. 54-A a 54-G do Código de Defesa do Consumidor.

Portanto, se por um lado as dívidas decorrentes de contratos de crédito com garantia real, de financiamentos imobiliários e de crédito rural foram excluídas do regime de repactuação de dívidas dos arts. 104-A, 104-B e 104-C do Código de Defesa do Consumidor, os fornecedores de tais modalidades de crédito submetem-se aos deveres relacionados à prevenção do superendividamento impostos pelas normas dos arts. 94-A a 94-G do CDC.

[8] EXCLUSÃO DE DÍVIDAS CONTRAÍDAS COM O PROPÓSITO DE NÃO REALIZAR O PAGAMENTO E PARA AQUISIÇÃO DE PRODUTOS E SERVIÇOS DE LUXO DE

---

[76] MARTINS, Fernando et alii, Proposta de regulamentação do CDC por decreto presidencial. *ConJur*. (Texto de autoria do grupo de especialistas do Brasilcon para regulamentação do tema "mínimo existencial", composto pelos professores Claudia Lima Marques, Clarissa Costa de Lima, Káren Rick Danilevicz Bertoncello, Rosângela Lunardelli Cavallazzi, Amélia Rocha, Adalberto Pasqualotto, Bruno Miragem, Roberto Pfeiffer, André Perin Schmidt Neto e Leonardo de Medeiros Garcia.)

[77] Veja SARLET, Ingo Wolfgang. Direitos fundamentais sociais, mínimo existencial e direito privado. *Revista de Direito do Consumidor*, São Paulo, v. 61, p. 90-125, jan./mar. 2007.

[78] Assim BOUZA DA COSTA, Dominik Manuel. *Das Existenzminimum im Zivilrecht*, Hamburgo: Kovac V., 2018, p. 327 e seg.

Capítulo VI-A · DA PREVENÇÃO E DO TRATAMENTO DO SUPERENDIVIDAMENTO | Art. 54-A

ALTO VALOR – As hipóteses que geram a não aplicação das normas de prevenção e tratamento do superendividamento são aquelas derivadas da má-fé do consumidor e que podem ser alegadas em matéria de defesa pelo credor de boa-fé, que tenha cumprido com os seus deveres relacionados ao crédito responsável quando de sua concessão.

O art. 54-A, § 3º, excluiu do regime de incidência da prevenção e tratamento do superendividamento as dívidas que foram contraídas mediante fraude ou má-fé, sendo indicadas duas hipóteses caracterizadoras: 1. contratos celebrados dolosamente com o propósito de não realizar o pagamento; ou 2. decorrentes da aquisição ou contratação de produtos e serviços de luxo de alto valor.

A primeira hipótese gera a necessidade de demonstração da intenção do consumidor de subtrair-se do pagamento da dívida no momento da celebração do contrato. Caberá ao credor o ônus de demonstrar o dolo específico do consumidor em contrair dívida sem a intenção de realizar o pagamento.[79]

A segunda hipótese violadora da boa-fé seria a utilização dos valores emprestados para a aquisição de produtos e serviços de luxo de alto valor, cuja caracterização deverá ser aferida em cada caso concreto.

A incidência de má-fé impede a caracterização do superendividamento em relação à dívida específica adquirida.

Portanto, as dívidas contraídas de boa-fé não estariam fora do alcance das disposições do CDC sobre prevenção e tratamento do superendividamento, mas exclusivamente aquelas eventualmente contraídas de má-fé. Assim, o tratamento seria feito em relação às demais dívidas, excluindo-se apenas as contraídas de má-fé.[80] Mister frisar que os créditos consignados estão aí incluídos,[81] como esclarece o art. 54-G, § 1º, expressamente.[82]

Assim, impõe ao credor a observância de todos os deveres do crédito responsável e não impede o tratamento do superendividamento, do qual, no entanto, ficam excluídas as dívidas adquiridas de má-fé.

---

[79] Ver, a propósito: RIZATTO NUNES, Luis Antonio. O conceito de superendividamento introduzido no CDC. Disponível em: www.migalhas.com.br/coluna/abc-do-cdc/348930/o-conceito-de-superendividamento-introduzido-no-cdc. Acesso em: 09 out. 2021. Citamos as seguintes observações: "São dois temas diversos. O primeiro, envolve dolo do consumidor na fixação do negócio jurídico. Se, no caso da boa-fé objetiva, o magistrado, no caso concreto, deve verificar se o *standard* de conduta suposto para a relação foi cumprido ou violado, na hipótese do dolo, há que ser feita a prova da ação ilegal realizada pelo consumidor. Essa má-fé é, pois, subjetiva. A apuração há de ser feita no processo judicial, inclusive com os benefícios da inversão do ônus da prova a favor do consumidor, conforme previsto no inciso VIII do art. 6º."

[80] Note-se que os limites da parte processual não afetam o Capítulo VI-A. Neste sentido o enunciado aprovado da I Jornada CDEA sobre Superendividamento e Proteção do Consumidor UFRGS-UFRJ: "Enunciado 1. Os dispostos nos artigos 54-A *usque* 54-D da Lei 14.181/21 sobre a prevenção do superendividamento do consumidor se aplicam ao crédito imobiliário e dívidas com garantias reais. (Autores: Prof. Dr. Fernando Martins e Profa. Dra. Keila Pacheco Ferreira).

[81] Neste sentido o enunciado aprovado da I Jornada CDEA sobre Superendividamento e Proteção do Consumidor UFRGS-UFRJ: "Enunciado 8. Aos créditos consignados, aqueles que envolvem autorização prévia do consumidor pessoa natural para consignação em folha de pagamento, se aplicam as disposições contidas no art. 54-A a 54 -D, inclusive parágrafo único. (Autores: Prof. Dr. Fernando Martins e Profa. Dra. Keila Pacheco Ferreira)".

[82] O tema é tão relevante que foram aprovados dois enunciados na I Jornada CDEA sobre Superendividamento e Proteção do Consumidor UFRGS-UFRJ: "Enunciado 12. A consulta prévia sobre a existência de margem consignável pelo credor é condição para a formalização do contrato de crédito consignado (art. 54-G, § 1º). (Autora: Profa. Dra. Ana Carolina Zancher). Enunciado 13. A repactuação de dívidas, tanto na fase conciliatória e preventiva, quanto na fase judicial, deve incluir os créditos consignados e verificar se os cuidados exigidos pelo art. 54-G, parágrafo primeiro foram cumpridos. (Autora: Profa. Dra. Ana Carolina Zancher)".

Da mesma forma, a exclusão "da aquisição ou contratação de produtos e serviços de luxo de alto valor" deve ser interpretada restritivamente e no caso a caso, pois um carro com marcha automática pode ser luxo para a maioria, mas não para um consumidor com deficiência. Neste sentido a I Jornada CDEA sobre Superendividamento e Proteção do Consumidor UFRGS-UFRJ trouxe enunciado esclarecedor: "Enunciado 16. Para a exclusão da prevenção e tratamento do superendividamento, segundo art. 54-A, par. 3 *in fine* do CDC, como regra de exceção, deve-se interpretar restritivamente e atentar à combinação do alto valor e da superfluidade dos produtos e serviços, não bastando um ou outro, isoladamente; devendo ser determinado caso a caso. (Autora: Prof. Dra. Ana Carolina Zancher)."

Art. 54-B. No fornecimento de crédito e na venda a prazo, além das informações obrigatórias [1] previstas no art. 52 deste Código e na legislação aplicável à matéria, o fornecedor ou o intermediário deverá informar o consumidor, prévia e adequadamente, no momento da oferta, sobre: [2]

I – o custo efetivo total e a descrição dos elementos que o compõem; [3]

II – a taxa efetiva mensal de juros, bem como a taxa dos juros de mora e o total de encargos, de qualquer natureza, previstos para o atraso no pagamento; [4]

III – o montante das prestações e o prazo de validade da oferta, que deve ser, no mínimo, de 2 (dois) dias; [5]

IV – o nome e o endereço, inclusive o eletrônico, do fornecedor;

V – o direito do consumidor à liquidação antecipada e não onerosa do débito, nos termos do § 2º do art. 52 deste Código e da regulamentação em vigor. [6]

§ 1º As informações referidas no art. 52 deste Código e no *caput* deste artigo devem constar de forma clara e resumida do próprio contrato, da fatura ou de instrumento apartado, de fácil acesso ao consumidor. [7]

§ 2º Para efeitos deste Código, o custo efetivo total da operação de crédito ao consumidor consistirá em taxa percentual anual e compreenderá todos os valores cobrados do consumidor, sem prejuízo do cálculo padronizado pela autoridade reguladora do sistema financeiro.

§ 3º Sem prejuízo do disposto no art. 37 deste Código, a oferta de crédito ao consumidor e a oferta de venda a prazo, ou a fatura mensal, conforme o caso, devem indicar, no mínimo, [8] o custo efetivo total, o agente financiador e a soma total a pagar, com e sem financiamento.

COMENTÁRIOS

[1] INFORMAÇÕES OBRIGATÓRIAS NO CRÉDITO E VENDA A PRAZO – O art. 54-B complementa as informações obrigatórias já devidas segundo o art. 52 do CDC desde 1991, um dever de conduta de boa-fé de informar "prévia e adequadamente", de forma a preservar a liberdade de escolha do consumidor, que é um leigo. O art. 54-B oriundo da atualização do CDC pela Lei 14.181/2021, porém, tem um escopo de aplicação mais amplo

Capítulo VI-A · DA PREVENÇÃO E DO TRATAMENTO DO SUPERENDIVIDAMENTO | Art. 54-B

e pedagógico. Enquanto o art. 52 (de pouca aplicação,[83] mas com interessantes precedentes judiciais até agora)[84] vinculava como um dever de informação especial na outorga do crédito apenas o fornecedor, o art. 54-B vincula expressamente o fornecedor e o intermediário. O art. 52 tem redação mais técnica ao mencionar sua aplicação no "fornecimento de produtos e serviços que envolva outorga de crédito ou concessão de financiamento ao consumidor", já o art. 54-B é mais pedagógico e esclarecedor, alertando para sua aplicação tanto no "fornecimento de crédito" em si, quanto "na venda a prazo" e daí popularizando as informações obrigatórias. Esperamos que este art. 54-B tenha maior utilização administrativa e jurisprudencial (seja em diálogo com os arts. 34, 46, 48, 54, 54-C e 54-D, em especial a sanção do parágrafo único do art. 54-D), pois é regra-chave para um "crédito responsável": um crédito informado de forma qualificada e com lealdade pelo fornecedor. Ou como afirma o STJ:

> "O direito à informação, abrigado expressamente pelo art. 5º, XIV, da Constituição Federal, é uma das formas de expressão concreta do Princípio da Transparência, sendo também corolário do Princípio da Boa-fé Objetiva e do Princípio da Confiança, todos abraçados pelo CDC... As normas de proteção e defesa do consumidor têm índole de 'ordem pública e interesse social'. São, portanto, indisponíveis e inafastáveis, pois resguardam valores básicos e fundamentais da ordem jurídica do Estado Social, daí a impossibilidade de o consumidor delas abrir mão *ex ante* e no atacado." (STJ, REsp 586.316/MG, Segunda Turma, Rel. Min. Herman Benjamin, julgado em 17/04/2007, *DJe* 19/03/2009.)

O anteprojeto elaborado pela Comissão de Juristas previa o art. 54-B com praticamente a mesma redação que consta da Lei 14.181/2021, com exceção da expressão "no contrato" que constava do *caput* e foi retirado durante a tramitação da norma no Congresso Nacional.

Assim, prevaleceu a opção de inserção de um novo artigo ao invés da inserção de modificações no art. 52 do CDC, que foi mantido na sua integralidade e, ao contrário, reforçado pela menção expressa no art. 54-B e na sanção de descumprimento prevista no parágrafo único do art. 54-D.

Note-se que o parágrafo único do art. 54-D introduz uma sanção pela "quebra" ou violação positiva do contrato,[85] isto é, uma sanção pela violação dos deveres (obrigatórios) de informar como descumprimento de um dever legal de boa-fé (art. 4, III, em diálogo com o art. 422 do CC/2002). Destacamos, inclusive, que na I Jornada CDEA sobre Superendividamento e Proteção do Consumidor UFRGS-UFRJ foi aprovado o "Enunciado 3. A informação inadequada nos contratos de concessão de crédito pode ensejar a responsabilização civil do forne-

---

[83] Exceção é a decisão: "Conforme o art. 52, *caput*, do Código de Defesa do Consumidor, a informação prévia e adequada – sobre, entre outros, preço, número e periodicidade das prestações, montante dos juros e da taxa efetiva anual e valor total a pagar, com e sem financiamento – precisa constar obrigatoriamente da oferta, publicitária ou não, que envolva parcelamento ou financiamento de produtos e serviços de consumo. Não preenche o requisito da adequação estampar a informação em pé de página, com letras diminutas, na lateral, ou por ressalvas em multiplicidade de asteriscos, ou, ainda, em mensagem oral relâmpago ininteligível" (STJ, REsp 1.828.620-RO, 2ª Turma, Rel. Min. Herman Benjamin, julgado em 03/12/2019). Veja a análise da jurisprudência, repetitivos e Súmulas que permitem taxas, mesmo que não informadas ao consumidor, retirando efeito ao dever de boa-fé de informar previamente, in MARQUES, Claudia Lima. *Contratos no Código de Defesa do Consumidor*, 9. ed., São Paulo: Ed. RT, 2019, p. 603 e seg.

[84] Veja como exemplo positivo a decisão do STJ, no REsp 1.828.620/RO, Segunda Turma, Rel. Min. Herman Benjamin, julgado em 03/12/2019, *DJe* 05/10/2020.

[85] Veja o Enunciado 24 da I Jornada de Direito Civil, promovida pelo Conselho da Justiça Federal e Superior Tribunal de Justiça: "Art. 422: em virtude do princípio da boa-fé, positivado no art. 422 do novo Código Civil, a violação dos deveres anexos constitui espécie de inadimplemento, independentemente de culpa."

cedor concedente perante o tomador consumidor, sem prejuízo de outras sanções. (Autora: Profa. Dra. Cíntia Muniz de Souza Konder)." Bem indicando a mudança de paradigma para o crédito responsável, que exige valorização do cumprimento dos deveres de boa-fé e combate ao abuso de fraqueza dos consumidores para além das sanções já previstas de "vício" da informação (art. 18 e seg.), de "defeito" da informação e de falta de clareza na informação (arts. 46, 48, 54), agora em matéria de concessão de crédito e de venda a prazo há responsabilização do fornecedor por falha na informação obrigatória.

Na versão final, o parágrafo único só faz menção ao art. 52, mas na versão da Comissão de Juristas e PLS 283/2012 fazia menção ao art. 54-B, que depois foi desmembrado em 54-B e 54-C. Esta falta de menção atual não prejudica a sua utilização para sancionar a "quebra" do dever de informar, pois sendo o art. 54-B mero complemento e reforço do tradicional art. 52 do CDC, suas informações são também obrigatórias e o descumprimento dessas "informações obrigatórias" do CDC e da legislação outra aplicável à outorga do crédito (por exemplo, na venda imobiliária) e à venda a prazo é também sancionável pelo disposto no parágrafo único do art. 54-D. Nesse sentido, o enunciado da I Jornada CDEA sobre Superendividamento e Proteção do Consumidor UFRGS-UFRJ: "Enunciado 25. É ônus do fornecedor provar o cumprimento dos deveres de boa-fé impostos nos artigos 52, 54-B, 54-C e 54-D do CDC, de forma a evitar as sanções previstas no parágrafo único do art. 54-D. (Autor: Prof. Dr. André Perin Schmidt Neto)"

O anteprojeto elaborado pela Comissão de Juristas reforçava inclusive que esta informação deveria fazer parte do próprio "contrato", mas esta menção foi retirada, assim como aquela que impunha o dever de provar o cumprimento dos deveres ao fornecedor.[86]

Nenhuma dessas três omissões atuais parece prejudicar a força deste novo art. 54-B, pois continua sendo ônus daquele a quem é imputado o dever de boa-fé de prestar prévia e adequadamente a informação obrigatória, de o fazer, assim como continua sendo o "contrato", cuja cópia agora é de entrega obrigatória, o maior meio de perenizar a "informação" a ser dado ao consumidor. Em países europeus, já se desenvolveram formulários padrões informativos,[87] que servem de modelo para os fornecedores e intermediários bem cumprirem seu dever de informação obrigatória.

[2] OFERTA COM INFORMAÇÃO QUALIFICADA – O art. 54-B estabelece o dever de informação qualificada acerca do valor do empréstimo, a fim de que sejam especificados todos os custos que incorrerão, com o objetivo de proporcionar ao consumidor a exata dimensão do custo financeiro da operação de crédito.

A informação é tida pela doutrina como um dos aspectos mais importantes para a prevenção do superendividamento, pois é um instrumento de desvendamento (*disclosure*) dos custos da operação de crédito.

No entanto, é importante ressaltar que a informação acerca dos custos de crédito é apenas um dos elementos de desvendamento (*disclosure*), pois há outros detalhes essenciais que devem ser informados, especialmente as opções de outras modalidades de crédito e as consequências do eventual inadimplemento.

---

[86] O texto era: "§ 1º A prova do cumprimento dos deveres previstos neste Código incumbe ao fornecedor e ao intermediário do crédito." Veja SENADO FEDERAL. *Relatório Final*: Comissão de Juristas de Atualização do Código de Defesa do Consumidor. BRASIL. Antonio Herman Benjamin et al. Senado Federal, Brasília, 2012, p. 334. Disponível também em: http://www.senado.gov.br/senado/codconsumidor/pdf/extrato_relatorio_final.pdf. Acesso em: 27.11.2021.

[87] Assim mencionam o Anexo 4 do art. 247, § 2º, EGBGB (Lei de Introdução) alemã, o *Europäische Standardinformationen für Verbraucherkredikte*, BÜLLOW, Peter; ARTZ, Markus. *Verbraucherkrediktrecht*, Munique: Beck, 2016, p. 177.

Capítulo VI-A · DA PREVENÇÃO E DO TRATAMENTO DO SUPERENDIVIDAMENTO | Art. 54-B

A tomada consciente de crédito pressupõe uma manifestação de vontade efetivamente informada.[88]

O dispositivo não se limita a estabelecer o dever de informação qualificada, mas também de efetivar uma oferta prévia ao consumidor que lhe permita um prazo de reflexão, o que destoa das práticas comuns de pressionar o consumidor para a imediata aceitação da oferta.

A complementação do dispositivo vem com a possibilidade de desistência da operação sete dias após a contratação. Apesar do veto aos §§ 2º, 3º e 4º do art. 54-E, subsiste a possibilidade de arrependimento das contratações de crédito efetivadas a distância, nos termos do art. 49 combinado com o art. 54-F do CDC.

Assim, seriam dois os momentos de reflexão: o da oferta prévia (em relação a todas as operações) e o dos sete dias que precedem a contratação (em relação exclusivamente às contratações efetivadas a distância).

[3] CUSTO EFETIVO TOTAL – A primeira obrigação estabelecida diz respeito à informação (dever de informar) acerca do Custo Efetivo Total (CET) e a descrição dos elementos que o compõem.[89]

Cabe em primeiro lugar destacar que a Resolução CMN 3.517, de 06 de dezembro de 2007, editada pelo Conselho Monetário Nacional e fiscalizada pelo Banco Central do Brasil já estabelecia o dever de as instituições financeiras e das sociedades de arrendamento mercantil, previamente à contratação de operações de crédito e de arrendamento mercantil financeiro com pessoas físicas, informar o custo total da operação, expresso na forma de taxa percentual anual (art. 1º).

Se não há completa novidade na estipulação da obrigação, não há como deixar de ressaltar a importância de ter sido incluída no Código de Defesa do Consumidor, pois abarca todas as operações de crédito e não apenas as abrangidas pelas resoluções do Conselho Monetário Nacional.

Ademais, como veremos, há mais informações impostas pelos demais parágrafos do art. 54-B, inclusive o esclarecimento acerca da taxa mensal incidente.

O § 2º do art. 54-B estabelece que "o custo efetivo total da operação de crédito ao consumidor consistirá em taxa percentual anual e compreenderá todos os valores cobrados do consumidor, sem prejuízo do cálculo padronizado pela autoridade reguladora do sistema financeiro".

Interessante destacar que o § 3º do art. 54-B detalha a forma de divulgação da informação, que deverá ser efetivada tanto na oferta de crédito ao consumidor como na oferta de venda a prazo, e constar da fatura mensal, conforme o caso, ou seja, sempre que ela existir.

Além do custo efetivo total, devem ser indicados o agente financiador e a soma total a pagar, com e sem financiamento.

Assim, a soma total em valores absolutos, tanto do dinheiro emprestado quanto do montante de juros e demais custos incidentes, deve ser previamente informada ao consumidor e

---

[88] GJIDARA, Sophie. *L'endettement et le droit privé*. Paris: LGDJ, 1999, p. 328.

[89] Veja sobre a obrigação de informar e a possibilidade de reclamação ao STF em caso de não aplicação do CDC: "A decisão de improcedência da ADIn 2.591, equivale à declaração de constitucionalidade do art. 3º, § 2º, do CDC e possui força vinculante, obrigando os demais órgãos do Poder Judiciário e do Poder Executivo. Com efeito, tendo em vista que a decisão foi tomada pela maioria absoluta dos membros do Plenário do Supremo Tribunal Federal incidem os arts. 23 e 24 da Lei 9.868, de 1999..." (PFEIFFER, Roberto Augusto Castellanos. Aplicação do Código de Defesa do Consumidor aos serviços bancários. *Revista de Direito Bancário*, vol. 38/2007, p. 75-98, Out.-Dez./2007, p. 75).

Art. 54-B | CÓDIGO BRASILEIRO DE DEFESA DO CONSUMIDOR

constar, sempre que for disponibilizada, da fatura mensal enviada ao consumidor. Trata-se de informação essencial tanto para fins de reflexão sobre a aquisição do crédito, como para o acompanhamento de sua quitação.

A forma de cálculo do CET atualmente é disciplinada pela Resolução CMN 4.881, de 23 de dezembro de 2020, que estabelece que ela deve abranger o valor do crédito a ser concedido e os valores a serem cobrados do interessado na operação, considerando amortizações, juros, tarifas, tributos, seguros e outras despesas vinculadas à operação, conforme as condições pactuadas, inclusive as relativas ao pagamento de serviços de terceiros contratados pela instituição financeira (art. 3º, § 2º).

A taxa de juros é uma das informações mais importantes que devem ser prestadas previamente ao consumidor e sua obrigatoriedade já constava no art. 52 do CDC. A ausência desta informação no contrato demandaria a aplicação do art. 46 do CDC prevendo que "o contrato ou as cláusulas obscuras não obrigarão o consumidor quando não lhe foi oportunizado o conhecimento prévio", o que significa que o consumidor não está obrigado ao pagamento de juros remuneratórios que não estavam previstos contratualmente. Não obstante, infelizmente a jurisprudência brasileira não vem aplicando a consequência prevista no art. 46 do CDC para os contratos bancários, optando pela aplicação de juros remuneratórios de 12% ao ano ou da taxa média de mercado. A expressa menção à obrigação de informar a taxa de juros estabelecida pelo art. 54-B poderá finalmente ensejar a aplicação do art. 46 do CDC, norma de ordem pública que contempla sanção específica para a inobservância do dever de informação, além de ser mais favorável aos consumidores.[90]

A regra também prevê informação sobre o montante das prestações, bem como sobre a identificação do fornecedor.

[4] INFORMAÇÃO SOBRE ENCARGOS DA MORA – Trata-se de informação de extrema importância, uma vez que normalmente o consumidor é extremamente otimista e não leva em consideração os riscos de atrasar o pagamento.

Os encargos de mora conduzem a um crescimento exponencial da dívida, na medida em que há encargos que se somam aos juros e demais custos ordinariamente incidentes.

A obrigação de informar os encargos da mora constante do art. 54-B dialoga com o art. 54-D, cujo inciso I exige a informação acerca das "consequências genéricas e específicas do inadimplemento".

[5] PRAZO DE VALIDADE MÍNIMO DA OFERTA (OFERTA PRÉVIA) – O inciso III do art. 54-B obriga o fornecedor a informar o prazo de validade da oferta, que não pode ser inferior a 2 (dois) dias. Esta regra cria assim uma validade mínima da oferta de crédito ao consumidor no mercado e impõe com isso um dever aos fornecedores.

Extraem-se da norma dois novos direitos do consumidor. O primeiro é o direito à oferta prévia. Assim, não será lícito ao fornecedor efetivar "oferta relâmpago" de crédito, que somente tenha validade instantânea. Tal estabilidade da oferta é essencial para que haja um mínimo de reflexão do consumidor, a fim de que possa tanto sopesar a efetiva necessidade de tomar o empréstimo como, em caso positivo, comparar com outras alternativas existentes no mercado.

O eventual desrespeito ao direito a uma oferta prévia com prazo de reflexão mínimo configura hipótese de prática abusiva passível de subsunção ao art. 49 do CDC, bem como pode ser um expediente caracterizador do assédio previsto no art. 54-C, inciso III, na medida em

---

[90] LIMA, Clarissa Costa de. O Dever de Informação nos Contratos de Crédito ao Consumo em Direito Comparado Francês e Brasileiro: A sanção para a falta de informação dos juros remuneratórios. *RDC*, vol. 69, p. 9-31, 2009.

Capítulo VI-A · DA PREVENÇÃO E DO TRATAMENTO DO SUPERENDIVIDAMENTO | Art. 54-B

que impõe ao consumidor pressão para imediato aceite da oferta, sem lhe proporcionar a prerrogativa de uma reflexão prévia à contratação.

O segundo direito é o do prazo mínimo de dois dias de duração da oferta, durante o qual o fornecedor fica vinculado à manutenção de todas as condições informadas ao consumidor, sendo obrigado a honrá-las na hipótese de aceite do consumidor dentro do prazo de sua duração mínima.

[6] LIQUIDAÇÃO ANTECIPADA DA DÍVIDA – Destaque-se também a regra sobre a informação de liquidação antecipada e não onerosa do débito, em reforço ao direito estabelecido no § 2º do art. 52 do CDC. Assim, a prerrogativa de o consumidor antecipar o pagamento da dívida e, assim, o fazer sem a incidência de juros sobre o montante antecipado, não apenas deve ser obedecida pelo fornecedor, como a sua prerrogativa deve ser previamente informada.

[7] RESUMO DAS PRINCIPAIS INFORMAÇÕES – O § 1º do art. 54-B ainda impõe que as "informações referidas no art. 52 deste Código e no *caput* deste artigo devem constar de forma clara e resumida", seja do próprio contrato, seja "de instrumento apartado, de fácil acesso ao consumidor", seja da "fatura". A redação da Comissão de Juristas (e o PLS 283/2012) era mais clara ao impor um novo dever de "resumo", que viria inclusive em um quadro-resumo, como na União Europeia, especificando inclusive o local onde tal texto deveria estar: no início do contrato. Faz todo sentido que as informações obrigatórias dos arts. 52 e 54-B sejam resumidas para o entendimento do consumidor. Comumicar é tornar comum. Informar é colocar em uma forma que o outro, o consumidor, entenda e torne "sua" mesmo sendo leigo.

Tal resumo, mesmo que não seja em um quadro-resumo, é uma eficiente ferramenta de prevenção do superendividamento e também uma forma de chamar a atenção do consumidor e até mesmo contribuir para sua "educação". Por exemplo, na oferta de cartões de crédito consignado-sênior (especial para idosos!) muitas informações são mencionadas pelos intermediários (e rapidamente!), mas não informam quantas prestações (267 para ser exato) ou a soma total a pagar (mais de 4 vezes o valor inicial "sacado") ou quanto tempo (18 anos!) é necessário para o repagamento do crédito, se for na modalidade de pagamento mínimo do cartão... Esta informação (18 anos), se constar em um resumo chamará muito atenção do consumidor, que pode refletir melhor se realmente deseja este crédito caro e praticamente impagável para um idoso.

A Lei 14.181/2021 estabeleceu um novo paradigma de crédito responsável, agora um direito do consumidor (art. 6, XI), e para realmente "garantir" práticas de crédito responsável a informação prestada de forma prévia, leal e adequada à compreensão e esclarecimento do consumidor (art. 54-D, I) é crucial. Neste sentido, cabe ao SNDC e ao Judiciário valorizar estes novos (e antigos!) deveres de informação obrigatória de boa-fé. E se a conduta do fornecedor ou de seu intermediário não foi neste sentido, cabe sancioná-la, tanto pelas sanções clássicas do CDC, como o art. 46 e não obrigação do contrato que não lhe foi dada a oportunidade de conhecer ou pelo novel parágrafo único do art. 54-D, com redução dos juros (para não se lucrar com o descumprimento e violação da boa-fé exigida para um crédito responsável) ou dos demais encargos, assim como com a dilação do pagamento, como forma de sancionar estas práticas comerciais abusivas, que como afirma o art. 54-C ocultam ou dificultam "a compreensão sobre os ônus e os riscos da contratação de crédito ou da venda a prazo".

[8] NOVO REGIME DA PUBLICIDADE DE CRÉDITO E DE VENDA A PRAZO – Em seus estudos sobre o efeito obrigacional da publicidade, Adalberto Pasqualotto chamava

Art. 54-B | CÓDIGO BRASILEIRO DE DEFESA DO CONSUMIDOR

a atenção para a necessidade de regular mais fortemente alguns tipos de publicidade no Brasil.[91] O § 3º do art. 54-B traz uma nova regra neste sentido, regulando pela primeira vez em lei federal, sem "prejuízo do disposto no art. 37" sobre a publicidade ilícita (enganosa e abusiva), que a "oferta de crédito ao consumidor e a oferta de venda a prazo, ou a fatura mensal, conforme o caso, devem indicar, no mínimo, o custo efetivo total, o agente financiador e a soma total a pagar, com e sem financiamento". Note-se mesmo sem mencionar expressamente a oferta publicitária ou a ela se limitar, a regra menciona todas as ofertas, inclusive as publicitárias.

Os três elementos obrigatórios seriam: a CET, o agente financiador e a soma total a pagar. A CET vem definida pelo § 2º como "o custo efetivo total da operação de crédito ao consumidor consistirá em taxa percentual anual e compreenderá todos os valores cobrados do consumidor, sem prejuízo do cálculo padronizado pela autoridade reguladora do sistema financeiro".

O tema do agente financiador é chave, pois o consumidor deve saber com quem contratará. O fornecedor deve ser identificado não só no inciso IV do art. 54-B, exigindo até mesmo um endereço eletrônico que deve ser informado ao consumidor, mas também a sua identificação é tema do art. 54-D, inciso III. O tema não é de menor importância, pois quantos consumidores imaginam estar contratando com uma loja ou magazine e estão contratando com um banco ou uma financeira, sem falar no tema da cessão de dívidas que nem sempre é informado ao consumidor. Saber a quem se deve é um direito básico para poder se quitar esta dívida e evitar o superendividamento.

Sem saber quem é o financiador, alguns direitos novos assegurados no CDC ficam esvaziados, como o direito de *chargeback*[92] ou de indicar o erro, a fraude, requerer a anulação, o imediato bloqueio do pagamento, como assegura o art. 54-G, inciso III. Ainda se chame atenção que se a contratação do crédito for no local da atividade do fornecedor de produto e serviço (art. 54-F, inciso II) ou se este agente financiador recorrer ao fornecedor de produto e serviço para contratar (art. 54-F, inciso I), os contratos são conexos por força do CDC e seu destino terá de ser o mesmo, inclusive no que se refere ao exercício do direito de arrependimento do art. 49 do CDC, reforçado pelo § 1º do novel art. 54-F.

O terceiro elemento é a soma total a pagar, com ou sem o crédito, como forma de o consumidor avaliar se vale a pena a contratação daquela modalidade de crédito. Aqui a liberdade de escolha do consumidor é preservada. Forte no art. 30 do CDC, a oferta publicitária vincula e integra o contrato que vier a ser formado, ensejando os direitos do art. 35 do CDC. Em se tratando de elementos mínimos e obrigatórios, pode-se defender que o art. 46 do CDC pode ser usado como uma sanção sempre que a oferta de crédito e de venda a prazo não os trouxer como elementos mínimos. O mercado pode modificar e evoluir suas práticas e o art. 54-B permite que tais informações estejam nas faturas do consumidor, caso sejam contratos mais antigos do que o dia 02 de julho de 2021, data da entrada em vigor da norma. A regra informa "conforme o caso", o que dependerá de apreciação para verificar se a oferta de consumo deixou de trazer estes três elementos básicos de forma legítima ou ilegítima e se o fato de os elementos agora estarem na fatura desta relação supre a referida falta. De qualquer maneira, é preciso saudar esta norma do § 1º como uma importante regra de transparência pré-contratual ou nas

---

[91] PASQUALOTTO, Adalberto. *Os efeitos obrigacionais da publicidade no Código de Defesa do Consumidor.* São Paulo: Ed. RT, 1997, p. 25 e seg.

[92] MARQUES, Claudia Lima. Art. 54-G e parágrafos, in BENJAMIN, Antonio H.; MARQUES, Claudia Lima; LIMA, Clarissa Costa de; VIAL, Sophia Martini. *Comentários à Lei 14.181/2021: A atualização do CDC em matéria de superendividamento*, São Paulo: Ed. RT, 2021, p. 307.

Capítulo VI-A · DA PREVENÇÃO E DO TRATAMENTO DO SUPERENDIVIDAMENTO | **Art. 54-C**

faturas atuais de contratos em curso, que estabelece um novo patamar de oferta responsável e leal de crédito no Brasil.

> **Art. 54-C.** É vedado, expressa ou implicitamente, na oferta de crédito ao consumidor, publicitária ou não:
>
> I – (Vetado.); [1]
>
> II – indicar que a operação de crédito poderá ser concluída sem consulta a serviços de proteção ao crédito ou sem avaliação da situação financeira do consumidor; [2]
>
> III – ocultar ou dificultar a compreensão sobre os ônus e os riscos da contratação do crédito ou da venda a prazo; [3]
>
> IV – assediar ou pressionar o consumidor para contratar o fornecimento de produto, serviço ou crédito, principalmente se se tratar de consumidor idoso, analfabeto, doente ou em estado de vulnerabilidade agravada ou se a contratação envolver prêmio; [4]
>
> V – condicionar o atendimento de pretensões do consumidor ou o início de tratativas à renúncia ou à desistência de demandas judiciais, ao pagamento de honorários advocatícios ou a depósitos judiciais. [5]
>
> Parágrafo único. (Vetado.)

COMENTÁRIOS

[1] VETO À PUBLICIDADE DE "TAXA ZERO" – O Presidente da República opôs veto ao dispositivo do inciso I do art. 54-C, que estabelecia a vedação à oferta de crédito que fizesse referência a crédito "sem juros", "gratuito", "sem acréscimo" ou com "taxa zero" ou a expressão de sentido ou entendimento semelhante.

Por arrastamento também foi vetado o parágrafo único do art. 54-C, que excepcionava a vedação à oferta de produto ou serviço para pagamento por meio de cartão de crédito.

Foram especificadas as seguintes razões para o veto:

"A propositura legislativa estabelece que seria vedado expressa ou implicitamente, na oferta de crédito ao consumidor, publicitária ou não, fazer referência a crédito 'sem juros', 'gratuito', 'sem acréscimo' ou com 'taxa zero' ou expressão de sentido ou entendimento semelhante.

Entretanto, apesar da boa intenção do legislador, a propositura contrariaria o interesse público ao tentar solucionar problema de publicidade enganosa ou abusiva com restrição à oferta, proibindo operações que ocorrem no mercado usualmente e sem prejuízo ao consumidor, em que o fornecedor oferece crédito a consumidores, incorporando os juros em sua margem sem necessariamente os estar cobrando implicitamente, sem considerar que existem empresas capazes de ofertar de fato 'sem juros', para o que restringiria as formas de obtenção de produtos e serviços ao consumidor.

O mercado pode e deve oferecer crédito nas modalidades, nos prazos e com os custos que entender adequados, com adaptação natural aos diversos tipos de tomadores, o que constitui em relevante incentivo à aquisição de bens duráveis, e a Lei não deve operar para vedar a oferta do crédito em condições específicas, desde que haja regularidade em sua concessão, pois o dispositivo não afastaria a oferta das modalidades de crédito referidas, entretanto, limitaria as condições concorrenciais nos mercados.

Por fim, impõe-se veto por arrastamento ao parágrafo único deste artigo."[93]

Com o devido respeito, não nos parece assistir razão ao veto, já que é pouco crível que os juros não estejam embutidos no preço final do produto, o que torna enganosa a oferta que afirma inexistir juros.

Isto porque há um custo no qual incorre a instituição financeira ou o comerciante ao adiantar o valor necessário para a aquisição do produto ou serviço e apenas o receber de maneira parcelada.[94] Com efeito, no mínimo o fornecedor arca com o custo de oportunidade de não investir o montante que deixa de receber à vista e, assim, o mais provável é que efetivamente embuta de maneira não transparente o custo no preço, que é majorado em razão do parcelamento sem o informar ao consumidor e, o que é pior, sem dar o necessário desconto caso o adquirente pague o valor à vista.

De qualquer forma, o veto não significa um salvo conduto para que a oferta enganosa continue sendo efetivada. Assim, sempre que questionado pelo adquirente ou por órgão de proteção do consumidor sobre a veracidade da oferta isenta de juros em parcelamento do pagamento, caberá ao fornecedor comprovar que não há majoração embutida no preço final cobrado, nos termos do art. 38 do CDC, que estabelece caber a quem patrocina a oferta ou a publicidade o ônus da prova da veracidade e correção da informação ou comunicação publicitária.

Não comprovando a veracidade da informação de que não há cobrança de juros na venda parcelada, o fornecedor incorrerá em publicidade enganosa tipificada pelo art. 37 do CDC. Também o art. 54-C veda ações que visem obstruir entendimento dos riscos e ônus da contratação, logo, veda esta prática como abusiva, pois ela induz em erro e obstrui o consumidor de enxergar os juros embutidos.

[2] AVALIAÇÃO DA SITUAÇÃO FINANCEIRA DO CONSUMIDOR – O crédito responsável pressupõe a avaliação financeira do consumidor *in concreto*, de forma leal e prévia, para que aquele crédito concedido possa ser pago, uma vez que o bom fim dos contratos é seu pagamento e realizar as expectativas legítimas do consumidor, sem o levar ao risco de superendividamento. Assim, além do direito geral de conduta conforme a boa-fé já existente no CDC (arts. 4º, 6º, 30, 34, 35, 39, 46, 48, 51, 52 e 54), há um novo dever, de "conhecer seu consumidor" (que é conhecido no direito comparado como *duty to know one's customer*),[95] de avaliar o melhor crédito para aquele consumidor (*duty to ensure the suitability*)[96] e garantir de

---

[93] Disponível em: http://www.planalto.gov.br/ccivil_03/_ato2019-2022/2021/Msg/VEP/VEP-314.htm. Acesso em: 15 set. 2021.

[94] A Ordem dos Economistas do Brasil, em texto elaborado pelo Prof. José Dutra Vieira Sobrinho, explica que: *"A base do estudo de finanças é a matemática financeira. E a base da matemática financeira é o valor do dinheiro no tempo. E para este estudo é fundamental o conhecimento de três variáveis: o valor do capital, valor do juro e o prazo. ... Assim, o juro pode ser justificado como uma compensação que o possuidor do capital exige pelo seu não uso durante o tempo do empréstimo: quanto maior o tempo, maior o valor dos juros. (...) Face ao exposto e à realidade atual do mercado financeiro mundial, a expressão 'prestações sem juros' representa uma agressão a racionalidade... Como todos nós temos uma noção muito clara do valor do dinheiro no tempo, a prática do pagamento sem juros é seguramente uma grande farsa. Nesse tipo de operação existe uma engenharia financeira que esconde os juros contidos no pagamento a prazo. Uma instituição financeira nunca concede um empréstimo sem juros para os seus clientes; e até para os seus diretores e acionistas essa prática é proibida por representar distribuição indevida de lucro."*

[95] Este dever agora também existe nos investimentos em geral, veja CHEREDNYCHENKO, Olha O. *Fundamental Rights, Contract Law and the Protection of the Weaker Party*, Munique: Selliers, 2007, p. 396 e seg.

[96] Assim, na *common law*, CHEREDNYCHENKO, Olha O. *Fundamental Rights, Contract Law and the Protection of the Weaker Party*, Munique: Selliers, 2007, p. 446 e seg.

Capítulo VI-A · DA PREVENÇÃO E DO TRATAMENTO DO SUPERENDIVIDAMENTO | **Art. 54-C**

forma responsável a informação, o esclarecimento, uma transparência de boa-fé, conforme a situação concreta daquele consumidor (*duty to inform one's customer*).[97] A avaliação da situação financeira do consumidor mencionada no CDC é uma parte do todo, para garantir práticas novas no mercado brasileiro de "concessão responsável do crédito", novo direito subjetivo dos consumidores em nosso mercado (art. 6º, XI).

O art. 54-C contém normas voltadas à disciplina da oferta de crédito, estabelecendo hipóteses que, não obedecidas, configuram publicidade enganosa ou abusiva, em complementação ao disposto nos arts. 37 e 38 do Código de Defesa do Consumidor.

Indicar que uma operação de crédito poderá ser concluída sem consulta a serviços de proteção ao crédito ou sem a avaliação da situação financeira do consumidor, assim como ocultar os ônus e riscos da contratação do crédito, dificultar sua compreensão ou estimular o endividamento do consumidor, em especial se idoso ou adolescente, não deve mais ser uma prática permitida.

A vedação da publicidade que destaca que o crédito pode ser concedido sem consulta a banco de dados ou avaliação da capacidade de reembolso afronta o princípio do crédito responsável, segundo o qual o fornecedor do crédito tem o dever de avaliar a capacidade de reembolso do consumidor antes da concessão do crédito. A ocultação dos riscos e ônus da contratação de crédito contraria o dever de boa-fé objetiva imposto aos fornecedores do qual decorre o dever de informar, aconselhar e esclarecer o consumidor antes da contratação de um crédito visando a prevenção de situações de superendividamento.

Há neste particular diálogo com as obrigações de entrega do contrato estipuladas pelo art. 54-G. Destacamos, inclusive, que na I Jornada CDEA sobre Superendividamento e Proteção do Consumidor UFRGS-UFRJ foi aprovado o "Enunciado 12. A consulta prévia sobre a existência de margem consignável pelo credor é condição para a formalização do contrato de crédito consignado (art. 54-G, § 1º). (Autora: Profa. Dra. Ana Carolina Zancher)". Este enunciado destaca a importância da consulta aos bancos agora unificados de margem consignada.

[3] COMPREENSÃO DOS ÔNUS E RISCOS DA CONTRATAÇÃO: A SUPERAÇÃO DA FIGURA DO CONSUMIDOR MÉDIO – A redação do art. 54-C, em forma de proibições ou vedações, completando a lista de práticas comerciais abusivas dos arts. 37 e 39, não é fácil de interpretar, mas deve levar o intérprete a exigir "sucesso" do fornecedor, o qual – *a contrario* – deve esclarecer razoavelmente ao consumidor os ônus e os riscos da contratação, sem ocultar ou dificultar a compreensão do leigo-consumidor destes riscos.

A revisão em 2015 das Diretrizes da ONU de proteção dos consumidores destacou a atuação protetiva dos países e, na prática, a conduta dos fornecedores deve levar em conta os consumidores mais vulneráveis (*vulnerables and disadvantages – UNGCP Guideline* 4, letra d, equivalente aos hipervulneráveis, na expressão cunhada por Antonio Herman Benjamin).[98]

A jurisprudência brasileira tem reconhecido a necessidade de proteger os mais crédulos, os doentes e os consumidores com vulnerabilidade agravada, como demonstra em bela decisão sobre produto que anunciava a cura do câncer, afirmando: "A vulnerabilidade informacio-

---

[97] Assim destaca, no direito alemão, CHEREDNYCHENKO, Olha O. *Fundamental Rights, Contract Law and the Protection of the Weaker Party*, Munique: Selliers, 2007, p. 399 e seg.

[98] Assim ensina a ementa: "Ao Estado Social importam não apenas os vulneráveis, mas sobretudo os hipervulneráveis, pois são esses que, exatamente por serem minoritários e amiúde discriminados ou ignorados, mais sofrem com a massificação do consumo e a 'pasteurização' das diferenças que caracterizam e enriquecem a sociedade moderna." (STJ, REsp 586.316/MG, Segunda Turma, Rel. Min. Herman Benjamin, julgado em 17/04/2007, *DJe* 19/03/2009).

Art. 54-C | CÓDIGO BRASILEIRO DE DEFESA DO CONSUMIDOR

nal agravada ou potencializada, denominada hipervulnerabilidade do consumidor, prevista no art. 39, IV, do CDC, deriva do manifesto desequilíbrio entre as partes" (REsp 1.329.556/SP, 3.ª T., rel. Min. Ricardo Villas Bôas Cueva, j. 25.11.2014, *DJe* 09.12.2014).

Agora devemos aprender as lições do direito comparado e passar a interpretar os contratos de forma diferenciada conforme a presença ou não deste hipervulnerável.[99] Inspira-nos os estudos dos notários franceses sobre a vulnerabilidade "intelectual", no caso de superendividamento, e a necessidade de ajuda a este consumidor vulnerável através de acesso "ao Direito e à Justiça", pois estes estudos afirmam que, mesmo pessoas capazes, em determinadas situações da sociedade de consumo de nossos dias, devem ser protegidas de forma especial ou pelo menos "acompanhadas" pelo poder público para garantir sua verdadeira igualdade e liberdade.[100]

No Brasil, Antonio Herman Benjamin cunhou a expressão "hipervulnerável" para aquele consumidor que acumula vulnerabilidades (idoso, doente ou analfabeto).[101] Iain Ramsay, em artigo de 2001, também alertava para a existência de consumidores com maior vulnerabilidade no mercado de crédito (*vulnerable consumers in the credit market*), a saber, as mulheres sozinhas e arrimo de família, os idosos sem apoio familiar e os jovens até 25 anos de baixa renda.[102]

Este parece ser um paradigma novo que deve guiar também a interpretação dos contratos no futuro, ainda em um país de tantas diferenças, como o Brasil. Se boa-fé é a visão do outro pelo mais forte, uma visão "refletida" para este *alter*, por que não valorizar o princípio do *favor debilis* em uma interpretação ponderada e guiada pela hipervulnerabilidade do consumidor cocontratante, conhecida e por vezes mesmo utilizada pelos fornecedores contratantes. Se podemos usar padrões gerais, como *homo medius*, temos de estar atentos para os hipervulneráveis[103] e interpretar sempre a favor e conforme as circunstâncias subjetivas deste consumidor.

A doutrina europeia e brasileira[104] atual especializa-se em releituras do direito romano-cristão e suas linhas de interpretação *pro homine*, tendo em vista a influência dos direitos humanos no direito contratual.[105] E, no mérito, propõe a importação do princípio da proporcionalidade como um limitador da liberdade de contratar do parceiro contratual mais forte e profissional, em relação ao leigo e vulnerável, o consumidor. Este exame da razoabilidade da conduta do forte e da vantagem para o mais fraco está presente nas diretivas europeias, consolidada no *Code de la Consommation* da França e no *Codice del Consumo* da Itália, propugnando uma hermenêutica a favor do mais fraco. E, como defendemos, uma atuação do aplicador da lei a favor do consumidor, tanto na excepcional integração das lacunas, no mais

---

[99] Assim alerta BOURRIER, p. 15, que a "fraqueza" (*faiblesse*) pode perturbar a ordem jurídica, pois esta tem normalmente como base a ideia de igualdade de forças e quando a exceção se revela, que um dos contratantes é mais fraco, há uma exceção a ser considerada.

[100] Assim o impressionante relatório de PICOT, Florent e GARONNAIRE, Jean-Eric. L'aide a la personne-Un accompagnement face à la vulnérabilité intellectuelle (Titre III, Première Commission du 102e. Congrès des Notaires de France). In: Notaires de France, p. 174-175.

[101] Assim, conferência de Antonio Herman V. Benjamin, em 08.09.2005, em Gramado (RS), no Congresso Internacional "15 anos de CDC: balanço, efetividade e perspectivas", organizado pela Brasilcon e pelas Escolas Superiores da Magistratura e do Ministério Público do Rio Grande do Sul.

[102] RAMSAY, Ian. *The Canadian Business Law Journal*, p. 328.

[103] Defendem que a hipervulnerabilidade tem fonte constitucional, NYSHIANA, Adolfo; DENSA, Roberta. A proteção dos consumidores hipervulneráveis: os portadores de deficiência, os idosos, as crianças e os adolescentes. *Revista de Direito do Consumidor*, vol. 76, p. 13-45. São Paulo: RT, out.-dez. 2010, p. 13 e seg.

[104] Veja a obra magnífica do brasileiro Antônio Cançado Trindade, *International Law for Humankind: Towards a New Jus Gentium (II). General Course on Public International Law*, 317 Collected Courses of the Hague Academy of International Law 2005, p. 9 e segs.

[105] Assim defende CHEREDNYCHENKO, Olha O. *Fundamental Rights, Contract Law and the Protection of the Weaker Party*, Munique: Selliers, 2007, p. 4 e segs.

Capítulo VI-A · DA PREVENÇÃO E DO TRATAMENTO DO SUPERENDIVIDAMENTO | Art. 54-C

comum diálogo das fontes, quanto na atividade principal de interpretação das normas, sejam as presentes no microssistema do CDC ou fora deste, assim como na interpretação dos contratos e declarações de vontade. Cabe, pois, defender uma hermenêutica, no sentido dos arts. 1º, 7º e 47 do CDC, a favor do consumidor, tendo em vista o mandamento constitucional de atuação proativa do Estado, Juiz e Administração Pública, conforme o art. 5, XXXII, da CF. Sem dúvida, a Lei 14.181/2021 vai contribuir em esclarecer a força desta hermenêutica "mais favorável ao consumidor".

Em outras palavras, há um dever de facilitar e não ocultar ou dificultar a compreensão do consumidor *in concreto*, que o fornecedor deve conhecer, para que o crédito seja "responsável". Um exemplo concreto facilitará este entendimento. Se o meu consumidor é cego e eu propositadamente omito informações orais e as coloco em um contrato que não seja em *braile*, estarei "dificultando" a compreensão no caso concreto. Se o consumidor não é cego, talvez aquela informação escrita fosse suficiente. O Superior Tribunal de Justiça foi claro ao afirmar que a informação é direito de todos e ensina, em caso sobre a versão para o braile dos contratos bancários, sobre a necessidade de efetividade na informação, conforme o caso concreto e a hipervulnerabilidade:

"2. O Código de Defesa do Consumidor estabelece entre os direitos básicos do consumidor, o de ter a informação adequada e clara sobre os diferentes produtos e serviços (CDC, art. 6º, III) e, na oferta, que as informações sejam corretas, claras, precisas, ostensivas e em língua portuguesa (art. 31), devendo as cláusulas contratuais ser redigidas de maneira clara e compreensível (arts. 46 e 54, § 3º). 3. A efetividade do conteúdo da informação deve ser analisada a partir da situação em concreto, examinando-se qual será substancialmente o conhecimento imprescindível e como se poderá atingir o destinatário específico daquele produto ou serviço, de modo que a transmissão da informação seja adequada e eficiente, atendendo aos deveres anexos da boa-fé objetiva, do dever de colaboração e de respeito à contraparte. 4. O método Braille é oficial e obrigatório no território nacional para uso na escrita e leitura dos deficientes visuais e a sua não utilização, durante todo o ajuste bancário, impede o referido consumidor hipervulnerável de exercer, em igualdade de condições, os direitos básicos, consubstanciando, além de intolerável discriminação e evidente violação aos deveres de informação adequada, vulneração à dignidade humana da pessoa deficiente." (STJ, REsp 1.349.188/RJ, Quarta Turma, Rel. Min. Luis Felipe Salomão, julgado em 10/05/2016, *DJe* 22/06/2016.)[106]

A informação, o esclarecimento e a avaliação *in concreto* são a pedra de toque do crédito responsável.[107] Por fim, repita-se o que antes afirmamos que apesar do veto à norma que proibia ofertas com "juro 0" enganosas e que ocultavam juros e encargos, encontram-se proibidas não só pelas regras tradicionais do CDC, mas pelo próprio art. 54-C, inciso III.

---

[106] Veja comentário a esta decisão, in NISHIYAMA, Adolfo Mamoru. *A proteção jurídica das pessoas com deficiência nas relações de consumo.* Curitiba: Juruá, 2016, p. 302 e seg.

[107] Veja sobre o dever positivo de informação do expert-fornecedor em relação ao leigo-consumidor: "10. A informação deve ser correta (= verdadeira), clara (= de fácil entendimento), precisa (= não prolixa ou escassa), ostensiva (= de fácil constatação ou percepção) e, por óbvio, em língua portuguesa. 11. A obrigação de informação é desdobrada pelo art. 31 do CDC, em quatro categorias principais, imbricadas entre si: a) informação-conteúdo (= características intrínsecas do produto e serviço), b) informação-utilização (= como se usa o produto ou serviço), c) informação-preço (= custo, formas e condições de pagamento), e d) informação-advertência (= riscos do produto ou serviço). 12. A obrigação de informação exige comportamento positivo, pois o CDC rejeita tanto a regra do *caveat emptor* como a subinformação, o que transmuda o silêncio total ou parcial do fornecedor em patologia repreensível, relevante apenas em desfavor do profissional, inclusive como oferta e publicidade enganosa por omissão." (STJ, REsp 586.316/MG, Segunda Turma, Rel. Min. Herman Benjamin, julgado em 17/04/2007, *DJe* 19/03/2009).

Art. 54-C | CÓDIGO BRASILEIRO DE DEFESA DO CONSUMIDOR

[4] ASSÉDIO AO CONSUMO – O Projeto de Lei 283, de 2012, introduziu na legislação brasileira a institucionalização do combate ao assédio ao consumidor, identificando estratégias de marketing agressivas e abusivas voltadas para determinados grupos, como idosos e analfabetos. A norma utilizada foi a Diretiva de Práticas Comerciais Desleais, 2005/29/CE, cujo artigo 8º utiliza como definição de práticas agressivas as que incluem assédio, coerção, força física e influência indevida. A opção do legislador brasileiro foi considerar o assédio ao consumidor ("assédio de consumo") como a categoria de todas as práticas comerciais agressivas que limitam a liberdade de escolha do consumidor.

As normas atuais, frente a evolução europeia de instrumentos para proteger os consumidores mais vulneráveis (idosos, crianças, analfabetos, doentes), como o assédio de consumo, não foram consideradas suficientes, em especial no que concerne ao crédito ao consumo e à prevenção do superendividamento, de modo que a atualização trouxe um reforço da lista do art. 39 do CDC.

O inciso IV do art. 54-C introduziu no direito brasileiro a figura do combate ao "assédio de consumo", nominando assim estratégias assediosas de marketing muito agressivas, que pressionam os consumidores, e o marketing focado em grupos de pessoas ou visando (*targeting*) grupos de consumidores muitas vezes os mais vulneráveis do mercado, como os idosos, analfabetos, doentes ou em estado de vulnerabilidade agravada.

É importante ressaltar que a prática do assédio ao consumo foi tipificada como prática abusiva em relação a todo e qualquer produto e serviço e não apenas em relação à concessão de crédito, como se extrai da clara dicção do inciso III do art. 54-C, que se refere a "fornecimento de produto, serviço ou crédito".

Portanto, trata-se da introdução de um dispositivo que tipifica como prática abusiva o assédio ao consumidor para contratação ou fornecimento de qualquer espécie de produto, serviço ou crédito.[108]

O termo "assédio de consumo" foi utilizado pela Diretiva europeia sobre práticas comerciais abusivas e daí chegou à Atualização do CDC. A Diretiva europeia 2005/29/CE, em seu art. 8, utiliza como termo geral o de prática agressiva e inclui como espécies o assédio (*harassment*), a coerção (*coercion*), o uso de força física (*physical force*) e a influência indevida (*undue influence*).[109] A opção do legislador brasileiro foi considerar o "assédio de consumo" como o gênero para todas as práticas comerciais agressivas, que limitam a liberdade de escolha do consumidor.

O CDC não utilizava a expressão "assédio de consumo", mas sim *prevalecimento "da fraqueza ou ignorância do consumidor, tendo em vista sua idade, saúde, conhecimento ou condição*

---

[108] Na II Jornada CDEA sobre Superendividamento e Proteção do Consumidor UFRGS-UFRJ foi aprovado o seguinte enunciado: "**Enunciado 4.** A prática de assédio é atentatória e lesiva ao consumidor não só na oferta do crédito, mas em relação a oferta de todos os produtos e serviços, sendo considerado, por isso, novo tipo de dano: 'dano de assédio'. OCDC reconhece a necessidade de proteção especial dos consumidores crianças, que são hipervulneráveis frente às atividades de comunicação mercadológica. (Autores: Prof. Dr. Fernando Martins e Profa. Dra. Lúcia Souza d'Aquino)".

[109] Veja o art. 9º da Diretiva Europeia de 2005: "Artigo 9º – Utilização do assédio, da coacção e da influência indevida: A fim de determinar se uma prática comercial utiliza o assédio, a coacção – incluindo o recurso à força física – ou a influência indevida, são tomados em consideração os seguintes elementos: a) O momento e o local em que a prática é aplicada, sua natureza e persistência; b) O recurso à ameaça ou a linguagem ou comportamento injuriosos; c) O aproveitamento pelo profissional de qualquer infortúnio ou circunstância específica de uma gravidade tal que prejudique a capacidade de decisão do consumidor, de que o profissional tenha conhecimento, com o objetivo de influenciar a decisão do consumidor; d) Qualquer entrave extracontratual oneroso ou desproporcionado imposto pelo profissional, quando o consumidor pretenda exercer os seus direitos contratuais, incluindo o de resolver o contrato, ou o de trocar de produto ou de profissional; e) qualquer ameaça de intentar uma ação, quando tal não seja legalmente possível."

Capítulo VI-A · DA PREVENÇÃO E DO TRATAMENTO DO SUPERENDIVIDAMENTO | Art. 54-C

social" (art. 39, IV) e *aproveitamento "da deficiência de julgamento e experiência da criança"* quanto à publicidade abusiva (art. 37, § 2º). Note-se que a jurisprudência tem reconhecido que os idosos, que são os mais afetados por este novo assédio de consumo e ofertas a distância, por *telemarketing* ou mesmo em domicílio – na solidão de suas casas e de suas vidas, essas ofertas, acompanhadas de uma boa conversa com os vendedores (e assinaturas gratuitas para os filhos), são momentos agradáveis, que se transformam depois em grandes incômodos. Nas ruas e em suas casas são constantemente abordados e ofertas de crédito lhes são feitas (moldadas para eles, com crédito e reservas consignadas), muitas vezes chegam a assinar em branco documentos para estes "pastinhas e representantes bancários" especializados em contatar idosos e aposentados no interior do Brasil, e muitas vezes caem em superendividamento.

O reconhecimento da vulnerabilidade agravada do idoso é constitucional (art. 230 da CF/1988) e foi concretizado em medidas de proteção no Estatuto do Idoso (Lei 10.741/2003).[110] O Código de Defesa do Consumidor reconhece também que a idade avançada do consumidor pode ser fraqueza a mais que o fornecedor pode aproveitar-se (art. 39, IV, do CDC), daí a menção na atualização do CDC do idoso contra vítima do assédio de consumo. A *ratio* da legislação especial, segundo Cristiano Schmitt, é "a inclusão social dos idosos no Brasil, garantindo-lhes tratamento igualitário. Através do Estatuto do Idoso, pretende-se impedir que os idosos continuem sendo mantidos, em sua maioria, à margem da sociedade, como se fossem cidadãos de segunda classe".[111] O mesmo pode ser dito dos doentes e analfabetos,[112] expressamente mencionados na norma. Segundo investigações da Senacon, as práticas abusivas mais comuns em crédito consignado e cartão de crédito consignado (com depósito e saque imediato do valor total e pagamento mínimo por mês em até 267 parcelas ou 18 anos!) têm como vítimas os idosos (45,3% dos consumidores que reclamam têm mais de 60 anos!).[113] Isso sem falar nos casos em que o consumidor nega a contratação, tanto que foi necessário estabelecer tese repetitiva: "Na hipótese em que o consumidor/autor impugnar a autenticidade da assinatura constante em contrato bancário juntado ao processo pela instituição financeira, caberá a esta o ônus de provar a autenticidade (CPC, arts. 6º, 369, 429, II)." (REsp 1.846.649/MA, Segunda Seção, Rel. Min. Marco Bellizze, julgado em 24/11/2021, Tema 1.061).

Como afirmamos em textos anteriores, a vulnerabilidade é um estado *a priori*, é o estado daquele que pode ter um ponto fraco, uma ferida (*vulnus*), aquele que pode ser "ferido" (*vulnerare*) ou é vítima facilmente.[114] Ao mencionar especificamente o assédio e ao proteger, den-

---

[110] Veja, por todos, SCHMITT, Christiano H. A "hipervulnerabilidade" do consumidor idoso. *RDC*, vol. 70, p. 139-171 e sua tese de doutorado na UFRGS, SCHMITT, Christiano H. *Consumidores hipervulneráveis – A proteção do idoso no mercado de consumo*, São Paulo: Atlas, 2014.

[111] SCHMITT, Christiano H. A "hipervulnerabilidade" do consumidor idoso, *RDC*, vol. 70, p. 139.

[112] Ver mais em MARQUES, Claudia Lima. Estudo sobre a vulnerabilidade dos analfabetos na sociedade de consumo: o caso do crédito consignado a consumidores analfabetos. *Revista Direito do Consumidor*, v. 95, 2014, p. 99-145.

[113] Senacon informa que nas reclamações do Consumidor.gov.br: "O destaque vai para o crescimento do crédito consignado. Do ano passado para cá, as reclamações aumentaram em 91,4%. Em setembro de 2020, o assunto era apenas o sexto mais demandado, com 42.508 reclamações (4,9% do total). Por outro lado, o índice de solução era um pouco maior, de 83,3%. Cinco anos atrás, o crédito consignado teve apenas 9.611 reclamações, o que representava 3,3% das demandas. Atualmente, as cobranças por serviços não contratados dominam as reclamações sobre consignado, com 33,8% das demandas. Falta de entrega de contrato ou documentação (16,2%) e portabilidade não efetiva (11,2%) também se destacam. Idosos entre 61 e 70 anos são, com folga, os mais afetados, em 45,3% dos casos." Disponível em: https://www.conjur.com.br/2021-nov-03/reclamacoes-bancos-dominam-plataforma-consumidorgov.

[114] MARQUES, Claudia Lima. Estudo sobre a vulnerabilidade dos analfabetos na sociedade de consumo: o caso do crédito consignado a consumidores analfabetos. *Revista Direito do Consumidor*, v. 95, 2014, p. 99 e seg.

tre os consumidores, aqueles com vulnerabilidade agravada, seja pela idade (idosos e jovens), seja pela situação de superendividamento (superendividados); os analfabetos e analfabetos funcionais; pessoas com deficiência visual, auditiva e mental; doentes, reconhece que merecem do Direito uma proteção "qualificada" ou aumentada.[115] Era preciso modernizar a visão da boa-fé e do CDC de visualização da vulnerabilidade do *alter*/do outro,[6] e a Lei 14.181/2021 dá um passo importante para atualizar o CDC, reconhecendo a existência – tanto para oferecer produtos e serviços quanto crédito, como esclarece o inciso IV do art. 54-C, da prática comercial abusiva em nosso mercado de "assediar" e "pressionar" com ofertas e intermediários especializados,[116] que focam também em "subgrupos" de consumidores aproveitando-se de suas fraquezas, o que não pode ser tolerado e deve ser considerado abusivo.[117]

Recentemente, o Mercosul completou a Resolução GMC 36/19, fortemente influenciada pela atualização das Diretrizes da ONU (UNGCP 2015) e que acatou o: "Princípio da Proteção especial de consumidores em situação de vulnerabilidade e desvantagem" e, em 2021, aprovou uma resolução específica sobre hipervulnerabilidade e para reforçar os esforços nacionais de proteção especial dos hipervulneráveis no mercado de consumo (Res. GMC 11/2021).[118]

O Superior Tribunal de Justiça também esclarece que, em se tratando de hipervulneráveis, a proteção deve ser redobrada, sem nunca reduzir a proteção geral: "Na proteção dos vulneráveis e, com maior ênfase, dos hipervulneráveis, na qual o legislador não os distingue, descabe ao juiz fazê-lo, exceto se for para ampliar a extensão, o grau e os remédios em favor dos sujeitos especialmente amparados." (STJ, REsp 1.064.009/SC, Segunda Turma, Rel. Min. Herman Benjamin, julgado em 04/08/2009, *DJe* 27/04/2011).

A doutrina brasileira inicia por defender que a figura do assédio de consumo presente no art. 54-C, IV, tem aplicação geral, pois menciona a contratação tanto de "produto" e "serviço" ou de "crédito", logo, não é apenas para o crédito ou contratos coligados (art. 54-F). Na I Jornada CDEA sobre Superendividamento e Proteção do Consumidor UFRGS-UFRJ, o enunciado 14 tratou do tema: "Enunciado 14. O assédio de consumo, como gênero, está em todas

---

[115] Assim também reconhece a jurisprudência do STJ: "A vulnerabilidade informacional agravada ou potencializada, denominada hipervulnerabilidade do consumidor, prevista no art. 39, IV, do CDC, deriva do manifesto desequilíbrio entre as partes" (REsp 1.329.556/SP, 3ª T., rel. Min. Ricardo Villas Bôas Cueva, j. 25.11.2014, *DJe* 09.12.2014).

[116] MARQUES, Claudia Lima. A vulnerabilidade dos analfabetos e dos idosos na sociedade de consumo brasileira: primeiros estudos sobre a figura do assédio de consumo. In: MARQUES, Claudia Lima; GSELL, Beate. (Org.). *Novas tendências do Direito do Consumidor: Rede Alemanha-Brasil de pesquisas em Direito do Consumidor.* São Paulo: Revista dos Tribunais, 2015, p. 46 e seg.

[117] MARQUES, Claudia Lima. Algumas observações sobre a pessoa no mercado e a proteção dos vulneráveis no direito privado. In: MARQUES, Claudia Lima; GRUNDMAN, Stefan; MENDES, Gilmar; BALDUS, Christian; MALHEIROS, Manuel. *Direito privado, Constituição e Fronteiras. Encontros da Associação Luso-Alemã de Juristas no Brasil.* 2. ed. São Paulo: Ed. RT, 2014. p. 321 e seg.

[118] O texto da Res. 11/2021 ensina: "Art. 1º Considerar como consumidores em situação de hipervulnerabilidade as pessoas físicas com vulnerabilidade agravada, desfavorecidos ou em desvantagem por razão de sua idade, estado físico ou mental, ou circunstâncias sociais, econômicas, étnicas e/ou culturais que provoquem especiais dificuldades para exercer com plenitude seus direitos como consumidores no ato concreto de consumo que realizarem. A presunção de hipervulnerabilidade não é absoluta e deve ser atendida no caso concreto, em função das circunstâncias da pessoa, tempo e local. Art. 2º Podem constituir causas de hipervulnerabilidade, entre outras: a) ser criança ou adolescente; b) ser idoso, conforme a Convenção Interamericana sobre a Proteção dos Direitos Humanos dos Idosos; c) ser pessoa com deficiência; d) ter a condição de pessoa migrante; e) ter a condição de pessoa turista; f) pertencer a comunidades indígenas, povos originários ou minorias étnicas; g) encontrar-se em situação de vulnerabilidade socioeconômica; h) pertencer a uma família monoparental a cargo de filhas/os menores de idade ou com deficiência; i) ter problemas graves de saúde. As causas de hipervulnerabilidade às quais se refere este artigo devem ser analisadas conforme o caso concreto e em perspectiva de integração entre políticas públicas."

Capítulo VI-A · DA PREVENÇÃO E DO TRATAMENTO DO SUPERENDIVIDAMENTO | Art. 54-D

as práticas comerciais agressivas que limitam a liberdade de escolha do consumidor e, ao se considerar as práticas de coerção diversas, a vulnerabilidade potencializada e o tratamento de dados para oferta dirigida e programada de consumo, identificam-se as espécies de: assédio de consumo por persuasão indevida; assédio de consumo por personificação de dados; assédio de consumo qualificado, ao se tratar de consumidor com vulnerabilidade agravada e assédio de consumo agravado por prêmio. (Autor: Prof. Dr. Vitor Hugo do Amaral Ferreira)."

Por seu turno, na II Jornada CDEA sobre Superendividamento e Proteção do Consumidor UFRGS-UFRJ foi aprovado enunciado que destaca a possível situação da mulher em situação de hipervulnerabilidade, como ocorre, por exemplo, nas situações em que cuida sozinha da subsistência familiar.[119]

Art. 54-D. Na oferta de crédito, previamente à contratação, o fornecedor ou o intermediário deverá, entre outras condutas:

I – informar e esclarecer adequadamente o consumidor, considerada sua idade, sobre a natureza e a modalidade do crédito oferecido, sobre todos os custos incidentes, observado o disposto nos arts. 52 e 54-B deste Código, e sobre as consequências genéricas e específicas do inadimplemento; [1]

II – avaliar, de forma responsável, as condições de crédito do consumidor, mediante análise das informações disponíveis em bancos de dados de proteção ao crédito, observado o disposto neste Código e na legislação sobre proteção de dados; [2]

III – informar a identidade do agente financiador e entregar ao consumidor, ao garante e a outros coobrigados cópia do contrato de crédito. [3]

Parágrafo único. O descumprimento de qualquer dos deveres previstos no *caput* deste artigo e nos arts. 52 e 54-C deste Código poderá acarretar judicialmente a redução dos juros, dos encargos ou de qualquer acréscimo ao principal e a dilação do prazo de pagamento previsto no contrato original, conforme a gravidade da conduta do fornecedor e as possibilidades financeiras do consumidor, sem prejuízo de outras sanções e de indenização por perdas e danos, patrimoniais e morais, ao consumidor. [4]

COMENTÁRIOS

[1] INFORMAÇÃO QUALIFICADA SOBRE A CET E AS CONSEQUÊNCIAS DO INADIMPLEMENTO – O dispositivo do art. 54-D, inciso I, dialoga intensamente com o art. 54-B, uma vez que reforça a necessidade de informação acerca da CET.

As duas adições que o dispositivo efetiva são: a) adaptação da informação à idade do consumidor; b) necessidade de informar acerca das consequências do inadimplemento.

No que diz respeito ao dever de informar, a complexidade dos contratos de crédito e de algumas informações exigem que a elas se associe uma outra obrigação: aquela de esclarecimento e conselho, especialmente considerando a idade do consumidor.[120]

---

[119] **Enunciado 7**. Na interpretação do artigo 54-C, IV do CDC, deve ser considerada a situação de hipervulnerabilidade ou vulnerabilidade agravada da mulher em muitas situações de consumo. (Autores: Prof. Dr. Marcelo Navarro Ribeiro Dantas, Profa. Me. Thais Caroline Brecht Esteves Gouveia e Prof. Me. Ronaldo Vieira Francisco).

[120] Destacamos o seguinte precedente: REsp 1.828.620-RO, 2ª Turma, Rel. Min. Herman Benjamin, julgado em 03/12/2019. O relator destacou que: "No mercado de consumo, juros embutidos ou disfarçados configuram

Art. 54-D | CÓDIGO BRASILEIRO DE DEFESA DO CONSUMIDOR

O art. 54-D reforça o dever de informação pré-contratual, derivado dos princípios da boa-fé, confiança e transparência que devem reger as relações contratuais de crédito.

Ao dever de informação se agrega o esclarecimento adequado do consumidor, considerada a sua idade, sobre a natureza, modalidade do crédito, custos e consequências genéricas e específicas do inadimplemento para que o consumidor compreenda as obrigações contratuais e suas implicações, evitando que seja levado a contratar sem conhecimento dos riscos e das consequências da impossiblidade de pagamento.

A informação não deve ser passada da mesma forma para todos os consumidores. Do contrário, perderia sua principal finalidade de auxiliar o consumidor no processo de decisão.

Portanto, necessariamente a informação deverá ser adaptada ao nível de instrução do consumidor, à sua idade e à complexidade da modalidade de crédito contratado.

Caberá, portanto, ao fornecedor adotar especial cautela no que se refere à transmissão das informações para os consumidores idosos, assegurando que sejam compreendidas. A oferta de empréstimo por telefone, por exemplo, não permite que o fornecedor atenda aos deveres de informação, esclarecimento e conselho já que, após receber a ligação telefônica da instituição financeira, resta ao consumidor apenas a escolha do valor pretendido e o número de parcelas (quase sempre o valor pré-aprovado).

A vulnerabilidade agravada dos consumidores idosos parece incontestável no Brasil,[121] assim como o mandato constitucional de sua proteção pelo Estado (art. 230 da CF/1988). A doutrina alerta que as pessoas idosas no Brasil têm reduzida educação financeira,[122] ainda mais nos contextos populares, e a vulnerabilidade desse grupo pode ser um fator a levar ao superendividamento.[123] O Supremo Tribunal Federal destacou quanto a este grupo de consumidores a necessidade de especial cuidado:

> "Em geral ou, pelo menos, em grande parte, põe-se em situação de inquestionável vulnerabilidade econômica e social, dependendo dos proventos para sua subsistência e da família e para a manutenção dos cuidados com a saúde. Expressivo número de aposentados e pensionistas é de pessoas idosas, é dizer, com idade superior a sessenta anos, nos termos do art. 1º da

---

uma das mais comuns, graves e nocivas modalidades de oferta enganosa. Tipificam publicidade enganosa nas esferas administrativa, civil e penal expressões do tipo 'sem juros' ou falta de indicação clara e precisa dos juros, taxas e encargos cobrados. Conforme o art. 52, *caput*, do Código de Defesa do Consumidor, a informação prévia e adequada – sobre, entre outros, preço, número e periodicidade das prestações, montante dos juros e da taxa efetiva anual e valor total a pagar, com e sem financiamento – precisa constar obrigatoriamente da oferta, publicitária ou não, que envolva parcelamento ou financiamento de produtos e serviços de consumo. Não preenche o requisito da adequação estampar a informação em pé de página, com letras diminutas, na lateral, ou por ressalvas em multiplicidade de asteriscos, ou, ainda, em mensagem oral relâmpago ininteligível."

[121] Veja NISHIYAMA, Adolfo Mamoru e DENSA, Roberta. A proteção dos consumidores hipervulneráveis: os portadores de deficiência, os idosos, as crianças e os adolescentes. *Revista de Direito do Consumidor,* vol. 76, p. 18.

[122] DOLL, Johannes. Elderly consumer Weakness in "Withholding Credit", in NIEMI, Joana; RAMSAY, Iain; WHITFORD, William C. (ed.). *Consumer credit, debit and bankruptcy – Comparative and international perspective.* Oxford: Hart Publishing, 2009, p. 289 e seg.

[123] Segundo as conclusões da tese de doutorado, BUAES, Caroline Stumpf. *Sobre a construção de conhecimentos:* uma experiência de educação financeira com mulheres idosas em um contexto popular. Porto Alegre: UFRGS, 2011, os fatores da maior vulnerabilidade dos idosos nos contratos de crédito seriam: "a fragilidade frente às perdas próprias do envelhecimento que são provocadas pelo declínio físico e cognitivo; a condição de pouca escolaridade que inviabiliza a compreensão das normas e contratos dos empréstimos; a tendência de consumir por impulso tendo em vista o uso de cartões de crédito, a facilidade de contratação de crédito consignado, a publicidade agressiva, as estratégias de *marketing* questionáveis e as pressões familiares".

Lei n. 10.741/2003, devendo, portanto, receber tratamento prioritário e proteção integral pela sociedade. Tenha-se presente que 'a família, a sociedade e o Estado têm o dever de amparar as pessoas idosas, assegurando sua participação na comunidade, defendendo sua dignidade e bem-estar e garantindo-lhes o direito à vida' (art. 230 da Constituição da República). Os princípios da proteção integral e da prioridade também estão previstos naquele Estatuto. No inc. II do § 1 do art. 2º da Lei n. 10.741/2003, impõe-se a garantia de prioridade e preferência na formulação e na execução de políticas públicas voltadas ao idoso. O que dispõe na Lei paranaense aqui questionada é a adoção de política pública para a proteção econômica do idoso contra o assédio publicitário, não raro gerador de endividamento por onerosidade excessiva e exposição a fraudes."[124]

Aqui é necessário relembrar a sanção do art. 46 do CDC, para os casos cada vez mais recorrentes nos tribunais brasileiros de idosos (até analfabetos e índios) alegando que contratos de crédito consignado (e cartões de crédito consignados) foram celebrados sem seu consentimento ou a revelia deste e pedindo a invalidade total do contrato. Note-se que o CDC agora pede um cuidado especial com os idosos e analfabetos, e intensificação dos deveres de boa-fé,[125] pois para ser um crédito responsável mister a observância de cuidados especiais. Por fim, relembre-se também a recente linha do STJ sobre a repetição em dobro do indébito, nos termos do art. 42 do Código de Defesa do Consumidor, sem necessidade de prova de má-fé da instituição financeira mutuante: "A repetição em dobro, prevista no parágrafo único do art. 42 do CDC, é cabível quando a cobrança indevida consubstanciar conduta contrária à boa-fé objetiva, ou seja, deve ocorrer independentemente da natureza do elemento volitivo." (EAREsp 600.663/RS, Rel. Ministra Maria Thereza de Assis Moura, Rel. p/ Acórdão Ministro Herman Benjamin, Corte Especial, julgado em 21/10/2020, *DJe* 30/03/2021).

Como esclarecemos, a menção a idade também pode se referir aos jovens. Os primeiros casos da Corte Constitucional alemã de 1993 referiam-se a jovens, maiores, que prestavam garantia para os pais enquanto estudantes e, depois já formados, viam-se com dívidas impagáveis, verdadeiros "contratos de escravidão".[126]

[2] AVALIAÇÃO DA SITUAÇÃO FINANCEIRA DO CONSUMIDOR: AS CONDIÇÕES DE CRÉDITO DO CONSUMIDOR – A base para o crédito responsável é impor deveres de informação, esclarecimento, avaliação responsável e contextual na concessão do crédito. Neste sentido, avaliar, de forma responsável, as condições de crédito do consumidor significa o exame da capacidade de reembolso do consumidor, de modo a prevenir a assunção de dívida que não possa ser paga no futuro.

---

[124] Veja ADI 6.727, que julgou, por unanimidade, constitucional a Lei Estadual do Paraná (Lei 20.276/2020), que "proíbe as instituições financeiras, correspondentes bancários e sociedades de arrendamento mercantil, diretamente ou por meio de interposta pessoa física ou jurídica, de realizar qualquer atividade de telemarketing ativo, oferta comercial, proposta, publicidade ou qualquer tipo de atividade tendente a convencer aposentados e pensionistas a celebrar contratos de empréstimo de qualquer natureza".

[125] Veja decisão do TJRS: "Apelação cível. cartão de crédito. Ação declaratória de inexistência de débito c/c indenização por danos morais. Hipervulnerabilidade do autor idoso e analfabeto. Nulidade do contrato de cartão de crédito. Ausência de requisitos de validade do art. 595 do CC" (Apelação Cível nº 70073727489, Vigésima Terceira Câmara Cível, Tribunal de Justiça do RS, Relator: Ana Paula Dalbosco, Julgado em: 27-06-2017).

[126] Veja MARQUES, Claudia Lima. Boa-fé nos serviços bancários financeiros de crédito e securitários e o Código de Defesa do Consumidor: informação, cooperação e renegociação. *Revista de Direito do Consumidor*, vol. 43, p. 215 e seg.

A redação original proposta pela Comissão de Juristas era mais clara, pois constava a avaliação "das condições do consumidor de pagar a dívida contratada". A Lei 14.181/2021 na sua versão atual traz duas pistas de interpretação, mencionando no art. 54-D, II, a visão positiva e responsável da concessão do crédito, inclusive com utilização de todos os bancos de dados possíveis para bem estabelecer a capacidade de pagamento daquele consumidor em especial e, no art. 54-C, II, a visão negativa, ao considerar abusiva ou irresponsável a prática de conceder crédito "sem avaliação da situação do consumidor". Daí se depreende que mesmo com a nova redação, o dever imposto compreende o dever de avaliação da situação financeira do consumidor e das suas condições de crédito *ex vi* art. 54-D, II c/c art. 54-C, II.

O novo dever legal imposto aos fornecedores visa à prevenção do superendividamento, cujo risco aumenta quando o crédito é concedido sem informações ou sem que sejam avaliadas as condições de reembolso do consumidor. Trata-se da concretização do princípio do crédito responsável, acompanhando as práticas internacionais que visam moralizar a distribuição do crédito, de modo a incentivar os fornecedores a serem mais cautelosos, evitando a concessão de empréstimos superiores à capacidade financeira dos consumidores.

Em resumo, o art. 54-D reforça o dever de informação pré-contratual, derivado dos princípios da boa-fé, confiança e transparência que devem reger as relações contratuais de crédito, e o qualifica como dever de esclarecimento e aconselhamento (níveis mais altos do dever de simples informação). A doutrina estrangeira[127] destaca não só a forma qualificada (consulta a serviços de proteção do crédito) e o tempo (antes da declaração definitiva de vontade do consumidor), mas também que este dever de esclarecimento, de aconselhamento, de leal e qualificada informação ao consumidor-leigo é um dever legal do *expert*, sob as "penas da lei" e não apenas um ônus, um "dever moral" (*Obliegenheit*), uma faculdade ou mesmo um "custo" a ser suportado, mas um elemento crucial da concessão de crédito responsável hoje. Este dever já é mencionado em forma de prática abusiva no art. 54-C, inciso II, esclarecendo expressamente que se trata de um dever de "avaliação da situação financeira do consumidor".

Assim, no Brasil também o art. 54-D vem redigido sob forma de imposição de deveres e inclui a avaliação responsável das condições de crédito daquele consumidor em especial, exigindo a pesquisa nos bancos de dados possíveis. Aqui um diálogo entre o CDC, a LGPD e a Lei de Cadastro Positivo é necessário, pois aqui é uma pesquisa da "solvabilidade" do consumidor ou, como expressa a lei, suas "condições de crédito do consumidor".

Realmente, o dever de avaliação responsável (art. 54-D, II) "da situação financeira do consumidor" (art. 54-C, II) tem duas funções, visto sob a ótica do consumidor é novo "direito do consumidor", pois, unido aos deveres de esclarecimento do fornecedor (art. 54-D, I), de informação qualificada e oferta prévia (arts. 52 e 54-B), de entrega da cópia do contrato e identificação dos agentes (art. 54-D, III), compõe a prática de crédito responsável e de educação financeira que é seu novo direito (art. 6, XI).

Em outras palavras, seu cumprimento legal vai permitir ao consumidor empoderar-se de informações e esclarecimentos (na Europa, inclusive simulações, sugestões de melhores políticas e resumos-formulários com as informações principais),[128] receber uma oferta adaptada a sua idade e modalidades de crédito que pode acessar e conforme as suas pessoais condições e capacidade de repagamento, formando assim o que Nicole Chardin denominou "vontade racional".[129] Esta teoria da vontade racional parece resumir as imposições de práticas responsáveis de crédito da

---

[127] BÜLLOW, Peter; ARTZ, Markus. *Verbraucherkrediktrecht*, Munique: Beck, 2016, p. 176-177.

[128] BÜLLOW, Peter; ARTZ, Markus. *Verbraucherkrediktrecht*, Munique: Beck, 2016, p. 179.

[129] CHARDIN, Nicole. *Le contrat de consommation de credit et l'autonomie de la volonté*. Paris: LGDJ, 1988, p. 223 e seg.

Capítulo VI-A · DA PREVENÇÃO E DO TRATAMENTO DO SUPERENDIVIDAMENTO | Art. 54-D

Lei 14.181/2021, pois a vontade "racional" do consumidor a alcançar no mercado brasileiro, segundo o CDC, deve ser: uma "vontade protegida das pressões" (e do assédio de consumo *ex vi* art. 54-C), uma "vontade informada e esclarecida" sobre a natureza e modalidade do crédito, consequências genéricas e específicas do inadimplemento e sem obstrução da compreensão dos ônus e riscos da contratação do crédito e na venda a prazo (art. 54-D, I c/c art. 54-C, III). É, como na Diretiva europeia, uma vontade liberta para escolher a contratação, pois cabe ao profissional a tarefa – legal – de explicar ao consumidor, de forma personalizada, as informações obrigatórias pré-contratuais (arts. 52 e 54-B) assim como as características essenciais dos produtos propostos àquele consumidor em especial, conforme avaliação responsável realizada pelo fornecedor (art. 54-D), e os efeitos específicos e riscos que possam ter para o consumidor, incluindo as consequências da falta de pagamento ou inadimplemento (art. 54-D) e nos contratos conexos (art. 54-F).

Bruno Miragem destacava, mesmo antes de 1º de julho de 2021, a função preventiva e corretiva das normas de direito do consumidor e a existência de tal dever nas demais regras do CDC (arts. 31, 52 e as sanções dos arts. 46, 51, *caput* e IV, e 56, XII),[130] as quais já impunham ao fornecedor de crédito: "no momento prévio à contratação, (a) assegurar a autonomia racional do consumidor na decisão sobre a contratação e suas consequências, e, após, (b) caracterizando-se a situação de endividamento excessivo, assegurar, pela incidência do princípio da boa-fé, a realização efetiva dos deveres de colaboração, lealdade e respeito pelo contratante, observando a evolução do princípio *favor debitoris* para, de modo mais amplo, *favor debilis*".[131] Esperamos que o cumprimento dos deveres de avaliação *in concreto* e especial da situação financeira do consumidor e das condições de crédito deste consumidor, assim como as demais imposições para uma concessão de crédito responsável possam evitar o superendividamento em massa que observamos hoje.[132]

Como mencionamos, a lei deve ajudar, pois parte-se do pressuposto, que a *behaviour economics* comprova, de que os consumidores-leigos não conseguem, com base no seu conhecimento ou experiência, dimensionar corretamente a carga ou o impacto financeiro dos créditos assumidos, criando um risco sistêmico de "ruína" em massa de consumidores, muito negativo para os países:

> "A crise financeira global de 2008 foi largamente atribuída às práticas predatórias e irresponsáveis de grandes bancos que, aproveitando-se da política neoliberal de afrouxamento da regulação financeira, levaram milhares de consumidores à falência em razão da concessão de crédito superior a sua capacidade financeira. Nesse contexto, legislações foram aprovadas na Europa, Estados Unidos, Austrália e África do Sul, nas quais o princípio do crédito responsável se destaca como um instrumento imprescindível para a proteção dos consumidores e para a estabili-

---

[130] MIRAGEM, Bruno. *Direito Bancário*. 3. ed. São Paulo: Revista dos Tribunais, 2019, p. 218.

[131] MIRAGEM, Bruno. *Direito Bancário*. 3. ed. São Paulo: Revista dos Tribunais, 2019, p. 217.

[132] Destaca o Presidente da Comissão de Juristas do Senado Federal: "Não podemos mais ser um país de superendividados! A Lei 14.181/2021, uma conquista coletiva, modifica esta situação e reforça os deveres de boa-fé e de lealdade na oferta e concessão do crédito ao consumidor, evitando a exclusão social que deriva do superendividamento. E para os milhões de consumidores que, especialmente em virtude da crise financeira causada pela covid-19 e da massificação e assédio no crédito em nosso país, já caíram em estado de superendividamento, a lei que atualiza o CDC traz também instrumentos e medidas extrajudiciais e judiciais para o chamado tratamento do superendividamento do consumidor pessoa natural e de boa-fé, com um plano de pagamento, ou conciliatório ou judicial e compulsório, em caso de inexitosa a conciliação em bloco com todos seus credores." (BENJAMIN, Antonio Herman. Apresentação, in BENJAMIN, Antonio H.; MARQUES, Claudia Lima; LIMA, Clarissa Costa de; VIAL, Sophia Martini. *Comentários à Lei 14.181/2021: A atualização do CDC em matéria de superendividamento*, São Paulo: Ed. RT, 2021, p. 7).

Art. 54-D | CÓDIGO BRASILEIRO DE DEFESA DO CONSUMIDOR

dade do mercado. Na Europa merece destaque o art. 8º da Diretiva 2008/48/CE ao determinar que: '1. antes da celebração do contrato de crédito, o mutuante deve avaliar a solvabilidade do consumidor com base em informações suficientes, se for caso disso obtidas do consumidor e, se necessário, com base na consulta de base de dados relevante. 2. se as partes decidirem alterar o montante total do crédito após a celebração do contrato, o mutuante deve atualizar a informação financeira de que dispõe relativamente ao consumidor e avaliar a solvabilidade deste antes de qualquer aumento significativo do montante total do crédito."[133]

Como vimos, a Lei de Crédito Nacional da África do Sul de 2005 já continha a proibição de empréstimos imprudentes e irresponsáveis, referindo-se às condutas mais flagrantes de concessão de crédito em circunstâncias em que possa ser inadequado para as necessidades do consumidor.[134]

Por fim, frise-se que esta avaliação da situação financeira do consumidor (art. 54-C, II, e do rendimento residual após a dedução da carga do empréstimo), das condições de crédito deste consumidor (art. 54-D, II) é uma análise global da capacidade de reembolso individual, deste consumidor (levando em conta elementos do caso, como a arquitetura familiar com ou sem filhos, a idade, a categoria socioprofissional, sua situação de proprietário ou locador de imóveis, ser ou não portador de deficiência etc.), e ir mais além da simples fórmula matemática simplificadora, limitando-se a considerar que o endividamento não poderá ultrapassar um terço dos rendimentos brutos do consumidor. A avaliação deve visar preservar também o mínimo existencial, cuja preservação é novo direito do consumidor (art. 6º, XI, XII).[135]

A jurisprudência mesmo da atualização do CDC[136] reconhecia a existência de um dever de concessão responsável de crédito como desdobramento da cláusula geral da boa-fé objetiva

---

[133] MARQUES, Claudia Lima; LIMA, Clarissa Costa de. Art. 54-D, in BENJAMIN, Antonio H.; MARQUES, Claudia Lima; LIMA, Clarissa Costa de; VIAL, Sophia Martini. *Comentários à Lei 14.181/2021: A atualização do CDC em matéria de superendividamento*, São Paulo: Ed. RT, 2021, p. 284.

[134] Disponível em: https://www.gov.za/sites/default/files/gcis_document/201409/a34-050_0.pdf.

[135] Sobre o mínimo existencial vários Enunciados foram aprovados na I Jornada CDEA sobre Superendividamento e Proteção do Consumidor UFRGS-UFRJ: "Enunciado 4. A menção ao mínimo existencial, constante da Lei 14.181/2021, deve abranger a teoria do patrimônio mínimo, com todas as suas aplicações doutrinárias e jurisprudenciais. (Autor: Flávio Tartuce). Enunciado 5. A falta de regulamentação do mínimo existencial, que tem origem constitucional, não impede o reconhecimento do superendividamento da pessoa natural e a sua determinação no caso concreto. (Autora: Ana Carolina Zancher). Enunciado 6. Considera-se mínimo existencial, aos efeitos do disposto da Lei 14.181/21, os rendimentos mínimos destinados aos gastos com a subsistência digna do superendividado e de sua família, que lhe permitam prover necessidades vitais e despesas cotidianas, em especial com alimentação, habitação, vestuário, saúde e higiene. (Autores: Ana Carolina Zancher e André Perin Schmidt). Enunciado 7. A noção do mínimo existencial tem origem constitucional no princípio da dignidade da pessoa humana e é autoaplicável na concessão de crédito e na repactuação das dívidas, visando a prevenção e o tratamento do superendividamento do consumidor pessoa natural, por força da Lei 14.181/2021, cabendo a regulamentação prevista na Lei, sob o limite da proibição de retrocesso, esclarecer o mínimo existencial de consumo deve ter relação com 'o menor valor mensal não tributável a título de imposto de renda' ou ser feito por faixas de renda, como na França, com um valor fixo 'vital' de um salário mínimo ou de 2/3 do salário mínimo, em todos os casos. (Autores: Claudia Lima Marques, Fernando Rodrigues Martins, Sophia Martini Vial e Clarissa Costa de Lima)."

[136] Veja, por todos, exemplo do TJRS: "APELAÇÃO CÍVEL. NEGÓCIOS JURÍDICOS BANCÁRIOS. AÇÃO REVISIONAL. CÓDIGO DE DEFESA DO CONSUMIDOR. O Código de Defesa do Consumidor é aplicável aos negócios jurídicos firmados entre as instituições financeiras e os usuários de seus produtos e serviços (art. 3º, § 2º, CDC). Súmula 297, STJ. SUPERENDIVIDAMENTO. HIPERVULNERABILI-DADE. DEVER DE INFORMAÇÃO. *DUTY TO MITIGATE THE LOSS.* 2.1. A presença de qualquer uma das facetas da vulnerabilidade na situação de fato (vulnerabilidade informacional, vulnerabilidade técnica, vulnerabilidade jurídica ou científica e vulnerabilidade fática ou socioeconômica) caracteriza o

Capítulo VI-A · DA PREVENÇÃO E DO TRATAMENTO DO SUPERENDIVIDAMENTO | Art. 54-D

que impõe aos fornecedores dever de conduta leal e cooperativa. O dever de informação e esclarecimento do consumidor sobre os riscos do crédito e o comprometimento futuro da sua renda, além de um direito do consumidor em face de sua vulnerabilidade, é também um dever de cautela do fornecedor do crédito para mitigar a própria perda (*duty to mitigate the loss*), evitando a causação ou a agravação do próprio prejuízo.

Na I Jornada CDEA sobre Superendividamento e Proteção do Consumidor UFRGS-UFRJ, o enunciado 25 tratou do tema: "É ônus do fornecedor provar o cumprimento dos deveres de boa-fé impostos nos artigos 52, 54-B, 54-C e 54-D do CDC, de forma a evitar as sanções previstas no parágrafo único do art. 54-D. (Autor: Prof. Dr. André Perin Schmidt Neto)". Efetivamente, como aqui mencionamos, a prova do cumprimento dos deveres de informação, esclarecimento, avaliação responsável, pesquisa em banco de dados para estabelecer a solvabilidade do consumidor e entrega de cópia do contrato, incumbirá ao fornecedor (também em relação ao cumprimento pelo intermediário escolhido por ele), pois são deveres legais novos (arts. 54-B, 54-C e 54-D), e direitos garantidos ao consumidor, como igualmente estabelece o direito de facilitação de sua defesa (art. 6º, XI, X e VIII, do CDC)[137].

[3] INFORMAÇÃO DA IDENTIDADE DO AGENTE FINANCIADOR – O consumidor deve ser informado sobre a identidade do agente financiador para saber a quem deve reem-

---

consumidor como hipossuficiente e merecedor da proteção jurídica especial da legislação consumerista. 2.2. Ainda, determinados 'grupos' de consumidores, por sua idade ou condição, são identificados como hipervulneráveis ou de vulnerabilidade agravada. No caso concreto, diante da extrema vulnerabilidade do demandante, pessoa idosa e aposentada, merecia tratamento diferenciado, o qual a toda evidência não lhe foi proporcionado. 2.3. O dever de informação, consubstanciado no esclarecimento do leigo sobre os riscos do crédito e o comprometimento futuro de sua renda, além de um direito do consumidor, é também um dever de cautela do fornecedor de crédito. Em razão do dever de mitigar a própria perda (*duty to mitigate the loss*), desdobramento do princípio fundamental da boa-fé objetiva, que rege todo e qualquer negócio jurídico, é obrigação da parte mutuante evitar a causação ou agravação do próprio prejuízo. 2.4. Resta caracterizado o superendividamento quando a dívida contraída pelo autor, consumidor idoso e aposentado, evolui significativamente em um curto lapso temporal (R$ 5.744,31 em fevereiro/2016; R$ 10.990,09 em março/2016; R$ 17.710,76 em abril/2016; R$ 24.755,29 em maio/2016), minando seus vencimentos ao ponto de não conseguir mais honrar com as suas dívidas e manter o necessário para a mantença do seu mínimo existencial, impondo a revisão das cláusulas inquinadas em sua extensão máxima, a fim de que sejam minorados, o mais quanto possível, os prejuízos que o consumidor sofreu. [...] 4. PRESSUPOSTOS DA CONFIGURAÇÃO DO DANO MORAL. São pressupostos da caracterização de dano moral a comprovação da ocorrência do dano, a ilicitude da conduta e o nexo de causalidade entre o agir do réu e o prejuízo causado à vítima. No presente caso, ainda que se considere o superendividamento sem aptidão, por si só, de gerar os danos morais indenizáveis, as circunstâncias especiais do fato em exame (condição de hipervulnerabilidade do autor, idoso e aposentado, assim como a evolução significativa da dívida) os qualificam não apenas como cabíveis, mas também como impositivos. 5. *QUANTUM* INDENIZATÓRIO. De acordo com abalizada doutrina, o *quantum* indenizatório deve ser arbitrado a partir de um sistema bifásico, em que primeiramente fixa-se o valor básico ou inicial da indenização, considerando-se o interesse jurídico atingido, em conformidade com os precedentes jurisprudenciais acerca da matéria (grupo de casos). Em um segundo momento, deve-se considerar as características do caso concreto, levando em conta suas peculiaridades. Caso dos autos em que arbitrada a indenização em R$ 5.000,00, levando em conta referidos parâmetros e as particularidades do caso concreto. 6. REPETIÇÃO DO INDÉBITO. Na forma simples ou pela correspondente compensação é admitida, ainda que ausente prova de erro no pagamento. APELO PARCIALMENTE PROVIDO." (Apelação Cível nº 70081897860, Vigésima Terceira Câmara Cível, Tribunal de Justiça do RS, Relator: Ana Paula Dalbosco, Julgado em: 30-07-2019).

137 Veja a decisão do TJRS impondo ao fornecedor o dever de apresentar a cópia do contrato em ação revisional: Agravo de Instrumento nº 50578481520218217000, Vigésima Quarta Câmara Cível, Tribunal de Justiça do RS, Relator: Jorge Alberto Vescia Corssac, Julgado em: 18-08-2021.

Art. 54-D | CÓDIGO BRASILEIRO DE DEFESA DO CONSUMIDOR

bolsar no futuro. Trata-se de informação básica, mas nem sempre observada na prática,[138] especialmente quando o contrato é celebrado fora do estabelecimento (telefone, internet) ou através de correspondentes bancários.

Além do mais, são frequentes as situações em que o consumidor adquire um produto ou serviço a prazo, desconhecendo que o agente financiador é distinto do vendedor, ou seja, que está celebrando um contrato de compra e venda e, também, um contrato de financiamento.

Em qualquer situação, o agente financiador deverá sempre estar identificado no contrato com entrega de uma cópia ao consumidor em observância ao dever de informação e transparência.

[4] CONSEQUÊNCIAS PARA O DESCUMPRIMENTO DOS DEVERES DE INFORMAÇÃO E ACONSELHAMENTO – Há diversas consequências para o descumprimento dos deveres de informação e aconselhamento, que se somam a de outros dispositivos do Código de Defesa do Consumidor.

Um excelente exemplo é o art. 46 do CDC,[139] que prevê a desconsideração do vínculo contratual quando não for dada ao consumidor a oportunidade de tomar conhecimento prévio de seu conteúdo, ou se os seus respectivos instrumentos forem redigidos de modo a dificultar a compreensão de seu sentido e alcance.

Como o dispositivo do art. 46 do CDC nem sempre é aplicado pelos tribunais no que se refere ao descumprimento dos deveres de informação nos contratos bancários, veio em boa hora o reforço à imposição de apresentação do contrato, cujo descumprimento implicará.

Neste contexto, o reforço de sanções específicas de redução dos juros, encargos e dilação dos prazos para pagamento é extremamente importante para desencorajar ofertas de crédito e contratações sem transparência que acabam minando os vencimentos dos consumidores, a ponto de não conseguir mais honrar suas dívidas e manter o mínimo existencial.

As novas sanções introduzidas pelo parágrafo único do art. 54-D poderão ser aplicadas de ofício pelo Judiciário, como aqui defendemos, nas situações em que os fornecedores descumprirem os deveres previstos nos arts. 52 (e 54-B), 54-C (e 54-G) e do próprio art. 54-D, sem prejuízo da aplicação da sanção de inexigibilidade do art. 46 do CDC, quando mais benéfica ao consumidor, uma vez que permite a sua liberação de um contrato assinado e eficaz por uma falha de transparência no momento da sua formação.[140]

---

[138] A pesquisa empírica de 100 casos de endividamento de pessoas físicas no sul do País apurou que somente em 37% dos casos houve informação do total das dívidas (em 61% não houve informação pelo fornecedor e 2% não respondeu). A cópia do contrato somente foi fornecida em 43% dos casos (em 56% não foi fornecida cópia e 1% não sabia informar), sendo que dos 43% de fornecedores que entregaram cópia do contrato de crédito ou de financiamento ao consumidor, 26% o fizeram depois de já ter o consumidor assinado o contrato, demonstrando um grande desrespeito ao disposto no at. 52 do CDC. Veja MARQUES, Claudia Lima. Sugestões para uma lei sobre o tratamento do superendividamento das pessoas físicas em contratos de crédito ao consumo: proposições com base em pesquisa empírica de 100 casos no Rio Grande do Sul. *Revista de Direito do Consumidor*, in: MARQUES, Claudia Lima e LUNARDELLI, Rosângela Cavallazzi (org.). *Direitos do Consumidor Endividado: Superendividamento e Crédito*. São Paulo: RT, 2006, p. 305.

[139] LIMA, Clarissa Costa de. O dever de informação nos contratos de crédito ao consumo em direito comparado francês e brasileiro: a sanção para a falta de informação dos juros remuneratórios, in *Revista de Direito do Consumidor*, vol. 69, p. 9-31. São Paulo: Ed. RT, jan.-mar. 2009, p. 9 e seg.; e LIMA, Clarissa Costa de. Juros remuneratórios não informados não obrigam o consumidor, in *Revista de Direito do Consumidor*, v. 66, p. 347-352, São Paulo: Ed. RT, abr.-jun. 2008, p. 347 e seg.

[140] Na II Jornada CDEA sobre Superendividamento e Proteção do Consumidor UFRGS-UFRJ foi aprovado o Enunciado 6: "Os deveres de informação, de esclarecimento, de avaliação da situação financeira do consumidor previstos nos artigos 52, 54-B, 54-C e 54-D, são a base do crédito responsável junto com os

Capítulo VI-A · DA PREVENÇÃO E DO TRATAMENTO DO SUPERENDIVIDAMENTO | **Art. 54-D**

Assim, a sanção de "redução dos juros" pode ir até "0". Observe-se que a sanção de "inexigibilidade" de juros foi excluída na Câmara dos Deputados e a exclusão foi mantida no Senado Federal, por considerá-la de "extrema gravidade", conforme se extrai do Relatório Final de aprovação da Lei 14.181/2021, do Senador Rodrigo Cunha, tal consequência pode decorrer da aplicação do art. 46 do CDC. Relembre-se que também o § 2º do art. 54-G impõe um dever especial de informação e entrega do contrato, afirmando que nos contratos de adesão, "o fornecedor deve prestar ao consumidor, previamente, as informações de que tratam o art. 52 e o *caput* do art. 54-B deste Código", mas também as "outras porventura determinadas na legislação em vigor", ficando "obrigado a entregar ao consumidor cópia do contrato, após a sua conclusão".

O dispositivo do art. 54-D ainda expressamente deixou claro que as sanções de revisão dos juros, encargos e dilação dos prazos para pagamento não afastam a indenização por danos patrimoniais e morais causados pela má concessão de crédito, ou seja, sem as informações claras e adequadas ou sem a averiguação da capacidade econômica do consumidor.

Como vimos acima, a indenização dos danos patrimoniais decorrentes do superendividamento causado pela concessão irresponsável de crédito terá de ser examinada em cada caso concreto, podendo consistir na devolução do valor pago, especialmente quando envolve consumidores de baixa renda, idosos, doentes e analfabetos. Um belo exemplo vem do Tribunal de Justiça de Goiás, condenando a instituição financeira ao pagamento de danos materiais e morais ao consumidor que utilizou o cartão de crédito consignado sem compreender como se daria o desconto no seu benefício.[141]

Como afirmamos:

"Nas situações em que o superendividamento poderia ter sido evitado mediante a observância pelo fornecedor dos deveres de informação e crédito responsável, nos parece que é possível o reconhecimento do dano moral *in re ipsa* diante do inegável impacto extrapatrimonial e do sofrimento pela impossibilidade de quitação das dívidas sem prejuízo do mínimo existencial. Segue esta linha a decisão do Tribunal de Justiça do RJ condenando a instituição financeira à revisão das taxas de juros, devolução em dobro dos valores pagos a maior, além de danos mo-

---

deveres de entrega da cópia do contrato, de verificação da margem consignada, de pesquisa nos bancos de dados, de prestar uma informação leal e útil à compreensão dos riscos e ônus da contratação, sob a pena de incorrer na revisão-sanção do parágrafo único (art. 54-D, parágrafo único). (Autores: Prof. Dr. Bruno Miragem, Profa. Dra. Andréia Rangel e Profa. Dra. Dr. h. c. Claudia Lima Marques)".

[141] TJGO, Apelação 5409656.79.2019.8.09.0051, voto disponível em: Com base na nova lei do superendividamento, TJ/GO condena banco. *Migalhas*, 12 jul. 2021 (https://www.migalhas.com.br/quentes/348360/com-base-na-nova-lei-do-superendividamento-tj-go-condena-banco). Segundo o Relator Des. Marcus da Costa Ferreira, *"ante a clara abusividade do contrato firmado e violação da boa fé e dos princípios da transparência, da informação, da lealdade e da cooperação, o consumidor deve ser reparado de forma integral, ou seja, material (com a restituição de eventuais valores) e moral. Obviamente, o desconto reiterado de parcelas, mormente quando não se coloca a data do término, é apto a gerar mais que o dano efetivamente material, pois cria um sentimento de impotência naquele que contrata o crédito com a instituição financeira, pois nunca chega ao fim, sendo necessário o desgaste nas vias administrativas e judiciais para quitar a tal obrigação, o que refoge ao largo mero dissabor do dia a dia"*. No voto prevalecente se extrai ainda que o dano moral *"não decorreu somente ausência de clareza na contratação, mas do sentimento de indignação e impotência certamente experimentado pelo consumidor com a falta de atenção que lhe foi dedicada, o tempo livre perdido, considerando que o desvio produtivo 'caracteriza-se quando o consumidor, diante de uma situação de mau atendimento, precisa desperdiçar o seu tempo e desviar as suas competências de uma atividade necessária ou por ele preferida para tentar resolver um problema criado pelo fornecedor, a um custo de oportunidade indesejado, de natureza irrecuperável', conforme definição sustentada pelo Ilustre advogado MARCOS DESSAUNE..."*.

rais de R$ 5.000,00 porque o banco réu não agiu de boa-fé ao contratar e refinanciar a dívida gerada com o autor, firmando avenças sem avaliar seu perfil econômico, sendo praticamente certo que o mesmo nunca teve qualquer condição de arcar com as parcelas dos empréstimos. Importa destacar que a cacterização do dano moral pela concessão inadequada do crédito que gerou o superendividamento não depende da inscrição do nome do consumidor em cadastro restritivo de crédito. Caberá indenização ainda que o nome do consumidor não esteja inscrito em cadastro negativo. Aliás, nas situações em que o crédito foi concedido quando o nome do consumidor já constava em cadastro restritivo, evidencia-se afronta à avaliação responsável das condições de crédito que impõe a consulta prévia aos bancos de dados de proteção ao crédito. Neste caso, nos parece que a Súmula 385 do STJ deve ser flexibilizada para permitir o reconhecimento do dano moral e o cabimento da indenização. Não se poderia admitir, afinal, que o fornecedor de crédito, que agiu contrariamente aos deveres oriundos da boa-fé objetiva, se exima do dever de reparação dos danos morais alegando que o nome do consumidor já estava negativado."[142]

O Tribunal do Rio de Janeiro tem Súmula específica sobre superendividamento: "Súmula TJ nº 295: Na hipótese de superendividamento decorrente de empréstimos obtidos de instituições financeiras diversas, a totalidade dos descontos incidentes em conta corrente não poderá ser superior a 30% do salário do devedor."[143]

Quanto ao valor da indenização, deverá ser arbitrado pelo juiz de forma prudente, tendo em conta as peculiaridades do caso concreto, especialmente no que se refere à "gravidade da conduta do fornecedor" e as "possibilidades financeiras do consumidor", pois não se pode conceder um crédito altíssimo a um consumidor que não tem esta solvabilidade. A regra prevê que o julgador leve em conta quais foram os deveres infringidos (informação, esclarecimento, avaliação das condições de crédito, pesquisa nos bancos de dados ou da margem consignada), se foram adotados os cuidados necessários que exigiam as circunstâncias (consumidor idoso, analfabeto, cego, surdo, jovem sem experiência[144] etc.) ou a modalidade da contratação (se adequada para aquele consumidor, uma vez que quem concede é um *expert* e tem ainda o dever de esclarecer e mesmo aconselhar o leigo). Também é necessário considerar as práticas da contratação, se foi a distância, por telefone, por internet, de porta em porta ou se restou caracterizado o assédio de consumo etc.

A regra ainda estabelece os critérios para a decisão judicial: "conforme a gravidade da conduta do fornecedor e as possibilidades financeiras do consumidor", sanções a que se podem somar "outras sanções e de indenização por perdas e danos, patrimoniais e morais, ao consumidor".[145] Realmente é necessário valorizar o cumprimento dos deveres de boa-fé, que

---

[142] MARQUES, Claudia Lima; LIMA, Clarissa Costa de. Art. 54-D, in BENJAMIN, Antonio H.; MARQUES, Claudia Lima; LIMA, Clarissa Costa de; VIAL, Sophia Martini. *Comentários à Lei 14.181/2021: A atualização do CDC em matéria de superendividamento*, São Paulo: Ed. RT, 2021, p. 296-297.

[143] Veja as demais súmulas sobre o tema, desde 2010 em: tjrj.jus.br (acesso em: 20.11.2021).

[144] Veja neste sentido LIMA, Giovanna; SANTANA, Lara. Assédio publicitário e consumismo: o crescente superendividamento por crédito dos jovens, in CARVALHO, Diógenes; FERREIRA, Vitor Hugo do Amaral, *Pesquisas em Direito do Consumidor* – (re)leituras diante do consumo de crédito e o Superendividamento, São Paulo: Tirant lo Blanch, 2020, p. 263 e seg.

[145] Isso sem falar da possibilidade de cumulação com sanções administrativas: STJ, REsp 1.547.528/GO, Segunda Turma, Rel. Min. Herman Benjamin, julgado em 22/09/2016, *DJe* 05/11/2019: "O controle de práticas e cláusulas abusivas não é, nem haveria de ser, prerrogativa exclusiva do Poder Judiciário, cabendo – *rectius*, devendo – os órgãos de defesa do consumidor, no âmbito do poder de polícia de consumo, proceder, administrativamente, à fiscalização e à punição contra comportamentos atentatórios à boa-fé exigível do fornecedor e dos seus negócios jurídicos."

Capítulo VI-A · DA PREVENÇÃO E DO TRATAMENTO DO SUPERENDIVIDAMENTO | Art. 54-E

os doutrinadores alemães denominam de quebra ou violação positiva do contrato, pois positivamente o dever principal pode ter sido cumprido, mas os anexos de boa-fé não. A boa-fé é um *standard* de conduta, mas também uma medida de decisão: crédito responsável ou de acordo com a boa-fé exige uma atuação construtiva do fornecedor e veda fortemente práticas que violem este novo paradigma. É, efetivamente, um paradigma novo mais exigente de conduta, que visa o cumprimento eficaz das regras de prevenção do superendividamento e de concessão responsável de crédito, onde a sanção de redução judicial dos juros (e dos engargos) é uma das grandes novidades.

Além das sanções previstas pelo descumprimento dos deveres de informação e crédito responsável, o juiz poderá condenar o fornecedor a indenizar o consumidor superendividado pelos danos patrimoniais e morais causados pela concessão irresponsável do crédito. A jurisprudência brasileira vem reconhecendo, através do diálogo entre as normas do CDC e do CC, o direito do consumidor à indenização por perdas e danos nas situações em que o superendividado é um hipervulnerável (idoso ou analfabeto), como também nas situações em que o fornecedor de crédito agiu com abuso de direito concedendo crédito superior à capacidade econômica do devedor, levando-o ao superendividamento.

> ## Art. 54-E. (Vetado.) [1] [2] [3] [4] [5]

COMENTÁRIOS

[1] DISPOSITIVO VETADO – Dentre os dispositivos inseridos no Código de Defesa do Consumidor pelo Projeto de Lei aprovado pelo Congresso Nacional merece destaque o art. 54-E, que concretizava o crédito responsável, ao estabelecer um limite claro e objetivo à concessão de empréstimos consignados em folha de pagamento. Porém, o artigo foi vetado, possuindo a seguinte redação:

"Art. 54-E. Nos contratos em que o modo de pagamento da dívida envolva autorização prévia do consumidor pessoa natural para consignação em folha de pagamento, a soma das parcelas reservadas para pagamento de dívidas não poderá ser superior a 30% (trinta por cento) de sua remuneração mensal, assim definida em legislação especial, podendo o limite ser acrescido em 5% (cinco por cento) destinados exclusivamente à amortização de despesas contraídas por meio de cartão de crédito ou o saque por meio de cartão de crédito.

§ 1º O descumprimento do disposto neste artigo dá causa imediata à revisão do contrato ou à sua renegociação, hipótese em que o juiz poderá adotar, entre outras, de forma cumulada ou alternada, as seguintes medidas:

I – dilação do prazo de pagamento previsto no contrato original, de modo a adequá-lo ao disposto no *caput* deste artigo, sem acréscimo nas obrigações do consumidor;

II – redução dos encargos da dívida e da remuneração do fornecedor;

III – constituição, consolidação ou substituição de garantias.

§ 2º O consumidor poderá desistir, em 7 (sete) dias, da contratação de crédito consignado de que trata o *caput* deste artigo, a contar da data da celebração ou do recebimento de cópia do contrato, sem necessidade de indicar o motivo, ficando a eficácia da rescisão suspensa até que haja a devolução ao fornecedor do crédito do valor total financiado ou concedido que tiver sido entregue, acrescido de eventuais juros incidentes até a data da efetiva devolução e de tributos, e deverá:

Art. 54-E | CÓDIGO BRASILEIRO DE DEFESA DO CONSUMIDOR

I – remeter ao fornecedor ou ao intermediário do crédito, no prazo previsto neste parágrafo, o formulário de que trata o § 4º deste artigo, por carta ou qualquer outro meio de comunicação, inclusive eletrônico, com registro de envio e de recebimento; e

II – devolver o valor indicado neste parágrafo em até 1 (um) dia útil contado da data em que o consumidor tiver sido informado sobre a forma da devolução e o montante a devolver.

§ 3º Não será devida pelo fornecedor a devolução de eventuais tarifas pagas pelo consumidor em razão dos serviços prestados.

§ 4º O fornecedor facilitará o exercício do direito previsto no § 2º deste artigo mediante disponibilização de formulário de fácil preenchimento pelo consumidor, em meio físico ou eletrônico, anexo ao contrato, com todos os dados relativos à identificação do fornecedor e do contrato, e mediante indicação da forma de devolução das quantias.

§ 5º O disposto no § 1º deste artigo não se aplica quando o consumidor houver apresentado informações incorretas.

§ 6º O limite previsto no *caput* deste artigo poderá ser excepcionado no caso de repactuação de dívidas que possibilite a redução do custo efetivo total inicialmente contratado pelo consumidor e desde que essa repactuação seja submetida à aprovação do Poder Judiciário."

[2] RAZÕES DE VETO – O Presidente da República apresentou as seguintes razões para os vetos opostos:

"A propositura legislativa estabelecer que, nos contratos em que o modo de pagamento da dívida envolvessem autorização prévia do consumidor pessoa natural para consignação em folha de pagamento, a soma das parcelas reservadas para pagamento de dívidas não poderia ser superior a trinta por cento de sua remuneração mensal, assim definida em legislação especial. O referido, poderia ainda ser acrescido em cinco por cento, destinados exclusivamente à amortização de despesas contraídas por meio de cartão de crédito ou a saque por meio de cartão de crédito. O descumprimento do disposto no referido artigo daria causa imediata à revisão do contrato ou à sua renegociação. Além disso, o consumidor poderia desistir da contratação de crédito no prazo de sete dias, contado da data da celebração ou do recebimento de cópia do contrato, mediante disponibilização de formulário de fácil preenchimento pelo consumidor, em meio físico ou eletrônico, anexo ao contrato. Por fim, não seria devida pelo fornecedor a devolução de eventuais tarifas pagas pelo consumidor em razão dos serviços prestados.

Entretanto, apesar da boa intenção do legislador, a propositura contrariaria interesse público ao restringir de forma geral a trinta por cento o limite da margem de crédito já anteriormente definida pela Lei nº 14.131, de 30 de março de 2021, que estabeleceu o percentual máximo de consignação em quarenta por cento, dos quais cinco por cento seriam destinados exclusivamente para amortização de despesas contraídas por meio de cartão de crédito ou de utilização com finalidade de saque por meio do cartão de crédito, para até 31 de dezembro de 2021, nas hipóteses previstas no inciso VI do *caput* do art. 115 da Lei nº 8.213, de 24 de julho de 1991, no § 1º do art. 1º e no § 5º do art. 6º da Lei nº 10.820, de 17 de dezembro de 2003, e no § 2º do art. 45 da Lei nº 8.112, de 11 de dezembro de 1990, bem como em outras leis que vierem a sucedê-las no tratamento da matéria, trazendo instabilidade para as operações contratadas no período de vigência das duas legislações.

Mister destacar que o crédito consignado é uma das modalidades mais baratas e acessíveis, só tendo taxas médias mais altas que o crédito imobiliário, conforme dados do Banco Central do Brasil. Assim, a restrição generalizada do limite de margem do crédito consignado reduziria a capacidade de o beneficiário acessar modalidade de crédito, cujas taxas de juros são, devido à robustez da garantia, inferiores a outras modalidades. A restrição acabaria, assim, por forçar o consumidor a assumir dívidas mais custosas e de maior dificuldade de pagamento.

Ademais, em qualquer negócio que envolva a consignação em folha de pagamento, seja no âmbito das relações trabalhistas ou fora delas a informação sobre a existência de margem consignável é da fonte pagadora. Diante disso, a realização de empréstimos em desacordo com o disposto no *caput* do art. 54-E poderia ocorrer por culpa exclusiva de terceiro, no caso a pessoa jurídica responsável pelo pagamento dos vencimentos do consumidor."

[3] MARGEM MÁXIMA PARA CRÉDITO CONSIGNADO – Dois temas centrais para a prevenção ao superendividamento foram objeto de veto: a margem máxima de consignação (art. 54-E, *caput* e §§ 1º, 5º e 6º) e o prazo de reflexão para o exercício do direito de arrependimento (§§ 2º, 3º e 4º). O texto estabelecia que nos empréstimos realizados mediante consignação em folha de pagamento, a soma das parcelas reservadas para pagamento de dívidas não poderia ser superior a 30% (trinta por cento) de sua remuneração mensal, podendo o limite ser acrescido em 5% (cinco por cento) destinados exclusivamente à amortização de despesas contraídas por meio de cartão de crédito ou a saque por meio de cartão de crédito.

Assim, o limite máximo disponibilizado a título de consignação seria de 30%, podendo ser acrescido de mais 5% destinados especificamente ao cartão de crédito consignado.

O dispositivo determinava que o descumprimento da margem máxima de consignação acarretaria imediata revisão do contrato ou a sua renegociação, hipótese em que o juiz poderia adotar, entre outras, de forma cumulada ou alternada, as seguintes medidas:

I – dilação do prazo de pagamento previsto no contrato original, de modo a adequá-lo ao disposto no *caput* deste artigo, sem acréscimo nas obrigações do consumidor;

II – redução dos encargos da dívida e da remuneração do fornecedor;

III – constituição, consolidação ou substituição de garantias.

As razões do veto não se sustentam. É necessário mudar a cultura da dívida, de concessão irresponsável de créditos que comprometem todo o mínimo existencial da pessoa e seu salário, para créditos que podem e devem ser pagos. Assim é importante limitar o máximo de "crédito consignado", como fazem a França e muitos países desenvolvidos e de mercados bancários saudáveis, pois este crédito parece mais barato para os consumidores, mas acaba levando o consumidor ao superendividamento e o único que sai lucrando é o banco, pois retira todo o salário ou pensão da pessoa antes que receba e que possa escolher a quem pagar.

Também é necessário mencionar que o artigo não colide ou vai ao encontro do estabelecido pela Lei 14.131, de 30 de março de 2021, que estabelece o limite de 40% de consignação, pois esta é uma lei temporária e excepcional de emergência e prazo de validade certo; logo, segundo o art. 2º da LINDB, não é revogada e terá validade até seu prazo final, se não for prorrogado novamente, assim como aquelas sobre espetáculos, transporte aéreo e outras de emergência já finalizadas (Lei 14.010/2020). Logo, não há nenhum perigo que afete as "operações contratadas no período de vigência" e nem as futuras até o fim de sua vigência.

Destaque-se que a preservação do mínimo existencial é uma condição de validade não apenas do plano de pagamento na hipótese de tratamento, mas também do contrato de crédito de consumo. Atente-se que houve a expressa vinculação do mínimo existencial a concessão de crédito, bem como foi imposto o dever de análise da condição econômica do consumidor pelo fornecedor de crédito. Assim, a concessão de crédito em valor superior às condições de pagamento do consumidor, que não lhe permita pagar as parcelas sem o sacrifício do mínimo existencial, é passível de ser declarada nula naquilo que superar a capacidade de pagamento do consumidor, salvo hipótese de má-fé do consumidor, como ocultar informações relevantes que lhe foram solicitadas ou obter o crédito para aquisições de produtos luxuosos e de alto valor.

Na I Jornada CDEA sobre Superendividamento e Proteção do Consumidor UFRGS-UFRJ o tema foi tratado: "Enunciado 9. Apesar do veto ao art. 54-E que se refere a capacidade de consignação, para evitar o superendividamento do consumidor e garantir a preservação do mínimo existencial na concessão de crédito é necessário manter a limitação do crédito consignado em 30%. (Autora: Profa. Dra. Rosângela Lunardelli Cavallazzi)". Assiste completa razão ao enunciado, pois a noção de mínimo existencial (art. 6, XII) continua a determinar esta limitação, assim como o espírito da Lei 14.181/2021 e a jurisprudência do Superior Tribunal de Justiça vêm em diversos casos entendendo abusivas consignações que ultrapassem o limite de 30%.[146]

Repita-se que a introdução do art. 54-E no Código de Defesa do Consumidor não revogaria tacitamente o art. 1º da Lei 14.131/2021, que estabeleceu o limite de 40% para operações de crédito consignado em operações efetivadas entre a data de sua vigência e o dia 31 de dezembro de 2021,[147] pois a Lei de Introdução às Normas do Direito Brasileiro, desde 1942, dispõe em seu art. 2º que: "Não se destinando à vigência temporária, a lei terá vigor até que outra a modifique ou revogue." Logo, *a contrario sensu*, as leis de vigência temporária vigoram até o termo nelas estabelecido, que, na hipótese da Lei 14.131/2021, ocorreu em 31 de dezembro de 2021.

Realmente, a Lei 13.172, oriunda de uma Medida Provisória já em 2015, aumentou o percentual para 35%, sendo 5% de consignação em cartão de crédito. Esta modificação legal fez com que o relatório inicial do e. Deputado Cartafina, que aprovava o texto do Senado, tivesse de ser modificado e ocasionando o retorno do Projeto ao Senado Federal, onde foi rapidamente aprovado de forma definitiva, remetido à sanção do Presidente da República, redundando na Lei n. 14.181/2021. Também durante a pandemia este teto foi aumentado para 35% mais 5%, logo 40%. Assim regra transitória adaptava este art. 54-E a futuras modificações com base em lei. Essas modificações vêm assim justificadas no Relatório final:

> "Modificação no art. 54-E (*caput*, com acréscimo dos incisos I e II ao § 2º). A alteração promovida pelo Substitutivo harmoniza a disciplina do Projeto (art. 54-E) acerca do teto para as operações de crédito consignado com a vigente regulamentação da matéria, inclusive quanto

---

[146] Ver, dentre os inúmeros precedentes: STJ – REsp nº 158.501, 3ª Turma, Rel. Min. Paulo de Tarso Sanseverino, julgado em 06.10.2016.

[147] Destacamos a redação do art. 1º da Lei 14.131/2021: "Art. 1º Até 31 de dezembro de 2021, o percentual máximo de consignação nas hipóteses previstas no inciso VI do *caput* do art. 115 da Lei nº 8.213, de 24 de julho de 1991, no § 1º do art. 1º e no § 5º do art. 6º da Lei nº 10.820, de 17 de dezembro de 2003, e no § 2º do art. 45 da Lei nº 8.112, de 11 de dezembro de 1990, bem como em outras leis que vierem a sucedê-las no tratamento da matéria, será de 40% (quarenta por cento), dos quais 5% (cinco por cento) serão destinados exclusivamente para: I – amortização de despesas contraídas por meio de cartão de crédito; ou II – utilização com finalidade de saque por meio do cartão de crédito."

Capítulo VI-A · DA PREVENÇÃO E DO TRATAMENTO DO SUPERENDIVIDAMENTO | Art. 54-E

à nomenclatura consagrada ('remuneração mensal disponível', expressão já empregada na Lei nº 10.820, de 2003, que dispõe sobre a autorização para desconto de prestações em folha de pagamento) derivada de extensas discussões e negociações ao longo da gênese e aprovação da Medida Provisória nº 681, de 2015, posteriormente convertida na Lei nº 13.172, de 2015. Ali chegou-se à convicção de que seria recomendável elevar a margem consignável de 30% para 35%, desde que esses cinco pontos percentuais adicionais fossem dirigidos exclusivamente para amortização e saques em cartão de crédito consignado. Cremos que o patamar estabelecido na lei vigente deve ser mantido, porém, é importante destacar que, embora estejamos reproduzindo o limite estatuído na Lei nº 13.172, de 2015, o art. 54-E tem um impacto normativo muito mais amplo do que o prescrito nessa lei de 2015. É que o campo regulatório da referida norma restringe-se ao universo de operações contraídas por empregados celetistas, beneficiários e pensionistas do INSS e servidores públicos federais. Ao inserir-se no Código de Defesa do Consumidor o teto de 35% de margem consignável, está-se delimitando também as operações firmadas com base em convênios e legislações municipais e estaduais e, ainda, na disciplina própria das forças armadas, justamente os segmentos onde os excessos na concessão de crédito consignado têm operado os efeitos mais prejudiciais aos consumidores. No intuito, porém, de garantir segurança jurídica aos contratos celebrados com base em regulamentos próprios, que permitiam margens distintas daquelas que estamos agora uniformizando para todas as esferas, estipulamos, em nosso Substitutivo, uma regra de transição nas cláusulas de vigência, que preserva as margens licitamente definidas anteriormente até o final da contratação (art. 3º, § 2º). Essa ressalva à cláusula de vigência também se presta para assegurar que eventual norma emergencial, que estipule margens diferentes para o consignado em razão dos efeitos econômicos da pandemia de Covid-19, por exemplo, não seja afetada ou revogada tacitamente caso este projeto torne-se lei após a aprovação dessa medida temporária."

O artigo sobre o consignado foi o motivo de o projeto ter sido modificado e ao final acabou sendo vetado. Lamenta-se o veto, mas o crédito consignado continua mencionado no § 1º do art. 54-G, bem esclarecendo que a Lei 14.181/2021 a ele se aplica. Na I Jornada CDEA sobre Superendividamento e Proteção do Consumidor UFRGS-UFRJ o tema foi tratado: "Enunciado 8. Aos créditos consignados, aqueles que envolvem autorização prévia do consumidor pessoa natural para consignação em folha de pagamento, se aplicam as disposições contidas no art. 54-A a 54 -D, inclusive parágrafo único. (Autores: Prof. Dr. Fernando Martins e Profa. Dra. Keila Pacheco Ferreira)".

[4] PRAZO DE REFLEXÃO PARA O EXERCÍCIO DO DIREITO DE ARREPENDIMENTO DA CONTRATAÇÃO DO CRÉDITO – O segundo tema central vetado foi o relativo ao prazo de reflexão de sete dias para o exercício do direito de arrependimento.

As razões do veto nada mencionam sobre o tema do arrependimento e foram efetivadas apenas por equivocado arrastamento, pois os §§ 2º, 3º e 4º tratam de tema diferente do *caput* e dos §§ 5º e 6º, assim não havia motivo para o arrastamento.

O direito de arrependimento é de grande importância para a prevenção ao superendividamento, por permitir que créditos obtidos sem a reflexão adequada, seja pela sua prescindibilidade, seja pela existência de melhores alternativas, seja ainda pela pressão ou assédio de consumo, possam ser desfeitos em razão do arrependimento do consumidor, fazendo valer em 7 dias (com as devoluções devidas) o novo direito de reflexão e proteção da pressão do consumidor pessoa natural.

Art. 54-F | CÓDIGO BRASILEIRO DE DEFESA DO CONSUMIDOR

A dinâmica das contratações de crédito para o consumo é marcada pela ausência de reflexão para a sua contratação, principalmente nas modalidades a distância ou nas abordagens diretas ao consumidor por intermediários, que surpreendem o contratante com insistentes ofertas de crédito.

Apenas proibir o assédio não é suficiente, seja porque a sua repressão não é tarefa trivial e assim a circunstância de sua vedação não significa o seu desaparecimento, seja por serem cada vez mais utilizadas modalidades de contratação a distância, cuja imediatidade dificulta a reflexão do consumidor.

O prazo de reflexão para o exercício do direito de arrependimento seria de 7 dias, independentemente de ser efetivado no estabelecimento comercial do fornecedor ou a distância com devolução completa dos valores recebidos.

Na França, o *Code de la Consommation* prevê a referida faculdade de retratação (*faculté de rétractation*) no art. L 222-14, que permite ao consumidor o direito de reconsiderar seu consentimento no prazo de sete dias, a contar da aceitação da oferta.[148] E, no caso de inobservância das normas legais protetoras, há uma sanção civil para o fornecedor do crédito consistente na perda do direito à percepção dos juros. Assim, o consumidor continua obrigado somente a pagar o capital restante segundo as prestações previstas. As somas por ele já pagas a título de juros serão restituídas pelo credor ou imputadas sobre o capital restante devido.[149]

De qualquer forma, para todas as contratações efetivadas a distância, fora do estabelecimento físico do fornecedor, incluindo as efetivadas por meio de telefone, aplicativos e na internet, é plenamente aplicável o Direito de arrependimento estabelecido pelo art. 49 do CDC, podendo assim haver a desistência no prazo de sete dias contados a partir da contratação.

Assim, somente as transações efetivadas de forma presencial, dentro de agências dos escritórios dos fornecedores de crédito não estariam abarcadas pelo direito de arrependimento.

Entendemos assim que operações feitas por telefone e através do comércio eletrônico, abarcando aquelas em que se utilizam aplicativos instalados nos aparelhos celulares ou pelo sítio eletrônico do banco (*internet banking*).

A ausência de veto ao art. 54-F, § 1º, reforça a interpretação de que o direito de arrependimento abarca as contratações de crédito efetivadas fora do estabelecimento físico, uma vez que menciona de modo expresso o arrependimento nos contratos de crédito, esclarecendo que a desistência do contrato principal alcança a avença acessória.

> **Art. 54-F.** São conexos, coligados ou interdependentes, entre outros, o contrato principal de fornecimento de produto ou serviço e os contratos acessórios de crédito que lhe garantam o financiamento quando o fornecedor de crédito: [1]
>
> I – recorrer aos serviços do fornecedor de produto ou serviço para a preparação ou a conclusão do contrato de crédito;

---

[148] Veja o texto original: "Les contrats de crédit à la consommation prévus au chapitre II du titre Ier du livre III ne peuvent recevoir, même avec l'accord du consommateur, de commencement d'exécution durant les sept premiers jours, sauf s'agissant des contrats de crédit affecté mentionnés à l'article L. 222-11, qui ne peuvent recevoir de commencement d'exécution durant les trois premiers jours." (in Section 4: Délai de rétractation (Articles L222-7 à L222-15), disponível em: legifrance.gouv.fr, acesso em: 25.11.2021).

[149] MARQUES, Claudia Lima. *Contratos no Código de Defesa do Consumidor*, São Paulo: RT, 2011, p. 1294 e seg.

Capítulo VI-A · DA PREVENÇÃO E DO TRATAMENTO DO SUPERENDIVIDAMENTO | Art. 54-F

II – oferecer o crédito no local da atividade empresarial do fornecedor de produto ou serviço financiado ou onde o contrato principal for celebrado.

§ 1º O exercício do direito de arrependimento nas hipóteses previstas neste Código, no contrato principal ou no contrato de crédito, implica a resolução de pleno direito do contrato que lhe seja conexo. [2]

§ 2º Nos casos dos incisos I e II do *caput* deste artigo, se houver inexecução de qualquer das obrigações e deveres do fornecedor de produto ou serviço, o consumidor poderá requerer a rescisão do contrato não cumprido contra o fornecedor do crédito. [3]

§ 3º O direito previsto no § 2º deste artigo caberá igualmente ao consumidor:

I – contra o portador de cheque pós-datado emitido para aquisição de produto ou serviço a prazo; [3]

II – contra o administrador ou o emitente de cartão de crédito ou similar quando o cartão de crédito ou similar e o produto ou serviço forem fornecidos pelo mesmo fornecedor ou por entidades pertencentes a um mesmo grupo econômico. [4]

§ 4º A invalidade ou a ineficácia do contrato principal implicará, de pleno direito, a do contrato de crédito que lhe seja conexo, nos termos do *caput* deste artigo, ressalvado ao fornecedor do crédito o direito de obter do fornecedor do produto ou serviço a devolução dos valores entregues, inclusive relativamente a tributos.

COMENTÁRIOS

[1] CONTRATOS CONEXOS, COLIGADOS OU INTERDEPENDENTES – O art. 54-F traz dispositivo que é endereçado a um importante fenômeno das relações empresariais, que é a formação de redes contratuais. Assim, muitas vezes ao invés de as empresas executarem diretamente todas as fases de uma cadeia de produção de serviços ou produtos, optam por estabelecerem diversas relações terceirizadas e, assim, há diversas empresas em uma mesma cadeia de relações de consumo.[150]

Um excelente exemplo no âmbito das relações empresariais é o de rede hoteleira que se instala em hotel construído mediante alienação de unidades independentes por uma incorporadora de imóveis. Há um feixe de relações contratuais conexas, de natureza empresarial, que ligam os adquirentes das unidades autônomas aos incorporadores e aos administradores do hotel.[151]

Assim, a relação de consumo estabelecida entre a administradora da rede hoteleira e os hóspedes foi viabilizada por uma série de relações contratuais antecedentes. Um eventual dano ocasionado ao consumidor por uma queda de um azulejo mal fixado na piscina do hotel, por exemplo, ensejará responsabilidade solidária entre todos os integrantes da cadeia de prestação do serviço.

---

[150] Destacamos a seguinte definição de TEUBNER, Gunther. *Network as connected contracts*, p. 17. Disponível em: http://ssrn.com/abstract=1233545. Acesso em: 20 out. 2019: "*modes of organising economic activities that bind formally independent firms who are more or less economically dependent upon one another thought stable relationships and a complex reciprocity that is more co-operative than competitive in form*".

[151] A respeito da rede de contratos empresariais coligados, ver: PFEIFFER, Roberto Augusto Castellanos. Natureza empresarial do compromisso de compra e venda de unidades autônomas para constituição de condomínio-hotel e o caráter vinculante da cláusula de irretratabilidade e irrevogabilidade. *Revista de Estudos Jurídicos do Superior Tribunal de Justiça*, v. 1, p. 503-535, 2020.

Há relações de consumo que são viabilizadas por contratos estabelecidos pelo consumidor com diversas empresas independentes, mas relacionadas entre si.[152] É o que ocorre, por exemplo, na aquisição de um eletrodoméstico em uma loja de varejo, adquirido de forma parcelada através do financiamento proporcionado por uma instituição financeira relacionada à loja.

Há uma conexidade entre o contrato de financiamento e o de aquisição do produto, uma vez que a compra somente foi viabilizada pelo crédito concedido ao consumidor.

Pensemos em um pacote de turismo adquirido pelo consumidor junto a uma operadora, que contém diversos prestadores de serviços coligados, com os quais o consumidor estabelecerá relações de consumo autônomas, mas inter-relacionadas: com a prestadora do transporte aéreo, com a empresa hoteleira, com prestadoras de passeios inclusos. O eventual vício no contrato com a operadora de turismo, a depender de sua extensão, poderá contaminar toda a rede de contratos conexos.

Imaginemos, por exemplo, cláusula abusiva no contrato com a operadora de turismo, que foi estabelecida e concluída no âmbito do sítio eletrônico da empresa, que impossibilita o direito de arrependimento, prevendo multa mesmo na hipótese de desistência antes do transcurso do prazo de sete dias contados da finalização do contrato.

O reconhecimento da nulidade da cláusula alcança todos os contratos conexos. Assim, o exercício do direito de arrependimento dentro do prazo de sete dias estabelecido pelo art. 49 do Código de Defesa do Consumidor será extensível aos demais contratos.

Deste modo, o art. 54-F positiva o entendimento jurisprudencial[153] e doutrinário a respeito da conexidade entre contratos de consumo e o alcance dos efeitos da desistência e das invalidades do contrato principal sobre os conexos e coligados.

O art. 54-F positivou o consolidado entendimento doutrinário de que as consequências do contrato principal que for declarado inválido, ineficaz ou for objeto de arrependimento estendem-se aos contrarios acessórios, coligados ou interdependentes. Importante frisar que a conexidade do crédito com o consumo já estava no art. 52 e de forma ampliada no art. 3º, § 2º, do CDC, que expressamente inclui o crédito e financiamento ao consumidor entre os serviços de consumo, mas agora vem pedagogicamente esclarecida no art. 54-F.

[2] EXTENSÃO DO DIREITO DE ARREPENDIMENTO – A primeira consequência estabelecida pelo art. 54-F à conexão entre o contrato de fornecimento de produto ou serviço com o contrato acessório de crédito diz respeito aos efeitos do arrependimento do consumidor. Assim, se houver o arrependimento do principal, o acessório deve seguir a mesma linha.

---

[152] MARQUES, Claudia Lima. In MARQUES, Claudia Lima; LORENZETTI, Ricardo Luis; CARVALHO, Diógenes Faria de; MIRAGEM, Bruno. *Contratos de Serviços em tempos digitais*. São Paulo: Ed. RT, 2021, p.373 e seg. Os autores afirmam: "Contratos conexos *stricto sensu* – são aqueles contratos autônomos que por visarem a realização de um negócio único (nexo funcional), celebram-se entre as mesmas partes ou entre partes diferentes e vinculam-se por esta finalidade econômica supracontratual comum, identificável seja na causa, no consentimento, no objeto ou nas bases do negócio. Assim, se a finalidade supracontratual comum é de consumo, todos os contratos são de consumo por conexidade... Esta nova visão qualificada e ampliadora das relações de consumo é necessária para uma boa aplicação do CDC. A conexidade é o método de comercialização e marketing, é a consequência, que hoje pode ser facilmente fotografada no mercado nacional".

[153] Ressaltamos a seguinte passagem de acórdão do TJSP: "(...) Tal situação, comum no mundo contemporâneo, é fenômeno negocial de grande importância, denominado de contratos de colaboração, ou por conexidade, ou coligados, pelo qual agentes econômicos perseguem uma finalidade comum, qual seja, concentrar ou induzir o consumo em massa de bens ou serviços, mediante estratégias variadas. Há, assim, um fenômeno contratual de multiplicidade de vínculos, contratos, pessoas e operações, para atingir um fim econômico unitário, identificado na causa" (TJSP, Apelação Civil n. 584.289 4/2-00, Rel. Francisco Loureiro).

Capítulo VI-A · DA PREVENÇÃO E DO TRATAMENTO DO SUPERENDIVIDAMENTO | Art. 54-F

Em outras palavras, se o consumidor arrepender-se da aquisição do produto, automaticamente há a desistência do contrato de financiamento a ele atrelado.

O veto ao direito de arrependimento de crédito contratado presencialmente que estava previsto no art. 54-E, §§ 3, 4 e 5, não afetou a possibilidade do direito de arrependimento do crédito contratado a distância, em razão do que dispõe o art. 49 do Código de Defesa do Consumidor, que permite a desistência de todas as aquisições de produtos e serviços contratados a distância, fora do estabelecimento físico do fornecedor.

Assim, a regra estabelecida pelo § 1º do art. 54-F não apenas reforça a aplicação às operações de créditos contratadas a distância, como deixa claro que o exercício do direito de arrependimento nas hipóteses previstas neste Código, no contrato principal ou no contrato de crédito, implica a resolução de pleno direito do contrato que lhe seja conexo.

Por exemplo, se houver a desistência da aquisição de um produto cujo pagamento seria efetivado com um empréstimo atrelado ao produto (como em um parcelamento com juros), o arrependimento da aquisição do produto alcança o financiamento de crédito efetivado.

[3] EXTENSÃO DA RESCISÃO POR INEXECUÇÃO DE OBRIGAÇÕES DO FORNECEDOR – Coerentemente, o art. 54-F estabeleceu a extensão da extinção do contrato a outras hipóteses além da relativa ao arrependimento do consumidor.

Relevantíssima disposição foi inserida no § 2º do art. 54-F, que esclarece que "se houver inexecução de qualquer das obrigações e deveres do fornecedor de produto ou serviço, o consumidor poderá requerer a rescisão do contrato não cumprido contra o fornecedor do crédito".

Assim, por exemplo, se o fornecedor não entregar o produto adquirido através de uma compra em comércio eletrônico e viabilizada através de contratação conjunta de um financiamento, o consumidor pode postular a rescisão do contrato em razão do não cumprimento do dever do vendedor, que é a entrega do produto. A extinção do contrato principal acarretará, igualmente, a rescisão do contrato de crédito, não podendo a instituição financeira cobrar o consumidor das parcelas restantes e devendo efetivar junto ao vendedor do produto a cobrança de quantias adiantadas.

E o direito à rescisão do contrato de crédito poderá ser exercido pelo consumidor igualmente contra o portador de cheque pós-datado emitido para aquisição de produto ou serviço a prazo ou contra o administrador ou o emitente de cartão de crédito ou similar quando os fornecedores pertencerem a um mesmo grupo econômico.

[4] EXTENSÃO DA INVALIDADE OU INEFICÁCIA DO CONTRATO PRINCIPAL – Por fim, o § 4º do art. 54-F esclarece que a invalidade ou a ineficácia do contrato principal implicará, de pleno direito, a do contrato de crédito que lhe seja conexo.

Portanto, em todas as hipóteses em que nulidades implicarem a invalidade ou ineficácia do contrato principal, ocasionando a sua extinção, ela será extensível ao contrato de crédito que lhe for conexo.

O dispositivo, assim, estabelece um coerente fecho, na medida em que todas as hipóteses que ocasionarem a extinção do contrato principal por arrependimento, por vícios ou por inexecução de obrigação do fornecedor alcançam igualmente o contrato de crédito que lhe for conexo.

Há importantíssima ressalva estabelecida pelo § 4º que se aplica não apenas à hipótese de invalidade, mas igualmente a todos os demais exemplos de rescisão do contrato: o fornecedor do crédito tem o direito de obter do fornecedor do produto ou serviço a devolução dos valores entregues, inclusive relativamente a tributos.

Art. 54-G | CÓDIGO BRASILEIRO DE DEFESA DO CONSUMIDOR

Assim, nas hipóteses tratadas no art. 54-F, a devolução dos valores adiantados pela instituição que outorgou o crédito de forma conexa à aquisição do produto ou do serviço deverá reaver os valores diretamente junto ao fornecedor do produto ou serviço, não podendo efetivar a cobrança junto ao consumidor.

Art. 54-G. Sem prejuízo do disposto no art. 39 deste Código e na legislação aplicável à matéria, é vedado ao fornecedor de produto ou serviço que envolva crédito, entre outras condutas: [1]

I – realizar ou proceder à cobrança ou ao débito em conta de qualquer quantia que houver sido contestada pelo consumidor em compra realizada com cartão de crédito ou similar, enquanto não for adequadamente solucionada a controvérsia, desde que o consumidor haja notificado a administradora do cartão com antecedência de pelo menos 10 (dez) dias contados da data de vencimento da fatura, vedada a manutenção do valor na fatura seguinte e assegurado ao consumidor o direito de deduzir do total da fatura o valor em disputa e efetuar o pagamento da parte não contestada, podendo o emissor lançar como crédito em confiança o valor idêntico ao da transação contestada que tenha sido cobrada, enquanto não encerrada a apuração da contestação; [2]

II – recusar ou não entregar ao consumidor, ao garante e aos outros coobrigados cópia da minuta do contrato principal de consumo ou do contrato de crédito, em papel ou outro suporte duradouro, disponível e acessível, e, após a conclusão, cópia do contrato; [3]

III – impedir ou dificultar, em caso de utilização fraudulenta do cartão de crédito ou similar, que o consumidor peça e obtenha, quando aplicável, a anulação ou o imediato bloqueio do pagamento, ou ainda a restituição dos valores indevidamente recebidos. [4]

§ 1º Sem prejuízo do dever de informação e esclarecimento do consumidor e de entrega da minuta do contrato, no empréstimo cuja liquidação seja feita mediante consignação em folha de pagamento, a formalização e a entrega da cópia do contrato ou do instrumento de contratação ocorrerão após o fornecedor do crédito obter da fonte pagadora a indicação sobre a existência de margem consignável. [5]

§ 2º Nos contratos de adesão, o fornecedor deve prestar ao consumidor, previamente, as informações de que tratam o art. 52 e o *caput* do art. 54-B deste Código, além de outras porventura determinadas na legislação em vigor, e fica obrigado a entregar ao consumidor cópia do contrato, após a sua conclusão.

---

[1] NOVAS HIPÓTESES DE PRÁTICAS ABUSIVAS – O art. 54-G estipula novas hipóteses de práticas abusivas, que se somam aquelas previstas no art. 39 do CDC. Assim, caso os fornecedores de crédito incorram nas condutas descritas, estarão sujeitos às sanções administrativas estabelecidas nos artigos do CDC, além de indenizar o consumidor caso tenham causado danos materiais ou morais, podendo, ainda, ensejar a declaração de nulidade da contratação entabulada.[154]

---

[154] PFEIFFER, Roberto Augusto Castellanos. Práticas abusivas, cobranças de dívidas e cadastros de consumo. In: LOPEZ, Teresa Ancona; AGUIAR JUNIOR, Ruy Rosado de. *Contratos de consumo e atividade econômica.* São Paulo: Saraiva/FGV, 2009. p. 171 e seg.

Capítulo VI-A · DA PREVENÇÃO E DO TRATAMENTO DO SUPERENDIVIDAMENTO | Art. 54-G

A finalidade do artigo é complementar a lista de práticas comerciais abusivas do art. 39 do CDC e com isso reforçar os deveres de informação e de entrega da cópia do contrato. Também tem finalidade de instituir um direito de correção de erros e identificações de fraudes contra consumidores, permitindo aos consumidores um direito legal – e não só da prática e da autor-regulamentação bancária – do *chargeback*. A versão da Comissão de Juristas tinha sugerido a regra hoje presente no art. 54-G como complemento do art. 39 do CDC.

No PLS 283/2012 o artigo já tinha o texto atual,[155] acrescido da menção ao assédio de consumo, que foi transferido para o art. 54-C, inciso IV.

Embora o Código de Defesa do Consumidor não defina prática abusiva, apenas arrolando exemplos no seu art. 39, é possível conceituá-la como conduta desconforme com a boa-fé, através da qual o fornecedor busca obter indevida vantagem, abusando da vulnerabilidade do consumidor.[156]

Assim, a rigor, as práticas abusivas não se limitam ao rol exemplificativo do art. 39 do CDC, na medida em que toda conduta contrária à legislação de defesa do consumidor é apta a configurá-la.

Portanto, o art. 54-G, ao trazer novas hipóteses de práticas abusivas, também o fez em rol exemplificativo, na medida em que o desrespeito aos direitos relacionados à prevenção e tratamento do superendividamento introduzidos no CDC pela Lei 14.181/2021 também configuram prática abusiva, ainda que não previstas no rol do art. 54-G.

[2] COBRANÇA DE QUANTIA CONTESTADA – O inciso I do art. 54-G tipifica como abusiva a cobrança ou débito em conta de qualquer quantia que houver sido contestada pelo consumidor em compra realizada com cartão de crédito ou similar, enquanto não for adequadamente solucionada a controvérsia, desde que o consumidor haja notificado a administradora do cartão com antecedência de pelo menos 10 (dez) dias contados da data de vencimento da fatura, vedada a manutenção do valor na fatura seguinte e assegurado ao consumidor o direito de deduzir do total da fatura o valor em disputa e efetuar o pagamento da parte não contestada, podendo o emissor lançar como crédito em confiança o valor idêntico ao da transação contestada que tenha sido cobrada, enquanto não encerrada a apuração da contestação.

Assim, durante o período de contestação de débito, o fornecedor não poderá efetivar a cobrança parcial ou total da quantia controvertida até dar um posicionamento final sobre o

---

[155] SENADO FEDERAL. *Relatório*, p. 304. Destaque-se que no PLS 283/2012 o artigo já continha um parágrafo único sobre os deveres de boa-fé de pesquisa sobre a margem consignada, depois transformado em § 1º. O texto era: "Parágrafo único. Sem prejuízo do dever de informação e esclarecimento do consumidor e de entrega da minuta do contrato, no empréstimo cuja liquidação seja feita mediante consignação em folha de pagamento, a formalização e a entrega do instrumento de contratação ocorrerão após o fornecedor do crédito obter da fonte pagadora a indicação sobre a existência de margem consignável." Na Comissão Temporária o artigo ganhou um parágrafo segundo sobre contratos de adesão e cumprimento dos deveres de boa-fé: "§ 2º Em se tratando de contratos de adesão, deve o fornecedor prestar previamente ao consumidor as informações de que tratam o art. 52 e o *caput* do art. 54-B desta Lei, além de outras porventura determinadas na legislação em vigor, ficando o fornecedor obrigado a, após a conclusão do contrato, entregar ao consumidor cópia deste." E um terceiro parágrafo sobre o débito em conta de valores contestados em até 7 dias: "§ 3º Caso o consumidor realize o pagamento da dívida do cartão por meio de débito em conta, é vedado à administradora ou ao emissor do cartão debitar quantia contestada pelo consumidor ou em disputa com o fornecedor, inclusive tarifas de financiamento ou outras relacionadas, se a existência da disputa ou da contestação tiver sido informada com antecedência de pelo menos 7 (sete) dias da data de vencimento da fatura." Este último foi modificado para 10 dias e transferido para o interior da regra ao ser aprovado na Câmara de Deputados no Substitutivo do Deputado Cartafina.

[156] PFEIFFER, Roberto Augusto Castellanos. *Defesa da Concorrência e Bem-Estar do Consumidor*. São Paulo: Revista dos Tribunais, 2015, v. 1, p. 219.

pleito do consumidor nas hipóteses em que a controvérsia for instaurada perante o próprio fornecedor em seu serviço de atendimento ao cliente ou similar. Muitas demandas atuais, especialmente sobre contratações "fantasmas" ou de cartão de crédito consignado em que o idoso imagina estar contratando um crédito consignado normal,[157] poderão ser evitadas com a aplicação firme desta regra, de forma a não mais valer a pena causar dano aos consumidores com ofertas irresponsáveis, falsas e abusivas.

Obviamente, se a contestação for efetivada junto a órgão de proteção ao consumidor ou ao Poder Judiciário, o fornecedor não poderá efetivar a cobrança até a finalização da ação judicial ou do processo administrativo.

Cabe lembrar ainda que nas hipóteses em que ficar caracterizada a cobrança indevida, o consumidor terá o direito à repetição do indébito, por valor igual ao dobro do que pagou em excesso, acrescido de correção monetária e juros legais, nos termos do art. 42, parágrafo único, do CDC.

[3] NÃO ENTREGA DE CÓPIA DE CONTRATO – A tipificação da ausência de entrega de cópia escrita do contrato de crédito como prática abusiva reforça o dever estabelecido a todos os contratantes pelo dever de informação estabelecido a todos os contratantes pelo CDC.

Assim, há a obrigação de o fornecedor do crédito disponibilizar ao consumidor uma minuta do contrato, em papel ou suporte duradouro, antes da finalização da contratação.

Tal dispositivo reveste-se de fundamental importância, pois permite maior reflexão do consumidor ao acessar todas as peculiaridades da contratação.

Ademais, confere maior segurança quanto à coleta da anuência do consumidor acerca de ofertas de crédito efetivadas a distância, especialmente na modalidade por telefone.

Assim, mesmo nas contratações por telefone, a prova não pode ser efetivada exclusivamente com a gravação da conversa.

O mesmo se diga das contratações por intermédio de internet banking ou aplicativos em aparelho celular.

O dispositivo é assim de extrema importância, ao confrontar um paradigma de práticas de contratação em que era sonegada do consumidor a disponibilização de minutas contratuais, acentuando a sua vulnerabilidade pela contratação às escuras de uma obrigação que irá vinculá-lo por diversos anos e que possui o potencial de conduzi-lo ao superendividamento.

---

[157] Veja como exemplo a decisão do TJRJ: "7. A toda evidência, o demandante, apesar de desejar contratar empréstimo, foi induzido a assinar contrato de cartão de crédito. Assim, merece reforma a sentença de primeiro grau para determinar a revisão do pacto firmado entre as partes, de maneira que seja recalculado o saldo devedor do contrato firmado pelo autor, com base nas taxas médias de mercado referentes ao empréstimo consignado, assegurando-se ao autor a restituição em dobro, se apurada a ocorrência de pagamento a maior. 8. Não se olvide, ademais, que o Superior Tribunal de Justiça já reconheceu a hipervulnerabilidade do idoso no mercado de consumo. 9. Faz-se necessário, ademais, afastar a alegação de que o apelante não poderia ter confundido o contrato de cartão com empréstimo pessoal, pelo fato de que, neste, não há a possibilidade de realizar compras. 10. O Superior Tribunal de Justiça, em recente julgamento de caso análogo ao tratado nestes autos, se limitou a manter o entendimento manifestado pelo Tribunal de origem, uma vez que segundo o eminente Ministro Relator, 'para desconstituir a convicção formada pelas instâncias ordinárias a esse respeito, far-se-ia necessário incursionar no substrato fático-probatório dos autos, bem como na interpretação de cláusula contratual, o que é defeso a este Tribunal nesta instância especial'. Portanto, não se mostra correto afirmar que o STJ chancela a prática de ofertar ao consumidor contrato de cartão de crédito disfarçado como empréstimo pessoal." (Apelação Cível 0011726-72.2020.8.19.0031, Décima Quarta Câmara Cível do Tribunal de Justiça do RJ, Relator José Carlos Paes, julgado em 14/07/2021).

Capítulo VI-A · DA PREVENÇÃO E DO TRATAMENTO DO SUPERENDIVIDAMENTO | Art. 54-G

O seu descumprimento gera a possibilidade de declaração de nulidade do contrato de crédito, devendo, em contraposição, haver a integral devolução dos valores disponibilizados ao consumidor, acrescidos de atualização monetária (para não ensejar enriquecimento sem causa), mas sem a incidência de juros, diante da nulidade contratual.

Neste sentido a I Jornada CDEA sobre Superendividamento e Proteção do Consumidor UFRGS-UFRJ trouxe enunciado esclarecedor que a Lei 14.181/2021 introduziu no CDC ônus *ex vi lege* aos fornecedores e seus intermediários de realizar esta prova: "Enunciado 25. É ônus do fornecedor provar o cumprimento dos deveres de boa-fé impostos nos artigos 52, 54-B, 54-C e 54-D do CDC, de forma a evitar as sanções previstas no parágrafo único do art. 54-D. (Autor: Prof. Dr. André Perin Schmidt Neto)".

Ressalte-se, por fim, que o § 1º do art. 54-G esclarece que na hipótese de crédito consignado, "sem prejuízo do dever de informação e esclarecimento do consumidor e de entrega da minuta do contrato, no empréstimo cuja liquidação seja feita mediante consignação em folha de pagamento, a formalização e a entrega da cópia do contrato ou do instrumento de contratação ocorrerão após o fornecedor do crédito obter da fonte pagadora a indicação sobre a existência de margem consignável".

[4] EXTENSÃO DA ENTREGA DE CÓPIA AO GARANTE E COOBRIGADO – O Contrato de crédito é um contrato "sentimental" ou pouco "racional", pois troca a realização do desejo imediato de consumo, por comprometimento de renda futura, sendo o consumidor sempre um "otimista".[158]

Nicole Chardin cunhou a expressão "vontade racional" (*volonté rationnelle*)[159] como o objetivo máximo de proteção das regras sobre crédito ao consumidor: proteger a autonomia de vontade daquele consumidor *in concreto*.

Geralmente o foco da proteção da regra é o consumidor que de forma açodada ou não refletida contrata um crédito ou consome através de uma venda a prazo. A Comissão de Juristas através do PLS 283/2012 tinha proposto uma proteção ao bem de família do fiador, mas tal regra não recebeu apoio parlamentar. Destaque-se, porém, que o art. 54-D, III, e o art. 54-G, II, inauguram uma importante linha de proteção dos garantes e coobrigados. Uma vez que recebem os reflexos do não pagamento e do superendividamento do consumidor principal, nada mais justo que o CDC agora imponha a entrega de cópia do contrato ao garante (por exemplo, fiador) e ao coobrigado (por exemplo, esposa). Se o art. 54-D, III, *in fine*, impõe o dever de entrega da cópia do contrato, o art. 54-G, II, inclui como abusiva a prática de "recusar ou não entregar" tanto a minuta do contrato, quanto sua versão final.

[5] IMPEDIR OU DIFICULTAR BLOQUEIO DE PAGAMENTO E RESTITUIÇÃO DE VALORES INDEVIDOS: NOVO DIREITO DE *CHARGEBACK* – A regra vem complementar a lista de práticas comerciais abusivas do art. 39 do CDC e, com isso, reforçar os deveres de boa-fé de cooperar e cuidar do nome, da imagem, da solvabilidade do consumidor. Aqui destaca-se a instituição de um direito novo de correção de erros e identificações de fraudes contra consumidores, permitindo aos consumidores um direito legal – e não só da prática e da autorregulamentação bancária – do *chargeback*, como um novo direito facilitado de ressarci-

---

[158] CARVALHO, Diógenes; COELHO, Cristiano. *Consumo e superendividamento – Vulnerabilidade e Escolhas intertemporais*, Goiânia: Ed. Espaço Acadêmico, 2017, p. 97 e seg.

[159] CHARDIN, Nicole. *Le contrat de consommation de credit et l'autonomie de la volonté*. Paris: LGDJ, 1988, p. 223 e seg.

587

Art. 54-G | CÓDIGO BRASILEIRO DE DEFESA DO CONSUMIDOR

mento. Efetivamente, na versão preliminar, a Comissão de Juristas tinha sugerido a regra hoje presente no art. 54-G como complemento do art. 39 do CDC.[160]

Importantes hipóteses de práticas abusivas foram estabelecidas no inciso III do art. 54-G, direcionadas à instituição financeira que administra o cartão de crédito ou meios similares, bem como aos fornecedores de produtos e serviços que os aceitam como meio de pagamento.

Assim, as administradoras de cartão de crédito cometerão prática abusiva nas hipóteses em que impedirem ou dificultarem, em caso de utilização fraudulenta do cartão de crédito ou similar, que o consumidor peça e obtenha, quando aplicável, a anulação ou o imediato bloqueio do pagamento, ou ainda a restituição dos valores indevidamente recebidos.

O dispositivo é importante, pois normalmente após a aquisição não há a imediata disponibilização da quantia para o fornecedor de produtos e serviços pela administradora de cartão de crédito, que somente repassa o valor dias, ou até mesmo semanas, após a compra.

Portanto, muitas vezes a detecção da fraude permite o imediato bloqueio da quantia que seria repassada, sem qualquer ônus imediato para a administradora e para o fornecedor do produto ou serviço caso ainda não os tenha disponibilizado ao fraudador.

De qualquer forma, vale ressaltar que muitas vezes a fraude ocorre em decorrência de alguma falha ou lacuna nos procedimentos de segurança seja do fornecedor de produtos e serviços, seja da administradora do cartão de crédito, sendo indevido o repasse ao consumidor do prejuízo, já que elas assumem o risco de não haver o necessário cuidado na identificação do efetivo utilizador do cartão de crédito.

Portanto, não podem opor medidas que impeçam ou dificultem substancialmente o bloqueio ou a restituição de quantias debitadas indevidamente do consumidor em decorrência de utilização fraudulenta de cartão de crédito de sua titularidade.

---

[160] SENADO FEDERAL. *Relatório, op. cit.*, p. 304.

Capítulo VII
DAS SANÇÕES ADMINISTRATIVAS

Zelmo Denari
(Segmento atualizado por José Geraldo Brito Filomeno[1])

1. NORMAS GERAIS DE CONSUMO

O capítulo relativo às sanções administrativas, em sua integralidade, é constituído por normas gerais de consumo, cujo destinatário é o legislador, e não o consumidor ou o fornecedor de serviços.

O Estatuto do Consumidor se propôs, nessa sede, estabelecer um mínimo de disciplina e de critérios, de observância obrigatória para o Poder Público, em qualquer nível de governo.

Ninguém ignora que, tanto na esfera federal como na estadual e municipal, inúmeros textos normativos – em grande parte expressivos do poder de polícia – regulam toda sorte de atividade do Poder Público, concernentes à saúde, à segurança, à higiene, à ordem, aos costumes, à tranquilidade pública, ao urbanismo, à edificação e ao parcelamento do solo urbano, à fiscalização de gêneros alimentícios, inclusive à disciplina da produção e do mercado de consumo[2-3].

---

[1] Doravante identificado com a abreviatura JGBF quando houver intervenção de atualização.

[2] Por exemplo: em matéria de seguros, o exercício de fiscalização já cabia à SUSEP (Superintendência de Seguros Privados); as instituições financeiras, ao Banco Central do Brasil; a produção de bens relacionados à saúde às extintas divisões do Ministério da Saúde – hoje ANVISA (Agência Nacional de Vigilância Sanitária), como a DIMED (Divisão de Medicamentos); a DINAL (Divisão de Alimentos), à DISAD (Divisão de Produtos Domissanitários); os produtos de origem animal, ao SIF (Serviço de Inspeção Federal) e outros equivalentes dos Estados e Municípios; em matéria de pesos, medidas, segurança e qualidade industrial, sua disciplina e fiscalização há muito tempo cabia ao SINMETRO (Sistema Nacional de Metrologia, Normalização e Qualidade Industrial); no que tangia a eventuais e episódicos tabelamentos de preços, cabia à extinta SUNAB (Superintendência Nacional de Abastecimento) baixar portarias limitativas e impor as respectivas sanções; e assim por diante. Tanto que o Prof. Luiz Amaral, da Universidade de Brasília, em 1984, pacientemente coletou mais de 300 normas atinentes à tutela administrativa que afetavam o consumidor, em última análise, pesquisa essa transformada em quatro volumes (*Relações de Consumo,* publicado pela Fundação Senador Petrônio Portella, do Ministério da Justiça, Brasília, DF, 1. ed., 1984) (JGBF).

[3] Com relação ainda a esse aspecto e, particularmente no que concerne à SUNAB, registramos que em 1997, na qualidade de professor especialista na então novel disciplina Direito do Consumidor, e Coordenador das

Esse microssistema normativo introduz no ordenamento jurídico pátrio os "deveres administrativos", vale dizer, os deveres dos administrados para com as entidades públicas federais, estaduais e municipais, os quais, violados, ensejam a aplicação das correspondentes sanções administrativas.

Trata-se, em última análise, do exercício em geral do *poder de polícia administrativa,* previsto pelo Código Tributário Nacional, em seu artigo 78[4].

Incontáveis textos legislativos e respectivos regulamentos – editados tanto pela União como pelos Estados e Municípios – ocupam-se da previsão de toda sorte de sanções referidas à violação dos precitados deveres.

Como é intuitivo, à exceção das disposições manifestamente incompatíveis, todo esse microssistema, regulador das relações de consumo, continuará em pleno vigor após a vigência do Código de Defesa do Consumidor.

Em última análise, portanto, o que se pretendeu ao elaborarmos o anteprojeto do vigente Código de Defesa do Consumidor foi, até por exclusão de outras matérias já disciplinadas por normas de caráter administrativo, transformar alguns comportamentos estritamente adstritos às relações de consumo propriamente ditas e tuteladas por ele expressamente, em infrações administrativas.

E, por outro lado, chamar a atenção dos setores que editam normas de cunho administrativo em geral, sobretudo, no âmbito da polícia administrativa, no sentido de, sempre que necessário, atualizá-las à luz dos princípios consumeristas.

É o que se conclui da leitura do artigo 55 do Código de Defesa do Consumidor, comentado adiante[5].

2. DECRETO Nº 2.181, DE 1997[6]

Após o advento do Código de Defesa do Consumidor, a União – a pretexto de dispor sobre a organização do Sistema Nacional de Defesa do Consumidor – SNDC e de estabelecer as

---

Promotorias de Justiça de Defesa do Consumidor do Estado de São Paulo, por solicitação do Ministério da Fazenda, demos curso de duas semanas para todos os então servidores públicos da SUNAB – Superintendência Nacional de Abastecimento e Preços sobre a mesma. Isto se deu em duas etapas: uma semana em São Paulo, Capital, em prédio da Receita Federal, para aqueles lotados nas regiões Sul e Sudeste; e a outra, em Brasília, na ENAP – Escola Nacional de Administração Pública, para aqueles lotados nas regiões Norte, Nordeste e Centro-Oeste. Pareceu-nos evidentemente uma questão lógica, até porque, tendo por décadas concentrado suas atividades no tabelamento de preços e sua fiscalização, além de intervenções no domínio econômico quando verificados abusos de mercado, essas funções deixaram de existir *em razão da implementação do Plano Real, em 1994.* Daí a ideia de transformar-se o antigo *xerife de preços* em *fiscal das relações de consumo no âmbito administrativo.* Qual não foi nossa surpresa, porém, quando o então presidente da República, o mesmo que tivera essa ideia, Fernando Henrique Cardoso, pura e simplesmente extinguiu a SUNAB de uma penada. A partir daí, portanto, incumbiu-se os já atarefados PROCONs espalhados pelo nosso imenso país de fiscalizarem essas relações de consumo no âmbito administrativo.

[4] "Considera-se poder de polícia a atividade da administração pública que, limitando ou disciplinando direito, interesse ou liberdade, regula a prática de ato ou abstenção de fato, em razão de interesse público concernente à segurança, à higiene, à ordem, aos costumes, à disciplina da produção e do mercado, ao exercício de atividades econômicas dependentes de concessão ou autorização do Poder Público, à tranquilidade pública ou ao respeito à propriedade e aos direitos individuais ou coletivos" (JGBF).

[5] Cf. também FILOMENO, José Geraldo Brito. *A tutela administrativa do consumidor: necessidade ou não de regulamentação do código de defesa do consumidor.* 1. ed. São Paulo: Atlas, 2015. p. 47-84 (obra coletiva).

[6] Cf. também a Portaria 15, de 27 de março de 2020, da Secretaria Nacional do Consumidor, que determina a necessidade de cadastramento de empresas interessadas na plataforma consumidor.gov.br, para viabilizar a mediação via internet, pela Secretaria Nacional do Consumidor, dos conflitos de consumo notificados eletronicamente, nos termos do art. 34 do Decreto 2.181/1997. O que se pretende nesse caso é a diminuição da chamada *judicialização* dos conflitos derivados das relações de consumo, *ex vi* do disposto pelos incisos III e V do art. 4º do CDC.

Capítulo VII · DAS SANÇÕES ADMINISTRATIVAS

normas gerais de aplicação das respectivas sanções administrativas – baixou o Decreto nº 861, de 9 de julho de 1993, publicado no *Diário Oficial* do dia 12 do mesmo mês e ano.[7]

O referido diploma normativo – editado por força do disposto no art. 2º da Lei nº 8.656, de 21 de maio de 1993, que autorizou o Poder Executivo a regulamentar o procedimento de aplicação das sanções administrativas – não foi bem recebido, quer pela doutrina, encarregada da descrição e interpretação das normas de consumo, quer pelas entidades federativas, encarregadas do respectivo processo de elaboração legislativa.[8]

Na verdade, preocupava o governo paulista a redação ambígua do seu art. 4º, que limitava a jurisdição e competência dos órgãos estaduais e municipais de defesa do consumidor, convertendo-os em meros fiscalizadores de sanções administrativas instituídas pela União. Até porque a Secretaria local de proteção e defesa do consumidor já havia instaurado inúmeros processos administrativos para apuração de *infrações de consumo*, iniciativa esta que parecia desautorizada pelo texto federal.

Provavelmente, foram estas as razões determinantes da revogação do Decreto nº 861/93 pelo Decreto nº 2.181, de 20 de março de 1997.

Para dirimir controvérsias, seu art. 5º está vazado nos seguintes termos:

> "*Art. 5º* Qualquer entidade ou órgão da Administração Pública federal, estadual e municipal, destinado à defesa dos interesses e direitos do consumidor, tem, no âmbito de suas respectivas competências, atribuições para apurar e punir infrações a este Decreto e à legislação das relações de consumo.
>
> *Parágrafo único.* Se instaurado mais de um processo administrativo por pessoas jurídicas de direito público distintas, para apuração de infração decorrente de um mesmo fato imputado ao mesmo fornecedor, eventual conflito de competência será dirimido pela Secretaria Nacional do Consumidor do Ministério da Justiça e Segurança Pública, que poderá ouvir o Conselho Nacional de Defesa do Consumidor, considerada a competência federativa para legislar sobre a respectiva atividade econômica."

Portanto, não se questiona mais a respeito da competência dos governos estaduais e municipais para apurar e punir infrações ao decreto regulamentador. De resto, na hipótese de duplicidade de processos, instaurados por entes públicos distintos, o conflito de competências será dirimido pela mencionada Secretaria Nacional do Consumidor – SENACON, órgão subordinado ao Ministério da Justiça.

---

[7]   A propósito da organização do Sistema Nacional de Defesa do Consumidor, v. estudo crítico de Daniel Roberto Fink constante do Título IV desta obra.

[8]   O Estado de São Paulo, irresignado, ingressou com Ação Direta de Inconstitucionalidade do ato normativo baixado pelo Presidente da República, para que sejam declarados inconstitucionais inúmeros dispositivos do aludido decreto, sob dois fundamentos: a) o decreto regulamentar é usurpador da competência concorrente assegurada aos entes federativos pelo art. 24, incs. V e VIII, da Constituição Federal, em caráter exclusivo, quando autoriza a União, os Estados e o Distrito Federal a legislar sobre "produção e consumo", bem como sobre "responsabilidade por danos causados ao consumidor"; b) além do que, o presidente da República – violando frontalmente o princípio da legalidade, e ao arrepio dos arts. 5º, II, e 37, *caput*, da Constituição Federal – inova a ordem jurídica das relações de consumo, criando tipos e sanções administrativas sem consulta ao Poder Legislativo. A Suprema Corte, pelo voto do relator Celso de Mello, não conheceu da ADIn sob o fundamento de que eventual extravasamento do ato regulamentar (Decreto-lei nº 861/93) poderá configurar insubordinação executiva aos comandos da lei. Somente em desdobramento ulterior esse vício jurídico poderá significar violação da Carta Magna. Trata-se de uma questão de inconstitucionalidade reflexa ou oblíqua, cuja apreciação é prematura. (Cf. ADIn nº 996-6, de 11 de março de 1994).

CÓDIGO BRASILEIRO DE DEFESA DO CONSUMIDOR

O momento é oportuno para discorrer sobre alguns aspectos interessantes do nosso processo de elaboração normativa.

Em primeira aproximação, o cultor do Direito não pode confundir lei e norma jurídica. A palavra lei designa o ato por meio do qual o Estado, da forma mais solene possível, vale dizer, por meio do seu Poder Legislativo, manifesta a sua vontade. Por sua vez, norma jurídica é um preceito que, de modo geral, regula o comportamento das pessoas (*regras de conduta*), bem como os procedimentos normativos, vale dizer, os próprios meios de produção normativa (*regras de competência*).

Quando dizemos que "a lei é um comando", ou que "a lei ordena ou proíbe determinadas condutas", ou, ainda, que "não é lícito violar a lei", estamos somente nos utilizando de uma sugestiva figura de linguagem, tropo que os estilistas designam como sinédoque, pois, na verdade, quem comanda, ordena ou proíbe não é a lei, mas a norma jurídica.

A doutrina publicística mais atualizada já advertiu que existem *leis normativas* e *leis não normativas*, quer contenham ou não, no plano conteudístico, normas jurídicas. Como exemplos das primeiras podemos lembrar todas as nossas codificações de Direito Material e Processual, inclusive a Constituição Federal; das segundas, as leis orçamentárias em qualquer nível de governo, bem como as leis declaratórias da utilidade ou necessidade pública nas expropriações.[9]

Reversamente, sob outra perspectiva, podemos distinguir as normas legislativas – quando os respectivos preceitos jurídicos decorrem das leis, enquanto manifestação de vontade emanada do Poder Legislativo – das normas não legislativas, quando os respectivos comandos decorrem de atos administrativos menos solenes, como os decretos, portarias, circulares, emanados dos diversos setores ligados ao Poder Executivo, bem como do Poder Judiciário, como é o caso das sentenças prolatadas em juízo.

Por todo o exposto, é fácil concluir que a lei é somente a principal fonte de normas jurídicas – talvez a mais importante delas, pois o Estado manifesta sua por meio através do Poder Legislativo –, mas existem outras fontes, como os decretos, regulamentos, os tratados internacionais, as decisões judiciais e até fontes não escritas, como os costumes.

Pois bem, o art. 59 da Constituição Federal dispõe sobre os tipos que podem ser utilizados em nosso processo legislativo: emendas constitucionais, leis complementares, leis ordinárias, leis delegadas, medidas provisórias, decretos legislativos e resoluções do Senado. Da leitura do art. 60 e segs. deflui-se que a Constituição Federal coloca os tipos legislativos à disposição do legislador atendendo a critérios substanciais, segundo a matéria objeto de disciplinamento legislativo.

Muito mais requintado o tema da classificação das normas jurídicas. A teoria geral do Direito sempre se ocupou das normas jurídicas como regras de comportamento, e neste sentido é que se faz alusão à sua tripartição clássica em *imperativas, proibitivas* e *permissivas.*

De repente, os juristas se deram conta de que, do ponto de vista dos respectivos destinatários, é possível identificar, ao lado das *normas de conduta*, verdadeiras regras-matrizes que Norberto Bobbio designa como *normas de competência* ou de *estrutura*.[10]

O ordenamento jurídico – segundo Bobbio –, além de regular o comportamento das pessoas, regula também o modo de produção das normas. Equivale a dizer que o ordenamento jurídico regula a própria produção normativa. Assim sendo, ao lado das normas de conduta,

---

[9]   Cf. amplamente Salvatore Foderaro, *Il concetto di legge*, 3ª ed., Roma, Bulzoni Editore, ps. 117 e segs.

[10]   Cf. Norberto Bobbio, *Teoria dell'ordinamento giuridico*, Torino, Giappichelli Editore, p. 35.

Capítulo VII • DAS SANÇÕES ADMINISTRATIVAS

dirigidas aos súditos da nação, podemos surpreender as normas procedimentais de elaboração normativa, destinadas aos próprios legisladores.[11]

A Constituição de qualquer país é, em sua quase integralidade, um repositório de normas de competência encarregadas de difundir aos legisladores e não aos súditos da nação regras de comando, proibição ou permissão.[12]

Da mesma sorte, as normas infraconstitucionais podem ser destinadas aos legisladores e não aos súditos. Nossa Constituição, ao longo do tempo, denominou-as normas gerais, e quem quiser saber as razões determinantes de sua introdução no universo normativo deve tomar como ponto de partida o advento do Estado Federal.[13]

O federalismo é um fenômeno político relativamente recente, pois nasceu com a Constituição dos Estados Unidos da América do Norte, em 1787. Uma das características mais marcantes dessa forma de Estado é que as entidades federativas se despem de sua soberania no momento mesmo do ingresso na federação, mas conservam – e esta é a particularidade de maior importância para a explicação das normas gerais – as respectivas autonomias políticas, administrativas e, principalmente, legislativas.[14]

As designadas normas gerais surgem, portanto, como decorrência natural do regime federativo, pois sempre que interessar à nação imprimir uniformidade de orientação ou emprestar tratamento isonômico à regulação de qualquer matéria de interesse político-administrativo poderá recorrer ao comentado tipo normativo.

As normas gerais costumam ser editadas através de leis complementares, quando se trata de dispor sobre a matéria tributária descrita nas alíneas *a, b* e *c* do art. 146, inc. III, da Constituição. Nada obsta, no entanto, que sejam editadas mediante simples leis ordinárias, como autorizam os incs. XXI e XXVII do art. 22, para tratar da "organização das polícias militares e

---

[11] Cf. Norberto Bobbio, *Teoria dell'ordinamento giuridico*, Torino, Giappichelli Editore, p. 35. O modelo legislativo guarda semelhança com as chamadas *leggi-cornici, lois-cadres* e *skeletonlaw*, utilizadas pelo governo central para atribuir competência legislativa às regiões, nos regimes centralizados. Para estudo mais detalhado desses tipos legislativos, cf. a dissertação de mestrado de José Roberto Fernandes Castilho, *Contribuição ao estudo da descentralização regional do poder político: o caso italiano*, São Paulo, 1991, ps. 101 e segs.

[12] A simples leitura do art. 5º da Constituição Federal, que trata dos direitos e garantias fundamentais, nos revela um elenco de normas dessa natureza. Dentre as *normas imperativas de competência*: os homens e mulheres são iguais em direitos e obrigações (I); é livre a manifestação do pensamento (IV); é assegurado o direito de resposta (V); é garantido o direito de propriedade (XXII). Dentre as *normas proibitivas de competência*: ninguém será obrigado a fazer ou deixar de fazer alguma coisa senão em virtude de lei (II); a lei não excluirá da apreciação do Poder Judiciário lesão ou ameaça de direito (XXXV); a lei não prejudicará o direito adquirido, o ato jurídico perfeito e a coisa julgada (XXXVI). E, finalmente, entre as *normas permissivas de competência*: todos podem reunir-se pacificamente, em locais abertos ao público, independentemente de autorização (XVI); as entidades associativas têm legitimidade para representar seus filiados (XXI); no caso de iminente perigo público, a autoridade competente poderá usar de propriedade particular (XXV).

[13] No Brasil, após explicitar que a lei é um ente legislativo e a norma, um ente lógico, Sacha Calmon Navarro Coelho foi um dos primeiros a observar que para bem "compreender as normas gerais é preciso entender o federalismo brasileiro" (cf. *Comentários à Constituição de 1988*, Rio de Janeiro, 1990, p. 133).

[14] Buscando traçar as linhas identificadoras do Estado Federal, José Afonso da Silva observa que "no Estado Federal há que distinguir soberania e autonomia e seus respectivos titulares. Houve muita discussão sobre a natureza jurídica do Estado Federal, mas, hoje, já está definido que o Estado Federal, o todo, como pessoa reconhecida pelo Direito Internacional, é o único titular da soberania, considerada poder supremo consistente na capacidade de autodeterminação. Os Estados federados são titulares tão só de autonomia, compreendida como governo próprio dentro do círculo de competências traçadas pela Constituição Federal" (cf. *Curso de Direito Constitucional Positivo*, 9ª ed., São Paulo, p. 92).

593

CÓDIGO BRASILEIRO DE DEFESA DO CONSUMIDOR

corpos de bombeiros" ou da "licitação e contratação para a administração pública", bem como o § 1º do art. 24, quando dispõe sobre a competência concorrente.

Como se constata, é equivocado supor que, no plano infraconstitucional, a edição de normas gerais – no sentido ora admitido de *praeceptum legislatoris* – seja apanágio exclusivo das leis complementares. Em nosso sistema normativo, as normas gerais podem ser editadas por leis complementares ou por leis ordinárias, *ad libitum* do legislador constitucional.

Feitas essas considerações preliminares, já podemos nos ocupar da estrutura normativa do Código de Defesa do Consumidor, bem como do alcance e eventuais limites normativos introduzidos pelo Decreto Federal nº 2.181, de 20 de março de 1997.

O Código de Defesa do Consumidor, promulgado por lei ordinária (Lei nº 8.078, de 11 de setembro de 1990), é um corpo normativo constituído por normas de conduta, algumas delas principiológicas, e cujos destinatários são todos os partícipes das relações de consumo, como, por exemplo: Da Política Nacional de Relações de Consumo (Cap. II), Dos Direitos Básicos do Consumidor (Cap. III), Da Qualidade de Produtos e Serviços, da Prevenção e da Reparação dos Danos (Cap. IV), Das Práticas Comerciais (Cap. V), Da Proteção Contratual (Cap. VI), Das Infrações Penais (Tít. II), Da Defesa do Consumidor em Juízo (Tít. III).

Além dessas, no entanto, o Capítulo VII, disciplinador das sanções administrativas, é constituído por normas gerais de competência editadas com fundamento no art. 24, § 1º da Constituição Federal[15] e cujos destinatários são os entes federativos investidos de competência legislativa ordinária para dispor sobre o exercício do poder de polícia administrativa (União, Estados e Municípios).

Pelas razões expostas, devemos concluir que, em matéria de sanções administrativas, tendo a União exercitado, plenamente, a competência legislativa concorrente para edição de normas gerais, prevista no § 1º do art. 24 da Constituição Federal, por meio da edição do Código de Defesa do Consumidor, cumpre aos demais entes federativos (a própria União, os Estados e Municípios), em cada área de atuação administrativa, editar normas ordinárias de conduta para tipificação das infrações e respectivas sanções administrativas, nas relações de consumo, à luz das normas de elaboração legislativa (*normas de competência*) previstas no Decreto nº 2.181/97.

Por todo o exposto, tendo em vista o elenco de sanções administrativas descritas no art. 56 do Código de Defesa do Consumidor, bem como as normas integrativas previstas no Decreto nº 2.181/97 – que tipificam condutas e definem práticas infrativas na área das relações de consumo –, a União já conta com necessário instrumental para apuração das infrações administrativas.

Por sua vez, as demais unidades da Federação já contam com norma de sistematização do procedimento de aplicação das sanções – um dos maiores méritos do decreto regulamentador – a par de instituir, nos seus arts. 56 e 57, um "elenco de cláusulas abusivas" que será divulgado anualmente para orientação dos consumidores, bem como o Cadastro de Fornecedores relapsos, com a mesma finalidade.

---

[15] Buscando precisar os contornos da designada competência concorrente, Fernanda Dias Menezes de Almeida ministra o seguinte ensino: "Além de partilhar entre os diversos entes federativos certas competências exclusivas, que cada um exerce sem participação dos demais, o constituinte demarcou uma área de competências exercitáveis conjuntamente, em parceria, pelos integrantes da Federação, segundo regras preestabelecidas. Trata-se da competência concorrente, assim tradicionalmente denominada porque, relativamente a uma só matéria, concorre a competência de mais de um ente político. O que o constituinte deseja é exatamente que os Poderes Públicos em geral cooperem na execução das tarefas e objetivos enunciados" (Cf. *Competências na Constituição de 1988*, São Paulo, 1991, ps. 139-148).

Capítulo VII · DAS SANÇÕES ADMINISTRATIVAS | Art. 55

Art. 55. A União, os Estados e o Distrito Federal, em caráter concorrente e nas suas respectivas áreas de atuação administrativa, baixarão normas [1] relativas à produção, industrialização, distribuição e consumo de produtos e serviços.

§ 1º A União, os Estados, o Distrito Federal e os Municípios fiscalizarão e controlarão a produção, industrialização, distribuição, a publicidade de produtos e serviços e o mercado de consumo, no interesse da preservação da vida, da saúde, da segurança, da informação e do bem-estar do consumidor, baixando as normas [2] que se fizerem necessárias.

§ 2ºVetado – As normas [5] referidas no parágrafo anterior deverão ser uniformizadas, revistas e atualizadas, a cada dois anos.

§ 3º Os órgãos federais, estaduais, do Distrito Federal e municipais com atribuições para fiscalizar e controlar o mercado de consumo manterão comissões [3] permanentes para elaboração, revisão e atualização das normas referidas no § 1º, sendo obrigatória a participação dos consumidores e fornecedores.

§ 4º Os órgãos oficiais poderão expedir notificações [4] aos fornecedores para que, sob pena de desobediência, prestem informações sobre questões de interesse do consumidor, resguardado o segredo industrial.

COMENTÁRIOS

[1] NORMAS GERAIS DE CONSUMO – O *caput* do art. 55 determina que a União e os Estados-membros, além do Distrito Federal, nas respectivas áreas de atuação administrativa – ou seja, nos respectivos territórios –, editem, em caráter concorrente, normas jurídicas relativas à produção, industrialização, distribuição e consumo de produtos e serviços.

Que normas seriam essas?

À luz das considerações feitas a respeito do Decreto nº 861/93 (v. *retro*, item 2), e revendo, nesta oportunidade, nossa anterior opinião, trata-se de mera reiteração do disposto no art. 24, §§ 1º e 2º da Constituição Federal, que atribuem aos citados entes federativos – à exceção do Município – competência legislativa concorrente para editar *normas gerais de consumo*, vale dizer, *normas de competência*, endereçadas aos legisladores dos três níveis de governo. O dispositivo, portanto, tem caráter introdutório, pois todos os dispositivos deste capítulo são normas gerais de consumo.

[2] NORMAS DE CONSUMO – O § 1º, por sua vez, atribui aos três entes políticos – incluindo, portanto, os Municípios – competência para fiscalizar e controlar o fornecimento de bens ou serviços, no interesse da preservação da vida, saúde, segurança, informação e bem-estar do consumidor, baixando as *normas* que se fizerem necessárias.

Nesta passagem, o dispositivo tanto faz alusão às normas ordinárias de consumo quanto às normas regulamentares de fiscalização e controle das atividades de fornecimento de bens ou serviços, expressivas do poder de polícia administrativa, que podem ser editadas por quaisquer entes políticos, nas respectivas áreas de atuação administrativa.

A competência suplementar do Município, para suprir omissões e lacunas da legislação federal e estadual, está prevista no inc. II do art. 30 da Constituição Federal e deve ser acionada sempre que presente o requisito do interesse local ou, como dizia o anterior texto constitucional, quando se tratar de matéria de peculiar interesse do Município.

595

Municípios do nosso Estado e de outras unidades da Federação têm editado leis reguladoras do tempo máximo de permanência nas filas para atendimento bancário.[16] Na hipótese de descumprimento, os textos legislativos municipais preveem a cominação de pesadas sanções pecuniárias e até a suspensão do alvará de licença para funcionamento da atividade nos casos de reincidência.

Sabidamente, os bancos – instituições financeiras que mais prosperam neste País – prestam maus serviços à população. Após o advento do computador, reduziram drasticamente o número de empregados para minimizar os respectivos custos e aumentar seus lucros. Por isso, questionam a constitucionalidade dessa iniciativa municipal, argumentando que a organização dos bancos e o controle do sistema financeiro nacional é matéria reservada à competência da União.

À luz das considerações feitas neste título, é inarredável a competência suplementar dos Municípios para legislar sobre *relações de consumo*, e o tema em pauta envolve a utilização de serviços bancários. Resta induvidosa, portanto, a competência legislativa dos entes municipais para editar normas de bom atendimento aos Municípios, nos bancos e demais instituições de crédito, bem como cominar sanções repressivas das respectivas infrações.

Segundo José Afonso da Silva, o princípio geral que norteia a repartição de competência entre as entidades componentes do Estado Federal é o da predominância do interesse. Predominando o interesse geral, a competência é da União; predominando o interesse regional, a competência é dos Estados; e aos Municípios concernem os assuntos de interesse local. Dos entes federados, somente o Município reúne condições para disciplinar e fiscalizar o atendimento dispensado aos clientes nas filas dos bancos.

[3] COMISSÕES PERMANENTES – Tamanha a importância que o Código confere às normas ordinárias e regulamentares de consumo que o § 3º atribui aos órgãos públicos, encarregados da fiscalização e controle dos atos de fornecimento, o encargo de manter comissões permanentes para elaboração, revisão e atualização daquelas normas, com participação obrigatória de representantes dos fornecedores e dos consumidores.

[4] NOTIFICAÇÃO DOS FORNECEDORES – Por último, o § 4º confere àqueles mesmos órgãos prerrogativa da mais alta importância, permitindo a expedição de notificação aos fornecedores, com vistas à obtenção de informações no interesse dos consumidores, sob pena de desobediência.

Naturalmente, a sanção administrativa mais apropriada para punir a desobediência é a penalidade pecuniária, sem prejuízo, evidentemente, das penas detentivas previstas no Código Penal (art. 330).

[5] REVISÃO PERIÓDICA DAS NORMAS DE CONSUMO – O § 2º do art. 55 – vetado pelo presidente da República – tem a seguinte redação: "As normas referidas no parágrafo anterior deverão ser uniformizadas, revistas e atualizadas, a cada dois anos."

Nas razões do veto se obtemperou que "a União não dispõe, na ordem federal, de competência para impor aos Estados e Municípios obrigação genérica de legislar".

O argumento não colhe, pois, como foi evidenciado no introito, todo o Capítulo VII do Código é constituído por normas gerais de consumo, e quando a União edita normas gerais legisla para os legisladores, não para os súditos da Nação.

A despeito do veto, portanto, os entes políticos não devem perder de vista o *objetivo* último da uniformização, revisão e atualização das respectivas normas jurídicas, de vital importância para as relações de consumo.

---

[16] A iniciativa parece ter sido da Câmara Municipal de João Pessoa, a primeira a promulgar lei nesse sentido.

Capítulo VII · DAS SANÇÕES ADMINISTRATIVAS | Art. 56

Art. 56. As infrações das normas de defesa do consumidor ficam sujeitas, conforme o caso, às seguintes sanções [1] administrativas, sem prejuízo das de natureza civil, penal e das definidas em normas específicas:

I – multa;

II – apreensão do produto;

III – inutilização do produto;

IV – cassação do registro do produto junto ao órgão competente;

V – proibição de fabricação do produto;

VI – suspensão de fornecimento de produtos ou serviço;

VII – suspensão temporária de atividade;

VIII – revogação de concessão ou permissão de uso;

IX – cassação de licença do estabelecimento ou de atividade;

X – interdição, total ou parcial, de estabelecimento, de obra ou de atividade;

XI – intervenção administrativa;

XII – imposição de contrapropaganda.

Parágrafo único. As sanções previstas neste artigo serão aplicadas pela autoridade administrativa, no âmbito de sua atribuição, podendo ser aplicadas cumulativamente, inclusive por medida cautelar antecedente ou incidente de procedimento administrativo.

COMENTÁRIO

[1] MODALIDADES DE SANÇÕES ADMINISTRATIVAS – O art. 56 enumera as sanções que poderão ser aplicadas pelas autoridades administrativas no âmbito das respectivas jurisdições.

O Código distingue, basicamente, três modalidades de sanções administrativas:

a) *sanções pecuniárias* – representadas pelas multas (item I) aplicadas em razão do inadimplemento dos deveres de consumo;[17]

b) *sanções objetivas* – são aquelas que envolvem bens ou serviços colocados no mercado de consumo e compreendem a apreensão (item II), inutilização (item III), cassação do

---

[17] No REsp nº 1.138.591/RS, 2ª Turma do STJ, rel. Min. Castro Meira, foi julgada a competência e a legitimidade ativa do Procon no que tange à aplicação e julgamento de multa, nos seguintes termos: "Sempre que condutas praticadas no mercado de consumo atingirem diretamente o interesse de consumidores, é legítima a atuação do Procon para aplicar as sanções administrativas previstas em lei, no regular exercício do poder de polícia que lhe foi conferido no âmbito do Sistema Nacional de Defesa do Consumidor. Tal atuação, no entanto, não exclui nem se confunde com o exercício da atividade regulatória setorial realizada pelas agências criadas por lei, cuja preocupação não se restringe à tutela particular do consumidor, mas abrange a execução do serviço público em seus vários aspectos, a exemplo, da continuidade e universalização do serviço, da preservação do equilíbrio econômico-financeiro do contrato de concessão e da modicidade tarifária.

Art. 57 | CÓDIGO BRASILEIRO DE DEFESA DO CONSUMIDOR

registro (item IV), proibição de fabricação (item V) ou suspensão do fornecimento de produtos ou serviços (item VI);[18]

c) *sanções subjetivas* – referidas à atividade empresarial ou estatal dos fornecedores de bens ou serviços, compreendem a suspensão temporária da atividade (item VII), cassação de licença do estabelecimento ou de atividade (item IX), interdição total ou parcial de estabelecimento, obra ou atividade (item X), intervenção administrativa (item XI), inclusive a imposição de contrapropaganda (item XII).[19]

Art. 57. A pena de multa, graduada [1] de acordo com a gravidade da infração, a vantagem auferida e a condição econômica do fornecedor, será aplicada mediante procedimento administrativo, revertendo para o Fundo [2] de que trata a Lei nº 7.347, de 24 de julho de 1985, os valores cabíveis à União, ou para os Fundos estaduais ou municipais de proteção ao consumidor nos demais casos.[20]

Parágrafo único. A multa [3] será em montante não inferior a duzentas e não superior a três milhões de vezes o valor da Unidade Fiscal de Referência (UFIR), ou índice equivalente que venha a substituí-lo.[21]

COMENTÁRIOS

[1] GRADUAÇÃO DA MULTA – O artigo estabelece critérios a serem observados pelo legislador para graduação da multa, a saber: gravidade da infração, vantagem auferida e condição econômica do fornecedor.

Como se decalca, os limites quantitativos da penalidade pecuniária foram confiados ao prudente arbítrio do legislador, que poderá levar em consideração – como agravante ou atenuante – a vantagem auferida ou a condição econômica do fornecedor.

[2] FUNDOS ESPECIAIS – A aplicação da multa deve ser precedida do devido processo legal, e o resultado, evidentemente apurado a este título, reverter-se-á em benefício do Fundo

---

[18] No REsp nº 620.237/PR, 5ª Turma do STJ, rel. Min. Felix Fischer, foi considerada dispensável a prova pericial na esfera administrativa, quando se trata de apreensão de produto com prazo de validade vencido: "conduta do comerciante que expõe à venda a matéria-prima ou mercadoria, com o prazo de validade vencido, configura, em princípio, a figura típica do art. 7º, inciso IX da Lei nº 8.137/90 c/c o art. 18, § 6º, da Lei nº 8.078/90, sendo despicienda, para tanto, a verificação pericial, após a apreensão do produto, de ser este último realmente impróprio para o consumo. O delito em questão é de perigo presumido (Precedentes do STJ e do Pretório Excelso)".

[19] O STJ, por sua Primeira Turma, rel. Min. José Delgado, julgou o CC (Conflito de Competência) nº 47784/SP, *DJ* de 26.9.2005, em que se discutiu eventual conflito de competência entre Juiz Federal e Estadual em matéria de interdição de estabelecimento: "Inexiste conflito positivo entre Juiz Estadual que processa e julga ação civil pública, com base no Código de Defesa do Consumidor, e Juiz Federal que processa e julga medida liminar com base em legislação sobre relação jurídica administrativa. 2. O estabelecimento comercial ou industrial pode sofrer interdição por efeitos do Código de Defesa do Consumidor, mesmo que tenha recebido autorização para funcionar, em face da discussão sobre legislação administrativa aplicada. 3. A decisão em ação civil pública, por proteger interesses difusos, tem alcance mais amplo do que a proferida em sede de medida cautelar onde se discute interesses individuais. Prevalência daquela".

[20] Com a redação dada pela Lei nº 8.696/93.

[21] Com a redação dada pela Lei nº 8.703/93.

Capítulo VII · DAS SANÇÕES ADMINISTRATIVAS | **Art. 59**

previsto na Lei de Ação Civil Pública (cf. Lei nº 7.347, de 24.7.85) destinado à reconstituição dos bens lesados.

O art. 13 do precitado diploma legislativo prevê a criação de um Fundo na área federal, gerido por um Conselho Federal, e de Fundos estaduais, criados nas diversas unidades federativas, geridos por Conselhos Estaduais de que participarão, necessariamente, o Ministério Público, além de representantes da comunidade.

Por isso, o dispositivo distingue as infrações ou danos de âmbito nacional daqueles de âmbito estadual ou municipal, destinando o resultado financeiro das penalidades aos respectivos Fundos.

[3] APLICAÇÃO DA MULTA – Nos termos do parágrafo único, a multa deve ser instituída em montante nunca inferior a 200 UFIRs nem superior a três milhões de UFIRs, cabendo aos agentes administrativos a fixação da multa, de acordo com os critérios retrocitados.

Por último, deve-se ter presente que as importâncias eventualmente arrecadadas a este título devem ser depositadas em estabelecimento oficial de crédito, com cláusula de correção monetária, enquanto os Fundos previstos na Lei de Ação Civil Pública não forem regulamentados (cf. parágrafo único do art. 13 da Lei nº 7.347, de 1985).

> **Art. 58.** As penas [1] de apreensão, de inutilização de produtos, de proibição de fabricação de produtos, de suspensão do fornecimento de produto ou serviço, de cassação do registro do produto e revogação da concessão ou permissão de uso serão aplicadas pela administração, mediante procedimento administrativo, assegurada ampla defesa, quando forem constatados vícios de quantidade ou de qualidade por inadequação ou insegurança do produto ou serviço.

COMENTÁRIO

[1] SANÇÕES POR VÍCIO – O dispositivo prevê a aplicação das sanções objetivas (v. comentário ao art. 56), envolvendo a apreensão, inutilização, cassação de registro, proibição de fabricação, suspensão do fornecimento de produto ou serviço, bem como a sanção subjetiva da revogação da concessão ou permissão de uso, sempre que forem constatados vícios de qualidade ou de quantidade que envolvam a adequação ou segurança do produto ou serviço.

Assim, o alimento ou medicamento que não corresponderem aos padrões normais de consumo ou que, comprovadamente, forem considerados nocivos ou perigosos, poderão ser apreendidos, inutilizados, ter sua fabricação proibida ou suspensa ou ter seu registro cassado, mediante procedimento administrativo, assegurada ampla defesa ao fornecedor.

Da mesma sorte, o produto cujo conteúdo ou medida for inferior às indicações constantes do recipiente, embalagem, rotulagem ou mensagem publicitária, estará sujeito às sanções administrativas previstas no dispositivo.

> **Art. 59.** As penas [1] de cassação de alvará de licença, de interdição e de suspensão temporária da atividade, bem como a de intervenção administrativa [2] serão aplicadas mediante procedimento administrativo, assegurada ampla defesa, quando o fornecedor reincidir na prática das infrações de maior gravidade previstas neste Código e na legislação de consumo.

599

Art. 60 | CÓDIGO BRASILEIRO DE DEFESA DO CONSUMIDOR

§ 1º A pena de cassação [3] da concessão será aplicada à concessionária de serviço público, quando violar obrigação legal ou contratual.

§ 2º A pena de intervenção administrativa será aplicada sempre que as circunstâncias de fato desaconselharem a cassação de licença, a interdição ou suspensão da atividade.

§ 3º Pendendo ação judicial na qual se discuta a imposição de penalidade administrativa, não haverá reincidência [3] até o trânsito em julgado da sentença.

COMENTÁRIOS

[1] SANÇÕES SUBJETIVAS – As sanções administrativas de caráter subjetivo, previstas no art. 56 (cf. comentários), compreendendo a suspensão temporária de atividade, cassação de alvará de licença, a interdição de estabelecimento, bem como a intervenção administrativa, devem ser aplicadas *in extremis*, justamente por envolver restrição ao princípio constitucional da livre iniciativa, que assegura a todos o livre exercício de qualquer atividade econômica (cf. art. 170 e parágrafo único).

O Código teve o cuidado de autorizar a aplicação dessas sanções nos casos extremos de reincidência na prática das infrações de maior gravidade, previstas no próprio Código ou legislação esparsa.

[2] INTERVENÇÃO ADMINISTRATIVA – Dentre as modalidades interventivas, a cargo do Poder Público, podemos lembrar a intervenção nos serviços de transportes coletivos, cada vez mais frequentes nos grandes centros urbanos, sempre que ficar demonstrada a inadequação ou periculosidade dos serviços prestados pelas respectivas concessionárias de serviço público.

A propósito, o § 1º do art. 59 vai além e prevê a cassação da concessão quando ocorrer violação de obrigação legal ou contratual.

De todo modo, o § 2º imprime um balizamento à intervenção administrativa, somente admitindo sua aplicação nos restritos casos em que não for aconselhável a cassação de licença, a interdição ou a suspensão da atividade empresarial.

[3] REINCIDÊNCIA – Por último, o § 3º clarifica o critério de reincidência para as infrações à legislação do consumo, na pendência de ação judicial: o infrator somente será considerado reincidente após o trânsito em julgado da sentença condenatória.

Art. 60. A imposição de contrapropaganda [1] será cominada quando o fornecedor incorrer na prática de publicidade enganosa ou abusiva, nos termos do art. 36 e seus parágrafos, sempre às expensas do infrator.

§ 1º A contrapropaganda será divulgada pelo responsável da mesma forma, frequência e dimensão e, preferencialmente no mesmo veículo, local, espaço e horário, de forma capaz de desfazer o malefício da publicidade enganosa ou abusiva.

§ 2º Vetado – A contrapropaganda [2] será aplicada pelos órgãos públicos competentes da proteção ao consumidor, mediante procedimento administrativo, assegurada

Capítulo VII · DAS SANÇÕES ADMINISTRATIVAS | **Art. 60**

ampla defesa, cabendo recurso para o Ministro de Estado da respectiva área de atuação administrativa, quando a mensagem publicitária for de âmbito nacional.

§ 3º Vetado – Enquanto não promover a contrapropaganda, o fornecedor, além de multa diária e outras sanções, ficará impedido de efetuar, por qualquer meio, publicidade de seus produtos e serviços.

COMENTÁRIOS

[1] IMPOSIÇÃO DE CONTRAPROPAGANDA – A imposição de contrapropaganda é a modalidade de sanção mais temida dos consumidores que praticam a publicidade enganosa ou abusiva, previstas no art. 37 e seus respectivos parágrafos. A redação do dispositivo ressente-se de erro formal, pois o Código faz equivocada remissão ao art. 36 do CTN.

A publicidade é enganosa quando induz em erro o consumidor a respeito da natureza, característica, qualidade, quantidade, propriedade, origem, preço e quaisquer outros dados sobre produtos ou serviços (cf. art. 37, § 1º). É enganosa por omissão quando deixa de informar sobre dado essencial do produto ou serviço (cf. § 2º do art. 37).

A publicidade abusiva é aquela que discrimina, incita à violência, explora o medo ou a superstição, aproveita da deficiência de julgamento e experiência da criança ou desrespeita valores ambientais (cf. § 2º do art. 37).

[2] EXECUÇÃO DA MEDIDA – Nas razões do veto, o presidente da República obtempera que "a imposição de contrapropaganda sem que se estabeleçam parâmetros legais precisos pode dar ensejo a sérios abusos, que poderão redundar até mesmo na paralisação da atividade empresarial, como se vê, aliás, do disposto no § 3º do art. 60. Por outro lado, é inadmissível, na ordem federativa, atribuir a ministro de Estado competência para apreciar em grau de recurso a legitimidade de atos de autoridade estadual ou municipal, tal como previsto no § 2º, do art. 60".

Como se decalca, o veto ao § 2º somente se insurge contra o cabimento de recurso do ministro de Estado da respectiva área de atuação administrativa.

Não alcançada pelo veto presidencial, remanesce a parte introdutória do comando normativo – dispondo que a contrapropaganda será aplicada pelos órgãos públicos competentes de defesa do consumidor, mediante procedimento administrativo, assegurada ampla defesa – de inteira aplicação na espécie sujeita.

Esses órgãos públicos de defesa do consumidor podem ser instituídos em qualquer nível de governo, pois, nos termos do § 1º do art. 55, compete concorrentemente aos três entes políticos editar normas relativas à fiscalização e controle da publicidade de produtos e serviços. E a contrapropaganda se oferece como um dos mais eficientes instrumentos de controle da publicidade, à disposição daqueles entes administrativos, em nível federal, estadual ou municipal.

Título II
DAS INFRAÇÕES PENAIS

José Geraldo Brito Filomeno

1. DA DEFESA DO CONSUMIDOR NO ÂMBITO PENAL

Além dos âmbitos administrativo e civil de defesa do consumidor, assume relevante papel nas diretrizes traçadas pelo Código Brasileiro de Defesa do Consumidor sua tutela no *âmbito penal* até como *forma de assegurar-se a efetividade* das demais normas insertas no referido Código.

Deve ficar claro de início, porém, e o próprio art. 61 já o enuncia expressamente, que os delitos previstos a partir do art. 62 (vetado) em absoluto excluem outros crimes contra as "relações de consumo": quer os previstos no corpo das normas penais básicas consistentes no Código Penal (crimes contra a saúde pública, por exemplo, e outros), quer os da legislação especial ou extravagante, constante de outros diplomas legais (crimes contra a economia popular, nas incorporações imobiliárias etc.).

2. DESINFORMAÇÃO E DESINTERESSE INDIVIDUAL

Em mais de 10 anos de experiência na qualidade de membro do Ministério Público do Estado de São Paulo na área de proteção e defesa do consumidor, o que temos constatado frequentemente é que, desesperado, o consumidor, diante, por exemplo, de um conflito individual surgido de relações de consumo (a não entrega de uma obra de serralheria apesar de pagamento de entrada razoável ou então grande parte do preço), muitas vezes denuncia tal circunstância à autoridade policial, certo de que isto bastará para a solução do seu problema particular.

E, muitas vezes, sobretudo em cidades menores não providas dos PROCONs ou outras entidades de proteção ou defesa do consumidor, ou ainda de promotores de justiça que fazem suas vezes, quando inexistentes, realmente é suficiente tal "queixa" feita na delegacia local. Mas isso apenas para a *solução do conflito em si*, esquecendo-se o mesmo consumidor, muitas vezes, de que, embora satisfeita sua pretensão de natureza civil, subsistirá muitas vezes o aspecto criminal a ser analisado.

Todavia, já que o *seu problema* foi solvido, não se dá a vítima-consumidor ao trabalho de acompanhar o desfecho da questão em seu aspecto criminal, ainda que em tese e sob investigação, desinteressando-se por completo.

CÓDIGO BRASILEIRO DE DEFESA DO CONSUMIDOR

E tal desinteresse por certo não deriva exclusivamente da desinformação manifesta da população como um todo a respeito de seus interesses e direitos, ou ainda de seus deveres como cidadão, como também da notória lentidão da justiça, quer nos pleitos de natureza civil, quer nos de natureza penal.

Aliás, e como se sabe, a responsabilidade civil é independente da penal, nos termos do que preconiza o art. 935 do Código Civil, "não se podendo mais questionar sobre a existência do fato, ou sobre quem seja o seu autor, quando estas questões se acharem decididas no juízo criminal".

Entretanto, como nem sempre o processo criminal chega a termo com a almejada rapidez, caso em que a sentença daí advinda poderá servir já de título executivo judicial (arts. 63 e segs. do Código de Processo Penal), o que se verifica é a simultaneidade dos feitos, não raro com a suspensão do de natureza civil.

Além disso, refoge ao senso de percepção normal do consumidor isoladamente considerado o interesse coletivo ou até mesmo difuso, no sentido de que os que atentam contra as relações de consumo venham a ser punidos efetivamente, não apenas porque praticaram infrações àquelas, mas também para que não continuem a praticá-las.

Tal desinteresse, aliado sempre ao dano individualizado e muitas vezes pequeno do ponto de vista econômico, mas relevante no sentido coletivo, bem como à impunidade nos chamados "crimes econômicos", é que leva a uma sensação de desproteção do consumidor e desalento quanto a ver seus interesses ou direitos efetivamente velados.

3. PARÂMETROS PARA A DEFESA DO CONSUMIDOR NO ÂMBITO PENAL

Aludidos aspectos de desinformação e desinteresse, ou quando não de temor em denunciar abusos que arranham o ordenamento jurídico também no âmbito penal, e não apenas no administrativo e/ou civil,[1] não são privilégios de nosso País, onde o sentimento de impotência do cidadão diante da sensação de impunidade não se faz sentir apenas nos denominados "crimes econômicos", ou aqui, mais particularmente, nos delitos contra as "relações de consumo", mas em todos os crimes em geral.

Autores estrangeiros, como Robert Lowe e Geoffrey Woodroffe,[2] apontam exatamente para o desinteresse dos consumidores individualmente considerados em face de pequenos prejuízos experimentados em verem punidos os fornecedores de produtos e serviços, o que certamente favorece a continuidade de fraudes e outros atos atentatórios às boas relações de consumo. São no mesmo sentido as ponderações de Carlos Ferreira de Almeida,[3] Haemmel, George e Bliss,[4] e outros.

Observa-se ainda a tendência da jurisprudência, insensível, de passar a cuidar, como casos secundários e sem muita importância, de delitos contra o consumidor, como, por exemplo, o de "substância avariada" (art. 279 do Código Penal), entendendo ser necessário a demonstração de "nocividade" dela quando exposta ao público consumidor, quando fica claro que referido tipo não contém tal elemento normativo, ao contrário do que consta do art. 272, ainda do Código Penal, ao tratar de adulteração de substância alimentícia ou medicinal.[5]

---

[1] José Geraldo Brito Filomeno, *Manual de direitos do consumidor*, 6ª ed., São Paulo, Atlas, Capítulo 5, item 5.4.

[2] *Consumer law and practice*, Londres, Sweet and Maxwel, 1985, p. 175.

[3] *Os direitos dos consumidores*, Coimbra, Livraria Almedina, 1982, p. 154.

[4] *Consumer law*, Saint Paul, West Publishing Co., 1975, ps. 8-9.

[5] Art. 272. "Corromper, adulterar, falsificar ou alterar substância ou produto alimentício destinado a consumo, tornando-o nocivo à saúde ou reduzindo-lhe o valor nutritivo". V. discussão prática, do autor, no *Manual de Direitos do Consumidor*. 10. ed. São Paulo: Atlas, Capítulo 5.

Título II · DAS INFRAÇÕES PENAIS

Referido dispositivo, aliás, vem de ser revogado expressamente pela Lei nº 8.137, de 27 de dezembro de 1990, mais precisamente em seu art. 23, uma vez que o inc. IX de seu art. 7º cria novo tipo, salutarmente mais abrangente, no sentido de que constitui crime contra as "relações de consumo": "vender, ter em depósito para vender ou expor à venda ou, de qualquer forma, entregar matéria-prima ou mercadoria em condições impróprias ao consumo". Tal dispositivo casa-se perfeitamente com o § 6º do art. 18 do Código ora comentado e, além disso, restabelece o art. 62, vetado, e tudo pelas razões oportunamente tratadas na análise das infrações penais.

Também no que concerne aos crimes contra a economia popular, ainda se debate a jurisprudência no sentido de considerar-se ou não a "essencialidade de gêneros e mercadorias" para efeito de tabelamento ou controle de preços, quando se sabe que é à autoridade administrativa, e não ao Judiciário, que compete definir tal questão, sendo o próprio tabelamento uma maneira de optar-se ou indicar-se tal "essencialidade", tanto que se controla o preço devido a circunstâncias do momento, mormente a escassez ou então especulação em torno de determinados produtos e serviços.[6]

Como se verifica, pois, a preocupação do legislador, além de pretender, mediante a criminalização de comportamentos reputados graves na parte material do Código do Consumidor, e dessarte garantir o seu efetivo cumprimento, foi no sentido de não prejudicar a legislação penal, codificada ou extravagante, ressaltando-se, dentre os tipos elencados no Título II de que ora se cuida, os que versam sobre os abusos em matéria de publicidade (*i.e.*, as publicidades "enganosa" e "abusiva").

Vale aqui relembrar o pensamento de Othon Sidou[7] no sentido de que seria na prática impossível preverem-se todos os fatos que prejudicam ou então venham a prejudicar os consumidores, mormente em se tratando de fraudes contra eles cometidas e outros comportamentos lesivos.

Isso por certo demandaria a revisão constante da própria legislação penal, sem se esquecer de que da mesma forma na fraude civil ou então nas infrações administrativas há normas a mancheias, às vezes até mesmo conflitantes, donde a necessidade de harmonizar-se a existência das normas que já constam do Código Penal e legislação especial, com as ora introduzidas pelo Código do Consumidor.

4. DILEMA INICIAL DA COMISSÃO ELABORADORA DO ANTEPROJETO

O promotor de justiça aposentado e que exerceu as funções de inspetor regional do Conselho Administrativo de Defesa Econômica (CADE), em São Paulo, Roberto Durço, ao relatar seu parecer a respeito do que deveria constar do Código de Defesa do Consumidor no que concernia às infrações penais, e ainda no âmbito da Comissão Conjunta Ministério Público/ Secretaria de Defesa do Consumidor de São Paulo, que este autor teve a honra de presidir, para a apresentação de sugestões ao anteprojeto do Código do Consumidor,[8] indagava o seguinte:

---

[6] Cf. *RT*, nº 582, p. 304.

[7] *Proteção ao consumidor*, Rio de Janeiro, Forense, 1977, ps. 2 e 3.

[8] Também integraram a referida comissão os promotores de justiça Walter Antônio Dias Duarte, Marco Antônio Zanellato, Daniel Roberto Fink, Luiz Cyrillo Ferreira Jr., Renato Martins Costa, Antônio Herman de Vasconcellos e Benjamin, o procurador de justiça Nelson Nery Jr., o diretor técnico e a assistente jurídica do PROCON-SP, Marcelo Gomes Sodré e Mariângela Sarrubbo (Fonte: Arquivos da Comissão, doados pelo autor, seu presidente, ao setor de Documentação Histórica do Ministério Público do Estado de São Paulo).

CÓDIGO BRASILEIRO DE DEFESA DO CONSUMIDOR

os dispositivos penais e processuais penais "deverão constituir simples capítulos do Código de Defesa do Consumidor, ou deverão constituir um diploma legal à parte"?

Ou então, mais explicitamente, perguntava:

"Ter-se-ia tão simplesmente um diploma legal sem qualquer pretensão de Código ou Consolidação – com a denominação 'Leis Penais e Processuais Penais de Repressão a Infrações contra a Economia Popular' ou outra mais singela, que desse abrangência de toda a legislação vigente, com certas alterações e com o acolher de novos tipos penais, em especial que resguardem penalmente o cumprimento do Código de Defesa do Consumidor?

Ter-se-ia uma 'Consolidação de Leis Penais sobre Infrações contra a Economia Popular' – por ter por objeto a 'reunião de normas legais dispersas, com o fim de harmonizar e facilitar a sua execução' (*Dicionário jurídico brasileiro*, Monteiro Lopes)?

Ter-se-ia, ambiciosamente, um Código de Repressão a Infrações contra a Economia Popular, pois conteria a 'formação orgânica do Direito' (como exigia Clóvis das codificações) afeto à defesa do Consumidor?"

E a percuciente sugestão, à unanimidade encampada pelos membros da Comissão Conjunta Ministério Público/Secretaria de Defesa do Consumidor de São Paulo, cindiu-se em duas etapas, a saber:

Sugestão:

– *em 1ª etapa* – inserir no Código de Defesa do Consumidor tão só:

a) tipos penais que resguardem especificamente o cumprimento desse Código;

b) normas processuais que reforcem o combate a essas infrações (especialmente, com princípios de responsabilidade objetiva e de imediata interdição do estabelecimento) quando o prosseguir de suas atividades criminosas se evidenciar como altamente danoso à economia popular.

– *em 2ª etapa* – elaboração de um diploma legal que abrangesse de forma orgânica e harmônica as inúmeras infrações penais nessa área (com aprimoramento da descrição penal) e o criar de novos tipos penais que se fazem necessários (com logicidade na gradação da pena), e com especial cuidado da parte processual, a fim de serem sanadas omissões, incongruências e constantes dúvidas.

Como já salientado, e à medida que se for comentando os tipos criados pelo Código de Defesa do Consumidor se verá, foi precisamente esse critério que norteou seus redatores.

Ainda à guisa de histórico da parte penal do Código sob análise, assinale-se que os membros da sobredita comissão chegaram a ensaiar uma das alternativas já mencionadas, ou seja, o transplante puro e simples dos tipos penais já constantes da Lei nº 1.521, de 26.12.51, que trata dos crimes contra a economia popular em geral, mas já modernizados diante da experiência de vários "planos de estabilização econômica" (*i.e.*, "controle de preços", "congelamento" e "tabelamento", produtos "maquiados", fórmula CDL, ou seja, "custo, despesa e lucro" etc.).

O resultado foi desastroso, já que também tiveram de ser incorporados ao texto do título especial então experimentado outros tipos penais considerados igualmente próprios ao tema "economia popular", bem como as infrações contidas na Lei Delegada nº 4, de 1962, tudo fazendo com que o mencionado título ficasse totalmente desproporcional com relação aos demais dispositivos do Código, com poucos artigos, mas com infindáveis parágrafos, incisos, alíneas etc.

Título II · DAS INFRAÇÕES PENAIS

Por outro lado, chegou-se à conclusão de que tal opção contrariava o espírito que inspirara a estrutura do próprio Código, no sentido de estabelecer uma *filosofia* ou *diretriz* de defesa e proteção ao consumidor, pinçando os seus aspectos mais relevantes e tratando-os de forma harmônica.

No que diz respeito à mencionada "2ª etapa" de elaboração de normas penais de proteção ou defesa do consumidor, assinale-se que, mediante a Mensagem Presidencial nº 179/89, foi encaminhado projeto de lei, que tomou o nº 2.176, ainda de 1989, por via do qual se tentava modernizar os sobreditos tipos constantes da antiga Lei nº 1.521/51.

Aludido projeto, porém, foi sumariamente rejeitado pela Câmara dos Deputados e, ao ensejo do início do novo governo federal, se tentou reavivá-lo com algumas modificações mediante a Medida Provisória nº 153, de 15.3.90, tornada sem efeito, porém, por outra subsequente, de nº 175.

Agora, finalmente, referidos dispositivos acabam de ser contemplados na Lei nº 8.137, de 27 de dezembro de 1990, que "define crimes contra a ordem tributária, econômica e contra as relações de consumo, e dá outras providências", merecendo especial atenção o art. 7º, que estabeleceu crimes "contra as relações de consumo", obedecendo-se à nomenclatura do Código de Defesa do Consumidor.

Em prol da tese de etapas na consolidação das normas de caráter penal-econômico, assinalamos que, pelas Resoluções SJDC-10, de 3.3.93, e SJDC-37, de 21.9.93, a Secretaria de Justiça e Defesa da Cidadania do Estado de São Paulo constitui comissão de juristas com vistas àquele estudo, e especialmente com o fito de colaborar com a "Comissão de Juristas" do Ministério da Justiça, encarregada de elaborar um "Anteprojeto de Código Penal", parte especial, presidida pelo prof. Evandro Lins e Silva. A comissão paulista chegou a apresentar seu trabalho que, em última análise, consolidou os delitos esparsos pelas leis já aqui discutidas, optou pelos tipos abertos e de perigo, independentemente de qualquer lesão, levando-se em vista a sociedade como potencial vítima das práticas reprováveis, entendendo-se que o simples fato de atentarem contra as relações de consumo torna-os "delito de lesão" pelo bem jurídico relevante lesado. Foram propostos, por exemplo, os seguintes delitos: *de oferta ou publicidade enganosa, oferta ou publicidade abusiva, omissão de organização de dados informativos da publicidade, omissão de recomendações, dizeres ou sinais sobre nocividade ou periculosidade, omissão de comunicação, serviço perigoso ou nocivo, venda casada, infringência a preço tabelado ou controlado, não afixação de preços, reajustamento ou indexação irregular, ágio, favorecimento ou preferência irregular, oferta ou fornecimento de produto ou serviço em desacordo com as normas regulamentares, produtos fraudulentamente misturados, adulteração de produto, fraude no preço, fraude no peso, medida ou quantidade, alteração de prazo de validade, produto ou serviço sem registro ou autorização, elevação ilegal de preço na venda a prazo, sonegação de produto ou matéria-prima, recusa de prestação de serviço, produto impróprio, reaproveitamento de produto descartável, sonegação de informações e impedimento de exames, falsidade intelectual, emprego de peças ou componentes usados, cobrança ilegal de dívida, impedimento indevido de acesso a informações, omissão de correção de informações, especulações e processos fraudulentos, omissão indevida de entrega de produto ou realização de serviço*, além de *usuras pecuniária e real*.

Apesar de tudo isso, porém, constatamos que do anteprojeto da parte especial do Código Penal, que acabou encaminhado ao Congresso Nacional como projeto efetivo e publicado no *Diário Oficial da União*, de 25 de março de 1998, não constou sequer menção àquele trabalho de consolidação de delitos contra as relações de consumo. Ou seja, permanece a diversidade de diplomas legais contendo delitos que interessam, direta e indiretamente, às relações de consumo, sem consolidação.

CÓDIGO BRASILEIRO DE DEFESA DO CONSUMIDOR

O Poder Legislativo, entretanto, mediante o Projeto de Lei do Senado nº 236/2012, está a analisar a instituição de um novo Código Penal.

Ademais, no que toca aos *crimes contra as relações de consumo,* reservou-lhes os arts. 427 a 446.

É interessante notar que, conforme salientamos linhas atrás, a técnica adotada foi exatamente aquela que preconizávamos no já distante ano de 1988, ao elaborarmos o anteprojeto do vigente Código de Defesa do Consumidor.

Ou seja, numa segunda etapa, após termos nele introduzido tipos penais bastante particularizados e emergentes da própria estrutura, princípios e exigência daquele diploma legal, antevíamos uma segunda fase, em que esses mesmos tipos seriam absorvidos, com outros de etiologia semelhante, pelo então futuro mas já previsto Código Penal.[9]

5. DA LEGISLAÇÃO COMPARADA

À exceção da chamada Lei sobre a Proteção do Consumidor da província canadense de Quebec, de 23.1.85, em que se observa séria preocupação no sentido de punir também criminalmente *comportamentos formais* em desobediência às regras fixadas em seus cânones administrativos, como, por exemplo, o simples fato de deixarem os fornecedores de produtos e serviços de prestar às autoridades competentes as informações necessárias sobre aqueles – e são exatamente nesse sentido os arts. 63 e 64 do Código Brasileiro de Defesa do Consumidor –, outras legislações consultadas (por exemplo, da Venezuela, México, Espanha etc.) apenas tratam de infrações de natureza administrativa, conquanto severamente sancionadas sobretudo pelo pagamento de pesadas multas, vedação de atividade e outras.

Assim, o art. 277 do mencionado diploma legal canadense dispõe que é passível de pena todo aquele que: "a) contrarie a presente lei ou seu regulamento; b) preste informação falsa a ministro, presidente ou a qualquer pessoa habilitada a proceder a investigações em decorrência da presente lei;[10] c) obste a aplicação da presente lei ou de seu regulamento; d) não se adéque ao compromisso assumido em decorrência do disposto no art. 134;[11] e) não cumpra a decisão do presidente; f) não se submeta a uma ordem expedida por tribunal em decorrência do art. 288,[12] se omita ou recuse conformar seu comportamento a essa ordem".

O art. 278 ainda da lei do consumidor de Quebec cuida das *penas* e *define responsabilidade* das empresas, nos seguintes termos:

---

[9]   Cf. nosso Consumidor e o Novo Código Penal Brasileiro, *Revista Luso-Brasileira de Direito do Consumo.* Curitiba: Bonijuris, J.M., v. III, n. 10, jun./2013, ps. 153-174, e na *Revista da Academia Paulista de Direito,* coordenação de Rogério Donnini e Celso Antônio Pacheco Fiorillo. São Paulo: Fiuza, ano 2, n. 4, jul./dez. 2012, ps. 101-126.

[10]   O "presidente", no caso, é do "escritório de proteção ao consumidor", incumbido da implementação da lei especial de proteção ao consumidor.

[11]   "Art. 134. Sempre que o presidente entender que uma pessoa infringiu ou ainda infringe uma lei ou regulamento cuja aplicação incumbe ao escritório, ele pode aceitar dela compromisso voluntário de respeitar a lei ou regulamento em questão."

[12]   "Art. 288. O tribunal que condenar uma pessoa acusada de uma das infrações previstas no art. 278 poderá, além disso, a pedido da acusação, ordenar que o infrator divulgue, pelos meios que o tribunal entenda adequados a assegurar a comunicação rápida e apropriada aos consumidores, as conclusões de julgamento efetivado contra ela bem como as reprimendas, as explicações, as advertências e as outras restrições que o tribunal entenda necessárias para restabelecer os fatos relativos ao bem ou a um serviço ou publicidade feita a propósito de um bem ou de um serviço que possa induzir em erro os consumidores."

Título II · DAS INFRAÇÕES PENAIS

Penas: "*Art. 278*. Qualquer pessoa, ainda que não ligada a empresa considerada culpada de uma infração que constitua uma prática proibida ou que desrespeite as alíneas *b, c, d, e* ou *f* do art. 277 é passível de:

a) por uma primeira infração, uma multa de 200 a 5.000 dólares;

b) por uma infração subsequente a um mesmo dispositivo da presente lei ou seu regulamento, cometida no período de dois anos, multa de 400 a 10.000 dólares, detenção de até seis meses, ou alternativamente multa ou detenção.

Empresas: Uma empresa considerada culpada por infração prevista nas alíneas anteriores é passível de multa de no máximo dez vezes o valor das previstas nas mencionadas alíneas."

No art. 279 do diploma legal alienígena ora discutido se encontra ainda a coibição de comportamentos reputados lesivos aos interesses dos consumidores, mas constantes de outras leis que deles se ocupam, e isto tanto no que diz respeito a pessoas ligadas a empresas como a estas, o que reforça seu caráter de *norma penal de mera conduta e assecuratória* de todo o *feixe de direitos e interesses tutelados.*

Já o art. 280 da lei canadense de proteção ao consumidor trata das *circunstâncias* que o juiz ou tribunal devem considerar na aplicação da pena em concreto, tais como "o prejuízo econômico causado pela infração ou lesão a um consumidor isolado ou a vários consumidores", "os lucros e vantagens que a pessoa que cometeu tais infrações ou lesões haja experimentado".

O art. 281 ainda prevê o *sequestro de bens* do infrator de molde a garantir, no cível, a indenização dos prejuízos sofridos pelos consumidores.

Já o art. 282 fala da responsabilidade dos administradores de empresas por atos atentatórios aos interesses dos consumidores, quer no âmbito administrativo, quer no civil e no penal.

Interessante se nos afigura ainda o enfoque dado à "coautoria" pelo art. 282 da lei de proteção ao consumidor de Quebec, a saber: "Uma pessoa que, por ação ou omissão, contribui para que outrem cometa uma infração à presente lei ou regulamento, ou que aconselhe, encoraje ou induza outrem a cometer uma infração, incide nas penas a ela cominadas".

O art. 284 trata da legitimidade para ação penal competente, de alçada exclusiva do órgão do Ministério Público, prevendo-se ainda o direito de representação àquele mesmo órgão da parte de quem tenha legítimo interesse.

O art. 285 cuida da presunção de titularidade do pleito judicial no caso de indenizações, e o art. 286, da reincidência.

5.1 A lei mexicana e infrações contra o consumidor

Em seus arts. 86 a 90 cuida a lei mexicana de proteção ao consumidor de infrações de caráter administrativo, que diríamos quase de caráter criminal, apenas não o sendo *stricto sensu* por não preverem penas corporais.

Sempre, entretanto, a exemplo do que ocorre com a lei canadense, a tipificação das condutas faz expressa remissão a comportamentos previstos no corpo da lei, ainda e sempre com o intuito de sancioná-los e dar-lhes eficácia.

Assim, por exemplo, os arts. 52 a 54 da lei mexicana de proteção ao consumidor determinam que "todo fornecedor de bens e serviços ficará obrigado a respeitar os termos, prazos, datas, condições, modalidades, reservas e circunstâncias conforme as quais se houver oferecido ou se houver estipulado com o consumidor a entrega do bem ou a prestação do serviço" (*art. 52*).

Ou ainda, nos termos do *art. 53*, prevê-se que "a violação reiterada ou contumaz ao disposto no artigo anterior, tratando-se de serviços públicos de concessão federal, turísticos ou de transporte, viagem, hotéis, restaurantes ou outros serviços análogos, poderá ser sancionada pela autoridade competente, independente da multa que corresponder, com o cancelamento ou revogação da concessão, licença, permissão ou autorização respectivos, e, se for o caso, com o fechamento temporário ou definitivo do estabelecimento".

E o *art. 54* estabelece que "fica estritamente proibido que, em qualquer estabelecimento comercial ou de serviços, se exerçam contra o público ações diretas que atentem contra sua liberdade, segurança, e integridade pessoal, bem como qualquer gênero de inquisições e registros pessoais ou em geral atos que ofendam sua dignidade ou pudor".

Com extrema minúcia, prescreve ainda o mencionado art. 54 da lei mexicana de proteção ao consumidor que, "caso o consumidor seja surpreendido no flagrante cometimento de um delito, os gerentes, funcionários ou empregados do estabelecimento se limitarão, sob sua responsabilidade, a pôr sem demora o suposto infrator à disposição das autoridades competentes", prevendo-se ainda que "a infração a esta disposição será sancionada conforme o previsto no artigo anterior, independentemente da reparação do dano moral e da indenização por perdas e danos ocasionados no caso de não se comprovar o delito imputado".

5.2   A lei venezuelana de proteção ao consumidor e infrações

A lei venezuelana de proteção ao consumidor cuida em seus arts. 33 a 42 de infrações administrativas, reportando-se, quanto à sua caracterização, aos arts. 7º, 8º, 9º, 10 e 21, infrações essas punidas com multas variáveis, *sem prejuízo de indenização civil tarifada em "tres veces el monto de los danõs y perjuicios sufridos"*.

E o mencionado art. 7º diz que "para efeitos" (desta lei) "são proibidas as seguintes condutas ou práticas enganosas ou injustas nas ofertas de bens e serviços: 1) oferecer produtos e serviços mediante promoção publicitária de qualquer tipo e por qualquer meio atribuindo-lhes características, qualidades, propriedades, resultados e certificados diversos dos que realmente têm e podem ser comprovados de maneira objetiva; 2) anunciar ofertas de produtos e serviços sem a possibilidade de atender a uma demanda razoável, a menos que o anúncio inclua uma limitação; 3) anunciar ou vender produtos como novos, quando os mesmos hajam sido usados ou recondicionados; 4) fazer declarações falsas concernentes à existência de baixas nos preços dos produtos e serviços; 5) fazer promoção de produtos e serviços com base em declarações falsas relativas a desvantagens e riscos de qualquer outro produto ou serviços dos concorrentes; 6) incluir, em qualquer de suas condições, a promessa de presentes, prêmios, amostras grátis ou outras coisas gratuitas que possam induzir o público à compra de produtos e serviços; 7) oferecer descontos nos preços dos artigos sem colocá-los em seção especial separada dos outros que são vendidos pelos preços correntes; 8) oferecer descontos sem indicar o preço anterior à oferta".

O art. 8º ainda da lei venezuelana trata de exigências feitas com relação aos produtos de primeira necessidade no que tange à sua rotulagem, principalmente quando pré-embalados, ou seja, no sentido de que devam conter o seu peso líquido ou medida, o preço máximo de venda ao consumidor final, assinalando ainda, como parâmetro para sua fixação, "os rendimentos do capital investido, os custos, os riscos, e as necessidades de reposição do estoque, sem prejuízo das revisões que possa efetuar o executivo nacional".

O art. 9º trata das etiquetas de preços máximos para os produtos e gêneros essenciais, bem como da afixação de listas dos mesmos preços nos estabelecimentos comerciais.

Título II · DAS INFRAÇÕES PENAIS

O art. 10, por seu turno, fala da exigência de que "as instruções concernentes ao uso, funcionamento, utilidade, bem como a garantia oferecida com o produto ou serviço, se for o caso, deverão ser redigidas ou traduzidas no idioma castelhano".

E, finalmente, o art. 21 trata do uso indevido de marca de qualidade, ou seja, da sigla NORVEN, definida pelo art. 20 como o símbolo distintivo outorgado pelo Ministério da Economia da Venezuela, e cujo logotipo e demais especificações indicam ser o produto que os ostenta fabricado de acordo com as normas nacionais técnicas e sob especificações de controle de qualidade aprovadas pelo mesmo Ministério.[13]

5.3   Infrações e sanções na lei espanhola de proteção ao consumidor

Referida lei segue os mesmos estratagemas dos diplomas latino-americanos de proteção ao consumidor, fazendo-o de forma exaustiva nos seus arts. 32 a 38, mas sempre no âmbito administrativo.

Merecem destaque, inicialmente, os *itens 1 e 2* do *art. 32*, segundo os quais "*as infrações em matéria de consumo serão objeto das sanções administrativas correspondentes*, prévia instrução do oportuno procedimento, sem prejuízo das responsabilidades civis, ou de outra ordem que possam ocorrer", e "a instrução da causa penal perante os tribunais de justiça suspenderá a tramitação do expediente administrativo sancionador que houver sido instaurado pelos mesmos motivos e, no caso, a eficácia dos atos administrativos de imposição de sanção".

Conclui ainda o item 2 do citado art. 32 que "as medidas administrativas que tiverem sido adotadas para salvaguardar a saúde e segurança das pessoas serão mantidas desde que as autoridades judiciárias se pronunciem sobre as mesmas".

O *art. 33* prescreve que não haverá imposição dúplice pelos mesmos fatos apurados ou em função dos mesmos interesses públicos protegidos, "sem prejuízo", porém, "da exigência das demais penalidades que decorram de outros fatos ou infrações concorrentes".

O *art. 34* da lei espanhola de proteção ao consumidor *define as infrações em matéria de defesa dos consumidores e usuários* merecendo destaque e citação na íntegra:

"*Art. 34*. Consideram-se infrações em matéria de defesa dos consumidores e usuários:

1) O descumprimento das exigências, condições, obrigações ou proibições de natureza sanitária.

2) As ações ou omissões que produzam riscos ou danos efetivos para a saúde dos consumidores ou usuários, seja de forma consciente ou deliberada, seja por abandono da diligência ou precauções exigíveis na atividade, serviço ou instalação de que se trate.

3) O descumprimento ou transgressão dos requisitos prévios que concretamente formulem as autoridades sanitárias para situações específicas, com o objetivo de evitar contaminações nocivas de outro tipo e de que possam resultar grave perigo para a saúde pública.

4) A alteração, adulteração ou fraude a bens e serviços suscetíveis de consumo por adição ou subtração de qualquer substância ou elemento, alteração de sua composição ou qualidade, descumprimento das condições que correspondam à sua natureza ou à garantia, ou reparação de bens duráveis, e, em geral, qualquer situação que induza a engano ou confusão ou que impeça de reconhecer a verdadeira natureza do produto ou serviço.

---

[13] No Brasil, tais normas corresponderiam às estabelecidas pelo CONMETRO/INMETRO e órgãos por esses credenciados, como a ABNT (Associação Brasileira de Normas Técnicas), por exemplo, ou mesmo "selos de qualidade" conferidos por entidades privadas, como o "selo ABIC (Associação Brasileira das Indústrias de Moagem e Torrefação do Café)", lojas filiadas ao clube de diretores lojistas demonstrando preocupação com o bom atendimento de consumidores etc.

5) O descumprimento das normas reguladoras de preços, a imposição injustificada das condições sobre prestações não solicitadas ou quantidades mínimas ou qualquer outro tipo de intervenção ou atuação ilícita que suponha um aumento dos preços ou margens comerciais.

6) O descumprimento das normas relativas ao registro, normalização ou tipificação, etiquetagem, embalagem, envasamento e publicidade de bens e serviços.

7) O descumprimento das disposições sobre a segurança enquanto afetem ou possam oferecer um risco ao usuário ou consumidor.

8) A obstrução ou negativa de fornecer dados ou de facilitar as funções de informação, vigilância ou inspeção.

9) Em geral, o descumprimento dos requisitos, obrigações ou proibições estabelecidas nesta lei e disposições dela decorrentes."

O *art. 35* fala da *graduação das infrações*, ou seja, elas podem ser "leves, graves e muito graves", atendidos nessa graduação os critérios de risco para a saúde, posição no mercado do infrator, quantia ilicitamente por ele auferida, intensidade do elemento subjetivo, coletividade atingida, reincidência etc.

Já o *art. 36* trata das *multas* impostas, de acordo com sua gravidade: "infrações leves, até 500.000 pesetas; infrações graves, até 2.500.000 pesetas, podendo-se reduzir dita quantia até alcançar o quíntuplo do valor dos produtos e serviços objeto da infração; infrações muito graves, até 100.000.000 pesetas, podendo reduzir-se dita quantia até alcançar o quíntuplo do valor dos produtos e serviços objeto da infração".

Importante salientar-se ainda neste passo que, consoante o disposto no item 2 do mesmo art. 36 do Código Espanhol de Defesa do Consumidor, "no caso de *infrações muito graves o Conselho de Ministros poderá decidir pelo fechamento temporário do estabelecimento, instalação ou serviço por um prazo máximo de 5 anos*".

O item 3 ainda do comentado art. 36 trata da atualização das multas de acordo com o aumento dos preços das mercadorias objeto das infrações em pauta.

O *art. 37* diz ainda que o fechamento e encerramento de atividades do fornecedor infrator não terão caráter de sanção, se as mesmas não tiverem autorização ou registros sanitários prévios, e que referidas medidas de polícia administrativa poderão ainda ter o caráter preventivo e temporário, desde que se sanem as irregularidades constatadas sobretudo em matéria de saúde, higiene e segurança.

Por fim, o *art. 38* da lei espanhola de proteção e defesa do consumidor prevê a decretação pela autoridade administrativa competente de outras sanções: "A autoridade a que competir resolver o expediente poderá impor, como sanção acessória, a inutilização da mercadoria adulterada, deteriorada, falsificada, fraudada, não identificada ou que possa acarretar risco ao consumidor", afirmando ainda que "os gastos com transporte, distribuição, destruição da mercadoria mencionada no parágrafo anterior, serão por conta do infrator".

5.4 O novo Código Penal espanhol

Ainda na Espanha, e mais recentemente, sobreveio seu novo Código Penal, consubstanciado na Lei Orgânica nº 10, de 23.11.95, que, sob o título "Delitos contra o Patrimônio e contra a Ordem Socioeconômica", conglobou, em seu Capítulo XI e em quatro seções, os "Delitos Relativos à Propriedade Intelectual", os "Relativos à Propriedade Industrial", os "Relativos ao Mercado e Consumidores" e, finalmente, "Disposições Comuns às Seções Anteriores"[14].

---

[14] No Brasil, é o Decreto nº 9.875, de 27.6.2019, que dispõe sobre o Conselho Nacional de Combate à Pirataria e aos Delitos contra a Propriedade Intelectual.

Título II · DAS INFRAÇÕES PENAIS

Especificamente na 3ª seção, cuidou o novo Código Penal espanhol de definir os delitos contra o mercado e as relações de consumo, com destaque para esses últimos, de especial interesse nesses comentários, a saber:

• Art. 281. 1. *"Aquele que sonegue do mercado matérias-primas ou produtos de primeira necessidade com a intenção de desabastecer um de seus setores, forçar uma alteração de preços, ou de prejudicar gravemente os consumidores, será punido com pena de prisão de um a cinco anos mais multa de doze a vinte e quatro meses. 2 – Impor-se-á pena agravada se o fato se realiza em situações de grave necessidade ou catástrofes."*

• Art. 282. *"Serão punidos com pena de prisão de seis meses a um ano ou multa de doze a dezoito meses os fabricantes ou comerciantes que, em suas ofertas ou publicidade de produtos ou serviços, façam alegações falsas ou manifestem características incertas sobre os mesmos, de tal forma que possam causar prejuízo grave ou manifesto aos consumidores, sem prejuízo da pena que corresponda à comissão de outros delitos."*

• Art. 283. *"Serão impostas penas de prisão de seis meses a um ano mais multa de seis a dezoito meses àqueles que, em prejuízo do consumidor, cobrem valores superiores por produtos e serviços cujo custo ou preço sejam aferidos por meio de aparelhos automáticos, mediante sua alteração ou manipulação."*

• Art. 284. *"Será imposta pena de prisão de seis meses a dois anos, ou multa de doze a vinte e quatro meses, àqueles que, difundindo notícias falsas, empregando violência, ameaça ou erro, ou utilizando informação privilegiada, tentem alterar os preços que resultariam da livre concorrência de produtos, mercadorias, títulos de valores, serviços ou quaisquer outros bens móveis ou imóveis que sejam objeto de contratação, sem prejuízo da pena que possa corresponder a outros delitos cometidos."*

• Art. 285. *"Quem de forma direta ou por interposta pessoa usar de alguma informação relevante para a quotação de qualquer classe de valores ou instrumentos negociados em algum mercado organizado, oficial ou reconhecido, à qual tenha tido acesso reservado em razão do exercício de sua atividade profissional ou empresarial, ou a subministrar obtendo para si ou para um terceiro um benefício econômico superior a 600.000 euros, ou causando um prejuízo de idêntica quantidade, será punido com pena de prisão de um a quatro anos, multa equivalente ao triplo do benefício obtido ou favorecido e inabilitação especial para o exercício da profissão ou atividade de dois a cinco anos. Aplicar-se-á a pena de prisão de quatro a seis anos, a multa equivalente ao triplo do benefício obtido e inabilitação especial para o exercício da profissão ou atividade de dois a cinco anos, quando para as condutas descritas no dispositivo anterior concorra alguma das seguintes circunstâncias: 1 – Que os sujeitos se dediquem de forma habitual a tais práticas abusivas. 2 – Que o benefício obtido seja de notória importância. 3 – Que cause graves danos aos interesses gerais."*

• Art. 286. *"1 – Será punido com as penas de prisão de seis meses a dois anos e multa de seis a 24 meses aquele que, sem consentimento do prestador de serviços e com fins comerciais, facilite o acesso inteligível a um serviço de radiodifusão sonora ou televisiva, a serviços interativos prestados a distância por via eletrônica, ou subministre o acesso condicional aos mesmos considerado como serviço independente, mediante: 1. A fabricação, importação, distribuição, colocação à disposição por via eletrônica, venda, aluguel, ou posse de qualquer equipamento ou programa informático, não autorizado em outro Estado-membro da União Europeia, elaborado ou adaptado para tornar possível esse acesso. 2. A instalação, manutenção ou substituição dos equipamentos ou programas informáticos mencionados no parágrafo. 3. Com idêntica pena será punido quem,*

613

com o propósito de lucro, altere ou duplique o número identificador de equipamentos de teleco-municações, ou comercialize equipamentos que hajam sofrido alteração fraudulenta. 4. A quem, sem propósito de lucro, facilitar a terceiros o acesso descrito no inciso 1, ou por meio de uma comunicação pública, comercial ou não, subministre informação a uma pluralidade de pessoas sobre o modo de conseguir o acesso não autorizado a um serviço ou ao uso de um dispositivo ou programa, dos mencionados nesse mesmo dispositivo 1, incitando lograr obtê-los, será imposta a pena de multa nele prevista. 5. A quem utilize os equipamentos ou programas que permitam o acesso não autorizado a serviços de acesso condicional a equipamentos de telecomunicação, se lhe imporá a pena prevista no artigo 255 deste Código, independentemente da quantia da defraudação."

Quanto às "Disposições Comuns às Seções Anteriores", conforme assinalado, dispõem os arts. 287 e 288 do Código Penal da Espanha o seguinte:

• Art. 287. 1 – *"Para a persecução dos delitos previstos nos artigos anteriores do presente capítulo será necessário representação da pessoa prejudicada ou de seus representantes legais. Quando ela for menor de idade, incapaz ou carente, também poderá representá-la o Ministério Público. 2 – Não será necessária a representação exigida no inciso anterior quando a comissão do delito afetar os interesses gerais ou a uma pluralidade de pessoas.*"

• Art. 288. *"Nas hipóteses previstas nos artigos anteriores determinar-se-á a publicação da sentença nos jornais oficiais e, se o solicitar o prejudicado, o juiz ou tribunal poderá determinar sua reprodução total ou parcial em qualquer outro meio informativo, sob encargo do condenado. Além disso, o juiz ou tribunal, à vista das circunstâncias particulares do caso, poderá adotar as medidas previstas no art. 129 do presente Código.*"

Importante salientar que o art. 129 cuida das *penas acessórias, assim discriminadas:*

• Art. 129. 1 – *"O juiz ou tribunal, de acordo com os pressupostos previstos neste Código, e sem prejuízo do estabelecido no artigo 31 do mesmo, com audiência prévia do Ministério Público e das partes ou de seus representantes legais, poderá impor, motivadamente, as seguintes medidas: a) Fechamento da empresa, suas instalações ou estabelecimentos, em caráter temporário ou definitivo. O fechamento temporário não poderá ser superior a cinco anos. b) A dissolução da sociedade, associação ou fundação. c) Suspensão das atividades da sociedade, empresa, fundação ou associação por um prazo que não poderá exceder cinco anos. d) A proibição de realizar no futuro atividades, operações mercantis ou negócios nos setores em que o delito tenha sido cometido, favorecido ou simulado. Essa proibição poderá ter caráter temporário ou definitivo. Se tiver caráter temporário, o prazo de proibição não poderá exceder cinco anos. e) A intervenção na empresa para salvaguardar os direitos dos trabalhadores ou de seus credores pelo tempo que for necessário e sem que exceda o prazo máximo de cinco anos. 2 – O fechamento temporário previsto na alínea a e a suspensão mencionada na alínea c do inciso anterior poderão ser determinados pelo juiz instrutor também durante a tramitação da causa. 3 – As penas acessórias previstas neste artigo destinar-se-ão a prevenir a continuidade da atividade delitiva e seus efeitos.*"

Observa-se claramente, por conseguinte, que a diretriz, no caso, tem em conta a consolidação de preceitos penais econômicos no próprio corpo da legislação penal geral, e não específica, como é o caso brasileiro.

Essa diretriz, com efeito, também foi traçada pela comissão elaboradora do anteprojeto, como já assinalado no item 4 destes comentários, para um segundo momento.

Título II · DAS INFRAÇÕES PENAIS

E, com efeito, constituída comissão específica para a redação da nova parte especial do Código Penal no âmbito do Ministério da Justiça, e realizados seus trabalhos, não se sabe até o momento que direção será tomada.

6. CONCLUSÕES

Embora mereçam tais aspectos a devida atenção e consideração, ou seja, a ênfase dada pela legislação de outros países quanto a considerar-se mais o aspecto administrativo das infrações do que o penal, é de convir que, em nosso país, havendo incontáveis órgãos federais, estaduais e municipais que disciplinam as relações de consumo, sobretudo agora em que se dará ainda maior regulamentação nos Municípios e Estados à vista da competência concorrente fixada pelo inc. V do art. 5º da Constituição da República, tanto assim que o próprio Código de Defesa do Consumidor contemplou *capítulo especial para as sanções administrativas* (*vide* arts. 55 e segs. do mesmo Código), seria extremamente difícil reunir-se na lei ora tornada realidade todas as infrações possíveis.

A não ser que se transformasse em infrações o descumprimento puro e simples dos dispositivos da mesma lei de proteção e defesa do consumidor, erigindo-se em crime igualmente as infrações ainda que de menor gravidade, e com relação às quais a simples advertência administrativa já seria suficiente, por exemplo.

Daí por que a preocupação ao capitularem-se alguns delitos se deveu, sinteticamente, aos seguintes parâmetros fixados e já tratados:

1º) *Especialização,* ou seja, a tipificação de condutas que dizem respeito à defesa do consumidor dentro das obrigações fixadas pelo Código de Defesa do Consumidor.

2º) *Harmonização* delas com as normas penais já existentes.

3º) *Punição* de comportamentos considerados de tal forma graves que seriam insuficientes meras sanções administrativas ou indenizações civis.

4º) *Prevenção* de novos delitos contra as "relações de consumo" (*punitur ut ne pecetur*).

5º) *Efetividade* das normas de natureza civil e administrativa do próprio Código, bem como de outras normas de proteção/defesa indireta e direta das "relações de consumo".

7. CRÍTICAS À CONCEPÇÃO PENAL DO CÓDIGO

Não foram poucas nem suaves as críticas que se fizeram em torno dos aspectos penais do novo Código de Defesa do Consumidor, já a partir da elaboração de seu anteprojeto. E elas já se iniciavam pela simples oposição a que a lei dessa natureza contivesse dispositivos de caráter penal, tendo-se mesmo chegado a dizer que o seu texto "instala o regime de terror, já que prevê a prisão dos empresários responsabilizados por fraude na venda de produtos",[15] ou então críticas à cominação de penas detentivas.

Tenha-se em conta, primeiramente, que em qualquer legislação penal do mundo é previsto ainda o encarceramento como principal forma de sanção, embora se concorde que a tendência moderna enverede pela adoção de sanções de natureza pecuniária ou então restritivas de direitos, como, aliás, o demonstra a parte geral do Código Penal brasileiro (Lei nº 7.209, de 1984), circunstância tal que não escapou da análise dos autores do criticado anteprojeto.

---

[15] Manifestação do Sr. Mário Amato, presidente da FIESP, *in Folha de São Paulo*, edição de 8.12.88, p. B-3.

CÓDIGO BRASILEIRO DE DEFESA DO CONSUMIDOR

E, no que tange à crítica primeiramente feita, seja-nos permitido aduzir que as penas sugeridas para os comportamentos delituosos previstos são efetivamente para os "responsabilizados *por fraude* na venda de produtos ou prestação de serviços", sim, e não para os fornecedores de bens e serviços que agem corretamente, assim como também são passíveis de pena corporal rigorosa os autores de crimes de homicídio, roubo, estupro, sequestro etc.

A verdade é que quando se trata, por exemplo, de se sugerir penas cada vez mais graves para o autor de simples furto, ou então um dos delitos retromencionados, e outros ainda mais gravosos ao patrimônio individual ou incolumidade das pessoas – e não é que foi até editada lei de punições exatamente nesse sentido contra os chamados "crimes hediondos"? –, todos são favoráveis, chegando-se mesmo a sugerir a pena capital.[16]

Entretanto, quando se trata de, ainda por exemplo, punir aquele que defrauda substância que deve entregar ao consumidor, ou então o engana mediante meios publicitários e de *marketing* mendazes ou abusivos, ou, mais grave ainda, coloca no mercado produtos ou serviços que comprometam a saúde, a vida e a segurança de um número indeterminado de pessoas, desde logo sobrevêm duras críticas, pretendendo tratar a matéria como simplesmente econômica e resultante da própria atividade empresarial.

Melhor esclarecendo: trata-se da questão como se bastasse uma razoável indenização, tal qual num balcão de um estabelecimento comercial, com o que se resolveria o conflito surgido, o que é certamente inconcebível, à vista, como já visto, do consumo em massa em que o consumidor é, certamente – e isso ninguém poderá em sã consciência negar –, a parte mais fraca das relações de consumo, não tendo qualquer meio de por si só intervir em tal processo inexorável da produção em massa de produtos e serviços.

E, nesse aspecto, pensamos ser gritante e inconteste o exemplo da talidomida, que produziu legiões de deficientes físicos, ou então da não menos sinistra substância medicinal chamada clioquinol, que produziu milhares de paralíticos e deficientes visuais, principalmente no Japão.

Não se pode, por outro lado, olvidar que um determinado fato pode constituir um ilícito administrativo, penal e civil ao mesmo tempo, demandando tratamento nas três órbitas de atuação, como já retroasseverado.

Ocorre-nos, como exemplo, a "questão do álcool adulterado", que suscitou muita celeuma por ocasião do chamado Plano Cruzado I, uma vez que, pressionados pelo controle de preços, sobretudo mediante o seu "congelamento" nos praticados em 27.2.86, diversos engarrafadores e produtores de álcool para uso doméstico passaram a "batizá-lo" com água, alcançando, por vezes, mais da metade de água.[17]

Administrativamente, o Instituto de Pesos e Medidas (IPEM) procedia à autuação dos infratores à medida que se procedia à fiscalização nos supermercados e outros postos de venda.

Tal providência, contudo, não era suficiente, uma vez que os fornecedores preferiam pagar a multa administrativamente fixada e continuar a fraude, razão pela qual os promotores de justiça de proteção ao consumidor de São Paulo passaram a instaurar inquéritos civis com base no que dispõe a Lei nº 7.347/85,[18] que é medida investigatória para a propositura da ação civil pública prevista no referido diploma legal com sua efetiva propositura, hipótese em que, mediante sentenças (*âmbito civil*, pois), foram os mesmos infratores obrigados a se adequa-

---

[16] Cf. Lei nº 8.072, de 25.7.90.

[17] "Curadoria de proteção ao consumidor", Cadernos informativos, São Paulo, Edições APMP, ps. 83 a 93, do autor.

[18] Cf. *Manual de direitos do consumidor*, 6ª ed., Capítulo 8 ("Aspectos práticos da defesa e proteção jurídica do consumidor").

Título II · DAS INFRAÇÕES PENAIS | **Art. 61**

rem às normas técnicas de fabricação e engarrafamento de álcool, sob pena de pagamento de multa por frasco doravante apreendido fora das especificações.

Referido comportamento igualmente incide, porém, no tipo previsto pelo inc. V do art. 2º da Lei nº 1.521/51, ou seja, é *crime contra a economia popular.*

Daí por que nos pareceram igualmente improcedentes, na ocasião ainda dos estudos do anteprojeto do Código de Defesa do Consumidor,[19] as críticas feitas pelos dirigentes da Federação do Comércio e Centro do Comércio do Estado de São Paulo, no sentido de que teriam constatado no mesmo impropriedade consistente na cominação de penas de natureza criminal, uma vez que, na confrontação com os Códigos Civil, Comercial e Penal, já seriam encontradas sanções até mesmo mais brandas para os casos de fraudes, tais como perdas e danos e outras sanções, sendo totalmente desnecessário subverter o procedimento legal.

Resta mais que evidente, por conseguinte, e esta foi sem dúvida a preocupação da comissão incumbida da elaboração do anteprojeto, que determinados comportamentos definidos nos capítulos relativos às normas de natureza civil e administrativa são de tal forma graves que não estariam a merecer tão somente sanções naqueles âmbitos, mas igualmente no de natureza penal, até mesmo para o próprio *cumprimento daquelas outras normas*, garantindo-se, outrossim, a *incolumidade* dos consumidores, a *lisura* das relações de consumo e o *patrimônio* daqueles.

Estas foram, em síntese, as metas eleitas pelos redatores do anteprojeto do Código de Defesa do Consumidor no que diz respeito às infrações penais, a seguir comentadas.

> **Art. 61.** Constituem crimes contra as relações de consumo previstas neste Código, sem prejuízo do disposto no Código Penal e leis especiais, as condutas tipificadas nos artigos seguintes. [1]

COMENTÁRIOS

[1] A ADVERTÊNCIA DO ART. 61 – Como já salientado noutro passo, não é porque está em vigor o Código de Defesa do Consumidor que estão prejudicados outros diplomas legais que cuidam, ainda que de forma indireta, da temática "defesa ou proteção ao consumidor", notadamente no aspecto criminal.

Daí por que a advertência do art. 61, no sentido de que "constituem crimes contra as relações de consumo previstas neste código, sem prejuízo do disposto no Código Penal e leis especiais, as condutas tipificadas nos artigos seguintes".

Referido artigo, com pequenas variações, constava da versão do anteprojeto do mesmo Código do Consumidor que a Comissão Especial do Conselho Nacional de Defesa do Consumidor entendera por bem consignar antes mesmo das críticas feitas e analisadas, bem como da análise procedida pelo plenário do aludido órgão colegiado.

Na ocasião, referida comissão acatara a ponderação e crítica então formulada pelo prof. Sérgio Marcos de Moraes Pitombo, membro do Conselho Nacional de Política Criminal e Penitenciária do Ministério da Justiça, a quem se encaminhara o texto para a devida apreciação.

---

[19] Cf. *Diário Oficial da União*, de 4.1.89, ps. 241 e segs., em que todas as sugestões e críticas foram rigorosamente analisadas a respeito.

Art. 61 | CÓDIGO BRASILEIRO DE DEFESA DO CONSUMIDOR

Ponderara então o eminente penalista e processualista penal que referido dispositivo seria absolutamente desnecessário e redundante, uma vez que o art. 12 do Código Penal já determina expressamente que "as regras gerais deste Código aplicam-se aos fatos incriminados por lei especial, se esta não dispuser de modo diverso".

E realmente assiste razão à crítica então formulada, porquanto a preocupação, embora didática, estaria a repetir regra da *especialidade* da norma penal não constante do corpo sistemático do Código Penal, prevenindo-se, com isso, eventuais "*conflitos aparentes de normas*".

Referido artigo vale, todavia, precisamente pelo seu caráter didático e de modo a *advertir o intérprete*, sobretudo no sentido de que as infrações penais aqui previstas não excluem, e nem poderiam fazê-lo, outras que dizem respeito, ainda que de forma indireta, às *relações de consumo*.

Tenha-se em conta, ainda nesse aspecto, que, à medida que os autores efetivos do Código foram avançando em seu trabalho exatamente no sentido de ouvir todos os interessados e deles colher valiosas sugestões, ilustres parlamentares de ambas as Casas do Congresso Nacional, abeberando-se naqueles estudos, foram modificando o texto aqui e acolá, embora sem tirar-lhe o espírito e a sistematização que, no nosso entender, é o ponto mais forte de todo o corpo do texto final aprovado.

E, no caso específico do artigo ora analisado, verifica-se que se reavivou o texto anterior. Com efeito, se analisado o texto então submetido ao plenário do Conselho Nacional de Defesa do Consumidor que, como já salientado linhas atrás, foi publicado no *Diário Oficial da União,* em 4 de janeiro de 1989, para amplo conhecimento público e oferecimento ainda de novas sugestões, observa-se que nele não figurava, passando-se de imediato, após a rubrica *Das Infrações Penais,* à sua definição.

De qualquer maneira, repita-se, vale pela advertência contida no comentado artigo, até pelo seu caráter didático-pedagógico.

E, apenas à guisa de exemplificação, tenha-se em vista que também são "crimes contra as relações de consumo"[20] os de *apropriação indébita*, no caso, por exemplo, de um empreiteiro de qualquer tipo de obra com fornecimento pelo empreitador de material ou dinheiro para sua compra, que deles se apropria; ou então o *estelionato*, nas suas mais variadas formas (no caso, por exemplo, de pequenos fantasmas cujo objetivo é captar "sinais" ou "entradas" para a execução de serviços, sem sua realização, porém); é ainda crime contra as sobreditas "relações de consumo" a *fraude no comércio*, capitulada pelo art. 175 do Código Penal ("gato por lebre"), *a defraudação na entrega de coisa* (ou seja, e por exemplo, o objeto que exposto à venda tem qualidades que chamam a atenção do consumidor em potencial, mas que é destituído das mesmas qualidades quando de sua entrega, frustrando-se as expectativas do consumidor adquirente).

Especial relevo, sob a ótica de *crimes indiretamente contra as relações de consumo*, merecem alguns crimes contra a saúde pública, previstos pelo art. 267 e seguintes do Código Penal,[21] com especial destaque para: *a infringência de determinações do Poder Público, destinadas*

---

[20] Cf., do autor deste segmento, *Manual de direitos do consumidor*, cit., Capítulo 5 ("Defesa do consumidor nos âmbitos administrativo, civil e penal"), sobre os diversos delitos envolvidos e sobretudo sua aplicação prática, doutrina e jurisprudência colhida na experiência de oito anos de atuação na área específica.

[21] Por força da Lei Federal nº 9.695, de 20.8.1998, os crimes de falsificação, corrupção, adulteração ou alteração de produto destinado a fins terapêuticos ou medicinais (i.e., art. 273, *caput* e §§ 1º-A e 1º-B, do CP, com a redação dada pela Lei Federal nº 9.677, de 2.7.1998) foram definidos como crimes hediondos, conforme a Lei Federal nº 8.072, de 25.7.1990. Também a tipificação, em parte, e as penas cominadas aos crimes contra a saúde pública ora tratados foram alteradas pela citada Lei Federal nº 9.677, de 2.7.1998, a saber: "Art. 272. Corromper, adulterar, falsificar ou alterar substância ou produto alimentício destinado a consumo,

Título II · DAS INFRAÇÕES PENAIS | **Art. 61**

a impedir a introdução ou propagação de doença contagiosa (art. 268 do CP, por exemplo: o abate clandestino de animais); *a corrupção, adulteração, falsificação ou alteração de substância ou produto alimentício destinado a consumo, tornando-o nocivo à saúde ou reduzindo-lhe o valor nutritivo* (art. 272 – por exemplo, adição de sulfito de sódio na carne já em estado de decomposição para dar-lhe coloração avermelhada); ou então *falsificar, corromper, adulterar ou alterar produto destinado a fins terapêuticos ou medicinais* (art. 273 – é o caso, por exemplo, de remédios como o *Androcur*, destinado a tratamento de câncer de próstata, que foi falsificado por laboratório concorrente do fabricante, tornando-o inócuo, ou, então, a redução do princípio químico ativo do medicamento tornando-o ineficaz etc.); *o emprego de processo proibido ou de substância não permitida expressamente pelas autoridades sanitárias* (art. 274 do CP – lembram-se aqui as questões envolvendo a adição de bromato de potássio na indústria de panificação, sendo certo que tal aditivo não é permitido em nosso país, sendo irrelevante perquirir-se sobre sua nocividade ou não, uma vez que não exigível tal elemento normativo para a caracterização do tipo penal em questão).

Ainda dentro dos *crimes contra a saúde pública* apontaríamos para o tipo do art. 275 do Código Penal, que pune o fato da inculcação em invólucros ou recipientes de falsas indicações, lembrando-nos, neste passo, de caso apreciado pela Curadoria de Proteção ao Consumidor da Capital de São Paulo relativo ao medicamento *Regaine*, fabricado pela Rhodia, e que contém o insumo chamado minoxidil.

Outro laboratório de cosméticos passou a anunciar produto com nome semelhante (*Regaine*) somente à venda por telefone, e com minoxidil, mas que em verdade não o continha, tendo-se a respeito instaurado inquérito civil e se requisitado a instauração de inquérito policial.

O art. 278 ainda do Código Penal prevê o delito de *fabricação, venda, exposição à venda, depósito para vender ou, de qualquer forma, entrega a consumo de coisas ou substância nociva à saúde, ainda que não destinada à alimentação ou a fim medicinal.*

---

tornando-o nocivo à saúde ou reduzindo-lhe o valor nutritivo. Pena – reclusão de 4 (quatro) a 8 (oito) anos e multa. § 1º-A Incorre nas penas deste artigo quem fabrica, vende, expõe à venda, importa, tem em depósito para vender ou, de qualquer forma, distribui ou entrega a consumo a substância alimentícia ou o produto falsificado, corrompido ou adulterado. § 1º Está sujeito às mesmas penas quem pratica as ações previstas neste artigo em relação a bebidas, com ou sem teor alcoólico. Modalidade Culposa. § 2º Se o crime é culposo: Pena – Detenção, de 1 (um) a 2 (dois) anos, e multa. Art. 273. Falsificar, corromper, adulterar ou alterar produto destinado a fins terapêuticos ou medicinais. Pena – reclusão, de 10 (dez) a 15 (quinze) anos, e multa. § 1º Nas mesmas penas incorre quem importa, vende, expõe à venda, tem em depósito para vender ou, de qualquer forma, distribui ou entrega a consumo o produto falsificado, corrompido, adulterado ou alterado. § 1º-A Incluem-se entre os produtos a que se refere este artigo os medicamentos, as matérias-primas, os insumos farmacêuticos, os cosméticos, os saneantes e os de uso em diagnóstico. § 1º-B Está sujeito às penas deste artigo quem pratica as ações previstas no § 1º em relação a produtos em qualquer das seguintes condições: I – sem registro, quando exigível, no órgão de vigilância sanitária competente; II – em desacordo com a fórmula constante do registro previsto no inciso anterior; III – sem as características de identidade e qualidade admitidas para a sua comercialização; IV – com redução de seu valor terapêutico ou de sua atividade; V – de procedência ignorada; VI – adquiridos de estabelecimentos sem licença da autoridade sanitária competente. Modalidade Culposa. § 2º Se o crime é culposo: Pena – detenção, de 1 (um) a 3 (três) anos, e multa. Emprego de processo proibido ou de substância não permitida. Art. 274. (...) Pena – reclusão, de 1 (um) a 5 (cinco) anos, e multa. Invólucro ou Recipiente com Falsa Indicação. Art. 275. Inculcar, em invólucro ou recipiente de produtos alimentícios, terapêuticos ou medicinais, a existência de substância que não se encontra em seu conteúdo ou que nele existe em quantidade menor que a mencionada. Pena – reclusão, de 1 (um) a 5 (cinco) anos, e multa. Produto ou Substância nas Condições dos Dois Artigos Anteriores. Art. 276. (...) Pena – reclusão, de 1 (um) a 5 (cinco) anos, e multa. Substância Destinada à Falsificação. Art. 277. Vender, expor à venda, ter em depósito ou ceder substância destinada à falsificação de produtos alimentícios, terapêuticos ou medicinais. Pena – reclusão, de 1 (um) a 5 (cinco) anos, e multa."

619

Art. 61 | CÓDIGO BRASILEIRO DE DEFESA DO CONSUMIDOR

E em nossa vida profissional tivemos dois casos graves a respeito: a produção de "*thinner*" com benzeno, substância comprovadamente cancerígena, e o envio de amostras grátis de poderoso agrotóxico pelo correio em campanha de *marketing*.[22]

Ainda com relação ao delito previsto pelo art. 278 da Código Penal, merecem destaque dois acórdãos, proferidos pelo Tribunal de Justiça do Rio de Janeiro e pelo Tribunal de Alçada Criminal de São Paulo, ambos relativos à venda de defensivo agrícola altamente tóxico, popularmente conhecido por "chumbinho", e preparado líquido com "monofluoracetato", ambos utilizados como raticidas.[23]

---

[22] Cf. *Revista dos Tribunais*, nº 629, p. 336 e segs.

[23] É a seguinte a ementa do acórdão prolatado, por votação unânime, pela 2ª Câmara Criminal do Tribunal de Justiça do Estado do Rio de Janeiro: "Crime contra a saúde pública e o meio ambiente. Agrotóxico. Autoria. Testemunhas *de visu*. Depoimentos seguros e coerentes. Sistema do livre convencimento. Negativa irrelevante. Comércio ilegal. Temik 150. Vulgo 'chumbinho'. Utilização como raticida. Operação de compra e venda. Material altamente tóxico. Descumprimento das normas vigentes. Falta de registro oficial e de rotulagem. Embalagem inadequada. Armazenagem com risco à saúde humana e ao meio ambiente. Delito caracterizado. Pena privativa de liberdade superior a seis meses. Substituição pela de multa. Inadmissibilidade. *Sursis*. Prestação de serviços à comunidade. Condição legal obrigatória no primeiro ano do prazo" (Apelação Criminal nº 121/93, rel. Des. Enéas Machado Cotta, j. de 9.11.93, Diário de Justiça do Rio de Janeiro, 10.3.94, p. 192). Com relação ao Tribunal de Alçada Criminal de São Paulo, assim se manifestou sua 14ª Câmara, por votação unânime: "A imutação é de que a ré, proprietária do estabelecimento comercial Giriboni, vendeu, bem como tinha em depósito para vender, o produto denominado 'Era Rato', destinado à utilização como veneno para rato e considerado nocivo à saúde. A apelada negou ter vendido o produto em questão, que confessou saber ser 'altamente tóxico', admitindo que comercializa, isto sim, o produto 'Klerat parafinado', que também constitui um veneno para ratos e cuja venda é permitida. A sua negativa, porém, ficou inteiramente isolada nos autos. Dois gatos de estimação da testemunha Evangelina Fátima Viegas Barros morreram envenenados, vindo ela a saber que isso aconteceu porque os animais tomaram o veneno 'Era Rato' (fabricado em forma de substância líquida), colocado por seu vizinho Vicente Ribeiro de Almeida em barracão existente nos fundos de sua casa. Tendo Vicente lhe mostrado o vidro de veneno usado e lhe contado que o havia adquirido na 'Comercial Giriboni', Evangelina, que sabia ser esse produto proibido, solicitou ao seu genro Marcos Sordera que fosse ao aludido estabelecimento comprar uma unidade. Marcos dirigiu-se à loja da apelada e ali comprou, sem nenhuma dificuldade, um frasco desse veneno, solicitando nota fiscal. A loja deu-lhe o documento pedido, só que, no campo destinado à discriminação das mercadorias, fez constar o produto 'Klerat parafinado', e não o produto 'Era Rato', que efetivamente foi vendido e entregue. A esse quadro fático, constituído de depoimentos emanados de testemunhas idôneas e isentas, acrescente-se que Otávio Vieira de Souza, agente de saneamento de vigilância municipal, em outra oportunidade, em operação de fiscalização, encontrou no estabelecimento da apelada três frascos do veneno 'Era Rato'. Um frasco desse produto (aquele comprado por Marcos) foi levado à delegacia e, encaminhado ao Instituto Médico Legal; as análises químicas e cromatográficas forneceram resultado positivo para monofluoracetato, que é um rodenticida. Posteriormente, em laudo complementar, os peritos esclareceram que 'o monofluoracetato é um rodenticida extremamente tóxico a todos os mamíferos, incluindo o homem. A dose letal para o homem, extrapolada de estudos em animais de experimentação, é de aproximadamente 5mg/kg de peso corpóreo. O fluoracetato age inibindo reações de Ciclo de Krebs, que envolve uma série de reações vitais para o organismo. Os sintomas da intoxicação se relacionam principalmente àqueles relacionados ao sistema nervoso central e cardiovascular'."

A sentença de primeiro grau, no caso, havia absolvido a ré, porque, embora demonstrados os fatos retrossumariados, não configurariam o delito em pauta, uma vez que o produto não seria destinado ao consumo humano. E, em segundo lugar, porque uma dada substância, ainda que em princípio seja tóxica ao organismo humano, seria inofensiva se usada em sua destinação específica.

A questão agora, todavia, é de se saber se o dispositivo do Código Penal sob comento foi ou não derrogado pela "lei de agrotóxicos", de 1989, ou então pela "lei de crimes ambientais", de 1998.

Ou seja, analisados os elementos de três tipos penais bastante semelhantes, do art. 278 do Código Penal, do art. 15 da Lei nº 7.802, de 11.7.89, e do art. 53 da Lei nº 9.605, de 12.2.98, vê-se claramente que a objetividade jurídica de todos é a proteção da saúde pública, em face de produtos ou substâncias nocivas, a saber:

Título II · DAS INFRAÇÕES PENAIS | **Art. 61**

De grande incidência entre nós o tipo do art. 279 do estatuto penal repressivo que define como crime contra a saúde pública *vender, ter em depósito para vender ou expor à venda, ou, de qualquer forma, entregar a consumo substância alimentícia ou medicinal avariada*, ora revogado, como visto, pela Lei nº 8.137/1990.

E isto sobretudo nas feiras livres e açougues, em que são apreendidos produtos cárneos em péssimas condições de higiene, ou, o que é bem pior, já quase putrefatos, com presença já de amônia e ácido sulfídrico, disfarçando-se tal circunstância mediante expedientes dos mais imaginativos possíveis, como, por exemplo, utilização de luzes ou azulejos coloridos, nos açougues, adição de sulfito de sódio, ou então a pré-moagem da carne e sua exposição à venda.

A chamada "empurroterapia" de medicamentos, ou seja, a "receituação" ilegal pelo próprio balconista da farmácia ou drogaria, é expediente bastante comum, sobretudo quando se sabe da presença no mercado de um número excessivo de remédios com a mesma fórmula ou então assemelhada, mas com marcas diversificadas, e as "comissões" pagas pelos laboratórios interessados na sua difusão e venda cada vez mais crescente, expediente esse punido pelo tipo penal consubstanciado no art. 280 do Código Penal: *fornecer substância medicinal em desacordo com receita médica*; ou ainda, pelo art. 282, que trata do *exercício ilegal da medicina, arte dentária ou farmacêutica*.

Com relação à chamada *legislação especial ou extravagante*, fora do texto sistematizado do Código Penal, merecem destaque os chamados "crimes contra a economia popular", e dentre eles os tipificados pela *Lei nº 1.521/1951*, além dos previstos, igualmente com tal conotação de *economia popular*, na *Lei nº 4.591/1964*, ou seja, no campo das *incorporações imobiliárias* (arts. 65 e 66), na *Lei nº 8.245/1991 das locações prediais urbanas (contravenções previstas no seu art. 43), e loteamentos (Lei nº 6.766/1979)*. Tenham-se ainda em conta os "crimes do colarinho-branco e contra a ordem financeira", consubstanciados, respectivamente, nas Leis

---

Art. 278 do Código Penal – "Fabricar, vender, expor à venda, ter em depósito para vender ou, de qualquer forma, entregar a consumo coisa ou substância nociva à saúde, ainda que não destinada à alimentação ou a fim medicinal. Pena: detenção, de 1 (um) a 3 (três) anos, e multa".

Art. 15 da Lei nº 7.802/89 – "Aquele que produzir, comercializar, transportar, aplicar, prestar serviço, der destinação a resíduos e embalagens vazias de agrotóxicos, seus componentes e afins, em descumprimento às exigências estabelecidas na legislação pertinente estará sujeito a pena de reclusão, de dois a quatro anos, além de multa"; Art. 56 da Lei nº 9.605/98 – "Produzir, processar, embalar, importar, exportar, comercializar, fornecer, transportar, armazenar, guardar, ter em depósito ou usar produto ou substância tóxica, perigosa ou nociva à saúde humana ou ao meio ambiente, em desacordo com as exigências estabelecidas em leis ou nos seus regulamentos. Pena: reclusão, de um a quatro anos, e multa; § 1º Nas mesmas penas incorre quem: I – abandona os produtos ou substâncias referidos no *caput*, ou os utiliza em desacordo com as normas de segurança; [...] § 2º Se o produto ou a substância for nuclear ou radioativa, a pena é aumentada em um sexto a um terço".

Quer-nos parecer, portanto, que o art. 278 foi derrogado pelo terceiro dispositivo retrocolacionado, já que certamente fala de qualquer tipo de substância nociva à saúde humana ou ao meio

ambiente, sendo, por conseguinte, mais abrangente. Além do mais, exsurge claríssima, dentro ainda de sua objetividade jurídica, a preocupação com a gravidade do fato de se comprometer a saúde humana, apenando o novo tipo com maior severidade. E, sem dúvida, tal preocupação mais do que se justifica, já que nosso ambiente transformou-se numa enorme lixeira de resíduos sólidos, líquidos e gasosos, destacando-se dentre os primeiros os resíduos químicos e nucleares de grande toxicidade e, portanto, nocivos à saúde humana e ao ecossistema.

E com relação ao tipo da "lei dos agrotóxicos", já que ambos os tipos em questão não só falam daquela toxicidade, como também falam em descumprimento de regulamentos?

Entendemos que, dada a especialidade da mencionada "lei dos agrotóxicos", não houve derrogação do tipo de seu art. 15, já que agrotóxicos, eufemisticamente denominados "defensivos agrícolas", são uma classe especial de substâncias virtualmente nocivas tanto à saúde humana como ao ambiente.

Desta forma, entendemos serem esses tipos compatíveis entre si, dadas a especialidade de um e a generalidade de outro.

621

Art. 62 | CÓDIGO BRASILEIRO DE DEFESA DO CONSUMIDOR

n°s 7.492/1986 e 4.595/1964, os praticados contra os genericamente considerados "direitos do consumidor" e "abastecimento de combustíveis" (cf. Lei nº 8.176/1991), o novo Código da Propriedade Industrial (Lei nº 9.279/1996), e muitos outros, fora do corpo do Código Penal.

Art. 62. Vetado – Colocar no mercado, fornecer ou expor para fornecimento produtos ou serviços impróprios:

Pena – Detenção de seis meses a dois anos e multa.

§ 1º Se o crime é culposo:

Pena – Detenção de três meses a um ano ou multa.

§ 2º As penas deste artigo são aplicáveis sem prejuízo das correspondentes à lesão corporal e à morte. [1]

Art. 63. Omitir dizeres ou sinais ostensivos sobre a nocividade ou periculosidade de produtos, nas embalagens, nos invólucros, recipientes ou publicidade: [2]

Pena – Detenção de seis meses a dois anos e multa.

§ 1º Incorrerá nas mesmas penas quem deixar de alertar, mediante recomendações escritas ostensivas, sobre a periculosidade do serviço a ser prestado. [2]

§ 2º Se o crime é culposo: [3]

Pena – Detenção de um a seis meses ou multa.

Art. 64. Deixar de comunicar à autoridade competente e aos consumidores a nocividade ou periculosidade de produtos cujo conhecimento seja posterior à sua colocação no mercado: [4]

Pena – Detenção de seis meses a dois anos e multa.

Parágrafo único. Incorrerá nas mesmas penas quem deixar de retirar do mercado, imediatamente quando determinado pela autoridade competente, os produtos nocivos ou perigosos, na forma deste artigo. [4]

Art. 65. Executar serviço de alto grau de periculosidade, contrariando determinação de autoridade competente: [5]

Pena – Detenção de seis meses a dois anos e multa.

§ 1º As penas deste artigo são aplicáveis sem prejuízo das correspondentes à lesão corporal e à morte.

§ 2º A prática do disposto no inciso XIV do art. 39 desta Lei também caracteriza o crime previsto no *caput* deste artigo.[24] [6]

COMENTÁRIOS

[1] COLOCAÇÃO NO MERCADO DE PRODUTOS OU SERVIÇOS IMPRÓPRIOS – Embora vetado, e exatamente por isso, merece análise o tipo do *art. 62* do Código de Defesa do Consumidor, de teor seguinte:

---

[24] Acréscimo e modificação introduzidas pela Lei Federal nº 13.425, de 30.3.2017.

Título II · DAS INFRAÇÕES PENAIS | **Art. 65**

"Art. 62. Colocar no mercado, fornecer ou expor para fornecimento produtos ou serviços impróprios:

Pena – Detenção de seis meses a dois anos e multa.

§ 1º Se o crime é culposo:

Pena – Detenção de três meses a um ano ou multa.

§ 2º As penas deste artigo são aplicáveis sem prejuízo das correspondentes à lesão corporal e à morte".

O veto oposto ao comentado art. 62 diz, laconicamente, que, "em se tratando de norma penal, é necessário que a descrição da conduta vedada seja precisa e determinada". "Assim", prossegue, "o dispositivo afronta a garantia estabelecida no art. 5º, inc. XXXIX da Constituição".

Ora, o referido art. 5º, inc. XXXIX da Constituição da República, como se sabe, apenas enuncia o princípio tradicional da "reserva legal", estabelecendo que não há crime sem lei anterior que o defina nem pena sem prévia cominação legal.

Dessarte, quer-nos parecer que quem assessorou a Presidência da República nesse aspecto por certo desconhece a chamada *"norma penal em branco"*, ou seja, a que fica na dependência de outra que a complemente ou aclare.

No caso, entretanto, *o tipo vetado já aponta para o intérprete o que entende por "produtos e serviços impróprios"* para consumo, a saber:

"Art. 18 (...)

§ 6º São impróprios ao uso e consumo:

I – os produtos cujos prazos de validade estejam vencidos;

II – os produtos deteriorados, alterados, adulterados, avariados, falsificados, corrompidos, fraudados, nocivos à vida ou à saúde, perigosos ou, ainda, aqueles em desacordo com as normas regulamentares de fabricação, distribuição ou apresentação;

III – os produtos que, por qualquer motivo, se revelem inadequados ao fim a que se destinam".

Quanto aos *serviços*, são considerados impróprios:

"Art. 20 (...)

§ 2º São impróprios os serviços que se mostrem inadequados para os fins que razoavelmente deles se esperam, bem como aqueles que não atendam as normas regulamentares de prestabilidade".

Ora, pergunta-se, onde está a falta de *previsão* ou *reserva legal*?

É evidente que as condições dos produtos e serviços impróprios são definidas em normas específicas de saúde pública, metrologia e qualidade industrial.

Mas não é para isso mesmo que existem as normas sanitárias, de polícia administrativa sanitária, CONMETRO/INMETRO, CONTRAN, ABNT, órgãos do Ministério da Agricultura, Pecuária e Abastecimento ou, sobretudo, do Ministério da Saúde etc.?

Aliás, como se verifica da interpretação doutrinária e jurisprudencial do art. 279 do Código Penal, retrorreferido,[25] o dispositivo vetado e ora examinado viria a acabar de uma vez por todas com as controvérsias relativas à questão da exigência jurisprudencial, no sentido de

---

[25] Cf. aqui também, do autor, *Manual de direitos de consumidor*, Capítulo 5.

623

Art. 65 | CÓDIGO BRASILEIRO DE DEFESA DO CONSUMIDOR

que o alimento ou medicamento avariado exposto à venda seja efetivamente nocivo quando o *typus* em testilha não exige tal elemento normativo, à questão da impropriedade de tais produtos, à problemática do prazo de validade vencido, que, conquanto possa muitas vezes não significar que os produtos estejam já avariados, representam, sem dúvida, situação de perigo *in abstrato* a um número indeterminado de consumidores etc.

A já referida Lei nº 8.137/90 veio finalmente resolver tal impasse, ao dizer que é crime contra as relações de consumo "vender, ter em depósito para vender ou expor à venda ou, de qualquer forma, entregar matéria-prima ou mercadoria, em condições impróprias ao consumo", prevendo-se ainda a forma culposa (cf. inc. IX e parágrafo único do art. 7º – cf. ainda o art. 18, § 6º, do Código do Consumidor, em comparação).

Tais aspectos e realidade somente podem ser apreendidos, por certo, na prática do dia a dia do Direito Penal, e não nos gabinetes fechados de Brasília, fora da realidade das coisas do mundo fático.

A jurisprudência, ainda pobre, porém, parece tampouco ter apreendido a exata teleologia do dispositivo vetado no corpo do Código do Consumidor, mas ressuscitado pela mencionada Lei nº 8.137/90.

E, com efeito, ao decidir sobre fato consistente na apreensão de produtos alimentícios avariados e com omissão em seu rótulo quanto ao prazo de validade e data de fabricação, decidiu o Tribunal de Alçada Criminal, tendo como relator o juiz Walter Guilherme, que "*inocorre o delito previsto no art. 7º, IX, da Lei nº 8.137/90, quando o produto apreendido, mesmo que avariado, não se qualifica como impróprio ao consumo ou mesmo nocivo à saúde; a omissão da data de fabricação e de validade do produto a ser comercializado não se encontra criminalizada quer no Código Penal, quer no Código de Defesa do Consumidor*".[26]

Ora, contrariamente ao entendimento ali manifestado, tenha-se em vista que se cuida na hipótese de autêntica *norma penal em branco*, certamente preenchida pelo já citado art. 18, § 6º, do Código do Consumidor.

Ou seja, em se tratando de produto alimentício, por exemplo, cuja embalagem não ostente o prazo de validade, ou então avariado, os incs. I e II do referido dispositivo legal *consideram- -no expressamente impróprios ao uso e consumo*.

E, com efeito, não tem mais lugar a alegação, quando da permanência do tipo do art. 279 do Código Penal, no sentido de exigir-se para a configuração do delito – aliás, de perigo abstrato – a constatação de se tratar de produto, além de avariado, *também nocivo e impróprio ao consumo*.

Aliás, a jurisprudência, ao interpretar o revogado dispositivo, já se vinha manifestando no sentido de cuidar-se na espécie de delito formal e de perigo abstrato, não exigindo para sua configuração a constatação de que o alimento avariado fosse também nocivo à saúde, ou então o medicamento nas mesmas condições.

Consoante pondera Damásio Evangelista de Jesus,[27] *ao cuidar do perigo presumido ou abstrato, diz ser ele "considerado pela lei em face de determinado comportamento positivo ou negativo", ou seja, "é a lei que o presume juris et de jure", acrescentando ainda que "não precisa ser provado", porquanto "resulta da própria ação ou omissão", ou ainda mais objetivamente: "o perigo é presumido", porque "decorre da simples inércia do sujeito".

E, consoante também o entendimento jurisprudencial majoritário, a objetividade jurídica desse crime é, indiscutivelmente, *a incolumidade pública relativa à sua saúde, que fica exposta ao perigo*.[28]

---

[26] *Revista de Julgados e Doutrina do Tribunal de Alçada Criminal do Estado de São Paulo*, nº 18, p. 171.

[27] *Direito Penal*, São Paulo, Saraiva, 1980, vol. 1, p. 178.

[28] In JULTACRIM-SP, 82/391, e RF, 282/353.

Título II · DAS INFRAÇÕES PENAIS | Art. 65

Nem é necessário que o agente tenha fabricado o produto, conforme decidido na *Revista dos Tribunais* nº 433, p. 445, cabendo a este a prova de ter ocorrido um fato acidental, sendo outrossim irrelevante o conhecimento eventual do estado de avariação da mercadoria pelo comprador, porque o art. 279 do Código Penal sugere a interpretação, aceita por muitos doutores, de que a avaria em foco não é oriunda de "obra humana", senão da "ação do tempo ou outro fator não provocado propositadamente".[29]

E mais: a generalidade dos doutores grava que o crime do art. 279 é doloso e de perigo, mas não se preocupam em esclarecer porque o art. 279 do CP não prevê, também, a modalidade culposa, como seria de se esperar; a razão é fácil de atingir, se se tiver presente que os crimes de perigo se subdividem em crimes de perigo abstrato e crimes de perigo concreto (...); como bem pondera o insigne Maurach, em seu *Strafrecht*, 1958, I/90, quanto aos crimes de perigo abstrato, a norma traz ínsita uma presunção de dolo, e atenção ao resultado potencial (...); *o nosso art. 279 pertence a esses crimes de perigo abstrato, como uso realçado, e, pois, pelo simples fato de ter em depósito para vender, o que é coisa diferente.*[30]

Quer-nos parecer, por conseguinte, que o ilustre juiz relator do acórdão retrocitado do Tribunal de Alçada Criminal de São Paulo, atualmente extinto, não atentou para o *preenchimento do tipo em discussão, manifestamente em branco, eis que previsto expressamente pelos incisos do § 6º do art. 18 do Código de Defesa do Consumidor, em perfeita consonância não só com os preceitos de direito sanitário vigentes, como também com os conceitos de "perigo presumido ou em abstrato", e respectivas doutrina e jurisprudência.*

Dessa forma, dispondo o inc. IX do art. 7º da Lei nº 8.137, de 27.12.90, que é crime contra as relações de consumo "vender, ter em depósito para vender ou expor à venda ou, de qualquer forma, entregar matéria-prima ou mercadoria, em condições impróprias ao consumo", com previsão inclusive de modalidade culposa, a explicação para tal impropriedade é-nos dada pelo mencionado dispositivo do Código de Defesa do Consumidor, mesmo porque eventual nocividade é legalmente presumida, abstratamente.

E, com efeito, na *Ap. Crim. nº 948.193/0 – Capital – 14ª Câm. TACRIM-SP*, cuidou-se de medicamentos com prazos de validade vencidos. Absolvido em primeira instância, o réu foi condenado na segunda. A absolvição baseava-se precisamente na "ausência de nocividade". Trechos do acórdão:

> *"A imputação é de que o acusado expôs à venda, na Drogaria Droga 20 Ltda., da qual é sócio--proprietário e gerente, diversos medicamentos em condições impróprias para o consumo, por estarem com o prazo de validade já vencido; a materialidade da infração está demonstrada pelo auto de apreensão dos medicamentos (f. 8/8vº),* pelos exames periciais dos mesmos produtos (fls. 16/17, 28/29 e 68/69) e pela prova oral produzida; quanto à autoria, o acusado admitiu que todos os medicamentos, apreendidos em sua drogaria, já tinham o prazo de validade vencido; afirmou, porém, que eles não estavam expostos à venda, mas se encontravam sob o balcão do estabelecimento, separados dos demais produtos (com datas de validade ainda não vencidas), prontos para serem triturados; mencionou que a Prefeitura realiza, diariamente, a recolha dos medicamentos inutilizados (fls. 22 e 45vo); Ricardo dos Reis e Luciene Severina da Silva, funcionários do mesmo estabelecimento, prestaram relatos semelhantes, falando que, semanalmente, se procedia à vistoria dos produtos ali existentes, e os que estavam com prazo de validade vencido eram triturados, colocados em sacos plásticos e recolhidos pela fiscalização da Prefeitura (fls. 59 e 61); é óbvio, no entanto, que, se essa versão fosse verdadeira, não seriam

---

[29] Edgard Magalhães Noronha, *Direito Penal*, São Paulo, Saraiva, 1962, vol. IV, p. 62.

[30] In Acórdão proferido pelo TJGB na Apelação Criminal nº 52.510, rel. Des. Alcino Pinto Falcão.

encontrados no aludido estabelecimento, quando da realização da diligência, em 15 de abril de 1994, medicamentos com prazo de validade superado há mais de um ano...; na hipótese do delito do art. 279 do Código Penal, invocado na sentença, era justificável a exigência de análise pericial para comprovar a impropriedade ou nocividade da substância, uma vez que não existia, então, texto legal prevendo que essa condição pudesse advir apenas da circunstância de estar avariada a substância; já no caso do art. 7º, inc. IX da Lei nº 8.137/90, a situação é diversa; no Código do Consumidor (Lei nº 8.078/90), preceituam-se, expressamente (art. 18, § 6º), que são impróprios ao uso e consumo 'os produtos cujos prazos de validade estejam vencidos' (inc. I); o dispositivo em questão complementa a figura penal em exame, segundo a qual (art. 7º) constitui crime contra as relações de consumo 'vender, ter em depósito para vender ou expor à venda ou, de qualquer forma, entregar matéria-prima ou mercadoria, em condições impróprias ao consumo' (inc. IX); conforme ressaltado pelo eminente procurador de justiça, Dr. José Geraldo Brito Filomeno, 'ao falar-se de 'impropriedade para o consumo', presume a lei, claramente, que, embora possa até 'estar bom' o medicamento, ou a substância alimentícia com prazos de validade vencidos, representam evidente 'potencialidade de dano à saúde' de um número indeterminado de consumidores' (fl. 112); isto porque 'nem o art. 279 do Código Penal, revogado pelo art. 23 da Lei nº 8.137, de 27.12.90, e muito menos seu substituto de que ora se cuida, ou seja, o inc. IX do art. 7º do segundo diploma legal retrocitado, utilizam a normatividade 'nocividade à saúde', donde descaber o comento sobre a análise que o reputado Instituto Adolfo Lutz teria deixado de proceder a exames específicos nas amostras apreendidas na drogaria de que o ora apelado é o sócio-proprietário' (parecer, fl. 115); *por outro lado, não se pode negar vigência ao art. 18 do Código do Consumidor como fonte de complementação apenas por regular 'relações de natureza civil'; no Código Penal, há crimes, como o do art. 237, que só podem ser aplicados recorrendo-se ao art. 183 do Código Civil, onde estão relacionados os impedimentos que causam a nulidade absoluta do casamento, ou a violação de direito autoral (art. 184), onde se deve verificar em que consistem os direitos autorais (art. 2º da Lei nº 5.988/73), ou o do art. 178 (emissão irregular de conhecimento de depósito ou warrant), em que o conteúdo da norma penal é complementado pelo Decreto nº 1.102, de 21 de novembro de 1903 etc.; aliás, há também leis especiais, como a Lei nº 1.521, de 26.12.51, que define crimes contra a economia popular no inc. VI, de seu art. 2º, cuja definição legal é incompleta, uma vez que se condiciona à expedição de portarias administrativas com as tabelas de preço; e, como bem observado no parecer ministerial, se um simples regulamento, ou portaria, servem para o preenchimento da norma penal em branco – como as antigas tabelas de preço da SUNAB –, não existe razão para concluir-se que uma lei, da mesma etiologia (relações de consumo – crimes contra as relações de consumo), não poderia servir à mesma finalidade (fls. 118/119)."*

Já na *Ap. Crim. nº 917.985/9 – Capital, a 9ª Câm. TACRIM-SP* assim decidiu, conforme trecho do acórdão de maior interesse:

"Consta dos autos, em síntese, que na lanchonete da qual o réu é um dos sócios-proprietários foi constatada a existência de substância alimentícia avariada exposta à venda ao público; tal material, filés de frango à milanesa, foi apreendido e examinado pericialmente, constatando-se estar realmente avariado (cf. fl. 12); assim resumidos os fatos, afasta-se desde logo a crítica lançada ao trabalho pericial, que está regular e formalmente perfeito, valendo notar, pelo documento de fl. 10, que no mesmo dia do fato – 10.3.93 – as amostras do produto, acondicionadas em sacos plásticos lacrados, foram enviadas ao Instituto Adolfo Lutz para exame; (...) deveria o apelante, ainda, utilizar-se da amostra que ele próprio recebeu para eventual contraprova (cf. fl. 7vº) nada tendo feito, todavia, para demonstrar a existência de falha na colheita, na guarda, e no exame do material coletado; assim rejeitada a argumentação de imprestabilidade do laudo pericial, no mé-

rito verifica-se que a materialidade do delito está demonstrada com os documentos de fls. 7/14, e a autoria igualmente restou bem esclarecida; *de fato, consoante admite o réu em seus interrogatórios, os filés de frango estavam guardados no refrigerador do estabelecimento, e haviam servido para o almoço do dia ant*erior, *sendo que as sobras serviriam para a refeição noturna dos funcionários do local, e o que ainda sobrasse seria jogado fora; entretanto, tal providência não havia sido tomada pelo responsável até a chegada dos poli*ciais que realizaram a apreensão do produto avariado, sendo irrelevante que a imprestabilidade da carne apreendida não fosse aparente, pois, como já se decidiu, não pode alegar ausência de dolo o agente que tem em depósito para venda, ou expõe à venda, substância alimentícia avariada, porque estará assumindo o risco de entregá-la ao consumo, que tendo ou sendo-lhe indiferente tal resultado, donde a irrelevância por igual da justificação de que seria submetida a preparo prévio, uma vez que a lei não faz essa distinção (RF *226/321); 'estando a mercadoria guardada em frigorífico, tudo leva a crer que se destina ao consumo público, não sendo de ser aceito desconhecimento por parte do comerciante do estado da mercadoria, pois* que ele tem obrigação de verificar e bem conhecer o estado de higidez do que vende' (RF *182/317).*"

Na *Ap. Crim. nº 950.701/2 – Capital – 15ª Câmara do TACRIM-SP* – nesse caso cuidava-se da exposição à venda de salgadinhos considerados impróprios ao consumo. Nosso parecer apenas opinava pelo provimento parcial do apelo do réu, no sentido da adequação da multa ao art. 49 do CP. Trecho do acórdão:

"*É dos autos, que após receber notícias, via telefone, de que o Supermercado Herjan Ltda., situado na Estrada Kizaemon Takeuti,* nº 1.558, Taboão da Serra, de propriedade de Herani Cesário Gomes Perneta, o qual arrendou o açougue ali localizado a Marinaldo Praxedes de Oliveira, estava vendendo produtos estragados, agentes da polícia apreenderam amostras de duas porções de produto alimentício 'carne pré-moída', e amostras de duas porções do produto alimentício 'cebolinha-salgadinho de milho', que, examinadas pela Divisão de Bromatologia e Química do Instituto Adolfo Lutz, foram consideradas impróprias para o consumo, por se encontrarem adulteradas, com presença de substância comprometedora de seu valor nutritivo, e avariadas, por apresentarem cheiro rançoso; verifica-se, pelo contrato de arrendamento de fl. 33, em sua cláusula 4ª, que 'a gerência do açougue, objeto deste contrato, bem como qualquer responsabilidade oriunda desta atividade mercantil perante fornecedores, fisco federal, estadual e municipal, Ministério do Trabalho, Departamento de Saúde Pública, e quaisquer outras a partir desta data, ficará a cargo do Sr. Marinaldo Praxedes de Oliveira, acima e anteriormente qualificado'; destarte, inobstante o art. 11, da Lei nº 8.137, de 27.12.90, preceitue que 'quem de qualquer modo, inclusive por meio de pessoa jurídica, concorre para os crimes definidos nesta Lei, incide nas penas a estes cominadas, na medida de sua culpabilidade', 'não se pode certamente presumi-la diante de um simples contrato de arrendamento; se não se poderia também falar, *data venia*, da responsabilidade em coautoria de qualquer proprietário-locador em relação a um crime cometido por seu inquilino no imóvel a este alugado', como bem salientado pelo ilustre procurador de justiça, em seu lúcido Parecer, à fl. 170; por essa razão, o recorrente não pode ser responsabilizado pela exposição da carne pré-moída alterada pela substância química, ou seja, contendo dióxido de enxofre, aditivo expressamente proibido pela legislação sanitária, bem como o sulfito de sódio, produtos nocivos à saúde humana, reduzindo a qualidade nutritiva do produto; concernentemente aos salgadinhos de milho em forma de massa frita, o laudo de fl. 17 e verso, da Divisão de Bromatologia e Química, do Instituto Adolfo Lutz, concluiu: 'Trata-se de substância alimentícia avariada, imprópria para o consumo por apresentar cheiro rançoso e reação de Kreiss positiva; pode ser nociva à saúde pela alteração físico-química desta classe de alimentos; esta variação não foi perceptível a olho nu, mas

Art. 65 | CÓDIGO BRASILEIRO DE DEFESA DO CONSUMIDOR

através do olfato; o material em questão é efetivamente o indicado em sua embalagem; a marca do produto era Benfica, não constando data de fabricação e período de validade do produto'; *o próprio informante, interrogado em pretório, declarou, entre outras coisas:* 'havia um único pacote, nos fundos do *display,* aparentemente mais velho, o qual justamente foi o apreendido pela fiscalização'; *aduziu que ele mesmo poderia repor pessoalmente os estoques dos salgadinhos a cargo dos vendedores do fabricante dos salgadinhos (fl. 74 e verso)... em face do exposto, dá-se provimento parcial ao apelo, para excluir a responsabilidade do apelante quanto à exposição da carne pré-moída contendo dióxido de enxofre, ficando responsabilizado pela exposição à venda dos salgadinhos de milho em forma de argolas de massa frita, fixando-se a pecuniária em 10 (dez) dias-multa, à razão de 1 (um) salário mínimo por dia-multa.*"

Outros casos: *Ap. Crim. nº* 949.951/9 – Capital – no caso cuidava-se de queijo impróprio ao consumo, tendo havido recurso do Ministério Público, por fim provido, considerando-se que a simples exposição do produto, impróprio, caracterizava a hipótese em testilha.

Na *Ap. Crim. nº*959.337/8 – Capital, tratava-se de farinha de rosca e presunto tipo "copa" sem datas de fabricação e prazo de validade, além de conter o segundo leveduras. Merece citação trecho do acórdão então proferido:

"*A irresignação, porém, não merece prosperar; realmente, como bem observou o ilustre procurador de justiça oficiante, a* 'versão apresentada pelo ora apelante, ou seja, no sentido de que a farinha de rosca é de sua própria fabricação, antes de ser uma justificativa, é uma verdadeira admissão de culpa, já que sequer se preocupava em marcar os pacotes pelo menos com o dia de fabricação (aliás, consistente apenas na moagem e torrefação dos restos de pães), e com a filtragem da farinha, donde a apresentação de pelos de roedores; além disso, e o que realmente chamou a atenção dos policiais e técnicos do Instituto Adolfo Lutz, o referido produto não continha as informações mínimas sobre suas qualidades, como exigido pelo art. 31 do Código de Defesa do Consumidor; com relação à 'copa', já estava passada, mesmo porque rançosa e, pior, exposta à venda com o prazo de validade vencido; tendo levantado o argumento de que aquilo ocorreu, mas que o produto em questão estava para ser devolvido ao fabricante, não o demonstrou; o órgão acusatório, ao revés, demonstrou não apenas as condições impróprias dos produtos concentradas basicamente, repita-se, no descumprimento do dever de informar do art. 31 do Código do Consumidor, quanto à farinha de rosca, e demonstração do prazo de validade, como também sua efetiva exposição à venda; *tanto assim que os dois policiais do DECON (fls. 32/91 – Terezinha das Graças Garcia; e fls. 42/90 – William Lopes de Souza)* categoricamente disseram que a 'copa' pendia de um gancho, bem à mostra, e a farinha de rosca estava na prateleira do supermercado, bem ao alcance da vista dos eventuais consumidores; ora, cuidando-se na espécie de delito de perigo presumido, basta para sua ocorrência que se haja constatado a exposição à venda dos produtos impróprios, sendo outrossim irrelevante se fizeram mal ou não à saúde de alguém; referido tipo, aliás, e como sabido, revogou expressamente o do art. 279 do Código Penal, inexistindo o elemento normativo consistente na 'nocividade do produto'; os laudos técnicos do Instituto Adolfo Lutz, por fim, juntados às fls. 13 e 20, comprovam a impropriedade dos produtos, e, cuidando-se de norma penal em branco, a figura do inc. IX do art. 7º da Lei nº 8.137/90 é na hipótese vertente complementada pelo art. 31 do Código do Consumidor, no tocante às informações exigidas para os produtos no mercado, e pelo inc. I do § 6º do seu art. 18, no que toca ao prazo de validade' (fls. 119/121); *Como se vê nada mais pode ser acrescentado ao parecer do ilustrado procurador Brito Filomeno, que, aliás, é um dos autores do Anteprojeto do Código Brasileiro de Defesa do Consumidor e, ainda, escreveu obra doutrinária sobre a lei em apreço (cf. Código Brasileiro de Defesa do Consumidor,* 1ª ed., Forense Universitária, 1991, comentado por Ada Pellegrini Grinover e outros)."

Na *Ap. Crim.* nº 949.267/7 – Capital, com recurso da defesa, foi-lhe negado provimento, por votação unânime, em hipótese de exposição de produto impróprio na modalidade culposa, entendendo-se que o dono do estabelecimento, a quem incumbia verificar constantemente as condições de produtos expostos à venda, descurou-se desse dever, propiciando, dessarte, perigo potencial à saúde de seus consumidores.

Na *Ap. Crim. nº* 967.441/0 – Capivari, proveu-se recurso do Ministério Público, com vistas a anular-se o feito. É que a denúncia falava ainda no crime do art. 279 do Código Penal, revogado, como já assinalado, pelo art. 23 da Lei nº 8.137/90. E, quando pretendeu aditá-la o ilustre promotor de justiça oficiante, já havia transcorrido o prazo prescricional, extinguindo-se o feito.

Já na *Ap. Crim. nº* 971.345/1 – Santo André, a 3ª Câmara do TACRIM-SP negou provimento ao recurso do Ministério Público. Cuidava-se de questão relativa à indeterminabilidade da responsabilidade, embora fosse ela do gerente do setor de produtos perecíveis (Carrefour). Trechos do acórdão:

"2. Sem embargo do zelo demonstrado pelo representante do Ministério Público, agasalhado, em parte, pelo nobre procurador de justiça, verifica-se que não foram espancadas as dúvidas no tocante à interferência direta dos acusados na fiscalização dos produtos expostos à venda nas gôndolas, trabalho que estaria afeto aos funcionários das equipes relacionadas com os diversos setores, tal como ficou esclarecido pelas testemunhas defensórias; o corréu Antônio era gerente do departamento de perecíveis; supervisionava as gerências de diversos setores; atendia somente os problemas mais graves em sua própria sala; não interferia diretamente na fiscalização dos produtos expostos; cada gerente fiscalizava o respectivo setor contando com o apoio de uma equipe de funcionários; isso foi o que esclareceu o interrogando e tais esclarecimentos não foram contestados (fls. 101/102); Darci era gerente do setor de padaria; a farinha de rosca era preparada pelo menos duas vezes por semana e embalada em pacotes de 500 gramas; o prazo de validade era de 5 (cinco) dias, o que dava uma boa margem de segurança, já que o referido produto dura muito mais; no dia do fato não houve reclamações de fregueses; o interrogando não foi chamado para acompanhar a apreensão de um pacote de farinha de rosca entre outros volumes (fl. 103); isso foi o que esclareceu o corréu Darci, e também não teve a sua versão frontalmente contrariada no bojo destes autos; em favor deste corréu ainda existe a portaria de fl. 266, que retroage à data do fato por ser benéfica e traçar limites mais elevados para a existência de fragmentos de insetos no produto... Ora, como consta da r. sentença recorrida, com citação doutrinária, a acusação deve demonstrar a responsabilidade criminal de cada gerente ou de cada sócio; no caso sub judice, os depoimentos das testemunhas defensórias não foram totalmente contrariados pelas explicações dadas pelo corréu Antônio, e sim pelo corréu Armando, que atirou toda responsabilidade sobre os gerentes de cada setor, mas não se pode descartar o esforço desse interrogando no sentido de se livrar da imputação que lhe foi feita; não consta destes autos que era dever do gerente de setor examinar os produtos nas prateleiras inferindo-se, ao contrário, que eram eles responsáveis pela coordenação da equipe; enfim, pairando essa dúvida, a melhor solução estava mesmo no non liquet de todos os implicados para que não se cometa a injustiça de punir somente um dos corréus, como se fosse ele bode expiatório."

Entretanto, na *Ap. Crim. nº 914.079/7, a 16ª Câmara do TACRIM-SP*, por votação unânime, deu provimento a apelo da Promotoria Criminal para condenar o responsável por panificadora, onde se constataram *insetos em farinha de rosca*. Observação relevante: a Portaria MS-DNVS nº 74, de 4.8.94, aumentou o limite máximo de fragmentos de insetos na farinha de trigo e derivados: para cada 50 gramas de farinha, máximo de 75 fragmentos; em subprodutos, 225 gramas, máximo de 225 fragmentos.

Art. 65 | CÓDIGO BRASILEIRO DE DEFESA DO CONSUMIDOR

A *Ap. Crim. nº* 904.319/6 – Capital cuidou da exposição de peixe salgado com larvas, substituindo-se pena detentiva por multa.

Já na *Ap. Crim. nº* 974.997/4 – Taquaritinga, a 3ª Câmara do TACRIM-SP julgou causa relativa a medicamentos com prazo de validade vencido. O réu fora originariamente denunciado pelo art. 279 do CP, revogado pela Lei nº 8.137/90 (art. 23). A arguição de nulidade, porém, foi repelida, porque, na verdade, ele defendera da acusação e não da capitulação do delito. No mérito, e por votação unânime, negou-se provimento ao seu apelo.

Na *Ap. Crim.* nº 967.325/8 – São Paulo, da 2ª Câmara do TACRIM-SP, foi dado provimento ao apelo do réu por votação unânime, absolvendose-o, porque o queijo amorfo e a farinha de rosca encontrados em seu estabelecimento não estavam propriamente expostos à venda, mas separados para troca ou disposição.

Na *Ap. Crim. nº* 953.313/8 – Caçapava, cuidou-se da exposição de carne bovina em mercado público. E a condenação de primeiro grau foi mantida, já que manifesta a impropriedade do produto à vista do consumidor.

Curiosíssimo caso foi por nós apreciado na *Ap. Crim. nº* 946.575/3 – São José do Rio Preto – 14ª Câmara do TACRIM-SP, em que se cuidou da *entrega de geladeira com defeito!* Nosso parecer foi obviamente pela absolvição nos termos do inc. III do art. 386 do Código de Processo Penal, tendo sido a tese acolhida pela Câmara. Com efeito, dissemos que em tese poderia ter ocorrido o delito de "entrega fraudulenta de coisa" ou então "fraude no comércio", mas jamais do tipo do inc. IX, art. 7º, da Lei nº 8.137/90, *que se refere diretamente a substâncias e matérias-primas relacionadas à saúde, e não a bens de consumo duráveis.*

Na *Ap. Crim. nº* 958.107/8, por maioria de votos, deu-se provimento ao recurso do Ministério Público, para elevar o valor dos dias-multas para 1/10 do salário mínimo (voto divergente entendia que o BTN deve ser usado quando se cuidar dos crimes da Lei nº 8.137/90).

Na *Ap. Crim.* nº 978.485/8, a 2ª Câmara do TACRIM-SP, por votação unânime, absolveu o réu condenado em primeiro grau por ausência de dolo. Cuidava-se, entretanto, de "frango temperado" já exalando gás sulfídrico, em manifesta putrefação, portanto.

Na *Ap. Crim. nº* 910.625/0, a 14ª Câmara do TACRIM-SP, por votação unânime, anulou o feito por inépcia da denúncia que fala em culpa, mas pretendeu ver o réu condenado por dolo eventual. Restou clara, na hipótese, com efeito, infringência do estatuído pelo art. 384 do Código de Processo Penal.

A *Ap. Crim. nº* 984.625/6, por votação unânime, em se acolhendo nosso parecer, igualmente deu provimento para anular a sentença de primeiro grau, porquanto a denúncia era pela modalidade dolosa, e a ré acabou condenada pela forma culposa. No caso, propiciou-se ao promotor de justiça aduzir outra denúncia, ou o aditamento da constante já do processo.

Na *Ap. Crim.* nº 980.607/6 – 6ª Câmara do TACRIM-SP, tratava-se de amendoim avariado, em casca e beneficiado, e, por votação unânime, foi mantida a condenação.

Na *Ap. Crim. nº* 970.881/9 – 7ª Câmara do TACRIM-SP, deu-se provimento parcial para, segundo nosso parecer, reduzir a pena então imposta, por se cuidar de "gerente" e não dono do estabelecimento, no qual se expunham à venda produtos alimentícios deteriorados.

Na *Ap. Crim. nº* 986.761/2, a 2ª Câmara do TACRIM-SP negou provimento ao recurso da defesa que pretendia sua absolvição. Tratava-se de caso gritante de fraude, inclusive, de venda de considerável partida de leite em pó para merenda escolar por empresa de Rio Preto à Prefeitura de Ourinhos, com raspagem da data de validade dos fundos das latas e substituição de etiquetas nas caixas de papelão. Veja-se, a seguir, em destaque, o acórdão com ementa, inclusive, a respeito da irrelevância da análise que comprove "nocividade", bastando a constatação do prazo de validade vencido. Ementa do acórdão: "Venda de mercadoria em condições impróprias ao consumo. Delito do art. 7º, inc. IX da Lei nº 8.137/90 – Prazo de validade vencido – Circunstância que, por si só, basta à configuração do crime, dispensável perícia para comprovar a efetiva nocividade do produto – Condenação mantida. *O art. 7º, inc. IX, da Lei nº 8.137, de 27.12.90, ao contrário do que ocorria com o antigo art. 279 do Código Penal, expressamente revogado pelo art. 23 da mesma Lei, define um crime formal e consubstancia norma penal em branco no que toca à definição das 'condições impróprias ao consumo'. E, nessa condição, é complementado pelo art. 18, § 6º, inc. I, da Lei nº 8.078, de 11.9.90 (Código de Defesa do Consumidor), no ponto em que expressamente considera 'impróprios ao uso e consumo': 'os produtos cujos prazos de validade estejam vencidos'.*"

Trecho do nosso Parecer no caso:

"*3. O digno representante do Ministério Público de primeiro grau manifestou-se às fls. 174/179 pelo provimento do apelo do réu, em coerência com seu posicionamento ao ensejo dos debates antes da r. decisão recorrida; 4. E isto porque também entende que se devesse proceder à perícia bromatológica do leite em pó apreendido para se comprovar se estava ou não avariado e, por conseguinte, impróprio ao consumo; total a desrazão, porém, do recurso intentado,* data venia *do entendimento em contrário manifestado pelo Dr. Promotor de Justiça oficiante, inclusive; senão, vejamos; 5. Como muito bem salientado pelo ilustrado juízo* a quo, *o novo tipo criado pela Lei nº 8.137/90,* mais especificamente pelo inc. IX de seu art. 7º, em última análise, não exige qualquer comprovação de nocividade à saúde proporcionada pela exposição à venda, venda efetiva ou entrega a consumo de substância ou matéria-prima 'imprópria ao consumo'; basta que referidos produtos estejam com o prazo de validade vencido, por exemplo, para que se verifique a perfeita complementaridade do evidente tipo penal em branco de que ora se cuida; e acrescentaríamos mais: cuida-se, em última análise, de nova roupagem dada ao art. 279 do Código Penal, aliás expressamente revogado por força do que dispõe o art. 23 da sobredita Lei nº 8.137/90; e com isso se assentou definitiva pá de cal na polêmica sobre se saber se a 'avariação da substância alimentícia ou medicinal' daquele ultrapassado dispositivo do corpo do Código Penal, inserido que estava no capítulo dos crimes contra a saúde pública, implicava 'nocividade' do produto avariado, a exemplo do que ocorre com o delito do seu art. 272; resta evidente agora que por 'imprópria' ao consumo se haverá de entender substância alimentícia ou matéria-prima que assim seja definida pela norma complementar consubstanciada no § 6º do art. 18 da Lei nº 8.078/90 (Código de Defesa do Consumidor); e no inc. I do referido parágrafo encontramos a singela figura do 'prazo de validade vencido' para exatamente preencher aquela vacuidade, sendo totalmente despiciendo indagar-se se o produto ainda 'está bom ou não para o consumo'; mesmo porque se cuida na espécie de evidente delito formal de perigo presumido, e não de perigo* in concreto, *bastando que se dê uma das circunstâncias dos incs. I e II do referido § 6º do art. 18 do Código do Consumidor para que se tipifique a figura em testilha; e isto porque se visa a proteger a massa difusa de consumidores que, caso contrário, ficariam à mercê de produtores e distribuidores inescrupulosos – como o ora apelante, aliás –, que lhes colocam nas mãos produtos inadequados ou até nocivos e perigosos, na ânsia de maiores lucros; 6. Embora a figura em questão admita a forma culposa (cf. o parágrafo único do inc. IX do art. 7º da Lei nº 8.137/90), no caso em pauta o dolo do apelante foi intensíssimo, se se tiver em conta adulteração operada tanto nas caixas que acondicionavam as latas de leite em pó destinadas à merenda escolar, como nas próprias embalagens de metal; a perícia de fls. 10/23 é inequívoca quanto a isso, pelo que se observa até mesmo por claras e coloridas fotos que os instruem; dir-se-ia, por outro lado, que a autoria de tal adulteração seria incerta, o que abalaria a convicção sobre se saber se de fato o apelante seria ou não o seu autor, ou se lucraria com a atividade; e a resposta para tal indagação seria simplesmente: dúvida alguma persiste quanto a isso; é evidente que seus devotados irmão (fls. 41 e 129) e empregados (fls. 131 e 137)* nada revelaram sobre isso, dizendo apenas tangencialmente que as caixas foram recebidas e mal ficaram no depósito da empresa em Rio Preto, levadas para lá desta Capital, tendo sido logo encaminhadas a Ourinhos; é mentira deslavada; e isto porque, pelo que se constata do claríssimo depoimento do responsável pelas vendas da produtora do leite em pó, a Cooperativa dos Produtores Rurais de Minas Gerais Ltda. (fls. 48 e 125vo), os dois lotes foram vendidos ainda com cinco meses de prazo de garantia; e pelo que se constata da fatura de fl. 49, foram recebidos pela empresa do réu/recorrente em 1.7.92, como 'promoção' especial, quiçá porque o prazo de validade já se avizinhava; desta forma, ao contrário do que disseram os empregados da firma do réu/apelante, houve tempo mais do que suficiente – 10 meses – para que procedesse àquelas adulterações, considerando-se que, pela nota fiscal de fls. 33 e 47, a venda à Prefeitura de Ourinhos data de 24.5.93; desta forma, sabia, ressabia e arquissabia o ora apelante que o leite estava mesmo vencido, querendo apenas lucro fácil com essa transação, em prejuízo ao erário municipal, depois ressarcido – segundo sua versão, certamente; 7. De salientar-se ainda que, não bastasse a complementaridade dada pelo mencionado inc. I do § 6º do art. 18 do Código do Consumidor ao tipo penal especial de que ora se cuida, também a Portaria Super-SUNAB nº 4, de 22.4.94, arts. 16 a 18, que substituiu outra, nº 34, de 8.12.91, com idênticos dispositivos, prevê que os produtos perecíveis devem contar não só a data da fabricação como o prazo de validade, preservando-se com isso a saúde dos consumidores difusamente considerados; não se deve tampouco olvidar a teleologia de tais normas inseridas no próprio corpo do mencionado Código do Consumidor como também na legislação extravagante, qual seja, a compensação de sua vulnerabilidade no mercado de consumo, a teor do disposto no inc. I do art. 4º daquele Código; 8. Por outro lado, bem andou o emérito magistrado *a quo* ao fixar a pena de multa em 133 dias-multa, levando para tanto em consideração não apenas o intenso dolo que animou o apelante, como também a circunstância do art. 12, III da Lei nº 8.137/90, eis que se cuida à evidência de bem essencial, mormente destinado a crianças e adolescentes em idade escolar."

A *Ap. Crim.* nº 928.395/0 – 15ª Câmara do TACRIM-SP, na mesma esteira do acórdão inserto na Ap. Crim. *nº* 971.345/1, negou provimento ao recurso do Ministério Público no sentido de responsabilizar os supervisores de produtos do Pão de Açúcar pela exposição de produtos fora dos prazos de validade. No caso, houve até vítima de males intestinais e vômitos após ingestão de geleia de mocotó estragada. Equivocadamente, falou-se na "indeterminabilidade" de autoria. Ora, ao contrário do que se afirmou no respeitável aresto, o "dono" do supermercado nem sempre é o responsável por toda a reposição dos produtos em gôndolas de supermercados, delegando essas tarefas aos seus empregados, distribuídos por divisões ou setores. Tanto mais que, na hipótese dos autos, os réus haviam sido acusados pela modalidade culposa (negligência), que nos pareceu bem caracterizada. Em face desse resultado, entendemos remeter os autos à equipe de Recursos Especiais e Extraordinários, com vistas ao estudo da viabilidade de sua interposição.

Na *Ap. Crim.* nº 967.069/5, a 1ª Câmara do TACRIM-SP deu provimento parcial ao apelo do réu, para tão somente mudar a indexação da pena de multa.

Já *na Ap. Crim.* nº 964.575/5, *sua 1ª* Câmara, por votação unânime, negou provimento à apelação da defesa, entendendo plenamente configurado o delito do inc. IX do art. 7º da Lei nº 8.137/90, na modalidade culposa. Tratava-se, no caso, de réu acusado de expor à venda pães com prazos de validade vencidos.

Na *Ap. Crim.* nº 901.587/4, a 5ª Câmara do TACRIM-SP deu provimento por votação unânime ao apelo da defesa para absolver o réu, acusado de ter em depósito para vender palmito impróprio ao consumo. Fundamento: subsistiriam dúvidas com relação a que lotes estar-se--iam referindo os laudos do Instituto Adolfo Lutz, já que houve duas apreensões (uma na casa de comércio e outra em trânsito, numa perua Brasília no centro da capital).

Vejam-se outros casos a seguir, ainda nos termos do inc. IX do art. 7º da Lei nº 8.137/90, que, como já asseverado passos atrás, substituiu o vetado art. 62 do Código do Consumidor, e tem sido o de maior incidência na aplicação prática dos "crimes contra as relações de consumo":

Ap. Crim. nº 992.185 – Capital – 6ª Câmara do TACRIM-SP – por votação unânime negou provimento ao apelo do réu, mantendo a condenação por exposição à venda de medicamentos com prazos de validade vencido, sendo irrelevante que ainda estivessem bons; hipótese considerada de modalidade culposa (2 anos e 4 meses de detenção);

Ap. Crim. nº 1.006.559/3 – Capital – decisão idêntica à da 10ª Câmara do TACRIM-SP e já citada passos atrás;

Ap. Crim. nº 981.383/4 – Capital – deu-se provimento parcial ao apelo do réu apenas para baixar a multa, de 10 dias-multa para 8, em razão da modalidade culposa do parágrafo único do art. 7º da Lei nº 8.137/90 (Restaurante Um, Dois, Feijão com Arroz – feijoada estragada);

Ap. Crim. nº 998.011/8 – Capital – 4ª Câmara do TACRIM-SP – absolveu-se o réu, acusado da exposição de carnes deterioradas em supermercado, porque, falando a denúncia da forma dolosa do delito, o juízo *a quo* acabou condenando-o pela modalidade culposa (de acordo com nosso parecer);

Ap. Crim. nº 997.315/1 – São Bernardo do Campo – 2ª Câmara do TACRIM-SP – condenado em 1ª instância, foi o réu absolvido em 2ª porque não demonstrado o dolo com que se teria havido ao expor à venda queijo tipo mineiro deteriorado;

Ap. Crim. nº 989.343/0 – Capital – 16ª Câmara do TACRIM-SP – deu provimento à apelação da defesa para absolver o réu, condenado em 1ª instância por ter vendido água mineral a uma empresa em estado de impropriedade, tudo de acordo com nosso parecer, já que indemonstrado houvesse concorrido para tanto; os laudos do Instituto Adolfo Lutz efetuados em garrafões lacrados não apontaram a contaminação, apenas constatada em garrafão já aberto; provável contaminação se teria dado no próprio bebedouro da empresa-vítima;

Ap. Crim. nº 986.425/8 – Capital – 13ª Câmara do TACRIM-SP – por votação unânime, deu provimento ao apelo do Ministério Público, para condenar o réu, acusado de expor à venda lombo em cubos com prazo de validade vencido; o juiz havia argumentado com a *não nocividade do produto pelo simples prazo vencido*. Trecho do acórdão: "*Irrelevante, de outra parte, o que por certo impressionou o d. magistrado sentenciante, a circunstância de a análise de fl. 11, da Divisão de Bromatologia e Química do Instituto Adolfo Lutz, ter consignado que o produto não era nocivo à saúde (próprio para consumo, portanto), fato este não elidente do delito; acontece que, como bem assinalou o ilustre procurador de justiça, o tipo ora em exame é de perigo abstrato, que se aperfeiçoa com a mera transgressão da norma incriminadora, independentemente da comprovação da impropriedade* material ou real *do produto; na lição de Manzini, transcrita por Magalhães Noronha, a respeito do então art. 279, do Código Penal, mutatis mutandis,* '(...) trata-se de um delito de mero perigo, e de perigo remoto e presumido, já que não se exige que o perigo para a saúde pública tenha ocorrido e nem que seja demonstrado o perigo para a saúde pública; o perigo é presumido de modo absoluto pela lei' (*Direito Penal*, 1968, 4º vol., p. 54)";

Ap. Crim. nº 1.002.177/2 – São Caetano do Sul – 14ª Câmara do TACRIM-SP – por votação unânime, absolveu os dois réus, donos de uma farmácia, pela exposição à venda de medicamentos com prazos de validade vencidos, mas mantiveram a condenação pelo exercício irregular da referida profissão. Trecho do acórdão: "Bem processado o recurso (fls. 463/464), a d. Procuradoria-Geral de Justiça, através de parecer do Dr. José Geraldo Brito Filomeno, manifestou-se pelo seu provimento parcial para o fim de absolverem-se os réus da imputação pelo inc. IX e parágrafo único, da Lei nº 8.137/90, e confirmação, no mais, da decisão apelada

Art. 65 | CÓDIGO BRASILEIRO DE DEFESA DO CONSUMIDOR

(fls. 480/483); é o relatório; a condenação pelo crime contra as relações de consumo não pode, realmente, subsistir, pelos motivos deduzidos no parecer ministerial, que ora se transcreve: 'Pelo que se verifica dos termos da denúncia, foram os réus/apelantes acusados da prática do delito de exposição à venda de substância medicinal com o prazo de validade vencido na forma dolosa, culminando por serem condenados pela modalidade culposa, não contida sequer implicitamente naquela peça acusatória; desta forma, tendo-se descumprido a formalidade do art. 383 do Código de Processo Penal, os réus/recorrentes foram surpreendidos com a condenação por delito de que em última análise não foram acusados' (fl. 481, item 5.a); nestas condições, desde que a nulidade não foi arguida pela defesa em sua apelação, a solução que se impõe é absolvição de ambos os apelantes pelos delitos em tela, uma vez que o reconhecimento da eiva, na hipótese, reverteria em seu próprio prejuízo (Jutacrim, vol. 53/285); 'quanto ao crime do art. 282, parágrafo único, do Código Penal, considerando que a pena mínima cominada ao mesmo é inferior a 1 (um) ano, determina-se a baixa dos autos à origem para os fins do art. 89 da Lei nº 9.099, de 26 de setembro de 1995, pois esta norma, sendo mais favorável aos réus, aplica-se retroativamente, por força do art. 5º, inc. XL, da Constituição Federal, por meio de providências exclusivas do primeiro grau.'"

A questão da nocividade aparece, por exemplo, no tipo do art. 272 do Código Penal, que trata da corrupção, adulteração, falsificação ou alteração de substância ou produto alimentício destinado a consumo, mas não no do art. 274, que cuida do emprego de processo proibido ou de substância não permitida expressamente pela legislação sanitária, bem como revestimento, gaseificação artificial, matéria corante, substância aromática, antisséptica, conservadora ou qualquer outra.

E o exemplo mais marcante de tal tipo de delito é o da adição de "bromato de potássio" na indústria de panificação.

Invariavelmente, todos os panificadores e até grandes fabricantes de pães tipo americano, processados pela Justiça Pública, alegaram que referida substância química, usada em pequenas quantidades, não seria nociva à saúde, tanto assim que é permitida em diversos países, como Estados Unidos e Austrália.

Acontece que o tipo de que ora se cuida *não exige, como não o exigia igualmente o do art. 279 do Código Penal* e revogado pela citada Lei nº 8.137/90, a *nocividade da substância aditiva*, contentando-se com sua simples adição, porque não expressamente permitida pela legislação sanitária – muito ao contrário, é expressamente proibida –, pouco importando se faz ou não mal à saúde dos consumidores e ainda que em pequenas quantidades.[31]

---

[31] Mais recentemente, vejam-se ementas de acórdãos de Tribunais Estaduais e do Superior Tribunal de Justiça, bem como do Supremo Tribunal Federal, a respeito desse assunto: 1. *"Caracterização – Comerciante que, agindo com dolo genérico e direto, adquire determinada quantidade de sabão líquido para limpeza de roupas, fraciona o conteúdo adquirido, em pequenos galões, trocando o rótulo original do produtor por um de sua empresa – Identificação como sabonete líquido para higiene pessoal humana, sem outras informações de lei, revendendo para consumidores mercadoria imprópria para o consumo, pois nociva à saúde – Aplicação do art. 7º, II e IX, da Lei 8.137/90" (TACrimSP), in RT 782/609.* 2. *"Caracterização – Exposição à venda de matéria-prima ou mercadoria com prazo de validade vencido – Delito de perigo presumido – Desnecessidade da verificação pericial após a apreensão do produto – Interpretação do art. 7º, IX, da Lei 8.137/90, c/c o art. 18, § 6º, da Lei 8.078/90" (STJ), in RT 776/551.* 3. *"Caracterização – Simples exposição à venda de carne em estado de putrefação – Delito de perigo abstrato, em que o bem jurídico tutelado é a saúde pública, consumando-se no instante em que constatada a possibilidade de perigo à salubridade da população – Inteligência do art. 7º, IX, da Lei 8.137/90" (TJRN), in RT 772/666.* 4. *"Exposição à venda de produto com prazo de validade vencido – Delito formal e de mera conduta que se consuma com a simples ação do agente – Dispensabilidade da comprovação da impropriedade material – Inteligência do art. 7º, IX, da Lei 8.137/90, e do art. 18, § 6º, I, da Lei 8.078/90 (STF)", in RT 781/516.* 5. *"Art. 7º, IX, da Lei 8.137/90 – Delito formal e de perigo abstrato*

Título II · DAS INFRAÇÕES PENAIS | **Art. 65**

O que levou à absolvição de diversos acusados da referida prática foi exatamente o fato de terem sido denunciados pelo Ministério Público como incursos no comportamento delituoso do art. 272 do Código Penal, quando na verdade deveriam tê-lo sido no do art. 274, que, ao contrário daquele, *não exige a comprovação de nocividade representada pela adição do sobredito produto químico.*

[2] OMISSÃO DE DIZERES OU SINAIS OSTENSIVOS – Tendo o Código de Defesa do Consumidor uma estrutura bem-definida e harmônica, o dispositivo agora sob análise visa a reforçar o mandamento do art. 9º, que exige dos fornecedores de produtos e serviços a obrigação de, em se tratando daqueles que apresentem potencialidade de riscos à saúde e à segurança em decorrência de sua nocividade ou periculosidade, informar nos rótulos e men-

---

que se aperfeiçoa com a mera transgressão da norma incriminadora – Desnecessidade da efetiva comprovação da imprestabilidade material ou real do produto" (STJ), in RT 783/606. 6. "Caracterização – Agente que, após fazer o abate clandestino de uma novilha, sem a observância das prescrições legais, transporta a carne na carroceria de uma caminhonete, simplesmente coberta por uma lona, e é surpreendido descarregando a mercadoria em um açougue, evidenciando o propósito mercantil – Inteligência do art. 7º, IX, da Lei 8.137/90" (TACrimSP), in RT 789/634. 7. "Caracterização – Venda de gêneros alimentícios com data de validade vencida – Inteligência do art. 7º, IX, da Lei 8.137/90" (TJMG), in RT 783/649. 8. "Manutenção em depósito de produto animal impróprio para o consumo – Delito previsto no art. 7º, IX, da Lei 8.137/90, que somente se tipifica se a acusação demonstrar que a mercadoria estava exposta ou em depósito para venda" (TAPR), in RT 791/698. 9. "Modalidade culposa – Caracterização – Exposição à venda de linguiças sem as etiquetas de inspeção sanitária – Perda das referidas etiquetas que configura a negligência do administrador do estabelecimento comercial – Inteligência do art. 7º, IX, da Lei 8.137/90" (TAPR), in RT 784/715. 10. "Descaracterização – Produto apreendido vistoriado apenas no âmbito fiscal-tributário, nada indicando que estava impróprio para consumo – Norma do art. 7º da Lei 8.078/90, que tutela a saúde das pessoas" (TAPR), in RT 796/709. 11. "Produto impróprio para o consumo – Descaracterização – Circunstância aferida em razão de violação de norma administrativa – Bem jurídico tutelado que é a saúde do consumidor – Inteligência do art. 7º, IX, da Lei 8.137/90 e 18, § 6º, da Lei 8.078/90" (TAPR), in RT 799/691. 12. "Descaracterização – Carne deteriorada mantida em construção anexa ao açougue – Ausência de prova de que a mercadoria imprópria para o consumo seria destinada à venda – Fato que configura mero ilícito administrativo" (TAPR), in RT 828/680. 13. "Caracterização – Manutenção em depósito, para venda posterior, de mercadorias impróprias para o consumo – Inteligência dos arts. 7º, IX, da Lei 8.137/90 e 18, § 6º, I e II, da Lei 8.078/90" (TJRJ), in RT 840/658. 14. "Concurso formal – Ocorrência – Delitos previstos nos arts. 7º, IX, da Lei 8.137/90, e 66 da Lei 8.078/90 – Comerciante que expõe à venda ou tem em depósito mercadoria imprópria para consumo, além de omitir informação relevante sobre a data de fabricação e validade do produto exposto à venda ou mantido em depósito – Impossibilidade de absorção de uma conduta pela outra, por se tratarem de figuras delituosas diversas" (TJRJ), in RT 835/662. 15. "Art. 7º, IX, e par. único, da Lei 8.137/90 – Venda e exposição à venda de mercadorias impróprias ao consumo – Prova – Materialidade do delito demonstrada através de auto de apreensão, termo de visita sanitária e laudo de exame de material – Autoria demonstrada por depoimento testemunhal, que se apresentou seguro e harmônico – Condenação que se impõe – Inteligência do art. 18, § 6º, I e II, da Lei 8.078/90" (TJRJ), in RT 853/645. 16. "Denúncia – Recebimento – Admissibilidade – Mercadoria considerada imprópria para o consumo não submetida a exame de corpo de delito direto – Regra do art. 157 do CPP que não pode ser interpretada literalmente – Aplicação do princípio do livre convencimento – Inteligência do art. 158 do CPP" (TJRJ), in RT 844/653. No acórdão prolatado pela 2ª Câmara Criminal do Tribunal de Justiça do Estado do Rio de Janeiro, na Apelação nº 428/04, em julgamento de 08.06.2004 (rel. Des. Gizelda Leitão Teixeira), encontrado na Revista dos Tribunais nº 835, p. 662-664, decidiu-se pelo concurso e não absorção do delito do art. 67 do Código de Defesa do Consumidor pelo inciso IX do art. 7º da Lei nº 8.137/90: *"O comerciante que expõe à venda ou tem em depósito mercadoria imprópria para consumo, além de omitir informação relevante sobre a data de fabricação e validade do produto exposto à venda ou mantido em depósito, pratica, em concurso formal, os crimes previstos nos arts. 7º, IX, da Lei 8.137/90, e 66 da Lei 8.078/90, não havendo se falar em absorção de uma conduta delituosa pela outra, pois tratam-se de figuras delitivas diversas".* Na hipótese analisada cuidou-se da manutenção de produtos impróprios para venda e expostos à venda em padaria – ou seja, com prazos de validade vencidos e outros com mofo e presença de insetos. A Procuradoria-Geral da Justiça havia exarado parecer no sentido da absorção do segundo pelo primeiro, o que nos pareceu correto, não tendo sido esse, entretanto, o entendimento da turma julgadora.

Art. 65 | CÓDIGO BRASILEIRO DE DEFESA DO CONSUMIDOR

sagens publicitárias, de maneira ostensiva, clara e, pois, inequívoca, sobre tais aspectos, sem prejuízo de outras medidas cabíveis em cada caso concreto, e certamente de acordo com as características próprias de cada produto e serviço oferecido no mercado.

Referido dispositivo, por outro lado, está conectado diretamente aos *direitos básicos* dos consumidores elencados já no primeiro inciso do art. 6º do comentado Código de Defesa do Consumidor, ou seja, ["São direitos básicos do consumidor"] *"a proteção da vida, saúde e segurança* contra os riscos provocados por práticas no fornecimento de produtos e serviços considerados perigosos ou nocivos", sendo esses os *valores indisponíveis*, aliás, ou *objeto jurídico* que se visa a preservar.

Ora, é evidente que o *comportamento delituoso* é claramente definido pelo verbo *omitir*, e consiste no fato de alguém, qualquer pessoa que tenha a obrigação em questão, deixar de alertar o consumidor, aqui *difusamente considerado*, quanto aos riscos porventura oferecidos por produtos e serviços colocados no mercado à sua disposição.

Aliás, como já asseverado noutro passo desses comentários dos aspectos penais do Código Brasileiro de Defesa do Consumidor, ao se analisar a legislação alienígena, referida preocupação está presente em todos os diplomas legais consultados, impondo-se severíssimas penalidades aos infratores, ainda que de natureza administrativa, ou penal, no caso da lei de proteção ao consumidor da província canadense de Quebec.

Trata-se à evidência de *crime formal* ou de *mera conduta*, consumando-se com a simples constatação da omissão dos deveres em testilha, guardando íntima relação com o dispositivo citado da referida lei de proteção ao consumidor de Quebec, mais particularmente no seu art. 277, como já visto.

[3] CULPA – Admite-se a *forma culposa*, mas não a tentativa na modalidade dolosa, exatamente por se tratar de delito de natureza formal.

A *culpa*, no caso, consiste na *negligência*, ou seja, mesmo tendo o *dever de alertar* contra os riscos que determinado produto ou serviço apresenta pela sua própria natureza, fá-lo o responsável sem as cautelas recomendáveis, ou simplesmente não procede como determina os dispositivos invocados, esperando que alguém na cadeia de responsabilidades assumidas o faça oportunamente, criando então o risco de dano a um número indeterminado de consumidores.

Tenha-se em conta, aliás, que já existem normas específicas a respeito de tais alertas, sobretudo no campo dos *produtos farmacêuticos* "tarja preta", por exemplo, para psicotrópicos com venda controlada, ou tarja vermelha, significando neste caso venda sob prescrição médica (ou então o alerta "mantenha fora do alcance das crianças" etc.), ou mesmo *alimentos dietéticos* (não somente o alerta de que se trata de produto dietético, mas também se contém substância conhecida por fenilananina, capaz de causar seriíssimos problemas no metabolismo de pessoas portadores de deficiência mental), ou ainda *bens de consumo duráveis* (máquinas com arestas, correias que possam causar sérias lesões no manipulador, automóveis etc.).

A respeito ainda de outros produtos mais sofisticados, ocorre-nos a existência de sinais característicos, como o que alerta para a presença de *radiação ionizante*, ou então produto tratado com radiação, sinal esse que representa exatamente um átomo em pleno movimento.

Enfim, o que se pretende é que o consumidor seja efetivamente alertado para o risco presente em cada produto ou serviço, a fim de que tome suas precauções e evite danos à sua integridade corporal e saúde.

[4] OMISSÃO NA COMUNICAÇÃO ÀS AUTORIDADES COMPETENTES – Trata-se aqui também de delito *omissivo, formal*, ou seja, como o anterior, *independentemente de qual-*

quer resultado, eis que de *perigo abstrato*, procurando preservar-se uma vez mais os *valores elencados* no *inc. I do art. 6º do Código do Consumidor.·*

Assim, ao impor penas detentiva e pecuniária a todo aquele que deixar de comunicar à autoridade competente e aos consumidores a nocividade ou periculosidade de produtos cujo conhecimento seja posterior à sua colocação no mercado, o comentado tipo do art. 64 do referido Código do Consumidor *impõe*, ou ainda, *visa a assegurar o cumprimento do dever* de o fornecedor "fazer boa a coisa vendida", obrigação tal, aliás, presente em qualquer tipo de contrato, diligenciando o responsável no sentido de praticar o *recall*[32] ele próprio ou então contando também com a participação nesse sentido das autoridades competentes.

Ou seja, e mais especificamente: ao lado do dever evidente de o fornecedor não colocar no mercado de consumo produto ou serviço que sabe ou deveria saber apresentar alto grau de nocividade ou periculosidade à saúde ou segurança, aqui se entendem aqueles que certamente apresentam grau de nocividade ou periculosidade *além do que normalmente se esperaria* (*beyond expectation*, no dizer da doutrina e jurisprudência anglo-americanas), mesmo porque ninguém certamente irá ignorar que *muitos produtos já apresentam relativos graus de periculosidade e nocividade*, mas dentro do que deles se espera (por exemplo, um *medicamento* com seu *fator risco* ou "*efeito colateral*" das bulas, um veículo automotor etc.). Conforme se dessume da letra do art. 10 do *Código do Consumidor*, há o *dever* de retirar o produto do mercado ou abster-se do oferecimento do serviço, *dever esse implícito* na letra do mencionado dispositivo, apesar do inexplicável veto oposto ao texto do art. 11, que apenas o complementaria.[33]

---

[32] Do inglês "re + call", ou seja, "chamar de volta", ou comunicar-se com todos os consumidores de produtos que apresentem um defeito de fabricação, comprometendo-se a repará-lo sem qualquer ônus, como se observa na indústria automobilística. A matéria foi regulamentada pela Portaria nº 789, de 24.8.2001, do Ministério da Justiça (cf. nosso *Manual de direitos do consumidor*, 6ª ed., ps. 157-158).

[33] "Art. 11. O produto ou serviço que, mesmo adequadamente utilizado ou fruído, apresenta alto grau de nocividade ou periculosidade será retirado imediatamente do mercado pelo fornecedor, sempre às suas expensas, sem prejuízo da responsabilidade pela reparação de eventuais danos". Nesse sentido, cf. o acórdão proferido no REsp nº 971.845/DF, tendo como relator o ministro Humberto Gomes de Barros, e, para o acórdão, a Ministra Nancy Andrighi, 3ª Turma do STJ, julgamento de 21.8.2008, *DJe* de 1.12.2008: "Direito do consumidor. Consumo de survector, medicamento inicialmente vendido de forma livre em farmácias. Posterior alteração de sua prescrição e imposição de restrição à comercialização. Risco do produto avaliado posteriormente, culminando com a sua proibição em diversos países. Recorrente que iniciou o consumo do medicamento à época em que sua venda era livre. Dependência contraída, com diversas restrições experimentadas pelo paciente. Dano moral reconhecido. – É dever do fornecedor a ampla publicidade ao mercado de consumo a respeito dos riscos inerentes a seus produtos e serviços. – A comercialização livre do medicamento SURVECTOR, com indicação na bula de mero ativador de memória, sem efeitos colaterais, por ocasião de sua disponibilização ao mercado, gerou o risco de dependência para usuários. – A posterior alteração da bula do medicamento, que passou a ser indicado para o tratamento de transtornos depressivos, com alto risco de dependência, não é suficiente para retirar do fornecedor a responsabilidade pelos danos causados aos consumidores. – O aumento da periculosidade do medicamento deveria ser amplamente divulgado nos meios de comunicação. A mera alteração da bula e do controle de receitas na sua comercialização, não são suficientes para prestar a adequada informação ao consumidor. – A circunstância de o paciente ter consumido o produto sem prescrição médica não retira do fornecedor a obrigação de indenizar. Pelo sistema do CDC, o fornecedor somente se desobriga nas hipóteses de culpa exclusiva do consumidor (art. 12, § 3º, do CDC), o que não ocorre na hipótese, já que a própria bula do medicamento não indicava os riscos associados à sua administração, caracterizando culpa concorrente do laboratório. – A caracterização da negligência do fornecedor em colocar o medicamento no mercado de consumo ganha relevo à medida que, conforme se nota pela manifestação de diversas autoridades de saúde, inclusive a OMC, o cloridrato de amineptina, princípio ativo do SURVECTOR, foi considerado um produto com alto potencial de dependência e baixa eficácia terapêutica em diversas partes do mundo, circunstâncias que inclusive levaram a seu banimento em muitos países. – Deve ser mantida a indenização fixada, a título de dano moral, para o paciente que adquiriu dependência da droga. Recurso especial conhecido e provido".

Art. 65 | CÓDIGO BRASILEIRO DE DEFESA DO CONSUMIDOR

E, com efeito, os §§ 1º, 2º e 3º do mencionado art. 10 do Código de Defesa do Consumidor estabelecem que:

"*§ 1º* O fornecedor de produtos e serviços que, posteriormente à sua introdução no mercado de consumo, tiver conhecimento da periculosidade que apresentem, deverá comunicar o fato imediatamente às autoridades competentes e aos consumidores, mediante anúncios publicitários.

§ 2º Os anúncios publicitários a que se refere o parágrafo anterior serão veiculados na imprensa, rádio e televisão, às expensas do fornecedor do produto ou serviço.

§ 3º Sempre que tiverem conhecimento de periculosidade de produtos e serviços à saúde ou segurança dos consumidores, a União, os Estados, o Distrito Federal e os Municípios deverão informá-los a respeito."

Vê-se, pois, que o que se está querendo garantir é o *direito à informação* relativa a produtos que venham apresentar algum problema após o seu lançamento.

No caso, fica evidenciado que o *risco criado* pelo produto deve ser minimizado: primeiramente, pelo próprio responsável (aviso e *recall*) e, secundariamente, pelas autoridades competentes, incorrendo aquele nas penas de que trata o art. 64 sob análise em caso de *omissão* de comunicação àquelas mesmas autoridades, ou então não retirando do mercado os produtos considerados perigosos ou nocivos, *repita-se, além do que normalmente deles se espera.*

Exemplos:

1) um *medicamento* que, embora depois de muito tempo de uso sem problemas aparentes, começa a causar certos distúrbios a um número indeterminado de pessoas, como foi o caso da talidomida, ou do clioquinol no Japão, conforme já salientado noutro passo;[34]

Como já asseverado quando do comentário ao inc. III do art. 4º, recentemente diretores de laboratório farmacêutico foram condenados pela prática do delito ora sob comento, por terem se omitido quando do desvio de pílulas anticoncepcionais de placebo.

2) uma *máquina* qualquer que é fabricada e lançada no mercado inicialmente sem qualquer risco aparente, ao menos no estágio da tecnologia então em vigor, mas que posteriormente vem a descobrir-se que uma de suas correias pode prender os membros do operador, causando-lhe sérias lesões;

3) um *automóvel* com graves defeitos no sistema de freios, ou então na direção, ou ainda nas rodas de liga leve que se quebram em plena marcha em decorrência de fundição defeituosa.[35]

Enfim, os exemplos tendem a multiplicar-se, sendo relevante, contudo, salientar que o objetivo é a preservação da vida, saúde e segurança dos consumidores difusamente con-

---

[34] Cf. o acórdão proferido no caso pelo STJ: REsp nº 1.096.325/SP, rel. Min. Nancy Andrighi, 3ª Turma, j. de 9.12.2008, *DJe* de 3.2.2009, nos comentários ao art. 4º, inciso III, do Código de Defesa do Consumidor.

[35] O Ministério da Justiça e Segurança Pública mantém um sistema *on-line* de informações sobre *recall*. Estes podem ser consultados no sítio disponível em: <http://portal.mj.gov.br/data/Pages/MJ5E813CF3PTBRIE.htm>. Vejam-se, ainda, à guisa de exemplificação, o caso do veículo Fox, em que alguns consumidores tiveram lesões nos dedos ao rebaterem o banco traseiro, bem como o caso do *recall* das bonecas Polly, da Empresa Mattel, em 2007, as quais possuíam peças magnéticas (imãs) com três milímetros de diâmetro, com o risco de crianças as engolirem, podendo causar obstrução intestinal resultando em morte.

Título II · DAS INFRAÇÕES PENAIS | **Art. 65**

siderados, bastando para a caracterização do delito em pauta a simples omissão definida pelo verbo *deixar* (de comunicar à autoridade competente) ou *deixar* (de retirar o produto do mercado).

Ou, ainda, no magistério do prof. Luiz Gastão Paes de Barros Leães,[36] ao referir-se à mencionada jurisprudência norte-americana por nós traduzida, "um produto é considerado defeituoso se for perigoso além do limite em que seria percebido pelo adquirente normal e de acordo com o conhecimento da comunidade dele destinatária no que diz respeito às suas características".

Ou mais claramente ainda:

"A noção de defeito resulta, destarte, de dois elementos intimamente ligados entre si: requer-se que o produto seja portador de uma anormal virtualidade danosa (*unreasonably dangerous*) em face da normal expectativa do consumidor comum (*beyond expectation of the consumer*). O conceito de defeito passa, pois, a ser extremado mediante a sua relação com um parâmetro: *a normalidade*. O produto defeituoso é aquele que se desvia das características gerais de uma produção determinada considerada em seu conjunto (*deviation from the norm*)."

E com relação às causas das ocorrências de tais defeitos, aponta-as de forma sistemática o mesmo autor retrocitado, de acordo com os Direitos anglo-americano e alemão:

"(a) os vícios ocorridos na fase de fabricação, afetando exemplares numa série de produtos (*miscarriage in the manufacturing process; Fabrika*tionsfehler); (b) vícios ocorridos na concepção técnica do produto, afetando toda uma série de produção (*improperly designed product; Konstruktionsfehler*); (c) os vícios nas informações e instruções que acompanham o produto (*breach of duty of warn; Instruktionsfehler*)".

Daí por que, em última análise, a preocupação do Código de Defesa do Consumidor – que, como já advertido em diversos passos desta obra, não pode ser analisado apenas pelo pinçamento de alguns de seus dispositivos isoladamente, dada sua organicidade e entrelaçamento dos aspectos administrativos, civis e penais – em estabelecer, já no artigo que cuida dos direitos fundamentais dos consumidores, como já assinalado, a *proteção à vida, à saúde e segurança contra os riscos* provocados por práticas no fornecimento de produtos e serviços considerados *perigosos ou nocivos (art. 6º,* I), ou ainda a efetiva prevenção e reparação de danos individuais, coletivos e difusos (art. 6º, VI).

O *art. 8º*, além disso, prevê *medidas preventivas* com vistas à proteção dos referidos valores, estabelecendo que os produtos e serviços colocados no mercado de consumo não acarretarão riscos à saúde ou segurança dos consumidores, exceto os considerados *normais e previsíveis* em decorrência de natureza e fruição, *obrigando-se os fornecedores, em qualquer hipótese, porém, a dar informações necessárias e adequadas a seu respeito.*

Insta salientar, por outro lado, que por força da Lei Federal nº 13.486, de 3.10.2017, o parágrafo único do referido art. 8º teve acrescido um § 2º, alterando-se o parágrafo único acima comentado a ser o § 1º.

Com efeito, reza o novo dispositivo que "o fornecedor deverá higienizar os equipamentos e utensílios utilizados no fornecimento de produtos ou serviços, ou colocados à disposição do consumidor, e informar, de maneira ostensiva e adequada, quando for o caso, sobre o risco de contaminação".

---

[36] *A responsabilidade do fabricante pelo fato do produto*, São Paulo, Resenha Tributária, 1984, p. 221.

Art. 65 | CÓDIGO BRASILEIRO DE DEFESA DO CONSUMIDOR

Trata-se de um preciosismo do legislador que parece não ter nada mais que fazer do que alterar uma boa lei, ficando como mais uma das "boas intenções", já que esses aspectos bem caberiam – como de fato couberam –, nos regulamentos de vigilância sanitária nas três esferas da Federação por todo o país (Códigos Sanitários). Qual a utilidade prática dessa nova disposição? Nenhuma, claramente.

Até porque, convém salientar, a forma como tais medidas preventivas são estampadas não o foram evidentemente de forma exaustiva, pois cada produto ou serviço terá características próprias, é prevista pelo art. 9º do Código.

[5] EXECUÇÃO DE SERVIÇOS PERIGOSOS – Aqui também o que se pune, à evidência, não é o simples fato de alguém proporcionar serviços que apresentem certo grau de periculosidade, haja vista que, realisticamente, muitos deles assim se apresentem, bastando figurar-se como exemplo a *dedetização, desratização*, ou mesmo o *espargimento de hortas caseiras ou plantas ornamentais com defensivos agrícolas*, sem falar-se de grandes extensões com plantações de vários produtos agrícolas que se destinarão ao consumo da população.

O que se pune, isto sim, e dentro das diretrizes atrás traçadas, e com base inclusive nas normas que assim também dispõem as mais modernas legislações do mundo, como é o caso já mencionado da lei de proteção ao consumidor da província canadense de Quebec, *é a execução de tais serviços manifestamente perigosos*, contrariando-se as determinações e regras impostas pelas autoridades competentes.

Recentemente, uma importante indústria siderúrgica de Mogi das Cruzes, Estado de São Paulo, contratou os serviços de desratização de uma empresa especializada que, todavia, utilizou raticida expressamente proibido pelas autoridades competentes, no caso, uma portaria da extinta DISAD/ SNVS/MS (isto é, Divisão de Saneantes e Domissanitários da Secretaria Nacional de Vigilância Sanitária do Ministério da Saúde), tendo com isso causado a morte de três operários e intoxicação em dezenas de outros, sendo certo ainda que, consoante apurado em inquérito civil, conduzido pela Promotoria de Justiça de Proteção ao Consumidor de São Paulo, a prestadora de serviços em pauta igualmente utilizava o mesmo veneno nas instalações do metrô paulistano, tendo sido determinada a imediata cessação de tal emprego, sob pena de pagamento de pesadas multas, e sem prejuízo das providências de ordem administrativa e penal cabíveis à espécie.

Resta claro, pois, que, na hipótese da prática constatada, havia *proibição expressa do emprego de determinada substância química* altamente tóxica, e que não só expôs a vida e a saúde de um número indeterminado de pessoas a periclitação evidente, como causou efetivamente a morte de três outras e lesão à integridade corporal e saúde de dezenas de operários.

Mas há hipóteses em que, embora não proibido o uso de certas substâncias tóxicas na execução de certos serviços, ou então certos aparatos ou máquinas igualmente destinados àquele mister, devem os executores cercar-se de cuidados recomendados em normas sanitárias ou de engenharia de segurança.

E no caso principalmente de dedetização doméstica, há normas expressas sobretudo no Código Sanitário do Estado de São Paulo (Decreto nº 12.342, de 1978), e normas complementares, dentre as quais as que estabelecem um período de carência, ou seja, durante o qual as pessoas não devem permanecer na residência, assim se lhes recomendado, além do emprego de máquinas especiais, métodos específicos, cuidados com os alimentos e objetos expostos, manutenção de janelas e portas abertas depois da aplicação etc.

Trata-se aqui também de *delito formal* e de *perigo abstrato*, no sentido de que se prescinde de resultado, tendo por *valor* ou *objeto jurídico* a proteção da saúde e segurança de um número indeterminado de pessoas.

Título II · DAS INFRAÇÕES PENAIS | **Art. 65**

Trata-se ainda de *norma penal em branco*, à medida que requer complementação pelas "determinações das autoridades competentes", que irão dizer que especificações devem ser atendidas na execução dos serviços já por si mesmos considerados perigosos, sempre na diretriz da melhor doutrina e jurisprudência anglo-americana e alemã no sentido de partir-se da premissa realista de que algum risco é admissível como normal, mas desde que advertido o consumidor pelo fornecedor e a obediência deste às prescrições legais, guardadas as características próprias de cada serviço.

[6] O CONCURSO MATERIAL DO § 1º DO ART. 65 E NOVO TIPO DO § 2º – Trata-se de novidade em matéria de crime de perigo comum. Senão, vejamos:

Embora crime *formal* ou *de mera conduta*, e exatamente por isso mesmo, uma vez que estabelece um comportamento decorrente da própria atividade empresarial dentro da sistemática da responsabilidade pelo fato do produto, previa o parágrafo único do art. 65 do Código de Defesa do Consumidor hipótese de *cumulação de penas*, em concurso material, e não mero agravamento da pena pelo resultado lesivo, a saber: "As penas deste artigo são aplicáveis sem prejuízo das correspondentes à lesão corporal e à morte."

Trata-se à evidência do preterdolo, que igualmente preside o disposto pelo art. 258 do Código Penal[37] e que, como sabido, trata das formas qualificadas dos crimes de perigo comum.

Ao contrário de seus postulados que agravam as penas cominadas àqueles mesmos delitos, porém, o mencionado parágrafo único do art. 65 do Código de Defesa do Consumidor prevê expressamente que as penas se haverão de somar, no caso de resultado morte ou lesão corporal, àquelas cominadas para a simples omissão.

E tudo isso porque, em última análise, a figura do mencionado art. 65 apenas contempla a forma dolosa na ação de se executar os mencionados serviços – note-se – já notoriamente perigosos, circunstância essa inconteste e já de pleno conhecimento do agente que, mesmo assim, desempenha tais serviços contrariando as normas de segurança, vindo destarte a assumir os resultados lesivos que dele possam advir, resultados tais, aliás, mais do que previsíveis.

Por fim, em face de nova redação dada ao referido art. 65, ou seja, transformação do então parágrafo único em § 1º e acréscimo de um § 2º, por força da Lei Federal nº 13.425, de 30.3.2017, que *estabelece diretrizes gerais sobre medidas de prevenção e combate a incêndio e a desastres em estabelecimentos, edificações e* áreas *de reunião de público*, é mister tecermos comentários a respeito.

Com efeito, consoante disposto pelo mencionado § 2º acrescentado ao art. 65 do Código de Defesa do Consumidor, passou a ser crime contra as relações de consumo "a prática do disposto no inciso XIV do art. 39 desta Lei também caracteriza o crime previsto no *caput* deste artigo".

Ora, o inciso XIV, acrescentado ao art. 39 do estatuto consumerista pela mesma Lei Federal 13.425, de 30.3.2017, que cuida das chamadas *práticas abusivas,* prescreve que se considera como tal o fato de se "permitir o ingresso em estabelecimentos comerciais ou de serviços de um número maior de consumidores que o fixado pela autoridade administrativa como máximo".

Mais uma vez permitimo-nos criticar o afã legislativo inútil e supérfluo ao criar esse novo tipo penal.

---

[37] Código Penal, "Art. 258. Se do crime doloso de perigo comum resulta lesão corporal de natureza grave, a pena privativa de liberdade é aumentada de metade; se resulta morte, é aplicada em dobro. No caso de culpa, se do fato resulta lesão corporal, a pena aumenta-se de metade; se resulta morte, aplica-se a pena cominada ao homicídio culposo, aumentada de um terço".

Trata-se claramente de pura demagogia e manifestação do que já se convencionou chamar de *tutela penal de emergência*. Ou seja, para dar satisfação – ainda que piegas e formal à população indignada com algum cataclisma ou desastre, como foi o sem dúvida lamentabilíssimo incêndio na Boate Kiss, em Santa Maria no Rio Grande do Sul –, o legislador se apressa em fazer algo totalmente inútil.

Ora, transformar a questão casuisticamente de lotação máxima de alguns estabelecimentos de entretenimento em tipo penal é contribuir para mais um tipo penal inócuo, já que a legislação de cunho administrativo – que igualmente não funciona – já prescreve limitações para essas circunstâncias.

Até porque o *caput* do mesmo art. 39 do Código do Consumidor elenca algumas hipóteses de práticas abusivas, mediante uma enumeração *meramente exemplificativa* e não taxativa de comportamentos que tais. Com efeito: "Art. 39 – É vedado ao fornecedor de produtos ou serviços, **dentre outras práticas abusivas** (...)".

Nossa ideia, na qualidade de integrantes da comissão que elaborou o anteprojeto do vigente Código do Consumidor, era efetivamente fazer com que se cuidasse de uma disposição *aberta*, a ser preenchida de acordo com a evolução dos fatos e, sobretudo, da atuação dos órgãos exercentes de polícia administrativa ou manifestações jurisprudenciais.

O mesmo se aplica às hipóteses meramente exemplificativas das chamadas *cláusulas contratuais abusivas*, previstas no *caput* do art. 51 do mesmo Código Consumerista. E em termos de preenchimento de outras hipóteses de cláusulas desse jaez ali enumeradas, sobreveio o art. 56 do Decreto Federal 2.181, de 1997, ao dispor que, "na forma do art. 51 da Lei 8.078, de 1990, e com o objetivo de orientar o Sistema Nacional de Defesa do Consumidor, a Secretaria de Direito Econômico divulgará, anualmente, elenco complementar de cláusulas contratuais consideradas abusivas, notadamente para o fim de aplicação do disposto no inciso IV do art. 22 deste Decreto"[38].

Além disso, *o delito de perigo comum* previsto pelo art. 250 do Código Penal já fala de incêndio provocado por alguém, de molde a expor a perigo a vida, a integridade física ou o patrimônio de outrem. As penas cominadas a esse delito, *independentemente de ter havido dano efetivo a esses valores*, é de reclusão de 3 a 6 anos e multa.

Conforme, outrossim, e como já visto, o disposto pelo art. 258, ainda do Código Penal: "Se do crime doloso de perigo comum resulta lesão corporal de natureza grave, a pena privativa de liberdade *é* aumentada de metade; se resulta morte, *é* aplicada em dobro. No caso de culpa, se do fato resulta lesão corporal, a pena aumenta-se de metade; se resulta morte, aplica-se a pena cominada ao homicídio culposo, aumentada de um terço".

Entretanto, fiel às diretrizes imprimidas a esta obra coletiva, passemos a analisar o novo dispositivo.

Com efeito, por força do disposto no agora § 2º do art. 65 do Código do Consumidor, passa a ser *crime contra as relações de consumo* a *prática abusiva* prevista pelo novo inciso XIV do art. 39. Ou seja, passa a ser delito contra as referidas relações de consumo o fato de se "permitir o ingresso em estabelecimentos comerciais ou de serviços de um número maior de consumidores que o fixado pela autoridade administrativa como máximo".

Conforme já acentuamos linhas atrás, trata-se de uma norma introduzida em face do terrível incêndio na Boate Kiss, em Santa Maria, Rio Grande do Sul, vitimando fa-

---

[38] "Art. 22 – Será aplicada multa ao fornecedor de produtos ou serviços que, direta ou indiretamente, inserir, fizer circular ou utilizar-se de cláusula abusiva, qualquer que seja a modalidade do contrato de consumo, inclusive, nas operações securitárias, bancárias, de crédito direto ao consumidor, depósito, poupança, mútuo ou financiamento, e especial quando (...)".

talmente 243 jovens e causando graves lesões em outras dezenas de frequentadores, em janeiro de 2013.

Embora não conheçamos a fundo os dados constantes das investigações levadas a efeito desde então, parece-nos que a causa imediata do incêndio – mostrada por vídeo que circulou pelos meios de comunicação televisivos –, foi o acendimento de um sinalizador ou fogo de artifício por um dos integrantes da banda que tocava na ocasião. As chamas atingiram o teto feito de material altamente inflamável donde sua rápida propagação. Como causas mediatas apontam-se, inclusive, superlotação, inexistência de saídas de emergência em número suficiente e com portas corta-fogo além do bloqueio da saída principal, sendo certo que teria havido autorização das autoridades incumbidas de fiscalização do local destinado ao público, mas com leniência. Ou seja, por parte do Corpo de Bombeiros e da Prefeitura Municipal.

Analisando-se, portanto, o tipo penal em pauta, constata-se desde logo tratar-se de um *delito formal* e de *perigo abstrato.* Ou seja, punível em razão dos eventuais infratores permitirem o ingresso em estabelecimentos comerciais ou de serviços em número maior de consumidores do que o fixado pelas autoridades competentes.

Basta, portanto, agir em desacordo com tais posturas, para que os agentes sejam incriminados.

Por outro lado, cuidando-se de regra que fica na dependência de *outras determinações de ordem administrativa* – ou seja, a desobediência a *um número máximo de frequentadores* dos mencionados estabelecimentos comerciais ou de entretenimento –, trata-se à evidência de uma *norma penal em branco,* na medida em que o tipo somente será complementado por normas outras que não de caráter penal.

Dessa forma, e por exemplo, se o Corpo de Bombeiros e a Prefeitura Municipal de determinada localidade expedirem laudos de vistoria e alvarás de funcionamento para os sobreditos estabelecimentos, deverão se preocupar em determinar o número máximo de frequentadores que, desobedecido pelos seus responsáveis, já configura do delito em questão.

Tratando-se, por outro lado, de delito de natureza *formal* ou de *mera conduta,* não se admite, a forma tentada.

Por fim, exige-se *dolo genérico,* ou seja, a vontade consciente de se permitir a entrada de público maior do que o determinado pelas autoridades competentes de polícia administrativa, independentemente do propósito de obtenção de maiores ganhos ou conveniências do promovente de eventos ou o funcionamento de estabelecimentos comerciais, por exemplo.

DA PUBLICIDADE ENGANOSA E SEUS EFEITOS (INTRODUÇÃO AOS COMENTÁRIOS AOS ARTS. 66 A 69)

1. DOS ABUSOS NA PUBLICIDADE

Finalmente, o ordenamento jurídico pátrio acabou adotando, como de resto já o fizeram inúmeros países, a criminalização da publicidade/oferta enganosa e da publicidade/oferta abusiva, sem dúvida um dos mais danosos e reprováveis delitos contra as relações de consumo.

Apesar de algumas leis esparsas já preverem a punição de publicidade enganosa, como, por exemplo, no que diz respeito a lançamento de incorporação de imóveis (art. 65 da Lei nº 4.591/64), loteamentos (art. 50, inc. III, da Lei nº 6.766/79), ou ainda dentro das chamadas "infrações contra a economia popular" (cf. inc. VII do art. 3º da Lei nº 1.521/51), nosso ordenamento jurídico certamente carecia de dispositivos claros e, *sobretudo, genéricos,* porquanto a má publicidade não se faz tão somente, como se sabe, nas referidas classes de bens econômicos, mas também em todos os tipos de produtos e serviços, publicidade tal que, diante do

643

CÓDIGO BRASILEIRO DE DEFESA DO CONSUMIDOR

espetacular progresso tecnológico, atinge incontáveis números de potenciais consumidores mediante suas várias maneiras de veiculação.

Daí por que se procurou, de maneira bastante realista e sobretudo mediante a utilização de tipos abertos e genéricos, abranger-se as várias hipóteses da publicidade/oferta enganosa, bem assim da publicidade/oferta abusiva.

Aliás, como bem ponderado pelo prof. Paulo José da Costa Jr.,[39] haveria, até por força das circunstâncias, o mal atávico da miopia do legislador que o impede de prever todas as hipóteses que irão apresentar-se no futuro, que irão sempre superar sua capacidade limitada de previsão.

Isso, conclui tal pensamento, o obriga a lançar mão de tipos um pouco mais flexíveis, de sorte a abarcar todas as prováveis hipóteses.

A própria concepção do Código do Consumidor, como se pode verificar, levou em consideração a necessidade de especializarem-se as normas que dissessem respeito às relações de consumo, dando-se-lhes ao mesmo tempo a maior amplitude possível, e torná-lo compatível com outras normas fora de seu campo de ação, mas nem por isso comprometidas com a filosofia àquele imprimida e como já salientado.

No campo penal, além dos tipos já analisados nos itens anteriores, ver-se-á que, no que diz respeito aos abusos da publicidade, procurou-se não apenas assegurarem-se as normas de Direito Material que definem a publicidade/oferta enganosa ou então abusiva, como também incorporarem-se ao ordenamento jurídico, em definitivo, normas penais efetivas de comportamento não desejado, pondo-se fim às tentativas outrora frustradas nesse sentido, e que tinham ora uma objetividade jurídica diversa (por exemplo, a concorrência livre e leal e não direitos e interesses do consumidor), ora uma maneira indireta de inserir tais normas, como se verá no passo seguinte.

2. TENTATIVA DE CRIMINALIZAÇÃO DA PUBLICIDADE/OFERTA ENGANOSA OU ABUSIVA

Como já salientado atrás, várias tentativas foram feitas no passado no sentido de instituírem-se tipos penais específicos e bem delineados, porquanto até então ou a publicidade enganosa ou abusiva se apresentava como artifício ou meio fraudulento para a obtenção de determinada vantagem ilícita, como nos casos, por exemplo, do crime de estelionato na sua forma clássica (*caput* do art. 171 do Código Penal), ou então sob forma específica de fraude no comércio (art. 175 ainda do Código Penal).

Ou ainda tal meio fraudulento se fazia presente na forma mais extensa de prejuízos a um número indeterminado de pessoas, como no inc. IX do art. 2º da Lei nº 1.521/51, ou ainda e, finalmente, como forma de concorrência desleal.

3. ANTEPROJETO DO CÓDIGO PENAL (PORTARIA Nº 790, DE 27.10.87)

O art. 184 do referido anteprojeto previa a publicidade enganosa como tipo autônomo, mas sob a rubrica de "*fraude no comércio*", colocando-o exatamente como parágrafo único do dispositivo mencionado, que em última análise seria a nova versão para a atual letra do art. 175 do Código Penal, definindo-a nos termos seguintes:

"Incorre na mesma pena" (isto é, reclusão de 7 meses a 2 anos e multa para a fraude no comércio) "o comerciante, o prestador de serviços ou o publicitário que, mediante publici-

---

[39] *Comentários ao Código Penal*, São Paulo, Saraiva, vol. 1, ps. 2 e 3.

Título II · DAS INFRAÇÕES PENAIS

dade, induz ou mantém alguém em erro sobre a natureza, a qualidade e quantidade de bens e serviços. (...)"

Tal tentativa parece-nos ter sido válida, porquanto já apontava no sentido de que a publicidade enganosa deveria receber tratamento autônomo, embora ainda sob a roupagem de fraude no comércio, mas dela já independente, porquanto não dependente de um dado resultado danoso ao consumidor de bens e serviços, como se pode observar pelo enunciado no então novo *typus* criado.

4. INSERÇÃO DE TIPO ESPECÍFICO NA LEI Nº 1.521/51

Outra tentativa de criminalização da publicidade enganosa, desta feita no bojo da "Lei de Crimes contra a Economia Popular", merecedora de menção, foi a inserção no inc. VII do art. 3º da mencionada Lei nº 1.521/51 de alguns termos de molde a transformá-lo em dispositivo mais aberto e abrangente, e não apenas relativo a valores e ações,[40] a saber:

"*Art. 3º* São também crimes dessa natureza:

VII – dar indicações ou fazer afirmações falsas *ou enganosas* em prospectos ou anúncios para o fim de substituição, compra ou venda de títulos, ações, quotas, *mercadorias ou serviços*. (...)"

Foi, sem dúvida, uma engenhosa e oportuna tentativa, mas que não chegou a ser levada adiante.

5. PUBLICIDADE ENGANOSA COMO "CONCORRÊNCIA DESLEAL"

Como "concorrência desleal", tendência já superada nos países da Europa que adotavam tal técnica em face da edição da Diretiva nº 84/450 da Comunidade Europeia, dando especial ênfase à questão da falsidade, bem como à informação incompleta e incorreta sobre produtos e serviços, foi ela tentada em nosso País, não obstante tal obsolescência. E isso porque seria difícil a criação isolada de um tipo independente, tornando-o, no caso, bem-vindo até pela comunidade empresarial, porquanto é de seu manifesto interesse não propriamente a falsidade da publicidade em detrimento do consumidor-alvo, mas o seu reflexo na concorrência de produtos semelhantes.

Assim, ao relatar processo como membro do extinto Conselho Nacional de Defesa do Consumidor, a profª Ada Pellegrini Grinover chegou a apresentar anteprojeto de lei no sentido de se acrescentar inciso e parágrafo ao art. 178 do Decreto-lei nº 7.903, de 27.8.45, tipificando entre os "crimes de concorrência desleal" a propaganda enganosa, a saber:

"*Art. 1º* São acrescidos inciso e parágrafo ao art. 178 do Decreto-Lei nº 7.903, de 27 de agosto de 1945, mantido em vigor pelo art. 128 da Lei nº 5.772, de 21 de dezembro de 1971, com a seguinte redação:

XIII – uso, em rótulos, anúncios, cartazes ou qualquer outra forma de propaganda escrita, oral ou audiovisual de indicações ou alegações suscetíveis de induzir o consumidor em erro sobre a natureza, ingredientes, características, propriedades, possibilidades de utilização, peso, me-

---

[40] Redação original: "VII – dar indicações ou fazer afirmações falsas em prospectos, ou anúncios, para o fim de substituição, compra ou venda de títulos, ações ou quotas". Proposta apresentada no 4º Encontro Nacional das Entidades de Defesa do Consumidor, em Curitiba, Paraná, em outubro de 1984, pelo Dr. José Galvani Alberton, promotor de justiça em Santa Catarina.

dida, efeitos ou preços dos produtos, mercadorias ou serviços oferecidos ao mercado.

§ 1º Para os efeitos do exposto no inc. XIII incluem-se na categoria dos serviços as operações próprias das instituições financeiras e as de seguro, em qualquer de suas modalidades.

Art. 2º É renumerado como § 2º o parágrafo único do art. 178 do Decreto-Lei nº 7.903, de 27 de agosto de 1945.

Art. 3º Esta lei entra em vigor na data de sua publicação. (...)"

Tal projeto, de autoria do prof. Fábio Konder Comparato,[41] foi resgatado ao ensejo do relatório em processo do CNDC, partindo-se do pressuposto de que, embora tradicionalmente a concorrência desleal viesse sendo encarada como fundamentalmente lesiva ao direito dos empresários concorrentes, havendo ainda que indiretamente uma preocupação subjacente com a proteção também do consumidor, como público-alvo da publicidade, a própria evolução do Direito Econômico acabou invertendo tal perspectiva e, atualmente, a tônica da concorrência desleal não mais se coloca na defesa do princípio da liberdade dos concorrentes, mas, sim, na proteção do interesse dos consumidores, interpretando-se a livre concorrência como instrumento para atingir-se essa finalidade.

E prossegue a profª Pellegrini Grinover em seu relatório, asseverando que, "desde 1967, quando se reviu em Estocolmo o texto da Convenção de Paris para a Proteção da Propriedade Industrial, foi acrescida ao art. 10-bis uma alínea, declarando-se que devem ser particularmente proibidas, como atos de concorrência desleal, 'as indicações ou alegações, cuja utilização seja suscetível de induzir o público em erro sobre a natureza, modo de fabricação, características, possibilidades de utilização ou quantidade das mercadorias'".

E acrescenta ainda que, "infelizmente, a pouca sensibilidade do governo brasileiro para com a tutela do consumidor fez com que o Brasil não aderisse ao mencionado dispositivo, como de resto a muitos outros, sendo certo que o texto da Convenção foi publicado, com as aludidas reservas, pelo Decreto nº 75.752, de 8 de abril de 1975".

E merece aqui ser citada na íntegra a justificativa para que se estabelecesse o tipo, ainda que sob a rubrica de "concorrência desleal".

"Já é tempo de acompanhar os demais países no combate à denominada propaganda enganosa. As regras preventivas de autorregulamentação publicitária e a tutela administrativa do consumidor, embora importantes, devem ser complementadas por normas repressivas que tipifiquem, como infração penal, a propaganda enganosa, entre os crimes de concorrência desleal, na esteira da melhor doutrina. É o que o anteprojeto faz, inserindo mais um inciso e um parágrafo nas disposições legais que regem a matéria. (...)"

6. CRÍTICAS AO SISTEMA DE PUBLICIDADE ENGANOSA COMO CONCORRÊNCIA DESLEAL

Para o prof. J. C. Martinho de Almeida,[42] ao analisar o disposto no art. 212 do Código da Propriedade Industrial de Portugal, que disciplina a questão da propaganda comercial, seu conteúdo é incompleto e ainda com o ranço de proteção da "concorrência desleal", antes de mais nada, e apenas reflexamente ao consumidor.

---

[41] *Ensaios e pareceres de Direito empresarial*, Rio de Janeiro, Forense, 1978, ps. 479-480.

[42] "Colóquio sobre direitos do consumidor", *in Revista Progresso do Direito*, nº 2, ano II, dez. 1984, Portugal, Europress, ps. 29 a 34 – artigo: "Publicidade e os direitos do consumidor".

Título II · DAS INFRAÇÕES PENAIS

Isso porque, acentua, "os n°s 4, 5 e 6 do art. 212 do Código da Propriedade Industrial referem-se especificamente à publicidade enganosa", "assim consideradas como instrumento de concorrência desleal as falsas indicações ou reputação próprias respeitantes ao capital, à situação financeira do estabelecimento, à natureza ou extensão das suas actividades e negócios e à qualidade e quantidade da clientela; os reclamos dolosos e as falsas descrições ou indicações sobre a natureza, qualidade e utilidade dos produtos ou mercadorias, as falsas indicações de proveniência de localidade, região ou território, da fábrica, oficina, propriedade ou estabelecimento, seja qual foi o modo adaptado".

Lamenta referido autor, todavia, a falta de complemento do propósito latente da defesa do consumidor, asseverando que mencionados dispositivos "não abrangem a publicidade enganosa respeitante aos serviços, reportando-se somente a bens, ao comércio e à indústria", valendo sua aplicação extensiva pela interpretação sistemática e teleológica, ou seja, tendo-se por meramente exemplificada a relação dos comportamentos coibidos.

Seria falho ainda mencionado dispositivo, conforme o autor citado, dizendo que nada estabelece o artigo comentado sobre publicidade enganosa relativa a processos de venda e a preços.

E, diante de tais falhas apontadas, aconselha:

"(...) a sanção disciplinar da publicidade enganosa não basta para a tutela dos interesses colectivos em causa; existem aspectos graves de publicidade falsa, desigualmente a que incide sobre as qualidades ou identidade de produtos ou serviços, que deveria ser objeto não duma infracção disciplinar mas de sanções penais, a exemplo do que se passa lá fora. As multas não dissuadem as empresas de publicidade, a que não faltam meios para as pagarem; o que há é que prever determinadas condutas como penalmente censuráveis, que estabelecer os instrumentos adequados à sua detecção e investigação, que sensibilizar os tribunais para essa área do Direito Econômico em estreito relacionamento com os direitos fundamentais dos cidadãos". (...)

Daí por que certamente não serão apenas suficientes as sanções de ordem administrativa previstas no Código de Defesa do Consumidor, notadamente em se tratando de propaganda enganosa ou abusiva, como a "contrapropaganda" (art. 56, inc. XII), merecendo punição os responsáveis igualmente no âmbito penal, como se verá a seguir.

Não basta tampouco a autorregulamentação, como já foi assinalado em passo anterior, pois, embora imponha o código de ética do Conselho de Autorregulamentação Publicitária o seguimento, ainda que por *recomendações* às agências, anunciantes e veículos, de condutas as mais sensatas, tal não se faz com a *imposição necessária* de que se reveste, por exemplo, a decisão judicial em sede de medida cautelar autônoma ou embutida em ação coletiva de defesa do consumidor, aqui como alvo da publicidade.

Ao comentar o art. 282 do Código Penal espanhol de 1982, segundo o qual "serão punidos com pena de prisão de seis meses a um ano ou multa de seis a dezoito meses os fabricantes ou comerciantes que, em suas ofertas ou publicidade de produtos ou serviços, façam alegações falsas ou manifestem características incertas sobre os mesmos, de modo que possam causar prejuízo grave e manifesto aos consumidores, sem prejuízo da pena que corresponda à comissão de outros delitos", Antonio Cuerda Riezu[43] também dá conta da transmutação da esfera da concorrência desleal de referidos tipos penais, para a área de defesa do consumidor.

---

[43] "Contribuición a la polémica sobre el delito publicitario", *Revista Estudios sobre Consumo*, Espanha, Ministério de Sanidad y Consumo – Instituto Nacional del Consumo, p. 71.

CÓDIGO BRASILEIRO DE DEFESA DO CONSUMIDOR

Com efeito, "antes de 1978 existiam, por um lado, os delitos de publicidade desleal incluídos na Lei sobre a Propriedade Industrial de 1902, que haviam caído em desuso e que não eram aplicados pelos tribunais penais; e de outro, o Estatuto da Publicidade, de 1964, cujo regime atendia a alguns parâmetros políticos e sociais pré-constitucionais e que deixou de ser aplicado a partir da promulgação da Constituição; durante esse período não existiu uma tutela efetiva contra a publicidade ilícita". Acentua, ainda, que, apesar disso, "no momento em que escrevo essas páginas (dezembro de 1995), os mecanismos de proteção frente à publicidade ilícita multiplicaram-se; o cidadão ou as associações de consumidores podem recorrer à via não jurisdicional de um organismo privado, à via administrativa, ou à via jurisdicional civil, e à via jurisdicional penal – esta em um futuro imediato...".

Como já assinalado nos comentários dos artigos iniciais deste trabalho, os chamados "crimes de concorrência desleal" hoje se acham previstos no Código da Propriedade Industrial, consubstanciado na Lei nº 9.279, de 14.5.96, *mais particularmente em seu art. 195, a saber*:

"*Art. 195. Comete crime de concorrência desleal quem: I – publica, por qualquer meio, falsa afirmação, em detrimento de concorrente, com o fim de obter vantagem; II – presta ou divulga, acerca de concorrente, falsa informação, com o fim de obter vantagem; III – emprega meio fraudulento, para desviar, em proveito próprio ou alheio, clientela de outrem; IV – usa expressão ou sinal de propaganda alheios, ou os imita, de modo a criar confusão entre os produtos ou estabelecimentos; V – usa, indevidamente, nome comercial, título de estabelecimento ou insígnia alheios ou vende, expõe ou oferece à venda ou tem em estoque produto com essas referências; VI – substitui, pelo seu próprio nome ou razão social, em produto de outrem, o nome ou razão social deste, sem o seu consentimento; VII – atribui-se, como meio de propaganda, recompensa ou distinção que não obteve; VIII – vende ou expõe ou oferece à venda, em recipiente ou invólucro de outrem, produto adulterado ou falsificado, ou dele se utiliza para negociar com produto da mesma espécie, embora não adulterado ou falsificado, se o fato não constitui crime mais grave; IX – dá ou promete dinheiro ou outra utilidade a empregado de concorrente, para que o empregado, faltando ao dever do emprego, lhe proporcione vantagem; X – recebe dinheiro ou outra utilidade, ou aceita promessa de paga ou recompensa, para, faltando ao dever de empregado, proporcionar vantagem a concorrente do empregador; XI – divulga, explora ou utiliza-se, sem autorização, de conhecimento, informações ou dados confidenciais, utilizáveis ou indústria, comércio ou prestação de serviços, excluídos aqueles que sejam de conhecimento público ou que sejam evidentes para um técnico no assunto, a que teve acesso mediante relação contratual ou empregatícia, mesmo após o término do contrato; XII – divulga, explora ou utiliza-se, sem autorização, de conhecimentos ou informações a que se refere o inciso anterior, obtidos por meios ilícitos ou a que teve acesso mediante fraude; ou XIII – vende, expõe ou oferece à venda produto, declarando ser objeto de patente depositada, ou concedida, ou de desenho industrial registrado, que não o seja, ou menciona-o, em anúncio ou papel comercial, como depositado ou patenteado, ou registrado, sem o ser; XIV – divulga, explora ou utiliza-se, sem autorização, de resultados de testes ou outros dados não divulgados, cuja elaboração envolva esforço considerável e que tenham sido apresentados a entidades governamentais como condição para aprovar a comercialização de produtos. Pena – detenção, de 3 (três) meses a 1 (um) ano, ou multa. § 1º Inclui-se nas hipóteses a que se referem os incs. XI e XII o empregador, sócio ou administrador da empresa, que incorrer nas tipificações estabelecidas nos mencionados dispositivos. § 2º O disposto no inc. XIV não se aplica quanto à divulgação por órgão governamental competente para autorizar a comercialização de produto, quando necessário para proteger o público.*"

Vê-se uma vez mais, por conseguinte, a etiologia bastante próxima entre referidos delitos e os de publicidade enganosa, concluindo-se, entretanto, que, enquanto os primeiros visam precipuamente à proteção da livre iniciativa, e os fornecedores-concorrentes uns com relação aos outros, os outros visam à lisura da informação que deve refletir necessariamente na escolha e economia dos alvos últimos da publicidade, ou seja, os consumidores de produtos e serviços.

Antes de passarmos ao item seguinte, imperioso salientar que, conforme determinado pelo art. 199 ainda do Código da Propriedade Industrial, nos crimes ali previstos somente se procede mediante queixa, salvo quanto ao crime do art. 191, em que a ação penal será pública.

Com efeito, e à guisa de ilustração, dispõe referido artigo que é crime cometido, por meio de marca, título de estabelecimento e sinal de propaganda, "reproduzir ou imitar, de modo que possa induzir em erro ou confusão, armas, brasões ou distintivos oficiais nacionais, estrangeiros ou internacionais, sem a necessária autorização, no todo ou em parte, em marca, título de estabelecimento, nome comercial, insígnia ou sinal de propaganda, ou usar essas reproduções ou imitações com fins econômicos". A pena cominada a referido delito é detenção de 1 a 3 meses, ou multa, rezando ainda seu parágrafo único que "incorre na mesma pena quem vende ou expõe ou oferece à venda produtos assinalados com essas marcas".

7. TIPO CRIADO PELA LEI Nº 8.137/90

De uma carência absoluta de criminalização de oferta e publicidade enganosas e abusivas, passou-se à abundância de normas.

Com efeito, além dos dispositivos a seguir analisados do Código do Consumidor atinentes à referida matéria, dispôs o inc. VII do art. 7º da Lei nº 8.137/90 que constitui crime contra as relações de consumo "induzir o consumidor ou usuário a erro, por via de indicação falsa ou enganosa sobre a natureza, qualidade de bem ou serviço, utilizando-se de qualquer meio, *inclusive a veiculação ou divulgação publicitária*".

Todavia, referido tipo também novo não se confunde com os previstos pelo Código do Consumidor, notadamente os arts. 66 a 68, uma vez que estes *independem de qualquer resultado lesivo, ou mesmo do induzimento* do consumidor em erro, bastando a veiculação da publicidade ou oferta enganosa ou abusiva.

Como se verá, aliás, o próprio CONAR (Conselho de Autorregulamentação Publicitária), em suas normas, prevê comportamentos a serem seguidos pelos anunciantes, publicitários e veículos, ao lado de outros condenáveis, pouco importando se há ou não algum resultado lesivo.

O curioso com relação ao novo tipo penal da Lei nº 8.137/90 é que ficou a meio caminho entre a simples consideração de infração penal formal ou de mera conduta – que foi o critério adotado pelo Código de Defesa do Consumidor – e das figuras materiais do estelionato e suas diversas formas, ou mesmo da falsidade ideológica, nas quais se exige, com maior ou menor intensidade, um efetivo resultado danoso à vítima.

O verbo "*induzir*", com efeito, quer dizer capaz de levar o consumidor a comportar-se de maneira errônea ou lesiva, em decorrência de indicação ou afirmação falsa ou enganosa sobre a natureza, qualidade do bem ou serviço, utilizando-se (o agente) de qualquer meio, inclusive a veiculação ou divulgação publicitária.

Trata-se, em última análise, de resgate da ideia vigorante no parágrafo único do art. 184 do Código Penal de 1969, ou então da tratativa da publicidade enganosa como forma de "concorrência desleal", falando-se sempre em possibilidade de induzimento em erro.

No caso dos dispositivos do Código do Consumidor, contudo, e como se verá a seguir, pouco importa que tenha havido "induzimento" ou não do consumidor em erro, mesmo porque em se tratando de publicidade abusiva e enganosa o que se tem em conta é a potencialidade ou perigo de dano, *in abstrato* de uma *coletividade de consumidores difusamente considerados*.

CÓDIGO BRASILEIRO DE DEFESA DO CONSUMIDOR

Já no caso do inc. VII do art. 7º da nova Lei nº 8.137/90, tem-se em conta o consumidor individualmente considerado, e desde que tenha sido induzido em erro pela publicidade enganosa ou qualquer outro meio de comunicação.

Ou, em outros termos: o dispositivo em questão está para o delito de estelionato, assim como os do Código do Consumidor estão para a figura de crime contra a economia popular tratada pelo inc. IX do art. 2º da Lei nº 1.521/51, visto que a mera tentativa de obterem-se ganhos ilícitos em detrimento do povo ou número indeterminado de pessoas já configura a infração, independentemente de sua efetiva obtenção.

8. CRIMINALIZAÇÃO DA PUBLICIDADE ENGANOSA

Durante a tramitação dos trabalhos de que se originou o Código Brasileiro de Defesa do Consumidor, não foram poucos os argumentos empregados por diversos setores, notadamente dos empresários da publicidade, quanto à absoluta desnecessidade de regulamentar-se a matéria. Pareceu-nos, todavia, absolutamente necessário que assim fosse tratada a relevante matéria, até porque o sistema implementado pelo respeitado Conselho de Autorregulamentação Publicitária (CONAR), por exemplo, já que privado, mesmo porque congrega anunciantes, agências e veículos de publicidade, não dispõe de força coercitiva suficiente para punir adequadamente aqueles que infringem seus próprios postulados, bem como as normas de ética da publicidade.

E os argumentos em sentido contrário são praticamente os mesmos apresentados por Antonio Cuerda Riezu.[44] Com efeito, "os argumentos jurídicos *contrários à criminalização da publicidade enganosa podem resumir-se praticamente em três: primeiro, porque constitui um delito de perigo, e que essa classe de tipos deve desaparecer (ou ao menos ser reformulada) no âmbito dos delitos patrimoniais e socioeconômicos (Gómes Benitez); segundo, porque esses ilícitos devem ser relegados ao Direito Administrativo sancionador, ou totalmente (Quintero Olivares) ou em parte (Torio López); e terceiro argumento, o preceito deve desaparecer porque para sua sanção penal já existe o delito de estelionato e, em razão do princípio da intervenção mínima – que aconselha relevar-se o recurso da pena para as condutas mais graves – carece de justificativa (Grupos Parlamentares Populares, de Convergência e União, e Nacionalistas Bascos, tanto no debate do Congresso, como o debatido no Senado: como é óbvio, nenhuma dessas emendas prosperou nas respectivas apreciações)*".

E rebate os citados argumentos, em síntese, afirmando que, no que tange ao delito de perigo, é necessária sua capitulação já que, como vivemos em uma sociedade de risco, em uma comunidade repleta de perigos, se a pena se impõe quando esse perigo já se consumou de fato, lesando um bem jurídico, a consequência jurídica terá chegado demasiadamente tarde, sem falar-se do caráter preventivo e pedagógico, acrescentaríamos, da incriminação da publicidade enganosa.

Em segundo lugar, embora parcialmente concorde com o argumento de que bastam os dispositivos de cunho administrativo para a coibição de tal tipo de publicidade, responde dizendo que resta evidente que "o Direito Penal representa o setor jurídico que outorga o mais alto nível de proteção e que constitui um procedimento eficaz na defesa dos consumidores, porque, quanto ao delito de publicidade enganosa, enquanto protege o direito dos consumidores quanto à veracidade da publicidade, conta com o respaldo inequívoco do Direito comunitário e da Constituição espanhola; há que se ter ainda em conta que o possível prejuízo derivado da publicidade enganosa pode também ameaçar bens jurídicos

---

[44] Op. cit., ps. 72 e segs.

Título II · DAS INFRAÇÕES PENAIS | **Art. 66**

de uma relevância, como a vida, a saúde, a segurança, ou os interesses patrimoniais dos consumidores".

Quanto ao terceiro argumento, ou seja, no sentido de que o tipo penal de publicidade enganosa seria supérfluo, já que já existe o de estelionato, funcionando aquela como um dos seus componentes, exatamente porque é ela que conduziria o consumidor a erro, contra-argumenta o autor ora citado que se o tipo de publicidade enganosa protege o direito dos consumidores com vistas a obterem publicidade veraz e, em determinados casos, e de forma reflexa, os concorrentes, fica evidente que não se pode confundi-la com a figura do estelionato. E, pelas mesmas razões, tampouco é possível aceitar que o delito de publicidade enganosa constitua uma tentativa de estelionato, posto que, como já se assinalara noutro passo, podem existir anúncios enganosos capazes de provocar prejuízos não patrimoniais.

"*Logo*", conclui, "*o princípio de intervenção mínima não pode ser alegado contra essa nova incriminação; prova disso é que a jurisprudência do Supremo Tribunal em mil raras ocasiões tem apenado um determinado estelionato segundo o vigente Código Penal cometido mediante uma publicidade, mencionando como 'avis rara' a sentença de 19 de junho de 1991, em que se condenaram por estelionato agentes que realizaram uma campanha de propaganda para atrair subscritores de participação em uma sociedade, com a falsa promessa de oferecer vantagens na verdade inexistentes*".

É o que também deixamos evidenciado ao comentarmos os dispositivos relativos à publicidade enganosa, desde a primeira edição desta obra (cf. art. 66, a seguir).

Art. 66. Fazer afirmação falsa ou enganosa, ou omitir informação relevante sobre a natureza, característica, qualidade, quantidade, segurança, desempenho, durabilidade, preço ou garantia de produtos ou serviços: [1]

Pena – Detenção de três meses a um ano e multa.

§ 1º Incorrerá nas mesmas penas quem patrocinar a oferta. [2]

§ 2º Se o crime é culposo: [3]

Pena – Detenção de um a seis meses ou multa.

COMENTÁRIOS

[1] FALSIDADE, ENGANO E OMISSÃO EM INFORMAÇÕES SOBRE PRODUTOS E SERVIÇOS – Para bem compreender os tipos previstos no art. 66 do Código de Defesa do Consumidor, é necessário que nos reportemos ao que diz a *parte material* do mesmo Código, ou seja, seus arts. 30, 31 e 35, cujo teor é o seguinte:[45]

---

[45] Veja-se decisão em sede de *habeas corpus* que abordou parcialmente a questão suscitada: HC nº 11.912/SP, rel. Min. Jorge Scartezzini, 5ª Turma do STJ, j. de 3.4.2001, *DJ* de 20.08.2001, p. 496: "Processo penal. Representação. Desnecessidade de rigor formal. Decadência. Crime de omissão de informação em produto. Art. 66 do Código de Defesa do Consumidor. Prescrição. Inocorrência. – Esta Corte, em inúmeros julgados, tem entendido que a representação do ofendido (crimes de lesões corporais), como condição de procedibilidade, prescinde de rigor formal. Basta que haja a demonstração inequívoca de sua intenção em ver os autores responsabilizados criminalmente. – No tocante à possível ocorrência da prescrição quanto ao crime previsto no art. 66 do CDC, o *writ* improcede. Como prevê o art. 109, inc. V, do CP, o prazo prescricional para o referido delito é de quatro anos, ainda não transcorridos, já que o crime foi cometido em setembro de 1997 (cf. Boletim de Ocorrência, às fls. 14). – Ordem denegada".

Art. 66 | CÓDIGO BRASILEIRO DE DEFESA DO CONSUMIDOR

Art. 30. Toda informação ou publicidade, suficientemente precisa, veiculada por qualquer forma ou meio de comunicação com relação a produtos e serviços oferecidos ou apresentados, obriga o fornecedor que a fizer veicular ou dela se utilizar e integra o contrato que vier a ser celebrado.

Art. 31. A oferta e apresentação de produtos ou serviços devem assegurar informações corretas, claras, precisas, ostensivas e em língua portuguesa sobre suas características, qualidades, quantidade, composição, preço, garantia, prazos de validade e origem, entre outros dados, bem como sobre os riscos que apresentam à saúde e segurança dos consumidores.

Art. 35. Se o fornecedor de produtos ou serviços recusar cumprimento à oferta, apresentação ou publicidade, o consumidor poderá, alternativamente e à sua livre escolha:

I – exigir o cumprimento forçado da obrigação, nos termos da oferta, apresentação ou publicidade;

II – aceitar outro produto ou prestação de serviço equivalente;

III – rescindir o contrato, com direito à restituição de quantia eventualmente antecipada, monetariamente atualizada, e a perdas e danos.

Observe-se, em primeiro lugar, que os *núcleos* do tipo em discussão são expressados pelos verbos *"fazer"* afirmação falsa ou enganosa e *"omitir"* informações relevantes sobre produtos ou serviços.

Embora referido tipo guarde íntima relação com o crime de falsidade ideológica previsto no art. 299 do Código Penal,[46] com ele não se confunde por diversas razões, dentre as quais sinteticamente destacamos as seguintes:

a) enquanto a falsidade ideológica se materializa apenas em documentos públicos ou particulares, a publicidade certamente terá tantas maneiras de expressão quantas forem as modalidades de *mass media*, ou seja: transmissões de televisão, rádio, cinema, jornais, *outdoors*, televisão por cabo, via satélite, ou então, tratando-se de ofertas, panfletos, bulas, instruções, manuais de uso, *broad sides* etc.;

b) a falsidade ideológica, embora guarde relação com a publicidade enganosa ou abusiva no que concerne à *ação* (fazer) ou *omissão* (silenciar ou calar-se sobre característica relevante de um produto ou serviço), exige que a mentira ou ocultação da verdade ou dados essenciais visem a prejudicar direito, criar obrigação ou alterar a verdade sobre fato juridicamente relevante, não resvalando sequer no mencionado tipo, por exemplo, simples preterição de uma formalidade ou aspecto ocultado nos mencionados documentos;

c) já a, digamos até, *"falsidade (ideológica) publicitária"* de modo geral, *aí incluída certamente a oferta* de produtos e serviços, não exige qualquer dos três elementos normativos retromencionados, bastando para sua configuração que seja feita a veiculação da mensagem falaz ou então omitida na mesma veiculação.

Ou melhor explicitando: enquanto na falsidade ideológica a declaração mentirosa ou a omissão fraudulenta visa a prejudicar direito (exemplo: uma escritura que declare medidas

---

[46] Código Penal, "Art. 299. Omitir, em documento público ou particular, declaração que dele devia constar, ou nele inserir ou fazer inserir declaração falsa ou diversa da que devia ser escrita, com o fim de prejudicar direito, criar obrigação ou alterar a verdade sobre fato juridicamente relevante: Pena – reclusão, de um a cinco anos, e multa, se o documento é público, e reclusão de um a três anos, e multa, se o documento é particular. Parágrafo único. Se o agente é funcionário público, e comete o crime prevalecendo-se do cargo, ou se a falsificação ou alteração é de assentamento de registro civil, aumenta-se a pena de sexta parte.

falsas de um imóvel que está sendo transacionado *ad mensuram*), criar obrigação ou alterar a verdade sobre fato juridicamente relevante (ou seja, e ainda por exemplo, a declaração falsa de prestação de serviços por alguém ou atestado médico falso para obtenção de benefícios previdenciários ou aposentadoria por invalidez), *a mensagem publicitária falsa ou abusiva não exige sequer a tentativa de obtenção de qualquer tipo de vantagem para sua plena configuração*, consumando-se pela simples veiculação por um dos meios retromencionados, ou outros que a tecnologia for desenvolvendo.

E os exemplos são muitos: milagrosos métodos para emagrecimento, elixires de potência sexual infalíveis, tônicos que fazem crescer cabelos, qualquer que seja a causa de sua perda, amuletos e simpatias que melhoram a sorte do consumidor, alimentos energéticos equivalentes a quilogramas de outros elementos naturais, móveis de madeira maciça, quando em verdade são de aglomerados e folhas de papel que imitam aquela, imóveis com vistas diretas para o mar quando em verdade apenas uma fresta para aquele é permitida, metragens incorretas dos mesmos imóveis, produtos e serviços com qualidades e propriedades que de fato não as têm etc.

Ora, referidos tipos de publicidade, que poderiam até causar a morte de pessoas que viessem a crer piamente no que apregoam, só pela sua veiculação já estão certamente a merecer exemplar punição.

E o que se tem em conta, certamente, não é apenas a economia popular, seriamente comprometida com tais tipos inescrupulosos de publicidade, como também a própria incolumidade dos destinatários *difusamente considerados*.

E, com efeito, no que tange à *conceituação de publicidade enganosa ou abusiva*, revelam-se expressamente os §§ 1º, 2º e 3º do art. 37 ainda do Código Brasileiro de Defesa do Consumidor:

Art. 37. É proibida toda publicidade enganosa ou abusiva.

§ 1º É enganosa qualquer modalidade de informação ou comunicação de caráter publicitário, inteira ou parcialmente falsa, ou, por qualquer outro modo, mesmo por omissão, capaz de induzir em erro o consumidor a respeito da natureza, características, qualidade, quantidade, propriedades, origem, preço e quaisquer outros dados sobre produtos e serviços.

§ 2º É abusiva, dentre outras, a publicidade discriminatória de qualquer natureza, a que incite à violência, explore o medo ou a superstição, se aproveite da deficiência de julgamento e experiência da criança, desrespeite valores ambientais, ou que seja capaz de induzir o consumidor a se comportar de forma prejudicial ou perigosa à sua saúde ou segurança.

§ 3º Para os efeitos deste Código, a publicidade é enganosa por omissão quando deixar de informar sobre dado essencial do produto ou serviço.

Dessa forma, *fazer* afirmação falsa ou enganosa sobre os requisitos elencados pelos dispositivos retrocolacionados, *independentemente do resultado prático que tal afirmação venha a acarretar*, já dá ensejo à punição do responsável, mesmo porque se trata, apesar de delito que se materialize pela mensagem publicitária ou oferta, de *delito instantâneo* e *de perigo*, dada a sua manifesta *potencialidade* de dano à saúde, vida, segurança, e economia de um sem-número de receptores-alvos das mensagens veiculadas pelos mais variados meios de comunicação de massa que se possa imaginar.

Da mesma forma *não se exigirá um prejuízo de natureza econômica efetivo*, como no caso do estelionato ou outras fraudes.

É certo que o art. 171, *caput*, do Código Penal fala em obtenção de vantagem ilícita, em prejuízo alheio, induzindo-se ou mantendo-se alguém em erro *mediante artifício*, ardil, ou

Art. 66 | CÓDIGO BRASILEIRO DE DEFESA DO CONSUMIDOR

qualquer outro meio fraudulento, podendo-se colocar a publicidade enganosa como um dos meios fraudulentos.

Mesmo que inexista tal prejuízo, entretanto, ocorre o delito ora criado pelo Código de Defesa do Consumidor, desde que se veicule a publicidade enganosa ou falsa, ou ainda abusiva, apenas pela potencialidade de dano.

No caso de ter havido *efetivo prejuízo* em decorrência de publicidade falsa ou enganosa, entendemos haver *concurso material de delitos*, no caso como o de estelionato, exatamente porque o que se visa é à coibição primordial da *fraude publicitária*, que coloca em risco a harmonia das relações de consumo, filosofia que, aliás, preside todos os dispositivos do mencionado Código.

E, com efeito, em acórdão do Supremo Tribunal Federal, em sede do Recurso Extraordinário nº 41.199-DF, 2ª Turma, tendo por relator o ministro Luiz Gallotti, entendeu-se que *um delito só é absorvido por outro no caso da subsidiariedade implícita, quando um tipo menos grave funciona* como elementar ou qualificador de outro.[47]

Como no caso então julgado – delito de falsidade conjugado à obtenção de vantagem ilícita – isso não ocorreria e o agente foi condenado tanto pelo primeiro como por estelionato, em concurso material, sendo essa igualmente a opinião do saudoso Heleno Cláudio Fragoso.[48]

E, com efeito, sobretudo em se tratando de delito altamente lesivo, ao menos potencialmente a um número indeterminado de pessoas – imagine-se o anúncio de um remédio dito milagroso que "cura câncer" ou então "AIDS", mas que na verdade não passa de um simples fortificante ou placebo ou nem isso; ou ainda do mencionado "lindo apartamento com inteira vista para o mar", ou mesmo com 500 metros quadrados de área, mas que na verdade não tem qualquer das duas qualidades apregoadas –, não seria razoável que o agente responsável somente fosse apenado pelo prejuízo eventual e efetivamente causado a alguns dos receptores-alvos da publicidade enganosa.

Aliás, em se tomando ainda por base o delito de falsidade ideológica que estaria a exigir o prejuízo de certo interesse ao menos, veja-se o que foi decidido pelo Tribunal de Justiça de São Paulo, conforme se observa de acórdão publicado *in RT* 428/327: "O prejuízo inerente à falsidade documental não precisa ser efetivo, nem patrimonial. Ele pode ser potencial e moral. Desde que atacado um interesse juridicamente protegido, público ou privado, desde que possa afetar interesse juridicamente apreciável, ou que gravite na órbita jurídica, o falso documental é reconhecível".[49]

No que diz respeito ao *elemento subjetivo* do delito ora analisado, trata-se do *dolo*, ou seja, a vontade livre e consciente de *fazer* afirmação falsa ou então *omitir informação relevante* sobre a natureza, características, quantidade, qualidade etc. de produtos e serviços.

Ao contrário, repita-se, do delito assemelhado pelo modo de agir, previsto pelo art. 299 do Código Penal, não é necessária a presença do *elemento normativo* ali previsto, ou seja, falsidade *com o fim de prejudicar direito, criar obrigação* etc.

Sua *consumação se dá mediante simples veiculação,* por qualquer meio de comunicação, da publicidade enganosa ou falsa, ou então pela *omissão* de informação relevante quanto aos

---

[47] *RTJ* nº 9, p. 257.

[48] *Lições de Direito Penal*, São Paulo, José Bushatsky Editor, 1959, vol. IV, p. 821, nº 897, *in fine.*

[49] *RT* 374/51; 431/307; 442/363; 504/390; 519/320; 525/349; 543/386; *RJTSP* 17/530; 21/445; 23/440; 36/314; 39/308; 44/417; 52/347; 62/374; 65/341; Nélson Hungria, *Comentários ao Código Penal,* 1958, vol. 9, p. 253; Magalhães Noronha, *Direito Penal,* vol. 4, p. 200; Heleno C. Fragoso, op. cit., arts. 213 a 358, p. 344; Sílvio do Amaral, *Falsidade documental,* p. 77; Everardo da Cunha Lima, "Crimes contra a fé pública e o Código Penal de 1969", *in Revista Justitia,* nº 84, p. 255.

Título II · DAS INFRAÇÕES PENAIS | **Art. 66**

aspectos previstos no mesmo tipo ora citado, o mesmo valendo para a *oferta* de produto ou serviço.

Admite-se a *tentativa*, mas tão somente quando da *afirmação falsa ou enganosa ou então oferta* nessas circunstâncias, e não na *omissão* dos aspectos retrofocados, por razões óbvias.

E, no primeiro caso, alvitra-se a existência de campanha publicitária já elaborada e prestes a ser veiculada, repleta de falsidades ou chamadas enganosas, mas que não chega a ser veiculada por circunstâncias alheias à vontade do responsável.

O *sujeito ativo* é qualquer pessoa ("anunciante"), geralmente o responsável pela elaboração das ideias que serão posteriormente trabalhadas e colocadas nos chamados *photo boards*, por exemplo, vinhetas, textos, gravações, ou *outdoors* etc. – responsável pelos departamentos de publicidade e *marketing* de uma empresa, por exemplo –, falando o § 1º do mencionado art. 66 do Código do Consumidor brasileiro igualmente de quem "patrocinar a oferta".

O equívoco mais comum que temos constatado como procurador de justiça oficiante perante o Tribunal de Alçada Criminal do Estado de São Paulo em matéria de crimes contra as relações de consumo refere-se a denúncias do "anunciante" como incurso no art. 67, quando na verdade deveria sê-lo no art. 66 do Código do Consumidor, ou então no art. 7º, VII, da Lei nº 8.137/90.

Com efeito, e conforme já assinalado neste item sob comento, são *características* do tipo do art. 66, em primeiro lugar, sua semelhança com a falsidade ideológica, dela diferindo, entretanto, por não exigir dolo específico (relevância da afirmação falsa ou omissão), bem como do estelionato, porque não pressupõe, necessariamente, a ocorrência de um efetivo prejuízo ao consumidor.

Seu sujeito ativo, entretanto, é o *anunciante/fornecedor – que, portanto, conhece perfeitamente as condições do produto fabricado ou do serviço executado.*

Quanto às *formas de atuação,* constituem-se de qualquer meio, *inclusive* a mensagem publicitária – e independem de resultado, ou seja, de indução ou não do consumidor em erro e sobretudo da obtenção de vantagem ilícita.

Já o art. 67, que será mais pormenorizadamente comentado no item 4, tem como *características* sujeitos ativos distintos, ou seja, quem faz publicidade é o profissional da área, cujo comportamento é especificamente *disciplinado por lei* (Lei Federal nº 4.680, de 18.6.65), que precipuamente *"dispõe sobre o exercício da profissão de publicitário e de agenciador de propaganda e dá outras providências",* e sobretudo *a ética desses profissionais* (Decreto nº 57.690, de 1º de fevereiro de 1966), que *aprova o regulamento para a execução daquele diploma legal.*

São seus *dispositivos mais importantes os adiante declinados, que bem demonstram esse ponto de vista quanto à manifesta distinção entre os agentes num e noutro tipo penais:*

> *Da lei – Art. 1º* "São publicitários aqueles que, em caráter regular e permanente, exerçam funções de natureza técnica da especialidade, nas Agências de Propaganda, nos veículos de divulgação, ou em quaisquer empresas nas quais se produza propaganda." *Art. 6º* "A designação profissional de Publicitário será privativa dos que se enquadram nas disposições da presente lei."
>
> *Do decreto – Art. 17.* "A Agência de Propaganda, o Veículo de Divulgação e o Publicitário em geral, sem prejuízo de outros deveres e proibições previstos neste Regulamento, ficam sujeitos, no que couber, *aos seguintes preceitos, genericamente ditados pelo Código de Ética dos Profissionais da Propaganda* a que se refere o art. 17, da Lei nº 4.680, de 18 de junho de 1965."

Observe-se, nesse sentido, que *os incs. I e II falam, em última análise, de publicidade abusiva (I) e publicidade enganosa (II),* dispondo que:

"*I – Não é permitido – a*) publicar textos ou ilustrações que atentem contra a ordem pública, a moral e os bons costumes; *b*) divulgar informações confidenciais relativas a negócios ou planos de Clientes-Anunciantes; *c*) reproduzir temas publicitários, axiomas, marcas, músicas, ilustrações, enredos de rádio, televisão e cinema, salvo consentimento prévio de seus proprietários ou autores; *d*) difamar concorrentes e depreciar seus méritos técnicos; *e*) atribuir defeitos ou falhas a mercadorias, produtos ou serviços concorrentes; *f*) contratar propaganda em condições antieconômicas ou que importem em concorrência desleal; *g*) utilizar pressão econômica, com o ânimo de influenciar os Veículos de Divulgação a alterarem tratamento, decisões e condições especiais para propaganda. *II* – É dever – *a*) fazer divulgar somente acontecimentos verídicos e qualidade ou testemunhos comprovados; *b*) atestar, apenas, procedências exatas e anunciar ou fazer anunciar preços e condições de pagamento verdadeiros; *c*) elaborar a matéria de propaganda sem qualquer alteração, gráfica ou literária, dos pormenores do produto, serviço ou mercadoria; *d*) negar comissões ou quaisquer compensações a pessoas relacionadas direta ou indiretamente com o Cliente; *e*) comprovar as despesas efetuadas; *f*) envidar esforços para conseguir, em benefício do Cliente, as melhores condições de eficiência e economia para sua propaganda; *g*) representar, perante a autoridade competente, contra os atos infringentes das disposições deste Regulamento."

Por outro lado, quem *promove* a publicidade, certamente, é o *veículo* (estação de rádio, televisão, jornal, revista, prospecto e qualquer outro instrumento de *mass media*).

Assim, o *art. 2º* da referida lei reza: "consideram-se Agenciadores de Propaganda os profissionais que, vinculados aos veículos da divulgação, a eles encaminhem propaganda por conta de terceiros"; e o *art. 4º* dispõe que "*são veículos de divulgação, para os efeitos desta Lei, quaisquer meios de comunicação visual ou auditiva capazes de transmitir mensagens de propaganda ao público, desde que reconhecidos pelas entidades e órgãos de classe, assim considerados as associações civis locais e regionais de propaganda bem como os sindicatos de publicitários*".[50]

Quanto ao *art. 7º, VII, da Lei nº 8.137/90, que, como visto, dispõe ser crime contra as relações também de consumo "induzir o consumidor ou usuário a erro, por via de indicação ou afirmação falsa ou enganosa sem a natureza, qualidade de bem ou serviço, utilizando-se de qualquer meio, inclusive a veiculação ou divulgação publicitária", fica a meio caminho entre o delito de publicidade enganosa, propriamente dito, e o de estelionato.*

Além disso, essa forma é apenas *dolosa, e de resultado, ao menos na indução em erro de um consumidor.*

Em razão dessas considerações, poderíamos grafar os sinais seguintes, para ilustrarmos aquela circunstância de crimes de menor, média e maior abrangência, a saber:

E a *jurisprudência* tem-se manifestado a respeito, consoante os acórdãos por nós reunidos a seguir.

Na *Ap. Crim. nº 769.299/7 – Santo André*, absolveu-se réu acusado pela prática dos arts. 66 e 67. Ou seja, por ter apregoado em sinais de publicidade interna que cartões de crédito seriam aceitos para "preço à vista" em seu estabelecimento comercial, mas cobrou percentual maior quando o consumidor se apresentou ao caixa.

Principais trechos do acórdão: *"Referido dispositivo de lei"* (i.e., o art. 66 do CDC) *"prevê dois tipos de delito, o omissivo, quando o agente ativo omite informação relevante sobre serviços e/ou produtos, e o comissivo, quando o sujeito faz afirmação enganosa ou falsa; não praticou ela, repita-se, nenhuma das modalidades delituosas previstas na espécie; ficou demonstrado, de*

---

[50] Vide, ainda, no nosso *Manual de direitos do consumidor*, 2ª ed., Atlas, ps. 143-157, a íntegra do Código de Autorregulamentação do CONAR.

Título II · DAS INFRAÇÕES PENAIS | Art. 66

maneira clara e segura, que a vítima, após escolher o produto que pretendia adquirir, foi informada por uma das empregadas da apelante que o preço à vista seria de Cr$ 95.000,00 e que no cartão de crédito haveria um acréscimo e o valor passaria para Cr$ 135.000,00; tal proceder corresponde a uma praxe comercial perfeitamente aceita e arraigada no nosso comércio em razão da galopante e crônica inflação que aflige nosso País; não se poderia exigir da sentenciada outra conduta; não cometendo ela, portanto, nenhum crime, a sua absolvição era, como de fato é, de rigor".

Já na *Ap. Crim. nº 879.033/4 – São Paulo, a 11ª Câm. do TACRIM-SP*, por votação unânime, negou provimento à apelação do réu que havia sido condenado pela mesma prática retrorreferida (oferta de produtos com cartão de crédito, mas sem o esclarecimento de que seu uso faria o preço aumentar cerca de 30%). Trecho do acórdão:

"Policiais do Departamento Estadual de Polícia do Consumidor receberam denúncia quanto à praxe delitiva do estabelecimento comercial Mac Blue Modas Limitada, nome fantasia, Gazzy, consistente em exigir sobrepreço nas aquisições com uso de cartão de crédito, sem prévia ciência ao consumidor; compareceram ao estabelecimento e, adquirindo uma camisa cujo preço indicado era de 500 mil cruzeiros, passou a custar 900 mil cruzeiros a partir da ciência de aquisição mediante cartão; não houve flagrante preparado; houve, sim, flagrante esperado; essa a conduta normal do comerciante, não induzido a cobrar mais dos investigadores; estes apenas verificaram, pessoalmente, e in loco, a veracidade das denúncias; a prova é consistente; apreendeu-se a camisa, a nota fiscal 8.297, no valor de 500 mil cruzeiros, datada de 6 de julho de 1993 e emitida pelo estabelecimento comercial; e o comprovante do pagamento CREDICARD nº 6375665, no valor de 900 mil cruzeiros; essa a prova material de relevo; não existia a placa advertindo o consumidor de preço distinto para compras à vista ou a crédito; embora o réu e suas testemunhas façam alusão a essa comunicação, ela não estava exposta no estabelecimento; competia ao comerciante fazê-lo, não encarregar os vendedores de proceder a esclarecimento verbal; isso consiste em publicidade enganosa, exatamente o objetivo perseguido pela criminalização da conduta; e da inexistência da placa falam a própria corré, a gerente Luciana Aparecida Martins – fls. 7/8 e 51 – e a testemunha de defesa José Alfredo de Lima – fl. 64; além, é claro, dos depoimentos dos investigadores Robson Bueno dos Santos – fls. 5/6 e 61 – e Alberto Jorge Paelo Prado – fls. 6/7 e 62; a partir da edição do Código de Defesa do Consumidor, implementou-se legalmente o princípio do dever de informar; e como observa Luiz Antonio Nunes, 'na realidade, o dever de informar é apenas o substituto lógico e evoluído do dever de informar-se, fruto de natural evolução dos mercados de consumo' ('A publicidade e o direito do consumidor', in Justitia – 54/160, p. 56); esse dever de informar se irradia no art. 31 do Código, chegando ao tipo do art. 66 da lei; o consumidor tem direito a informação verdadeira, integral e adequada; informação parcial ou incompleta impede o consumidor de fazer escolha racional; comentando o art. 31, assinala Arruda Alvim haver procurado o legislador disciplinar, 'em prol do consumidor, atento à sua vulnerabilidade, o conteúdo da oferta e a apresentação de produtos e serviços; devem elas ser corretas, claras, precisas, ostensivas e inteligíveis... sobre as características do produto ou serviço, qualidade, quantidade, composição, preço, garantia, prazos de validade e origem' (Código do Consumidor Comentado, arts. 31 e 32, p. 81); ao adentrar-se num estabelecimento para adquirir mercadoria, deve o consumidor – de imediato e sem necessidade de solicitar informações adicionais – identificar as condições da eventual compra; nada mais relevante do que o preço; o dispêndio, numa comunidade em permanente conflito com a elevação do custo de vida, é talvez o tópico de maior relevo no universo do consumo; e, nestes autos, tem-se evidente a prática omissiva do apelante, sugerindo ser único o preço da mercadoria, para elevá-lo desmesuradamente se o freguês se propusesse a pagar com cartão de crédito; incidiu, à evidência, no tipo do art. 66 do Código de Defesa do Consumidor."

Art. 66 | CÓDIGO BRASILEIRO DE DEFESA DO CONSUMIDOR

Na *Ap. Crim. nº 956.853/1 – Guaratinguetá, a 12ª Câm. do TACRIM-SP* condenou o dono de uma oficina de reparos de eletrodomésticos porque dissera a cliente que não venderia mancais separados do motor. Havíamos entendido então que seria apenas, em tese, o caso de *venda casada*, mas a Câmara manteve a condenação pelo art. 66 do CDC. Trecho do acórdão:

"Em 24.7.1992, no período da manhã, à Rua Frei Galvão, na Cidade e Comarca de Guaratinguetá, onde se localiza o Serviço Autorizado Enxuta da cidade, Roberto José Barreli, proprietário da representação comercial, prestou informação enganosa sobre a natureza e característica de produto a Ângelo Malanga; este, possuidor de secadora da marca Enxuta, identificou problema mecânico nela, concluindo que poderia ser resolvido com a simples substituição dos mancais do motor; dirigiu-se, para tanto, até a representação comercial da marca na cidade, onde foi informado, pelo próprio proprietário, de que os mancais não eram vendidos separadamente, mas somente o motor inteiro, cuja troca seria necessária, portanto; inconformado com a resposta, já que não precisava de todo o motor, Ângelo ligou para a sede da empresa, e obteve a resposta de que os mancais eram, sim, vendidos separadamente; retornou, então, à representação, quando obteve informação semelhante à anterior, necessitando, por isso, mandar comprar as peças de que precisava na Cidade de Taubaté, onde não enfrentou quaisquer dificuldades; ainda na polícia, o acusado afirmou que nada tem a declarar, pois não se recorda de ser solicitado por um senhor de nome Ângelo Malanga para fazer algum tipo de serviço...; portanto, correta a condenação imposta a Roberto José Barrelli, pelo que fica improvido seu apelo; já o inconformismo ministerial, ao invés, merece parcial provimento...; a douta Procuradoria-Geral de Justiça manifestou-se, ainda, pela absolvição do réu porque a conduta praticada não corresponde ao tipo em que declarado incurso, mas sim a outro, que sequer foi cogitado; não se pode acatar o douto parecer; para tanto, examinem-se as respectivas redações dos dispositivos citados: Lei nº 8.078, de 11.9.1990 (Código de Proteção e Defesa do Consumidor – dispõe sobre a proteção do consumidor e dá outras providências) – *Art. 66. Fazer afirmação falsa ou enganosa, ou omitir informação relevante sobre a natureza, característica, qualidade, quantidade, segurança, desempenho, durabilidade, preço ou garantia de produtos e serviços: Pena – detenção de três meses a um ano e multa;* Lei nº 8.137, de 27.12.1990 (define crimes contra a ordem tributária, econômica e contra as relações de consumo, e dá outras providências): *Art. 5º Constitui crime da mesma natureza (contra a ordem econômica) I – ...; II – subordinar a venda de bem ou utilização de serviço à aquisição* de outro bem, ou ao uso de determinado serviço; III – ...; IV – ...; Pena – detenção, de 2 (dois) a 5 (cinco) anos, ou multa; Parágrafo único. ...; *ora, desde o primeiro instante imputou-se ao acusado a conduta de salientar que era impossível a venda dos mancais, porque estes integravam o motor, que não podia ser desmanchado, e teria de ser inteiramente trocado; ou seja, não era outro bem que o acusado tentava vender juntamente com o desejado pela vítima, mas um bem só; não tentava vender dois bens separados, mas sim um que, segundo ele, incluía aquele que a vítima desejava; e o fazia tentando engodar a vítima, afirmando que não existiam mancais para serem vendidos separadamente, o que se provou não corresponder à verdade; assim fez, realmente, afirmação falsa sobre a natureza e característica do bem que a vítima desejava."*

Aqui, uma vez mais, constata-se *o equívoco manifesto já apontado em item anterior. Ou seja, na verdade não houve a "publicidade enganosa", mas sim, e em tese, o citado delito contra a ordem econômica, que, aliás, é previsto na mesma Lei nº 8.137/90.*

Na *Ap. Crim. nº 926.759/1 – Capital, a 14ª Câm. do TACRIM-SP* apreciou recurso de ré, acusada da prática dos dois delitos (arts. 66 e 67 do CDC). Cuidou-se, na hipótese, com efeito, de anúncio de promessa de venda de autos "sem juros" e "sem TR". Absolvida do primeiro delito, foi condenada pelo segundo, apesar de nosso parecer (não houvera recurso do Ministério Público de primeiro grau). No caso, entendemos que, na verdade, como o anúncio fora pre-

Título II · DAS INFRAÇÕES PENAIS | **Art. 66**

parado pela própria empresa da ré, uma concessionária Fiat, somente haveria incidência do art. 66, e não do art. 67 do CDC. Destaque-se, todavia, argumento importante do acórdão, no sentido de que *"o agente do crime é o fornecedor, logicamente, pois é quem detém a faculdade de saber se o seu produto possui as características alegadas publicitariamente; discute-se se e quando os publicitários e os veiculadores* possam saber *ou deveriam saber ser enganosa a mensagem; já vimos que a agência de propaganda trabalha por ordem e conta de seu cliente anunciante; é este que contrata o publicitário, passa-lhe as informações para que se desenvolva a campanha ou se crie o anúncio e aprova a forma final apresentada; nenhum anúncio é veiculado sem esta decisão derradeira do cliente, sobre a forma, o texto, os veículos escolhidos, tudo enfim"* (Edney Narchi, "Da publicidade e sua disciplina no CDC"), *in Revista Justitia*, São Paulo, vol. 160, p. 79); *na espécie, a responsabilidade da apelante é certa e não foi sequer contestada pela mesma, que sequer compareceu a juízo para defender-se; e não há sequer notícia nos autos de eventual participação na elaboração da mensagem enganosa de alguma agência de publicidade, ou do responsável pelo veículo de comunicação onde o anúncio foi publicado.*

Observação: Sem embargo do referido argumento, aqui também houve equívoco da Câmara julgadora, e por isso mesmo é que dissemos que a absolvição seria de rigor, *porque a denúncia falava apenas na figura do art. 67 do CDC, que tem sujeito passivo próprio.*

Na *Ap. Crim. nº 972.791/7 – Capital, a 15ª Câm. do TACRIM-SP,* denunciado o réu pela prática do delito do art. 66 do CDC e condenado, o TACRIM manteve a condenação, apesar de meu parecer; já que no caso anunciara-se à venda uma moto, deixando claro no reclame, entretanto, que se cuidava de um consórcio.

Na *Ap. Crim. nº 968.299/5 – Campinas, a 7ª Câm. do TACRIM-SP,* por votação unânime, deu provimento ao apelo do Ministério Público, e declarou o réu como incidente no art. 66, e não no 67, originariamente.

E, *acolhendo nossa tese*, depreende-se o seguinte trecho do acórdão:

"Data venia, não foi correta a classificação jurídica da conduta imputada ao apelante. É que o art. 67 da Lei nº 8.078/90 (Código de Defesa do Consumidor) não tem por sujeito ativo o anunciante, mas sim os profissionais que façam (criem) ou promovam (veiculem) a propaganda enganosa (cf. Arruda Alvim e outros, Código do Consumidor comentado, *ps. 144-145, Ed. Rev. dos Tribs., 1991; Alberto Silva Franco e outros,* Leis penais especiais e sua interpretação jurisprudencial, *p. 490, Ed. Rev. dos Tribs., 1995). Sentir do qual não discrepa o ilustre procurador de justiça oficiante Dr. José Geraldo Brito Filomeno, na obra* Manual de direitos do consumidor, *Ed. Atlas, 2ª ed., colacionada a fls. 127-128. A imputação inaugural, em realidade, melhor se adéqua à figura descrita no art. 66 do Estatuto em apreço ('fazer afirmação falsa ou enganosa, ou omitir informação relevante sobre a natureza, característica, qualidade, quantidade, segurança, desempenho, durabilidade, preço ou garantia de produtos ou serviços'). Onde o sujeito ativo é o fornecedor (anunciante), como ensinam Alberto Silva Franco e outros (op. cit., p. 488), ou qualquer pessoa que pratique a conduta capitulada (Arruda Alvim e outros, op. cit., ps. 65-66), sendo sujeito passivo a coletividade e mediatamente o Estado. Caracterizando--se a conduta comissiva (na oferta) com a realização de afirmação falsa ou enganosa, donde despiciendo perquirir-se da existência ou não de dano, sendo o tipo sancionador da violação do comportamento exigido pelo art. 31 do mesmo diploma: 'A oferta e apresentação de produtos ou serviços devem assegurar informações corretas, claras, precisas, ostensivas e em língua portuguesa sobre suas características, qualidade, quantidade, composição, preço, garantia, prazos de validade e origem, entre outros dados, bem como sobre os riscos que apresentem à saúde e segurança dos consumidores.' E como ponderou a douta Procuradoria, não há óbice de se* conferir ao fato a qualificação jurídica em apreço, a teor dos arts. 383 e 617 do Código de Processo Penal. Colocada a questão nesses termos, mostra-se inviável a pretensão absolutória. O apelante,

Art. 66 | CÓDIGO BRASILEIRO DE DEFESA DO CONSUMIDOR

desenganadamente, firmou contrato de publicidade com a Listel Listas Telefônicas S.A., que lhe permitiu inserir, nas páginas amarelas da lista de 1992, anúncio onde conferia à empresa Dinamik Eletrônica Center, de sua propriedade, a condição de prestar assistência técnica autorizada de produtos da Philips. A assertiva de que teria agido de boa-fé não encontra respaldo no contexto probatório. Não a justificando a circunstância da Dinamik, quando pertencente à testemunha Hans Jurgem Diehl, ser autorizada Philips, pois a autorização em apreço não mais subsistia quando da sua aquisição pelo apelante, que de tudo estava ciente. Inclusive do significado diverso entre os termos 'autorizada' e 'especializada', como admitiu em juízo, restando claro, mais a mais, inclusive por prova documental ter aprovado previamente o anúncio com o conteúdo parcialmente apócrifo (fls. 40-45). *A par disso, embora previamente notificado pela Philips, não se dignou em desfazer o equívoco, sequer cumprindo o compromisso verbal de corrigi-lo mediante publicação pelos jornais, com o que, tal como expressado pela digna magistrada sentenciante, induziu em erro um número indeterminado de consumidores. Mais não sendo preciso para evidenciar o dolo com que se achava animado, mostrando-se de todo inconsistentes os reclamos tardiamente lançados a propósito da idoneidade da testemunha Carlos Augusto Viana, cujo depoimento, de resto, mostrou-se inteiramente afinado com os demais elementos de convicção coligidos, todos a dar conta da responsabilidade do apelante pelo sucesso. Elementos esses em instante algum infirmados pelos testemunhos de defesa. Correta a condenação e adequado o fato ao art. 66 do Código de Defesa do Consumidor, as penas devem ser corrigidas, pois o mínimo cominado como pena privativa de liberdade para a infração em apreço (um mês de detenção) é inferior à apenação imposta na r. sentença (três meses). Assim, fixo as reprimendas em um mês de detenção, substituído por dez dias-multa, no piso mínimo, com incidência de correção monetária da data do fato, e em dez dias-multa, num total de vinte dias. Ante o exposto, adotando o lúcido parecer da lavra do Dr. José Geraldo Brito Filomeno, ilustre procurador de justiça, dou parcial provimento ao apelo para, corrigindo a capitulação para a figura do art. 66 da Lei nº 8.078/90 (Código de Defesa do Consumidor), reduzir as penas a um mês de detenção, substituído por dez dias-multa, no piso mínimo, com incidência de correção monetária da data do fato, e a dez dias-multa, num total de vinte dias--multa" (Nogueira Filho, juiz relator)."*

Da *Ap. Crim. nº 964.485/4, 13ª Câm. do TACRIM-SP*, depreende-se que, denunciado pelos arts. 66 e 67 do CDC, foi o réu absolvido, com nosso parecer, porque o cartaz na vitrine, juntado aos autos, não era de molde a induzir o consumidor em erro (falava de "pacote" com itens separados de roupas mais baratos do que sua venda individualizada).

Na *Ap. Crim. nº 968.929/1 – Capital, 1ª Câm. do TACRIM-SP*, noticia-se que réu, denunciado por expor à venda pães e seus subprodutos sem as informações exigidas pelo art. 31 do CDC, e condenado em 1ª instância, foi absolvido em 2ª, entendendo-se que a figura "é malfeita", a ponto de atribuir tal prática a um simples padeiro que se quisesse poderia vender seus produtos a granel e não empacotados. Entende não ter havido dolo na sua conduta. Citei, inclusive, a portaria da SUNAB nº 4/93, mas mesmo assim houve a absolvição.

Já na *Ap. Crim. nº 977.237/6 – 11ª Câm. do TACRIM-SP*, por votação unânime, negou-se provimento a recurso do Ministério Público por fato consistente em anúncio de lata de óleo para motor por R$ 1,40, quando na verdade o preço era de R$ 4,17. Não se entendeu enganoso o anúncio, porque na verdade havia o óleo por aquele preço. A tese por nós então aduzida em manifestação do Ministério Público de 2º grau consistiu basicamente na argumentação de que quando se apõe a expressão "a partir de" não há a enganosidade, mas sim quando se coloca o preço de um produto mais barato, quando se pretende vender os mais caros da linha.

Na *Ap. Crim. nº 974.353/4 – Foro Regional de Santana, a 1ª Câm. do TACRIM-SP*, por votação unânime, deu provimento ao apelo do réu para absolvê-lo da imputação pelo art. 66

do CDC, porque se cuidava, conforme nosso parecer acolhido, de delito, em tese, capitulado pelo art. 175 do CP. Tratava-se, na espécie, e com efeito, da hipótese de venda de móveis de qualidade/tipo diverso do encomendado pelo consumidor, e não do delito dos arts. 66 ou 67 do CDC.

Finalmente, na *Ap. Crim.* nº 988.413/1, 5ª Câm. do TACRIM-SP, foi absolvido o réu em 2ª instância, acusado que fora pela comissão do delito do art. 66 do CDC, de acordo com nosso parecer, porque anunciava venda de dois veículos da mesma marca, e a vítima se julgou prejudicada por anúncio que falava de qualidades diversas. A tese do *bait add* – ou seja, o anúncio de um produto de melhor qualidade ou em quantidade escassa para atrair compradores para outro inferior ou largamente disponível em estoque – não se teria consumado. Isto porque na verdade o réu não veiculara publicidade enganosa, mas apenas procurou atrair o consumidor para ver se "desencalhava" também o outro veículo, além do que estava em melhores condições, mas também disponível para venda.

Em conclusão, portanto, *a lei não contém palavras inúteis.*

E, com efeito, o *anteprojeto original da Comissão Oficial do Ministério da Justiça, depois alterado por substitutivo publicado no* Diário Oficial da União, *de 4.1.89, Seção I, ps. 241 e segs., corretamente alinhou no* mesmo dispositivo (art. 51) *a oferta, como* gênero de publicidade ou propaganda (*caput*), *e essa como espécie daquela, princípios consagrados de Direito Comercial, até mesmo da oferta vinculante epistolar.*

Vejam-se seus textos: *Art. 51.* Fazer afirmação falsa ou enganosa, ou omitir informação sobre a natureza, característica, qualidade, quantidade, segurança, desempenho, durabilidade, preço ou garantia de bem e serviços. *Parágrafo único.* Incorrerá nas mesmas penas quem: *I –* fizer ou promover publicidade que sabe ou deveria saber ser enganosa; *II –* fizer ou promover publicidade de modo a dificultar a identificação do fornecedor; *III –* fizer ou promover publicidade que sabe ou deveria saber ser capaz de induzir o consumidor a comportar-se de forma prejudicial ou perigosa à sua saúde ou segurança (hoje é o art. 68 do CDC).

Também o Código de Ética do CONAR (ps. 143 e segs. do nosso *Manual*) prevê os princípios éticos, sempre direcionados aos publicitários e veículos (cf. arts. 25 a 27).

A respeito ainda da distinção entre oferta, de um lado, e *publicidade*, de outro, pondera Antonio Cuerda Riezu[51] que *"a determinação da conduta típica apresenta outro núcleo de problemas; por um lado, é preciso distinguir entre publicidade e oferta; por outro lado, parece-me excessivamente ampla a conduta típica ao incluir como modalidade da manifestação de características incertas: incerto é o que não está determinado, e a mera indeterminação, por si só, penso que não deveria dar lugar ao delito; esta figura deve girar em torno da inveracidade, da falsidade ou o engano da publicidade e não sobre a indeterminação da mesma".*

E, com efeito, da leitura de acórdão proferido na Apelação nº 1.206.637/1, proferido pela 15ª Câmara do extinto Tribunal de Alçada Criminal do Estado de São Paulo (relator o Juiz Carlos Biasotti), em julgamento de 17.08.2000 (*in Revista dos Tribunais*, nº 785, p. 626-629), extrai-se que o delito de publicidade enganosa do art. 67 do Código de Defesa do Consumidor pode ser considerado em concurso material com o de estelionato, a saber: "Incorre nas penas do art. 67 da Lei nº 8.078/90 (Código do Consumidor), por delito de propaganda enganosa, aquele que, no intuito de vender produtos e prestar serviços, apregoa-lhes, para conciliar a clientela, atributos que não possuem ou não respondem à verdade".

Consta do aresto em síntese que a ré apelante, em concurso com terceiro, havia anunciado à venda linha telefônica inexistente, tendo com isso logrado induzir e manter em erro a vítima que acabou por adquirir o produto em questão. No caso sob comento, a ré foi condenada tanto

---

[51] Op. cit., p. 78.

pela prática do art. 67 do Código de Defesa do Consumidor (publicidade enganosa) como pela do *caput* do art. 171 do Código Penal (estelionato).

Com a devida vênia, todavia, e em face de nossas ponderações linhas atrás, equivocou-se a respeitável decisão em dois pontos: a) na hipótese, pelo que se depura de sua leitura, não se sabe ao certo como se deu a propaganda – termo equivocadamente utilizado na mesma decisão; ou seja, se mediante oferta dos próprios réus, ou por agente publicitário e em meio de comunicação social; na primeira hipótese tratar-se-ia de oferta e não de publicidade; b) em segundo lugar, se a vítima foi efetivamente induzida e mantida em erro, o que propiciou aos réus a obtenção de vantagem ilícita, o crime é apenas de estelionato, que absorve o de publicidade ou oferta enganosa, já que esse teria sido o meio fraudulento empregado para a obtenção da mesma vantagem ilícita. De qualquer forma, cuida-se de raríssima decisão proferida já em segunda instância a respeito dessa temática.

Em outra decisão, desta feita prolatada pela 1ª Câmara Mista do Tribunal de Alçada do Estado de Minas Gerais (Apelação Criminal nº 414.274-7, rel. Juiz Eduardo Brum), encontrado na Revista dos Tribunais nº 826, p. 688-690, decidiu-se que: "Comete o delito do art. 7º, VII, da Lei 8.137/90, em concurso formal com o de estelionato, o agente que, em nota de serviço entregue ao consumidor, anuncia qualidade inexistente nos seus préstimos comerciais, induzindo o contratante a erro e acarretando-lhe prejuízo. Não comprovada a alegada boa-fé do acusado na indução a erro da vítima, há que se concluir pelo decreto condenatório, uma vez que o ônus da prova incumbe a quem fizer a alegação, na forma do art. 156, 1ª parte, do CPP".

A hipótese, em resumo, foi relativa a um oferecimento, por dois indivíduos, ao Instituto Mineiro de Reabilitação e Reumatologia, de serviços de manutenção de extintores de incêndio, sem que para tanto estivessem autorizados pelo Poder Público, vindo, em razão de induzimento em erro dos dirigentes do referido estabelecimento, a auferir vantagem ilícita. Na verdade, receberam pela prestação dos serviços prometidos, mas não o executaram, fato esse comprovado, posteriormente, por inspeção do Corpo de Bombeiros. No caso, para efeito de dar a aparência de que o haviam executado, apuseram selos do INMETRO, falsificados. Ora, também neste caso quer-nos parecer que a hipótese é de puro estelionato, apenas, e não em concurso com o delito do inciso VII do art. 7º da Lei nº 8.137/90, que pressupõe apenas o induzimento a erro, e não necessariamente a obtenção de vantagem ilícita.

[2] PATROCÍNIO – Patrocinar significa "proteger", "favorecer", "beneficiar". Ou, mais especificamente, no caso de oferta, para os fins do Código do Consumidor, é qualquer forma de favorecimento a informações veiculadas ao público consumidor, pela *atividade de todo aquele que aceitar essas veicula*ções, sabendo serem enganosas a oferta ou publicidade.[52]

[3] CULPA – A forma culposa do § 2º do art. 66 relaciona-se com os deveres de colocar produtos e serviços no mercado atendendo exatamente aos anseios naturais dos potenciais consumidores, ou seja, ofertá-los sem maiores cuidados para verificar se efetivamente as mensagens estão de acordo com suas reais especificações, levantamentos de *marketing*, do próprio fornecedor e instruções dos técnicos quanto a riscos que apresentem. As omissões caracterizam negligência inescusável, à vista do que preceituam os arts. 8º a 11 e 30 a 38 do Código de Defesa do Consumidor.

Assim, por exemplo, se o criador publicitário, ou então desenhista incumbido da elaboração, respectivamente, de uma campanha publicitária de anúncios variados sobre determinado produto ou serviço e de um manual de instruções com ilustrações, não leva em conta os

---

[52] Aurélio Buarque de Holanda Ferreira, *Novo dicionário da língua portuguesa.*

Título II · DAS INFRAÇÕES PENAIS | **Art. 67**

cuidados de bem informar o consumidor, apesar da linha adotada pela empresa, descura-se dos mesmos cuidados, responde culposamente pela mensagem tendenciosa que vier a ser veiculada, ou então, no caso do manual, que vier a ser editada.

Dir-se-á que o publicitário vale-se muitas vezes de "licenças poéticas" para querer transmitir ao público-alvo a mensagem publicitária.

Licença poética, porém, certamente não se confunde com negligentes mensagens que venham a confundir o mesmo público-alvo/consumidor.

Art. 67. Fazer ou promover publicidade que sabe ou deveria saber ser enganosa ou abusiva: [1]

Pena – Detenção de três meses a um ano e multa.

Parágrafo único. Vetado – Incorrerá nas mesmas penas quem fizer ou promover publicidade de modo que dificulte sua identificação imediata. [2]

COMENTÁRIOS

[1] ELABORAÇÃO OU PROMOÇÃO DE PUBLICIDADE SABIDAMENTE ENGANO-SA OU ABUSIVA – Anote-se, em primeiro lugar, que, enquanto o *art. 66* já analisado passos atrás é *bastante amplo e genérico*, abrangendo, como visto, *tanto a oferta de produtos e serviços*, como a *publicidade* acerca deles, mesmo porque a *oferta* há que ser entendida como o *gênero de que a publicidade é espécie de comunicação ao público consumidor* acerca das características, qualidade, quantidade etc. relativos aos mesmos produtos e serviços, o *art. 67* trata exclusivamente da *publicidade*.

Ou seja, tendo como *sujeito ativo* exatamente *os profissionais* que lidam com a *veiculação* ou, antes, com o *processo* criativo de determinada *publicidade, entendida esta como qualquer comunicação ao público que vise a chamar a atenção e promover a imagem de produtos e serviços com vistas à sua aquisição ou contratação.*

Ora, *quem deveria saber* ou então *sabe efetivamente* que determinada publicidade *encomendada por dado fornecedor ("anunciante") é enganosa ou abusiva*, como bem definidos pelo próprio *Código de Autorregulamentação Publicitária,*[53] *certamente são o profissional que produz ou projeta a publicidade em si e o responsável pelo veículo de publicidade. No caso dos profissionais, certamente se submetem à ética estabelecida pela Lei nº 4.680, de 18.6.65, e Decreto nº 57.690, de 1.2.66.*

Dessa forma, nada mais razoável que venham a ser punidos os maus profissionais que, *embora sabendo* ou, então, *exatamente pela ética envolvida, devendo saber* tratar-se determina-

---

[53] O CONAR (Conselho de Autorregulamentação Publicitária) exerce atividades que entendemos de natureza administrativa, dentro da perspectiva de que cabe aos próprios fornecedores policiar suas atividades, em prol de seu público consumidor, e assim congrega anunciantes, agências e veículos de publicidade, estabelecendo seu código normas comportamentais e sanções para o descumprimento de suas deliberações, exatamente procurando resolver as distorções na atividade publicitária, o que, todavia, não é suficiente, mesmo porque apenas "recomenda", por exemplo, a cessação de um anúncio considerado abusivo ou enganoso pelas câmaras de julgamento. Além disso, e como sabido, nenhuma lesão a direito individual ou coletivo pode ser excluída de apreciação pelo Poder Judiciário. O exemplar consultado é de 1989, inclusive anexos. Cf. versão de 2002, in nosso *Manual de direitos do consumidor*, 6ª ed., ps. 580-597.

Art. 67 | CÓDIGO BRASILEIRO DE DEFESA DO CONSUMIDOR

da campanha desejada por determinado produtor ("anunciante") enganosa ou abusiva, aceitam produzi-la ou veiculá-la.

Aliás, nos Estados Unidos, consoante se verifica do texto normativo da denominada *Federal Trade Commission* (48 FR – 10.471, de maio de 1983), em que se fala expressamente do *conteúdo da publicidade (advertising substantiation)*, a responsabilidade dos publicitários é reafirmada, porquanto "publicitários e agências de publicidade têm suficiente conhecimento para evitar queixas em razão de anúncios antes que sejam disseminados", precisamente em razão da circunstância de que os próprios "consumidores provavelmente estariam menos propensos a fiar-se nos anúncios sobre produtos e serviços que soubessem que o publicitário não tivesse conhecimento suficiente para acreditar serem verdadeiros".

Presume-se, por conseguinte, e o código de ética profissional oficioso, consubstanciado no já mencionado Código Brasileiro de Autorregulamentação Publicitária, e o oficial, contido genericamente na lei e seu regulamento retromencionados, deixam claro tal estado de coisas, que os profissionais do ramo saibam quando uma campanha publicitária encomendada cheira ou não a falsidade ou abuso em face do público-alvo.

E isso da mesma forma que os códigos de ética médica e da advocacia elencam comportamentos que devem ser evitados pelos profissionais em questão.

Daí a expressão "*deveria saber ser enganosa ou abusiva*".

Aliás, o mencionado Código de Autorregulamentação Publicitária do CONAR elenca comportamentos que devem ser evitados e outros que devem ser seguidos, como, por exemplo, no seu art. 19:

"*Art. 19. Toda atividade publicitária deve caracterizar-se pelo respeito à dignidade da pessoa humana, à intimidade, ao interesse social, às instituições e símbolos nacionais, às autoridades constituídas e ao núcleo familiar*."

Ou ainda:

"*Art. 20*. Nenhum anúncio deve favorecer ou estimular qualquer espécie de ofensa ou discriminação racial, social, política, religiosa ou de nacionalidade".

Interessante ainda verificar-se o que dizem os seus arts. 25, 26 e 27:

"*Art. 25*. Os anúncios não devem explorar qualquer tipo de superstição.
Art. 26. Os anúncios não devem conter nada que possa conduzir à violência.

Seção 5 – Apresentação
Art. 27. O anúncio deve conter uma apresentação verdadeira do produto oferecido, conforme disposto nos artigos seguintes desta Seção, onde estão enumerados alguns aspectos que merecem especial atenção.
§ *1º* Descrições.
No anúncio, todas as descrições, alegações e comparações que se relacionem com fatos ou dados objetivos devem ser comprobatórios, cabendo aos anunciantes e agências fornecer as comprovações, quando solicitadas.
§ *2º* (...)".

Eis, portanto, a comprovação do que atrás se asseverou, donde não se poderem escusar os profissionais da área publicitária, desde que saibam ou devam saber que certa campanha publicitária é enganosa ou abusiva.

Título II · DAS INFRAÇÕES PENAIS | **Art. 68**

[2] O VETO AO PARÁGRAFO ÚNICO – Diante também do enunciado do próprio dispositivo mencionado, extraído do Código Brasileiro de Autorregulamentação Publicitária, não se compreende a razão do veto oposto ao parágrafo único do mencionado art. 67 do Código de Defesa do Consumidor.

E, com efeito, diz a justificativa do veto: "a norma em causa, enunciada como acréscimo, não descreve, de forma clara e precisa, a conduta que pretende vedar", asseverando ainda que, e em conclusão, "o dispositivo viola a garantia constitucional consagrada no inc. XXXIX do art. 5º *da Constituição*".[54]

Ora, é o próprio Código de Autorregulamentação Publicitária, em seu art. 28, pertencente à Seção 6, que cuida especificamente da *"Identificação Publicitária"*, que diz que *"o anúncio deve ser claramente distinguido como tal, seja qual for a sua forma ou seu meio de veiculação"*.

E as razões para tanto são elencadas nos artigos seguintes do mencionado Código de Ética Profissional dos Publicitários, dizendo, por exemplo, o de nº 31, que: "Este Código condena os proveitos publicitários indevidos e ilegítimos, obtidos por meio de 'carona' e/ou 'emboscada', mediante invasão do espaço editorial ou comercial de veículo de comunicação".

Embora referido Código de Autorregulamentação, como já se salientou passos atrás, não seja suficiente para a coibição dos abusos verificados na publicidade, mesmo porque as determinações dos órgãos privados que determinam sua aplicação se limitam a expedir "recomendações", que podem perfeitamente deixar de ser acatadas, sem dúvida reveste-se de valiosa fonte de subsídios, sobretudo para a caracterização dos mencionados abusos, sendo, além do mais, importante salientar-se, *fonte unilateral de obrigações assumidas pelos anunciantes, agências e veículos de publicidade, como o são, e ressabidamente, o contrato, o ato ilícito e a lei, no seu sentido técnico-formal.*

> **Art. 68.** Fazer ou promover publicidade que sabe ou deveria saber ser capaz de induzir o consumidor a se comportar de forma prejudicial ou perigosa a sua saúde ou segurança: [1]
>
> Pena – Detenção de seis meses a dois anos e multa.
>
> Parágrafo único. Vetado – Incorrerá nas mesmas penas quem fizer ou promover publicidade sabendo-se incapaz de atender à demanda. [2]

COMENTÁRIOS

[1] ELABORAÇÃO OU PROMOÇÃO DE PUBLICIDADE TENDENCIOSA – E aqui uma vez mais nos socorremos ao Código Brasileiro de Autorregulamentação Publicitária, mais particularmente à sua seção que trata exatamente da *"Segurança e Acidentes"*, bem como aos seus anexos, quando traçam diretrizes para a publicidade de bebidas alcoólicas, fumo, armas, defensivos agrícolas etc.

E, com efeito, diz o *art. 33* do mencionado código de ética que são condenados os anúncios que:

"a) manifestem descaso pela segurança, sobretudo quando neles figurarem jovens e crianças ou quando a estes for endereçada a mensagem;

---

54 O parágrafo único do art. 67 mencionado dizia o seguinte: "Incorrerá nas mesmas penas quem fizer ou promover publicidade de modo que dificulte sua identificação imediata" (ratio: art. 36, *caput*).

665

Art. 68 | CÓDIGO BRASILEIRO DE DEFESA DO CONSUMIDOR

b) estimulem o uso perigoso do produto oferecido;

c) deixem de mencionar cuidados especiais para a prevenção de acidentes, quando tais cuidados forem essenciais ao uso do produto;

d) deixem de mencionar a responsabilidade de terceiros, quando tal for essencial;

e) deixem de especificar cuidados especiais no tocante ao uso do produto por crianças, velhos e pessoas doentes, caso tais cuidados sejam essenciais."

E no que diz respeito à publicidade sobre bebidas alcoólicas, o Anexo A estabelece diretrizes bastante rígidas, como, por exemplo: "A publicidade submetida a este Anexo: (...) 2. Proteção a criança e adolescentes: Não será dirigida a crianças e adolescentes, em razão da legislação em vigor e de dever ético de proteger esse público. Adotará interpretação mais restritiva para todas as normas dispostas neste Anexo. Crianças e adolescentes não devem figurar, de qualquer forma, em anúncios; qualquer pessoa que neles apareça deverá ser e parecer maior de 25 (vinte e cinco) anos de idade. Os anúncios ainda: a. não deverão favorecer a aceitação do produto como apropriado para menores; b. deverão evitar a exploração do erotismo; c. não deverão usar linguagem, recursos gráficos e audiovisuais pertencentes ao universo infantil, tais como animais 'humanizados', bonecos ou animações que possam despertar a curiosidade ou a atenção de menores e contribuir para a adoção de valores morais ou hábitos incompatíveis com sua condição; d. não conterão cena, ilustração, áudio ou vídeo que apresente a ingestão do produto (...)".

A mesma linha de prudência é adotada no que tange a produtos médicos e farmacêuticos, produtos de fumo, veículos etc.

No caso, pois, como no do artigo anterior, *o sujeito ativo do delito* é o profissional de criação e veiculação da publicidade tendenciosa ou abusiva, dando o tipo indicações precisas no que toca à preservação da saúde e segurança do público-alvo da publicidade veiculada nessas condições.

O *dolo*, como no caso ainda anterior, é genérico ou eventual (*deveria saber*), ligado nesse a assunção do risco de veiculação da publicidade, neste caso consistente na circunstância de demonstração de displicência em consultar os prospectos e dados técnicos da publicidade a ser veiculada.

A *ação física* consiste em *fazer* (o publicitário) e *promover* (aquele responsável pelo veículo de publicidade) a peça publicitária capaz de induzir o consumidor a se comportar de forma prejudicial ou perigosa à sua saúde ou segurança.

Também entendemos seja possível a *tentativa* desde que pronta a peça publicitária e prestes a ser veiculada, não ocorrendo, porém, sua divulgação, por circunstâncias alheias à vontade do agente, como no caso da intervenção do próprio CONAR, por exemplo, ou então mediante liminar concedida em procedimento com finalidade cautelar ou qualquer outra causa interruptiva do *iter criminis*.

Como em todos os casos anteriores, evidente que o *sujeito passivo* é todo o público-alvo da publicidade tendenciosa e, pois, indeterminado, ou difuso.

Com relação ao *concurso com outros crimes*, aqui também a veiculação tendenciosa ou abusiva, independendo do resultado danoso porventura acarretado a um número indeterminado de vítimas, enseja a cumulação de penas aqui previstas com a do dano efetivamente experimentado (intoxicação, por exemplo, lesão corporal e até a morte).

[2] VETO AO PARÁGRAFO ÚNICO – Com relação ao *veto oposto ao parágrafo único do ora discutido art. 68*,[55] cuja motivação foi no sentido de que "a publicidade abusiva já está

---

[55] "Incorrerá nas mesmas penas quem fizer ou promover publicidade sabendo-se incapaz de atender à demanda."

Título II · DAS INFRAÇÕES PENAIS | **Art. 69**

criminalizada no art. 67 do Projeto", tratando-se, pois, de "norma redundante", realmente nos parece razoável, mas não exatamente pela justificativa ora colacionada.

Isso porque, enquanto o *caput* do mesmo dispositivo trata de preservar valores como a "vida", "saúde" e "segurança", o seu parágrafo único não guarda qualquer relação com tal enunciado, tratando, ao revés, de questão eminentemente econômica, ou seja, da publicidade que desperta demanda além do que pode o fornecedor anunciante suportar, mas evidentemente de caso pensado, porquanto o consumidor, aliciado, e presente no local de vendas de "espetaculares ofertas ou promoções", é persuadido a adquirir produtos similares, ou até outros diferentes, mas não os em promoção.

Com razão, pois, o veto, quando diz que no caso se trataria de "publicidade abusiva", genericamente prevista no art. 67.

Na verdade, tratava-se de artigo isolado e independente, de nº 52, do Anteprojeto da Comissão Especial do Conselho Nacional de Defesa do Consumidor, e que foi esquecido pelas sucessivas mudanças pelos congressistas, que apresentaram diversos projetos e emendas.

> **Art. 69.** Deixar de organizar dados fáticos, técnicos e científicos que dão base à publicidade: [1][2]
>
> Pena – Detenção de um a seis meses ou multa.

COMENTÁRIOS

[1] OMISSÃO NA ORGANIZAÇÃO DE DADOS QUE DÃO BASE À PUBLICIDADE – Também aqui a preocupação é *tornar efetivas as obrigações* estabelecidas pela parte material do Código do Consumidor.

Em se tratando de publicidade, dispõe o parágrafo único do *art. 36* que "o fornecedor, na publicidade de seus produtos e serviços, manterá em seu poder, para informação dos legítimos interessados, os dados fáticos, técnicos e científicos que dão sustentação à mensagem".

Isso porque, se necessário o ajuizamento de qualquer ação, quer no âmbito individual, quer no âmbito coletivo, em se tratando de publicidade enganosa ou abusiva (*vide* art. 37 e seus parágrafos já mencionados passos atrás), o Judiciário terá melhores condições de aquilatar sobre a tendenciosidade ou não de determinada publicidade, ou então os órgãos administrativos incumbidos de seu controle, sobretudo na área de saúde.

Recentemente, para se ter uma ideia, a Promotoria de Justiça do Consumidor de São Paulo ajuizou medida cautelar perante a 22ª Vara Cível da Comarca da Capital visando à suspensão de publicidade de determinado detergente bucal que prometia remoção de placas bacterianas "300% superior à escovação normal", medida judicial essa, todavia, que ficou na dependência, para sua efetivação, da análise do produto pelo Ministério da Saúde, a quem incumbe verificar da veracidade ou não de publicidade envolvendo produtos relacionados à saúde (Lei nº 6.360, de 23.9.76).

Trata-se, além do mais, de *corolário lógico do princípio da inversão do ônus da prova*, expresso no *inc. VIII do art. 6º do Código de Defesa do Consumidor*, e, mais especificamente, no *terreno publicitário, no art. 38*:

> *"O ônus da prova da veracidade e correção da informação ou comunicação publicitária cabe a quem a patrocina."*

Aliás, isso normalmente se dá mediante os textos de publicidade e os chamados *photo boards*, ou seja, sequência dos quadros mais significativos de determinada publicidade televisiva, inclusive com o texto abaixo de cada um deles.

Ainda a Promotoria do Consumidor da Capital de São Paulo teve a oportunidade de, por diversas vezes, requisitar tais *photo boards*, como, por exemplo, nos casos de publicidade de planos de saúde ou assistência médica, em que uma determinada entidade prometia aos eventuais contratantes-consumidores-usuários o respeito do "prazo de carência de outro plano qualquer", no de película escurecedora de vidros de automóveis, proibida pelo Conselho Nacional de Trânsito e não obstante ainda veiculada pela publicidade induzindo o consumo de tal produto para carros etc.

No caso da não exigência legal da guarda de tais materiais, sobretudo, e como já asseverado linhas atrás, de pareceres técnicos e científicos, eventual pleito judicial visando à indenização por prejuízos causados pela má publicidade, ou então a simples retirada de uma publicidade abusiva ou enganosa em caráter preventivo, seria totalmente inviável.

Trata-se de *delito omissivo* por excelência, expressa tal circunstância pelo próprio núcleo do tipo – *deixar de organizar dados fáticos etc.* –, *não se admitindo*, por isso mesmo, e uma vez que se trata de *delito eminentemente formal ou de mera conduta, a tentativa*. Trata-se, em última análise, de violação do chamado *princípio da transparência* da publicidade comercial.

O *sujeito ativo* do mesmo delito é qualquer pessoa que tenha a obrigação de organizar e manter a guarda de tais dados fáticos, técnicos e científicos que embasam determinada publicidade, mas basicamente é o próprio *fornecedor* ("*anunciante*") *de produtos e serviços*, responsável maior pela mesma veiculação, em última análise.

O *elemento subjetivo* é o dolo genérico, ou seja, a vontade consciente dirigida à omissão contida no verbo "*deixar*" de cumprir a obrigação legalmente constituída, e independente de qualquer resultado lesivo.

No que concerne ao *concurso com outros crimes*, tenha-se em conta que, caso os referidos dados sejam destruídos, ou modificados na pendência de processo civil ou administrativo, haverá o delito do art. 347 do Código Penal ("fraude processual"),[56] e não o de que ora se cuida, eis que se pressupõe para tanto a manutenção já de tais dados pelo agente, de interesse para a autoridade administrativa ou judiciária.

O *sujeito passivo* será o consumidor-alvo da publicidade, individual ou coletivamente considerado, dependendo em cada hipótese tratar-se de pleito individual ou coletivo, ainda que de natureza cautelar, mas também a autoridade administrativa ou judiciária competente.

[2] CONCLUSÕES QUANTO AOS ABUSOS NA PUBLICIDADE – Em conclusão, diríamos que a grande preocupação nessas hipóteses de abusos verificados no campo publicitário é a de *dar-se efetivo cumprimento* aos dispositivos da parte material do Código de Defesa do Consumidor que cuida da publicidade e da oferta de produtos e serviços.

Tem-se em conta, com efeito, a *lisura* do comportamento que se espera dos fornecedores-anunciantes e seus agentes e veículos publicitários, ou seja, no sentido de não apenas transmitirem mensagens verazes e corretas sobre os produtos e serviços ofertados, como também assegurar a incolumidade física, dignidade, decoro e patrimônio do público-alvo, potencialmente considerado consumidor.

---

[56] Código Penal, "Art. 347. Inovar artificiosamente, na pendência de processo civil ou administrativo, o estado de lugar, de coisa ou de pessoa, com o fim de induzir a erro o juiz ou o perito: Pena – detenção, de três meses a dois anos, e multa. Parágrafo único. Se a inovação se destina a produzir efeito em processo penal, ainda que não iniciado, as penas aplicam-se em dobro".

Título II · DAS INFRAÇÕES PENAIS | Art. 70

E, por fim, ainda que, como já salientado, haja previsão de sanções administrativa e civil (neste caso, indenização por perdas sofridas pelas vítimas, ainda que de natureza moral), ou mesmo admoestação por parte do mencionado CONAR – cujo Código de Autorregulamentação, aliás, não somente se reveste de parâmetro ético, como também é fonte de obrigações dos profissionais da área e dos fornecedores-anunciantes que os contratam –, o desrespeito a tais princípios, dada a sua notória amplitude e manifesta potencialidade de dano, é de tal modo grave que igualmente se exige a tutela penal.[57]

> **Art. 70.** Empregar, na reparação de produtos, peça ou componentes de reposição usados, sem autorização do consumidor: [1]
> Pena – Detenção de três meses a um ano e multa.

COMENTÁRIO

[1] EMPREGO DE PEÇAS E COMPONENTES DE REPOSIÇÃO USADOS – Ainda dentro da linha obrigacional imposta pelo Código de Defesa do Consumidor em sua parte material/administrativa, e que deve ter assegurado seu efetivo cumprimento por sanções de ordem administrativa ou penal, e em alguns casos por ambas, o art. 70 do mesmo Código refere-se ao *art. 21*, inserido na Seção III do Capítulo V, Título I, e que trata mais especificamente da *responsabilidade por vício do produto ou serviço*.

E, com efeito, reza o mencionado art. 21:

> *Art. 21*. No fornecimento de serviços que tenham por objetivo a reparação de qualquer produto considerar-se-á implícita a obrigação do fornecedor de empregar componentes de reposição originais adequados e novos, ou que mantenham as especificações técnicas do fabricante, salvo, quanto a estes últimos, autorização em contrário do consumidor.

Trata-se de delito que vem complementar as figuras delituosas do art. 175 do Código Penal ("fraude no comércio").

No referido dispositivo, conforme pondera Magalhães Noronha,[58] "cuida a lei não seja o patrimônio violado, por quem, exercendo atividade comercial, usa de má-fé, entregando coisa diversa da que deveria entregar ou vender", ou, mais especificamente, a fraude no comércio é a ação de vender ou entregar mercadoria falsificada ou deteriorada, como verdadeira ou perfeita, ou uma mercadoria por outra.

O dolo na fraude no comércio consiste na vontade consciente de vender ou entregar mercadoria falsificada, deteriorada ou diversa da que deveria receber o adquirente ou consumidor.

E, com efeito, referido dispositivo vigente define a fraude no comércio mediante três comportamentos, a saber:

---

[57] Os Estatutos e o Código de Autorregulamentação Publicitária acham-se registrados no 2º Cartório de Títulos e Documentos de São Paulo. O primeiro deles recebeu o nº 5.678, de 22.5.80, e posteriormente: nº 6.386, de 7.11.80; nº 7.023, de 15.5.81; nº 7.733, de 29.9.81; nº 7.734, de 29.9.81; nº 8.392, de 11.1.82; nº 10.127, de 8.9.82; nº 10.860, de 31.12.82; nº 14.302, de 11.4.84; nº 17.065, de 7.5.85; nº 22.539, de 6.4.87; nº 25.508, de 21.4.88; e nº 27.128, de 24.10.88, e outras modificações e adaptações.

[58] *Direito Penal*, São Paulo, Saraiva, 1965, vol. 2, em comentários ao art. 175 do Código Penal.

Art. 175. Enganar, no exercício de atividade comercial, o adquirente ou consumidor:

I – vendendo, como verdadeira ou perfeita, mercadoria falsificada ou deteriorada;

II – entregando uma mercadoria por outra:

Pena – detenção, de seis meses a dois anos, ou multa.

§ 1º Alterar em obra que lhe é encomendada a qualidade ou peso de metal ou substituir, no mesmo caso, pedra verdadeira por falsa ou por outra de menor valor; vender pedra falsa por verdadeira; vender, como precioso, metal de outra qualidade:

Pena – reclusão, de um a cinco anos, e multa.

§ 2º É aplicável o disposto no art. 155, § 2º.

Ora, diante da produção em massa que se verifica em todos os setores de bens de consumo duráveis (geladeiras, *freezers*, liquidificadores, lavadoras de roupas, secadoras, máquinas de lavar pratos, fogões, automóveis e uma infinidade de outros produtos), os aludidos comportamentos são certamente insuficientes, porquanto contemplam apenas a venda e compra de produtos e a alteração de obra encomendada, mas no mister de ourives ou produtor de joias.

Além disso, o que se tem em mira não é propriamente o fato de utilizar-se o prestador de serviços de reparação de determinado bem de peças ou componentes usados ou também comumente chamados de "recondicionados".

O que se visa a punir, isto sim, é a troca de peças usadas por outras também usadas, sem o consentimento do consumidor, com evidente prejuízo para ele e ganho para o reparador.

Não raro, aliás, e a experiência nesses últimos 11 anos como profissional da área de proteção e defesa do consumidor no âmbito do Ministério Público nos mostra que não apenas não se troca a peça com defeito, como também se retiram outras, ainda boas, substituindo-as por outras usadas.

Ou então, pura e simplesmente, embora cobrando por uma peça de reposição nova, o prestador de serviços de reparação substitui peça estragada por outra "recondicionada" ou nem recondicionada.

Ainda a experiência nos tem demonstrado que as próprias "oficinas especializadas" causam enormes transtornos aos fabricantes de marcas reputadas no mercado consumidor, visto que, propalando que são seus representantes, em verdade não o são, utilizando-se indevidamente das marcas de comércio para atrair o consumidor, causando a este também incontáveis prejuízos.

Em palestras e contatos com a Associação Brasileira da Indústria Eletroeletrônica, tivemos conhecimento de que tal estado de coisas é constante motivo de preocupação para a indústria, que muitas vezes tem que se socorrer de buscas e apreensões ou, então, no juízo cível ainda, das medidas cautelares com preceito cominatório para evitar que seu nome seja indevidamente usado por inescrupulosos "prestadores de serviços especializados".

E, também no âmbito penal, não raro recorrem as indústrias ao Judiciário, com vistas a pretender a punição daqueles pela prática de delitos previstos no Código da Propriedade Industrial por uso indevido de marca e sinais distintivos.

Há cerca de quatro anos deparamo-nos com caso dessa natureza: o prestador de serviços, que propalava ser "autorizado" por renomada marca, comprometera-se a trocar o gabinete de metal de uma lavadora de roupas, tudo conforme pedido pela consumidora, ou seja, um gabinete novo, porquanto os mecanismos ainda funcionavam a contento, apenas havendo ferrugem do mencionado revestimento de metal.

Aparentemente foi entregue o produto com a troca desejada, percebendo-se logo em seguida, entretanto, tratar-se de um gabinete recondicionado, ou seja, pintado de novo, mas com ferrugem na parte interna, mais ou menos como o antigo de que a consumidora pretendera desfazer-se.

Título II · DAS INFRAÇÕES PENAIS | **Art. 71**

É evidente que a hipótese poderia enquadrar-se na letra genérica do *caput* do art. 171 do Código Penal, mas como já asseverado linhas atrás, assemelha-se mais com a fraude no comércio, mais especificamente "fraude na prestação de serviços ao consumidor", sendo certo, todavia, que o consumidor poderia perfeitamente preferir um orçamento mais em conta, autorizando a utilização de peças recondicionadas, aliás muito comum no mercado de peças automotivas.

O que não se pode admitir, contudo, é que o consumidor venha a ser enganado pagando por peças novas quando na realidade não o são, preservando-se aqui a *lisura* que deve presidir as relações de consumo e o *patrimônio* do consumidor.

O *núcleo do tipo* em pauta, pois, é definido pelo verbo "*empregar*" peças ou componentes usados, complementando-se sua normatividade pela expressão "*sem autorização do consumidor*", já que poderá autorizar seu emprego, mas de forma expressa.

O *sujeito ativo* é qualquer prestador de serviços, e o *passivo*, qualquer consumidor que experimente tal tipo de dano à sua economia na troca de peças e componentes no mercado prestador de serviços de reparação de bens de consumo duráveis.

O *elemento subjetivo* é o dolo que aqui também chamaríamos de "dolo de aproveitamento", não apenas pela vantagem almejada pelo prestador de serviços ou nem isso, pois o tipo não exige necessariamente a experimentação de um prejuízo efetivo, mas sua simples potencialidade, como também na situação de inexperiência do mesmo consumidor que certamente não poderá mais aquilatar do estado das peças de reposição.

É admitida a *tentativa* porquanto, apesar do que logo atrás se assinalou, pode-se eventualmente perceber a tempo a troca de peças ditas novas, mas que em realidade são usadas ou no máximo recondicionadas.

Quanto à *jurisprudência* relativa ao tipo sob comento, assinalamos o acórdão proferido na *Ap. Crim. nº 965.419/7 do TACRIM-SP – Comarca de S. J. Rio Preto*. Tratava-se do caso da troca de um motor original de refrigerador por outro, velho e inadequado, sem qualquer autorização do consumidor, preenchendo-se ainda o termo de garantia com data já passada, forçando-o a pagar por outro serviço. Condenado em primeira instância, o proprietário da oficina de reparos teve mantida sua condenação em segunda, entendendo-se aplicáveis, à espécie, os arts. 70 e 75 do CDC.

Já na *Ap. Crim. nº 900.991/1 – Nova Odessa – 16ª Câm. – TACRIM-SP*, no caso da troca de aro de roda para motocicleta recondicionada não autorizada pelo consumidor, o dono da oficina, que havia sido condenado em primeira instância, foi absolvido em segunda, porque não demonstrado houvesse a vítima encomendado "aro novo".

> **Art. 71**. Utilizar, na cobrança de dívidas, de ameaça, coação, constrangimento físico ou moral, afirmações falsas, incorretas ou enganosas ou de qualquer outro procedimento que exponha o consumidor, injustificadamente, a ridículo ou interfira com seu trabalho, descanso ou lazer: [1]
>
> Pena – Detenção de três meses a um ano e multa.

COMENTÁRIO

[1] MEIOS VEXATÓRIOS NA COBRANÇA DE DÍVIDAS DO CONSUMIDOR – Referido tipo penal visa a assegurar o cumprimento efetivo da regra definida pelo art. 42 do Código de Defesa do Consumidor, no Capítulo V, que trata das "Práticas Comerciais", a saber:

Art. 71 | CÓDIGO BRASILEIRO DE DEFESA DO CONSUMIDOR

Art. 42. Na cobrança de débitos, o consumidor inadimplente não será exposto a ridículo, nem será submetido a qualquer tipo de constrangimento ou ameaça.

Parágrafo único. O consumidor cobrado em quantia indevida tem direito à repetição do indébito, por valor igual ao dobro do que pagou em excesso, acrescido de correção monetária e juros legais, salvo hipótese de engano justificável.

Art. 42-A. Em todos os documentos de cobrança de débitos apresentados ao consumidor, deverão constar o nome, o endereço e o número de inscrição no Cadastro de Pessoas Físicas – CPF ou no Cadastro Nacional de Pessoa Jurídica – CNPJ do fornecedor do produto ou serviço correspondente (Incluído pela Lei nº 12.039, de 1º.10.2009).

A experiência também nos demonstrou que, além de práticas pouco recomendáveis, como a que vigorou durante um certo tempo na capital de São Paulo com famosos "vermelhinhos" ou "cenourinhas" que infernizavam a vida dos inadimplentes nos pagamentos de alguns carnês, fazendo um verdadeiro carnaval à porta de suas casas, inclusive com alto-falantes e até bandas de música, alguns estabelecimentos comerciais utilizam-se não raro de truculentos seguranças que impõem aos consumidores suspeitos de pequenos furtos ou então inadimplentes não apenas constrangimentos dos mais vexatórios, como também castigos corporais.

Aliás, é bastante claro a esse respeito o art. 54 da lei mexicana de defesa do consumidor:

"Fica estritamente proibido que, em qualquer estabelecimento comercial ou de serviços, se exerçam contra o público ações diretas que atentem contra sua liberdade, sua segurança, e integridade pessoal, bem como qualquer gênero de inquisições e registros pessoais, ou em geral atos que ofendam sua dignidade ou pudor. Caso o consumidor seja surpreendido no flagrante cometimento de um delito, os gerentes, funcionários ou empregados do estabelecimento se limitarão, sob sua responsabilidade, a pôr sem demora o suposto infrator à disposição das autoridades competentes. A infração a esta disposição será sancionada conforme o previsto no artigo anterior, independente da reparação do dano moral e da indenização por perdas e danos ocasionados no caso de não se comprovar o delito imputado."

O artigo novo acrescentado ao Código de Defesa do Consumidor na hipótese sob análise, ou seja, o seu art. 42-A, adicionou nova exigência imposta aos fornecedores, no sentido de que, em qualquer documento de cobrança de débitos, apresentem ao consumidor respectivo seu nome, endereço, número de inscrição do CNPJ ou CPF, o que vem a complementar a possibilidade de subterfúgios e omissões tendentes a expor o mesmo consumidor a situações vexatórias ou injustas. E isto se justifica, porquanto hoje, para qualquer descuido ou atraso no pagamento de contas, notadamente as relativas ao consumo dos serviços essenciais, vem, além da ameaça de corte, a temível inscrição do nome do devedor num ou mais cadastros de inadimplentes. E muitas das vezes o consumidor não tem as informações necessárias para dialogar com o próprio fornecedor, já que desconhece dados relevantes como seu endereço, telefone e outros. Tome-se como exemplo *sites* na Internet. Muitas das vezes o consumidor, embora tenha fornecido seus dados pessoais na compra de produto ou contratação de serviços, simplesmente não tem com quem falar, já que esses mesmos *sites* não trazem qualquer informação. Ou, o que é pior, advertem o consumidor a não responder às notificações de cobrança, circunstância essa que, por si só, caracteriza abuso manifesto e agora, também, crime contra as relações de consumo.

Dessarte, guardando semelhança com o delito de constrangimento ilegal, mas que requer disciplinação específica, bem como com os delitos contra a honra (calúnia, injúria, difamação), ou ainda com o de exercício arbitrário das próprias razões, tem por *ação física* a multiplicidade de comportamentos exemplificativamente elencados pelo mencionado tipo e

Título II · DAS INFRAÇÕES PENAIS | **Art. 71**

principiados pelo verbo *"utilizar"* ameaça, coação, constrangimento físico ou moral, afirmação falsa, incorreta ou enganosa de outro procedimento que exponha o consumidor, injustificadamente, a ridículo ou interfira no seu trabalho, descanso e lazer.

Resta ainda evidente que o *objeto jurídico* é a liberdade, honra, bem como a incolumidade física do consumidor.

Já o *dolo* é o *específico*, porquanto visa à cobrança de dívidas contraídas em decorrência de dada relação de consumo.

Trata-se ainda, no que tange ao exercício regular do *direito de cobrar*, porquanto os comportamentos vedados são evidenciados pelo constrangimento vil e covarde, de *tipo anormal*, visto que muitas das vezes se pode *justificar* a divulgação do nome do consumidor relapso ou inadimplente contumaz, mediante protesto de títulos e inserção de seu nome no cadastro dos serviços de proteção ao crédito, não havendo como evitar-se tal tipo de constrangimento, no caso admissível, e porquanto derivado da própria lei (no caso de protestos em cartório) ou das praxes e costumes comerciais (serviços de proteção ao crédito).

Casos Práticos – Acórdão encontrado na *Revista dos Tribunais* nº 687, ps. 296-298, decidiu acertadamente e dentro do enfoque ora discutido que "a comunicação ao serviço de proteção ao crédito, mantido pela Associação Comercial, e, consequentemente, o registro do nome do devedor inadimplente no cadastro da mesma, não caracteriza a violação à norma do art. 71 do Código do Consumidor, posto que, permitindo a lei a instalação dos denominados serviços de proteção ao crédito, como também o uso, equiparando-os a serviço público, sua utilização pelo credor não pode ser tida como abusiva, logo, ausente a possibilidade jurídica do pedido".

"Com efeito", lê-se ainda no corpo do aresto citado, "o mesmo Código de forma a balancear as relações entre vendedor e consumidor, notadamente como forma de proteger o comerciante do mau pagador, permite que se formem bancos de dados sobre os consumidores (art. 43), equiparando os serviços de proteção ao crédito e congêneres a entidades de caráter público (parágrafo único)".

"Ora", conclui-se, "aquele que não paga aluguel e tem contra si ajuizada a ação pertinente só pode ser eleito como inadimplente, merecedor, pelo menos, da desconfiança dos comerciantes em geral, e *ipso facto*, sem crédito na praça. E mais, anotação da existência da mencionada ação é pública. Ou seja, pode ser conhecida por qualquer interessado, bastando a simples consulta ao distribuidor da comarca. Por outro lado, a própria lei assegura ao consumidor, interessado na inexatidão do registro, que promova a sua retificação, para todos os fins, assegurando-lhe, portanto, a necessária defesa, contra o falso ou incorreção".

O advérbio *"injustificadamente"*, pois, tem por escopo resguardar o mencionado *exercício regular do direito de cobrar*, guardadas as limitações, por certo, elencadas pelo próprio tipo, que exige sejam punidos os exageros ou abusos que ultrapassam os limites do referido exercício regular de direito.

O *sujeito ativo* será qualquer pessoa que venha a utilizar-se de tais métodos vexatórios, geralmente o próprio fornecedor de produtos e serviços, ou então os responsáveis por agências de cobrança contratadas.

Sujeito passivo do delito é qualquer consumidor que se veja nas contingências referidas.

Guarda o referido tipo, como já apontado, semelhança sobretudo com os delitos de constrangimento ilegal, contra a honra e o exercício arbitrário das próprias razões, deles distinguindo-se, porém, por referir-se a relações de consumo, expressamente, e, com relação aos dois últimos, por ser crime de ação pública, e independente de qualquer resultado danoso à vítima.

Na *Ap. Crim. nº 935.219/3* – Bebedouro, todavia, a *2ª* Câm. do TACRIM-SP afastou a figura do art. 47 da Lei das Contravenções Penais pela prática ilegal de advocacia pelo réu, mas

Art. 71 | CÓDIGO BRASILEIRO DE DEFESA DO CONSUMIDOR

manteve condenação pelas atitudes que empregava na cobrança de dívidas em seu escritório de contabilidade. Trecho do acórdão:

"Bem a calhar as razões do douto procurador de justiça José Geraldo Brito Filomeno, integrando as razões do acórdão: 'A contravenção do art. 47 do DL nº 3.688/41, como se sabe, caracteriza-se pela prática de atividades privativas de determinada classe profissional sem que o agente esteja habilitado ou autorizado a tanto; ora, a cobrança extrajudicial de débitos, ao que consta, não é ato privativo de advogado; por outro lado, pelo que se infere dos documentos juntados às fls. 26, 28, 30 etc., contém realmente expressões como 'Depto. de Cob. E. Judiciais', 'Depto. Jurídico', 'notificação E. Judicial', que poderiam dar a entender que se cuidasse de questão judicial, já em andamento, sobretudo para pessoas de cultura e entendimento mais modesto, ou então de que se cuidava de escritório de advocacia; na verdade, entretanto, tais expressões integram o próprio conceito do art. 71 da Lei nº 8.078/90 (Código de Defesa do Consumidor) ao incriminar o fato de se utilizar na cobrança de dívidas de expedientes vexatórios ou intimidativos; se, por exemplo, e *ad argumentandum*, fossem usadas apenas as expressões do corpo das cartas ora analisadas, talvez não se atemorizassem tanto as vítimas, como as ouvidas às fls. 27, 29, 31 e 33; ao se adicionar aquelas outras expressões, todavia, dando-se a entender que haveria já providências de cunho judicial, resta evidente que a finalidade de tal inserção era a de reforçar a intimidação das mesmas pessoas; conforme se infere do próprio art. 71 do Código do Consumidor, o tipo em questão guarda semelhança com os delitos de constrangimento ilegal, contra a honra e exercício arbitrário das próprias razões, deles se distinguindo, porém, por referir-se a relações de consumo, expressamente, e, com relação aos dois últimos, por ser crime de ação pública, e independente de qualquer resultado danoso à vítima; o sujeito ativo será qualquer pessoa que venha a utilizar-se de tais métodos vexatórios, geralmente o próprio fornecedor de produtos e serviços, ou então os responsáveis por agências de cobranças contratadas (*in nosso Manual de Direitos do Consumidor*, Atlas, 2ª ed., comentários ao art. 71)'; *no concernente ao crime de consumo, conforme se vê do parecer citado, impende ressaltar que os termos utilizados nas cobranças deram a entender às vítimas que já se encontravam em trâmite providências de cunho judicial, mostrando-se bastantes os elementos coligidos a apontar que se caracterizou o crime na denúncia imputado; não se arreda constrangimento na conduta do recorrente e coação, com afirmações inverídicas, enganosas e incorretas, para o fim de produzir resultado imediato nas práticas cometidas, que seria a arrecadação de numerário, do qual parcelas não teriam sido destinadas a credores, conforme se infere do contexto, muito embora insuficientes para alicerçar responsabilização por apropriação indébita; em face do exposto, rejeitada a preliminar de nulidade da ação penal, dá-se parcial provimento ao apelo, para ser o réu absolvido da contravenção penal do art. 47."*

Já na *Ap. Crim. nº 948.621/5 – Iguape – a 6ª Câm. do TACRIM-SP* manteve condenação de corretor e dois diretores do Serviço de Proteção ao Crédito (SPC), que negativaram o nome de uma senhora viúva, porque teria ficado a dever a comissão pela venda de uma casa, procedimento de que resultou o cancelamento de contas bancárias etc. e como forma de pressão na cobrança indevida da corretagem. Curiosamente, houve também a decretação da "suspensão dos direitos políticos dos réus", obviamente cancelada pelo acórdão então proferido.

Trecho do acórdão:

"A conduta do réu Ari configurou modalidade clara de cobrança indevida e tendente a produzir contrariedade e constrangimento moral na suposta devedora; pretendendo-se com direito a dela receber comissão pela intermediação promovida em transação imobiliária e vendo sua pretensão resistida pela suposta vendedora, deveria fazer como se faz em toda e qualquer nação civilizada

Título II · DAS INFRAÇÕES PENAIS | **Art. 71**

do mundo: recorrer ao Judiciário para se ver ressarcido; ao invés de fazer isso, limitou-se a fazer uma notificação extrajudicial e, sem dúvida, prevalecendo-se da sua condição de membro da Associação Comercial, da qual acabou por ser eleito presidente durante o desenrolar dos fatos, tentou receber o seu crédito constrangendo Terezinha com a ameaça de incluir seu nome no SPC; observe-se que já na notificação de fl. 108 Ari ameaçava Terezinha de, não sendo pago, promover a inscrição de seu nome no Serviço de Proteção ao Crédito; ora, se o tal crédito decorria de serviços de corretagem negados pelas partes envolvidas na transação (comprador e vendedora negaram a intermediação, como se pode ver a fls. 96 e 97), não se poderia pura e simplesmente exigir seu pagamento através da ameaça de, não pagando, ter seu crédito cortado em todo o País, por intermédio do SPC local; não se pode equiparar coisas e situações diferentes; nenhum dano, nenhuma ilegalidade, nenhum constrangimento pratica o credor que, exibindo um documento hábil, requer o registro do não pagamento no SPC; trata-se aí de um puro e simples exercício regular de direito; coisa muito diferente é aquela situação, semelhante à dos autos, em que o crédito é questionável ou até mesmo negado pelo suposto devedor e em que a inscrição no SPC passa a ser brandida como uma arma contra o devedor, para obrigá-lo a pagar dívida que não reconhece; tivesse Ari recorrido à justiça e obtido ganho de causa, vendo Terezinha condenada a lhe pagar sua comissão, a inscrição desse não pagamento no SPC se revestiria de plena e total licitude; coisa muito diferente foi recorrer à ameaça e à efetiva inscrição para forçar um pagamento em litígio; quer pela notificação, em que faz a ameaça, quer pela efetiva inscrição, em que a ameaça foi consumada, Ari praticou de forma induvidosa o delito do art. 71 do Código de Defesa do Consumidor, submetendo Terezinha a situação de constrangimento e vexame, já que declarada nacionalmente má pagadora sem que o fosse, com reflexos inclusive no seu relacionamento com sua agência bancária local; além disso, tanto a inscrição teve nítidos contornos de cobrança abusiva e constrangedora que se pode ver no documento de fl. 98 que, mesmo após a 'negativação', a ré continuou a ser cobrada, recebendo a 'promessa' de que teria seu nome limpo se pagasse Ari; entendo, assim sendo, que a conduta do apelante Ari se encaixa com perfeição no tipo do art. 71 e, por isso, me parece correta a sua condenação; e o mesmo pode ser dito quanto aos demais; ambos agiram de forma claramente irregular, com o escopo de auxiliar Ari; não parece crível que se possa chegar ao SPC e, sem mais cautelas, determinar a inclusão do nome de qualquer um naquela 'lista negra' nacional; exatamente por isso é que no próprio regulamento do Serviço existe um dispositivo determinando que o requerimento de inclusão seja fundado em documento hábil comprovando a dívida; não se pode tratar da honra e dignidade alheias com tanta superficialidade como se sustenta nas razões de recurso, onde se afirma que basta uma simples ficha, desacompanhada de qualquer documento, para que seja incluído o nome ali indicado no cadastro de maus pagadores; não se pode tratar e, segundo a leitura daquele documento demonstra, não se trata; a 'negativação', segundo se observa a fls. 81-87, é precedida de cuidados que deixam induvidosa a existência do crédito e da inadimplência, havendo inclusive a previsão de que possa o funcionário requisitar outros elementos de prova se houver dúvida a respeito da obrigação inadimplida; ora, no caso, Arthur e Nelson desprezaram todo e qualquer cuidado e trataram de ir logo incluindo o nome de Terezinha no cadastro de inadimplentes, com o escopo único de atender à solicitação de Ari, que usava o SPC como instrumento de cobrança; não pode haver dúvida de que o requerimento deva ser acompanhado de documento hábil, e se o SPC vem fazendo inscrições desacompanhadas de tais documentos, sem dúvida concorre para que credores usem o serviço para cobrança irregular de suas obrigações, numa clara afronta e num profundo desprezo pelas modernas relações com o consumidor, de que é exemplo profícuo o Código de Defesa ora em questão; e se o Serviço e seus funcionários concorrem voluntariamente, desprezando determinações regulamentares e sem um mínimo de bom senso, devem responder por isso; é o caso de Arthur e Nelson, que voluntariamente auxiliaram Ari na cobrança ilegal, abusiva e constrangedora levada a efeito contra Terezinha, por intermédio de ameaças de 'negativação' de seu nome no SPC local e nacional; em razão disso

Art. 71 | CÓDIGO BRASILEIRO DE DEFESA DO CONSUMIDOR

é que discordo da tese da atipicidade da conduta esposada pelos defensores e até mesmo pelo Ministério Público de primeira instância; o tipo do art. 71 tem amplitude das maiores e se perfaz com a abusividade da cobrança, por meios que constranjam e perturbem o devedor, em nível pessoal, funcional e familiar; ora, ver-se bruscamente incluído no rol de maus pagadores do SPC sem dúvida atemoriza, constrange e humilha qualquer pessoa, principalmente quando se enten-da inexistente a dívida; logo, para mim ficou perfeitamente demonstrada a tipicidade do crime, estando por isso acertada a decisão apelada ao declarar a procedência da acusação."

Na *Ap. Crim. n° 967.867/1 – Capital – a 12ª Câm. do TACRIM-SP*, por votação unânime, negou provimento ao recurso dos réus, que chegaram a atormentar a vítima em seu ambiente de trabalho, o Tribunal de Contas do Estado. Trecho do acórdão:

"O recorrente, segundo a denúncia, na condição de funcionário do escritório de cobrança AU-DAC – Consultoria e Assessoria de Cobrança Ltda., de propriedade de João Barbieri, Adla Feres, Luiz Fernando Saldanha da Gama de Andrade e Cirne Nunes de Andrade (todos também denunciados, mas absolvidos, com exceção de Luiz Fernando que, por força de habeas corpus, *teve a ação trancada), telefonou várias vezes para o local de trabalho de Sueli Alexandrino, con-traente de empréstimo financeiro não quitado cuja cobrança estava a cargo da firma, ofendendo--a diretamente ou por intermédio do interlocutor, além de enviar avisos de cobrança para os superiores da vítima, tudo no afã de constrangê-la ao ressarcimento do débito; não tem fomento o apelo quando põe em dúvida a autoria; olvidou-se o recorrente que, embora negando o caráter injurioso e vexatório dos telefonemas, admitiu que chegou a conversar com Sueli pelo telefone, a propósito da dívida (fl. 48); o grau ofensivo e constrangedor da cobrança ficou evidenciado pelos testemunhos de Jacob Arnaldo Riesz e Pedro Alves da Costa Filho; estes, procuradores do Estado em exercício no Tribunal de Contas do Estado, onde também trabalhava Sueli, disseram dos vários telefonemas ao local, quando então o interlocutor destratava a vítima, pressionando-a para saldar a dívida, ou a ela se referia desairosamente quando outrem acudisse ao telefone, e mesmo esse não escapava à grosseira catilinária; 'mentirosa', 'caloteira', 'sem-vergonha', 'vigaris-ta', 'moleca' eram os epítetos utilizados; quem assim fazia, prosseguem os depoentes, era alguém que se identificava como Rodrigues (fls. 101-102); esses testigos afinam-se com as declarações prestadas por Sueli, que mencionou expressamente o apelante como o autor dos telefonemas (fl. 100); adminicularmente, em termos de comprovação da autoria, verifique-se o documento de fl. 13, uma mensagem de 'fax' encaminhada à vítima por um 'Sr. Rodrigues', que era precisamente Jairo Rodrigues, pessoa encarregada da cobrança da dívida, conforme interrogatório de Cirne Nunes de Andrade (fl. 47, v) e documento de fls. 31-32; não constituiu, assim, mera presunção a assertiva da sentença em torno da responsabilidade do recorrente pelos atos constrangedores de cobrança da dívida de Sueli; o apelante, a pretexto de exercer seu mister, extrapolou os limites traçados legalmente, atingindo a esfera de liberdade e honra da vítima inadimplente; a proteção ao devedor não se cinge à proscrição da prisão, salvo os casos de permissão constitucional, mas, civilizada e contemporaneamente, resguarda-o de ações que o exponham a ridículo ou que in-terfiram com o seu trabalho, descanso, ou lazer; utilizou Jairo Rodrigues, injustificadamente, de constrangimento moral para obter o ressarcimento do débito, pois extravasou o exercício regular do direito de cobrar; cumpre lembrar que de certa feita, em São Paulo, engendrou-se um meio coercitivo de cobrança de débitos em atraso consubstanciado em postar-se o cobrador ante a casa do devedor, ou de seu local de trabalho, com estrépito, paramentado espalhafatosamente, fazendo soar aparelhos, enfim chamando a atenção de todos para o relapso; não existia ainda um Có-digo de Defesa do Consumidor; mas, agora, esse procedimento é vedado, assim como qualquer outro que leve o inadimplente à execração pública; 'ficar ameaçando o consumidor inadimplen-te, porém, constrangendo-o em seu local de trabalho, e incomodar seus colegas de trabalho,*

Título II · DAS INFRAÇÕES PENAIS | Art. 71

submetendo-o a vexame e xingamentos, já é abuso do direito de cobrar, circunstância tal que, por conseguinte, refoge ao que dispõe o art. 100 do Código Civil' *(escorreita conclusão do ilustre parecerista); justa, consequentemente, a condenação, apenado o recorrente minimamente e corretamente substituída a privativa de liberdade pela prestação de serviços à comunidade, 'reparadora, preventiva, reeducativa, melhor se ajustando à personalidade do acusado', como assinalado na bem lançada sentença."*

Também na *Ap. Crim. nº 977.535/3 – 16ª Câm. do TACRIM-SP*, que noticiava que uma consumidora fora cobrada em casa mediante a presença de funcionários de supermercado com perturbação do sossego – quantia, aliás, indevida –, porquanto sua identificação se fizera através de veículo semelhante ao seu, estacionado no pátio do estabelecimento, por votação unânime, negou-se provimento ao apelo da defesa, entendendo-se que se caracterizou sem dúvida a figura de que ora se cuida. Trecho do acórdão:

"Não vingam os recursos; os réus foram processados e condenados pelo crime contra as relações de consumo descrito no art. 71 do chamado Código de Defesa do Consumidor, cuja caracterização advém do fato de utilizar, na cobrança de dívidas, de ameaça, coação, constrangimento físico ou moral, afirmações falsas, incorretas ou enganosas que exponham o consumidor, injustificadamente, a ridículo, ou interfira com seu trabalho, descanso ou lazer; e, como consta de denúncia, em razão de um falso reconhecimento efetivado por uma funcionária menor de idade, a vítima foi submetida a praticamente todas as ações constantes do tipo penal, sendo certo que bastava uma delas para autorizar a condenação; e, ao contrário do que sustentam os nobres defensores, está provado nos autos, à saciedade, que os dois condenados tiveram participação ativa nos fatos descritos na denúncia; José Roberto, o gerente do supermercado, determinou ao corréu Francisco que conduzisse a caixa e o empacotador do supermercado onde todos trabalhavam até a casa da vítima, para cobrar suposta dívida; isso já o torna responsável pelo delito que lhe é imputado, mas, houve mais, pois quando o marido da vítima esteve no citado estabelecimento comercial, novamente José Roberto o coagiu e o ameaçou, tanto a ele como à sua esposa, que acabou por ter uma crise de asma; Francisco, que afirma ter apenas levado os adolescentes até a casa da vítima, é desmentido pela prova dos autos; a vítima, seu marido e a testemunha Solange afirmaram que ele também participou da cobrança ilegal, estando, pois, sujeito às penas cominadas a tal tipo de crime; e o pior foi que a dívida, cobrada pela forma criminosa antes descrita, sequer existia, como ficou provado nos autos; as penas foram bem fixadas, e acertada a sentença, inclusive quanto à substituição da detentiva pela de multa e no tocante ao valor unitário do dia-multa, diferenciado para cada um dos condenados, conforme sua fortuna."

Entretanto, na *Ap. Crim. nº 939.941/1* – a 10ª Câm. do TACRIM-SP, por votação unânime, negou provimento a recurso do Ministério Público, mantendo absolvição de primeira instância. A vítima, no caso, teria sido perturbada em seu trabalho por cobrador de empresa especializada em cobranças de dívidas, dirigindo-se a ela aos gritos. A referida Câmara julgadora entendeu, em última análise, que "falar alto" não caracterizaria, por si só, o delito de que ora se cuida.

Mais recentemente, acórdão do STJ (REsp nº 1.062.975/RS, rel. Min. Eliana Calmon, 2ª Turma, j. de 23.09.2008, *DJe* de 29.10.2008), embora em sede civil, declarou que a hipótese de descumprimento do art. 42 do Código de Defesa do Consumidor pode, também, além do abuso de cunho civil e administrativo, caracterizar ilícito penal, a saber:

"Administrativo. Serviço público concedido. Energia elétrica. Inadimplência. Alegação de ofensa ao art. 535, I e II, do CPC. Inexistência. Dissídio não configurado. Inobservância dos requisitos dos arts. 255 do RISTJ, e 541, parágrafo único, do CPC. 1. Não há falar em violação

Art. 72 | CÓDIGO BRASILEIRO DE DEFESA DO CONSUMIDOR

do art. 535, I e II, do CPC, quando o Tribunal de origem bem fundamenta seu entendimento, rejeitando, ainda que implicitamente, as teses defendidas pelo recorrente. 2. Inviável, da mesma forma, esse recurso, pela alínea 'c' quando não observados os requisitos dos arts. 255 e parágrafos do RISTJ e 541, parágrafo único, do CPC, na caracterização do dissídio jurisprudencial, já que não demonstrada a similitude de suporte fático mediante cotejo analítico. 3. Os serviços públicos podem ser próprios e gerais, sem possibilidade de identificação dos destinatários. São financiados pelos tributos e prestados pelo próprio Estado, tais como segurança pública, saúde, educação etc. Podem ser também impróprios e individuais, com destinatários determinados ou determináveis. Neste caso, têm uso específico e mensurável, tais como os serviços de telefone, água e energia elétrica. 4. Os serviços públicos impróprios podem ser prestados por órgãos da administração pública indireta ou, modernamente, por delegação, como previsto na CF (art. 175). São regulados pela Lei nº 8.987/95, que dispõe sobre a concessão e permissão dos serviços públicos. 5. Os serviços prestados por concessionárias são remunerados por tarifa, sendo facultativa a sua utilização, que é regida pelo CDC, o que a diferencia da taxa, esta, remuneração do serviço público próprio. 6. Os serviços públicos essenciais, remunerados por tarifa, porque prestados por concessionárias do serviço, podem sofrer interrupção quando há inadimplência, como previsto no art. 6º, § 3º, II, da Lei nº 8.987/95. Exige-se, entretanto, que a interrupção seja antecedida por aviso, existindo na Lei nº 9.427/97, que criou a ANEEL, idêntica previsão. 7. A continuidade do serviço, sem o efetivo pagamento, quebra o princípio da igualdade das partes e ocasiona o enriquecimento sem causa, repudiado pelo Direito (arts. 42 e 71 do CDC, em interpretação conjunta). 8. Recurso especial conhecido parcialmente e, nessa parte, provido".

Art. 72. Impedir ou dificultar o acesso do consumidor às informações que sobre ele constem em cadastros, banco de dados, fichas e registros: [1]

Pena – Detenção de seis meses a um ano ou multa.

COMENTÁRIO

[1] IMPEDIMENTO DE ACESSO A BANCO DE DADOS – Mais uma vez visa o artigo ora sob análise à efetivação de dispositivos específicos do Código de Defesa do Consumidor.

E, com efeito, dispõe o seu art. 43 que:

> "*Art. 43*. O consumidor, sem prejuízo do disposto no art. 86, terá acesso às informações existentes em cadastros, fichas, registros e dados pessoais e de consumo arquivados sobre ele, bem como sobre as suas respectivas fontes.
>
> § *1º* Os cadastros e dados de consumidores devem ser objetivos, claros, verdadeiros e em linguagem de fácil compreensão, não podendo conter informações negativas referentes a período superior a cinco anos.
>
> § *2º* A abertura de cadastro, ficha, registro e dados pessoais e de consumo deverá ser comunicada por escrito ao consumidor, quando não solicitada por ele."

São notórios o dissabor, as grandes restrições e constrangimentos para qualquer consumidor que venha a ter seu nome incluído no temido SPC (Serviço de Proteção ao Crédito), porquanto automaticamente todas as portas de crediários se lhe fecharão.

Como já salientado noutro passo, ao se comentar o delito capitulado pelo art. 71 do Código de Defesa do Consumidor, nada há de irregular nessa inclusão dos nomes dos maus pagadores no SPC, compreendendo-se perfeitamente que os fornecedores de produtos e serviços devem preservar-se contra tais atitudes.

Primeiramente, todavia, de salientar-se que todo negócio somente pode ser reputado bom quando assim é considerado por ambas as partes envolvidas.

Tanto isso é verdade que, por uma questão de evidente justiça, prevê o art. 44 do Código do Consumidor a criação igualmente de um cadastro de maus fornecedores.[59]

Em segundo lugar, ainda, de observar-se que, apesar de redimido, não é justo que o nome do outrora mau consumidor-pagador fique constando dos cadastros do SPC sem negativação e, o que é pior, não possa saber o que realmente dali conste contra si para a devida correção mediante a providência administrativa ou judicial competente.

Daí por que o tipo de que ora se cuida do art. 72 do Código do Consumidor utiliza os verbos "*impedir*" ou "*dificultar*" o acesso do consumidor àquelas informações dos SPCs ou outros bancos de dados com a mesma finalidade de resguardar os fornecedores quanto a prejuízos futuros ou "calotes" dos maus pagadores.

Trata-se de salutar preceito, por razões mais que óbvias, além das já elencadas, delito *meramente formal*, independentemente de qualquer resultado que possa advir em detrimento do consumidor, quer no seu patrimônio, quer no que concerne ao seu conceito moral, caracterizando-se tal impedimento por qualquer atitude que obste referido acesso.

O *sujeito ativo* é qualquer pessoa que tenha a obrigação de fornecer os dados mencionados, e o *sujeito passivo* é qualquer pessoa que pretenda ter acesso aos dados que constem com relação a si nos bancos de dados já mencionados.

Tratando-se de delito formal ou de mera conduta, *inadmissível é a tentativa*, já que a remoção ou inexistência de ato impeditivo ou de molde a dificultar o acesso do interessado aos SPCs, por exemplo, descaracteriza a conduta, contentando-se o *typus*, entretanto, com a *simples constatação* do ato impeditivo ou então de obstáculo de forma a dificultar tal acesso.

---

[59] "Art. 44. Os órgãos públicos de defesa do consumidor manterão cadastros atualizados de reclamações fundamentadas contra fornecedores de produtos e serviços, devendo divulgá-lo pública e anualmente. A divulgação indicará se a reclamação foi atendida ou não pelo fornecedor. § 1º É facultado o acesso às informações lá constantes para orientação e consulta por qualquer interessado. § 2º Aplicam-se a este artigo, no que couber, as mesmas regras enunciadas no artigo anterior e as do parágrafo único do art. 22 deste Código".

O Ministério da Justiça disponibiliza em seu sítio acesso ao Cadastro Nacional de Reclamações Fundamentadas. Disponível em: <http://portal.mj.gov.br/data/Pages/MJ5E813CF3PTBRIE.htm>. E aqui cabe um comentário e crítica à expressão *reclamações fundamentadas*. Embora conste da letra da lei (art. 44 do Código de Defesa do Consumidor, *verbis*: "*Os órgãos públicos de defesa do consumidor manterão cadastros atualizados de reclamações fundamentadas contra fornecedores de produtos e serviços, devendo divulgá-lo pública e anualmente. A divulgação indicará se a reclamação foi atendida ou não pelo fornecedor*"), o qualificativo *fundamentadas* não é correto, devendo substituí-lo o termo *fundadas*. Embora esse dispositivo não constasse do anteprojeto original do Código de Defesa do Consumidor da comissão especial do Ministério da Justiça incumbida de sua redação (cf. *DOU*, Seção I, p. 241 e seguintes, de 4 de janeiro de 1989), resta evidente que uma coisa é *reclamação fundamentada*, ou seja, uma reclamação que tem base ou verossimilhança ao ser apresentada a um órgão de defesa e proteção ao consumidor. Outra, bem diversa, é uma *reclamação fundada*, isto é, que foi *considerada afinal procedente* pelos mesmos órgãos de defesa do consumidor. Ora, o cadastro de fornecedores a que se refere o art. 44 do Código de Defesa do Consumidor pressupõe que tenha havido, durante um ano, um número determinado de *reclamações* que foram analisadas e tidas como *procedentes*, ou *fundadas*, e não *improcedentes* ou *infundadas*, sem razão para os consumidores, divulgando-as pelos meios disponíveis.

Art. 73 | CÓDIGO BRASILEIRO DE DEFESA DO CONSUMIDOR

> **Art. 73.** Deixar de corrigir imediatamente informação sobre consumidor constante de cadastro, banco de dados, fichas ou registros que sabe ou deveria saber ser inexata: [1]
>
> Pena – Detenção de um a seis meses ou multa.

COMENTÁRIO

[1] OMISSÃO NA CORREÇÃO DE DADOS INCORRETOS – Trata-se de consectário lógico do anterior, tendo por escopo, uma vez mais, reafirme-se o cumprimento efetivo de norma estatuída na parte material-civil do Código do Consumidor, isto é, no mesmo art. 43, que cuida dos bancos de dados e cadastros de consumidores, mais particularmente no seu § 3º e também nos §§ 4º e 5º, a saber:

> *"Art. 43.* (...)
>
> § 3º O consumidor, sempre que encontrar inexatidão nos seus dados e cadastros, poderá exigir sua imediata correção, devendo o arquivista, no prazo de cinco dias úteis, comunicar a alteração aos eventuais destinatários das informações incorretas.
>
> § 4º Os bancos de dados e cadastros relativos a consumidores, os serviços de proteção ao crédito e congêneres são considerados entidades de caráter público.
>
> § 5º Consumada a prescrição relativa à cobrança de débitos do consumidor, não serão fornecidas, pelos respectivos sistemas de Proteção ao Crédito, quaisquer informações que possam impedir ou dificultar novo acesso ao crédito junto aos fornecedores."

O *núcleo* do tipo em questão é expresso pelo verbo *deixar* (comportamento omissivo, pois) de corrigir dados inexatos a respeito de qualquer consumidor em bancos de dados, tratando-se, por conseguinte, de delito *formal* e de *natureza instantânea* com *efeito permanente*, ou seja, sua consumação se protrai no tempo até que cesse a permanência nos registros, arquivos, fitas gravadas ou qualquer outro meio de armazenamento de informações.

O *sujeito ativo* é definido pelo § 3º do art. 43 retromencionado, ou seja, o *arquivista* ou responsável pela manutenção dos referidos dados.

Com efeito, nos autos do *Habeas Corpus* nº 84.620/RS, o Supremo Tribunal Federal, por sua 2ª Turma, decidiu que:

> "Código de Defesa do Consumidor. Art. 73. I – Responsabilidade penal objetiva. Inadmissibilidade. Por eventual irregularidade na prestação de informações à autoridade judiciária sobre registros de consumidor, em banco de dados, deve ser responsabilizado, penalmente, *o funcionário responsável, e não o presidente da instituição.* 2. *HC* deferido para trancar a ação penal" (rel. min. Ellen Gracie, j. de 23.11.2004, *in DJU* de 10.12.2004, p. 53).

Embora em sede de demanda civil, veja-se o aresto prolatado pelo STJ no REsp nº 1.039.625, rel. Min. Aldir Passarinho Jr., *DJ* de 10.11.2009:

> "Decisão: Trata-se de recurso especial, [...] com fulcro nas letras 'a' e 'c' do permissor constitucional, onde se discute sobre dano moral derivado da manutenção do nome do ex-devedor no cadastro de inadimplentes do SPC, por mais de quatro meses, após a quitação da dívida junto à empresa recorrida. Irresignado, alega em seu especial que caberia ao credor providenciar

o cancelamento do registro negativo junto ao SPC, ressaltando que inobstante a quitação da dívida permaneceu por um bom tempo inscrito no referido Cadastro. Dispõe o citado art. 73 que se sujeita a penalidade de ordem criminal 'deixar de corrigir imediatamente informação sobre consumidor constante de cadastro, banco de dados, fichas ou registros que sabe ou deveria saber ser inexata'. Conjugadamente a tal dispositivo, encontra-se o art. 8º do Regulamento Nacional dos Serviços de Proteção ao Crédito, que reza: 'Art. 8º As associadas-usuárias assumem, perante a mantenedora do SPC e terceiros, a responsabilidade total pelos registros dos débitos em atraso, demais ocorrências e seus imediatos cancelamentos'. Parece, portanto, que paralelamente ao direito de negativar o devedor, há, em contrapartida, o de, em havendo quitação, providenciar, aquela mesma instituição que o inscreveu, a atualização dos dados cadastrais, apontando o pagamento e, em consequência, o desaparecimento do fato que motivou a restrição ao crédito, para que as entidades que mantêm o serviço façam a baixa respectiva. Não é ônus do devedor que pagou, mas, sim, do credor que recebeu, inclusive porque a negativação funciona, essencialmente, como meio de coação, sem razão de ser a sua continuidade após a regularização da situação. A manutenção do nome, injustificadamente, por período prolongado, se mostra desarrazoada, injusta, e causa lesão que se pode facilmente supor. [...]".
Precedentes: 3ª Turma, REsp nº 292.045/RJ, rel. Min. Carlos Alberto Menezes Direito, unânime, *DJU* de 8.10.2001); (4ª Turma, REsp nº 196.024/MG, rel. Min. Cesar Asfor Rocha, unânime, *DJU* de 2.8.1999); (4ª Turma, REsp nº 432.062-MG, rel. Min. Aldir Passarinho Junior, por maioria, *DJU* de 16.12.2002).

Como o tipo utiliza o advérbio *imediatamente* com vistas à correção dos dados inexatos e ainda o § 3º do art. 43 fala em 5 (cinco) dias úteis para que o responsável pelo banco de dados a comunique aos interessados, entendemos que se haverá de interpretar o prazo para a efetiva correção como sendo também de 5 (cinco) dias úteis por uma questão de coerência, mesmo porque ainda que a "negativação", como se diz com relação a dados constantes de serviços de proteção ao crédito, por exemplo, possa ser feita com uma simples digitação, por certo haverá uma ordem de processamento de dados.

Trata-se uma vez mais de *delito de perigo*, porquanto, independendo de qualquer resultado danoso – por exemplo, o consumidor com seu nome não "negativado" não consegue fechar determinado negócio em decorrência do dado inexato –, consuma-se pela simples constatação de que aquele não foi corrigido no prazo assinalado. É evidente que, se houver danos efetivos, serão objeto de indenizações cabais.

O que se procura preservar, por certo, é a *dignidade,* a *honra* e o *crédito* do consumidor, sobretudo porque, como notório, raros bens, sobretudo os de consumo duráveis, podem prescindir de financiamento, sem falar-se em impedimento de abertura de contas bancárias, hospedagens em hotéis, passagens aéreas etc.

O § 4º do art. 43 ainda é complementar ao dispositivo constitucional previsto pelo art. 5º, inc. LXXII da Constituição da República ao cuidar do *habeas data*:

"*Art. 5º* Todos são iguais perante a lei, sem distinção de qualquer natureza, garantindo-se aos brasileiros e aos estrangeiros residentes no País a inviolabilidade do direito à vida, à liberdade, à igualdade, à segurança e à propriedade, nos termos seguintes:
LXXII – conceder-se-á *habeas data*:
a) para assegurar o conhecimento de informações relativas à pessoa do impetrante, constantes de registros ou bancos de dados de entidades governamentais ou de caráter público;
b) para retificação de dados, quando não se prefira fazê-lo por processo sigiloso, judicial ou administrativo".

Art. 73 | CÓDIGO BRASILEIRO DE DEFESA DO CONSUMIDOR

E é bem por isso que uma vez mais andou mal o autor dos vetos a dispositivos do Código do Consumidor, neste caso especificamente ao art. 86, que rezava aplicar-se o *habeas data* à tutela dos direitos e interesses dos consumidores.

Isto porque se tratava única e exclusivamente, como de resto grande parte dos dispositivos do mencionado Código, de dar um caráter pedagógico às suas normas programáticas, sempre dentro da perspectiva de que o mesmo Código é muito mais uma filosofia de defesa ou proteção ao consumidor e fixação de diretrizes, nesse sentido, do que um corpo completo de normas, mesmo porque se teve o cuidado de não se apagarem outras normas do Direito Civil, Comercial, Administrativo etc.

Ora, quis o autor do veto – que demonstra não só desconhecimento de Direito Penal como também de Direito Administrativo e, no caso específico, Constitucional, além de não ter analisado sistematicamente o então projeto – que não se previsse o *habeas data* em seu corpo, mais especificamente no Título que cuida do "Consumidor em Juízo", simplesmente porque "as ações de mandado de segurança e de *habeas data* destinam-se, por sua natureza, à defesa de direitos subjetivos públicos e têm, portanto, por objetivo precípuo os atos de agentes do Poder Público", concluindo que, "por isso, a sua extensão ou aplicação a outras situações ou relações jurídicas é incompatível com sua índole constitucional", e "os artigos vetados, assim, contrariam as disposições dos incs. LXXI e LXXII do art. 5º da Carta Magna".

Mas os mencionados dispositivos, como já assinalado, falam precisamente em *habeas data* relativamente a "bancos de dados de entidades governamentais ou de caráter público"!

Ora, para os efeitos do Código do Consumidor, quis o legislador ordinário complementar o dispositivo constitucional, dizendo exatamente que "os bancos de dados e cadastros relativos a consumidores, os serviços de proteção ao crédito e congêneres são considerados entidades de caráter público".

Constata-se, por conseguinte, a total inocuidade do mencionado veto, a menos que tenha tido a pretensão de revogar um dispositivo constitucional, o que, evidentemente, não nos parece o caso.

É evidente que, no que tange ao disposto pelo § 5º do art. 43 ainda do Código de Defesa do Consumidor, caracteriza-se o delito de que ora se cuida caso não haja a correção de dado que ainda mantenha como pendente dívida já prescrita, sendo evidente a razão de tal dispositivo, pelo seu próprio enunciado: "quaisquer informações que possam impedir ou dificultar novo acesso ao crédito junto aos fornecedores".

Inócuo igualmente, entendemos de relevo assinalar, ainda neste passo, o veto oposto ao art. 45 do Código do Consumidor,[60] visto que, em havendo dano material ou moral, mesmo porque os tipos penais já analisados dele independem para sua consumação, a responsabilidade pela indenização decorre da regra geral do art. 186 do Código Civil, havendo ainda, no caso de cobrança de dívida já paga, a regra do art. 940, ainda do Código Civil.[61]

---

[60] "Art. 45. As infrações ao disposto neste Capítulo, além de perdas e danos, indenização por danos morais, perda dos juros e outras sanções cabíveis, ficam sujeitas à multa de natureza civil, proporcional à gravidade da infração e à condição econômica do infrator, cominada pelo juiz na ação proposta por qualquer dos legitimados à defesa do consumidor em juízo".

[61] "Art. 186. Aquele que, por ação ou omissão voluntária, negligência ou imprudência, violar direito e causar dano a outrem, ainda que exclusivamente moral, comete ato ilícito [correspondente ao art. 159 do Código Civil de 1916]". Art. 940. Aquele que demandar por dívida já paga, no todo ou em parte, sem ressalvar as quantias recebidas ou pedir mais do que for devido, ficará obrigado a pagar ao devedor, no primeiro caso, o dobro do que houver cobrado e, no segundo, o equivalente do que dele exigir, salvo se houver prescrição [correspondente ao art. 1.531 do Código Civil de 1916]".

Título II · DAS INFRAÇÕES PENAIS | **Art. 74**

Art. 74. Deixar de entregar ao consumidor o termo de garantia adequadamente preenchido e com especificação clara de seu conteúdo: [1]
Pena – Detenção de um a seis meses ou multa.

COMENTÁRIO

[1] OMISSÃO NA ENTREGA DE TERMOS DE GARANTIA – A razão desse tipo penal é tornar efetivo o direito previsto pelo art. 50 e seu parágrafo único do Código de Defesa do Consumidor, a saber:

"Art. 50. A garantia contratual é complementar à legal e será conferida mediante termo escrito. *Parágrafo único.* O termo de garantia ou equivalente deve ser padronizado e esclarecer, de maneira adequada, em que consiste a mesma garantia, bem como a forma, o prazo e o lugar em que pode ser exercitada e os ônus a cargo do consumidor, devendo ser-lhe entregue, devidamente preenchido pelo fornecedor, no ato do fornecimento, acompanhado de manual de instrução, de instalação e uso do produto em linguagem didática, com ilustrações."

De salientar-se, primeiramente, que tal dispositivo está inserido no Capítulo VI do Título I do Código do Consumidor, sob a rubrica de "Proteção Contratual", e, mais especificamente, em sua Seção I, que trata das "Disposições Gerais".

O termo de garantia, geralmente conferido pelos fabricantes de produtos ou bens de consumo duráveis, tem dupla finalidade: 1º) zelar pelo bom nome da própria empresa-fornecedora; 2º) reparar eventuais defeitos, sabendo-se que na produção em massa alguns exemplares fabricados fatalmente apresentarão algum defeito, dentro de um certo tempo de uso ainda inicial, por maior que seja o controle de qualidade de que disponha.

Embora não obrigatório, o termo de garantia tem servido inclusive de balizamento aos tribunais, no sentido de o aceitarem como uma *prorrogação do prazo prescricional* outrora previsto pelo Código Civil em 15 dias,[62] no que toca aos bens de consumo duráveis.

Já pelo Código do Consumidor, embora ainda não obrigatória – mas as empresas por certo a adotarão sobretudo em decorrência do princípio da inversão do ônus da prova aliada à responsabilidade objetiva por razões mais que óbvias –, a garantia constitui *complemento* (*ex empto*) ao contrato e sua *garantia de adimplemento* pelo fornecedor, donde haver requisitos próprios para a sua concessão, que são os mencionados no parágrafo único do art. 50 do referido Código de Defesa do Consumidor, os quais, desatendidos, acarretam responsabilização de caráter penal.

A razão de tal dispositivo é clara: já que o termo de garantia visa a evitar dissabores futuros ao consumidor, e já que o próprio fornecedor, mediante declaração unilateral de vontade, se compromete a reparar ou mesmo trocar o bem que apresente certo defeito de fabricação ou vício oculto, podendo mesmo, no primeiro caso retrorreferido, constituir-se em sério risco à incolumidade física daquele mesmo consumidor, nada mais natural que proceda corretamente às instruções que devem ser por aquele seguidas.

---

[62] "Havendo garantia de funcionamento de máquina, o comprador pode reclamar contra vícios ocultos a qualquer tempo, durante o prazo de garantia, não estando obrigado a observar os prazos dos arts. 211 do Código Comercial e 178, § 2º do Código Civil" (*RT* 186/692).

Art. 75 | CÓDIGO BRASILEIRO DE DEFESA DO CONSUMIDOR

Além do mais, trata-se de assegurar o patrimônio do consumidor desde logo, não sendo justo que deva arcar com as despesas de um reparo de um produto novo, quando se sabe de antemão que os defeitos e vícios são perfeitamente previsíveis pelo fornecedor.

Trata-se ainda de evitar que um termo de garantia tendencioso venha na verdade a eximir o fornecedor de responsabilidade, embora tenha a aparência de efetiva garantia.

É igualmente, como os anteriores delitos, crime de *perigo, formal*, independendo de qualquer resultado lesivo ao consumidor que recebe um termo de garantia nas condições anteriormente aventadas, sendo ainda certo que o intérprete do mesmo dispositivo deverá ter em conta as chamadas *"cláusulas abusivas"* expostas no art. 51 ainda do Código de Defesa do Consumidor.

O sujeito ativo é certamente em primeiro lugar o fornecedor, podendo ainda haver concurso de agentes por parte do comerciante do produto que aquiesce à atitude de seu fornecedor, entregando ao consumidor termo de garantia lacunoso.

Em termos *práticos*, assinalamos que encontramos a *Ap. Crim. nº* 869.023/6 – Capital, na qual a 16ª Câm. do TACRIM-SP absolveu réu acusado de não ter entregue o termo de garantia por motor recondicionado. No caso, entretanto, o delito não se teria caracterizado, porque a cópia por "xerox" juntada aos autos espelhava no verso o citado termo, não copiado do original.

> **Art. 75.** Quem, de qualquer forma, concorrer para os crimes referidos neste Código incide as penas a esses cominadas na medida de sua culpabilidade, bem como o diretor, administrador ou gerente da pessoa jurídica que promover, permitir ou por qualquer modo aprovar o fornecimento, oferta, exposição à venda ou manutenção em depósito de produtos ou a oferta e prestação de serviços nas condições por ele proibidas. [1]

COMENTÁRIO

[1] DA RESPONSABILIDADE E CONCURSO DE PESSOAS – A norma em questão, dir-se-ia, é redundante, porquanto repetiria a regra geral do chamado "concurso de pessoas", já prevista pela parte geral do Código Penal, art. 29.[63]

Além do mais, estar-se-ia criando uma espécie de "responsabilidade objetiva" dos diretores, administradores ou gerentes de pessoas jurídicas que venham a promover, permitir ou por qualquer outro modo aprovar o fornecimento, oferta, exposição à venda ou manutenção em depósito de produtos ou a prestação de serviços nas condições por ele proibidas.

E, realmente, a primeira crítica nos parece procedente, à medida que por certo o Código Penal é subsidiário ou fonte suplementar do Código do Consumidor, sobretudo no que toca à questão como a presente de concurso de pessoas, concurso de crimes etc.

E tanto isso é verdade que a Comissão Especial que elaborou o anteprojeto original do mencionado Código, por encomenda do Conselho Nacional de Defesa do Consumidor, em

---

[63] Código Penal, "Art. 29. Quem, de qualquer modo, concorre para o crime incide nas penas a este cominadas, na medida de sua culpabilidade. § 1º Se a participação for de menor importância, a pena pode ser diminuída de um sexto a um terço. § 2º Se algum dos concorrentes quis participar de crime menos grave, ser-lhe-á aplicada a pena deste; essa pena será aumentada até metade, na hipótese de ter sido previsível o resultado mais grave".

Título II · DAS INFRAÇÕES PENAIS | **Art. 75**

acolhendo aquela mesma crítica, acabou por suprimir o então art. 49 do anteprojeto (*vide DOU*, de 4.1.89, a respeito da análise das críticas então feitas).

Quanto à segunda crítica, contudo, improcede, na medida em que seria rematado absurdo ressuscitar-se uma espécie de "responsabilidade objetiva em matéria penal", em odioso retrocesso à Santa Inquisição da Idade Média.

Vale mais o mencionado dispositivo, contudo, pelo seu caráter explicativo ou didático, lembrando-se a propósito que a chamada "lei dos crimes do colarinho-branco" (Lei nº 7.492/86), semelhantemente ao mencionado art. 75 do Código do Consumidor, chama a atenção dos diretores e administradores de entidades econômicas quanto à sua aprovação de atividades que redundem em prejuízo a investidores e outras pessoas interessadas, donde sua responsabilização também criminal (art. 25).

Em caso concreto por nós analisado em sede de crime contra a saúde pública, mais particularmente o previsto pelo art. 278 do Código Penal, ou seja, relativo a campanha de *marketing* mediante a qual se encaminhou milhares de *broad sides* (*folder* e amostra grátis) através de mala direta a pessoas eventualmente interessadas, contendo substância altamente tóxica (agrotóxico destinado a grandes culturas de soja, mas aqui destinado a hortas caseiras e plantas ornamentais), *foram condenados: o vice-diretor de saúde animal, o gerente do serviço de* "marketing", *o coordenador de propaganda, o administrador de produtos e o gerente de pesquisa da empresa fabricante e promovente da referida "campanha".*[64]

O que importou saber-se no caso, pois, foi *quem teria idealizado* e *colocado em prática* a campanha de *marketing* que pôs em *sério risco a saúde* de milhares de pessoas.

A regra, pois, é a mesma do chamado "concurso de pessoas" do Código Penal, sendo outrossim bastante claros os dois parágrafos do mencionado art. 29 a respeito do grau de participação de cada um dos agentes.

Veja-se, ainda, decisão, a nosso ver, correta, proferida em sede de *habeas corpus* julgado pela 6ª Câmara do extinto Tribunal de Alçada Criminal do Estado de São Paulo (HC nº 375.162-4, rel. Juiz Almeida Sampaio), em julgamento de 20.12.2000, e publicado na Revista dos Tribunais nº 789, p. 622-624:

"É inepta a denúncia pelo delito previsto no art. 7º, IX, da Lei nº 8.137/90, se não narra a efetiva participação da acusada, fato imprescindível quando se trata de crime comissivo mediante omissão, tendo esta sido incluída na peça acusatória pelo simples fato de ser proprietária do supermercado onde foram encontradas as mercadorias impróprias para o consumo".

No caso, foi concedida a ordem para anular a peça acusatória, ressalvando-se, todavia, a sua reapresentação, desde que cumpridamente demonstrada a responsabilidade da paciente. E do corpo do acórdão extrai-se que:

"Cuida-se de crime contra as relações de consumo. Instaurou-se o inquérito no dia 27-5-1999. No estabelecimento comercial Futurama Supermercado Ltda. foram apreendidas diversas mercadorias, todas impróprias para consumo. Nos crimes contra as relações de consumo não se pode excluir a princípio a imputabilidade do proprietário do estabelecimento comercial. Fácil seria sempre impor ao funcionário a responsabilidade pelo corrido. Há de se analisar, data vênia, o crime de maneira abrangente, responsabilizando-se todas as pessoas que possuem cargo de mando e que obtêm lucro na comercialização. Importante relembrar o nexo causal quando se trata de crime comissivo mediante omissão. Para Bettiol, nestes casos, a solução

---

[64] Vide íntegra do julgamento em segunda instância, *in RT* nº 629, ps. 336 a 344.

Art. 76 | CÓDIGO BRASILEIRO DE DEFESA DO CONSUMIDOR

deve ser dada levando em conta que a omissão tenha eficácia causal, ou seja, havendo dever jurídico do agente em impedir o evento. Não se pode negar que a paciente tinha este dever. Era sua obrigação legal impor regras e fazer com que as mesmas fossem fielmente cumpridas. É ela 'garantidora' do cumprimento do dever que a lei impõe ao proprietário. Há, desta maneira, em princípio, a possibilidade de admissão de que a paciente responda conjuntamente com o seu preposto pelo crime. Competirá demonstrar na ação penal que sua ação não foi antijurídica e que, por isso, não deve responder pelo ato. Do reconhecimento da validade deste princípio decorrem algumas consequências, especialmente no que tange à denúncia. É entendimento dominante que, nos crimes societários, bem como nos referentes a consumo, não é exigível a descrição minuciosa da participação de todos os envolvidos. Basta da participação de todos os envolvidos. Basta que exista um mínimo para que se cumpra o determinado na lei processual. Especialmente, levando-se em conta, muitas vezes, a falta de elementos da participação daquele pessoal. O que se deve preservar é o direito de defesa. Não pode o acusado ver-se na impossibilidade de exercitar de forma penal o seu direito de defesa em face da denúncia (...) Ora, em sendo desta maneira, não basta, data vênia, para ajuizar a ação penal, o simples fato de ser proprietária do estabelecimento. Exige-se que ela tenha sido omissa ou pela falta de normas ou por não exigir que se cumpra o que foi determinado. Esta descrição é essencial para que ela possa efetuar corretamente o direito de defesa. Não há na denúncia qualquer imputação específica à paciente. Está sendo acusada pelo fato objetivo de ser proprietária da loja".

É também nesse sentido acórdão proferido no RSE – Recurso em Sentido Escrito nº 1.518.223/0-00, pela 11ª Câmara Criminal do Tribunal de Justiça do Estado de São Paulo (rel. Des. Aben-Athar, j. de 15.6.2005), publicado na Revista dos Tribunais nº 839, p. 583-586, a saber:

"Inexistindo certeza sobre a autoria ou participação do investigado no crime contra as relações de consumo, não cabe o seu indiciamento em inquérito policial, pois se trata de um ato de poder estatal que causa constrangimento à pessoa de bem que tem seu nome inscrito no Registro de Identificação Criminal. Ademais, a ocupação do cargo de gerente, não implica a autoria ou participação do delito, por não se tratar de responsabilidade objetiva, devendo ser verificada exatamente a extensão de sua culpabilidade".

Após citar em passagem nestes comentários, e exatamente neste ponto, acrescenta o douto relator que:

"Portanto, não é porque o sujeito é diretor, administrador ou gerente que deve ser responsabilizado direta e objetivamente por fato que se mostra típico para crime contra as relações de consumo. É necessária a prévia verificação de elementos que permitam aferir a efetiva autoria ou participação, o que, sem nenhuma dúvida, exige pormenorizada investigação em inquérito. E na hipótese dos autos, qual foi a justificativa da douta autoridade policial que dirige o inquérito instaurado a respeito dos fatos apurados? O de ter o gerente geral interesse na empresa e a responsabilidade geral por ela e/ou solidariamente por ação desencadeante da ação do autor do dano (sic), para as providências da Polícia Judiciária (f.)".

> **Art. 76.** São circunstâncias agravantes dos crimes tipificados neste Código: [1]
>
> I – serem cometidos em época de grave crise econômica ou por ocasião de calamidade;
>
> II – ocasionarem grave dano individual ou coletivo;

Título II · DAS INFRAÇÕES PENAIS | **Art. 76**

III – dissimular-se a natureza ilícita do procedimento;

IV – quando cometidos:

a) por servidor público, ou por pessoa cuja condição econômico-social seja manifestamente superior à da vítima;

b) em detrimento de operário ou rurícola, de menor de dezoito ou maior de sessenta anos ou de pessoas portadoras de deficiência mental, interditadas ou não;

V – serem praticados em operações que envolvam alimentos, medicamentos ou quaisquer outros produtos ou serviços essenciais.

COMENTÁRIO

[1] CIRCUNSTÂNCIAS AGRAVANTES – Três particularidades envolvem tal dispositivo e seus incisos e alíneas, a saber: 1ª) trata-se de repetição do que dispõe o § 2º do art. 4º da Lei nº 1.521/51, com pequenas modificações; 2ª) tem efeito didático uma vez mais; 3ª) a versão apresentada pela Comissão Especial do CNDC não previa as letras *a* e *b* do inc. IV.[65]

Como já salientado noutro passo, sobretudo quando se alertou para a vastidão da temática "defesa ou proteção do consumidor", quer no terreno administrativo, quer no civil e no penal, visto que devem conviver tipos do Código Penal e outros crimes ainda previstos na legislação extravagante, o reconhecimento não de *um direito* mas de uma *plêiade de direitos do consumidor* faz com que o Código especial a ele dedicado venha a juntar os diversos mosaicos de que se compõe a mesma temática.

Assim é que, no caso, como se viu, embora possa parecer à primeira vista redundante tal dispositivo, em verdade isso não ocorre: é que o mesmo se refere, única e exclusivamente, aos delitos de usura.

Ora, em se tratando de "delitos contra as relações de consumo", notadamente os que dão efetiva força sancionadora aos dispositivos de natureza material-civil-administrativa, nada mais lógico que também as penas sejam agravadas nas mesmas circunstâncias e em outras elencadas pelo mesmo dispositivo, sobretudo quando fala em "operações que envolvam alimentos, medicamentos ou quaisquer outros produtos ou serviços essenciais".

A *mens legis* é clara, pois, no sentido de apenar mais gravemente não apenas pessoas em condições socioeconômicas superiores às das vítimas de crimes contra as relações de consumo, como também, objetivamente falando, a própria condição de consumidores, estes, como já vimos, *hipossuficientes* no que concerne à sua manifesta desigualdade perante o fornecedor de bens e serviços.

Com relação às demais agravantes elencadas pela Lei nº 1.521/51, permitimo-nos invocar os ensinamentos do ilustre Elias de Oliveira[66] quando justifica sua previsão, a saber:

---

[65] "Art. 4º (...) § 2º São circunstâncias agravantes do crime de usura: I – ser cometido em época de grave crise econômica; II – ocasionar grande dano individual; III – dissimular-se a natureza usuária do contrato; IV – quando cometido: a) por militar, funcionário público, ministro de culto religioso, por pessoa cuja condição econômico-social seja manifestamente superior à da vítima; b) em detrimento de operário ou de agricultor; de menor de 18 anos ou de deficiente mental, interditado ou não".

[66] *Crimes contra a economia popular*, Rio de Janeiro, Freitas Bastos, 1952, p. 184.

Art. 77 | CÓDIGO BRASILEIRO DE DEFESA DO CONSUMIDOR

"Além das circunstâncias agravantes de Direito Penal comum, houve por bem o legislador criar agravações especiais, para o crime de usura, pecuniária ou real. Não resta dúvida que a infração comporta certas circunstâncias agravantes *específicas*, ligadas particularmente à personalidade do delinquente, entre as quais as que se relacionam com os móveis de egoísmo, cobiça, engano, baixeza de caráter, malvadez ou indiferença à desgraça alheia, estudados em geral por Stoss, Andreotti e Romagnosi, para não citar senão estes dentre tantos e tão notáveis criminalistas. O delito em si mesmo, na sua materialidade, fica em segundo plano; porém, certas condições de sua execução, em função do seu autor – tanto abusando da incapacidade da vítima, como da sua miséria ou inferioridade econômica, já indiferente à gravidade de uma crise de recursos essenciais, já pondo em prática dissimulações enganosas, quer ocasionando maior dano ao lesado, quer utilizando o prestígio de uma posição funcional ou de hierarquia social –, devem ser levadas em conta para agravação especial da pena a ser imposta."

E nós acrescentaríamos: o que se deve levar em conta é efetivamente a absoluta desigualdade, sobretudo de natureza econômica, entre os dois protagonistas das relações de consumo – o consumidor e o fornecedor de produtos e serviços.

> **Art. 77.** A pena pecuniária prevista nesta Seção será fixada em dias-multa, correspondente ao mínimo e ao máximo de dias de duração da pena privativa da liberdade cominada ao crime. Na individualização desta multa, o juiz observará o disposto no art. 60, § 1º, do Código Penal. [1]

COMENTÁRIO

[1] PENAS DE MULTA – Para bem compreendermos o alcance desse dispositivo do Código do Consumidor, é necessário primeiramente citarmos o regime de multa já previsto em dias-multa pelo Código Penal e o § 1º do art. 60 do mesmo diploma legal.

E, com efeito, dispõem os mencionados artigos de lei:

"*Art. 49*. A pena de multa consiste no pagamento ao fundo penitenciário da quantia fixada na sentença e calculada em dias-multa. Será, no mínimo, de dez e, no máximo, de trezentos e sessenta dias-multa.

§ *1º* O valor do dia-multa será fixado pelo juiz não podendo ser inferior a um trigésimo do maior salário mínimo mensal vigente ao tempo do fato, nem superior a cinco vezes esse salário.

§ *2º* O valor da multa será atualizado, quando da execução, pelos índices de correção monetária".

"*Art. 51*. Transitada em julgado a sentença condenatória, a multa será executada perante o juiz da execução penal e será considerada dívida de valor, aplicáveis as normas relativas à dívida ativa da Fazenda Pública, inclusive no que concerne às causas interruptivas e suspensivas da prescrição.

Art. 52. É suspensa a execução da pena de multa, se sobrevém ao condenado doença mental".

"*Art. 55*. As penas restritivas de direitos referidas nos incs. III, IV, V e VI do art. 43 terão a mesma duração da pena privativa de liberdade substituída, ressalvado o disposto no § 4º do art. 46."[67]

---

[67] Redação dada pela Lei nº 9.714, de 25.11.98. Vide também, adiante, os comentários ao art. 78.

Título II · DAS INFRAÇÕES PENAIS | **Art. 78**

"*Art. 60.* Na fixação da pena de multa o juiz deve atender, principalmente, à situação econômica do réu.

§ 1º A multa pode ser aumentada até o triplo, se o juiz considerar que, em virtude da situação econômica do réu, é ineficaz, embora aplicada no máximo."

Como se observa, o dispositivo da lei especial de proteção e defesa do consumidor apenas tornou mais enfática a correta aplicação dos critérios já fixados pelo Código Penal, pela Lei nº 7.209/84, havendo perfeita lógica entre o critério da conversão de pena pecuniária em detentiva, e o mínimo e máximo estabelecidos para a pena corporal para efeito de aplicação dos dias-multa.

É dada igualmente especial ênfase ao disposto no § 1º do art. 60 do Código Penal, notadamente à questão da situação econômica do réu, adequando-se a pena pecuniária àquela, sob pena de torná-la, em muitos casos, totalmente inócua, já que no que diz respeito às penas detentivas fatalmente sempre haverá a concessão de *sursis*.

Assim, por exemplo, se alguém é condenado à pena de detenção de *três meses* com *sursis* (art. 78 do Código Penal), pela prática do crime previsto pelo art. 66 do Código do Consumidor, a pena de multa será *cumulativamente* cominada (o *typus* em questão fala em "detenção de três meses a um ano *e* multa"), e, analisadas as condições econômicas do réu e as circunstâncias agravantes do art. 76, o juiz partirá do *mínimo de 90 dias-multa*, e à razão de *1/30 do maior salário mínimo* vigente à época dos fatos, *cada dia-multa*.

Caso haja causas de aumento de pena ou as agravantes específicas, então o valor de cada dia-multa poderá ser aumentado, na forma do art. 49, § 1º do Código Penal e, dependendo das condições econômicas do réu, o critério a ser seguido ainda será o do § 1º do art. 60 do mesmo Código Penal.

É evidente que também a pena corporal, dependendo não apenas das circunstâncias agravantes retroaludidas, como as causas de aumento de pena e as circunstâncias pessoais mencionadas no art. 59 do Código Penal, oscilará entre o mínimo de três meses e o máximo de um ano de detenção, tomando-se como exemplo ainda o art. 66 do Código de Defesa do Consumidor (abusos na oferta e publicidade de produtos e serviços).

> **Art. 78.** Além das penas privativas de liberdade e de multa, podem ser impostas, cumulativa ou alternadamente, observado o disposto nos arts. 44 a 47, do Código Penal: [1][2]
>
> I – a interdição temporária de direitos;
>
> II – a publicação em órgãos de comunicação de grande circulação ou audiência, às expensas do condenado, de notícia sobre os fatos e a condenação;
>
> III – a prestação de serviços à comunidade.

COMENTÁRIOS

[1] OUTRAS PENAS – Aqui também, como no caso retromencionado, é mister a colação dos arts. 43 a 47, 55 (este já mencionado no item anterior) e 77 do Código Penal, em face das novas redações que lhes emprestou a Lei nº 9.714, de 25.11.98. Por outro lado, assim como no disposto pelo art. 78 do Código de Defesa do Consumidor, cuida-se da introdução de "penas

restritivas de direitos", e agora já denominadas *penas alternativas* as tradicionais penas corporais e de multa.

É de advertir-se, entretanto, que, no caso do art. 78 do Código do Consumidor ora comentado, *referidas penas não são autônomas*, como rezam os mencionados dispositivos penais introduzidos pela Lei nº 7.209/84 e modificados pela Lei nº 9.714/98. Ao contrário, podem ser cumulativas, ou então acessórias, sendo certo, aliás, que o inc. II do mesmo art. 78 ressuscita a antiga pena acessória, consistente na publicação da sentença condenatória.

Por outro lado, a nova redação do art. 43 traz duas grandes novidades, que nos parecem altamente salutares no que tange aos delitos contra as relações de consumo, quais sejam: as penas restritivas de direitos ou alternativas de *prestação pecuniária à vítima ou seus sucessores ou ainda terceiros beneficiários*, e a *perda de bens e valores*. Com efeito, sua importância reside exatamente nas circunstâncias de: a) possibilitarem, ao menos de forma parcial, o ressarcimento de eventuais prejuízos às vítimas, já que, como se verá adiante, quantias pagas pelo ofensor à guisa de "prestação pecuniária" no âmbito penal poderão ser descontadas das indenizações de cunho civil; e b) coibirem a repetição de fatos semelhantes, sobretudo diante da privação de bens e valores utilizados pelo ofensor na lesão às suas vítimas.

Dessa forma, vejam-se as modificações:

"*Penas restritivas de direitos*

Art. 43. As penas restritivas de direitos são:

I – prestação pecuniária;

II – perda de bens e valores;

III – (Vetado)

IV – prestação de serviço à comunidade ou a entidades públicas;

V – interdição temporária de direitos;

VI – limitação de fim de semana.

Art. 44. As penas restritivas de direitos são autônomas e substituem as privativas de liberdade, quando:

I – aplicada pena privativa de liberdade não superior a quatro anos e o crime não for cometido com violência ou grave ameaça à pessoa ou, qualquer que seja a pena aplicada, se o crime for culposo;

II – o réu não for reincidente em crime doloso;

III – a culpabilidade, os antecedentes, a conduta social e a personalidade do condenado, bem como os motivos e as circunstâncias indicarem que essa substituição seja suficiente.

§ 1º (Vetado)

§ 2º Na condenação igual ou inferior a um ano, a substituição pode ser feita por multa ou por uma pena restritiva de direitos; se superior a um ano, a pena privativa de liberdade pode ser substituída por uma pena restritiva de direitos e multa ou por duas restritivas de direitos.

§ 3º Se o condenado for reincidente, o juiz poderá aplicar a substituição, desde que, em face de condenação anterior, a medida seja socialmente recomendável e a reincidência não se tenha operado em virtude da prática do mesmo crime.

§ 4º A pena restritiva de direitos converte-se em privativa de liberdade quando ocorrer o descumprimento injustificado da restrição imposta. No cálculo da pena privativa de liberdade a executar será deduzido o tempo cumprido da pena restritiva de direitos, respeitado o saldo mínimo de trinta dias de detenção ou reclusão.

§ 5º Sobrevindo condenação a pena privativa de liberdade, por outro crime, o juiz da execução penal decidirá sobre a conversão, podendo deixar de aplicá-la se for possível ao condenado cumprir a pena substitutiva anterior.

Conversão das penas restritivas de direitos

Art. 45. Na aplicação da substituição prevista no artigo anterior, proceder-se-á na forma deste e dos arts. 46, 47 e 48.

§ *1º* A prestação pecuniária consiste no pagamento em dinheiro à vítima, a seus dependentes ou a entidade pública ou privada com destinação social, de importância fixada pelo juiz, não inferior a um salário mínimo nem superior a trezentos e sessenta salários mínimos. O valor pago será deduzido do montante de eventual condenação em ação de reparação civil, se coincidentes os beneficiários.

§ *2º* No caso do parágrafo anterior, se houver aceitação do beneficiário, a prestação pecuniária pode consistir em prestação de outra natureza.

§ *3º* A perda de bens e valores pertencentes aos condenados dar-se-á, ressalvada a legislação especial, em favor do Fundo Penitenciário Nacional, e seu valor terá como teto – o que for maior – o montante do prejuízo causado ou do provento obtido pelo agente ou por terceiro, em consequência da prática do crime.

§ *4º* (Vetado)

Prestação de serviços à comunidade ou a entidades públicas

Art. 46. A prestação de serviços à comunidade ou a entidades públicas é aplicável às condenações superiores a seis meses de privação da liberdade.

§ *1º* A prestação de serviços à comunidade ou a entidades públicas consiste na atribuição de tarefas gratuitas ao condenado.

§ *2º* A prestação de serviço à comunidade dar-se-á em entidades assistenciais, hospitais, escolas, orfanatos e outros estabelecimentos congêneres, em programas comunitários ou estatais.

§ *3º* As tarefas a que se refere o § 1º serão atribuídas conforme as aptidões do condenado, devendo ser cumpridas à razão de uma hora de tarefa por dia de condenação, fixadas de modo a não prejudicar a jornada normal de trabalho.

§ *4º* Se a pena substituída for superior a um ano, é facultado ao condenado cumprir a pena substitutiva em menor tempo (art. 55), nunca inferior à metade da pena privativa de liberdade fixada.

Interdição temporária de direitos

Art. 47 (...)

IV – proibição de frequentar determinados lugares.

Requisitos da suspensão da pena

Art. 77 (...)

§ *2º* A execução da pena privativa de liberdade, não superior a quatro anos, poderá ser suspensa, por quatro a seis anos, desde que o condenado seja maior de setenta anos de idade, ou razões de saúde justifiquem a suspensão."

Como já assinalado no início do presente item, o art. 78 do Código de Defesa do Consumidor visa a restaurar, ainda que parcialmente, o critério estabelecido pelos arts. 67 e segs. da antiga parte geral do Código Penal, revogada pelo advento da Lei nº 7.209/84, *sobretudo no que diz respeito à acessoriedade efetiva das medidas que elenca, ou seja, a "interdição temporária de direitos" (inc. I), "a publicação em órgãos de comunicação de grande circulação e audiência, a expensas do condenado, de notícia sobre os fatos e a condenação" (inc. II) e "a prestação de serviços à comunidade" (inc. III).*

Isto porque, consoante se verifica dos dispositivos já citados do regime atual das chamadas "penas restritivas de direitos", resta claro que as mesmas são *autônomas* e *substituem as privativas de liberdade.*

Art. 78 | CÓDIGO BRASILEIRO DE DEFESA DO CONSUMIDOR

Já pelo dispositivo ora analisado do Código de Defesa do Consumidor, ocorre tanto a *alternatividade*, ou seja, a *substituição da pena privativa de liberdade* por uma das modalidades de interdição de direitos, publicação de sentença ou prestação de serviços à comunidade, *ou então a cumulação daquela com uma dessas hipóteses*, sendo certo que, pelo regime anterior, era a segunda hipótese que ocorria, ou seja, além das penas privativa de liberdade (detenção, reclusão ou prisão simples) e pecuniária (multa entre um mínimo e um máximo então estabelecidos), o juiz ou já expressava a pena acessória na sentença, ou então era decorrência automática de certos tipos de condenação.

E, consoante o magistério de Roberto Lyra,[68] ao comentar as então chamadas "*penas acessórias*":

"Excluem-se ou suspendem-se direitos de que o agente se revelou indigno, ou exerceu de forma provadamente perigosa ou danosa, pois as penas acessórias supõem condenação a determinados crimes de inconfundível expressão ou a pena principal indicativa de maior periculosidade. Para o ilícito civil ou administrativo, as leis e até os regulamentos consagram sanções idênticas e, às vezes, mais graves."

E é exatamente esse o espírito do mencionado dispositivo do novo Código de Defesa do Consumidor, levando-se em conta que, notadamente, nos crimes de perigo comum à incolumidade física de um número indeterminado de consumidores de produtos e serviços, ou então nos de dano ao seu patrimônio econômico, estão a merecer, além das *penas ditas principais, pena acessória* numa das modalidades previstas pelo art. 78 do referido Código, e que se reporta, quanto aos critérios e especificações, à sua disciplinação no Código Penal (arts. 44 a 47).

Dentro de tal perspectiva, pois, o fornecedor, por exemplo, ou mesmo o publicitário, que, respectivamente, idealiza e executa uma publicidade reconhecidamente enganosa ou abusiva, *além das sanções corporal e pecuniária*, certamente merecem *pena de interdição de atividade*, sem falar-se na contrapropaganda, remédio previsto expressamente sob a rubrica de "Sanções Administrativas" (art. 56, inc. XII do Código de Defesa do Consumidor).

Ou seja, a pena de interdição temporária de direito, no caso, seria a prevista pelo inc. II do art. 47 do Código Penal, à vista do que dispõe o inc. I do art. 78 do Código do Consumidor: "proibição do exercício de profissão, atividade ou ofício que dependam de habilitação especial, de licença ou autorização do poder público".

Ou, ainda, poderiam ser submetidos à prestação de serviços à comunidade, dentro de sua própria habilitação profissional.

As novas *penas restritivas de direitos* ou *alternativas*, como já assinalado linhas atrás, ou seja, consistentes na *prestação pecuniária* e *perda de bens e valores*, certamente deverão ser as mais aplicadas no que tange às relações de consumo. E isso sobretudo se se tiver em conta a ativação efetiva dos Juizados Especiais Criminais, em que as transações e suspensões condicionais dos processos poderão ser agilizadas, com base na Lei nº 9.099/95.

[2] DA RESPONSABILIDADE PENAL DA PESSOA JURÍDICA – Como se sabe, e em princípio, "*societas delinquere non potest*".

Manoel Pedro Pimentel,[69] ao tratar dos "crimes contra a economia popular", hoje reunidos sob a rubrica "crimes contra as relações de consumo", como já acentuado, dizia que seu sujeito ativo "é qualquer pessoa física, capaz", discutindo-se, contudo, sobre a "possibilidade de ser

---

[68] "Comentários ao Código Penal", *in Revista Forense*, 1955, vol. II, p. 500.
[69] *Legislação penal especial*, Editora Revista dos Tribunais, 1972, p. 24.

sujeito ativo também a pessoa jurídica, em razão de ser esta alcançada por algumas sanções previstas na lei".

E enfatiza a contestação dessa possibilidade, porquanto, no estágio então vigente da ciência penal, somente a pessoa física poderia ser sujeito ativo do crime.

"As pessoas jurídicas", continua, "não são reconhecidas senão como uma ficção do Direito Privado, enquanto o Direito Penal, por ser realista, as ignora como entidades capazes da prática de crimes; claro que a responsabilidade penal da pessoa jurídica se resolve nas pessoas dos responsáveis pela mesma, pessoas físicas que atuam em seu nome; a circunstância de serem as pessoas jurídicas alcançadas por algumas sanções não as situam como sujeitos ativos das infrações apenadas; trata-se de punição extensiva, pedindo o Direito Penal, por empréstimo, sanções que não lhe são próprias e que pertencem ao campo do Direito Privado, em geral, ou do Direito Administrativo, especialmente".

E prossegue o saudoso autor dizendo que "não se trata de *pena* ou de *medida de segurança*; são sanções *acessórias*, tais como o fechamento ou a interdição, definitiva ou temporária, do estabelecimento comercial, onde a infração foi praticada; ora, tal 'pena' não tem caráter penal, sendo comumente usada pela fiscalização da higiene, autorizada a interditar hotéis ou restaurantes, na área administrativa, por faltarem-lhes condições de sanidade; ou, então, é penalidade aplicada a casas de diversão que não respeitem os postulados relativos à frequência de menores ou à venda de bebidas alcoólicas a pessoas que não podem consumi-las em público; o juiz penal, ao determinar o fechamento de um estabelecimento comercial, pelo prazo de 15 dias, por exemplo, não aplica uma pena à pessoa jurídica, mas impõe uma *pena acessória* à pessoa física do seu *representante legal, réu no processo*, e o único a sofrer a sanção de caráter penal".

Aliás, é o que dispõe o art. 6º da Lei nº 1.521/51, no sentido de que, atendendo à gravidade do fato, sua repercussão e efeito, o juiz, na sentença, declarará a interdição de direito, outrora determinada pelo art. 43, inc. V do Código Penal, por exemplo, permitindo, ainda, a suspensão provisória do direito ao exercício da profissão ou de atividade do infrator.

"Transformava-se assim", conclui o autor ora citado, "a medida administrativa em *providência a serviço do Direito Penal*, com caráter de *pena acessória*".

De acordo com esse posicionamento, portanto, o que se chamaria de *imputabilidade da pessoa jurídica* seria um *reflexo* da responsabilidade, *decorrente da imputabilidade de seus responsáveis legais*, e sempre como *pena acessória*, mas imposta à *própria atividade nociva constatada*.

Aliás, é o que dispõe o art. 78 do Código do Consumidor, conforme nosso comentário no item anterior.

Não discrepa, tampouco, desse sistema tradicional o Código Penal da Espanha, de 1995, como já também assinalado em item anterior.

Todavia, *nova tendência*, como demonstra o exemplo do *novo Código Penal da França, optou pela responsabilização da pessoa jurídica, sem prejuízo da de seus responsáveis legais*.

Com efeito, consoante nos dá conta o membro do Ministério Público do Paraná, Luiz Régis Prado,[70] essa foi sua mais importante novidade, em vigor desde 1º de março de 1994.

Mesmo porque, conforme observa, "é de notar que pela vez primeira tal orientação é adotada por um país latino pertencente de modo integral à família romano-germânica de Direito e cuja influência foi decisiva para a formação do Direito escrito moderno (*v.g.*, os códigos napoleônicos e o movimento codificador)".

---

[70] "Responsabilidade penal da pessoa jurídica: o modelo francês", *Boletim IBCCrim*, nº 46, set. 1996, p. 3.

E acentua que "o legislador de 1992 disciplina a matéria de forma expressa e ampla; institui-se, salvo exceção, diretriz genérica no que tange à pessoa jurídica e especial relativamente às infrações; assim, o art. 121-2 do Código Penal define o campo de abrangência e as condições dessa espécie de responsabilidade penal *ipsis verbis*: '*As pessoas morais, com exceção do Estado, são penalmente responsáveis (...) nos casos previstos em lei ou* règlement *pelas infrações praticadas por sua conta, pelos seus órgãos ou representantes*; entretanto, as coletividades territoriais e suas entidades só são responsáveis pelas informações praticadas no exercício de atividades suscetíveis de ser objeto de convenções de delegação de serviço público'".

Esclarece, ainda, que, "dessa maneira, em obediência ao princípio constitucional da igualdade, todo ente moral pode ser criminalmente responsabilizado, inclusive sindicatos, fundações, associações e partidos políticos; a ressalva atinge tão só o Estado – detentor do *jus puniendi* – e as coletividades territoriais, sendo que estas respondem penalmente em caso de concessão de serviço público; nesta hipótese, tanto o Município quanto a empresa concessionária do serviço – por exemplo, tratamento e distribuição de água – podem ser objeto de processo criminal".

Em seguida, passa a discriminar as matérias em que cabe a responsabilização criminal das pessoas jurídicas, como, por exemplo, em matéria de "crimes contra a humanidade", homicídio culposo, lesões corporais culposas, tráfico de entorpecentes, racismo, tráfico de mulheres, extorsão, lenocínio, furto, estelionato, receptação, apropriação indébita, atentado aos sistemas de automatização de dados, traição, espionagem etc.

Mais particularmente, em termos de delitos econômicos *stricto sensu*, prevê-se também essa responsabilização, nos casos de concorrência e preços (art. 52-2), bem como em questões ambientais: abandono de lixo e rejeitos, infrações em matéria de tratamento de dejetos, poluições hídricas e atmosférica, além de pesquisa biológica, trabalho clandestino, emprego ilegal de mão de obra etc.

Quanto aos *condicionantes* para tal responsabilização, o autor ora citado informa que são os seguintes: "a) a infração criminal deve ser praticada por um órgão ou representante legal da pessoa jurídica, e b) a infração deve ser praticada por conta da pessoa jurídica (arts. 121-2, al. 1, CP); no primeiro caso, tem-se o chamado *substractum* humano – órgão (*v.g.*, diretoria, assembleia geral) ou ente coletivo; no segundo, há uma atuação no interesse ou em proveito exclusivo dessa última; em sendo de outro modo, pode ser incriminada também a pessoa física, em razão do princípio da não exclusividade da responsabilidade criminal da pessoa jurídica: '*A responsabilidade penal das pessoas morais não exclui a das pessoas físicas autores ou partícipes dos mesmos fatos*' (arts. 121-2, al. 3, CP); em princípio, '*a responsabilidade penal de uma pessoa jurídica, como autor ou partícipe, supõe que seja estabelecida a responsabilidade penal, como autor ou partícipe, de uma ou de várias pessoas físicas representando a pessoa moral; entretanto, em determinados casos e muito particularmente quando se trata de infrações de omissão, culposas ou materiais, que são formadas na falta seja de intenção delituosa, seja de um ato material de comissão, a responsabilidade penal de uma pessoa jurídica poderá ser deduzida mesmo que não tenha sido estabelecida a responsabilidade penal de uma pessoa física: (...) (Exp. de Motivos – Circ. de 14 de maio de 1993)*'".

Eis, por conseguinte, o que nos parece a razão mais relevante para a abstração feita à realidade fática dos delitos praticados exclusivamente por seres humanos: *a impossibilidade, na maioria dos casos, de pinçar-se a responsabilidade pessoal dos componentes de um determinado ente jurídico que os congregue.*

Poderíamos trazer à baila dezenas de casos práticos que apreciamos como promotor e procurador de justiça do consumidor.

Sobretudo quando se trata de campanhas de publicidade enganosa ou abusiva, lançamento de produtos perigosos no mercado e outros atos atentatórios ao consumidor difusamente considerado, é extremamente difícil atribuir-se a pessoas determinadas a prática dos delitos definidos pelo Código do Consumidor ou legislação penal especial.

Na *Revista dos Tribunais* nº 629, ps. 336 e segs., por exemplo, noticia-se que os diretores de grande empresa multinacional do setor químico, notadamente lotados na área de *marketing*, foram condenados pela prática do crime contra a saúde pública previsto pelo art. 278 do Código Penal, por terem enviado pelo correio milhares de amostras grátis de agrotóxico, conhecido por "Diazinon-40", o que causou concretamente dano à saúde de uma pessoa residente no Rio Grande do Sul, e potencialmente poderia causar outros aos que as recebessem.

Na maioria das vezes, entretanto, é extremamente difícil a identificação cabal dos verdadeiros responsáveis, como se verificou na jurisprudência trazida à colação ao comentar-se o delito do inc. IX do art. 7º da Lei nº 8.137/90. Ou seja, quando se cuida da exposição à venda, em grandes pontos de venda (super e hipermercados), de produtos impróprios ao consumo, fica extremamente difícil apurar-se a autoria do delito, não raro ficando a responsabilidade com o humilde repositor de mercadorias que, por seu turno, é comandado por um supervisor, este por um diretor de divisão, e assim por diante.

No caso brasileiro, a legislação apenas aguarda, em última análise, a regulamentação do estatuído pelo § 5º do art. 173 da Constituição da República, segundo o qual "*a lei, sem prejuízo da responsabilidade individual dos dirigentes da pessoa jurídica, estabelecerá a responsabilidade desta, sujeitando-a às punições compatíveis com sua natureza, nos atos praticados contra a ordem econômica e financeira e contra a economia popular*".

Retornando às preciosas informações do autor citado acerca da nova sistemática do Código Penal da França, este assinala que, "como não poderia deixar de ser, o Código Penal gaulês estatui expressamente um rol de sanções criminais aplicáveis à pessoa jurídica (arts. 131-37 e segs., CP); entre elas podem ser mencionadas as seguintes: a multa (cujo máximo é o quíntuplo do previsto para a pessoa física); a interdição definitiva ou temporária de exercer uma ou várias atividades profissionais ou sociais; o controle judiciário por cinco anos ou mais; o fechamento definitivo ou temporário do estabelecimento utilizado para a prática do delito; a exclusão definitiva ou temporária dos mercados públicos; a interdição por cinco anos ou mais de emitir cheques; a confiscação do objeto do crime; a publicação da decisão judicial e a dissolução; esta última é reservada para as infrações mais graves (ex.: crime contra a humanidade, tráfico de drogas, estelionato, extorsão, terrorismo, moeda falsa); o juiz ou o tribunal podem declarar culpada a pessoa jurídica e postergar a aplicação da pena em determinados casos (arts. 132-60, CP); é vedada a aplicação das penas de dissolução e de controle judiciário às pessoas jurídicas de Direito Público, aos partidos políticos e aos sindicatos profissionais".

Interessante também outra novidade, qual seja, a concessão de *sursis* à pessoa jurídica condenada, quando haja previsão legal (arts. 132-4, CP), sendo certo ainda que, em caso de uma nova condenação no prazo de cinco anos pela prática de um crime, ou de dois anos no de uma contravenção, haverá revogação automática do benefício em questão. E a chamada "lei de adaptação" (16.12.92) criou o registro nacional de antecedentes criminais para as pessoas morais (art. 768-1, CPP), e o art. 133-14 do Código Penal estabelece um regime bastante liberal para a reabilitação, possibilitando-a em cinco anos, a partir do pagamento da multa ou da execução de qualquer outra pena.

Adverte o mencionado autor, entretanto, que "convém salientar que, apesar de a responsabilidade penal da pessoa jurídica ser uma realidade de Direito Positivo, a doutrina ainda permanece em grande parte reticente quanto ao seu fundamento jurídico – sobretudo num sistema que se diz lastreado no princípio da culpabilidade (*nullum crimen sine culpa*) –, aplicabilidade e eficácia; para estes últimos aspectos, só o futuro poderá dar a verdadeira resposta".

Art. 78 | CÓDIGO BRASILEIRO DE DEFESA DO CONSUMIDOR

Ao cuidar do tema em testilha, V. S. Khanna[71] faz uma profunda análise a respeito dos fundamentos para a responsabilização penal das pessoas jurídicas, e, após fazer um retrospecto histórico do desenvolvimento dessa teoria, chega à conclusão de que, na verdade, a responsabilidade civil pode perfeitamente atingir as metas que seriam almejadas pelos que perfilham a responsabilização criminal desses entes. Além disso, ele pondera que a responsabilização civil evita as características indesejáveis da responsabilização criminal. E dentre as características indesejáveis incluem-se as quase intransponíveis normas procedimentais de cunho penal, e o estigma dos efeitos das sanções criminais. Khanna conclui que a questão pode ser perfeitamente equacionada por um sistema moderno e eficiente, além de eficaz, de responsabilização mais severa das pessoas jurídicas nos campos de sanções civis, a ponto de tornar até obsoleta a pretensa responsabilização de cunho penal. Ou seja, advoga uma forma de se chegar às metas pretendidas pelos que ardorosamente defendem a responsabilização penal, evitando-se ou mitigando-se suas desvantagens. E pondera:

"A responsabilidade penal de pessoas jurídicas é um instituto consideravelmente antigo. Entretanto, não se compreende o que, se algo, efetivamente, se busca atingir com ela. O desenvolvimento histórico da responsabilidade criminal de entes personalizados sugere que deve ter sido cogitada a fim de que se buscasse a efetivação das normas de caráter público que os regulam, e posteriormente desenvolveu-se aproveitando ao máximo a doutrina recolhida sobre os mesmos no que concerne à responsabilidade civil. À medida que o tempo passou, todavia, a responsabilidade civil ganhou um aparato de eficácia formidável, na medida em que recolheu subsídios valiosos, sobretudo na fase pré-litigiosa. Desta forma, a questão que se suscita é se a responsabilização criminal serve para algo no presente momento. Para determinar-se a razão dessa responsabilidade criminal, devemos reconhecer que ela é apenas uma das inúmeras estratégias de responsabilizações que podem regular o comportamento externo e interno das corporações. Desta forma, devemos comparar a responsabilidade criminal em face de outras estratégias. A análise neste artigo indica que a responsabilidade criminal da pessoa jurídica é socialmente desejável quando, de forma substancial, todos os seus dados e características são socialmente aceitáveis. Se apenas alguns deles são desejáveis, devemos preferir outros regimes de responsabilização. Este artigo conclui que as circunstâncias nas quais todos os dados e características substanciais socialmente desejáveis estão presentes são quase inexistentes. A responsabilidade criminal é socialmente desejável quando a responsabilização civil deixa a desejar, quando a detecção de dados essenciais ao processo é difícil, quando as sanções impostas às pessoas jurídicas necessitam ser extremamente altas para serem dissuasórias (e ainda assim não tão altas a ponto de que outrem, além da pessoa jurídica, possa ser punido da mesma forma), e quando essas sanções extremamente altas não inibem o comportamento indesejável, ou haja um número considerável mas duvidoso de condenações em comparação a um número igualmente duvidoso de absolvições, as quais não podem ser convenientemente equacionadas, a não ser mediante procedimentos criminais adequados. Todos esses acontecimentos devem ocorrer quase ao mesmo tempo, a fim de que justifiquemos à sociedade a propriedade de certas medidas. Esta análise sugere que a responsabilidade criminal da pessoa jurídica seria socialmente aceitável e desejável apenas em raras circunstâncias. Desta forma, a tática de se responsabilizar a pessoa jurídica resulta da disposição da sociedade de aceitar os custos envolvidos nas sanções mais severas no que concerne ao estigma das penalidades e nos custos incorridos com vistas à dissuasão de assunção de comportamentos indesejáveis, criados pelas formas de proteção no âmbito criminal. A fim de se evitarem esses custos, devemos levar em

---

[71] "Corporate criminal liability: what purpose does it serve?", ou seja, "Responsabilidade penal da pessoa jurídica: para que serve, afinal?", publicado na Harvard Law Review, vol. 109, maio 1996, nº 7, ps. 1.477-1.534, traduções do autor.

consideração as outras estratégias de responsabilização examinadas neste artigo. A análise sugere que, na maioria dos casos, a responsabilização civil é socialmente desejável. Um sistema desejável deve permitir a imposição de multas e sanções suplementares, tais como as multas por descumprimento de obrigações ou a perda de licença para funcionamento, quando as multas forem insuficientes. Tanto as agências governamentais como os interessados privados devem ser capazes de provocar essas penalidades. As agências governamentais devem ter o poder discricionário para a utilização de sanções mais fortes, tais como as CIDs[72] e outras sanções paralelas, quando necessário. Finalmente, o mesmo juiz deve ser competente para julgar a questão civil contra a pessoa jurídica, bem como a questão criminal contra o dirigente que cometeu as faltas correlatas. Da mesma forma, a mesma agência (ou mais de uma, que podem compartilhar informações e corpos de peritos livremente até para a economia de recursos) deve ter poderes para iniciar ambas as demandas. O SEC[73] é um modelo muito bom, ainda que imperfeito, desse sistema que acaba de ser descrito. O aprimoramento ora sugerido ao modelo do SEC seria permitir que o mesmo juiz e a mesma agência pública tenham atuação nos diferentes casos para que se obtenha a contenção dos custos procedimentais. Na ausência desse aprimoramento aos sistemas de responsabilidade civil, a responsabilidade criminal pode continuar a propiciar a economia de custos em situações nas quais falhem as tentativas de se responsabilizarem os representantes da corporação. Entretanto, deveríamos adaptar a responsabilidade civil para otimizar esse corte de custos. Em conclusão, portanto, a justificativa para a responsabilização criminal da pessoa jurídica deve ter existido no passado, quando as técnicas de responsabilização civil não estavam ainda bem desenvolvidas, mas, do ponto de vista da força dissuasória, muito pouco atualmente resta para justificar a imposição de sanções criminais em detrimento de sanções civis quanto aos entes personalizados. Assim, e realmente, a resposta à pergunta que nos propusemos no início – 'responsabilidade penal da pessoa jurídica: para que serve, afinal? – é 'para quase nada'."

Por enquanto, portanto, no nosso sistema jurídico, o que temos é o elenco de crimes econômicos na legislação penal propriamente dita, no Código do Consumidor e na legislação penal especial, prevalecendo a ideia de que *eventuais reflexos na pessoa jurídica*, cujos responsáveis praticaram um deles, notadamente no âmbito dos crimes contra a economia popular, relações de consumo, ordem econômica e tributária, far-se-ão mediante a imposição de *penas acessórias*, tal como estatuído pelas Leis nos 1.521/51 e 8.078/90.

Ou, então, mediante sanções de cunho civil, como a dissolução de sociedades (art. 5º, inc. XIX, da Constituição Federal), mediante processo ordinário.

E as Promotorias do Consumidor já têm se defrontado com essa questão, sobretudo no que diz respeito, por exemplo, a pseudoempresas que sistematicamente fraudam o consumidor, principalmente no que diz respeito à venda ou consórcio de linhas telefônicas. Tratando-se de sociedades civis, tem atribuição para tanto a Promotoria de Justiça Civil, ao passo que, em se tratando de entidades financeiras, têm-na as Promotorias de Falências e Liquidações Extrajudiciais.

Art. 79. O valor da fiança, nas infrações de que trata este Código, será fixado pelo juiz, ou pela autoridade que presidir o inquérito, entre cem e duzentas mil vezes o

---

[72] CID é abreviação de *civil investigative demand*, que corresponde ao inquérito civil instaurado pelo Ministério Público como coleta de subsídios para eventual ação civil pública ou para termos de compromissos de ajustamento, a procedimento semelhante instaurado pela Secretaria de Direito Econômico como órgão de instrução do CADE – Conselho Administrativo de Defesa Econômica.

[73] SEC é abreviatura para *Securities and Exchange Commission* (Comissão de Seguros e Valores Mobiliários).

Art. 79 | CÓDIGO BRASILEIRO DE DEFESA DO CONSUMIDOR

> valor do Bônus do Tesouro Nacional (BTN), ou índice equivalente que venha a substituí-lo. [1]
>
> Parágrafo único. Se assim recomendar a situação econômica do indiciado ou réu, a fiança poderá ser:
>
> a) reduzida até a metade de seu valor mínimo;
>
> b) aumentada pelo juiz até vinte vezes.

COMENTÁRIO

[1] DA FIANÇA – Da mesma forma que as multas, é evidente que para se livrar solto até o advento da sentença criminal, em se tratando de prisão em flagrante delito, deve o acusado suportar o pagamento de certa quantia em dinheiro de acordo com sua situação econômica.

No caso do art. 79 do Código do Consumidor, o valor a ser fixado pelo juiz, ou então pelo presidente do inquérito policial, dentro do estabelecido pela legislação processual penal, como se sabe, oscilará entre o mínimo de 100 e o máximo de 200.000 vezes o valor de um Bônus do Tesouro Nacional (BTN), extinto pela Lei nº 8.177/91.[74]

Todavia, deixam claro os dispositivos que complementam a regra genérica retroexposta que tanto pode a autoridade concedente da fiança, sempre tendo em conta a situação econômica do acusado, *reduzi-la até a metade de seu valor mínimo* (*i.e.*, no caso até 50 vezes o valor de um BTN) ou então *aumentá-la até 20 vezes* (*i.e.*, 20 vezes o máximo estabelecido de 200.000 vezes o valor de um BTN).

Supondo-se, por exemplo, que alguém tenha sido preso em flagrante pela comissão de qualquer um dos delitos previstos pelo Código de Defesa do Consumidor, a autoridade policial incumbida da lavratura do respectivo auto certamente poderá arbitrar desde logo a fiança, dentro dos limites fixados pelo art. 79.

Perante o juízo competente, porém, poderá haver pedido de revisão da fiança arbitrada, desde que o pleiteie o autuado, demonstrando que não tem condições econômicas para arcar com o que tenha sido fixado, ou então poderá o Ministério Público pleitear o aumento da fiança igualmente pela situação exatamente inversa.

A letra *b* do mencionado art. 79 pode dar a impressão de que o limite máximo de 200.000 vezes o valor de um BTN não pode ser ultrapassado, o que não corresponde à realidade.

Isso porque, além do aspecto já enfocado de ter sempre a autoridade concedente em vista a *situação econômica do acusado* da prática dos crimes em questão para a redução ou aumento da fiança, o art. 325 do Código de Processo Penal,[75] notadamente com a redação que lhe foi dada Lei nº 12.403, de 4.5.2011, deixa claro que o valor máximo no caso é apenas o referencial

---

[74] Conforme o Processo nº 1.528/98 da Corregedoria-Geral de Justiça do Estado de São Paulo, os valores previstos pelo art. 79 do Código de Defesa do Consumidor seriam os seguintes: a) 100 BTNs = R$ 114,02; b) 200.000 BTNs = R$ 228.040,00.

[75] "Art. 325. O valor da fiança será fixado pela autoridade que a conceder nos seguintes limites: I – de 1 (um) a 100 (cem) salários mínimos, quando se tratar de infração cuja pena privativa de liberdade, no grau máximo, não for superior a 4 (quatro) anos. II – de 10 (dez) a 200 (duzentos) salários mínimos, quando o máximo da pena privativa de liberdade cominada for superior a 4 (quatro) anos. § 1º Se assim recomendar a situação econômica do preso, a fiança poderá ser: I – dispensada, na forma do art. 350 deste Código.; II – reduzida até o máximo de 2/3 (dois terços); ou III – aumentada em até 1000 (mil) vezes".

Título II · DAS INFRAÇÕES PENAIS | **Art. 80**

para a fixação da fiança, podendo haver o aumento de até 20 vezes "em relação a seu valor máximo". Além do mais, como já frisado linhas atrás, é evidente que, para a redução ou então o aumento da fiança, é mister que a mesma já tenha sido fixada antes. Caso contrário, não haveria necessidade de tais dispositivos, haja vista que a fiança terá que ser obrigatoriamente fixada dentro das hipóteses da lei processual penal geral.

Evidenciado fica, outrossim, que a *redução, ou o aumento, da fiança* somente poderá ser procedida a partir da já fixada pela autoridade judiciária ou então pela autoridade policial, e por aquela, já que a essa última somente cabe, diante do fato colhido em flagrância, estabelecer a fiança que lhe pareça a mais adequada no momento.

E por derradeiro, ainda na análise do mencionado dispositivo, seja-nos permitido salientar que o mesmo apenas se refere aos delitos previstos pelo Código de Defesa do Consumidor, sendo certo que para os demais delitos, no que tange certamente apenas aos valores e penas impostas aos crimes em tese aventados, prevalece o art. 325 do Código do Processo Penal, com a nova redação que lhe deu a Lei nº 7.780/89.

> **Art. 80.** No processo penal atinente aos crimes previstos neste Código, bem como a outros crimes e contravenções que envolvam relações de consumo, poderão intervir, como assistentes do Ministério Público, os legitimados indicados no art. 82, inciso III e IV, aos quais também é facultado propor ação penal subsidiária, se a denúncia não for oferecida no prazo legal. [1]

COMENTÁRIO

[1] INTERVENÇÃO DE ASSISTENTES DE ACUSAÇÃO E AÇÃO PENAL SUBSIDIÁRIA – Por fim, a análise do art. 80 do Código do Consumidor.

Trata-se de ampliação do princípio, em primeiro lugar, da assistência de acusação previsto pelos arts. 268 a 273 do Código de Processo Penal, e sujeito, pois, aos seus mesmos requisitos.[76]

A diferença fundamental, todavia, é a de que também entidades de proteção ao consumidor, públicas ou privadas, que também são legitimadas à propositura das chamadas "ações coletivas", ou seja, mais particularmente, "*as entidades e órgãos da administração pública, direta ou indireta, ainda que sem personalidade jurídica, especificamente destinados à defesa dos interesses e direitos protegidos por este Código*" (inc. III do art. 82 do Código de Defesa do Consumidor) e "*as associações legalmente constituídas há pelo menos um ano e que incluam entre*

---

[76] "Art. 268. Em todos os termos da ação pública, poderá intervir, como assistente do Ministério Público, o ofendido ou seu representante legal, ou, na falta, qualquer das pessoas mencionadas no art. 31. Art. 269. O assistente será admitido enquanto não passar em julgado a sentença e receberá a causa no estado em que se achar. Art. 270. O corréu no mesmo processo não poderá intervir como assistente do Ministério Público. Art. 271. Ao assistente será permitido propor meios de prova, requerer perguntas às testemunhas, aditar o libelo e os articulados, participar do debate oral e arrazoar os recursos interpostos pelo Ministério Público, ou por ele próprio, nos casos dos arts. 584, § 1º, e 598. § 1º O juiz, ouvido o Ministério Público, decidirá acerca da realização das provas propostas pelo assistente. § 2º O processo prosseguirá independentemente de nova intimação do assistente, quando este, intimado, deixar de comparecer a qualquer dos atos da instrução ou do julgamento sem motivo de força maior devidamente comprovado. Art. 272. O Ministério Público será ouvido previamente sobre a admissão do assistente. Art. 273. Do despacho que admitir, ou não, o assistente, não caberá recurso, devendo, entretanto, constar dos autos o pedido e a decisão".

Art. 80 | CÓDIGO BRASILEIRO DE DEFESA DO CONSUMIDOR

seus fins institucionais a defesa dos interesses e direitos protegidos por este Código, dispensada a autorização assemblear" (inc. IV ainda do mencionado art. 82).

Em segundo lugar também se amplia a chamada *"ação penal pública subsidiária"* quanto à legitimidade para sua propositura, porquanto não confere apenas à vítima a prerrogativa de substituir-se ao órgão acusatório natural que se queda inerte, como também às entidades precípuas de defesa do consumidor, já que se trata não propriamente de um interesse privado a punição dos que venham a ser declarados culpados pela prática de um crime contra as relações de consumo, mas de toda a coletividade de consumidores, já que todos os mencionados delitos, como visto até agora por sua análise, um a um, comprometem, ora a vida, ora a saúde, ora a segurança, ou então a economia de uma coletividade de consumidores, ou até mesmo um número indeterminado deles.

Longe, por outro lado, de tratar-se de uma "vingança coletiva", trata-se de fazer valer e dar efetividade às normas estabelecidas nas partes material civil e administrativa do mesmo Código.

A grande *vantagem da assistência* ao Ministério Público por parte das referidas entidades públicas (por exemplo, os PROCONs, CEDECONs, SEDECONs) ou então entidades privadas (por exemplo, IDEC em São Paulo, Instituto Brasileiro de Defesa do Consumidor, ou a APA-DECON do Rio Grande do Sul) estará, sem dúvida, no fornecimento de subsídios técnicos e estudos relativos à defesa e proteção ao consumidor, sabendo-se que referidas entidades são dotadas de substanciosos centros de pesquisas e informações, além de procederem amiúde às pesquisas de mercados, preços e qualidades de produtos e serviços, enfim, de todo o arcabouço fático e técnico de sem dúvida tão complexo tema.

Embora o Ministério Público seja o *dominus litis* e venha se especializando na matéria específica de que ora se cuida, é-lhe impossível saber de todos os pormenores, por exemplo, relativos a um determinado produto ou serviço, ou então sobre eventuais pesquisas que já tenham sido feitas a seu respeito, devendo, por conseguinte, contar com a assistência de entidades que lhe possam propiciar, e certamente ao juízo criminal competente, os elementos de que se necessita para uma decisão justa e correta.

No que concerne ao ajuizamento de ação penal pública subsidiária, nada há de novidade, a não ser certamente a legitimidade excepcional das entidades em questão, visto que geralmente é a própria vítima ou então quem a represente ou substitua que pode propô-la em caso da inércia da Promotoria de Justiça competente, ou seja, caso não interponha a ação penal competente, ou então não promova o arquivamento ou ainda solicite diligências complementares aos elementos constantes do inquérito policial recebido ou ajuíze peças informativas.[77]

Referida legitimidade, não apenas excepcional no âmbito das ações coletivas de natureza civil já mencionadas, como também no âmbito da tutela penal do consumidor, mas em casos específicos de crimes que interessam às relações de consumo, não apenas os previstos pelo Código do Consumidor, advirta-se, leva em conta precisamente o princípio previsto pelo art. 4º do mencionado Código, quando trata da "Política Nacional de Relações de Consumo", ou seja, no sentido de que aquela tem por objetivo o atendimento das necessidades dos consumidores, o respeito à sua dignidade, saúde e segurança, a proteção de seus interesses econômicos, a melhoria da qualidade de vida, bem como a transparência e harmonia das relações de con-

---

[77] Código de Processo Penal, "Art. 29. Será admitida ação privada nos crimes de ação pública, se esta não for intentada no prazo legal, cabendo ao Ministério Público aditar a queixa, repudiá-la e oferecer denúncia substitutiva, intervir em todos os termos do processo, fornecer elementos de prova, interpor recurso e, a todo tempo, no caso de negligência do querelante, retomar a ação como parte principal. Art. 30. Ao ofendido ou a quem tenha qualidade para representá-lo caberá tentar a ação privada".

Título II · DAS INFRAÇÕES PENAIS | **Art. 80**

sumo, atendidos os seguintes princípios: *"reconhecimento da vulnerabilidade do consumidor no mercado de consumo".*

Dessa forma, justifica-se a preocupação do legislador em não apenas propiciar às entidades de proteção ou defesa do consumidor, exatamente porque têm como atividade precípua o desenvolvimento de atividades tendentes àquela efetiva proteção ou defesa, a oportunidade de ingressarem no polo ativo da relação jurídica processual civil e penal para o fim de melhor respaldarem a ação proposta por terceiros, como também de se substituírem ao Ministério Público no ajuizamento da ação penal pública em caso de inércia deste.

E a razão não é certamente o interesse da vítima na apuração do fato e na punição dos responsáveis, mas sim de toda a coletividade de consumidores.

Dessa forma, assim como na propositura de ações coletivas de natureza civil, o que se tem em conta é a preservação das relações de consumo, que se aproxima do interesse público, dando-se por isso mesmo a prerrogativa do ajuizamento tanto ao Ministério Público como às entidades de que fala o dispositivo em questão.

Nesse particular, portanto, confundem-se os interesses a serem tutelados quer pelo órgão acusatório natural, quer pelas entidades de proteção e defesa do consumidor, uma vez que, no dizer de Eduardo Espínola Filho,[78] "ao mesmo tempo que atinge, na sua pessoa ou nos seus bens, um ou mais indivíduos que se apresentam assim, como ofendido, ou ofendidos, o crime causa um dano social, e, apenas em homenagem à predominância do interesse social sobre o particular, é estabelecida a preferência de iniciativa do órgão público, para instauração de ação penal, somente sendo lícito à parte privada apresentar a sua queixa, se, no prazo legal, o Ministério Público deixou de manifestar-se sobre o inquérito, a representação ou a peça de informações".

---

[78] *Código de Processo Penal brasileiro anotado*, Rio de Janeiro, Borsói, 1966, vol. III, p. 269.

Título III
DA DEFESA DO CONSUMIDOR EM JUÍZO

PROCESSO COLETIVO E PROCESSO INDIVIDUAL

Ada Pellegrini Grinover
Kazuo Watanabe

I – DA DEFESA DO CONSUMIDOR EM JUÍZO

Ada Pellegrini Grinover

1. DA TUTELA JURISDICIONAL DOS DIREITOS E INTERESSES DO CONSUMIDOR

A denominação do Título III – Da Defesa do Consumidor em Juízo – coaduna-se com o espírito do Código, que é de *defesa do consumidor*, devendo ser entendida em sentido amplo: o Título não compreende apenas a defesa processual *stricto sensu*, com as exceções opostas pelo consumidor, mas sim toda e qualquer atividade por este desenvolvida em juízo, tanto na posição de réu como na de autor, a título individual ou pelos entes legitimados às ações coletivas. Trata-se, portanto, da tutela judiciária dos direitos e interesses do consumidor.[1]

Justamente por isso, a preocupação do legislador, nesse passo, é com a efetividade do processo destinado à proteção do consumidor[2] e com a facilitação de seu acesso à

---

[1] Com essa expressão, não se quer aderir à teoria da ação como direito concreto (direito à sentença favorável), mas se quer expressar a ideia de acesso à justiça, no seu sentido mais amplo: sobre a teoria da ação como direito concreto, v. Cintra, Grinover & Dinamarco, *Teoria geral do processo*, 7ª ed., São Paulo, Revista dos Tribunais, 1990, p. 222-223. Sobre acesso à justiça, v. nota nº 3 abaixo.

[2] Ver, no Brasil, José Carlos Barbosa Moreira, "Notas sobre a efetividade do processo", *in Estudos em homenagem a José Frederico Marques*, São Paulo, Saraiva, 1982; Cândido Dinamarco, *A instrumentalidade do processo*, São Paulo, Revista dos Tribunais, 1987.

CÓDIGO BRASILEIRO DE DEFESA DO CONSUMIDOR

justiça.[3] Isso demandava, de um lado, o fortalecimento da posição do consumidor em juízo – até agora pulverizada, isolada, enfraquecida perante a parte contrária que não é, como ele, um litigante meramente eventual – postulando um novo enfoque da *par condicio* e do equilíbrio das partes, que não fossem garantidos no plano meramente formal; e, de outro lado, exigia a criação de novas técnicas que, ampliando o arsenal de ações coletivas previstas pelo ordenamento, realmente representassem a desobstrução do acesso à justiça e o tratamento coletivo de pretensões individuais que isolada e fragmentariamente poucas condições teriam de adequada condução. Isso tudo sem jamais olvidar as garantias do "devido processo legal".

Para tanto, a parte processual do Código atua em duas vertentes: na das ações individuais e na das ações coletivas. No campo das primeiras, a lei opera por intermédio de diversas normas, como as que contemplam a possibilidade de determinação da competência pelo domicílio do consumidor autor (art. 101, I); a vedação da denunciação da lide e um novo tipo de chamamento ao processo, em determinadas hipóteses (arts. 88 e 101, II); a previsão de adequada e efetiva tutela jurisdicional por intermédio de toda e qualquer ação (art. 83); a nova configuração da tutela específica, nas ações que tenham por objeto o cumprimento de obrigação de fazer ou não fazer (art. 84); a extensão subjetiva da coisa julgada apenas para beneficiar as pretensões individuais (art. 103) etc. Outras regras, situadas fora do Título, complementam esse reforço de tutela, como ocorre, por exemplo, com a inversão, *ope judicis*, do ônus da prova em favor do consumidor (art. 6º, VIII), com a implementação dos juizados de pequenas causas (art. 5º, IV), com a assistência jurídica integral e gratuita ao consumidor carente (art. 5º, I), com o *habeas data* em favor do consumidor (art. 43, § 4º).

Na vertente das ações coletivas, amplia-se e especifica-se a tutela aos bens dos consumidores, indivisivelmente considerados, por intermédio das categorias dos *interesses difusos* e dos *interesses coletivos* (art. 81, parágrafo único, I e II); cria-se uma nova ação para o tratamento coletivo da reparação dos danos pessoalmente sofridos (art. 81, parágrafo único, III, e Capítulo II do Título III), sem prejuízo da eventual *fluid recovery* (art. 100); aperfeiçoam-se as regras de legitimação e de dispensa de custas e de honorários advocatícios da Lei nº 7.347, de 24 de julho de 1985 – a denominada Lei de Ação Civil Pública – (art. 87 do CDC); dá-se novo tratamento à coisa julgada, quer no que diz com seus limites subjetivos, quer no que tange à ampliação do objeto do processo coletivo, para favorecer as pretensões individuais (art. 103); regula-se a litispendência (art. 104); amplia-se, enfim – fora do Título III –, a abrangência da referida Lei nº 7.347/85, para que a tutela desta se harmonize e se inteire com a do Código de Defesa do Consumidor (arts. 109 *usque* 117).

Entre as inovações processuais mais relevantes do Código, inscreve-se a ação coletiva ressarcitória dos danos pessoalmente sofridos pelos consumidores ou pelas vítimas dos produtos ou serviços. Trata-se da introdução, em ordenamento de Direito romano-germânico, dos *tort mass cases* ou *class actions for damages* do sistema de *common law*.

Tudo, enfim, dentro da ótica da necessária reestruturação dos esquemas processuais clássicos, para sua adaptação aos conflitos emergentes, próprios de uma sociedade de massa,[4] de que os decorrentes das relações de consumo representam um ponto nodal. E tudo, ainda, dentro da ideia maior, já esboçada há mais de três décadas, segundo a qual a chamada *crise do*

---

[3] Ver, principalmente, a monumental obra de Mauro Cappelletti *et alii*, *Access to justice*, Milão, Giuffrè, 1978, 6 volumes; ver também, de Cappelletti, "Accesso alla giustizia come programma di riforma e come metodo di pensiero", *in Riv. Dir. Proc.*, 1982. No Brasil, ver sobretudo Kazuo Watanabe, "Acesso à justiça e sociedade moderna", *in Participação e processo*, coord. de Ada Pellegrini Grinover, Cândido Dinamarco e Kazuo Watanabe, São Paulo, Revista dos Tribunais, p. 128 e segs.

[4] Ver, por todos, Mauro Cappelletti, "Formazioni sociali e interessi di gruppo davanti alla giustizia civile", *in Riv. Dir. Proc.*, 1975. O ensaio foi vertido para o português e publicado pela *Revista de Processo*, nº 5, 1977.

Direito talvez apenas encobrisse "a dificuldade de dominar com categorias jurídicas substancialmente pré-capitalistas a fenomenologia de uma sociedade industrial".[5]

2. CONTEÚDO DO TÍTULO III

O Título III desdobra-se em quatro capítulos: o primeiro, atinente às disposições gerais; o segundo, versando as ações coletivas para a defesa de interesses individuais homogêneos; o terceiro, sobre as ações de responsabilidade do fornecedor de produtos e serviços; e o quarto e último, sobre a coisa julgada.

Outras regras processuais encontram-se alhures: a garantia de acesso à justiça e a possibilidade de inversão do ônus da prova (art. 6º, incs. VII e VIII); a assistência jurídica integral e gratuita ao consumidor carente (art. 5º, inc. I); a extensão da proteção do *habeas data* aos dados atinentes ao consumidor (art. 43, § 4º); a aplicação das normas processuais do Título III à tutela de outros interesses difusos, coletivos e individuais homogêneos (art. 117); a ampliação do âmbito de atuação da Lei nº 7.347, de 24 de julho de 1985, com a incidência das regras ora criadas pelo Código de Defesa do Consumidor (arts. 109 *usque* 117).

---

[5] Tullio Ascarelli, "Economia di massa e statistica giudiziaria", *in Saggi di diritto commerciale*, Giuffrè, Milão, 1955, p. 525.

II – DAS DEMANDAS INDIVIDUAIS E DEMANDAS COLETIVAS DE DEFESA DO CONSUMIDOR – Considerações gerais, peculiaridades, relação entre elas, carga dinâmica da prova e inversão do ônus da prova; despesas com provas; conversão da ação individual em ação coletiva

Kazuo Watanabe

1. RELEVÂNCIA DAS DEMANDAS COLETIVAS E DAS INDIVIDUAIS

O Código procurou disciplinar mais pormenorizadamente as demandas coletivas por vários motivos. *Primeiro*, porque o nosso Direito Positivo tem história e experiência mais recentes nesse campo. Excluída a ação popular constitucional, a primeira disciplina legal mais sistemática, na área do processo civil, somente teve início em 1985, com a Lei nº 7.347 (Ação Civil Pública). *Segundo*, porque o legislador claramente percebeu que, na solução dos conflitos que nascem das relações geradas pela economia de massa, quando essencialmente de natureza coletiva, o processo deve operar também como instrumento de mediação dos conflitos sociais neles envolvidos, e não apenas como instrumento de solução de lides.[6] A estratégia tradicional de tratamento das disputas tem sido de fragmentar os conflitos de configuração essencialmente coletiva em demandas-átomo. Já a solução dos conflitos na dimensão molecular, como demandas coletivas, além de permitir o acesso mais fácil à justiça, pelo seu barateamento e quebra de barreiras socioculturais, evitará a sua banalização que decorre de sua fragmentação e conferirá peso político mais adequado às ações destinadas à solução desses conflitos coletivos.[7]

Todavia, essa preocupação pelas demandas coletivas de forma alguma significa desprezo pelas ações individuais. Teve o legislador a nítida noção da elevada importância da solução dos conflitos individuais, que no dia a dia das relações de consumo constituirão, certamente, a maioria, tanto que deixou sublinhada, no art. 5º, nº IV, do Código, a relevância da criação de Juizados

---

[6]   Fritz Baur, "Transformações do processo civil em nosso tempo", trad. de Barbosa Moreira, *in Revista Brasileira de Direito Processual*, Uberaba, vol. 7, 1976, p. 57-68; Vittorio Denti, "Lê azioni a tutela di interessi collettivi", *in Riv. di Diritto Processuale*, 1974, ps. 533-550; A. Proto Pisani, "Appunti preliminari per uno studio sulla tutela giurisdizionale degli interessi collettivi (o più sattamente: superindividuali) innanzi al giudice civile ordinario", *in Le azioni a tutela di interessi collettivi*, CEDAM, 1976, p. 263-286; José Eduardo Faria, *Justiça e conflito*, RT, 1991.

[7]   Vittorio Denti, "Le azioni a tutela...", cit.; Kazuo Watanabe, "Tutela jurisdicional dos interesses difusos: a legitimação para agir", *in A tutela dos interesses difusos*, coord. de Ada Pellegrini Grinover, Max Limonad, 1984, p. 85-97.

Especiais de Pequenas Causas (hoje, Juizados Especiais de Causas Cíveis de Menor Complexidade) como um dos instrumentos de execução da Política Nacional de Relações de Consumo. Às demandas individuais, expressamente mencionadas no *caput* do art. 81, se aplicam as disposições do Código de Processo Civil (art. 90), com algumas especificidades a seguir analisadas, de sorte que a seu respeito não se impunha uma disciplina mais pormenorizada.

2. APLICAÇÃO DO CPC NOS PROCESSOS INDIVIDUAIS DO CONSUMIDOR, COM ALGUMAS ESPECIFICIDADES

As preocupações pelo instrumentalismo substancial que hoje caracterizam o nosso direito processual também estão presentes na parte processual do CDC.

Nos incisos VI e VIII do art. 6º, o Código se preocupa com a "efetiva prevenção e reparação" dos danos e com a "facilitação da defesa" dos direitos dos consumidores (cfr. comentários a essas normas no tópico sobre "ônus da prova e sua inversão", em frente) e ao cuidar especificamente dos meios processuais, o art. 84 declara expressamente que, "para a defesa dos direitos e interesses protegidos por este código, são admissíveis todas as espécies de ações capazes de propiciar sua adequada e efetiva tutela" (v. comentário a esse dispositivo).

Tem-se, além disso, o princípio da vulnerabilidade do consumidor no mercado de consumo (art. 4º, I, do CDC), que tem influência não somente na determinação de ações governamentais, como também na efetividade das tutelas administrativas e jurisdicionais. E a Lei de Prevenção e Tratamento do Superendividamento (Lei n. 14.181, de 1º de julho de 2021) (que será comentada mais adiante) acrescentou: 1) no art. 4º, os **princípios** do "fomento de ações direcionadas à educação financeira e ambiental dos consumidores" (inciso IX) e da "prevenção e tratamento do superendividamento como forma de evitar a exclusão social do consumidor" (inciso X); 2) no art. 5º, entre os **instrumentos de execução da Política Nacional das Relações de Consumo**, incluiu a "instituição de mecanismos de prevenção e tratamento extrajudicial e judicial do superendividamento e de proteção do consumidor pessoa natural" (inciso VI) e a "instituição de núcleos de conciliação e mediação de conflitos oriundos de superendividamento" (inciso VII); e 3) no art. 6º, acrescentou ao elenco de **direitos básicos** do consumidor, a "garantia de prática de crédito responsável, de educação financeira e de prevenção e tratamento de situações de superendividamento, preservado o mínimo existencial, nos termos da regulamentação, por meio da revisão e da repactuação da dívida, entre outras medidas" (inciso XI); "a preservação do mínimo existencial, nos termos da regulamentação, na repactuação de dívidas e na concessão de crédito" (inciso XII); e "a informação acerca dos preços dos produtos por unidade de medida, tal como por quilo, por litro, por metro ou por outra unidade, conforme o caso" (inciso XIII). Todos esses princípios, políticas e direitos básicos deverão ser observados para conferir ao consumidor maior efetividade na tutela de seus direitos, tanto no plano judicial como no extrajudicial.

As regras processuais aplicáveis na tutela jurisdicional do consumidor individual são as do CPC, com algumas poucas especificidades, como a inaplicabilidade da denunciação da lide e o regime especial do ônus da prova, com possibilidade de sua inversão, conforme são explanados mais adiante, e as do sistema de juizados especiais cíveis (Lei nº 9.099/95), havendo a opção por estes juizados.

3. INADMISSIBILIDADE DA DENUNCIAÇÃO DA LIDE NOS PROCESSOS INDIVIDUAIS DO CONSUMIDOR

Com o objetivo de dar maior celeridade à tutela jurisdicional dos direitos do consumidor, o legislador expressamente vedou a denunciação da lide no art. 88 do CDC.

A alusão ao parágrafo único do art. 13 tem levado alguns julgados ao entendimento de que a restrição à denunciação da lide diz respeito "apenas à hipótese de defeitos em produtos comercializados com consumidores", não se aplicando à hipótese de "defeito na prestação de serviços".[8]

Não se afigura correta essa interpretação, pois os motivos para a vedação em análise são a facilitação da defesa dos direitos do consumidor e a celeridade da prestação jurisdicional, que estão presentes em todas as situações de direito de regresso, e não apenas nas hipóteses previstas no *caput* do art. 13.[9]

Aliás, a mesma proibição, com o objetivo de dar maior celeridade ao processo, foi adotada pelo legislador no art. 10 da Lei nº 9.099/95, no *processo dos Juizados Especiais Cíveis*.

4. TEORIA DA CARGA DINÂMICA DA PROVA E INVERSÃO DO ÔNUS DA PROVA

Para a *teoria da carga dinâmica da prova* o que importa, em determinadas situações, não é tanto a posição processual das partes ou seu interesse jurídico em ver admitido o fato probando, mas sim a maior facilidade em sua demonstração, pelo domínio de conhecimentos científicos ou técnicos ou pela detenção de informações sobre os fatos da causa. A teoria não desconsidera por completo as regras gerais de distribuição do ônus da prova. O que procura fazer é flexibilizar essas regras, adaptando-as às peculiaridades do caso concreto e às especificidades das partes litigantes, tornando mais efetiva e justa a tutela jurisdicional.

O Código de Defesa do Consumidor, como será explanado a seguir, procurou dar um passo nesse sentido, adotando os requisitos da verossimilhança e da hipossuficiência para autorizar a inversão *ope iudicis* do ônus da prova (art. 6º, VIII). A *carga dinâmica da prova* foi expressamente adotada no *Código Modelo de Processos Coletivos para Ibero-América*, no § 1º do art. 12. E hoje tem seu ingresso no ordenamento jurídico brasileiro explicitamente previsto pelo art. 373, *caput*, I e II, do CPC/2015.

Mas a adoção dessa teoria não retira das regras de distribuição da carga probatória a natureza de *regra de juízo*, transformando-a em norma de instrução. No *plano subjetivo*, toda regra de distribuição do ônus da prova é norma indicativa da atividade probatória que incumbe às partes no processo. Devem elas se orientarem por essas regras estabelecidas em abstrato se pretendem alcançar êxito na demanda. Na concepção moderna do processo, com a ampliação dos poderes do juiz, algumas provas são colhidas por iniciativa oficial do magistrado. Assim, no *plano objetivo*, a eventual necessidade de se recorrer às regras de distribuição dos ônus da prova somente surgirá após a conclusão da fase probatória, no momento do julgamento da causa e somente na hipótese de *non liquet* em relação aos fatos controvertidos da demanda.

Adotada que seja, de modo explícito, a *teoria da carga dinâmica da prova*, também a regra que se acresce àquelas clássicas (art. 373, *caput*, I e II, do NCPC, correspondente ao art. 333 do CPC/1973), de competir à parte que tiver maior facilidade de fazer a demonstração dos fatos, pelo domínio dos conhecimentos técnicos e científicos e pela detenção de informações sobre os fatos probandos, estará ínsita no ordenamento.

---

[8]   Cf. julgados citados por Theotonio Negrão, José Roberto F. Gouvêa e Luis Guilherme A. Bondioli, na nota nº 2 ao art. 88 do CDC.

[9]   Luiz Paulo da Silva Araújo Filho, *Comentários ao Código de Defesa do Consumidor* – direito processual, 2ª ed., São Paulo: Saraiva, Bruno Miragem, comentários ao art. 80 do CDC, *in Comentários ao Código de Defesa do Consumidor,* por Claudia Lima Marques, Antônio Herman V. Benjamin e Bruno Miragem, RT, 2ª ed., p. 1.040-1.045. STJ, AgInt no AREsp 1.148.774/RA, rel. Min. Raul Araujo, j. 19.11.2019.

Título III · DA DEFESA DO CONSUMIDOR EM JUÍZO

O que cabe ao magistrado, no início da fase probatória, é exercer o papel ativo na direção do processo, como exige o art. 357, *caput* e incisos I a V, e § 3º, do NCPC (correspondente ao art. 331 do CPC/1973), delimitando "as questões de fato sobre as quais recairá a atividade probatória" e especificando "os meios de prova admitidos", chamando a atenção das partes sobre as regras de distribuição dos ônus da prova. Não lhe caberá decidir, nessa fase processual, a respeito da inversão do ônus de prova, mesmo porque uma decisão a respeito exige juízos provisórios de verossimilhança sobre os fatos da causa, que o magistrado não deve antecipar, sob pena de estar praticando o prejulgamento da causa, e também porque esses juízos, como é cediço, têm caráter dinâmico e podem se alterar ao longo do processo, com a colheita de novas provas e novos indícios, que irão se acrescendo ao material existente na fase inicial do processo. Ao fazer a fixação dos pontos controvertidos da causa e das provas necessárias, poderá o juiz esclarecer sobre as regras de distribuição dos ônus da prova, fixadas em abstrato pelo ordenamento jurídico, e sobre as consequências de sua inobservância, e não *decidir* sobre quem deve recair os ônus da prova, ou *fazer desde logo a inversão* dos ônus estabelecidos na lei, mormente quando essas definições supõem um juízo provisório de verossimilhança.

Os que defendem a necessidade de uma decisão prévia sobre a inversão do ônus da prova certamente desconsideram o papel ativo que o nosso sistema processual exige do juiz na condução do processo, e em especial, por ocasião do saneamento e organização do processo (art. 357 do NCPC), oportunidade em que o magistrado deve, em contato direto e pessoal com as partes, definir os pontos controvertidos e decidir sobre as provas a serem produzidas. Nesse momento, eventualmente, tratando-se de litigantes mais humildes e sem uma assistência técnica adequada, com o propósito de assegurar maior equilíbrio substancial entre as partes, poderá o magistrado exercer um papel mais assistencial e orientador em relação às partes, mas não decidir precocemente sobre a inversão do ônus da prova, mormente quando tenha que declinar na decisão um juízo preliminar de verossimilhança. Em relação à distribuição do ônus da prova, o NCPC, no art. 357, III, admite sua definição, por ocasião do saneador nas hipóteses previstas no § 1º do art. 373 (casos previstos em lei ou diante de "peculiaridades da causa relacionadas à impossibilidade ou à excessiva dificuldade de cumprir o encargo nos termos do *caput* ou à maior facilidade de obtenção da prova do fato contrário"). Nas hipóteses mencionadas não há qualquer antecipação do juízo de verossimilhança a respeito dos fatos alegados e provas que já tenham sido produzidas pelas partes.

5. ÔNUS DA PROVA E SUA INVERSÃO NO CÓDIGO DE DEFESA DO CONSUMIDOR (ARTS. 6º, VIII, E 38, CDC)

O art. 38 do CDC estabelece uma hipótese de inversão *ope legis* do ônus da prova. Na verdade, somente haverá inversão do ônus da prova segundo a posição processual que esteja a ocupar quem é beneficiado pela regra. Se é o patrocinador da publicidade quem, com a afirmativa de veracidade e correção da informação ou comunicação publicitária, postula uma tutela jurisdicional, não haverá inversão do encargo de provar, pois, nos termos do art. 373, I, do NCPC (correspondente ao art. 333, I, do Código de Processo Civil de 1973), é seu o ônus da prova. Haverá inversão do ônus da prova se a posição processual dele for de quem assume uma atitude defensiva diante da afirmativa do consumidor de inveracidade ou incorreção da informação ou comunicação publicitária, pois, nesta hipótese, pelas regras do Direito Processual comum, o ônus da prova seria do autor, na hipótese, o consumidor.

A regra do art. 38 corresponde ao dever inscrito no art. 36, no sentido de que "o fornecedor, na publicidade de seus produtos ou serviços, manterá em seu poder, para informação dos legítimos interessados, os dados fáticos, técnicos e científicos que dão sustentação à mensa-

709

CÓDIGO BRASILEIRO DE DEFESA DO CONSUMIDOR

gem". Esse dever, aliás, é reforçado pelo art. 69 do Código, que prevê um tipo penal para quem o descumpre.

A inversão *ope iudicis* do ônus da prova está prevista no inc. VIII do art. 6º do Código, que estabelece ser um dos direitos básicos do consumidor "a facilitação da defesa de seus direitos, inclusive *com a inversão do ônus da prova, a seu favor, no processo civil, quando, a critério do juiz, for verossímil a alegação ou quando for ele hipossuficiente, segundo as regras ordinárias de experiência"*.

Muitos críticos do Código entreviram nesse dispositivo um agravamento da responsabilidade dos fabricantes, comerciantes e prestadores de serviços, enfim, dos fornecedores em geral. Não se deram conta, porém, de que o projeto do Código estava a adotar a *responsabilidade objetiva*, que constitui um regime jurídico bem mais rigoroso que o de mera inversão *ope iudicis* do ônus da prova, mormente com o estabelecimento de condições para que essa inversão possa ser admitida.

Aliás, bem examinado o texto legal (art. 6º, VIII, CDC), a primeira hipótese (juízo de verossimilhança) nada mais constitui que explicitação em texto legal da possibilidade de solução que os juízes já vêm adotando, há muito tempo, em qualquer demanda cível.

O dispositivo prevê duas situações distintas: a) verossimilhança da alegação do consumidor e b) hipossuficiência do consumidor.

Na *primeira situação,* na verdade, não há uma verdadeira inversão do ônus da prova. O que ocorre, como bem observa Leo Rosenberg,[10] é que o magistrado, com a ajuda das máximas de experiência e das regras de vida, considera produzida a prova que incumbe a uma das partes. Examinando as condições de fato com base em máximas de experiência, o magistrado parte do curso normal dos acontecimentos, e, porque o fato é ordinariamente a consequência ou o pressuposto de outro fato, em caso de existência deste, admite também aquele como existente, a menos que a outra parte demonstre o contrário. Assim, não se trata de uma autêntica hipótese de inversão do ônus da prova.

Cuidou o legislador, apesar disso, de explicitar a regra, e o fez com propósitos didáticos, para lembrar aos operadores do Direito, não muito propensos a semelhante critério de julgamento, que é ele inafastável em processos que tenham por conteúdo o direito do consumidor. E há, no dispositivo, também a lembrança de que, tratando-se de tutela do direito do consumidor, deve ser utilizada, com mais frequência, regra inscrita no art. 375 do NCPC (correspondente ao art. 335 do Código de Processo Civil de 1973).

Na *segunda situação*, que é a da *hipossuficiência*, poderá ocorrer, tal seja a situação do caso concreto, uma verdadeira inversão do ônus da prova.

Nas primeiras edições desta obra, sustentamos a opinião de que o conceito de hipossuficiência é o que constava do art. 2º, parágrafo único, da Lei nº 1.060/1950 (correspondente ao art. 98 do NCPC). Sentimos, hoje, que essa posição anterior não é de todo aceitável. Em algumas hipóteses, é suficiente que o consumidor seja dispensado dos gastos com a prova para que ele tenha a proteção necessária. No entanto, analisadas várias situações hipotéticas que podem ocorrer na experiência concreta, aquela inteligência do dispositivo legal não propicia a plena consecução do objetivo colimado pela lei. Imaginemos um conflito de interesses entre consumidor e montadora de veículos, que diga respeito a vício de fabricação do veículo. A só demonstração, por exemplo, de que o veículo efetivamente apresenta defeito no motor poderá não ser bastante para o estabelecimento do juízo de verossimilhança quanto à alegação do consumidor, de que é de fabricação o vício do veículo. Não se configurará, assim, a primeira

---

[10] *Tratado de Derecho Procesal Civil*, trad. A.M.Vera, EJEA, 1955, t. II, § 11, III, nº 3, *d*, p. 227.

Título III • DA DEFESA DO CONSUMIDOR EM JUÍZO

situação prevista no dispositivo em análise. Se o consumidor é pessoa dotada de situação econômica capaz de suportar os custos da demanda, a interpretação restritiva da hipossuficiência mencionada obrigaria o consumidor a assumir o ônus da prova. Não foi isso, evidentemente, o que a lei quis estabelecer. Em uma relação de consumo como a mencionada, a situação do fabricante é de evidente vantagem, pois somente ele tem pleno conhecimento do projeto, da técnica e do processo utilizado na fabricação do veículo, e por isso está em melhores condições de demonstrar a inocorrência do vício de fabricação. A situação do consumidor é de manifesta vulnerabilidade, independentemente de sua situação econômica. O mesmo acontece, ordinariamente, nas relações de consumo em que a outra parte tem o domínio do conhecimento técnico especializado, em mutação e aperfeiçoamento constantes, como ocorre no setor de informática. Foi precisamente em razão dessas situações, enquadradas no conceito amplo de hipossuficiência, que o legislador estabeleceu a inversão do ônus da prova, para facilitar a tutela jurisdicional do consumidor.

Foi esse, exatamente, o entendimento sustentado por Cecília Matos, na dissertação de mestrado apresentada à Faculdade de Direito da USP, defendida com brilho. São suas palavras: "A hipossuficiência, característica integrante da vulnerabilidade, demonstra uma diminuição de capacidade do consumidor, não apenas no aspecto econômico, mas a social, de informações, de educação, de participação, de associação, entre outros". E acrescenta: "Pretendeu o Código de Defesa do Consumidor tutelar tanto aquele que apresente alegações verossímeis como aqueles outros que, apesar de não verossímeis suas alegações, sejam hipossuficientes e vulneráveis, segundo assim entenda o julgador com base em suas regras de experiência".[11]

Ocorrendo, assim, situação de manifesta posição de superioridade do fornecedor em relação ao consumidor, de que decorra a conclusão de que é muito mais fácil ao fornecedor provar a sua alegação, poderá o juiz proceder à inversão do ônus da prova.

Nas hipóteses em que inexista esse flagrante desequilíbrio, nas posições do fornecedor e do consumidor, tem aplicação apenas a primeira situação (verossimilhança) prevista no dispositivo em estudo. Sendo o consumidor, em tais situações, economicamente hipossuficiente, será ele dispensado dos gastos com as provas. O mais que o magistrado poderá fazer, tal seja o custo da prova a ser colhida, por exemplo, uma perícia especializada e sua impossibilidade prática de realização gratuita, é determinar que o fornecedor suporte as despesas com a prova. O texto legal em análise permite semelhante interpretação, que conduziria a uma solução menos rigorosa que a de inversão do ônus da prova. Neste último aspecto, a professora Ada Pellegrini Grinover tem opinião divergente, conforme amplamente exposto a frente, com base na jurisprudência do STJ, no tópico n. 6.

Quanto ao *momento da aplicação da regra de inversão do ônus da prova*, mantemos o entendimento sustentado nas edições anteriores: é o do *julgamento da causa*. É que as regras de distribuição do ônus da prova são *regras de juízo*, e orientam o juiz, quando há um *non liquet* em matéria de fato, a respeito da solução a ser dada à causa. Constituem, por igual, uma indicação às partes quanto à sua atividade probatória.[12] Com o juízo de verossimilhança, decorrente da aplicação das regras de experiência, deixa de existir o *non liquet* (considera-se demonstrado o fato afirmado pelo consumidor) e, consequentemente, motivo algum há para a aplicação de qualquer regra de distribuição do ônus da prova. Por isso mesmo, como ficou anotado, não se tem verdadeiramente uma inversão do ônus da prova em semelhante hipótese.

O mesmo entendimento foi sustentado por Cecília Matos na dissertação mencionada: "(...) no instante de sentenciar, apreciará o julgador a necessidade de utilizar-se das regras

---

[11]   *O ônus da prova no Código de Defesa do Consumidor,* inédito, p. 195-196.

[12]   José Roberto dos Santos Bedaque, *Poderes instrutórios do juiz,* 2ª ed., RT, p. 86.

do ônus da prova, invertidas ou não". E prossegue: "A partir destes argumentos discorda-se da posição dos autores que sustentam que a inversão deve se dar no recebimento da petição inicial, no despacho saneador ou, ainda durante a instrução, justificando esta posição com o argumento de que, do contrário, haveria ofensa à ampla defesa do fornecedor". Quanto ao direito de defesa, entende a autora da monografia que a regra de inversão do ônus da prova, estando explicitada em dispositivo de lei (art. 6º, VIII), não pode ser motivo de alegação de surpresa ou de pretensão à reabertura da fase instrutória. Entende aceitável, porém, que, "no saneador, alerte o magistrado para a possibilidade da aplicação do art. 6º, inc. VIII. O juiz não irá elaborar nenhum juízo de valor da prova já existente ou de julgamento, nem de modo sumário; no saneador, poderá, para ser didático como a norma é, lembrar às partes que, como em qualquer processo, poderá se utilizar das regras de experiência e atenuar a rigidez do art. 333 do Código de Processo Civil" (correspondente ao art. 373, *caput*, I e II, do NCPC).[13]

Em relação à inversão do ônus, somente após a instrução do feito, no momento da valoração das provas, estará o juiz habilitado a afirmar se existe ou não situação de *non liquet*, sendo caso ou não, consequentemente, de inversão do ônus da prova. Dizê-lo em momento anterior será o mesmo que proceder ao prejulgamento da causa, o que é de todo inadmissível.

Não se desconhece a existência de entendimento doutrinário[14] e de julgados que defendem a tese de que "o deferimento da inversão do ônus da prova deverá ocorrer entre o ajuizamento da demanda e o despacho saneador, sob pena de se configurar prejuízo para a defesa do réu".[15] Não nos parece a melhor inteligência do dispositivo legal em análise. Na mesma linha do nosso entendimento exposto, a Col. 9ª Câmara Civil do Tribunal de Justiça de São Paulo teve a oportunidade de proclamar que "preceito legal algum determina que o citado art. 6º, VIII, só pode ser aplicado quando o juiz, antes do início da instrução probatória, tenha decidido ser o caso de sua incidência". Além disso, "se a inversão do ônus probatório, no caso do art. 6º, VIII, depende da verossimilhança da alegação do consumidor ou de sua hipossuficiência, força é entender que o juiz não pode decidir antecipadamente a respeito, posto que as citadas circunstâncias fáticas ao menos na maioria dos casos dependem de elucidação probatória, não comportando, portanto, decisão antecipada".[16] A jurisprudência do Superior Tribunal de Justiça vinha se orientando predominantemente nessa direção, conforme esclarece, de forma clara e bem fundamentada, o acórdão do REsp nº 422.778-SP, de lavra da Min. Nancy Andrighi, cuja ementa está assim redigida: "Conforme posicionamento dominante da doutrina e da jurisprudência, a inversão do ônus da prova, prevista no inc. VIII, do art. 6º do CDC, é regra de julgamento".

Essa orientação foi confirmada no acórdão da mesma turma julgadora, proferido no AgRg no Agr. Inst. nº 1.028.085-SP, relatado pelo Min. Vasco Della Giustina, nos seguintes termos: "Essa Corte firmou o entendimento de que é plenamente possível a inversão do ônus da prova em 2º grau de jurisdição, pois cuida-se de uma regra de julgamento, que não implica em cerceamento de defesa para nenhuma das partes" (j. 4.2.2010, *DJe* 16.4.2010).

Ocorre, todavia, que em 2011 essa orientação foi revertida no julgamento do Recurso Especial n. 802.832-MG, relatado pelo Min. Paulo de Tarso Sanseverino, ficando vencido, com declaração de voto, o Min. Sidnei Beneti. Na ementa do acórdão, constam os seguintes enunciados:

"III. A distribuição do ônus da prova, além de constituir regra de julgamento dirigida ao juiz (aspecto objetivo), apresenta-se também como norma de conduta para as partes, pautando,

---

[13] *Op. cit.*, p. 210-216.

[14] João Batista de Almeida, *A proteção jurídica do consumidor*, Saraiva, 1993, p. 80.

[15] TJSP, Agr. Instr. nº 014.305-5/8, 4ª Câmara de Direito Público, rel. Des. José Geraldo de Jacobina Rabello, j. 5.9.96. Mais recentemente, STJ, REsp nº 1.286.273/SP, rel. Min. Marco Buzzi.

[16] Ap. Civ. nº 255.461-2/6, rel. Des. Aldo Magalhães, j. 6.4.95.

Título III · DA DEFESA DO CONSUMIDOR EM JUÍZO

conforme o ônus atribuído a cada uma delas, o seu comportamento processual (aspecto subjetivo);

IV. Se o modo como distribuído o ônus da prova influi no comportamento processual das partes (aspecto subjetivo), não pode a inversão 'ope judicis' ocorrer quando do julgamento da causa pelo juiz (sentença) ou pelo tribunal (acórdão)".

O enunciado conclusivo está assim redigido:

"VI. A inversão 'ope judicis' do ônus probatório deve ocorrer preferencialmente na fase de saneamento do processo ou, pelo menos, assegurando-se à parte a quem não incumbia inicialmente o encargo, a reabertura de oportunidade para apresentação de provas".

Em acréscimo aos argumentos por nós já desenvolvidos acima contra esse entendimento (cfr. n. 4, *supra*, "Teoria da carga dinâmica da prova e inversão do ônus da prova"), convidamos o leitor a consultar o "Comentário Doutrinário" que escrevemos sobre esse acórdão, publicado na *Revista do Superior Tribunal de Justiça*, ano 27, n. 240 – Tomo 2, out./nov./dez. 2015, Direito do Consumidor, ps. 1010-1014). Nele, entre outras observações, consignamos que: a) "O legislador estabelece claramente as hipóteses em que o magistrado poderá proceder à inversão do ônus da prova, não se tratando, portanto, de poder ilimitado do magistrado" (as hipóteses são as de "verossimilhança da alegação" e de hipossuficiência do consumidor no CDC (art. 6º, VIII); b) "Mesmo no **novo Código de Processo Civil**, que adotou uma orientação mais assistencial às partes, **a definição da distribuição do ônus da prova na decisão de saneamento** (art. 357, III) é limitada às hipóteses do art. 373, que são as de previsão legal, de **impossibilidade ou excessiva dificuldade de cumprir o encargo, ou de maior facilidade na obtenção da prova do fato contrário**. A lei não admite, como mencionado, o puro arbítrio do juiz para proceder à inversão do ônus da prova"; c) Em vez da decisão no momento do saneador, o que dará ensejo à interposição de agravo de instrumento, a solução acima alvitrada, que entendemos aplicável hoje no regime do CDC e do CPC (tanto o de 1973 como o novo), de amplo contraditório quanto à hipossuficiência do consumidor ou à existência de peculiaridades e situações que autorizem a inversão do ônus da prova, seria o suficiente para se evitar que as partes sejam colhidas de surpresa.

A tese defendida pelo acórdão comentado, conforme bem anota o Min. Sidnei Beneti, em seu voto vencido, é a "sustentada pelos fornecedores acionados", opção que "retarda significativamente o desfecho dos processos, dada a criação de incidentes e recursos sobre a decisão interlocutória de inversão, para, só depois de julgados todos os recursos, permitir-se a prolação da sentença", o que significa que a orientação adotada no acórdão "**privilegia mais o fornecedor do que o consumidor**".

É, todavia, medida de boa política judiciária, na linha evolutiva do processo civil moderno, que confere ao juiz até mesmo atribuições assistenciais, e na conformidade da sugestão de Cecília Matos, que, no despacho saneador ou em outro momento que preceda a fase instrutória da causa, o magistrado deixe advertido às partes que a regra de inversão do ônus da prova poderá, eventualmente, ser aplicada no momento do julgamento final da ação. Com semelhante providência ficará definitivamente afastada a possibilidade de alegação de cerceamento de defesa.

6. INVERSÃO DO ÔNUS DA PROVA E INVERSÃO DA RESPONSABILIDADE PELO ADIANTAMENTO DE DESPESAS PROCESSUAIS

Transcrevemos, a seguir, as judiciosas ponderações de Ada Pellegrini Grinover sobre o tema em referência.

"Questão interessante, de grande relevância prática, é a que está em saber se à inversão do ônus da prova corresponde a inversão do ônus pelo adiantamento das despesas processuais, notadamente pelos custos da perícia. Claro que se se entender que a regra da inversão do ônus da prova é regra de julgamento (...) que o juiz só pode aplicar afinal, quando perceber não haver prova suficiente dos fatos, então a questão da eventual correspondência da inversão do ônus da prova e da inversão da responsabilidade pelo adiantamento das despesas processuais não chega sequer a se colocar, pois a determinação processual ocorreria em momentos distintos.

Mas há outros argumentos que militam a favor da tese de que inversão do ônus da prova e inversão do ônus de adiantamento de despesas processuais não se confundem.

Conforme clássica lição de Moacyr Amaral Santos, 'As partes têm o ônus de satisfazer as despesas relativas aos atos que provocam, ou em relação aos quais prepondera o seu interesse, à medida que se realizam ou os requerem. Nisso consiste a *responsabilidade provisória* de cada uma das partes. A regra se contém no art. 19 do Código de Processo Civil [correspondente ao art. 82 do NCPC]: 'Salvo as disposições em contrário concernentes à justiça gratuita, cabe às partes prover as despesas dos atos que realizam ou requerem no processo, *antecipando-lhes o pagamento* desde o início até a sentença final; e bem ainda, na execução, até plena satisfação do direito declarado pela sentença'. A regra é completada pelo § 1º do mesmo artigo: 'O pagamento de que trata este artigo *será feito por ocasião de cada ato processual*'. Vale dizer, *quem realiza ou requer a prática do ato deverá, previamente, efetuar o pagamento das respectivas despesas.* Estas, em princípio, não devem acumular-se, para pagamento posterior. Outra regra se deduz de vários dispositivos do mesmo Código (arts. 208, 257, 511, 519 etc.; [correspondem aos arts. 266, 290, 1.007, 1.007, § 6º etc. do NCPC]): quem provoca uma sucessão de atos deverá antecipar-lhes o pagamento das despesas'[17] (grifei).

Nas palavras de Dinamarco, trata-se "do ônus de adiantamento, como requisito para a eficácia dos próprios atos e para obter a realização de atos a serem ordenados pelo juiz. A manifesta legitimidade dessa exigência apoia-se na premissa do *interesse,* sendo natural atribuir tais ônus ao sujeito que pretende beneficiar-se do ato; interesse, em direito, é *utilidade,* devendo cada qual custear os atos que possam ser-lhe úteis'[18] (grifei).

Segundo Humberto Theodoro Júnior, 'O descumprimento do ônus financeiro processual, pelo não pagamento antecipado das despesas respectivas, conduz à não realização do ato requerido, em prejuízo da parte que o requereu. Assim, se se requereu o depoimento de testemunha, mas não se depositou a verba necessária para a devida intimação, a diligência não será praticada e a audiência será realizada sem a coleta do depoimento. *Mutatis mutandis,* o mesmo acontecerá com a parte que requereu prova pericial, mas não depositou, no prazo que o juiz lhe assinou, a importância para cobrir a remuneração do perito e outros gastos da prova técnica'. Aliás, particularmente 'No tocante à antecipação das despesas de perícia, dispõe o art. 33 [correspondente ao art. 95 do NCPC] que 'cada parte pagará a remuneração do assistente técnico que houver indicado; *a do perito será paga pela parte que houver requerido o exame,* ou pelo autor, quando requerido de ofício pelo juiz'[19] (grifei).

O que é relevante extrair das lições doutrinárias transcritas é que, embora ambos os encargos estejam ligados ao tema da prova e tenham em comum o *interesse* na demonstração de certa

---

[17] Cf. Moacyr Amaral Santos, *Primeiras linhas de direito processual civil*, 24ª ed., vol. II, São Paulo, Saraiva, 2008, p. 314-315.

[18] Cf. Cândido Rangel Dinamarco, *Instituições de direito processual civil*, vol. II, São Paulo, Malheiros, 2001, p. 639.

[19] Cf. Humberto Theodoro Júnior, *Curso de direito processual civil* – teoria geral do direito processual civil e processo de conhecimento, vol. I, Rio de Janeiro, Forense, 2006, p. 100-101.

Título III · DA DEFESA DO CONSUMIDOR EM JUÍZO

alegação de fato, essas duas posições emergentes da relação processual não se confundem: a distribuição do ônus da prova – conquanto esse encargo possa e até mesmo deva ser considerado em seu aspecto subjetivo – destina-se sobretudo ao momento do julgamento, se e quando o juiz se deparar com um quadro que não permita revelar o que ocorreu no plano dos fatos. Portanto, embora a atribuição do ônus da prova deva ser considerada pela parte no momento em que coloca a produção – ou não – de dada medida de instrução, a efetiva aplicação do instituto deverá ocorrer quando da prolação da sentença. A falta de observância do ônus de provar pelo interessado se resolve na desconsideração do fato alegado ou, por outras palavras, na consideração de que não ocorreu.

Já no caso do ônus de adiantamento das despesas de determinada providência de instrução o encargo se coloca à parte – e não exatamente se dirige ao juiz – em momento anterior à realização da prova, sendo, como visto, condição para que ela tenha lugar. Se o interessado não se desincumbe do referido ônus, a consequência é a não realização da prova; o que, embora possa ter consequências sobre o teor do julgamento final, não se confunde com a atribuição do ônus de provar.

Conforme lúcida lição de José Roberto dos Santos Bedaque, 'a responsabilidade imposta às partes pelas despesas necessárias à prática dos atos processuais não guarda qualquer nexo com as regras de distribuição do ônus da prova, nem com a possibilidade de inversão existente, por exemplo, no Código de Defesa do Consumidor (art. 6º, VIII)'.[20] Dessa forma, 'Aceita essa premissa, *eventual inversão do ônus da prova, ainda que cabível, não interfere necessariamente na responsabilidade pelas despesas da respectiva produção disciplinada, quanto aos honorários do perito judicial, pelo art. 33 do CPC'* [correspondente ao art. 95 do NCPC][21] (grifei).

De maneira semelhante, Marcus Vinicius Rios Gonçalves observou que 'A inversão judicial do ônus da prova tem suscitado uma outra questão de grande relevância, qual seja, a da possibilidade de o juiz inverter a responsabilidade pela antecipação do pagamento das despesas com a produção de uma determinada prova, em especial da pericial, que é, em regra, custosa. O CPC, art. 33 [correspondente art. 95 do NCPC], trata do assunto, estabelecendo que compete à parte que requereu a prova antecipar as despesas com a sua realização. Essa é a regra geral. Mas tem sido comum que o consumidor, valendo-se da possibilidade de inversão do ônus, postule ao juiz a realização de prova pericial e peça que seja carreada ao fornecedor a responsabilidade pela antecipação das despesas'. Registrando sua opinião, referido autor explicou:

'Parece-nos, porém, que *não se confunde o ônus da prova com a responsabilidade pela antecipação de despesas*. O ônus é regra de julgamento. A norma que o estabelece é dirigida, em primeiro lugar, ao juiz, que, tendo de proferir sentença mesmo quando as provas forem insuficientes, deve carrear as consequências negativas dessa insuficiência a uma das partes. A antecipação de despesas é outra coisa: compete à parte a quem interessa a prova custear a sua produção.

O juiz não pode inverter a responsabilidade pelas despesas, obrigando a parte que não requereu a prova a custeá-la, mesmo porque, se ela não o fizer, não haverá outra consequência possível além da sua não realização'[22] (grifei).

---

[20] Cf. José Roberto dos Santos Bedaque, *Código de Processo Civil Interpretado* (coord. Antonio Carlos Marcato), São Paulo, Atlas, 2004, p. 99.

[21] Cf. José Roberto dos Santos Bedaque, *Código de Processo Civil Interpretado* (coord. Antonio Carlos Marcato), São Paulo, Atlas, 2004, p. 99.

[22] Cf. Marcus Vinicius Rios Gonçalves, *Novo curso de direito processual Civil*, vol. I, São Paulo, Saraiva, 2004, p. 432-433.

CÓDIGO BRASILEIRO DE DEFESA DO CONSUMIDOR

No entanto, é oportuno lembrar que, na práxis forense, o juiz costuma determinar a inversão do ônus da prova antes de sua produção. Nesse caso, não há como negar uma indiscutível relação entre inversão do ônus da prova e inversão do ônus do adiantamento das despesas. Isto porque, invertido o ônus da prova, pode acontecer que a prova, que era do interesse do autor, passe a ser do interesse do demandado; e, sendo assim, o demandado, a quem interessa provar, adiantará espontaneamente as despesas. Desse modo, a inversão do ônus da prova poderá repercutir na assunção da responsabilidade por seu custeio.

O tema é delicado, e as posições dos ministros do STJ se dividem. Em uma das linhas de entendimento, foi firmada a seguinte posição:

'Processual civil. Revisão contratual. Prova pericial requerida pelo autor. Adiantamento dos honorários do perito pelo réu. Inversão do ônus da prova. Descabimento. 1. As regras do ônus da prova não se confundem com as regras do seu custeio. Assim, desde que o autor considere necessária a realização da prova pericial, cabe-lhe antecipar a remuneração do perito, na forma da lei (art. 33, *caput*, do CPC). Agravo regimental improvido' (AgRg no Ag 634.444/SP, rel. Min. Barros Monteiro, 4ª Turma, j. 11.10.2005, *DJ* 12.12.2005, p. 391).

Mas, em outro REsp (nº 1.049.822, 2009), a Primeira Turma decidiu que a empresa deveria adiantar os custos da perícia em ACP movida pelo MPRS por danos ambientais. Todavia, os ministros divergiram profundamente: o relator Min. Francisco Falcão afirmou que da responsabilidade objetiva por dano ambiental decorre a consequência de que quem assume o risco tem o dever de reparar o dano, suportando também o encargo de provar que sua conduta não foi lesiva. O Min. Teori Zavascki, acompanhado pela Min. Denise Arruda, divergiu do relator, distinguindo entre o princípio da inversão do ônus da prova (demonstração da existência de um fato) e a inversão do ônus financeiro (adiantamento das despesas decorrentes da realização de atos processuais), que não se confundem. O Min. Benedito Gonçalves apresentou um terceiro entendimento: a empresa não discordou da aplicação do princípio da inversão do ônus da prova, mas afirmou que as alegações do autor não seriam verossimilhantes, o que demandaria a avaliação dos fatos. Além disso, a perícia foi requerida por ambas as partes. O Min. Luiz Fux, conquanto com motivos diversos, seguiu a posição do relator, sustentando que a inversão do ônus da prova acarreta inevitavelmente a inversão da responsabilidade por seus custos".

7. RELAÇÃO ENTRE DEMANDA COLETIVA E DEMANDAS INDIVIDUAIS

Um dos temas que, embora de aparente simplicidade, têm trazido grandes dificuldades à prática das ações coletivas é o da relação entre demanda coletiva e demandas individuais.

Luiz Paulo da Silva Araújo Filho menciona a existência, na práxis forense, de *ações pseudocoletivas*,[23] que é fenômeno inverso ao que é tratado neste trabalho.

Uma das dificuldades consiste em saber se as pretensões deduzidas em juízo são efetivamente individuais, ou seja, se a relação jurídica de direito substancial a que essas pretensões estão referidas admite a formulação de vários pedidos individualizados da mesma espécie, ou se acaso, pela sua natureza e peculiaridade, é ela de natureza *incindível*, de modo que, em princípio, são inadmissíveis postulações individuais.

As considerações a seguir desenvolvidas procurarão, com a ilustração de exemplos práticos, evidenciar melhor essa questão de grande implicação prática.

---

[23]   Cf. *Ações coletivas*: a tutela jurisdicional dos direitos individuais homogêneos, Forense, 2000, p. 199-202.

Ponto de fundamental importância para a análise da questão mencionada está na precisa caracterização da *natureza das relações jurídicas substanciais em relação às quais são deduzidas em juízo as pretensões das partes* e o *modo como, em termos práticos, irão atuar, em relação a essas relações jurídicas substanciais, os provimentos jurisdicionais postulados.*

A *coexistência* da *ação coletiva*, em que uma pretensão de Direito Material é veiculada *molecularmente*, com as *ações individuais*, que processualizam pretensões materiais *atomizadas*, pertinentes a cada indivíduo, *exige*, como requisito básico, *a determinação da natureza destas últimas e a verificação da compatibilidade entre as distintas pretensões materiais, coletivas e individuais, veiculadas nessas duas espécies de demandas.*

Por exemplo, uma *ação de anulação de deliberação assemblear de uma sociedade anônima*, que veicula matéria de ordem geral, e não uma questão de interesse específico de algum acionista, será uma *ação de alcance coletivo*, mesmo que proposta por apenas um ou alguns acionistas, e a respectiva sentença, sendo acolhedora da demanda, beneficiará necessariamente a totalidade dos acionistas. Nessa espécie de conflitos de interesses, não há lugar para a concomitância de demandas individuais que objetivem o mesmo resultado prático. É suficiente a propositura de uma única ação de anulação, por um ou mais acionistas, sem a necessidade de participação da totalidade deles, pois estamos diante de uma *demanda individual com alcance coletivo*, pois o escopo dela diz respeito à totalidade dos acionistas. Não se nega a possibilidade de cada acionista ter uma pretensão individual específica e diferenciada, pertinente somente a ele, em relação à qual será inquestionavelmente admissível a demanda individual. Mas não é fragmentável em demandas individuais a *pretensão anulatória*, pois o provimento jurisdicional a ela correspondente tem pertinência necessária à totalidade dos acionistas.

Para que semelhante distinção fique bem remarcada, cabe ser mencionado um outro *exemplo.*

A *ação coletiva* ajuizada com o escopo de se exigir a *cessação da poluição ambiental* praticada por uma indústria é apta a tutelar os interesses de toda a coletividade (interesses difusos, portanto). A *ação individual* que viesse a ser proposta por uma vítima, por exemplo, um morador da vizinhança, reclamando a indenização pelos danos individualmente sofridos em virtude da mesma poluição combatida na ação coletiva, veicularia uma pretensão individual própria e inconfundível com a pretensão coletiva. Seria inegável, nessa hipótese, a presença do requisito da compatibilidade entre a *pretensão coletiva* e a *individual*. Mas, se na *ação individual* fosse veiculada a pretensão à cessação da poluição, teria ela escopo coincidente com o da *ação coletiva*. Suponhamos, para salientar bem essa distinção, que outros moradores ajuizassem também ações individuais com a mesma finalidade, qual seja, a de cessação da poluição. Todas elas estariam reproduzindo a mesma pretensão veiculada na *demanda coletiva*. São "individuais" apenas no sentido de que são propostas por indivíduos, mas a *pretensão é de alcance coletivo*, pois beneficia a totalidade das pessoas que se encontram na mesma situação, e não somente o autor da ação. *Em semelhante situação, seria suficiente uma só demanda, seja individual ou coletiva.*

A conclusão que se impõe, à vista dessas considerações, é no sentido de que as *ações individuais* que veiculem a mesma pretensão da ação coletiva ou de uma outra ação individual com o mesmo escopo são inadmissíveis, por significarem um *bis in idem*, que poderá dar origem a *conflitos práticos*, e não apenas lógicos, de julgados, o que o nosso ordenamento jurídico não tolera (daí os institutos da litispendência e da coisa julgada).

O instituto do *litisconsórcio unitário* fornece luzes adequadas para o correto entendimento dessa questão.

Esclarece Cândido Rangel Dinamarco que há *relações jurídicas* com diversos titulares ativos ou passivos (legitimação plúrima) que, pela sua própria natureza, *não comportam cisão*:

CÓDIGO BRASILEIRO DE DEFESA DO CONSUMIDOR

"Num *plano puramente prático* (e não apenas lógico) – pondera o consagrado processualista paulista – observar-se-á a *impossibilidade de realizar a vontade da lei mediante determinações judiciais que não encarem essas relações como um todo monolítico*. Por exemplo, não é impossível a execução tendente a satisfazer o credor comum à custa de um apenas dos devedores solidários; mas é inconcebível considerar válido o casamento do marido e nulo o da mulher. Por isso é que, em certos casos, dependendo da relação jurídica controvertida, a sentença de mérito há de ser necessariamente homogênea. Nesses casos e por essas razões é que o litisconsórcio se diz unitário".[24]

Mais adiante, acrescenta:

"(...) existe uma *relação de causa e efeito entre a natureza da relação jurídica controvertida ('indivisível', diz a doutrina) e essa necessária homogeneidade de julgamento*; por isso é que, como na maioria dos casos, a *res in iudicium deducta* tem no Direito Material a sua disciplina [lembre-se de que nas ações rescisórias a disciplina é do Direito Processual], se costuma dizer também que neste é que está a determinação dos casos de litisconsórcio necessário".[25]

Cita como exemplos a *ação de nulidade de casamento* ajuizada pelo Ministério Público e a *ação anulatória de deliberação de assembleia* movida por dois ou mais acionistas. Conclui observando que "os casos de unitariedade são representados por aquelas já referidas *relações jurídico--substanciais plurissubjetivas que não comportem tal fragmentação de apreciações*".[26] Anota, ainda, que "esse fenômeno da *relação jurídica incindível* que se põe ao centro do objeto do processo tanto pode manifestar-se nas ações constitutivas como nas meramente declaratórias".[27]

No mesmo sentido, ensina Arruda Alvim que "no litisconsórcio unitário existe, por definição, a imprescindibilidade de decisão uniforme, no plano do Direito Material, para todos os que figuram no litisconsórcio, no sentido da ação ter de ser julgada procedente para todos, ou, então, haver de ser julgada improcedente para todos. *A unitariedade, pois, diz respeito à solução idêntica, no plano do direito substancial*, que o juiz deverá dar para todos os litisconsortes".[28]

A propósito do tema, na clássica monografia sobre *litisconsórcio unitário*, José Carlos Barbosa Moreira traz as seguintes preciosas ponderações:

"Quando a *situação jurídica substancial* é plurissubjetiva, isto é, abrange mais de duas posições jurídicas individuais, e a seu respeito se litiga em juízo, o resultado a que se visa no feito não pode às vezes deixar de produzir a um só tempo e de modo igual para todos os titulares situados do mesmo lado. *Isso decorre da maneira pela qual essas posições jurídicas individuais se inserem na situação global. Semelhante inserção é uniforme e tem de manter-se uniforme sob pena de tornar impossível a subsistência da própria situação global*. Daí haver entre as várias posições individuais uma vinculação tão íntima que qualquer evolução ou será homogênea ou impraticável". "O que se tem de levar em consideração é a uniformidade no(s) ponto(s) sobre que deve incidir a regra jurídica concreta a cuja enunciação se ordena a atividade cognitiva do juiz. (...) Se por tal prisma são iguais ou interligadas as posições jurídicas individuais de dois ou mais sujeitos, então essa regra concreta necessariamente os atinge a todos com idêntica eficácia. Por isso tem de possuir o mesmo teor para os que figurem num dos polos do processo (uni-

---

[24] *Litisconsórcio*, RT, 1986, p. 88-89 (grifo nosso).

[25] *Op. cit.*, p. 89 (grifo nosso).

[26] *Op. cit.*, p. 91.

[27] *Op. cit.*, p. 93 (grifo nosso).

[28] *Código de Processo Civil comentado*, RT, vol. II, p. 388 (grifo nosso).

Título III · DA DEFESA DO CONSUMIDOR EM JUÍZO

tariedade do litisconsórcio) e alcança mesmo os que a ele permaneçam estranhos, conquanto houvessem podido consorciar-se ao(s) autor(es) ou ao(s) réu(s) (extensão da coisa julgada)".[29]

Prossegue o processualista:

"*São de ordem prática – e não de ordem puramente lógica – as necessidades para cujo atendimento a imaginação do legislador criou o duplo expediente da extensão da* res iudicata *e da unitariedade do litisconsórcio, com seu regime especial. De* ordem prática *é, aliás,* in genere*, a* finalidade mesma do processo como instituto jurídico. Vale a pena, assim, insistir neste ponto: *a simples conveniência de evitar uma contrariedade teórica de julgados não se reputa bastante para legitimar o recurso a qualquer das duas técnicas.* É preciso que a regra jurídica concreta formulada na sentença não possa operar praticamente senão quando aplicada às várias posições individuais".[30]

Mais à frente pondera:

"Para verificar se deve ser forçosamente uniforme o tratamento dos litisconsortes na sentença definitiva, *tem-se pois de atentar na estrutura da situação jurídica substancial e no efeito que sobre ela se visa a produzir por meio do processo. Se as diversas posições individuais dos colitigantes se inserem homogeneamente – ao menos sob certos aspectos – na situação global, e se o efeito visado se destina a operar sobre algum ponto em que a inserção é homogênea, a decisão de mérito só pode ter o mesmo teor para todos eles, e unitário é o litisconsorte*" (grifo nosso).

E conclui:

"Daí se pode tirar o *critério utilizável* para reconhecer-se, processualmente, a ocorrência da unitariedade. *O eixo de referência é sempre o resultado prático a que tende o processo, à vista do pedido e da* causa petendi. Se esse resultado for tal que haja de incidir sobre ponto de inserção homogênea dos vários coautores ou corréus na situação jurídica substancial, o litisconsórcio será ativa ou passivamente unitário".[31]

Os processualistas citados salientam, como se notou, a importância da precisa determinação da natureza e das peculiaridades das relações jurídico-substanciais que são levadas para o processo por meio do pedido e da causa de pedir, uma vez que delas decorre uma série de consequências processuais, tais como o regime do litisconsórcio, da litispendência e da continência.

A relevância do correto exame da natureza da relação jurídica material é igualmente realçada por Pontes de Miranda. Esse autor, a propósito do *litisconsórcio*, anota que, "tratando-se de litisconsórcio unitário, *a natureza jurídica material do pedido é que determina o tratamento que hão de ter os consortes quando se trate dos efeitos dos atos de um em relação aos outros* litisconsortes".[32]

Também na doutrina estrangeira encontramos o mesmo entendimento.[33]

---

[29] *Litisconsórcio unitário*, 1. ed., Forense, § 83, p. 143-144 (grifos nossos).

[30] *Op. cit.*, § 84, p. 144 (grifo nosso).

[31] *Op. cit.*, § 85, p. 146 (grifo nosso).

[32] *Comentários ao Código de Processo Civil*, Forense, 1974, t. II, p. 29 (grifo nosso).

[33] Cf. Lent, *Diritto Processuale Civile tedesco*, Morano Ed., 1962, § 82, n. III, p. 313; Schönke, *Derecho Procesal Civil*, trad. esp., Bosch, 1950, § 26, p. 94-98; Redenti, *Il giudizio civile con pluralità di parti*, Giuffrè, 1960, n. 177, p. 254.

Muitos erros têm sido cometidos na práxis forense pela desatenção dos operadores do Direito às peculiaridades da relação jurídica material em face da qual é deduzido o pedido de tutela jurisdicional, como a *inadmissível fragmentação de um conflito coletivo* em múltiplas demandas coletivas, quando seria admissível uma só, ou senão a propositura de *demandas pseudoindividuais* fundadas em relação jurídica substancial de natureza incindível.

Um caso paradigmático desses equívocos na atualidade, que vem causando enormes embaraços à nossa Justiça, é o pertinente às tarifas de assinatura telefônica. Em um só Juizado Especial Cível da Capital de São Paulo foram distribuídas mais de 30 mil demandas individuais dessa espécie, que em nosso sentir, na conformidade das ponderações a seguir desenvolvidas, são *demandas pseudoindividuais*.

Em todo o Estado de São Paulo, havia mais de 130 mil feitos dessa natureza, que eram idênticos aos ajuizados, aos milhares, em vários outros Estados da Federação.

Analisando o caso sob o ângulo da *legitimação "ad causam"*, afirma Flávio Luiz Yarshell, com todo o acerto, que, "se o que se pretende é, de alguma forma, alterar a regulação a cargo da agência, então parece não ser lícito impor provimento jurisdicional pretendido sem a presença daquele que será diretamente afetado pela modificação de um dado estado jurídico". Anota que todos os agentes econômicos sujeitos à regulação em dado segmento econômico deveriam figurar no polo passivo, "porque todos eles – destinatários que são de regulação ditada por determinada agência – compõem uma *relação jurídica incindível: não seria possível alterar a regulação para um sem alterar para todos"*.[34]

A análise do regime jurídico a que está submetida a concessão do serviço de telecomunicações é fundamental para o assentamento da correta conclusão a respeito da questão em estudo.

Após a flexibilização do monopólio estatal da exploração dos serviços públicos de telecomunicações, o Estado manteve o poder regulatório do setor, tendo sido criada para esse fim, pela Lei nº 9.472/97, a Agência Nacional de Telecomunicações – Anatel.

A participação da iniciativa privada na exploração dos serviços de telecomunicações é feita mediante autorização, concessão ou permissão.

O contrato de concessão deve indicar, conforme dispõem os arts. 93, inc. VII, e 103, § 3º, as *tarifas a serem cobradas dos usuários e os critérios para seu reajuste e revisão.*

À *Agência (Anatel) foi atribuída a competência para "estabelecer a estrutura tarifária para cada modalidade de serviço"* (art. 103, *caput*), e a *incumbência de "controlar, acompanhar e proceder à revisão de tarifas dos serviços prestados no regime público"* (art. 19, inc. VII).

Isso significa que as concessionárias de serviços de telecomunicações estão submetidas a uma política regulatória a cargo da Anatel – Agência Nacional de Telecomunicações, inclusive no tocante à fixação de tarifas. A *estrutura tarifária* é fixada no próprio contrato de concessão, celebrado pelas concessionárias com a Anatel. Essa estrutura tarifária deve ser aplicada de modo uniforme em relação a todos os usuários e, sem que a respeito dela haja decisão da Anatel, não poderá ser feita qualquer alteração por iniciativa da concessionária. Qualquer modificação na cesta tarifária, como a exclusão da tarifa de assinatura, como é pretendido nas *ações coletivas* e nas *demandas pseudoindividuais* supramencionadas, afetará profundamente o *equilíbrio econômico-financeiro do contrato de concessão*, que é um dos direitos básicos da concessionária, e sem esse equilíbrio estará irremediavelmente comprometido o cumprimento das várias obrigações e metas estabelecidas no contrato de concessão.

---

[34] "Breviíssimas reflexões a propósito da legitimidade passiva nas ações civis públicas envolvendo atividades sujeitas à regulação", *in Tutela coletiva*. Coord. Paulo Henrique dos Santos Lucon, Atlas, 2006, p. 112 (grifo nosso).

Os *contratos celebrados com os usuários, de prestação de serviço telefônico,* são umbilicalmente ligados ao contrato de concessão, devendo observar as condições neste estabelecidas pelo Estado, *não assistindo à concessionária o direito de estabelecer qualquer regra de sua livre escolha, mormente em matéria de tarifas.*

Pela *natureza unitária e incindível* e pelas *peculiaridades* já mencionadas do contrato de concessão, *qualquer modificação na estrutura de tarifas, inclusive por decisão do Judiciário, somente poderá ser feita de modo global e uniforme para todos os usuários. Jamais de forma individual e diversificada,* com a exclusão de uma tarifa em relação apenas a alguns usuários e sua manutenção em relação aos demais.

A *obrigatoriedade de tratamento igualitário* dos usuários resulta não somente das próprias peculiaridades, já mencionadas, do contrato de concessão, como também de preceitos legais expressos que disciplinam a prestação do serviço de telecomunicação (arts. 106 e 107 da Lei Geral de Telecomunicações – Lei nº 9.472/97).

Dispõe o *art. 106*: "A concessionária poderá cobrar tarifa inferior à fixada *desde que a redução se baseie em critério objetivo e favoreça indistintamente todos os usuários*, vedado o abuso do poder econômico". E o *art. 107* assim diz: "Os descontos de tarifa somente serão admitidos *quando extensíveis a todos os usuários que se enquadrem nas condições, precisas e isonômicas*, para sua fruição".

Resulta de todas essas considerações que qualquer demanda judicial, seja coletiva ou individual, que tenha por objeto a impugnação da *estrutura tarifária* fixada pelo Estado no exercício do seu poder regulatório, *somente poderá veicular pretensão global que beneficie todos os usuários, de modo uniforme e isonômico*, uma vez que a estrutura tarifária, como visto, deve ter *natureza unitária* para todas as partes que figuram no contrato de concessão e nos contratos de prestação de serviços de telefonia.

Uma *ação* coletiva seria mais apropriada para essa finalidade.

As *ações individuais*, caso fossem admissíveis, e não o são, devem ser decididas de modo global, atingindo todos os usuários, *em razão da natureza incindível da relação jurídica substancial*. Todas elas, na verdade, buscam a tutela de posições individuais que "se inserem homogeneamente na situação global" (na expressão de Barbosa Moreira, ver citação *supra*), de modo que a decisão deve ser do mesmo teor para todos os que se encontrem na mesma situação jurídico-substancial, o que significa que uma só demanda seria suficiente para a proteção da totalidade de usuários. Essas ações individuais são *similares às ações individuais movidas por um ou alguns acionistas para a anulação de deliberação assemblear, ou à ação individual movida por uma vítima contra a poluição ambiental praticada por uma indústria.*

De acordo com a *Súmula Vinculante nº 27* do STF, "compete à Justiça estadual julgar causas entre consumidor e concessionária de serviço público de telefonia, quando a Anatel não seja litisconsorte passiva necessária, assistente, nem opoente".

E não teria aplicação a regra expressa no art. 104 do Código de Defesa do Consumidor, pois a relação jurídica substancial que integra o objeto litigioso do processo é de natureza unitária e incindível, sendo inadmissível sua atomização em pretensões individuais referidas a um ponto da situação global (*v.g.*, estrutura tarifária), em que deve haver necessariamente a inserção uniforme de todos os usuários, sob pena de impossibilidade de subsistência da própria relação global.

O *Código Brasileiro de Processos Coletivos*, coordenado por Ada Pellegrini Grinover, trazia disposições específicas a respeito desse importante e controvertido tema. Assim dispunha o seu *art. 6º*:

"Art. 6º *Relação entre demanda coletiva e ações individuais* – A demanda coletiva não induz litispendência para as ações individuais em que sejam postulados direitos ou interesses próprios

CÓDIGO BRASILEIRO DE DEFESA DO CONSUMIDOR

e específicos de seus autores, mas os efeitos da coisa julgada coletiva (art. 13 deste Código) não beneficiarão os autores das ações individuais, se não for requerida sua suspensão no prazo de 30 (trinta) dias, a contar da ciência efetiva da demanda coletiva nos autos da ação individual.

(...)

§ 3º O Tribunal, de ofício, por iniciativa do juiz competente ou a requerimento da parte, após instaurar, em qualquer hipótese, o contraditório, poderá determinar a suspensão de processos individuais em que se postule a tutela de interesses ou direitos referidos a relação jurídica substancial de caráter incindível, pela sua própria natureza ou por força de lei, a cujo respeito as questões devam ser decididas de modo uniforme e globalmente, quando houver sido ajuizada demanda coletiva versando sobre o mesmo bem jurídico.

§ 4º Na hipótese do parágrafo anterior, a suspensão do processo perdurará até o trânsito em julgado da sentença coletiva, vedada ao autor a retomada do curso do processo individual antes desse momento".

A solução mais apropriada, em nosso sentir, na conformidade das ponderações desenvolvidas *supra*, seria a proibição de demandas individuais referidas a uma relação jurídica global incindível. Entretanto, a suspensão dos processos individuais poderá, em termos práticos, produzir efeitos bem próximos da proibição, se efetivamente for aplicada pelo juiz da causa.

A importância do dispositivo está em procurar disciplinar uma situação que, na atualidade, em virtude da inexistência de uma regra explícita, está provocando embaraços enormes à Justiça, com repetição absurda de demandas coletivas e também de demandas pseudoindividuais, cuja admissão, muito ao contrário de representar uma garantia de acesso à justiça, está se constituindo em verdadeira *denegação da justiça* pela reprodução, em vários juízos do País, de *contradição prática* de julgados, que se traduzem em um inadmissível tratamento discriminatório dos usuários dos serviços de telecomunicação.

8. CONVERSÃO DA AÇÃO INDIVIDUAL EM AÇÃO COLETIVA

O art. 333 do atual Código de Processo Civil, aprovado pelo Congresso Nacional, foi vetado pela Presidência da República. Esse dispositivo previa o instituto da "conversão da ação individual em ação coletiva" em duas diferentes hipóteses: art. 333, I e II.

Antes de entrar na análise dessas diferentes hipóteses de conversão, seria importante que se deixasse bem diferenciado o instituto da "Conversão da ação individual em ação coletiva" (art. 333, I e II) do incidente da "resolução de demandas repetitivas", disciplinado nos arts. 976 a 987 do atual Código de Processo Civil. Este último, incidente de resolução de demandas repetitivas, ao que se extrai de sua disciplina, se aplica tanto às ações individuais como às ações coletivas e tem por objetivo, predominantemente, uniformizar o entendimento jurisprudencial a respeito de uma questão idêntica de direito nas demandas repetitivas, que pela multiplicação de seu ajuizamento, poderá trazer "risco de ofensa à isonomia e à segurança jurídica".

O instituto é importante para a racionalização do tratamento e julgamento das demandas repetitivas, tantas são as demandas dessa natureza que são ajuizadas e provocam divergências jurisprudenciais. Hoje mesmo, temos dezenas de milhares de ações, até centenas de milhares, que reclamam, por exemplo, diferenças relativas à remuneração das cadernetas de poupança. Esse conflito está no Supremo Tribunal Federal aguardando a decisão final.[35]

---

[35] O ministro Dias Toffoli, por meio de decisões do dia 18.12.2017, homologou acordo relativo à disputa entre bancos, União e poupadores sobre a correção monetária de cadernetas de poupança entre os anos

Título III · DA DEFESA DO CONSUMIDOR EM JUÍZO

Tivemos também as demandas baseadas na tese de "desaposentação", ajuizadas em grande quantidade perante a Justiça Federal. Eram dezenas ou centenas de milhares de processos baseados em uma mesma questão de direito, que recentemente foi dirimida pelo Supremo Tribunal Federal.[36]

Sem dúvida alguma, essas teses jurídicas repetidas em várias demandas são uma das principais causas do grande congestionamento de processos em nosso Judiciário, causador da crise de desempenho de nossa Justiça. Assim, não temos dúvidas quanto à grande utilidade do incidente de resolução de demandas repetitivas. Mas é necessário se ter presente que esse instituto, que se aplica às demandas coletivas e individuais, *atua apenas em relação à tese jurídica*. Seu objetivo é evitar o *conflito lógico de julgados*, que desprestigia o Judiciário e cria situações de injustiça, e não o *conflito prático de julgados*. Este último, o sistema jurídico pátrio não tolera e procura evitá-lo por meio de técnicas processuais, como a da litispendência e da coisa julgada. Aquele, embora indesejável, o sistema o admite até certo nível, combatendo-o por meio de instrumentos processuais como o de uniformização da jurisprudência e agora com o incidente de resolução de demandas repetitivas.

O instituto da "Conversão da demanda individual em ação coletiva" procura evitar o *conflito prático de julgados*, que possa resultar da coexistência de ações individuais com o mesmo objeto litigioso (e não apenas identidade de questão de direito), nas situações especificadas nos incisos I e II do art. 333, e mais do que isto, **procura evitar a coexistência de demandas individuais** que possam dar origem ao conflito prático de julgados, muitas delas ajuizadas com a inadmissível fragmentação do conflito de interesses relativo a uma *relação jurídica de natureza incindível*. A solução sugerida foi a da conversão das demandas individuais em ação coletiva.

O instituto da "Conversão" era admitido, no art. 333 do atual CPC, I e II, em duas hipóteses: a) ação individual de alcance coletivo (inc. I) e b) ações individuais que tenham "por objetivo a solução de conflito de interesse relativo a uma mesma relação jurídica plurilateral, cuja solução, por sua natureza ou por disposição de lei, deva ser necessariamente uniforme, assegurando-se tratamento isonômico para todos os membros do grupo" (inc. II), são as denominadas ações "pseudo-individuais".

O *inciso I* assim dispõe: "(...) poderá converter em coletiva ação individual que: I - **tenha alcance coletivo, em razão de tutela de bem jurídico difuso ou coletivo, assim entendidos aqueles definidos pelo art. 81, parágrafo único, I e II, da Lei nº 8.078, de 11 de setembro de 1990 (Código de Defesa do Consumidor), e cuja ofensa afete, a um só tempo, as esferas jurídicas do indivíduo e da coletividade".**

Cuida-se de ação que, embora individual, veicula pretensão que tutela não somente o direito individual do autor da ação, como também, concomitantemente, bem jurídico difuso ou coletivo. Essas demandas sempre existiram em nosso ordenamento jurídico, mesmo antes da adoção pelo nosso sistema processual de ações coletivas. Desde que o autor da ação busque a tutela de um direito subjetivo seu, sempre foi possível, e ainda o é, o acesso à Justiça mesmo que o provimento jurisdicional possa tutelar bem jurídico difuso ou coletivo, beneficiando, concomitantemente, outras pessoas envolvidas na mesma situação. As *demandas individuais*

1980 e 1990, objeto nos Recursos Extraordinários 591.797 e 626.307. Disponível em: <http://portal.stf.jus.br/noticias/verNoticiaDetalhe.asp?idConteudo=365177>.

[36] Ficou assentada, por decisão majoritária (7x4), a tese assim fixada: "No âmbito do Regime Geral de Previdência Social (RGPS), somente a lei pode criar benefícios e vantagens previdenciárias, não havendo, por ora, previsão legal do direito à desaposentação, sendo constitucional a regra do artigo 18, § 2º, da Lei 8.213/1991". Recursos Extraordinários nº 381.367, julgado em 26.10.2016 e acórdão publicado em 28.09.2017; nº 661.256, julgado em 27.10.2016 e acórdão publicado em 28.09.2017; e nº 827.833, julgado em 26.10.2016 e acórdão publicado em 02.10.2017, com Repercussão Geral.

de alcance coletivo, que estão tratadas no *inciso I do art. 333* são ações individuais dessa natureza, que buscam a **tutela do direito próprio** do autor, mas, em razão da indivisibilidade do bem jurídico, tutela também **bem difuso ou coletivo**, beneficiando outras pessoas que estejam na mesma situação (interesse ou direito "**difuso**" ou "coletivo" *stricto sensu*, na conformidade da conceituação constante do art. 81, parágrafo único, I e II, da Lei nº 8.078/1990 (Código de Defesa do Consumidor).

Podem ser citados os seguintes exemplos de **demandas individuais de alcance coletivo**:

i) **Proteção ao meio ambiente: ação proposta por morador de imóvel situado na vizinhança de uma indústria poluidora que pede, em defesa de seu direito à saúde e qualidade de vida, a cessação da poluição;** o pedido do autor, se acolhido, tutelará também o direito dos demais moradores da mesma região.

ii) **Proteção à qualidade de vida nas cidades:** morador de apartamento localizado na proximidade de casa noturna que perturba a vizinhança com barulho excessivo: o autor postula a tutela de seu direito individual ao sossego e à qualidade de vida, pedindo que a casa noturna seja compelida a cessar os atos ilegais que pratica, com o que estará tutelando direito próprio e também idêntico direito dos demais moradores da vizinhança.

iii) **Ações propostas por acionistas de sociedade de capital aberto:** ação anulatória de decisão assemblear, proposta por um acionista ou um grupo de acionistas; *basta uma só ação anulatória*, pois as demais seriam reprodução de uma mesma demanda, havendo o que se denomina tecnicamente de *litispendência*, ou ao menos haveria **falta de interesse de agir** para propositura de uma segunda demanda com o mesmo objeto.

Esse tipo de demanda individual com alcance coletivo existe, em nosso sistema jurídico, há muito tempo, tendo sido objeto de intensa discussão doutrinária por eminentes processualistas. Como o sistema pátrio não conhecia a ação coletiva, a solução dada pela doutrina e pela jurisprudência, à eventual coexistência de ações individuais da espécie mencionada, foi com base nos institutos tradicionais de nosso direito processual. Já o *Direito Americano*, que conhece há muito tempo a ação coletiva, adotou a solução consistente em converter as ações individuais com alcance coletivo, da espécie mencionada, em ação coletiva (*Rule* 23 (b) (1) (A)).

É chegada a hora de enfrentar o problema, adotando corajosamente, em nosso país, uma solução mais abrangente e compatível com o sistema vigente, que já conhece ações coletivas, admitindo-se a conversão das mencionadas ações individuais em ações coletivas.

Em todos esses exemplos, não fosse o veto presidencial, seria possível a conversão da ação individual em ação coletiva, com base no inciso I do art. 333, desde que presente o requisito da *relevância social*.

É possível que alguns achem que, nas hipóteses do inciso I analisado, o instituto não terá qualquer utilidade. Talvez tenham razão se considerarmos que, ao longo da discussão na Câmara dos Deputados, o instituto da "conversão" foi desfigurado, eliminando-se, por exemplo, o dispositivo que estabelecia, em relação à sentença de mérito, a eficácia *erga omnes* da coisa julgada, mas haverá certamente relevância em termos doutrinário e jurisprudencial. É sabido que o microssistema de ações coletivas não admite a legitimação de pessoa física para a propositura de ação coletiva. O dispositivo em análise, que alude expressamente a ação individual com alcance coletivo, que sempre existiu em nosso ordenamento jurídico, poderá dar uma grande abertura para a questão da legitimação de pessoa física para a tutela de bens coletivos, porque são muitos os conflitos que ocorrem na sociedade que dizem respeito, a um tempo, a uma pessoa física e também à coletividade. Além dos exemplos mencionados,

Título III · DA DEFESA DO CONSUMIDOR EM JUÍZO

pode ser citado, também o caso do direito à acessibilidade do deficiente físico. Ele pode, em defesa de seu direito individual, postular em juízo, por exemplo, que a Municipalidade cuide da acessibilidade de todo o percurso de sua residência até a universidade que está a cursar. O acesso à justiça consagrado na Constituição certamente lhe assegura o direito à tutela de seu direito individual à plena acessibilidade aos locais mais importantes. Mas ao exercer esse tipo de demanda individual, ele veiculará pretensão individual de alcance coletivo, uma vez que o provimento jurisdicional que venha a obter poderá beneficiar também outras pessoas, até mesmo uma coletividade inteira.

A segunda hipótese de conversão da ação individual, a prevista no *inciso II do art. 333*, diz respeito às *demandas denominadas "pseudoindividuais"*, que é fenômeno inverso ao tratado pelo Desembargador e Processualista Luiz Paulo da Silva Araújo Filho, que menciona a existência de "ações pseudocoletivas".

O art. 333, no inciso II, admite, desde que atendidos os requisitos previstos em seu *caput*, a conversão "em coletiva da ação individual que veicule pedido que: II – tenha por objetivo a solução de conflito de interesse relativo a uma mesma relação jurídica plurilateral, cuja solução, por sua natureza ou disposição de lei, deva ser necessariamente uniforme, assegurando-se tratamento isonômico para todos os membros do grupo".

No estudo das demandas "pseudo-individuais", há a necessidade de cuidadosa identificação da natureza da relação jurídica de direito material a que estão referidos os conflitos de interesses. *Há relações jurídicas de direito material que são de natureza incindível*, que não admitem sua fragmentação em demandas individuais. Por exemplo, a nulidade de casamento não pode ser postulada em relação somente a um dos cônjuges. O casamento é nulo ou é válido para ambos, não havendo a possibilidade de fragmentação do conflito que conduza a soluções distintas para os cônjuges. Há, na atualidade, inúmeras relações jurídicas dessa natureza, em relação à quais deve o legislador se preocupar em evitar que haja a propositura de demandas individuais fragmentadas, pois elas não admitem a cisão. Deve-se evitar, em relação a essa espécie de relações jurídicas, que possa haver a coexistência de múltiplas demandas individuais. Não se trata de mera preocupação de evitar decisões conflitantes. A preocupação é mais profunda, qual seja de evitar que seja fragmentado o conflito de interesses respeitante a uma relação jurídica de natureza incindível. Coexistindo demandas individuais dessa espécie, haverá o risco de conflito prático de julgados e a melhor solução para evitá-lo é a *conversão delas em ação coletiva*. Seria insuficiente o simples incidente de resolução de demandas repetitivas.

Exemplo que pode ser citado é o relativo às demandas individuais postulando o cancelamento da *"tarifa de assinatura telefônica"*. Semelhante componente da tarifa telefônica, como foi analisado no tópico "Relação entre demanda coletiva e demandas individuais" (II, n. 7, *supra*), deve existir ou deixar de existir em relação a todos os clientes de uma mesma Concessionária, de modo isonômico. Por lei, cabe ao Poder Público (no caso, a Anatel) definir os componentes da cesta de tarifas telefônicas, não havendo a possibilidade de, por meio de decisões judiciais individualizadas, ser cancelado um dos componentes em benefício de alguns assinantes, mantendo-o em relação aos demais, sob pena de violação do princípio de tratamento isonômico dos assinantes, o que é expressamente vedado pela lei de telecomunicações.

Vários outros exemplos similares poderiam ser citados, principalmente os ligados às atividades econômicas parcialmente controladas pelo Estado, nas quais as partes contratantes não têm autonomia plena na celebração de relações jurídicas. Esse tipo de exame do direito material é de importância fundamental para que o processo tenha total aderência ao direito material e às suas peculiaridades. A verdadeira *instrumentalidade do processo* é aquela que se preocupa com a perfeita adequação do direito processual ao direito material e às pretensões a ele relativas, a cuja tutela e efetividade está ele preordenado.

Na doutrina, Cândido Dinamarco, Barbosa Moreira e Arruda Alvim, no estudo do litisconsórcio unitário (cf. *supra*, II, n. 7), identificam com clareza a existência de relações jurídicas de natureza incindível. Esses ensinamentos devem ser aplicados na identificação da natureza dos conflitos de interesses a que estão referidas as demandas levadas ao Judiciário, pois a solução da crise da Justiça, às voltas hoje com uma enorme quantidade de demandas repetitivas, depende muito mais do conhecimento aprofundado das causas dessa intensa litigiosidade, do que da concepção de institutos processuais destinados ao combate de seus efeitos.

Estamos confiantes em que, mesmo tendo sido vetado o art. 333 do novo CPC, a doutrina certamente irá estudar em profundidade os aspectos suscitados pelos seus dois incisos, com a preocupação voltada à adequada solução dos conflitos de interesses.

III – DIREITO PROCESSUAL COLETIVO

Ada Pellegrini Grinover
(atualizado por João Ferreira Braga e Kazuo Watanabe)

1. INTRODUÇÃO

1.1 O "estado da arte"

Entre os países de *civil law*, o Brasil foi pioneiro na criação e implementação dos processos coletivos. A partir da reforma de 1977 da Lei da Ação Popular, os direitos difusos ligados ao patrimônio ambiental, em sentido lato, receberam tutela jurisdicional por intermédio da legitimação do cidadão. Depois, a Lei nº 6.938/81 previu a titularidade do MP para as ações ambientais de responsabilidade penal e civil. Mas foi com a Lei nº 7.347/85 – a Lei da Ação Civil Pública – que os interesses transindividuais, ligados ao meio ambiente e ao consumidor, receberam tutela diferenciada, por intermédio de princípios e regras que, de um lado, rompiam com a estrutura individualista do processo civil brasileiro e, de outro, acabaram influindo no CPC.[37] Tratava-se, porém, de uma tutela restrita a objetos determinados (o meio ambiente e os consumidores), até que a Constituição de 1988 veio universalizar a proteção coletiva dos interesses ou direitos transindividuais, sem qualquer limitação em relação ao objeto do processo. Finalmente, com o Código de Defesa do Consumidor, de 1990, o Brasil pôde contar com um verdadeiro microssistema de processos coletivos, composto pelo Código – que também criou a categoria dos interesses ou direitos individuais homogêneos – e pela Lei nº 7.347/85, interagindo mediante a aplicação recíproca das disposições dos dois diplomas.

Trinta e cinco anos de experiência de aplicação da Lei da ACP, trinta anos de CDC, numerosos estudos doutrinários sobre a matéria, cursos universitários, de graduação e pós-graduação, sobre processos coletivos, inúmeros eventos sobre o tema, tudo autoriza o Brasil a dar um novo passo rumo à elaboração de uma Teoria Geral dos Processos Coletivos, assentada no entendimento de que nasceu um novo ramo da ciência processual, autônomo na medida em que observa seus próprios princípios e seus institutos fundamentais, distintos dos princípios e institutos do direito processual individual.[38]

---

[37] Assim ocorreu, por exemplo, com as obrigações de fazer ou não fazer.

[38] Entre as obras que tratam do direito processual coletivo, como ramo autônomo do Direito Processual, pode-se lembrar a de Gregório Assagra de Almeida, *Direito processual coletivo brasileiro*, São Paulo, Saraiva, 2003.

CÓDIGO BRASILEIRO DE DEFESA DO CONSUMIDOR

Este trabalho objetiva examinar os princípios e institutos fundamentais do direito processual coletivo, naquilo em que se diferenciam dos que regem o direito processual individual, com a finalidade de aferir se efetivamente se pode falar de um novo ramo do direito processual.

1.2 Princípios do direito processual coletivo

Considerando, além do jurídico, os escopos sociais e políticos do processo, bem como seu compromisso com a ética e a moral, a ciência processual atribui extraordinária relevância a certos princípios, que não se prendem à dogmática jurídica ou à técnica processual, valendo como algo externo ao sistema processual e servindo-lhe de sustentáculo legitimador.

Existem, sem dúvida, princípios – como os constitucionais – que são comuns a todos os ramos do processo (penal e não penal), até porque todos se embasam na plataforma comum que permite a elaboração de uma teoria geral do processo. Mas outros princípios têm aplicação diversa no campo penal e no campo civil, daí derivando feições diversas nos dois grandes ramos da ciência processual. Ninguém duvida, no campo não penal, da existência de um processo civil, ao lado de um processo trabalhista, por exemplo.

Vamos então examinar se, dentro do processo civil, existem princípios que assumam feição diversa no processo individual e no coletivo.

1.2.1 Princípio do acesso à justiça

O tema do acesso à justiça, dos mais caros aos olhos processualistas contemporâneos, não indica apenas o direito de aceder aos tribunais, mas também o de alcançar, por meio de um processo cercado das garantias do devido processo legal, a tutela efetiva dos direitos violados ou ameaçados. Na feliz expressão de Kazuo Watanabe, o acesso à justiça resulta no *acesso à ordem jurídica justa*.

Um dos mais dedicados estudiosos do acesso à justiça – Mauro Cappelletti – identificou três pontos sensíveis nesse tema, que denominou "ondas renovatórias do direito processual": a – a assistência judiciária, que facilita o acesso à justiça do hipossuficiente; b – a tutela dos interesses difusos, permitindo que os grandes conflitos de massa sejam levados aos tribunais; c – o modo de ser do processo, cuja técnica processual deve utilizar mecanismos que levem à pacificação do conflito, com justiça.

Percebe-se, assim, que o acesso à justiça para a tutela de interesses transindividuais, visando à solução de conflitos que, por serem de massa, têm dimensão social e política, assume feição própria e peculiar no processo coletivo. O princípio que, no processo individual, diz respeito exclusivamente ao cidadão, objetivando nortear a solução de controvérsias limitadas ao círculo de interesses da pessoa, no processo coletivo transmuda-se em princípio de interesse de uma coletividade, formada por centenas, milhares e às vezes milhões de pessoas.

E o modo de ser do processo, que, quando individual, obedece a esquemas rígidos de legitimação, difere do modo de ser do processo coletivo, que abre os esquemas da legitimação, prevendo a titularidade da ação por parte do denominado "representante adequado",[39] portador em juízo de interesses e direitos de grupos, categorias, classes de pessoas.

1.2.2 Princípio da universalidade da jurisdição

Liga-se ao princípio do acesso à justiça o da universalidade da jurisdição, segundo o qual o acesso à justiça deve ser garantido a um número cada vez maior de pessoas, amparando um número cada vez maior de causas.

---

[39] Ver adiante nº 4.2.5.

Título III · DA DEFESA DO CONSUMIDOR EM JUÍZO

O princípio da universalização da jurisdição tem alcance mais restrito no processo individual, limitando-se à utilização da técnica processual com o objetivo de que todos os conflitos de interesses submetidos aos tribunais tenham resposta jurisdicional, e justamente a resposta jurisdicional adequada.

Mas o princípio assume dimensão distinta no processo coletivo, pois é por intermédio deste que as massas têm a oportunidade de submeter aos tribunais as novas causas, que pelo processo individual não tinham sequer como chegar à justiça. O tratamento coletivo de interesses e direitos comunitários é que efetivamente abre as portas à universalidade da jurisdição.

1.2.3 Princípio de participação

O princípio participativo é ínsito em qualquer processo, que tem nele seu objetivo político. Mas, enquanto no processo civil individual a participação se resolve na garantia constitucional do contraditório (*participação no processo*), no processo coletivo a participação se faz também *pelo processo*. A participação popular pelo processo contava com exemplo clássico no processo penal brasileiro, pela instituição do Tribunal do Júri. Para os demais processos, sustentava-se enquadrar-se também no momento participativo o exercício da função jurisdicional por advogados e membros do MP, por força do quinto constitucional; e, ainda, da atividade de conciliadores, como nos Juizados Especiais e, mais timidamente, no processo comum. Mas se tratava de exemplos pontuais, ao passo que, com o acesso das massas à justiça, grandes parcelas da população vêm participar do processo, conquanto por intermédio dos legitimados à ação coletiva.

Aliás, uma consideração deve ser feita que distingue a *participação no processo*, pelo contraditório, entre o processo individual e o processo coletivo. Enquanto no primeiro o contraditório é exercido diretamente, pelo sujeito da relação processual, no segundo – o processo coletivo – o contraditório cumpre-se pela atuação do portador, em juízo, dos interesses ou direitos difusos e coletivos (transindividuais) ou individuais homogêneos. Há, assim, no processo coletivo, em comparação com o individual, uma participação maior *pelo processo*, e uma participação menor *no processo:* menor, por não ser exercida individualmente, mas a única possível num processo coletivo, em que o contraditório se exerce pelo chamado "representante adequado".

1.2.4 Princípio da ação

O princípio da ação ou da demanda indica a atribuição à parte da iniciativa de provocar o exercício da função jurisdicional (*nemo iudex sine actore*). Sob esse ponto de vista, processo individual e processo coletivo parecem idênticos, mas há, no Anteprojeto de Código Brasileiro de Processos Coletivos, iniciativas que competem ao juiz para *estimular* o legitimado a ajuizar a ação coletiva, mediante a ciência aos legitimados da existência de diversos processos individuais versando sobre o mesmo bem jurídico. Essa solução foi adotada pelo NCPC no art. 139, n. X.

1.2.5 Princípio do impulso oficial

O processo, que se inicia por impulso da parte, segue sua caminhada por impulso oficial. Esse princípio, que permite que o procedimento seja levado para frente até seu final, rege, de igual maneira, o processo individual e o coletivo. Mas a soma de poderes atribuídos ao juiz é questão intimamente ligada ao modo pelo qual se exerce o princípio do impulso oficial. Embora

CÓDIGO BRASILEIRO DE DEFESA DO CONSUMIDOR

o aumento dos poderes do juiz seja, atualmente, visto como ponto alto do processo individual, a soma de poderes atribuídos ao juiz do processo coletivo é incomensuravelmente maior. Trata-se da *defining function* do juiz, de que fala o direito norte-americano para as *class actions*.

Pelo Anteprojeto de Código Brasileiro de Processos Coletivos e pelo Projeto de Lei nº 5.139/2009, da Câmara dos Deputados, caberão ao juiz medidas como desmembrar um processo coletivo em dois – sendo um voltado à tutela de interesses ou direitos difusos ou coletivos, outro voltado à proteção dos individuais homogêneos, se houver conveniência para a tramitação do processo; certificar a ação como coletiva; dirigir como gestor do processo a audiência preliminar, decidindo desde logo as questões processuais e fixando os pontos controvertidos, quando falharem os meios alternativos de solução de controvérsias; flexibilizar a técnica processual, por exemplo, na interpretação do pedido e da causa de pedir. E caberá ao tribunal determinar a suspensão de processos individuais, em determinadas circunstâncias, até o trânsito em julgado da sentença coletiva.

Todos esses poderes, alheios ao Código de Processo Civil, dão uma nova dimensão ao princípio do impulso oficial.

1.2.6 Princípio da economia

O princípio da economia preconiza o máximo de resultado na atuação do direito com o mínimo emprego possível de atividades processuais. Típica aplicação do princípio encontra-se no instituto da reunião de processos em casos de conexidade e continência e do encerramento do segundo processo em casos de litispendência e coisa julgada.

Mas os conceitos de conexidade, continência e litispendência são extremamente rígidos no processo individual, colocando entraves à identificação das relações entre processos, de modo a dificultar sua reunião ou extinção. No Anteprojeto de Código Brasileiro de Processos Coletivos e no Projeto de Lei nº 5.139/2009, da Câmara dos Deputados, o que se tem em mente, para a identificação dos fenômenos acima indicados, não é o pedido, mas o bem jurídico a ser protegido; pedido e causa de pedir serão interpretados extensivamente; e a diferença de legitimados ativos não será empecilho para o reconhecimento da identidade dos sujeitos. Isso significa que as causas serão reunidas com maior facilidade e que a litispendência terá um âmbito maior de aplicação.

Outros institutos, como o reforço da coisa julgada de âmbito nacional e a expressa possibilidade de controle difuso da constitucionalidade pela via da ação coletiva, levarão ainda mais o processo coletivo a – na feliz expressão de Kazuo Watanabe – "molecularizar" os litígios, evitando o emprego de inúmeros processos voltados à solução de controvérsias fragmentárias, dispersas, "atomizadas".

1.2.7 Princípio da instrumentalidade das formas

Esse princípio demanda que as formas do processo não sejam excessivas, sufocando os escopos jurídicos, sociais e políticos da jurisdição, devendo assumir exclusivamente o formato necessário a assegurar as garantias das partes e a conduzir o processo a seu destino final: a pacificação com justiça.

A técnica processual deve ser vista sempre a serviço dos escopos da jurisdição e ser flexibilizada de modo a servir à solução do litígio. A interpretação rigorosa da técnica processual, no processo individual, tem dado margem a que um número demasiado de processos não atinja a sentença de mérito, em virtude de questões processuais (condições da ação, pressupostos processuais, nulidades, preclusões etc.).

730

Título III · DA DEFESA DO CONSUMIDOR EM JUÍZO

As normas que regem o processo coletivo, ao contrário, devem ser sempre interpretadas de forma aberta e flexível – há disposição expressa nesse sentido no Anteprojeto de Código Brasileiro de Processos Coletivos –, e o juiz encontrará nelas sustentáculo para uma postura menos rígida e formalista.

O princípio geral do processo coletivo – capaz de transmitir-se ao processo individual – é muito claro, nesse campo: observado o contraditório e não havendo prejuízo à parte, as formas do processo devem ser sempre flexibilizadas.

1.3 Conclusão quanto aos princípios

Tudo isso demonstra à saciedade que muitos dos princípios gerais do direito processual assumem feição própria no processo coletivo, apontando para a existência de diferenças substanciais.

1.4 Institutos fundamentais do processo coletivo

No campo dos institutos fundamentais, o processo coletivo conta com institutos muito diversos daqueles em que se alicerça o processo individual.

1.4.1 Legitimação

O esquema rígido da legitimação, regida para o processo individual pelo art. 18 do NCPC (correspondente ao art. 6º do CPC de 1973), é repudiado no processo coletivo, que passa a adotar uma legitimação autônoma e concorrente aberta, múltipla, composta.

1.4.2 Representatividade adequada

Esse instituto, desconhecido do processo individual, alicerça no processo coletivo a legitimação, exigindo que o portador em juízo dos interesses ou direitos difusos, coletivos e individuais homogêneos apresente as necessárias condições de seriedade e idoneidade, até porque o legitimado é o sujeito do contraditório, do qual não participam diretamente os membros do grupo, categoria ou classe de pessoas.

Embora a legislação atual brasileira não mencione expressamente a representatividade adequada, ela inquestionavelmente pode ser vislumbrada em normas que dizem respeito à legitimação das associações e na interpretação jurisprudencial que liga a legitimação à chamada "pertinência temática". E, no tocante à ação coletiva passiva, amplamente admitida pelos tribunais brasileiros, sempre houve cuidados em relação à representatividade do grupo, categoria ou classe de pessoas que figuram no polo passivo da demanda.

1.4.3 Coisa julgada

A coisa julgada, rigorosamente restrita às partes no processo individual, tem regime próprio no processo coletivo: *erga omnes,* por vezes *secundum eventum litis* e, no Código projetado, *secundum eventum probationis* – ou seja, possibilitando a repropositura da ação, com base em provas novas, supervenientes, que não puderam ser produzidas no processo e capazes, por si sós, de mudar seu resultado.

1.4.4 Pedido e causa de pedir

O conceito rígido de pedido e causa de pedir, próprio do CPC, aplicado ao processo coletivo, tem dificultado a reunião de processos coletivos, provocando a condução fragmentária de pro-

731

CÓDIGO BRASILEIRO DE DEFESA DO CONSUMIDOR

cessos, com decisões contraditórias. O Código projetado e o projeto de lei mudam radicalmente a forma de interpretação do pedido (olhando para o bem jurídico a ser tutelado) e da causa de pedir.

1.4.5 Conexão, continência e litispendência

A redefinição da interpretação do pedido e da causa de pedir, assim como da identidade de partes, tem reflexos imediatos nos institutos da conexão, continência e litispendência (e até da coisa julgada).

1.4.6 Preclusões

O sistema processual civil brasileiro distingue-se de outros (como o italiano) por um regime rígido de preclusões, com a correlata perda de faculdades processuais – o que tem ocasionado, aliás, o grande mal da recorribilidade das interlocutórias e a multiplicação de agravos. Mas as preclusões devem ser vistas exclusivamente em sua função positiva, qual seja a de conduzir o procedimento para o seu resultado final, evitando o retorno a etapas anteriores. As preclusões não devem impedir, por exemplo, a mudança do pedido e da causa de pedir, após a contestação, desde que seja feita de boa-fé e não haja prejuízo para o demandado, observado sempre o contraditório.

O Anteprojeto de Código Brasileiro de Processos Coletivos, assim como o Projeto de Lei nº 5.139/2009 (que disciplina a ação civil pública para a tutela de interesses difusos, coletivos ou individuais homogêneos), da Câmara dos Deputados, permitem a alteração do pedido e da causa de pedir, até a sentença, nas condições acima referidas.

1.4.7 Competência

As normas do microssistema brasileiro sobre a Ação Civil Pública privilegiam o foro do local dos danos, criando competências concorrentes. No entanto, mais importante e reveladora é a natureza absoluta da competência territorial.

1.4.8 Ônus da prova

Além da inversão do ônus da prova, *ope judicis*, prevista no Código de Defesa do Consumidor, o Anteprojeto de Código Brasileiro de Processos Coletivos e o Projeto de Lei nº 5.139/2009 (que disciplina a ação civil pública para a tutela de interesses difusos, coletivos ou individuais homogêneos), da Câmara dos Deputados, adotam o critério dinâmico da distribuição do ônus da prova, cabendo a prova dos fatos a quem tiver maior proximidade com eles e maior facilidade para demonstrá-los.

1.4.9 Liquidação da sentença

No processo individual, a liquidação da sentença abrange apenas o *quantum debeatur*, ao passo que na liquidação da sentença coletiva condenatória à reparação dos danos individualmente sofridos (interesses ou direitos individuais homogêneos) é necessário, além da quantificação dos prejuízos, apurar parte do *an debeatur* (a existência do dano individualmente sofrido e o nexo causal com o dano geral reconhecido pela sentença).

1.4.10 Indenização pelos danos provocados

A *fluid recovery* é instituto típico das ações coletivas que permite, em determinadas circunstâncias, que se passe do ressarcimento pelos *danos sofridos* (regulado pelo Código Civil) à

Título III · DA DEFESA DO CONSUMIDOR EM JUÍZO

reparação dos *danos provocados*, ou ao menos *coletivamente sofridos*, na hipótese de o prejuízo individual ser muito pequeno ou as vítimas dificilmente identificáveis.

1.4.11 Outros institutos

Diferenças profundas entre os institutos fundamentais do processo individual e do coletivo podem ser encontradas, sobretudo segundo o Código projetado, nos **poderes do juiz e do Ministério Público,** no **efeito meramente devolutivo da apelação**, na **competência para a liquidação e a execução,** na **execução provisória** etc.

1.5 Conclusão quanto aos institutos

Sem sombra de dúvida, pode-se afirmar que o processo coletivo alicerça-se em institutos fundamentais próprios, totalmente diversos de muitos dos institutos fundamentais do direito processual individual.

1.6 Direito processual coletivo

A análise dos princípios gerais do direito processual, aplicados aos processos coletivos, demonstrou a feição própria e diversa que eles assumem, autorizando a afirmação de que o processo coletivo adapta os princípios gerais às suas particularidades. Mais vistosa ainda é a diferença entre os institutos fundamentais do processo coletivo em comparação com os do individual.

Tudo isso autoriza a conclusão a respeito do surgimento e da existência de um novo ramo do Direito Processual, o **Direito Processual Coletivo**, contando com princípios revisitados e institutos fundamentais próprios e tendo objeto bem definido: a tutela jurisdicional dos interesses ou direitos difusos, coletivos e individuais homogêneos.

2. DA NECESSIDADE DE UM NOVO SISTEMA DE PROCESSOS COLETIVOS

Embora este volume seja de comentários ao direito posto, não podemos deixar de mencionar o poderoso movimento de reforma que se anunciava em tema de processos coletivos. E o fazemos nesta introdução, como segue.

2.1 O minissistema brasileiro de processos coletivos

O minissistema brasileiro de processos coletivos, formado pela Lei nº 7.347/85 – a denominada Lei da Ação Civil Pública – e pelo Código de Defesa do Consumidor, de 1990, completou 30 anos. Por meio desses instrumentos normativos, o Brasil colocou-se em uma posição de vanguarda, ao menos entre os países de *Civil Law*. Mas, a par dos excelentes serviços prestados à comunidade na linha evolutiva de um processo individualista para um processo social, a aplicação prática dos institutos processuais coletivos demonstra que muito ainda pode ser feito para melhorar o sistema. Antes mesmo da entrada em vigor do CDC, e depois de sua promulgação, diversas leis regularam a ação civil pública, em dispositivos esparsos e às vezes colidentes. Podem-se, assim, citar os artigos 3º, 4º, 5º, 6º e 7º da Lei nº 7.853, de 24 de outubro de 1989; o artigo 3º da Lei nº 7.913, de 7 de dezembro de 1989; os artigos 210, 211, 212, 213, 215, 217, 218, 219, 222, 223 e 224 da Lei nº 8.069, de 13 de junho de 1990; o artigo 17

733

CÓDIGO BRASILEIRO DE DEFESA DO CONSUMIDOR

da Lei nº 8.429, de 2 de junho de 1992; o artigo 2º da Lei nº 9.494, de 10 de setembro de 1997; e os artigos 80, 81, 82, 83, 85, 91, 92 e 93 da Lei nº 10.741, de 1º de outubro de 2003.

Outras dificuldades têm sido notadas pela concomitante aplicação da ação civil pública e da ação popular constitucional à tutela de direitos ou interesses difusos e coletivos, acarretando problemas práticos quanto à conexão, à continência e à prevenção, assim como reguladas pelo CPC, o qual certamente não tinha nem tem em vista o tratamento das relações entre processos coletivos. E mesmo entre diversas ações civis públicas, concomitantes ou sucessivas, surgiram problemas que geraram a multiplicidade de liminares, em sentido oposto, provocando um verdadeiro caos processual, que foi necessário resolver mediante a suscitação de conflitos de competência perante o Superior Tribunal de Justiça, o que indica, também, a necessidade de regular de modo diverso a questão da competência concorrente.

Assim, não se pode desconhecer que mais de 35 anos de aplicação da LACP, com os aperfeiçoamentos trazidos pelo CDC, têm posto à mostra não apenas seus méritos, mas também suas falhas e insuficiências, gerando reações, quer do legislativo, quer do executivo, quer do judiciário, que objetivam limitar seu âmbito de aplicação. No campo do governo e do Poder Legislativo, vale lembrar, por exemplo, medidas provisórias e leis que excluíram do objeto da ACP as demandas tributárias, que tentaram limitar os efeitos da sentença ao âmbito territorial do juiz, que restringiram a utilização de ações civis públicas por parte das associações – as quais, aliás, necessitam de estímulos para realmente ocuparem o lugar de legitimados ativos que lhes compete. E, no campo jurisdicional, podemos lembrar as posições, em parte já superadas, contrárias à legitimação das defensorias públicas, ao controle difuso da constitucionalidade na ação civil pública, à extração de carta de sentença para execução provisória por parte do beneficiário que não foi parte do processo coletivo, assim como, de um modo geral, a interpretação rígida das normas do processo, sem a necessária flexibilização da técnica processual.

E ainda: a aplicação prática das normas brasileiras sobre processos coletivos (ação civil pública, ação popular, mandado de segurança coletivo) tem apontado para dificuldades práticas decorrentes da atual legislação: assim, por exemplo, dúvidas surgem quanto à natureza da competência territorial (absoluta ou relativa), sobre a litispendência (quando é diverso o legitimado ativo), a conexão (que, rigidamente interpretada, leva à proliferação de ações coletivas e à multiplicação de decisões contraditórias), a possibilidade de repetir a demanda em face de prova superveniente e a de se intentar ação em que o grupo, categoria ou classe figure no polo passivo da demanda.

Por outro lado, a evolução doutrinária brasileira a respeito dos processos coletivos autoriza a elaboração de um verdadeiro Direito Processual Coletivo, como ramo do Direito Processual Civil, que tem seus próprios princípios e institutos fundamentais, diversos do Direito Processual Individual. Os institutos da legitimação, competência, poderes e deveres do juiz e do Ministério Público, conexão, litispendência, liquidação e execução da sentença, coisa julgada, entre outros, têm feição própria nas ações coletivas que, por isso mesmo, se enquadram em uma Teoria Geral dos Processos Coletivos. Diversas obras, no Brasil, já tratam do assunto. E o País, pioneiro no tratamento dos interesses e direitos transindividuais e dos individuais homogêneos, por intermédio da LACP e do CDC, tem plena capacidade para elaborar um verdadeiro Código de Processos Coletivos, que mais uma vez o colocará em uma posição de vanguarda, revisitando a técnica processual por intermédio de normas mais abertas e flexíveis, que propiciem a efetividade do processo coletivo.

2.2 Código Modelo de Processos Coletivos para Ibero-América

Acresça-se a tudo isto a elaboração do Código Modelo de Processos Coletivos para Ibero-América, aprovado nas Jornadas do Instituto Ibero-Americano de Direito Processual, na

Venezuela, em outubro de 2004. Ou seja, de um Código que possa servir não só como repositório de princípios, mas também como modelo concreto para inspirar as reformas, de modo a tornar mais homogênea a defesa dos interesses e direitos transindividuais em países de cultura jurídica comum.

Deveu-se a Ada Pellegrini Grinover, Kazuo Watanabe e Antonio Gidi a elaboração da primeira proposta de um Código Modelo, proposta essa que aperfeiçoou as regras do microssistema brasileiro de processos coletivos, sem desprezar a experiência das *class actions* norte-americanas. Muitas dessas primeiras regras, que foram revistas com a participação ativa de outros especialistas ibero-americanos (e de mais um brasileiro, Aluísio de Castro Mendes), passaram depois do Código Modelo para o Anteprojeto de Código Brasileiro de Processos Coletivos, de que passamos a discorrer.

2.3 O surgimento do Anteprojeto de Código Brasileiro de Processos Coletivos

O Código Modelo foi profundamente analisado e debatido no Brasil, no final de 2003, ao ensejo do encerramento do curso de pós-graduação *stricto sensu* da Faculdade de Direito da Universidade de São Paulo, por professores e pós-graduandos da disciplina "Processos Coletivos", ministrada em dois semestres por Ada Pellegrini Grinover e Kazuo Watanabe, para verificar como e onde suas normas poderiam ser incorporadas, com vantagem, pela legislação brasileira. E daí surgiu a ideia da elaboração de um Código Brasileiro de Processos Coletivos, que aperfeiçoasse o sistema, sem desfigurá-lo. Ada Pellegrini Grinover coordenou os trabalhos do grupo de pós-graduandos de 2003 que se dispôs a preparar propostas de Código Brasileiro de Processos Coletivos, progressivamente trabalhadas e melhoradas. O grupo inicialmente foi formado pelo doutorando Eurico Ferraresi e pelos mestrandos Ana Cândida Marcato, Antônio Guidoni Filho e Camilo Zufelato. Depois, no encerramento do curso de 2004, outra turma de pós-graduandos, juntamente à primeira, aportou aperfeiçoamentos à proposta, agora também contando com a profícua colaboração de Carlos Alberto Salles e Paulo Lucon. Nasceu assim a primeira versão do Anteprojeto, trabalhado também pelos mestrandos, doutorandos e professores da disciplina, durante o ano de 2005. O Instituto Brasileiro de Direito Processual, por intermédio de seus membros, ofereceu diversas sugestões. No segundo semestre de 2005, o texto foi analisado por grupos de mestrandos da UERJ e da Universidade Estácio de Sá, sob a orientação de Aluísio de Castro Mendes, daí surgindo mais sugestões. O Idec também foi ouvido e aportou sua contribuição ao aperfeiçoamento do Anteprojeto. Colaboraram na redação final do Anteprojeto juízes das Varas especializadas já existentes no País. Foram ouvidos membros do Ministério Público da União, do Distrito Federal e de diversos Estados, que trouxeram importantes contribuições. Enfim, o trabalho foi submetido à ampla consulta pública e apresentado, como Anteprojeto, pelo Instituto Brasileiro de Direito Processual, à apreciação do então Ministro da Justiça, Márcio Thomaz Bastos, no final de 2002.

2.4 Inovações do Anteprojeto

Em síntese, pode-se afirmar que a tônica do Anteprojeto foi a de manter, em sua essência, as normas da legislação em vigor, aperfeiçoando-as por intermédio de regras não só mais claras, mas sobretudo mais flexíveis e abertas, adequadas às demandas coletivas. Corresponde a essa necessidade de flexibilização da técnica processual um aumento dos poderes do juiz – o que, aliás, é uma tendência até do processo civil individual brasileiro. Na revisitação da técnica processual, foram pontos importantes do Anteprojeto a reformulação do sistema de preclusões – sempre na observância do contraditório –, a reestruturação dos conceitos de

CÓDIGO BRASILEIRO DE DEFESA DO CONSUMIDOR

pedido e causa de pedir – a serem interpretados extensivamente – e de conexão, continência e litispendência – que devem levar em conta a identidade do bem jurídico a ser tutelado; o enriquecimento da coisa julgada, com a previsão do julgado *secundum eventum probationis*; a ampliação dos esquemas da legitimação, para garantir maior acesso à justiça, mas com a paralela observância de requisitos que configuram a denominada "representatividade adequada" e põem em realce o necessário aspecto social da tutela dos interesses e direitos difusos, coletivos e individuais homogêneos, colocando a proteção dos direitos fundamentais de terceira geração a salvo de uma indesejada banalização.

2.5 O Projeto de Lei sobre ações coletivas

No início de 2009, o Ministério da Justiça do Governo Lula retomou o Anteprojeto, nomeando comissão de que participaram Ada Pellegrini Grinover e outros membros do Instituto Brasileiro de Direito Processual, além de representantes das diversas categorias jurídicas. Decidiu-se trabalhar em um projeto de Lei – e não de Código –, e se chegou a uma solução de consenso, que em grande parte reproduz as regras do Anteprojeto de Código, em outros pontos o aperfeiçoa, mas em outras não é tão avançada como este.

Em linhas gerais, podem-se salientar como pontos altos do Projeto, em relação ao minissistema vigente:

2.5.1 Vantagens gerais

Criação de um sistema único de ações coletivas (excluído o mandado de segurança coletivo, que recebeu recentemente disciplina legal própria);

Melhora do tratamento de alguns institutos até agora tratados com os critérios do processo individual;

Correção de algumas distorções, sobretudo em relação à concomitância de ações individuais e ações coletivas.

2.5.2 Pontos específicos

1 – Objeto da tutela por Ação Civil Pública, criando regras de direito material

2 – Princípios da tutela coletiva

3 – Ampliação da legitimação ativa

4 – Relação entre ações coletivas e individuais

5 – Predominância das ações coletivas sobre as individuais

6 – Previsão de ação revisional, diante de prova científica nova

7 – Facilitação para a reunião de processos (conceito mais amplo de conexão e continência)

8 – Possibilidade de alteração do pedido e da causa de pedir

9 – Medidas para evitar a duplicidade de demandas (Cadastros nacionais)

10 – Preferência pela condenação líquida na ação em defesa de direitos individuais homogêneos

11 – Simplificação e maior efetividade da liquidação e execução. Preferência pela execução coletiva

12 – Poderes do juiz e juiz gerenciador do processo

13 – Tratamento da perícia

14 – Distinção entre responsabilidade pela prova e distribuição do ônus da prova. Ônus dinâmico da prova

Título III · DA DEFESA DO CONSUMIDOR EM JUÍZO

15 – Preferência pela tutela específica

16 – Condenação em dinheiro depositada em juízo e só residualmente destinada ao Fundo de Interesses Difusos

17 – Relevância dos meios alternativos de solução de litígios

18 – Previsão de ofícios de juízes e tribunais ao Ministério Público e, quando possível, a outros legitimados, para, querendo, ajuizarem ação coletiva, no caso de diversas ações individuais.

2.5.3 Retrocessos em relação ao Anteprojeto de Código Brasileiro de Processos Coletivos

1 – Não se disciplina a ação coletiva passiva, embora esta já exista na práxis judiciária

2 – Não se prevê a legitimação ativa da pessoa física, com o controle da "representatividade adequada"

3 – Não se cogita de gratificação financeira às associações que tenham conduzido a demanda de maneira a alcançar benefícios sociais

4 – Retira-se a natureza jurídica de transação do acordo resultante do Termo de Ajustamento de Conduta firmado administrativamente com os órgãos públicos legitimados, o que gera insegurança jurídica

2.6 O triste fim do projeto de lei

O Anteprojeto de Lei, formulado pela Comissão, passou pela revisão da Casa Civil do Governo, onde diversas regras foram alteradas para atender a interesses da administração pública, deturpando o espírito geral do Anteprojeto. O Presidente da República encaminhou o Projeto de Lei, assim deturpado, à Câmara dos Deputados, onde recebeu o nº 5.139/2009.

Na Comissão de Constituição e Justiça da Câmara dos Deputados, o Relator do Projeto, Deputado Antonio Carlos Biscaia, do partido do Governo, apresentou um Substitutivo, reconduzindo o Projeto ao leito da proposta da Comissão do Ministério da Justiça. Cem emendas foram apresentadas pelos Deputados, objetivando em grande parte retornar aos dispositivos sugeridos pela Casa Civil. O Relator rejeitou muitas, acolheu várias, e uma forte batalha se travou no seio da Comissão de Constituição e Justiça. Muitos *lobbies* trabalharam contra o projeto, frequentemente com argumentos falaciosos: um inexistente reforço dos poderes do Ministério Público, a ampliação do objeto da tutela coletiva (que, ao contrário, se enquadra na expressão da lei vigente: "outros direitos difusos e coletivos"), a extensão da legitimidade ativa (que permanece exatamente a mesma, sendo apenas melhor detalhada), o desequilíbrio entre a posição do autor coletivo e do demandado (que é mais equilibrada, como se vê pelo regime da coisa julgada na tutela de interesses ou direitos individuais homogêneos). A batalha redundou na rejeição do projeto na Comissão de Constituição e Justiça.

A nova lei é absolutamente necessária, como se demonstrou acima, e representará um benfazejo avanço em relação ao minissistema de processos coletivos vigente no País. Foi recentemente publicada uma obra intitulada *Em defesa de um novo sistema de processos coletivos*, coordenada por Maria Clara Gozzoli, Mirna Cianci, Petrônio Calmon Filho e Rita Quartieri, escrita em minha homenagem, a qual poderia influir sobre o julgamento do Plenário da Câmara dos Deputados,[40] caso houvesse recurso. Mas recurso não houve e o projeto continua

---

[40] *Em defesa de um novo sistema de processos coletivos*, São Paulo, Saraiva, 2010.

737

CÓDIGO BRASILEIRO DE DEFESA DO CONSUMIDOR

no limbo. [Apesar da decepção e da desesperança manifestadas pela saudosa Professora Ada Pellegrini Grinover, cabe deixar registrado que ainda pende de decisão na Câmara dos Deputados o recurso apresentado pelo Deputado Federal Antonio Carlos Biscaia (REC 394/2010)].

No segundo semestre de 2020, foram apresentados na Câmara dos Deputados dois projetos de lei (n. 4.441/2020 e 4.778/2020) de reformulação do sistema brasileiro de processos coletivos. O Instituto Brasileiro de Direito Processual (IBDP), presidido pelo Prof. PAULO HENRIQUE DOS SANTOS LUCON, preocupado com a possibilidade de retrocesso na disciplina atual de processos coletivos, em cujo aperfeiçoamento tanto lutou a saudosa Profa. ADA PELLEGRINI GRINOVER, como revelam suas considerações nesta obra e em vários outros trabalhos, decidiu formar um Grupo de Trabalho para analisar os projetos mencionados e sugerir as providências cabíveis. O Grupo de Trabalho, presidido pelo Prof. PAULO LUCON e coordenado por KAZUO WATANABE, foi integrado por 24 juristas com notória especialidade e destacada atuação na área de tutela coletiva no Brasil, que após 6 meses de reuniões de estudos, debates e de trabalho, concluiu pela necessidade de formulação de um substituto aos dois projetos de lei. Os nomes dos integrantes desse Grupo de Trabalho estão mencionados na Exposição de Motivos que sintetiza o conteúdo do substitutivo, com inúmeros aperfeiçoamentos do sistema atual, nos quais estão incorporadas várias sugestões da Profa. ADA PELLEGRINI GRINOVER. O substituto foi encaminhado ao Deputado Paulo Teixeira (autor do Projeto de Lei n. 4.441/2020), que decidiu transformá-lo em novo projeto de lei, que recebeu o n. 1.641/2021, denominando-o de *"Projeto ADA PELLEGRINI GRINOVER"*, em merecida homenagem à grande jurista que liderou a vitoriosa luta pela criação e constante aperfeiçoamento do sistema brasileiro de processos coletivos. O texto do Projeto n. 1.641/2021, com a respectiva Exposição de Motivos, está publicado nesta obra no Material Suplementar.

3. SIGNIFICADO SOCIAL, POLÍTICO E JURÍDICO DA TUTELA JURISDICIONAL COLETIVA

3.1 O surgimento dos interesses difusos

O estudo dos interesses coletivos ou difusos surgiu e floresceu na Itália nos anos 70. Denti, Cappelletti, Proto Pisani, Vigoriti, Trocker anteciparam o Congresso de Pavia de 1974, que discutiu seus aspectos fundamentais, destacando com precisão as características que os distinguem: indeterminados pela titularidade, indivisíveis relativamente ao objeto, colocados a meio caminho entre os interesses públicos e os privados, próprios de uma sociedade de massa e resultados de conflitos de massa, carregados de relevância política e capazes de transformar conceitos jurídicos estratificados, como a responsabilidade civil pelos danos causados no lugar da responsabilidade civil pelos prejuízos sofridos, como a legitimação, a coisa julgada, os poderes e a responsabilidade do juiz e do Ministério Público, o próprio sentido da jurisdição, da ação, do processo.

3.2 Dimensão social

Em pouco tempo, tornou-se clara a dimensão social desses interesses. Surgia uma nova categoria política e jurídica, estranha ao interesse público e ao privado. Interesse público, entendido como aquele que se faz valer em relação ao Estado, de que todos os cidadãos são partícipes (interesse à ordem pública, à segurança pública, à educação) e que suscita conflitos entre o indivíduo e o Estado. Interesses privados, de que é titular cada pessoa individualmente considerada, na dimensão clássica dos direitos subjetivos, pelo estabelecimento de uma relação jurídica entre credor e devedor, claramente identificados.

Ao contrário, os interesses sociais são comuns a um conjunto de pessoas, e somente a estas. Interesses espalhados e informais à tutela de necessidades coletivas, sinteticamente referíveis à qualidade de vida. Interesses de massa, que comportam ofensas de massa e que colocam em contraste grupos, categorias, classes de pessoas. Não mais se trata de um feixe de linhas paralelas, mas de um leque de linhas que convergem para um objeto comum e indivisível. Aqui se inserem os interesses dos consumidores, ao ambiente, dos usuários de serviços públicos, dos investidores, dos beneficiários da previdência social e de todos aqueles que integram uma comunidade compartilhando de suas necessidades e seus anseios.

3.3 Configuração política

O reconhecimento e a necessidade de tutela desses interesses puseram de relevo sua configuração política. Deles emergiram novas formas de gestão da coisa pública, em que se afirmaram os grupos intermediários. Uma gestão participativa, como instrumento de racionalização do poder, que inaugura um novo tipo de descentralização, não mais limitada ao plano estatal (como descentralização político-administrativa), mas estendida ao plano social, com tarefas atribuídas aos corpos intermediários e às formações sociais, dotados de autonomia e de funções específicas. Trata-se de uma nova forma de limitação ao poder do Estado, em que o conceito unitário de soberania, entendida como soberania absoluta do povo, delegada ao Estado, é limitado pela soberania social atribuída aos grupos naturais e históricos que compõem a nação.

Em consequência, a teoria das liberdades públicas forjou uma nova "geração" de direitos fundamentais. Aos direitos clássicos de primeira geração, representados pelas tradicionais liberdades negativas, próprias do Estado liberal, com o correspondente dever de abstenção por parte do Poder Público; aos direitos de segunda geração, de caráter econômico-social, compostos por liberdades positivas, com o correlato dever do Estado a uma obrigação de *dare*, *facere* ou *praestare*, acrescentou-se o reconhecimento dos direitos de terceira geração, representados pelos direitos de solidariedade, decorrentes dos interesses sociais. E assim foi que o que aparecia inicialmente como mero interesse elevou-se à dimensão de verdadeiro direito, conduzindo à reestruturação de conceitos jurídicos, que se amoldassem à nova realidade.

3.4 A transformação do direito processual

Mas não bastava reconhecer os direitos de solidariedade. Era preciso que o sistema jurídico os tutelasse adequadamente, assegurando sua efetiva fruição. Da declaração dos novos direitos era necessário passar à sua tutela efetiva, a fim de se assegurarem concretamente as novas conquistas da cidadania. E, como cabe ao direito processual atuar praticamente os direitos ameaçados ou violados, a renovação fez-se sobretudo no plano do processo.

De um modelo processual individualista a um modelo social, de esquemas abstratos a esquemas concretos, do plano estático ao plano dinâmico, o processo transformou-se de individual em coletivo, ora inspirando-se no sistema das *class actions* da *common law*, ora estruturando novas técnicas, mais aderentes à realidade social e política subjacente. E nesse campo o Brasil tem algo a dizer.

3.5 Evolução da tutela jurisdicional no Brasil

Mais pragmático, o Direito Processual brasileiro partiu dos exercícios teóricos da doutrina italiana dos anos 70, para construir um sistema de tutela jurisdicional dos interesses difusos que fosse imediatamente operativo.

CÓDIGO BRASILEIRO DE DEFESA DO CONSUMIDOR

Em 1981, a Lei Ambiental nº 6.938 estabeleceu a legitimação do Ministério Público às ações de responsabilidade penal e civil (sendo esta reconhecida como de natureza objetiva) pelos danos provocados ao ambiente. E, desde 1977, uma reforma à lei da ação popular constitucional, de 1965, considerava "patrimônio público" os bens e direitos de valor artístico, estético, histórico ou turístico.

Diversas ações populares em defesa de interesses difusos ligados ao meio ambiente foram ajuizadas, enquanto o dispositivo legal da lei ambiental permanecia no papel, dada a falta de resposta processual a questões relevantes, como o regime da coisa julgada ou os controles sobre o exercício da ação. Mas a ação popular não tinha condições de cobrir o amplo espectro da tutela dos interesses difusos, nem mesmo pelo que respeitava ao meio ambiente, uma vez que seu exercício ainda permanecia subordinado a uma ilegalidade proveniente da conduta comissiva ou omissiva do Poder Público, enquanto a ameaça ou violação dos interesses difusos frequentemente provinha de ações privadas. Por outro lado, a legitimação, atribuída exclusivamente ao cidadão, excluía os corpos intermediários, mais fortes e preparados do que o indivíduo à luta contra ameaças ou lesões ambientais.

Veio assim à luz, em 1985, a Lei nº 7.347 sobre a denominada ação civil pública, destinada à tutela do meio ambiente e do consumidor, na dimensão dos bens indivisivelmente considerados e, consequentemente, dos interesses difusos propriamente ditos. A Constituição de 1988, depois, sublinhou em diversos dispositivos a importância dos interesses coletivos: em primeiro lugar, elevando em nível constitucional a defesa de todos os interesses difusos e coletivos, sem limitações quanto à matéria, como função institucional do Ministério Público – extremamente autônomo e independente no Brasil –, mas permitindo à lei a ampliação da legitimação ativa (art. 129, III e § 1º); referindo-se, depois, à representação judicial e extrajudicial das entidades associativas para a defesa de seus próprios membros (art. 5º, XXI); criando o mandado de segurança coletivo, com a legitimação dos partidos políticos, dos sindicatos e das associações legalmente constituídas e em funcionamento há pelo menos um ano (art. 5º, LXX); e ainda destacando a função dos sindicatos para a defesa dos direitos e interesses coletivos e individuais da categoria (art. 8º, III) e salientando a legitimação ativa dos índios e de suas comunidades e organizações para a defesa de seus interesses ou direitos (art. 232).

E, finalmente, o Código de Defesa do Consumidor (Lei nº 8.078/90) veio coroar o trabalho legislativo, ampliando o âmbito de incidência da Lei da Ação Civil Pública, ao determinar sua aplicação a todos os interesses difusos e coletivos, e criando uma nova categoria de direitos ou interesses, individuais por natureza e tradicionalmente tratados apenas a título pessoal, mas conduzíveis coletivamente perante a justiça civil, em função da origem comum, que denominou direitos individuais homogêneos.

3.6 Influência do minissistema brasileiro em outros países

O sistema jurídico brasileiro sobre a tutela dos interesses difusos, coletivos e individuais homogêneos tem exercido influência em alguns ordenamentos da América Latina. Argentina e Uruguai introduziram, em suas respectivas legislações, a defesa dos interesses difusos e coletivos, e a nova legislação argentina sobre as relações de consumo é toda moldada sobre o Código brasileiro.

Também na Europa, e notadamente em Portugal, o Código Brasileiro de Defesa do Consumidor está colhendo seus frutos. A lei sobre a ação popular portuguesa, que se presta abertamente à defesa dos interesses difusos e coletivos, também abre uma perspectiva sobre a tutela dos direitos individuais homogêneos, acolhida pelo Supremo Tribunal de Justiça, que reconheceu sua tutelabilidade. A Associação de Consumidores de Portugal moveu ação po-

Título III · DA DEFESA DO CONSUMIDOR EM JUÍZO

pular contra a Portugal Telecom, em defesa dos direitos individuais homogêneos dos usuários dos serviços telefônicos, visando à restituição das tarifas indevidamente cobradas nos meses de outubro a dezembro de 1994. A sentença de primeiro grau e o Tribunal de Relação de Lisboa tinham indeferido liminarmente a petição inicial, este último por confinar o âmbito da ação popular aos interesses difusos e afastando o caso *sub judice* do campo extensivo dos referidos interesses. Mas a Corte Suprema, em setembro de 1997, reportando-se à doutrina e à legislação brasileiras, interpretou o art. 1º da Lei nº 83, de 31.8.95, entendendo-o compreensivo não só dos interesses difusos, mas também dos interesses individuais homogêneos, e reconhecendo, em tese, o direito à reparação dos danos dos consumidores, inclusive na referida categoria.[41]

Mais tímida, ao contrário, é a tutela jurisdicional dos interesses difusos na Itália. Mesmo a recente lei sobre a disciplina dos direitos dos consumidores e dos usuários (Lei nº 281, de 30.7.98) ainda limita a legitimação às associações representativas em nível nacional, que devem se inscrever junto ao Ministério da Indústria, observadas diversas formalidades (art. 5º), e restringe a via judiciária exclusivamente à ação inibitória (art. 3º). Vale lembrar a importante disposição do art. 3º, nº 7, prevendo que o processo coletivo não exclui o direito às ações individuais dos consumidores lesados pelas mesmas ofensas, ressalvadas as normas sobre a litispendência, a continência, a conexão e a reunião de processos.

3.7 Transformação do direito processual brasileiro

Alguns anos após a introdução, no Brasil, da tutela jurisdicional dos interesses difusos e coletivos, passando pela linha evolutiva que levou ao reconhecimento dos direitos individuais homogêneos, o balanço é francamente positivo. Depois de alguma tergiversação e de certas idas e vindas, até previsíveis em face da natural dificuldade de apreender plenamente toda a complexidade das novas normas, pode-se afirmar que os processos coletivos integram hoje a práxis judiciária. A notável quantidade de demandas e a adequada resposta jurisdicional iluminaram as novas técnicas processuais e demonstraram o empenho dos legitimados – primeiro dentre todos, o Ministério Público –, a ampla gama das ações ajuizadas, o reconhecimento do corpo social. Pode-se afirmar, por certo, que os processos coletivos transformaram no Brasil todo o processo civil, hoje aderente à realidade social e política subjacente e às controvérsias que constituem seu objeto, conduzindo-o pela via da eficácia e da efetividade. E que, por intermédio dos processos coletivos, a sociedade brasileira vem podendo afirmar, de maneira mais articulada e eficaz, seus direitos de cidadania.

4. OS PROCESSOS COLETIVOS NOS PAÍSES DE *CIVIL LAW*

4.1 O relatório geral para o XIII Congresso Mundial

Após a introdução, no sistema brasileiro, da proteção jurisdicional dos interesses ou direitos difusos, coletivos e individuais homogêneos, diversos países de *civil law* adotaram, em seus ordenamentos, diversas espécies de processos coletivos. Relatora Geral, para os países de *civil law*, do tema do XIII Congresso Mundial da Associação Internacional de Direito Processual (Salvador, Bahia, 2007), "Novas tendências em matéria de legitimação e coisa julgada nas ações coletivas", Ada Pellegrini Grinover recebeu 26 relatórios nacionais, e 2 internacionais, conforme segue:[42]

---

[41] *Revista de Processo,* São Paulo, n. 88, p. 142-147, out.-dez. 1997.

[42] Ada Pellegrini Grinover, Kazuo Watanabe e Linda Mullenix, *Os processos coletivos nos países de* civil law *e* common law – uma análise de direito comparado, São Paulo, Revista dos Tribunais, 2008, p. 17-18.

A – EUROPA	
1 – Alemanha	Burkhard Hess
2 – Áustria	Walter Rechberger
3 – Bélgica	Piet Taelman
4 – Dinamarca	Eva Smith
5 – Espanha	José Luis Vázques Sotelo
6 – França	Loïc Cadiet
7 – Holanda	Daan Hasser
8 – Itália	Andrea Giussani
9 – Noruega	Tore Schei
10 – Portugal	Carlos Manuel Ferreira da Silva
11 – Rússia	Dmitry Maleshin
12 – Suécia	Henrik Lindblom
13 – Suíça	Samuel P. Baumgartner
14 – União Europeia	Sergio Chiarloni
B – AMÉRICA LATINA	
1 – Argentina	Enrique M. Falcón
2 – Brasil	Carlos Alberto Salles
3 – Chile	Claudio Meneses Pacheco
4 – Colômbia	Ramiro Bejarano Guzmán
5 – Costa Rica	Sergio Artavia Barrantes
6 – México	José Ovalle Favela
7 – Paraguai	Rodolfo Eduardo Pedro
8 – Peru	Aníbal Quiroga León
9 – Uruguai	Santiago Pereira Campos
10 – Venezuela	Carlos J. Sarmiento Sosa
11 – Código Modelo de Processos Coletivos para Ibero-América:	Ada Pellegrini Grinover
C – OUTROS	
1 – Israel	Stephen Goldstein
2 – Japão	Masaaki Haga

Da análise comparativa dos relatórios apresentados, todos incluídos na obra no idioma em que foram apresentados, foram extraídos os dados tratados nos tópicos seguintes.[43]

4.2 As novas tendências

Dos cuidadosos e exaustivos relatórios elaborados pelos relatores nacionais é possível extrair as novas tendências em torno dos processos coletivos nos diversos países pertencentes ao

---

[43] Ada Pellegrini Grinover, Kazuo Watanabe e Linda Mullenix, *Os processos coletivos nos países de* civil law *e* common law – uma análise de direito comparado, São Paulo, Revista dos Tribunais, 2008, p. 233-247.

sistema de *civil law*. Vinte e seis relatórios representam mais do que uma mera amostragem, permitindo a análise exauriente tanto da situação atual (na lei, na doutrina e na jurisprudência) como da evolução que desponta nesses países. Mais do que **tendências**, talvez já se possa falar, pelo menos para alguns aspectos, em um **caminho evolutivo**.

Antes de mais nada, é preciso observar que os processos coletivos, nos países de *civil law*, em geral ainda não alcançaram o estágio de amadurecimento e evolução das *class actions* norte-americanas, mas a tendência é no sentido de cada vez mais países criarem verdadeiros sistemas de processos coletivos.

Outra observação importante é a de que os países de *civil law* não adotam as mesmas técnicas utilizadas nas *class actions*, cunhando institutos próprios, mais aderentes aos princípios de seus sistemas processuais. Os esquemas da legitimação ativa não seguem o modelo norte-americano, contemplando a titularidade da ação por parte de órgãos públicos, ao lado da iniciativa privada. Está frequentemente prevista a atuação de instituições públicas para o controle dos processos coletivos, atribuindo-lhes também as funções de assumir a titularidade da ação em caso de abandono do processo ou de desistência infundada. Não se prevê qualquer instituto parecido com o *pre-trial discovery (disclosure)*. Para a tutela dos direitos individuais homogêneos, critica-se a técnica da indenização global a ser repartida entre os beneficiários, por fugir das regras da responsabilidade civil pelos danos causados. Igualmente, o *opt out* é considerado por muitos inconciliável com os princípios e garantias de seus processos, preferindo o *opt in* ou uma combinação dos dois critérios, deixando o *opt out* para casos residuais (em geral, para causas de pequeno valor econômico, em que não há interesse dos membros do grupo em participar do processo). Os países ibero-americanos caminham para a técnica da coisa julgada *secundum eventum litis*.

Especificamente em relação às novas tendências, muito embora o objeto precípuo deste relatório geral seja indicá-las em tema de *legitimação* e *coisa julgada*, parece importante realçar, antes disso, as tendências existentes em três outros campos: i) o objeto dos processos coletivos, ou seja, *os bens tutelados* (direitos difusos, coletivos e individuais homogêneos); ii) as *ações* cabíveis para a tutela jurisdicional coletiva; e iii) os esquemas do processo civil individual utilizados para a tutela coletiva.

É o que se passa a verificar.

4.2.1 Direitos tutelados

Alguns ordenamentos de *civil law* só contemplam a tutela dos direitos difusos e coletivos: são eles os da Áustria, Chile, Peru, da Província de Catamarca (Argentina) e do Uruguai. Mas o relatório da Áustria preconiza que a tutela se estenda aos direitos individuais homogêneos.

Somente tratam dos direitos individuais homogêneos a Província de Rio Negro (Argentina) – mas nesta é iminente a sanção da lei sobre interesses difusos e coletivos – e os projetos de lei de Costa Rica e França.

Vê-se daí que a grande maioria dos países, em seus processos coletivos, compreende seja a defesa dos direitos difusos e coletivos, seja a dos individuais homogêneos.

Assim, pode-se afirmar que o caminho evolutivo – mais que uma tendência – mostra a consciência cada vez mais acentuada de que o objeto da tutela coletiva deva abranger quer os direitos difusos e coletivos, de titularidade indeterminada, coletivos por natureza, quer os individuais, pertencentes aos membros do grupo, quando homogêneos.

4.2.2 As ações cabíveis

As diretivas da UE e apenas dois países contemplam exclusivamente ações coletivas voltadas exclusivamente para as obrigações de fazer ou não fazer, como a tutela inibitória da Suíça.

743

CÓDIGO BRASILEIRO DE DEFESA DO CONSUMIDOR

No entanto, todos os demais países contemplam todas as espécies de ação para a tutela dos direitos transindividuais.

A previsão é expressa no Brasil e no Código Modelo de Processos Coletivos para Ibero--América.

Este dispõe, sob a rubrica "Efetividade da tutela jurisdicional": "Para a defesa dos direitos e interesses protegidos por este código são admissíveis todas as espécies de ações capazes de propiciar sua adequada e efetiva tutela" (art. 4º).

Não há dúvida, portanto, de que a realidade já se encarregou de estender a tutela jurisdicional coletiva a todos os tipos de demandas.

4.2.3   Os esquemas do processo civil individual utilizados para a tutela coletiva

Alguns países, que não dispõem de verdadeiros processos coletivos, utilizam as técnicas do processo civil individual, com algumas inovações, para a tutela dos direitos transindividuais.

O esquema do *litisconsórcio* (*joint actions*) é utilizado na Áustria, Bélgica, Dinamarca (até a entrada em vigor do DA, prevista para 1º.1.08), Japão (com a *multi party litigation*), Rússia e Suíça e, parcialmente, no Paraguai.

O Japão prevê, ainda, diversas outras técnicas para contornar o problema da falta de processos coletivos: a *appointed party*, que consiste em escolher entre as partes um representante, que conduza a demanda em benefício de todas as outras; e o *assigning a common attorney*, em que as partes concordam em ser patrocinadas por um único advogado, que organiza o grupo, figurando seus membros como partes. Mas para isso doutrina e jurisprudência tiveram que amoldar os conceitos clássicos de legitimação para agir.

Muito utilizado é o *caso piloto*, que toma diversas denominações conforme o ordenamento (*pilot action, test case, master proceeding*), permitindo que, entre várias demandas, seja escolhida uma só, a ser decidida pelo tribunal, aplicando-se a sentença aos demais processos, que haviam ficado suspensos. De acordo com os diversos sistemas, difere a eficácia da sentença do caso piloto em relação às demais controvérsias. Esse método é utilizado pela Alemanha, Áustria, Dinamarca (com a mesma observação *supra*), Espanha (só para o contencioso administrativo) e Noruega.

Parece, contudo, que as técnicas supraindicadas servem somente para a tutela dos direitos individuais homogêneos, e não para a dos direitos difusos e coletivos.

Seja como for, todas essas medidas servem como sucedâneo para países que ainda não contam com verdadeiros processos coletivos ou que não os preveem para a tutela de todos os direitos, sendo obrigados a rever princípios e conceitos tradicionais para tentar adaptá-los à realidade das controvérsias de massa. Mas a expressiva maioria dos relatores dos Estados indicados – com exceção do relator da Alemanha, que parece satisfeito com o *master proceeding*, recentemente implantado em seu país, e o da Rússia, que não preconiza mudanças – admite francamente que esses métodos são insuficientes e inadequados para fazer face à efetiva tutela jurisdicional dos direitos transindividuais.

Isso tudo torna mais significativa a lição de Cappelletti que, ainda nos anos 70, advertia que os esquemas do processo civil clássico, estruturado para acudir a controvérsias de cunho individualista, não são aptos à solução de lides sociais, em que se colocam em confronto pretensões de massa.

Adotando essa ideia, o relator espanhol é particularmente veemente em criticar a inserção de algumas regras atinentes ao processo coletivo do consumidor no próprio *Código de Enjuiciamiento Civil*.

744

Surge daí mais uma tendência: a de destinar aos processos coletivos estrutura própria, revisitando os institutos do direito processual clássico, para adaptá-los à efetiva tutela dos direitos transindividuais.

4.2.4 Legitimação ativa

Chegamos às novas tendências em tema de legitimação ativa.

Aqui, a escolha é feita entre duas opções: i) atribuir a legitimação exclusivamente à pessoa física e/ou associações, privilegiando a *legitimação privada*; ou ii) ampliar os esquemas da legitimação, distribuída entre pessoa física e/ou associações, em conjunto com órgãos públicos (Ministério Público, *Ombudsman* ou Defensor do Povo, outros órgãos especializados): neste caso, temos a *legitimação mista* (independente e autônoma).

Alemanha, França, Itália, Japão e Suíça atribuem a titularidade da ação coletiva exclusivamente à pessoa física e/ou a entes privados. Na França, quer no direito posto, quer nos projetos de lei, a legitimação é exclusiva de associações "agrées". No Japão, as associações de consumidores submetem-se à aprovação prévia do Primeiro Ministro. Na Itália, alguns projetos de lei dispensam as associações de habilitação.

Todos os outros países elegem a legitimação mista, quer no direito vigente, quer nos projetos de lei. Em alguns desses países – como Brasil, Israel e Portugal, além do Código Modelo de Processos Coletivos para Ibero-América – são atribuídos poderes a órgãos públicos para fiscalizarem o processo – quando não forem parte – e, às vezes, para assumirem a titularidade da ação em hipóteses de desistência infundada, de abandono da demanda, ou até mesmo para promoverem a execução da sentença (sobretudo quando se trata do Ministério Público ou do *Ombudsman* ou Defensor do Povo).

O México adota exclusivamente a legitimação privada para as causas agrárias, e somente a pública para a tutela do consumidor, com fortes críticas do relator nacional quanto ao último caso.

A legitimação privada, que se prende ao modelo das *class actions* norte-americanas, tem como fundamento o receio de que a abertura da legitimação possa levar a abusos. A legitimação mista responde ao anseio do mais amplo acesso à justiça e ao princípio da universalidade da jurisdição: um número cada vez maior de pessoas e uma tipologia cada vez mais ampla de causas que acedem à justiça. E, para evitar os possíveis abusos, existem instrumentos adequados, como o controle de órgãos públicos (existente em vários países) e os pesados encargos para a litigância de má-fé (como no Código Modelo de Processos Coletivos para Ibero-América e no ordenamento brasileiro).

A tendência é sem dúvida no sentido da abertura dos esquemas da legitimação a amplos segmentos da sociedade e a seus representantes: a pessoa física, as formações sociais, os entes públicos vocacionados para a defesa dos direitos transindividuais, outros entes públicos a quem compete a tutela dos mais diversos bens referíveis à qualidade da vida – incluindo as pessoas jurídicas de direito público. Paradigmáticos, nesse campo, o Código Modelo de Processos Coletivos para Ibero-América e o Projeto de Código brasileiro.

Mais uma vez reportamo-nos à lição de Mauro Cappelletti, que considerou insuficiente para a efetiva tutela dos direitos transindividuais a escolha de um único legitimado (pessoa física, associações, Ministério Público, agências públicas), e que já indicava, com base nas experiências então existentes, a via mais eficaz como a de "soluzioni composte, articolate, flessibili", sempre sob o controle de órgãos públicos.

4.2.5 A "representatividade adequada"

A chamada "representatividade adequada" (*adequacy of representation*) constitui outro instrumento de controle para evitar os possíveis abusos cometidos no ajuizamento de pro-

CÓDIGO BRASILEIRO DE DEFESA DO CONSUMIDOR

cessos coletivos. Oriundo do direito norte-americano, esse pré-requisito – que diz respeito à seriedade, credibilidade, capacidade técnica e até econômica do legitimado à ação coletiva – é particularmente importante nos ordenamentos que escolhem a extensão a terceiros da coisa julgada, sem temperamentos; mas é também útil para outros sistemas, sobretudo quando legitimam à ação a pessoa física e as associações e quando preveem a ação coletiva passiva (*defendant class action*).

A representatividade adequada pode ser aferida pelo **juiz**, caso a caso (como nas *class actions* norte-americanas), ou pode depender de **previsão legal**, que estabeleça limites à regra de legitimação. Assim, por exemplo, as associações só podem agir em juízo desde que preencham certos requisitos legais, ou se estabelece um critério de relevância social até mesmo para a legitimação de órgãos públicos.

Quanto mais ampla a legitimação, tanto mais se faz necessário o pré-requisito da representatividade adequada. Quanto mais amplo o princípio da extensão a terceiros da coisa julgada – como no sistema do *opt out* (v. *infra*) –, mais necessário esse controle. Aliás, nos processos coletivos, existe uma correlação inequívoca entre os esquemas da legitimação e o regime da coisa julgada.

Todavia, somente alguns sistemas adotam o critério da aferição do pré-requisito pelo *juiz*: o Código Modelo de Processos Coletivos para Ibero-América é expresso nesse sentido. Adota-o Uruguai. A Itália o acolheu, para outras associações que não as previstas no "Còdice del Consumo", nas ações coletivas de reparação dos danos dos consumidores e utentes. Na Argentina e no Paraguai foi estabelecido pela jurisprudência. O Projeto brasileiro, que estendeu a legitimação à pessoa física e adota a *defendant class action*, exige nestes casos a aferição da representatividade adequada pelo juiz. O relator do Chile acentua a necessidade de o sistema adotar o critério.

Mas, sem dar-lhe essa denominação, o pré-requisito da representatividade adequada, no sentido de *conditio sine qua non* estabelecida por *lei* para que o legitimado possa agir em juízo, é comumente aceito nos ordenamentos de *civil law*: basta ver os sistemas da Áustria, Bélgica, Chile, Colômbia, França, Holanda, Itália (para os interesses difusos e coletivos), Portugal, Província Argentina de Catamarca, Suécia e Suíça.

Finalmente, admite-se uma forte tendência dos países de *civil law* no sentido do reconhecimento do pré-requisito da representatividade adequada, por força de lei, restando apenas alguns países em que é ele aferido pelo juiz.

4.2.6 *Ação coletiva passiva*

A ação coletiva passiva, entendida como a ação promovida não pelo grupo, mas *contra o grupo*, correspondendo à *defendant class action* do sistema norte-americano, é certamente mais rara do que a ativa, mesmo nos sistemas que a adotam. No entanto, não se pode descartar a possibilidade de o grupo figurar no polo passivo da demanda, seja esta individual ou coletiva. Aliás, nas relações de trabalho, o sindicato, com alguma frequência, é demandado nos processos da área.

Exemplos de ação coletiva passiva podem ser colhidos na experiência de vários países: ações possessórias ajuizadas contra grupos organizados nas invasões de propriedades (como o MST – Movimento Sem Terra brasileiro); ações intentadas contra "torcidas organizadas", como as de times de futebol, de caráter inibitório ou até condenatório; processos ajuizados contra associações de fabricantes de produtos considerados nocivos, para que seus associados (e não a associação) sejam obrigados a colocar advertências nos rótulos; demandas contra categorias profissionais, para que seus membros se abstenham de exibir didascálias ofensivas a outra profissões.

Título III • DA DEFESA DO CONSUMIDOR EM JUÍZO

A previsão da ação coletiva passiva avança nos países de *civil law*. Está ela expressamente contemplada na Noruega, em Israel, no Código Modelo de Processos Coletivos para Ibero--América. Na Colômbia e no Paraguai, os relatores informam que, embora não expressa, decorre do sistema. Na Venezuela tem sido acolhida pela jurisprudência. Nos ordenamentos da Argentina e do Chile, a doutrina reconhece sua existência.

É de grande relevância observar que o novo Código de Processo Civil, no art. 554, inserido no capítulo das ações possessórias, introduziu formalmente no ordenamento brasileiro uma ação coletiva passiva, prevendo a citação das pessoas ocupantes que forem encontradas no local, e a citação das demais por edital, com as cautelas dos parágrafos 1º, 2º e 3º. Mas o dispositivo não se preocupa com a "representatividade adequada" nem com o regime da coisa julgada. Seja como for, trata-se de um passo importante para o acolhimento formal da ação coletiva passiva no ordenamento brasileiro.

Voltaremos ao assunto no item 9.a do art. 103, ao tratarmos da coisa julgada na ação coletiva passiva.

4.2.7 Coisa julgada: direitos difusos e coletivos

No tocante à demanda que envolve a tutela de direitos difusos e coletivos, indivisíveis por natureza, a coisa julgada não pode senão atuar *erga omnes*. A satisfação do interesse de um dos membros da coletividade significa inelutavelmente a satisfação dos interesses de todos os outros; assim como a negação do interesse de um indica a mesma negação para todos os outros. É o que ocorre nos casos de reparação do dano ambiental provocado ao bem indivisivelmente considerado, ou na retirada de um produto nocivo do mercado, ou na suspensão de uma publicidade enganosa.

Mas essa coisa julgada *erga omnes* pode ter um temperamento, como ocorre em alguns países ibero-americanos: em caso de rejeição da demanda coletiva, por *insuficiência de provas*, a sentença não faz coisa julgada, e ação idêntica pode ser reproposta com base em provas novas (por outro legitimado, segundo a doutrina de Portugal e Costa Rica – esta sobre o Projeto –, ou até pelo mesmo legitimado, segundo a doutrina brasileira).

Essa regra, contra a qual se insurge o relator de Portugal por considerá-la contrária ao princípio da igualdade das partes, encontra sua origem na lei brasileira sobre Ação Popular, de 1965, e é aplaudida pela doutrina como uma salvaguarda eficaz contra a possível colusão entre demandante e demandado, que poderiam almejar uma coisa julgada *erga omnes* desfavorável ao autor popular, atingida pela via de uma atividade probatória insuficiente. Aliás, o próprio relator português admite que, nesse caso, a previsão é útil, verberando apenas sua generalização. Seja como for, da lei da Ação Popular a norma passou para o microssistema brasileiro de processos coletivos, sendo adotada pelo Código Modelo de Processos Coletivos para Ibero--América. Mas não só o Brasil (no direito posto e no Projeto de lei); o Projeto de Costa Rica, Portugal e o Uruguai também adotaram a regra, assim como a jurisprudência da Colômbia.

Sendo assim, ainda não se pode falar de uma verdadeira tendência, nem mesmo entre os países ibero-americanos, no sentido de se adotar a coisa julgada *secundum eventum litis*, como temperamento para a eficácia *erga omnes* do julgado, em caso de tutela de direitos difusos e coletivos.

4.2.8 Coisa julgada: direitos individuais homogêneos

É no campo da coisa julgada nos processos coletivos em defesa de direitos individuais homogêneos que as posições dos países de *civil law* se bifurcam vistosamente. De um lado, os países ibero-americanos – com exceção da Colômbia, de Portugal e da Província Argentina de Catamarca –, que adotam a técnica da coisa julgada *secundum eventum litis*. Do outro, os

CÓDIGO BRASILEIRO DE DEFESA DO CONSUMIDOR

demais países, que escolhem os critérios do *opt in*, do *opt out*, ou ambos. Portugal junta o critério do *opt out* com o do julgado *secundum eventum litis*, no sentido visto acima (nº 2.7), com sérias críticas do relator, que denomina de "insólito" o sistema de seu país. Mas talvez se possa afirmar que o critério do *opt out*, destinado aos efeitos da sentença proferida em processo em defesa de direitos individuais homogêneos, não é incompatível com a regra da inexistência de coisa julgada, quando a sentença rejeita a demanda atinente aos direitos difusos e coletivos, por insuficiência de provas.

Comecemos examinando os critérios do *opt out* e do *opt in*.

4.2.8.1   O critério do opt out

Como é sabido, o critério do *opt out* consiste em permitir que cada indivíduo, membro da classe, requeira em juízo sua *exclusão* da demanda coletiva, de modo a ser considerado terceiro, não sujeito à coisa julgada. Todos os demais membros da classe, que não tenham exercido a opção de excluir-se, são considerados partes e sofrem os efeitos da coisa julgada, seja ela positiva, seja ela negativa. O sistema exige ampla divulgação da demanda, por todos os meios de comunicação e – quando possível – até pessoal, para que os membros da classe que não queiram ser abrangidos pela coisa julgada, favorável ou desfavorável, possam exercer seu direito de opção, retirando-se do processo.

Esse critério sofre sérias críticas em diversos países, porque, afinal de contas, a coisa julgada atingirá (podendo prejudicá-los) pessoas que não participaram da demanda. Os relatores da Áustria e da França, assim como a doutrina de Portugal, rejeitam veementemente o instituto, que afirmam estar em desacordo com os princípios gerais e as garantias do processo dos respectivos países, em que se deve respeitar o princípio de que só quem teve a oportunidade de ser ouvido (ou seja, a parte, sujeito do contraditório) pode ser submetido à eficácia da coisa julgada. Ademais, argumenta-se com a falácia do sistema de notificações fictas, das quais não pode surgir a presunção do conhecimento amplo da demanda por parte de todos os interessados.

E, realmente, a adoção do critério do *opt out*, isoladamente, é raro nos países de *civil law*, sendo seguido apenas pela Holanda, Portugal e por alguns Projetos da Itália. Esclareça-se que o Projeto mencionado pela Áustria, por enquanto, não tomou posição entre o *opt out* e o *opt in*.

4.2.8.2   O critério do opt in

Igualmente sabido é que o critério do *opt in* possibilita aos membros do grupo, devidamente notificados, que ingressem voluntariamente na demanda coletiva, tornando-se partes e sendo, assim, colhidos pela coisa julgada, favorável ou desfavorável. Quem não manifestar sua vontade de *inclusão* no processo não será abrangido pela coisa julgada, não podendo ser prejudicado ou beneficiado por ela. Essa técnica também exige uma ampla divulgação da demanda, a fim de que os interessados possam manifestar sua vontade no sentido de serem incluídos no processo.

Diante das críticas suprarrelatadas, em relação ao *opt out* – que realmente parece vulnerar a garantia do contraditório e da limitação da coisa julgada às partes –, alguns países de *civil law* preferem o critério do *opt in*: assim a Alemanha e a Colômbia – cujo relator, no entanto, critica o sistema –, a França, a Itália, a Província argentina de Catamarca, a Suécia.

O relator da Dinamarca apresenta elementos, segundo os quais em muitos casos os membros do grupo podem se sentir desencorajados a optar pela inclusão no processo.

E realmente parece que a escolha do *opt in* pode, em muitos casos, esvaziar o processo coletivo, frustrando seus ideais – sobretudo o de resolver, de uma vez por todas, litígios de

Título III · DA DEFESA DO CONSUMIDOR EM JUÍZO

massa, evitando a multiplicação das demandas, decisões contraditórias, a fragmentação da prestação jurisdicional.

4.2.8.3 *Combinação do* opt in *com o* opt out

Talvez por causa das críticas ao *opt out* e dos riscos de inoperância do *opt in*, alguns países combinam ambos os critérios: Israel, Noruega, Suécia e o Projeto da Dinamarca. Via de regra, nesses países a preferência vai ao *opt in*, deixando o *opt out* para casos residuais, sobretudo para questões de pequeno valor econômico, em que é diminuto o interesse dos membros do grupo em ingressarem no processo.

4.2.8.4 *A coisa julgada* secundum eventum litis

Completamente diversa é a opção dos países ibero-americanos. Levando em consideração a falta de informação e de conscientização a respeito de seus direitos de grandes parcelas da população, a dificuldade de comunicação, a distância e a precariedade dos meios de transporte, a dificuldade de acesso à justiça, as barreiras para a contratação de um advogado, esses países (com exceção da Colômbia e de Portugal) descartam seja o *opt in*, seja o *opt out*, seguindo linha completamente diferente da supratraçada: a linha da coisa julgada *secundum eventum litis*, só para beneficiar, mas não para prejudicar os membros do grupo. Ou seja, a coisa julgada, no plano coletivo, atua *erga omnes*, tanto em caso de acolhimento como de rejeição da demanda, impedindo que novo processo coletivo seja intentado por qualquer legitimado. Mas, no plano das pretensões individuais, a coisa julgada favorável pode ser imediatamente aproveitada, passando-se à liquidação e execução da sentença, enquanto a coisa julgada desfavorável não impede ações individuais, a título pessoal, dos membros do grupo.

Conhecem-se as críticas da doutrina processual tradicional à coisa julgada *secundum eventum litis*, e estamos cientes de que a solução supra-apontada privilegia os membros do grupo que, depois de perderem uma ação coletiva, ainda têm a seu favor a possibilidade de ajuizar ações individuais (enquanto o demandado, que ganhou a ação coletiva, pode ser novamente acionado a título individual). Mas trata-se de uma escolha consciente: entre prejudicar com uma coisa julgada desfavorável o membro do grupo que não teve a oportunidade de optar pela exclusão, pela técnica do *opt out*; entre o risco de esvaziamento dos processos coletivos, pela técnica do *opt in*, a grande maioria dos países ibero-americanos preferiu privilegiar os membros do grupo, invocando um princípio de igualdade real (e não apenas formal), que exige que se tratem diversamente os desiguais. E certamente os membros de uma classe, desrespeitada em seus valores fundamentais, merece o tratamento diferenciado próprio das pessoas organizacionalmente mais vulneráveis.

Na prática, aliás, a solução supra-apontada não é perversa como poderia parecer à primeira vista: perdida a demanda coletiva, ainda são possíveis as ações individuais, é certo. Mas a decisão contrária proferida no processo coletivo terá sua carga de poderoso precedente e poderá ser utilizada pelo demandado (não para impedir o ajuizamento da demanda individual, como ocorreria se houvesse coisa julgada, mas para influir sobre o convencimento do novo juiz). Aliás, na demanda coletiva julgada improcedente, o demandado já terá exercido na maior plenitude possível todas as suas faculdades processuais – inclusive as probatórias – e a(s) demanda(s) individual(is) versará(ão) sobre a mesma *causa petendi*, já enfrentada vitoriosamente pelo demandado.

De qualquer modo, mesmo na doutrina, a antiga aversão à coisa julgada *secundum eventum litis* está cedendo há algum tempo, como demonstra a posição de Allorio, na Itália, ainda

749

nos anos 60. E a legislação de diversos países, como a Itália e Alemanha, utiliza o critério da coisa julgada *secundum eventum litis*, quando estende a coisa julgada a terceiros, no caso de anulação da assembleia, e não no caso de declaração de sua validade. Finalmente, cumpre lembrar a lição do grande Chiovenda que afirmava que o princípio da limitação da sentença às partes significa que os terceiros não podem ser por ela prejudicados, mas que podem, sim, ser beneficiados por ela.

Seja como for, a escolha pela coisa julgada *secundum eventum litis*, somente para favorecer e não para prejudicar as pretensões pessoais, é importante na América Latina: adotam esse critério o Código Modelo de Processos Coletivos para Ibero-América, Brasil (no direito vigente e no projetado) e Peru, enquanto os relatores de diversos países, como veremos (nº 2.11.2), preconizam a adoção do mesmo modelo (com exceção da Colômbia, cujo relator prefere o sistema ali vigente).

Cumpre notar que o relator italiano afirmou que, em relação aos Projetos que não adotavam o *opt out* ou o *opt in*, devia-se concluir pela solução da coisa julgada *secundum eventum litis*, sob pena de inconstitucionalidade dos Projetos. Mas, como visto, a "Legge finanziaria 2008" italiana acabou adotando o *opt in*.

4.2.9 *Coisa julgada* secundum probationem

Afora os casos clássicos de rescisão da sentença passada em julgado, previstos em todos os códigos processuais, incluindo a hipótese de prova nova, autorizando o *iudicium rescissorium*, alguns países da América Latina preveem, em seus sistemas de processos coletivos, que a prova nova, superveniente à sentença, e que por isto não foi possível produzir no processo encerrado – desde que idônea para modificar seu resultado –, pode ensejar a propositura de nova ação, idêntica à anterior, baseada na prova nova. Trata-se da denominada *coisa julgada secundum probationem*, segundo a qual a coisa julgada incide exclusivamente sobre as provas produzidas, não colhendo as supervenientes à sentença. A hipótese não é exclusiva dos processos coletivos, sendo vistoso exemplo do que se afirma a prova científica do DNA, que pode alterar o resultado do processo anterior de investigação de paternidade.

Para o ajuizamento de nova ação, é previsto o prazo de preclusão de dois anos, a partir do conhecimento geral da existência da prova nova.

Estamos conscientes de que a medida não é necessária em todos os ordenamentos, pois há países – como a Itália – em que o prazo da chamada *revocazione straordinaria*, baseada justamente na descoberta de prova nova, começa a fluir a partir dessa descoberta, e não do momento do trânsito em julgado da sentença rescindenda.

Mas, como muitos ordenamentos sul-americanos fixam o prazo inicial para o *iudicium rescissorium* a partir do momento do trânsito em julgado da sentença, a solução da coisa julgada *secundum probationem* pode ser interessante. Adotam-na o Código Modelo de Processos Coletivos para Ibero-América, a Colômbia e o Projeto do Brasil.

4.2.10 *O aproveitamento da coisa julgada coletiva para beneficiar as pretensões individuais*

A coisa julgada que cobre a sentença favorável proferida em um processo coletivo pode ser transportada para as pretensões individuais, encurtando o caminho processual pelo qual se pretenda fazer valerem os direitos individuais.

Isso não vale apenas quanto à sentença favorável que decidiu a respeito dos direitos individuais homogêneos – aliás, nesse caso, o transporte da coisa julgada constitui quase um

Título III · DA DEFESA DO CONSUMIDOR EM JUÍZO

truísmo –, mas também em relação à sentença que julgou favoravelmente a controvérsia sobre direitos difusos e coletivos.

Exemplificando: se a sentença reconheceu a existência do dano ambiental, indivisivelmente considerado, e condenou o demandado à sua reconstituição, as pessoas físicas, individualmente prejudicadas pelo mesmo dano, podem servir-se da coisa julgada coletiva para encurtar o caminho processual voltado à indenização pelos danos pessoalmente sofridos. Pareceu a Liebman, quando escreveu a respeito do antigo regime italiano do transporte da coisa julgada penal para o campo civil, na reparação do dano *ex delicto*, que se teria nesse caso a extensão da coisa julgada penal aos motivos, o que seria *abnorme*. A doutrina brasileira prefere hoje explicar o fenômeno – tanto da eficácia da coisa julgada penal no campo da reparação civil como da eficácia da coisa julgada do processo coletivo em defesa dos direitos difusos e coletivos, para beneficiar as pretensões reparatórias individuais – como uma ampliação objetiva do objeto da demanda, pelo que, quando o juiz afirma "condeno a reconstituir o meio ambiente lesado", está implicitamente afirmando que também condena a indenizar as vítimas do dano ambiental.

O reconhecimento da possibilidade de transportar a coisa julgada coletiva para beneficiar as pretensões individuais constitui sem dúvida uma tendência ponderável entre os países de *civil law*. Reportam-se a esse critério os relatórios da Alemanha, Itália e Suíça, na Europa; e, na América Latina, além da previsão expressa do Código Modelo de Processos Coletivos para Ibero-América, os relatórios do Brasil (direito vigente e projetado), Chile, Costa Rica, Uruguai e Venezuela.

A essa análise deve-se acrescentar a introdução, na Itália, da defesa dos interesses ou direitos individuais homogêneos, por alteração do art. 140-bis do "Còdice del consumo", em que a legitimação é do consumidor ou de associações e a coisa julgada segue o modelo do *opt in*.

5. CORRESPONDÊNCIA DA TUTELA COLETIVA NOS PAÍSES DE *CIVIL LAW* COM AS CATEGORIAS DAS *CLASS ACTIONS* NORTE-AMERICANAS

Para o mesmo tema do XIII Congresso Mundial de Direito Processual, Linda Mullenix atuou como relatora geral para os países de *common law* e Kazuo Watanabe, como relator de síntese.

Os dois autores colheram a correspondência existente entre a tutela dos interesses ou direitos difusos, coletivos e individuais homogêneos com as diversas categorias das *class actions* norte-americanas.

O sistema das *class actions* dos países de *common law*, como é próprio desses ordenamentos, não tem características conceituais, de modo que não se preocupa em definir e distinguir interesses difusos dos individuais homogêneos. Como afirma Linda Mullenix[44], "The civil law terminology denominating 'diffuse' and 'homogeneous individual rights' is alien terminology for common law systems". No entanto, a tutela jurisdicional desses interesses é claramente prevista, de maneira distinta, nos ordenamentos de *common law*, como também sustenta Linda Mullenix:[45]

---

[44] Linda Mullenix, General Report – Common Law – Theme nº 5 – XIII World Congresso of Procedural Law, Salvador-Bahia, 2007 september 16-22, in "Os processos coletivos nos países de *civil law* e *common law* – Uma análise de direito comparado", São Paulo, Editora Revista dos Tribunais, 2008, p. 267.

[45] Linda Mullenix, General Report – Common Law – Theme nº 5 – XIII World Congresso of Procedural Law, Salvador-Bahia, 2007 september 16-22, in "Os processos coletivos nos países de *civil law* e *common law* – Uma análise de direito comparado", São Paulo, Editora Revista dos Tribunais, 2008, p. 267.

751

"However, although the terms 'diffuse right' or 'homogeneous right' do not exist at common law, the concepts that underlay these labels have both historical analogues and contemporary application in common law systems".

E, tomando como modelo as *class actions* norte-americanas – das quais, como explica, as australianas e canadenses derivaram –, após um histórico a partir das *Federal Rules of Civil Procedure* de 1938, chega ao exame da *Rule* nº 23 de 1966. E afirma a professora da Universidade do Texas, numa lúcida lição que vale a pena transcrever:[46]

"The centerpiece of the 1966 amendments to rule 23 was the creation of three entirely new categories of class actions, known as the Rule 23(b) categories. These categories jettisoned the labels of the 1938 rule. Instead, the new class categories were intended to be functional, and to describe types of class actions, or situations in which class actions were suitable. The first two categories chiefly equitable in nature and intended to provide injunctive or declaratory relief to class members with homogeneous interests in the litigation. Because class members in these two class categories must have homogenous interests, these class actions are *mandatory* and class members *may not opt-out of the proceedings.* Until recently, class members were not entitled to notice of the action, either.

The first two categories of American class actions analytically *are very similar to the concept of diffuse collective actions in civil law countries.* In the same way that diffuse actions aggregate claims for societal arms, such as environmental contamination, the American class action rule provides a procedural means for relief in similar types of societal-harm cases. Indeed, during the 1960s and 1970s, the largest number of class actions pursued in the United States were under the auspices of Rule 23(b)(2), for declaratory or injunctive relief. Almost all this class litigation was public interest or institutional reform litigation.

Moreover, in the same way that Brazil developed a means for the assertion of *collective homogeneous individual rights,* the American *class action developed a similar procedural mechanism.* This provision for the group enforcement of individual rights is located in the third category of Rule 23, and this type of class action did not exist prior to 1938. The 1966 amendments created a new Rule 23(b)(3) class action, which permitted collective recovery of damages of individual wrongs There was a built-in assumption that interests of members of a Rule 23(b)(3) class would not be homogenous (as in the Rule 23(b)(1) and (b)(2) categories, but rather heterogeneous (or different). Because of the potential differences in interests, the Rule 23(b) class provided for notice to all members in such a class, as well as *the opportunity to exclude* one's self from the class. The Rule 23(b)(3) class judgment binds only remaining class members, but not on persons who excluded themselves from the class".

Kazuo Watanabe, encarregado do relatório de síntese para o tema do World Congress suprarreferido, em uma análise comparativa dos processos coletivos nos países de *civil law* e *common law*, arremata:[47]

"Informa a professora Linda S. Mullenix que, nos sistemas jurídicos de *common law*, não são utilizadas as terminologias 'direitos difusos' e 'direitos individuais homogêneos'. Mas as ideias

---

[46] Linda Mullenix, General Report – Common Law – Theme nº 5 – XIII World Congresso of Procedural Law, Salvador-Bahia, 2007 september 16-22, in "Os processos coletivos nos países de *civil law* e *common law* – Uma análise de direito comparado", São Paulo, Editora Revista dos Tribunais, 2008, p. 268-269.

[47] Kazuo Watanabe, Synthesis Report, Theme nº 5 – XIII World Congress of Procedural Law, Salvador-Bahia, 2007 september 16-22, in "Os processos coletivos nos países de *civil law* e *common law* – Uma análise de direito comparado", Rio de Janeiro, Editora Revista dos Tribunais, 2008, p. 306-307.

que estão contidas nessas expressões sempre estiveram presentes no sistema de *common law*.

Esclarece a ilustre Professora, também, que nos Estados Unidos as emendas de 1966 à *Rule* 23 criaram três categorias de *class actions*, e que as duas primeiras-23 (b) (1) e 23 (b) (2) exigem que os membros do grupo tenham interesses homogêneos [na terminologia do direito brasileiro, seriam interesses ou direitos indivisíveis, que reclamam uma decisão unitária] e por isso são obrigatórias (*mandatory*) essas *class actions*, e nelas não há o direito de exclusão (*opt out*) dos membros do grupo, e nem há notificação pessoal (*notice*) deles.

Em razão dessas características, essas *class actions* são *muito similares às ações coletivas brasileiras para a tutela de interesses difusos*. Da mesma forma que estas últimas, também essas *class actions* americanas cuidam de conceder tutelas jurisdicionais em casos de lesão aos interesses da sociedade, tendo sido largamente utilizadas, nas décadas de 1960 e 1970, para as tutelas declaratórias e mandamentais de interesses públicos. Nessas duas modalidades de *class action, a coisa julgada, seja positiva ou negativa, tem eficácia* erga omnes, *abrangendo todos os membros do grupo.*

A terceira categoria de *class action* – a prevista na *Rule* 23 (b) (3), que se destina à postulação de indenização de danos por lesões individuais, seria correspondente à ação coletiva para a *tutela de direitos individuais homogêneos* do sistema de *civil law*.

Nessa modalidade de *class action*, os membros do grupo têm direito à notificação (*notice*) e à *oportunidade de autoexclusão (opt out)* da ação coletiva. A coisa julgada, seja negativo ou positivo o resultado da ação, será *erga omnes*, mas a ela não ficam sujeitos os membros do grupo que tiverem exercido o direito de autoexclusão da demanda (*opt out*)".

Em resumo, à tutela dos interesses ou direitos difusos, do sistema de *civil law*, correspon-de, com as mesmas características, a proteção dada pelas *class actions* previstas na *Rule* nº 23, sob os itens (b) (1) e (b) (2); e à tutela dos interesses ou direitos individuais homogêneos correspondem as *class actions* previstas na *Rule* nº 23, sob o item (b) (3).

Capítulo I
DISPOSIÇÕES GERAIS

IV – COMENTÁRIOS SOBRE A DEFESA DO CONSUMIDOR EM JUÍZO

Kazuo Watanabe

1. FORMAÇÃO DE NOVA MENTALIDADE

As disposições contidas neste capítulo põem bem à mostra a preocupação do legislador pela instrumentalidade substancial e maior efetividade do processo,[48] e também pela sua adequação à nova realidade socioeconômica que estamos vivendo, marcada profundamente pela economia de massa.[49]

As normas materiais mais severas e mais apropriadas à regulação das relações de consumo certamente influirão decisivamente na redução dos conflitos de interesses em níveis mais aceitáveis e, por isso mesmo, apesar da facilitação do acesso à justiça, o número de demandas, com o correr do tempo, será inferior ao que é esperado pelos mais céticos e críticos da nova legislação. Para que isso efetivamente ocorra, porém, é necessário que a própria sociedade, principalmente por meio dos atores das relações de consumo, que são os consumidores e fornecedores, de um lado, e o Estado, direta e indiretamente, por meio de seus órgãos e entidades autárquicas e pa-

---

[48] A. Proto Pisani, "Sulla tutela giurisdizionale differenziata", *in Riv. di Diritto Processuale*, 1979, ps. 536-591, e "Appunti sulla tutela sommaria", *in Processi speciali, studi offerti a Virgilio Andrioli dai suoi allievi*, ps. 309-360; Nicola Picardi, "I processi speciali", *in Riv. di Diritto Processuale*, 1982, ps. 700-764; Luigi Montesano, "Luci ed ombre in leggi e proposte di 'tutela differenziata' nei processi civili", *in Riv. di Diritto Processuale*, 1979, ps. 592-603; Cândido Rangel Dinamarco, *A instrumentalidade do processo*, RT, 1987; José Carlos Barbosa Moreira, "Notas sobre o problema da 'efetividade' do processo", *in Temas de Direito Processual*, 3ª série, Saraiva, 1984, ps. 27-42, "Tendências modernas do Direito Processual Civil", *in op. cit.*, ps. 1-13, e "Tutela sancionatória e tutela preventiva", *in Temas de Direito Processual Civil*, 2ª série, 2ª ed., Saraiva, 1988, ps. 21-29; Ada Pellegrini Grinover, "A tutela preventiva das liberdades – *habeas corpus* e mandado de segurança", *in O processo em sua unidade*, Forense, 1984, ps. 70-87; Kazuo Watanabe, *Da cognição no processo civil*, RT, 1987, ps. 15-25.

[49] Mauro Cappelletti, "Formazioni sociali e interessi di gruppo davanti alla giustizia civile", *in Riv. di Diritto Processuale*, 1975, ps. 361-402; Ada Pellegrini Grinover, "A tutela jurisdicional dos interesses difusos", *in Novas tendências do Direito Processual*, Forense Universitária, 1990, ps. 137-143; Kazuo Watanabe, "Acesso à justiça e sociedade contemporânea", *in Participação e processo*, coord. de Ada Pellegrini Grinover, Cândido Rangel Dinamarco e Kazuo Watanabe, RT, 1988, ps. 128-135.

CÓDIGO BRASILEIRO DE DEFESA DO CONSUMIDOR

raestatais, de outro, compreendam, aceitem e efetivamente ponham em prática os objetivos estabelecidos no Código. Controle de qualidade e de segurança dos produtos e serviços pelos próprios fornecedores, maior educação e informação dos fornecedores e consumidores quanto aos seus direitos e deveres, coibição e repressão mais eficazes, em nível administrativo e criminal, de todas as formas de abuso, fortalecimento dos consumidores pela criação e desenvolvimento de associações representativas, organização dos mecanismos alternativos, oficiais e privados, de solução de conflitos de consumo (art. 4º e incisos) são algumas das providências objetivadas pelo legislador para que haja maior harmonia entre os atores que participam das relações de consumo. De nada adiantará tudo isso, porém, sem que uma *nova mentalidade* se forme e por meio dela se construa uma sociedade menos individualista e egoísta, mais participativa e solidária.

2. SOCIEDADE CIVIL MAIS BEM ORGANIZADA E PARTICIPATIVA

Dentro dessa linha de pensamento, o acesso à justiça e os correspondentes instrumentos processuais deverão ser importantes mais pela sua potencialidade de uso, pela sua virtualidade, do que pela sua efetiva utilização. A só existência de mecanismos processuais mais eficazes e mais ajustados à natureza dos conflitos a serem solvidos deverá fazer com que, juntamente com o conjunto de medidas antes enumeradas, a *nova mentalidade* tão almejada seja efetivamente uma realidade, fazendo com que, ao invés do *paternalismo do Estado*, tenhamos uma sociedade civil mais bem estruturada, mais consciente e mais participativa, enfim, uma sociedade em que os mecanismos informais e não oficiais de solução dos conflitos de interesses sejam mais atuantes e eficazes do que os meios formais e oficiais.

Certamente, levaremos ainda algum tempo, que desejamos não seja muito longo, para o nascimento dessa sociedade dotada de nova mentalidade. Mas estamos certos de que, cedo ou tarde, isso efetivamente ocorrerá. E para isso, indubitavelmente, este Código será um importante fator desencadeante, potenciado pelo seu estudo nos meios acadêmicos. A Faculdade de Direito da Universidade de São Paulo criou a cadeira intitulada "Direito do Consumidor", multidisciplinar, que passou a ser oferecida aos estudantes a partir do 1º semestre de 1994, sendo as aulas dadas por professores de Direito Econômico, Direito Comercial, Direito Civil, Direito Penal e Direito Processual Civil. O exemplo vem sendo seguido por inúmeras outras faculdades. Isto certamente está provocando o surgimento de uma geração de operadores do Direito mais preocupada com todos esses problemas da nossa sociedade. A Escola Paulista da Magistratura, mantida pelo Poder Judiciário de São Paulo, participa do processo de recrutamento de novos juízes, organizando cursos que são frequentados pelos candidatos aprovados. Tem sido incluído sempre o Direito do Consumidor como uma das disciplinas, o que reforça a certeza de que está se formando uma geração de profissionais do Direito com nova mentalidade. Também é decisiva a positiva reação dos empresários mais responsáveis e cônscios da importante função social que lhes toca, que têm procurado adaptar a sua dinâmica empresarial às novas disposições do Código. São demonstrações eloquentes dessa tendência as diligências por eles adotadas no sentido de tornar mais perfeito o seu sistema de controle de qualidade dos produtos que lançam no mercado, de selecionar melhor os fornecedores de matérias-primas e de componentes e peças, e também de praticar o *recall* tão logo descubram qualquer defeito de fabricação que ponha em risco a segurança dos consumidores (ou substituindo o produto defeituoso por outro sem vício ou recolhendo o produto com defeito e devolvendo ao consumidor o valor por ele pago).

3. AMPLIAÇÃO DA LEGITIMAÇÃO PARA AGIR

A legitimação para agir foi ampliada não somente para ensejar o acesso às demandas essencialmente coletivas (art. 81, parágrafo único, nos I e II), como também para permitir a tutela coletiva dos interesses ou direitos individuais ligados entre si pelo vínculo da homogeneidade.

Capítulo I · DISPOSIÇÕES GERAIS

A ampliação foi ao ponto de permitir que as entidades e órgãos da Administração Pública direta e indireta, mesmo sem personalidade jurídica, possam ter acesso à justiça, desde que especificamente destinados à defesa dos interesses e direitos protegidos pelo Código (art. 82, nº III). As associações passaram a ter legitimação *ad causam* pela só autorização estatutária decorrente da enunciação de seus fins institucionais (art. 82, nº IV).

Todavia, não se chegou a ponto de legitimar a pessoa física às ações coletivas, talvez pela insegurança gerada pela falta de norma expressa sobre a aferição, pelo juiz, da "representatividade adequada" (v. adiante, comentários nos 2 e 7 ao art. 82), possivelmente para se manter um ponto de distanciamento em relação à legitimação para a ação popular.

Contudo, além do norte-americano, diversos ordenamentos ibero-americanos legitimam às ações coletivas o "cidadão", provavelmente em decorrência da legitimação às ações populares.

O Código Modelo de Processo Civil para Ibero-América recepcionou a ideia brasileira da tutela jurisdicional dos interesses difusos, com algumas modificações em relação à legitimação, porquanto no art. 53 atribuiu a *legitimatio ad causam* ao Ministério Público, "a qualquer interessado" e às associações civis que pudessem demonstrar a possibilidade de uma defesa adequada.[50]

No Uruguai, o Código Geral do Processo de 1989 repetiu as regras do Código Modelo nos arts. 42 e 220.[51]

A jurisprudência argentina desenvolveu importante obra de construção, seja em matéria de dano individual, seja em relação aos danos coletivos, reconhecendo a legitimação para agir ao consumidor e, em matéria ambiental, ao cidadão.[52] Finalmente, a Constituição de 1994 contemplou, no art. 40, os chamados direitos "de incidência coletiva", para cuja tutela prevê o "amparo", com legitimação ao cidadão (arts. 41 e 42).[53]

Em Portugal, a Lei da Ação Popular constitucional, de 1995, também legitima o cidadão (ao lado das associações) para a tutela jurisdicional dos interesses ligados à saúde pública, ao ambiente, à qualidade de vida, à proteção do consumo de bens e serviços, ao patrimônio cultural e ao domínio público.

Diante dessas circunstâncias, talvez estejamos em condições de repensar a legitimação da pessoa física às ações coletivas, sobretudo quando acoplada à aferição, pelo juiz, da "representatividade adequada".

---

[50] O ordenamento brasileiro, como se verá, não contempla expressamente a exigência da chamada "representatividade adequada", considerando legitimadas as associações regularmente constituídas há pelo menos um ano e que incluam, em seus objetivos institucionais, a defesa dos bens e interesses cuja tutela jurisdicional se requer.

[51] A bibliografia uruguaia a respeito do assunto é vasta: desde 1980 (Dante Barrios de Angelis, "Defensa judicial de los intereses difusos", *in Introducción al proceso*, IDEA, 1980), passando por estudos como os de Luís Alberto Viera (*Los intereses difusos y la garantia del amparo*, Libro de las Jornadas Uruguayas de Derecho Procesal, 1989) e de Angel Landoni Sosa ("Legitimación para la defensa de los intereses difusos", *in RUDP* 4/1981), até Santiago Pereira Campos, "Intereses difusos y efectos de la cosa juzgada", *in Estudios en homenaje al profesor EnriqueVescovi*, Montevidéu, Fundación Cultura Universitaria, 2000.

[52] Cf. Gualberto Luca Sosa, "La defensa jurisdicional de los intereses superindividuales y difusos. La defensa del consumidor y del medio ambiente (analisis jurisprudencial desde Argentina)", *in Estudios em homenaje al profesor Enrique Vescovi*, FCU, ps. 217-241; Augusto M. Morello, "La legitimación de obrar como elemento facilitador, en Argentina, de la tutela jurisdiccional de las libertades fundamentales y de los intereses difusos y colectivos", *in Estudios de Derecho Procesal*, Librería Editora Platense e Abeledo Perrot, I, ps. 47-62.

[53] Sobre a linha evolutiva da proteção jurisdicional dos interesses difusos e coletivos, na Argentina, v. *Roland Arazi, Derecho Procesal Civil y Comercial*, Rubinzal-Culzoni Editores, tomo I, ps. 239-257.

CÓDIGO BRASILEIRO DE DEFESA DO CONSUMIDOR

É expresso, nesse sentido, o Código Modelo de Processos Coletivos para Ibero-América (v. Apêndice), quando estabelece:

"*Art. 3º* São legitimados concorrentemente à ação coletiva:

I – o cidadão, para a defesa dos interesses ou direitos difusos de que seja titular um grupo, categoria ou classe de pessoas ligadas por circunstâncias de fato;

II – o membro do grupo, categoria ou classe, para a defesa dos interesses ou direitos difusos de que seja titular grupo, categoria ou classe de pessoas ligadas entre si ou com a parte contrária por uma relação jurídica base e para a defesa de interesses ou direitos individuais homogêneos;[54]

III – o Ministério Público e o Defensor do Povo;

IV – as pessoas jurídicas de direito público interno;

V – as entidades e órgãos da Administração Pública, direta ou indireta, ainda que sem personalidade jurídica, especificamente destinados à defesa dos interesses e direitos protegidos por este Código;

VI – as entidades sindicais, para a defesa dos interesses e direitos da categoria;

VII – as associações legalmente constituídas há pelo menos um ano e que incluam entre seus fins institucionais a defesa dos interesses e direitos protegidos neste Código, dispensada a autorização assemblear.

§ 1º O requisito da pré-constituição pode ser dispensado pelo juiz, quando haja manifesto interesse social evidenciado pela dimensão ou característica do dano, ou pela relevância do bem jurídico a ser protegido.

§ 2º Será admitido o litisconsórcio facultativo entre os legitimados."

3a. Da representatividade adequada e da legitimação passiva do grupo

Decorridos mais de 30 anos de vigência do CDC, novas questões apresentam-se aos intérpretes: existiria, no ordenamento brasileiro, a possibilidade de aferição, pelo juiz, de uma condição para o exercício da ação coletiva, denominada "representatividade adequada" no ordenamento norte-americano e em alguns países ibero-americanos? E mais: seria cabível, em nosso ordenamento, a ação coletiva passiva, ou seja, uma ação (individual ou coletiva) proposta contra e não pelo grupo, categoria ou classe de pessoas?

Essas novas questões serão abordadas nos comentários ao art. 82 ([7a], [7b] e [7c]).

4. AMPLIAÇÃO DOS PODERES DO MAGISTRADO

Os poderes do juiz foram reforçados. A ele se conferiu, por exemplo, embora timidamente, se comparado ao sistema norte-americano,[55] a faculdade de dispensar o requisito da pré-constituição das associações em certas hipóteses, tocando-lhe assim a atribuição de aferir, no caso concreto, a sua representatividade adequada (art. 82, § 1º).

---

[54] Observe-se que o Código Modelo agrupou as categorias de interesses ou direitos difusos e coletivos numa só.

[55] V., *infra*, comentário ao Cap. II, "Das ações coletivas para a defesa de interesses individuais homogêneos"; Vincenzo Vigoriti, *Interessi collettivi e processo*, Giuffrè, 1979, ps. 271 e segs.; Ada Pellegrini Grinover, "A tutela jurisdicional dos interesses difusos", *in Novas tendências do Direito Processual*, Forense Universitária, 1990, ps. 137-143; José Rogério Cruz e Tucci, *"Class action" e mandado de segurança coletivo*, Saraiva, 1990, ps. 21-23.

Capítulo I · DISPOSIÇÕES GERAIS

No plano do provimento jurisdicional, ao juiz foi conferido o poder de adotar todas as providências adequadas e legítimas à tutela específica das obrigações de fazer ou não fazer, sendo-lhe dado desde:

a) impor multa diária independentemente de pedido do autor (sem prejuízo, evidentemente, do efetivo cumprimento da prestação), se a peculiaridade do caso indicar que a multa é suficiente ou compatível com a obrigação (art. 84, § 4º); e

b) determinar medidas que sejam adequadas à obtenção do resultado prático equivalente ao do adimplemento da obrigação se não for possível o atingimento de sua tutela específica.

Como será discorrido nos comentários aos arts. 83 e 84 e parágrafos, o provimento do juiz na tutela das obrigações de fazer ou não fazer não se restringirá à mera condenação (provimento condenatório na concepção tradicional), mas abrangerá também a expedição de mandamentos ou ordens (*ação mandamental*)[56] que, sendo descumpridos, à semelhança das *injunctions* do sistema anglo-saxão ou da "ação inibitória" do sistema italiano,[57] poderão configurar o crime de desobediência, como ato de afronta à justiça, e não apenas como ofensa ao direito da parte contrária, e ainda ensejará a adoção de técnicas de sub-rogação objetiva e subjetiva de obrigações que permitam a obtenção do resultado prático equivalente ao do

---

[56] Foi Pontes de Miranda quem, entre nós, adotou a classificação de Kuttner, que pôs a ação mandamental em categoria distinta da ação condenatória. "A ação mandamental" – conceitua o saudoso jurista – "é aquela que tem por fito preponderante que alguma pessoa atenda, imediatamente, ao que o juízo manda" (*Tratado das ações*, RT, 1976, t. VI, § 1, nº 1, p. 3). Em outra passagem, traz as seguintes ponderações que são bastante elucidativas a respeito da característica específica dessa classe de ação: "Na sentença mandamental, o juiz não constitui: 'manda'. Na transição entre o pensamento da sentença condenatória e o ato da execução, há intervalo, que é o da passagem em julgado da sentença de condenação e o da petição da ação *iudicati*." E acrescenta: "Na ação executiva, quer-se mais: quer-se o ato do juiz, fazendo não o que devia ser feito pelo juiz como juiz, sim o que a parte deveria ter feito. No mandado, o ato é ato que só o juiz pode praticar, por sua estatalidade. Na execução, há mandados – no correr do processo; mas a solução final é ato da parte (solver o débito). Ou do juiz, forçando" (*Tratado das ações*, RT, 1970, t. I, 37, nos 1 e 2, p. 211). Ovídio Baptista da Silva aprofundou o estudo da ação mandamental e em seu livro mais recente (*Curso de processo civil*, Porto Alegre, 1990, vol. II) traz a seguinte magistral síntese de sua pesquisa: "A ação mandamental tem por fim obter, como eficácia preponderante, da respectiva sentença de procedência, que o juiz emita uma ordem a ser observada pelo demandado, ao invés de limitar-se a condená-lo a fazer ou não fazer alguma coisa. É da essência, portanto, da ação mandamental que a sentença que lhe reconheça a procedência contenha uma ordem para que se expeça um mandado. Daí a designação da sentença mandamental. Nesse tipo de sentença, o juiz ordena e não simplesmente condena. E nisto reside, precisamente, o elemento eficacial que a faz diferente das sentenças próprias do Processo de Conhecimento. Tal como acontece com as ações executivas, também as mandamentais contêm atividade jurisdicional em momento posterior ao trânsito em julgado da sentença de procedência. Na mesma relação processual de conhecimento. (...)" Sustenta que seu campo de aplicação é mais amplo que o considerado pelos seus primeiros teóricos, pois as ordens podem ser dirigidas não apenas a órgãos e servidores do Estado, como também a particulares. Mas lamenta que, no estágio atual do Direito brasileiro, não exista "um parâmetro seguro que nos possa indicar os limites possíveis para as ações mandamentais" e seja, por outro lado, "precária e insegura qualquer tentativa de encontrar o elemento conceitual que as torna diversas das condenatórias" (§§ 147-159 e 172-175, ps. 247-269 e 319-330). Parece-nos, todavia, que o Código de Defesa do Consumidor traz, a respeito, novo alento (cf. comentários aos arts. 83 e 84, em frente), hoje, também o CPC, art. 461 [correspondentes aos arts. 497, 499, 500, 536 e 537 do NCPC].

[57] F. H. Lawson, *Remedies of english law*, London, 1980, ps. 173 e segs.; John F. Dobbyn, *Injunctions*, St. Paul, Minn., 1974; Aldo Frignani, *L'injunction nella common law e l'inibitoria nel Diritto italiano*, Giuffrè, 1974; Cristina Rapisarda, *Profili della tutela civile inibitoria*, Cedam, 1987; Roberto Molina Pasquel, *Contempt of court*, México, 1954.

Art. 81 | CÓDIGO BRASILEIRO DE DEFESA DO CONSUMIDOR

adimplemento da obrigação (cf. comentários aos arts. 83 e 84, *infra*). O Código apenas explicitou o que já existia no sistema processual brasileiro. Não criou novas espécies de provimentos jurisdicionais.

5. CONCEITUAÇÃO DOS INTERESSES OU DIREITOS DIFUSOS E COLETIVOS

À inexistência de consenso doutrinário sobre os conceitos de "interesses ou direitos difusos" e de "interesses ou direitos coletivos", o legislador preferiu adotar os conceitos que lhe pareceram mais adequados no plano da defesa do consumidor. Foi, além disso, criado o conceito de "interesses ou direitos individuais homogêneos" para os fins de tutela coletiva deles em juízo, por meio de *class action* que, embora inspirada no modelo norte-americano, obteve contornos próprios e bem adaptados às peculiaridades e condições geográficas, culturais, sociais e econômicas brasileiras (v., adiante, considerações sobre as "ações coletivas para a defesa de interesses individuais homogêneos" e comentários aos arts. 91 *usque* 100). Os conceitos são analisados mais à frente, nos comentários ao art. 81 e parágrafo.

6. INTERAÇÃO ENTRE O CÓDIGO E A LEI DE AÇÃO CIVIL PÚBLICA

A mais perfeita interação entre o Código e a Lei nº 7.347, de 24.7.85, está estabelecida nos arts. 90 e 110 *usque* 117, de sorte que estão incorporadas ao sistema de defesa do consumidor as inovações introduzidas pela referida lei especial, da mesma forma que todos os avanços do Código são também aplicáveis ao sistema de tutela de direitos criado pela Lei nº 7.347.

Esses dois diplomas legais formam o microssistema brasileiro de ações coletivas.

Art. 81. A defesa dos interesses e direitos dos consumidores e das vítimas [1] [1A] poderá ser exercida em juízo individualmente [2], ou a título coletivo [3].

Parágrafo único. A defesa coletiva será exercida quando se tratar de:

I – interesses ou direitos difusos, [4] assim entendidos, para efeitos deste Código, os transindividuais, de natureza indivisível, de que sejam titulares pessoas indeterminadas e ligadas por circunstâncias de fato;

II – interesses ou direitos coletivos, [5] assim entendidos, para efeitos deste Código, os transindividuais de natureza indivisível, de que seja titular grupo, categoria ou classe de pessoas ligadas entre si ou com a parte contrária por uma relação jurídica base;

III – interesses ou direitos individuais homogêneos, assim entendidos os decorrentes de origem comum. [6][7] [8][9]

COMENTÁRIOS

[1] TUTELA DOS INTERESSES E DIREITOS DOS CONSUMIDORES E DAS VÍTIMAS DE DANOS – O dispositivo deixa claro, desde logo, que o sistema de tutela de interesses e direitos do Código é aplicável não somente aos consumidores, como também às vítimas de danos.

Também os sucessores das vítimas, na hipótese de falecimento delas, estão amparados pelo sistema do Código, como estabelece o art. 91 (cf. comentários a esse dispositivo).

Capítulo I · DISPOSIÇÕES GERAIS | **Art. 81**

[1a] DANOS MORAIS COLETIVOS – Algumas considerações merece o tema da reparação por danos morais coletivos, em relação aos interesses ou direitos individuais homogêneos.

Não há dúvidas de que nas ações coletivas em defesa de interesses ou direitos difusos e coletivos pode ser formulado pedido de reparação de danos morais coletivos. No entanto, entendemos que estes são incompatíveis com a tutela de interesses ou direitos individuais homogêneos.

É praticamente impossível que a tutela de direitos individuais homogêneos seja acompanhada da reparação pelo dano moral coletivo. Com efeito, se – por definição – os direitos individuais homogêneos são direitos subjetivos individuais, que podem ser tratados no processo coletivamente, é certo que o dano – moral e mesmo o material – terá que ser apurado individualmente, enquadrando-se na reparação dos danos pessoais, incluindo os morais.

No caso do dano moral, não pode haver outro que não seja o individual, quando se trata de reparação dos danos pessoalmente sofridos. O dano moral coletivo visa a indenizar a coletividade que foi atingida em sua moral. Na tutela dos direitos individuais homogêneos, qual seria a coletividade lesada, a título de danos morais, para além dos indivíduos que foram pessoalmente atingidos? Nenhuma.

Por isso, a indenização por danos morais, na tutela dos direitos individuais homogêneos, só pode cingir-se às pessoas individualmente lesadas, não havendo que cogitar-se de outra coletividade, que não a composta pelos membros do grupo, que possa ser atingida por dano moral coletivo. Conforme observou Teori Albino Zavascki, *considerando que o patrimônio moral é pessoal e indivisível, não se pode negar que o direito à reparação tem a natureza de direito subjetivo individual,* podendo, se for o caso, ser tutelado em demandas particulares"[58] (grifei).

E, nesse particular, não é possível confundir um possível e eventual dano moral coletivo que se vincula a direitos difusos ou coletivos (em sentido estrito), de um lado, com o eventual dano moral sofrido individualmente pelas pessoas, em caso de direitos individuais homogêneos, de outro.[59] Mesmo quando a jurisprudência reconhece a possibilidade de um dano moral coletivo, entende-se que ele "deve ser averiguado *de acordo com as características próprias aos interesses difusos e coletivos,* distanciando-se quanto aos caracteres próprios das pessoas físicas que compõem determinada coletividade ou grupo determinado ou indeterminado de pessoas (...)".[60] Portanto, o legitimado à ação em tutela de interesses ou direitos individuais homogêneos pode pedir condenação genérica para indenização do dano moral sofrido individualmente; mas nunca condenação relativa a um dano moral coletivo.

[2] TUTELA INDIVIDUAL DOS CONSUMIDORES – A tutela dos interesses e direitos individuais dos consumidores e das vítimas é feita, como ficou explanado no capítulo que cuida das "Demandas Individuais e Demandas Coletivas" (Título III, Capítulo II, *supra*), com a aplicação do sistema do Código de Processo Civil, das disposições especiais contidas no Código (art. 88 – vedação da denunciação da lide; art. 101, II, 2ª parte – acionabilidade direta do segurador, vedada a denunciação da lide ao Instituto de Resseguros do Brasil; arts. 97 e 103, § 3º – possibilidade de liquidação e execução individual das sentenças condenatórias proferidas em ações coletivas), e com a aplicação do sistema processual dos Juizados Especiais de Peque-

---

[58] Cf. Teori Albino Zavascki, *Processo coletivo – tutela de direitos coletivos e tutela coletiva de direitos,* 4ª ed., São Paulo, Revista dos Tribunais, 2009, p. 43.

[59] Essa distinção foi bem lembrada por Leonardo Roscoe Bessa, *Dano moral coletivo, in* Revista de Direito do Consumidor, n.º 59, ano 15, São Paulo, Revista dos Tribunais, julho/setembro 2006, pp. 85/86; e repetida por Xisto Tiago de Medeiros Neto, *Dano moral coletivo,* São Paulo, LTr, 2007, p. 171.

[60] STJ, REsp 1.057.274/RS, Rel. Min. Eliana Calmon, 2ª Turma, j. 1.12.2009.

Art. 81 | CÓDIGO BRASILEIRO DE DEFESA DO CONSUMIDOR

nas Causas (art. 5º, nº IV), hoje Juizados Especiais de Causas Cíveis de Menor Complexidade, criados com base no art. 98, I, da Constituição Federal (cf. Introdução, item II).

[3] TUTELA COLETIVA DOS CONSUMIDORES – A tutela coletiva abrange dois tipos de interesses ou direitos: a) os essencialmente coletivos,[61] que são os "difusos", definidos no inc. I do parágrafo único do art. 81, e os "coletivos" propriamente ditos, conceituados no inc. II do parágrafo único do art. 81; b) os de natureza coletiva apenas na forma em que são tutelados, que são os "individuais homogêneos", definidos no inc. III do parágrafo único do art. 81.

O legislador preferiu defini-los para evitar que dúvidas e discussões doutrinárias, que ainda persistem a respeito dessas categorias jurídicas, possam impedir ou retardar a efetiva tutela dos interesses ou direitos dos consumidores e das vítimas ou seus sucessores.

Os termos "interesses" e "direitos" foram utilizados como sinônimos, certo é que, a partir do momento em que passam a ser amparados pelo direito, os "interesses" assumem o mesmo *status* de "direitos", desaparecendo qualquer razão prática, e mesmo teórica, para a busca de uma diferenciação ontológica entre eles.

A necessidade de estar o direito subjetivo sempre referido a um titular determinado ou ao menos determinável impediu por muito tempo que os "interesses" pertinentes, a um tempo, a toda uma coletividade e a cada um dos membros dessa mesma coletividade, como, por exemplo, os "interesses" relacionados ao meio ambiente, à saúde, à educação, à qualidade de vida etc., pudessem ser havidos por juridicamente protegíveis. Era a estreiteza da concepção tradicional do direito subjetivo, marcada profundamente pelo liberalismo individualista, que obstava a essa tutela jurídica. Com o tempo, a distinção doutrinária entre "interesses simples" e "interesses legítimos"[62] permitiu um pequeno avanço, com a outorga de tutela jurídica a estes últimos. Hoje, com a concepção mais larga do direito subjetivo, abrangente também do que outrora se tinha como mero "interesse" na ótica individualista então predominante, ampliou-se o espectro de tutela jurídica e jurisdicional. Agora, é a própria Constituição Federal que, seguindo a evolução da doutrina e da jurisprudência, usa dos termos "interesses" (art. 5º, LXX, *b*), "interesses difusos e coletivos" (art. 129, nº III), como categorias amparadas pelo Direito. Essa evolução é reforçada, no plano doutrinário, pela tendência hoje bastante acentuada de se interpretar as disposições constitucionais, na medida do possível, como atributivas de direitos, e não como meras metas programáticas ou enunciações de princípios.[63] E no plano legislativo, com a edição de leis ordinárias que procuram amparar tanto os "interesses" como os "direitos", como a que disciplina a ação civil pública (Lei nº 7.347/85), está definitivamente consolidada a evolução.

O Código foi explícito a respeito da tutela da coletividade de consumidores, ainda que indetermináveis. O parágrafo único do art. 2º e o art. 29 trazem disposições expressas a respeito, estabelecendo que se equiparam a consumidores todas as pessoas, determináveis ou não, ou coletividade de pessoas, que ajam intervindo nas relações de consumo ou estejam sujeitas às práticas comerciais previstas no Capítulo V do Código.

---

[61] José Carlos Barbosa Moreira, "Tutela jurisdicional dos interesses coletivos ou difusos", in *Temas de Direito Processual*, 3ª série, Saraiva, 1984, ps. 193-197.

[62] Agustin Gordillo, *Princípios gerais de Direito Público*, trad. de Marco Aurélio Greco, RT, 1977, ps. 191-192; Oswaldo Aranha Bandeira de Mello, *Princípios gerais de Direito Administrativo*, Forense, 1969, v. I, 26.6, ps. 202-205; Seabra Fagundes, *op. cit.*, nota 4 a 61, ps. 124-126.

[63] Fábio Konder Comparato, "A reforma da empresa", aula inaugural dos cursos jurídicos da Faculdade de Direito de São Paulo, ano 1983, período diurno; José Carlos Barbosa Moreira, "Notas sobre o problema...", cit., ps. 209-210; Kazuo Watanabe, "Da cognição...", cit., 3, ps. 20-23.

Capítulo I · DISPOSIÇÕES GERAIS | **Art. 81**

No Código Modelo de Processos Coletivos para Ibero-América, anteriormente mencionado (v. Apêndice), é afirmado que um dos requisitos básicos para a admissibilidade da demanda coletiva é a "relevância social da tutela coletiva, caracterizada pela natureza do bem jurídico, pelas características da lesão ou pelo elevado número de pessoas atingidas". Semelhante exigência, embora de modo apenas implícito, está contida em nosso microssistema legal de ações coletivas, de sorte que não poderá ser admitida demanda coletiva que não apresente qualquer relevância social.

[4] INTERESSES OU DIREITOS "DIFUSOS" – Na conceituação dos interesses ou direitos "difusos", optou-se pelo critério da indeterminação dos titulares e da inexistência entre eles de relação jurídica base, no aspecto subjetivo, e pela indivisibilidade do bem jurídico, no aspecto objetivo.[64]

Reza o texto legal: "*I* – interesses ou direitos difusos, assim entendidos, para efeitos deste Código, os transindividuais, de natureza indivisível, de que sejam titulares pessoas indeterminadas e ligadas por circunstâncias de fato".

No campo da relação de consumo, podem ser figurados os seguintes exemplos de interesses ou direitos difusos:

a) publicidade enganosa ou abusiva, veiculada por meio da imprensa falada, escrita ou televisionada, a afetar uma multidão incalculável de pessoas, sem que entre elas exista uma relação-base. O bem jurídico tutelado pelo art. 37 e parágrafos do Código é indivisível no sentido de que basta uma única ofensa para que todos os consumidores sejam atingidos, e também no sentido de que a satisfação de um deles, pela cessação da publicidade ilegal, beneficia contemporaneamente todos eles. As pessoas legitimadas a agir, nos termos do art. 82, poderão postular em juízo o provimento adequado à tutela dos interesses ou direitos difusos da coletividade atingida pela publicidade enganosa ou abusiva;

b) colocação no mercado de produtos com alto grau de nocividade ou periculosidade à saúde ou segurança dos consumidores, o que é vedado pelo art. 10 do Código. O ato do fornecedor atinge todos os consumidores potenciais do produto, que são em número incalculável e não vinculados entre si por qualquer relação-base. Da mesma forma que no exemplo anterior, o bem jurídico tutelado é indivisível, pois uma única ofensa é suficiente para a lesão de todos os consumidores, e igualmente a satisfação de um deles, pela retirada do produto do mercado, beneficia ao mesmo tempo todos eles.

Esses mesmos fatos – publicidade enganosa e colocação no mercado de produtos com alto grau de nocividade ou periculosidade à saúde ou segurança dos consumidores – po-

---

[64] José Carlos Barbosa Moreira, "A ação popular do Direito brasileiro como instrumento de tutela jurisdicional dos chamados 'interesses difusos'", *in Temas de Direito Processual*, 1ª série, Saraiva, 1977, ps. 110-123, e "A legitimação para a defesa dos 'interesses difusos' no Direito brasileiro", *in Temas de Direito Processual*, 3ª série, Saraiva, 1984, ps. 183-192; Ada Pellegrini Grinover, "A problemática dos interesses difusos", *in A tutela dos interesses difusos*, coord. de Ada Pellegrini Grinover, Max Limonad, 1984, ps. 29-45; Rodolfo de Camargo Mancuso, *Interesses difusos*, RT, 1988, ps. 57-105, e "Interesses difusos: conceito e colocação no quadro geral dos 'interesses'", *in Rev. de Processo*, nº 55, 1989, ps. 165-179; Antonio Augusto Mello de Camargo Ferraz, Édis Milaré e Nelson Nery Junior, *A ação civil pública e a tutela jurisdicional dos interesses difusos*, Saraiva, 1984, ps. 54-59; Hugo Nigro Mazzilli, *A defesa dos interesses difusos em juízo*, RT, 1988, ps. 9-10; Péricles Prade, *Conceito de interesses difusos*, 2ª ed., RT, 1987; Lúcia Valle Figueiredo, "Direitos difusos na Constituição de 1988", *in Rev. Dir. Público*, nº 88, 1988, ps. 103-107; Waldemar Mariz de Oliveira Jr., "Tutela jurisdicional dos interesses coletivos e difusos", *in Rev. de Processo*, nº 33, ps. 725; José Domingos da Silva Marinho, "Ministério Público e tutela jurisdicional dos interesses difusos", *in Rev. de Processo*, nº 36, 1984, ps. 114-127; Kazuo Watanabe, "Tutela jurisdicional dos interesses difusos...", cit., ps. 85-97.

dem repercutir, em termos de lesão específica, na esfera jurídica de consumidores determinados. Nessa perspectiva, estaremos diante de ofensa a interesses ou direitos individuais. Se várias forem as vítimas, teremos então os chamados interesses ou direitos individuais homogêneos.

À tutela jurisdicional dos interesses ou direitos difusos, que pela sua própria natureza deve ser feita molecularmente, em benefício de todos os consumidores atingidos, será suficiente uma só demanda coletiva, cuja sentença, nos termos do art. 103, I, fará coisa julgada *erga omnes* (cf. comentário a esse dispositivo, à frente).

Na prática, os operadores do Direito têm fragmentado os interesses ou direitos "difusos", e mesmo os coletivos, atribuindo-os apenas a um segmento da sociedade, como os moradores de um Estado ou de um Município. Assim agindo desnaturam por completo a "natureza indivisível" dos interesses ou direitos transindividuais, atomizando os conflitos, quando o objetivo do legislador foi o de submetê-los à apreciação judicial na sua configuração molecular, para assim se obter uma tutela mais efetiva e abrangente. E ainda desconsideram esses profissionais o disposto no art. 103, I, do Código, que prevê a coisa julgada *erga omnes*. No entendimento dos operadores que procuram fragmentar os interesses transindividuais, a coisa julgada seria restrita ao segmento social em nome de quem a ação coletiva é proposta, o que tem dado origem a uma inadmissível contradição de julgados. Contradição, por sinal, prática, e não apenas lógica, o que o nosso sistema processual, por meio dos institutos da litispendência e da coisa julgada, procura impedir. Se a lei estabelece a eficácia *erga omnes* da coisa julgada, não faz qualquer sentido a existência de outro julgado sobre a mesma demanda coletiva. Na pendência dessa espécie de demandas, haveria a litispendência, e após o julgamento de uma delas, com o trânsito em julgado da respectiva sentença, a coisa julgada. Em ambas as hipóteses, a segunda ação não tem condições de prosseguir (cf. comentário ao art. 103, nº 2, *infra*).

Este aspecto será desenvolvido mais amplamente no item 7, *infra*.

Finalmente, cabe lembrar que a Lei do Mandado de Segurança (Lei nº 12.016/2009) exclui do objeto do mandado de segurança coletivo a defesa de direitos difusos (art. 21, parágrafo único, I e II). Embora possa ser difícil que um direito difuso se configure como "líquido e certo" (ou seja, documentalmente comprovável), não se pode excluir, em tese, que isso venha a ocorrer. E se ocorrer, caberá o mandado de segurança coletivo, devendo aplicar-se, por analogia, o art. 81, parágrafo único, I, do CDC.

[5] INTERESSES OU DIREITOS "COLETIVOS" – Os interesses ou direitos "coletivos" foram conceituados como "os transindividuais de natureza indivisível de que seja titular grupo, categoria ou classe de pessoas ligadas entre si ou com a parte contrária por uma relação jurídica base" (art. 81, parágrafo único, nº II). Essa relação jurídica base é a preexistente à lesão ou ameaça de lesão do interesse ou direito do grupo, categoria ou classe de pessoas. Não a relação jurídica nascida da própria lesão ou da ameaça de lesão. Os interesses ou direitos dos contribuintes, por exemplo, do imposto de renda constituem um bom exemplo. Entre o fisco e os contribuintes já existe uma relação jurídica base, de modo que, à adoção de alguma medida ilegal ou abusiva, será perfeitamente factível a determinação das pessoas atingidas pela medida. Não se pode confundir essa relação jurídica base preexistente com a relação jurídica originária da lesão ou ameaça de lesão.

Na expressiva colocação de Barbosa Moreira, "o interesse para o qual se reclama tutela pode ser comum a um grupo mais ou menos vasto de pessoas, em razão de vínculo jurídico que as une a todas entre si, sem no entanto situar-se no próprio conteúdo da relação plurissubjetiva...". Citando exemplos de sociedade e condomínio, observa que "facilmente se distinguem aí uma relação-base (sociedade, condomínio), de que participam todos os membros do

Capítulo I · DISPOSIÇÕES GERAIS | **Art. 81**

grupo, e um interesse derivado, que para cada um dos membros nasce em função dela, mas sem com ela confundir-se".[65]

Nos interesses ou direitos "difusos", a sua natureza indivisível e a inexistência de relação jurídica base não possibilitam, como já ficou visto, a determinação dos titulares. É claro que, num plano mais geral do fenômeno jurídico em análise, é sempre possível encontrar-se um vínculo que une as pessoas, como a nacionalidade. Mas a relação jurídica base que nos interessa, na fixação dos conceitos em estudo, é aquela da qual é derivado o interesse tutelando, portanto interesse que guarda relação mais imediata e próxima com a lesão ou ameaça de lesão.

E, nos interesses ou direitos individuais homogêneos, também poderá inexistir entre as pessoas uma relação jurídica base anterior. O que importa é que sejam todos os interesses individuais "decorrentes de origem comum". O vínculo com a parte contrária é consequência da própria lesão. Essa relação jurídica nascida da lesão, ao contrário do que acontece com os interesses ou direitos "difusos" ou coletivos, que são de natureza indivisível, é individualizada na pessoa de cada um dos prejudicados, pois ofende de modo diferente a esfera jurídica de cada um deles, e isto permite a determinação ou ao menos a determinabilidade das pessoas atingidas. A determinabilidade se traduz em determinação efetiva no momento em que cada prejudicado exercita o seu direito, seja por meio de demanda individual, seja por meio de habilitação por ocasião da liquidação de sentença na demanda coletiva para tutela de interesses ou direitos "individuais homogêneos" (art. 97, CDC). Não se identificando todos os prejudicados na demanda coletiva, a liquidação e a execução poderão ser promovidas coletivamente, destinando-se o produto da indenização, nesta hipótese, ao Fundo criado pela Lei nº 7.347/85 ("*fluid recovery*", art. 100, CDC).

Com o uso da expressão "transindividuais de natureza indivisível" se descartou, antes de mais nada, a ideia de interesses individuais agrupados ou feixe de interesses individuais da totalidade dos membros de uma entidade ou de parte deles.

Tampouco foi considerado traço decisivo dos interesses ou direitos "coletivos" o fato de sua organização,[66] que certamente existirá apenas na primeira modalidade mencionada no texto legal, qual seja, os interesses e direitos pertinentes a grupo, categoria ou classe de pessoas ligadas entre si por uma relação jurídica base, e não na segunda modalidade, que diz com os interesses ou direitos respeitantes a grupo, categoria ou classe de pessoas ligadas com a parte contrária por uma relação jurídica base.

Mesmo sem organização, os interesses ou direitos "coletivos", pelo fato de serem de natureza indivisível, apresentam identidade tal que, independentemente de sua harmonização formal ou amalgamação pela reunião de seus titulares em torno de uma entidade representativa, passam a formar uma só unidade, tornando-se perfeitamente viável, e mesmo desejável, a sua proteção jurisdicional em forma molecular.

Nas duas modalidades de interesses ou direitos "coletivos", o traço que os diferencia dos interesses ou direitos "difusos" é a determinabilidade das pessoas titulares, seja por meio da relação jurídica base que as une (membros de uma associação de classe ou ainda acionistas de uma mesma sociedade), seja por meio do vínculo jurídico que as liga à parte contrária (contribuintes de um mesmo tributo, prestamistas de um mesmo sistema habitacional ou contratantes de um segurador com um mesmo tipo de seguro, estudantes de uma mesma escola etc.).

---

[65] "A ação popular do Direito brasileiro como instrumento de tutela jurisdicional dos chamados 'interesses difusos'", *in Temas de Direito Processual*, 1ª série, 2ª ed., Saraiva, p. 111.

[66] Vincenzo Vigoriti, *Interessi collettivi e processo*, Giuffrè, 1979, ps. 58-62; Rodolfo de Camargo Mancuso, "Interesses difusos: conceito e colocação...", cit.

765

Num certo sentido, portanto, o conceito de "coletivo" do Código é mais amplo do que o sustentado pela doutrina corrente, pois abrange os interesses ou direitos não organizados, mas em outro sentido é mais restrito, certo é que apenas os interesses ou direitos indivisíveis estão nele abrangidos.

Não se poderá pretender, portanto, a tutela dos interesses ou direitos individuais agrupados com base no dispositivo legal em análise, mormente quando o feixe de interesses individuais se contrapõe a um outro feixe de interesses individuais. É necessário que os interesses sejam, a um tempo, transindividuais e de natureza indivisível.

Mas, por outro lado, a natureza indivisível dos interesses ou direitos "coletivos" ensejará, não raro, a proteção de pessoas não pertencentes às associações autoras de ações coletivas. Não foi por outra razão que o inc. II do art. 103 estabeleceu que a sentença proferida nessas ações coletivas fará coisa julgada *ultra partes* "limitadamente ao grupo, categoria ou classe". Vale dizer, se uma ação coletiva é proposta, por exemplo, por um sindicato e ela é julgada procedente, a coisa julgada beneficiará não somente os seus filiados, como também todos os demais membros da mesma categoria, ainda que alguns deles não estejam filiados ao sindicato autor (cf. comentário à frente sobre o artigo). Idêntica ponderação pode ser feita em relação à demanda coletiva ajuizada por Associação de Pais de Alunos contra uma ou várias escolas. Desde que objetive ela um provimento jurisdicional comum a todos que tutele, de modo uniforme, o interesse ou direito indivisível de todos os alunos, por exemplo, o critério para a atualização das mensalidades, a coisa julgada, se favorável à Associação, beneficiará todos, inclusive os alunos que não estejam a ela filiados. Estamos diante de uma ação coletiva para a tutela de interesses ou direitos coletivos, de natureza indivisível. Porém, se o que se pretende é a devolução das quantias pagas a mais pelos alunos, a demanda coletiva será para a tutela de interesses ou direitos individuais homogêneos, e não de interesses ou direitos coletivos.

Adiante, no nº 9, procuraremos analisar julgados em que notamos alguma confusão entre interesses difusos, coletivos e individuais homogêneos.

[6] INTERESSES OU DIREITOS "INDIVIDUAIS HOMOGÊNEOS" – O inc. III do parágrafo único do art. 81 conceitua os interesses ou direitos "individuais homogêneos" como "os decorrentes de origem comum", permitindo a tutela deles a título coletivo.

A *homogeneidade* e a *origem comum* são, portanto, os requisitos para o tratamento coletivo dos direitos individuais.

Comecemos pela origem comum. A origem comum pode ser de fato ou de direito, e a expressão não significa, necessariamente, uma unidade factual e temporal. As vítimas de uma publicidade enganosa veiculada por vários órgãos de imprensa e em repetidos dias de um produto nocivo à saúde adquirido por vários consumidores num largo espaço de tempo e em várias regiões têm, como causa de seus danos, fatos de uma homogeneidade tal que os tornam a "origem comum" de todos eles.

Mas, como observa Ada Pellegrini Grinover (*infra*, comentário nº 3 ao Capítulo II), a origem comum (causa) pode ser próxima ou remota. Próxima, ou imediata, como no caso da queda de um avião, que vitimou diversas pessoas; ou remota, mediata, como no caso de um dano à saúde, imputado a um produto potencialmente nocivo, que pode ter tido como causa próxima as condições pessoais ou o uso inadequado do produto. Quanto mais remota for a causa, menos homogêneos serão os direitos.

Sobre homogeneidade, pouco se tem dito. Talvez a própria redação do dispositivo legal induzisse a pensar, inicialmente, que a "homogeneidade pela origem comum" seja um único requisito. Os direitos seriam homogêneos sempre que tivessem origem comum.

Capítulo I · DISPOSIÇÕES GERAIS | Art. 81

No entanto, como aponta Ada Pellegrini Grinover, a origem comum – sobretudo se for remota – pode não ser suficiente para caracterizar a homogeneidade. No consumo de um produto potencialmente nocivo, por exemplo, pode inexistir homogeneidade de direitos entre um titular vitimado exclusivamente por esse consumo e outro, cujas condições pessoais de saúde lhe causariam um dano físico, independentemente da utilização do produto, ou que fez deste uso inadequado. Ou seja, pode inexistir homogeneidade entre situações de fato ou de direito sobre as quais as características pessoais de cada um atuam de modo completamente diferente. Será então necessário aferir a aplicabilidade, ao sistema brasileiro, do critério adotado nas *class actions* norte-americanas da "prevalência da dimensão coletiva sobre a individual": cf. adiante no Capítulo II, que disciplina "as ações coletivas para a defesa de interesses individuais homogêneos", particularmente os n°s 1 e 3a).

A prevalência das questões de fato e de direito ***individuais*** sobre as ***coletivas*** faz com que os interesses sejam heterogêneos, sendo em consequência inadmissível a ação coletiva em análise, que supõe a presença ***do requisito da homogeneidade***.

Essa modalidade de ação coletiva constitui, praticamente, uma novidade no sistema jurídico brasileiro,[67] e representa a incorporação ao nosso ordenamento de ação bastante assemelhada à *class action* do sistema norte-americano. Assemelhada, mas não de todo idêntica, pois houve necessidade de adaptação às nossas peculiaridades geográficas, sociais, políticas e culturais.

O escopo mais saliente dessa ação coletiva é a tutela coletiva dos interesses individuais ligados pelo vínculo de homogeneidade, como ficou ressaltado. Mas, o escopo da tutela do interesse público está também bem evidente, pois em muitas situações de lesão dos direitos e dos interesses dos consumidores, principalmente nas microlesões, em relação aos quais os consumidores dificilmente tomariam a iniciativa de buscar individualmente a tutela jurisdicional, o legislador procurou evitar que essas lesões, diminutas na dimensão individual, mas bastante significativas na dimensão social e coletiva, ficassem sem nenhuma reprimenda. Essa relevância social da tutela coletiva dos interesses individuais está bem ressaltada na lei, que prevê, no art. 100, a liquidação e a execução da indenização devida pelos legitimados do art. 82, se os consumidores individuais não se habilitarem "em número compatível com a gravidade do dano", após o decurso de um ano da sentença condenatória. E o valor assim apurado será destinado ao Fundo de Tutela de Interesses Difusos.

Demais, mesmo na hipótese de tutela de direitos individuais relevantes, na primeira fase, que se encerra com sentença condenatória genérica, não há titulares individuais identificados, de sorte que o objeto tutelando tem ainda caráter coletivo. Somente após a fase de liquidação é que os titulares individuais passam a ser conhecidos, com a possibilidade, a partir de então, de se falar em direitos individuais (a respeito, remetemos ao trabalho de nossa autoria ***"Código de Defesa do Consumidor e ação coletiva – legitimação das associações e inúmeros problemas por elas enfrentados"***, *in obra coletiva* **O Direito do Consumidor no mundo em transformação**, Editora Revista dos Tribunais, 2020, págs. 241/254). É possível que o juiz da causa, com estratégias processuais adequadas, consiga identificar os titulares do direito já na fase de conhecimento, mas casos dessa espécie serão excepcionais e limitados às hipóteses de um pequeno número de titulares do direito.

[7] INTERESSES "DIFUSOS" E "COLETIVOS" – DA CORRETA DISTINÇÃO ENTRE ELES DEPENDE A CORRETA FIXAÇÃO DO OBJETO LITIGIOSO DO PROCESSO (PEDIDO E CAUSA DE PEDIR) – Tendo-se presentes, de um lado, os conceitos anteriormente

---

[67] A Lei nº 7.913, de 7 de dezembro de 1989, instituiu uma forma de *class action* para a tutela dos interesses dos investidores no mercado de valores mobiliários, mas conferiu apenas ao Ministério Público a legitimação para agir e deu um tratamento bastante diferente do adotado pelo Código.

Art. 81 | CÓDIGO BRASILEIRO DE DEFESA DO CONSUMIDOR

estabelecidos de interesses ou direitos "difusos", "coletivos" e "individuais homogêneos" e, de outro, a legitimação para agir disciplinada no art. 82 e incisos do Código (cf. comentários adiante), é necessário fixar com precisão os elementos objetivos da ação coletiva a ser proposta (pedido e causa de pedir). Esses dados, como é cediço, têm superlativa importância na correta determinação do legitimado passivo para a ação, bem assim para a correta fixação da abrangência da demanda, e ainda para se saber com exatidão se, no caso concreto, ocorre mera conexidade entre as diversas ações coletivas ou, ao contrário, se trata de caso de litispendência ou até mesmo de coisa julgada a obstar o prosseguimento das ações posteriores.

A respeito, tivemos a oportunidade de tecer as seguintes ponderações no trabalho intitulado "Demandas coletivas e os problemas emergentes da práxis forense":[68]

"A total displicência por esses aspectos de suma relevância vem ocasionando uma *inadmissível multiplicidade de demandas coletivas com o mesmo objetivo*, como vem acontecendo na questão do aumento de 147,06% nos benefícios dos aposentados, e tem provocado, o que é pior, a contradição de julgados, uns concedendo a atualização pretendida pelos inativos de alguns Estados e denegando-a outros aos aposentados dos demais Estados.

"Seguramente, contradições tão flagrantes de julgados povo algum terá estrutura suficiente para absorver com tranquilidade e paciência por muito tempo, e por mais prestigiada que seja a justiça de um país terá condições bastantes para resistir por muito tempo a tamanho desgaste."

Acrescentamos, em seguida:

"*A causa de pedir e o pedido* são de particular relevância para a determinação de vários aspectos de uma ação.

Se o que expõe o autor da demanda coletiva como causa de pedir, no *aspecto ativo*, são os interesses ou direitos 'difusos' ou 'coletivos', cujas notas características são as acima ressaltadas, dentre as quais sobressaem a natureza transindividual e o caráter indivisível e, no aspecto passivo, a violação desses mesmos interesses ou direitos, e se formula ele o *pedido de tutela coletiva* desses interesses ou direitos transindividuais e indivisíveis, é suficiente uma só demanda coletiva para a proteção de todas as pessoas titulares desses interesses ou direitos, 'indeterminadas e ligadas por circunstâncias de fato', em se tratando dos 'difusos', e de todas as pessoas pertencentes a um mesmo grupo, categoria ou classe 'ligadas entre si ou com a parte contrária por uma relação jurídica base', em se cuidando dos 'coletivos'. O mesmo se pode dizer em relação a 'interesses ou direitos individuais homogêneos', quanto ao processo de conhecimento da demanda coletiva (art. 95, CDC), tanto que a sentença de procedência fará coisa julgada *erga omnes*, como às expressas dispõe o art. 103, III, do CDC.

Não faz qualquer sentido admitir-se uma segunda demanda para a tutela desses interesses ou direitos difusos ou coletivos, ou mesmo interesses ou direitos individuais homogêneos, mormente se veiculados por um ente legitimado para todo o País, como o Ministério Público. De pronto é constatável a ocorrência de litispendência. Poder-se-ia argumentar com a restrição feita no pedido da ação (no caso dos benefícios da aposentadoria, pode ter sido postulado o benefício somente em favor dos inativos de um Estado da Federação). A limitação, todavia, é de todo inadmissível, pois isso equivaleria a subdividir interesses ou direitos que o legislador, para fins de tutela coletiva, considerou indivisíveis, tanto que, no art. 103, I, II e III, do CDC, conferiu limites subjetivos mais amplos à coisa julgada nas demandas coletivas, *erga omnes*

---

[68] "Demandas coletivas e os problemas emergentes da práxis forense", *in As garantias do cidadão na justiça*, coord. min. Sálvio de Figueiredo Teixeira, Saraiva, 1993, ps. 185-196.

na ação em defesa de interesses ou direitos 'difusos' e de interesses ou direitos individuais homogêneos, e *ultra partes*, limitadamente ao grupo, categoria ou classe, na ação que tenha por objeto interesses ou direitos 'coletivos'.

Demais disso, comprometeria, sem qualquer razão plausível, o objetivo colimado pelo legislador, que foi o de tratar molecularmente os conflitos de interesses coletivos, em contraposição à técnica tradicional de solução atomizada, para com isso conferir peso político maior às demandas coletivas, solucionar mais adequadamente os conflitos coletivos, evitar decisões conflitantes e aliviar a sobrecarga do Poder Judiciário, atulhado de demandas fragmentárias.

Em nosso sentir, assim, todas as demandas 'coletivas' propostas nos vários Estados em favor dos aposentados constituem repetição da primeira demanda coletiva proposta para o mesmo fim, sendo inquestionável a configuração da litispendência.

Se a sentença da primeira demanda coletiva vier a ser favorável ao autor, ou se nela for concedida medida liminar, os inativos de todo o País que se encontrem em idêntica situação, pertencentes à mesma classe ou categoria de pessoas, devem ser igualmente beneficiados, a teor do que dispõe o inc. II do art. 103 do CDC. Caso seja negativo o resultado do processo, mesmo em relação ao pedido de medida liminar, não se pode pensar em propositura de segunda demanda coletiva, a não ser que ocorra a hipótese de 'improcedência por insuficiência de provas', prevista no inc. II do art. 103 do CDC. A demanda individual de cada aposentado, na conformidade do disposto no art. 103, § 1º, do CDC, não ficará em nenhuma hipótese prejudicada.

Demandas coletivas com tamanha abrangência devem ser processadas de modo a não sacrificar, para nenhuma das partes, as garantias do *due process of law*, do contraditório e da ampla defesa (art. 5º, LIV e LV, da CF).

Sendo a ação intentada, por exemplo, contra a União, em favor de pessoas do mesmo grupo, categoria ou classe espalhadas por todo o território nacional, o foro competente deve ser o que resguarde, em benefício de ambas as partes, as garantias fundamentais do processo acima mencionadas, e semelhante foro seria, atendida a regra do art. 109, § 2º, da Constituição Federal, o do Distrito Federal, que é, em tese, o que apresenta acesso mais fácil a todos os interessados e onde a publicidade seguramente será mais ampla, pois ali se localiza o centro político e administrativo do País, e o acompanhamento do processo por ambas as partes e pelo público em geral será bem fácil e efetivo" (cf. comentário ao art. 93, nº 5, *infra*).

Prosseguindo, deixamos anotado:

"Nessa análise dos elementos objetivos da ação, é particularmente importante saber com que fundamento e em que termos é postulada a tutela jurisdicional, pois, qualquer que seja a colocação feita pelo autor, podemos estar diante de uma autêntica demanda coletiva para tutela de interesses ou direitos 'difusos' ou 'coletivos', de natureza transindividual e indivisível, ou senão a hipótese poderá ser de tutela de interesses individuais, com a incorreta denominação de 'demanda coletiva' (eventualmente poderá tratar-se de tutela coletiva de interesses individuais 'homogêneos').

Tome-se o exemplo da ação aforada para o 'desbloqueio de cruzados'. Se a inconstitucionalidade do bloqueio é arguida apenas *incidenter tantum*, como mera questão prejudicial para justificar o pedido de desconstituição dos bloqueios individualizados, estamos diante de demanda individual, quando muito com pluralidade de partes. Para que a ação seja verdadeiramente uma demanda coletiva, o autor deverá, mediante enunciação de causa de pedir adequada (*v.g.*, inconstitucionalidade), postular a desconstituição do ato geral de bloqueio de cruzados, postulando provimento jurisdicional que beneficie de modo uniforme todas as pessoas que se encontrem na mesma situação. Mas para isso, no respeitante ao polo passivo da ação, deverá subir alguns graus na hierarquia da estrutura funcional da entidade ré, pois deverá haver perfeita

Art. 81 | CÓDIGO BRASILEIRO DE DEFESA DO CONSUMIDOR

adequação entre o provimento postulado e o legitimado passivo da ação. No caso do 'desbloqueio de cruzados', o legitimado passivo para a demanda coletiva, de natureza mandamental, não poderia ser o delegado regional do Banco Central e nem mesmo apenas o seu diretor-presidente, devendo figurar no polo passivo o próprio presidente da República, que foi quem decretou, através de medida provisória, o ato geral de bloqueio de cruzados (ato normativo dotado de executoriedade).

Nem se poderia pensar, como já ficou visto, em desbloqueio (provimento desconstitutivo) em benefício apenas dos moradores de um só Estado, pois isso significaria dividir interesses transindividuais e indivisíveis, que devem ser tutelados molecularmente."

Isto, evidentemente, na hipótese de estar sendo atacado o ato geral de bloqueio de cruzados, e não os bloqueios individualizados.

[8] CONCEITO SOCIOLÓGICO E CONCEITO JURÍDICO DE INTERESSES OU DIREITOS "DIFUSOS", "COLETIVOS" E "INDIVIDUAIS HOMOGÊNEOS" – Pelo que ficou exposto no item anterior (nº 7), o que importa para os fins de tutela jurisdicional é o que o autor da demanda coletiva traz para o processo. Vale dizer, o seu objeto litigioso.

No plano sociológico, o conflito de interesses pode dizer respeito, a um tempo, a interesses ou direitos "difusos" e "individuais homogêneos". Suponha-se, para raciocinar, uma publicidade enganosa. Enquanto publicidade, a ofensa atinge um número indeterminável de pessoas, tratando-se em consequência de lesão a interesses ou direitos "difusos". Porém, os consumidores que, em razão da publicidade, tiverem adquirido o produto ou o serviço ofertado, apresentarão certamente prejuízos individualizados e diferenciados, de sorte que estamos aí diante de lesão a interesses ou direitos "individuais homogêneos".

Limitando-se o autor da ação coletiva a postular, *v.g.*, a retirada da publicidade enganosa, a tutela pretendida é dos interesses ou direitos "difusos". É esse o conflito de interesses trazido ao processo. É essa a "lide" processualizada. O objeto litigioso do processo, delimitado pelo pedido, tem essa "lide" como seu conteúdo.

É na transposição do conflito de interesses do plano extraprocessual para o processual e na formulação do pedido de provimento jurisdicional que são cometidos vários equívocos. A tutela de interesses "coletivos" tem sido tratada, por vezes, como tutela de interesses ou direitos "individuais homogêneos", e a de interesses ou direitos "coletivos", que por definição legal são de natureza indivisível, tem sido limitada a um determinado segmento geográfico da sociedade, com uma inadmissível atomização de interesses ou direitos de natureza indivisível.

[9] AS DISTINÇÕES CONCEITUAIS ACIMA EXPOSTAS NÃO FORAM OBSERVADAS NA PRÁTICA COM A PRECISÃO DESEJÁVEL – vejamos a jurisprudência neste sentido:

a) Num importante julgado, relatado pelo eminente min. Maurício Corrêa, a Suprema Corte admitiu a legitimidade *ad causam* ativa do Ministério Público para ajuizar *ação civil pública* visando à adequação das mensalidades cobradas por escola particular às normas de reajuste fixadas pelo Conselho Estadual de Educação. O Tribunal concluiu pela *natureza coletiva* dos interesses em confronto e acolheu a alegação de ofensa ao art. 129, III, da CF. Mas, no desenvolvimento da motivação, há afirmativa de que os interesses defendidos no recurso

"são nitidamente homogêneos porquanto nascidos de uma mesma origem, ou seja, mensalidades escolares cobradas abusivamente com um mesmo índice de aumento, aplicado a todos os usuários da escola; por conseguinte homogêneos, porque na verdade todos da mesma natureza; e como homogêneos são uma subespécie de interesses coletivos, como antes abordei,

Capítulo I · DISPOSIÇÕES GERAIS | **Art. 81**

legítima é a capacidade postulatória do recorrente" (RE nº 163.231-3/SP, rel. min. Maurício Corrêa, j. 26.2.97).

Nenhuma ressalva temos a fazer quanto à conclusão de que se trata de interesses ou direitos coletivos. Mas não porque os interesses individuais homogêneos sejam uma subespécie de interesses coletivos. São eles, como ficou anteriormente anotado (cf. *supra*, nº 3), individuais em sua essência, sendo coletivos apenas na forma em que são tutelados.

No caso, porém, pelo objeto litigioso (causa de pedir e pedido) deduzido pelo Ministério Público (cf. item 7, *infra*), o que se tem é o pedido de tutela de um bem indivisível de todo o grupo, atacando o reajuste de mensalidades enquanto exigência dirigida globalmente a todos os alunos. O pedido é de adequação das mensalidades cobradas pela ré (escola particular) às normas de reajuste fixadas pelo Conselho Estadual de Educação. Não se buscou a reparação da repercussão dessa exigência na esfera jurídica particular de cada um dos alunos (devolução das importâncias indevidamente cobradas), hipótese em que teríamos interesses individuais homogêneos.

b) Essa distinção foi muito bem-feita, embora com alusão desnecessária a "interesses individuais homogêneos", num acórdão do Superior Tribunal de Justiça, relatado pelo ilustre min. Demócrito Reinaldo, em que foi apreciada uma ação civil pública proposta pelo Ministério Público contra a cobrança indevida de taxa de iluminação pública.

Da ementa do acórdão consta o seguinte:

"Os interesses individuais, *in casu* (suspensão do indevido pagamento de taxa de iluminação pública), embora pertinentes a pessoas naturais, *se visualizados em seu conjunto, em forma coletiva e impessoal, transcendem a esfera de interesses puramente individuais e passam a constituir interesses da coletividade como um todo,* impondo-se a proteção por via de um instrumento processual único e de eficácia imediata – 'a ação coletiva'" (REsp nº 49.272-6, RS, 1ª Turma do STJ, rel. min. Demócrito Reinaldo, j. 21.9.94).

O objeto litigioso do processo dizia respeito, tanto em relação à causa de pedir como também ao pedido, à tutela dos interesses e direitos de toda uma coletividade, e não interesses individuais homogêneos dos membros dessa coletividade. Era de todo desnecessária, em consequência, a alusão a interesses individuais homogêneos.

c) Num julgado do Tribunal de Justiça de São Paulo (Ap. Civ. nº 205.533-1/10, rel. des. Euclides de Oliveira, j. 14.9.93) não foi reconhecida a presença de direitos ou interesses coletivos que pudesse justificar a ação coletiva ajuizada por uma associação (Instituto Brasileiro de Defesa do Consumidor – IDEC). Cuidava-se de ação em que se buscava a invalidade de reajustes das mensalidades exigidas de filiados a planos de assistência médica e hospitalar. Não se afigura correta a conclusão. Os filiados a planos de saúde compõem um grupo de pessoas ligadas por vínculo jurídico base, ou entre si, se filiadas à associação mencionada (IDEC), ou com a parte contrária, pelo que é inegável a presença de interesses ou direitos coletivos, a teor do que dispõe o inc. II do parágrafo único do art. 81 do CDC. A determinabilidade dos membros integrantes do grupo é, precisamente, a nota que distingue os interesses ou direitos coletivos dos interesses ou direitos difusos. Se o ato atacado por meio da ação coletiva (reajuste de mensalidades) diz respeito a todos os contratantes dos planos de saúde, globalmente considerados (não sendo atacados um a um, em relação a cada um dos filiados, os reajustes exigidos pelas empresas mantenedoras dos planos), a nota da indivisibilidade do bem jurídico e bem assim a sua transindividualidade são inquestionáveis, pois basta a procedência de uma única demanda para que todos os filiados dos planos de assistência médica e hospitalar sejam coletivamente beneficiados.

771

Art. 82 | CÓDIGO BRASILEIRO DE DEFESA DO CONSUMIDOR

d) Entendeu a 6ª Câmara do Tribunal de Justiça de São Paulo (Ap. Civ. nº 102.437-1, rel. des. Ernani de Paiva) que é *difuso* o interesse tutelado na ação ajuizada pelo Ministério Público contra o critério de reajuste de anuidade escolar. Em nosso entender, em razão da determinabilidade dos titulares dos interesses (cf. conceitos anteriormente desenvolvidos, item nº 5), seriam *coletivos,* e não difusos ou individuais homogêneos, os interesses cuja tutela jurisdicional o Ministério Público busca por meio desse tipo de demanda.

E, embora hoje a jurisprudência esteja melhor delineando as diferenças entre direitos coletivos indivisíveis e direitos individuais tratados coletivamente, há ainda confusões conceituais entre os operadores do direito: assim, se a ACP promovida pelo MP paulista, no caso do "autismo", não tivesse sido ajuizada como demanda em defesa de interesses individuais homogêneos, mas, sim, de direito coletivo *stricto sensu*, não teria havido tantos problemas nas liquidações individuais.[69]

Art. 82. Para os fins do art. 81, parágrafo único [1], são legitimados concorrentemente [2]:

I – o Ministério Público; [3] [3a]

II – a União, os Estados, os Municípios e o Distrito Federal; [4]

III – as entidades e órgãos da administração pública, direta ou indireta, ainda que sem personalidade jurídica [5], especificamente destinados à defesa dos interesses e direitos protegidos por este Código;

IV – as associações legalmente constituídas há pelo menos um ano e que incluam entre seus fins institucionais a defesa dos interesses e direitos protegidos por este Código, dispensada a autorização assemblear. [6][6a][6b]

§ 1º O requisito da pré-constituição pode ser dispensado pelo juiz, nas ações previstas nos arts. 91 e seguintes, quando haja manifesto interesse social evidenciado pela dimensão ou característica do dano, ou pela relevância do bem jurídico a ser protegido. [7][7a][7b][7c]

§ 2º Vetado – Admitir-se-á o litisconsórcio facultativo entre os Ministérios Públicos da União, do Distrito Federal e dos Estados na defesa dos interesses e direitos de que cuida este Código. [8]

§ 3º Vetado – Os órgãos públicos legitimados poderão tomar dos interessados compromisso de ajustamento de sua conduta às exigências legais, mediante cominações, que terá eficácia de título executivo extrajudicial. [9]

COMENTÁRIOS

[1] CORREÇÃO DO ERRO DE REMISSÃO – O *caput* do artigo trazia um erro de remissão, pois aludia ao art. 100, parágrafo único, quando o correto era ao art. 81, parágrafo único. A Lei nº 9.008, de 21.3.95, deu nova redação ao texto, retificando o erro.

---

[69] Proc. nº 053.00.027139-2, Caso do Autismo – Cf. Spinolo, Grasielly de Oliveira, "Um caso emblemático de ineficácia de decisão sobre políticas públicas por inadequação do processo: o autismo", International Conference of Seul, 2014.

[2] AMPLIAÇÃO DA LEGITIMAÇÃO PARA AGIR – A legitimação *ad causam* ativa consagrada no Código, para o aforamento das ações coletivas, foi a mais ampla possível. Seguiu o legislador a mesma orientação adotada pela Lei nº 7.347, de 24 de julho de 1985, e posteriormente reafirmada na Lei nº 7.853, de 24 de outubro de 1989.

E a Lei nº 11.448, de 15 de janeiro de 2007, que deu nova redação ao art. 5º da Lei nº 7.347, de 24 de julho de 1985, acrescentou ao elenco de legitimados a Defensoria Pública, ampliação essa que, em razão da interação entre o *Código* e a Lei nº 7.347/85 (cf. comentários ao art. 90, em frente), vale também para a tutela dos direitos do consumidor.

Optou o legislador pátrio por limitar a legitimação individual à busca da tutela dos interesses e direitos a título individual. Mas, é necessário ter presente que continuou sendo admitida a ***ação individual de alcance coletivo***. A respeito, tecemos considerações no tópico "Conversão da ação individual em ação coletiva", no n. 8, do Capítulo II do Título III, *supra*).

Pelas regras que disciplinam as obrigações indivisíveis,[70] seria admissível, em linha de princípio, a legitimação concorrente de todos os indivíduos para a defesa dos interesses difusos ou coletivos de natureza indivisível. Mas ponderações várias, como as pertinentes ao conteúdo político das demandas, à possibilidade de pressões quanto à propositura e prosseguimento da demanda, à produção de provas adequadas e ao prosseguimento destemido nas instâncias superiores, e à necessidade, enfim, de um fortalecimento do autor da demanda coletiva, fizeram com que se excluísse a legitimação individual para a tutela dos consumidores a título coletivo.

Algumas experiências vividas no campo da ação popular, que tem sido utilizada, com alguma frequência, como instrumento político de pressão e até de vindita, serviram também para o perfilhamento da opção legislativa mencionada.

Por certo, após a perfeita assimilação pelo povo brasileiro do verdadeiro ideal colimado pelo Código, o que somente ocorrerá com a educação mais aperfeiçoada e mais abrangente, e principalmente com a diminuição do individualismo que nos marca profundamente, estaremos aptos, no futuro, à ampliação total, inclusive a cada indivíduo, da legitimação para agir para a tutela, a título coletivo, dos interesses e direitos dos consumidores.

Em sentido contrário, admitindo a legitimação individual, temos o acórdão proferido no RESP nº 33.653-7, SP, pela 1ª Turma do STJ, em acórdão relatado pelo min. Gomes de Barros, *RSTJ* 54/280.

Cabe deixar advertido que é preciso evitar-se que graves erros, dúvidas, principalmente os que possam decorrer da mentalidade incapaz de captar com sensibilidade social as invocações trazidas pelo Código e os provocados pelo vedetismo ou espírito político-eleitoreiro, possam comprometer irremediavelmente o pleno êxito de todo esse instrumental, principalmente as ações coletivas, que têm tudo para solucionar adequadamente os inúmeros conflitos de interesses coletivos que marcam a sociedade contemporânea.

A respeito, tivemos a oportunidade de externar ponderações expressas nestes termos:[71]

"Nos Estados Unidos, onde as *class actions* têm longa tradição,[72] há opiniões favoráveis (*one of the most socially useful remedies in history*) e também negativas (*legalized backmail*),[73] e não são poucos os que manifestam preocupação a respeito de sua correta utilização de modo a

---

[70] A. Proto Pisani, "Appunti preliminari per...", cit.; José Carlos Barbosa Moreira, "A legitimação...", cit.

[71] "Demandas coletivas...", *op. et loc. cits.*

[72] As *class actions* americanas foram introduzidas nos Estados Unidos no início do século XIX (Michele Taruffo, "I limiti soggettivi del giudicato e le *class actions*", *in Rivista di Diritto Processuale*, 1969, p. 619). Elas se filiam ao *Bill of Peace* do Direito inglês (Jack H. Friedenthal, Mary Kay Kane e Arthur R. Miller, *Civil procedure*, 1985, p. 723; Steven Emanuel, *Civil procedure*, 1988, p. 247; José Rogério Cruz e Tucci, *"Class actions" e mandado de segurança coletivo*, Saraiva, 1990, p. 11).

[73] Jonathan M. Landers, James A. Martin e Stephen C. Yeazell, *Civil procedure*, 2ª ed., 1988, ps. 545-6.

Art. 82 | CÓDIGO BRASILEIRO DE DEFESA DO CONSUMIDOR

não transformá-las em instrumento de proveito egoístico de quem as propõe, em vez de fazê-las cumprir objetivos sociais a que se vocacionam.[74]

Com maior razão, preocupação redobrada devemos ter no Brasil, onde o individualismo é mais acentuado que nos Estados Unidos e não temos ainda tradição no trato com as demandas coletivas."

Acrescentamos em seguida:

"Nesse importante mister, tem papel saliente o Ministério Público, não somente em razão de sua função institucional (art. 129, III, da CF), o que faz supor melhor preparo de seus membros, como também em virtude da efetiva liderança que vem assumindo, na prática, no ajuizamento de ações coletivas. É preciso evitar que o *parquet* perca a importância de sua função institucional por eventual vedetismo de qualquer de seus membros, que faça do inquérito civil ou das ações coletivas instrumentos de sua projeção pessoal ou até mesmo de alguma pressão irrazoável ou em virtude ainda da incorreta conceituação dos interesses ou direitos 'difusos' ou 'coletivos', que o leve a propor demandas que veiculem interesses eminentemente privados, sem qualquer relevância social. Certamente, como bem adverte Andrea Proto Pisani, não se deve restringir a legitimação para agir do Ministério Público apenas aos casos em que esteja presente o interesse geral e indiferenciado de natureza publicística, incumbindo-lhe também a tutela dos interesses coletivos específicos de natureza privatística.[75]

Mas não se pode ir ao extremo de permitir que o Ministério Público tutele *interesses genuinamente privados sem qualquer relevância social* (como os de condôminos de um edifício de apartamentos contra o síndico ou contra terceiros, ou os de um grupo de uma sociedade contra outro grupo da mesma sociedade, a menos que esteja inequivocamente presente, por alguma razão específica, o *interesse social*), sob pena de amesquinhamento da relevância institucional do *parquet*, que deve estar vocacionado, por definição constitucional, à defesa 'da ordem jurídica, do regime democrático e dos *interesses sociais* e *individuais indisponíveis*' (art. 127 da CF)".

[3] LEGITIMAÇÃO DO MINISTÉRIO PÚBLICO – A Constituição Federal, no art. 129, III, estabeleceu como uma das funções institucionais do Ministério Público "promover o inquérito civil e a ação civil pública, para a proteção do patrimônio público e social, do meio ambiente e de outros interesses difusos e coletivos".

Os interesses ou direitos dos consumidores, sem dúvida alguma, estão abrangidos pela cláusula de encerramento contida na parte final do texto.

Também incumbe ao Ministério Público proteger os interesses individuais, desde que homogêneos e tratados coletivamente, na forma do inc. III do parágrafo único do art. 81 do

---

[74] Mary Kay Kane traz a respeito as seguintes observações: "Current opinion is greatly divided as to the actual utility of class actions. Critics point to the fact that many of the suits filed in the last few years have been extremely burdensome, costly and time-consuming, and only a few have reached judgement. Further class action filings have increased dramatically, to a point at which it is argued that they have become stryke suits, filed by atorneys seeking fat fees but producing few other real benefits" (Civil procedure in a nutshell, 1979, ps. 226-227).

[75] Andrea Proto Pisani, "Appunti preliminari per uno studio sulla tutela giurisdizionale degli interessi collettivi", *in Le azioni a tutela di interessi collettivi, atti del convegno di studio*, Cedam, 1976, ps. 276-277. Justifica semelhante entendimento com a invocação do magistério de Andrioli (*Lezioni*, 1973, v. 1, p. 300), que anota a existência de "*settori più o meno vasti della vita sociale nella quale l'autonomia privata (ed aggiungesi: collettiva) non si dimonstra il mezzo più idoneo a dare assetto ai rapporti umani vuoi perchè vi sono impegneti interessi di collettività più o meno vaste non sempre organizzate e ancor menor personalizzate, vuoi perchè lo Stato vi ripone più omeno intensamente interesse*".

Código (cf. comentário ao art. 110, adiante, onde é exposta toda a evolução da ampliação da legitimação *ad causam* do *parquet*).

Como ficou bem anotado nos comentários aos incs. I e II do parágrafo único do art. 81 (v. *supra*), tanto os interesses ou direitos difusos como os coletivos, para os efeitos do Código, devem ser "transindividuais de natureza indivisível". A indivisibilidade do bem jurídico tutelando, nota mais marcante dos interesses ou direitos difusos e coletivos, deve dizer respeito a toda a coletividade (difusos) ou a todo o grupo, categoria ou classe de pessoas (coletivos), o que significa que entidades privadas e públicas, inclusive o Ministério Público, não estão legitimadas para a tutela de interesses individuais agrupados (exclusão feita à hipótese prevista no inc. III do mesmo dispositivo), mormente em se tratando de interesses contrapostos de membros de um mesmo grupo, classe ou categoria de pessoas.

Essa mesma interpretação deve prevalecer em relação ao inc. III do art. 129, CF, sob pena de se transformar o Ministério Público em defensor de interesses individuais disponíveis, quando a sua atribuição institucional é mais relevante, ao que se extrai do texto dos arts. 127 e segs. da Constituição Federal (v. adiante, comentário nº 8 ao § 2º, vetado). Em linha de princípio, somente os interesses individuais indisponíveis estão sob a proteção do *parquet*. Foi a relevância social da tutela a título coletivo dos interesses ou direitos individuais homogêneos que levou o legislador a atribuir ao Ministério Público e a outros entes públicos a legitimação para agir nessa modalidade de demanda molecular (cf. comentários aos arts. 110, 111, 112, 114 e 117, adiante).

Somente a *relevância social* do bem jurídico tutelando ou da própria tutela coletiva poderá justificar a legitimação do Ministério Público para a propositura de ação coletiva em defesa de interesses privados disponíveis.

O min. Ruy Rosado, relatando o REsp nº 168.859, assim enunciou o requisito para a legitimação do Ministério Público para agir em defesa de interesses individuais homogêneos: "O Ministério Público tem legitimidade para promover ação coletiva em defesa de interesses individuais homogêneos quando existente interesse social compatível com a finalidade da instituição" (*DJ* 23.8.99).

A jurisprudência tem reconhecido, por exemplo, a relevância social, admitindo assim a legitimidade do Ministério Público, em se tratando de discussão ligada ao direito à *educação,* que é um direito fundamental. Assim, tem sido admitida ação civil pública ajuizada pelo *parquet* tendo por objeto a fixação e a cobrança de *mensalidades escolares* (STJ, REsp nº 70.997 – SP, 4ª Turma, rel. min. Ruy Rosado; REsp nº 39.757 – MG, 4ª Turma, rel. min. Fontes de Alencar; REsp nº 68.141 – RO, 4ª Turma, rel. min. Barros Monteiro; REsp nº 38.176 – MG, 4ª Turma, rel. min. Ruy Rosado).

Essa mesma linha de argumentação é também desenvolvida no acórdão do Supremo Tribunal Federal citado, proferido em 26.2.97, no RE nº 163.231 – SP, relatado pelo eminente min. Maurício Corrêa.

Tem sido reconhecida a legitimação do Ministério Público, também nos seguintes temas, quando presente o requisito da relevância social:

a) exame da validade de cláusula sobre seguro inserta em contrato de adesão para arrendamento mercantil (*leasing*) (STJ, REsp nº 457.579, DF, j. 10.2.2003, rel. min. Ruy Rosado);

b) defesa dos interesses difusos e coletivos, incluindo aqueles decorrentes de projetos referentes ao parcelamento de solo urbano (STJ, REsp nº 174.308/SP, j. 25.2.2002, rel. min. Milton Luiz Pereira);

c) tutela de interesses individuais homogêneos dos adquirentes de lotes irregulares, com pedido de indenização, "no âmbito de ação civil pública em que se discute a execução de

Art. 82 | CÓDIGO BRASILEIRO DE DEFESA DO CONSUMIDOR

parcelamento de solo urbano com alienação de lotes sem aprovação de órgão públicos competentes" (STJ, REsp nº 743,678-SP, j. 15.9.2009, *DJe* 28.9.2009, rel. min. Mauro Campbell Marques);

d) exame da legalidade de cláusulas constantes de contrato de plano de saúde (STJ, REsp nº 208.068/SC, j. 8.4.2002, rel. min. Nancy Andrighi);

e) defesa de interesses individuais homogêneos, presente o relevante interesse social, no caso de direito à aquisição de casa própria, obstado pela administração de cooperativa habitacional em detrimento de cooperados (REsp nº 255.947/SP, j. 8.4.2002, rel. min. Carlos Alberto Menezes Direito);

f) "defesa de interesses individuais homogêneos quando existente interesse social compatível com a finalidade da instituição, como no caso onde se discute a cobrança, na vigência do Plano Real, de resíduo de correção monetária acumulada a cada período de 12 meses, além do reajuste da própria prestação, em contratos de promessa de compra e venda de imóvel celebrados pela construtora" (STJ, REsp nº 182.556/RJ, j. 20.5.2002, rel. min. Cesar Asfor Rocha);

g) tutela de direitos individuais homogêneos dos aplicadores de títulos de capitalização lesados pela atuação irregular de sociedade de capitalização no mercado financeiro (STJ, REsp nº 311.492/SP, j. 6.5.2002, rel. min. Nancy Andrighi);

h) exame da validade de cláusula contratual que autorizava constituição de hipoteca por dívida de terceiro mesmo após a conclusão da obra ou a integralização do preço pelo promitente comprador (STJ, REsp nº 334.829/DF, j. 4.2.2002, rel. min. Nancy Andrighi);

i) ação em que se postula a nulidade de cláusula contratual que autoriza a constituição de hipoteca (AgRg no Agr. Instr. nº 638.821-DF, j. 5.8.2008, *DJe* 22.8.2008, rel. min. Sidnei Beneti);

j) questão referente a contrato de locação, formulado como contrato de adesão pelas empresas locadoras, com exigência da Taxa Imobiliária para inquilinos, que é de interesse público pela repercussão das locações na sociedade (STJ, Corte Especial, EREsp 114.908/SP (Embargos de Divergência no Recurso Especial), j. 20.5.2002, rel. min. Eliana Calmon);

k) revisão de contrato de *leasing* atrelado à variação do dólar (STJ, 3ª Turma, AgRg no REsp nº 336.599-SC, j. 22.5.2009, *DJe* 22.5.2009, rel. min. Paulo Furtado);

l) defesa judicial dos interesses dos consumidores de plano de capitalização (STJ, 2ª Turma, REsp nº 347.752-SP, j. 8.5.2007, *DJe* 4.11.2007, RDDP v. 82 p. 116, rel. min. Herman Benjamin);

m) ação civil pública "objetivando a cessação de atividade inquinada de ilegal de captação antecipada de poupança popular, disfarçada de financiamento para compra de linha telefônica" (STJ, 3ª Turma, REsp nº 910.192-MG, j. 2.2.2010, *DJe* 24.2.2010, rel. min. Nancy Andrighi);

n) ação civil pública que "vise o fornecimento de remédios a portadores de certa doença" (STF, Plenário, RE nº 605533-MG, j. 15.8.2018, *DJe* 20.8.2018, rel. min. Marco Aurélio).

Mas há, também, a *relevância social* da própria tutela coletiva em razão da peculiaridade do conflito de interesses. Imagine-se o caso de um fabricante de óleo comestível que esteja lesando os consumidores em quantidade bem pequena, insuficiente para motivar um ou mais consumidores isoladamente a procurar a justiça para reclamar a reparação do seu prejuízo. Se é ínfima a lesão individual, não o será, certamente, a lesão na perspectiva coletiva, que poderá estar afetando milhões de consumidores. Em casos assim, de dispersão muito grande de consumidores lesados e de insignificância da lesão na perspectiva individual, haverá certamente *relevância social na tutela coletiva*, para que o fornecedor seja obstado no prosseguimento da prática ilícita.

Tem sido, seguramente, com essa preocupação que a jurisprudência vem admitindo a legitimação do Ministério Público para o ajuizamento de ação civil pública para defesa de interesses da população contra a cobrança indevida de *taxa de iluminação pública* (STJ, REsp nº 49.272-6, RS, j. 21.9.94, rel. min. Demócrito Reinaldo). Alude-se à necessidade de admissão de ação civil pública "para evitar as inumeráveis demandas judiciais (economia processual) e evitar decisões incongruentes sobre idênticas questões jurídicas".

Acrescentaríamos a esses argumentos outro que, em nosso entender, demonstra a efetiva presença do requisito da *relevância social*: muitos administradores públicos, mesmo sabedores de que uma lei instituidora de imposto ou taxa é inconstitucional, insistem em editá-la e cobrar com base nela o imposto ou a taxa, e assim agem fundados nos cálculos estatísticos que evidenciam que apenas um número muito restrito de contribuintes se dá ao trabalho de postular individualmente em juízo a tutela de seus direitos. Tem inegável sentido social a ação civil pública movida com o objetivo de obstar semelhante conduta ilícita da Administração Pública.

Mais recentemente, deve ser apontada uma tendência interessante do STJ em tema de legitimação do MP para a ação civil pública em defesa de interesses ou direitos individuais homogêneos: pelos votos do min. Luiz Fux, releva notar a posição no sentido de que a própria condução processual coletiva dos direitos individuais homogêneos já se reveste, em si, de relevância social:

"Nas ações que versam interesses individuais homogêneos, esses interesses transindividuais participam da ideologia das ações difusas, como sói ser a ação civil pública. A despatrimonialização desses interesses está na medida em que o MP não veicula pretensão pertencente a quem quer que seja individualmente, mas pretensão de natureza genérica, que, por via de prejudicialidade, resta por influir nas esferas individuais... Aliás, a *ratio essendi* do surgimento da ação civil pública foi exatamente a constatação que se empreendeu ao se verificar que o cidadão isolado não tem aptidão para mover uma ação capaz de gerar decisão de tamanho espectro. Tanto é verdade que a ação não se dirige a interesses individuais, que a coisa julgada pode ser aproveitada pelo titular do direito individual homogêneo se não tiver promovido ação própria..." (Recurso Especial nº 586.307/MT, 1ª Turma, rel. min. Luiz Fux, j. de 1.9.2004, *DJ* de 30.9.2004, p. 223).[76]

[3a] LEGITIMAÇÃO DA DEFENSORIA PÚBLICA – O inciso II do art. 5º da Lei nº 7.347/85, acrescentado pela Lei nº 11.448, de 15 janeiro de 2007, incluiu a Defensoria Pública no rol de entes legitimados para a propositura da ação civil pública.

Essa legitimação já vinha sendo admitida com base no inciso III do art. 82 do CDC, combinado com o art. 21 da Lei da Ação Civil Pública, como esclarece Ada Pellegrini Grinover no parecer elaborado sobre o tema (*in RP* 165/299, "Legitimidade da Defensoria Pública para a ação civil pública").

Pela relevância da argumentação, merecem ser transcritos os seguintes trechos desse trabalho, que foi elaborado, a pedido da Associação Nacional de Defensores Públicos – ANADEP, para servir de subsídio ao julgamento da Ação Direta de Inconstitucionalidade promovida pela Associação Nacional dos Membros do Ministério Público – CONAMP contra o

---

[76] No mesmo sentido, Recurso Especial nº 574.410, *DJ* de 5.8.2004, p. 192; Recurso Especial nº 478.944/SO, *DJ* de 29.9.2003.

Art. 82 | CÓDIGO BRASILEIRO DE DEFESA DO CONSUMIDOR

dispositivo legal mencionado, que conferiu legitimação à Defensoria Pública para a proposi-tura de ação civil pública:

"A Constituição Federal não prevê exclusividade do Ministério Público para a propositura da ação civil pública.

Após enumerar, no art. 129, as funções institucionais do MP – dentre as quais a de 'promover (...) a ação civil pública, para a proteção do patrimônio público e social, do meio ambiente e de outros interesses difusos e coletivos' (inc. III) – o legislador constitucional teve o cuidado de destacar expressamente, no § 1º do mesmo artigo:

§ 1º *A legitimação do Ministério Público para as ações civis previstas neste artigo não impede a de terceiros, segundo o disposto nesta Constituição e na lei'* (grifei).

E a lei – exatamente a Lei nº 7.347/85 – legitimou à ação civil pública a União, o Estado, o Distrito Federal e o Município, autarquias, empresas públicas, fundações, sociedades de economia mista e associações (art. 5º, *caput*), e agora, pela Lei nº 11.448/2007, a Defensoria Pública. A essa lista ainda adiciona-se a legitimidade da Ordem dos Advogados do Brasil, a teor da Lei nº 8.906/94 (art. 54, inc. XIV).

Assim sendo, a legitimação do MP não é exclusiva, mas concorrente e autônoma, no sentido de que cada órgão ou entidade legitimados podem mover a demanda coletiva, independente-mente da ordem de indicação.

Por outro lado, não se percebe como essa legitimação, concorrente e autônoma, poderia afetar aquela do MP, impedindo ao *parquet* exercer plenamente suas atividades, conforme alega a requerente em relação à Defensoria Pública. A inclusão desta no rol dos diversos legitimados em nada interfere o pleno exercício das atribuições do MP, que continua a detê-las. E tanto assim é, que diversos órgãos públicos que se manifestaram sobre esta demanda chegam até à conclusão de falta de pertinência temática em relação à requerente.

A nova norma legal permite, simplesmente, que a Defensoria Pública venha somar esforços na conquista dos interesses ou direitos difusos, coletivos e individuais homogêneos da sociedade, podendo inclusive agir em litisconsórcio com o Ministério Público.

Por outro lado, a ampliação da legitimação à ação civil pública representa poderoso instrumento de **acesso à justiça**, sendo louvável que a iniciativa das demandas que objetivam tutelar interesses ou direitos difusos, coletivos e individuais homogêneos seja ampliada ao maior número possível de legitimados, a fim de que os chamados direitos fundamentais de terceira geração – os direitos de solidariedade – recebam efetiva e adequada tutela.

Lembre-se, a propósito, do que já vinha estampado na Exposição de Motivos anexada à Mensagem nº 123, de 25.2.85, encaminhando o Projeto de Lei que resultaria na Lei nº 7.347/85:

'A ação civil pública para defesa de interesses coletivos encontra-se regulada apenas na Lei nº 6.938, de 31 de agosto de 1981, que disciplinou a política nacional do meio ambiente (art. 14, par. 1º). A lei, porém, só regulamenta a proteção jurisdicional do meio ambiente, deixando de lado os demais interesses difusos, e **concedendo exclusividade ao Ministério Público como titular da ação. Estendendo-se a legitimação a outras entidades, aqueles interesses serão defendidos com a eficácia exigida pela sua importância.** Parece não haver discrepância em torno dessa exigência' (grifei).

Acesso à justiça: este é o fundamento para uma legitimação ampla, articulada, composta para as ações em defesa de interesses ou direitos difusos, coletivos e individuais homogêneos. Não se pode olvidar, aqui, a lição clássica de Mauro Cappelletti, referência obrigatória na matéria, que inseriu a defesa dos direitos difusos na segunda onda renovatória do acesso à justiça.[77]

---

[77] Cappelletti, Mauro e Garth, Bryan, *Acesso à Justiça*, trad. de Ellen Gracie Northfleet, Porto Alegre, Fabris, 1988, p. 31.

Capítulo I · DISPOSIÇÕES GERAIS | **Art. 82**

E é oportuno lembrar as palavras de processualistas contemporâneos, como Carlos Alberto de Salles, advertindo sobre a dispersão e a tendência à sub-representação dos interesses difusos e coletivos:

'As opções relativas à legitimidade para defesa dos interesses difusos e coletivos devem ter por norte *a maior ampliação possível do acesso à justiça*. Deve-se ter em mente que, tendo em vista a anatomia social dos interesses em questão, *o problema será sempre de sub-representação*, não o de um número exacerbado de litígios jurisdicionalizados. Cabe, dessa forma, *ampliar ao máximo a porta de acesso desses interesses à justiça* e, ainda, criar mecanismos de incentivo para sua defesa judicial'[78] (grifei)".

Discorrendo sobre as *funções institucionais da Defensoria Pública*, prossegue Ada Pellegrini Grinover:

"O art. 134 da CF não coloca limites às atribuições da Defensoria Pública. O legislador constitucional não usou o termo exclusivamente, como fez, por exemplo, quando atribuiu ao Ministério Público a função institucional de 'promover, privativamente, a ação penal pública, na forma da lei' (art. 129, inc. I). Desse modo, as atribuições da Defensoria podem ser ampliadas por lei, como, aliás, já ocorreu com o exercício da curadoria especial, mesmo em relação a pessoas não economicamente necessitadas (art. 4º, inc. VI, da Lei Complementar nº 80/94).

O que o art. 134 da CF indica, portanto, é a incumbência necessária e precípua da Defensoria Pública, consistente na orientação jurídica e na defesa, em todos os graus, dos necessitados, e não sua tarefa exclusiva.

Entretanto, mesmo que se pretenda ver nas atribuições da Defensoria Pública tarefas exclusivas – o que se diz apenas para argumentar –, ainda será preciso interpretar o termo necessitados, utilizado pela Constituição.

Já tive a oportunidade de escrever, em sede doutrinária, a respeito da assistência judiciária (na terminologia da Constituição de 1988, defesa) aos necessitados:

'Pois é nesse amplo quadro, delineado pela necessidade de o Estado propiciar condições, a todos, de amplo acesso à justiça que eu vejo situada a garantia da assistência judiciária. E ela também toma uma dimensão mais ampla, que transcende o seu sentido primeiro, clássico e tradicional.

Quando se pensa em assistência judiciária, logo se pensa na assistência aos necessitados, aos economicamente fracos, aos *minus habentes*. É este, sem dúvida, o primeiro aspecto da assistência judiciária: o mais premente, talvez, mas não o único'.[79] (Grifei).

Isso porque existem os que são necessitados no plano econômico, mas também existem os necessitados do ponto de vista organizacional. Ou seja, todos aqueles que são socialmente vulneráveis: os consumidores, os usuários de serviços públicos, os usuários de planos de saúde, os que queiram implementar ou contestar políticas públicas, como as atinentes à saúde, à moradia, ao saneamento básico, ao meio ambiente etc.

E tanto assim é, que afirmava, no mesmo estudo, que a assistência judiciária deve compreender a defesa penal, em que o Estado é tido a assegurar a todos o contraditório e a ampla defesa,

---

[78] Salles, Carlos Alberto, Políticas Públicas e legitimidade para defesa de interesses difusos e coletivos, *Revista de Processo*, n. 121, mar. 2006, p. 50.

[79] Grinover, Ada Pellegrini, "Assistência Judiciária e Acesso à Justiça", in *Novas Tendências do Direito Processual*, Rio de Janeiro, Forense Universitária, 2ª ed., 1990, p. 245.

Art. 82 | CÓDIGO BRASILEIRO DE DEFESA DO CONSUMIDOR

quer se trate de economicamente necessitados, quer não. O acusado está sempre numa posição de vulnerabilidade frente à acusação. Dizia eu:

'Não cabe ao Estado indagar se há ricos ou pobres, porque o que existe são acusados que, não dispondo de advogados, ainda que ricos sejam, não poderão ser condenados sem uma defesa efetiva. Surge, assim, mais uma faceta da assistência judiciária, assistência aos necessitados, não no sentido econômico, mas no sentido de que o Estado lhes deve assegurar as garantias do contraditório e da ampla defesa'[80]. (Grifei).

Em estudo posterior, ainda afirmei surgir, em razão da própria estruturação da sociedade de massa, uma nova categoria de hipossuficientes, ou seja, a dos carentes organizacionais, a que se referiu Mauro Cappelletti, ligada à questão da vulnerabilidade das pessoas em face das relações sociojurídicas existentes na sociedade contemporânea.[81]

Da mesma maneira deve ser interpretado o inc. LXXIV do art. 5º da CF: 'O Estado prestará assistência jurídica integral e gratuita aos que comprovarem insuficiência de recursos' (grifei). A exegese do termo constitucional não deve limitar-se aos recursos econômicos, abrangendo recursos organizacionais, culturais, sociais.

Saliente-se, ainda, que a necessidade de comprovação da insuficiência de recursos se aplica exclusivamente às demandas individuais, porquanto, nas ações coletivas, esse requisito resultará naturalmente do objeto da demanda – o pedido formulado. Bastará que haja indícios de que parte ou boa parte dos assistidos seja necessitada. E, conforme já decidiu o TRF da 2ª Região, nada há nos artigos 5º, LXXIV, e 134 da CF que indique que a defesa dos necessitados só possa ser individual[82]. Seria até mesmo um contrassenso a existência de um órgão que só pudesse defender necessitados individualmente, deixando à margem a defesa de lesões coletivas, socialmente muito mais graves.

Conforme bem observou Boaventura de Souza Santos, daí surge 'a necessidade de a Defensoria Pública, cada vez mais, desprender-se de um modelo marcadamente individualista de atuação'.[83]

Assim, mesmo que se queira enquadrar as funções da Defensoria Pública no campo da defesa dos necessitados e dos que comprovarem insuficiência de recursos, os conceitos indeterminados da Constituição autorizam o entendimento – aderente à ideia generosa do amplo acesso à justiça – de que compete à instituição a defesa dos necessitados do ponto de vista organizacional, abrangendo portanto os componentes de grupos, categorias ou classes de pessoas na tutela de seus interesses ou direitos difusos, coletivos e individuais homogêneos".

[4] LEGITIMAÇÃO DA UNIÃO, ESTADOS, DISTRITO FEDERAL E MUNICÍPIOS[84] – A ampla legitimação dos entes públicos 'para a tutela dos interesses ou direitos dos consumidores decorre de mandamento constitucional. O inc. XXXII do art. 5º, CF, com efeito, dispõe expressamente que incumbe "ao Estado (no sentido amplo) promover, na forma da lei, a defesa do consumidor". E a defesa em juízo é, certamente, uma das formas mais importantes de exercício dessa atribuição.

---

[80] Grinover, Ada Pellegrini, "Assistência Judiciária e Acesso à Justiça", in *Novas Tendências do Direito Processual*, Rio de Janeiro, Forense Universitária, 2ª ed., 1990, p. 246.

[81] Grinover, Ada Pellegrini, Acesso à justiça e o Código de Defesa do Consumidor, *in O Processo em Evolução*, Rio de Janeiro, Forense Universitária, 1996, p. 116-117.

[82] Apelação Cível nº 2004.32.00.005202-7/AM.

[83] Santos, Boaventura de Souza, Introdução à sociologia da administração da justiça, *Revista de Processo*, São Paulo, n. 37, jan.-mar. 1985, p. 150.

[84] Mancuso, Rodolfo de Camargo, "O Município enquanto colegitimado para a tutela dos interesses difusos", *in Rev. Processo*, nº 48, 1987, ps. 45-63.

Capítulo I · DISPOSIÇÕES GERAIS | **Art. 82**

A legitimação será concorrente e disjuntiva sempre que todos os entes públicos tenham, pelas características da lide, seja pela natureza do bem jurídico ameaçado ou lesado, seja pela amplitude da ameaça ou da lesão, seja ainda pela quantidade e localização dos titulares dos interesses ameaçados ou lesados, a atribuição de promover a defesa dos consumidores no caso concreto, em razão do vínculo que possuam com esses consumidores.

Se nenhum nexo mantêm, porque os consumidores pertencem a outro Município ou a Estado diverso, evidentemente a legitimação *ad causam* não lhes diz respeito. Todavia, se os interesses ameaçados ou lesados guardam ligação com vários Municípios, qualquer deles poderá tomar a iniciativa da demanda. O mesmo ocorre com os Estados, cuja atribuição mais significativa é relativa aos interesses regionais, estaduais e interestaduais. Em linha de princípio, a União deverá se preocupar com os interesses de âmbito nacional, mas nada obsta a que adote a iniciativa da tutela de interesses locais ou regionais, mormente na omissão dos demais colegitimados.

[5] LEGITIMAÇÃO DE ENTES PÚBLICOS SEM PERSONALIDADE JURÍDICA – Não se limitou o legislador a ampliar a legitimação para agir. Foi mais além. Atribuiu legitimação *ad causam* a entidades e órgãos da Administração Pública, direta ou indireta, ainda que sem personalidade jurídica, o que se fazia necessário para que órgãos públicos, como o PROCON (Grupo Executivo de Proteção ao Consumidor, hoje com personalidade jurídica), bastante ativos e especializados em defesa do consumidor, pudessem também agir em juízo, mesmo sem personalidade jurídica.

[6] LEGITIMAÇÃO DAS ASSOCIAÇÕES – A importância da legitimação para agir das associações civis ficou bem sublinhada nas considerações desenvolvidas no item 2 do Capítulo I do Título III. Os consumidores não poderão confiar apenas no paternalismo do Estado. É necessário que a própria sociedade civil se estruture melhor e participe ativamente da defesa dos interesses de seus membros, fazendo com que a nova mentalidade que disso resulte, pela formação de uma sociedade mais solidária (art. 3º, I, CF), seja a grande protetora de todos os consumidores.

Foi justamente objetivando a formação dessa sociedade mais solidária e justa que a Constituinte procurou estimular a criação de associações (incs. XVII, XVIII, XIX, XX e XXI, do art. 5º, CF), e no Capítulo da Ordem Econômica e Financeira estabeleceu a defesa do consumidor como um dos princípios em que se assenta a atividade econômica do País (art. 170, V, CF) e declarou, expressamente, que "a lei apoiará e estimulará o cooperativismo e outras formas de associativismo" (art. 174, § 2º, CF).

A alusão às "associações", contida no inc. IV do art. 82 do "Código", é abrangente de sindicatos, cooperativas e todas as demais formas de associativismo (art. 174, § 2º, CF), desde que os requisitos preestabelecidos na lei sejam devidamente preenchidos.

O inc. IV em análise fez constar que, sendo as associações constituídas com o fim institucional de defesa dos interesses e direitos do consumidor, sua legitimação para agir é independente de autorização assemblear.

A razão de ser dessa disposição está na dúvida suscitada pela regra contida no inc. XXI do art. 5º da Constituição Federal, que estatui que "as entidades associativas, quando expressamente autorizadas, têm legitimidade para representar seus filiados judicial ou extrajudicialmente".

Para os fins de defesa dos interesses ou direitos dos consumidores, a autorização está ínsita na própria razão de ser das associações, enunciada nos respectivos atos constitutivos. Vale dizer, estão elas permanentemente autorizadas, desde a sua constituição, a agir em juízo desde que seja esse seu fim institucional. E a atuação delas tanto poderá ocorrer a título de substituição processual quanto de representação, dependendo do caso concreto e dos termos em que vem afirmada a sua condição.

Art. 82 | CÓDIGO BRASILEIRO DE DEFESA DO CONSUMIDOR

O Supremo Tribunal Federal, no Recurso Extraordinário 612.043-PR, apreciando o tema 499 da repercussão geral, por maioria de votos, entendeu que o inciso XXI do art. 5º da CF prevê a atuação da associação na condição de representante de seus associados, e não na de substituta processual, fixando a tese do seguinte teor: "A eficácia subjetiva da coisa julgada formada a partir de ação coletiva, de rito ordinário, ajuizada por associação civil na defesa de interesses de seus associados, somente alcança os filiados, residentes no âmbito da jurisdição do órgão julgador, que o fossem em momento anterior ou até a data da propositura da demanda, constantes da relação juntada à inicial do processo de conhecimento".

A legitimação para agir das associações, como já ressaltado, tem elevada importância na melhor organização das relações de consumo, pois constitue elas um instrumento de participação da sociedade civil no aperfeiçoamento da Política Nacional de Relações de Consumo (art. 4º, II, *b*), e uma forma eficiente de evitar que continue o paternalismo estatal exagerado na proteção do consumidor.

Não se deve temer pelos abusos das associações em razão da facilitação do acesso à justiça, pois o legislador cuidou de prever sanções para as hipóteses de litigância de má-fé, estabelecendo a penalização não somente da associação, como também dos diretores responsáveis pela propositura da ação (art. 87 e parágrafo único) e também porque, conforme vem reconhecendo a jurisprudência de nossos tribunais, incumbe ao juiz da causa proceder ao controle de abusos na constituição e na atuação dos entes associativos (a respeito, cf. considerações mais detidas no item [7a]).

[6a] A MEDIDA PROVISÓRIA Nº 2.180-35, DE 24 DE AGOSTO DE 2001 (ANTERIORMENTE MEDIDA PROVISÓRIA Nº 1.984-18, DE 1º DE JUNHO DE 2000) – Mais uma vez o governo serve-se do instrumento da Medida Provisória para minar todo o trabalho edificado ao longo de anos no sentido de prestigiar o momento associativo, de facilitar o acesso à justiça e de dotar o Poder Judiciário de instrumentos processuais modernos e adequados à tutela dos direitos ou interesses metaindividuais.

Começou pela Medida Provisória nº 1.570, de 26 de março de 1997, convertida por um Congresso complacente ou desatento na Lei nº 9.494, de 10 de setembro de 1997 (ver, adiante, comentários ao art. 103, nº 2a). Depois veio a Medida Provisória nº 1.798-1, de 11 de fevereiro de 1999, reiterada, no que diz respeito às associações, Medida Provisória nº 2.180-35, de 24 de agosto de 2001, que acrescentou alguns artigos à malfadada Lei nº 9.497, comentada no nº 2a do art. 103.

Cabe, aqui, em relação às associações, trazer à colação o parágrafo único do art. 2º-A, introduzido pela Medida Provisória nº 2.180-35, de 2001, na Lei nº 9.494/97, que tem a seguinte redação:

> "*Parágrafo único*. Nas ações coletivas propostas contra a União, os Estados, o Distrito Federal, os Municípios e suas autarquias e fundações, a petição inicial deverá obrigatoriamente estar instruída com a ata da assembleia da entidade associativa que a autorizou, acompanhada da relação nominal dos seus associados e indicação dos respectivos endereços."

A restrição, que beneficia apenas o Estado, opera diretamente no âmbito do art. 82, IV, do CDC, que legitima as ações coletivas:

> "as associações legalmente constituídas há pelo menos um ano e que incluam entre seus fins institucionais a defesa dos interesses e direitos protegidos por este Código,[85] dispensada a autorização assemblear" (grifo nosso).

---

[85] Mais uma vez, com a observação da aplicação do dispositivo a todas as ações civis públicas, por força do disposto no art. 21 da LACP.

Capítulo I · DISPOSIÇÕES GERAIS | **Art. 82**

A exigência de autorização assemblear, acompanhada da relação nominal dos associados e da indicação dos respectivos endereços, que representa um obstáculo para o acesso das associações à justiça e que é limitada às demandas intentadas contra o Estado e suas entidades autárquicas e fundacionais, é uma clara demonstração de privilégio que não se coaduna com o princípio da igualdade processual, decorrente da isonomia garantida pela Constituição. Não se trata de prerrogativa, que poderia se justificar em face da complexa organização dos órgãos estatais ou paraestatais e que autoriza que se tratem desigualmente os desiguais. Nenhuma facilitação da atividade defensiva surgirá para o Estado dessa exigência, que tem apenas o intuito de dificultar o acesso à justiça das associações que contra ele litigam.

Flagrantemente inconstitucional, por ferir a igualdade e obstaculizar o acesso à justiça, do ponto de vista processual o dispositivo confunde a figura da representação, para a qual a própria Constituição prevê a necessidade de autorização dos associados (art. 5º, inc. XXI), com a da legitimação às ações coletivas, introduzindo regra própria dos processos individuais, em que as associações litigam em nome próprio, representando os associados, para os processos de índole coletiva, em que as associações agem na condição de substitutas processuais em nome próprio, em defesa dos direitos dos substituídos.

Espera-se, assim, que os tribunais atentem para a diferença e só apliquem a nova norma aos casos de representação, excluindo os casos de substituição processual. No julgamento do Recurso Extraordinário 612.043-PR, o Supremo Tribunal Federal, pelo que se extrai dos argumentos desenvolvidos pelos Ministros durante o julgamento e pelo uso da expressão "ação coletiva, de rito ordinário", na tese enunciada na apreciação do tema 499 da repercussão geral, acima transcrita (v. n. 6, *supra*), limitou a aplicação do enunciado à hipótese apenas de representação, de que cuidaria o inciso XXI do art. 5º da CF.

[6b] A FALTA DE LEGITIMAÇÃO DA PESSOA FÍSICA – Sobre esse ponto, ver as considerações feitas na parte final do nº 4, Capítulo "Disposições Gerais", *retro*, bem como, em Apêndice, o Código Modelo de Processos Coletivos para Ibero-América. Confiram-se, também, as considerações sobre ação individual de alcance coletivo no tópico "conversão da ação individual em ação coletiva" (n. 8, Capítutlo II, Título III, *supra*).

[7] DISPENSA PELO JUIZ DO REQUISITO DA PRÉ-CONSTITUIÇÃO – O § 1º admitiu a dispensa pelo juiz do requisito da pré-constituição, quando "haja manifesto interesse social evidenciado pela dimensão ou característica do dano, ou pela relevância do bem jurídico a ser protegido". O requisito da pré-constituição foi estabelecido para o fim de coibir os abusos consistentes em constituição *ad hoc*, não raro por razões políticas, de associações para a propositura de certas ações coletivas. Semelhante perigo, porém, deixa de existir quando, pela "dimensão ou característica do dano", ou pela "relevância do bem jurídico a ser protegido", avaliação a ser feita no caso concreto, consiga o magistrado detectar "manifesto interesse social" na admissão em juízo de associação constituída há menos de um ano pela sua representatividade e aptidão como órgão veiculador dos interesses transindividuais (cf. adiante o comentário ao art. 113, na parte que dá nova redação ao § 4º do art. 5º da Lei nº 7.347/85).

[7a] A REPRESENTATIVIDADE ADEQUADA NO ORDENAMENTO BRASILEIRO – Como visto, a legitimação ativa às ações coletivas é atribuída, *ope legis*, ao Ministério Público; à União, Estados ou Municípios e ao Distrito Federal; às entidades e órgãos da Administração Pública, direta ou indireta, ainda que sem personalidade jurídica, especificamente destinados à defesa dos interesses e direitos protegidos; e às associações legalmente constituídas há pelo menos um ano e que incluam entre seus fins institucionais a defesa dos interesses e direitos. Todavia, a questão que se coloca é a de se saber se, apesar disso, ainda cabe ao juiz brasileiro o controle da "adequada representatividade" do ente legitimado, como expressamente preveem

783

Art. 82 | CÓDIGO BRASILEIRO DE DEFESA DO CONSUMIDOR

outros sistemas que se inspiraram, nesse ponto, nas *class actions* norte-americanas.[86] A esta questão respondeu Ada Pellegrini Grinover, com o seguinte texto:[87]

> "O Projeto de Lei Flávio Bierrenbach, que resultou dos trabalhos de comissão constituída por Ada Pellegrini Grinover, Cândido Rangel Dinamarco, Kazuo Watanabe e Waldemar Mariz de Oliveira Júnior, havia escolhido a via do controle da representatividade adequada pelo juiz. No entanto, a Lei nº 7.347/85 (a chamada 'Lei da Ação Civil Pública') acolheu, nesse ponto, o substitutivo do Ministério Público paulista, preferindo a fórmula da legitimação *ope legis* acima referida, sem referência expressa à adequação da representatividade. A seguir, quer a Constituição de 1988, quer o Código de Defesa do Consumidor de 1990, seguiram o mesmo caminho.
>
> Todavia, problemas práticos têm surgido pelo manejo de ações coletivas por parte de associações que, embora obedeçam aos requisitos legais, não apresentam a credibilidade, a seriedade, o conhecimento técnico-científico, a capacidade econômica, a possibilidade de produzir uma defesa processual válida, dados sensíveis esses que constituem as características de uma 'representatividade' idônea e adequada.[88] E, mesmo na atuação do Ministério Público, têm aparecido casos concretos em que os interesses defendidos pelo *parquet* não coincidem com os verdadeiros valores sociais da classe de cujos interesses ele se diz portador em juízo. Assim, embora não seja esta a regra geral, não é raro que alguns membros do Ministério Público, tomados de excessivo zelo, litiguem em juízo como pseudodefensores de uma categoria cujos verdadeiros interesses podem estar em contraste com o pedido.[89]
>
> Para casos como esse é que seria de grande valia reconhecer ao juiz o controle sobre a legitimação, em cada caso concreto, de modo a possibilitar a inadmissibilidade da ação coletiva, quando a 'representatividade' do legitimado se demonstrasse inadequada.
>
> Quer-me parecer que o sistema brasileiro, embora não o afirme expressamente, não é avesso ao controle da 'representatividade adequada' pelo juiz, em cada caso concreto. Um dos primeiros defensores do controle pelo juiz da representatividade adequada na ação coletiva brasileira foi Cássio Scarpinella Bueno, para afastar, *de lege lata*, o legitimado que não tem condições para bem representar a classe, categoria ou grupo de cujos interesses pretende ser portador em juízo.[90] Seguiu-se depois Antonio Gidi.[91] Ambos os autores, entretanto, preocuparam-se apenas com o controle negativo da representatividade adequada, com o escopo da negação da legitimação".

Prossegue Ada Pellegrini Grinover, reafirmando o que escreveu na 9ª edição desta obra:

---

[86] Sobre a *adequacy of representation*, cuja matriz é norte-americana, ver, por todos, Vincenzo Vigoriti, *Interessi collettivi e processo (la legittimazione ad agire)*, Giuffrè, 1979, ps. 271-283.

[87] Ada Pellegrini Grinover, "Ações coletivas ibero-americanas: novas questões sobre a legitimação e a coisa julgada", *in Revista Forense*, nº 301, ps. 3-12.

[88] Apenas para exemplificar, associações civis, normalmente constituídas por pequeno número de não fumantes, têm apresentado em juízo pedidos estapafúrdios, nem sempre compatíveis com os interesses dos fumantes.

[89] Assim, por exemplo, ocorreu em relação ao pedido de reserva da cota de 50% das vagas do exame de acesso à universidade aos egressos do ensino público, prejudicando os interesses dos candidatos oriundos do ensino privado, com o agravante de a demanda ser ajuizada às vésperas do denominado "exame vestibular", causando intranquilidade.

[90] Cassio Scarpinella Bueno, "As *class actions* norte-americanas e as ações coletivas brasileiras: pontos para uma reflexão conjunta", *Revista de Processo*, n. 82, abr.-jun. 1996, p. 130.

[91] A primazia dessa ideia cabe a Antonio Gidi (*Class actions in Brazil. A model for civil lawcountries*), que a expôs no Painel sobre "Ações coletivas: novas questões", IV Jornadas de Direito Processual Civil, Instituto Brasileiro de Direito Processual, Fortaleza, 8 de agosto de 2001.

Capítulo I · DISPOSIÇÕES GERAIS | **Art. 82**

"Seguro indício da possibilidade de se adotar essa posição são um dispositivo do próprio Código de Defesa do Consumidor, bem como a postura da jurisprudência brasileira em tema de legitimação do Ministério Público às ações em defesa dos chamados direitos individuais homogêneos.

O art. 82, § 1º, do Código de Defesa do Consumidor permite ao juiz dispensar a associação do requisito da pré-constituição há pelo menos um ano, quando haja manifesto interesse social evidenciado pela dimensão ou característica do dano, ou pela relevância do bem jurídico a ser protegido. A análise atribuída ao juiz no caso concreto, para o reconhecimento da legitimação, está muito próxima do exame da 'representatividade adequada', podendo-se afirmar que, *a contrario sensu*, o juiz pode negar a referida legitimação, quando entender não presentes os requisitos da adequação. Por outro lado, a jurisprudência brasileira, após alguma tergiversação, tem se firmado na posição do reconhecimento da legitimação ao Ministério Público para as ações em defesa de direitos individuais homogêneos, somente na hipótese de o juiz reconhecer a relevância social dos referidos interesses.[92] Este exame, que se faz caso a caso, implica a análise de algo muito próximo à representatividade adequada, dependendo do objeto da demanda ou da quantidade de pessoas envolvidas na causa.

Vê-se daí que o ordenamento brasileiro não é infenso ao controle da legitimação *ope judicis*, de modo que se pode afirmar que o modelo do direito comparado, que atribui ao juiz o controle da 'representatividade adequada' (Estados Unidos da América, Código Modelo para Ibero-América, Uruguai e Argentina), pode ser tranquilamente adotado no Brasil, na ausência de norma impeditiva. Aliás, não é irrelevante lembrar que os princípios gerais do Direito configuram fonte de Direito, nos termos do art. 4º da Lei de Introdução ao Código Civil brasileiro, sendo que a *defining function* do juiz nos processos coletivos é uma de suas principais características."[93]

No Código Modelo de Processos Coletivos para Ibero-América (ver Apêndice) a exigência de representatividade adequada é expressa, sendo tratada nos seguintes termos:

"*Art. 2º* São requisitos da demanda coletiva:

I – a adequada representatividade do legitimado;

(...)

§ 2º Na análise da representatividade adequada o juiz deverá analisar dados como:

a) a credibilidade, capacidade, prestígio e experiência do legitimado;

b) seu histórico na proteção judicial e extrajudicial dos interesses ou direitos dos membros do grupo, categoria ou classe;

c) sua conduta em outros processos coletivos;

d) sua capacidade financeira para a condução do processo coletivo;

e) a coincidência entre os interesses dos membros do grupo, categoria ou classe e o objeto da demanda;

f) o tempo de instituição da associação e a representatividade desta ou da pessoa física perante o grupo, categoria ou classe."

---

[92] Isto porque a Constituição Federal atribui ao Ministério Público a função institucional da defesa da ordem jurídica, do regime democrático e dos *interesses sociais e individuais indisponíveis*. Sustenta-se, assim, que, sendo os interesses individuais homogêneos direitos individuais disponíveis, somente quando sua defesa for de interesse social é que o juiz poderá reconhecer a legitimação do Ministério Público.

[93] Ver, sobre a *defining function* do juiz norte-americano, nas *class actions*, por todos, Vincenzo Vigoriti, *Interessi collettivi e processo*, cit., ps. 266-271.

Art. 82 | CÓDIGO BRASILEIRO DE DEFESA DO CONSUMIDOR

Entretanto, além do aspecto negativo do controle da representatividade adequada, existe seu aspecto positivo, que consiste em aferir sua existência para conferir legitimação ao grupo. É o que vamos verificar logo abaixo, nos nºs 7b e 7c, atinentes à ação coletiva passiva.

[7b] A LEGITIMAÇÃO PASSIVA DO GRUPO – Continua Ada Pellegrini Grinover, no mesmo estudo:[94]

"Mas o reconhecimento ao juiz de poderes para aferir a 'representatividade adequada' do legitimado à ação coletiva, se é importante nos casos de legitimação ativa, assume maior relevância ainda quando se admita a existência, no ordenamento, de uma ação (individual ou coletiva) contra a classe, conferindo-se a esta a legitimidade passiva para a causa.

Nos Estados Unidos da América, a denominada *defendant class action* é expressamente prevista no sistema das ações de classe,[95] embora, segundo os especialistas, sua utilização nos tribunais não seja comum.[96]

Condição *sine qua non* para a admissibilidade da ação contra a classe, em qualquer ordenamento, é a de atribuir ao juiz o papel central de identificar a referida classe, e isto porque a *adequacy of representation*, nesse caso, é efetivamente condição necessária e suficiente para que a sentença possa vincular todos os componentes da classe, independentemente de sua participação individual no processo.

Assim, é indispensável ter em mente que a construção favorável ao reconhecimento da categoria da *defendant class action* parte do pressuposto de que caberá necessariamente ao juiz aferir se a classe contra a qual se move a ação é adequadamente representada, como portadora em juízo dos interesses de todos os membros da categoria. Caso contrário, a ação ajuizada contra a classe será inadmissível."

No Código Modelo de Processos Coletivos para Ibero-América, a questão vem assim tratada:

"*Art. 32*. Qualquer espécie de ação pode ser proposta contra uma coletividade organizada ou que tenha representante adequado, nos termos do § 2º do art. 2º deste Código, e desde que o bem jurídico a ser tutelado seja transindividual (art. 1º) e se revista de interesse social."

[7c] A LEGITIMAÇÃO PASSIVA DO GRUPO NO SISTEMA BRASILEIRO – Continuamos a transcrever o estudo de Ada Pellegrini Grinover:

"Assentado esse pressuposto, cabe agora enfrentar a questão de saber se, no ordenamento brasileiro, seria juridicamente possível o pedido (coletivo ou individual) intentado contra a classe. Não estamos falando, aqui, da ação coletiva passiva derivada, em que o grupo, categoria ou classe de pessoas se encontra no polo passivo, porquanto havia ocupado a posição ativa no processo principal (é o caso da ação rescisória, da reconvenção [...]). Nesses casos, quem era

---

[94] Ada Pellegrini Grinover, "Ações coletivas ibero-americanas: novas questões sobre a legitimação e a coisa julgada", *in Revista Forense*, nº 301, ps. 3-12.

[95] A Regra 23(a) das *Federal Rules of Civil Procedure* de 1966 refere-se à classe no papel de autora ou de ré ao afirmar expressamente que "um ou mais membros de uma classe podem demandar *ou ser demandados* como representantes de todos".

[96] Conferência proferida por Linda Mullenix, em 14 de agosto de 2001, no Seminário "As ações coletivas (*class actions*) no Direito americano: seus limites e perspectivas no Direito brasileiro", organizado em São Paulo por Pinheiro Neto Advogados.

Capítulo I · DISPOSIÇÕES GERAIS | **Art. 82**

legitimado ativo ocupará inevitavelmente o polo passivo da nova demanda.[97] O que interessa agora é a ação coletiva passiva originária, em que pela primeira vez o grupo, categoria ou classe de pessoas figura como demandado.

A doutrina, de início, não se estendeu sobre o assunto. Arruda Alvim observou que, quando o art. 81 do Código de Defesa do Consumidor se refere à "defesa" dos direitos dos consumidores, essa expressão tem o significado de os mesmos agirem ativamente em juízo, não podendo os entes legitimados no art. 82 ser réus em ação, coletiva ou individual.[98] Em sentido aparentemente contrário, Rodolfo de Camargo Mancuso admitia a legitimidade *ad causam* passiva de determinadas associações que representam os direitos da comunidade."[99]

Hoje, a doutrina posiciona-se a favor do reconhecimento, "de lege lata", da ação coletiva passiva. Neste sentido escrevemos em outras edições desta obra, mencionando a posição de Ada Pellegrini Grinover, abaixo transcrita:[100]

"Certamente, a questão está a exigir análise mais profunda, até porque a hipótese de ação (coletiva ou individual) contra a classe não é meramente acadêmica, podendo-se pensar em diversos casos concretos. Assim, por exemplo, Kazuo Watanabe[101] trouxe à baila os exemplos de ação civil pública intentada contra uma associação de moradores do bairro que decidissem bloquear o acesso de automóveis a determinadas ruas; ou de outra, ajuizada pelo Ministério Público, visando a impedir o ingresso nos estádios das famigeradas 'torcidas organizadas'; ou, ainda, de ações individuais ou coletivas intentadas contra a Ordem dos Advogados do Brasil para obrigá-la a suspender a utilização de adesivos, eventualmente ofensivos a outras categorias profissionais. Os exemplos são todos imaginários, mas não seria difícil estender o rol, pensando-se, *v.g.*, em ação visando à declaração da validade de condição geral de contrato de adesão, contestada individualmente por membros de uma classe, para que tivesse eficácia com relação a toda a categoria.

Veja-se, então, se o ordenamento brasileiro permite considerar a classe na posição de legitimada passiva – desde que observada escrupulosamente a aferição da representatividade adequada dos entes indicados como réus na demanda, conforme visto acima.

Nossa posição é favorável, a partir de diversos dispositivos do ordenamento brasileiro aplicáveis à tutela dos interesses ou direitos transindividuais.

Em primeiro lugar, dispositivo específico da Lei da Ação Civil Pública prevê expressamente a possibilidade de a classe atuar em juízo no polo passivo. Trata-se do art. 5º, § 2º, da Lei, facultando ao Poder Público e a outras associações legitimadas, nos termos do *caput*, habilitar-se como litisconsortes de *qualquer das partes* [grifo nosso]. É evidente, portanto, que se a inter-

---

[97] Diogo Campos Medina Maia, o primeiro autor brasileiro a escrever monografia sobre a ação coletiva passiva, levanta a questão de o MP poder, ou não, figurar no polo passivo da demanda na ação coletiva passiva derivada (chamada pelo autor de incidente): *Ação coletiva passiva*, Rio de Janeiro, Lumen Juris, p. 126.

[98] V. Arruda Alvim, Da coisa julgada no Código de Proteção e Defesa do Consumidor, São Paulo, 1993, inédito (apud Antonio Gidi, Coisa julgada e litispendência nas ações coletivas, Saraiva, 1995, p. 52, nota 18).

[99] Rodolfo de Camargo Mancuso, *Interesses difusos, conceito e legitimação para agir*, 2ª ed., Revista dos Tribunais, 1991, ps. 134-136.

[100] *Código de Defesa do Consumidor comentado pelos autores do Anteprojeto*, Rio de Janeiro, 9ª ed., 2007, pp. 849-851

[101] Palestra proferida no Painel sobre "Ações coletivas: novas questões", IV Jornadas Brasileiras de Direito Processual Civil, Instituto Brasileiro de Direito Processual, Fortaleza, 8 de agosto de 2001.

Art. 82 | CÓDIGO BRASILEIRO DE DEFESA DO CONSUMIDOR

venção no processo de entes legitimados às ações coletivas pode se dar como litisconsorte do autor ou do réu, é porque a demanda pode ser intentada pela classe ou contra ela.[102]

Mas há mais: o art. 107 do Código de Defesa do Consumidor contempla a chamada 'convenção coletiva de consumo', permitindo às entidades civis de consumidores e às associações de fornecedores, ou sindicatos de categorias econômicas, regular, por convenção escrita, relações de consumo que tenham por objeto estabelecer condições relativas ao preço, à qualidade, à quantidade, à garantia e características de produtos e serviços, bem como à reclamação e composição do conflito de consumo. Ora, se a convenção coletiva (como ato bilateral que atribui direitos e obrigações), firmada entre a classe de consumidores e a de fornecedores, não for observada, de seu descumprimento originar-se-á uma lide coletiva, que só poderá ser solucionada em juízo pela colocação dos representantes das categorias face a face, no polo ativo e no polo passivo da demanda, respectivamente.

Não é outra a consequência que se extrai, também, do art. 83 do Código de Defesa do Consumidor, quando assegura que 'para a defesa dos direitos e interesses protegidos por este Código, são admissíveis todas as espécies de ações capazes de propiciar sua adequada e efetiva tutela'. O sentido do dispositivo é o da irrestrita tutelabilidade, em juízo, das questões inerentes às relações de consumo, consubstanciando a ideia da efetividade do processo.

Por essas razões, parece incontestável que o sistema brasileiro atinente às demandas coletivas permite, *de lege lata*, que a classe figure no polo passivo da ação. Mas não se pode negar que alguns problemas práticos podem derivar dessa posição, no que concerne ao regime da coisa julgada.[103]

Isso porque o tratamento das ações coletivas, no Código de Defesa do Consumidor, está todo voltado à defesa dos interesses dos consumidores e das vítimas, exercida pelos legitimados ativos à ação coletiva (art. 81, *caput*, do CDC)."

Por isso é que o regime da coisa julgada, ali previsto, não é adequado à hipótese de ação ajuizada contra a classe. É o que se verá adiante, no comentário nº 10a ao art. 103.

E, no mesmo sentido, a posição de Diogo Campos Medina Maia[104] e Camilo Zufelato.[105]

A jurisprudência acompanhou a doutrina: os primeiros exemplos de processos coletivos contra um grupo organizado foram dados pela Justiça do Trabalho, com o Ministério Público postulando e obtendo a condenação de sindicatos à obrigação de fazer, consistente na manutenção de serviços essenciais em casos de greve.[106] Em 2004, em razão da greve nacional dos

---

[102] Recorde-se, uma vez mais, a interação entre a Lei da Ação Civil Pública e o Código de Defesa do Consumidor, de modo que a regra *sub examen* também incide no campo das relações de consumo.

[103] Lembrando, para esses casos, uma vez mais, a imperiosa necessidade de aferição da "representatividade adequada" pelo juiz (*supra*, nº 3 deste estudo).

[104] Diogo Campos Medina Maia, *Ação coletiva passiva*, Rio de Janeiro, Lumen Juris, especialmente as conclusões, p. 159-166.

[105] ZUFELATO, Camilo. "Ação coletiva passiva no direito brasileiro: necessidade de regulamentação legal". In: CALMON, Petrônio; CIANCI, Mirna; GOZZOLI, Maria Clara; QUARTIERI, Rita (Org.). *Em defesa de um novo sistema de processos coletivos:* estudos em homenagem à Ada Pellegrini Grinover. São Paulo: Saraiva, 2010. v. 1, p. 82-142.

[106] Algumas vezes a determinação judicial veio por intermédio de simples pedido de providências formulado pelo MPT durante a greve (Presidência do TRT, 11ª Região, Ordem Judicial de 17.12.96, em face do Sindicato dos Trabalhadores nas Indústrias Urbanas do Estado do Amazonas, determinando que atuasse como fiscal e cominando multa para o caso de descumprimento da ordem). Outras vezes tratou-se de dissídio coletivo (como o suscitado pelo MPT da 23ª Região, também com a finalidade de manter serviços essenciais, sob pena de multa, em face do Sindicato dos Trabalhadores em Transportes Terrestres do Estado de Mato Grosso – Processo PP nº 2.345/96, decisão de 17.5.96). Mas também houve casos de ações

Capítulo I · DISPOSIÇÕES GERAIS | **Art. 82**

policiais federais, a União ingressou com demanda judicial em face da Federação Nacional dos Policiais Federais (FENAPEF) e do Sindicato dos Policiais Federais no Distrito Federal (SINDIPOL/DF[107]), pleiteando o retorno das atividades. Por sua vez, o Ministério Público estadual de São Paulo tem instaurado inquéritos civis contra coletividades organizadas, sobretudo associações, firmando com elas termos de ajustamento de conduta. Lembre-se, ainda, ação civil pública intentada pelo MPE contra a Torcida Tricolor Independente, em que foi determinada a dissolução do Grêmio Esportivo Associativo que a congregava.[108] A ação também pode ser coletiva em ambos os polos da demanda. Exemplo disto são duas ACPs movidas por associação (ADOC) contra a União e a Associação Brasileira de Bebidas – ABRABE, ambas da 3ª Turma do TFR da 4ª Região, em que realmente foram colhidos os membros do grupo: com efeito, reformando a sentença de primeiro grau, a Turma julgou a primeira demanda procedente em relação a ambos os réus, condenando a Associação a realizar a publicidade institucional às suas associadas e ao público em geral a respeito dos riscos do álcool, durante seis meses, em três jornais de grande circulação; e, na segunda, também reformando a decisão de primeiro grau, condenou a ABRABE a expedir a todos os associados e aos demais produtores de alcoólicos a informação da condenação da União à obrigação de exigir rótulos de advertência nas bebidas alcoólicas produzidas em todo o País. Argumentou a relatora, Marga Inge Barth Tessier, que os comentadores do CDC não excluem a possibilidade da legitimação passiva de associação e que em outra ação, versando sobre propaganda de álcool, a ABRABE ingressara no processo como assistente litisconsorcial da União.[109]

Outros exemplos são de ações possessórias movidas em face do MST, em que os tribunais reconheceram a "representatividade" deste para responder pela ocupação de terras por parte de militantes do grupo. De modo análogo, pode-se citar exemplo de ação possessória ajuizada em face de um grupo sem personalidade jurídica, a saber, o dos "integrantes do movimento sem teto".[110]

Para justificar a possibilidade de esses grupos ocuparem o polo passivo da demanda, é importante lembrar a posição de Diogo Campos Medina Maia no sentido de que, quando o grupo organizado não tem personalidade jurídica, se pode estabelecer analogia com a capacidade da sociedade de fato (art.12 do CPC/1973, correspondente ao art. 75 do NCPC e art. 82, III, do CDC), permitindo a inclusão do grupo suficientemente organizado no polo passivo de ações judiciais.[111]

Agora, a ação coletiva passiva foi introduzida expressamente no ordenamento brasileiro, no campo das possessórias, pelo art. 554 e seguintes do CPC/2015. No entanto, o dispositivo

---

civis públicas intentadas pelo MPT em face de grupos organizados: Processo TRT/SP nº 2.960.075.476, Acórdão nº 49.620, de 15.9.97, condenando o Sindicato dos Trabalhadores dos Transportes de São Paulo ao pagamento de multa, por não ter atendido à medida cautelar que determinara o funcionamento de parte da frota de ônibus durante a greve; e ação civil pública movida pelo MPT, na 1ª VT de São Caetano do Sul em face da Cooperativa de Trabalhos Alternativos, visando à abstenção de fornecer mão de obra terceirizada (Processo nº 929/2002, com concessão de liminar). Fica claro, em todos esses casos, que o processo visava a obrigar toda a categoria.

[107] Processo nº 2004.34.00.010685-2, da 7ª Vara Federal da Seção Judiciária do Distrito Federal.

[108] Nesse caso, porém, parece que só indiretamente foram colhidas as pessoas físicas associadas, golpeadas apenas em seu momento associativo: TJSP, 8ª Câmara de Direito Privado, Ap. nº 30.133.4/6, j. 1.7.98.

[109] TRF, 4ª Região, Apelação Cível nº 2002.04.01.000611-1/PR, rel. Mange Inge Barth Tessier, j. 1.4.2003. O acórdão foi esclarecido e mantido em embargos de declaração, j. 1.4.2003; Apelação Cível nº 2002.04.01.000610-0/PR, mesma relatora, j. 27.5.2003.

[110] V. Nota nº 66, item 4.2. Processo nº 2005.51.01490284-5, distribuído para a 5ª Vara Federal do Rio de Janeiro.

[111] Diogo Campos Medina Maia, *Ação coletiva passiva*, Rio de Janeiro, Lumen Juris, p. 130-132.

Art. 82 | CÓDIGO BRASILEIRO DE DEFESA DO CONSUMIDOR

não se preocupa com a representatividade adequada nem com o regime da coisa julgada. Mas certamente foi aberto o caminho para ação coletiva passiva na legislação brasileira.

[8] § 2º VETADO: LITISCONSÓRCIO ENTRE OS ÓRGÃOS DO MINISTÉRIO PÚBLICO – O dispositivo foi vetado sob o fundamento de que "somente pode haver litisconsórcio (art. 82, § 2º) se a todos e a cada um tocar qualidade que lhe autorize a condução autônoma do processo. O art. 128 da Constituição não admite o litisconsórcio constante do projeto".

Ocorre que o art. 113, contido nas "Disposições Finais" do Código, acrescentou ao art. 5º da Lei nº 7.347, de 24.7.85 (Ação Civil Pública), três novos parágrafos, e um deles, precisamente o § 5º, traz a mesma regra do dispositivo vetado. Diz, com efeito: "Admitir-se-á o litisconsórcio facultativo entre os Ministérios Públicos da União, do Distrito Federal e dos Estados na defesa dos interesses e direitos de que cuida esta Lei." E nenhum desses novos parágrafos do art. 5º da Lei nº 7.347 foi vetado.

Significa isso que, mercê da perfeita interação entre o Código e a Lei da Ação Civil Pública, por força das regras contidas nos arts. 90, 110 e 117 daquele estatuto legal, o disposto no § 5º do art. 5º da Lei nº 7.347 é também aplicável na tutela dos interesses e direitos dos consumidores.

Demais, não procedem as razões invocadas pelo veto. O art. 128 da Constituição Federal de modo algum impede a atuação conjunta dos Ministérios Públicos da União, "que compreende o Ministério Público Federal, o Ministério Público do Trabalho, o Ministério Público Militar e o Ministério Público do Distrito Federal e Territórios", e os Ministérios Públicos dos Estados, na defesa dos interesses e direitos a que o Ministério Público está legitimado.

Na verdade, o Ministério Público é uma instituição nacional, presidida pelos princípios da unidade, da indivisibilidade e da independência funcional, ao que se extrai do § 1º do art. 127 da Constituição Federal. É ele integrado (art. 128, CF) pelo: I) Ministério Público da União, que compreende o Ministério Público Federal, o Ministério Público do Trabalho e o Ministério Público do Distrito Federal e Territórios; e II) pelos Ministérios Públicos dos Estados.

A autonomia de cada um desses Ministérios Públicos setoriais é apenas administrativa, tendo cada qual uma estrutura e carreira próprias. Em termos institucionais, é um único órgão, de âmbito nacional.

Haveria, assim, certa impropriedade técnica em se falar em litisconsórcio entre os vários órgãos de uma mesma instituição. Tecnicamente, mais apropriado seria, certamente, falar-se em representação da instituição.

Ocorre que a própria necessidade de divisão do trabalho que levou à criação de vários órgãos do Ministério Público, com atribuição específica de tarefas diferenciadas a cada um deles, seja por razão territorial, seja por razão de matéria, fez com que, tradicionalmente, esses órgãos atuassem com a indicação do setor que lhes compete. Assim, o Ministério Público do Estado de São Paulo tem agido com a indicação da unidade da federação a que pertence, o Ministério Público do Trabalho, com a menção à área que lhe toca, e assim por diante.

O dispositivo vetado, repetido no § 5º do art. 5º da Lei nº 7.347/85, que não foi objeto de veto, como já mencionado, teve apenas o propósito de explicitar a admissibilidade de atuação conjunta dos vários órgãos do Ministério Público, desde que o objeto do processo tenha compatibilidade com as atribuições que, nos termos da lei, lhes tocam. E a explicitação é necessária para que não se consolide na doutrina e na jurisprudência o entendimento de que o Ministério Público estadual não pode atuar na justiça federal e o Ministério Público federal na estadual. Desde que a defesa dos interesses e direitos difusos e coletivos esteja dentro das atribuições que a lei confere a um órgão do Ministério Público, a este é dado atuar em qualquer das justiças, até mesmo em atuação conjunta com um outro órgão do Ministério Público

Capítulo I · DISPOSIÇÕES GERAIS | **Art. 83**

igualmente contemplado com a mesma atribuição. A alusão ao "litisconsórcio" é feita, precisamente, para consagrar a possibilidade dessa atuação conjunta, com o que se evitarão discussões doutrinárias estéreis a respeito do tema e, mais do que isso, um inútil e absurdo conflito de atribuições, que não raro revela muito mais uma disputa de vaidades do que defesa efetiva da atribuição privativa de um órgão do Ministério Público (cf. comentários ao art. 113, § 5º, das "Disposições Finais", adiante).

[9] § 3º VETADO: NOVO TÍTULO EXECUTIVO EXTRAJUDICIAL – O veto ao § 3º do art. 82 é de todo incompreensível. O que dispunha o texto vetado é que o compromisso de ajustamento de conduta às exigências legais, "mediante cominações", que seriam com maior frequência sob a forma de pagamento em dinheiro, configuraria um título executivo extrajudicial. O Código é uma lei federal, do mesmo nível que o estatuto processual, de sorte que poderia muito bem criar um tipo de título executivo extrajudicial além dos elencados no art. 784 do NCPC (correspondente ao art. 585 do Código de Processo Civil de 1973). E o compromisso de pagar certa quantia em dinheiro, a título de cominação, nada tem de incompatível com o título executivo extrajudicial.

Demais, o veto é de todo inócuo pelas mesmas razões alinhadas no item anterior. É que o art. 113, das "Disposições Finais" do Código, acrescentou o § 6º ao art. 5º da Lei nº 7.347/85, que tem a mesma redação do texto vetado: "§ 6º Os órgãos públicos legitimados poderão tomar dos interessados compromisso de ajustamento de sua conduta às exigências legais, mediante cominações, que terá eficácia de título executivo extrajudicial." E esse dispositivo não foi vetado! Assim, pela perfeita interação entre o Código e a Lei de Ação Civil Pública (Lei nº 7.347/85), nos termos dos arts. 90, 110, 111 e 117 daquele diploma legal, também o referido § 6º do art. 5º da Lei nº 7.347/85 é aplicável na tutela dos interesses e direitos dos consumidores.

> **Art. 83**. Para a defesa dos direitos e interesses protegidos por este Código são admissíveis todas as espécies de ações capazes de propiciar sua adequada e efetiva tutela. [1][1a]
>
> Parágrafo único. Vetado – Poderá ser ajuizada, pelos legitimados no artigo anterior ou por qualquer interessado, ação visando o controle abstrato e preventivo das cláusulas contratuais gerais. [2]

COMENTÁRIOS

[1] EFETIVIDADE DA TUTELA JURÍDICA PROCESSUAL – Uma das preocupações marcantes do legislador foi a instrumentalidade substancial e maior efetividade do processo (cf. considerações tecidas sobre as "Disposições Gerais" contidas no Capítulo I do Título III).

Já no art. 6º, ao cuidar dos direitos básicos do consumidor, deixou enunciado no inc. VI o princípio da efetividade da "prevenção e reparação de danos patrimoniais e morais, individuais, coletivos e difusos", no inc. VII o direito de "acesso aos órgãos judiciários e administrativos, com vistas à prevenção ou reparação de danos patrimoniais e morais, individuais, coletivos ou difusos", e no inc. VIII a regra de facilitação da defesa dos direitos do consumidor, inclusive com a "inversão do ônus da prova, a seu favor, no processo civil, quando, a critério do juiz, for verossímil a alegação ou quando for ele hipossuficiente, segundo as regras ordinárias de experiência".

791

Art. 83 | CÓDIGO BRASILEIRO DE DEFESA DO CONSUMIDOR

No dispositivo que estamos comentando (art. 83), o legislador cuidou de tornar mais explícito ainda o princípio da efetiva e adequada tutela jurídica processual de todos os direitos consagrados no Código.

O artigo seguinte, que disciplina a ação especial para execução específica das obrigações de fazer ou não fazer, complementa o enunciado do art. 83.

Não se trata de mera enunciação de um princípio vazio e inócuo, de um programa a ser posto em prática por meio de outras normas legais. Cuida-se, ao revés, de norma autoaplicável, no sentido de que dele se podem extrair desde logo várias consequências. A primeira delas, certamente, é a realização processual dos direitos na exata conformidade do clássico princípio chiovendiano, segundo o qual "o processo deve dar, quanto for possível praticamente, a quem tenha um direito, tudo aquilo e exatamente aquilo que ele tenha direito de conseguir".[112] A segunda, que é consectária da anterior, é a da interpretação do sistema processual pátrio de modo a dele retirar a conclusão de que nele existe, sempre, uma ação capaz de propiciar, pela adequação de seu provimento, a tutela efetiva e completa de todos os direitos dos consumidores. Uma outra consequência importante é o encorajamento da linha doutrinária, que vem se empenhando no sentido da mudança da visão do mundo, fundamentalmente economicista, impregnada no sistema processual pátrio, que procura privilegiar o "ter" mais que o "ser",[113] fazendo com que todos os direitos, inclusive os não patrimoniais, principalmente os pertinentes à vida, à saúde, à integridade física e mental e à personalidade (imagem, intimidade, honra etc.), tenham uma tutela processual mais efetiva e adequada.

O Direito Processual pátrio, como é cediço, consagra ações especiais, algumas até com procedimento simplificado e bastante ágil, para a tutela processual privilegiada de certos direitos patrimoniais. Valem ser mencionadas, para essa análise, a ação possessória (de natureza executiva, *lato sensu*, com admissibilidade de medida liminar quando a turbação ou o esbulho datar de menos de ano e dia (arts. 558, e 560 a 566 do NCPC, correspondentes aos arts. 924 e 926 a 931 do CPC/1973), ação de despejo (também executiva *lato sensu*, art. 65 da Lei nº 8.245/91, que possibilita a expulsão do inquilino "com emprego de força, inclusive com arrombamento") e a ação de busca e apreensão de bem alienado fiduciariamente (Decreto-lei nº 911, de 1º de outubro de 1969, que não somente enseja a apreensão liminar do bem (art. 3º e parágrafos) como até permite que a ação seja convertida em ação de depósito). Felizmente, o Supremo Tribunal Federal editou, recentemente, a *Súmula Vinculante nº 25*, declarando "*ilícita a prisão civil de depositário infiel, qualquer que seja a modalidade do depósito*".

E para a tutela de direitos não patrimoniais, o nosso ordenamento é muito acanhado, principalmente nas relações jurídicas entre particulares.[114] Na relação entre o particular e o Poder Público, conta o nosso ordenamento jurídico com ações potenciadas, eficazes e céleres, como mandado de segurança, *habeas corpus*, ação popular e agora também *habeas data*.

Essa pobreza do nosso sistema jurídico é decorrente basicamente da mentalidade com que interpretamos o nosso ordenamento, formalista acima de tudo e marcada profundamente pela visão do mundo mencionada, em que está inspirado o Direito Processual pátrio.

---

[112] Giuseppe Chiovenda, "Dell'azione nascente dal contratto preliminare", *in Saggi di Diritto Processuale Civile*, 1930, vol. 1, p. 110, e *Instituições de Direito Processual Civil*, Saraiva, 1942, vol. I, § 12, p. 84. Na busca da instrumentalidade substancial do processo, são igualmente válidas tanto a perspectiva de Direito Material utilizada por alguns processualistas como a de Direito Processual de que se valem outros processualistas. A correta e equilibrada combinação dessas duas perspectivas, sem a intolerância doutrinária que a nada conduz, é a solução que realmente se impõe (a respeito, cf. Kazuo Watanabe, "Da cognição...", cit., ps. 16-23).

[113] José Carlos Barbosa Moreira, "Tutela sancionatória...", cit., p. 23. Consulte-se, também, "Tendências na execução de sentenças e ordens judiciais", *in Temas de Direito Processual*, 4ª série, ps. 215-241.

[114] José Carlos Barbosa Moreira, "Notas sobre o problema...", cit., p. 41.

Capítulo I · DISPOSIÇÕES GERAIS | **Art. 83**

A nós sempre pareceu que o princípio constitucional da inafastabilidade do controle jurisdicional, hoje inscrito no inc. XXXV do art. 5º da Constituição Federal, não somente possibilita o acesso aos órgãos judiciários como também assegura a garantia efetiva contra qualquer forma de denegação da justiça. E isso significa, a toda evidência, a promessa de preordenação dos instrumentos processuais adequados à concretização dessa garantia. E essa promessa, evidentemente, é abrangente também dos tipos de provimentos, e não apenas das espécies de procedimentos.[115]

Essa garantia constitucional é complementada por outras contidas na própria Carta Magna, como a que afirma, no texto que consagra o mandado de segurança, o princípio da intolerabilidade de ofensa a direitos líquidos e certos por atos de autoridade, concedendo, já no plano da Lei Maior, uma espécie de ação com provimento reforçado e com procedimento simplificado e célere, de modo que a tutela dos direitos seja pronta, eficaz e adequada.[116]

Não fosse a intransigência doutrinária, surgida na fase em que o Direito Processual aspirava à autonomia como um ramo da ciência jurídica, o art. 75 do Código Civil de 1916 (artigo sem correspondente no Código Civil de 2002) poderia ter sido lido como explicitação, em nível infraconstitucional, do princípio da efetividade e da adequação da tutela jurídica processual. Assim soava seu texto, com efeito: "A todo o direito corresponde uma ação, que o assegura."[117]

Para que dele se retirasse toda a conotação imanentista, bastava que se lesse o texto como se nele estivesse escrito que a toda afirmação de direito (e não um direito efetivamente existente) "corresponde uma ação, que o assegura". O direito "afirmado", como é cediço, não é a mesma coisa que direito existente.

Aliás, mesmo o texto constitucional (art. 5º, nº XXXV) deve ser lido com o mesmo cuidado, pois seu texto afirma que "a lei não excluirá da apreciação do Poder Judiciário lesão ou ameaça a direito", e sua leitura apressada poderá conduzir a uma conclusão imanentista,[118] quando na verdade o que nele se afirma é que nenhuma afirmativa de lesão ou ameaça a direito poderá ser excluída da apreciação do Poder Judiciário.

A todos esses textos legais, constitucionais e infraconstitucionais, soma-se agora um dispositivo de natureza processual (art. 83 do Código) para deixar estreme de dúvidas, definitivamente, que o nosso sistema processual para a tutela dos interesses e direitos dos consumidores (e também de outros direitos e interesses difusos e coletivos – art. 90, Código) é dotado de "todas as espécies de ações capazes de propiciar sua adequada e efetiva tutela". Esse preceito é complementado pelo art. 84, como se verá mais largamente no comentário respectivo, que confere mais poderes ao juiz (e também às próprias partes, pois é através do seu pedido que os poderes do juiz são ativados) para conferir ao processo, mais especificamente ao seu provimento, maior plasticidade e praticidade, e mais perfeita adequação e aderência às peculiaridades do caso concreto. Assim é que poderá ele impor multa diária independentemente de pedido do autor, caso seja essa solução suficiente e mais compatível com a obrigação, e poderá, ainda, determinar a adoção de todas as providências legítimas e compatíveis à tutela

---

[115] Ada Pellegrini Grinover, As garantias constitucionais do direito de ação, RT, 1975, § 50, ps. 153-158, e passim; Kazuo Watanabe, Controle jurisdicional e mandado de segurança contra atos judiciais, RT, 1980, §§ 12-14, ps. 28-37.

[116] Kazuo Watanabe, *Controle jurisdicional...*, cit., ps. 34-35 e 99-104.

[117] José Carlos Barbosa Moreira, "Notas sobre o problema...", cit., § 4, p. 32; Kazuo Watanabe, "Da cognição...", cit., § 2, ps. 16-20.

[118] A menos que se dê à ação o conceito adotado por José Ignácio Botelho de Mesquita, *Da ação civil*, RT, 1975, §§ 11-14, ps. 80 e segs.

Art. 83 | CÓDIGO BRASILEIRO DE DEFESA DO CONSUMIDOR

específica da obrigação ou ao atingimento do resultado prático correspondente (art. 84, *caput* e §§ 3º e 5º).

Dentro dessa linha evolutiva, que já na Lei nº 7.347/85 (Ação Civil Pública) se acentuara bastante com a explicitação, no art. 11, de que "o juiz determinará o cumprimento da prestação da atividade devida ou a cessação da atividade nociva, sob pena de execução específica, ou de cominação de multa diária, se esta for suficiente ou compatível, independentemente de requerimento do autor", não se afigura exagerado afirmar-se que o nosso sistema processual é dotado de ação mandamental de eficácia bastante assemelhada à da *injunction* do sistema da *common law* e à "ação inibitória" do Direito italiano. Aliás, o ordenamento processual pátrio erige em ato atentatório à dignidade da justiça o comportamento do devedor que "frauda a execução", ou "se opõe maliciosamente à execução empregando ardis e meios artificiosos", ou "dificulta ou embaraça a realização da penhora", ou "resiste injustificadamente às ordens judiciais" ou ainda deixa de indicar ao juiz "onde estão os bens sujeitos à penhora e os respectivos valores" (art. 774, incisos I a V, do NCPC, correspondente ao art. 600 do CPC/1973) e prevê no art. 774, parágrafo único, do NCPC (correspondente ao art. 601 do CPC/1973), a penalidade processual correspondente. Se é possível entender-se assim em relação aos atos processuais voltados à realização da execução, com maior razão se poderá colocar a conduta recalcitrante do demandado, em relação ao provimento expedido pelo magistrado para a tutela efetiva dos direitos dos consumidores, no plano da ofensa à dignidade da justiça, e ao regular exercício da função de tutela jurídica processual.

Certamente, está consagrado nesses dispositivos um instituto semelhante ao do *contempt of court* dos ordenamentos da *common law*.

As ordens judiciais, no sistema processual pátrio, devem ser executadas, em linha de princípio, em sua forma específica, sob pena de uso da violência oficial para seu efetivo cumprimento, como deixam claro, entre outros, os arts. 403 do NCPC (correspondente ao art. 362 do CPC/1973) (exibição voluntária de documento ou coisa pelo terceiro, ou expedição de mandado de apreensão e requisição, se necessário, da força policial, tudo "sem prejuízo da responsabilidade por crime de desobediência"), 455, § 5º, do NCPC (correspondente ao art. 412 do CPC/1973)(possibilidade de condução coercitiva da testemunha que deixar de comparecer à audiência sem justo motivo, além de responder pelas despesas do adiamento) e 536, § 2º, do NCPC (correspondente ao art. 842 do CPC/1973) (busca e apreensão de pessoas e coisas com possibilidade de arrombamento das portas externas e internas e de quaisquer móveis).

O art. 330 do Código Penal, ao tipificar como delito a desobediência à ordem legal de funcionário público, completa todo esse quadro, tornando perfeitamente admissível a adoção entre nós da ação mandamental de eficácia próxima à da *injunction* do sistema da *common law* e da "ação inibitória" do Direito italiano.

A chamada *ação mandamental*, de que é exemplo a ação de mandado de segurança, constitui um exemplo dessa evolução. Não se confunde ela, embora as inegáveis semelhanças, com a ação condenatória (cf. considerações anteriormente desenvolvidas no item 5 das "Disposições Gerais" e respectiva nota de rodapé nº 6). Esta dá origem ao título executivo que, em não sendo cumprida a condenação espontaneamente pelo demandado, possibilitará o acesso a outra fase do processo, a de cumprimento da sentença (arts. 513 e segs. do CPC) (anteriormente, antes da adoção pelo sistema processual brasileiro do processo sincrético, era outra ação, de execução *ex intervallo*). Já na *ação mandamental* é o próprio juiz que, através de expedição de ordens, que se descumpridas farão configurar o crime de desobediência, e de realização por ele de atos materiais (como o fechamento de um estabelecimento comercial ou industrial, ou a cessação efetiva da publicidade enganosa, se necessário, com impedimento da circulação do veículo de publicidade, da interrupção da veiculação de um anúncio pela televisão etc., ou ainda a retirada do mercado, com uso de força policial, se necessário, de produtos e serviços danosos à vida, saúde e segurança dos consumidores), é o próprio magistrado – repita-se – que praticará todos os atos necessários para que o comando da sentença seja cumprido de modo específico. Também na ação executiva *lato sensu* (ou, simplesmente, "ação executiva"), que subsiste e se distingue da ação condenatória, apesar da adoção do "processo sincrético", tem eficácia imediata, como com precisão conceitua ARAKEN DE ASSIS, e enseja a incursão na esfera jurídica do réu mirando "algum bem previamente identificado, que lá se encontra de maneira já reconhecida como ilegítima no pronunciamento judicial, porque integra o patrimônio do vencedor e, portanto, dispensa novo processo para reavê-lo" (ex.: ação de despejo, de depósito, reivindicatória, possessórias, imissão de posse etc.)[119].

É com essa abrangência, de todos os tipos de provimentos jurisdicionais, que deve ser interpretado o art. 83, quando nele se afirma que, em defesa dos direitos e interesses dos consumidores, são "admissíveis todas as espécies de ações capazes de propiciar sua adequada e efetiva tutela".

[1a] PROIBIÇÃO DE CAUTELARES SATISFATIVAS E DE EXECUÇÃO PROVISÓRIA CONTRA A FAZENDA PÚBLICA – A Medida Provisória nº 2.180-35, de 24 de agosto de 2001 (anteriormente Medida Provisória nº 1.798, de 11 de fevereiro de 1999), além de ter cerceado o acesso à justiça das associações (v. comentário nº 6a ao art. 82, IV) e tentou, desastradamente, limitar a eficácia da sentença nas ações coletivas (v. comentário nº 2b ao art. 103), impediu as cautelares satisfativas (*rectius*, a antecipação de tutela) nas hipóteses de liberação de recurso, inclusão em folha de pagamento, reclassificação, equiparação, concessão de aumento ou extensão de vantagens a servidores da União, dos Estados, do Distrito Federal e dos Municípios, inclusive de suas autarquias e fundações (art. 2º-B, igualmente introduzido na Lei nº 9.494/97).

Não bastava. Posteriormente, o art. 4º da Medida Provisória nº 2.180, de 24 de agosto de 2001, introduziu mais um artigo na malfadada Lei nº 9.494/97 (art. 2º-B) para determinar que

"a sentença que tenha por objeto a liberação de recurso, inclusão em folha de pagamento, reclassificação, equiparação, concessão de aumento ou extensão de vantagens a servidores da União, dos Estados, do Distrito Federal e dos Municípios, inclusive de suas autarquias e fundações, somente será executada após seu trânsito em julgado".

As regras incidem diretamente sobre os generosos propósitos do art. 83 do CDC, expostos no nº 1, *supra*.

Na verdade, a questão transcende o âmbito dos processos coletivos e deve ser examinada em conjunto com outras normas, editadas pelo governo, que limitam a regra geral do art. 273 do CPC/1973 (correspondente aos arts. 297, parágrafo único; 298; 300, *caput* e § 3º; 311, *caput* e I; 356, *caput* e I, e 519 do NCPC). Mas o certo é que nessa matéria, assim como em outros temas (*v.g.*, o prazo em dobro para a ação rescisória e uma nova hipótese de cabimento, em regras de outras medidas provisórias, reiteradamente reeditadas mesmo após a suspensão liminar de sua eficácia pelo STF), fica vulnerado o princípio constitucional da isonomia, de que a igualdade processual é reflexo.

[2] PARÁGRAFO ÚNICO: VETADO – As razões do veto evidenciam que o Executivo não apreendeu o exato alcance do dispositivo.

---

[119] ARAKEN DE ASSIS, Manual da Execução, *Revista do Tribunais*, 19. ed., n. 3.5, p. 132-134; cf. também nossa obra *Cognição no Processo Civil*. 4. ed. São Paulo: Saraiva, 2013. p. 55-61.

Art. 84 | CÓDIGO BRASILEIRO DE DEFESA DO CONSUMIDOR

Nele não confere, com efeito, função jurisdicional a qualquer outro órgão que não o Poder Judiciário (art. 5º, nº XXXV).

Nem representa qualquer ameaça à segurança jurídica a solução nele sugerida.

Aliás, o parágrafo continha uma norma redundante, pois o *caput* do art. 83, com a amplitude anteriormente indicada, já possibilita a propositura da ação ali mencionada.

O que se procurou deixar claro é que, relativamente às cláusulas contratuais gerais, cabe a tutela jurisdicional preventiva, na linha do princípio da efetiva prevenção de danos afirmado no inc. VI do art. 6º do Código.

Talvez o uso da expressão "controle abstrato" tenha assustado o Executivo. A expressão completa é "controle abstrato e preventivo", o que significa que a tutela processual prevista somente poderá ser postulada em relação a determinado contrato que um fornecedor esteja em vias de ofertar ou mesmo tenha já ofertado ao público. O escopo do processo preventivo será a proteção de todos os consumidores coletivamente considerados e que ainda não tenham concluído qualquer contrato com o fornecedor. A tutela prevista no § 3º (nova numeração, em razão do veto do parágrafo anterior) do art. 51 do Código é de natureza repressiva, e diz respeito aos consumidores que já celebraram o contrato, portanto não consagra a mesma proteção do dispositivo vetado.

Art. 84. [1] Na ação que tenha por objeto o cumprimento da obrigação de fazer ou não fazer, o juiz concederá a tutela específica da obrigação ou determinará providências que assegurem o resultado prático equivalente ao do adimplemento [2].

§ 1º A conversão da obrigação em perdas e danos somente será admissível se por elas optar o autor ou se impossível a tutela específica ou a obtenção do resultado prático correspondente. [3]

§ 2º A indenização por perdas e danos se fará sem prejuízo da multa (art. 287, do Código de Processo Civil). [4]

§ 3º Sendo relevante o fundamento da demanda e havendo justificado receio de ineficácia do provimento final, é lícito ao juiz conceder a tutela liminarmente ou após justificação prévia, citado o réu. [5]

§ 4º O juiz poderá, na hipótese do § 3º ou na sentença, impor multa diária ao réu, independentemente de pedido do autor, se for suficiente ou compatível com a obrigação, fixando prazo razoável para o cumprimento do preceito. [6]

§ 5º Para a tutela específica ou para a obtenção do resultado prático equivalente, poderá o juiz determinar as medidas necessárias, tais como busca e apreensão, remoção de coisas e pessoas, desfazimento de obra, impedimento de atividade nociva, além de requisição de força policial. [7]

COMENTÁRIOS

[1] FONTE INSPIRADORA – A fonte inspiradora desse artigo é o anteprojeto de modificação do Código de Processo Civil elaborado pela comissão nomeada, em 1985, pelo Ministério da Justiça e integrada por Luís Antônio de Andrade, José Joaquim Calmon de Passos, Kazuo Watanabe, Joaquim Correia de Carvalho Júnior e Sérgio Bermudes, que entre outras

Capítulo I · DISPOSIÇÕES GERAIS | **Art. 84**

coisas sugeriu a criação de uma Ação Especial de Tutela Específica da Obrigação de Fazer ou Não Fazer (arts. 889-A, parágrafos, e 889-B).[120]

Esse dispositivo, por sua vez, serviu de inspiração à comissão de juristas que formulou várias propostas legislativas para a revisão do Código de Processo Civil, que se converteram em leis entre os anos 1992 e 1994, tendo uma delas introduzido a inovação que constou do art. 461 do CPC/1973 (correspondente aos arts. 497, 499, 500, 536, *caput* e § 1º, e 537, *caput* e § 1º, do NCPC), que praticamente reproduz o art. 84 e seus parágrafos.

[2] INTERAÇÃO ENTRE OS ARTS. 83 E 84 – O dispositivo, como ficou ressaltado nas considerações feitas, completa o art. 83, conferindo aos consumidores a tutela jurídica processual específica e adequada de todos os direitos consagrados no Código.

O legislador deixa claro que, na obtenção da tutela específica da obrigação de fazer ou não fazer, o que importa, mais do que a conduta do devedor, é o resultado prático protegido pelo Direito. E para a obtenção dele, o juiz deverá determinar todas as providências e medidas legais e adequadas ao seu alcance, inclusive, se necessário, a modificação do mundo fático, por ato próprio e de seus auxiliares, para conformá-lo ao comando emergente da sentença. Impedimento da publicidade enganosa, inclusive com o uso da força policial, se necessário, retirada do mercado de produtos e serviços danosos à vida, saúde e segurança dos consumidores, e outros atos mais que conduzam à tutela específica das obrigações de fazer ou não fazer.

[3] CONVERSÃO DA OBRIGAÇÃO EM PERDAS E DANOS – A conversão da obrigação em perdas e danos somente se dará em último caso, quando jurídica ou materialmente impossível a tutela específica ou a obtenção do resultado prático correspondente. Ou quando o próprio credor por elas optar.

O princípio, como já ressaltado, é o da maior coincidência possível entre o direito e sua realização, de sorte que em linha de princípio não poderá ser admitida a substituição da obrigação pelo seu equivalente pecuniário.

[4] MULTA E PERDAS E DANOS – A medida coercitiva representada pela multa, concebida para induzir o devedor a cumprir espontaneamente as obrigações que lhe incumbem, principalmente as de natureza infungível, não tem caráter reparatório. Vale dizer, sua imposição não prejudica o direito do credor à realização específica da obrigação ou ao recebimento do equivalente monetário, e tampouco à postulação das perdas e danos. A multa, em suma, tem função puramente coercitiva.

[5] MEDIDA LIMINAR – A ação seguirá o procedimento comum, como é de regra no novo sistema processual brasileiro, mas admite a concessão da medida liminar de plano ou após justificação prévia, devendo nesta última hipótese ser citado o réu. Os pressupostos para a antecipação do provimento definitivo são a relevância do fundamento da demanda e o justificado receio de ineficácia do provimento final.

[6] MULTA E PODER AMPLIADO DO JUIZ – O § 4º confere ao juiz o poder de adaptação do provimento jurisdicional à natureza e às peculiaridades do caso concreto, podendo impor multa diária "independentemente de pedido do autor, se for suficiente ou compatível com a obrigação, fixando prazo razoável para o cumprimento do preceito".

Evidentemente, a imposição da multa não prejudica o direito do credor ao cumprimento específico da obrigação, nem ao recebimento de seu equivalente monetário e nem à reclama-

---

[120] Anteprojeto publicado no *Diário Oficial da União*, Suplemento nº 246, em 24.12.85.

797

Art. 84 | CÓDIGO BRASILEIRO DE DEFESA DO CONSUMIDOR

ção das perdas e danos. O dispositivo confere maior plasticidade ao processo, principalmente quanto ao provimento nele reclamado, permitindo que o juiz, em cada caso concreto, por meio da faculdade prevista no parágrafo em análise, proceda ao adequado equilíbrio entre o direito e a execução respectiva, procurando fazer com que esta última ocorra de forma compatível e proporcional à peculiaridade de cada caso. A execução da multa diária, por descumprimento da obrigação de fazer, fixada liminarmente ou em sentença, se sujeita à execução definitiva, segundo entendimento do STJ manifestado em ações populares,[121] que se aplica, em nosso entender, à ACP.

Para isso, evidentemente, os juízes deverão estar muito bem preparados com a reciclagem permanente de seus conhecimentos jurídicos e de outras áreas do saber humano e com a perfeita aderência à realidade socioeconômico-política em que se encontram inseridos,[122] de tal modo que os direitos dos consumidores consagrados no Código sejam efetivamente tutelados, mas sem perder de vista a necessidade de "compatibilização da proteção do consumidor com a necessidade de desenvolvimento econômico e tecnológico, de modo a viabilizar os princípios nos quais se funda a ordem econômica (art. 170, da Constituição Federal)", como às explícitas dispõe o art. 4º, nº III, do Código.

O maior preparo dos juízes mais ainda se impõe quando se tem presente a ampliação de seus poderes, pela clara adoção pelo Código de novos e mais eficazes tipos de provimentos jurisdicionais, como a ação mandamental de eficácia assemelhada à *injunction* do sistema da *common law* e à "ação inibitória" do Direito italiano (cf. comentários ao art. 83 e considerações contidas no item 5 das "Disposições Gerais" e respectiva nota de rodapé nº 6).

[7] PODERES DO JUIZ E NOVOS TIPOS DE PROVIMENTOS JURISDICIONAIS – A respeito do tema, remetemos o leitor para as considerações desenvolvidas no item "[4] Ampliação dos poderes do magistrado" e nos comentários ao art. 83, nota nº 1, sob o título "Efetividade da Tutela Jurídica Processual".

E, em razão da importância do claro posicionamento a respeito dos provimentos jurisdicionais, para a perfeita compreensão do exato alcance do conteúdo do art. 84 e parágrafos, tomamos a liberdade de transcrever o que escrevemos a respeito do art. 461 do CPC/1973 (correspondente aos arts. 497, 499, 500, 536, *caput* e § 1º, e 537, *caput* e § 1º, do NCPC), cuja redação em quase nada difere da do art. 84 em análise:

> "**31.** As considerações acima desenvolvidas a respeito do provimento mandamental e do provimento executivo lato sensu são de superlativa relevância para a tutela específica das obrigações de fazer ou não fazer.
>
> Valeu-se o legislador, no art. 461 [arts. 497, 499, 500, 536, *caput* e § 1º, e 537, *caput* e § 1º, do NCPC], da conjugação de vários tipos de provimento, especialmente do mandamental e do executivo *lato sensu*, para conferir a maior efetividade possível à tutela das obrigações de fazer ou não fazer.
>
> **32.** Ao admitir a sub-rogação da obrigação de fazer ou não fazer, por opção do titular do direito ou por ser impossível a tutela específica ou a obtenção do resultado prático-jurídico equivalente ao do adimplemento (§ 1º do art. 461) [art. 499 do NCPC], valeu-se o legislador do provimento condenatório, que dá nascimento a título executivo judicial e permite o acesso à execução forçada através da ação autônoma de execução (hoje, com a adoção do processo sincrético, nova fase processual, a de cumprimento da sentença).

---

[121] REsp nº 1.098.028-SP, 1ª Turma, rel. Min. Luiz Fux, j. 9.2.2010, com referências a decisões anteriores.

[122] Kazuo Watanabe, "Da cognição...", cit., 12, ps. 45-46, e "Acesso à justiça...", cit., ps. 128-135.

798

Também a imposição da medida coercitiva indireta, consistente em multa (art. 287, CPC) [arts. 500 e 537 do NCPC], é feita através de sentença condenatória, que dá origem a título executivo judicial que, não sendo espontaneamente adimplido, enseja o acesso ao processo de execução forçada (hoje, nova fase processual).

A respeito da multa cabe ser anotado que ela poderá ser imposta na sentença independentemente do pedido da parte (§ 4º do art. 461) [art. 537, *caput*, do NCPC]. O legislador permite até mesmo a modificação do valor da multa pelo juiz, de ofício, para mais ou para menos, "caso verifique que se tornou insuficiente ou excessiva" (§ 6º do art. 461) [art. 537, § 1º, do NCPC]. Não há que se falar, diante desse poder concedido ao juiz, em ofensa ao princípio da congruência entre o pedido e a sentença, uma vez que é o próprio legislador federal, competente para legislar em matéria processual, que está excepcionando o princípio geral. No art. 290 [art. 323, do NCPC], aliás, o legislador já havia deixado claro que o referido princípio não é de rigidez absoluta. Tampouco se pode falar em afronta à coisa julgada, pois estamos diante de instituto processual que o legislador pode adotar, ou não, no exercício da opção política que lhe cabe em matéria de soluções legislativas, nos limites que lhe parecerem mais adequados segundo as várias espécies de processo que lhe é dado conceber (cognição exauriente ou cognição sumária), e preferiu ele a solução contida no dispositivo em análise. Demais, dois princípios igualmente relevantes devem ser sempre observados em matéria de execução, o que assegura a maior efetividade possível à tutela jurisdicional e o que determina seja a execução feita, evidentemente sem prejuízo da efetividade, 'pelo meio menos gravoso para o devedor' (art. 620, do CPC) [art. 805 do NCPC].

33. A execução específica ou a obtenção do resultado prático correspondente à obrigação pode ser alcançada através do provimento mandamental ou do provimento executivo *lato sensu*, ou da conjugação de ambos.

Através do provimento mandamental é imposta uma ordem ao demandado, que deve ser cumprida sob pena de configuração do crime de desobediência, portanto mediante imposição de medida coercitiva indireta. Isto, evidentemente, sem prejuízo da execução específica, que pode ser alcançada através de meios de atuação que sejam adequados e juridicamente possíveis, e que não se limitam ao pobre elenco que tem sido admitido pela doutrina dominante. E aqui entra a conjugação do provimento mandamental com o provimento executivo *lato sensu*, permitindo este último que os atos de execução do comando judicial sejam postos em prática no próprio processo de conhecimento, sem necessidade de ação autônoma de execução (hoje, fase de cumprimento de sentença).

Dentre os vários meios de execução possíveis, certamente as medidas de sub-rogação de uma obrigação em outra de tipo diferente são bastante eficazes. Bem se percebe que não estamos falando de sub-rogação comum, que é a conversão da obrigação de fazer ou não fazer descumprida em perdas e danos. E sim de sub-rogação propiciadora da execução específica da obrigação de fazer ou não fazer ou a obtenção do resultado prático-jurídico equivalente.

Pensemos, por exemplo, no dever legal de não poluir (obrigação de não fazer). Descumprida, poderá a obrigação de não fazer ser sub-rogada em obrigação de fazer (*v.g.*, colocação de filtro, construção de um sistema de tratamento de efluente etc.) e descumprida esta obrigação sub-rogada de fazer poderá ela ser novamente convertida, desta feita em outra de não fazer, como a de cessar a atividade nociva. A execução desta última obrigação pode ser alcançada coativamente, inclusive através de atos executivos determinados pelo juiz e atuados por seus auxiliares, inclusive com a requisição, se necessário, de força policial (§ 5º do art. 461) [art. 536, § 1º, do novo NCPC].

São meios sub-rogatórios que o juiz deverá adotar enquanto for possível a tutela específica ou a obtenção do resultado prático equivalente, em cumprimento ao mandamento contido no

Art. 84 | CÓDIGO BRASILEIRO DE DEFESA DO CONSUMIDOR

§ 1º do art. 461 [art. 499 do NCPC]. Para isto, o juiz usará do poder discricionário que a lei lhe concede (fala o § 5º do art. 461 [art. 536, § 1º, do NCPC] em determinação de 'medidas necessárias' para a tutela específica ou a obtenção do resultado prático equivalente). A discricionariedade deve ser bem entendida. Não se trata de adoção arbitrária de qualquer medida, e sim apenas de medidas adequadas e necessárias (eis o parâmetro legal) à tutela específica da obrigação ou à obtenção do resultado equivalente.

O resultado prático equivalente poderá ser obtido, também, através de outros atos executivos praticados pelo próprio juízo, por meio de seus auxiliares, ou de terceiros, observados sempre os limites da adequação e da necessidade. Em nosso sistema jurídico não há explícita autorização para nomeação de terceiro, como o *receiver* ou *master* ou *administrator* ou *committees* do sistema norte-americano. O *receiver* americano, em matéria de proteção do meio ambiente, pode ter a atribuição de administrar uma propriedade para fazer cessar a atividade poluidora, de desenvolver obra de despoluição e de ressarcimento dos danos resultantes da poluição. A Lei Antitruste (nº 8.884/94), ao cuidar do cumprimento da obrigação de fazer ou não fazer, fala em 'todos os meios, inclusive mediante intervenção na empresa quando necessária' (art. 63) e fala também em 'afastar de suas funções os responsáveis pela administração da empresa que, comprovadamente, obstarem o cumprimento de atos de competência do interventor'. O modelo desta última lei sugere a possibilidade de adoção de medidas assemelhadas àquelas adotadas pelo sistema norte-americano, que prevê as figuras do *receiver, master, administrator* e *committees*.

As medidas enumeradas no § 5º do art. 461 [art. 536, § 1º, do NCPC] são apenas exemplificativas. Portanto, outras podem ser adotadas, desde que atendidos os limites da adequação e da necessidade.

34. Não faltarão pessoas, certamente, que procurarão combater semelhante solução e também a ampliação dos poderes do juiz para a obtenção da tutela específica da obrigação de fazer ou não fazer ou para o atingimento do resultado prático equivalente.

Não se pode esquecer, porém, que o nosso sistema admite soluções tão ou mais draconianas para a tutela de direitos patrimoniais, como a ação de despejo, cuja sentença é executada inclusive com a remoção de pessoas, sejam adultas ou crianças, possuam ou não outro imóvel para habitação. E semelhante demanda é tradicional em nosso sistema e é aceita por todos como a solução natural e de excelente efetividade.

Por que, então, não aceitar que, para a tutela de direitos não patrimoniais, mais relevantes que os patrimoniais, quais os ligados aos direitos da coletividade à qualidade de vida ou aos direitos absolutos da personalidade (como os direitos à vida, à saúde, à integridade física e psíquica, à liberdade, ao nome, à intimidade etc.), possa o sistema possuir provimentos que concedam tutela específica eficaz às obrigações de fazer e não fazer?

Com a remoção de pessoas, certamente é atingida a liberdade humana. Mas esta é protegida enquanto estiver em conformidade com o Direito. Da mesma forma que na ação de despejo é ela desconsiderada para a tutela do direito patrimonial assegurada pela sentença, também na tutela das obrigações de fazer ou não fazer, enquanto for prática e juridicamente possível a tutela específica ou a obtenção do resultado equivalente, a liberdade pessoal, se desconforme ao Direito, é desconsiderada, admitindo-se a atuação do comando judicial através dos meios de atuação determinados pelo juiz e executados por seus auxiliares ou por terceiros. O que não se pode violentar é a liberdade pessoal quando o resultado pretendido somente através do ato do devedor possa ser atingido, como no exemplo do artista de renome que se recusa a pintar o quadro prometido. São situações nitidamente distintas. O princípio da intangibilidade da liberdade pessoal, portanto, deve ser contido nos devidos limites.

35. O provimento mandamental, isoladamente considerado, poderá conduzir à tutela específica da obrigação através da colaboração do devedor. Há a imposição de medida coercitiva

Capítulo I · DISPOSIÇÕES GERAIS | Art. 86

indireta consistente em fazer configurar, ao descumprimento da ordem do juiz, o crime de desobediência. Os executores da ordem judicial poderão, inclusive, lavrar a prisão em flagrante, mas o processo criminal respectivo será julgado pelo juízo criminal competente. Semelhante prisão não é proibida pelo art. 5º, LXVII, da Constituição Federal, pois não se trata de prisão civil por dívida, e sim de prisão por crime de desobediência.

É chegada a hora de se interpretar adequadamente o mencionado dispositivo constitucional, que não proíbe, de forma alguma, a imposição da prisão civil por ato de desprezo à dignidade da justiça ou atos que embaracem o regular exercício da jurisdição, uma das funções basilares do Estado Democrático de Direito. Os sistemas alemão e austríaco permitem a imposição da sanção limitativa da liberdade em caso de desobediência à ordem do juiz, além da previsão de pena pecuniária, que é devida ao Estado, e não ao credor. Também o modelo anglo-saxão, através do instituto do *Contempt of Court*, admite a prisão, além da multa, esta devida à outra parte, e não ao Estado.

No nosso sistema processual, agora com o texto claro do art. 461, *caput* e parágrafos [arts. 497, 499, 500, 536, *caput* e § 1º, e 537, *caput* e § 1º, do NCPC], é através da conjugação dos vários provimentos, principalmente do mandamental e do executivo *lato sensu*, que se poderá obter a tutela específica da obrigação de fazer ou não fazer ou o resultado prático equivalente".[123]

> **Art. 85**. Vetado – Contra atos ilegais ou abusivos de pessoas físicas ou jurídicas que lesem direito líquido e certo, individual, coletivo ou difuso, previsto neste Código, caberá ação mandamental que se regerá pelas normas de lei do mandado de segurança. [1]
>
> **Art. 86**. Vetado – Aplica-se o *habeas data* à tutela dos direitos e interesses dos consumidores. [2]

COMENTÁRIOS

[1] NECESSIDADE DE AÇÃO MANDAMENTAL DE PROVIMENTO EFICAZ E PROCEDIMENTO CÉLERE PARA A TUTELA DE DIREITOS ENTRE PARTICULARES – Esses dois dispositivos foram vetados com a seguinte fundamentação:

"As ações de mandado de segurança e de *habeas data* destinam-se, por sua natureza, à defesa de direitos subjetivos públicos e têm, portanto, por objetivo precípuo os atos de agentes do Poder Público. Por isso, a sua extensão ou aplicação a outras situações ou relações jurídicas é incompatível com sua índole constitucional. Os artigos vetados, assim, contrariam as disposições dos incs. LXXI e LXXII do art. 5º da Carta Magna."

É simplesmente espantoso o argumento! Revela, quando menos, uma total insensibilidade a toda linha evolutiva do Direito Processual moderno, que é no sentido, hoje, de fazer do

---

[123] Kazuo Watanabe, "Tutela antecipatória e tutela específica das obrigações de fazer e não fazer (arts. 273 e 461 do CPC)", *in Reforma do Código de Processo Civil*, coordenado pelo min. Sálvio de Figueiredo Teixeira, Saraiva, 1996, ps. 43-47.

Art. 87 | CÓDIGO BRASILEIRO DE DEFESA DO CONSUMIDOR

processo um instrumento dotado de maior efetividade possível, como ficou ressaltado nas considerações acima (cf. comentário ao art. 83). Mas, mais do que essa insensibilidade, que configura um nítido retrocesso, o argumento utilizado indica também desconhecimento do verdadeiro alcance das conquistas representadas pelas normas constitucionais que consagram o mandado de segurança e o *habeas data*.

Em nenhum momento está dito nesses preceitos que o provimento e o procedimento do mandado de segurança são privativos da tutela de direitos públicos subjetivos. Se os direitos patrimoniais, como a posse, os créditos de instituições financeiras e outros mais podem ter um processo com provimento mais adequado e eficaz e com procedimento simplificado e célere nas relações entre particulares, por que para tutela de "direito líquido e certo, individual, coletivo ou difuso" previsto no Código, lesado por atos ilegais ou abusivos de pessoas físicas e jurídicas, não pode ser concebida uma ação mandamental cujo processo se discipline pelas normas da lei de mandado de segurança? Onde estaria a ofensa ao inc. LXXI do art. 5º da Constituição Federal? Qual a razão política ou jurídica para restringir a tutela de direitos através de uma ação eficaz e célere, como a ação de mandado de segurança, somente às relações jurídicas entre particulares e Poderes Públicos? O que a doutrina mais avançada hoje acentua é, precisamente, a necessidade de urgente criação de processos mais ágeis e dotados de maior efetividade para a tutela de relações jurídicas entre particulares, principalmente as de natureza não patrimonial, o que ainda, desta feita, não foi possível em razão da estreiteza de visão do veto presidencial.[124]

[2] ADMISSIBILIDADE DO *HABEAS DATA* APESAR DO VETO – Relativamente ao *habeas data*, além das ponderações feitas, deve ser acrescentado que o veto é absolutamente inócuo. Primeiro, porque o *habeas data* é uma ação constitucional com os requisitos indicados no próprio texto constitucional e por isso é irrecusável sua utilização toda vez que esses requisitos estiverem presentes. Assim reza o inc. LXXII do art. 5º:

> "LXXII – conceder-se-á *habeas data*: a) *para assegurar o conhecimento de informações* relativas à pessoa do impetrante, constantes de registros ou bancos de dados de *entidades* governamentais ou de *caráter público*; b) *para a retificação de dados*, quando não se prefira fazê-lo por processo sigiloso, judicial ou administrativo" (grifos nossos).

E o art. 43, § 4º, do Código afirma às explícitas que "os bancos de dados e cadastros relativos a consumidores, os serviços de proteção de crédito e congêneres são considerados entidades de caráter público". E o *caput* e o § 3º do mesmo artigo asseguram, respectivamente, o acesso às informações existentes em bancos de dados e cadastros de consumidores e a correção da inexatidão eventualmente neles existentes.

Diante desses textos legais não há como recusar aos consumidores o recurso ao *habeas data* constitucionalmente assegurado, em que pese ao veto e à respectiva argumentação.

> **Art. 87.** Nas ações coletivas de que trata este Código não haverá adiantamento de custas, emolumentos, honorários periciais e quaisquer outras despesas [1], nem condenação da associação autora, salvo comprovada má-fé [2], em honorários de advogados, custas e despesas processuais.

---

[124] José Carlos Barbosa Moreira, "Notas sobre o problema...", cit., § 7º, p. 41.

Capítulo I · DISPOSIÇÕES GERAIS | **Art. 88**

> Parágrafo único. Em caso de litigância de má-fé, a associação autora e os diretores responsáveis pela propositura da ação serão solidariamente condenados em honorários advocatícios e ao décuplo das custas, sem prejuízo da responsabilidade por perdas e danos. [3][4]

COMENTÁRIOS

[1] AÇÕES COLETIVAS E FACILITAÇÃO DO ACESSO À JUSTIÇA – Tratando-se de ações coletivas, o legislador procurou facilitar ao máximo o acesso à justiça e a defesa dos direitos em juízo. Dispensa, na mesma linha da orientação adotada pela Lei nº 7.347/85 (art. 18), o adiantamento de custas, emolumentos, honorários periciais e quaisquer outras despesas.

[2] AÇÕES COLETIVAS E SUCUMBÊNCIA – Aliás, não se limita o benefício à dispensa de adiantamento. Também ao final não haverá condenação em honorários de advogado, custas e despesas processuais, a menos que tenha a associação autora agido com comprovada má-fé (art. 80 do NCPC, correspondente ao art. 17 e incisos do CPC/1973). Em relação à Lei nº 7.347/85, houve um significativo avanço, pois a condenação somente poderá ocorrer em caso de litigância de má-fé, quando a Lei de Ação Civil Pública (agora modificada pelo art. 116 deste Código) permitia a condenação da associação autora quando a pretensão fosse havida por "manifestamente infundada" (cf. comentários ao art. 116, adiante).

[3] LITIGÂNCIA DE MÁ-FÉ E ASSOCIAÇÃO CIVIL – O parágrafo único deixa claro que, em caso de litigância de má-fé (cf. art. 80 do NCPC, correspondente ao art. 17 e incisos do CPC/1973), não somente a associação autora como os diretores responsáveis pela propositura da ação serão condenados solidariamente em honorários de advogado e ao décuplo das custas, sem prejuízo da responsabilidade por perdas e danos.

[4] LITIGÂNCIA DE MÁ-FÉ E DEMAIS LEGITIMADOS PARA AS AÇÕES COLETIVAS – Também os demais legitimados do art. 82 devem responder pela litigância de má-fé, pois é essa a regra que vige no sistema processual pátrio por força das normas inscritas nos arts. 80, 79 e 81 do NCPC (correspondente aos arts. 16, 17 e 18 do CPC/1973). A lealdade processual é um dever que se impõe a todos os litigantes, sejam eles pessoas físicas ou jurídicas, privadas ou públicas.

O parágrafo único do art. 87 não teve o objetivo de limitar às associações as responsabilidades pela litigância de má-fé. Apenas procurou deixar claro que, pela desconsideração da personalidade jurídica, também os diretores responsáveis pela propositura da ação deverão ser condenados, e não apenas a associação por eles representada, e ainda cuidou de estabelecer uma penalidade específica, que é a de pagamento do décuplo das custas, além da verba advocatícia e condenação em perdas e danos.

> **Art. 88**. Na hipótese do art. 13, parágrafo único deste Código, a ação de regresso poderá ser ajuizada em processo autônomo, facultada a possibilidade de prosseguir-se nos mesmos autos [1], vedada a denunciação da lide. [2]

Art. 89 | CÓDIGO BRASILEIRO DE DEFESA DO CONSUMIDOR

COMENTÁRIOS

[1] AÇÃO AUTÔNOMA DE REGRESSO NOS MESMOS AUTOS DA AÇÃO DE INDE-NIZAÇÃO – O art. 13, *caput*, do Código estabelece a responsabilidade do comerciante pelo fato do produto ou do serviço quando:

"*I* – o fabricante, o construtor, o produtor ou o importador não puderem ser identificados;

II – o produto for fornecido sem identificação clara do seu fabricante, produtor, construtor ou importador;

III – não conservar adequadamente os produtos perecíveis" (cf., *supra*, comentários ao art. 13).

O parágrafo único deste artigo assegura ao comerciante que vier a realizar o pagamento ao prejudicado o direito de voltar-se regressivamente contra os "demais responsáveis, segundo sua participação na causação do evento danoso".

Por razões de economia processual, permite o Código, no art. 88, que a ação de regresso seja aforada no próprio juízo da ação de indenização e com o aproveitamento dos mesmos autos de processo. É a idêntica técnica utilizada pelo legislador pátrio para a cobrança da multa imposta ao locador, em favor do locatário, por desvio de uso do imóvel retomado (parágrafo único do art. 44 da Lei nº 8.245/91).

[2] VEDAÇÃO DE DENUNCIAÇÃO DA LIDE NA AÇÃO DE INDENIZAÇÃO PELO FATO DO PRODUTO OU DO SERVIÇO – O nosso sistema processual permite que o direito de regresso, desde que decorra ele do só fato da sucumbência numa ação, sem, por-tanto, a necessidade de intromissão de um outro fundamento, de uma outra causa de pedir, seja postulado na própria ação originária, através da ação incidente de garantia, a que se dá o nome de denunciação da lide (art. 125, II, do NCPC, correspondente ao art. 70, III, CPC/1973).[125]

É essa a orientação da jurisprudência: *RT* 631/255, 626/165, 624/65, 610/87, 609/117, 603/165, 593/144, 492/159; *RJTJ/SP* 80/134, 97/309, 98/160, 100/305, 110/293, 111/331.

A denunciação da lide, todavia, foi vedada para o direito de regresso de que trata o art. 13, parágrafo único, do Código (a respeito da inteligência desse dispositivo, cf. considerações desenvolvidas no n. 3 do cap. II do tít. III, *supra*), para evitar que a tutela jurídica processual dos consumidores pudesse ser retardada e, também, porque, em regra, a dedução dessa lide incidental será feita com a invocação de uma causa de pedir distinta. Com isso, entretanto, não ficará prejudicado o comerciante, que poderá, em seguida ao pagamento da indenização, propor ação autônoma de regresso nos mesmos autos da ação originária.

> **Art. 89**. Vetado – As normas deste Título aplicam-se, no que for cabível, a outros direitos ou interesses difusos, coletivos e individuais homogêneos, tratados coleti-vamente. [1]

---

[125] Na doutrina, por todos: Vicente Greco Filho, *Direito Processual Civil brasileiro*, Saraiva, 1981, vol. I, § 22.5, ps. 136-147, e Sydney Sanches, *Denunciação da lide no Direito Processual Civil brasileiro*, RT, 1984, nº 7.7.3, p. 141, *passim*.

Capítulo I · DISPOSIÇÕES GERAIS | **Art. 90**

COMENTÁRIO

[1] EXTENSÃO DA DISCIPLINA PROCESSUAL DO CÓDIGO A OUTROS DIREITOS OU INTERESSES DIFUSOS, COLETIVOS E INDIVIDUAIS HOMOGÊNEOS APESAR DO VETO – O propósito do legislador foi o de alargar a disciplina contida no Título III do Código, fazendo-a abranger outros direitos ou interesses difusos ou coletivos e individuais homogêneos tratados coletivamente, e não apenas os direitos ou interesses pertinentes aos consumidores.

O veto presidencial pretendeu cortar essa extensão, mas não conseguiu atingir o objetivo colimado.

É que deixou de vetar também os arts. 110 e 117, contidos no Título VI – "Disposições Finais", que pela via da modificação da Lei nº 7.347/85 reafirmou a mesma solução de alargamento. Com efeito, o art. 110 acrescentou o inc. IV ao art. 1º dessa lei, para deixar explicitado que suas disposições se aplicam também a "*IV* – qualquer outro interesse difuso ou coletivo". E o art. 117 acrescentou o art. 21 à Lei nº 7.347/85, do seguinte teor: "*Art. 21*. Aplicam-se à defesa dos direitos e interesses difusos coletivos e individuais, no que for cabível, os dispositivos do Título III da Lei que instituiu o Código de Defesa do Consumidor."

A mesma extensão indicada no dispositivo vetado foi efetivada pelos arts. 110 e 117 do Código, que fizeram os acréscimos mencionados à Lei nº 7.347/85, sendo assim induvidoso, agora, que toda a disciplina contida no Título III do Código, inclusive a pertinente à ação coletiva para a defesa de interesses individuais homogêneos, é invocável para a tutela de outros direitos ou interesses difusos, coletivos e individuais homogêneos, e não apenas os respeitantes aos consumidores.

> **Art. 90**. Aplicam-se às ações previstas neste Título as normas do Código de Processo Civil e da Lei nº 7.347, de 24 de julho de 1985, inclusive no que respeita ao inquérito civil, naquilo que não contrariar suas disposições. [1]

COMENTÁRIO

[1] INTERAÇÃO ENTRE O CÓDIGO E A LEI Nº 7.347/85 – O Código de Processo Civil é o nosso ordenamento processual de caráter geral, de sorte que sua aplicação, nos aspectos em que o Código não tem qualquer disposição específica e nem contrarie seu espírito, é solução imperiosa.

E está afirmado no texto, igualmente, o princípio da perfeita interação entre as disposições do Código e as da Lei nº 7.347/85, como ficou sublinhado nas "Considerações Gerais" (cf. *supra*, item 5 das "Considerações Gerais"; cf. também comentários aos arts. 110 *usque* 117, adiante). Estes dois estatutos legais formam o minissistema de processos coletivos.

Capítulo II

DAS AÇÕES COLETIVAS PARA A DEFESA DE INTERESSES INDIVIDUAIS HOMOGÊNEOS
(Comentários aos arts. 91 a 100)

Ada Pellegrini Grinover
(atualizado por João Ferreira Braga e Kazuo Watanabe)

1. AS *CLASS ACTIONS* DO SISTEMA NORTE-AMERICANO

A *class action* do sistema norte-americano, baseada na *equity*, pressupõe a existência de um número elevado de titulares de posições individuais de vantagem no plano substancial, possibilitando o tratamento processual unitário e simultâneo de todas elas, por intermédio da presença, em juízo, de um único expoente da classe.[1] Encontrando seus antecedentes no *Bill of Peace* do século XVII, o instrumento, antes excepcional, acabou aos poucos adquirindo papel que hoje é visto pela doutrina como central no ordenamento dos Estados Unidos da América,[2] ampliado como foi, de início com contornos imprecisos, até ser disciplinado pelas *Federal Rules of Civil Procedure* de 1938.

A *Rule* 23 fixou as seguintes regras fundamentais: a) a *class action* seria admissível quando impossível reunir todos os integrantes da *class*; b) caberia ao juiz o controle sobre a *adequada representatividade*; c) também ao juiz competiria a aferição da existência da *comunhão de interesses* entre os membros da *class*.[3] É das regras processuais de 1938 a tentativa de sistematização do grau da comunhão de interesses, donde resulta uma classificação das *class actions* em *true*, *hybrid* e *spurious*, conforme a natureza dos direitos objeto da

---

[1] V. Vincenzo Vigoriti, *Interessi collettivi e processo*: la legittimazione ad agire, Milão, Giuffrè, 1979, p. 254.

[2] Id., op. et loc. cits.

[3] Vigoriti, op. cit., ps. 261 e segs.; Michele Taruffo, "I limiti soggettivi del giudicato e le class actions", *in Riv. Dir. Proc.*, 1969, ps. 618 e segs.

CÓDIGO BRASILEIRO DE DEFESA DO CONSUMIDOR

controvérsia (*joint, common* ou *secondary,* ou ainda *several*), com diversas consequências processuais.[4]

É certo que as dificuldades práticas quanto à exata configuração de uma ou outra categoria de *class actions*, com tratamento processual próprio, induziram os especialistas norte-americanos (Advisory Commettee on Civil Rules) a modificarem a disciplina da matéria nas *Federal Rules* de 1966;[5] mas é certo também que a distinção operada pelas normas anteriores permaneceria no espírito do sistema americano, cujas *class actions* continuam abrigando quer a defesa de interesses coletivos indivisivelmente considerados, quer a tutela de direitos individuais divisíveis, conjuntamente tratados por sua origem comum: para estes últimos, fala a doutrina em "casos em que os membros da *class* são titulares de direitos diversos e distintos, mas dependentes de uma única questão de fato ou de direito, pedindo-se para todos eles um provimento jurisdicional de conteúdo idêntico".[6]

Em outras palavras, as *Federal Rules* de 1966 (*Rule* nº 23) não mais contêm a tripartição anterior, passando a definir as *class actions* de maneira geral e unitária, com o acréscimo de requisitos atinentes à admissibilidade da ação.

A regra 23 das *Federal Rules* de 1966, que tem caráter pragmático e funcional, contém quatro considerações prévias (pré-requisitos) e estabelece três categorias de *class actions*, sendo duas obrigatórias (*mandatory*) e uma não obrigatória (*not mandatory*), cada uma com seus próprios requisitos.

As considerações prévias fixam os pré-requisitos para qualquer ação de classe, da seguinte maneira:

(a) "*Pré-requisitos para a ação de classe*: Um ou mais membros de uma classe podem processar ou ser processados como partes, representando todos, apenas se (1) a classe é tão numerosa que a reunião de todos os membros é impraticável, (2) há questões de direito ou de fato comuns à classe, (3) as demandas ou exceções das partes representativas são típicas das demandas ou exceções da classe e (4) as partes representativas protegerão justa e adequadamente os interesses da classe."

Trata-se dos requisitos vestibulares (*threshold requirements*).

Seguem, na alínea (b), os requisitos para o prosseguimento da ação de classe, que na verdade criam três categorias de ações:

(b) "*Prosseguimento da ação de classe*: Uma ação pode prosseguir como ação de classe quando forem satisfeitos os pré-requisitos da subdivisão (a) e ainda: (1) o prosseguimento de ações separadas por ou contra membros individuais da classe poderia criar o risco de: (A) julgamentos inconsistentes ou contraditórios em relação a membros individuais da classe que estabeleceriam padrões de conduta incompatíveis para a parte que se opõe à classe; (B) julgamentos em relação aos membros individuais da classe que seriam dispositivos, do ponto de vista prático, dos interesses de outros membros que não são parte no julgamento ou que impediriam ou prejudicariam, substancialmente, sua capacidade de defender seus interesses; ou (2) a parte que se opõe à classe agiu ou recusou-se a agir em parâmetros aplicáveis à classe em geral, sendo adequada, desta forma, a condenação na obrigação de fazer ou não fazer (*injunction*)

---

[4]   Para uma análise detalhada das normas de 1938 e da evolução jurisprudencial sobre a matéria, v. Taruffo, op. cit., ps. 619-28.

[5]   Taruffo, op. cit., p. 629.

[6]   V. doutrina norte-americana citada por Taruffo, op. cit., p. 625: é a *spurious class action*.

Capítulo II • DAS AÇÕES COLETIVAS PARA A DEFESA DE INTERESSES INDIVIDUAIS HOMOGÊNEOS

ou a correspondente sentença declaratória com relação à classe como um todo; ou (3) o juiz decide que os aspectos de direito ou de fato comuns aos membros da classe *prevalecem* sobre quaisquer questões que afetam apenas membros individuais e que a ação de classe é *superior* a outros métodos disponíveis para o justo e eficaz julgamento da controvérsia. Os assuntos pertinentes aos fundamentos de fato (*findings*) da sentença incluem: (A) o interesse dos membros da classe em controlar individualmente a demanda ou a exceção em ações separadas; (B) a amplitude e a natureza de qualquer litígio relativo à controvérsia já iniciada, por ou contra membros da classe; (C) a vantagem ou desvantagem de concentrar as causas num determinado tribunal; (D) as dificuldades que provavelmente serão encontradas na gestão de uma ação de classe" (grifo nosso).

Aqui vale uma advertência: o inc. (b1), (A) e (B), assim como o inc. (b2) cuidam da ação de classe obrigatória (*mandatory*) que, na nomenclatura brasileira, corresponde às ações em defesa de interesses difusos e coletivos. Não é destas que vamos nos ocupar aqui, mas vale a pena observar que o inc. b-1-A significa que, se não fosse ajuizada a ação de classe, a classe dos réus ficaria prejudicada, enquanto o inc. b-1-B indica que a ausência da ação de classe prejudicaria os reclamantes. Por sua vez, o n° 2 contempla, também em caráter de ação de classe obrigatória, os casos de obrigações de fazer ou não fazer (*injunction*) ou de sentenças declaratórias, ainda na categoria que corresponde, no Brasil, às ações em defesa de interesses difusos e coletivos.

Mas é no inc. (b3) que vamos encontrar o regime jurídico da "*class* action for damages", que não é obrigatória (*not mandatory*), porquanto admite o *opt* out,[7] correspondendo à ação brasileira em defesa de interesses individuais homogêneos, exatamente na espécie reparatória dos danos individualmente sofridos.

Referido inc. (b3), aplicável especificamente à "*damage class action*", não existia nas regras federais de 1938, podendo ser considerado a grande novidade das *Federal Rules* de 1966.

De acordo com essa regra, as "*class action for damages*" [observados os pré-requisitos da alínea (a)] devem obedecer a dois requisitos adicionais:

1. a *prevalência* das questões de direito e de fato comuns sobre as questões de direito ou de fato individuais;
2. a *superioridade* da tutela coletiva sobre a individual, em termos de justiça e eficácia da sentença.

Destes dois requisitos, enunciados no inc. (b-3), decorrem as especificações seguintes (b-3 A *usque* D), que representam indicadores a serem tomados em conta para a aferição da prevalência e da superioridade.

O espírito geral da regra está informado pelo princípio do acesso à justiça, que no sistema norte-americano se desdobra em duas vertentes: a de facilitar o tratamento processual de causas pulverizadas, que seriam individualmente muito pequenas, e a de obter a maior eficácia possível das decisões judiciárias. E, ainda, mantém-se aderente aos objetivos de resguardar a economia de tempo, esforços e despesas e de assegurar a uniformidade das decisões.

O requisito da *prevalência* dos aspectos comuns sobre os individuais indica que, sem isso, haveria desintegração dos elementos individuais; e o da *superioridade* leva em conta a necessidade de se evitar o tratamento de ação de classe nos casos em que ela possa acarretar

---

[7] Sobre a técnica do *opt out*, nas ações de classe norte-americanas, v. exposição no Capítulo III, *infra*, n. 4.2.8 e 5.

809

CÓDIGO BRASILEIRO DE DEFESA DO CONSUMIDOR

dificuldades insuperáveis, aferindo-se a vantagem, no caso concreto, de não se fragmentarem as decisões.

Nas diversas fases processuais da *"damage class action"*, os tribunais norte-americanos, incorporando as *notes* da *Advisory Committee*, observam rigorosamente a exigência dos requisitos da *prevalência* e da *superioridade*, ligando-a à necessidade de escrupuloso respeito aos parâmetros de justiça e eficácia da decisão. Descrevam-se essas fases: após o juízo prévio de admissibilidade (*certification*), seguida dos possíveis acordos (sobre os quais pode haver apelação), o caso vai a júri, onde se produzem as provas no processo genérico. Em seguida, o juiz de primeira instância confirma ou rejeita a decisão do júri. Na hipótese de confirmação, o processo segue para a sentença final de mérito, genérica. E, numa etapa posterior, passa-se à liquidação dos danos, culminando na sentença final de liquidação.

Aliás, vale notar que as ações de classe norte-americanas, que haviam declinado numericamente na década passada, ganharam novo e redobrado impulso, exatamente no campo das reparações individuais, por força dos denominados *mass tort cases*: assim ocorreu com as vítimas do asbesto, que já eram em 1990 mais de 87 mil e cujas pretensões foram frequentemente agrupadas perante tribunais federais e estaduais. Em outros casos, obtiveram-se excelentes resultados pelo deslocamento da competência para os juízes da denominada *multidistrict litigation*, para efeito de tratamento conjunto das demandas.[8]

Mas nem sempre as ações de classe norte-americanas têm obtido sucesso nos tribunais, em função da frequente falta de reconhecimento dos requisitos da *prevalência* e da *superioridade*. A análise das decisões judiciárias mais representativas, no campo das *"class actions for damages"*, demonstra que a existência dos mencionados requisitos tem sido reconhecida, até com facilidade, em campos que não são o dos danos provocados por vício do produto: em matéria de desastres ambientais, de acidentes aéreos, de desmoronamento de obras, de prejuízos aos trabalhadores, muitas são as ações de classe reparatórias de danos individuais em que houve não só a *certifica*tion, mas também o juízo posterior, chegando-se à sentença final.

Vale lembrar, entre todas, a recente decisão do caso Mullen *et al.* v. Treasure Chest Casino, julgado a 19 de agosto de 1999 pelo Tribunal de Apelação do 5º Circuito,[9] visando à reparação dos danos ocasionados à saúde dos empregados pelo sistema de ventilação defeituoso.[10] A prevalência das questões comuns foi reconhecida em relação à causalidade, aos danos e à negligência da ré, sem que houvesse a predominância das questões pessoais. E a superioridade da decisão coletiva foi afirmada com base no fato de que a controvérsia no caso não apresentaria as dificuldades de tratamento encontradas no caso Castano, possibilitando, ao contrário, economia processual e evitando a multiplicação de ações, com possíveis decisões contrastantes.

Antes desse caso, haviam sido admitidas ações reparatórias por danos provocados pela poeira de carvão (Biechele v. Norfolk and Western Railway Co.) e por descarga de material químico na Baía de Chesapeake (Pruitt v. Allied Chemical Corporation),[11] bem como pelo "agente *orange*" (esfoliante contendo dioxina utilizado pelas Forças Armadas Americanas no Vietnã) em benefício de combatentes e de suas viúvas e descendentes. Neste último caso, jul-

---

[8] Cf. Bryant G. Garth, "Relatório geral sobre as ações de grupo apresentado ao XII Congresso de Direito Comparado", Montreal, agosto de 1990, ps. 18-20. O relator refere-se ao "Relatório dos Estados Unidos da América", preparado para o Congresso por Mary Kay Kane, bem como aos relatórios da *American Bar Association* de 1989 sobre os *mass torts* e do *Federal Courts Study Committes*, de abril de 1990.

[9] Cuja competência se exerce nos importantes Estados de Texas e Louisiana.

[10] 1999 WL 631758 (5th Cir (La.)), in Westlaw, West 1999, ps. 1 e segs.

[11] Cf. José Rogério Cruz e Tucci, *"Class action" e mandado de segurança coletivo*, São Paulo, Saraiva, 1990, ps. 29-30.

Capítulo II · DAS AÇÕES COLETIVAS PARA A DEFESA DE INTERESSES INDIVIDUAIS HOMOGÊNEOS

gado pelo Tribunal de Apelação de Nova Iorque, a prevalência foi reconhecida porque, apesar da existência de relevantes questões individuais (como o estado de saúde, o estilo de vida e a natureza da exposição ao "agente *orange*" de cada qual), que impediriam a admissibilidade de uma ação de classe, entendeu-se predominar sobre elas uma questão jurídica comum, denominada *military contractor defense*.[12]

Mas dificuldades maiores têm surgido no reconhecimento da prevalência e da superioridade com relação às "*class actions for damages*", no campo da reparação dos danos aos consumidores ocorridos por vício de produto. Já escrevemos sobre o assunto, relatando inúmeras "*class actions for damages*" extintas em face do não reconhecimento dos requisitos da prevalência e da superioridade.[13] Acrescentem-se a essas decisões mais recentes que, em grau de apelação, deram pela falta dos mencionados requisitos em rumorosos casos de milionárias indenizações fixadas em primeira instância pelos danos provocados pelo tabaco.[14]

Como consequência, em 34 anos de aplicação das regras federais de 1966, são poucas as obtenções de *certification* para as "*damage class* actions" neste âmbito. Pode-se apontar, entre elas, o caso de danos ocasionados pelo consumo de produto farmacêutico (Bendectin) em que o "*mass tort case*" superou o juízo de admissibilidade e chegou à sentença final, que, no entanto, foi de improcedência. E, ainda, os casos anteriores em que a questão versava sobre a garantia do produto adquirido, por força do *Magnuson-Moss Warranty – Federal Trade Commission Improvement Act*, de 1975 (Feinstein v. Firestone Tire and Rubber Co., sobre a produção de pneus imperfeitos e inseguros; Mullins v. Ford Motor Co., pela inadequação do sistema de lubrificação de automóveis; Skelton v. General Motors Corp., pela instalação de câmbios defeituosos).[15]

Cumpre notar, no entanto, que, mesmo sendo poucos, no campo dos danos provocados por vícios do produto, os processos que passaram a fases posteriores à *certification*,[16] isso não

---

[12]   In Re Agent Orange Product (818 F.2d 145 e 187), 2th Circuit, nº 1140 etc., julgado aos 21.4.87.

[13]   Ada Pellegrini Grinover, "Da 'class action for damages' à ação de classe brasileira: os requisitos de admissibilidade", *in Revista Forense*, vol. 352, ps. 11 e segs.

[14]   Trata-se de *class actions for damages* intentadas por grupos de fumantes, após o êxito de várias ações de Estados da Federação norte-americana contra as companhias fabricantes de cigarros, para o ressarcimento dos custos sustentados pelo tratamento das consequências do fumo e a título punitivo. Agora, em duas ações de classe reparatórias de danos pessoalmente sofridos, o Tribunal do Estado da Flórida, em grau de apelação, reformou a sentença do júri, que havia fixado indenizações bilionárias, afirmando não existirem no caso os requisitos da prevalência e da superioridade, devendo os fumantes buscar suas indenizações em ações individuais (Cases nºs 3D00-3.400, 3.206, 3.207, 3.208, 3.210, 3.212, 3.215, apelantes Ligget Group Incorporated e outras; apelados Howard A. Engle e outros, j. 21.5.2003; e o Tribunal do Estado de Massachusetts, em grau de recurso de decisão interlocutória, determinou, pela falta dos mesmos requisitos, a decertificação da classe (SUCV 1998-06002, Lori Aspinal e outros contra Philip Morris Companies, Inc. e outro, j. 27.5.2003).

[15]   Cf. José Rogério Cruz e Tucci, op. et loc. cits.

[16]   Mencionem-se, entre os casos em que a "prevalência" e a superioridade não foram reconhecidas em grau de apelação ou mesmo pela Suprema Corte, desqualificando-se a ação como sendo de classe, os seguintes: Caso Castano, versando sobre a reparação dos danos provocados pela dependência da nicotina (84 F. 3d 734, 5º Circuito, nº 95-30725, julgado aos 23.5.96); Caso Allison, versando sobre danos provocados por discriminação racial na empresa (151 F 3d 402, 5º Circuito, nº 96-30489, julgado aos 18.8.98); Caso American Medycal System, atinente à responsabilidade pelo produto consistente em pênis artificial (75 F 3d 1069, 6º Circuito, nºs 95-3303 e 95-3327, julgado aos 15.2.96); Caso Rhone-Poulenc, sobre a reparação por danos provocados a hemofílicos por sangue contaminado (51 F 3d 1293, 3º Circuito, nº 94-3912, julgado aos 16.3.95); Caso Cimino, objetivando a reparação por danos provocados pelo asbesto (151 F 3d 297, 5º Circuito, nº 93-4452, julgado aos 21.9.98); Caso Amchen, ainda sobre danos causados pelo asbesto, que chegou à Suprema Corte (521 US, 117 S. Ct. 2231, nº 96.270, julgado aos 25.6.97). Para maiores detalhes sobre os referidos julgados e as razões pelas quais os tribunais norte-americanos não reconheceram, nos

CÓDIGO BRASILEIRO DE DEFESA DO CONSUMIDOR

significa a falência do instituto, porque 90% dos casos têm sido resolvidos mediante transação, pelos meios alternativos de solução de disputas (ADR), nas circunscrições multidistritais.

Outro ponto importante que deve ser destacado nas *class actions for damages* norte-americanas, e que tem sido salientado por estudos recentes como ponto nodal,[17] é o que versa sobre os critérios de submissão de terceiros ao julgado, denominados *opt in* e *opt out*. A Regra nº 23, *c* 2 e *c* 3, das *Federal Rules* de 1966, expressamente prevê a possibilidade de optar-se pela exclusão da coisa julgada, sendo abrangidos por ela aqueles que, informados da demanda "da maneira melhor de acordo com as circunstâncias" (inclusive mediante intimação pessoal, quando passíveis de identificação), não tiverem procedido ao pedido de exclusão. É o critério denominado *opt out*, reafirmado pela Suprema Corte norte-americana,[18] que dispensou os demais, não optantes pela exclusão, de expresso consentimento para integrar a demanda (o que corresponderia ao critério do *opt in*). Em outras palavras, adotado o critério do *opt out*, os que deixam de optar pela exclusão serão automaticamente abrangidos pela coisa julgada, sem necessidade de anuência expressa, mas desde que tenha havido notícia pessoal do ajuizamento da ação.

2. AS *CLASS ACTIONS FOR DAMAGES* EM OUTROS PAÍSES DE *COMMON LAW*

A mesma poderosa tendência, que nos Estados Unidos da América levou à revitalização das *class actions* no campo da responsabilidade civil, faz-se sentir em outros países pertencentes ao sistema de *common law*.

A Austrália introduziu as *class actions for damages* a partir da legislação dos Estados de Victoria (1986) e Austrália do Sul (1987).[19] No mesmo campo, a província de Quebec foi a pioneira no Canadá (1978), seguida pelo *Ontario Class Proceedings Act*, de 1990.[20] E Israel trabalha no sentido de um mais amplo esquema de *class actions for damages*, limitadas por enquanto ao campo do mercado de valores mobiliários.[21]

Tudo a demonstrar a necessidade de os sistemas processuais modernos se abrirem à reparação coletiva de danos individuais, permitindo o tratamento eficiente de numerosos casos de responsabilidade civil.

3. AS *CLASS ACTIONS* NO SISTEMA BRASILEIRO

Adaptando os esquemas do Direito norte-americano a um sistema de *civil law*, sem olvidar – é claro – a realidade de nosso País, o legislador brasileiro inspirou-se nas *class actions* americanas para criar, primeiro, as ações coletivas em defesa de interesses difusos e coletivos, de natureza indivisível. E o fez por intermédio da denominada Lei de Ação Civil Pública (Lei nº 7.347, de 24 de julho de 1985).

---

casos concretos, a existência dos requisitos da prevalência e da superioridade, v. Ada Pellegrini Grinover, "Da 'class action for damages' à ação de classe brasileira: os requisitos de admissibilidade", *in Revista da Pós-graduação da Faculdade de Direito da USP*, São Paulo, Syntese, 2000.

[17] Cf. Relatório de Bryant G. Garth, cit., ps. 18-19.

[18] O Relatório supramencionado (p. 19) refere-se ao julgado da Suprema Corte, de 1985, no importante caso Phillips Petroleum Co. v. Shutts (472 U.S. 797 (1985), U.S. Report, p. 5).

[19] Cf. Relatório de Bryant G. Garth, cit., ps. 16-17, baseado no relatório nacional de David Harland.

[20] Id., ibid., p. 17, com base no Relatório nacional de Peter P. Mercer.

[21] Id., ibid., ps. 17-18, com base no Relatório nacional de Stephen Goldstein.

Capítulo II · DAS AÇÕES COLETIVAS PARA A DEFESA DE INTERESSES INDIVIDUAIS HOMOGÊNEOS

Mas a própria configuração da lei, destinada à proteção de bens coletivos, indivisivelmente considerados,[22] não permitia que por seu intermédio se fizesse a reparação dos danos pessoalmente sofridos, cabendo aos indivíduos diretamente prejudicados valer-se das ações pessoais ressarcitórias, dentro dos esquemas do processo comum.

Antes mesmo da promulgação do Código do Consumidor, o legislador brasileiro interveio com a primeira lei que, no âmbito da ação civil pública, cuidou da reparação pelos danos causados aos investidores no mercado de valores mobiliários: a Lei nº 7.913, de 7 de dezembro de 1989, legitimou o Ministério Público a adotar as medidas judiciais necessárias para evitar prejuízos ou obter ressarcimento dos danos causados aos titulares de valores mobiliários e aos investidores do mercado. O art. 2º da lei fala em *condenação*, devendo a importância dela resultante reverter aos investidores lesados, *na proporção de seu prejuízo*. E, por sua vez, o § 1º do mesmo dispositivo trata da *habilitação* dos beneficiários para receberem a parcela que lhes couber. Não havendo habilitação, ou dela decaindo os beneficiários, a quantia correspondente será recolhida como receita da União (§ 2º do art. 2º).

Estava aí a primeira *class action for damages* do sistema brasileiro, muito embora a lei não especificasse que a habilitação se faria por intermédio de processos de liquidação, sugerindo a ideia de uma condenação que já levaria em consideração os danos sofridos pelos investidores. Por outro lado, a ausência de habilitação importaria em recolhimento da importância não reclamada aos cofres da União, numa solução diversa da do Direito Comparado, que prevê a *fluid recovery* destinada a finalidades conexas com a dos interesses em jogo.

Nesse momento, já se encontrava em elaboração o Código do Consumidor, que criava a categoria mais abrangente das ações coletivas para a defesa de interesses ou direitos subjetivos individuais, tratados conjuntamente por sua origem comum (v. comentário nº 6 ao art. 81, parágrafo único, III). E pelo Código veio a consagração definitiva, no sistema brasileiro, da categoria das *class actions for damages* (v. *supra*, nº 1, *in fine*, e nº 2), a que o Capítulo II do Título III dá agora disciplina específica.

3a. A prevalência e a superioridade das *class actions for damages* reconduzidas ao sistema brasileiro

Cabe, agora, examinar se os requisitos da prevalência e da superioridade, estabelecidos pelo inc. (b3) da Regra 23 das *Federal Rules* de 1966 para as *class actions for damages* (v. *retro*, nº 1), poderiam ser reconduzidos à ação de classe brasileira.

Em tese, a *prevalência da dimensão coletiva sobre a individual* poderia ser útil para aferir, do ponto de vista prático, se efetivamente os direitos individuais são, ou não, homogêneos. Inexistindo a prevalência dos aspectos coletivos, os direitos seriam heterogêneos, ainda que tivessem origem comum. Provavelmente, poder-se-ia afirmar, em linha de princípio, que essa origem comum (ou causa) seria remota e não próxima. A adotar-se esse critério, dever-se-ia concluir que, não se tratando de direitos homogêneos, a tutela coletiva não poderia ser admitida, por falta de possibilidade jurídica do pedido.

---

[22] Ada Pellegrini Grinover ("Ações coletivas para a defesa do ambiente e dos consumidores: a Lei nº 7.347, de 24 de julho de 1985", *in Novas tendências do Direito Processual*, Rio de Janeiro, Forense Universitária, 1990, ps. 150 e segs.) observou que, no caso de ressarcimento do dano, a indenização é destinada, pela lei, a um fundo, que deverá utilizá-la para a efetiva reconstituição dos bens lesados. Ademais, a lei não prevê forma de rateio da indenização entre as pessoas individualmente ofendidas, nem uma *fluid recovery* do tipo previsto para as *class actions* norte-americanas (sobre *fluid recovery*, v. Mauro Cappelletti, "Formazioni sociali e interessi di gruppo davanti alla giustizia civile", *in Riv. Dir. Proc.*, 1975, ps. 395-6. O ensaio de Cappelletti, vertido para o português, foi publicado na *Revista de Processo*, nº 5, de 1977).

Como é sabido, a possibilidade jurídica caracteriza-se pela previsão, no ordenamento, da tutela jurisdicional para o pedido que se formula. Se se entender que a tutela jurisdicional dos direitos individuais, a título coletivo, está circunscrita, no sistema brasileiro, aos direitos *homogêneos*, a falta dessa característica levará à inadmissibilidade da ação civil pública em defesa de direitos individuais homogêneos. Sendo os direitos heterogêneos, haveria ausência de interesse-utilidade na tutela coletiva.

Chegar-se-ia, por esse caminho, à conclusão de que a *prevalência das questões comuns sobre as individuais*, que é condição de admissibilidade no sistema das "*class actions for damages*" norte-americanas, também o seria no ordenamento brasileiro, que só possibilita a tutela coletiva dos direitos individuais quando estes forem *homogêneos*. Prevalecendo as questões individuais sobre as comuns, os direitos individuais seriam heterogêneos e o pedido de tutela coletiva se tornaria inadequada e inútil.

O requisito da *superioridade* da tutela coletiva, em relação à individual, em termos de justiça e eficácia da decisão, pode ser abordado, no Direito brasileiro, sob dois aspectos: o do interesse de agir e o da efetividade do processo.

Mas, antes, é preciso observar que, ao invés de exigir a superioridade (própria de um ordenamento que ainda prefere a tutela processual individual à coletiva), no sistema brasileiro se falaria, mais propriamente, em necessidade de *eficácia da tutela coletiva*.

Lembra-se de que o interesse de agir é a condição da ação que exige, para o seu exercício, a necessidade e a utilidade do provimento jurisdicional invocado, além da adequação deste à proteção do direito reclamado. Isto quer dizer que a via judicial só pode ser buscada quando necessária, ou seja, quando as forças do Direito Material se mostraram insuficientes para solucionar a controvérsia. E a utilidade corresponde à aferição, no plano concreto, de que o provimento jurisdicional invocado será útil para assegurar o bem da vida pretendido pelo autor. Os requisitos da necessidade e da utilidade se colocam no plano da economia processual, porquanto a função jurisdicional, que demanda dispêndio e energias, só pode ser ativada se for efetivamente necessária e útil.

Por sua vez, o requisito da adequação significa que o provimento jurisdicional invocado deve ser adequado à proteção do Direito Material, cabendo ao autor escolher, entre as vias processuais previstas no ordenamento jurídico, a que for apta à tutela de um determinado interesse.

Não é difícil, assim, estabelecer a possível correlação da exigência de *superioridade* da ação de classe, em relação a outros meios de solução dos litígios (própria da "*common law*"), com o interesse-utilidade e o interesse-adequação do "*civil law*". Se o provimento jurisdicional resultante da ação civil pública em defesa de direitos individuais homogêneos não fosse tão eficaz quanto aquele que derivaria de ações individuais, a ação coletiva não se demonstraria útil à tutela dos referidos interesses. E, ademais, não se caracterizaria como a via adequada à sua proteção.

Explique-se: a ação civil pública de responsabilidade pelos danos individualmente sofridos conduz a uma sentença condenatória, genérica, que reconhece a responsabilidade do réu pelos danos causados e o condena a repará-los às vítimas ou a seus sucessores, ainda não identificados (art. 95 do CDC). Segue-se uma liquidação da sentença, a título individual, em que caberá provar, aos que se habilitarem, o dano pessoal e o nexo de causalidade entre este e o dano geral reconhecido pela sentença, além de quantificar os prejuízos ou circunstâncias de situações diversas.

Ora, a prova do nexo causal pode ser tão complexa, no caso concreto, a ponto de tornar praticamente ineficaz a sentença condenatória genérica do art. 95, a qual só reconhece a existência do dano geral. Nesse caso, a vítima ou seus sucessores deverão enfrentar uma fase

Capítulo II · DAS AÇÕES COLETIVAS PARA A DEFESA DE INTERESSES INDIVIDUAIS HOMOGÊNEOS

de liquidação tão complicada quanto uma ação condenatória individual, até porque ao réu devem ser asseguradas as garantias do devido processo legal, e notadamente o contraditório e a ampla defesa. E a via da ação coletiva poderá ter sido inadequada para a obtenção da tutela pretendida.

Certamente, nem todas as ações civis públicas em defesa de direitos individuais homogêneos trarão a mesma dificuldade. Pense-se num pedido de restituição de um tributo inconstitucional a uma categoria de contribuintes, ou de devolução de mensalidades escolares pagas em excesso, ou ainda de pagamento de uma diferença devida pela Previdência Social ou por bancos na aplicação de índices de correção monetária. Nesses casos, e em muitos outros, o reconhecimento do dano geral será extremamente útil e adequado para liquidações que demandarão prova bastante simples.

O problema situa-se especificamente no campo dos danos provocados por vícios do produto, e está restrito à ação reparatória pelos prejuízos individualmente sofridos (a chamada "ação de classe brasileira"): ou seja, exatamente à ação prevista nos arts. 91 e segs. do CDC, a qual corresponde à *class action for damages* do sistema norte-americano.

Mesmo com relação a essas ações de classe, a prova do nexo causal pode ser simples: na queda de um avião, num acidente provocado pelo desmoronamento de um edifício, na explosão de uma fábrica, na lesão aos consumidores por diferença de peso no produto vendido, a utilidade da sentença coletiva será inquestionável. Mas, em outros casos, tudo poderá depender de prova na fase de liquidação, tornando possivelmente destituída de utilidade a sentença condenatória genérica.

Mas há outro aspecto a ser considerado na questão: o requisito da superioridade da tutela coletiva, em termos de "justiça e eficácia da decisão" (Regra nº 23, b-3, das Federal Rules de 1966), colocado acima como possível interesse-utilidade e interesse-adequação, também pode ser examinado como exigência da função social do processo, entendido como instrumento que leve à pacificação com justiça.

Entramos agora num dos temas mais caros à moderna processualística brasileira, o da efetividade do processo e de sua instrumentalidade material, a transformá-lo num instrumento aderente à realidade social subjacente e apto à efetiva solução das controvérsias de Direito Material.

Uma sentença genérica que não fosse idônea a pacificar com justiça e um processo coletivo incapaz de solucionar a controvérsia de Direito Material dificilmente encontrariam guarida num ordenamento processual moderno, como é o brasileiro. Não será demais lembrar que um provimento jurisdicional desprovido de utilidade prática desprestigia o processo e constitui um retrocesso para a generosa visão do acesso à justiça, o qual não pode configurar uma promessa vã. Facilitá-lo, por intermédio de ações coletivas, é um grande avanço, assimilado pelo Direito Processual brasileiro. Mas admitir ações civis públicas inidôneas para gerar provimentos jurisdicionais efetivamente úteis levaria ao descrédito do instrumento, à frustração dos consumidores de justiça, ao desprestígio do Poder Judiciário.

Sobre as considerações avançadas neste item 3-A, seriam extremamente valiosas a reflexão e a contribuição da doutrina[23] e da jurisprudência brasileiras.

O Código Modelo de Processos Coletivos para Ibero-América (ver Apêndice) recepciona a ideia da necessidade da existência dos requisitos da prevalência e da utilidade, nas ações coletivas em defesa de direitos individuais homogêneos, assim:

---

[23] A problemática foi enfrentada, num enfoque diverso, mas que conduz aos mesmos resultados, por Luiz Paulo da Silva Araújo Filho, *in Ações coletivas*: a tutela jurisdicional dos direitos individuais homogêneos, Rio de Janeiro, Forense, 2000, ps. 199-202, no capítulo intitulado "As ações pseudocoletivas".

Art. 91 | CÓDIGO BRASILEIRO DE DEFESA DO CONSUMIDOR

"Art. 2º "São requisitos da demanda coletiva:

(...)

§ *1º* Para a tutela dos interesses ou direitos individuais homogêneos, além dos requisitos indicados nos nºˢ I e II deste artigo, é também necessária a aferição da predominância das questões comuns sobre as individuais e da utilidade da tutela coletiva no caso concreto."

3b. As ações coletivas para a defesa de interesses individuais homogêneos

Na verdade, as ações coletivas em defesa de interesses individuais homogêneos não se limitam, no ordenamento brasileiro, à ação de responsabilidade civil por danos coletivamente causados, sendo sua aplicação mais ampla do que a contida no Capítulo II do Título III, CDC (v. *infra*, comentário nº 1 ao art. 91). Mas é neste capítulo que se encontra a regulamentação das *class actions for damages*, ou seja, das ações civis de responsabilidade pelos danos sofridos por uma coletividade de indivíduos.

Objetivam tais ações a reparação, por processos coletivos, dos danos pessoalmente sofridos pelos consumidores, numa adaptação dos esquemas da *class action*, de idêntica destinação, às categorias do Direito Processual romano-germânico, com particular atenção às garantias do contraditório e da ampla defesa.

Para tanto, o capítulo prevê regras de competência, estipula a intervenção sempre necessária do Ministério Público, contempla a ampla divulgação da demanda para facultar aos interessados a intervenção no processo e determina que a sentença, quando condenatória, seja genérica, limitando-se a fixar a responsabilidade do réu pelos danos causados. Caberá depois às vítimas ou a seus herdeiros, numa verdadeira habilitação a título individual, proceder à liquidação da sentença (diretamente ou pelas entidades legitimadas), competindo-lhes também provar a existência do dano pessoalmente sofrido e seu montante, assim como a relação de causalidade entre este e o dano coletivo reconhecido pela sentença condenatória. A solução do Código, nesse particular, inspira-se nas ações individuais de cumprimento do sistema brasileiro, decorrentes da sentença coletiva trabalhista.

A execução, definitiva ou provisória, poderá ser coletiva e será instruída com a simples certidão da(s) sentença(s) de liquidação.

Outras regras disciplinam a hipótese de concurso de créditos (pelas indenizações devidas aos bens indivisível e divisivelmente considerados), bem como a possibilidade de uma *fluid recovery* para o caso de inexistir habilitação dos interessados em número compatível com a gravidade do dano.

Desse modo, o instituto, que representa novidade absoluta para os sistemas processuais de *civil law*, ressalvado o precedente brasileiro da Lei nº 7.913/89 (v. *supra*, nº 3), possibilita o tratamento coletivo da reparação dos danos pessoalmente sofridos, mercê da destinação do ressarcimento às vítimas; mas não exclui a destinação da indenização, globalmente devida, a um fundo, quando impossível ou insuficiente o rateio entre as pessoas individualmente prejudicadas.

Art. 91. Os legitimados de que trata o art. 82 poderão propor, em nome próprio e no interesse das vítimas ou seus sucessores, ação civil coletiva de responsabilidade pelos danos individualmente sofridos, de acordo com o disposto nos artigos seguintes. [1][2]

Capítulo II · DAS AÇÕES COLETIVAS PARA A DEFESA DE INTERESSES INDIVIDUAIS HOMOGÊNEOS | **Art. 91**

COMENTÁRIOS

[1] A AÇÃO CIVIL COLETIVA DE RESPONSABILIDADE PELOS DANOS INDIVIDUALMENTE SOFRIDOS – Esclareça-se, inicialmente, que a matéria regulada a partir do art. 91 não esgota todo o repertório dos processos coletivos em defesa de interesses individuais homogêneos (art. 81, parágrafo único, III, CDC). É perfeitamente possível que a ação tendente à tutela desses interesses objetive a condenação à obrigação de fazer ou não fazer, ou que seja de índole meramente declaratória ou constitutiva, tudo consoante disposto no art. 83 do CDC.

O Capítulo III trata de uma ação específica em defesa de interesses individuais homogêneos, qual seja, a reparatória dos danos individualmente sofridos pelas vítimas ou seus sucessores, uma das espécies a que se refere o art. 81, parágrafo único, III, do Código sob a denominação de *ações coletivas para a defesa de interesses individuais homogêneos* (v. comentário ao parágrafo único do inc. III do art. 81).

Em segundo lugar, a demanda regulada a partir do art. 91 não se circunscreve à reparação dos danos sofridos pelos consumidores, mas abrange os acarretados a terceiros, atingidos pelo produto ou pelo serviço. E, ademais, a responsabilidade civil pode decorrer do fato do produto ou do serviço (arts. 12-17 do Código) ou de qualquer outra causa, como, por exemplo, a publicidade enganosa (arts. 36-38).

Embora a finalidade última da ação seja declaradamente a indenização pelos prejuízos individualmente sofridos, a sentença de procedência condenará o réu pelos danos provocados (v. comentário ao art. 95), não excluindo a lei a destinação da indenização a objetivos diversos das reparações pessoais, quando estas se mostrarem impossíveis de serem alcançadas ou inadequadas (v. comentário nº 1 ao art. 100).

[2] A LEGITIMAÇÃO PARA A AÇÃO – A legitimação ativa, concorrente e disjuntiva, é atribuída, pelo dispositivo em foco, aos entes e pessoas indicados no art. 82. Aqui se trata inquestionavelmente de legitimação extraordinária, a título de substituição processual.[24] Não só porque assim o afirma o legislador, quando expressamente se refere ao litigar, *em nome próprio e no interesse das vítimas ou seus sucessores*, mas ainda porque, na hipótese, os legitimados à ação não vão a juízo em defesa de seus interesses institucionais, como pode ocorrer nas ações em defesa de interesses difusos ou coletivos (v. comentário ao art. 82), mas sim exatamente para a proteção de direitos pessoais, individualizados nas vítimas dos danos. Trata-se, portanto, de uma substituição processual, em que o substituto não pleiteia o direito concreto do substituído, mas, sim, o reconhecimento genérico de um direito que depois virá a ser, ou poderá vir a ser, individualmente exercido, na liquidação, pelo interessado.[25] Cabe lembrar que este tipo de ação coletiva visa à tutela de direitos *ou interesses acidentalmente coletivos*,[26] que poderiam merecer – e continuam merecendo – proteção individual e pulverizada.

---

[24] A expressão substituição processual, utilizada desde Kohler e Chiovenda, continua empregada pelos autores modernos: v. Celso Agrícola Barbi, *Comentários ao CPC*, Rio de Janeiro, Forense, 1975, vol. I, tomo I, p. 117. Sobre o fenômeno da substituição processual, v., no Brasil, Waldemar Mariz de Oliveira Jr., *Substituição processual*, São Paulo, Revista dos Tribunais, 1971.

[25] Cf. Luiz Paulo da Silva Araújo Filho, *Ações coletivas*: a tutela jurisdicional dos direitos individuais homogêneos, Rio de Janeiro, Forense, 2000, ps. 122-123.

[26] A expressão é de José Carlos Barbosa Moreira, referindo-se ao tratamento coletivo de direitos divisíveis, em que inexiste a comunhão indivisível que se verifica nos interesses difusos e coletivos; a estes, o autor se refere como a interesses essencialmente coletivos: "Tutela jurisdicional dos interesses coletivos ou difusos", *in Temas de Direito Processual*, 3ª série, São Paulo, Saraiva, 1984, ps. 195-6.

Art. 92 | CÓDIGO BRASILEIRO DE DEFESA DO CONSUMIDOR

Sobre a natureza da atuação processual dos entes e pessoas de que trata este artigo, na liquidação e execução da sentença, e ainda na persecução de uma *fluid recovery*, v. comentários nº 3 ao art. 97 e nº 2 ao art. 100 do Código.

> **Art. 92**. O Ministério Público, se não ajuizar a ação, [1] atuará sempre como fiscal da lei. [2]
>
> Parágrafo único. Vetado – Aplica-se à ação prevista no artigo anterior o art. 5º, §§ 2º a 6º, da Lei nº 7.347, de 24 de julho de 1985. [3]

COMENTÁRIOS

[1] O MINISTÉRIO PÚBLICO COMO AUTOR – Não bastasse a legitimação a toda e qualquer ação coletiva, conferida ao Ministério Público pelo art. 82, ao qual o art. 91 faz remissão, o próprio art. 92 reforça a ideia da titularidade do *parquet* para o processo tratado no capítulo ora em exame.

Apesar disso, tem havido alguns pronunciamentos judiciais contrários ao reconhecimento da legitimação ativa do Ministério Público às ações coletivas em defesa de interesses individuais homogêneos, por considerarem inconstitucional a extensão da legitimação operada pela lei ordinária. Argumenta-se em prol dessa orientação com o art. 129, III, CF, que só se refere à legitimação do MP para a defesa de interesses difusos e coletivos. Nem tem bastado, para essa tendência, o argumento da extensão das funções do MP a outras que lhe sejam atribuídas por lei, desde que compatíveis com sua finalidade (inc. IX do art. 129, CF), porquanto se afirma que o MP, nos termos do art. 127, CF, é preordenado à *defesa de interesses sociais e individuais indisponíveis*, e os interesses individuais homogêneos seriam disponíveis.

E, na mesma linha, aduz-se também a circunstância de, a admitir-se a legitimação do MP para casos que tais, estaria se retirando do cidadão a liberdade de escolha, não se podendo obrigar ninguém a ter um direito reconhecido contra a sua vontade.[27]

Ora, em primeiro lugar, cumpre notar que a Constituição de 1988, anterior ao CDC, evidentemente não poderia aludir, no art. 129, III, à categoria dos interesses individuais homogêneos, que só viria a ser criada pelo Código. Mas na dicção constitucional, a ser tomada em sentido amplo, segundo as regras da interpretação extensiva (quando o legislador diz menos de quanto quis), enquadra-se comodamente a categoria dos interesses individuais, quando coletivamente tratados.

Em segundo lugar, a doutrina, internacional e nacional, já deixou claro que a tutela de direitos transindividuais não significa propriamente defesa de interesse público, nem de interesses privados, pois os interesses privados são vistos e tratados em sua *dimensão social e coletiva*, sendo de grande importância política a solução jurisdicional de conflitos de massa.

---

[27] Esses argumentos, lançados em parecer de 23.3.92 do eminente prof. Miguel Reale, foram encampados, em São Paulo, pelo m. juiz da 15ª Vara Federal, no Processo nº 92.0056114-4, que extinguiu, sem julgamento do mérito, o processo (intentado pelo IDEC – Instituto Brasileiro de Defesa do Consumidor, ao qual o juízo estendeu a argumentação, apresentada contra a legitimação do MP). A sentença de primeiro grau foi reformada, em apelação. "No REsp nº 910.192-MG, a Terceira Turma do STJ, aos 02.02.2010, também reconheceu a legitimação do MP para a defesa de direitos individuais homogêneos relacionados com a captação antecipada de poupança popular, disfarçada de financiamento para compra de linha telefônica (relatora Min. Nancy Andrighi)".

Capítulo II · DAS AÇÕES COLETIVAS PARA A DEFESA DE INTERESSES INDIVIDUAIS HOMOGÊNEOS | **Art. 92**

Assim, foi exatamente a relevância social da tutela coletiva dos interesses ou direitos individuais homogêneos que levou o legislador ordinário a conferir ao MP e a outros entes públicos a legitimação para agir nessa modalidade de demanda, mesmo em se tratando de interesses ou direitos disponíveis, em conformidade, aliás, com a própria Constituição, que permite a atribuição de outras funções ao MP, desde que compatíveis com sua finalidade (art. 129, IX); e a dimensão comunitária das demandas coletivas, qualquer que seja seu objeto, insere-as sem dúvida na tutela dos interesses sociais referidos no art. 127 da Constituição.

Quando muito, poder-se-ia exigir, caso a caso, que se aferisse a relevância social do objeto da demanda coletiva em defesa de interesses individuais homogêneos, para o reconhecimento da legitimação do MP.[28] E isso poderia ser feito na esteira do disposto no art. 82, § 1º, CDC, para a dispensa do requisito da pré-constituição para as associações. Mas não tem sentido a afirmação da inconstitucionalidade do dispositivo do CDC que confere ao MP a titularidade dessas ações.

Nem se pode argumentar com o fato de a titularidade à ação coletiva em defesa de interesses individuais homogêneos impor aos beneficiários da sentença condenatória um direito que talvez não queiram eles exercer. A sentença condenatória, na técnica brasileira, apenas reconhece a existência do dano genérico e o dever de indenizar (v. *infra,* comentário ao art. 95). Caberá à iniciativa de cada beneficiário habilitar-se à liquidação da sentença, incumbindo-lhe provar ainda a existência do dano pessoal, seu nexo etiológico com o dano geral reconhecido pela sentença, e quantificar o montante da indenização (v. *infra,* comentário ao art. 97). Respeita-se, assim, a autonomia da vontade de cada indivíduo que, se não quiser *fruir* do direito que lhe foi reconhecido, simplesmente não o *exercerá.*[29]

Apesar de alguma divergência, a linha preponderante firmou-se no sentido do reconhecimento da legitimação, havendo casos em que esta foi negada não em face de sua eventual inconstitucionalidade, mas porque se tratava, na espécie concreta, de pequeno número de interessados, estritamente definido. Nessa última linha, a legitimação era negada em face da caracterização mais estreita dos interesses individuais homogêneos, que não ocorreriam na espécie (v. *retro,* comentário ao art. 81, parágrafo único, III).[30]

---

[28] É esta, grosso modo, a posição de Hugo Nigro Mazzili, "Interesses coletivos e difusos", RT, vol. 668, ps. 47 e segs. A Segunda Turma do STJ (REsp nº 1.120.253, rel. Min. Mauro Campbell Marques) reconheceu a legitimidade do MP para pleitear, em ACP, a anulação do acordo firmado pelo sindicato, relativamente à verba de manutenção temporária dos trabalhadores, em área desapropriada pela companhia; embora se tratasse de direitos específicos de determinado grupo de pessoas, foi reconhecida a relevância social dos direitos defendidos.

[29] Trata-se dos fundamentos utilizados por Ada Pellegrini Grinover em parecer, subscrito aos 18.8.92, que instruiu as razões de apelação do IDEC, no processo mencionado na nota nº 18, supra. O parecer foi publicado em *O processo em evolução,* da Autora, Rio de Janeiro, Forense Universitária, 1996, ps. 423-441.

[30] Contra a legitimação do MP à ação coletiva em defesa de interesses individuais homogêneos, por razões constitucionais, TJRS, 1ª Câmara, AC nº 59300266-0, j. 16.3.93, rel. Araken de Assis. Mas a mesma Câmara adotou posição mais atenuada, pelo voto do relator Vellinho de Lacerda, entendendo que o MP tem legitimação para defender em juízo esses interesses, quando se trate de algo mais do que a soma de situações particulares, qualificando-se os interesses como comunitários (AC nº 59213648-8, j. 2.3.93). Em sentido semelhante, reconhecendo a legitimação do MP para a ação que visava ao cancelamento de informações abusivamente mantidas em cadastros de dados de consumidores, 2ª Câmara TJRS, AC nº 591097050, j. 27.11.91. A favor, mais amplamente, da legitimação do MP às ações civis públicas em defesa de interesses individuais homogêneos, TACRS, 1ª Câmara, MS nº 193110731, j. 31.8.93. O STJ, em caso relativo a mensalidades escolares, manifestou-se à unanimidade, pela 1ª Turma, no RE nº 35.644-O-MG, aos 10.9.93, e no RIP 00155946-MG, aos 10.9.93: em ambos os casos, a Turma entendeu tratar-se de grupo muito estreito, definido, de um determinado colégio, não vislumbrando por isso interesses abrangidos pelo art. 81, CDC. Mas o Pleno do STJ, por maioria, decidira a favor da legitimação, em ação visando ao reajuste de 147%

Art. 92 | CÓDIGO BRASILEIRO DE DEFESA DO CONSUMIDOR

Mais recentemente, já estava tomando força a corrente jurisprudencial em favor da legitimação do Ministério Público,[31] quando o Supremo Tribunal Federal, acolhendo por unanimidade o voto do relator, ministro Maurício Corrêa, se firmou no mesmo sentido em tema de mensalidades escolares.

Entendendo serem os direitos individuais homogêneos subespécie de interesses coletivos, analisa o voto a natureza do bem protegido e afirma inserir-se o assunto em segmento de extrema delicadeza e de conteúdo social.[32]

[2] ATUAÇÃO OBRIGATÓRIA DO MINISTÉRIO PÚBLICO – São conhecidos os riscos inerentes a toda e qualquer ação de natureza coletiva, sobretudo quando se escolhe o esquema da legitimação concorrente e disjuntiva: riscos de colusão entre os sujeitos do processo, de pressões descabidas do autor coletivo, de manobras visando a arrancar vantagens indevidas em troca da desistência ou abandono da causa.[33] Por isso, o legislador tomou a cautela de exigir a presença do Ministério Público, quando não seja o autor da ação, na qualidade de fiscal da lei.

A solução é bem conhecida do nosso Direito, que a agasalhou quer na ação popular constitucional (Lei nº 4.717, de 29 de junho de 1965), quer na denominada ação civil pública (Lei nº 7.347, de 24 de julho de 1985). É certo que na nova ação coletiva, ora cunhada pelo Código do Consumidor, os interesses em jogo são indiscutivelmente de natureza privada: mas existe, assim mesmo, um interesse público à correta condução do processo de índole transindividual, que aconselha a técnica ora utilizada.

[3] O VETO E A APLICAÇÃO DAS NORMAS DA LEI Nº 7.347/85 – O veto presidencial incidiu sobre o parágrafo único do art. 92, dada a remissão que este fazia aos §§ 2º a 6º do art. 5º da Lei nº 7.347/85, e uma vez que foi vetado o acréscimo dos §§ 5º e 6º ao referido art. 5º (art. 113 do Código).

Todavia, permanece de pé a aplicabilidade dos §§ 2º a 4º do art. 5º da Lei de Ação Civil Pública à ação coletiva *sub examine*, não mais, evidentemente, por força do dispositivo vetado, mas sim em decorrência do disposto no art. 90 do Código. (*"Aplicam-se às ações previstas neste Título as normas do Código de Processo Civil e da Lei nº 7.347, de 24 de julho de 1985, inclusive no que respeita ao inquérito civil, naquilo que não contrariar suas disposições."*)

Assim sendo, continuam tendo aplicação à ação coletiva em defesa de interesses individuais homogêneos: a) a faculdade de o Poder Público e de outras associações legitimadas se habilitarem como litisconsortes de qualquer das partes (art. 5º, § 2º da Lei nº 7.347); b) a

---

do benefício previdenciário, no MS nº 0505109-TR5; e assim voltou a julgar o Pleno, aos 3.3.93 (MS nº 0505341-92-TR5). No mesmo sentido, a decisão unânime da 2ª Turma, em 25.8.92 (AC nº 0513699-92-RN).

[31] Em tema de mensalidades escolares, reconhecendo a legitimação do MP, inspirada em relevantes motivos sociais: TAPR, Apel. nº 68658-6-Curitiba, Ac. nº 4470 da 6ª Câmara, j.13.11.95; TJSP, Apel. nº 271.930-1/0-Piracicaba, j. 1.10.96 (no mesmo sentido, *JTJ* 147/210); STJ, 1ª Turma, rel. min. Milton Luiz Pereira, RE nº 28.715-0-SP, j. 31.8.94 e 5ª Turma, rel. min. Sálvio de Figueiredo Teixeira, RE nº 95.993 (96/0031524-8-8)-MT, j. 10.12.96. Em matéria de proteção dos adquirentes de unidades em conjunto habitacional, aludindo à defesa de direitos disponíveis, de interesse social, TJSP, AI nº 261.450-1/1-Leme, j. 23.4.96. Assentando a linha de que a legitimação do MP às ações coletivas em defesa de interesses individuais homogêneos depende da existência de interesse social, afastada no caso concreto: TJSP, Ap. nº 264.428.2/7-SP, j. 15.8.95, e STJ, RE nº 65.836-5-MG, rel. min. Garcia Vieira, j. 14.6.95.

[32] RE nº 1663231-3-SP, 2ª Turma, j. 26.2.97, v.u. (9 votos a 0), publicado *in DOE-SP*, 8.3.97, Aviso nº 103/97 PGJ.

[33] Ver Barbosa Moreira, "A ação popular do direito brasileiro como instrumento de tutela jurisdicional dos chamados interesses difusos", *in Temas de Direito Processual*, São Paulo, Saraiva, 1977, p. 118.

Capítulo II · DAS AÇÕES COLETIVAS PARA A DEFESA DE INTERESSES INDIVIDUAIS HOMOGÊNEOS | **Art. 93**

assunção, pelo Ministério Público ou por outro legitimado, da titularidade da ação, na hipótese de desistência infundada ou abandono do processo pela associação autora (§ 3º do art. 5º da lei, na nova redação dada pelo art. 112 do Código).[34] Tudo em perfeita coerência com o sistema de controles estatuído sobre a ação coletiva, para diminuir os riscos que seu exercício inadequado possa acarretar.

Art. 93. Ressalvada a competência da Justiça Federal, é competente para a causa a justiça local: [1][2]

I – no foro do lugar onde ocorreu ou deva ocorrer o dano, [3] quando de âmbito local; [4][6]

II – no foro da Capital do Estado ou no do Distrito Federal, para os danos [2] de âmbito nacional ou regional, aplicando-se as regras do Código de Processo Civil aos casos de competência concorrente. [5][6][7]

COMENTÁRIOS

[1] ÂMBITO DE APLICAÇÃO DO ART. 93 – Embora inserido no capítulo atinente às "ações coletivas em defesa de interesses individuais homogêneos", o art. 93 do CDC rege todo e qualquer processo coletivo, estendendo-se às ações em defesa de interesses difusos e coletivos. Não há como não utilizar, aqui, o método integrativo, destinado ao preenchimento da lacuna da lei, tanto pela *interpretação extensiva* (extensiva do significado da norma) como pela *analogia* (extensiva da intenção do legislador).

Ubi eadem ratio, ibi eadem juris dispositio. É a necessária coerência interna do sistema jurídico que exige a formulação de regras idênticas em que se verifica a identidade de razão. Se o art. 93 do CDC fosse aplicável apenas aos interesses individuais homogêneos, o resultado seria a regra da competência territorial de âmbito nacional ou regional só para as ações em defesa dos aludidos direitos, enquanto nos processos coletivos para a tutela de interesses difusos e coletivos a competência nacional ou regional ficaria fora do alcance da lei. O absurdo do resultado dessa posição é evidente, levando a seu repúdio pela razão e pelo bom-senso, para o resguardo da coerência do ordenamento.

Cumpre notar que o dispositivo em análise adquire extraordinária relevância em face da Medida Provisória nº 1.570, de 26 de março de 1997,[35] cujo art. 3º deu nova redação ao art.16 da Lei nº 7.347, de 24 de julho de 1985 (Lei de Ação Civil Pública), para restringir a coisa julgada *erga omnes* aos limites da competência territorial do órgão prolator. É o que se vê pelo nº 7, *infra*, e, mais adiante, pelo nº 2a dos comentários ao art. 103, dedicados à indigitada medida provisória.

[2] COMPETÊNCIA OBJETIVA EM RAZÃO DA MATÉRIA – O *caput* do dispositivo ressalva expressamente a competência, constitucionalmente determinada, da justiça federal, excluindo, consequentemente, da competência da justiça local as causas em que a União, en-

---

[34] Observe-se que o § 4º do art. 5º da Lei nº 7.347, que dispõe sobre a dispensa, pelo juiz, do requisito da pré-constituição das associações, em casos excepcionais, já se encontra inserido no texto do Código de Defesa do Consumidor (art. 82, § 1º).

[35] Transformada na Lei nº 9.494, de 10 de setembro de 1997.

Art. 93 | CÓDIGO BRASILEIRO DE DEFESA DO CONSUMIDOR

tidade autárquica ou empresa pública federal forem interessadas na condição de autoras, rés, assistentes ou opoentes (art. 109 da CF).[36]

Com essa ressalva, a competência objetiva, em razão da matéria (a denominada *competência de jurisdição*),[37] é atribuída, por normas constitucionais, à justiça local (ou seja, à justiça comum dos Estados ou do Distrito Federal): é o que especifica o *caput* do dispositivo.

Interessante questão, ainda atinente à *competência de jurisdição*, é levantada pelo art. 20 da Lei de Ação Civil Pública (Lei nº 7.347, de 24.7.85), que tem relevância no caso, dada a interação que existe entre os dois estatutos, a teor do disposto no art. 90, CDC, e no art. 21, LACP, introduzido pelo art. 117, CDC (ver comentários).

Num primeiro sentido, o art. 2º, LACP ("As ações previstas nesta Lei serão propostas no foro do local onde ocorrer o dano, *cujo juízo terá competência funcional para processar e julgar a causa*"), deve ser interpretado como regra sobre a denominada *competência de jurisdição*, a indicar aplicação do art. 109, § 3º, CF, o qual permite à lei que "outras causas" sejam processadas e julgadas pela justiça estadual, sempre que a comarca não seja sede de vara do juízo federal.

É essa a posição assumida pela Primeira Seção do Superior Tribunal de Justiça, que entendeu competir à justiça estadual, em primeiro grau, processar e julgar ação civil pública visando à proteção do patrimônio e meio ambiente, mesmo no caso de comprovado interesse da União no seu deslinde. Assim decidindo, o tribunal reconheceu a compatibilidade do art. 2º, LACP com o art. 109, §§ 2º e 3º, CF.[38]

Evidentemente, nessa linha de raciocínio também o *caput* do art. 93, CDC, há de ter a mesma interpretação: em primeiro grau, a competência objetiva em razão da matéria, mesmo

---

[36] A jurisprudência do Superior Tribunal de Justiça tem se firmado no sentido de competência da justiça estadual em tema de mensalidades escolares cobradas por instituto particular de ensino superior, em que a universidade não age por delegação do Poder Público, cuidando-se de matéria contratual (STJ, Conflitos de Competência nº 7.956-0-MG, rel. min. Cláudio dos Santos, j. 13.4.94, e nº 8.438-5-SP, rel. min. Barros Monteiro, j. 27.4.94). Com relação às ações civis públicas sobre questões ligadas ao Sistema Financeiro de Habitação, o STJ tem posição tranquila sobre ser a Caixa Econômica Federal, como sucessora do BNH, parte legítima para figurar no polo passivo, firmando-se a competência da justiça federal (STJ, RE nºs 38.038-3-ES, 38.119-3-RJ, 38.511-3-RJ e 37.994-6-ES; Conflitos de Competência nº 5.999-2/DF, rel. min. Demócrito Reinaldo, nº 5.901-1-SP, rel. min. Hélio Mosimann, e nº 3.778-4-Pr, rel. min. Antônio de Pádua Ribeiro). Mas o mesmo Tribunal tem assentado que, tratando-se de contrato específico, em que não se cuida de normas genéricas, a competência é da justiça estadual (STJ, Conflitos de Competência nº 8.995-6-MG, rel. min. Demócrito Reinaldo, j. 14.6.94, e nº 8.647-9-S, rel. min. Milton Luiz Pereira, j. 7.6.94). Na questão da diferença de correção monetária relativa a planos de governo, o Superior Tribunal de Justiça firmou a competência da justiça federal, para a qual se deslocou o conhecimento e julgamento de diversas ações civis públicas intentadas pelo IDEC perante a justiça estadual. "Foi reconhecida a competência da Justiça Federal em relação a derramamento de óleo na Mata Atlântica, bem da União (Resp nº 1.100.698/PR, Primeira Turma, 05.05.09, relator Min. Francisco Falcão). Do mesmo modo, foi fixada a competência da Justiça Federal para demanda ambiental objetivando a reparação de danos provocados à comunidade indígena (REsp nº 1.120.117/AC, Segunda Turma, 10.11.09, relatora Min. Eliana Calmon). Assim também no Conflito de Competência CC nº 105.196/RJ, em ACP ajuizada pelo Instituto do Patrimônio Histórico e Artístico Nacional, anulando-se decisão do juízo estadual. Finalmente, lembra-se que a Súmula Vinculante nº 27, do STF, dispõe: "Compete à Justiça estadual julgar causas entre consumidor e concessionária de serviço público de telefonia, quando a ANATEL não seja litisconsorte passiva necessária, assistente nem opoente".

[37] V., sobre o conceito de competência objetiva, ou competência de jurisdição, como critério de distribuição dos processos entre órgãos de tipos diferentes (conforme Chiovenda), ou pelas diversas justiças, Cândido Dinamarco, "Apontamentos sobre a competência", *in Direito Processual Civil*, São Paulo, Bushatsky, 1975, ps. 107 e segs.

[38] Conflito de Competência nº 2.230-RO, j. 26.11.91, rel. Min. Pádua Ribeiro, com referências doutrinárias e jurisprudenciais, inclusive ao voto do Min. Carlos Mário Velloso (2ª Turma do ex-TRF, AI nº 51.132-RJ, rel. Min. Otto Rocha, RTFR 154/24).

822

Capítulo II · DAS AÇÕES COLETIVAS PARA A DEFESA DE INTERESSES INDIVIDUAIS HOMOGÊNEOS | Art. 93

havendo interesse da União, é da justiça estadual, nas comarcas que não forem sede de vara do juízo federal, cabendo recurso para o TRF na área de jurisdição do juiz de primeiro grau (§§ 3º e 4º do art. 109, CF).[39]

Entendemos, porém, que a atribuição da competência do juiz federal ao estadual só pode ocorrer nos casos em que não tenha sido instalada vara do juízo federal, *na região*: assim, por exemplo, no Estado de São Paulo, onde funciona vara da justiça federal na cidade de São José dos Campos, toda a região circunvizinha deverá servir-se da referida vara federal, não tendo sentido que o juiz estadual da Comarca de Taubaté, *v.g.*, tenha competência para a causa em primeiro grau de jurisdição.

Isso porque a regra constitucional há de servir para facilitar o acesso à justiça, tendo aplicação quando a competência da justiça federal se estende pelo âmbito de todo o Estado. Mas não quando houver descentralização da justiça.

Em segundo lugar, o art. 2º, LACP significa que se deu à competência territorial natureza absoluta, que não permite eleição de foro ou sua prorrogação, pela não apresentação da exceção declinatória.[40] Nesse sentido, quis a LACP disciplinar o gênero da competência *funcional* (que é uma das modalidades da competência absoluta), ou seja, afirmar que a competência territorial é, no caso, *absoluta*, inderrogável e improrrogável por vontade das partes.[41] V. *infra*, nº 6.

[3] O LOCAL DO DANO COMO CRITÉRIO PARA A FIXAÇÃO DA COMPETÊNCIA TERRITORIAL – A determinação da competência territorial – ou distribuição das causas entre órgãos do mesmo tipo[42] – faz-se pelo critério do local onde ocorreu ou deva ocorrer o dano (incisos do art. 93). Trata-se de explicitação inequívoca, apta a superar eventuais dúvidas de interpretação decorrentes do art. 53, IV, do NCPC (correspondente ao art. 100, V, do CPC/1973), que estabelece para as ações de responsabilidade civil a competência do lugar do ato ou fato (*forum delicti commissi*).[43]

O legislador guiou-se abertamente pelo critério do local do *resultado*, que vai coincidir, em muitos casos, com o do domicílio das vítimas e da sede dos entes e pessoas legitimadas, facilitando o acesso à justiça e a produção da prova. Em mais esse ponto, o Código acompanhou o disposto na Lei nº 7.347/85, cujo art. 2º também opta pelo critério do local do dano.

---

[39] Assim, expressamente, manifestou-se o STJ, no Conflito de Competência nº 15.885-SC (95.0068696-1, rel. Min. José Delgado, j. 8.5.96), lendo-se da Ementa: "3 – De acordo com a Lei nº 7.347, de 24.7.85, a ação civil pública deve ser ajuizada no foro do local onde ocorreu o dano referido pelo art. 2º do mesmo diploma legal. 4 – Se, no curso da demanda, ficar caracterizado interesse da União Federal, se se trata de comarca onde não há vara da justiça federal instalada, competente será o juiz de Direito para a causa, por força do art. 109, § 3º, da CF, em c/c o art. 2º da Lei nº 7.347/85, que passa a exercer atividade jurisdicional de juiz federal, com recurso de seus atos para o Tribunal Regional Federal. 5 – Conflito conhecido para se declarar competente o juízo estadual, no caso, o da Comarca de Xaxim-SC." No entanto, no REsp nº 228.955-RS, o STJ não considerou aplicável à LACP o permissivo do art. 109, § 3º, da CF, entendendo que o art. 2º da Lei nº 7.347/85 não caracterizaria autorização expressa.

[40] É o que está expresso na Exposição de Motivos, apresentada pelo então ministro da Justiça com o Projeto da LACP.

[41] É o que afirma, com toda a razão, Hugo Nigro Mazzili, *A defesa dos interesses difusos em juízo*, 4ª ed., São Paulo, Revista dos Tribunais, p. 121.

[42] V. Dinamarco, op. cit., ps. 110 e segs.

[43] Sobre conceito de lugar do ato ou fato, como sendo todo aquele onde acontecer pelo menos parte dele, circunstância essa da qual decorrem foros concorrentes, v. Celso Agrícola Barbi, *Comentários ao CPC*, cit., ps. 457-8.

Art. 93 | CÓDIGO BRASILEIRO DE DEFESA DO CONSUMIDOR

[4] A DETERMINAÇÃO DO FORO COMPETENTE: DANO DE ÂMBITO LOCAL – A determinação do foro competente varia na conformidade da extensão do dano. Quando de âmbito local, a competência territorial é do lugar onde ocorreu ou deva ocorrer o dano (inc. I do art. 93).

Será o caso de danos mais restritos, em razão da circulação limitada de produtos ou da prestação de serviços circunscritos, os quais atingirão pessoas residentes num determinado local.

[5] A DETERMINAÇÃO DO FORO COMPETENTE: DANO DE ÂMBITO REGIONAL OU NACIONAL – Mas o produto ou serviço pode acarretar prejuízos de dimensões mais amplas, atingindo pessoas espalhadas por uma inteira região ou por todo o território nacional. Nesse caso, a determinação da competência territorial faz-se pelo foro da capital do Estado ou do Distrito Federal (inc. II do art. 93). Tanto num como noutro caso, a competência é da justiça local, nos termos do disposto no *caput* do dispositivo (v. *supra*, comentário nº 1).

Cabe, aqui, uma observação: o dispositivo tem que ser entendido no sentido de que, sendo de âmbito regional o dano, competente será o foro da capital do Estado ou do Distrito Federal.

No entanto, não sendo o dano de âmbito propriamente regional, mas estendendo-se por duas comarcas, tem-se entendido que a competência concorrente é de qualquer uma delas.[44]

Sendo o dano de âmbito nacional, entendemos que a competência deveria ser sempre do Distrito Federal: isso para facilitar o acesso à justiça e o próprio exercício do direito de defesa por parte do réu, não tendo sentido que seja ele obrigado a litigar na capital de um Estado, longínquo talvez de sua sede, pela mera opção do autor coletivo. As regras de competência devem ser interpretadas de modo a não vulnerar a plenitude da defesa e o devido processo legal. V. também *retro,* art. 81, comentário nº 7.

Essa interpretação reduziria os casos de competência concorrente, que de qualquer modo seriam solucionados pelos critérios do Código de Processo Civil, inclusive quanto à prevenção (arts. 55, § 1º; 57, 58 e 59 do NCPC, correspondem aos arts. 105 e 106 do CPC/1973).

No entanto, não tem sido esta a posição da jurisprudência, que entende, em caso de danos de âmbito nacional, ser o foro da capital dos Estados ou do Distrito Federal concorrente.[45] Realce-se, porém, que em casos de dano abrangendo mais de um Estado, o STJ tem-se manifestado pela competência exclusiva do Distrito Federal.[46] Também no sentido da não exclusividade do foro do Distrito Federal, em casos de danos de âmbito nacional, tem se manifestado autorizada doutrina.[47]

Permitimo-nos insistir em nossa posição, até porque parece claro que foi justamente a atribuição da competência ao foro da capital dos Estados, para casos de abrangência nacional, que provocou a (malsucedida) tentativa de restrição pela Medida Provisória nº 1.570/97.[48]

---

[44] Câmara Especial TJSP, *JTJ* 142/206 (tópico final do inc. 4º, p. 207).

[45] Assim, por exemplo, TJSP, AI nº 28.796-0-6-São Paulo; no mesmo sentido o STJ, REsp nº 21.8492/ES, j. 18.2.2002, rel. Peçanha Martins, *RT* 799/192; Conflito de Competência nº 1999/69326-4, rel. Waldemar Zweiter, rel. p/ o acórdão Asfor Rocha, j. 10.10.2001, *DJ* de 5.8.2002, p. 194. Ver também, no sentido da inexistência de exclusividade do foro do DF para o julgamento de ACP de âmbito nacional, o CC nº 17.533-DF.

[46] CC nº 28.003/RJ, Conflito de Competência nº 1999/108113-0, rel. Nilson Naves, j. 24.11.99, LEXSTJ, vol. 154, p. 159.

[47] Arruda Alvim e Thereza Alvim, *Código do Consumidor comentado,* 2ª ed., São Paulo, Revista dos Tribunais, p. 426.

[48] Transformada na Lei nº 9.494, de 10 de setembro de 1997.

Capítulo II · DAS AÇÕES COLETIVAS PARA A DEFESA DE INTERESSES INDIVIDUAIS HOMOGÊNEOS | **Art. 93**

[6] COMPETÊNCIA TERRITORIAL ABSOLUTA – A competência territorial dos incs. I e II do art. 93 não se sujeita às regras do Código de Processo Civil, como aconteceria se se tratasse de competência relativa.[49]

É que, como visto (*supra*, nº 2), o art. 2º, LACP, aplicável ao CDC por força do art. 90 deste, em seu segundo sentido, confere à competência territorial natureza absoluta, ao disciplinar o gênero da competência funcional (uma das modalidades da competência absoluta).[50] O STJ tem falado em "competência funcional".[51]

Afirmamos, por isso, que a competência territorial é, no caso, absoluta, inderrogável e improrrogável pela vontade das partes.[52]

Se assim se entender, não ficará ela submetida a modificações pela conexão e pela continência, nos termos do art. 54 (correspondente ao art. 102 do CPC/1973) e segs. do NCPC (ver, sobre continência, o comentário nº 6 ao art. 104); e não será prorrogável mesmo quando, não tendo sido a ação proposta no foro competente, dela o juiz não declinar, ou se o réu não opuser a exceção *declinatoria fori* (art. 65 do NCPC, correspondente ao art. 114 do CPC/1973).

Diga-se, por oportuno, que, mesmo que se espose o entendimento contrário, qual seja, o da natureza relativa da competência territorial – dando-se ao art. 2º, LACP, interpretação restrita à determinação de regra sobre a competência de jurisdição: *supra*, nº 2 –, ainda permaneceria a questão: poderia a convenção das partes derrogar a competência territorial prevista no art. 93 do Código, mediante a estipulação de *foro de eleição*, nos termos do disposto nos arts. 62 e 63 do NCPC (correspondente ao art. 111 do CPC/1973)?

Impõe-se a resposta negativa. Trata-se, na espécie, de ações coletivas, a que estão legitimados, a título de substituição processual (v. comentário nº 2 ao art. 91), entes e pessoas que nenhuma relação jurídica de Direito Material tiveram ou têm com a parte contrária, de modo a tornar impraticável a eleição de foro.

O STJ em alguns casos tem decidido pela nulidade da cláusula do fórum de eleição, afirmando poder o juiz declinar da competência *ex officio*,[53] mas em outros tem aceitado a cláusula, quando não imposta unilateralmente,[54] ou quando no momento da celebração o contratante dispunha de intelecção suficiente para compreender o sentido e os efeitos da estipulação contratual.[55]

[7] A COMPETÊNCIA PERANTE A MEDIDA PROVISÓRIA Nº 1.570, DE 26 DE MARÇO DE 1997[56] – O art. 3º da medida provisória editada pelo Executivo não modificou

---

[49] Sobre competência absoluta e relativa, v. Cândido Dinamarco, op. cit., ps. 129 e segs.

[50] TJSP, AI nº 276.515-1/3-São Vicente, j. 15.4.96, que assentou: "Trata-se, pois, de competência absoluta, fundada na natureza da causa, e que se sobrepõe a qualquer outro critério determinativo, até mesmo em razão da pessoa." Ver também *JTJ* 144/149. No mesmo sentido, STJ, Conflito de Competência nº 2.230, rel. min. Pádua Ribeiro, in Rev. STJ 28/40.

[51] CC nº 28.003/RJ, Conflito de Competência nº 1999/108113-0, rel. Nilson Naves, j. 24.11.99, LEXSTJ, vol. 154, p. 159.

[52] Ver supra, nº 27.

[53] AGA nº 466.606/DF – Agravo Regimental no Agravo de Instrumento nº 2002/97.429-9, rel. Menezes Direito, j. 25.11.2002, *DJ* de 10.3.2003, p. 209.

[54] AGA nº 407.881/SP – Agravo Regimental no Agravo de Instrumento nº 2001/106.656-0, rel. Menezes Direito, j. 2.4.2002, *DJ* de 17.6.2002, p. 260.

[55] REsp nº 47021-1/SP, rel. Sálvio de Figueiredo Teixeira, *in RJTST* 62/446; REsp nº 13.531/SC, rel. Eduardo Ribeiro, *DJU* de 21.9.92, j. 15.6.86. No mesmo sentido, JTACSP, LEX 175, p. 8; REsp nº 1.707.855/SP, Rel. Min. Nancy Andrighi, *DJe* de 23.2.2018.

[56] Transformada na Lei nº 9.494, de 10 de setembro de 1997.

Art. 94 | CÓDIGO BRASILEIRO DE DEFESA DO CONSUMIDOR

o art. 93 do CDC (nem seu art.103), mas determinou que o art. 16 da Lei de Ação Civil Pública passasse a vigorar com a seguinte redação:

> "A sentença civil fará coisa julgada *erga omnes, nos limites da competência territorial do órgão prolator*, exceto se o pedido for julgado improcedente por insuficiência de provas, hipótese em que qualquer legitimado poderá intentar outra ação com idêntico fundamento, valendo-se de nova prova" (grifos quanto à nova redação).

O acréscimo da expressão "nos limites da competência territorial do órgão prolator" não pode ficar desvinculado da fixação da referida competência territorial, determinada pelo Código de Defesa do Consumidor no art. 93 (aplicável à Lei nº 7.347/85, por força de seu art. 21), de modo que o entendimento de que as regras do art. 93 regem todos os processos coletivos – e não apenas os voltados à defesa dos interesses individuais homogêneos: v. *retro*, nº 1 – leva à inarredável conclusão de que a intenção do Executivo ficou frustrada, e inócua acabou sendo a expressão. Isso porque os limites da competência territorial, nas ações coletivas, são exatamente os do art. 93 (*lex specialis*) e não os do Código de Processo Civil.

Voltaremos à questão no comentário nº 2a ao art. 103.

Art. 94. Proposta a ação, será publicado edital no órgão oficial, [1] a fim de que os interessados possam intervir no processo como litisconsortes, [2] sem prejuízo de ampla divulgação pelos meios de comunicação social por parte dos órgãos de defesa do consumidor [1].

COMENTÁRIOS

[1] DIVULGAÇÃO DA PROPOSITURA DA AÇÃO PARA CONHECIMENTO DOS INTERESSADOS – É da índole das ações de classe sua ampla divulgação entre os interessados, com a finalidade de possibilitar a intervenção destes no processo ou mesmo, em certos ordenamentos, para facultar-se-lhes o pedido de exclusão da futura coisa julgada.[57] É aquilo que o ordenamento estabelece como *"the best notice practicable under the circunstances"*, recomendando, ainda, *"individual notice to all members who can be identified through reasonable effort"*.[58]

O legislador brasileiro, deixando de lado as intimações pessoais – não só impraticáveis, mas até impossíveis na hipótese da ação coletiva *sub examine*, dada a indeterminação das vítimas e de seus sucessores no momento do ajuizamento do processo de conhecimento –, escolheu o caminho da *intimação por edital*, para a qual se aplicarão, analogicamente, as regras do art. 257 do NCPC (correspondente ao art. 232 do Código de Processo Civil de 1973), no que couberem.

O Código do Consumidor dispensa a publicação em jornal local, por ser dispendiosa e pouco acrescentar à notícia do órgão oficial, enquadrando-se ambas na categoria da *scientia ficta*.

Em contrapartida, o art. 94 orienta no sentido da ampla divulgação da propositura da ação pelos meios de comunicação social – rádio e televisão –, de que encarrega os órgãos de defesa do consumidor, quais sejam, os órgãos federais, estaduais e municipais, bem como as

---

[57] V., supra, comentário nº 1 ao Capítulo II do Título III e comentários nºs 2 e 3 ao Capítulo IV do mesmo Título.

[58] Federal Rules of Civil Procedure de 1966, Rule 23, c 2.

Capítulo II · DAS AÇÕES COLETIVAS PARA A DEFESA DE INTERESSES INDIVIDUAIS HOMOGÊNEOS | Art. 95

entidades privadas de defesa do consumidor, integrantes do *Sistema Nacional de Defesa do Consumidor* (art. 105 do Código).

Porém, o dispositivo vetado (art. 96) faz muita falta, porque os legitimados não se preocupam em divulgar ou comunicar aos beneficiários a existência de sentença coletiva condenatória genérica, dificultando sua habilitação e fazendo com que, em decorrência de alguma decisão judiciária, o pedido de liquidação e/ou execução seja considerado prescrito.

[2] INTERVENÇÃO DOS INTERESSADOS COMO LITISCONSORTES – A ampla divulgação prevista pelo art. 94 tem por finalidade a intervenção dos interessados no processo, a título de litisconsortes do autor coletivo. A espécie rege-se pelas disposições do Código de Processo Civil de 2015 (arts. 113 a 118, correspondem aos arts. 46 *usque* 49 CPC/1973), inclusive no que respeita à regra segundo a qual os atos e as omissões de um não prejudicarão, mas poderão beneficiar os demais (art. 117 do NCPC, correspondente ao art. 48 do CPC/1973).

Trata-se, na espécie, de *litisconsórcio unitário*, uma vez que a lide será necessariamente decidida de modo uniforme com relação a todos, no que diz respeito ao dever de indenizar, fixado na sentença condenatória. Depois, nos processos individualizados de liquidação da sentença, o litisconsórcio que eventualmente se formar será *comum*.[59]

Cumpre observar, no entanto, que o interveniente do art. 94, embora litisconsorte, não poderá apresentar novas demandas, ampliando o objeto litigioso da ação coletiva à consideração de seus direitos pessoais, o que contrariaria todo o espírito de "molecularização" da causa. Assim, aqui também há uma inovação nas tradicionais regras processuais, tanto assim que alguns autores preferem considerar a intervenção do art. 94 como assistência qualificada ou litisconsorcial.[60] Mas o certo é que o enfoque dos institutos processuais, transportados do processo individual para o coletivo, está sempre sujeito a mudanças e a novas figuras.

A intervenção, a título de litisconsórcio, acarreta importantes consequências quanto aos limites subjetivos da coisa julgada: com efeito, tenham os interessados intervindo, ou não, no processo a título de litisconsortes, serão beneficiados pelos efeitos da sentença favorável. Se, todavia, a sentença rejeitar a demanda pelo mérito, somente os que não tiverem intervindo no processo poderão propor suas ações reparatórias individuais. É o que determina o art. 103, III, c/c seu § 2º do Código (v. comentário nº 6 aos mencionados dispositivos).

Existem, portanto, duas possibilidades:

a) o interessado não intervém no processo coletivo. Sendo a sentença procedente, será igualmente beneficiado pela coisa julgada, mas se a demanda for rejeitada, pelo mérito, ainda poderá ingressar em juízo com sua ação individual de responsabilidade civil;

b) o interessado intervém no processo a título de litisconsorte: será normalmente colhido pela coisa julgada, favorável ou desfavorável, não podendo, neste último caso, renovar a ação a título individual.

Art. 95. Em caso de procedência do pedido, a condenação será genérica, fixando a responsabilidade do réu pelos danos causados. [1]

---

[59] V., sobre litisconsórcio unitário e comum, José Carlos Barbosa Moreira, *Litisconsórcio unitário*, Rio de Janeiro, Forense, 1972; Cândido Dinamarco, *Litisconsórcio*, São Paulo, Rev. dos Trib., 1986, ps. 41 e segs.

[60] Assim, Arruda Alvim ("Da coisa julgada no Código de Proteção e Defesa do Consumidor", inédito, cit. por Antonio Gidi, Coisa julgada e litispendência em ações coletivas, São Paulo, Saraiva, 1995, p. 56) e Araújo Filho, op. cit, ps. 147 e segs.

Art. 96 | CÓDIGO BRASILEIRO DE DEFESA DO CONSUMIDOR

COMENTÁRIO

[1] O CONTEÚDO DA SENTENÇA FAVORÁVEL – A pretensão processual do autor coletivo, na ação de que trata o presente capítulo, é de natureza condenatória, e condenatória será a sentença que acolher o pedido.[61] Mas a condenação será genérica, ou seja, ilíquida.

Isso significa, no campo do Direito Processual, que, antes das liquidações e execuções individuais (v. *infra*, comentário ao art. 97), o bem jurídico objeto de tutela ainda é tratado de forma indivisível, aplicando-se a toda a coletividade, de maneira uniforme, a sentença de procedência ou improcedência.

Logo se vê que o fato de a condenação ser *genérica* não significa que a sentença não seja certa ou precisa. A certeza é condição essencial do julgamento, devendo o comando da sentença estabelecer claramente os direitos e obrigações, de modo que seja possível executá-la.[62] E essa certeza é respeitada, na medida em que a sentença condenatória estabelece a obrigação de indenizar pelos danos causados, ficando os destinatários e a extensão da reparação a serem apurados em liquidação da sentença (v. comentário nº 1 ao art. 97). A sentença *genérica* do art. 95 é, portanto, *certa e ilíquida*. Enquadra-se no disposto nos arts. 491, § 1º; 509 e 512 do NCPC (correspondente ao art. 475-A do CPC/1973), que estabelecem que quando a sentença não determinar o valor devido proceder-se-á à liquidação.

A referida sentença contém-se, ainda, nos limites do pedido – que também será *genérico*, porquanto ilíquido –, nenhuma exceção representando às regras dos arts. 492 e 497, 499, 500, 536, *caput* e § 1º, e 537, *caput* e § 1º, do NCPC (correspondem aos arts. 460 e 461 do CPC/1973).[63]

No entanto, se o juiz tiver elementos para quantificar a indenização na sentença, poderá fazê-lo (ainda que o pedido seja ilíquido), não havendo nessa técnica julgamento "ultra petita". É o que tem reconhecido o STJ, em diversas oportunidades.[64]

> **Art. 96.** Vetado – Transitada em julgado a sentença condenatória, será publicado edital, observado o disposto no art. 93. [1]

COMENTÁRIO

[1] DIVULGAÇÃO DA SENTENÇA CONDENATÓRIA – A razão do veto foi a remissão errônea do dispositivo, no texto enviado à sanção, ao art. 93, quando a referência correta seria ao art. 94.

---

[61] A sentença do art. 95 tem sido considerada de natureza declaratória por autores como Luiz Paulo da Silva Araújo Filho (*Ações coletivas*: a tutela jurisdicional dos direitos individuais homogêneos, Rio de Janeiro, Forense, 2000, ps. 132-137).

[62] Já o afirmava Pimenta Bueno, apud Moacyr Amaral Santos, *Comentários ao CPC*, Rio de Janeiro, Forense, vol. IV, 1976, ps. 437-438.

[63] Segundo interessante observação de Araújo Filho, op. cit., p. 123, a sentença do art. 95 do CDC é "subjetivamente ilíquida", porquanto não individualizas as pessoas que poderão usufruir da condenação.

[64] REsp nº 285.630/SP, 4ª Turma, j. 16.10.2001, *DJ* de 4.2.2002, rel. Min. Ruy Rosado de Aguiar; REsp nº 647.448/RJ, 4ª Turma, j. 2.8.2005, *DJ* de 29.8.2005, p. 355, rel. Min. Jorge Scartezzini; REsp 688.536/PA, 1ª Turma, j. 2.12.2006, *DJ* de 18.12.2006, rel. Min. Denise Arruda; REsp nº 486.022/SC, 3ª Turma, j. 3.11.2005, *DJ* de 13.2.2006, p. 792, rel. Min. Castro Filho; REsp nº 1.120.117-AC, 2ª Turma, j. 10.11.2009, rel. Min. Eliana Calmon.

Capítulo II · DAS AÇÕES COLETIVAS PARA A DEFESA DE INTERESSES INDIVIDUAIS HOMOGÊNEOS | **Art. 97**

Qual o prejuízo do veto para a ampla publicidade da sentença condenatória entre seus beneficiários?

Que a divulgação é imprescindível, não se discute. Se a medida já é aconselhável no momento da propositura da ação, pelas razões expostas nos comentários ao art. 94, ela se torna absolutamente necessária quando se trata de dar conhecimento às vítimas e a seus sucessores do trânsito em julgado da sentença condenatória, com a finalidade de possibilitar a habilitação destes no processo, por intermédio da fase de liquidação.

Mas o que o art. 96 colocava obrigatoriamente, de maneira didática, ainda se sustenta, pela interpretação sistemática dos demais dispositivos do Código. O art. 100 fixa o prazo de um ano, após o que, se não houver habilitações em número compatível com a gravidade do dano, proceder-se-á à liquidação e execução da sentença condenatória, para o recolhimento ao fundo da *fluid recovery* (v. *infra*, comentário nº 1 ao art. 100). Ora, é evidente que o juiz deverá proceder à intimação da sentença e esta, no caso em tela, só poderá dar-se por meio de editais, devendo o juiz socorrer-se, por analogia, do disposto no art. 94. Além do mais, cabe ao juiz dar efetiva aplicação ao princípio da publicidade dos atos processuais (art. 5º, inc. LX, da CF e art. 94 do CDC), utilizando as técnicas que mais se coadunam com as ações coletivas. E, se assim não o fizer, caberá ao autor coletivo zelar pela observância do princípio da ampla publicidade da sentença, providenciando inclusive a divulgação da notícia da condenação pelos meios de comunicação de massa, nos termos do art. 94, sob pena de a condenação tornar-se inócua.

> **Art. 97**. A liquidação e a execução de sentença [1] poderão ser promovidas [2] pela vítima e seus sucessores, assim como pelos legitimados de que trata o art. 82. [3]
>
> Parágrafo único. Vetado – A liquidação de sentença, que será por artigos, [4] poderá ser promovida no foro do domicílio do liquidante, [5] cabendo-lhe provar, tão só, o nexo de causalidade, o dano e seu montante. [4]

COMENTÁRIOS

[1] LIQUIDAÇÃO E EXECUÇÃO DA SENTENÇA – Como se viu (v. comentário ao art. 95), a sentença condenatória, que a lei considera genérica, é certa, mas ilíquida. É preciso proceder à sua liquidação, nos termos do disposto no Capítulo XIV do Título I do Livro I da Parte Especial do Código de Processo Civil, para a posterior promoção da execução.

Por intermédio da fase de liquidação, ocorrerá uma verdadeira *habilitação* das vítimas e sucessores, capaz de transformar a condenação pelos prejuízos globalmente causados do art. 95 em indenizações pelos danos individualmente sofridos. Aliás, é a própria lei que, no art. 100, utiliza a expressão *habilitação dos interessados*. Habilitação essa que, se não guarda parentesco com a dos arts. 687 (correspondente ao art. 1.055 do CPC/1973) e segs. do NCPC, tem similitude com aquela que ocorre por intermédio das reclamações individuais de cumprimento, após a sentença coletiva trabalhista (muito embora, pela legislação do trabalho, não se trate de ações de conhecimento, porquanto a sentença coletiva é de natureza constitutiva e não condenatória: art. 872 da CLT).[65]

E não há dúvida de que a fase de liquidação da sentença condenatória, que reconheceu o dever de indenizar e nesses termos condenou o réu, oferece peculiaridades com relação ao que normalmente ocorre nas liquidações de sentença. Nestas, não mais se perquire a respeito do *an*

---

[65] Sobre os dissídios coletivos trabalhistas e as ações individuais de cumprimento, v. Cintra, Grinover & Dinamarco, *Teoria geral do processo*, 7ª ed., São Paulo, Revista dos Tribunais, 1990, ps. 238-9.

Art. 97 | CÓDIGO BRASILEIRO DE DEFESA DO CONSUMIDOR

debeatur, mas somente sobre o *quantum debeatur*. Aqui, cada liquidante, na liquidação, deverá provar, em contraditório pleno e com cognição exauriente, a existência do seu dano pessoal e o nexo etiológico com o dano globalmente causado (ou seja, o *an*), além de quantificá-lo (ou seja, o *quantum*).

[2] PRAZO PARA A LIQUIDAÇÃO – O art. 97 não estabelece prazo preclusivo[66] para o ajuizamento da liquidação. O prazo de preclusão não pode ser inferior ao legalmente previsto para a prescrição do direito, ou da pretensão material. Por isso, o prazo de um ano, previsto no art. 100 do Código para que se possa proceder à eventual apuração da *fluid recovery* (v. comentário nº 1 ao art. 100), não pode ser confundido com o prazo preclusivo para a habilitação.

Em cada caso será o Direito Material que fixará o prazo prescricional para o exercício da pretensão individualizada à reparação, que ocorre exatamente por intermédio da habilitação na fase de liquidação. Tratando-se de danos decorrentes do fato do produto ou do serviço, por exemplo, encontrará aplicação à espécie o disposto no art. 27 do Código, que fixa o prazo prescricional em cinco anos, a partir do conhecimento do dano e de sua autoria.

A citação válida, nos termos dos arts. 240 e 241 do NCPC (correspondente ao art. 219 do CPC/1973), interrompe a prescrição. Ajuizada a ação coletiva, portanto, a citação válida interromperá o prazo prescricional, que começará a contar da intimação da sentença. Intimação que, como já visto, deverá ser feita por editais, apesar do veto que incidiu sobre o art. 96 (v. comentário ao referido dispositivo vetado).

Cumpre, a propósito da prescrição, fazer referência à posição do STJ, decidindo pela prescrição em cinco anos de ACP para a tutela de direitos individuais homogêneos, especificamente no caso de expurgos inflacionários dos planos econômicos nos anos de 1987 e 1989[67] [1]. A Segunda Turma aplicou por analogia o prazo quinquenal previsto no art. 21 da Lei da Ação Popular (Lei nº 4.717/65). No mesmo sentido, considerando prescrita ACP objetivando a nulificação de prorrogação de concessão de exploração, pelo reconhecimento da analogia com a Lei da Ação Popular, já havia se manifestado o STJ[68] [2].

Em nosso entender, embora a ação popular possa servir para a tutela de certos direitos difusos, como os ligados ao meio ambiente (em sentido lato), em relação à prescrição não se pode aplicar a analogia entre a LAP e a LACP, pois as duas leis tratam de situações distintas: a ação popular visa a anular ato da administração, prevendo sanções para as autoridades responsáveis, o que não ocorre com a Ação Civil Pública. Razoável, portanto, um prazo menor de prescrição (*rectius*, de preclusão) para a ação popular, por se tratar de lei que visa a nulificar ato da administração.

Mas à pretensão (de direito material) relativa a direitos individuais homogêneos deve aplicar-se o prazo prescricional de 10 anos previsto no art. 205 do CC/2002, até porque não se pode falar em "prescrição da ação". O que prescreve, ou não, é o direito material.

Acresce notar que, segundo a moderna teoria processual, a ação "processual" (usando a terminologia de Pontes de Miranda, que se diferencia da ação de direito material) é imprescritível. A ação é o direito de provocar a atividade jurisdicional do Estado e semelhante direito não pode estar sujeito à prescrição, pois é o direito de acesso à justiça,

---

[66] Sobre preclusão temporal, como perda de uma faculdade ou poder processual, por não terem sido exercidos dentro do prazo, v. Cintra, Grinover & Dinamarco, *Teoria geral*, cit., p. 293.

[67] Resp nº 1.070.896-SC, j. 14.4.2010.

[68] REsp nº 1.089.206-RS, 1ª Turma, rel. Min. Luiz Fux, v.u., j. 23.6.2009. O voto do relator menciona precedentes da mesma Turma.

Capítulo II · DAS AÇÕES COLETIVAS PARA A DEFESA DE INTERESSES INDIVIDUAIS HOMOGÊNEOS | Art. 97

constitucionalmente assegurado no art. 5º, XXXV, da CF. O que prescreve é o direito material ou a pretensão material a ele ligada, que é o bem jurídico cuja tutela jurisdicional é postulada na ação.

Em relação à decadência e prescrição, o nosso legislador processual, à vista da controvérsia que grassava entre os doutrinadores, tomou uma posição definitiva a respeito, declarando no art. 487, II, do NCPC (correspondente ao art. 269, IV, do CPC/1973), que há resolução de mérito quando o juiz "decidir, de ofício ou a requerimento, sobre a ocorrência de decadência ou prescrição".

Algumas leis processuais, como a que disciplina a ação de mandado de segurança (art. 23 da Lei nº 12.016, de 07.08.2009), estabelece um prazo para a utilização do tipo especial de tutela jurisdicional nela prevista. Pontes de Miranda, comentando o art. 18 da anterior Lei de Mandado de Segurança (nº 1.533/51), afirma que se trata de *prazo preclusivo de direito especial*, que se refere ao exercício da pretensão à tutela jurídica *por essa ação especial*. "Expirado ele, não cabe pensar-se em ação de mandado de segurança. Porém, a pretensão à tutela jurídica geral não está em causa, e sim o remédio, o mandado de segurança, que é forma" (*in Comentários ao Código Processo Civil de 1939*, t. V, 2ª ed., Forense, 1959, pp. 212-213). Alfredo Buzaid, embora não concorde com Pontes de Miranda quanto a tratar-se de prazo preclusivo, uma vez que não se verifica no curso do processo, entende igualmente que não se trata também de prescrição ou decadência, pois o que se extingue é o "direito de requerer mandado de segurança", tratando-se, portanto, de prazo "extintivo de uma faculdade pelo seu não exercício dentro de cento e vinte dias, contados da ciência do ato a ser impugnado" (*Do Mandado de Segurança*, Saraiva, vol. I, 1989, § 86, pp. 159-160).

O prazo previsto no art. 21 da Ação Popular, embora o legislador tenha impropriamente utilizado o vocábulo "prescrição", atinge apenas o direito de utilizar a ação especial, como bem esclarece Elival da Silva Ramos, que traz a respeito a seguinte observação: "parece ter havido um equívoco do legislador ao falar em 'prescrição' no art. 21 da Lei nº 4.717/65. Trata-se de um prazo fixado para o exercício do direito de propor a ação popular em cada caso concreto que, ao contrário da prescrição, não afeta o direito substancial em debate" ("A ação popular como instrumento de participação popular", RT, 1991, p. 169). Bem por isto, como observa Luis Paulo Aliende Ribeiro, "findo o prazo quinquenal, perece o direito do autor popular para a utilização desta ação constitucional, o que não obsta *que outras medidas judiciais protetivas de direitos transindividuais possam ser adotadas depois do prazo de cinco anos*, nem impede, até a ocorrência da prescrição correspondente, o manejo, pelo ente do direito lesado ou por outro legalmente legitimado, de outros meios e ações para a defesa do patrimônio público e o ressarcimento do erário" (*in Comentários à Lei de Ação Civil Pública e Lei de Ação Popular*, Quartier Latin, 2006, obra coordenada por Susana Henriques da Costa, pp. 308-310).

Esses prazos extintivos do direito de propor uma ação de natureza especial devem ser criados pelo legislador, caso a caso, não podendo ser aplicado analogicamente o prazo previsto numa ação para outra, por mais assemelhadas que possam parecer, pois sendo limitador de um direito, mormente do direito de ação, que em princípio não deve estar sujeito a nenhum prazo extintivo, está submetido ao princípio de interpretação estrita. E no caso julgado no acórdão acima referido, a ação coletiva destinava-se à tutela de interesses individuais homogêneos, não tendo consequentemente a similitude afirmada pelo julgado, pois enquanto na ação popular o que se objetiva é a tutela de interesses difusos, que são transindividuais de natureza indivisível, na ação coletiva relativa a interesses individuais homogêneos, o que se busca é a tutela coletiva de interesses ontologicamente individuais e divisíveis, sendo coletiva apenas a sua forma de tutela jurisdicional. E mesmo que existisse alguma similitude, como já anotado, normas restritivas de direitos devem ser expressamente criadas pelo legislador, sendo de todo inadmissível sua aplicação por analogia.

831

Art. 97 | CÓDIGO BRASILEIRO DE DEFESA DO CONSUMIDOR

Em outro Acórdão, o STJ considerou imprescritível o "dano ambiental" – remontando, portanto, ao direito material –, por se tratar de direito inerente à vida".[69]

E é oportuno lembrar a lição de Rodrigo Mazzei, transcrita por Acórdão do STJ que reconheceu, por analogia, a aplicação da regra da remessa obrigatória da Lei da Ação Popular às Ações Civis Públicas,[70] no sentido de que os dispositivos da LAP poderão ser aproveitados em todo o microssistema coletivo, *naquilo que for útil à efetivação da tutela de massa*. Mas, certamente, não no campo da prescrição da pretensão coletiva.

[3] LEGITIMAÇÃO E REPRESENTAÇÃO PARA A LIQUIDAÇÃO E EXECUÇÃO – O *caput* do art. 97 estabelece poderem a liquidação e execução da sentença condenatória ser promovidas quer pelas vítimas do dano e seus sucessores, quer pelos entes e pessoas legitimadas às ações coletivas pelo art. 82 do Código (v. comentário ao art. 82).

Tanto num como noutro caso, porém, a liquidação e a execução serão necessariamente personalizadas e divisíveis.

Promovidas que forem pelas vítimas e seus sucessores, estes estarão agindo na qualidade de legitimados ordinários.

E quando a liquidação e a execução forem ajuizadas pelos entes e pessoas enumerados no art. 82? A situação é diferente da que ocorre com a legitimação extraordinária à ação condenatória do art. 91 (v. comentário nº 2 ao referido dispositivo). Lá, os legitimados agem no interesse alheio, mas em nome próprio, sendo indeterminados os beneficiários da condenação. Aqui, as pretensões à liquidação e execução da sentença serão necessariamente individualizadas: o caso surge como de *representação*, devendo os entes e pessoas enumeradas no art. 82 agirem *em nome das vítimas ou sucessores*. Por isso, parece faltar ao Ministério Público legitimação para a liquidação e a execução individual, em que se trata da defesa de direitos individuais disponíveis, exclusivamente (art. 127 da CF).[71]

Quanto aos sindicatos, entretanto, o STJ entendeu terem legitimidade para a execução coletiva, como *substitutos processuais*, independentemente de autorização de seus filiados, observada a necessidade de que a execução coletiva indique, individualmente, o credor substituído e o valor devido.[72] Tal orientação foi confirmada, inclusive pelo Supremo Tribunal Federal, por ocasião do julgamento do Recurso Extraordinário n. 883.442.[73]

A respeito da execução coletiva, v. comentários nos 1 e 2 ao art. 98.

---

[69] STJ, Resp. n. 1120117-Ac, Segunda Turma, j. 10/11/2009, relatora ministra Eliana Calmon.

[70] STJ, Resp. n. 1108542-SC, Segunda Turma, j. 19/05/2009, relator ministro Castro Meira, em que se decidiu, por analogia com o disposto no art.19 da Lei n. 4.717/64, aplicar-se a regra da remessa necessária à Ação Civil Pública.

[71] No mesmo sentido, Cândido Dinamarco, "As três figuras da liquidação da sentença", *in Estudos de Direito Processual em memória de Luiz Machado Guimarães*, coord. José Carlos Barbosa Moreira, Rio de Janeiro, Forense, 1997, ps. 101-106.

[72] Corte Especial do STJ, Embargos de Divergência suscitados pelo Sindicato dos Servidores Federais do Rio Grande do Sul, rel. Min. Nancy Andrighi, pacificando entendimentos divergentes da Primeira e Sexta Turmas (Coordenadoria de Editoria e Imprensa, 1/12/2009).

[73] "3. O acórdão impugnado está em divergência com a *tese firmada pelo Supremo Tribunal Federal no RE 883.642 (Tema 823), de acordo com a qual os 'sindicatos possuem ampla legitimidade extraordinária para defender em juízo os direitos e interesses coletivos ou individuais dos integrantes da categoria que representam, inclusive nas liquidações e execuções de sentença, independentemente de autorização dos substituídos'*. 4. Com efeito, por ser prescindível a autorização dos substituídos e por não haver nenhuma limitação subjetiva na decisão exequenda, urge reconhecer a legitimidade dos agravados, independentemente da listagem nominal apresentada na ação coletiva. 5. Agravo interno a que se nega provimento" (AgInt no REsp 1.925.738/RS, 2ª T., Rel. Min. Og Fernandes, j. 9.8.2021, *DJe* 25.8.2021).

Capítulo II · DAS AÇÕES COLETIVAS PARA A DEFESA DE INTERESSES INDIVIDUAIS HOMOGÊNEOS | **Art. 97**

[4] MODALIDADE E OBJETO DA LIQUIDAÇÃO – O veto que incidiu sobre o parágrafo único do art. 97 visava exclusivamente a colher a regra de competência fixada para a liquidação da sentença. Levou, contudo, de roldão – ao menos aparentemente – a disposição atinente à modalidade da liquidação e aos fatos novos a serem provados pelo liquidante.

Nesta segunda parte, mesmo com o veto, o conteúdo da disposição permanece íntegro, em face dos princípios do estatuto processual civil.

Com efeito, limitando-se a condenação – *genérica*, nos termos do disposto no art. 95 – a fixar a responsabilidade do réu pelos danos *causados*, será agora necessário, a cada prejudicado, demonstrar a existência dos prejuízos *sofridos* (v. comentário ao art. 95). Havendo, assim, necessidade de alegação e prova de fatos novos, a liquidação deverá ser feita *por artigos e pelo procedimento comum*, consoante disposto nos arts. 509, II (correspondente ao art. 475-E do CPC/1973), e art. 511 (correspondente ao art. 475-F do CPC/1973) do NCPC.

Os fatos a serem provados não são outros senão os indicados pelo dispositivo vetado: a existência do dano individual, o nexo de causalidade com o dano genérico reconhecido pela sentença, bem como o montante do primeiro. Com veto ou sem veto, a própria natureza das coisas exige que a liquidação se faça por artigos e tenha esse objeto, e nenhum outro.[74]

[5] FORO COMPETENTE PARA A LIQUIDAÇÃO: O DISPOSITIVO VETADO – Ocorre aqui uma situação curiosa: a intenção declarada do veto presidencial ao parágrafo único do art. 97 foi de impedir a "dissociação do foro do processo de conhecimento e de execução", que seria "arbitrária", porquanto romperia com o "princípio da vinculação" (*sic*) adotado pelo art. 575 do CPC/1973 (artigo sem correspondente no NCPC) e defendido pela "melhor doutrina". O veto ainda se apoiou numa suposta lesão ao princípio da ampla defesa, decorrente da "incerteza quanto ao foro de execução" (*sic*).

Não é esta a hora e vez de polemizar com as razões invocadas no veto que apontam, entre outras coisas, para o desconhecimento da natureza da liquidação; para o descaso com a exigência de renovação dos esquemas processuais clássicos, necessária para a efetiva tutela dos interesses e direitos coletivamente tratados; para o equivocado enfoque do direito de ação e de defesa, que hão de ser exercidos amplamente, mas por ambas as partes e no quadro da igualdade real e da *par condicio*. O que compete fazer, isso sim, é verificar qual o real e efetivo alcance do veto.

É que, vetado o dispositivo em tela, permaneceu íntegro o § 2º, inc. I, do art. 98 – que se refere ao *juízo da liquidação da sentença ou da ação condenatória*, para a execução individual. Assim, fica claro que diversos podem ser o foro e o juízo da liquidação da sentença e da ação condenatória, nas ações coletivas de que trata o Capítulo II do Título III. Recorde-se que, na técnica de determinação da competência – do geral ao específico –, há que se fixar primeiro a competência de foro, para depois descer à de juízo (com a atribuição da competência a um entre os diversos juízes em exercício no mesmo órgão jurisdicional).[75]

E quais serão esses foro e juízo da liquidação da sentença, alternativos aos foro e juízo da ação condenatória? A resposta está no art. 101, inc. I, do Código: *a ação de responsabilidade civil do fornecedor de produtos e serviços pode ser proposta no domicílio do autor.*

Não é difícil aplicar analogicamente essa regra ao foro competente para a liquidação, a que necessariamente se liga o § 2º, inc. I, do art. 98: a fase de liquidação é, segundo a doutrina

---

[74] Sobre a nova figura de liquidação da sentença no CDC, v. Cândido Dinamarco, "As três figuras da liquidação da sentença", cit., ps. 97-109.

[75] Ver Cândido Dinamarco, *Apontamentos sobre a competência*, cit., p. 109.

Art. 98 | CÓDIGO BRASILEIRO DE DEFESA DO CONSUMIDOR

dominante, processo de conhecimento, preparatório da futura execução e destinado a complementar o comando da sentença condenatória;[76] a liquidação da sentença prevista no *caput* do art. 97 será sempre feita a título individual, promovida que seja pelo prejudicado ou pelos entes e pessoas que podem representá-lo em juízo (v. comentário nº 2 ao art. 91). Ademais, na liquidação da sentença que reconheceu o dever de indenizar e condenou o réu, os diversos liquidantes deverão ainda provar a existência de seu dano pessoal, bem como o nexo etiológico com o dano geral que embasou a condenação genérica (v. *supra*, comentários ao art. 97 e ao parágrafo vetado). Desse modo, a regra da propositura da ação individual no foro do domicílio do autor encontra plena aplicação à hipótese, sendo a única capaz de explicar e dar conteúdo ao remanescente § 2º, inc. I, do art. 98 do Código (ver também comentário nº 3 ao referido dispositivo). A lei não pode conter dispositivos inúteis: o veto não atingiu seu objetivo.

Art. 98. A execução poderá ser coletiva, sendo promovida pelos legitimados de que trata o art. 82, abrangendo as vítimas cujas indenizações já tiverem sido fixadas em sentença de liquidação, sem prejuízo do ajuizamento de outras execuções. [1]

§ 1º A execução coletiva far-se-á com base em certidão das sentenças de liquidação, da qual deverá constar a ocorrência ou não do trânsito em julgado. [2]

§ 2º É competente para a execução o juízo:

I – da liquidação da sentença ou da ação condenatória, no caso de execução individual;

II – da ação condenatória, quando coletiva a execução. [3]

COMENTÁRIOS

[1] EXECUÇÃO INDIVIDUAL E COLETIVA – Realizada a liquidação da sentença condenatória, nos termos do art. 97, a lei contempla dois tipos de execução, no art. 98: a individual, à qual continua ordinariamente legitimado o prejudicado; e a coletiva, em que os entes e pessoas indicadas no art. 82 agem na qualidade de *representantes* das vítimas ou sucessores (v. comentário nº 3 ao art. 97).

A execução coletiva é necessariamente individualizada, abrangendo o grupo de vítimas cujas indenizações já tiverem sido fixadas na(s) sentença(s) de liquidação. À medida que novas sentenças surgirem, os entes ou pessoas a que a lei atribui a representação das vítimas poderão proceder a outras execuções coletivas.

Aqui, não parece inadequada a legitimação do Ministério Público, porquanto o interesse social se estabelece em função do tratamento coletivo das demandas executórias (v. *retro*, comentário nº 3 ao art. 97). Em direção semelhante, o próprio STJ afirmou a legitimidade do Ministério Público para a propositura de ação cautelar de protesto, visando à interrupção do prazo prescricional para o ajuizamento da execução individual de sentença coletiva.[77]

---

[76] Ver, por todos, Humberto Theodoro Jr., *Processo de execução*, 6ª ed., São Paulo, Leud, 1981, ps. 189-90.

[77] "PROCESSUAL CIVIL. AGRAVO INTERNO EM RECURSO ESPECIAL. RECURSO MANEJADO SOB A ÉGIDE DO NCPC. AÇÃO COLETIVA. EXPURGOS INFLACIONÁRIOS. CADERNETA DE POUPANÇA. CUMPRIMENTO DE SENTENÇA. PRESCRIÇÃO. AJUIZAMENTO DE AÇÃO CAUTELAR PROTESTO. MINISTÉRIO PÚBLICO. LEGITIMIDADE. INTERRUPÇÃO. OCORRÊNCIA. PRECEDENTES. AGRAVO

Capítulo II · DAS AÇÕES COLETIVAS PARA A DEFESA DE INTERESSES INDIVIDUAIS HOMOGÊNEOS | **Art. 99**

[2] EXECUÇÃO COLETIVA DEFINITIVA E PROVISÓRIA – O § 1º do art. 98 estabelece que a execução coletiva se faça com base em certidão (ou certidões) das sentenças de liquidação, certidão essa na qual se concretiza o título executivo. Facilita-se, assim, a instauração da execução, não sendo necessário que ela se processe nos autos principais (execução definitiva) ou nos suplementares ou por carta de sentença (execução provisória). A circunstância de que a execução coletiva é destinada a grupos de credores aconselhava a simplificação, necessária à adequada condução do processo.

De acordo com as regras do art. 587 do CPC/1973 (sem correspondente no NCPC), da certidão deve constar a ocorrência, ou não, do trânsito em julgado da sentença, para que se possa distinguir entre execução definitiva e provisória.

[3] COMPETÊNCIA DE JUÍZO PARA EXECUÇÃO – Para a execução coletiva, o art. 98, § 2º, inc. II estabelece a competência do juízo da ação condenatória.[78] Nenhuma exceção faz a lei à regra geral do art. 575, II, do CPC (artigo sem correspondente no NCPC).

E se a execução for individual? O inc. I do § 2º do dispositivo ligavase ao disposto no parágrafo único do art. 97, que foi vetado. Este determinava que o foro competente para a liquidação da sentença poderia ser o do domicílio do liquidante, daí derivando a regra ora *sub examine*, no sentido de o juízo competente poder, correlatamente, ser o da liquidação da sentença ou da ação condenatória.

O fato é que, mesmo vetado o parágrafo único do art. 97, o inc. I do § 2º do art. 98 permanece íntegro. A lei não pode conter disposições inúteis. É preciso dar conteúdo ao dispositivo em tela e a única interpretação capaz de fazê-lo parece ser aquela que, reportando-se ao disposto no art. 101, inc. I, e aplicando-o por analogia, extrai do sistema a regra da competência de foro do domicílio do liquidante, ora vetada: v. *supra*, comentário nº 5 ao parágrafo único do art. 97.

Art. 99. Em caso de concurso de créditos decorrentes de condenação prevista na Lei nº 7.347, de 24 de julho de 1985, e de indenizações pelos prejuízos individuais resultantes do mesmo evento danoso, estas terão preferência no pagamento. [1]

Parágrafo único. Para efeito do disposto neste artigo, a destinação da importância recolhida ao Fundo criado pela Lei nº 7.347, de 24 de julho de 1985, ficará sustada enquanto pendentes de decisão de segundo grau as ações de indenização pelos danos individuais, salvo na hipótese de o patrimônio do devedor ser manifestamente suficiente para responder pela integralidade das dívidas. [2]

COMENTÁRIOS

[1] CONCURSO DE CRÉDITOS – O *caput* do art. 99 cuida do concurso de créditos que pode decorrer da condenação à reparação dos danos provocados aos bens indivisivelmente

---

INTERNO NÃO PROVIDO. [...] 2. *O Ministério Público possui legitimidade para a propositura de ação cautelar de protesto, visando a interrupção do prazo prescricional para o ajuizamento da execução individual de sentença coletiva.* Precedentes. 3. Agravo interno não provido" (STJ, AgInt nos EDcl no REsp 1.753.227/RS, 3ª T., Rel. Min. Moura Ribeiro, j. 2.12.2019, *DJe* 5.12.2019).

[78] Sobre competência de juízo, v. Cândido Dinamarco, *Apontamentos sobre a competência*, cit., ps. 107-109.

Art. 100 | CÓDIGO BRASILEIRO DE DEFESA DO CONSUMIDOR

considerados, imposta nos termos da denominada Lei de Ação Civil Pública – Lei nº 7.347/85 –, em cotejo com as indenizações pessoais devidas nos termos do presente capítulo do Código de Defesa do Consumidor.

O dispositivo em tela claramente indica que o legislador entendeu cumulativos a indenização pelos danos provocados ao bem indivisivelmente considerado e o ressarcimento devido a título individual às vítimas do mesmo dano.

O concurso resolve-se pela preferência das reparações individuais sobre a coletiva, privilegiando-se, assim, os direitos subjetivos pessoais em confronto com o interesse coletivo à indenização do dano indivisivelmente considerado.

[2] GARANTIA DA PREFERÊNCIA – O parágrafo único do art. 99 garante a preferência prevista no *caput*, lançando mão da sustação da destinação da reparação ao bem indivisivelmente considerado, consistente em sua reconstituição (art. 13 da Lei nº 7.347/85); e o faz por intermédio da indisponibilidade da importância recolhida ao Fundo de que trata o referido art. 13 da Lei nº 7.347/85, enquanto pendentes de decisão de segundo grau as ações de indenização pelos danos pessoalmente sofridos.

A sustação, contudo, não será determinada quando, a critério do juiz, o patrimônio do devedor for manifestamente suficiente para responder pela integralidade das dívidas.

Art. 100. Decorrido o prazo de um ano sem habilitação de interessados em número compatível com a gravidade do dano, [1] poderão os legitimados do art. 82 promover a liquidação e execução da indenização devida. [2][3]

Parágrafo único. O produto da indenização devida reverterá para o Fundo criado pela Lei nº 7.347, de 24 de julho de 1985. [4]

COMENTÁRIOS

[1] A *FLUID RECOVERY* DO DIREITO BRASILEIRO – As ações coletivas que têm por objeto a reparação dos danos causados a pessoas indeterminadas podem carrear consigo algumas dificuldades. É o que tem demonstrado a experiência norte-americana, quando a sentença condena o réu a ressarcir o dano causado a centenas ou milhares de membros da *class*, surgindo então problemas de identificação das referidas pessoas; de distribuição entre elas da arrecadação; do uso do eventual resíduo não reclamado pelos membros da coletividade.

A jurisprudência norte-americana criou então o remédio da *fluid recovery* (uma reparação fluida), a ser eventualmente utilizado para fins diversos dos ressarcitórios, mas conexos com os interesses da coletividade: por exemplo, para fins gerais de tutela dos consumidores ou do ambiente.[79]

A colocação desse tipo de ações coletivas no Código do Consumidor é diversa da que ocorre com as *class actions* norte-americanas, em que o juiz desde logo quantifica a indenização pelos danos causados: no sistema criado pelo Código, o bem jurídico objeto de tutela ainda é indivisível e a condenação é genérica, limitando-se a fixar a responsabilidade do réu e a condená-lo a reparar os danos causados. Estes serão apurados e quantificados em liquidação de sentença, movida por cada uma das vítimas para a posterior execução e recebimento

---

[79]   Cf. Mauro Cappelletti, *Formazioni*, cit., ps. 395-6.

Capítulo II · DAS AÇÕES COLETIVAS PARA A DEFESA DE INTERESSES INDIVIDUAIS HOMOGÊNEOS | Art. 100

da importância correspondente à sua reparação. A condenação faz-se, portanto, pelos danos causados, mas em termos ilíquidos, e o pagamento a cada credor corresponderá exatamente aos danos sofridos (v. comentário nº 1 aos arts. 95 e 97).

Todavia, o legislador brasileiro não descartou a hipótese de a sentença condenatória não vir a ser objeto de liquidação pelas vítimas, ou então de os interessados que se habilitarem serem em número incompatível com a gravidade do dano. A hipótese é comum no campo das relações de consumo, quando se trate de danos insignificantes em sua individualidade mas ponderáveis no conjunto: imagine-se, por exemplo, o caso de venda de produto cujo peso ou quantidade não corresponda aos equivalentes ao preço cobrado. O dano globalmente *causado* pode ser considerável, mas de pouca ou nenhuma importância o prejuízo *sofrido* por cada consumidor lesado. Foi para casos como esses que o *caput* do art. 100 previu a *fluid recovery*.

Observe-se, porém, que a indenização destinada ao Fundo criado pela LACP, nos termos do parágrafo único do art. 100, é residual no sistema brasileiro, só podendo destinar-se ao referido Fundo se não houver habilitantes em número compatível com a gravidade do dano (v. *infra*, comentário nº 4).

Por isso mesmo, não é correto o pedido direto de recolhimento de indenização ao Fundo, sendo censurável o acolhimento desse mesmo pedido:[80] o pedido indenizatório, em casos que tais, inscreve-se na tutela de interesses individuais homogêneos, de modo que o recolhimento ao Fundo prejudica o direito às indenizações pessoais dos consumidores que quiserem habilitar-se à reparação individual.

Adequado, ao contrário, o pedido de indenização pessoal, por lesão aos interesses individuais homogêneos, com indicação de sua reversão ao Fundo, somente na hipótese de não haver habilitações dos interessados ou, em as havendo, a da reversão pelo eventual resíduo não reclamado.[81]

[2] A LEGITIMAÇÃO PARA A LIQUIDAÇÃO E EXECUÇÃO – Os entes e pessoas legitimados nos termos do art. 82 são, então, legitimados à liquidação e execução da reparação global pelo *caput* do art. 100. Aqui, não mais se trata de substituição processual (v. comentário nº 2 ao art. 91) nem de representação (v. comentário nº 3 ao art. 97, *caput*). O que agora se consubstancia é algo mais próximo à legitimação ordinária, pela qual os legitimados agem na persecução de seus próprios objetivos institucionais, sendo – na expressão norte-americana – uma *real party in interest*:[82] v. também comentário ao art. 82.

[3] MODALIDADE E OBJETO DA LIQUIDAÇÃO – A liquidação promovida pelos legitimados após o decurso do prazo legal, quando não haja habilitações dos prejudicados ou

---

[80] Foi o caso da ação civil pública intentada pelo MP do Estado de São Paulo contra indústria alimentícia, pela comercialização de produto com peso real inferior ao indicado na embalagem, em que, além da condenação na obrigação de fazer, houve pedido e condenação a pagamento de indenização de valor equivalente ao peso correspondente ao percentual de erro médio consignado nos autos de infração, destinada ao Fundo (TJSP, Ap. nº 191.866-1/5-Campinas, 5ª Câmara, j. 17.6.93: o Acórdão entendeu equivocadamente tratar-se de interesses difusos).

[81] Assim elaborou o MP do Estado de São Paulo o pedido, na ação civil pública ajuizada perante a 15ª Vara Cível da Capital, pleiteando indenização por danos morais e patrimoniais aos consumidores, por redução da produção e retenção de estoques de medicamentos. Da mesma forma, agiu o MP no pedido formulado contra indústria de refrigerantes, pleiteando indenização por acidente de consumo decorrente da explosão de garrafas de vidro (Proc. nº 632/94 da 18ª Vara Cível da Capital).

[82] Sobre o conceito de *real party in interest*, análogo ao de legitimado ordinário do nosso sistema, v. a *Rule* nº 17 das *Federal Rules of Civil Procedure*. V. também Vincenzo Vigoriti, *Interessi collettivi e processo*, cit., ps. 273-274.

Art. 100 | CÓDIGO BRASILEIRO DE DEFESA DO CONSUMIDOR

quando essas não forem em número compatível com a gravidade do dano, terá por objeto a apuração do *prejuízo globalmente causado*.

Assim, o juiz deverá proceder à avaliação e quantificação dos danos causados, e não dos prejuízos sofridos. Avulta, aqui, sua *defining function* e seus poderes se tornam mais amplos.[83]

É possível, porém, nos termos do próprio art. 100 (que fala em habilitações em número incompatível com a gravidade do dano) que ao mesmo tempo ocorram liquidações pelos danos pessoalmente sofridos, passando então a *fluid recovery* a consistir em um verdadeiro "resíduo não reclamado".[84] Nesse caso, o juiz deverá levar em conta as indenizações pessoais apuradas, para efeito de compensação.

Seja como for, por intermédio do reconhecimento da *fluid recovery*, o sistema brasileiro adere à verdadeira revolução no conceito de responsabilidade civil que certas ações de classe podem exigir: v. *supra*, comentário ao art. 95.

[4] DESTINAÇÃO DA *FLUID RECOVERY* – O parágrafo único do art. 100 destina o produto da indenização pelo dano globalmente causado ao Fundo criado pela Lei nº 7.347/85 (a lei da denominada ação civil pública). Mas a reversão ao Fundo só pode ocorrer residualmente, como já visto (nº 1).

Exatamente como faz a jurisprudência norte-americana (v. comentário nº 1 ao *caput* do art. 100), a indenização é, assim, utilizada para fins diversos dos reparatórios – que não puderam ser atingidos no caso –, mas com eles conexos, por intermédio da proteção aos bens e valores da coletividade lesada.

---

[83] Sobre a *defining function* e os poderes do juiz nas *class actions* norte-americanas, v. Vincenzo Vigoriti, op. cit., ps. 266 e segs.

[84] V. Cappelletti, op. et loc. cits.

Capítulo III
DAS AÇÕES DE RESPONSABILIDADE DO FORNECEDOR DE PRODUTOS E SERVIÇOS
(Comentários aos arts. 101 e 102)

Kazuo Watanabe

1. RÁPIDAS CONSIDERAÇÕES SOBRE O CAPÍTULO III

O capítulo cuida de duas ações de tutela dos interesses e direitos dos consumidores, disciplinando-lhes apenas alguns aspectos que ao legislador pareceram relevantes.

O veto presidencial aos §§ 1º e 2º do art. 102 tornou parcimoniosa a disciplina da ação mandamental ali prevista, mas sem lhe retirar sua elevada utilidade. Sua efetividade dependerá muito da mentalidade com que for interpretado o dispositivo.

Art. 101. Na ação de responsabilidade civil do fornecedor de produtos e serviços, [1] sem prejuízo do disposto nos Capítulos I e II deste Título, serão observadas as seguintes normas:

I – a ação pode ser proposta no domicílio do autor; [2]

II – o réu que houver contratado seguro de responsabilidade poderá chamar ao processo [3] o segurador, vedada a integração do contraditório pelo Instituto de Resseguros do Brasil. Nesta hipótese, a sentença que julgar procedente o pedido condenará o réu nos termos do art. 80 do Código de Processo Civil. Se o réu houver sido declarado falido, o síndico será intimado a informar a existência de seguro de responsabilidade facultando-se, em caso afirmativo, o ajuizamento de ação de indenização diretamente contra o segurador [4], vedada a denunciação da lide ao Instituto de Resseguros do Brasil e dispensado o litisconsórcio obrigatório com este [5].

Art. 101 | CÓDIGO BRASILEIRO DE DEFESA DO CONSUMIDOR

COMENTÁRIOS

[1] AÇÃO DE RESPONSABILIDADE CIVIL – Até a 7ª edição, sustentamos que as regras estabelecidas no art. 101 dizem respeito, apenas, à responsabilidade extracontratual, não tendo aplicação às ações de responsabilidade contratual.

Reafirmamos a retificação dessa opinião feita já há várias edições e o fazemos em conformidade com a jurisprudência que se vem consolidando a respeito do tema.

A expressão "responsabilidade civil" tanto pode ser tomada no sentido estrito, de responsabilidade extracontratual, como na acepção mais ampla, de dever de indenizar por qualquer ilícito, seja contratual, "se provir da falta de cumprimento de obrigações contratuais ou da mora no adimplemento de qualquer relação obrigacional resultante de ato negocial", seja extracontratual, se relativa à "violação de um dever genérico de abstenção ou de um dever jurídico geral, como os correspondentes aos direitos reais e aos direitos de personalidade", como ensina Maria Helena Diniz.[1]

O nosso entendimento anterior acolhia a acepção estrita. Nesse sentido é a opinião de Vicente Greco Filho, que assevera que a ação

> "a que se refere o artigo é a que decorre do fato do produto (arts. 12 e 13), ou seja, danos causados aos consumidores por defeitos do produto ou do serviço, em correspondência com o art. 159 do Código Civil, no direito comum. Não é ação que adviria dos arts. 18-20, porque ali a responsabilidade é contratual e não se enquadra no conceito jurídico de responsabilidade civil".[2]

Estamos hoje convencidos de que a acepção mais ampla do termo "responsabilidade civil" é a que deve prevalecer no caso.

Com efeito, o CDC, além da regra em análise e da do art. 93, não contém qualquer outra regra de competência que seja aplicável às ações de responsabilidade contratual, de sorte que a interpretação restritiva deixaria o consumidor, nas controvérsias relativas aos contratos de consumo, com menos facilidade de defesa de seus direitos do que em casos de ilícitos extracontratuais, o que contraria o propósito repetidamente manifestado pelo legislador, de ampla facilitação de defesa do consumidor (cf., entre outros, os arts. 4º, inc. I, e 6º, incs. VII e VIII).

Demais, o inc. II do art. 101, ao aludir a "seguro de responsabilidade", não o restringe a seguros de responsabilidade extracontratual, sendo mais razoável entender-se, para uma proteção mais ampla do consumidor, que a expressão é abrangente também de seguros de responsabilidade contratual.

A jurisprudência do Superior Tribunal de Justiça vem se firmando, precisamente, nesse sentido. No julgamento do Conflito de Competência nº 30.712/SP, relatado pela min. Nancy Andrighi, a Segunda Seção do Superior Tribunal de Justiça, por unanimidade, deixou assentado que

> "é nula a cláusula de foro inserida em contrato de adesão quando gerar maior ônus para a parte hipossuficiente defender-se em ação de reintegração de posse que envolva relação de consumo, em local distante daquele em que reside" (*DJ* 30.9.2002, p. 00152).

Posteriormente, a Terceira Turma do mesmo tribunal, no REsp nº 488.274/MG (2002/0174936-6), relatado também pela min. Nancy Andrighi, adotou conceito amplo de

---

[1] *Curso de direito civil brasileiro*, 20ª ed., Saraiva, 3º vol., p. 797.

[2] *Comentários ao Código de proteção do consumidor*, Saraiva, 1991, p. 353.

Capítulo III · DAS AÇÕES DE RESPONSABILIDADE DO FORNECEDOR DE PRODUTOS E SERVIÇOS | **Art. 101**

consumidor, abrangente de empresa que se utiliza de serviços prestados por outra, em benefício próprio, sem transformá-los, entretanto, em prosseguimento da cadeia produtiva, e estando, assim, a relação jurídica sujeita ao CDC, entendeu, com a aplicação do art. 101, inc. I, que "deve ser afastada a cláusula que prevê o foro de eleição diverso do domicílio do consumidor" (j. 22.5.2003, *DJ* 23.6.2003 – Superior Tribunal de Justiça – *Revista Eletrônica de Jurisprudência*).

[2] COMPETÊNCIA TERRITORIAL – O foro do domicílio do autor é uma regra que beneficia o consumidor, dentro da orientação fixada no inc. VII do art. 6º do Código, de facilitar o acesso aos órgãos judiciários.

Cuida-se, porém, de opção dada ao consumidor, que dela poderá abrir mão para, em benefício do réu, eleger a regra geral, que é a do domicílio do demandado (art. 46 do NCPC, correspondente ao art. 94 do CPC/1973).

A jurisprudência tem sido firme na possibilidade de opção do consumidor pelo foro de seu domicílio.[3]

[3] CHAMAMENTO AO PROCESSO EM VEZ DE DENUNCIAÇÃO DA LIDE – O fornecedor demandado poderá convocar ao processo o seu segurador, mas não para o exercício da ação incidente de garantia, que constitui a denunciação da lide (cf. comentário ao art. 88, *supra*), e sim para ampliar a legitimação passiva em favor do consumidor, o que se dá por meio do instituto do chamamento ao processo, disciplinado no Código de Processo Civil nos arts. 130 a 132 (correspondentes aos arts. 77 a 80 do CPC/1973. O art. 79 do CPC/1973 não possui correspondente no NCPC).

Com a norma do art. 101 do Código, o elenco do art. 130 do NCPC (correspondente ao art. 77 do CPC/1973) fica ampliado para nele ficar abrangido o segurador do fornecedor de produtos e serviços, que passa a assumir a condição de codevedor perante o consumidor.

O dispositivo traz expressa alusão ao art. 80, CPC/1973 (correspondente ao art. 132 do NCPC), que prevê a condenação de todos os codevedores, reconhecendo "em favor do que satisfizer a dívida" o benefício do título executivo para exigir a dívida, se for o caso, "por inteiro, do devedor principal, ou de cada um dos codevedores a sua cota, na proporção que lhes tocar". Certamente, na relação entre segurador e segurado, pela natureza do contrato, que confere ao segundo o benefício da cobertura securitária em troca do pagamento ao primeiro do prêmio correspondente, a título de contraprestação, não haverá lugar para essa cobrança regressiva do segurador contra o segurado.

O chamamento ao processo, portanto, amplia a garantia do consumidor e ao mesmo tempo possibilita ao fornecedor convocar desde logo, sem a necessidade de ação regressiva autônoma, o segurador para responder pela cobertura securitária prometida.

[4] ACIONABILIDADE DIRETA DO SEGURADOR PELOS CONSUMIDORES E PELAS VÍTIMAS DE DANOS – Sendo declarado falido o fornecedor, o síndico deverá informar da existência ou não do seguro de responsabilidade. Em caso afirmativo, os consumidores e as vítimas de danos poderão ajuizar ação de indenização diretamente contra o segurador. A responsabilidade deste, evidentemente, ficará contida nos limites do valor do seguro contratado.

[5] VEDAÇÃO DE DENUNCIAÇÃO DA LIDE AO INSTITUTO DE RESSEGUROS DO BRASIL – A vedação de denunciação da lide ao Instituto de Resseguros do Brasil e a dispensa

---

3   *RJTJ* 65/451; *JTJ-LEX* 149/136; *JTACSP, LEX* 190/233; *JTCASP, LEX* 175/9.

841

Art. 102 | CÓDIGO BRASILEIRO DE DEFESA DO CONSUMIDOR

de sua convocação para a ação, na condição de litisconsorte necessário, atendem ao objetivo de possibilitar aos consumidores e às vítimas de danos uma solução da lide mais rápida e sem os complicadores que, necessariamente, a intromissão na causa pelo Instituto de Resseguros do Brasil determinará, conforme a experiência ordinária indica.

O segurador poderá agir regressivamente contra o Instituto de Resseguros do Brasil, se for o caso, para dele haver a parte que lhe toca. Trata-se de uma relação entre o Instituto e o segurador, que nada tem com a relação jurídica existente, por disposição de lei, diretamente entre o segurador e os consumidores e as vítimas de danos.

Art. 102. Os legitimados a agir na forma deste Código poderão propor ação visando compelir [1] o Poder Público competente a proibir, em todo o território nacional, a produção, divulgação, distribuição ou venda, ou a determinar a alteração na composição, estrutura, fórmula ou acondicionamento de produto, cujo uso ou consumo regular se revele nocivo ou perigoso à saúde pública e à incolumidade pessoal.

§ 1º Vetado – Os fornecedores poderão ingressar no feito como assistentes. [2]

§ 2º Vetado – O retardamento pela autoridade competente, por mais de sessenta dias, do cumprimento de decisão judicial em ação de que trata este artigo, configura crime de responsabilidade nos termos da lei. [3]

COMENTÁRIOS

[1] AÇÃO PREVENTIVA DE NATUREZA MANDAMENTAL – O dispositivo disciplina uma ação preventiva de natureza mandamental (cf. comentários aos arts. 83 e 84, *supra*, e também considerações desenvolvidas no item nº 5 das "Disposições Gerais" e respectiva nota de rodapé nº 6), e não propriamente uma ação repressiva, como dá a entender o título do capítulo.

Destina-se a ação a compelir o Poder Público competente "a proibir, em todo o território nacional, a produção, divulgação, distribuição ou venda, ou a determinar alteração na composição, estrutura, fórmula ou acondicionamento de produto", procurando-se por essa forma impedir que haja uso ou consumo de algum produto que seja nocivo ou perigoso à saúde pública e à incolumidade pessoal dos consumidores.

O provimento final, se procedente a ação, deverá consistir numa ordem ou num mandamento, dirigido à autoridade responsável pelo Poder Público competente, para adotar as providências preventivas mencionadas. O magistrado deverá fixar um prazo razoável, segundo a peculiaridade de cada caso, para o exato cumprimento da ordem pela autoridade competente. Seu descumprimento fará, antes de mais nada, configurar o crime de desobediência, previsto no art. 330 do Código Penal.

Sendo a ação movida contra a administração centralizada (União, Estados, Distrito Federal e Municípios), a autoridade competente será, em linha de princípio, o chefe do Poder Executivo correspondente. Nada impedirá, porém, que um auxiliar imediato, por exemplo, um ministro de Estado diretamente responsável pelo setor, seja indicado na peça inaugural da ação como um dos destinatários da ordem a ser expedida ao final (não na condição de réu, que será sempre o Poder Público competente, e sim como executor direto da determinação judicial), sendo para isso devidamente cientificado da ação. Fosse ação de mandado de segurança, poderia ser movida, como é cediço, diretamente contra a autoridade responsável pelo ato

Capítulo III · DAS AÇÕES DE RESPONSABILIDADE DO FORNECEDOR DE PRODUTOS E SERVIÇOS | Art. 102

ilegal ou abusivo. Cuida-se, porém, de ação ordinária, de sorte que deverá ser movida contra o ente público dotado de personalidade jurídica. Nada obsta, porém, dada a peculiaridade da pretensão formulada e da espécie de provimento jurisdicional a ser concedido, que é de natureza mandamental, como ficou acentuado, a que não somente o chefe do Executivo fique sujeito à ação, na condição de representante legal do Poder Público competente, como também seu auxiliar imediato e mais diretamente responsável pelos atos de prevenção, mencionados no dispositivo em análise, de sorte a permitir ao juiz que, quando da execução da sentença, expeça também ordem dirigida a essa autoridade e não apenas ao chefe do Executivo. Semelhante solução tornará mais eficaz a ação e fará com que a autoridade diretamente responsável pelo setor procure agir com mais senso de responsabilidade. Considerada a natureza da ação, que é mandamental, não constitui qualquer heresia jurídica a solução alvitrada.

[2] § 1º VETADO – A razão do veto é de natureza técnico-processual. Entendeu o presidente da República que o caso é de litisconsórcio, e não de assistência.

Tudo depende da peculiaridade do caso. Se um produto pertencer a um determinado fornecedor, a ação deverá ser movida diretamente contra ele, pelo dever que lhe incumbe de não colocar no mercado produto nocivo ou perigoso à saúde ou segurança (art. 10, Código), e não contra o Poder Público ou apenas contra este. Seria caso, portanto, de legitimação *ad causam* passiva ou de litisconsórcio necessário, conforme a hipótese.

A assistência que o § 1º vetado permitia era por parte de fornecedor que, por alguma razão jurídica ensejadora da intervenção assistencial (arts. 119 a 124 do NCPC correspondem aos arts. 50 a 55 do CPC/1973), tivesse interesse em acompanhar um processo em que, de modo mais genérico, não referido especificamente a produto de determinado fornecedor, se discuta "a necessidade de proibição de produção, divulgação, distribuição ou venda" ou "a alteração na composição, estrutura, fórmula ou acondicionamento de produto".

Apesar do veto, a assistência será sempre admitida, desde que os requisitos legais estejam presentes (arts. 119 a 124 do NCPC correspondem aos arts. 50 a 55 do CPC/1973).

[3] § 2º VETADO – A fundamentação do veto é de todo incompreensível. Diz, com efeito: "A norma seria admissível se o dispositivo se referisse ao cumprimento de decisão judicial final, transitada em julgado."

Em nenhum momento ficou dito no texto vetado que o crime de responsabilidade se configuraria ao descumprimento da ordem judicial antes de seu trânsito em julgado. O que ficou dito é que o ato constituiria crime de responsabilidade "nos termos da lei".

O veto, aliás, é inócuo, pois a Lei nº 1.079, de 10 de abril de 1950, define como crimes de responsabilidade os atos do presidente da República, dos ministros de Estado, dos governadores e secretários dos Estados que atentem contra "o cumprimento das decisões judiciárias".

A natureza da ação em análise, como ficou observado, é mandamental; portanto, haverá expedição de ordem para a prática dos atos especificados no *caput* do artigo, de sorte que a inobservância, no prazo que o magistrado vier a estabelecer, não somente representará um ato de desobediência, tipificado como crime no art. 330 do Código Penal, como também configurará um crime de responsabilidade nos termos da Lei nº 1.079/50 (arts. 2º, 3º, 4º, 12, 13 e 74).

Nenhum alcance prático, portanto, teve o veto presidencial. Apenas eliminou um dispositivo que, através da explicitação, tinha objetivo pedagógico.

Capítulo IV
DA COISA JULGADA
(Comentários aos arts. 103 e 104)

Ada Pellegrini Grinover
(atualizado por João Ferreira Braga e Kazuo Watanabe)

1. A COISA JULGADA NAS AÇÕES COLETIVAS

O regime da coisa julgada oferece peculiaridades nas ações coletivas. E isso porque, de um lado, a própria configuração das ações ideológicas – em que o bem a ser tutelado pertence a uma coletividade de pessoas – exige, pelo menos até certo ponto, a extensão da coisa julgada *ultra partes*;[1] mas, de outro lado, a limitação da coisa julgada às partes é princípio inerente ao contraditório e à defesa, na medida em que o terceiro, juridicamente prejudicado, deve poder opor-se à sentença desfavorável proferida *inter alios*, exatamente porque não participou da relação jurídico-processual.[2]

Mas aqui é preciso distinguir.

Em primeiro lugar, diversas são as peculiaridades da coisa julgada em relação aos interesses coletivos e aos difusos (ver comentário ao art. 81, parágrafo único, I e II). Nos primeiros, a autoridade da sentença pode ficar restrita aos componentes do grupo, perfeitamente identificáveis; e o portador dos interesses, legitimado à ação, age naturalmente dentro de limites mais circunscritos. É mais fácil, então, utilizar certas técnicas tradicionais, pelas quais os cotitulares são processualmente substituídos ou representados[3] pela pessoa ou ente legitimado: é o que

---

[1] Cf. Cappelletti, "Formazioni sociali e interessi di gruppo davanti alla giustizia civile", *in Riv. Dir. Proc.*, 1975; Denti, "Le azioni a tutela di interessi collettivi", *in Riv. Dir. Proc.*, 1974.

[2] Cf. Monteleone, *I limiti soggettivi del giudicato civile*, Pádua, Cedam, 1978, ps. 146 e segs. e 155 e segs.; Luiso, *Principio del contraddittorio ed efficacia della sentenza verso i terzi*, Milão, Giuffrè, 1981, ps. 1 e segs. e 142 e segs. No Brasil, o fundamento constitucional da limitação da coisa julgada aos sujeitos do contraditório foi analisado, dentre outros, por Ada Pellegrini Grinover (*Eficácia e autoridade da sentença penal*, São Paulo, Revista dos Tribunais, 1978, ps. 59 e segs.), que pôs em realce a justificativa política da teoria de Liebman (*Efficacia e autorità della sentenza*, Milão, Giuffrè, 1962, ps. 99 e 110 e segs.).

[3] Apesar de a doutrina manifestar-se preponderantemente, para grande parte dos casos descritos, pela substituição processual, existe uma poderosa tendência, mais atual, no sentido de reconhecer à entidade

ocorre, até tradicionalmente, na declaração de nulidade das assembleias societárias, ou para a responsabilização dos diretores pelos atos nocivos ao patrimônio social; no condomínio, para que qualquer condômino aja contra outro, em mora nas contribuições; na família, para a tutela dos interesses comuns (interdição, anulação do casamento). Situações semelhantes ocorrem quando o sindicato é legitimado à ação coletiva trabalhista ou, para certas associações profissionais, quanto à legitimação para a defesa dos interesses dos associados. Quando, porém, se trata de interesses difusos, a dimensão do problema se torna mais vasta, na medida em que a impossibilidade prática de se determinarem os titulares dos interesses torna mais ampla a extensão da coisa julgada, operando efetivamente *erga omnes*.

Maiores cautelas ainda devem ser tomadas quanto às ações que deem tratamento coletivo a direitos individuais homogêneos. Aqui, o julgado negativo, que se opusesse a quem não foi parte na causa, poderia ferir mais fundo as situações jurídicas substanciais tuteladas pelo Direito.

Eram essas as dificuldades com que se deparava o legislador brasileiro, quando, em boa hora, entendeu enfrentar a questão da coisa julgada nas ações coletivas.

2. A EXTENSÃO SUBJETIVA DA COISA JULGADA E A FÓRMULA DA *REPRESENTATIVIDADE ADEQUADA*

É certo que a extensão da coisa julgada a quem não foi pessoalmente parte no processo, mas nele foi, na fórmula norte-americana,[4] *adequadamente representado* pelo portador em juízo dos interesses metaindividuais ou dos direitos subjetivos coletivamente tratados, não seria, em última análise, uma verdadeira ampliação *ultra partes*. Já se observou que é justamente na ótica da *adequada representação* do conjunto de interessados que se podem resolver os problemas constitucionais da informação e do contraditório e de seus reflexos nos limites subjetivos da coisa julgada, porquanto os *adequadamente representados* não são propriamente *terceiros*.[5]

Com efeito, a cláusula norte-americana tem fundamento constitucional e pretende exatamente conciliar as garantias do devido processo legal com técnicas peculiares às ações coletivas. A parte ideológica leva a juízo o interesse metaindividual, representando concretamente a classe, que terá exercido seus direitos processuais por meio das garantias da defesa e do contraditório asseguradas ao representante. O mecanismo baseia-se na concepção de que o esquema representativo é apto a garantir aos membros da categoria a melhor defesa judicial, a ponto de afirmar-se que, nesse caso, o julgado não atuaria propriamente *ultra partes*, nem significaria real exceção ao princípio da limitação subjetiva do julgado, mas configuraria antes um novo conceito de representação substancial e processual, aderente às novas exigências da sociedade.[6]

---

associativa legitimação ordinária às ações coletivas, sustentando que atuaria ela na persecução de seus próprios interesses institucionais: v. Vigoriti, *Interessi collettivi e processo*: la legittimazione ad agire, Milão, Giuffrè, 1979, ps. 145-50 e 273-4. No Brasil, a ideia, lançada por José Carlos Barbosa Moreira, "Notas sobre o problema da 'efetividade do processo'", *in Temas de Direito Processual*, São Paulo, Saraiva, 1984, vol. III, p. 35, foi acolhida por Kazuo Watanabe ("Tutela jurisdicional dos interesses difusos: a legitimação para agir", *in A tutela dos interesses difusos*, colet. coordenada por Ada Pellegrini Grinover, São Paulo, Max Limonad, 1984, ps. 90 e segs.) e por Ada Pellegrini Grinover, "Ações coletivas para a tutela do ambiente e dos consumidores", *in Novas tendências do Direito Processual*, Rio de Janeiro, Forense Universitária, 1990, p. 154.

4   Rule nº 23-a das Federal Rules of Civil Procedure norte-americanas de 1966. A respeito da evolução jurisprudencial e legislativa em matéria de *class actions*, v. Taruffo, "I limiti soggettivi del giudicato e le class actions", *in Riv. Dir. Proc.*, 1969, ps. 618 e segs.

5   Assim, expressamente, Monteleone, op. cit., ps. 171 e segs.

6   Id., op. et loc. cits., especialmente ps. 176-7.

Capítulo IV · DA COISA JULGADA

O que vale frisar é que, assim como repugna às garantias constitucionais a sujeição, *ex post*, ao julgado de terceiros que permaneceram estranhos ao contraditório, se coaduna com elas a ideia de representação adequada dos interesses da categoria por parte de pessoas e sobretudo de entes exponenciais. Não só porque se reconhece que o esquema representativo é o mais idôneo para assegurar aos interessados a melhor defesa judiciária;[7] mas sobretudo porque a orientação dominante é francamente no sentido da compatibilidade entre o devido processo legal e as técnicas dos limites subjetivos da coisa julgada nas ações coletivas.[8] Reconhecida a complementaridade entre os interesses individual e social,[9] também se indica a coincidência e solidariedade entre o processo constitucional e as modernas exigências de efetiva tutela jurisdicional dos direitos e interesses emergentes na sociedade de massa.[10]

Todavia, não se pode desconhecer que parte da doutrina ainda alimenta dúvidas quanto à superação, pela fórmula da representatividade adequada, do problema dos limites subjetivos do julgado, considerando artificial a ideia de os estranhos ao processo se considerarem, na prática, "adequadamente representados", assim sujeitando-se a uma coisa julgada desfavorável, quando não tiveram a oportunidade de se manifestar sobre a "adequação". A explicação pela "representatividade adequada" configuraria, nesse enfoque, uma verdadeira ficção.

3. A *REPRESENTATIVIDADE ADEQUADA* NO SISTEMA BRASILEIRO

Diante do que foi dito, e apesar da crítica por último formulada, é possível afirmar que o legislador poderia ter legitimamente determinado a extensão subjetiva do julgado, *ultra partes* ou *erga omnes*, sem qualquer exceção, desde que se tratasse de ações coletivas em que a adequação da representatividade fosse criteriosamente aferida. Lembre-se, a esse propósito, de que na *common law* a existência da *adequacy of representation* é analisada caso a caso pelo juiz, para verificação da *fair notice* do processo e do desenvolvimento da defesa da categoria com os necessários cuidados; além disso, o sistema norte-americano possibilita a exclusão do processo de quem não deseje submeter-se à coisa julgada.[11]

Nas edições anteriores desta obra sustentamos que o sistema brasileiro não havia escolhido o caminho da "representatividade adequada", satisfazendo-se com o critério legal da legitimação. Contudo, voltando ao estudo do tema, quer-nos parecer que a aferição, pelo juiz brasileiro, não é proibida, mas antes é recomendada pelo sistema, *de lege lata* (v. comentário nº 7a ao art. 82).

Será que o reconhecimento da possibilidade de aferição da representatividade adequada, pelo juiz brasileiro, nos animaria a sugerir, *de lege ferenda*, um regime de coisa julgada *erga omnes*, mesmo nos casos de improcedência da ação coletiva em defesa de interesses individuais homogêneos?

---

[7] Cf. Taruffo, op. et. loc. cits., principalmente nota nº 175. No mesmo sentido, v. Carpi, L'efficacia "ultra partes" della sentenza civile, Milão, Giuffrè, 1974, p. 123.

[8] Vigoriti, *Interessi collettivi e processo*, cit., ps. 271 e segs.

[9] Monteleone, op. et loc. cits., ps. 176-7; Vigoriti, op. et loc. cits.

[10] Cf. Ada Pellegrini Grinover, "As garantias constitucionais do processo nas ações coletivas", *in Novas tendências do Direito Processual*, Rio de Janeiro, Forense Universitária, 1990, ps. 45 e segs., especialmente ps. 58-9.

[11] Federal Rules of Civil Procedure de 1966, nº 23, c 2 e c 3. Trata-se da técnica que, em época mais recente, foi denominada *opt out*, pela qual quem opta por não ser abrangido pela coisa julgada é dela excluído, ficando os não optantes submetidos à regra da extensão subjetiva do julgado: sobre o *opt out* e o *opt in*, v. retro, comentário nº 1 ao Capítulo II do Título III.

Não. Ainda é preferível o regime da coisa julgada *secundum eventum litis*, só para favorecer, mas não para prejudicar, as pretensões individuais: de contrário, teríamos de cair no regime do *opt out* do sistema das *class action*s, que tem oferecido, em sua aplicação, inúmeros problemas práticos. É o que se vê logo a seguir.

4. A OPÇÃO DO CÓDIGO

Além dessa razão, outras circunstâncias desaconselhavam a transposição pura e simples, à realidade brasileira, do esquema norte-americano da coisa julgada nas *class actions*: a deficiência de informação completa e correta, a ausência de conscientização de enorme parcela da sociedade, o desconhecimento dos canais de acesso à justiça, a distância existente entre o povo e o Poder Judiciário, tudo a constituir gravíssimos entraves para a intervenção de terceiros, individualmente interessados, nos processos coletivos, e mais ainda para seu comparecimento a juízo visando à exclusão da futura coisa julgada.

Por outro lado, já se integrou à tradição jurídica brasileira, desde a Lei de Ação Popular (Lei nº 4.717, de 26 de junho de 1965) – passando-se pela Lei nº 7.347, de 24 de julho de 1985 (Lei de Ação Civil Pública) –, um regime da coisa julgada que até certo ponto pode ser qualificado como atuando *secundum eventum litis*, pelo menos nos casos de insuficiência de provas.[12]

Tudo aconselhava o legislador a dar mais um passo no mesmo caminho, consagrando corajosamente a extensão subjetiva do julgado *secundum eventum litis*. Foi o que fez.

5. A COISA JULGADA *SECUNDUM EVENTUM LITIS*

A reestruturação dos esquemas processuais, indispensável à tutela jurisdicional dos interesses metaindividuais, passa pela revisão das posições clássicas contrárias à coisa julgada *secundum eventum litis*: aliás, já Allorio observava que o princípio não merecia as críticas que lhe eram movidas, embora reconhecesse que as exceções à proibição deviam resultar de lei;[13] mais recentemente, G. Pugliese preconizou que a extensão do julgado *secundum eventum* fosse tomada em séria consideração.[14] É esta também a posição de Carpi.[15]

Não se desconheçam os argumentos que ainda se levantam contra a coisa julgada *secundum eventum litis*, quando a extensão subjetiva do julgado só for utilizada para os casos de acolhimento da demanda. Vigoriti e Luiso observaram que a não oponibilidade do julgado negativo frustraria a necessidade de uniformização das decisões nas ações coletivas, além de impor um desequilíbrio às partes e um excessivo ônus ao réu, obrigado a repetir sua defesa, sem poder opor a eficácia de um julgado a ele favorável.[16] Barbosa Moreira apontou a falha denunciada por Schwab, podendo levar a coisas julgadas contraditórias (a primeira, negativa para um colegitimado; a segunda, se procedente a ação, com eficácia *erga omnes*, abrangendo também o primeiro, que perdeu a demanda).[17]

---

[12] Barbosa Moreira, "A ação popular do Direito brasileiro como instrumento de tutela jurisdicional dos chamados interesses difusos", *in Temas de Direito Processual*, São Paulo, Saraiva, 1977, ps. 110 e segs., principalmente p. 123.

[13] Allorio, *La cosa giudicata rispetto ai terzi*, Milão, Giuffrè, 1935, p. 272.

[14] G. Pugliese, "Giudicato civile (dir. vig.)", *in Enciclopedia del Diritto*, Milão, Giuffrè, 1969, vol. XVIII, p. 889.

[15] Carpi, op. cit., ps. 347 e segs., com nota nº 128.

[16] Vigoriti, op. cit., p. 112; Luiso, op. cit., p. 210, nota nº 319.

[17] Barbosa Moreira, op. cit., ps. 122-123.

Mas é possível responder a essas críticas.

Em primeiro lugar, note-se que o contraditório não é sacrificado pela técnica do julgado *secundum eventum*, uma vez que o demandado na ação coletiva integrou a relação processual, sendo até de se supor que pela magnitude da lide tenha concentrado todos os seus esforços no exercício da defesa; pelo contrário, na técnica da pura e simples extensão subjetiva dos efeitos da coisa julgada, o mesmo não se pode dizer em relação aos que em juízo tenham porventura sido inadequadamente *representados*. Por outro lado, parece claro que demandas sucessivas, a título individual, só teriam alguma *chance* de êxito em casos excepcionais, que são justamente aqueles que levam a propugnar a adoção da coisa julgada *secundum eventum litis*.

Quanto ao desequilíbrio entre as partes, que se caracterizaria em termos de *chances* diversas, note-se que o prejuízo é mais teórico do que prático, uma vez que o réu da ação coletiva entra no processo sabendo que, se ganhar, só ganhará com relação ao autor coletivo mas, se perder, perderá com relação a todos. Mas o que importa realçar é que, na técnica do Código do Consumidor, a sentença da ação coletiva, que beneficiará as pretensões individuais, só reconhece o dever genérico de indenizar, dependendo ainda cada litigante de um processo de liquidação, e portanto de conhecimento, em que haverá ampla cognição e completa defesa do réu não só sobre o *quantum debeatur*, mas também quanto à própria existência do dano individual e do nexo etiológico com o prejuízo globalmente causado (*an debeatur*). (Ver, sobre a liquidação da sentença coletiva para as reparações individuais, comentário nº 1 ao art. 97.)

Na verdade, era preciso fazer uma opção entre duas alternativas possíveis: de um lado, a coisa julgada *erga omnes*, estendendo sua eficácia, independentemente do resultado do processo, a quem não integrou a relação processual e só foi artificialmente "representado" pelo portador em juízo dos interesses coletivos. Do outro, um certo desequilíbrio das partes, apenas em termos de *chances*, temperado ao máximo pelo fato de que, em cada liquidação para a apuração dos danos pessoais, o contraditório se restabelece por inteiro, discutindo-se amplamente a pretensão indenizatória de cada um.

Não se podia olvidar, na escolha, das advertências feitas quanto aos riscos da legitimação concorrente e disjuntiva, dentre os quais o da colusão entre um dos colegitimados e o réu, no intuito mesmo de formar uma coisa julgada negativa, oponível a todos.[18]

Além disso, para uma escolha correta, era preciso colocar em confronto os prejuízos, mais ou menos graves, decorrentes das duas alternativas: aqui não é difícil verificar que, pela primeira, os danos advindos aos particulares seriam reais e efetivos, enquanto, na segunda, o eventual desequilíbrio, decorrente de uma mera diferença de *probabilidades*, não teria efeitos concretos, por serem os indivíduos beneficiados apenas pelo reconhecimento do dever de indenizar, tendo ainda que provar, em contraditório com o réu, a existência do dano pessoal, além de seu montante. Ademais, em termos de valores constitucionais, na primeira hipótese, a coisa julgada *ultra partes* prejudicaria irremediavelmente o contraditório, enquanto a segunda poderia ser facilmente reconduzida às técnicas que, com frequência, induzem o legislador a tomar medidas que aparentemente beneficiam uma das partes, em homenagem mesmo ao princípio da igualdade real, pelo que na verdade mais se restabelece, do que se infringe, a paridade.

---

[18] V. Proto Pisani, "Appunti preliminari per uno studio sulla tutela giurisdizionale degli interessi collettivi o diffusi", *in Diritto e giurisprudenza*, vol. 89, nº 6, p. 808. A advertência é retomada por Barbosa Moreira (op. cit., p. 118), que entende o perigo sensivelmente atenuado pela técnica brasileira da intervenção obrigatória do Ministério Público. Lembre-se, porém, de que nas ações coletivas o MP pode ser autor, ficando sua atuação sem controle.

CÓDIGO BRASILEIRO DE DEFESA DO CONSUMIDOR

Passando à segunda crítica, relativa ao risco de coisas julgadas contraditórias, deve-se dizer que a solução do Código evita os inconvenientes apontados, porquanto, em caso de derrota do autor coletivo, reserva a via às demandas posteriores somente a pessoas físicas, em caráter individual. A demanda não poderá ser repetida a título coletivo, e a coisa julgada que se formar nas ações individuais terá seus efeitos normalmente restritos às partes. Ademais, no eventual conflito de coisas julgadas que se formar entre a decisão favorável da demanda coletiva e a desfavorável, no processo individual, o art. 104 resolve expressamente o problema, pela exclusão do demandante individual, que não requereu a suspensão de seu processo, da coisa julgada coletiva (v. *infra*, comentários nos 4, 5 e 6 ao art. 104).

Assim, no juízo de valor que antecedeu à escolha do legislador, verificava-se que a extensão da coisa julgada a terceiros, que não foram pessoalmente parte do contraditório, ofereceria riscos demasiados, calando fundo nas relações intersubjetivas, quando se tratasse de prejudicar direitos individuais; além disso, o esquema brasileiro da legitimação poderia suscitar problemas de constitucionalidade, na indiscriminada extensão subjetiva do julgado, por infringência ao contraditório. Foi por isso que o Código de Defesa do Consumidor agasalhou o regime da extensão da coisa julgada a terceiros, que não foram parte do processo, apenas para beneficiá-los. É a coisa julgada, *ultra partes* ou *erga omnes*, em caso de procedência da demanda, mantida a faculdade de os interessados, a título individual, ajuizarem sua ação pessoal, em caso de sentença desfavorável ao autor coletivo. Tudo, ainda, com o temperamento da inexistência de coisa julgada, na hipótese de rejeição da demanda coletiva, por insuficiência de provas.

A solução da lei leva em conta todas as circunstâncias apontadas, visando a harmonizar a índole da coisa julgada nas ações coletivas e sua necessária extensão a terceiros com as garantias do devido processo legal, do contraditório e da ampla defesa (art. 5º, incs. LIV e LV da CF), as quais obstam a que o julgado possa desfavorecer aquele que não participou da relação jurídico-processual, sem o correlato, efetivo controle sobre a *representatividade adequada* e sem a segurança da efetiva possibilidade de utilização de técnicas de intervenção no processo e de exclusão da coisa julgada.

5.1. Efeitos da sentença coletiva nos juízos individuais: a ampliação do objeto do processo

Quando o Código determina a extensão subjetiva do julgado para beneficiar terceiros, transportando às ações individuais a sentença coletiva favorável, outra inovação ocorre: a ampliação, *ope legis*, do objeto do processo, para incluir na coisa julgada a decisão sobre o dever de indenizar.

Trata-se de fenômeno conhecido, mas até agora restrito, no nosso ordenamento, aos efeitos civis da sentença penal condenatória: nos termos do art. 91, I, CP, a condenação penal torna certa a obrigação de indenizar o dano causado pelo crime, passando-se desde logo à liquidação e execução da sentença no juízo civil (arts. 63, CPP, e 515 do NCPC, correspondente ao art. 475-N, II, do CPC/1973). Exatamente o mesmo fenômeno ocorre agora, por força do Código de Defesa do Consumidor, quanto à sentença favorável coletiva, a ser imediatamente liquidada e executada com relação aos danos sofridos pelas pessoas individualmente lesadas.

Analisando a questão no âmbito das relações interjurisdicionais, Liebman entendeu que as normas italianas, correspondentes às brasileiras, regulariam uma verdadeira autoridade do julgado penal no processo civil.[19] E disse mais, que a eficácia da sentença penal, nesse caso,

---

[19] Liebman, "A eficácia da sentença penal no processo civil", trad. de Ada Pellegrini Grinover, publicado na 2ª edição brasileira da Eficácia e autoridade da sentença e outros escritos sobre a coisa julgada, 2ª ed., Rio de Janeiro, Forense, 1981, ps. 256 e segs., especialmente p. 262.

Capítulo IV · DA COISA JULGADA

seria vinculante para o juiz civil, com relação a algumas *questões de fato e de direito, comuns* ao processo penal e ao conexo processo civil de reparação.[20] Nesse enfoque, criticava o mestre um sistema, em que a autoridade do julgado penal, transportada ao processo civil, não respeitaria ao pronunciamento sobre o objeto do processo, mas sim a algumas das premissas lógicas do mesmo pronunciamento, operando para a composição de uma lide diversa e deixando indiscutíveis algumas questões que constituem o antecedente lógico da sentença penal.[21]

Machado Guimarães, porém, procedeu a outra construção, que não afasta o princípio tradicional da inaptidão das questões de fato para se revestirem da autoridade da coisa julgada: o art. 1.525 do CC de 1916[22] (correspondente ao art. 935 do CC de 2002[23]) consagraria um tipo de *eficácia preclusiva* não identificável com a coisa julgada.[24] Já José Carlos Barbosa Moreira, apoiado em José Frederico Marques, arrolou a exequibilidade civil da sentença penal entre os chamados *efeitos secundá*rios desta sentença.[25] E, finalmente, numa outra visão, pode-se afirmar que a lei opera a ampliação do objeto do processo (penal), para nele incluir o julgamento implícito sobre o dever de indenizar, tornando-se a questão indiscutível em outros processos.

Seja como for, e qualquer que seja a explicação científica que se lhe dê (eficácia preclusiva, efeito secundário da sentença, ou ampliação do objeto do processo coletivo, para que o julgado inclua o pronunciamento sobre o dever de indenizar, *ope legis*), trata-se de fenômeno bem conhecido, agora incorporado ao Código do Consumidor, mercê do transporte, *in utilibus*, do julgado da ação coletiva para as ações individuais de responsabilidade civil.

5.2. Litispendência, continência e coisa julgada

O capítulo ainda inclui norma sobre a litispendência, descartando sua incidência no cotejo entre as ações coletivas em defesa de interesses difusos e coletivos e as propostas a título individual. A regra é decorrência dos princípios do art. 337 do NCPC (correspondente ao art. 301 do CPC/1973), que exige, para a caracterização do fenômeno, a identidade de partes, causa de pedir e objeto.

Mas a expressa aplicação da regra é acompanhada por uma inovação, qual seja, a faculdade conferida ao autor individual, que *pode* requerer a suspensão do processo intentado a título pessoal, de usufruir dos benefícios da eventual sentença coletiva favorável. Na hipótese de a ação individual prosseguir em seu curso, porém, não haverá aproveitamento da coisa julgada coletiva, numa expressa exceção à regra geral do Código do Consumidor sobre a extensão subjetiva do julgado, *in utilibus*.

Quanto às ações coletivas em defesa de interesses individuais homogêneos ressarcitórias dos danos pessoalmente sofridos, em confronto com as indenizatórias individuais, aplicar-se-ão à espécie as normas do Código de Processo Civil sobre continência e reunião de processos,

---

[20] Id., op. et loc. cits., ps. 263-4. Grifos do texto.

[21] Id., ibid., p. 264.

[22] Reza o dispositivo: "A responsabilidade civil é independente da criminal; não se poderá, porém, questionar mais sobre a existência do fato, ou quem seja seu autor, quando estas questões se acharem decididas no crime."

[23] Reza o dispositivo: "A responsabilidade civil é independente da criminal, não se podendo questionar mais sobre a existência do fato, ou sobre quem seja o seu autor, quando estas questões se acharem decididas no juízo criminal".

[24] Luiz Machado Guimarães, *Estudos de Direito Processual Civil*, Rio de Janeiro, 1969, p. 23, nota nº 50.

[25] José Carlos Barbosa Moreira, "A sentença penal como título executório civil", *in Rev. Dir. Pen.*, nº 4, out./ dez. 1971, ps. 47 e segs.

Art. 103 | CÓDIGO BRASILEIRO DE DEFESA DO CONSUMIDOR

ou prejudicialidade e suspensão, bem como as regras da extensão, *in utilibus*, da coisa julgada estabelecidas pela nova lei.

5.3. Novas questões sobre a coisa julgada

Nas últimas edições desta obra já havíamos inserido comentários sobre novas questões atinentes à coisa julgada, como a aparente limitação da coisa julgada de caráter nacional, pela Lei nº 9.494/97 (comentários nºˢ 2a e 2b ao art. 103), e a questão do controle da constitucionalidade nas ações coletivas de índole nacional (comentário nº 2c ao mesmo artigo).

A partir da 9ª edição, novas questões sobre a coisa julgada foram levantadas, quais sejam: a da coisa julgada *secundum eventum probationis* (comentário nº 3a ao art. 103, I e II) e a do regime da coisa julgada na ação coletiva passiva, movida contra o grupo (comentário nº 10a ao art. 103).

Art. 103. Nas ações coletivas de que trata este Código, a sentença fará coisa julgada: [1]

I – *erga omnes*, [2][2a][2b] exceto se o pedido for julgado improcedente por insuficiência de provas, hipótese em que qualquer legitimado poderá intentar outra ação, com idêntico fundamento, valendo-se de nova prova, na hipótese do inciso I do parágrafo único do art. 81; [3][3a]

II – *ultra partes*, [2][2a][2b] mas limitadamente ao grupo, categoria ou classe, salvo improcedência por insuficiência de provas, nos termos do inciso anterior, quando se tratar da hipótese prevista no inciso II do parágrafo único do art. 81; [3a][6]

III – *erga omnes*, [2][2a][2b][2c] apenas no caso de procedência do pedido, para beneficiar todas as vítimas e seus sucessores, na hipótese do inciso III do parágrafo único do art. 81. [7]

§ 1º Os efeitos da coisa julgada previstos nos incisos I e II não prejudicarão interesses e direitos individuais dos integrantes da coletividade, do grupo, categoria ou classe. [4][5]

§ 2º Na hipótese prevista no inciso III, em caso de improcedência do pedido, os interessados que não tiverem intervindo no processo como litisconsortes poderão propor ação de indenização a título individual. [7]

§ 3º Os efeitos da coisa julgada de que cuida o art. 16, combinado com o art. 13 da Lei nº 7.347, de 24 de julho de 1985, não prejudicarão as ações de indenização por danos pessoalmente sofridos, propostas individualmente ou na forma prevista neste Código, mas, se procedente o pedido, beneficiarão as vítimas e seus sucessores, que poderão proceder à liquidação e à execução, nos termos dos arts. 96 a 99. [8]

§ 4º Aplica-se o disposto no parágrafo anterior à sentença penal condenatória. [9][9a]

COMENTÁRIOS

[1] A COISA JULGADA NAS AÇÕES COLETIVAS. ABRANGÊNCIA DA DISCIPLINA – O art. 103 contém toda a disciplina da coisa julgada nas ações coletivas, seja definindo seus limites subjetivos (o que equivale a estabelecer quais as entidades e pessoas que serão

Capítulo IV · DA COISA JULGADA | **Art. 103**

alcançadas pela autoridade da sentença passada em julgado), seja determinando a ampliação do objeto do processo da ação coletiva, mediante o transporte, *in utilibus*, do julgado coletivo às ações individuais.

Muito embora o dispositivo se refira às "ações coletivas de que trata este Código", na realidade sua abrangência é maior. Com efeito, é certo que o veto presidencial recaiu sobre o art. 89 do Código, que determinava a aplicabilidade de todas as suas normas processuais a outros direitos ou interesses difusos, coletivos e individuais homogêneos (v. o comentário ao art. 89). Mas é igualmente certo que permaneceu íntegro o art. 117 do Código, o qual acrescenta o novo art. 21 à Lei nº 7.347, de 24 de julho de 1985 – a denominada Lei de Ação Civil Pública –, determinando a aplicação, à defesa dos direitos e interesses difusos, coletivos e individuais, no que for cabível, dos dispositivos do Título III do Código do Consumidor (v. comentário ao art. 117).

Ademais, é oportuno lembrar que o art. 110 do Código acrescentou o inc. IV ao art. 1º da Lei nº 7.347/85, estendendo a abrangência desta a *qualquer outro interesse difuso ou coletivo* (v. comentário ao referido dispositivo). Daí por que os dispositivos processuais do Código se aplicam, no que couber, a todas as ações em defesa de interesses difusos, coletivos, ou individuais homogêneos, coletivamente tratados.

Isso significa que a disciplina da coisa julgada, contida no art. 103, rege as sentenças proferidas em qualquer ação coletiva, pelo menos até a edição de disposições específicas que venham disciplinar diversamente a matéria. Assim, por exemplo, a coisa julgada na ação coletiva a que foi legitimado o sindicato, nos termos do art. 8º, inc. III, da CF, que ainda não encontrou assento próprio na legislação específica, deverá reger-se pelo estatuído no Capítulo IV do Título III do Código. O mesmo ocorre com as ações promovidas por entidades associativas em defesa dos interesses coletivos de seus filiados (art. 5º, inc. XXI, da CF) [O STF, em recente julgamento, no Recurso Extraordinário 612.043-PR, relatado pelo Min. MARCO AURÉLIO, entendeu que a associação, quando propõe ação coletiva com base no art. 5º, XXI, da CF, age na condição de representante dos associados, e por isso "a eficácia subjetiva da coisa julgada, formada a partir de ação coletiva, de rito ordinário, ajuizada por associação civil na defesa de interesses dos associados, somente alcança os filiados residentes no âmbito da jurisdição do órgão julgador, que o fossem em momento anterior ou até a data da propositura da demanda, constantes da relação juntada à inicial do processo de conhecimento"] e com as ações das comunidades e organizações indígenas em defesa dos interesses dos índios (art. 232 da CF).

Em relação ao mandado de segurança coletivo, a disciplina do art. 22 da Lei nº 12.016, de 17 de agosto de 2009, destoa completamente da solução dada pelo CDC, ao afirmar: "No mandado de segurança coletivo, a sentença fará coisa julgada limitadamente aos membros do grupo ou da categoria substituídos pelo impetrante." Para ser coerente com o minissistema brasileiro de processos coletivos, quando se tratasse de direitos individuais homogêneos, a coisa julgada desfavorável do mandado de segurança coletivo não deveria impedir que os membros do grupo, categoria ou classe de pessoas ajuizassem ações individuais para a defesa de seus direitos.

Ainda para o mandado de segurança coletivo, uma peculiaridade interessante quanto à coisa julgada: a incidência da regra dos incs. I e II do art. 103, atinente à inexistência de coisa julgada em caso de improcedência por *insuficiência de provas* (v. *infra,* comentários nos 3 e 6 aos incs. I e II do art. 103), verificar-se-á sempre que a segurança for rejeitada por inexistir a liquidez e certeza do direito; confirma-se assim, também pelo sistema do Código, a orientação jurisprudencial segundo a qual, nesse caso, não fica impedida ao impetrante a renovação da segurança, desde que baseada em nova prova documental que configure a liquidez e certeza do direito. Ver também o art. 6º, § 6º, da Lei nº 12.016/2009.

Art. 103 | CÓDIGO BRASILEIRO DE DEFESA DO CONSUMIDOR

[2] O ALCANCE DA COISA JULGADA *ERGA OMNES* E *ULTRA PARTES* – O regime geral dos limites subjetivos da coisa julgada, traçado pelo CDC, é de sua extensão *erga omnes* ou *ultra partes,* com as peculiaridades que serão vistas a seguir.

Isto demandou, desde logo, que se atentasse para a amplitude de uma coisa julgada que verdadeiramente atuasse *erga omnes* ou *ultra partes,* nos termos da lei.

De início, os tribunais não perceberam o verdadeiro alcance da coisa julgada *erga omnes,* limitando os efeitos da sentença e das liminares segundo critérios de competência. Logo afirmamos não fazer sentido, por exemplo, que ações em defesa dos interesses individuais homogêneos dos pensionistas e aposentados da Previdência Social ao recebimento da diferença de 147% fossem ajuizadas nas capitais dos diversos Estados, a pretexto dos limites territoriais dos diversos órgãos da justiça federal. O problema não é de competência: o juiz federal, competente para processar e julgar a causa, emite um provimento (cautelar ou definitivo) que tem eficácia *erga omnes,* abrangendo todos os aposentados e pensionistas do Brasil. Ou a demanda é coletiva, ou não o é; ou a coisa julgada é *erga omnes,* ou não o é. E se o pedido for efetivamente coletivo, haverá uma clara relação de litispendência entre as várias ações ajuizadas nos diversos Estados da Federação.

Por isso, sustentamos que a limitação operada por certos julgados afronta o art. 103, CDC, e despreza a orientação fornecida pelo art. 91, II, por onde se vê que a causa que verse sobre a reparação de danos de âmbito nacional ou regional deve ser proposta no foro da capital do Estado ou no Distrito Federal, servindo, evidentemente, a decisão para todo o território nacional. Esse dispositivo aplica-se aos demais casos de interesses que alcancem grupos e categorias de indivíduos, mais ou menos determináveis, espalhados pelo território nacional (ver, *supra,* comentário nº 5 ao art. 93).

Por isso mesmo, rigorosamente acertado foi o voto do min. relator Ilmar Galvão, no Conflito de Competência nº 971-DF, julgado pela 1ª Seção do STJ aos 13.2.90, reconhecendo a prevenção da competência da 30ª Vara Federal do Rio de Janeiro para conhecer e julgar ação civil pública visando a proibir a mistura e distribuição de metanol adicionado ao álcool para venda ao consumidor, em todo o território nacional, em relação a causa com o mesmo objeto intentada perante a justiça federal do DF. Reconhecida a conexão e a prevenção da competência da justiça federal do Rio de Janeiro – que havia inclusive concedido medida liminar –, afirmava o ministro relator:

"Meditei detidamente quanto à possibilidade de admitir-se que uma decisão de juízo monocrático, da natureza da que se busca nas ações em tela, possa estender seus efeitos para além dos limites do território onde exerce ele sua jurisdição, não tendo encontrado nenhum princípio ou norma capaz de levar a uma conclusão negativa.

A regionalização da justiça federal não me parece que constitua óbice àquele efeito, sendo certo que, igualmente, no plano da justiça estadual, nada impede que uma determinada decisão proferida por juiz com jurisdição num Estado projete seus efeitos sobre pessoas domiciliadas em outro.

Avulta, no presente caso, tratar-se de ações destinadas à tutela de interesses difusos..., não sendo razoável que, *v.g.,* eventual proibição de emanações tóxicas seja forçosamente restrita a apenas uma região, quando todas as pessoas são livres para nela permanecer ou transitar, ainda que residam em outra parte."

O voto do relator foi acompanhado pelos ministros José de Jesus e Geraldo Sobral, mas prevaleceu no tribunal a posição do ministro Vicente Cernicchiaro, que entendeu deverem os processos desenvolver-se separadamente, com eficácia das respectivas decisões na jurisdição de cada juízo.

Essa decisão, anterior ao Código de Defesa do Consumidor, ainda marcou a posição de muitos tribunais, que limitaram a abrangência da coisa julgada *erga omnes* ou *ultra partes* em

854

Capítulo IV · DA COISA JULGADA | **Art. 103**

função das regras de competência. A postura chegou a influir na formulação de alguns pedidos, que se cingiram, de acordo com a referida orientação, ao âmbito territorial coberto pelas regras de regionalização dos tribunais brasileiros.

Em outros casos, porém, continuaram os autores a postular corretamente em termos mais abrangentes, pleiteando e obtendo liminares com extensão para todo o território nacional. E em diversos processos a sentença condenatória de primeiro grau começou a não fazer restrições territoriais à amplitude da coisa julgada *erga omnes*.[26]

Aos poucos, a jurisprudência foi se solidificando no sentido de a coisa julgada *ultra partes* ou *erga omnes* transcender o âmbito da competência territorial, para realmente assumir dimensão regional ou nacional.

A título meramente exemplificativo, vale lembrar algumas decisões de caráter nacional.

O Tribunal Regional Federal da 3ª Região manteve a liminar do juízo da 17ª Vara de São Paulo, em tema de cessação da cobrança de tarifas bancárias, autorizadas pelo Banco Central, em contas de poupança inativas ou não recadastradas, com eficácia para o território nacional.[27]

Também a justiça federal da Seção do Estado de Mato Grosso, em primeira instância, beneficiou servidores federais inativos de todo o País, concedendo liminares em matéria de proventos para reconhecer a inexigibilidade da contribuição social e determinar à União que não procedesse ao lançamento de débitos em contas de poupança ativas, inativas ou não recadastradas.[28]

Em assunto ligado ao sistema financeiro, atinente à atualização dos saldos devedores pelo INPC e não pela TR, a justiça federal de Mato Grosso concedera liminares visando à suspensão da aplicação da TR como índice de correção monetária em todos os contratos habitacionais, substituindo-a pelo INPC, com fornecimento de demonstrativos dos saldos devedores e informação aos mutuários.[29] Na referida matéria, atuara do mesmo modo a 10ª Câmara do Primeiro Tribunal de Alçada do Estado de São Paulo, em ação civil pública ajuizada pelo IDEC perante a justiça estadual,[30] provocando Reclamação ao Supremo Tribunal Federal, ajuizada pelo Banco Mercantil de São Paulo, em que o relator, min. Carlos Velloso, suspendeu liminarmente a decisão do Tribunal Estadual, reportando-se a precedentes em que o STF já havia concedido liminares no mesmo sentido,[31] por entender existir o *fumus boni iuris* no sentido de a ação civil pública, de âmbito nacional, fundada na inconstitucionalidade, transfor-

---

[26] Assim, por exemplo, o IDEC teve ganho de causa em primeiro grau de jurisdição com relação ao pagamento por instituições financeiras, "aos seus aplicadores em caderneta de poupança", sem qualquer restrição, da diferença entre os rendimentos creditados e os efetivamente devidos no mês de janeiro de 1989 (30ª Vara Cível de São Paulo, Proc. nº 594/93; 28ª Vara Cível de São Paulo, Proc. nº 72/93). Em outra demanda de nível nacional do IDEC contra a União, visando à restituição do empréstimo compulsório sobre a venda do álcool e gasolina, o TFR-2ª Região, ao reconhecer a legitimação do IDEC, negada em primeiro grau, não levantou objeções ao pedido de âmbito nacional (Proc. nº 92.0056114-4, da 15ª Vara Federal de São Paulo, que encerrou o processo sem julgamento do mérito).

[27] Agravo nº 96.03.064677-6, 3ª Turma, rel. Annamaria Pimentel, v.u., 30.10.96. O relatório destaca que os efeitos de uma decisão ou sentença não se confundem com a fatia de competência do juízo que a proferiu.

[28] Proc. nº 96.003183-5 da 1ª Vara e Proc. nº 96.0003379-0/7100 da 3ª Vara, liminares de 21.6.96 e 20.9.96, respectivamente. Nesta última decisão o magistrado utiliza o argumento de que o juiz federal teria jurisdição afeta a todo o território nacional, o que se distancia de nossa linha de raciocínio.

[29] Procs. nᵒˢ 96.2838-9 (1ª Vara, liminar de 4.9.96) e 96.0002974-1/7100 (3ª Vara, liminar de 26.9.96), sendo diversos os bancos acionados juntamente com a União Federal. Ambas as decisões aludem à competência concorrente e opcional do Distrito Federal.

[30] Ac. nº 581.942-1.

[31] As liminares haviam sido concedidas pelo juízo federal da 1ª Vara de Minas Gerais (Recls. nᵒˢ 559, 564 e 557-MG).

Art. 103 | CÓDIGO BRASILEIRO DE DEFESA DO CONSUMIDOR

mar-se numa declaração de inconstitucionalidade, com usurpação da competência do STF.[32] No mérito, contudo, várias reclamações foram julgadas improcedentes, por ter a inconstitucionalidade sido arguida *incidenter tantum*, embora a sentença tivesse eficácia *erga omnes*.[33]

Certamente, foram situações como essas, contrárias aos interesses fazendários, que motivaram o Poder Executivo a incluir, na malfadada Medida Provisória nº 1.570, de 26 de março de 1997,[34] transformada na Lei nº 9.494, de 10 de setembro de 1997, a norma do art. 3º, que pretendeu restringir os efeitos da sentença *erga omnes* aos limites territoriais da competência. É o que se passa a analisar.

[2a] A COISA JULGADA E A LEI Nº 9.494, DE 10 DE SETEMBRO DE 1997 – O Executivo, acompanhado pelo Legislativo, foi duplamente infeliz.

Em primeiro lugar, pecou pela intenção. Limitar a abrangência da coisa julgada nas ações civis públicas significa multiplicar demandas, o que, de um lado, contraria toda a filosofia dos processos coletivos, destinados justamente a resolver molecularmente os conflitos de interesses, ao invés de atomizá-los e pulverizá-los; e, de outro lado, contribui para a multiplicação de processos, a sobrecarregarem os tribunais, exigindo múltiplas respostas jurisdicionais quando uma só poderia ser suficiente. No momento em que o sistema brasileiro busca saídas até nos precedentes vinculantes, o menos que se pode dizer do esforço redutivo do Executivo é que vai na contramão da história.

Em segundo lugar, pecou pela incompetência. Desconhecendo a interação entre a Lei de Ação Civil Pública e o Código de Defesa do Consumidor, assim como muitos dos dispositivos deste, acreditou que seria suficiente modificar o art. 16 da Lei nº 7.347/85 para resolver o problema. No que se enganou redondamente. Na verdade, o acréscimo introduzido ao art. 16 da LACP é ineficaz.

Senão, vejamos.

Já foi exposta à saciedade a necessidade de se lerem de maneira integrada os dispositivos processuais do Código de Defesa do Consumidor e as normas da Lei de Ação Civil Pública, por força do disposto no art. 90 daquele e no art. 21 desta.

Desse modo, o art. 16 da LACP, na redação que lhe foi dada pela Medida Provisória, não pode ser interpretado sem levar em consideração os arts. 93 e 103 do CDC.

Reza o art. 16, alterado pela Lei nº 9.494/97:

> "*Art. 16.* A sentença civil fará coisa julgada *erga omnes, nos limites da competência territorial do órgão prolator*, exceto se o pedido for julgado improcedente por insuficiência de provas, hipótese em que qualquer legitimado poderá intentar outra ação com idêntico fundamento, valendo-se de novas provas" (grifos nossos).

Mas o dispositivo há de ser lido em conjunto com os três incisos do art. 103, que permaneceram inalterados.

Percebe-se, pela análise conjunta dos mencionados artigos, que o art. 16 da LACP só diz respeito ao regime da coisa julgada com relação aos interesses difusos (e, quando muito,

---

[32] Reclamação nº 601-8/SP, *in DJU* de 7.5.96, p. 14.584.

[33] RCL nº 597-SP (rel. para o ac. min. Néri da Silveira), RCL nº 600-SP (mesmo rel.), RCL nº 602-SP, (rel. min. Ilmar Galvão), j. 3.9.97, *in Informativo* nº 82, Brasília, 1 a 5.9.97.

[34] Em ação direta de inconstitucionalidade ajuizada contra a medida provisória, o Supremo Tribunal Federal concedeu medida liminar exclusivamente para suspender a eficácia do art. 2º, que exige caução para a concessão de tutela antecipada contra a Fazenda Pública.

Capítulo IV · DA COISA JULGADA | Art. 103

coletivos), pois a regra permissiva do *non liquet*, por insuficiência de provas, é limitada aos incs. I e II do art. 103, relativos exatamente aos interesses transindividuais supra-apontados. Na verdade, a regra do art. 16 da LACP só se coaduna perfeitamente com o inc. I do art. 103, que utiliza a expressão *erga omnes*, enquanto o inc. II se refere à coisa julgada *ultra partes*. Assim sendo, a nova disposição adapta-se exclusivamente, em tudo e por tudo, à hipótese de interesses difusos (art. 103, I), já indicando a necessidade de operação analógica para que também o art. 103, II (interesses coletivos), se entenda modificado. Mas aqui a analogia pode ser aplicada, uma vez que não há diferenças entre o regime da coisa julgada nos interesses difusos e coletivos.

No entanto, completamente diverso é o regime da coisa julgada nos interesses individuais homogêneos (inc. III do art. 103), em que o legislador adotou sistema próprio, revelado pela redação totalmente distinta do dispositivo: a uma, porque a coisa julgada *erga omnes* só atua em caso de procedência do pedido, para beneficiar todas as vítimas e seus sucessores; a duas, porque para esse grupo de interesses o legislador não adotou a técnica da inexistência de coisa julgada para a sentença de improcedência por insuficiência de provas.

Resulta daí que não se pode dar por modificado o art. 103, III, do CDC, por força do acréscimo introduzido no art. 16 da LACP, nem mesmo pela interpretação analógica, porquanto as situações reguladas nos dois dispositivos, longe de serem semelhantes, são totalmente diversas.

Aliás, nem assim poderia deixar de ser: a Lei nº 7.347, de 1985, só disciplina a tutela jurisdicional dos interesses difusos e coletivos, como se vê pelo próprio art. 1º (inc. IV) e pelo fato de a indenização pelo dano causado destinar-se ao Fundo por ela criado, para a reconstituição dos bens – indivisíveis – lesados (art. 13). A criação da categoria dos interesses individuais homogêneos é própria do Código de Defesa do Consumidor e deles não se ocupa a lei, salvo no que diz respeito à possibilidade de utilização da ação civil pública para a defesa de interesses individuais homogêneos, *segundo os esquemas* do CDC (art. 21 da LACP).

Disso tudo resulta uma primeira conclusão: o art. 16 da Lei nº 7.347/85, em sua nova redação, só se aplica ao tratamento da coisa julgada nos processos em defesa de interesses difusos e coletivos, podendo-se entender modificados apenas os incs. I e II do art. 103 do CDC. Mas nenhuma relevância tem com relação ao regime da coisa julgada nas ações coletivas em defesa de interesses individuais homogêneos, regulado exclusivamente pelo inc. III do art. 103 do CDC, que permanece inalterado.

E, paradoxalmente, é justamente no campo da tutela jurisdicional dos interesses individuais homogêneos que a jurisprudência vinha admitindo com maior firmeza a abrangência em nível nacional da coisa julgada *erga omnes* (v. *supra*, nº 2), provocando a reação do Executivo.

Mas há mais. Ineficaz, pelas razões expostas, com relação à coisa julgada nas ações em defesa de interesses individuais homogêneos, o acréscimo introduzido pela medida provisória ao art. 16 da LACP é igualmente inoperante, com relação aos interesses difusos e coletivos. Já agora por força da alusão à competência territorial.

É que, como dito, a competência territorial nas ações coletivas é regulada expressamente pelo art. 93 do CDC (ver, *retro*, comentário nº 1 ao mencionado artigo). E a regra expressa da *lex specialis* é no sentido da competência da capital do Estado ou do Distrito Federal nas causas em que o dano ou perigo de dano for de âmbito regional ou nacional.

Assim, afirmar que a coisa julgada se restringe aos "limites da competência do órgão prolator" nada mais indica do que a necessidade de buscar a especificação dos limites legais da competência: ou seja, os parâmetros do art. 93 do CDC, que regula a competência territorial nacional e regional para os processos coletivos.

Art. 103 | CÓDIGO BRASILEIRO DE DEFESA DO CONSUMIDOR

E, acresça-se, a competência territorial nacional e regional tanto no âmbito da justiça estadual como no da justiça federal.

O que se disse arreda qualquer dúvida quanto à previsão expressa da competência territorial, de âmbito nacional ou regional, nas ações coletivas em defesa de interesses individuais homogêneos, o que configura mais um argumento para sustentar a total inoperância do novo art. 16 da LACP para os objetivos que o Executivo tinha em mente ao baixar o art. 3º da medida provisória, convertida em lei.

E com relação aos interesses difusos e coletivos? Já admitimos que o acréscimo introduzido pela medida provisória ao art. 16 da LACP se aplica aos incs. I e II do art. 103, e somente a estes. Trata-se, agora, de saber qual é o alcance da expressão "*nos limites da competência territorial do órgão prolator*" no tocante aos interesses difusos e coletivos.

Em última análise, é preciso verificar se a regra de competência territorial, nacional ou regional, do art. 93 do CDC é exclusiva dos processos em defesa de interesses individuais homogêneos, ou se também incide na tutela jurisdicional dos interesses difusos e coletivos.

Já firmamos nossa posição no sentido de que o art. 93 do CDC, embora inserido no capítulo atinente às "ações coletivas em defesa de interesses individuais homogêneos", rege todo e qualquer processo coletivo, estendendo-se às ações em defesa de interesses difusos e coletivos (*supra*, comentário nº 1 ao art. 93). Não há como não se utilizar, aqui, o método integrativo, destinado ao preenchimento da lacuna da lei, tanto pela *interpretação extensiva* (extensiva do significado da norma) como pela *analogia* (extensiva da intenção do legislador).

Ubi eadem ratio, ibi eadem juris dispositio. É a necessária coerência interna do sistema jurídico que exige a formulação de regras idênticas em que se verifica a identidade de razão. Se o art. 93 do CDC fosse aplicável apenas aos interesses individuais homogêneos, o resultado seria a regra da competência territorial de âmbito nacional ou regional só para as ações em defesa dos aludidos direitos, enquanto nos processos coletivos em defesa de interesses difusos e coletivos ficaria vedada a competência nacional ou regional. O absurdo do resultado dessa posição é evidente, levando a seu repúdio pela razão e pelo bom senso, para o resguardo da coerência do ordenamento.

Mas há mais: o indigitado dispositivo da medida provisória tentou (sem êxito) limitar a competência, mas em lugar algum aludiu ao objeto do processo. Ora, o âmbito da abrangência da coisa julgada é determinado pelo pedido, e não pela competência. Esta nada mais é do que a relação de adequação entre o processo e o juiz, nenhuma influência tendo sobre o objeto do processo. Se o pedido é amplo (de âmbito nacional) não será por intermédio de tentativas de restrições da competência que o mesmo poderá ficar limitado.

Em conclusão: a) o art. 16 da LACP não se aplica à coisa julgada nas ações coletivas em defesa de interesses individuais homogêneos; b) aplica-se à coisa julgada nas ações em defesa de interesses difusos e coletivos, mas o acréscimo introduzido pela medida provisória é inoperante, porquanto é a própria lei especial que amplia os limites da competência territorial, nos processos coletivos, ao âmbito nacional ou regional; c) de qualquer modo, o que determina o âmbito de abrangência da coisa julgada é o pedido, e não a competência. Esta nada mais é do que uma relação de adequação entre o processo e o juiz. Sendo o pedido amplo (*erga omnes*), o juiz competente o será para julgar a respeito de todo o objeto do processo; d) em consequência, a nova redação do dispositivo é totalmente ineficaz.

É importante salientar que os tribunais têm sabido discernir entre competência e coisa julgada, negando eficácia à nova redação do art. 16 da LACP, introduzido pela Lei nº 9.494/97.[35]

---

[35] TRF da 4ª Região, AI nº 200.004.010.143.350/RS, rel. Luiz Carlos de Castro Lugon, 6ª Turma, *DJU* de 21.3.2001, p. 482.

Capítulo IV · DA COISA JULGADA | **Art. 103**

E o STJ tem desprezado a aplicação do referido artigo, continuando a julgar normalmente ações civis públicas em que o dano é de âmbito nacional.[36]

Até recentemente, não se podia afirmar, na jurisprudência, uma orientação segura quanto à eficácia da Lei nº 9.494/97, podendo-se colher julgados do STJ que determinam a aplicação do art. 16 da LACP, na redação da referida lei,[37] e julgados que aludiam aos danos de índole estadual ou nacional, como em diversos julgados relatados pela min. Nancy Andrighi.[38] Porém, agora, como se verá no item 7 do Anexo I, o STJ posicionou-se por duas vezes, pela Corte Especial, pela ineficácia e pela inaplicabilidade do dispositivo restritivo, podendo a coisa julgada ter abrangência nacional, se assim estiver requerido no pedido.

Aliás, importante Acórdão da 4ª Turma do TRF da 2ª Região, relatado pela juíza Selene Almeida, afirmava, na ementa: "O legislador ordinário elegeu o Distrito Federal como o foro competente para as ações civis públicas de reparação de danos de âmbito nacional; os limites da competência *territorial*, em casos que tais, são os do próprio território nacional. Portanto, a regra limitativa dos efeitos das sentenças proferidas em ações civis públicas em nada afeta as ações propostas no Distrito Federal, quando o escopo delas for a reparação de danos de âmbito nacional" (grifo do original – j. de 14.12.99, *DJ* de 17.3.2000, p. 397). No entanto, mais recentemente, o STJ, pela Segunda Seção, (REsp nº 399.357), acolhendo os embargos de divergência, decidiu a favor da limitação dos efeitos da sentença à competência territorial do órgão que proferiu a decisão. O relator, Min. Fernando Gonçalves, afirmou ter a decisão seguido orientação da Corte Especial do STJ. E a mesma orientação havia sido seguida em tema de litispendência, não reconhecida quando causas idênticas fossem ajuizadas em comarcas distintas.[39]

Sobre o assunto, v. também, *retro*, comentário nº 7 ao art. 93.

Nessa linha de ideias, oportuno mencionar o julgamento proferido para o Recurso Especial n. 1.243.887/PR, *DJe* 12.12.2011, "um dos mais relevantes pronunciamentos judiciais em torno da questão coletiva. A compreensão de que a coisa julgada formada no processo coletivo é passível de extensão nacionalizada desencadeia um olhar avançado para a ação coletiva, trazendo nova parametrização para as outras questões/controvérsias que ainda merecem novas linhas de entendimento – *calcadas na eficácia do processo coletivo*. Apesar da existência de alguns acórdãos posteriores à posição firmada no aludido recurso especial em sentido contrário a ele, observa-se que o dissenso, atualmente, está superado, sendo numerosos os julgamentos que aplicam a tese de nacionalização da coisa julgada coletiva".

Por fim, imprescindível anotar que o Supremo Tribunal Federal, em julgamento proferido no ano de 2021 (Recurso Extraordinário n. 1.101.937/SP), confirmou a tese sustentada pelos doutrinadores do processo coletivo, havendo, no voto formulado pelo ministro relator, referências constantes a estudos científicos nesse sentido. Aliás, "além da pacificação do tema (o que proporciona estabilização jurisprudencial em nível nacional), obtivemos algo imensamente importante para o ordenamento jurídico brasileiro: a unificação de entendimentos

---

[36] REsp nº 218.492/ES, *RT* 799/192, rel. Peçanha Martins, j. 18.2.2002; CC nº 26.842/DF, Conflito de Competência nº 1999/69326-4, rel. Waldemar Zveiter, relator para o acórdão Asfor Rocha, j. 10.10.2001, *DJ* de 5.8.2002, p. 194; CC nº 28.003/RJ – 1999/108113-0, rel. Nilson Naves, j. 24.11.99, LEXSTJ 154/46.

[37] Por exemplo, Recurso Especial nº 293.407/SP, 4ª Turma, rel. p/ o acórdão min. Ruy Rosado, j. de 22.12.2002, *DJ* de 7.4.2003, p. 290. No mesmo sentido, AgRg REsp nº 573.868/RS e REsp nº 399.357/SP, datas dos julgamentos, respectivamente, 15.10.09 e 14.12.09, *DJ* 26.10.09 e 14.12.09).

[38] Para exemplificar, AgRg no Recurso Especial nº 641.066/PR, 3ª Turma, j. 14.9.2004. Em interessante julgado (REsp nº 399.357/SP, 3ª Turma, j. 17.3.2009, *DJ* de 20.4.09), a relatora Min. Nancy Andrighi estabeleceu a distinção entre eficácia da sentença e coisa julgada, reconhecendo a eficácia nacional da decisão.

[39] REsp nº 642.462-PR, 2ª Turma, rel. Min. Eliana Calmon, j. 8.3.2005, *DJ* de 18.4.2005.

entre o Supremo Tribunal Federal e o Superior Tribunal de Justiça em torno da autonomia científica do processo coletivo".

Eis a síntese da compreensão firmada pela Suprema Corte:

"CONSTITUCIONAL E PROCESSO CIVIL. INCONSTITUCIONALIDADE DO ART. 16 DA LEI 7.347/1985, COM A REDAÇÃO DADA PELA LEI 9.494/1997. AÇÃO CIVIL PÚBLICA. IMPOSSIBILIDADE DE RESTRIÇÃO DOS EFEITOS DA SENTENÇA AOS LIMITES DA COMPETÊNCIA TERRITORIAL DO ÓRGÃO PROLATOR. REPERCUSSÃO GERAL. RECURSOS EXTRAORDINÁRIOS DESPROVIDOS.

1. A Constituição Federal de 1988 ampliou a proteção aos interesses difusos e coletivos, não somente constitucionalizando-os, mas também prevendo importantes instrumentos para garantir sua plena efetividade.

2. O sistema processual coletivo brasileiro, direcionado à pacificação social no tocante a litígios metaindividuais, atingiu *status* constitucional em 1988, quando houve importante fortalecimento na defesa dos interesses difusos e coletivos, decorrente de uma natural necessidade de efetiva proteção a uma nova gama de direitos resultante do reconhecimento dos denominados direitos humanos de terceira geração ou dimensão, também conhecidos como direitos de solidariedade ou fraternidade.

3. Necessidade de absoluto respeito e observância aos princípios da igualdade, da eficiência, da segurança jurídica e da efetiva tutela jurisdicional.

4. Inconstitucionalidade do artigo 16 da LACP, com a redação da Lei 9.494/1997, cuja finalidade foi ostensivamente restringir os efeitos condenatórios de demandas coletivas, limitando o rol dos beneficiários da decisão por meio de um critério territorial de competência, acarretando grave prejuízo ao necessário tratamento isonômico de todos perante a Justiça, bem como à total incidência do Princípio da Eficiência na prestação da atividade jurisdicional.

5. RECURSOS EXTRAORDINÁRIOS DESPROVIDOS, com a fixação da seguinte tese de repercussão geral:

'I – É inconstitucional a redação do art. 16 da Lei 7.347/1985, alterada pela Lei 9.494/1997, sendo repristinada sua redação original.

II – Em se tratando de ação civil pública de efeitos nacionais ou regionais, a competência deve observar o art. 93, II, da Lei 8.078/1990 (Código de Defesa do Consumidor).

III – Ajuizadas múltiplas ações civis públicas de âmbito nacional ou regional e fixada a competência nos termos do item II, firma-se a prevenção do juízo que primeiro conheceu de uma delas, para o julgamento de todas as demandas conexas'." (RE 1.101.937, Tribunal Pleno, Rel. Min. Alexandre de Moraes, j. 8.4.2021, *DJe*-113, 14.6.2021).

Desse modo, é notável o largo avanço alcançado pelas Cortes Superiores no particular à coisa julgada.

[2b] NOVO ATAQUE À COISA JULGADA *ERGA OMNES* OU *ULTRA PARTES*: A MEDIDA PROVISÓRIA 2.180-35, DE 2001 – O governo volta à carga, dessa feita especificamente contra as associações, pela Medida Provisória 2.180-35, de 2001, introduzindo mais um artigo na malfadada Lei nº 9.494, comentada no nº 2a, *supra*.

O art. 2º-A, introduzido pela medida provisória na referida lei, tem a seguinte redação:

"*Art. 2º-A*. A sentença civil prolatada em ação de caráter coletivo proposta por entidade associativa, na defesa dos interesses e direitos dos seus associados, abrangerá apenas os substituídos que tenham, na data da propositura da ação, domicílio no âmbito da competência territorial do órgão prolator."

Capítulo IV · DA COISA JULGADA | **Art. 103**

Logo se vê que o dispositivo só encontra aplicação aos interesses coletivos e individuais homogêneos, porquanto no campo dos interesses difusos os titulares são, por definição, indeterminados e indetermináveis, ligados por circunstâncias de fato, não havendo como saber onde estão domiciliados. O art. 81, parágrafo único, I, do CDC, que integra a Lei nº 7.347/85, é incompatível com a restrição e imune à incidência da nova norma.

Mas, mesmo em relação aos interesses coletivos e individuais homogêneos, a regra é ineficaz. Mais uma vez, o Poder Executivo foi inábil, e todas as considerações já expendidas a respeito da modificação do art. 16 da LACP (*supra*, nº 2a) se aplicam ao novo dispositivo. O problema não é de eficácia da sentença, mas de pedido. E o "âmbito de competência territorial do órgão prolator" é o definido no art. 93, II, do CDC, tendo o órgão prolator competência nacional ou regional nos expressos termos do Código.

Todavia, infelizmente, o STJ tende a dar eficácia ao dispositivo, como se vê em diversos recursos especiais relatados pelo min. José Delgado (*v.g.*, Recurso Especial nº 665.947/SC, 1ª Turma, rel. min. José Delgado, j. de 2.12.2004, *DJ* de 12.12.2005).

[2c] O CONTROLE DIFUSO DA CONSTITUCIONALIDADE E A COISA JULGADA *ERGA OMNES* – Como se viu no nº 2 *supra*, diversas reclamações chegaram ao Supremo Tribunal Federal, alegando que a coisa julgada *erga omnes* das ações coletivas, fundadas numa questão de inconstitucionalidade, estariam usurpando a competência exclusiva daquela Corte em relação ao controle abstrato da constitucionalidade. Mas, após conceder as liminares, o Supremo, julgando o mérito, entendeu que tal usurpação não se dera, porquanto a inconstitucionalidade, apreciada em via prejudicial pelo controle difuso, não se projeta fora do processo, não fazendo coisa julgada e ficando esta restrita, com efeitos *erga omnes*, ao dispositivo da sentença coletiva.[40]

Na verdade, apesar de abalizada voz em contrário,[41] nas ações coletivas que se fundamentam numa questão de inconstitucionalidade, o controle é evidentemente difuso, nada apresentando de especial em relação ao controle difuso exercido numa ação individual. A questão da constitucionalidade, tanto numa ação coletiva como na individual, é colocada como questão prejudicial, a ser enfrentada pelo juiz antes do julgamento da causa, e não faz coisa julgada, nem mesmo entre as partes. O que faz coisa julgada é exclusivamente o julgamento da questão principal, e nenhuma diferença faz que a sentença que passa em julgado tenha eficácia *inter partes ou erga omnes*.

Exemplifique-se: num processo individual, o cidadão "A" pede a condenação ao pagamento da diferença da correção monetária, que lhe foi creditada numa caderneta de poupança, fundamentando-se na inconstitucionalidade de um determinado plano econômico do governo que adotou determinados índices. Procedente a demanda, a questão prejudicial da inconstitucionalidade, que foi apreciada *incidenter tantum*, não se projeta fora daquele processo, não fazendo coisa julgada. O que faz coisa julgada (*inter partes*, por tratar-se de processo individual) é simplesmente a condenação ao pagamento da diferença devida a título de correção monetária. A situação não muda num processo coletivo, em que o legitimado pede a condenação ao pagamento da diferença devida a toda a categoria dos poupadores, fundamentando-se na questão prejudicial da inconstitucionalidade dos índices fixados no referido plano. Aqui, também, a questão da constitucionalidade é resolvida *incidenter tantum*, e por isso não se

---

[40] As decisões de mérito não foram publicadas até o presente momento.

[41] V. José Manoel de Arruda Alvim, "A declaração concentrada de inconstitucionalidade pelo STF e os limites impostos à ação civil pública e ao Código de Proteção e Defesa do Consumidor", *in Revista de Processo*, São Paulo, RT, nº 81, ps. 127-134, jan./mar. 1996.

861

Art. 103 | CÓDIGO BRASILEIRO DE DEFESA DO CONSUMIDOR

projeta fora do processo nem faz coisa julgada, podendo ser reapreciada a qualquer momento, em outros julgamentos. O que faz coisa julgada *erga omnes* é exclusivamente a condenação ao pagamento da diferença da correção monetária.

Não há, portanto, como afirmar a usurpação da competência privativa do STF para o julgamento da ação direta de inconstitucionalidade por juízes e tribunais que se limitaram ao controle difuso, em que a questão da inconstitucionalidade é apreciada *incidenter tantum*, podendo a ela se voltar em qualquer processo futuro.

O que se deve reconhecer, entretanto, é que pode surgir um processo coletivo desconectado de um litígio concreto, visando exclusivamente à declaração da inconstitucionalidade, como objeto da ação. Se isso ocorrer, haverá, sem dúvida, usurpação da função do STF, privativa em relação ao controle abstrato.[42] Mas não é disso que se tratava nos casos submetidos ao Supremo por via de reclamação.

O Superior Tribunal de Justiça tem reiterado o mesmo entendimento, como se vê em diversos acórdãos.[43]

[3] A DISCIPLINA DA COISA JULGADA NAS AÇÕES EM DEFESA DE INTERESSES DIFUSOS – O inc. I do art. 103, c/c seu § 1º, disciplina a coisa julgada nas ações coletivas em defesa de interesses difusos.

O dispositivo remete expressamente ao inc. I do parágrafo único do art. 81, que conceitua os interesses difusos propriamente ditos como "os transindividuais, de natureza indivisível, de que sejam titulares pessoas indeterminadas e ligadas por circunstâncias de fato" (v. comentário ao art. 81, I).

A regra geral, para a hipótese, é da coisa julgada *erga omnes*, peculiar, pela própria natureza dos interesses transindividuais e indivisíveis, da sentença que dirime esse tipo de conflito. Ainda como regra geral, o inc. I incorpora a solução das Leis de Ação Popular e de Ação Civil Pública (Leis nos 4.717/65 e 7.347/85) para os casos de improcedência por insuficiência de provas, em que qualquer legitimado poderá renovar a ação, valendo-se de nova prova (quanto à aplicabilidade da regra, *mutatis mutandis*, ao mandado de segurança coletivo, v. *supra*, nº 6, comentário ao *caput* do art. 103).

---

[42] Foi isso que parece ter vislumbrado Arruda Alvim, quando afirma que, "transitada em julgado uma tal decisão, com um tal conteúdo declaratório de inconstitucionalidade, isto levará à inaplicabilidade, para o futuro, de tais normas, dentro das jurisdições onde tais decisões hajam sido proferidas" (grifo nosso). E arremata: "Há, em tal caso, um efeito idêntico àquele emergente da ação direta de inconstitucionalidade de lei, quando procedente e quando julgada pelo Supremo Tribunal Federal", op. et loc. cits. Ocorre que não há conteúdo declaratório de inconstitucionalidade na sentença coletiva, pois a questão da inconstitucionalidade é decidida *incidenter tantum*.

[43] Ver, para exemplificar, AgRg no Recurso Especial nº 665.804/DF, 1ª Turma, rel. min. Francisco Falcão, j. de 25.10.2005, *DJ* de 19.12.2005, p. 224 – Ementa: "Quanto ao ponto, a jurisprudência desta Corte pacificou entendimento no sentido de que o pedido de inconstitucionalidade, em casos como o presente, nada mais é do que fundamento da ilegitimidade de ocupação de área pública, não fazendo coisa julgada. Confiram-se, entre outros, os seguintes julgados: Recurso Especial nº 402.044/DF, rel. min. Franciulli Netto, *DJ* de 5.8.2002, e Recurso Especial nº 419.781/DF, rel. min. Luiz Fux, *DJ* de 19.12.2002." Posteriormente, no mesmo sentido, Recurso Especial nº 294.022/DF, 2ª Turma, rel. min. João Otávio de Noronha, j. de 2.8.2005, *DJ* de 19.9.2005, p. 243 – Ementa: "O STJ vem perfilhando o entendimento de que é possível a declaração incidental de inconstitucionalidade de leis ou atos normativos em sede de ação civil pública, nos casos em que a controvérsia constitucional consiste no fundamento do pedido ou na questão prejudicial que leve à solução do bem jurídico perseguido na ação... ou seja, a decisão não contará com o efeito *erga omnes*, de forma que não se verifica a hipótese de ludíbrio ao sistema de controle constitucional." Ver, também, Recurso Especial nº 489.225/DF, *DJ* de 24.6.2003, e RSTJ, vol. 162, p. 212.

Capítulo IV · DA COISA JULGADA | **Art. 103**

Em linha interpretativa, tem-se discutido a respeito de o mesmo autor, popular ou coletivo, poder valer-se da faculdade de intentar nova ação, com idêntico fundamento, após a rejeição da demanda por insuficiência de provas. Estamos com Barbosa Moreira, que se manifestou afirmativamente, ao escrever sobre o art. 18, segunda parte, da Lei nº 4.717/65: se a lei quisesse impedir a renovação da demanda pelo mesmo autor popular, teria dito "qualquer *outro* cidadão" em vez de "qualquer cidadão".[44] O raciocínio aplica-se ao inc. I do art. 103 do Código, que utiliza a expressão "qualquer legitimado", e não "qualquer *outro* legitimado".

[3a] A COISA JULGADA *SECUNDUM EVENTUM PROBATIONIS* – É preciso, agora, dar a correta interpretação ao texto dos incs. I e II do art. 103, no que diz respeito à possibilidade de repropositura da demanda, nos casos de "improcedência por insuficiência de provas".

Reporto-me aqui ao que escrevi em sede doutrinária, no estudo já citado por Kazuo Watanabe:[45]

"5 – Como visto, o regime brasileiro – assim como o uruguaio e o argentino – da coisa julgada, nos interesses difusos e coletivos *stricto sensu*, é o dos efeitos *erga omnes*, ressalvados os casos de rejeição da demanda por insuficiência de provas, hipótese em que qualquer legitimado poderá voltar a propor a mesma demanda, com o mesmo fundamento, desde que baseada em novas provas (art. 103, I e II do Código de Defesa do Consumidor brasileiro).

Essa solução é clássica no Direito brasileiro, que a introduziu na Lei da Ação Popular Constitucional, de 1965, como garantia contra a possível colusão entre demandante e demandado, para evitar que se formasse uma coisa julgada prejudicial a toda a comunidade, por força de deficiências na atividade instrutória do autor popular.

A primeira e mais imediata interpretação da referida norma a reconduz à consagração de um primeiro passo no sentido da coisa julgada *secundum eventum litis*,[46] pelo menos no que diz respeito à inexistência da coisa julgada em casos de improcedência por insuficiência de provas.

De nossa parte, vislumbramos no preceito a acolhida, excepcional no processo moderno, do instituto do *non liquet*, vendo nele a autorização legal ao juiz no sentido de não julgar a causa em face da insuficiência de provas produzidas pelo autor coletivo.

Dessas leituras, emerge a consequência de que a inocorrência da coisa julgada exige que o juiz tenha declarado a rejeição da demanda, por insuficiência de provas, explícita ou implicitamente, na motivação ou no dispositivo da sentença.[47] E tanto assim é que Arruda Alvim sustenta que se a fórmula não constar da sentença, caberá às partes oferecer o recurso de embargos de declaração (art. 535 do CPC, [correspondente ao art. 1.022 do NCPC]); mas, uma vez passada em julgado a sentença, somente por ação rescisória poderá ela ser desconstituída, valendo-se o autor coletivo, para tanto, do fundamento do documento novo (art. 485, VII do CPC, [correspondente ao art. 966, VII, do NCPC]) ou até da violação de literal disposição de lei (art. 485, V do CPC, [correspondente ao art. 966, V, do NCPC]). Mas, uma vez decorrido o biênio

---

[44] Barbosa Moreira, *A ação popular*, cit., p. 123, nota nº 20. Contra, José Afonso da Silva, *Ação popular constitucional*, São Paulo, 1968, p. 273.

[45] Ada Pellegrini Grinover, "Ações coletivas ibero-americanas: novas questões sobre a legitimação e a coisa julgada", *in Revista Forense*, n. 301, ps. 3-12.

[46] Assim, por todos, José Carlos Barbosa Moreira, "A ação popular do Direito brasileiro como instrumento de tutela jurisdicional dos chamados 'interesses difusos'", *in Temas de Direito Processual*, Saraiva, 1977, ps. 122-123.

[47] Cf. José Afonso da Silva, *Ação popular constitucional*, São Paulo, Revista dos Tribunais, p. 273; Rodolfo de Camargo Mancuso, *Ação popular*, Revista dos Tribunais, 1994, p. 204; Arruda Alvim et al., *Código do Consumidor comentado*, Revista dos Tribunais, 1991, p. 221.

Art. 103 | CÓDIGO BRASILEIRO DE DEFESA DO CONSUMIDOR

estipulado no Código brasileiro para a ação rescisória (art. 495 do CPC, [correspondente ao art. 975 do CPC]), a nova demanda não mais poderá ser intentada.[48]

Foi Antonio Gidi quem sustentou tese mais liberal:[49] o juiz pode não estar habilitado a dizer se dispunha, ou não, de material probatório suficiente para formar seu convencimento. Defende, por isso, o que denomina critério substancial para saber se a rejeição da demanda decorreu, ou não, de insuficiência de provas: ou seja, sempre que qualquer legitimado propuser, com o mesmo fundamento, a segunda ação coletiva com novo material probatório, demonstrará, *ipso facto*, que a anterior foi julgada com base em material probatório insuficiente. E argumenta com o dano ambiental, em que só o desenvolvimento científico sucessivo à coisa julgada pode demonstrar a nocividade de produto utilizado.

A tese, que à primeira vista parece colidir com os valores de segurança jurídica e certeza do Direito abrigados pelo instituto da coisa julgada, poderia merecer acolhida se se vislumbrasse na sentença proferida em matéria de interesses difusos e coletivos (*stricto sensu*) uma coisa julgada *secundum eventum probationis*. Ou seja, a sentença desfavorável faria coisa julgada, mas de acordo e até a prova produzida. A prova nova, a ser produzida por qualquer legitimado, autorizaria sempre a propositura de nova ação coletiva, baseada em idêntico fundamento.

O Direito brasileiro não é infenso à coisa julgada *secundum probationem*, acolhendo-a tradicionalmente em matéria de *writs*, como o mandado de segurança e o *habeas corpus*. Com efeito, em matéria de mandado de segurança, em que o pedido do impetrante deve basear-se em prova documental, de regra juntada com a petição inicial, a sentença de rejeição faz coisa julgada, formal e material, mas não preclui a via do processo comum, em que o pedido se baseie em outras provas (art. 19 da Lei nº 12.016/2009). O mesmo ocorre com o *habeas corpus*, em que a denegação do pedido teve por fundamento um determinado conjunto de provas analisadas pelo órgão julgador, ficando a coisa julgada restrita ao mesmo, de modo a não ficarem preclusos a apresentação e o exame de outra impetração, baseada em novos elementos probatórios, que permitam cognição diversa da matéria anteriormente apreciada.[50] Por isso, afirmamos, ainda em tema de *habeas corpus*:

'Em algumas hipóteses, a extensão e profundidade da cognição são proporcionais ao material probatório existente: assim, se existe prova induvidosa do direito, a cognição será plena e exauriente; em caso negativo, será limitada à prova existente (*secundum eventum probationis*). No nosso ordenamento, exemplos dessa categoria são a ação popular, cuja improcedência por insuficiência de provas não impede a propositura de nova ação por qualquer cidadão (art. 18 da Lei nº 4.717/65), o mandado de segurança, cuja decisão denegatória não impede que o requerente, por ação própria, pleiteie os seus direitos e respectivos efeitos patrimoniais (art. 19 da Lei nº 12.016/2009).'[51]

Kazuo Watanabe,[52] além do mandado de segurança, enumera outros casos de *cognição plena e exauriente*, mas *secundum eventum probationis*, existentes no processo civil brasileiro:

'a) no processo de inventário, a questão prejudicial surgida com 'a disputa sobre a qualidade de herdeiro' será decidida se o magistrado dispuser de elementos bastantes para o estabelecimento do juízo de certeza. Na falta de suporte probatório suficiente para o convencimento, fica configurada 'matéria de alta indagação', devendo o juiz remeter 'a parte para os meios

---

[48]   Arruda Alvim, op. et loc. cit.

[49]   Gidi, op. cit., ps. 133 e segs.

[50]   Assim, Ada Pellegrini Grinover, Antonio Magalhães Gomes Filho e Antonio Scarance Fernandes, *Recursos no processo penal*, 3ª ed., Revista dos Tribunais, 2001, p. 384.

[51]   Id., ibid., p. 378.

[52]   Kazuo Watanabe, *Da cognição no processo civil*, 2ª ed., Cebepej, 1999, ps. 118 e segs.

Capítulo IV · DA COISA JULGADA | Art. 103

ordinários' (art. 1.000, parágrafo único, na parte referente ao inc. III, do CPC, [correspondente ao art. 627, §§ 1º, 2º e 3º, do NCPC]); b) no processo de mandado de segurança, é entendimento assente, inclusive no Supremo Tribunal Federal, que 'decisão denegatória de mandado de segurança, não fazendo coisa julgada contra o impetrante, não impede o uso de ação própria (Súmula 304)'...(omissis)...; c) no processo de desapropriação, na fase de levantamento do preço, havendo 'dúvida fundada sobre o domínio', o magistrado não deferirá a nenhum dos disputantes a entrega do preço, determinando a solução da controvérsia em ação própria (art. 34, *caput* e parágrafo único do Decreto-lei nº 3.365/41)'.[53]

E acrescenta o autor:

'Aspecto marcante dessa espécie de cognição, que poderá ser exauriente, consiste no fato de estar condicionada a decisão da questão, ou mesmo do *thema decidendum*, à profundidade da cognição que o magistrado conseguir, eventualmente, estabelecer com base nas provas existentes. *À conclusão de insuficiência de provas, a questão não é decidida* (as partes são remetidas às 'vias ordinárias' ou para a 'ação própria'), *ou o objeto litigioso é decidido sem caráter de definitividade, não alcançando*, bem por isso, *a autoridade de coisa julgada material*' (grifei).[54] Watanabe ainda exemplifica com a disciplina contida na Lei da Ação Popular, na Lei da Ação Civil Pública e no Código de Defesa do Consumidor, justamente no art. 103, incs. I e II, suprarreferido."[55]

E conclui o autor:

"Pode-se portanto sustentar, numa outra ótica, que nas ações coletivas em defesa de interesses difusos e coletivos (*stricto sensu*), a sentença faz coisa julgada *secundum probationem*, só alcançando, em caso de rejeição da demanda, os fatos provados no processo, sem precluir a via de outra ação coletiva idêntica, baseada em novas provas, tenha – ou não – o juiz se dado conta da insuficiência dos elementos probatórios produzidos no primeiro processo."

Mais tarde, porém, reestudamos a matéria com Kazuo Watanabe por ocasião da elaboração do "Código Modelo de Processos Coletivos para Ibero-América", de que fomos incumbidos, juntamente com Antonio Gidi, pelo Instituto Ibero-Americano de Direito Processual, verificando que a possibilidade de reabertura do processo com *qualquer* prova nova, não produzida durante a instrução, colidiria com o tradicional princípio da eficácia preclusiva da coisa julgada, pela qual se consideram cobertas pela imutabilidade não só as questões levantadas, mas também aquelas *que poderiam ter sido levantadas no processo* (art. 508 do NCPC, correspondente ao art. 474 do CPC/1973). Por isso restringimos a possibilidade de reabertura do novo processo à hipótese de provas que não existiam à época do primeiro processo, e que, portanto, não poderiam ter sido produzidas. Essa ideia também pode abrir perspectivas para uma visão mais ampla da coisa julgada *rebus sic stantibus*, em que não é a situação de fato que muda, mas em que se concretiza uma prova nova, superveniente, sobre o fato.

Diante dessas considerações, o art. 30 do Código Modelo de Processos Coletivos para Ibero-América reproduz a sistemática do art. 103 do CDC, acrescentando, no § 1º:

"*§ 1º* Mesmo na hipótese de improcedência fundada nas provas produzidas, qualquer legitimado poderá intentar outra ação, com idêntico fundamento, quando surgir prova nova, superveniente, que não poderia ter sido produzida no processo."

---

[53] Id., ibid., ps. 118-119.

[54] Id., ibid., p. 119.

[55] Op. et loc. cit., nota nº 169.

Art. 103 | CÓDIGO BRASILEIRO DE DEFESA DO CONSUMIDOR

[4] A COISA JULGADA NEGATIVA NAS AÇÕES EM DEFESA DE INTERESSES DIFUSOS E A POSSIBILIDADE DE AÇÕES INDIVIDUAIS – Nos termos do disposto no § 1º do art. 103, os efeitos da coisa julgada (ou a autoridade da sentença, na teoria de Liebman)[56] não prejudicarão interesses e direitos individuais dos integrantes da coletividade, que poderão promover ações pessoais de natureza individual após a rejeição da demanda coletiva.

Exemplifique-se: numa demanda coletiva, que vise à retirada do mercado de produto considerado nocivo à saúde pública, a sentença rejeita o pedido, julgando a ação improcedente, por não considerar o produto danoso. A coisa julgada, atuando *erga omnes*, impede a renovação da ação (salvo na hipótese de insuficiência de provas), por parte de todos os entes e pessoas legitimados às ações coletivas (v. comentário ao art. 82 do Código). Mas não obsta a que o consumidor Caio, reputando-se lesado em sua saúde pelo produto, ajuíze sua ação pessoal indenizatória.

Fica claro, neste ponto, que o Código não inova quanto aos princípios gerais sobre a coisa julgada, porque o objeto do processo, na primeira causa, ficou delimitado pelo pedido inibitório, sendo diverso o objeto da segunda demanda (pedido indenizatório).

O disposto no § 1º do art. 103 tem finalidade sobretudo didática, visando a tornar explícita regra que, de qualquer modo, se extrairia dos princípios e das regras do Direito Processual.

Com relação a esse tipo de ações coletivas, a grande inovação do Código do Consumidor está no § 3º do art. 103, com o transporte da coisa julgada positiva para beneficiar as pretensões individuais: v. *infra*, comentário nº 8 ao mencionado dispositivo.

[5] A DISCIPLINA DA COISA JULGADA NAS AÇÕES EM DEFESA DE INTERESSES DIFUSOS: OS CASOS POSSÍVEIS – Cabe, pois, distinguir três casos:

a) O pedido formulado na ação coletiva é acolhido. A sentença prevalece em definitivo, perante todos os membros da coletividade, que podem valer-se da coisa julgada em benefício de suas pretensões individuais.

b) O pedido é rejeitado pelo mérito. Aqui, compete distinguir: os efeitos produzem-se *erga omnes*, com relação a todos os entes e pessoas legitimados pelo art. 82, impedindo o ajuizamento de nova ação coletiva, pelo mesmo fundamento. Mas não fica preclusa a via às ações individuais, com idêntico fundamento, por iniciativa dos titulares de interesses e direitos pertencentes pessoalmente aos integrantes da coletividade.

c) O pedido é rejeitado, por insuficiência de provas. A sentença não se reveste da autoridade da coisa julgada material, e qualquer legitimado (inclusive aquele que havia intentado a primeira demanda: v. comentário nº 3 ao inc. I do art. 103) poderá renovar a ação, com idêntico fundamento.

[6] A DISCIPLINA DA COISA JULGADA NAS AÇÕES EM DEFESA DE INTERESSES COLETIVOS – O inc. II do art. 103, c/c seu § 1º, disciplina os limites subjetivos da coisa julgada nas ações coletivas em defesa de interesses coletivos.

O dispositivo remete expressamente ao inc. II do parágrafo único do art. 81, que conceitua os interesses coletivos como "os transindividuais de natureza indivisível de que seja titular grupo, categoria ou classe de pessoas ligadas entre si ou com a parte contrária por uma relação jurídica base" (v. comentário ao art. 81, parágrafo único, II).

O regime dos limites subjetivos da coisa julgada, nas ações em defesa de interesses coletivos, é exatamente o mesmo traçado para as ações em defesa de interesses difusos. Remete-

---

[56] Liebman, *Efficacia ed autorità della sentenza*, cit., p. 39 e prefácio à edição de 1962, p. VII.

Capítulo IV · DA COISA JULGADA | **Art. 103**

mos, portanto, o leitor aos comentários n°s 1 a 9, feitos com relação ao art. 103, I, c/c o § 1º do mesmo artigo.

A única diferença reside na diversa extensão dos efeitos da sentença com relação a terceiros, consoante se trate de interesses difusos ou de interesses coletivos. No primeiro caso, é própria da sentença a extensão da coisa julgada a toda a coletividade, sem exceção; no segundo, a natureza mesma dos interesses coletivos restringe os efeitos da sentença aos membros da categoria ou classe, ligados entre si ou com a parte contrária por uma relação jurídica base. Eis a razão da redação do inc. II do art. 103, seja no que concerne à substituição da expressão *erga omnes*, do inc. I, pela mais limitada *ultra partes*, seja no que se refere à expressa limitação "*ao grupo, categoria ou classe*".

É preciso ter presente, contudo, que a indivisibilidade do objeto dos interesses coletivos (ver *supra*, comentário ao art. 81, parágrafo único, II) frequentemente importará na extensão dos efeitos da sentença a pessoas estranhas ao vínculo associativo.

Exemplifique-se: quando uma entidade associativa ingressa em juízo com uma ação coletiva que vise à tutela dos interesses coletivos de seus filiados, será a todos estes – tenha ou não havido autorização expressa: v. comentário ao art. 82, inc. IV – que se estenderão os efeitos da sentença, para beneficiá-los. Mas a própria indivisibilidade do objeto estenderá necessariamente os efeitos favoráveis da sentença a todos que se encontrarem na mesma situação em relação à parte contrária: assim, todos os contribuintes de um determinado tributo, ou todos os mutuários do sistema habitacional, pertençam ou não à associação autora, serão necessariamente beneficiados pela sentença que declarar a nulidade da imposição tributária ou fixar benefícios, *in genere*, para os mutuários. Eis a eficácia *ultra partes*, mas sempre circunscrita ao grupo, classe ou categoria ligada pelo vínculo jurídico.

O Superior Tribunal de Justiça não destoa desse entendimento, frequentemente reiterado.[57]

[7] A DISCIPLINA DA COISA JULGADA NAS AÇÕES COLETIVAS EM DEFESA DE INTERESSES OU DIREITOS INDIVIDUAIS HOMOGÊNEOS – A matéria está disciplinada no inc. III do art. 103, c/c o seu § 2º. Por remissão expressa do dispositivo ao inc. III do parágrafo único do art. 81, o conceito de interesses ou direitos individuais homogêneos, coletivamente tratados, decorre de sua origem comum (v. comentário ao art. 81, parágrafo único, III).

O tratamento legislativo dos limites subjetivos da coisa julgada é simétrico ao conferido às ações em defesa de interesses difusos e coletivos (v. comentários n°s 3 e 6 aos incs. I e II do art. 103), exceção feita ao critério da inexistência de coisa julgada na hipótese de improcedência por insuficiência de provas, adotado somente para os interesses difusos e coletivos: ou seja, a coisa julgada atua *erga omnes*, com o temperamento de só poder beneficiar todas as vítimas e seus sucessores, sem prejudicar os terceiros que não tenham intervindo no processo como litisconsortes. E os três casos mencionados no comentário nº 5, *supra*, ficam reduzidos aos dois primeiros (*a* e *b*).

Sobre a intervenção dos interessados, pessoalmente prejudicados, nas ações coletivas para a defesa de direitos ou interesses individuais homogêneos, v. comentário nº 2 ao art. 94.

Finalmente, cabe exemplificar: julgada procedente a ação coletiva de responsabilidade pelos danos individualmente sofridos, proposta nos termos do art. 91 do Código, a sentença

---

[57] Ver, só para exemplificar, STJ, 3ª Turma, AgRg no Recurso Especial nº 653.510/PR, rel. min. Nancy Andrighi, j. de 28.10.2004, *DJ* de 13.12.2004, p. 359 – Ementa: "Porquanto a sentença proferida na ação civil pública estendeu os seus efeitos a todos os poupadores do Estado do Paraná que mantiveram contas de caderneta de poupança iniciadas ou renovadas até 15.6.87 e 15.1.89, a eles devem ser estendidos os efeitos da coisa julgada, e não somente aos poupadores vinculados à associação proponente da ação".

Art. 103 | CÓDIGO BRASILEIRO DE DEFESA DO CONSUMIDOR

beneficiará todas as vítimas e seus sucessores, que poderão proceder à liquidação da sentença e à posterior execução (coletiva ou individual), na conformidade do disposto nos arts. 97 e segs. do Código. Mas na hipótese de improcedência da ação coletiva, as pessoas lesadas, que não tiverem participado da relação processual como litisconsortes do autor coletivo, ainda poderão propor ação indenizatória a título individual. A decisão desfavorável proferida na ação coletiva constituirá um simples precedente, mais ou menos robusto conforme o caso, mas não será o fenômeno da coisa julgada que impedirá o ajuizamento de ações individuais.

Aqui, era necessário que a lei expressamente excluísse, na hipótese, o transporte da coisa julgada negativa às ações individuais: pois nesse caso há uma relação de continência entre estas e a ação coletiva, tanto no que diz respeito ao objeto como no que tange aos autores (v. comentário nº 6 ao art. 104), continência essa que poderia levar a estender a coisa julgada, sem exceção, prejudicando as demandas individuais. Pelo contrário, o Código do Consumidor inova, pela adoção da extensão subjetiva do julgado *secundum eventum litis*.

Finalmente, cabe lembrar que a Lei do Mandado de Segurança (Lei nº 12.016/2009), ao regular a coisa julgada no mandado de segurança coletivo (art. 22), afirma que "a sentença fará coisa julgada limitadamente aos membros do grupo ou categoria substituídos pelo impetrante". Ora, essa disposição evidentemente não se aplica aos direitos difusos (quanto à omissão da Lei em relação aos direitos difusos, v. *supra*, comentário ao art. 81, parágrafo único, I, nº [4], *in fine*) e não acolhe a coisa julgada *secundum eventum litis* prevista para a defesa dos interesses ou direitos individuais homogêneos, do artigo do CDC em comento. Parece, portanto, que mesmo nesse caso a coisa julgada atuará *pro et contra*, o que quebra o sistema e levanta dúvidas de constitucionalidade, pois a coisa julgada coletiva desfavorável não pode prejudicar quem não participou do contraditório.

[8] A COISA JULGADA DA LEI Nº 7.347/85 TRANSPORTADA, *IN UTILIBUS*, ÀS AÇÕES DE INDENIZAÇÃO POR DANOS PESSOALMENTE SOFRIDOS – O § 3º do art. 103 inova profundamente com relação aos princípios processuais sobre a coisa julgada: inspirado no princípio de economia processual e nos critérios da coisa julgada *secundum eventum litis*, bem como na ampliação *ope legis* do objeto do processo, expressamente autoriza o transporte, *in utilibus*, da coisa julgada resultante de sentença proferida na ação civil pública para as ações individuais de indenização por danos pessoalmente sofridos.

Isso quer dizer que duas hipóteses podem ocorrer:

a) A ação civil pública é julgada improcedente. Os terceiros, titulares de pretensões indenizatórias a título de ressarcimento de danos pessoalmente sofridos, são imunes à coisa julgada, podendo ajuizar suas próprias ações reparatórias. Nenhuma novidade traz a primeira parte do § 3º do art. 103, pois realmente as ações são diversas, não só com relação às partes, como também pelo objeto.

b) A ação civil pública é julgada procedente. Pelas regras clássicas sobre a coisa julgada, não haveria como transportar, sem norma expressa, o julgado da ação civil pública às demandas individuais: não só por se tratar de ações diversas, pelo seu objeto, como também porque a ampliação do objeto do processo só pode ser feita por lei. Todavia, por economia processual, o Código prevê o aproveitamento da coisa julgada favorável oriunda da ação civil pública, possibilitando às vítimas e seus sucessores serem por ela beneficiados, sem necessidade de nova sentença condenatória, mas passando-se incontinenti à liquidação e execução da sentença, nos termos do disposto nos arts. 97 a 100 do Código. Ocorre aqui, além da extensão subjetiva do julgado, a ampliação do objeto do processo, *ope legis*, passando o dever de indenizar a integrar o pedido, exa-

Capítulo IV · DA COISA JULGADA | Art. 103

tamente como ocorre na reparação do dano *ex delito*, em que a decisão sobre o dever de indenizar integra o julgado penal.

Se, por exemplo, a ação civil pública que tenda à obrigação de retirar do mercado um produto nocivo à saúde pública for julgada procedente, reconhecendo a sentença os danos, reais ou potenciais, pelo fato do produto, poderão as vítimas, sem necessidade de novo processo de conhecimento, alcançar a reparação dos prejuízos pessoalmente sofridos, mediante liquidação e execução da sentença coletiva, nos termos do art. 97 do Código (v. comentário nº 1 ao art. 97). Se, porém, a ação civil pública for julgada improcedente, as vítimas e seus sucessores poderão normalmente intentar suas próprias ações reparatórias, a título individual, de acordo com o disposto no § 1º do art. 103 (v. *supra*, comentário nº 4 ao mencionado dispositivo).

Com isso, o Código opera a ampliação do objeto do processo coletivo, para nele abranger o dever de indenizar os danos ocasionados pela nocividade do produto. O fenômeno não é novo, encontrando precedente, no nosso ordenamento, quanto aos efeitos civis da sentença penal condenatória: nos termos do disposto no art. 91, I, do CP, a condenação penal torna certa a obrigação de indenizar o dano causado pelo crime, passando-se desde logo à liquidação e execução da sentença no juízo civil (arts. 63, CPP, e 515 do NCPC, correspondente ao art. 475-N, II, CPC/1973). Exatamente o mesmo fenômeno ocorre agora quanto à sentença favorável coletiva, a ser imediatamente liquidada e executada no tocante aos danos sofridos pelas pessoas individualmente lesadas, numa nova hipótese de ampliação, *ope legis*, do objeto litigioso, para incluir o julgado sobre o dever de indenizar.[58]

E se se tratar de pedidos condenatórios, quer na ação coletiva, quer nas individuais? Exemplifique-se com a Lei de Ação Civil Pública (Lei nº 7.347/85), no tocante ao meio ambiente.[59]

Imagine-se uma ação indenizatória pelos danos ocasionados ao ambiente, indivisivelmente considerado. Julgada improcedente a demanda, poderão as vítimas intentar suas ações de conhecimento, pleiteando, a título individual, a reparação pelos prejuízos pessoalmente sofridos, oriundos daquela lesão ao ambiente que não foi reconhecida pela sentença. Nenhuma exceção há, aqui, à teoria clássica da coisa julgada, pois não se trata de ações idênticas, pela diversidade do objeto. E a coisa julgada, nas ações individuais, atuará normalmente *inter partes*.

Se, porém, a ação coletiva for julgada procedente, a coisa julgada aproveitará às vítimas e seus sucessores: aqui, não se dá apenas a extensão subjetiva da coisa julgada aos terceiros, como também a ampliação do objeto do processo, *ope legis*, de modo a considerar-se o dever de indenizar como parte do pedido.

Em todos esses exemplos, a técnica utilizada pelo Código não incorre na crítica de Schwab e Barbosa Moreira, no sentido da inevitabilidade do conflito de coisas julgadas contraditórias, quando no primeiro processo se julgasse improcedente o pedido. Neste caso (o exemplo dado é de declaração da validade de ato impugnado), formar-se-ia a coisa julgada negativa em relação ao autor; mas, no segundo processo, aberto aos demais colegitimados, alcançada a declaração de nulidade, a coisa julgada valeria *erga omnes*, inclusive com relação ao primeiro autor, que seria atingido por duas coisas julgadas contraditórias: a primeira, de validade, e a segunda, de nulidade do ato impugnado.[60]

---

[58] V., sobre as diversas teorias para a explicação do fenômeno, comentário nº 5 ao Capítulo IV do Título III.

[59] Já se observou que a Lei nº 7.347/85 pouca aplicabilidade teria, no campo das ações indenizatórias pelos danos pessoalmente sofridos, às relações de consumo, por restringir sua tutela aos interesses indivisivelmente considerados: v. Ada Pellegrini Grinover, "Ações coletivas para a tutela do ambiente e dos consumidores", *in Novas tendências*, cit., ps. 148 e segs., principalmente ps. 151-2. A autora alude à hipótese da publicidade enganosa, com a condenação às despesas necessárias a cobrir a contrapropaganda.

[60] Barbosa Moreira, op. cit., ps. 122-3. V. também *supra*, comentário ao Capítulo IV do Título III.

Art. 103 | CÓDIGO BRASILEIRO DE DEFESA DO CONSUMIDOR

Na solução do Código, pelo contrário, a coisa julgada desfavorável formase com relação a todos os entes e pessoas legitimados às ações coletivas, deixando a salvo apenas os particulares, em suas relações intersubjetivas pessoais, os quais alcançarão uma coisa julgada normalmente restrita às partes. E quanto a estas, no eventual conflito de coisas julgadas na ação individual e na ação coletiva, o art. 104 resolve expressamente o problema (v. *infra*, comentários nos 4, 5 e 6 ao art. 104).

[9] A COISA JULGADA PENAL TRANSPORTADA, *IN UTILIBUS*, ÀS AÇÕES DE INDENIZAÇÃO POR DANOS PESSOALMENTE SOFRIDOS – O § 4º do art. 103 utiliza a mesma técnica do § 3º, agora no tocante à sentença penal condenatória, igualmente autorizando o transporte, *in utilibus*, da coisa julgada penal para as ações individuais indenizatórias por danos pessoalmente sofridos e procedendo, *ope legis*, à ampliação do objeto do processo, para incluir no pedido o dever de indenizar. V. comentário *supra*, nº 8, ao § 3º do art. 103.

Na verdade, o que o Código faz, no dispositivo ora em exame, é aplicar aos interesses difusos e coletivos o critério adotado pelo art. 63 do CPP quanto aos efeitos civis da sentença penal condenatória. No caso, evidentemente, tratar-se-á de crimes praticados contra a comunidade, que, por isso, assumem feição coletiva e contêm capacidade irrestrita de lesar.[61] Amplia-se, assim, o conceito de *ofendido pelo crime* e adequando-o às infrações penais que ofendem a coletividade.

[10a] A COISA JULGADA NA AÇÃO COLETIVA PASSIVA – Após ter verificado, nos comentários nos 7b e 7c ao art. 82, a possibilidade, *de lege lata*, de ação, individual ou coletiva, intentada contra o grupo, e ter verificado a introdução, pelo NCPC, da ação coletiva passiva, em matéria de possessórias, na nota 4.2.6 do Título III, é possível construir um regime de coisa julgada coerente com os princípios do art. 103 do CDC.

Em minha primeira tentativa de construção, no estudo já citado,[62] reportei-me ao art. 103 do CDC para sugerir a interpretação a ser dada aos dispositivos no caso de ação (individual ou coletiva) contra o grupo. Escrevi então, referindo-me primeiro ao regime do art. 103 do CDC:

> "Recorde-se esse regime: tratando-se de interesses difusos e coletivos (*stricto sensu*), a sentença terá efeitos *erga omnes*, salvo quando a rejeição do pedido ocorrer por insuficiência de provas, podendo qualquer legitimado intentar ação coletiva idêntica, com base em prova nova (art. 103, I e II do Código de Defesa do Consumidor, e art. 16 da Lei da Ação Civil Pública). A solução visa a proteger os membros da categoria do perigo de colusão entre o autor coletivo e o réu, evitando que a atividade processual inidônea do primeiro prejudique os indivíduos de cujos interesses se faz portador em juízo.

> Quando, porém, o litígio envolve a tutela de interesses ou direitos individuais homogêneos, a coisa julgada atuará *erga omnes*, mas *secundum eventum litis*: ou seja, a sentença favorável ao autor coletivo beneficiará todos os membros da categoria; mas a sentença desfavorável não os atingirá, ficando aberta a cada um a via da ação individual (art. 103, III, e § 2º, do Código de Defesa do Consumidor). Esta solução, que só aproveita à coisa julgada *in utilibus*, objetiva não prejudicar os direitos subjetivos individuais, resguardando-os do resultado desfavorável do processo coletivo.

---

[61] Cf. Luiz Paulo da Silva Araújo Filho, *Ações coletivas*: a tutela jurisdicional dos direitos individuais homogêneos, Rio de Janeiro, Forense, 2000, p. 177, com referências a diversos crimes previstos no CDC. Antonio Gidi (*Coisa julgada e continência em ações coletivas*, São Paulo, Saraiva, 1995, ps. 168 e segs.) prefere falar em "ação penal coletiva", mas também alude a crimes cujo sujeito passivo é a coletividade.

[62] Ada Pellegrini Grinover, "Ações coletivas ibero-americanas: novas questões sobre a legitimação e a coisa julgada", *in Revista Forense*, n. 361, ps. 3-12.

Capítulo IV · DA COISA JULGADA | **Art. 103**

Não é difícil perceber que, tanto no primeiro como no segundo caso, o legislador brasileiro serviu-se de técnicas que privilegiam os membros da classe, defendendo-os, no fundo, contra o perigo da inadequação da representação.

Ora bem, em se tratando de ação movida contra a classe, a proteção especial conferida a esta pela lei deve ser mantida, bastando inverter, para tanto, os termos da questão."

E, após apresentar minha sugestão de interpretação do art. 103, "invertendo os termos da questão", no estudo por último mencionado, defendi a tese de que essa inversão pode ser feita *de lege lata*, com os seguintes argumentos: a manutenção do espírito da lei, em situações justapostas; a *defining function* do juiz, própria das ações coletivas (ativas e passivas); e o princípio da razoabilidade.

Seja como for, o já mencionado "Código Modelo de Processos Coletivos para Ibero-América", ao prever expressamente a legitimação passiva do grupo, também oferece uma solução, bastante simples, para o regime da coisa julgada.

> "*Art. 32. Ações contra o grupo, categoria ou classe* – Qualquer espécie de ação pode ser proposta contra uma coletividade organizada ou que tenha representante adequado, nos termos do § 2º do art. 2º deste Código, e desde que o bem jurídico a ser tutelado seja transindividual (art. 1º) e se revista de interesse social.
>
> *Art. 33. Coisa julgada passiva: interesses ou direitos difusos* – Quando se tratar de interesses ou direitos difusos,[63] a coisa julgada atuará *erga omnes*, vinculando os membros do grupo, categoria ou classe.
>
> *Art. 34. Coisa julgada passiva: interesses ou direitos individuais homogêneos* – Quando se tratar de interesses ou direitos individuais homogêneos, a coisa julgada atuará *erga omnes* no plano coletivo, mas a sentença de procedência não vinculará os membros do grupo, categoria ou classe, que poderão mover ações próprias ou defender-se no processo de execução para afastar a eficácia da decisão na sua esfera jurídica individual".

No entanto, reconhecemos que o regime da coisa julgada *secundum eventum litis*, na ação coletiva passiva em que se discutem direitos individuais homogêneos do grupo, categoria ou classe de pessoas que figuram no polo passivo, esvazia de resultados práticos a coisa julgada. E hoje aceitamos a posição de Diogo Campos Medina Maia, que sustenta a viabilidade, neste caso, da coisa julgada *pro et contra*, mas com as seguintes cautelas:[64]

> "Ressalte-se, todavia, que para que a formação da coisa julgada contra grupos em defesa de direitos individuais homogêneos não seja dotada de rigor inferior ao adotado para a formação da coisa julgada nos casos de defesa de direitos difusos e coletivos em sentido estrito, mantém-se, *a fortiori*, a divisão do ônus probatório estabelecida previamente.
>
> Em suma, sendo o grupo organizado dotado de legitimidade para figurar no polo passivo de uma ação coletiva em defesa de direitos individuais homogêneos, cabe ao autor individual o ônus probatório integral, para que possa obter uma sentença de procedência, formando coisa julgada e por consequência, vinculando os membros da parte coletiva".

E se a ação for coletiva em ambos os polos? Nesse caso, Medina Maia apoia a solução alvitrada por Ada Pellegrini Grinover, que cita, no sentido de a coisa julgada atuar *erga omnes*, sem temperamentos.[65]

---

[63] Mais uma vez lembramos que, no anteprojeto, as categorias dos interesses ou direitos difusos e coletivos foram agrupadas sob o nome de interesses ou direitos difusos.

[64] Diogo Campos Medina Maia, *Ação coletiva passiva*, Rio de Janeiro, Lumen Juris, 2009. p 145.

[65] Diogo Campos Medina Maia, *Ação coletiva passiva*, Rio de Janeiro, Lumen Juris, 2009. p. 146-147.

Art. 104 | CÓDIGO BRASILEIRO DE DEFESA DO CONSUMIDOR

[10b] COISA JULGADA, QUESTÕES PREJUDICIAIS E PROCESSOS COLETIVOS – Uma importante inovação do Código de Processo Civil de 2015 foi introduzida no regime dos limites objetivos da coisa julgada pelos arts. 503 e 504, que determinam que a questão prejudicial fará coisa julgada, observado o contraditório prévio e efetivo, se o juízo competente para julgar a questão principal o for também para a questão prejudicial. Como é sabido, questão prejudicial é aquela que se apresenta incidentemente no processo, e cuja solução constitui antecedente lógico para resolver a questão principal. Assim por exemplo, a questão da paternidade em relação aos alimentos, ou a questão da existência da propriedade como antecedente do pedido reivindicatório. Pelo CPC de 1973 a questão prejudicial era excluída da abrangência da coisa julgada (art. 469, III) a não ser que sobre ela fosse apresentada uma ação declaratória incidental (arts. 5º, 325 e 470).

Sem dúvida, também pode haver questões prejudiciais nos processos coletivos. Assim, por exemplo, a da invalidade do contrato como prejudicial do pedido de restituição de mensalidades escolares; ou a questão da posse como prejudicial à principal, de indenização pelos danos sofridos pelos habitantes de determinada localidade; ou à questão da existência de patrimônio cultural, em relação à reconstituição dos bens lesados. E, observados os requisitos dos arts. 503 e 504, a coisa julgada coletiva também poderá estender-se às questões prejudiciais.

Mas atenção: a eficácia da sentença e a coisa julgada sobre questões prejudiciais, no processo coletivo, só poderão valer no plano coletivo (excluindo, a nosso ver, até mesmo as pretensões individuais de que se beneficiem os membros do grupo, categoria ou classe de pessoas nos termos do art. 103, § 3º do CDC), pois em eventual processo individual as partes seriam outras, e a coincidência da competência do juízo poderá não ocorrer, como por exemplo na prejudicial de (in)constitucionalidade, cujo conhecimento direto é afeto exclusivamente ao STF.

> **Art. 104.** As ações coletivas, previstas nos incisos I e II do parágrafo único do art. 81, não induzem litispendência [1][2][3] para as ações individuais, mas os efeitos da coisa julgada *erga omnes* ou *ultra partes* a que aludem os incisos II e III do artigo anterior [4] não beneficiarão os autores das ações individuais, se não for requerida sua suspensão no prazo de trinta dias, a contar da ciência nos autos do ajuizamento da ação coletiva. [5][6]

COMENTÁRIOS

[1] IDENTIDADE TOTAL OU PARCIAL DE DEMANDAS – O fenômeno da identidade – total ou parcial – de demandas não é estranho ao âmbito das ações que se prestam à tutela de direitos e interesses metaindividuais (difusos, coletivos ou individuais homogêneos). Pelo contrário, a atribuição de legitimação a diferentes entes jurídicos para pleitos que afetam uma pluralidade de pessoas deu novas cores, por assim dizer, a um tema que, sob a ótica mais restrita dos litígios individuais, fora antes tratado com apuro técnico pela doutrina processual.

Esse apontado fenômeno, como se sabe, considera os denominados elementos individuadores da demanda – *partes, causa de pedir* e *pedido* –, desaguando em temas como os da *litispendência, conexão, continência, prejudicialidade* e *coisa julgada*. Esta última e aquela primeira estão associadas à chamada "tríplice identidade", quando se repete demanda idêntica a uma já proposta (por julgar ou já julgada); ambas têm um efeito negativo, impedindo que um mesmo litígio seja apreciado mais de uma vez pelo Judiciário. Nas demais hipóteses indicadas, a identidade é apenas parcial, e terá como consequência a adoção de providências tendentes a preservar a harmonia de decisões e a economia processual.

Capítulo IV · DA COISA JULGADA | **Art. 104**

Não há dúvida de que o fenômeno da identidade – total ou parcial – pode ocorrer no âmbito das ações coletivas: não apenas entre elas e as ações individuais, mas bem ainda entre as próprias ações de cunho metaindividual, isto é, entre diferentes ações populares, entre ações civis públicas e, dada a interpenetração de umas e outras, entre ambas.

[2] IDENTIDADE TOTAL OU PARCIAL ENTRE DEMANDAS COLETIVAS – Tomando-se o confronto entre a ação popular e a ação civil pública, por exemplo, parece inafastável que, entre ambas, pode existir identidade; parcial ou até mesmo total. É evidente que entre uma ação civil pública intentada pelo Ministério Público, e outra, intentada por uma associação, tendo ambas o mesmo objeto e a mesma causa de pedir, haverá relação de litispendência. Mas esta identidade de demandas também pode ocorrer entre uma ação civil pública e um mandado de segurança coletivo, ou até entre uma ação civil pública e uma ação popular: conforme já tive oportunidade de observar, na ação civil pública intentada para a defesa da moralidade pública e a ação popular constitucional, por exemplo, poderá haver conexão (identidade de pedido ou causa de pedir – art. 55 do NCPC, correspondente ao art. 103 do CPC/1973), ou continência (se um pedido for mais amplo do que outro – art. 56 do NCPC, correspondente ao art. 104 do CPC/1973): aqui, também, a pedra de toque para o exame dos nexos entre as ações é dada pela *análise do pedido e da causa de pedir*. Por outras palavras, o que importa nesses casos, conforme sempre oportuna lição de Kazuo Watanabe, é verificar "o que o autor da demanda coletiva traz para o processo. Vale dizer, o seu objeto litigioso" (v. *retro*, comentários ao art. 81, nº 7).

Tal constatação não cede diante da diversidade no polo ativo da demanda, uma vez que, do ponto de vista subjetivo, tanto no confronto entre duas ações civis públicas como entre uma ação civil pública e um mandado de segurança coletivo ou uma ação popular, os respectivos autores *agem como substitutos processuais da coletividade*. Trata-se de legitimações extraordinárias, disjuntivas e concorrentes, podendo ser exercidas por qualquer dos legitimados, em nome próprio e no interesse da coletividade, mas podendo versar ambas sobre o mesmo objeto ou a mesma causa de pedir. Nessas ações, é preciso considerar a "parte ideológica", portadora em juízo de direitos e interesses de que é titular uma pluralidade de indivíduos.

A multiplicidade dessas ações coletivas, versando uma mesma situação de Direito Material respeitante a uma pluralidade de pessoas, pode gerar – não é difícil entrever – situações insustentáveis ou, nas felizes e atualíssimas palavras de Kazuo Watanabe, "contradições tão flagrantes de julgados" que "povo algum terá estrutura suficiente para absorver com tranquilidade e paciência por muito tempo". Desarmonia dessa ordem põe em sério risco o próprio prestígio do Poder Judiciário, que dificilmente teria "condições bastantes para resistir por muito tempo a tamanho desgaste" (v. nº 7 dos comentários ao art. 81).

Além disso, conforme lembra o referido processualista, essa mesma multiplicidade – quando não adequadamente tratada pelo sistema processual – "comprometeria, sem qualquer razão plausível, o objetivo colimado pelo legislador, que foi o de tratar molecularmente os conflitos de interesses coletivos, em contraposição à técnica tradicional de solução atomizada, para com isso conferir peso político maior às demandas coletivas, solucionar mais adequadamente os conflitos coletivos, evitar decisões conflitantes e aliviar a sobrecarga do Poder Judiciário, atulhado de demandas fragmentárias" (nº 7 dos comentários ao art. 81).

Tais considerações, como visto, podem ser feitas a propósito de diferentes ações populares, de diversas ações civis públicas, de distintos mandados de segurança coletivos[66] ou, ainda,

---

[66] Nesse sentido, já se pronunciou o STJ, diante da pluralidade de ações populares voltadas contra leilão de privatização, conforme se infere do julgado inserto na RSTJ 50/25. Assim também o acórdão inserto na RJSTJ 66/50, considerando hipótese de ações civis públicas, assim ementado: "Conflito de competência.

Art. 104 | CÓDIGO BRASILEIRO DE DEFESA DO CONSUMIDOR

no cotejo de umas com outros: a diversidade subjetiva do autor, substituto processual da coletividade, não infirma, de modo algum, a ocorrência de fenômenos como os da conexão, continência ou mesmo da litispendência. O que importa é determinar o *objeto do processo* trazido pelo demandante, conforme a *causa de pedir* e o *pedido* contidos na inicial. A partir desses elementos é que será possível aferir o fenômeno da identidade – total ou parcial –, impondo providências que impeçam duplicidade ou desarmonia de julgamentos, previstas nos arts. 54 a 59 (correspondem aos arts. 102 a 106 do CPC/1973) e 485, V, do NCPC (correspondente ao art. 267, V, do CPC/1973).

Assim, embora o CDC não regule expressamente o assunto (corretamente, aliás), o Código de Processo Civil oferece resposta às questões oriundas da identidade parcial ou total de ações coletivas.

[3] IDENTIDADE PARCIAL ENTRE A DEMANDA COLETIVA E AS INDIVIDUAIS – O art. 104 do CDC cuida da concomitância de uma ação coletiva em defesa de interesses ou direitos difusos e coletivos, em confronto com as ações individuais (ver *infra* nº 1). A segunda possibilidade – qual seja, a concomitância de processos individuais em relação a um processo coletivo em defesa de interesses ou direitos individuais homogêneos – deve ser resolvida pelas regras do Código de Processo Civil. Trataremos deste último assunto no nº 6, *infra*.

[4] O ERRO DE REMISSÃO DO ART. 104 – O art. 104 trata da questão da litispendência que poderia ocorrer entre as ações coletivas, previstas nos incs. I e II do parágrafo único do art. 81 e as ações exercidas a título individual pelos consumidores ou pelas vítimas.

Observe-se e retifique-se, antes de mais nada, um erro de remissão contido no art. 104: a referência do dispositivo aos "efeitos da coisa julgada *erga omnes* ou *ultra partes* a que aludem os *incs. II e III do artigo anterior*" deve ser corrigida como sendo à coisa julgada "a que aludem os *incs. I, II e III do artigo anterior*", e isto porque a coerência interna do dispositivo exige a relação entre a primeira e a segunda remissão, pelo que não se pode excluir da segunda a menção ao inc. I do art. 103 que, ademais, se sujeita ao mesmo regime previsto no inc. II. Quando muito, poder-se-ia entender a segunda remissão como feita aos incs. I e II do art. 103, levando em conta a própria ordem de indicação dos efeitos da coisa julgada (*erga omnes* e *ultra partes*) seguida pelo dispositivo. Como veremos, entenda-se a segunda remissão como sendo aos incs. I, II e III do art. 103, ou I e II do mesmo dispositivo; a interpretação do dispositivo não muda (v. *infra*, número seguinte). Mas o que não se pode é excluir a referência ao inc. I do art. 103.

[5] EXCLUSÃO DA LITISPENDÊNCIA – A primeira regra do dispositivo é no sentido da exclusão da litispendência, no cotejo entre as ações coletivas em defesa de interesses difusos e coletivos e as ações individuais, numa perfeita aplicação do disposto nos §§ 1º, 2º, 3º e 4º do art. 337 do NCPC (correspondente ao art. 301, §§ 1º, 2º e 3º, do CPC/1973), que exigem, para a caracterização do fenômeno, a tríplice *eadem* (partes, objeto e causa de pedir), inocorrente na hipótese: aqui, o objeto dos processos é inquestionavelmente diverso, consistindo nas ações coletivas na reparação ao bem indivisivelmente considerado, ou na obrigação de fazer ou não fazer, enquanto as ações individuais tendem ao ressarcimento pessoal. Quanto à relação de continência relativamente aos sujeitos ativos, v. comentário nº 6 ao mesmo art. 104.

Ações civis públicas. Anulação de contrato para refinanciamento de dívida e anulação de cláusula da mesma avença. Continência. Reunião dos processos. Juízo da causa mais abrangente. Configurada a continência entre as duas ações, pela identidade quanto às partes e à causa de pedir, o objeto de uma, por ser mais amplo, abrange o da outra, recomendando-se a reunião dos processos, ante a possibilidade de decisões contraditórias."

Capítulo IV · DA COISA JULGADA | **Art. 104**

Todavia, o Código oferece duas opções ao demandante a título individual:

a) pretendendo o autor prosseguir em sua ação individual, ficará excluído da decisão a ser proferida na ação coletiva. Mesmo sendo ela favorável e projetando-se seus efeitos *erga omnes* ou *ultra partes* (nos termos dos incs. I a III do art. 103, c/c seus §§ 1º e 2º), o autor que já pôs em juízo sua ação individual e que pretenda vê-la prosseguir em seu curso não será beneficiado pela coisa julgada que poderá eventualmente formar-se na ação coletiva. A ação individual pode continuar seu curso, por inexistir litispendência, mas o autor assume os riscos do resultado desfavorável (excepcionando expressamente o Código ao princípio geral da extensão subjetiva do julgado, *in utilibus*);[67]

b) se o autor preferir, poderá requerer a suspensão do processo individual, no prazo de 30 dias a contar da ciência, nos autos, do ajuizamento da ação coletiva. Nesse caso, será ele beneficiado pela coisa julgada favorável que se formar na ação coletiva.[68] Sendo improcedente a ação coletiva, o processo individual retomará seu curso, podendo ainda o autor ver acolhida sua demanda individual. Tudo coerentemente com os critérios da extensão subjetiva do julgado *secundum eventum litis* adotados pelo Código.

A suspensão do processo individual, no caso da alínea *b, supra,* não tem limites temporais, perdurando pelo tempo necessário ao trânsito em julgado da sentença coletiva.

Será possível, ao autor que requereu a suspensão do processo individual, solicitar seu prosseguimento, antes do julgamento da ação coletiva? A hipótese é perfeitamente imaginável, como no caso de superveniência de uma sentença desfavorável de primeiro grau, a prenunciar a formação de uma coisa julgada negativa na ação coletiva.

O Código não enfrenta explicitamente a questão, cuja resposta pode, porém, ser encontrada nos seus próprios princípios: assim, todo o enfoque da nova lei, como instrumento de proteção e defesa do consumidor (art. 1º), com o reconhecimento de sua vulnerabilidade (art. 4º, inc. I), aliado à previsão da "facilitação da defesa de seus direitos" (art. 6º, inc. VIII), leva a responder afirmativamente à indagação *supra.*

Observe-se, finalmente, que a regra do § 1º do art. 22 da Lei do Mandado de Segurança (Lei nº 12.016/2009) destoa do disposto no CDC, quando determina: "O mandado de segurança coletivo não induz litispendência para as ações individuais, mas os efeitos da coisa julgada não beneficiarão o impetrante a título individual se este não requerer a *desistência* de seu mandado de segurança no prazo de 30 (trinta) dias a contar da ciência comprovada da impetração da segurança coletiva". Muito mais drástica a regra especial.

[6] AÇÕES COLETIVAS DE RESPONSABILIDADE CIVIL E AÇÕES REPARATÓRIAS INDIVIDUAIS: CONTINÊNCIA E COISA JULGADA – A regra do art. 104, que não inclui a menção ao inc. III do parágrafo único do art. 81, e mais o fato de que o legislador teve de dizer expressamente que a sentença coletiva do inc. III do art. 103 não prejudica os interessados a título individual (v. § 2º do art. 103), levam à conclusão de que a questão da relação entre a ação coletiva de responsabilidade civil e as ações reparatórias individuais deve ser resolvida pela aplicação dos princípios processuais.

---

[67] O Código adota, aqui, o critério norte-americano denominado *opt out*: v. supra, comentário nº 1 ao Capítulo II do Título III.

[68] É o sistema que nos Estados Unidos da América se chamaria de *opt in*: v. supra, comentário nº 1 ao Capítulo II do Título III.

Art. 104 | CÓDIGO BRASILEIRO DE DEFESA DO CONSUMIDOR

Sustentamos, de nossa parte, que a resposta estaria na reunião dos processos ou, quando esta não fosse possível, pela suspensão prejudicial, tudo em virtude da continência. E dissemos, em edições anteriores desta obra:

"Aqui a situação é diferente da que ocorre com as ações em defesa de interesses difusos e coletivos, onde o objeto do processo (indenização ao bem indivisivelmente considerado; obrigação de fazer ou não fazer) é diferente do objeto da ação individual (indenização pelos danos pessoalmente sofridos). Agora, o que se tem é uma ação coletiva reparatória aos indivíduos pessoalmente lesados, onde o objeto mesmo do processo consiste na condenação, genérica, a indenizar as vítimas pelos danos ocasionados. O pedido da ação coletiva *contém* os pedidos individuais, formulados nas distintas ações reparatórias, no que respeita ao reconhecimento do dever de indenizar.

A hipótese é regida pelo art. 104 do CPC [art. 56 do NCPC]. Com relação às partes, há coincidência perfeita dos sujeitos passivos e, quanto aos sujeitos ativos, a identidade resulta da circunstância de que o legitimado à ação coletiva é o *adequado representante* de todos os membros da classe, sendo portador, em juízo, dos interesses de cada um e de todos. Talvez se possa falar, na espécie, de uma nova hipótese de continência, a aplicar-se também aos sujeitos ativos, porquanto a parte ideológica, portadora em juízo dos direitos ou interesses individuais homogêneos, abrange todos os seus titulares. A identidade da causa de pedir é evidente. E o objeto da ação coletiva, mais amplo, abrange o das ações individuais.

No entanto, julgados há que negam a existência de litispendência e de continência em casos que tais, na base da suposta inocorrência de identidade de partes.[69]

Insistimos na presença da continência. E esta resolve-se, pelo art. 105 do CPC [correspondente aos arts. 55, 57 e 58 do NCPC], no sentido da obrigatória reunião dos processos,[70] ficando preventa a competência do juízo perante o qual tiver primeiro ocorrido a citação válida (art. 219, CPC, [correspondente aos arts. 59, 240 e 241 do NCPC]).[71] É o que se dará com as ações individuais reparatórias quando do ajuizamento de uma ação coletiva com o mesmo objeto.[72]

A comparação jurídica, aliás, aponta hoje a nítida tendência no sentido de atribuir ao mesmo juízo a competência para o processo e julgamento das ações individuais de responsabilidade civil, que se apoiem no mesmo fundamento, em conjunto com as de grupo, exatamente para evitar julgados contraditórios."[73]

---

[69] Assim decidiu a 28ª Vara Cível de São Paulo, no Processo nº 72/93, ao cotejar a ação coletiva movida pelo IDEC, como substituto processual, para compelir o Banco Itaú a pagar a diferença da correção monetária à coletividade de poupadores em caderneta de poupança, em confronto com outro processo, em que o IDEC figurava como representante processual de seus associados. Do mesmo teor é a sentença de primeiro grau proferida no Processo nº 594/93 da 31ª Vara Cível de São Paulo, entre IDEC e Banco Crefisul, negando, pela mesma razão, a litispendência.

[70] Sobre o caráter imperativo da reunião dos processos, v. Celso Agrícola Barbi, *Comentários ao CPC*, Rio de Janeiro, Forense, vol. I, tomo II, 1975, ps. 464 e 468.

[71] A norma do art. 106 do CPC, que excepciona à regra geral do art. 219, utilizando o critério do primeiro despacho ordenatório da citação na hipótese de juízes com a mesma competência territorial (v. Celso Barbi, op. cit., ps. 468-470), aplica-se à conexão, mas não à continência.

[72] Ver, quanto à competência territorial para a ação coletiva de responsabilidade civil, relativa e, portanto, modificável, comentário ao art. 93.

[73] Bryant G. Garth, no Relatório geral sobre as ações de grupo apresentado ao XII Congresso de Direito Comparado, Montreal, agosto de 1990, aponta, com base nos relatórios nacionais de David Harland (Austrália) e Mary Kay Kane (Estados Unidos da América), como recente conquista no campo das ações coletivas de responsabilidade civil, a reunião dos processos perante o mesmo juízo (ps. 16 e 20).

Capítulo IV · DA COISA JULGADA | **Art. 104**

No entanto, há divergências doutrinárias sobre essa linha de pensamento,[74] reconhecendo-se apenas a prejudicialidade entre a demanda coletiva e as individuais. Por outro lado, não há dúvida de que a reunião, ao processo coletivo, das demandas individuais poderia acarretar retardamentos na ação coletiva que, como foi apontado, exige a desconsideração da situação pessoal dos interessados para ser proferida uma sentença genérica, ficando relegadas para o processo de liquidação as questões individuais.[75]

O argumento de política judiciária é relevante: a ação coletiva poderia ser comprometida e embaraçada pelas ações individuais propostas, além da circunstância da inviabilidade da reunião de processos, que podem ser milhares.

Assim, parece efetivamente melhor resolver a questão da concomitância da ação coletiva em defesa de interesses individuais homogêneos e das ações individuais pelas regras da prejudicialidade: ou seja, os processos individuais permanecerão suspensos nos termos do art. 313, V, a, do NCPC (correspondente ao art. 265, IV, *a*, do CPC/1973).

Na 9ª edição desta obra, a respeito do tema, havíamos escrito:

"Mas essa suspensão sujeita-se ao prazo máximo de um ano, previsto no art. 265, § 5º, do CPC [correspondente ao art. 313, §§ 4º e 5º, do NCPC]. Decorrido o prazo, as ações individuais de responsabilidade civil deverão retomar seu curso, numa fiel aplicação dos dispositivos do estatuto processual civil.[76]

A solução do art. 104, no cotejo entre a ação coletiva em defesa de interesses ou direitos individuais homogêneos e as ações reparatórias individuais, desdobra-se, portanto, nas seguintes hipóteses:

a) o autor individual pede a suspensão do processo, optando por ser incluído na coisa julgada coletiva ou opta pelo prosseguimento de sua ação, ficando excluído da coisa julgada coletiva, ainda que favorável (v. *supra*, comentário nº 5 ao art. 104);

b) preferindo prosseguir em sua ação individual, estabelece-se com a ação coletiva o nexo de prejudicialidade, que leva à suspensão prejudicial do processo individual;

c) não se dando a reunião dos processos, e superado o prazo de um ano para a suspensão da demanda individual, poderá haver coisas julgadas contraditórias, no caso de o autor perder sua demanda individual e existir uma coisa julgada positiva, no processo coletivo.

Vejamos como se resolve esta última hipótese. Aqui, há uma contradição, não apenas lógica, mas também prática, entre os dois julgados: a sentença da ação individual, pela improcedência, e a sentença coletiva, que reconheceu o dever de indenizar, *erga omnes*. O demandante não pode ser, ao mesmo tempo, prejudicado e beneficiado por sentenças contraditórias, sob pena de se configurar – agora sim – a hipótese criticada por Schwab e Barbosa Moreira (v. *supra*, comentário nº 8 ao § 3º do art. 103).

Por isso, a melhor interpretação do art. 104 é aquela que corrige a segunda remissão, como sendo aos incs. I, II e III do art. 103 (v. *supra*, comentário anterior). Mas ainda que assim não se faça, os próprios princípios sobre a coisa julgada impedirão que o demandante se sujeite a comandos praticamente contraditórios. Fica evidente, portanto, que, se não tiver pedido a suspensão do processo individual, que acabou resultando em sua derrota, não poderá ser favorecido pela coisa julgada que se formou na ação coletiva.

---

[74] V. Antonio Gidi, *Coisa julgada e litispendência em ações coletivas*, São Paulo, Saraiva, 1995, ps. 207 e segs.; Luiz Paulo da Silva Araújo Filho, *Ações coletivas*: a tutela jurisdicional dos direitos individuais homogêneos, Rio de Janeiro, Forense, 2000, ps. 155 e segs.

[75] Silva Araújo, op. cit., p. 156.

[76] Contra a solução indicada, Antonio Gidi, *Coisa julgada e continência*, cit., ps. 212 e segs.

Art. 104 | CÓDIGO BRASILEIRO DE DEFESA DO CONSUMIDOR

Assim sendo, é possível que ocorram, na terceira hipótese (indicada sob a alínea *c*), decisões até certo ponto contraditórias. Até certo ponto, observe-se, porque a sentença favorável da ação coletiva faz coisa julgada *quanto à premissa* da condenação individual: ou seja, quanto ao dever de indenizar e à condenação genérica dela decorrente, premissas lógicas do direito à reparação de pessoa determinada, que ainda pode não se consubstanciar. E, neste caso, o demandante que perdeu a ação individual simplesmente não poderá proceder à liquidação, em virtude da expressa menção do art. 104 – entendendo-se a segunda remissão como incluindo o inc. III do art. 103 – ou por força dos princípios processuais que não admitem a contradição prática entre julgados."[77]

Mais recentemente, alguns juízos e tribunais, na concomitância de ações individuais – por vezes, milhares de ações individuais –, com um ou mais processos coletivos, vinham adotando a prática de suspender de ofício a tramitação das ações individuais, dando preferência ao julgamento da ação coletiva, de modo a aplicar às primeiras a decisão proferida nesta.

Nesta linha de pensamento, merece destaque importante pronunciamento do STJ,[78] cuja ementa é a seguinte:

> "Recurso repetitivo. Processual civil. Recurso especial. Ação coletiva. Macrolide. Correção de saldos de cadernetas de poupança. Sustação de andamento de ações individuais. Possibilidade.
>
> 1. Ajuizada ação coletiva atinente a macrolide geradora de processos multitudinários, suspendem-se as ações individuais, no aguardo do julgamento da ação coletiva.
>
> 2. Entendimento que não nega vigência aos arts. 51, IV e § 1º, 103 e 104 do Código de Defesa do Consumidor; 122 e 166 do Código Civil; e 2º e 6º do Código de Processo Civil, com os quais se harmoniza, atualizando-lhes a interpretação extraída da potencialidade desses dispositivos legais ante a diretriz legal resultante do disposto no art. 543-C do Código de Processo Civil, com a redação dada pela Lei dos Recursos Repetitivos (Lei nº 11.672, de 8.5.2008). 3.- Recurso Especial improvido."

Vê-se daí que as ações individuais foram e ficarão suspensas *até o julgamento do processo coletivo*, utilizando-se para tanto a técnica do chamado "caso piloto", prevista nos arts. 1.036, 1.037, § 4º, 1.038, 1.040 e 1.041 do NCPC (correspondentes ao art. 543-C do CPC/1973), que se aplica aos recursos repetitivos. Uma solução criativa, mas que não se embasa no art. 104 do CDC.

A propósito, aludida Corte parece manter a mencionada compreensão, pois, em seus julgados mais recentes, tem considerado necessária a devida ciência ao juízo em que se processa a ação individual, concluindo que compete à parte ré da ação coletiva "dar ciência aos interessados da existência dessa Ação Coletiva, momento no qual começa a correr o prazo de 30 dias para a parte Autora postular a suspensão do feito individual". No ponto:

> "Processual civil. Recurso especial. Servidor público. Incorporação de quintos e décimos. Execução de título judicial oriundo de ação coletiva. Suspensão da ação individual nos termos do art. 104 do CDC. Necessidade de ciência inequívoca dos autores da ação individual. Recurso especial desprovido.
>
> 1. Ao disciplinar a execução de sentença coletiva, o art. 104 do Código de Defesa do Consumidor (Lei 8.078/90) dispõe que os Autores devem requerer a suspensão da Ação Individual

---

[77] V. Celso Neves, *Contribuição ao estudo da coisa julgada civil*, Tese, São Paulo, 1970, ps. 429 e segs. V. também, especificamente sobre a questão da incompatibilidade lógica e da incompatibilidade prática entre sentenças, Ada Pellegrini Grinover, *Eficácia e autoridade da sentença penal*, cit., ps. 12-14.

[78] REsp nº 1.110.549-RS, 2ª Seção, rel. Min. Sidnei Beneti, j. 28.10.2009.

Capítulo IV · DA COISA JULGADA | **Art. 104**

que veicula a mesma questão em Ação Coletiva, a fim de se beneficiarem da sentença que lhes é favorável no feito coletivo. **Todavia, compete à parte Ré dar ciência aos interessados da existência dessa Ação Coletiva, momento no qual começa a correr o prazo de 30 dias para a parte Autora postular a suspensão do feito individual.**

2. Na hipótese dos autos, omitiu-se a parte Ré de informar o juízo no qual tramitava a Ação Individual acerca da existência da Ação Coletiva proposta pela Associação Nacional dos Servidores da Justiça do Trabalho – ANAJUSTRA, a fim de propiciar ao Autor a opção pela continuidade ou não daquele primeiro feito. Desta feita, à míngua da ciência inequívoca, não há como recusar à parte Autora a extensão dos efeitos *erga omnes* decorrentes da coisa julgada na Ação Coletiva.

3. Recurso Especial da União desprovido". (REsp 1.593.142/DF, 1ª T., Rel. Min. Napoleão Nunes Maia Filho, j. 7.6.2016, *DJe* 21.6.2016 – grifos acrescidos.)

Seguindo tal orientação, o Tribunal não admitiu o ingresso de autor de ação individual (que não manifestou interesse na suspensão do processo) na fase de execução coletiva:

"Processual civil. Sentença coletiva. Requerimento de ingresso na fase executiva. Demanda individual anterior. Opção por continuidade. Extensão dos efeitos. Impossibilidade.

[...]

2. O art. 104 do CDC preceitua que o titular da ação individual não será beneficiado com a procedência da ação coletiva se não requerer a suspensão do feito no prazo de trinta dias contados da ciência do ajuizamento da demanda coletiva.

3. Caso em que a Corte de origem rejeitou o pleito de ingresso do agravante na fase de cumprimento de sentença de demanda coletiva em razão de ação individual anterior proposta em litisconsórcio ativo e ao final julgada improcedente na qual, mesmo intimado para manifestar-se sobre a suspensão supracitada, optou por dar-lhe continuidade.

4. *Se a parte preferiu prosseguir na lide individual, não pode beneficiar-se, na fase executiva, do cumprimento de sentença proferida em demanda coletiva, sob pena de furtar-se ao desfecho da sentença de mérito que lhe foi desfavorável.*

[...]

6. Agravo interno desprovido". (AgInt no REsp 1.425.712/PR, 1ª T., Rel. Min. Gurgel de Faria, j. 8.6.2017, *DJe* 7.8.2017.)

Contudo, considera o STJ que a incidência do disposto no art. 104 do CDC deve ocorrer nos casos de propositura da ação coletiva após o ajuizamento de ações individuais. Nesse sentido: REsp 1.653.095/RJ, 2ª T., Rel. Min. Herman Benjamin, j. 21.3.2017, *DJe* 24.4.2017.

Em decisões posteriores, o Superior Tribunal de Justiça tem confirmado o posicionamento em torno da suspensão do processamento das ações individuais, chegando a firmar *tese repetitiva* sobre o assunto. Nesse aspecto, cita-se o acórdão proferido para o Recurso Especial (repetitivo) 1.525.327/PR, 2ª Seção, Rel. Min. Luis Felipe Salomão, j. 12.12.2018, *DJe* 1º.3.2019, que se encontra assim ementado:

"RECURSO ESPECIAL REPRESENTATIVO DE CONTROVÉRSIA. AÇÃO INDIVIDUAL DE INDENIZAÇÃO POR SUPOSTO DANO AMBIENTAL NO MUNICÍPIO DE ADRIANÓPOLIS. AÇÕES CIVIS PÚBLICAS. TUTELA DOS DIREITOS INDIVIDUAIS HOMOGÊNEOS. EVENTO FACTUAL GERADOR COMUM. PRETENSÕES INDENI-

Art. 104 | CÓDIGO BRASILEIRO DE DEFESA DO CONSUMIDOR

ZATÓRIAS MASSIFICADAS. EFEITOS DA COISA JULGADA. INEXISTÊNCIA DE PRE-JUÍZO À REPARAÇÃO DOS DANOS INDIVIDUAIS E AO AJUIZAMENTO DE AÇÕES INDIVIDUAIS. CONVENIÊNCIA DA SUSPENSÃO DOS EFEITOS INDIVIDUAIS. EXISTÊNCIA.

1. A tese a ser firmada, para efeito do art. 1.036 do CPC/2015 (art. 543-C do CPC/1973), é a seguinte: *Até o trânsito em julgado das Ações Civis Públicas* n. 5004891-93.2011.4004.7000 e n. 2001.70.00.019188-2, em tramitação na Vara Federal Ambiental, Agrária e Residual de Curitiba, atinentes à macrolide geradora de processos multitudinários em razão de suposta exposição à contaminação ambiental decorrente da exploração de jazida de chumbo no Município de Adrianópolis-PR, *deverão ficar suspensas as ações individuais.*

2. No caso concreto, recurso especial não provido".

Capítulo V

DA CONCILIAÇÃO
NO SUPERENDIVIDAMENTO [1]

Roberto Pfeiffer

Art. 104-A. A requerimento do consumidor superendividado pessoa natural, o juiz poderá instaurar processo de repactuação de dívidas, com vistas à realização de audiência conciliatória, [2] presidida por ele ou por conciliador credenciado no juízo, com a presença de todos os credores de dívidas previstas no art. 54-A deste Código, na qual o consumidor apresentará proposta de plano de pagamento com prazo máximo de 5 (cinco) anos, preservados o mínimo existencial, nos termos da regulamentação, e as garantias e as formas de pagamento originalmente pactuadas.

§ 1º Excluem-se do processo de repactuação as dívidas, ainda que decorrentes de relações de consumo, oriundas de contratos celebrados dolosamente sem o propósito de realizar pagamento, bem como as dívidas provenientes de contratos de crédito com garantia real, de financiamentos imobiliários e de crédito rural. [4]

§ 2º O não comparecimento injustificado de qualquer credor, ou de seu procurador com poderes especiais e plenos para transigir, à audiência de conciliação de que trata o *caput* deste artigo acarretará a suspensão da exigibilidade do débito e a interrupção dos encargos da mora, bem como a sujeição compulsória ao plano de pagamento da dívida se o montante devido ao credor ausente for certo e conhecido pelo consumidor, devendo o pagamento a esse credor ser estipulado para ocorrer apenas após o pagamento aos credores presentes à audiência conciliatória. [5]

§ 3º No caso de conciliação, com qualquer credor, a sentença judicial que homologar o acordo descreverá o plano de pagamento da dívida e terá eficácia de título executivo e força de coisa julgada. [6]

§ 4º Constarão do plano de pagamento referido no § 3º deste artigo:

I – medidas de dilação dos prazos de pagamento e de redução dos encargos da dívida ou da remuneração do fornecedor, entre outras destinadas a facilitar o pagamento da dívida;

Art. 104-A | CÓDIGO BRASILEIRO DE DEFESA DO CONSUMIDOR

II – referência à suspensão ou à extinção das ações judiciais em curso;

III – data a partir da qual será providenciada a exclusão do consumidor de bancos de dados e de cadastros de inadimplentes;

IV – condicionamento de seus efeitos à abstenção, pelo consumidor, de condutas que importem no agravamento de sua situação de superendividamento.

§ 5º O pedido do consumidor a que se refere o *caput* deste artigo não importará em declaração de insolvência civil [7] e poderá ser repetido somente após decorrido o prazo de 2 (dois) anos, contado da liquidação das obrigações previstas no plano de pagamento homologado, sem prejuízo de eventual repactuação.

COMENTÁRIOS

[1] TRATAMENTO DO SUPERENDIVIDAMENTO – A Lei n. 14.181/2021 não se limitou a introduzir normas de prevenção ao superendividamento, que funcionam como uma efetiva vacina, mas também inovou ao estabelecer normas de tratamento, que tem por objetivo remediar a situação de superendividamento.

Seria um regime incompleto estabelecer apenas regras de prevenção ao superendividamento. Em primeiro lugar, porque infelizmente nem todos os deveres relacionados ao crédito responsável serão estritamente observados pelos fornecedores, o que ocasionará situações de superendividamento que imporão tanto a revisão (naquilo que for ilícito) quanto a repactuação da dívida (quanto à parte lícita da dívida).

Ademais, mesmo que todos os deveres sejam estritamente obedecidos, poderão ocorrer contingências na vida do consumidor que acarretem a situação de superendividamento. Trata-se dos acidentes da vida, como o desemprego, a doença pessoal ou familiar, a separação litigiosa, que ocasionam a perda de renda necessária para fazer frente às dívidas anteriormente contraídas.

Por isto, é essencial a previsão de um sistema de tratamento do superendividamento, que permita ao consumidor superar a dramática condição de ter dívidas que superem a sua capacidade de pagamento, estabelecendo assim um plano de pagamento que permita o restabelecimento de sua capacidade financeira com a preservação da verba necessária a fazer frente ao mínimo existencial.

É interessante pontuar que o Banco Mundial expressamente reconhece a necessidade de institucionalizar mecanismos de tratamento do superendividamento que envolvam negociações em bloco para repactuar dívidas através de um plano de pagamento que envolva o conjunto de credores do superendividado.[1]

No plano nacional, a autoridade de regulação financeira, o Banco Central do Brasil, igualmente defendeu a introdução de tratamento do superendividamento no país.[2]

E a introdução do tratamento do superendividamento não podia mais tardar, já que o endividamento e a inadimplência das famílias brasileiras infelizmente atingiram números recordes.

---

[1] Ver, a propósito: *World Bank Report on the Treatment of the Insolvency of Natural Persons*. Disponível em: https://openknowledge.worldbank.org/handle/10986/17606. Acesso em: 21 jun. 2021.

[2] Disponível em: https://www.bcb.gov.br/content/cidadaniafinanceira/documentos_cidadania/serie_cidadania/serie_cidadania_financeira_6_endividamento_risco.pdf. Acesso em: 10 jul. 2021.

Capítulo V · DA CONCILIAÇÃO NO SUPERENDIVIDAMENTO | Art. 104-A

Assim, de acordo com a Pesquisa de Endividamento e Inadimplência do Consumidor (Peic), realizada no mês de setembro de 2021 pela Confederação Nacional do Comércio de Bens, Serviços e Turismo, o percentual de famílias brasileiras endividadas correspondeu a 74%, representando um novo recorde, com substancial aumento em relação ao índice de agosto (72,9%). O aumento correspondeu quase 7% se comparado ao índice de setembro de 2020 (67,2%), o que mostra um crescente aumento da oferta e do consumo de crédito no país.[3]

Por seu turno, no período de setembro de 2020 a setembro de 2021, o percentual de inadimplência tem variado entre 26,6% e 24,5%, o que significa que cerca de um quarto das famílias brasileiras estão em atraso no pagamento de suas dívidas.

Em termos de direito comparado, há dois modelos tradicionais de tratamento do superendividamento: 1. o modelo dos Estados Unidos, conhecido como *fresh start* (recomeçar do zero), que essencialmente estabelece o perdão da dívida para os consumidores superendividados; 2. o modelo europeu do *earned start* (recomeço conquistado), simbolizado sobretudo pelo sistema francês da *novelle départ* (novo recomeço), que não acarreta o perdão da dívida, mas sim a sua quitação (ao menos de seu principal) por intermédio de um plano de pagamento que permita a quitação com a preservação de parcela da renda do consumidor para fazer frente às despesas relacionadas ao mínimo existencial pessoal e familiar.[4]

Nos Estados Unidos, a lei de falência possui dispositivos aplicáveis às pessoas físicas, e faz parte da tradição a possibilidade de conferir ao consumidor superendividado a oportunidade de um "novo começo" (*fresh start*) que lhes permita zerar os seus débitos e, assim, novamente tornar-se agente ativo da economia de mercado.[5]

Assim, como pontuado pela jurisprudência dos Estados Unidos, a política do *fresh start* confere ao "devedor honesto, mas desafortunado, que ficou desprovido de propriedades no momento da falência pessoal, uma nova oportunidade na vida e um campo aberto para esforços futuros, desimpedidos pela pressão e desestímulo de dívidas preexistentes".[6]

Há bastante pragmatismo na política do *fresh start*, pois se trata de devedores desprovidos de bens que pudessem garantir as dívidas e cuja renda também é insuficiente para quitá-las. Assim, em tais situações há um perdão, que libera o consumidor para fazer girar a roda da economia, que, nos Estados Unidos, tem no consumo um elemento de suma importância na composição de seu Produto Interno Bruto.[7]

Porém, a política passou a sofrer algumas críticas, principalmente por não haver investigação das causas do superendividamento e, consequentemente, gerar menos incentivos para mudanças de comportamento dos fornecedores na concessão e dos consumidores na aquisição do crédito.[8]

---

[3] Disponível em: https://g1.globo.com/economia/noticia/2021/10/04/endividamento-atinge-percentual-recorde-de-familias-em-setembro-aponta-cnc.ghtml. Acesso em: 22 out. 2021.

[4] Sobre a perspectiva comparada entre os dois modelos ver: RAMSAY, Iain. Comparative Consumer Bankruptcy. *University of Illinois Law Review*, v. 2007, p. 241-273. Disponível em: http://www.illinoislawreview.org/wp-content/ilr-content/articles/2007/1/Ramsay.pdf. Acesso em: 20 maio 2020.

[5] Ver, a propósito: DICKERSON, A. Mechele, Consumer Over-Indebtedness: A U.S. Perspective (October 2, 2008). *Texas International Law Journal*, v. 43, p. 135, 2008. Disponível em: https://papers.ssrn.com/sol3/papers.cfm?abstract_id=1496571. Acesso em: 3 ago. 2021.

[6] Local Loan Co. v. Hunt, 292 US 234, 244 (1934).

[7] Por exemplo, tomando-se dados de 2006, a diferença entre o que os americanos produziram e o que consumiram foi quase igual a toda a produção anual do Brasil. Ver: WORLD DEVELOPMENT INDICATORS DATABASE, WORLD BANK 1 (2007). Disponível em: http://siteresources.worldbank.org/DATASTATISTICS/Resources/GDP.pdf. Acesso em: 06 jun. 2021.

[8] WARREN, Elizabeth. Bankruptcy Policymaking in an Imperfect World, *Michigan Law Review*, n. 92, p. 336, 1993.

Art. 104-A | CÓDIGO BRASILEIRO DE DEFESA DO CONSUMIDOR

Foi, então, promulgado o *Bankruptcy Abuse Prevention and Consumer Protection Act* (BAPCPA) em 2005, que modificou parte da lei de falências dos Estados Unidos, o que aproximou o regime estadunidense do modelo europeu.

A motivação seria na excessiva permissividade da solicitação de *fresh start*, sendo na visão dos congressistas importante incutir o dever de pagamento dos débitos e de modificação de hábitos.

A reforma instituiu requisitos substancialmente mais severos para que o consumidor possa escolher o sistema da seção 7, que lhe permite o perdão da dívida, não ficando tão livre quanto antes para fazer a escolha. Assim, aumentaram as hipóteses nas quais ao invés do perdão completo da dívida há a necessidade de efetivar um plano de pagamento negociado com os seus credores, sendo, assim, uma maneira de estimular uma maior educação financeira e prevenir comportamentos de má-fé.

Antes da reforma os consumidores tinham praticamente o controle completo da opção de decidir entre o pagamento de algumas das dívidas ao longo de um período de três a cinco anos em um plano de pagamento, nos termos regrados pela seção 13 da lei de falências, ou se queriam um rápido cancelamento de suas dívidas em um processo regido pela seção 7. Obviamente, a maior parte preferia a opção pelo perdão da dívida e, assim, a reforma estabeleceu requisitos bem mais estritos para os consumidores terem acesso à seção 7, conduzindo um número maior de superendividados à utilização do plano de pagamento disciplinado pela seção 13 da lei de falências, que guarda semelhança com o modelo europeu.[9]

Foi, assim, introduzido um complexo teste quantitativo ao qual os devedores necessitam se submeter e que leva em consideração o conjunto e perfil dos débitos e a renda do consumidor. Assim, o teste filtra os casos em que o superendividado tem o direito ao perdão das dívidas ou, alternativamente, deve proceder ao processo de consecução de um plano de pagamento que quite pelo menos parte substancial delas.

Criou-se também a obrigação de todos os consumidores participarem de uma orientação acerca de práticas financeiras responsáveis, dada por órgãos credenciados pelo Office of the United States Trustee.[10]

De qualquer forma, ainda que tenha promovido reformas que o aproximaram do sistema europeu, é possível sim afirmar o caráter único do sistema dos Estados Unidos, na medida em que há ainda substanciais hipóteses que permitem o perdão da dívida, de forma muito mais ampla do que a observada no sistema europeu.

Ainda que reconhecendo a distinção entre modelos adotados em seus países, com significativas distinções entre eles, a doutrina admite a existência de um modelo continental europeu de tratamento da dívida, que seria baseado na ideia do "recomeço conquistado" (*earned start*),[11] uma vez que como regra geral não é previsto o perdão da dívida, mas sim a sua quitação (ao menos do principal) através de um plano de pagamento que estabeleça prestações que se alongam por vários anos e que se encaixam na capacidade de pagamento do consumidor, respeitada a reserva do necessário para fazer frente ao mínimo existencial.

---

[9] Ver, a propósito: DICKERSON, A. Mechele, Consumer Over-Indebtedness: A U.S. Perspective (October 2, 2008). *Texas International Law Journal*, v. 43, p. 144, 2008. Disponível em: https://papers.ssrn.com/sol3/papers.cfm?abstract_id=1496571. Acesso em: 03 ago. 2021.

[10] Ver: U.S. Trustee Program: List of Credit Counseling Agencies Approved Pursuant to 11 U.S.C. § 111. Disponível em: http://www.usdoj.gov/ust/eo/bapcpa/ccde/cc_approved.htm. Acesso em: 15 mar. 2021.

[11] Expressão utilizada por RAMSAY, Iain. Comparative Consumer Bankruptcy. *University of Illinois Law Review*, v. 2007, p. 241-273. Disponível em: http://www.illinoislawreview.org/wp-content/ilr-content/articles/2007/1/Ramsay.pdf. Acesso em: 20 maio 2020.

Capítulo V · DA CONCILIAÇÃO NO SUPERENDIVIDAMENTO | Art. 104-A

Ao repelir, como regra geral, o perdão da dívida, introduzir medidas de reeducação financeira, mas ao mesmo tempo preocupar-se com a factibilidade do pagamento da dívida e a preservação do mínimo existencial, o modelo europeu "parece desenhado para dar aos consumidores um incentivo para modificar seus hábitos de consumo e fazer melhor escolhas de gastos, mas também arcar com o pagamento de parte dos débitos cuja concessão tenha sido licitamente efetivada"[12]

Por tais motivos, ao invés de utilizarem a expressão "falência", as leis europeias optam pela utilização de expressões como "ajuste da dívida", prevendo, como regra geral, a sua quitação (ainda que não integral) por intermédio de um plano de pagamento.[13]

Por outro lado, o sistema europeu preocupa-se com o estabelecimento de normas preventivas, direcionadas tanto aos fornecedores de crédito quanto aos consumidores.[14]

Do ponto de vista dos fornecedores, há a introdução de uma série de normas que disciplinam o crédito responsável, impondo uma série de obrigações aos fornecedores para a concessão de crédito ao consumidor, que inclui, por exemplo, a informação adequada e detalhada sobre as características da modalidade de crédito, seus custos e a consequência do inadimplemento, bem como os deveres de aconselhamento e a repressão ao assédio ao consumidor.

O extenso conjunto de obrigações e deveres dos fornecedores como forma de prevenção do superendividamento é simbolizado pela Diretiva 2008/48/EC, que impôs a harmonização da legislação dos países membros da União Europeia sobre contratos de crédito ao consumidor, que, assim, possuem leis relacionadas ao crédito responsável.

Do ponto de vista do consumidor, a visão não é meramente pragmática no sentido de simplesmente liberar a sua capacidade de gastos no mercado do consumo, que é uma premissa importante do *fresh start* dos Estados Unidos, mas sim a de estimular a educação financeira, buscando a modificação de hábitos, o aumento dos conhecimentos e informações sobre a dinâmica e consequências da tomada de crédito, que assim atenuem os riscos a que ele incorra novamente na situação de superendividamento.

A expressão *earned start* ("recomeço conquistado") deriva do fato de ser exigida a quitação de ao menos parte da dívida através do plano de pagamento e a previsão de uma etapa de educação e aconselhamento financeiro antes do pedido de repactuação da dívida, presente em quase todos os programas de tratamento do superendividamento dos países europeus.

Com exceção do Reino Unido, não haveria um sistema de "perdão de dívidas". Porém, como destacado anteriormente, nota-se a tendência a uma maior aproximação dos modelos americano e europeu. Assim, se o modelo americano buscou restringir a amplitude do *fresh start*, estabelecendo requisitos mais rígidos para a sua implantação, ampliando as hipóteses de exigência de quitação de parcela da dívida por meio de plano de pagamento, há estudos que defendem a introdução de perdão de dívidas em situações ainda mais restritas do que a dos Estados Unidos, vinculadas, por exemplo, à comprovação de ocorrência de acidentes da vida.[15]

---

[12] REIFNER, Udo; Kiesilainen, Johanna; Huls, Nik; Springeneer, Helga. Consumer Over-Indebtedness and consumer law in the European Union, p. 166, 2003. Disponível em: http://www.knl.lv/raksti_data/1147/parskats_ES_2003.pdf. Acesso em: 20 out. 2021.

[13] NIEMI-KIESILAINEN, Johanna. Consumer bankruptcy in comparison: Do we cure a market failure or a social problem? *Osgoode Hall Law Journal*, v. 37, p. 473-503, 1999.

[14] CONDINO, Olivia. Il sovraindebitamento del consumatore. *Il Diritto degli Affari*, E-Book n. 4, Milano, 2013. Disponível em: http://www.ildirittodegliaffari.it/ebook/5. Acesso em: 27 maio 2019.

[15] HULS, Nick. Overindebtedness of Consumers in the EC Member States: Facts and Search for Solutions. *Story Scientia*, 1994, p. 1 e ss.

Art. 104-A | CÓDIGO BRASILEIRO DE DEFESA DO CONSUMIDOR

Há, inclusive, estudos econômicos alertando para situações em que há benefício das partes e da dinâmica econômica no perdão da dívida, principalmente em situações nas quais o processo de cobrança e execução da dívida é fadado ao insucesso.[16]

Porém, não obstante tais ponderações, prevalece na Europa continental o sistema de plano de pagamento, sendo ainda substancialmente excepcional o perdão da dívida.[17]

A Comissão de Juristas optou por um modelo bem mais próximo do europeu, na medida em que introduziu normas de prevenção do superendividamento a fim de institucionalizar o dever do crédito responsável e não estabeleceu como remédio o perdão da dívida, mas sim o plano de pagamento, que preconiza a sua quitação.[18]

Houve grande influência do modelo francês para nortear o procedimento do tratamento, já que ele, a exemplo do adotado pela Lei n. 14.181/2021, é dividido em etapas. A primeira fase é extrajudicial, desenvolvida perante uma Comissão que computa as dívidas do consumidor e, depois de ouvir e identificar todos os credores, elabora um plano para o pagamento da dívida. Sendo exitoso o acordo, há a homologação do acordo por um juiz. Na hipótese de não haver acordo com todos os credores, instaura-se a fase judicial.[19]

Há igualmente no modelo francês a preservação do mínimo existencial (*reste à vivre*) como norteador da elaboração do plano de pagamento, já que são reservadas as quantias necessárias para as correlatas despesas no cálculo da capacidade de pagamento do consumidor.[20]

A lei francesa igualmente preocupa-se com a efetividade das normas de prevenção ao superendividamento e, neste contexto, caso o fornecedor não tenha cumprido os deveres atinentes à concessão responsável de crédito, como, por exemplo, a informação adequada, a obediência ao direito de arrependimento, a avaliação da capacidade econômica de o consumidor tomar o crédito sem o comprometimento de seu mínimo existencial, há o estabelecimento de sanções. Dentre elas merece destaque a perda dos juros, restando a obrigação de devolução apenas do principal da dívida e na forma estabelecida pelo plano de pagamento.[21]

A escolha de qual será a porta de entrada cabe exclusivamente ao consumidor. Poderá, assim, solicitar a repactuação das dívidas perante o Poder Judiciário (art. 104-A) ou junto a órgão oficial do Sistema Nacional de Defesa do Consumidor (art. 104-C). Poderá, ainda, ajuizar diretamente a ação de revisão, integração e repactuação, porém terá que haver a fase de conciliação prévia, antes da decisão judicial.[22]

---

[16] INTERNATIONAL FEDERATION OF INSOLVENCY PROFESSIONALS (INSOL INTERNATIONAL), *Consumer Debt Report. Report of Finding and Recommendations*, London, 2001, p. 15 e ss.

[17] REIFNER, Udo; Kiesilainen, Johanna; Huls, Nik; Springeneer, Helga. Consumer Over-Indebtedness and consumer law in the European Union, p. 66, 2003. Disponível em: http://www.knl.lv/raksti_data/1147/parskats_ES_2003.pdf. Acesso em: 20 out. 2021.

[18] Ver, a propósito: Relatório-Geral. Comissão de Juristas de Atualização do Código de Defesa do Consumidor. Brasília: Senado Federal, 2012, p. 133.

[19] PAISANT, Gilles. A reforma do procedimento de tratamento do superendividamento pela lei de 1 de agosto de 2003 sobre a cidade e a renovação urbana, in *Revista de Direito do Consumidor*, vol. 56, Out./2005, p. 221 e seg.

[20] FLORES, Philippe, A prevenção do superendividamento pelo Código de consumo. *Revista de Direito do Consumidor*, vol. 78, Abr./2011, p. 67.

[21] Ver, por exemplo: COSTA, Clarissa Lima; BERTONCELLO, Karen. *Superendividamento aplicado. Aspectos doutrinários e experiência no Poder Judiciário*. Rio de Janeiro: GZ, 2009, p. 52 e seg.

[22] Sobre o tema veja o Enunciado 23, aprovado na I Jornada CDEA sobre Superendividamento e Proteção do Consumidor UFRGS-UFRJ: "O art. 51, XVII do Código de Defesa do Consumidor, introduzido pela Lei nº 14.181/2021, densifica os direitos fundamentais ao acesso à justiça e à tutela do consumidor em juízo (art. 5º, XXXV e XXXII da Constituição Federal), de modo a impedir que o emprego de meios alternativos de solução de litígios, em âmbito judicial ou extrajudicial, sejam eles baseados em soluções analógicas ou

Capítulo V · DA CONCILIAÇÃO NO SUPERENDIVIDAMENTO | Art. 104-A

Uma tradicional distinção da doutrina europeia foi apenas parcialmente adotada no regime de tratamento do superendividamento no Brasil. Trata-se da distinção entre o superendividamento ativo e passivo. A lei brasileira não nega a possibilidade de tratamento do superendividado ativo, desde que não tenha agido de má-fé.

O superendividado passivo é aquele que ficou na situação exclusivamente por fatores externos, denominados de "acidentes da vida". Assim, no momento da aquisição do crédito a sua situação financeira era equilibrada, mas em razão de um "acidente da vida" como, por exemplo, o desemprego, a perda de renda do profissional liberal ou do trabalhador informal, doença pessoal ou familiar ou separação, o consumidor tem a sua capacidade de pagamento diminuída, sendo insuficiente para fazer frente às dívidas.

Já o superendividado ativo seria aquele que teria de alguma forma contribuído para a situação de superendividamento, adquirindo crédito superior à sua capacidade de pagamento. Assim, no momento da aquisição do crédito, já haveria o comprometimento da possibilidade de sua quitação.

Porém, há a ponderação da efetiva distinção entre comportamento ativo e má-fé. Com efeito, há diversas razões distintas da má-fé que concorrem para o superendividamento ativo.

Por exemplo, pode ter o fornecedor descumprido os seus deveres de crédito responsável, como deixado de informar adequadamente sobre os custos do empréstimo ou acerca das consequências do inadimplemento ou até mesmo sobre a natureza creditícia da avença. É possível, ainda, que o fornecedor tenha falhado no dever de averiguar as condições de recebimento do crédito ou incorrido em oferta enganosa ou em assédio ao consumidor, o que conduz o consumidor a uma contratação sem reflexão.

Deve ainda ser feita referência ao grande esforço de ampliação da oferta de crédito, que assume um papel central na economia de consumo em massa e, assim, é objeto de maciça publicidade, que molda o comportamento dos consumidores.

Portanto, não são todas as hipóteses em que houve aquisição de crédito acima da capacidade de pagamento do consumidor que podem ser atribuídas à sua má-fé, pois há outras diversas razões que contribuíram para que houvesse a contratação do crédito.

Consequentemente, não seria correto restringir o tratamento ao superendividamento passivo. Neste contexto, a lei brasileira excluiu do tratamento apenas as hipóteses de superendividamento ativo nas quais o consumidor tenha agido de má-fé, com o propósito de não realizar o pagamento ou que tenha contraído a dívida para aquisição de produtos ou serviços de luxo de alto valor.

[2] AUDIÊNCIA DE CONCILIAÇÃO NO PROCESSO DE SUPERENDIVIDAMENTO PARA REPACTUAÇÃO DE DÍVIDAS – O anteprojeto da Comissão de Juristas e, consequentemente, o PL n. 283/2012, regrava exclusivamente o tratamento consensual, através de audiência de conciliação com a totalidade dos credores, incluindo o art. 104-A no Código de Defesa do Consumidor em redação bastante semelhante à da norma estabelecida pela Lei n. 14.181/2021, porém sem a exclusão de dívidas efetivada pelo § 1º, introduzido na versão da Câmara dos Deputados e prevendo a sanção de inexigibilidade do débito ao credor que não comparecesse sem justificativa à audiência de conciliação.[23]

---

digitais, possa servir como condição ou forma de limitação ao acesso do consumidor ao Poder Judiciário, sob pena de ofensa à proibição de retrocesso social. (Autores: Guilherme Magalhães Martins e Luis Alberto Reichelt)".

[23] As duas principais diferenças foram a inclusão no *caput* da expressão "nos termos da regulamentação, e as garantias e as formas de pagamento originalmente pactuadas" e o § 1º que traz exclusão de dívidas de financiamento imobiliário e com garantia real.

Art. 104-A | CÓDIGO BRASILEIRO DE DEFESA DO CONSUMIDOR

De qualquer forma, mesmo com as duas modificações acima destacadas, o saldo da tramitação foi positivo. Com efeito, o teor restritivo do alcance do tratamento do superendividamento foi compensado pela inserção do plano de pagamento compulsório previsto no art. 104-B, além da expressa referência à possibilidade de conciliação promovida pelos órgãos públicos do Sistema Nacional de Defesa do Consumidor, o que fortaleceu os seus respectivos Núcleos de Conciliação e Mediação de conflitos oriundos de superendividamento.

Deve haver um fortalecimento na capacitação dos integrantes dos Centros Judiciários de Solução de Conflitos e Cidadania (CEJUSC), que parecem ser as unidades vocacionadas a efetivar a recepção, mediação e conciliação do superendividado com os seus credores.[24]

O tratamento do superendividamento necessariamente será iniciado com uma fase conciliatória, que pode ser tanto judicial (disciplinada no art. 104-A) como extrajudicial (disciplinada pelo art. 104-C).

Inclusive, o Conselho Nacional de Justiça expediu a Recomendação nº 125, de 24/12/2021, cujo art. 1º recomenda aos Tribunais brasileiros a implementação de Núcleos de Conciliação e Mediação de Conflitos oriundos de superendividamento, os quais poderão funcionar perante aos CEJUSCs já existentes, responsáveis principalmente pela realização do procedimento previsto no art. 104-A do Código de Defesa do Consumidor.

Como referido, a conciliação judicial é estabelecida no âmbito do art. 104-A, sendo instaurada a partir de pedido do consumidor, com vistas a acordar com o conjunto dos credores que permita a formatação de um plano de pagamento da dívida.

A conciliação pode ser também efetivada extrajudicialmente, em qualquer núcleo de mediação e conciliação ou perante o órgão de defesa do consumidor no âmbito de processo administrativo, nos termos do art. 104-C do Código de Defesa do Consumidor.

Deve ser afastada a interpretação de que haveria um litisconsórcio necessário com todos os credores. Caso prevalecesse esta, interpretação haveria uma enorme dificuldade para o tratamento do superendividamento, pois nem sempre o consumidor tem a real noção de todos os seus débitos e principalmente de seus credores, notadamente na hipótese de cessão de créditos. Ademais, inúmeras dificuldades podem ser vislumbradas para a intimação de todos os credores para a fase conciliatória ou a citação para a etapa judicial caso seja necessária.

Assim, a eventual ausência de intimação de credores não inviabiliza a homologação do acordo entabulado entre os credores localizados, intimados, presentes na audiência e que transacionaram para a consecução do acordo.

Igualmente, a ausência e citação de credores não impedirá o estabelecimento do plano compulsório em relação a credores identificados e que não tenham entabulado ou sido incluídos no plano de pagamento consensual.[25]

Porém isto não significa que o ideal não seja a identificação, citação e intimação da totalidade dos credores. Muito pelo contrário, o desiderato deve ser identificar e localizar a

---

[24] Mencionamos enunciado aprovado na II Jornada CDEA sobre Superendividamento e Proteção do Consumidor UFRGS-UFRJ: "**Enunciado 18.** Na matriz curricular dos cursos de preparação de conciliadores e mediadores dos CEJUSCs deve haver capacitação específica, qualificando-os para a conciliação no procedimento do superendividamento (art. 104-A, CDC, com a redação dada pela Lei 14.181/2021), a ser implementada, primariamente, pelo CNJ, inclusive à distância, para atender ao maior número possível de CEJUSCs. (Autores: Prof. Me. Ronaldo G. Merighi e Profa. Dra. Clarissa Costa de Lima)".

[25] Na II Jornada CDEA sobre Superendividamento e Proteção do Consumidor UFRGS-UFRJ foi aprovado o Enunciado 9 com a seguinte redação: "O litisconsórcio que se forma entre os credores no processo de repactuação de dívidas previsto nos artigos 104-A e B, da Lei 11.181/21, é do tipo facultativo simples. A falta de indicação de algum credor não impede a homologação de acordo nem, tampouco, inviabiliza a formação do plano compulsório, que apenas reorganizará a relação contratual em relação aos envolvidos no processo. (Autores: Prof. Dr. Paulo Dias de Moura Ribeiro e Profa. Me. Mônica Di Stasi)".

Capítulo V · DA CONCILIAÇÃO NO SUPERENDIVIDAMENTO | **Art. 104-A**

totalidade dos credores para a sua intimação à audiência de conciliação e citação para o processo de revisão, integração e repactuação das dívidas, já que apenas se parcela substancial (e preferencialmente integral) das dívidas forem tratadas e incluídas nos lados consensuais e compulsórios é que será superado o superendividamento.

Assim, o tratamento do superendividamento pode ser definido como o remédio disponibilizado para o consumidor superar a sua condição de superendividado, através de um plano de pagamento da totalidade das dívidas de consumo, obtido de forma consensual ou, na ausência de acordo com a globalidade dos credores, de forma compulsória através de decisão judicial.

Finalmente, é necessário salientar a imediata aplicabilidade dos dispositivos dos arts. 104-A, 104-B e 104-C às situações de superendividamento existentes à época da sua entrada em vigor, independentemente da data em que tenham sido contraídos os créditos que tenham ensejado tal situação.

Assim, não se poderá afastar o tratamento de superendividados de boa-fé que tenham contratado créditos em época anterior à entrada em vigor aos contratos em curso, o que possibilita o tratamento do superendividamento em relação a créditos contratados antes da vigência da lei, sob pena de contrariar o disposto no art. 3º da Lei n. 14.181/2021, que estabelece que os efeitos produzidos após a sua entrada em vigor subordinam-se aos seus preceitos.

A situação de superendividamento é contínua e somente desaparece a partir do momento em que o consumidor passa a ter condições de quitar a dívida sem prejuízo do necessário a fazer frente ao mínimo existencial. Assim, toda a situação de superendividamento advindo de dívidas de consumo que não tenham sido adquiridas de má-fé ou não tenham a natureza de crédito imobiliário, rural ou tenham garantia real, são passíveis de tratamento a partir da vigência da Lei n. 14.181/2021, independentemente da data dos contratos de crédito que ensejaram a situação de superendividamento.

[3] PLANO DE PAGAMENTO – O plano de pagamento é o remédio estabelecido para superendividamento, ministrado através do procedimento do tratamento, seja de forma consensual (art. 104-A e art. 104-C), seja de maneira compulsória.

Ele será assim um documento que descreverá os montantes devidos a cada credor e a forma de pagamento que será efetivada a cada um deles, indicando o número de parcelas e a forma de atualização monetária que incidirá.

Tanto o plano de pagamento consensual homologado pelo juiz a pedido do consumidor e dos credores por intermédio de conciliação e mediação de conflitos oriundos de superendividamento, como o plano de pagamento compulsório imposto às partes por decisão do juiz da causa constituem título executivo judicial, vinculando os credores e o consumidor superendividado e podendo ser executado na hipótese de seu eventual descumprimento.

Vale ressaltar que o conteúdo mínimo do plano de pagamento, apesar de previsto topicamente no art. 104-A, deve ser necessariamente observado tanto pelo: 1. plano de pagamento consensual acordado judicialmente (art. 104-A); 2. plano de pagamento conciliado por intermédio de núcleo de prevenção e tratamento de conflitos oriundos de superendividamento, que seja mantido por órgãos públicos pertencentes ao Sistema Nacional de Defesa do Consumidor (art. 104-C); e 3. plano de pagamento compulsório editado pelo juiz que apreciar a ação de revisão, integração e repactuação de que trata o art. 104-B.

Deste modo, embora o plano de pagamento possa ser obtido de formas diversas, os seus requisitos mínimos são os mesmos e encontram-se espalhados por parágrafos dos arts. 104-A, 104-B e 104-C. Assim, independentemente da forma de sua obtenção, os requisitos mínimos do plano de pagamento são os mesmos, o que faz bastante sentido, uma vez que todos eles são aptos a constituir título executivo judicial: o plano compulsório a partir do trânsito em julgado

889

Art. 104-A | CÓDIGO BRASILEIRO DE DEFESA DO CONSUMIDOR

da decisão que o proferir e os planos consensuais a partir de sua homologação pelo juiz competente, que deverá, assim, observar o cumprimento de todos os seus requisitos.

Assim, o plano de pagamento deverá conter, necessariamente, os seguintes itens estabelecidos pelo § 4º do art. 104-A:

I – medidas de dilação dos prazos de pagamento e de redução dos encargos da dívida ou da remuneração do fornecedor, entre outras destinadas a facilitar o pagamento da dívida;

II – referência à suspensão ou à extinção das ações judiciais em curso;

III – data a partir da qual será providenciada a exclusão do consumidor de bancos de dados e de cadastros de inadimplentes;

IV – condicionamento de seus efeitos à abstenção, pelo consumidor, de condutas que importem no agravamento de sua situação de superendividamento.

É essencial que haja a preservação do mínimo existencial, tal como imposto pelo *caput* do art. 104-A, que vincula a validade de todos os planos de pagamento, mesmo os obtidos através dos procedimentos estabelecidos pelos arts. 104-B e 104-C.

No cálculo da capacidade de pagamento do consumidor necessariamente deverão ser computadas as demais dívidas que o consumidor possui, ainda que excluídas do plano de pagamento, além do valor correspondente às despesas relacionadas com o mínimo existencial.

Deverá, ainda, constar cláusula estabelecendo a carência de dois anos nos quais o consumidor não poderá fazer um novo plano de pagamento, contado da data da liquidação das obrigações.

A norma estimula a educação financeira, a fim de não incentivar qualquer comportamento do consumidor que o leve novamente a uma situação de superendividamento, já que estará ciente da impossibilidade de requerer o tratamento de dívidas durante o período de vigência do plano e após dois anos da liquidação das obrigações acordadas.

No entanto, não há impedimento legal a eventuais modificações no próprio plano de pagamento, desde que acordadas entre as partes em razão de eventuais dificuldades de adimplência não decorrentes de agravamento ativo da situação financeira do consumidor. Porém, tais acordos terão que necessariamente ser homologados pelo juiz, não podendo violar qualquer das normas de validade do plano de pagamento, em especial a preservação do mínimo existencial.

O plano de pagamento consensual corresponde a uma novação. Assim, a suspensão das ações judiciais em curso dá-se até a sua homologação. A partir daí elas devem ser extintas.[26]

O eventual inadimplemento das obrigações gera as consequências nele estabelecidas, não implicando repristinação das dívidas originais, salvo comprovada má-fé, em hipótese que reste claro que o acordo fora firmado com o exclusivo objetivo de furtar-se às dívidas originais, sem intenção de pagamento revelada, por exemplo, pela ausência de quitação de qualquer valor.

[4] DÍVIDAS EXCLUÍDAS DO PLANO DE PAGAMENTO – Apenas as dívidas oriundas de relação de consumo podem ser incluídas no plano de pagamento, ficando, assim, por exemplo, excluídas dívidas tributárias, alimentares, trabalhistas, locatícias e oriundas de condenação criminal ou civil.

O § 1º do art. 104-A excluiu do processo de repactuação as seguintes dívidas, mesmo que decorrentes de relação de consumo: 1. oriundas de contratos celebrados dolosamente sem o

---

[26] Reproduzimos enunciado aprovado na II Jornada CDEA sobre Superendividamento e Proteção do Consumidor UFRGS-UFRJ: "**Enunciado 13.** A sentença que homologar a repactuação consensual (art. 104-A, § 3º), assim como o plano judicial compulsório (art. 104-B), implicam em novação da dívida. A menção à suspensão das ações judiciais em curso (art. 104-A, § 4º, II) refere-se ao período compreendido entre a apresentação do plano e a sua homologação, após a qual haverá novação e consequente extinção de todas as ações em andamento. (Autores: Prof. Luiz Felipe Rossini e Profa. Dra. Dr. h. c. Claudia Lima Marques)".

Capítulo V · DA CONCILIAÇÃO NO SUPERENDIVIDAMENTO | Art. 104-A

propósito de realizar pagamento, 2. provenientes de contratos de crédito com garantia real, 3. de financiamentos imobiliários e 4. de crédito rural. No rol de dívidas excluídas devem ser ainda mencionadas as relacionadas aquisição ou contratação de produtos e serviços de luxo de alto valor (§ 3º do art. 54-A).

No entanto, nos planos consensuais estabelecidos nos arts. 103-A e 103-C não há impedimento à inclusão das dívidas de consumo acima mencionadas, desde que os seus respectivos credores assim aceitarem, dado o caráter consensual. Não se nega ser pouco provável tal aceitação, mas se eles assim o entenderem nada impede a realização do acordo, até mesmo porque eles podem enxergar como mais vantajoso efetivar a repactuação com o consumidor do que ter que propor uma ação de execução judicial, com todos os custos envolvidos.

Porém, a tais credores jamais poderão ser impostas as sanções estabelecidas no art. 104-A em razão de não comparecerem à audiência de conciliação, bem como as dívidas não poderão de modo algum ser incluídas no plano de pagamento compulsório.

Por outro lado, tais contratos de crédito submetem-se integralmente às disposições de prevenção do superendividamento estatuídas pelos arts. 54-A a 54-G do Código de Defesa do Consumidor.

Assim, os fornecedores de financiamentos imobiliários, de créditos com garantia real e de crédito rural que celebrem contratos com consumidores deverão observar os direitos relacionados à prevenção do superendividamento e, assim, o eventual desrespeito suscita a nulidade de cláusulas contratuais discrepantes das normas do CDC, bem como as eventuais transgressões os sujeitam às sanções cabíveis, tanto as do art. 56 do CDC como as estabelecidas no parágrafo único do art. 54-D, ou seja, redução dos juros, dos encargos ou de qualquer acréscimo ao principal e a dilação do prazo de pagamento previsto no contrato original, além de proporcionarem indenização por perdas e danos, patrimoniais e morais.

Uma das consequências da submissão ao regime de prevenção do superendividamento será o dever de os fornecedores de créditos com garantia real, rural e imobiliário informarem adequadamente o consumidor que a tomada de crédito não possibilita o tratamento compulsório das dívidas eventualmente não adimplidas, uma vez que o inciso I do art. 54-D os obriga a informar as consequências genéricas e específicas do inadimplemento.

Cabe mais uma vez ressaltar que a lei brasileira não distinguiu as hipóteses de superendividamento ativo e passivo para fins de tratamento, excluindo do tratamento apenas as hipóteses de superendividamento ativo nas quais o consumidor tenha agido de má-fé, com o propósito de não realizar o pagamento ou que tenha contraído a dívida para aquisição de produtos ou serviços de luxo de alto valor.

Assim, não caberá ao consumidor indicar e comprovar a causa das dívidas objeto de repactuação, ou seja, o motivo que ensejou a aquisição do empréstimo.

Cabe o ônus da prova ao fornecedor demonstrar que houve má-fé do consumidor, representada na celebração dolosa do contrato com o propósito de não realizar o pagamento ou a aquisição de produtos ou serviços de luxo de alto valor.[27]

[5] SANÇÕES PELO NÃO COMPARECIMENTO INJUSTIFICADO – A lei criou fortes incentivos para que os credores compareçam à audiência de conciliação, prevendo sanções caso não o façam.

---

[27] Na II Jornada CDEA sobre Superendividamento e Proteção do Consumidor UFRGS-UFRJ foi aprovado o seguinte enunciado: "**Enunciado 10.** Considerando que o processo por superendividamento para revisão e integração dos contratos é instaurado exclusivamente a pedido do consumidor, e que a boa-fé é o princípio máximo orientador do CDC, além de estar expressamente prevista na própria definição de superendividamento contida no artigo 54-A, parágrafo 1º, tem-se por desnecessária a indicação da causa das dívidas objeto do pedido de repactuação. (Autores: Min. Paulo Dias de Moura Ribeiro e Mônica Di Stasi)".

Art. 104-A | CÓDIGO BRASILEIRO DE DEFESA DO CONSUMIDOR

Para o objetivo de um tratamento efetivo, essencial é o comparecimento de todos os credores à audiência de conciliação, pois a superação do superendividamento depende de um plano de pagamento que englobe a totalidade das dívidas.

Assim, a possibilidade de alcançar um acordo que englobe todas as dívidas somente se dá caso todos os credores participem da audiência.

A norma visa também mitigar o incentivo a um comportamento oportunista do credor de não comparecer à audiência e executar isoladamente a totalidade do seu crédito, enquanto os demais se compõem com o consumidor.

Para evitar que o credor obtenha vantagem com a sua ausência, o § 2º do art. 104-A estabelece as seguintes sanções ao não comparecimento injustificado de qualquer credor, ou de seu procurador com poderes especiais e plenos para transigir, à audiência de conciliação: 1. a suspensão da exigibilidade do débito; 2. a interrupção dos encargos da mora; e 3. a sujeição compulsória ao plano de pagamento da dívida se o montante devido ao credor ausente for certo e conhecido pelo consumidor; 4. o pagamento a esse credor ocorrerá apenas após o pagamento aos credores presentes à audiência conciliatória.

Assim, em razão da suspensão de exigibilidade da dívida o credor não poderá executar a dívida, que ficará congelada, pois haverá também a interrupção dos encargos da mora (multa e juros moratórios e correção monetária) a partir da data da audiência na qual não compareceu.

Haverá ainda a inclusão automática do principal da dívida do credor ausente no plano de pagamento, caso o montante seja certo e conhecido pelo consumidor, sendo reembolsado apenas ao final do plano, depois de os credores que participaram do acordo terem sido pagos.

Porém, para que tais consequências do não comparecimento incidam, o consumidor necessita saber o *quantum* exato da dívida, o que é raro em razão da assimetria de informações.

Como não há consenso com o credor, não poderá ser incluído montante inferior ao valor do principal da dívida, incidindo por analogia o disposto no § 4º do art. 104-B do CDC.

[6] TÍTULO EXECUTIVO JUDICIAL – Uma vez firmado o plano de pagamento com a totalidade ou com parcela dos credores, ele será enviado ao juiz competente para a sua homologação, após a qual terá eficácia de título executivo judicial e força de coisa julgada.

A mesma dinâmica vale para o plano de pagamento consensuado em audiência de conciliação realizada no âmbito de núcleo de conciliação e mediação no âmbito de órgão público do Sistema Nacional de Defesa do Consumidor (art. 104-C), que também é passível de homologação pelo juiz competente, hipótese em que também será revestido dos efeitos de coisa julgada e da natureza de título executivo judicial. Seria pertinente o desenvolvimento de convênios entre os órgãos de proteção do consumidor e o Tribunal de Justiça do respectivo Estado que permitam o envio do plano de pagamento diretamente pelo Núcleo responsável pela conciliação para sua homologação judicial.

[7] INSOLVÊNCIA CIVIL – Uma questão de fundamental importância é se há aplicabilidade das normas que regem a insolvência civil.

O art. 955 do Código Civil determina que deverá ser procedida a declaração de insolvência toda vez que as dívidas excedam à importância dos bens do devedor.

Por seu turno, os arts. 955 a 965 do Código Civil estabelecem uma série de regras que disciplinarão as preferências e privilégios creditórios.

O procedimento especial para a declaração judicial de insolvência ainda é disciplinado pelos arts. 748 a 786 do Código de Processo Civil de 1973 (Lei n. 5.869/1973).

Capítulo V · DA CONCILIAÇÃO NO SUPERENDIVIDAMENTO | **Art. 104-B**

Entendemos que a declaração de insolvência não se aplica ao consumidor superendividado, em que pese a semelhança da situação de superendividamento com a de insolvência, uma vez que em ambas a quantidade das dívidas supera o patrimônio e a capacidade de pagamento.

Com efeito, o § 5º do art. 104-A expressamente afasta a aplicação do instituto da insolvência civil do regime do superendividamento, ao estabelecer que o pedido do consumidor de instauração do processo de repactuação de dívidas não importará em declaração de insolvência civil.

Ainda que não houvesse norma afastando de modo expresso e claro a insolvência, ela não seria aplicável às dívidas advindas de relação de consumo passíveis de tratamento.

Ocorre que o Código de Defesa do Consumidor, ao ser atualizado pela Lei n. 14.181/2021, veio a disciplinar a situação de superendividamento e seu consequente tratamento de maneira distinta da disciplinada pela insolvência no Código Civil e no Código de Processo Civil.

O Código de Defesa do Consumidor é lei de natureza especial e, assim, as suas disposições sobre o tratamento do superendividamento prevalecem sobre as normas que disciplinam a insolvência no que tange às dívidas advindas de relações de consumo passíveis de serem tratadas e comporem o respectivo plano de pagamento.

Ainda que não fosse acatada a tese da especialidade das normas do Código de Defesa do Consumidor, o que se admite apenas para argumentar, a técnica do diálogo das fontes determinaria a aplicação dos dispositivos que regem o tratamento do superendividamento, por se tratar de norma mais favorável ao consumidor.

> **Art. 104-B.** Se não houver êxito na conciliação em relação a quaisquer credores, o juiz, a pedido do consumidor, instaurará processo por superendividamento para revisão e integração dos contratos e repactuação das dívidas [1] remanescentes mediante plano judicial compulsório [2] e procederá à citação de todos os credores cujos créditos não tenham integrado o acordo porventura celebrado.
>
> § 1º Serão considerados no processo por superendividamento, se for o caso, os documentos e as informações prestadas em audiência.
>
> § 2º No prazo de 15 (quinze) dias, os credores citados juntarão documentos e as razões da negativa de aceder ao plano voluntário ou de renegociar.
>
> § 3º O juiz poderá nomear administrador, [3] desde que isso não onere as partes, o qual, no prazo de até 30 (trinta) dias, após cumpridas as diligências eventualmente necessárias, apresentará plano de pagamento que contemple medidas de temporização ou de atenuação dos encargos.
>
> § 4º O plano judicial compulsório assegurará aos credores, no mínimo, o valor do principal devido, corrigido monetariamente por índices oficiais de preço, e preverá a liquidação total da dívida, após a quitação do plano de pagamento consensual previsto no art. 104-A deste Código, em, no máximo, 5 (cinco) anos, sendo que a primeira parcela será devida no prazo máximo de 180 (cento e oitenta) dias, contado de sua homologação judicial, e o restante do saldo será devido em parcelas mensais iguais e sucessivas.

COMENTÁRIOS

[1] PROCESSO POR SUPERENDIVIDAMENTO PARA REVISÃO E INTEGRAÇÃO DOS CONTRATOS E REPACTUAÇÃO DAS DÍVIDAS – O art. 104-B não constava do

Art. 104-B | CÓDIGO BRASILEIRO DE DEFESA DO CONSUMIDOR

anteprojeto da Comissão de Juristas, não sendo, assim, inserido no PLS 283/2012. O dispositivo foi incluído já no Substitutivo do Senado ao PLS 283/2012, tendo o relator acatado a sugestão da Comissão Especial de Acompanhamento dos Anteprojetos de Atualização do CDC do Instituto Brasileiro de Política e Defesa do Consumidor (BRASILCON).

A inclusão foi extremamente importante, pois dá uma solução adequada para as dívidas de consumo que não forem objeto de plano de pagamento consensual.

Dispõe o *caput* do art. 104-B que "se não houver êxito na conciliação em relação a quaisquer credores, o juiz, a pedido do consumidor, instaurará processo por superendividamento para revisão e integração dos contratos e repactuação das dívidas".

A primeira questão a ser observada é que o artigo expressamente alude à cumulação de pedidos: podem ser efetivados no mesmo processo a cumulação dos pedidos de revisão, integração e repactuação das dívidas.

Evidentemente, a cumulação é facultativa. Assim, o consumidor superendividado pode, se assim o desejar, pleitear exclusivamente a repactuação das dívidas, na hipótese de entender não existirem vícios ou nulidades que maculem a contratação do crédito.

Porém, é salutar que o Juiz, se identificar possíveis vícios e nulidades, determine a emenda da petição inicial, a fim de incluir os respectivos pedidos.

Entendemos, de toda sorte, possa o Juiz reconhecer de ofício as nulidades e vícios que determinariam a revisão e integração dos contratos de crédito que deram origem ao superendividamento, caso as identifique no curso da lide.

Da mesma forma, em ações em que o pedido for exclusivamente a revisão e integração de contratos de concessão de crédito e o juiz identificar situação de superendividamento, poderá determinar a emenda a inicial para que seja incluído o pedido de repactuação, bem como a inclusão da totalidade de credores e, imediatamente após o aditamento do pedido e respectiva citação e contestação dos réus, designar audiência de conciliação nos moldes do art. 104-A do CDC.

O amparo ao poder do Juiz estaria no art. 51 do CDC, interpretado sistematicamente com o art. 104-B, na medida em que permite expressamente a cumulação de pedidos e determina o seu poder/dever de elaborar o plano de pagamento. Poderá ser imprescindível à viabilidade do plano de pagamento judicial a revisão e integração de parte das dívidas contraídas e, assim, deixar de integrarem o montante previsto no plano de pagamento.

Neste particular, deve ser revista a Súmula 381 do STJ, que estabelece que "Nos contratos bancários, é vedado ao julgador conhecer, de ofício, da abusividade das cláusulas".

Ao menos no processo judicial de revisão, integração e repactuação de dívidas, parece-nos que a incidência da súmula deveria ser revista, sob pena de diminuir a efetividade do tratamento do superendividamento.[28]

Não se defende a supressão do contraditório. Assim, o juiz, antes de reconhecer nulidades ou vícios não suscitados na petição inicial e que ensejem a revisão e integração de créditos para a sua posterior repactuação, poderá determinar a emenda da inicial para que passe a integrar os pedidos e, assim, haja plena observância do contraditório e ampla defesa do credor.

---

[28] Ressaltamos o Enunciado 2 aprovado na I Jornada CDEA sobre Superendividamento e Proteção do Consumidor UFRGS-UFRJ: "A Lei 14.181/21 reforça a dimensão constitucional do dever de proteção do Estado ao consumidor (art. 5º, XXXII da CF/1988) e o princípio da prevenção e tratamento do superendividamento pressupõe a aplicação *ex officio* das regras do Código de Defesa do Consumidor em caso de superendividamento do consumidor pessoa natural (art. 4º, X e art. 5º, VI do CDC), superando a Súmula 381 do Superior Tribunal de Justiça. (Autora: Claudia Lima Marques)".

Capítulo V · DA CONCILIAÇÃO NO SUPERENDIVIDAMENTO | Art. 104-B

Há como compatibilizar o dispositivo com o art. 10 do atual Código de Processo Civil (CPC), segundo o qual "o juiz não pode decidir, em grau algum de jurisdição, com base em fundamento a respeito do qual não se tenha dado às partes oportunidade de se manifestar, ainda que se trate de matéria sobre a qual deva decidir de ofício".

Assim, deverá o juiz sempre oportunizar que o credor se manifeste sobre matéria relacionada à nulidade de cláusula contratual, podendo decidir de ofício, porém jamais sem a prévia manifestação do credor.

Por outro lado, o respeito ao contraditório e ao devido processo legal impede o reconhecimento de ofício de nulidade pelo Tribunal caso a matéria não tenha sido previamente discutida em primeira instância, sendo, por outro lado, pertinente a tese de que possa haver a determinação da devolução dos autos para que a discussão passasse a ser instaurada.

O Juiz pode, ainda, determinar a emenda da petição inicial para que seja incluído pedido de imposição da revisão-sanção estabelecida no parágrafo único do art. 54-D, na hipótese de desrespeito aos deveres dos arts. 52, 54-B e 53-D, bem como de indenização por danos materiais e morais na hipótese de desrespeito a qualquer direito estabelecido na legislação de proteção do consumidor e que tenha causado dano material ou moral.

Outra hipótese de determinação de emenda à inicial dá-se em relação a ações revisionais propostas e que não contenham o pedido de repactuação da dívida remanescente nas quais poderá o juiz determinar a emenda da inicial para incluir a repactuação.[29]

Uma outra discussão diz respeito à imprescindibilidade de prévia tentativa de conciliação, diante da expressão "se não houver êxito na conciliação em relação a quaisquer credores".

O curso natural será que haja previamente a solicitação de conciliação, seja no âmbito judicial (art. 104-A), seja no âmbito extrajudicial (art. 104-C).

Como já existem e deverão ser instalados Núcleos de Mediação e Conciliação, será bastante natural a sua procura por consumidores em situação de superendividamento, sendo assim a princípio a porta natural de entrada e, assim, a propositura da ação judicial de revisão, integração e repactuação de dívidas seria o segundo estágio do tratamento, se houve a frustração do acordo em relação a alguns credores.

Porém, ainda que eventualmente o consumidor ajuíze diretamente uma ação pleiteando a revisão, integração e repactuação, sem antes ter havido a tentativa de conciliação, não será hipótese de extinção do feito por falta de condição da ação, mas sim de designação de audiência de conciliação, nos termos e no rito do art. 104-A do CDC.

Neste contexto, apenas se frustrada a conciliação é que a ação judicial prosseguiria para a apreciação dos pedidos do autor.

Serão citados para integrarem o processo judicial todos os credores cujos créditos não tenham integrado o acordo porventura celebrado.

Assim, serão incluídos no processo judicial tanto os credores que foram intimados para a audiência de conciliação e não compareceram, como aqueles que, embora tenham participado da tentativa de conciliação com ela não aquiesceram.

---

[29] Destaco enunciado aprovado na II Jornada CDEA sobre Superendividamento e Proteção do Consumidor UFRGS-UFRJ: "**Enunciado 15.** Considerando que créditos são contratos de trato sucessivo e segundo o art. 3º da Lei 14.181/2021 esta é aplicável aos efeitos atuais dos contratos em curso, nas ações em curso e revisionais, deve ser dada ao consumidor a possibilidade de emenda da petição inicial para adaptar ao rito especial da Lei 14.181/2021, se a fase processual permitir, ou, em caso negativo, optar pela desistência da ação e introdução de nova demanda sob o rito da Lei 14.181/2021, visando a preservação de seu mínimo existencial. (Autora: Profa. Dra. Karen D. Bertoncello)".

No entanto, apenas os credores que não compareceram é que ficarão sujeitos à sanção estabelecida no § 2º do art. 104-A, ou seja, "a suspensão da exigibilidade do débito e a interrupção dos encargos da mora" e o recebimento dos valores apenas após o pagamento aos credores presentes na audiência conciliatória.

Já a sujeição ao plano de pagamento compulsório alcança a todos os credores que não aquiesceram com o plano consensual, tenham ou não comparecido à audiência de conciliação.

Não serão citados os credores das dívidas que não são sujeitas a tratamento e, assim, não podem ser incluídas no plano de pagamento, tanto as mencionadas no § 1º do art. 104-A, ou seja, as oriundas de contratos celebrados dolosamente sem o propósito de realizar pagamento, bem como as dívidas provenientes de contratos de crédito com garantia real, de financiamentos imobiliários e de crédito rural.

Para o ajuizamento da ação de de repactuação e revisão, será imprescindível a postulação por intermédio de advogado, diante do que estabelece o art. 133 da Constituição Federal, não parecendo que o rito especial do art. 104-B comporte a competência do Juizado Especial Cível.

A competência para homologar o plano de pagamento consensual e para apreciar a ação de revisão, integração e repactuação de dívidas a princípio é da Justiça Estadual, salvo se exclusivamente estiver na causa a Caixa Econômica Federal, ou seja, a instituição financeira controlada pelo Governo Federal for a única credora.

Mesmo na hipótese de estar a Caixa Econômica Federal com outros credores, haveria o deslocamento da competência para a Justiça Estadual, em razão da conveniência de ser instalado um juízo universal, em analogia ao que ocorre nos processos de recuperação judicial e de falência.[30]

Parece-nos, por outro lado, que há uma provável tendência de parcela substancial, senão a totalidade, dos consumidores em situação de superendividamento fazerem jus aos benefícios da justiça gratuita e, consequentemente, aos serviços da Defensoria Pública e da sua rede credenciada de advogados dativos.

Com efeito, o critério para a concessão dos benefícios da gratuidade é a parte não dispor de recursos para pagar as custas, as despesas processuais e os honorários advocatícios (art. 98 do Código de Processo Civil).

Por seu turno, a condição de superendividado é definida pelo art. 54-A, § 1º, do CDC como a impossibilidade manifesta de o consumidor pessoa natural, de boa-fé, pagar a totalidade de suas dívidas de consumo, exigíveis e vincendas, sem comprometer seu mínimo existencial.

Assim, o superendividado está em uma situação de não poder custear as despesas judiciais e honorários advocatícios sem prejuízo de seu sustento e do mínimo existencial, fazendo jus aos benefícios da justiça gratuita, havendo diversos precedentes jurisprudenciais neste sentido.[31]

---

[30] Merece menção o enunciado aprovado na II Jornada CDEA sobre Superendividamento e Proteção do Consumidor UFRGS-UFRJ: "**Enunciado 16.** Em respeito ao juízo universal, as ações de superendividamento do consumidor conforme a Lei 14.181/2021 em trâmite na Justiça Federal, analogicamente as causas de falências e recuperação extrajudicial, podem ser processadas na Justiça Estadual. (Autora: Profa. Dra. Karen D. Bertoncello)".

[31] Ver, por exemplo: "AGRAVO DE INSTRUMENTO. ASSISTÊNCIA JUDICIÁRIA GRATUITA. GANHOS DA PARTE AUTORA QUE SUPERAM CINCO SALÁRIOS MÍNIMOS. COMPROVAÇÃO DE DESPESAS EXTRAORDINÁRIAS QUE AUTORIZEM A CONCESSÃO DE AJG. Apesar da parte autora demonstrar remuneração mensal acima de cinco salários mínimos, comprova possuir diversos empréstimos que limitam seu recebimento líquido mensal. No caso concreto a parte autora comprova situação de superendividamento, o que lhe impossibilita suprir suas necessidades básicas e arcar com as custas da lide. Agravo de

Capítulo V · DA CONCILIAÇÃO NO SUPERENDIVIDAMENTO | Art. 104-B

Na ação de que trata o art. 104-B, poderá ser cumulado ao pedido de revisão, integração e repactuação pedido de indenização por danos materiais e morais, caso tenha havido desrespeito aos deveres e direitos estabelecidos na legislação de defesa do consumidor e, em especial, às normas de prevenção do superendividamento, como expressamente permite o art. 54-D.

A requerimento da parte, o juiz poderá, ainda, aplicar as sanções previstas no art. 54-D, parágrafo único, na hipótese de desrespeito às disposições do seu *caput* ou aos arts. 52 e 54-C do CDC: redução dos juros, dos encargos ou de qualquer acréscimo ao principal e a dilação do prazo de pagamento previsto no contrato original, conforme a gravidade da conduta do fornecedor e as possibilidades financeiras do consumidor.

Há diversos exemplos de revisões de contratos de crédito que podem ser cumuladas com a repactuação. Por exemplo, por violação a qualquer dos deveres relacionados à prevenção do superendividamento estatuídos pelos arts. 54-A a 54-G do Código de Defesa do Consumidor.

Porém, há possibilidade de revisão dos contratos por transgressão a outros dispositivos do Código de Defesa do Consumidor, como, por exemplo, a ausência de informação adequada acerca da capitalização diária de juros remuneratórios, que torna nula a cláusula que a prevê, por violação ao CDC, como expressamente reconhecido pela jurisprudência do STJ.[32]

O art. 104-B estabelece um procedimento especial, sendo, assim, inaplicáveis normas do Código de Processo Civil que com ele conflitem. É a hipótese, por exemplo, do art. 330, §§ 2º e 3º, do Código de Processo Civil, que exige, sob pena de inépcia da inicial, a discriminação do valor incontroverso do débito e a continuidade do pagamento no tempo e modo contratados, o que não é possível no caso do consumidor superendividado, que normalmente já está inadimplente no momento da propositura da ação.[33]

O procedimento especial regrado pelo art. 104-B igualmente afasta a competência do Juizado Especial Cível, nos termos expressos do art. 51, II, da Lei n. 9.099/1995 e Enunciado 8 do FONAJE.[34]

[2] PLANO DE PAGAMENTO JUDICIAL COMPULSÓRIO – Na hipótese de não ser consensuado o plano de pagamento na audiência de conciliação e sendo instaurado o

---

instrumento provido." (TJRS, Agravo de Instrumento n. 70083178590, Vigésima Quinta Câmara Cível, Rel. Eduardo Kothe Werlang, j. 18.02.2020). No mesmo sentido: TJRS, Agravo de Instrumento n. 70084075191, Vigésima Quinta Câmara Cível, Rel. Ricardo Pippi Schmidt, j. 28.07.2020).

[32] STJ, REsp 1.826.463/SC, Rel. Min. Paulo de Tarso Sanseverino, j. 14.10.2020. Transcrevemos o seguinte trecho da ementa: "1. Controvérsia acerca do cumprimento de dever de informação na hipótese em que pactuada capitalização diária de juros em contrato bancário. 2. Necessidade de fornecimento, pela instituição financeira, de informações claras ao consumidor acerca da periodicidade da capitalização dos juros adotada no contrato, e das respectivas taxas. 3. Insuficiência da informação acerca das taxas efetivas mensal e anual, na hipótese em que pactuada capitalização diária, sendo imprescindível, também, informação acerca da taxa diária de juros, a fim de se garantir ao consumidor a possibilidade de controle *a priori* do alcance dos encargos do contrato. Julgado específico da Terceira Turma. 4. Na espécie, abusividade parcial da cláusula contratual na parte em que, apesar de pactuar as taxas efetivas anual e mensal, que ficam mantidas, conforme decidido pelo acórdão recorrido, não dispôs acerca da taxa diária".

[33] Destacamos o Enunciado 21 aprovado na I Jornada CDEA sobre Superendividamento e Proteção do Consumidor UFRGS-UFRJ: "O processo por superendividamento para revisão e integração dos contratos e repactuação das dívidas previsto no art. 104-A e 104-B do CDC, com a redação dada pela Lei 14.181/21, é procedimento especial e não se aplicam as disposições contidas nos §§ 2º e 3º do art. 330 do CPC/15, que imporiam ao consumidor superendividado o pagamento/depósito do valor incontroverso, barreira de acesso à justiça que prejudicaria a finalidade da lei de combater a exclusão social (art. 4, X do CDC). (Autor: André Perin Schmidt Neto)".

[34] Diz o Enunciado 8 do FONAJE que: "As ações cíveis sujeitas aos procedimentos especiais não são admissíveis nos Juizados Especiais".

Art. 104-B | CÓDIGO BRASILEIRO DE DEFESA DO CONSUMIDOR

processo para revisão, integração e repactuação da dívida, o juiz da causa elaborará um plano de pagamento, a cuja observância estarão submetidos todos os credores de dívidas sujeitas ao tratamento do superendividamento e que não compareceram sem justificativa à audiência de conciliação ou não aquiesceram com o plano de pagamento consensual.

Assim, caso haja acordo com parte dos credores, poderá haver dois planos de pagamento: o consensual, obtido com os credores que participaram da audiência de conciliação, e o compulsório, determinado pelo juiz.

Obviamente, ao elaborar o plano de pagamento compulsório, para a análise da capacidade de pagamento do devedor com a observância da parcela reservada à satisfação do mínimo existencial, o juiz deverá observar a parcela comprometida com o plano de pagamento consensual.

Para a aferição da capacidade de pagamento deverão ser levantadas todas as dívidas e compromissos financeiros do superendividado, ainda que não sejam advindos de relação de consumo. Isto porque cabe justamente ao juiz aferir a capacidade de pagamento, que é comprometida pela existência de outras obrigações. Se fizermos a analogia com as Ciências Contábeis e com a figura do balanço patrimonial, seria como levantar o passivo do consumidor: a totalidade das dívidas e das despesas correntes.

Deverá identificar entre as despesas do consumidor aquelas relacionadas com a satisfação do mínimo existencial, o que inclui, dentre outras: alimentação, saúde, transporte, educação, fornecimento de água, energia elétrica, gás, telefonia, vestuário básico e internet.

O Magistrado, então, passará a aferir a renda do consumidor, bem como o seu patrimônio disponível (o que, por óbvio, não inclui o eventual imóvel residencial de que seja proprietário e os bens de família que o guarnecem). Dentre a renda será verificado o salário, proventos de aposentadoria, renda aferida de eventual locação, enfim, tudo o que possa configurar o seu ativo.

O juiz então deduzirá do valor de toda a renda do consumidor os valores necessários a fazer frente às despesas relacionadas à satisfação do mínimo existencial, ao pagamento de outras dívidas e à quitação do eventual plano de pagamento voluntário. O saldo corresponderá ao valor de sua capacidade de pagamento, que será determinante para a fixação das parcelas mensais que poderá dispender para a quitação do plano de pagamento.

Como ressaltado anteriormente, os requisitos mínimos do plano de pagamento compulsório são os mesmos do consensual estabelecidos no § 4º do art. 104-A, mencionados anteriormente.

Há duas peculiaridades que devem ser observadas. A primeira é a necessidade de o plano de pagamento não poder restringir o montante do plano a valor inferior ao principal da dívida, corrigido monetariamente de acordo com os índices oficiais.

Assim, por um lado, poderá o magistrado, ao elaborar o plano, excluir os encargos da dívida, porém não o seu principal, qual seja, a quantia emprestada corrigida monetariamente.

No plano consensual não há este limite, pois nada impede que o credor abra mão até mesmo de parcela correspondente ao principal da dívida, o que, no entanto, não pode ser feito no plano compulsório sem o consentimento do fornecedor do crédito que originou a dívida.

Por outro lado, quanto ao plano compulsório, poderá ocorrer a circunstância de o pedido de repactuação vir cumulado com a revisão da dívida, o que, a depender do provimento parcial ou total, poderá acarretar a redução até mesmo do valor do principal da dívida.

Ademais, poderá ocorrer a cumulação com pedido de aplicação da revisão-sanção estabelecida no parágrafo único do art. 54-D, que prevê não apenas a redução de juros e encargos, mas até mesmo a supressão de "qualquer acréscimo ao principal", o que implicará, a depender

898

Capítulo V · DA CONCILIAÇÃO NO SUPERENDIVIDAMENTO | **Art. 104-B**

da gravidade da conduta do fornecedor do crédito, a supressão da correção monetária, na hipótese de violação aos deveres dos arts. 54-B, 54-D ou 52 do CDC.[35]

A segunda peculiaridade diz respeito ao tempo de duração do contrato e o início de seu pagamento. Estipulou a lei o prazo máximo de cinco anos e o início de pagamento em até 180 (cento e oitenta) dias, que corresponde, assim, ao limite máximo de carência permitida.

O legislador foi estrito quanto a tais prazos, que somente poderão ser extrapolados caso haja concordância dos credores. Assim, não há impedimento que haja prazos diversos no plano consensual, desde que fruto da concordância das partes, mas não no plano compulsório, salvo se for colhida expressa e específica anuência dos credores e do devedor pelo juiz responsável pela sua elaboração ou se o valor das parcelas mensais comprometer a reserva do necessário para fazer frente ao mínimo existencial.

Portanto, há uma hipótese em que o juiz poderá estipular prazo superior ao de cinco anos para a duração do plano de pagamento mesmo sem a concordância do(s) credor(es): caso não seja possível compatibilizar o prazo com a preservação do mínimo existencial. É essencial pontuar que se a regra geral é o prazo de cinco anos como o limite máximo para a duração do plano de pagamento, ele poderá ser excepcionalmente ampliado se assim for necessário para não comprometer o mínimo existencial.

Assim, poderão as partes (devedor e credores) deliberar um prazo maior no plano consensual. E o Juiz deverá estabelecer um prazo superior a cinco anos caso seja necessário para compatibilizar a obrigação de satisfazer o principal da dívida com o dever de preservar o mínimo existencial.[36]

[3] NOMEAÇÃO DE ADMINISTRADOR – O § 3º do art. 104-B faculta ao juiz a nomeação de administrador, desde que isso não onere as partes, para, no prazo de até 30 (trinta) dias, após cumpridas as diligências eventualmente necessárias, apresentar plano de pagamento que contemple medidas de temporização ou de atenuação dos encargos.

A figura do administrador guarda referência com a recuperação judicial e falência.

A vantagem do administrador seria a sua *expertise*, pois teria a habilidade técnica necessária para as atividades relacionadas à elaboração do plano de pagamento e maior disponibilidade de tempo do que a do juiz da causa, que possui uma quantidade expressiva de processos de diversas naturezas para se dedicar.

Evidentemente, o plano de pagamento por ele apresentado será objeto de manifestação das partes e poderá ser modificado pelo Juiz, a quem caberá a decisão final sobre o seu conteúdo.

---

[35] Destacamos o Enunciado aprovado na II Jornada CDEA sobre Superendividamento e Proteção do Consumidor UFRGS-UFRJ: "**Enunciado 12.** O plano de pagamento quinquenal do art. 104-B, § 4º, do CDC (plano judicial compulsório), poderá ser ampliado, para além dos 5 (cinco) anos, bem como ter por afastada a correção monetária do principal, na hipótese de violação, pelo fornecedor, do art. 54-D, incisos I a III, devendo ser avaliada a gravidade da conduta do fornecedor e as possibilidades financeiras do consumidor, conforme estabelece o art. 54-D, parágrafo único, do CDC. (Autores: Prof. Me. Ronaldo Vieira Francisco, Profa. Me. Thais Caroline Brecht Esteves Gouveia, Des. Manoel de Queiroz Pereira Calças)".

[36] Destacamos o Enunciado aprovado na II Jornada CDEA sobre Superendividamento e Proteção do Consumidor UFRGS-UFRJ: "**Enunciado 11.** Caso não seja possível formular plano para pagamento de todo o passivo do consumidor em até cinco anos, este prazo poder ser ampliado, seja por consenso das partes na conciliação, seja por determinação judicial, desde que tal medida se revele necessária à preservação do mínimo existencial e da dignidade da pessoa humana. (Autores: Prof. Dr. Ricardo Sayeg, Profa. Me. Mônica Di Stasi e Prof. Luiz Felipe Rossini)".

Art. 104-C | CÓDIGO BRASILEIRO DE DEFESA DO CONSUMIDOR

A questão crucial sobre a nomeação do administrador reside nos custos, pois obviamente a sua atividade não será graciosa, e o § 3º do art. 104-B determina que a nomeação não poderá acarretar custos para as partes.

Há algumas alternativas que podem ser vislumbradas. A primeira seria o treinamento e especialização de servidores dos Tribunais de Justiça que poderiam ser designados para a função.

A segunda seria a utilização de recursos dos Fundos Estaduais e do Fundo Federal de Direitos Difusos e Coletivos, desde que a legislação que os rege permita a disponibilização para tal fim e que fossem encontrados parâmetros adequados de remuneração e de credenciamento de administradores para não onerar excessivamente tais fundos.

Art. 104-C. Compete concorrente e facultativamente aos órgãos públicos integrantes do Sistema Nacional de Defesa do Consumidor a fase conciliatória e preventiva do processo de repactuação de dívidas, nos moldes do art. 104-A deste Código, no que couber, com possibilidade de o processo ser regulado por convênios específicos celebrados entre os referidos órgãos e as instituições credoras ou suas associações. [1]

§ 1º Em caso de conciliação administrativa para prevenir o superendividamento do consumidor pessoa natural, os órgãos públicos poderão promover, nas reclamações individuais, audiência global de conciliação com todos os credores e, em todos os casos, facilitar a elaboração de plano de pagamento, preservado o mínimo existencial, nos termos da regulamentação, sob a supervisão desses órgãos, sem prejuízo das demais atividades de reeducação financeira cabíveis. [2]

§ 2º O acordo firmado perante os órgãos públicos de defesa do consumidor, em caso de superendividamento do consumidor pessoa natural, incluirá a data a partir da qual será providenciada a exclusão do consumidor de bancos de dados e de cadastros de inadimplentes, [3] bem como o condicionamento de seus efeitos à abstenção, pelo consumidor, de condutas que importem no agravamento de sua situação de superendividamento, especialmente a de contrair novas dívidas. [4]

COMENTÁRIOS

[1] CONCILIAÇÃO ADMINISTRATIVA EXTRAJUDICIAL – O art. 104-C não foi previsto no anteprojeto da Comissão de Juristas, tendo sido introduzido na tramitação do PLS 283/2012 por sugestão da Comissão do Instituto Brasileiro de Política e Direito do Consumidor (BRASILCON).[37]

Foi muito importante a inserção do texto do art. 104-C no Código de Defesa do Consumidor, por diversos motivos, sendo que três deles merecem especial destaque: 1. tirar

---

[37] Na sugestão enviada ao Senado Federal o BRASILCON salientou que "a atuação das entidades integrantes do Sistema Nacional de Defesa do Consumidor no combate ao superendividamento é realidade em diversos estados da nação, a exemplo dos atendimentos feitos, previamente à audiência de conciliação, pelos PROCONs e Defensorias Públicas em cooperação com o Poder Judiciário. O sucesso desta experiência reforça a legitimação legal destas entidades em compor um Sistema Nacional de Solução Pacífica do Superendividamento do consumidor". Disponível em: https://legis.senado.leg.br/sdleg-getter/documento?dm=3910598&ts=1625222322386&disposition=inline. Acesso em: 07 jun. 2021.

Capítulo V · DA CONCILIAÇÃO NO SUPERENDIVIDAMENTO | **Art. 104-C**

qualquer dúvida quanto à possibilidade de serem firmados planos de tratamento consensuais de forma extrajudicial; 2. reforçar a importância dos núcleos de atendimento ao superendividado dos órgãos integrantes do Sistema Nacional de Defesa do Consumidor, em especial os PROCONs e as Defensorias Públicas; 3. dar guarida aos processos administrativos relacionados com a prevenção e tratamento do superendividamento pelos órgãos de defesa do consumidor, que poderão, inclusive, impor as sanções previstas no art. 104-A aos credores que não comparecerem à audiência de conciliação, bem como as sanções previstas no art. 56 do Código de Defesa do Consumidor aos fornecedores que descumprirem as normas de prevenção do superendividamento estabelecidas nos arts. 54-A a 54-G do CDC.

No que se refere à conciliação extrajudicial, a norma do art. 104-C visa a tirar qualquer dúvida que pudesse haver quanto à possibilidade de o plano de pagamento consensual ser acordado em núcleos de atendimento ao superendividamento existentes nos órgãos de proteção do consumidor, que os criaram antes mesmo da promulgação da Lei n. 14.181/2021 e que tendem a ser mais numerosos e melhor estruturados.

Há, inclusive, sintonia com o que dispõe o art. 5º do Código de Defesa do Consumidor, que incluiu dentre os instrumentos da Política Nacional das Relações de Consumo a instituição de mecanismos de prevenção e tratamento extrajudicial e judicial do superendividamento e de proteção do consumidor pessoa natural (inciso VI) e a instituição de núcleos de conciliação e mediação de conflitos oriundos de superendividamento (inciso VII).

Importante salientar que houve a utilização de uma expressão ampla: órgãos públicos integrantes do Sistema Nacional de Defesa do Consumidor, que não se limitam aos órgãos administrativos de defesa do consumidor (PROCONs municipais, estaduais e a Secretaria Nacional de Consumidor), mas abrangem também a Defensoria Pública e o Ministério Público, que possuem setores designados especificamente à defesa do consumidor, integrando, assim, o Sistema Nacional de Defesa do Consumidor.

[2] RECLAMAÇÕES INDIVIDUAIS E AUDIÊNCIA GLOBAL DE CONCILIAÇÃO – Na feliz redação do art. 104-C, a audiência global de conciliação é realizada no âmbito do processo administrativo de reclamação instaurado pelos órgãos de defesa do consumidor.

No entanto, haverá a necessidade de se fazer algumas adaptações em relação ao rito ordinário do processo de reclamação dos órgãos de defesa do consumidor.

Com efeito, ordinariamente os processos administrativos são iniciados com a Carta de Informações Preliminares, em que é narrada a questão trazida pelo consumidor e dado um prazo para o fornecedor resolver a demanda amigavelmente.

Na hipótese da resolução amigável não é instaurada a reclamação. Porém, caso não haja a imediata resolução, há a deflagração do processo administrativo de reclamação, sendo normalmente designada uma audiência de conciliação. Na hipótese de acordo, a reclamação é considerada como fundamentada atendida, e se não houver conciliação é considerada fundamentada não atendida.

Haverá, assim, necessariamente, a necessidade de adaptações, pois o rito será substancialmente distinto, uma vez que não poderá ter início com a Carta de Informações Preliminares.

Pelo contrário, é necessário que haja um atendimento diferenciado, efetivado preferencialmente por núcleo de conciliação e mediação de conflitos oriundos de superendividamento especializado. O atendimento do consumidor deverá ser iniciado com o preenchimento de um formulário através do qual sejam buscadas informações acuradas acerca do montante das dívidas do consumidor, a sua natureza (ou seja, se são de consumo ou não, bem como se podem ou não ser objeto de tratamento) e os respectivos credores. Há ainda a necessidade de

Art. 104-C | CÓDIGO BRASILEIRO DE DEFESA DO CONSUMIDOR

informações acerca da renda e patrimônio do consumidor, para averiguar se está efetivamente em situação de superendividamento.

Apenas após as informações acerca do enquadramento do consumidor na situação de superendividamento e das dívidas passíveis de tratamento e dos respectivos credores é que poderá ser iniciado o procedimento. E o início deve ser efetivado diretamente com a designação da audiência global com todos os credores, pois o plano de pagamento deve englobar todas as dívidas dos credores que concordaram em realizar o acordo.

Portanto, instaurado o procedimento com a designação da audiência e a intimação dos credores de dívidas passíveis de tratamento, ele será arquivado após a audiência em relação a todos os credores que concordarem que suas dívidas integrem o plano de pagamento.

Assim, apenas em relação aos credores que não compareceram injustificadamente ou que não concordaram que suas dívidas integrassem o plano de pagamento é que haverá a instauração da reclamação, com nova intimação do fornecedor, sendo dada uma segunda oportunidade de composição ou oferecimento de uma defesa.

Caso não haja composição e não seja aceita a defesa, a reclamação será considerada fundamentada e não atendida e, consequentemente, haverá a inscrição dos fornecedores no cadastro de reclamações fundamentadas de que trata o art. 44 do CDC.

Em relação aos credores que não compareceram à audiência de conciliação, adicionalmente serão aplicadas as sanções estabelecidas no art. 104-A, § 2º: suspensão da exigibilidade do débito e a interrupção dos encargos da mora, bem como a sujeição compulsória ao plano de pagamento da dívida se o montante devido ao credor ausente for certo e conhecido pelo consumidor, devendo o pagamento a esse credor ser estipulado para ocorrer apenas após o pagamento aos credores presentes à audiência conciliatória.

Os órgãos de defesa do consumidor podem aplicar as sanções do § 2º do art. 104-A em caso de não comparecimento injustificado de qualquer credor à audiência de conciliação, em especial a suspensão da exigibilidade do débito e a interrupção dos encargos da mora, ficando o credor recalcitrante igualmente sujeito ao plano de pagamento da dívida se o montante devido ao credor ausente for certo e conhecido pelo consumidor e o recebendo apenas após o pagamento aos credores presentes à audiência conciliatória.[38]

Da mesma forma, caso o devedor não tenha conhecimento do teor exato da dívida do credor faltante ou se não for alcançado acordo com a totalidade dos credores, o consumidor poderá, nos termos do art. 104-B, solicitar a instauração do processo judicial de revisão, integração e repactuação das dívidas não incluídas no plano de pagamento consensual, não sendo necessária repetir no âmbito judicial a conciliação frustrada na esfera extrajudicial.

Se houver também a constatação de que os fornecedores não cumpriram deveres estatuídos na legislação de proteção do consumidor, como, por exemplo, os estabelecidos nos arts. 54-A a 54-G do Código de Defesa do Consumidor, poderá adicionalmente haver a instauração de processo administrativo para imposição das sanções previstas no art. 56 do CDC.

Os órgãos de defesa do consumidor deverão orientar os consumidores sobre a possibilidade de propositura da ação judicial com pedido de revisão, integração e repactuação das dívidas remanescentes de que trata o art. 104-B. É recomendável que disponibilizem cópia integral dos documentos anexados e produzidos no âmbito do processo administrativo, a fim

---

[38] A I Jornada CDEA sobre Superendividamento e Proteção do Consumidor UFRGS-UFRJ trouxe enunciado neste sentido: "Enunciado 18. O não comparecimento injustificado de qualquer credor, ou de seu procurador com poderes especiais e plenos para transigir, à audiência de conciliação perante os órgãos do SNDC acarretará a suspensão da exigibilidade do débito e a interrupção dos encargos da mora. (Autores: Prof. Dr. Fernando Martins e Profa. Dra. Keila Pacheco Ferreira)".

Capítulo V · DA CONCILIAÇÃO NO SUPERENDIVIDAMENTO | Art. 104-C

de que possam ser utilizados no processo judicial, de acordo com o permissivo do § 1º do art. 104-B. A disponibilização poderá ser efetivada tanto ao consumidor como diretamente ao juízo competente se assim for solicitado.

É conveniente também um convênio entre os órgãos de defesa do consumidor e as Defensorias Públicas dos respectivos Estados, para que todos os consumidores em situação de superendividamento passíveis de atendimento e que necessitem ajuizar a ação de que trata o art. 104-B em razão da existência de dívidas remanescentes não incluídas no plano de pagamento estabelecido no órgão de defesa do consumidor sejam encaminhados à Defensoria Pública para que ela patrocine o ajuizamento da ação, caso eles se encaixem nos critérios que permitem o atendimento.

Ainda em relação às Defensorias Públicas e Ministério Público, não há impedimento a que constituam os seus próprios núcleos de atendimento ao superendividado e que efetivem em seu âmbito a audiência global de conciliação, já que elas igualmente pertencem ao Sistema Nacional de Proteção do Consumidor.

No entanto, por não serem dotadas do poder de polícia, não poderão instaurar o processo de reclamação, que é prerrogativa exclusiva dos órgãos administrativos de defesa do consumidor.

Porém, no mais, todos os dispositivos que regem a conciliação para a elaboração de um plano de pagamento das dívidas sujeitas a tratamento por superendividamento estabelecidos nos arts. 104-A e 104-C aplicam-se às conciliações efetivadas em núcleos de atendimento mantidos pelas Defensorias Públicas ou pelo Ministério Público, inclusive as consequências de que trata o § 2º do art. 104-A.

Assim, poderão incluir no plano de pagamento as dívidas relativas a credores que injustificadamente não compareceram na audiência, caso o consumidor tenha ciência do exato valor devido, bem como haverá a imediata suspensão da exigibilidade do débito e a interrupção dos encargos da mora caso não seja possível a sua inclusão no plano e seja necessário o ajuizamento de ação para revisão, integração e repactuação da dívida. Em tal caso, caberá ao juiz competente a declaração da suspensão da exigibilidade do débito e interrupção dos encargos da mora, com efeitos a partir da data da audiência de conciliação na qual não houve o comparecimento sem justificativa.

[3] CONTEÚDO DO PLANO DE PAGAMENTO – As atividades de mediação e conciliação efetivada no âmbito dos órgãos do Sistema Nacional de Defesa do Consumidor que redundarem em planos de pagamento consensuados com o conjunto dos credores da pessoa natural em situação de superendividamento são válidas e podem ser submetidas a homologação judicial, para constituírem título executivo judicial.

Há um diálogo de fontes entre o art. 104-A e o art. 104-C e, assim, todos os dispositivos previstos para conciliação do superendividamento efetivada no âmbito judicial são igualmente aplicáveis aos acordos firmados no âmbito dos núcleos de atendimento ao superendividado mantidos pelos órgãos integrantes do Sistema Nacional de Defesa do Consumidor. Da mesma forma, dois requisitos do plano de pagamento previstos especificamente no art. 104-C (a data de exclusão dos registros em cadastros de inadimplência e o condicionamento dos efeitos do plano ao não agravamento ativo da situação financeira do consumidor) são aplicáveis também aos planos de pagamento obtidos em conciliação judicial (art. 104-A) e ao plano compulsório (art. 104-B).

Assim, por exemplo, todos os requisitos do plano de pagamento previsto no § 4º do art. 104-A deverão ser satisfeitos, a saber: I – medidas de dilação dos prazos de pagamento e de redução dos encargos da dívida ou da remuneração do fornecedor, entre outras destinadas a facilitar o pagamento da dívida; II – referência à suspensão ou à extinção das ações judiciais em curso; III – data a partir da qual será providenciada a exclusão do consumidor de bancos de dados e de cadastros de inadimplentes; e IV – condicionamento de seus efeitos à abstenção, pelo consumidor, de condutas que importem no agravamento de sua situação de superendividamento.

Há, ainda, duas cláusulas de presença obrigatória, ambas determinadas pelo § 2º do art. 104-C. A primeira é a indicação da data a partir da qual será providenciada a exclusão do consumidor de bancos de dados e de cadastros de inadimplentes, aspecto de suma importância em razão das restrições que o consumidor possui em sua vida financeira e social em razão da inclusão de seu nome em tais cadastros, sendo, assim, medida essencial para que ele atenue a exclusão social até então vivenciada.

A segunda cláusula é o condicionamento dos efeitos do plano à abstenção, pelo consumidor, de condutas que importem no agravamento de sua situação de superendividamento, especialmente a de contrair novas dívidas. Assim, na hipótese de o consumidor agravar a sua situação financeira de forma ativa, principalmente com a contração de novas dívidas, o plano de pagamento cessa a sua eficácia.

Deverá, igualmente, ser efetivada a preservação do mínimo existencial, não apenas por haver a previsão no *caput* do art. 104-A, mas por interpretação sistemática, já que a preservação do mínimo existencial compõe o rol de direitos básicos dos consumidores (art. 6º, XI e XII) e está na definição de superendividamento (art. 54-A, § 1º) e, assim, não há tratamento eficaz que não o leve em consideração.

Como anteriormente referido, deverá ser efetivado um formulário com o questionamento sobre o total das dívidas do consumidor, de suas rendas e das despesas que ele suporta com a satisfação do mínimo existencial dele e de sua família, a fim de averiguar o restante que pode ser disponibilizado para a quitação das dívidas.

Os órgãos de defesa do consumidor, a exemplo do Poder Judiciário, deverão ter equipes multidisciplinares em seus núcleos de mediação e conciliação, incluindo profissionais capacitados para oferecer condições ao consumidor de conhecer o plano de pagamento ao qual se submeterá.

Os recursos tanto do Fundo Federal de Direitos Difusos e Coletivos como dos Fundos Estaduais poderiam ser utilizados para programas de capacitação dos servidores para exercerem as atribuições necessárias a operacionalizar os planos de pagamento e orientação do consumidor sobre educação financeira e sobre os seus direitos, na hipótese de ser infrutífero o acordo na audiência de conciliação e ele tiver que ajuizar a ação para revisão, integração e repactuação das dívidas não conciliadas.

Título IV
DO SISTEMA NACIONAL
DE DEFESA DO CONSUMIDOR

Daniel Roberto Fink
(Atualizado por José Geraldo Brito Filomeno)

O Sistema Nacional de Defesa do Consumidor, tal como disciplinado pelos arts. 105 e 106 do Código Brasileiro de Defesa do Consumidor, apresenta modelo a ser obedecido por órgãos públicos em geral quando da implementação e execução da Política Nacional de Defesa do Consumidor. E por via do Decreto Federal nº 10.051, de 9-10-2019, adveio a institucionalização do *Colégio de Ouvidores do Sistema Nacional de Defesa do Consumidor,* cuja tarefa, em última análise, visa *a propor diretrizes para o controle social das atividades desempenhadas pelos órgãos e pelas entidades que compõem o referido Sistema* (cf. seu art. 2º).

Esse sistema, com efeito, estabelece um organograma, uma estrutura a ser preenchida por todos aqueles que devem compor o Sistema, respeitando-se características naturais, regionais, sociais, econômicas e políticas dos órgãos e entidades que o integram.

Todavia, conquanto o legislador houvesse deixado propositadamente comandos normativos incompletos em relação à forma de planejamento, coordenação, implementação e execução da Política Nacional de Relações de Consumo, estabeleceu expressamente qual deveria ser a finalidade desse Sistema Nacional.

Em verdade, foi além. Especificou pontos a serem alcançados pelo Sistema, estabelecendo uma estratégia disciplinada pelo próprio Código. Vale dizer: seu conteúdo programático e finalístico. Criou o legislador o que ele denominou Política Nacional de Relações de Consumo – Capítulo II, arts. 4º e 5º –, que, guardando a sistemática do Código, orientou a disciplina dos demais dispositivos, em especial os que dizem respeito ao Sistema e Política Nacional, arts. 6º; 7º; 10, § 3º; 22; 44; 55; 56; 57; 58 e 59.

Assim, temos que estes dois instrumentos – Sistema Nacional de Defesa do Consumidor e Política Nacional de Relações de Consumo – respondem pela correta interpretação e forma de ser do Sistema Nacional de Defesa do Consumidor e seu real conteúdo.

A estrutura parece suficiente para dar conta de todas as relevantes tarefas do Sistema. Porém, é oportuno frisar que somente com sua execução integrada teremos efetivamente um Sistema Nacional e uma Política Nacional de Relações de Consumo.

Art. 105 | CÓDIGO BRASILEIRO DE DEFESA DO CONSUMIDOR

A eficácia do Sistema, sua coerência e harmonia[1] são responsabilidade de todos aqueles que o integram, nominalmente descritos pela norma. O sentido preconizado pelo legislador, acertadamente, afastou-se do habitual "assistencialismo estatal" em favor daquele que provoca e incita o verdadeiro exercício da cidadania, o amadurecimento das instituições da própria sociedade.

Caminhar no sentido oposto significa contrariar frontalmente as disposições deste diploma do consumidor e da cidadania. Não mais se admite que tudo deva ser feito pelo Estado, assim como não mais se aceita que o Estado faça tudo sem a participação da sociedade.

Ao tratar no Capítulo II, do Título I, da "Política Nacional de Relações de Consumo", especificamente no art. 5º, o Código prevê a participação de diversos órgãos públicos e privados, bem como a incrementação de vários institutos como instrumentos para a realização da Política de Consumo.

E a eles, originariamente previstos pelo mencionado art. 5º do Código do Consumidor, em seus incisos de I a V, ou seja, respectivamente: assistência jurídica, integral e gratuita para o consumidor carente; instituição de Promotorias de Justiça de Defesa do Consumidor; Delegacias de Polícia também especializadas nesses misteres, no âmbito criminal; Juizados Especiais de Pequenas Causas e Varas Especializadas para a solução de litígios de consumo; e a concessão de estímulos à criação e desenvolvimento das Associações de Defesa do Consumidor, foram acrescidos dois outros instrumentos para a implementação dessa política de relações de consumo.

Ou seja, por força da Lei Federal nº 14.181, de 1º-7-2021, foram inseridos os incisos VI e VII, de teores seguintes, pela ordem: a instituição de mecanismos de prevenção e tratamento extrajudicial e judicial do superendividamento e de proteção do consumidor pessoa natural; e a instituição de núcleo de conciliação e mediação de conflitos oriundos de superendividamento.[2]

O art. 105 denominou-os "Sistema Nacional de Defesa do Consumidor", que é a conjugação de esforços do Estado, nas diversas unidades da Federação, e da sociedade civil, para a implementação efetiva dos direitos do consumidor e para o respeito da pessoa humana na relação de consumo.

Quis o Código que o esforço fosse nacional, integrando os mais diversos segmentos que têm contribuído para a evolução da defesa do consumidor no Brasil.

> **Art. 105.** Integram o Sistema Nacional de Defesa do Consumidor (SNDC), os órgãos federais, estaduais, do Distrito Federal e municipais e as entidades privadas de defesa do consumidor. [1]

COMENTÁRIO

[1] INSTRUMENTOS DO SISTEMA – O art. 105 enumera genericamente o conjunto de órgãos e entidades que compõem o Sistema Nacional de Defesa do Consumidor. São

---

[1] É notório que a disciplina trazida pelos arts. 4º e 5º pertence à essência da Política Nacional de Defesa do Consumidor. Entretanto, o problema trazido hodiernamente não reside na discussão daqueles princípios. Concentra-se na desacertada e descoordenada implementação e execução pelos órgãos públicos, na ausência de harmonia das ações, da não participação da sociedade civil na discussão destes direitos, ressalva feita àquelas tradicionais e notórias associações e aos esforços isolados de alguns órgãos públicos.

[2] Cfr. nossos comentários nesta obra sobre esses dispositivos no capítulo relativos aos artigos 1º a 7º do Código do Consumidor.

Título IV · DO SISTEMA NACIONAL DE DEFESA DO CONSUMIDOR | Art. 106

órgãos públicos que direta ou indiretamente detêm, dentre suas várias atribuições, funções que de algum modo estejam voltadas para a qualidade e segurança de produtos ou serviços.

Pode ocorrer que a destinação *principal* do órgão não esteja voltada para a defesa do consumidor. São órgãos cuja defesa do consumidor é *indireta*.

Contudo, apesar de *indiretamente* ligados à defesa do consumidor, sua atuação e decisões podem ter, e geralmente têm, reflexos importantes nas relações de consumo. Sua classificação como órgãos *indiretos* não leva em consideração a importância dos reflexos de sua atuação, mas a sua destinação *principal*, ou seja, a finalidade primeira por que foi criado. Dentre os diversos órgãos que *indiretamente* exercem atribuições de defesa do consumidor, podemos citar, como exemplo, o Banco Central do Brasil, ao fixar tarifas e regular serviços bancários; a Superintendência de Seguros Privados – SUSEP, ao baixar normas sobre as condições e cláusulas obrigatórias dos seguros em geral, fiscalizando seu cumprimento; os órgãos de vigilância sanitária, ao prescrever e policiar as condições de higiene de estabelecimentos e higidez dos alimentos; o Instituto de Pesos e Medidas – IPEM, com suas balanças e metros conferindo se o produto oferecido está dentro das especificações dos rótulos. Há um sem-número deles e outros tantos poderiam ser citados como exemplo.

O art. 5º do Código enumera órgãos que *diretamente* devem ter preocupação específica com a defesa do consumidor: Defensoria Pública (assistência jurídica e judiciária); Promotorias de Justiça de Defesa do Consumidor, no âmbito do Ministério Público, com a finalidade de apurar fatos por meio do inquérito civil e, se o caso, submetê-los à apreciação judicial por meio da ação civil pública; Delegacias de Polícia especializadas no atendimento de consumidores vítimas de infrações penais relativas às relações de consumo; Juizados de Pequenas Causas e Varas especializadas na solução de conflitos decorrentes das relações de consumo, além da sociedade civil, por meio de suas entidades.

Quer o Código que esses órgãos se especializem na defesa e proteção do consumidor, de tal forma que, quando solicitados, estejam aptos a dar respostas rápidas e eficientes.

Art. 106. O Departamento Nacional de Defesa do Consumidor, [1][2] da Secretaria Nacional de Direito Econômico (MJ), ou órgão federal que venha substituí-lo, é organismo de coordenação da política do Sistema Nacional de Defesa do Consumidor, cabendo-lhe: [3]

I – planejar, elaborar, propor, coordenar e executar a política nacional de proteção ao consumidor; [3.1]

II – receber, analisar, avaliar e encaminhar consultas, denúncias ou sugestões apresentadas por entidades representativas ou pessoas jurídicas de direito público ou privado; [3.2]

III – prestar aos consumidores orientação permanente sobre seus direitos e garantias; [3.3]

IV – informar, conscientizar e motivar o consumidor através dos diferentes meios de comunicação; [3.4]

V – solicitar à polícia judiciária a instauração de inquérito policial para a apreciação de delito contra os consumidores, nos termos da legislação vigente; [3.5]

VI – representar ao Ministério Público competente para fins de adoção de medidas processuais no âmbito de suas atribuições; [3.6]

Art. 106 | CÓDIGO BRASILEIRO DE DEFESA DO CONSUMIDOR

VII – levar ao conhecimento dos órgãos competentes as infrações de ordem administrativa que violarem os interesses difusos, coletivos, ou individuais dos consumidores; [3.7]

VIII – solicitar o concurso de órgãos e entidades da União, Estados, do Distrito Federal e Municípios, bem como auxiliar a fiscalização de preços, abastecimento, quantidade e segurança de bens e serviços; [3.8]

IX – incentivar, inclusive com recursos financeiros e outros programas especiais, a formação de entidades de defesa do consumidor pela população e pelos órgãos públicos estaduais e municipais; [3.9]

X – *Vetado* – requisitar bens em quantidade suficiente para fins de estudos e pesquisas, com posterior comprovação e divulgação de seus resultados; [4]

XI – *Vetado* – encaminhar anteprojetos de lei, por intermédio do Ministério da Justiça, ao Congresso Nacional, bem como ser ouvido com relação a projetos de lei, que versem sobre preços, qualidade, quantidade e segurança de bens e serviços; [4]

XII – *Vetado* – celebrar convênios com entidades nacionais e internacionais; [4]

XIII – desenvolver outras atividades compatíveis com suas finalidades. [3.10]

Parágrafo único. Para a consecução de seus objetivos, o Departamento Nacional de Defesa do Consumidor poderá solicitar o concurso de órgãos e entidades de notória especialização técnico-científica. [5]

COMENTÁRIOS

[1] OS ÓRGÃOS DE DEFESA DO CONSUMIDOR E A EFETIVA REALIZAÇÃO DA POLÍTICA NACIONAL DE RELAÇÕES DE CONSUMO – O caput do art. 106 inicia afirmando a necessidade da existência de um órgão de abrangência nacional capaz de coordenar a efetiva implantação dos princípios e objetivos da Política Nacional de Relações de Consumo. Nomeia o Departamento Nacional de Defesa do Consumidor, *ou órgão federal que venha a substituí-lo*. Atualmente, essa tarefa está a cargo do Departamento de Proteção e Defesa do Consumidor – DPDC, criado pelo Decreto nº 2.181, de 20 de março de 1997.

O uso das expressões *Departamento Nacional* ou *órgão federal* não deixa dúvida sobre a necessidade de ser um *órgão público* e de *âmbito nacional* para a coordenação da Política. Resta saber se esse órgão deve ser específico de defesa e proteção do consumidor ou se qualquer outro órgão público nacional poderá acumular essas atribuições.

Por via do Decreto nº 7.738, de 28-5-2012, foi instituído o órgão, agora de cúpula, do referido Sistema Nacional de Relações de Consumidor, a SENACON – Secretaria Nacional do Consumidor, permanecendo, porém, o DPDC – Departamento Nacional de Defesa do Consumidor como seu braço executor no âmbito federal de sua política nacional das relações de consumo.

Ela integra o Ministério da Justiça e tem suas atribuições estabelecidas no art. 106 do Código de Defesa do Consumidor, no art. 3º do Decreto nº 2.181/1997 e no art. 17 do Decreto nº 9.662, de 1º de janeiro de 2019.

"A atuação da Senacon concentra-se no planejamento, elaboração, coordenação e execução da Política Nacional das Relações de Consumo, com os objetivos de: (i) garantir a proteção e exercício dos direitos dos consumidores; (ii) promover a harmonização nas relações de consumo; (iii) incentivar a integração e a atuação conjunta dos membros do Sistema Nacional do Consumidor (SNDC) – que congrega os Procons, o Ministério Público, a Defensoria Pública, as Delegacias de Defesa do Consumidor e as Organizações Civis de defesa do consumidor, que atuam de forma articulada e integrada com a Senacon; e (iv) participar de organismos, fóruns, comissões ou comitês nacionais e internacionais que tratem da proteção e defesa do consumidor ou de assuntos de interesse dos consumidores, dentre outros.

A Senacon também atua na análise de questões que tenham repercussão nacional e interesse geral, na promoção e coordenação de diálogos setoriais com fornecedores, na cooperação técnica com órgãos e agências reguladoras, na advocacia normativa de impacto para os consumidores, na prevenção e repressão de práticas infrativas aos direitos dos consumidores.

No âmbito internacional, a Secretaria representa os interesses dos consumidores brasileiros e do SNDC junto a organizações internacionais como o Mercosul, a Organização dos Estados Americanos (OEA) e a ONU.

Dentre as principais ações da Senacon, destacam-se a articulação e integração dos órgãos que compõem o Sistema Nacional, por meio de reuniões ordinárias e grupos de trabalho, a prevenção e solução de conflitos de consumo por meio do Sistema Nacional de Informações de Defesa do Consumidor – Sindec e do Consumidor.gov.br. Também são ações da Senacon as atividades de cooperação e educação por meio da Escola Nacional de Defesa do Consumidor, as ações voltadas à proteção da Saúde e Segurança do Consumidor, a proteção ao consumidor no âmbito dos serviços regulados, do pós-venda de produtos e serviços, da sociedade da informação, e na implementação do Plano Nacional de Consumo e Cidadania (Plandec)".[3]

Em geral, cabe ao Poder Executivo organizar seus próprios serviços, na forma da lei (CF, art. 84, VI). Contudo, cabe ao Legislativo dispor sobre a criação, estruturação e *atribuições* dos órgãos da Administração Pública (CF, art. 48, XI). Temos, assim, que a discricionariedade do Poder Executivo para organização de seus serviços encontra parâmetros traçados na lei.

No que respeita ao Sistema Nacional de Defesa do Consumidor, pelo teor do art. 106 do Código, parece-nos claro que para a coordenação da implantação da Política Nacional de Relações de Consumo haverá de ser sempre um órgão *específico* de proteção e defesa do consumidor, sendo vedada à União a acumulação das atribuições elencadas no dispositivo comentado em outro órgão público federal.

Isso porque, para a coordenação da Política, foi específica e especialmente criado um órgão público – o *Departamento Nacional* ou *órgão federal que venha a substituí-lo* –, desejando o Código que tal mister não fosse confundido em qualquer outro órgão, ainda que esse outro órgão tenha atribuições que digam respeito *indiretamente* à defesa e proteção do consumidor.

O motivo dessa opção do Código é evidente: há um esforço nacional para melhoria das relações de consumo, evidenciado pelo próprio Código, relevante instrumento resultado de um esforço da sociedade civil, dos órgãos de defesa do consumidor e do parlamento brasileiro. Seria absurdo que esse esforço nacional resultasse em deferir a qualquer órgão público a coordenação de tão importante Política. O desejável – e por que não afirmar, legalmente exigível – é que a coordenação da Política Nacional de Relações de Consumo esteja afeta a um órgão específico.

É verdade que essa conclusão não decorre de uma exigência textual do Código, mas a interpretação do *caput* do art. 106 não nos permite outra afirmação.

---

[3] Disponível em: www.defesadoconsumidor.gov.br/portal/a-senacon. Acesso em: 22-11-2021. Cfr. também a Portaria nº 905-MJSP, de 26/10/2017, que aprovou o Regimento Interno da Secretaria Nacional do Consumidor.

Art. 106 | CÓDIGO BRASILEIRO DE DEFESA DO CONSUMIDOR

Portanto, a Política Nacional de Relações de Consumo, expressa no art. 4º, é a própria razão de ser do Código Brasileiro de Defesa do Consumidor. A existência do Código não tem outro motivo senão *o atendimento das necessidades dos consumidores, o respeito à sua dignidade, saúde e segurança, a proteção de sua qualidade de vida, bem como a transparência e harmonia das relações de consumo*. Todos os órgãos públicos e entidades da sociedade civil têm esse lema cravado na soleira de sua porta de entrada como norte de conduta e baliza das suas atividades.

Pelo menos assim deveria ser.

[2] DEPARTAMENTO DE PROTEÇÃO E DEFESA DO CONSUMIDOR – DPDC – Para a coordenação e efetiva implantação da Política Nacional de Relações de Consumo, tal como prevista no Título I, Capítulo II, do Código, previu-se a existência de um órgão, ou, mais precisamente, um Departamento Nacional, vinculado à Secretaria Nacional de Direito Econômico do Ministério da Justiça, *"ou órgão federal que venha substituí-lo"*.

Como se viu no item 1 anteriormente, trata-se de órgão com o fim específico e especial de defesa do consumidor, não sendo razoável a cumulação de tão relevantes atribuições em qualquer outro órgão da Administração Pública, ainda que indiretamente ligado à proteção dos consumidores.

Assim, o Decreto nº 2.181, de 20 de março de 1997, criou o Departamento de Proteção e Defesa do Consumidor – DPDC, órgão específico de defesa do consumidor, como quis o Código. Suas atribuições coincidem com aquelas elencadas no art. 106, com acréscimo de uma ênfase quase patológica no exercício de atribuições de fiscalização.

Como já afirmávamos nas edições anteriores destes comentários, o sistema que precedeu ao Código era mais vantajoso. A coordenação de toda a política de defesa do consumidor estava a cargo de um conselho – o Conselho Nacional de Defesa do Consumidor – que congregava a participação de diversos órgãos públicos federais e estaduais, da sociedade civil, por meio de entidades de consumidores e empresariais.[4]

A reunião de entidades e órgãos de tendências e objetivos diversos em um conselho propiciava que a coordenação da Política Nacional de Relações de Consumo fosse muito mais madura e factível. O universo eclético de um conselho com representação paritária de órgãos públicos federais e estaduais que exercem *direta* ou *indiretamente* defesa do consumidor,[5] somado à participação também paritária de entidades civis de consumidores e empresariais, favoreceria o surgimento de diretrizes capazes de serem implementadas na prática, com vantagens para fornecedores e consumidores.

As sessões periódicas do extinto Conselho eram sempre permeadas de intensos debates que não raro propiciavam um consenso possível, resultando, então, em decisões respeitadas por todos os atores do cenário de consumo. Deixar essa coordenação sob supervisão de um único órgão como o Departamento de Proteção e Defesa do Consumidor é, sem dúvida, apostar na maior probabilidade de erros.

Exemplo maior da excelência do modelo anterior é o próprio Código, nascido no seio do Conselho Nacional de Defesa do Consumidor, quando da profícua gestão do Dr. Flávio Flores da Cunha Bierrenbach. Paradoxalmente, o Código suprimiu o modelo do Conselho, criando um Departamento Nacional, menos vantajoso.[6]

---

[4] Vide Decreto nº 91.469/85, alterado pelo Decreto nº 94.508/87, que dispõe sobre a estrutura do então CNDC.

[5] Sobre órgãos que exercem atribuições diretas ou indiretas na defesa do consumidor, vide comentários do art. 105, item 1.

[6] Registre-se que, no anteprojeto elaborado pela comissão criada pelo Ministério da Justiça, foi mantido o modelo de gestão da Política Nacional de Relações de Consumo pelo Conselho Nacional de Defesa do Consumidor.

Título IV · DO SISTEMA NACIONAL DE DEFESA DO CONSUMIDOR | Art. 106

Em 2020, mediante decreto, o Governo Federal deliberou *ressuscitar* o mencionado Conselho Nacional de Defesa do Consumidor, mas com roupagem diversa, a saber:

"... o Decreto nº 10.417, que institui o Conselho Nacional de Defesa do Consumidor (CNDC). De forma semelhante à extinta Comissão Nacional Permanente de Defesa do Consumidor, o CNDC funcionará como um fórum interinstitucional para discussão de temas relacionados à Política Nacional de Defesa do Consumidor como forma de possibilitar recomendações aos integrantes do Sistema Nacional de Defesa do Consumidor. Com isso, se abre um espaço para diálogo entre diversos órgãos representativos e agências reguladoras para a harmonização das relações de consumo entre representantes de consumidores e fornecedores.

Nesse sentido, o CNDC poderá opinar sobre políticas públicas de defesa do consumidor em caráter interdisciplinar, em procedimentos de conflitos de competência e de avocação de processos administrativos (previstos nos arts. 5º, parágrafo único, e 16 do Decreto 2.181/97, que regulamenta a aplicação do Código de Defesa do Consumidor); fixar, em caráter não vinculante, interpretações e entendimentos a respeito da legislação consumerista para fins de oferecimento de segurança jurídica a seu respeito; e propor medidas de educação ao consumidor sobre seus direitos e suas obrigações decorrentes da legislação consumerista, dentre outras. Além de auxiliar na incorporação ao direito nacional das normativas da OCDE em matéria de consumo e regulação.

Participarão do CNDC, além do Secretário Nacional do Consumidor, que o presidirá, representantes de entidades públicas estaduais e municipais de defesa do consumidor, do Conselho Administrativo de Defesa Econômica, do Banco Central do Brasil, de agências reguladoras, de entidades de defesa de consumidores e de fornecedores, além de profissional de notório saber na matéria."[7]

[3] ATRIBUIÇÕES – Cabe ao Departamento de Proteção e Defesa do Consumidor que, por força do Decreto nº 2.181, de 20 de março de 1997, substituiu o Departamento Nacional de Defesa do Consumidor:

[3.1] PLANEJAMENTO, ELABORAÇÃO, PROPOSTA, COORDENAÇÃO E EXECUÇÃO DA POLÍTICA NACIONAL DE PROTEÇÃO AO CONSUMIDOR – As atribuições aqui previstas são evidentemente amplas, destinadas a efetivar a Política Nacional de Relações de Consumo, cujos objetivos e princípios vêm expressos no art. 4º.

Em sendo a Política Nacional de Consumo a própria essência do Código, ao menos no que respeita a seu sentido finalístico, o papel do Departamento de Proteção e Defesa do Consumidor – DPDC cresce em importância e relevância em face dos consumidores em geral.

O *planejamento, elaboração, proposição, coordenação e execução* da Política Nacional de Relações de Consumo, como já se disse no item 1, têm por objetivo *o atendimento das necessidades dos consumidores, o respeito à sua dignidade, saúde e segurança, a proteção de sua qualidade de vida, bem como a transparência e harmonia das relações de consumo.*

Qualquer ação a ser desenvolvida pelo Departamento de Proteção e Defesa do Consumidor – DPDC deverá perseguir os objetos traçados no art. 4º do Código que, em última análise, são parâmetros legais vinculantes. Conforme já afirmamos, são a própria essência do Código.

O *atendimento das necessidades dos consumidores* pressupõe evidentemente a existência de consumidores. Essa afirmação pode parecer desnecessária, mas é bom lembrar que nem sempre é possível considerar toda a população inserida na categoria de consumidores. Aliás, ao contrário. Há um contingente populacional enorme em países do chamado *Terceiro Mundo*

---

[7] Disponível em: www.defesadoconsumidor.gov.br/portal/senacon. Acesso em: 22-11-2021.

Art. 106 | CÓDIGO BRASILEIRO DE DEFESA DO CONSUMIDOR

que sequer tem acesso à alimentação básica e serviços essenciais de saúde e educação, apenas para relacionar o mínimo.

Esse contingente de miseráveis deve ser o objetivo primeiro dos órgãos de defesa e proteção do consumidor, em especial o Departamento de Proteção e Defesa do Consumidor – DPDC.

Os órgãos e entidades que compõem o Sistema devem exercer firme vigilância das políticas públicas, verificando se atendem da melhor forma o cidadão marginalizado da sociedade de consumo. Por exemplo, no atendimento aos serviços públicos de saúde, fatores como tempo de espera para marcar consultas; espera no atendimento no dia da consulta; qualidade do recebimento do paciente e atendimento médico; e, principalmente, a eficácia do tratamento recomendado devem ser objeto de pesquisa por parte dos órgãos de defesa do consumidor, de forma a propor melhorias e orientar os responsáveis por tais serviços, sempre se considerando as necessidades dos consumidores, razão da própria existência dos serviços públicos.

Essa tarefa nem sempre é fácil, mas deve ser exercida. Outras vezes, confunde-se com outros movimentos, como o sindical, que pugna, dentre suas reivindicações, por melhores salários. Nesse momento, o papel dos órgãos que compõem o Sistema Nacional de Defesa do Consumidor é demonstrar quais ganhos mínimos são necessários para se atingir o estágio inicial de dignidade humana – em outras palavras: salário-mínimo real –, cobrando das autoridades públicas medidas efetivas e progressivas para a erradicação da miséria.

Outras vezes, ainda, é tarefa dos órgãos e entidades de proteção e defesa do consumidor promover estudos sobre os impactos que a substituição de tecnologias acarretará, por exemplo, no nível de emprego. Emprego e consumo são indubitavelmente ingredientes inseparáveis da cidadania e da dignidade humana pretendidas pelo Código do Consumidor.

Vê-se, assim, que o planejamento, elaboração, execução e, enfim, a coordenação da Política Nacional de Relações de Consumo, conforme determinada pelo Código do Consumidor, pressupõem a existência dos consumidores, e, necessariamente, pressupõem a promoção a essa condição daqueles que ainda se encontrem à margem do mercado de consumo, até mesmo como realização dos direitos fundamentais da pessoa humana.

GLOBALIZAÇÃO E NEOLIBERALISMO

Recentemente, temos aprendido novos termos cujo significado e alcance não têm sido apreendidos completamente pelos órgãos e entidades de proteção e defesa do consumidor: globalização e neoliberalismo são exemplos de novos conceitos que passaram a ser incorporados à dinâmica das relações de consumo, sem que sobre eles houvesse suficiente meditação, sob o prisma do consumidor. E, ainda, sem que esses novos conceitos fossem cuidadosamente cotejados com a vontade da lei expressamente ditada no art. 4º, do Código Brasileiro de Defesa do Consumidor.

Em outras palavras, certas atitudes, governamentais especialmente, precisam ser analisadas sob o prisma da melhor tecnologia e menores custos, mas devem lembrar que têm por objetivo a promoção da condição humana.

A *globalização* da economia, suprimindo barreiras e uniformizando tecnologias de produção, com custos menores, deve ser buscada, pois representará ganhos de qualidade, segurança e até mesmo economia de recursos naturais não renováveis. O produto final oferecido será indiscutivelmente muito mais vantajoso para o consumidor.

Mas sua implantação tem um preço. Esse preço não poderá ser tal que atinja o nível de emprego e, por conseguinte, um aumento do contingente de marginalizados da sociedade de consumo. Não se pode apostar na excelência dos produtos à custa da elitização do consumo.

Neoliberalismo não encontra apoio no Código Brasileiro de Defesa do Consumidor. A Política Nacional de Relações de Consumo deve ser perseguida por meio de princípios trazidos no próprio Código. Dentre eles não se encontram aqueles que regem o liberalismo econômico.

Ao contrário. O Código estabelece categoricamente o *reconhecimento da vulnerabilidade do consumidor no mercado de consumo* (art. 4º, I) como princípio da Política de Consumo. Quer dizer, o *laissez-faire* do liberalismo econômico, deixando ao mercado que encontre a melhor solução para determinados conflitos, não encontra eco no Código. A solução liberal pode atender a certos setores econômicos, mas, encontrando um consumidor vulnerável, sempre lhe será desfavorável.

Nos países onde as instituições são sólidas e funcionam devidamente, as regras do liberalismo talvez encontrem melhor sorte. No Brasil, a instituição *defesa do consumidor* está, ainda e infelizmente, muito longe de ser considerada como sólida e madura. A solução das relações de mercado dentro do próprio mercado encontrará o consumidor desorganizado e desprotegido. Há, então, desequilíbrio nas relações de consumo e a adoção das regras do liberalismo será antropofágica ao consumidor.

Existe somente um modo de reequilibrar essa relação: intervenção do Estado no mercado de consumo, aliás, expressamente prevista na alínea c do inc. II do art. 4º do Código.

Pode-se dizer, ainda, que, se o *neoliberalismo* encontra respaldo na Constituição de 1988, possui severos limites. Em primeiro lugar, é dever do Estado defender o consumidor, na forma da lei (CF, art. 5º, inc. XXXII). A lei aqui referida é principalmente o Código Brasileiro de Defesa do Consumidor que, como vimos, reconhece a *vulnerabilidade do consumidor no mercado de consumo*. Depois, a livre iniciativa tem como princípio a livre concorrência e a defesa do consumidor (CF, art. 170, incs. IV e V), impondo limites ao próprio mercado de consumo e seus fornecedores.

E os órgãos do consumidor, qual seu papel nesse contexto?

Evidentemente, exigir do Estado essa intervenção. Caso contrário, continuaremos como estamos: quase uma década de aplicação do Código, sem que seu principal objetivo, ou seja, a efetiva implantação da Política Nacional de Relações de Consumo, houvesse sequer iniciado. O Departamento de Proteção e Defesa do Consumidor – DPDC, como órgão diretamente responsável pela implantação da Política Nacional de Consumo, os PROCONs estaduais e os órgãos municipais, como integrantes do Sistema Nacional, não podem furtar-se a essa responsabilidade.

E as entidades da sociedade civil? Além de exigir do Estado uma intervenção que equilibre as relações de consumo, devem cobrar do Estado o que lhes cabe: incentivos, inclusive financeiros, para sua formação e manutenção (arts. 5º, inc. V, e 106, inc. IX – *vide* comentários no item 3.9, adiante).

A defesa do consumidor realizada por órgãos públicos específicos deve representar apenas o estágio inicial da consolidação dessa instituição. O Poder Público age como fomentador de iniciativas emergentes da própria sociedade, cultivando-as a ponto de torná-las maduras e capazes de se autogerirem. Realizada essa tarefa, o Estado deve deixar seu desenvolvimento à sociedade civil, que melhor que ninguém saberá se proteger. Os órgãos públicos, sabe-se, estão sujeitos aos humores e compromissos do governante eleito, que não raro faz compromissos com seguimentos sem a devida consciência da importância do equilíbrio das relações de consumo. Vê-se, então, a semente da instabilidade e da descontinuidade pronta para fertilizar. Basta alimentá-la. Apesar da vontade da lei, nesses casos a ação administrativa dos órgãos públicos deixa a desejar.

Por amor à justiça, cite-se a exceção do PROCON/SP que, apesar de sucessivas administrações, tem-se mostrado capaz de realizar de forma satisfatória a defesa do consumidor,

Art. 106 | CÓDIGO BRASILEIRO DE DEFESA DO CONSUMIDOR

principalmente no atendimento individual às suas reclamações. Outras exceções existem certamente, mas limito-me a citar o PROCON/SP, por ter tido a honra de dirigi-lo e por conhecer de perto sua trajetória.

Contudo, mesmo o PROCON/SP reconhece o risco do desmantelamento do órgão, agora dificultado pela criação da Fundação.

Então, a verdadeira defesa do consumidor, como direito social, somente será exercida pela própria sociedade civil, que deverá exigir do Estado os incentivos prometidos pelo Código. Somente então alcançaremos o equilíbrio necessário ao sucesso do liberalismo econômico.

Sirvam essas considerações como advertência sincera a todos os que direta ou indiretamente atuam na defesa do consumidor, a fim de cada vez mais consolidá-la como instituição social.

INTEGRAÇÃO DOS ÓRGÃOS

Dentre as atribuições de planejar, elaborar, propor, coordenar e executar a Política Nacional de Relações de Consumo está, certamente, a de integrar os diversos órgãos de defesa do consumidor. E integrá-los pressupõe duas ordens de providências: integração dos órgãos que diretamente exercem defesa do consumidor e integração dos órgãos que indiretamente exercem defesa do consumidor.

No primeiro caso, além do órgão federal, há, nos Estados e Municípios, órgãos regionais e locais de defesa do consumidor que necessitam de apoio e, sobretudo, de oportunidade de participar ativamente da execução da Política Nacional, de tal sorte que haja, tanto quanto possível, eleição de prioridades comuns e uniformidade de atuação. Não haveria sentido falar-se em Política Nacional de Relações de Consumo sem que os órgãos espalhados pelo País colaborassem com o entendimento a respeito do conteúdo dessa Política. Afinal, a execução prática e cotidiana está a cargo desses órgãos.

A integração desses órgãos deve se dar por meio de reuniões periódicas, em seminários e congressos no mínimo anuais, para, como se disse, estabelecerem prioridades e formas comuns de atuação. Nesse meio tempo, a troca de publicações, pareceres e estudos, além de informações sobre solução de casos concretos, é recomendável, ensinando e ajudando-se mutuamente. Sua tarefa certamente estará facilitada.

Mas há, também, a integração dos órgãos que exercem defesa *indireta* do consumidor.

Como já foi lembrado, os órgãos que exercem *indiretamente* a defesa do consumidor o fazem por via oblíqua, como é o caso do Banco Central, cuja atribuição primeira é regular os serviços bancários. Nesse mister, regulamenta, por exemplo, a cobrança de tarifas bancárias. A função desse Banco é muito mais ampla e complexa. Porém, indiretamente, baixa normas que dizem respeito às relações de consumo, fiscalizando seu cumprimento.

E, assim, muitos outros órgãos públicos que exercem outras funções *principais* acabam por regular situações relativas ao consumidor.

A integração dos órgãos que têm a responsabilidade *direta* de defender o consumidor com esses outros órgãos é tão importante e fundamental quanto a própria defesa dos consumidores. Isso porque esses órgãos *indiretos* não sabem exatamente as dificuldades enfrentadas pelos consumidores no dia a dia e, muitas vezes ainda, não sabem os reflexos completos que determinadas medidas vão trazer ao consumidor.

Recomendável, portanto, essa integração, cuja iniciativa deverá ser tomada pelos órgãos *diretos* de defesa do consumidor, procurando demonstrar àqueles outros órgãos a visão dos consumidores.

A integração será liderada conforme a esfera de governo. Pelo órgão federal, cuidando-se de órgãos *indiretos* federais, e por órgãos estaduais ou municipais, em seus respectivos âmbitos.

Título IV · DO SISTEMA NACIONAL DE DEFESA DO CONSUMIDOR | Art. 106

Não se pode esquecer, também, da integração com órgãos oficiais de pesquisa e universidades, cuja contribuição para o estabelecimento de normas e condutas relativas a produtos e serviços é de suma importância.

[3.2] RECEBIMENTO, ANÁLISE, AVALIAÇÃO E ENCAMINHAMENTO DE CONSULTAS, DENÚNCIAS OU SUGESTÕES APRESENTADAS POR ENTIDADES REPRESENTATIVAS OU PESSOAS JURÍDICAS DE DIREITO PÚBLICO OU PRIVADO – Como órgão encarregado da Política Nacional, o Departamento é o destinatário natural de dúvidas sobre relações de consumo, quer específicas, como casos concretos, quer gerais, como execução de determinadas diretrizes traçadas. É também responsável pelo encaminhamento da solução de conflitos de consumo noticiados por denúncias de interessados.

Previu-se, nesse inciso, uma tímida forma de participação de outros órgãos públicos ou privados na elaboração da Política Nacional de Relações de Consumo, por meio da apresentação de sugestões. Contudo, ao examinar as sugestões, aceitando-as ou rejeitando-as, já está o Departamento obrigado a declarar quais os motivos norteadores da Política.

[3.3] PRESTAÇÃO AOS CONSUMIDORES DE ORIENTAÇÃO PERMANENTE SOBRE SEUS DIREITOS E GARANTIAS.

[3.4] INFORMAÇÃO, CONSCIENTIZAÇÃO E MOTIVAÇÃO DO CONSUMIDOR ATRAVÉS DOS DIFERENTES MEIOS DE COMUNICAÇÃO – A Assembleia Geral das Nações Unidas, em sessão plenária realizada em 9 de abril de 1985, destacou a educação e a informação ao consumidor como temas da mais alta relevância para o efetivo respeito de seus direitos nos diversos países.

Com a execução de tais orientações, busca-se dotar o cidadão de uma capacidade própria de defesa no momento da realização da relação de consumo.

O Código adotou tal recomendação, conforme se pode verificar pelo conteúdo do inc. IV, do art. 4º (educação informal) e incs. II e III, do art. 6º (educação e informação), e transferiu ao Departamento Nacional de Defesa do Consumidor, atual Departamento de Proteção e Defesa do Consumidor – DPDC (Decreto nº 2.181/97), a obrigação de realizá-la. Trata-se de verdadeiro instrumento de plena realização da Política Nacional de Relações de Consumo. Sem consumidores devidamente informados e conscientes de seus direitos torna-se quase impossível a tarefa de proteção.

O consumidor informado organiza-se e, organizando-se, torna-se apto a defender a si próprio, facilitando ao Estado a tarefa de solucionar conflitos decorrentes das relações de consumo.

[3.5] SOLICITAÇÃO À POLÍCIA JUDICIÁRIA DE INSTAURAÇÃO DE INQUÉRITO POLICIAL PARA A APRECIAÇÃO DE DELITOS CONTRA OS CONSUMIDORES, NOS TERMOS DA LEGISLAÇÃO VIGENTE – Chegando ao conhecimento do Departamento Nacional a existência de infração penal cometida contra qualquer consumidor (vide, em especial, Título II, "Das Infrações Penais"), este deve solicitar à autoridade policial competente a instauração do procedimento investigatório.

Essa solicitação não é uma faculdade, mas dever de ofício, sob pena de responsabilidade. Não poderá o órgão, ainda que fundamentadamente, arquivar as peças de informação. Havendo dúvida quanto à existência do ilícito penal, ainda assim, a autoridade policial deve ser comunicada de imediato.

O Código procurou tornar mais eficaz o cumprimento de suas regras, sob a vigilância do Departamento, em especial no campo criminal.

Art. 106 | CÓDIGO BRASILEIRO DE DEFESA DO CONSUMIDOR

[3.6] REPRESENTAÇÃO AO MINISTÉRIO PÚBLICO COMPETENTE PARA FINS DE ADOÇÃO DE MEDIDAS PROCESSUAIS NO ÂMBITO DE SUAS ATRIBUIÇÕES – Como bem salientou o Dr. José Geraldo Brito Filomeno em sua obra *Curadorias de proteção ao consumidor*, o âmbito de atribuições do Ministério Público foi consideravelmente alargado com o advento da Constituição da República de 1988, agora consolidado por sua Lei Orgânica Nacional (Lei nº 8.625, de 12 de fevereiro de 1993).

Essa instituição assumiu, no Brasil, contornos que lhe conferem papel de defesa dos interesses sociais, extrapolando suas funções tradicionais. A defesa do consumidor não foi exceção.

No âmbito de suas atribuições e para a defesa dos direitos do consumidor, o Ministério Público pode promover privativamente a ação penal pública; instaurar inquérito civil para apuração de infrações aos direitos dos consumidores, coletiva ou difusamente considerados; promover ação civil pública em defesa dos consumidores; referendar acordos extrajudiciais transformando-os em títulos executivos extrajudiciais.

[3.7] LEVAR AO CONHECIMENTO DOS ÓRGÃOS COMPETENTES AS INFRAÇÕES DE ORDEM ADMINISTRATIVA QUE VIOLAREM OS INTERESSES DIFUSOS, COLETIVOS OU INDIVIDUAIS DOS CONSUMIDORES – A tarefa de defender o consumidor exige a atuação integrada de diversos órgãos públicos, além do órgão específico. A multiplicidade de relações de consumo afeta vários campos de atuação do Estado no qual, inclusive, se exerce o poder de polícia. Assim, por exemplo, a vigilância sanitária, no consumo de alimentos; pesos e medidas de produtos vários; e segurança de medicamentos são atividades afins à defesa do consumidor, cujo poder de polícia do Estado se faz presente.

Infrações a normas que regem tais atividades devem ser notificadas aos órgãos competentes, sejam federais, estaduais ou municipais, para a adoção de medidas cabíveis. O órgão específico de defesa do consumidor não é dotado do poder de polícia. Do elenco de medidas administrativas necessárias ao respeito dos direitos do consumidor cuidou o Capítulo VII, do Título I, as quais poderão ser adotadas pelos diversos órgãos de fiscalização "conforme o caso".

[3.8] SOLICITAÇÃO DO CONCURSO DE ÓRGÃOS E ENTIDADES DA UNIÃO, ESTADOS, DISTRITO FEDERAL E DOS MUNICÍPIOS, BEM COMO AUXÍLIO NA FISCALIZAÇÃO DE PREÇOS, ABASTECIMENTO, QUANTIDADE E SEGURANÇA DE BENS E SERVIÇOS – Esse inciso tem muita semelhança com o anterior, trazendo, contudo, duas diferenças fundamentais. Enquanto naquele se busca exclusivamente o exercício do poder de polícia, por esse inciso o Departamento pode solicitar o concurso de órgãos e entidades para uma efetiva execução de diretrizes (não fiscalizatórias) da política de defesa do consumidor, sendo, portanto, mais amplo.

Órgãos do Estado, por exemplo, encarregados de compra de materiais do setor público, poderão contribuir na defesa do consumidor, adquirindo produtos dentro de especificações técnicas de qualidade e segurança. Poderá, ainda, o Departamento, recebendo diversas reclamações sobre produtos defeituosos, solicitar ao órgão encarregado da normalização que estude e execute testes com vistas a seu regramento.

A novidade do inciso é a possibilidade de o Departamento auxiliar a fiscalização de preços, abastecimento, quantidade e segurança de bens e serviços.

O dispositivo não autoriza o exercício incondicional do poder de polícia. A extensão deste "auxílio" dependerá de alguma forma de convênio a ser celebrado com o órgão dotado do poder de fiscalizar. Assim sendo, terá o Departamento, ao menos, a possibilidade de constatar *in loco* irregularidades denunciadas por consumidores, tornando o órgão mais dinâmico, sem prejuízo de outras formas de auxílio que se possam prever.

Título IV · DO SISTEMA NACIONAL DE DEFESA DO CONSUMIDOR | **Art. 106**

Caso o convênio abranja esse "poder de constatação", poderá o Departamento, uma vez verificada a irregularidade, "levar ao conhecimento do órgão competente a infração para a aplicação de sanção administrativa".

O Departamento ganha em agilidade e responsabilidade.

[3.9] INCENTIVO, INCLUSIVE COM RECURSOS FINANCEIROS E OUTROS PROGRAMAS ESPECIAIS, À FORMAÇÃO DE ENTIDADES DE DEFESA DO CONSUMIDOR PELA POPULAÇÃO E PELOS ÓRGÃOS PÚBLICOS ESTADUAIS E MUNICIPAIS – A formação de uma rede de órgãos, públicos em primeiro lugar, em todos os Estados e Municípios contribui decisivamente para o sucesso de uma política pública de defesa do consumidor. O incentivo à sociedade civil torna a tarefa mais eficaz, pois o consumidor se prepara para defender a si próprio independentemente da vontade do Estado.

A participação e contribuição de consumidores organizados torna mais rápido e eficaz o alcance dos objetivos traçados na Política Nacional e, em sua elaboração e implementação efetiva, a consecução deste dispositivo deve ser prioridade.

O art. 106, inc. IX, promete incentivar, *inclusive com recursos financeiros*, a formação de entidades de defesa do consumidor, criadas a partir de iniciativas da própria população. Essa promessa já vem elencada no inc. V do art. 5º do Código, que enumera exemplificativamente os instrumentos eleitos para a execução da Política Nacional de Relações de Consumo.

Já dissemos anteriormente que a melhor e mais eficaz forma de defesa do consumidor é fazê-la por meio das próprias entidades civis, demonstrando que a sociedade atinge um grau de maturidade suficiente para sua autodefesa. O Código quis que as iniciativas legítimas emergentes da sociedade não naufragassem por falta de recursos financeiros. Tanto os responsáveis por essas iniciativas como aqueles que dirigem os órgãos públicos específicos de defesa do consumidor devem permanecer atentos para socorrer no momento oportuno entidades que necessitem de apoio para se solidificarem.

[3.10] DESENVOLVIMENTO DE OUTRAS ATIVIDADES COMPATÍVEIS COM SUAS FINALIDADES – Trata-se de norma de extensão, já que a enumeração do art. 106 não é taxativa.

[4] OS VETOS – As razões do veto ao inc. X sustentam que a requisição de bens para estudos e pesquisas contraria o direito de propriedade e a inexistência de iminente perigo público (art. 5º, incs. XXII e XXV). Ora, a propriedade está condicionada ao atendimento de sua função social (art. 5º, inc. XXIII) e o exercício da livre iniciativa deve atender à defesa do consumidor (art. 170, inc. V).

O inc. XI contrariaria o art. 61, da Constituição Federal (iniciativa de lei). É evidente que a intenção da lei foi possibilitar ao Departamento a elaboração de anteprojetos de lei para iniciativa pelo Poder Executivo.

Quanto ao inc. XII, o veto é correto, silenciando quanto aos convênios com entidades nacionais. Tais convênios, contudo, não estão vedados, sendo lícita sua elaboração, observados os requisitos legais, uma vez tratar-se de departamento de ministério.

[5] APOIO TÉCNICO-CIENTÍFICO – Não é raro os órgãos de defesa do consumidor receberem reclamações da mesma natureza, quanto a um mesmo produto. A solução individual de tais reclamações torna-se insuficiente, pois outros consumidores também encontrarão o mesmo problema.

A eliminação do problema é enfrentá-lo na origem, constatando-se o defeito do produto e elaborando normas técnicas obrigatórias para obediência na industrialização.

Art. 106 | CÓDIGO BRASILEIRO DE DEFESA DO CONSUMIDOR

É necessária, portanto, a contribuição de órgãos com especialização técnica que muito contribuirão para a realização de tais normas.

A ORGANIZAÇÃO DO SISTEMA NACIONAL DE DEFESA DO CONSUMIDOR

O Código Brasileiro de Defesa do Consumidor institui em seus arts. 4º e 5º a Política Nacional de Relações de Consumo, definindo princípios e instrumentos para sua realização efetiva. Criou o Sistema Nacional de Defesa do Consumidor – SNDC, congregando os órgãos federais, estaduais, do Distrito Federal e municipais, que *direta* ou *indiretamente* exercem atividades relacionadas com a defesa do consumidor, indicando, portanto, que esses órgãos devem estar reunidos num sistema, permitindo sua integração e cooperação mútua.

Para *planejar, elaborar, propor, coordenar e executar* a Política Nacional de Relações de Consumo, o Código previu a existência de um departamento federal, o atual Departamento de Proteção e Defesa do Consumidor – DPDC, vinculado à Secretaria de Direito Econômico do Ministério da Justiça, criado pelo Decreto nº 2.181, de 20 de março de 1997.

Instituir a Política Nacional de Relações de Consumo, criar um Sistema Nacional incumbido de executá-la e indicar o órgão incumbido de coordená-la são proposições próprias do Código, não cabendo nesse diploma legal avançar mais, evidentemente porque caberá à legislação complementar e regulamentar a tarefa de explicitar os princípios eleitos, bem como estruturar os instrumentos existentes, dotando-os da real possibilidade de pôr em campo a Política Nacional.

Educação, informação, integração dos órgãos públicos e privados e conscientização de fornecedores e consumidores; mecanismos de incentivo de criação e desenvolvimento de associações representativas dos consumidores; incentivo à criação de meios eficientes de controle de qualidade e segurança de produtos e serviços são alguns exemplos de princípios e mecanismos inseridos na Política Nacional que carecem de melhor explicitação e indicação de formas claras e práticas de sua realização.

Se o Código não detalhou esses princípios, instrumentos e mecanismos, indicou-os de forma precisa, devendo ser utilizados por órgãos públicos e privados de defesa do consumidor.

Com o objetivo de reorganizar o Sistema Nacional de Defesa do Consumidor – SNDC, editou-se o Decreto nº 2.181, de 20 de março de 1997, que revoga o anterior Decreto nº 861, de 9 de julho de 1993.

Uma análise desse último decreto demonstra que, a exemplo de seu antecessor, a expectativa de ver efetivamente organizado o Sistema Nacional, detalhando-o quanto aos princípios e instrumentos mencionados, foi frustrada. Deixou-se, mais uma vez, de dar um passo adiante na proteção e defesa do consumidor. A promessa de organização do Sistema mencionada logo no art. 1º do novo decreto não se confirma ao longo das demais disposições.

Limitou-se a repetir alguns dispositivos do Código, ao invés de melhor aclará-los e instrumentalizá-los. Ainda, deu ênfase quase patológica à função de fiscalização dos órgãos públicos de defesa do consumidor, contrariando toda uma tradição desses órgãos que nunca deram ênfase ao exercício do poder de polícia administrativa. Ao contrário, sempre procuraram dar atendimento às reclamações dos consumidores por meio de soluções negociadas com fornecedores. Fizeram-no com sucesso e angariaram confiabilidade junto à sociedade e imprensa e respeito das entidades empresariais, industriais ou comerciais.

O Decreto nº 2.181/97 praticamente ignorou essa vocação dos PROCONs. Se não a ignorou, quase nada fez para incentivá-la e aperfeiçoá-la, procurando o caminho fácil da aplicação de sanções administrativas.

Daí resulta que o decreto, a exemplo do anterior, é pobre. Pouco colabora para a efetiva implantação da Política Nacional de Relações de Consumo.

Como já se disse, esperava-se que o decreto introduzisse inovações no sistema de educação formal e informal de defesa do consumidor, chamando educadores e a imprensa a participar mais ativamente com a informação aos consumidores sobre seus direitos e deveres; esperava-se que o decreto indicasse precisamente os mecanismos de incentivo à criação de associações privadas dos consumidores, entregando a elas o roteiro de acesso a recursos públicos, formas de sua aplicação e fiscalização quanto à sua destinação; seria ainda razoável supor que a regulamentação do Código se preocupasse com mecanismos de avaliação qualitativa e de segurança de produtos e serviços, indicando de forma prática a utilização dos instrumentos necessários.

Integração dos órgãos e sua importância para se atingirem os fins da Política Nacional de Relações de Consumo também poderiam ser objeto de disciplina na regulamentação do Código.

Pouco ou quase nada se viu nesse sentido, e a regulamentação do Código, que poderia ser uma verdadeira cartilha de implantação da Política Nacional, pecou por enfatizar aquela que é uma das atividades mais secundárias dos órgãos públicos: a fiscalização. E tanto a fiscalização é atividade secundária que o Código determina ao Departamento que *leve ao conhecimento dos órgãos competentes as infrações de ordem administrativa que violarem os interesses dos consumidores* (art. 106, VII), dando indicação clara de que a fiscalização deverá ser exercida por outros órgãos públicos. Ainda, o Código atribuiu ao Departamento atividade *auxiliar* de fiscalização de preços, abastecimento, quantidade e segurança de bens e serviços, o que vale dizer, atividade não principal.

Em quase todos os dispositivos do Decreto nº 2.181/97 há menção à fiscalização ou imposição de sanções administrativas, como se isso bastasse para normalizar as relações de consumo, ou como se isso fosse o mais importante a disciplinar nesse tipo de situação jurídica.

O uso do poder de polícia administrativa, importante em outras instâncias, cria barreiras e animosidades entre consumidores e fornecedores, desestimulando-os a procurar soluções negociadas. Deve ser deixado como último recurso disponível no processo de composição de conflitos, ou para quando a situação demonstrar razoável gravidade que recomende desde o início a aplicação de sanções.

Houvesse o decreto enfrentado os temas que realmente interessam à Política Nacional de Relações de Consumo e haveríamos ganho em qualidade e desenvolvimento das relações de consumo.

Parece-nos oportuno, então, fazer uma advertência aos órgãos estaduais e municipais de defesa do consumidor: é muito importante refletir se o modelo proposto pelo decreto é realmente o que se pretende consolidar na atuação dos órgãos de defesa do consumidor, ou se o modelo atual, baseado no poder de conciliação, deve ser aperfeiçoado, procurando-se implementar os demais aspectos da Política Nacional de Relações de Consumo, antes de sair punindo fornecedores. Essa reflexão parece-nos importante antes de copiar o modelo proposto.

Contudo, o decreto abordou alguns mecanismos que julgamos conveniente mencionar.

O DECRETO Nº 2.181, DE 20 DE MARÇO DE 1997

Na análise que ora faremos do Decreto nº 2.181, de 20 de março de 1997, não abordaremos com profundidade os dispositivos que cuidam da definição das infrações administrativas e do procedimento para aplicação das penalidades. Desses temas cuidou o Dr. Zelmo Denari, no Capítulo VII.

Art. 106 | CÓDIGO BRASILEIRO DE DEFESA DO CONSUMIDOR

Contudo, parece-nos oportuno destacar a necessidade de os órgãos integrantes do Sistema Nacional de Defesa do Consumidor observarem os princípios que norteiam a atuação administrativa do poder de polícia, em especial a legalidade, a probidade, a impessoalidade, a motivação, a ampla defesa e o duplo grau administrativo, dentre outros, sob pena de verem sua atuação seriamente questionada.

Em relação a este último, a observância do duplo grau administrativo, parece-nos caber destaque, não somente porque a Constituição da República o admite como corolário do princípio da ampla defesa, mas, sobretudo, porque se têm visto alhures diversos órgãos administrativos municipais e mesmo estaduais negando-o explícita ou implicitamente.

"O direito de interpor recurso administrativo foi afirmado no Direito francês como um princípio geral, mesmo sem texto que o preveja explicitamente. Esse entendimento deve prevalecer também no ordenamento pátrio, sobretudo ante o direito de petição assegurado na Constituição Federal, art. 5º, XXXIV, a. Além do mais, decorre da garantia de ampla defesa dos processos administrativos em geral, prevista na Constituição Federal, art. 5º, LV."[8]

Portanto, negar o duplo grau administrativo, seja expressa ou implicitamente, é negar vigência ao princípio constitucional da ampla defesa.

A negativa expressa se dará por disposição direta da legislação que tenha estruturado o órgão estadual ou local. A negativa implícita se dará na hipótese de a legislação local prever como autoridade destinada a impor as sanções administrativas à maior autoridade administrativa local.

No sistema de imposição de penalidades administrativas por violação às normas de defesa e proteção do consumidor o duplo grau de instâncias do respectivo processo administrativo é expressamente previsto pelo art. 49 e seus parágrafos do Decreto nº 2.181/1997.

Caso emblemático ocorreu no Estado do Rio de Janeiro, no qual foi imposta pelo secretário da Justiça sanção administrativa a determinada empresa, a qual, provocando o pedido de reexame, teve seu pedido indeferido.

Em sede de recurso ordinário em mandado de segurança (ROMS), o Superior Tribunal de Justiça afirmou que "o duplo grau de competência administrativa tem como corolário a circunstância de que as multas jamais podem ser aplicadas originariamente pela autoridade mais alta do órgão por onde corre o procedimento. Do contrário, estará cerceado o direito ao recurso, pois não haverá 'superior hierárquico' para emitir a "decisão definitiva".[9]

Feitas essas breves considerações a bem do melhor andamento da atuação administrativa no cumprimento das normas de defesa e proteção do consumidor, nossa preocupação se dirigirá aos dispositivos do decreto relacionados direta ou indiretamente com o Sistema Nacional de Defesa do Consumidor e a aplicação da Política Nacional de Relações de Consumo pelos órgãos de defesa do consumidor.

Não faremos referência, ainda, a dispositivos do decreto que sejam mera repetição de normas já constantes do Código, cujos comentários já foram feitos.

Portanto, serão objeto de análise os seguintes temas: conflito de atribuições entre órgãos públicos, celebração de compromisso de ajustamento de conduta e Fundo de Reparação dos Interesses Lesados dos Consumidores. Optamos por estes temas porque, afora as infrações administrativas, julgamos que sejam os assuntos regulados pelo decreto que maior interesse despertam.

---

[8] Odete Medauar, Direito Administrativo moderno, 2ª ed., São Paulo, RT, 1998, p. 398.
[9] STJ, ROMS nº 13.158/RJ.

CONFLITO DE ATRIBUIÇÕES

O conflito de atribuições entre órgãos públicos e a forma de solucioná-lo é o conteúdo do art. 5º e seu parágrafo único.

Dispõe o *caput* que *qualquer entidade ou órgão da Administração Pública, federal, estadual e municipal, destinado à defesa dos interesses e direitos do consumidor, tem, no âmbito de suas respectivas competências, atribuição para apurar e punir infrações a este decreto e à legislação das relações de consumo*.

Em primeiro lugar, é preciso fazer um reparo sobre o inadvertido erro terminológico cometido pelo decreto. Os órgãos da Administração Pública não gozam de *competência*, termo jurídico específico, reservado para denominar compartimentações da *jurisdição*, que é própria do Poder Judiciário. Possuem *atribuições*, termo melhor empregado para denominar a função de um órgão público.

Feito esse breve reparo, é oportuno acrescentar que o *caput* do art. 5º do decreto pode levar o intérprete a erro. Isso porque cuida de norma relativa ao exercício do poder de polícia administrativa. O dispositivo diz, em outras palavras, que os órgãos públicos têm atribuição para impor sanções administrativas por infração à legislação de relações de consumo, *no âmbito de suas respectivas competências* – atribuições, como vimos. Como o exercício do poder de polícia administrativa deve ser fundado em lei específica, a fonte da possibilidade de impor sanções será a lei original de estruturação do órgão e não o decreto. Essa referência feita no decreto – *no âmbito de suas respectivas competências* – remete o intérprete à lei que criou o órgão. Se nessa lei houver previsão de imposição de sanções administrativas, então sua obediência será obrigatória. Caso contrário, o decreto por si só não poderá ser a fonte legal de imposição de sanções.

O parágrafo único do referido art. 5º do Decreto nº 2.181/97, que cuida da competência para dirigir conflito de atribuições entre órgãos públicos de proteção e defesa do consumidor, estabelece que: "Se instaurado mais de um processo administrativo por pessoas jurídicas de direito público distintas, para apuração de infração decorrente de um mesmo fato imputado ao mesmo fornecedor, eventual conflito de competência será dirimido pela Secretaria Nacional do Consumidor do Ministério da Justiça e Segurança Pública, que poderá ouvir o Conselho Nacional de Defesa do Consumidor, considerada a competência federativa para legislar sobre a respectiva atividade econômica".[10]

AVOCAÇÃO DE PROCESSOS ADMINISTRATIVOS

Saliente-se, ainda, que consoante disposto no art. 16 do Decreto nº 2.181/97, com nova redação que lhe foi dada pelo também citado Decreto nº 10.417/2020: "Nos casos de processos administrativos em trâmite em mais de um Estado, que envolvam interesses difusos ou coletivos, a Secretaria Nacional do Consumidor do Ministério da Justiça e Segurança Pública poderá avocá-los, ouvido o Conselho Nacional de Defesa do Consumidor, e as autoridades máximas dos sistemas estaduais."

A estrutura federativa, como não poderia deixar de ser, encontra na Constituição da República as regras para o exercício de competências, sejam administrativas ou legislativas.

O dispositivo em exame cuida, à evidência, de conflito de competência administrativa.

---

[10] Nova redação conferida pelo Decreto nº 10.417/2020, que instituiu o Conselho Nacional de Defesa do Consumidor.

Art. 106 | CÓDIGO BRASILEIRO DE DEFESA DO CONSUMIDOR

As competências administrativas da União vêm enumeradas no art. 21 e dizem respeito a matérias de interesse geral da Nação. Os Estados-membros, por sua vez, exercem competência administrativa que não lhes é vedada pela própria Constituição (CF, art. 25, § 1º). E os Municípios exercem competência suplementar e de âmbito local (CF, art. 30). Assim estão repartidas as regras de competência administrativa no Brasil.

As unidades federativas têm, assim, uma prévia definição de suas tarefas, de tal forma que no exercício das competências administrativas não haja colidência. Não há colidência, mas há concorrência, visto que, quando não reservada exclusivamente a certa unidade federativa, a matéria poderá ser tratada por todos aqueles que não sejam impedidos de fazê-lo. Em especial, veja-se o art. 23.

Por esse sistema, a existência de conflitos administrativos de atribuições é impensável, já que as regras estão previamente definidas na Constituição.

Contudo, e apesar da definição prévia dessas regras, pode ocorrer que dois órgãos públicos se julguem com atribuições para tratar do mesmo assunto, por exemplo, impondo sanções administrativas ao suposto infrator. A qual dos órgãos deverá o infrator prestar obediência?

Trata-se, em verdade, de interpretação das normas constitucionais para se afirmar qual dos órgãos em conflito é o competente, e eventual divergência de interpretação poderá ser resolvida perante o Poder Judiciário, ante o caso concreto, pois cabe ao Judiciário a composição de conflitos, dando a melhor aplicação da lei ao caso concreto, mesmo que o conflito seja entre órgãos públicos de unidades federativas diversas.[11] Nesse sentido, o teor da alínea f do inc. I do art. 102 da CF, que confere ao Supremo Tribunal Federal o processo originário e julgamento *"das causas e os conflitos entre a União e os Estados, a União e o Distrito Federal, ou entre uns e outros, inclusive as respectivas entidades da administração indireta"*.

Tratando-se de conflitos de atribuições entre Município e Estado-membro, a Constituição do próprio Estado dirá o órgão judiciário competente. Em regra, o Tribunal de Justiça local (em São Paulo, CE, art. 74, IX).

A inovação introduzida pelo Decreto nº 2.181, conforme já assinalado, de acordo com nova redação conferida ao parágrafo único de seu art. 5º pelo Decreto nº 10.417/2020, que instituiu a SENACON, é desse novo órgão de cúpula do sistema nacional de defesa do consumidor a competência para dirigir conflitos de atribuições entre *pessoas jurídicas de Direito*

---

[11] Nesse sentido, no RMS nº 26.397/BA, o STJ decidiu: "Administrativo e consumidor. Publicidade enganosa. Multa aplicada por Procon a seguradora privada. Alegação de bis in idem, pois a pena somente poderia ser aplicada pela Susep. Não ocorrência. Sistema Nacional de Defesa do Consumidor – SNDC. Possibilidade de aplicação de multa em concorrência por qualquer órgão de defesa do consumidor, público ou privado, federal, estadual, municipal ou distrital.
1. A tese da recorrente é a de que o Procon não teria atribuição para a aplicação de sanções administrativas às seguradoras privadas, pois, com base no Decreto nº 73/66, somente à Susep caberia a normatização e fiscalização das operações de capitalização. Assim, a multa discutida no caso dos autos implicaria verdadeiro bis in idem e enriquecimento sem causa dos Estados, uma vez que a Susep é autarquia vinculada ao Ministério da Fazenda; enquanto que o Procon, às Secretarias de Justiça Estaduais.
2. Não se há falar em *bis in idem* ou enriquecimento sem causa do Estado porque à Susep cabe apenas a fiscalização e normatização das operações de capitalização pura e simples, nos termos do Decreto nº 73/66. Quando qualquer prestação de serviço ou colocação de produto no mercado envolver relação de consumo, exsurge, em prol da Política Nacional das Relações de Consumo estatuída nos arts. 4º e 5º do Código de Defesa do Consumidor (Lei nº 8.078/90), o Sistema Nacional de Defesa do Consumidor – SNDC que, nos termos do art. 105 do Código de Defesa do Consumidor é integrado por órgãos federais, estaduais, municipais e do Distrito Federal, além das entidades privadas que têm por objeto a defesa do consumidor. Recurso ordinário improvido" (rel. Min. Humberto Martins, 2ª Turma, j. 1º.4.2008, DJe de 11.4.2008, RNDJ vol. 103, p. 108).

Título IV · DO SISTEMA NACIONAL DE DEFESA DO CONSUMIDOR | Art. 106

Público distintas. O dispositivo não fala, mas dá a entender que esse conflito poderá se dar entre unidades federativas distintas.

Tratando-se da mesma unidade federativa e cuidando-se da União, a solução dos conflitos de atribuições entre órgãos federais poderá ser realizada sem problemas pelo DPDC. Isso porque a interpretação do dispositivo, neste caso, deve ser no sentido de que a própria União está se autodisciplinando, por meio do decreto.

Tratando-se de conflito entre unidades federativas distintas (por exemplo: União *versus* Estados-membros ou Municípios; Estados ou Distrito Federal entre si; Estados *versus* Municípios; ou, finalmente, entre Municípios), a aplicação da regra do parágrafo único ora em exame é de questionável constitucionalidade.

Primeiro porque, como vimos, os conflitos entre órgãos das diversas unidades federativas deverão ser dirimidos pelo Supremo Tribunal Federal (União *versus* Estados-membros ou Distrito Federal; Estados ou Distrito Federal entre si), ou pelos Tribunais de Justiça dos Estados (Estados *versus* Municípios; ou entre Municípios).

Depois, reservar ao DPDC a solução desses conflitos significa subordinar um órgão de certa unidade federativa autônoma a um órgão da União, o que é indesejável na estrutura federativa.

Poderá ocorrer, ainda, que o conflito de atribuições sequer envolva órgão federal e, a obedecer a sistemática proposta, seria submetido ao DPDC – federal – para solução.

Parece-nos que o melhor alcance do dispositivo seria restringir sua aplicação à esfera reservada da União, deixando aos Estados-membros e Municípios sua própria disciplina de conflitos internos.

Os demais, entre unidades federativas, deverão ser solucionados, quando ocorrerem, pelo Poder Judiciário, de acordo com as normas de competência federativa administrativa.

COMPROMISSO DE AJUSTAMENTO DE CONDUTA

Em seu art. 6º, o Decreto nº 2.181 faz referência à celebração de compromisso de ajustamento de conduta por órgãos *destinados à defesa dos interesses e direitos protegidos pelo Código de Defesa do Consumidor.* O dispositivo remete aos termos do § 6º do art. 5º da Lei nº 7.347, demonstrando que não se cuida de qualquer inovação.

Trata-se, na realidade, de oportuna lembrança de que os órgãos públicos que exercem defesa do consumidor poderão celebrar compromissos nos quais os infratores se submetem a certas condutas e comportamentos, ou a prestar certos fatos, ou mesmo a deixar de prestá-los, sempre em favor dos consumidores.

O teor do § 6º, do art. 5º, da Lei nº 7.347/85, introduzido pelo art. 113 do Código Brasileiro de Defesa do Consumidor, estabelece que "os órgãos públicos legitimados poderão tomar dos interessados compromisso de ajustamento de sua conduta às exigências legais, mediante cominações, que terá eficácia de título executivo extrajudicial".

A vigência do citado dispositivo, e, consequentemente, *a vigência do termo de ajustamento de conduta,* é questionada por alguns autores,[12] uma vez que o § 3º do art. 82 do Código, de idêntico teor, foi vetado pelo senhor presidente da República quando da sanção do projeto. Ora, em sendo vetado o dispositivo no corpo principal do Código, *por extensão,* o veto recairia também sobre o idêntico conteúdo do art. 113.

---

[12] Theotônio Negrão; José Roberto Ferreira Gouvêa. Código Civil e legislação civil em vigor, 40ª ed., São Paulo, Saraiva, 2008, p. 1.156, nota nº 8, ao § 6º, do art. 5º, da Lei nº 7.347/85. Com a colaboração de Luis Guilherme Aidar Bandioli.

Art. 106 | CÓDIGO BRASILEIRO DE DEFESA DO CONSUMIDOR

Esse entendimento também vem sustentado em decisão do Tribunal de Justiça de Minas Gerais, cuja ementa tem o seguinte teor:

"Obrigação de Fazer – Execução – Título executivo – Inexistência – Nulidade. *Não representa título executivo extrajudicial o termo de transação firmado junto ao Ministério Público, tendo em vista que houve veto aos §§ 5º e 6º da Lei nº 7.347, quando vetado o parágrafo único do art. 92, da Lei nº 8.078/90, que dispõe sobre o Código de Proteção e Defesa do Consumidor."*[13]

O argumento impressiona, mas não convence.

Em primeiro lugar, o texto foi oficialmente publicado com o teor do art. 113 intacto, sem qualquer veto. O veto do texto publicado recaiu tão somente no § 3º do art. 82.

Tecnicamente, o veto é um ato singular e excepcional atingindo diretamente o dispositivo sobre o qual incide, sem possibilidade de sua extensão a outros dispositivos não mencionados. Assim, deve ser interpretado literal e restritivamente. Não se pode no sistema do processo legislativo brasileiro *estender* o alcance de um veto a outro dispositivo, ainda que aparentemente seja de idêntico teor, como no caso aqui tratado.

Ainda que o texto dos dispositivos tenha a mesma redação literal, o alcance de um dispositivo inserido em determinado capítulo ou seção é diferente do mesmo texto inserido em outra parte da Lei.

O vetado teor do § 3º, do art. 82, do Código, teria alcance limitado à defesa do consumidor, sugerindo que o ajustamento de conduta não seria desejável nessa matéria. Porém, essa vontade não prevaleceu.[14]

A inserção do § 6º, no art. 5º, na Lei nº 7.347/85 cria a possibilidade da celebração de compromisso de ajustamento para outros temas, além, evidentemente, da própria defesa do consumidor: meio ambiente, patrimônio cultural, infração à ordem econômica, ordem urbanística e outros interesses difusos e coletivos. Se assim o é, o art. 113, do CDC, que cria essa possibilidade de compromisso para outras matérias, evidentemente não pode estar vetado, posto que seu alcance é muito mais amplo do que aquele mesmo dispositivo contido no § 3º, do art. 82 do Código, vetado.

Em abono à tese aqui defendida, Mazzilli escreve:

"Não existe veto implícito, pois esse sistema não permitiria o controle de rejeição do veto (tanto que, na prática, o Congresso Nacional jamais apreciou o suposto veto ao art. 113, que foi promulgado e publicado na íntegra), a doutrina largamente majoritária, com apoio da jurisprudência do Superior Tribunal de Justiça, tem aceitado a validade do compromisso de ajustamento, o qual vem sendo aplicado desde 1990 sem maiores transtornos pelo Ministério Público e pelos demais órgãos legitimados à ação civil pública. E isso se faz com grande proveito social, já que os compromissos de ajustamento de conduta são consensuais, visam à defesa

---

[13] In AG nº 254640/MG, STJ. A ementa do Tribunal de Minas Gerais faz menção do parágrafo único, do art. 92, do Código do Consumidor. Esse dispositivo determinava a aplicação dos §§ 2º a 6º, do art. 5º, da Lei nº 7.347/85, às ações coletivas de responsabilidade pelos danos individuais sofridos pelos consumidores. Em verdade, o veto cuja eficácia se discute incidiu mais precisamente no § 3º, do art. 82, do CDC.

[14] A propósito, o STJ decidiu: "Processo Civil. Ação Civil Pública. Compromisso de acertamento de conduta. Vigência do § 6º, do artigo 5º, da Lei 7.374/85, com a redação dada pelo artigo 113, do CDC. 1. A referência ao veto ao artigo 113, quando vetados os artigos 82, § 3º, e 92, parágrafo único, do CDC, não teve o condão de afetar a vigência do § 6º, do artigo 5º, da Lei 7.374/85, com a redação dada pelo artigo 113, do CDC, pois inviável a existência de veto implícito. 2. Recurso provido" (REsp nº 222.582, rel. Min. Milton Luiz Pereira, j. 29.4.2002).

Título IV · DO SISTEMA NACIONAL DE DEFESA DO CONSUMIDOR | Art. 106

de interesses transindividuais e com isso evitam milhares de ações individuais e, de qualquer forma, jamais impedem que os colegitimados e os lesados individuais, caso discordem dos ajustes, compareçam a juízo em busca do que entenderem devido".[15]

Essa, a nosso ver, a melhor interpretação do assunto, consagrada, inclusive, em decisão do Egrégio Superior Tribunal de Justiça, de seguinte teor:

"Ação civil pública: Compromisso de ajustamento. Execução. Título executivo.

O compromisso firmado perante o IBAMA e o Ministério Público constitui título executivo, nos termos do art. 5º, § 6º, da Lei nº 7.347/85, *que está em vigor*."[16]

Atualmente, tanto na doutrina quanto na jurisprudência está isolada a tese de que o ajustamento de conduta não estaria em vigor. Na verdade, em termos práticos, o ajustamento de conduta tem se transformado em importante instrumento de tutela de direitos difusos e coletivos, sendo reiteradamente celebrado pelos órgãos públicos do Brasil inteiro.

De toda forma, para encerrar de vez essa controvérsia, é conveniente citar trecho do voto do eminente desembargador Ricardo Raupp Ruschel, do Tribunal de Justiça do Rio Grande do Sul:

"A controvérsia diz respeito à exegese do art. 113, do CDC, que introduziu o compromisso de ajustamento na Lei nº 7.347/85, em relação a ter sido ou não este artigo atingido pelo veto do presidente da República ao § 3º do art. 82 do CDC.

O Magistrado Singular entendeu que houve veto aos §§ 5º e 6º do art. 113 da Lei nº 8.078/90, acrescentados ao art. 5º, da Lei nº 7.347/85, já que tal veto não foi rejeitado pelo Congresso, razão por que não estariam em vigor as normas que determinam a natureza de título executivo extrajudicial ao compromisso de ajustamento.

Tenho para mim que o art. 113 do Código de Defesa do Consumidor é claro quando diz que o documento terá eficácia de título executivo extrajudicial, sendo que o veto do presidente da República ao § 3º do art. 82 do CDC não atingiu o art. 113 do mesmo estatuto, permanecendo válido o compromisso de ajustamento que nele consta como título executivo extrajudicial.

Para desate da polêmica gerada em torno desse tema, é necessário salientar que o art. 113 do CDC, nas suas 'Disposições Finais', acrescentou o § 6º ao art. 5º da Lei nº 7.347/85, que tem a mesma redação do texto vetado no art. 82, § 3º, do CDC.

Entretanto, o art. 113 do CDC não foi vetado. Assim, em decorrência da adequada interação entre o Código e a Lei da Ação Civil Pública (Lei nº 7.347/85), nos termos dos arts. 90, 110, 111 e 117, todos do CDC, também o § 6º do art. 5º da Lei nº 7.347/85 é aplicável na tutela dos interesses e direitos dos consumidores."[17]

Vê-se, portanto, que o termo de ajustamento de conduta está definitivamente instituído como instrumento para composição de conflitos em matéria de interesses difusos e coletivos.

Para melhor entendê-lo, é preciso identificar seu objeto e natureza jurídica, o que facilitará a compreensão de sua extensão e limites e nos dará elementos para entender sua aplicabilidade.

---

[15] MAZZILLI, Hugo Nigro. "Compromisso de ajustamento de conduta: evolução e fragilidades – atuação do Ministério Público", in *Revista Jurídica*, ano 54, nº 342, abril de 2006, Porto Alegre, Notadez/Fonte do Direito, ps. 11 e segs.

[16] REsp nº 213.947/MG, v.u., j. 6.12.99. No mesmo sentido, Apelação Cível nº 70.000.525.824, TJRS.

[17] CDC, art. 1º.

Art. 106 | CÓDIGO BRASILEIRO DE DEFESA DO CONSUMIDOR

Toda lesão a um interesse difuso, em especial aos direitos do consumidor, é uma lesão a um interesse indisponível, de ordem pública.[18] A previsão legal de "ajustar conduta" em matéria de direitos do consumidor poderia dar ensejo à interpretação de que o fornecedor poderia somente corrigir sua atividade futura, já que a correção da conduta produzirá efeitos em ações por ocorrer. Isso, ou seja, a correção da atividade *futura*, é conduta esperada do fornecedor, caso sua atividade provoque danos aos consumidores.

Mas, além da correção da conduta futura, é possível afirmar-se, com certeza, que o fornecedor pode corrigir – ou *ajustar* – sua conduta *passada*, comprometendo-se a uma série de obrigações positivas ou negativas para sanar as lesões já causadas aos consumidores, coletiva ou individualmente considerados. Para isso, o termo de compromisso de ajustamento de conduta se transforma em valioso instrumento para composição de conflitos dessa natureza.

Porém, se estamos tratando de interesses indisponíveis, pode causar perplexidade entabular compromissos se "só quanto a direitos patrimoniais de caráter privado se permite a transação".[19] Sabidamente, os direitos do consumidor não são direitos patrimoniais, e as cláusulas pactuadas que impliquem renúncia ou disposição de direitos são nulas.[20]

Contudo, é preciso afirmar que o *objeto* do ajustamento da conduta do fornecedor não são os direitos dos consumidores, esses verdadeiramente indisponíveis, mas as condições de *modo, tempo e lugar* do cumprimento das obrigações destinadas a reparar os danos causados. Essas obrigações possuem completo conteúdo patrimonial, uma vez que se destinam a reparar vícios ou fatos de produtos ou serviços. E, ainda que não tenham conteúdo patrimonial imediato – por exemplo, danos morais –, sua reparação será avaliada nesses termos.

Assim é que, ao mesmo tempo em que o fornecedor se obriga a corrigir sua atividade para o futuro, poderá se comprometer a corrigir seu passado, por meio do ressarcimento dos danos causados.

A possibilidade de se ajustarem as condições de modo, tempo e lugar do cumprimento das obrigações evitará maior dispêndio de tempo e dinheiro em ações judiciais, que devem ser deixadas como último recurso para composição de conflitos. Além do mais, o fornecedor, ao se submeter voluntariamente a corrigir sua ação danosa por meio do compromisso de ajustamento de conduta, o faz de livre e espontânea vontade, aumentando a possibilidade da satisfação das obrigações assumidas. O cumprimento de obrigações assumidas voluntariamente é mais fácil e mais frequente que o cumprimento de determinações cogentes emergentes de decisão judicial.

Mas, sobretudo porque a negociação levará em conta também as possibilidades econômicas e políticas do fornecedor, ela se torna instrumento mais atraente. Na recomposição dos danos aos consumidores, sem abrir mão de quaisquer direitos, as partes poderão estabelecer um cronograma que atenda, além do interesse dos consumidores, também à situação econômica do fornecedor, evitando-se reflexos indesejáveis na produção, tais como desemprego e financiamentos a juros altos.

Nesse ponto, já podemos inferir a *natureza jurídica* do ajustamento de conduta.

Versando sobre condições de modo, tempo e lugar do cumprimento de obrigações do fornecedor que tenham por fim extinguir as pendências com os consumidores, a natureza jurídica do ajustamento é indubitavelmente de *compromisso de transação*.

---

[18]   Apelação Cível nº 70002509610. j. 26.9.2001.

[19]   Código Civil, art. 841.

[20]   CDC, art. 51, inc. I.

Título IV · DO SISTEMA NACIONAL DE DEFESA DO CONSUMIDOR | **Art. 106**

As concessões mútuas, como forma de terminarem o litígio, se constituem em *transação*, e o *compromisso* é o meio, um instrumento, de que se valem fornecedores e consumidores para estabelecer as obrigações por meio das quais os direitos dos consumidores serão recompostos ou resguardados.[21]

É importante observar que as obrigações assumidas pelo fornecedor o serão quase unilateralmente, pois os consumidores em geral não devem se comprometer a dar, fazer ou não fazer qualquer coisa. Os consumidores apenas farão concessões quanto à forma de cumprimento das obrigações pelos fornecedores, a fim de verem seus direitos atendidos. Isso não desnatura a natureza jurídica da transação aqui presente, pois as concessões quanto à forma do cumprimento das obrigações já representam considerável ônus para os consumidores.

Mazzilli nega a natureza jurídica de transação do ajustamento de conduta e seu caráter contratual, sustentando que os órgãos públicos legitimados à sua celebração não têm disponibilidade sobre o direito em composição.

> "Assim, não podem ser considerados uma verdadeira e própria transação, porque a transação importa em disponibilidade, e os órgãos públicos legitimados à ação civil pública ou coletiva não têm disponibilidade sobre o próprio direito material controvertido."[22]

O autor sustenta tratar-se de *ato administrativo negocial (negócio jurídico de Direito Público).*

Respeitável a objeção. Mas é importante reiterar que o objeto da transação não é o *direito material controvertido*, mas as condições para o cumprimento das obrigações para sua satisfação. Se assim não fosse, tomando-se a indisponibilidade do direito de forma absoluta, não se poderiam conceder prazos para a satisfação do direito lesado, que deveria ser satisfeito imediatamente. Ora, atendido o interesse público, as concessões permitidas aos órgãos públicos recaem justamente na *forma* pelas quais as providências reparatórias ou preventivas serão executadas pelo compromissário.

Em se tratando de compromisso, o próprio dispositivo legal já indica os *árbitros* capazes de celebrá-lo: os órgãos públicos legitimados à propositura da ação civil pública. As partes não têm liberdade de eleger os árbitros que desejarem, dentre pessoas capazes e de sua confiança.[23] Aqui deve ser feita a ressalva no sentido de que os consumidores, *individualmente considerados*, que desejarem se compor com fornecedores, poderão fazê-lo pelo juízo arbitral com plena liberdade de escolha dos árbitros, os quais poderão ser pessoas físicas ou jurídicas de Direito Privado e não somente órgãos públicos. Porém, o instituto que nos interessa aqui é aquele capaz de extinguir litígios entre fornecedores e consumidores *coletivamente considerados*.

Assim, os árbitros indicados na lei são os órgãos públicos que ostentam legitimidade ad causam para propor ação civil pública para defesa dos interesses difusos e coletivos, por força do art. 5º da Lei nº 7.347/85, e os órgãos públicos legitimados para as ações coletivas para defesa de direitos individuais homogêneos, por força do art. 82 do CDC.

A expressão *órgão público* utilizada pela lei não é das mais felizes, pois seu conteúdo conceitual no Direito Administrativo é de limitada abrangência, e a lei quis instituir um espectro maior de árbitros capazes de celebrar o compromisso.

---

[21] O art. 840 do Código Civil, inserido no capítulo da transação, estabelece: "É lícito aos interessados prevenirem ou terminarem o litígio mediante concessões mútuas."

[22] CDC, art. 92.

[23] A Lei nº 9.307/96 dispõe sobre a arbitragem e revogou expressamente, em seu art. 44, os arts. 1.037 a 1.048 do Código Civil de 1916. Atualmente, o Código Civil trata do compromisso nos arts. 851 a 853.

Art. 106 | CÓDIGO BRASILEIRO DE DEFESA DO CONSUMIDOR

No exame atento do rol dos legitimados à ação civil pública e ações coletivas, verifica-se que os únicos órgãos públicos na acepção administrativa do termo é o Ministério Público e os órgãos da administração pública direta, ainda que sem personalidade jurídica, destinados à defesa do consumidor. A questão é saber se as pessoas jurídicas de Direito Público Interno – União, Estados, Municípios e Distrito Federal –, que não são órgãos públicos, mas pessoas jurídicas, podem celebrar termo de ajustamento de conduta.

Imagine-se certo Município, que, não dispondo de órgão de defesa do consumidor, se veja às voltas com lesões praticadas por certo comerciante local. O Ministério Público erroneamente arquiva o inquérito civil, fundado na inexistência da prática abusiva. O Município, por não ser órgão administrativo, mas pessoa jurídica pública, estaria impedido de celebrar o compromisso de ajustamento de conduta? Entendemos que não.

Atribuir-se capacidade ao órgão municipal, não dotado de personalidade jurídica, e negá-la ao próprio Município é uma contradição desarrazoada. Ao referir-se a órgãos públicos, o que pretendeu a lei foi negar às pessoas privadas a possibilidade de transacionar com matéria afeta a direitos de ordem pública. Portanto, todas as pessoas, órgãos e entidades públicas têm plena capacidade de celebrar o compromisso de ajustamento de conduta.

Estão afastadas dessa possibilidade as associações civis, cujo regime jurídico é eminentemente de Direito Privado, ainda que de defesa do consumidor. Quanto a elas, a questão que se põe refere-se ao exame da possibilidade de celebrar o compromisso de ajustamento *após a propositura da ação civil pública ou coletiva*. Antes da ação, a resposta, repita-se, é negativa.

Poderia, contudo, a associação civil no curso do processo celebrar o compromisso?

Parece-nos que a resposta ainda é negativa. Do contrário, para burlar a proibição legal, a associação proporia a ação com a única finalidade de celebrar posteriormente o compromisso de ajustamento de conduta, e, agora, com a vantagem da homologação judicial, o que transforma o compromisso em título judicial. Essa hipótese nos parece fraude à lei, e os compromissos celebrados nesses termos seriam nulos.

Porém, havendo litisconsórcio ativo entre a associação civil e qualquer órgão público legitimado, o compromisso de ajustamento poderá ser celebrado sem inconvenientes, figurando a associação como coadjuvante do órgão público, ou, ainda, se o Ministério Público, que obrigatoriamente oficia na ação como *custos legis*,[24] cocelebrar o termo junto com a associação autora. Nesses casos, a presença pública representada pelos *órgãos legitimados* conferirá validade ao compromisso.

Outra questão que se põe, ainda dentro da capacidade para celebrar o ajuste de conduta, é quanto às entidades da Administração Pública indireta legitimadas à ação civil pública ou ações coletivas, mas de regime jurídico de Direito Privado. Falamos das sociedades de economia mista, empresas públicas, fundações e autarquias.

Alguns autores negam essa possibilidade. Baseiam-se no § 1º, do art. 173, da Constituição da República, e argumentam que essas pessoas jurídicas têm estrutura jurídica privada, ou ao menos regime jurídico próprio das empresas privadas. Então, não podem ser consideradas como órgãos públicos, ainda que por equiparação, estando impedidas de tomar compromisso de ajustamento de conduta.[25]

Outros autores admitem que essas pessoas jurídicas possam celebrar o compromisso fundadas na afirmação de que o Poder Público tem participação na sua instituição, constituição e administração, tangendo-lhes com o signo público. Essas entidades prestam serviços de uti-

---

[24] Op. cit., p. 22.
[25] Hugo Nigro Mazzilli, O inquérito civil, Saraiva, São Paulo, 1999, p. 300.

Título IV · DO SISTEMA NACIONAL DE DEFESA DO CONSUMIDOR | **Art. 106**

lidade pública e realizam atividades que envolvem o interesse público, ainda que seja uma atividade econômica, mas sempre de interesse coletivo.

Acrescentam que há uma série de restrições impostas a seu funcionamento, exatamente tendo em vista a participação do Estado na realização da atividade (p. ex., restrições a privilégios fiscais; submissão à licitação pública; investidura em empregos mediante concurso, dentre outros).

Nesse sentido, essas entidades seriam capazes de celebrar o ajustamento de conduta.[26]

Nesse debate, parece-nos que assiste razão aos que negam a possibilidade de sociedades de economia mista, fundações privadas e autarquias celebrarem o compromisso de ajustamento de conduta.[27] A expressão *órgãos públicos* no texto legal, apesar de realmente infeliz, dá clara indicação do tipo de parte celebrante que se quer celebrando o compromisso de ajustamento de conduta em defesa de interesses públicos transindividuais. São partes genuinamente públicas, que têm sua atividade voltada plenamente para o público, sem qualquer interferência de interesses privados.

É preciso lembrar, ainda, que a legitimação à ação civil pública e às ações coletivas em defesa dos interesses individuais dos consumidores é extraordinária, o que vale dizer excepcional e especial. Cuida-se de uma exceção à regra da legitimação ordinária. Ao se buscar o exato alcance da expressão *órgãos públicos legitimados* deve-se entender que estamos diante da interpretação de uma exceção, e que, portanto, devemos utilizar critérios restritivos para se interpretar exceções.[28] Esse critério restritivo impede a possibilidade de se incluir, por interpretação extensiva, entidades paraestatais, cuja composição não é completamente pública.

Convém tratarmos agora do *regime jurídico*, que disciplina e condiciona o compromisso de ajustamento de conduta.

Ao estabelecermos a natureza jurídica do compromisso, afirmando-o como um *compromisso de transação*, já se indica o regime jurídico que o disciplina. Deve obedecer, no que couber, ao regime da transação tal como prevista pelo Direito Civil. Contudo, com expressivas ressalvas.

Assim, o sistema de *nulidade* parcial e total da transação tem plena aplicação ao compromisso de ajustamento de conduta.[29] Sendo nula alguma cláusula que comprometa a validade do compromisso, a nulidade o contaminará como um todo. As cláusulas da transação são, em geral, interdependentes. As concessões contidas em uma cláusula são compensadas por ganhos contidos em outras disposições, por isso, a nulidade de uma acaba por comprometer o entendimento das demais. Caso, contudo, a nulidade possa se restringir a uma parte da transação sem seguramente comprometer o entendimento do ajuste como um todo, somente a parte viciada não se aproveitará.

A transação comporta somente *interpretação restritiva*.[30] E a razão é simples. Transacionar significa fazer concessões recíprocas, renunciar direitos para extinguir litígios. É certo que qualquer das partes, ao fazer concessões, o fará da maneira que lhe for menos onerosa. Assim, as dúvidas sobre essas concessões devem ser entendidas restritivamente.

---

[26] José Emanuel Burle Filho e Wallace Paiva Martins Júnior, "Compromisso de ajustamento de conduta e entidades paraestatais", in Revista do Ministério Público de Goiás, Goiânia, 1996, p. 90.

[27] Exceto aquelas cuja legitimidade ad causam ou capacidade para o ajuste tenha sido atribuída por leis específicas, como é o caso da Ordem dos Advogados do Brasil (Lei nº 8.906/94, art. 54, inc. XIV), quanto aos interesses dos advogados.

[28] Carlos Maximiliano, Hermenêutica e aplicação do Direito, 9ª ed., Rio de Janeiro, Forense, 1980, p. 225.

[29] Código Civil, art. 848.

[30] Código Civil, art. 843.

Art. 106 | CÓDIGO BRASILEIRO DE DEFESA DO CONSUMIDOR

Há no compromisso efeitos de coisa julgada formal, sem dúvida. Mas é preciso lembrar, ainda uma vez, que os direitos do consumidor são indisponíveis e de ordem pública. Portanto, qualquer cláusula que implique renúncia ou disposição de direitos é nula de pleno direito. A coisa julgada substancial, que incide sobre as disposições entabuladas no compromisso, terá eficácia tão somente se seus termos forem juridicamente possíveis e não prejudiquem direitos do consumidor.

As causas de *rescindibilidade* do compromisso, aplicáveis às transações individuais, são plenamente aplicáveis ao compromisso de ajustamento de conduta.

Os *limites subjetivos* da transação, contudo, são mais amplos do que aqueles estabelecidos para compromissos individuais. O art. 844 do Código Civil de 2002 estabelece que os termos da transação somente aproveitam aos que dele tomaram parte. No caso de compromisso de ajustamento versando sobre direitos difusos, coletivos ou individuais homogêneos dos consumidores, os órgãos públicos legitimados detêm representação legal dos interesses de cada consumidor, dispensando a presença individualizada de cada um deles no compromisso. Os que dele não fizerem parte são por ele favorecidos.

Não, porém, prejudicados. Se algum consumidor se sentir desfavorecido pelos termos do compromisso, poderá exigir individualmente aquilo que julgue seu direito, sem que o fornecedor possa opor a celebração anterior do compromisso como impedimento à pretensão do consumidor individual. Nesse caso, o compromisso, que teria valido para prevenir litígios, não logrou sucesso, podendo o consumidor renovar a discussão, ainda que em ação individual.

O tema aqui em comento se insere nos aspectos da *segurança jurídica* dos termos de ajustamento, posto que o compromissário tem a expectativa de extinguir o litígio com sua celebração, e a avença não será mais questionada pelos demais legitimados e consumidores individuais. Deve saber, contudo, que o objeto do ajustamento há de abranger todos os aspectos do direito lesado, efetiva ou potencialmente, da melhor maneira possível. Havendo aspectos das obrigações não regulados pelo ajustamento, sendo ele incompleto, ou havendo melhores alternativas aos consumidores, o ajustamento poderá ser ainda objeto de complementações ou mesmo de ações judiciais versando sobre esses aspectos incompletos ou desfavoráveis, atendendo ao princípio da tutela plena do consumidor.

Assim, os fornecedores que de fato quiserem encerrar a contenda deverão enfrentar todos os pontos da controvérsia, solucionando-os um a um, de maneira que melhor atenda aos consumidores. Do contrário correrão riscos de questionamentos futuros. Isso se dá porque, em matéria de direitos difusos, a transação pela via do ajustamento de conduta não garante imunidade a questionamentos de *todos* aqueles potencialmente lesados, salvo, repita-se, se todas as obrigações para resguardo dos direitos dos consumidores forem equacionadas e da melhor maneira exigível.

Os §§ 2º e 3º do art. 844 do Código Civil de 2002 cuidam do tema *solidariedade* na transação e estabelecem que a transação celebrada por um dos credores solidários e o devedor, ou um dos devedores solidários e o credor, extingue a obrigação para com os demais.

A solidariedade é um tema recorrente no Código de Defesa do Consumidor, instituída para que, de preferência em nenhuma hipótese, o consumidor ficasse sem resposta para os danos sofridos. Assim é que o parágrafo único do art. 7º, ao tratar dos direitos básicos do consumidor, e os §§ 1º e 2º do art. 25 estabelecem a responsabilidade solidária entre os autores de ofensas ao consumidor; os arts. 18 e 19 estabelecem a responsabilidade solidária entre fornecedores para vícios de qualidade e quantidade de produtos ou serviços; o § 3º do art. 28 prevê a responsabilidade solidária de sociedades coligadas; e o art. 34 afirma a responsabilidade solidária do fornecedor de produtos ou serviços em relação aos atos de seus prepostos

Título IV · DO SISTEMA NACIONAL DE DEFESA DO CONSUMIDOR | Art. 106

ou representantes autônomos. A quantidade de dispositivos demonstra preocupação quase obsessiva do Código com a responsabilidade solidária.

Em matéria de defesa do consumidor, não se poderia admitir que o compromisso de ajustamento celebrado por um dos devedores solidários – vale dizer, fornecedores solidários – pudesse exonerar os demais fornecedores da obrigação de reparar os danos aos consumidores.

O sistema da responsabilidade civil em defesa do consumidor, nele incluída a instituição pela lei da responsabilidade solidária, como já se antecipou, quis evitar que por algum motivo, qualquer que fosse, o consumidor não tivesse seus danos pessoais ou materiais reparados. Sendo o consumidor a parte mais fraca na relação de consumo – hipossuficiente ou vulnerável –, todo o sistema visa a cercá-lo de garantias capazes de protegê-lo contra ofensas ou lesões.

Admitir-se a extinção da responsabilidade dos demais fornecedores pela transação com apenas um deles é limitar o sistema de responsabilidade civil, quando o Código quis exatamente o contrário, ou seja, ampliá-lo. Admitamos que um fornecedor celebre a transação e venha a ter sua falência decretada. Ao se admitir a extinção da responsabilidade dos demais fornecedores, o consumidor se veria em sérias dificuldades para ter sua recomposição patrimonial ou danos à saúde integralmente satisfeitos.

O mesmo se diga na hipótese inversa: a celebração da transação por órgão público legitimado com fornecedores não limita o crédito dos demais consumidores, que poderão exercê-lo de forma e modo diverso daquele fixado na transação.[31]

A extinção da obrigação em relação aos demais fornecedores ou a limitação ao exercício do crédito para consumidores, nesse caso, operam em desfavor do consumidor, o que contraria o sistema do Código, e não podem ser aceitas.

A doutrina do Direito Civil diverge quanto a considerar a transação como um *contrato*. Washington de Barros Monteiro escreve a esse respeito: "A grande maioria dos Códigos contemporâneos considera a transação como contrato, atribuindo-lhe, por isso, efeitos translativos de direitos." E mais adiante: "O Código Civil brasileiro, entretanto, afastando-se dessa orientação, inclui a transação entre os meios extintivos de obrigações, com efeitos meramente declarativos. Aplaudem essa orientação Clóvis e M. I. Carvalho de Mendonça."

Aprofundar essa pendência seria tarefa para outro trabalho. De qualquer forma, tenha a transação natureza de contrato ou de forma extintiva de obrigações, há uma convenção entre as partes e, como tal, deve ser tratada e disciplinada pela Teoria Geral do Direito.

Dessa forma, normas relativas ao sistema de nulidade dos atos jurídicos, especialmente quanto à *capacidade das partes, objeto lícito e solenidade*,[32] bem como condições gerais de validade dos contratos e *bilateralidade, cláusulas penais, vícios na declaração de vontade* são princípios e regras plenamente aplicáveis.

Desses vários requisitos ora citados, gostaríamos de destacar o objeto lícito e as cláusulas penais como pontos dignos de nota e comentário.

Quanto ao objeto, já tecemos importantes considerações. Gostaríamos apenas de acrescentar que as obrigações constantes do compromisso devem ser lícitas, não se admitindo que façam parte do termo obrigações fora do mundo jurídico. São ilícitas, por exemplo, renúncia ou disposição de direitos por parte do consumidor.[33] As obrigações devem ser, também, além de possíveis juridicamente, possíveis materialmente, pois não se pode exigir do fornecedor

---

[31] Essa situação é diversa daquela ocorrente na Convenção Coletiva de Consumo.

[32] Sendo os compromissos celebrados por órgãos públicos, deverão obrigatoriamente estar inseridos em procedimentos administrativos identificados.

[33] É também ilícita, dentre outras, qualquer cláusula abusiva, tais como as descritas no art. 51, ou que permita ou facilite práticas abusivas previstas no art. 39.

Art. 106 | CÓDIGO BRASILEIRO DE DEFESA DO CONSUMIDOR

o impossível. E, ainda, serem suscetíveis de quantificação econômica. A teor do art. 1.533, do Código Civil de 1916, a obrigação deve ser "certa quanto à sua existência e determinada quanto a seu objeto". O atual Código Civil de 2002 não tem dispositivo correspondente, mas o conceito de liquidez da obrigação, tal como descrito no dispositivo anterior, goza de ampla aceitação na doutrina, afirmando-se as características da determinação e certeza como requisitos básicos para a exigência de obrigação pactuada.

Convém, antes de estipulá-las, perquirir quanto à possibilidade de determinação de seu *quantum*. Não se quer dizer que deva o valor pecuniário estar determinado no momento da celebração do termo – o que, anote-se, seria muito útil –, mas seja ao menos determinável.

Em relação às *cláusulas penais*, o § 6º, do art. 5º, da Lei nº 7.347/85, menciona que o compromisso será tomado dos interessados, "mediante cominações". As cláusulas penais são mecanismos convencionais de garantia do cumprimento de obrigações, quer para o todo, quer para a parte específica do compromisso. Sua estipulação tem dupla função: coagir o devedor – no caso, o fornecedor – a cumprir a obrigação no modo e tempo previstos, situação em que assume natureza de pena *moratória*, ou preestabelecer o valor da obrigação principal, mais perdas e danos, ocasião em que assume natureza *compensatória*.

Há questionamentos na doutrina quanto à possibilidade de se estabelecer cláusula penal compensatória da obrigação principal, mais perdas e danos. Os que não a admitem, objetam com a impossibilidade de se estabelecer um limite máximo à responsabilidade. Ora, muitas vezes a prática tem demonstrado essa possibilidade, podendo-se estabelecer previamente um *quantum* que representaria o valor da obrigação e seus acréscimos. Essa fixação, se possível no caso concreto, tem a grande vantagem de facilitar o processo de execução da obrigação que, se não cumprida, poderá ser executada em quantia em dinheiro, possibilitando que terceiro, por conta do fornecedor, cumpra a obrigação principal. É evidente, por outro lado, que, diante da indisponibilidade do Direito Material e do princípio da plena tutela do consumidor, o *quantum* estabelecido como multa compensatória há de ser, de fato, suficiente para satisfazer a obrigação principal e perdas e danos, sob pena de vir a ser complementado pelo infrator uma vez demonstrada sua insuficiência.

A multa excessiva também poderá ser reduzida caso se mostre iníqua. É verdade que sua função coatora precisa ser garantida e seu valor deve ser suficiente para inibir o fornecedor ao descumprimento da obrigação. Contudo, deve guardar uma proporcionalidade com o dano causado, não ensejando uma penalização excessiva se comparada ao valor da obrigação principal.[34]

Como meio de coação ao cumprimento da transação e não se destinando a substituir a obrigação principal mais perdas e danos – natureza moratória –, pode ser exigida cumulativamente com a obrigação principal. E pode ser fixada para incidência diária. Contudo, deve obedecer aos seguintes critérios:[35]

> I – *o valor global da operação investigada*, entendendo-se por valor global não somente o valor da obrigação principal, mas sobretudo o lucro auferido ou esperado pelo fornecedor, inserindo-se completamente o componente econômico na determinação da garantia do compromisso;
>
> II – *o valor do produto ou serviço em questão*, ou o valor de toda uma série de produtos ou serviços prestados, quando o vício se apresentar de forma reiterada e recorrente;

---

[34] Nesse sentido, quanto à possibilidade de redução da multa, vide: TJRS, AI nº 70011447398, rel. des. Paulo de Tarso Vieira Sanseverino, 3ª Câm. Cível, j 2.6.2005.

[35] Decreto nº 2.181, art. 6º, § 3º, inc. II.

Título IV · DO SISTEMA NACIONAL DE DEFESA DO CONSUMIDOR | **Art. 106**

III – *os antecedentes do infrator*, como forma de se apurar a verdadeira intenção do fornecedor em dar cumprimento às obrigações que assumiu no compromisso. Fornecedor inadimplente deve submeter-se a tratamento mais rigoroso, pois os antecedentes demonstram que ele pode vir a descumprir novamente o entabulado;

IV – *a situação econômica do infrator*, inserindo novamente o componente econômico no estabelecimento de sanções convencionais, agora considerando a capacidade de o fornecedor suportar o valor estabelecido como cláusula penal. Aqui, é preciso salientar que, se de um lado a cláusula penal não deve ser excessiva a ponto de causar a ruína do fornecedor, por outro, não deve ser branda a ponto de não cumprir sua função, ou seja, coagi-lo ao cumprimento da obrigação. De qualquer forma, deve haver compatibilidade entre a situação econômica do fornecedor e o valor global da operação.

Ostentando natureza *compensatória*, capaz de substituir a obrigação principal e remunerar as perdas decorrentes, cabe ao consumidor a escolha de exigir a obrigação principal ou a cláusula penal compensatória. Contudo, não se poderão exigi-las simultaneamente.

A utilização de cláusulas penais nos compromissos de ajustamento de conduta é mecanismo de garantia obrigatória, sempre recomendável, principalmente em vista da natureza das obrigações assumidas, em especial as de prestação de serviços.

É possível, ainda, prever-se cláusula penal para garantia de cláusula específica do ajustamento de conduta. Inadimplente o compromissário, poderá ser exigida a cláusula penal específica – aqui também denominada compensatória – juntamente com a obrigação principal.[36]

O § 6º, do art. 5º, da Lei nº 7.347/85, confere ao compromisso de ajustamento de conduta a eficácia de *título executivo extrajudicial*, o que nos parece uma consequência lógica e inteligente. Celebrado o termo, em sendo necessária a intervenção do Judiciário para sua plena realização, isso se fará pelo processo de execução, dispensado o processo de conhecimento.

Em sendo uma transação que visa a extinguir litígios, não faria sentido possibilitar a rediscussão do objeto da lide no processo de conhecimento. Avençadas as cláusulas e condições, ficam verdadeiramente superadas quaisquer possibilidades de discussão de seus termos, salvo por meio de embargos no processo de execução, com os limites a ele inerentes.

A lei, pois, somente consagrou o que já seria decorrência lógica.

Dispõe o § 1º do art. 6º do Decreto nº 2.181/97 que a celebração de um compromisso não impede que outro seja celebrado, *desde que mais vantajoso para o consumidor*. Ora, é evidente que, em sendo o novo compromisso *mais vantajoso*, nada impede que seja celebrado. Mas o problema será o conceito de *mais vantajoso*.

A redação do dispositivo, apesar de não fazer qualquer menção, deixa entender que o novo compromisso substituirá o anterior. A nosso ver, esse não é o melhor entendimento, uma vez que o conceito do que é *mais vantajoso* é subjetivo e, portanto, variável. Por ser um conceito puramente subjetivo, é absolutamente necessário deixar ao alvitre do consumidor escolher entre um ou outro compromisso. Não haverá, assim, substituição de um por outro compromisso. O consumidor fará a opção por qual lhe pareça melhor, quando do exercício de seus direitos.

Seria razoável deixar expresso no novo compromisso que o consumidor poderá optar pelo compromisso anterior, conforme lhe aprouver.

Caberá ao órgão de defesa do consumidor, em especial àquele que celebrou o último compromisso, dar aos consumidores conhecimento dos termos de ambos os compromissos, a fim de que possam optar de forma mais consciente.

---

[36] Código Civil, art. 411.

Art. 106 | CÓDIGO BRASILEIRO DE DEFESA DO CONSUMIDOR

O § 2º prevê a possibilidade de o compromisso firmado ser retificado ou complementado, bem como serem determinadas *outras providências* que se fizerem necessárias, sob pena de invalidade do ato, diante de novos fatos.

Cuida aqui do aparecimento ou conhecimento posterior de outras informações ou circunstâncias que justifiquem uma revisão do compromisso celebrado. Convém lembrar, contudo, que o compromisso é um acerto de vontades e sua revisão deverá ser também de comum acordo. Parece-nos que o alcance do dispositivo é a possibilidade de denúncia unilateral do compromisso pelo órgão de defesa do consumidor, caso esse novo acerto de vontades não seja possível.

Isso porque não se podem impor administrativamente novos compromissos ao infrator, caso não queira assumi-los. Diz a norma que outras providências poderão ser determinadas, *sob pena de invalidade do ato*. Quer dizer: na prática, o descumprimento da determinação de *outras providências* acarretará a denúncia unilateral por parte do órgão público que celebrou o compromisso.

O § 3º prescreve cláusulas que, dentre outras, deverão ser estipuladas no compromisso, com destaque para o *ressarcimento das despesas de investigação da infração e instrução do procedimento administrativo* (inc. III). Já o ressarcimento de despesas de investigação e instrução do procedimento administrativo é uma inovação interessante. Seria mais interessante se houvesse determinação para que os recursos daí provenientes ficassem retidos no próprio órgão de proteção e defesa do consumidor. De qualquer forma, a legislação estadual ou municipal assim poderá estabelecer.

Os órgãos devem, a partir do decreto, estimar e avaliar seus custos, a fim de que estejam preparados para exigir seu ressarcimento quando da celebração de compromissos de ajustamento de conduta.

Por fim, o § 4º estabelece que o procedimento administrativo será suspenso com a celebração do compromisso de ajustamento de conduta. O § 5º, a seu turno, determina que o descumprimento do termo de compromisso de ajustamento de conduta acarretará a perda dos benefícios concedidos, sem prejuízo da pena pecuniária diária a que se refere o inciso II do § 3º do mesmo dispositivo em questão. E, por força do Decreto nº 10.887, de 07/12/2021, o Decreto nº 2.181/1997 ganhou um novo artigo, o 6º-A, o qual trata de outra modalidade de obrigações que podem ser impostas nos termos de compromisso de ajustamento de conduta. Ou seja, a estipulação de obrigações de fazer ou então outras medidas compensatórias a serem cumpridas pelo compromissário.

FUNDO DE REPARAÇÃO DOS INTERESSES LESADOS DOS CONSUMIDORES

Em relação ao Fundo de Reparação de Interesses Difusos Lesados,[37] com a edição da Lei Federal nº 9.008, de 21 de março de 1995, seus objetivos inicialmente estabelecidos pelo art. 13 da Lei nº 7.347, de 24 de julho de 1985, foram ampliados.

Trata o art. 13 da Lei da Ação Civil Pública do destino a ser dado para os recursos provenientes de indenizações fixadas em ações civis públicas ajuizadas por danos causados ao meio ambiente, ao consumidor, a bens e direitos de valor artístico, estético, histórico, turístico, paisagístico, por infração à ordem econômica e a outros interesses difusos e coletivos. Na parte final do dispositivo, expressamente se determina que o dinheiro reverterá para um fundo, *sendo seus recursos destinados à reconstituição dos bens lesados*. Há, assim, uma vinculação dos recursos desse Fundo à reconstituição dos danos impostos aos consumidores.

---

[37] Nomenclatura de acordo com a Lei nº 9.008, de 21 de março de 1995.

Título IV · DO SISTEMA NACIONAL DE DEFESA DO CONSUMIDOR | **Art. 106**

No entanto, com a edição da Lei nº 9.008, algumas importantes alterações foram introduzidas no regime jurídico desse Fundo, tanto em relação aos recursos que o compõem como à sua destinação.

Além dos recursos decorrentes de condenações judiciais referidas no art. 13 da Lei nº 7.347/85, passaram a integrar o Fundo (art. 1º, § 2º, da Lei nº 9.008/95):

- as multas impostas por decisão judicial, consistentes em cláusulas penais exigíveis nas obrigações de fazer e não fazer (Lei nº 7.347/85, art. 11);
- multas e indenizações decorrentes da aplicação da Lei nº 7.853, de 24 de outubro de 1989, que dispõe sobre o apoio às pessoas portadoras de deficiências e sua integração social, desde que não destinadas à reparação de danos a interesses individuais;
- os valores decorrentes da aplicação da multa prevista no art. 57 e seu parágrafo único e o produto da indenização prevista no art. 100, ambos do Código Brasileiro de Defesa do Consumidor;
- condenações judiciais de que trata o § 2º do art. 2º da Lei nº 7.913, de 7 de dezembro de 1989, o qual estabelece o prazo de dois anos para que o investidor do mercado mobiliário, que tenha sido lesado, exercite o direito à habilitação das importâncias decorrentes da condenação em ação civil pública;
- as multas referidas na Lei nº 12.529, de 30 de novembro de 2011, que dispõe sobre a prevenção e repressão às infrações contra a ordem econômica (art. 31 e ss.);
- os rendimentos auferidos com a aplicação dos recursos do Fundo;
- outras receitas que vierem a ser destinadas ao Fundo;
- doações de pessoas físicas ou jurídicas, nacionais ou estrangeiras.

Esses são, então, os recursos que passaram a compor o Fundo criado pelo art. 13 da Lei nº 7.347/85. Como se percebe, houve uma ampliação considerável das receitas cabíveis dentro desse Fundo.

Quanto à destinação dos recursos do Fundo, a inovação vem expressa no § 3º do art. 1º da Lei nº 9.008, ao estabelecer que os *recursos arrecadados pelo FDD* – Fundo de Defesa de Direitos Difusos – *serão aplicados na recuperação de bens, na promoção de eventos educativos, científicos e na edição* de material informativo especificamente relacionado com a natureza da infração ou do dano causado, bem como na modernização administrativa dos órgãos públicos responsáveis pela execução das políticas relativas às áreas mencionadas no *§ 1º deste artigo.*

Verifica-se por esse novo regime da destinação dos recursos do Fundo que, além da *recuperação dos bens lesados,* conforme queria o art. 13 da Lei nº 7.347, há uma ênfase na produção e divulgação de material de educação do consumidor e na modernização dos órgãos públicos de defesa do consumidor.

De fato, a última parte do dispositivo ora citado dispõe que os valores poderão ser aplicados na modernização dos órgãos públicos responsáveis pela execução das políticas relativas às áreas mencionadas no seu § 1º, ou seja, a todos aqueles que se relacionam às matérias ali constantes, podendo ser citados, como exemplos, os PROCONs, Secretarias de Meio Ambiente e outros correlatos.

Inegavelmente, essa norma está permeada por um positivo aspecto pragmático, preocupado com a efetivação dos direitos ditos difusos e coletivos.

É pragmático por considerar a atual situação do Estado brasileiro, sua desestruturação, redução dos recursos e dramática condição administrativa de seus órgãos.

935

Art. 106 | CÓDIGO BRASILEIRO DE DEFESA DO CONSUMIDOR

Do mesmo modo, representa o reconhecimento dos trabalhos até então efetuados pelos órgãos de defesa do consumidor, expressando um voto de confiança do legislador, e, por que não dizer, dos cidadãos.

Esse ato, materializador da maturidade política da defesa do consumidor, exigirá, por consequência, a potencialização dos mecanismos de fiscalização dos órgãos públicos, incluin-do-se a tão necessária e debatida participação popular.[38] É possível afirmar que a instituição defesa do consumidor, longe de ser tarefa de um único órgão ou somente do Estado, atinge cada parcela de responsabilidade, difusa, coletiva ou individual de toda cidadania.

---

[38] Mais uma vez presente a figura fundamental das associações de consumidores e do próprio sentido e alcance dos arts. 5º, V, e 106, IX do CDC.

Título V
DA CONVENÇÃO COLETIVA DE CONSUMO

Daniel Roberto Fink
(Atualizado por José Geraldo Brito Filomeno)

O Título V introduz no campo do Direito do Consumidor uma figura jurídica bastante conhecida no Direito do Trabalho: a convenção coletiva, em boa hora lembrada pelo secretário de defesa do consumidor paulista, Dr. Paulo Salvador Frontini, quando da elaboração do anteprojeto.

Trata-se de instrumento que busca a antecipação de eventuais conflitos nas relações de consumo, normatizando sua solução e possibilitando o estabelecimento de condições para sua composição. Razoável que se preocupasse o Código com a eliminação de tais conflitos, não somente por meio da prestação jurisdicional, mas antes mesmo de sua existência.

Esse instituto, além do modelo trabalhista, inspirou-se também nas chamadas "convenções coletivas de marcas" de veículos automotores.[1]

---

[1] LEI Nº 6.729, DE 28 DE NOVEMBRO DE 1979. *Dispõe sobre a Concessão Comercial entre Produtores e Distribuidores de Veículos Automotores de Via Terrestre.* O PRESIDENTE DA REPÚBLICA, faço saber que o CONGRESSO NACIONAL decreta e eu sanciono a seguinte Lei: (...) Art. 17. As relações objeto desta Lei serão também reguladas por convenção que, mediante solicitação do produtor ou de qualquer uma das entidades adiante indicadas, deverão ser celebradas com força de lei, entre: I – as categorias econômicas de produtores e distribuidores de veículos automotores, cada uma representada pela respectiva entidade civil ou, na falta desta, por outra entidade competente, qualquer delas sempre de âmbito nacional, designadas convenções das categorias econômicas; II – cada produtor e a respectiva rede de distribuição, esta através da entidade civil de âmbito nacional que a represente, designadas convenções da marca. § 1º Qualquer dos signatários dos atos referidos neste artigo poderá proceder ao seu registro no cartório competente do Distrito Federal e à sua publicação no *Diário Oficial da União*, a fim de valerem também contra terceiros em todo o território nacional. § 2º Independentemente de convenções, a entidade representativa da categoria econômica ou da rede de distribuição da respectiva marca poderá diligenciar a solução de dúvidas e controvérsias, no que tange às relações entre concedente e concessionário. Art. 18. Celebrar-se-ão convenções das categorias econômicas para: I – explicitar princípios e normas de interesse dos produtores e distribuidores de veículos automotores; II – declarar a entidade civil representativa de rede de distribuição; III – resolver, por decisão arbitral, as questões que lhe forem submetidas pelo produtor e a entidade representativa da respectiva rede de distribuição; IV – disciplinar, por juízo declaratório, assuntos pertinentes às convenções da marca, por solicitação de produtor ou entidade representativa da respectiva rede de distribuição. Art. 19. Celebrar-se-ão

CÓDIGO BRASILEIRO DE DEFESA DO CONSUMIDOR

Sempre que tocamos nesse assunto ao ensejo de aulas e palestras, ou seja, por que razão peças de reposição para veículos automotores devem ser mantidas em estoque por 10 anos, reportamo-nos ao que dispõe esse dispositivo do Código de Defesa do Consumidor, combinado com seu art. 32.

Então, comecemos por este último. Com efeito, dispõe ele que *"os fabricantes e importadores deverão assegurar a oferta de componentes e peças de reposição enquanto não cessar a fabricação ou importação do produto"*. Parece-nos claro, pois, que enquanto os produtos estiverem sendo fabricados ou importados, e colocados à disposição dos consumidores, seus responsáveis deverão manter estoque de peças de reposição suficientes, para que os mesmos cumpram suas funções.

Já o parágrafo único do art. 32, porém, deixa uma questão no ar, na medida em que diz o seguinte: *"cessadas a produção ou importação, a oferta deverá ser mantida por período razoável de tempo, na forma da lei"*.

Se perguntarmos a alguém qual é o prazo durante o qual um fabricante de veículos deve manter peças de reposição em estoque, logo virá a resposta: 10 anos, claro!

Mas onde está isso *na lei*? Não está na lei, mas sim em convenção das poucas montadoras instaladas no Brasil na década de 1960, antes mesmo da edição da Lei nº 6.729, de 1979, conhecida, como já dito linhas atrás, como a *Lei Ferrari* ou *lei das concessionárias de automóveis*. Ou seja, reunidos com seus respectivos concessionários/representantes/agentes vendedores, as montadoras deliberaram que os veículos então produzidos, quando cessasse sua colocação no mercado, ainda mereceriam reparos mediante peças de reposição que deveriam permanecer à disposição por 10 anos, a partir dessa interrupção.

Temos aqui, entretanto, o seguinte dilema: determinando o parágrafo único do art. 32 do Código do Consumidor que as empresas fabricantes de bens de consumo duráveis e importadores devem manter peças de reposição em estoque por *um prazo razoável*, de acordo *com a lei*, trata-se aqui de uma lei efetiva, ou seja, produzida pelo órgão legislativo competente, apenas e tão somente?

Evidentemente que não. Até porque há uma infinidade de produtos que podem se encontrar nessa situação até para evitar-se a chamada *obsolescência programada*.

---

convenções da marca para estabelecer normas e procedimentos relativos a: I – atendimento de veículos automotores em garantia ou revisão (art. 3º, II); II – uso gratuito da marca do concedente (art. 3º, III); III – inclusão na concessão de produtos lançados na sua vigência e modalidades auxiliares de venda (art. 3º, § 2º, *a*, § 3º); IV – comercialização de outros bens e prestação de outros serviços (art. 4º, parágrafo único); V – fixação de área demarcada e distâncias mínimas, abertura de filiais e outros estabelecimentos (art. 5º, I e II, § 4º); VI – venda de componentes em área demarcada diversa (art. 5º, § 3º); VII – novas concessões e condições de mercado para sua contratação ou extinção de concessão existente (art. 6º, I e II); VIII – quota de veículos automotores, reajustes anuais, ajustamentos cabíveis, abrangência quanto a modalidades auxiliares de venda (art. 7º, parágrafos 1º, 2º, 3º e 4º) e incidência de vendas diretas (art. 15, § 2º); IX – pedidos e fornecimentos de mercadoria (art. 9º); X – estoques do concessionário (art. 10 e parágrafos 1º e 2º); XI – alteração de época de pagamento (art. 11); XII – cobrança de encargos sobre o preço da mercadoria (art. 13, parágrafo único); XIII – margem de comercialização, inclusive quanto a sua alteração em casos excepcionais (art. 14 e parágrafo único), seu percentual atribuído a concessionário de domicílio do comprador (art. 5º, § 2º); XIV – vendas diretas, com especificação de compradores especiais, limites das vendas pelo concedente sem mediação de concessionário, atribuição de faculdade a concessionários para venda à Administração Pública e ao Corpo Diplomático, caracterização de frotista de veículos automotores, valor de margem de comercialização e de contraprestação de revisões, demais regras de procedimento (art. 15, § 1º); XV – regime de penalidades gradativas (art. 22, § 1º); XVI – especificação de outras reparações (art. 24, IV); XVII – contratações para prestação de assistência técnica e comercialização de componentes (art. 28); XVIII –- outras matérias previstas nesta Lei e as que as partes julgarem de interesse comum.

Por isso mesmo é que por *lei, haverá de se entender, no caso, uma convenção de uma determinada marca – por exemplo, entre uma montadora de veículos e sua rede de concessionárias, conforme assinalamos acima, estabelecendo-se condições de comercialização, estandes de vendas, condições de compras de veículos e todo e qualquer aspecto que envolve o contrato complexo de concessão, confirme estatuído pelo art. 17 da referida Lei Ferrari.*

Por isso mesmo é que, ao cuidarmos do anteprojeto do Código do Consumidor, o então Secretário Estadual de Defesa do Consumidor e professor de Direito Comercial da Faculdade de Direito da Universidade de São Paulo, ex-Procurador Geral de Justiça do Estado de São Paulo, Dr. Paulo Salvador Frontini, conforme já assinalado passos atrás, sugeriu que se estabelecesse um instrumento semelhante na ainda nascitura lei consumerista.

Daí o enunciado do art. 107, segundo o qual *"as entidades civis de consumidores e as associações de fornecedores ou sindicatos de categoria econômica podem regular por convenção escrita, relações de consumo que tenham por objeto estabelecer condições relativas ao preço, à qualidade, à quantidade, à garantia e características de produtos e serviços, bem como à reclamação e composição do conflito de consumo".*

Seus três parágrafos, a seu turno, dispõem sobre as condições e requisitos para que isto se dê: *"§ 1º A convenção tornar-se-á obrigatória a partir do registro do instrumento no cartório de títulos e documentos. § 2º A convenção somente obrigará os filiados às entidades signatárias. § 3º Não se exime de cumprir a convenção o fornecedor que se desligar em data posterior ao registro do instrumento".*

Como o art. 108 foi vetado, a ele dedicaremos um comentário no tópico oportuno.

Sem embargo da enorme importância desse dispositivo, no sentido de conciliarem-se os interesses de fornecedores e consumidores, pouco tem sido aplicado.

Chegaram-nos exemplos tendo como protagonistas de um lado a Associação Mineira de Supermercados e do outro a Associação das Donas de Casa de Belo Horizonte, no sentido de fixarem normas, ainda que provisórias, para manter determinados produtos em períodos de entressafra por preços determinados.

Art. 107. As entidades civis de consumidores e as associações de fornecedores ou sindicatos de categoria econômica podem regular, por convenção escrita, relações de consumo que tenham por objeto estabelecer condições relativas ao preço, à qualidade, à quantidade, à garantia e características de produtos e serviços, bem como à reclamação e composição do conflito de consumo. [1]

§ 1º A convenção tornar-se-á obrigatória a partir do registro do instrumento no cartório de títulos e documentos. [2]

§ 2º A convenção somente obrigará os filiados às entidades signatárias. [2]

§ 3º Não se exime de cumprir a convenção o fornecedor que se desligar da entidade em data posterior ao registro do instrumento. [3]

COMENTÁRIOS

[1] CONCEITO, OBJETO E NATUREZA JURÍDICA – Convenção coletiva de consumo é um meio de solução de conflitos coletivos em que fornecedores e consumidores, por intermédio de suas entidades representativas, estabelecem condições para certos elementos da relação de consumo, de modo a atuarem nos contratos individuais.

Art. 108 | CÓDIGO BRASILEIRO DE DEFESA DO CONSUMIDOR

O dispositivo em questão estabeleceu o objeto da convenção limitando as condições quanto ao preço, à qualidade, à quantidade, à garantia e características de produtos e serviços, bem como quanto à formulação de reclamações e regras para composição de conflitos.

A convenção coletiva não poderá ter por objeto qualquer cláusula que impeça a eficácia ou aplicação dos mandamentos do Código, pois este tem caráter de ordem pública, não sendo cabível seu afastamento por disposição das partes.

A lei situa a convenção como "meio de regular condições", atribuindo-lhe caráter nitidamente obrigacional, tratando-a verdadeiramente como um contrato coletivo. Seu objeto não é obrigação de dar ou de fazer, mas regular abstratamente outros contratos futuros.

[2] CONDIÇÕES E REQUISITOS – Entidades civis de consumidores, associações de fornecedores ou sindicatos devem realizar a convenção por escrito, inscrevendo-a no registro de títulos e documentos, o que a torna obrigatória a seus filiados.

O Código não fixou outras condições para sua celebração e não estabeleceu requisitos mínimos para sua validade.

Entretanto, as entidades celebrantes devem estar previamente autorizadas por seus filiados a tal celebração, seja por meio de seus estatutos, seja por meio de assembleia geral convocada para este fim, ou por ambas as formas. Ainda, o objeto de suas atividades deve ser compatível com a relação de consumo que se pretende convencionar, sob pena de sua obrigatoriedade aos seus filiados poder vir a ser seriamente questionada.

O conteúdo da convenção coletiva deve circunscrever um número mínimo de itens, sem os quais se tornaria impossível sua realização.

Assim, a designação expressa das partes e o objeto da convenção devem constar do instrumento; o período de vigência, que se aconselha não deva ser longo nas condições de política econômica instável; as condições que regerão as relações de consumo entre os filiados; regras para composição dos conflitos e procedimento para o trato de reclamações; disposições sobre revisão, prorrogação e extinção da convenção; direitos e deveres das partes e sanções para o seu descumprimento.

Celebrada a convenção, é recomendável, antes mesmo de sua inscrição, que as partes deem publicidade a seus filiados, possibilitando-lhes seu cumprimento cotidiano e facilitando, em especial aos consumidores, a exigência de seus direitos.

[3] DESLIGAMENTO DO FORNECEDOR – Registrado o instrumento, prevê o § 3º que o fornecedor que se desligar da entidade celebrante não se exime de obedecer a seu conteúdo e dar-lhe cumprimento. Tal regra, pela sua literalidade e pela sistemática adotada pelo Código, obriga somente o fornecedor, não sendo aplicável aos consumidores que, desfiliando-se de sua entidade, ficam desobrigados do conteúdo da convenção.

> **Art. 108.** Vetado – Podem as partes signatárias da convenção fixar sanções em caso de seu descumprimento, inclusive para fins de imposição de penalidade administrativa pela autoridade competente. [1]

COMENTÁRIO

[1] SANÇÕES CONVENCIONAIS – O art. 108, vetado, estabelecia a possibilidade de as partes fixarem penalidades em caso de descumprimento da convenção, inclusive para fins de

Título V · DA CONVENÇÃO COLETIVA DE CONSUMO | **Art. 108**

imposição de penalidade administrativa pela autoridade competente. O incompreensível veto a esse dispositivo não retirou a possibilidade da eleição de determinadas sanções para a parte desobediente. Não fere o Estado de Direito. Antes, obedece ao princípio da vontade das partes, que, neste caso, podem impor-se regras coativas para obediência do pactuado.

Além disso, certamente não se ateve o *censor* ao disposto no artigo antecedente, 107, que, conforme já dissemos passos atrás, criou, por inspiração da *lei das concessionárias de veículos automotores* ou também chamada de *Lei Ferrari,* de 1979. Ou seja, os eventuais acordos decorrentes de convenção tendo, de um lado, uma entidade *privada* representativa de consumidores, e de outro, *igualmente uma entidade privada representativa de um setor econômico,* produzem *efeitos apenas entre os signatários.* E, como se cuida de um acordo ou, em última análise de um *contrato,* é perfeitamente lícito estabelecerem cláusulas penais em caso de seu descumprimento.

Título VI
DISPOSIÇÕES FINAIS

Nelson Nery Junior
(Segmento atualizado por Ada Pellegrini Grinover,
João Ferreira Braga e Kazuo Watanabe)

1. DISPOSIÇÕES PROCESSUAIS DO CÓDIGO DE DEFESA DO CONSUMIDOR E OUTRAS NORMAS SOBRE A TUTELA PROCESSUAL DOS INTERESSES DIFUSOS E COLETIVOS

Antes do advento do Código de Defesa do Consumidor (CDC), já existiam vigendo no Brasil normas legais regulando a tutela jurisdicional dos interesses difusos, como, por exemplo, a Lei nº 7.347/85, denominada Lei da Ação Civil Pública (LACP). Seria preciso, portanto, adaptar essa legislação já existente, de modo a não ensejar duplicidade de regimes ou, o que seria pior, conflitos normativos com as disposições processuais do CDC.

Por essa razão, o legislador do diploma aqui comentado dedicou todo o Título VI, denominado "Disposições Finais", a essa tarefa de adaptação, e mesmo de compatibilização, entre os sistemas processuais da LACP e do CDC.

Esse fato, aliado à disposição do art. 90 do CDC, demonstra que não houve revogação da Lei nº 7.347/85 pelo advento do CDC, mas apenas a regulamentação destacada de um dos direitos protegidos por aquela lei, que é o Direito do Consumidor. Como se verá no comentário que se segue, o regime processual da defesa do consumidor em juízo é o da lei especial, CDC, que prevalece sobre a lei geral (CPC e LACP), como manifestação de derrogação pela especialidade.

2. O CÓDIGO DE DEFESA DO CONSUMIDOR E O CÓDIGO DE PROCESSO CIVIL

A tutela processual das pretensões fundadas em relações de consumo tem seu regime, de modo principal, no Título III do CDC. A LACP incide nessas relações processuais, de modo subsidiário, naquilo em que o CDC for omisso.

Não sendo possível suprir a lacuna nos sistemas do CDC e da LACP, aplicam-se as disposições do Código de Processo Civil, que atua como norma geral subsidiária reguladora dos aspectos processuais a fim de que seja suprida a lacuna verificada nos sistemas especiais.

Ainda que não houvesse o texto expresso do art. 90 do CDC, mandando aplicar às ações nele previstas as mesmas normas do CPC e da LACP, ainda assim o CPC incidiria, porque é a lei ordinária do processo civil no Brasil.

3. INTEGRAÇÃO DOS SISTEMAS DO CDC E DA LACP

O art. 89 do CDC, em sua redação aprovada pelo Congresso Nacional, foi vetado pelo presidente da República. Esse artigo dispunha que as normas do Título III do CDC, relativo à parte processual, seriam aplicáveis a outros direitos ou interesses difusos e individuais homogêneos, tratados coletivamente.

No entanto, o veto presidencial não afetou os sistemas do CDC e da legislação extravagante que trata de aspectos processuais dos interesses difusos. Como efeito, o art. 21 da LACP, com a redação dada pelo art. 117 do CDC, determina que se aplicam à defesa dos direitos e interesses difusos, coletivos e individuais, no que for cabível, os dispositivos do Título III do CDC. Vê-se que esse artigo tem abrangência maior do que a do texto vetado do art. 89, pois não discrimina quais os interesses individuais que podem valer-se dos dispositivos do CDC, ao passo que o vetado art. 89 somente permitia a utilização dos dispositivos processuais do CDC para as ações que versassem sobre direitos individuais homogêneos tratados coletivamente, cuja definição se encontra no comentário ao art. 81, parágrafo único, para o qual remetemos o leitor.

Aliás, pela nova redação do art. 1º da LACP, dada pelo art. 110 do CDC, o campo de abrangência dos direitos e interesses tuteláveis pela ação civil pública foi consideravelmente ampliado.

Todo o Título III do CDC, portanto, pode ser utilizado nas ações de que trata a LACP, disciplinando o processo civil dos interesses difusos, coletivos ou individuais.

Esses direitos individuais, desde que homogêneos,[1] podem ser tutelados pela ação civil pública, como, por exemplo, os direitos trabalhistas não abrangidos pelos dissídios coletivos.

A recíproca também é verdadeira. As disposições da LACP são integralmente aplicáveis às ações propostas com fundamento no CDC, naquilo em que não houver colidência, como é curial. Tome-se como exemplo todo o regulamento do inquérito civil, criado pelo art. 8º da LACP, que pode ser instaurado pelo Ministério Público para investigar fatos sobre relações de consumo, subordinadas ao regime jurídico do CDC.

O magistrado, nas ações ajuizadas com fundamento no CDC, pode conferir efeito suspensivo aos recursos, conforme expressa autorização do art. 14 da LACP. Também pode ser utilizado, nas ações fundadas no CDC, o expediente do art. 12, § 1º, da LACP, que o legislador colocou à disposição das pessoas jurídicas de Direito Público interessadas, para que possam requerer a suspensão da execução da liminar concedida em ação civil pública.

Há, por assim dizer, uma perfeita interação entre os sistemas do CDC e da LACP, que se completam e podem ser aplicados indistintamente às ações que versem sobre direitos ou interesses difusos, coletivos e individuais, observado o princípio da especialidade das ações sobre relações de consumo, às quais se aplica o Título III do CDC, e só subsidiariamente a LACP. Esse interagir recíproco de ambos os sistemas (CDC e LACP) tornou-se possível em razão da adequada e perfeita compatibilidade que existe entre eles por força do CDC e,

---

[1] Ver comentário ao art. 81, parágrafo único, nº III, *supra*.

Título VI · DISPOSIÇÕES FINAIS

principalmente, de suas disposições finais, alterando e acrescentando artigos ao texto da Lei nº 7.347/85.

A integração dos sistemas do CDC e da LACP proporciona um alargamento das hipóteses de ação civil pública tratadas na Lei nº 7.347/85, por tudo vantajoso na tutela jurisdicional dos interesses e direitos difusos e coletivos. A redação da LACP parece indicar posição restritiva do legislador, quando submete ao seu regime a ação de responsabilidade dos danos causados ao meio ambiente; ao consumidor; a bens e direitos de valor artístico, estético, histórico, turístico e paisagístico; a qualquer outro interesse difuso ou coletivo; à ordem urbanística; à honra e à dignidade de grupos raciais, étnicos ou religiosos; ao patrimônio público e social, bem como a ação cautelar e ação de obrigação de fazer e não fazer.[2]

Poder-se-ia pensar, por exemplo, na invalidação de um contrato administrativo lesivo ao meio ambiente, surgindo dúvidas sobre a possibilidade de essa ação constitutiva negativa ficar sob o regime da LACP em face da redação dos arts. 1º, 3º e 4º dessa lei.

Como o art. 21 da LACP determina a aplicabilidade do CDC às ações que versem sobre direitos e interesses difusos, coletivos e individuais, o art. 83 do CDC tem incidência plena nas ações fundadas na Lei nº 7.347/85.

Diz o art. 83 do CDC que são admissíveis todas as espécies de ações capazes de propiciar sua adequada e efetiva tutela. Por consequência, a proteção dos direitos difusos e coletivos pela LACP, como os relativos ao meio ambiente e bens e valores históricos, turísticos, artísticos, paisagísticos e estéticos, não mais se restringe àquelas ações mencionadas no preâmbulo e arts. 1º, 3º e 4º da LACP. Os legitimados para a defesa judicial desses direitos poderão ajuizar qualquer ação que seja necessária para a adequada e efetiva tutela desses direitos.

A legitimação conferida ao Ministério Público, União, Estados, Municípios, órgãos da administração indireta, órgãos públicos de defesa do consumidor, ainda que destituídos de personalidade jurídica, e, por derradeiro, às associações civis que incluam entre suas finalidades a defesa desses direitos e interesses difusos e coletivos, legitimação essa dada pelo CDC e pela LACP, restou consideravelmente ampliada pelos arts. 81 e 82 do CDC. A regra ordinária do Direito Processual, de que se devem interpretar restritivamente os casos de legitimação extraordinária e de substituição processual, à evidência não pode ser aplicada na tratativa processual dos direitos e interesses difusos e coletivos.

Essa ampliação da legitimidade se deve pelo fato de que, no sistema da LACP, antes das modificações nela introduzidas pelo CDC, apenas se dava legitimação para a defesa de interesses difusos. Agora, o CDC também conferiu legitimação para agir na tutela dos direitos e interesses coletivos e individuais homogêneos.

Além do alargamento da legitimidade, o CDC ampliou os limites objetivos da tutela jurisdicional desses direitos quando, no art. 83, permite que toda e qualquer demanda possa ser deduzida em juízo para a efetiva defesa dos direitos protegidos pelo Código.

Nunca é demais lembrar a advertência feita por Ada Pellegrini Grinover[3] de que os institutos do processo civil ortodoxo não atendem às necessidades da problemática dos interesses difusos e coletivos, de sorte que o processualista moderno deve procurar outros meios para buscar a efetividade do processo, revisitando os institutos processuais concebidos para o debate de direitos individuais, dos quais ressaltam, por sumamente importantes, a legitimação para a causa, a litispendência e a coisa julgada. Essa advertência foi bem apreendida pelo CDC, que modificou a regra da interpretação restritiva dos casos de substituição processual e

---

[2]   Conforme deflui da redação do preâmbulo e dos arts. 1º, 3º e 4º da LACP.

[3]   Ada Pellegrini Grinover, "A tutela jurisdicional dos interesses difusos", *in Revista Forense*, vol. 268, nº 5.2.

945

CÓDIGO BRASILEIRO DE DEFESA DO CONSUMIDOR

legitimação extraordinária, deixando aberta a possibilidade de serem propostas todas e quaisquer ações que forem necessárias à efetiva tutela dos direitos protegidos pelo CDC (relações de consumo) e pela LACP (meio ambiente natural e meio ambiente cultural e outros direitos e interesses difusos e coletivos).

4. CÓDIGO DE DEFESA DO CONSUMIDOR, LEI DA AÇÃO CIVIL PÚBLICA E MANDADO DE SEGURANÇA COLETIVO

O tratamento genérico dado aos interesses e direitos difusos, coletivos e individuais, pela norma do art. 21 da LACP, fez com que os sistemas processuais do CDC e da LACP pudessem ser, de imediato, aplicáveis ao mandado de segurança coletivo (art. 5º, nº LXX, CF).[4]

Como já tivemos oportunidade de anotar, o mandado de segurança coletivo não é instituto *material* novo, pois os fundamentos para sua concessão são os do art. 5º, nº LXIX, CF, vale dizer, os do mandado de segurança tradicional. Trata-se, isto sim, de instituto processual, cujo objetivo é conferir legitimidade para agir a partidos políticos, organização sindical, entidade de classe e outras associações civis.[5-6] Voltamos ao tema, com mais espaço, no comentário ao art. 117, adiante, onde também será tratada a configuração legal do remédio (Lei nº 12.016/2009).

5. PRINCIPAIS MODIFICAÇÕES INTRODUZIDAS PELO CDC NA LACP

O CDC teve por objetivo, nessas Disposições Finais, alterar alguns dispositivos da LACP, acrescentando-lhe outros, aproveitando as observações críticas da doutrina e a experiência de quase cinco anos de aplicação daquela lei pelos nossos tribunais.

Uma das principais inovações que o CDC trouxe com as modificações do texto da LACP foi a inclusão, nesta última, da tutela dos direitos coletivos (inclusão do inc. IV no art. 1º), não mais deixando dúvida sobre a incidência dessa lei nas ações que versem sobre interesses ou direitos coletivos. Mesmo às ações sobre direitos individuais são aplicáveis as normas da LACP, por expressa determinação de seu art. 21, acrescentado a ela pelo art. 117 do CDC.

Foram corrigidas algumas imperfeições apontadas pela doutrina, como, por exemplo, a obrigatoriedade de o Ministério Público assumir a titularidade ativa da ação civil pública apenas quando a desistência, por associação legitimada, for infundada.[7]

Outros dispositivos foram acrescentados à LACP pelo CDC de modo a evitar eventual dúvida que pudesse surgir com relação à interpretação de alguns institutos regulados pela lei. Um deles é a explicitação da possibilidade de haver litisconsórcio entre os Ministérios Públicos dos Estados, da União e do Distrito Federal, que já existia no sistema da LACP, de modo a não deixar dúvidas quanto a essa possibilidade.

---

[4]   Ver, no mesmo sentido, o comentário nº 1 ao art. 103, *supra*.

[5]   Nelson Nery Junior, "Mandado de segurança coletivo", *in Revista de Processo*, n. 57, São Paulo, RT, jan.-mar. 1990, ps. 150-158, passim. Ovídio A. Baptista da Silva entende que o mandado de segurança coletivo é o mesmo mandado de segurança tradicional "a que apenas se outorgou legitimação especial às entidades representativas de grupos sociais na defesa do mesmo direito subjetivo – pertencente aos respectivos grupos sociais – quando ameaçados ou violados por ato ilegal da autoridade" (*Curso de processo civil*, Porto Alegre, Sérgio Antônio Fabris Editor, 1990, vol. II, § 167, ps. 313-314).

[6]   A doutrina vem se posicionando no sentido de entender o mandado de segurança coletivo como "ação potenciada", destinada à defesa de direitos difusos, coletivos e individuais homogêneos tratados coletivamente. É o magistério autorizado de Ada Pellegrini Grinover, "Mandado de segurança coletivo: legitimação e objeto", in *Revista de Processo*, n. 57, São Paulo, RT, jan.-mar. 1990, ps. 96-101, citando Kazuo Watanabe.

[7]   Crítica de Hugo Nigro Mazzilli, *A defesa dos interesses difusos em juízo*, São Paulo, RT, 1988, nº 17, p. 61.

Tanto a verificação da legitimidade para a causa das associações civis como a condenação nas despesas processuais e honorários de advogado no sistema da LACP tiveram seus regimes jurídicos alterados de modo a compatibilizá-los com o sistema do CDC.

Assim, pela inclusão do § 4º no art. 5º da LACP, o juiz poderá dispensar o requisito da pré-constituição da associação civil sempre que houver manifesto interesse social evidenciado pela dimensão ou característica do dano, ou pela relevância do bem jurídico a ser protegido. Nesse sentido consolidou-se a orientação do Superior Tribunal de Justiça, a exemplo dos acórdãos proferidos para o AgInt no REsp 1.844.369/PE, Rel. Ministro Marco Aurélio Bellizze, Terceira Turma, julgado em 4.5.2020, *DJe* 8.5.2020, e REsp 1.357.618/DF, Rel. Ministro Luis Felipe Salomão, Quarta Turma, julgado em 26.9.2017, *DJe* 24.11.2017.

Do mesmo modo, tanto no CDC quanto nessas normas de adaptação da LACP foi adotado o sistema da ação popular constitucional quanto ao aspecto das despesas processuais e honorários de advogado. O art. 5º, nº LXXIII, da CF, dispensa o autor popular das despesas processuais e dos ônus da sucumbência quando perdedor da demanda, exceto se restar comprovada sua má-fé, como uma forma de facilitar o acesso à justiça para a dedução da pretensão popular, que, por outro ângulo, significa evitar inibir o exercício da ação popular em virtude do alto custo do processo judicial e do risco da condenação nas verbas da sucumbência.[8]

> **Art. 109.** Vetado – O preâmbulo [1] da Lei nº 7.347, de 24 de julho de 1985, passa a ter a seguinte redação:
>
> "Disciplina a ação civil pública de responsabilidade por danos causados ao meio ambiente, ao consumidor, a bens e direitos de valor artístico, estético, histórico, turístico e paisagístico, assim como a qualquer outro interesse difuso ou coletivo, e dá outras providências."

COMENTÁRIO

[1] VETO DO PREÂMBULO DA LEI – O artigo foi integralmente vetado pelo presidente da República, sob o argumento de que não é função da lei alterar ementa de outra lei, porque as ementas não têm qualquer conteúdo normativo.

Ocorre que o presidente da República, em 1985, vetou parte do preâmbulo da Lei nº 7.347/85 (LACP), dele retirando a expressão "e outros interesses difusos", porque fora vetado, também, o inc. IV do art. 1º da mencionada lei. O legislador de 1990 procurou restaurar o preâmbulo da LACP, que ficou capenga com o veto presidencial.

De qualquer modo, o veto desse artigo não alterou a substância das disposições finais do CDC.

> **Art. 110.** Acrescente-se o seguinte inciso IV ao art. 1º da Lei nº 7.347, de 24 de julho de 1985:
>
> "IV – a qualquer outro interesse difuso [1][2][3][4] [5] ou coletivo" [6].

---

8   Nesse sentido: AR 1.178 EI-AgR, Relator Ministro Néri da Silveira, Tribunal Pleno, julgado em 16.9.1998, *DJ* 18.12.1998.

COMENTÁRIOS

[1] CARACTERIZAÇÃO DO DIREITO COMO DIFUSO, COLETIVO OU INDIVIDUAL HOMOGÊNEO – Antes de ingressarmos na análise da ampliação dos bens jurídicos tutelados pela LACP, é preciso que se faça alguma consideração sobre o método que se deve utilizar para qualificar um direito como difuso, coletivo ou individual.

No início da aplicação do CDC, observou-se, com frequência, o erro de metodologia utilizado por doutrina e jurisprudência para classificar determinado tipo de direito ou interesse. Via-se, por exemplo, a afirmação de que o direito ao meio ambiente é difuso, o do consumidor seria coletivo e que o de indenização por prejuízos particulares sofridos seria individual.

A afirmação não está correta nem errada. Apenas há engano na utilização do método para a definição qualificadora do direito ou interesse posto em jogo. A pedra de toque do método classificatório é *o tipo de pretensão material e de tutela jurisdicional que se pretende* quando se propõe a competente ação judicial.

Da ocorrência de um mesmo fato podem originar-se pretensões difusas, coletivas e individuais. O acidente com o *Bateau Mouche IV*, que teve lugar no Rio de Janeiro,[9] pode ensejar ação de indenização individual por uma das vítimas do evento pelos prejuízos que sofreu (direito individual), ação de obrigação de fazer movida por associação das empresas de turismo que têm interesse na manutenção da boa imagem desse setor da economia (direito coletivo), bem como ação ajuizada pelo Ministério Público em favor da vida e segurança das pessoas, para que seja interditada a embarcação a fim de se evitarem novos acidentes (direito difuso).

Em suma, o tipo de pretensão é que classifica um direito ou interesse como difuso, coletivo ou individual.

[2] TUTELA DOS INTERESSES DIFUSOS – Por ocasião da sanção da Lei nº 7.347, de 24 de julho de 1985, denominada Lei da Ação Civil Pública (LACP) ou Lei dos Interesses Difusos, o presidente da República vetou o inc. IV do art. 1º, que tinha a seguinte redação: "*IV –* a qualquer outro interesse difuso".

O texto atual restaura o dispositivo vetado há mais de cinco anos, adaptando-se à realidade desse ainda pouco conhecido instituto dos direitos e interesses difusos. O legislador de 1985, ciente de que seria, tanto àquela altura como nos dias de hoje, praticamente impossível prever-se quais seriam, de modo exaustivo e definitivo, os direitos difusos, criou essa norma de encerramento, a fim de que, na eventualidade de surgirem outros direitos e interesses difusos ainda não identificados pela doutrina ou jurisprudência, pudessem eles ser tratados processualmente com os instrumentos da LACP.

Esse é o objetivo precípuo e dirigido desse acréscimo proporcionado pelo artigo ora comentado, pois a LACP somente disciplinava a tutela de alguns interesses difusos (meio ambiente natural, meio ambiente cultural e consumidor), assim mesmo restrita àquelas pretensões mencionadas nos arts. 1º, 3º e 4º da LACP.

[3] DIREITOS DIFUSOS E COLETIVOS – Outro ponto que merece ser ressaltado é que o art. 129, nº III, da CF, diz ser função institucional do Ministério Público instaurar inquérito civil e propor ação civil pública para a tutela do meio ambiente e *outros interesses difusos e coletivos*. Para o *parquet*, portanto, estaria superada a questão da legitimação para agir na defesa de outros interesses difusos e coletivos, retirada do texto da LACP pelo veto presidencial de 1985. O

---

[9]   Ver, adiante, comentário nº 1 ao art. 113.

Ministério Público é parte legítima para mover ação civil pública na tutela de qualquer interesse difuso ou coletivo, legitimação conferida pela nova ordem constitucional, não mais dependendo da legislação infraconstitucional para ser considerado parte legítima para a causa.

Aqui se faz necessário abrir um parêntese. Tendo em vista não estarem ainda devida e completamente estudados os conceitos de direitos e interesses difusos e coletivos, há frequentemente colocações incorretas sobre a efetividade da tutela jurisdicional desses direitos e interesses. Note-se o acórdão do TJSP que entendeu ser o Ministério Público parte ilegítima para defender, em juízo, direitos *coletivos* da comunidade, pleiteando a condenação de escola em obrigação de fazer consubstanciada em adequar-se às normas dos Conselhos Federal e Estadual de Educação sobre mensalidades escolares.[10]

O acórdão nada disse sobre a distinção entre os interesses e direitos "*difusos*" e "*coletivos*", fazendo tábua rasa dos dois diferentes e inconfundíveis institutos. Por outro lado, deixou de analisar o caso à luz do art. 129, n° III, da CF, bem como dos arts. 1°, n° II, 3° e 5°, da Lei n° 7.347/85, por entender que reajuste de mensalidade escolar fora da determinação do Poder Público competente para tanto é direito contratual, obrigacional, não incluído na categoria do Direito do Consumidor.

Os conceitos e diferenciações entre interesses difusos e coletivos encontram-se em pleno processo de desenvolvimento doutrinário, pouco havendo de caráter definitivo sobre essas duas realidades.

O termo *difuso*, tão utilizado nos dias de hoje, não foi criado pela doutrina moderna, como à primeira vista poderia parecer, mas é oriundo da doutrina romanística. Com efeito, Scialoja já se referia ao termo *difuso* no século passado: "direitos públicos, que chamávamos *difusos*, que não se concentram no povo considerado como entidade, mas que têm por próprio titular realmente cada um dos participantes da comunidade"[11] (grifo nosso).

Mas mesmo o ilustre romanista aqui referido, como também a doutrina em geral, tinham dificuldades em isolar os conceitos de interesses difusos e coletivos, pois mencionavam algumas *actiones populares* como sendo mecanismos de tutela de interesses difusos, quando, na verdade, protegiam interesses coletivos.[12]

Vem a propósito a advertência de Villone de que o conceito de interesse difuso é uma "personagem absolutamente misteriosa".[13]

De todo modo, está praticamente encaminhado um critério de discriminação entre as duas figuras, no sentido de considerar-se como difuso aquele interesse que atinge número indeterminado de pessoas, ligadas por relação meramente factual, enquanto seriam coletivos aqueloutros interesses pertencentes a grupo ou categoria de pessoas determináveis, ligadas por uma mesma relação jurídica base.

Assim, a *indeterminação* dos titulares seria a característica básica dos interesses difusos, enquanto a *determinabilidade* acusaria de coletivo o interesse.

Sobre a natureza jurídica do direito aqui discutido, podemos dizer que, num primeiro plano, os prejudicados pelos aumentos ilegais de mensalidades escolares são ligados entre si por relação de fato, enquadrando-se na categoria dos interesses difusos.

---

[10] TJSP, 4ª Câmara Civil, Agr. Instr. n° 127.154-1, Itapira, rel. Des. Olavo Silveira, j. 21.12.89, v.u., *in RJTJSP* 125-330.

[11] Vittorio Scialoja, *Procedura civile romana*, Roma, Anonima Romana Editoriale, 1936, § 69, p. 345. Ver, sobre o tema, Ferraz-Milaré-Nery, *A tutela jurisdicional dos interesses difusos e a ação civil pública*, São Paulo, Saraiva, 1984, ps. 48 e segs.

[12] Ferraz-Milaré-Nery, op. cit., p. 49.

[13] Massimo Villone, "La collocazione istituzionale dell'interesse diffuso", *in La tutela degli interessi diffusi nel Diritto Comparato*, Milano, Giuffrè, 1976, p. 73.

Art. 110 | CÓDIGO BRASILEIRO DE DEFESA DO CONSUMIDOR

De outra parte, entretanto, seria questionável essa colocação, porque todos eles têm relação jurídica com o grupo mantenedor da escola.

A esse respeito é clara a opção do CDC quando define e distingue os direitos e interesses difusos, coletivos e individuais homogêneos (art. 81, parágrafo único).

O direito perseguido pelo Ministério Público, neste caso do Agravo de Instrumento nº 127.154-1, aqui analisado, poderia ser considerado *coletivo*, em face da relação jurídica base que existe entre *uma das partes* (grupo mantenedor da escola) e alunos e seus pais.

Mas não é só. O direito seria coletivo porque os alunos e seus pais, embora indeterminados, não são indetermináveis, porquanto serão sempre *determináveis*, à medida que se tiver o controle do quadro completo do alunado ou que se puder dimensionar o universo desses consumidores, quantificando-os e qualificando-os.

De qualquer sorte, a análise exclusivamente privatística do acórdão, de cunho individualista inspirado no liberalismo que teve seu apogeu no século passado, não mais se coaduna com as exigências da sociedade hodierna, que reclama novas conceituações e classificações para os direitos dela decorrentes.

Nem se diga que à classificação da relação jurídica existente entre alunos e escola, dada pelo acórdão como obrigacional, se contraponha aqueloutra de interesses difusos ou coletivos. Notadamente com relação ao direito do consumidor, que tanto pode ser *público* (direito à saúde, com tipificação de condutas ofensivas como crime; fechamento de indústria como apenação administrativa) como *privado* (relação contratual, proteção contra cláusulas abusivas, indenização por dano pelo fato do produto etc.). O direito do consumidor, como normalmente envolve categoria determinada de consumidores, é de índole *coletiva*, podendo, em alguns casos, ser também difuso. Não se perca de vista, entretanto, o que dissemos no comentário nº 1 a este artigo, para o qual remetemos o leitor.

O que deveria ter sido notado pelo acórdão, *concessa maxima venia*, é que aos termos "difuso" e "coletivo" se contrapõe a noção de direito "individual". Somente isso. E o Ministério Público não estava lá defendendo direito individual, de uma pessoa física determinada, mas de toda a "classe", de toda a "categoria" de consumidores de determinado serviço (mensalidades escolares), contra os abusos cometidos por entidade *privada* que exerce função típica do Poder Público e de relevância pública: o ensino.

Tivesse o *parquet* ajuizado ação em favor de Tício ou Caio, aí sim poder-se-ia falar em ilegitimidade ativa de parte. Não no caso sob exame.

E ao Ministério Público se conferiu legitimidade para defender, por meio de ação civil pública, os direitos *coletivos* (art. 129, nº III, CF).

A simples menção a interesses difusos e coletivos no art. 129, nº III, foi feita com o intuito de *alargar* a conceituação dos interesses que podem ser defendidos pelo Ministério Público por meio da ação civil pública, interesses esses ainda que não meramente relacionados com o patrimônio público e social ou com o meio ambiente, que, aliás, eram os já protegidos, especificamente, pela Lei nº 7.347/85.

O argumento interpretativo correto deve ser pela finalidade de *ampliação* que o art. 129, III, quis dar ao cabimento da ação civil pública.

O direito de impugnar os ilegais reajustes de mensalidades escolares, em desrespeito às normas do Poder Público, é *coletivo*, porque derivado de relação jurídica base entre os alunos e seus pais e o grupo mantenedor da escola. Acresce, ainda, que os alunos e seus pais formam coletividade de pessoas indeterminadas, mas *determináveis*, circunstância importante e decisiva para caracterizar esse interesse como *coletivo*. Mais recentemente, porém, o mesmo STJ conceituou corretamente o direito à revisão de mensalidades escolares como coletivo, reconhecendo a legitimação do MP à ação civil pública.[14]

Fechamos aqui o parêntese e passamos a examinar o alcance do dispositivo quanto aos demais órgãos e entidades de defesa dos direitos e interesses difusos e coletivos.

Com relação aos demais colegitimados pelo art. 5º da LACP, era imperativo que a lei fosse alterada para que pudessem ser legitimados à defesa, em juízo, de outros interesses difusos e coletivos além dos mencionados na LACP. Daí a utilidade do acréscimo proporcionado pelo artigo ora analisado. Por este inc. IV, portanto, todos os legitimados à tutela dos interesses e direitos difusos e coletivos em juízo, tanto pelo CDC quanto pela LACP, têm legitimidade para agir na defesa de qualquer interesse difuso ou coletivo, desde que preenchidos os demais requisitos legais para tanto.

[4] LEGITIMIDADE DO MINISTÉRIO PÚBLICO DO TRABALHO – O Ministério Público do Trabalho foi criado pelo Decreto-lei nº 1.346, de 15.6.39, alterado pelo Decreto-lei nº 2.852, de 10.12.40, sob o regime da Constituição Federal de 1937. Em sua constituição inicial, o Ministério Público do Trabalho era órgão de coordenação entre o Ministério do Trabalho e os Conselhos do Trabalho.

A partir de 1940, vê-se a autonomia da Justiça do Trabalho e, em 1946, o constituinte colocou essa instituição no capítulo do Poder Judiciário. Não obstante o advento da Carta Política de 1946, nem a CLT, de 1943, nem a Lei nº 1.341, de 30.1.51 (arts. 65 a 67), que organizou o Ministério Público da União, modificaram o perfil institucional traçado pelos decretos-leis que o criaram. O Decreto-lei nº 290, de 1967, modificou o organograma da instituição do Ministério Público, retirando-o do Ministério do Trabalho e passando-o para o Ministério da Justiça.

Suas atribuições mais importantes no campo dos direitos coletivos são: o requerimento de instauração da instância em virtude de suspensão coletiva do trabalho ao arrepio da lei específica (matéria disciplinada anteriormente pela Lei nº 4.330/64, a qual foi revogada pela Lei nº 7.783, de 28.6.1989), segundo o art. 856 da CLT; a solicitação de extensão das novas condições de trabalho a todos os empregados da mesma categoria profissional compreendida na jurisdição do tribunal (art. 869, *d*, CLT); pedido de revisão da sentença normativa, decorrido mais de um ano de sua vigência (art. 874, CLT) etc.

Na esfera dos direitos individuais, o Ministério Público do Trabalho pode mover, em seu próprio nome, ação para resguardar direitos de menor de 18 anos que não tenha representante legal (art. 793, CLT); patrocinar reclamação trabalhista (art. 839, *b*, CLT) etc.

Com a ampliação da legitimação do Ministério Público no exercício da ação civil pública, para que possa também defender direitos difusos, coletivos (art. 129, nº III, CF), e, ainda, individuais (art. 129, nº IX, CF; arts. 82, nº I, 90, 110 e 117, todos do CDC; arts. 1º, nº IV, 5º, *caput*, e 21 da LACP, com a redação dada pelo CDC), poderá o Ministério Público do Trabalho ajuizar ação para a defesa de direitos e interesses individuais, desde que homogêneos, isto é, que tenham origem comum, como, por exemplo, os relativos a direitos trabalhistas não abrangidos pelos dissídios coletivos.

[5] LEGITIMIDADE DOS SINDICATOS – Com o advento da Constituição Federal de 1988, os sindicatos deixaram de ser tutelados pelo governo e têm hoje o perfil de associação

---

[14] REsp 239.960-ES, Relator Min. Alberto Menezes Direito, Terceira Turma, j. 19.4.2001, *DJ* 18.06.2001, p. 149. Em idêntica direção as decisões monocráticas proferidas para os AREsp 1.582.682, Relator Ministro Sérgio Kukina, 20.8.2021; AREsp 672.467, Relatora Ministra Maria Isabel Gallotti, 7.2.2018; REsp 1.364.029, Relatora Ministra Assusete Magalhães, 8.5.2017.

Art. 110 | CÓDIGO BRASILEIRO DE DEFESA DO CONSUMIDOR

civil. A eles foi dada legitimidade para a defesa, inclusive em juízo, dos direitos e interesses coletivos e individuais da categoria (art. 8º, nº III, CF), podendo, outrossim, impetrar mandado de segurança coletivo (art. 5º, nº LXX, *b*, CF).

Além dessa legitimidade dada pela CF, podem ajuizar ação na defesa de direitos e interesses difusos, porque têm personalidade jurídica de Direito Privado, caracterizando-se como *associação civil.*[15]

Aliás, essa natureza jurídica de associação civil é reconhecida aos sindicatos pelo § 54 do BGB (Código Civil alemão).[16] O Superior Tribunal Federal alemão (BGH) reconhece, inclusive, a capacidade judiciária aos sindicatos que, conquanto naquele país não tenham capacidade civil, podem promover ações judiciais no interesse da classe ou de seus filiados.[17]

Como têm qualidade de associação civil, os sindicatos são colegitimados para a defesa, em juízo, dos direitos e interesses protegidos pela LACP e pelo CDC, guardados os demais requisitos legais para o reconhecimento dessa legitimidade.

Mas, mesmo que se não lhes reconheça a qualidade de associação, *ad argumentandum tantum*, permanece à disposição dos sindicatos o instrumental da LACP, bem como do CDC, em razão da integração dos sistemas processuais das duas leis. A legitimação extraordinária dos sindicatos, independentemente de serem considerados como associação civil, é extraída diretamente da Constituição Federal, como se disse no início deste comentário.

Por derradeiro, o art. 3º, *caput*, da Lei nº 8.073, de 30.7.90, falando em *substituição processual*, concede aos sindicatos legitimação para agir em juízo, em nome próprio, no interesse dos integrantes da categoria.

[6] LEGITIMIDADE DA DEFENSORIA PÚBLICA – O inciso II do artigo 5º da Lei da Ação Civil Pública – Lei nº 7.347/85 –, com a redação dada pela Lei nº 11.448/2007, conferiu legitimação expressa à Defensoria Pública para ajuizar ação civil pública. No âmbito jurisprudencial, é oportuno mencionar que o Supremo Tribunal Federal, ao julgar a Ação Direta de Inconstitucionalidade n. 3.943, Relatora a Ministra Cármen Lúcia (acórdão publicado em 6.8.2015), concluiu pela legitimidade do referido órgão para o ajuizamento de ação civil pública, em decisão assim ementada:

"Ação Direta de Inconstitucionalidade. Legitimidade ativa da Defensoria Pública para ajuizar Ação Civil Pública (art. 5º, inc. II, da Lei nº 7.347/1985, alterado pelo art. 2º da Lei nº 11.448/2007). Tutela de interesses transindividuais (coletivos *stricto sensu* e difusos) e individuais homogêneos. Defensoria Pública: instituição essencial à função jurisdicional. Acesso à justiça. Necessitado: definição segundo princípios hermenêuticos garantidores da força normativa da Constituição e da máxima efetividade das normas constitucionais: art. 5º, incs. XXXV, LXXIV, LXXVIII, da Constituição da República. Inexistência de norma de exclusividade do Ministério Público para ajuizamento de Ação Civil Pública. Ausência de prejuízo institucional do Ministério Público pelo reconhecimento da legitimidade da Defensoria Pública. Ação julgada improcedente".

Sobre o assunto, remetemos o leitor aos comentários ao art. 82 do CDC.

---

[15] Nesse sentido, Nelson Nery Junior, "MP: interesses coletivos e a nova ordem constitucional", *in O Estado de São Paulo*, de 23.4.89, p. 50.

[16] Conforme noticia Karl Larenz, *Allgemeiner Teil des deutschen Bürgerlichen Rechts*, 6ª ed., München, Beck'sche, 1983, § 10, I, p. 147.

[17] BGHZ 50-235, 42-210.

[7] TUTELA DOS INTERESSES COLETIVOS – O veto presidencial de 1985 alcançou a expressão "a qualquer outro interesse difuso" do inc. IV do art. 1º da LACP. Com a nova redação dada pelo dispositivo comentado, além de haver sido restaurada a possibilidade de ajuizar-se ação na defesa de qualquer outro interesse difuso, incluem-se no sistema de tutela jurisdicional da LACP os direitos e interesses *coletivos.*

A modificação foi importante porque melhora a efetividade da tutela dos direitos coletivos, até então não regulados pela LACP. O Ministério Público de São Paulo deixou de ajuizar muitas ações civis públicas com base na LACP, em casos que eram tipicamente de direitos coletivos. Como só tinha legitimidade para propor ação sobre interesses e direitos difusos, esses casos não foram levados a exame do Poder Judiciário.

Como já se disse anteriormente, o problema da legitimação para agir do Ministério Público foi tratado pelo texto constitucional, que determina, como função institucional, o ajuizamento da ação civil pública para a defesa dos direitos difusos e coletivos.

No sistema da LACP, uma associação de consumidores de produtos dietéticos, por exemplo, somente poderia ajuizar ação na defesa de direitos e interesses difusos dos consumidores. O inc. IV do art. 1º vem garantir aos órgãos legitimados pelo CDC e pela LACP a propositura de ação visando à tutela de direitos e interesses coletivos, observados os demais requisitos exigidos pela lei para que isso possa ser efetivado. Assim, as associações de defesa do meio ambiente, de consumidores, por exemplo, podem ingressar com ação em juízo visando exclusivamente à defesa dos interesses da região ou da categoria, vale dizer, *coletivos,* e, também, dos individuais tratados coletivamente, conforme disciplina o art. 81, parágrafo único, do CDC.

Convém salientar que ao Ministério Público foi conferida legitimidade para propor ação coletiva para a defesa de direitos individuais tratados coletivamente (art. 81, parágrafo único, nº III, CDC). Muito embora essa legitimação não esteja no art. 129, nº III, da CF, é possível à lei ordinária cometer outras atribuições ao Ministério Público, desde que compatíveis com suas finalidades institucionais (art. 129, nº IX, CF).

As normas do CDC são, *ex lege*, de ordem pública e *interesse social* (art. 1º, CDC)· Ao definir o perfil institucional do Ministério Público, o art. 127 da CF diz ser o *parquet* instituição que tem por finalidade a defesa da ordem jurídica, do regime democrático e dos *interesses sociais* e individuais indisponíveis. A categoria jurídica dos direitos e interesses individuais homogêneos foi delineada no CDC posteriormente à Constituição Federal. Assim, o ajuizamento, pelo Ministério Público, de ação coletiva para a defesa de direitos individuais homogêneos tratados coletivamente está em perfeita consonância com suas finalidades institucionais, sendo legítima a atribuição, ao Ministério Público, dessa legitimidade para agir, pelos arts. 81 e 82 do CDC, de conformidade com os arts. 127 e 129, nº IX, da CF.

Art. 111. O inciso II do art. 5º da Lei nº 7.347, de 24 de julho de 1985, passa a ter a seguinte redação:

"II – inclua, entre suas finalidades institucionais, a proteção ao meio ambiente, ao consumidor, ao patrimônio artístico, estético, histórico, turístico e paisagístico, ou a qualquer outro interesse difuso ou coletivo". [1]

COMENTÁRIO

[1] DEFESA DE OUTROS INTERESSES DIFUSOS E COLETIVOS COMO FINALIDADE DA ASSOCIAÇÃO E DOS SINDICATOS – A legitimação das associações de classe e

Art. 111 | CÓDIGO BRASILEIRO DE DEFESA DO CONSUMIDOR

sindicatos para a defesa, em juízo, dos interesses e direitos difusos e coletivos, identificada como sendo hipótese de substituição processual,[18-19] é dada apenas quando essas entidades preenchem os requisitos da lei para tanto.

Diferentemente do que ocorre no sistema americano das *class actions*, no qual a representatividade da entidade de classe para a defesa em juízo daqueles interesses metaindividuais é verificada *ope judicis*, no sistema brasileiro a aferição dessa qualidade é feita *ope legis*, de sorte que cabe à lei fixar os parâmetros dentro dos quais deva se enquadrar a associação ou sindicato para que possam ter legitimidade para agir na defesa dos direitos e interesses difusos e coletivos.

Nossa lei, portanto, exige que a entidade esteja constituída há pelo menos um ano, nos termos da lei civil (art. 5º, nº I, LACP) – considerada a flexibilização também reconhecida pela jurisprudência, em torno do requisito temporal (vide notas anteriores) –, e que inclua, entre suas finalidades institucionais, a proteção ao meio ambiente, ao consumidor, ao patrimônio artístico, estético, histórico, turístico e paisagístico, ou a qualquer outro interesse difuso ou coletivo (art. 5º, nº II, LACP).

Desde que a associação ou o sindicato incluam entre suas finalidades institucionais a defesa de um dos bens jurídicos protegidos pela LACP, terão eles legitimidade para estarem em juízo, de acordo com o dispositivo ora comentado.

Para a impetração do mandado de segurança coletivo, exige-se que a associação, entidade de classe ou sindicato estejam *em funcionamento* há pelo menos um ano, para que possam vir a juízo em defesa dos interesses de seus membros ou associados (art. 5º, nº LXX, *b*, CF e art. 21 da Lei do Mandado de Segurança – Lei nº 12.016/2009). Aqui, a exigência do texto constitucional é para a defesa dos interesses individuais homogêneos, coletivos ou difusos, por meio do mandado de segurança coletivo.

A exigência constitucional do art. 5º, nº LXX, *b*, para a impetração do mandado de segurança coletivo não alcança as hipóteses de outras ações para a tutela de direitos e interesses difusos, coletivos e individuais, razão por que a entidade associativa ou sindical deve atender apenas ao requisito de ter incluída entre suas finalidades institucionais a defesa de um dos bens jurídicos protegidos pela LACP, para que possa estar legitimada a agir em juízo na defesa daqueles direitos.

---

[18] Walter J. Habscheid, "Zur Problematik der Verbandsklage im Deutschen Recht", *in Festschrift für Georgios T. Rammos*, Athen, 1979, p. 284; Karl August Bettermann, "Zur Verbandsklage", *in ZZP (Zeitschrift für Zivilprozeb – Revista de Direito Processual Civil)*, vol. 85 (1972), p. 133. O fenômeno da substituição processual (Prozebstandschaft), cujo termo Chiovenda traduziu, foi identificado por Josef Kohler, em trabalho de Direito Material sobre o usufruto ("Der Dispositionsniebrauch", *in Jahrbücher für die Dogmatik des heutigen römischen und deutschen Privatrechts*, vol. 24 (1986), Jena, ps. 187-328, especialmente p. 319), no qual expressamente denomina o instituto Prozebstandschaft (substituição processual), denominação até hoje utilizada pela doutrina. Sobre a diferença entre legitimação extraordinária (gênero) e substituição processual (espécie), ver Arruda Alvim, *Tratado de Direito Processual Civil*, São Paulo, RT, 1990, vol. I, ps. 350 e segs. e 515 e segs.

[19] Essa posição tem sofrido reparo da doutrina mais moderna, que distingue os casos de substituição processual determinados pela lei das hipóteses de ações de classe. Na substituição processual, o substituto busca defender direito alheio de titular determinado, enquanto nas ações coletivas o objetivo dessa legitimação extraordinária é outro, razão pela qual essas ações têm de ter estrutura diversa do regime da substituição processual. Nessa linha de raciocínio, falando de legitimidade processual autônoma (selbständige Prozebführungsbefugnis), Reinhard Urbanczyk, Zur Verbandsklage im Zivilprozeb, Köln-Berlin-Bonn-München, Carl Heymanns Verlag, 1981, p. 42; no mesmo sentido, Walther Hadding, "Die Klagebefugnis der Mitbewerber und der Verbände nach § 13 Abs. 1 UWG im System des Zivilprozebrechts", in JZ (Juristen Zeitung), 1970, p. 305; Walter Herbst, Die Bedeutung des Rechtsschutzanspruchs für die moderne Zivilprozebrechtslehre, Dissertação, Bonn, 1973, ps. 438 e segs.

Título VI · DISPOSIÇÕES FINAIS | **Art. 112**

Art. 112. O § 3º do art. 5º da Lei nº 7.347, de 24 de julho de 1985, passa a ter a seguinte redação:

"§ 3º Em caso de desistência infundada [1] ou abandono da ação [2] por associação legitimada, [3] o Ministério Público [4] ou outro legitimado [5] assumirá a titularidade ativa."

COMENTÁRIOS

[1] DESISTÊNCIA INFUNDADA DA AÇÃO – Desistência da ação é a revogação do requerimento de prestação da tutela jurisdicional feito de modo privativo pelo autor depois de ajuizada a ação.[20] Deve ser deduzida de forma comissiva pelo autor, necessitando, pois, de ato de declaração de vontade do autor.[21] Antes da citação o ato de desistência da ação é não receptício, sendo desnecessária a concordância do réu para que seja eficaz. Instaurada a litispendência com a citação do réu, apenas com a concordância dele é que a desistência produzirá efeitos. Em qualquer caso, os efeitos da desistência somente advirão se for homologada pelo juiz. A consequência da desistência homologada judicialmente é a extinção do processo sem resolução do mérito (art. 267, nº VIII, CPC, correspondente ao art. 485, VIII, do NCPC).

Foi acrescentado o termo *infundada*, qualificativo da desistência da ação civil pública, ao primitivo texto da LACP.

Esse acréscimo deveu-se à crítica da doutrina que entendia merecer a hipótese melhor tratamento, quer para regular a desistência pelos demais legitimados, quer para qualificar a desistência, quer, ainda, para permitir aos demais legitimados a assunção da posição processual no polo ativo da ação civil pública.[22]

O dispositivo dava azo, em sua redação revogada, ao entendimento de que o Ministério Público sempre seria compelido a assumir o polo ativo da demanda, em caso de desistência pela associação autora. Realmente, não teria sentido dar-se essa interpretação àquele texto revogado, pois se o Ministério Público pode promover o arquivamento do inquérito civil, deixando de ajuizar a ação, quando não encontrar fundamento para tanto, não poderia ser obrigado a continuar como autor na ação infundada, ajuizada pela associação desistente.

Assim, a desistência pura e simples não obriga o órgão do Ministério Público a assumir a titularidade ativa da ação já ajuizada. Apenas se a desistência for *infundada* deverá o *parquet* tomar a posição ativa na ação civil pública. O ato de desistência deverá vir acompanhado de fundamentação pela associação ou sindicato autor.

Caberá ao Ministério Público verificar se a desistência é ou não é fundada. Há discricionariedade quando a lei coloca à disposição da administração pública dois ou mais caminhos, todos lícitos, para que ela possa optar pelo que mais lhe convier. No caso sob exame, não há

---

[20] Rosenberg-Schwab, Zivilprozebrecht, 14ª ed., München, Beck'sche, 1986, § 131, I, 1, p. 802. Pode ser conceituada, também, como "a abdicação expressa da posição processual, alcançada pelo autor, após o ajuizamento da ação" (José Rogério Cruz e Tucci, *Desistência da ação*, São Paulo, Saraiva, 1988, nº 2.2, p. 5).

[21] Rosenberg-Schwab, Zivilprozebrecht, cit., § 131, I, 1, p. 802.

[22] Ver, nesse sentido, Hugo Nigro Mazzilli, *A defesa dos interesses difusos em juízo*, 2ª ed., São Paulo, RT, 1990, nº 21, ps. 120 e segs. Rodolfo de Camargo Mancuso entende que essa imperatividade aparente da norma ("assumir") deve ser temperada com certa discricionariedade *interna corporis* do Ministério Público (*Ação civil pública*, São Paulo, RT, 1989, nº 6.3.1. c, p. 73).

Art. 112 | CÓDIGO BRASILEIRO DE DEFESA DO CONSUMIDOR

discricionariedade para o órgão do *parquet*, mas, sim, integração de um conceito jurídico indeterminado:[23] sendo fundada a desistência, pode o *parquet* deixar de assumir a posição de autor da ação civil pública; sendo infundada a desistência, terá ele, necessariamente, de prosseguir no polo ativo da relação processual. Este regime se harmoniza com o princípio da obrigatoriedade da ação civil pública para o Ministério Público.[24]

O sistema aqui proposto se nos afigura o mais consentâneo com o espírito da lei e dos princípios que regem a ação civil pública, quando seu titular é o Ministério Público. Admitir-se ser faculdade do *parquet* assumi-la, por ato discricionário, não se coaduna com o moderno conceito de discricionariedade administrativa e fere os princípios da ação civil pública e o espírito da lei, cuja expressão "assumirá" não oferece dúvida de que a norma, quanto ao Ministério Público, é imperativa e cogente.[25]

Tecnicamente, portanto, não há se falar em discricionariedade para o Ministério Público, que tem o poder-dever de assumir o polo ativo da demanda se a desistência for infundada. Dizer o que é desistência fundada ou infundada, contudo, é tarefa exclusiva do *parquet*, que integrará, como exigir o caso concreto, esse conceito jurídico indeterminado. Como se vê, do ponto de vista prático, do resultado, das opiniões dos que entendem não estar o Ministério Público obrigado a assumir a titularidade da ação se harmonizam com a nossa: enquanto para eles o MP pode deixar de assumir o polo ativo por ato discricionário, para nós ele poderá deixar de fazê-lo se entender, com liberdade de convicção, que a desistência foi fundada, isto é, mediante a integração do *conceito jurídico indeterminado* de "desistência fundada".

Esta providência evita a consequência natural da desistência da ação, que é a extinção do processo sem resolução do mérito (art. 267, nº VIII, CPC, correspondente ao art. 485, VIII, do NCPC).

[2] ABANDONO DA AÇÃO – Conquanto tenham a mesma consequência processual – a extinção do processo sem julgamento do mérito –, os institutos do abandono e da desistência da ação têm diferenças ontológicas. O abandono da ação ocorre *ope legis*, independentemente de declaração de vontade do autor,[26] quer dizer, a lei é que fixa a consequência da inatividade da parte no processo civil.

A inércia do autor que deixar parado o processo por mais de um ano, ou que, por mais de 30 dias, não promover os atos e diligências que lhe competirem (art. 267, nºs II e III, CPC, correspondente ao art. 485, II e III, do NCPC), caracterizará o abandono da ação, ensejando a extinção do processo sem conhecimento do mérito.

Também, nesse caso, caberá ao *parquet* o exame do caso concreto, para verificar se o abandono da ação tem fundamento ou não. Caso seja fundado, o Ministério Público poderá deixar

---

[23] Sobre o conceito jurídico indeterminado em Direito Administrativo, ver Ernst Forsthoff, Lehrbuch des Verwaltungsrechts, 10ª ed., München, Beck'sche, 1973, § 5, ps. 85-86. Aqui, sim, o Ministério Público pode fazer a integração desse conceito como mais lhe convém, mecanismo que não se confunde com o conceito de discricionariedade administrativa.

[24] Há respeitáveis opiniões doutrinárias entendendo ser discricionária a assunção da causa pelo Ministério Público, ao qual estaria assegurada a titularidade ativa, não sendo, contudo, obrigado a fazê-lo, procurando aplicar ao sistema da ação civil pública o mesmo regime jurídico da ação popular constitucional (art. 9º da Lei nº 4.717/65). Assim, Rodolfo de Camargo Mancuso, *Ação civil pública*, cit., p. 74; José Afonso da Silva, *Ação popular constitucional*, São Paulo, RT, 1968, nº 169, p. 202; Galeno Lacerda, "Ação civil pública", *in Revista do Ministério Público do Rio Grande do Sul*, Porto Alegre, vol. 19 (1986), p. 22; Hugo Nigro Mazzilli, *A defesa dos interesses difusos em juízo*, 2ª ed., cit., nº 21, p. 122.

[25] Galeno Lacerda reconhece expressamente o caráter cogente da norma (*Ação civil pública*, cit., p. 22).

[26] Gian Antonio Micheli, *La rinuncia agli atti del giudizio*, Padova, Cedam, 1937, nº 2, p. 10. No mesmo sentido, José Rogério Cruz e Tucci, *Desistência da ação*, cit., nº 2.3, ps. 5-6.

Título VI · DISPOSIÇÕES FINAIS | **Art. 112**

de assumir a titularidade da ação civil pública. Do contrário, se for infundado o abandono, isto é, se houver probabilidade de sucesso, a demanda deverá prosseguir com o Ministério Público no polo ativo da relação jurídica processual.

[3] DESISTÊNCIA POR ASSOCIAÇÃO OU SINDICATO – O texto legal parece sugerir que a obrigatoriedade da assunção da causa pelo Ministério Público se dê quando a desistência for requerida por associação autora ou sindicato. Entretanto, não vemos razão para que este regime não possa ser aplicado quando houver desistência infundada por qualquer dos demais legitimados à propositura da ação civil pública.[27] Assim, qualquer dos legitimados pode desistir da ação e qualquer deles pode assumir a titularidade quando houver desistência por outro colegitimado.

[4] DESISTÊNCIA DA AÇÃO PELO MINISTÉRIO PÚBLICO – Quando escrevemos sobre a ação civil pública,[28] na fase anterior ao advento da LACP, dizíamos que a *obrigatoriedade* da ação civil pública, quando ajuizada pelo Ministério Público, alcança a propositura da ação e seu prosseguimento até a sentença.[29] Naquela mesma oportunidade, dissemos que não havia obrigatoriedade de o Ministério Público recorrer da sentença desfavorável aos interesses por ele defendidos no processo.[30]

Essas opiniões continuam válidas para o atual sistema da LACP, porquanto regido pelo princípio da obrigatoriedade da ação civil pública, à vista da incidência do art. 81 do CPC/1973 (correspondente ao art. 177 do NCPC), recepcionado pela ordem constitucional de 1988, notadamente pelo art. 129, nos III e IX, CF, e aplicáveis à espécie por força dos arts. 19 e 21 da LACP. Por esse princípio, ao Ministério Público não é dado deixar de propor a ação civil pública, quando existirem elementos suficientes para tanto.[31]

Entretanto, quanto ao princípio da *indisponibilidade* da ação civil pública, modificamos o entendimento esposado em trabalho anterior.[32] Ali, comungávamos da opinião de que os princípios da indesistibilidade da ação penal pública e do recurso interposto pelo Ministério Público no processo penal (arts. 42 e 576, CPP) se aplicavam inteiramente à ação civil pública, vedado ao MP dela desistir, bem como do recurso já interposto.

---

[27] Em sentido conforme, Hugo Nigro Mazzilli, *A defesa*, cit., nº 21, ps. 124-125; Rodolfo de Camargo Mancuso, *Ação civil pública*, cit., ps. 74-75.

[28] Ferraz-Milaré-Nery, *A ação civil pública e a tutela jurisdicional dos interesses difusos*, São Paulo, Saraiva, 1984, obra já citada.

[29] Ferraz-Milaré-Nery, *A ação civil pública*, cit., nº 9.2, p. 42.

[30] Ferraz-Milaré-Nery, *A ação civil pública*, cit., nº 9.2, ps. 42-43.

[31] A tese da obrigatoriedade da ação civil pública vem sendo sustentada por parte dos integrantes do MP. Mas é de se observar que, nesse campo, não pode se estabelecer analogia com a ação penal pública, de que o MP tem o monopólio, uma vez que a instituição é apenas colegitimada à ação civil pública. Ademais, a experiência demonstra que o *parquet* faz uma seleção de casos para o ajuizamento da ação civil pública, que não pode e não deve ser banalizada. Recente trabalho de brilhante membro do MP sustenta a tese contrária à obrigatoriedade da ação civil pública: Eurico Ferraresi, *Ação Popular, Ação Civil Pública e Mandado de Segurança Coletivo*, Rio de Janeiro, Forense, 2009, p. 276-282 (nota de Ada Pellegrini Grinover).

[32] Na obra *A ação civil pública e a tutela jurisdicional dos interesses difusos*, já referida, escrita em colaboração com Antônio Augusto Mello de Camargo Ferraz e Édis Milaré, sustentamos que a indisponibilidade se projetava para alcançar a indesistibilidade da ação civil pública (nº 9.3, p. 44). Posteriormente, modificamos nossa opinião, para entender que o Ministério Público pode, no processo civil, desistir de recurso por ele interposto, porque inaplicáveis à ação civil pública os princípios da ação penal pública, não incidindo, portanto, o art. 576, do CPP (Nelson Nery Junior, *Recursos no processo civil*: princípios fundamentais – teoria geral dos recursos, São Paulo, RT, 1990, nº 2.4.1.6, p. 118).

Art. 112 | CÓDIGO BRASILEIRO DE DEFESA DO CONSUMIDOR

Examinando melhor o tema, chegamos a conclusão diferente. A indisponibilidade que incide na ação civil pública diz com o Direito Material defendido em juízo, de sorte que ao Ministério Público é vedado renunciar ao direito sobre o qual se funda a ação (art. 269, nº V, CPC, correspondente ao art. 487, III, c, do NCPC), e, quando réu, reconhecer juridicamente o pedido (art. 269, nº II, CPC, correspondente ao art. 487, III, a, do NCPC), que são atos de disposição do Direito Material discutido em juízo.

O receio que o legislador penal teve ao adotar os princípios da indesistibilidade da ação penal pública incondicionada (art. 42, CPP) e do recurso interposto pelo Ministério Público (art. 576, CPP) se justificava como medida de política legislativa, à vista do monopólio da ação penal pública exercido pelo Ministério Público.

No sistema da LACP, contudo, esse zelo não encontra a mesma relevância, porque não há exclusividade do Ministério Público para o exercício da ação civil, mas legitimação concorrente disjuntiva desse órgão com outros que a lei menciona (arts. 5º, LACP, e 82, CDC).[33] E na ausência de norma específica que limite o livre exercício do direito de ação pelo Ministério Público, deve preponderar a regra geral de que o autor pode desistir da ação por ele intentada, guardados os demais requisitos da lei, como, por exemplo, a concordância do réu se já tiver sido citado (art. 267, § 4º, CPC, correspondente ao art. 485, § 4º, do NCPC).

Mas, quanto às faculdades processuais colocadas à disposição do Ministério Público, poderá ou não exercê-las sempre que entender conveniente ao interesse social e individual indisponível (art. 127, CF). Pode deixar de produzir determinada prova, desistir de prova já requerida, desistir de recurso por ele interposto, renunciar ao poder de recorrer e desistir da ação civil pública.[34]

Essa desistência da ação civil pública pode ocorrer, por exemplo, quando o Ministério Público verifica que a pretensão deduzida é infundada, quer pela prova produzida supervenientemente à propositura da ação, quer pelo exame dos elementos de convicção constantes dos autos submetidos à sua avaliação. Ele disporá do Direito Processual,[35] mas não do Direito Material defendido no processo. Se for o caso, poderá repropor a demanda da qual anteriormente havia desistido, munido de novas provas ou novos elementos de convicção.

Na fase recursal, não há que se falar na incidência dos princípios da obrigatoriedade e indisponibilidade da ação civil pública, quando ajuizada pelo Ministério Público. Isso porque

---

[33] No mesmo sentido, Hugo Nigro Mazzilli, *A defesa*, 2ª ed., cit., nº 22, ps. 128-129.

[34] No mesmo sentido, Hugo Nigro Mazzilli, *A defesa*, 2ª ed., cit., nº 22, ps. 127-131; Rodolfo de Camargo Mancuso, *Ação civil pública*, cit., ps. 75-76. Édis Milaré também modificou sua opinião anterior para admitir, conforme as circunstâncias, a desistência da ação civil pública pelo Ministério Público, como, por exemplo, quando houver carência superveniente do interesse processual (*A ação civil pública na nova ordem constitucional*, São Paulo, Saraiva, 1990, ps. 13-14 e 36). Entendendo que o Ministério Público não pode desistir da ação por ele ajuizada, em virtude da natureza dos interesses em jogo e do dever de ofício outorgado pela lei ao órgão, José Rogério Cruz e Tucci, *Desistência da ação*, cit., nº 2.7, ps. 10-11. Posição particular assume Hely Lopes Meirelles, para quem o Ministério Público não pode desistir da ação civil pública, mas poderá opinar pela sua procedência ou improcedência, como ocorre nas ações populares (*Mandado de segurança, ação popular, ação civil pública, mandado de injunção, "habeas data"*, 12ª ed., São Paulo, RT, 1989, p. 123).

[35] Em sentido próximo, trago à colação a seguinte passagem de decisão proferida para o Recurso Especial n. 1.484.649/PE, Relator Ministro Mauro Campbell Marques (*DJe* 4.3.2015): "O cerne da questão em apreço consiste em saber se após proposta a ação civil pública, pode o Ministério Público dela desistir. *A doutrina majoritária defende que a regra da não admissão da desistência da Ação Civil Pública pelo Ministério Público, em face do princípio da indisponibilidade, não pode ser absoluta, uma vez que, na hipótese em que a continuidade da ação acarrete a configuração de vícios formais e lesão a direitos, a exemplo: ao direito adquirido e à coisa julgada, vícios que comprometem a regularidade do processo, a desistência configuraria a melhor alternativa.*"

Título VI · DISPOSIÇÕES FINAIS | **Art. 113**

o órgão pode renunciar ao poder de recorrer e, caso haja interposto recurso, pode dele desistir, quer porque no processo civil não existe o óbice do art. 576 do Código de Processo Penal,[36] quer porque cessa a obrigatoriedade da ação civil pública com a prolação da sentença de primeiro grau, quer porque não se aplicam à ação civil pública os princípios regentes da ação penal pública, quer, por derradeiro, porque a indisponibilidade se refere ao Direito Material objeto do pedido, e não às faculdades processuais colocadas pela lei à disposição do Ministério Público.

[5] ASSUNÇÃO DA AÇÃO POR OUTRO LEGITIMADO QUE NÃO O MINISTÉRIO PÚBLICO – Quando o Ministério Público verificar que a desistência da ação formulada por outro colegitimado é infundada, tem o poder-dever vinculado de assumir a titularidade ativa da demanda.

Entretanto, esse poder-dever atribuído ao Ministério Público não alcança os demais colegitimados à propositura da ação civil pública. O texto legal sob comentário lhes garante a faculdade de, em havendo desistência da ação por qualquer dos legitimados, poderem assumir o polo ativo da relação processual. O que é dever do Ministério Público é faculdade para os outros colegitimados.

Art. 113. Acrescente-se os seguintes §§ 4º, 5º e 6º ao art. 5º da Lei nº 7.347, de 24 de julho de 1985:

"§ 4º O requisito da pré-constituição poderá ser dispensado pelo juiz, [1] quando haja manifesto interesse social evidenciado pela dimensão ou característica do dano, ou pela relevância do bem jurídico a ser protegido. [2]

§ 5º Admitir-se-á o litisconsórcio facultativo [3] entre os Ministérios Públicos da União, do Distrito Federal e dos Estados [4] na defesa dos interesses e direitos de que cuida esta Lei.

§ 6º Os órgãos públicos legitimados poderão tomar dos interessados compromisso de ajustamento de sua conduta às exigências legais, mediante cominações, que terá eficácia de título executivo extrajudicial." [5][6][4A]

COMENTÁRIOS

[1] PRÉ-CONSTITUIÇÃO DISPENSADA PELO JUIZ – O nosso sistema de tutela jurisdicional dos interesses e direitos difusos e coletivos difere do regime das *class actions* do Direito norte-americano. Enquanto no sistema da *class action* o juiz desempenha papel altamente relevante, cabendo-lhe a aferição, a qualquer tempo, da representatividade da associação para representar em juízo o grupo,[37] no Brasil os requisitos para que a associação ou sindicato pos-

---

[36]   Nelson Nery Junior, *Recursos*, cit., nº 2.4.1.6, p. 118.

[37]   Vincenzo Vigoriti, *Interesse collettivi e processo (la legittimazione ad agire)*, Milano, Giuffrè, 1979, ps. 266 e segs., falando, inclusive, dos poderes inquisitoriais do juiz na *class action*, da qual é o verdadeiro protagonista. Ainda sobre os poderes do juiz na *class action* americana, Harald Koch, *Prozebführung im öffentlichen Interesse*, Frankfurt, Alfred Metzner Verlag, 1983, p. 104; Karl Thiere, *Die Wahrung überindividueller Interessen im Zivilprozeb*, Bielefeld, Gieseking Verlag, 1980, §§ 5º e 15, ps. 76 e segs. e 325 e segs.; José Rogério Cruz e Tucci, *"Class action" e mandado de segurança coletivo*, São Paulo, Saraiva, 1990, nº 3.4, ps. 22-23.

Art. 113 | CÓDIGO BRASILEIRO DE DEFESA DO CONSUMIDOR

sam estar legitimados a ajuizarem ação coletiva são determinados *ope legis* e não *ope judicis*, como no sistema das ações de classe do *common law*.

Basta que sejam preenchidos os requisitos constantes da lei, isto é, esteja a associação constituída legalmente há pelo menos um ano e inclua entre suas finalidades institucionais a defesa de um dos direitos protegidos pela LACP, para que se a tenha por legitimada a agir coletivamente em juízo.

A novidade trazida à LACP pelo CDC é a alteração parcial desse sistema, para permitir-se, ao juiz, não a aferição ampla da representatividade do autor junto à classe ou ao grupo titular do direito discutido em juízo, mas apenas a dispensa da pré-constituição nas hipóteses enunciadas pela lei.

O juiz brasileiro não tem o poder inquisitorial pleno do magistrado norte-americano na *class action*, mas pode, se verificadas as circunstâncias apontadas na lei, dispensar o requisito legal exigido para que a associação possa ajuizar a ação civil pública: estar constituída, há pelo menos um ano, nos termos da lei civil.

Há situações em que a associação é constituída *ex post factum*, com a finalidade precípua e última de ajuizar as demandas cabíveis no interesse coletivo da classe ou grupo, ou mesmo na defesa dos interesses individuais homogêneos tratados coletivamente (ver comentário ao art. 81, parágrafo único). Para esses casos é que o dispositivo se revela útil do ponto de vista prático.

Como exemplo, poderíamos citar a eventual criação de uma Associação das Vítimas do Acidente do Bateau Mouche IV, ocorrido no fim do ano de 1988, no Rio de Janeiro, com a finalidade de buscar, em juízo, a reparação dos direitos individuais homogêneos a que porventura fizessem jus. Para esse fim, poderia ser dispensada a exigência da pré-constituição, admitindo-se a associação como parte legítima, mesmo não tendo sido constituída há mais de um ano, desde que presentes os demais requisitos exigidos pelo dispositivo ora comentado.

[2] MANIFESTO INTERESSE SOCIAL – A dispensa da pré-constituição da associação, entretanto, só poderá ocorrer se o magistrado verificar que existe manifesto interesse social, evidenciado pela dimensão ou característica do dano, ou pela relevância do bem jurídico a ser protegido.

O interesse, pois, deve transcender o mero individual para alcançar o social, aferível pelo juiz segundo o caso concreto.

A lei dá os parâmetros para o juiz fazer essa avaliação da existência do interesse social, de modo que deverão ser levadas em conta, necessariamente, a dimensão ou característica do dano, bem como a relevância do bem jurídico a ser protegido pela ação judicial.

O caso *Bateau Mouche IV*, mencionado anteriormente como exemplo que poderia ensejar a dispensa da pré-constituição de associação para a defesa judicial de interesses coletivos ou até mesmo individuais homogêneos, é hipótese em que se vislumbraria a ocorrência de dois dos requisitos para a incidência do dispositivo ora comentado. Os danos foram de monta, atingindo grande número de famílias que se viram despojadas de seus entes queridos (dimensão do dano); de outra parte, os danos foram provocados por ato antijurídico dos responsáveis pela embarcação, que partiram com lotação acima da permitida, fizeram construção interna com concreto sem a devida autorização da autoridade competente, além de outras irregularidades apontadas amplamente pela imprensa (características do dano); por derradeiro, poderia haver a dispensa da pré-constituição, pela relevância dos bens jurídicos a serem protegidos pela ação civil, quer dizer, a indenização por dano moral (morte) e a incolumidade física dos futuros e eventuais usuários da embarcação, propiciada pela condenação da empresa ré na obrigação de colocar o navio em ordem e de acordo com as posturas administrativas.

Título VI · DISPOSIÇÕES FINAIS | **Art. 113**

[3] LITISCONSÓRCIO FACULTATIVO – A admissibilidade de litisconsórcio pela lei parece indicar estar legitimada ao ajuizamento da ação civil pública para a defesa dos direitos e interesses difusos e coletivos cada um dos entes denominados no art. 5º da LACP, de modo singular, legitimação essa concorrente e disjuntiva.[38]

Cada um dos colegitimados concorrentemente pode ajuizar, sozinho, a ação civil pública, e o eventual litisconsórcio que se formar entre dois ou mais deles será facultativo, obedecendo-se ao regime do CPC para esse tipo de cumulação subjetiva de ações.

Na verdade, o sentido teleológico desse dispositivo é de deixar claro que o órgão do Ministério Público pode promover a ação, sem que seja necessária a anuência de outro órgão do *parquet*. O Ministério Público dos Estados pode ajuizar, sozinho, ação civil pública na Justiça Federal e *vice-versa*.

Para evitar qualquer discussão que pudesse ser formada sobre a regularidade do exercício do direito de ação pelo Ministério Público Estadual junto à Justiça Federal, foi proposta, em 1986, ação civil pública, no interesse dos consumidores, na Justiça Federal, por iniciativa dos Ministérios Públicos do Estado de São Paulo e da União, que se litisconsorciaram e subscreveram a petição inicial. O inquérito civil foi instaurado no âmbito do Ministério Público do Estado de São Paulo, chegando a seu termo em condições de embasar ação civil pública com o objetivo de proibir a comercialização do leite importado da Europa, que estava contaminado em virtude do acidente nuclear ocorrido em Chernobyl, em 1986.

O litisconsórcio ativo entre os Ministérios Públicos da União e do Estado de São Paulo foi aceito pelo juízo federal sem que ninguém o tivesse questionado.

O problema, na verdade, não é de litisconsórcio nem de legitimação para agir, mas, sim, de representação da instituição do Ministério Público, que será abordada no comentário que se segue.

[4] REPRESENTAÇÃO DO MINISTÉRIO PÚBLICO – Os *princí*pios da unidade e da indivisibilidade, que informam a instituição do Ministério Público, estão expressamente consagrados na Constituição Federal, como se dessume de seu art. 127, § 1º.

O art. 128, *caput*, CF, traduz a unidade institucional quando diz que "o Ministério Público compreende: I – o Ministério Público da União; II – os Ministérios Públicos dos Estados". A instituição é una e está formada pelos Ministérios Públicos da União e dos Estados.

Exemplos de unidade e indivisibilidade podemos verificar com o poder do Estado e a jurisdição. Institucionalmente o poder é um só, e quando se fala em divisão de poderes, na verdade se está querendo significar a divisão do exercício do poder pelo Executivo, Legislativo e Judiciário.[39] A jurisdição também é una, sendo fracionada para que seja possível seu exercimento com mais efetividade, pois seria materialmente inviável o exercício da atividade jurisdicional por um único órgão do Poder Judiciário.[40]

---

[38] Sobre a legitimação concorrente e disjuntiva, ver os comentários aos arts. 82 e 92.

[39] No mesmo sentido, falando em unidade do poder e em divisão de funções, Peter Badura, *Staatsrecht*, München, Beck'sche, 1986, nº E 14, ps. 298-299; Reinhold Zippelius, *Allgemeine Staatslehre*, 9ª ed., München, Beck'sche, 1985, § 9º, III, 3, ps. 59-60. Desde a concepção de soberania, de Jean Bodin (*Les six livres de la république*, Scientia, Aalen, 1961 Livro I, Capítulo VIII, ps. 122 e segs., reimpressão fac-similar da edição de Paris, 1583), já se antevia a construção do poder do Estado como uno e indivisível, reelaborada posteriormente pelos publicistas modernos. Sobre o tema ver, ainda, Léon Duguit, *Traité de Droit Constitutionel*, 3ª ed., Paris, Boccard, 1928, vol. II, § 41, ps. 660 e segs.; Burdeau-Hamon-Troper, *Manuel de Droit Constitutionel*, 21ª ed., Paris, LGDJ, 1988, ps. 126 e segs.

[40] Cintra-Grinover-Dinamarco, *Teoria geral do processo*, 7ª ed., São Paulo, RT, 1990, nº 68, p. 125.

Art. 113 | CÓDIGO BRASILEIRO DE DEFESA DO CONSUMIDOR

Do mesmo modo, o Ministério Público é, do ponto de vista institucional, uno e indivisível. O art. 128 da CF divide o *parquet* com a finalidade de facilitar o exercício de suas funções institucionais.

Quando os arts. 5º da LACP e 82 do CDC dizem estar legitimado a agir em juízo "o Ministério Público", significa que conferiram legitimidade à instituição como um todo considerada, sem levar em conta suas divisões, não sob o aspecto institucional, já que una e indivisível, mas para fins administrativos e funcionais.

Resta saber, pois, quem representa em juízo a instituição una do Ministério Público, seja na Justiça Federal, seja na Estadual.

A representação é a relação que se forma entre uma pessoa e outra ou várias, em virtude da qual a vontade da primeira se considera como expressão imediata da vontade desta última, de modo que, juridicamente, essa exteriorização aparece como a manifestação da vontade de uma só pessoa.[41]

As dicotomias clássicas da representação em *legal* e *convencional*, quanto à fonte, e *necessária* e *voluntária,* quanto a um dos caracteres de que pode ela se revestir,[42] não explicam plenamente o fenômeno da representação das instituições e dos órgãos do Estado, sendo necessária, portanto, a criação de um *tertium genus* que é a *representação institucional* ou *estrutural.*[43] Esta última surge da base das normas de organização de uma instituição, com a finalidade de substituição do titular do direito ou da obrigação e exercício do direito ou adimplemento da obrigação por conta e em nome do titular, para a tutela de um interesse do representado.

O titular do direito, no caso sob exame, é a sociedade, em nome de quem atua o Ministério Público, nas esferas judicial e extrajudicial.

Essa representação estrutural ou institucional pode ser limitada pela lei, fazendo com que, por exemplo, o Ministério Público de um Estado federado não possa, sozinho, intentar ação judicial em outro Estado da federação. Na ausência de impeditivo legal, contudo, está o Ministério Público Estadual autorizado a, representando a sociedade, atuar na Justiça Federal ou na Justiça de qualquer Estado da federação, já que a unidade e indivisibilidade da instituição do *parquet* assim o permitem.

Havendo um problema de meio ambiente, por exemplo, que demande o ajuizamento de ação de indenização por poluição causada em rio que banha dois ou mais Estados da federação, pode o Ministério Público de um dos Estados ajuizar ação em seu próprio Estado ou em outro, indistintamente, bem como na Justiça Federal, ordinária ou especializada.

A recíproca é verdadeira. O Ministério Público da União, formado pelos Ministérios Públicos Federal, do Trabalho, Militar e do Distrito Federal e Territórios (art. 128, nº I, CF), pode agir no âmbito da Justiça Federal comum ou especial, e, ainda, na Justiça Estadual.

A regra que deve ser, tanto quanto possível, observada, é a de que o Ministério Público Federal ajuíze ação civil pública na Justiça Federal comum, os Ministérios Públicos Estaduais, na Justiça Estadual, e os Ministérios Públicos especiais (do Trabalho, Eleitoral e Militar), nas

---

[41] Georg Jellinek, *Teoría general del Estado*, Buenos Aires, Albatros, 1943 (tradução de Fernando de Los Ríos Urruti), p. 463. Para Hans Kelsen, a situação representativa do órgão é considerada como relação entre pessoas, pois a representação não pode ter lugar senão entre pessoas (*Teoria generale del Diritto e dello Stato*, Roma, Etas Libri, 1980, ps. 107-109, tradução de Sergio Cotta e Giuseppino Treves). Isto porque o órgão é ente abstrato cuja atuação só se opera com atos concretos praticados por pessoas (Reinhold Zippelius, *Allgemeine Staatslehre*, cit., 14, I, 1, ps. 92-93).

[42] Salvatore Pugliatti, "Rappresentanza legale e sospensione della prescrizione", *in Studi sulla rappresentanza*, Milano, Giuffrè, 1965, p. 387.

[43] Vincenzo Zangara, *La rappresentanza istituzionale*, 2ª ed., Padova, Cedam, 1952, nº 12, ps. 20-21.

Título VI · DISPOSIÇÕES FINAIS | **Art. 113**

Justiças especializadas. Isso não inibe, como já dissemos, a atuação dos vários Ministérios Públicos nas diversas Justiças Estaduais e Federais, comuns e especializadas.

Quando, por exemplo, o *parquet* federal quedar-se inerte diante de lide que deva ser levada por ele à solução pela Justiça Federal, pode o Ministério Público Estadual agir movendo ação naquela Justiça. No mesmo exemplo, se o Ministério Público Federal entender não estarem presentes os requisitos para a propositura da ação civil pública e promover o arquivamento do inquérito civil ou das peças de informação, essa atitude obsta a ação dos demais Ministérios Públicos, em face dos princípios da unidade e indivisibilidade da instituição. Nesse último caso, restará a qualquer outro colegitimado a iniciativa da propositura da ação.

[4a] COMPROMISSO TOMADO PELOS ÓRGÃOS LEGITIMADOS – O compromisso de ajustamento de conduta (TAC) transformou-se em poderoso instrumento que pode levar à solução consensual do conflito, evitando a ACP. Conforme lembrança de Geisa de Assis Rodrigues, "A década de 1990 nos legou alguns institutos que tratam justamente da tutela extrajudicial de direitos transindividuais, como o compromisso de ajustamento de conduta, previsto no § 6º do art. 5º da Lei nº 7.347/85, no art. 211 do Estatuto da Criança e do Adolescente (Lei nº 8.069/90) e no artigo 79-A da Lei da Natureza (Lei nº 9.605/98), e, na seara da defesa da ordem econômica, o compromisso de desempenho e o compromisso de cessação de prática. Este último está regulado no artigo 53 da Lei nº 8.884/94"[44] (correspondente ao art. 85 da Lei nº 12.529/2011, que revogou quase todos os dispositivos da Lei nº 8.884/94).

Nas palavras da referida autora, "O compromisso de cessação de prática é um meio alternativo de solução de conflitos envolvendo direitos transindividuais em risco diante de determinadas práticas econômicas. Exatamente porque o compromisso de cessação é um instrumento de tutela de direitos transindividuais, não deve ser celebrado sob a perspectiva do compromissário ou segundo o seu exclusivo interesse. Conforme tivemos a oportunidade de abordar, as novas formas de solução extrajudicial de conflito devem ser regidas pelos princípios do acesso à justiça, da tutela preventiva, da tutela específica, da aplicação negociada da norma jurídica e do princípio democrático".[45]

Invocando o magistério do professor e ex-Conselheiro do CADE João Bosco Leopoldino da Fonseca, Carla Lobão lembrou que "*o CPP se insere no instituto jurídico da transação*, previsto nos artigos 1.025 a 1.036 do Código Civil [atuais arts. 840 a 850 do CC de 2002], cujas características se evidenciam como um acordo, que se manifesta com o propósito de extinguir um litígio, em que existe uma reciprocidade de concessões e em que permanece inequívoca a incerteza quanto ao direito das partes. Com esse acordo, prossegue o Professor, a autoridade não investiga mais e o representado paralisa a prática de atos que geraram suspeitas de infração contra a ordem econômica"[46] (grifei).

É certo que o compromisso previsto e disciplinado pela Lei nº 8.884/94 (quase integralmente revogada pela Lei nº 12.529/2011) não encontra perfeita identidade no termo de ajustamento de conduta da lei da ação civil pública. Naquele, a celebração do ato leva à suspensão do processo administrativo, ao passo que, no segundo, leva à extinção do processo judicial. Isso,

---

[44] Cf. Geisa de Assis Rodrigues, Breves considerações sobre o compromisso de cessação de prática, *in Lei antitruste – 10 anos de combate ao abuso de poder econômico* (coord. João Carlos de Carvalho Rocha), Belo Horizonte, Del Rey, 2005, p. 121-122.

[45] Cf. Geisa de Assis Rodrigues, Breves considerações sobre o compromisso de cessação de prática, *in Lei antitruste – 10 anos de combate ao abuso de poder econômico* (coord. João Carlos de Carvalho Rocha), Belo Horizonte, Del Rey, 2005, p. 122-123.

[46] Cf. Carla Lobão, Compromisso de cessação de prática – uma abordagem crítica sobre o instituto, *in Revista do IBRAC*, vol. VIII, n. VIII, 2001, p. 87-88.

Art. 113 | CÓDIGO BRASILEIRO DE DEFESA DO CONSUMIDOR

contudo, não infirma a descrita e explorada analogia, na medida em que ambos os institutos têm em comum a presença de ato bilateral, com contornos típicos de transação, a gerar, por outro lado, obrigações que vinculam as partes e que, em caso de descumprimento, podem ser exigidas, mas que, em caso de cumprimento, encerram a certeza da superação da controvérsia.

Dada a relevância do compromisso de ajustamento de conduta previsto na LACP, é conveniente o exame de suas principais características.

NATUREZA

Como afirmou Hugo Nigro Mazzilli, o assim denominado termo de ajustamento de conduta é ato "por meio do qual um órgão público legitimado toma do causador do dano o compromisso de adequar sua conduta às exigências da lei. É, pois, o compromisso de ajustamento de conduta um ato administrativo negocial por meio do qual só o causador do dano se compromete; o órgão público que o toma, a nada se compromete, exceto, implicitamente, a *não propor ação de conhecimento para pedir aquilo que já está reconhecido no título*"[47] (grifei).

Nas palavras de Daniel Roberto Fink, o termo de ajustamento de conduta "*se constitui em verdadeira transação, aplicando-se-lhe as normas referentes a esta*. Ainda, pela sua bilateralidade, se constitui em contrato, aplicando-se-lhe, também, todas as normas aplicáveis aos contratos". Dessa forma, prosseguiu referido autor, "Avençadas as cláusulas e condições, ficam verdadeiramente *superadas quaisquer possibilidades de discussão de seus termos*", mesmo porque "*a transação produz entre as partes o efeito de coisa julgada*"[48] (grifei).

SUJEITOS E OBJETO

Consoante lembrou Fernando Grella Vieira, "por serem de natureza indisponível os interesses difusos e coletivos – assim como o são os individuais quando objeto de defesa coletiva –, seria de se reconhecer, em princípio, a impossibilidade jurídica da transação nessa esfera de interesses, seja ela judicial ou extrajudicial. A experiência demonstrou, todavia, que a disposição do responsável pelo dano de se adequar às exigências da lei ou de satisfazer integralmente o dano acabava por atender, finalisticamente, aquilo que seria de se buscar ou já se estaria postulando na via judicial. Seria render homenagem, desse modo, à forma em detrimento do próprio interesse tutelado. Já se aceitava, desse modo, mesmo ausente previsão legal específica, a possibilidade de transação, especialmente estando em andamento a ação civil pública".[49]

Sobre o tema, Rodolfo de Camargo Mancuso bem observou haver "casos em que a não celebração do acordo laboraria *contra* a tutela do interesse metaindividual objetivado. Imagine-se que a empresa poluente, reconhecendo ser fundada a pretensão inicial, apresente plano para a instalação, em três meses, dos equipamentos necessários, fazendo prova de que estão encomendados. Em casos em que tais, a intransigência do autor na recusa ao acordo não se justificaria, porque nas ações coletivas o interesse reside menos em 'vencer' a causa, do que

---

[47] Cf. Hugo Nigro Mazzilli, *A defesa dos interesses difusos em juízo*, 18ª ed., São Paulo, Saraiva, 2005, p. 358-359.

[48] Cf. Daniel Roberto Fink, Alternativas à ação civil pública ambiental (reflexões sobre as vantagens do termo de ajustamento de conduta), *in Ação civil pública – Lei 7.347/1985 – 15 anos* (Coord. Édis Milaré), 2. ed., São Paulo, Revista dos Tribunais, 2002, p. 119-120.

[49] Cf. VIEIRA, Fernando Grella. A transação na esfera da tutela dos interesses difusos e coletivos: compromisso de ajustamento de conduta. In: MILARÉ, Édis (Coord.). *Ação civil pública* – Lei 7.347/1985 – 15 anos. 2. ed. São Paulo: RT, 2002. p. 270.

em obter, de algum modo, a *melhor tutela* para o interesse difuso questionado".[50] Segundo ele, "a 'transação' possível é aquela que possa ser feita ao pressuposto de que o interesse metaindividual venha resguardado em sua parte nuclear e substancial, ou seja: que *o resultado prático alcançado com o cumprimento do ajustamento de conduta coincida ou fique o mais próximo possível daquele que seria obtido com a execução forçada do julgado*"[51] (grifei).

Daniel Roberto Fink bem ponderou que "o *objeto* do ajustamento da conduta do fornecedor não são os direitos dos consumidores, esses verdadeiramente indisponíveis, mas as condições de *modo, tempo e lugar* do cumprimento das obrigações destinadas a reparar os danos causados. Essas obrigações possuem completo conteúdo patrimonial, uma vez que se destinam a reparar vícios ou fatos de produtos ou serviços. E, ainda que não tenham conteúdo patrimonial imediato – por exemplo, danos morais –, sua reparação será avaliada nesses termos". Assim, "o fornecedor, ao se submeter voluntariamente a corrigir sua ação danosa por meio do compromisso de ajustamento de conduta, o faz de livre e espontânea vontade, aumentando a possibilidade da satisfação das obrigações assumidas. *O cumprimento de obrigações assumidas voluntariamente é mais fácil e mais frequente que o cumprimento de determinações cogentes emergentes de decisão judicial*"[52] (grifei).

Tratando do aspecto subjetivo, José Marcelo Menezes Vigliar observou que o compromisso de ajustamento de conduta *"pode ser obtido por qualquer um dos colegitimados para o ajuizamento da ação civil pública*, desde que ostente a qualidade de órgão público, demonstrando assim outra vantagem desse instituto, qual seja, a de solucionar o conflito, sem o ajuizamento de uma demanda coletiva"[53] (grifei).

Mais uma vez, Daniel Fink lecionou que, "além da correção da conduta futura, é possível afirmar-se, com certeza, que *o fornecedor pode corrigir – ou ajustar – sua conduta passada*, comprometendo-se a uma série de obrigações positivas ou negativas para sanar as lesões já causadas aos consumidores, coletiva ou individualmente considerados. Para isso, o termo de compromisso de ajustamento de conduta se transforma em valioso instrumento para composição de conflitos dessa natureza"[54] (grifei).

CUMPRIMENTO DAS OBRIGAÇÕES E CONSEQUÊNCIAS

Dada a natureza jurídica do ato em questão, se de um lado é certo que o descumprimento das obrigações assumidas não leva à extinção do compromisso, cujas disposições de cunho substancial, portanto, continuam em vigor, de outro lado e por simetria, é rigorosamente certo e lógico que o cumprimento das obrigações deve levar ao reconhecimento do término da controvérsia; o que é válido para todos os partícipes do ato.

Assim, a condição – evento futuro e incerto – consistente na violação do quanto se pactuou não é dirigida à produção de efeitos extintivos de obrigações assumidas, mas à liberação e retomada da persecução. Diante de eventual descumprimento, as obrigações

---

[50] Cf. Rodolfo de Camargo Mancuso, *Ação civil pública* – em defesa do meio ambiente, do patrimônio cultural e dos consumidores, 9. ed., Revista dos Tribunais, São Paulo, 2004, p. 318-319.

[51] Cf. Rodolfo de Camargo Mancuso, *Ação civil pública* – em defesa do meio ambiente, do patrimônio cultural e dos consumidores, 9. ed., Revista dos Tribunais, São Paulo, 2004, p. 331.

[52] Cf. Daniel Roberto Fink, *Código Brasileiro de Defesa do Consumidor comentado pelos autores do anteprojeto*, 9. ed., Rio de Janeiro, Forense Universitária, 2007, p. 996-997.

[53] Cf. José Marcelo Menezes Vigliar, *Tutela jurisdicional coletiva*, São Paulo, Atlas, 1998, p. 135-136.

[54] Cf. Daniel Roberto Fink, *Código Brasileiro de Defesa do Consumidor comentado pelos autores do anteprojeto*, 7ª ed., São Paulo, Forense, 2001, p. 895-897.

Art. 113 | CÓDIGO BRASILEIRO DE DEFESA DO CONSUMIDOR

e deveres assumidos continuam – ainda com mais vigor – a ser exigíveis. Mais uma vez, a senso contrário, o reconhecimento, pela Administração, de que as obrigações foram cumpridas deve sim operar o efeito extintivo, concretizando-se a estabilidade e a imunização do quanto se decidiu.

Ademais, foi bem realçado que ao termo de ajustamento de conduta (assim como ao compromisso de cessação de conduta) se aplicam as regras da transação e, a rigor, as regras contratuais (guardadas as peculiaridades próprias de um ato que envolve o interesse público). Nesse contexto, atentaria contra a *boa-fé objetiva* – instituto que guarda contornos de universalidade – imaginar que (i) alguém pudesse suspender o curso de uma investigação – que envolve interesses da coletividade –, assumindo, para tanto, certas obrigações e, posteriormente, que as descumprisse e simplesmente pretendesse desconsiderá-las; assim como que (ii) alguém pudesse ser turbado em sua esfera jurídica após o expresso reconhecimento do cumprimento das obrigações assumidas.

Consoante lição de Sílvio Rodrigues, a boa-fé é "conceito ético, moldado nas ideias de proceder com correção, com dignidade, pautando sua atitude pelos princípios da honestidade, da boa intenção e no propósito de a ninguém prejudicar".[55] Trata-se de "um princípio que informa todo o campo do contrato".[56]

Não deve haver dúvida, portanto, de que o cumprimento das obrigações assumidas no termo de ajustamento de conduta leva necessariamente à resolução da controvérsia.

Lição análoga foi dada por Marcelo Abelha Rodrigues e Rodrigo Klippel, segundo os quais "para o Ministério Público e outros órgãos públicos, que compõem os quadros da Administração Pública, possuindo funções especiais descritas pela Constituição Federal ou pelas Constituições Estaduais, *surge o que se chama de coisa julgada administrativa, ao fim do iter procedimental que culmina com a assinatura do Termo de Ajustamento de Condutas* (e eventualmente com a sua homologação pelo Conselho Superior do Ministério Público, caso o MP seja o condutor do acordo), proferindo-se, para a esfera da Administração Pública, *solução definitiva*, do que é prova o fato de o acordo ter a força de título executivo extrajudicial, que pode ser efetivado por qualquer dos entes que o formalizaram, ante a alegação de inadimplemento da parte contrária"[57] (grifei).

A jurisprudência dos tribunais brasileiros também segue a linha da efetividade *erga omnes* do acordo administrativo efetivamente cumprido. Mencione-se o Acórdão abaixo indicado, do Tribunal de Apelação de São Paulo, que julgou caso em que a empresa tinha celebrado acordos (TACs) com o Estado de São Paulo sobre a queima programada da cana-de-açúcar e que, apesar disso, foi multada pelo órgão estadual (Cetesb):

> "Como salienta a apelada, em razão dos TACs, tem autorização concedida pelo Estado de São Paulo para efetivar a queima controlada da cana-de-açúcar até o ano de 2010. É evidente que, se descumprido o acordo, o Ministério Público ou a própria Cetesb poderão tomar as providências necessárias. O que esta não pode é descumprir os acordos celebrados de boa-fé e impor atuações a apelada".[58]

---

[55] Cf. Silvio Rodrigues, *Direito civil*, vol. III, São Paulo, Saraiva, 2002, p. 60.

[56] Cf. Silvio Rodrigues, *Direito civil*, vol. III, São Paulo, Saraiva, 2002, p. 61-62.

[57] Cf. Marcelo Abelha Rodrigues e Rodrigo Klippel, A homologação judicial do TAC e a formação da coisa julgada coletiva em matéria ambiental, *in O Novo Processo Civil Coletivo* (coord. Guilherme José Purvin de Figueiredo e Marcelo Abelha Rodrigues), Rio de Janeiro, Lumen Juris, 2009, p. 220.

[58] Tribunal de Justiça do Estado de São Paulo, Apelação Cível nº 296.700.5/9-00, 8ª Câmara de Direito Público, rel. Des. Toledo Silva, j. 12.7.2006, votação unânime.

Título VI · DISPOSIÇÕES FINAIS | **Art. 113**

E, a *contrario sensu*, pelas mesmas razões, a jurisprudência assenta que um acordo firmado por um dos legitimados, se descumprido, pode ser executado por qualquer outro.[59]

E tem mais. Tem se afirmado que a eficácia *erga omnes* de um acordo cumprido não somente impede outras multas administrativas e o ajuizamento de ACP, mas até, apesar da inexistência de identidade entre a responsabilidade civil e criminal, o ajuizamento de ação penal, à qual faltaria a *justa causa*.[60]

[5] COMPROMISSO COMO TÍTULO EXECUTIVO EXTRAJUDICIAL – Esta providência é fruto da experiência da revogada Lei de Pequenas Causas (Lei nº 7.244, de 7.11.84), que conferia ao acordo extrajudicial, celebrado entre as partes e referendado pelo órgão do Ministério Público, natureza de título executivo extrajudicial (art. 55, parágrafo único). Tal sistema foi mantido pelo art. 57, parágrafo único, da Lei dos Juizados Especiais (LJE – Lei nº 9.099/95), que revogou e substituiu a Lei de Pequenas Causas.

Houve, entretanto, sensível avanço quando se dispensou o referendo do Ministério Público (§ 6º do art. 5º da LACP, com a redação dada pelo CDC). Basta que qualquer entidade legitimada pelo art. 5º da LACP ou art. 82 do CDC tome compromisso dos interessados, fixando cominações, para que esse compromisso tenha eficácia de título executivo extrajudicial.

Importante salientar que esse compromisso pode ter como objeto tanto obrigação de dar quanto de fazer ou não fazer, mas a execução será sempre por quantia certa. Se houver compromisso de pagamento em dinheiro, o não cumprimento do dever de prestar pode ensejar, como é curial, execução por quantia certa; o inadimplemento da obrigação de fazer ou não fazer, se fixada a cominação em dinheiro, pode dar azo, também, à execução por quantia certa.

Nos casos em que a proteção de direitos coletivos em sentido *lato* dissesse respeito ao interesse público secundário (patrimônio público), havia norma expressa de lei proibindo a transação, isto é, o disposto no § 1º do art. 17 da Lei de Improbidade Administrativa – LIA – Lei nº 8.429/92, o qual, entretanto, foi alterado pela Lei nº 13.964, de 24 de dezembro de 2019, que, em seu art. 6º, passou a admitir a celebração de acordos de não persecução cível. Oportuno acrescentar que, no ano de 2021, foi publicada a Lei nº 14.230, de 25 de outubro, que, em seu art. 2º, manteve a possibilidade de celebração de acordos de não persecução cível, impondo, contudo, diversas condições (art. 17-B da LIA). Desse modo, em certas circunstâncias especiais, o Ministério Público podia celebrar compromisso de ajustamento, mas sempre atento à proibição da LIA, art. 17, § 1º. Atualmente, como visto acima, tal possibilidade já se encontra expressamente estabelecida, uma vez observados os requisitos instituídos pelo legislador de 2021.

[6] EFICÁCIA EXECUTIVA DO COMPROMISSO DE AJUSTAMENTO DE CONDUTA – O art. 585, nº VIII, do CPC (correspondente ao art. 784, XII, do NCPC) diz que é título extrajudicial todo aquele a que a lei, expressamente, conferir essa qualidade. O dispositivo ora comentado atribui, expressamente, eficácia executiva ao compromisso de ajustamento da conduta dos interessados às exigências legais, tomado pelas entidades e órgãos legitimados pelos arts. 5º da LACP e 82 do CDC, que poderão, inclusive, fixar cominações pelo inadimplemento do dever de prestar assumido no compromisso.

---

[59] Tribunal de Justiça do Estado de São Paulo, Apelação Cível nº 182.512.4/4-00, Câmara Especial do Meio Ambiente, rel. Des. Zélia Maria Antunes Alves, j. 1º.2.2007, votação unânime.

[60] Eurico Ferraresi, *Inquérito civil*, Rio de Janeiro. Forense, 2010, p. 95-96.

Art. 114 | CÓDIGO BRASILEIRO DE DEFESA DO CONSUMIDOR

Ademais, a nova redação do inc. II do art. 585 do CPC (inc. IV do art. 784 do NCPC), dada pela Lei nº 8.953/94, confere eficácia executiva ao instrumento de transação referendado pelo Ministério Público, pela Defensoria Pública ou pelos advogados dos transatores.

Quando se tratar de compromisso em que houver assunção de obrigação de pagar quantia certa, é dispensado o comparecimento de testemunhas nesse negócio jurídico, de sorte que é suficiente que dele constem as assinaturas dos interessados e da entidade legitimada para que se configure como título executivo extrajudicial (art. 585, nº VIII, CPC, correspondente ao art. 784, XII, do NCPC). Não há necessidade da presença de duas testemunhas, como o exige a primeira parte do nº II do art. 585, do CPC (art. 784, II, do NCPC), para que o compromisso tomado dos interessados por qualquer legitimado seja título executivo extrajudicial.

Essa medida propicia maior agilidade e efetividade dos negócios jurídicos relativos aos direitos e interesses difusos, coletivos e individuais homogêneos, notadamente no que respeita às relações de consumo, evitando a ação judicial de conhecimento quando os interessados estiverem de acordo quanto à solução extrajudicial do conflito.

> **Art. 114.** O art. 15 da Lei nº 7.347, de 24 de julho de 1985, passa a ter a seguinte redação:
>
> "Art. 15. Decorridos sessenta dias do trânsito em julgado da sentença condenatória, [1] sem que a associação autora lhe promova a execução, [2] deverá fazê-lo o Ministério Público, [3] facultada igual iniciativa aos demais legitimados." [4]

COMENTÁRIOS

[1] SENTENÇA CONDENATÓRIA – Como as sentenças meramente declaratórias e constitutivas não comportam execução forçada, a lei somente se referiu às sentenças condenatórias, que constituem título executivo judicial (art. 475-N, I, CPC, correspondente ao art. 515, I, do NCPC).

A sentença meramente declaratória se exaure com a tão só declaração judicial da pretensão reclamada na petição inicial. De outro lado, os efeitos provocados para fora do processo pela sentença constitutiva não são considerados "execução" da sentença, do ponto de vista técnico-jurídico, vale dizer, da utilização do *processo de execução* sob o regime do CPC. Daí a razão de a lei apenas contemplar a sentença condenatória como ensejadora da providência aqui regulada.

O dispositivo visa a dar maior efetividade à tutela dos direitos e interesses protegidos pela LACP e pelo CDC, de sorte a suprir a inércia do autor que, havendo ganhado a demanda condenatória, deixa de promover a execução da sentença.

[2] INÉRCIA DA ASSOCIAÇÃO OU SINDICATO AUTOR – Aqui a lei disse menos do que queria. A execução da sentença condenatória pelo Ministério Público tem origem não somente nos casos de inércia da associação autora ou do sindicato autor, mas, sim, pela inatividade de qualquer colegitimado que tenha ajuizado e ganho a ação civil pública de conhecimento de caráter condenatório.

O raciocínio a ser aplicado quanto a este dispositivo é o mesmo já desenvolvido, quanto à desistência infundada da ação civil pública.[61] Naquele caso, o Ministério Público tem o dever

---

[61] Ver comentário nº 3 ao art. 112, anteriormente.

de assumir a titularidade ativa da demanda quando a desistência for efetuada por qualquer colegitimado autor, e não apenas quando no polo ativo estiver associação ou sindicato.

[3] DEVER DE O MINISTÉRIO PÚBLICO PROMOVER A EXECUÇÃO – Em vista do *princípio da obrigatoriedade* da ação civil pública, quando deve ser ajuizada pelo *parquet*, o Ministério Público tem o dever de promover a execução da sentença condenatória transitada em julgado há mais de 60 dias, ainda que não conste como credor no título executivo judicial (art. 566, n⁰ˢ I e II, do CPC, correspondente ao art. 778, *caput* e § 1º, I, do NCPC).

O prazo de 60 dias é razoável para que o autor vencedor da ação civil pública de conhecimento possa promover a execução da sentença condenatória. Passado esse prazo, entretanto, tem-se na inatividade do autor potencial prejuízo ao interesse social ou individual indisponível, de sorte que a providência da lei é determinar ao tutor natural desses direitos em juízo a efetividade da tutela jurisdicional reclamada inicialmente com a propositura da ação de conhecimento e que não chegou a termo pela não promoção da execução.

De nada adiantaria aos titulares dos direitos protegidos pela LACP e pelo CDC se apenas se propusesse a ação condenatória, sem, no entanto, promover-lhe a execução da sentença favorável. Seria uma espécie de ganhar e não levar. A *tutela jurisdicional integral* somente ocorrerá se houver a *satisfação* dos direitos reclamados na ação de conhecimento, satisfação essa que somente se dará com a execução da sentença condenatória.

Não resta alternativa ao Ministério Público, conforme resulta claro do dispositivo sob exame, que não o dever de agir na execução da sentença condenatória transitada em julgado há mais de 60 dias. Cumpre-lhe aguardar a iniciativa do autor da ação civil pública de conhecimento para ajuizar a execução, pelo prazo de 60 dias contados do trânsito em julgado da sentença condenatória. Havendo inércia do autor da ação de conhecimento, o Ministério Público tem necessariamente de promover a execução da sentença.

A ação de execução de sentença condenatória transitada em julgado, proferida em ação civil pública de conhecimento, é também uma espécie do gênero *ação civil pública*, que abarca as ações de conhecimento, cautelares, mandamentais e de execução. Nesse ponto, aliás, o art. 83 do CDC é claro ao dispor que "para a defesa dos direitos e interesses protegidos por este Código são admissíveis todas as espécies de ações capazes de propiciar sua adequada e efetiva tutela". Esse artigo é aplicável ao sistema da LACP pela incidência do art. 21 da LACP, nela inserido pelo art. 117 do CDC: "*Art. 21*. Aplicam-se à defesa dos direitos e interesses difusos, coletivos e individuais, no que for cabível, os dispositivos do Título III da Lei que instituiu o Código de Defesa do Consumidor."

Enquanto no regime normal da ação civil pública é reservado ao Ministério Público o poder de instaurar inquérito civil e mover eventualmente a ação, se for o caso, aqui não lhe é dada essa oportunidade. A lei vincula a atuação do *parquet*, que deve obrigatoriamente ajuizar a ação civil pública de execução, se o autor não tiver promovido a execução da sentença condenatória no prazo da lei.[62]

---

[62] Interessante destacar julgamento recente do Superior Tribunal de Justiça, que reconheceu a abrangência da legitimidade do Ministério Público também para as cautelares associadas à execução do julgado coletivo. Nesse sentido: "PROCESSUAL CIVIL. AGRAVO INTERNO EM RECURSO ESPECIAL. RECURSO MANEJADO SOB A ÉGIDE DO NCPC. AÇÃO COLETIVA. EXPURGOS INFLACIONÁRIOS. CADERNETA DE POUPANÇA. CUMPRIMENTO DE SENTENÇA. PRESCRIÇÃO. AJUIZAMENTO DE AÇÃO CAUTELAR PROTESTO. MINISTÉRIO PÚBLICO. LEGITIMIDADE. INTERRUPÇÃO. OCORRÊNCIA. PRECEDENTES. AGRAVO INTERNO NÃO PROVIDO. [...] 2. *O Ministério Público possui legitimidade para a propositura de ação cautelar de protesto, visando à interrupção do prazo prescricional para o ajuizamento da execução individual de sentença coletiva*. Precedentes. 3. Agravo interno não provido" (Agravo

Art. 115 | CÓDIGO BRASILEIRO DE DEFESA DO CONSUMIDOR

Quando o autor da ação civil pública de conhecimento tiver sido o próprio Ministério Público, o dispositivo sob análise incide extensivamente, *a fortiori*, pois se o *parquet* é obrigado a ajuizar a execução quando houver inércia de um dos demais legitimados, isto quer significar que a lei não lhe permite ficar inerte, se vencedor na ação de conhecimento condenatória por ele ajuizada.

[4] FACULDADE DA EXECUÇÃO PELOS DEMAIS LEGITIMADOS – É parte legítima ativa para a ação de execução o *credor*, assim entendido o que constar do título executivo com essa qualidade (art. 566, nº I, CPC/1973, correspondente ao art. 778, *caput*, do NCPC). Assim, conquanto sejam colegitimados concorrentemente e de forma disjuntiva as pessoas e entes designados nos arts. 5º da LACP e 82 do CDC para a propositura da ação civil pública, e, sendo a execução para a tutela dos direitos e interesses difusos, coletivos e individuais homogêneos uma espécie de ação civil pública, não podem ajuizar ação de execução fundada em *título judicial* (sentença condenatória transitada em julgado), se não estiverem inscritos no título sentencial com a qualidade de credores.

Devem aguardar, portanto, que a execução forçada da sentença condenatória seja proposta pelo *credor*, isto é, pelo vencedor da ação civil pública de conhecimento. Quedando-se o credor inerte por mais de 60 dias contados do trânsito em julgado da sentença condenatória, a lei autoriza quaisquer colegitimados a ajuizarem a execução daquela sentença, nada obstante não ostentarem a qualidade de *credor* exigida pelo art. 566, nº I, do CPC (art. 778, *caput*, do NCPC), para reconhecer legitimidade ativa ao autor da execução fundada em título executivo judicial.

A obrigatoriedade da ação do Ministério Público em executar a sentença condenatória quando se verificar a inércia, por mais de 60 dias do trânsito em julgado do *decisum*, do autor da ação civil pública de conhecimento, não se comunica aos demais colegitimados do art. 5º da LACP e do art. 82 do CDC. Têm eles a *faculdade* de promover a execução da sentença condenatória.

> **Art. 115.** Suprima-se o *caput* do art. 17 da Lei nº 7.347, de 24 de julho de 1985, passando o parágrafo único a constituir o *caput*, com a seguinte redação: [1]
>
> "Art. 17. Em caso de litigância de má-fé, [2] a associação autora e os diretores responsáveis pela propositura da ação serão solidariamente [3] condenados em honorários advocatícios e ao décuplo das custas [4], sem prejuízo da responsabilidade por perdas e danos [5]."

COMENTÁRIOS

[1] REDAÇÃO DO DISPOSITIVO – O *Diário Oficial da União* publicou este artigo com o seguinte texto: "*Art. 17*. Em caso de litigância de má-fé, a danos."[63]

Houve evidente erro de redação na publicação desse artigo, percebido imediatamente,[64] de modo que fizemos inserir no corpo deste comentário o texto que constava do Anteprojeto

---

Interno nos Embargos de Declaração no Recurso Especial 1.753.227/RS, Rel. Min. Moura Ribeiro, Terceira Turma, julgado em 2.12.2019, *DJe* 5.12.2019).

[63] Diário Oficial da União, Suplemento ao nº 176, de 12.9.90, p. 8.

[64] O repertório de legislação da Editora Saraiva, organizado por Juarez de Oliveira, publicou o texto já com a correção devida, anotando o erro de redação do Diário Oficial da União (*Código de proteção e defesa do consumidor*, São Paulo, 1990, p. 31).

Título VI · DISPOSIÇÕES FINAIS | Art. 115

da Comissão do CNDC, dos projetos dos deputados Geraldo Alckmin, José Yunes, Michel Temer, do substitutivo do deputado Joaci Góes, bem como o projeto do senador Jutahy Magalhães e substitutivo do senador Dirceu Carneiro. O mesmo texto aqui repetido foi o aprovado pelo Congresso Nacional.

De todo modo, o erro de publicação não compromete a higidez nem a eficácia do dispositivo. O art. 21 da LACP manda aplicar às ações nela fundadas o Título III do CDC. Como o art. 87, parágrafo único, do CDC, tem redação idêntica à do texto ora comentado, na versão já corrigida por nós, incide ele nas ações sob o regime processual da LACP.

[2] LITIGÂNCIA DE MÁ-FÉ – A lei não distingue quem pode ser considerado litigante de má-fé. Assim, podem ser levados à categoria de litigante de má-fé o autor, o réu, os litisconsortes, os sucessores processuais e os intervenientes[65] (Ministério Público, assistente simples, assistente litisconsorcial, chamado ao processo, litisdenunciado, opoente, terceiro prejudicado, arrematante, credor hipotecário que requer a adjudicação, o remidor).

A condenação por litigar de má-fé, como regra, independe do resultado da demanda.[66] Mesmo vencedor na demanda o autor pode ser considerado litigante de má-fé e condenado a indenizar o litigante inocente pelos danos que lhe causar por infração ao art. 17 do CPC (correspondente ao art. 80 do NCPC).

Os casos de litigância de má-fé são os indicados pelo art. 17 do CPC (correspondente ao art. 80 do NCPC). A redação do dispositivo não deixa dúvidas sobre a imperatividade da norma ("serão condenados"), cujo destinatário é o juiz. Isto significa que o magistrado deve impor, *ex officio*, a condenação do litigante de má-fé, sempre que ocorrer qualquer das situações enumeradas no art. 17 do CPC (correspondente ao art. 80 do NCPC), de sorte que não há necessidade de que se ajuíze ação autônoma para que o *improbus litigator* seja condenado a indenizar a parte contrária.[67]

O art. 16 do CPC (correspondente ao art. 79 do NCPC) dispõe que "responde por perdas e danos aquele que pleitear de má-fé", enquanto o art. 18 (correspondente ao art. 81 do NCPC) diz que "o juiz ou tribunal, de ofício ou a requerimento, condenará o litigante de má-fé a pagar multa não excedente a um por cento sobre o valor da causa e a indenizar a parte contrária dos prejuízos que esta sofreu, mais os honorários advocatícios e todas as despesas que efetuou". Fazendo-se interpretação sistemática destes dois dispositivos em consonância com o § 2º do art. 18 do CPC (correspondente ao art. 81 do NCPC),[68] extrai-se a conclusão de que a condenação do litigante ímprobo deve dar-se no mesmo processo. No regime do CDC e da LACP, o dispositivo ora comentado é claro ao dispor que os litigantes de má-fé "serão condenados",

---

[65] José Carlos Barbosa Moreira, "A responsabilidade das partes por dano processual no Direito brasileiro", *in Temas de Direito Processual*, 1ª Série, São Paulo, Saraiva, 1977, nº 5, ps. 24-25; Edson Prata, *Comentários ao Código de Processo Civil*, Rio de Janeiro, Forense, 1987, vol. II, tomo I, nº 55, p. 133; Rodolfo de Camargo Mancuso, *Ação civil pública*, cit., nº 14.3, p. 180.

[66] Celso Agrícola Barbi, *Comentários ao Código de Processo Civil*, 4ª ed., Rio de Janeiro, Forense, 1986, vol. I, nº 168, p. 178; José Carlos Barbosa Moreira, "A responsabilidade das partes por dano processual", cit., nº 5, p. 25; Rodolfo de Camargo Mancuso, *Ação civil pública*, cit., nº 14.3, p. 181.

[67] Celso Agrícola Barbi, *Comentários*, vol. cit., nº 170, ps. 178-179; Edson Prata, *Comentários*, vol. cit., nº 55, p. 133. Nesse sentido também se tem manifestado a jurisprudência: RT 507/210; JTACivSP 108/406, 90/333. Contra, entendendo ser necessária a propositura de ação autônoma pelo litigante inocente, RJTJSP 92/142.

[68] Art. 18, § 2º, CPC: "O valor da indenização será desde logo fixado pelo juiz, em quantia não superior a 20% (vinte por cento) sobre o valor da causa, ou liquidado por arbitramento". No NCPC, a previsão normativa correspondente é a seguinte: Art. 81. [...] §3º "O valor da indenização será fixado pelo juiz ou, caso não seja possível mensurá-lo, liquidado por arbitramento ou pelo procedimento comum, nos próprios autos".

Art. 115 | CÓDIGO BRASILEIRO DE DEFESA DO CONSUMIDOR

indicando peremptoriamente que haverá a condenação no mesmo processo e que deverá ser imposta de ofício pelo juiz, destinatário da norma.

[3] SOLIDARIEDADE ENTRE A ASSOCIAÇÃO E SEUS DIRETORES – A parte inicial do artigo ora comentado fala em litigância de má-fé em sentido geral, alcançando, como vimos no comentário anterior, o autor, o réu e os intervenientes. A condenação pode atingir, indistintamente, a associação autora, o sindicato autor, a pessoa jurídica autora ou ré, de Direito Público ou Privado, bem como os entes desprovidos de personalidade jurídica a quem a lei conferiu legitimidade para estar em juízo, como, por exemplo, os órgãos oficiais de defesa do consumidor.[69]

A condenação como litigante de má-fé apenas da associação autora e de seus diretores infringiria o *princípio constitucional da isonomia* (art. 5º, *caput*, CF), o que é inadmissível.[70] É possível, portanto, a condenação de qualquer legitimado à propositura ou intervenção na ação civil pública (art. 5º, LACP, e art. 82, CDC), bem como dos diretores responsáveis pela propositura da ação.

Havendo responsabilidade de algum diretor de pessoa jurídica (pública ou privada) ou de órgão despersonalizado mas legitimado a agir pela lei, poderão eles ser condenados solidariamente como litigantes de má-fé se presentes os pressupostos legais para tanto. O ato de litigar de má-fé não abrange somente a propositura da ação, como parece à primeira vista indicar o texto sob comentário. Qualquer incidente ou ato processual provocado por má-fé da parte ou do interveniente, independentemente do resultado da demanda, pode ensejar sua condenação como litigante de má-fé.

A pessoa jurídica ou ente legitimado que agir com má-fé tem, juntamente com seus diretores responsáveis pela prática do ato processual com infração do art. 17 do CPC (art. 80 do NCPC), responsabilidade solidária pelo dever de indenizar.

Este é um caso de solidariedade legal, já que no sistema brasileiro a solidariedade não se presume, decorrendo da lei ou da vontade das partes (art. 265 do Código Civil, correspondente ao art. 313, *caput*, I, II, III, V, a, b; VI, VIII, §§ 1º, 3º, 4º e 5º do CPC/2015).

Como a responsabilidade dos diretores e da pessoa jurídica ou órgão legitimado é solidária, esse fato poderá, em tese, ensejar o chamamento ao processo do devedor solidário, se somente um ou alguns forem acionados (art. 77, CPC, correspondente ao art. 130 do NCPC).[71]

Isso, entretanto, não deverá ocorrer. Os sistemas processuais da LACP e do CDC não se compatibilizam com as figuras de intervenção de terceiros que possam ensejar o retardamento

---

[69] Ver, anteriormente, comentário ao art. 82. Admitindo a condenação, como litigantes de má-fé, da associação interveniente e das demais pessoas físicas ou jurídicas legitimadas à propositura ou à intervenção na ação civil pública, Hugo Nigro Mazzilli, *A defesa*, 2ª ed., cit., nº 36, p. 184.

[70] No mesmo sentido, a crítica de Rodolfo de Camargo Mancuso ao então parágrafo único do art. 17 da LACP, ora transformado em *caput* do mesmo artigo (*Ação civil pública*, cit., nº 14.3, ps. 179-180).

[71] Esse era nosso pensamento anterior, que modificamos em face da superveniência de modificações introduzidas no sistema da LACP pela criação de um art. 21 nessa lei pelo art. 117 do CDC ("Responsabilidade civil por dano ecológico e a ação civil pública", *in Justitia* 126 (1984), ps. 183-184). Admitindo o chamamento ao processo na ação ambiental, Voltaire de Lima Moraes acompanhou esse nosso anterior posicionamento, mas já salientando que "essa forma de intervenção de terceiro, por envolver suspensão do processo, vá implicar retardamento da prestação jurisdicional e, consequentemente, em razão disso, se procedente a ação, demora na reconstituição do ambiente lesado, o que é lamentável, em se tratando de um bem essencial" ("Do chamamento ao processo", *in Ajuris*, vol. 41 (1987), Porto Alegre, nº 10, p. 69). Em trabalho mais recente, o mesmo autor tratou do instituto da solidariedade, que enseja o chamamento ao processo, sem, contudo, analisar sua admissibilidade quanto às ações sobre relações de consumo (Voltaire de Lima Moraes, "Da tutela do consumidor", *in Ajuris*, vol. 47 (1989), Porto Alegre, nº 4, ps. 25-27 e *in RT* 655 (1990), São Paulo, nº 4.4, ps. 33-34).

Título VI · DISPOSIÇÕES FINAIS | **Art. 115**

do procedimento. Assim, se em ação condenatória se pretender ajuizar ação de denunciação da lide fundada no direito de regresso, tal pretensão encontrará óbice no art. 88 do CDC, aplicável às ações sobre relações de consumo e às ações sob o regime da LACP por força do art. 21 desta última lei.

A *ratio essendi* dessa proibição da utilização da denunciação da lide se encontra na natureza da responsabilidade civil tratada em ambos os sistemas. No caso da LACP, por exemplo, a responsabilidade pelos danos causados ao meio ambiente e ao consumidor tem caráter objetivo, independendo da averiguação da culpa do responsável para que haja o dever de indenizar. Não seria justo que o beneficiário dessa responsabilidade objetiva devesse aguardar o retardamento do procedimento por eventual ajuizamento de denunciação da lide ou chamamento ao processo. Primeiro porque tem direito à indenização sem perquirição da culpa; segundo porque a introdução do elemento *culpa* nas demandas secundárias (denunciação da lide e chamamento ao processo) é estranha à lide principal, desvirtuando a causa de pedir da ação originária, o que não é permitido pelo sistema processual civil brasileiro.[72]

Havendo alegação de litigância de má-fé, deve o juiz dar oportunidade ao acusado para defender-se, em atendimento ao princípio constitucional do contraditório e da ampla defesa (art. 5º, nº LV, CF). Não poderá haver condenação imposta na sentença sem que se tenha dado oportunidade ao litigante para defender-se.

O litigante de má-fé condenado pela sentença poderá, nos mesmos autos, depois de encerrada a ação, voltar-se em regresso contra o codevedor solidário não abrangido pelo comando condenatório da sentença, consoante decorre do sistema do CDC (art. 88), aplicável ao regime da LACP.

[4] HONORÁRIOS DE ADVOGADO E DÉCUPLO DAS CUSTAS – A litigância de má-fé reconhecida na sentença acarreta, ainda, a condenação em honorários de advogado e ao décuplo das custas, despesas das quais o perdedor está, em regra, isento (art. 18, LACP).

A condenação em honorários de advogado e ao décuplo das custas judiciais não inibe a condenação do litigante de má-fé na indenização por perdas e danos, que àquela pode somar-se se verificados os pressupostos para tanto.

[5] INDENIZAÇÃO POR PERDAS E DANOS – O art. 18, § 2º, do CPC (correspondente ao art. 81 do NCPC) incidirá, entretanto, se houver pedido de indenização por perdas e danos em virtude de ter a parte ou interveniente agido processualmente com má-fé, se o juiz não fixar na sentença o *quantum* dessas perdas e danos (até 20% sobre o valor da causa). Não há necessidade, frise-se ainda uma vez, de ajuizar-se ação autônoma para reconhecer a responsabilidade do *improbus litigator* pelas perdas e danos que seus atos causaram ao litigante

---

[72] Nesse sentido, Vicente Greco Filho, "A denunciação da lide: sua obrigatoriedade e extensão", *in Justitia* 94 (1976), ps. 13-17, que só admite a denunciação da lide quando decorrente de garantia automática prevista na lei ou no contrato, vedada a intromissão de fundamento novo, não incluído na demanda originária. Na jurisprudência há decisão que vedou a denunciação da lide em ação ambiental, entendendo descabida a introdução de fundamento novo não constante da ação originária (TJSP, 3ª Câmara Civil, Apel. nº 80.345-1, Santos, rel. Des. Toledo César, v.u., j. 7.4.87, *in RT* 620/69). Não admitindo a denunciação da lide pelo Estado ao servidor, precisamente porque discutida a responsabilidade do servidor a título de culpa ou dolo em contraposição aos fundamentos da demanda originária, ajuizada com base na responsabilidade objetiva da administração (art. 107, CF, 1969 e art. 36, CF, 1988), Hely Lopes Meirelles, *Direito Administrativo brasileiro*, 13ª ed., São Paulo, RT, 1987, ps. 556-557; Sydney Sanches, "Consequências da não denunciação da lide", *in JTACivSP-Lex* 46 (1977), ps. 193-194; Weida Zancaner Brunini, *Da responsabilidade extracontratual da administração pública*, São Paulo, RT, 1981, p. 65; RT 534/148, 529/81, 492/159; RJTJSP 58/65; JTACivSP 65/159.

Art. 116 | CÓDIGO BRASILEIRO DE DEFESA DO CONSUMIDOR

inocente, pois o juiz condenará o litigante de má-fé na mesma sentença em que julgar a ação principal. O juiz deve impor, de ofício, a pena de litigância de má-fé, quando for o caso, conforme determina o art. 18 do CPC (correspondente ao art. 81 do NCPC), na redação dada pela Lei nº 8.952/94.

Ainda que o juiz deva, *ex officio*, condenar o litigante de má-fé nas verbas indicadas neste artigo, quanto às perdas e danos, deverá o prejudicado deduzir pretensão nesse sentido, dentro dos mesmos autos, indicando em que consistiram as perdas e danos por ele experimentados em virtude da atitude de má-fé da parte ou interveniente, com ofensa ao art. 17 do CPC (correspondente ao art. 80 do NCPC).

Não havendo possibilidade de o juiz proferir, quanto às perdas e danos, condenação líquida, poderá emitir condenação genérica, remetendo as partes para a liquidação da sentença para a apuração do *quantum debeatur*.

> **Art. 116.** Dê-se a seguinte redação ao art. 18 da Lei nº 7.347, de 24 de julho de 1985:
> "Art. 18. Nas ações de que trata esta Lei, não haverá adiantamento de custas, emolumentos, honorários periciais e quaisquer outras despesas [1], nem condenação da associação autora, salvo comprovada má-fé, em honorários de advogado, custas e despesas processuais." [2]

COMENTÁRIOS

[1] ADIANTAMENTO DE CUSTAS E DESPESAS PROCESSUAIS – Repetiu-se, aqui, o mesmo sistema da ação popular constitucional (art. 5º, nº LXXIII, CF), dispensando o autor da ação civil pública do adiantamento das despesas processuais, bem como isentando-o da condenação nas verbas da sucumbência (despesas processuais e honorários de advogado), salvo se tiver agido com comprovada má-fé. A lei, aqui, atendendo a princípio geral de direito, atribuiu presunção relativa de boa-fé ao litigante. Àquele que alegar a má-fé da parte ou interveniente compete o ônus de provar a ocorrência dessa má-fé, o que se harmoniza com os arts. 333 e 334, nº IV do CPC (que correspondem aos arts. 373, *caput*, I e II, § 3º, e 374 do NCPC).

[2] CONDENAÇÃO NAS VERBAS DE SUCUMBÊNCIA – A "comprovada má-fé" de que trata este artigo é redutível ao instituto da litigância de má-fé, objeto do art. 17 da LACP e art. 17 do CPC (correspondente ao art. 80 do NCPC). A noção de litigância de má-fé está circunscrita às hipóteses enunciadas em *numerus clausus* pelo art. 17 do CPC (correspondente ao art. 80 do NCPC).

Enquanto a litigância de má-fé do art. 17 da LACP abrange as partes e os intervenientes, o artigo sob análise contempla apenas o autor que tiver agido com comprovada má-fé com a condenação nas verbas da sucumbência. Não somente a associação autora, mas todo e qualquer colegitimado que tiver ajuizado a ação civil pública se sujeita ao regime do dispositivo ora comentado, pelas mesmas razões expendidas no comentário anterior, relativo à desistência da ação e condenação por litigância de má-fé, ao qual remetemos o leitor.

Enquanto a litigância de má-fé do artigo anterior enseja a condenação apenas em honorários e no décuplo das custas, a condenação aqui examinada abrange os honorários de advogado e demais despesas processuais. Não há lugar, entretanto, para a duplicidade de condenação, pois o litigante de má-fé é condenado pelo art. 17 da LACP nos honorários de advogado e décuplo das custas e, se for autor e perder a demanda, será também condenado nas custas judiciais e demais despesas processuais.

Título VI · DISPOSIÇÕES FINAIS | Art. 117

Art. 117. Acrescente-se à Lei nº 7.347, de 24 de julho de 1985, o seguinte dispositivo, renumerando-se os seguintes:

"Art. 21. Aplicam-se à defesa dos direitos e interesses difusos, coletivos e individuais, no que for cabível, os dispositivos do Título III da Lei que instituiu o Código de Defesa do Consumidor." [1][2][3]

COMENTÁRIOS

[1] APLICABILIDADE DO TÍTULO III DO CÓDIGO DE DEFESA DO CONSUMIDOR ÀS AÇÕES PROPOSTAS COM BASE NA LEI DA AÇÃO CIVIL PÚBLICA – Como já tivemos oportunidade de frisar na introdução ao Título VI do CDC, e aqui se repete para facilitação da consulta e pesquisa do leitor, o art. 89 do CDC, em sua redação aprovada pelo Congresso Nacional, foi vetado pelo presidente da República. Esse artigo dispunha que as normas do Título III do CDC, relativo à parte processual, seriam aplicáveis a outros direitos ou interesses difusos e individuais homogêneos, tratados coletivamente.

No entanto, o veto presidencial não afetou os sistemas do CDC e da legislação extravagante que trata de aspectos processuais dos interesses difusos. Com efeito, o art. 21 da LACP, com a redação dada pelo art. 117 do CDC, determina que se aplicam à defesa dos direitos e interesses difusos, coletivos e individuais, no que for cabível, os dispositivos do Título III do CDC. Vê-se que esse artigo tem abrangência maior do que o texto vetado do art. 89, pois não discrimina quais os interesses individuais que podem valer-se dos dispositivos do CDC, ao passo que o vetado art. 89 somente permitia a utilização dos dispositivos processuais do CDC para as ações que versassem sobre direitos individuais homogêneos tratados coletivamente, cuja definição se encontra no comentário ao art. 81, parágrafo único, para o qual remetemos o leitor.

Todo o Título III do CDC, portanto, pode ser utilizado nas ações de que trata a LACP, disciplinando o processo civil dos interesses difusos, coletivos ou individuais.

A recíproca também é verdadeira. As disposições da LACP são integralmente aplicáveis às ações propostas com fundamento no CDC, naquilo em que não houver colidência, como é curial. Tome-se como exemplo todo o regulamento do inquérito civil, criado pelo art. 8º da LACP, que pode ser instaurado pelo Ministério Público para investigar fatos sobre relações de consumo, subordinadas ao regime jurídico do CDC.

O magistrado, nas ações ajuizadas com fundamento no CDC, pode conferir efeito suspensivo aos recursos, conforme expressa autorização do art. 14 da LACP. Também pode ser utilizado nas ações fundadas no CDC o expediente do art. 12, § 1º, da LACP, que o legislador colocou à disposição das pessoas jurídicas de Direito Público interessadas para que possam requerer a suspensão da execução da liminar concedida em ação civil pública.

Há, por assim dizer, uma perfeita interação entre os sistemas do CDC e da LACP, que se completam e podem ser aplicados indistintamente às ações que versem sobre direitos ou interesses difusos, coletivos e individuais, observado o princípio da especialidade das ações sobre relações de consumo, às quais se aplica o Título III do CDC e só subsidiariamente a LACP. Esse interagir recíproco de ambos os sistemas (CDC e LACP) tornou-se possível em razão da adequada e perfeita compatibilidade que existe entre eles por força do CDC e, principalmente, de suas Disposições Finais, alterando e acrescentando artigos ao texto da Lei nº 7.347/85.

A integração dos sistemas do CDC e da LACP proporciona um alargamento das hipóteses de ação civil pública tratadas na Lei nº 7.347/85, por tudo vantajoso na tutela jurisdicional dos interesses e direitos difusos e coletivos. A redação da LACP parece indicar posição restritiva

Art. 117 | CÓDIGO BRASILEIRO DE DEFESA DO CONSUMIDOR

do legislador, quando submete ao seu regime apenas a ação de responsabilidade dos danos causados ao meio ambiente, ao consumidor, a bens e direitos de valor artístico, histórico, turístico e paisagístico, bem como a ação cautelar e ação de obrigação de fazer e não fazer.[73]

Poder-se-ia pensar, por exemplo, na pretensão de invalidação de um contrato administrativo lesivo ao meio ambiente, surgindo dúvidas sobre a possibilidade de essa ação constitutiva negativa ficar sob o regime da LACP em face da redação dos arts. 1º, 3º e 4º dessa lei.

Como o art. 21 da LACP determina a aplicabilidade do CDC às ações que versem sobre direitos e interesses difusos, coletivos e individuais, o art. 83 do CDC tem incidência plena nas ações fundadas na Lei nº 7.347/85.

Diz o art. 83 do CDC que são admissíveis todas as espécies de ações capazes de propiciar sua adequada e efetiva tutela. Por consequência, a proteção dos direitos difusos e coletivos pela LACP, como os relativos ao meio ambiente e bens e valores históricos, turísticos, artísticos, paisagísticos e estéticos, não mais se restringe àquelas ações mencionadas no preâmbulo e arts. 1º, 3º e 4º da LACP. Os legitimados para a defesa judicial desses direitos poderão ajuizar qualquer ação que seja necessária para a adequada e efetiva tutela desses direitos, em razão da ampliação do objeto da tutela.

A legitimação conferida ao Ministério Público, União, Estados, Municípios, órgãos da administração indireta, órgãos públicos de defesa do consumidor, ainda que destituídos de personalidade jurídica, e, por derradeiro, às associações civis que incluam entre suas finalidades a defesa desses direitos e interesses difusos e coletivos, legitimação essa dada pelo CDC e pela LACP, restou consideravelmente ampliada pelos arts. 81 e 82 do CDC. A regra ordinária do Direito Processual, de que se devem interpretar restritivamente os casos de legitimação extraordinária e de substituição processual, à evidência não pode ser aplicada na tratativa processual dos direitos e interesses difusos e coletivos.

Essa ampliação da legitimidade se deve ao fato de que, no sistema da LACP, antes da reforma nela introduzida pelo CDC, apenas os direitos difusos lá mencionados é que poderiam ser defendidos pelo Ministério Público e demais colegitimados. Agora, estes últimos têm legitimação extraordinária para defender todo e qualquer interesse ou direito difuso, coletivo e individual homogêneo.

Nunca é demais lembrar a advertência, feita por Ada Pellegrini Grinover,[74] de que os institutos do processo civil ortodoxo não atendem às necessidades da problemática dos interesses difusos e coletivos, de sorte que o processualista moderno deve procurar outros meios para buscar a efetividade do processo, revisitando os institutos processuais concebidos para o debate de direitos individuais, dos quais ressaltam, por sumamente importantes, a legitimação para a causa, a litispendência e a coisa julgada. Essa advertência foi bem apreendida pelo CDC, que modificou a regra da interpretação restritiva dos casos de substituição processual e legitimação extraordinária, deixando aberta a possibilidade de serem propostas todas e quaisquer ações que forem necessárias à efetiva tutela dos direitos protegidos pelo CDC (relações de consumo) e pela LACP (meio ambiente natural e meio ambiente cultural).

[2] MANDADO DE SEGURANÇA COLETIVO – O artigo comentado manda aplicar o Título III do CDC às ações que versem sobre direitos e interesses difusos, coletivos e individuais. Enquanto não editada norma que regulasse o procedimento do mandado de segurança coletivo, a essa ação aplicava-se o sistema do CDC e da LACP, no que fosse cabível.[75] Mas, aos

---

[73] Conforme se dessume da redação do preâmbulo e dos arts. 1º, 3º e 4º da LACP.

[74] Ada Pellegrini Grinover, "A tutela jurisdicional dos interesses difusos", *in Revista Forense*, vol. 268, nº 5.2.

[75] Ver o comentário sobre o mandado de segurança coletivo na Introdução do Título VI do CDC, anteriormente.

Título VI · DISPOSIÇÕES FINAIS | **Art. 117**

7 de agosto de 2009, foi promulgada a Lei do Mandado de Segurança (Lei nº 12.016/2009), que trata, no art. 21, do mandado de segurança coletivo.

A questão, no entanto, não ficou completamente superada. Apontam-se aqui algumas observações:

a) a Lei nº 12.016/2009 exclui do objeto do mandado de segurança coletivo a defesa de direitos difusos (art. 21, parágrafo único, I e II). Embora possa ser difícil que um direito difuso se configure como "líquido e certo" (ou seja, documentalmente comprovável), não se pode excluir, em tese, que isso venha a ocorrer. E se ocorrer, caberá o mandado de segurança coletivo, devendo aplicar-se ao caso o art. 81, parágrafo único, I, do CDC;

b) em relação à coisa julgada, a disciplina do art. 22 da Lei nº 12.016/2009 destoa completamente da solução dada pelo CDC, ao afirmar: "No mandado de segurança coletivo, a sentença fará coisa julgada limitadamente aos membros do grupo ou categoria substituídos pelo impetrante". Para ser coerente com o minissistema brasileiro de processos coletivos, quando se tratasse de direitos individuais homogêneos a coisa julgada desfavorável do mandado de segurança coletivo não deveria impedir que os membros do grupo, categoria ou classe de pessoas ajuizassem ações individuais para a defesa de seus direitos.[76] Há, aqui, uma necessária integração do disposto pelo CDC em relação à coisa julgada em mandado de segurança coletivo, em matéria de direitos individuais homogêneos. Na moderna teoria interpretativa, deve haver a superação das antinomias, por intermédio do diálogo das fontes de direito;[77]

c) quanto à legitimação ativa, o *caput* do art. 21 da Lei nº 12.016/2009 deve ser interpretado com todo o cuidado, no que restringe à legitimidade garantida no inc. LXX do art. 5º da CF.[78] E, apesar do silêncio da Constituição e da lei, não pode ser afastada a legitimação ativa do Ministério Público e da Defensoria Pública ao mandado de segurança coletivo, por força de seus misteres constitucionais e institucionais.[79]

[3] APLICAÇÃO DAS NORMAS PROCESSUAIS ÀS AÇÕES EM CURSO – Ao contrário das disposições de Direito Material do CDC, que não se aplicam aos contratos de execução diferida ou continuada, formados e aperfeiçoados antes da entrada em vigor do CDC,[80] as *disposições processuais* do CDC, bem como da LACP na redação dada pelo CDC, aplicam-se às ações em curso, iniciadas antes da entrada em vigor do CDC.

É regra fundamental da teoria geral do Direito Processual Civil que a lei processual entra em vigor imediatamente, alcançando os processos em curso. Esta é a interpretação que a doutrina brasileira deu ao CPC de 1973 quando entrou em vigor.[81]

---

[76] Ver a Introdução ao Capítulo IV do Título III ("Da coisa julgada"), bem como o comentário ao art. 103, *supra*. Orienta-se no sentido de admitir a coisa *julgada secundum eventum litis* e, especialmente, *in utilibus*, no mandado de segurança coletivo, José Rogério Cruz e Tucci, *"Class action" e mandado de segurança coletivo*, São Paulo, Saraiva, 1990, ps. 47-49.

[77] Ver Claudia Lima Marques, *Contratos no Código de Defesa do Consumidor*, São Paulo, RT, 2006, p. 663-694.

[78] Cássio Scarpinella Bueno, *A nova lei do mandado de segurança*, 2ª ed., São Paulo, Saraiva, 2010, p. 160-166.

[79] A tese encontra amplo respaldo da doutrina: Cássio Scarpinella Bueno, *A nova lei do mandado de segurança*, 2ª ed., São Paulo, Saraiva, 2010, p. 166, nota nº 150.

[80] Ver comentário ao art. 119, *infra*.

[81] Galeno Lacerda, *O novo Direito Processual Civil e os feitos pendentes*, Rio de Janeiro, Forense, 1974, ps. 11-13. No mesmo sentido, C. F. Gabba, *Teoria della retroattività delle leggi*, vol. cit., nº 424, ps. 454-456; Rosenberg-Schwab, *Zivilprozebrecht*, cit., § 6º, ps. 28-29; Nelson Nery Junior, *MP: Interesses coletivos e a nova ordem constitucional*, cit. A jurisprudência italiana se inclina no mesmo sentido, admitindo a aplicação imediata da lei processual aos processos em curso, mas não da lei material (Corte di Cassazione,

Art. 118 | CÓDIGO BRASILEIRO DE DEFESA DO CONSUMIDOR

> **Art. 118.** Este Código entrará em vigor dentro de cento e oitenta dias a contar de sua publicação. [1][2][3][4]

COMENTÁRIOS

[1] DATA DA ENTRADA EM VIGOR DA LEI – Esta regra específica revoga a geral, segundo a qual a lei entra em vigor 45 dias depois de oficialmente publicada (art. 1º, *caput*, da Lei de Introdução às Normas do Direito Brasileiro – Decreto-lei nº 4.657/42). Esse período de *vacatio legis* é suficiente para que todos os interessados envolvidos nas relações de consumo possam adaptar-se à nova realidade jurídica trazida pelo CDC.

O prazo da *vacatio legis*, ou a obrigatoriedade imediata da lei, inicia-se na data em que foi publicada pela primeira vez no *Diário Oficial*, relativamente a todos os pontos que não sofreram emendas ou republicações posteriores.[82]

A contagem do prazo em dias reclama a aplicação do art. 132 do Código Civil.[83] De acordo com este último dispositivo, contam-se os prazos excluindo-se o dia do começo e incluindo-se o do final. O mesmo sistema é adotado pelo art. 184, *caput*, do Código de Processo Civil (correspondente ao art. 224 do NCPC). A lei foi publicada no *Diário Oficial da União*, de 12 de setembro de 1990, quarta-feira. Iniciou-se a contagem do prazo de 180 dias, portanto, no dia 13 de setembro de 1990, quinta-feira. O término desse prazo deu-se em 11 de março de 1991, segunda-feira, data efetiva da entrada em vigor do CDC.

[2] NORMAS QUE DEPENDEM DE REGULAMENTO – Havendo no Código normas administrativas que dependam de regulamento, sua eficácia iniciou-se com a publicação oficial do decreto regulamentador pelo Poder Executivo. Quanto às normas que independem de regulamentação, a eficácia da respectiva disposição legal se deu na data de entrada em vigor do CDC, isto é, em 11.3.91.[84]

Quanto aos dispositivos que dependem de regulamentação, sua entrada em vigor ocorreu no mesmo prazo da *vacatio legis* aqui estipulado, quer dizer, o regulamento só começou a produzir efeitos de obrigatoriedade decorrentes da lei depois de 180 dias da publicação do respectivo decreto regulamentador.[85]

Sentenças nᵒˢ 82/2.243, 82/5.460, 81/779 e 79/2.879), in Bruno Barel, comentário ao art. 11 das disposições preliminares ao Código Civil italiano, no Commentario breve al Codice Civile, dirigido por Giorgio Cian e Alberto Trabucchi, 3ª ed., Padova, Cedam, 1988, p. 16.

[82] Eduardo Espínola e Eduardo Espínola Filho, *A Lei de Introdução ao Código Civil brasileiro comentada*, Rio de Janeiro-São Paulo, Freitas Bastos, 1943, vol. 1º, nº 26, p. 63.

[83] Eduardo Espínola e Eduardo Espínola Filho, *A Lei de Introdução ao Código Civil brasileiro comentada*, cit., vol. 1º, nº 20, ps. 55-56; Paulo de Lacerda, *Manual do Código Civil brasileiro* – introdução, Rio de Janeiro, Jacintho Ribeiro dos Santos Editor, 1929, vol. 1º, nº 80, p. 77; Miguel Maria de Serpa Lopes, *Comentários à Lei de Introdução ao Código Civil*, 2ª ed., Rio de Janeiro-São Paulo, Freitas Bastos, vol. I, nº 18, p. 38.

[84] O entendimento da doutrina é uniforme, alvitrando ser aplicável à espécie o Decreto nº 572, de 12.7.1890, não revogado pelo art. 1.807 do Código Civil de 1916, porque este último diploma deixou de regular a matéria: Paulo de Lacerda, *Manual do Código Civil brasileiro* – introdução, cit. vol. 1º, nº 81, ps. 77-78; Eduardo Espínola e Eduardo Espínola Filho, *A Lei de Introdução ao Código Civil brasileiro comentada*, cit., vol. 1º, nº 25, ps. 61-62; Clóvis Bevilácqua, *Código Civil dos Estados Unidos do Brasil comentado*, 11ª ed., Rio de Janeiro, Livraria Francisco Alves, 1956, vol. I, p. 73.

[85] Miguel Maria de Serpa Lopes, *Comentários à Lei de Introdução ao Código Civil*, cit., vol. I, nº 21, p. 41.

Título VI · DISPOSIÇÕES FINAIS | **Art. 118**

As normas administrativas do Código que dependem de regulamento passaram a ter eficácia a partir de 12.7.93, data da publicação no *DOU* do Decreto nº 861/93, que regulamentou originariamente o CDC. Esse Decreto nº 861/93 foi revogado pelo Decreto nº 2.181, de 20.3.97, que é o vigente Regulamento do Código de Defesa do Consumidor.[86] Mencionem-se, ainda, os Decretos 5.903/2006, 6.523/2008, 7.962/2013 e 4.680/2003, que, ao lado de outras normas decretais, também regulamentam pontos específicos do Código.

Não é demais dizer que o regulamento se subordina à lei, vedado ao Poder Executivo baixar decreto regulamentador *praeter* ou *contra legem,* devendo, isto sim, agir sempre *secundum legem.*[87] O regulamento não pode restringir os direitos criados pelo CDC, nem ampliar as obrigações mencionadas na lei, a pretexto de estar regulamentando a norma incompleta. Os limites do regulamento são delimitados pela própria lei, pois a finalidade do regulamento é *executar a lei*, o que exclui a possibilidade de *fazê-la* ou *modificá-la.*[88] O decreto deve ser editado em consonância com a lei regulamentada, tanto no conteúdo, como na finalidade e na forma,[89] sendo-lhe defeso:

a) criar direitos ou obrigações novas, não estabelecidos pela lei;

b) ampliar, restringir ou modificar direitos ou obrigações, sendo-lhe lícito, no entanto, desenvolver e completar, em pormenores, as regras estabelecidas pela lei, sem infringir, contudo, o objetivo de seus preceitos;

c) ordenar ou proibir o que a lei não ordena ou proíbe;

d) facultar ou proibir diversamente o que foi estabelecido pela lei regulamentada;

e) extinguir, diminuir, mitigar ou inviabilizar direitos ou obrigações estipulados pela lei.[90]

[3] LEIS EDITADAS NO PERÍODO DA *VACATIO LEGIS* – Atendendo-se à regra geral de que a lei posterior revoga a anterior com ela incompatível (art. 2º, § 1º, da Lei de Introdução às Normas do Direito Brasileiro), é importante salientar a hipótese em que lei editada após a publicação do CDC (11.9.90), e que entra em vigor antes do CDC (antes de 11.3.91), discipline alguma situação diferentemente do regime que lhe dá o CDC. Qual das duas deve ser considerada *lei posterior*?

O CDC, conquanto aprovado e publicado em 11.9.90, ainda não tinha eficácia por causa do período de *vacatio legis* instituído pelo artigo ora comentado. Tinha, portanto, todos os atributos da lei, como universalidade, coerção e obrigatoriedade, exceto o atributo da eficácia. Havendo lei publicada posteriormente à publicação do CDC, deve ser considerada

---

[86] Nelson Nery Junior e Rosa Maria Andrade Nery, *Código Civil anotado*, cit., título "Consumidor na legislação extravagante", comentário nº 4 ao art. 118 do CDC, ps. 990-991.

[87] Michel Stassinopoulos, *Traité des actes administratifs*, Paris, Librairie Générale de Droit et de Jurisprudence, 1973 (reimpressão da edição de Atenas, 1954), ps. 18-19.

[88] Bento de Faria, *Aplicação e retroatividade da lei*, Rio de Janeiro, A. Coelho Branco Filho Editor, 1934, nº 3, p. 13.

[89] Fritz Ossenbühl, *Allgemeines Verwaltungsrecht*, coordenado por Hans-Uwe Erichsen e Wolfgang Martens, 7ª ed., Berlin-New York, Walter de Gruyter, 1986, 7, III, 2, p. 81.

[90] Bento de Faria, *Aplicação e retroatividade da lei*, cit., nº 3, p. 14. Para uma visão panorâmica sobre as limitações do poder regulamentar, no que respeita à regulamentação de lei pelo Poder Executivo, ver Fritz Fleiner, *Institutionen des Deutschen Verwaltungsrechts*, 8ª ed., Zürich, Polygraphischer Verlag, 1939, § 5º, I, p. 75; Guido Zanobini, *Corso di Diritto Amministrativo*, 8ª ed., Milano, Giuffrè, 1958, vol. I, ps. 71 e segs.; Hely Lopes Meirelles, *Direito Administrativo brasileiro*, 13ª ed., São Paulo, RT, 1987, ps. 139-140; Paul Roubier, *Le Droit transitoire (conflits des lois dans le temps)*, 2ª ed., Paris, Dalloz e Sirey, 1960, nº 6, ps. 21-23.

Art. 118 | CÓDIGO BRASILEIRO DE DEFESA DO CONSUMIDOR

lei posterior para os efeitos aqui mencionados, sendo de todo irrelevante se vigente imediatamente após sua publicação ou não. Se nessa lei posterior existir dispositivo incompatível com o CDC, deve prevalecer entendendo-se que houve revogação do CDC no que conflitar com a lei mais nova.

[4] CONTRATOS CELEBRADOS ANTES DA ENTRADA EM VIGOR DA LEI – Os negócios jurídicos celebrados a partir de 11 de março de 1991, inclusive, estarão sob o regime jurídico do CDC. Considera-se celebrado o negócio jurídico quando realizados todos os elementos essenciais para sua configuração, vale dizer, o concurso de vontades com a oferta de uma das partes e a aceitação pela outra, aceitação essa levada ao conhecimento do ofertante.[91] A formação do contrato se dá, portanto, quando os efeitos úteis visados pelos contraentes se possam considerar assegurados.[92]

Para a teoria alemã das *relações contratuais fáticas (faktische Vertragsverhältnisse)*, o momento da conclusão do contrato não é somente aquele em que se verifica o concurso formal e declarado das vontades dos contratantes, podendo derivar do princípio da boa-fé pela ocorrência de fatos reais, vedado às partes *venire contra factum proprium*.[93]

O art. 127 do revogado Código Comercial brasileiro adotou a teoria da expedição quanto à formação do contrato por correspondência.[94] No sistema do Código Civil é clara a opção por esta teoria, como se pode verificar de seu art. 434.

Mas, se o contrato for de execução continuada ou diferida, convém fazer alguns esclarecimentos. Os dispositivos legais do Código se aplicam a esses contratos de execução continuada ou diferida, celebrados antes da entrada em vigor do CDC. Somente os efeitos pretéritos, verificados com base na lei então vigente, não são alcançados pela lei nova.[95]

A jurisprudência é discrepante quanto a este ponto. Há decisões entendendo, como nós, que o CDC se aplica aos contratos celebrados anteriormente à entrada em vigor da lei, por prevalecerem as normas de ordem pública e social (CDC, art. 1º) sobre o direito adquirido,[96] enquanto há outras decisões em sentido contrário, aplicando o CDC somente aos contratos celebrados depois de 11.3.91.[97-98]

---

[91] Ver o desenvolvimento das várias teorias sobre o aperfeiçoamento do contrato em Luis Díez-Picazo, *Fundamentos del Derecho Civil patrimonial*, 2ª ed., Madrid, Tecnos, 1983, vol. I, ps. 211-215.

[92] C. F. Gabba, *Teoria della retroattività delle leggi*, 3ª ed., Torino, UTET, 1898, vol. IV, p. 209.

[93] Sobre as faktische Vertragsverhältnisse, ver Werner Flume, *Allgemeiner Teil des Bürgerlichen Rechts*, vol. II (Das Rechtsgeschäfte), 3ª ed., Berlin-Heilldelberg-New York, Springer, 1979, § 8º, ps. 95 e segs.; Jaime Santos Briz, *La contratación privada*, Madrid, Montecorvo, 1966, ps. 128 e segs.; Federico de Castro Y Bravo, *El negocio jurídico*, Madrid, Instituto Nacional de Estudios Jurídicos, 1967, 47, ps. 42-43. Ver, ainda, a Introdução ao Capítulo da Proteção Contratual, *supra*.

[94] Nesse sentido, Brenno Fisher, *Dos contratos por correspondência*, Rio de Janeiro, José Konfino, 1937, nos 62 e segs., ps. 73 e segs.

[95] Nelson Nery Junior, "Os princípios gerais do Código Brasileiro de Defesa do Consumidor", *in Revista de Direito do Consumidor*, nº 3, São Paulo, Revista dos Tribunais, p. 65; Nelson Nery Júnior e Rosa Maria Andrade Nery, *Código Civil anotado*, cit., título "Consumidor na legislação extravagante", comentário nº 2 ao art. 118 do CDC, p. 990. No mesmo sentido: José Luiz Bayeux Filho, "O Código do Consumidor e o Direito intertemporal", *in Revista de Direito do Consumidor*, nº 5, Revista dos Tribunais, p. 54; Orlando Gomes, *Questões de Direito Civil*, 5ª ed., São Paulo, Saraiva, p. 356.

[96] RTJ 121/776, acolhendo parecer, no mesmo sentido, de Miguel Reale; RJTJSP 139/41.

[97] RT 706/82, 694/92; STJ, 3ª T., AgRgAg 58403-5-SP, rel. min. Cláudio Santos, j. 7.2.95, v.u., *DJU* 20.3.95, p. 6.116; TJSP-BolAASP 1952/40e.

[98] Ver, sobre o tema, C. F. Gabba, *Teoria della retroattivitá*, vol. cit., ps. 211 e segs.; A. Ramella, *Trattato sulla corrispondenza in materia civile e comerciale*, Torino, Fratelli Bocca, 1896, nos 202 e segs., ps. 232 e segs.

> **Art. 119.** Revogam-se as disposições em contrário. [1]
>
> Brasília, 11 de setembro de 1990; 169º da Independência e 102º da República.
>
> FERNANDO COLLOR

COMENTÁRIO

[1] SOBREVIVÊNCIA DO CÓDIGO CIVIL, CÓDIGO COMERCIAL E LEIS EXTRAVAGANTES – Somente as relações de consumo, vale dizer, aquelas formadas entre fornecedor e consumidor,[99] são regidas pelo CDC. Quanto a elas estão revogadas[100] as normas do Código Civil, Código Comercial e demais leis extravagantes, prevalecendo a norma específica do CDC.[98]

[101]As relações civis e comerciais que não se enquadram no conceito de *relações de consumo* continuam a ser reguladas por suas leis específicas, não tendo havido revogação ou alteração das disposições dos Códigos Civil e Comercial, nem de leis extravagantes que disciplinam normas sobre as relações jurídicas civis ou comerciais.

Ao revés, naquilo em que o CDC for omisso, são aplicáveis às relações de consumo as disposições dos Códigos Civil, Comercial, Processual Civil, Penal, Processual Penal e demais leis extravagantes, por extensão ou analogia.

---

[99] Ver comentários aos arts. 2º e 3º, *supra*.

[100] A distinção que vem sendo feita na doutrina, com fundamentos romanísticos, entre ab-rogação (lei nova regula toda a matéria objeto de lei anterior) e derrogação (lei nova encerra disposições incompatíveis com a lei anterior) (Clóvis Bevilácqua, *Código Civil dos Estados Unidos do Brasil comentado*, cit., vol. I, p. 82; Eduardo Espínola e Eduardo Espínola Filho, *A Lei de Introdução ao Código Civil brasileiro comentada*, cit., vol. 1º, nº 35, p. 78; Wilson de Souza Campos Batalha, *Lei de Introdução ao Código Civil*, São Paulo, Max Limonad, 1957,vol. I, nº 28, p. 81), ambas espécies da revogação, não tem mais sentido em face do texto da atual Lei de Introdução às Normas do Direito Brasileiro, que somente menciona o vocábulo "revogação", desfazendo a dúvida que existia no regime da lei anterior (art. 4º), que falava em derrogação e revogação equivocadamente. A crítica àquele dispositivo foi feita por Paulo de Lacerda que, conquanto também fizesse a distinção entre ab-rogação e derrogação, preferia a elas a expressão genérica "revogação" (*Manual do Código Civil brasileiro* – introdução, cit., vol. 1º, nº 190 e segs., ps. 290 e segs.). No mesmo sentido, Miguel Maria de Serpa Lopes, *Comentários à Lei de Introdução ao Código Civil*, cit., vol. I, nº 27, p. 52, dizendo merecer aplausos não ter sido conservada a distinção na atual Lei de Introdução às Normas do Direito Brasileiro (nova ementa dada à LICC), distinção essa que carece de importância doutrinária.

[101] Sobre o tema, v. Nelson Nery Júnior e Rosa Maria Andrade Nery, *Código Civil anotado*, cit., comentários nºs 29 a 31, preliminares ao art. 1º do CC, p. 144, e título "Consumidor na legislação extravagante", comentário nº 1 ao art. 7º do CDC, p. 918.

BIBLIOGRAFIA

ABRANTES, José João. *A excepção de não cumprimento do contrato no Direito Civil português*. Coimbra: Almedina, 1986.

ADER-DUCOS, Robert, AUBY, Jean-Marie. *Droit de l'information*. Paris: Dalloz, 1982.

ALESSI, Renato. *Sistema istituzionale del Diritto Amministrativo italiano*. 3. ed. Milano: Giuffrè, 1960.

ALMEIDA, Carlos Ferreira. "Conceito de publicidade". In: *Boletim do Ministério da Justiça*, n. 349, p. 133, out. 1985.

ALMEIDA, Carlos Ferreira. *Os direitos dos consumidores*. Coimbra: Almedina, 1982.

ALMEIDA, João Batista de. *A proteção jurídica do consumidor*. São Paulo: Saraiva, 1993.

ALPA, Guido. *Diritto Privato dei consumi*. Bologna: Il Mulino, 1986.

ALPA, Guido. *L'interpretazione del contratto*. Milano: Giuffrè, 1983.

ALTEMANI, Nelson. "Nota promissória: emissão por mandatária pertencente ao mesmo grupo financeiro da credora". In: *JTACivSP*. São Paulo: Saraiva, v. 16, n. 72, ps. 1-8, mar./abr. 1982.

ALVIM, José Manoel Arruda. "A declaração concentrada de inconstitucionalidade pelo STF impõe limites à ação civil pública e ao Código de Proteção e Defesa do Consumidor". In: *Revista de Processo*. São Paulo: Revista dos Tribunais, n. 81.

ALVIM, Thereza, ALVIM, José Manoel Arruda. *Código do Consumidor comentado*. 2. ed. São Paulo: Revista dos Tribunais.

ALVIM NETTO, José Manoel de Arruda. *Competência*. São Paulo: RT, 1986.

ALVIM NETTO, José Manoel de Arruda. *Tratado de Direito Processual*. São Paulo: RT, 1990, v. 1.

AMARAL JUNIOR, Alberto do. *Proteção do consumidor no contrato de compra e venda*. São Paulo: Revista dos Tribunais, 1993.

AMARAL NETO, Francisco dos Santos. "As cláusulas contratuais gerais, a proteção ao consumidor e a lei portuguesa sobre a matéria". In: *Revista de Informação Legislativa*, n. 98, p. 238, 1988.

AMORIM FILHO, Agnelo. "Critério científico para distinguir a prescrição da decadência e para identificar as ações imprescritíveis". In: *Revista de Direito Processual*. São Paulo: Saraiva, v. 3, ps. 95-132, 1962.

ANDRADE, Luis Antonio *et al*. "Anteprojeto de modificação do Código de Processo Civil". In: *DOU*, n. 246, 24 dez. 1985. Suplemento.

ANDRADE, Manuel A. Domingues de. *Teoria geral da relação jurídica*. Coimbra: Almedina, 1974. v. 1.

ANDREOLI, Virgílio. "Sul preliminare di clausola compromissoria". In: *Riv. di Diritto Processuale,* v. 1, p. 89, 1946, pt. 2.

ANTUNES, Paulo Bessa. "Dano ambiental. A manifestação da vontade de repará-lo como causa de suspensão de aplicação de penalidades administrativas". In: *Revista de Direito Ambiental*. São Paulo: RT, v. 7, ps. 111-118.

ARANZADI, Luis Ignacio Arechederra. *La equivalencia de las prestaciones en el Derecho Contractual.* Madrid: Montecorvo, 1978.

ARAÚJO FILHO, Luiz Paulo da Silva. *Ações coletivas: a tutela jurisdicional dos direitos individuais homogêneos.* Rio de Janeiro: Forense, 2000.

ASCARELLI, Tullio. "Sulla clausola solve et repete nei contratti". In: *Studi in tema di contratti.* Milano: Giuffrè, 1952.

ASCARELLI, Tullio. "Economia di massa e statistica giudiziaria". In: *Saggi di Diritto Commerciale.* Milano: Giuffrè, 1955, p. 525.

ASCARELLI, Tullio. *Teoria geral dos títulos de crédito.* 2. ed. São Paulo: Saraiva, 1969.

ASSIS, Araken de. *Controle da eficácia do foro de eleição em contratos de adesão.* Porto Alegre: PUC-RS, 1989.

BADURA, Peter. *Staatsrecht.* München: Beck'sche, 1986.

BARBI, Celso Agrícola. *Comentários ao CPC.* Rio de Janeiro: Forense, 1975, v. 1, t. 1, 2.

BARBI, Celso Agrícola. *Comentários ao Código de Processo Civil.* 4. ed. Rio de Janeiro: Forense, 1986, v. 1.

BARNES, Shenagh, BLAKENEY, Michael. "Advertsing regulation in Australia an evaluation". In: *Adelaide law review,* v. 8, n. 1, 1982.

BARROS, Hamilton de Moraes. *Comentários ao Código de Processo Civil.* 2. ed. Rio de Janeiro: Forense, 1980. v. 11.

BASSANO, Ugo. "Arbitrato unilateralmente facoltativo". In: *Riv. di Diritto Processuale Civile,* v. 20, ps. 105-119, 1943, pt. 2.

BASTOS, Celso Ribeiro. *Comentários à Constituição do Brasil.* 7. ed. São Paulo: Saraiva, 1990.

BATALHA, Wilson de Souza Campos. *Lei de introdução ao Código Civil.* São Paulo: Max Limonad, 1957, v. 1.

BAUDRILLARD, Jean. *A sociedade de consumo.* Lisboa: Edições 70, 1981.

BAUMANN, Denise. *Droit de la Consommation.* Paris: Librairies Techniques, [s. d.].

BAUMBACH, Adolf, LAUTERBACH, Wolfgang. *Zivilprozeβordnung.* 47. ed. München: Beck, 1989.

BAUMGÄRTEL, Gottfried. *Wesen und Begriff de Prozeβandlung einer Partei im Zivilprozeβ.* 2. ed. Köln: Carl Heumanns, 1972.

BAUR, Fritz. *La socialización del proceso.* Salamanca: Universidad de Salamanca, 1980.

BAUR, Fritz. "Transformações do processo civil em nosso tempo". In: *Revista Brasileira de Direito Processual,* v. 7, ps. 57-68, jul./set. 1976.

BEAUBRUN, Marcel. "La notion de consommateur de crédit". In: *Le droit du crédit au consommateur.* Paris: Libraries Techniques, 1982, ps. 19-20.

BENJAMIN, Antônio Herman de Vasconcellos, FILOMENO, José Geraldo Brito. "A proteção ao consumidor e o Ministério Público". In: *Justitia,* v. 47, n. 131-A, ps. 58-78, set. 1985.

BENTHAM, Jérémie. "Vue générale d'un corps complet de législation". In: *Oeuvres de Jérémie Bentham.* 3. ed. Bruxelles: Société Belge de Librairie, 1840, v. 1, ps. 281-342.

BERLIOZ, Georges. *Le contrat d'adhésion.* Paris: L.G.D.J., 1973.

BERNITZ, Ulf, DRAPER, John. *Consumer protection in Sweden:* legislation, institutions and practice. Stockholm: The Institute for Intellectual Property and Market Law at the Stockholm University, [s. d.].

BESSONE, Mario. *Nuovi saggi di Diritto Civile*. Milano: Giuffrè, 1980.

BETTERMANN, Karl August. "Zur Verbandsklage". In: *ZZP (Zeitschift für Zivilprozess) (Revista de Direito Processual Civil)*, v. 85, p. 133, 1972.

BETTI, Emilio. "Conflitto di interessi fra rappresentato e rappresentante e sua influenza sull'obbligazione cambiaria del rappresentato". In: *Riv. di Diritto Commerciale*, p. 24, 1926, pt. 2.

BEVILÁCQUA, Clóvis. *Código Civil dos Estados Unidos do Brasil comentado*. 10. ed. Rio de Janeiro: Francisco Alves, 1955. v. 4.

BEVILÁCQUA, Clóvis. *Código Civil dos Estados Unidos do Brasil comentado*. 11. ed. Rio de Janeiro: Francisco Alves, 1986. v. 1.

BIANCA, C. Massimo. *Diritto Civile:* il contratto. Milano: Giuffrè, 1987. v. 3.

BITTAR, Carlos Alberto. *Direito de Autor na obra publicitária*. São Paulo: RT, 1981.

BITTAR, Carlos Alberto. GARCIA JUNIOR, Ary Barbosa, FERNANDES NETO, Guilherme. *Os contratos de adesão e o controle de cláusulas abusivas*. São Paulo: Saraiva, 1991.

BLOMEYER, Karl. "Betrachtungen über die Schiedsgerichtsbarkeit". In: *Beiträge zum Zivilprozeβrecht*. München: Beck, 1949.

BODIN, Jean. *Les six livres de la republique*. Aalen: Scientia, 1961, Livro I, Cap. VIII.

BOULANGER, Jean, PLANIOL, Marcel, RIPERT, Georges. *Traité élémentaire de Droit Civil*. 5. ed. Paris: L.G.D.J., 1950. v. 1.

BOURGOIGNIE, Thierry. *Éléments pour une théorie du Droit de la Consomma*tion. Bruxelles: Story Scientia, 1988.

BOURGOIGNIE, Thierry. "La publicité déloyale et la publicité comparative: jalons d'une réflexion". In: *Unfair advertising and comparative advertising*. Bruxelles: Story Scientia, 1988.

BOURGOIGNIE, Thierry; GILLARDIN, Jean. *Droit des consommateurs:* clauses abusives, pratiques du commerce et réglementation des prix. Bruxelles: Facultés Universitaires Sant-Louis, 1982.

BRAVO, Federico y Castro. *El negocio jurídico*. Madrid: Instituto Nacional de Estudios Jurídicos, 1967.

BRESSANE, Cláudio Eugênio Reis, RAFAEL, Edson José, FILOMENO, José Geraldo Brito. "Consumidor, Ministério Público e a Constituição". In: *Congresso do Ministério Público. Anais*. Belo Horizonte: [s. n.], 1987. (22-25 abr.).

BRICKS, Hélène. *Les clauses abusives*. Paris: L.G.D.J., 1981.

BRIZ, Jaime Santos (trad.). *Derecho de obligaciones*. Madrid: Revista de Derecho Privado, 1958. v. 1.

BRIZ, Jaime Santos. *La contratación privada*. Madrid: Montecorvo, 1979.

BRUNINI, Weida Zancaner. *Da responsabilidade extracontratual da administração pública*. São Paulo: RT, 1981.

BULGARELLI, Waldírio. *Contratos mercantis*. São Paulo: Atlas, 1979.

BULGARELLI, Waldírio. "Publicidade enganosa: aspectos de regulamentação legal". In: *Revista de Direito Mercantil, Industrial, Econômico e Financeiro*, v. 24, n. 58, p. 89, abr./jun. 1985.

BULGARELLI, Waldírio. *Questões contratuais no Código de Defesa do Consumidor*. São Paulo: Atlas, 1993.

BULGARELLI, Waldírio. "Tutela do consumidor na jurisprudência brasileira e 'de lege ferenda'". In: *Revista de Direito Mercantil, Industrial, Econômico e Financeiro*, v. 49, ps. 41-42, 1983.

BUNTE, Hermann-Josef. *Entscheidungssammlung zum AGB-Gesetz*. Neuwied-Frankfurt: Luchternhand, 1990.

BUNTE, Hermann-Josef. *Handbuch de Allgemeinen Geschäftsbedingungen*. München: Beck, 1982.

BUNTE, Hermann-Josef; HEINRICHS, Helmut. *Aktuelle Rechtsfragen zur Freize*ichnung nach dem AGB-Gesetz. Köln: Kommunikationsforum, 1985.

BURDEAUM, Georges, HAMON, Francis, TROPER, Michel. *Manuel Droit Constitucionnel.* 21. ed. Paris: LGDJ, 1988.

BURLE FILHO, José Emmanuel, MARTINS JÚNIOR, Wallace de Paiva. "Compromisso de ajustamento de conduta e entidades paraestatais". In: *Revista do Ministério Público de Goiás.* Goiânia, 1996.

BUSCEMA, Salvatore, BUSCEMA, Angelo. "I contratti della pubblica amministrazione". In: *Trattato di Diritto Amministrativo.* Padova: Cedam, 1987.

CABRAL, Plínio. *Propaganda*: técnica da comunicação industrial e comercial. São Paulo: Atlas, 1986.

CALAIS-AULOY, Jean. *Droit de la Consommation.* 2. ed. Paris: Dalloz, 1986.

CAPPELLETTI, Mauro. "Acesso alla giustizia come programma di riforma e come metodo di pensiero". In: *Riv. di Diritto Processuale*, v. 37, ps. 233-245, 1982 (II Serie).

CAPPELLETTI, Mauro. "Formações sociais e interesses coletivos diante da justiça civil". In: *Revista de Processo*, v. 2, n. 5, ps. 129-159, jan./mar. 1977.

CAPPELLETTI, Mauro. "Formazioni sociali e interessi di gruppo davanti alla giustizia civile". In: *Riv. di Diritto Processuale*, v. 30, ps. 361-402, 1975 (II Serie).

CAPPELLETTI, Mauro *et al. Access to justice.* Milano: Giuffrè, 1978, v. 6.

CARNELUTTI, Francesco. *Sistema di Diritto Processuale Civile.* Padova: Cedam, 1936. v. 1.

CARNELUTTI, Francesco. *Teoria generale del Diritto.* 3. ed. Roma: Foro Italiano, 1951.

CARPI, Federico. "Le règlement des litiges en dehors des tribunaux en Droit italien". In: *Les conciliateurs: la conciliation.* Paris: Economica, 1983.

CARRESI, Franco. "Il contratto". In: *Trattado di Diritto Civile e Commerciale.* Milano: Giuffrè, 1987, v. 1, ps. 2-3, 10, 25.

CARRIÓ, Genaro Ruben. *Notas sobre Derecho y linguaje.* 2. ed. Buenos Aires: Abeledo-Perrot, [s. d.].

CARRIOTA-FERRARA, Luigi. *I negozi fiduciari.* Padova: Cedam, 1933.

CARTHY, E. Jerome Mc. *Essentials of marketing.* Homewood: Richard D. Irwin, 1982.

CARVAHO, Denise. "A expansão do mercado de informações econômicas". In: *Revista Mercado*, publicação da ADVB, dez. 1978.

CAS, Gérard. "Définition juridique de la publicité". In: *L'avenir de la publicité et le Droit.* Montpellier: Faculté de Droit et des Sciences Economiques de Montpellier, 1977.

CAS, Gérard; FERRIER, Didier. *Traité de Droit de la Consommation.* Paris: Presses Universitaires de France, 1986.

CASSOTTANA, Marco. "Nuovi sistemi di controllo della pubblicità commerciale". In: *Riv. Diritto Commerciale e del Diritto Generale delle Obbligazioni*, v. 76, 1978.

CAVALIERI FILHO, Sergio. *Programa de responsabilidade civil.* 2. ed. São Paulo: Malheiros Editores, 1998.

CHANTÉRAC, Véronique de, FABRE, Régis. *Droit de la publicité et de la promotion des ventes.* Paris: Dalloz, 1986.

CHARDIN, Nicole. *Le contrat de consommation de crédit et l'autonomie de la volonté.* Paris: L.G.D.J., 1988.

CHIOVENDA, Giuseppe. *Instituzioni di Diritto Processuale Civile.* 2. ed. Napoli: Jovene, 1935. v. 1.

CHIOVENDA, Giuseppe. "Dell'azione nascente dal contratto preliminare". In: *Saggi di Diritto Processuale Civile.* Roma: Foro Italiano, 1930, v. 1, p. 110.

CHIOVENDA, Giuseppe. *Instituições de Direito Processual.* São Paulo: Saraiva, 1942.

CIAN, Giorgio, TRABUCCHI, Alberto. *Commentario breve al Codice Civile.* 3. ed. Padova: Cedam, 1988.

BIBLIOGRAFIA

CICU, Antonio, MESSINEO, Francesco, MENGONI, Luigi. *Trattato di Diritto Civile e Commerciale.* Milano: Giuffrè, 1988, v. 1, 3.

CINTRA, Antonio Carlos de Araujo, GRINOVER, Ada Pellegrini, DINAMARCO, Cândido Rangel. *Teoria geral do processo.* 7. ed. [s. l.: s. n.], 1990.

COELHO, Fábio Ulhoa. *Desconsideração da personalidade jurídica.* São Paulo: RT, 1989.

COELHO, Fábio Ulhoa. *O empresário e os direitos do consumidor.* São Paulo: Saraiva, 1994.

COELHO, Fábio Ulhoa et al. *Comentários ao Código de Proteção do Consumidor* (coord. de Juarez de Oliveira). São Paulo: Saraiva, 1991.

COELHO, Francisco Pereira. "Rapport général: la publicité-propagande". In: *Journées portugaises de Lisbonne: 1981.* Paris: Economica, 1983, v. 32.

COHEN, Dorothy. *Publicidad comercial.* México: Diana, 1986.

COMPARATO, Fabio Konder. "A proteção do consumidor: importante capítulo do Direito Econômico". In: *Ensaios de pareceres de Direito empresarial.* Rio de Janeiro: Forense, 1978, ps. 473-499.

COMPARATO, Fabio Konder. "A proteção do consumidor: importante capítulo do Direito Econômico". In: *Revista de Direito Mercantil, Industrial, Econômico e Financeiro,* v. 13, n. 15-16, ps. 89-105, 1974.

COMPARATO, Fabio Konder. *A reforma da empresa.* São Paulo: Faculdade de Direito da USP, 1983 (aula inaugural dos cursos jurídicos).

CONGRESSO INTERNACIONAL DE NORMALIZAÇÃO E QUALIDADE, *Anais.* Rio de Janeiro: ABNT, 1990.

CONVERTI, Rosa Leite. "La legge portoghese n° 446/85, sui contratti per adesione, nella prospettiva dell'esperienza occidentale nel settore della tutela del consumatore". In: *Riv. di Diritto Civile,* v. 34, ps. 71-107, 1988.

CORDEIRO, Antonio Menezes. *Da pós-eficácia das obrigações.* Lisboa: [s. n.], 1984.

CORDEIRO, Antonio Menezes; COSTA, Mario Júlio de Almeida. *Cláusulas contratuais gerais.* Coimbra: Almedina, 1986.

COTTA, Sergio, TREVES, Giuseppino (trad.). *Teoria generale del Diritto e dello Stato.* Milano: Etas Libri, 1980.

COVELLO, Sérgio Carlos. *Contratos bancários.* 2. ed. São Paulo: Saraiva, 1991.

CRANSTON, Ross. *Consumers and the law.* London: Weidnfeld and Nicolson, 1984.

CRASWELL, Richard. "Interpreting deceptive advertsing". In: *Boston University law review,* v. 65, n. 4, p. 670, 1975.

CRETELLA JÚNIOR, José. "Reflexos do Direito Civil no Direito Administrativo". In: *Revista de Direito Civil,* v. 2, ps. 117-125, 1977.

CUNDIFF, Edward W., STILL, Richard R., GOVONI, Norman A. P. *Marketing básico:* fundamentos. Trad. de Márcio Cotrim. São Paulo: Atlas, [s. d.].

DALL'AGNOL JUNIOR, Antonio Janyr. "Cadastro de consumidores". In: *Revista Ajuris,* v. 51, 1991, ps. 196-200.

DAVID, René, PUGSLEY, David. *Les contrats en Droit anglais.* 2. ed. Paris: L.G.D.J., 1985.

D'AVILA, Thomaz Marcello. "A normalização técnica e Direito". In: Congresso Internacional de Normalização e Qualidade, *Anais.* Rio de Janeiro: ABNT, 1990.

DEMOGUE, René. *Traité des obligations en général.* Paris: Librairie Arthur Rousseau, 1925. v. 5.

DENTI, Vittorio. "Le azioni a tutela di interessi collettivi". In: *Riv. di Diritto Processuale,* v. 29, ps. 533-550, 1974 (II serie).

DESPAX, Michel. *Droit de l'environnement.* Paris: Librairies Techniques, 1980.

DI PIETRO, Maria Sylvia Zanella. *Do Direito Privado na administração pública.* São Paulo: Atlas, 1989.

CÓDIGO BRASILEIRO DE DEFESA DO CONSUMIDOR

DIAS, José de Aguiar. *Da responsabilidade civil.* 4. ed. Rio de Janeiro: Forense, 1960. v. 2.

DIEZ-PICAZO, Luis. *Fundamentos del Derecho Civil patrimonial.* 2. ed. Madrid: Tecnos, 1983. v. 1.

DINAMARCO, Cândido Rangel. *A instrumentalidade do processo.* São Paulo: RT, 1987.

DINAMARCO, Cândido Rangel; WATANABE, Kazuo, GRINOVER, Ada Pellegrini (coord.). "Acesso à justiça e sociedade contemporânea". In: *Participação e processo.* São Paulo: RT, 1988.

DINAMARCO, Cândido Rangel. "Apontamentos sobre a competência". In: *Direito Processual Civil.* São Paulo: José Bushatsky, 1975.

DINAMARCO, Cândido Rangel. "As três figuras da liquidação da sentença". In: *Estudos de Direito Processual em memória de Luiz Machado Guimarães.* Coord. de José Carlos Barbosa Moreira. Rio de Janeiro: Forense, 1997.

DINAMARCO, Cândido Rangel. *Litisconsórcio.* São Paulo: RT, 1986.

DINAMARCO, Cândido Rangel; CINTRA, Antonio Carlos de Araujo; GRINOVER, Ada Pellegrini. *Teoria geral do processo.* 7. ed. [s. l: s. n.], 1990.

DINAMARCO, Cândido Rangel; WATANABE, Kazuo; GRINOVER, Ada Pellegrini (coord.). "Acesso à justiça e sociedade contemporânea". In: *Participação e processo.* São Paulo: RT, 1988.

DONATO, Maria Antonieta Zanardo. *Proteção ao consumidor:* conceito e extensão. São Paulo: Revista dos Tribunais, 1994.

DONNINI, Rogério Ferraz. *A revisão dos contratos no Código Civil e no Código de Defesa do Consumidor.* São Paulo: Saraiva, 1999.

DUEZ, Paul. *La responsabilité de la puissance publique.* Paris: Dalloz, 1937.

DUGUIT, Leon. *Traité de Droit Constitutionnel.* 3. ed. Paris: Boccard, 1928, v. 2.

ENIS, Ben. *Princípios de marketing.* Trad. de Auriphebo Berrance Simões. São Paulo: Atlas, 1983.

ENNECCERUS, Ludwig, KIPP, Theodor, WOLFF, Martin. *Allgemeiner Teil des Bürgerlichen Rechts.* 15. ed. Tübingen: J. C. B. Mohr, 1959.

ENNECCERUS, Ludwig, NIPPERDEY, Hans Carl. *Allgemeiner Teil des Bürgerlichen Rechts.* 15. ed. Tübingen: J. C. B. Mohr, 1960. v. 1, t. 1-2.

EPSTEIN, David G., NICKLES, Steve H. *Consumer law in a nutshell.* St. Paul: West Publishing, 1981.

ESPÍNOLA, Eduardo, ESPÍNOLA FILHO, Eduardo. *A lei de introdução ao Código Civil brasileiro comentada.* Rio de Janeiro: Freitas Bastos, 1943. v. 1.

ESPÍNOLA FILHO, Eduardo. *Código de Processo Penal brasileiro anotado.* Rio de Janeiro: Borsói, 1966. v. 3.

ESTADO DE SÃO PAULO, 6 abr. 1990. Caderno Economia & Negócios, p. 12.

EYRICH, Gerard, WENTZ, Walter B. *Marketing:* theory and application. New York, Harcourt: Brace and World, 1970.

FABRIS, Sergio Antonio (ed.). *Curso de Processo Civil.* Porto Alegre: [s. n.], 1990.

FADLALLAH, Ibrahim (dir.). *Le droit du crédit au consommateur.* Paris: Librairies Techniques, 1982.

FAGUNDES, Miguel Seabra. *O controle dos atos administrativos pelo Poder Judiciário.* 4. ed. Rio de Janeiro: Forense, 1967.

FARIA, Antonio Bento de. *Aplicação e retroatividade da lei.* Rio de Janeiro: A. Coelho Branco Filho, 1934.

FARIA, José Eduardo (org.). *Direito e globalização econômica – implicações e perspectivas.* São Paulo: Malheiros, 1996.

FENABAN – Pareceres encomendados pela FENABAN e FEBRABAN. *Revista de Direito Público,* v. 21, n. 88, ps. 147-189, out./dez. [s. d.].

BIBLIOGRAFIA

FERRAZ, Antonio Augusto de Camargo. *Tutela jurisdicional dos interesses difusos*. São Paulo: Saraiva, 1984.

FERRAZ, MILARÉ, NERY. *A ação civil pública e a tutela jurisdicional dos interesses difusos*. São Paulo: Saraiva, 1984.

FIGUEIREDO, Lúcia Valle. "Direitos difusos na Constituição de 1988". In: *Revista de Direito Público*, v. 21, n. 88, ps. 103-107, out./dez. 1988.

FILOMENO, José Geraldo Brito. *Curadoria de proteção ao consumidor*. São Paulo: A.P.M.P., 1987 (Série Cadernos Informativos).

FILOMENO, José Geraldo Brito. *Manual de direitos do consumidor*. 3. ed. São Paulo: Atlas, 1999.

FILOMENO, José Geraldo Brito. *Manual de Direitos do Consumidor*. 13. ed. São Paulo: Atlas, 2015.

FILOMENO, José Geraldo Brito. "Abuso do poder econômico e a defesa do consumidor". In: *Revista de Direito da FMU*, v. 6, ps. 31-54.

FILOMENO, José Geraldo Brito. "Abuso do poder econômico e a defesa do consumidor". In: *Revista de Direito Econômico do CADE*, Nova Fase, n. 21, ps. 51-64, out./dez. 1995.

FINK, Daniel Roberto. "Alternativa à ação civil pública ambiental (reflexões sobre as vantagens do termo de ajustamento de conduta)". In: *Ação civil pública – Lei 7.347/85 – 15 anos*. Coord. Édis Milaré. São Paulo: RT, 2001.

FIORILLO, Celso Antonio Pacheco e RODRIGUES, Marcelo Abelha. *Manual de Direito Ambiental e legislação aplicável*. 2. ed. São Paulo: Max Limonad, 1999.

FISHER, Brenno. *Dos contratos por correspondência*. Rio de Janeiro: José Konfino, 1937.

FLEINER, Fritz. *Institutionen des deutschen Vernaltungsrechts*. 8. ed. Zürich: Polygraphischer, 1939, v. 1.

FLUME, Werner. *Allgemeiner Teil des bürgerlichen Rechts*. 3. ed. Berlin: Springer, 1979. v. 2.

FONSECA, João Bosco Leopoldino da. *Cláusulas abusivas nos contratos*. 2. ed. Rio de Janeiro: Forense, 1995.

FORSTHOFF, Ernst. *Lehrbuch des Verwaltungsrechts*. 10. ed. München: Beck'sche, 1973.

FOURGOUX, Jean-Claude, MIHAILOV, Jeanne. "La normalisation en tant qu'instrument de la sécurité des consommateurs". In: GUESTIN, Jacques. *Sécurité des consommateurs et responsabilité du fait des produits défectueux*. Paris: L.G.D.J., 1987.

FRAGOSO, Heleno Cláudio. *Lições de Direito Penal*. São Paulo: José Bushatsky, 1959. v. 4.

FRANÇA, Rubens Limongi. *Teoria e prática da cláusula penal*. São Paulo: Saraiva, 1988.

FRIGNANI, Aldo. *L'injunction nella common law e l'inibitoria nel Diritto italiano*. Milano: Giuffrè, 1974.

FRONTINI, Paulo Salvador. "Contrato de adesão". In: *Revista do Advogado*, n. 33, ps. 83-87, 1990.

FRONTINI, Paulo Salvador. "Sociedade comercial ou civil entre cônjuges". In: *Justitia*, v. 44, n. 118, ps. 211-222, jul./set. 1982.

FROTA, Mário. Palestra na Federação do Comércio de São Paulo em 17.10.1990. In: *Revista Problemas Brasileiros:* Direito do Consumidor, n. 282, p. 26, nov./dez. 1990 (Encarte Especial).

FUSARO, Andrea (trad.). *La morte del contratto*. Milano: Giuffrè, 1988.

GABBA, C. F. *Teoria della retroattività delle leggi*. 3. ed. Torino: UTET, 1898, v. 4.

GALGANO, Francesco. "Il negozio giuridico". In: *Trattato di Diritto Civile e Commerciale*. Milano: Giuffrè, 1988, v. 3, t. 1, ps. 50-51.

GARCEZ, Martinho. *Nullidades dos actos jurídicos*. 2. ed. Rio de Janeiro: Jacintho Ribeiro dos Santos, 1910. v. 1.

GARCÍA, Gemma Alejandra Botana. *Los contratos realizados fuera de los establecimientos mercantiles y la protección de los consumidores*. Barcelona: J. M. Bosch., 1994.

989

CÓDIGO BRASILEIRO DE DEFESA DO CONSUMIDOR

GARCIA-AMIGO, Manuel. *Cláusulas limitativas de la responsabilidad contrac*tual. Madrid: Tecnos, 1965.

GARCIA-AMIGO, Manuel. *Condiciones generales de los contratos.* Madrid: Revista de Derecho Privado, 1969.

GARTH, Bryant G. "Relatório geral sobre as ações de grupo". In: *Congresso de Direito Comparado*, 12, 1990. Montreal: [s. n.], 1990, ps. 18-20.

GENOVESE, Anteo. "Osservazioni de iure condendo circa le condizioni generali di contratto". In: *Studi in memoria di Tullio Ascarelli.* Milano: Giuffrè, 1969, v. 2, ps. 872-875.

GHESTIN, Jacques. *Traité de Droit Civil:* les obligationes, le contrat. Paris: L.G.D.J., 1980. v. 2.

GIAMPIETRO, Franco. *La responsabilità per dano all'ambiente.* Milano: Giuffrè, 1988.

GIANNINI, Massimo Severo. *Diritto Amministrativo.* 2. ed. Milano: Giuffrè, 1988. v. 2.

GIDI, Antonio. *Coisa julgada e litispendência nas ações coletivas.* São Paulo: Saraiva, 1995.

GILISSEN, John. *Introduction historique au Droit.* Bruxelles: Bruylant, 1979.

GILMORE, Grant. *La morte del contratto.* Milano: Giuffrè, 1988.

GIORDANO, Alessandro. *I contratti per adesione.* Milano: Giuffrè, 1951.

GIORGI, Giorgio. *Teoria delle obbligazioni nel Diritto moderno italiano.* Firenze: Fratelli Cammelli, 1908.

GOBBET, Renata Helena Petri. *Aspectos doutrinários da invalidade de negócio jurídico no Direito Priva-do.* São Paulo: Universidade de São Paulo, 1985.

GOMES, Orlando. *Contrato de adesão.* São Paulo: RT, 1972.

GOMES, Orlando. *Contratos.* 12. ed. Rio de Janeiro: Forense, 1987.

GOMES, Orlando. *Novos temas de Direito Civil.* Rio de Janeiro: Forense, 1983.

GONÇALVES, Carlos Roberto. *Responsabilidade civil.* 6. ed. São Paulo: Saraiva, 1995.

GOUDREAU, Mistrale. "La publicité comparative au Québec: est-ce une faute de comparer?". In: *Revue Générale de Droit*, v. 17, n. 3, p. 470, 1986.

GRASSETTI, Cesare. *L'interpretazione del negozio giuridico.* Padova: Cedam, 1983.

GRECO FILHO, Vicente. "A denunciação da lide: sua obrigatoriedade e extensão". In: *Justitia*, v. 38, n. 94, ps. 13-17, jul./set. 1976.

GRECO FILHO, Vicente. *Direito Processual Civil brasileiro.* São Paulo: Saraiva, 1981, v. 1.

GRECO, Marco Aurélio (trad.). *Princípios gerais de Direito Público.* São Paulo: RT, 1977.

GREENFIELD, Michael. *Consumer transactions.* Mineola: The Foundation Press, 1983.

GRINOVER, Ada Pellegrini (coord.). *A tutela dos interesses difusos.* São Paulo: Max Limonad, 1984.

GRINOVER, Ada Pellegrini. "Ação civil pública em defesa de interesses individuais homogêneos. Constitucionalidade da legitimação ativa do MP. O fundamento da legitimação das associações. Inexistência de imposição de um direito aos beneficiários. A eficácia da sentença em âmbito nacional". In: *O processo em evolução.* Rio de Janeiro: Forense Universitária, 1996, ps. 423-441.

GRINOVER, Ada Pellegrini. "A problemática dos interesses difusos". In: *A tutela dos interesses difusos.* São Paulo: Max Limonad, 1984, ps. 29-45.

GRINOVER, Ada Pellegrini. "A tutela jurisdicional dos interesses difusos". In: *Novas tendências do Direito Processual.* Rio de Janeiro: Forense Universitária, 1990.

GRINOVER, Ada Pellegrini. "A tutela preventiva das liberdades: 'habeas corpus' e mandado de segurança". In: *O processo em sua unidade.* Rio de Janeiro: Forense, 1984.

BIBLIOGRAFIA

GRINOVER, Ada Pellegrini. "Ações coletivas para a defesa do ambiente e dos consumidores: a Lei nº 7.347, de 24.07.1985". In: *Novas tendências do Direito Processual.* Rio de Janeiro: Forense Universitária, 1990, ps. 148, 150 e 154.

GRINOVER, Ada Pellegrini. *As garantias constitucionais do direito de ação.* São Paulo: RT, 1975.

GRINOVER, Ada Pellegrini. "As garantias constitucionais do processo nas ações coletivas". In: *Novas tendências do Direito Processual.* Rio de Janeiro: Forense Universitária, 1990, p. 45.

GRINOVER, Ada Pellegrini. "Da 'class action for damages' à ação de classe brasileira: os requisitos de admissibilidade". In: *Revista da Pós-graduação da Faculdade de Direito da USP.* São Paulo: Syntese, 2000.

GRINOVER, Ada Pellegrini. *Eficácia e autoridade da sentença e outros escritos sobre a coisa julgada.* 2. ed. Rio de Janeiro: Forense. 1981.

GRINOVER, Ada Pellegrini. *Eficácia e autoridade da sentença penal.* São Paulo: RT, 1978.

GRINOVER, Ada Pellegrini. "Mandado de segurança coletivo". In: *Revista de Processo,* v. 15, n. 57, ps. 96-101, jan./mar. 1990.

GRINOVER, Ada Pellegrini. "Significado social, político e jurídico da tutela dos interesses difusos". In: *A marcha do processo.* Rio de Janeiro: Forense Universitária, 2000.

GRINOVER, Ada Pellegrini. "Tutela jurisdicional dos interesses difusos". In: *Revista Forense,* v. 268, p. 70, out./dez. 1979.

GRINOVER, Ada Pellegrini; DINAMARCO, Cândido Rangel, CINTRA, Antonio Carlos de Araujo. *Teoria geral do processo.* 7. ed. São Paulo: RT, 1990.

GRINOVER, Ada Pellegrini. *Participação e processo.* São Paulo: RT, 1988.

GUERREIRO, José Alexandre Tavares *et al. Comentários ao Código do Consumidor* (coord. de José Cretella Júnior e René Ariel Dotti). Rio de Janeiro: Forense, 1992.

GUESTIN, Jacques, DESCHÉ, Bernard. *Traité des contrats:* la vente. Paris: L.G.D.J., 1990.

GUIMARÃES, Luiz Machado. *Estudos de Direito Processual Civil.* Rio de Janeiro: Jurídica e Universitária, 1969.

GUIMARÃES, Paulo Jorge Scartezzini. *Vícios do produto e do serviço por qualidade, quantidade e insegurança:* cumprimento imperfeito do contrato. São Paulo: Revista dos Tribunais, 2004.

GURNICK, David. "Subliminal advertising: threat to consumer autonomy?". In: *Bervely Hills Bar Association Journal,* v. 21, n. 1, ps. 56-72, 1986/87.

HABSCHEID, Walter J. *Schweizeriches Zivilprozeß und Gerichtosorganisationsdrecht.* Basel-Frankfurt: Helbing & Lichetenhahn, 1986.

HABSCHEID, Walter J. "Zur Problematik der Verbandsklage im deustschen Recht". In: *Festschrift für Georgios T. Rammos.* Athen: [s. n.], 1979, p. 284.

HADDING, Walther. "Die Klagebefugnis der Mitbewerber und der verbände nach § 13 Abs. 1 UWG im System des Zivilprozeßrechts". In: *JZ (Juristen Zeitung).* [s. l: s. n.], 1970, p. 305.

HAEMMEL, George, HAEMMEL, Vliss. *Consumer law.* Saint Paul: West Publishing Co., 1975.

HAPNER, Eduardo Manfredini. *Direito do consumo:* aspectos de Direito Privado. Curitiba: UFPR, 1989.

HARLAND, David. "The legal concept of unfairness and the economic and social environment: fair trade, market law and the consumer interest". In: *Unfair advertising and comparative advertising.* Bruxelles: E. Story Scientia, [s. d.].

HARTLEY, Robert F. *Marketing:* management and social change. Scrantor: Intext Educational Publishers, 1972.

HAUPT, Günther. "Über Faktische vertragsverhältnisse". In: *Festschriff für Heinrich Siber.* [S. l: s. n.], 1943, v. 2, p. 5.

HEINRICHS, Helmut. *Bürgerliches Gesetzbuch.* 48. ed. München: Beck, 1989.

HEINRICHS, Helmut; LÖWE, Walter; ULMER, Peter (org.). "Instrumente der abstrakten kontrolle". In: *Zehn Janre AGB-Gasetz*. Kohn: Kommunikationsforum, 1987, ps. 99-120.

HELLWIG, Hans-Jürgen. *Zur Systematik des zivilprozeßrechtlichen Vertrages*. Bonn: Ludwig Rohrscheid, 1968.

HERBST, Walter. *Die Bedeutung des Rechtsschutzanspruchs für die moderne Zivilprozeßrechtslehre*. Dissertação. Bonn, 1973.

HIPPEL, Eike von. *Verbraucherschutz*. 3. ed. Tübingen: J. C. B. Mohr, 1986.

HONDIUS, Ewoud. *Unfair Terms in consumer contracts*. Utrecht: Molengraaft Instituut voor Privaatrecht, 1987.

HUBNER, Heinz. *Allgemeiner Teil des bürgerlichen Gesetzbuches*. Berlin: Walter de Gruyter, 1985.

IHERING, Rodolf von. *"Culpa in contrahendo" oder Schadenersatz bei nichtigen oder nicht zur Perfection gelangter Verträagen*. Bad: Gehlen, 1969.

IMOBERDORF, Magy. "A criação". In: *Tudo que você queria saber sobre propaganda e ninguém teve paciência para explicar*. São Paulo: Atlas, 1986.

IRTI, Natalino. *L'etá della decodificazione*. Milano: Giuffrè, 1979.

JARROSSON, Charles. *La notion d'arbitrage*. Paris: L.G.D.J., 1987.

JARACH, Dino. *El derecho imponible*. 2. ed. Buenos Aires: Abeledo-Perrot, 1970.

JAUERNING, Othamar. *Bürgerliches Gesetzbuch*. 2. ed. München: Beck, 1981.

JELLINEK, Georg. *Teoria general del Estado*. Buenos Aires: Albatros, 1943.

JONAS, Martin, SCHLOSSER, Peter, STEIN, Friedrich. *Kommentar zur Zivilprozebordnung*. 20. ed. Tübingen: J. C. B. Mohr, 1980.

KELSEN, Hans. *Teoria generale del Diritto e dello Stato*. Roma: Etas Libri, 1980.

KIEFNER, H. "Thibaut and Savigny". In: *Festschrift für Gmür*. Bielefeld: Gieseking, 1983, p. 53.

KISCH, Wilhelm. *Beiträge zur Urteilslehre*. Leipzig, 1903, § 5º, ps. 110 e segs.

KLOTER, Philip. *Administração e marketing*: análise, planejamento e controle. São Paulo: Atlas, 1985.

KOCH, Harald. *Prozeßführung im öffentlichen Interesse*. Frankfurt: Alfred Metzner, 1983.

KOHLER, Josef. "Der Dispositionsnießbrauch". In: *Jahrbücher für die Dogmatik des heutigen römischen und deustchen Privatrechts*. [S. l.]: Jena, 1886, v. 24, ps. 187-328.

KÖTZ, Hein. *Münchener Kommentar zum Bürgerlichen Gesetzbuch*. 2. ed. München: Beck, 1984. v. 1.

KÖTZ, Hein; OTTENHOF, Reynald (org.). *Les conciliateurs, la conciliation*: une étude comparative. Paris: Economica, 1983.

KRADEPOHL, Anton. *Stellevertretung und kanonisches Eherechet*. Amsterdam: P. Shippers N.V., 1964.

KRAMER, Ernest. *Münchener Kommentar zur Bürgerlichen Gesetzbuch*. 2. ed. München: Beck, 1984. v. 1.

KRAMER, Ludwig. *EEC consumer law*. Bruxelles: Story Scientia, 1986.

KRISTUFEK, Z. "La querelle europeene". In: *Revue Historique de Droit Français et Étranger*. Paris, v. 44, p. 59, 1966.

LACERDA, Galeno. "Ação civil pública". In: *Revista do Ministério Público do Rio Grande do Sul,* v. 19, p. 22, 1986.

LACERDA, Galeno. *O novo Direito Processual e os feitos pendentes*. Rio de Janeiro: Forense, 1974.

LACERDA, Paulo. *Manual do Código Civil brasileiro*. Rio de Janeiro: Jacintho Ribeiro dos Santos, 1929.

LAFAILLE, Héctor. *Derecho Civil*: contratos. Buenos Aires: Ediar, 1953. t. 8.

BIBLIOGRAFIA

LAMARQUE, Jean. *Recherches sur l'application du Droit Privé aux services publics administratifs*. Paris: L.G.D.J., 1960.

LAMPREIA, J. Martins. *A publicidade moderna*. Lisboa: Presença, 1983.

LARENZ, Karl. *Allgemeiner Teil des dertschen Bürgerlichen Rechts*. 6. ed. München: Beck, 1983.

LARENZ, Karl. *Lerbuch des Schuldrechts*. 10. ed. München: Beck, [s. d.]. v. 1.

LARENZ, Karl. *Lerbuch des Schuldrechts*. 14. ed. München: Beck, 1987. v. 1.

LAZZARINI, Marilena. "Entrevista". In: *Revista Cláudia*, p. 228, out. 1990.

LEÃES, Luiz Gastão Paes de Barros. *A responsabilidade do fabricante pelo fato do produto*. São Paulo: Saraiva, 1987.

LECLERQ, Jean-François, MEINERTZHAGEN-LIMPENS, Anne, MAHAUX, Jacques. *Quelques aspects des contrats standardisés*. Bruxelles: Université de Bruxelles, 1982.

LEVI, Alessandro. *Teoria generale del Diritto*. 2. ed. Padova: Cedam, 1967.

L'HEUREUX, Nicole. *Droit de la Consommation*. Montreal: Wilson & Lafleur Itée, 1986.

LIEBMAN, Enrico Tullio. "Contro il patto 'solve et repete' nei contratti". In: *Riv. di Diritto Processuale Civile*, v. 8, 1931.

LIEBMAN, Enrico Tullio. "Variazioni intorno alla clausola 'solve et repete' nei contratti". In: *Riv. di Diritto Processuale Civile*, v. 10, p. 209, 1933.

LISBOA, Roberto Senise. *Contratos difusos e coletivos*. São Paulo: Revista dos Tribunais, 1997.

LÔBO, Paulo Luiz Neto. *Condições gerais dos contratos e cláusulas abusivas*. São Paulo: Saraiva, 1991.

LOCHER, Horst. *Das Recht der Allgemeinen Geschäftsbedingungen*. Beck: [s. n.], 1980.

LONGO, Walter. "A propaganda já não mora sozinha". In: *Tudo que você queria saber sobre propaganda e ninguém teve paciência para explicar*. São Paulo: Atlas, 1986.

LOPES, José Reinaldo da Lima. "Consumidor e sistema financeiro". In: *Revista Direito do Consumidor*, n. 19.

LOPES, Mauro Brandão. "Cláusula atípica do contrato bancário". In: *Condições gerais dos contratos bancários e a ordem pública econômica*. Curitiba: Juruá, 1988. v. 1.

LOPES, Miguel Maria de Serpa. *Comentários à lei de introdução ao Código Civil*. 2. ed. Rio de Janeiro: Freitas Bastos, 1959, v. 1.

LOPES, Miguel Maria de Serpa. *Exceções substanciais:* exceção de contrato não cumprido. Rio de Janeiro: Freitas Bastos, 1959.

LOVE, Robert, WOODROFFE, Geoffrey. *Consumer law and pratice*. Londres: Sweet and Maxwell, 1985.

LÖWE, Walter. "Instrumente der abstrakten Kontrolle". In: *Zehn Jahre AGB-Gesetz*. Köln: Kommunikationsforum, 1987, ps. 99-120.

LUCCA, Elcio Anibal de (presidente da SERASA). Entrevista à *Revista Mercado*. Publicação da ADVB, dez. 1998, p. 23.

LUNA, Everaldo da Cunha. "Os crimes contra a fé pública e o Código Penal de 1969". In: *Justitia*, v. 36, n. 84, ps. 243-272, jan./mar. 1974.

LYRA, Roberto. *Comentários ao Código Penal*. Rio de Janeiro: Forense, 1955. v. 2.

MACEDO JUNIOR, Ronaldo Porto. *Contratos relacionais e defesa do consumidor*. Max Limonad, 1998.

MAGGS, Peter B., SCHECHTER, Roger E., WESTON, Glen E. *Unfair trade practices and consumer protection:* cases and comments. St. Paul: West Publishing, 1983.

MALANGA, Eugênio. *Publicidade:* uma introdução. São Paulo: Edima, 1987.

MALINVALD, Philippe. *Le condizioni generale di contratto*. Milano: Giuffrè, 1981, t. 2.

MANCUSO, Rodolfo de Camargo. *Ação civil pública*. São Paulo: RT, 1989.

MANCUSO, Rodolfo de Camargo. *Interesses difusos*. São Paulo: RT, 1988.

MANCUSO, Rodolfo de Camargo. "Interesses difusos: conceito e colocação no quadro geral dos interesses". In: *Revista de Processo*, v. 14, n. 55, ps. 165-179, jul./set. 1989.

MANCUSO, Rodolfo de Camargo. "O Município enquanto colegitimado para a tutela dos interesses difusos". In: *Revista de Processo*, v. 12, n. 48, ps. 45-63, out./dez. 1987.

MANDELBAUM, Renata. *Contratos de adesão e contratos de consumo*. São Paulo: Revista dos Tribunais, 1996.

MARANHÃO, Jorge. *A arte da publicidade estética, crítica e kitsch*. Campinas: Papirus, 1988.

MARANI, Giovanni. *Aspetti negoziali e aspetti processuali dell'arbitrato*. Torino: UTET, 1966.

MARCATO, Antonio Carlos. "Da consignação em pagamento e o reconhecimento 'ex officio' do caráter abusivo da cláusula de eleição de foro". In: *2º TACivSP Jubileu*, ps. 119-126.

MARINHO, José Domingos da Silva. "Ministério Público e tutela jurisdicional dos interesses difusos". In: *Revista de Processo*, v. 9, n. 36, ps. 114-127, out./dez. 1984.

MARINS, James. "'Habeas data', antecipação de tutela e cadastros financeiros à luz do Código de Defesa do Consumidor". In: *Revista de Direito do Consumidor*, v. 26, abr./jun. 1998, p. 106.

MARQUES. Cláudia Lima. *Contratos no Código de Defesa do Consumidor*. 3. ed. São Paulo: Revista dos Tribunais, 1998.

MARQUES, José Frederico. *Instituições de Direito Processual*. 3. ed. Rio de Janeiro: Forense, 1971. v. 5.

MARTY, Gabriel, RAYNAUD, Pierre. *Droit Civil:* les biens. 2. ed. Paris: Sirey, 1980.

MARX, Erwin. *Der gesetzliche Richter im Sinne von Art. 101, Ab. 1 Satz 2 Grundgesetz*. Berlin: Walter de Gruyter, 1969.

MAXIMILIANO, Carlos. *Hermenêutica e aplicação do Direito*. 9. ed. Rio de Janeiro: Forense, 1980.

MAZZARELLA, Ferdinando. *Arbitrato e processo*. Padova: Cedam, 1986.

MAZZILLI, Hugo Nigro. *A defesa dos interesses difusos em juízo*. São Paulo: RT, 1988.

MAZZILLI, Hugo Nigro. *A defesa dos interesses difusos em juízo*. 2. ed. São Paulo: RT, 1990.

MAZZILLI, Hugo Nigro. *O inquérito civil*. São Paulo: Saraiva, 1999.

MEDAUAR, Odete. *Direito Administrativo moderno*. 2. ed. São Paulo: RT, 1998.

MEDICUS, Dieter. *Allgemeiner Teil des BGB*. 2. ed. Heidelberg: C. F. Müller, 1985.

MEIRELLES, Hely Lopes. *Direito Administrativo brasileiro*. 13. ed. São Paulo: RT, 1987.

MEIRELLES, Hely Lopes. *Mandado de segurança, ação popular, ação civil pública, mandado de injunção, "habeas data"*. 12. ed. São Paulo: RT, 1989.

MELLO, Oswaldo Aranha Bandeira de. *Os princípios gerais de Direito Administrativo*. Rio de Janeiro: Forense, 1969, v. 1.

MESQUITA, José Ignácio Botelho de. *Da ação civil*. São Paulo: RT, 1975.

MESSINEO, Francesco. *I titoli di credito*. 2. ed. Padova: Cedam, 1934. v. 1.

MESSINEO, Francesco. "Il contratto in genere". In: *Trattato di Diritto Civile e Commerciale*. Milano: Giuffrè. 1973, v. 21, t. 1, ps. 424-425.

MEUNIER-BIHL, Anne. *Guide juridique des consommateurs*. Paris: Vecchi, 1987.

MICHEL, Ulrich. *Die Allgemeinen Geschäftsbedingungen als Vertragsbestandteil in der Rechtsprechung*. Tübingen: J. C. B. Mohr, 1932.

MICHELI, Gian Antonio. *La rinuncia agli atti del giudizio*. Padova: Cedam, 1937.

MILARÉ, Edis. *A ação civil pública na nova ordem constitucional*. São Paulo: Saraiva, 1990.

MILARÉ, Edis. *Direito do ambiente: doutrina, prática, jurisprudência, glossário*. São Paulo: RT, 2000.

MILARÉ, Edis. *Tutela jurisdicional dos interesses difusos.* São Paulo: Saraiva, 1984.

MIRANDA, Francisco Cavalcanti Pontes de. *Tratado das ações.* São Paulo: RT, 1976, v. 6.

MIRANDA, Francisco Cavalcanti Pontes de. *Comentários ao Código de Processo Civil.* Rio de Janeiro: Forense. 1977. v. 15.

MIRANDA, Francisco Cavalcanti Pontes de. *Tratado de Direito Privado.* 4. ed. São Paulo: RT, 1983. v. 2, 4.

MONTEIRO, António Pinto. *Cláusulas limitativas e de exclusão de responsabilidade civil.* Coimbra: Coimbra Editora, 1985.

MONTEIRO, Washington de Barros. *Curso de Direito Civil.* São Paulo: Saraiva, 1977. v. 5.

MONTEIRO, Washington de Barros. *Curso de Direito Civil, direito das obrigações – 1ª parte.* São Paulo: Saraiva, 1980.

MONTESANO, Luigi. "Luci ed ombre in leggi e proposte di tutela differenziata nei processi civili". In: *Riv. di Diritto Processuale*, v. 34, ps. 592-603, 1979 (II Serie).

MORAES, Voltaire de Lima. "Da tutela do consumidor". In: *Ajuris,* v. 16, n. 47, ps. 25-27, nov. 1989.

MORAES, Voltaire de Lima. "Do chamamento ao processo". In: *Ajuris,* v. 14, n. 41, p. 69, nov. 1987.

MORÃO, Artur (trad.). *A sociedade de consumo.* Lisboa: Edições 70, 1981.

MOREIRA, José Carlos Barbosa (trad.). "Transformações do processo civil em nosso tempo". In: *Revista Brasileira de Direito Processual*, v. 7, ps. 57-68, jul./set. 1976.

MOREIRA, José Carlos Barbosa. "A proteção jurisdicional dos interesses coletivos e difusos". In: *Tutela dos interesses difusos.* São Paulo: Max Limonad, 1984, p. 99.

MOREIRA, José Carlos Barbosa. "A ação popular do Direito brasileiro como instrumento de tutela jurisdicional dos chamados interesses difusos". In: *Temas de Direito Processual.* São Paulo: Saraiva, 1977, ps. 110, 118 e 123 (1ª Série).

MOREIRA, José Carlos Barbosa. "A responsabilidade das partes por dano processual no Direito brasileiro". In: *Temas de Direito Processual.* São Paulo: Saraiva, 1977, ps. 24-25 (1ª Série).

MOREIRA, José Carlos Barbosa. "A sentença penal como título executório". In: *Revista de Direito Penal*, n. 4, p. 47, out./dez. 1971.

MOREIRA, José Carlos Barbosa. *Litisconsórcio unitário.* Rio de Janeiro: Forense, 1972.

MOREIRA, José Carlos Barbosa. "Notas sobre a efetividade do processo". In: *Estudos em homenagem a José Frederico Marques.* São Paulo: Saraiva, 1982.

MOREIRA, José Carlos Barbosa. "Notas sobre o problema da efetividade do processo". In: *Temas de Direito Processual.* São Paulo: Saraiva, 1984. p. 35 (3ª Série).

MOREIRA, José Carlos Barbosa. "Tendências na execução de sentenças e ordens judiciais". In: *Temas de Direito Processual.* São Paulo: Saraiva, 1989, p. 215-241 (4ª Série).

MOREIRA, José Carlos Barbosa. "Tutela jurisdicional dos interesses coletivos ou difusos". In: Temas de Direito Processual. São Paulo: Saraiva, 1984, ps. 195-196 (3ª Série).

MOREL, René. "Le contrat imposé". In: RIPPERT, Georges. *Le Droit Privé français au milieu du XX Siècle.* Paris: L.G.D.J., 1950, v. 2, p. 116.

MORELLO, Umberto. "Condizioni generali di contratto". In: *Digesto delle discipline privatistiche.* 4. ed. Torino: U.T.E.T., 1988, v. 3, p. 349.

MORTARA, Lodovico. *Commentario del codice e delle leggi di procedura civile.* 4. ed. Milano: Vallardi, 1923. v. 3.

MUGICA, Santiago Cavanillas, LANA, José Angel Torres. *Código de Derecho del consumo.* Madrid: Trivium, 1989.

NASCIMENTO, Amauri Mascaro. *Direito do trabalho na constituição de 1988.* São Paulo: Saraiva, 1989.

NASCIMENTO, Tupinambá Miguel Castro do. *Comentários ao Código do Consumidor*. Rio de Janeiro: Aide, 1991.

NEPPI, Vittorio. *La rappresentanza nel Diritto Privato moderno*. Padova: Cedam, 1930.

NERY, Rosa Maria Andrade. "Competência relativa de foro e a ordem pública: o art. 51 do CDC e o verbete nº 33 da súmula do STJ". In: *RT* 693/112.

NERY JÚNIOR, Nelson. "Intervenção do Ministério Público nos procedimentos especiais de jurisdição voluntária". In: *Revista de Processo*, v. 12, n. 46, ps. 7-28, abr./jun. 1987.

NERY JÚNIOR, Nelson. *Vícios do ato jurídico e reserva mental*. São Paulo: RT, 1983.

NERY JÚNIOR, Nelson; NERY, Rosa Maria Andrade. *Código de Processo Civil comentado*. 4. ed. São Paulo: Revista dos Tribunais, 1999.

NERY JÚNIOR, Nelson. "Cambial ineficaz: interesse exclusivo do mandatário". In: *Revista de Processo*, v. 13, n. 50, ps. 152-163, abr./jun. 1988.

NERY JÚNIOR, Nelson. "Mandado de segurança coletivo". In: *Revista de Processo*, v. 15, n. 57, ps. 150-158, jan./mar. 1990.

NERY JÚNIOR, Nelson. "MP: interesses coletivos e a nova ordem constitucional". In: *O Estado de São Paulo*, ps. 50, 23 abr. 1989.

NERY JÚNIOR, Nelson. *Recursos no processo civil: princípios fundamentais; teoria geral dos recursos*. São Paulo: RT, 1990.

NERY JÚNIOR, Nelson. *Tutela jurisdicional dos interesses difusos*. São Paulo: Saraiva, 1984.

NEVES, Celso. *Contribuição ao estudo da coisa julgada civil*. São Paulo: RT, 1970.

NIKISCH, Arthur. "Festschrisft für Hans Dolle". In: *Vom Deutschen zum Europäischen Recht*. Tübingen: J. C. B. Mohr, 1963, v. 1, p. 83.

NIKISCH, Arthur. *Zivilprozebrecht*. 2. ed. Tübingen: J. C. B. Mohr, 1952.

NORONHA, Edgard Magalhães. *Direito Penal*. São Paulo: Saraiva, 1965. v. 2.

NUNES, Luiz Antonio Rizzatto. *O Código de Defesa do Consumidor e sua interpretação jurisprudencial*. São Paulo: Saraiva, 1997.

OLEA, Manuel Alonso. *Apud* NASCIMENTO, Amauri Mascaro. *Direito do trabalho na Constituição de 1988*. São Paulo: Saraiva, 1989.

OLIVEIRA, Elias de. *Crimes contra a economia popular*. Rio de Janeiro: Freitas Bastos, 1952.

OLIVEIRA, Lamartine Corrêa de. *A dupla crise da pessoa jurídica*. São Paulo: Saraiva, 1979.

OLIVEIRA JÚNIOR, Waldemar Mariz de. *Substituição processual*. São Paulo: RT, 1971.

OLIVEIRA JÚNIOR, Waldemar Mariz de. "Tutela jurisdicional dos interesses coletivos e difusos". In: *Revista de Processo*, v. 9, n. 33, ps. 7-25, jan./mar. 1984.

OPPENHEIM, S. Chesterfield *et al*. *Unfair trade practices and consumer protection*: cases and comments. St. Paul: West Publishing, 1983.

OPPO, Giorgio. *Profili dell'interpretazione oggettiva del negozio giuridico*. Bologna: Zanichelli, 1943.

OSSENBUHL, Fritz. *Allgemeines Verwaltungsrecht*. 7. ed. Berlin: Walter de Grugter, 1986.

PAJARDI, Piero. *Procedura civile*: istituzioni e lineamenti generali. Milano: Giuffrè, 1989.

PASQUALOTTO, Adalberto. "Defesa do consumidor". In: *Revista dos Tribunais*, v. 651, ps. 52-72, 1990.

PEDROSO, L. A. Palhamo. "A normalização brasileira e a ABNT". In: CONGRESSO INTERNACIONAL DE NORMALIZAÇÃO E QUALIDADE. *Anais*. Rio de Janeiro: ABNT, 1990.

PENTEADO FILHO, José Roberto Whitaker. "A associação de classe é a Associação Brasileira de Propaganda: mas os profissionais do ramo preferem ser chamados de publicitários e não de propagandistas". In: *Marketing*, n. 179, p. 58, set. 1988.

PEREIRA, Caio Mario da Silva. *Responsabilidade civil*. 2. ed. Rio de Janeiro: Forense, 1990.

PERICU, Giuseppe. "Tutela dell'ambiente nel diritto amministrativo". In: *Digesto delle Discipline Pubblicistiche*. 4. ed. Torino: U.T.E.T., 1987. v. 1.

PETER, Hans, TUHR, Andreas von. *Allgemeiner Teil des Schweizerischen Obligationenrechts*. 3. ed. Zürich: Schulthess, 1979. v. 1.

PICARD, Maurice, PLANIOL, Marcel, RIPERT, Georges. *Traité pratique de Droit Civil français*. 2. ed. Paris: L.G.D.J., 1952. v. 3.

PICARDI, Nicola. "I processi speciali". In: *Riv. di Diritto Processuale*, v. 37, ps. 700-764, 1982 (II Serie).

PINHO, J. B. *Comunicação em marketing*. Campinas: Papirus, 1988.

PIROVANO, Antoine. "Publicité comparative et protection des consommateurs". In: Recueil Dalloz Sirey. *Chronique*, n. 49, 1974.

PISANI, Andrea Proto. "Appunti preliminari per uno studio sulla tutela giurisdizionale degli interessi colletivi o diffusi". In: *Diritto e Giurisprudenza*, v. 89, n. 6, p. 808 [s. d.].

PISANI, Andrea Proto. "Appunti sulla tutela sommaria". In: *Processi speciali, studi offerti a Virgilio Andreoli dai suoi allievi*. Napoli: Eugenio Jovene [s. d.] ps. 309-360.

PISANI, Andrea Proto. "Sulla tutela giurisdizionale differenziata". In: *Riv. di Diritto Processuale*, v. 34, ps. 536-591, 1979 (II Serie).

PITOFSKY, Robert. "Beyond nader: consumer protection and the relation of advertising". In: *Harvard law review*, v. 90, n. 4, p. 644, 1977.

PODETTI, J. Ramiro. *Tratado de la competencia*. 2. ed. Buenos Aires: Ediar, 1973.

POLO, Eduardo. *La protección del consumidor en el Derecho Privado*. Madrid: Civitas, 1980.

PRADE, Péricles. *Conceito de interesses difusos*. 2. ed. São Paulo: RT, 1987.

PRATA, Ana. *Cláusulas de exclusão e limitação da responsabilidade contratual*. Coimbra: Almedina, 1985.

PRIEUR, Michel. *Droit de l'environnment*. Paris: Dalloz, 1984.

PUGLIATTI, Salvatore. "Il conflitto d'interessi fra principale e rappresentante". In: *Studi sulla rappresentanza*. Milano: Giuffrè, 1965.

PUGLIATTI, Salvatore. "La simulazione dei negozi unilaterali". In: *Scritti giuridici in onore di Antonio Scialoja*. Bologna: Zanichelli, 1953, v. 3.

PUGLIATTI, Salvatore. "Rappresentanza legale e sospensione della prescrizione". In: *Studi sulla rappresentanza*. Milano: Giuffrè, 1965, p. 387.

PUGLIESE, Giovanni. "Giudicato civile". In: *Enciclopedia del Diritto*. Milano: Giuffrè, 1969, v. 18, p. 88.

RAISER, Ludwig. *Das Rechts der allgemeinen Geschäftsbedingungen*. Bad: Homburg, 1935.

RAMELLA, A. *Trattato sulla corrispondenza in materia civile e commerciale*. Torino: Fratelli Bocca, 1986.

RAPISARDA, Cristina. *Profili della tutela civile inibitoria*. Padova: Cedam, 1987.

RASELLI, Alessandro. "Le sentenze determinative e la classificazione delle sentenze". In: *Studi sul potere discrezionale del giudice civile*. Milano: Giuffrè, 1975, p. 324.

REALE, Miguel. *Teoria do Direito e do Estado*. São Paulo: Saraiva, 1984.

REDENTI, Enrico. *Diritto Processuale Civile*. 2. ed. Milano: Giuffrè, 1957. v. 3.

REDENTI, Enrico. *Profili pratici del Diritto Processuale*. 2. ed. Milano: Giuffrè, 1939.

REQUIÃO, Rubens. "Disregard doctrine". In: *Revista dos Tribunais*, v. 410, ps. 12-24, dez. 1969.

REZZÓNICO, Juan Carlos. *Contratos con cláusulas predispuestas: condiciones negociales generales*. Buenos Aires: Astrea, 1987.

RICO-PEREZ, Francisco. "Rapport espagnol". In: *Journées Portugaises de Lisbone: la publicité-propagande*. Paris: Economica, 1983, v. 32.

RIPERT, Georges. *Le déclin du Droit*. Paris: L.G.D.J., 1949.

RIZZARDO, Arnaldo. *Contratos de crédito bancário*. São Paulo: RT, 1990.

RIZZO, Vito. *Interpretazione dei contratti e relatività delle sua regole*. Napole: Università di Camerino, 1985.

ROCCO, Ugo. *Trattato di Diritto Processuale Civile*. 2. ed. Torino: U.T.E.T., 1966. v. 1.

RODRIGUES, Sílvio. *Direito Civil*: dos contratos e das declarações unilaterais da vontade. São Paulo: Saraiva, 1985.

RODRIGUES, Sílvio. *Direito Civil*: parte geral. São Paulo: Max Limonad, 1964.

RODRIGUEZ-CANO, Alberto Bercovitz. "La protección de los consumidores, la constitución espanola y el Derecho Mercantil". In: *Estudios jurídicos sobre protección de los consumidores*. Madrid: Tecnos, 1987.

ROLLEMBERG, Jorge Torres de Mello. *Proteção ao consumidor: seus problemas e dificuldades, iniciativas na área privada oficializada do movimento pelo governo*. [S. l.]: Escola Superior de Guerra, 1987.

ROMBOLI, Roberto. *Il giudice naturale*. Milano: Giuffrè, 1981.

ROPPO, Enzo. *Contratti standard:* autonomia e controlli nella disciplina delle attività negoziali di imprensa. Milano: Giuffrè, 1989.

ROPPO, Enzo. "L'interpretazione dell'art. 1.341". In: *Tecnica e controllo dei contratti standar*. [S. l.: s. n.], 1984.

ROSA, Josimar Santos. *Contrato de adesão*. São Paulo: Atlas, 1994.

ROSENBERG, Leo; SCHWAB, Karl Heinz. *Zivilprozeβrecht*. 14. ed. München: Beck'sche, 1986.

ROSENBERG, Leo; SCHWAB, Karl Heinz; GOTTWALD, Peter. *Zivilprozeβrecht*. 15. ed. München: Beck, 1993.

ROUBIER, Paul. *Droits subjectifs et situations juridiques*. Paris: Dalloz, 1963.

SABATÉ, Luis Munõz. *Las cláusulas procesales en la contratación privada*. Barcelona: Bosch, 1988.

SABÓIA, Maria Luiza Andrade Figueiredo de. "O direito estatutário do CONAR". In: *Revista de Direito Civil*, v. 10, n. 38, ps. 103-157, out./dez. 1986.

SALEILLES, Raymond. *De la déclaration de volonté*. Paris: L.G.D.J., 1929.

SANCHES, Sydney. "Conseqüências da não denunciação da lide". In: *JTACivSP*, v. 46, ps. 193-194, nov./dez. 1977.

SANCHES, Sydney. *Denunciação da lide no Direito Processual Civil brasileiro*. São Paulo: RT, 1984.

SANTANIELLO, Giuseppe. *Trattato di Diritto Amministrativo*. Padova: Cedam, 1987.

SAUER, Wilhelm. *Grundlagen des Prozebrecht*. Aalen: Scientia, 1970.

SAVATIER, René. *La théorie des obligations en Droit Privé économique*. 4. ed. Paris: Dalloz, 1979.

SAVATIER, René. *Les métamorphoses économiques et sociales du Droit Civil d'aujourd'hui*. 3. ed. Paris: Dalloz, 1964.

SCHIEDERMAIR, Gerhard. *Vereinbarungen im Zivilprozeβ*. Bonn: Ludwig Rohrscheid, 1935.

SCHLOSSER, Peter. *Einverständliches Parrteihandeln im Zivilprozeβ*. Tübingen: J. C. B. Mohr, 1968.

SCHMIDT-SALZER, Joachim. *Allegemeine Geschäftsbedingungen*. 2. ed. München: Beck, 1977.

SCHWAB, Karl Heing. *Schiedsgerichtsbarkeit*. 3. ed. München: Beck, 1979.

SCIALOJA, Vittorio. *Procedura civile romana*. Roma: Romana, 1936.

BIBLIOGRAFIA

SERIAUX, Alain. "La distribution du crédit mobilier". In: *Le droit du crédit au consommateur.* Paris: Librairies Techniques, 1982.

SIDOU, Othon. *Proteção ao consumidor.* Rio de Janeiro: Forense, 1977.

SILVA, Clóvis do Couto e. *Comentários ao Código de Processo Civil.* São Paulo: RT, 1982. v. 11, t. 2.

SILVA, Clóvis do Couto e. "O juízo arbitral no Direito brasileiro". In: *Revista dos Tribunais,* v. 620, p. 17, 1987.

SILVA, Clóvis do Couto e. "O princípio da boa-fé e as condições gerais dos negócios". In: *Condições gerais dos contratos bancários e a ordem pública econômica. Anais Jurídicos.* Curitiba: Juruá, 1988, v. 1, ps. 39, 41.

SILVA, José Afonso da. *Ação popular constitucional.* São Paulo: RT, 1968.

SILVA, José Afonso da. *Curso de Direito Constitucional Positivo.* 6. ed. São Paulo: RT, 1990.

SILVA, José Luiz Toro da. *Comentários à Lei dos Planos de Saúde.* Porto Alegre: Síntese, 1998.

SILVA, Luís Renato Ferreira da. *Revisão dos contratos:* do Código Civil ao Código do Consumidor. Rio de Janeiro: Forense, 1998.

SILVA, Oscar José Plácido e. *Vocabulário jurídico.* Rio de Janeiro: Forense, 1986, v. 1.

SILVA, Ovídio A. Baptista da. *Curso de processo civil.* Porto Alegre: Sérgio Antonio Fabris, 1990, v. 2.

STASSINOPOULOS, Michel. *Traité des actes administratifs.* Paris: L.G.D.J., 1973.

STIGLITZ, Gabriel A. *Protección jurídica del consumidor.* Buenos Aires: Depalma, 1990.

STÜRMER, Bertram Antônio. "Banco de dados e 'habeas data' no Código do Consumidor". In: *Lex,* ano 5, n° 49, set. 1993, ps. 10-11.

TAHARA, Mizuho. *Contrato imediato com mídica.* São Paulo: Global, 1987.

TARUFFO, Michele. "I limiti soggettivi del giudicato e le class actions". In: *Riv. di Diritto Processuale,* v. 24, ps. 618, 1969 (II Serie).

TERRÉ, François, WEIL, Alex. *Droit Civil:* les obligations. 4. ed. Paris: Dalloz, 1986.

THEODORO JÚNIOR, Humberto. *Processo de execução.* 6. ed. São Paulo: Leud, 1981.

THIBAUT, A.F.J. *Über die Notwendigkeit eines allgemeinen Bürgerlichen Gesetzbuchs für Deutschland* (projeto de 1814).

THIERE, Karl. *Die Wahrung überindividueller Interessen im Zivilprozeß.* Bielefeld: Gieseking, 1980.

TOMASETTI JÚNIOR, Alcides. *Execução do contrato preliminar.* Tese. São Paulo: USP, 1982.

TREBILCOCK, M. J. "Mesures preconisées pour la révision du règlement relatif et pratiques commerciales malhonnêtes au Canada". In: *Études des pratiques commerciales trompeuses et déloyales en matière de concurrence.* Ottawa: Ministère de la Consommation et des Corporations, 1976.

TRUTTER, Josef. *Über prozessualische Rechtsgeschäfte.* Aalen: Scientia, 1972.

TUCCI, José Rogério Cruz e. *"Class action" e mandado de segurança coletivo.* São Paulo: Saraiva, 1990.

TUCCI, José Rogério Cruz e. *Desistência da ação.* São Paulo: Saraiva, 1988.

ULMER, Peter. *Kommentar zum Gesetz zur Regelung des Rechts der Allgemeinen Geschäftsbedingungen.* 5. ed. Kohn: Otto Schmidt, 1987.

URBANCZYK, Reinhard. *Zur Verbandsklage im Zivilprozeß.* Koln: Carl Neymanns, 1981.

URRUTI, Fernando de Los Rios (trad.). *Teoria general del Estado.* Buenos Aires: Albatros, 1943.

VELASCO, José Ignacio Cano Martinez de. *La renuncia a los derechos.* Barcelona: Bosch, 1986.

VERRUCOLI, Piero. *Il superamento della personalità di capitali nella common law e nella civil law.* Milano: Giuffrè, 1964.

CÓDIGO BRASILEIRO DE DEFESA DO CONSUMIDOR

VIDIGAL, Geraldo de Camargo. "Tarifas bancárias". In: *Cadernos de Direito Tributário e Finanças Públicas*, n. 17, ps. 127-143.

VIEIRA, Fernando Grella. "A transação na esfera da tutela dos interesses difusos e coletivos e a posição do Ministério Público". In: *Justitia* 55(161), São Paulo.

VIEIRA, Fernando Grella. "A transação na esfera da tutela dos interesses difusos e coletivos: compromisso de ajustamento de conduta". In: *Ação civil pública – Lei 7.347/85 – 15 anos*. Coord. Édis Milaré. São Paulo: RT, 2001.

VIGORITI, Vincenzo. *Interessi colettivi e processo: la legittimazione ad agire*. Milano: Giuffrè, 1979.

VILLONE, Massimo. "La collocazione istituzionale dell'interesse diffuso". In: *La tutela degli interessi diffusi nel Diritto Comparato*. Milano: Giuffrè, 1976.

VIRGA, Pietro. *Diritto Costituzionale*. 9. ed. Milano: Giuffrè, 1979.

VIVANTE, Cesare. *Trattato di Diritto Commerciale*. 5. ed. Milano: Francesco Vallardi, 1934. v. 1.

WACH, Adolfo. *Handbuch des Deutschen Zivilprozeßrechts*. Leipzig: Duncker & Humblot, 1985. v. 1.

WALD, Arnoldo. *Curso de Direito Civil Brasileiro*. 5. ed. São Paulo: RT, 1987. v. 1.

WATANABE, Kazuo. "Acesso à justiça e sociedade moderna". In: *Participação e processo*. São Paulo: RT, 1988.

WATANABE, Kazuo. *Acesso à Ordem Jurídica Justa*. Processos coletivos e outros estudos. Belo Horizonte: Del Rey, 2019.

WATANABE, Kazuo. "Breve reflexão sobre a natureza jurídica da sentença de casamento". In: *Revista dos Tribunais*, v. 542, ps. 25-28, dez. 1980.

WATANABE, Kazuo. *Controle jurisdicional e mandado de segurança contra atos judiciais*. São Paulo: RT, 1980.

WATANABE, Kazuo. *Da cognição no processo civil*. São Paulo: Saraiva, 2012.

WATANABE, Kazuo. "Tutela jurisdicional dos interesses difusos: a legitimação para agir". In: *A tutela dos interesses difusos*. São Paulo: Max Limonad, 1984, p. 90.

WESENBERG, Gerhard, WESENER, Gunter. *Neuere deutsche privatrechtsgeschichte*. 4. ed. Wien-Koln-Graz: Bohlau, 1985.

WHITAKER, José Maria. *Letra de câmbio*. 7. ed. São Paulo: RT, 1963.

WIEACKER, Franz. *História do Direito Privado moderno*. Lisboa: Fundação Calouste Gulbenkian, 1980.

WILSON, Aubrey. *The art and practice of marketing*. London: Hutchnson of London, 1971.

XAVIER NETO, Francisco de Paula. "A possível desconsideração do foro de eleição nos contratos de adesão". In: *Revista de Processo*, v. 14, n. 56, ps. 200-202, out./dez. 1989.

ZACCARIA, Alessio. "Comentário ao art. 1.467 do Código Civil italiano". In: CIAN, Giorgio, TRABUCCHI, Alberto. *Commentário breve al Codice Civile*. 3. ed. Padova: Cedam, 1988.

ZANELATTO, Marco Antonio, SILVA, Edgard Moreira da. "Ação civil pública". In: *Revista de Direito do Consumidor*, v. 22, abr./jun. 1997, p. 326.

ZANGARA, Vincenzo. *La rappresentaza istituzionale*. 2. ed. Padova: Cedam, 1952.

ZANOBINI, Guido. *Corso di Diritto Amministrativo*. 8. ed. Milano: Giuffrè, 1958.

ZIPPELIUS, Reinhold. *Allgemeine Staatslehre*. 9. ed. Müchen: Beck'sche, 1985.

ANEXO

JURISPRUDÊNCIA DO SUPERIOR TRIBUNAL DE JUSTIÇA SOBRE PROCESSOS COLETIVOS

Este anexo é constituído por estudo atualizado da jurisprudência do STJ, de autoria de Ada Pellegrini Grinover e João Ferreira Braga, mostrando as recentes e últimas posições do Tribunal sobre ações coletivas.

OS INSTITUTOS FUNDAMENTAIS DO PROCESSO COLETIVO NA JURISPRUDÊNCIA DO SUPERIOR TRIBUNAL DE JUSTIÇA: UM PATRIMÔNIO HERMENÊUTICO EM FORMAÇÃO

Ada Pellegrini Grinover
Professora Titular da Faculdade de Direito da USP

João Ferreira Braga
Professor Adjunto do Centro Universitário de Brasília – UNICEUB
e do Instituto Brasiliense de Direito Público – IDP

Sumário: Introdução. 1. Legitimidade *ad causam*: 1.1 Legitimidade *ad causam* ativa: 1.1.1 Legitimidade *ad causam* do Ministério Público; 1.1.2 Legitimidade concorrente e autônoma entre Ministério Público Federal e Estadual; 1.1.3 Legitimidade *ad causam* das associações: representação ou substituição processual; 1.1.4 Legitimidade *ad causam* das associações e a pertinência temática. Representatividade adequada; 1.1.5 Legitimação da Defensoria Pública; 1.2 Ação coletiva passiva; 1.3 Comentários dos autores – Legitimidade *ad causam* – 2. Limites territoriais da coisa julgada: 2.1 Coisa julgada *erga omnes* restrita aos limites da competência do órgão prolator da decisão; 2.2 Abrangência nacional da coisa julgada; 2.3 Comentários dos autores – 3. Competência: 3.1 Competência do juízo para os atos de execução do julgado coletivo; 3.2 Comentários dos autores – 4. Prescrição: 4.1 Aplicação analógica do art. 21 da Lei nº 4.717/65 (Lei da ação popular); 4.2 Imprescritibilidade, em se tratando de ACP que vise ao ressarcimento do erário; 4.3 Imprescritibilidade da pretensão, nos casos de nulidade do ato administrativo, por falta de licitação e de danos ao meio ambiente; 4.4 Prazo prescricional para o ajuizamento da execução; 4.5 Súmula 150 do STF; 4.6 Comentários dos autores – 5. Concomitância de ações individuais e ações coletivas: 5.1 Suspensão do curso dos processos individuais determinada de ofício; 5.2 Pela simultaneidade do processamento de ações individuais e coletivas; 5.3 Comentários dos autores – 6. Liquidação e execução da sentença: 6.1 Comentários dos autores – 7. Conclusões.

INTRODUÇÃO

Em 2014, o Superior Tribunal de Justiça completou 25 anos. O estudo percuciente da sua atuação nessa trajetória, em especial no que tange às suas competências jurídico-políticas – definição de teses jurídicas federais infraconstitucionais e autoridade uniformizadora da hermenêutica federal – merece o olhar e a reflexão doutrinária. Principalmente se atentarmos para a circunstância de que o patrimônio intelectual resultante da atividade hermenêutica das Cortes de superposição, não raras vezes, tem sido prestigiado pelo legislador, na renovação e construção do ordenamento jurídico brasileiro.

Neste estudo, os autores se propõem ao exame do patrimônio hermenêutico – formado ou em formação – de referida Corte Judiciária em torno de institutos fundamentais do direito processual coletivo.

Parte-se do suposto de que a previsão e adequada aplicabilidade de modelos processuais coletivos são premissas para o acesso à ordem jurídica justa. Nos dizeres de Cappelletti e Garth[1], o conceito de acesso à justiça tem passado por substanciais transformações. Os conflitos individuais clássicos cedem, em progressiva velocidade, aos de natureza coletiva, decorrentes da alteração de paradigmas comportamentais da sociedade tecnológica, na qual preponderam relações jurídicas massificadas.

É o fenômeno da litigiosidade de massa, consoante a literatura portuguesa[2], ou da "sociedade contemporânea, produtora de conflitos envolvendo grandes massas"[3]. Pelo processo coletivo, visa-se a mudanças do próprio estado das coisas, e não apenas à correção judicial de incidentes específicos.

Nesse sentido, tornam-se necessários câmbios de domínio teórico e hermenêutico, no que tange aos conceitos de legitimidade, interesse jurídico, partes, terceiros, efeitos da coisa julgada e execução. O dimensionamento social dos litígios coletivos importa a necessidade de se repensar o tradicional esquema de relação processual, sobretudo para entender-se que o fato é que deve ser legitimante da condição de parte ou terceiro, assim como do interesse, e não conceitos legais estáticos previamente estabelecidos. Nesse sentido, torna-se necessário curvar o disciplinamento processual à chama imperativa da complexidade humana.

O Brasil foi precursor e pioneiro no tratamento processual de conflitos de massa. Mas a existência de legislação esparsa – Lei da Ação Civil Pública, Código de Defesa do Consumidor, Lei da Ação Popular e Lei do Mandado de Segurança (no tocante ao mandado de segurança coletivo) – ainda provoca dúvidas quanto à interpretação e leva à necessidade de sua avaliação, além de gerar, em certa medida, aplicações inadequadas da analogia e subsidiariedade entre as normas em questão.

A questão ora colocada é agravada por um elemento cultural, na medida em que se nota, até hoje, alguma dificuldade no sentido de aplicar aos processos coletivos técnicas que lhes são peculiares. Nessa esteira, estabelece-se a cultura da sentença individual e, com ela, seus respectivos critérios hermenêuticos: aos processos coletivos são aplicadas linhas interpretativas adequadas às ações individuais, e não às coletivas. O que não pode prevalecer, evidentemente.

Parece, portanto, que a miscigenação procedimental frequentemente utilizada pela Corte Superior de Justiça implica preterições a uma tutela coletiva eficaz. E de fato: aplicar o raciocínio do processo individual ao coletivo culmina em prejuízos à principiologia do

---

[1] CAPPELLETTI, Mauro; GARTH, Bryant. *Acesso à Justiça*. Porto Alegre: Sergio Antonio Fabris Editor, 1988, p. 9.

[2] SOUZA, Miguel Teixeira de. *A legitimidade popular na tutela dos interesses difusos*. Lisboa: Lex, 2003, p. 9.

[3] MOREIRA, José Carlos Barbosa. Ações coletivas na Constituição federal de 1988. *Revista de Processo*, São Paulo, v. 16, nº 61, jan./mar. 1991 p. 187-200.

direito processual coletivo e, por isso mesmo, aos seus institutos fundamentais, embora inegável a sua autonomia científica[4].

Nesse aspecto, é oportuna a menção a Vicente Greco Filho, para quem "não é mais possível tentar entender ou resolver problemas de ações coletivas com os princípios do processo civil comum, que nasceu e foi idealizado a partir de um autor e um réu, como ocorria no processo romano da *ordo judiciorum privatorum*"[5].

Assim, a partir da necessidade da proteção coletiva e da mensuração da participação do Estado-Juiz na consolidação da tutela coletiva, pretendem os autores o exame da jurisprudência do Superior Tribunal de Justiça, no trato de alguns institutos fundamentais do processo coletivo, com as consonâncias e dissonâncias encontradas nos julgados em relação à correta observância da cosmovisão da tutela coletiva.

Para tanto, serão enfrentadas algumas linhas de pesquisa, examinando e confrontando acórdãos, de maneira crítica, sobre os seguintes institutos: legitimidade *ad causam* ativa; ação coletiva passiva; delimitação territorial da coisa julgada; competência do Juízo para os atos de execução do julgado coletivo; prescrição; coexistência de ações individuais e coletiva; e, por fim, liquidação e execução da sentença coletiva.

1. LEGITIMIDADE *AD CAUSAM*

A questão da legitimidade *ad causam* para a proposição da ação coletiva constitui tema frequentado pela jurisprudência do Superior Tribunal de Justiça, merecendo análises em separado, em suas vertentes ativa e passiva.

1.1 Legitimidade *ad causam* ativa

1.1.1 Legitimidade ad causam *do Ministério Público*

Processual Civil e Previdenciário. Recurso Especial. Ação Civil Pública destinada à tutela de Direitos de natureza Previdenciária (no caso, revisão de benefícios). Existência de relevante interesse social. Legitimidade ativa *ad causam* do Ministério Público. Reconhecimento.

1. Para fins de tutela jurisdicional coletiva, os interesses individuais homogêneos classificam-se como subespécies dos interesses coletivos, previstos no art. 129, inciso III, da Constitui-

---

[4]   Em reforço à mencionada assertiva, citamos o acórdão proferido para o Recurso Especial n. 1.279.586/PR (Relator o Ministro Luis Felipe Salomão, *DJe* 17.11.2017), cuja ementa se subordina à seguinte redação (passagens de interesse): "3. A ação civil pública é instrumento processual de ordem constitucional, destinado à defesa de interesses transindividuais, difusos, coletivos ou individuais homogêneos e a relevância dos interesses tutelados, de natureza social, imprime ao direito processual civil, na tutela destes bens, a adoção de princípios distintos dos adotados pelo Código de Processo Civil, tais como o da efetividade. 4. O princípio da efetividade está intimamente ligado ao valor social e deve ser utilizado pelo juiz da causa para abrandar os rigores da intelecção vinculada exclusivamente ao Código de Processo Civil – desconsiderando as especificidades do microssistema regente das ações civis –, dado seu escopo de servir à solução de litígios de caráter individual. 5. Deveras, a ação civil constitui instrumento de eliminação da litigiosidade de massa, capaz de dissipar infindos processos individuais, evitando, ademais, a existência de diversidade de entendimentos sobre o mesmo caso, possuindo, ademais, expressivo papel no aperfeiçoamento da prestação jurisdicional, diante de sua vocação inata de proteger um número elevado de pessoas mediante um único processo".

[5]   GRECO FILHO, Vicente. Direito Processual Civil Brasileiro. 22. ed. São Paulo: Saraiva, 2010. v. 1, p. 26.

ção Federal. Precedentes do Supremo Tribunal Federal. Por sua vez, a Lei Complementar nº 75/93 (art. 6º, VII, *a*) e a Lei nº 8.625/93 (art. 25, IV, *a*) legitimam o Ministério Público à propositura de ação civil pública para a defesa de interesses individuais homogêneos, sociais e coletivos. Não subsiste, portanto, a alegação de falta de legitimidade do *Parquet* para a ação civil pública pertinente à tutela de direitos individuais homogêneos, ao argumento de que nem a Lei Maior, no aludido preceito, nem a Lei Complementar 75/93, teriam cogitado dessa categoria de direitos.

2. A ação civil pública presta-se à tutela não apenas de direitos individuais homogêneos concernentes às relações consumeristas, podendo o seu objeto abranger quaisquer outras espécies de interesses transindividuais (REsp 706.791/PE, 6ª Turma, Relª Minª Maria Thereza de Assis Moura, *DJe* 2.3.2009).

3. Restando caracterizado o relevante interesse social, os direitos individuais homogêneos podem ser objeto de tutela pelo Ministério Público mediante a ação civil pública. Precedentes do Pretório Excelso e da Corte Especial deste Tribunal.

4. No âmbito do direito previdenciário (um dos seguimentos da seguridade social), elevado pela Constituição Federal à categoria de direito fundamental do homem, é indiscutível a presença do relevante interesse social, viabilizando a legitimidade do Órgão Ministerial para figurar no polo ativo da ação civil pública, ainda que se trate de direito disponível (STF, AgRg no RE AgRg/RE 472.489/RS, 2ª Turma, Rel. Min. Celso de Mello, *DJe* 29.8.2008).

5. Trata-se, como se vê, de entendimento firmado no âmbito do Supremo Tribunal Federal, a quem a Constituição Federal confiou a última palavra em termos de interpretação de seus dispositivos, entendimento esse aplicado no âmbito daquela Excelsa Corte também às relações jurídicas estabelecidas entre os segurados da previdência e o INSS, resultando na declaração de legitimidade do *Parquet* para ajuizar ação civil pública em matéria previdenciária (STF, AgRg no AI 516.419/PR, 2ª Turma, Rel. Min. Gilmar Mendes, *DJe* 30.11.2010).

6. O reconhecimento da legitimidade do Ministério Público para a ação civil pública em matéria previdenciária mostra-se patente tanto em face do inquestionável interesse social envolvido no assunto, como, também, em razão da inegável economia processual, evitando-se a proliferação de demandas individuais idênticas com resultados divergentes, com o consequente acúmulo de feitos nas instâncias do Judiciário, o que, certamente, não contribui para uma prestação jurisdicional eficiente, célere e uniforme.

7. Após nova reflexão sobre o tema em debate, deve ser restabelecida a jurisprudência desta Corte, no sentido de se reconhecer a legitimidade do Ministério Público para figurar no polo ativo de ação civil pública destinada à defesa de direitos de natureza previdenciária.

8. Recurso especial desprovido.[6]

Agravo Regimental no Agravo Regimental no Recurso Especial. Previdenciário. Ação Civil Pública. Ministério Público. Legitimidade.

1. É firme a orientação das Turmas que integram a Terceira Seção do Superior Tribunal de Justiça, no sentido de que o Ministério Público tem legitimidade para propor ação civil pública, com o escopo de defesa de direitos de natureza previdenciária.

2. Agravo regimental a que se nega provimento.[7]

---

[6] Recurso Especial 1.142.630/PR, Rel. Min. Laurita Vaz, Quinta Turma, julgado em 7.12.2010, *DJe* 1º.2.2011.

[7] Agravo Regimental no Agravo Regimental no Recurso Especial 972.279/BA, Rel. Min. Og Fernandes, Sexta Turma, julgado em 9.10.2012, *DJe* 19.10.2012. No mesmo sentido: Recurso Especial 946.533/PR, Rel. Min. Maria Thereza de Assis Moura, Sexta Turma, julgado em 10.5.2011, *DJe* 13.6.2011.

Administrativo e Processual Civil. Agravo Regimental no Agravo de Instrumento. Ação Civil Pública. Improbidade Administrativa. Participação de Magistrado em Sociedades Empresárias, como Sócio de fato.

[...]

2. O Ministério Público estadual tem legitimidade para o ajuizamento de ação civil pública que visa apurar e punir ato de improbidade administrativa praticado por magistrado, independentemente do controle *interna corporis* do Tribunal a que está vinculado. Precedente: REsp 783.823/GO, Rel. Min. Eliana Calmon, Segunda Turma, *DJe* 26.5.2008.

[...]

5. Agravo regimental não provido.[8]

Recurso Especial. Processo Civil. Legitimidade Ativa *ad causam* do Ministério Público. Ação Cautelar de Exibição de Documentos preparatória de Ação Civil Pública [...].

[...]

3. No caso em julgamento, o Ministério Público estadual propôs ação cautelar para exibição de documentos bancários (listagem de correntistas da agência bancária e cópias dos contratos celebrados entre as partes), de modo a constatar a ocorrência de alegada prática abusiva quanto à imposição para aquisição de produtos bancários ("venda casada"), com vistas a eventual ajuizamento de ação civil pública.

4. O contingente de inúmeros correntistas, clientes da ré, possivelmente compelidos a adquirir produtos agregados quando buscam abertura de contas-correntes, pedidos de empréstimos ou outros serviços bancários, denota a origem comum dos direitos individuais e a relevância social da demanda, exsurgindo a legitimidade ativa do *Parquet* também para a ação cautelar.

5. Recurso especial não provido.[9]

Previdenciário e Processo Civil. Legitimidade do Ministério Público para propor Ação Civil Pública que verse sobre matéria previdenciária e recorrer de decisões proferidas no respectivo processo. Indubitável relevante interesse social. Recurso Especial do Ministério Público provido.

1. O Ministério Público detém legitimidade processual para propor Ação Civil Pública que trate de matéria previdenciária, em face do relevante interesse social envolvido, bem como para recorrer de decisões proferidas no curso do processo respectivo.

2. Não é razoável que por apego a formalismos, um direito multitudinário de pessoas sabidamente hipossuficientes, como sói ser a grande maioria dos segurados da Previdência Social, seja afastado da iniciativa tutelar do Ministério Público.

3. Embora as atribuições procuratórias do Ministério Público tenham sido transferidas para a Defensoria Pública, enquanto não integralmente adimplidos o aparelhamento e a infraestrutura da Defensoria Pública, deve ser aceita a atuação do Ministério Público na defesa de direitos de indubitável relevante interesse social, como é o caso dos direitos previdenciários.

---

8   Agravo Regimental no Agravo de Instrumento 1.323.633/SP, Rel. Min. Benedito Gonçalves, Primeira Turma, julgado em 5.4.2011, *DJe* 11.4.2011.

9   Recurso Especial 986.272/RS, Rel. Min. Luis Felipe Salomão, Quarta Turma, julgado em 20.9.2011, *DJe* 1º.2.2012.

| CÓDIGO BRASILEIRO DE DEFESA DO CONSUMIDOR

4. Não há prejuízo algum em se admitir a iniciativa processual e a atuação recursal do Ministério Público nas ações em que se discute matéria previdenciária e, por outro lado, haverá uma vantagem evidente para os segurados que são credores dos benefícios objeto do pleito judicial, quando, na verdade, esses benefícios deveriam ser pagos na via administrativa, sem necessidade de demanda alguma.

[...]

6. Recurso Especial conhecido e provido para determinar o retorno dos autos ao Tribunal de origem para que, superada a preliminar de legitimidade recursal do Ministério Público, julgue o recurso como entender de direito.[10]

Administrativo e Processual Civil. Agravo Regimental no Recurso Especial [...]. Legitimidade do Ministério Público para ajuizamento de Ação Civil Pública na defesa do patrimônio público em Matéria de Direito Tributário. Agravo não provido.

[...]

5. Não há falar em violação aos arts. 1º, parágrafo único, da Lei 7.347/85, 81 do CDC e 5º, II, *a*, e III, *b*, da Lei Complementar 75/93, diante da legitimidade do Ministério Público para ajuizamento de ação civil pública na tutela do patrimônio público em matéria de direito tributário, dada a sua natureza difusa.

6. Agravo regimental não provido.[11]

Processo Civil. Julgamento antecipado da lide. Necessidade de análise de prova. Ação Civil Pública. Legitimidade. Súmula nº 7/STJ.

[...]

2. O Ministério Público tem legitimidade para propor ação civil pública para defender aplicadores (direitos individuais homogêneos) e potenciais aplicadores (direitos de natureza difusa) em títulos de capitalização quando sujeitos à propaganda enganosa, conforme o disposto na Constituição Federal e no Código de Defesa do Consumidor e na Lei 7.347/85.

[...]

4. Agravo regimental provido para, reconsiderando a decisão agravada, não conhecer do recurso especial.[12]

Administrativo. Improbidade. Art. 11 da Lei 8.429/1992. Ministério Público. Legitimidade [...].

[...]

3. O Ministério Público possui legitimidade para ajuizar Ação Civil Pública com o intuito de combater a prática da improbidade administrativa. Condutas ímprobas podem ser deduzidas em juízo por meio de Ação Civil Pública, não havendo incompatibilidade, mas perfeita harmonia, entre a Lei 7.347/1985 e a Lei 8.429/1992, respeitados os requisitos específicos desta última. Precedentes do STJ.

---

[10] Recurso Especial 1.220.835/RS, Rel. Min. Napoleão Nunes Maia Filho, Quinta Turma, julgado em 1º.3.2011, *DJe* 9.6.2011.

[11] Agravo Regimental no Recurso Especial 1.000.906/DF, Rel. Min. Arnaldo Esteves Lima, Primeira Turma, julgado em 17.5.2011, *DJe* 26.5.2011.

[12] Agravo Regimental no Agravo de Instrumento 1.350.008/SP, Rel. Min. João Otávio De Noronha, Quarta Turma, julgado em 14.4.2011, *DJe* 4.5.2011.

Anexo · JURISPRUDÊNCIA DO STJ SOBRE PROCESSOS COLETIVOS

4. A ausência da notificação prévia tratada no art. 17, § 7º, da Lei 8.429/1992 somente acarreta nulidade processual se houver comprovação de efetivo prejuízo, de acordo com a parêmia *pas de nullité sans grief*. Precedentes.

[...]

10. Recurso parcialmente conhecido e, nessa parte, não provido.[13]

Administrativo. Processual Civil. Recurso Especial. Ação Civil Pública. Legitimidade ativa do Ministério Público na Defesa de Interesses ou Direitos Individuais Homogêneos. Arts. 127 e 129, III e IX, da CF. Vocação Constitucional do Ministério Público na Defesa dos Direitos Fundamentais. Direito à Saúde. Dignidade da Pessoa Humana. Relevância Pública. Expressão para a coletividade. Utilização dos institutos e mecanismos das normas que compõem o microssistema de Tutela Coletiva. Efetiva e adequada proteção. Recurso provido.

1. "O Ministério Público é instituição permanente, essencial à função jurisdicional do Estado, incumbindo-lhe a defesa da ordem jurídica, do regime democrático e dos interesses sociais e individuais indisponíveis" (art. 127 da CF).

2. "São funções institucionais do Ministério Público: III – promover o inquérito civil e a ação civil pública, para a proteção do patrimônio público e social, do meio ambiente e de outros interesses difusos e coletivos; IX – exercer outras funções que lhe forem conferidas, desde que compatíveis com sua finalidade, sendo-lhe vedada a representação judicial e a consultoria jurídica de entidades públicas" (art. 129 da CF).

3. É imprescindível considerar a natureza indisponível do interesse ou direito individual homogêneo – aqueles que contenham relevância pública, isto é, de expressão para a coletividade – para estear a legitimação extraordinária do Ministério Público, tendo em vista a sua vocação constitucional para a defesa dos direitos fundamentais.

4. O direito à saúde, como elemento essencial à dignidade da pessoa humana, insere-se no rol daqueles direitos cuja tutela pelo Ministério Público interessa à sociedade, ainda que em favor de pessoa determinada.

5. Os arts. 21 da Lei da Ação Civil Pública e 90 do CDC, como normas de envio, possibilitaram o surgimento do denominado Microssistema ou Minissistema de proteção dos interesses ou direitos coletivos amplo senso, no qual se comunicam outras normas, como o Estatuto do Idoso e o da Criança e do Adolescente, a Lei da Ação Popular, a Lei de Improbidade Administrativa e outras que visam tutelar direitos dessa natureza, de forma que os instrumentos e institutos podem ser utilizados com o escopo de "propiciar sua adequada e efetiva tutela" (art. 83 do CDC).

6. Recurso especial provido para determinar o prosseguimento da ação civil pública.[14]

1.1.2 *Legitimidade concorrente e autônoma entre Ministério Público Federal e Estadual*

Processual Civil e Administrativo. Improbidade Administrativa. Verba Federal transferida ao Município. Legitimidade ativa do Ministério Público Federal.

---

[13] Recurso Especial 1.233.629/SP, Rel. Min. Herman Benjamin, Segunda Turma, julgado em 14.6.2011, *DJe* 14.9.2011.

[14] Recurso Especial 695.396/RS, Rel. Min. Arnaldo Esteves Lima, Primeira Turma, julgado em 12.4.2011, *DJe* 27.4.2011.

1009

CÓDIGO BRASILEIRO DE DEFESA DO CONSUMIDOR

1. Cuida-se, na origem, de ação de improbidade proposta pelo Ministério Público Federal em razão de irregularidades na aplicação da verba federal (do Fundo Nacional de Desenvolvimento da Educação – FNDE) transferida a município.

2. O Tribunal de origem entendeu que o Ministério Público Federal é parte ilegítima para a propositura da ação de improbidade, por se tratar de verba municipal.

[...]

4. Existe, no presente caso, uma espécie de legitimidade ativa concorrente, alternativa ou disjuntiva entre a União e o Município, entre o Ministério Público Federal e o Ministério Público Estadual, não sendo cabível extinguir o processo advindo de ação de improbidade ou ação civil pública proposta por qualquer destes entes, já que todos têm interesse na apuração das irregularidades.

[...][15]

1.1.3 *Legitimidade* ad causam *das associações: representação ou substituição processual*

Processual Civil e Previdência Privada. Recurso Especial. Extensão da decisão, prolatada em Ação Coletiva, aos participantes e/ou assistidos que não são filiados à Associação, ao fundamento de isonomia. Descabimento. Relação Contratual Autônoma de Previdência Privada e relação estatutária e/ou celetista. Vínculos contratuais distintos, que não se comunicam. Inexistência de interesse jurídico a justificar o ajuizamento de Ação Coletiva, por associação que tem por fim institucional apenas a defesa de servidores públicos, para discussão concernente exclusivamente à relação contratual previdenciária. Contudo, em vista do trânsito em julgado da decisão, cabe observância ao que fora decidido, em decisão sob o manto da coisa julgada material, fixando os seus limites subjetivos. Ação Coletiva movida por Associação em face de entidade de Previdência Privada. À luz da interpretação do art. 5º, XXI, da CF, conferida pelo plenário do STF, em decisão com repercussão geral, não caracteriza – à exceção do Mandado de Segurança Coletivo – a atuação de associação como substituição processual, mas como representação, em que é defendido o direito de outrem (dos associados), não em nome próprio da entidade.

1. Na ação prévia de conhecimento, houve inequívoca limitação aos associados da autora que os representou naquela lide, definindo o campo subjetivo. Ademais, o próprio acórdão recorrido reconhece que, na verdade, não está cumprindo a coisa julgada, mas sim estendendo à autora o decidido na sentença coletiva, ao fundamento de que "todos aqueles que se encontrarem em situação análoga devem ser beneficiados pela procedência da lide, na medida em que foi declarado irregular o ato normativo expedido pela ré/apelada, sob pena de se criarem situações jurídicas diversas dentro da mesma classe de funcionários públicos".

2. No entanto, é descabida a intervenção do Judiciário na relação contratual de previdência privada complementar para, em execução de sentença, ao fundamento de isonomia, estender benefícios advindos de decisão prolatada em ação que não contempla a exequente.

3. De fato, como o fim institucional da associação limita-se à defesa dos interesses dos servidores do INSS, é bem de ver que o agir da associação decorre de interesse jurídico que ela tenha na demanda e que, por óbvio, não se confunde com o "interesse pessoal" que a associação ou

---

[15] Recurso Especial 1.216.439/CE, Rel. Min. Humberto Martins, Segunda Turma, julgado em 1º.9.2011, *DJe* 9.9.2011.

representados (afiliados à associação) possam ter. Com efeito, em vista da previsão contida no estatuto da associação que manejou a ação coletiva, o entendimento que ora prevalece no âmbito da jurisprudência do STJ, atribuindo às associações poder de substituição dos componentes da categoria que representa, não se amolda ao caso, pois há "total autonomia entre o contrato de trabalho celebrado pelo empregado com o empregador em relação ao contrato de previdência privada estipulado entre o participante e a entidade de previdência privada instituída pelo patrocinador. São relações contratuais que não se comunicam". (DIAS, Eduardo Rocha; MACÊDO, José Leandro Monteiro de. *Curso de direito previdenciário*. São Paulo: Método, 2008, p. 630-632).

4. Ademais, não se desconhece que prevalece na jurisprudência do STJ o entendimento de que, indistintamente, os sindicatos e associações, na qualidade de substitutos processuais, detêm legitimidade para atuar judicialmente na defesa dos interesses coletivos de toda a categoria que representam, por isso, caso a sentença coletiva não tenha uma delimitação expressa dos seus limites subjetivos, a coisa julgada advinda da ação coletiva deve alcançar todas as pessoas da categoria, legitimando-as para a propositura individual da execução de sentença.

5. No entanto, não pode ser ignorado que, por ocasião do julgamento do Recurso Extraordinário nº 573.232/SC, sob o regime do artigo 543-B do CPC, o Plenário do STF proferiu decisão, com repercussão geral, perfilhando entendimento acerca da exegese do art. 5º, inciso XXI, da Constituição Federal, em que fez distinção entre a representação, conferida pelo mencionado dispositivo às associações, da substituição processual dos sindicatos.

6. Com efeito, à luz da interpretação do art. 5º, XXI, da CF, conferida por seu intérprete Maior, não caracterizando a atuação de associação como substituição processual – à exceção do mandado de segurança coletivo –, mas como representação, em que é defendido o direito de outrem (dos associados), não em nome próprio da entidade, não há como reconhecer a possibilidade de execução da sentença coletiva por membro da coletividade do plano de benefícios de previdência privada que nem sequer foi filiado à associação autora da ação coletiva.

7. Recurso especial provido.[16]

No voto do Ministro Relator, abaixo transcrito, aponta-se a mesma posição, tomada pelo STJ, com referência a precedente do STF:

Relatório e Voto

Relatório: O Senhor Ministro Luis Felipe Salomão (Relator): 1. Emília Carvalho dos Santos ajuizou "ação de execução individual de sentença coletiva" em face da GEAP – Fundação de Seguridade Social. Argumenta que, nos termos dos artigos 97 e 98 do CDC o foro de residência do exequente é competente para processar e julgar as execuções de sentenças coletivas. Pondera que a sentença proferida na ação ajuizada pela Anasps não faz coisa julgada somente com relação aos seus associados. Obtempera que a Anasps é associação que tem âmbito de atuação nacional e estava expressamente autorizada por seu estatuto a "representar servidores previdenciários [...] judicial ou extrajudicialmente".

Assevera que o STJ entende que a sentença da ação coletiva ajuizada por associação não atinge somente os associados, mas sim toda a classe envolvida e beneficiada pela decisão. O Juízo da

---

[16] Recurso Especial 1.374.678/RJ, Rel. Min. Luis Felipe Salomão, Quarta Turma, julgado em 23.6.2015, *DJe* 4.8.2015.

CÓDIGO BRASILEIRO DE DEFESA DO CONSUMIDOR

39ª Vara Cível da Comarca do Rio de Janeiro, em vista do "não atendimento pelo credor do despacho de fl. 198, cuja nova chance foi dada à fl. 212 e não aproveitada", extinguiu a execução. Interpôs a exequente apelação para o Tribunal de Justiça do Rio de Janeiro, provida por decisão monocrática prolatada pela relatora do apelo.

A decisão tem a seguinte ementa:

Apelação Cível. Execução individual de Sentença Coletiva. Extinção da Execução. Legitimidade Ativa caracterizada. Servidor da Previdência Social não integrante da Associação vencedora da demanda que se quer executar. Se a Ação Coletiva está pautada em interesses individuais homogêneos, todos aqueles que se encontrarem em situação análoga devem ser beneficiados pela procedência da lide, na medida em que foi declarado irregular o Ato Normativo expedido pela ré/apelada, sob pena de se criarem situações jurídicas diversas dentro da mesma classe de funcionários públicos. Recurso a que se dá provimento.

Interpôs a entidade apelada agravo interno, que não foi provido, em decisão assim ementada:

Agravo Interno em apelação. Manutenção da fundamentação e da parte dispositiva contidas na decisão monocrática recorrida. Agravante que não traz aos autos novos argumentos que justifiquem a revisão do julgado. Recurso a que se nega provimento. Interpôs a entidade de previdência privada recurso especial, com fundamento no art. 105, inciso III, "a", da Constituição Federal, sustentando violação aos arts. 3º e 575 do CPC. Afirma que a recorrida busca a indevida ampliação da eficácia *erga omnes* da sentença coletiva movida pela Associação Nacional dos Servidores da Previdência Social – Anasps e que a decisão recorrida é contrária aos ditames do art. 3º do CPC, pois a autora não fazia parte do rol de associados da Anasps. O Tribunal local estendeu os limites subjetivos da coisa julgada, pois a sentença coletiva se restringe ao rol de associados, e não a todos os integrantes de uma classe de servidores. Diz que, por uma via oblíqua, o acórdão recorrido admite a participação de estranho como beneficiário da decisão proferida na sentença coletiva, modificando "substancial e completamente todo o processo e a coisa julgada na ação que tramitou junto à 9ª Vara Cível de Brasília".

O recurso especial foi admitido.

É o relatório.

Voto: O senhor Ministro Luis Felipe Salomão (Relator): 2. A questão controvertida consiste em saber se a decisão proferida em ação coletiva movida por associação de servidores pode ser estendida a todos os participantes e assistidos de plano de benefícios de previdência privada complementar, ainda que não sejam afiliados à autora, ao fundamento de evitar criar situações jurídicas diversas. A sentença (exequenda), proferida na ação coletiva, anotou: Em primeiro plano, rejeito as preliminares arguidas pelas partes. Aduz a ré que a associação autora não dispõe de legitimidade ativa *ad causam*, ou seja, de poderes para postular direitos que pertencem a seus filiados; que a autora pretende tutelar apenas interesse de um grupo de associados, ou seja, aqueles que aderiram ao plano em comento anteriormente à edição da norma interna que se pretende afastar; que é necessária a autorização individual de cada associado para a propositura da presente ação. Contudo, dispõe o art. 5º XXI da CF/88 que "As entidades associativas, quando expressamente autorizadas, têm legitimidade para representar seus filiados judicial ou extrajudicialmente". A associação autora está expressamente autorizada, por meio de seu estatuto (fls. 20) "a representar os servidores previdenciários ... judicial ou extrajudicialmente ... podendo, na defesa dos interesses coletivos, constituir advogado com cláusula *ad judicia*...". Assim, não há necessidade de autorização individual de cada associado para que a autora proponha a presente demanda. [...] O que importa é que a própria ré assume que houve tal limitação e que esta ocorreu de forma unilateral e em data posterior à inscrição dos servidores no plano em questão. Ora, o negócio jurídico encetado entre a ré e os servidores narrados na

1012

inicial está sujeito às regras e aos princípios do Direito Civil. Não poderia a ré alterar unilateralmente as cláusulas do Plano de Pecúlio facultativo prejudicando direito dos servidores já inscritos. [...] Daí a lei impor ao proponente o dever de manter a oferta, sob pena de ter de ressarcir as perdas e danos, se for inadimplente. [...] Nº 155 de 04.07.89, aos associados da autora que já eram participantes do Plano de Pecúlio Facultativo antes da expedição deste ato normativo. Decreto outrossim a nulidade de todos os atos praticados pela GEAP, não alcançados pela prescrição contida no art. 178, § 6º, II do Código de Processo Civil, que obstaram esses participantes de gozar de seu direito, permitindo, desta forma que os pedidos de aumento do multiplicador para além do imediatamente superior sejam atendidos com efeito retro-operante e obrigando a GEAP ao pagamento de eventuais prejuízos sofridos, com a devida correção monetária e juros de mora, tudo a ser apurado em liquidação. (fls. 55-58)

O acórdão da apelação da sentença exequenda dispôs: A meu aviso, não prospera o inconformismo. Tanto quanto à legitimidade outorgada, de modo excepcional, ao Ministério Público, a espécie vertente tem por escopo evitar a propositura de inúmeras demandas idênticas perante o Poder Judiciário. No caso, uma grande quantidade de associados tem interesse comum e, por isso, a entidade associativa comparece em juízo por intermédio da figura da substituição processual. O estatuto permite tal proceder e a decisão proferida, se negativa, não impede o exercício do direito por seu titular. [...] Utilizar do termo coletividade não quis o legislador exigir a participação de todos os integrantes da entidade associativa, mas de um contingente considerável, capaz de justificar a tomada de posição pela pessoa jurídica e dispensando a intervenção judicial. A meu aviso, equivoca-se o recorrente pois pretende que se empreste ao vocábulo coletividade o mesmo significado atribuído ao totalidade. Com todas as vênias merecidas, ao se individualizada. [...] Observa-se que os fatos foram narrados de forma a conduzir ao pedido formulado. Em suma: havia um contrato entre as partes prevendo a possibilidade de mudança do multiplicador a critério do participante. A GEAP teria alterado, unilateralmente, tal possibilidade, limitando-a ao multiplicador imediatamente seguinte. Postula-se o reconhecimento da ilegalidade dessa mudança na convenção. [...] No mérito, propriamente dito, resta pacífico que houve a violação do pactuado pelas partes. À GEAP não se afigura lícito modificar, a seu talante, o contrato celebrado com os associados da autora. A alteração unilateral mostra-se inoperante juridicamente, posto que nem mesmo a lei pode desrespeitar o ato jurídico perfeito e o direito adquirido (fls. 71-74). Por seu turno, o acórdão ora recorrido alinhavou: Embora não tenha comprovado a autora/apelante sua condição de associada da demandante da ação principal que se quer executar, demonstrou ser servidora da Previdência Social, e é o que basta. Como se vê dos autos, a apelante é ocupante de cargo efetivo da categoria representada pela associação vencedora da ação coletiva, a qual defende todos os servidores previdenciários, e não apenas os seus integrantes. Ora, se a ação coletiva está pautada em interesses individuais homogêneos, todos aqueles que se encontrarem em situação análoga devem ser beneficiados pela procedência da lide, na medida em que foi declarado irregular o ato normativo expedido pela ré/apelada, sob pena de se criarem situações jurídicas diversas dentro da mesma classe de funcionários públicos. (fl. 331) No caso dos autos, o exame é apenas quanto aos limites subjetivos da coisa julgada, pois a decisão que, em ação coletiva, entendeu que as regras do plano não podem ser alteradas está sob o manto da coisa julgada material.

3. Nesse passo, a Constituição Federal, em medida de significativo estímulo e prestígio às ações coletivas, criou duas importantes hipóteses de legitimação ativa: a das entidades associativas e a das entidades sindicais (ZAVASCKI, Teori Albino. *Processo coletivo*: tutela de direitos coletivos e tutela coletiva de direitos. 6. ed. São Paulo: RT, 2014, p. 162 e 163). As ações coletivas, em sintonia com o disposto no artigo 6º, VIII, do Código de Defesa do Consumidor, ao propiciar a facilitação da tutela dos direitos individuais homogêneos dos consumidores, viabilizam

otimização da prestação jurisdicional, abrangendo toda uma coletividade atingida em seus direitos. O legislador instituiu referidas ações partindo da premissa de que são, presumivelmente, propostas em prol de interesses sociais relevantes ou, ao menos, de interesse coletivo, por legitimado ativo que se apresenta, *ope legis*, como representante idôneo do interesse tutelado (MANCUSO, Rodolfo de Camargo. *Ação civil pública*: em defesa do meio ambiente, do patrimônio cultural e dos consumidores – Lei 7.347/1985 e legislação complementar. 12. ed. São Paulo: Revista dos Tribunais, 2011, p. 430). Pedro Lenza, em monografia de mestrado sustentada no âmbito da Universidade de São Paulo, faz profícuo estudo realçando a relevância da ação coletiva para a defesa do consumidor, e também para o Judiciário, que otimiza a prestação jurisdicional, prevenindo a atomização dos conflitos sociais; assinala também que há casos em que o dano, analisado pela perspectiva individual do lesado, é ínfimo, todavia pode atingir relevância social dado o número de atingidos, constituindo-se a ação relevante instrumento processual para reparação e prevenção de danos coletivos aos consumidores: Muitas vezes, porém, como se disse, a ação individual mostra-se inapropriada, do ponto de vista econômico, para se pretender uma tutela jurisdicional adequada, bem como o autor individual vê-se intimidado diante da grandeza da parte contrária em contraposição à sua pretensão diminuta. Imagine-se os compradores de veículos que tenham um mesmo defeito de série, como, por exemplo, terem sido entregues sem a luz de ré. Pois bem, pelo simples fato de terem comprado carros do mesmo lote, produzido com o mesmo defeito de série, surge uma situação de fato a ligá-los uns aos outros. Individualmente talvez fosse até mais econômico se cada lesado comprasse a luz de ré em qualquer loja de peças e, por si, providenciasse o reparo no veículo. A grande maioria, havendo resistência por parte da concessionária em entregar a luz de ré, não iria "bater às portas do Judiciário", principalmente em razão do valor envolvido e dos gastos que poderiam sofrer. Mesmo que um consumidor, indignado com a atitude do fornecedor, resolvesse demandar em juízo, o reflexo pedagógico sobre a empresa-ré seria praticamente nulo. [...] Encoraja-se, desta forma, como muito bem destacou Kazuo Watanabe, a tutela jurisdicional dos interesses transindividuais de modo molecular, evitando-se a atomização dos conflitos" (LENZA, Pedro. *Teoria geral da ação civil pública*. 3. ed. São Paulo: Revista dos Tribunais, 2008, ps. 91 e 92). 4. Na mesma linha, em face do escopo jurídico e social das ações coletivas para tutela dos direitos individuais homogêneos, busca-se reconhecer o evento factual gerador comum, do qual decorrem pretensões indenizatórias massificadas, a fim de facilitar a defesa do consumidor em juízo: O acesso do consumidor à justiça: O direito básico de acesso do consumidor à justiça, previsto no art. 6º, VIII, do CDC, caracteriza-se pela facilitação da interposição de demanda judicial, como pretendido por este artigo. No caso, o CDC, dentre outras providências promove o seu exercício de modo coletivo pelos consumidores ao facilitar a sua atuação por intermédio de associações, em conformidade com o que propugna a própria Política Nacional de Defesa do Consumidor, conforme preceitua o art. 4º, inciso II, alínea *b*. Trata-se, igualmente, de disposição semelhante à adotada na Lei da Ação Civil Pública, que, em seu art. 18, refere: (MARQUES, Claudia Lima; BENJAMIN, Antônio Herman V. *Comentários ao código de defesa do consumidor*. 2. ed. São Paulo: Revista dos Tribunais, 2006, ps. 1.033). Como é cediço, na ação coletiva para defesa de direitos individuais homogêneos, embora o pedido seja certo, a sentença, em regra, será genérica, de modo a permitir a cada vítima lesada demonstrar e quantificar o dano experimentado (art. 81, parágrafo único, II e art. 91, CDC). No ponto, a lição de Teori Zavascki é elucidativa: A natureza da sentença proferida na ação civil pública é mais uma importante diferença a ser anotada em relação ao que ocorre nas ações coletivas para tutela de direitos individuais homogêneos. Nas ações coletivas, conforme se verá, a sentença tem natureza peculiar, já que confere apenas tutela de conteúdo genérico, com juízo limitado ao âmbito da homogeneidade dos direitos objeto da demanda, ficando a cargo de outra sentença a decisão a respeito das situações individuais e heterogêneas,

Anexo • JURISPRUDÊNCIA DO STJ SOBRE PROCESSOS COLETIVOS

relativas a cada titular lesado. Já em se tratando de ação civil pública, a sentença fará, desde logo, juízo amplo e específico, o mais completo possível, a respeito da controvérsia. Trata-se de "demanda plenária", para usar a linguagem de Victor Firen Guillén. A ela se aplica a regra estrita do *caput* do art. 286 do CPC, segundo o qual o pedido deve ser certo, e não genérico, do que resultará, pelo princípio da congruência (CPC, art. 460), uma sentença com caráter semelhante. (ZAVASCKI, Teori Albino. *Processo coletivo*: tutela de direitos coletivos e tutela coletiva de direitos. 6. ed. São Paulo: RT, 2014, p. 64 e 65). Dessarte, cada interessado, individualmente, deve promover a sua respectiva habilitação (*rectius* ação de liquidação) para posterior execução. A outra peculiaridade consiste na necessidade de prova plena, pelo lesado, do fato danoso, do prejuízo sofrido e do nexo etiológico, isto é, tanto do *an debeatur* como do *quantum debeatur*. Portanto, prevalece a regra da liquidação por artigos, em que cada indivíduo lesado terá de provar o respectivo fato novo (novo, porque não objeto de decisão expressa na sentença condenatória genérica). (SHIMURA, Sérgio. *Tutela coletiva e sua efetividade*. São Paulo: Método, 2006, p. 148 e 149) Nessa liquidação, por arbitramento ou artigos – que poderá ser efetuada pela vítima ou por seus sucessores –, serão apurados: a) os fatos e alegações referentes ao dano individualmente sofrido pelo demandante; b) a relação de causalidade entre esse dano e o fato potencialmente danoso acertado na sentença; c) os fatos e alegações pertinentes ao dimensionamento do dano sofrido (DIDIER JUNIOR, Fredie; ZANETI JUNIOR, Hermes. *Curso de direito processual civil*: processo coletivo. 3. ed. Salvador: Juspodivm, 2008, p. 402, 406 e 407). Como se vê, o fato de a condenação ser genérica não significa que a sentença não seja certa ou precisa. A certeza é condição essencial do julgamento, devendo o comando do *decisum* estabelecer claramente os direitos e obrigações, de modo que seja possível executá-lo. E essa certeza é respeitada, na medida em que a sentença condenatória estabelece a obrigação de indenizar pelos danos causados, fixando os destinatários e a extensão da reparação a serem apurados em liquidação. (GRINOVER, Ada Pellegrini; WATANABE, Kazuo; NERY JUNIOR, Nelson. *Código brasileiro de defesa do consumidor comentado pelos autores do anteprojeto*. 10. ed. Rio de Janeiro: Forense, 2011, p. 152-154). Confira-se ainda na jurisprudência da Casa:

Recurso Especial. Ação Coletiva. Arrendamento Mercantil (*Leasing*). Aplicação do Código de Defesa do Consumidor. Associação de Defesa do Consumidor. Ilegitimidade ativa e interesse processual. Fundamento inatacado (Súmula 283/STF). Preclusão. Cerceamento do direito de defesa. Não ocorrência. Reajuste das prestações pela variação cambial. Dólar estadunidense. Janeiro de 1999. Onerosidade excessiva. Revisão. Divisão equitativa. Comprovação de captação de recursos no exterior para a operação específica. Desnecessidade. Extensão da decisão aos demais litisconsortes. Impossibilidade. Litisconsórcio simples. Alcance subjetivo da sentença. Consumidores habilitados nos Autos. Ausência de insurgência. Proibição da *reformatio in pejus*. Ônus da sucumbência. Ausência de má-fé. Aplicação do art. 18 da Lei 7.347/85. [...] 10. Tendo a sentença, confirmada pelo v. acórdão do Tribunal de origem, limitado seus efeitos aos contratos celebrados pelos consumidores habilitados nos autos, não havendo insurgência contra esse ponto, é inviável a extensão a todos os consumidores da recorrente, seja do Estado do Paraná, seja de outro limite territorial de maior abrangência. Com efeito, o ordenamento jurídico-processual brasileiro veda que haja, sob o ponto de vista prático, piora quantitativa ou qualitativa da situação do único recorrente, aplicando-se, em tal circunstância, o princípio da proibição da *reformatio in pejus*. [...] 12. Recurso especial parcialmente provido. (REsp 609.329/PR, Rel. Min. Raul Araújo, Quarta Turma, julgado em 18.12.2012, *DJe* 7.2.2013).

Processual Civil. Ação coletiva. Efeitos da sentença. Competência territorial. Art. 2º-A da Lei nº 9.494/97. Limitação do ajuizamento da execução aos domiciliados nas localidades abrangidas pela subseção judiciária. Impossibilidade. Abrangência estadual. [...] 4. Nesse contexto, proposta a ação coletiva pela Associação dos Produtores de Soja do Estado do Rio Grande do

CÓDIGO BRASILEIRO DE DEFESA DO CONSUMIDOR

Sul, todos os associados domiciliados no Estado do Rio Grande do Sul estão abrangidos pelos efeitos da sentença prolatada pela Subseção Judiciária de Santo Ângelo/RS. Agravo regimental improvido. (AgRg nos EDcl no REsp 1419350/RS, Rel. Min. Humberto Martins, Segunda Turma, julgado em 22.4.2014, *DJe* 5.5.2014).

5. No caso dos autos, todavia, o próprio acórdão recorrido reconhece que, na verdade, não está cumprindo a coisa julgada, mas sim estendendo à autora o decidido na sentença coletiva, ao fundamento de que "todos aqueles que se encontrarem em situação análoga devem ser beneficiados pela procedência da lide, na medida em que foi declarado irregular o ato normativo expedido pela ré/apelada, sob pena de se criarem situações jurídicas diversas dentro da mesma classe de funcionários públicos". 5.1. Outrossim, não se desconhece que prevalece na jurisprudência do STJ que, no tocante às ações coletivas movidas por associação, "[a] indivisibilidade do objeto da ação coletiva conduz à extensão dos efeitos positivos da decisão a pessoas não integrantes diretamente da entidade classista postulante que, na verdade, não é a titular do direito material, mas tão somente a substituta processual dos componentes da categoria, a que a lei conferiu legitimidade autônoma para a promoção da ação. Nessa hipótese, diz-se que o bem da vida assegurado pela decisão é fruível por todo o universo de participantes da categoria, grupo ou classe, ainda que não filiados à entidade, isso porque o universo da categoria geralmente é maior do que o universo de filiados à entidade representativa". (AgRg no AREsp 346.501/SC, Rel. Min. Napoleão Nunes Maia Filho, Primeira Turma, julgado em 27.5.2014, *DJe* 18.8.2014).

No entanto, da leitura da sentença proferida na ação coletiva e do acórdão que a confirmou, houve inequívoca limitação aos associados da autora que os representou naquela lide, definindo o campo subjetivo. Dessarte, *mutatis mutandis*, é bem conveniente consignar que, no tocante à relação estatutária a que se submetem os servidores públicos, consoante a Súmula 339/STF, não cabe ao Judiciário, sob o fundamento em isonomia, aumentar vencimentos ou estender benefícios remuneratórios a servidor público. Com efeito, o agir da associação decorre de interesse jurídico que ela tenha na demanda e que, por óbvio, não se confunde com o "interesse pessoal" que a associação ou um dos representados (afiliados) possam ter: Nesse sentido, poder-se ia questionar: a que título os partidos políticos, sindicatos, entidades de classe e associações, teriam interesse jurídico a legitimar a substituição nos processos coletivos? A essa questão responde Arruda Alvim: "Realmente, o agir do substituto decorre do interesse que ele tem. Entendamos, porém, isto convenientemente. O problema do interesse deve ser encarado em dois planos: 1º) quando se apresenta ao legislador, 2º) quando consta da lei", "ou seja: o legislador quando entende ser útil atribuir legitimidade, embora extraordinária, ao substituto, o faz em decorrência da verificação histórica dos fatos da vida, de que o substituto tem, na verdade, interesse no direito do substituído". [...] Waldemar Maria de Oliveira Junior vê na expressão "agir em nome próprio" uma ideia dissociada de vínculo ou interesse com o direito material. Assim, conclui: "É claro que tal asserção não impede possa existir, em jogo, um interesse pessoal do substituto, o qual, no entanto, não constitui, reiteramos, elemento de monta para caracterizar a substituição processual". (DIDIER JUNIOR, Fredie; ZANETI JUNIOR, Hermes. *Curso de direito processual civil*: Processo Coletivo. 4. ed. Salvador: Juspodivm, 2009, ps. 196-203) 5.2. Ademais, como já ressalvado acima, embora não se possa mais discutir a extensão dos efeitos da sentença a todos os associados – consta expresso da sentença coletiva (exequenda) –, a afirmada legitimidade da autora decorre de regra estatutária prevendo que ela pode "representar os servidores previdenciários" da Previdência Social (INSS). O artigo 202, § 2º, da CF deixa límpido que as contribuições do empregador, os benefícios e as condições contratuais previstas nos estatutos, regulamentos e planos de benefícios das entidades de previdência privada não integram o contrato de trabalho dos participantes. Com efeito, em vista da previsão contida no estatuto da associação que manejou a ação coletiva, o entendimento prevalente no âmbito da jurisprudência do STJ, atribuindo às associações poder de substituição dos componentes da categoria que representa, não se amolda também ao caso, pois há "total autonomia entre o contrato de trabalho celebrado pelo empregado com o empregador em relação ao contrato de previdência privada estipulado entre o participante e a entidade de previdência privada instituída pelo patrocinador. São relações contratuais que não se comunicam". (DIAS, Eduardo Rocha; MACÊDO, José Leandro Monteiro de. *Curso de direito previdenciário*. São Paulo: Método, 2008, p. 630-632) Dessarte, não há como conceber que a associação, cujo estatuto prevê legitimidade para defender os interesses de servidores da previdência social (INSS), tenha legitimidade para representar, em relação jurídica facultativa e de natureza distinta (civil), a coletividade de participantes e assistidos do plano de benefícios –, de modo que não há como vislumbrar possa se beneficiar a autora, ora recorrida, da sentença coletiva. 6. Por seu lado, o art. 5º, XVIII, da CF dispõe que a criação de associações e, na forma da lei, a de cooperativas, independe de autorização, sendo vedada a interferência estatal em seu funcionamento. Sergio Pinto Martins leciona que a associação é o embrião do sindicato, o estágio inicial para se transformar no sindicato. (MARTINS, Sergio Pinto. *Cooperativas de Trabalho*. 3. ed. São Paulo: Atlas, 2008, p. 42-43) Nesse passo, o art. 5º, XXI, da CF dispõe que as entidades associativas, quando expressamente autorizadas, têm legitimidade para representar seus filiados judicial ou extrajudicialmente. Ada Pellegrini Grinover propugna que, à exceção da sentença prolatada em mandado de segurança coletivo, toda a extensão da disciplina das ações coletivas, no tocante aos limites subjetivos da coisa julgada, é disciplinada pelo art. 103 do CDC e que, à míngua de novas disposições legais específicas, a coisa julgada na ação coletiva a que foi legitimado o sindicato, nos termos do art. 8º, inc. III, da CF, que ainda não encontrou assento próprio na legislação específica, deverá reger-se pelo estatuído no Capítulo IV do Título III do Código. O mesmo ocorre com as ações promovidas por entidades associativas em defesa dos interesses coletivos de seus filiados (art. 5º, inc. XXI, da CF) e com as ações das comunidades e organizações indígenas em defesa dos interesses dos índios (art. 232 da CF): O art. 103 contém toda a disciplina da coisa julgada nas ações coletivas, seja definindo seus limites subjetivos (o que equivale a estabelecer quais as entidades e pessoas que serão alcançadas pela autoridade da sentença passada em julgado), seja determinando a ampliação do objeto do processo da ação coletiva, mediante o transporte, *in utilibus*, do julgado coletivo às ações individuais. Muito embora o dispositivo se refira às "ações coletivas de que trata este Código", na realidade sua abrangência é maior. Com efeito, é certo que o veto presidencial recaiu sobre o art. 89 do Código, que determinava a aplicabilidade de todas as suas normas processuais a outros direitos ou interesses difusos, coletivos e individuais homogêneos (v. o comentário ao art. 89). Mas é igualmente certo que permaneceu íntegro o art. 117 do Código, o qual acrescenta o novo art. 21 à Lei nº 7.347, de 24 de julho de 1985 – a denominada Ação Civil Pública –, determinando a aplicação, à defesa dos direitos e interesses difusos, coletivos e individuais, no que for cabível, dos dispositivos do Título III do Código do Consumidor (v. comentário ao art. 117). Ademais, é oportuno lembrar que o art. 110 do Código acrescentou o inc. IV ao art. 1º da Lei nº 7.347/85, estendendo a abrangência desta a qualquer outro interesse difuso ou coletivo (v. comentário ao referido dispositivo). Daí por que os dispositivos processuais do Código se aplicam, no que couber, a todas as ações em defesa de interesses difusos, coletivos, ou individuais homogêneos, coletivamente tratados. Isso significa que a disciplina da coisa julgada, contida no art. 103, rege as sentenças proferidas em qualquer ação coletiva, pelo menos até a edição de disposições específicas que venham disciplinar diversamente a matéria. Assim, por exemplo, a coisa julgada na ação coletiva a que foi legitimado o sindicato, nos termos do art. 8º, inc. III, da CF, que ainda não encontrou assento próprio na legislação específica, deverá reger-se pelo estatuído no Capítulo IV do Título III do Código. O mesmo ocorre com as ações promovidas por entidades associativas em defesa dos interesses coletivos de seus filados (art. 5º, inc. XXI, da CF) e com as ações das comunidades e organizações indígenas em defesa dos interesses dos índios (art. 232 da CF). Em relação ao mandado de segurança coletivo, a disciplina do art. 22 da Lei nº 12.016, de 17 de agosto de 2009, destoa completamente da solução dada pelo CDC, ao afirmar: "No mandado de segurança coletivo, a sentença fará coisa julgada limitadamente aos membros do grupo ou da categoria substituídos pelo impetrante". Para ser coerente com o minissistema brasileiro de processos coletivos, quando se tratasse de direitos individuais homogêneos, a coisa julgada desfavorável do mandado de segurança coletivo não deveria impedir que os membros do grupo, categoria ou classe de pessoas ajuizassem ações individuais para a defesa de seus direitos. (GRINOVER, Ada Pellegrini; WATANABE, Kazuo; NERY JUNIOR, Nelson. *Código brasileiro de defesa do consumidor comentado pelos autores do anteprojeto*. 10. ed. Rio de Janeiro: Forense, 2011, p. 185 e 186). Nessa linha de intelecção, é bem de ver que não se ignora que prevalece na jurisprudência do STJ o entendimento de que, indistintamente, os sindicatos e associações, na qualidade de substitutos processuais, detêm legitimidade para atuar judicialmente na defesa dos interesses coletivos de toda a categoria que representam, por isso, caso a sentença coletiva não tenha uma delimitação expressa dos seus limites subjetivos, a coisa julgada advinda da ação coletiva deve alcançar todas as pessoas da categoria, legitimando-as para a propositura individual da execução de sentença. Por todos, menciona-se o seguinte precedente:

Administrativo. Agravo Regimental Em Agravo Recurso Especial. Ação Coletiva ajuizada por associação classista. Legitimidade do integrante da categoria para propor execução individual do julgado. Precedentes específicos desta Corte Superior. Agravo Regimental da União desprovido. 1. Conforme orientação consolidada nesta Corte Superior, o sindicato ou associação, como substitutos processuais, têm legitimidade para defender judicialmente interesses coletivos de toda a categoria, e não apenas de seus filiados, sendo dispensável a juntada da relação nominal dos filiados e de autorização expressa. Assim, a formação da coisa julgada nos autos de ação coletiva deve beneficiar todos os servidores da categoria, e não apenas aqueles que na ação de conhecimento demonstrem a condição de filiado do autor (Ag 1.153.516/GO, Rel. Min. Maria Thereza de Assis Moura, *DJe* 26.4.2010). No mesmo sentido: RESP 936.229-RS, Rel. Min. Arnaldo Esteves Lima, *DJe* 16.3.2009. 3. A indivisibilidade do objeto da ação coletiva conduz à extensão dos efeitos positivos da decisão a pessoas não integrantes diretamente da entidade classista postulante que, na verdade, não é a titular do direito material, mas tão somente a substituta processual dos componentes da categoria, a que a lei conferiu legitimidade autônoma para a promoção da ação. Nessa hipótese, diz-se que o bem da vida assegurado pela decisão é fruível por todo o universo de participantes da categoria, grupo ou classe, ainda que não filiados à entidade, isso porque o universo da categoria geralmente é maior do que o universo de filiados à entidade representativa. 4. A extensão subjetiva é consequência natural da transindividualidade e indivisibilidade do direito material tutelado na demanda, que logicamente deve ser uniforme para toda a categoria, grupo ou classe profissional, uma vez que estando os servidores beneficiários na mesma situação, não encontra razoabilidade a desigualdade entre eles; como o que se tutela são direitos pertencentes à coletividade como um todo, não há como nem porque estabelecer limites subjetivos ao âmbito de eficácia da decisão; na verdade, vê-se que o surgimento das ações coletivas alterou substancialmente a noção dos institutos clássicos do Processo Civil, entre os quais o conceito de parte, como encontra-se devidamente evidenciado. 5. A exegese da ação coletiva favorece a ampliação da sua abrangência, tanto para melhor atender ao seu propósito, como para evitar que sejam ajuizadas múltiplas ações com o mesmo objeto; não há nenhuma contraindicação a esse entendimento, salvo o apego a formalismos exacerbados ou não condizentes com a filosofia que fundamenta as ações coletivas. 6. Agravo Regimental da União desprovido. (AgRg no AREsp 454.098/SC, Rel. Min. Napoleão Nunes Maia Filho, Primeira Turma, julgado em 16.9.2014, *DJe* 9.10.2014).

Anexo · JURISPRUDÊNCIA DO STJ SOBRE PROCESSOS COLETIVOS

No entanto, a dinâmica natural da dialógica processual transforma continuamente a jurisprudência dos tribunais, renovando-a diante dos novos desafios sociais que, em forma de demandas judiciais, aportam ao Judiciário, não só inaugurando debates atinentes a novos direitos-deveres materiais, mas também revisitando questões de direito já conhecidas, cujo entendimento jurisprudencial – em decorrência da configuração de novos panoramas (seja de ordem legal, factual, seja argumentativa, entre outras possibilidades) – reposiciona-se, de forma mais amadurecida. É preciso que o aplicador do direito não incorra em erro hermenêutico dos mais graves, que é interpretar a Constituição Federal segundo a legislação ordinária, quando, na verdade, a hierarquia das normas impõe exatamente o contrário. Nesse passo, não pode ser ignorado que, por ocasião do julgamento do Recurso Extraordinário nº 573.232/SC, sob o regime do artigo 543-B do CPC, o Plenário do STF proferiu, com repercussão geral, reiterando sua jurisprudência, decisão perfilhando entendimento acerca da exegese do art. 5º, inciso XXI, da Constituição Federal – a vincular à interpretação conferida, horizontalmente, seus magistrados, e verticalmente, todos os demais. O precedente tem a seguinte ementa: Representação – Associados – Artigo 5º, inciso XXI, da Constituição Federal. Alcance. O disposto no artigo 5º, inciso XXI, da Carta da República encerra representação específica, não alcançando previsão genérica do estatuto da associação a revelar a defesa dos interesses dos associados. Título Executivo Judicial – Associação – Beneficiários. As balizas subjetivas do título judicial, formalizado em ação proposta por associação, é definida pela representação no processo de conhecimento, presente a autorização expressa dos associados e a lista destes juntada à inicial. (RE 573232, Rel. Min. Ricardo Lewandowski, Rel. p/ Acórdão: Min. Marco Aurélio, Tribunal Pleno, julgado em 14.5.2014, *DJe*-182 Divulg. 18.9.2014 Public. 19.9.2014 Ement. Vol-02743-01 PP-00001). Nesse mencionado precedente, o relator para o acórdão, Ministro Marco Aurélio, dispôs: Presidente, se puder utilizar a palavra, já que foi citado precedente da minha lavra, faço-o para distinguir dois institutos: o da representação e o da substituição processual. É inconcebível que haja uma associação que, pelo estatuto, não atue em defesa dos filiados. É inconcebível. O que nos vem da Constituição Federal? Um trato diversificado, considerado sindicato, na impetração coletiva, quando realmente figura como substituto processual, inconfundível com a entidade embrionária do sindicato, a associação, que também substitui os integrantes da categoria profissional ou da categoria econômica, e as associações propriamente ditas. Em relação a essas, o legislador foi explícito ao exigir mais do que a previsão de defesa dos interesses dos filiados no estatuto, ao exigir que tenham – e isso pode decorrer de deliberação em assembleia – autorização expressa, que diria específica, para representar – e não substituir, propriamente dito – os integrantes da categoria profissional. [...] Mas, repito, exige mais a Constituição Federal: que haja o credenciamento específico. [...] Creio, e por isso disse que a situação sequer é favorável a elucidar-se a diferença entre representação e substituição processual, a esclarecer o alcance do preceito do inciso XXI do artigo 5º, que trata da necessidade de a associação apresentar autorização expressa para agir em Juízo, em nome dos associados, e o do preceito que versa o mandado de segurança coletivo e revela o sindicato como substituto processual. Nesse último caso, a legitimação já decorre da própria Carta – representação gênero – e também da previsão do artigo 8º, do qual não me valho. Estou me valendo apenas daquele referente às associações. Presidente, não vejo como se possa, na fase que é de realização do título executivo judicial, alterar esse título, para incluir pessoas que não foram inicialmente apontadas como beneficiárias na inicial da ação de conhecimento e que não autorizaram a Associação a atuar como exigido no artigo 5º, inciso XXI, da Constituição Federal. Por isso, peço vênia – e já adianto o voto – para conhecer e prover o recurso interposto pela União. Os recorridos não figuraram como representados no processo de conhecimento. Pelo que estou percebendo, e pelo que está grafado no acórdão impugnado pela União, apenas pretenderam, já que a Associação logrou êxito quanto àqueles representados, tomar uma verdadeira carona,

1019

incompatível com a organicidade e a instrumentalidade do Direito. [...] Mas, Ministro, então relegamos à inocuidade a exigência constitucional de autorização expressa. [...] Presidente, se entendermos que as associações se igualam aos sindicatos, atribuiremos ao Legislador constituinte a inserção não apenas de palavras, mas de preceitos inócuos na Constituição Federal. Partiremos para igualar o previsto no inciso XXI do artigo 5º com o que se contém no inciso LXX. Aqui, sim tem-se o abandono da exigência da representação retratada numa autorização expressa, no que se previu: [...] Mas para essa ação específica, mandamental. Na ação ordinária de cobrança, como tivemos, e que desaguou no título executivo que se quer estender [...]... [...] Aqueles que não são associados e que, agora, viram o êxito do pleito, podem simplesmente pretender executar um título judicial inexistente em relação a eles, sob o ângulo subjetivo? A meu ver não, Presidente. [...] Ministro, há uma impropriedade, porque não se coabita o mesmo teto a representação e a substituição, isso sob o ângulo técnico. [...] Perdoe-me Vossa Excelência. É uma impropriedade porque, a teor do inciso LXX do artigo 5º, a associação só é substituta processual para o mandado de segurança coletivo. Aderindo à divergência inaugurada pelo Ministro Marco Aurélio, os Ministros Teori Zavascki e Luiz Fux, respectivamente, alinhavaram: O Senhor Ministro Teori Zavascki: [...] Na sequência, o Ministro Marco Aurélio manifestou posicionamento divergente. Sua Excelência considerou que o permissivo do art. 5º, XXI, da Constituição encerraria hipótese de representação processual, a exigir autorização individual ou expressa dos associados, que não poderia ser satisfeita com mera previsão estatutária. [...] 3. Realmente, a legitimidade das entidades associativas para promover demandas em favor de seus associados tem assento no art. 5º, XXI da Constituição Federal e a das entidades sindicais está disciplinada no art. 8º, III, da Constituição Federal. Todavia, em se tratando de entidades associativas, a Constituição subordina a propositura da ação a um requisito específico, que não existe em relação aos sindicatos, qual seja, a de estarem essas associações "expressamente autorizadas" a demandar. É diferente, também, da legitimação para impetrar mandado de segurança coletivo, prevista no art. 5º, LXX da Constituição, que prescinde da autorização especial (individual ou coletiva) dos substituídos (Súmula 629 do STF), ainda que veicule pretensão que interesse a apenas parte de seus membros e associados (Súmula 630 do STF e art. 21 da Lei 12.016/2009). 4. Pois bem, se é indispensável, para propor ação coletiva, autorização expressa, a questão que se põe é a que diz com o modo de autorizar "expressamente": se por ato individual, ou por decisão da assembleia de associados, ou por disposição genérica do próprio estatuto. Quanto a essa questão, a resposta que tem sido dada pela jurisprudência deste Supremo Tribunal Federal é no sentido de que não basta a autorização estatutária genérica da entidade associativa, sendo indispensável que a declaração expressa exigida pela Constituição (art. 5º, XXI) seja manifestada ou por ato individual do associado ou por deliberação tomada em assembleia da entidade. Essa orientação foi corroborada em recente e unânime decisão plenária na Rcl 5.215, Rel. Min. Ayres Britto, a saber: [...] 5. Em suma, reafirma-se o entendimento da jurisprudência do STF, corroborada pelo parágrafo único do art. 2º-A da Lei 9.494/97, de que a autorização a que se refere o art. 5º, XXI deve ser expressa por ato individual do associado ou por assembleia da entidade, sendo insuficiente a mera autorização genérica prevista em cláusula estatutária.

Senhor Ministro Luiz Fux – Senhor Presidente, eu só gostaria de fazer duas observações: no meu modo de ver, a discussão é um pouco mais ampla do que parece porque, evidentemente, se nós fôssemos discutir apenas a *legitimatio ad causam* para a execução, ou seja, se o associado que não participou do processo de fabricação da sentença pode executar ou não, essa questão da legitimidade ficaria adstrita a uma questão processual infraconstitucional. Então os votos dos Ministros Teori e Marco Aurélio, e, agora, me referindo diretamente ao voto do Ministro Teori, que é amplo nesse sentido, ele também faz a distinção entre o inciso XXI da representação e da substituição processual dos sindicatos, porque o inciso XXI do artigo 5º diz assim: [...] Não é um primor de redação, mas essa pode ser aquela *legitimatio ad processum* e não a *legitimatio ad causam*. Então, a legitimidade aqui não influi muito. Mas aqui, evidentemente, como a Constituição não traz expressões que não tenham significado, a própria Constituição Federal exige que as entidades associativas sejam expressamente autorizadas. E a doutrina processual sempre entendeu esse dispositivo como um dispositivo de prudência, porquanto uma pessoa fica submetida à coisa julgada em razão de uma ação proposta pela associação. Ainda que se possa afirmar que essa coisa julgada é *in utilibus*, aproveita se for boa e não aproveita se não for boa, a verdade é que a tese jurídica fixada numa ação coletiva tem uma eficácia prejudicial em relação às ações individuais. Ela dificilmente se modifica. Então, essa é a verdadeira razão de ser desse dispositivo: exigir essa autorização expressa. E, aqui, no caso, além dessa distinção muito bem lançada por ambos os votos do Ministro Marco Aurélio e do Ministro Teori, há uma outra que é mais evidente ainda, quer dizer, o associado que não estava no processo, e a sentença se referiu aos associados que venceram a causa, um não associado, um não vencedor da causa promove a execução de um título formado não em favor dele. Então, eu peço também vênia para acompanhar o voto do Ministro Marco Aurélio. 7. Feitas essas considerações, e não caracterizando a atuação de associação como substituição processual – à exceção do mandado de segurança coletivo –, mas como representação, em que é defendido o direito de outrem (dos associados), não em nome próprio da entidade, não há como reconhecer a possibilidade de execução da sentença coletiva por membro da coletividade do plano de benefícios de previdência privada que nunca foi filiado à associação autora da ação coletiva. Nesse diapasão, é conveniente ressaltar que é incontroverso – consta da causa de pedir – que a autora, ora recorrida, não é filiada à associação que manejou a ação coletiva, tampouco já o foi. Nesse passo, é oportuno frisar que, embora o mencionado *leading case* do STF não tenha deixado claro se a sentença coletiva pode vir a beneficiar aqueles que se filiam à associação posteriormente – tema de repercussão geral nº 499, que será dirimido por ocasião do julgamento do RE 612.043 –, não há dúvidas de que a sentença coletiva, prolatada em ação de rito ordinário, só pode beneficiar os associados, pois, nessa hipótese, a associação age em representação, e não em substituição processual da categoria. Com efeito, na linha do decidido pelo STF, à exceção do mandado de segurança coletivo, em se tratando de sentença de ação coletiva ajuizada por associação em defesa de direitos individuais homogêneos, para se beneficiar do título, ou o interessado integra essa coletividade de filiados (e nesse caso, na condição de juridicamente interessado, é-lhe facultado tanto dar curso à eventual demanda individual, para ao final ganhá-la ou perdê-la, ou então sobrestá-la, e, depois, beneficiar-se da eventual coisa julgada coletiva); ou, não sendo associado, pode, oportunamente, litisconsorciar-se ao pleito coletivo, caso em que será recepcionado como parte superveniente (arts. 103 e 104 do CDC). Arrematando, cumpre ressaltar que recentes precedentes do STJ já acenam para a readequação da jurisprudência *interna corporis*, de modo a se amoldar à interpretação conferida ao art. 5º, XXI, da CF pelo guardião constitucional da Carta Magna. Menciona-se o AgRg no REsp 1.488.825/PR, Rel. Min. Mauro Campbell Marques, Segunda Turma, julgado em 5.2.2015, assim ementado: Processual Civil. Execução. Ação Coletiva. Entidades Associativas. Representação Específica. Necessidade de autorização expressa. Precedente firmado pelo Supremo Tribunal Federal no julgamento do Recurso Extraordinário nº 573.232/SC. [...] 3. Nos termos da novel orientação do Supremo Tribunal Federal, a atuação das associações não enseja substituição processual, mas representação específica, consoante o disposto no artigo 5º, XXI, da Constituição Federal (cf. RE 573232/SC, Rel. p/ Acórdão: Min. Marco Aurélio, Tribunal Pleno, *DJe* 19.9.2014). 4. Em vista do posicionamento *supra*, imperativo o retorno dos autos para que o Tribunal *a quo* enfrente a questão da legitimidade da associação agravante nos termos do recente posicionamento exarado pelo Pretório Excelso. 5. Agravo regimental não provido. (AgRg no REsp 1488825/PR, Rel. Min. Mauro Campbell Marques, Segunda Turma, julgado em 5.2.2015, *DJe* 12.2.2015) Nesse mencionado precedente, Sua Excelência dispôs: A despeito de a orientação do acórdão recorrido ter refletido o posicionamento jurisprudencial vigente nesta Corte Superior, no sentido de que as associações de servidores – na qualidade de substituto processual –, têm legitimidade para atuar nas fases de conhecimento, liquidação e execução de sentença na defesa dos direitos e interesses da categoria que representa, dispensando prévia autorização dos trabalhadores, há de se ater à orientação do Supremo Tribunal Federal – tal como firmada no julgamento do Recurso Extraordinário nº 573.232/SC, julgado em 14 de maio de 2014 –, para a qual a atuação das associações não enseja substituição processual, mas representação específica, consoante o disposto no artigo 5º, XXI, da Constituição Federal. [...] Diante do exposto, com base no art. 557, §1º-A, do CPC, dou provimento ao Recurso Especial, para determinar o retorno dos autos ao Tribunal *a quo*, que deverá enfrentar, nos termos da fundamentação *supra*, a alegação do Estado do Paraná de que a associação recorrida não possui legitimidade ativa para ajuizar a presente ação. No mesmo diapasão: Embargos de Declaração. Recurso Especial. Processual Civil. Execução de sentença proferida em Ação Coletiva. Legitimidade. Omissão, contradição ou obscuridade. Não ocorrência. Pretensão de rediscussão do julgado. Inadequação. Embargos rejeitados. 1. Explicitadas as razões quanto a legitimidade da Federação Nacional dos Policiais Rodoviários Federais para execução de sentença coletiva, não há que se falar em omissão, contradição ou obscuridade. 2. O sindicato possui legitimidade para defender os interesses da categoria, na fase de conhecimento ou execução, sendo desnecessária a juntada de relação nominal dos filiados, bem como de autorização expressa. 3. O entendimento adotado no Recurso Extraordinário nº 573.232, julgado sob o rito da repercussão geral, não se aplica ao caso concreto, pois o paradigma do Supremo Tribunal Federal tratou de execução promovida por associação, enquanto na hipótese cuida-se de federação, cuja natureza é de sindicato. 4. Não se prestam os embargos de declaração para rediscutir matéria já devidamente enfrentada e decidida pelo julgado embargado. 5. Embargos de declaração rejeitados. (EDcl nos EDcl no AgRg no REsp 831.899/AL, Rel. Min. Jorge Mussi, Quinta Turma, julgado em 25.11.2014, *DJe* 3.12.2014).

Administrativo. Ação Coletiva ajuizada por sindicato. Legitimidade do integrante da categoria para propor execução individual do julgado. 1. O STJ entende que o sindicato ou associação, como substitutos processuais, têm legitimidade para defender judicialmente interesses coletivos de toda a categoria, e não apenas de seus filiados, sendo dispensável a juntada da relação nominal dos filiados e de autorização expressa. 2. A formação da coisa julgada nos autos de ação coletiva deve beneficiar todos os servidores da categoria, e não apenas aqueles que na ação de conhecimento demonstrem a condição de filiado do autor. Precedentes do STJ. 3. "O entendimento adotado no Recurso Extraordinário 573.232, julgado sob o rito da repercussão geral, não se aplica ao caso concreto, pois o paradigma do Supremo Tribunal Federal tratou de execução promovida por associação, enquanto na hipótese cuida-se de federação, cuja natureza é de sindicato" (EDcl nos EDcl no AgRg no REsp 831.899/AL, Rel. Min. Jorge Mussi, Quinta Turma, *DJe* 3.12.2014). 4. Agravo Regimental não provido. (AgRg no AREsp 241.300/DF, Rel. Min. Herman Benjamin, Segunda Turma, julgado em 17.3.2015, *DJe* 6.4.2015) 7.1. Por último, a título de oportuno registro, cabe ressaltar que a legitimação concorrente, prevista no art. 82, IV, do CDC para defesa coletiva de interesses difusos, coletivos e individuais homogêneos de consumidores e das vítimas, é manifestamente impertinente ao caso em exame, pois o dispositivo restringe essa hipótese de atuação às associações legalmente constituídas há pelo menos um ano e "que incluam entre seus fins institucionais a defesa dos direitos protegidos pelo Código consumerista". Como dito, o fim institucional da entidade associativa que manejou a ação coletiva é tão somente a representação de "servidores da previdência social" (INSS), isto é, defesa de interesses de natureza trabalhista e/ou estatutário. Com efeito, no caso, por ser matéria

Anexo • JURISPRUDÊNCIA DO STJ SOBRE PROCESSOS COLETIVOS

impertinente ao julgamento do presente recurso, não cabe nenhum exame acerca desse dispositivo do CDC à luz do entendimento, ora consolidado, do STF. 8. Diante do exposto, em vista dos limites subjetivos da sentença coletiva, que não se estendem à recorrida, dou provimento ao recurso especial para extinguir o processo, sem resolução do mérito; estabeleço custas e honorários advocatícios sucumbenciais, arbitrados em R$ 3.000,00 (três mil reais), que serão integralmente arcados pela autora – observada a eventual gratuidade de justiça. É como voto.

1.1.4 *Legitimidade* ad causam *das associações e a pertinência temática. Representatividade adequada*

Recurso especial. Civil. Plano de saúde. Negativa de prestação jurisdicional. Não ocorrência. Ação coletiva proposta por associação. Legitimidade ativa. Pertinência temática. Sentença condenatória. Efeitos subjetivos da coisa julgada. Restrição aos filiados. Regime de representação processual. Assistência farmacêutica. Doença coberta. Tratamento imprescindível à recuperação do paciente. Medicamento importado com registro na ANVISA. Uso restrito em hospitais e clínicas médicas. Obrigatoriedade do custeio.

[...]

2. A defesa dos interesses e direitos coletivos não se limita às relações de consumo (arts. 81 e 82 do CDC), podendo a associação civil buscar a tutela coletiva para amparar seus filiados independentemente de serem eles consumidores, nas mais diversas relações jurídicas, desde que haja a autorização dos associados e esteja presente a pertinência temática. 3. A legitimidade ativa *ad causam* mostra-se presente, visto que o objetivo social da autora (promover uma melhor qualidade de vida aos pacientes portadores da enfermidade asma) e os seus fins institucionais são compatíveis com o interesse coletivo a ser protegido com a demanda (proteção da saúde de seus filiados com o fornecimento, pelas operadoras de plano de saúde, de determinado medicamento – Xolair – para o tratamento eficaz de asma de difícil controle). Desnecessidade de alusão expressa da defesa dos interesses e direitos dos consumidores dentre os objetivos institucionais da entidade, pois não se discute direitos consumeristas em si, mas direitos oriundos de setor regulado, qual seja, a Saúde Suplementar (relações entre usuários e operadoras de planos de saúde, com base na Lei nº 9.656/1998).

[...]

4. A entidade associativa somente pode promover ação coletiva em defesa de seus associados por meio da representação processual (art. 5º, XXI, da CF), a exigir deles prévia autorização especial, seja por ato individual seja por deliberação em assembleia, que não se satisfaz com a mera autorização estatutária genérica. Hipótese de restrição, no caso dos autos, dos efeitos subjetivos da coisa julgada.

[...]

10. Recursos especiais parcialmente providos.[17]

Ação Civil Pública. Centro Acadêmico de Direito. Legitimidade. Associação Civil regularmente constituída. Representação adequada. Lei nº 9.870/99. Exegese sistemática com o CDC.

1. Os "Centros Acadêmicos", nomenclatura utilizada para associações nas quais se congregam estudantes universitários, regularmente constituídos e desde que preenchidos os requisitos

---

[17] Recurso Especial 1.481.089/SP, Rel. Ricardo Villas Bôas Cueva, Terceira Turma, julgado em 1º.12.2015, *DJe* 9.12.2015.

legais, possuem legitimidade para ajuizar ação civil pública em defesa dos direitos individuais homogêneos, de índole consumerista, dos estudantes do respectivo curso, frente à instituição de ensino particular. Nesse caso, a vocação institucional natural do centro acadêmico, relativamente aos estudantes de instituições de ensino privadas, insere-se no rol previsto nos arts. 82, IV, do CDC, e art. 5º da Lei nº 7.347/85.

[...]

4. Os centros acadêmicos são, por excelência e por força de lei, as entidades representativas de cada curso de nível superior, mercê do que dispõe o art. 4º da Lei nº 7.395/85, razão pela qual, nesse caso, o "apoio" a que faz menção o art. 7º, da Lei nº 9.870/99 deve ser presumido.

[...]

6. Recurso especial provido.[18]

Processual Civil. Administrativo. Ação Civil Pública. *Legitimatio Ad causam* do Sindicato. Pertinência temática. Ausência de intimação Do Ministério Público Federal nas instâncias ordinárias. Prejuízo indemonstrado. Nulidade inexistente. Princípio da Instrumentalidade das formas.

1. Os sindicatos possuem legitimidade ativa para demandar em juízo a tutela de direitos subjetivos individuais dos integrantes da categoria, desde que se versem direitos homogêneos e mantenham relação com os fins institucionais do sindicato demandante, atuando como substituto processual (*Adequacy Representation*).

2. A pertinência temática é imprescindível para configurar a *legitimatio ad causam* do sindicato, consoante cediço na jurisprudência do E. S.T.F na ADI 3472/DF, Sepúlveda Pertence, *DJ* de 24.6.2005 e ADI-QO 1282/SP, Rel. Min. Sepúlveda Pertence, Tribunal Pleno, *DJ* de 29.11.2002 e do S.T.J: REsp 782961/RJ, desta relatoria, *DJ* de 23.11.2006, REsp 487.202/RJ, Rel. Min. Teori Zavascki, *DJ* 24.5.2004.

3. A representatividade adequada sob esse enfoque tem merecido destaque na doutrina; senão vejamos: "(...) A pertinência temática significa que as associações civis devem incluir entre seus fins institucionais a defesa dos interesses objetivados na ação civil pública ou coletiva por elas propostas, dispensada, embora, a autorização de assembleia. Em outras palavras, a pertinência temática é a adequação entre o objeto da ação e a finalidade institucional. *As associações civis necessitam, portanto, ter finalidades institucionais compatíveis com a defesa do interesse transindividual que pretendam tutelar em juízo.* [...].[19] (grifos acrescidos)

Agravo Regimental nos Embargos de Declaração no Recurso Especial. Ação Civil Pública. Caderneta de Poupança. Legitimidade [...].

1. A relação jurídica existente entre o poupador e a instituição financeira é disciplinada pelo Código de Defesa do Consumidor (Súmula 297/STJ).

2. As entidades de proteção ao consumidor, ante a existência de relação de consumo, têm legitimidade ativa para propor ação civil pública em face de instituições financeiras para que os poupadores recebam diferenças de remuneração de cadernetas de poupança eventualmente não depositadas nas respectivas contas. Precedentes.

---

[18] Recurso Especial 1.189.273/SC, Rel. Min. Luis Felipe Salomão, Quarta Turma, julgado em 1º.3.2011, *DJe* 4.3.2011.

[19] Agravo Regimental no Recurso Especial 901.936/RJ, Rel. Min. Luiz Fux, Primeira Turma, julgado em 16.10.2008, *DJe* 16.3.2009.

Anexo • JURISPRUDÊNCIA DO STJ SOBRE PROCESSOS COLETIVOS

3. É ativamente legitimada a associação legalmente constituída há pelo menos um ano e que inclua entre seus fins institucionais a defesa dos interesses e direitos dos consumidores. Precedentes.

[...]

7. Agravo regimental não provido, com aplicação de multa.[20]

1.1.5   Legitimação da Defensoria Pública

Processual Civil. Recurso Especial. Legitimidade da Defensoria Pública para ajuizar Ação Civil Pública. Art. 134 da CF. Acesso à Justiça. Direito Fundamental. Art. 5º, XXXV, da CF. Arts. 21 da Lei 7.347/85 e 90 do CDC. Microssistema de proteção aos direitos transindividuais. Ação Civil Pública. Instrumento por excelência. Legitimidade ativa da Defensoria Pública para ajuizar Ação Civil Pública reconhecida antes mesmo do advento da Lei 11.448/07. Relevância social e jurídica do direito que se pretende tutelar. Recurso não provido.

1. A Constituição Federal estabelece no art. 134 que "A Defensoria Pública é instituição essencial à função jurisdicional do Estado, incumbindo-lhe a orientação jurídica e a defesa, em todos os graus, dos necessitados, na forma do art. 5º, LXXIV". Estabelece, ademais, como garantia fundamental, o acesso à justiça (art. 5º, XXXV, da CF), que se materializa por meio da devida prestação jurisdicional quando assegurado ao litigante, em tempo razoável (art. 5º, LXXVIII, da CF), mudança efetiva na situação material do direito a ser tutelado (princípio do acesso à ordem jurídica justa).

2. Os arts. 21 da Lei da Ação Civil Pública e 90 do CDC, como normas de envio, possibilitaram o surgimento do denominado Microssistema ou Minissistema de proteção dos interesses ou direitos coletivos amplo senso, com o qual se comunicam outras normas, como os Estatutos do Idoso e da Criança e do Adolescente, a Lei da Ação Popular, a Lei de Improbidade Administrativa e outras que visam tutelar direitos dessa natureza, de forma que os instrumentos e institutos podem ser utilizados para "propiciar sua adequada e efetiva tutela" (art. 83 do CDC).

3. Apesar do reconhecimento jurisprudencial e doutrinário de que "A nova ordem constitucional erigiu um autêntico 'concurso de ações' entre os instrumentos de tutela dos interesses transindividuais" (REsp 700.206/MG, Rel. Min. Luiz Fux, Primeira Turma, *DJe* 19.3.10), a ação civil pública é o instrumento processual por excelência para a sua defesa.

4. A Lei 11.448/07 alterou o art. 5º da Lei 7.347/85 para incluir a Defensoria Pública como legitimada ativa para a propositura da ação civil pública. Essa e outras alterações processuais fazem parte de uma série de mudanças no arcabouço jurídico-adjetivo com o objetivo de, ampliando o acesso à tutela jurisdicional e tornando-a efetiva, concretizar o direito fundamental disposto no art. 5º, XXXV, da CF.

5. *In casu*, para afirmar a legitimidade da Defensoria Pública bastaria o comando constitucional estatuído no art. 5º, XXXV, da CF.

6. É imperioso reiterar, conforme precedentes do Superior Tribunal de Justiça, que a *legitimatio ad causam* da Defensoria Pública para intentar ação civil pública na defesa de interesses transindividuais de hipossuficientes é reconhecida antes mesmo do advento da Lei 11.448/07, dada a relevância social (e jurídica) do direito que se pretende tutelar e do próprio fim do

---

[20]   Agravo Regimental nos Embargos de Declaração no Recurso Especial 1.083.547/SP, Rel. Min. Luis Felipe Salomão, Quarta Turma, julgado em 10.4.2012, *DJe* 13.4.2012.

1025

CÓDIGO BRASILEIRO DE DEFESA DO CONSUMIDOR

ordenamento jurídico brasileiro: assegurar a dignidade da pessoa humana, entendida como núcleo central dos direitos fundamentais.

7. Recurso especial não provido.[21]

Administrativo. Ação Civil Pública [...]. Defensoria Pública. Lei 7.347/85. Processo de transferência voluntária em instituição de ensino. Legitimidade ativa. Lei 11.448/07. Tutela de interesses individuais homogêneos.

[...]

2. O direito à educação, responsabilidade do Estado e da família (art. 205 da Constituição Federal), é garantia de natureza universal e de resultado, orientada ao "pleno desenvolvimento da personalidade humana e do sentido de sua dignidade" (art. 13, do Pacto Internacional sobre Direitos Econômicos, Sociais e Culturais, adotado pela XXI Sessão da Assembleia Geral das Nações Unidas, em 19 de dezembro de 1966, aprovado pelo Congresso Nacional por meio do Decreto Legislativo 226, de 12 de dezembro de 1991, e promulgado pelo Decreto 591, de 7 de julho de 1992), daí não poder sofrer limitação no plano do exercício, nem da implementação administrativa ou judicial. Ao juiz, mais do que a ninguém, compete zelar pela plena eficácia do direito à educação, sendo incompatível com essa sua essencial, nobre, indeclinável missão interpretar de maneira restritiva as normas que o asseguram nacional e internacionalmente.

3. É sólida a jurisprudência do STJ que admite possam os legitimados para a propositura de Ação Civil Pública proteger interesse individual homogêneo, mormente porque a educação, mote da presente discussão, é da máxima relevância no Estado Social, daí ser integral e incondicionalmente aplicável, nesse campo, o meio processual da Ação Civil Pública, que representa "contraposição à técnica tradicional de solução atomizada" de conflitos (REsp 1.225.010/PE, Rel. Min. Mauro Campbell Marques, Segunda Turma, *DJe* 15.3.2011).

4. A Defensoria Pública, instituição altruísta por natureza, é essencial à função jurisdicional do Estado, nos termos do art. 134, *caput*, da Constituição Federal. A rigor, mormente em países de grande desigualdade social, em que a largas parcelas da população – aos pobres sobretudo – nega-se acesso efetivo ao Judiciário, como ocorre infelizmente no Brasil, seria impróprio falar em verdadeiro Estado de Direito sem a existência de uma Defensoria Pública nacionalmente organizada, conhecida de todos e por todos respeitada, capaz de atender aos necessitados da maneira mais profissional e eficaz possível.

5. O direito à educação legitima a propositura da Ação Civil Pública, inclusive pela Defensoria Pública, cuja intervenção, na esfera dos interesses e direitos individuais homogêneos, não se limita às relações de consumo ou à salvaguarda da criança e do idoso. Ao certo, cabe à Defensoria Pública a tutela de qualquer interesse individual homogêneo, coletivo *stricto sensu* ou difuso, pois sua legitimidade *ad causam*, no essencial, não se guia pelas características ou perfil do objeto de tutela (= critério objetivo), mas pela natureza ou *status* dos sujeitos protegidos, concreta ou abstratamente defendidos, os necessitados (= critério subjetivo).

6. "É imperioso reiterar, conforme precedentes do Superior Tribunal de Justiça, que a *legitimatio ad causam* da Defensoria Pública para intentar ação civil pública na defesa de interesses transindividuais de hipossuficientes é reconhecida antes mesmo do advento da Lei 11.448/07, dada a relevância social (e jurídica) do direito que se pretende tutelar e do próprio fim do ordenamento jurídico brasileiro: assegurar a dignidade da pessoa humana, entendida como

---

[21] Recurso Especial 1.106.515/MG, Rel. Min. Arnaldo Esteves Lima, Primeira Turma, julgado em 16.12.2010, *DJe* 2.2.2011.

Anexo · JURISPRUDÊNCIA DO STJ SOBRE PROCESSOS COLETIVOS

núcleo central dos direitos fundamentais" (REsp 1.106.515/MG, Rel. Min. Arnaldo Esteves Lima, Primeira Turma, *DJe* 2.2.2011).

7. Recurso Especial provido para reconhecer a legitimidade ativa da Defensoria Pública para a propositura da Ação Civil Pública.[22]

Processual Civil e Administrativo – Ensino Superior – Ação Civil Pública – Defensoria Pública – Legitimidade Ativa – Matéria não prequestionada (Súmulas 211/STJ e 282/STF).

1. A Defensoria Pública possui legitimidade ativa para ajuizar ação civil pública na defesa de interesses transindividuais de hipossuficientes. Precedentes do STJ.

2. Descabe a esta Corte analisar tese que não foi debatida na instância de origem. Incidência das Súmulas 211/STJ e 282/STF.

3. Recurso especial parcialmente conhecido e não provido.[23]

Processual Civil. Legitimidade. Defensoria Pública. Teoria da asserção. Impossibilidade jurídica do pedido. Inexistência.

1. A Defensoria Pública tem autorização legal para atuar como substituto processual dos consumidores, tanto em demandas envolvendo direitos individuais em sentido estrito, como direitos individuais homogêneos, disponíveis ou indisponíveis, na forma do art. 4º, incisos VII e VIII, da Lei Complementar nº 80/94. Precedentes.

[...]

3. Agravo regimental não provido.[24]

1.2 Ação coletiva passiva

Processo civil. Recurso especial. Ação coletiva ajuizada por sindicato na defesa de direitos individuais homogêneos de integrantes da categoria profissional. Apresentação, pelo réu, de pedido de declaração incidental, em face do sindicato-autor.

[...]

– A atribuição de legitimidade ativa não implica, automaticamente, legitimidade passiva dessas entidades para figurarem, como rés, em ações coletivas, salvo hipóteses excepcionais.

– Todos os projetos de Códigos de Processo Civil Coletivo regulam hipóteses de ações coletivas passivas, conferindo legitimidade a associações para representação da coletividade, como rés. Nas hipóteses de direitos individuais homogêneos, contudo, não há consenso.

[...]

Recurso improvido.[25]

---

22 Recurso Especial 1.264.116/RS, Rel. Min. Herman Benjamin, Segunda Turma, julgado em 18.10.2011, *DJe* 13.4.2012.

23 Recurso Especial 1.275.620/RS, Rel. Min. Eliana Calmon, Segunda Turma, julgado em 16.10.2012, *DJe* 22.10.2012.

24 Agravo Regimental no Agravo no Recurso Especial 53.146/SP, Rel. Min. Castro Meira, Segunda Turma, julgado em 16.2.2012, *DJe* 5.3.2012.

25 Recurso Especial 1.051.302/DF, Rel. Min. Nancy Andrighi, Terceira Turma, julgado em 23.3.2010, *DJe* 28.4.2010.

CÓDIGO BRASILEIRO DE DEFESA DO CONSUMIDOR

Pedido de suspensão de liminar. *Ação de reintegração de posse ajuizada contra o Movimento dos Sem-Terra.*

O reconhecimento de lesão grave aos valores protegidos pelo art. 4º da Lei nº 8.437, de 1992, exige um juízo mínimo acerca da decisão judicial. O dano só é potencial se tal juízo identificar a probabilidade da reforma do ato judicial, e disso não se trata. Havendo um possuidor munido de título de propriedade, não é possível legitimar a posse resultante do esbulho. Agravo regimental não provido.[26] – grifos acrescidos.

Processual Civil e Administrativo. Agravos Regimentais. Ação Ordinária Declaratória combinada com Ação de preceito cominatório de obrigação de fazer e de não fazer e com pedido para Concessão de Liminar. Greve dos servidores do Poder Judiciário Federal em exercício na Justiça do Trabalho. *Fumus boni iuris* e *Periculum In mora* evidenciados.

1. Os agravos regimentais foram interpostos contra decisão liminar proferida nos autos de ação ordinária declaratória de ilegalidade de greve cumulada com *ação de preceito cominatório de obrigação de fazer e de não fazer e com pedido de liminar ajuizada pela União contra a Federação Nacional dos Trabalhadores do Judiciário Federal e Ministério Público da União – FENAJUFE e Sindicato dos Trabalhadores do Poder Judiciário e do Ministério Público da União no Distrito Federal – SINDJUS/DF* para que seja suspensa a greve "dos servidores do Poder Judiciário Federal em exercício na Justiça do Trabalho em todo o território nacional".

[...].[27]

Administrativo. Greve dos servidores da Justiça Eleitoral. Federação Sindical. Legitimidade Subsidiária. *Legitimidade passiva da FENAJUFE para responder apenas pela legalidade da greve dos servidores lotados no Estado de Roraima.*

[...]

2. Nos termos da legislação de regência, cabe aos sindicatos a representação da categoria dentro da sua base territorial. A legitimidade das federações é subsidiária, ou seja, somente representam os interesses da categoria na ausência do respectivo sindicato.

3. *No caso, apenas os servidores da Justiça Eleitoral lotados no Estado de Roraima não são representados por sindicato, cabendo à Federação Nacional dos Trabalhadores do Judiciário Federal e Ministério Público da União – FENAJUFE a legitimidade para responder pela legalidade da greve desses servidores.*

4. Com a limitação da legitimidade da FENAJUFE, remanesce apenas a discussão da legalidade da greve dos servidores da Justiça Eleitoral lotados no Distrito Federal (representados pelo Sindicato dos Trabalhadores do Poder Judiciário e do Ministério Público da União no Distrito Federal – SINDJUS/DF) e no Estado de Roraima, o que afasta a competência do Superior Tribunal de Justiça para o julgamento da ação.

[...].[28]

---

[26] Agravo Regimental na Suspensão de Liminar e de Sentença 1516/AL, Rel. Min. Ari Pargendler, Corte Especial, julgado em 21.3.2012, *DJe* 17.4.2012.

[27] Agravo Regimental na Petição 7.939/DF, Rel. Min. Castro Meira, Primeira Seção, julgado em 23.6.2010, *DJe* 16.8.2010. No mesmo sentido, admitindo a legitimação passiva da Federação requerida: Agravo Regimental na Medida Cautelar 15.656/DF, Rel. Min. Og Fernandes, Terceira Seção, julgado em 24.6.2009, *DJe* 1.º.7.2009.

[28] Petição 7.933/DF, Rel. Min. Castro Meira, Rel. p/ Acórdão Ministro Arnaldo Esteves Lima, Primeira Seção, julgado em 11.5.2011, *DJe* 21.6.2011.

Administrativo e processual civil. Embargos de declaração no agravo regimental no recurso especial. Ação rescisória. Sindicatos. Polo passivo. Servidores sindicalizados. Litisconsórcio passivo facultativo. Ausência de omissão, ambiguidade, obscuridade ou contradição. Embargos de declaração rejeitados.

1. Os sindicatos possuem legitimação extraordinária (ativa ou passiva) para substituir seus associados na defesa de seus direitos e interesses coletivos e individuais.

[...]

3. Em se tratando de hipótese de substituição processual, a citação do Sindicato substituto é apta a formar a relação processual, uma vez que, por ser autor da ação coletiva em defesa dos substituídos, é parte legítima para figurar no polo passivo da rescisória, não havendo falar em litisconsórcio necessário na hipótese.

4. Não há falar em litisconsórcio necessário no polo passivo da ação rescisória a ser formado entre o Sindicato e servidores, pois os servidores não foram parte no processo originário. Se o Sindicato foi o único autor a figurar na demanda inicial, ainda que por força da legitimação extraordinária, será ele o réu na ação rescisória (REsp 1.391.709/PR, Rel. Ministro Benedito Gonçalves, Primeira Turma, *DJe* 8.3.2016).

[...]

7. Embargos de declaração rejeitados.[29] – grifos acrescidos.

1.3 Comentários dos autores – Legitimidade *ad causam*

A legitimidade *ad causam* ativa, nos domínios do processo coletivo, adquire feições próprias. Diante da relevância e abrangência dos direitos passíveis de tutela coletiva, tornou-se imperiosa a ampliação do espectro da legitimação *ad causam*, conferindo-se a determinados órgãos autoridade própria para estimular o Judiciário à proteção efetiva das questões comuns da sociedade[30].

Assim, o fundamentalismo que se extrai do disposto na primeira parte do art. 6º do Código de Processo Civil de 1973, que se encontrava em vigor ao tempo da primeira versão deste trabalho, e do art. 18 do Código de Processo Civil de 2015 – de aplicação adequada às ações individuais – é repudiado pela própria essência do processo coletivo, no qual adquirem relevância os conceitos de legitimação autônoma e concorrente aberta, múltipla, composta.

Ainda compõe a legitimação *ad causam* para as ações coletivas a representatividade adequada (*adequacy of representation*). Oriundo do direito norte-americano, referido instituto, desconhecido do processo individual, exige que o portador, em Juízo, dos interesses ou direitos difusos, coletivos e individuais homogêneos apresente as necessárias condições de seriedade, credibilidade, capacidade técnica, idoneidade intelectual e até econômica, especialmente para que exerça com proficiência o contraditório, cujos encargos processuais, uma vez descumpridos, importarão reflexos deletérios diretos sobre os membros do grupo, categoria ou classe de pessoas "representadas".

---

[29] EDcl nos EDcl nos EDcl nos EDcl nos EDcl nos EDcl no AgRg no REsp 1.168.247/RJ, Rel. Ministro Nefi Cordeiro, Sexta Turma, julgado em 17.8.2017, *DJe* 29.8.2017.

[30] Nesse sentido: ALVIM, Eduardo Arruda. *Curso de direito processual civil*. São Paulo: Revista dos Tribunais, 2000, p. 686.

É particularmente importante nos sistemas jurídicos que admitem a extensão, a terceiros, da coisa julgada, assim também naqueles em que possíveis, à pessoa física e às associações, a legitimidade para a propositura da ação coletiva e a ação coletiva passiva. Daí a razão de os códigos coletivos estabelecerem uma correlação entre legitimação e coisa julgada.

Tanto que, como refere Ada Pellegrini Grinover, é de ser lembrado, "[...] a esse propósito, que no *common law*, a existência da *adequacy of representation* é analisada caso a caso pelo juiz, para verificação da *fair notice* do processo e do desenvolvimento da defesa da categoria com os necessários cuidados; além disso, o sistema norte-americano possibilita a exclusão do processo de quem não deseje submeter-se à coisa julgada"[31].

Conquanto a legislação brasileira não mencione expressamente a representatividade adequada, é absolutamente possível vislumbrar a presença desse instituto nas normas jurídicas que tratam do processamento das vias coletivas, as quais lhe imputam a condição de requisito objetivo, a ser verificado pelo magistrado da causa, a partir da natureza e peculiaridades do conflito posto à sua cognição.

Dessa forma, partindo-se da premissa de que as ações coletivas podem apresentar – a depender do julgamento que lhe for atribuído – significativos efeitos sociais, políticos, jurídicos e, por vezes, econômicos, a admissibilidade das referidas ações não estará limitada à presença da entidade demandante no rol de legitimados estipulado pela norma jurídico-coletiva de regência, mas deverá abranger, outrossim, a existência de vinculação entre ela, entidade, e a espécie de tutela coletiva requestada pela ação.

É de se notar que a questão em tela guarda relação direta com um dos temas mais caros à moderna processualística brasileira, o da efetividade do processo e de sua instrumentalidade material, a transformá-lo num instrumento aderente à realidade social que lhe é subjacente e apto à efetiva solução das controvérsias de Direito Material[32].

---

[31] GRINOVER, Ada Pellegrini; WATANABE, Kazuo; NERY JR., Nelson. *Código brasileiro de defesa do consumidor*: comentado pelos autores do anteprojeto. 12. ed. Rio de Janeiro: Forense, 2018, p. 994.

[32] A propósito do aspecto da pertinência temática, da efetividade e do alcance social das tutelas coletivas, oportuna é a referência ao acórdão proferido para o Recurso Especial 1.357.618/DF (Relator o Ministro Luis Felipe Salomão, *DJe* 24.11.2017), segundo o qual deliberou a Quarta Turma do Superior Tribunal de Justiça: "1. As associações civis, para ajuizar ações civis públicas ou coletivas, precisam deter representatividade adequada do grupo que pretendam defender em juízo, aferida à vista do preenchimento de dois requisitos: a) *pré-constituição há pelo menos um ano nos termos da lei civil* – dispensável, quando evidente interesse social; e b) *pertinência temática* – indispensável e correspondente à finalidade institucional compatível com a defesa judicial do interesse. 2. **Quanto ao requisito temporal, a jurisprudência do Superior Tribunal de Justiça é firme quanto à possibilidade de dispensa do requisito de um ano de pré-constituição da associação, nos casos de interesse social evidenciado pela dimensão do dano e pela relevância do bem jurídico a ser protegido**" [...] 5. A pertinência temática exigida pela legislação, para a configuração da legitimidade em ações coletivas, consiste no nexo material entre os fins institucionais do demandante e a tutela pretendida naquela ação. É o vínculo de afinidade temática entre o legitimado e o objeto litigioso, a harmonização entre as finalidades institucionais dos legitimados e o objeto a ser tutelado na ação civil pública. 6. **Entretanto, não é preciso que uma associação civil seja constituída para defender em juízo especificamente aquele exato interesse controvertido na hipótese concreta. 7. O juízo de verificação da pertinência temática há de ser responsavelmente flexível e amplo, em contemplação ao princípio constitucional do acesso à justiça, mormente a considerar-se a máxima efetividade dos direitos fundamentais. 8. No caso concreto, a Abracon possui entre os fins institucionais a promoção da segurança alimentar e nutricional, assim como**

Anexo · JURISPRUDÊNCIA DO STJ SOBRE PROCESSOS COLETIVOS

Portanto, parece válido afirmar que o juízo prévio acerca da legitimidade ativa, no microssistema do processo coletivo, está assentado na previsão legal (rol de legitimados) e, igualmente, na aptidão temática e idoneidade social do ente demandante, o que ratifica a tese de que o processo coletivo impõe espectros peculiares de legitimidade.

Nesse sentido: "Só é possível ser legitimado ativo para as ações coletivas os estabelecidos no rol do art. 82 do CDC e art. 5.º da LACP [...]. Não obstante, ainda que o ente esteja previsto na lei, poderá ser excluído da demanda por faltar-lhe representatividade adequada. Nesse sentido, haverá, mesmo que com limitações, um controle jurisdicional da legitimação coletiva"[33].

A questão merece reflexões mais aprofundadas. Se é verdadeiro que o controle judicial sobre a legitimidade coletiva é cautela apropriada e indispensável aos interesses de abrangência coletiva ou difusa, sobretudo para se evitar iniciativas de caráter abusivo na utilização do processo coletivo, é também verdadeiro que a tendência atual é, sem dúvida, no sentido da abertura dos esquemas de legitimação a amplos segmentos da sociedade e a seus representantes: a pessoa física, as formações sociais, os entes públicos vocacionados para a defesa dos direitos transindividuais, outros entes públicos a quem compete a tutela dos mais diversos bens referíveis à qualidade da vida – incluindo as pessoas jurídicas de Direito Público.

Nessa esteira, parece-nos haver um possível equilíbrio de forças, no que se aplica à legitimidade coletiva: a adoção do regime da legitimação mista, que logra responder ao anseio do mais amplo acesso à Justiça e ao princípio da universalidade da jurisdição, e a previsão de pesados encargos para a litigância de má-fé para os casos em que se configure uso abusivo do processo coletivo, por entidades inidôneas à defesa dos interesses jurídicos submetidos à cognição judicial.

Quanto à legitimidade *ad causam* no sistema de ações coletivas, observam-se importantes registros decisórios emanados do Superior Tribunal de Justiça, em que o instituto da representação adequada adquire vulto na formação da linha hermenêutica construída pelo citado Tribunal, em maior ou menor análise, mais precisamente em relação à atuação do Ministério Público, da Defensoria Pública[34] e das associações.

---

a melhoria da qualidade de vida, especialmente no que diz respeito a qualidade de produtos e serviços, estando, dessa forma, configurada a pertinência temática." – grifos acrescidos

[33] GARCIA, Leonardo Medeiros. *Direito do consumidor*. Niterói: Impetus, 2009, p. 377.

[34] No que se prende à legitimidade da Defensoria Pública, oportuno registrar que a questão constituiu tema da Ação Direta de Inconstitucionalidade 3.943, ajuizada pela Associação Nacional dos Membros do Ministério Público (Conamp). A postulação principal cingia-se à declaração de inconstitucionalidade do inc. II do art. 5.º da Lei nº 7.347/85, com a redação da Lei nº 11.448/07. A coautora deste artigo manifestara-se nos autos mediante parecer oferecido *pro bono* à Defensoria Pública, sustentando sua ampla legitimação às ações coletivas. A ADIN foi julgada favoravelmente à legitimação da Defensoria Pública, mas acredita-se que ainda permaneceram em aberto os limites desta legitimação: se geral ou só no caso de haver (no grupo, categoria ou classe de pessoas) hipossuficientes em sentido econômico. Neste ponto, eis a ementa pertinente ao julgamento em tela:

Ação Direta de Inconstitucionalidade. Legitimidade ativa da Defensoria Pública para ajuizar Ação Civil Pública (art. 5º, inc. II, da Lei nº 7.347/1985, alterado pelo art. 2º da Lei nº 11.448/2007). Tutela de interesses transindividuais (coletivos *stricto sensu* e difusos) e individuais homogêneos. Defensoria Pública: instituição essencial à função jurisdicional. Acesso à justiça. Necessitado: definição segundo

CÓDIGO BRASILEIRO DE DEFESA DO CONSUMIDOR

A percuciente análise dos julgados proferidos pelo Superior Tribunal de Justiça aponta para uma tendência mista, no que tange à legitimidade *ad causam* ativa. A referida Corte tem demarcado a exigência de que, para além de constar do rol de legitimados à propositura da ação coletiva, deve a entidade promovente agir em prol de interesses relacionados à área de sua atuação ou abrangência, revelando, com tal rigor, abono à tese da representação adequada[35].

Nesse trilhar, *v. g.*, a legitimidade do Ministério Público para a propositura das ações coletivas estaria vinculada aos limites das funções institucionais a ele acometidas pela legislação de regência. Às associações estatutariamente autorizadas, tocaria a legitimidade a partir da coincidência temática entre o objeto material de interesse dos respectivos associados e a lide exposta a Juízo e, por fim, à Defensoria Pública, a defesa coletiva da população hipossuficiente.

No particular ao Ministério Público, merece registro a alteração de posicionamento protagonizada pelas Turmas que integram a Terceira Seção do Superior Tribunal de Justiça, quando, acompanhando entendimento consolidado pelo Supremo Tribunal Federal[36], passaram a assimilar o posicionamento de que o ente ministerial detém legitimidade para ajuizar ação civil pública, em matéria de direito previdenciário, nos casos em que presente indiscutível interesse social relevante, ainda que se trate de direito disponível[37].

Por ocasião do julgamento do Recurso Especial 946.533/PR, Rel. Min. Maria Thereza de Assis Moura (julgado em 10.5.2011, *DJe* 13.6.2011), o Ministro Og Fernandes, em voto--vista, fez constar que: "Com efeito, não se pode deixar de reconhecer as novas atribuições impostas ao Ministério Público a partir da promulgação da Constituição Federal de 1988, sobretudo no campo da defesa da ordem jurídica e da cidadania, o que importou em repercussões diretas em sua atuação processual, isto é, ampliadas as funções constitucionalmente

---

princípios hermenêuticos garantidores da força normativa da Constituição e da máxima efetividade das normas constitucionais: Art. 5º, Incs. XXXV, LXXIV, LXXVIII, da Constituição da República. Inexistência de norma de exclusividade do Ministério Público para ajuizamento de Ação Civil Pública. Ausência de prejuízo institucional do Ministério Público pelo reconhecimento da legitimidade da Defensoria Pública. Ação julgada improcedente.

[35] Tal posição, entretanto, tem sido repensada por alguns órgãos da Corte, constituindo-se exemplo o julgamento proferido pela Segunda Turma para o Recurso Especial 1.351.760/PE, do qual Relator Ministro Humberto Martins (*DJe* 9.12.2013), oportunidade em que aludida Turma, examinando questão referente à legitimidade ativa da Ordem dos Advogados do Brasil para a propositura de ação civil pública voltada à defesa do patrimônio urbanístico, cultural e histórico, pontuou o seguinte entendimento: "3. A legitimidade ativa – fixada no art. 54, XIV, da Lei nº 8.906/94 – para propositura de ações civis públicas por parte da Ordem dos Advogados do Brasil, seja pelo Conselho Federal, seja pelos conselhos seccionais, deve ser lida de forma abrangente, em razão das finalidades outorgadas pelo legislador à entidade – que possui caráter peculiar no mundo jurídico – por meio do art. 44, I, da mesma norma; não é possível limitar a atuação da OAB em razão de pertinência temática, uma vez que a ela corresponde a defesa, inclusive judicial, da Constituição Federal, do Estado de Direito e da justiça social, o que, inexoravelmente, inclui todos os direitos coletivos e difusos. Recurso especial provido".

[36] Agravo Regimental no Recurso Extraordinário 472.489/RS, Segunda Turma, Rel. Min. Celso de Mello, *DJe* de 29.8.2008.

[37] No mesmo sentido: Recurso Especial 457.579/DF, Rel. Min. Ruy Rosado, *DJ* 10.2.2003; Recurso Especial 347.752/SP, Rel. Min. Herman Benjamin, *DJe* 4.11.2007; Recurso Especial 743.678/SP, Rel. Min. Mauro Campbell Marques, *DJe* 28.9.2009; e Recurso Especial 910.192/MG, Rel. Min. Nancy Andrighi, *DJe* 24.2.2010.

previstas à representação ministerial, o direito processual deve se curvar a essas novas incumbências e, nesse passo, se tornar instrumento vivo e eficaz da concretização dos deveres institucionais atribuídos ao Ministério Público. Sendo assim, parece-me salutar e necessária a revisão do ponto de vista desta Sexta Turma, buscando não somente a efetivação do papel do Ministério Público em prol da defesa da cidadania, assim também das próprias finalidades da ação civil pública, procedimento voltado à tutela judicial dos direitos do cidadão [...]. Note-se, também, que, a teor do art. 3º da Constituição Federal, tem-se que, dentre os objetivos fundamentais da nossa República, está assentada a construção de uma sociedade livre, justa e solidária. Ora, estando a Previdência Social lastreada no princípio da solidariedade, é de se ver, nesse passo, que ela se constitui num dos objetivos fundamentais da República Federativa do Brasil. (In: *A Importância do Direito Previdenciário*, Miguel Horvath Júnior). E não poderia ser diferente. Constituindo-se o direito previdenciário parte integrante do sistema de seguridade social, este se revela fundamental para a manutenção do "tecido social" e do seu bem-estar. Daí extrair-se a premissa de que a defesa dos direitos previdenciários, repita-se, de interesse social relevante, constitui medida albergada pelas funções institucionais confiadas ao *parquet*. Portanto, não há como se negar o uso do processo coletivo em ações desta natureza, o que poderia implicar, ainda, lesões ao princípio constitucional da inafastabilidade do controle do Poder Judiciário".

Essa, aliás, já era a posição guardada pela Comissão de Juristas responsável pela instituição do Projeto do Código de Defesa do Consumidor, como atestam as palavras de Kazuo Watanabe: "Somente a relevância social do bem jurídico tutelando ou da própria tutela coletiva poderá justificar a legitimação do Ministério Público para a propositura de ação coletiva em defesa de interesses privados disponíveis"[38]. Sobre o tema são apresentados acórdãos proferidos recentemente:

PROCESSUAL CIVIL E CONSUMIDOR. AGRAVO INTERNO NOS EMBARGOS DE DECLARAÇÃO NO RECURSO ESPECIAL. AUSÊNCIA DE INTERESSE E LEGITIMIDADE DO MINISTÉRIO PÚBLICO. INOCORRÊNCIA. PROCON. ILÍCITO ADMINISTRATIVO. RESPONSABILIDADE SOLIDÁRIA. POSSIBILIDADE. PRECEDENTES.

[...]

2. Esta Corte tem entendimento no sentido de que o Ministério Público tem legitimidade ativa para a propositura de ação civil pública destinada à defesa de direitos individuais homogêneos de consumidores, ainda que disponíveis, pois se está diante de legitimação voltada à promoção de valores e objetivos definidos pelo próprio Estado. Precedente: REsp 1.254.428/MG, Rel. Ministro João Otávio de Noronha, Terceira Turma, *DJe* 10/06/2016.

[...]

4. Agravo interno não provido.

(AgInt nos EDcl no REsp 1.760.965/SC, Rel. Min. Benedito Gonçalves, Primeira Turma, julgado em 21.6.2021, *DJe* 23.6.2021.)

RECURSO ESPECIAL – AÇÃO CIVIL PÚBLICA – AVENTADA ABUSIVIDADE DE CLÁUSULA INSERTA EM CONTRATO DE CARTÃO DE CRÉDITO NA QUAL PREVISTO, EM

---

[38] GRINOVER, Ada Pellegrini; WATANABE, Kazuo; NERY JR., Nelson. *Código brasileiro de defesa do consumidor*: comentado pelos autores do anteprojeto. 12. ed. Rio de Janeiro: Forense, 2018, p. 899.

CASO DE INADIMPLEMENTO DO TITULAR, O DÉBITO DIRETO EM CONTA CORRENTE DO VALOR MÍNIMO DA FATURA – INSTÂNCIAS ORDINÁRIAS QUE REPUTARAM ILÍCITA A PRÁTICA E CONDENARAM A DEMANDADA À RESTITUIÇÃO EM DOBRO DAS QUANTIAS. INSURGÊNCIA DA RÉ.

2. Na linha da jurisprudência do STJ, o Ministério Público tem legitimidade ativa para ajuizar ação civil pública com o propósito de velar direitos difusos, coletivos e, também, individuais homogêneos dos consumidores, ainda que disponíveis.

[...]

(REsp 1.626.997/RJ, Rel. Min. Marco Buzzi, Quarta Turma, julgado em 1º.6.2021, *DJe* 4.6.2021.)

A Corte Superior em estudo também tem demonstrado – e as ementas anteriormente reproduzidas denotam esta convicção – prenúncios de uma abertura à tese de maior efetividade da ação civil pública, ao fixar compreensão segundo a qual o art. 21 da Lei nº 7.347/85, com a redação da Lei nº 8.078/90, ampliou o alcance da aludida ação coletiva para a defesa de interesses individuais homogêneos[39-40] não relacionados a consumidores, reconhecendo, portanto, a legitimidade de entes sindicais[41-42], *desde que esteja a agir em defesa de interesses relativos à categoria por eles representada.*

---

[39] A propósito do tema, o Superior Tribunal de Justiça, em recente julgamento proferido pela Segunda Turma (relator o Ministro Francisco Falcão, *DJe* 27.11.2017), reafirma a legitimidade do Ministério Público para atuar em ações que versem sobre direito individual homogêneo: "IV – **No que se refere ao direito de reparação dos compradores, mesmo se for considerado um direito individual homogêneo disponível, o Ministério Público também tem legitimidade para a propor a referida demanda. Nesse sentido: AgRg nos EDcl nos EDcl no REsp 1499300/MG, Rel. Ministro Herman Benjamin, Segunda Turma, julgado em 20.09.2016, *DJe* 29.09.2016; REsp 743.678/SP, Rel. Ministro Mauro Campbell Marques, Segunda Turma, julgado em 15.09.2009, *DJe* 28.09.2009.** V – Correta a decisão recorrida que deu provimento ao recurso especial para anular as decisões ordinárias, reconhecidas a legitimidade e o interesse de agir do Ministério Público do Estado de São Paulo, para exame do mérito da ação civil pública".

[40] Em sentido semelhante à nota acima: "2.7. O STJ reconhece que o evidente relevo social da situação em concreto atrai a legitimação do Ministério Público para a propositura de ação civil pública em defesa de interesses individuais homogêneos. 2.8. Verificação, no caso, da relevância dos interesses tutelados notadamente por tratar de relação de consumo em que atingido um número indeterminado de consumidores" (REsp 1.554.153/RS, Rel. Ministro Paulo de Tarso Sanseverino, Terceira Turma, julgado em 2.6.2017, *DJe* 1º.8.2017).

[41] "PROCESSUAL CIVIL. AGRAVO INTERNO NO RECURSO ESPECIAL. EXECUÇÃO COLETIVA. *SINDICATO. LEGITIMAÇÃO. SUBSTITUIÇÃO PROCESSUAL. POSSIBILIDADE. PRESCINDIBILIDADE DE AUTORIZAÇÃO EXPRESSA DOS SUBSTITUÍDOS. JURISPRUDÊNCIA DO STJ. 1. 'A Corte Especial deste Superior Tribunal, no julgamento dos EREsp 766.637/RS, de relatoria da Ministra Eliana Calmon (DJe 1º/7/2013), firmou entendimento no sentido de que as associações de classe e os sindicatos detêm legitimidade ativa ad causam para atuarem como substitutos processuais em ações coletivas, nas fases de conhecimento, na liquidação e na execução, sendo prescindível autorização expressa dos substituídos.'* Precedente: EDcl no AgInt no AREsp 1.481.158/RJ, Segunda Turma, Rel. Min. Francisco Falcão, julgado em 16/12/2020, *DJe* 18/12/2020. [...] 3. Agravo interno a que se nega provimento (AgInt no REsp 1.907.639/MA, Rel. Min. Og Fernandes, Segunda Turma, julgado em 15.6.2021, *DJe* 21.6.2021)."

[42] Em idêntica direção, o Supremo Tribunal Federal, ao apreciar o Tema 823, fixou posicionamento nos seguintes termos: "Os sindicatos possuem ampla legitimidade extraordinária para defender em juízo os direitos e interesses coletivos ou individuais **dos integrantes da categoria que representam**, inclusive nas liquidações e execuções de sentença, independentemente de autorização dos substituídos" – grifos acrescentados.

Anexo · JURISPRUDÊNCIA DO STJ SOBRE PROCESSOS COLETIVOS

Já com relação à legitimidade das associações, em que diversos acórdãos afirmam agirem elas como *representantes* dos associados, com base no disposto no art. 5º, XXI, da CF, é possível que os dispositivos das decisões (inclusive a do STF) estejam corretos, pois, ao que parece (e que pudemos verificar ao menos com relação à petição inicial da demanda que levou ao julgamento do recurso especial transcrito no inciso nº 1.1.3 deste trabalho), a associação ingressou em juízo invocando o referido dispositivo constitucional, bem como indicando seus representados, a título mesmo de representante (embora confusamente, depois, fale também em substituição processual), de modo que, como não poderia deixar de ser, o objeto da ação foi assim delimitado pela própria associação autora e a ele correspondeu corretamente a decisão, obedecendo ao princípio da congruência (ou da correspondência entre pedido e sentença).

Mas os motivos da decisão (que não fazem coisa julgada) devem ser revistos. Na verdade, as associações estão legitimadas às ações coletivas – conforme o pedido – ora como **representantes**, ora como **substitutos processuais**: como representantes, pelo art. 5º, XXI, da CF, caso em que a sentença e a coisa julgada só podem atingir os associados (representados); mas também podem ser substitutos processuais, para além dos associados, se assim se apresentarem, com fulcro no art. 82, IV, do Código de Defesa do Consumidor (c/c o art. 5º, V, da Lei da Ação Civil Pública)[43].

No caso do art. 82 do CDC, todas as legitimações são extraordinárias, e o legitimado age em nome próprio na tutela de interesse alheio. E, se assim agir a associação (o que, frise-se mais uma vez, depende do pedido) a coisa julgada atuará *erga omnes* ou *ultra*

---

[43] Em relação à legitimidade das associações, o Supremo Tribunal Federal proferiu importante julgamento no Recurso Extraordinário n. 573.232/SC, o qual mereceu as seguintes considerações de Ada Pellegrini Grinover (disponível em: <http://www.direitoprocessual.org.br/aid=37.html?shop_cat=1_95&shop_detail=574>. Acesso em 30.1.2018):

"O inciso XXI do artigo 5º da Constituição Federal, que cuida da figura da representação processual, exige prévia autorização para a atuação das entidades associativas na defesa de direitos de seus associados, na qualidade de representante; neste caso, os efeitos da sentença cingem-se aos representados. Trata-se, aqui, de legitimação ordinária; quando a atuação das entidades associativas se dá a título de substituição processual, segundo as regras do CDC, trata-se de legitimação extraordinária. Neste caso não se faz necessária qualquer autorização dos associados, bastando que haja pertinência temática com o objeto tutelado; em via de consequência, os efeitos da sentença abrangerão todos os substituídos, segundo as regras aplicáveis aos processos coletivos.

As duas figuras de legitimação estão previstas em nosso sistema.

Em face da observância do princípio dispositivo, cabe exclusivamente à associação autora a escolha entre apresentar-se em juízo a título de representante ou de substituta processual. O juiz não pode alterar a qualificação da legitimação escolhida pelo autor.

A aplicação da teoria da asserção impõe ao juiz apurar as condições da ação 'in statu assertionis'. Se a associação declarou-se substituta processual, o juiz não pode mudar a qualificação jurídica da legitimação. Se, no decorrer do processo, o autor não demonstrar a sua condição de substituto processual, a decisão contrária será de mérito.

O precedente do STF constituído pelo RE n.º 573.232/SC só se aplica aos casos em que a associação se apresentou como representante. Sua 'ratio decidendi' não pode ser estendida a casos de substituição processual;

O STJ deve continuar observando seus próprios precedentes no que concerne à aceitação da figura da substituição processual das associações, que se apresentem como tais, e às suas consequências".

partes (nos interesses difusos e coletivos) ou ***erga omnes***, mas só para beneficiar os membros do grupo, categoria ou classe de pessoas, de acordo com as regras sobre coisa julgada do CDC (art. 103 e parágrafos). O equívoco da motivação está na falta dessa distinção entre as duas espécies de legitimação e na figura processual que a associação pode assumir (como representante ou como substituto processual), bem como nas indevidas referências à legitimação do sindicato (sempre substituto processual, nos termos da própria Constituição Federal) e à legitimação para o Mandado de Segurança coletivo, submetido a regime próprio pela Lei n.º 12.016/2009, que, aliás, não se coaduna com o minissistema de processos coletivos instituído pelo CDC e pela LACP. Nesse sentido: Agravo Interno no Recurso Especial 1.836.804/RJ, Rel. Min. Gurgel de Faria, Primeira Turma, julgado em 22.6.2020, *DJe* 26.6.2020; e Embargos de Declaração no Agravo Interno no Agravo em Recurso Especial 1.481.158/RJ, Rel. Min. Francisco Falcão, Segunda Turma, julgado em 16.12.2020, *DJe* 18.12.2020.

No concernente à Defensoria Pública, há, ao contrário, importantes passos jurisprudenciais. É o que se depreende, por exemplo, do julgamento proferido no Agravo Regimental nos Embargos de Declaração no Recurso Especial 1.083.547/SP, de que Relator o Ministro Luis Felipe Salomão (*DJe* 13.4.2012), o que se confirma no julgamento do Recurso Especial 1.189.273/SC, com idêntica relatoria e publicado no *DJe* 4.3.2011, e, de forma bastante clara, no acórdão lavrado para o Recurso Especial 1.106.515/MG, Relator Ministro Arnaldo Esteves Lima (*DJe* 2.2.2011), no qual a Primeira Turma, pontuando posicionamento já assentado pela referida Corte, salientou ser: "[...] imperioso reiterar, conforme precedentes do Superior Tribunal de Justiça, que a *legitimatio ad causam* da Defensoria Pública para intentar ação civil pública na defesa de interesses transindividuais de hipossuficientes é reconhecida antes mesmo do advento da Lei n.º 11.448/07, dada a relevância social (e jurídica) do direito que se pretende tutelar e do próprio fim do ordenamento jurídico brasileiro: assegurar a dignidade da pessoa humana, entendida como núcleo central dos direitos fundamentais".

A leitura do voto proferido pelo Ministro Arnaldo Esteves Lima parece conferir a atuação da Defensoria Pública, nos domínios das ações coletivas, à hipossuficiência do ponto de vista organizacional dos representados. É o que se conclui da seguinte passagem do acórdão: "Ademais, consigna-se, na hipótese em comento, a natureza coletiva do direito que se visa tutelar por meio da ação civil pública, *considerando que o grupo de apenados que se encontra em situação de superlotação é notoriamente hipossuficiente, autorizando a atuação da Defensoria Pública em seu favor*" (grifos acrescentados).

De fato, é preciso assentarmos a real compreensão do que venha a significar a hipossuficiência legitimadora da Defensoria Pública para a proposição das ações coletivas.

No parecer oferecido nos domínios da Ação Direta de Inconstitucionalidade 3.943, ajuizada pela Associação Nacional dos Membros do Ministério Público (Conamp) perante o Supremo Tribunal Federal (a que se refere a nota 29 *retro*), a coautora deste artigo considerou que: "[...] o art. 134 da CF não coloca limites às *atribuições* da Defensoria Pública. O legislador constitucional não usou o termo *exclusivamente*, como fez, por exemplo, quando atribuiu ao Ministério Público a função institucional de '*promover, **privativamente**, a ação penal pública, na forma da lei*' (art. 129, inc. I). Desse modo, as atribuições da Defensoria podem ser ampliadas por lei, como, aliás, já ocorreu com o exercício da *curadoria especial,* mesmo em relação a pessoas não economicamente necessitadas (art. 4º, inc. VI, da Lei Complementar n.º 80/94). O que o art. 134 da CF indica, portanto, é a *incumbência necessária e precípua* da Defensoria Pública, consistente na orientação jurídica e na defesa, em todos os graus, dos necessitados, e não sua tarefa exclusiva. Mas, mesmo que se pretenda ver nas atribuições da Defensoria Pública tarefas exclusivas – o que se diz apenas para argumentar –, ainda será preciso interpretar o termo *necessitados,* utilizado pela Constituição".

Em sede doutrinária, a opinião da citada autora a respeito da assistência judiciária (na terminologia da Constituição de 1988, *defesa*) aos necessitados foi pontuada nestes termos: "Pois é nesse amplo quadro, delineado pela necessidade de o Estado propiciar condições, a todos, de *amplo acesso à justiça* que eu vejo situada a garantia da assistência judiciária. E ela também toma uma dimensão mais ampla, que transcende o seu sentido primeiro, clássico e tradicional. Quando se pensa em assistência judiciária, logo se pensa na assistência aos necessitados, *aos economicamente fracos, aos "minus habentes".* É este, sem dúvida, o primeiro aspecto da assistência judiciária: o mais premente, talvez, mas não o único"[44].

Existem os que são necessitados no plano econômico, mas também os necessitados do ponto de vista organizacional. Ou seja, todos aqueles que são socialmente vulneráveis: os consumidores, os usuários de serviços públicos, os usuários de planos de saúde, os que queiram implementar ou contestar políticas públicas, como as atinentes à saúde, à moradia, ao saneamento básico, ao meio ambiente etc.

É notável, igualmente, que, em razão da própria estruturação da sociedade de massa, surge uma nova categoria de hipossuficientes, ou seja, a dos *carentes organizacionais,* a que se referiu Mauro Cappelletti, ligada à questão da vulnerabilidade das pessoas em face das relações sociojurídicas existentes na sociedade contemporânea[45]. Conforme bem observou Boaventura de Souza Santos, daí surge "a necessidade de a Defensoria Pública, cada vez mais, desprender-se de um modelo marcadamente individualista de atuação"[46].

Desse modo, ainda que se pretenda delimitar as funções da Defensoria Pública no campo da defesa dos necessitados e dos que comprovarem insuficiência de recursos, os conceitos indeterminados da Constituição autorizam a exegese – aderente à ideia generosa do amplo acesso à justiça – de que compete à referida instituição a defesa dos necessitados do ponto de vista organizacional, abrangendo, portanto, os componentes de grupos, categorias ou classes de pessoas na tutela de seus interesses ou direitos difusos, coletivos e individuais homogêneos.

É de se perceber, pois, que a interpretação consolidada pela citada Corte de Justiça se coaduna com uma avaliação sistêmica do problema. A restrição da legitimidade da Defensoria Pública à hipossuficiência exclusivamente financeira, caso admitida, tenderia a esvaziar, em sua substância, a razão de ser da própria instituição, assim também a funcionalida-

---

[44] GRINOVER, Ada Pellegrini, *Assistência Judiciária e Acesso à Justiça*. In: Novas Tendências do Direito Processual. Rio de Janeiro: Forense Universitária. 2. ed., 1990, p. 245.

[45] GRINOVER, Ada Pellegrini. Acesso à justiça e o Código de Defesa do Consumidor. In: *O Processo em Evolução*. Rio de Janeiro: Forense Universitária, 1996. p. 116/117.

[46] SANTOS, Boaventura de Souza. Introdução à sociologia da administração da justiça. *Revista de Processo*, São Paulo, nº 37, jan-mar. 1985, p. 150.

CÓDIGO BRASILEIRO DE DEFESA DO CONSUMIDOR

de das ações coletivas. O Tribunal, no julgamento indicado – que é reproduzido em diversos outros, a exemplo do Recurso Especial 1.264.116/RS, cuja relatoria coube ao Ministro Herman Benjamin (*DJe* 13.4.2012) – assentou hermenêutica em movimento favorável às expectativas de uma jurisprudência sensível à importância da cultura da jurisdição coletiva.

A esse propósito, inclusive, reproduzimos passagens de relevo ao tema e concernentes ao Recurso Especial referido no parágrafo anterior: "A Defensoria Pública, instituição altruísta por natureza, é essencial à função jurisdicional do Estado, nos termos do art. 134, *caput*, da Constituição Federal. A rigor, mormente em países de grande desigualdade social, em que a largas parcelas da população – aos pobres sobretudo – nega-se acesso efetivo ao Judiciário, como ocorre infelizmente no Brasil, seria impróprio falar em verdadeiro Estado de Direito sem a existência de uma Defensoria Pública nacionalmente organizada, conhecida de todos e por todos respeitada, capaz de atender aos necessitados da maneira mais profissional e eficaz possível. 5. O direito à educação legitima a propositura da Ação Civil Pública, inclusive pela Defensoria Pública, cuja intervenção, na esfera dos interesses e direitos individuais homogêneos, não se limita às relações de consumo ou à salvaguarda da criança e do idoso. Ao certo, cabe à Defensoria Pública a tutela de qualquer interesse individual homogêneo, coletivo *stricto sensu* ou difuso, pois sua legitimidade *ad causam*, no essencial, não se guia pelas características ou perfil do objeto de tutela (= critério objetivo), mas pela natureza ou *status* dos sujeitos protegidos, concreta ou abstratamente defendidos, os necessitados (= critério subjetivo). 6. 'É imperioso reiterar, conforme precedentes do Superior Tribunal de Justiça, que a *legitimatio ad causam* da Defensoria Pública para intentar ação civil pública na defesa de interesses transindividuais de hipossuficientes é reconhecida antes mesmo do advento da Lei 11.448/07, dada a relevância social (e jurídica) do direito que se pretende tutelar e do próprio fim do ordenamento jurídico brasileiro: assegurar a dignidade da pessoa humana, entendida como núcleo central dos direitos fundamentais.' (REsp 1.106.515/MG, Rel. Min. Arnaldo Esteves Lima, Primeira Turma, *DJe* 2.2.2011)".

Como salientado, a hipossuficiência jurídica é típica das questões comuns da sociedade, diante das dificuldades de assimilação do indivíduo, quanto às formas de projeção judicial das causas coletivas. Acredita-se, portanto, que há sinais de avanços no entendimento firmado pelo STJ quando passou a reconhecer a legitimidade da Defensoria Pública para as ações em debate anteriormente ao advento da Lei nº 11.448/07. É de se notar, igualmente, que a conquista jurisprudencial parece ter ultrapassado tal questão e asseverado a possibilidade de se tutelar, por estímulo da Defensoria, pretensões manifestadas pelos hipossuficientes organizacionais, a partir da natureza do direito carecedor da intervenção jurisdicional.

A nosso divisar, portanto, não merece prevalecer a compreensão segundo a qual a Defensoria Pública só poderá propor ações civis públicas em defesa de interesses difusos, coletivos ou individuais homogêneos de pessoas qualificadas pela condição de necessitadas[47], entendida esta expressão como carecedoras de recursos financeiros para custear a demanda. Até porque esta restrição, de cunho pecuniário, levaria à existência de legitimados (à pro-

---

[47] Nesse sentido: MAZZILI, Hugo Nigro. *A defesa dos interesses difusos em juízo*: meio ambiente, consumidor, patrimônio cultural, patrimônio público e outros interesses. São Paulo, 2008, p. 301.

1038

Anexo · JURISPRUDÊNCIA DO STJ SOBRE PROCESSOS COLETIVOS

posição da ação civil pública) de segunda categoria, na medida em que só poderiam ajuizar demandas coletivas, a depender da extensão subjetiva que elas pudessem alcançar.

Observe-se que o STF acaba de ratificar posição favorável à legitimação ampla da Defensoria Pública à ação civil pública, sem qualquer restrição em relação aos interesses tutelados, rejeitando, por unanimidade, a ADI 3.943/DF, julgada em 7.5.2015 (*DJe* 6.8.2015), intentada por Associações do Ministério Público:

> Ação Direta de Inconstitucionalidade. Legitimidade ativa da Defensoria Pública para ajuizar Ação Civil Pública (art. 5º, Inc. II, da Lei nº 7.347/1985, alterado pelo art. 2º da Lei nº 11.448/2007). Tutela de interesses transindividuais (coletivos *strito sensu* e difusos) e individuais homogêneos. Defensoria Pública: instituição essencial à função jurisdicional. Acesso à justiça. Necessitado: definição segundo princípios hermenêuticos garantidores da força normativa da Constituição e da máxima efetividade das normas constitucionais: art. 5º, incs. XXXV, LXXIV, LXXVIII, da Constituição da República. Inexistência de norma de exclusividade do Ministério Público para ajuizamento de Ação Civil Pública. Ausência de prejuízo institucional do Ministério Público pelo reconhecimento da legitimidade da Defensoria Pública. Ação julgada improcedente.

Após o julgamento proferido pelo STF na ADI 3.943/DF (*DJe* 6.8.2015), o STJ passou a adotar, em acórdão da lavra da Segunda Turma e com maior veemência, entendimento favorável à legitimação da Defensoria Pública para os processos coletivos:

> Processual civil. Ação civil pública. Direito à educação. Ensino superior. Ação coletiva que visa balizar regras de edital de vestibular. Sistema de cotas. Defensoria pública. Lei 7.347/85. Legitimidade ativa. Lei 11.448/07. Tutela de interesses individuais homogêneos. 1. Cuida-se, na origem, de Ação Civil Pública ajuizada pela Defensoria Pública visando à obtenção de tutela jurisdicional que obrigue a instituição de ensino agravante a se abster de prever regra em edital de vestibular que elimine candidatos que não comprovem os requisitos para disputar as vagas destinadas ao sistema de cotas, possibilitando que esses candidatos figurem em lista de ampla concorrência, se obtiverem o rendimento necessário. Além disso, busca a Defensoria que o recorrente deixe de considerar, para fins de eliminação do candidato à vaga como cotista o fato de ter cursado qualquer ano de formação escolar no Ensino Fundamental ou Médio em instituição de ensino particular. O acórdão recorrido reformou a sentença a fim de reconhecer a legitimidade ativa da Defensoria Pública.
>
> 2. O direito à educação, responsabilidade do Estado e da família (art. 205 da Constituição Federal), é garantia de natureza universal e de resultado, orientada ao "pleno desenvolvimento da personalidade humana e do sentido de sua dignidade" (art. 13, do Pacto Internacional sobre Direitos Econômicos, Sociais e Culturais, adotado pela XXI Sessão da Assembleia Geral das Nações Unidas, em 19 de dezembro de 1966, aprovado pelo Congresso Nacional por meio do Decreto Legislativo 226, de 12 de dezembro de 1991, e promulgado pelo Decreto 591, de 7 de julho de 1992), daí não poder sofrer limitação no plano do exercício, nem da implementação administrativa ou judicial. Ao juiz, mais do que a ninguém, compete zelar pela plena eficácia do direito à educação, sendo incompatível com essa sua essencial, nobre, indeclinável missão interpretar de maneira restritiva as normas que o asseguram nacional e internacionalmente.
>
> 3. É sólida a jurisprudência do STJ que admite possam os legitimados para a propositura de Ação Civil Pública proteger interesse individual homogêneo, mormente porque a educação,

mote da presente discussão, é da máxima relevância no Estado Social, daí ser integral e incondicionalmente aplicável, nesse campo, o meio processual da Ação Civil Pública, que representa "contraposição à técnica tradicional de solução atomizada" de conflitos (REsp 1.225.010/PE, Rel. Ministro Mauro Campbell Marques, Segunda Turma, *DJe* 15.3.2011).

4. A Defensoria Pública, instituição altruísta por natureza, é essencial à função jurisdicional do Estado, nos termos do art. 134, *caput*, da Constituição Federal. A rigor, mormente em países de grande desigualdade social, em que a largas parcelas da população – aos pobres sobretudo – nega-se acesso efetivo ao Judiciário, como ocorre infelizmente no Brasil, seria impróprio falar em verdadeiro Estado de Direito sem a existência de uma Defensoria Pública nacionalmente organizada, conhecida de todos e por todos respeitada, capaz de atender aos necessitados da maneira mais profissional e eficaz possível.

5. O direito à educação legitima a propositura da Ação Civil Pública, inclusive pela Defensoria Pública, cuja intervenção, na esfera dos interesses e direitos individuais homogêneos, não se limita às relações de consumo ou à salvaguarda da criança e do idoso. Ao certo, cabe à Defensoria Pública a tutela de qualquer interesse individual homogêneo, coletivo *stricto sensu* ou difuso, pois sua legitimidade *ad causam*, no essencial, não se guia pelas características ou perfil do objeto de tutela (= critério objetivo), mas pela natureza ou *status* dos sujeitos protegidos, concreta ou abstratamente defendidos, os necessitados (= critério subjetivo).

6. Ao se analisar a legitimação *ad causam* da Defensoria Pública para a propositura de Ação Civil Pública referente a interesses e direitos difusos, coletivos *stricto sensu* ou individuais homogêneos, não se há de contar nos dedos o número de sujeitos necessitados concretamente beneficiados. Basta um juízo abstrato, em tese, acerca da extensão subjetiva da prestação jurisdicional, isto é, da sua capacidade de favorecer, mesmo que não exclusivamente, os mais carentes, os hipossuficientes, os desamparados, os hipervulneráveis.

7. "É imperioso reiterar, conforme precedentes do Superior Tribunal de Justiça, que a *legitimatio ad causam* da Defensoria Pública para intentar ação civil pública na defesa de interesses transindividuais de hipossuficientes é reconhecida antes mesmo do advento da Lei 11.448/07, dada a relevância social (e jurídica) do direito que se pretende tutelar e do próprio fim do ordenamento jurídico brasileiro: assegurar a dignidade da pessoa humana, entendida como núcleo central dos direitos fundamentais" (REsp 1.106.515/MG, Rel. Ministro Arnaldo Esteves Lima, Primeira Turma, *DJe* 2.2.2011).

8. Agravo Interno não provido.

(AgInt no REsp 1.573.481/PE, Rel. Ministro Herman Benjamin, Segunda Turma, julgado em 26.4.2016, *DJe* 27.5.2016)

AGRAVO INTERNO NO AGRAVO EM RECURSO ESPECIAL. AÇÃO COLETIVA. VIOLAÇÃO AO ART. 535 DO CPC/1973. INEXISTÊNCIA. LEGITIMIDADE ATIVA DA DEFENSORIA PÚBLICA. INTERESSES DE CONSUMIDORES COM RELEVÂNCIA E REPERCUSSÃO SOCIAL. SÚMULA 83 DO STJ. DISSÍDIO JURISPRUDENCIAL NÃO DEMONSTRADO. COBRANÇA DA TARIFA DE EMISSÃO DE BOLETO BANCÁRIO OU CARNÊ. RECURSO ESPECIAL REPETITIVO Nº 1.251.331/RS. ABUSIVIDADE. AFERIÇÃO EM CADA CASO CONCRETO. AGRAVO INTERNO PARCIALMENTE PROVIDO.

1. A matéria em exame foi devidamente enfrentada pelo Tribunal de origem, emitindo pronunciamento de forma fundamentada, ainda que em sentido contrário à pretensão da parte agravante.

2. "A Defensoria Pública possui legitimidade ativa *ad causam* para propor ação civil pública em nome próprio com o objetivo de defender interesses difusos, coletivos em sentido estrito

Anexo · JURISPRUDÊNCIA DO STJ SOBRE PROCESSOS COLETIVOS

e individuais homogêneos de consumidores lesados em razão de relações firmadas com as instituições financeiras. Precedentes. STJ e STF" (AgRg no REsp 1.572.699/MT, Rel. Ministro Marco Buzzi, Quarta Turma, julgado em 17/05/2016, *DJe* 24/05/2016).

3. Em caso de direito individual homogêneo, é bastante para o manejo de ação civil pública a constatação da relevância social do interesse em jogo. Precedentes.

[...]

7. Agravo interno parcialmente provido.

(AgInt no AREsp 282.741/RS, Rel. Ministro Luis Felipe Salomão, Quarta Turma, julgado em 17.12.2019, *DJe* 12.3.2020.[48])

RECURSO ESPECIAL. SAÚDE SUPLEMENTAR. AÇÃO CIVIL PÚBLICA. PLANOS DE SAÚDE. VIOLAÇÃO DE DISPOSITIVO CONSTITUCIONAL. DESCABIMENTO. EMBARGOS DE DECLARAÇÃO. REJEITADOS. DEFICIÊNCIA DE FUNDAMENTAÇÃO. SÚMULA 284/STF. PREQUESTIONAMENTO. AUSÊNCIA. SÚMULA 211/STJ. AÇÃO COLETIVA. LEGITIMIDADE ATIVA *AD CAUSAM* DA DEFENSORIA PÚBLICA. DIREITOS INDIVIDUAIS HOMOGÊNEOS EM SAÚDE SUPLEMENTAR. LITISCONSÓRCIO PASSIVO NECESSÁRIO COM AGÊNCIA REGULADORA. NÃO CONFIGURADO.

[...]

8. A Defensoria Pública tem legitimidade ativa para propor ação civil pública na defesa dos direitos individuais homogêneos dos beneficiários contra abusividades praticadas pelas operadoras de plano de saúde e administradoras de benefícios, nas relações contratuais envolvendo a saúde suplementar.

(REsp 1.832.004/RJ, Rel. Min. Nancy Andrighi, Terceira Turma, julgado em 3.12.2019, *DJe* 5.12.2019.)

Do exposto, é possível verificar que a jurisprudência do Superior Tribunal de Justiça, no tocante à legitimidade *ad causam* ativa para o ajuizamento das ações coletivas, encontra-se qualificada pela existência de posicionamentos avançados que concorrem para maior efetividade das ações coletivas. A abertura de vias de acesso à jurisdição coletiva – como acontece com a extensão da ação civil pública aos sindicatos (para a defesa de direitos não consumeristas) e à Ordem dos Advogados do Brasil (para a tutela de direitos que não estão relacionados à respectiva corporação profissional – neste ponto, o STJ tem destacado o assento constitucional na efetivação das atribuições da

---

[48] Nesse julgamento, foram tecidas as seguintes considerações: "[...] a Defensoria Pública possui legitimidade para propor ação civil pública na defesa de interesses difusos, coletivos ou individuais homogêneos, sendo a condição jurídica de 'necessitado' interpretada de forma ampliativa, de modo a possibilitar sua atuação em relação aos necessitados jurídicos em geral, não apenas dos hipossuficientes sob o aspecto econômico. Nota-se que o STF no julgamento da ADI nº 3.943 reconheceu a legitimidade da Defensoria Pública para o ajuizamento de ação civil pública e no julgamento dos embargos de declaração da mesma ADI consignou que a legitimidade da referida instituição não está condicionada à comprovação prévia da hipossuficiência dos possíveis beneficiados pela prestação jurisdicional [...] em situação semelhante à dos autos, envolvendo ação civil pública para discutir cobrança de taxa dos consumidores pelo pagamento mediante boleto a ensejar a restituição/ressarcimento de valores, o STJ possui precedentes no sentido de que essa pretensão evidencia um interesse individual homogêneo, com relevância social, perfeitamente tutelável pela via da ação civil pública".

1041

CÓDIGO BRASILEIRO DE DEFESA DO CONSUMIDOR

OAB[49-50]) ou com o reconhecimento de que, no campo do processo coletivo, a atuação do Ministério Público pode se dar, mesmo quando se discuta direito disponível, mas desde que presente o requisito da relevância social, ou mesmo quando se admite a ação civil pública contra atos de improbidade, em relação a magistrados inclusive, ou, por fim, quando se confere legitimidade à Defensoria Pública a partir da natureza do conflito e da hipossuficiência organizacional – concorre para a asserção de que o processo de massas no Brasil, neste ponto, encontra-se em progresso hermenêutico.

Menor acerto demonstrou o STJ no que se refere à legitimação das associações, quando generaliza sua atuação a título de representação, com base no art. 5º, XXI, CF, sem qualquer referência à possibilidade de elas atuarem como substituto processual, nos termos do disposto no art. 82 do CDC.

No que se prende ao instituto da "ação coletiva passiva" – promovida não pelo grupo, mas contra o grupo – é certamente mais raro do que a ação coletiva ativa. No entanto, não se pode descartar a possibilidade de o grupo figurar no polo passivo da demanda, seja esta individual ou coletiva. Aliás, nas relações de trabalho, o sindicato, com frequência, é processado em ações de sua área.

Hipóteses de ações coletivas passivas podem ser colhidas na experiência de vários países e até mesmo no Brasil: ações possessórias ajuizadas contra grupos organizados nas invasões de propriedades; ações intentadas contra "torcidas organizadas", como as de times de futebol, de caráter inibitório ou até condenatório[51]; processos ajuizados contra associações de fabricantes de produtos considerados nocivos, para que seus associados (e não a associação) sejam obrigados a colocar advertências nos rótulos; demandas contra categorias profissionais, para que seus membros se abstenham de exibir didascálias ofensivas a outras profissões.

---

[49] Nesse sentido, a tese encontra-se bem ilustrada pelo acórdão proferido para o Agravo Interno no Recurso Especial n. 1.381.656/CE (relator o Ministro Og Fernandes *DJe* 23.8.2017), segundo o qual: "Processual civil. Administrativo. Agravo interno no recurso especial. Ação civil pública. Tutela coletiva dos consumidores. OAB. Legitimidade ativa *ad causam*. 1. **A legitimidade ativa da OAB não está limitada em razão da pertinência temática, porquanto, entre suas atribuições previstas no art. 44, I, da Lei 8.906/1994 está a defesa, inclusive em juízo, da Constituição Federal, do Estado de Direito e da justiça social, e por conseguinte dos direitos coletivos e difusos**. 2. Agravo interno a que se nega provimento" – grifos acrescidos.

[50] No mesmo sentido da nota acima: "Recurso especial. Processual civil. Embargos infringentes. Teoria da asserção. Legitimidade ativa da OAB para a propositura de ação civil pública. Defesa dos consumidores a título coletivo. Possibilidade. [...] 4. A Ordem dos Advogados do Brasil, seja pelo Conselho Federal, seja pelos conselhos seccionais, possui legitimidade ativa para ajuizar Ação Civil Pública para a defesa dos consumidores a título coletivo. 5. Em razão de sua finalidade constitucional específica, da relevância dos bens jurídicos tutelados e do manifesto viés protetivo de interesse social, a legitimidade ativa da OAB não está sujeita à exigência da pertinência temática no tocante à jurisdição coletiva, devendo lhe ser reconhecida aptidão genérica para atuar em prol desses interesses supraindividuais. [...] 7. No presente caso, como o recurso de apelação da OAB não foi conhecido, os autos devem retornar ao Tribunal de origem para a reapreciação da causa, dando-se por superada a tese da ilegitimidade do autor. 8. Recurso especial parcialmente provido" (REsp 1.423.825/CE, Rel. Ministro Luis Felipe Salomão, Quarta Turma, julgado em 7.11.2017, *DJe* 18.12.2017) – grifos acrescidos.

[51] Quanto à responsabilidade civil das torcidas organizadas, vide arts. 39-B e 40 da Lei nº 10.671/03 (Estatuto de Defesa do Torcedor).

Anexo • JURISPRUDÊNCIA DO STJ SOBRE PROCESSOS COLETIVOS

A previsão da ação coletiva passiva avança nos países de *civil law*. Está expressamente contemplada na Noruega, em Israel, no Código Modelo de Processos Coletivos para Ibero-América e nos Projetos da Áustria e do Brasil.

Mas, certamente, não é possível falar-se, ainda, de uma tendência generalizada à sua previsão, não se encontrando, ainda, a sua prática consolidada no direito brasileiro, senão indiretamente.

Entretanto, Ada Pellegrini Grinover, ao ponderar a respeito do instituto em tela, salientou a importância do tema e da necessidade de vislumbrarmos tratamento jurisdicional apropriado: "[...] cabe agora enfrentar a questão de saber se, no ordenamento jurídico brasileiro, seria juridicamente possível o pedido (coletivo ou individual) intentado contra a classe. Não estamos falando, aqui, da ação coletiva passiva derivada, em que o grupo, categoria ou classe de pessoas se encontra no polo passivo, porquanto havia ocupado a posição ativa no processo principal (é o caso da ação, rescisória, da reconvenção). Nesses casos, quem era legitimado ativo ocupará inevitavelmente o polo passivo da nova demanda. O que interessa agora é a ação coletiva passiva originária, em que pela primeira vez o grupo, categoria ou classe de pessoas figura como demandado. A doutrina, de início, não se estendeu sobre o assunto. Arruda Alvim observou que, quando o art. 81 do Código de Defesa do Consumidor se refere à 'defesa' dos direitos dos consumidores, essa expressão tem o significado de os mesmos agirem ativamente em juízo, não podendo os entes legitimados no art. 82 ser réus em ação, coletiva ou individual[52]. Em sentido aparentemente contrário, Rodolfo de Camargo Mancuso[53] admitia a legitimidade *ad causam* passiva de determinadas associações que representam os direitos da comunidade"[54].

Considerou, ainda, a coautora deste trabalho que: "Certamente, a questão está a exigir análise mais profunda, até porque a hipótese de ação (coletiva ou individual) contra a classe não é meramente acadêmica, podendo-se pensar em diversos casos concretos. Assim, por exemplo, Kazuo Watanabe[55] trouxe à baila os exemplos de ação civil pública intentada contra uma associação de moradores de bairro que decidissem bloquear o acesso de automóveis a determinadas ruas; ou de outra, ajuizada pelo Ministério Público, visando impedir o ingresso nos estádios das famigeradas 'torcidas organizadas'; ou, ainda, de ações individuais ou coletivas intentadas contra a Ordem dos Advogados do Brasil para obrigá-la a suspender a utilização de adesivos, eventualmente ofensivos a outras categorias profissionais. Os exemplos são todos imaginários, mas não seria difícil estender o rol, pensando-se, *v.g.*, em ação visando à declaração da validade de condição geral de contrato de adesão, contestada individualmente por membros de uma classe, para que tivesse eficácia com relação a toda a categoria. Veja-se, então, se o ordenamento brasileiro permite considerar a classe na posição de legitimada passiva – desde que observada escru-

---

[52] Da coisa julgada no Código de Proteção e Defesa do Consumidor. São Paulo, 1993 (*apud* Antonio Gidi, *Coisa julgada e litispendência nas ações coletivas*. Saraiva, 1995, p. 52).

[53] MANCUSO, Rodolfo de Camargo. *Interesses difusos, conceito e legitimação para agir*. 2. ed., Revista dos Tribunais, 1991, pp. 134-136.

[54] GRINOVER, Ada Pellegrini; WATANABE, Kazuo; NERY JR., Nelson. *Código brasileiro de defesa do consumidor*: comentado pelos autores do anteprojeto. 12. ed. Rio de Janeiro: Forense, 2018, p. 914.

[55] Palestra proferida no Painel "Ações coletivas: novas questões", IV Jornadas Brasileiras de Direito Processual Civil, Instituto Brasileiro de Direito Processual, Fortaleza, 8 de agosto de 2001.

1043

pulosamente a aferição da representatividade adequada dos entes indicados como réus na demanda, conforme visto anteriormente. Nossa posição é favorável, a partir de diversos dispositivos do ordenamento brasileiro aplicáveis à tutela dos interesses ou direitos transindividuais. Em primeiro lugar, dispositivo específico da Lei da Ação Civil Pública prevê expressamente a possibilidade de a classe atuar em juízo no polo passivo. Trata-se do art. 5.º, § 2.º, da Lei, facultando ao Poder Público e a outras associações legitimadas, nos termos do *caput*, habilitar-se como litisconsortes de *quaisquer das partes* [grifo nosso]. É evidente, portanto, que se a intervenção no processo de entes legitimados às ações coletivas pode se dar como litisconsorte do autor ou do réu, é porque a demanda pode ser intentada pela classe ou contra ela. Mas há mais: o art. 107 do Código de Defesa do Consumidor contempla a chamada 'convenção coletiva de consumo', permitindo às entidades civis de consumidores e às associações de fornecedores, ou sindicatos de categorias econômicas, regular, por convenção escrita, relações de consumo que tenham por objeto estabelecer condições relativas ao preço, à qualidade, à quantidade, à garantia e características de produtos e serviços, bem como à reclamação e composição do conflito de consumo. Ora, se a convenção coletiva (como ato bilateral que atribui direitos e obrigações), firmada entre a classe de consumidores e a de fornecedores, não for observada, de seu descumprimento originar-se-á uma lide coletiva, que só poderá ser solucionada em juízo pela colocação dos representantes das categorias face a face, no polo ativo e no polo passivo da demanda, respectivamente. Não é outra a consequência que se extrai, também, do art. 83 do Código de Defesa do Consumidor, quando assegura que 'para a defesa dos direitos e interesses protegidos por este Código, são admissíveis todas as espécies de ações capazes de propiciar sua adequada e efetiva tutela'. O sentido do dispositivo é o da irrestrita tutelabilidade, em juízo, das questões inerentes às relações de consumo, consubstanciando a ideia da efetividade do processo"[56].

Nessa esteira, conclui Ada Pellegrini Grinover: "Por essas razões, parece incontestável que o sistema brasileiro atinente às demandas coletivas permite, de *lege lata*, que a classe figure no polo passivo da ação"[57].

É importante salientar, também, que *conditio sine qua non* para a propositura da ação contra a classe é a de atribuir ao magistrado o "papel central" de identificar a respectiva classe, "isto porque a *adequacy of representation*, nesse caso, é efetivamente condição necessária e suficiente para que a sentença possa vincular todos os componentes da classe, independentemente de sua participação individual no processo. Assim é indispensável ter em mente que a construção favorável ao reconhecimento da categoria da *defendant class action* parte do pressuposto de que caberá necessariamente ao juiz aferir se a classe contra a qual se move a ação é adequadamente representada, como portadora em juízo dos interesses de todos os membros da categoria. Caso contrário, a ação ajuizada contra a classe será inadmissível"[58].

---

[56] GRINOVER, Ada Pellegrini; WATANABE, Kazuo; NERY JR., Nelson. *Código brasileiro de defesa do consumidor*: comentado pelos autores do anteprojeto. 12. ed. Rio de Janeiro: Forense, 2018, p. 915.

[57] GRINOVER, Ada Pellegrini; WATANABE, Kazuo; NERY JR., Nelson. *Código brasileiro de defesa do consumidor*: comentado pelos autores do anteprojeto. 12. ed. Rio de Janeiro: Forense, 2018, p. 916.

[58] GRINOVER, Ada Pellegrini. Ações coletivas ibero-americanas: novas questões sobre a legitimação e a coisa julgada. *Revista Forense*, nº 301, p. 3-12.

Do ponto de vista de Kazuo Watanabe, a jurisprudência brasileira seguiu os passos da doutrina. Citando casos concretos, referido processualista afirma: "[...] os primeiros exemplos de processos coletivos contra um grupo organizado foram dados pela Justiça do Trabalho, com o Ministério Público postulando e obtendo a condenação de sindicatos à obrigação de fazer, consistente na manutenção de serviços essenciais em casos de greve. Em 2004, em razão da greve nacional dos policiais federais, a União ingressou com demanda judicial em face da Federação Nacionais dos Policiais Federais (FENAPEF) e do Sindicato dos Policiais Federais no Distrito Federal (SINDIPOL/DF), pleiteando o retorno das atividades. Por sua vez, o Ministério Público estadual de São Paulo tem instaurado inquéritos civis contra coletividades organizadas, sobretudo associações, firmando com elas termos de ajustamento de conduta. Lembre-se, ainda, ação civil pública intentada pelo MPE contra a Torcida Tricolor Independente, em que foi determinada a dissolução do Grêmio Esportivo Associativo que o congregava [...]. Outros exemplos são de ações possessórias movidas em face do MST, em que os tribunais reconheceram a 'representatividade' deste para responder pela ocupação de terras por parte de militantes do grupo. De modo análogo, pode-se citar exemplo de ação possessória ajuizada em face de um grupo sem personalidade jurídica, a saber, o dos 'integrantes do movimento sem teto'"[59].

Sublinhando os casos em que o grupo organizado não tem personalidade jurídica, citando Diogo Campos Medina[60], Kazuo Watanabe assevera que, nesse caso, é possível "[...] estabelecer analogia com a capacidade da sociedade de fato (art. 12 do CPC e art. 82, III, do CDC), permitindo a inclusão do grupo suficientemente organizado no polo passivo de ações judiciais"[61].

O tema, no entanto, não é frequente na jurisprudência do Superior Tribunal de Justiça. No aspecto, encontram-se julgados que declaram polêmico o tema, a exemplo daquele relatado pela Ministra Nancy Andrighi e proferido pela Terceira Turma, no Recurso Especial 1.051.302/DF (*DJe* 28.4.2010): "–A atribuição de legitimidade ativa não implica, automaticamente, legitimidade passiva dessas entidades para figurarem, como rés, em ações coletivas, salvo hipóteses excepcionais. – Todos os projetos de Códigos de Processo Civil Coletivo regulam hipóteses de ações coletivas passivas, conferindo legitimidade a associações para representação da coletividade, como rés. Nas hipóteses de direitos individuais homogêneos, contudo, não há consenso [...]. Recurso improvido".

Note-se que, apesar de o tratamento dispensado ao assunto ainda se encontrar em expectativa legiferante própria e específica, já seria absolutamente possível concluir pela possibilidade da legitimação passiva do grupo representado, nos domínios do processo coletivo. Como mencionado pela coautora deste trabalho, o disposto no § 2º do art. 5º da Lei da Ação Civil Pública já admite a possibilidade de habilitação dos colegitimados como litisconsortes de qualquer das partes, o que parece significar que a ação também poderá ser ajuizada em desfavor do representante da classe.

---

[59] GRINOVER, Ada Pellegrini; WATANABE, Kazuo; NERY JR., Nelson. *Código brasileiro de defesa do consumidor*: comentado pelos autores do anteprojeto. 12. ed. Rio de Janeiro: Forense, 2018, p. 917.

[60] *Ação coletiva passiva*. Rio de Janeiro: Lumen Juris, pp. 130-132.

[61] GRINOVER, Ada Pellegrini; WATANABE, Kazuo; NERY JR., Nelson. *Código brasileiro de defesa do consumidor*: comentado pelos autores do anteprojeto. 12. ed. Rio de Janeiro: Forense, 2018, p. 918.

CÓDIGO BRASILEIRO DE DEFESA DO CONSUMIDOR

Em idêntica direção, o art. 107 do Código de Defesa do Consumidor prevê a convenção coletiva de consumo, com o objetivo de disciplinar relação de natureza consumerista, assim também vias de composição de eventuais conflitos de interesse subordinados àquela área do direito.

Na jurisprudência da Corte em exame, percebem-se sinais de uma hermenêutica ainda em construção, mas, pelo menos, dentro do que foi até agora produzido, favorável à efetivação do instituto no direito brasileiro, a exemplo do acórdão proferido para o Agravo Regimental na Suspensão de Liminar e de Sentença 1.516/AL, Rel. Min. Ari Pargendler, Corte Especial, julgado em 21.3.2012, *DJe* 17.4.2012 (no qual se admitiu a legitimidade do Movimento Sem-Terra em ação possessória); assim também para os arestos prolatados no Agravo Regimental na Petição 7.939/DF, Rel. Min. Castro Meira, Primeira Seção, julgado em 23.6.2010, *DJe* 16.8.2010; Agravo Regimental na Medida Cautelar 15.656/DF, Rel. Min. Og Fernandes, Terceira Seção, julgado em 24.6.2009, *DJe* 1.º.7.2009; e Petição 7.933/DF, Rel. Min. Castro Meira, Rel. p/ Acórdão Min. Arnaldo Esteves Lima, Primeira Seção, julgado em 11.5.2011, *DJe* 21.6.2011, nos quais foi admitida a legitimidade passiva de federações e sindicatos obreiros, em processos judiciais alusivos a movimentos grevistas.

É de se verificar, portanto, que a atuação do Superior Tribunal de Justiça acerca do ponto sob exame parece confirmar a tese de que a experiência dos processos coletivos nos países de *civil law*, ou ao menos em sua grande maioria, ainda se encontra em consolidação. É provável que – e assim esperamos –, com o passar do tempo, a realidade se encarregue de demonstrar a utilidade da ação coletiva passiva. Mas certamente, por ora, as preocupações de muitos dos nossos países passam ao largo dela.

2. LIMITES TERRITORIAIS DA COISA JULGADA

Importante questão associada à coisa julgada nas ações coletivas reside em sua delimitação territorial. Sobre o tema em epígrafe, selecionamos os posicionamentos adotados pelo Superior Tribunal de Justiça, sendo oportuno destacar, a princípio, a superior relevância do acórdão proferido para o Recurso Especial 1.243.887/PR, de que foi Relator o Ministro Luis Felipe Salomão, Corte Especial, julgado em 19.10.2011, *DJe* 12.12.2011 (vide item 2.2), não só por constituir marco hermenêutico da compreensão da Corte em relação ao tema, mas sobretudo por estabelecer à coisa julgada coletiva (efeitos) a extensão territorial macroscópica que lhe é inerente e que lhe outorga a proficiência esperada das tutelas judiciais coletivas.

Passamos a demonstrar a evolução da jurisprudência formada pela Corte, a qual, no início, parte de uma postura inadequada – alicerçada em técnicas conceituais próprias do processo civil clássico – de que a extensão da coisa julgada coletiva estaria condicionada aos lindes territoriais do juízo de conhecimento – e se redefine, a partir de 2011 (com o julgamento do Recurso Especial referido no parágrafo anterior), reconhecendo que: *"A antiga jurisprudência do STJ, segundo a qual 'a eficácia* erga omnes *circunscreve-se aos limites da jurisdição do tribunal competente para julgar o recurso ordinário' (REsp 293.407/ SP, Quarta Turma, confirmado nos EREsp. nº 293.407/SP, Corte Especial), em hora mais que ansiada pela sociedade e pela comunidade jurídica, deve ser revista para atender ao real e legítimo propósito das ações coletivas, que é viabilizar um comando judicial célere e unifor-*

me – em atenção à extensão do interesse metaindividual objetivado na lide. Caso contrário, 'esse diferenciado regime processual não se justificaria, nem seria eficaz, e o citado interesse acabaria privado de tutela judicial em sua dimensão coletiva, reconvertido e pulverizado em multifárias demandas individuais' (MANCUSO, Rodolfo de Camargo. Op. cit. p. 325), 'atomizando' as lides na contramão do moderno processo de 'molecularização' das demandas".

No entanto, mesmo após esse julgado da Corte Especial, no Recurso Especial 1.414.439/RS e no Agravo Regimental no Recurso Especial 1.353.720/SC, foram proferidos acórdãos divergentes, comentados pela coautora deste estudo, os quais vieram a restringir novamente a coisa julgada aos limites territoriais do órgão judicante. Vejam-se as ementas dos aludidos arestos:

Processual Civil e Previdenciário. Recurso Especial. Ação Civil Pública. [...] Possibilidade de execução da obrigação de fazer antes do trânsito em julgado. Efeitos *erga omnes* limitados à competência territorial do órgão prolator.

1. Ação civil pública que tem como objetivo obrigar o INSS a computar, como período de carência, o tempo em que os segurados estão no gozo de benefício por incapacidade (auxílio-doença ou aposentadoria por invalidez).

[...]

6. Prevalece nesta Corte o entendimento de que a sentença civil fará coisa julgada *erga omnes* nos limites da competência territorial do órgão prolator, nos termos do art. 16 da Lei nº 7.347/85, alterado pela Lei nº 9.494/97.

[...]

8. Recurso especial parcialmente provido.

(REsp 1.414.439/RS, Rel. Min. Rogerio Schietti Cruz, Sexta Turma, julgado em 16.10.2014, *DJe* 3.11.2014)

Processual Civil. Administrativo. Ação Civil Pública. Fornecimento de medicamentos. Realização de estudos para padronização do fármaco. Impossibilidade. Efeitos colaterais. Eficácia da decisão. Limites. Jurisdição do órgão prolator. Formatação do SUS de âmbito nacional. Deficiência na fundamentação. Súmula 284/STF. Ausência de impugnação a fundamento autônomo. Súmula 283/STF.

1. Hipótese em que o Tribunal *a quo* consignou: a) é inviável disponibilizar o fármaco Teriparitida a todos os que necessitem padronização do medicamento no âmbito do SUS, uma vez que o pedido não pode exceder a competência territorial do juízo; b) as contraindicações severas do fármaco exigem análise casuística mediante produção de prova técnica, o que impossibilita o pedido de concessão coletiva; c) seria inviável determinar a realização de estudo para a padronização do fármaco apenas no Estado de Santa Catarina, tendo em vista a própria formatação do SUS, de âmbito nacional.

[...]

3. Ademais, foi pacificado pela Corte Especial o entendimento de que a sentença proferida em Ação Civil Pública fará coisa julgada *erga omnes* nos limites da competência territorial do órgão prolator da decisão, nos termos do art. 16 da Lei 7.347/85, alterado pela Lei 9.494/97. Assim, incabível a determinação do requerido estudo técnico com o intuito de disponibilizar o fármaco pelo SUS, com abrangência nacional, pois estar-se-ia violando o limite territorial do juízo *a quo*.

CÓDIGO BRASILEIRO DE DEFESA DO CONSUMIDOR

4. Agravo Regimental não provido.

(AgRg no REsp 1.353.720/SC, Rel. Min. Herman Benjamin, Segunda Turma, julgado em 26.8.2014, *DJe* 25.9.2014)

Felizmente, o Ministro Herman Benjamin reviu seu entendimento em voto-vista proferido em julgamento de Agravo Regimental no Recurso Especial 1.366.615/CE (Rel. Min. Humberto Martins), em sessão de julgamento de 23.6.2015 (acórdão publicado em 24.11.2015), proclamando entendimento em consonância com a posição adotada pela Corte Especial no ano de 2011, sedimentando compreensão segundo a qual a *res iudicata* nas ações coletivas deve ser ampla, em razão da multiplicidade de indivíduos concretamente lesados, não havendo confundir competência do juiz que profere a sentença com o alcance e os efeitos decorrentes da coisa julgada coletiva.

A questão voltaria a ser apreciada pela Corte Especial em sede de Embargos de Divergência no Recurso Especial 1.243.386/RS, sob a relatoria do Ministro Herman Benjamin, contudo, a parte embargante manifestou desistência do processamento do recurso, a qual foi homologada por decisão monocrática (*DJe* 7.6.2016).

Em síntese, havia no STJ decisões conflitantes sobre a extensão da coisa julgada. Pela linha restritiva, eis os arestos selecionados:

2.1 Coisa julgada *erga omnes* restrita aos limites da competência do órgão prolator da decisão

Processual Civil. Administrativo. Embargos de Divergência. Pressupostos de admissibilidade. Dissídio notório. Ação Civil Pública. Caderneta de poupança. Relação de consumo. Código de Defesa do Consumidor. Correção monetária. Janeiro/89. Coisa julgada. Limites. Dissenso jurisprudencial superado. Súmula 168/STJ.

1. A sentença na ação civil pública faz coisa julgada *erga omnes* nos limites da competência territorial do órgão prolator, nos termos do art. 16 da Lei nº 7.347/85, com a novel redação dada pela Lei 9.494/97. Precedentes do STJ: EREsp 293407/SP, Corte Especial, *DJ* 1º.8.2006; REsp 838.978/MG, Primeira Turma, *DJ* 14.12.2006 e REsp 422.671/RS, Primeira Turma, *DJ* 30.11.2006.

[...]

3. Agravo regimental desprovido, mantida a inadmissibilidade dos embargos de divergência, com supedâneo na Súmula 168/STJ.[62]

Embargos de Divergência. Ação Civil Pública. Eficácia. Limites. Jurisdição do órgão prolator.

1 – Consoante entendimento consignado nesta Corte, a sentença proferida em ação civil pública fará coisa julgada *erga omnes* nos limites da competência do órgão prolator da decisão, nos termos do art. 16 da Lei nº 7.347/85, alterado pela Lei nº 9.494/97. Precedentes.

2 – Embargos de divergência acolhidos.[63]

---

[62] Agravo Regimental nos Embargos de Divergência no Recurso Especial 253.589/SP, Rel. Min. Luiz Fux, Corte Especial, julgado em 4.6.2008, *DJe* 1º.7.2008.

[63] Embargos de Divergência no Recurso Especial 411.529/SP, Rel. Min. Fernando Gonçalves, Segunda Seção, julgado em 10.3.2010, *DJe* 24.3.2010.

Agravo Regimental em Recurso Especial. Prequestionamento implícito. Não incidência dos óbices sumulares. Recurso especial conhecido. Decisão mantida.

[...]

3. Eventual decisão favorável prolatada pela Justiça do Estado de São Paulo, no caso, não poderia, conforme entendimento firmado por esta Corte, ser executada no Estado do Rio Grande do Sul, o que prejudicaria não apenas a parte autora, mas também os consumidores ali residentes.

4. Correta a reforma do acórdão recorrido para afastar a litispendência reconhecida.

5. Agravo Regimental Desprovido.[64]

Ação Civil Pública. Eficácia da sentença. Limites. Jurisdição do órgão prolator.

1. A sentença proferida em ação civil pública fará coisa julgada *erga omnes* nos limites da competência do órgão prolator da decisão, nos termos do art. 16 da Lei 7.347/85, alterado pela Lei 9.494/97. Precedentes.

Agravo no recurso especial não provido.[65-66]

Processual Civil. Administrativo. Agravo interno no Recurso Especial. Código de Processo Civil de 2015. Aplicabilidade. Recurso Especial provido. Ação civil pública. Fornecimento de medicamentos. Direito individual homogêneo. Eficácia *erga omnes* da decisão. Possibilidade. Publicação de edital. Desnecessidade. Precedentes desta Corte. Argumentos insuficientes para desconstituir a decisão Atacada.

[...]

II – **O Superior Tribunal de Justiça tem entendimento consolidado segundo o qual é possível a extensão dos efeitos da decisão proferida em ação civil pública, na defesa de interesses individuais homogêneos, àqueles que se encontrem na mesma situação fática do substituído, ante a sua eficácia *erga omnes*, dentro dos limites da competência territorial do órgão prolator.** Nos termos da jurisprudência desta Corte, a demonstração da titularidade do direito transindividual reconhecido deve se dar no âmbito de liquidação e execução individual autônomas, e a ausência de publicação do edital, previsto no art. 94 do Código de Defesa do Consumidor, não obsta a concessão de efeitos pretendidos à sentença, por se tratar de regra benéfica ao consumidor.

III – O Agravante não apresenta, no agravo, argumentos suficientes para desconstituir a decisão recorrida.

IV – Agravo Interno improvido[67].

---

[64] Agravo Regimental nos Embargos de Declaração no Recurso Especial 942.435/RS, Rel. Min. Paulo de Tarso Sanseverino, Terceira Turma, julgado em 7.6.2011, *DJe* 13.6.2011.

[65] Agravo Regimental no Recurso Especial 1.105.214/DF, Rel. Min. Nancy Andrighi, Terceira Turma, julgado em 5.4.2011, *DJe* 8.4.2011.

[66] No mesmo sentido: Recurso Especial 600.711/RS, Rel. Min. Luis Felipe Salomão, Quarta Turma, julgado em 18.11.2010, *DJe* 24.11.2010; Agravo Regimental no Recurso Especial 1.173.524/DF, Rel. Min. Jorge Mussi, Quinta Turma, julgado em 23.11.2010, *DJe* 13.12.2010; Agravo Regimental no Recurso Especial 573.868/RS, Rel. Min. João Otávio De Noronha, Quarta Turma, julgado em 15.10.2009, *DJe* 26.10.2009; Recurso Especial 1.034.012/DF, Rel. Min. Sidnei Beneti, Terceira Turma, julgado em 22.9.2009, *DJe* 7.10.2009; Agravo Regimental no Recurso Especial 167.079/SP, Rel. Min. Luis Felipe Salomão, Quarta Turma, julgado em 19.3.2009, *DJe* 30.3.2009; Recurso Especial 736.265/MS, Rel. Ministro Luiz Fux, Primeira Turma, julgado em 15.5.2008, *DJe* 7.8.2008).

[67] AgInt no REsp 1.378.579/SC, Rel. Min. Regina Helena Costa, Primeira Turma, julgado em 16.5.2017, *DJe* de 22.5.2017 – grifos acrescidos.

CÓDIGO BRASILEIRO DE DEFESA DO CONSUMIDOR

2.2 Abrangência nacional da coisa julgada

A favor da abrangência nacional da coisa julgada, podem ser citados os seguintes acórdãos:

Conflito de competência. Ação Civil Pública postulando reserva de vagas aos portadores de deficiência. Concurso de âmbito nacional. Direito coletivo *stricto sensu*. Inaplicabilidade da limitação territorial prevista no art. 16 da Lei 7.374/85. Direito indivisível. Efeitos estendidos à integralidade da coletividade atingida. Eficácia preclusiva da coisa julgada. Competência do Juiz Federal prevento para conhecer da integralidade da causa.

1. O direito a ser tutelado consubstancia interesse coletivo, a que se refere o inciso II do art. 81 do CDC (reserva de vagas aos portadores de deficiência em concurso de âmbito nacional), já que pertence a uma categoria, grupo ou classe de pessoas indeterminadas, mas determináveis e, sob o aspecto objetivo, é indivisível, vez que não comporta atribuição de sua parcela a cada um dos indivíduos que compõem aquela categoria.

2. O que caracteriza os interesses coletivos não é somente o fato de serem compartilhados por diversos titulares individuais reunidos em uma mesma relação jurídica, mas também por a ordem jurídica reconhecer a necessidade de que o seu acesso ao Judiciário seja feito de forma coletiva; o processo coletivo deve ser exercido de uma só vez, em proveito de todo grupo lesado, evitando, assim, a proliferação de ações com o mesmo objetivo e a prolação de diferentes decisões sobre o mesmo conflito, o que conduz a uma solução mais eficaz para a lide coletiva.

3. A restrição territorial prevista no art. 16 da Lei da Ação Civil Pública (7.374/85) não opera efeitos no que diz respeito às ações coletivas que visam proteger interesses difusos ou coletivos *stricto sensu*, como no presente caso; nessas hipóteses, a extensão dos efeitos a toda categoria decorre naturalmente do efeito da sentença prolatada, vez que, por ser a legitimação do tipo ordinária, tanto o autor quanto o réu estão sujeitos à autoridade da coisa julgada, não importando onde se encontrem.

4. A cláusula *erga omnes* a que alude o art. 16 da Lei 7.347/85 apenas estende os efeitos da coisa julgada a quem não participou diretamente da relação processual; as partes originárias, ou seja, aqueles que já compuseram a relação processual, não são abrangidos pelo efeito *erga omnes*, mas sim pela imutabilidade decorrente da simples preclusão ou da própria coisa julgada, cujos limites subjetivos já os abrangem direta e imediatamente. [...][68]

Direito processual. Recurso representativo de controvérsia (art. 543-C, CPC). Direitos metaindividuais. Ação civil pública. Apadeco X Banestado. Expurgos inflacionários. Execução/ liquidação individual. Foro competente. Alcance objetivo e subjetivo dos efeitos da sentença coletiva. Limitação territorial. Impropriedade. Revisão jurisprudencial. Limitação aos associados. Inviabilidade. Ofensa à coisa julgada.

1. **Para efeitos do art. 543-C do CPC: 1.1. A liquidação e a execução individual de sentença genérica proferida em ação civil coletiva pode ser ajuizada no foro do domicílio do beneficiário, porquanto os efeitos e a eficácia da sentença não estão circunscritos a lindes geográficos, mas aos limites objetivos e subjetivos do que foi decidido, levando-se em conta,**

---

[68] Conflito de Competência 109.435/PR, Rel. Min. Napoleão Nunes Maia Filho, Terceira Seção, julgado em 22.9.2010, *DJe* 15.12.2010.

Anexo · JURISPRUDÊNCIA DO STJ SOBRE PROCESSOS COLETIVOS

para tanto, sempre a extensão do dano e a qualidade dos interesses metaindividuais postos em juízo (arts. 468, 472 e 474, CPC e 93 e 103, CDC).

1.2. A sentença genérica proferida na ação civil coletiva ajuizada pela Apadeco, que condenou o Banestado ao pagamento dos chamados expurgos inflacionários sobre cadernetas de poupança, dispôs que seus efeitos alcançariam todos os poupadores da instituição financeira do Estado do Paraná. Por isso descabe a alteração do seu alcance em sede de liquidação/execução individual, sob pena de vulneração da coisa julgada. Assim, não se aplica ao caso a limitação contida no art. 2º-A, *caput*, da Lei nº 9.494/97.

2. Ressalva de fundamentação do Ministro Teori Albino Zavascki.

3. Recurso especial parcialmente conhecido e não provido.[69] – grifos acrescidos.

Processo Civil. Recurso especial. Ação coletiva ajuizada por sindicato. Soja transgênica. Cobrança de *royalties*. Liminar revogada no julgamento de agravo de instrumento. Cabimento da ação coletiva. Legitimidade do sindicato. Pertinência temática. Eficácia da decisão. Limitação à circunscrição do órgão prolator.

1. O alegado direito à utilização, por agricultores, de sementes geneticamente modificadas de soja, nos termos da Lei de Cultivares, e a discussão acerca da inaplicabilidade da Lei de Patentes à espécie, consubstancia causa transindividual, com pedidos que buscam tutela de direitos coletivos em sentido estrito, e de direitos individuais homogêneos, de modo que nada se pode opor à discussão da matéria pela via da ação coletiva.

2. Há relevância social na discussão dos *royalties* cobrados pela venda de soja geneticamente modificada, uma vez que o respectivo pagamento necessariamente gera impacto no preço final do produto ao mercado.

3. A exigência de pertinência temática para que se admita a legitimidade de sindicatos na propositura de ações coletivas é mitigada pelo conteúdo do art. 8º, II, da CF, consoante a jurisprudência do STF. Para a Corte Suprema, o objeto do mandado de segurança coletivo será um direito dos associados, independentemente de guardar vínculo com os fins próprios da entidade impetrante do *writ*, exigindo-se, entretanto, que o direito esteja compreendido nas atividades exercidas pelos associados, mas não se exigindo que o direito seja peculiar, próprio, da classe. Precedente.

4. A Corte Especial do STJ já decidiu ser válida a limitação territorial disciplinada pelo art. 16 da LACP, com a redação dada pelo art. 2-A da Lei 9.494/97. Precedente. Recentemente, contudo, a matéria permaneceu em debate.

5. A distinção, defendida inicialmente por Liebman, entre os conceitos de eficácia e de autoridade da sentença, torna inócua a limitação territorial dos efeitos da coisa julgada estabelecida pelo art. 16 da LAP. A coisa julgada é meramente a imutabilidade dos efeitos da sentença. Mesmo limitada aquela, os efeitos da sentença produzem-se *erga omnes*, para além dos limites da competência territorial do órgão julgador.

6. O art. 2º-A da Lei 9.494/94 restringe territorialmente a substituição processual nas hipóteses de ações propostas por entidades associativas, na defesa de interesses e direitos dos seus associados. A presente ação não foi proposta exclusivamente para a defesa dos interesses trabalhistas dos associados da entidade. Ela foi ajuizada objetivando tutelar, de maneira ampla, os direitos de todos os produtores rurais que laboram com sementes transgênicas de Soja RR, ou

---

[69] Recurso Especial 1.243.887/PR, Rel. Min. Luis Felipe Salomão, Corte Especial, julgado em 19.10.2011, *DJe* 12.12.2011.

1051

CÓDIGO BRASILEIRO DE DEFESA DO CONSUMIDOR

seja, foi ajuizada no interesse de toda a categoria profissional. Referida atuação é possível e vem sendo corroborada pela jurisprudência do STF. A limitação do art. 2º-A, da Lei nº 9.494/97, portanto, não se aplica.

7. Recursos especiais conhecidos. Recurso da Monsanto improvido. Recurso dos Sindicatos provido.[70]

Recurso especial. Ação coletiva. Consumidor. Empresas de consórcio. Cobrança de valores a maior a título de frete. Reconhecimento da ilicitude da conduta das empresas. Afronta ao dever de informação e ao princípio da boa-fé objetiva. Inaplicabilidade da limitação territorial da eficácia "erga omnes" dos efeitos da sentença de procedência da ação coletiva prevista no art. 2º-A da Lei nº 9.494/97.

[...]

4. Inaplicabilidade da limitação territorial dos efeitos da sentença, prevista contra pessoas jurídicas de direito privado, incidindo somente em relação às entidades de Direito Público.

5. Recurso Especial desprovido.[71]

Processo civil. Expurgos inflacionários. Ação Civil Pública. Limites subjetivos da sentença. Coisa julgada. Cumprimento individual de sentença coletiva.

1. A sentença genérica proferida na ação civil coletiva ajuizada pelo Instituto Brasileiro de Defesa do Consumidor, que condenou o Banco do Brasil ao pagamento de diferenças decorrentes de expurgos inflacionários sobre cadernetas de poupança ocorridos em janeiro de 1989, dispôs que seus efeitos teriam abrangência nacional, *erga omnes*. Não cabe, após o trânsito em julgado, questionar a legalidade da determinação, em face da regra do art. 16 da Lei 7.347/85 com a redação dada pela Lei 9.494/97, questão expressamente repelida pelo acórdão que julgou os embargos de declaração opostos ao acórdão na apelação. Precedente: REsp 1243887/PR, Rel. Min. Luis Felipe Salomão, Corte Especial, *DJe* 12.12.2011.

2. Recurso especial conhecido e provido.[72]

[...] Execução individual de sentença coletiva. Sentença genérica [...] Exequentes não domiciliados no Distrito Federal. Abrangência nacional da demanda. Coisa julgada. Regularidade do título executivo. Prosseguimento da execução individual.

1. Acórdão recorrido que manteve a extinção da execução individual de sentença coletiva, por ausência de título executivo, por entender que a sentença genérica, que condenara o Banco do Brasil ao pagamento de expurgos inflacionários decorrentes do Plano Verão para detentores de caderneta de poupança com vencimento em janeiro de 1989, teve sua abrangência restrita aos poupadores domiciliados no Distrito Federal, por força do art. 16 da Lei nº 7.347/85.

2. Matéria relativa à abrangência nacional da demanda protegida, no caso, pela imutabilidade do manto da coisa julgada, considerando ter sido expressamente decidida no curso da ação civil pública.

---

[70] Recurso Especial 1.243.386/RS, Rel. Min. Nancy Andrighi, Terceira Turma, julgado em 12.6.2012, *DJe* 26.6.2012.

[71] Recurso Especial 901.548/RS, Rel. Min. Paulo De Tarso Sanseverino, Terceira Turma, julgado em 17.4.2012, *DJe* 10.5.2012.

[72] Recurso Especial 1.348.425/DF, Rel. Min. Maria Isabel Gallotti, Quarta Turma, julgado em 5.3.2013, *DJe* 24.5.2013.

Anexo · JURISPRUDÊNCIA DO STJ SOBRE PROCESSOS COLETIVOS

3. Embora a abrangência nacional não tenha constado do dispositivo da sentença, fez coisa julgada, porquanto não configura mero motivo da decisão, mas o próprio alcance subjetivo da demanda.

4. Impossibilidade de a questão voltar a ser rediscutida em execução individual, sendo que eventual incorreção em face do art. 16 da Lei nº 7.347/85 deveria ser objeto de ação rescisória.

5. Sentença proferida na ação civil pública em questão que se aplica indistintamente a todos os detentores de caderneta de poupança com vencimento em janeiro de 1989, independentemente de sua residência ou domicílio no Distrito Federal.

6. Regularidade do título executivo judicial no caso, permitindo o prosseguimento da execução individual.

7. Precedentes específicos da Terceira e da Quarta Turma do STJ no mesmo sentido (REsp nº 1.348.425/DF e REsp nº 1.321.417/DF).

8. Embargos Declaratórios conhecidos como Agravo Regimental a que se nega provimento.[73]

[...] Limites Subjetivos da Sentença. Abrangência nacional da demanda. Coisa julgada. Regularidade do título. Prosseguimento da execução. Decisão mantida.

[...]

3. "A sentença genérica proferida na ação civil coletiva ajuizada pelo Instituto Brasileiro de Defesa do Consumidor, que condenou o Banco do Brasil ao pagamento de diferenças decorrentes de expurgos inflacionários sobre cadernetas de poupança ocorridos em janeiro de 1989, dispôs que seus efeitos teriam abrangência nacional, *erga omnes*. Não cabe, após o trânsito em julgado, questionar a legalidade da determinação, em face da regra do art. 16 da Lei 7.347/85 com a redação dada pela Lei 9.494/97, questão expressamente repelida pelo acórdão que julgou os embargos de declaração opostos ao acórdão na apelação" (REsp nº 1348425/DF, Rel. Min. Maria Isabel Gallotti, Quarta Turma, julgado em 5.3.2013, *DJe* 24.5.2013).

4. Conforme a orientação jurisprudencial fixada pelo STJ, a abrangência nacional expressamente declarada na Ação Civil Pública nº 1998.01.1.016798-9 não pode ser alterada na fase de execução, sob pena de ofensa à coisa julgada, sendo, portanto, aplicável a todos os beneficiários, independentemente de sua residência ou domicílio no Distrito Federal.

5. Agravo regimental a que se nega provimento.[74]

Processual Civil. Recurso especial. Art. 535 do CPC. Violação. Ausência. Ação Civil Pública. Eficácia subjetiva. Incidência do CDC. Efeitos *erga omnes*. Art. 94 do CDC. Ausência de publicação de edital inexistência de nulidade.

[...]

3. No que se prende à abrangência da sentença prolatada em ação civil pública relativa a direitos individuais homogêneos, a Corte Especial decidiu, em sede de recurso repetitivo, que "os efeitos e a eficácia da sentença não estão circunscritos a lindes geográficos, mas aos limites objetivos e subjetivos do que foi decidido, levando-se em conta, para tanto, sempre a extensão do dano e a qualidade dos interesses metaindividuais postos em juízo (arts. 468, 472 e 474,

---

[73] Embargos de Declaração no Recurso Especial 1.338.484/DF, Rel. Min. Paulo De Tarso Sanseverino, Terceira Turma, julgado em 18.6.2013, *DJe* 24.6.2013.

[74] Agravo Regimental nos Embargos de Declaração no Recurso Especial 1.322.002/DF, Rel. Min. Antonio Carlos Ferreira, Quarta Turma, julgado em 26.11.2013, *DJe* 6.12.2013.

1053

CPC e 93 e 103, CDC)" (REsp 1.243.887/PR, Rel. Min. Luis Felipe Salomão, Corte Especial, julgado sob a sistemática prevista no art. 543-C do CPC, *DJ* 12.12.2011).

4. Com efeito, quanto à eficácia subjetiva da coisa julgada na ação civil pública, incide o Código de Defesa do Consumidor por previsão expressa do art. 21 da própria Lei da Ação Civil Pública.

5. Desse modo, os efeitos do acórdão em discussão nos presentes autos são *erga omnes*, abrangendo a todas as pessoas enquadráveis na situação do substituído, independentemente da competência do órgão prolator da decisão. Não fosse assim, haveria graves limitações à extensão e às potencialidades da ação civil pública, o que não se pode admitir.

[...]

7. Recurso especial a que se dá provimento, a fim de reconhecer que a falta de publicação do edital previsto no art. 94 do CDC não obsta a concessão de efeito *erga omnes* ao acórdão recorrido[75].

PROCESSUAL CIVIL E ADMINISTRATIVO. AGRAVO INTERNO NO RECURSO ESPECIAL. ENUNCIADO ADMINISTRATIVO Nº 03/STJ. SERVIDOR PÚBLICO FEDERAL. AGRAVO DE INSTRUMENTO. EXECUÇÃO DE SENTENÇA CONTRA A FAZENDA PÚBLICA PROFERIDA EM SEDE DE AÇÃO COLETIVA. IMPOSSIBILIDADE DE RESTRINGIR OS LIMITES DA LIDE QUANDO INEXISTENTE TAL LIMITAÇÃO NO TÍTULO EXECUTIVO. VIOLAÇÃO A COISA JULGADA. REVALORAÇÃO JURÍDICA DE FATOS INCONTROVERSOS. POSSIBILIDADE. AGRAVO INTERNO NÃO PROVIDO.

1. Não há que se falar em reexame de prova, quando desnecessário o revolvimento do arcabouço fático-probatório do feito, bastando, para tanto, as informações contidas no acórdão proferido na instância de origem, sobre as quais não repousa controvérsia.

2. *In casu*, o acórdão recorrido assentou que o título que o agravado executa "reconheceu o direito ao reajuste de aposentadorias e pensões dos substituídos, sem mencionar se esses substituídos seriam todos os membros da categoria ou se apenas aqueles domiciliados no âmbito territorial do juízo. Assim, por falta de disposição expressa em sentido contrário, entendo que sua parte dispositiva ser interpretada em consonância com as normas que regem o processo coletivo (CDC, art. 93)" (fl. 945-e), e, ainda, que "o reconhecimento da condição de sindicato de âmbito nacional, ostentada pela parte autora, não entra em choque com a delimitação da eficácia da sentença apenas para os filiados que tenham domicílio no Estado de Pernambuco. Efetivamente, inexiste vedação a que sindicato de âmbito nacional possa atuar na defesa de apenas parte da categoria ou de alguns de seus substituídos. Desse modo, nada impediria, ao menos em tese, que o sindicato de âmbito nacional ajuizasse ações coletivas em cada um dos Estados da federação, embora se reconheça que a medida não seria a mais adequada.

Enfatizo, por outro lado, que não ficou claro na petição inicial que a ação ordinária estava sendo proposta em favor de todos os substituídos em âmbito nacional, sendo razoável entender que o pedido estaria sendo formulado em favor dos servidores domiciliados nos limites territoriais do juízo.

3. Diante unicamente desse contexto fático delineado no acórdão recorrido, é possível concluir, conforme a decisão agravada o fez, que: a presente discussão se dá em sede de execução de título judicial oriundo de ação coletiva aforada por entidade sindical de âmbito nacional em detrimento da União Federal, onde "não se encontra fixado o alcance subjetivo da coisa julgada" (fl. 881-e), ou seja, o título executivo "reconheceu o direito ao reajuste de aposentadorias e pensões dos substituí-

---

[75] Recurso Especial 1.377.400/SC, Rel. Min. Og Fernandes, Segunda Turma, julgado em 18.2.2014, *DJe* 13.3.2014.

dos, sem mencionar se esses substituídos seriam todos os membros da categoria ou se apenas aqueles domiciliados no âmbito territorial do juízo" (fl. 945-e), de modo que é inviável, neste momento – em sede de execução de sentença, limitar territorialmente os efeitos da coisa julgada, aplicando-se o teor do art. 2º-A da Lei 9.494/1997, sob pena de ofender a coisa julgada. Precedentes.

4. Agravo interno não provido[76].

RECURSO ESPECIAL. AÇÃO COLETIVA DE CONSUMO. COBRANÇA DE TARIFAS BANCÁRIAS. NEGATIVA DE PRESTAÇÃO JURISDICIONAL. INCORRÊNCIA. FASES DA AÇÃO COLETIVA. SENTENÇA GENÉRICA. AÇÃO INDIVIDUAL DE CUMPRIMENTO. ALTA CARGA COGNITIVA. DEFINIÇÃO. *QUANTUM DEBEATUR*. MINISTÉRIO PÚBLICO. LEGITIMIDADE ATIVA. INTERESSES INDIVIDUAIS HOMOGÊNEOS. RELEVÂNCIA E TRANSCENDÊNCIA. EXISTÊNCIA. COISA JULGADA. EFEITOS E EFICÁCIA. LIMITES. TERRITÓRIO NACIONAL. PRAZO PRESCRICIONAL. DEFICIÊNCIA DA FUNDAMENTAÇÃO RECURSAL. SÚMULA 284/STF. DANO MORAL COLETIVO. VALORES FUNDAMENTAIS. LESÃO INJUSTA E INTOLERÁVEL. INOCORRÊNCIA. AFASTAMENTO. *ASTREINTES*. REVISÃO. REEXAME DE FATOS E PROVAS. SÚMULA 7/STJ.

[...]

9. Os efeitos e a eficácia da sentença proferida em ação coletiva não estão circunscritos aos limites geográficos da competência do órgão prolator, abrangendo, portanto, todo o território nacional, dentro dos limites objetivos e subjetivos do que foi decidido. Precedentes[77].

PROCESSUAL CIVIL. AUSÊNCIA DE INDICAÇÃO DO DISPOSITIVO TIDO POR VIOLADO. INCIDÊNCIA, POR ANALOGIA, DA SÚMULA 284/STF. MANDADO DE SEGURANÇA COLETIVO PROPOSTO POR ENTIDADE ASSOCIATIVA. EFEITOS DA SENTENÇA. INAPLICABILIDADE DO ART. 2º-A DA LEI 9.494/1997.

[...]

2. Com relação aos limites territoriais de eficácia da coisa julgada, a necessidade de maior extensão aos efeitos da sentença prolatada em ações coletivas é consequência primeira da indivisibilidade dos interesses tutelados (materiais ou processuais), pois a lesão a um interessado implica lesão a todos, e o proveito a um a todos beneficia. Nesse sentido, impossível cindir (territorialmente, neste caso) os efeitos de decisões com tal natureza.

3. Por força do que dispõem o Código de Defesa do Consumidor e a Lei da Ação Civil Pública, impõe-se que a interpretação a ser conferida ao art. 2º-A da Lei 9.494/1997 é a sistemática, devendo ser afastada eventual interpretação literal.

4. Nessa perspectiva, prevalecem as normas de tutela coletiva previstas na Lei Consumerista, que foram sufragadas pela Lei do Mandado de Segurança. Via de consequência, irreprochável o entendimento de que a abrangência da coisa julgada é determinada pelo pedido, pelas pessoas afetadas e que a imutabilidade dos efeitos que uma sentença coletiva produz deriva de seu trânsito em julgado – e não da competência do órgão jurisdicional que a proferiu.

5. Recurso Especial parcialmente conhecido e, nessa extensão, provido[78].

---

[76] Agravo Interno no Recurso Especial 1.570.563/PE, Rel. Min. Mauro Campbell Marques, Segunda Turma, julgado em 7.3.2017, *DJe* 13.3.2017.

[77] Recurso Especial 1.502.967/RS, Rel. Min. Nancy Andrighi, Terceira Turma, julgado em 7.8.2018, *DJe* 14.8.2018.

[78] Recurso Especial 1.714.320/SP, Rel. Min. Herman Benjamin, Segunda Turma, julgado em 20.2.2018, *DJe* 14.11.2018.

2.3 Comentários dos autores

O ponto nodal de nossas análises é a aplicabilidade, ou não, do art. 16 da LACP, cuja redação foi alterada pela Lei nº 9.494/97 (originária da Medida Provisória nº 1.570), a qual teria limitado extensão da coisa julgada à competência territorial do órgão prolator da decisão.

A cultura estabelecida pela jurisprudência do Superior Tribunal de Justiça, no tocante ao aspecto em análise, prestigiava interpretação restritiva, uma vez que, majoritariamente, circunscrevia a eficácia do título coletivo à abrangência territorial da jurisdição do magistrado sentenciante, aplicando, como fundamento, o disposto no art. 16 da Lei nº 7.347/65, com a redação da Lei nº 9.494/97.

Pelo conjunto de decisões integrantes do item 2.1, é possível inferir, de fato, que a jurisprudência do Superior Tribunal de Justiça consagrava a vinculação da coisa julgada ao Juízo da respectiva cognição.

Posicionamento, entretanto, com o qual, desde sempre, não concordamos.

Em primeiro lugar, limitar a abrangência da coisa julgada nas ações civis públicas significa multiplicar demandas, o que, notoriamente, contraria toda a filosofia dos processos coletivos, destinados que são a resolver molecularmente os conflitos de interesses, ao invés de atomizá-los e pulverizá-los. Em idêntica direção, a limitação de que resultava a posição do STJ (representada pelos arestos relacionados no item 2.1) contribuía, indesejadamente, para o aumento progressivo de processos, exigindo múltiplas respostas jurisdicionais, em meio a um assoberbamento dos trabalhos do Poder Judiciário – repete-se – o que se busca evitar com a implantação obstinada dos instrumentos coletivos.

Devem ser lembradas as observações feitas pela coautora deste trabalho, ao sublinhar que: "Também o Poder Judiciário foi beneficiado pelos processos coletivos, em termos de projeção e racionalização do trabalho. A sobrecarga dos tribunais e a sensação de inutilidade das decisões individualizadas eram agravadas pela frequente contradição dos julgados e pela demora na solução das controvérsias[79]. A finalidade social da função jurisdicional, que é de pacificar com justiça, perdia-se diante da fragmentação e pulverização dos conflitos, sempre tratados a título individual. A substituição de decisões atomizadas (na expressão de Kazuo Watanabe) pelo tratamento molecular das controvérsias, levando à solução do Judiciário, de uma só vez, conflitos que envolvem milhares ou milhões de pessoas, significou tornar o juiz a peça principal na condução de processos de massa, que, por envolverem conflitos de massa, têm sempre relevância política e social. Graças aos processos coletivos, o Judiciário, saindo de uma posição frequentemente distante e remota, tornou-se protagonista das grandes controvérsias nacionais"[80].

É importante, também, salientar que, a exemplo do acórdão proferido pelo Tribunal Regional Federal – 4ª Região no Agravo de Instrumento 200.004.010.143.350/RS, de que

---

[79] Nesse sentido: BRAGA, João Ferreira. A dupla conforme, a elaboração de um novo Código de Processo Civil e a competência precípua do Superior Tribunal de Justiça. *Revista Jurídica Consulex*, nº 314, fev. 2010, p. 41/42.

[80] GRINOVER, Ada Pellegrini. A ação civil pública refém do autoritarismo. Disponível em: <www.fesac.org.br/art_24.html>.

Relator o Desembargador Luiz Carlos de Castro Lugon (*DJU* 21.3.2001), as instâncias ordinárias têm atentado para a necessária distinção entre competência e coisa julgada, ao interpretar o disposto no art. 16 da LACP. A Corte Superior, por sua vez, de forma reiterada, mantinha entendimento majoritário consoante o qual a eficácia da decisão proferida na ação civil pública se restringiria à competência territorial do Juízo.

É necessário reafirmar que a posição restritiva acima aludida representa um golpe mortal à lógica do sistema de tutelas coletivas e enseja o aumento desmesurado de ações judiciais para a resolução de conflitos coletivos, assim como os riscos de julgamentos contraditórios (acentuando a desigualdade social e jurídica entre os cidadãos). Note-se que muitos dos aludidos conflitos ocorrem em escalas de abrangência nacional, o que ensejaria, em tese, o ajuizamento de ações (ainda que coletivas) em cada um dos 5.570 municípios brasileiros.

Sobre o tema, escrevemos que o art. 16 da Lei nº 7.347/85, em sua redação atual, só se aplica ao tratamento da coisa julgada nos processos em defesa de interesses difusos e coletivos, podendo-se entender modificados, apenas, os incs. I e II do art. 103 do CDC. No entanto, nenhuma relevância tem com relação ao regime da coisa julgada nas ações coletivas em defesa de interesses individuais homogêneos, regulado exclusivamente pelo inc. III do art. 103 do CDC, que permanece inalterado.

Há de ser registrado, ainda, que: "[...] o acréscimo introduzido pela medida provisória ao art. 16 da LACP é igualmente inoperante, com relação aos interesses difusos e coletivos. Já agora por força da alusão à competência territorial. É que, como dito, a competência nas ações coletivas é regulada, expressamente, pelo art. 93 do CDC. E a regra expressa da *lex specialis* é no sentido da competência da capital do Estado ou do Distrito Federal nas causas em que o dano ou perigo de dano for de âmbito regional ou nacional. Assim, afirmar que a coisa julgada se restringe aos 'limites da competência do órgão prolator' nada mais indica do que a necessidade de buscar a especificação dos limites legais da competência, ou seja, os parâmetros do art. 93 do CDC, que regula a competência territorial nacional e regional para os processos coletivos. E acresça-se, a competência territorial nacional e regional tanto no âmbito da justiça estadual como no da justiça federal"[81].

Em síntese, o art. 16 da LACP não é aplicável à coisa julgada nas ações coletivas em defesa de interesses individuais homogêneos. Seria teoricamente aplicável à coisa julgada nas ações em defesa de interesses difusos e coletivos, entretanto, o acréscimo introduzido pela Medida Provisória 1.570 é inoperante, porque é a própria lei especial que amplia os limites da competência territorial, para os processos coletivos, ao âmbito nacional ou regional.

Desse modo, constata-se que, ao delimitar a eficácia da coisa julgada aos limites territoriais do Juízo da cognição, o Superior Tribunal de Justiça afastava-se da compreensão de que a norma oriunda do art. 16 da LACP, com a redação da Lei nº 9.494/97, padece de incompatibilidade sistêmica em relação aos demais plexos normativos que disciplinam o processo coletivo.

---

[81] GRINOVER, Ada Pellegrini; WATANABE, Kazuo; NERY JR., Nelson. *Código brasileiro de defesa do consumidor*: comentado pelos autores do anteprojeto. 12. ed. Rio de Janeiro: Forense, 2018, p. 1.008.

Porém, tal como anunciado na abertura deste capítulo, novos parâmetros lastrearam o acórdão proferido para o Recurso Especial 1.243.887/PR, Rel. Min. Luis Felipe Salomão, Corte Especial, julgado em 19.10.2011, *DJe* 12.12.2011. Nesse julgamento, o Superior Tribunal de Justiça atentou para uma interpretação associada à axiologia das tutelas coletivas, merecendo destaque as seguintes passagens:

3.6. Com efeito, como ocorreu no caso dos autos, pode o consumidor ajuizar a liquidação/execução individual de sentença proferida em ação civil pública no foro do seu próprio domicílio, e não se há falar em limites territoriais da coisa julgada, como argumenta o recorrente.

Aduz o recorrente, nesse ponto, que o alcance territorial da coisa julgada se limita à comarca na qual tramitou a ação coletiva, mercê do art. 16 da Lei das Ações Civis Públicas (Lei nº 7.347/85), *verbis*:

Art. 16. A sentença civil fará coisa julgada *erga omnes*, nos limites da competência territorial do órgão prolator, exceto se o pedido for julgado improcedente por insuficiência de provas, hipótese em que qualquer legitimado poderá intentar outra ação com idêntico fundamento, valendo-se de nova prova.

Tal interpretação, uma vez mais, esvazia a utilidade prática da ação coletiva, mesmo porque, cuidando-se de dano de escala nacional ou regional, a ação somente pode ser proposta na capital dos Estados ou no Distrito Federal (art. 93, inciso II, CDC). Assim, a prosperar a tese do recorrente, o efeito *erga omnes* próprio da sentença estaria restrito às capitais, excluindo todos os demais potencialmente beneficiários da decisão.

A bem da verdade, o art. 16 da LACP baralha conceitos heterogêneos – como coisa julgada e competência territorial – e induz a interpretação, para os mais apressados, no sentido de que os "efeitos" ou a "eficácia" da sentença podem ser limitados territorialmente, quando se sabe, a mais não poder, que coisa julgada – a despeito da atecnia do art. 467 do CPC – não é "efeito" ou "eficácia" da sentença, mas **qualidade** que a ela se agrega de modo a torná-la "imutável e indiscutível".

É certo também que a competência territorial limita o exercício da jurisdição e não os efeitos ou a eficácia da sentença, os quais, como é de conhecimento comum, correlacionam-se com os "limites da lide e das questões decididas" (art. 468, CPC) e com as que o poderiam ter sido (art. 474, CPC) – *tantum judicatum, quantum disputatum vel disputari debebat.*

A apontada limitação territorial dos efeitos da sentença não ocorre nem no processo singular, e também, como mais razão, não pode ocorrer no processo coletivo, sob pena de desnaturação desse salutar mecanismo de solução plural das lides.

A prosperar tese contrária, um contrato declarado nulo pela justiça estadual de São Paulo, por exemplo, poderia ser considerado válido no Paraná; a sentença que determina a reintegração de posse de um imóvel que se estende a território de mais de uma unidade federativa (art. 107, CPC) não teria eficácia em relação a parte dele; ou uma sentença de divórcio proferida em Brasília poderia não valer para o judiciário mineiro, de modo que ali as partes pudessem ser consideradas ainda casadas, soluções, todas elas, teratológicas.

A questão principal, portanto, é de alcance objetivo ("o que" se decidiu) e subjetivo (em relação "a quem" se decidiu), mas não de competência territorial.

Pode-se afirmar, com propriedade, que determinada sentença atinge ou não esses ou aqueles sujeitos (alcance subjetivo), ou que atinge ou não essa ou aquela questão fático-jurídica (alcance objetivo), mas é errôneo cogitar-se de sentença cujos efeitos não são verificados, a depender do território analisado.

Anexo • JURISPRUDÊNCIA DO STJ SOBRE PROCESSOS COLETIVOS

Nesse sentido é o magistério de Rodolfo de Camargo Mancuso, alinhando-se às ácidas críticas de Nelson Nery e José Marcelo Menezes Vigliar:

Qualquer sentença proferida por órgão do Poder Judiciário pode ter eficácia para além de seu território. Até a sentença estrangeira pode produzir efeitos no Brasil, bastando para tanto que seja homologada pelo STF [agora STJ]. Assim, as partes entre as quais foi dada a sentença estrangeira são atingidas por seus efeitos onde quer que estejam no planeta Terra. Confundir jurisdição e competência com limites subjetivos da coisa julgada é, no mínimo, desconhecer a ciência do direito.

Com efeito, o problema atinente a saber *quais pessoas* ficam atingidas pela *imutabilidade* do comando judicial insere-se na rubrica dos *limites subjetivos* desse instituto processual dito "coisa julgada", e não sob a óptica de categorias outras, como a jurisdição, a competência, a organização judiciária. (MANCUSO, Rodolfo de Camargo. *Ação civil pública*: em defesa do meio ambiente, do patrimônio cultural e dos consumidores. 11. ed. São Paulo: Revista dos Tribunais, 2009, pp. 322-323).

A antiga jurisprudência do STJ, segundo a qual "a eficácia *erga omnes* circunscreve-se aos limites da jurisdição do tribunal competente para julgar o recurso ordinário" (REsp 293.407/SP, Quarta Turma, confirmado nos EREsp. nº 293.407/SP, Corte Especial), em hora mais que ansiada pela sociedade e pela comunidade jurídica, deve ser revista para atender ao real e legítimo propósito das ações coletivas, que é viabilizar um comando judicial célere e uniforme – em atenção à extensão do interesse metaindividual objetivado na lide.

Caso contrário, "esse diferenciado regime processual não se justificaria, nem seria eficaz, e o citado interesse acabaria privado de tutela judicial *em sua dimensão coletiva*, reconvertido e pulverizado em multifárias demandas individuais" (MANCUSO, Rodolfo de Camargo. *Op. cit.* p. 325), "*atomizando*" as lides na contramão do moderno processo de "*molecularização*" das demandas.

Com efeito, como se disse anteriormente, por força do art. 21 da Lei nº 7.347/85, o Capítulo II do Título III do CDC e a Lei das Ações Civis Públicas formam, em conjunto, um microssistema próprio do processo coletivo, seja qual for a sua natureza, consumerista, ambiental ou administrativa.

Assim, com o propósito também de contornar a impropriedade técnico-processual cometida pelo art. 16 da LACP, a questão relativa ao alcance da sentença proferida em ações coletivas deve ser equacionada de modo a harmonizar os vários dispositivos aplicáveis ao tema.

Nessa linha, o alcance da sentença proferida em ação civil pública deve levar em consideração o que dispõe o Código de Defesa do Consumidor acerca da extensão do dano e da qualidade dos interesses metaindividuais postos em juízo.

O norte, portanto, deve ser o que dispõem os arts. 93 e 103 do CDC, *verbis*:

Art. 93. Ressalvada a competência da Justiça Federal, é competente para a causa a justiça local:

I – no foro do lugar onde ocorreu ou deva ocorrer o dano, quando de âmbito local;

II – no foro da Capital do Estado ou no do Distrito Federal, para os danos de âmbito nacional ou regional, aplicando-se as regras do Código de Processo Civil aos casos de competência concorrente.

Art. 103. Nas ações coletivas de que trata este código, a sentença fará coisa julgada:

I – *erga omnes*, exceto se o pedido for julgado improcedente por insuficiência de provas, hipótese em que qualquer legitimado poderá intentar outra ação, com idêntico fundamento valendo-se de nova prova, na hipótese do inciso I do parágrafo único do art. 81;

CÓDIGO BRASILEIRO DE DEFESA DO CONSUMIDOR

II – *ultra partes*, mas limitadamente ao grupo, categoria ou classe, salvo improcedência por insuficiência de provas, nos termos do inciso anterior, quando se tratar da hipótese prevista no inciso II do parágrafo único do art. 81;

III – **erga omnes, apenas no caso de procedência do pedido, para beneficiar todas as vítimas e seus sucessores**, na hipótese do inciso III do parágrafo único do art. 81.

§ 1º Os efeitos da coisa julgada previstos nos incisos I e II não prejudicarão interesses e direitos individuais dos integrantes da coletividade, do grupo, categoria ou classe.

§ 2º Na hipótese prevista no inciso III, em caso de improcedência do pedido, os interessados que não tiverem intervindo no processo como litisconsortes poderão propor ação de indenização a título individual.

§ 3º Os efeitos da coisa julgada de que cuida o art. 16, combinado com o art. 13 da Lei nº 7.347, de 24 de julho de 1985, não prejudicarão as ações de indenização por danos pessoalmente sofridos, propostas individualmente ou na forma prevista neste código, mas, se procedente o pedido, beneficiarão as vítimas e seus sucessores, que poderão proceder à liquidação e à execução, nos termos dos arts. 96 a 99.

§ 4º Aplica-se o disposto no parágrafo anterior à sentença penal condenatória.

Portanto, se o dano é de escala local, regional ou nacional, o juízo competente para proferir sentença, certamente, sob pena de ser inócuo o provimento, lançará mão de comando capaz de recompor ou indenizar os danos local, regional ou nacionalmente, levados em consideração, para tanto, os beneficiários do comando, independentemente de limitação territorial.

Esse também é o entendimento de Ada Pellegrini Grinover:

De início, os tribunais não perceberam o verdadeiro alcance da coisa julgada *erga omnes*, limitando os efeitos da sentença e das liminares segundo critérios de competência. Logo afirmamos não fazer sentido, por exemplo, que ações em defesa dos interesses individuais homogêneos dos pensionistas e aposentados da Previdência Social ao recebimento da diferença de 147% fossem ajuizadas nas capitais dos diversos Estados, a pretexto dos limites territoriais dos diversos órgãos da justiça federal. O problema não é de competência: o juiz federal, competente para processar e julgar a causa, emite um provimento (cautelar ou definitivo) que tem eficácia *erga omnes*, abrangendo todos os aposentados e pensionistas do Brasil. Ou a demanda é coletiva, ou não o é; ou a coisa julgada é *erga omnes,* ou não o é. E se o pedido for efetivamente coletivo, haverá uma clara relação de litispendência entre as várias ações ajuizadas nos diversos Estados da Federação.

Por isso, sustentamos que a limitação operada por certos julgados afronta o art. 103, CDC, e despreza a orientação fornecida pelo art. 91, II, por onde se vê que a causa que verse sobre a reparação de danos de âmbito nacional ou regional deve ser proposta no foro da capital do Estado ou no Distrito Federal, servindo, evidentemente, a decisão para todo o território nacional. Esse dispositivo aplica-se aos demais casos de interesses que alcancem grupos e categorias de indivíduos, mais ou menos determináveis, espalhados pelo território nacional. (GRINOVER, Ada Pellegrini et al. *Código brasileiro de defesa do consumidor*: comentado pelos autores do anteprojeto. 9. ed. Rio de Janeiro: Forense Universitária, 2007, p. 942) – grifos acrescidos.

Como bem pontuou a Corte Especial, a alteração de entendimento pretoriano passa a se afinar com o legítimo propósito das ações coletivas, o qual se projeta, como precípua razão de existência, à formação de tutelas céleres, eficazes e que proporcionem ao público destinatário um tratamento jurisdicional uniforme. A manutenção da compreensão anteriormente predominante (linha restritiva de abrangência da coisa julgada) impunha às

Anexo · JURISPRUDÊNCIA DO STJ SOBRE PROCESSOS COLETIVOS

lides coletivizadas uma esterilidade tutelar indesejada em detrimento das forças sociais e jurídicas do processo coletivo.

Note-se que, na altura do julgamento do citado recurso especial representativo da controvérsia (REsp 1.243.887/PR), a coautora deste trabalho, em comentários publicados no portal do Instituto Brasileiro de Direito Processual – IBDP, considerou:

Inaplicabilidade de óbice relativo à competência territorial em ações coletivas

A Corte Especial do STJ definiu, por dez votos a três, que não se aplica às ações coletivas a restrição da coisa julgada ao âmbito da competência territorial do juízo, prevista na Lei 9.494/97, que alterou o art. 16 da Lei da Ação Civil Pública. A decisão foi manifestada em recurso repetitivo e comemorada por representar a revisão de entendimentos anteriores do STJ, que insistiam em manter a restrição territorial dos efeitos da decisão coletiva, contra o entendimento de toda a doutrina especializada. De acordo com o relator, Ministro Luís Felipe Salomão, a eficácia da decisão deve se pautar por seus limites objetivos e subjetivos, delimitados pelo pedido.

Nas palavras do relator, "*a antiga jurisprudência do STJ, segundo a qual 'a eficácia* **erga omnes** *circunscreve-se aos limites da jurisdição do tribunal competente para julgar o recurso ordinário'* (REsp 293.407-SP, Quarta Turma), *em hora mais que ansiada pela sociedade e pela comunidade jurídica, deve ser revista para atender ao real e legítimo propósito das ações coletivas, que é viabilizar um comando judicial célere e uniforme – em atenção à extensão do interesse metaindividual objetivado na lide*".

Posteriormente, em idêntica direção, o acórdão proferido para o Recurso Especial 1.243.386/RS, de relatoria da Ministra Nancy Andrighi, Terceira Turma, julgado em 12.6.2012, *DJe* 26.6.2012 (cuja ementa integra a subseção 2.2) constitui novo e importante episódio na formação da jurisprudência do Superior Tribunal de Justiça. Neste julgamento, a Terceira Turma fez constar que: "*A distinção, defendida inicialmente por Liebman, entre os conceitos de eficácia e de autoridade da sentença, torna inócua a limitação territorial dos efeitos da coisa julgada estabelecida pelo art. 16 da LAP. A coisa julgada é meramente a imutabilidade dos efeitos da sentença. Mesmo limitada aquela, os efeitos da sentença produzem-se* erga omnes, *para além dos limites da competência territorial do órgão julgador*".

Ponderou, ainda, a Ministra Nancy Andrighi que: "Não obstante esta ação tenha sido proposta por Sindicatos e a ela tenham aderido outras instituições da mesma natureza, a presente ação *não foi proposta exclusivamente para a defesa dos interesses trabalhistas dos associados da entidade. Ela foi ajuizada objetivando tutelar, de maneira ampla, os interesses de todos os produtores rurais que laboram com sementes transgênicas de Soja RR, ou seja, foi proposta para a tutela de interesse de toda a categoria profissional, independentemente de sua condição de associado de cada titular.* Referida atuação é possível e vem sendo corroborada pela jurisprudência do STF há muito tempo, do que são exemplos o AgRg no RE 555.720 (Rel. i. Min. Gilmar Mendes, Segunda Turma, *DJE* de 21.11.2008 e o AgRg no RE 217.566 (Rel. Min. Marco Aurélio, Primeira Turma, *DJE* de 3.3.2011). A limitação do art. 2-A, da Lei nº 9.494/97, portanto, não se aplica. *Importante frisar que especialmente na hipótese sob julgamento é importante que a eficácia das decisões se produza de maneira ampla. Não é possível conceber uma tutela jurídica que isente apenas os produtores do Rio Grande do Sul do pagamento dos* royalties *pela utilização de soja transgênica. Independentemente de qualquer ponderação sobre o mérito da legitimidade de tal cobrança, a eventual isenção destinada apenas a um grupo de produtores causaria um desequilíbrio substancial no mercado atacadista de soja*" (grifos acrescidos).

Além dos acórdãos anteriormente comentados, o Superior Tribunal de Justiça manteve-se atento à necessidade de se respeitar a devida extensão à coisa julgada coletiva. Ainda no item 2.2 *retro*, é possível verificar a existência de outros arestos que caminham em sentido convergente com a maior abrangência da coisa julgada.

Ao decidir o Recurso Especial 1.348.425/DF, Rel. Min. Maria Isabel Gallotti, julgado em 5.3.2013 (*DJe* 24.5.2013), a Quarta Turma do Tribunal, conquanto tenha associado o tema à impossibilidade de se alterar questões já preclusas na fase executiva, pontuou que: "Com isso, se na ação civil pública foi pedida eficácia nacional da sentença a ser proferida, motivo este da declinação da competência de São Paulo para o Distrito Federal; se tais razões foram expressamente acolhidas pelo juízo de primeiro grau e confirmadas pelo acórdão tomado do julgamento da apelação, rejeitando-se pleito de limitação dos efeitos da sentença ao território do Distrito Federal, deduzido precisamente com base no art. 16, não cabe restringir os efeitos subjetivos da sentença após o trânsito em julgado. Manifesta, portanto, a ofensa à coisa julgada".

No mesmo sentido foram os acórdãos proferidos para os Embargos de Declaração no Recurso Especial 1.338.484/DF, Rel. Min. Paulo de Tarso Sanseverino, Terceira Turma, julgado em 18.6.2013 (*DJe* 24.6.2013), e Agravo Regimental nos Embargos de Declaração no Recurso Especial 1.322.002/DF, Rel. Min. Antonio Carlos Ferreira, Quarta Turma, julgado em 26.11.2013 (*DJe* 6.12.2013).

Em março de 2014, a Segunda Turma do Superior Tribunal de Justiça reafirmou o posicionamento de abrangência nacionalizada da coisa julgada, ao julgar o Recurso Especial 1.377.400/SC, Rel. Min. Og Fernandes, em 18.2.2014 (*DJe* 13.3.2014). Na altura, ponderaram os integrantes daquela Turma que: "No que se prende à abrangência da sentença prolatada em ação civil pública relativa a direitos individuais homogêneos, a Corte Especial decidiu, em sede de recurso repetitivo, que 'os efeitos e a eficácia da sentença não estão circunscritos a lindes geográficos, mas aos limites objetivos e subjetivos do que foi decidido, levando-se em conta, para tanto, sempre a extensão do dano e a qualidade dos interesses metaindividuais postos em juízo (arts. 468, 472 e 474, CPC e 93 e 103, CDC)' (REsp 1.243.887/PR, Rel. Min. Luis Felipe Salomão, Corte Especial, julgado sob a sistemática prevista no art. 543-C do CPC, *DJ* 12.12.2011). Com efeito, quanto à eficácia subjetiva da coisa julgada na ação civil pública, incide o CDC por previsão expressa do art. 21 da própria Lei da ACP [...]. Desse modo, os efeitos do acórdão em discussão nos presentes autos são *erga omnes*, abrangendo a todas as pessoas enquadráveis na situação do substituído, independentemente da competência do órgão prolator da decisão. Não fosse assim, haveria graves limitações à extensão e às potencialidades da ação civil pública, o que não se pode admitir".

Tal posicionamento foi prestigiado, ainda, no julgamento do Agravo Interno no Recurso Especial 1.570.563/PE, Rel. Min. Mauro Campbell Marques, Segunda Turma, julgado em 7.3.2017, *DJe* 13.3.2017; do Recurso Especial 1.502.967/RS, Rel. Min. Nancy Andrighi, Terceira Turma, julgado em 7.8.2018, *DJe* 14.8.2018; e do Recurso Especial 1.714.320/SP, Rel. Min. Herman Benjamin, Segunda Turma, julgado em 20.2.2018, *DJe* 14.11.2018.

Anexo • JURISPRUDÊNCIA DO STJ SOBRE PROCESSOS COLETIVOS

Todavia, mesmo diante da existência de diversos julgamentos favoráveis à amplitude da coisa julgada coletiva, ainda houve tergiversações no STJ[82-83-84]. Essas decisões – que se encontram anunciadas na abertura do item 2 do presente trabalho e que se estabeleceram contrariamente à abrangência nacional da coisa julgada coletiva – mereceram comentários negativos da coautora desta obra, Ada Pellegrini Grinover, que, à época, pontuou:

Para o Recurso Especial 1.414.439/RS: Uma alentadora decisão do órgão especial do STJ, em ação civil pública relatada pelo Ministro Luis Felipe Salomão, em que o Tribunal deu uma guinada em sua jurisprudência, afirmando que o art. 16 da LACP não pode restringir os efeitos da sentença, que deve observar os limites do pedido, podendo ultrapassar os da competência territorial do juiz; uma decisão festejada pela doutrina, que sempre se pronunciou pela ino-

---

[82] Processual Civil e Previdenciário. Recurso Especial. Ação Civil Pública. [...] Possibilidade de execução da obrigação de fazer antes do trânsito em julgado. Efeitos *erga omnes* limitados à competência territorial do órgão prolator.

1. Ação civil pública que tem como objetivo obrigar o INSS a computar, como período de carência, o tempo em que os segurados estão no gozo de benefício por incapacidade (auxílio-doença ou aposentadoria por invalidez).

[...]

6. Prevalece nesta Corte o entendimento de que a sentença civil fará coisa julgada *erga omnes* nos limites da competência territorial do órgão prolator, nos termos do art. 16 da Lei nº 7.347/85, alterado pela Lei nº 9.494/97.

[...]

8. Recurso especial parcialmente provido.

(REsp 1.414.439/RS, Rel. Min. Rogerio Schietti Cruz, Sexta Turma, julgado em 16.10.2014, *DJe* 3.11.2014) – grifos acrescidos.

[83] Processual Civil. Administrativo. Ação Civil Pública. Fornecimento de medicamentos. Realização de estudos para padronização do fármaco. Impossibilidade. Efeitos colaterais. Eficácia da decisão. Limites. Jurisdição do órgão prolator. Formatação do SUS de âmbito nacional. Deficiência na fundamentação. Súmula 284/STF. Ausência de impugnação a fundamento autônomo. Súmula 283/STF.

1. Hipótese em que o Tribunal *a quo* consignou: a) é inviável disponibilizar o fármaco Teriparitida a todos os que necessitem padronização do medicamento no âmbito do SUS, uma vez que o pedido não pode exceder a competência territorial do juízo; b) as contraindicações severas do fármaco exigem análise casuística mediante produção de prova técnica, o que impossibilita o pedido de concessão coletiva; c) seria inviável determinar a realização de estudo para a padronização do fármaco apenas no Estado de Santa Catarina, tendo em vista a própria formatação do SUS, de âmbito nacional.

[...]

3. Ademais, foi pacificado pela Corte Especial o entendimento de que a sentença proferida em Ação Civil Pública fará coisa julgada *erga omnes* nos limites da competência territorial do órgão prolator da decisão, nos termos do art. 16 da Lei 7.347/85, alterado pela Lei 9.494/97. Assim, incabível a determinação do requerido estudo técnico com o intuito de disponibilizar o fármaco pelo SUS, com abrangência nacional, pois estar-se-ia violando o limite territorial do juízo *a quo*.

4. Agravo Regimental não provido. (AgRg no REsp 1.353.720/SC, Rel. Min. Herman Benjamin, Segunda Turma, julgado em 26.8.2014, *DJe* 25.9.2014) – grifos acrescidos.

[84] "[...] II – O Superior Tribunal de Justiça tem entendimento consolidado segundo o qual é possível a extensão dos efeitos da decisão proferida em ação civil pública, na defesa de interesses individuais homogêneos, àqueles que se encontrem na mesma situação fática do substituído, ante a sua eficácia *erga omnes*, **dentro dos limites da competência territorial do órgão prolator**" (AgInt no REsp 1.378.579/SC, Rel. Min. Regina Helena Costa, Primeira Turma, julgado em 16.5.2017, *DJe* de 22.5.2017) – grifos acrescidos.

1063

perância ou até inconstitucionalidade da limitação imposta pela nova redação do art. 16; uma decisão aplaudida pelos operadores do direito em geral, inconformados em ter que ajuizar ou contestar inúmeras demandas coletivas (idênticas) em todos os rincões desse imenso Brasil; uma decisão transcrita neste site, com comentário meu, altamente elogioso e positivo, por tratar o processo coletivo com parâmetros próprios, diferentes dos aplicáveis ao processo individual. **E agora uma decisão que volta ao passado, referindo-se a jurisprudência já superada e, o que é mais surpreendente, parece ignorar tudo que ocorreu depois. Um descrédito para um Tribunal cuja função principal é a de uniformizar a intepretação da lei federal e que restaura o clima de insegurança jurídica num tema tão importante para o processo coletivo brasileiro. Com todo o respeito, senhores ministros, como pode a mão esquerda ignorar o que faz a direita?** – grifos acrescidos

<u>Para o Agravo Regimental no Recurso Especial 1.353.720/SC</u>: **Mais um equívoco de Turma do STJ. A Corte Especial decidiu exatamente em sentido contrário, como se vê pela jurisprudência comentada inserida neste site, a respeito do julgamento cujo relator foi o Ministro Felipe Salomão. Essas idas e vindas do STJ, em tema de tanta relevância, não só provocam grande insegurança jurídica, mas depõem muito mal a respeito da coerência de um tribunal cujo objetivo – dentre outros – é o de velar pela uniformidade da interpretação do direito.** – grifos acrescidos.

O problema, no entanto, passou a caminhar para a superação: mais recentemente, a Segunda Turma, ao julgar o Recurso Especial 1.366.615/CE, Rel. Min. Humberto Martins (em sessão de julgamento de 23.6.2015 – já citado anteriormente), proclamou entendimento em harmonia com a posição adotada pela Corte Especial no ano de 2011 (REsp 1.243.887/PR, Rel. Min. Luis Felipe Salomão, Corte Especial, julgado em 19.10.2011, *DJe* 12.12.2011), firmando compreensão, a partir de voto-vista proferido pelo Ministro Herman Benjamin, segundo a qual a *res iudicata* nas ações coletivas deve ser ampla, em razão da multiplicidade de indivíduos concretamente lesados, não havendo confundir competência do juiz que profere a sentença com o alcance e os efeitos decorrentes da coisa julgada coletiva. Em virtude dessa decisão – pela qual reafirmada a compreensão da Corte Especial –, foram publicados comentários da coautora deste trabalho em página do portal do Instituto Brasileiro de Direito Processual – IBDP:

> Como se vê de outros acórdãos inseridos precedentemente neste site sobre a matéria, a jurisprudência do STJ era contraditória em relação aos limites territoriais da coisa julgada coletiva. Quando se pensava que a decisão da Corte Especial, pelo voto condutor do Min. Salomão, havia afastado a limitação territorial da sentença, devendo ser esta, mesmo geograficamente, aderente ao pedido, dois julgamentos do mesmo tribunal, em turmas diversas, decidiram a favor da limitação territorial, contrariando não só a decisão da Corte Especial, mas também a posição unânime da doutrina. Estas últimas decisões pareciam desconhecer o julgamento da Corte Especial, pois não só deixavam de se referir a ela, como se reportavam a julgados anteriores, que adotavam a tese restritiva. Após festejar a decisão da Corte Especial, tivemos que indicar as posições posteriores e divergentes, lamentando a incoerência de um tribunal, cuja função precípua é a de pacificar a jurisprudência dos tribunais inferiores, bem como o estado de insegurança jurídica que julgados contraditórios ocasionavam.

> Agora, neste último Acórdão da Segunda Turma, pelo voto condutor do Ministro Herman Benjamin, o STJ alinha-se com a decisão da Corte Especial e firma o entendimento – corre-

Anexo · JURISPRUDÊNCIA DO STJ SOBRE PROCESSOS COLETIVOS

tíssimo – da impossibilidade de fixar limites territoriais para a eficácia da sentença coletiva, devendo esta corresponder ao pedido formulado pelo autor.

Boa notícia para os legitimados, para a sociedade civil e sobretudo para uma Justiça cujas decisões sejam adequadas e harmônicas.

E na busca pela superação dessas divergências, pontuamos, ainda, que, em 19.12.2012, foi publicada decisão proferida pelo Ministro Herman Benjamin, nos autos dos Embargos de Divergência no Recurso Especial 1.243.386/RS[85], admitindo o processamento da citada divergência – o qual, todavia, foi interrompido em virtude de manifestação de desistência pelo embargante.

Esperávamos que a decisão dos aludidos embargos de divergência pudesse também reafirmar a compreensão formada por ocasião do julgamento do Recurso Especial 1.243.887/PR, Rel. Min. Luis Felipe Salomão, Corte Especial, julgado em 19.10.2011, *DJe* 12.12.2011, seja pelas razões antes apontadas, seja pela violação dos princípios constitucionais do devido processo legal, da inafastabilidade do controle do Poder Judiciário, da proporcionalidade e da razoabilidade que a redação do art. 16 da LACP traz em seu conteúdo. Nesse sentido, inclusive, Nelson Nery Jr. e Rosa Maria de Andrade Nery, ao acentuarem que: "A norma, na redação dada pela L 9.494/97, é inconstitucional e ineficaz. Inconstitucional por ferir os princípios do direito de ação (CF 5º XXXV), da razoabilidade e da proporcionalidade e porque o Presidente da República a editou, por meio de medida provisória, sem que houvesse autorização constitucional para tanto, pois não havia urgência [...], nem relevância, requisitos exigidos pela CF 62 *caput*"[86].

Convém assinalar, ainda, o acórdão proferido pela Segunda Turma do STJ, que, nitidamente, reacende a posição já firmada pelo repetitivo em tela (Recurso Especial 1.243.887/PR)[87]:

Processual civil e administrativo. Efeitos da sentença proferida em ação coletiva. art. 2º-A da Lei 9.494/1997. Incidência das normas de tutela coletiva previstas no Código de Defesa do Consumidor (Lei 8.078/1990), na Lei da Ação Civil Pública (Lei 7.347/1985) e na Lei do Man-

---

[85] Estes os termos da citada decisão: "Controverte-se a respeito da abrangência espacial do provimento jurisdicional em Ação Coletiva (art. 16 da Lei da Ação Civil Pública). Demonstrado, em princípio, o dissídio jurisprudencial entre os arestos confrontados, admito o processamento dos Embargos de Divergência. Vista ao embargado, para impugnação no prazo previsto no art. 267 do RI/STJ."

[86] NERY JR. Nelson; NERY Rosa Maria de Andrade. *Constituição Federal comentada e legislação constitucional.* São Paulo: Revista dos Tribunais, 2006, p. 1.454-1.458.

[87] Esta é, igualmente, a posição atual da Primeira Turma do STJ: "Processual civil. Recurso especial. Efeitos da coisa julgada em ação coletiva. Limitação territorial e temporal. Súmula 83 do STJ. 1. É assente na jurisprudência deste Superior Tribunal de Justiça o entendimento de que, quando em discussão a eficácia objetiva e subjetiva da sentença proferida em ação coletiva proposta em substituição processual, a aplicação do art. 2º-A da Lei n. 9.494/1997 deve se harmonizar com os demais preceitos legais aplicáveis ao tema, de forma que o efeito da sentença coletiva nessas hipóteses não está adstrito aos filiados à entidade sindical à época do oferecimento da ação coletiva, ou limitada a sua abrangência apenas ao âmbito territorial da jurisdição do órgão prolator da decisão. Aplicação da Súmula 83 do STJ. 2. Agravo interno desprovido" (AgInt no REsp 1.639.899/RS, Rel. Ministro Gurgel de Faria, Primeira Turma, julgado em 26.9.2017, *DJe* 24.11.2017).

dado de Segurança (Lei 12.016/2009). Interpretação sistemática. Limitação dos efeitos da coisa julgada ao território sob jurisdição do órgão prolator da sentença. Impropriedade.

1. Na hipótese dos autos, a *quaestio iuris* diz respeito ao alcance e aos efeitos de sentença deferitória de pretensão agitada em Ação coletiva pelo Sindicato representante dos servidores do Poder Judiciário do Estado de Santa Catarina. A controvérsia circunscreve-se, portanto, à subsunção da matéria ao texto legal inserto no art. 2º-A da Lei 9.494/1997, que dispõe sobre os efeitos de sentença proferida em ação coletiva.

2. A *res iudicata* nas ações coletivas é ampla, em razão mesmo da existência da multiplicidade de indivíduos concretamente lesados de forma difusa e indivisível, não havendo que confundir competência do juiz que profere a sentença com o alcance e os efeitos decorrentes da coisa julgada coletiva.

3. Limitar os efeitos da coisa julgada coletiva seria um mitigar esdrúxulo da efetividade de decisão judicial em ação supraindividual. Mais ainda: reduzir a eficácia de tal decisão à "extensão" territorial do órgão prolator seria confusão atécnica dos institutos que balizam os critérios de competência adotados em nossos diplomas processuais, mormente quando – por força do normativo de regência do Mandado de Segurança (hígido neste ponto) – a fixação do Juízo se dá (deu) em razão da pessoa que praticou o ato (*ratione personae*).

4. Por força do que dispõem o Código de Defesa do Consumidor e a Lei da Ação Civil Pública sobre a tutela coletiva, sufragados pela Lei do Mandado de Segurança (art. 22), impõe-se a interpretação sistemática do art. 2º-A da Lei 9.494/97, de forma a prevalecer o entendimento de que a abrangência da coisa julgada é determinada pelo pedido, pelas pessoas afetadas e de que a imutabilidade dos efeitos que uma sentença coletiva produz deriva de seu trânsito em julgado, e não da competência do órgão jurisdicional que a proferiu.

5. Incide, *in casu*, o entendimento firmado no REsp. 1.243.887/PR representativo de controvérsia, porquanto naquele julgado já se vaticinara a interpretação a ser conferida ao art. 16 da Lei da Ação Civil Pública (alterado pelo art. 2º-A da Lei 9.494/1997), de modo a harmonizá-lo com os demais preceitos legais aplicáveis ao tema, em especial às regras de tutela coletiva previstas no Código de Defesa do Consumidor.

6. No mesmo sentido os seguintes precedentes do STJ e do STF: REsp 1.614.263/RJ, Rel. Ministro Herman Benjamin, Segunda Turma, *DJe* 12.9.2016; AgInt no REsp 1.596.082/PR, Rel. Ministro Mauro Campbell Marques, Segunda Turma, *DJe* 13.3.2017; e RE 609.043 AgR, Rel. Ministro Luiz Fux, Primeira Turma, *DJe* 14.6.2013.

[...]

(REsp 1.671.741/RS, Rel. Ministro Herman Benjamin, Segunda Turma, julgado em 8.8.2017, *DJe* 12.9.2017).

Ainda mais recentemente, entretanto, o Superior Tribunal de Justiça parece ter unificado, entre seus órgãos julgadores, o entendimento em torno da questão em estudo. Nas ocasiões em que o tema retornou ao exame da citada Corte, firmaram-se respostas favoráveis à abrangência nacionalizada dos efeitos da coisa julgada coletiva. É o que se depreende, de um lado, dos acórdãos proferidos para o Agravo Interno no Recurso Especial 1.570.563/PE, Rel. Min. Mauro Campbell Marques, Segunda Turma, julgado em 7.3.2017, *DJe* 13.3.2017; Recurso Especial 1.502.967/RS, Rel. Min. Nancy Andrighi, Terceira Turma, julgado em 7.8.2018, *DJe* 14.8.2018; Recurso Especial 1.714.320/SP, Rel. Min. Herman Benjamin, Segunda Turma, julgado em 20.2.2018, *DJe* 14.11.2018; e Agravo Interno no Recurso Especial 1.787.020/SC, Rel. Ministro Gurgel de Faria, Primeira Turma, julgado em 23.9.2019, *DJe* 25.9.2019.

Anexo • JURISPRUDÊNCIA DO STJ SOBRE PROCESSOS COLETIVOS

Por outro lado, foram definidas pela Corte Superior de Justiça as teses para os Temas Repetitivos n. 480[88] e 481[89], guardadas as suas particularidades.

Finalmente, em 7 de abril de 2021, o Supremo Tribunal Federal concluiu o julgamento do tema representativo de controvérsia 1.075 e, por maioria, declarou inconstitucional o art. 16 da Lei da Ação Civil Pública, confirmando a tese de que é o objeto litigioso do processo, e não a competência, que estabelece os limites subjetivos e objetivos da coisa julgada.

No julgamento do Recurso Extraordinário 1.101.937/SP (Rel. Min. Alexandre de Moraes), a Suprema Corte posicionou-se pela impossibilidade de restrição dos efeitos da sentença aos limites da competência territorial do órgão prolator. É oportuno reproduzir a ementa do acórdão proferido para o citado recurso extraordinário:

> CONSTITUCIONAL E PROCESSO CIVIL. INCONSTITUCIONALIDADE DO ART. 16 DA LEI 7.347/1985, COM A REDAÇÃO DADA PELA LEI 9.494/1997. AÇÃO CIVIL PÚBLICA. IMPOSSIBILIDADE DE RESTRIÇÃO DOS EFEITOS DA SENTENÇA AOS LIMITES DA COMPETÊNCIA TERRITORIAL DO ÓRGÃO PROLATOR. REPERCUSSÃO GERAL. RECURSOS EXTRAORDINÁRIOS DESPROVIDOS.
>
> 1. A Constituição Federal de 1988 ampliou a proteção aos interesses difusos e coletivos, não somente constitucionalizando-os, mas também prevendo importantes instrumentos para garantir sua plena efetividade.
>
> 2. O sistema processual coletivo brasileiro, direcionado à pacificação social no tocante a litígios metaindividuais, atingiu *status* constitucional em 1988, quando houve importante fortalecimento na defesa dos interesses difusos e coletivos, decorrente de uma natural necessidade de efetiva proteção a uma nova gama de direitos resultante do reconhecimento dos denominados direitos humanos de terceira geração ou dimensão, também conhecidos como direitos de solidariedade ou fraternidade.
>
> 3. Necessidade de absoluto respeito e observância aos princípios da igualdade, da eficiência, da segurança jurídica e da efetiva tutela jurisdicional.
>
> 4. Inconstitucionalidade do artigo 16 da LACP, com a redação da Lei 9.494/1997, cuja finalidade foi ostensivamente restringir os efeitos condenatórios de demandas coletivas, limitando o rol dos beneficiários da decisão por meio de um critério territorial de competência, acarretando grave prejuízo ao necessário tratamento isonômico de todos perante a Justiça, bem como à total incidência do Princípio da Eficiência na prestação da atividade jurisdicional.
>
> 5. RECURSOS EXTRAORDINÁRIOS DESPROVIDOS, com a fixação da seguinte tese de repercussão geral:

---

[88] "A liquidação e a execução individual de sentença genérica proferida em ação civil coletiva pode ser ajuizada no foro do domicílio do beneficiário, porquanto os efeitos e a eficácia da sentença não estão circunscritos a lindes geográficos, mas aos limites objetivos e subjetivos do que foi decidido, levando-se em conta, para tanto, sempre a extensão do dano e a qualidade dos interesses metaindividuais postos em juízo (arts. 468, 472 e 474, CPC e 93 e 103, CDC)".

[89] "A sentença genérica proferida na ação civil coletiva ajuizada pela Apadeco, que condenou o Banestado ao pagamento dos chamados expurgos inflacionários sobre cadernetas de poupança, dispôs que seus efeitos alcançariam todos os poupadores da instituição financeira do Estado do Paraná. Por isso descabe a alteração do seu alcance em sede de liquidação/execução individual, sob pena de vulneração da coisa julgada. Assim, não se aplica ao caso a limitação contida no art. 2º-A, *caput*, da Lei n. 9.494/97".

1067

"I – É inconstitucional a redação do art. 16 da Lei 7.347/1985, alterada pela Lei 9.494/1997, sendo repristinada sua redação original.

II – Em se tratando de ação civil pública de efeitos nacionais ou regionais, a competência deve observar o art. 93, II, da Lei 8.078/1990 (Código de Defesa do Consumidor).

III – Ajuizadas múltiplas ações civis públicas de âmbito nacional ou regional e fixada a competência nos termos do item II, firma-se a prevenção do juízo que primeiro conheceu de uma delas, para o julgamento de todas as demandas conexas"[90].

O Min. Alexandre de Moraes, relator do caso, reportou-se a diversos trabalhos publicados pela coautora deste artigo, a exemplo daqueles citados nos seguintes trechos do seu voto:

Na mesma direção, comentando a respeito das ações coletivas em defesa dos interesses individuais homogêneos, ADA PELLEGRINI GRINOVER adverte que, ao limitar-se o alcance da decisão segundo critérios de competência, afronta-se não só o art. 103 do CDC, como se desconsidera a diretriz do art. 93, II:

"Evidentemente, a decisão deve servir para todo o território nacional. Esse dispositivo aplica-se aos demais casos de interesses que alcancem grupos e categorias de indivíduos, mais ou menos determináveis, espalhados pelo território nacional" (*Código brasileiro de defesa do consumidor*: comentado pelos autores do anteprojeto. 9 ed. Rio de Janeiro: Forense Universitária, 2007, p. 942).

Em outro estudo doutrinário, a saudosa mestra das Arcadas assinala que: "o indigitado dispositivo da lei tentou (sem êxito) limitar a competência, mas em lugar algum aludiu ao objeto do processo. Ora, o âmbito da abrangência da coisa julgada é determinada pelo pedido, e não pela competência. Esta nada mais é do que a relação de adequação entre o processo e o juiz, nenhuma influência tendo sobre o objeto do processo. Se o pedido é amplo (de âmbito nacional) não será por intermédio de tentativas de restrições da competência que o mesmo poderá ficar limitado" (A Aparente Restrição da Coisa Julgada na Ação Civil Pública: Ineficácia da Modificação ao Artigo 16 pela Lei 9.494/1997, in *Temas de Direito Ambiental e Urbanístico*, São Paulo, Max Limonad, 1998, p. 12).

Oportuno, igualmente, citar as importantes reflexões constantes do voto do Relator sobre relações fundamentais entre o princípio da igualdade e a questão coletiva em exame:

A Constituição Federal de 1988 adotou o princípio da igualdade de direitos, prevendo a igualdade de aptidão, uma igualdade de possibilidades virtuais, ou seja, todos os cidadãos têm o direito de tratamento idêntico pela lei, em consonância com os critérios albergados pelo ordenamento jurídico.

Dessa forma, o que se veda são as diferenciações arbitrárias, as discriminações absurdas, pois o tratamento desigual dos casos desiguais, na medida em que se desigualam, é exigência tradicional do próprio conceito de Justiça, porque o que realmente protege são certas finalidades, somente se tendo por lesado o princípio constitucional quando o elemento discriminador não se encontra a serviço de uma finalidade acolhida pelo direito, como ocorre na presente hipótese.

---

[90] RE 1.101.937, Rel. Min. Alexandre de Moraes, Tribunal Pleno, julgado em 8.4.2021, *DJe*-113, 14.6.2021.

Anexo • JURISPRUDÊNCIA DO STJ SOBRE PROCESSOS COLETIVOS

O princípio da igualdade consagrado pela constituição opera em dois planos distintos. De uma parte, frente ao legislador ou ao próprio executivo, na edição, respectivamente, de leis, atos normativos e medidas provisórias, impedindo que possam criar tratamentos abusivamente diferenciados a pessoas que se encontram em situações idênticas, como, infelizmente, ocorreu com a nova redação do artigo 16 da LACP. Em outro plano, na obrigatoriedade ao intérprete, basicamente, o Poder Judiciário, de aplicar a lei e atos normativos de maneira igualitária, sem estabelecimento de diferenciações em razão de sexo, religião, convicções filosóficas ou políticas, raça, classe social ou mesmo por meros e irrazoáveis critérios territoriais.

[...]

Assim, os tratamentos normativos diferenciados são compatíveis com a Constituição Federal quando verificada a existência de uma finalidade razoavelmente proporcional ao fim visado, o que não ocorreu com a nova redação do artigo 16 da LCP, que pretendeu, inclusive, enfraquecer a constitucionalização do sistema protetivo dos direitos metaindividuais [...].

Nessas hipóteses, esse fracionamento meramente territorial dos efeitos da decisão também parece ignorar o longo processo jurídico-político de amadurecimento do sistema protetivo aos interesses difusos e coletivos e contrariar, frontalmente, o comando constitucional de imprimir maior efetividade à sua real efetivação, contrariando o princípio constitucional da eficiência, uma vez que regime processual disforme não seria eficaz, pois os interesses difusos e coletivos acabariam, como aponta RODOLFO MANCUSO, privados de "tutela judicial em sua dimensão coletiva, reconvertido e pulverizado em multifárias demandas individuais" (*Ação civil pública*: em defesa do meio ambiente, do patrimônio cultural e dos consumidores. 11 ed. São Paulo: Revista dos Tribunais, 2009, p. 325).

[...]

Dessa forma, Presidente, eu concluo pela inconstitucionalidade do art. 16 da Lei 7.347, com a redação dada pela Lei 9.494, e, consequentemente, pela aplicação dos efeitos repristinatórios, ou seja, ao se declarar a inconstitucionalidade dessa alteração, a redação original do art. 16 terá reconhecida sua plena vigência e eficácia, sem qualquer solução de descontinuidade, uma vez que a alteração declarada inconstitucional é nula, não tendo o condão de efetivar qualquer revogação.

Apesar das incertezas do passado, é irrepreensível a linha hermenêutica do Superior Tribunal de Justiça inaugurada com o julgamento do Recurso Especial 1.243.887/PR, neste ponto, merecendo especial registro a necessidade de se proceder à interpretação sistêmica das fontes do direito processual coletivo brasileiro, em harmonia com as potencialidades e caminhos de abrangência da ação civil pública.

O teor dos julgamentos antes referenciados demonstra que o Superior Tribunal de Justiça se deparou com o reconhecimento – inegável – de autonomia científica do processo coletivo. Nesse diapasão, revelam-se os decisórios em tela importantes contributos para a formação de um patrimônio hermenêutico atento à faceta massificada dos conflitos submetidos à jurisdição, agora também consolidado pela tese firmada pelo Supremo Tribunal Federal.

3. COMPETÊNCIA

3.1 Competência do juízo para os atos de execução do julgado coletivo

Acórdãos que admitem que a execução na ACP possa ser ajuizada fora da Comarca do Juízo prolator da sentença de conhecimento:

CÓDIGO BRASILEIRO DE DEFESA DO CONSUMIDOR

Agravo Regimental. Agravo de Instrumento. Processo Civil. Ação Civil Pública. Execução. Competência. Foro que prolatou a sentença exequenda. Inexistência de obrigatoriedade. Escolha do foro do consumidor. Possibilidade. Princípios da instrumentalidade das formas e do amplo acesso à justiça.

[...]

3. A Terceira Turma deste Sodalício, levando em consideração os efeitos da sentença proferida na aludida ação, bem como aplicando os princípios da instrumentalidade das formas e do amplo acesso à Justiça, passou a entender não haver obrigatoriedade das execuções individuais serem propostas no mesmo Juízo ao qual distribuída a demanda coletiva, podendo o consumidor fazer uso do foro da comarca de seu domicílio.

4. Agravo regimental a que se nega provimento.[91] – grifos acrescidos.

Ação coletiva. Execução individual no domicílio do autor. Foro diverso daquele do processo de conhecimento. Possibilidade. Conflito conhecido. Competência do Tribunal Regional Federal da 4ª Região.

1. A Corte Especial do STJ fixou, sob o rito do art. 543-C do CPC e da Resolução STJ 8/2008, que "a liquidação e a execução individual de sentença genérica proferida em ação civil coletiva pode ser ajuizada no foro do domicílio do beneficiário" (REsp 1.243.887/PR, Rel. Min. Luis Felipe Salomão, Corte Especial, *DJe* 12.12.2011).

2. A execução individual de sentença condenatória proferida no julgamento de ação coletiva não segue a regra geral dos arts. 475-A e 575, II, do Código de Processo Civil, pois inexiste interesse apto a justificar a prevenção do Juízo que examinou o mérito da ação coletiva para o processamento e julgamento das execuções individuais desse título judicial.

3. Obrigar os beneficiados pela sentença coletiva a liquidá-la e a executá-la no foro em que a ação coletiva foi julgada implicaria em inviabilização da tutela dos direitos individuais.

4. No mesmo sentido: AgRg na Rcl 10.318/RS, Rel. Min. Antonio Carlos Ferreira, Segunda Seção, *DJe* 29.4.2013; CC 96.682/RJ, Rel. Min. Arnaldo Esteves Lima, Terceira Seção, *DJe* 23.3.2010; REsp 1.122.292/GO, Rel. Min. Castro Meira, Segunda Turma, *DJe* 4.10.2010; AgRg no REsp 1.316.504/SP, Rel. Min. Maria Isabel Gallotti, Quarta Turma, *DJe* 20.8.2013; REsp 1.098.242/GO, Rel. Min. Nancy Andrighi, Terceira Turma, *DJe* 28.10.2010. 4. Agravo Regimental não provido.[92] – grifos acrescidos.

3.2 Comentários dos autores

Como mencionado no item anterior, a jurisprudência do Superior Tribunal de Justiça, de forma predominante, vinculava a eficácia do título coletivo à abrangência territorial da jurisdição do juízo sentenciante (com base no disposto no art. 16 da Lei nº 7.347/65, com a redação da Lei nº 9.494/97), posição, como já verificado no capítulo anterior, alterada pelo referido Tribunal, conforme julgamento proferido no Recurso 1.243.887/PR, Rel. Min. Luis Felipe Salomão, Corte Especial, julgado em 19.10.2011, *DJe* 12.12.2011 e, mais

---

[91] Agravo Regimental no Agravo de Instrumento 633.994/PR, Rel. Min. Vasco Della Giustina, desembargador convocado do TJ/RS, Terceira Turma, julgado em 8.6.2010, *DJe* 24.6.2010.

[92] Agravo Regimental no Conflito de Competência 131.624/DF, Rel. Min. Herman Benjamin, Primeira Seção, julgado em 26.2.2014, *DJe* 21.3.2014.

Anexo · JURISPRUDÊNCIA DO STJ SOBRE PROCESSOS COLETIVOS

recentemente, pelo Supremo Tribunal Federal, no julgamento do Recurso Extraordinário 1.101.937/SP, já referido neste estudo.

No que se prende à execução individual, a Corte, após oscilações a respeito do tema, cristalizou posição segundo a qual é possível a propositura individualizada da execução de título coletivo perante o juízo do domicílio do interessado, a exemplo do acórdão proferido no Agravo Regimental no Agravo de Instrumento 633.994/PR, de que Relator o Ministro Vasco Della Giustina, Desembargador convocado do TJ/RS (*DJe* 24.6.2010), alinhado nestes termos: "A Terceira Turma deste Sodalício, levando em consideração os efeitos da sentença proferida na aludida ação, bem como aplicando os princípios da instrumentalidade das formas e do amplo acesso à Justiça, *passou a entender não haver obrigatoriedade de as execuções individuais serem propostas no mesmo Juízo ao qual distribuída a demanda coletiva, podendo o consumidor fazer uso do foro da comarca de seu domicílio*"[93-94].

Apesar de entendimentos isolados contrários[95,] neste capítulo, a posição do Superior Tribunal de Justiça – impactada pelo julgamento do Recurso Especial 1.243.887/PR, Rel. Min. Luis Felipe Salomão (*DJe* 12.12.2011) passou a se harmonizar com as peculiaridades que informam o processo coletivo, constatação, a propósito, que ficou igualmente bem delineada no voto proferido pelo Ministro Castro Meira, ao relatar o Recurso Especial 1.122.292/GO (*DJe* 4.4.2010), altura em que Sua Excelência pontuou: "[...] penso que deve ser garantido o direito de os beneficiários do título executivo, havido em ação civil públi-

---

[93] Ainda na mesma direção: Agravo Regimental no Recurso Especial 755.429/PR, Rel. Min. Sidnei Beneti, Terceira Turma, julgado em 17.12.2009, *DJe* 18.12.2009; e Recurso Especial 901.548/RS, Rel. Min. Paulo De Tarso Sanseverino, Terceira Turma, julgado em 17.4.2012, *DJe* 10.5.2012.

[94] Mais recentemente, o STJ voltou a decidir o tema em sentido favorável à interpretação mais ampla: "Processual civil. Administrativo. Servidor público. Reajuste de 3,17%. Embargos à execução. Ofensa ao art. 535 do CPC/1973 não configurada. Prescrição. Tribunal de origem afirmou que não houve. Matéria fático-probatória. Incidência da Súmula 7/STJ. Execução individual de sentença. Ação coletiva. Faculdade do exequente de propor o cumprimento da sentença no juízo sentenciante ou no próprio domicílio. Sindicato. Relação nominal. Dispensável. [...] 7. Com relação à competência, forçoso reconhecer aos beneficiários a faculdade de ingressar com o cumprimento individual da sentença coletiva no foro do próprio domicílio ou no território do juízo sentenciante. A propósito: REsp 1.663.926/RJ, Rel. Ministro Herman Benjamin, Segunda Turma, *DJe* 16.6.2017. [...] 9. Recurso Especial parcialmente conhecido e, nessa parte, não provido" (REsp 1.709.441/RJ, Rel. Ministro Herman Benjamin, Segunda Turma, julgado em 12.12.2017, *DJe* 19.12.2017).

[95] No julgamento do Recurso Especial 1.243.887/PR (submetido ao rito dos recursos especiais repetitivos – art. 543-C do CPC), Rel. Min. Luis Felipe Salomão, *DJe* 12.12.2011, não obstante a Corte Especial do Superior Tribunal de Justiça ter decidido que: "A liquidação e a execução individual de sentença genérica proferida em ação civil coletiva pode ser ajuizada no foro do domicílio do beneficiário, porquanto os efeitos e a eficácia da sentença não estão circunscritos a lindes geográficos, mas aos limites objetivos e subjetivos do que foi decidido, levando-se em conta, para tanto, sempre a extensão do dano e a qualidade dos interesses metaindividuais postos em juízo (arts. 468, 472 e 474, CPC e 93 e 103, CDC)", houve posicionamentos contrários (da lavra dos Ministros Raul Araújo Filho, Maria Isabel Gallotti e Marco Buzzi). Do ponto de vista da Ministra Maria Isabel Gallotti, com voto vencido, "Não é possível a liquidação e execução individual de sentença proferida em ação civil pública no domicílio do consumidor na hipótese em que esse domicílio não está no âmbito territorial de jurisdição do tribunal ao qual está vinculado o juiz prolator da sentença coletiva, tendo em vista que, dada a abstração desta decisão, é necessária uma fase cognitiva na própria liquidação, de modo que a admissão da competência de qualquer juízo do país, conforme o domicílio de cada lesado, poderia gerar interpretações diferentes do próprio direito assegurado na sentença".

1071

ca, promoverem a liquidação e a execução individual no foro da comarca de seu domicílio, não sendo necessário que as execuções individuais sejam propostas no juízo no qual foi distribuída a ação coletiva. Entendimento contrário para prevalência da competência funcional clássica do juízo da condenação retiraria a própria efetividade da tutela coletiva, na medida em que a tornaria inadequada para a espécie de direito que o procedimento visa a proteger, justamente no momento em que o bem da vida pleiteado ou a obrigação correspondente ao objeto da lide principal poderá ser fruído pelo titular do direito, no contexto da execução. Desta forma, caso fosse priorizada a aplicação indistinta e mecânica do disposto no art. 575, inciso II, do CPC, ficaria prejudicado o próprio direito de acesso ao Judiciário, na medida em que os feitos coletivos, marcados em essência por conflitos de massa, são instaurados principalmente por substitutos processuais, a exemplo do Ministério Público, de entes governamentais e associações, geralmente domiciliados nos grandes centros e em cidades maiores. Os substituídos processuais, principais interessados na execução da sentença coletiva, acabariam tendo seus direitos subjetivos novamente sonegados, desta vez no contexto do procedimento da execução, máxime quando residentes nas cidades mais distantes do país e desprovidos de condições financeiras para deslocamento entre as circunscrições judiciárias. Sobre a principiologia da tutela executiva na ação civil pública, assim informa Marcelo Abelha Rodrigues: São quatro os postulados fundamentais que impulsionam a compreensão e exegese da tutela executiva no sistema processual coletivo: a) o primeiro de que o sistema privilegia a tutela específica, mais consentânea e adequada à prestação de direitos coletivos à sociedade; b) **o segundo de que existe uma urgência *in re ipsa* na tutela coletiva, dado o fato de que se presta a resolver conflitos de massa**; c) **o terceiro de que a execução deve ser efetiva, ou seja, que o resultado da execução possa ser fruído pelos titulares do direito**; d) o quarto de que toda execução é imediata, já que os recursos na ação civil pública são desprovidos de efeito suspensivo (RODRIGUES, Marcelo Abelha. Ação Civil Pública. In: DIDIER JR, Fredie (Coord.). *Ações Constitucionais*. 4. ed. Salvador: JusPodivm, 2009, p. 389 – sem grifos no original)" (grifos originais da transcrição).

Em últimas considerações de seu pronunciamento, sublinhou, ainda, o Ministro Castro Meira que: "*Assim sendo, é de priorizar-se a interpretação sistemática das fontes do direito processual coletivo brasileiro, a fim de garantir a liquidação e a execução das sentenças coletivas no domicílio do autor, com esteio nos artigos 98, § 2º, e 101, inciso I, do Código de Defesa do Consumidor*" (grifos acrescidos).

Como é possível verificar, o Superior Tribunal de Justiça se reportou ao tema em várias oportunidades, entre as quais ao julgar os seguintes recursos: AgRg no AREsp 302.062/DF, Rel. Min. Napoleão Nunes Maia Filho, Primeira Turma, julgado em 6.5.2014, *DJe* 19.5.2014; AgRg nos EDcl no REsp 1.419.350/RS, Rel. Min. Humberto Martins, Segunda Turma, julgado em 22.4.2014, *DJe* 5.5.2014; AgRg no REsp 1.316.504/SP, Rel. Min. Maria Isabel Gallotti, Quarta Turma, julgado em 13.8.2013, *DJe* 20.8.2013; AgRg no AREsp 192.687/DF, Rel. Min. Sidnei Beneti, Terceira Turma, julgado em 11.4.2013, *DJe* 2.5.2013; REsp 1.243.887/PR, Rel. Min. Luis Felipe Salomão, Corte Especial, julgado em 19.10.2011, *DJe* 12.12.2011; e REsp 1.098.242/GO, Rel. Min. Nancy Andrighi, Terceira Turma, julgado em 21.10.2010, *DJe* 28.10.2010. Nesse diapasão, a Corte Superior consolidou seu posicionamento por meio do Tema 480 dos repetitivos, cuja tese ficou assim redigida:

"A liquidação e a execução individual de sentença genérica proferida em ação civil coletiva pode ser ajuizada no foro do domicílio do beneficiário, porquanto os efeitos e a eficácia da sentença não estão circunscritos a lindes geográficos, mas aos limites objetivos e subjetivos do que foi decidido, levando-se em conta, para tanto, sempre a extensão do dano e a qualidade dos interesses metaindividuais postos em juízo (arts. 468, 472 e 474, CPC e 93 e 103, CDC)."

Importante anotar, ainda, que aludido Tribunal, no ano de 2020, tornou a se deparar com questões atinentes à competência para a execução das sentenças oriundas de processos coletivos (notadamente ao analisar o Recurso Especial 1.804.186/SC – repetitivo, Rel. Min. Herman Benjamin, Primeira Seção, julgado em 12.8.2020, *DJe* 11.9.2020 – **Tema Repetitivo 1.029**). A controvérsia, precisamente, se referia à possibilidade, ou não, de se demandar a tutela executiva (de sentença coletiva) perante órgão de Juizado Especial da Fazenda Pública, assim como ao rito a ser aplicado. Apesar de a questão nuclear do repetitivo ora citado ser diversa daquela que se encontra em análise neste capítulo, a Corte Superior, em seu julgamento, reafirmou, expressamente, a compreensão de que é possível a instauração do procedimento executivo perante o foro do domicílio do interessado (afastada, todavia, a competência e o procedimento dos Juizados Especiais), estabelecendo maior visibilidade à posição por ela adotada e, com isso, encerrando eventuais divergências internas.

Veja-se a ementa do julgado proferido para o recurso especial repetitivo acima referenciado (com grifos acrescidos):

PROCESSUAL CIVIL. RECURSOS ESPECIAIS REPRESENTATIVOS DA CONTROVÉRSIA. TEMA 1.029/STJ. RESP 1.804.186/SC E RESP 1.804.188/SC. AÇÃO COLETIVA. EXECUÇÃO. COMPETÊNCIA E RITO. JUIZADOS ESPECIAIS DA FAZENDA PÚBLICA. LEI 12.153/2009. IMPOSSIBILIDADE.

IDENTIFICAÇÃO DA CONTROVÉRSIA

1. O tema repetitivo ora controvertido (1.029/STJ) consiste em estabelecer a "aplicabilidade do rito dos Juizados Especiais da Fazenda Pública (Lei 12.153/2009) ao Cumprimento de Sentença individual oriundo de Ação Coletiva que seguiu o procedimento ordinário em Vara da Fazenda Pública, independentemente de haver Juizado Especial instalado no foro competente".

EXAME DO TEMA REPETITIVO

2. Na hipótese tratada no presente tema repetitivo, o Tribunal de origem assentou que, por ser absoluta a competência dos Juizados Especiais da Fazenda Pública (§ 4º do art. 2º da Lei 12.153/2009), o cumprimento de sentença oriundo de Ação Coletiva em que o valor da causa seja inferior a 60 (sessenta) salários mínimos deve seguir o rito sumaríssimo da Lei 12.153/2009, independentemente de haver Juizado Especial instalado na comarca competente.

3. Com relação à execução de sentenças coletivas, o STJ firmou a compreensão, sob o rito do art. 543-C do CPC/1973, de que "a liquidação e a execução individual de sentença genérica proferida em ação civil coletiva pode ser ajuizada no foro do domicílio do beneficiário, porquanto os efeitos e a eficácia da sentença não estão circunscritos a lindes geográficos, mas aos limites objetivos e subjetivos do que foi decidido, levando-se em conta, para tanto, sempre a extensão do dano e a qualidade dos interesses metaindividuais postos em juízo (arts. 468, 472 e 474, CPC e 93 e 103, CDC)" (REsp 1.243.887/PR, Rel. Ministro Luis Felipe Salomão, Corte Especial, julgado em 19.10.2011, *DJe* de 12.12.2011).

CÓDIGO BRASILEIRO DE DEFESA DO CONSUMIDOR

4. Também está sedimentado na jurisprudência do STJ o entendimento de que, uma vez instalado Juizado Especial Federal ou da Fazenda Pública, conforme o caso, e se o valor da causa for inferior ao da alçada, a competência é absoluta. Apenas como exemplo: REsp 1.537.768/DF, Rel. Ministro Napoleão Nunes Maia Filho, Primeira Turma, julgado em 20.8.2019, *DJe* de 5.9.2019.

5. A questão que emerge do tema repetitivo é indagar se é possível ajuizar ação executiva no Juizado Especial da Fazenda Pública relativa a título judicial oriundo de Ação Coletiva, em que se seguiu rito próprio desse tipo de ação.

6. O art. 2º, § 1º, I, da Lei 12.153/2009 dispõe que não se incluem na competência do Juizado Especial da Fazenda Pública as demandas sobre direitos ou interesses difusos e coletivos, o que é argumento suficiente para excluir a competência executória de sentenças exaradas em Ações Coletivas.

7. Na mesma lei não há disposição expressa acerca da competência executória dos Juizados da Fazenda Pública, havendo apenas regramento (arts. 12 e 13) do rito da execução de seus próprios julgados.

8. O art. 27 da Lei 12.153/2009 fixa a aplicação subsidiária do CPC, da Lei 9.099/1995 e da Lei 10.259/2001, os quais se examinam a seguir.

9. A Lei 9.099/1995, no art. 3º, § 1º, delimita a competência dos Juizados Especiais Cíveis e, por aplicação subsidiária, dos Juizados Especiais da Fazenda Pública para promoverem a execução "dos seus julgados" e "dos títulos executivos extrajudiciais, no valor de até quarenta vezes o salário mínimo".

10. Já o art. 3º, *caput*, da Lei 10.259/2001, também de aplicação subsidiária aos Juizados Especiais da Fazenda Pública, delimita a competência executória a "executar as suas sentenças".

11. Por fim, a terceira lei de regramento de aplicação subsidiária, o CPC, estabelece (grifos acrescentados): "Art. 516. O cumprimento da sentença efetuar-se-á perante: I – os tribunais, nas causas de sua competência originária; II – o juízo que decidiu a causa no primeiro grau de jurisdição; III – o juízo cível competente, quando se tratar de sentença penal condenatória, de sentença arbitral, de sentença estrangeira ou de acórdão proferido pelo Tribunal Marítimo.

Parágrafo único. Nas hipóteses dos incisos II e III, o exequente poderá optar pelo juízo do atual domicílio do executado, pelo juízo do local onde se encontrem os bens sujeitos à execução ou pelo juízo do local onde deva ser executada a obrigação de fazer ou de não fazer, casos em que a remessa dos autos do processo será solicitada ao juízo de origem".

12. Vale resgatar a possibilidade, estipulada pelo STJ sob o rito dos recursos repetitivos (REsp 1.243.887/PR, Rel. Ministro Luis Felipe Salomão, Corte Especial, julgado em 19.10.2011, *DJe* de 12.12.2011), de a execução individual de sentença coletiva poder ser proposta no foro do domicílio do exequente, interpretação essa advinda da legislação de tutela dos direitos coletivos e difusos: "A liquidação e a execução individual de sentença genérica proferida em ação civil coletiva pode ser ajuizada no foro do domicílio do beneficiário, porquanto os efeitos e a eficácia da sentença não estão circunscritos a lindes geográficos, mas aos limites objetivos e subjetivos do que foi decidido, levando-se em conta, para tanto, sempre a extensão do dano e a qualidade dos interesses metaindividuais postos em juízo".

13. Nota-se que a Lei 12.153/2009 e as respectivas normas de aplicação subsidiária determinam que os Juizados Especiais da Fazenda Pública têm competência para apreciar apenas as execuções de seus próprios julgados ou de títulos extrajudiciais.

14. Por derradeiro, o Código de Defesa do Consumidor, norma que rege a tutela coletiva não só no direito do consumidor, mas de forma subsidiária de todos os tipos de direitos, fixa a compe-

tência, para a execução, do juízo da liquidação da sentença ou da ação condenatória, no caso de execução individual, valendo aqui a regra do domicílio do exequente no caso de juízos com a mesma competência.

15. Na mesma linha de compreensão aqui traçada, cita-se precedente da Primeira Turma que examina a Lei 10.259/2001 (Juizado Especial Federal), aplicada subsidiariamente à Lei 12.153, ora em exame: "Nos termos do art. 3º, *caput*, da Lei 10.259/2001, 'Compete ao Juizado Especial Federal Cível processar, conciliar e julgar causas de competência da Justiça Federal até o valor de sessenta salários mínimos, bem como executar as suas sentenças.' Extrai-se do referido dispositivo legal que a fixação da competência do JEF, no que se refere às execuções, impõe a conjugação de duas condicionantes: (a) o valor da causa deve ser inferior a 60 (sessenta) salários mínimos; (b) o título executivo judicial deve ser oriundo do próprio JEF.

Caso concreto em que, nada obstante o valor da causa seja inferior ao referido limite legal, a sentença exequenda foi prolatada nos autos da Ação Ordinária nº 2007.81.00.018120-3, que tramitou na 6ª Vara Federal da Seção Judiciária do Ceará, o que afasta a competência do Juizado Especial Federal Cível para a respectiva execução" (REsp 1.648.895/CE, Rel. Ministro Sérgio Kukina, Primeira Turma, julgado em 7.5.2019, *DJe* 13.5.2019; grifo acrescentado).

16. Assim, não é possível propor nos Juizados Especiais da Fazenda Pública a execução de título executivo formado em Ação Coletiva, muito menos impor o citado rito sumaríssimo ao juízo comum.

17. O Cumprimento da Sentença coletiva deve obedecer ao rito previsto nos arts. 534 e seguintes do CPC/2015; e o fato de o valor da execução ser baixo pode apenas resultar, conforme a quantia, em Requisição de Pequeno Valor para o pagamento do débito (art. 535, § 3º, II, do CPC/2015).

DEFINIÇÃO DA TESE REPETITIVA

18. Fixa-se a seguinte tese repetitiva para o Tema 1.029/STJ: "Não é possível propor nos Juizados Especiais da Fazenda Pública a execução de título executivo formado em Ação Coletiva que tramitou sob o rito ordinário, assim como impor o rito sumaríssimo da Lei 12.153/2009 ao juízo comum da execução."

RESOLUÇÃO DO CASO CONCRETO

19. A Ação Coletiva tramitou na Vara da Fazenda Pública da Comarca de Blumenau/SC e nela foi intentado o cumprimento de sentença sob o rito do art. 534 e seguintes do CPC/2015.

20. O Tribunal de origem assentou que o cumprimento de sentença oriundo de Ação Coletiva em que o valor da causa seja inferior a 60 (sessenta) salários mínimos deve seguir o rito sumaríssimo da Lei 12.153/2009, independentemente de haver Juizado Especial instalado na comarca competente.

21. Essa compreensão está dissonante da aqui estabelecida, devendo o cumprimento de sentença observar o rito dos arts. 534 e seguintes do CPC/2015 na Vara da Fazenda Pública.

CONCLUSÃO

22. Recurso Especial provido, sob o rito dos arts. 1.036 e seguintes do CPC/2015[96].

---

[96] REsp 1.804.186/SC, Rel. Min. Herman Benjamin, Primeira Seção, julgado em 12.8.2020, *DJe* 11.9.2020. Idêntica solução foi aplicada ao Recurso Especial 1.804.188/SC (Rel. Min. Herman Benjamin, Primeira Seção, julgado em 12.8.2020, *DJe* 11.9.2020).

CÓDIGO BRASILEIRO DE DEFESA DO CONSUMIDOR

4. PRESCRIÇÃO

No pertinente à prescrição aplicada às ações coletivas, o Superior Tribunal de Justiça fixou sua jurisprudência em quatro pontos.

4.1 Aplicação analógica do art. 21 da Lei nº 4.717/65 (Lei da Ação Popular)

Agravo Regimental nos Embargos de Divergência em Agravo em Recurso Especial. Prazo Prescricional. Execução. Ação Popular. Ação Civil Pública. Aplicação Por Analogia. Súmula nº 168/STJ.

I – A posição atual e dominante nesta c. Corte Superior é no sentido de ser aplicável à ação civil pública e à respectiva execução, por analogia, o prazo prescricional de cinco anos previsto no art. 21 da Lei da Ação Popular. Precedentes.

[...]

Agravo regimental desprovido[97].

Recurso Especial. Administrativo. Servidor público. Concurso interno. Provimento derivado. Cargo de Delegado de Polícia. Ação Civil Pública. Anulação de ato administrativo. Ofensa à moralidade. Prescrição. Aplicação analógica do prazo previsto na Lei da Ação Popular. Princípios da segurança jurídica e da boa-fé. Recurso provido.

[...]

2. Tratando-se de ação civil pública ajuizada com o objetivo de anular ato administrativo supostamente violador dos princípios da moralidade e da impessoalidade administrativas, o prazo prescricional, ante a omissão da Lei 7.347/85, deve ser, por analogia, o previsto no art. 21 da Lei 4.717/65, tendo em vista que a pretensão poderia perfeitamente ser exercida por meio de ação popular, igualmente adequada à defesa de interesses de natureza impessoal, pertencentes à coletividade, nos termos do art. 5º, LXXIII, da Constituição Federal. Precedentes do Superior Tribunal de Justiça.

3. Recurso provido para, reconhecida a prescrição, extinguir o processo com base no art. 269, IV, do Código de Processo Civil.[98]

Processual civil. Direito do consumidor. Agravo regimental em agravo em recurso especial. Ação civil pública. Prazo prescricional aplicável para ajuizamento da execução. Súmula 150/STF. É a lei que define qual o prazo prescricional incidente à pretensão deduzida em juízo, não a sentença. Coisa julgada material.

1. As ações civis públicas, ao tutelarem indiretamente direitos individuais homogêneos, viabilizam uma prestação jurisdicional de maior efetividade a toda uma coletividade atingida em seus direitos, dada a eficácia vinculante das suas sentenças.

2. Assim, em face do escopo jurídico e social das ações civis públicas na tutela dos direitos individuais homogêneos, busca-se reconhecer, por meio dessas ações, o evento factual gerador comum, do qual decorrem pretensões indenizatórias massificadas, a fim de facilitar a defesa do consumidor em Juízo, com acesso pleno aos órgãos judiciários.

---

[97] Agravo Regimental nos Embargos de Divergência no Agravo no Recurso Especial 119.895/PR, Rel. Min. Felix Fischer, Corte Especial, julgado em 29.8.2012, *DJe* 13.9.2012.

[98] Recurso Especial 912.612/DF, Rel. Min. Arnaldo Esteves Lima, Quinta Turma, julgado em 12.8.2008, *DJe* 15.9.2008.

Anexo · JURISPRUDÊNCIA DO STJ SOBRE PROCESSOS COLETIVOS

3. Diante de tais premissas, o próprio CDC, em seu artigo 95, dita os contornos do conteúdo da sentença coletiva relativa à pretensão deduzida em Juízo nessa espécie processual, ditando de antemão aquilo que virá a ser a sua coisa julgada material, no sentido de a sentença se limitar a reconhecer a responsabilidade do réu pelos danos causados aos consumidores condenando-o, de forma genérica, ao dever de indenizar.

[...]

5. No caso em apreço, não subsiste a alegação de que a aplicação da prescrição quinquenal, na fase executiva decorrente de sentença coletiva, que consignara que o prazo prescricional para o ajuizamento das ações para a cobrança dos expurgos inflacionários seria de 20 (vinte) anos, constituiria violação da coisa julgada.

6. Pelo ordenamento jurídico pátrio, é a lei, que define, conforme a pretensão deduzida em Juízo, o respectivo prazo prescricional aplicável, e não a sentença, mesmo que transitada em julgado, pois a sentença não cria nem inova direitos, é ato que interrompe a prescrição.

7. O prazo prescricional não decorre de um direito novo nascido na sentença ou de uma espécie de "novação judiciária". A sentença apenas reconhece um direito existente e, mediante a formação de um título executivo, propicia a satisfação coercitiva do direito reconhecido.

8. À execução aplica-se o mesmo lapso temporal incidente à pretensão deduzida na ação de conhecimento, de que é derivada, começando a fluir seu prazo prescricional com o trânsito em julgado da sentença, que materialmente a subsidia.

9. No caso, há lei definindo que o prazo prescricional para deduzir pretensão relativa a direitos individuais homogêneos, mediante o ajuizamento de ação civil pública, é de cinco anos, por força do art. 21 da Lei 4.717/65, de aplicação analógica; por conseguinte, à pretensão executiva decorrente incidirá idêntico lapso temporal, a contar do trânsito em julgado da sentença coletiva, não se encontrando acobertada pelo manto da coisa julgada material a referência nela existente a prazo prescricional diverso daquele que lhe haja sido fixado por legislação especial de regência.

10. Agravo regimental não provido.[99]

Administrativo. Processual Civil. Ação Civil Pública. Anulação de Ato Administrativo. Prescrição. Emprego analógico do prazo aplicável à Ação Popular (art. 21 da Lei nº 4.717/65).

1. Cuida-se, na origem, de Ação Civil Pública movida pelo Ministério Público do Estado do Rio Grande do Sul pleiteando a anulação de venda de imóvel efetuada por município a particular, sem licitação.

Julgada procedente a ação, o Tribunal de Justiça do Estado do Rio Grande do Sul declarou de ofício a prescrição, aplicando, por analogia, o prazo prescricional de que trata o art. 21 da Lei nº 4.717/65, que regula a Ação Popular.

2. É iterativo o entendimento desta Corte no sentido de que é aplicável à ação civil pública, por analogia, o prazo prescricional de cinco anos previsto no art. 21 da Lei nº 4.717/65.

3. Se o objetivo da ação civil pública era tão somente a anulação da venda, não há que se falar em imprescritibilidade da ação, pois isso somente ocorre nas ações de ressarcimento ao erário, nos termos do art. 37, § 5º, da Constituição Federal, o que não é o caso presente.

Agravo regimental improvido.[100]

---

[99] Agravo Regimental no Agravo no Recurso Especial 122.031/PR, Rel. Min. Luis Felipe Salomão, Quarta Turma, julgado em 8.5.2012, *DJe* 14.5.2012.

[100] Agravo Regimental no Recurso Especial 1.185.347/RS, Rel. Min. Humberto Martins, Segunda Turma, julgado em 17.4.2012, *DJe* 25.4.2012.

CÓDIGO BRASILEIRO DE DEFESA DO CONSUMIDOR

4.2 Imprescritibilidade, em se tratando de ACP que vise ao ressarcimento do erário

Direito Administrativo. Agravo regimental no Recurso Especial. Ação Civil Pública. Improbidade administrativa. Pedido de ressarcimento. Possibilidade. Ação imprescritível. Precedentes.

1. É entendimento desta Corte a ação civil pública, regulada pela Lei 7.347/85, pode ser cumulada com pedido de reparação de danos por improbidade administrativa, com fulcro na Lei 8.429/92, bem como que não corre a prescrição quando o objeto da demanda é o ressarcimento do dano ao erário público. Precedentes: REsp 199.478/MG, Min. Gomes de Barros, Primeira Turma, DJ 8.5.2000; REsp 1185461/PR, Rel. Min. Eliana Calmon, Segunda Turma, DJe 17.6.2010; EDcl no REsp 716.991/SP, Rel. Min. Luiz Fux, Primeira Turma, DJe 23.6.2010; REsp 991.102/MG, Rel. Min. Eliana Calmon, Segunda Turma, DJe 24.9.2009; e REsp 1.069.779/SP, Rel. Min. Herman Benjamin, Segunda Turma, DJe 13.11.2009.

2. Agravo regimental não provido.[101]

Administrativo. Improbidade administrativa. Promoção de servidores. Ilegalidade. Ressarcimento da diferença entre vencimentos. Art. 59, parágrafo único, da Lei nº 8.666/93. Inaplicabilidade. Súmula 284 do STF. Divergência jurisprudencial não configurada. Ausência de similitude fática.

1. "É imprescritível a ação civil pública de ressarcimento de danos causados ao erário por atos de improbidade administrativa (art. 37, § 5º, da CF)." (AgRg no AREsp 76.985/MS, Rel. Min. Cesar Asfor Rocha, Segunda Turma, julgado em 3.5.2012, DJe 18.5.2012; AgRg no AREsp 25.522/MG, Rel. Min. Castro Meira, Segunda Turma, julgado em 13.3.2012, DJe 28.3.2012; AgRg no AREsp 33.943/RN, Rel. Min. Humberto Martins, Segunda Turma, julgado em 6.10.2011, DJe 14.10.2011).

[...]

Agravo regimental improvido.[102]

Processual e Administrativo. Dano ao erário. Imprescritibilidade. Súmula 126/STJ.

1. Incide a Súmula 126/STJ, ante a não interposição de recurso extraordinário contra acórdão fundado em matéria constitucional.

2. É imprescritível a Ação Civil Pública que visa o ressarcimento ao erário, nos termos do artigo 37, § 5º, da CF e da jurisprudência desta Corte. Precedentes.

3. Agravo regimental não provido.[103]

Agravo Regimental no Agravo em Recurso Especial. Ação Civil Pública. Ressarcimento ao erário. Improbidade administrativa. Legitimidade do Ministério Público. Imprescritibilidade. Precedentes.

– O Ministério Público tem legitimidade ad causam para a propositura de ação civil pública objetivando o ressarcimento de danos ao erário, decorrentes de atos de improbidade.

---

[101] Agravo Regimental no Recurso Especial 1.138.564/MG, Rel. Ministro Benedito Gonçalves, Primeira Turma, julgado em 16.12.2010, DJe 2.2.2011.

[102] Agravo Regimental no Agravo no Recurso Especial 155.254/SP, Rel. Min. Humberto Martins, Segunda Turma, julgado em 6.9.2012, DJe 17.9.2012.

[103] Agravo Regimental no Agravo no Recurso Especial 25.522/MG, Rel. Min. Castro Meira, Segunda Turma, julgado em 13.3.2012, DJe 28.3.2012.

Anexo · JURISPRUDÊNCIA DO STJ SOBRE PROCESSOS COLETIVOS

– É imprescritível a ação civil pública de ressarcimento de danos causados ao erário por atos de improbidade administrativa (art. 37, § 5º, da CF). Precedentes.

Agravo regimental improvido.[104]

Processo Civil. Recurso Especial. Ação Civil Pública. Improbidade administrativa. Pedido de ressarcimento ao erário. Imprescritibilidade. Precedentes. Agravo regimental a que se nega provimento.[105]

Processual Civil. Ação Civil Pública. Ato de Improbidade. Ação prescrita quanto aos pedidos condenatórios (Art. 23, II, da Lei n.º 8.429/92). Prosseguimento da demanda quanto ao pleito ressarcitório. Imprescritibilidade.

1. O ressarcimento do dano ao erário, posto imprescritível, deve ser tutelado quando veiculada referida pretensão na inicial da demanda, nos próprios autos da ação de improbidade administrativa ainda que considerado prescrito o pedido relativo às demais sanções previstas na Lei de Improbidade.

2. O Ministério Público ostenta legitimidade *ad causam* para a propositura de ação civil pública objetivando o ressarcimento de danos ao erário, decorrentes de atos de improbidade, ainda que praticados antes da vigência da Constituição Federal de 1988, em razão das disposições encartadas na Lei 7.347/85. Precedentes do STJ: REsp 839650/MG, Segunda Turma, *DJe* 27.11.2008; REsp 226.912/MG, Sexta Turma, *DJ* 12.5.2003; REsp 886.524/SP, Segunda Turma, *DJ* 13.11.2007; REsp 151811/MG, Segunda Turma, *DJ* 12.2.2001.

3. A aplicação das sanções previstas no art. 12 e incisos da Lei 8.429/92 se submetem ao prazo prescricional de 05 (cinco) anos, exceto a reparação do dano ao erário, em razão da imprescritibilidade da pretensão ressarcitória (art. 37, § 5º, da Constituição Federal de 1988). Precedentes do STJ: AgRg no REsp 1038103/SP, Segunda Turma, *DJ* de 4.5.2009; REsp 1067561/AM, Segunda Turma, *DJ* de 27.2.2009; REsp 801846/AM, Primeira Turma, *DJ* de 12.2.2009; REsp 902.166/SP, Segunda Turma, *DJ* de 4.5.2009; e REsp 1107833/SP, Segunda Turma, *DJ* de 18.9.2009.

4. Consectariamente, uma vez autorizada a cumulação de pedidos condenatório e ressarcitório em sede de ação por improbidade administrativa, a rejeição de um dos pedidos, *in casu*, o condenatório, porquanto considerada prescrita a demanda (art. 23, I, da Lei n.º 8.429/92), não obsta o prosseguimento da demanda quanto ao pedido ressarcitório em razão de sua imprescritibilidade.

5. Recurso especial do Ministério Público Federal provido para determinar o prosseguimento da ação civil pública por ato de improbidade no que se refere ao pleito de ressarcimento de danos ao erário, posto imprescritível.[106]

4.3 Imprescritibilidade da pretensão, nos casos de nulidade do ato administrativo, por falta de licitação, e de danos ao meio ambiente

Processual Civil e Administrativo. Agravo Interno. Atos Administrativos Nulos. Decretação de Nulidade em face da CF/88. Ausência De Prescrição.

---

[104] Agravo Regimental no Agravo no Recurso Especial 76.985/MS, Rel. Min. Cesar Asfor Rocha, Segunda Turma, julgado em 3.5.2012, *DJe* 18.5.2012.

[105] Agravo Regimental no Agravo de Instrumento 1.214.232/MG, Rel. Min. Teori Albino Zavascki, Primeira Turma, julgado em 22.3.2011, *DJe* 28.3.2011.

[106] Recurso Especial 1.089.492/RO, Rel. Min. Luiz Fux, Primeira Turma, julgado em 4.11.2010, *DJe* 18.11.2010.

1. É inquestionável que o objeto da ação, além da condenação ao pagamento à União dos prejuízos patrimoniais e morais sofridos, é a declaração de nulidade da concessão de serviço público de transporte coletivo de passageiros, bem como dos correlatos contratos firmados entre o Estado de Goiás e a recorrente, com a nulificação da regularização efetuada pelo DNER, em 29.12.1989.

2. A jurisprudência do STJ já reconheceu a imprescritibilidade das ações que visam à declaração de nulidade de ato por falta de licitação, razão pela qual deve subsistir o acórdão impugnado ao afastar a prescrição da pretensão do Ministério Público, autor da ação e ora agravado. Precedentes.

[...]

5. Nessa linha, muito embora a corte de origem tenha acolhido a imprescritibilidade da pretensão autoral por entender existente a má-fé e, por esse motivo, inaplicável o artigo 54 da Lei nº 9.784/1999, este Tribunal não está impedido de afastar a base jurídica do aresto impugnado e aplicar o direito à espécie, reconhecendo a imprescritibilidade da pretensão em razão de esta consistir na declaração de nulidade da concessão de serviço público de transporte coletivo de passageiros, bem como dos correlatos contratos firmados entre o Estado de Goiás e a recorrente, bem assim na nulificação da regularização efetuada pelo DNER, em 29.12.1989.

[...]

7. Nesse mesmo precedente, não obstante alguns entendimentos jurisprudenciais e doutrinários sobre a imprescritibilidade da pretensão de se atacar ato inquinado de vício de inconstitucionalidade em ação civil pública em que se pede ou se deixa de pedir ressarcimento ao erário, fato é que o mesmo órgão fracionário concluiu que a nulidade se perpetua durante toda a vigência do contrato e "somente cessa por ocasião do término da vigência contratual", razão pela qual "o termo inicial da prescrição de nulidade do referido ato ocorre com o encerramento do último contrato".

8. No caso dos autos, ainda que se acolha como prescritível o ato administrativo, o tempo contratual ainda não havia encerrado-se quando foi ajuizada a ação (2000).

9. Agravo regimental não provido.[107]

Processual Civil. Ação Civil Pública. Reparação de dano ambiental. Imprescritibilidade. Violação do art. 535 do CPC. Não ocorrência. Divergência jurisprudencial não demonstrada. Análise de matéria de ordem pública por esta corte sem prequestionamento. Impossibilidade. Precedentes.

1. O acórdão recorrido, que julgou o agravo de instrumento do recorrente, tratou exclusivamente da prescrição. Mesmo questões de ordem pública (legitimidade passiva) não podem ser analisadas em Recurso Especial se ausente o requisito do prequestionamento. Precedentes do STJ.

[...]

3. O Tribunal *a quo* entendeu que: "Não se pode aplicar entendimento adotado em ação de direitos patrimoniais em ação que visa à proteção do meio ambiente, cujos efeitos danosos se perpetuam no tempo, atingindo às gerações presentes e futuras." Esta Corte tem entendimento no mesmo sentido, de que, tratando-se de direito difuso – proteção ao meio ambiente –, a ação de reparação é imprescritível. Precedentes.

Agravo regimental improvido.[108]

---

[107] Agravo Regimental no Agravo no Recurso Especial 91.443/GO, Rel. Min. Mauro Campbell Marques, Segunda Turma, julgado em 2.8.2012, *DJe* 9.8.2012.

[108] Agravo Regimental no Recurso Especial 1.150.479/RS, Rel. Min. Humberto Martins, Segunda Turma, julgado em 4.10.2011, *DJe* 14.10.2011.

Anexo · JURISPRUDÊNCIA DO STJ SOBRE PROCESSOS COLETIVOS

Administrativo e Processo Civil – Direito Ambiental – Ação Civil Pública – Competência da justiça federal – Imprescritibilidade da reparação do dano ambiental – Pedido genérico – Arbitramento do *quantum debeatur* na sentença: revisão, possibilidade – Súmulas 284/STF e 7/STJ.

1. É da competência da Justiça Federal o processo e julgamento de Ação Civil Pública visando indenizar a comunidade indígena Ashaninka-Kampa do rio Amônia.

2. Segundo a jurisprudência do STJ e STF trata-se de competência territorial e funcional, eis que o dano ambiental não integra apenas o foro estadual da Comarca local, sendo bem mais abrangente espraiando-se por todo o território do Estado, dentro da esfera de competência do Juiz Federal.

[...]

5. Tratando-se de direito difuso, a reparação civil assume grande amplitude, com profundas implicações na espécie de responsabilidade do degradador que é objetiva, fundada no simples risco ou no simples fato da atividade danosa, independentemente da culpa do agente causador do dano.

6. O direito ao pedido de reparação de danos ambientais, dentro da logicidade hermenêutica, está protegido pelo manto da imprescritibilidade, por se tratar de direito inerente à vida, fundamental e essencial à afirmação dos povos, independentemente de não estar expresso em texto legal.

7. Em matéria de prescrição cumpre distinguir qual o bem jurídico tutelado: se eminentemente privado seguem-se os prazos normais das ações indenizatórias; se o bem jurídico é indisponível, fundamental, antecedendo a todos os demais direitos, pois sem ele não há vida, nem saúde, nem trabalho, nem lazer, considera-se imprescritível o direito à reparação.

8. O dano ambiental inclui-se dentre os direitos indisponíveis e como tal está dentre os poucos acobertados pelo manto da imprescritibilidade a ação que visa reparar o dano ambiental.

[...]

11. Recurso especial parcialmente conhecido e não provido.[109]

Recurso Especial. Ação Civil Pública. Poluição ambiental. Empresas mineradoras. Carvão mineral. Estado de Santa Catarina. Reparação. Responsabilidade do estado por omissão. Responsabilidade solidária. Responsabilidade subsidiária.

[...]

7. A ação de reparação/recuperação ambiental é imprescritível.[110]

4.4 Prazo prescricional para o ajuizamento da execução

Processual Civil e Administrativo. Agravo regimental contra decisão que negou seguimento ao recurso especial. Servidor público. Reajuste de 28,86%. Ação civil pública movida contra a união. Legitimidade do IBGE para figurar no polo passivo da execução. Prescrição. Termo inicial. Súmula 150 do STF. Agravo regimental desprovido.

---

[109] Recurso Especial 1.120.117/AC, Rel. Min. Eliana Calmon, Segunda Turma, julgado em 10.11.2009, *DJe* 19.11.2009.

[110] Recurso Especial 647.493/SC, Rel. Min. João Otávio De Noronha, Segunda Turma, julgado em 22.5.2007, *DJ* 22.10.2007.

CÓDIGO BRASILEIRO DE DEFESA DO CONSUMIDOR

1. O Instituto Brasileiro de Geografia e Estatística – IBGE, não obstante possua personalidade jurídica própria, possui legitimidade para figurar no polo passivo de execução de sentença proferida em ação civil pública movida contra a União, na qual restou reconhecido o direito de servidores públicos federais residentes no Estado do Rio Grande do Sul ao reajuste de 28,86% de que tratam as Leis 8.622/93 e 8.627/93 (REsp. 961.337/RS, Rel. Min. Arnaldo Esteves Lima, *DJe* 3.8.2009).

2. A Ação Executiva contra a Fazenda Pública prescreve no prazo de cinco anos, contados a partir do trânsito em julgado da sentença condenatória. Precedentes do STJ.

3. Agravo Regimental desprovido.[111]

Processo Civil. Agravo. Agravo em Recurso Especial. Execução individual de sentença proferida em Ação Civil Pública. Prazo prescricional. Cinco anos.

[...]

– O prazo quinquenal estabelecido na Lei nº 4.717/65 (Lei da Ação Popular) aplica-se à ação civil pública e também à respectiva execução (Súmula nº 150/STF).

[...] A regra abstrata de direito que fixa o prazo de prescrição, adotada na fase de conhecimento, em desconformidade com a jurisprudência atual do STJ, não faz coisa julgada para reger o prazo da prescrição da execução.

– Agravo não provido.[112]

4.5   Aplicação da Súmula 150 do STF

Recurso especial. Ação civil pública. Plano de saúde. Cirurgia de catarata. Falta de cobertura de lentes intraoculares. Contratos antigos e não adaptados. Abusividade. Dano moral coletivo. Não ocorrência. Conduta razoável. Entendimento jurídico da época da Contratação. Tecnologia médica e técnicas de interpretação de Normas. Evolução. Omissão da ANS. Não configuração. Pretensão de reembolso dos usuários. Prescrição. Demanda coletiva. Prazo quinquenal. Ressarcimento ao SUS. Afastamento. Observância de diretrizes governamentais.

[...]

1. Cinge-se a controvérsia a saber se o reconhecimento, em ação civil pública, da abusividade de cláusula de plano de saúde que afastava a cobertura de próteses (lentes intraoculares) ligadas à cirurgia de catarata (facectomia) em contratos anteriores à edição da Lei nº 9.656/1998 enseja também a condenação por dano moral coletivo.

[...]

6. Na falta de dispositivo legal específico para a ação civil pública, aplica-se, por analogia, o prazo de prescrição da ação popular, que é o quinquenal (art. 21 da Lei nº 4.717/1965), adotando-se também tal lapso na respectiva execução, a teor da Súmula nº 150/STF. A lacuna da Lei nº 7.347/1985 é melhor suprida com a aplicação de outra legislação também integrante do microssistema de proteção dos interesses transindividuais, como os coletivos e difusos, a afastar os prazos do Código Civil, mesmo na tutela de direitos individuais homogêneos (pretensão de

---

[111]   Agravo Regimental no Recurso Especial 1.019.790/RS, Rel. Min. Napoleão Nunes Maia Filho, Quinta Turma, julgado em 22.6.2010, *DJe* 9.8.2010.

[112]   Agravo Regimental no Agravo no Recurso Especial 93.945/PR, Rel. Min. Nancy Andrighi, Terceira Turma, julgado em 22.5.2012, *DJe* 28.5.2012.

Anexo · JURISPRUDÊNCIA DO STJ SOBRE PROCESSOS COLETIVOS

reembolso dos usuários de plano de saúde que foram obrigados a custear lentes intraoculares para a realização de cirurgias de catarata). Precedentes.[113]

Agravo no Recurso Especial. Agravo regimental. Execução individual de sentença proferida em Ação Civil Pública. Prescrição.

1. A Segunda Seção deste Tribunal pacificou o entendimento de que o prazo para o ajuizamento da ação civil pública é de 5 anos, nos termos do disposto no art. 21 da Lei nº 4.717/65 (Lei da Ação Popular).

2. Seguindo essa linha de entendimento, bem como a orientação da Súmula 150 do Supremo Tribunal Federal, as Turmas que compõem a Segunda Seção desta Corte adotam o entendimento de que o mesmo prazo prescricional, de 5 (cinco) anos, deve ser aplicado para o ajuizamento da execução individual da Sentença proferida em Ação Civil Pública, mesmo na hipótese em que, na ação de conhecimento, já transitada em julgado, tenha sido reconhecida a prescrição vintenária.

[...]

4. Agravo Regimental improvido.[114]

Ação Civil Pública. Embargos de Declaração recebidos como Agravo Regimental. Reconhecimento de repercussão geral. Suspensão do feito. Desnecessidade. Prescrição. Matéria de ordem pública. Não ocorrência de preclusão. Sentença proferida em ação coletiva. Prescrição quinquenal da pretensão executiva. Ofensa à coisa julgada. Inexistência.

[...]

3. É assente na jurisprudência pacificada desta eg. Corte que a prescrição, por se tratar de questão de ordem pública, pode ser suscitada em qualquer grau de jurisdição, não estando sujeita à preclusão.

4. Perfilhando a orientação traçada pela Segunda Seção no julgamento do Recurso Especial nº 1.070.896/SC, Relator o em. Ministro Luis Felipe Salomão, *DJe* de 4.8.2010, no qual ficou assentada a tese de que é quinquenal o prazo prescricional para o ajuizamento de ação civil pública, precedentes desta Corte consolidaram a compreensão de que o mesmo prazo prescricional de cinco anos deve ser aplicado em relação à execução individual da sentença proferida na ação coletiva.

5. "Não há falar em ofensa à coisa julgada formada no processo de conhecimento, porque a prescrição que ora se reconhece é superveniente à sentença coletiva transitada em julgado, com base na interpretação do direito federal hoje consolidado pelo Superior Tribunal de Justiça, na linha da qual o prazo para prescrição da ação coletiva é diverso daquele prazo que se aplica às ações individuais" (REsp 1.283.273/PR, Quarta Turma, Rel. Min. Isabel Gallotti, *DJe* de 1º.2.2012).

6. Agravo regimental não provido.[115]

4.6 Comentários dos autores

Em primeiro lugar, cumpre lembrar a distinção entre os direitos passíveis de tutela pela via coletiva: de um lado, tem-se os direitos difusos e coletivos; do outro, os indi-

---

[113] REsp 1.473.846/SP, Ricardo Villas Bôas Cueva, Terceira Turma, julgamento em 21.2.2017, *DJe* de 24.2.2017.

[114] Agravo Regimental no Agravo no Recurso Especial 113.967/PR, Rel. Min. Sidnei Beneti, Terceira Turma, julgado em 19.6.2012, *DJe* 22.6.2012.

[115] Embargos de Declaração no Agravo no Recurso Especial 99.533/PR, Rel. Min. Raul Araújo, Quarta Turma, julgado em 19.6.2012, *DJe* 29.6.2012.

1083

viduais homogêneos. Os direitos do primeiro grupo têm na coletividade o seu titular; enquanto os segundos, de titularidade individual, são tuteláveis coletivamente, sendo natural que a decisão a ser imposta às lides submetidas a essa condição seja idêntica para todos aqueles que se encontrem na mesma situação.

A jurisprudência do Superior Tribunal de Justiça tem, reiteradamente, afirmado que, por analogia (vide ementas constantes do item 4.1), deve-se aplicar à pretensão de direito material deduzível em ação civil pública o prazo prescricional estatuído para o caso da ação popular, nos termos do art. 21 da Lei nº 4.717/65[116-117]. Ainda com esteio nesse raciocínio, e por incidência da orientação fixada pela Súmula 150 do Supremo Tribunal Federal, o prazo quinquenal também será aplicado à pretensão executiva, tendo em vista que "Prescreve a execução no mesmo prazo de prescrição da ação", sendo oportuno salientar que o que prescreve não é a ação, mas a pretensão de direito material.

É verdadeira, também, a existência de pronunciamentos que relativizam a compreensão acima. Referimo-nos a acórdãos em matéria de improbidade administrativa, reparação do erário, nulidade do ato administrativo, por falta de licitação, e proteção ao meio ambiente, consoante os quais não há de se aplicar a regra popular, tal como redigida em seu art. 21.

O posicionamento assentado pela Corte rende ensejo a debates que podem culminar na necessidade de revisitação do tema, no mínimo em relação à aplicação genérica da Lei da Ação Popular. Isso porque a pluralidade de conflitos a merecerem a tutela coletiva não deve se circunscrever a um estuário comum.

Por isso, é imprescindível que se proceda ao exame do conflito posto à avaliação judicial pela via da ação civil pública, para que, uma vez definida a qualificação jurídica da lide, possa se chegar ao prazo prescricional adequado. Ou seja, constituindo a prescrição a perda do direito ao exercício da pretensão, o lapso prescricional a incidir na espécie estará – ou deverá estar – associado ao direito material cujo reconhecimento se requesta em juízo.

---

[116] Esta é, ainda, a jurisprudência verificada no âmbito do STJ: "Processual civil. Agravo regimental no recurso especial. Execução individual de sentença proferida em ação coletiva. Prescrição quinquenal. Art. 543-C do CPC/1973. Interrupção. Edital. Ausência de prequestionamento. Inovação recursal. Honorários excessivos. Não ocorrência. Decisão mantida. 1. **A Segunda Seção do STJ, no julgamento do REsp n. 1.273.643/ PR (Relator Ministro Sidnei Beneti, julgado em 27.02.2013, *DJe* 04.04.2013), submetido ao rito dos recursos repetitivos, consolidou entendimento segundo o qual, 'no âmbito do direito privado, é de cinco anos o prazo prescricional para o cumprimento de sentença proferida em ação civil pública'.** [...] 4. Agravo regimental a que se nega provimento" (AgRg no REsp 1.283.922/PR, Rel. Ministro Antonio Carlos Ferreira, Quarta Turma, julgado em 28.11.2017, *DJe* 5.12.2017) – grifos acrescidos.

[117] No mesmo sentido da nota acima: "Processual civil. Administrativo. Ação civil pública. Prescrição. Art. 23 da Lei 8.429/1992. Falta de prequestionamento. Súmula 282/STF. Reexame do contexto fático-probatório. Súmula 7/STJ. Lei Estadual 427/1981. Súmula 280/STF. [...] 5. Ressalte-se que o STJ possui jurisprudência segundo a qual, 'à míngua de previsão do prazo prescricional para a propositura da Ação Civil Pública, inafastável a incidência da analogia legis, recomendando o prazo quinquenal para a prescrição das Ações Civis Públicas, tal como ocorre com a prescritibilidade da Ação Popular, porquanto *ubi eadem ratio ibi eadem legis dispositivo*' (REsp 909.446/RN, Rel. Ministro Luiz Fux, Primeira Turma, *DJe* 22.4.2010). [...] 7. Recurso Especial não provido" (REsp 1.660.385/RJ, Rel. Ministro Herman Benjamin, Segunda Turma, julgado em 5.10.2017, *DJe* 16.10.2017).

Dessa forma, o prazo prescricional a ser aplicado à via coletiva não deve estar imperiosamente vinculado àquele estabelecido pelo art. 21 da Lei nº 4.717/65. Ademais, é de sublinhar que a ação popular é sempre punitiva. Para o direito sancionador, justifica-se prazo menor para a propositura da medida judicial, o que também reforça a tese acima referida, segundo a qual os prazos aplicáveis às pretensões civil e popular não estão finalisticamente relacionados, a ponto de justificar aplicação analógica.

No que se prende à proteção de direitos individuais homogêneos, o posicionamento não convém seja o mesmo (aplicação analógica da regra popular às pretensões deduzíveis em ação civil pública), sob pena de se comprometer o acesso efetivo à proteção judicial coletiva.

Tomemos a exemplo que determinada pretensão pudesse ser formalizada em Juízo, *individualmente*, até o prazo de 10 anos, a teor da legislação civil de regência. Ora, o entendimento sufragado pelo Superior Tribunal – aplicação do prazo prescricional estatuído para a pretensão popular, que é de 5 anos[118] – implica reconhecer o *esgotamento antecipado* do acesso à via coletiva em relação à individual, ou seja, o titular do direito em tela estaria jungido ao decurso de dois prazos prescricionais: um para manifestar a pretensão individual (maior); outro, para a ação coletiva (encurtado pela aplicação da Lei da Ação Popular), o que infirma os fundamentos e, sobretudo, o alcance da proteção judicial coletiva. A interpretação prestigiada pela Corte Superior é detrimentosa do processo coletivo.

Em outras palavras: a via coletiva tornar-se-ia inadmissível, quando ainda possível a formalização da pretensão individual. O acórdão lavrado para o Recurso Especial 1.275.215/RS, de que Relator o Ministro Luis Felipe Salomão (*DJe* 1.º.2.2012), retrata bem a compreensão firmada pelo Tribunal: "A ocorrência da prescrição nas ações de cobrança da diferença de remuneração nos saldos das poupanças atingidos pelos expurgos deflagrados com a implementação dos Planos Econômicos, é perquirida com base na data do ajuizamento da ação: *se ordinária, o prazo de vinte anos é computado a partir dos respectivos pagamentos a menor das correções monetárias em razão dos planos econômicos;* **se pretensão executiva decorrente de sentença coletiva, contam-se cinco anos a partir do trânsito em julgado da sentença coletiva.**" (REsp 1.275.215/RS, Rel. Min. Luis Felipe Salomão, Quarta Turma, *DJe* 1º.2.2012). – grifos acrescidos.

Ao que soa possível compreender, o Superior Tribunal, neste aspecto – e, registramos, negando a existência da autonomia científica do processo coletivo –, desenvolveu trabalho interpretativo de caráter restritivo à utilização das ações coletivas, negando, outrossim, a vocação natural que elas possuem de *substitutivas das ações individuais e os próprios benefícios judiciais – em especial a celeridade e a economia processuais – que poderiam emergir com o julgamento coletivizado da lide.*

A propósito do assunto, a coautora deste trabalho já teve oportunidade de se manifestar: "Cumpre, a propósito da prescrição, fazer referência à posição do STJ, decidindo pela prescrição em cinco anos de ACP para a tutela de direitos individuais homogêneos [...]. Em nosso entender, embora a ação popular possa servir para a tutela de certos direitos

---

[118] Nesse sentido: "**O prazo quinquenal estabelecido na Lei nº 4.717/65 (Lei da Ação Popular) aplica-se à ação civil pública e também à respectiva execução (Súmula nº 150/STF). Precedentes.**" (Recurso Especial 1.283.273/PR, Quarta Turma, Rel. Min. Isabel Gallotti, *DJe* de 1º.2.2012).

difusos, como os ligados ao meio ambiente (em sentido lato), em relação à prescrição não se pode aplicar a analogia entre a LAP e a LACP, pois as duas leis tratam de situações distintas: a ação popular visa a anular ato da administração, prevendo sanções para as autoridades responsáveis, o que não ocorre com a Ação Civil Pública. Razoável, portanto, um prazo menor de prescrição (*rectius*, de preclusão) para a ação popular, por se tratar de lei que visa a nulificar ato da administração. Mas à pretensão (de direito material) relativa a direitos individuais homogêneos deve aplicar-se o prazo prescricional vintenário previsto no art. 177 do CC [de 1916], até porque não se pode falar em 'prescrição da ação'. O que prescreve, ou não, é o direito material. Acresce anotar que, segundo a moderna teoria processual, a ação 'processual' (usando a terminologia de Pontes de Miranda, que se diferencia da ação de direito material) é imprescritível. A ação é o direito de provocar a atividade jurisdicional do Estado e semelhante direito não pode estar sujeito à prescrição, pois é o direito de acesso à justiça, constitucionalmente assegurado no art. 5.º, XXXV, da CF. O que prescreve é o direito material ou a pretensão material a ele ligada, que é o bem jurídico cuja tutela jurisdicional é postulada na ação"[119].

Note-se, também, por necessário, que o prazo prescricional estabelecido para a via popular não repele a possibilidade de qualquer legitimado a buscar, por acessos alternativos, a tutela jurisdicional. É o que salienta Luís Paulo Aliende Ribeiro, ao pontuar que: "[...] findo o prazo quinquenal, perece o direito do autor popular para a utilização desta ação constitucional, *o que não obsta a que outras medidas judiciais protetivas de direitos transindividuais possam ser adotadas depois do prazo de cinco anos*, nem impede, até a ocorrência da prescrição correspondente, o manejo, pelo ente do direito lesado ou por outro legalmente legitimado, de outros meios e ações para a defesa do patrimônio público e o ressarcimento do erário"[120] (grifos acrescentados).

Entendemos que prazos extintivos do direito de propor ação de natureza especial devem ser estabelecidos pelo legislador, caso a caso, não podendo ser aplicado analogicamente o prazo previsto numa ação para outra, por mais assemelhadas que possam parecer, pois, sendo limitador de um direito, mormente do direito de ação, que, em princípio, não deve estar sujeito a nenhum prazo extintivo, está submetido ao princípio de interpretação restritiva.

A questão agrava-se quando a ação coletiva, no caso concreto, destina-se à tutela de interesses individuais homogêneos, não tendo, consequentemente, a similitude afirmada pelo Superior Tribunal de Justiça, em diversos julgados seus. Isso porque, "enquanto na ação popular o que se objetiva é a tutela de interesses difusos, que são transindividuais de natureza indivisível, na ação coletiva relativa a interesses individuais homogêneos, o que se busca é a tutela coletiva de interesses ontologicamente individuais e divisíveis, sendo coletiva apenas a sua forma de tutela jurisdicional. E mesmo que existisse alguma similitude, como já anotado, normas restritivas de direitos devem ser expressamente criadas pelo legislador, sendo de todo inadmissível sua aplicação por analogia"[121].

---

[119] GRINOVER, Ada Pellegrini; WATANABE, Kazuo; NERY JR., Nelson. *Código brasileiro de defesa do consumidor*: comentado pelos autores do anteprojeto. 12. ed. Rio de Janeiro: Forense, 2018, p. 972.

[120] RIBEIRO, Luís Paulo Aliende. *Comentários à Lei de Ação Civil Pública e Lei de Ação Popular*, Coord. Susana Henriques da Costa, Quartier Latin, 2006, p 308-310.

[121] GRINOVER, Ada Pellegrini; WATANABE, Kazuo; NERY JR., Nelson. *Código brasileiro de defesa do consumidor*: comentado pelos autores do anteprojeto. 12. ed. Rio de Janeiro: Forense, 2018, p. 973.

Anexo • JURISPRUDÊNCIA DO STJ SOBRE PROCESSOS COLETIVOS

Contraditoriamente à aplicação analógica do art. 21 da Lei da Ação Popular às ações civis públicas, o Superior Tribunal de Justiça, remontando à natureza do direito material, por se tratar de direito inerente à vida, entendeu que, nas ações coletivas alusivas ao meio ambiente, aplica-se o critério da imprescritibilidade (vide subseção 4.3), que estendeu, também, às ações em que se busca o ressarcimento do erário (vide acórdãos agrupados na subseção 4.2). Quanto às ações de ressarcimento do erário, o STJ passou a estabelecer, mais recentemente, diferenças de tratamento a partir da natureza do ilícito, tal como será analisado linhas adiante.

Há de ser comentado, ainda, o posicionamento cristalizado pelo Tribunal Superior, quanto à aplicabilidade da orientação fixada pela Súmula 150 do STF, no que tange à prescrição da via executiva. Parece-nos que a incidência da citada súmula milita em evidente detrimento da atuação do processo coletivo, apenando mais uma vez os jurisdicionados que dele se valem. Vejamos: se a ação submetida a procedimento comum ou especial (não coletivo) pode ser ajuizada em 20 anos; a teor do referido precedente sumular, a execução, quanto ao prazo, seguiria idêntica regra. No entanto, se se opta pela via coletiva, para além de a ação de conhecimento estar submetida a prazo substancialmente menor, assim também ocorrerá com a correlata execução.

Note-se que o Tribunal, em decisões mais recentes, voltou a afirmar que a prescrição da pretensão executória, após a condenação genérica para a proteção de direitos individuais homogêneos, conta-se a partir do trânsito em julgado da sentença condenatória (cujo conhecimento pelos beneficiários não está previsto no CDC).

A Primeira Seção do Superior Tribunal de Justiça, ao julgar o Recurso Especial 1.388.000/PR em 26.8.2015, pelo regime do art. 543-C do CPC (corresponde ao art. 1.036 do NCPC), firmou, por maioria (vencidos os Min. Napoleão Nunes Maia Filho, relator, e Herman Benjamin), compreensão segundo a qual referido prazo deve ser contado do trânsito em julgado da sentença, sendo desnecessária a providência de que trata o art. 94 da Lei n.º 8.078/90.

Entre as ponderações tecidas pela relatoria originária, salientou-se que o decurso do prazo prescricional, no caso, deveria ter início somente após a publicação de comunicações aos filiados da respectiva entidade promovente, não se tomando, portanto, a data do trânsito em julgado da condenação como termo inicial do prazo, sob pena de se dificultar a efetividade da decisão condenatória coletiva.

Consignou, também, o Ministro Relator que: "A ampla divulgação da decisão prevista no art. 94 do Código de Defesa do Consumidor – CDC diz respeito à fase de conhecimento da ação coletiva, visando a permitir a quem tiver interesse na demanda, integrá-la como litisconsorte. O art. 96 do CDC, que previa a publicação de edital para a divulgação da sentença de condenação genérica aos interessados, foi vetado porque fazia remissão errônea ao art. 93, quando deveria ter sido ao art. 94. Assim, é possível concluir ser essa a intenção do legislador, tanto que fez constar essa disposição originariamente e a razão do veto diz respeito apenas ao citado erro material, aliás objetivamente irrelevante. Neste caso, ademais, há especificidade notável que não se deve perder de vista, qual seja, o caráter social que se busca tutelar com as ações coletivas, sendo certo que sem a ampla divulgação da condenação nelas obtida em favor das pessoas vinculadas à entidade promovente, não há como satisfazer o interesse de todos os indivíduos lesados, frustrando a

1087

CÓDIGO BRASILEIRO DE DEFESA DO CONSUMIDOR

utilidade do provimento obtido por meio da ação coletiva, cujo propósito é o de beneficiar o máximo de indivíduos".

A Primeira Seção, contudo, entendeu, por maioria, que ausência de previsão normativa específica não autorizaria a fixação do prazo prescricional a partir do cumprimento da providência estabelecida pelo art. 94 da Lei nº 8.078/90. Dessa forma, a ementa do citado Recurso Especial (repetitivo) n. 1.388.000/PR (Rel. Ministro Napoleão Nunes Maia Filho, Rel. p/ Acórdão Ministro Og Fernandes, Primeira Seção, julgado em 26.8.2015, *DJe* 12.4.2016) ficou assim redigida:

> Administrativo e processual civil. Recurso especial representativo de controvérsia. Ação civil pública. Início da fluência do prazo prescricional da execução singular. Início. Trânsito em julgado da sentença proferida na demanda coletiva. Desnecessidade da providência de que trata o art. 94 do CDC. Tese firmada sob o rito do art. 543-C do CPC. Prescrição reconhecida no caso concreto.
>
> 1. Não ocorre contrariedade ao art. 535, II, do CPC, quando o Tribunal de origem decide fundamentadamente todas as questões postas ao seu exame, assim como não há que se confundir entre julgado contrário aos interesses da parte e inexistência de prestação jurisdicional.
>
> 2. O Ministério Público do Estado do Paraná ajuizou ação civil pública ao propósito de assegurar a revisão de pensões por morte em favor de pessoas hipossuficientes, saindo-se vencedor na demanda. Após a divulgação da sentença na mídia, em 13.4.2010, Elsa Pipino Maciel promoveu ação de execução contra o Estado.
>
> 3. O acórdão recorrido declarou prescrita a execução individual da sentença coletiva, proposta em maio de 2010, assentando que o termo inicial do prazo de prescrição de 5 (cinco) anos seria a data da publicação dos editais em 10 e 11 de abril de 2002, a fim de viabilizar a habilitação dos interessados no procedimento executivo.
>
> 4. A exequente alega a existência de contrariedade ao art. 94 do Código de Defesa do Consumidor, ao argumento de que o marco inicial da prescrição deve ser contado a partir da publicidade efetiva da sentença, sob pena de tornar inócua a finalidade da ação civil pública.
>
> 5. Também o Ministério Público Estadual assevera a necessidade de aplicação do art. 94 do CDC ao caso, ressaltando que o instrumento para se dar amplo conhecimento da decisão coletiva não é o *Diário Oficial* – como estabelecido pelo Tribunal paranaense –, mas a divulgação pelos meios de comunicação de massa.
>
> 6. O art. 94 do Código de Defesa do Consumidor disciplina a hipótese de divulgação da notícia da propositura da ação coletiva, para que eventuais interessados possam intervir no processo ou acompanhar seu trâmite, nada estabelecendo, porém, quanto à divulgação do resultado do julgamento. Logo, a invocação do dispositivo em tela não tem pertinência com a definição do início do prazo prescricional para o ajuizamento da execução singular.
>
> 7. Note-se, ainda, que o art. 96 do CDC – cujo teor original era "Transitada em julgado a sentença condenatória, será publicado edital, observado o disposto no art. 93" – foi objeto de veto pela Presidência da República, o que torna infrutífero o esforço de interpretação analógica realizado pela Corte estadual, ante a impossibilidade de o Poder Judiciário, qual legislador ordinário, derrubar o veto presidencial ou, eventualmente, corrigir erro formal porventura existente na norma.
>
> 8. Em que pese o caráter social que se busca tutelar nas ações coletivas, não se afigura possível suprir a ausência de previsão legal de ampla divulgação midiática do teor da sentença, sem romper a harmonia entre os Poderes.

Anexo · JURISPRUDÊNCIA DO STJ SOBRE PROCESSOS COLETIVOS

9. Fincada a inaplicabilidade do CDC à hipótese, deve-se firmar a tese repetitiva no sentido de que o prazo prescricional para a execução individual é contado do trânsito em julgado da sentença coletiva, sendo desnecessária a providência de que trata o art. 94 da Lei n. 8.078/90.

10. Embora não tenha sido o tema repetitivo definido no REsp 1.273.643/PR, essa foi a premissa do julgamento do caso concreto naquele feito.

11. Em outros julgados do STJ, encontram-se, também, pronunciamentos na direção de que o termo *a quo* da prescrição para que se possa aforar execução individual de sentença coletiva é o trânsito em julgado, sem qualquer ressalva à necessidade de efetivar medida análoga à do art. 94 do CDC: AgRg no AgRg no REsp 1.169.126/RS, Rel. Ministro Jorge Mussi, Quinta Turma, *DJe* 11.2.2015; AgRg no REsp 1.175.018/RS, Rel. Ministro Rogério Schietti Cruz, Sexta Turma, *DJe* 1º.7.2014; AgRg no REsp 1.199.601/AP, Rel. Ministro Sérgio Kukina, Primeira Turma, *DJe* 4.2.2014; EDcl no REsp 1.313.062/PR, Rel. Ministro João Otávio de Noronha, Terceira Turma, *DJe* 5.9.2013.

12. Considerando o lapso transcorrido entre abril de 2002 (data dos editais publicados no *Diário Oficial*, dando ciência do trânsito em julgado da sentença aos interessados na execução) e maio de 2010 (data do ajuizamento do feito executivo) é imperativo reconhecer, no caso concreto, a prescrição.

13. Incidência da Súmula 83/STJ, que dispõe: "Não se conhece do recurso especial pela divergência, quando a orientação do Tribunal se firmou no mesmo sentido da decisão recorrida".

14. Recursos especiais não providos. Acórdão submetido ao regime estatuído pelo art. 543-C do CPC e Resolução STJ 8/2008.

O tema – marco inicial de contagem do prazo prescricional para o ajuizamento da execução – e a posição consolidada pelo Superior Tribunal de Justiça já haviam recebido comentários de Ada Pellegrini Grinover, assim delineados:

A sentença condenatória genérica proferida em ação civil pública é genérica por disposição legal. E não poderia ser diferente, em face do disposto no artigo 95 da Lei nº 8.078/1990.

Já tive a oportunidade de esclarecer os efeitos dessa determinação legal. A sentença é genérica, pois o pedido é genérico. Buscando comparativo no processo individual, o artigo 286, II, do Código de Processo Civil esclarece que o pedido será genérico quando não for possível determinar, de modo definitivo, as consequências do fato ou ato ilícito. A previsão assemelha-se ao artigo 95 da Lei nº 8.078/1990, pois o réu será condenado pelos danos causados – não pelos prejuízos sofridos pelas vítimas –, de forma genérica. Mas isso não impede que a sentença seja certa.

A sua certeza está na determinação da responsabilidade pela reparação dos danos atribuída ao réu.

Mas essa sentença, certa, é ilíquida. E, no caso, sua iliquidez consiste não apenas na indeterminação do *quantum debeatur*, mas também na necessidade de comprovação da existência do dano sofrido por cada vítima, ligado etiologicamente ao dano geral já reconhecido pela sentença. A prova dos prejuízos sofridos individualmente será feita em fase de liquidação com a demonstração de fatos novos.

Essa característica é própria da ação coletiva para a reparação da violação a direitos individuais homogêneos. Todavia, os direitos ali pleiteados não perdem a sua individualidade, mas são apenas aglutinados para o melhor pleito judicial.

Presentes a homogeneidade e a origem comum, será plenamente possível obter um provimento coletivo extremamente útil para o desenvolvimento das liquidações individuais, exatamente para se concretizar o efetivo acesso à justiça e a eficácia da tutela jurisdicional.

A ação coletiva para a tutela de interesses individuais homogêneos abrange a totalidade das pretensões individuais relativas aos danos "decorrentes de origem comum", devendo a sentença, em caso de procedência da ação, fixar a "responsabilidade do réu pelos danos causados" (art. 95 do CDC). Essa abrangência da sentença de procedência fica ainda mais clara no art. 97, que dispõe expressamente que "a liquidação e a execução de sentença poderão ser promovidas pela vítima e seus sucessores, assim como pelos legitimados de que trata o art. 82.

Significa isto que, não havendo expressa exclusão pela vítima ou seus sucessores por meio da propositura da ação individual, sua pretensão está contida no objeto litigioso do processo coletivo.

A respeito, comentando o art. 104 do CDC, tive a oportunidade de tecer as seguintes considerações:

"Aqui a situação é diferente da que ocorre com as ações em defesa de interesses difusos e coletivos, onde o objeto do processo (indenização ao bem indivisivelmente considerado; obrigação de fazer ou não fazer) é diferente do objeto da ação individual (indenização pelos danos pessoalmente sofridos). Agora, o que se tem é uma ação coletiva reparatória aos indivíduos pessoalmente lesados, onde o objeto mesmo do processo consiste na condenação, genérica, a indenizar as vítimas pelos danos ocasionados. O pedido da ação coletiva contém os pedidos individuais, formulados nas distintas ações reparatórias, no que respeita ao reconhecimento do dever de indenizar. (...) Talvez se possa falar, na espécie, de uma nova hipótese de continência, a aplicar-se também aos sujeitos ativos, porquanto a parte ideológica, portadora em juízo dos direitos ou interesses individuais homogêneos, abrange todos os seus titulares. A identidade da causa de pedir é evidente. E o objeto da ação coletiva, mais amplo, abrange o das ações individuais." (*Código de Defesa do Consumidor comentado pelos Autores do Anteprojeto*, vol. II, GEN – Forense, 10. ed., nº 6, p. 214) – grifei.

A Corte Especial do Superior Tribunal de Justiça deixou corretamente assentado, na ementa do acórdão atinente aos Recursos Especiais nº 1.361.800 e nº 1.370.899, ambos oriundos da Segunda Seção e julgados pela Corte Especial, por maioria de votos:

Ação Civil Pública – Caderneta de Poupança – Planos Econômicos – Execução – Juros Moratórios a Partir da Data da Citação para a Ação Coletiva – Validade – Pretensão a Contagem Desde a Data de Cada Citação Para Cada Execução Individual – Recurso Especial Improvido.

"os dispositivos legais que visam à facilitação da defesa de direitos individuais homogêneos, propiciadas pelos instrumentos de tutela coletiva, inclusive assegurando a execução individual da condenação em Ação Coletiva, não podem ser interpretados em prejuízo da realização material desses direitos e, ainda, em detrimento individual, e contra a confiança na efetividade da Ação Civil Pública, o que levaria ao incentivo à opção pelo ajuizamento individual e pela judicialização multitudinária, que é de rigor evitar".

É induvidoso, em consequência, que a citação para a ação coletiva de natureza condenatória, constituiu em mora o Réu em relação a todas as pretensões individuais abrangidas pela ação.

Mutatis mutandis, o mesmo raciocínio aplica-se à prescrição.

Não há razão jurídica plausível para que o prazo prescricional para as liquidações comece a correr a partir da sentença condenatória genérica, considerando que a *pretensão de direito material é a mesma, tanto na fase de conhecimento (coletiva), como na fase de liquidações (individuais). Trata-se de uma unidade processual, em que a sentença condenatória genérica não é mais do que uma etapa para as futuras liquidações. Não há, portanto, como falar-se em prescrição da pretensão executória.*

Trata-se de uma única pretensão de direito material que não perde a possibilidade de ser deduzida individualmente, mas ganha em efetividade e utilidade se deduzida coletivamente. Nada disto impede a aplicação de critérios legais que permitam a plena reparação do dano, segundo as regras substanciais e processuais existentes.

Em síntese, em matéria de prescrição executiva, entendemos ser necessário um novo divisar judicial dos Tribunais Superiores de forma a se rever a aplicabilidade da orientação consolidada pela Súmula 150 do STF, pelos motivos já apontados, mas, igualmente, por se tratar de um precedente aprovado em 13 de dezembro de 1963 (tendo por fundamentos julgados proferidos em 1957), portanto, há aproximadamente 60 anos, sob ordem jurídica civil outra e quando as premissas de atuação do Judiciário se lastreavam em realidade sociojurídica diversa, na qual não se inseriam demandas de massa, com a intensidade atualmente verificada.

Note-se que, apesar dos constantes apelos evocados pela doutrina – voltados à necessidade de revisitação do tema, o STJ ainda preserva, em suas decisões mais recentes, a compreensão de que às ações civis públicas se aplica o prazo prescricional estabelecido para as populares – pelo fato de ambas as ações pertencerem ao mesmo sistema de tutelas coletivas –, assim como o posicionamento favorável à orientação fixada pelo Enunciado n. 150 da Súmula do Supremo Tribunal Federal. A nosso ver, as distinções existentes entre as ações em tela exigiriam tratamento jurisdicional diverso, atento às peculiaridades da ação civil pública e suas finalidades. Eis a ementa do acórdão (grifos acrescidos):

PROCESSO CIVIL. AGRAVO INTERNO. RAZÕES QUE NÃO ENFRENTAM O FUNDAMENTO DA DECISÃO AGRAVADA. DISSÍDIO JURISPRUDENCIAL. COTEJO ANALÍTICO E SIMILITUDE FÁTICA. AUSÊNCIA. AÇÃO CIVIL PÚBLICA. PLANO DE SAÚDE. DEMANDA COLETIVA. EXECUÇÃO INDIVIDUAL. PRAZO PRESCRICIONAL ESPECÍFICO. PRESCRIÇÃO QUINQUENAL. PRECEDENTES. NÃO PROVIMENTO.

1. As razões do agravo interno não enfrentam adequadamente o fundamento da decisão agravada.

2. Dissídio jurisprudencial não demonstrado nos moldes estabelecidos nos artigos 1.029, § 1º, do Código de Processo Civil de 2015 e 255, parágrafos 1º e 2º, do Regimento Interno do Superior Tribunal de Justiça.

3. "**Na falta de dispositivo legal específico para a ação civil pública, aplica-se, por analogia, o prazo de prescrição da ação popular, que é o quinquenal (art. 21 da Lei nº 4.717/1965), adotando-se também tal lapso na respectiva execução, a teor da Súmula nº 150/STF. A lacuna da Lei nº 7.347/1985 é melhor suprida com a aplicação de outra legislação também integrante do microssistema de proteção dos interesses transindividuais, como os coletivos e difusos, a afastar os prazos do Código Civil, mesmo na tutela de direitos individuais homogêneos (pretensão de reembolso dos usuários de plano de saúde que foram obrigados a custear lentes intraoculares para a realização de cirurgias de catarata)**". Precedentes. (REsp 1.473.846/SP, Rel. Ministro Ricardo Villas Bôas Cueva, Terceira Turma, julgado em 21/2/2017, *DJe* 24/2/2017).

4. Agravo interno a que se nega provimento[122].

PROCESSUAL CIVIL E ADMINISTRATIVO. AGRAVO INTERNO NO AGRAVO EM RECURSO ESPECIAL. AUSÊNCIA DE VIOLAÇÃO DO ART. 535, II DO CPC. AÇÃO CIVIL

---

[122] Agravo Interno no Recurso Especial 1.807.990/SP, Rel. Min. Maria Isabel Gallotti, Quarta Turma, julgado em 20.4.2020, *DJe* 24.4.2020.

PÚBLICA. ANULAÇÃO DE ATO ADMINISTRATIVO. APLICAÇÃO ANALÓGICA DO PRAZO PRESCRICIONAL QUINQUENAL, PREVISTO NO ART. 21 DA LEI 4.717/1965. MICROSSISTEMA DE TUTELA COLETIVA. ENTENDIMENTO DESTA CORTE SUPERIOR. AGRAVO INTERNO DO PRESENTANTE MINISTERIAL A QUE SE NEGA PROVIMENTO.

[...]

3. Esta Corte Superior entende que, inexistindo a previsão de prazo prescricional específico na Lei 7.347/1985, aplica-se à Ação Civil Pública, por analogia, a prescrição quinquenal instituída pelo art. 21 da Lei 4.717/1965. Julgados: AgRg no REsp. 1.504.828/PR, Rel. Min. Mauro Campbell Marques, *DJe* 23.4.2015; AgRg nos EREsp. 995.995/DF, Rel. Min. Raul Araújo, *DJe* 9.4.2015; AgRg no AREsp. 213.642/RN, Rel. Min. Benedito Gonçalves, *DJe* 24.4.2013; AgRg no REsp. 1.185.347/RS, Rel. Min. Humberto Martins, *DJe* 25.4.2012.

4. Agravo Interno do Presentante Ministerial a que se nega provimento[123].

RECURSO ESPECIAL. AÇÃO CIVIL PÚBLICA. PLANO DE SAÚDE. CIRURGIA DE CATARATA. FALTA DE COBERTURA DE LENTES INTRAOCULARES. CONTRATOS ANTIGOS E NÃO ADAPTADOS. ABUSIVIDADE. DANO MORAL COLETIVO. NÃO OCORRÊNCIA. CONDUTA RAZOÁVEL. ENTENDIMENTO JURÍDICO DA ÉPOCA DA CONTRATAÇÃO. TECNOLOGIA MÉDICA E TÉCNICAS DE INTERPRETAÇÃO DE NORMAS. EVOLUÇÃO. OMISSÃO DA ANS. NÃO CONFIGURAÇÃO. PRETENSÃO DE REEMBOLSO DOS USUÁRIOS. PRESCRIÇÃO. DEMANDA COLETIVA. PRAZO QUINQUENAL. RESSARCIMENTO AO SUS. AFASTAMENTO. OBSERVÂNCIA DE DIRETRIZES GOVERNAMENTAIS.

[...]

6. Na falta de dispositivo legal específico para a ação civil pública, aplica-se, por analogia, o prazo de prescrição da ação popular, que é o quinquenal (art. 21 da Lei nº 4.717/1965), adotando-se também tal lapso na respectiva execução, a teor da Súmula nº 150/STF. A lacuna da Lei nº 7.347/1985 é melhor suprida com a aplicação de outra legislação também integrante do microssistema de proteção dos interesses transindividuais, como os coletivos e difusos, a afastar os prazos do Código Civil, mesmo na tutela de direitos individuais homogêneos (pretensão de reembolso dos usuários de plano de saúde que foram obrigados a custear lentes intraoculares para a realização de cirurgias de catarata). Precedentes.

[...]

8. Recurso especial não provido[124].

No que tange à imprescritibilidade das ações de ressarcimento do erário, o Superior Tribunal de Justiça publicou, em julho de 2021, importante decisão, da qual fez constar os principais posicionamentos do Supremo Tribunal Federal em relação à prescrição para as ações coletivas, o que permitiu a consolidação, nesse julgamento do STJ, do patrimônio hermenêutico formado mais recentemente pela Suprema Corte em torno do assunto. Vejamos o teor da ementa (com grifos acrescentados), depreendendo-se dele o destaque

---

[123] Agravo Interno no Agravo em Recurso Especial 814.391/RN, Rel. Ministro Napoleão Nunes Maia Filho, Primeira Turma, julgado em 27.5.2019, *DJe* 30.5.2019.

[124] Recurso Especial 1.473.846/SP, Rel. Min. Ricardo Villas Bôas Cueva, Terceira Turma, julgado em 21.2.2017, *DJe* 24.2.2017.

Anexo · JURISPRUDÊNCIA DO STJ SOBRE PROCESSOS COLETIVOS

dispensado à **natureza do ilícito cujos danos devam ser reparados (nesse sentido, vide itens 6, 7, 8 e 9 da ementa)**:

ADMINISTRATIVO E PROCESSUAL CIVIL. AGRAVO REGIMENTAL. **AÇÃO CIVIL PÚBLICA. RESSARCIMENTO AO ERÁRIO. ART. 37, § 5º, DA CONSTITUIÇÃO FEDERAL. LICITAÇÃO DISPENSADA SEM PUBLICIDADE. CONTRATO ADMINISTRATIVO NULO. OBRA REALIZADA. DEVER DE INDENIZAR A FAZENDA PÚBLICA.** RELAÇÃO JURÍDICO-ADMINISTRATIVA. **PANORAMA DA QUESTÃO NO SUPREMO TRIBUNAL FEDERAL.** NÃO OCORRÊNCIA DA PRESCRIÇÃO QUINQUENAL NO CASO CONCRETO. NÃO REALIZAÇÃO DE JUÍZO DE RETRATAÇÃO.

HISTÓRICO DA DEMANDA

1. Noticiam os autos que o Ministério Público ajuizou Ação Civil Pública visando à declaração de nulidade de contrato celebrado entre a empresa ré e o DER, com condenação à restituição dos valores ao Erário.

2. O Tribunal de origem afastou a alegação de prescrição com o fundamento de que o seu termo inicial, no caso, não seria a data de assinatura do contrato, mas a da conclusão do julgamento do Tribunal de Contas do Estado, que apreciou impugnação dirigida contra a avença. Afirmou, nesse sentido, o Tribunal de origem: "a prescrição da ação só começou a correr em 1994, data em que se proferiu o julgamento do processo perante o Egrégio Tribunal de Contas deste Estado. E da data do julgamento até a data do ajuizamento não decorreram os cinco anos preconizados na lei que rege o procedimento da ação popular" (fl. 1.248, e-STJ).

3. Contra essa decisão sustentou-se no Recurso Especial que o *dies a quo* da prescrição seria o ano de 1987, momento em que formalizado o contrato, pois "não podem os procedimentos de controle externo que as Cortes de Contas operam ser considerados como causas interruptivas ou suspensivas da fluência da prescrição" (fl. 1.269, e-STJ).

4. A Segunda Turma do STJ negou provimento à irresignação, com o argumento de que "**A pretensão de ressarcimento por prejuízo causado ao Erário é imprescritível.**"

5. Os agravantes interpuseram Recurso Extraordinário, **e a Vice-Presidência do STJ devolveu os autos à Segunda Turma para proceder ao juízo de retratação de acordo com o que decidiu o STF no RE 669.069/MG (Tema 666)**, sob o rito da repercussão geral.

INTERPRETAÇÃO DO ART. 37, § 5º, DA CF PELO STF

6. Fixou-se no RE 669.069/MG o seguinte entendimento: "**É prescritível a ação de reparação de danos à Fazenda Pública decorrente de ilícito civil**" (Relator Ministro Teori Zavascki, Tribunal Pleno, *DJe* 28.4.2016). Após apresentação de Embargos de Declaração, afirmou o STF: "ficou clara a opção do Tribunal de considerar como ilícito civil os de natureza semelhante à do caso concreto em exame, a saber: ilícitos decorrentes de acidente de trânsito. O conceito, sob esse aspecto, deve ser buscado pelo método de exclusão: não se consideram ilícitos civis, de um modo geral, os que decorrem de infrações ao direito público, como os de natureza penal, os decorrentes de atos de improbidade e assim por diante".

OUTRAS TESES DO STF RELACIONADAS À MATÉRIA

7. O STF julgou, ainda, o tema 897, estabeleceu a seguinte tese: "**são imprescritíveis as ações de ressarcimento ao erário fundadas na prática de ato doloso tipificado na Lei de Improbidade Administrativa**" (RE 852.475/SP, Relator Ministro Alexandre de Moraes, Relator para acórdão Ministro Edson Fachin, julgado em 25.3.2019).

8. **No tema 899, também relacionado à matéria, firmou-se: "É prescritível a pretensão de ressarcimento ao erário fundada em decisão de Tribunal de Contas." (RE 636.886/AL, Rel.** Ministro Alexandre de Moraes, Tribunal Pleno, *DJe* 25.6.2020).

9. **Por último, fixou-se no tema 999 a tese: "É imprescritível a pretensão de reparação civil de dano ambiental."** (RE 654.833/AC, Rel. Ministro Alexandre de Moraes, Tribunal Pleno, *DJe* 24.6.2020).

APLICAÇÃO DO TEMA 666 DO STF

10. Na espécie, o Tribunal de origem não descreve atos dolosos de improbidade, aduzindo ser "visível a necessidade de se indenizar a Administração pela ilegalidade cometida que comprometeu seu patrimônio ético e moral para dizer o mínimo." (fl. 1.253, e-STJ).

11. Apesar dessa alusão à moralidade administrativa, o acórdão recorrido não prossegue no exame do caso por esse ângulo, enfatizando a todo o tempo que a causa de pedir da demanda é a inobservância da lei. Consignou o Tribunal de origem: "A afirmação de inexistência de superfaturamento se mostra inócua. A questão se resolve ante a flagrante ilegalidade de não se publicarem editais como mandava a lei, o que torna nulo o contrato, e com isso o pagamento efetuado." (fl. 1.253, e-STJ).

12. Portanto, o fundamento adotado no acórdão da Segunda Turma do STJ – imprescritibilidade das ações de ressarcimento – não está de acordo com a tese fixada pelo STF no tema 666, pois as condutas foram descritas no acórdão recorrido como ilícito civil.

PRESCRIÇÃO QUINQUENAL PARA REPARAÇÃO DO DANO AO PATRIMÔNIO PÚBLICO: NÃO OCORRÊNCIA NO CASO

13. Deve-se, assim, examinar o que se impugnou no Recurso Especial, isto é, o entendimento da instância ordinária que afastou a prescrição, aduzindo: "Esta começaria a ser contada da data da assinatura do contrato e se encerraria em cinco anos, se não houvesse impugnação. No entanto, no mesmo ano de 1987 o contrato já estava sendo examinado quanto a sua legalidade pelo Egrégio Tribunal de Contas deste Estado, em julgamento que só se encerrou em 1994, consoante se vê de fls. 115 dos autos, ou seja, a impugnação ao ato ocorreu no mesmo ano de sua assinatura. Ora, se o ato administrativo se encontrava sob exame por estar impugnado, podendo ser considerado inválido, como de fato o foi, não poderia ter curso o prazo prescricional, já que impugnado o ato estava. Desta forma a prescrição da ação só começou a correr em 1994, data em que se proferiu o julgamento do processo perante o Egrégio Tribunal de Contas deste Estado. E da data do julgamento até a data do ajuizamento não decorreram os cinco anos preconizados na lei que rege o procedimento da ação popular." (fl. 1.248, e-STJ).

14. Esse entendimento está correto, pois não se verificou, no caso, inércia dos órgãos do Estado na proteção do patrimônio público, sendo razoável compreender que, nesta esfera, a pretensão reparatória surge apenas quando findo o procedimento fiscalizatório, momento em que há segurança suficiente para a afirmação da lesão e de sua extensão pelos legitimados para a defesa do direito violado.

15. No caso, a conclusão do Tribunal de Contas do Estado (que estava a apurar o caso) foi questionada pelo Departamento de Estradas de Rodagem (fl. 205, e-STJ) e, após o exaurimento das vias recursais, a Corte de Contas enviou ofício à Assembleia Legislativa de São Paulo, que, por sua vez, encaminhou representação ao Ministério Público do Estado em 1996 (fl. 232, e-STJ). Entre a conclusão do procedimento instaurado no Tribunal de Contas (1994) e o ajuizamento da Ação Civil Pública pelo Ministério Público (1998) não se consumou, como disse o Tribunal de origem, o prazo de 5 (cinco) anos.

16. Por analogia, deve incidir, pela identidade de razões, o entendimento manifestado pelo Ministro Alexandre de Moraes no citado RE 636.886/AL (tema 899): "uma vez encerrada a fase administrativo-fiscalizatória (art. 19 e art. 23, III, *b*, c/c art. 24, todos da Lei 8.443/1992), o Poder Público possui o prazo de cinco anos para ajuizar a correspondente ação de ressarcimento, sob pena de restar fulminada a prescrição executória própria".

Anexo · JURISPRUDÊNCIA DO STJ SOBRE PROCESSOS COLETIVOS

CONCLUSÃO

17. Assim, embora se reconheça a aplicação do tema 666/STF ao caso, porquanto se está diante de ilícito civil prescritível, deixa-se de proceder ao juízo de retratação, uma vez que não se verificou a ocorrência da prescrição quinquenal no caso concreto.

18. Agravo Interno não provido[125].

Há de ser pontuado acórdão proferido pela Primeira Seção do Superior Tribunal de Justiça, pelo qual foi aprovada proposta de afetação de recurso especial ao rito dos recursos repetitivos, no sentido de se reconhecer a possibilidade, ou não, de se promover o ressarcimento do dano ao erário nos autos da Ação Civil Pública por ato de improbidade administrativa, ainda que se declare a prescrição para as demais punições previstas na Lei n. 8.429/92, tendo em vista o caráter imprescritível daquela pretensão específica. No ponto, esta é a redação da ementa:

ADMINISTRATIVO E PROCESSUAL CIVIL. PROPOSTA DE AFETAÇÃO DE RECURSO ESPECIAL. RITO DOS RECURSOS ESPECIAIS REPETITIVOS. ARTS. 1.036, 1.037 E 1.038 DO CPC/2015 C/C ART. 256-I DO RISTJ, NA REDAÇÃO DA EMENDA REGIMENTAL 24, DE 28/09/2016. CONTROVÉRSIA SOBRE A NECESSIDADE DE AJUIZAMENTO DE AÇÃO AUTÔNOMA, PARA FINS DE RESSARCIMENTO AO ERÁRIO, QUANDO RECONHECIDA A PRESCRIÇÃO PARA A IMPOSIÇÃO DAS DEMAIS SANÇÕES PREVISTAS NA LEI 8.429/92.

I. Delimitação da controvérsia, para fins de afetação da matéria ao rito dos recursos repetitivos, nos termos do art. 1.036, *caput* e §§ 1º e 5º, do CPC/2015: "Possibilidade de se promover o ressarcimento do dano ao erário nos autos da Ação Civil Pública por ato de improbidade administrativa, ainda que se declare a prescrição para as demais punições previstas na Lei n. 8.429/92, tendo em vista o caráter imprescritível daquela pretensão específica".

II. Recurso Especial afetado ao rito do art. 1.036 e seguintes do CPC/2015 (art. 256-I do RISTJ, na redação da Emenda Regimental 24, de 28/09/2016)[126].

Em seu voto, a Ministra Relatora, Assusete Magalhães, pontuou os seguintes aspectos:

O cerne da controvérsia, portanto, está em definir se o reconhecimento da prescrição do direito de ação, quanto ao pedido de imposição das sanções previstas na Lei 8.429/92, impede o prosseguimento do feito, quanto ao pedido de ressarcimento ao Erário [...].

Além disso, constato a existência de divergência na interpretação da matéria, tendo em vista que o Superior Tribunal de Justiça possui precedentes no sentido de que, "admitida a ação civil pública por ato de improbidade administrativa, o posterior reconhecimento da prescrição da ação quanto ao pedido condenatório não impede o prosseguimento da demanda quanto ao pedido de reparação de danos" (STJ, EREsp 1.218.202/MG, Rel. Ministro Arnaldo Esteves Lima, Primeira Seção, *DJe* de 28/09/2012).

---

[125] Agravo Regimental no Recurso Especial 1.123.057/SP, Rel. Min. Herman Benjamin, Segunda Turma, julgado em 20.4.2021, *DJe* 1º.7.2021.

[126] Proposta de Afetação no Recurso Especial 1.901.271/MT, Rel. Min. Assusete Magalhães, Primeira Seção, julgado em 20.4.2021, *DJe* 30.4.2021.

1095

Nesse sentido:

"ADMINISTRATIVO E PROCESSUAL CIVIL. IMPROBIDADE ADMINISTRATIVA. PRESCRIÇÃO DAS PENALIDADES. PLEITO DE RESSARCIMENTO AO ERÁRIO. CUMULAÇÃO. DESNECESSIDADE DE AÇÃO AUTÔNOMA. 1. Hipótese em que o Tribunal de origem consignou que 'evidenciada a ocorrência da prescrição, é certo que o ressarcimento de eventual dano causado ao erário deve ser buscado por meio de ação autônoma' (fl. 321, e-STJ). 2. O STJ entende ser prescindível a propositura de ação autônoma para pleitear ressarcimento ao erário, mesmo que já estejam prescritas as penas referentes à prática de atos de improbidade. 3. Recurso Especial provido" (STJ, REsp 1.732.285/MG, Rel. Ministro Herman Benjamin, Segunda Turma, *DJe* de 21/11/2018).

"PROCESSUAL CIVIL E ADMINISTRATIVO. AGRAVO INTERNO NO RECURSO ESPECIAL. AÇÃO CIVIL PÚBLICA POR ATO DE IMPROBIDADE ADMINISTRATIVA. RESSARCIMENTO AO ERÁRIO. LEGITIMIDADE ATIVA DO MINISTÉRIO PÚBLICO. PRECEDENTES. PRESCRIÇÃO DAS PENALIDADES. PRESCINDIBILIDADE DE PROPOSITURA DE AÇÃO AUTÔNOMA PARA PLEITEAR O RESSARCIMENTO AO ERÁRIO. AGRAVO INTERNO PROVIDO PARA DAR PROVIMENTO AO RECURSO ESPECIAL, DIVERGINDO DO MINISTRO RELATOR" (STJ, AgInt no REsp 1.518.310/SE, Rel. p/ acórdão Ministro Benedito Gonçalves, Primeira Turma, *DJe* de 01/07/2020).

Importante destacar, ainda, que o Supremo Tribunal Federal, no julgamento do RE 852.475/SP (Rel. p/ acórdão Ministro Edson Fachin, Pleno, *DJe* de 25/03/2019), sob o regime de repercussão geral, firmou entendimento no sentido de que "são imprescritíveis as ações de ressarcimento ao erário fundadas na prática de ato doloso tipificado na Lei de Improbidade Administrativa" (Tema 897). Nesse contexto, consoante ressaltou o Ministro Paulo de Tarso Sanseverino, Presidente da Comissão Gestora de Precedentes e de Ações Coletivas – COGEPAC (Resolução STJ/GP 29, de 22/12/2020), a "definição sob o rito dos recursos repetitivos, precedente qualificado de estrita observância pelos juízes e tribunais nos termos do art. 121-A do RISTJ e do art. 927 do CPC, orientará as instâncias ordinárias, cuja eficácia refletirá em numerosos processos em tramitação, balizando as atividades futuras da sociedade, das partes processuais, dos advogados e dos magistrados. Além disso, possibilita o desestímulo à interposição de incidentes processuais, bem como a desistência de recursos eventualmente interpostos, tendo em vista ser fato notório que a ausência de critérios objetivos para a identificação de qual é a posição dos tribunais com relação a determinado tema incita a litigiosidade processual" (fl. 264e).

[...]

Ante o exposto, voto pela afetação do presente Recurso Especial ao rito dos recursos repetitivos, com a identificação do seguinte tema: "Possibilidade de se promover o ressarcimento do dano ao erário nos autos da Ação Civil Pública por ato de improbidade administrativa, ainda que se declare a prescrição para as demais punições previstas na Lei n. 8.429/92, tendo em vista o caráter imprescritível daquela pretensão específica".

Por fim, o Superior Tribunal de Justiça, em direção à consolidação da cultura do processo coletivo em nosso país, reconheceu a legitimidade do Ministério Público para a propositura de ação cautelar de protesto, visando à interrupção do prazo prescricional para o ajuizamento da execução individual de sentença coletiva:

PROCESSUAL CIVIL. AGRAVO INTERNO EM RECURSO ESPECIAL. RECURSO MANEJADO SOB A ÉGIDE DO NCPC. AÇÃO COLETIVA. EXPURGOS INFLACIONÁRIOS. CA-

Anexo • JURISPRUDÊNCIA DO STJ SOBRE PROCESSOS COLETIVOS

DERNETA DE POUPANÇA. CUMPRIMENTO DE SENTENÇA. PRESCRIÇÃO. AJUIZA-MENTO DE AÇÃO CAUTELAR PROTESTO. MINISTÉRIO PÚBLICO. LEGITIMIDADE. INTERRUPÇÃO. OCORRÊNCIA. PRECEDENTES. AGRAVO INTERNO NÃO PROVIDO.

[...]

2. **O Ministério Público possui legitimidade para a propositura de ação cautelar de protesto, visando a interrupção do prazo prescricional para o ajuizamento da execução individual de sentença coletiva.** Precedentes.

3. Agravo interno não provido[127] – grifos acrescentados.

Com idêntica orientação, citamos os acórdãos a seguir transcritos:

AGRAVO INTERNO EM RECURSO ESPECIAL. AÇÃO CIVIL PÚBLICA. EXPURGOS INFLACIONÁRIOS. CUMPRIMENTO INDIVIDUAL DE SENTENÇA COLETIVA. PRES-CRIÇÃO. AÇÃO CAUTELAR DE PROTESTO. INTERRUPÇÃO. MINISTÉRIO PÚBLICO. POSSIBILIDADE.

1. Ação civil pública em razão de expurgos inflacionários.

2. **O Ministério Público possui legitimidade para propor Medida Cautelar, visando a interrupção da prescrição do prazo para o ajuizamento da execução individual.** Precedentes.

3. Agravo interno no recurso especial não provido[128] – grifos acrescentados.

AGRAVO INTERNO NOS EMBARGOS DE DECLARAÇÃO NO RECURSO ESPECIAL. CUMPRIMENTO DE SENTENÇA. AÇÃO CIVIL PÚBLICA AJUIZADA PELO IDEC. EX-PURGOS INFLACIONÁRIOS. PRESCRIÇÃO QUINQUENAL AFASTADA. AÇÃO CAU-TELAR DE PROTESTO PROPOSTA PELO MINISTÉRIO PÚBLICO. LEGITIMIDADE DO *PARQUET* E EFEITO INTERRUPTIVO DA PRESCRIÇÃO RECONHECIDOS. MULTA DO ART. 1.021, § 4º, DO CPC/2015. INAPLICABILIDADE. RECURSO IMPROVIDO.

1. **O Ministério Público possui legitimidade para, atuando como substituto processual, promover a liquidação ou o cumprimento de sentença coletiva, sendo tal medida hábil, in-clusive, a interromper o curso do prazo prescricional da execução individual.** Precedentes.

[...]

3. Agravo interno a que se nega provimento[129] – grifos acrescentados.

5. CONCOMITÂNCIA DE AÇÕES INDIVIDUAIS E AÇÕES COLETIVAS

5.1 Suspensão do curso dos processos individuais determinada de ofício

Recurso repetitivo. Processual civil. Recurso especial. Ação coletiva. Macrolide. Correção de saldos de cadernetas de poupança. Sustação de andamento de ações individuais. Possibilidade.

---

[127] Agravo Interno nos Embargos de Declaração no Recurso Especial 1.753.227/RS, Rel. Min. Moura Ribeiro, Terceira Turma, julgado em 2.12.2019, *DJe* 5.12.2019.

[128] Agravo Interno no Agravo Interno nos Embargos de Declaração no Recurso Especial 1.735.592/RS, Rel. Min. Nancy Andrighi, Terceira Turma, julgado em 25.11.2019, *DJe* 27.11.2019.

[129] Agravo Interno nos Embargos de Declaração no Recurso Especial 1.763.048/SP, Rel. Min. Marco Aurélio Bellizze, Terceira Turma, julgado em 28.10.2019, *DJe* 5.11.2019.

CÓDIGO BRASILEIRO DE DEFESA DO CONSUMIDOR

1. *Ajuizada ação coletiva atinente a macrolide geradora de processos multitudinários, suspendem-se as ações individuais, no aguardo do julgamento da ação coletiva.*

2. Entendimento que não nega vigência aos arts. 51, IV e § 1º, 103 e 104 do Código de Defesa do Consumidor; 122 e 166 do Código Civil; e 2º e 6º do Código de Processo Civil, com os quais se harmoniza, atualizando-lhes a interpretação extraída da potencialidade desses dispositivos legais ante a diretriz legal resultante do disposto no art. 543-C do Código de Processo Civil, com a redação dada pela Lei dos Recursos Repetitivos (Lei nº 11.672, de 8.5.2008).

3. Recurso Especial improvido.[130]

Processual civil. Piso salarial nacional do magistério. Lei 11.738/2008. Professores do estado do Rio Grande do Sul. Suspensão de ações individuais até o julgamento da ação coletiva. Aplicação do entendimento firmado no REsp 1.110.549/RS, submetido ao rito do art. 543-C do CPC.

1. *"Ajuizada ação coletiva atinente a macrolide geradora de processos multitudinários, suspendem-se as ações individuais, no aguardo do julgamento da ação coletiva".*

2. *In casu, o Tribunal de origem, ao apreciar demanda sobre o cumprimento da Lei 11.738/2008 (piso salarial do magistério da educação pública), determinou a suspensão de ações individuais até o julgamento da Ação Civil coletiva sobre a mesma controvérsia ajuizada pelo Ministério Público.*

3. *Orientação reafirmada pela Segunda Seção, no julgamento do REsp 1.110.549/RS, sob o rito dos recursos repetitivos.*

4. Agravo Regimental não provido.[131]

Agravo regimental. Embargos de declaração. Agravo em recurso especial. Servidor público. Piso salarial profissional nacional para os profissionais do magistério público da educação básica. Implantação. *AÇÃO INDIVIDUAL. Ajuizamento concomitante com AÇÃO CIVIL PÚBLICA proposta PELO MINISTÉRIO PÚBLICO estadual. SUSPENSÃO DO PROCESSO singular CONCERNENTE À AÇÃO INDIVIDUAL no aguardo do julgamento da demanda coletiva. Possibilidade.*

[...]

5. Este Superior Tribunal, ao apreciar REsp nº 1.110.549/RS, adotou o entendimento de que ajuizada a ação coletiva atinente a macrolide geradora de processos multitudinários, suspendem-se as ações individuais, no aguardo do julgamento da ação coletiva.

6. Agravo regimental não provido.[132]

Administrativo e processual civil. Servidor público. Piso salarial nacional para profissionais do magistério público da educação básica. Ofensa ao 535 do CPC não configurada. Suspensão da ação individual ante propositura de ação civil pública proposta pelo ministério público estadual. Possibilidade.

---

[130] Recurso Especial 1.110.549/RS, Rel. Min. Sidnei Beneti, Segunda Seção, julgado em 28.10.2009, *DJe* 14.12.2009.

[131] Agravo Regimental nos Embargos de Declaração no Agravo no Recurso Especial 207.660/RS, Rel. Min. Herman Benjamin, Segunda Turma, julgado em 13.11.2012, *DJe* 19.12.2012.

[132] Agravo Regimental nos Embargos de Declaração no Agravo no Recurso Especial 206.851/RS, Rel. Min. Mauro Campbell Marques, Segunda Turma, julgado em 23.10.2012, *DJe* 6.11.2012.

Anexo · JURISPRUDÊNCIA DO STJ SOBRE PROCESSOS COLETIVOS

[...]

2. *A orientação firmada pelo Tribunal local encontra-se em sintonia com julgado da Segunda Seção do STJ, em recurso submetido ao procedimento dos recursos repetitivos, de relatoria do Ministro Sidnei Benetti, no sentido de que, ajuizada ação coletiva atinente à macrolide geradora de processos multitudinários, suspendem-se as ações individuais, ainda que de ofício.*

3. Agravo Regimental não provido.[133]

Processual civil. Piso salarial nacional do magistério. Lei 11.738/2008. Professores do estado do Rio Grande do Sul. Suspensão de ações individuais até o julgamento da ação coletiva. Decisão tomada com fundamento em acórdão do STJ em recurso representativo de controvérsia. Competência do Tribunal local para reexame da matéria. Aplicação QO no AG 1.154.599/SP, Corte Especial do STJ, *DJ* de 12.5.11. Precedente da 1ª turma: AgRg nos Edcl no AREsp 200.696/RS, *DJe* de 10.9.2012.

[...]

2. *No caso, o TJ/RS, apreciando demanda sobre o cumprimento da Lei 11.738/2008 (piso salarial do magistério da educação pública), determinou a suspensão de ações individuais até o julgamento da ação civil coletiva sobre a mesma controvérsia ajuizada pelo Ministério Público, e o fez invocando o precedente do STJ no REsp 1.110.549/RS, julgado sob a sistemática dos recursos repetitivos (CPC, art. 543-C).* Assim, a alegação de que foi equivocada a invocação do referido precedente (por suposta falta de similitude com o caso dos autos), é matéria que deve ser submetida a exame do próprio Tribunal local, nos termos preconizados pelo STJ na citada Questão de Ordem no Ag 1.154.599/SP.

3. Precedente da 1ª Turma: AgRg no Edcl no AREsp 200.696/RS, Min. Teori Albino Zavascki, *DJe* de 10.9.2012.

4. Agravo regimental desprovido.[134]

Processual civil. Prescrição da pretensão executória. Interrupção do prazo prescricional para ajuizamento da execução individual. Ocorrência. Execução coletiva extinta em face do reconhecimento da ilegitimidade ativa do sindicato.

1. A citação válida, ainda que realizada em processo extinto sem resolução do mérito, ressalvadas as hipóteses de inação do Autor, previstas nos incisos II e III do art. 267 do Código de Processo Civil, constitui causa interruptiva do prazo prescricional, que reinicia seu curso a partir do último ato do processo. Precedentes do STJ.

2. *Nas ações coletivas que buscam a tutela de direitos individuais homogêneos, o Substituído, titular do direito vindicado, a teor dos arts. 103, § 2.º, e 104, da Lei n.º 8.078/90 – Código de Defesa do Consumidor –, é induzido a permanecer inerte até o desfecho da demanda coletiva, quando avaliará a necessidade do ajuizamento da ação individual, pois, na lição do Ministro Teori Albino Zavascki, a ele será imposto "... um risco adicional: aos litisconsortes, o de sofrer os efeitos da sentença da improcedência da ação coletiva; e aos demandantes individuais, o risco de não se beneficiarem da sentença de procedência". (in "Processo Coletivo – Tutela de direitos coletivos e tutela coletiva de direitos –, São Paulo, Revista dos Tribunais, 2006, pg. 203.)*

---

[133] Agravo Regimental no Agravo Regimental no Agravo no Recurso Especial 210.738/RS, Rel. Min. Herman Benjamin, Segunda Turma, julgado em 18.10.2012, *DJe* 5.11.2012.

[134] Agravo Regimental nos Embargos de Declaração no Agravo no Recurso Especial 201.385/RS, Rel. Min. Teori Albino Zavascki, Primeira Turma, julgado em 11.9.2012, *DJe* 17.9.2012.

1099

CÓDIGO BRASILEIRO DE DEFESA DO CONSUMIDOR

3. Este Superior Tribunal de Justiça tem entendimento firmado no sentido de que é de cinco anos, contados a partir do trânsito em julgado da sentença condenatória, o prazo prescricional para a propositura da ação executiva contra a Fazenda Pública, em conformidade com o entendimento sufragado na Súmula n.º 150 do Supremo Tribunal Federal. Precedentes.

[...]

7. Agravo regimental desprovido.[135]

Processo civil. Projeto "caderneta de poupança" do TJ/RS. Suspensão, de ofício, de ações individuais propostas por poupadores, até que se julguem ações coletivas relativas ao tema [...] Conversão, de ofício, da ação individual, anteriormente suspensa, em liquidação, após a prolação de sentença na ação coletiva. Regularidade.

1. É impossível apreciar a alegação de que restou violado o princípio do juiz natural pela atribuição a determinado juiz da incumbência de dar andamento uniforme para todas as ações individuais suspensas em função da propositura, pelos legitimados, de ações coletivas para discussão de expurgos em caderneta de poupança. Se o Tribunal afastou a violação desse princípio com fundamento em normas estaduais e a parte alega a incompatibilidade dessas normas com o comando do CPC, o conflito entre lei estadual e lei federal deve ser dirimido pelo STF nos termos do art. 102, III, alíneas "c" e "d" do CPC).

2. A suspensão de ofício das ações individuais foi corroborada por esta Corte no julgamento do Recurso Especial Representativo de Controvérsia Repetitiva nº 1.110.549/RS, de modo que não cabe, nesta sede, revisar o que ficou ali estabelecido. Tendo-se admitido a suspensão de ofício por razões ligadas à melhor ordenação dos processos, privilegiando-se a sua solução uniforme e simultânea, otimizando a atuação do judiciário e desafogando-se sua estrutura, as mesmas razões justificam que se corrobore a retomada de ofício desses processos, convertendo-se a ação individual em liquidação da sentença coletiva. Essa medida colaborará para o mesmo fim: o de distribuir justiça de maneira mais célere e uniforme.

3. Se o recurso interposto contra a sentença que decidiu a ação coletiva foi recebido com efeito suspensivo mitigado, autorizando-se, de maneira expressa, a liquidação provisória do julgado, não há motivos para que se vincule esse ato ao trânsito em julgado da referida sentença. A interpretação conjunta dos dispositivos da LACP e do CDC conduz à regularidade desse procedimento.

[...]

6. A autorização de que se promova a liquidação do julgado coletivo não gera prejuízo a qualquer das partes, notadamente porquanto a atuação coletiva deve prosseguir apenas até a fixação do valor controvertido, não sendo possível a prática de atos de execução antes do trânsito em julgado da ação coletiva.

7. Recurso improvido.[136]

5.2 Pela simultaneidade do processamento de ações individuais e coletivas

Processo civil. Conflito de competência. Demandas coletivas e individuais promovidas contra a Anatel e empresas concessionárias de serviço de telefonia. Controvérsia a respeito da legiti-

---

[135] Agravo Regimental no Recurso Especial 1.143.254/PR, Rel. Min. Laurita Vaz, Quinta Turma, julgado em 2.2.2012, *DJe* 13.2.2012.

[136] Recurso Especial 1.189.679/RS, Rel. Min. Nancy Andrighi, Segunda Seção, julgado em 24.11.2010, *DJe* 17.12.2010.

Anexo · JURISPRUDÊNCIA DO STJ SOBRE PROCESSOS COLETIVOS

midade da cobrança de tarifa de assinatura básica nos serviços de telefonia fixa.

[...]

4. A simples possibilidade de sentenças divergentes sobre a mesma questão jurídica não configura, por si só, conflito de competência.

Não existe, em nosso sistema, um instrumento de controle, com eficácia *erga omnes*, da legitimidade (ou da interpretação), em face da lei, de atos normativos secundários (*v.g.*, resoluções) ou de cláusulas padronizadas de contratos de adesão. Também não existe, nem mesmo em matéria constitucional, o instrumento da avocação, que permita concentrar o julgamento de múltiplos processos a respeito da mesma questão jurídica perante um mesmo tribunal e, muito menos, perante juiz de primeiro grau. Assim, a possibilidade de decisões divergentes a respeito da interpretação de atos normativos, primários ou secundários, ou a respeito de cláusulas de contrato de adesão, embora indesejável, é evento previsível, cujos efeitos o sistema busca minimizar com os instrumentos da uniformização de jurisprudência (CPC, art. 476), dos embargos de divergência (CPC, art. 546) e da afetação do julgamento a órgão colegiado uniformizador (CPC, art. 555, § 1º), dando ensejo, inclusive, à edição de súmulas (CPC, art. 479) e à fixação de precedente destinado a dar tratamento jurídico uniforme aos casos semelhantes. Mas a possibilidade de sentenças com diferente compreensão sobre a mesma tese jurídica não configura, por si só, um conflito de competência.

5. Considera-se existente, porém, conflito positivo de competência ante a possibilidade de decisões antagônicas nos casos em que há processos correndo em separado, envolvendo as mesmas partes e tratando da mesma causa. É o que ocorre, frequentemente, com a propositura de ações populares e ações civis públicas relacionadas a idênticos direitos transindividuais (= indivisíveis e sem titular determinado), fenômeno que é resolvido pela aplicação do art. 5º, § 3º, da Lei da Ação Popular (Lei 4.717/65) e do art. 2º, parágrafo único, da Lei da Ação Civil Pública (Lei 7.347/85), na redação dada pela Medida Provisória 2.180-35/2001.

6. No caso dos autos, porém, o objeto das demandas são direitos individuais homogêneos (= direitos divisíveis, individualizáveis, pertencentes a diferentes titulares). Ao contrário do que ocorre com os direitos transindividuais — invariavelmente tutelados por regime de substituição processual (em ação civil pública ou ação popular) —, os direitos individuais homogêneos podem ser tutelados tanto por ação coletiva (proposta por substituto processual), quanto por ação individual (proposta pelo próprio titular do direito, a quem é facultado vincular-se ou não à ação coletiva). Do sistema da tutela coletiva, disciplinado na Lei 8.078/90 (Código de Defesa do Consumidor – CDC, nomeadamente em seus arts. 103, III, combinado com os §§ 2º e 3º, e 104), resulta (a) que a ação individual pode ter curso independente da ação coletiva; (b) que a ação individual só se suspende por iniciativa do seu autor; e (c) que, não havendo pedido de suspensão, a ação individual não sofre efeito algum do resultado da ação coletiva, ainda que julgada procedente. Se a própria lei admite a convivência autônoma e harmônica das duas formas de tutela, fica afastada a possibilidade de decisões antagônicas e, portanto, o conflito.

7. Por outro lado, também a existência de várias ações coletivas a respeito da mesma questão jurídica não representa, por si só, a possibilidade de ocorrer decisões antagônicas envolvendo as mesmas pessoas. É que os substituídos processuais (= titulares do direito individual em benefício de quem se pede tutela coletiva) não são, necessariamente, os mesmos em todas as ações. Pelo contrário: o normal é que sejam pessoas diferentes, e, para isso, concorrem pelo menos três fatores: (a) a limitação da representatividade do órgão ou entidade autor da demanda coletiva (= substituto processual), (b) o âmbito do pedido formulado na demanda e (c) a eficácia subjetiva da sentença imposta por lei, que "abrangerá apenas os substituídos que tenham, na data da propositura da ação, domicílio no âmbito de competência territorial do órgão prolator" (Lei 9.494/97, art. 2º-A, introduzido pela Medida Provisória 2.180-35/2001).

CÓDIGO BRASILEIRO DE DEFESA DO CONSUMIDOR

8. No que se refere às ações coletivas indicadas pelo Suscitante, umas foram propostas por órgãos municipais de defesa do consumidor, a significar que os substituídos processuais (= beneficiados) são apenas os consumidores do respectivo município; quanto às demais — nomeadamente as propostas pelo Ministério Público —, a eficácia subjetiva da sentença está limitada, pelo próprio pedido ou por força de lei, aos titulares domiciliados no âmbito territorial do órgão prolator. Não se evidencia, portanto, na grande maioria dos casos, a superposição de ações envolvendo os mesmos substituídos.

Cumpre anotar, de qualquer modo, que eventual conflito dessa natureza — de improvável ocorrência —, estabelecido em face da existência de mais de uma demanda sobre a mesma base territorial, deverá ser dirimido não pelo STJ, mas pelo Tribunal a que estejam vinculados os juízes porventura conflitantes.

9. Não se pode confundir incompetência de juízo com ilegitimidade das partes. É absolutamente inviável que, a pretexto de julgar conflito de competência, o Tribunal faça, em caráter originário, sem o crivo das instâncias ordinárias, um julgamento a respeito da legitimidade das partes, determinando a inclusão ou a exclusão de figurantes da relação processual. Conforme já assentado nessa Corte, "a competência para a causa é fixada levando em consideração a situação da demanda, tal como objetivamente proposta. Em se tratando de competência em razão da pessoa, o que se considera são os entes que efetivamente figuram na relação processual, e não os que dela poderiam ou deveriam figurar, cuja participação é fato futuro e incerto, dependente do que vier a ser decidido no curso do processo. A competência federal prevista no art. 109, I, da CF, tem como pressuposto a efetiva presença, no processo, de um dos entes federais ali discriminados" (AgRg no CC 47.497/PB, *DJ* de 9.5.2005). Essa orientação vem sendo reiteradamente adotada pela Seção, em precedentes sobre demandas a respeito da cobrança dos serviços de telefonia (*v.g.*: CC 48.447/SC, *DJ* de 13.6.2005; CC 47.032/SC, *DJ* de 16.5.2005; CC 47.016/SC, *DJ* de 18.4.2005; CC 47.878/PB, *DJ* de 23.5.2005).

[...]

14. O pedido de suspensão das ações individuais até o julgamento das ações coletivas, além de estranho aos limites do conflito de competência, não pode ser acolhido, não apenas pela autonomia de cada uma dessas demandas, mas também pela circunstância de que as ações individuais, na maioria dos casos, foram propostas por quem não figura como substituído processual em qualquer das ações coletivas.

[...].[137]

Processual civil e administrativo. Agravo regimental no agravo de instrumento. Ação de cobrança. Ação civil pública e demanda individual. Inocorrência de litispendência.

1. A existência de ação civil pública ajuizada pelo Ministério Público não impede o ajuizamento da ação individual com idêntico objeto. Desta forma, no caso não há ocorrência do fenômeno processual da litispendência, visto que a referida ação coletiva não induz litispendência quanto às ações individuais. Precedentes: REsp 1056439/RS, Relator Ministro Carlos Fernando Mathias (Juiz Federal convocado do TRF 1ª Região), Segunda Turma, *DJ* de 1º de setembro de 2008; REsp 141.053/SC, Relator Ministro Francisco Peçanha Martins, Segunda Turma, *DJ* de 13 de maio de 2002; e REsp 192.322/SP, Relator Ministro Garcia Vieira, Primeira Turma, *DJ* de 29 de março de 1999.

2. Agravo regimental não provido.[138]

---

[137] Conflito Competência 48.106/DF, Rel. Min. Francisco Falcão, Rel. p/ Acórdão Min. Teori Albino Zavascki, Primeira Seção, julgado em 14.9.2005, *DJ* 5.6.2006.

[138] Agravo Regimental no Agravo de Instrumento 1.400.928/RS, Rel. Min. Benedito Gonçalves, Primeira Turma, julgado em 6.12.2011, *DJe* 13.12.2011.

Processual civil. Conflito positivo de competência. Ações Civis Públicas aforadas no Juízo Estadual e na Justiça Federal de Governador Valadares/MG. Rompimento da barragem de fundão em Mariana/MG. Fornecimento de água potável. Danos socioambientais. Rio doce. Bem público pertencente à União. Competência da Justiça Federal. Foro competente. Situação de multiconflituosidade. Impactos Regionais e nacional. Conexão entre as ações civis públicas objeto do conflito e outras que tramitam na 12ª Vara Federal de Belo Horizonte/MG. Prevenção. Aplicação da regra estabelecida na lei de Ação Civil Pública.

[...]

18. Há que se ressalvar, no entanto, as situações que envolvam aspectos estritamente humanos e econômicos da tragédia (tais como o ressarcimento patrimonial e moral de vítimas e familiares, combate a abuso de preços etc.) ou mesmo abastecimento de água potável que exija soluções peculiares ou locais, as quais poderão ser objeto de ações individuais ou coletivas, intentadas cada qual no foro de residência dos autores ou do dano. Nesses casos, devem ser levadas em conta as circunstâncias particulares e individualizadas, decorrentes do acidente ambiental, sempre com base na garantia de acesso facilitado ao Poder Judiciário e da tutela mais ampla e irrestrita possível. Em tais situações, o foro de Belo Horizonte não deverá prevalecer, pois significaria óbice à facilitação do acesso à justiça, marco fundante do microssistema da ação civil pública.

19. Saliento que em outras ocasiões esta Corte de Justiça, valendo-se do microssistema do processo coletivo, aplicou a regra específica de prevenção estabelecida na Lei de Ação Civil Pública para definir o foro em que deveriam ser julgadas as ações coletivas. Precedentes.[139]

5.3 Comentários dos autores

Estamos diante de uma das mais importantes questões concernentes ao processo coletivo: implicações resultantes da coexistência de ação coletiva e de ações individuais, alusivas a idêntica questão.

A Segunda Seção do Superior Tribunal de Justiça, ao julgar o Recurso Especial 1.110.549/RS em 28.10.2009 (submetido ao regime procedimental dos recursos especiais repetitivos – art. 543-C do CPC/1973, corresponde ao art. 1.036 do CPC/2015), cuja relatoria coube ao Ministro Sidnei Beneti (*DJe* 14.12.2009), pacificou o entendimento sobre o tema, o qual tem sido prestigiado, expressamente, pelos Órgãos Julgadores, também, da Primeira Seção (*v.g.*, Agravo Regimental nos Embargos de Declaração no Agravo no Recurso Especial 201.385/RS, Rel. Ministro Teori Albino Zavascki, Primeira Turma, julgado em 11.9.2012, *DJe* 17.9.2012; Agravo Regimental nos Embargos de Declaração no Agravo no Recurso Especial 206.851/RS, Rel. Ministro Mauro Campbell Marques, Segunda Turma, julgado em 23.10.2012, *DJe* 6.11.2012; e Agravo Regimental no Agravo Regimental no Agravo no Recurso Especial 210.738/RS, Rel. Ministro Herman Benjamim, Segunda Turma, julgado em 18.10.2012, *DJe* 5.11.2012 – todos citados na abertura do item 5.1), assim também da Quinta Turma (Agravo Regimental no Recurso Especial 1.143.254/PR, Rel. Ministra Laurita Vaz, julgado em 2.2.2012, *DJe* 13.2.2012).

---

[139] No acórdão proferido para o CC 144.922/MG, Rel. Diva Malerbi, j. 22.6.2016, *DJe* 9.8.2016, a Primeira Seção do STJ considerou possível a subsistência de ações individuais paralelas, tendo em vista a extensão do dano ambiental e a necessidade de se observar a aflitiva situação socioeconômica em que se encontravam as vítimas.

CÓDIGO BRASILEIRO DE DEFESA DO CONSUMIDOR

A teor do referido julgamento, destacou a Segunda Seção a necessidade de, a um só tempo, preservar o exercício do direito de ação individual (facultando ao interessado formalizar e ostentar individualmente a pretensão, isto é, o cidadão mantém-se na disponibilidade do ajuizamento da ação, mas não do seu processamento) e, igualmente, a própria efetividade da jurisdição (reconhecendo prudente outorgar-se ao Juízo o exame da conveniência da suspensão compulsória da via individual[140]– enquanto pendente a ação coletiva), que ficaria comprometida ao ter de suportar o processamento de múltiplas ações individuais, além da própria via coletiva.

A solução delineada pela referida Seção parece apropriada. Encontra-se lastreada em adequada conjugação de valores e bens constitucionais (direito de ação e efetividade da jurisdição) abranda o fundamentalismo do processo individual, permitindo que os contornos próprios do processo coletivo exsurjam de forma mais evidente e segura, denotando que, paulatinamente, a Corte Superior vem se convencendo da autonomia científica do processo coletivo[141]. [A nova legislação processual civil de 2015 trata do incidente de resolução de demandas repetitivas nos arts. 976 e seguintes.]

Outro aspecto do acórdão lavrado para o Recurso Especial 1.110.549/RS a merecer registro relaciona-se com a litispendência (entre as ações individuais e a coletiva), a qual foi declaradamente repelida pelo Tribunal, sobretudo porque implicaria negar vigência ao primado constitucional do direito de ação.

Entretanto, o julgamento não se deu por unanimidade. O Ministro Honildo Amaral de Mello Castro (Desembargador Convocado do TJ/AP), divergindo do posicionamento apresentado pelo Ministro Relator, e aprovado por maioria, acentuou, na oportunidade, que: "O DIREITO À CIDADANIA deve ser exercido nos limites da lei, certo de que "NINGUÉM É OBRIGADO A FAZER OU DEIXAR DE FAZER ALGUMA COISA SENÃO EM VIRTUDE DE LEI" (ART. 5º, INCISO II, da Constituição Federal). A admissibilidade por parte do titular do direito de ação à substituição processual, disciplinada na Ação Coletiva, tem natureza facultativa. E, sendo de natureza facultativa, não pode a ação individual sofrer suspensão impositiva, se assim não o desejar o titular do direito material. Tem ele o direito de ver prosseguir a sua ação individual e os Tribunais não podem

---

[140] O Tribunal já registrou posicionamento contrário, consoante o qual a suspensão do curso processual deveria decorrer do pedido da parte. Nesse sentido: *"O ajuizamento de ação coletiva não induz, de imediato, o sobrestamento da individual, necessitando, para tanto, o requerimento do interessado, o qual pode optar em prosseguir singularmente em juízo. 3. Sem que haja pedido de suspensão, não pode o Poder Judiciário impor tal medida. 4. Recurso provido."* (Recurso Especial 1.037.314/RS, Rel. Min. Massami Uyeda, *DJe* 20.6.2008).

[141] Note-se, contudo, que nem sempre foi assim. O Superior Tribunal de Justiça, ao julgar o Conflito Competência 48.106/DF, Rel. Min. Francisco Falcão, Rel. p/ Acórdão Min. Teori Albino Zavascki, Primeira Seção, julgado em 14.9.2005, *DJ* 5.6.2006, em interpretação contrária aos princípios regentes do processo coletivo – admitindo simultaneidade entre individuais e coletiva e deixando à discricionariedade exclusiva da parte autora o pedido de suspensão do processo individual –, consagrou posicionamento segundo o qual: *"Do sistema da tutela coletiva, disciplinado na Lei 8.078/90 (Código de Defesa do Consumidor – CDC, nomeadamente em seus arts. 103, III, combinado com os §§ 2º e 3º, e 104), resulta (a) que a ação individual pode ter curso independente da ação coletiva; (b) que a ação individual só se suspende por iniciativa do seu autor; e (c) que, não havendo pedido de suspensão, a ação individual não sofre efeito algum do resultado da ação coletiva, ainda que julgada procedente. Se a própria lei admite a convivência autônoma e harmônica das duas formas de tutela, fica afastada a possibilidade de decisões antagônicas e, portanto, o conflito".*

Anexo • JURISPRUDÊNCIA DO STJ SOBRE PROCESSOS COLETIVOS

negar-lhe a jurisdição buscada porquanto *"A lei não excluirá da apreciação do Poder Judiciário lesão ou ameaça a direito"* (art. 5º, inc. XXV, CF). [...] De outra parte, não há como se considerar o acúmulo de ações a serem julgadas, o assoberbamento dos tribunais, como princípio maior do que os direitos constitucionais assegurados ao cidadão e que a eles afrontam. O volume descomunal de processos não pode ser visto como ineficiência do Poder Judiciário, embora a mídia, descompromissada com a realidade, busque sempre maximizar os efeitos, embora nunca buscando, jornalisticamente ater-se às verdadeiras causas. A alegada morosidade é efeito, não causa" (grifos constantes do original).

Oportuno transcrever as principais passagens do citado julgamento, que demarcaram a tese prevalecente e que vem sendo aplicada pelo Tribunal:

> 7. Quanto ao tema de fundo, deve-se manter a suspensão dos processos individuais, determinada pelo Tribunal de origem, à luz da legislação processual mais recente, mormente ante a Lei dos Recursos Repetitivos (Lei 11.672, de 8.5.2008), sem contradição com a orientação que antes se firmara nos termos da legislação anterior, ou seja, ante a só consideração dos dispositivos da Lei da Ação Civil Pública.
>
> O enfoque jurisdicional dos processos repetitivos vem decididamente no sentido de fazer agrupar a macrolide neles contida, a qual em cada um deles identicamente se repete, em poucos processos, suficientes para o conhecimento e a decisão de todos os aspectos da lide, de modo a cumprir-se a prestação jurisdicional sem verdadeira inundação dos órgãos judiciários pela massa de processos individuais, que, por vezes às centenas de milhares, inviabilizam a atuação judiciária.
>
> Efetivamente o sistema processual brasileiro vem buscando soluções para os processos que repetem a mesma lide, que se caracteriza, em verdade, como uma macrolide, pelos efeitos processuais multitudinários que produz.
>
> Enorme avanço da defesa do consumidor realizou-se na dignificação constitucional da defesa do consumidor (CF/1988, arts. 5º, XXXII, e 170, V). Seguiu-se a construção de sede legal às ações coletivas (CDC, art. 81, e seu par. ún., I, II e III). Veio, após, a instrumentalização processual por intermédio da Ação Civil Pública (Lei 7.347/85, art. 1º, II), que realmente abriu o campo de atuação para o Ministério Público e de tantas relevantíssimas entidades de defesa do consumidor, de Direito Público ou Privado.
>
> Mas o mais firme e decidido passo recente no sentido de "enxugamento" da multidão de processos em poucos autos pelos quais seja julgada a mesma lide em todos contida veio na recente Lei dos Recursos Repetitivos (Lei 11.672, de 8.5.2008), que alterou o art. 543-C do Código de Processo Civil, para "quando houver multiplicidade de recursos com fundamento em idêntica questão de direito" – o que é, sem dúvida, o caso presente.
>
> 8. *No atual contexto da evolução histórica do sistema processual relativo à efetividade da atividade jurisdicional nos Tribunais Superiores e nos próprios Tribunais de origem, as normas processuais infraconstitucionais devem ser interpretadas teleologicamente, tendo em vista não só a realização dos direitos dos consumidores mas também a própria viabilização da atividade judiciária, de modo a efetivamente assegurar o disposto no art. 81 do Código de Defesa do Consumidor, de forma que se deve manter a orientação firmada no Tribunal de origem, de aguardo do julgamento da ação coletiva, prevalecendo, pois, a suspensão do processo, tal como determinado pelo Juízo de 1º Grau e confirmado pelo Acórdão ora recorrido.*
>
> *Atualizando-se a interpretação jurisprudencial, de modo a adequar-se às exigências da realidade processual de agora, deve-se interpretar o disposto no art. 81 do Código de Defesa do Consumi-*

1105

CÓDIGO BRASILEIRO DE DEFESA DO CONSUMIDOR

dor, preservando o direito de ajuizamento da pretensão individual na pendência de ação coletiva, mas suspendendo-se o prosseguimento desses processos individuais, para o aguardo do julgamento de processo de ação coletiva que contenha a mesma macrolide.

A suspensão do processo individual pode perfeitamente dar-se já ao início, assim que ajuizado, porque, diante do julgamento da tese central na Ação Civil Pública, o processo individual poderá ser julgado de plano, por sentença liminar de mérito (CPC, art. 285-A), para a extinção do processo, no caso de insucesso da tese na Ação Civil Pública, ou, no caso de sucesso da tese em aludida ação, poderá ocorrer a conversão da ação individual em cumprimento de sentença da ação coletiva.

9. Não há incongruência, mas, ao contrário, harmonização e atualização de interpretação, em atenção à Lei de Recursos Repetitivos, com os julgados que asseguraram o ajuizamento do processo individual na pendência de ação coletiva – o que, de resto, é da literalidade do aludido art. 81 do Código de Defesa do Consumidor, cujo caput dispõe que "a defesa dos interesses e direitos dos consumidores e das vítimas poderá ser exercida em juízo individualmente, ou a título coletivo".

O direito ao ajuizamento individual deve também ser assegurado, no caso de processos multitudinários repetitivos, porque, se não o fosse, o autor poderia sofrer consequências nocivas ao seu direito, decorrentes de acidentalidades que levassem à frustração circunstancial, por motivo secundário, do processo principal, mas esse ajuizamento não impede a suspensão.

A interpretação presente preserva a faculdade de o autor individual acionar (poderá, diz o art. 81 do Código de Defesa do Consumidor) e observa precedentes deste Tribunal, não fulminando o processo individual pela litispendência (REsp 14.473, 3ª Turma, Rel. Min. EDUARDO RIBEIRO, DJ 16.3.98 e REsp 160.288, 4ª Turma, Rel. Min. BARROS MONTEIRO, DJ 13.8.01), precedentes esses que, ainda recentemente levaram a julgamento nesse sentido pela 3ª Turma, inclusive com o voto concordante do subscritor do presente (REsp 1.037.314, Rel. Min. MASSAMI UYEDA, DJ 20.6.2008).

Mas a faculdade de suspensão, nos casos multitudinários abre-se ao Juízo, em atenção ao interesse público de preservação da efetividade da Justiça, que se frustra se estrangulada por processos individuais multitudinários, contendo a mesma e única lide, de modo que válida a determinação de suspensão do processo individual, no aguardo do julgamento da macrolide trazida no processo de ação coletiva.

A interpretação não se antagoniza, antes se harmoniza à luz da Lei dos Processos Repetitivos, com os precedentes desta Corte antes assinalados.

Note-se que não bastaria, no caso, a utilização apenas parcial do sistema da Lei dos Processos Repetitivos, com o bloqueio de subida dos Recursos ao Tribunal Superior, restando a multidão de processos, contudo, a girar, desgastante e inutilmente, por toda a máquina jurisdicional em 1º Grau e perante o Tribunal de Justiça competente, inclusive até a interposição, no caso, do Recurso Especial. Seria, convenha-se, longo e custoso caminho desnecessário, de cujo inútil trilhar os órgãos judiciários e as próprias partes conscientes concordarão em poupar-se, inclusive, repita-se, em atenção ao interesse público de preservar a viabilidade do próprio sistema judiciário ante as demandas multitudinárias decorrentes de macrolides.

A suspensão dos processos individuais, portanto, repousa em entendimento que não nega vigência, aos arts. 51, IV e § 1º, 103 e 104 do Código de Defesa do Consumidor, 122 e 166 do Código Civil; e 2º e 6º do Código de Processo Civil, com os quais se harmoniza, apenas lhes atualizando a interpretação extraída de toda a potencialidade desses dispositivos legais.

10. Na identificação da macrolide multitudinária, deve-se considerar apenas o capítulo principal substancial do processo coletivo.

Anexo · JURISPRUDÊNCIA DO STJ SOBRE PROCESSOS COLETIVOS

No ato de suspensão não se devem levar em conta peculiaridades da contrariedade (p. ex., alegações diversas, como as de ilegitimidade de parte, de prescrição, de irretroatividade de lei, de nomeação de gestor, de julgamento por Câmaras Especiais e outras que porventura surjam, ressalvada, naturalmente, a extinção devido à proclamação absolutamente evidente e sólida de pressupostos processuais ou condições da ação), pois, dada a multiplicidade de questões que podem ser enxertadas pelas partes, na sustentação de suas pretensões, o não sobrestamento devido a acidentalidades de cada processo individual levaria à ineficácia do sistema.

Questões incidentais restarão no aguardo de eventual movimentação do processo individual no futuro, ou, se não houverem sido julgados antes, posteriormente serão julgadas no próprio bojo da defesa na execução de sentença coletiva.

Em decorrência da reserva de questões incidentais, não haverá nenhum prejuízo para as partes, pois, além da acentuada probabilidade de todas as questões possíveis virem a ser deduzidas nas ações coletivas, tem-se que, repita-se, se julgadas estas procedentes, as matérias poderão ser trazidas à contrariedade processual pelas partes na execução individual que porventura se instaure – não sendo absurdo, aliás, imaginar, em alguns casos, o cumprimento espontâneo, como se dá no dia a dia de vários setores da atividade econômico-produtiva, noticiados pela imprensa. E sempre sobrará a possibilidade de intervenção como *amicus curiae,* atendidos seus pressupostos, na dinâmica moderna dos processos coletivizados, como dá mostra a previsão recente na Lei dos Processos Repetitivos (Lei nº 11.672/2008).[142] – grifos acrescidos

Há de ser sublinhado que a questão já fora, anteriormente à pacificação fixada pelo Superior Tribunal de Justiça, enfrentada pela coautora deste artigo, ao coordenar o Anteprojeto de Código Brasileiro de Processos Coletivos. Dentre as propostas formuladas para a redação do aludido Código, o art. 6º trazia redação atenta à necessidade de se identificar a natureza do conflito posto à cognição judicial – se cindível ou não, a fim de que verificada a suspensão do curso processual das ações individuais concomitantes com a coletiva:

Art. 6º – *Relação entre demanda coletiva e ações individuais* – A demanda coletiva não induz litispendência para as ações individuais em que sejam postulados direitos ou interesses próprios e específicos de seus autores, mas os efeitos da coisa julgada coletiva (art. 13 deste Código) não beneficiarão os autores das ações individuais, se não for requerida sua suspensão no prazo de 30 (trinta) dias, a contar da ciência efetiva da demanda coletiva nos autos da ação individual.

[...]

§ 3º O Tribunal, de ofício, por iniciativa do juiz competente ou a requerimento da parte, após instaurar, em qualquer hipótese, o contraditório, poderá determinar a suspensão de processos individuais em que se postule a tutela de interesses ou direitos referidos a relação jurídica substancial de caráter incindível, pela sua própria natureza ou por força de lei, a cujo respeito as questões devam ser decididas de modo uniforme e globalmente, quando houver sido ajuizada demanda coletiva versando sobre o mesmo bem jurídico.

§ 4.º Na hipótese do parágrafo anterior, a suspensão do processo perdurará até o trânsito em julgado da sentença coletiva, vedada ao autor a retomada do curso do processo individual antes desse momento.

---

[142] Recurso Especial 1.110.549/RS (submetido ao regime procedimental dos recursos especiais repetitivos – art. 543-C do CPC), Rel. Min. Sidnei Beneti, *DJe* 14.12.2009.

KAZUO WATANABE também teceu ponderações a respeito. Delimitando apropriadamente o tema, sublinhou o mencionado processualista que: "Uma das dificuldades [quanto ao tema em exame] consiste em saber se as pretensões deduzidas em juízo são efetivamente individuais, ou seja, se a relação jurídica de direito substancial a que essas pretensões estão referidas admite a formulação de vários pedidos individualizados da mesma espécie, ou se acaso, pela sua natureza e peculiaridade, é ela de natureza incindível, de modo que, em princípio, são inadmissíveis postulações individuais. [...] Ponto de fundamental importância para a análise da questão mencionada está na precisa caracterização da natureza das relações jurídicas substanciais em relação às quais são deduzidas em juízo as pretensões das partes e o modo como, em termos práticos, irão atuar, em relação a essas relações jurídicas substanciais, os provimentos jurisdicionais postulados. A coexistência da ação coletiva, em que uma pretensão de Direito Material é veiculada molecularmente, com as ações individuais, que processualizam pretensões materiais atomizadas, pertinentes a cada indivíduo, exige, como requisito básico, a determinação da natureza destas últimas e a verificação da compatibilidade entre as distintas pretensões materiais, coletivas e individuais, veiculadas nessas duas espécies de demandas"[143].

A subutilização de ações coletivas e a proliferação de ações individuais preocupam os especialistas em processos coletivos. A jurisprudência, felizmente, está se orientando no sentido da suspensão "ope judicis" das ações individuais, para se aguardar o julgamento da coletiva. Essa tendência, que se observa desde os Juizados Especiais até o STJ, é extremamente salutar, representando uma releitura do art. 104 do CDC, que privilegia a visão macroscópica com que deve ser interpretado o minissistema de processos coletivos.

É de se notar, portanto, que a tendência prestigiada pela Segunda Seção do Superior Tribunal de Justiça – o tema ainda se encontra em consolidação na referida Corte –, no tocante à simultaneidade entre as ações individuais e a coletiva, que guardem identidade de controvérsia, constitui importante passo para que o processo coletivo passe a desempenhar uma de suas principais finalidades, que é a de racionalizar a forma de acesso à justiça. Enquanto perdurarem posicionamentos fundamentalistas do processo civil clássico, pouco espaço haverá para a consolidação cultural dos institutos do processo coletivo.

Em seus julgados mais recentes, o STJ tem considerado necessária a devida ciência ao juízo em que se processa a ação individual, concluindo que compete à parte ré da ação coletiva "[...] **dar ciência aos interessados da existência dessa Ação Coletiva, momento no qual começa a correr o prazo de 30 dias para a parte Autora postular a suspensão do feito individual**". Oportuno referir a ementa do acórdão:

> Processual civil. Recurso especial. Servidor público. Incorporação de quintos e décimos. Execução de título judicial oriundo de ação coletiva. Suspensão da ação individual nos termos do art. 104 do CDC. Necessidade de ciência inequívoca dos autores da ação individual. Recurso especial desprovido.
>
> 1. Ao disciplinar a execução de sentença coletiva, o art. 104 do Código de Defesa do Consumidor (Lei 8.078/90) dispõe que os Autores devem requerer a suspensão da Ação Individual que veicula a mesma questão em Ação Coletiva, a fim de se beneficiarem da sentença que lhes

---

[143] GRINOVER, Ada Pellegrini; WATANABE, Kazuo; NERY JR., Nelson. Código brasileiro de defesa do consumidor: comentado pelos autores do anteprojeto. 12. ed. Rio de Janeiro: Forense, 2018, p. 825.

é favorável no feito coletivo. **Todavia, compete à parte Ré dar ciência aos interessados da existência dessa Ação Coletiva, momento no qual começa a correr o prazo de 30 dias para a parte Autora postular a suspensão do feito individual.**

2. Na hipótese dos autos, omitiu-se a parte Ré de informar o juízo no qual tramitava a Ação Individual acerca da existência da Ação Coletiva proposta pela Associação Nacional dos Servidores da Justiça do Trabalho – ANAJUSTRA, a fim de propiciar ao Autor a opção pela continuidade ou não daquele primeiro feito. Desta feita, à míngua da ciência inequívoca, não há como recusar à parte Autora a extensão dos efeitos _erga omnes_ decorrentes da coisa julgada na Ação Coletiva.

3. Recurso Especial da UNIÃO desprovido.

(REsp 1.593.142/DF, Rel. Ministro Napoleão Nunes Maia Filho, Primeira Turma, julgado em 7.6.2016, _DJe_ 21.6.2016) – grifos acrescidos

Seguindo a orientação acima, o Tribunal não admitiu o ingresso de autor de ação individual (que não manifestou interesse na suspensão do processo) na fase de execução coletiva:

Processual civil. Sentença coletiva. Requerimento de ingresso na fase executiva. Demanda individual anterior. Opção por continuidade.

Extensão dos efeitos. Impossibilidade

[...]

2. O art. 104 do CDC preceitua que o titular da ação individual não será beneficiado com a procedência da ação coletiva se não requerer a suspensão do feito no prazo de trinta dias contados da ciência do ajuizamento da demanda coletiva.

3. Caso em que a Corte de origem rejeitou o pleito de ingresso do agravante na fase de cumprimento de sentença de demanda coletiva em razão de ação individual anterior proposta em litisconsórcio ativo e ao final julgada improcedente na qual, mesmo intimado para manifestar-se sobre a suspensão supracitada, optou por dar-lhe continuidade.

4. Se a parte preferiu prosseguir na lide individual, não pode beneficiar-se, na fase executiva, do cumprimento de sentença proferida em demanda coletiva, sob pena de furtar-se ao desfecho da sentença de mérito que lhe foi desfavorável.

[...]

6. Agravo interno desprovido.

(AgInt no REsp 1.425.712/PR, Rel. Ministro Gurgel de Faria, Primeira Turma, julgado em 8.6.2017, _DJe_ 7.8.2017)

Contudo, considera o STJ que a incidência do art. 104 do CDC deve ocorrer nos casos de propositura da ação coletiva após o ajuizamento de ações individuais. Nesse sentido: REsp 1.653.095/RJ, Rel. Ministro Herman Benjamin, Segunda Turma, julgado em 21.3.2017, _DJe_ 24.4.2017.

Em decisões seguintes, o Superior Tribunal de Justiça voltou a adotar posicionamento em torno da possibilidade de suspensão do processamento das ações individuais, chegando a firmar tese repetitiva sobre o assunto. Nesse aspecto, citamos o acórdão proferido para o Recurso Especial (repetitivo) 1.525.327/PR, Rel. Min. Luis Felipe Salomão, Segunda Seção, julgado em 12.12.2018, _DJe_ 1º.3.2019, que se encontra assim ementado:

CÓDIGO BRASILEIRO DE DEFESA DO CONSUMIDOR

RECURSO ESPECIAL REPRESENTATIVO DE CONTROVÉRSIA. AÇÃO INDIVIDUAL DE INDENIZAÇÃO POR SUPOSTO DANO AMBIENTAL NO MUNICÍPIO DE ADRIANÓPOLIS. AÇÕES CIVIS PÚBLICAS. TUTELA DOS DIREITOS INDIVIDUAIS HOMOGÊNEOS. EVENTO FACTUAL GERADOR COMUM. PRETENSÕES INDENIZATÓRIAS MASSIFICADAS. EFEITOS DA COISA JULGADA. INEXISTÊNCIA DE PREJUÍZO À REPARAÇÃO DOS DANOS INDIVIDUAIS E AO AJUIZAMENTO DE AÇÕES INDIVIDUAIS. CONVENIÊNCIA DA SUSPENSÃO DOS FEITOS INDIVIDUAIS. EXISTÊNCIA.

1. A tese a ser firmada, para efeito do art. 1.036 do CPC/2015 (art. 543-C do CPC/1973), é a seguinte: <u>Até o trânsito em julgado das Ações Civis Públicas</u> n. 5004891-93.2011.4004.7000 e n. 2001.70.00.019188-2, em tramitação na Vara Federal Ambiental, Agrária e Residual de Curitiba, atinentes à macrolide geradora de processos multitudinários em razão de suposta exposição à contaminação ambiental decorrente da exploração de jazida de chumbo no Município de Adrianópolis-PR, <u>deverão ficar suspensas as ações individuais</u>.

2. No caso concreto, recurso especial não provido.

No mesmo sentido, tem-se ainda:

CIVIL E PROCESSUAL CIVIL. AGRAVO REGIMENTAL NO AGRAVO EM RECURSO ESPECIAL. RECURSO MANEJADO SOB A ÉGIDE DO CPC/73. AGRAVO DE INSTRUMENTO. AÇÃO INDENIZATÓRIA. SUSPENSÃO DE AÇÕES INDIVIDUAIS ATÉ O JULGAMENTO DA AÇÃO COLETIVA. POSSIBILIDADE. ENTENDIMENTO FIRMADO PELA SEGUNDA SEÇÃO EM RECURSO ESPECIAL REPRESENTATIVO DE CONTROVÉRSIA. DECISÃO MANTIDA. AGRAVO REGIMENTAL NÃO PROVIDO.

[...]

2. Constou expressamente na decisão agravada que o entendimento do STJ firmou-se no sentido de que ajuizada ação coletiva relativa a macrolide geradora de processos multitudinários, suspendem-se as ações individuais, no aguardo do julgamento da ação coletiva.

3. O referido entendimento foi, novamente, reiterado pela Segunda Seção do STJ, no julgamento do RESp nº 1.525.327/PR no qual ficou decidido que até o trânsito em julgado das Ações Civis Públicas nº 5004891-93.2011.4004.7000 e nº 2001.70.00.019188-2, em tramitação na Vara Federal Ambiental, Agrária e Residual de Curitiba, atinentes à macrolide geradora de processos multitudinários em razão de suposta exposição à contaminação ambiental, decorrente da exploração de jazida de chumbo no Município de Adrianópolis/PR, deverão ficar suspensas as ações individuais.

[...]

5. Agravo regimental não provido[144].

Outro importante julgamento sobre o tema foi proferido no ano de 2018. Na oportunidade, a Segunda Turma do STJ <u>pontuou a distinção entre litispendência em relação ao processo de conhecimento e litispendência em relação ao processo de execução</u>, a nosso ver, com acerto, pois o não reconhecimento de litispendência entre as execuções implicaria a satisfação em duplicidade do mesmo direito subjetivo. No particular à questão:

---

[144] Agravo Regimental no Recurso Especial 1.554.599/PR, Rel. Min. Moura Ribeiro, Terceira Turma, julgado em 18.2.2019, *DJe* 20.2.2019.

Anexo · JURISPRUDÊNCIA DO STJ SOBRE PROCESSOS COLETIVOS

ADMINISTRATIVO E PROCESSUAL CIVIL. EXECUÇÃO INDIVIDUAL DE AÇÃO COLE-TIVA. RENÚNCIA AO DIREITO NA EXECUÇÃO COLETIVA. LITISPENDÊNCIA. NÃO VERIFICAÇÃO NO CASO CONCRETO. COMPENSAÇÃO. SÚMULAS 7/STJ E 282/STF.

Trata-se, na origem, de Embargos à Execução propostos pela parte recorrente, que pugnava pelo acolhimento de litispendência entre a ação coletiva e a ação individual, a qual, em fase de cumprimento de sentença, realizava a execução das diferenças remuneratórias relacionadas ao percentual de 3,17%, bem como o reconhecimento da possibilidade da compensação dos valores devidos com aqueles pagos administrativamente.

Pela leitura dos autos, os Embargos à Execução foram propostos em razão de os servidores substituídos terem requerido individualmente em litisconsórcio a execução de coisa julgada produzida na Ação Coletiva 99.0063635-0 da 30ª Vara Federal da Seção Judiciária do Estado do Rio de Janeiro, alegando existir execução coletiva proposta pelo sindicato.

Ocorre que consta nos autos que as partes recorridas teriam requerido sua exclusão de qual-quer pretensão executória na Ação Coletiva que tramitava perante a 30ª VF/RJ.

Preliminarmente, não se pode conhecer da irresignação contra a ofensa aos arts. 219 e 301, §§ 1º, 2º e 3º, do CPC/1973 e do artigo 104 do CDC, pois os referidos dispositivos legais não fo-ram analisados pela instância de origem. Ausente, portanto, o indispensável requisito do pre-questionamento, o que atrai, por analogia, o óbice da Súmula 282/STF: "É inadmissível o re-curso extraordinário, quando não ventilada, na decisão recorrida, a questão federal suscitada".

Existe no sistema jurídico brasileiro um microssistema de solução coletiva das controvérsias (processos coletivos) como forma de dar resposta mais célere e uniforme em relação às de-mandas repetitivas e aquelas que interferem na esfera de interesses de grande número de ju-risdicionados.

O direito processual brasileiro admite a coexistência de ação coletiva e ação individual que postulem o reconhecimento de um mesmo direito, inexistindo litispendência entre elas. Nos termos do art. 104 do Código de Defesa do Consumidor, aquele que ajuizou ação individual pode aproveitar eventuais benefícios resultantes da coisa julgada a ser formada na demanda coletiva, desde que postule a suspensão daquela, no prazo de 30 (trinta) dias contados da ciên-cia da ação coletiva, até o julgamento do litígio de massa. Pode ser retomada a tal tramitação no caso de a sentença coletiva ser pela improcedência do pedido, ou ser (o feito individual) julgada extinta, sem resolução de mérito, por perda de interesse (utilidade), se o *decisum* cole-tivo for pela procedência do pleito.

Para que o pedido de suspensão surta os aludidos efeitos, é necessário que ele seja apresentado antes de proferida a sentença meritória no processo individual e, sobretudo, antes de transi-tada em julgado a sentença proferida na ação coletiva (AgInt na PET nos EREsp 1.405.424/SC, Rel. Ministro Gurgel de Faria, Primeira Seção, julgado em 26/10/2016, *DJe* 29/11/2016).

Há relação de conexão entre a ação coletiva e a ação individual que trate do mesmo objeto e causa de pedir, como bem afirmado pelo § 1º, art. 103 do CDC (Lei 8.078/1990) "os efeitos da coisa julgada não prejudicarão interesses e direitos individuais dos integrantes da coletividade, do grupo, categoria ou classe". Porém, não pode ser retirada do jurisdicionado afetado pela relação jurídica a faculdade de postular individualmente em juízo o direito subjetivo.

A legislação dá a opção para o jurisdicionado ingressar na ação coletiva como litisconsorte (art. 94 do CDC) ou se utilizar do título executivo judicial para requerer a execução individual da sentença proferida no processo coletivo, mas não lhe retira o direito de promover ação in-dividual para a discussão do direito subjetivo.

As ações coletivas previstas nos incisos I e II e no parágrafo único do art. 81 do CDC não induzem litispendência para as ações individuais, mas os efeitos da coisa julgada *erga*

omnes ou *ultra partes* a que aludem não beneficiarão os autores das ações individuais se não for requerida sua suspensão no prazo de trinta dias, a contar da ciência nos autos do ajuizamento da ação coletiva (AgRg no AREsp 595.453/RS, Rel. Ministro Herman Benjamin, Segunda Turma, julgado em 26/5/2015, *DJe* 18/11/2015). Precedente: REsp 1.620.717/RS, Rel. Ministro Marco Aurélio Bellizze, Terceira Turma, julgado em 17/10/2017, *DJe* 23/10/2017.

Ocorre que a ausência de litispendência entre as ações coletiva e individual deve ser reconhecida somente na fase de conhecimento da lide, não se transferindo para a fase de execução dos julgados, sob pena de permitir a satisfação em duplicidade do mesmo direito subjetivo, no caso concreto, o pagamento de valores relacionados às diferenças remuneratórias do índice de 3,17% (artigos 97 e 98 do CDC).

Assim, verificado que o servidor é beneficiário de coisa julgada produzida tanto na ação coletiva, quanto na ação individual, ambas em fase de cumprimento de sentença e execução do julgado, deve tão somente ser-lhe garantida a pretensão executória em relação a uma delas, evitando-se o cumprimento da obrigação de pagar quantia certa por duas oportunidades.

Havendo, no caso dos autos, pedido de renúncia na execução coletiva, não há que se extinguir a presente pretensão executória individualizada.

Em relação à possibilidade de a parte recorrente compensar os valores pagos administrativamente daqueles executados judicialmente na presente execução individual, sobre a matéria, embora a jurisprudência do STJ reconheça tal possibilidade, bem como em relação à própria limitação temporal dos efeitos financeiros pelo advento da reestruturação na carreira, é inviável analisar no caso concreto a tese defendida no Recurso Especial quanto a este ponto.

Inarredável a revisão do conjunto probatório dos autos para afastar as premissas fáticas estabelecidas pelo acórdão recorrido.

Aplica-se, portanto, o óbice da Súmula 7/STJ.

Recurso Especial conhecido em parte para, nesta parte, negar-lhe provimento[145] – grifos acrescentados.

6. LIQUIDAÇÃO E EXECUÇÃO DA SENTENÇA

Temas relacionados à liquidação e execução da sentença coletiva já foram examinados pelo Superior Tribunal de Justiça, com definição de jurisprudência por meio de recursos especiais repetitivos. Questões relacionadas com os métodos adequados para a individualização de créditos, assim também com a transformação de ações individuais em cumprimento de sentença – após o julgamento em definitivo da ação coletiva – constituíram temas decisórios pela citada Corte de Justiça.

Processual civil. Execução de sentença proferida em ação coletiva. Possibilidade de que a execução de direitos individuais homogêneos seja promovida por associação na qualidade de representante de seus associados. A sentença condenatória coletiva pode, em circunstâncias específicas, ser liquidada por cálculos, prescindindo-se de prévio procedimento judicial de liquidação. [...].

---

[145] REsp 1.729.239/RJ, Rel. Min. Herman Benjamin, Segunda Turma, julgado em 3.5.2018, *DJe* 23.11.2018.

Anexo · JURISPRUDÊNCIA DO STJ SOBRE PROCESSOS COLETIVOS

– Na representação a associação age em nome e por conta dos interesses de seus associados, conforme autoriza o art. 5º, XXI, CF, diferentemente do que ocorre na substituição processual.

– Sendo eficaz o título executivo judicial extraído de ação coletiva, nada impede que a associação, que até então figurava na qualidade de substituta processual, passe a atuar, na liquidação e execução, como representante de seus associados, na defesa dos direitos individuais homogêneos a eles assegurados. Viabiliza-se, assim, a satisfação de créditos individuais que, por questões econômicas, simplesmente não ensejam a instauração de custosos processos individuais.

– Diante das circunstâncias específicas do caso, a execução coletiva pode dispensar a prévia liquidação por artigos ou por arbitramento, podendo ser feita por simples cálculos, na forma da antiga redação do art. 604, CPC.

[...]

Recurso não conhecido.[146]

Execução por título judicial. Exceção de pré-executividade. Decisão que determinou a expedição de precatórios. Exceção de pré-executividade. Ação coletiva. Execução sem individualização de valores por filiado. Nulidade.

[...]

V – Tratando-se de execução decorrente de ação coletiva, a falta de individualização dos créditos importa em nulidade da execução, para evitar duplicidade no pagamento da indenização, haja vista que as empresas filiadas não encontram vedação para ajuizar ações individuais sobre o mesmo crédito, sendo curial que várias das empresas já ajuizaram ações em relação aos mesmos valores aqui questionados.

VI – Inadequada, na hipótese, a execução realizada por simples cálculo do contador, quando a única forma possível seria a liquidação do julgado, em face da diversidade de credores, de acordo com o art. 608 do CPC.

VII – Se consumada a execução, a Federação recorrida poderá levantar o produto da condenação ficando a própria instituição com a responsabilidade de instaurar concurso de credores para o pagamento dos substituídos, o que representaria, em verdade, enriquecimento ilícito em favor da recorrente.

VIII – Recurso especial provido para anular a execução.[147]

Processual civil. Embargos de divergência. Ação civil coletiva promovida em desfavor da Fazenda Pública por entidade sindical. Execução individual de sentença. Honorários advocatícios. Cabimento. Lei nº 9.494/97, art. 1º-D. Inaplicabilidade.

1. A exoneração da condenação da Fazenda Pública ao pagamento de honorários advocatícios nas execuções por ela não embargadas (Lei n.º 9.494/97, art. 1º-D) é conjurada nas hipóteses de execução individual de julgados proferidos em sede de ação civil pública e de ações coletivas ajuizadas por entidade sindical na condição de substituta processual, porquanto indispensável, em ambos os casos, a contratação pelo exequente de profissional habilitado a representar-lhe em juízo, *máxime pela imprescindibilidade de se liquidar e individualizar o quantum debeatur, inclusive com a demonstração da titularidade do direito do exequente, o*

---

[146] Recurso Especial 880.385/SP, Rel. Min. Nancy Andrighi, Terceira Turma, julgado em 2.9.2008, *DJe* 16.9.2008.

[147] Recurso Especial 766.134/DF, Rel. Min. Francisco Falcão, Primeira Turma, julgado em 15.5.2008, *DJe* 27.8.2008.

1113

CÓDIGO BRASILEIRO DE DEFESA DO CONSUMIDOR

que revela significante a singularidade desse processo satisfativo uti singuli (Precedentes: EREsp nº 653.270/RS, Corte Especial, *DJU* de 17.5.2006; EREsp nº 653.270/RS, Corte Especial, *DJU* de 17.5.2006; EREsp 668115/RS *DJ* 4.6.2007; EREsp 720452/SC *DJ* 26.2.2007;REsp 883.901/PR, *DJ* de 20.11.2006;AgRg nos EREsp 692.033/RS, *DJ* de 9.10.2006;EREsp 691.563/RS, *DJ* de 17.5.2006; EREsp 652.442/RS, *DJ* de 28.8.2006.

2. Embargos de divergência providos.[148] – grifos acrescidos

Processual civil. Embargos de declaração. Omissão na análise das razões do agravo regimental da embargada. Sanação. Agravo regimental. Desprovimento. Processual civil. Sentença advinda de ação coletiva. Execução individual contra a fazenda pública não embargada. Honorários advocatícios. Cabimento. Artigo 1º-D, da Lei 9.494/97. Inaplicabilidade. Súmula 345/STJ.

[...]

3. A Fazenda Pública deve ser condenada ao pagamento de honorários advocatícios nas execuções individuais de sentença proferida em ações coletivas, ainda que não embargadas (Súmula 345/STJ) 2. O artigo 4º, da Medida Provisória nº 2.180-35, de 24 de agosto de 2001, determina que: "A Lei nº 9.494, de 10.09.97, passa a vigorar acrescida dos seguintes artigos: 'Art. 1º-D. Não serão devidos honorários advocatícios pela Fazenda Pública nas execuções não embargadas.'"

4. A execução individual advinda de ação coletiva, em razão de importar na necessidade de o contribuinte ingressar em juízo por intermédio de procurador legalmente constituído, para o fim de executar o julgado, máxime pela imprescindibilidade de se liquidar e individualizar o *quantum debeatur*, inclusive com a demonstração da titularidade do direito do exequente, não ressoa justo que o profissional habilitado não receba remuneração pelo trabalho desenvolvido, mesmo que não tenha participado do processo cognitivo.

5. "A ação individual destinada à satisfação do direito reconhecido em sentença condenatória genérica, proferida em ação civil coletiva, não é uma ação de execução comum. É ação de elevada carga cognitiva, pois nela se promove, além da individualização e liquidação do valor devido, também juízo sobre a titularidade do exequente em relação ao direito material. A regra do art. 1º-D da Lei nº 9.494/97 destina-se às execuções típicas do Código de Processo Civil, não se aplicando à peculiar execução da sentença proferida em ação civil coletiva." (AgRg no REsp 489.348/PR, Rel. Ministro Teori Albino Zavascki, Primeira Turma, julgado em 07.08.2003, *DJ* 1º.9.2003).

[...]

7. Embargos de declaração acolhidos para sanar omissão quanto à análise das razões do agravo regimental da União e negar-lhe provimento.[149-150]

6.1 Comentários dos autores

No sistema coletivo, a sentença condenatória – qualificada pela legislação como genérica – é certa, mas ilíquida. Necessário, portanto, proceder à sua liquidação, em acordo com

---

[148] Embargos de Divergência no Recurso Especial 721.796/RS, Rel. Min. Luiz Fux, Corte Especial, julgado em 1º.2.2008, *DJe* 6.3.2008.

[149] Embargos de Declaração no Agravo Regimental nos Embargos de Declaração nos Embargos de Divergência no Recurso Especial 685.144/RS, Rel. Min. Luiz Fux, Corte Especial, julgado em 3.2.2010, *DJe* 25.2.2010.

[150] Em idêntica direção: Agravo Regimental no Agravo de Instrumento 965.008/RS, Rel. Min. Luiz Fux, Primeira Turma, julgado em 5.5.2009, *DJe* 27.5.2009; Agravo Regimental no Recurso Especial 1.100.376/RS, Rel. Min. Celso Limongi (Desembargador Convocado do TJ/SP), Sexta Turma, julgado em 17.3.2009, *DJe* 6.4.2009; e Agravo Regimental no Recurso Especial 922.521/RS, Rel. Min. Jane Silva (Desembargadora Convocada do TJ/MG), Sexta Turma, julgado em 26.2.2008, *DJe* 17.3.2008.

o disposto no Capítulo VI do Título I do Livro II do Código de Processo Civil, a fim de que se torne possível posterior instauração da execução.

É verdade, também, que, dispondo o juízo de elementos que permitam quantificar a indenização na própria sentença, não o impedirá de fazê-lo, não havendo prenúncios de *ultra petita*[151].

Assim como já salientado pela coautora deste artigo, "Por intermédio dos processos de liquidação, ocorrerá uma verdadeira habilitação das vítimas e sucessores, capaz de transformar a condenação pelos prejuízos globalmente causados do art. 95 em indenização pelos danos individualmente sofridos. Aliás, é a própria lei que, no art. 100, utiliza a expressão habilitação dos interessados. Habilitação essa que, se não guarda parentesco com a dos arts. 1.055 e segs. do CPC, tem similitude com aquela que ocorre por intermédio das reclamações individuais de cumprimento, após a sentença coletiva trabalhista (muito embora, pela legislação do trabalho, não se trate de ações de conhecimento, porquanto a sentença coletiva é de natureza constitutiva e não condenatória: art. 472 da CLT). E não há dúvida de que o processo de liquidação da sentença condenatória, que reconheceu o dever de indenizar e nesses termos condenou o réu, oferece peculiaridades com relação ao que normalmente ocorre nas liquidações de sentença. Nestas, não mais se perquire a respeito do *an debeatur*, mas somente sobre o *quantum debeatur*. Aqui, cada liquidante, no processo de liquidação, deverá provar, em contraditório pleno e com cognição exauriente, a existência do seu dano pessoal e o nexo etiológico com o dano globalmente causado (ou seja, o *an*), além de que quantificá-lo (ou seja, o *quantum*)"[152]. Ainda no aspecto, salientou a referida autora: "O veto que incidiu sobre o parágrafo único do art. 97 visava exclusivamente a colher a regra de competência fixada para a liquidação da sentença. Levou, contudo, de roldão – ao menos aparentemente – a disposição atinente à modalidade da liquidação e aos fatos novos a serem provados pelo liquidante. Nesta segunda parte, mesmo com o veto, o conteúdo da disposição permanece íntegro, em face dos princípios do estatuto processual civil. Com efeito, limitando-se a condenação – genérica, nos termos do disposto no art. 95 – a fixar a responsabilidade do réu pelos danos causados, será agora necessário, a cada prejudicado, demonstrar a existência dos prejuízos sofridos"[153].

Portanto, firmando-se possível a alegação de fatos novos (o que impõe acesso ao direito à prova), a liquidação, nos processos coletivos, deve ser realizada conforme disposto no art. 509 do Código de Processo Civil. Note-se que os fatos a serem provados "[...] não são outros senão os indicados pelo dispositivo vetado: a existência do dano individual, o nexo de causalidade com o dano genérico reconhecido pela sentença, bem como o montante do primeiro"[154].

---

[151] Nesse sentido: Recurso Especial 285.630/SP, Rel. Min. Rui Rosado de Aguiar, Quarta Turma, *DJ* 4.2.2002; Recurso Especial 647.448/RJ, Rel. Min. Jorge Scartezzini, Quarta Turma, *DJ* 29.8.2005; e Recurso Especial 688.536/PA, Rel. Min. Denise Arruda, *DJ* 18.12.2006.

[152] GRINOVER, Ada Pellegrini; WATANABE, Kazuo; NERY JR., Nelson. *Código brasileiro de defesa do consumidor*: comentado pelos autores do anteprojeto. 12. ed. Rio de Janeiro: Forense, 2018, p. 971.

[153] GRINOVER, Ada Pellegrini; WATANABE, Kazuo; NERY JR., Nelson. *Código brasileiro de defesa do consumidor*: comentado pelos autores do anteprojeto. 12. ed. Rio de Janeiro: Forense, 2018, p. 975.

[154] GRINOVER, Ada Pellegrini; WATANABE, Kazuo; NERY JR., Nelson. *Código brasileiro de defesa do consumidor*: comentado pelos autores do anteprojeto. 12. ed. Rio de Janeiro: Forense, 2018, p. 975.

A Terceira Turma do Superior Tribunal de Justiça, entretanto, ao julgar o Recurso Especial 880.385/SP, Rel. Ministra Nancy Andrighi, *DJe* 16.9.2008 (citado na nota de abertura da subseção 6), deliberou que: "O recorrente vem sustentando, entretanto, que a execução não poderia ter sido deflagrada sem que houvesse prévia liquidação individual em que cada indivíduo prove sua condição de vítima. O Recurso Especial aventou, então, a violação aos arts. 3º, 604, 618, I, CPC, bem como aos arts. 95, 97, 98, 99 e 100, CDC. A leitura atenta do art. 98, CDC, revela que a sentença proferida em ação coletiva sempre é ilíquida. *Todavia, o CDC não determinou um procedimento específico de liquidação. Assim, na lei, nada há que impeça a liquidação por simples cálculos.* Se é certo que muitas sentenças coletivas exigem processo de liquidação em que se prove a condição de vítima, como é o caso de acidentes ambientais, há outras hipóteses em que o procedimento prévio de liquidação revela-se desnecessário, como se verifica no processo sob julgamento. Os representados pelo IDEC nesta execução apresentaram documentos que indicam o número e agência da respectiva conta, bem como o valor em depósito em janeiro de 89. Daí, para que se chegue ao valor devido basta uma simples operação matemática com planilha de cálculo. Certamente, a situação poderá ser diversa se outros beneficiados pela sentença não puderem comprovar sua condição de vítima com extratos ou documentos. Diante da diversidade de situações fáticas postas no processo coletivo, não se pode ler a lei de forma restritiva, como se ela estivesse a exigir sempre a liquidação por artigos" (grifos acrescidos).

No Recurso Especial 766.134/DF, Rel. Min. Francisco Falcão, Primeira Turma (julgado em 15.5.2008, *DJe* 27.8.2008), o Tribunal torna a declarar indispensável, à executividade do julgado, a antecedência do procedimento liquidatório, a fim, inclusive, de evitar o enriquecimento ilícito da entidade exequente: "V – Tratando-se de execução decorrente de ação coletiva, a falta de individualização dos créditos importa em nulidade da execução, para evitar duplicidade no pagamento da indenização, haja vista que as empresas filiadas não encontram vedação para ajuizar ações individuais sobre o mesmo crédito, sendo curial que várias das empresas já ajuizaram ações em relação aos mesmos valores aqui questionados. VI – *Inadequada, na hipótese, a execução realizada por simples cálculo do contador, quando a única forma possível seria a liquidação do julgado, em face da diversidade de credores, de acordo com o art. 608 do CPC*".

Em idêntico sentido parece ter sido o ponto de vista formado pela Corte Especial do Superior Tribunal de Justiça, por ocasião do julgamento dos Embargos de Declaração no Agravo Regimental nos Embargos de Declaração nos Embargos de Divergência no Recurso Especial 685.144/RS, Rel. Min. Luiz Fux, julgado em 3.2.2010 e publicado no *DJe* 25.2.2010 (citado na nota de abertura da presente subseção). Na oportunidade, ainda que o tema em debate fosse o direito à percepção, pelos patronos, dos respectivos honorários advocatícios, ponderaram os Ministros integrantes do referido Órgão Julgador (acerca das peculiaridades da execução da sentença coletiva) que: "*A execução individual advinda de ação coletiva*, em razão de importar na necessidade de o contribuinte ingressar em juízo por intermédio de procurador legalmente constituído, para o fim de executar o julgado, *máxime pela imprescindibilidade de se liquidar e individualizar o* quantum debeatur, *inclusive com a demonstração da titularidade do direito do exequente*, não ressoa justo que o profissional habilitado não receba remuneração pelo trabalho desenvolvido, mesmo que não tenha participado do processo cognitivo. 5. '*A ação individual destinada à satisfação do direito reconhecido em sentença condenatória genérica, proferida em ação civil coletiva, não é uma ação de execução comum. É ação de elevada carga cognitiva, pois nela se promove, além da individualização e liquidação do valor devido, também juízo sobre a titularidade do exequente em relação ao direito material. A regra do art. 1º-D da Lei nº 9.494/97 destina-se às execuções típicas do Código de Processo Civil, não se aplicando à peculiar execução da sentença proferida em ação civil coletiva.'* (AgRg no REsp 489.348/PR, Rel. Min. Teori Albino Zavascki, Primeira Turma, julgado em 7.8.2003, *DJ* 1º.9.2003). 6. Precedentes: EREsp 675.766/RS, Rel. Min. João Otávio de Noronha, Corte Especial, julgado em 5.11.2008, *DJ* de 27.11.2008, EREsp 721.796/RS, Rel. Min. Luiz Fux, *DJ* de 6.3.2008; EREsp 653.270/RS, Corte Especial, *DJU* de 17.5.2006; EREsp n 653.270/RS, Corte Especial, *DJU* de 17.5.2006; EREsp 668115/RS *DJ* 4.6.2007;EREsp 720.452/SC *DJ* 26.2.2007; REsp 883.901/PR, *DJ* de 20.11.2006; AgRg nos EREsp 692.033/RS *DJ* de 9.10.2006; EREsp 691.563/RS, *DJ* de 17.5.2006; EREsp 652.442/RS, *DJ* de 28.8.2006".

Desse modo, observa-se que o Superior Tribunal de Justiça firmou compreensão hermenêutica de forma adequada aos primados do processo coletivo, reconhecendo que a liquidação e execução do julgado obedecem a peculiaridades que não poderiam ser devidamente disciplinadas pela incidência do processo civil clássico.

A tal propósito, observa-se que a jurisprudência do Superior Tribunal ainda mantém tal compreensão:

> Direito processual coletivo. Recurso especial. Recurso manejado sob a égide do CPC/73. Ação civil pública. Cobrança de expurgos inflacionários em caderneta de poupança. Fase de cumprimento de sentença. Decisão *extra petita*. Violação ao princípio da congruência entre o pedido e a tutela jurisdicional. Não ocorrência. Divulgação da informação sobre o direito dos poupadores de reaver os numerários. Fornecimento de lista e convocação dos beneficiados através da internet e de jornais locais de maior circulação. Sigilo bancário. Ofensa configuração. Intimação genérica a ser realizada na internet. Recurso especial provido em parte.
>
> [...]
>
> **2. Na liquidação de ação civil pública deve o juiz buscar o resultado prático assegurado na sentença, determinando todas as providências legais que entender necessárias para a satisfação do direito dos beneficiários da demanda.**
>
> **3. O conceito de decisão *extra petita* e o princípio da demanda devem ser analisados no âmbito do direito processual coletivo, que ampliou os poderes do julgador para permitir a maior efetividade do provimento jurisdicional concedido na ação coletiva. Doutrina.**
>
> 4. Não é *extra petita* e não ofende o princípio da demanda a decisão que determina a divulgação da sentença através da internet e de jornais locais de grande circulação, para que os poupadores beneficiados com o ressarcimento dos expurgos inflacionários em contas-poupança decorrentes de planos econômicos governamentais tomem ciência do *decisum* e providenciem a execução do julgado.
>
> 5. O contrato bancário está fundado numa operação de confiança entre banco e cliente, com a garantia do sigilo prevista no art. 1º da Lei Complementar nº 105/2001: as instituições financeiras conservarão sigilo em suas operações ativas e passivas e serviços prestados, estando inseridos nessa proteção os dados cadastrais dos usuários de serviços bancários.
>
> 6. A existência de decisão favorável aos interesses dos poupadores de determinada instituição financeira não autoriza o Poder Judiciário tornar públicos os dados cadastrais deles, especialmente em ação civil pública ajuizada por instituição de defesa do consumidor, cuja propositura pode ocorrer sem a anuência da parte favorecida.

CÓDIGO BRASILEIRO DE DEFESA DO CONSUMIDOR

7. A satisfação do crédito bancário, de cunho patrimonial, não pode se sobrepor ao sigilo bancário, instituto que visa proteger o direito à intimidade das pessoas, que é direito intangível da personalidade.

8. A planilha com os dados cadastrais dos poupadores deverá permanecer em segredo de justiça, com acesso restrito ao Poder Judiciário.

9. A divulgação do resultado do *decisum* deverá ser feita sem a menção dos dados específicos de cada poupador, bastando a intimação genérica de "todos os poupadores do Estado de Mato Grosso do Sul que mantinham cadernetas de poupança na instituição financeira requerida", no período fixado na sentença genérica. Precedente.

10. O NCPC estabeleceu a publicação de editais pela rede mundial de computadores como regra, constituindo-se na atualidade o meio mais eficaz da informação atingir um grande número de pessoas, substituindo a custosa publicação impressa. A obrigação de fazer que foi imposta ao banco depositário não é *intuito personae*, personalíssima ou infungível, o que autoriza o próprio Poder Judiciário a publicar o edital com o resultado da sentença genérica somente na rede mundial de computadores, nos termos do disposto no art. 257, II e III, do NCPC, pelo prazo de 60 (sessenta dias), fluindo da data da publicação única, excluída a determinação para divulgar o *decisum* nos jornais locais de grande circulação.

11. Recurso especial parcialmente provido[155] – grifos acrescentados.

PROCESSUAL CIVIL. AGRAVO INTERNO NO RECURSO ESPECIAL. VIOLAÇÃO DOS ARTIGOS 489 E 1.022 DO CPC/2015. AUSÊNCIA. SERVIDOR PÚBLICO. EMBARGOS À EXECUÇÃO DE SENTENÇA COLETIVA. REAJUSTE PELO ÍNDICE DE 3,17%. NECESSIDADE DE PRÉVIA LIQUIDAÇÃO. ACÓRDÃO RECORRIDO NO MESMO SENTIDO DA JURISPRUDÊNCIA DO STJ. SÚMULA 83/STJ.

1. Afasta-se a alegada violação dos artigos 489 e 1.022 do CPC/2015, porquanto o acórdão recorrido manifestou-se de maneira clara e fundamentada a respeito das questões relevantes para a solução da controvérsia. A tutela jurisdicional foi prestada de forma eficaz, não havendo razão para a anulação do acórdão proferido em sede de embargos de declaração.

2. **O acórdão recorrido encontra-se em sintonia com a jurisprudência desta Corte no sentido de que o cumprimento individual de sentença coletiva, voltada à satisfação de interesses individuais homogêneos, pressupõe fase prévia de liquidação, não apenas para a definição do *quantum debeatur*, mas também para aferição da titularidade do crédito.** Precedentes.

3. Agravo interno não provido[156] – grifos acrescidos.

AGRAVO ITERNO NO RECURSO ESPECIAL. EXPURGOS INFLACIONÁRIOS. CUMPRIMENTO INDIVIDUAL DE SENTENÇA COLETIVA. NECESSIDADE DE PRÉVIA LIQUIDAÇÃO DO TÍTULO EXECUTIVO. ACÓRDÃO RECORRIDO EM CONFRONTO COM A ORIENTAÇÃO MAIS RECENTE DA JURISPRUDÊNCIA DESTA CORTE SUPERIOR QUANTO A ESSE TÓPICO. MANUTENÇÃO DA DECISÃO AGRAVADA. AGRAVO INTERNO DESPROVIDO[157].

---

[155] Recurso Especial 1.285.437/MS, Rel. Min. Moura Ribeiro, Terceira Turma, julgado em 23.5.2017, *DJe* 2.6.2017.

[156] Agravo Interno no Recurso Especial 1.846.115/ES, Rel. Min. Benedito Gonçalves, Primeira Turma, julgado em 7.6.2021, *DJe* 10.6.2021.

[157] Agravo Interno no Recurso Especial 1.789.036/SP, Rel. Min. Paulo de Tarso Sanseverino, Terceira Turma, julgado em 15.6.2021, *DJe* 18.6.2021.

Anexo • JURISPRUDÊNCIA DO STJ SOBRE PROCESSOS COLETIVOS

Convém anotar que o entendimento consolidado pelo STJ tem sido efetivamente aplicado, ainda que registrada a ressalva do respectivo ministro relator:

RECURSO ESPECIAL. PROCESSUAL CIVIL. CONSUMIDOR. AÇÃO COLETIVA DE CONSUMO. EXPURGOS INFLACIONÁRIOS. CUMPRIMENTO INDIVIDUAL DE SENTENÇA COLETIVA. EFICÁCIA DA COISA JULGADA. LIMITES GEOGRÁFICOS. VALIDADE. TERRITÓRIO NACIONAL. TEMA 1.075/STF. CONDENAÇÃO NA FASE DE CONHECIMENTO. EXPURGOS INFLACIONÁRIOS. **LIQUIDAÇÃO. INDISPENSABILIDADE. ENTENDIMENTO PESSOAL. RESSALVA.**

1. Ação de cumprimento individual de sentença coletiva na qual se visa executar a sentença de procedência do pedido da ação coletiva de consumo ajuizada pelo IDEC, relativa ao Plano Verão (jan./89), em face do Banco Nossa Caixa S/A (incorporado pelo recorrente).

2. Recurso especial interposto em: 15/01/2016; conclusos ao gabinete em: 15/09/2017; aplicação do CPC/73.

3. O propósito recursal consiste em determinar: a) se os efeitos *erga omnes* da sentença proferida em ação coletiva de consumo estão limitados pela competência territorial do juiz prolator; b) **se a sentença coletiva relacionada a expurgos inflacionários demanda, necessariamente, a passagem pela fase de liquidação**; c) qual o termo inicial da fluência dos juros moratórios na obrigação fixada em ação coletiva de consumo; d) se houve violação aos limites da coisa julgada ao se prever a incidência de juros remuneratórios de 0,5% ao mês até o efetivo pagamento; e e) se são devidos honorários advocatícios no cumprimento individual de sentença coletiva.

4. Os efeitos e a eficácia da sentença coletiva não estão circunscritos a lindes geográficos, mas aos limites objetivos e subjetivos do que foi decidido, razão pela qual a presente sentença coletiva tem validade em todo o território nacional. Tese repetitiva. Tema 1.075/STF.

5. **Com a ressalva de meu entendimento pessoal de que a exigência de prévia passagem pela fase de liquidação prejudicará a efetividade da justiça e a celeridade processual, adoto a orientação da Segunda Seção, que decidiu que o cumprimento da sentença genérica que condena ao pagamento de expurgos em caderneta de poupança deve ser precedido pela fase de liquidação por procedimento comum, que vai completar a atividade cognitiva parcial da ação coletiva mediante a comprovação de fatos novos determinantes do sujeito ativo da relação de direito material, assim também do valor da prestação devida. Precedente da Segunda Seção.**

6. Recurso especial PARCIALMENTE PROVIDO[158] – grifos acrescentados.

7. CONCLUSÕES

O exame dos julgados proferidos pelo Superior Tribunal de Justiça, na atualidade, permite algumas conclusões otimistas, no que concerne ao patrimônio jurisprudencial formado em relação aos institutos do processo coletivo.

Entretanto, a percepção de que algumas conquistas hermenêuticas foram alcançadas não afasta o sentimento de que alguns temas coletivos apreciados pelos registros decisó-

---

[158] Recurso Especial 1.693.885/SP, Rel. Min. Nancy Andrighi, Terceira Turma, julgado em 27.4.2021, *DJe* 1º.7.2021.

rios do Superior Tribunal de Justiça, elaborados em seus mais de 30 anos de existência, ainda necessitam de técnica interpretativa própria, nomeadamente em favor do reconhecimento da autonomia científica do processo coletivo, em sua plenitude.

Vejamos algumas conclusões que se tornaram possíveis com a análise da jurisprudência do Superior Tribunal de Justiça.

A referida Corte Superior, em vários julgados seus, tem dispensado **tratamento prestigioso** à tese separatista do processo coletivo em relação ao clássico e seu fundamentalismo – tornando possível, na condição de instância uniformizadora, a expansão desse divisar aos demais níveis de jurisdição (subjacentes), interferindo, com autoridade, na construção de uma hermenêutica nacionalizada, fortalecendo a correta interpretação dos institutos fundamentais do processo coletivo.

Ilustram essa constatação os acórdãos que deliberaram a respeito da legitimidade *ad causam*, no campo das ações coletivas. O Superior Tribunal de Justiça, reconhecendo a premência de se outorgar à referida condição da ação critérios interpretativos particulares, voltados à principiologia do processo coletivo, vinculou o instituto da legitimidade *ad causam* ativa à representação adequada (*adequacy of representation*). A referida Corte, portanto, assentou compreensão segundo a qual o juízo prévio acerca da legitimidade ativa, no microssistema do processo coletivo, está alicerçado não somente no rol de legitimados, mas, igualmente, na aptidão temática e idoneidade social do ente demandante, o que ratifica a assertiva de que o processo coletivo impõe espectros peculiares à legitimidade *ad causam*. Nesse particular, inclusive, tem-se o julgamento que outorga à Ordem dos Advogados do Brasil a legitimidade para ajuizar ação civil pública em defesa do patrimônio urbanístico, cultural e histórico, e não somente para as causas coletivas de interesse da respectiva categoria profissional representada.

Integram, ainda, o rol de julgados contributivos à autonomia científica do processo coletivo aqueles que admitem a legitimidade da Defensoria Pública para a propositura de ações civis públicas em defesa de interesses difusos, coletivos ou individuais homogêneos de pessoas qualificadas pela condição de necessitadas, não só no concernente aos recursos financeiros para a formalização da pretensão a ser submetida a juízo, mas, sobretudo, carentes do ponto de vista organizacional.

Nesse trilhar, inevitável reconhecer avanços na linha interpretativa firmada pela Corte em tela – atenta, na realidade, ao princípio da universalidade da jurisdição.

A pesquisa realizada também autoriza acentuar a existência de arestos que, sagrando as potencialidades da ação civil pública – com lastro na razão de ser das ações coletivas – assentou compreensão segundo a qual o art. 21 da Lei nº 7.347/85, com a redação da Lei nº 8.078/90, ampliou o alcance da aludida ação coletiva para a defesa de interesses individuais homogêneos não relacionados a consumidores, reconhecendo, portanto, a legitimidade das entidades sindicais, observada a natureza da categoria por eles representada.

Na temática pertinente à legitimidade, sublinhamos, outrossim, a alteração de posicionamento protagonizada pelas Turmas que integram a Terceira Seção do Superior Tribunal de Justiça (na altura em que detinham competência sobre feitos administrativos – servidores públicos – e previdenciários). Referidos órgãos julgadores passaram a assimilar o posicionamento de que o Ministério Público detém legitimidade para ajuizar ação civil pública, em matéria de direito previdenciário, nos casos em que presente indiscutível

Anexo · JURISPRUDÊNCIA DO STJ SOBRE PROCESSOS COLETIVOS

interesse social relevante, ainda que se trate de direito disponível (compreensão que se estende, como visto, a outros órgãos julgadores do tribunal).

Registram-se, também, no rol de temas a merecer considerações positivas, a compreensão por último formada pelo Tribunal em relação à extensão dos efeitos da coisa julgada, no campo das ações coletivas. Pelo conjunto de decisões trazidas a lume em capítulo próprio, é possível inferir que a jurisprudência do Tribunal adotava posição segundo a qual a coisa julgada, no processo coletivo, estaria adstrita aos limites territoriais do Juízo da respectiva cognição. Constatou-se que, ao delimitar a eficácia da coisa julgada aos limites territoriais do Juízo da cognição, o Superior Tribunal de Justiça se afastou da compreensão de que a norma oriunda do art. 16 da LACP, com a redação da Lei nº 9.494/97, padece de incompatibilidade sistêmica em relação aos demais plexos normativos que disciplinam o processo coletivo.

Porém, novos e decisivos parâmetros orientaram o posicionamento do Tribunal, o que se confirma com o julgamento do Recurso Especial 1.243.887/PR, de que Relator o Ministro Luis Felipe Salomão, Corte Especial, julgado em 19.10.2011, *DJe* 12.12.2011. Para além do marco interpretativo que tal decisão representou para o processo coletivo e sua plenitude – fortalecendo-o superiormente –, estabeleceu à coisa julgada coletiva a extensão territorial macroscópica que lhe é inerente e que lhe outorga a proficiência esperada das tutelas judiciais dessa natureza.

Naquele pronunciamento, a Corte em estudo reconheceu que: *"A antiga jurisprudência do STJ, segundo a qual 'a eficácia* erga omnes *circunscreve-se aos limites da jurisdição do tribunal competente para julgar o recurso ordinário' (REsp 293.407/SP, Quarta Turma, confirmado nos EREsp. nº 293.407/SP, Corte Especial), em hora mais que ansiada pela sociedade e pela comunidade jurídica, deve ser revista para atender ao real e legítimo propósito das ações coletivas, que é viabilizar um comando judicial célere e uniforme – em atenção à extensão do interesse metaindividual objetivado na lide. Caso contrário, 'esse diferenciado regime processual não se justificaria, nem seria eficaz, e o citado interesse acabaria privado de tutela judicial em sua dimensão coletiva, reconvertido e pulverizado em multifárias demandas individuais' (MANCUSO, Rodolfo de Camargo. Op. cit. p. 325), 'atomizando' as lides na contramão do moderno processo de 'molecularização' das demandas".*

Nesse trilhar de ideias, reputamos o julgamento proferido para o Recurso Especial 1.243.887/PR, *DJe* 12.12.2011, um dos mais relevantes pronunciamentos judiciais em torno da questão coletiva. A compreensão de que a coisa julgada formada no processo coletivo é passível de extensão nacionalizada desencadeia um olhar avançado para a ação coletiva, trazendo nova parametrização para as outras questões/controvérsias que ainda merecem novas linhas de entendimento – **calcadas na eficácia do processo coletivo**. Apesar da existência de alguns acórdãos posteriores à posição firmada no aludido recurso especial em sentido contrário a ele, observa-se que o dissenso, atualmente, está superado, sendo numerosos os julgamentos que aplicam a tese de nacionalização da coisa julgada coletiva.

E para a satisfação dos autores, o Supremo Tribunal Federal, em recentíssimo julgamento (Recurso Extraordinário 1.101.937/SP), confirmou a tese sustentada desde sempre pelos doutrinadores do processo coletivo, portando o voto do ministro relator diversas referências a estudos científicos nesse sentido. Além da pacificação do tema (o que pro-

1121

porciona estabilização jurisprudencial em nível nacional), obtivemos algo imensamente importante para o ordenamento jurídico brasileiro: a unificação de entendimentos entre o Supremo Tribunal Federal e o Superior Tribunal de Justiça em torno da autonomia científica do processo coletivo.

Em idêntica direção, citamos o acórdão proferido para o Recurso Especial 1.243.386/RS, Rel. Min. Nancy Andrighi, Terceira Turma, julgado em 12.6.2012, *DJe* 26.6.2012, que acede à compreensão de que a utilidade do processo coletivo está vinculada à tendência de universalização dos julgamentos proferidos nas respectivas ações coletivas.

Portanto, é notável o largo avanço consolidado pelo Superior Tribunal de Justiça no particular à coisa julgada.

Outro capítulo que recebeu a dedicação dos julgados da Corte em referência diz respeito à competência para a liquidação e execução do julgado coletivo. Como mencionado, a jurisprudência do Superior Tribunal de Justiça, de forma predominante, concluía por vincular a eficácia do título coletivo à abrangência territorial da jurisdição do juízo sentenciante (com base no disposto no art. 16 da Lei nº 7.347/65, com a redação da Lei nº 9.494/97).

Entretanto, após o impacto proporcionado pelo julgamento do Recurso Especial 1.243.887/PR (*DJe* 12.12.2011), o STJ passou a entender não haver obrigatoriedade de as execuções individuais serem propostas no mesmo Juízo ao qual distribuída a demanda coletiva de conhecimento, podendo o consumidor fazer uso do foro da comarca de seu domicílio.

Neste particular, a Corte atentou para a circunstância de que a vinculação do juízo executivo ao da cognição iria de encontro à própria efetividade da tutela coletiva, repelindo, declaradamente, a aplicação "mecânica" do disposto no art. 575, inc. II, do CPC de 1973 (art. 781 do CPC de 2015), a qual, prevalecendo, instalaria um quadro de reducionismo da jurisdição coletiva.

No tocante às implicações resultantes da coexistência de ação coletiva e de ações individuais alusivas a idêntica questão, observamos que a Segunda Seção do Superior Tribunal de Justiça, ao julgar o Recurso Especial 1.110.549/RS em 28.10.2009, pacificou o tema – a despeito de votos contrários na formação do acórdão –, optando por preservar, a um só tempo, o exercício do direito de ação individual e, igualmente, a própria efetividade da jurisdição, que ficaria comprometida ao ter de suportar o processamento de múltiplas ações individuais, além da própria via coletiva.

A solução adotada pela referida Seção – reiterada em diversos julgados posteriores –, como mencionado no respectivo capítulo, parece-nos acertada, na medida em que assegura adequada conjugação de valores e bens constitucionais, abrandando o fundamentalismo do processo individual e permitindo que os contornos próprios do processo coletivo se tornem mais evidentes.

Notável, portanto, que as implicações derivadas da contemporaneidade entre ação individual e ação coletiva parecem já pacificadas pela referida Corte. Registramos, por necessário, que o assunto em análise constitui importante avanço para que o processo coletivo passe a desempenhar uma de suas principais finalidades, que é a de racionalizar as formas de acesso à justiça.

Anexo · JURISPRUDÊNCIA DO STJ SOBRE PROCESSOS COLETIVOS

Os procedimentos relativos à liquidação do julgado coletivo também receberam decisões importantes para a evolução jurisprudencial em torno das ações coletivas.

É de se observar, pois, que a hermenêutica sobre os institutos fundamentais do processo coletivo, nos mais de 30 anos de existência do Superior Tribunal de Justiça, caracterizou-se pela sucessão de entendimentos no rumo de uma coerência interpretativa necessária. Percebe-se que a mencionada Corte, em determinados momentos de um passado recente, decidiu as questões coletivas lastreada nos princípios do processo coletivo, porém, em outras ocasiões, fez prevalecer o rigor do processo civil individual.

Por fim, constata-se, também, que há aspectos ainda carecedores de uma atividade interpretativa mais eloquente, tal como ocorre com a legitimidade das associações, sempre reconduzida à representação, sem que se percebesse que estas, dependendo do pedido, também podem assumir a posição de substituto processual, autorizada pelo art. 80 do CDC. A distinção é necessária e tem profundos reflexos nos limites subjetivos da coisa julgada (restrita aos representados ou estendida a todos os substituídos).

Idêntico comentário se aplica à ação coletiva passiva. Nos momentos em que se deparou com a questão, o Superior Tribunal de Justiça limitou-se, inicialmente, a declarar polêmico o tema, não emitindo juízos de valor definitivos e que, a nosso ver, eram necessários, principalmente diante dos novos aportes que se agregam ao sistema jurídico brasileiro, caracterizados por uma verdadeira convergência do *Common Law* e do *Civil Law*. A respeito do tema, destacamos acórdão turmário admitindo a legitimação passiva de Sindicato, sem que, todavia, represente o pensamento do tribunal em sua plenitude.

Conquanto a figura da ação coletiva passiva ainda esteja a depender de consolidação legislativa própria, já seria absolutamente possível concluir pela aceitação da legitimação passiva do grupo representado, nos domínios do processo coletivo. Exemplos notórios dessa admissão são os julgados da Justiça do Trabalho que admitem o sindicato no polo passivo da demanda, bem como, na Justiça comum, grupos sem personalidade jurídica, mas devidamente organizados, como parte passiva em demandas possessórias.

Como ressaltado, se atentarmos para o disposto no § 2º do art. 5º da Lei da Ação Civil Pública, constataremos a possibilidade de habilitação dos colegitimados como litisconsortes de qualquer das partes, autora ou ré, do que se dessume que a ação também poderá ser ajuizada em desfavor do representante da classe. Ainda nessa esteira de raciocínio, o art. 107 do Código de Defesa do Consumidor preconiza a convenção coletiva de consumo, com o objetivo de disciplinar relação de natureza consumerista e respectivas vias de composição de conflitos de interesse relacionados àquele ramo do direito.

Nessa esteira, é de se verificar que a posição do Superior Tribunal de Justiça acerca da ação coletiva passiva confirma a tese de que a experiência dos processos coletivos nos países de *civil law*, ou ao menos em sua grande maioria, ainda não está firmada.

A merecer reflexão, a jurisprudência do Superior Tribunal de Justiça tem, reiteradamente, afirmado que, por analogia, deve-se aplicar à pretensão de direito material dedutível em ação civil pública o prazo prescricional estatuído para o caso da ação popular, nos termos do art. 21 da Lei nº 4.717/65. Este posicionamento agrava-se quando, por incidência da orientação fixada pela Súmula 150 do Supremo Tribunal Federal, o prazo quinquenal também será aplicado à pretensão executiva.

1123

CÓDIGO BRASILEIRO DE DEFESA DO CONSUMIDOR

Por outro lado, é verdadeiro afirmar a existência de pronunciamentos que se afastam dessa postura, definindo a questão prescricional sem os contornos próprios do processo coletivo.

O posicionamento assentado pela Corte rende ensejo a debates que podem culminar na necessidade de revisitação do tema, no mínimo em relação à aplicação genérica da Lei da Ação Popular. Isso porque a pluralidade de conflitos a merecerem a tutela coletiva não deve se circunscrever a um estuário comum. O lapso prescricional a incidir na espécie litigiosa estará – ou deverá estar – associado ao direito material cujo reconhecimento se postula em juízo. Essas considerações também se aplicam em relação ao prazo prescricional da execução, que tem sido contado a partir do trânsito em julgado da sentença condenatória genérica, na tutela de direitos individuais homogêneos (cujo conhecimento não se dá aos beneficiários).

Percebe-se que os acórdãos transcritos no capítulo concernente à prescrição sinalam que o Superior Tribunal, nesses aspectos, assumiu posição de caráter restritivo à utilização das ações coletivas, negando-lhes a vocação natural que elas possuem de caráter próprio e tratamento diferenciado. Por outro lado, houve avanços no ponto relacionado à prescrição (ainda que de forma indireta), em especial acórdãos que reconheceram a legitimidade do Ministério Público para o ajuizamento de medidas cautelas voltadas à interrupção do prazo para ajuizamento da tutela executiva.

Em conclusão, é importante observar que o patrimônio hermenêutico do Superior Tribunal de Justiça, no tocante aos institutos fundamentais do processo coletivo, caminha, de forma decisiva, rumo a uma necessária unidade de interpretação, adequada ao verdadeiro espírito de seus princípios e regras. Apenas em alguns aspectos, supra salientados, espera-se da Corte maior reflexão e aprofundamento que melhor reflitam sua vocação rumo à interpretação aderente à realidade representada pelos conflitos de massa e de seu adequado tratamento processual.

ÍNDICE ALFABÉTICO-REMISSIVO DO CÓDIGO DE DEFESA DO CONSUMIDOR E MICROSSISTEMA DOS PROCESSOS COLETIVOS[1]

A

ABATIMENTO PROPORCIONAL DO PRE-ÇO, art. 19, I

ABUSO DE DIREITO, art. 28

AÇÃO

– danos morais e patrimoniais; responsabilidade por: art. 1º da LACP

– defesa do consumidor: art. 83

– de regresso: art. 88

– obrigação de fazer ou de não fazer; cumprimento da: art. 84; art. 3º da LACP

AÇÃO CAUTELAR

– ajuizamento: art. 4º da LACP

– legitimados: art. 5º da LACP

AÇÃO CIVIL

– iniciativa do Ministério Público: art. 6º da LACP

– objeto: art. 3º da LACP

– propositura: art. 7º da LACP

AÇÃO CIVIL COLETIVA, arts. 81 e 82

AÇÃO CIVIL COLETIVA DE RESPONSA-BILIDADE

– ajuizamento pelo Ministério Público: art. 92

– proposição: art. 91

AÇÃO CIVIL PÚBLICA, arts. 81; 90; 101; 102; 103

– coisa julgada: arts. 103, §§ 1º e 3º

– competência: art. 93, II

– execução: arts. 97; 98, §§ 1º e 2º; 100; 103, § 3º

– inquérito civil: arts. 26, § 2º, III; 90

– juiz: arts. 28; 77; 79, parágrafo único, "b"; 84, *caput* e §§ 3º, 4º e 5º

– legitimação: art. 82

– Ministério Público: art. 51, § 4º; 80; 82, I; 92

– serviços públicos: art. 4º, VII; 6º, X; 22

AÇÃO COLETIVA

– coisa julgada: art. 103

– concurso de créditos: art. 99

– custas e emolumentos: art. 87

– danos: art. 91

– defesa de interesses individuais homogêneos: arts. 91 a 100

– defesa de interesses individuais homogêneos; justiça competente: art. 93

---

[1] As normas da Lei 8.078 são aquelas indicadas sem referência "CDC". As normas da Lei 7.347/1985 foram identificadas com a abreviatura "LACP".

CÓDIGO BRASILEIRO DE DEFESA DO CONSUMIDOR

- divulgação aos interessados: art. 94
- interesses individuais: art. 91
- legitimação para Agir: art. 82; 91
- litigância de má-fé, condenação solidária: art. 87, parágrafo único
- litispendência: art. 104
- Ministério Público: art. 5º, II; 51, § 4º; 80; 82, I ; 92
- procedência do pedido; condenação genérica: art. 95
- propositura: art. 91; 92; 101
- sentença: art. 103
- sentença; liquidação e execução: arts. 97 e 98

AÇÃO CONDENATÓRIA, art. 98, § 2º, I e II

AÇÃO DE INDENIZAÇÃO, art. 103, § 2º

AÇÃO DE REGRESSO, art. 13, parágrafo único; 88

AÇÃO DE RESPONSABILIDADE

- aplicabilidade do CPC: art. 19 da LACP
- custas: art. 18 da LACP
- danos morais e patrimoniais: LACP
- efeito suspensivo do recurso: art. 14 da LACP
- foro competente: art. 2º da LACP
- inexistência de fundamento: art. 9º da LACP
- inquérito civil: art. 8º, § 1º da LACP
- instrução na inicial: art. 8º da LACP
- litigância de má-fé: art. 17 da LACP
- mandado liminar: art. 12 da LACP
- omissão de informação de dados técnicos: art. 10 da LACP
- sentença civil: art. 16 da LACP
- sentença condenatória: art. 15 da LACP

AÇÃO DE RESPONSABILIDADE CIVIL DO FORNECEDOR DE PRODUTOS E SERVIÇOS

- chamamento ao processo: art. 101, II
- competência: art. 101, I
- denunciação da lide: art. 88
- falência: art. 101, II
- foro competente: art. 101, I
- ingresso no feito: art. 102, § 2º

- legitimados: art. 102
- normas de procedimento: art. 101
- responsabilidade Civil: art. 101
- réu; chamamento a lide do segurador: art. 101, II
- réu; falido: art. 101, II

Vide também: FORNECEDOR

AÇÃO GOVERNAMENTAL, art. 4º, II

AÇÃO PENAL PÚBLICA: art. 80

- coisa julgada: art. 103
- Ministério Público: art. 80
- subsidiária: art. 80

AÇÃO PENAL SUBSIDIÁRIA, art. 80

AÇÃO PRINCIPAL

- ajuizamento: art. 4º da LACP
- legitimados: art. 5º da LACP

ACESSO À JUSTIÇA, art. 6º, VII

ACIDENTES DE CONSUMO

Vide: RESPONSABILIDADE PELO FATO DO PRODUTO E DO SERVIÇO

ADMINISTRAÇÃO PÚBLICA, art. 82, III

AFIRMAÇÕES ENGANOSAS E/OU FALSAS

- cobrança de dívida: art. 71
- crime: art. 66

AGRAVANTES, art. 76

AGROTÓXICOS

- controle da publicidade: art. 37

AJUSTAMENTO DE CONDUTA, art. 113, § 6º

ALIENAÇÃO FIDUCIÁRIA, art. 53

ALVARÁ, art. 59

AMEAÇA, art. 71

AMOSTRAS GRÁTIS, art. 39, parágrafo único

ANTECIPAÇÃO DA TUTELA DEFINITIVA, art. 84, § 3º

ANÚNCIO

Vide: PUBLICIDADE

APREENSÃO DE PRODUTOS, arts. 56, II e 58

ARREPENDIMENTO

- devolução das quantias pagas: art. 49
- direito de: art. 49

1126

ÍNDICE ALFABÉTICO-REMISSIVO

- prazo de reflexão: art. 49

ASSÉDIO DE CONSUMO, art. 54-C, IV

ASSISTÊNCIA JUDICIÁRIA, arts. 5º, I e 6º, VII

ASSOCIAÇÕES, art. 4º, II, "b"; 5º, V; 82, IV; 107

- desistência da ação: art. 112
- inércia: art. 114
- má-fé: art. 115
- outros interesses: art. 111
- solidariedade: art. 115

ASSOCIAÇÕES DE DEFESA DO CONSU-MIDOR

- estímulos a criação: art. 5º, V
- legitimação: art. 82, IV

ATOS ABUSIVOS OU ILEGAIS, art. 28

B

BANCO DE DADOS E CADASTROS DE CONSUMIDORES

- acesso à informação: art. 43
- correção de informação: art. 73

BANCOS, art. 3º, § 2º

BENS

- como produto: art. 1º, § 3º
- qualidade: art. 18
- responsabilidade: art. 12; 13; 14; 18; 19
- substituição: art. 18, § 1º, I; 19, III

BENS DE CONSUMO: art. 3º, § 1º

- classificação: art. 3º, § 1º
- conceito: arts. 1º e 2º

BENS ECONÔMICOS

- definição: art. 3º, § 1º

BUSCA E APREENSÃO, art. 84, § 5º

BYSTANDER, art. 17

C

CADASTROS DE CONSUMIDORES, art. 43; 72; 73

- abertura: art. 43; 72

- acesso às informações: art. 43; 43; 72
- arquivos de consumo: art. 43
- banco de dados: art. 43; 72
- comunicação: art. 43
- direito à retificação: art. 43; 73
- direito de acesso: art. 43; 72
- direito de ser informado: art. 43; 72
- impedimento de acesso: art. 72
- linguagem: art. 43
- objeto: art. 43
- órgão público: art. 44
- perdas e danos: art. 43
- sanções: art. 45
- serviço de proteção ao crédito: arts. 2º; 43; 72
- tipos de arquivos: art. 43
- tipos de informações: art. 43
- utilização dos arquivos: art. 43
- vida útil da informação: art. 43

CÓDIGO CIVIL

- sobrevivência do: art. 119

CADUCIDADE

- direito de reclamar: art. 26

Vide também: DECADÊNCIA E PRESCRIÇÃO

CERTIDÕES OU INFORMAÇÕES

- requisição: art. 8º da LACP
- sigilo: art. 8º, § 2º da LACP

CIRCUNSTÂNCIAS AGRAVANTES

- art. 67

CLASS ACTION

- *Vide* Capítulo II

CLÁUSULAS ABUSIVAS: art. 1º; 2º; 6º

- contrato: art. 2º; 6º; 51
- desistência: art. 51
- elenco exemplificativo: art. 51
- nulidade: arts. 6º; 51
- obrigações: arts. 46; 48; 51; 52
- publicidade: art. 38

CLÁUSULAS CONTRATUAIS

- abusivas: art. 51, § 2º
- contratos de adesão: art. 54, § 2º

1127

CÓDIGO BRASILEIRO DE DEFESA DO CONSUMIDOR

– hipóteses de nulidade: art. 53

– legitimação do Ministério Público: art. 51, § 4º

– limitativas do direito do consumidor: art. 54, § 4º

– resolutórias: art. 54, § 2º

CLÁUSULAS DE EXONERAÇÃO DA RESPONSABILIDADE, art. 25

CLÁUSULAS GERAIS DOS CONTRATOS

– alteração unilateral do preço: art. 51

– arbitragem: art. 51

– cancelamento: art. 51

– cláusulas abusivas: art. 51

– compra e venda: art. 53

– conservação: art. 51, § 2º

– conteúdo: arts. 4º; 50

– controle: art. 51, § 3º

– desistência: art. 49

– equilíbrio: art. 51, § 1º

– garantia: art. 50

– indenização: art. 51

– interpretação: art. 6º, V; 47

– modificações: art. 6º, V

– prazo: art. 49

– redação: art. 46

– transferência: art. 51

CLÁUSULA-SURPRESA, art. 51

COBRANÇA DE DÍVIDAS

– afirmações falsas: art. 42

– ameaça: art. 42; 71

– coação: art. 71

– contrato do credor com terceiros: art. 42

– danos: art. 42

– exposição a ridículo: art. 42

– interferência: art. 42

– juros e correção: art. 42, parágrafo único

– perdas: art. 42

– práticas proibidas: art. 42

– proibições absolutas: art. 42

– proibições relativas: art. 42

– quantia indevida: art. 42, parágrafo único

– repetição do indébito: art. 42, parágrafo único

– pressuposto da qualidade: art. 42

– pressuposto extrajudicial: art. 42

– valor da sanção: art. 42

COBRANÇA DE DÍVIDAS

– disposições: art. 42

– infração penal: art. 71

CÓDIGO DE PROCESSO CIVIL, art. 90

COISA JULGADA, arts. 103 e 104; art. 16 da LACP

– ação civil pública: art. 103

– *erga omnes*: art. 103, I e III

– interesses coletivos: art. 103

– interesses difusos: art. 103

– interesses individuais homogêneos: art. 103

– *in utilibus*: art. 103

– litispendência: art. 104

– *secundum eventum litis*: art. 103

– *secundum eventum litis*: art. 103

– *secundum eventum probationis*: art. 103

– *ultra partes*: art. 103, II; 104

COLETIVIDADE DE CONSUMIDORES

– art. 2º, parágrafo único

– conceito: art. 2º, parágrafo único

COMERCIANTE

– responsabilidade: art. 13

COMPETÊNCIA, art. 93

COMPRA E VENDA, art. 53

– alienação fiduciária: art. 53

– a prestação: art. 53

– cláusula penal: art. 53

– devolução: art. 53

– nulidade de pleno direito: art. 53

COMPROMISSO

– tomado pelos órgãos legitimados: art. 113

– título executivo judicial e extrajudicial: art. 113

CONCESSIONÁRIAS

– qualidade dos serviços: art. 22

CONCEITO

– interesses ou direitos "coletivos": art. 81, II

ÍNDICE ALFABÉTICO-REMISSIVO

- interesses ou direitos "difusos": art. 81, I
- interesses ou direitos "individuais homogêneos": art. 81, III

CONCORRÊNCIA DESLEAL

- abuso: art. 4º, VI

CONCURSO DE AGENTES, art. 75

CONCURSO DE CRÉDITOS, art. 99; 106, VIII e parágrafo único

- garantia de preferência: art. 99

CONSELHO ADMINISTRATIVO DE DEFESA ECONÔMICA – CADE

Vide Lei 8.884/1994

CONSELHO ESTADUAL DE DEFESA DO CONSUMIDOR, art. 4º

CONSELHO NACIONAL DE DEFESA DO CONSUMIDOR, art. 6º

CONSERTOS (SERVIÇOS), art. 21

CONSÓRCIO, art. 53, § 2º

- desistência: art. 53
- produto durável: art. 53
- sociedades coligadas: art. 28

CONTRATO DE ADESÃO, art. 54

- cláusulas resolutórias: art. 54, § 2º
- definição: art. 54, *caput*
- destaque: art. 54, § 4º
- escolha: art. 54, § 2º
- escrito: art. 54, § 3º
- inserção de cláusula: art. 54, § 1º
- redação: art. 54, § 3º
- verbal: art. 54

CONTRATO DE FINANCIAMENTO, art. 52

CONTRATO PRELIMINAR, art. 48

- execução específica: art. 48
- execução forçada: art. 48
- obrigações: art. 48

CONTRATOS CONEXOS, COLIGADOS OU INTERDEPENDENTES, art. 54-F

CONTROLE DE QUALIDADE, art. 67

CONSTRUTOR, art. 12

CONSUMIDOR

- ação de responsabilidade: art. 1º, II da LACP

- acesso aos cadastros e bancos de dados: art. 43
- assistência jurídica: art. 5º
- atendimento de suas necessidades: art. 4º
- carente: art. 5º, I
- cobrança de dívidas: art. 42
- coletividade: art. 2º, parágrafo único
- conceito: art. 2º
- defesa em juízo: arts. 81 a 104
- delegacias de polícia especializadas: art. 5º, III
- desfazimento de negócios: art. 41
- desistência do contrato: art. 49, parágrafo único
- devolução dos valores pagos: art. 49, parágrafo único
- direito à repetição do indébito: art. 42, parágrafo único
- direitos básicos: art. 6º
- entidades civis: art. 107
- equiparação: arts. 2º, parágrafo único, 17 e 29
- exigências; direito: art. 18
- financiamento: art. 52
- fontes dos direitos: art. 7º
- *habeas data*: art. 73
- hipossuficiente: art. 39
- normas: art. 39
- normas técnicas: art. 39
- ônus da prova: arts. 6º; 38; 51
- órgãos de proteção: art. 4º
- pagamento de prestações: art. 53
- Política Nacional de Relações de Consumo: art. 4º
- prescrição de dívidas: art. 43, § 5º
- proteção contratual: arts. 46-50
- proteção do consumidor pessoa natural: art. 5º, VI
- proteção governamental: art. 4º
- reclamação: art. 26
- recusa de cumprimento à oferta: art. 35
- requisitos para desistência do contrato: art. 49

CÓDIGO BRASILEIRO DE DEFESA DO CONSUMIDOR

– vulnerabilidade: art. 4º

CONTRAPROPAGANDA, art. 6º; 37; 60

– imposição: art. 56;

– publicidade: art. 36 e ss.

CONTRATOS

– adesão: art. 54

– alienação fiduciária em garantia: art. 51, § 2º

– arrependimento do consumidor: art. 49, parágrafo único

– atuação do Ministério Público: art. 51, § 4º

– cláusula penal: art. 61 e ss.

– cláusulas abusivas: arts. 51 a 53

– compra e venda de móveis ou imóveis: art. 53

– consórcio de produtos duráveis: art. 53, § 2º

– construção: art. 12

– débito, liquidação antecipada do: art. 52, § 2º

   - prazo-desistência: art. 49

CONTROLE DE QUALIDADE, art. 4º, V

CONVENÇÃO COLETIVA DE CONSUMO, art. 107

– conceito: art. 107

– condições: art. 107

– harmonização de interesses: art. 4º

– natureza jurídica: art. 107

– objeto: art. 107

– requisitos: art. 107

CRÉDITO AO CONSUMIDOR, art. 52

– acréscimos: art. 52

– custo efetivo total: art. 54-B

– dever de informação qualificada: art. 54-B, art. 54-D, I

– financiamento: art. 52

– informação prévia: art. 52

– juros: art. 52

– liquidação antecipada: art. 52

– moeda: art. 52

– multa: art. 52

– oferta prévia: art. 54-B

– preço: art. 52

– prestação: art. 52

– decadência: art. 26

– declaração de vontade: art. 48

– descumprimento: art. 6º

– desistência: art. 49

– disposições gerais: art. 46

– empreitada: art. 40

– exoneração contratual: art. 25

– garantia: art. 50

– hipótese de rescisão: art. 35, III

– igualdade: art. 51

– inadimplemento da obrigação: art. 52, § 1º

– interpretação das cláusulas contratuais: art. 47

– nulidade de cláusulas contratuais: art. 51

– nulidade de cláusula, alcance da: art. 51, § 2º

– outorga de crédito ou concessão de financiamento: art. 52

CRÉDITO RESPONSÁVEL

- direito básico: art. 6º, VII

CRIMES

– ação civil: art. 10 da LACP

– circunstâncias agravantes: art. 76

– contra as relações de consumo: arts. 61 a 74

– disposições: arts. 61 a 80

CULPA

– de terceiro: art. 12, § 3.º, III

– exclusiva do consumidor: art. 12, § 3.º, III

– hipóteses de inexistência de culpa do fornecedor: art. 12, § 3º

CUSTAS E EMOLUMENTOS

– ação coletiva: art. 87

– adiantamento: art. 116; art. 18 da LACP

– litigância de má-fé: art. 115; art. 17 da LACP

D

DANOS

– ação coletiva: art. 91

– ação de indenização: art. 103, § 3º

– coisa julgada: art. 103

ÍNDICE ALFABÉTICO-REMISSIVO

- competência jurídica: art. 93
- direito de regresso: art. 13, parágrafo único
- habilitação de interessados: art. 100
- indenização: art. 83
- individuais: art. 91
- morais e patrimoniais – art. 6º do CDC; art. 1º da LACP
- prevenção e reparação: arts. 6º, 8º a 25
- reparação: art. 12
- sujeito passivo na reparação: art. 12
- tutela dos interesses: art. 81

DECADÊNCIA E PRESCRIÇÃO, arts. 26; 27

- circunstâncias que obstam a decadência: art. 26, § 2º
- decadência do direito de reclamar: art. 26
- direito subjetivo: art. 26
- vício oculto: art. 26, § 3º
- prescrição da pretensão de reparação dos danos: art. 27

DEFENSORIA PÚBLICA

- legitimação: art. 82

DEFESA COLETIVA, art. 81, parágrafo único

DEFESA DO CONSUMIDOR EM JUÍZO, arts. 81 a 104

- ação para cumprimento de obrigação de fazer ou não fazer: art. 84
- ação para defesa; admissibilidade: art. 83
- ações coletivas para a defesa de interesses individuais homogêneos: arts. 91 a 100
- ações de responsabilidade do fornecedor de produtos e serviços: arts. 101 e 102
- aplicabilidade das normas do CPC: art. 90
- exercício da defesa coletiva: art. 81, parágrafo único
- legitimação concorrente na defesa coletiva : art. 82
- normas gerais: arts. 81 a 90

DEFEITOS DO PRODUTO, art. 12

- abatimento: arts. 18; 19
- caso fortuito e força maior: art. 12
- causas excludentes: art. 12
- *recall*: art. 12
- riscos de desenvolvimento: art. 12

- substituição: art. 18
- tipologia: art. 12

DELEGACIAS ESPECIALIZADAS, art. 5º

DENUNCIAÇÃO À LIDE, art. 88

DESCONSTITUIÇÃO DA PERSONALIDADE JURÍDICA, art. 28

DEVOLUÇÃO DO PAGAMENTO, arts. 18, § 1º, II, 19, IV e 20, II

DIMINUIÇÃO DO VALOR DO PRODUTO

- responsabilidade do fornecedor de serviços: art. 20

DIREITO DE REGRESSO, art. 13, parágrafo único

DIREITOS DO CONSUMIDOR, arts. 6º; 7º

- tratados e convenções internacionais: art. 5º

E

EDUCAÇÃO FINANCEIRA

– fomento de ações, art. 4º, IX

– direito básico do consumidor: art.6º, XI

ENTES DESPERSONALIZADOS, art. 3º

ESTILO DE VIDA

- publicidade: art. 37

EXCESSO DE PODER, art. 28

EXECUÇÃO

- competência para processo: art. 98
- definitiva e provisória: art. 98
- específica: arts. 48; 84
- forçada: art. 35, I
- individual e coletiva: art. 98

F

FABRICANTE

- exclusão de responsabilidade: art. 12, § 3º
- peças de reposição; disponibilidade de: art. 32
- reparação de danos: art. 12
- deveres: art. 8º

FALÊNCIA DA SOCIEDADE, art. 28

FATO ILÍCITO, art. 28

CÓDIGO BRASILEIRO DE DEFESA DO CONSUMIDOR

FIANÇA, art. 79

FLUID RECOVERY

– destinação: art. 100

– no direito brasileiro: art. 100

FONTES

– dos direitos do consumidor: art. 7º

FORNECEDORES

– ações de sua responsabilidade: arts. 101 e 102

– cadastro de reclamações: art. 44

– convenção coletiva de consumo; obrigação de cumprir: art. 107, § 3º

– declarações de vontade: art. 48

– conceito: art. 3º

– ignorância dos vícios: art. 23

– obrigação de prestar informações sobre o produto: art. 8º

– obrigatoriedade de prestar serviço: art. 40

– oferta: art. 30

– orçamento prévio: art. 40

– pesagem ou medição; responsabilidade por: art. 19, § 2º

– produtos de alto grau de nocividade ou periculosidade; proibição de colocar no mercado: art. 10

– produtos e serviços potencialmente nocivos ou perigosos: art. 9º

– recusa de cumprimento à apresentação ou publicidade; efeitos: art. 35

– recusa de cumprimento à oferta: art. 35

– reexecução de serviços: art. 20, § 1º

– responsabilidade independente de culpa: art. 14

– responsabilidade por serviços: arts. 14 e 20

– responsabilidade por vício de qualidade: art. 20

– responsabilidade por vício do produto e do serviço: art. 18

– responsabilidade solidária: arts. 19 e 34

– tabelamento de preços; produtos sujeitos ao regime de: art. 41

FUNDOS ESPECIAIS, art. 57; arts. 13, 20 da LACP

G

GARANTIA

– contratual: art. 50

– exoneração contratual do fornecedor; vedação: art. 24

– termo: art. 50

GRUPOS SOCIETÁRIOS, art. 28, § 2º

H

HABEAS DATA, art. 43, § 5º

– admissibilidade: art. 86

HONORÁRIOS DE ADVOGADO, art. 115

I

IMPORTADOR, art. 12

INDENIZAÇÃO, arts. 6º, VI, 12 e 25

– liquidação e execução: art. 100

– reversão ao fundo: art. 100, parágrafo único

INFORMAÇÃO

– dever de informar: art. 8º

– direito à informação veraz, objetiva, clara e de fácil compreensão: art. 43

– produto industrial: art. 8º, parágrafo único

– produtos e serviços potencialmente nocivos ou perigosos à saúde ou segurança: art. 9º

INFRAÇÕES

– lei: art. 28

– ordem econômica e economia popular: art. 1º, V, da LACP

– penais: arts. 61 a 80

– sanções: art. 56

INOVAÇÕES TECNOLÓGICAS, art. 12

– riscos de desenvolvimento: art. 12

INQUÉRITO CIVIL

– arquivamento: art. 9º, §§ 1º a 4º da LACP

– disposições: art. 90

– titular: art. 8º, § 1º da LACP

ÍNDICE ALFABÉTICO-REMISSIVO

INTERESSES COLETIVOS
– ação de responsabilidade: art. 1º, IV da LACP
– competência: art. 93
– direitos: art. 81, II

INTERESSES DIFUSOS
– ação de responsabilidade: art. 1º, IV da LACP
– competência: art. 93
– direitos: art. 81, I

INTERESSES INDIVIDUAIS, art. 81, III

INTERESSES INDIVIDUAIS HOMOGÊNEOS
– defesa: arts. 91 a 100
– competência: art. 93

INTERVENÇÃO JUDICIAL
Vide Lei 8.884/94

INVERSÃO DO ÔNUS DA PROVA, art. 6º, VIII

J

JUIZ, art. 28
– poderes do juiz: art. 84
– tipos de provimentos jurisdicionais – art. 84

JUIZADOS ESPECIAIS DE PEQUENAS CAUSAS E VARAS ESPECIALIZADAS, art. 5º, IV

JUÍZO ARBITRAL
– conflitos de consumo: art. 4º

L

LEGITIMAÇÃO
– ação penal subsidiária: art. 80
– concorrente: art. 82

LEI DA AÇÃO CIVIL PÚBLICA
– interação entre o CDC e a LACP: art. 90

LIMINAR, art. 12, §§ 1º e 2º da LACP

LIQUIDAÇÃO ANTECIPADA DO DÉBITO
– redução de juros: art. 52, § 2º

LITIGÂNCIA DE MÁ-FÉ, art. 87; art. 17 da LACP

LITISCONSÓRCIO
– facultativo: art. 5º, § 5º da LACP
– habilitação: art. 5º, § 2º da LACP
– intervenção: art. 94

LITISPENDÊNCIA
– ação coletiva: art. 104

M

MEDICAMENTOS
– controle da publicidade: art. 37

MEIO AMBIENTE, art. 1º, I, da LACP

MERCADO
– coibição e repressão de abusos: art. 4º
– estudo das modificações: art. 4º

MINISTÉRIO PÚBLICO
– ajuizamento de ação: art. 51, § 4º do CDC e art. 5º da LACP
– arquivamento do inquérito civil: art. 9º da LACP
– atuação: art. 92 do CDC; art. 5º, § 1º da LACP
– inquérito civil: art. 8º, § 1º da LACP
– intervenção como assistente: art. 80
– legitimação: art. 82, I
– legitimidade ativa: art. 5º, § 3º, da LACP
– litisconsórcio facultativo: art. 5º, § 5º, da LACP
– Promotorias de Justiça de Defesa do Consumidor: art. 5º, II
– provocação: art. 6º da LACP

MULTAS, arts. 56, I e 57
– cominação liminar; exigibilidade: art. 12, § 2º da LACP
– diárias: art. 84, § 4º
– mora: art. 52, § 1º
– obrigação de fazer ou não fazer: art. 11 da LACP
– pena de: art. 57
– penal: art. 77

N

NOCIVIDADE DOS PRODUTOS, arts. 63 e 65

CÓDIGO BRASILEIRO DE DEFESA DO CONSUMIDOR

– proibição de colocar no mercado: art. 10

NORMALIZAÇÃO

– obrigatoriedade da norma: art. 39

– Sistema Brasileiro de Normalização: art. 39

– Associação Brasileira de Normas Técnicas: art. 39

NULIDADE

– cláusulas contratuais: art. 53

– cláusulas contratuais abusivas: art. 51, § 2º

O

OBRIGAÇÃO DE FAZER OU DE NÃO FAZER

– ação de cumprimento: art. 84 do CDC; art. 3º da LACP

OFERTA

– chamada onerosa por telefone: art. 33, parágrafo único

– disposições gerais: arts. 30 a 35

– garantia: art. 32

– obrigação do fornecedor: art. 30

– patrocínio: art. 66, § 1º

– vedações: art. 54-C

ÔNUS DA PROVA

– inversão; direito do consumidor: art. 6º, VIII

– publicidade: art. 38

ORÇAMENTO

– alteração depois de aprovado: art. 40, § 2º

– prévio: art. 40

– serviços de terceiros não previstos: art. 40, § 3º

– validade: art. 40, § 1º

ORDEM ECONÔMICA

– ação de responsabilidade por infração: art. 1º, V da LACP

– infrações: arts. 20 a 22

Vide também: Lei 8.884/94

ORDEM URBANÍSTICA, art. 1º, VI da LACP

ÓRGÃOS DA ADMINISTRAÇÃO PÚBLICA

– legitimação: art. 82, III

– obrigação de fornecer serviços adequados, eficientes, seguros e contínuos: art. 22

– qualidade dos serviços: art. 22

– reparação de danos: art. 22, parágrafo único

P

PAGAMENTO EM PRESTAÇÕES, art. 53

PEÇAS DE REPOSIÇÃO

– crime: art. 70

– disposições: arts. 21 e 32

PENAS

– apreensão: art. 58

– cassação de alvará de licença: art. 59

– cassação de concessão: art. 59, § 1º

– dias-multa: art. 77

– imposição de contrapropaganda: art. 60

– imposição de penas cumulativas: art. 78

– interdição: art. 59

– interdição temporária de direitos: art. 78, I

– intervenção administrativa: art. 59, § 2º

– multa: art. 57

– pecuniária: art. 77

– prestação de serviços à comunidade: art. 78, III

– privativa de liberdade: art. 77

– publicação em órgãos de comunicação de grande circulação: art. 78, II

– suspensão temporária da atividade: art. 59

PERDAS E DANOS

– conversão da obrigação: art. 84, § 1º

– indenização: art. 84, § 2º

PERICULOSIDADE DO PRODUTO, arts. 63 a 65

– dever de informar: art. 10, § 1º

– proibição de colocar no mercado: art. 10, *caput*

PERICULOSIDADE DO SERVIÇO, arts. 63 a 65

PERMISSÃO DE USO, art. 58

PERMISSIONÁRIAS

– qualidade dos serviços: art. 22

CÓDIGO BRASILEIRO DE DEFESA DO CONSUMIDOR

- revisão, integração e repactuação das dívidas: art. 104-B
- título executivo judicial: art. 104-A, § 3º

T

TABACO

- controle da publicidade: art. 37
- fundamentos constitucionais do controle: art. 37
- liberdade e abuso na publicidade: art. 37

TELEFONE

- chamada onerosa ao consumidor- art. 33

TEORIA GERAL DO CONTRATO

Vide: CONTRATO

TERMO DE AJUSTAMENTO DE CONDUTA

Vide AJUSTAMENTO DE CONDUTA

TERMO DE GARANTIA, art. 74

TÍTULO EXECUTIVO EXTRAJUDICIAL, art. 5º, § 6º da LACP

TRATADOS E CONVENÇÕES INTERNACIONAIS, art. 7º

TUTELA DO CONSUMIDOR

Vide: CONSUMIDOR

U

USO

- impróprio, art. 18, § 6º

V

VACATIO LEGIS, art. 118

VENDA EM DOMICÍLIO

- desistência: art. 49

VEROSSIMILHANÇA, art. 6º

VÍCIOS

- direito de reclamar: art. 26
- ignorância do fornecedor: art. 23
- oculto: art. 26, § 3º
- produtos *in natura*: art. 18, § 5º
- qualidade: art. 18
- quantidade: art. 18
- responsabilidade: arts. 18 a 25
- saneamento; prazo: art. 18, § 1º

VULNERABILIDADE DO CONSUMIDOR

Vide: CONSUMIDOR

ÍNDICE ALFABÉTICO-REMISSIVO

- infrações das normas de defesa do consumidor: art. 56
- multa: art. 57

SECRETARIA DE DIREITO ECONOMICO – SDE

Vide Lei 8.884/94

SEGREDO INDUSTRIAL, art. 55, § 4º

SEGURADOR

- acionabilidade direta: art. 101
- denunciação da lide do Instituto de Resseguros do Brasil; vedação: art. 101

SENTENÇA JUDICIAL

- conteúdo favorável: art. 95
- divulgação: art. 96
- execução: art. 98, § 2º
- execução coletiva: art. 98
- foro competente para a liquidação: art. 97
- liquidação: art. 97
- penal: art. 103, § 4º
- prazo para liquidação: art. 97
- trânsito em julgado da sentença condenatória: art. 60 da LACP

SERVIÇO DE PROTEÇÃO AO CRÉDITO – SPC

Vide: CADASTROS DE CONSUMIDORES

SERVIÇOS

- adequados, eficientes, seguros, contínuos: art. 22
- alto grau de periculosidade: art. 65
- componentes de reposição originais: art. 21
- conceito: art. 3º, § 2º
- continuidade: art. 22
- defeituosos; conceito: art. 14, § 1º
- defeituosos; responsabilidade pela reparação de danos causados – art. 14
- essenciais: art. 22
- impróprios: art. 20, § 2º
- não considerados defeituosos: art. 14, § 2º
- novas técnicas: art. 14, § 2º
- procedência do pedido: art. 95
- qualidade: arts. 8º a 26
- responsabilidade do fornecedor: art. 20
- responsabilidade por vícios: arts. 18 a 25

- substituição do produto: art. 19, III

SERVIÇOS PÚBLICOS

- direito do consumidor: art. 6º, X
- melhoria: objetivo da Política Nacional das Relações de Consumo: art. 4º, VII
- prestação contínua: art. 22

SIGILO, art. 8º, § 2º da LACP

SINDICATOS

- convenção coletiva de consumo: art. 107
- inércia: art. 114

SISTEMA NACIONAL DE DEFESA DO CONSUMIDOR, arts. 105 e 106

SOCIEDADE

- desconsideração da personalidade jurídica: art. 28
- dispensa da pré-constituição: art. 113
- responsabilidade: art. 28, § 2º
- responsabilidade das empresas coligadas: art. 28, § 4º
- responsabilidade das empresas consorciadas: art. 28, § 3º
- requisito da pré-constituição: art. 82, § 1º

SOLIDARIEDADE

- responsabilidade dos autores da ofensa: art. 7º, parágrafo único

SUCUMBÊNCIA, art. 116

SUPERENDIVIDAMENTO

- audiência global de conciliação: art. 104-C, § 1º
- conceito: art. 54-A, § 1º
- conciliação: arts. 104-A a 104-C
- conciliação administrativa extrajudicial: art. 104-C
- dívidas englobadas: art. 54-A, § 2º
- mecanismos de prevenção e tratamento extrajudicial e judicial: art. 5º, VI
- mínimo existencial: art. 54-A, § 1º
- nomeação de administrador: art. 104-B, § 3º
- núcleos de conciliação e mediação de conflitos: art. 5º, VII
- plano de pagamento: art. 104-A a 104-C
- prevenção e tratamento: art. 4º, X, arts. 54-A a 54-G

CÓDIGO BRASILEIRO DE DEFESA DO CONSUMIDOR

– disposições: arts. 46 a 54

PROTEÇÃO DO CONSUMIDOR, art. 1º

PROVA

– inversão do ônus da prova: art. 6º, VIII

– informação ou comunicação publicitária: art. 38

PUBLICIDADE

– abusiva: art. 37

– contrapropaganda: art. 60

– crime: art. 67

– difícil identificação – art. 67

– disposições: arts. 36 a 38

– enganosa: art. 37, § 1º

– enganosa ou abusiva: art. 67

– enganosa por omissão: art. 37, § 3º

– equívoco inocente: art. 35

– fiscalização pelos Poderes Públicos: art. 55, § 1º

– forma de veiculação: art. 36

– incapaz de atender a demanda; crime: art. 68

– informação ou comunicação; veracidade: art. 38

– ônus da prova: art. 38

– pelo correio: art. 33, *caput*

– pelo telefone: art. 33, parágrafo único

– prejudicial ou perigosa; crime: art. 68

– princípio da identificação: art. 36

– princípio da transparência da fundamentação: art. 36

– proibição de publicidade enganosa: art. 37

– responsabilidade civil da agência, do veículo e da celebridade: art. 37

R

RECURSO, art. 14 da LACP

REDAÇÃO DOS CONTRATOS DE ADESÃO

– tamanho dos caracteres: art. 54, § 3º

– cláusulas que limitem direito do consumidor: art. 54, § 4º

REPARAÇÃO POR DANOS PATRIMONIAIS E MORAIS

– direitos básicos do consumidor: art. 6º, VI

– sujeito passivo: art. 12

REPETIÇÃO DE INDÉBITO, art. 42, parágrafo único

REPRESENTATIVIDADE ADEQUADA, art. 82

RESPONSABILIDADE

– direito de regresso: art. 13, parágrafo único

– hipóteses de isenção do fornecedor: art. 14, § 3º

– pelo fato do produto e do serviço: art. 12

– por vício de qualidade: art. 20

– por vício do produto e do serviço: art. 18

– profissionais liberais: art. 14, § 4º

– sociedades coligadas: art. 28, § 4º

– subsidiária: art. 28, § 2º

RESPONSABILIDADE OBJETIVA, art. 14

– causas excludentes: art. 14

RESPONSABILIDADE PENAL

– ação penal subsidiária: art. 80

– pessoa jurídica: art. 78

RESPONSABILIDADE SOLIDÁRIA

– sociedades consorciadas: art. 28, § 3º

– reparação de danos: art. 7º, parágrafo único

– vício do produto e do serviço: art. 25, §§ 1º e 2º

RESTITUIÇÃO

– da quantia paga: art. 19, IV

RISCOS

– à saúde ou segurança: art. 8º

– normais e previsíveis: art. 8º

– obrigação de prestar informação: art. 8º, parágrafo único

– razoáveis: art. 12, § 1.º, II

– responsabilidade solidária: art. 13

S

SANÇÕES ADMINISTRATIVAS

– contrapropaganda: art. 56, XII

– disposições: art. 55, § 1º

PERSONALIDADE JURÍDICA
- desconsideração: art. 28

PESSOA JURÍDICA, art. 28

POLÍTICA NACIONAL DE RELAÇÕES DE CONSUMO
- instrumentos: art. 5º
- objetivos: art. 4º
- princípios: art. 4º, I a X

POLÍTICAS
- participação dos consumidores na formulação de políticas que os afetem: art. 6º

PRÁTICAS ABUSIVAS, arts. 39 a 41 e 54-G
- ausência de entrega de cópia do contrato, art. 54-G, II
- cobrança de quantia contestada, art. 54-G, I
- elevação de preço sem justa causa: art. 33, X
- execução de serviços sem autorização: art. 33, VI
- exigência de vantagem manifestamente excessiva: art. 33, V
- fixação do termo inicial para cumprimento da obrigação: art. 33, XII
- fórmula ou índice de reajuste: art. 13, XIII
- fraqueza ou ignorância do consumidor: art. 33, IV
- informação depreciativa: art. 33, VII
- prazo para cumprimento da obrigação, não estipulação: art. 33, XII
- produto não solicitado: art. 33, III
- produto ou serviço em desacordo com normas: art. 33, VIII
- recusar atendimento ao consumidor: art. 33, II
- recusar venda de bens ou a prestação de serviços: art. 33, IX
- venda casada: art. 33, I

PRÁTICAS COMERCIAIS, arts. 29 a 45

PRAZOS
- decadência: arts. 26
- habilitação de interessados: art. 100
- instauração de inquérito civil: arts. 8º, § 1º da LACP
- prescrição: art. 27

- requisição de certidão ou informação: art. 8º da LACP
- sanar vícios de produto ou serviço – art. 18, §§ 1º a 4º

PREÇOS
- fiscalização pela União, Estados, Distrito Federal e Municípios: art. 5º
- tabelamento: art. 41

PRESCRIÇÃO
- cobrança de dívida: art. 43, § 5º
- interrupção do prazo: art. 27, parágrafo único
- prazos: arts. 26; 27

PREVENÇÃO E TRATAMENTO DO SUPERENDIVIDAMENTO
- crédito responsável: art. 54-A
- dívidas excluídas: art. 54-A, § 3º
- educação financeira: art. 4º, IX, art. 54-A

PROCESSO ADMINISTRATIVO
- julgamento pelo CADE: arts. 42 a 51

Vide também: Lei 8.884/94

PRODUTOR, art. 12

PRODUTOS
- conceito: art. 3º, § 1º
- consórcios: art. 53, § 2º
- defeituosos; conceito: art. 12, § 1º
- garantia legal: art. 24
- impróprios para uso e consumo: art. 18, § 6º
- industriais: art. 8º, parágrafo único
- informações: art. 8º
- *in natura*: art. 18, § 5º
- nocivos ou perigosos a saúde: art. 9º
- normas sobre produção: art. 55
- reparação de danos: art. 12
- responsabilidade por vício: arts. 18 a 25
- substituição: art. 19, III
- sujeitos ao regime de controle ou tabelamento de preços: art. 41

PROFISSIONAIS LIBERAIS, art. 14, § 4º

PROTEÇÃO À SAÚDE E SEGURANÇA, art. 8º

PROTEÇÃO CONTRATUAL
- cláusulas abusivas: arts. 51 a 53
- contratos de adesão: art. 54